秦漢總部

編纂人員：錢杭

《秦漢總部》提要

本總部下設九十九部，包含了上起秦朝的秦始皇、蒙恬，下迄東漢末年的劉表、公孫瓚等人物共九十九人。因秦朝短祚，不宜單立總部，故與兩漢合併，共爲《秦漢總部》。

本總部各部下設綜述、雜録、藝文三緯目，其中雜録又包含備録、備論兩部分。本總部所選人物中，凡並見於《史記》《漢書》之紀、傳者，其綜述資料的選擇，以能夠相對完整反映某人生平事蹟與歷史地位爲標準。東漢後期部分人物的綜述資料，亦按以上標準下延至《三國志》等有關傳記。

構成本總部所收人物之備録的資料，因年代關係，較少體例完備的單篇，大多只能依靠對其生平事蹟的傳聞加以輯録。有關史料來源，主要是秦漢、魏晉以來學者的作品，同時也包括正史的志、書，《三國志》裴注所引文獻，以及後世的史地著作和學術筆記，原則上不收編年類文獻。

雜録緯目下的備論部分，收録正史論贊、評曰等，以及史論、別史、雜史、筆記中對某人或以某人爲主角之重大事件的評論。列爲本總部備論的史料標準，除堅守非編年類史書體裁這一底線外，主要側重四個方面：一爲與傳主同時、同代、鄰代人的評價評論，二爲傳頌後世的名篇名論，三爲唐、宋以降集部文獻中的專評專論，四爲紀事本末類文獻的編撰者對與傳主直接相關之事件的議論。一般不用《困學紀聞》《日知録》《十七史商榷》《廿二史考異》等考史類文獻中以文本辨析爲主要内容的討論，不用編年類文獻中對事件原委的總結和王朝大勢的總論，如《資治通鑑》中的「臣光曰」。宋代胡宏的《皇王大紀》雖屬編年類，但所作「論斷」並非泛論，往往有就人論人、就事論事者，故適當選用。南宋陳亮所撰《漢論》、清初王夫之所撰《讀通鑑論》，自爲公認的史論名著，本應擇入，但因其所論皆以朝代爲別，每代之中，又以當朝帝王爲界劃分人物單元，似更宜爲《編年分典》之歷代備論，故本總部不收。

因資料品質不甚理想，本總部所選人物中有六人不設藝文；與其餘九十三人有關的藝文，以六朝、唐宋以來的詩歌、祭文、序跋、弔唁文字爲主。這些文字原來集中收録於《文選》《全唐詩》《全唐文》《全宋文》《全元文》等選集和總集中，但版本

差別很大，文字多有舛訛。爲減少歧義，選録於本總部藝文中的作品，盡量使用現代整理本。在本總部所涉時代中，荒誕怪異類作品亦開始顯現，如《漢武故事》，舊題「漢班固撰」，但因無確證，不宜收録；至於敷衍班超故事而成的明代傳奇《投筆記》，則亦未予收録。從敦煌變文中選録的與蘇武、李陵傳説有關的兩種，則顯示了編者擴充藝文資料範圍的努力。以上選編原則是否恰當，還有待讀者的檢驗。

目録

秦始皇部

綜述

《史記》卷六《秦始皇本紀》 秦始皇帝者，秦莊襄王子也。莊襄王爲秦質子於趙，見吕不韋姬，悦而取之，生始皇。以秦昭王四十八年正月生於邯鄲。及生，名爲政，姓趙氏。年十三歲，莊襄王死，政代立爲秦王。當是之時，秦地已并巴、蜀、漢中，越宛有郢，置南郡矣；北收上郡以東，有河東、太原、上黨郡；東至滎陽，滅二周，置三川郡。吕不韋爲相，封十萬户，號曰文信侯。招致賓客游士，欲以并天下。李斯爲舍人。蒙驁、王齮、麃公等爲將軍。王年少，初即位，委國事大臣。

晉陽反，元年，將軍蒙驁擊定之。二年，麃公將卒攻卷，斬首三萬。三年，蒙驁攻韓，取十三城。王齮死。十月，將軍蒙驁攻魏氏暘、有詭。歲大饑。四年，拔暘、有詭。三月，軍罷。秦質子歸自趙，趙太子出歸國。十月庚寅，蝗蟲從東方來，蔽天。天下疫。百姓内粟千石，拜爵一級。五年，將軍驁攻魏，定酸棗、燕、虚、長平、雍丘、山陽城，皆拔之，取二十城。初置東郡。冬雷。六年，韓、魏、趙、衛、楚共擊秦，取壽陵。秦出兵，五國兵罷。拔衛，迫東郡，其君角率其支屬徙居野王，阻其山以保魏之河内。七年，將軍驁死。以攻龍、孤、慶都，還兵攻汲。彗星復見西方。十六日，夏太后死。八年，王弟長安君成蟜將軍擊趙，反，死屯留，軍吏皆斬死，遷其民於臨洮。將軍壁死，卒屯留、蒲鶮反，戮其屍。河魚大上，輕車重馬東就食。

嫪毐封爲長信侯，予之山陽地，令毐居之。宫室車馬衣服苑囿馳獵恣毐，事無小大皆決於毐，又以河西太原郡更爲毐國。九年，攻魏垣、蒲陽。四月，上宿雍。己酉，王冠，帶劍。長信侯毐作亂而覺，矯王御璽及太后璽以發縣卒及衛卒、官騎、戎翟君公、舍人，將欲攻蘄年宫爲亂。王知之，令相國昌平君、昌文君發卒攻毐。戰咸陽，斬首數百，皆拜爵，及宦者皆在戰中，亦拜爵一級。毐等敗走。即令國中：有生得毐，賜錢百萬；殺之，五十萬。盡得毐等。衛尉竭、内史肆、佐弋竭、中大夫令齊等二十人皆梟首。車裂以徇，滅其宗，及其舍人，輕者爲鬼薪。及奪爵遷蜀四千餘家，家房陵。（四）〔是〕月寒凍，有死者。楊端和攻衍氏。十年，相國吕不韋坐嫪毐免。桓齮爲將軍。齊、趙來置酒。齊人茅焦説秦王曰：「秦方以天下爲事，而大王有遷母太后之名，恐諸侯聞之，由此倍秦也。」秦王乃迎太后於雍而入咸陽，復居甘泉宫。

大索逐客。李斯上書説，乃止逐客令。李斯因説秦王，請先取韓以恐他國，於是使斯下韓。韓王患之，與韓非謀弱秦。大梁人尉繚來，説秦王曰：「以秦之彊，諸侯譬如郡縣之君，臣但恐諸侯合從，翕而出不意，此乃智伯、夫差、湣王之所以亡也。願大王毋愛財物，賂其豪臣，以亂其謀，不過亡三十萬金，則諸侯可盡。」秦王從其計，見尉繚亢禮，衣服食飲與繚同。繚曰：「秦王爲人，蜂準，長目，摯鳥膺，豺聲，少恩而虎狼心，居約易出人下，得志亦輕食人。我布衣，然見我常身自下我。誠使秦王得志於天下，天下皆爲虜矣。不可與久游。」乃亡去。秦王覺，固止，以爲秦國尉，卒用其計策。而李斯用事。

十一年，王翦、桓齮、楊端和攻鄴，取九城。王翦攻閼與、橑楊，皆并爲一軍。翦將十八日，軍歸，斗食以下，什推二人從軍。取鄴安陽，桓齮將。十二年，文信侯不韋死，竊葬。其舍人臨者，晉人也逐出之；秦人六百石以上奪爵，遷；五百石以下不臨，遷，勿奪爵。自今以來，操國事不道如嫪毐、不韋者籍其門，視此。秋，復嫪毐舍人遷蜀者。當是之時，天下大旱，六月至八月乃雨。

十三年，桓齮攻趙平陽，殺趙將扈輒，斬首十萬。王之河南。十月，桓齮攻趙。十四年，攻趙軍於平陽，取宜安，破之，殺其將軍。桓齮定平陽、武城。韓非使秦，秦用李斯謀，留非，非死雲陽。韓王請爲臣。

十五年，大興兵，一軍至鄴，一軍至太原，取狼孟。十六年九月，發卒受地韓南陽假守騰。初令男子書年。魏獻地於秦，秦置麗邑。十七年，内史騰攻韓，得韓王安，盡納其地，以其地爲郡，命曰潁川。華陽太后卒。民大饑。

十八年，大興兵攻趙，王翦將上地，下井陘，端和將河内，羌瘣伐趙，端和圍邯鄲城。十九年，王翦、羌瘣盡定取趙地東陽，得趙王。引兵欲攻燕，屯中山。秦王之邯鄲，諸嘗與王生趙時母家有仇怨，皆阬之。秦王還，從太原、上郡歸。始皇帝母太后崩。趙公子嘉率其宗數百人之代，自立爲代王，東與燕合兵，軍上谷。大饑。

二十年，燕太子丹患秦兵至國，恐，使荆軻刺秦王。秦王覺之，體解軻以徇，

而使王翦、辛勝攻燕。燕、代發兵擊秦軍，秦軍破燕易水之西。二十一年，王賁攻(薊)〔荆〕。乃益發卒詣王翦軍，遂破燕太子軍，取燕薊城，得太子丹之首。燕王東收遼東而王之。王翦謝病老歸。新鄭反。昌平君徙於郢。

二十二年，王賁攻魏，引河溝灌大梁，大梁城壞，其王請降，盡取其地。

二十三年，秦王復召王翦，彊起之，使將擊荆。取陳以南至平輿，虜荆王。秦王游至郢陳。荆將項燕立昌平君爲荆王，反秦於淮南。二十四年，王翦、蒙武攻荆，破荆軍，昌平君死，項燕遂自殺。

二十五年，大興兵，使王賁將，攻燕遼東，得燕王喜。還攻代，虜代王嘉。王翦遂定荆江南地，降越君，置會稽郡。五月，天下大酺。

二十六年，齊王建與其相后勝發兵守其西界，不通秦。秦使將軍王賁從燕南攻齊，得齊王建。

秦初并天下，令丞相、御史曰：「異日韓王納地效璽，請爲藩臣，已而倍約，與趙、魏合從畔秦，故興兵誅之，虜其王。寡人以爲善，庶幾息兵革。趙王使其相李牧來約盟，故歸其質子。已而倍盟，反我太原，故興兵誅之，得其王。趙公子嘉乃自立爲代王，故舉兵擊滅之。魏王始約服入秦，已而與韓、趙謀襲秦，秦兵吏誅，遂破之。荆王獻青陽以西，已而畔約，擊我南郡，故發兵誅，得其王，遂定其荆地。燕王昏亂，其太子丹乃陰令荆軻爲賊，兵吏誅，滅其國。齊王用后勝計，絶秦使，欲爲亂，兵吏誅，虜其王，平齊地。寡人以眇眇之身，興兵誅暴亂，賴宗廟之靈，六王咸伏其辜，天下大定。今名號不更，無以稱成功，傳後世。其議帝號。」丞相綰、御史大夫劫、廷尉斯等皆曰：「昔者五帝地方千里，其外侯服夷服諸侯或朝或否，天子不能制。今陛下興義兵，誅殘賊，平定天下，海内爲郡縣，法令由一統，自上古以來未嘗有，五帝所不及。臣等謹與博士議曰：『古有天皇，有地皇，有泰皇，泰皇最貴。』臣等昧死上尊號，王爲『泰皇』。命爲『制』，令爲『詔』，天子自稱曰『朕』。」王曰：「去『泰』，著『皇』，采上古『帝』位號，號曰『皇帝』。他如議。」制曰：「可。」追尊莊襄王爲太上皇。制曰：「朕聞太古有號毋謚，中古有號，死而以行爲謚。如此，則子議父，臣議君也，甚無謂，朕弗取焉。自今已來，除謚法。朕爲始皇帝。後世以計數，二世三世至于萬世，傳之無窮。」

始皇推終始五德之傳，以爲周得火德，秦代周德，從所不勝。方今水德之始，改年始，朝賀皆自十月朔。衣服旄旌節旗皆上黑。數以六爲紀，符、法冠皆六寸，而輿六尺，六尺爲步，乘六馬。更名河曰德水，以爲水德之始。剛毅戾深，事皆決於法，刻削毋仁恩和義，然後合五德之數。於是急法，久者不赦。

丞相綰等言：「諸侯初破，燕、齊、荆地遠，不爲置王，毋以填之。請立諸子，唯上幸許。」始皇下其議於羣臣，羣臣皆以爲便。廷尉李斯議曰：「周文武所封子弟同姓甚衆，然後屬疏遠，相攻擊如仇讎，諸侯更相誅伐，周天子弗能禁止。今海内賴陛下神靈一統，皆爲郡縣，諸子功臣以公賦税重賞賜之，甚足易制。天下無異意，則安寧之術也。置諸侯不便。」始皇曰：「天下共苦戰鬭不休，以有侯王。賴宗廟，天下初定，又復立國，是樹兵也，而求其寧息，豈不難哉！廷尉議是。」

分天下以爲三十六郡，郡置守、尉、監。更名民曰「黔首」。大酺。收天下兵，聚之咸陽，銷以爲鍾鐻，金人十二，重各千石，置廷宫中。一法度衡石丈尺。車同軌。書同文字。地東至海暨朝鮮，西至臨洮、羌中，南至北嚮户，北據河爲塞，並陰山至遼東。徙天下豪富於咸陽十二萬户。諸廟及章臺、上林皆在渭南。秦每破諸侯，寫放其宫室，作之咸陽北阪上，南臨渭，自雍門以東至涇、渭，殿屋複道周閣相屬。所得諸侯美人鍾鼓，以充入之。

二十七年，始皇巡隴西、北地，出雞頭山，過回中。焉作信宫渭南，已更命信宫爲極廟，象天極。自極廟道通酈山，作甘泉前殿。築甬道，自咸陽屬之。是歲，賜爵一級。治馳道。

二十八年，始皇東行郡縣，上鄒嶧山。立石，與魯諸儒生議，刻石頌秦德，議封禪望祭山川之事。乃遂上泰山，立石，封，祠祀。下，風雨暴至，休於樹下，因封其樹爲五大夫。禪梁父。刻所立石，其辭曰：

皇帝臨位，作制明法，臣下脩飭。二十有六年，初并天下，罔不賓服。親巡遠方黎民，登兹泰山，周覽東極。從臣思迹，本原事業，祗誦功德。治道運行，諸産得宜，皆有法式。大義休明，垂于後世，順承勿革。皇帝躬聖，既平天下，不懈於治。夙興夜寐，建設長利，專隆教誨。訓經宣達，遠近畢理，咸承聖志。貴賤分明，男女禮順，慎遵職事。昭隔内外，靡不清浄，施于後嗣。化及無窮，遵奉遺詔，永承重戒。

於是乃並勃海以東，過黄、腄，窮成山，登之罘，立石頌秦德焉而去。

南登琅邪，大樂之，留三月。乃徙黔首三萬户琅邪臺下，復十二歲。作琅邪臺，立石刻，頌秦德，明得意。曰：

維二十八年，皇帝作始。端平法度，萬物之紀。以明人事，合同父子。

聖智仁義，顯白道理。東撫東土，以省卒士。事已大畢，乃臨于海。皇帝之功，勤勞本事。上農除末，黔首是富。普天之下，摶心揖志。器械一量，同書文字。日月所照，舟輿所載。皆終其命，莫不得意。應時動事，是維皇帝。匡飭異俗，陵水經地。憂恤黔首，朝夕不懈。除疑定法，咸知所辟。方伯分職，諸治經易。舉錯必當，莫不如畫。皇帝之明，臨察四方。尊卑貴賤，不踰次行。姦邪不容，皆務貞良。細大盡力，莫敢怠荒。遠邇辟隱，專務肅莊。端直敦忠，事業有常。皇帝之德，存定四極。誅亂除害，興利致福。節事以時，諸產繁殖。黔首安寧，不用兵革。六親相保，終無寇賊。驩欣奉教，盡知法式。六合之內，皇帝之土。西涉流沙，南盡北户。東有東海，北過大夏。人迹所至，無不臣者。功蓋五帝，澤及牛馬。莫不受德，各安其宇。

維秦王兼有天下，立名爲皇帝，乃撫東土，至于琅邪。列侯武城侯王離、列侯通武侯王賁、倫侯建成侯趙亥、倫侯昌武侯成、倫侯武信侯馮毋擇、丞相隗林、丞相王綰、卿李斯、卿王戊、五大夫趙嬰、五大夫楊樛從，與議於海上。曰：「古之帝者，地不過千里，諸侯各守其封域，或朝或否，相侵暴亂，殘伐不止，猶刻金石，以自爲紀。古之五帝三王，知教不同，法度不明，假威鬼神，以欺遠方，實不稱名，故不久長。其身未殁，諸侯倍叛，法令不行。今皇帝并一海內，以爲郡縣，天下和平。昭明宗廟，體道行德，尊號大成。羣臣相與誦皇帝功德，刻于金石，以爲表經。」

既已，齊人徐市等上書，言海中有三神山，名曰蓬萊、方丈、瀛洲，僊人居之。請得齋戒，與童男女求之。於是遣徐市發童男女數千人，入海求僊人。

始皇還，過彭城，齋戒禱祠，欲出周鼎泗水，使千人没水求之，弗得。乃西南渡淮水，之衡山、南郡。浮江，至湘山祠。逢大風，幾不得渡。上問博士曰：「湘君何神？」博士對曰：「聞之，堯女，舜之妻，而葬此。」於是始皇大怒，使刑徒三千人皆伐湘山樹，赭其山。上自南郡由武關歸。

二十九年，始皇東游。至陽武博狼沙中，爲盜所驚。求弗得，乃令天下大索十日。

登之罘，刻石。其辭曰：

維二十九年，時在中春，陽和方起。皇帝東游，巡登之罘，臨照于海。從臣嘉觀，原念休烈，追誦本始。大聖作治，建定法度，顯箸綱紀。外教諸侯，光施文惠，明以義理。六國回辟，貪戾無厭，虐殺不已。皇帝哀衆，遂發討師，奮揚武德。義誅信行，威燀旁達，莫不賓服。烹滅彊暴，振救黔首，周定四極。普施明法，經緯天下，永爲儀則。大矣哉！宇縣之中，承順聖意。羣臣誦功，請刻于石，表垂于常式。

其東觀曰：

維二十九年，皇帝春游，覽省遠方。逮于海隅，遂登之罘，昭臨朝陽。觀望廣麗，從臣咸念，原道至明。聖法初興，清理疆內，外誅暴彊。武威旁暢，振動四極，禽滅六王。闡并天下，甾害絶息，永偃戎兵。皇帝明德，經理宇內，視聽不怠。作立大義，昭設備器，咸有章旗。職臣遵分，各知所行，事無嫌疑。黔首改化，遠邇同度，臨古絶尤。常職既定，後嗣循業，長承聖治。羣臣嘉德，祗誦聖烈，請刻之罘。

旋，遂之琅邪，道上黨入。

三十一年十二月，更名臘曰「嘉平」。賜黔首里六石米，二羊。始皇爲微行咸陽，與武士四人俱，夜出逢盜蘭池，見窘，武士擊殺盜，關中大索二十日。米石千六百。

三十二年，始皇之碣石，使燕人盧生求羨門、高誓。刻碣石門。壞城郭，決通隄防。其辭曰：

遂興師旅，誅戮無道，爲逆滅息。武殄暴逆，文復無罪，庶心咸服。惠論功勞，賞及牛馬，恩肥土域。皇帝奮威，德并諸侯，初一泰平。墮壞城郭，決通川防，夷去險阻。地勢既定，黎庶無繇，天下咸撫。男樂其疇，女修其業，事各有序。惠被諸產，久並來田，莫不安所。羣臣誦烈，請刻此石，垂著儀矩。

因使韓終、侯公、石生求仙人不死之藥。始皇巡北邊，從上郡入。燕人盧生使入海還，以鬼神事，因奏録圖書，曰：「亡秦者胡也。」始皇乃使將軍蒙恬發兵三十萬人北擊胡，略取河南地。

三十三年，發諸嘗逋亡人、贅壻、賈人略取陸梁地，爲桂林、象郡、南海，以適遣戍。西北斥逐匈奴。自榆中並河以東，屬之陰山，以爲(三)〔四〕十四縣，城河上爲塞。又使蒙恬渡河取高闕、(陶)〔陽〕山、北假中，築亭障以逐戎人。徙謫，實之初縣。禁不得祠。三十四年，適治獄吏不直者，築長城及南越地。

始皇置酒咸陽宫，博士七十人前爲壽。僕射周青臣進頌曰：「他時秦地不

過千里，賴陛下神靈明聖，平定海內，放逐蠻夷，日月所照，莫不賓服。以諸侯爲郡縣，人人自安樂，無戰爭之患，傳之萬世。自上古不及陛下威德。」始皇悅。博士齊人淳于越進曰：「臣聞殷周之王千餘歲，封子弟功臣，自爲枝輔。今陛下有海內，而子弟爲匹夫，卒有田常、六卿之臣，無輔拂，何以相救哉？事不師古而能長久者，非所聞也。今青臣又面諛以重陛下之過，非忠臣。」始皇下其議。丞相李斯曰：「五帝不相復，三代不相襲，各以治，非其相反，時變異也。今陛下創大業，建萬世之功，固非愚儒所知。且越言乃三代之事，何足法也？異時諸侯並爭，厚招游學。今天下已定，法令出一，百姓當家則力農工，士則學習法令辟禁。今諸生不師今而學古，以非當世，惑亂黔首。丞相臣斯昧死言：古者天下散亂，莫之能一，是以諸侯並作，語皆道古以害今，飾虛言以亂實，人善其所私學，以非上之所建立。今皇帝并有天下，別黑白而定一尊。私學而相與非法教，人聞令下，則各以其學議之，入則心非，出則巷議，夸主以爲名，異取以爲高，率羣下以造謗。如此弗禁，則主勢降乎上，黨與成乎下。禁之便。臣請史官非秦記皆燒之。非博士官所職，天下敢有藏《詩》、《書》、百家語者，悉詣守、尉雜燒之。有敢偶語《詩》《書》者弃市。以古非今者族。吏見知不舉者與同罪。令下三十日不燒，黥爲城旦。所不去者，醫藥卜筮種樹之書。若欲有學法令，以吏爲師。」制曰：「可。」

三十五年，除道，道九原抵雲陽，塹山堙谷，直通之。於是始皇以爲咸陽人多，先王之宮廷小，吾聞周文王都豐，武王都鎬，豐鎬之閒，帝王之都也。乃營作朝宮渭南上林苑中。先作前殿阿房，東西五百步，南北五十丈，上可以坐萬人，下可以建五丈旗。周馳爲閣道，自殿下直抵南山。表南山之顛以爲闕。爲復道，自阿房渡渭，屬之咸陽，以象天極閣道絶漢抵營室也。阿房宮未成；成，欲更擇令名名之。作宮阿房，故天下謂之阿房宮。隱宮徒刑者七十餘萬人，乃分作阿房宮，或作麗山。發北山石槨，乃寫蜀、荆地材皆至。關中計宮三百，關外四百餘。於是立石東海上朐界中，以爲秦東門。因徙三萬家麗邑，五萬家雲陽，皆復不事十歲。

盧生說始皇曰：「臣等求芝奇藥仙者常弗遇，類物有害之者。方中，人主時爲微行以辟惡鬼，惡鬼辟，真人至。人主所居而人臣知之，則害於神。真人者，入水不濡，入火不爇，陵雲氣，與天地久長。今上治天下，未能恬倓。願上所居宮毋令人知，然後不死之藥殆可得也。」於是始皇曰：「吾慕真人，自謂『真人』，不稱『朕』。」乃令咸陽之旁二百里內宮觀二百七十復道甬道相連，帷帳鍾鼓美人充之，各案署不移徙。行所幸，有言其處者，罪死。始皇帝幸梁山宮，從山上見丞相車騎衆，弗善也。中人或告丞相，丞相後損車騎。始皇怒曰：「此中人泄吾語。」案問莫服。當是時，詔捕諸時在旁者，皆殺之。自是後莫知行之所在。聽事羣臣受決事，悉於咸陽宮。

侯生盧生相與謀曰：「始皇爲人，天性剛戾自用，起諸侯，并天下，意得欲從，以爲自古莫及己。專任獄吏，獄吏得親幸。博士雖七十人，特備員弗用。丞相諸大臣皆受成事，倚辨於上。上樂以刑殺爲威，天下畏罪持祿，莫敢盡忠。上不聞過而日驕，下懾伏謾欺以取容。秦法，不得兼方，不驗，輒死。然候星氣者至三百人，皆良士，畏忌諱諛，不敢端言其過。天下之事無小大皆決於上，上至以衡石量書，日夜有呈，不中呈不得休息。貪於權勢至如此，未可爲求仙藥。」於是乃亡去。始皇聞亡，乃大怒曰：「吾前收天下書不中用者盡去之。悉召文學方術士甚衆，欲以興太平，方士欲練以求奇藥。今聞韓衆去不報，徐市等費以巨萬計，終不得藥，徒姦利相告日聞。盧生等吾尊賜之甚厚，今乃誹謗我，以重吾不德也。諸生在咸陽者，吾使人廉問，或爲訞言以亂黔首。」於是使御史悉案問諸生，諸生傳相告引，乃自除。犯禁者四百六十餘人，皆阬之咸陽，使天下知之，以懲後。益發謫徙邊。始皇長子扶蘇諫曰：「天下初定，遠方黔首未集，諸生皆誦法孔子，今上皆重法繩之，臣恐天下不安。唯上察之。」始皇怒，使扶蘇北監蒙恬於上郡。

三十六年，熒惑守心。有墜星下東郡，至地爲石，黔首或刻其石曰「始皇帝死而地分」。始皇聞之，遣御史逐問，莫服，盡取石旁居人誅之，因燔銷其石。始皇不樂，使博士爲《仙真人詩》，及行所游天下，傳令樂人謌弦之。秋，使者從關東夜過華陰平舒道，有人持璧遮使者曰：「爲吾遺滈池君。」因言曰：「今年祖龍死。」使者問其故，因忽不見，置其璧去。使者奉璧具以聞。始皇默然良久，曰：「山鬼固不過知一歲事也。」退言曰：「祖龍者，人之先也。」使御府視璧，乃二十八年行渡江所沈璧也。於是始皇卜之，卦得游徙吉。遷北河、榆中三萬家。拜爵一級。

三十七年十月癸丑，始皇出游。左丞相斯從，右丞相去疾守。少子胡亥愛慕請從，上許之。十一月，行至雲夢，望祀虞舜於九疑山。浮江下，觀籍柯，渡海渚。過丹陽，至錢唐。臨浙江，水波惡，乃西百二十里從狹中渡。上會稽，祭大禹，望于南海，而立石刻頌秦德。其文曰：

皇帝休烈，平一宇内，德惠脩長。三十有七年，親巡天下，周覽遠方。遂登會稽，宣省習俗，黔首齋莊。羣臣誦功，本原事迹，追首高明。秦聖臨國，始定刑名，顯陳舊章。初平法式，審別職任，以立恆常。六王專倍，貪戾慠猛，率衆自彊。暴虐恣行，負力而驕，數動甲兵。陰通閒使，以事合從，行爲辟方。内飾詐謀，外來侵邊，遂起禍殃。義威誅之，殄熄暴悖，亂賊滅亡。聖德廣密，六合之中，被澤無疆。皇帝并宇，兼聽萬事，遠近畢清。運理羣物，考驗其實，各載其名。貴賤並通，善否陳前，靡有隱情。飾省宣義，有子而嫁，倍死不貞。防隔内外，禁止淫泆，男女絜誠。夫爲寄豭，殺之無罪，男秉義程。妻爲逃嫁，子不得母，咸化廉清。大治濯俗，天下承風，蒙被休經。皆遵度軌，和安敦勉，莫不順令。黔首脩絜，人樂同則，嘉保太平。後敬奉法，常治無極，輿舟不傾。從臣誦烈，請刻此石，光垂休銘。

還過吴，從江乘渡。並海上，北至琅邪。方士徐市等入海求神藥，數歲不得，費多，恐譴，乃詐曰：「蓬萊藥可得，然常爲大鮫魚所苦，故不得至，願請善射與俱，見則以連弩射之。」始皇夢與海神戰，如人狀。問占夢博士，曰：「水神不可見，以大魚蛟龍爲候。今上禱祠備謹，而有此惡神，當除去，而善神可致。」乃令入海者齎捕巨魚具，而自以連弩候大魚出射之。自琅邪北至榮成山，弗見。至之罘，見巨魚，射殺一魚。遂並海西。

至平原津而病。始皇惡言死，羣臣莫敢言死事。上病益甚，乃爲璽書賜公子扶蘇曰：「與喪，會咸陽而葬。」書已封，在中車府令趙高行符璽事所，未授使者。七月丙寅，始皇崩於沙丘平臺。丞相斯爲上崩在外，恐諸公子及天下有變，乃祕之，不發喪。棺載轀涼車中，故幸宦者參乘，所至上食。百官奏事如故，宦者輒從轀涼車中可其奏事。獨子胡亥、趙高及所幸宦者五六人知上死。趙高故嘗教胡亥書及獄律令法事，胡亥私幸之。高乃與公子胡亥、丞相斯陰謀破去始皇所封書賜公子扶蘇者，而更詐爲丞相斯受始皇遺詔沙丘，立子胡亥爲太子。更爲書賜公子扶蘇、蒙恬，數以罪，(其)賜死。語具在《李斯傳》中。行，遂從井陘抵九原。會暑，上轀車臭，乃詔從官令車載一石鮑魚，以亂其臭。

行從直道至咸陽，發喪。太子胡亥襲位，爲二世皇帝。九月，葬始皇酈山。始皇初即位，穿治酈山，及并天下，天下徒送詣七十餘萬人，穿三泉，下銅而致槨，宫觀百官奇器珍怪徙臧滿之。令匠作機弩矢，有所穿近者輒射之。以水銀爲百川江河大海，機相灌輸，上具天文，下具地理。以人魚膏爲燭，度不滅者久之。二世曰：「先帝後宫非有子者，出焉不宜。」皆令從死，死者甚衆。葬既已下，或言工匠爲機，臧皆知之，臧重即泄。大事畢，已臧，閉中羨，下外羨門，盡閉工匠臧者，無復出者。樹草木以象山。

雜録

備録

《漢書》卷二二《禮樂志》　《五行舞》者，本周舞也，秦始皇二十六年更名曰《五行》也。

《漢書》卷二七中之上《五行志中之上》　史記秦始皇帝三十六年，鄭客從關東來，至華陰，望見素車白馬從華山上下，知其非人，道住止而待之。遂至，持璧與客曰：「爲我遺鎬池君。」因言「今年祖龍死」。忽不見。鄭客奉璧，即始皇二十八年過江所湛璧也。與周子鼂同應。是歲，石隕于東郡，民或刻其石曰：「始皇死而地分。」此皆白祥，炕陽暴虐，號令不從，孤陽獨治，羣陰不附之所致也。一曰，石，陰類也，陰持高節，臣將危君，趙高、李斯之象也。始皇不畏戒自省，反夷滅其旁民，而燔燒其石。是歲始皇死，後三年而秦滅。

《漢書》卷八二《王商傳》　〔王商曰〕臣聞秦丞相吕不韋見王無子，意欲有秦國，即求好女以爲妻，陰知其有身而獻之王，産始皇帝。

張華《博物志》卷六《地理考》　始皇陵在驪山之北，高數十丈，周迴六七里。今在陰盤縣界。北陵雖高大，不足以銷六丈冰，背陵障使東西流。又此山名運取大石於渭北渚，故歌曰：「運石甘泉口，渭水爲不流。千人唱，萬人鉤，金陵餘石大如塸(土屋)。」其銷功力皆如此類。

王嘉《拾遺記》卷四《秦始皇》　始皇元年，騫霄國獻刻玉善畫工名裔。使含丹青以漱地，即成魑魅及詭怪羣物之象；刻玉爲百獸之形，毛髮宛若真矣。皆銘其臆前，記以日月。工人以指畫地，長百丈，直如繩墨。方寸之内，畫以四瀆五岳列國之圖。又畫爲龍鳳，騫翥若飛。皆不可點睛，或點之，必飛走也。始皇嗟曰：「刻畫之形，何得飛走。」使以淳漆各點兩玉虎一眼睛，旬日則失之，不知

所在。山澤之人云：「見二白虎，各無一目，相隨而行，毛色相似，異於常見者。」至明年，西方獻兩白虎，各無一目。始皇發檻視之，疑是先所失者，乃刺殺之，檢其胸前，果是元年所刻玉虎。迄胡亥之滅，寶劍神物，隨時散亂也。

始皇好神仙之事，有宛渠之民，乘螺舟而至。舟形似螺，沉行海底，而水不浸入，一名「淪波舟」。其國人長十丈，編鳥獸之毛以蔽形。始皇與之語及天地初開之時，了如親覩。曰：「臣少時躡虚卻行，日遊萬里；及其老朽也，坐見天地之外事。臣國在咸池日没之所九萬里，以萬歲爲一日。俗多陰霧，遇其晴日，則天豁然雲裂，耿若江漢。則有玄龍黑鳳，翻翔而下。及夜，燃石以繼日光。此石出燃山，其土石皆自光澈，扣之則碎，狀如粟，一粒輝映一堂。昔炎帝始變生食，用此火也。國人今獻此石。或有投其石於溪澗中，則沸沫流於數十里，名其水爲焦淵。臣國去軒轅之丘十萬里，少典之子採首山之銅，鑄爲大鼎。臣先望其國有金火氣動，奔而往視之，三鼎已成。又見冀州有異氣，應有聖人生，果有慶都生堯。又見赤雲入於酆鎬，走而往視，果有丹雀瑞昌之符。」始皇曰：「此神人也。」彌信仙術焉。

始皇起雲明臺，窮四方之珍木，搜天下之巧工。南得烟丘碧桂，酈水燃沙，賁都朱泥，雲岡素竹；東得葱巒錦柏，漂檖龍松，寒河星柘，岏山雲梓；西得漏海浮金，狼淵羽璧，滌嶂霞桑，沉塘員篶；北得冥阜乾漆，陰坂文杞，褰流黑魄，闇海香瓊，珍異是集。二人騰虚緣木，揮斤斧於空中，子時起工，午時已畢。秦人謂之「子午臺」，亦言於子午之地，各起一臺，二説疑也。

《史記》卷六《秦始皇本紀》司馬貞索隱引《系本》 作「政」，又生於趙，故曰趙政。一曰秦與趙同祖，以趙城爲榮，故姓趙氏。

《史記》卷六《秦始皇本紀》張守節正義 正音政，「周正建子」之「正」也。始皇以正月旦生於趙，因爲政，後以始皇諱，故音征。

備論

《大戴禮記・禮察》 我以爲秦王之欲尊宗廟而安子孫與湯武同，然則如湯武能廣大其德，久長其後，行五百歲而不失，秦王亦欲至是而不能，持天下十餘年，即大敗之。此無佗故也，湯武之定取舍審，而秦王之定取舍不審也。《易》曰：「君子慎始，差若毫氂，繆之千里。」取舍之謂也。然則爲人主師傅者，不可不日夜明此。

賈誼《新書・過秦上》 及至始皇，奮六世之餘烈，振長策而御寓内，吞二周而亡諸侯，履至尊而制六合，執敲朴而鞭笞天下，威振四海。南取百越之地，以爲桂林、象郡；百越之君，俛首係頸，委命下吏。乃使蒙恬北築長城而守藩籬，卻匈奴七百餘里，胡人不敢南下而牧馬，士不敢彎弓而報怨。於是廢先王之道，焚百家之言，以愚黔首。墮名城，殺豪傑，收天下之兵，聚之咸陽，銷鋒鏑，鑄以爲金人十二，以弱天下之民。然後踐華爲城，因河爲池，據億丈之高，臨不測之淵以爲固。良將勁弩，而守要害之處，信臣精卒，陳利兵而誰何。天下已定，始皇之心，自以爲關中之固，金城千里，子孫帝王萬世之業也。

賈誼《新書・過秦下》 秦滅周祀，并海内，兼諸侯，南面稱帝，以四海養。天下之士斐然嚮風，若是，何也？曰：近古而無王者久矣。周室卑微，五霸既滅，令不行於天下，是以諸侯力正，强凌弱，衆暴寡，兵革不休，士民罷弊。今秦南面而王天下，是上有天子也。即元元之民冀得安其性命，莫不虚心而仰上。當此之時，專威定功，安危之本，在於此矣。

秦王懷貪鄙之心，行自奮之智，不信功臣，不親士民。廢王道而立私愛，焚文書而酷刑法，先詐力而後仁義，以暴虐爲天下始。夫并兼者高詐力，安危者貴順權，以此言之，取與、攻守不同術也。秦雖離戰國而王天下，其道不易，其政不改，是以其所以取之也，孤獨而有之，故其亡可立而待也。借使秦王論上世之事，并殷周之迹，以制御其政，後雖有淫驕之主，猶未有傾危之患也。故三王之建天下，名號顯美，功業長久。

《淮南子・人間訓》 秦皇挾録圖，見其傳曰：「亡秦者，胡也。」因發卒五十萬，使蒙公、楊翁子將，築脩城，西屬流沙，北擊遼水，東結朝鮮，中國内郡輓車而餉之。又利越之犀角、象齒、翡翠、珠璣，乃使尉屠睢發卒五十萬，爲五軍，一軍塞鐔城之嶺，一軍守九疑之塞，一軍處番禺之都，一軍守南野之界，一軍結餘干之水，三年不解甲弛弩，使監禄無以轉餉，又以卒鑿渠而通糧道，以與越人戰，殺西嘔君譯吁宋。而越人皆入叢薄中，與禽獸處，莫肯爲秦虜。相置桀駿以爲將，而夜攻秦人，大破之，殺尉屠睢，伏尸流血數十萬。乃發適戍以備之。當此之時，男子不得脩農畝，婦人不得剡麻考縷，羸弱服格於道，大夫箕會於衢，病者不得養，死者不得葬。於是陳勝起於大澤，奮臂大呼，天下席卷，而至於戲。劉、項

興義兵隨，而定若折槁振落，遂失天下。禍在備胡而利越也。欲知築脩城以備亡，不知築脩城之所以亡也；發適戍以備越，而不知難之從中發也。夫鵲先識歲之多風也，去高木而巢扶枝，大人過之則探鷇，嬰兒過之則挑其卵，知備遠難而忘近患。故秦之設備也，烏鵲之智也。

劉向《説苑・正諫》 秦始皇帝太后不謹，幸郎嫪毐，封以爲長信侯，爲生兩子。毐專國事，浸益驕奢，與侍中左右貴臣俱博，飲酒，醉，争言而鬭，瞋目大叱，曰：「吾乃皇帝之假父也，窶人子何敢乃與我亢！」所與鬭者走，行白皇帝，皇帝大怒。毐懼誅，因作亂，戰咸陽宮，毐敗。始皇乃取毐四支車裂之；取其兩弟囊撲殺之；取皇太后遷之於萯陽宮。下令曰：「敢以太后事諫者，戮而殺之，從蒺藜其脊肉、幹四支而積之闕下。」諫而死者二十七人矣。齊客茅焦乃往，上謁曰：「齊客茅焦願上諫皇帝。」皇帝使使者出問：「客得無以太后事諫也？」茅焦曰：「然。」使者還白曰：「果以太后事諫。」皇帝曰：「走往告之，若不見闕下積死人耶？」使者問茅焦，茅焦曰：「臣聞之，天有二十八宿，今死者已有二十七人矣，臣所以來者，欲滿其數耳。臣非畏死人也，走入白之。」茅焦邑子同食者，盡負其衣物行亡。使者入白之，皇帝大怒曰：「是子故來犯吾禁，趣炊鑊湯煮之，是安得積闕下乎？趣召之入！」皇帝按劍而坐，口正沫出。使者召之入，茅焦不肯疾行，足趣相過耳。使者趣之，茅焦曰：「臣至前則死矣，君獨不能忍吾須臾乎？」使者極哀之。茅焦至前，再拜謁起，稱曰：「臣聞之，夫有生者不諱死，有國者不諱亡；諱死者不可以得生，諱亡者不可以得存。死生存亡，聖主所欲急聞也，不審陛下欲聞之不？」皇帝曰：「何謂也？」茅焦對曰：「陛下有狂悖之行，陛下不自知邪？」皇帝曰：「何等也，願聞之。」茅焦對曰：「陛下車裂假父，有嫉妒之心；囊撲兩弟，有不慈之名；遷母萯陽宮，有不孝之行；從蒺藜於諫士，有桀、紂之治。今天下聞之，盡瓦解無嚮秦者，臣竊恐秦亡，爲陛下危之。所言已畢，乞行就質。」乃解衣伏質。皇帝下殿，左手接之，右手麾左右曰：「赦之，先生就衣，今願受事！」乃立焦爲仲父，爵之爲上卿。皇帝立駕千乘萬騎，空左方，自行迎太后萯陽宮，歸於咸陽。太后大喜，乃大置酒待茅焦，及飲，太后曰：「抗枉令直，使敗更成，安秦之社稷，使妾母子復得相會者，盡茅君之力也。」

劉向《説苑・至公》 秦始皇帝既吞天下，乃召群臣而議，曰：「古者五帝禪賢，三王世繼，孰是？將爲之？」博士七十人未對。鮑白令之對曰：「天下官則禪賢是也，天下家則世繼是也。故五帝以天下爲官，三王以天下爲家。」秦始皇帝仰天而嘆曰：「吾德出於五帝，吾將官天下，誰可使代我後者！」鮑白令之對曰：「陛下行桀、紂之道，欲爲五帝之禪，非陛下所能行也。」秦始皇帝大怒曰：「令之前，若何以言我行桀、紂之道也，趣説之，不解則死。」令之對曰：「臣請説之。陛下築臺干雲，宮殿五里。建千石之鍾，立萬石之簴。婦女連百，倡優累千。興作驪山，宮室至雍，相繼不絶。所以自奉者，殫天下，竭民力，偏駁自私，不能以及人。陛下所謂自營，僅存之主也，何暇比德五帝，欲官天下哉！」始皇闇然無以應之，面有慚色，久之曰：「令之之言，乃令衆醜我。」遂罷謀，無禪意也。

劉向《説苑・反質》 秦始皇既兼天下，大侈靡。即位三十五年猶不息，大治馳道，「大治」二字原倒，從朱駿聲校記乙正。從九原抵雲陽，塹山堙谷，直通之。厭先王宮室之小，乃於豐、鎬之間，文、武之處，營作朝宮渭南上林苑中。作前殿阿房，東西五百步，南北五十丈，上可坐萬人，下可建五丈旗。周爲閣道，自殿直抵南山之嶺以爲闕；爲複道，自阿房渡渭水，屬咸陽，以象天極閣道絶漢抵營室也。又興驪山之役，錮三泉之底。關中離宮三百所，關外四百所，皆有鍾磬帷帳，婦女倡優。立石闕東海上朐山界中，以爲秦東門。於是有方士韓客侯生、齊客盧生相與謀曰：「當今時不可以居，上樂以刑殺爲威，天下畏罪持禄，莫敢盡忠。上不聞過而日驕，下懾伏以慢欺而取容，諫者不用，而失道滋甚，吾黨久居，且爲所害。」乃相與亡去。始皇聞之，大怒口：「吾異日厚盧生，尊爵而事之，今日乃誹謗我。吾聞諸生多爲妖言，以亂黔首。」乃使御史悉上諸生，諸生傳相告犯法者四百六十餘人，皆坑之。盧生不得而侯生後得。始皇聞之，召而見之，升阿東之臺，臨四通之街，將數而車裂之。始皇望見侯生，大怒曰：「老虜不良，誹謗而主，迺敢復見我！」侯生至，仰臺而言曰：「臣聞知死必勇，陛下肯聽臣一言乎？」始皇曰：「若欲何言，言之。」侯生曰：「臣聞禹立誹謗之木，欲以知過也。今陛下奢侈失本，淫泆趨末。宮室臺閣，連屬增累；珠玉重寶，積襲成山；錦綉文綵，滿府有餘；婦女倡優，數巨萬人；鍾鼓之樂，流漫無窮；酒食珍味，盤錯於前；衣服輕暖，輿馬文飾，所以自奉麗靡爛熳，不可勝極。黔首匱竭，民力單盡，尚不自知。又急誹謗，嚴威克下，下喑上聾，臣等故去。臣等不惜臣之身，惜陛下國之亡耳！聞古之明王，食足以飽，衣足以暖，宮室足以處，輿馬足以行。故上不見棄於天，下不見棄於黔首。堯茅茨不剪，采椽不斲，土階三等而樂終身者，以其文采之少而質索之多也。丹宋傲虐，好慢淫，不脩理化，遂以不升。今陛下之淫，萬丹朱而千昆吾、桀、紂，臣恐陛卜之十亡也而曾不一存。」始皇默然

久之，曰：「汝何不早言。」侯生曰：「陛下之意，方乘青雲，飄搖於文章之觀，自賢自健，上侮五常，下凌三王，棄素樸，就末技，陛下亡徵見久矣。臣等恐有之無益也，而自取死，故逃而不敢言。今臣必死，故爲陛下陳之，雖不能使陛下不亡，欲使陛下自知也。」始皇曰：「吾可以變乎？」侯生曰：「形已成矣，陛下坐而待亡耳！若陛下欲更之，能若堯與禹乎？不然無冀也。陛下之佐又非也，臣恐變之不能存也。」始皇喟然而嘆，遂釋不誅。後三年，始皇崩，二世即位三年而秦亡。

《史記》卷一三〇《太史公自序》 始皇既立，并兼六國，銷鋒鑄鐻，維偃干革，尊號稱帝，矜武任力；二世受運，子嬰降虜。

《史記》卷六《秦始皇本紀論》 秦并海内，兼諸侯，南面稱帝，以養四海，天下之士斐然鄉風，若是者何也？曰：近古之無王者久矣。周室卑微，五霸既殁，令不行於天下，是以諸侯力政，彊侵弱，衆暴寡，兵革不休，士民罷敝。今秦南面而王天下，是上有天子也。既元元之民冀得安其性命，莫不虚心而仰上，當此之時，守威定功，安危之本在於此矣。

秦王懷貪鄙之心，行自奮之智，不信功臣，不親士民，廢王道，立私權，禁文書而酷刑法，先詐力而後仁義，以暴虐爲天下始。夫并兼者高詐力，安定者貴順權，此言取與守不同術也。秦離戰國而王天下，其道不易，其政不改，是其所以取之守之者〔無〕異也。孤獨而有之，故其亡可立而待。借使秦王計上世之事，並殷周之迹，以制御其政，後雖有淫驕之主而未有傾危之患也。故三王之建天下，名號顯美，功業長久。

《史記》卷一六《秦楚之際月表》序 秦既稱帝，患兵革不休，以有諸侯也，於是無尺土之封，隳壞名城，銷鋒鏑，鉏豪桀，維萬世之安。然王跡之興，起於閭巷，合從討伐，軼於三代，鄉秦之禁，適足以資賢者爲驅除難耳。故憤發其所爲天下雄，安在無土不王。此乃傳之所謂大聖乎？豈非天哉，豈非天哉！非大聖孰能當此受命而帝者乎？

《漢書》卷二三《刑法志》 若秦因四世之勝，據河山之阻，任用白起、王翦豺狼之徒，奮其爪牙，禽獵六國，以并天下。窮武極詐，士民不附，卒隸之徒，還爲敵讎，猋起雲合，果共軋之。斯爲下矣。凡兵，所以存亡繼絶，救亂除害也。故伊、吕之將，子孫有國，與商周並。至於末世，苟任詐力，以快貪殘，争城殺人盈城，争地殺人滿野。孫、吴、商、白之徒，皆身誅戮於前，而(功)(國)滅亡於後。報應之勢，各以類至，其道然矣。【略】

至於秦始皇，兼吞戰國，遂毁先王之法，滅禮誼之官，專任刑罰，躬操文墨，晝斷獄，夜理書，自程決事，日縣石之一。而姦邪並生，赭衣塞路，囹圄成市，天下愁怨，潰而叛之。

《漢書》卷二四《食貨志上》 至於始皇，遂并天下，内興功作，外攘夷狄，收泰半之賦，發閭左之戍。男子力耕不足糧饟，女子紡績不足衣服。竭天下之資財以奉其政，猶未足以澹其欲也。海内愁怨，遂用潰畔。

《漢書》卷四五《伍被傳》 伍被曰：【略】往者秦爲無道，殘賊天下，殺術士，燔《詩》《書》，滅聖迹，棄禮義，任刑法，轉海濱之粟，致于西河。當是之時，男子疾耕不足於糧餽，女子紡績不足於蓋形。遣蒙恬築長城，東西數千里。暴兵露師，常數十萬，死者不可勝數，僵尸滿野，流血千里。於是百姓力屈，欲爲亂者十室而五。又使徐福入海求仙藥，多齎珍寶，童男女三千人，五種百工而行。徐福得平原大澤，止王不來。於是百姓悲痛愁思，欲爲亂者十室而六。又使尉佗踰五嶺，攻百越，尉佗知中國勞極，止王南越。行者不還，往者莫返，於是百姓離心瓦解，欲爲亂者十室而七。興萬乘之駕，作阿房之宫，收太半之賦，發閭左之戍。父不寧子，兄不安弟，政苛刑慘，民皆引領而望，傾耳而聽，悲號仰天，叩心怨上，欲爲亂者，十室而八。

《漢書》卷五一《賈山傳》 賈山曰：「昔者，秦政力并萬國，富有天下，破六國以爲郡縣，築長城以爲關塞。秦地之固，大小之勢，輕重之權，其與一家之富，一夫之彊，胡可勝計也！然而兵破於陳涉，地奪於劉氏者，何也？秦王貪狼暴虐，殘賊天下，窮困萬民，以適其欲也。昔者，周蓋千八百國，以九州之民養千八百國之君，用民之力不過歲三日，什一而籍，君有餘財，民有餘力，而頌聲作。秦皇帝以千八百國之民自養，力罷不能勝其役，財盡不能勝其求。一君之身耳，所以自養者馳騁弋獵之娱，天下弗能供也。勞罷者不得休息，飢寒者不得衣食，亡罪而死刑者無所告訴，人與之爲怨，家與之爲讎，故天下壞也。秦皇帝身在之時，天下已壞矣，而弗自知也。秦皇帝東巡狩，至會稽、琅邪，刻石著其功，自以爲過堯舜統；縣石鑄鍾虡，篩土築阿房之宫，自以爲萬世有天下也。古者聖王作謚，三四十世耳，雖堯舜禹湯文武絫世廣德以爲子孫基業，無過二三十世者也。秦皇帝曰死而以謚法，是父子名號有時相襲也，以一至萬，則世世不相復也，故死而號曰始皇帝，其次曰二世皇帝者，欲以一至萬也。秦皇帝計其功德，

度其後嗣，世世無窮，然身死纔數月耳，天下四面而攻之，宗廟滅絶矣。

秦皇帝居滅絶之中而不自知者何也？天下莫敢告也。其所以莫敢告者何也？亡養老之義，亡輔弼之臣，亡進諫之士，縱恣行誅，退誹謗之人，殺直諫之士，是以道諛媮合苟容，比其德則賢於堯舜，課其功則賢於湯武，天下已潰而莫之告也。」

《漢書》卷六三《武五子傳贊》 秦始皇即位三十九年，内平六國，外攘四夷，死人如亂麻，暴骨長城之下，頭盧相屬於道，不一日而無兵。由是山東之難興，四方潰而逆秦。秦將吏外畔，賊臣内發，亂作蕭牆，禍成二世。故曰「兵猶火也，弗戢必自焚」，信矣。

《史記》卷六《秦始皇本紀》司馬貞述贊 六國陵替，二周淪亡。并一天下，號爲始皇。阿房雲構，金狄成行。南遊勒石，東瞰浮梁。滈池見遺，沙丘告喪。二世矯制，趙高之與。詐因指鹿，災生噬虎。子嬰見推，恩報君父。下乏中佐，上乃庸主。欲振穨綱，云誰克補。

《羅隱集・讒書・秦始皇意》 秦始皇通三聖之妙鍵，□故假術以言，亦將欲□聖人之旨乎？以是亹亹無道而至滅亡者，豈天下欲秦見造化之心乎？嗚呼！言之於三代已前，秦則可以理遣；言之於戰國之後，秦則爲我罪人。

《蘇軾文集》卷三《秦始皇帝論》 昔者生民之初，不知所以養生之具，擊搏挽裂與禽獸争一旦之命，惴惴焉朝不謀夕，憂死之不給，是故巧詐不生，而民無知。然聖人惡其無别，而憂其無以生也，是以作爲器用、耒耜、弓矢、舟車、網罟之類，莫不備至，使民樂生便利，役御萬物而適其情，而民始有以極其口腹耳目之欲。器利用便而巧詐生，求得欲從而心志廣，聖人又憂其桀猾變詐而難治也，是故制禮以反其初。禮者，所以反本復始也。

聖人非不知箕踞而坐，不揖而食，便於人情，而適於四體之安也。將必使之習爲迂闊難行之節，寬衣博帶，佩玉履舄，所以回翔容與而不可以馳驟。上自朝廷，而下至於民，其所以視聽其耳目者，莫不近於迂闊。其衣以黼黻文章，其食以籩豆簠簋，其耕以井田，其進取選舉以學校，其治民以諸侯，嫁娶死喪莫不有法，嚴之以鬼神，而重之以四時，所以使民自尊而不輕爲姦。故曰：禮之近於人情者，非其至也。周公、孔子所以區區於升降揖讓之間，丁寧反覆而不敢失墜者，世俗之所謂迂闊，而不知夫聖人之權固在於此也。

自五帝三代相承而不敢破，至秦有天下，始皇帝以詐力而并諸侯，自以爲智術之有餘，而禹、湯、文、武之不知出此也。於是廢諸侯、破井田，凡所以治天下者，一切出於便利，而不耻於無禮，決壞聖人之藩牆，而以利器明示天下。故自秦以來，天下惟知所以求生避死之具，而以禮者爲無用贅疣之物。何者？其意以爲生之無事乎禮也。苟生之無事乎禮，則凡可以得生者無所不爲矣。嗚呼！此秦之禍，所以至今而未息歟。

昔者始有書契，以科斗爲文，而其後始有規矩摹畫之迹，蓋今所謂大小篆者。至秦而更以隸，其後日以變革，貴於速成，而從其易。又創爲紙以易簡策。是以天下簿書符檄，繁多委壓，而吏不能究，姦人有以措其手足。如使今世而尚用古之篆書簡策，則雖欲繁多，其勢無由。由此觀之，則凡所以便利天下者，是開詐僞之端也。嗟乎，秦既不可及矣，苟後之君子欲治天下，而惟便利之求，則是引民而日趨於詐也，悲夫。

王應麟《困學紀聞》卷八《孟子》 不仁而得天下，未之有也。秦皇以不仁得之矣，二世而失，猶不得也。

朱熹《朱子語類》卷一三四《歷代一》 黄仁卿問：「自秦始皇變法之後，後世人君皆不能易之，何也？」曰：「秦之法，盡是尊君卑臣之事，所以後世不肯變。且如三皇稱『皇』，五帝稱『帝』，三王稱『王』，秦則兼『皇帝』之號。只此一事，後世如何肯變！」又問：「賈生『仁義攻守』之説，恐秦如此，亦難以仁義守之。」曰：「它若延得數十年，亦可扶持整頓。只是犯衆怒多，下面逼得來緊，所以不旋踵而亡。如三皇五帝三王以來，皆以封建治天下。秦一切掃除，不留種子。秦視六國之君，如坑嬰兒。今年捉一人，明年捉兩人，絶滅都盡，所以犯天下衆怒。當時但聞『秦』字，不問智愚男女，盡要起而亡之！陳涉便做陳王，張耳便做趙王，吏阻遏它不住。漢高祖自小路入秦，由今襄陽、金、商、藍田入關，項羽自河北大路入關。及項羽盡殺秦人，想得秦人亦悔不且留取子嬰在也。」

李贄《藏書・世紀列傳總目・二世胡亥附》 始皇帝，自是千古一帝也。胡亥書名書附者何？若胡亥不附，始皇安所見邪？

江盈科《雪濤閣集・秦始皇》 自開辟以來，古之聖人能創制立法以利天下而垂後世者，皆所謂不凡之人也。若夫惡人之中，亦有所謂不凡之人創制立法，與聖人無異，而亦足以利天下垂後世，則秦始皇是已。夫始皇者，豈非帝王中之窮凶極惡，而無與爲侶者乎？然迹其生平所爲，毅然破常格，掃往迹，獨斷獨行，

遺後世以無窮之用，其大法蓋有四焉。四者何也？曰阡陌，曰郡縣，曰長城，曰隸書。夫法之所以能利天下者，爲其能順天下之勢，體天下之情，可以維俗而不至于拂俗，可以經世而不至于反世，則其達之也易，而其垂之也遠。此惟聖人能之，始皇非聖人也，而亦能焉，何也？蓋始皇無聖人之德，而其才則聖人之才也，所謂不凡者也。是故中古之時，人民未夥，故其田可井，上之人得以計口授業，而無虞于不繼；至于周末生齒漸繁，口業不足以供之，而井田之勢窮。成周開國之初，風氣尚淳，争競未起，故治之以封建，而世遂恬然相安于無事；及于末造，强侯悍伯魚肉其民，天子贅旒，莫能更置，甚而互尋干戈，元元肝腦四顧塗地，而封建之勢窮。三代以前，内夏外夷，各止其所，兩不相戕；自犬戎攻宗周，殺幽王，而北虜薦食上國，日甚一日，疆場之禍，無歲無之，而戍守之勢窮。自有羲卦以來，由點畫而大篆，由大篆而小篆，其時事務簡少，故雖書法繁密紆曲，而治之者有時，需之者可待；從周迄秦，民事吏治愈詳愈多，猶搰搰然從事于古篆，吾恐其腕脱臂困，而計簿奏牘未可卒就，而古篆之勢窮。始皇睹其勢之窮而不可以不變也，于是與李斯之徒商畫注厝，破井田爲阡陌，使民得盡力墾地，野無曠土，計算歲入，倍于往時，而足食之利遍天下矣。改封國爲郡縣，一切守令皆由除授，黜陟之柄，操之自上，賢者久于其位，不肖者、貪者、殘者朝被劾而夕奪璽，元元自是脱于魚肉干戈之場，而安枕之利遍天下矣。築長城限南北，蓋起自臨洮，至于遼左，延袤萬餘里，邊塞有所憑藉以無恐，胡騎有所攔阻而不得恣意南牧，而攘夷之利遍天下矣。易古篆爲隸書，字畫徑捷，結構簡易，雖文牘盈案，奏記滿紙，而爲府史者計刻可辦，不苦煩難，而書契之利遍天下矣。此四者，始皇之創制立法，與聖人同功者也。世儒徒見其出于始皇，因惡其人，遂并其法而詆訾之。夫詆秦皇之法者，世儒也，非聖人也。聖人取善之心至虚，受善之量至宏。故善出于君子，吾取之；善出于衆人，吾取之；善出于小人，出于惡人，吾亦取之。問其善不善而已，不問其出于君子，出于衆人、小人、惡人也。故秦皇之法，世儒之所棄，而聖人之所必不棄也，何也？爲其合于聖人之制也。是故獵較之俗，孔子因焉；爲富不仁之言，出于陽虎之口，孟氏稱焉；鉏麑觸槐，違命也，鬻拳兵諫，犯禮也，左氏贊焉。彼其所取固有在，而不與俗同也。或曰：「秦皇之制合于聖人，然二世而亡，何也？」曰：「秦皇有聖人之才，無聖人之德者也。」假使才如秦皇，出之以漢高祖之德，謂秦之治不能繼三王而稱四焉，吾不信已。假使漢高祖之德，運之以秦皇之才，謂漢之治僅僅以西京終焉，吾不信已。是故秦皇之不能三代也，有聖人之才，而無聖人之德者也。漢高之不能三代也，庶幾聖人之德，而無聖人之才者也。此余所以有取于秦皇，而不敢挾世儒之見同聲而共訾之也。盍觀諸物類乎？麟之趾，鳳之毛，虎之皮，犀之角，並珍于天下，然而麟鳳聖也，虎犀惡也，乃其皮革毛趾得並存于璧府而不見棄者，取其才，略其德也。始皇之法之有當于後世，亦若虎之皮、犀之角而已矣，世儒能訾之，烏能廢之？

《朱彝尊選集・秦始皇論》 法制禁令，所以防民之姦，而非化民成俗之具也。惟秦之爲國，不本于道德，而一任乎法。衛鞅曰「法之不行，自上始也」，刑則加于太子之師傅。而范雎爲相，棄逐君之母弟，秦之君以爲法在焉。師傅可刑，母弟可逐，而法不可易也。其甚者，荆軻以匕首劫始皇，幾揕其胸，環柱而走。人情孰不急其君？左右之臣，至寧視其君之死，不敢操尺寸之兵上殿，其與寇讎何異！自當時視之，以爲于法宜然，無足怪也。

嗟夫，方其初，用事之臣，惟知任法，積之既久，雖萬乘之尊，爲法所制，寧以身殉法，而不敢易。上下相殘，甘爲衆惡之所歸，以至于亡，豈不哀哉！

蓋吾觀于始皇之焚詩書而深有感。于其際也，當周之衰，聖王不作，處士横議，孟氏以爲邪説誣民，近于禽獸。更數十年歷秦，必有甚于孟氏所見者。又從人之徒，素以擯秦爲快。不曰「嫚秦」，則曰「暴秦」；不曰「虎狼秦」，則曰「無道秦」。所以詬詈之者靡不至。六國既滅，秦方以爲傷心之怨，隱忍未發，而諸儒復以事不師古，交訕其非。禍機一動，李斯上言，百家之説燔，而詩書亦與之俱燼矣！嗟乎，李斯者，荀卿之徒，亦常習聞仁義之説，豈必以焚詩書爲快哉！彼之所深惡者，百家之邪説，而非聖人之言。彼之所坑者，亂道之儒，而非聖人之徒也。特以爲詩書不燔，則百家有所附會，而儒生之紛綸不止，勢使法不能出于一。其忿然焚之不顧者，懼黔首之議其法也。彼始皇之初心，豈若是其忍哉！蓋其所重者法，激而治之，甘爲衆惡之所歸而不悔也。

嗚呼，邪説之禍，其存也，無父無君，使人陷于禽獸；其發也，至合聖人之書燼焉。然則非秦焚之，處士横議者焚之也。後之儒者，不本乎聖賢之旨，文其私説，雜出乎浮屠老氏之學，以眩于世。天下任法之君多有，使激而治之，可不深慮也哉！

藝文

《樂府詩集·雜歌謡辭一·秦始皇歌》《古今樂録》曰：「秦始皇祠洛水，有黑頭公從河中出，呼始皇曰：『來受天寶。』乃與羣臣作歌。」

洛陽之水，其色蒼蒼。祠祭大澤，倏忽南臨。洛濱醊禱，色連三光。

《文選·潘安仁〈西征賦〉》異哉秦始皇之爲君也！傾天下以厚葬，自開闢而未聞。匠人勞而弗圖，俾生埋以報勤。外罹西楚之禍，内受牧豎之焚。語曰：行無禮必自及。此非其効與？

《全唐詩》卷二唐高宗《幸秦始皇陵》眷言君失德，驪邑想秦餘。政煩方改篆，愚俗乃焚書。阿房久已滅，閣道遂成墟。欲厭東南氣，翻傷掩鮑車。

《張九齡集》卷一《和黄門盧監望秦始皇陵》秦帝始求仙，驪山何遽卜。中年既無效，兹地所宜復。徒役如雷奔，珍怪亦雲蓄。黔首無寄命，赭衣相馳逐。人怨神亦怒，身死宗遂覆。土崩失天下，龍鬥入函谷。國爲項籍屠，君同華元戮。始掘既由楚，終焚乃因牧。上宰議楊賢，中阿感桓速。一聞《過秦論》，載懷空杼軸。

《王維集》卷一《過秦皇墓》古墓成蒼嶺，幽宮象紫臺。星辰七曜隔，河漢九泉開。有海人寧渡，無春雁不迴。更聞松韻切，疑是大夫哀。

《李太白全集》卷二《古風五十九首·其三》秦王掃六合，虎視何雄哉！揮劍決浮雲，諸侯盡西來。明斷自天啓，大略駕羣才。收兵鑄金人，函谷正東開。銘功會稽嶺，騁望琅邪臺。刑徒七十萬，起土驪山隈。尚採不死藥，茫然使心哀。連弩射海魚，長鯨正崔嵬。額鼻象五岳，揚波噴雲雷。鬐鬣蔽青天，何由覩蓬萊。徐市載秦女，樓船幾時回。但見三泉下，金棺葬寒灰。

《李太白全集》卷二《古風五十九首·其四十八》秦皇按寶劍，赫怒震威神。逐日巡海右，驅石駕滄津。徵卒空九寓，作橋傷萬人。但求蓬島藥，豈思農鳸春。力盡功不贍，千載爲悲辛。

《全唐詩》卷四八六鮑溶《讀史》鬼書報秦亡，天地亦云閉。赤龍吟大野，老(毋)〔母〕哭白帝。蒼蒼無白日，項氏徒先濟。六合已姓劉，鴻門事難制。坑降嬴政在，衣錦人望替。宿昔見漢兵，龍蛇滿旌棨。始矜山可拔，終歎騅不逝。區區亞父心，未究天人際。蕭張馬無汗，盛業垂千世。

《羅隱集·甲乙集·始皇陵》荒堆無草樹無枝，懶向行人問昔時。六國英雄謾多事，到頭徐福是男兒。

《白居易集》卷四《諷喻四·驪宫高》高高驪山上有宫，朱樓紫殿三四重。遲遲兮春日，玉甃暖兮温泉溢。嫋嫋兮秋風，山蟬鳴兮宫樹紅。翠華不來歲月久，牆有衣兮瓦有松。吾君在位已五載，何不一幸乎其中？西去都門幾多地？吾君不遊有深意。一人出兮不容易，六宫從兮百司備；八十一車千萬騎，朝有宴飫暮有賜：中人之産數百家，未足充君一日費。吾君修已人不知，不自逸兮不自嬉。吾君愛人人不識，不傷財兮不傷力。驪宫高兮高入雲，君之來兮爲一身；君之不來兮爲萬人。

《白居易集》卷四《諷喻四·草茫茫》草茫茫，土蒼蒼；蒼蒼茫茫在何處？驪山脚下秦皇墓。墓中下涸二重泉，當時自以爲深固。下流水銀象江海，上綴珠光作烏兔。别爲天地於其間，擬將富貴隨身去。一朝盜掘墳陵破，龍椁神堂三月火。可憐寶玉歸人間，暫借泉中買身禍！奢者狼藉儉者安，一凶一吉在眼前。憑君迴首向南望，漢文葬在灞陵原。

許渾《丁卯集》卷上《途經秦始皇墓》龍盤虎踞樹層層，勢入浮雲亦是崩。一種青山秋草裏，路人唯拜漢文陵。

梅堯臣《宛陵先生集》卷四四《秦始皇馳道》秦帝觀滄海，勞人何得脩。石橋虹霓斷，馳道鹿麋遊。車轍久已没，馬迹亦無留。驪山寶衣盡，萬古空冢丘。

王安石《王文公文集》卷三八《古詩·秦始皇》天方獵中原，狐兔在所憎。傷哉六孱王，當此鷙鳥膺。搏取已掃地，翰飛尚憑淩。逝將跨蓬萊，以海爲丘陵。勒石頌功德，群臣助驕矜。舉世不讀《易》，但以刑名稱。蚩蚩彼少子，何用辨堅冰。

《王十朋全集·詩集》卷一〇《詠史詩·秦始皇》鯨吞六國帝人寰，遣使遥尋海上山。仙藥未來身已死，鑾輿空載鮑魚還。

李昪《草閣詩集》卷五《詠史·始皇》六國雄吞似建瓴，皂斿從此任嚴刑。南巡禹穴功雖刻，東度蓬萊術不靈。持璧先知祖龍死，載車難掩鮑魚腥。驪山草木同衰朽，萬古依然自六經。

江盈科《雪濤閣集·秦始皇》今古誰人不過秦？長城難入過中論。十年

立就千年計，箇是開天惡聖人。

《梁辰魚集》卷二七《秦始皇》 西來王氣暗咸關，一去沙丘意不還。始悔樓船駕滄海，人間亦自有商山。

顧炎武《顧亭林詩文集》卷一《秦皇行》 秦肉六國啖神州，六國之士皆秦讐。劍一發，亡荆軻；筑再舉，誅漸離。博浪沙中中副車，倉海神人無奈何。自言王者定不死，豈知天意亡秦卻在此！隕石化，山鬼言，天意茫茫安可論。扶蘇未出監上郡，始皇不死讐人刃。

李苞《敏齋詩草》卷下《焚書坑》 始皇自用本來愚，久視成編可有無。餘燼他年燃楚炬，深文此日陷秦儒。黄公橋上授韜略，孔氏壁中藏典謨。畢竟書坑燒不盡，常教後世笑糊塗。

自從典籍成灰後，藝苑荒蕪經笥虛。有客衹提三尺劍，無人得讀五車書。灌嬰販帛樊屠狗，周勃吹簫信釣魚。倉卒雲龍相會合，滅秦興漢智何如。

蒙恬部

綜述

《史記》卷八八《蒙恬列傳》　蒙恬者，其先齊人也。恬大父蒙驁，自齊事秦昭王，官至上卿。秦莊襄王元年，蒙驁爲秦將，伐韓，取成皋、滎陽，作置三川郡。二年，蒙驁攻趙，取三十七城。始皇三年，蒙驁攻韓，取十三城。五年，蒙驁攻魏，取二十城，作置東郡。始皇七年，蒙驁卒。驁子曰武，武子曰恬。恬嘗書獄典文學。始皇二十三年，蒙武爲秦裨將軍，與王翦攻楚，大破之，殺項燕。二十四年，蒙武攻楚，虜楚王。蒙恬弟毅。

始皇二十六年，蒙恬因家世得爲秦將，攻齊，大破之，拜爲内史。秦已并天下，乃使蒙恬將三十萬衆北逐戎狄，收河南。築長城，因地形，用制險塞，起臨洮，至遼東，延袤萬餘里。於是渡河，據陽山，逶蛇而北。暴師於外十餘年，居上郡。是時蒙恬威振匈奴。始皇甚尊寵蒙氏，信任賢之。而親近蒙毅，位至上卿，出則參乘，入則御前。恬任外事而毅常爲内謀，名爲忠信，故雖諸將相莫敢與之争焉。【略】

始皇欲游天下，道九原，直抵甘泉，迺使蒙恬通道，自九原抵甘泉，塹山堙谷，千八百里。道未就。

始皇三十七年冬，行出游會稽，並海上，北走琅邪。道病，使蒙毅還禱山川，未反。

始皇至沙丘崩，祕之，羣臣莫知。是時丞相李斯、公子胡亥、中車府令趙高常從。高雅得幸於胡亥，欲立之，又怨蒙毅法治之而不爲己也，因有賊心，迺與丞相李斯、公子胡亥陰謀，立胡亥爲太子。太子已立，遣使者以罪賜公子扶蘇、蒙恬死。扶蘇已死，蒙恬疑而復請之。使者以蒙恬屬吏，更置。胡亥以李斯舍人爲護軍。使者還報，胡亥已聞扶蘇死，即欲釋蒙恬。趙高恐蒙氏復貴而用事，怨之。

毅還至，趙高因爲胡亥忠計，欲以滅蒙氏，乃言曰：「臣聞先帝欲舉賢立太子久矣，而毅諫曰『不可』。若知賢而俞弗立，則是不忠而惑主也。以臣愚意，不若誅之。」胡亥聽而繫蒙毅於代。前已囚蒙恬於陽周。喪至咸陽，已葬，太子立爲二世皇帝，而趙高親近，日夜毁惡蒙氏，求其罪過，舉劾之。

子嬰進諫曰：「臣聞故趙王遷殺其良臣李牧而用顔聚，燕王喜陰用荆軻之謀而倍秦之約，齊王建殺其故世忠臣而用后勝之議。此三君者，皆各以變古者失其國而殃及其身。今蒙氏，秦之大臣謀士也，而主欲一旦弃去之，臣竊以爲不可。臣聞輕慮者不可以治國，獨智者不可以存君。誅殺忠臣而立無節行之人，是内使羣臣不相信而外使鬬士之意離也，臣竊以爲不可。」

胡亥不聽，而遣御史曲宫乘傳之代，令蒙毅曰：「先主欲立太子而卿難之。今丞相以卿爲不忠，罪及其宗。朕不忍，乃賜卿死，亦甚幸矣。卿其圖之！」毅對曰：「以臣不能得先主之意，則臣少宦，順幸没世，可謂知意矣。以臣不知太子之能，則太子獨從，周旋天下，去諸公子絶遠，臣無所疑矣。夫先主之舉用太子，數年之積也，臣乃何言之敢諫，何慮之敢謀！非敢飾辭以避死也，爲羞累先主之名，願大夫爲慮焉，使臣得死情實。且夫順成全者，道之所貴也；刑殺者，道之所卒也。昔者秦穆公殺三良而死，罪百里奚而非其罪也，故立號曰『繆』。昭襄王殺武安君白起。楚平王殺伍奢。吴王夫差殺伍子胥。此四君者，皆爲大失，而天下非之，以其君爲不明，以是籍於諸侯。故曰『用道治者不殺無罪，而罰不加於無辜』。唯大夫留心！」使者知胡亥之意，不聽蒙毅之言，遂殺之。

二世又遣使者之陽周，令蒙恬曰：「君之過多矣，而卿弟毅有大罪，法及内史。」恬曰：「自吾先人，及至子孫，積功信於秦三世矣。今臣將兵三十餘萬，身雖囚繫，其勢足以倍畔，然自知必死而守義者，不敢辱先人之教，以不忘先主也。昔周成王初立，未離襁緥，周公旦負王以朝，卒定天下。及成王有病甚殆，公旦自揃其爪以沈於河，曰：『王未有識，是旦執事。有罪殃，旦受其不祥。』乃書而藏之記府，可謂信矣。及王能治國，有賊臣言：『周公旦欲爲亂久矣，王若不備，必有大事。』王乃大怒，周公旦走而奔於楚。成王觀於記府，得周公旦沈書，乃流涕曰：『孰謂周公旦欲爲亂乎！』殺言之者而反周公旦。故《周書》曰『必參而伍之』。今恬之宗，世無二心，而事卒如此，是必孽臣逆亂，内陵之道也。夫成王失而復振則卒昌；桀殺關龍逢，紂殺王子比干而不悔，身死則國亡。臣故曰過可振而諫可覺也。察於參伍，上聖之法也。凡臣之言，非以求免於咎也，將以諫而死，願陛下爲萬民思從道也。」使者曰：「臣受詔行法於將軍，不敢以將軍言聞於

上也。」蒙恬喟然太息曰：「我何罪於天，無過而死乎？」良久，徐曰：「恬罪固當死矣。起臨洮屬之遼東，城塹萬餘里，此其中不能無絶地脈哉？此乃恬之罪也。」乃吞藥自殺。

雜録

備録

《漢書》卷四五《伍被傳》 往者秦爲無道，殘賊天下，【略】遣蒙恬築長城，東西數千里，暴兵露師，常數十萬，死者不可勝數，僵尸滿野，流血千里。於是百姓力屈，欲爲亂者十室而五。

《漢書》卷九四上《匈奴傳上》 秦滅六國，而始皇帝使蒙恬將數十萬之(物)〔衆〕北擊胡，收河南地，因河爲塞，築四十四縣城臨河，徙適戍以充之。而通直道，自九原至雲陽，邊山險，塹谿谷，可繕者繕之，起臨洮至遼東萬餘里。又度河據陽山北假中。

《漢書》卷九四下《匈奴傳下》 揚雄曰：以秦始皇之彊，蒙恬之威，帶甲四十餘萬，然不敢窺西河，乃築長城以界之。

《後漢書》卷八七《西羌傳》 秦既兼天下，使蒙恬將兵略地，西逐諸戎，北卻衆狄，築長城以界之，衆羌不復南度。

《宋書》卷一九《樂志一》 箏，秦聲也。傅玄《箏賦序》曰：「世以爲蒙恬所造。今觀其體合法度，節究哀樂，乃仁智之器，豈亡國之臣所能闗思哉。」

酈道元《水經注》卷二《河水》 昔蒙恬爲秦北逐戎人，開榆中之地。

俞樾《春在堂隨筆》卷七 秦將軍蒙恬，築長城，絶地脉，致不得其死。今長城之下，未知尚有蒙將軍廟貌否？乃吾湖之善連村，則固有蒙公祠。其地皆以筆爲世業，筆工不忘所始，故有祠宇以祀蒙公，香火頗盛。蒙公本秦將，乃以有功翰墨，千秋廟食，度亦非其意計所及矣。

備論

《史記》卷八八《蒙恬列傳論》 吾適北邊，自直道歸，行觀蒙恬所爲秦築長城亭障，塹山堙谷，通直道，固輕百姓力矣。夫秦之初滅諸侯，天下之心未定，痍傷者未瘳，而恬爲名將，不以此時彊諫，振百姓之急，養老存孤，務修衆庶之和，而阿意興功，此其兄弟遇誅，不亦宜乎！何乃罪地脈哉？

《史記》卷六《秦始皇本紀論》 使蒙恬北築長城而守藩籬，卻匈奴七百餘里，胡人不敢南下而牧馬，士不敢彎弓而報怨。

桓寬《鹽鐵論・地廣》 文學曰：「秦之用兵，可謂極矣，蒙恬斥境，可謂遠矣。」

王充《論衡・禍虚篇》 秦二世使使者詔殺蒙恬。蒙恬喟然嘆曰：「我何過於天？無罪而死！」良久，徐曰：「恬罪故當死矣！夫起臨洮屬之遼東，城徑萬里，此其中不能毋絶地脉。此乃恬之罪也！」即吞藥自殺。太史公非之曰：「夫秦初滅諸侯，天下心未定，夷傷未瘳，而恬爲名將，不以此時彊諫，救百姓之急，養老矜孤，脩衆庶之和，阿意興功，此其子(兄)弟過(遇)誅，不亦宜乎？何與乃罪地脉也？」

夫蒙恬之言既非，而太史公非之亦未是。何則？蒙恬絶〔地〕脉，罪至當死，地養萬物，何過於人(天)，而絶其脉？〔蒙恬〕知己有絶地脉之罪，不知地脉所以絶之過，自非如此，與不自非何以異？

太史公爲非恬之爲名將，不能以彊諫，故致此禍。夫當諫不諫，故致受死亡之戮。身任李陵，坐下蠶室，如太史公之言，所任非其人，故殘身之戮，天命而至也。非蒙恬以不彊諫，故致此禍，則己下蠶室，有非者矣。己無非，則其非蒙恬，非也。

作伯夷之傳，則(列)善惡之行，云：「七十子之徒，仲尼獨薦顔淵好學。然回也屢空，糟糠不厭，卒夭死，天之報施善人如何哉？盜跖日殺不辜，肝人之肉，暴戾恣睢，聚黨數千，横行天下，竟以壽終。是獨遵何哉？」若此言之，顔回不當早夭，盜跖不當全活也。〔不〕怪顔淵不當夭，而獨謂蒙恬當死，過矣。

《史記》卷八八《蒙恬列傳》司馬貞述贊 蒙氏秦將，内史忠賢。長城首築，

萬里安邊。趙高矯制，扶蘇死焉。絶地何罪？勞人是僁。呼天欲訴，三代良然。

蘇轍《古史》卷五七《蒙恬列傳論》 蘇子曰：蒙氏爲秦吞滅諸侯，其所殘暴多矣。子孫以無罪戮死，此天意也。恬以長城之役，竭民力，斷地脉，自知當死。而毅以忠信事上，自許無罪，死而不厭。夫偷合取容，咎亞李斯，此其所以不免者哉！然始皇病於琅邪，使毅還禱山川，至沙丘而崩。使毅尚從，則趙高、李斯廢適之謀，殆不能發。嗚呼！天之所廢，人謀固無所復施耶。

陳仁子《牧萊脞語》卷九《蒙恬論》 天下之亂，起於重民之罪，而成於勞民之力。故重民之罪者其禍遲而深，勞民之力者其禍速而甚。世之奸臣，往往假君之威，劫天下於刀鋸斧鉞之下，此雖足以蹙國家之脉，而民之罹其毒者，蓋猶有幸不幸也。至於役之重也不然。夫人莫欲逸也，一旦奪其桑梓之樂，而役以板築之勞，離其事育之資，而加以征行之苦，胥天下之民於不得休息之中，此固人情所甚不堪者。爲臣者苟知爲國長計，則當天下方定之初，重念生民之命，瀕於死者，數數如是，量其勢之可否而禁止之，縱有忤意，害止於一身，獨柰何逢君之惡而甚之哉！秦之亡，人皆曰商鞅爲之也，而不知亦蒙恬爲之也。故秦之亡非一道，而速其亡者，始於商鞅，成於蒙恬，二人而已。夫商鞅之法，貴利尚功，信賞必罰，慘酷入骨，秦幸其嚴而成富强之功也。當時之民，日趍功利之域，無閒暇樂生之心，而勇於公戰，怯於私鬭，務農重穀，猶不失所以相養之資也。恬之罪則甚於鞅矣。天下方定，民之病未蘇也，肩未息也，而遽重以長城之役，起臨洮，至遼東焉。又益以直道之役，道九原，抵雲陽焉。塹山湮谷，數年不就，民至死而不得休。夫此二大役也，雖曰始皇之過，時在廷豈無它人，而恬獨攘臂爲之，是開之者始皇，而成之者恬也。秦之天下，不幸而斵削於商鞅之刑，又不幸而決裂於蒙恬之役，民益苦而秦不可救矣。高之殺恬，與鞅之車裂，一也。而吾尤謂鞅之死，死於國法；而恬之死，死於姦鋒，則其罪固尤未著也。使恬於斯時，不逢始皇之惡而尤及止之，無長城之苦也，無直道之除也，息其黥而補其劓，與天下相安於無事之餘，安知秦不尚延數祀者？故秦之亡，鞅其作俑而恬其推波者也。或者見恬曰「吾擁兵三十六萬，不忍叛而死」，猶竊義之。夫使恬果叛也，天下之誅將集其身，而誰肯從之者？嗚呼！誘君之惡其罪小，逢君之惡其罪大，恬之罪又浮於鞅矣！

張岳《小山類稿》卷一九《蒙恬論》 道理之在天下，周匝密塞，活動無滯，而謂之義者，固曰能隨時處宜，以合乎中也。事之宜在外，制事之宜在心。惟充養素熟，講求素精，執守素定者，卒臨事變，始有以合輕重之宜，適天理之全。不然，則安於偏而不知其全也，拘於輕而不知其重也，庸何以盡義之分量，會斯道之全體，以處天下之大變哉？若蒙恬之死是矣。論者謂其有以明君臣之義。然使不悖然於一決，而後求夫道理之全者以自處焉，則所以關天下安危之數，而明夫君臣之義，必有大於所死者矣。蓋死固可也；死而不足以成天下之事，則不若生而成事之爲愈也。恬之死，其無益於死矣乎？

方始皇之崩也，羈襯于外，無以安天下之反側；扶蘇行邊，無以定天下之人心。奸臣盤據，矯始皇之命，援胡亥以爲君，而置扶蘇於死地矣。即此一事，三綱淪，九法斁，天下之公議，鬱而不伸，秦人之國祚，傾而難恃，此豈恬草草就死之時乎？恬之言曰：「將以見先人於地下，而不忘先帝。」嗚呼！恬之見如此矣乎！蒙氏之仕秦，三世矣，則恬固秦之世臣，而非始皇之親臣也。當是時，社稷爲重，君爲輕，秦氏安危，不繫於始皇之死生，而繫於扶蘇之存亡。則恬之死生，不當視始皇爲輕重，當從容審處於扶蘇存亡之時，以決其死生之機也。蓋扶蘇，始皇所定，而且有臨終之詔。胡亥，高、斯所立，而且有黨惡之罪。始皇而在，則帝固恬之君矣；始皇而崩，則太子非恬之君而何？君父之仇，不共戴天，遇諸塗，不待戈而鬥，禮也。高、斯二竪，違先帝之詔命，殺先帝之冢子，壞先帝之天下，此賊也。吾爲先帝之臣子，不於若輩之誅而誰誅？胡亥雖正位宸極，然叛其父而戕其兄，天理泯矣，人道滅矣，安有無父兄之人而可主天下哉？况其所謂君者，特二竪之君耳，天下不之君也。極惡大罪，無所容於天地間，是亦賊也。原情定罪，不當置胡亥於高、斯之下，則討賊之師，可以興矣。

夫人心之所服者理也。吾以理而興師，則當以順逆而爲勝負。天地鬼神，昭布森列，無不我乎護持，况彼奸黨之徒，此理既亡，是先失所恃矣，庸何敢我抗？如是，則足以伸天下之大經、君臣之大義，而討賊之舉，焕然大白於天下，不猶愈於徒死而無益乎？恬若知此，則三十萬之兵，足以横行於天下，聲逆賊之罪，向函關而南，磔高、斯之骨，以正滔天之罪。若胡亥者，則暴其大惡，告於先王，示於天下，而加刑焉。然後擁立宗室之賢者，以主先帝之祀，則猶可以延秦祚於無窮。恬所以不忘先帝而見先人於地下者，無出於此。奈何不知此義，輕於一決，勇於自信，使大奸盤據而莫移，國脈遂傾而莫支乎？嗚呼！死生大事也，君臣大義也，天理民彝之所在，不可苟也。設不幸舉兵而敗，猶可以少伸天下之憤，而盡臣子之心，况事在可舉，功在可成，乃甘自束縛，而失此機會，

惜哉！

吾嘗究恬之心，而推其所以輕於死者矣，蓋拘滯於君臣之義，而昧通變之方，守伏死之節，而不知討賊之道。故以胡亥既已爲君，而興師則爲叛君，不知胡亥不當爲君者也。與國休戚，臣子之義，不知討賊者乃所以盡義也。其言曰：「臣有兵三十萬，其勢足以悖叛。」夫始皇崩矣，扶蘇死矣，拱南面而君天下者，乃吾之仇也，所叛者，果誰乎？以討賊之師，反疑爲叛亂之舉，所以卒泯於就死歟？嗚呼！是蓋平時無精義之功，無涵養之力，又不勝一時之憤激，而不免爲血氣所使耳。不然，方扶蘇之將死也，恬嘗勸以請命，請之而知出於高、斯，則扶蘇豈但已乎？是恬蓋已知矯命之爲非，則必不屑於胡亥而不與之共戴天矣。充此不足胡亥之心，則吾之義氣，足以昭然於天地之間，而警夫萬世之臣叛君、子背父者，其視夫決一死以中奸臣之計，而長亂賊之黨者，輕重又何如耶？

夫不知其理之當爲而不爲，吾固無取於斯人矣。知其理之當爲而不能權輕重以出萬全而責備者，亦安能默默於此耶？此吾所以深咎恬無學問之功，而不免爲血氣所使也。雖然，恬固可責矣，然恬之在秦，不足責也。以始皇之暴虐，而恬爲之用，以厚其毒，以滋其惡，其不仁甚矣。又況如秦之暴，輕忠節，重詐謀，無忠臣義士之報也固宜。然則恬之死，其天之所以傾秦乎？吾固因恬之事，而極論之，以見夫爲君者，不可以不仁，爲臣者，不可以不學。

藝文

《全唐詩》卷五九李嶠《箏》 蒙恬芳軌設，遊楚妙彈開。新曲帳中發，清音指下來。鈿裝模六律，柱列配三才。莫聽西秦奏，箏箏有剩哀。

《全唐詩》卷四八五鮑溶《長城》 蒙公虜生人，北築秦氏冤。禍興蕭牆內，萬里防禍根。城成六國亡，宮闕啟千門。生人半爲土，何用空中原。奈何家天下，骨肉尚無恩。投沙擁海水，安得久不翻。乘高慘人魂，寒日易黃昏。枯骨貫朽鐵，砂中如有言。萬古驪山下，徒悲野火燔。

李斯部

綜述

《史記》卷八七《李斯列傳》　李斯者，楚上蔡人也。年少時，爲郡小吏，見吏舍厠中鼠食不絜，近人犬，數驚恐之。斯入倉，觀倉中鼠，食積粟，居大廡之下，不見人犬之憂。於是李斯乃歎曰：「人之賢不肖譬如鼠矣，在所自處耳！」

乃從荀卿學帝王之術。學已成，度楚王不足事，而六國皆弱，無可爲建功者，欲西入秦。辭於荀卿曰：「斯聞得時無怠，今萬乘方争時，游者主事。今秦王欲吞天下，稱帝而治，此布衣馳騖之時而游説者之秋也。處卑賤之位而計不爲者，此禽鹿視肉，人面而能彊行者耳。故詬莫大於卑賤，而悲莫甚於窮困。久處卑賤之位，困苦之地，非世而惡利，自託於無爲，此非士之情也。故斯將西説秦王矣。」

至秦，會莊襄王卒，李斯乃求爲秦相文信侯吕不韋舍人；不韋賢之，任以爲郎。李斯因以得説，説秦王曰：「胥人者，去其幾也。成大功者，在因瑕釁而遂忍之。昔者秦穆公之霸，終不東并六國者，何也？諸侯尚衆，周德未衰，故五伯迭興，更尊周室。自秦孝公以來，周室卑微，諸侯相兼，關東爲六國，秦之乘勝役諸侯，蓋六世矣。今諸侯服秦，譬若郡縣。夫以秦之彊，大王之賢，由竈上騷除，足以滅諸侯，成帝業，爲天下一統，此萬世之一時也。今怠而不急就，諸侯復彊，相聚約從，雖有黄帝之賢，不能并也。」秦王乃拜斯爲長史，聽其計，陰遣謀士齎持金玉以游説諸侯。諸侯名士可下以財者，厚遺結之；不肯者，利劍刺之。離其君臣之計，秦王乃使其良將隨其後。秦王拜斯爲客卿。

會韓人鄭國來間秦，以作注溉渠，已而覺。秦宗室大臣皆言秦王曰：「諸侯人來事秦者，大抵爲其主游間於秦耳，請一切逐客。」李斯議亦在逐中。斯乃上書曰：

臣聞吏議逐客，竊以爲過矣。昔繆公求士，西取由余於戎，東得百里奚於宛，迎蹇叔於宋，來丕豹、公孫支於晉。此五子者，不産於秦，而繆公用之，并國二十，遂霸西戎。孝公用商鞅之法，移風易俗，民以殷盛，國以富彊，百姓樂用，諸侯親服，獲楚、魏之師，舉地千里，至今治彊。惠王用張儀之計，拔三川之地，西并巴、蜀，北收上郡，南取漢中，包九夷，制鄢、郢，東據成皋之險，割膏腴之壤，遂散六國之從，使之西面事秦，功施到今。昭王得范睢，廢穰侯，逐華陽，彊公室，杜私門，蠶食諸侯，使秦成帝業。此四君者，皆以客之功。由此觀之，客何負於秦哉！向使四君卻客而不內，疏士而不用，是使國無富利之實而秦無彊大之名也。

今陛下致昆山之玉，有隨、和之寶，垂明月之珠，服太阿之劍，乘纖離之馬，建翠鳳之旗，樹靈鼉之鼓。此數寶者，秦不生一焉，而陛下説之，何也？必秦國之所生然後可，則是夜光之璧不飾朝廷，犀象之器不爲玩好，鄭、衛之女不充後宫，而駿良駃騠不實外廐，江南金錫不爲用，西蜀丹青不爲采。所以飾後宫充下陳娱心意説耳目者，必出於秦然後可，則是宛珠之簪，傅璣之珥，阿縞之衣，錦繡之飾不進於前，而隨俗雅化佳冶窈窕趙女不立於側也。夫擊甕叩缶彈箏搏髀，而歌呼嗚嗚快耳(目)者，真秦之聲也；《鄭》、《衛》《桑間》、《昭》《虞》、《武》《象》者，異國之樂也。今弃擊甕叩缶而就《鄭》《衛》，退彈箏而取《昭》《虞》，若是者何也？快意當前，適觀而已矣。今取人則不然。不問可否，不論曲直，非秦者去，爲客者逐。然則是所重者在乎色樂珠玉，而所輕者在乎人民也。此非所以跨海内制諸侯之術也。

臣聞地廣者粟多，國大者人衆，兵彊則士勇。是以太山不讓土壤，故能成其大；河海不擇細流，故能就其深；王者不卻衆庶，故能明其德。是以地無四方，民無異國，四時充美，鬼神降福，此五帝、三王之所以無敵也。今乃弃黔首以資敵國，卻賓客以業諸侯，使天下之士退而不敢西向，裹足不入秦，此所謂「藉寇兵而齎盗糧」者也。

夫物不産於秦，可寶者多；士不産於秦，而願忠者衆。今逐客以資敵國，損民以益讎，内自虚而外樹怨於諸侯，求國無危，不可得也。

秦王乃除逐客之令，復李斯官，卒用其計謀。官至廷尉。二十餘年，竟并天下，尊主爲皇帝，以斯爲丞相。夷郡縣城，銷其兵刃，示不復用。使秦無尺土之封，不立子弟爲王、功臣爲諸侯者，使後無戰攻之患。

始皇三十四年，置酒咸陽宫，博士僕射周青臣等頌稱始皇威德。齊人淳于越進諫曰：「臣聞之，殷周之王千餘歲，封子弟功臣自爲支輔。今陛下有海内，

而子弟爲匹夫，卒有田常、六卿之患，臣無輔弼，何以相救哉？事不師古而能長久者，非所聞也。今青臣等又面諛以重陛下過，非忠臣也。」始皇下其議丞相。丞相謬其説，絀其辭，乃上書曰：「古者天下散亂，莫能相一，是以諸侯並作，語皆道古以害今，飾虚言以亂實，人善其所私學，以非上所建立。今陛下并有天下，別白黑而定一尊；而私學乃相與非法教之制，聞令下，即各以其私學議之，入則心非，出則巷議，非主以爲名，異趣以爲高，率羣下以造謗。如此不禁，則主勢降乎上，黨與成乎下。禁之便。臣請諸有文學《詩》《書》百家語者，蠲除去之。令到滿三十日弗去，黥爲城旦。所不去者，醫藥卜筮種樹之書。若有欲學者，以吏爲師。」始皇可其議，收去《詩》《書》百家之語以愚百姓，使天下無以古非今。明法度，定律令，皆以始皇起。同文書。治離宮別館，周徧天下。明年，又巡狩，外攘四夷，斯皆有力焉。

斯長男由爲三川守，諸男皆尚秦公主，女悉嫁秦諸公子。三川守李由告歸咸陽，李斯置酒於家，百官長皆前爲壽，門廷車騎以千數。李斯喟然而歎曰：「嗟乎！吾聞之荀卿曰『物禁大盛』。夫斯乃上蔡布衣，閭巷之黔首，上不知其駑下，遂擢至此。當今人臣之位無居臣上者，可謂富貴極矣。物極則衰，吾未知所稅駕也！」

始皇三十七年十月，行出游會稽，並海上，北抵琅邪。丞相斯、中車府令趙高兼行符璽令事，皆從。始皇有二十餘子，長子扶蘇以數直諫上，上使監兵上郡，蒙恬爲將。少子胡亥愛，請從，上許之。餘子莫從。

其年七月，始皇帝至沙丘，病甚，令趙高爲書賜公子扶蘇曰：「以兵屬蒙恬，與喪會咸陽而葬。」書已封，未授使者，始皇崩。書及璽皆在趙高所，獨子胡亥、丞相李斯、趙高及幸宦者五六人知始皇崩，餘羣臣皆莫知也。李斯以爲上在外崩，無真太子，故祕之。置始皇居轀輬車中，百官奏事上食如故，宦者輒從轀輬車中可諸奏事。

趙高因留所賜扶蘇璽書，而謂公子胡亥曰：「上崩，無詔封王諸子而獨賜長子書。長子至，即立爲皇帝，而子無尺寸之地，爲之柰何？」胡亥曰：「固也。吾聞之，明君知臣，明父知子。父捐命，不封諸子，何可言者！」趙高曰：「不然。方今天下之權，存亡在子與高及丞相耳，願子圖之。且夫臣人與見臣於人，制人與見制於人，豈可同日道哉！」胡亥曰：「廢兄而立弟，是不義也；不奉父詔而畏死，是不孝也；能薄而材譾，彊因人之功，是不能也：三者逆德，天下不服，身殆傾危，社稷不血食。」高曰：「臣聞湯、武殺其主，天下稱義焉，不爲不忠。衛君殺其父，而衛國載其德，孔子著之，不爲不孝。夫大行不小謹，盛德不辭讓，鄉曲各有宜而百官不同功。故顧小而忘大，後必有害；狐疑猶豫，後必有悔。斷而敢行，鬼神避之，後有成功。願子遂之！」胡亥喟然歎曰：「今大行未發，喪禮未終，豈宜以此事干丞相哉！」趙高曰：「時乎時乎，閒不及謀！贏糧躍馬，唯恐後時！」

胡亥既然高之言，高曰：「不與丞相謀，恐事不能成，臣請爲子與丞相謀之。」高乃謂丞相斯曰：「上崩，賜長子書，與喪會咸陽而立爲嗣。書未行，今上崩，未有知者也。所賜長子書及符璽皆在胡亥所，定太子在君侯與高之口耳。事將何如？」斯曰：「安得亡國之言！此非人臣所當議也！」高曰：「君侯自料能孰與蒙恬？功高孰與蒙恬？謀遠不失孰與蒙恬？無怨於天下孰與蒙恬？長子舊而信之孰與蒙恬？」斯曰：「此五者皆不及蒙恬，而君責之何深也？」高曰：「高固内官之廝役也，幸得以刀筆之文進入秦宮，管事二十餘年，未嘗見秦免罷丞相功臣有封及二世者也，卒皆以誅亡。皇帝二十餘子，皆君之所知。長子剛毅而武勇，信人而奮士，即位必用蒙恬爲丞相，君侯終不懷通侯之印歸於鄉里，明矣。高受詔教習胡亥，使學以法事數年矣，未嘗見過失。慈仁篤厚，輕財重士，辯於心而詘於口，盡禮敬士，秦之諸子未有及此者，可以爲嗣。君計而定之。」斯曰：「君其反位！斯奉主之詔，聽天之命，何慮之可定也？」高曰：「安可危也，危可安也。安危不定，何以貴聖？」斯曰：「斯，上蔡閭巷布衣也，上幸擢爲丞相，封爲通侯，子孫皆至尊位重禄者，故將以存亡安危屬臣也。豈可負哉！夫忠臣不避死而庶幾，孝子不勤勞而見危，人臣各守其職而已矣。君其勿復言，將令斯得罪。」高曰：「蓋聞聖人遷徙無常，就變而從時，見末而知本，觀指而覩歸。物固有之，安得常法哉！方今天下之權命懸於胡亥，高能得志焉。且夫從外制中謂之惑，從下制上謂之賊。故秋霜降者草花落，水摇動者萬物作，此必然之效也。君何見之晚？」斯曰：「吾聞晉易太子，三世不安；齊桓兄弟争位，身死爲戮；紂殺親戚，不聽諫者，國爲丘墟，遂危社稷：三者逆天，宗廟不血食。斯其猶人哉，安足爲謀！」高曰：「上下合同，可以長久；中外若一，事無表裏。君聽臣之計，即長有封侯，世世稱孤，必有喬松之壽，孔、墨之智。今釋此而不從，禍及子孫，足以爲寒心。善者因禍爲福，君何處焉？」斯乃仰天而歎，垂淚太息曰：「嗟乎！獨遭亂世，既以不能死，安託命哉！」於是斯乃聽高。高乃報胡

亥曰：「臣請奉太子之明命以報丞相，丞相斯敢不奉令！」

於是乃相與謀，詐爲受始皇詔丞相，立子胡亥爲太子。更爲書賜長子扶蘇曰：「朕巡天下，禱祠名山諸神以延壽命。今扶蘇與將軍蒙恬將師數十萬以屯邊，十有餘年矣，不能進而前，士卒多秏，無尺寸之功，乃反數上書直言誹謗我所爲，以不得罷歸爲太子，日夜怨望。扶蘇爲人子不孝，其賜劍以自裁！將軍恬與扶蘇居外，不匡正，宜知其謀。爲人臣不忠，其賜死，以兵屬裨將王離。」封其書以皇帝璽，遣胡亥客奉書賜扶蘇於上郡。

使者至，發書，扶蘇泣，入內舍，欲自殺。蒙恬止扶蘇曰：「陛下居外，未立太子，使臣將三十萬衆守邊，公子爲監，此天下重任也。今一使者來，即自殺，安知其非詐？請復請，復請而後死，未暮也。」使者數趣之。扶蘇爲人仁，謂蒙恬曰：「父而賜子死，尚安復請！」即自殺。蒙恬不肯死，使者即以屬吏，繫於陽周。

使者還報，胡亥、斯、高大喜。至咸陽，發喪，太子立爲二世皇帝。以趙高爲郎中令，常侍中用事。

二世燕居，乃召高與謀事，謂曰：「夫人生居世閒也，譬猶騁六驥過決隙也。吾既已臨天下矣，欲悉耳目之所好，窮心志之所樂，以安宗廟而樂萬姓，長有天下，終吾年壽，其道可乎？」高曰：「此賢主之所能行也，而昏亂主之所禁也。臣請言之，不敢避斧鉞之誅，願陛下少留意焉。夫沙丘之謀，諸公子及大臣皆疑焉，而諸公子盡帝兄，大臣又先帝之所置也。今陛下初立，此其屬意怏怏皆不服，恐爲變。且蒙恬已死，蒙毅將兵居外，臣戰戰栗栗，唯恐不終。且陛下安得爲此樂乎？」二世曰：「爲之柰何？」趙高曰：「嚴法而刻刑，令有罪者相坐誅，至收族，滅大臣而遠骨肉，貧者富之，賤者貴之。盡除去先帝之故臣，更置陛下之所親信者近之。此則陰德歸陛下，害除而姦謀塞，羣臣莫不被潤澤，蒙厚德，陛下則高枕肆志寵樂矣。計莫出於此。」二世然高之言，乃更爲法律。於是羣臣諸公子有罪，輒下高，令鞠治之。殺大臣蒙毅等，公子十二人僇死咸陽市，十公主矺死於杜，財物入於縣官，相連坐者不可勝數。

公子高欲奔，恐收族，乃上書曰：「先帝無恙時，臣入則賜食，出則乘輿。御府之衣，臣得賜之；中廄之寶馬，臣得賜之。臣當從死而不能，爲人子不孝，爲人臣不忠。不忠者無名以立於世，臣請從死，願葬酈山之足。唯上幸哀憐之。」書上，胡亥大説，召趙高而示之，曰：「此可謂急乎？」趙高曰：「人臣當憂死而不暇，何變之得謀！」胡亥可其書，賜錢十萬以葬。

法令誅罰日益刻深，羣臣人人自危，欲畔者衆。又作阿房之宫，治直〔道〕、馳道，賦斂愈重，戍傜無已。於是楚戍卒陳勝、吴廣等乃作亂，起於山東，傑俊相立，自置爲侯王，叛秦，兵至鴻門而卻。李斯數欲請閒諫，二世不許。而二世責問李斯曰：「吾有私議而有所聞於韓子也，曰『堯之有天下也，堂高三尺，采椽不斲，茅茨不翦，雖逆旅之宿不勤於此矣。冬日鹿裘，夏日葛衣，粢糲之食，藜藿之羹，飯土匭，啜土鉶，雖監門之養不觳於此矣。禹鑿龍門，通大夏，疏九河，曲九防，決渟水致之海，而股無胈，脛無毛，手足胼胝，面目黎黑，遂以死于外，葬於會稽，臣虜之勞不烈於此矣』。然則夫所貴於有天下者，豈欲苦形勞神，身處逆旅之宿，口食監門之養，手持臣虜之作哉？此不肖人之所勉也，非賢者之所務也。彼賢人之有天下也，專用天下適己而已矣，此所以貴於有天下也。夫所謂賢人者，必能安天下而治萬民，今身且不能利，將惡能治天下哉！故吾願賜志廣欲，長享天下而無害，爲之柰何？」李斯子由爲三川守，羣盜吴廣等西略地，過去弗能禁。章邯以破逐廣等兵，使者覆案三川相屬，誚讓斯居三公位，如何令盜如此。李斯恐懼，重爵禄，不知所出，乃阿二世意，欲求容，以書對曰：

夫賢主者，必且能全道而行督責之術者也。督責之，則臣不敢不竭能以徇其主矣。此臣主之分定，上下之義明，則天下賢不肖莫敢不盡力竭任以徇其君矣。是故主獨制於天下而無所制也。能窮樂之極矣，賢明之主也，可不察焉！

故申子曰「有天下而不恣睢，命之曰以天下爲桎梏」者，無他焉，不能督責，而顧以其身勞於天下之民，若堯、禹然，故謂之「桎梏」也。夫不能修申、韓之明術，行督責之道，專以天下自適也，而徒務苦形勞神，以身徇百姓，則是黔首之役，非畜天下者也，何足貴哉！夫以人徇己，則己貴而人賤；以己徇人，則己賤而人貴。故徇人者賤，而人所徇者貴，自古及今，未有不然者也。凡古之所爲尊賢者，爲其貴也；而所爲惡不肖者，爲其賤也。而堯、禹以身徇天下者也，因隨而尊之，則亦失所爲尊賢之心矣，夫可謂大繆矣。謂之爲「桎梏」，不亦宜乎？不能督責之過也。

故韓子曰「慈母有敗子而嚴家無格虜」者，何也？則能罰之加焉必也。故商君之法，刑弃灰於道者。夫弃灰，薄罪也，而被刑，重罰也。彼唯明主爲能深督輕罪。夫罪輕且督深，而況有重罪乎？故民不敢犯也。是故韓子

曰「布帛尋常，庸人不釋，鑠金百溢，盜跖不搏」者，非庸人之心重，尋常之利深，而盜跖之欲淺也；又不以盜跖之行，爲輕百鎰之重也。搏必隨手刑，則盜跖不搏百鎰；而罰不必行也，則庸人不釋尋常。是故城高五丈，而樓季不輕犯也；泰山之高百仞，而跛牂牧其上。夫樓季也而難五丈之限，豈跛牂也而易百仞之高哉？峭塹之勢異也。明主聖王之所以能久處尊位，長執重勢，而獨擅天下之利者，非有異道也，能獨斷而審督責，必深罰，故天下不敢犯也。今不務所以不犯，而事慈母之所以敗子也，則亦不察於聖人之論矣。夫不能行聖人之術，則舍爲天下役何事哉？可不哀邪！

且夫儉節仁義之人立於朝，則荒肆之樂輟矣；諫說論理之臣間於側，則流漫之志詘矣；烈士死節之行顯於世，則淫康之虞廢矣。故明主能外此三者，而獨操主術以制聽從之臣，而修其明法，故身尊而勢重也。凡賢主者，必將能拂世磨俗，而廢其所惡，立其所欲，故生則有尊重之勢，死則有賢明之謚也。是以明君獨斷，故權不在臣也。然後能滅仁義之塗，掩馳說之口，困烈士之行，塞聰揜明，内獨視聽，故外不可傾以仁義烈士之行，而内不可奪以諫說忿爭之辯。故能犖然獨行恣睢之心而莫之敢逆。若此然後可謂能明申、韓之術，而脩商君之法。法脩術明而天下亂者，未之聞也。故曰「王道約而易操」也。唯明主爲能行之。若此則謂督責之誠，則臣無邪。臣無邪則天下安，天下安則主嚴尊，主嚴尊則督責必，督責必則所求得，所求得則國家富，國家富則君樂豐。故督責之術設，則所欲無不得矣。羣臣百姓救過不給，何變之敢圖？若此則帝道備，而可謂能明君臣之術矣。雖申、韓復生，不能加也。

書奏，二世悦。於是行督責益嚴，税民深者爲明吏。二世曰：「若此則可謂能督責矣。」刑者相半於道，而死人日成積於市，殺人衆者爲忠臣。二世曰：「若此則可謂能督責矣。」

初，趙高爲郎中令，所殺及報私怨衆多，恐大臣入朝奏事毁惡之，乃說二世曰：「天子所以貴者，但以聞聲，羣臣莫得見其面，故號曰『朕』。且陛下富於春秋，未必盡通諸事，今坐朝廷，譴舉有不當者，則見短於大臣，非所以示神明於天下也。且陛下深拱禁中，與臣及侍中習法者待事，事來有以揆之。如此則大臣不敢奏疑事，天下稱聖主矣。」二世用其計，乃不坐朝廷見大臣，居禁中。趙高常侍中用事，事皆決於趙高。

高聞李斯以爲言，乃見丞相曰：「關東羣盜多，今上急益發繇治阿房宫，聚狗馬無用之物。臣欲諫，爲位賤。此真君侯之事，君何不諫？」李斯曰：「固也，吾欲言之久矣。今時上不坐朝廷，上居深宫，吾有所言者，不可傳也，欲見無閒。」趙高謂曰：「君誠能諫，請爲君候上閒語君。」於是趙高待二世方燕樂，婦女居前，使人告丞相：「上方閒，可奏事。」丞相至宫門上謁，如此者三。二世怒曰：「吾常多閒日，丞相不來。吾方燕私，丞相輒來請事。丞相豈少我哉？且固我哉？」趙高因曰：「如此殆矣！夫沙丘之謀，丞相與焉。今陛下已立爲帝，而丞相貴不益，此其意亦望裂地而王矣。且陛下不問臣，臣不敢言。丞相長男李由爲三川守，楚盜陳勝等皆丞相傍縣之子，以故楚盜公行，過三川，城守不肯擊。高聞其文書相往來，未得其審，故未敢以聞。且丞相居外，權重於陛下。」二世以爲然。欲案丞相，恐其不審，乃使人案驗三川守與盜通狀。李斯聞之。

是時二世在甘泉，方作觳抵優俳之觀。李斯不得見，因上書言趙高之短曰：「臣聞之，臣疑其君，無不危國；妾疑其夫，無不危家。今有大臣於陛下擅利擅害，與陛下無異，此甚不便。昔者司城子罕相宋，身行刑罰，以威行之，朞年遂劫其君。田常爲簡公臣，爵列無敵於國，私家之富與公家均，布惠施德，下得百姓，上得羣臣，陰取齊國，殺宰予於庭，即弑簡公於朝，遂有齊國。此天下所明知也。今高有邪佚之志，危反之行，如子罕相宋也；私家之富，若田氏之於齊也。兼行田常、子罕之逆道而劫陛下之威信，其志若韓玘爲韓安相也。陛下不圖，臣恐其爲變也。」二世曰：「何哉？夫高，故宦人也，然不爲安肆志，不以危易心，絜行脩善，自使至此，以忠得進，以信守位，朕實賢之，而君疑之，何也？且朕少失先人，無所識知，不習治民，而君又老，恐與天下絶矣。朕非屬趙君，當誰任哉？且趙君爲人精廉彊力，下知人情，上能適朕，君其勿疑。」李斯曰：「不然。夫高，故賤人也，無識於理，貪欲無厭，求利不止，列勢次主，求欲無窮，臣故曰殆。」二世已前信趙高，恐李斯殺之，乃私告趙高。高曰：「丞相所患者獨高，高已死，丞相即欲爲田常所爲。」於是二世曰：「其以李斯屬郎中令！」

趙高案治李斯。李斯拘執束縛，居囹圄中，仰天而歎曰：「嗟乎，悲夫！不道之君，何可爲計哉！昔者桀殺關龍逢，紂殺王子比干，吳王夫差殺伍子胥。此三臣者，豈不忠哉，然而不免於死，身死而所忠者非也。今吾智不及三子，而二世之無道過於桀、紂、夫差，吾以忠死，宜矣。且二世之治豈不亂哉！日者夷其兄弟而自立也，殺忠臣而貴賤人，作爲阿房之宫，賦斂天下。吾非不諫也，而不

吾聽也。凡古聖王，飲食有節，車器有數，宮室有度，出令造事，加費而無益於民利者禁，故能長久治安。今行逆於昆弟，不顧其咎；侵殺忠臣，不思其殃；大爲宮室，厚賦天下，不愛其費：三者已行，天下不聽。今反者已有天下之半矣，而心尚未寤也，而以趙高爲佐，吾必見寇至咸陽，麋鹿游於朝也。」

於是二世乃使高案丞相獄，治罪，責斯與子由謀反狀，皆收捕宗族賓客。趙高治斯，榜掠千餘，不勝痛，自誣服。斯所以不死者，自負其辯，有功，實無反心，幸得上書自陳，幸二世之寤而赦之。李斯乃從獄中上書曰：「臣爲丞相治民，三十餘年矣。逮秦地之陝隘，先王之時秦地不過千里，兵數十萬。臣盡薄材，謹奉法令，陰行謀臣，資之金玉，使游說諸侯，陰脩甲兵，飾政教，官鬬士，尊功臣，盛其爵禄，故終以脅韓弱魏，破燕、趙，夷齊、楚，卒兼六國，虜其王，立秦爲天子。罪一矣。地非不廣，又北逐胡、貉，南定百越，以見秦之彊。罪二矣。尊大臣，盛其爵位，以固其親。罪三矣。立社稷，脩宗廟，以明主之賢。罪四矣。更剋畫，平斗斛度量文章，布之天下，以樹秦之名。罪五矣。治馳道，興游觀，以見主之得意。罪六矣。緩刑罰，薄賦斂，以遂主得衆之心，萬民戴主，死而不忘。罪七矣。若斯之爲臣者，罪足以死固久矣。上幸盡其能力，乃得至今，願陛下察之！」書上，趙高使吏弃去不奏，曰：「囚安得上書！」

趙高使其客十餘輩詐爲御史、謁者、侍中，更往覆訊斯。斯更以其實對，輒使人復榜之。後二世使人驗斯，斯以爲如前，終不敢更言，辭服。奏當上，二世喜曰：「微趙君，幾爲丞相所賣。」及二世所使案三川之守至，則項梁已擊殺之。使者來，會丞相下吏，趙高皆妄爲反辭。

二世二年七月，具斯五刑，論腰斬咸陽市。斯出獄，與其中子俱執，顧謂其中子曰：「吾欲與若復牽黄犬俱出上蔡東門逐狡兔，豈可得乎！」遂父子相哭，而夷三族。

李斯已死，二世拜趙高爲中丞相，事無大小輒決於高。高自知權重，乃獻鹿，謂之馬。二世問左右：「此乃鹿也？」左右皆曰「馬也」。二世驚，自以爲惑，乃召太卜，令卦之。太卜曰：「陛下春秋郊祀，奉宗廟鬼神，齋戒不明，故至于此。可依盛德而明齋戒。」於是乃入上林齋戒。日游弋獵，有行人入上林中，二世自射殺之。趙高教其女壻咸陽令閻樂劾不知何人賊殺人移上林。高乃諫二世曰：「天子無故賊殺不辜人，此上帝之禁也，鬼神不享，天且降殃，當遠避宮以禳之。」二世乃出居望夷之宮。留三日，趙高詐詔衛士，令士皆素服持兵内鄉，入告二世曰：「山東羣盜兵大至！」二世上觀而見之，恐懼，高即因刦令自殺。引璽而佩之，左右百官莫從；上殿，殿欲壞者三。高自知天弗與，羣臣弗許，乃召始皇弟，授之璽。子嬰即位，患之，乃稱疾不聽事，與宦者韓談及其子謀殺高。高上謁，請病，因召入，令韓談刺殺之，夷其三族。

子嬰立三月，沛公兵從武關入，至咸陽，羣臣百官皆畔，不適。子嬰與妻子自係其頸以組，降軹道旁。沛公因以屬吏。項王至而斬之。遂以亡天下。

雜録

梁玉繩《人表考》卷六《中下・李斯》 李斯始見《荀子・議兵》。楚上蔡人。字通古。亦曰斯翁，亦曰李公。具五刑腰斬咸陽市。墓在上蔡縣西二里。

備録

《荀子・議兵》 李斯問孫卿子曰：「秦四世有勝，兵强海内，威行諸侯，非以仁義爲之也，以便從事而已。」孫卿子曰：「非女所知也。女所謂便者，不便之便也；吾所謂仁義者，大便之便也。彼仁義者，所以修政者也，政修則民親其上，樂其君，而輕爲之死。故曰：『凡在於軍，將率，末事也。』秦四世有勝，諰諰然常恐天下之一合而軋己也，此所謂末世之兵，未有本統也。故湯之放桀也，非其逐之鳴條之時也；武王之誅紂也，非以甲子之朝而後勝之也：皆前行素修也，此所謂仁義之兵也。今女不求之於本而索之於末，此世之所以亂也。」

王充《論衡・須頌篇》 秦始皇東南遊，升會稽山，李斯刻石，紀頌帝德。至瑯琊亦然。秦，無道之國，刻石文世，觀讀之者，見堯、舜之美。由此言之，須頌明矣。當今非無李斯之才也，無從升會稽、歷瑯琊之階也。

王充《論衡・佚文篇》 惡人操意，前後乖違。始皇前歎韓非之書，後惑李斯之議，燔五經之文，設挾書之律。五經之儒，抱經隱匿；伏生之徒，竄藏土(山)中。殄賢聖之文，厥辜深重，嗣不及孫。李斯創議，身伏五刑。漢興，易亡秦之軌，削李斯之跡。

王充《論衡・死僞篇》 秦始皇用李斯之議，燔燒《詩》、《書》，後又坑儒。博士之怨，不下申生；坑儒之惡，痛於改葬。然則秦之死儒，不請於帝，見形爲鬼，諸生會告以始皇無道，李斯無狀。

《史記》卷八七《李斯列傳》裴駰集解 辯士隱姓名，遺秦將章邯書曰「李斯爲秦王死，廢十七兄而立今王」也。然則二世是秦始皇第十八子。此書在《善文》中。

《晉書》卷三六《衛恒傳》 昔周宣王時，史籀始著《大篆》十五篇，或與古同，或與古異，世謂之籀書者也。及平王東遷，諸侯力政，家殊國異，而文字乖形。秦始皇帝初兼天下，丞相李斯乃奏益之，罷不合秦文者。斯作《倉頡篇》，中車府令趙高作《爰歷篇》，太史令胡毋敬作《博學篇》，皆取史籀大篆，或頗省改，所謂小篆者。或曰，下土人程邈爲衙獄吏，得罪始皇，幽繫雲陽十年，從獄中作大篆，少者增益，多者損減，方者使員，員者使方，奏之始皇。始皇善之，出以爲御史，使定書。或曰，邈所定乃隸字也。自秦壞古文，有八體：一曰大篆，二曰小篆，三曰刻符，四曰蟲書，五曰摹印，六曰署書，七曰殳書，八曰隸書。王莽時，使司空甄豐校文字部，改定古文，復有六書：一曰古文，孔氏壁中書也。二曰奇字，即古文而異者也。三曰篆書，秦篆書也。四曰佐書，即隸書也。五曰繆篆，所以摹印也。六曰鳥書，所以書幡信也。及許慎撰《說文》，用篆書爲正，以爲體例，最可得而論也。秦時李斯號爲二篆，諸山及銅人銘皆斯書也。漢建初中，扶風曹喜少異於斯，而亦稱善。邯鄲淳師焉，略究其妙，韋誕師淳而不及也。太和中，誕爲武都太守，以能書，留補侍中，魏氏寶器銘題皆誕書也。漢末又有蔡邕，采斯、喜之法，爲古今雜形，然精密閑理不如淳也。

酈道元《水經注》卷一六《穀水》 平王東遷，文字乖錯，秦之李斯及胡母敬，又改籀書謂之小篆，故有大篆、小篆焉。然許氏《字說》專釋于篆，而不本古文，言古隸之書起于秦代，而篆字文繁，無會劇務，故用隸人之省，謂之隸書。或云即程邈于雲陽增損者，是言隸者，篆捷也。

備論

《史記》卷八七《李斯列傳論》 李斯以閭閻歷諸侯，入事秦，因以瑕釁，以輔始皇，卒成帝業，斯爲三公，可謂尊用矣。斯知六藝之歸，不務明政以補主上之缺，持爵祿之重，阿順苟合，嚴威酷刑，聽高邪說，廢適立庶。諸侯已畔，斯乃欲諫爭，不亦末乎！人皆以斯極忠而被五刑死，察其本，乃與俗議之異。不然，斯之功且與周、召列矣。

《史記》卷一三〇《太史公自序》 能明其畫，因時推秦，遂得意於海内，斯爲謀首。

桓寬《鹽鐵論・復古》 文學曰：「鷰雀離巢宇而有鷹隼之憂，坎井之鼃離其居而有蛇鼠之患，況翱翔千仞而游四海乎？其禍必大矣！此李斯所以折翼，而趙高没淵也。聞文、武受命，伐不義以安諸侯大夫，未聞弊諸夏以役夷、狄也。昔秦常舉天下之力以事胡、越，竭天下之財以奉其用，然衆不能畢；而以百萬之師，爲一夫之任，此天下共聞也。且數戰則民勞，久師則兵弊，此百姓所疾苦，而拘儒之所憂也。」

桓寬《鹽鐵論・毀學》 文學曰：「君子懷德，小人懷土。賢士徇名，貪夫死利。李斯貪其所欲，致其所惡。孫叔敖早見於未萌，三去相而不悔，非樂卑賤而惡重祿也，慮患遠而避害謹也。夫郊祭之牛，養食朞年，衣之文繡，以入廟堂，太宰執其鸞刀以啓其毛；方此之時，願任重而上峻坂，不可得也。商鞅困於彭池，吳起之伏王尸，願被布褐而處窮鄙之蒿廬，不可得也。李斯相秦，席天下之勢，志小萬乘；及其囚於囹圄，車裂於雲陽之市，亦願負薪入東門，行上蔡曲街徑，不可得也。蘇秦、吳起以權勢自殺，商鞅、李斯以尊重自滅，皆貪祿慕榮以没其身，從車百乘，曾不足以載其禍也！」

劉向《說苑・雜言》 賢人君子者，通乎盛衰之時，明乎成敗之端，察乎治亂之紀，審乎人情，知所去就，故雖窮不處亡國之勢，雖貧不受污君之祿。【略】故文信侯李斯天下所謂賢也。爲國計，揣微射隱，所謂無過策也；戰勝攻取，所謂無强敵也。積功甚大，勢利甚高，賢人不用，讒人用事，自知不用，其仁不能去。制敵積功，不失秋毫，避患去害，不見丘山，積其所欲以至其所惡，豈不爲勢利惑哉！《詩》云：「人知其一，莫知其他。」此之謂也。

揚雄《法言・重黎》 或問：「李斯盡忠，胡亥極刑，忠乎？」曰：「斯以留客至作相，用狂人之言，從浮大海，立趙高之邪說，廢沙丘之正，阿意督責，焉用忠？」

王充《論衡・禍虛篇》 傳書□：「李斯妬同才，幽殺韓非於秦，後被車裂之罪；商鞅欺舊交，擒魏公子卬，後受誅死之禍。」彼欲言其賊賢欺交，故受患禍之

報也。

夫韓非何過而爲李斯所幽？公子卬何罪而爲商鞅所擒？車裂誅死，賊賢欺交，幽死見擒，何以致之？如韓非、公子卬有惡，天使李斯、商鞅報之，則李斯、商鞅爲天奉誅，宜蒙其賞，不當受其禍；如韓非、公子卬無惡，非天所罰，李斯、商鞅不得幽、擒。

論者説曰：「韓非、公子卬有陰惡伏罪，人不聞見，天獨知之，故受戮殃。」夫諸有罪之人，非賊賢則逆道。如賊賢，則被所賊者何負？如逆道，則被所逆之道何非？

《漢書》卷三六《楚元王傳》　劉向曰：孔子與季、備偕仕於魯，李斯與叔孫俱宦於秦，定公、始皇賢季、孟、李斯而消孔子、叔孫，故以大亂，污辱至今。

《三國志》卷二五《魏志・高堂隆傳》　昔李斯教秦二世曰：「爲人主而不恣睢，命之曰天下桎梏。」二世用之，秦國以覆，斯亦滅族。是以史遷議其不正諫，而爲世誡。

《史記》卷八七《李斯列傳》司馬貞述贊　鼠在所居，人固擇地。斯效智力，功立名遂。置酒咸陽，人臣極位。一夫誑惑，變易神器。國喪身誅，本同末異。

《蘇軾文集》卷五《論始皇漢宣李斯》　秦始皇時，趙高有罪，蒙毅按之當死，始皇赦而用之。長子扶蘇好直諫，上怒，使監蒙恬兵於上郡。始皇東游會稽，並海走瑯琊，少子胡亥、李斯、蒙毅、趙高從。道病，使蒙毅還禱山川，未及還，上崩。李斯、趙高矯詔立胡亥，殺扶蘇、蒙恬、蒙毅，卒以亡秦。

蘇子曰：始皇制天下輕重之勢，使内外相形，以禁奸備亂者，可謂密矣。蒙恬將三十萬人，威震北方，扶蘇監其軍，而蒙毅侍帷幄爲謀臣，雖有大姦賊，敢睥睨其間哉！不幸道病，禱祠山川，尚有人也，而遣蒙毅，故高、斯得成其謀。始皇之遺毅，毅見始皇病，太子未立，而去左右，皆不可以言智。然天之亡人國，其禍敗必出於智所不及。聖人爲天下，不恃智以防亂，恃吾無致亂之道耳。始皇致亂之道，在用趙高。夫閹尹之禍，如毒藥猛獸，未有不裂肝碎首者也。自書契以來，惟東漢吕彊、後唐張承業二人，號稱良善，豈可望一二於千萬，以徼必亡之禍哉。然世主皆甘心而不悔，如漢桓、靈，唐肅、代，猶不足深怪。始皇、漢宣皆英主，亦湛於趙高、恭、顯之禍。彼自以爲聰明人傑也，奴僕薰腐之餘何能爲，及其亡國亂朝，乃與庸主不異。吾故表而出之，以戒後世人主如始皇、漢宣者。

或曰：李斯佐始皇定天下，不可謂不智。扶蘇親始皇子，秦人戴之久矣。陳勝假其名，猶足以亂天下，而蒙恬持重兵在外，使二人不即受誅，而復請之，則斯、高無遺類矣。以斯之智而不慮此，何哉？

蘇子曰：嗚呼，秦之失道，有自來矣，豈獨始皇之罪。自商鞅變法，以殊死爲輕典，以參夷爲常法，人臣狼顧脅息，以得死爲幸，何暇復請。方其法之行也，求無不獲，禁無不止，鞅自以爲軼堯舜而駕湯武矣。及其出亡而無所舍，然後知爲法之弊。夫豈獨鞅悔之，秦亦悔之矣。荆軻之變，持兵者熟視始皇環柱而走莫之救者，以秦法重故也。李斯之立胡亥，不復忌二人者，知法令之素行，而臣子之不敢復請也。二人之不敢復請，亦知始皇之鷙悍而不可回也，豈料其僞也哉？周公曰：「平易近民，民必歸之。」孔子曰：「有一言而可以終身行之者，其恕矣乎？」夫以忠恕爲心，而以平易爲政，則上易知而下易達，雖有賣國之奸，無所投其隙，倉卒之變，無自發焉。然其令行禁止，蓋有不及商鞅者矣。而聖人終不以彼易此。鞅立信於徙木，立威於棄灰，刑其親戚師傅，積威信之極。以至始皇，秦人視其君如雷電鬼神，不可測也。古者，公族有罪，三宥然後寘刑。今至使人矯殺其太子而不忌，太子亦不敢請，則威信之過也。故夫以法毒天下者，未有不反中其身及其子孫者也。漢武、始皇，皆果於殺者也。故其子如扶蘇之仁，則寧死而不請；如戾太子之悍，則寧反而不訴，知訴之必不察也。戾太子豈欲反者哉，計出於無聊也。故爲二君之子者，有死與反而已。李斯之智，蓋足以知扶蘇之必不反也。吾又表而出之，以戒後世人主之果於殺者！

蘇轍《古史》卷五七《李斯列傳論》　蘇子曰：始皇以詐力兼天下，志得意滿，諱聞過失，李斯燔《書》、《詩》，誦功德，以成其氣。至其晚節，不可告語。君老，太子在外，履危亂之機，而莫敢以一言合其父子之親者。雖始皇之暴，非斯養之，不至此也。及其事二世，知趙高之奸，復偷合取容，使高勢已成，天下已亂，乃欲力諫，不亦晚乎！至於國破家滅，非不幸也！

秦觀《淮海集》卷三五《史籀李斯書》　史籀者，周宣王太史，作大篆十五篇，與古文時有同異。先王之時，天下之書同文，及其衰也，諸侯各自爲政，而字畫之形亦異殊矣。秦兼天下，丞相李斯乃奏罷不合秦文者，而斯作《倉頡篇》，車府令趙高作《爰歷篇》，太史令胡毋敬作《博學篇》，皆取史籀大篆，或頗省改，是爲小篆。是時天下多事，篆字難成，長安下邽人程邈得罪繫雲陽十年，從獄中增減大篆，去其繁複，奏之，始皇以爲善，出邈爲御史，名其書曰「隸書」。凡奏事令隸人書之，故又謂之「佐書」。自爾秦書有大篆、小篆、刻符、蟲書、隸書等，凡八體

焉。《倉頡》、《爰歷》、《博學》三篇，至漢時閭里之師并爲《倉頡》篇，而籒文至建武時亡六篇矣。今稱史籒之迹者，惟《岐陽石鼓文》；李斯之書，惟《泰山詔》爲真蹟。二世詔嶧山之碑，近世傳者出於徐常侍、夏英公家，自唐封演已疑非真，杜甫直謂「野火焚」、「棗木傳刻」爾。不知此謂史籒、李斯二帖者，何從得之也？今漢碑在者皆隸字，而程邈此帖，乃是小楷。觀其氣象，豈敢遂信以爲秦人書？

《全宋文》卷四七六孫堪《書李斯傳後》 李斯學荀卿，及得志於秦，則焚滅詩書，坑殺學士，專任刑名督責，以繩黔首，且曰「使天下無是古非今者」。後世有以是咎荀，必解之曰：亦猶吴起事曾參，母死不歸，不可以不孝之名歸參也。洎堪讀荀卿書，於是又知荀之道有以啓斯之所爲焉。荀以人之性皆若桀跖，其爲善者僞也。故其言曰：「陶人埏埴而生器，然則器生於陶人之僞也。工之斲木而生器，然則器生於工人之僞也。聖人積思慮以生禮儀，然則禮儀生於聖人之僞也。」又曰：「所貴堯禹君子者，能化性，能起僞也。」又曰：「聖人所以同而不異衆者性也，所以異而過衆者僞也。」李斯得是説，故其視天下之人皆若豺豹狼虎。然其御之也，惟有陷穽戕剸之心，而無教道惻怛之意。既務行僞道以束天下，又思起僞理以繼聖人。故其爲也，盱盱然不循古，不酌今，惟我所適而已，則焚詩書，起督責，不亦宜乎？孔子曰：「慢藏誨盜，冶容誨淫。」則荀之言，得不謂之誨暴也哉？《詩》云：「哆兮侈兮，成是南箕。」荀卿之謂乎！因書斯之傳後，且爲學荀者戒。

《全宋文》卷二六三七劉之美《李斯小篆碑記》 李斯相秦，坑儒虐民，孰不非之？然其書法之妙，古今稱最，寧因其所短而廢其所長哉？元祐壬辰三月二日記。

《全宋文》卷四二〇四曹勛《讀李斯傳》 余讀《李斯傳》，惡其以忠名己，以邪狥事，國輕己重，大逆不忠。試舉其目：知有國者資禮樂以綱維，斯則請焚滅詩書，以愚百姓。知太子者天下之本，斯則使扶蘇監上郡而不諫，誅嫡立庶，以滅公始。物禁太盛，盛必有衰，斯則身居其地而不知所税駕。知商君之法，刑棄灰者爲苛，斯則聽趙高嚴法酷刑之令，增督責誅求之術，以至帝不坐朝，趙高用事禁中，族大臣，治阿房，盜賊半天下。身爲丞相，既不能填撫，又不能諫諍，及墮高計中，乃疏七罪以自矜，引比干、子胥爲喻。斯妄人耳，又安可希二子之萬一也？噫，吞國稱帝，致秦一統者斯也；法嚴人叛，致秦一旦委地者亦斯也。至其死，又具斯五刑，論皆斯而已，豈不宜哉，豈不宜哉！

《胡宏集・皇王大紀論・千八百國》 甚哉！秦始皇、李斯之不仁也，除封建，蔑帝王明德之裔，絶公侯名臣之世，郡縣天下，欲自專其利也。

夫諸侯之興，自伏羲、黄帝之際，有未始制者則不可知。然天運方泰，及禹平水土，同九州，分五服，齊之以長，道之以師，公、侯、伯、子、男各有定制，無得踰越者矣。夏、商之季，天下紛亂，湯、武起而治之，間無一物不獲其所矣，未聞縱釋强大之諸侯而不裁正之也。

謹以天下之圖按之，四海之内九州，州方千里。先王之制，州建一百一十國，則九州千八百國之君，乃自古諸侯之本數也。而塗山之會，釋萬國者，猶周有八百國之君而云撫萬邦也。

聖人有不忍人之心，斯有不忍人之政矣。封建諸侯，仁政之大者也。秦人專利，削除封建，郡縣天下，天運方否。自是而後，聖人之道不行，人君莫不蓄獨擅天下之心，故襲用郡縣之制而不革也。

吁！一蓄獨擅天下之心，已亡王道之本。修德用賢，力行善政，差可不大亂而已，豈有三王之至治乎？

天下之大，不與天下共，一人不好善，則天下之賢才盡廢，寇盜紛起，疆敵憑陵，所至如隄潰河決，殺人盈天下，郡守縣令莫之能禦也，而國隨以亡。譬如人之死於鋒刃，壓於巖石，溺於風濤，非天命之正者，忠臣痛焉。故周之建國，自后稷也；商之傳世，建桀宋也；夏、杞有後，致楚悼王而後息也。是三代者，經歷變故，而宗廟血食，咸二千餘年，豈若秦、隋卒暴，漢、唐亡則絶世乎？有天下者，盍監秦否而凛諸！

《全宋文》卷四六〇八林之奇《論李斯殺韓非》 甚矣，李斯之傾覆也！當秦人下逐客之令，己在逐中，則上書，以爲秦之所以霸者以客，而客之自諸侯來者，皆有益於秦也。及其妬韓非而欲殺之，則又以非韓之公子，非終爲韓，不爲秦，其與前日之諫，何其相反如此也！當李斯遭逐上書之時，使有一如李斯者而云「斯，楚人也，今欲并諸侯，斯終爲楚，不爲秦」，則斯不免於害矣。爲己而言，則以爲諸侯之客有益於秦；至於陷韓非，則以爲非終爲韓，不爲秦。傾覆如此，則李斯之不終於秦，豈非所謂出乎爾者反乎爾者乎？雖然，李斯之陷韓非，信可罪矣，非之見害，亦有以取之也。孟子曰：「矢人惟恐不傷人，函人惟恐傷人，故術不可不慎也。」君子之所學者仁義，故親其親以及他人之親，愛其國以及他人之國，無適而非忠厚也。苟其所學者刑名，則不知有己之親而親他人之親，不愛己

之國而謀他人之國，無適而非刻薄也。非之所學者刑名法術之學，故其出使於秦，乃爲秦畫謀，以首覆其宗國，而售其言。雖作《説難》之書十餘萬言，而卒死乎説難者，其操術有以取之也。司馬温公曰：「君子親其親以及人之親，愛其國以及人之國，是以功大名美，而享百福。」今非爲秦畫謀，而首欲覆其宗國，以售其言，罪固不容於死矣，烏足愍哉！蓋其於所厚者薄，則無所不薄，此李斯所以得入其譖也。韓非、張良皆韓人也，張良當秦人滅韓之後，散家財以求刺客，欲爲韓報仇，以五世相韓，故卒得力士爲鐵椎，擊秦帝於博浪沙中，雖冒死而不悔。而非當韓之未亡，乃爲秦人謀破韓之策，人之智識，其相去之遠一至於此！

葉適《習學記言序目》卷二〇《史記二·列傳》 按《李斯傳》，諸侯叛秦，李斯數欲請間諫，二世不許，而責問李斯以「肆志廣欲，長享天下」，李斯不知所出，乃以督責之術對，「税民深爲明吏」，「殺人衆爲忠臣」。而《二世紀》乃云李斯馮劫等諫止作阿房宫，省四邊戍，二世欲造千乘之駕，萬乘之屬，遂殺李斯。是時去秦亡不過年歲間，君臣雖欲各肆其志，何暇施行？且李斯既已阿意求容，則又安能諫？恐亦各有錯誤，未必本事也。斯趣秦於滅，固不足道；然五帝三王數千年之治，一旦剗削無遺。斯自神其術，則當别有效驗，而國與其身亦相隨以盡，漢人猶謂忠而被極刑，而遷又責以不與周、召列也，何哉？（《李斯》）

《全元文》卷一三三二楊維楨《李斯論》 趙高謀矯制事，所忌者斯一人耳，其言曰：不謀丞相，事不成。高請於斯，斯既能以亡國之言絶之矣，而又以其言慮不得懷通侯之印返鄉里，有以易其心而許之，是殺蘇與恬者，斯也。誠使斯善度事機，相亥以與高共事必敗，孰與操其矯書，以逆先誅高而與恬立蘇也。即高未誅，潛以矯謀泄於蘇，蘇可不死，恬之殺高，機上肉爾。計不出此，它日事皆決於高，乃始上書言高罪，吁嗟，何及矣。烏乎，秦愚天下而受其愚者，李斯也；斯愚秦君臣而受其愚者，趙高也。五刑具，三族滅，然後父子對哭而思東門狡兔之樂，斯真人也哉。

徐枋《居易堂集》卷一〇《書李斯傳後》 《李斯傳》一篇中，而載趙高事居十之八，而篇末直以高事結束，而以秦亡天下竟之，凡此皆以見趙高所爲無非斯之爲之也，此所以爲斯傳也。當始皇之崩，斯爲丞相，天下事係於斯，而乃聽高所爲，矯詔而易其主，而高無不可爲者矣。天下事固無有大於易天下之主者，此一聽之而天下事無不聽之，而聽之者斯也，自然之勢也。夫高之得恣其志，繇於立胡亥，而立胡亥繇於斯之聽高。聽高而卒以殺其身，夷其族，而并以弑秦之君，而亡秦之天下，於此見殺斯之身者非高，而斯自殺也。夷斯之族者非高，而斯自夷也。然則，弑二世而亡秦者，獨非斯耶？此所以一篇全載趙高之事，而終之以弑君而亡天下，而爲斯之傳也。太史公作此，而所以垂戒於萬世者，深切著明矣。不特戒人君不可有持爵禄之臣，而亦以戒人臣不可有持爵禄之心也。李斯之聽高，非爲持爵禄哉？究也，不特爵位不可保，而并其身族而狗之，而并以其君之身與天下而狗之，則究二世之所以弑，秦之所以亡，皆起於李斯持爵禄一念，則盡趙高之事，雖欲不入《李斯傳》而不可得也。然非太史公不能爲也，作傳而既以垂戒萬世之君，復以垂戒萬世之臣，則其書之關係何等！其史法之精嚴又復何等！故太史公自謂，作史記上繼孔子獲麟之絶筆，豈虚也哉！豈虚也哉！宋儒鄭夾漈先生作《通志》，於《斯傳》中摘出趙高事以爲《高傳》，入宦官傳，此在《通志》又爲不可奪之例，夾漈固不誤也，二者竝行不悖者也，若二者互易之則皆謬矣。史學，難言哉。

姚鼐《惜抱軒全集》文集卷一《李斯論》 蘇子瞻謂李斯以荀卿之學亂天下，是不然。秦之亂天下之法，無待于李斯，斯亦未嘗以其學事秦。當秦之中葉，孝公即位，得商鞅任之。商鞅教孝公燔詩書，明法令，設告坐之過，而禁遊宦之民。因秦國地形便利，用其法，富强數世，兼并諸侯，迄至始皇。始皇之時，一用商鞅成法而已。雖李斯助之，言其便利，益成秦亂。然使李斯不言其便，始皇固自爲之而不厭。何也？秦之甘于刻薄而便于嚴法久矣，其後世所習以爲善者也。斯逆探始皇、二世之心，非是不足以中侈君而張吾之寵，是以盡舍其師荀卿之學而爲商鞅之學，掃去三代先王仁政，而一切取自恣肆以爲治。焚詩書，禁學士，滅三代法而尚督責，斯非行其學也，趨時而已。設所遭值非始皇、二世，斯之術將不出於此。非爲仁也，亦以趨時而已。君子之仕也，進不隱賢。小人之化也，無論所學識非也，即有學識甚當，見其君國行事悖謬無義，疾首嚬蹙于私家之居，而矜夸導譽於朝廷之上，知其不義而勸爲之者，謂天下將諒我之無可奈何于吾君而不吾罪也。知其將喪國家而爲之者，謂當吾身容可以免也。且夫小人雖明知世之將亂，而終不以易目前之富貴。而以富貴之謀，貽天下之亂，固有終身安享榮樂，禍遺後人，而彼宴然無與者矣。嗟乎！秦未亡而斯先被五刑，夷三族也，其天之誅惡人，亦有時而信也邪。《易》曰：眇能視，跛能履，履虎尾，咥人凶。其能視且履者倖也，而卒于凶者，蓋其自取邪。且夫人有爲善而受教于人者矣，未聞爲惡而必受教于人者也。荀卿述先王而頌言儒效，雖間有得失，而大

體得治世之要。而蘇氏以李斯之害天下，罪及于卿，不亦遠乎？行其學而害秦者商鞅也，舍其學而害秦者李斯也。商君禁遊宦而李斯諫逐客，其始之不同術也，而卒出于同者，豈其本志哉！宋之世，王介甫以平生所學，建熙寧新法，其後章惇、曾布、張商英、蔡京之倫，曷嘗學介甫之學邪？而以介甫之政促亡宋，與李斯事頗相類。夫世言法術之學，足亡人國固也。吾謂人臣善探其君之隱，一以委曲變化從世好者，其爲人尤可畏哉！尤可畏哉！

戴鈞衡《味經山館文鈔》卷一《李斯論》 嗚乎！持禄固寵之心，古今之豪傑聞人爲所誤者，可勝道哉！彼小人徒知利禄，昧昧於國家之故者，不足責也。若夫身爲儒者，讀聖賢之書，明綱常之分，知國家利害之端，其與小人處也，亦知小人之所言所行悖天理，害人倫，而卒爲小人之所劫，隨聲附和，遂自易其初心者，非天良至此忽亡也，其心有戀戀不能舍者，遂不得不苟合小人以保吾之禄位耳。李斯之于趙高，杜欽、谷永之于王鳳，孔光、馬宫之于王莽，馬融之于梁冀，皆所謂知其惡而强附和者也。然鳳、莽之權重，非杜欽、孔光等之力所能誰何，獨李斯力可以制趙高，而又有可乘之時勢，而竟以懷通侯印一語，遂聽高，殺扶蘇，立胡亥，卒亡秦之天下，而已亦族滅，豈不可痛也哉！當高之謀立胡亥也，胡亥曰：「廢兄而立弟，不義也；不奉父詔而畏死，不孝也；能薄而才譾，强因人之功，不能也。三者逆德，天下不服，身殆傾危，社稷不血食。」迨高反復説之，胡亥猶喟然歎曰：「今大行未發喪，禮未終，豈宜以此事干丞相哉！」是胡亥深明大義，全無奪立之心，而其意又甚重丞相也。使丞相於趙高來言之時，立縛而誅之，告二世曰：「公子仁孝恭讓，是泰伯、仲雍、夷齊之行也。趙高小人，欲廢皇帝遺詔，離間骨肉，倒亂綱常，陷公子不孝、不仁、不義，臣已誅之，請急奉遺詔，迎公子扶蘇即位，以明公子之心也。」吾知二世必且欣然從之，扶蘇即位，亦必德二世與斯，斯之通侯印不爲蒙恬奪也。計不及此，遂乃身陷大惡。迨趙高之根基已固，二世之暴惡已極，而欲上書劾高，高其可得劾哉！適以自夷其族而已。

邵之棠《皇朝經世文統編》文教部三《讀史記叢論》 秦李斯子由，歸自三川，百官爲壽，門庭車騎以千數。斯嘆曰：「物禁太盛。斯起布衣，位極人臣，富貴至矣。物極則衰，吾未知所税駕也。」聽其言，一若斯固明大道者。然趙高欲廢太子，而以富貴動斯，斯又戀其爵禄，無所建白，苟容阿合，盛極必衰一語出於斯之口者，又不知何所往矣。斯苟能乘時而退，則後日夷三族之慘，趙高雖狡，亦何自而加於斯之身哉！嗚呼，求容固寵之斯，竟爲首領不保之斯矣。觀其從高廢嫡之舉，可知昔日之嘆，非畏其盛，特恐其衰耳。

藝文

《宋書》卷二二《樂志四》何承天《上邪篇》 上邪下難正，衆枉不可矯。音和響必清，端影緣直表。大化揚仁風，齊人猶偃草。聖王既已没，誰能弘至道。開春湛柔露，代終肅嚴霜。承平貴孔孟，政敝侯申商。孝公明賞罰，六世猶克昌。李斯肆濫刑，秦氏所以亡。漢宣隆中興，魏祖寧三方。

《李太白全集》卷一《古賦・擬恨賦》 及夫李斯受戮，神氣黯然。左右垂泣，精魂動天。執愛子以長別，嘆黄犬之無緣。

《李太白全集》卷七《古近體詩・悲歌行》 悲來乎，悲來乎！鳳鳥不至河無圖，微子去之箕子奴。漢帝不憶李將軍，楚王放却屈大夫。悲來乎，悲來乎！秦家李斯早追悔，虚名撥向身之外。范子何曾愛五湖，功成名遂身自退。劍是一夫用，書能知姓名。惠施不肯干萬乘，卜式未必窮一經。還須黑頭取方伯，莫謾白首爲儒生。

《李太白全集》卷二三《古近體詩・冬夜醉宿龍門覺起言志》 醉來脱寶劍，旅憩高堂眠。中夜忽驚覺，起立明燈前。開軒聊直望，曉雪河冰壯。哀哀歌苦寒，鬱鬱獨惆悵。傳説板築臣，李斯鷹犬人。欻起匡社稷，寧復長艱辛。而我胡爲者？嘆息龍門下。富貴未可期，殷憂向誰寫？去去淚滿襟，舉聲《梁甫吟》。青雲當自致，何必求知音？

《白居易集》卷三〇《詠史》 秦磨利刀斬李斯，齊燒沸鼎烹酈其。可憐黄綺入商洛，閑卧白雲歌紫芝。彼爲菹醢机上盡，此作鸞鳳天外飛。去者逍遥來者死，乃知禍福非天爲。

《全唐詩》卷六四七胡曾《殺子谷》 舉國賢良盡淚垂，扶蘇屈死樹邊時。至今谷口泉嗚咽，猶似秦人恨李斯。

《全唐詩》卷六四七胡曾《上蔡》 上蔡東門狡兔肥，李斯何事忘南歸。功成不解謀身退，直待雲陽血染衣。

《全宋文》卷六〇五五陳傅良《李斯夢鼠傳》 李斯見厠鼠食不潔，又犬數驚之，及見倉庫中鼠食粟，又不見驚，嘆曰：「人猶鼠也，賢不肖自處耳。」斯既相

秦，後爲趙高所譖。將刑，鼠見于夢曰：「臣固相國之溷人也。相國向哀臣，臣今哀相國矣。臣聞祿天下之美者，有利物之功者也；居天下之安者，有高天下之德者也。微功而饕美，不德而盗安者，必及禍。臣雖懵，向豈不知巢于呺然之倉，聚天下之粟其中，不抓不嚙，拱得而坐食，充充焉而卧之好也，而不往者，懼禍也。夫不利人而蠹有用之積者，人刑之；無益於世而盗惡於不睹之地者，天刑之。故寧處垢以□□危以自懼，則取多而無尤，忌進而不貪，臣亦計之審矣。夫使天下之烏鳶鶡雀甘不潔之蟲豸糞壤，喙烏而數驚於弓繳，則人亦不得誇其肉矣。使天下之鰷鰽魦鯉鱣鮪魴鱮安不潔之泥淖，遇芬芳之餌倏逝而不嗅，數驚於舟楫罔罟，則人不落其鱗而俎薦之矣。使天下之牛草嚙而水飲，不潔其芻，不寢其無驚之牢，則不犧矣。使天下之馬亦草嚙而水飲，不美其秣，不寢之無驚之厩，則蹄不彫，鬣不翦，鞭勒銜轡不及矣。夫勇而善搏者虎也，摯而善擊者鷹也，人貌而言者猩猩也。虎不逐豚，鷹不攫雛，猩猩不嗜酒，則天下不能革虎之皮，脱鷹之爪，血猩猩而染矣。故夫食於無虞之地者，物之械也；祿於不震之朝者，士之賊也。臣是以哀相國之不没也。夫秦，天下之呺然倉者也；三公之祿，聚天下之粟而奉之者也。相公助秦虐漢東諸侯，而剥民以益其富，則秦之倉，六國之寢室也；秦之粟，萬民之脂體也。相公巢中焉，拱得而坐食久矣，而又誅扶蘇，殺蒙恬，戮羣公子，咸陽之市爲之纍，則天下之驚相公者削迹矣，臣懼相公之亡無日矣。」斯寢甚惡矣，明日，具五刑以死。君子曰：斯豈賢於鼠哉！

秦二世部

綜述

《史記》卷六《秦始皇本紀》 二世皇帝元年，年二十一。趙高爲郎中令，任用事。二世下詔，增始皇寢廟犧牲及山川百祀之禮。令羣臣議尊始皇廟。羣臣皆頓首言曰：「古者天子七廟，諸侯五，大夫三，雖萬世世不軼毀。今始皇爲極廟，四海之内皆獻貢職，增犧牲，禮咸備，毋以加。先王廟或在西雍，或在咸陽。天子儀當獨奉酌祠始皇廟。自襄公已下軼毀。所置凡七廟。羣臣以禮進祠，以尊始皇廟爲帝者祖廟。皇帝復自稱『朕』。」

二世與趙高謀曰：「朕年少，初即位，黔首未集附。先帝巡行郡縣，以示彊，威服海内。今晏然不巡行，即見弱，毋以臣畜天下。」春，二世東行郡縣，李斯從。到碣石，並海，南至會稽，而盡刻始皇所立刻石，石旁著大臣從者名，以章先帝成功盛德焉：

皇帝曰：「金石刻盡始皇帝所爲也。今襲號而金石刻辭不稱始皇帝，其於久遠也如後嗣爲之者，不稱成功盛德。」丞相臣斯、臣去疾、御史大夫臣德昧死言：「臣請具刻詔書刻石，因明白矣。臣昧死請。」制曰：「可。」

遂至遼東而還。

於是二世乃遵用趙高，申法令。乃陰與趙高謀曰：「大臣不服，官吏尚彊，及諸公子必與我争，爲之柰何？」高曰：「臣固願言而未敢也。先帝之大臣，皆天下累世名貴人也，積功勞世以相傳久矣。今高素小賤，陛下幸稱舉，令在上位，管中事。大臣鞅鞅，特以貌從臣，其心實不服。今上出，不因此時案郡縣守尉有罪者誅之，上以振威天下，下以除去上生平所不可者。今時不師文而決於武力，願陛下遂從時毋疑，即羣臣不及謀。明主收舉餘民，賤者貴之，貧者富之，遠者近之，則上下集而國安矣。」二世曰：「善。」乃行誅大臣及諸公子，以罪過連逮少近官三郎，無得立者，而六公子戮死於杜。公子將閭昆弟三人囚於内宫，議其罪獨後。二世使使令將閭曰：「公子不臣，罪當死，吏致法焉。」將閭曰：「闕廷之禮，吾未嘗敢不從賓贊也；廊廟之位，吾未嘗敢失節也；受命應對，吾未嘗敢失辭也。何謂不臣？願聞罪而死。」使者曰：「臣不得與謀，奉書從事。」將閭乃仰天大呼天者三，曰：「天乎！吾無罪！」昆弟三人皆流涕拔劍自殺。宗室振恐。羣臣諫者以爲誹謗，大吏持祿取容，黔首振恐。

四月，二世還至咸陽，曰：「先帝爲咸陽朝廷小，故營阿房宫，爲室堂未就，會上崩，罷其作者，復土酈山。酈山事大畢，今釋阿房宫弗就，則是章先帝舉事過也。」復作阿房宫。外撫四夷，如始皇計。盡徵其材士五萬人爲屯衛咸陽，令教射狗馬禽獸。當食者多，度不足，下調郡縣轉輸菽粟芻稾，皆令自齎糧食，咸陽三百里内不得食其穀。用法益刻深。

七月，戍卒陳勝等反故荆地，爲「張楚」。勝自立爲楚王，居陳，遣諸將徇地。山東郡縣少年苦秦吏，皆殺其守尉令丞反，以應陳涉，相立爲侯王，合從西鄉，名爲伐秦，不可勝數也。謁者使東方來，以反者聞二世。二世怒，下吏。後使者至，上問，對曰：「羣盜，郡守尉方逐捕，今盡得，不足憂。」上悦。武臣自立爲趙王，魏咎爲魏王，田儋爲齊王。沛公起沛。項梁舉兵會稽郡。

二年冬，陳涉所遣周章等將西至戲，兵數十萬。二世大驚，與羣臣謀曰：「柰何？」少府章邯曰：「盜已至，衆彊，今發近縣不及矣。酈山徒多，請赦之，授兵以擊之。」二世乃大赦天下，使章邯將，擊破周章軍而走，遂殺章曹陽。二世益遣長史司馬欣、董翳佐章邯擊盜，殺陳勝城父，破項梁定陶，滅魏咎臨濟。楚地盜名將已死，章邯乃北渡河，擊趙王歇等於鉅鹿。

趙高説二世曰：「先帝臨制天下久，故羣臣不敢爲非，進邪説。今陛下富於春秋，初即位，柰何與公卿廷決事？事即有誤，示羣臣短也。天子稱朕，固不聞聲。」於是二世常居禁中，與高決諸事。其後公卿希得朝見，盜賊益多，而關中卒發東擊盜者毋已。右丞相去疾、左丞相斯、將軍馮劫進諫曰：「關東羣盜並起，秦發兵誅擊，所殺亡甚衆，然猶不止。盜多，皆以戍漕轉作事苦，賦税大也。請且止阿房宫作者，減省四邊戍轉。」二世曰：「吾聞之韓子曰：『堯舜采椽不刮，茅茨不翦，飯土塯，啜土形，雖監門之養，不觳於此。禹鑿龍門，通大夏，決河亭水，放之海，身自持築臿，脛毋毛，臣虜之勞不烈於此矣。』凡所爲貴有天下者，得肆意極欲，主重明法，下不敢爲非，以制御海内矣。夫虞、夏之主，貴爲天子，親處窮苦之實，以徇百姓，尚何於法？朕尊萬乘，毋其實，吾欲造千乘之駕，萬乘之屬，充吾號名。且先帝起諸侯，兼天下，天下已定，外攘四夷以安邊竟，作宫室以

章得意，而君觀先帝功業有緒。今朕即位二年之閒，羣盜並起，君不能禁，又欲罷先帝之所爲，是上毋以報先帝，次不爲朕盡忠力，何以在位？」下去疾、斯、劫吏，案責他罪。去疾、劫曰：「將相不辱。」自殺。斯卒囚，就五刑。

三年，章邯等將其卒圍鉅鹿，楚上將軍項羽將楚卒往救鉅鹿。冬，趙高爲丞相，竟案李斯殺之。夏，章邯等戰數卻，二世使人讓邯，邯恐，使長史欣請事。趙高弗見，又弗信。欣恐，亡去，高使人捕追不及。欣見邯曰：「趙高用事於中，將軍有功亦誅，無功亦誅。」項羽急擊秦軍，虜王離，邯等遂以兵降諸侯。八月己亥，趙高欲爲亂，恐羣臣不聽，乃先設驗，持鹿獻於二世，曰：「馬也。」二世笑曰：「丞相誤邪？謂鹿爲馬。」問左右，左右或默，或言馬以阿順趙高。或言鹿（者），高因陰中諸言鹿者以法。後羣臣皆畏高。

高前數言「關東盜毋能爲也」，及項羽虜秦將王離等鉅鹿下而前，章邯等軍數卻，上書請益助，燕、趙、齊、楚、韓、魏皆立爲王，自關以東，大氐盡畔秦吏應諸侯，諸侯咸率其衆西鄉。沛公將數萬人已屠武關，使人私於高，高恐二世怒，誅及其身，乃謝病不朝見。二世夢白虎齧其左驂馬，殺之，心不樂，怪問占夢。卜曰：「涇水爲祟。」二世乃齋於望夷宫，欲祠涇，沈四白馬。使使責讓高以盜賊事。高懼，乃陰與其壻咸陽令閻樂、其弟趙成謀曰：「上不聽諫，今事急，欲歸禍於吾宗。吾欲易置上，更立公子嬰。子嬰仁儉，百姓皆載其言。」使郎中令爲内應，詐爲有大賊，令樂召吏發卒，追劫樂母置高舍。遣樂將吏卒千餘人至望夷宫殿門，縛衛令、僕射，曰：「賊入此，何不止？」衛令曰：「周廬設卒甚謹，安得賊敢入宫？」樂遂斬衛令，直將吏入，行射，郎宦者大驚，或走或格，格者輒死，死者數十人。郎中令與樂俱入，射上幄坐幃。二世怒，召左右，左右皆惶擾不鬬。旁有宦者一人，侍不敢去。二世入内，謂曰：「公何不蚤告我？乃至於此！」宦者曰：「臣不敢言，故得全。使臣蚤言，皆已誅，安得至今？」閻樂前即二世數曰：「足下驕恣，誅殺無道，天下共畔足下，足下其自爲計。」二世曰：「丞相可得見否？」樂曰：「不可。」二世曰：「吾願得一郡爲王。」弗許。又曰：「願爲萬户侯。」弗許。曰：「願與妻子爲黔首，比諸公子。」閻樂曰：「臣受命於丞相，爲天下誅足下，足下雖多言，臣不敢報。」麾其兵進。二世自殺。

閻樂歸報趙高，趙高乃悉召諸大臣公子，告以誅二世之狀。曰：「秦故王國，始皇君天下，故稱帝。今六國復自立，秦地益小，乃以空名爲帝，不可。宜爲王如故，便。」立二世之兄子公子嬰爲秦王。以黔首葬二世杜南宜春苑中。令子嬰齋，當廟見，受王璽。齋五日，子嬰與其子二人謀曰：「丞相高殺二世望夷宫，恐羣臣誅之，乃詳以義立我。我聞趙高乃與楚約，滅秦宗室而王關中。今使我齋見廟，此欲因廟中殺我。我稱病不行，丞相必自來，來則殺之。」高使人請子嬰數輩，子嬰不行，高果自往，曰：「宗廟重事，王柰何不行？」子嬰遂刺殺高於齋宫，三族高家以徇咸陽。子嬰爲秦王四十六日，楚將沛公破秦軍入武關，遂至霸上，使人約降子嬰。子嬰即係頸以組，白馬素車，奉天子璽符，降軹道旁。沛公遂入咸陽，封宫室府庫，還軍霸上。居月餘，諸侯兵至，項籍爲從長，殺子嬰及秦諸公子宗族。遂屠咸陽，燒其宫室，虜其子女，收其珍寶貨財，諸侯共分之。滅秦之後，各分其地爲三，名曰雍王、塞王、翟王，號曰三秦。項羽爲西楚霸王，主命分天下王諸侯，秦竟滅矣。後五年，天下定於漢。

雜録

備録

桓寬《鹽鐵論・詔聖》 文學曰：「古者，明其仁義之誓，使民不踰；不教而殺，是虐民也。與其刑不可踰，不若義之不可踰也。聞禮義行而刑罰中，未聞刑罰行而孝悌興也。高牆狹基，不可立也。嚴刑峻法，不可久也。二世信趙高之計，渫篤責而任誅斷，刑者半道，死者日積。殺民多者爲忠，厲民悉者爲能。百姓不勝其求，黔首不勝其刑，海内同憂而俱不聊生。故過任之事，父不得於子；無已之求，君不得於臣。死不再生，窮鼠囓貍，匹夫奔萬乘，舍人折弓，陳勝、吴廣是也。當此之時，天下俱起，四面而攻秦，聞不一期而社稷爲墟，惡在其能長制羣下，而久守其國也？」

《漢書》卷二七中之下《五行志中之下》 史記秦二世元年，天無雲而雷。【略】二世不恤天下，萬民有怨畔之心。是歲陳勝起，天下畔，趙高作亂，秦遂以亡。

《漢書》卷三六《楚元王傳》 劉向曰：二世委任趙高，專權自恣，壅蔽大臣，終有閻樂望夷之禍，秦遂以亡。

張華《博物志》卷六《地理考》 周自后稷至於文、武，皆都關中，號爲宗周。

秦爲阿房殿，在長安西南二十里。殿東西千步，南北三百步，上可以坐萬人，庭中受十萬人。二世爲趙高所殺於宜春宫，在杜城南三里，葬於旁。

吴兢《貞觀政要·尊敬師傅》 貞觀八年，太宗謂侍臣曰：【略】秦之胡亥，用趙高作傅，教以刑法，及其嗣位，誅功臣，殺親族，酷暴不已，旋踵而亡。故知人之善惡誠由近習。

黄震《古今紀要·秦》 二世元年，趙高勸嚴刻，盡殺先帝故臣，作阿房宫，發閭左戍漁陽。陳勝、吴廣以失期起兵，劉、項等皆應。二年，以盜起，責李斯，斯請行督責。三年高譖殺斯，高爲相，盡決焉。指鹿爲馬，陰誅不附者。關東盡畔，高懼，誅殺二世，立子嬰。子嬰刺殺高，沛公入關降。

孫楷《秦會要》卷一《學校下·權量銘》 二世權、量、斤，銘曰：「元年制詔丞相斯、去疾，法度量盡始皇帝爲之，皆有刻辭焉，今襲號而刻辭，不稱始皇帝，其於久遠也。如後嗣爲之者，不稱成功盛德。刻此詔，故刻左，使毋疑。」阮氏《積古齋》。

備論

賈誼《新書·過秦下》 今秦二世立，天下莫不引領而觀其政，夫寒者利裋褐而飢者甘糟糠，天下囂囂，新主之資也。此言勞民之易爲仁也。嚮使二世有庸主之行而任忠賢，臣主一心而憂海内之患，縞素而正先帝之過；裂地分民以封功臣之後，建國立君以禮天下；虚囹圄而免刑戮，去收帑汙穢之罪，使各反其鄉里；發倉廩，散財幣，以賑孤獨窮困之士；輕賦少事，以佐百姓之急；約法省刑，以持其後，使天下之人皆得自新，更節循行，各慎其身；塞萬民之望，而以盛德與天下，天下息矣。即四海之内，皆歡然各自安樂其處，唯恐有變。雖有狡害之民，無離上之心，則不軌之臣無以飾其智，而暴亂之奸彌矣。二世不行此術，而重以無道：壞宗廟與民，更始作阿房之宫；繁刑嚴誅，吏治刻深；賞罰不當，賦斂無度。天下多事，吏不能紀；百姓困窮，而主不收卹。然後奸僞并起，而上下相遁；蒙罪者衆，刑僇相望於道，而天下苦之。自羣卿以下至於衆庶，人懷自危之心，親處窮苦之實，咸不安其位，故易動也。是以陳涉不用湯、武之賢，不藉公侯之尊，奮臂於大澤，而天下嚮應者，其民危也。

故先王者見終始之變，知存亡之由，是以牧之以道，務在安之而已矣。下雖有逆行之臣，必無響應之助。故曰「安民可與行義，而危民易與爲非」，此之謂也。貴爲天子，富有四海，身在於戮者，正之非也。是二世之過也。

賈誼《新書·春秋》 二世胡亥之爲公子，昆弟數人，詔置酒饗羣臣，召諸子賜食先罷。胡亥下陛，視羣臣陳履狀善者，因行踐敗而去。諸侯聞之，莫不大息。及二世即位，皆知天下之棄之也。

《淮南子·兵略訓》 二世皇帝勢爲天子，富有天下，人迹所至，舟楫所通，莫不爲郡縣。然縱耳目之欲，窮侈靡之變，不顧百姓之飢寒窮匱也，興萬乘之駕而作阿房之宫，發閭左之戍，收太半之賦，百姓之隨逮肆刑，挽輅首路死者，一旦不知千萬之數，天下敖然若焦熱，傾然若苦烈，上下不相寧，吏民不相憀。戍卒陳勝興於大澤，攘臂袒右，稱爲大楚，而天下響應。當此之時，非有牢甲利兵，勁弩强衝也，伐棘棗而爲矜，周錐鑿而爲刃，剡摲筡，奮儋钁，以當脩戟强弩，攻城略地，莫不降下。天下爲之糜沸蟻動，雲徹席卷，方數千里。勢位至賤，而器械甚不利，然一人唱而天下應之者，積怨在於民也。

《史記》卷六《秦始皇本紀論》 始皇既殁，胡亥極愚，酈山未畢，復作阿房，以遂前策。云「凡所爲貴有天下者，肆意極欲，大臣至欲罷先君所爲」。誅斯、去疾，任用趙高。痛哉言乎！人頭畜鳴。不威不伐惡，不篤不虚亡，距之不得留，殘虐以促期，雖居形便之國，猶不得存。

劉向《新序·雜事》 秦二世胡亥之爲公子也，昆弟數人，詔置酒饗羣臣。召諸子，諸子賜食先罷，胡亥下堦，視羣臣陳履狀，善者，因行踐敗而去。諸子聞見之者，莫不太息。及二世即位，皆知天下必弃之也。故二世惑於趙高，輕大臣，不顧下民，是以陳勝奮臂於關東，閻樂作亂於望夷。閻樂，趙高之壻也，爲咸陽令，詐爲逐賊，將吏卒入望夷宫，攻射二世，就數二世，欲加刃。二世懼，入，將自殺，有一宦者從之。二世謂曰：「何謂至於此也？」宦者曰：「知此久矣。」二世曰：「子何不早言？」對曰：「臣以不言，故得至於此；使臣言，死久矣。」然後二世喟然悔之，遂自殺。

《文選·曹元首〈六代論〉》 始皇聽李斯偏説而絀其義。至身死之日，無所寄付，委天下之重於凡夫之手，託廢立之命於姦臣之口，至令趙高之徒，誅鋤宗室。胡亥少習剋薄之教，長遵凶父之業，不能改制易法，寵任兄弟，而乃師謨申商，諮謀趙高，自幽深宫，委政讒賊，身殘望夷，求爲黔首，豈可得哉？遂乃郡國離心，衆庶潰叛，勝、廣唱之於前，劉、項斃之於後。向使始皇納淳于之策，抑李

斯之論，割裂州國，分王子弟，封三代之後，報功臣之勞，土有常君，民有定主，枝葉相扶，首尾爲用，雖使子孫有失道之行，時人無湯武之賢，姦謀未發，而身已屠戮，何區區之陳、項，而復得措其手足哉？故漢祖奮三尺之劍，驅烏集之衆，五年之中，而成帝業。自開闢以來，其興功立勳，未有若漢祖之易者也。夫伐深根者難爲功，摧枯朽者易爲力，理勢然也。

蘇轍《欒城應詔集》卷三《進論・唐論》 自周之衰，齊、晉、秦、楚綿地千里，內不勝於其外，以至於滅亡而不救。秦人患其外之已重而至於此也，於是收天下之兵而聚之關中，夷滅其城池，殺戮其豪傑，使天下之命皆制於天子。然至於二世之時，陳勝、吳廣大呼起兵，而郡縣之吏熟視而走，無敢誰何。趙高擅權於內，頤指如意，雖李斯爲相，備五刑而死於道路。

《全宋文》卷四六〇八林之奇《論二世立》 國之存亡，雖曰天命，然而人事之脩與不脩，天命遂從而改易。【略】如秦始皇之暴虐，而扶蘇爲之子。扶蘇之爲人，寬厚好儒，繫於天下之望，使扶蘇而爲之君，則秦可以不亡。然而始皇乃出扶蘇，愛少子胡亥。李斯、趙高之徒探其意，以殺扶蘇而立胡亥。此則以不亡之理，而爲不存之道也。蓋舜之德與堯合，故堯立舜；禹之德與舜合，故舜立禹。丹朱、商均之德皆非堯舜之所合，此其所以不得立。胡亥之德與秦始合，故胡亥立；而扶蘇非始皇之所合，此其所以不得立也。以是知天命之所在，苟其人事之脩不脩，則天命遂得而改易。漢武之所爲去始皇蓋無幾矣，然而身死而天下不亂者，蓋以昭帝嗣位後，罷鹽鐵摧酤，輕徭薄賦，與民休息，此天下所以中興而乂安也。使扶蘇而繼始皇，則秦之基業可以復振，是亦漢昭帝也。如其不立何！

葉適《習學記言序目》卷一九《史記一・本紀》 天下反秦，二世死在旦夕，方引韓非語，欲造千乘之駕，萬乘之屬，充其號名。亡國之君舉動如此，固不足怪。

陳櫟《歷代通畧・秦》 胡亥立，是爲二世，愚騃昏暴，蹙秦脉而亡之，民不勝刑，駭懼思亂，二世不知也。秦滅六國，楚最無罪。南公之言曰：楚雖三户，亡秦必楚。既而楚人陳勝、吳廣呼於前，劉邦、項羽應於後，亡秦者果楚焉。諸豪傑共立楚懷王孫心，未幾尊爲義帝。義帝遣將攻秦，約先入關者王之。漢高祖時爲沛公，以寬大長者受命入關。趙高弑二世，立子嬰爲秦王。高祖克關中，子嬰降，秦遂以亡。自吞周以後，歷三十五年始滅六國；自滅六國後僅十四年，遽失天下。且呂不韋納已孕之妾於莊襄而生始皇，始皇呂氏子也。人見秦滅於二世子嬰耳，豈知嬴氏之秦，已滅於呂政之繼也哉。得天下以多殺不仁，享國無長久，理不足論也。而古今宇宙之大變，良可重慨。自秦以前，王澤未泯，一宇宙也。自秦以後，王澤盡斬，又一宇宙也。帝王相傳之法，秦一掃而空之，至今不能復，秦暴戾滅裂之法，則自漢襲秦，至今有不能變者，古今宇宙之大變，得不於此焉判乎！

杭世駿《訂訛類編》卷二《指鹿爲馬》 秦築長城是始皇時事，趙高指鹿爲馬是二世三年事。是年二世夢白虎齧殺其左驂馬，卜曰：涇水爲祟。乃齋于望夷宮，宮在長陵西北，不在咸陽。趙高作亂，使其壻閻樂詐爲有賊，發吏卒入望夷宮弑之，而立二世兄子公子嬰爲秦王。荆公《桃源行》云：「望夷宮中鹿爲馬，秦人半死長城下。」用事殊舛錯失實，《高齋詩話》曾辨之。

藝文

《文選・潘安仁〈西征賦〉》 國滅亡以斷後，身刑轘以啓前。商法焉得以宿，黃犬何可復牽？野蒲變而成脯，苑鹿化以爲馬。假讒逆以天權，鉗衆口而寄坐。兵在頸而顧問，何不早而告我？願黔黎其誰聽，惟請死而獲可。健子嬰之果決，敢討賊以紓禍。勢土崩而莫振，作降王於路左。

《全唐詩》卷七二九周曇《秦門・胡亥》 鹿馬何難辨是非，寧勞卜筮問安危。權臣爲亂多如此，亡國時君不自知。

盜賊縱橫主惡聞，遂爲流矢犯君軒。怪言何不早言者，若使早言還不存。

《王十朋全集・詩集》卷一〇《詠史詩・二世》 始皇一怒逐扶蘇，天欲亡秦果在胡。翻被四方黔首笑，不分鹿馬是誰愚。

趙高部

綜述

《史記》卷八八《蒙恬列傳》 趙高者，諸趙疏遠屬也。趙高昆弟數人，皆生隱宮，其母被刑僇，世世卑賤。秦王聞高彊力，通於獄法，舉以爲中車府令。高即私事公子胡亥，喻之決獄。高有大罪，秦王令蒙毅法治之。毅不敢阿法，當高罪死，除其宦籍。帝以高之敦於事也，赦之，復其官爵。【略】

始皇至沙丘崩，祕之，羣臣莫知。是時丞相李斯、公子胡亥、中車府令趙高常從。高雅得幸於胡亥，欲立之，又怨蒙毅法治之而不爲己也，因有賊心，迺與丞相李斯、公子胡亥陰謀，立胡亥爲太子。太子已立，遣使者以罪賜公子扶蘇、蒙恬死。扶蘇已死，蒙恬疑而復請之。使者以蒙恬屬吏，更置。胡亥以李斯舍人爲護軍。使者還報，胡亥已聞扶蘇死，即欲釋蒙恬。趙高恐蒙氏復貴而用事，怨之。

毅還至，趙高因爲胡亥忠計，欲以滅蒙氏，乃言曰：「臣聞先帝欲舉賢立太子久矣，而毅諫曰『不可』。若知賢而俞弗立，則是不忠而惑主也。以臣愚意，不若誅之。」胡亥聽而繫蒙毅於代。前已囚蒙恬於陽周。喪至咸陽，已葬，太子立爲二世皇帝，而趙高親近，日夜毀惡蒙氏，求其罪過，舉劾之。

《史記》卷六《秦始皇本紀》 至平原津而病。始皇惡言死，羣臣莫敢言死事。上病益甚，乃爲璽書賜公子扶蘇曰：「與喪會咸陽而葬。」書已封，在中車府令趙高行符璽事所，未授使者。七月丙寅，始皇崩於沙丘平臺。丞相斯爲上崩在外，恐諸公子及天下有變，乃祕之，不發喪。獨子胡亥、趙高及所幸宦者五六人知上死。趙高故嘗教胡亥書及獄律令法事，胡亥私幸之。高乃與公子胡亥、丞相斯陰謀破去始皇所封書賜公子扶蘇者，而更詐爲丞相斯受始皇遺詔沙丘，立子胡亥爲太子。更爲書賜公子扶蘇、蒙恬，數以罪，(其)賜死。

二世皇帝元年，年二十一。趙高爲郎中令，任用事。二世下詔，增始皇寢廟犧牲及山川百祀之禮。令羣臣議尊始皇廟。羣臣皆頓首言曰：「古者天子七廟，諸侯五，大夫三，雖萬世世不軼毀。今始皇爲極廟，四海之内皆獻貢職，增犧牲，禮咸備，毋以加。先王廟或在西雍，或在咸陽。天子儀當獨奉酌祠始皇廟。自襄公已下軼毀。所置凡七廟。羣臣以禮進祠，以尊始皇廟爲帝者祖廟。皇帝復自稱『朕』。」

二世與趙高謀曰：「朕年少，初即位，黔首未集附。先帝巡行郡縣，以示彊，威服海内。今晏然不巡行，即見弱，毋以臣畜天下。」春，二世東行郡縣，李斯從。到碣石，並海，南至會稽，而盡刻始皇所立刻石，石旁著大臣從者名，以章先帝成功盛德焉。【略】

於是二世乃遵用趙高，申法令。乃陰與趙高謀曰：「大臣不服，官吏尚彊，及諸公子必與我争，爲之柰何？」高曰：「臣固願言而未敢也。先帝之大臣，皆天下累世名貴人也，積功勞世以相傳久矣。今高素小賤，陛下幸稱舉，令在上位，管中事。大臣鞅鞅，特以貌從臣，其心實不服。今上出，不因此時案郡縣守尉有罪者誅之，上以振威天下，下以除去上生平所不可者。今時不師文而決於武力，願陛下遂從時毋疑，即羣臣不及謀。明主收舉餘民，賤者貴之，貧者富之，遠者近之，則上下集而國安矣。」二世曰：「善。」乃行誅大臣及諸公子，以罪過連逮少近官三郎，無得立者，而六公子戮死於杜。公子將閭昆弟三人囚於内宮，議其罪獨後。二世使使令將閭曰：「公子不臣，罪當死，吏致法焉。」將閭曰：「闕廷之禮，吾未嘗敢不從賓贊也；廊廟之位，吾未嘗敢失節也；受命應對，吾未嘗敢失辭也。何謂不臣？願聞罪而死。」使者曰：「臣不得與謀，奉書從事。」將閭乃仰天大呼天者三，曰：「天乎！吾無罪！」昆弟三人皆流涕拔劍自殺。宗室振恐。羣臣諫者以爲誹謗，大吏持禄取容，黔首振恐。【略】

趙高説二世曰：「先帝臨制天下久，故羣臣不敢爲非，進邪説。今陛下富於春秋，初即位，柰何與公卿廷決事？事即有誤，示羣臣短也。天子稱朕，固不聞聲。」於是二世常居禁中，與高決諸事。其後公卿希得朝見，盗賊益多，而關中卒發東擊盗者毋已。【略】

三年，冬，趙高爲丞相，竟案李斯殺之。夏，章邯等戰數卻，二世使人讓邯，邯恐，使長史欣請事。趙高弗見，又弗信。欣恐，亡去，高使人捕追不及。欣見邯曰：「趙高用事於中，將軍有功亦誅，無功亦誅。」項羽急擊秦軍，虜王離，邯等遂以兵降諸侯。八月己亥，趙高欲爲亂，恐羣臣不聽，乃先設驗，持鹿獻於二世，曰：「馬也。」二世笑曰：「丞相誤邪？謂鹿爲馬。」問左右，左右或默，或言馬以

阿順趙高。或言鹿(者),高因陰中諸言鹿者以法。後羣臣皆畏高。

高前數言「關東盜毋能爲也」,及項羽虜秦將王離等鉅鹿下而前,章邯等軍數卻,上書請益助,燕、趙、齊、楚、韓、魏皆立爲王,自關以東,大氐盡畔秦吏應諸侯,諸侯咸率其衆西鄉。沛公將數萬人已屠武關,使人私於高,高恐二世怒,誅及其身,乃謝病不朝見。二世夢白虎齧其左驂馬,殺之,心不樂,怪問占夢。卜曰:「涇水爲祟。」二世乃齋於望夷宮,欲祠涇,沈四白馬。使使責讓高以盜賊事。高懼,乃陰與其壻咸陽令閻樂、其弟趙成謀曰:「上不聽諫,今事急,欲歸禍於吾宗。吾欲易置上,更立公子嬰。子嬰仁儉,百姓皆載其言。」使郎中令爲內應,詐爲有大賊,令樂召吏發卒,追劫樂母置高舍。【略】二世自殺。

閻樂歸報趙高,趙高乃悉召諸大臣公子,告以誅二世之狀。曰:「秦故王國,始皇君天下,故稱帝。今六國復自立,秦地益小,乃以空名爲帝,不可。宜爲王如故,便。」立二世之兄子公子嬰爲秦王。以黔首葬二世杜南宜春苑中。令子嬰齋,當廟見,受王璽。齋五日,子嬰與其子二人謀曰:「丞相高殺二世望夷宮,恐羣臣誅之,乃詳以義立我。我聞趙高乃與楚約,滅秦宗室而王關中。今使我齋見廟,此欲因廟中殺我。我稱病不行,丞相必自來,來則殺之。」高使人請子嬰數輩,子嬰不行,高果自往,曰:「宗廟重事,王柰何不行?」子嬰遂刺殺高於齋宮,三族高家以徇咸陽。

雜録

備録

《史記》卷七《項羽本紀》 章邯軍棘原,項羽軍漳南,相持未戰。秦軍數卻,二世使人讓章邯。章邯恐,使長史欣請事。至咸陽,留司馬門三日,趙高不見,有不信之心。長史欣恐,還走其軍,不敢出故道,趙高果使人追之,不及。欣至軍,報曰:「趙高用事於中,下無可爲者。今戰能勝,高必疾妒吾功;戰不能勝,不免於死。願將軍孰計之。」陳餘亦遺章邯書曰:「白起爲秦將,南征鄢郢,北阬馬服,攻城略地,不可勝計,而竟賜死。蒙恬爲秦將,北逐戎人,開榆中地數千里,竟斬陽周。何者?功多,秦不能盡封,因以法誅之。今將軍爲秦將三歲矣,所亡失以十萬數,而諸侯並起滋益多。彼趙高素諛日久,今事急,亦恐二世誅之,故欲以法誅將軍以塞責,使人更代將軍以脱其禍。夫將軍居外久,多內卻,有功亦誅,無功亦誅。且天之亡秦,無愚智皆知之。今將軍內不能直諫,外爲亡國將,孤特獨立而欲常存,豈不哀哉!將軍何不還兵與諸侯爲從,約共攻秦,分王其地,南面稱孤;此孰與身伏鈇質,妻子爲僇乎?」章邯狐疑,陰使候始成使項羽,欲約。約未成,項羽使蒲將軍日夜引兵度三户,軍漳南,與秦戰,再破之。項羽悉引兵擊秦軍汙水上,大破之。

《史記》卷二四《樂書》 秦二世尤以爲娱。丞相李斯進諫曰:「放弃《詩》《書》,極意聲色,祖伊所以懼也;輕積細過,恣心長夜,紂所以亡也。」趙高曰:「五帝、三王樂各殊名,示不相襲。上自朝廷,下至人民,得以接歡喜,合殷勤,非此和説不通,解澤不流,亦各一世之化,度時之樂,何必華山之騄耳而後行遠乎?」二世然之。

《史記》卷八八《蒙恬列傳》司馬貞索隱引 劉氏云:「蓋其父犯宫刑,妻子没爲官奴婢,妻後野合所生子皆承趙姓,並宫之,故云『兄弟生隱宫』。謂『隱宫』者,宦之謂也。」

王充《論衡》卷一五《變動篇》 李斯、趙高讒殺太子扶蘇,并及蒙恬、蒙驁。其時皆吐痛苦之言,與歎聲同,又禍至死,非徒(見)苟,而其死之地,寒氣不生。

《漢書》卷三〇《藝文志》 《爰歷》六章,車府令趙高作。

備論

陸賈《新語·輔政》 秦以刑罰爲巢,故有覆巢破卵之患;以李斯、趙高爲杖,故有頓仆跌傷之禍。何者?所任者非也。故杖聖者帝,杖賢者王,杖仁者霸,杖義者强,杖讒者滅,杖賊者亡。

《史記》卷九九《劉敬叔孫通列傳》 漢九年,【略】叔孫通諫上曰:「昔者晉獻公以驪姬之故廢太子,立奚齊,晉國亂者數十年,爲天下笑。秦以不蚤定扶蘇,令趙高得以詐立胡亥,自使滅祀,此陛下所親見。」

劉向《説苑·反質》 桀用干辛,紂用惡來,宋用唐鞅,齊用蘇秦,秦用趙高,

而天下知其亡也。

桓寬《鹽鐵論・憂邊》 二世充大阿房以崇緒，趙高增累秦法以廣威，而未可謂忠臣孝子也。

《漢書》卷四五《蒯伍江息夫傳》 班固贊：趙高敗斯，二世縊。

《漢書》卷四八《賈誼傳》 夫三代之所以長久者，以其輔翼太子有此具也。及秦而不然。其俗固非貴辭讓也，所上者告訐也；固非貴禮義也，所上者刑罰也。使趙高傅胡亥而教之獄，所習者非斬劓人，則夷人之三族也。故胡亥今日即位而明日射人，忠諫者謂之誹謗，深計者謂之妖言，其視殺人若艾草菅然。豈惟胡亥之性惡哉？彼其所以道之者非其理故也。

王符《潛夫論・明闇》 秦之二世，務隱藏己，而斷百僚，隔捐疏賤而信趙高，是以聽塞於貴重之臣，明蔽於驕妒之人，故天下潰叛，弗得聞也。皆高所殺，莫敢言之。周章至戲乃始駭，閻樂進勸乃後悔，不亦晚矣！故人君兼聽納下，則貴臣不得誣，而遠人不得欺也；慢賤信貴，則朝廷讜言無以至，而潔士奉身伏罪於野矣。

夫朝臣所以統理，而多比周則法亂；賢人所以奉己，而隱遯伏野則君孤。法亂君孤而能存者，未之嘗有也。是故明君莅衆，務下言以昭外，敬納卑賤以誘賢也。其無距言，未必言者之盡可用也，乃懼距無用而讓有用也；其無慢賤，未必其人盡賢也，乃懼慢不肖而絶賢望也。是故聖王表小以厲大，賞鄙以招賢，然後良士集於朝，下情達於君也。故上無遺失之策，官無亂法之臣。此君民之所利，而姦佞之所患也。

昔張祿一見而穰侯免，袁絲進説而周敦黜。是以當塗之人，恒嫉正直之士，得一介言於君以矯其邪也，故上飾僞辭以障主心，下設威權以固士民。趙高亂政，恐惡聞上，乃豫要二世曰：「屢見羣臣衆議政事則黷，黷且示短，不若藏己獨斷，神且尊嚴。天子稱朕，固但聞名。」二世於是乃深自幽隱，獨進趙高。趙高入稱好言以説主，出倚詔令以自尊。天下魚爛，相帥叛秦。趙高恐懼，歸惡於君，乃使閻樂責而殺，願一見高不能而死。

夫田常囚簡公，踔齒懸湣王，二世亦既聞之矣。然猶復襲其敗迹者何也？過在於不納卿士之箴規，不受民氓之謡言，自以己賢於簡、湣，而趙高賢於二臣也。故國已亂而上不知，禍既作而下不救。此非衆共棄君，乃君以衆命繫趙高，病自絶於民也。

葛洪《抱朴子外篇》卷一《用刑》 田常之奪齊，六卿之分晉，趙高之弒秦，王莽之篡漢，履霜逮冰，由來漸矣。【略】

秦之初興，官人得才：衛鞅、由余之徒，式法於内；白起、王翦之倫，攻取於外。兼弱攻昧，取威定霸，吞噬四鄰，咀嚼羣雄，拓地攘戎，龍變虎視，實賴明賞必罰，以基帝業。降及杪季，驕於得意，窮奢極泰。加之以威虐，築城萬里，離宫千餘，鍾鼓女樂，不徙而具。驪山之役，太半之賦，閭左之戍，坑儒之酷，北擊獫狁，南征百越，暴兵百萬，動數十年。天下有生離之哀，家户懷怨曠之歎。白骨成山，虚祭布野。徐福出而重號咷之讎，趙高入而屯豺狼之黨。天下欲反，十室九空。其所以亡，豈由嚴刑？此爲秦以嚴得之，非以嚴失之也。

王嘉《拾遺記》卷四《秦始皇》 秦王子嬰立，凡百日，郎中趙高謀殺之。子嬰寢於望夷之宫，夜夢有人身長十丈，鬚鬢絶青，納玉舃而乘丹車，駕朱馬而至宫門，云欲見秦王子嬰，閽者許進焉。子嬰乃與言。謂子嬰曰：「余是天使也，從沙丘來。天下將亂，當有同姓者欲相誅暴。」翌日乃起，子嬰則疑趙高，因高於咸陽獄，懸於井中，七日不死；更以鑊湯煮，七日不沸，乃戮之。子嬰問獄吏曰：「高其神乎？」獄吏曰：「初囚高之時，見高懷有一青丸，大如雀卵。」時方士説云：「趙高先世受韓終丹法，冬月坐於堅冰，夏日卧於爐上，不覺寒熱。」及高死，子嬰棄高屍於九達之路。泣送者千家，或見一青雀從高屍中出，直飛入雲。九轉之驗，信於是乎！子嬰所夢，即始皇之靈；所著玉舃，則安期先生所遺也。鬼魅之理，萬世一時。

《史記》卷六《秦始皇本紀》司馬貞索隱述贊 南遊勒石，東瞰浮梁。滈池見遺，沙丘告喪。二世矯制，趙高是與。詐因指鹿，災生噬虎。

《元稹集》卷二九《論教本書》 〔秦〕滅先王之學，曰將以愚天下；黜師保之位，曰將以明君臣。胡亥之生也，《詩》、《書》不得聞，聖賢不得近。彼趙高者，詐宦之戮人也，而傅之以殘忍戕賊之術，且日恣睢盱天下以爲貴，莫見其面以爲尊，是以天下之人未盡愚，而胡亥固已不能分獸畜矣。趙高之威懾天下，而胡亥固已自幽於深宫矣。李斯者，秦之寵丞相也，因讒冤死，無以自明，而況於疏遠之臣庶乎？若此，則秦之亡有以致之也。

蕭穆《敬孚類藁・補遺》卷一《趙高論》 自古宦者亂人之國烈矣！惟東漢呂彊、後唐張承業等而有忠君愛國之心，嶢然而出其類，非他宦所能仿佛。秦始皇時，趙高有罪，始皇用之。始皇死，高佐胡亥殺太子扶蘇并始皇諸子殆盡，卒

亂其國，而胡亥亦不免於望夷之禍。是宦官如高，實爲歷代篡逆極惡大罪之魁，其爲世所詬詈久矣。

然吾謂察人不察其跡，當原其心；論事不必求其末，而當窮其始。吾嘗論趙高實有合於古人報仇雪恥之大義，非若後世身親宗室之裔而反顔立乎人之本朝者比，不可與他宦官同日語也。

蓋趙高者，趙之諸公子也。秦滅趙，擄高。當此之時，趙之王子皇孫其危如一髮引千鈞，而高獨辱身爲宦官，此與豫讓之漆身吞炭何以異！當秦滅六國，天下莫不痛入骨髓，思所以報强暴，皆未得其道。燕太子丹使荆卿斬樊將軍首，持督亢圖，直指秦庭；而張子房亦嘗與力士椎始皇於博浪之沙。事雖不成，名皆震動天下後世。由今論之，荆卿不過受燕太子豢養之恩，子房不過以五世祖相韓之誼，義皆不忍故國之坐而待亡。惟《綱目》書荆卿爲盜，世儒咸(以)爲不允，至有疑非紫陽之筆。彼二子者，身非燕韓宗室之子孫，功雖不成，事皆艷稱今古。

且夫復仇者，皆孝子順孫不得已而爲之，以爲第能復吾之仇而已，又豈可拘其爲宦官之跡！後來陳勝、吴廣與劉、項起於隴畝之中，不數年而秦亡，非趙高之本謀，則秦漢之存亡尚未可知。是荆卿、子房之志，惟高能伸之；劉、項之功業，惟高能發之。高之功烈在荆卿、子房并劉、項之上，高之心跡能慰六國之君之精魂，真不愧爲趙室之賢子孫、佳公子也。

嗚呼！報仇雪耻，聖賢所許。當伍子胥以楚平王之殺其父兄，子胥卒佐吴王闔閭鞭荆平王之墓，臣復君仇，亦自謂倒行逆施，後世猶將稱之，矧以秦王之暴，天下莫不欲甘心，高以趙室之子孫，獨能辱身談笑而滅暴秦，伸六國之遺恨，遂豪傑之大業，後人不察，反列於宦官篡逆極惡大罪之魁，是則高之不幸也夫！

藝文

《白居易集》卷二《讀史五首》 含沙射人影，雖病人不知。巧言構人罪，至死人不疑。掇蜂殺愛子，掩鼻戮寵姬。弘恭陷蕭望，趙高謀李斯。陰德既必報，陰禍豈虚施？人事雖可罔，天道終難欺；明則有刑辟，幽則有神祇。苟免勿私喜，鬼得而誅之。

《元稹集》卷一《古詩·四皓廟》 巢由昔避世，堯舜不得臣。伊吕雖急病，湯武乃可君。四賢胡爲者？千載名氛氲。顯晦有遺跡，前後疑不倫。秦政虐天下，黷武窮生民。諸侯戰必死，壯士眉亦顰。張良韓孺子，椎碎屬車輪。遂令英雄意，日夜思報秦。先生相將去，不復嬰世塵。雲卷在孤岫，龍潛爲小鱗。秦皇轉無道，諫者鼎鑊親。茅焦脱衣諫，先生無一言。趙高殺二世，先生如不聞。劉項取天下，先生游白雲。海内八年戰，先生全一身。漢業日已定，先生名亦振。不得爲濟世，宜哉爲隱淪。如何一朝起，屈作儲貳賓？安存孝惠帝，摧悴戚夫人。捨大以謀細，虬盤而蠖伸。惠帝竟不嗣，吕氏禍有因。雖懷安劉志，未若周與陳。皆落子房術，先生道何屯。出處貴明白，故吾今有云。

《全唐詩》卷六四七胡曾《軹道》 漢祖西來秉白旄，子嬰宗廟委波濤。誰憐君有翻身術，解向秦宫殺趙高。

《全唐詩》卷七二九周曇《秦門·趙高》 趙高胡亥速天誅，率土興兵怨毒痛。豐沛見機羣小吏，功成兒戲亦何殊。

陳勝部

綜述

《史記》卷四八《陳涉世家》 陳勝者，陽城人也，字涉。吳廣者，陽夏人也，字叔。陳涉少時，嘗與人傭耕，輟耕之壟上，悵恨久之，曰：「苟富貴，無相忘。」庸者笑而應曰：「若爲庸耕，何富貴也？」陳涉太息曰：「嗟乎，燕雀安知鴻鵠之志哉！」

二世元年七月，發閭左適戍漁陽九百人，屯大澤鄉。陳勝、吳廣皆次當行，爲屯長。會天大雨，道不通，度已失期。失期，法皆斬。陳勝、吳廣乃謀曰：「今亡亦死，舉大計亦死，等死，死國可乎？」陳勝曰：「天下苦秦久矣。吾聞二世少子也，不當立，當立者乃公子扶蘇。扶蘇以數諫故，上使外將兵。今或聞無罪，二世殺之。百姓多聞其賢，未知其死也。項燕爲楚將，數有功，愛士卒，楚人憐之。或以爲死，或以爲亡。今誠以吾衆詐自稱公子扶蘇、項燕，爲天下唱，宜多應者。」吳廣以爲然。乃行卜。卜者知其指意，曰：「足下事皆成，有功。然足下卜之鬼乎！」陳勝、吳廣喜，念鬼，曰：「此教我先威衆耳。」乃丹書帛曰「陳勝王」，置人所罾魚腹中。卒買魚烹食，得魚腹中書，固以怪之矣。又閒令吳廣之次所旁叢祠中，夜篝火，狐鳴呼曰「大楚興，陳勝王」。卒皆夜驚恐。旦日，卒中往往語，皆指目陳勝。

吳廣素愛人，士卒多爲用者。將尉醉，廣故數言欲亡，忿恚尉，令辱之，以激怒其衆。尉果笞廣。尉劍挺，廣起，奪而殺尉。陳勝佐之，并殺兩尉。召令徒屬曰：「公等遇雨，皆已失期，失期當斬。藉弟令毋斬，而戍死者固十六七。且壯士不死即已，死即舉大名耳，王侯將相寧有種乎！」徒屬皆曰：「敬受命。」乃詐稱公子扶蘇、項燕，從民欲也。袒右，稱大楚。爲壇而盟，祭以尉首。陳勝自立爲將軍，吳廣爲都尉。攻大澤鄉，收而攻蘄。蘄下，乃令符離人葛嬰將兵徇蘄以東，攻銍、酇、苦、柘、譙，皆下之。行收兵。比至陳，車六七百乘，騎千餘，卒數萬人。攻陳，陳守令皆不在，獨守丞與戰譙門中。弗勝，守丞死，乃入據陳。數日，號令召三老、豪傑與皆來會計事。三老、豪傑皆曰：「將軍身被堅執鋭，伐無道，誅暴秦，復立楚國之社稷，功宜爲王。」陳涉乃立爲王，號爲張楚。

當此時，諸郡縣苦秦吏者，皆刑其長吏，殺之以應陳涉。乃以吳叔爲假王，監諸將以西擊滎陽。令陳人武臣、張耳、陳餘徇趙地，令汝陰人鄧宗徇九江郡。當此時，楚兵數千人爲聚者，不可勝數。

葛嬰至東城，立襄彊爲楚王。嬰後聞陳王已立，因殺襄彊，還報。至陳，陳王誅殺葛嬰。陳王令魏人周市北徇魏地。吳廣圍滎陽。李由爲三川守，守滎陽，吳叔弗能下。陳王徵國之豪傑與計，以上蔡人房君蔡賜爲上柱國。

周文，陳之賢人也，嘗爲項燕軍視日，事春申君，自言習兵，陳王與之將軍印，西擊秦。行收兵至關，車千乘，卒數十萬，至戲，軍焉。秦令少府章邯免酈山徒、人奴産子生，悉發以擊楚大軍，盡敗之。周文敗，走出關，止次曹陽二三月。章邯追敗之，復走次澠池十餘日。章邯擊，大破之。周文自剄，軍遂不戰。

武臣到邯鄲，自立爲趙王，陳餘爲大將軍，張耳、召騷爲左右丞相。陳王怒，捕繫武臣等家室，欲誅之。柱國曰：「秦未亡而誅趙王將相家屬，此生一秦也。不如因而立之。」陳王乃遣使者賀趙，而徙繫武臣等家屬宮中，而封耳子張敖爲成都君，趣趙兵亟入關。趙王將相相與謀曰：「王王趙，非楚意也。楚已誅秦，必加兵於趙。計莫如毋西兵，使使北徇燕地以自廣也。趙南據大河，北有燕、代，楚雖勝秦，不敢制趙。若楚不勝秦，必重趙。趙乘秦之弊，可以得志於天下。」趙王以爲然，因不西兵，而遣故上谷卒史韓廣將兵北徇燕地。

燕故貴人豪傑謂韓廣曰：「楚已立王，趙又已立王。燕雖小，亦萬乘之國也，願將軍立爲燕王。」韓廣曰：「廣母在趙，不可。」燕人曰：「趙方西憂秦，南憂楚，其力不能禁我。且以楚之彊，不敢害趙王將相之家，趙獨安敢害將軍之家！」韓廣以爲然，乃自立爲燕王。居數月，趙奉燕王母及家屬歸之燕。

當此之時，諸將之徇地者，不可勝數。周市北徇地至狄，狄人田儋殺狄令自立爲齊王，以齊反，擊周市。市軍散，還至魏地，欲立魏後故甯陵君咎爲魏王。時咎在陳王所，不得之魏。魏地已定，欲相與立周市爲魏王，周市不肯。使者五反，陳王乃立甯陵君咎爲魏王，遣之國。周市卒爲相。

將軍田臧等相與謀曰：「周章軍已破矣，秦兵旦暮至，我圍滎陽城弗能下，秦軍至，必大敗。不如少遺兵，足以守(熒)〔滎〕陽，悉精兵迎秦軍。今假王驕，不知兵權，不可與計，非誅之，事恐敗。」因相與矯王令以誅吳叔，獻其首於陳王。

陳王使使賜田臧楚令尹印，使爲上將。田臧乃使諸將李歸等守滎陽城，自以精兵西迎秦軍於敖倉。與戰，田臧死，軍破。章邯進兵擊李歸等滎陽下，破之，李歸等死。

陽城人鄧説將兵居郯，章邯别將擊破之，鄧説軍散走陳。銍人伍徐將兵居許，章邯擊破之，伍徐軍皆散走陳。陳王誅鄧説。

陳王初立時，陵人秦嘉、銍人董緤、符離人朱雞石、取慮人鄭布、徐人丁疾等皆特起，將兵圍東海守慶於郯。陳王聞，乃使武平君畔爲將軍，監郯下軍。秦嘉不受命，嘉自立爲大司馬，惡屬武平君，告軍吏曰：「武平君年少，不知兵事，勿聽！」因矯以王命殺武平君畔。

章邯已破伍徐，擊陳，柱國房君死。章邯又進兵擊陳西張賀軍。陳王出監戰，軍破，張賀死。臘月，陳王之汝陰，還至下城父，其御莊賈殺以降秦。陳勝葬碭，謚曰隱王。

陳王故涓人將軍呂臣爲倉頭軍，起新陽，攻陳下之，殺莊賈，復以陳爲楚。

初，陳王至陳，令銍人宋留將兵定南陽，入武關。留已徇南陽，聞陳王死，南陽復爲秦，宋留不能入武關，乃東至新蔡，遇秦軍，宋留以軍降秦。秦傳留至咸陽，車裂留以徇。

秦嘉等聞陳王軍破出走，乃立景駒爲楚王，引兵之方與，欲擊秦軍定陶下。使公孫慶使齊王，欲與并力俱進。齊王曰：「聞陳王戰敗，不知其死生，楚安得不請而立王！」公孫慶曰：「齊不請楚而立王，楚何故請齊而立王！且楚首事，當令於天下。」田儋誅殺公孫慶。

秦左右校復攻陳，下之。呂將軍走，收兵復聚。鄱盜當陽君黥布之兵相收，復擊秦左右校，破之青波，復以陳爲楚。會項梁立懷王孫心爲楚王。

陳勝王凡六月。已爲王，王陳。其故人嘗與庸耕者聞之，之陳，扣宫門曰：「吾欲見涉。」宫門令欲縛之。自辯數，乃置，不肯爲通。陳王出，遮道而呼涉。陳王聞之，乃召見，載與俱歸。入宫，見殿屋帷帳，客曰：「夥頤！涉之爲王沈沈者！」楚人謂多爲夥，故天下傳之，夥涉爲王，由陳涉始。客出入愈益發舒，言陳王故情。或説陳王曰：「客愚無知，顓妄言，輕威。」陳王斬之。諸陳王故人皆自引去，由是無親陳王者。陳王以朱房爲中正，胡武爲司過，主司羣臣。諸將徇地，至，令之不是者，繫而罪之。以苛察爲忠，其所不善者，弗下吏，輒自治之。陳王信用之。諸將以其故不親附，此其所以敗也。

陳勝雖已死，其所置遣侯王將相竟亡秦，由涉首事也。高祖時爲陳涉置守冢三十家碭，至今血食。

梁玉繩《人表考》卷六《陳勝吴廣》 陳勝始見《始皇紀》。即陳涉。勝字涉，陽城人。自立爲王，號張楚，居陳。故曰陳王。爲王凡六月，其御莊賈殺之。謚隱王，葬碭。

雜録

備録

《史記》卷八九《張耳陳餘列傳》 陳勝起蘄，至入陳，兵數萬。張耳、陳餘上謁陳涉。涉及左右生平數聞張耳、陳餘賢，未嘗見，見即大喜。

陳中豪傑父老乃説陳涉曰：「將軍身被堅執鋭，率士卒以誅暴秦，復立楚社稷，存亡繼絶，功德宜爲王。且夫監臨天下諸將，不爲王不可，願將軍立爲楚王也。」陳涉問此兩人，兩人對曰：「夫秦爲無道，破人國家，滅人社稷，絶人後世，罷百姓之力，盡百姓之財。將軍瞋目張膽，出萬死不顧一生之計，爲天下除殘也。今始至陳而王之，示天下私。願將軍毋王，急引兵而西，遣人立六國後，自爲樹黨，爲秦益敵也。敵多則力分，與衆則兵彊。如此野無交兵，縣無守城，誅暴秦，據咸陽以令諸侯。諸侯亡而得立，以德服之，如此則帝業成矣。今獨王陳，恐天下解也。」陳涉不聽，遂立爲王。

陳餘乃復説陳王曰：「大王舉梁、楚而西，務在入關，未及收河北也。臣嘗游趙，知其豪桀及地形，願請奇兵北略趙地。」於是陳王以故所善陳人武臣爲將軍，邵騷爲護軍，以張耳、陳餘爲左右校尉，予卒三千人，北略趙地。

武臣等從白馬渡河，至諸縣，説其豪桀曰：「秦爲亂政虐刑以殘賊天下，數十年矣。北有長城之役，南有五嶺之戍，外内騷動，百姓罷敝，頭會箕斂，以供軍費，財匱力盡，民不聊生。重之以苛法峻刑，使天下父子不相安。陳王奮臂爲天下倡始，王楚之地，方二千里，莫不響應，家自爲怒，人自爲鬬，各報其怨而攻其讎，縣殺其令丞，郡殺其守尉。今已張大楚，王陳，使吴廣、周文將卒百萬西擊

秦。於此時而不成封侯之業者，非人豪也。諸君試相與計之！夫天下同心而苦秦久矣。因天下之力而攻無道之君，報父兄之怨而成割地有土之業，此士之一時也。」豪傑皆然其言。乃行收兵，得數萬人，號武臣爲武信君。下趙十城，餘皆城守，莫肯下。

乃引兵東北擊范陽。范陽人蒯通説范陽令曰：「竊聞公之將死，故弔。雖然，賀公得通而生。」范陽令曰：「何以弔之？」對曰：「秦法重，足下爲范陽令十年矣，殺人之父，孤人之子，斷人之足，黥人之首，不可勝數。然而慈父孝子莫敢傳刃公之腹中者，畏秦法耳。今天下大亂，秦法不施，然則慈父孝子且傳刃公之腹中以成其名，此臣之所以弔公也。今諸侯畔秦矣，武信君兵且至，而君堅守范陽，少年皆争殺君，下武信君。君急遣臣見武信君，可轉禍爲福，在今矣。」

范陽令乃使蒯通見武信君曰：「足下必將戰勝然後略地，攻得然後下城，臣竊以爲過矣。誠聽臣之計，可不攻而降城，不戰而略地，傳檄而千里定，可乎？」武信君曰：「何謂也？」蒯通曰：「今范陽令宜整頓其士卒以守戰者也，怯而畏死，貪而重富貴，故欲先天下降，畏君以爲秦所置吏，誅殺如前十城也。然今范陽少年亦方殺其令，自以城距君。君何不齎臣侯印，拜范陽令，范陽令則以城下君，少年亦不敢殺其令。令范陽令乘朱輪華轂，使驅馳燕、趙郊。燕、趙郊見之，皆曰此范陽令，先下者也，即喜矣，燕、趙城可毋戰而降也。此臣之所謂傳檄而千里定者也。」武信君從其計，因使蒯通賜范陽令侯印。趙地聞之，不戰以城下者三十餘城。

至邯鄲，張耳、陳餘聞周章軍入關，至戲卻；又聞諸將爲陳王徇地，多以讒毁得罪誅，怨陳王不用其筴，不以爲將而以爲校尉。乃説武臣曰：「陳王起蘄，至陳而王，非必立六國後。將軍今以三千人下趙數十城，獨介居河北，不王無以填之。且陳王聽讒，還報，恐不脱於禍。又不如立其兄弟；不，即立趙後。將軍毋失時，時閒不容息。」武臣乃聽之，遂立爲趙王。以陳餘爲大將軍，張耳爲右丞相，邵騷爲左丞相。

使人報陳王，陳王大怒，欲盡族武臣等家，而發兵擊趙。陳王相國房君諫曰：「秦未亡而誅武臣等家，此又生一秦也。不如因而賀之，使急引兵西擊秦。」陳王然之，從其計，徙繫武臣等家宫中，封張耳子敖爲成都君。

陳王使使者賀趙，令趣發兵西入關。張耳、陳餘説武臣曰：「王王趙，非楚意，特以計賀王。楚已滅秦，必加兵於趙。願王毋西兵，北徇燕、代，南收河内以自廣。趙南據大河，北有燕、代，楚雖勝秦，必不敢制趙。」趙王以爲然，因不西兵，而使韓廣略燕，李良略常山，張黶略上黨。

《孔叢子・獨治》 子魚居魏，與張耳、陳餘相善。耳、餘，魏之名士也。秦滅魏，求耳、餘，懼走。會陳勝、吴廣起兵於陳，欲以誅秦。餘謂陳王曰：「今必欲定天下取王侯者，其道莫若師賢而友智。孔子之孫今在魏，居亂世能正其行，修其祖業，不爲時變。其父相魏，以聖道輔戰國，見利不易操，名稱諸侯，世有家法。其人通材，足以干天下，博知足以慮未形，必宗此人，天下無敵矣。」陳王大悦，遣使者賫千金，加束帛，以車三乘聘焉。耳、餘又使謂子魚曰：「天下之事已可見矣。今陳王興義兵討不義，子宜速來以集其事。」王又聞子賢，欲諮良謀，虚意相望也。」子魚遂往，陳王郊迎而執其手，議世務。子魚以霸王之業勸之，王悦其言，遂尊以博士，爲太師諮度焉。

子魚名鮒，甲，陳人或謂之子鮒，或稱孔甲。陳勝既立爲王，其妻之父兄往焉，勝以衆賓待之，長揖不拜，無加其禮。其妻之父怒曰：「怙亂僭號而傲長者，不能久矣。」不辭而去。陳王跪謝，遂不爲顧。王心慚焉，遂適博士、太師之館而言曰：「予雖丈夫哉，然塞於禮義，以啓於姻婭。唯先生幸訓誨之，使免於戾，可乎？」子魚曰：「王所問者善也，敢固無辭而對乎？今以禮言耶，則禮無不拜，且宗族婚媾又與衆賓異敬者也。敬而加親，自古以然也。」王曰：「雖已失之於前，庶欲收之於後也。願先生修明其事，必奉遵焉。」對曰：「昔唐堯内親九族，外協萬邦。禮以婚爲昆弟，妻之父母爲外舅姑，由是明之，則拜之可知。夫婚親之義，非宗賢之類也，雖自已臣，莫敢不敬。昔魏信陵君嘗以此質臣之父，臣之父曰：『於諸母之昆弟，妻之諸父，則以親配德，年齊以上，雖拜之可也；幼於已者，揖之可也，此出於人情而可常者也。』」王曰：「善哉！請問同姓而服不及者，其制何邪？」對曰：「先王制禮，雖國君有合族之道，宗人掌其列，繼之以姓而無别，醊之以食而無殊，各隨本屬之隆殺。屬近則死爲之免，屬遠則弔之而已，禮之正也。是故臣之家哭子氏之别姓於弗父之廟，哭孔氏則於夫子之廟，此有據而然也。周之道，雖百世婚姻不通，重先世之同體也。」王跪曰：「先生之言，厥義博哉，寡人雖固，敢不盡心。」

《孔叢子・問軍禮》 陳王問太師曰：「行軍之禮，可得備聞乎？」

答曰：「天下有道，禮樂征伐自天子出。自天子出，必以歲之孟秋，賞軍師、武人於朝，簡練傑俊，任用有功，命將選士，以誅不義。於是孟冬以級授軍，司徒

稽撲，北面而誓之，誓於社以習其事。先期五日，太史筮於祖廟，擇吉日齋戒，告於郊社稷宗廟。既筮，則獻兆於天子。天子使有司以特牲告社，告以所征之事而受命焉。舍奠於帝學以受成，然後乃類上帝，柴於郊以出，以齋車遷廟之主及社主行，大司馬職奉之。無遷廟主，則以幣帛皮圭告於祖禰，謂之主命，亦載齋車。凡行主、皮圭幣帛皆每舍奠焉，而後就館。主車止於中門之外，外門之内。廟主居於道左，社主居於道右。其所經名山大川，皆祭告焉。及至敵所，將戰，太史卜戰日，卜右御。先期三日，有司明以敵人罪狀告之史，史定誓命。戰日，將帥陳列車甲卒伍於軍門之前，有司讀誥誓，使周定三令五申，既畢，遂禱戰祈克於上帝，然後即敵。將士戰，全己克敵，史擇吉日，復禡於所征之地，柴於上帝，祭社奠祖以告克者，不頓兵傷士也。戰不克則不告也。凡類、禡皆用甲、丙、戊、庚、壬之剛日。有司簡功行賞，不稽於時。其用命者，則加爵受賜於祖奠之前；其奔北犯令者，則加刑罰戮於社主之前。然後鳴金振旅，有司遍告捷於時所有事之山川。既至，舍於國外，三日齋，以特牛親格於祖禰，然後入。設奠以反主。若主命，則卒奠斂玉埋之於廟兩階間。反社主，如初迎之禮。舍奠於帝學，以訊馘告；大享於群吏，用備樂饗。有功於祖廟，舍爵策勳焉，謂之飲至。天子親征之禮也。」

陳王曰：「其命將出征，則如之何？」

太師曰：「古者，大將受命而出則忘其國，即戎帥陣則忘其家。故天子命將出征，親潔齋盛服，設奠於祖以詔之。大將先入，軍吏畢從，皆北面再拜稽首而受。天子當階南面命授之節鉞。大將受，天子乃東向西面而揖之，示弗御也。然後告大社冢宰執蜃宜於社之右，南面授大將。大將北面稽首再拜而受之，承所頒賜於軍吏。其出不類，其克不禡。戰之所在有大山川則祈焉，禱克於五帝，捷則報之。振旅復命，簡異功勤，親告廟、告社而後適朝，禮也。」

王曰：「將居軍中之禮，勝敗之變，則如之何？」

太師曰：「將帥尚左，士卒尚右。出國先鋒，入國後刃。介胄在身，執鋭在列，雖君父不拜。若不幸軍敗，則馹騎赴告於天子，載櫜韔。天子素服哭於庫門之外三日，大夫素服哭於社亦如之。亡將失城則皆哭七日。天子使使迎於軍，命將帥無請罪，然後將帥結草自縛袒右肩而入，蓋喪禮也。」

王曰：「行古禮如何？」太師曰：「古之禮固爲於今也。有其人行其禮則可，無其人行其禮，則民弗與也。」

《孔叢子・答問》　陳人有武臣，謂子鮒曰：「夫聖人者，誠高材美稱也。吾謂聖人之智必見未形之前，功垂於身殁之後，立教而戾夫弗犯，吐言而辯士不破也。子之先君可謂當之矣。然韓子立法，其所以異夫子之論者紛如也。予每探其意而校其事，持久歷遠，遏奸勸善，韓氏未必非，孔氏未必得也。吾今而後乃知聖人無世不有爾，前聖後聖，法制固不一也。若韓非者，亦當世之聖人也。子以爲奚若？」

子鮒曰：「子信之爲然，是固未免凡俗也。今世人有言高者必以極天爲稱，言下者必以深淵爲名，是資勢之談而無其實者也。好事而穿鑿者，必言經以自輔，援聖以自賢，欲以取信於群愚而度其説也。若諸子之書，其義皆然。吾先君之所自志也，請略説一隅，而君子審其信否焉。」

武臣曰：「諾。」

子鮒曰：「乃者趙、韓共並知氏，趙襄子之行賞，先加具臣而後有功。韓非書云『夫子善之』，引以張本，然後難之。豈有不似哉？然實詐也。何以明其然？昔我先君以春秋哀公十六年四月己丑卒，至二十七年荀瑶與韓、趙、魏伐鄭，遇陳恒而還，是時夫子卒已十一年矣，而晉四卿皆在也。後悼公十四年，知氏乃亡。此先後甚遠，而韓非公稱之，曾無怍意。是則世多好事之徒，皆非之罪也。故吾以是默口於小道，塞耳於諸子久矣。而子立尺表以度天，直寸指以測淵，矇大道而不悟，信誣説以疑聖，殆非所望也。」武臣叉手跪謝，施施而退，遂告人曰：「吾自以爲學之博矣，而屈於孔氏，方知學不在多，要在精之也。」

陳王問太師曰：「寡人不得爲諸侯群賢所推，而得南面稱孤，其幸多矣。今既賴二三君子，且又欲規久長之圖，何施而可？」答曰：「信王之言，萬世之福也，敢稱古以對。昔周代殷，乃興滅繼絶以爲政首。今誠法之，則六國定不携，抑久長之本。」王曰：「周存二代，又有三恪，其事云何？」答曰：「封夏殷之後，以爲二代；紹虞帝之胤，備爲三恪。恪，敬也，禮之如賓客也。非謂特有二代，別有三恪也。凡所以立二代者，備王道、通三統也。」王曰：「三統者何？」答曰：「各自用其正朔，二代與周，是謂三統。」王曰：「六國之後君，吾不能封也。遠世之王，於我何有？吾亦自舉，不及於周，又安能純法之乎？」

陳王涉讀《國語》言申生事，顧博士曰：「始余信聖賢之道，乃今知其不誠也，先生以爲何如？」

答曰：「王何謂哉？」

王曰：「晉獻惑聽讒，而書又載驪姬夜泣公，而以信入其言。人之夫婦夜處幽室之中，莫能知其私焉，雖黔首猶然，况國君乎？予以是知其不信，乃好事者爲之辭，將欲成其説以誣愚俗也。故使予並疑於聖人也。」

博士曰：「不然也。古者人君外朝則有國史，内朝則有女史。舉則左史書之，言則右史書之，以無諱示後世。善以爲式，惡以爲戒。廢而不記，史失其官。故凡若晉侯、驪姬床笫之私、房中之事，不得掩焉。若夫設教之言，驅群俗，使人入道而不知其所以者也。今此皆書實事，纍纍若貫珠，可無疑矣。」

王曰：「先生真聖人之後風也。今幸得聞命，寡人無過焉。」

陳王涉使周章爲將，西入關，將以誅秦，秦使將章邯距之。陳王以秦國之亂也，有輕之之意，勢若有餘而不設敵備。

博士太師諫曰：「章邯，秦之名將，周章非其敵也。今王使章，霈然自得而不設備，臣竊惑焉。夫雖天之所命，其禍福吉凶，大者在天，小者由人。今王不修人利以應天祥，若跌而不振，悔之無及也。」

王曰：「寡人之軍，先生無累也，請先生息慮也。」

又諫曰：「臣聞兵法：無恃敵之不我攻，恃吾之不可攻也。今恃敵而不自恃，非良計也。」

王曰：「先生所言，計策深妙，予不識也，先生休矣！」已而告人曰：「儒者可與守成，難與進取，信哉！」

博士他日復諫曰：「臣聞國大兵衆，無備難恃；一人善射，百夫决拾。章邯梟將，卒皆死士也。周章弱懦，使彼席卷來前，莫有當其鋒者。」

王曰：「先生所稱，寡人昧昧焉，願以人間近事喻之。」

答曰：「流俗之事，臣所不忍也。今王命之，敢不盡情？願王察之也。臣昔在梁，梁人有陽由者，其力扛鼎，伎巧過人，骨騰肉飛，手搏䝟獸，國人懼之。然無治室之訓，禮教不立，妻不畏憚，浸相媟瀆。方乃積怒，妻坐於床答焉。由乃左手建杖，右手制其頭，妻亦奮恚，因授以背，使杖擊之，而自撮其陰。由乃僕地氣絶而不能興。鄰人聞其凶凶也，窺而見之，趣而救之。妻愈戇忿，莫肯舍旃，或發其裳，然後乃放。夫以無敵之伎力，而劣於女子之手者何？以輕之無備故也。今王與秦角强弱，非若由之夫妻也，而輕秦過甚，臣是以懼。故區區之心，欲王備慮之也。」

王曰：「譬類誠佳，然實不同也。」弗聽。周章果敗，而無後救。邯遂進兵擊陳王，師大敗。

博士凡仕六旬，老於陳。將没，戒其弟襄曰：「魯，天下有仁義之國也。戰國之世，講誦不衰，且先君之廟在焉。吾謂叔孫通處濁世而清其身，學儒術而知權變，是今師也。宗於有道，必有令圖，歸必事焉。」

酈道元《水經注》卷二三《濩水》 陂水東注，謂之穀水，東逕安山北，即碭北山也。山有陳勝墓，秦亂，首兵伐秦，弗終厥謀，死，葬于碭，謚曰隱王也。

酈道元《水經注》卷三〇《淮水》 蘄水又東南逕蘄縣，縣有大澤鄉，陳涉起兵于此，篝火爲狐鳴處也。

王楙《野客叢書》卷二《天亡秦兆》 班固作《前漢書》，所以寓勸戒意深矣。僕觀其作列傳七十卷，而以陳勝爲傳首，蓋次其時之先後故爾。然作《勝傳》，未言其他，首曰：「勝少時，當與人傭耕，輟耕而歎曰：『苟富貴，無相忘！』傭者笑而應曰：『若爲傭耕，何富貴也？』勝太息曰：『嗟乎，燕雀安知鴻鵠之志哉！』」固首載此語，有以見天亡秦之兆其已久矣。

備論

《淮南子・兵略訓》 二世皇帝勢爲天子，富有天下，人迹所至，舟檝所通，莫不爲郡縣。然縱耳目之欲，窮侈靡之變，不顧百姓之飢寒窮匱也，興萬乘之駕而作阿房之宫，發閭左之戍，收太半之賦，百姓之隨逮肆刑，挽輅首路死者，一旦不知千萬之數，天下敖然若焦熱，傾然若苦烈，上下不相寧，吏民不相憀。戍卒陳勝興於大澤，攘臂袒右，稱爲大楚，而天下響應。當此之時，非有牢甲利兵，勁弩强衝也，伐棘棗而爲矜，周錐鑿而爲刃，剡摲筡，奮儋钁，以當脩戟强弩，攻城略地，莫不降下。天下爲之麋沸螘動，雲徹席卷，方數千里。勢位至賤，而器械甚不利，然一人唱而天下應之者，積怨在於民也。

賈誼《新書・過秦上》 始皇既没，餘威震於殊俗。然而陳涉，甕牖繩樞之子，氓隸之人，而遷徙之徒也。才能不及中人，非有仲尼、墨翟之賢，陶朱、猗頓之富。躡足行伍之間，而俛起阡陌之中，率疲弊之卒，將數百之衆，轉而攻秦。斬木爲兵，揭干爲旗，天下雲合而響應，贏糧而景從，山東豪俊遂并起而亡秦族矣。

賈誼《新書・過秦下》 秦兼諸侯山東三十餘郡，修津關，據險塞，繕甲兵而守之。然陳涉率散亂之衆數百，奮臂大呼，不用弓戟之兵，鉏耰白梃，望屋而食，横行天下。秦人阻險不守，關梁不閉，長戟不刺，强弩不射。楚師深入，戰於鴻門，曾無藩籬之難。於是山東諸侯並起，豪俊相立。秦使章邯將而東征，章邯因其三軍之衆，要市於外，以謀其上。羣臣之不相信，可見於此矣。

《史記》卷四八《陳涉世家》褚少孫論 地形險阻，所以爲固也；兵革刑法，所以爲治也。猶未足恃也。夫先王以仁義爲本，而以固塞文法爲枝葉，豈不然哉！

《史記》卷一三〇《太史公自序》 秦失其政，而陳涉發迹，諸侯作難，風起雲蒸，卒亡秦族。天下之端，自涉發難。

桓寬《鹽鐵論》卷四《褒賢》 文學曰：「【略】秦以虎狼之心，蠶食諸侯，并吞戰國以爲郡縣，伐能矜功，自以爲過堯、舜而羞與之同。棄仁義而尚刑罰，以爲今時不師於文而決於武。趙高治獄於内，蒙恬用兵於外，百姓愁苦，同心而患秦。陳王赫然奮爪牙爲天下首事，道雖凶而儒墨或干之者，以爲無王之矣，道擁遏不得行，自孔子以至於兹，而秦復重禁之，故發憤於陳王也。孔子曰：『如有用我者，吾其爲東周乎！』庶幾成湯、文、武之功，爲百姓除殘去賊，豈貪禄樂位哉？」

揚雄《法言・重黎》 或問「陳勝、吴廣」。曰：「亂。」曰：「不若是則秦不亡。」曰：「亡秦乎？恐秦未亡而先亡矣。」

《漢書》卷一〇〇上《敘傳上》 上嫚下暴，惟盜是伐，勝、廣熛起，梁、籍扇烈。赫赫炎炎，遂焚咸陽，宰割諸夏，命立侯王，誅嬰放懷，詐虐以亡。

劉知幾《史通》卷二《世家》 案世家之爲義也，豈不以開國承家，世代相續？至如陳勝起自羣盜，稱王六月而死，子孫不嗣，社稷靡聞，無世可傳，無家可宅，而以世家爲稱，豈當然乎？夫史之篇目，皆遷所創，豈以自我作故，而名實無準。

蘇洵《嘉祐集》卷四《衡論》 陳勝、吴廣，秦民之湯、武也。

洪邁《容齋續筆》卷一四《陳涉不可輕》 楊子《法言》：「或問陳勝、吴廣。曰：『亂。』曰：『不若是則秦不亡。』曰：『亡秦乎？恐秦未亡而先亡矣。』」李軌以爲：「輕用其身，而要乎非命之運，不足爲福先，適足以爲禍始。」予謂不然。秦以無道毒天下，六王皆萬乘之國，相踵滅亡，豈無孝子慈孫、故家遺俗，皆奉頭鼠伏。自張良狙擊之外，更無一人敢西向窺其鋒者。陳勝出於戍卒，一旦奮發不顧，海内豪傑之士，乃始雲合響應，並起而誅之。數月之間，一戰失利，不幸隕命於御者之手，身雖已死，其所置遣侯王將相竟亡秦。項氏之起江東，亦矯稱陳王之令而渡江。秦之社稷爲墟，誰之力也？且其稱王之初，萬事草創，能從陳餘之言，迎孔子之孫鮒爲博士，至尊爲太師，所與謀議，皆非庸人崛起者可及，此其志豈小小者哉！漢高帝爲之置守冢於碭，血食二百年乃絶。子雲指以爲亂，何邪？若乃殺吴廣，誅故人，寡恩忘舊，無帝王之度，此其所以敗也。

陳子龍《陳忠裕公全集・陳涉論》 夫古之聖賢告戒人君，載在詩書者，罔不曰得民者興，失民者亡。乃三代之季，雖各以爽德稗政，賈怨億兆，自絶于天，然起而代之者率皆侯王，有土之君也。是以始皇既滅六國，奮其私智，以詩書之言爲不足信而燔燒之。廢封建，立郡縣，墮名城，銷鋒鏑，自以爲耰鋤襏襫之民，終莫已若也而虜使之。天下之民懾息屏氣，含怒而不敢動。陳涉發百王之憤，創未有之事，奮臂一呼，豪傑並起，身雖不終，所置侯王卒傾秦祚，見報聖漢，血食十世，壯哉！于是乃知天下神器，不可以力争威服，即幸而得之，創法立制，萬里晏然如秦者，終不克常保其位。奸雄可以息其倖心，而後之人主亦知邱民之可畏，而覆舟之戒始信，朽索之言愈徵，兢兢焉不敢恣意于上，此皆陳王之功也。不然，夫子爲道德之主，孔氏世守禮讓，彼孔鮒者，豈以不義而身殉之哉？使夫子而在，必不以盜書矣。後世獨揚雄氏稱之爲亂，果如所言，則高帝之起，與涉何異？幸而成耳，是亦亂耶？又若新莽之世，海内臣妾，可幸無事，伯升世祖稱兵畎畝之間，西向而争，天下亦可謂之亂耶？豈必如莽之不費斗糧，不折一矢，談笑而藉漢家之成業，然後爲正耶？則是新可美而秦亦未可劇也。

錢澄之《田間文集》卷一《陳涉論》 太史公列陳涉爲「世家」，在漢功臣之前，徒以其首發難耳，而不立論，但云：「陳涉雖已死，其所置遣侯王將相竟亡秦，由涉首事也。」涉之爲涉，盡此數語耳。至其計畫署置，無一足取者；獨是起事之功，皆由吴廣。事既成，而廣乃推勝爲主，豈勝亦有過人者耶？抑如陳嬰母，懼爲世所指名，故以讓勝耶？夫勝自起蘄至陳，相去不數百里，遂自立爲王，此豈有大志者哉？勝蓋鄉里小人也，纔得一城，人争奉之爲主，生平「鴻鵠之志」，於此足矣。且起兵以來，未嘗見强秦一將，即稱王，亦草澤旦夕竊號耳。而乃以宫殿幄帳誇其故人傭耕者，其與傭耕者叩宫遮道之見相去幾何哉？

雖然，勝之王不足異，彼其時不王，不足以監諸將，三老、豪傑之言是矣。所可異者，既王之後，曾不出陳郭門一步，但遣將四出而已，儼然深居，享王者之

奉，此以知其決無成耳。

古今創業中興之主，皆身經百戰，冒矢石，蹈死亡，未有不躬履行間而能坐議廟堂以成功者也。高帝不已王漢乎？其與項羽決戰，瀕於死者數矣。及至羽滅，天下已定，帝貴爲天子，而且擊臧荼、利幾、韓王信及陳豨、黥布，猶必親自將兵，不以委之諸將，卒爲布兵流矢所中，病以死。彼豈好戰而樂危哉？誠不如是不足以定天下也。天下草創之初，其帝王名位皆一時權相推奉，凡欲爲其所爲者甚衆，乃拱手而假人以兵，保其無異志哉？即無異志，而已泰然而享其成，其何以責人之爲我效死也？而況於勝，其才智遠出諸將下，又相奉未久，乃欲居中御外，出號令，行賞罰，使一時之豪傑爭爲己用，豈不愚哉！是故勝所遣出之將，不自立爲王，即互相誅滅，未聞有始終遵勝令者，其勢然也。

設使勝能聽張耳、陳餘計，遣人立六國後，自樹黨援，六國必德勝，推勝爲盟主。使六國自戰，其地爲秦敵者衆，勝雖據陳不出，猶可假名號數年，以待真主，不至於王六月而遂滅也。然勝猜忌，其不肯立六國後，張耳見之早矣。周市既定魏，請立魏咎爲王，使者五反，始遣之國，吾不知勝何心也？勝豈惟不欲立六國後，武臣王趙，輒捕繫其家室；葛嬰立襄强爲楚王，既殺之，猶不免於誅；秦嘉之立景駒，必俟勝敗死之後；以吳廣爲假王，廣守滎陽，未有敗衂，田臧矯涉令殺之，獻其首於涉，涉即時拜臧爲上將，則謂勝實令臧殺廣可也。

以勝妄庸如彼，猜忍如此，天下豪傑有肯爲勝用者乎？而太史公謂其所遣侯王將相竟亡秦，以爲涉功。夫涉所遣亡秦者，非涉能擇而遣之也。當是時，涉初發難，爲天下先，天下侯王將相之才爭聚於涉，涉所遣者無不足以亡秦。若如涉者，烏能亡秦哉！

魏禧《魏叔子文集》卷一《陳勝論》　古今發天下之大難，成天下之大功者，必有人爲之謀主；謀主立，而群才有所憑輳而進，自商、周之初，下至秦、漢之際，五胡十國，分崩割據，莫不皆然。陳勝起戍卒，首發大難，除秦之暴，其功當王天下。然不久敗亡者，恃甲兵之衆，攻城略地之易，不知求賢以自輔而無謀主故也。天下無時不生才，世亂才益多，然用之各有其時所宜。司馬德操曰：「儒生俗吏，不識時務。」吾嘗以爲豪傑犯難特起，與人臣當國家之變，轉敗而爲功，其人才不足用者蓋數輩：文章名譽之人，浮言無實；肉食之家，科名之士，多鄙夫；遺老舊臣守常理，拘常格，而不知變；高節篤行者，堅僻迂疏，遺忽世務，不切于用。故草創顛危之際，率多右戰功，尊武臣。且夫攻城略地以取天下，此固兵强馬壯者之事。然天下之勢，攻取有先後，激勸名義有機，立國之遠且大者有規模，求賢有道，而得民心有術：此則非武臣之所能及也。唯明主知其然，故封賞必先武臣，而深謀大計則必求天下之俊傑以爲謀主。辟猶連車者之必衷其軸，而使舟者把其柁；柁定則帆檣、篙師、櫓工各奏其能，軸堅則三十六輻皆附。是故謀主立而群才輳者，自然之勢也。勝反其道而何以成功？

或謂，天道後起者勝，涉首難，故無成。按，二世元年七月，陳勝、吳廣起兵于蘄，九月劉邦起兵於沛，項梁起兵于吳。秦積暴，二世尤甚，起兵誅之，非無故發難以毒天下者比。而劉、項之起，相後僅二月，其去首難者幾何？當是時，沛公最得士，故終有天下。項氏得一范增，不能盡其用，故幾成而敗。其他田氏、韓氏、趙氏之屬，皆無豪傑爲之謀主，旋起旋滅，或終爲臣虜，固不足怪。勝所始造謀者，獨恃一吳廣，而廣小器鄙夫，未幾叛勝。孔鮒、張耳，中材之士，勝得之，謀且不能用，此勝之所以不成者。嗚呼，可鑒也！

藝文

《全唐詩》卷五〇八常楚老《祖龍行》　黑雲兵氣射天裂，壯士朝眠夢冤結。祖龍一夜死沙丘，胡亥空隨鮑魚轍。腐肉偷生三千里，僞書先賜扶蘇死。墓接驪山土未乾，瑞光已向芒碭起。陳勝城中鼓三下，秦家天地如崩瓦。龍蛇撩亂入咸陽，少帝空隨漢家馬。

《全唐詩》卷七二九周曇《陳涉》　秦法煩苛霸業隳，一夫攘臂萬夫隨。王侯無種英雄志，燕雀喧喧安得知。

李昱《草閣詩集》卷五《詠史・陳涉》　甕牖繩樞一隴夫，棘矜談笑奮雄圖。始從閭左追秦鹿，更向祠中託楚狐。日者既來徒黨集，夥頤纔剪腹心孤。回看三尺風雲會，曾有朱防等輩無。

《張岳崧詩文集・詠史》其一　黓雲黯咸陽，六合無輝光。祖龍漫東游，寧知真人藏？雷雨晦大澤，雲氣栖芒碭。宛宛有黄龍，長蛇爲之戕。風霆助喑叱，劍光飛秋霜。蛇死老嫗泣，此龍已高翔。却笑叢祠狐，夜嘷陳勝王。

項羽部

綜述

《史記》卷七《項羽本紀》 項籍者，下相人也，字羽。初起時，年二十四。其季父項梁，梁父即楚將項燕，爲秦將王翦所戮者也。項氏世世爲楚將，封於項，故姓項氏。

項籍少時，學書不成，去學劍，又不成。項梁怒之。籍曰：「書足以記名姓而已。劍一人敵，不足學，學萬人敵。」於是項梁乃教籍兵法，籍大喜，略知其意，又不肯竟學。項梁嘗有櫟陽逮，乃請蘄獄掾曹咎書抵櫟陽獄掾司馬欣，以故事得已。項梁殺人，與籍避仇於吳中。吳中賢士大夫皆出項梁下。每吳中有大繇役及喪，項梁常爲主辦，陰以兵法部勒賓客及子弟，以是知其能。秦始皇帝游會稽，渡浙江，梁與籍俱觀。籍曰：「彼可取而代也。」梁掩其口，曰：「毋妄言，族矣！」梁以此奇籍。籍長八尺餘，力能扛鼎，才氣過人，雖吳中子弟皆已憚籍矣。

秦二世元年七月，陳涉等起大澤中。其九月，會稽守通謂梁曰：「江西皆反，此亦天亡秦之時也。吾聞先即制人，後則爲人所制。吾欲發兵，使公及桓楚將。」是時桓楚亡在澤中。梁曰：「桓楚亡，人莫知其處，獨籍知之耳。」梁乃出，誡籍持劍居外待。梁復入，與守坐，曰：「請召籍，使受命召桓楚。」守曰：「諾。」梁召籍入。須臾，梁眴籍曰：「可行矣！」於是籍遂拔劍斬守頭。項梁持守頭，佩其印綬。門下大驚，擾亂，籍所擊殺數十百人。一府中皆慴伏，莫敢起。梁乃召故所知豪吏，諭以所爲起大事，遂舉吳中兵。使人收下縣，得精兵八千人。梁部署吳中豪傑爲校尉、候、司馬。有一人不得用，自言於梁。梁曰：「前時某喪使公主某事，不能辦，以此不任用公。」衆乃皆伏。於是梁爲會稽守，籍爲裨將，徇下縣。

廣陵人召平於是爲陳王徇廣陵，未能下。聞陳王敗走，秦兵又且至，乃渡江矯陳王命，拜梁爲楚王上柱國。曰：「江東已定，急引兵西擊秦。」項梁乃以八千人渡江而西。聞陳嬰已下東陽，使使欲與連和俱西。陳嬰者，故東陽令史，居縣中，素信謹，稱爲長者。東陽少年殺其令，相聚數千人，欲置長，無適用，乃請陳嬰。嬰謝不能，遂彊立嬰爲長，縣中從者得二萬人。少年欲立嬰便爲王，異軍蒼頭特起。陳嬰母謂嬰曰：「自我爲汝家婦，未嘗聞汝先古之有貴者。今暴得大名，不祥。不如有所屬，事成猶得封侯，事敗易以亡，非世所指名也。」嬰乃不敢爲王，謂其軍吏曰：「項氏世世將家，有名於楚。今欲舉大事，將非其人，不可。我倚名族，亡秦必矣。」於是衆從其言，以兵屬項梁。項梁渡淮，黥布、蒲將軍亦以兵屬焉。凡六七萬人，軍下邳。

當是時，秦嘉已立景駒爲楚王，軍彭城東，欲距項梁。項梁謂軍吏曰：「陳王先首事，戰不利，未聞所在。今秦嘉倍陳王而立景駒，逆無道。」乃進兵擊秦嘉。秦嘉軍敗走，追之至胡陵。嘉還戰一日，嘉死，軍降，景駒走死梁地。項梁已并秦嘉軍，軍胡陵，將引軍而西。章邯軍至栗，項梁使別將朱雞石、餘樊君與戰。餘樊君死。朱雞石軍敗，亡走胡陵。項梁乃引兵入薛，誅雞石。項梁前使項羽別攻襄城，襄城堅守不下。已拔，皆阬之，還報項梁。項梁聞陳王定死，召諸別將會薛計事。此時沛公亦起沛，往焉。

居鄛人范增，年七十，素居家，好奇計，往說項梁曰：「陳勝敗固當。夫秦滅六國，楚最無罪。自懷王入秦不反，楚人憐之至今，故楚南公曰『楚雖三户，亡秦必楚也』。今陳勝首事，不立楚後而自立，其勢不長。今君起江東，楚蠭午之將皆爭附君者，以君世世楚將，爲能復立楚之後也。」於是項梁然其言，乃求楚懷王孫心民閒，爲人牧羊，立以爲楚懷王，從民所望也。陳嬰爲楚上柱國，封五縣，與懷王都盱台。項梁自號爲武信君。

居數月，引兵攻亢父，與齊田榮、司馬龍且軍救東阿，大破秦軍於東阿。田榮即引兵歸，逐其王假，假亡走楚，假相田角亡走趙。角弟田閒故齊將，居趙不敢歸。田榮立田儋子市爲齊王。項梁已破東阿下軍，遂追秦軍。數使使趣齊兵，欲與俱西。田榮曰：「楚殺田假，趙殺田角、田閒，乃發兵。」項梁曰：「田假爲與國之王，窮來從我，不忍殺之。」趙亦不殺田角、田閒以市於齊。齊遂不肯發兵助楚。項梁使沛公及項羽別攻城陽，屠之。西破秦軍濮陽東，秦兵收入濮陽。沛公、項羽乃攻定陶。定陶未下，去，西略地至雝丘，大破秦軍，斬李由。還攻外黄，外黄未下。

項梁起東阿，西，（北）〔比〕至定陶，再破秦軍，項羽等又斬李由，益輕秦，有驕色。宋義乃諫項梁曰：「戰勝而將驕卒惰者敗。今卒少惰矣，秦兵日益，臣爲君

畏之。」項梁弗聽。乃使宋義使於齊。道遇齊使者高陵君顯，曰：「公將見武信君乎？」曰：「然。」曰：「臣論武信君軍必敗。公徐行即免死，疾行則及禍。」秦果悉起兵益章邯，擊楚軍，大破之定陶，項梁死。沛公、項羽去外黄攻陳留，陳留堅守不能下。沛公、項羽相與謀曰：「今項梁軍破，士卒恐。」乃與吕臣軍俱引兵而東。吕臣軍彭城東，項羽軍彭城西，沛公軍碭。

章邯已破項梁軍，則以爲楚地兵不足憂，乃渡河擊趙，大破之。當此時，趙歇爲王，陳餘爲將，張耳爲相，皆走入鉅鹿城。章邯令王離、涉閒圍鉅鹿，章邯軍其南，築甬道而輸之粟。陳餘爲將，將卒數萬人而軍鉅鹿之北，此所謂河北之軍也。楚兵已破於定陶，懷王恐，從盱台之彭城，并項羽、吕臣軍自將之。以吕臣爲司徒，以其父吕青爲令尹。以沛公爲碭郡長，封爲武安侯，將碭郡兵。

初，宋義所遇齊使者高陵君顯在楚軍，見楚王曰：「宋義論武信君之軍必敗，居數日，軍果敗。兵未戰而先見敗徵，此可謂知兵矣。」王召宋義與計事而大説之，因置以爲上將軍；項羽爲魯公，爲次將，范增爲末將，救趙。諸别將皆屬宋義，號爲卿子冠軍。行至安陽，留四十六日不進。項羽曰：「吾聞秦軍圍趙王鉅鹿，疾引兵渡河，楚擊其外，趙應其内，破秦軍必矣。」宋義曰：「不然。夫搏牛之蝱不可以破蟣蝨。今秦攻趙，戰勝則兵罷，我承其敝；不勝，則我引兵鼓行而西，必舉秦矣。故不如先鬭秦趙。夫被堅執鋭，義不如公；坐而運策，公不如義。」因下令軍中曰：「猛如虎，很如羊，貪如狼，彊不可使者，皆斬之。」乃遣其子宋襄相齊，身送之至無鹽，飲酒高會。天寒大雨，士卒凍飢。項羽曰：「將戮力而攻秦，久留不行。今歲饑民貧，士卒食芋菽，軍無見糧，乃飲酒高會，不引兵渡河因趙食，與趙并力攻秦，乃曰『承其敝』。夫以秦之彊，攻新造之趙，其勢必舉趙。趙舉而秦彊，何敝之承！且國兵新破，王坐不安席，埽境内而專屬於將軍，國家安危，在此一舉。今不恤士卒而徇其私，非社稷之臣。」項羽晨朝上將軍宋義，即其帳中斬宋義頭，出令軍中曰：「宋義與齊謀反楚，楚王陰令羽誅之。」當是時，諸將皆慴服，莫敢枝梧。皆曰：「首立楚者，將軍家也。今將軍誅亂。」乃相與共立羽爲假上將軍。使人追宋義子，及之齊，殺之。使桓楚報命於懷王。懷王因使項羽爲上將軍，當陽君、蒲將軍皆屬項羽。

項羽已殺卿子冠軍，威震楚國，名聞諸侯。乃遣當陽君、蒲將軍將卒二萬渡河，救鉅鹿。戰少利，陳餘復請兵。項羽乃悉引兵渡河，皆沈船，破釜甑，燒廬舍，持三日糧，以示士卒必死，無一還心。於是至則圍王離，與秦軍遇，九戰，絶其甬道，大破之，殺蘇角，虜王離。涉閒不降楚，自燒殺。當是時，楚兵冠諸侯。諸侯軍救鉅鹿下者十餘壁，莫敢縱兵。及楚擊秦，諸將皆從壁上觀。楚戰士無不一以當十，楚兵呼聲動天，諸侯軍無不人人惴恐。於是已破秦軍，項羽召見諸侯將，入轅門，無不膝行而前，莫敢仰視。項羽由是始爲諸侯上將軍，諸侯皆屬焉。

章邯軍棘原，項羽軍漳南，相持未戰。秦軍數卻，二世使人讓章邯。章邯恐，使長史欣請事。至咸陽，留司馬門三日，趙高不見，有不信之心。長史欣恐，還走其軍，不敢出故道，趙高果使人追之，不及。欣至軍，報曰：「趙高用事於中，下無可爲者。今戰能勝，高必疾妒吾功；戰不能勝，不免於死。願將軍孰計之。」陳餘亦遺章邯書曰：「白起爲秦將，南征鄢郢，北阬馬服，攻城略地，不可勝計，而竟賜死。蒙恬爲秦將，北逐戎人，開榆中地數千里，竟斬陽周。何者？功多，秦不能盡封，因以法誅之。今將軍爲秦將三歲矣，所亡失以十萬數，而諸侯并起滋益多。彼趙高素諛日久，今事急，亦恐二世誅之，故欲以法誅將軍以塞責，使人更代將軍以脱其禍。夫將軍居外久，多内卻，有功亦誅，無功亦誅。且天之亡秦，無愚智皆知之。今將軍内不能直諫，外爲亡國將，孤特獨立而欲常存，豈不哀哉！將軍何不還兵與諸侯爲從，約共攻秦，分王其地，南面稱孤；此孰與身伏鈇質，妻子爲僇乎？」章邯狐疑，陰使候始成使項羽，欲約。約未成，項羽使蒲將軍日夜引兵度三户，軍漳南，與秦戰，再破之。項羽悉引兵擊秦軍汙水上，大破之。章邯使人見項羽，欲約。項羽召軍吏謀曰：「糧少，欲聽其約。」軍吏皆曰：「善。」項羽乃與期洹水南殷虚上。已盟，章邯見項羽而流涕，爲言趙高。項羽乃立章邯爲雍王，置楚軍中。使長史欣爲上將軍，將秦軍爲前行。

到新安。諸侯吏卒異時故繇使屯戍過秦中，秦中吏卒遇之多無狀，及秦軍降諸侯，諸侯吏卒乘勝多奴虜使之，輕折辱秦吏卒。秦吏卒多竊言曰：「章將軍等詐吾屬降諸侯，今能入關破秦，大善；即不能，諸侯虜吾屬而東，秦必盡誅吾父母妻子。」諸將微聞其計，以告項羽。項羽乃召黥布、蒲將軍計曰：「秦吏卒尚衆，其心不服，至關中不聽，事必危，不如擊殺之，而獨與章邯、長史欣、都尉翳入秦。」於是楚軍夜擊阬秦卒二十餘萬人新安城南。

行略定秦地。函谷關有兵守關，不得入。又聞沛公已破咸陽，項羽大怒，使當陽君等擊關。項羽遂入，至于戲西。沛公軍霸上，未得與項羽相見。沛公左司馬曹無傷使人言於項羽曰：「沛公欲王關中，使子嬰爲相，珍寶盡有之。」項羽

大怒，曰：「旦日饗士卒，爲擊破沛公軍！」當是時，項羽兵四十萬，在新豐鴻門，沛公兵十萬，在霸上。范增説項羽曰：「沛公居山東時，貪於財貨，好美姬。今入關，財物無所取，婦女無所幸，此其志不在小。吾令人望其氣，皆爲龍虎，成五采，此天子氣也，急擊勿失。」

楚左尹項伯者，項羽季父也，素善留侯張良。張良是時從沛公，項伯乃夜馳之沛公軍，私見張良，具告以事，欲呼張良與俱去，曰：「毋從俱死也。」張良曰：「臣爲韓王送沛公，沛公今事有急，亡去不義，不可不語。」良乃入，具告沛公。沛公大驚，曰：「爲之柰何？」張良曰：「誰爲大王爲此計者？」曰：「鯫生説我曰『距關，毋内諸侯，秦地可盡王也』。故聽之。」良曰：「料大王士卒足以當項王乎？」沛公默然，曰：「固不如也，且爲之柰何？」張良曰：「請往謂項伯，言沛公不敢背項王也。」沛公曰：「君安與項伯有故？」張良曰：「秦時與臣游，項伯殺人，臣活之。今事有急，故幸來告良。」沛公曰：「孰與君少長？」良曰：「長於臣。」沛公曰：「君爲我呼入，吾得兄事之。」張良出，要項伯。項伯即入見沛公。沛公奉卮酒爲壽，約爲婚姻，曰：「吾入關，秋豪不敢有所近，籍吏民，封府庫，而待將軍。所以遣將守關者，備他盜之出入與非常也。日夜望將軍至，豈敢反乎！願伯具言臣之不敢倍德也。」項伯許諾，謂沛公曰：「旦日不可不蚤自來謝項王。」沛公曰：「諾。」於是項伯復夜去，至軍中，具以沛公言報項王。因言曰：「沛公不先破關中，公豈敢入乎？今人有大功而擊之，不義也，不如因善遇之。」項王許諾。

沛公旦日從百餘騎來見項王，至鴻門，謝曰：「臣與將軍戮力而攻秦，將軍戰河北，臣戰河南，然不自意能先入關破秦，得復見將軍於此。今者有小人之言，令將軍與臣有郤。」項王曰：「此沛公左司馬曹無傷言之；不然，籍何以至此。」項王即日因留沛公與飲。項王、項伯東嚮坐，亞父南嚮坐。亞父者，范增也。沛公北嚮坐，張良西嚮侍。范增數目項王，舉所佩玉玦以示之者三，項王默然不應。范增起，出召項莊，謂曰：「君王爲人不忍，若入前爲壽，壽畢，請以劍舞，因擊沛公於坐，殺之。不者，若屬皆且爲所虜。」莊則入爲壽。壽畢，曰：「君王與沛公飲，軍中無以爲樂，請以劍舞。」項王曰：「諾。」項莊拔劍起舞，項伯亦拔劍起舞，常以身翼蔽沛公，莊不得擊。於是張良至軍門，見樊噲。樊噲曰：「今日之事何如？」良曰：「甚急。今者項莊拔劍舞，其意常在沛公也。」噲曰：「此迫矣，臣請入，與之同命。」噲即帶劍擁盾入軍門。交戟之衛士欲止不内，樊噲側其盾以撞，衛士仆地，噲遂入，披帷西嚮立，瞋目視項王，頭髮上指，目眥盡裂。項王按劍而跽曰：「客何爲者？」張良曰：「沛公之參乘樊噲者也。」項王曰：「壯士，賜之卮酒。」則與斗卮酒。噲拜謝，起，立而飲之。項王曰：「賜之彘肩。」則與一生彘肩。樊噲覆其盾於地，加彘肩上，拔劍切而啗之。項王曰：「壯士，能復飲乎？」樊噲曰：「臣死且不避，卮酒安足辭！夫秦王有虎狼之心，殺人如不能舉，刑人如恐不勝，天下皆叛之。懷王與諸將約曰『先破秦入咸陽者王之』。今沛公先破秦入咸陽，豪毛不敢有所近，封閉宫室，還軍霸上，以待大王來。故遣將守關者，備他盜出入與非常也。勞苦而功高如此，未有封侯之賞，而聽細説，欲誅有功之人。此亡秦之續耳，竊爲大王不取也。」項王未有以應，曰：「坐。」樊噲從良坐。坐須臾，沛公起如厠，因招樊噲出。

沛公已出，項王使都尉陳平召沛公。沛公曰：「今者出，未辭也，爲之柰何？」樊噲曰：「大行不顧細謹，大禮不辭小讓。如今人方爲刀俎，我爲魚肉，何辭爲。」於是遂去。乃令張良留謝。良問曰：「大王來何操？」曰：「我持白璧一雙，欲獻項王，玉斗一雙，欲與亞父，會其怒，不敢獻。公爲我獻之。」張良曰：「謹諾。」當是時，項王軍在鴻門下，沛公軍在霸上，相去四十里。沛公則置車騎，脱身獨騎，與樊噲、夏侯嬰、靳彊、紀信等四人持劍盾步走，從酈山下，道芷陽閒行。沛公謂張良曰：「從此道至吾軍，不過二十里耳。度我至軍中，公乃入。」沛公已去，閒至軍中，張良入謝，曰：「沛公不勝桮杓，不能辭。謹使臣良奉白璧一雙，再拜獻大王足下；玉斗一雙，再拜奉大將軍足下。」項王曰：「沛公安在？」良曰：「聞大王有意督過之，脱身獨去，已至軍矣。」項王則受璧，置之坐上。亞父受玉斗，置之地，拔劍撞而破之，曰：「唉！豎子不足與謀。奪項王天下者，必沛公也，吾屬今爲之虜矣。」沛公至軍，立誅殺曹無傷。

居數日，項羽引兵西屠咸陽，殺秦降王子嬰，燒秦宫室，火三月不滅；收其貨寶婦女而東。人或説項王曰：「關中阻山河四塞，地肥饒，可都以霸。」項王見秦宫室皆以燒殘破，又心懷思欲東歸，曰：「富貴不歸故鄉，如衣繡夜行，誰知之者！」説者曰：「人言楚人沐猴而冠耳，果然。」項王聞之，烹説者。

項王使人致命懷王。懷王曰：「如約。」乃尊懷王爲義帝。項王欲自王，先王諸將相。謂曰：「天下初發難時，假立諸侯後以伐秦。然身被堅執鋭首事，暴露於野三年，滅秦定天下者，皆將相諸君與籍之力也。義帝雖無功，故當分其地而王之。」諸將皆曰：「善。」乃分天下，立諸將爲侯王。項王、范增疑沛公之有天

下，業已講解，又惡負約，恐諸侯叛之，乃陰謀曰：「巴、蜀道險，秦之遷人皆居蜀。」乃曰：「巴、蜀亦關中地也。」故立沛公爲漢王，王巴、蜀、漢中，都南鄭。而三分關中，王秦降將以距塞漢王。項王乃立章邯爲雍王，王咸陽以西，都廢丘。長史欣者，故爲櫟陽獄掾，嘗有德於項梁；都尉董翳者，本勸章邯降楚。故立司馬欣爲塞王，王咸陽以東至河，都櫟陽；立董翳爲翟王，王上郡，都高奴。徙魏王豹爲西魏王，王河東，都平陽。瑕丘申陽者，張耳嬖臣也，先下河南（郡），迎楚河上，故立申陽爲河南王，都雒陽。韓王成因故都，都陽翟。趙將司馬卬定河内，數有功，故立卬爲殷王，王河内，都朝歌。徙趙王歇爲代王。趙相張耳素賢，又從入關，故立耳爲常山王，王趙地，都襄國。當陽君黥布爲楚將，常冠軍，故立布爲九江王，都六。鄱君吴芮率百越佐諸侯，又從入關，故立芮爲衡山王，都邾。義帝柱國共敖將兵擊南郡，功多，因立敖爲臨江王，都江陵。徙燕王韓廣爲遼東王。燕將臧荼從楚救趙，因從入關，故立荼爲燕王，都薊。徙齊王田市爲膠東王。齊將田都從共救趙，因從入關，故立都爲齊王，都臨菑。故秦所滅齊王建孫田安，項羽方渡河救趙，田安下濟北數城，引其兵降項羽，故立安爲濟北王，都博陽。田榮者，數負項梁，又不肯將兵從楚擊秦，以故不封。成安君陳餘弃將印去，不從入關，然素聞其賢，有功於趙，聞其在南皮，故因環封三縣。番君將梅鋗功多，故封十萬户侯。項王自立爲西楚霸王，王九郡，都彭城。

漢之元年四月，諸侯罷戲下，各就國。項王出之國，使人徙義帝，曰：「古之帝者地方千里，必居上游。」乃使使徙義帝長沙郴縣。趣義帝行，其羣臣稍稍背叛之，乃陰令衡山、臨江王擊殺之江中。韓王成無軍功，項王不使之國，與俱至彭城，廢以爲侯，已又殺之。臧荼之國，因逐韓廣之遼東，廣弗聽，荼擊殺廣無終，并王其地。

田榮聞項羽徙齊王市膠東，而立齊將田都爲齊王，乃大怒，不肯遣齊王之膠東，因以齊反，迎擊田都，田都走楚。齊王市畏項王，乃亡之膠東就國。田榮怒，追擊殺之即墨。榮因自立爲齊王，而西擊殺濟北王田安，并王三齊。榮與彭越將軍印，令反梁地。陳餘陰使張同、夏説説齊王田榮曰：「項羽爲天下宰，不平。今盡王故王於醜地，而王其羣臣諸將善地，逐其故主，趙王乃北居代，餘以爲不可。聞大王起兵，且不聽不義，願大王資餘兵，請以擊常山，以復趙王，請以國爲扞蔽。」齊王許之，因遣兵之趙。陳餘悉發三縣兵，與齊并力擊常山，大破之。張耳走歸漢。陳餘迎故趙王歇於代，反之趙。趙王因立陳餘爲代王。

是時，漢還定三秦。項羽聞漢王皆已并關中，且東，齊、趙叛之，大怒。乃以故吴令鄭昌爲韓王，以距漢。令蕭公角等擊彭越。彭越敗蕭公角等。漢使張良徇韓，乃遺項王書曰：「漢王失職，欲得關中，如約即止，不敢東。」又以齊、梁反書遺項王曰：「齊欲與趙并滅楚。」楚以此故無西意，而北擊齊。徵兵九江王布。布稱疾不往，使將將數千人行，項王由此怨布也。漢之二年冬，項羽遂北至城陽，田榮亦將兵會戰。田榮不勝，走至平原，平原民殺之。遂北燒夷齊城郭室屋，皆阬田榮降卒，係虜其老弱婦女。徇齊至北海，多所殘滅。齊人相聚而叛之。於是田榮弟田横收齊亡卒得數萬人，反城陽。項王因留，連戰未能下。

春，漢王部五諸侯兵，凡五十六萬人，東伐楚。項王聞之，即令諸將擊齊，而自以精兵三萬人南從魯出胡陵。四月，漢皆已入彭城，收其貨寶美人，日置酒高會。項王乃西從蕭，晨擊漢軍而東，至彭城，日中，大破漢軍。漢軍皆走，相隨入穀、泗水，殺漢卒十餘萬人。漢卒皆南走山，楚又追擊至靈壁東睢水上。漢軍卻，爲楚所擠，多殺，漢卒十餘萬人皆入睢水，睢水爲之不流。圍漢王三帀。於是大風從西北而起，折木發屋，揚沙石，窈冥晝晦，逢迎楚軍。楚軍大亂，壞散，而漢王乃得與數十騎遁去。欲過沛，收家室而西；楚亦使人追之沛，取漢王家；家皆亡，不與漢王相見。漢王道逢得孝惠、魯元，乃載行。楚騎追漢王，漢王急，推墮孝惠、魯元車下，滕公常下收載之。如是者三。曰：「雖急不可以驅，柰何棄之？」於是遂得脱。求太公、吕后不相遇。審食其從太公、吕后閒行，求漢王，反遇楚軍。楚軍遂與歸，報項王，項王常置軍中。

是時吕后兄周吕侯爲漢將兵居下邑，漢王閒往從之，稍稍收其士卒。至滎陽，諸敗軍皆會，蕭何亦發關中老弱未傅悉詣滎陽，復大振。楚起於彭城，常乘勝逐北，與漢戰滎陽南京、索閒，漢敗楚，楚以故不能過滎陽而西。

項王之救彭城，追漢王至滎陽，田横亦得收齊，立田榮子廣爲齊王。漢王之敗彭城，諸侯皆復與楚而背漢。漢軍滎陽，築甬道屬之河，以取敖倉粟。漢之三年，項王數侵奪漢甬道，漢王食乏，恐，請和，割滎陽以西爲漢。

項王欲聽之。歷陽侯范增曰：「漢易與耳，今釋弗取，後必悔之。」項王乃與范增急圍滎陽。漢王患之，乃用陳平計閒項王。項王使者來，爲太牢具，舉欲進之。見使者，詳驚愕曰：「吾以爲亞父使者，乃反項王使者。」更持去，以惡食食項王使者。使者歸報項王，項王乃疑范增與漢有私，稍奪之權。范增大怒，曰：「天下事大定矣，君王自爲之，願賜骸骨歸卒伍。」項王許之。行未至彭城，疽發

背而死。

漢將紀信説漢王曰：「事已急矣，請爲王誑楚爲王，王可以閒出。」於是漢王夜出女子滎陽東門被甲二千人，楚兵四面擊之。紀信乘黄屋車，傅左纛，曰：「城中食盡，漢王降。」楚軍皆呼萬歲。漢王亦與數十騎從城西門出，走成皋。項王見紀信，問：「漢王安在？」信曰：「漢王已出矣。」項王燒殺紀信。

漢王使御史大夫周苛、樅公、魏豹守滎陽。周苛、樅公謀曰：「反國之王，難與守城。」乃共殺魏豹。楚下滎陽城，生得周苛。項王謂周苛曰：「爲我將，我以公爲上將軍，封三萬户。」周苛罵曰：「若不趣降漢，漢今虜若，若非漢敵也。」項王怒，烹周苛，并殺樅公。

漢王之出滎陽，南走宛、葉，得九江王布，行收兵，復入保成皋。漢之四年，項王進兵圍成皋。漢王逃，獨與滕公出成皋北門，渡河走脩武，從張耳、韓信軍。諸將稍稍得出成皋，從漢王。楚遂拔成皋，欲西。漢使兵距之鞏，令其不得西。

是時，彭越渡河擊楚東阿，殺楚將軍薛公。項王乃自東擊彭越。漢王得淮陰侯兵，欲渡河南。鄭忠説漢王，乃止壁河内。使劉賈將兵佐彭越，燒楚積聚。項王東擊破之，走彭越。漢王則引兵渡河，復取成皋，軍廣武，就敖倉食。項王已定東海來，西，與漢俱臨廣武而軍，相守數月。

當此時，彭越數反梁地，絶楚糧食，項王患之。爲高俎，置太公其上，告漢王曰：「今不急下，吾烹太公。」漢王曰：「吾與項羽俱北面受命懷王，曰『約爲兄弟』，吾翁即若翁，必欲烹而翁，則幸分我一桮羹。」項王怒，欲殺之。項伯曰：「天下事未可知，且爲天下者不顧家，雖殺之無益，祇益禍耳。」項王從之。

楚漢久相持未決，丁壯苦軍旅，老弱罷轉漕。項王謂漢王曰：「天下匈匈數歲者，徒以吾兩人耳，願與漢王挑戰決雌雄，毋徒苦天下之民父子爲也。」漢王笑謝曰：「吾寧鬬智，不能鬬力。」項王令壯士出挑戰。漢有善騎射者樓煩，楚挑戰三合，樓煩輒射殺之。項王大怒，乃自被甲持戟挑戰。樓煩欲射之，項王瞋目叱之，樓煩目不敢視，手不敢發，遂走入壁，不敢復出。漢王使人閒問之，乃項王也，漢王大驚。於是項王乃即漢王相與臨廣武閒而語。漢王數之，項王怒，欲一戰。漢王不聽，項王伏弩射中漢王。漢王傷，走入成皋。

項王聞淮陰侯已舉河北，破齊、趙，且欲擊楚，乃使龍且往擊之。淮陰侯與(戰)騎將灌嬰擊之，大破楚軍，殺龍且。韓信因自立爲齊王。項王聞龍且軍破，則恐，使盱台人武涉往説淮陰侯。淮陰侯弗聽。是時，彭越復反，下梁地，絶楚糧。項王乃謂海春侯大司馬曹咎等曰：「謹守成皋，則漢欲挑戰，慎勿與戰，毋令得東而已。我十五日必誅彭越，定梁地，復從將軍。」乃東，行擊陳留、外黄。

外黄不下。數日，已降，項王怒，悉令男子年十五已上詣城東，欲阬之。外黄令舍人兒年十三，往説項王曰：「彭越彊劫外黄，外黄恐，故且降，待大王。大王至，又皆阬之，百姓豈有歸心？從此以東，梁地十餘城皆恐，莫肯下矣。」項王然其言，乃赦外黄當阬者。東至睢陽，聞之皆争下項王。

漢果數挑楚軍戰，楚軍不出。使人辱之，五六日，大司馬怒，渡兵汜水。士卒半渡，漢擊之，大破楚軍，盡得楚國貨賂。大司馬咎、長史翳、塞王欣皆自剄汜水上。大司馬咎者，故蘄獄掾，長史欣亦故櫟陽獄吏，兩人嘗有德於項梁，是以項王信任之。當是時，項王在睢陽，聞海春侯軍敗，則引兵還。漢軍方圍鍾離眛於滎陽東，項王至，漢軍畏楚，盡走險阻。

是時，漢兵盛食多，項王兵罷食絶。漢遣陸賈説項王，請太公，項王弗聽。漢王復使侯公往説項王，項王乃與漢約，中分天下，割鴻溝以西者爲漢，鴻溝而東者爲楚。項王許之，即歸漢王父母妻子。軍皆呼萬歲。漢王乃封侯公爲平國君。匿弗肯復見，曰：「此天下辯士，所居傾國，故號爲平國君。」項王已約，乃引兵解而東歸。

漢欲西歸，張良、陳平説曰：「漢有天下太半，而諸侯皆附之。楚兵罷食盡，此天亡楚之時也，不如因其機而遂取之。今釋弗擊，此所謂『養虎自遺患』也。」漢王聽之。漢五年，漢王乃追項王至陽夏南，止軍，與淮陰侯韓信、建成侯彭越期會而擊楚軍。至固陵，而信、越之兵不會。楚擊漢軍，大破之。漢王復入壁，深塹而自守，謂張子房曰：「諸侯不從約，爲之柰何？」對曰：「楚兵且破，信、越未有分地，其不至固宜。君王能與共分天下，今可立致也。即不能，事未可知也。君王能自陳以東傅海，盡與韓信；睢陽以北至穀城，以與彭越：使各自爲戰，則楚易敗也。」漢王曰：「善。」於是乃發使者告韓信、彭越曰：「并力擊楚。楚破，自陳以東傅海與齊王，睢陽以北至穀城與彭相國。」使者至，韓信、彭越皆報曰：「請今進兵。」韓信乃從齊往，劉賈軍從壽春並行，屠城父，至垓下。大司馬周殷叛楚，以舒屠六，舉九江兵，隨劉賈、彭越皆會垓下，詣項王。

項王軍壁垓下，兵少食盡，漢軍及諸侯兵圍之數重。夜聞漢軍四面皆楚歌，項王乃大驚曰：「漢皆已得楚乎？是何楚人之多也！」項王則夜起，飲帳中。有美人名虞，常幸從；駿馬名騅，常騎之。於是項王乃悲歌忼慨，自爲詩曰：「力

拔山兮氣蓋世，時不利兮騅不逝。騅不逝兮可柰何，虞兮虞兮柰若何！」歌數闋，美人和之。項王泣數行下，左右皆泣，莫能仰視。

於是項王乃上馬騎，麾下壯士騎從者八百餘人，直夜潰圍南出，馳走。平明，漢軍乃覺之，令騎將灌嬰以五千騎追之。項王渡淮，騎能屬者百餘人耳。項王至陰陵，迷失道，問一田父，田父紿曰「左」。左，乃陷大澤中，以故漢追及之。項王乃復引兵而東，至東城，乃有二十八騎。漢騎追者數千人。項王自度不得脱，謂其騎曰：「吾起兵至今八歲矣，身七十餘戰，所當者破，所擊者服，未嘗敗北，遂霸有天下。然今卒困於此，此天之亡我，非戰之罪也。今日固決死，願爲諸君快戰，必三勝之，爲諸君潰圍，斬將，刈旗，令諸君知天亡我，非戰之罪也。」乃分其騎以爲四隊，四嚮。漢軍圍之數重。項王謂其騎曰：「吾爲公取彼一將。」令四面騎馳下，期山東爲三處。於是項王大呼馳下，漢軍皆披靡，遂斬漢一將。是時，赤泉侯爲騎將，追項王，項王瞋目而叱之，赤泉侯人馬俱驚，辟易數里。與其騎會爲三處。漢軍不知項王所在，乃分軍爲三，復圍之。項王乃馳，復斬漢一都尉，殺數十百人，復聚其騎，亡其兩騎耳。乃謂其騎曰：「何如？」騎皆伏曰：「如大王言。」

於是項王乃欲東渡烏江。烏江亭長檥船待，謂項王曰：「江東雖小，地方千里，衆數十萬人，亦足王也。願大王急渡。今獨臣有船，漢軍至，無以渡。」項王笑曰：「天之亡我，我何渡爲！且籍與江東子弟八千人渡江而西，今無一人還，縱江東父兄憐而王我，我何面目見之？縱彼不言，籍獨不愧於心乎？」乃謂亭長曰：「吾知公長者。吾騎此馬五歲，所當無敵，嘗一日行千里，不忍殺之，以賜公。」乃令騎皆下馬步行，持短兵接戰。獨籍所殺漢軍數百人。項王身亦被十餘創。顧見漢騎司馬呂馬童，曰：「若非吾故人乎？」馬童面之，指王翳曰：「此項王也。」項王乃曰：「吾聞漢購我頭千金，邑萬户，吾爲若德。」乃自刎而死。王翳取其頭，餘騎相蹂踐爭項王，相殺者數十人。最其後，郎中騎楊喜，騎司馬呂馬童，郎中呂勝、楊武各得其一體。五人共會其體，皆是。故分其地爲五：封呂馬童爲中水侯，封王翳爲杜衍侯，封楊喜爲赤泉侯，封楊武爲吴防侯，封呂勝爲涅陽侯。

項王已死，楚地皆降漢，獨魯不下。漢乃引天下兵欲屠之，爲其守禮義，爲主死節，乃持項王頭視魯，魯父兄乃降。始，楚懷王初封項籍爲魯公，及其死，魯最後下，故以魯公禮葬項王穀城。漢王爲發哀，泣之而去。諸項氏枝屬，漢王皆不誅。乃封項伯爲射陽侯。桃侯、平皋侯、玄武侯皆項氏，賜姓劉。

梁玉繩《人表考》卷六《項羽》 項羽始見《始皇紀》，即項籍。籍字羽，一字子羽，下相人。重瞳子。封長安侯，號魯公。破秦，自立爲西楚霸王，故曰項公，亦曰項王，亦曰憤王，亦曰卞山王。自刎而死，葬穀城。案《史》言羽初起時年二十四，亡于漢五年，則僅二十八歲也。

雜録

備録

《顔真卿集・項王碑陰述》 西楚霸王當秦之末，與叔梁避讎於吴，蓋今之湖州也。雖滅秦而宰制天下，魂魄猶思樂邦，至今廟食不絶，其神靈事迹具見竟陵子陸羽所載《圖經》。大曆七年，真卿蒙刺是州；十二載，奸臣伏法，恩命追真卿上都，克期首路，竟陵是諗。予以故碑顛趾，嘗因仍草莽，已而復之，真卿乃命再加崇樹，紀之，時則仲夏方生明之日。案西楚霸王遺績在湖州者，卞山有項王走馬埒、飲馬池、系馬石，山有廟，謂之卞王廟，梁簡文帝有《卞山楚王廟碑記》，江總有《卞山楚廟詩》。又郡城有廟，向在臨湖門子城内，每郡守至，必設幕於廳，祀以軶下牛。齊李安民奉佛法，不予神牛。梁天監末，蕭琛遷其廟於州治北楚帝橋下。唐狄仁杰奏毁天下淫祀，夢項王語之曰：「吾嘗以陰兵助國家征遼。」廟得不毁。

《全宋文》卷一二二一司馬光《項羽誅韓生》 世皆以項羽不能用韓生之言，棄關中之險，故失天下。竊謂不然。夫秦據函谷，東嚮以制天下，然孝、惠、昭襄以之興，而二世、子嬰以之亡，顧所以用之之道如何耳，地形不足議也。項羽放殺其君，不義之名明於日月。宰制天下，王諸侯，廢公義而任私意，逐其君以置其臣，其受封者爭奪不服，疏斥忠良，猜忌有功，使臣下皆無親附之意。推此道以行之，雖重金襲湯，不能以一日守也，況三秦之險哉！

《蘇軾文集》卷六四《代侯公説項羽辭並敘》 漢與楚戰，敗於彭城。太公

間走，見獲於楚。項羽常置軍中以爲質。漢王遣辯士陸賈説項羽請之，不聽。後遣侯公，羽許之，遂歸太公。侯公之辯，過陸生矣，而史闕其所以説羽之辭，遂探其事情以補之，作《代侯公説項羽辭》。

漢王四年，遣辯士陸賈東説項王，請還太公。項王弗聽，賈還。漢王不懌者累日。左右計無所出。侯公在軍中，而未知名，乃趨進而言曰：「秦爲無道，荼毒天下，戮人之父，刑人之子，如刈草菅。大王奮不顧身，建大義，除殘賊，爲萬民請命。今秦氏已誅，天下且定，民之父子室家，皆得保完以相守也，其慶大矣，宜與太公享萬歲無窮之歡。不幸太公拘於强讎，以重大王夙夜之憂。臣聞主憂臣辱，主辱臣死。大王諸臣，未有輸忠出奇，以還太公之屬車，蹈義死節，以折項王之狼心者，臣恐天下有以議漢爲無人矣，此臣等之罪也。臣願先即辱國之誅。」漢王嘻噓曰：「吾惟不孝不武，而太公暴露拘辱於楚者，三年矣。吾重念天下大計，未獲即死之，此吾所以早夜痛心疾首東嚮而不忘者也。顧爲之奈何？」侯公曰：「臣雖不敏，願大王假臣革車一乘，騎卒十人，臣朝馳至楚壁，而暮與太公驂乘而歸，可乎？」漢王慢罵曰：「腐儒，何言之易也。夫陸賈天下之辯士，吾前日遣之，智窮辭屈，抱頭鼠竄，顛狽而歸，僅以身免。若何言之易也！」侯公曰：「待人以必能者，不能，則喪氣。倚事之必集者，不集，則挫心。大王前日之遣賈也，恃之爲必能之人，望之有必集之事。今賈乃困辱而歸，是大王氣喪而心挫也，宜其有以深鄙臣也。且大王一失任於陸賈，乃遂懲艾以爲無足使令者，是大王示太公之無還期，待天下爲無士也。」漢王曰：「吾豈忘親者耶，顧若豈足以辦此？且項王陰忮不仁，徒觸其鋒，與之俱靡耳。」侯公曰：「昔趙平原君苦秦之侵，欲結楚從也，求其可與從適楚者二十人。蓋擇於門下也，食客數千，得十九焉，其一人無得也，最下客毛遂請行。平原君不擇而與之俱，卒至强楚，廷叱其王，而定從於立談之間者，毛遂功也。日者，趙王武臣見獲於燕，以其臣陳餘、張耳之賢，擇人請王，往者十輩，無一返者。終於養卒請行，朝炊未終，乃與趙王同載而歸。此大王之所知者。臣乃今日願爲大王之毛遂、養卒，大王何慊不辱平原、餘、耳之聽哉。」漢王曰：「善。」即飭車十乘，騎卒百人，以遣侯公。

侯公至楚，晨扣軍門，謁項王曰：「臣聞漢王之父太公爲俘囚，臣竊慶大王獲所以勝於漢者。前日漢王遣使請之，而大王不與，至將烹焉，臣竊弔大王似不卹楚矣。」項王瞋目大怒，叱侯公曰：「若自薦死，乃欲爲而主行説以僥倖也。且吾親與人角，而獲其父，固將甘心焉。今乃言無卹者，何也？」侯公曰：「臣以區區之身，備漢之使，而有謁於大王，故大王以臣爲漢游説而忘忠楚也。大王試幸聽之。使其言有可用，則楚漢之人利，兩君之至歡，豈臣之私幸也。使其言無可用，則臣徐蹈鼎鑊，以從太公之烹，蓋未晚也。」

項王曰：「太公之不得歸必矣，若將何言？」侯公曰：「夫漢王失職，怏怏而西，因思歸之士，收豪傑之伍，舉梁漢之師，下巴蜀之粟，并三秦，定齊魏，日引而東，以與大王決一旦之命。大王視其志，固將一天下，朝諸侯，建七廟，定大號，爲萬世基業耶？抑將區區徇匹夫之節，爲曾參之孝而已者耶？且連兵帶壘，與楚百戰以決雌雄，乃有天下三分之二；大王軍覆將死，自救不暇，凡所以運奇決勝爲大王之勍敵者，在漢王與諸將了事耶？抑太公實爲之也耶？雖庸人孺子固知之。然則太公，獨一亡似人耳，不足爲楚、漢之輕重。大王幸虜獲之，而禍福實係焉，視其用之如何耳。得所以用而用之者强，失所以用而用之者亡。苟爲失其所用，未若不獲之爲善也。大王所以久拘而不歸者，固以要之。要之誠是也。且要而能致之，則權在我；要而不能致，則權在人。權之所在，以戰必克。則要者，名也；歸者，實也。大王苟不得志於名，當速收效於實，無爲兩失而自遺其患。是以臣竊爲大王慎惜此舉也。大王固嘗置之俎上而命之矣，彼報之曰：『必欲烹之，幸分羹焉。』且父子相愛之情，豈相遠哉。方漢王窘於彭城，二子同載，推墮捐之，弗顧也，安知其視父不與子同也。太公之囚楚者，三年矣，彼誠篤於愛父，固將捐兵解甲，膝行頓顙楚之轅門，爲之請一旦之命。今勵士方力，督戰方急，無一日而忘與楚從事，此其志在天下，無以親爲也。大王今不歸之，以收其實，將久留之，以執其名，故曰似不卹楚也。」

項王怒氣少息，徐曰：「顧吾所讐者漢王爾，其父何與耶？且漢王親以其身投吾掌握者，數矣，我常易而釋之，今乃日東向必欲亡楚而後已，故吾深讎之，欲葅醢其父，聊快於一時，況與之歸耶？」侯公曰：「辱大王幸賜聽臣，臣請言其不可者。夫首建大義誅暴秦者，惟楚。世爲賢明顯名於天下者，惟楚。天下豪傑樂從而爭赴者，惟楚。被堅執鋭爲士卒先，所向摧靡，莫如大王。兵强將武，百戰百勝，莫如大王。諸侯畏慴，惟所號令，莫如大王。割地據國，連城數十，莫如大王。大王持此數者以令天下，朝諸侯，建大號，何待于今。然而爲之八年，智窮兵敗，土疆日蹙，反爲漢雌。大王嘗自知其所以失乎？」項王曰：「吾誠每不自知，如公言焉，公試論吾所以失者。」侯公曰：「大王知夫博者事乎？夫財均則氣均，氣均則敵偶，然後勝負之勢，決於一時。今大王求與漢博，方布席徒手未

及投地，而驟以己資推遺之，已而財索氣竭，徒手而校之，則大王之勝勢去矣。夫仁義智信，所以取天下之資，而制敵之具也。大王乃棄資委具，以爲無所事，以故漢皆獲而收執之，此所以日引而東，視大王如無也。」項王曰：「何謂棄資委具？」侯公曰：「夫秦民之不聊生久矣。漢王之入關也，秋毫無所犯，解秦之罟，約法三章，民大慶悦，惟恐其不王秦也。大王之至，燔燒屠戮，酷甚於秦，秦人失望，何以爲仁？大王始與諸侯受約懷王，先入關者王之，漢王出萬死不顧一生之計，叩關決戰，降俘其主，以待大王，而大王背約，遷之南鄭，何以爲信？大王以世爲楚將，方舉大義，不立其後，無以令天下，遂共立懷王而禀聽之，及天下且定，乃陽尊爲帝而放殺之，何以爲義？以范增之忠，陳平之智，韓信之勇，皆人傑。爭天下者，視此三人爲之存亡。然而增死於疑，平、信去而不用，何以爲智？是以漢王於其入關也，天下歸其仁。其還定三秦也，天下歸其信。爲義帝縞素也，天下歸其義。其用平、信也，天下歸其智。此四者，大王素有之資，可畜之具，惟其委棄而不用，故漢皆得而收執之，是以大王未得所以税駕也。方今之勢，漢王者，高資富室也。大王者，窶人也。天下者，市人也。市人不趨窶人而趨高資富室，明矣。然則大王今日之資，恃有一太公爾。天所以相楚也。今不歸之，以伸區區之信義，紓旦夕之急，臣恐漢人怒氣益奮，戰士倍我，是大王又以其資遺漢，且將索然而爲窮人矣。此臣所以爲大王寒心也。夫制人之與見制於人，克人之與見克於人，豈可同日而語哉。願大王熟計之。」

項王曰：「孤所以恩漢者亦至矣。然去輒背我，今其父在此，猶日急鬭，誠一旦歸之，徒益其氣爾。」侯公曰：「不然。臣聞懷敵者强，怒敵者亡。大王於漢，未能懷而制之，乃欲怒而鬭之，臣意天溺大王之衷，將遂孤楚矣。大王誠惠辱一介之使護太公，且致言於漢王曰：『前日太公播越於外，羈旅敝軍，獲侍盥沐者三年于兹，而君王方深督過之，是以下國君臣未敢議太公之歸。今君王敕駕迎之，孤恐久稽君王旦暮問安侍膳之歡，敢不承令，敬遣下臣衛送太公之屬車以還行宫。孤亦願自今之日，與君王捐忿棄瑕，繼平昔之歡，君王有以報不穀者，皇天后土，實與聞之。』如此而漢不解甲罷兵以答大義，則曲在彼矣。大王因之號令士卒，以趨漢王，此秦所以獲晉惠公也。今大王不辱聽臣，臣無所受命而歸，漢王固將慟哭於軍曰：『楚之讎我者深矣，使者再返，而太公不歸矣，且號爲舉大義，除殘賊，拯萬民，終之有不共戴天之讎，何面目以視天下，今日之事，有楚無漢，有漢無楚，吾將前死楚軍，不返顧矣。』漢王持此感怒士心，整甲而趨楚軍，此伍子胥所以鞭平王之屍也。」

項王曰：「善。吾聽公，姑無烹。公第還，語而主令罷兵，吾今歸之矣。」侯公曰：「此又不可。夫智貴乎早決，勇貴乎必爲。早決者無後悔，必爲者無棄功。王陵，楚之驍將也，一旦亡去漢，大王拘執其母，將以還陵也，而其母慷慨對使者爲陵陳去就之義，敕陵無還，遂伏劍而死。故天下皆賢智其母，而莫不哀其死也。今太公幽囚鬱抑於大王之軍久矣。今聞使者再返，而大王無意幸赦還之，臣竊意其變生於無聊，不勝恚辱之積，一旦引決，以蹈陵母之義，則大王追悔前失，雖欲回漢軍之鋒，不可得矣。臣聞來而不可失者，時也。蹈而不可失者，機也。方今大王糧匱師老，無以支漢，而韓信之軍，乘勝之鋒，亦且至矣，大王雖欲解而東歸，不可得矣。臣願大王因其時而用其機，急歸太公，與漢王約，中分天下，割鴻溝以西爲漢，以東爲楚。大王解甲登壇，建號東帝，以撫東方之諸侯，亦休兵儲粟，以待天下之變。漢王老，且厭兵，尚何求哉，固將世爲西藩，以事楚矣。」項王大悦，聽其計，引侯生爲上客，召太公，置酒高會三日而歸之。

太公、呂后既至，漢王大悦，軍皆稱萬歲。即日封侯公平國君，曰：「此天下辯士，所居傾國者，故號平國君焉。」

葉適《習學記言序目》卷一九《史記一・本紀》 古書之于聖賢，皆因事以著其人，未嘗以人載事。項籍雖盜奪，然文字以來，以人著事，最信而詳，實始於此。如「初起時二十四」，「少學書不成，去；學劍又不成」，「書足記姓名，劍一人敵不足學，學萬人敵」，「乃教籍兵法，不肯竟學」，楚漢間頗用此例推觀。不知古人之材與後世之材何以教，何以成就。上世教法盡廢，而亡命草野之人出爲雄强。遷欲以此接周孔之統記，恐未可也。【略】

太史公論「羽非有尺寸，乘勢起隴畝之中，三年將五諸侯滅秦，分裂天下而封王侯，政由羽出，號爲霸王」，近古所無。不知古人之治，未嘗崇長不義之人。《左氏》載鄋瞞三人皆爲諸侯所誅，蓋是時先王之餘政猶存，負力桀悍者終不得自肆。如項羽，氣力不過長狄，而不幸遭世大壞，遂横行至此。遷以畏異之意加嗟惜之辭，史法散矣。

《全元文》卷一三三二楊維楨《譏項羽狠羊》 羽以次將殺上將軍宋義，此弑義帝之漸也。義之令曰：「有猛如虎、狠如羊、貪如狼，强不可使者，斬之。」此正指羽也。羽仇其言至於矯殺而伐之，此真狠羊之所爲而已耳。雖引兵渡河破秦軍，使諸侯將膝行而前，莫敢仰視，戰勝而驕，又犯義之策武信君之必敗者也，安

得與寬大長者争天下之勝負哉。況又輔以居剿悍戾之夫，猶之狂奴馭犇馬，疾鞭不止以速其仆。吁，垓下之敗，爲已晚矣。

俞樾《茶香室叢鈔》卷四《項王妾》　國朝陳錫路《黄嬭餘話》云：唐傅奕考覈《道德經》衆本，有項羽妾本，齊武平五年彭城人開項羽妾冢得之。羽美人之見幸者，人知有虞耳，乃復有耽嗜玄虚，整理鉛槧，如此一侍兒，亦是大奇。

備論

《史記》卷七《項羽本紀論》　太史公曰：吾聞之周生曰「舜目蓋重瞳子」，又聞項羽亦重瞳子。羽豈其苗裔邪？何興之暴也！夫秦失其政，陳涉首難，豪傑蠭起，相與並争，不可勝數。然羽非有尺寸，乘埶起隴畝之中，三年，遂將五諸侯滅秦，分裂天下，而封王侯，政由羽出，號爲「霸王」，位雖不終，近古以來未嘗有也。及羽背關懷楚，放逐義帝而自立，怨王侯叛己，難矣。自矜功伐，奮其私智而不師古，謂霸王之業，欲以力征經營天下，五年卒亡其國，身死東城，尚不覺寤而不自責，過矣。乃引「天亡我，非用兵之罪也」，豈不謬哉！

《史記》卷一三〇《太史公自序》　秦失其道，豪傑並擾；項梁業之，子羽接之；殺慶救趙，諸侯立之；誅嬰背懷，天下非之。

《史記》卷七《項羽本紀》司馬貞述贊　亡秦鹿走，僞楚狐鳴。雲鬱沛谷，劍挺吴城。勳開魯甸，勢合碭兵。卿子無罪，亞父推誠。始救趙歇，終誅子嬰。違約王漢，背關懷楚。常遷上游，臣迫故主。靈壁大振，成皋久拒。戰非無功，天實不與。嗟彼蓋代，卒爲凶豎。

蘇洵《嘉祐集》卷三《項籍》　吾嘗論項籍有取天下之才，而無取天下之慮。

【略】

嗚呼！項籍有百戰百勝之才，而死於垓下，無惑也。吾觀其戰於鉅鹿也，見其慮之不長，量之不大，未嘗不怪其死於垓下之晚也。方籍之渡河，沛公始整兵嚮關，籍於此時若急引軍趨秦，及其鋒而用之，可以據咸陽，制天下。不知出此，而區區與秦將争一旦之命。既全鉅鹿，而猶徘徊河南、新安間，至函谷，則沛公入咸陽數月矣。夫秦人既已安沛公而讐籍，則其勢不得强而臣。故籍雖遷沛公漢中，而卒都彭城，使沛公得還定三秦，則天下之勢在漢不在楚。楚雖百戰百勝，尚何益哉？故曰：兆垓下之死者，鉅鹿之戰也。

或曰：雖然，籍必能入秦乎？曰：項梁死，章邯謂楚不足慮，故移兵伐趙，有輕楚心，而良將勁兵盡於鉅鹿。籍誠能以必死之士，擊其輕敵寡弱之師，入之易耳。且亡秦之守關，與沛公之守，善否可知也。沛公之攻關，與籍之攻，善否又可知也。以秦之守而沛公攻入之，沛公之守而籍攻入之，然則亡秦之守，籍不能入哉？

或曰：秦可入矣，如救趙何？曰：虎方捕鹿，羆據其穴，搏其子，虎安得不置鹿而返。返則碎於羆明矣。軍志所謂攻其必救也。使籍入關，王離、涉間必釋趙自救。籍據關逆擊其前，趙與諸侯救者十餘壁躡其後，覆之必矣。是籍一舉解趙之圍，而收功於秦也。戰國時魏伐趙，齊救之，田忌引兵疾走大梁，因存趙而破魏。彼宋義號知兵，殊不達此，屯安陽不進，而曰待秦敝。吾恐秦未敝，而沛公先據關矣。籍與義俱失焉。

蘇軾《東坡志林》卷五《論古・論范增》　漢用陳平計，閒疎楚君臣。項羽疑范增與漢有私，稍奪其權，增大怒曰：「天下事大定矣，君王自爲之，願賜骸骨歸卒伍！」歸未至彭城，疽發背死。蘇子曰：增之去，善矣；不去，羽必殺增，獨恨其不蚤耳。然則當以何事去？增勸羽殺沛公，羽不聽，終以此失天下；當於是去耶？曰：否。增之欲殺沛公，人臣之分也，羽之不殺，猶有君人之度也，增曷爲以此去哉？《易》曰：「知幾其神乎。」《詩》曰：「相彼雨雪，先集維霰。」增之去，當以羽殺卿子冠軍時也。陳涉之得民也，以項燕、扶蘇；項氏之興也，以立楚懷王孫心，而諸侯叛之也，以弒義帝也。且義帝之立，增爲謀主矣，義帝之存亡，豈獨爲楚之盛衰，亦增之所以同禍福也，未有義帝亡而增獨能久存者也。羽之殺卿子冠軍也，是弒義帝之兆也。其弒義帝，則疑增之本心也，豈必待陳平哉！物必先腐也而後蟲生之，人必先疑也而後讒入之，陳平雖智，安能閒無疑之主哉？吾嘗論義帝，天下之賢主也。獨遣沛公入關而不遣項羽，識卿子冠軍於稠人之中，而擢以爲上將，不賢而能如是乎？羽既矯殺卿子冠軍，義帝必不能堪，非羽弒帝，則帝殺羽，不待智者而後知也。增始勸項梁立義帝，諸侯以此服從，中道而弒之，非增之意也。夫豈獨非其意，將必力争而不聽也。不用其言，殺其所立，項羽之疑增必自是始矣。方羽殺卿子冠軍，增與羽比肩而事義帝，君臣之分未定也。爲增計者，力能誅羽則誅之，不能則去之，豈不毅然大丈夫也哉？增年已七十，合則留，不合則去，不以此時明去就之分，而欲依羽以成功，陋

矣。雖然，增，高帝之所畏也，增不去，項羽不亡。嗚呼，增亦人傑也哉！

《全宋文》卷四二五八劉子翬《漢書雜論上》 宋義提兵救趙，至安陽不進，曰：「秦勝則兵罷，我承其敝；不勝則我引兵而西，必舉秦矣。」此萬全之策也。項羽殺義，奪其兵破秦，義乃没没無聞，誠不幸也。羽雖勝秦，然其計猶出義下。羽知秦兵鋭甚，戰難必勝，故渡河沈舟，破釜甑，燒廬舍，以必死期一勝，豈不殆哉！羽雖一勝，而秦兵尚衆，會章邯與趙高有隙，遣人約和，羽乘其狐疑又破之，竟以糧少與之約和，及坑秦軍猶二十餘萬人。夫邯軍亦精鋭，羽之所將非其敵也。以羽必死之戰，乘章邯狐疑之隙，僅能服之，其難也如此，非萬全之策也。初秦兵破周章、田儋等，項梁乘其敝破之，梁輕秦有驕色，故義知其必敗也。義又欲承其敝，故以趙鬭秦，范增之謀深矣，不以義爲非者，勢當然也。秦不救韓魏，周亞夫以梁委吳，蓋用卞莊子刺虎之説也。噫，羽既據功名之會，故義乃没没無聞，誠不幸也。

亞父日説項羽曰：「沛公貪財好色，今入關無所取，此其志不小，吾使人望之，氣皆爲龍，成五色，此天子氣，急擊之勿失。」羽竟不殺沛公。亞父曰：「吾屬今爲虜矣。」亞父之知明矣，而不知天命也。君擇臣，臣亦擇君。亞父與羽比肩事懷王，無君臣之分也，言既不從，何不引去？知沛公之人事天時如此，而忿然欲以區區之力勝之，不亦難乎？

《全宋文》卷四二五九劉子翬《漢書雜論下》 項羽引兵欲渡烏江，亭長檥舟待，請羽急渡，羽不渡，乃戰死。蓋是時漢購羽千金、邑萬户，亭長之言甚甘，羽疑其欺己也。羽意謂丈夫途窮，寧戰死不忍爲亭長所執，故託以江東父老之言爲解爾。使羽果無東渡意，豈引兵至此哉？羽至東城才二十八騎，與漢兵戰，斬二將，殺數百人，漢軍披靡，使羽盡用其衆，決死垓下，豈易當哉？所以去垓下者，猶冀得脱也，乃爲田父所紿，陷於大澤。羽知人心不與己，安知亭長不出田父之計哉，此羽之所以戰死也。

《全宋文》卷二六九〇楊時《項羽論》 予讀《漢紀》，至高祖謂項王有一范增不能用，故爲我擒，常以爲信然。及讀《項羽傳》，觀范增所以佐羽者，然後知羽雖用增，無益於敗亡也。夫秦人齮齕其民，天下背而去之，莫肯反顧。當是時，民之就有道，正猶饑者之嗜食，不必豢稻粱而皆可於口也。項籍以閭閻匹夫之資，首天下豪傑，西向而並争。視秦車之覆曾不知戒，猶蹈其故轍，欲以力制天下，所過燒夷殘滅，是以秦攻秦也。范增曾無一言及此，乃區區欲立楚後爲足以懷民望，何其謬哉！其後項王卒有弒義帝之名，爲敵國之資，增實兆之也。增之得計，不過數欲害沛公耳，使項王不改其轍，則前日之亡秦是也。借令沛公死，天下其無沛公乎？

《全宋文》卷四八三一史堯弼《項羽論一》 項羽有蓋世之勇，曹操有縱横百出之術，劉裕有英發豪健之氣，皆天下所莫及也。天下有所短而我獨長焉，則長者勝。三人皆以獨出天下之資，而卒無成，操崎嶇中國，裕亦崛强以卒世，而羽又尋至於敗，何哉？夫惟聖人退藏於無窮之原，而以無事役天下，是以愈用而莫量其所止。苟惟不若於聖，雖獨出天下，其用蓋有所盡也。三人之無成，意其鋭有所盡歟！官渡之役，操之鋭盡矣；燕秦之師，裕之鋭盡矣；京索、滎陽之間，羽之鋭盡矣。有所動有所不動，有所戰有所不戰，此智者之事也，而曹、劉能之。利亦動不利亦動，可亦戰不可亦戰，此勇者之事也，而羽甘心焉，宜其亡之亟，不若曹、劉之猶有成也。古之善用天下者，使之常有不足之心，而後有有餘之氣。凡人之能，天下之力，蓋有時而窮盡也。少强則老必弱，朝奮則暮必衰。彼善用兵者，養其强且奮而重發之，俾力不盡而有餘勇，智不盡而有餘術，欲不盡而有餘求。而吾亦得以雍容條理，未嘗疾勝亟敗，以亂吾氣。氣不亂，則智益明而愈不竭。是以有所不用，無所不勝。其不善者反之，故事未成而天下之心已帖然共止而不可復用，則我之鋭亦隨索而已。異哉，羽之戰也！竭力轉鬭以窘高祖，屢戰而屢得志，不勝而愈不止，此其意謂與我争天下者惟劉季一人耳。是以利害之不知，成敗之不審，窮日之力以逐於百鬭，要以得劉季則天下悉歸我，不知彼未易得，而此之鋭已先索矣。垓下之戰，楚歌一唱，八千之師委甲而潰，非其有所懷而去，蓋其勇厲之氣用之久而耗之已甚，則亦有窮而已也。是八千嘗奮迅百戰，從羽而不去，亦欲冀尺寸之勞而後已爾。使其負有餘之力，豈肯一旦棄垂成之功，狼狽而歸哉？羽不知養其心，而反銷鑠其氣，則屢勝者乃所以必敗而無疑。江東之業雖可復興，而江上之舟，仿徨而不得濟。意羽之心，亦自見其百勝而尚未成立，則氣亦委而不振，是以捨去而弗恤也。曹劌與齊戰，師將鼓，劌曰：「未可。」齊人三鼓，劌曰：「可矣。」齊師敗績。公問其故，曰：「一鼓作氣，再而衰，三而竭。彼竭我盈，故克之。」夫頃刻之間，猶有盈而與竭之異，況數年之間，屢戰之後，豈有常盈而不竭也哉？是知强弱之相推，勝負之相盪，此兵家消長倚伏之理也。《易》曰：「寒往則暑來，暑往則寒來」；「日往則月來，月往則日來」；「往者屈也，來者伸也」。故夫項羽之敗者其往也，高祖之勝者其來也。

屢北而怒方作，是以來者之必勝；屢勝而鋭已盡，是以往者之必敗。而羽方曰：「此天亡我，非戰之罪也。」雖然，天亡羽矣，意其亦戰之罪也。

《全宋文》卷四八三一史堯弼《項羽論二》 古之英雄，其力之强，未有若項羽者；其敗之亟，亦未有若羽之亟者，此其故何也？嘗讀史，見楚漢轉戰，以必争成皋也。不然，羽之亡不至若是亟也。沛公長者，天下之所歸；羽暴害殘賊，故天下去之速。且當是時，齊、魏、燕、趙、九江已盡入漢，羽孤立無與爲助，而又輕用其鋒，使漢得乘其弊。是數者羽所亟敗，而豈在成皋之得失哉？雖然，羽之勢固必亡，然漢之君臣論戰，皆無足當羽者。使羽哀百鬬之鋭，亦足與曠歲相劫，而豈遽至於遁哉？夫人必有羸疾之久，筋力精氣悉已耗散，一旦赫然就盡，此無足怪者。至於雄勇健特之人，衝擊水火，冒犯風雷而不少衰，而亦卒然不救，此必其有所重傷亟困，以至於此也。嗚呼，羽之强亦必其形勢有所大去，故其敗若此速也。且楚漢百戰之場，實當中原八達之地。使其無有要害巖險爲之阨塞，則楚漢之成敗將决於一日之間，而又何俟夫百戰哉？夫惟當時之勢，楚東而漢西，而成皋以天下之險介其兩間，以限二國之衝，彼此皆不能以踰焉。故相持而不決者數歲，使其不然，則高祖可以長驅於楚之彭城，羽亦可以直擣漢之關中，而又何難哉？始羽東擊齊，成皋不可守，故漢得以劫五諸侯兵，直指彭城，據羽之巢穴。幸其兵敗，故引而西。羽亦知天下之勢在此而不可緩也，故百戰京索、滎陽間而必取之，既得而使樅公守之。漢亦力破而必據之，及漢敗於廣武，而成皋復歸羽，羽又使司馬咎守之，戒勿與漢戰，俾漢無得東。是時漢已失據，欲退保鞏、洛。會聽酈生計，故復留，遂盡鋭誘司馬咎而破之，成皋始復入於漢，而羽明年遂亡。此其理豈不昭然甚明也哉？今夫猛虎負嵎，咆哮而淩厲，雖使萬夫荷戈而不可向。及其失勢，奔走平地，則匹夫設穽取之，如殺狐兔無異也。向使羽得成皋，出入乎其間，以衝漢之腹心，漢將爲羽衝軼之不暇，而能窘羽哉？惟其形勢一決，使漢得通兵於東，追羽固陵，韓、彭、英布四面以至，當是時，羽欲不亡得乎？故夫兵家之要，必求重地以爲門鍵，出入往來之孔道而重扼之，以制敵之命，不然則反爲敵制。漢之成皋，光武之河内，唐之潼關，皆當時所謂孔道者也。漢惟得成皋而楚亡，光武得河内，故河北遂定；唐惟一失潼關，禄山得以西，唐社幾不血食。然則兵家孔道之所在，其可不謹之歟！

《朱子語類》卷一三五《歷代二》 或問：「太史公書項籍垓下之敗，實被韓信布得陣好，是以一敗而竟斃。」曰：「不特此耳。自韓信左取燕、齊、趙、魏，右取九江英布，收大司馬周殷，而羽漸困於中，而手足日翦。則不待垓下之敗，而其大勢蓋已不勝漢矣。」

《全宋文》卷六〇四二陳傅良《項羽論》 昔者鄧侯不殺楚文王，而楚卒滅鄧；楚子不殺晉文公，而晉卒敗楚；項籍不殺高帝，而漢卒誅項氏，志士至今惜之。嗚呼！必殺其所忌而以得國，則安知天下之禍將不出於其所不足忌者哉？夫變之來也無常，而英雄猾桀其伏也無盡。變之來也無常，則不可以逆定；英雄猾桀其伏也無盡，則形索而計取也必不及。是故詳於禁者有法外之遺姦，工於謀者有術中之隱禍。《詩》曰：「魚網之設，鴻則罹之。」網以伺魚也，而顧以得鴻，天下之事又焉用專於其所圖而淫怒焉以逞哉？夫專於其所圖而淫怒以逞者，則必有所不可支者根之於其不意。昔秦覆滅諸侯，其所憂者六姓之逋士也，於是不愛重寶，致天下之豪傑而殲其黨。始皇之爲計亦密矣，而不知亂秦者，則刑餘之弄臣，而卒亡之者，皆其不虞之厮隸戍卒也。高帝定天下，亦惟韓、彭、黥布易動而難蓄；三人死，宜於果無事者，而禄、産之孱弱幾盗天下。孰謂秦、漢之盛而忌此族哉？由是觀之，患不在於縱敵，而多殺無益於弭寇。故先王無盡敵之術而有無敵之仁，非其佚寇之爲虞，而惟速寇之爲懼，蓋以吾惟致力於此焉足矣。而挾詐以墮讎，而幸其不吾釁，則亦不敢知也。抑嘗觀《書》，至於周公之命微子，乃曰：「弘乃烈祖，萬邦作式。」且以新造之周於未盡亡之商而俟其賢子，則錮之之辭，隄防之具也宜悉，而周公勸之以祖，若不屑於留天下而欲其復商之舊云者。至於所畏，則無告窮民，而其勢不能患乎上者。嗚呼！周公可謂知所畏矣。彼范增者滋羽之暴，徒欲斃漢於一擊，吾恐項氏之憂不在沛公，而在肘腋之間也。

黄震《古今紀要・西漢》 項羽救趙入關，楚漢雌雄已決，但欲伯天下，念慮未嘗到一統天下之事。既滅咸陽而都彭城，既復彭城而割滎陽，既分鴻溝而東歸，羽皆自謂按甲休兵之時，不知漢王必欲得天下而後已。一時人才棄楚歸漢者，皆知天下所歸。范增亦知之而必欲殺漢王，其愚可笑！

《全元文》卷一三三二楊維楨《項籍論》 孟子曰：「爲天下敺民者，桀與紂也。」籍亦爲漢敺者爾，焉能與漢争天下哉。秦以死敺民，民相與仇秦而思其生民者主之，此勢之所必至，而豈料籍之圖天下，又一秦也哉。籍長八尺餘，力能扛鼎，八尺之軀徒爲力所役耳。而其慓悍猾賊之性，嗜殺如嗜食，如起會稽即誘殺守者，其後矯殺宋義，屠咸陽，殘滅襄城，殺秦降王子嬰，斬韓生廣、陵母，甚至

於殺義帝，此真天下之桀項也。欲舉大事伯西楚以光項氏之世，夫其可得乎？其亡也，自爲歌詩曰：時不利騅不逝。梁曰：方今亡秦時也，爲宗國報仇，爲民除不道，於其時可矣。第籍所爲不利於時耳，時何有於不利籍哉！或曰：籍雖好殺，欲坑外黄而愧於舍人兒之一言，欲烹太公而悟於項伯之微諫，使得一二賢佐，籍亦可伯。韓信曰：籍之勇，匹夫之勇耳，籍之仁，婦人之仁耳。此爲論籍之確者。輔以伊尹、太公之佐，其能率桀紂爲湯文武也哉。

王世貞《讀書後》卷一《書項羽傳後》 吾少時閱書，至夜分而困，欲寐，輒取《項羽傳》誦之，即灑然醒，以爲非羽不能發太史公筆，非太史公無以寫羽生氣。羽之罪，其大者在弑義帝，坑秦卒二十萬人，僇降王子嬰耳。其惡不待言，然彼皆有以致之。義帝亦了了者，第不免儒而腐，夫一牧羊子耳。王於項梁之手見，梁敗而不羽之恤，遽奪其軍，而又不使之入關。其救趙也，又使之爲次將，而所聽令者，羈旅庸奴之宋義。彼其心固已怏怏於帝，殺宋義而楚卒屬之矣。刎王離，破章邯，而諸侯屬之矣。破函關，而秦屬之矣。其目中固已無義帝矣。猶貌而使人請命，帝但委之於籍，且猶不能免，而曰：「如故約。」籍能無恨也夫？豈獨恨也，當疑其與沛公結而圖籍，義帝擁空名於上，欲以承平之君臣而御怏怏之悍霸，倒授太阿之柄而觸其鋒，能不立碎也。雖然，義帝者，腐而不失其正者也。新安之坑，子嬰之僇，蓋天道也。彼諸侯之卒，積數世而其首皆納於秦庭，凡在者皆秦卒之刃餘也，又皆其子孫也。幸羽一甘心焉，孰不爲之揮戈者。子嬰之降，自降沛公耳，非降羽也。六王之身，有屠而死者，有囚而死者，有饑而死者。夫負芻非羽故君，而燕及梁非祖父邪？誰能忍之？故曰：有天道也。至楚漢之爲訟，則羽之負漢者一，而漢之負楚者三。羽之負漢，不王關中而王巴蜀而已。當羽入關，與沛公兄弟也，又皆楚臣，何必拒而不納？其負一也。鴻門之會，不殺而封之巴蜀，甫就國而兵東嚮，其負二也。然猶有可言者。至太公甫脱烹俎，盟血未乾，而反戈尾其後，其負三也。羽自得罪義帝耳，不得罪高祖。高祖死，何以見羽地下哉？余故友宗臣，每酒間大呼，吾寧不成而爲羽，不能成而爲高祖，且謂高祖易與耳。余笑曰：若言高祖易與則過，高祖遇羽而拙，故思以拙勝之。若固見其拙以爲易與耳，不然，彼章邯、黥布豈碌碌者，何以取之若寄哉？

《江盈科集·項羽》 古今之言英雄者多矣，然未有過于西楚霸王項羽者。史稱其力拔山，氣蓋世，喑啞叱咤，千人自廢。故以一布衣仗劍起閭井間，五載而成霸業，宰割天下，分裂山河，舉三秦之師，六國之裔，諸侯王之衆，俛首奉約束，如稚子聞雷，競競廩廩，莫敢有衡命者。試觀載籍，自項羽以前，項羽以後，曾有兩項羽哉？然則謂之千古英雄第一可矣！雖然，英雄之無敵者，此羽也；英雄之無用者，亦此羽也。夫所謂英雄者，必其能自容于天下，而後能有爲于天下。自容于天下者，非我用人，則人用我。我用人者，帝王是也；人用我者，將帥是也。使我用人而爲帝王，則驅除暴虐，撫輯黎庶，俾天下相安于無事而歌之舞之，甚且忘焉而莫知爲之，是帝王中之英雄也；使我用于人而爲將帥，則連兵百萬，戰勝攻取，功名勒于旂常，福澤流于後昆，是將帥之英雄也。若項羽者，以之爲君，則殺降王，殺降卒，殺降百姓，不盡殺在下之人不止也，難乎其爲上也；以之爲將，則殺宋冠軍，殺楚義帝，不盡殺在上之人不止也，難乎其爲下也。難乎其爲上，則下之人無能容我者矣；難乎其爲下，則上之人無能容我者矣。下之人無能容我，上之人無能容我，我一人之身，孑然于天地之間而無可容，將安用哉？故其勢至于不可以爲帝王，不可以爲將帥。帝王、將帥兩無所用，則有殺焉而已矣。予睹垓下之刎，讀拔山之歌，不能不惜第一英雄竟歸于無用之地如此也。昔人有言：「屈原之忠，忠而過者也；申生之孝，孝而過者也。」余亦曰：「項羽之英雄，英雄而過者也。」惟其過也，此所以卒歸于無用耳。宋儒乃謂：「真正英雄，必從戰惕中來。」噫，此聖賢也，非英雄也。善乎李易安詩曰：「生既作人傑，死亦爲鬼雄。至今思項羽，不肯過江東。」孰謂一婦人之見，反出宋儒之上如此哉？或曰：「以項羽較漢高祖，孰爲英雄？」余曰：「以成敗論，則王者英雄也，死者非英雄也。若略成敗論英雄，則請以棋喻：項羽者，棋中之國手也；漢高祖，最低棋，然善悔善耐久，惟其善悔善耐久，所以能制國手如項羽者，而反能取勝。」噫，棋高反負，棋低反勝，吾不知棋之優劣在高下耶？在勝負耶？故若項羽者，雖失天下，雖喪其軀，終不失爲英雄第一。夫知第一英雄，至于無以自容于天下，而不免于死，則爲英雄者，亦當思所以自處矣。

錢澄之《田間文集》卷一《范增論》 漢高帝言：「項羽有一范增而不能用，卒爲吾禽。」論者以不用增爲羽罪。自吾觀之，羽何嘗不用增哉？其不用者，惟於鴻門不聽增殺沛公耳。

吾不知增之欲殺沛公以何名也？沛公之言諸項伯曰：「吾入關，秋毫無所犯，籍吏民，封府庫，還軍霸上，而待將軍，守關者備他盜耳。」此非妄詞也。項伯謂羽：「人有功而擊之，不義。不如因善遇之。」此非不忠於羽也。夫沛公何罪？於羽何仇？既無夫差、句踐之釁，又無纖毫疑似之罪，以致諸侯之討。羽初

入關，而即勸其誅首功之人，其誅無名，將何以服諸侯而爲之盟主？羽不聽，是也。

懷王爲增所勸立，增非羽將，而懷王將也。懷王之約曰：「先入關者王之。」今欲負約而殺沛公，是背懷王者自增始矣。羽之佯尊懷王爲義帝而實不用其命者，增啓之也。且增亦知奪沛公之關中，而猶恐諸侯以負約而叛之，不知何以欲殺沛公於鴻門，而不慮諸侯叛也？夫奪關中而以巴、蜀、漢中王沛公者，增陰謀也，羽聽之。滎陽之圍，勸項王急擊勿釋者，增策也，羽亦聽之。凡增之所以圖漢而出之有名者，羽未嘗不用也。即增去羽後，漢王亦自以計遁出耳，羽未嘗棄增策而縱之也，而奈何謂羽有增而不能用哉？

羽之不用增，自漢間之也。夫增之所以事羽，猶待漢間而羽始稍奪其權，則羽亦可謂能容增之至矣。增初從項梁起，又與羽同爲楚將救趙，彼於羽蓋以僚友自待，而未嘗有君臣之分也。史序項王與沛公飲於鴻門：項王東向坐，亞父西向坐。亞父者，范增也。噫嘻，亢矣！沛公北向坐，張良西向侍。是時，良猶韓將也，而以臣禮待沛公，吾不知增目之何以自安於項氏耶？迨沛公既去，而使良獻璧於項王，獻玉斗於增。增置之地，拔劍撞而破之曰：「唉！豎子不足與謀！」增所唉之「豎子」，非羽乎？而羽絶不聞有怒也。羽聞「沐猴而冠」之説，即時烹殺之，至於增之聲色，獨能忍之，羽所以尊事增可知。衆稱羽仁愛恭敬，良不誣也。

觀增之所以待羽，即知其所以待羽之左右矣，其左右能堪之乎？陳平之間何難於行？其更持惡草具以待羽使者，不過借使者之歸報，以信左右之語耳。史謂羽疑增與漢有私，是大不然。夫勸羽圖漢者增也，豈有私之而反圖之？羽必不以此疑增，漢亦必不以此間楚。漢之間楚，必曰：「漢所畏者增耳，不畏羽也；其能操縱乎漢者，非羽也，增也。」故分别進具於使者，所以顯示其重增而輕羽也。增既以圖漢爲己計，漢又間之，則欲羽不疑增之市權於漢也得乎？故奪增之權而聽其去，卒不解滎陽之圍。羽疑增之故，蓋在此矣。

以增之大怒去羽，行未至彭城，即疽發背死，此其生平任氣性、少度量。羽始終能堪之，以迨其去，則羽之於增猶有始終哉！

王鳴盛《十七史商榷》卷二《項氏謬計四》 項氏謬計凡四：方項梁起江東，渡江而西，并諸軍，連戰勝。及陳涉死，召諸别將會薛計事，此時天下之望已繫於項梁。若不立楚懷王孫心，即其後破死於章邯之手，而項羽收其餘燼大可以制天下。范增首唱議立懷王，其後步步爲其掣肘，使沛公入關，羽得負約名，殺之江中，得弑主名，增計最拙，大誤項氏。謬一。章邯破滅項梁，羽之讎也，乃許之盟，與之和好，立之爲王，此事秦民已不服，又詐坑降卒二十萬，失秦民心。謬二。棄關中不都而東歸，乃三分關中，王章邯及其長史司馬欣、都尉董翳以距漢，豈知三人詐秦民降諸侯被坑，民怨之刺骨，安肯爲守？坐使漢還定三秦如反掌。謬三。漢之敗彭城，諸侯皆與楚背漢，范增勸急圍漢王滎陽，范增諸所爲項王計畫，惟此最得，乃又聽漢反間逐增，使軍心懈散，失漢王。謬四。

六國亡久矣，起兵誅暴秦，不患無名，何必立楚後？制人者變爲制於人，而懷王者公然主約，既約先入關者王之，而不使項羽入關，是明明不欲羽成功也。獨不思己本牧羊兒，誰所立乎？既不能殺羽，而顯與爲難，且不但不使羽入關而已，并救趙亦僅使爲次將，所使上將，則妄人宋義也。羽即帳中斬其頭，如探囊取物。迨至羽屠咸陽殺子嬰後，懷王猶曰如約。如約者，欲令沛公王關中也。兵在其頸，猶爲大言，牧羊兒愚至此。范增謬計，既誤項氏，亦誤懷王。

項王之失，不在粗疏無謀，乃在苛細多猜疑不任人。韓信、陳平皆棄以資漢，至於屢坑降卒，嗜殺失人心，更不待言。

惲敬《大雲山房文稿》卷二《西楚都彭城論》 自淮陰侯斥項王不居關中而都彭城，史家亦持此説，後之言地利者祖之，以爲項王失計，無有大于此者。惲子居曰：項王之失計，在不救雍、塞、翟三王而東擊齊，不在都彭城。何也？項王立沛公爲漢王，王巴蜀漢中，而三分關中，王章邯于雍，司馬欣于塞，董翳于翟，所以距塞漢王也。夫三人之非漢王敵，不必中人以上知之。項王起江東，敗秦救趙，遂霸諸侯，業雖不終見，豈必出中人下哉？吾嘗深推其故，而知項王都彭城，蓋以通三川之險也。通三川，蓋以救三秦之禍也；以彭城控三川，即以三川控三秦。是故都彭城者，項王不得不然之計也。何以知其然也？乃者，項王自王蓋九郡焉，自淮以北爲泗水，爲薛，爲郯，爲琅邪，爲陳，皆故楚地；爲碭，爲東郡，皆故梁地。是時，彭越未國，地屬西楚。自淮以南，爲會稽，會稽之分爲吴，《灌嬰傳》得吴守是也，亦故楚地。九郡者，項王所手定也，軍于手定之地不患其不安，民于手定之地不患其不習，國于手定之地則諸侯不得以地大而指爲不均，據天下三分之一，以争中原于腹心之間，此三代以來未有之勢也。彭城者，居九郡之中，舉天下南北之脊，關外之形勝必争之地也。故曰：都彭城者，項王不得不然之計也。雖然，項王之不取關中，何也？曰：項王非不取關中也，

乃者漢王先入關，義帝之約固宜王者也。項王聽韓生之説而都之，關中之人安乎？不安乎？關外諸侯無異議乎？項王所手定之九郡將以之分王乎？抑自制乎？度其勢必自制之矣。自制之而一旦有警，其將去關中自將而東乎。關中者，固漢王所手定也。舍己所手定之九郡，而奪他人所手定之關中，既奪他人所手定之關中，又不分己所手定之九郡，一旦自將而東，天下之人安乎？不安乎？【略】雖然，關中重地也，取關中重計也，其取之之次第奈何？曰：項王之計不急于收三秦之地也，急于阻漢王之東而已。何以知其然也？乃者，項王之所忌，唯漢王也。是故未爲取秦之謀，先爲救秦之策。三川者，救秦之要道也。以瑕邱申陽據三川，而北函谷、南武關絜其要領矣。以司馬卬輔三川之北，而函谷之軍無阻矣；以韓成夾三川之南，而武關之軍無留矣。

藝文

《樂府詩集・琴曲歌辭二・力拔山操》　《漢書》曰：「項羽壁垓下，軍少食盡，漢帥諸侯兵圍之數重。夜聞漢軍四面皆楚歌，驚曰：『漢已得楚乎，何楚人多也。』起飲帳中，有美人姓虞氏，常從，駿馬名騅，常騎。廼悲歌忼慨，自爲歌詩。歌數曲，美人和之。羽泣下數行，遂上馬，潰圍南出。平明，漢軍廼覺。」按《琴集》有《力拔山操》，項羽所作也。近世又有《虞美人曲》，亦出於此。

力拔山兮氣蓋世，時不利兮騅不逝。騅不逝兮可奈何，虞兮虞兮奈若何！

《樂府詩集・相和歌辭二・晉傅玄〈惟漢行〉》　危哉鴻門會，沛公幾不還。輕裝入人軍，投身湯火間。兩雄不俱立，亞父見此權。項莊奮劍起，白刃何翩翩。伯身雖爲蔽，事促不及旋。張良慴坐側，高祖變龍顔。賴得樊將軍，虎叱項王前。嗔目駭三軍，磨牙咀豚肩。空卮讓霸主，臨急吐奇言。威凌萬乘主，指顧回泰山。神龍困鼎鑊，非噲豈得全？狗屠登上將，功業信不原。健兒實可慕，腐儒何足歎。

《樂府詩集・琴曲歌辭二・項王歌》　無復拔山力，誰論蓋世才。欲知漢騎滿，但聽楚歌哀。悲看騅馬去，泣望艤舟來。

《文選・潘安仁〈西征賦〉》　籍含怒於鴻門，沛跼蹐而來王。范謀害而弗許，陰授劍以約莊。撝白刃以萬舞，危冬葉之待霜。履虎尾而不噬，寔要伯於子房。樊抗憤以卮酒，咀彘肩以激揚。忽蛇變而龍攄，雄霸上而高驤。曾遷怒而横撞，碎玉斗其何傷？

《文選・謝宣遠〈張子房詩〉》　鴻門消薄蝕，垓下殞攙搶。

《李德裕文集》別集卷二《項王亭賦》　丙辰歲孟夏，余息駕烏江，晨登荒亭，曠然遠覽。因覩太尉清河公刻石，美項氏之材，歎其屈於天命，且曰：「漢祖困阨之時，生計非蕭、張所出。」余以爲不然矣。自古聰明神武之主，未嘗不應天順人，以定大業。項氏縱火咸陽，失秦中之固；遷主炎裔，傷義士之心。違天違人，霸業隳矣。漢皆反是，故能成功。據秦遺業，東制區夏，數敗於外，常有關中。爲舊主縞素，以義動天下；雖項氏猶存，而王業基矣。若乃蠖屈鴻門，龍潛天漢，始降志於一人，終申威於四海，則蕭、張之計，不亦遠乎？余嘗論之，漢祖猶龍，項氏如虎。龍雖困而能變不測，虎雖雄而其力易摧。一神一鷙，宜乎敻絶。然艤舟不渡，留騅報德，亦可謂知命矣。自湯武以干戈創業，後之英雄，莫高項氏。感其伏劍此地，因作賦以吊之。

登彼高原，徘徊始曙。尚識艤舟之岸，焉知繫馬之樹。望牛渚以悵然，歎烏江而不渡。想山川之未改，嗟斯人之何遽。思項氏之入關，按秦圖之割據。恃八千之剽疾，棄百二之險固。咸陽不留，王業已去。將衣錦於舊國，遂揚旌而東顧。雖未至於陰陵，誰不知其失路。耻沐猴之醜詆，乃烹韓而洩怒。謂天命之可欺，何霸王之不寤。嗟乎！楚聲既合，漢圍已布。歌既闋而甚悲，酒盈樽而不御。當其盛也，天下侯伯，自我而宰制；及其衰也，帳中美人，寄命而無處。季數遁而不亡，羽一敗而終仆。豈非獨任於威力，不由於智慮。追昔四隤之下，風烟將暮；大咤雷奮，重瞳電注；叱漢千騎，如獵狐兔。謝亭長而依然，愧父兄兮不渡。既伏劍而已矣，彼群帥之猶懼。雖霸業之無成，亦終古而獨步。周視陳迹，緬然如素。聽喬木之悲風，感高秋之零落。因獻吊於兹亭，庶神期之可遇。

《全唐詩》卷六〇二汪遵《項亭》　不修仁德合文明，天道如何擬力争。隔岸故鄉歸不得，十年空負拔山名。

《全唐詩》卷六〇二汪導《烏江》　兵散弓殘挫虎威，單槍匹馬突重圍。英雄去盡羞容在，看卻江東不得歸。

《胡宏集・絶句・項王》　快戰焉知霸術疎，烏江亭上獨欷歔。萬人三尺俱無用，可惜當年不讀書。

李昱《草閣詩集》卷五《詠史・項羽》　過人才氣更重瞳，慣與神騅立戰功。

三户亡秦知氣數，諸侯朝楚屬英雄。孤忠亞父頭空白，扶義懷王血尚紅。俛仰君臣多愧色，豈唯無面見江東。

凌廷堪《校禮堂文集》卷三四《擬西楚霸王廟碑》 夫皇降而帝，帝降而王，四序極則霸圖起焉；忠敝而敬，敬敝而文，三統窮則武力尚焉。故大彭、豕韋遞作，言霸者必首齊桓；蚩尤、共工代興，論力者斷推秦始。西楚霸王，挾宇宙之雄風，秉乾坤之剛德，用八千人而張楚，將五諸侯而滅秦。樹立君公，宰割方夏。用能勳出召陵之表，威加酈山之上。故兼皇帝之號，祖龍當之而有慚；合霸王之稱，重瞳居之而無愧。近古以來，一人而已。乃龍門記事，既知本紀名篇；而馬遷論人，復以天亡爲謬。良由成敗之見未祛於中，以致是非之評不得其當。且夫項蹶劉興，雖往跡之已遠；知人論世，賴陳編之具在。語其天幸，寧止一端；綜彼大綱，約有十事。夫殺慶救趙，强秦挫衄，沈船破甑，鹹角虜離，章邯外降，趙高内釁，坐乘其敝，先入關中，是漢之徼天幸一也。孤軍霸上，以卵當石，鴻門詣謝，虎穴托命，示玦莫應，舞劍不前，芷陽閒行，撞斗何及，是漢之徼天幸二也。田榮驟反，陳餘繼畔，奮兵致討，夷城阬卒，漢乃東嚮，楚難西顧，三齊未平，三秦已定，是漢之徼天幸三也。晨擊漢軍，日中大破，殺其戰士，壅諸睢水，三匝已圍，大風忽發，倉黄遁走，亡其室家，是漢之徼天幸四也。不利彭城，稍從下邑，乃遣隨何，誘説黥布，淮南甫歸，河北爰下，不留數月，安得百全，是漢之徼天幸五也。奪漢甬道，乏食計窮，三軍大呼，四面進擊，赤幟晝偃，黄屋宵誑，雖燒紀信，竟脱劉季，是漢之徼天幸六也。漢之四年，身輕百戰，被困成皋，急跳修武，共滕公車，入韓信壁，自稱使者，遂奪大軍，是漢之徼天幸七也。廣武對語，樓煩辟易，伏弩射中，傷胸捫足，强起勞軍，冀以安衆，身被大創，病甚復濟，是漢之徼天幸八也。自擊彭越，謹謂曹咎，期以旬日，必定梁地，海春違戒，汜水自剄，及引軍還，漢已走險，是漢之徼天幸九也。中分天下，即歸若翁，盟血未乾，逞其詐力，追至陽夏，復敗固陵，事急分土，兵始來會，是漢之徼天幸十也。觀其鞭笞四海之意，陵躐百王之心，出師則正正堂堂，行事則礌礌落落，刀可折而利不屈，玉可碎而堅不改，必待智勇俱困，天人交迫，然後撫有區宇，稱爲丈夫。苟兼弱攻昧，得之終以爲羞；秘計陰謀，勝之不足云武。又況父妻甫釋，蒙面窮追；信誓方申，乘危背約，如漢之所爲者乎？《詩》曰：「柔亦不茹，剛亦不吐，不侮矜寡，不畏彊禦。」惟王有焉。使王少懷狙詐，略存狼顧。則新豐之饗，屠沛公如雞豚；高俎之置，烹上皇如羊豕。安能踐阼汜水，端冕未央，侈十八之元功，垂四百之景運哉！故赤泉合圍，示之以勇；烏江畢命，委之於天。豈是有激之談，允爲不易之論。謹案《祭法》曰：「能禦大菑則祀之，能捍大患則祀之。」夫燔六藝，阬羣儒，非大菑乎？尚甲兵，任刑法，非大患乎？六王所不敢争者，三户能報之；九國所不得逞者，一炬能燒之。方諸平成之大禹，固曰不侔；衡以忍詢之子胥，豈伊所及。勾吴血食，本應經典；於越薦馨，詎爲淫祀。彼狄仁傑者，持禄牝朝，屈身女主。未草駱丞之檄，敢奮越王之戈。負兹須眉，當受巾幗。固宜聞王之風而思立，覩王之靈而增愧。何圖坐視在生之妖孽，妄譏已死之英雄，不知面熱，徒令齒冷。夫氣蓋一世之豪，智過千人之傑，龍虎之性不可馴擾，干莫之鋒不可逼視，必非委蛇鄙生、脂韋庸士所能測其本末、知其得失者也。譬之登梁父者不知泰岱之高，游惡池者不知大河之廣。耳目既陋，胸腹必卑，固其宜也，庸足怪乎！嗟夫！移軍垓下，掩泣數行，夜飲帳中，悲歌四起，美人屬和，駿馬長嘶，天乎柰何，時兮不利。述其事者猶爲歔欷，當其境者能無慷慨。允宜載新廟貌，别綴高文，用告小夫，垂諸奕世。銘曰：

六王既畢，九州皆秦。焚滅典籍，啖食生民。天生大勇，曰萬人敵。喑啞叱咤，星馳霆擊。金虎負嵎，手持太阿。萬靈環視，莫敢誰何。横矟酣戰，英姿颯爽。所當者破，古今無兩。渡河一戰，遂入函關。氣可蓋世，力能拔山。咸陽喋血，阿房焦土。號令天下，如龍如虎。狄生呢呰，善事婦人。狂言移檄，何止灰塵。妄而不慚，誣而非實。薄言殺之，污我斧質。配食伊誰，龍且范增。翳欣降將，何足以稱。古廟峩峩，中祀奇傑。下視長陵，不啻蟻蛭。

往時讀狄梁公《檄告西楚霸王》文，頗不以爲然。己亥，假館真州，擬爲此文以駮之。頃閲《南史・孔靖傳》：「吴興有項羽神爲卞山王，居郡聽事，二千石嘗避之。」疑有物憑焉，非王神也。故梁公檄首特云湖州，蓋欲解民之惑，遂不覺其言之過歟？然梁公立朝本末，終有未滿人意者，不徒此檄也。乾隆四十七年，歲在壬寅，三月既望，廷堪記於竹西客舍。

《張岳崧詩文集・咏史》其三 楚項立孫心，聊以繫民望。群雄森貙虎，磨牙屹相向。崎嶇竟何成，委任頗亦當。章軍舊梟雄，孱弱不可抗。秦黔水火餘，安撫禁殺掠。救趙用羽軍，攻秦有劉將。入關易摧枯，忠厚此可仗。孱王何足言，此舉差可尚。

漢高祖部

綜述

《史記》卷八《高祖本紀》 高祖，沛豐邑中陽里人，姓劉氏，字季。父曰太公，母曰劉媼。其先劉媼嘗息大澤之陂，夢與神遇。是時雷電晦冥，太公往視，則見蛟龍於其上。已而有身，遂産高祖。

高祖爲人，隆準而龍顔，美須髯，左股有七十二黑子。仁而愛人，喜施，意豁如也。常有大度，不事家人生産作業。及壯，試爲吏，爲泗水亭長，廷中吏無所不狎侮。好酒及色。常從王媪、武負貰酒，醉卧，武負、王媪見其上常有龍，怪之。高祖每酤留飲，酒讎數倍。及見怪，歲竟，此兩家常折券弃責。

高祖常繇咸陽，縱觀，觀秦皇帝，喟然太息曰：「嗟乎，大丈夫當如此也！」

單父人吕公善沛令，避仇從之客，因家沛焉。沛中豪桀吏聞令有重客，皆往賀。蕭何爲主吏，主進，令諸大夫曰：「進不滿千錢，坐之堂下。」高祖爲亭長，素易諸吏，乃紿爲謁曰「賀錢萬」，實不持一錢。謁入，吕公大驚，起，迎之門。吕公者，好相人，見高祖狀貌，因重敬之，引入坐。蕭何曰：「劉季固多大言，少成事。」高祖因狎侮諸客，遂坐上坐，無所詘。酒闌，吕公因目固留高祖。高祖竟酒，後。吕公曰：「臣少好相人，相人多矣，無如季相，願季自愛。臣有息女，願爲季箕帚妾。」酒罷，吕媪怒吕公曰：「公始常欲奇此女，與貴人。沛令善公，求之不與，何自妄許與劉季？」吕公曰：「此非兒女子所知也。」卒與劉季。吕公女乃吕后也，生孝惠帝、魯元公主。

高祖爲亭長時，常告歸之田。吕后與兩子居田中耨，有一老父過請飲，吕后因餔之。老父相吕后曰：「夫人天下貴人。」令相兩子，見孝惠，曰：「夫人所以貴者，乃此男也。」相魯元，亦皆貴。老父已去，高祖適從旁舍來，吕后具言客有過，相我子母皆大貴。高祖問，曰：「未遠。」乃追及，問老父。老父曰：「鄉者夫人嬰兒皆似君，君相貴不可言。」高祖乃謝曰：「誠如父言，不敢忘德。」及高祖貴，遂不知老父處。

高祖爲亭長，乃以竹皮爲冠，令求盗之薛治之，時時冠之，及貴常冠，所謂「劉氏冠」乃是也。

高祖以亭長爲縣送徒酈山，徒多道亡。自度比至皆亡之，到豐西澤中，止飲，夜乃解縱所送徒，曰：「公等皆去，吾亦從此逝矣！」徒中壯士願從者十餘人。高祖被酒，夜徑澤中，令一人行前。行前者還報曰：「前有大蛇當徑，願還。」高祖醉，曰：「壯士行，何畏！」乃前，拔劍擊斬蛇。蛇遂分爲兩，徑開。行數里，醉，因卧。後人來至蛇所，有一老嫗夜哭。人問何哭，嫗曰：「人殺吾子，故哭之。」人曰：「嫗子何爲見殺？」嫗曰：「吾子，白帝子也，化爲蛇，當道，今爲赤帝子斬之，故哭。」人乃以嫗爲不誠，欲告之，嫗因忽不見。後人至，高祖覺。後人告高祖，高祖乃心獨喜，自負。諸從者日益畏之。

秦始皇帝常曰「東南有天子氣」，於是因東游以厭之。高祖即自疑，亡匿，隱於芒、碭山澤巖石之閒。吕后與人俱求，常得之。高祖怪問之，吕后曰：「季所居上常有雲氣，故從往常得季。」高祖心喜。沛中子弟或聞之，多欲附者矣。

秦二世元年秋，陳勝等起蘄，至陳而王，號爲「張楚」。諸郡縣皆多殺其長吏以應陳涉。沛令恐，欲以沛應涉。掾、主吏蕭何、曹參乃曰：「君爲秦吏，今欲背之，率沛子弟，恐不聽。願君召諸亡在外者，可得數百人，因劫衆，衆不敢不聽。」乃令樊噲召劉季。劉季之衆已數十百人矣。

於是樊噲從劉季來。沛令後悔，恐其有變，乃閉城城守，欲誅蕭、曹。蕭、曹恐，踰城保劉季。劉季乃書帛射城上，謂沛父老曰：「天下苦秦久矣。今父老雖爲沛令守，諸侯並起，今屠沛。沛今共誅令，擇子弟可立者立之，以應諸侯，則家室完。不然，父子俱屠，無爲也。」父老乃率子弟共殺沛令，開城門迎劉季，欲以爲沛令。劉季曰：「天下方擾，諸侯並起，今置將不善，壹敗塗地。吾非敢自愛，恐能薄，不能完父兄子弟。此大事，願更相推擇可者。」蕭、曹等皆文吏，自愛，恐事不就，後秦種族其家，盡讓劉季。諸父老皆曰：「平生所聞劉季諸珍怪，當貴，且卜筮之，莫如劉季最吉。」於是劉季數讓，衆莫敢爲，乃立季爲沛公。祠黄帝，祭蚩尤於沛庭，而釁鼓旗，幟皆赤，由所殺蛇白帝子，殺者赤帝子，故上赤。於是少年豪吏如蕭、曹、樊噲等皆爲收沛子弟二三千人，攻胡陵、方與，還守豐。

秦二世二年，陳涉之將周章軍西至戲而還。燕、趙、齊、魏皆自立爲王。項氏起吴。秦泗川監平將兵圍豐，二日，出與戰，破之。命雍齒守豐，引兵之薛。泗川守壯敗於薛，走至戚，沛公左司馬得泗川守壯，殺之。沛公還軍亢父，至方

興，（周市來攻方與）未戰。陳王使魏人周市略地。周市使人謂雍齒曰：「豐，故梁徙也。今魏地已定者數十城。齒今下魏，魏以齒爲侯守豐。不下，且屠豐。」雍齒雅不欲屬沛公，及魏招之，即反爲魏守豐。沛公引兵攻豐，不能取。沛公病，還之沛。沛公怨雍齒與豐子弟叛之，聞東陽甯君、秦嘉立景駒爲假王，在留，乃往從之，欲請兵以攻豐。是時秦將章邯從陳，別將司馬尼將兵北定楚地，屠相，至碭。東陽甯君、沛公引兵西，與戰蕭西，不利。還收兵聚留，引兵攻碭，三日乃取碭。因收碭兵，得五六千人。攻下邑，拔之。還軍豐。聞項梁在薛，從騎百餘往見之。項梁益沛公卒五千人，五大夫將十人。沛公還，引兵攻豐。

從項梁月餘，項羽已拔襄城還。項梁盡召別將居薛。聞陳王定死，因立楚後懷王孫心爲楚王，治盱台。項梁號武信君。居數月，北攻亢父，救東阿，破秦軍。齊軍歸，楚獨追北，使沛公、項羽別攻城陽，屠之。軍濮陽之東，與秦軍戰，破之。

秦軍復振，守濮陽，環水。楚軍去而攻定陶，定陶未下。沛公與項羽西略地至雍丘之下，與秦軍戰，大破之，斬李由。還攻外黄，外黄未下。

項梁再破秦軍，有驕色。宋義諫，不聽。秦益章邯兵，夜銜枚擊項梁，大破之定陶，項梁死。沛公與項羽方攻陳留，聞項梁死，引兵與呂將軍俱東。呂臣軍彭城東，項羽軍彭城西，沛公軍碭。

章邯已破項梁軍，則以爲楚地兵不足憂，乃渡河，北擊趙，大破之。當是之時，趙歇爲王，秦將王離圍之鉅鹿城，此所謂河北之軍也。

秦二世三年，楚懷王見項梁軍破，恐，徙盱台，都彭城，并呂臣、項羽軍自將之。以沛公爲碭郡長，封爲武安侯，將碭郡兵。封項羽爲長安侯，號爲魯公。呂臣爲司徒，其父呂青爲令尹。

趙數請救，懷王乃以宋義爲上將軍，項羽爲次將，范增爲末將，北救趙。令沛公西略地入關。與諸將約，先入定關中者王之。

當是時，秦兵彊，常乘勝逐北，諸將莫利先入關。獨項羽怨秦破項梁軍，奮，願與沛公西入關。懷王諸老將皆曰：「項羽爲人僄悍猾賊。項羽嘗攻襄城，襄城無遺類，皆阬之，諸所過無不殘滅。且楚數進取，前陳王、項梁皆敗。不如更遣長者扶義而西，告諭秦父兄。秦父兄苦其主久矣，今誠得長者往，毋侵暴，宜可下。今項羽僄悍，今不可遣。獨沛公素寬大長者，可遣。」卒不許項羽，而遣沛公西略地，收陳王、項梁散卒。乃道碭至成陽，與杠里秦軍夾壁，破（魏）〔秦〕二軍。楚軍出兵擊王離，大破之。

沛公引兵西，遇彭越昌邑，因與俱攻秦軍，戰不利。還至栗，遇剛武侯，奪其軍，可四千餘人，并之。與魏將皇欣、魏申徒武蒲之軍并攻昌邑，昌邑未拔。西過高陽。酈食其（謂）〔爲〕監門，曰：「諸將過此者多，吾視沛公大人長者。」乃求見説沛公。沛公方踞牀，使兩女子洗足。酈生不拜，長揖，曰：「足下必欲誅無道秦，不宜踞見長者。」於是沛公起，攝衣謝之，延上坐。食其説沛公襲陳留，得秦積粟。乃以酈食其爲廣野君，酈商爲將，將陳留兵，與偕攻開封，開封未拔。西與秦將楊熊戰白馬，又戰曲遇東，大破之。楊熊走之滎陽，二世使使者斬以徇。南攻潁陽，屠之。因張良遂略韓地轘轅。

當是時，趙別將司馬卬方欲渡河入關，沛公乃北攻平陰，絶河津。南，戰雒陽東，軍不利，還至陽城，收軍中馬騎，與南陽守齮戰犨東，破之。略南陽郡，南陽守齮走，保城守宛。沛公引兵過而西。張良諫曰：「沛公雖欲急入關，秦兵尚衆，距險。今不下宛，宛從後擊，彊秦在前，此危道也。」於是沛公乃夜引兵從他道還，更旗幟，黎明，圍宛城三帀。南陽守欲自剄，其舍人陳恢曰：「死未晚也。」乃踰城見沛公，曰：「臣聞足下約，先入咸陽者王之。今足下留守宛。宛，大郡之都也，連城數十，人民衆，積蓄多，吏人自以爲降必死，故皆堅守乘城。今足下盡日止攻，士死傷者必多；引兵去宛，宛必隨足下後：足下前則失咸陽之約，後又有彊宛之患。爲足下計，莫若約降，封其守，因使止守，引其甲卒與之西。諸城未下者，聞聲争開門而待，足下通行無所累。」沛公曰：「善。」乃以宛守爲殷侯，封陳恢千户。引兵西，無不下者。至丹水，高武侯鰓、襄侯王陵降西陵。還攻胡陽，遇番君別將梅鋗，與皆，降析、酈。遣魏人甯昌使秦，使者未來。是時章邯已以軍降項羽於趙矣。

初，項羽與宋義北救趙，及項羽殺宋義，代爲上將軍，諸將黥布皆屬，破秦將王離軍，降章邯，諸侯皆附。及趙高已殺二世，使人來，欲約分王關中。沛公以爲詐，乃用張良計，使酈生、陸賈往説秦將，啗以利，因襲攻武關，破之。又與秦軍戰於藍田南，益張疑兵旗幟，諸所過毋得掠鹵，秦人憙，秦軍解，因大破之。又戰其北，大破之。乘勝，遂破之。

漢元年十月，沛公兵遂先諸侯至霸上。秦王子嬰素車白馬，係頸以組，封皇帝璽符節，降軹道旁。諸將或言誅秦王，沛公曰：「始懷王遣我，固以能寬容；且人已服降，又殺之，不祥。」乃以秦王屬吏，遂西入咸陽。欲止宮休舍，樊噲、張

良諫，乃封秦重寶財物府庫，還軍霸上。召諸縣父老豪桀曰：「父老苦秦苛法久矣，誹謗者族，偶語者弃市。吾與諸侯約，先入關者王之，吾當王關中。與父老約，法三章耳：殺人者死，傷人及盗抵罪。餘悉除去秦法。諸吏人皆案堵如故。凡吾所以來，爲父老除害，非有所侵暴，無恐！且吾所以還軍霸上，待諸侯至而定約束耳。」乃使人與秦吏行縣鄉邑，告諭之。秦人大喜，争持牛羊酒食獻饗軍士。沛公又讓不受，曰：「倉粟多，非乏，不欲費人。」人又益喜，唯恐沛公不爲秦王。

或説沛公曰：「秦富十倍天下，地形彊。今聞章邯降項羽，項羽乃號爲雍王，王關中。今則來，沛公恐不得有此。可急使兵守函谷關，無内諸侯軍，稍徵關中兵以自益，距之。」沛公然其計，從之。十一月中，項羽果率諸侯兵西，欲入關，關門閉。聞沛公已定關中，大怒，使黥布等攻破函谷關。十二月中，遂至戲。沛公左司馬曹無傷聞項王怒，欲攻沛公，使人言項羽曰：「沛公欲王關中，令子嬰爲相，珍寶盡有之。」欲以求封。亞父勸項羽擊沛公。方饗士，旦日合戰。是時項羽兵四十萬，號百萬。沛公兵十萬，號二十萬，力不敵。會項伯欲活張良，夜往見良，因以文諭項羽，項羽乃止。沛公從百餘騎，驅之鴻門，見謝項羽。項羽曰：「此沛公左司馬曹無傷言之。不然，籍何以生此！」沛公以樊噲、張良故，得解歸。歸，立誅曹無傷。

項羽遂西，屠燒咸陽秦宫室，所過無不殘破。秦人大失望，然恐，不敢不服耳。

項羽使人還報懷王。懷王曰：「如約。」項羽怨懷王不肯令與沛公俱西入關，而北救趙，後天下約。乃曰：「懷王者，吾家項梁所立耳，非有功伐，何以得主約！本定天下，諸將及籍也。」乃詳尊懷王爲義帝，實不用其命。

正月，項羽自立爲西楚霸王，王梁、楚地九郡，都彭城。負約，更立沛公爲漢王，王巴、蜀、漢中，都南鄭。【略】

四月，兵罷戲下，諸侯各就國。漢王之國，項王使卒三萬人從，楚與諸侯之慕從者數萬人，從杜南入蝕中。去輒燒絶棧道，以備諸侯盗兵襲之，亦示項羽無東意。至南鄭，諸將及士卒多道亡歸，士卒皆歌思東歸。韓信説漢王曰：「項羽王諸將之有功者，而王獨居南鄭，是遷也。軍吏士卒皆山東之人也，日夜跂而望歸，及其鋒而用之，可以有大功。天下已定，人皆自寧，不可復用。不如決策東鄉，争權天下。」項羽出關，使人徙義帝，曰：「古之帝者地方千里，必居上游。」乃使使徙義帝長沙郴縣，趣義帝行，羣臣稍倍叛之，乃陰令衡山王、臨江王擊之，殺義帝江南。項羽怨田榮，立齊將田都爲齊王。田榮怒，因自立爲齊王，殺田都而反楚；予彭越將軍印，令反梁地。楚令蕭公角擊彭越，彭越大破之。

陳餘怨項羽之弗王己也，令夏説説田榮，請兵擊張耳。齊予陳餘兵，擊破常山王張耳，張耳亡歸漢。迎趙王歇於代，復立爲趙王。趙王因立陳餘爲代王。項羽大怒，北擊齊。八月，漢王用韓信之計，從故道還，襲雍王章邯。邯迎擊漢陳倉，雍兵敗，還走；止戰好畤，又復敗，走廢丘。漢王遂定雍地。東至咸陽，引兵圍雍王廢丘，而遣諸將略定隴西、北地、上郡。令將軍薛歐、王吸出武關，因王陵兵南陽，以迎太公、吕后於沛。楚聞之，發兵距之陽夏，不得前。令故吴令鄭昌爲韓王，距漢兵。

二年，漢王東略地，塞王欣、翟王翳、河南王申陽皆降。韓王昌不聽，使韓信擊破之。於是置隴西、北地、上郡、渭南、河上、中地郡；關外置河南郡。更立韓太尉信爲韓王。諸將以萬人若以一郡降者，封萬户。繕治河上塞。諸故秦苑囿園池，皆令人得田之。正月，虜雍王弟章平。大赦罪人。

漢王之出關至陜，撫關外父老，還，張耳來見，漢王厚遇之。

二月，令除秦社稷，更立漢社稷。

三月，漢王從臨晉渡，魏王豹將兵從。下河内，虜殷王，置河内郡。南渡平陰津，至雒陽。新城三老董公遮説漢王以義帝死故，漢王聞之，袒而大哭，遂爲義帝發喪，臨三日。發使者告諸侯曰：「天下共立義帝，北面事之。今項羽放殺義帝於江南，大逆無道。寡人親爲發喪，諸侯皆縞素。悉發關内兵，收三河士，南浮江漢以下，願從諸侯王擊楚之殺義帝者。」

是時項王北擊齊，田榮與戰城陽。田榮敗，走平原，平原民殺之。齊皆降楚。楚因焚燒其城郭，係虜其子女。齊人叛之。田榮弟横立榮子廣爲齊王，齊王反楚城陽。項羽雖聞漢東，既已連齊兵，欲遂破之而擊漢。漢王以故得劫五諸侯兵，遂入彭城。項羽聞之，乃引兵去齊，從魯出胡陵，至蕭，與漢大戰彭城靈壁東睢水上，大破漢軍，多殺士卒，睢水爲之不流。乃取漢王父母妻子於沛，置之軍中以爲質。當是時，諸侯見楚彊漢敗，還皆去漢復爲楚。塞王欣亡入楚。

吕后兄周吕侯爲漢將兵，居下邑。漢王從之，稍收士卒，軍碭。漢王乃西過梁地，至虞。使謁者隨何之九江王布所，曰：「公能令布舉兵叛楚，項羽必留擊之。得留數月，吾取天下必矣。」隨何往説九江王布，布果背楚。楚使龍且往

擊之。

漢王之敗彭城而西，行使人求家室，家室亦亡，不相得。敗後乃獨得孝惠，六月，立爲太子，大赦罪人。令太子守櫟陽，諸侯子在關中者皆集櫟陽爲衛。引水灌廢丘，廢丘降，章邯自殺。更名廢丘爲槐里。於是令祠官祀天地四方上帝山川，以時祀之。興關内卒乘塞。

是時九江王布與龍且戰，不勝，與隨何閒行歸漢。漢王稍收士卒，與諸將及關中卒益出，是以兵大振滎陽，破楚京、索閒。

三年，魏王豹謁歸視親疾，至即絶河津，反爲楚。漢王使酈生説豹，豹不聽。漢王遣將軍韓信擊，大破之，虜豹。遂定魏地，置三郡，曰河東、太原、上黨。漢王乃令張耳與韓信遂東下井陘擊趙，斬陳餘、趙王歇。其明年，立張耳爲趙王。

漢王軍滎陽南，築甬道屬之河，以取敖倉。與項羽相距歲餘。項羽數侵奪漢甬道，漢軍乏食，遂圍漢王。漢王請和，割滎陽以西者爲漢，項王不聽。漢王患之，乃用陳平之計，予陳平金四萬斤，以閒疏楚君臣。於是項羽乃疑亞父。亞父是時勸項羽遂下滎陽，及其見疑，乃怒，辭老，願賜骸骨歸卒伍，未至彭城而死。

漢軍絶食，乃夜出女子東門二千餘人，被甲，楚因四面擊之。將軍紀信乃乘王駕，詐爲漢王，誑楚，楚皆呼萬歲，之城東觀，以故漢王得與數十騎出西門遁。令御史大夫周苛、魏豹、樅公守滎陽。諸將卒不能從者，盡在城中。周苛、樅公相謂曰：「反國之王，難與守城。」因殺魏豹。

漢王之出滎陽入關，收兵欲復東。袁生説漢王曰：「漢與楚相距滎陽數歲，漢常困。願君王出武關，項羽必引兵南走，王深壁，令滎陽成皋閒且得休。使韓信等輯河北趙地，連燕齊，君王乃復走滎陽，未晚也。如此，則楚所備者多，力分，漢得休，復與之戰，破楚必矣。」漢王從其計，出軍宛、葉閒，與黥布行收兵。

項羽聞漢王在宛，果引兵南。漢王堅壁不與戰。是時彭越渡睢水，與項聲、薛公戰下邳，彭越大破楚軍。項羽乃引兵東擊彭越。漢王亦引兵北軍成皋。項羽已破走彭越，聞漢王復軍成皋，乃復引兵西，拔滎陽，誅周苛、樅公，而虜韓王信，遂圍成皋。

漢王跳，獨與滕公共車出成皋玉門，北渡河，馳宿脩武。自稱使者，晨馳入張耳、韓信壁，而奪之軍。乃使張耳北益收兵趙地，使韓信東擊齊。漢王得韓信軍，則復振。引兵臨河，南饗軍小脩武南，欲復戰。郎中鄭忠乃説止漢王，使高壘深塹，勿與戰。漢王聽其計，使盧綰、劉賈將卒二萬人，騎數百，渡白馬津，入楚地，與彭越復擊破楚軍燕郭西，遂復下梁地十餘城。

淮陰已受命東，未渡平原。漢王使酈生往説齊王田廣，廣叛楚，與漢和，共擊項羽。韓信用蒯通計，遂襲破齊。齊王烹酈生，東走高密。項羽聞韓信已舉河北兵破齊、趙，且欲擊楚，則使龍且、周蘭往擊之。韓信與戰，騎將灌嬰擊，大破楚軍，殺龍且。齊王廣犇彭越。當此時，彭越將兵居梁地，往來苦楚兵，絶其糧食。

四年，項羽乃謂海春侯大司馬曹咎曰：「謹守成皋。若漢挑戰，慎勿與戰，無令得東而已。我十五日必定梁地，復從將軍。」乃行擊陳留、外黄、睢陽，下之。漢果數挑楚軍，楚軍不出，使人辱之五六日，大司馬怒，度兵氾水。士卒半渡，漢擊之，大破楚軍，盡得楚國金玉貨賂。大司馬咎、長史欣皆自剄氾水上。項羽至睢陽，聞海春侯破，乃引兵還。漢軍方圍鍾離眛於滎陽東，項羽至，盡走險阻。

韓信已破齊，使人言曰：「齊邊楚，權輕，不爲假王，恐不能安齊。」漢王欲攻之。留侯曰：「不如因而立之，使自爲守。」乃遣張良操印綬立韓信爲齊王。

項羽聞龍且軍破，則恐，使盱台人武涉往説韓信，韓信不聽。

楚漢久相持未決，丁壯苦軍旅，老弱罷轉饟。漢王、項羽相與臨廣武之閒而語。項羽欲與漢王獨身挑戰，漢王數項羽曰：「始與項羽俱受命懷王，曰先入定關中者王之，項羽負約，王我於蜀漢，罪一。項羽矯殺卿子冠軍而自尊，罪二。項羽已救趙，當還報，而擅劫諸侯兵入關，罪三。懷王約入秦無暴掠，項羽燒秦宫室，掘始皇帝冢，私收其財物，罪四。又彊殺秦降王子嬰，罪五。詐阬秦子弟新安二十萬，王其將，罪六。項羽皆王諸將善地，而徙逐故主，令臣下争叛逆，罪七。項羽出逐義帝彭城，自都之，奪韓王地，并王梁、楚，多自予，罪八。項羽使人陰弑義帝江南，罪九。夫爲人臣而弑其主，殺已降，爲政不平，主約不信，天下所不容，大逆無道，罪十也。吾以義兵從諸侯誅殘賊，使刑餘罪人擊殺項羽，何苦乃與公挑戰！」項羽大怒，伏弩射中漢王。漢王傷匈，乃捫足曰：「虜中吾指！」漢王病創臥，張良彊請漢王起行勞軍，以安士卒，毋令楚乘勝於漢。漢王出行軍，病甚，因馳入成皋。

病愈，西入關，至櫟陽，存問父老，置酒，梟故塞王欣頭櫟陽市。留四日，復如軍，軍廣武。關中兵益出。

當此時，彭越將兵居梁地，往來苦楚兵，絶其糧食，田横往從之。項羽數擊

彭越等，齊王信又進擊楚。項羽恐，乃與漢王約，中分天下，割鴻溝而西者爲漢，鴻溝而東者爲楚。項王歸漢王父母妻子，軍中皆呼萬歲，乃歸而別去。

項羽解而東歸。漢王欲引而西歸，用留侯、陳平計，乃進兵追項羽，至陽夏南止軍，與齊王信、建成侯彭越期會而擊楚軍。至固陵，不會。楚擊漢軍，大破之。漢王復入壁，深塹而守之。用張良計，於是韓信、彭越皆往。及劉賈入楚地，圍壽春，漢王敗固陵，乃使使者召大司馬周殷舉九江兵而迎(之)武王，行屠城父，隨(何)劉賈、齊梁諸侯皆大會垓下。立武王布爲淮南王。

五年，高祖與諸侯兵共擊楚軍，與項羽決勝垓下。淮陰侯將三十萬自當之，孔將軍居左，費將軍居右，皇帝在後，絳侯、柴將軍在皇帝後。項羽之卒可十萬。淮陰先合，不利，卻。孔將軍、費將軍縱，楚兵不利，淮陰侯復乘之，大敗垓下。項羽卒聞漢軍之楚歌，以爲漢盡得楚地，項羽乃敗而走，是以兵大敗。使騎將灌嬰追殺項羽東城，斬首八萬，遂略定楚地。魯爲楚堅守不下。漢王引諸侯兵北，示魯父老項羽頭，魯乃降。遂以魯公號葬項羽穀城。還至定陶，馳入齊王壁，奪其軍。

正月，諸侯及將相相與共請尊漢王爲皇帝。漢王曰：「吾聞帝賢者有也，空言虚語，非所守也，吾不敢當帝位。」羣臣皆曰：「大王起微細，誅暴逆，平定四海，有功者輒裂地而封爲王侯。大王不尊號，皆疑不信。臣等以死守之。」漢王三讓，不得已，曰：「諸君必以爲便，便國家。」甲午，乃即皇帝位氾水之陽。

皇帝曰義帝無後，齊王韓信習楚風俗，徙爲楚王，都下邳。立建成侯彭越爲梁王，都定陶。故韓王信爲韓王，都陽翟。徙衡山王吴芮爲長沙王，都臨湘。番君之將梅鋗有功，從入武關，故德番君。淮南王布、燕王臧荼、趙王敖皆如故。

天下大定，高祖都雒陽，諸侯皆臣屬。故臨江王驩爲項羽叛漢，令盧綰、劉賈圍之，不下。數月而降，殺之雒陽。

五月，兵皆罷歸家。諸侯子在關中者復之十二歲，其歸者復之六歲，食之一歲。

高祖置酒雒陽南宫。高祖曰：「列侯諸將無敢隱朕，皆言其情。吾所以有天下者何？項氏之所以失天下者何？」高起、王陵對曰：「陛下慢而侮人，項羽仁而愛人。然陛下使人攻城略地，所降下者因以予之，與天下同利也。項羽妒賢嫉能，有功者害之，賢者疑之，戰勝而不予人功，得地而不予人利，此所以失天下也。」高祖曰：「公知其一，未知其二。大運籌策帷帳之中，決勝於千里之外，吾不如子房。鎮國家，撫百姓，給餽饟，不絶糧道，吾不如蕭何。連百萬之軍，戰必勝，攻必取，吾不如韓信。此三者，皆人傑也，吾能用之，此吾所以取天下也。項羽有一范增而不能用，此其所以爲我擒也。」

高祖欲長都雒陽，齊人劉敬説，及留侯勸上入都關中，高祖是日駕，入都關中。六月，大赦天下。

十月，燕王臧荼反，攻下代地。高祖自將擊之，得燕王臧荼。即立太尉盧綰爲燕王。使丞相噲將兵攻代。

其秋，利幾反，高祖自將兵擊之，利幾走。利幾者，項氏之將。項氏敗，利幾爲陳公，不隨項羽，亡降高祖，高祖侯之潁川。高祖至雒陽，舉通侯籍召之，而利幾恐，故反。

六年，高祖五日一朝太公，如家人父子禮。太公家令説太公曰：「天無二日，土無二王。今高祖雖子，人主也；太公雖父，人臣也。柰何令人主拜人臣！如此，則威重不行。」後高祖朝，太公擁篲，迎門卻行。高祖大驚，下扶太公。太公曰：「帝，人主也，柰何以我亂天下法！」於是高祖乃尊太公爲太上皇。心善家令言，賜金五百斤。

十二月，人有上變事告楚王信謀反，上問左右，左右争欲擊之。用陳平計，乃僞遊雲夢，會諸侯於陳，楚王信迎，即因執之。是日，大赦天下。田肯賀，因説高祖曰：「陛下得韓信，又治秦中。秦，形勝之國，帶河山之險，縣隔千里，持戟百萬，秦得百二焉。地埶便利，其以下兵於諸侯，譬猶居高屋之上建瓴水也。夫齊，東有琅邪、即墨之饒，南有泰山之固，西有濁河之限，北有勃海之利。地方二千里，持戟百萬，縣隔千里之外，齊得十二焉。故此東西秦也。非親子弟，莫可使王齊矣。」高祖曰：「善。」賜黄金五百斤。

後十餘日，封韓信爲淮陰侯，分其地爲二國。高祖曰將軍劉賈數有功，以爲荆王，王淮東。弟交爲楚王，王淮西。子肥爲齊王，王七十餘城，民能齊言者皆屬齊。乃論功，與諸列侯剖符行封。徙韓王信太原。

七年，匈奴攻韓王信馬邑，信因與謀反太原。白土曼丘臣、王黄立故趙將趙利爲王以反，高祖自往擊之。會天寒，士卒墮指者什二三，遂至平城。匈奴圍我平城，七日而後罷去。令樊噲止定代地。立兄劉仲爲代王。

二月，高祖自平城過趙、雒陽，至長安。長樂宫成，丞相已下徙治長安。

八年，高祖東擊韓王信餘反寇於東垣。

蕭丞相營作未央宮，立東闕、北闕、前殿、武庫、太倉。高祖還，見宮闕壯甚，怒，謂蕭何曰：「天下匈匈苦戰數歲，成敗未可知，是何治宮室過度也？」蕭何曰：「天下方未定，故可因遂就宮室。且夫天子以四海爲家，非壯麗無以重威，且無令後世有以加也。」高祖乃説。

高祖之東垣，過柏人，趙相貫高等謀弑高祖，高祖心動，因不留。代王劉仲弃國亡，自歸雒陽，廢以爲合陽侯。

九年，趙相貫高等事發覺，夷三族。廢趙王敖爲宣平侯。是歲，徙貴族楚昭、屈、景、懷、齊田氏關中。

未央宮成。高祖大朝諸侯羣臣，置酒未央前殿。高祖奉玉卮，起爲太上皇壽，曰：「始大人常以臣無賴，不能治産業，不如仲力。今某之業所就孰與仲多？」殿上羣臣皆呼萬歲，大笑爲樂。

十年十月，淮南王黥布、梁王彭越、燕王盧綰、荆王劉賈、楚王劉交、齊王劉肥、長沙王吴芮皆來朝長樂宮。春夏無事。

七月，太上皇崩櫟陽宮，楚王、梁王皆來送葬。赦櫟陽囚。更命酈邑曰新豐。

八月，趙相國陳豨反代地。上曰：「豨嘗爲吾使，甚有信。代地吾所急也，故封豨爲列侯，以相國守代，今乃與王黄等劫掠代地！代地吏民非有罪也，其赦代吏民。」九月，上自東往擊之。至邯鄲，上喜曰：「豨不南據邯鄲而阻漳水，吾知其無能爲也。」聞豨將皆故賈人也，上曰：「吾知所以與之。」乃多以金啗豨將，豨將多降者。

十一年，高祖在邯鄲誅豨等未畢，豨將侯敞將萬餘人游行，王黄軍曲逆，張春渡河擊聊城。漢使將軍郭蒙與齊將擊，大破之。太尉周勃道太原入，定代地。至馬邑，馬邑不下，即攻殘之。

豨將趙利守東垣，高祖攻之，不下。月餘，卒罵高祖，高祖怒。城降，令出罵者斬之，不罵者原之。於是乃分趙山北，立子恆以爲代王，都晉陽。

春，淮陰侯韓信謀反關中，夷三族。

夏，梁王彭越謀反，廢遷蜀；復欲反，遂夷三族。立子恢爲梁王，子友爲淮陽王。

秋七月，淮南王黥布反，東并荆王劉賈地，北渡淮，楚王交走入薛。高祖自往擊之。立子長爲淮南王。

十二年，十月，高祖已擊布軍會甄，布走，令别將追之。

高祖還歸，過沛，留。置酒沛宮，悉召故人父老子弟縱酒，發沛中兒得百二十人，教之歌。酒酣，高祖擊筑，自爲歌詩曰：「大風起兮雲飛揚，威加海内兮歸故鄉，安得猛士兮守四方！」令兒皆和習之。高祖乃起舞，慷慨傷懷，泣數行下。謂沛父兄曰：「游子悲故鄉。吾雖都關中，萬歲後吾魂魄猶樂思沛。且朕自沛公以誅暴逆，遂有天下，其以沛爲朕湯沐邑，復其民，世世無有所與。」沛父兄諸母故人日樂飲極驩，道舊故爲笑樂。十餘日，高祖欲去，沛父兄固請留高祖。高祖曰：「吾人衆多，父兄不能給。」乃去。沛中空縣皆之邑西獻。高祖復留止，張飲三日。沛父兄皆頓首曰：「沛幸得復，豐未復，唯陛下哀憐之。」高祖曰：「豐吾所生長，極不忘耳，吾特爲其以雍齒故反我爲魏。」沛父兄固請，乃并復豐，比沛。於是拜沛侯劉濞爲吴王。

漢將别擊布軍洮水南北，皆大破之，追得斬布鄱陽。

樊噲别將兵定代，斬陳豨當城。

十一月，高祖自布軍至長安。十二月，高祖曰：「秦始皇帝、楚隱王陳涉、魏安釐王、齊緡王、趙悼襄王皆絶無後，予守冢各十家，秦皇帝二十家，魏公子無忌五家。」赦代地吏民爲陳豨、趙利所劫掠者，皆赦之。陳豨降將言豨反時，燕王盧綰使人之豨所，與陰謀。上使辟陽侯迎綰，綰稱病。辟陽侯歸，具言綰反有端矣。二月，使樊噲、周勃將兵擊燕王綰，赦燕吏民與反者。立皇子建爲燕王。

高祖擊布時，爲流矢所中，行道病。病甚，吕后迎良醫。醫入見，高祖問醫。醫曰：「病可治。」於是高祖嫚罵之曰：「吾以布衣提三尺劍取天下，此非天命乎？命乃在天，雖扁鵲何益！」遂不使治病，賜金五十斤罷之。已而吕后問：「陛下百歲後，蕭相國即死，令誰代之？」上曰：「曹參可。」問其次，上曰：「王陵可。然陵少戇，陳平可以助之。陳平智有餘，然難以獨任。周勃重厚少文，然安劉氏者必勃也，可令爲太尉。」吕后復問其次，上曰：「此後亦非而所知也。」

盧綰與數千騎居塞下候伺，幸上病愈自入謝。

四月甲辰，高祖崩長樂宮，四日不發喪。吕后與審食其謀曰：「諸將與帝爲編户民，今北面爲臣，此常怏怏，今乃事少主，非盡族是，天下不安。」人或聞之，語酈將軍。酈將軍往見審食其，曰：「吾聞帝已崩，四日不發喪，欲誅諸將。誠如此，天下危矣。陳平、灌嬰將十萬守滎陽，樊噲、周勃將二十萬定燕、代，此聞帝崩，諸將皆誅，必連兵還鄉以攻關中。大臣内叛，諸侯外反，亡可翹足而待

也。」審食其入言之，乃以丁未發喪，大赦天下。

盧綰聞高祖崩，遂亡入匈奴。

丙寅，葬。己巳，立太子，至太上皇廟。羣臣皆曰：「高祖起微細，撥亂世反之正，平定天下，爲漢太祖，功最高。」上尊號爲高皇帝。太子襲號爲皇帝，孝惠帝也。令郡國諸侯各立高祖廟，以歲時祠。

及孝惠五年，思高祖之悲樂沛，以沛宫爲高祖原廟。高祖所教歌兒百二十人，皆令爲吹樂，後有缺，輒補之。

高帝八男：長庶齊悼惠王肥；次孝惠，吕后子；次戚夫人子趙隱王如意；次代王恒，已立爲孝文帝，薄太后子；次梁王恢，吕太后時徙爲趙共王；次淮陽王友，吕太后時徙爲趙幽王；次淮南厲王長；次燕王建。

皇甫謐《帝王世紀》卷七 漢出自帝堯，劉姓也。豐公生執嘉，即太上皇也。太上皇之妃曰媪，是爲昭靈后。生子邦，字季，是爲漢高皇帝。秦二世元年，諸侯叛秦，沛人共立爲沛公。二年，入武關，至灞上，秦王子嬰降，項羽自立爲西楚霸王，立沛公爲漢王，王巴蜀。漢元年，還攻雍，遂定三秦。五年，破楚王羽於垓下，追斬於東城，天下始定。春正月，楚王韓信等請尊爲皇帝。二年，即位于定陶汜水之陽，都長安。十二年，崩于長樂宫，年六十二。初，納吕公之女，謂之高皇后。生太子盈，代立。

高祖爲泗上亭長，送徒驪山。徒多道亡，自度比至皆失盡，到豐西澤中止飲，夜乃解縱所送徒。高祖即自疑亡匿於芒碭山澤岩石之間。

高祖以秦昭王五十一年生，至漢十二年，年六十三。

高祖葬長陵。長陵山東西廣百二十丈，高十三丈，在渭水北，去長安城三十五里。

豐公家於沛之豐邑中，其妻夢赤鳥若龍，戲已而生執嘉，是爲太公，即太上皇也。太上皇之妃曰媪，是爲昭靈后，名含始。游於洛池，有玉鷄銜赤珠出，刻曰玉英，吞此者王。含始吞之，生邦，字季。

《宋書》卷二七《符瑞上》 漢高帝父曰劉執嘉。執嘉之母，夢赤鳥若龍戲己，而生執嘉，是爲太上皇帝。母名含始，是爲昭靈后。昭靈后游於洛池，有玉雞銜赤珠，刻曰玉英，吞此者王。昭靈后取而吞之。又寢於大澤，夢與神遇。是時雷電晦冥，太上皇視之，見蛟龍在其上，遂有身而生季，是爲高帝。高帝隆準而龍顔，美須髯，左股有七十二黑子。微時，數從王媪、武負貰酒，醉臥，上常有光怪。每留飲，售輒數倍。武負異之，輒折其契。單父人吕公好相人，見高帝，謂曰：「臣少好相人，相人多矣，無如季相，願季自愛。臣有息女，願爲箕箒妾。」吕公妻媪怒吕公曰：「公常奇此女，欲爲貴人。沛令善公，求不與。何妄許劉季。」吕公曰：「非女子所知。」卒與高帝。生惠帝、魯元公主。吕后嘗與兩子居田中，有一老公過，請飲，吕后因饋之食。老父相吕后曰：「夫人，天下貴人也。」令相二子，見惠帝曰：「夫人所以貴者，乃此男。」相魯元公主，亦貴。老父已去，高帝適從傍舍來，吕后具言之。高帝追問老父，老父曰：「向者夫人、兒子之貴，皆以君相。君貴不可言。」高帝被飲，夜行徑澤中。前人反曰：「有大蛇當道，願還。」高帝醉，曰：「壯士行，何畏。」乃前，拔劍斬蛇，蛇分爲兩，道開而過。後人來者，見老嫗守蛇曰：「向者赤帝子過，殺之。」見者疑嫗爲詐，欲笞之，忽然不見。具以狀告高帝，帝心喜。秦始皇帝曰：「東南有天子氣。」於是東遊以厭之。高帝隱於芒、碭山澤之間，吕后常知其處。高帝怪問之，對曰：「季所居，上常有雲氣，故知之。」高帝爲沛公，入秦，五星聚于東井，歲星先至，而四星從之。占曰：「以義取天下。」

雜録

備録

陸賈《楚漢春秋・上敗彭城》 上敗彭城，薛人丁固追，上被髮而顧曰：「丁公，何相逼之甚！」乃迴馬而去。上即位，欲陳功，上曰：「使項氏失天下，是子也。爲人臣用兩心，非忠也。」使下吏笞殺之。《御覽》六百四十九、三百七十三

陸賈《楚漢春秋・漢已定天下》 漢已定天下，論群臣破敵禽將，活死不衰，絳、灌、樊噲是也；功成名立，臣爲爪牙，世世相屬，百世無邪，絳侯周勃是也。

桓寬《鹽鐵論・周秦》 文學曰：「【略】高皇帝約秦苛法，以慰怨毒之民，而長和睦之心，唯恐刑之重而德之薄也。是以恩施無窮，澤流後世。商鞅、吴起以秦、楚之法爲輕而累之，上危其主，下没其身，或非特慈母乎！」

王充《論衡・吉驗篇》 高皇帝母曰劉媪，嘗息大澤之陂，夢與神遇。是時

雷電晦冥，蛟龍在上。及生而有美〔質〕。性好用酒，嘗從王媼、武負貰酒，飲醉止臥，媼、負見其身常有神怪。每留飲醉，酒售數倍。後行澤中，手斬大蛇，一嫗當道而哭云：「赤帝子殺吾子。」此驗既著聞矣。秦始皇帝常曰：「東南有天子氣。」於是東遊以厭當之。高祖之氣也，與吕后隱於芒、碭山澤間。吕后與人求之，見其上常有氣直起，往求，輒得其處。後與項羽約，先入秦關王之。高祖先至，項羽怨恨。范增曰：「吾令人望其氣，氣皆爲龍，成五采。此皆天子之氣也，急擊之。」高祖往謝項羽，羽與亞父謀殺高祖，使項莊拔劍起舞。項伯知之，因與項莊俱起，每劍加高祖之上，項伯輒以身覆高祖之身，劍遂不得下，殺勢不得成。會有張良、樊噲之救，卒得免脱，遂王天下。初姙身，有蛟龍之神；既生，酒舍見雲氣之怪；夜行斬蛇，蛇嫗悲哭；始皇、吕后望見光氣；項羽謀殺，項伯爲蔽，謀遂不成，遭得良、噲。蓋富貴之驗，氣見而物應，人助輔援也。

王充《論衡・語增篇》 案武王之符瑞，不過高祖。武王有白魚、赤烏之祐，高祖有斷大虵，老嫗哭於道之瑞。武王有八百諸侯之助，高祖有天下義兵之佐。武王之相，望羊而已；高祖之相，龍顔，隆準，項紫，美鬚髯，身有七十二黑子。高祖又逃吕后於澤中，吕后輒見上有雲氣之驗；武王不聞有此。夫相多於望羊，瑞明於魚烏，天下義兵並來會漢，助彊於諸侯。武王承紂，高祖襲秦，二世之惡，隆盛於紂，天下畔秦，宜多於殷。案高祖伐秦，還破項羽，戰場流血，暴尸萬數，失軍亡衆，幾死一再，然後得天下，用兵苦，誅亂劇。獨云周兵不血刃，非其實也。言其易，可也；言「不血刃」，增之也。

《漢書》卷二一下《律曆志下》 漢高祖皇帝，著《紀》，伐秦繼周。木生火，故爲火德。天下號曰漢。距上元年十四萬三千二十五歲，歲在大棣之東井二十二度，鶉首之六度也。故《漢志》曰歲在大棣，名曰敦牂，太歲在午。八年十一月乙巳朔旦冬至，楚元三年也。故《殷曆》以爲丙午，距元朔七十六歲。著《紀》，高帝即位十二年。

《漢書》卷二二《禮樂志》 高〈祖〉廟奏《武德》、《文始》、《五行》之舞。【略】《武德舞》者，高祖四年作，以象天下樂己行武以除亂也。《文始舞》者，曰本舜《招舞》也，高祖六年更名曰《文始》，以示不相襲也。

《漢書》卷二三《刑法志》 漢興，高祖躬神武之材，行寬仁之厚，總擥英雄，以誅秦、項。任蕭、曹之文，用良、平之謀，騁陸、酈之辯，明叔孫通之儀，文武相配，大略舉焉。天下既定，踵秦而置材官於郡國，京師有南北軍之屯。【略】漢興，高祖初入關，約法三章曰：「殺人者死，傷人及盜抵罪。」蠲削煩苛，兆民大説。其後四夷未附，兵革未息，三章之法不足以禦姦，於是相國蕭何攈摭秦法，取其宜於時者，作律九章。【略】

漢興之初，雖有約法三章，網漏呑舟之魚，然其大辟，尚有夷三族之令。令曰：「當三族者，皆先黥，劓，斬左右止，笞殺之，梟其首，菹其骨肉於市。其誹謗詈詛者，又先斷舌。」故謂之具五刑。彭越、韓信之屬皆受此誅。至高后元年，乃除三族罪、祅言令。【略】高皇帝七年，制詔御史：「獄之疑者，吏或不敢決，有罪者久而不論，無罪者久繫不決。自今以來，縣道官獄疑者，各讞所屬二千石官，二千石官以其罪名當報之。所不能決者，皆移廷尉，廷尉亦當報之。廷尉所不能決，謹具爲奏，傅所當比律令以聞。」上恩如此，吏猶不能奉宣。

王嘉《拾遺記》卷五《前漢上》 漢太上皇微時，佩一刀，長三尺，上有銘，其字難識，疑是殷高宗伐鬼方之時所作也。上皇遊酆沛山中，寓居窮谷裏有人冶鑄。上皇息其傍，問曰：「此鑄何器？」工者笑而答曰：「爲天子鑄劍，慎勿泄言！」上皇謂爲戲言而無疑色。工人曰：「今所鑄鐵鋼礪難成，若得公腰間佩刀雜而冶之，即成神器，可以剋定天下，星精爲輔佐，以殲三猾。木衰火盛，此爲異兆也。」上皇曰：「余此物名爲匕首，其利難儔，水斷虬龍，陸斬虎兕，魑魅罔兩，莫能逢之；斫玉鐫金，其刃不卷。」工人曰：「若不得此匕首以和鑄，雖歐冶專精，越砥斂鍔，終爲鄙器。」上皇則解匕首投於鑪中。俄而烟焰衝天，日爲之晝晦。及乎劍成，殺三牲以釁祭之。鑄工問上皇何時得此匕首，上皇云：「秦昭襄王時，余行逢一野人，於陌上授余，云是殷時靈物，世世相傳，上有古字，記其年月。」及成劍，工人視之，其銘尚存，叶前疑也。工人即持劍授上皇。上皇以賜高祖，高祖長佩於身，以殲三猾。及天下已定，吕后藏於寶庫。庫中守藏者見白氣如雲，出於户外，狀如龍蛇。吕后改庫名曰「靈金藏」。及諸吕擅權，白氣亦滅。及惠帝即位，以此庫貯禁兵器，名曰「靈金内府」也。

葛洪《西京雜記》卷三 戚夫人侍兒賈佩蘭，後出爲扶風人段儒妻。説在宫内時，見戚夫人侍高帝，嘗以趙王如意爲言，而高祖思之，幾半日不言，歎息悽愴，而未知其術，輒使夫人擊筑，高祖歌《大風》詩以和之。又説在宫内時，嘗以絃管歌舞相歡娱，競爲妖服，以趣良時。十月十五日，共入靈女廟，以豚黍樂神，吹笛擊筑，歌《上靈》之曲。既而相與連臂踏地爲節，歌《赤鳳凰來》。至七月七日，臨百子池，作于闐樂。樂畢，以五色縷相羈，謂爲相連愛。八月四日，出雕房

北户，竹下圍棋，勝者終年有福，負者終年疾病，取絲縷，就北辰星求長命乃免。九月九日，佩茱萸，食蓬餌，飲菊華酒，令人長壽。菊華舒時，并採莖葉，雜黍米釀之，至來年九月九日始熟，就飲焉，故謂之菊華酒。正月上辰，出池邊盥濯，食蓬餌，以祓妖邪。三月上巳，張樂於流水。如此終歲焉。戚夫人死，侍兒皆復爲民妻也。

《史記》卷八《高祖本紀》司馬貞索隱　漢高祖長兄名伯，次名仲，不見別名，則季亦是名也。故項岱云「高祖小字季，即位易名邦，後因諱邦不諱季，所以季布猶稱姓也」。**【略】**

韋昭云：「媪，婦人長老之稱。」皇甫謐云：「媪蓋姓王氏。」又據《春秋握成圖》以爲執嘉妻含始，遊洛池，生劉季。《詩含神霧》亦云。姓字皆非正史所出，蓋無可取。今近有人云「母温氏」。貞時打得班固泗水亭長古石碑文，其字分明作「温」字，云「母温氏」。貞與賈膺復、徐彦伯、魏奉古等執對反覆，沈歎古人未聞，聊記異見，於何取實也？孟康注「地神曰媪」者，《禮樂志》云「后土富媪」，張晏曰「坤爲母，故稱媪」是也。

李吉甫《元和郡縣圖志》卷一《關内道一·咸陽縣》　漢長陵，在縣東三十里，高帝陵也。

備論

賈誼《新書·益壤》　高皇帝瓜分天下，以王功臣，反者如蝟毛而起。高皇帝以爲不可，剽去不義諸侯，空其國。擇良日，立諸子洛陽上東門之外，諸子畢王，而天下乃安。

賈誼《新書·親疏危亂》　天下殽亂，高皇帝與諸公併肩而起，非有側室之勢以豫席之也。諸公幸者乃得爲中涓，其次僅得爲舍人。高皇帝南面稱帝，諸公皆爲臣，材之不逮至遠也。高皇帝五年即天子之位，割膏腴之地以王有功之臣，多者百餘城，少者乃三四十縣，德至渥也。然其後十年之間，反者九起，幾危天下者五六。

賈誼《新書·立後義》　高皇帝起於布衣而兼有天下，臣萬方諸侯，爲天下辟，興利除害，寢天下之兵，天下之至德也。而天下莫能明高皇帝之德美，定功烈而施之於後世也。故天下猶行弊世德與其功烈風俗也。

《淮南子·氾論訓》　逮至高皇帝，存亡繼絶，舉天下之大義，身自奮袂執鋭，以爲百姓請命于皇天。當此之時，天下雄儁豪英暴露于野澤，前蒙矢石，而後墮谿壑，出百死而紿一生，以争天下之權，奮武厲誠，以決一旦之命。當此之時，豐衣博帶而道儒墨者，以爲不肖。逮至暴亂已勝，海内大定，繼文之業，立武之功，履天子之圖籍，造劉氏之貌冠，總鄒、魯之儒墨，通先聖之遺教，戴天子之旗，乘大路，建九斿，撞大鐘，擊鳴鼓，奏《咸池》，揚干戚。當此之時，有立武者見疑。一世之間，而文武代爲雌雄，有時而用也。今世之爲武者則非文也，爲文者則非武也，文武更相非，而不知時世之用也。此見隅曲之一指，而不知八極之廣大也。

《史記》卷八《高祖本紀論》　夏之政忠。忠之敝，小人以野，故殷人承之以敬。敬之敝，小人以鬼，故周人承之以文。文之敝，小人以僿，故救僿莫若以忠。三王之道若循環，終而復始。周秦之閒，可謂文敝矣。秦政不改，反酷刑法，豈不繆乎？故漢興，承敝易變，使人不倦，得天統矣。朝以十月。車服黄屋左纛。葬長陵。

《史記》卷一三〇《太史公自序》　子羽暴虐，漢行功德；憤發蜀漢，還定三秦；誅籍業帝，天下惟寧，改制易俗。

王充《論衡·效力篇》　案諸爲人用之物，須人用之，功力乃立。鑿所以入木者，槌叩之也；鍤所以能攦地者，跖蹈之也。諸有鋒刃之器，所以能斷斬割削者，手能把持之也，力能推引之也。韓信去楚入漢，項羽不能安，高祖能持之也。能用其善，能安其身，則能量其力，能别其功矣。樊、酈有攻城野戰之功，高祖行封，先及蕭何，則比蕭何於獵人，同樊、酈於獵犬也。夫蕭何安坐，樊、酈馳走，封不及馳走而先安坐者，蕭何以知爲力，而樊、酈以力爲功也。蕭何所以能使樊、酈者，以入秦收斂文書也。衆將拾金，何獨掇書，坐知秦之形勢，是以能圖其利害。衆將馳走者，何驅之也。故叔孫通定儀，而高祖以尊；蕭何造律，而漢室以寧。案儀、律之功，重於野戰；斬首之力，不及尊主。故夫墾草殖穀，農夫之力也；勇猛攻戰，士卒之力也；構架斵削，工匠之力也；治書定簿，佐史之力也；論道議政，賢儒之力也。人生莫不有力，所以爲力者，或尊或卑。孔子能舉北門之關，不以力自章，知夫筋骨之力，不如仁義之力榮也。

《漢書》卷一下《高帝紀贊》　《春秋》晉史蔡墨有言，陶唐氏既衰，其後有劉

累，學擾龍，事孔甲，范氏其後也。而大夫范宣子亦曰：「祖自虞以上爲陶唐氏，在夏爲御龍氏，在商爲豕韋氏，在周爲唐杜氏，晉主夏盟爲范氏。」范氏爲晉士師，魯文公世奔秦，後歸于晉，其處者爲劉氏。劉向云戰國時劉氏自秦獲於魏。秦滅魏，遷大梁，都于豐，故周市説雍齒曰「豐，故梁徙也」。是以頌高祖云：「漢帝本系，出自唐帝。降及于周，在秦作劉。涉魏而東，遂爲豐公。」豐公，蓋太上皇父。其遷日淺，墳墓在豐鮮焉。及高祖即位，置祠祀官，則有秦、晉、梁、荆之巫，世祠天地，綴之以祀，豈不信哉！由是推之，漢承堯運，德祚已盛，斷蛇著符，旗幟上赤，協于火德，自然之應，得天統矣。

《漢書》卷四三《酈陸朱劉叔孫傳贊》 高祖以征伐定天下，而縉紳之徒騁其知辯，並成大業。語曰「廊廟之材非一木之枝，帝王之功非一士之略」，信哉！

《漢書》卷六七《梅福傳》 梅福曰：「昔高祖納善若不及，從諫若轉圜，聽言不求其能，舉功不考其素。陳平起於亡命而爲謀主，韓信拔於行陳而建上將。故天下之士雲合歸漢，爭進奇異，知者竭其策，愚者盡其慮，勇士極其節，怯夫勉其死。合天下之知，并天下之威，是以舉秦如鴻毛，取楚若拾遺，此高祖所以亡敵於天下也。」

《漢書》卷一〇〇上《敘傳上》 皇矣漢祖，纂堯之緒，實天生德，聰明神武。秦人不綱，罔漏于楚，爰茲發迹，斷蛇奮旅。神母告符，朱旗乃舉，粤蹈秦郊，嬰來稽首。革命創制，三章是紀，應天順民，五星同晷。項氏畔換，黜我巴、漢，西土宅心，戰士憤怨。乘釁而運，席卷三秦，割據河山，保此懷民。股肱蕭、曹，社稷是經，爪牙信、布，腹心良、平，龔行天罰，赫赫明明。述《高紀》第一。

皇甫謐《帝王世紀》卷七 玄晏先生曰：禮稱至道以王，義道以霸。觀漢祖之取天下也，遭秦世暴亂，不階尺土之資，不握將相之柄，發迹泗亭，奮其智謀，羈勒英雄，鞭驅天下，或以威服，或以德制，或以義成，或以權斷，逆順不常，霸王之道雜焉，是以聖居帝王之位，而無一定之制。三代之美，固難及矣。

《宋書》卷二七《符瑞上》 （班彪）著《王命論》以救時難。辭曰：【略】

蓋在高祖，其興也有五：一曰帝堯之苗裔，二曰體貌多奇異，三曰神武有徵應，四曰寬明而仁恕，五曰知人善任使。加之以信誠好謀，達於聽受，見善如不及，用人如由己，從諫如從流，趨時如響赴。當食吐哺，納子房之策；拔足揮洗，揖酈生之説；寤戍卒之言，斷懷土之情；高四皓之名，割肌膚之愛；舉韓信於行陣，收陳平於亡命。英雄陳力，羣才畢舉，此高祖之大略，所以成帝業也。若乃靈瑞符應，又可略聞矣。初劉媼任高祖而夢與神遇，震雷晦冥，有龍蛇之怪。及長多靈異，有殊於衆，是以王、武感物而折契，呂公覩貌而進女；秦皇東遊以厭其氣，呂后望雲而知所處；始受命則白蛇分，西入關則五星聚。故淮陰、留侯謂之天授，非人力也。

《史記》卷八《高帝本紀》司馬貞述贊 高祖初起，始自徒中。言從泗上，即號沛公。嘯命豪傑，奮發材雄。彤雲鬱碭，素靈告豐。龍變星聚，蛇分徑空。項氏主命，負約弃功。王我巴蜀，實憤于衷。三秦既北，五兵遂東。汜水即位，咸陽築宫。威加四海，還歌《大風》。

蘇洵《嘉祐集》卷三《高祖》 漢高祖挾數用術，以制一時之利害，不如陳平；揣摩天下之勢，舉指摇目以劫制項羽，不如張良。微此二人，則天下不歸漢，而高帝乃木彊之人而止耳。然天下已定，後世子孫之計，陳平、張良智之所不及，則高帝常先爲之規畫處置，以中後世之所爲，曉然如目見其事而爲之者。蓋高帝之智，明於大而暗於小，至於此而後見也。

帝嘗語呂后曰：「周勃厚重少文，然安劉氏必勃也。可令爲太尉。」方是時，劉氏既安矣，勃又將誰安邪？故吾之意曰：高帝之以太尉屬勃也，知有呂氏之禍也。

雖然，其不去呂后，何也？勢不可也。昔者武王没，成王幼，而三監叛。帝意百歲後，將相大臣及諸侯王有武庚禄父者，而無有以制之也。獨計以爲家有主母，而豪奴悍婢不敢與弱子抗。呂后佐帝定天下，爲大臣素所畏服，獨此可以鎮壓其邪心，以待嗣子之壯。故不去呂后者，爲惠帝計也。

呂后既不可去，故削其黨以損其權，使雖有變而天下不摇。是故以樊噲之功，一旦遂欲斬之而無疑。嗚呼！彼豈獨於噲不仁耶？且噲與帝偕起，拔城陷陣，功不爲少矣。方亞父嗾項莊時，微噲誚讓羽，則漢之爲漢，未可知也。一旦人有惡噲欲滅戚氏者，時噲出伐燕，立命平、勃即斬之。夫噲之罪未形也，惡之者誠僞未必也，且高帝之不以一女子斬天下之功臣，亦明矣。彼其娶於呂氏，呂氏之族若産、禄輩皆庸才不足卹，獨噲豪健，諸將所不能制，後世之患，無大於此矣。夫高帝之視呂后也，猶醫者之親堇也，使其毒可以治病，而無至於殺人而已矣。樊噲死，則呂氏之毒將不至於殺人，高帝以爲是足以死而無憂矣。彼平、勃者，遺其憂者也。噲之死於惠之六年也，天也。使其尚在，則呂禄不可紿，太尉不得入北軍矣。

或謂噲於帝最親，使之尚在，未必與產、禄叛。夫韓信、黥布、盧綰皆南面稱孤，而綰又最爲親幸，然及高祖之未崩也，皆相繼以逆誅。誰謂百歲之後，椎埋屠狗之人，見其親戚乘勢爲帝王而不欣然從之邪？吾故曰：彼平、勃者，遺其憂者也。

《蘇軾文集》卷三《漢高帝論》　有進説於君者，因其君之資而爲之説，則用力寡矣。人唯好善而求名，是故仁義可以誘而進，不義可以劫而退。若漢高帝起於草莽之中，徒手奮呼而得天下，彼知天下之利害與兵之勝負而已，安知所謂仁義者哉？觀其天資，固亦有合於仁義者，而不喜仁義之説，此如小人終日爲不義，而至以不義説之，則亦佛然而怒。故當時之善説者，未嘗敢言仁義與三代禮樂之教，亦惟曰如此而爲利，如此而爲害，如此而可，如此而不可，然後高帝擇其利與可者而從之，蓋亦未嘗遲疑。

天下既平，以愛故欲易太子，大臣叔孫通、周昌之徒力争之，不能得，用留侯計僅得之。蓋讀其書至此，未嘗不太息以爲高帝最易曉者，苟有以當其心，彼無所不從，盍亦告之以吕后太子從帝起於布衣以至於定天下，天下望以爲君，雖不肖而大臣心欲之，如百歲後，誰肯北面事戚姬子乎？所謂愛之者，祇以禍之。嗟夫！無有以奚齊、卓子之所以死爲高帝言者歟？叔孫通之徒，不足以知天下之大計，獨有廢嫡立庶之説，而欲持此以却之，此固高帝之所輕爲也。人固有所不平，使如意爲天子，惠帝爲臣，絳、灌之徒，圜視而起，如意安得而有之，孰與其全安而不失爲王之利也？如意之爲王，而不免於死，則亦高帝之過矣。不少抑遠之，以泄吕后不平之氣，而又厚封焉，其爲計不已疎乎？

或曰：吕后强悍，高帝恐其爲變，故欲立趙王。此又不然。自高帝之時而言之，計吕后之年，當死於惠帝之手。吕后雖悍，亦不忍奪之其子以與姪。惠帝既死，而吕后始有邪謀，此出於無聊耳，而高帝安得逆知之！

且夫事君者，不能使其心知其所以然而樂從吾説，而欲以勢奪之，亦已危矣。如留侯之計，高帝顧戚姬悲歌而不忍，特以其勢不得不從，是以猶欲區區爲趙王計，使周昌相之，此其心猶未悟，以爲一强項之周昌，足以抗吕氏而捍趙王，不知周昌激其怒而速之死耳。古之善原人情而深識天下之勢者，無如高帝，然至此而惑，亦無有以告之者。悲夫！

蘇轍《欒城後集》卷七《漢高帝》　高帝之入秦，一戰於武關，兵不血刃，而至咸陽。此天也，非人也。

秦之亡也，諸侯並起，争先入關。秦遣章邯出兵擊之。秦雖無道，而其兵方强。諸侯雖鋭，而皆烏合之衆。其不敵秦明矣。然諸侯皆起於羣盜，不習兵勢，陵藉郡縣，狃於亟勝，不知秦之未可攻也。於是章邯一出而殺周章，破陳涉，降魏咎，斃田儋，兵鋒所至，如獵狐兔，皆不勞而定。後乃與項梁遇，苦戰再三，然後破之。梁雖死，而秦之鋭鋒亦略盡矣。然邯以爲楚地諸將不足復慮，乃渡河北擊趙。邯既北，而秦國内空。至是秦始可擊，而高帝乘之。此正兵法所謂避實而擊虛者。蓋天命，非人謀也。

項梁之死也，楚懷王遣宋義、項羽救趙。羽願與沛公西入關。懷王諸老將皆曰：「項羽爲人慓悍禍賊，嘗攻襄城，襄城無噍類，所過無不殘滅。且楚數進取，前陳王、項梁皆敗，不如更遣長者扶義而西，告諭秦父兄。秦父兄苦其主久矣，誠得長者往，無侵暴，宜可下。」卒不許項羽，而遣沛公。沛公方入關，而項羽已至河北，與章邯相持。邯雖欲還兵救秦，勢不得矣。懷王之遣沛公固當，然非邯、羽相持於河北，沛公亦不能成功。故曰：此天命，非人謀也。

《全宋文》卷三五二四周紫芝《漢高帝論》　帝王御世之術有二：誠與不誠而已矣。御之以誠，則人將以誠應之，此治之所由生也。御之以不誠，則人將以不誠應之，此亂之所由起也。聖人知天下之心可以誠格而不可以狙詐劫也，於是推吾誠心以感之。天下知聖人之心可以誠應而不可以姦罔欺也，於是亦推吾誠心以事之。是以誠意相感於無形之中，不言而喻，不約而侔，懽欣交通而天下之情得矣。然則聖人之所謂誠者，果何物也哉？曰：心而已矣。蓋公其心以冒天下而容之者，所謂誠也。私其心以籠天下而疑之者，所謂不誠也。二者相去其間不能以寸，而人不知，此天下所以常亂而不治也。高祖由布衣而登帝位，自豐、沛而兼四海，其神武不世之略，秦漢以來一人而已。馬遷、班固之徒相與論述其事，咸謂其寬仁而能愛人，豁達而有大度。余獨以謂不然。高祖之初，天下既定，一時功臣大者南面而王，小者猶不失爲列侯。論功行賞，以次受封，非不足以滿其志願，宜若可以無事矣。乃復叛亂相繼，兵無休日。考之於書，漢之異姓而王者八人。其後舉兵而叛者六國，獨張耳、吳芮僅以智免。此其咎安在哉？高祖無豁達之度以容之故也。夫高祖以大度取天下，而余獨以謂不然，此聞者所以未免於笑也。以余觀之，韓信未嘗反，高祖疑之而反也。其他雖不可以悉舉，大抵皆高祖疑之而反耳。觀信以淮陰一介崛起從漢，曾不旋踵，虜魏王，禽夏説，下井陘，誅成安，脅燕，定齊，摧楚，兵數十萬衆，卒斬龍且，西鄉以

報。當是之時，可以唾手而反矣。蒯通説之以叛，至於再而不從。信之言曰：「漢遇我厚，吾豈可以見利而背恩信乎？」由是觀之，信豈有意於反哉？雲夢之遊，執信而虜之。高祖始有疑信之心，信亦自是怏怏失意，反狀遂萌。故曰：韓信未嘗反，高祖疑之而反也。陳豨之亂，高祖平之，徵兵於梁，而越稱病。高祖怒而責越矣。夫越兵之不至，安知其必叛哉？高祖不能使人物色之，而遽數其罪者，以其有疑越之心故也。當是之時，越來則被執，不來則加兵。與其如此，孰若舉國以叛，猶得免焉。此越所以不得已而反也。故曰：彭越未嘗反，亦高祖疑之而反也。英布因隨何之言背楚而歸漢，所以脱危亡之地以就萬全之計也。及漢醢越以賜諸侯，布見而怒，於是聚兵旁郡，以備非常。此所謂惡傷其類，見幾而作者也。滕公曰：「前年殺彭越，往年殺韓信，三人皆同功一體之人也，自疑於禍及身乃反耳。」故曰：英布未嘗反，亦高祖疑之而反也。賈誼之説文帝，以謂彊者先反。淮陰王楚最强，最先反；盧綰最弱，最後反。此誼欲除尾大之禍，故其言如此。而不知諸將之叛，初不在是，特以高祖不能推大度以容之耳。是數人者，勇力冠三軍，功業軒天地，皆當時之豪傑也。獨不能容之度外，一涉於疑似之跡，則必致其竊斧之疑，使其心不自安，勢窮而亂，惴惴然疑之，惟恐其叛也，而卒皆叛焉，安在其爲大度哉？或曰：「市未嘗有虎也，曾參未嘗殺人也，使三人言之，則智者必惑而慈母必信。何則？言之者衆，而事未可知也。人有告諸將以叛者，奈何獨不信之乎？」曰：人主之所爲，下之所視而鄉也。人主而好諫也，則忠臣出。人主而好勇也，則猛士至。人主而好疑，則必有挾可疑之事以投其隙者矣。劉向曰：「執狐疑之心者，來讒賊之口。」高祖以疑心而遇人，此告者之所以至也。或又曰：「韓、彭之叛固有之。子何自而知高祖之所以疑？」曰：吾以蕭何而知之也。何之守關中，可以爲腹心之寄矣，猶且數加勞問，且賜以衛卒五百。微鮑生東陵之計，殆於不免。則高祖於群臣未有不疑者，況於武夫勇將，英氣蓋世而功名震主者哉？嗚呼！高祖與光武俱以雄略定亂，而後世之論紛然。雖范曄史家，猶以寇、鄧、景、賈所封不過大縣四。曾不知光武推赤心以置人腹中，而高祖乃懷疑心以激諸將之亂也。曄，其可謂智乎？

《全宋文》卷四三一五胡銓《漢高帝論》 嘗讀史，見漢高帝寬仁愛人，意豁如也，以爲高帝天資魁磊，無纖芥意忌，真待物以不疑者。至反覆推見至隱，似非真以不疑待人，蓋矯爲不疑以收人心爾，不若孝文真以不疑待人者也。然提三尺角逐項羽，不數載取天下，若是之速，何也？以能矯爲不疑間羽之疑也。使羽向亦能矯爲不疑以收人心，則楚漢殆蚌鷸之持，未可輕雌雄也。夫楚之有范增，猶漢之有三傑也。增欲帝楚，與三傑之謀帝漢等也。楚漢之帝不帝，非於羽之亡、漢之帝而見也。范增一死，而楚之亡形已兆；三傑一用，而漢之帝業已若牢不可拔。故增之死，以羽疑也；羽之疑，漢間之也。漢非不疑其臣，以楚未亡不可以疑；楚非固疑其臣，以漢之間不能不疑。是高帝所以爲不疑者非誠也，矯也；羽之所以疑者非心也，間也。向使羽亦間漢，則三傑者亦楚之亞父耳。故嘗窺高帝之用心，雖若推赤心置人腹中，切尚見其意忌權譎，而當時不疑也。非惟羣臣諸將不疑也，雖密如良、平不疑也，是高帝巧於矯也。方成皋之窘，酈生謀撓楚權，請立六國後以植黨，留侯以爲不可。當是時，三尺童子知不可也。帝雖趣銷印而遲疑隱忍，方取決於陳平，非以留侯爲短於畫也，意留侯利在解六國之黨以固楚之權也。子房且不肯與項羽俱亡，肯爲沐猴也哉？京索之間，漢楚相距，勢若不暇給，方且數遣使勞苦蕭相國於關中，賴鮑生計，何乃舉宗從漢，帝以大悦。夫何誠反虜哉，向漢王數失軍乏食，關中一摇足，則山東非漢有矣，獨乘京索之危，何耶？韓淮陰在滎陽時，無他變也，彼知我有警，一傳檄即來矣。帝自稱使者晨入其壁而奪之軍，是付之以百萬之命而不能置一介之疑。彼顧幸吾之禍，拱而觀變，則睢水之敗，肯收兵與吾會哉？是帝之所以待三傑，顧不如孝文之遇絳、灌矣。然而躡足之悟，猶爲飾詞，視若吾無他腸者，是真矯也。夫陳平於時固不在三傑之列，其籌畫亦固不若子房，且不免疑，則良可知矣。然帝於平寵任過數，似將開胸見誠，心不異口，雖諸將如絳、灌等讒蝎百出，不摇如山，奇謀秘計，平往往獨權之，而帝不疑也。雖平亦自謂帝不疑也。及吕后問百歲後誰可以代蕭何者，則曰：「王陵可，陳平可以助之。」且曰：「平智有餘，然難獨任。」則其平生疑平者蓋如此其深，何其思慮周密，而機不露也，是真巧於矯也。晚節帝益意忌，淮陰以楚反，韓王信以馬邑反，陳豨以代反，黥布以淮南反，盧綰以燕反。異時老將故人，耘除略盡，雖蕭相何且不免請室之辜，獨留侯以辟穀計僅得免。使當滎陽、成皋時，項羽方强，亞父無恙，六七公者皆思叛，則漢之爲漢，亡可翹足而待耳。然則帝之所以矯爲不疑者，非故矯也，權也。雖然，此亦留侯有以啓之。方帝居南宫也，見諸將或偶語，以問良，良曰：「此諸將争功，故相聚謀反耳。」夫秦以偶語之禁，至鉗天下口，以及望夷之禍。彼諸將争功則有之矣，見其争功便謂其偶語爲謀反耶，則周人之誅羣飲，凡相與飲酒者皆將執而殺之乎？子房之言過矣。帝之忌，子房啓之也。嗟夫，不疑於物，物亦誠焉。

吴王濞在當時未反也，一疑其反，果亂於五十年後。有天下國家者，雖使寬容大度如高帝而不能去疑，其禍可勝言哉！

葉適《習學記言序目》卷一九《史記一·本紀》　述高祖神怪相術，太煩而妄，豈以起閭巷爲天子必當有異耶？契稷仲衍，皆上古事，不可考，闕之而已，班彪遂謂「體貌多奇異」，語尤陋矣。《書》曰：「慎徽五典，五典克從，納於百揆，百揆時叙。」《詩》曰：「惠於宗公，神罔時怨，神罔時恫。」若舍其德而以異震愚俗，則民之受患者衆矣，惜乎史筆之未精也！（《高祖》）

沛公年餘四十，奮臂兵間，不致失人理，故懷王諸老將謂「更遣長者扶義而西」。義帝之事雖不成，而漢得天下自此始。然則范增徒能爲沛公之膏肓，故高祖畏之，至於佐羽爲賊虐，則固敗亡之道也。（又）

數項羽十罪，要是漢得算多；不然，則良平之籌不必畫矣。滅楚後遂有失德，去羽無幾爾。（又）

王應麟《困學紀聞》卷一二《考史》　漢高祖起布衣，滅秦、楚，自後世處之，必夸大功業，以爲軼堯、舜，駕湯、武矣。其赦令曰：「兵不得休八年，萬民與苦甚。今天下事畢，其赦天下殊死以下。」言甚簡而無自矜之意。此所以詒厥子孫，享四百年之祚歟？

《全元文》卷一三三二楊維楨《罵劉邦》　殺一不辜而得天下，先王不爲也，況父出於天，而可以棄天而易天下乎？舜爲天子，瞽瞍殺人，皋陶執之，舜竊負而逃，雖棄天下不計，寧有無法之國，無寧有無父之國也。汝以匹夫争天下，智勇不加於楚，今乘楚間，挾五諸侯兵，深入彭城，不聞善令，弟收貨寶美人，日夜置酒高會，樂矢石於衽席之中，不知楚兵裹城已三匝，天不大振風，汝且與諸侯之兵同填睢水數十萬中。幸脱過沛，又不能庇其室家，致吾顛沛陷楚軍内，汝之智勇俱困矣。今楚致吾高俎上，將臠食於衆，汝不爲吾崩五府，顧曰：幸分我一杯羹。忍哉汝邦！何得此滅天之言！於戲，爲人父者，亦何樂汝爲子哉！吾今決死矣，吾殺而汝有天下，吾靈不滅，上訴天帝，尚聞天下諸侯兵之戮汝，曰大逆亡道劉邦也。

《全元文》卷一三三二楊維楨《沛公論》　利於小而害於大者，素無圖天下之量者也。儒者嘗以議項羽與吴王濞，吾不意漢王之圖天下也，亦利於小也。西入咸陽，見秦宫室帷帳寶貨婦女，遂欲留居之，其去諸將争走府庫取金帛者，何遠哉。諫以樊噲之言，不聽，非繼以張良之言則霸上未肯猝還，亦豈非山東匹夫之眼寒，而天下之量素無也。然則沛公以一匹夫而争天下於群盜之手，非有諸傑之佐，則亦不過爲鼠竊而王、狗偷而帝耳，何以芟夷群盜，宰制六合，受秦璽符爲天下共主哉。

陳櫟《歷代通畧》卷一《前漢》　提三尺劍，五載而成帝業，天下已定，徙都關中，封功臣，王諸子，次律令，制禮儀，規模亦畧定矣。然帝不修文學，羣臣亦無高見遠識者。禮儀律令制多襲秦，報功封國竟爲亂階。終帝之身，反者九起，誅韓信，醢彭越，戮黥布，斬陳豨，諸將殆無一全。寵戚姬、趙王，以蓄吕氏之憤。身没之後，吕后因彘戚氏，鴆如意，肆其毒焉，亦高帝有以啓之也。戰國之末，匈奴始大，高帝因叛臣追擊匈奴，被圍平城七日乃解，匈奴之强已見於此，乃能念創夷之未起，勉與和親，取家人子名公主，以妻匈奴。帝王御外，夫豈無策至與爲婚，失之遠矣。自是而後，中國往往襲是爲柔遠之計，其失實自高帝開之。

高拱《本語》　問：「世傳漢高溺戚姬之寵，遂欲奪嫡，然乎？」曰：「此甚有説，而後人不思也。夫立嫡以長，乃理之正，苟非甚不得已，必不可輕易，以啓禍端。然太王舍太伯而立王季，文王舍伯邑考而立武王，固自有説，則以王季有聖子，而武王有盛德也，而況如惠帝之闒懦乎？高帝艱難百戰，以有天下，豈不自愛其國家，而以一姬之寵，遂欲奪嫡，失天下心，蓋有所甚不得已耳。當是時，帝及吕后年皆漸高，而新造之邦反側未定，諸强功臣皆在列。使帝、后一旦去世，太子臨朝，固能安鎮而駕馭之乎？未也。觀後惠帝之動静則可知矣。而趙王類己，故意屬之。雖其幼，然事體有定，而吾撫之長，任吾壽所至，而隨以付之，亦無可奈何矣。其能保有天下與否，尚未可知也，而不有愈於闒懦之已見者乎？此帝之本情也。乃卒以四皓從太子游，遂以爲羽翼已成，難動矣。蓋曰『吾以太子闒懦也，而人心乃屬之。人心既屬，則不可拂，故姑不易耳』。夫今之不易也，恐失人心也，而昔之欲易，獨不恐失人心乎？蓋今有所見故耳。此其羽翼者之欺帝，而計成之者也。使帝之始欲奪嫡，果惑於戚姬之寵，而不顧失天下之心也，則又何有於四皓？彼戚姬之寵，既能移帝愛子之心，又何不能移帝敬四皓之心乎？帝之殺韓信也，即其屬意趙王之心也，以爲信之才如彼，其功名之心之盛如彼，而太子闒懦如此，若吾死而信在，太子能安乎？故必死信而後吾乃可以死，此又其本情也。帝爲身後，計無所出，遂忍心於信，使太子能英武如帝，則信未必誅。今以屬意趙王爲真惑於戚姬，是亦謂信之誅爲真反也，而帝之本情安在哉？」曰：「若是，則周昌何爲强諫？張良何爲爲之羽翼？」曰：「立嫡以長，

理之正，又況開國之君，尤當爲後世法。昌亦只説箇正理，良亦只了得呂后之托而已，非能爲漢深謀也。彼惠帝之無子先死，呂后之後死，文帝之承統以衍漢祚之長，皆天也，非人謀所能及也。昌諫、良羽翼時，能逆知其果如此耶？惠帝死而假子立諸呂王，漢祚幾移矣，昌與良能預爲計乎？昔者紂之母生三子，長曰微子啓，次曰中衍，次曰受德，受德乃紂也，甚少矣。紂母之生微子、中衍也，尚爲妾，已而爲妻，而後生紂，紂之父、紂之母欲置微子啓以爲太子，太史據法而争之曰：『有妻之子，而不可置妾之子。』紂故爲後，乃遂滅商。夫惠帝無子先死，呂后後死，而文帝承統以衍祚也，則昌之强争爲有名，良之羽翼爲有功。若使呂后先死，惠帝獨在位，不能自立，以喪天下，則昌之諫、良之羽翼，亦太史之争而已矣。」或曰：「太子易則强悍之呂后不肯但已，趙王亦未能安，家難且作，而其禍方長，故不如據正理以聽天命，良之意或出於此。」曰：「亦是，乃亦不得已爲之，但謂其爲萬全之謀則未也。」

鍾惺《隱秀軒集》卷二三《論二・漢高帝》 取天下者在得其大勢，不在戰守之勝敗得失也。如弈者然，妙處不過數着，全局在我，而小小利鈍不計焉。項羽殺義帝，漢擊之；雖使楚破漢於睢水，可也。項王怨黥布，漢得使隨何説降之；雖使楚擊破布，可也。此楚讓漢妙着也。漢王不得王關中，封於蜀，燒所過棧道，以齊王田榮反書遺項王，項王以此無西憂漢心；雖使楚奪漢關中，可也。彭越反梁地，往來苦楚兵，絶其糧食；雖使楚擊破越，可也。此漢自得妙着也。楚方自賀戰勝，而不知漢有天下之局，已定於此數着矣。妙着有數端焉：我與敵之所共，敵失之而我得之者，曰「先着」；我發之於此，而敵不得備之於彼者，曰「警着」；敵備之於此，而我引之於彼，使不得至此者曰「鬆着」；我與敵俱不得與，傍出而中起之，敵所不利即爲我所利者，曰「應着」；我不求勝而不可敗，而卒以此取勝者，曰「穩着」。取天下之勢，不越此數端而已。

又 帝王初興，其智勇盡取之臣下，又皆其故等夷，必有一種意外舉措，先制其命，奪其魄，使不敢動，而後能爲吾用。高祖至修武，自稱漢使者，入張耳、韓信壁而奪之軍。至定陶，馳入韓信壁奪其軍，此時已弄信於掌股之上矣。駕馭籠蓋，寓於玩戲之中，足以逆折其邪萌，而消之於未然。韓信不入蒯通之説而不反，非不欲反也，知其反之無能爲也。知反之無能爲而又負反名，信豈肯爲之乎？善乎信之言曰：「陛下不善將兵而善將將。」此心服之言也。高祖自謂不如留侯、蕭何、韓信，而又曰：「此三人皆人傑也，吾能用之，此吾所以取天下。」二語殊占地步，非謙遜歸功臣下之言，正自明其能驅策智勇，出三人上耳。封王子弟，至吴王濞，撫之曰：「漢後五十年，東南有反者，豈若耶？」屬呂后後事曰：「安劉氏者必勃也。」此從何處看出？悍王驕后，當亦骨驚。文帝勞軍至灞上曰：「如兒戲耳！」則二將伎倆已落其胸中眼中久矣。帝王識量與臣下不同，屈策屈力，豈待其反而後制之哉？

又 高帝終不以戚姬故廢嫡立愛，明知有人彘之虐，諸呂之禍，而聽後人爲之，所不肯作法於涼，不獨開國遠慮，亦自是丈夫氣。然呂雉老狐不得用武帝處鈎弋夫人法處之，爲千古恨耳。高帝病，呂后問：「百歲後蕭相國死，誰可代之？」次曹參，次王陵，次陳平，次周勃。此數人者，呂后瞑目屈指中數之熟矣。窮究到底，正觀其用人次第分數何如。其意不在劉氏，而觀其何以備呂氏也。不待其詞之畢，而帝已見其肺肝矣。問至周勃，漢之人數已窮，而復問其次，尤爲狠毒，上亦寒心，而曰：「此後亦非而所知也！」一語恨甚。此時發付只得如此。然上亦知呂后之老，諸呂之庸，而平、勃諸人辦之有餘。知平、勃諸人之足以辦諸呂，又何必除一呂后，以爲開國綱常之累哉？上之言曰：「王陵可，然陵少戇，陳平可以助之。陳平智有餘，然難以獨任，周勃重厚少文，然安劉氏者必勃也。」其一片苦心，如醫之量藥，剛柔佐使，毫釐不差。而低徊顧步，長慮深思，尤於「然安劉氏者必勃也」一「然」字中見之。處分如此，則帝亦何有於諸呂也？蘇軾謂不去呂后爲惠帝計，如家有主母，而豪奴悍僕不敢與弱子抗。當時韓、彭已死，其將以蕭、曹、平、勃爲豪奴悍僕乎？似亦不倫之甚矣。且自蕭、曹、平、勃輩而下，其能爲豪且悍者誰也？漢之不必除呂后，正以有平、勃輩在耳。他日呂后欲王諸呂，問於平、勃，平、勃順旨，蓋諸呂伎倆，業已看定算定，知他日之必能制其命。時不可争，不得不爲此養晦行巽之道以爲所欲爲耳，然其際亦危矣！

《方苞集》卷三《漢高帝論》 二帝、三王之治，盪滅而無遺，雖秦首惡，亦漢高帝之過也。方是時，古法雖廢而易興也，俗變猶近而易返也，文獻雖微而未盡亡也，天下若熬若焦，同心以苦秦法，則教易行、政易革也，而高帝乃一仍秦故，漢氏之子孫，循而習之，垂四百年，不獨君狃其政，民亦安其俗矣，而後此復何望哉！

古聖人之有天下也，若承重負行畏途，而懼於不勝，至於秦則用天下以恣睢，而專務自慊於上。秦皇帝縱觀，高帝曰：「大丈夫當如此矣。」及叔孫通定朝儀，乃曰：「吾今而知皇帝之貴。」則其所見去秦皇帝蓋一間耳！【略】

自漢高以後，比次諸君，其性資可與復古者，惟光武爲近，而下無名世；諸葛亮之才幾矣，乃崎嶇於亂亡之餘。使亮與光武，並世而相遭，庶乎其猶有望也與！

李顒《二曲集》卷三二《論語上・八佾篇》 沛公入關，諸將争取財物金帛，蕭何獨收圖籍，沛公由是具悉天下阨塞户口强弱。即斯一節觀之，則知文獻所關之重矣。故在天下則關係天下，在一省則關係一省，在一邑則關係一邑，在一家則關係一家，述往昭來，爲鑑匪尠。若子孫於先世遺籍及誌狀譜牒，以其非關日用之急，視爲故紙而忽之，任其散逸，漫不珍藏，則賢不肖可知也，繼述之謂何？

劉統勳《評鑑闡要》卷一《漢高帝》 四皓調護太子，其事不足深信。豈有張良、叔孫通輩死争不得，而四老翁轉得持其短長者。杜牧安劉滅劉詠古，引而未發，蓋高帝稱知人，其論王陵、陳平、周勃及吴王濞於十數年之後，乃如觀火，豈有不知己子之理？惠帝柔懦不足以承重器，帝蓋早已見及，故欲易之耳。牽愛戚姬欲立乳臭，乃信其失。使高帝廢惠而立文，吕與薄亦必不能相和。然文帝必能調停其間，無吕氏之亂而劉氏安矣。故見惠之不可是帝之明，終不牽愛，猶帝之正，而遲回於嫡庶之虚名，使漢室有幾危之實禍，則帝之失。高祖有知，必當首肯吾言。史遷好奇附會之説，不必論矣。

袁枚《小倉山房文集》卷二〇《高帝論》 用天下之兵，不如用天下之鋒，鋒即兵也。合時與勢，而鋒出焉。敗國之氣，累世不復；勝國之兵，所向無敵。兵之勝敗，鋒之利鈍實使之。項羽以輕用其鋒，而計失于高祖；高祖以早藏其鋒，而計失于匈奴。均失也，人皆知項羽之失，而不知高祖之失者，誤于史稱規模宏遠而不熟計夫當日之時勢也。

時莫利于相良、平，將彭、韓；勢莫利于誅秦滅項。平城置酒高會，自取敗耳，何至一蹶不振？祖宗弱于前，而欲子孫振于後，吾知其難也。嘗謂高祖之得天下也晚，故其爲子孫謀也太早，而其除功臣也太速。高鳥盡，良弓藏；狡兔死，走狗烹。匈奴尚在，而功臣已盡，何也？當是時，使高祖下詔曰：朕有積怨深怒于匈奴，諸公輔朕平天下，共安輯之，與諸公約，王齊王楚，世世享之。遣韓信數千出酒泉，彭越數千出上黨，黥布數千出張掖；其士馬皆百練之餘，其器械皆摧堅之舊，其父老習聞兵而不爲怪，其將校玩于兵而無所苦。冒頓雖强，不如項籍；其將雖强，不如龍且。諸將或分或合，或擊或守，逞其誅秦滅項之餘威，不數年而坐見匈奴之弱矣。説者謂冒頓狡獪，難與争鋒。夫楚、漢方拒滎陽，中原無帝，彼以精騎長驅而進，誰敢禁之？徒恣睢于外地，其無能爲可知。或謂匈奴地遠阨塞，非秦、項比。不知武帝時衛青、霍去病才出韓、彭下，尚能浮西河，絶大漠，封狼居胥以還。其不難深入，又可知。

且夫功臣之不善終，亦高祖有以啓之耳。諸臣既已列土爲王，精兵奇策，無所復用，血氣方剛，人人皆欲帝制自爲。使當日者英雄疲老消磨于沙漠之埸，遺腹心如良、平者監其軍，高祖擁全兵而坐制關中，諸臣既欲立功，且釋疑懼，誰敢結黨而西向？此一役也，匈奴服而功臣亦全。即使弓以彈鳥折，狗以逐兔死，其與殺之醢之，亦迥殊矣！服强胡而開國，東夷、南越莫不震恐，稽首于漢，其爲子孫計不遠且大哉！文帝之卑辭厚幣，武帝之黷武窮兵，皆高祖不用其鋒之過也。【略】

天生五材，民並用之。誰能去兵？高祖縱欲與天下休息，亦宜使猛士守邊，待其至而與之戰，何至聽齊虜之言，以女乞和！爲天子不能庇一兒女，以付虎狼，又乞兒女之靈，以安天下，何其悲也！使單于據天下，豈少乃女乎？且項王得太公不能爲質，匈奴應聞之矣，則又何有于公主？始則談笑而棄父于鼎鑊，終則涕泣而棄女于絶域，失天性之恩，納外夷之侮，暮氣至矣，悖莫甚焉！厥後匈奴貽書吕后，備極醜詆，蓋已視高祖爲齊景公也。

然則季布諫伐之言非乎？曰：今有遠行者，足疲勿輟，數十里尚可致；息以坐，則肉騰筋顫，難舉趾矣。不于高祖用兵之日，一勞永逸，乃于惠帝息兵之日，死灰復然。觀釁而動，布誠老將言也。唯十萬横行之説，不斬樊噲而斬婁敬，庶可以謝天下哉！

藝文

《樂府詩集・琴曲歌辭二・大風起》 《漢書》曰：「高祖既定天下，還過沛，留，置酒沛宫，悉召故人父老子弟佐酒，發沛中兒得百二十人，教之歌。酒酣，帝擊筑自歌，令兒皆和習之。帝自起舞。」《禮樂志》曰：「至孝惠時，以沛宫爲原廟，令歌兒習吹以相和，常以百二十人爲員。」按《琴操》有《大風起》，漢高帝所作也。

大風起兮雲飛揚，威加海内兮歸故鄉，安得猛士兮守四方。

《樂府詩集・雜歌謡辭一・楚歌》 《漢書》曰：「高祖欲立戚夫人子趙王如意而廢太子，後不果。戚夫人泣涕，帝曰：『爲我楚舞，吾爲若楚歌。』」其旨言太子得四皓爲輔，羽翼成就，不可易也。顔師古曰：「楚歌者，楚人之歌，猶吴歈越吟也。」

鴻鵠高飛，一舉千里。羽翼以就，横絶四海。横絶四海，又可奈何。雖有繒繳，尚安所施。

《曹植集》卷一《漢高祖贊》 屯雲斬蛇，靈母告祥。朱旗既抗，九野披攘。禽嬰克羽，掃滅英雄。承機帝世，功著武湯。

庾信《庾子山集》卷一〇《漢高祖置酒沛宫讚》 遊子思舊，來歸沛宫。還迎故老，更召歌童。雖欣入沛，方念移豐。酒酣自舞，先歌《大風》。

《全唐詩》卷三〇王珪《詠漢高祖》 漢祖起豐沛，乘運以躍鱗。手奮三尺劍，西滅無道秦。十月五星聚，七年四海賓。高抗威宇宙，貴有天下人。憶昔與項王，契闊時未伸。鴻門既薄蝕，滎陽亦蒙塵。蟣虱生介胄，將卒多苦辛。爪牙驅信越，腹心謀張陳。赫赫西楚國，化爲丘與榛。

《全唐文》卷二〇玄宗皇帝《漢高祖贊》 天造草昧，雄圖糾紛。赫赫高祖，應若興雲。秦原鹿喪，沛澤蛇分。大風一起，南面稱君。

《白居易集》卷三八《詩賦・漢高皇帝親斬白蛇賦》 高皇帝將欲戡時難，撥禍亂，乃耀聖武，奮英斷，提神劍於手中，斬靈蛇於澤畔。何精誠之潛發，信天地之幽贊。卒能滅强楚，降暴秦，創王業於炎漢。于時，瓜割區宇，蜂起英豪；以堅甲利兵相視，以壯圖鋭氣相高。皆欲定四海之洶洶，救萬姓之嗷嗷。帝既心闚咸陽，氣王芒碭；率卒晨往，縱徒夜亡。有大蛇兮，出山穴，亘路傍；凝白虹之精彩，被素龍之文章。鱗甲皛以雪色，睛眸絶其電光。聳其身，形蜿蜿而莫犯；舉其首，勢矯矯而靡亢。勇夫聞之而挫鋭，壯士覩之而摧剛。於是行者告于高皇。皇帝乃奮布衣，挺干將；攘臂直進，嗔目高驤；一呼而猛氣咆哮，再叱而雄姿抑揚。觀其將斬未斬之際，蛇方欲縱毒螫，肆猛噬。我則審其計，度其勢。口譟雷霆，手操鋒鋭。凜龍顔而色作，振虎威而聲厲。何天之啓，神之契；舉刃一揮，溘然而斃。不知我者謂我斬白蛇，知我者謂我斬白帝。於是灑雨血，摧霜鱗；塗野草，濺路塵。嗟乎！神化將窮，不能保其命；首尾雖在，不能衛其身。盛矣哉！聖人之草昧經綸，應乎天，順乎人。制勍敵，必示以乃武乃文；静災禍，不可以弗躬弗親。若夫龍泉黯黯，秋水湛湛；苟非斯劍，蛇不可斬。天威煌煌，神武洸洸；苟非我王，蛇不可當。是知人在威不在衆，我王也萬夫之防；器在利不在大，斯劍也三尺之長。于以讋萬物，于以威八方。曆數既終，聞素靈之夜哭；嗜欲將至，知赤帝之道昌。由是氣呑豪傑，威振幽遐；素車降而三秦歸德，朱旗建而六合爲家。彼戮鯨鯢與截犀兕，未若我提青蛇而斬白蛇。

《全唐詩》卷六四七胡曾《沛中》 漢高辛苦事干戈，帝業興隆俊傑多。猶恨四方無壯士，還鄉悲唱大風歌。

《王十朋全集・詩集》卷一〇《詠史詩・漢高帝》 百戰功成漢業新，咸陽置酒問羣臣。區區高起王陵輩，豈識龍顔善用人。

仗劍崎嶇起沛豐，衹將嫚駡馭英雄。雖然能用三人傑，已失商山四老翁。

《全宋文》卷七二〇〇真德秀《漢高文帝祝文》 漢太祖高皇帝、太宗文皇帝：惟漢之興，綿祀四百，深仁厚澤，肇於高祖而成於太宗，威神在天，實相下土。若時楚服，廟貌在焉，惟二帝之心今之嘉惠湘民者，亦無異於昔之愛漢赤子也。某叨恩假守，敢不告虔！尚惟默佑，俾克用乂。

《全宋文》卷七八〇六王柏《漢高祖像贊》 世道大變，異哉漢祖！不階尺寸，而有天下。三章之約，偶中時機。董公仁義，安識精微？

劉壎《水雲村稿・漢高帝廟賦》 豐西山水隈曲處多漢帝廟，廟像多古雅，里俗歲時致祭乞靈以爲常。按漢史帝生於豐，起於沛，戰於河南，都於秦雍，師行所至，多循江北。暮年以來，出師僅至於蘄，則大江以西，帝之馬足固未嘗辱。其後廟祀相望，無亦仁義公恕四百年默有以深入人心者，故世祀而弗忍忘與？吁，三代而降，政多以譎而不以正，庶幾無愧者，高帝爾。盛德必百世祀固宜。抑帝也仁明英武，度越後王，風起雲飛，威揚海内，千秋萬歲後，黍離麥秀，其遂棲神深山之孤廟，受野老隻雞豚蹏之祭邪。則千古英雄之志，有觸目而可悲者矣。乃引而爲之賦，曰：

陟山曲之坡陁兮，有古松之蟠屈。積楮鏹之紛披兮，見廟貌之突兀。蛛蟲絡兮頽檐，龍蛇繪兮敗壁。旒冕儼乎帝王，顧劍佩之侍側。始欲諗其何神，汔莫睹夫扁額。則見瓦礫飄風，階除落照，樵牧三五，偃蹇言笑。遂前詢夫故老，曰「此漢高帝之廟也」。於赫高皇，神武天毓，韜光振采，美石韞玉。已乃起豐、沛，王巴、蜀，戰河南，入函谷，眇西江之僻左，未嘗辱夫馬足。顧遺祠之何多，遍山

限與水曲。將非漢德深厚，漢澤悠長。皇天后土，鑒約法之三章；除苛解嬈，宜萬代烝嘗之不忘。嗟夫，芒碭二界，瑞采成龍，泗上一亭，天開帝宮。揮青萍於酒後，奪威斗於月中。時則霆迅電掣，霧滃風從，山石爲沕，草木失容。集士馬兮雲黑，列旗幟兮天紅。聲撼河、朔，勢赫川東。羣狡衆黠，束手鞠躬。開炎祀之四百，後三十世而勿窮。其威靈可謂甚雄矣哉。方其定都咸秦，控引伊洛，函關鞏固，隴蜀盤錯，觀闕岧嶤，黼扆煇爍，萬方球珙，一統正朔。宴未央，朝長樂，千官舞蹈，六師羅絡，太常奏樂，上公執爵，祝帝壽之無疆，謂與天而相若。日月幾何，山川寂寥，長陵無樹，烟雨蕭蕭。彼寒食松楸之餒，竟無人兮爲澆。則迺棲神古廟，慰我黎兆，乘彼白雲，去來縹緲。蓋星弁牢落，而受農夫蠶婦之拜奠；象貌凄涼，而饗斗酒豚蹏之祭醮。何昔盛而今衰，俛仰悲歌，不覺爲之失笑也。秋清兮木彫，屋老兮瓦飄；石鑑燼兮烟斷，土像頹兮塌摇。日色薄兮嵐霧冥，鴟鴞鳴兮風怒號。憶翦嬴而蹶項，氣蓋世而凌霄。噫，而今果安在哉！令人魂斷而意消。或曰有隆有替，從古然矣。未煩博采陳編，汎引前事，姑以近於漢者言之，則前有始皇、二世，後有備、權、操、懿，莫不奮威逞雄，角力鬭智。或豪舉而席卷，或交争而鼎峙。極意氣於一快，騁詭秘以萬計。第求子孫帝王之業，不悟世變輪迴之數。始焉肩摩轂擊，雲擾波沸；已而聲銷景没，縮首喪志。雄心斂於片木，霸氣沈於九地。蓋石火之燁乎易滅也，槿華之飄乎易墜也。其横騖絶出，聳動華夏，生平之誇豪竟，不多史官數葉之紙。信自古莫不皆然，徒以增志傷情於一喟。繇是觀之，威力氣勢，排山倒河，窮貪極暴，譏訕詆訶，然而莫能當數十年寒暑之鍛鍊，日月之消磨。雖合古今帝王之傑特，無奈此元化之密移何。瓊宫瑶臺，蕩爲浮煙飛埃矣，恩淺惠薄，豈復有遺廟之嵯峨。其仰視高帝，彌足增感。彼英靈有覺兮，寧不心恧而神瘥乎。天道人事，終有止法，儻盛極而不反，則必遞遷而周匝。惟道德之迹續延洪，勝智勇之震讋凌壓。使當百僚朝會之赫奕，而坐念千秋廟祀之毁殘，知興廢之靡常，斂威力而勿殫。

李攀龍《滄溟先生集》卷一《古樂府·大風歌》 大風沸兮雲薄天，驅萬乘兮紛來旋。紛來旋兮沛之宫，士桓桓兮福攸同。

《朱彝尊選集·詠古》 漢皇將將屈羣雄，心許淮陰國士風。不分後來輸絳灌，名高一十八元功。

《戴名世集·古史詩鍼·烹翁索羹》 心腸不硬事難成，人欲烹翁尚索羹。所斬白蛇曾附母，原來隆準是龍生。

《張之洞全集》卷二九七《詠古詩·漢高帝》 身經百敗事尋常，頑鈍終能定四方。芒碭風雲鍾佐命，鴻門神鬼護真王。英雄那解治生産，富貴何須反故鄉。莫唱西風殘照曲，長陵煙樹鬱蒼蒼。

蕭何部

綜述

《史記》卷五三《蕭相國世家》 蕭相國何者，沛豐人也。以文無害爲沛主吏掾。

高祖爲布衣時，何數以吏事護高祖。高祖爲亭長，常左右之。高祖以吏繇咸陽，吏皆送奉錢三，何獨以五。

秦御史監郡者與從事，常辨之。何乃給泗水卒史事，第一。秦御史欲入言徵何，何固請，得毋行。

及高祖起爲沛公，何常爲丞督事。沛公至咸陽，諸將皆爭走金帛財物之府分之，何獨先入收秦丞相御史律令圖書藏之。沛公爲漢王，以何爲丞相。項王與諸侯屠燒咸陽而去。漢王所以具知天下阸塞，戶口多少，彊弱之處，民所疾苦者，以何具得秦圖書也。何進言韓信，漢王以信爲大將軍。語在《淮陰侯》事中。

漢王引兵東定三秦，何以丞相留收巴蜀，填撫諭告，使給軍食。漢二年，漢王與諸侯擊楚，何守關中，侍太子，治櫟陽，爲法令約束，立宗廟社稷宮室縣邑，輒奏上，可，許以從事；即不及奏上，輒以便宜施行，上來以聞。關中事計戶口轉漕給軍，漢王數失軍遁去，何常興關中卒，輒補缺。上以此專屬任何關中事。

漢三年，漢王與項羽相距京索之閒，上數使使勞苦丞相。鮑生謂丞相曰：「王暴衣露蓋，數使使勞苦君者，有疑君心也。爲君計，莫若遣君子孫昆弟能勝兵者悉詣軍所，上必益信君。」於是何從其計，漢王大說。

漢五年，既殺項羽，定天下，論功行封。羣臣爭功，歲餘功不決。高祖以蕭何功最盛，封爲酇侯，所食邑多。功臣皆曰：「臣等身被堅執鋭，多者百餘戰，少者數十合，攻城略地，大小各有差。今蕭何未嘗有汗馬之勞，徒持文墨議論，不戰，顧反居臣等上，何也？」高帝曰：「諸君知獵乎？」曰：「知之。」「知獵狗乎？」曰：「知之。」高帝曰：「夫獵，追殺獸兔者狗也，而發蹤指示獸處者人也。今諸君徒能得走獸耳，功狗也。至如蕭何，發蹤指示，功人也。且諸君獨以身隨我，多者兩三人，今蕭何舉宗數十人皆隨我，功不可忘也。」羣臣皆莫敢言。

列侯畢已受封，及奏位次，皆曰：「平陽侯曹參身被七十創，攻城略地，功最多，宜第一。」上已橈功臣，多封蕭何，至位次未有以復難之，然心欲何第一。關內侯鄂君進曰：「羣臣議皆誤。夫曹參雖有野戰略地之功，此特一時之事。夫上與楚相距五歲，常失軍亡衆，逃身遁者數矣。然蕭何常從關中遣軍補其處，非上所詔令召，而數萬衆會上之乏絶者數矣。夫漢與楚相守滎陽數年，軍無見糧，蕭何轉漕關中，給食不乏。陛下雖數亡山東，蕭何常全關中以待陛下，此萬世之功也。今雖亡曹參等百數，何缺於漢？漢得之不必待以全。柰何欲以一旦之功而加萬世之功哉！蕭何第一，曹參次之。」高祖曰：「善。」於是乃令蕭何〔第一〕，賜帶劍履上殿，入朝不趨。

上曰：「吾聞進賢受上賞。蕭何功雖高，得鄂君乃益明。」於是因鄂君故所食關內侯邑封爲安平侯。是日，悉封何父子兄弟十餘人，皆有食邑。乃益封何二千戶，以帝嘗繇咸陽時何送我獨贏奉錢二也。

漢十一年，陳豨反，高祖自將，至邯鄲。未罷，淮陰侯謀反關中，呂后用蕭何計，誅淮陰侯，語在《淮陰》事中。上已聞淮陰侯誅，使使拜丞相何爲相國，益封五千戶，令卒五百人一都尉爲相國衛。諸君皆賀，召平獨弔。召平者，故秦東陵侯。秦破，爲布衣，貧，種瓜於長安城東，瓜美，故世俗謂之「東陵瓜」，從召平以爲名也。召平謂相國曰：「禍自此始矣。上暴露於外而君守於中，非被矢石之事而益君封置衛者，以今者淮陰侯新反於中，疑君心矣。夫置衛衛君，非以寵君也。願君讓封勿受，悉以家私財佐軍，則上心說。」相國從其計，高帝乃大喜。

漢十一年秋，黥布反，上自將擊之，數使使問相國何爲。相國爲上在軍，乃拊循勉力百姓，悉以所有佐軍，如陳豨時。客有說相國曰：「君滅族不久矣。夫君位爲相國，功第一，可復加哉？然君初入關中，得百姓心，十餘年矣，皆附君，常復孳孳得民和。上所爲數問君者，畏君傾動關中。今君胡不多買田地，賤貰貸以自汙？上心乃安。」於是相國從其計，上乃大說。

上罷布軍歸，民道遮行上書，言相國賤彊買民田宅數千萬。上至，相國謁。上笑曰：「夫相國乃利民！」民所上書皆以與相國，曰：「君自謝民。」相國因爲民請曰：「長安地狹，上林中多空地，弃，願令民得入田，毋收稾爲禽獸食。」上大怒曰：「相國多受賈人財物，乃爲請吾苑！」乃下相國廷尉，械繫之。數日，王衛尉侍，前問曰：「相國何大罪，陛下繫之暴也？」上曰：「吾聞李斯相秦皇帝，有

善歸主，有惡自與。今相國多受賈豎金而爲民請吾苑，以自媚於民，故繫治之。」王衛尉曰：「夫職事苟有便於民而請之，真宰相事，陛下柰何乃疑相國受賈人錢乎！且陛下距楚數歲，陳豨、黥布反，陛下自將而往，當是時，相國守關中，摇足則關以西非陛下有也。相國不以此時爲利，今乃利賈人之金乎？且秦以不聞其過亡天下，李斯之分過，又何足法哉。陛下何疑宰相之淺也。」高帝不懌。是日，使使持節赦出相國。相國年老，素恭謹，入，徒跣謝。高帝曰：「相國休矣！相國爲民請苑，吾不許，我不過爲桀紂主，而相國爲賢相。吾故繫相國，欲令百姓聞吾過也。」

何素不與曹參相能，及何病，孝惠自臨視相國病，因問曰：「君即百歲後，誰可代君者？」對曰：「知臣莫如主。」孝惠曰：「曹參何如？」何頓首曰：「帝得之矣！臣死不恨矣！」

何置田宅必居窮處，爲家不治垣屋。曰：「後世賢，師吾儉；不賢，毋爲勢家所奪。」

孝惠二年，相國何卒，謚爲文終侯。

後嗣以罪失侯者四世，絶，天子輒復求何後，封續酇侯，功臣莫得比焉。

雜録

備録

葛洪《西京雜記》卷一　漢高帝七年，蕭相國營未央宫。因龍首山製前殿，建北闕。未央宫周迴二十二里九十五步五尺，街道周迴七十里。臺殿四十三，其三十二在外，其十一在後。宫池十三，山六，池一、山一亦在後。宫門闥凡九十五。

李吉甫《元和郡縣圖志》卷一《關内道一・咸陽縣》　蕭何墓，在縣東北三十七里。

備論

《史記》卷五三《蕭相國世家論》　蕭相國何於秦時爲刀筆吏，録録未有奇節。及漢興，依日月之末光，何謹守管籥，因民之疾(奉)〔秦〕法，順流與之更始。淮陰、黥布等皆以誅滅，而何之勳爛焉。位冠羣臣，聲施後世，與閎夭、散宜生等爭烈矣。

《史記》卷一三〇《太史公自序》　楚人圍我滎陽，相守三年；蕭何填撫山西，推計踵兵，給糧食不絶，使百姓愛漢，不樂爲楚。

揚雄《法言・淵騫》　或問「蕭、曹」。曰：「蕭也規，曹也隨。」

王充《論衡・效力篇》　高祖行封，先及蕭何，則比蕭何於獵人，同樊、酈於獵犬也。夫蕭何安坐，樊、酈馳走，封不及馳走而先安坐者，蕭何以知爲力，而樊、酈以力爲功也。蕭何所以能使樊、酈者，以入秦收斂文書也。衆將拾金，何獨掇書，坐知秦之形勢，是以能圖其利害。衆將馳走者，何驅之也。故叔孫通定儀，而高祖以尊；蕭何造律，而漢室以寧。

《漢書》卷三九《蕭何曹參傳贊》　蕭何、曹參皆起秦刀筆吏，當時録録未有奇節。漢興，依日月之末光，何以信謹守管籥，參與韓信俱征伐。天下既定，因民之疾秦法，順流與之更始，二人同心，遂安海内。淮陰、黥布等已滅，唯何、參擅功名，位冠羣臣，聲施後世，爲一代之宗臣，慶流苗裔，盛矣哉！

《漢書》卷一〇〇下《敘傳下》　猗與元勳，包漢舉信，鎮守關中，足食成軍，營都立宫，定制修文。

《史記》卷五三《蕭相國世家》司馬貞述贊　蕭何爲吏，文而無害。及佐興王，舉宗從沛。關中既守，轉輸是賴。漢軍屢疲，秦兵必會。約法可久，收圖可大。指獸發蹤，其功實最。政稱畫一，居乃非泰。繼絶寵勤，式旌礪帶。

《張耒集》卷四〇《蕭何論》　高祖論蕭相國爲三傑之首，及論功行封，爲諸將百計論曉，卒以何爲第一，高祖之待何也可知矣。高祖之有何，是人之有五臟，木之有根，魚之有水也。使何雖有大過，猶將容之，然一日爲民請苑中地，高祖發怒，奮然如斥奴隸，使有司械繫辱之而不疑。此在常人爲之，則必以爲狂易反常，而高祖獨安爲此，其心蓋有説也，高祖知何之才而不能不疑者也。何之居

關中，用鮑生、邵平之説，而帝乃大悦。夫二生之説，淺夫畏嫌之常情也，而其術足以當帝之心，是帝於何未有無間不疑之至信也。吾未能安枕于何之心，則其心惟恐其恃功驕恣，而以我之不忍侵辱之也。故以天下之大功，一日有微罪，則以奴隸之辱加之而不疑，使何意知吾之不憚侵辱之如此，務以逆去其驕蹇之意，此高祖之術也。

其後絳侯立文帝，以天下與人，論功宜何如？一日有疑謗，下之獄吏，幾死而僅免。夫文帝非不德絳侯，其心未免于疑，如高祖之于何也。雖然，絳侯吹簫之羈民，其驍武勇鷙，疑其恃功而喜亂，恐其甚驕而逆折之可也。若蕭相國謹畏德厚之君子，雖共天下可以無疑，而馭之乃與韓、彭同術，然則文帝得之，高祖過矣。

《全宋文》卷二六九〇楊時《蕭何論》 高皇帝收民於暴秦傷殘之餘，而何秉國鈞，盡革秦苛法，與之更始，天下宜之，作「畫一」之歌。其法令，終漢世守之，莫能損益也，班固謂爲一代宗臣，豈虛語哉！然高皇帝既平天下，於功臣尤多忌刻。何爲宰輔，至出私財以助軍，買田宅以自污，以是媚上，僅能免，其甚至於械繫之猶不知引去，豈工於爲天下，而拙於謀身耶？蓋不學無聞，暗於功成身退之義，貪冒榮寵，惴惴然如持重寶，惟恐一跌；然而幾踣者亦屢矣。蓋高皇帝慢而侮人，而輕與人爵邑，故不能得廉節之士，而一時頑鈍嗜利無耻者多歸之。以何之賢，猶不免是，惜夫！

《全宋文》卷二八九二李新《蕭何論》 古之君子，言必慮其所終，行必稽其所弊，其故何哉？蓋君子之言，載之行事，傳之典册，而垂之不朽也。言而不慮，豈獨無傳哉，百世之下，有受其弊者矣。蕭何之治未央宮也，高帝以過度罪何，何曰：「天下方未定，可因以就宫室。且天子以四海爲家，非壯麗無以重威。」嗚呼！豈其不慮哉，何其失言至於如此也！以禮考之，天子之制，有三朝，有九門。以《考工》言，夏后氏有世室，商人有重屋，周人有明堂。未央之作，立東闕、北闕、武庫、太倉而已，於禮未侈也。高帝之意，以天下之衆，毒於兵戈者久矣，瘡痍者未瘳，呻吟者未絶口，不欲以土木之功重傷而亟困之也。何於此時，免冠以謝可也，援古以議可也。免冠以謝，不失爲長者；而援古以議，且足以杜後世之侈心矣，奈何區區憂後世之有加耶？謂天下方未定，可因以就宫室歟，則洛邑之營，周公爲後時矣。謂天子以四海爲家，非壯麗無以重威，則宫室之卑，夏禹爲罪人矣。言之謬悠，固可知也。夫以蕭何倉卒之對，一言之失，未爲大咎。然而青龍之間，土木并興，宫室崇侈，民力苦於重傷，國用困於不給。邇臣之言，非獨高堂隆而已也；老臣之言，非獨陳群而已也。魏帝之論，方有以杜其口而鉗其舌，以蕭何之議足以藉口也。漢魏之相去數百載矣，愚恐至此而何始有以責焉。孫盛之論，以漢承周秦之弊，宜敦簡約之化，而何崇尚宫室，示侈後嗣，此武帝千門萬户所以大興也。魏氏之興，四海方罹塗毒之苦，而述蕭何之過議，豈不昧於得失之理哉？若盛者，可謂確論矣。古者之言，以蕭何之佐漢，豈不謂忠臣哉？一言之失，從而責之，則天下無完人矣。嗚呼，是豈知言者哉？蓋君子不以人廢言，亦不以言廢人。陽虎之言，孟子之所取，有爲神農之言者，孟子之所去。去取之間，如此而已。《詩》曰：「白圭之玷，尚可磨也。斯言之玷，不可爲也。」嗚呼，豈何之謂哉？

《全宋文》卷三一〇二蘇過《蕭何論》 論曰：蕭何請上林苑以與民，高祖大怒而械繫之廷尉。高祖疑其受賈人之金乎？曰：非也。使真受賈人之金，亦不責也。陳平請金四萬斤，以間疏楚君臣，未嘗問其出入，乃疑相國以私乎？蕭何强賤買關中田宅以自污，上心乃安，又何責其受金也哉！然則何怒之遽也？曰：久矣，高祖之欲爲此繫也！其爲子孫謀也深矣！盧綰與之同里閈，生亦同時，少長相狎，羣臣莫與爲比。然一旦之燕，則以反聞，是羣臣舉不可信矣！而蕭何居可疑之地，有可疑之勢，特未反耳。其鎮撫關中十有餘年，恩德洽于百姓，而高祖連歲在外，關中之民，知有何而已。縛淮陰如嬰兒，脱吕后、孝惠於危死，其智力豈小小哉！帝百歲後，母老子少，得安枕而卧乎？高祖蓋以是卜也。曰：「卜何之反乎？」何安敢反也。卜之於是民耳。請苑而不許，又械繫之，民德何而怒我也必也。若匈匈有動摇之情，是劉氏之澤不逮也，得不爲子孫之謀哉！故曰：「欲令百姓聞吾過。」是以此卜也。不然，豈不知「職事有便於民而請之，真宰相之事也」歟？嗚呼！功臣之難，自古而然乎。何之必不反，蓋自今觀之矣。當是時，變起無虛歲，非特君疑臣，臣亦自疑而欲反。蕭何處於其間，蓋亦自危哉。賈生有言：「韓信最强，最先反。」愚以謂不然。信之英傑，不能爲人下者也，雖居關中，猶欲以囚徒反，豈國大兵彊使然哉！蕭何、留侯、韓信皆稱人傑，高祖所畏也。然何以素謹畏得全，雖老，得釋猶徒跣入謝，此豈韓信所能效哉！然致是紛紛者，有愧留侯矣。

《全宋文》卷四三七〇王之望《蕭何論》 作史者記人之言，必有以文之，後人感其文而因以失其實者有矣，蕭何未央之事是已。傳稱何修未央宫，上見其

壯麗，甚怒，謂何曰：「天下匈匈，勞苦數歲，成敗未可知，是何治宮室過度也？」何曰：「天下方未定，故可因以就宮室。且天子以四海爲家，非壯麗無以重威，且無令後世有以加也。」議者非之，以何爲不知所務。嗚呼！如何之賢，豈導其君於侈靡，益後嗣以宮室者哉！以謂帝室皇居，所以觀示萬國，今雖草創，後必有所增加，與其侈於子孫，不若高帝之自爲也。是時民出於戰國秦項之後，習於勞苦之餘，用之雖勤，無所歸怨。若天下已定，人皆自寧，不可以復動矣。且民嘗睹阿房離宮，窮極奢麗，則未央之制雖稍過度，未必以爲侈也。若宮室既備，人知苟美之可安，則不可以復營矣，故蕭何於此稍加壯麗，使子孫數十百年之内無所增益，以休息斯民。若宮室卑陋，不足以隆上國之觀，高帝居之何所不可？易世之後，姦臣有以發其口，少主得以啓其心，土木一興，其禍有不可勝言者，所以高帝聞何之言而説也，故曰「無令後世有以加」也。史稱文帝在位，宮室苑囿無所增加。雖帝恭儉出於天資，然其不作靈臺，必曰「朕奉先帝宮室，常恐羞之，何以臺爲」，則未必不以高帝所營固已壯麗，不必有所加也。由是言之，惠、呂、文、景四世百年，天下承平，而無宮室之役者，豈非蕭何之慮乎？及武帝之世，何之所營弊矣，於是大興土木，天下爲之騷動。然漢之基業已固，故役雖苦而民不摇。向使武帝之役起於惠、呂、文、景之間，則天下幾何而不亂哉？議者以武帝之侈爲蕭何啓之，而不知惠、呂、文、景之不爲者，未必非蕭何之力也。傳稱何買田宅必於窮僻處，爲家不治垣屋，曰：「後世賢，師吾儉；不賢，無爲勢家所奪。」何之治家爲國，預爲後世計大率如此，豈其儉於家而侈於國乎？豈治家則欲子孫師其儉，爲國則以壯麗勝子孫乎？此必不然者。況崇大宮室以爲淫侈之觀，使後世無以加，庸人皆知其不可，而高帝聞之，何所悟而説也？然則觀史者能不以文害辭，則庶幾矣。

葉適《習學記言序目》卷一九《史記一·世家》 蕭何雖不逮古人，然漢非何不興也。遷既不能品第其人，而始但輕之爲刀筆吏，終遽與閎、散争烈，伊尹、傅説未嘗無賤微之誚，此固何足論，然又何閎、散之易爲乎？漢高之德與力比，非有尺寸，而以何爲磐桓，故能建侯；未知勞苦、置衛、繫獄者，發於褊宕而然耶，抑亦有流言之謂耶？遷殊不能辨，而後世因之，使人廢卷嘆息而已。

葉適《習學記言序目》卷二一《漢書一·帝紀》 高帝言「填國家，撫百姓，給餉饋，不絶糧道，不如蕭何」，與張、韓分功，此言蕭何之粗者，實未知何也。漢得天下，專蕭何之力，不獨漢，乃與後世得天下者起樣子。蓋古人之經綸，至是已滅絶不復見矣。高祖又自謂「馬上得之」，使馬上果可得，烏得前困項羽，後困匈奴耶？司馬遷言「何依日月之末光」，着實處豈可用讚頌常語？但何之材智自有所止爾！

《全宋文》卷六四四三易祓《蕭曹丙魏孰優論》 大臣之用天下，固當維持天下之治體，而末節不與焉。即其區區之末節而較其一時之所長，則其著見於事業者，固不能無等級之辨，然非所以論大臣用天下之道也。治天下有定體，大抵寬大樂易者有經久之謀，而剛鋭果敢者皆迫切之計。爲大臣者固當培植國本，固結人心，使天下之治至於千萬世而不窮焉可也。苟惟治體之不察，而一切之嚴毅者究心焉，則其目前之效非不聳然甚可喜，而治道之元氣索矣。昔者漢家之治源深流長，誠不以一時之嚴毅者爲之也。蕭何之畫一，曹參之清浄，丙吉之長者，是固足維持漢家仁厚之政。而魏相獨以嚴毅聞。嚴毅非不足以爲政也，而漢家之治體果如是乎？君子於是而考明之，則四子之所以用漢者，殆不容無所辨。蕭、曹、丙、魏孰優？請因班固之贊而申之。有一代之治必有一代之治體，而其所以輔贊彌縫、於不可終窮之地者，要必有以任其責也。苗民之弗率，聲其罪而誅之無難也，而禹之相舜，乃汲汲於班師之舉。商民之弗靖，雖鋤而絶之勿恤焉可也，而周公之相成王，乃諄諄乎「姑惟教之」之言。夫優游和緩之不足以制天下之變固也，而聖人之心顧乃委其自安，待其自定，何也？蓋不如是，則不足以維持天下之治體也。然則三代之所以爲有道之長者，其以此歟！西劉之興，固不可以三代之治責之也。然高祖天資仁厚，出秦民於湯火之餘，而納之於衽席之上。蕭、曹二子亦且静愿少事，而足以爲天下安養休息之政。夫是以一代之治體，可以久傳而無後患。自武而宣，則其渾厚之氣已少蠹矣。丙吉之長者，猶足以扶其顛而反其墜。至於魏相之嚴毅，則又益甚焉，是不可以不辨也。而世之論者則曰：蕭何以民田而自汙，其視夫相之稱上意者爲孰愈？曹參以醇飲而自肆，其視夫相之總領衆職者爲孰優？丙吉聞匈奴之警，而後任科瑣邊吏之責，其視夫相之識兵略者爲孰勝？自是而觀，則相之才智自足以震耀於一時，而非三子之所可及也。然君子不觀其才智之所用，而深考其維持治體之所在，則優劣之辨，始有可得而論者。采《明堂》、《月令》之説，而不知其品式之繁，誠不若三章之約爲簡且易也。奏賈誼、晁錯之言，而不知其陷於刑名之過，誠不若獄市不擾者之爲安且久也。稔霍氏之禍，而不能救趙、蓋、楊、韓之誅，誠不若三公不按吏者之爲無後悔也。三子之所以維持治體者，相果能之乎？相當

宣帝嚴毅之朝，而不知守高帝仁厚之治，顧乃耗天下之脉，而滋天下之變，則三子之智似不如是。君子於是而觀之，則其人才之優劣，蓋有定論矣。雖然，漢家仁厚之治，是固不可以不守也。然文帝之朝，公卿大夫風流篤厚，耻言人過，其仁厚可知也。至於周勃之椎魯，申屠之木强，是雖不至於激天下之變，而亦何補於漢家一代之治？吁，治天下之道，不病於法制之不詳，正病於法制之過詳也；不病於政令之不嚴，正病於政令之過嚴也。用天下者，苟能因其一代之體，而守其一定之法，則仁厚之澤，雖至今存可也。蕭曹遠矣，丙吉之長者固莫得而見矣。與其爲魏相之嚴毅，而至於虧天下渾厚之氣，固不若申屠、周勃之徒，雖不足以聳天下之觀聽，而亦不至於激天下之多事也。君子其可不爲之辨明乎？今觀班固之於數子，一概而論之，且曰君臣一體，相待而成。則夫蕭、曹、丙、魏之得君行道，是固不可以優劣辨。然獨於魏相之嚴毅，而謂其不如吉之寬，則班固之論，蓋亦深識乎天下治體，而非泛然之論也。猶之一身焉，爲康强無事之時，而投之以决裂瞑眩之藥，非徒無益，而又害之，此治體之説也。固之論數子，則亦主乎此而已矣，學者當以是求之。謹論。

黄震《古今紀要》卷二《西漢》 蕭何佐命功臣，漢相最優，正與高祖合。不學而性明達，本刀筆吏而不刻，漢大抵以法令爲師自何始。收圖書，諫攻羽，鎮撫關中，薦韓信。關中天下根本，高帝疑何最甚。方帝距京索間，非用鮑生計遣子弟詣軍，何幾族。及自將邯鄲，非用召平計悉家財佐軍，何幾族。其後自將擊黥布，非用説客計買田宅自汙，何幾族。帝出關東而關中動息必窺之，何常設詐免死，稍請死則械係已及，蓋惟恐何得人心。

鍾惺《隱秀軒集》卷二三《論二・蕭相國》 蕭相國，朴忠人也，明於國家大計，而智不暇及身。守關中，上使使勞苦丞相，賴鮑生言遣子弟之軍而悟；使使益封，置衛衛之，賴召平言出家財佐軍而悟；上擊黥布，使使問：「相國何爲？」益逼矣，賴客教以買田地自汙而悟；至上且喜，令其自謝民，乃爲民請苑，自媚於民，益犯上所忌，又若與其買田自汙之計相反者，所以上一旦繫之不疑。王衛尉之説，猶未能使上釋然。雖使使出相國，帝猶不懌。相國徒跣謝，上曰：「我不許，我不過爲桀、紂主，而相國爲賢相。」明其德歸己而過歸君，其忌尚在也。而相國猶若不知。稍知自爲者若是乎？其得免者倖矣。故曰蕭相國朴忠人也。若曹參則藏身甚妙，然術彌工而心彌苦矣。

包世臣《齊民四術》卷九《蕭何功第一論》 帝王之起也，必萃羣材；而羣材之輸力也，又必有一人焉，主持其成敗得失之。故其關係之大，機樞之捷，非深明於立國本政者不與知，非如攻城略地、斬將搴旗之顯赫衆人耳目間也。

昔漢高祖既滅項氏，大封功臣，以蕭何爲第一，諸將不服，高祖喻以人狗之説。及論位次，諸臣又首推曹參。鄂千秋以何素守關中，遣軍補遺，給食不乏，爲功在萬世，然後何爲第一之論定。高祖嘗論三傑曰：「運籌帷幄，決勝千里，吾不如子房；鎮國家，安百姓，給餽餉，不絶糧道，吾不如蕭何；連百萬之軍，戰必勝，攻必取，吾不如韓信。」似高祖之意，亦首良而次何。史公謂「良從容言上事甚衆，非天下所以存亡，皆不著」。似史公之意，亦以漢之存亡繫之良。又比信於周、召、太公，而齒何之烈於閎、散，則又以何居信後。然則高祖之心欲何第一者，其果以何爲故人而私之乎？

吾嘗觀項氏既得天下而卒失之者，而知何之功在漢廷爲最盛也。項羽暴戾滅秦，所擊者破，所當者服。初入關，幾危高祖。及軍滎陽，侵奪甬道，相守廣武，漢軍屢敗。當漢王乘虚劫五諸侯兵破彭城，奪其根木，衆盛至五十六萬，而項王以三萬人奔回擊之，一日幾盡。及劃鴻溝東歸，漢兵追之，又大敗。雖垓下諸侯皆會，然猶敗信兵。是信雖善戰，尚非項王敵，而知項氏之不滅於信也。

夫項羽擊齊，漢王遂得以入彭城，是項羽無謹守管籥如何者也。故淮陰乞三萬人，破魏、趙、燕、齊，以絶楚糧道，彭越數反梁地，與劉賈抄絶楚糧。項王内無可以托國之良臣，懸軍深入八九百里，迫於險阻不能進，兵雖屢勝，而力疲食少，是以漢王得乘敝以破之。假使項王有治内之臣，肘腋有備，輜重相繼，則進可以兼并，退亦不至於敗亡矣。高祖獨懷遠慮，以全秦委何，兵雖屢敗於外，而内顧無憂，養鋒待時，以暇制急。是故漢無良、信，固未必削平天下；若無何儲兵峙糧以濟困乏，則一敗不可復振。人乘其虚，不惟良之智、信之勇，未必有成，即關中之地安能保乎？楚之敗也如彼，漢之興也如此，則信乎何功在萬世矣！

淮陰陳兵擊趙，廣武君説陳餘曰：「韓信糧食在後，願得奇兵絶其輜重。」龍且救楚，或曰：「漢兵鋒不可當，深壁待之，其勢無所得食，可無戰而降。」故深知兵者，未有不以糧道爲先。則何之安百姓、給餽餉、不絶糧道，是非惟善治國也，其於治兵，亦非「身被七十創者」所可比擬矣。然高祖之折諸將也，以何之功爲「發蹤指示」。余謂良常畫奇策，庶足當此，雖韓信亦在指使之中，以頌何守關之

功，固爲不稱。然而何之功無可與比者，固不必藉高祖之言以增重也。

李光地《榕村續語録》卷八《歷代》　坑儒者漢高也，非秦皇也；焚書者，蕭何也，非李斯也。高祖時，若肯引用耆舊，當時遺老如魯二生之類，自有見聞，而不用，可惜哉！蕭何原是做書辦人，但知收秦府圖籍，爲錢粮兵馬計，而經書皆棄置不問。項羽一炬，乃盡澌滅。當時所禁，禁民間藏書，非謂官庫也。所謂「王府則有」者，固在也。

藝文

《全唐詩》卷一四七劉長卿《送李使君貶連州》　獨過長沙去，誰堪此路愁。秋風散千騎，寒雨泊孤舟。賈誼辭明主，蕭何識故侯。漢廷當自召，湘水但空流。

《高適集・留上李右相》　風俗登淳古，君臣挹大庭。深沉謀九德，密勿契千齡。獨立調元氣，清心豁窅冥。本枝連帝系，長策冠生靈。傳説明殷道，蕭何律漢刑。鈞衡持國柄，柱石總賢經。隱軫江山藻，氛氳鼎鼐銘。興中皆白雪，身外即丹青。江海呼窮鳥，詩書問聚螢。吹噓成羽翼，提握動芳馨。倚伏悲還笑，棲遲醉復醒。恩榮初就列，含育忝宵形。有竊丘山惠，無時枕席寧。壯心瞻落景，生事感流萍。莫以才難用，終期善易聽。未爲門下客，徒謝少微星。

《全唐詩》卷二三七錢起《故相國苗公挽歌》　灞陵誰寵葬，漢主念蕭何。盛業留青史，浮榮逐逝波。隴雲仍作雨，薤露已成歌。悽愴平津閣，秋風弔客過。

《全宋文》卷二一九五孔武仲《蕭何收秦圖籍頌》　漢有宗臣，蕭氏何名。當高祖伐秦，實佐其行。入於咸陽，秦帝之京。金帛財物，諸將所争。而何於此時，惟圖籍是收，丞相、御史二府之書，獨發其藏，而載以車。至於高祖取天下而有成功，雖韓、彭轉鬬於外，平、良効策於中，若夫四海形勢，山川阨塞，民所疾苦，户口虚實，指掌可知，伊何之力！蓋事之所以不治者，以不定之於其初，至缺乃悔，其何如？惟何聰明，超然特立。方衆人之擾擾，而思慮之所不及，其争則捐，其棄我拾。始之所爲，若甚迂緩，至其用之，乃世最急。此其所以論功第一，爲傑之元，聲施後世，慶流子孫。嗚呼！千載之下，誰如古人。

李昱《草閣詩集》卷五《詠史・蕭何》　刀筆區區起沛豐，經綸事業盡關中。撫民爲有三章法，轉餉能先百戰功。漢祖難忘上林苑，韓侯誰使未央宮。可憐一代興王略，只與當時主吏同。

吴偉業《吴梅村全集》卷一八《蕭何》　蕭相營私第，他年畏勢家。豈知未央殿，壯麗只棲鴉。

羅文俊《詁經精舍文續編》卷八汪述孫《讀史・蕭何》　漫將功狗例功人，閎散之間見藎臣。芻粟輓輸終滅楚，山河圖籍早收秦。五錢奉贐情殊厚，一將登壇識最真。保得田園與孫子，始知刀筆有經綸。

羅文俊《詁經精舍文續集》卷八朱大紳《讀史・蕭何》　莫因刀筆笑英雄，圖籍先收第一功。能轉軍需原吏職，漸寬書禁有儒風。令言枉效成名迫，耶律終看賜姓同。一事猶留遺憾在，淮陰飲恨未央宫。

羅文俊《詁經精舍文續集》卷八洪昌燕《讀史・蕭何》　一代真人起沛豐，漢家夾輔仗元功。心知國士追亡急，手定朝章約法公。終保勳名全相體，但收圖籍見儒風。寇恂異日資光武，河内關中事業同。

羅文俊《詁經精舍文續集》卷八陳鏡涵《讀史・蕭何》　圖籍收來第一功，平生政績在關中。爲蘇民困除苛法，欲壯皇居治漢宫。薦信登壇緣愛士，舉參代相是能公。出身末吏休輕議，千古儒臣拜下風。

《張之洞全集》卷二九七《咏古詩・蕭何》　手扶日月起泥塗，刀筆誰能薄吏胥。坐擁神皋建宗稷，先争始計在圖書。壁璫零落生秋草，令甲叢殘化蠹魚。天監永元終受籙，規隨食報竟何如。

曹參部

綜述

《史記》卷五四《曹相國世家》 平陽侯曹參者，沛人也。秦時爲沛獄掾，而蕭何爲主吏，居縣爲豪吏矣。

高祖爲沛公而初起也，參以中涓從。將擊胡陵、方與，攻秦監公軍，大破之。東下薛，擊泗水守軍薛郭西。復攻胡陵，取之。徙守方與。方與反爲魏，擊之。豐反爲魏，攻之。賜爵七大夫。擊秦司馬㞶軍碭東，破之，取碭、狐父、祁善置。又攻下邑以西，至虞，擊章邯車騎。攻爰戚及亢父，先登。遷爲五大夫。北救阿，擊章邯軍，陷陳，追至濮陽。攻定陶，取臨濟。南救雍丘，擊李由軍，破之，殺李由，虜秦候一人。秦將章邯破殺項梁也，沛公與項羽引而東，楚懷王以沛公爲碭郡長，將碭郡兵。於是乃封參爲執帛，號曰建成君。遷爲戚公，屬碭郡。

其後從攻東郡尉軍，破之成武南。擊王離軍成陽南，復攻之杠里，大破之。追北，西至開封，擊趙賁軍，破之，圍趙賁開封城中。西擊秦將楊熊軍於曲遇，破之，虜秦司馬及御史各一人。遷爲執珪。從攻陽武，下轘轅、緱氏，絶河津，還擊趙賁軍尸北，破之。從南攻犨，與南陽守齮戰陽城郭東，陷陳，取宛，虜齮，盡定南陽郡。從西攻武關、嶢關，取之。前攻秦軍藍田南，又夜擊其北，秦軍大破，遂至咸陽，滅秦。

項羽至，以沛公爲漢王。漢王封參爲建成侯。從至漢中，遷爲將軍。從還定三秦，初攻下辯、故道、雍、斄。擊章平軍於好畤南，破之，圍好畤，取壤鄉。擊三秦軍壤東及高櫟，破之。復圍章平，章平出好畤走。因擊趙賁、內史保軍，破之。東取咸陽，更名曰新城。參將兵守景陵二十日，三秦使章平等攻參，參出擊，大破之。賜食邑於寧秦。參以將軍引兵圍章邯於廢丘。以中尉從漢王出臨晉關。至河內，下脩武，渡圍津，東擊龍且、項他定陶，破之。東取碭、蕭、彭城。擊項籍軍，漢軍大敗走。參以中尉圍取雍丘。王武反於〔外〕黄，程處反於燕，往擊，盡破之。柱天侯反於衍氏，又進破取衍氏。擊羽嬰於昆陽，追至葉。還攻武彊，因至滎陽。參自漢中爲將軍中尉，從擊諸侯，及項羽敗，還至滎陽，凡二歲。

高祖（三）〔二〕年，拜爲假左丞相，入屯兵關中。月餘，魏王豹反，以假左丞相別與韓信東攻魏將軍孫遫軍東張，大破之。因攻安邑，得魏將王襄。擊魏王於曲陽，追至武垣，生得魏王豹。取平陽，得魏王母妻子，盡定魏地，凡五十二城。賜食邑平陽。因從韓信擊趙相國夏說軍於鄔東，大破之，斬夏說。韓信與故常山王張耳引兵下井陘，擊成安君，而令參還圍趙別將戚將軍於鄔城中。戚將軍出走，追斬之。乃引兵詣敖倉漢王之所。韓信已破趙，爲相國，東擊齊。參以右丞相屬韓信，攻破齊歷下軍，遂取臨菑。還定濟北郡，攻著、漯陰、平原、鬲、盧。已而從韓信擊龍且軍於上假密，大破之，斬龍且，虜其將軍周蘭。定齊，凡得七十餘縣。得故齊王田廣相田光，其守相許章，及故齊膠東將軍田既。韓信爲齊王，引兵詣陳，與漢王共破項羽，而參留平齊未服者。

項籍已死，天下定，漢王爲皇帝，韓信徙爲楚王，齊爲郡。參歸漢相印。高帝以長子肥爲齊王，而以參爲齊相國。以高祖六年賜爵列侯，與諸侯剖符，世世勿絶。食邑平陽萬六百三十户，號曰平陽侯，除前所食邑。

以齊相國擊陳豨將張春軍，破之。黥布反，參以齊相國從悼惠王將兵車騎十二萬人，與高祖會擊黥布軍，大破之。南至蘄，還定竹邑、相、蕭、留。

參功：凡下二國，縣一百二十二；得王二人，相三人，將軍六人，大莫敖、郡守、司馬、候、御史各一人。

孝惠帝元年，除諸侯相國法，更以參爲齊丞相。參之相齊，齊七十城。天下初定，悼惠王富於春秋，參盡召長老諸生，問所以安集百姓，如齊故（俗）諸儒以百數，言人人殊，參未知所定。聞膠西有蓋公，善治黄老言，使人厚幣請之。既見蓋公，蓋公爲言治道貴清静而民自定，推此類具言之。參於是避正堂，舍蓋公焉。其治要用黄老術，故相齊九年，齊國安集，大稱賢相。

惠帝二年，蕭何卒。參聞之，告舍人趣治行，「吾將入相」。居無何，使者果召參。參去，屬其後相曰：「以齊獄市爲寄，慎勿擾也。」後相曰：「治無大於此者乎？」參曰：「不然。夫獄市者，所以并容也，今君擾之，姦人安所容也？吾是以先之。」

參始微時，與蕭何善；及爲將相，有郤。至何且死，所推賢唯參。參代何爲漢相國，舉事無所變更，一遵蕭何約束。

擇郡國吏木詘於文辭，重厚長者，即召除爲丞相史。吏之言文刻深，欲務聲名者，輒斥去之。日夜飲醇酒。卿大夫已下吏及賓客見參不事事，來者皆欲有言。至者，參輒飲以醇酒，間之，欲有所言，復飲之，醉而後去，終莫得開說，以爲常。

相舍後園近吏舍，吏舍日飲歌呼。從吏惡之，無如之何，乃請參游園中，聞吏醉歌呼，從吏幸相國召按之。乃反取酒張坐飲，亦歌呼與相應和。

參見人之有細過，專掩匿覆蓋之，府中無事。

參子窋爲中大夫。惠帝怪相國不治事，以爲「豈少朕與」？乃謂窋曰：「若歸，試私從容問而父曰：『高帝新弃羣臣，帝富於春秋，君爲相，日飲，無所請事，何以憂天下乎？』然無言吾告若也。」窋既洗沐歸，閒侍，自從其所諫參。參怒，而笞窋二百，曰：「趣入侍，天下事非若所當言也。」至朝時，惠帝讓參曰：「與窋胡治乎？乃者我使諫君也。」參免冠謝曰：「陛下自察聖武孰與高帝？」上曰：「朕乃安敢望先帝乎！」曰：「陛下觀臣能孰與蕭何賢？」上曰：「君似不及也。」參曰：「陛下言之是也。且高帝與蕭何定天下，法令既明，今陛下垂拱，參等守職，遵而勿失，不亦可乎？」惠帝曰：「善。君休矣！」

參爲漢相國，出入三年。卒，謚懿侯。子窋代侯。百姓歌之曰：「蕭何爲法，顜若畫一；曹參代之，守而勿失。載其清浄，民以寧一。」

《史記》卷五四《曹相國世家》裴駰集解引　張華曰：「曹參，字敬伯。」

李吉甫《元和郡縣圖志》卷一《關内道一・咸陽縣》　曹參墓，在縣東北三十五里。

雜録

備録

韓嬰《韓詩外傳》卷七　齊有隱士東郭先生、梁石君，當曹相國爲齊相也，客謂匱生曰：「夫東郭先生、梁石君，世之賢士也。隱於深山，終不詘身下志以求仕者也。吾聞先生得謁曹相國，願先生爲之先。臣里婦與里母相善。婦見疑盜肉，其姑去之，恨而告于里母，里母曰：『安行。今令姑呼汝。』即束藴請火去婦之家，曰：『吾犬争肉相殺，請火治之。』姑乃直使人追去婦還之。故里母非談説之士，束藴請火，非還婦之道也，然物有所感，事有適可。何不爲之先？」匱生曰：「愚恐不及。然請盡力爲東郭先生、梁石君束藴請火。」於是乃見曹相國曰：「臣之里有夫死三日而嫁者，有終身不嫁者。則自爲娶，將何娶焉？」相國曰：「吾亦娶其終身不嫁者耳。」匱生曰：「齊有隱士東郭先生、梁石君，世之賢士也。隱於深山，終不詘身下志以求仕。相國娶婦，欲娶其不嫁者，取臣獨不取其不仕之臣耶？」於是曹相國因匱生束帛安車迎東郭先生、梁石君，厚客之。《詩》曰：「既見君子，我心則降。」

《史記》卷五二《齊悼惠王世家》　魏勃父以善鼓琴見秦皇帝。及魏勃少時，欲求見齊相曹參，家貧無以自通，乃常獨早夜埽齊相舍人門外。相舍人怪之，以爲物，而伺之，得勃。勃曰：「願見相君，無因，故爲子埽，欲以求見。」於是舍人見勃曹參，因以爲舍人。一爲參御，言事，參以爲賢，言之齊悼惠王。悼惠王召見，則拜爲内史。始，悼惠王得自置二千石。及悼惠王卒而哀王立，勃用事，重於齊相。

《漢書》卷四五《蒯通傳》　至齊悼惠王時，曹參爲相，禮下賢人，請通爲客。

初，齊王田榮怨項羽，謀舉兵畔之，劫齊士，不與者死。齊處士東郭先生、梁石君在劫中，强從。及田榮敗，二人醜之，相與入深山隱居。客謂通曰：「先生之於曹相國，拾遺舉過，顯賢進能，齊國莫若先生者。先生知梁石君、東郭先生世俗所不及，何不進之於相國乎？」通曰：「諾。臣之里婦，與里之諸母相善也。里婦夜亡肉，姑以爲盜，怒而逐之。婦晨去，過所善諸母，語以事而謝之。里母曰：『女安行，我今令而家追女矣。』即束緼請火於亡肉家，曰：『昨暮夜，犬得肉，争鬭相殺，請火治之。』亡肉家遽追呼其婦。故里母非談説之士也，束緼乞火非還婦之道也，然物有相感，事有適可。臣請乞火於曹相國。」乃見相國曰：「婦人有夫死三日而嫁者，有幽居守寡不出門者，足下即欲求婦，何取？」曰：「取不嫁者。」通曰：「然則求臣亦猶是也，彼東郭先生、梁石君，齊之俊士也，隱居不嫁，未嘗卑節下意以求仕也。願足下使人禮之。」曹相國曰：「敬受命。」皆以爲上賓。

《漢書》卷三九《曹參傳》顏師古注　師古曰：「參自以戰鬭功多，而封賞每在何後，故怨何也。」

洪邁《容齋續筆》卷一〇《曹參不薦士》　曹參代蕭何爲漢相國，日夜飲酒不事事，自云：「高皇帝與何定天下，法令既明，遵而勿失，不亦可乎！」是則然矣，然以其時考之，承暴秦之後，高帝創業尚淺，日不暇給，豈無一事可關心者哉？其初相齊，聞膠西蓋公善治黄、老言，使人厚幣請之。蓋公爲言治道貴清浄而民自定。參於是避正堂以舍之，其治要用黄、老術。故相齊九年，齊國安集。然入相漢時，未嘗引蓋公爲助也。齊處士東郭先生、梁石君隱居深山，蒯徹爲參客，

或謂徹曰：「先生之於曹相國，拾遺舉過，顯賢進能，二人者，世俗所不及，何不進之於相國乎！」徹以告參，參皆以爲上賓。徹善齊人安其生，嘗干項羽，羽不能用其策。羽欲封此兩人，兩人卒不受。凡此數賢，參皆不之用，若非史策失其傳，則參不薦士之過多矣。

葉適《習學記言序目》卷一九《史記一・世家》 曹參言「陛下垂拱，參等守職，遵而勿失」，此語持之甚難。然則歌呼應和，正爲永日計，非所謂盤樂怠傲以求禍者也，小人所見不遠，故以不能有所改作爲疑。雖然，以惠帝之仁，不幸而吕氏已執其柄；不然，則參之所守當更别論。

黄震《古今紀要・西漢》 曹參：苦戰七十餘，天下方定，遠相齊國，故不見疑，亦未必非帝有心遠之。得蓋公清浄之説治齊，後相漢亦只相齊規模，蕭規曹隨，清浄畫一，雖非開濟之道，不作聰明，不求勝前人，最爲賢德，亦隱然之功。

方回《續古今考》卷二五《以曹參爲齊相國》 紫陽方氏曰：參本沛獄掾，從沛公起，百戰將也，而知學問乃如此。孝惠二年入相，故相齊九年。惠帝除諸侯，相國更爲齊丞相。黥布反，參從悼惠王，將車騎十二萬，與高祖會擊黥布軍，大破之。齊七十三縣，軍與車騎十二萬衆，强大之國也。宜高祖以愛子信臣鎮之，參文武全才，所謂黄老之學。

《劉熙載文集・昨非集》卷一《曹參》 曹參有舍人入見，參問曰：「我之爲將何如？」辭讓若不敢言者再。又問曰：「外人之稱我者何如？」曰：「功則多矣，惜掩於韓將軍。且君，漢王之故人也；韓將軍以後來，而君爲其屬，人多爲君耻之。君不若自請於漢王，勿與之俱，則君之功，足以暴於天下矣。」參笑而應之曰：「諾。」次日，召舍人謂之曰：「參至不肖，而吾子從之不去，何也？」曰：「以君之高義，善必録而勞不蔽也。此如蛩蛩駏虚之負蟨，蟨必分甘草以食之，未嘗枉其力也。」參曰：「吾聞世之爲大將而私且忮者，功則歸己，過則歸下。今吾以功見稱於人者，惟韓將軍能與我共功，而不相掩也。向使所屬非韓將軍，且得致此乎？夫韓將軍亦吾之蟨也。子願爲蛩恐駏虚，乃欲吾失吾蟨何邪？」

備論

《史記》卷五四《曹相國世家贊》 曹相國參攻城野戰之功所以能多若此者，以與淮陰侯俱。及信已滅，而列侯成功，唯獨參擅其名。參爲漢相國，清静極言合道。然百姓離秦之酷後，參與休息無爲，故天下俱稱其美矣。

《史記》卷一三〇《太史公自序》 與信定魏，破趙拔齊，遂弱楚人。續何相國，不變不革，黎庶攸寧。嘉參不伐功矜能。【略】自曹參薦蓋公言黄老，而賈生、晁錯明申、商，公孫弘以儒顯，百年之閒，天下遺文古事靡不畢集太史公。

王充《論衡・自然篇》 今則不然，生庸庸之君，失道廢德，隨譴告之，何天不憚勞也？曹參爲漢相，縱酒歌樂，不聽政治。其子諫之，笞之二百。當時天下無擾亂之變。淮陽鑄僞錢，吏不能禁，汲黯爲太守，不壞一鑪，不刑一人，高枕安卧，而淮陽政清。夫曹參爲相，若不爲相；汲黯爲太守，若郡無人。然而漢朝無事，淮陽刑錯者，參德優而黯威重也。計天之威德，孰與曹參、汲黯？而謂天與王政，隨而譴告之，是謂天德不若曹參厚，而威不若汲黯重也。

《漢書》卷三九《曹參傳贊》 蕭何、曹參皆起秦刀筆吏，當時録録未有奇節。漢興，依日月之末光，何以信謹守管籥，參與韓信俱征伐。天下既定，因民之疾秦法，順流與之更始，二人同心，遂安海内。淮陰、黥布等已滅，唯何、參擅功名，位冠羣臣，聲施後世，爲一代之宗臣，慶流苗裔，盛矣哉！

《漢書》卷一〇〇下《敘傳下》 平陽玄默，繼而弗革，民用作歌，化我淳德。漢之宗臣，是謂相國。

《晉書》卷七二《郭璞列傳》 〔郭璞上疏東晉元帝〕夫法令不一則人情惑，職次數改則覬覦生，官方不審則秕政作，懲勸不明則善惡渾，此有國者之所慎也。臣竊爲陛下惜之。夫以區區之曹參，猶能遵蓋公之一言，倚清靖以鎮俗，寄市獄以容非，德音不忘，流詠于今。

《史記》卷五四《曹相國世家》司馬貞述贊 曹參初起，爲沛豪吏。始從中涓，先圍善置。執珪執帛，攻城略地。衍氏既誅，昆陽失位。北禽夏説，東討田溉。剖符定封，功無與二。市獄勿擾，清浄不事。尚主平陽，代享其利。

《全宋文》卷三五一夏竦《曹參守職論》 漢曹參自齊入相，飲酒繼日，惠帝讓之。參謝曰：「陛下自察神武孰與高皇帝？」上曰：「朕安敢望先帝。」「觀臣孰與蕭何？」上曰：「似不及也。」參曰：「陛下之言是也。且皇帝與蕭何定天下，具法令，陛下垂拱，參等守職，遵而勿失，不亦可乎？」吁，君之不逮在賢隽，致之則堯舜可也；己之不逮在道德，進之則臯夔可也。況世革秦弊，時在守文。創業之君，則兵以詭勝，事以時設，有刑戮之威而無繩墨之制。高皇帝承秦弊而

起，遠近響應，數年之間，平定四海。暨繼世之君則當守仁義，循法度，制禮樂，易章服，撫内外，明刑罰，官賢材，親宗族，所以基太平而遵王道也。《傳》所謂「王者必世而後仁」。故文武之政，周公制之。成王襁褓而德及三代，豈成王之德參于文武乎？參上不能致君，下不能自强，況治民乎？君則限以高祖，己則限以蕭何，而不知古聖賢有殊功異代者矣。謂天下定而不可復危，法令具而不可復易，我不擾則天下静，我無事則天下定。嗚呼，三城長安，役衆百萬，簡易之道邪？降災雨血，桃李冬花，無爲之應邪？勿失之職，復可在哉？蓋參祖尚黄老，飲酒不治，憑託異説，以致王室陵遲，諸吕弄權，實參之自歟！

《全宋文》卷二六五六華鎮《蕭曹論》　古之至公者，以天下爲己任，視國之存亡，猶其家之隆替；軫君之休感，猶其身之安危。進當事任，不知以爲榮；退之散地，不知以爲悴。顧可以利國家、幸天下，則爲之。名位功實，其在己如在於人，出於人如自其己，不私竊以爲利，不苟辭以爲廉。故能楙建丕績，光輔王室，載休聲於無窮。曹參之事漢，其志有在於此，故代蕭何以爲國，遵其約束，無所請事，雖衆人疑之，天子問之，而所守彌固。此參致公之義，而賢於漢之庭臣者也。議者或謂何之法令，非若周公之制作，曲盡其美，不可或改。參知惠帝之材弗逮高帝，則宜有以輔成之；知己之賢不及蕭何，則宜自引遠以避能者，惡得久居其位，持循静默而費日乎？使漢之功烈不及先王之隆者，參之過也。愚竊以爲未然。夫益損昔人之制作，必賢於昔人而後能；智均而術相似者，未足以有爲也。參之賢弗逮於何，固無以異何之術矣。求其人代參而爲之，則必得賢於何者然後可。當其時果有其人歟？抑亦未有其人歟？有其人而參蔽之，參之過矣；未見可以代己者，而不自引遠，乃其所以賢於衆人者也，豈得指以爲過哉。何則？漢承秦、項之後，人厭塗炭而思息肩，呻吟顛頓之餘，可以撫養而未可以用也。何之約束雖無伊、周之美，經綸藻飾，明備王道，至於簡易寬厚，滋牧生齒，深有宜於時者。得伊尹、周公之才，因乘而潤色之，固可以極制作而致太平；苟非其人，徒紛更前人之成事，豈惟無補於治，或召禍而速亂矣。觀高帝之語吕后，蕭公之對孝惠，與參之聞何死而自度必入相，則當時之士，未有賢於參者，又焉得賢於蕭公，而可以上比伊尹、周公者哉？參於是時自謂不能而輒引遠退避，則是忘其君而全其身，殉小廉而委大計，顧視名實，屑屑然有彼己之辨，非公天下者之所存心也。參與高帝起布衣，成王業，尊爲相國，位冠羣侯，存亡休戚，天下之重，己之所當任。顧其身而不思其君，殉小廉而輕委大計，非劉氏之所望於參，非參之所以事劉氏者也。故奮然以天下爲己任，違至尊、屏羣議而不疑，參之大節蓋出於此。進退之際，尚惡得而議哉！

《全宋文》卷二六九〇楊時《曹參論》　曹參從高帝起豐沛間，與之並驅者皆一時熊羆之士，而陷敵攻堅必以參爲首，宜其勇悍彊鷙，果於擊斷。天下已定，參爲齊相，乃退然不自用，盡召長老諸先生問所以安集百姓者。既得蓋公，避正堂舍之，尊用其言，而齊大治。其後爲漢相，亦以治齊者治天下，故其效如之。觀參所爲，其始以戰鬪爲功，而終則以清净無爲自守，何其不相侔也？非其資務學問，樂用人言，而勇於自克，其何能爾？若參者，可不謂賢矣夫？初，參與蕭何有隙，何且死，所推賢唯參；參代何爲相國，舉事無所變更，一遵用何法。二人者苟無體國之誠心，忘一己之私忿，則排陷紛更，將無所不至；推之以爲賢，守之而勿失，尚何有哉！其卒爲一代宗臣，蓋有以也。

《全宋文》卷二八四〇鄒浩《曹參論》　讀《漢書》，見班固贊丙魏，曰「高祖開基，蕭曹爲冠」。又讀《唐書》，見敬宗以王廷湊之亂，恨無蕭曹，使姦臣跋扈。夫蕭何相高祖，自其起義迄南面有天下，恃之如左右手，其獨冠乎當時而見思乎異代宜矣。曹參既非何比，又運籌不如張良，將兵不如韓信，其間關攻戰之中，被七十創而功以成，特一時之事耳。其後相惠帝，帝富於春秋，且承高祖棄羣臣之初，參日夜飲酒，不事事，卿大夫、群吏及賓客舉知其非。而後之君臣猥與何一視而同稱焉，其故何哉？及觀其謝帝之語，以謂「高皇帝與蕭何定天下，法令既明具，陛下垂拱，參等守職，遵而勿失，不亦可乎」，曾不以前日之隙一毫置胸中，於是釋然知稱之者不爲過論也。何則？有隙者，私怨也。舉事無所變更，一遵其約束者，國事也。不以私怨敗國事，此藺相如所以回車於廉頗而寇恂所以郊迎於賈復者也。參實能之，故心平而識明。心平而識明，故舉之於事，何者當後，何者爲急，何者爲緩，判焉如黑白之在目。如此而不以相業聞者，未之有也。且相業之所以成，其本有三，曰德，曰量，曰知體，而才智不與焉。蓋才者，可與有爲也，而不能不爲；智者，可與有謀也，而不能不謀。以其必爲必謀之心倡之於上，而百官有司争以才智應之於下，將以親附百姓，百姓且離散矣；將以鎮撫四夷，四夷且反側矣；將以遂萬物之宜，萬物且不得其生成。顧雖有作之世，猶見其害，不見其利，況干戈甫定之初，如疾病方愈之人，困於藥石之交攻，而求所以補養其血氣甚切者乎！若參者，可謂賢矣。然則繼參而居位者，其必出於此乎？是又不可。何則？太后稱制，背約而王諸吕，產、禄顓兵秉政，視天畫地，日

以睥睨神器爲心，劉氏幾不復漢。於此時恬不爲怪，而治道貴清浄而民自定，無乃假越人以拯楚溺歟？故前乎參者，其相如之，則國必有外至之憂；後乎參者，其相如之，則國必有内作之患。惟蕭何以其才規之於其前，惟陳平以其智濟之於其後，惟參斂才棄智以休息於其間，則亦惟其時而已矣。嗚呼！安得不以私怨敗國事如參者，與之論巖廊之急務乎！

《全宋文》卷六〇四三陳傅良《曹參丙吉論》 嗟夫！小人之情，最不可使之無所顧也。小人而無所顧，則其心也狃於爲惡，而安於犯天下之不義，忿戾而不可解，而無復冀君子之恕己。故夫疾不仁者不可已甚，而惡惡者不可太明。是非爲是姑息也，猶將有以全之也。古之用兵者，圍師勿遏，窮寇勿迫，豈以爲不可遏且迫耶？蓋窮而迫之者，是示之以無生意而厚其毒；圍而遏之，乃所以決其怒而泄其無聊之謀者也。豈惟用兵，君子之治人，亦烏可俾之厚其毒而泄其無聊之謀也哉？彼小人之爲奸也，亦非不知負天下不美之名，而有以來君子之所不赦也，惟自知其負天下不美之名，故蓋之則猶有所闕。君子之赦己。故寬之則庶幾於自新，急之闕。爲君子者，不能少忍以徐伺其變，而鍛錬縶束之以稔其惡。然則小人之無所顧也，其罪豈專於小人哉？亦君子者成之也。古之君子之用刑也，固以懲奸也，然可以懲、可以無懲。可懲而不懲，所以長亂；不可懲而懲，亦以長亂。周公之制《酒誥》也，於周人之聚飲者殺，而商之工湎于酒者，姑教之勿殺。何者？有可懲之罪而無受懲之情者，莫若宥而勸之以仁也。曹參承秦之弊，而以擾獄市爲深戒；丙吉相宣帝之刑名，而不按贓吏。嗚呼！安得寬厚長者如斯人，而與之共論周公之意也哉？

錢時《兩漢筆記・高祖》 以曹參爲相國，參代何爲相，舉事無所變更，一遵何約束。擇郡國吏，木訥於文辭、重厚長者即召除爲丞相史。吏之言文刻深、欲務聲名者，輒斥去之。日夜飲醇酒。卿大夫以下吏及賓客見參不事事，來者皆欲有言，參輒飲以醇酒，間欲有所言，復飲之，醉而後去，終莫得開説。參子窋爲中大夫，帝怪相國不治事，以爲豈少朕與？使窋歸以其私問參。參怒，笞窋二百，曰：「趣入侍，天下事非若所當言也。」至朝時，帝讓參曰：「乃者我使諫君也。」參免冠謝曰：「陛下自察聖武孰與高帝？」上曰：「朕乃安敢望先帝？」又曰：「陛下觀臣能孰與蕭何賢？」上曰：「君似不及也。」參曰：「陛下言之是也。高帝與蕭何定天下，法令既明，今陛下垂拱，參等守職，遵而勿失，不亦可乎？」帝曰：「善。」參爲相國，出入三年。百姓歌之曰：「蕭何爲法，較若畫一；曹參代之，守而勿失。載其清浄，民以寧壹。」

脱暴秦水火之中，出百戰干戈之後，民不聊生甚矣。一旦乍得休息，知有生之可樂，此清浄寧壹，所以歌也。然責以相業，則烏可以爲是哉？太宰之職，古有成憲。太甲、成王，其不敢望湯武也明矣。伊尹、周公亦將醇飲不事事乎？況吕后殘忍於上，而惠帝方失德於湎滛，此正尚賴正救之時，進戒荒寧之日，而但日夜從事於醇酒，則將焉用彼相也？

《全元文》卷一三三二楊維楨《曹參論》 漢相求師問道者，尠矣。曹參治齊，獨有志於求師，其至齊也，悉召諸先生問所以安集百姓者。使稷下諸子，有一真儒出於蓋公上者，則齊國之理豈卑於管、晏。而諸儒集者百數，言人人殊，洵無以師參者，乃使之求膠西蓋公，治黄老言者，居所避之舍，用其言齊亦理，而參稱賢相。它日治漢，遂使黄老廢儒。漢之治道，安於苟簡而二帝三王之制不可復於漢者，漢相國之罪，亦齊諸儒之罪也。

方孝孺《遜志齋集》卷五《曹參》 天下有不治之治，而君子有無功之功，非通乎道者不知也。人皆知治之可以治也，而不知求治而得亂。人知有爲可以成功也，而不知有爲適足以獲罪者。功與罪固非人臣之所計，而治亂之來不可不審也。孔子曰：「如有王者，必世而後仁。」昔甚疑之，以爲王者之於仁，宜其致之速，奚待歷世而然哉？及觀乎古之求治太急而致亂，然後知孔子之言百世不能改也。夫民新脱於創殘之中，不休息之於無事，而遽騷之以制度，文爲之説，使勉而從我，則所以仁之者，乃所以暴之耳。凍溺之人，不可以近火；久餒之人，不可以飽食。出溺而近火者必僵，餒甚而飽食者必死。且火與食者，豈有殺之之心哉？求其速生，乃速其死之道也。故善治天下者，先以不治治之。

曹參之相惠帝，日以飲酒爲樂，掾吏縱酗，置而不問，弛然不復加意於政教朝廷之間，幾於亂矣。而海内以治，何邪？若參可謂知治亂之方矣。秦之亡，不在乎無制，而患乎多制。不患乎法疏，而患乎過密。使參而相漢，復苛推而詳禁之，是續亡秦之焰而熾之也。故參寧受無功之名，而不忍圖有功以禍當世。則利澤陰施於斯民，民安於漢而不離，漢業藉以久遠者，參之功也。

史以參比蕭何，參亦自謂不及，然何非參比也。何智謀雖過於參而不學，故干戈甫定，而役民大治宫室，其意務媚於主，而無撫民之心。參苟居何之任，必不爲此。以何代參，則何亦不能如參之明於國體，而無所變更也。漢苟無何，則

參之才足以立法；苟無參，而他有才者繼之則漢之法亂矣。天下易得也，而安之爲難。安之猶易也，而使民安於吾之法爲甚難。參蓋嘗聞君子之道矣，故其所爲近道如此。而先王安民制治之大法，固不止如參之所爲而已也。於乎，道之不行也久矣哉！

《李東陽集·文前稿》卷一四《曹參論》 大臣者，與人君共治天下者也，君豈能獨治哉！大臣之於君，善則引之，不善則諫之，以歸於治而已。不能引其善，諫其不善，是後其君者也，忘天下之治者也。天下之不治，豈獨君之責哉！

漢之惠帝立，而遭呂后之慘，日飲爲淫樂，不聽政。曹參相之，不能諫，且以垂拱告之，是長其過也，是後其君也，忘天下之治也。遂使君怠於上，臣荒於下，日頹月挫，以求所謂清浄無爲者爲之，古之大臣事君之道，如是哉！然則惠帝之不聽政，非特惠帝之責，固亦參之責也。參之清浄，出於蓋公老氏之道耳。老氏，忘天下者也，非吾聖賢所以治天下之道也。參以老氏之説，小用於齊，則不憂獄市；大用於漢，則醉客而不使言，聽吏酣歌而不致詰。甚者又導其君而忘天下，充其心必致於剖斗折衡而後止焉。然酣歌淫樂，恐亦非蓋公之所謂清浄也，參尚能逭其責哉！

蕭何之薨也，參奮然治行。蓋謂何之後，非其身莫可共天下者。吾意其縱不能追古之治，必有以繼高帝之業使不墜也。曾謂其清浄以忘天下，而且長君之過如是哉！參爲相不過三年而死，其時惠帝固在，諸呂未王，太后未稱制而萌已兆矣。藉使諸呂王，太后篡，而參與惠帝尚存，亦將爲清浄而已乎？將爲酣歌淫樂而已乎？其不可爲明矣。

夫參之從高帝，攻城略地，身被七十創而不困，固非忘天下者。及爲相而不事事，豈餘於將而不足以相耶？蓋以天下之民，方辭見知之苛，安約法之簡，固不欲以政令擾之，方恐其君之多事也。嗚呼！參之心誠如是，其失滋甚矣！求民之安，乃至於酣歌淫樂以忘天下，畜禍養患於宮闈之内而不知戒焉。設非平、勃諸臣爲之排擊撥正於後，則漢之爲漢，我不敢知，惡在其爲清浄之效也？使參能因呂氏之慘，導惠帝以齊家睦親之道，必能固其根柢。因惠帝之淫樂，戒之以憂勤惕厲之義，未必無所防遏於將萌，天下雖不大治，且不大亂。奈何淫樂廢事，以坐致後艱！漢之幸而不墜者如綫，一垂拱之言誤之也。

雖然，參之相，天下歌之，後世賢之，彼平與勃者，莫之或過。其有益於天下之治，殆亦多矣。稱漢之大臣，固不可皰！

余廷燦《存吾文稿·曹參論》 史遷不立《惠帝紀》，附見於《呂后本紀》，固廼分而二之，議者謂固密遷疎也。然遷之意，則曰母后剛毅耑制，而天子仁弱，七年未得一日親政也。予讀是紀，於惠帝一無所書，惟元年詳書呂酖趙王，二年詳書呂酖齊王。遷之意，蓋曰劉氏枝葉將日就凌夷，高皇帝約束將日就隳壞，天子威福將落於房户，天下命脈將落於毒手。嗟乎！此何時也，爲丞相者顧廼日夜飲醇酒而不事，國家即安用丞相爲？且惠帝感傷戚姬之殘，不忍母后之酷，致棄國家而恤縱酒色以傷生。是時，宮闈母子骨肉，岌岌危疑。參功次何，何死，繫天下重望者惟參。且何居中用事，素慴服呂后威力，帖帖莫敢同異。參被七十餘創之武人，攻戰驅除，粗疎伉健。項籍死，天下定，則遠身相齊，從來不受呂氏鉗制，一旦丞相何薨，惠帝捨近徵遠，獨以參代何，即惠帝不可謂無意於參者。參誠躬率平勃舊臣，嚴肅擁衛天子，修明高帝法度，抑塞呂氏邪心，使朝廷有所統壹，而政柄不旁落，此真丞相也。即不可得，即告之曰：太后不爲皇帝計乎？皇帝繼高皇帝承社稷，而不得一日耑行天子事。動則壞亂舊章，虧損至德，天下將謂皇帝不如高皇帝。自草澤匹夫至諸侯王，人人懷二志。雖太后庸，獨利乎如此，則呂后亦必有所畏而不敢爲。參乃略不及此，日夜飲醇酒，有言事者亦飲以醇酒。又其甚者，與吏舍相歌呼應和，始以參爲虎者繼乃以參爲鼠，則惠帝不至鬱鬱傷其生，呂后不至倡狂恣睢無忌不止。説者曰：天下新脱秦網，參以不治治之，有餘也。然惠帝亦嘗恠丞相不治事矣，密屬參子窋問之曰：「君爲相日飲無所請事，何以憂天下？」方是時，天下果以不治治之邪？則帝何以責參之憂天下耶？夫帝之言切矣！至矣！而參不悟也。參死於惠帝之六年，幸也。使其目擊劉呂交持，安危呼吸，其亦以不治治之耶？不知參何以自解也。説者又曰：何之法誠立矣，參守而不失，宜也。夫君君臣臣父父子子，此法之本也。呂氏俱決裂若是，則何所立者果何法，參所守者又果何法耶？雖然，參武人，能聽用蓋公黄老之言，保守富貴，以功名終，視彭、韓葅醢，偶乎遠矣。宰相者，安邦定國，吾終於參又何責焉。獨史備序參之相業，以頹放爲賢，以清浄無事爲合道。後之耳食者亦動稱漢之蕭曹，而不察其實，吾是以論之。

邵之棠《皇朝經世文統編》文教部三《讀史記叢論》 漢蕭何及曹參嘗有郤，及何死，推賢唯參。參爲相，一遵何制，無所變更。嗚呼！是二臣者，皆可謂漢高之良臣。何能忘參之郤而舉之，何蓋深知當時相國者，非參不可，忘私怨者，顧公義也。參則以爲天下初定，法不容擾，何既定制無弊，遵而守之，民乃甯一，

安得以一人之私而不顧天下之公乎？萬民安業，參爲相之功也。高祖得賢，何舉參之力也。何可謂舉得其人，參可謂不負所舉矣。是故之二人者，誠相得而益彰者也。

藝文

《全唐詩》卷七五五徐鉉《陪鄭王相公賦筵前垂冰應教依韻》 窗外虛明雪乍晴，簷前垂霤盡成冰。長廊瓦疊行行密，晚院風高寸寸增。玉指乍拈簪尚愧，金階時墜磬難勝。晨餐堪醒曹參酒，自恨空腸病不能。

王安石《臨川先生文集·律詩·曹參》 束髮河山百戰功，白頭富貴亦成空。華堂不筓新歌舞，却要區區一老翁。

羅文俊《詁經精舍文續集》卷八汪述孫《讀史·曹參》 百戰歸來更論功，雍容劍履殿庭中。將材半世因韓信，相業餘年奉蓋公。畫一歌傳開國法，刑名俗變吏人風。閉門頌德耽清淨，流弊終慚伴食同。

羅文俊《詁經精舍文續集》卷八陸璣《讀史·曹參》 録録無奇正自全，變更不事乃稱賢。獨先薄后遵黃老，預料名家任武宣。約法三章高帝詔，酣歌一曲相公筵。雉鳴時儻身猶在，廷政何能擅八年。

羅文俊《詁經精舍文續集》卷八董醇《讀史·曹參》 莫嫌刀筆盡麤材，善奉前型勖後來。治尚無爲非太簡，相宜有度不矜才。良平智略輸其守，文景湻風自此開。省事應知無廢事，何妨沈醉日銜杯。

羅文俊《詁經精舍文續集》卷八劉鍾祥《讀史·曹參》 潛心黃老學羣推，馭物寬容量更恢。漢法力除秦法弊，將臣兼裕相臣才。戰爲垓下諸軍冠，治昉河南太守來。相國庭前最清淨，幾回賓客共銜杯。

張良部

綜述

《史記》卷五五《留侯世家》 留侯張良者，其先韓人也。大父開地，相韓昭侯、宣惠王、襄哀王。父平，相釐王、悼惠王。悼惠王二十三年，平卒。卒二十歲，秦滅韓。良年少，未宦事韓。韓破，良家僮三百人，弟死不葬，悉以家財求客刺秦王，爲韓報仇，以大父、父五世相韓故。

良嘗學禮淮陽，東見倉海君，得力士，爲鐵椎重百二十斤。秦皇帝東游，良與客狙擊秦皇帝博浪沙中，誤中副車。秦皇帝大怒，大索天下，求賊甚急，爲張良故也。良乃更名姓，亡匿下邳。

良嘗閒從容步游下邳圯上，有一老父，衣褐，至良所，直墮其履圯下，顧謂良曰：「孺子，下取履！」良鄂然，欲毆之。爲其老，彊忍，下取履。父曰：「履我！」良業爲取履，因長跪履之。父以足受，笑而去。良殊大驚，隨目之。父去里所，復還，曰：「孺子可教矣。後五日平明，與我會此。」良因怪之，跪曰：「諾。」五日平明，良往。父已先在，怒曰：「與老人期，後，何也？」去，曰：「後五日早會。」五日雞鳴，良往。父又先在，復怒曰：「後，何也？」去，曰：「後五日復早來。」五日，良夜未半往。有頃，父亦來，喜曰：「當如是。」出一編書，曰：「讀此則爲王者師矣。後十年興。十三年孺子見我濟北，穀城山下黄石即我矣。」遂去，無他言，不復見。旦日視其書，乃《太公兵法》也。良因異之，常習誦讀之。

居下邳，爲任俠。項伯常殺人，從良匿。

後十年，陳涉等起兵，良亦聚少年百餘人。景駒自立爲楚假王，在留。良欲往從之，道遇沛公。沛公將數千人，略地下邳西，遂屬焉。沛公拜良爲廐將。良數以《太公兵法》説沛公，沛公善之，常用其策。良爲他人言，皆不省。良曰：「沛公殆天授。」故遂從之，不去見景駒。

及沛公之薛，見項梁。項梁立楚懷王，良乃説項梁曰：「君已立楚後，而韓諸公子横陽君成賢，可立爲王，益樹黨。」項梁使良求韓成，立以爲韓王。以良爲韓申徒，與韓王將千餘人西略韓地，得數城，秦輒復取之，往來爲游兵潁川。

沛公之從雒陽南出轘轅，良引兵從沛公，下韓十餘城，擊破楊熊軍。沛公乃令韓王成留守陽翟，與良俱南，攻下宛，西入武關。沛公欲以兵二萬人擊秦嶢下軍，良説曰：「秦兵尚彊，未可輕。臣聞其將屠者子，賈豎易動以利。願沛公且留壁，使人先行，爲五萬人具食，益爲張旗幟諸山上，爲疑兵，令酈食其持重寶啗秦將。」秦將果畔，欲連和俱西襲咸陽，沛公欲聽之。良曰：「此獨其將欲叛耳，恐士卒不從。不從必危，不如因其解擊之。」沛公乃引兵擊秦軍，大破之。（遂）〔逐〕北至藍田，再戰，秦兵竟敗。遂至咸陽，秦王子嬰降沛公。

沛公入秦宮，宮室帷帳狗馬重寶婦女以千數，意欲留居之。樊噲諫沛公出舍，沛公不聽。良曰：「夫秦爲無道，故沛公得至此。夫爲天下除殘賊，宜縞素爲資。今始入秦，即安其樂，此所謂『助桀爲虐』。且『忠言逆耳利於行，毒藥苦口利於病』，願沛公聽樊噲言。」沛公乃還軍霸上。

項羽至鴻門下，欲擊沛公，項伯乃夜馳入沛公軍，私見張良，欲與俱去。良曰：「臣爲韓王送沛公，今事有急，亡去不義。」乃具以語沛公。沛公大驚，曰：「爲將柰何？」良曰：「沛公誠欲倍項羽邪？」沛公曰：「鯫生教我距關無内諸侯，秦地可盡王，故聽之。」良曰：「沛公自度能卻項羽乎？」沛公默然良久，曰：「固不能也。今爲柰何？」良乃固要項伯。項伯見沛公。沛公與飲爲壽，結賓婚。令項伯具言沛公不敢倍項羽，所以距關者，備他盜也。及見項羽後解，語在《項羽》事中。

漢元年正月，沛公爲漢王，王巴蜀。漢王賜良金百溢，珠二斗，良具以獻項伯。漢王亦因令良厚遺項伯，使請漢中地。項王乃許之，遂得漢中地。漢王之國，良送至褒中，遣良歸韓。良因説漢王曰：「王何不燒絶所過棧道，示天下無還心，以固項王意。」乃使良還。行，燒絶棧道。

良至韓，韓王成以良從漢王故，項王不遣成之國，從與俱東。良説項王曰：「漢王燒絶棧道，無還心矣。」乃以齊王田榮反，書告項王。項王以此無西憂漢心，而發兵北擊齊。

項王竟不肯遣韓王，乃以爲侯，又殺之彭城。良亡，閒行歸漢王，漢王亦已還定三秦矣。復以良爲成信侯，從東擊楚。至彭城，漢敗而還。至下邑，漢王下馬踞鞍而問曰：「吾欲捐關以東等弃之，誰可與共功者？」良進曰：「九江王黥布，楚梟將，與項王有郄；彭越與齊王田榮反梁地：此兩人可急使。而漢王之

將獨韓信可屬大事，當一面。即欲捐之，捐之此三人，則楚可破也。」漢王乃遣隨何説九江王布，而使人連彭越。及魏王豹反，使韓信將兵擊之，因舉燕、代、齊、趙。然卒破楚者，此三人力也。

張良多病，未嘗特將也，常爲畫策臣，時時從漢王。

漢三年，項羽急圍漢王滎陽，漢王恐憂，與酈食其謀橈楚權。食其曰：「昔湯伐桀，封其後於杞。武王伐紂，封其後於宋。今秦失德弃義，侵伐諸侯社稷，滅六國之後，使無立錐之地。陛下誠能復立六國後世，畢已受印，此其君臣百姓必皆戴陛下之德，莫不鄉風慕義，願爲臣妾。德義已行，陛下南鄉稱霸，楚必斂衽而朝。」漢王曰：「善。趣刻印，先生因行佩之矣。」

食其未行，張良從外來謁。漢王方食，曰：「子房前！客有爲我計橈楚權者。」具以酈生語告，曰：「於子房何如？」良曰：「誰爲陛下畫此計者？陛下事去矣。」漢王曰：「何哉？」張良對曰：「臣請藉前箸爲大王籌之。」曰：「昔者湯伐桀而封其後於杞者，度能制桀之死命也。今陛下能制項籍之死命乎？」曰：「未能也。」「其不可一也。武王伐紂封其後於宋者，度能得紂之頭也。今陛下能得項籍之頭乎？」曰：「未能也。」「其不可二也。武王入殷，表商容之閭，釋箕子之拘，封比干之墓。今陛下能封聖人之墓，表賢者之閭，式智者之門乎？」曰：「未能也。」「其不可三也。發鉅橋之粟，散鹿臺之錢，以賜貧窮。今陛下能散府庫以賜貧窮乎？」曰：「未能也。」「其不可四矣。殷事已畢，偃革爲軒，倒置干戈，覆以虎皮，以示天下不復用兵。今陛下能偃武行文，不復用兵乎？」曰：「未能也。」「其不可五矣。休馬華山之陽，示以無所爲。今陛下能休馬無所用乎？」曰：「未能也。」「其不可六矣。放牛桃林之陰，以示不復輸積。今陛下能放牛不復輸積乎？」曰：「未能也。」「其不可七矣。且天下游士離其親戚，弃墳墓，去故舊，從陛下游者，徒欲日夜望咫尺之地。今復六國，立韓、魏、燕、趙、齊、楚之後，天下游士各歸事其主，從其親戚，反其故舊墳墓，陛下與誰取天下乎？其不可八矣。且夫楚唯無彊，六國立者復橈而從之，陛下焉得而臣之？誠用客之謀，陛下事去矣。」漢王輟食吐哺，罵曰：「豎儒，幾敗而公事！」令趣銷印。

漢四年，韓信破齊而欲自立爲齊王，漢王怒。張良説漢王，漢王使良授齊王信印，語在《淮陰》事中。

其秋，漢王追楚至陽夏南，戰不利而壁固陵，諸侯期不至。良説漢王，漢王用其計，諸侯皆至。語在《項籍》事中。

漢六年正月，封功臣。良未嘗有戰鬬功，高帝曰：「運籌策帷帳中，決勝千里外，子房功也。自擇齊三萬户。」良曰：「始臣起下邳，與上會留，此天以臣授陛下。陛下用臣計，幸而時中，臣願封留足矣，不敢當三萬户。」乃封張良爲留侯，與蕭何等俱封。

（六年）上已封大功臣二十餘人，其餘日夜争功不決，未得行封。上在雒陽南宫，從復道望見諸將往往相與坐沙中語。上曰：「此何語？」留侯曰：「陛下不知乎？此謀反耳。」上曰：「天下屬安定，何故反乎？」留侯曰：「陛下起布衣，以此屬取天下，今陛下爲天子，而所封皆蕭、曹故人所親愛，而所誅者皆生平所仇怨。今軍吏計功，以天下不足徧封，此屬畏陛下不能盡封，恐又見疑平生過失及誅，故即相聚謀反耳。」上乃憂曰：「爲之柰何？」留侯曰：「上平生所憎，羣臣所共知，誰最甚者？」上曰：「雍齒與我故，數嘗窘辱我。我欲殺之，爲其功多，故不忍。」留侯曰：「今急先封雍齒以示羣臣，羣臣見雍齒封，則人人自堅矣。」於是上乃置酒，封雍齒爲什方侯，而急趣丞相、御史定功行封。羣臣罷酒，皆喜曰：「雍齒尚爲侯，我屬無患矣。」

劉敬説高帝曰：「都關中。」上疑之。左右大臣皆山東人，多勸上都雒陽：「雒陽東有成皋，西有殽黽，倍河，向伊雒，其固亦足恃。」留侯曰：「雒陽雖有此固，其中小，不過數百里，田地薄，四面受敵，此非用武之國也。夫關中左殽函，右隴蜀，沃野千里，南有巴蜀之饒，北有胡苑之利，阻三面而守，獨以一面東制諸侯。諸侯安定，河渭漕輓天下，西給京師；諸侯有變，順流而下，足以委輸。此所謂金城千里，天府之國也，劉敬説是也。」於是高帝即日駕，西都關中。

留侯從入關。留侯性多病，即道引不食穀，杜門不出歲餘。

上欲廢太子，立戚夫人子趙王如意。大臣多諫争，未能得堅決者也。吕后恐，不知所爲。人或謂吕后曰：「留侯善畫計筴，上信用之。」吕后乃使建成侯吕澤劫留侯，曰：「君常爲上謀臣，今上欲易太子，君安得高枕而卧乎？」留侯曰：「始上數在困急之中，幸用臣筴。今天下安定，以愛欲易太子，骨肉之閒，雖臣等百餘人何益。」吕澤彊要曰：「爲我畫計。」留侯曰：「此難以口舌争也。顧上有不能致者，天下有四人。四人者年老矣，皆以爲上慢侮人，故逃匿山中，義不爲漢臣。然上高此四人。今公誠能無愛金玉璧帛，令太子爲書，卑辭安車，因使辯士固請，宜來。來，以爲客，時時從入朝，令上見之，則必異而問之。問之，上知此四人賢，則一助也。」於是吕后令吕澤使人奉太子書，卑辭厚禮，迎此四人。四

人至，客建成侯所。

漢十一年，黥布反，上病，欲使太子將，往擊之。四人相謂曰：「凡來者，將以存太子。太子將兵，事危矣。」乃説建成侯曰：「太子將兵，有功則位不益太子；無功還，則從此受禍矣。且太子所與俱諸將，皆嘗與上定天下梟將也，今使太子將之，此無異使羊將狼也，皆不肯爲盡力，其無功必矣。臣聞『母愛者子抱』，今戚夫人日夜侍御，趙王如意常抱居前，上曰『終不使不肖子居愛子之上』，明乎其代太子位必矣。君何不急請吕后承閒爲上泣言：『黥布，天下猛將也，善用兵，今諸將皆陛下故等夷，乃令太子將此屬，無異使羊將狼，莫肯爲用，且使布聞之，則鼓行而西耳。上雖病，彊載輜車，卧而護之，諸將不敢不盡力。上雖苦，爲妻子自彊。』」於是吕澤立夜見吕后，吕后承閒爲上泣涕而言，如四人意。上曰：「吾惟豎子固不足遣，而公自行耳。」於是上自將兵而東，羣臣居守，皆送至灞上。留侯病，自彊起，至曲郵，見上曰：「臣宜從，病甚。楚人剽疾，願上無與楚人争鋒。」因説上曰：「令太子爲將軍，監關中兵。」上曰：「子房雖病，彊卧而傅太子。」是時叔孫通爲太傅，留侯行少傅事。

漢十二年，上從擊破布軍歸，疾益甚，愈欲易太子。留侯諫，不聽，因疾不視事。叔孫太傅稱説引古今，以死争太子。上詳許之，猶欲易之。及燕，置酒，太子侍。四人從太子，年皆八十有餘，鬚眉皓白，衣冠甚偉。上怪之，問曰：「彼何爲者？」四人前對，各言名姓，曰東園公，角里先生，綺里季，夏黄公。上乃大驚，曰：「吾求公數歲，公辟逃我，今公何自從吾兒游乎？」四人皆曰：「陛下輕士善駡，臣等義不受辱，故恐而亡匿。竊聞太子爲人仁孝，恭敬愛士，天下莫不延頸欲爲太子死者，故臣等來耳。」上曰：「煩公幸卒調護太子。」

四人爲壽已畢，趨去。上目送之，召戚夫人指示四人者曰：「我欲易之，彼四人輔之，羽翼已成，難動矣。吕后真而主矣。」戚夫人泣，上曰：「爲我楚舞，吾爲若楚歌。」歌曰：「鴻鵠高飛，一舉千里。羽翮已就，横絶四海。横絶四海，當可柰何！雖有矰繳，尚安所施！」歌數闋，戚夫人嘘唏流涕，上起去，罷酒。竟不易太子者，留侯本招此四人之力也。

留侯從上擊代，出奇計馬邑下，及立蕭何相國，所與上從容言天下事甚衆，非天下所以存亡，故不著。留侯乃稱曰：「家世相韓，及韓滅，不愛萬金之資，爲韓報讎彊秦，天下振動。今以三寸舌爲帝者師，封萬户，位列侯，此布衣之極，於良足矣。願弃人閒事，欲從赤松子游耳。」乃學辟穀，道引輕身。會高帝崩，吕后德留侯，乃彊食之，曰：「人生一世閒，如白駒過隙，何至自苦如此乎！」留侯不得已，彊聽而食。

後八年卒，謚爲文成侯。子不疑代侯。

子房始所見下邳圯上老父與《太公書》者，後十三年從高帝過濟北，果見穀城山下黄石，取而葆祠之。留侯死，并葬黄石(冢)。每上冢伏臘，祠黄石。

雜録

備録

陸賈《楚漢春秋・淮陰武王反》 淮陰武王反，上自擊之，張良居守。上體不安，卧輼車中，行三四里，留侯走東追上，簪墮被髮，及輼車，排户曰：「陛下即棄天下，欲以王葬乎？以布衣葬乎？」上駡曰：「若翁天子也，何故以王及布衣葬乎？」良曰：「淮南反於東，淮陰害於西，恐陛下倚溝壑而終也。」

王符《潛夫論・志氏姓》 及留侯張良，韓公族姬姓也。秦始皇滅韓，良弟死不葬，良散家貲千萬，爲韓報讎，擊始皇於博浪沙中，誤椎副車。秦索賊急，良乃變姓爲張，匿於下邳，遇神人黄石公，遺之兵法。及沛公之起也，良往屬焉。沛公使與韓信略定韓地，立横陽君城爲韓王，而拜良爲韓信都。信都者，司徒也。俗前音不正，曰信都，或曰申徒，或勝屠，然其本共一司徒耳。後作傳者不知「信都」何因，彊妄生意，以爲此乃代王爲信都也。凡桓叔之後，有韓氏、言氏、嬰氏、禍餘氏、公族氏、張氏，此皆韓後姬姓也。昔周宣王亦有韓侯，其國也近燕，故《詩》云：「普彼韓城，燕師所完。」其後韓西亦姓韓，爲魏滿所伐，遷居海中。

王充《論衡・自然篇》 張良遊泗水之上，遇黄石公，授太公書。蓋天佐漢誅秦，故命令神石爲鬼書授人，復爲有爲之效也。

王充《論衡・紀妖篇》 留侯張良椎秦始皇，誤中副車。始皇大怒，索求張良。張良變姓名，亡匿下邳。常閑從容步游下邳(泗)〔圯〕上，有一老父，衣褐至良所，直墮其履(泗)〔圯〕下，顧謂張良：「孺子下取履！」良愕然，欲毆之，以其

老，爲彊忍下取履，因跪進履。父以足受履，笑去。良大驚。父去里所，復還曰：「孺子可教矣！後五日平明，與我期此。」良怪之，因跪曰：「諾。」五日平明，良往。父已先在，怒曰：「與老人期，後，何也？去！後五日早會。」五日雞鳴復往。父又已先在，復怒曰：「後，何也？去！後五日復早來。」五日，良夜未半往。有頃，父來，喜曰：「當如是矣！」出一篇書，曰：「讀是則爲帝者師。後十三年，子見我濟北，穀成山下黄石即我也。」遂去，無他言，弗復見。旦日視其書，乃《太公兵法》也。良因異之，習讀之。是何謂也？

曰：是高祖將起，張良爲輔之祥也。良居下邳，任俠。〔後〕十年陳涉等起，沛公略地下邳，良從，遂爲師將，封爲留侯。後十三年，從高祖過濟北界，得穀成山下黄石，取而葆祠之。及留侯死，并葬黄石。蓋吉凶之象，神矣；天地之化，巧矣。使老父象黄石，黄石象老父，何其神邪！

問曰：「黄石審老父，老父審黄石耶？」曰：〔黄〕石不能爲老父，老父不能爲黄石。妖祥之氣，見故驗也。

酈道元《水經注》卷八《濟水》 留縣故城，翼佩泗、濟，宋邑也。《春秋左傳》所謂侵宋呂，留也。故繁休伯《避地賦》曰「朝余發乎泗洲，夕余宿于留鄉」者也。張良委身漢祖，始自此矣，終亦取封焉，城内有張良廟也。

酈道元《水經注》卷二二《渠水》 清溝水又東北逕沈清亭，疑即博浪亭也。服虔曰：博浪，陽武南地名也，今有亭。所未詳也。歷博浪澤，昔張良爲韓報仇于秦，以金椎擊秦始皇不中，中其副車于此。

酈道元《水經注》卷二七《沔水》 水北有七女池，池東有明月池，狀如偃月，皆相通注，謂之張良渠，蓋良所開也。

李吉甫《元和郡縣圖志》卷一《關内道一・咸陽縣》 張良墓，在縣東北三十六里。

《全宋文》卷四二五九劉子翬《漢書雜論下》 張良所畫計策，高祖用之，以成漢業。及招四皓以安太子，則高帝亦墮其計中矣。良欲從赤松子遊，蓋婉其辭以脱世網，所謂「鴻飛冥冥，弋人何慕焉」。高祖與雍齒有故怨，嘗欲殺之，後諸將欲反，用張良計，乃封雍齒，王陵坐與雍齒善，亦最後封。噫，以高祖寬仁大度，猶未能於此釋然，乃知不念舊惡，亦是難事。韓信王楚，召辱己少年令出跨下者以爲中尉，曰：「此壯士也。」觀此，則信豈庸庸武夫耶？

吴萊《淵穎集》卷六《書張良傳》 或謂予曰：留侯之先相韓者五世而韓滅，故留侯欲爲韓報仇咸陽，復建韓國之社稷。既項羽殺韓公子成，則又歸漢，爲漢畫策以圖楚。及漢王與酈食其謀撓楚權，欲復立六國後，韓將再封，而留侯乃借前箸以籌其不可，爲漢計則善，獨不爲韓地乎？又當秦之初亡，姍笑三代，盪滅古法，焚棄先王之典籍。漢興，盍反是道，留侯才智明達，素書兵法，僅託之圯上老父，豈無以三代帝王之道而一言之歟？此皆其可憾者也。予曰：不然。方秦之亂天下，豪傑竝起，非大家豪姓，即其宗室父兄，日夜囓舌扼腕，攻一城下一邑，以務立其故主，求以勝秦。秦既滅而楚霸，宰制天下，立十八王。又殺故韓王而改立他王，韓失職矣。豈不欲輔韓之故公子哉？留侯之力，誠有所不及者。故仇楚而臣漢，非實委心於漢王也，又欲爲韓而報楚耳。撓楚權，立六國，三晉有生氣而韓亦必有再封之望。然當楚漢之未決，又立六國以衆其敵，使天下游士各歸事其主，漢無與成功，漢之勝負未可知。又況項羽專制之餘，山東、河北、九江、昌邑猶有故王，有不可以紛更而變易之者。使韓復得而存，鄭昌之死非楚意也，韓其能久存乎？田儋、魏豹、張耳、陳餘之流，皆不足以復存故國。故寧寢酈生之謀，而就漢之天下。天下既定，太原、馬邑固已屬韓襄王之孽孫矣。韓之再封，又未必非留侯力也。若夫楚漢用兵之後，高祖自謂以馬上得天下，而陸賈、叔孫通皆故秦之儒生，要之皆辯士，非真儒。留侯既以兵法決勝，而素書又明黄老，黄老之學簡而静，且與漢初除苛解嬈之法同一意，何有於儒術也？孝文時，雖以賈誼之通達國體，精練時務，絳侯、灌嬰且沮爲洛陽少年，喜功生事。孝宣亦謂俗儒好是古非今，使人眩於名實不知所守，何足委任當世？果有儒者亦將以是而受譏焉，又未可責之留侯者也。嗚呼！漢承百王之弊，而終不得以上繼三代帝王之隆者，實一時之將相大臣使然，是又何獨留侯也哉！

黄震《古今紀要》卷二《西漢》 張良，本戰國策士，資質一時最優。嘗學禮，報秦之仇。非高祖明達不能用子房，非子房高祖豁達中有失。分明子房用高祖，保身是其餘事，所謀無一事不關成敗。破嶢關諫止宫，會鴻門，燒棧道，遺羽書，諫立六國，王韓信，追項羽，捐關東於信、布、越，都關中，封雍齒，定太子，然皆智巧警敏之事。至不殺子嬰，約法三章，不受牛酒，入關之初氣象一新，關係天命人心向背處，皆帝發之，良不及此。前輩言緣圯上人頗聞道緒餘，愚意兵法只是陰謀之書，未必聞道。但良天資高，善用之，傑士也。

朱軾《史傳三編》卷九《名臣傳・張良》 論曰：君親之義，本于天經，發于至性，不以盛衰常變貳其心。良之一生，終始乎韓。其説項梁立韓後，從沛公卒

謀所以破楚，皆此志也。夫節槩立而後功名生。運籌決策爲帝者師，固老人教之，亦素所樹立者厚耳。宋儒論曠代殊絶人物，首屈指張良，豈徒以智謀勇畧較哉？若夫穀城黄石具載史漢，然怪神之事，君子闕焉。

備論

《史記》卷五五《留侯世家論》 太史公曰：學者多言無鬼神，然言有物。至如留侯所見老父予書，亦可怪矣。高祖離困者數矣，而留侯常有功力焉，豈可謂非天乎？上曰：「夫運籌筴帷帳之中，決勝千里外，吾不如子房。」余以爲其人計魁梧奇偉，至見其圖，狀貌如婦人好女。蓋孔子曰：「以貌取人，失之子羽。」留侯亦云。

《史記》卷一三〇《太史公自序》 運籌帷幄之中，制勝於無形，子房計謀其事，無知名，無勇功，圖難於易，爲太於細。

《漢書》卷四〇《張陳王周傳贊》 聞張良之智勇，以爲其貌魁梧奇偉，反若婦人女子。故孔子稱「以貌取人，失之子羽」。學者多疑於鬼神，如良受書老父，亦異矣。高祖數離困阸，良常有力，豈可謂非天乎！

《漢書》卷一〇〇下《敘傳下》 留侯襲秦，作漢腹心，圖折武關，解阸鴻門。推齊銷印，敺致越、信；招賓四老，惟寧嗣君。

《史記》卷二五《留侯世家》司馬貞述贊 留侯倜儻，志懷憤惋。五代相韓，一朝歸漢。進履宜假，運籌神算。横陽既立，申徒作扞。灞上扶危，固陵静亂。人稱三傑，辯推八難。赤松願游，白駒難絆。嗟彼雄略，曾非魁岸。

《蘇軾文集》卷四《留侯論》 古之所謂豪傑之士者，必有過人之節。人情有所不能忍者，匹夫見辱，拔劍而起，挺身而鬭，此不足爲勇也。天下有大勇者，卒然臨之而不驚，無故加之而不怒，此其所挾持者甚大，而其志甚遠也。

夫子房受書於圯上之老人也，其事甚怪，然亦安知其非秦之世有隱君子者出而試之？觀其所以微見其意者，皆聖賢相與警戒之義，而世不察，以爲鬼物，亦已過矣。且其意不在書。

當韓之亡，秦之方盛也，以刀鋸鼎鑊待天下之士，其平居無罪夷滅者，不可勝數，雖有賁育，無所復施。夫持法太急者，其鋒不可犯，而其末可乘。子房不忍忿忿之心，以匹夫之力，而逞於一擊之間。當此之時，子房之不死者，其間不能容髮，蓋亦已危矣。千金之子，不死於盜賊。何者？其身之可愛，而盜賊之不足以死也。子房以蓋世之才，不爲伊尹、太公之謀，而特出於荆軻、聶政之計，以僥倖於不死，此固圯上之老人所爲深惜者也。是故倨傲鮮腆而深折之。彼其能有所忍也，然後可以就大事。故曰：孺子可教也。

楚莊王伐鄭，鄭伯肉袒牽羊以逆。莊王曰：「其君能下人，必能信用其民矣。」遂捨之。勾踐之困於會稽而歸，臣妾於吴者，三年而不倦。且夫有報人之志，而不能下人者，是匹夫之剛也。夫老人者，以爲子房才有餘，而憂其度量之不足，故深折其少年剛鋭之氣，使之忍小忿而就大謀。何則？非有平生之素，卒然相遇於草野之間，而命以僕妾之役，油然而不怪者，此固秦皇之所不能驚，而項籍之所不能怒也。

觀夫高祖之所以勝，而項籍之所以敗者，在能忍與不能忍之間而已矣。項籍唯不能忍，是以百戰百勝而輕用其鋒。高祖忍之，養其全鋒而待其斃。此子房教之也。當淮陰破齊而欲自王，高祖發怒，見於詞色。由此觀之，猶有剛强不忍之氣，非子房其誰全之。

太史公疑子房以爲魁梧奇偉，而其狀貌乃如婦人女子，不稱其志氣。嗚呼，此其所以爲子房歟！

《張耒集》卷四〇《子房論》 天下之善辯者，不過能折天下之人以理而已矣。夫折人之情，使從于理，惟畏理者而後能從之。彼無所顧于理者，雖極天下之理而與之辯，彼將悍然而不信，蓋言至於此而後不足恃，是故莫若示之以事而動其心。夫天下之人雖于理有所不畏，然至于心之所不樂，亦不爲也。

昔者鄭莊公疾叔段而出姜氏，夫子出其母，天下之大惡也，彼其時必有以不義而止之者矣，而莊公卒爲之，然則是雖有諫者而不聽也。至于潁考叔爲一言于飲食之間，而莊公若不可以終日，易其平日忿疾之意爲孝悌不忍之心，是何也？蓋莊公不可以言奪，而可以心動也。今天下之人，固有告之以禮樂孝悌而不諭者，然退而視其所爲，未必不愛其父母而樂其兄弟，然則外雖不免于愚，而心之智猶在也。吾之智足以發其心，則彼固無俟乎區區之辯折而服之矣。子房之立惠帝，其説近若是矣。

彼高祖之爲人，出于草莽戰争之中，豈知所謂廢嫡立庶之説耶？故叔孫通之徒極其説而不納，亦無足怪也。至于子房，乃引四老人而輔之，從容于片言之

際，而太子得不易，雖有戚姬、如意之愛而卒不能間。彼子房以爲高帝者雖非理之所能曉，至于感之以利害之計，則猶足以攄其平日之惑。彼能屈其所難致者而爲之臣，則天下之心歸之，天下之心歸之，而吾捨之則必有禍。彼高帝雖不顧天下之所當立，而亦知天下之所歸者之不可易也。此子房之所以爲智歟！故折人以理，從者十五；感其心而動之，從者十九。夫人之于理，其信與否相半也，故十得五；而人有感于心則無不從，雖天下之至悍，未有行其所不樂者也，故十得九。

《二程集》卷一八《伊川先生語四》 王介甫詠張良詩，最好，曰：「漢業存亡俯仰中，留侯當此每從容。」人言高祖用張良，非也。張良用高祖爾。秦滅韓，張良爲韓報仇，故送高祖入關。既滅秦矣，故辭去。及高祖興義師，誅項王，則高祖之勢可以平天下，故張良助之。良豈願爲高祖臣哉？無其勢也。及天下既平，乃從赤松子遊，是不願爲其臣可知矣。張良才識儘高，若鴻溝既分，而勸漢王背約追之，則無行也。或問：「張良欲以鐵槌擊殺秦王，其計不已疎乎？」曰：「欲報君仇之急，使當時若得以鐵槌擊殺之，亦足矣，何暇自爲謀耶？」

《全宋文》卷二六九〇楊時《張良論》 子房起布衣，徒步以三寸舌爲帝者師，其奇謀秘計，轉敗爲成，出於困急之中者數矣，故高祖稱之，配蕭、韓爲三傑。天下既平，功高者往往以才見忌，疑釁一開，雖韓信有解衣推食之誠，猶不克終，竟以葅醢；蕭何雖能以功名自全，而見疑亦屢矣。是三人者，惟子房功成智隱，不邇權勢，視夫權利如脱敝屣，雖寄身朝市，而翛然如江湖萬里之遠，鴻冥鳳舉，矰繳不及。方諸范蠡，其優矣哉！夫漢興，將相於去就之際皆中機會而不違理義者，吾獨於子房得之矣。

《全宋文》卷三七五六李綱《論范蠡張良之謀國處身》 范蠡、張良其所以謀國處身者，何其相似也。方勾踐棲于會稽，范蠡勸其卑身以事吴，厚賂太宰嚭以解其難，而謀所以報吴者。及勾踐乘吴之弊而伐之，復棲吴王姑蘇之上，求哀請命，而勾踐不忍，欲赦之，范蠡獨以爲不可，援桴進兵，卒刎其頸。勾踐既霸，蠡以書辭勾踐，乘舟浮海以行，終身不反，而大夫種遂賜劍以自殺。方高祖困于鴻門，張良勸其屈己以謝項羽，深交項伯以脱于禍，而謀所以破羽者。及高祖還定三秦，與楚相持於滎陽、成皋間，既割鴻溝以爲界，羽解而東，高祖亦欲罷兵歸國，良獨諫曰：「此天亡之時，不因幾而遂取之，此養虎自遺患也。」漢兵追羽，卒滅之。高祖既帝，良道引辟穀，杜門不出，欲從赤松子遊，而韓、彭、英、盧皆被葅醢，雖蕭何不免縲紲之患。故夫智謀之士，處困阨之時，能忍辱以伸其志；當事幾之會，能決斷以收其功；功成名遂，能高舉遠引以全其身。微二子，吾誰與歸？

《全宋文》卷六〇四二陳傅良《張良論》 夫人惟有所愛也，而後有所溺。方其溺於所愛，而視天下無以易此也，是以不可奪。則有天下之所可愛者而甚於其所溺者以動之，亦將忘其中而忽變其初。何者？所樂則大於彼也。昔者陳子車死，其妻與其家臣謀以殉葬，定而後告陳子亢，子亢曰：「彼疾固當養者，孰若妻與宰？得已，則吾欲已；不得已，則吾欲以二子者爲之也。」於是弗果用。且其所以謀殉葬者，愛其夫與主也，而不免以身爲之。愛其夫與主豈甚於愛其身哉？夫惟其愛夫與主也，而不暇言禮，則與之辨理之是非而必亡以禁。夫惟其愛身者尤甚於愛夫與主也，則與之以不死之利，其勢將至於自沮。是故人情之偏，可以利誘而不可以理動。嗚呼！彼其偏於情也，豈不知夫越理也，而不能自勝，是以冒爲之，而於人之議也弗顧，以姑快其欲。而曉人者持區區之理以厭服之，無惑乎攻之而愈堅，却之而愈戾也。高帝之立如意也，唯愛而已矣。愛之入於内也固，則視嫡庶之説末焉爾。雖然，以高帝愛戚氏，豈能愈於愛漢耶？且其始也，以爲如意之賢足以嗣其位，而惠帝之弱不足以堪，是以有廢立之謀。蓋其謀生於爲天下之公，而成於女子之私。於此也，非有天下樂於歸惠帝而弗順於如意之形以觀之，而折之以其末爾之説，求攻其既固之心，則亦甚疏。是故叔孫通之徒力争而不可得，四皓一侍，太子以安。嗚呼！委之以不争之便，而示其利於無意之地，若留侯者，亦巧於悟君也矣！趙欲以長安君質齊，太后不可，大臣强諫，太后益怒，左師觸龍以王趙之福一説而行。夫以質齊之辱而可以博王趙之福，則雖婦人猶忍小以就大，彼高帝以艱難辛苦僅得之天下，而其人安於太子，亦必不肯棄天下之所安而付之於其所嬖，而不保其不危。故曰：留侯，可謂巧於悟其君者矣！

葉適《習學記言序目》卷一九《史記一・世家》 以籌策算天下，於古無是，規國慮敵則有之矣。至從横人妄爲揣摩，而後世遂有取天下之術，然皆無以逾張良。方其在散亂中，如洪流一版，卒能合而爲一，異哉！然良因事開説，若不得已，未嘗爲成謀，開闔在手；信爾，則上世聖賢之勤勞皆可廢，斯尤異矣！遷序良事無不可考，四皓之來，極其辨智，古今未嘗有；而後世儒者欲以空義斷其是非，何可當也！（《留侯》）

《全宋文》卷六二一〇袁説友《張良辯》 或曰張良之欲毆老父，似無先見者，余曰不然，作《張良辯》。

班固記張良取履事，余謂良之識老人，政如其識高祖，皆其平生遠識，洞見賢否，精神之妙，在此二事。至其謂良初見老人，命以取履，怒欲毆之，且曰：「爲其老，乃彊下取履。」余獨未解。料物纖悉必中，如燭照龜卜，動與神契，烏有神異如黄石老，而謂良一見不能深識，乃懷欲毆之心乎？且其相期平旦之言，而良之往至三，略無厭斁憚煩之意。使良不有所見，已知老人非庸常士，其心足以照知而測識，誰肯一就其約，拒而不與，又至於再，至於三，而猶拳拳信慕，堅忍不拔，以如其約哉？度人之情，一往不就，或勉而再，再而弗與，則未有不委而去者矣。今良勤劬堅確，油然而就之，不憚再三而與之會，此非胸中洞見老人之異，必不至是。而班固乃謂其初欲毆之，以其老而下取，烏有卒然相遇，命以僕妾之役，肯徒以區區之老而爲之屈哉？必不爾也。漢高祖與蕭、曹起於豐沛，所與成帝業者，良、平、韓、彭耳。韓信因蕭何之薦，而陳平、彭越皆自楚往。彼三人者，其歸高祖，皆非有先知之見。而良獨起於草野，方懷景駒之就，而道遇高祖，亡介紹，非雅素，一見相得，欣然從之，至有「沛公天授」之歎。此其先知遠識洞見物表，豈韓、彭、陳平輩之所以遇高祖者哉？以其知高祖者而考之圯上之事，則良之知人大抵如此。而班固乃載以毆之之説，信斯言也，則良之取履就約，皆幸遇耳，而何預乎先知之識哉？余故曰史氏一時記事臆度之言，良意不出此也。

錢時《兩漢筆記・高祖》 王者革命，必有以新一代之規模，武王之反商政是也。秦爲無道，不師古治，先王之禮樂法度掃地而亡之，焚書阬儒，純用法律，是以卒稔高、斯之禍，僅二世而遂亡。然則漢之所宜反秦政者，果安在哉？崇儒術，明教化，與天下更始，此第一急務也。高祖不脩文學而性明達，二三大臣當有以任其責矣。况張良爲帝者師，甫從入關，即道引辟穀，此何爲者也？且自古亂世必有大賢君子遁迹於天下。是故夏之衰也，伊尹在莘；商之中微也，傅説在版築；及其亡也，吕望在蟠谿。戰國至秦天下大亂，凡出而自見於當時者，大抵挾數用術功利之徒耳，抱道懷德遁世無悶者，固不屑也。兵將屠魯而猶聞絃誦之聲，深造自得之功不變亂於死生禍福之境，孔氏家法殆有人焉。良也，不於此時訪求遺逸而尊禮之，闡明大道而教化之，以開一代太平之基，躋斯世於二帝三王之盛，乃拳拳乎願棄人間事，從赤松子遊，謂之知幾免禍則可，律以名教，不得而辭其罪矣。先儒謂子房有儒者氣象，嗚呼！子房非儒也。嘗受教於圯上之老人，其本領固黄老之學耳。自時厥後，清浄如曹參，恭儉如文帝，而皆不免陷溺於此。主盟斯道者無其人，而異端邪説遂稱賢於天下，子房實啟之也。惜哉！

王惲《秋澗集》卷四五《讀史》 余讀《留侯傳》云：沛公入關，見秦宫室之盛、帷帳狗馬之富、重寶婦女之美，欲留居之。樊噲進諫，子房固知其不聽，此正教之使先耳。蓋良以沛公有爲而多慾者也，至此天理昧而人慾肆矣，非驟能一言回也。若已諫不入，則莫之繼也，故先之以樊卿，使抑遏横流，少殺其方張之勢。繼以苦口逆耳之言，警懼啟沃，使默識其神器所在，何眷眷於此耳。高帝能無從乎？此乃晉隨會諫靈公，三進及霤，然後以趙宣子繼之之義也。不然，噲沛之屠狗者也，安知夫漢之爲漢張本於此，亟當力諫，以成高帝之業哉。

劉辰翁《須溪集》卷六《評漢史》 子房妙處，在遺項王書，又并遺以齊梁反書。使羽事齊而不事漢，真得緩急之上策矣。

鍾惺《隱秀軒集》卷二三《論二・張良》 留侯一生作用，着着在事外，步步在人先。其學問操放，全在用人。立韓後則用項梁；謝羽鴻門，則用項伯，用樊噲；欲楚之勿西憂漢，則用田榮反書；捐關東以破楚，則用黥布，用彭越，用韓信；定太子則用四皓；而其大者，在全用沛公。故子房用漢，非爲漢用者也。爲韓報仇，是其用漢主意。博浪之椎，非輕於一試也，以爲如是而可以報韓仇，則亦不必用漢。用漢非得已也，不得已而用漢，又肯使漢得以功臣待之乎？故爲韓報仇，子房自道出，非漢君臣能知之也。曷爲欲使漢知其爲韓報仇也？恐漢得以功臣待之也。漢不得以功臣待之，而後可免於何之囚、參之醉、平之汙、信、越之族。子房於此不無戒心矣！故曰，非得已也。使爲韓報仇一語，子房不自道出，豈惟漢君臣不知，即司馬遷亦不得而知之也。

李贄《藏書》卷十一《張良》 李生曰：漢之三傑，皆爲帝所疑。獨不疑子房者，以子房終始之心至明白也。昔人爲子房善藏其用，夫秦、項滅而英雄之恨已銷，可以辟穀謝世矣，何用之藏與！使子房而功名富貴人也，當不已於好謀用智之心，雖欲善藏其用以求免帝之疑，又可得與！信、何是已。信無足論矣，觀何日夜免於帝之疑者，至無遺策矣，何亦自以爲得藏身之智也，然帝疑何之心，卒與何相終始，其獲免於械係者，直天幸耳。乃知心迹苟明，雖智如子房，未始藏其用也。范蠡惟不勝好智之私，故卒以滅吴而霸强越，成萬世之名，夫會稽之栖，報父之讎也，非無罪而興師者也。舍而不誅，蠡之君臣當用以爲德矣。謀之

二十餘年，自强可也，雪耻可也，乃勾踐既許吳成矣，蠡獨鼓進兵焉何哉！以長頸鳥喙之人，猶掩泣而不忍其使者，蠡獨何忍乎？太伯之祀，忽焉遽絶，勾踐之疑，從茲甚矣。與其逃海避誅，以智求免，孰若優游廊廟，使悍后妒主皆信之而不疑也。故爲陶朱公者，去越適齊，又去齊遷陶，役役焉名利之場，老死而不止，是用智之過也。則謂留侯善藏其用亦可也。

陳子龍《陳忠裕公全集・張良》 秦滅韓，遂并天下。張良以五世相韓，悉散家財，求客刺秦王，爲韓報仇。東見倉海君，告以隱，倉海君曰：非計也。秦自孝公蠶食關東之國，至於始皇，非一世矣。韓最小弱，事秦最謹，然不免於先亡者，當秦之衝，地勢使然也。今公子誠得天下之壯士，持一匕首入虎狼之秦，履咸陽，躡甘泉，得秦王而甘心焉。即秦更立主，天下晏然也。韓之社稷，曾不得血食，此燕丹之所以僨於前也。張良曰：不然。秦王之并天下，非秦王之能也。六國之人，慑於累世之威，聞西風之聲，猶膽墮骨戰，兵未交而勝負之勢決矣。既并天下，侈然自以爲跨三王，軼五帝，刻削寡恩，純任法吏，子弟無尺土之封。夫恩澤不加於民，而很戾自恣，内無腹心之臣，而外無磐石之宗。此雖爲强，其實易弱。彼六國之遺民，痛心扼腕，幸天下有變者，豈可量哉？特以素所震讋，視殺黽之塞，如天險不可升，而視秦王之威武，猶鬼神之莫測也。故相視而莫敢先動。今我誠能以間擊殺之，彼大臣分權，諸子争立，勢必擾亂，天下聞之，必有以秦爲易與，而不足畏者，乘隙投間而起者，非一人矣。倉海君曰：善哉。我聞秦既稱帝，法益嚴，關東之客不得上殿，難近。然秦王爲人驕，輕脱好遊易刺，子盍於途伺之。遂授以力士，狙擊始皇博浪沙中，誤中副車。始皇大怒，大索天下，不得。時民間或傳始皇已死，陳涉等聞之，皆有輕秦心，日夜念亂矣。後十年，竟以亡。秦首發難，自良始也。

錢謙益《牧齋有學集》卷四七《自跋留侯論後》 余年十五，作《留侯論》，盛談其神奇靈怪，文詞俶儻，頗爲長老所稱許。今乃知其不然。子房當吕政并吞，宗國淪喪，藉五世之業，敵九世之讐，破家致命，閔閔皇皇，如魚銜鉤，如雉帶箭。博浪之椎，一發不中，將百發而未已，豈自料必有濟哉？求士而遇倉海君，潛匿而遇圯上老人，窮塗亡命，萍梗相值，固非有意鈎奇也。軹道降秦，垓下蹙項，風雲玄感，雪恥除兇。自請封留，平生之願足矣。龍準遲暮，雉姁晨鳴。金玦莬枯，災祚杌棿，報韓之心已了，報劉之緒未憖。于是扣囊底之智，鈎致四老人以肇安劉之績。兩家宿債，一往酬還，都無餘剩，自是乃可以長謝世間，伴黄石而尋赤松矣。由是觀之，子房蓋楚、漢間一了債人也。厓山之忠臣，得請于帝，報在百年已後，是固然矣。借力于百年，又將結債于來世。以債還債，寧有了時？豈若子房天助神祐，功成身退，五世之讐，報于一身；多生之債，酬于現世。嗚呼！如子房者，真千古之幸人也哉！

錢澄之《田間文集》卷一《留侯論》 方陳勝發難之初，張耳、陳餘勸勝立六國後，自爲樹黨，爲秦益敵，勝不能用，不旋踵而亡。迨項梁起兵，范增亟勸立楚後以從民望，子房亦請立韓公子成爲王，益多樹黨，雖志在報韓，然其策亦未嘗有異於耳、餘也。及漢滎陽之困，酈食其謀立六國後以撓楚權，子房借前箸爲籌，亟言其不可，其事遂寢。何子房爲計前後自相牴牾乎？嗚呼！若子房，乃深達時變者也。

夫秦爲無道，滅六國後，天下恨之入骨髓。方舉事之初，以立六國爲名，則人心嚮附，海内之豪傑義士，莫不瞋目攘臂以争起，從之惟恐後。項羽所云：「天下初發難時，假立諸侯後以伐秦。」即此指也。迨秦既破滅，天下之大勢已歸於漢，與漢争者獨一羽耳，而酈生乃欲立六國以撓楚權。夫六國之後，能爲羽敵足以抗羽者誰乎？如田氏兄弟，已自爲王，不待漢立之矣。若猶是趙歇、魏豹等輩，彼亦視楚漢之勝敗爲去就耳。漢王彭城之敗，諸侯皆與楚而叛漢，其情可見矣。且楚常勝，漢常敗，則立六國者，是爲楚樹黨，爲漢樹敵也，何撓楚權之有哉？

彼撓楚之計，子房決之早矣。當是時，能與楚抗者，獨有信、布、越三人耳。帝與子房謀，欲捐關以東地予人，子房以爲必捐之此三人，此三人真足以撓楚者也。而酈生猶持始事之故説以進，何其謬哉！且帝捐關以東地予三人者，非真能捐之也，子房固知此三人者之終爲漢有也；若立六國之後，其土地既皆其故物，而其人士争歸，臣其舊主，事定之後，漢寧能復廢之哉？廢之，是仍冒項羽倍約之名，貽諸侯以口實，而開兵端矣。

或曰：「子房始志爲韓報仇，復六國，即所以復韓也。今爲漢計若此，獨不爲韓計乎？」夫子房之爲韓亦已全矣，既已求成立爲王，方去漢歸成，而羽竟殺成，子房復何望哉？子房知六國之不可以再興，而韓仇不可以不報也。初，韓滅於秦，則志在報韓之仇，故從諸侯以亡秦；及成誅於羽，又志在報成之仇，故欲從漢以滅羽。爲漢計不忠，則羽不滅；羽不滅，則成之仇不報。即謂子房始終爲韓報仇，可也。

魏禧《魏叔子文集》卷一《留侯論》 客問魏子曰：或曰子房弟死不葬，以求報韓，既擊始皇博浪沙中，終輔漢滅秦，似矣。韓王成既殺，酈生説漢立六國後，而子房沮之，何也？故以爲子房忠韓者非也。

魏子曰：噫！是烏足知子房哉？人有力能爲人報父讎者，其子父事之，而助之以滅其讎，豈得爲非孝子哉！子房知韓不能以必興也，則報韓之讎而已矣。天下之能報韓讎者莫如漢，漢既滅秦，而羽殺韓王，是子房之讎，昔在秦而今又在楚也。六國立則漢不興，漢不興則楚不滅，楚不滅則六國終滅于楚。夫立六國，損于漢，無益于韓；不立六國，則漢可興，楚可滅，而韓之讎以報。故子房之志决矣。子房之説項梁立横陽君也，意固亦欲得韓之主而事之，然韓卒以夷滅。韓之爲國，與漢之爲天下，子房辨之明矣。范增以沛公有天子氣，勸羽急擊之，非不忠于所事，而人或笑以爲愚。且夫天下公器，非一人一姓之私也。天爲民而立君，故能救生民于水火，則天以爲子，而天下戴之以爲父。子房欲遂其報韓之志，而得能定天下禍亂之君，故漢必不可以不輔。

夫孟子學孔子者也，孔子尊周而孟子游説列國，惓惓於齊、梁之君，教之以王。夫孟子豈不欲周之子孫王天下而朝諸侯，周卒不能，而天下之生民不可以不救。天生子房以爲天下也，顧欲責子房以匹夫之諒，爲范增之所爲乎，亦已過矣。

蕭穆《敬孚類稿》卷三《書留侯世家後》 今夫大臣爲國，君有過，宜挺身直諫，而權術必不可施也。然而人主之性情，亦不可以一端測。故雖有君臣一體，平日之出謀發慮，彼此相親，信而不疑；有時偏僻堅忍，爲大臣者，既不能依阿洩涊，坐觀其决裂，而挺身直諫，知不足動君之聽，欲社稷之不危，君臣之相安，偏僻之情，堅忍之性，翻然以改，則又不能不一行其權焉。

吾讀《留侯世家》，見太史公稱其「所與上從容言天下事甚衆」，既嘉子房從高帝定天下，用其策無不中矣。及帝易太子，乃爲吕后及建成侯畫計策，致「上有不能致者」四人於山中以助之，四人者，即世所稱「商山四皓」也。吾於是益歎子房所慮之長、所見之大，而能感發高帝英明之主，非漢廷諸臣所能望也。然太史公叙子房致山中四人較他事尤詳，蓋以上竟不易太子者，子房招四人之力也。而宋司馬文正公作《資治通鑑》，於雜家小説若《西京雜記》、《平剡録》之類，皆有所采，及其《進表》，自謂「抉擿幽隱，校計毫釐」，而於子房致山中四人事，獨闕略不詳焉。後之學者，或以議四皓，或以議温公，而短長之書，最不足取，獨載此事，略近於情，而其説又反覆支離，是皆不知四皓，不知子房，而並不知高帝，不知司馬文正也。

蓋「四皓」乃隱君子也，目擊秦政之敝，知天下之不足與有爲，相與决意偕隱，至高帝之定天下，亦皆老且死矣。即高帝平日能禮賢下士，廣搜遺逸，尚不能易其初志以就之，何待輕士善駡，乃義不受辱，故恐而亡匿哉！彼高帝者，素稱好色者也。天下已定，外侮内患既不足以攖其心，而吕后年長色衰，惠帝爲人亦仁弱，所最愛且擁者，獨一戚姬耳。愛戚姬則不能不寵如意，擁戚姬則不能不疏吕后，寵如意則不能不下惠帝，於是易太子而立趙王如意，亦勢之所必至者也。子房已早知之矣，「骨肉之間，雖臣等百餘人何益」？「難以口舌争」，計之已周，籌之已熟矣。所注意者，只山中四人而已。蓋當是時，四人之有無存亡，皆不可知，果皆有而尚存，其清風高節，篤老龍鍾，不愛金玉璧帛，卑辭安車，雖有辯士，不足以動其心，亦子房、吕澤之所深知也。

夫事必有隙而後其術可施，人必得間而後其計乃入。高帝以一時見太子爲人仁弱，與己不類，以寵愛之故，欲易太子而立趙王如意，諸大臣或諫，或以廷争，且稱説引古事，以死動之。高帝後心知易太子而立如意爲諸大臣之不心服，身後變故且有不測，豈不頓悟而悔其初志哉！顧以言既出於其口，入於戚姬之耳，一旦聞諸臣之争諫，即嘉納之，又不欲一時遽自食言，亦將留以有待；且或爲戚姬笑其反覆無常，歡愛之心，從此而失。高帝此時有躊躇莫定矣。子房、吕澤蓋早窺及此也，於是相與謀之，訪於民間，求老成練達者四人而客之而教導之。及四人從太子如上，各言姓名，高帝曰「煩公幸卒調護太子」者，是何始之欲易太子堅持不拔，今而不易太子者如發蒙振落歟？帝必因諸臣之争諫，知大臣之不心服，日後變故且有不測，而先有悔悟之心；故一旦乘此四人之言，借此四人之勢，即召戚夫人指四人者曰「我欲易之，彼四人輔之」之語，以塞戚夫人之望，而又爲歌泣，以感動戚氏，以明己之不得已者，所以愚戚氏也。不然，高帝豈不知四人之不可致，今此四人爲子房、吕澤之僞爲哉！即帝先以鍾愛之故，忽失言以易太子，後因諸臣之諫争，知諸大臣之不心服而終無悔悟之心，則諸臣廷争之而不得，偏僻堅忍，不義之行，既已顯暴於世矣，一旦見此老將就木之人，又何憚而不唾其面邪？即高帝素高此四人之行，求之數歲而不可得，今忽見從太子遊，且各言姓名以對，果重四人之齒德品望，以慰生平之願，而乃曰「煩公幸卒調護太子」，則英明之主，大丈夫行事磊磊落落，如日月皎然，我自行之，我自已之，

又何以一婦人女子爲意，必召戚氏指四人者曰「我欲易之，彼四人輔之，羽翼已成，呂后真而主矣」乎！

故高帝之先欲易太子，以一時鍾愛之故，而諸臣之争諫而不能得者，高帝之所以不欲一時遽自食言以失戚氏之歡，欲將留以有待也。後之見四人從太子遊，而曰「煩公幸卒調護太子」者，其先因諸大臣之争諫，知諸大臣之不心服，後將有變，而先有悔悟之心也。如史所言，子房所致四人真爲「逃匿山中，義不爲漢臣」之四人，則四人以區區金玉璧帛、卑辭安車，爲辯士所動，奉太子書即至，客建成侯所，且從太子，是輕以失身，其志行亦近於陋。如短長所言，留侯、吕澤之使人聘於商山，且三聘於商山，則子房、吕澤亦甚不智。

故司馬氏知之，必於此類亦詳載之，又不欲爲史氏所愚，且以之愚後世，故竄闕之，以聽學者之自擇也。其所謂「抉擿幽隱，校計毫釐」者，亦或爲此類也歟？

藝文

《文選·謝宣遠〈張子房詩〉》 王風哀以思，周道蕩無章。卜洛易隆替，興亂罔不亡。力政吞九鼎，苛慝暴三殤。息肩纏民思，靈鑒集朱光。伊人感代工，聿來扶興王。婉婉幙中畫，輝輝天業昌。鴻門消薄蝕，垓下殞攙搶。爵仇建蕭宰，定都護儲皇。肇允契幽叟，翻飛指帝鄉。惠心奮千祀，清埃播無疆。神武睦三正，裁成被八荒。明兩燭河陰，慶霄薄汾陽。鑾旍歷頹寢，飾像薦嘉嘗。聖心豈徒甄，惟德在無忘。逝者如可作，揆子慕周行。濟濟屬車士，粲粲翰墨場。瞽夫違盛觀，竦踊企一方。四達雖平直，蹇步愧無良。飡和忘微遠，延首詠太康。

庾信《庾子山集》卷一〇《張良遇黄石公讚》 張良取履，跪受無辭。兵書一卷，長者三期。昔稱韓相，今爲漢師。穀城餘石，還歸舊祠。

《李太白全集》卷六《樂府·猛虎行》 朝作猛虎行，暮作猛虎吟。腸斷非關隴頭水，淚下不爲雍門琴。旌旗繽紛兩河道，戰鼓驚山欲傾倒。秦人半作燕地囚，胡馬翻銜洛陽草。一輸一失關下兵，朝降夕叛幽薊城。巨鼇未斬海水動，魚龍奔走安得寧。頗似楚漢時，翻覆無定止。朝過博浪沙，暮入淮陰市。張良未遇韓信貧，劉項存亡在兩臣。暫到下邳受兵略，來投漂母作主人。賢哲栖栖古如此，今時亦棄青雲士。有策不敢犯龍鱗，竄身南國避胡塵。寶書玉劍挂高閣，金鞍駿馬散故人。昨日方爲宣城客，掣鈴交通二千石。有時六博快壯心，遶牀三匝呼一擲。

《李太白全集》卷七《古近體詩·歌吟·扶風豪士歌》 撫長劍，一揚眉，清水白石何離離。脱吾帽，向君笑；飲君酒，爲君吟。張良未逐赤松去，橋邊黄石知我心。

《李太白全集》卷二二《古近體詩·經下邳圯橋懷張子房》 子房未虎嘯，破産不爲家。滄海得壯士，椎秦博浪沙。報韓雖不成，天地皆振動。潛匿遊下邳，豈曰非智勇？我來圯橋上，懷古欽英風。唯見碧流水，曾無黄石公。歎息此人去，蕭條徐泗空。

杜甫《杜詩詳注》卷一七《詠懷古蹟·寄韓諫議注》 似聞昨者赤松子，恐是漢代韓張良。昔隨劉氏定長安，帷幄未改神慘傷。國家成敗吾豈敢？色難腥腐餐楓香。

王安石《王文公文集》卷三八《古詩·張良》 留侯美好如婦人，五世相韓韓入秦。傾家爲主合壯士，博浪沙中擊秦帝。脱身下邳世不知，舉國大索何能爲？《素書》一卷天與之，穀城黄石非吾師。固陵解鞍聊出口，捕取項羽如嬰兒。從來四皓招不得，爲我立棄商山芝。洛陽賈誼才能薄，擾擾空令絳灌疑。

《胡宏集·絶句·張良》 六國億萬人，誰是報讐者。壯哉博浪沙，一擊震天下。

李昱《草閣詩集》卷五《詠史·張良》 博浪沙中亦浪謀，圯橋一變運機籌。豈因漢帝扶炎祚，正爲韓王報世仇。儲嗣真憑紫芝曲，神仙假託赤松遊。孰知名就身還辱，故爾封侯只願留。

高啟《高青丘集》卷一七《張子房》 不握兵權只坐籌，苦辭萬户乞封留。縱令不早尋仙去，天子終無賜醢謀。

張岱《琅嬛文集》卷一《博浪椎傳奇序》 老、莊之學，一變而爲申、韓，再變而爲孫、吴，三變而爲蘇、張，四變而爲荆、聶。太史公曰：凡此輩雖極慘礉少恩，皆原於道德之意，而老子深遠也。「深遠」二字，乃老子一生藏身妙用。而無奈申、韓以後，其意漸趨漸薄，其術愈變愈淺。其於用世，日處危險，後且不可救藥矣。張子房從忠孝起家，其於申、韓之流，本欲自異，而博浪一椎，誤墮荆、聶。則其學問淺薄，如何克爲帝者之師？故黄石老人愛之惜之，乃向圯上教之也。

余曾見軼書，張良爲老人納履，老人曰：「孺子可教。」良曰：「願聞也。」老人曰：「兩眉致其美於人，而人卒不以眉爲功，眉無事也。孺子居功，其以眉乎？兩手致其傷於人，而人卒不以手爲怨，手無心也。孺子處怨，其以手乎？」張良憮然爲問曰：「敬受教。」只此數語，已將張子房一生之功業心術，傾囊道破。子房得此數語，真如畫龍點睛，從此飛騰變化，莫可測識者矣。余宗兄公琬深得此意，故以博浪椎譜爲傳奇。總以見子房用氣而卒能不爲氣用，取其深情遠識，以提醒英雄豪傑，爲功大矣。

余向作怒蛙，純以氣性用事，遇越王或在所憑式，遇子房則必望之而却走矣。余故留此一卷床頭，以當黄石素書。

張岱《琅嬛文集》卷三《樂府・博浪椎》 張良，韓人。秦滅韓，良年少。家僮三百人，弟死不葬，悉以家財求客刺秦王，爲韓報仇，以大父、父五世相韓故。良因東見滄海君，得力士，爲鐵椎重百二十斤。秦皇帝東游，良與客狙擊秦皇帝博浪沙中，誤中副車。秦皇震怒，大索天下，卒莫能得。

黄石公，赤松子。報秦仇，立韓祀。先見滄海君，千金募壯士。博浪只一椎，大索出秦市。圯上書未傳，神奇已若此。賴汝一擊功，明年祖龍死。副即轀涼車，鮑魚臭方始。行將作帝師，肯與荆聶齒。滿腹儲風雷，貌一好女子。是不是，問太史。

龔煒《巢林筆談》卷一《下邳張良廟》 過下邳，謁留侯廟，瞻仰之際，英雄而帶烟霞氣矣。出步圯橋，遥想當年納履授書，仙蹤契合，低回不能去。

羅文俊《詁經精舍文續集》卷八汪述孫《讀史・張良》 不信燒書尚有書，圯橋夜半忽聞呼。鬼神效命開王業，豪傑傾心奉祕符。但使性情歸歷練，何勞狀貌擬魁梧。韓彭俎醢匆匆盡，可惜羣雄氣太麤。

羅文俊《詁經精舍文續集》卷八朱大紳《讀史・張良》 五世深恩尚未酬，子房終始爲韓謀。奮椎氣早吞秦鹿，借箸籌堪滅楚猴。天意本因皇漢授，臣心藉報故君仇。埽除嬴項渾無事，辟穀還期跨鶴游。

羅文俊《詁經精舍文續集》卷八胡琮《讀史・張良》 將相胸襟婦女顔，謀成帷幄亦韜嫻。恩酬遲我神仙願，家國全人骨肉閒。千古觀人同子羽，一生知己是眉山。穀城大好藏弓地，留得兵書悔未删。

羅文俊《詁經精舍文續集》卷八董醇《讀史・張良》 安劉一著已争先，帷幄謀參智勇全。氣感填星能化石，功成商皓訂游仙。報讐具有荆軻志，學步猶聞李泌賢。出處悠然真莫測，爲韓爲漢費推研。

《張之洞全集》卷二九七《詠古詩・張良》 亂世英雄貴識幾，沛公天授幾人知。一雄已竭孤臣力，三略終成帝者師。崔浩機權微仿佛，右侯位業尚差池。人生快意功名遂，敝屣通侯獨往時。

韓信部

綜述

《史記》卷九二《淮陰侯列傳》 淮陰侯韓信者，淮陰人也。始爲布衣時，貧無行，不得推擇爲吏，又不能治生商賈，常從人寄食飲，人多厭之者。常數從其下鄉南昌亭長寄食，數月，亭長妻患之，乃晨炊蓐食。食時信往，不爲具食。信亦知其意，怒，竟絶去。

信釣於城下，諸母漂，有一母見信飢，飯信，竟漂數十日。信喜，謂漂母曰：「吾必有以重報母。」母怒曰：「大丈夫不能自食，吾哀王孫而進食，豈望報乎！」

淮陰屠中少年有侮信者，曰：「若雖長大，好帶刀劍，中情怯耳。」衆辱之曰：「信能死，刺我；不能死，出我袴下。」於是信孰視之，俛出袴下，蒲伏。一市人皆笑信，以爲怯。

及項梁渡淮，信杖劍從之，居戲下，無所知名。項梁敗，又屬項羽，羽以爲郎中。數以策干項羽，羽不用。漢王之入蜀，信亡楚歸漢，未得知名，爲連敖。坐法當斬，其輩十三人皆已斬，次至信，信乃仰視，適見滕公，曰：「上不欲就天下乎？何爲斬壯士！」滕公奇其言，壯其貌，釋而不斬。與語，大説之。言於上，上拜以爲治粟都尉，上未之奇也。

信數與蕭何語，何奇之。至南鄭，諸將行道亡者數十人，信度何等已數言上，上不我用，即亡。何聞信亡，不及以聞，自追之。人有言上曰：「丞相何亡。」上大怒，如失左右手。居一二日，何來謁上，上且怒且喜，罵何曰：「若亡，何也？」何曰：「臣不敢亡也，臣追亡者。」上曰：「若所追者誰何？」曰：「韓信也。」上復罵曰：「諸將亡者以十數，公無所追；追信，詐也。」何曰：「諸將易得耳。至如信者，國士無雙。王必欲長王漢中，無所事信；必欲爭天下，非信無所與計事者。顧王策安所決耳。」王曰：「吾亦欲東耳，安能鬱鬱久居此乎？」何曰：「王計必欲東，能用信，信即留；不能用，信終亡耳。」王曰：「吾爲公以爲將。」何曰：「雖爲將，信必不留。」王曰：「以爲大將。」何曰：「幸甚。」於是王欲召信拜之。何曰：「王素慢無禮，今拜大將如呼小兒耳，此乃信所以去也。王必欲拜之，擇良日，齋戒，設壇場，具禮，乃可耳。」王許之。諸將皆喜，人人各自以爲得大將。至拜大將，乃韓信也，一軍皆驚。

信拜禮畢，上坐。王曰：「丞相數言將軍，將軍何以教寡人計策？」信謝，因問王曰：「今東鄉爭權天下，豈非項王邪？」漢王曰：「然。」曰：「大王自料勇悍仁彊孰與項王？」漢王默然良久，曰：「不如也。」信再拜賀曰：「惟信亦爲大王不如也。然臣嘗事之，請言項王之爲人也。項王喑噁叱咤，千人皆廢，然不能任屬賢將，此特匹夫之勇耳。項王見人恭敬慈愛，言語嘔嘔，人有疾病，涕泣分食飲，至使人有功當封爵者，印刓敝，忍不能予，此所謂婦人之仁也。項王雖霸天下而臣諸侯，不居關中而都彭城。有背義帝之約，而以親愛王，諸侯不平。諸侯之見項王遷逐義帝置江南，亦皆歸逐其主而自王善地。項王所過無不殘滅者，天下多怨，百姓不親附，特劫於威彊耳。名雖爲霸，實失天下心。故曰其彊易弱。今大王誠能反其道：任天下武勇，何所不誅！以天下城邑封功臣，何所不服！以義兵從思東歸之士，何所不散！且三秦王爲秦將，將秦子弟數歲矣，所殺亡不可勝計，又欺其衆降諸侯，至新安，項王詐阬秦降卒二十餘萬，唯獨邯、欣、翳得脱，秦父兄怨此三人，痛入骨髓。今楚彊以威王此三人，秦民莫愛也。大王之入武關，秋豪無所害，除秦苛法，與秦民約，法三章耳，秦民無不欲得大王王秦者。於諸侯之約，大王當王關中，關中民咸知之。大王失職入漢中，秦民無不恨者。今大王舉而東，三秦可傳檄而定也。」於是漢王大喜，自以爲得信晚。遂聽信計，部署諸將所擊。

八月，漢王舉兵東出陳倉，定三秦。漢二年，出關，收魏、河南，韓、殷王皆降。合齊、趙共擊楚。四月，至彭城，漢兵敗散而還。信復收兵與漢王會滎陽，復擊破楚京、索之閒，以故楚兵卒不能西。

漢之敗卻彭城，塞王欣、翟王翳亡漢降楚，齊、趙亦反漢與楚和。六月，魏王豹謁歸視親疾，至國，即絶河關反漢，與楚約和。漢王使酈生説豹，不下。其八月，以信爲左丞相，擊魏。魏王盛兵蒲坂，塞臨晉，信乃益爲疑兵，陳船欲度臨晉，而伏兵從夏陽以木罌缻渡軍，襲安邑。魏王豹驚，引兵迎信，信遂虜豹，定魏爲河東郡。漢王遣張耳與信俱，引兵東，北擊趙、代。後九月，破代兵，禽夏説閼與。信之下魏破代，漢輒使人收其精兵，詣滎陽以距楚。

信與張耳以兵數萬，欲東下井陘擊趙。趙王、成安君陳餘聞漢且襲之也，聚

兵井陘口，號稱二十萬。廣武君李左車説成安君曰：「聞漢將韓信涉西河，虜魏王，禽夏説，新喋血閼與，今乃輔以張耳，議欲下趙，此乘勝而去國遠鬬，其鋒不可當。臣聞千里餽糧，士有飢色，樵蘇後爨，師不宿飽。今井陘之道，車不得方軌，騎不得成列，行數百里，其勢糧食必在其後。願足下假臣奇兵三萬人，從閒道絶其輜重；足下深溝高壘，堅營勿與戰。彼前不得鬬，退不得還，吾奇兵絶其後，使野無所掠，不至十日，而兩將之頭可致於戲下。願君留意臣之計。否，必爲二子所禽矣。」成安君，儒者也，常稱義兵不用詐謀奇計，曰：「吾聞兵法十則圍之，倍則戰。今韓信兵號數萬，其實不過數千。能千里而襲我，亦已罷極。今如此避而不擊，後有大者，何以加之！則諸侯謂吾怯，而輕來伐我。」不聽廣武君策，廣武君策不用。

韓信使人閒視，知其不用，還報，則大喜，乃敢引兵遂下。未至井陘口三十里，止舍。夜半傳發，選輕騎二千人，人持一赤幟，從閒道萆山而望趙軍，誡曰：「趙見我走，必空壁逐我，若疾入趙壁，拔趙幟，立漢赤幟。」令其裨將傳飧，曰：「今日破趙會食！」諸將皆莫信，詳應曰：「諾。」謂軍吏曰：「趙已先據便地爲壁，且彼未見吾大將旗鼓，未肯擊前行，恐吾至阻險而還。」信乃使萬人先行，出，背水陳。趙軍望見而大笑。平旦，信建大將之旗鼓，鼓行出井陘口，趙開壁擊之，大戰良久。於是信、張耳詳弃鼓旗，走水上軍。水上軍開入之，復疾戰。趙果空壁爭漢鼓旗，逐韓信、張耳。韓信、張耳已入水上軍，軍皆殊死戰，不可敗。信所出奇兵二千騎，共候趙空壁逐利，則馳入趙壁，皆拔趙旗，立漢赤幟二千。趙軍已不勝，不能得信等，欲還歸壁，壁皆漢赤幟，而大驚，以爲漢皆已得趙王將矣，兵遂亂，遁走，趙將雖斬之，不能禁也。於是漢兵夾擊，大破虜趙軍，斬成安君泜水上，禽趙王歇。

信乃令軍中毋殺廣武君，有能生得者購千金。於是有縛廣武君而致戲下者，信乃解其縛，東鄉坐，西鄉對，師事之。

諸將效首虜，(休)畢賀，因問信曰：「兵法右倍山陵，前左水澤，今者將軍令臣等反背水陳，曰破趙會食，臣等不服。然竟以勝，此何術也？」信曰：「此在兵法，顧諸君不察耳。兵法不曰『陷之死地而後生，置之亡地而後存』？且信非得素拊循士大夫也，此所謂『驅市人而戰之』，其勢非置之死地，使人人自爲戰。今予之生地，皆走，寧尚可得而用之乎！」諸將皆服曰：「善。非臣所及也。」

於是信問廣武君曰：「僕欲北攻燕，東伐齊，何若而有功？」廣武君辭謝曰：「臣聞敗軍之將不可以言勇，亡國之大夫不可以圖存。今臣敗亡之虜，何足以權大事乎！」信曰：「僕聞之，百里奚居虞而虞亡，在秦而秦霸，非愚於虞而智於秦也，用與不用，聽與不聽也。誠令成安君聽足下計，若信者亦已爲禽矣。以不用足下，故信得侍耳。」因固問曰：「僕委心歸計，願足下勿辭。」廣武君曰：「臣聞智者千慮，必有一失；愚者千慮，必有一得。故曰『狂夫之言，聖人擇焉』。顧恐臣計未必足用，願效愚忠。夫成安君有百戰百勝之計，一旦而失之，軍敗鄗下，身死泜上。今將軍涉西河，虜魏王，禽夏説閼與，一舉而下井陘，不終朝破趙二十萬衆，誅成安君。名聞海内，威震天下，農夫莫不輟耕釋耒，褕衣甘食，傾耳以待命者。若此，將軍之所長也。然而衆勞卒罷，其實難用。今將軍欲舉倦獘之兵，頓之燕堅城之下，欲戰恐久力不能拔，情見勢屈，曠日糧竭，而弱燕不服，齊必距境以自彊也。燕、齊相持而不下，則劉、項之權未有所分也。若此者，將軍所短也。臣愚，竊以爲亦過矣。故善用兵者不以短擊長，而以長擊短。」韓信曰：「然則何由？」廣武君對曰：「方今爲將軍計，莫如案甲休兵，鎮趙撫其孤，百里之内，牛酒日至，以饗士大夫醳兵。北首燕路，而後遣辯士奉咫尺之書，暴其所長於燕，燕必不敢不聽從。燕已從，使諠言者東告齊，齊必從風而服，雖有智者，亦不知爲齊計矣。如是，則天下事皆可圖也。兵固有先聲而後實者，此之謂也。」韓信曰：「善。」從其策，發使使燕，燕從風而靡。乃遣使報漢，因請立張耳爲趙王，以鎮撫其國。漢王許之，乃立張耳爲趙王。

楚數使奇兵渡河擊趙，趙王耳、韓信往來救趙，因行定趙城邑，發兵詣漢。楚方急圍漢王於滎陽，漢王南出，之宛、葉閒，得黥布，走入成皋，楚又復急圍之。六月，漢王出成皋，東渡河，獨與滕公俱，從張耳軍脩武。至，宿傳舍。晨自稱漢使，馳入趙壁。張耳、韓信未起，即其臥内上奪其印符，以麾召諸將，易置之。信、耳起，乃知漢王來，大驚。漢王奪兩人軍，即令張耳備守趙地，拜韓信爲相國，收趙兵未發者擊齊。

信引兵東，未渡平原，聞漢王使酈食其已説下齊，韓信欲止。范陽辯士蒯通説信曰：「將軍受詔擊齊，而漢獨發閒使下齊，寧有詔止將軍乎？何以得毋行也！且酈生一士，伏軾掉三寸之舌，下齊七十餘城，將軍將數萬衆，歲餘乃下趙五十餘城，爲將數歲，反不如一豎儒之功乎？」於是信然之，從其計，遂渡河。齊已聽酈生，即留縱酒，罷備漢守禦。信因襲齊歷下軍，遂至臨菑。齊王田廣以酈生賣己，乃亨之，而走高密，使使之楚請救。韓信已定臨菑，遂東追廣至高密西。

楚亦使龍且將，號稱二十萬，救齊。

齊王廣、龍且并軍與信戰，未合。人或説龍且曰：「漢兵遠鬬窮戰，其鋒不可當。齊、楚自居其地戰，兵易敗散。不如深壁，令齊王使其信臣招所亡城，亡城聞其王在，楚來救，必反漢。漢兵二千里客居，齊城皆反之，其勢無所得食，可無戰而降也。」龍且曰：「吾平生知韓信爲人，易與耳。且夫救齊不戰而降之，吾何功？今戰而勝之，齊之半可得，何爲止！」遂戰，與信夾濰水陳。韓信乃夜令人爲萬餘囊，滿盛沙，壅水上流，引軍半渡，擊龍且，詳不勝，還走。龍且果喜曰：「固知信怯也。」遂追信渡水。信使人決壅囊，水大至。龍且軍大半不得渡，即急擊，殺龍且。龍且水東軍散走，齊王廣亡去。信遂追北至城陽，皆虜楚卒。

漢四年，遂皆降平齊。使人言漢王曰：「齊僞詐多變，反覆之國也，南邊楚，不爲假王以鎮之，其勢不定。願爲假王便。」當是時，楚方急圍漢王於滎陽，韓信使者至，發書，漢王大怒，罵曰：「吾困於此，旦暮望若來佐我，乃欲自立爲王！」張良、陳平躡漢王足，因附耳語曰：「漢方不利，寧能禁信之王乎？不如因而立，善遇之，使自爲守。不然，變生。」漢王亦悟，因復罵曰：「大丈夫定諸侯，即爲真王耳，何以假爲！」乃遣張耳往立信爲齊王，徵其兵擊楚。

楚已亡龍且，項王恐，使盱眙人武涉往説齊王信曰：「天下共苦秦久矣，相與勠力擊秦。秦已破，計功割地，分土而王之，以休士卒。今漢王復興兵而東，侵人之分，奪人之地，已破三秦，引兵出關，收諸侯之兵以東擊楚，其意非盡吞天下者不休，其不知厭足如是甚也。且漢王不可必，身居項王掌握中數矣，項王憐而活之，然得脱，輒倍約，復擊項王，其不可親信如此。今足下雖自以與漢王爲厚交，爲之盡力用兵，終爲之所禽矣。足下所以得須臾至今者，以項王尚存也。當今二王之事，權在足下。足下右投則漢王勝，左投則項王勝。項王今日亡，則次取足下。足下與項王有故，何不反漢與楚連和，參分天下王之？今釋此時，而自必於漢以擊楚，且爲智者固若此乎！」韓信謝曰：「臣事項王，官不過郎中，位不過執戟，言不聽，畫不用，故倍楚而歸漢。漢王授我上將軍印，予我數萬衆，解衣衣我，推食食我，言聽計用，故吾得以至於此。夫人深親信我，我倍之不祥，雖死不易。幸爲信謝項王！」

武涉已去，齊人蒯通知天下權在韓信，欲爲奇策而感動之，以相人説韓信曰：「僕嘗受相人之術。」韓信曰：「先生相人何如？」對曰：「貴賤在於骨法，憂喜在於容色，成敗在於決斷，以此參之，萬不失一。」韓信曰：「善。先生相寡人何如？」對曰：「願少閒。」信曰：「左右去矣。」通曰：「相君之面，不過封侯，又危不安。相君之背，貴乃不可言。」韓信曰：「何謂也？」蒯通曰：「天下初發難也，俊雄豪桀建號壹呼，天下之士雲合霧集，魚鱗襍遝，熛至風起。當此之時，憂在亡秦而已。今楚漢分争，使天下無罪之人肝膽塗地，父子暴骸骨於中野，不可勝數。楚人起彭城，轉鬬逐北，至於滎陽，乘利席卷，威震天下。然兵困於京、索之閒，迫西山而不能進者，三年於此矣。漢王將數十萬之衆，距鞏、雒，阻山河之險，一日數戰，無尺寸之功，折北不救，敗滎陽，傷成皋，遂走宛、葉之閒，此所謂智勇俱困者也。夫鋭氣挫於險塞，而糧食竭於内府，百姓罷極怨望，容容無所倚。以臣料之，其勢非天下之賢聖固不能息天下之禍。當今兩主之命縣於足下。足下爲漢則漢勝，與楚則楚勝。臣願披腹心，輸肝膽，效愚計，恐足下不能用也。誠能聽臣之計，莫若兩利而俱存之，參分天下，鼎足而居，其勢莫敢先動。夫以足下之賢聖，有甲兵之衆，據彊齊，從燕、趙，出空虚之地而制其後，因民之欲，西鄉爲百姓請命，則天下風走而響應矣，孰敢不聽！割大弱彊，以立諸侯，諸侯已立，天下服聽而歸德於齊。案齊之故，有膠、泗之地，懷諸侯以德，深拱揖讓，則天下之君王相率而朝於齊矣。蓋聞天與弗取，反受其咎；時至不行，反受其殃。願足下孰慮之。」

韓信曰：「漢王遇我甚厚，載我以其車，衣我以其衣，食我以其食。吾聞之，乘人之車者載人之患，衣人之衣者懷人之憂，食人之食者死人之事，吾豈可以鄉利倍義乎！」蒯生曰：「足下自以爲善漢王，欲建萬世之業，臣竊以爲誤矣。始常山王、成安君爲布衣時，相與爲刎頸之交，後争張黶、陳澤之事，二人相怨。常山王背項王，奉項嬰頭而竄，逃歸於漢王。漢王借兵而東下，殺成安君泜水之南，頭足異處，卒爲天下笑。此二人相與，天下至驩也。然而卒相禽者，何也？患生於多欲而人心難測也。今足下欲行忠信以交於漢王，必不能固於二君之相與也，而事多大於張黶、陳澤。故臣以爲足下必漢王之不危己，亦誤矣。大夫種、范蠡存亡越，霸句踐，立功成名而身死亡。野獸已盡而獵狗亨。夫以交友言之，則不如張耳之與成安君者也；以忠信言之，則不過大夫種、范蠡之於句踐也。此二人者，足以觀矣。願足下深慮之。且臣聞勇略震主者身危，而功蓋天下者不賞。臣請言大王功略：足下涉西河，虜魏王，禽夏説，引兵下井陘，誅成安君，徇趙，脅燕，定齊，南摧楚人之兵二十萬，東殺龍且，西鄉以報，此所謂功無二於天下，而略不世出者也。今足下戴震主之威，挾不賞之功，歸楚，楚人不

信；歸漢，漢人震恐：足下欲持是安歸乎？夫勢在人臣之位而有震主之威，名高天下，竊爲足下危之。」韓信謝曰：「先生且休矣，吾將念之。」

後數日，蒯通復説曰：「夫聽者事之候也，計者事之機也，聽過計失而能久安者，鮮矣。聽不失一二者，不可亂以言；計不失本末者，不可紛以辭。夫隨廝養之役者，失萬乘之權；守儋石之禄者，闕卿相之位。故知者決之斷也，疑者事之害也，審豪氂之小計，遺天下之大數，智誠知之，決弗敢行者，百事之禍也。故曰『猛虎之猶豫，不若蜂蠆之致螫；騏驥之跼躅，不如駑馬之安步；孟賁之狐疑，不如庸夫之必至也；雖有舜禹之智，吟而不言，不如瘖聾之指麾也』。此言貴能行之。夫功者難成而易敗，時者難得而易失也。時乎時，不再來。願足下詳察之。」韓信猶豫不忍倍漢，又自以爲功多，漢終不奪我齊，遂謝蒯通。蒯通説不聽，已詳狂爲巫。

漢王之困固陵，用張耳計，召齊王信，遂將兵會垓下。項羽已破，高祖襲奪齊王軍。漢五年正月，徙齊王信爲楚王，都下邳。

信至國，召所從食漂母，賜千金。及下鄉南昌亭長，賜百錢，曰：「公，小人也，爲德不卒。」召辱己之少年令出胯下者以爲楚中尉。告諸將相曰：「此壯士也。方辱我時，我寧不能殺之邪？殺之無名，故忍而就於此。」

項王亡將鍾離眜家在伊廬，素與信善。項王死後，亡歸信。漢王怨眜，聞其在楚，詔楚捕眜。信初之國，行縣邑，陳兵出入。漢六年，人有上書告楚王信反。高帝以陳平計，天子巡狩會諸侯，南方有雲夢，發使告諸侯會陳：「吾將游雲夢。」實欲襲信，信弗知。高祖且至楚，信欲發兵反，自度無罪，欲謁上，恐見禽。人或説信曰：「斬眜謁上，上必喜，無患。」信見眜計事。眜曰：「漢所以不擊取楚，以眜在公所。若欲捕我以自媚於漢，吾今日死，公亦隨手亡矣。」乃罵信曰：「公非長者！」卒自剄。信持其首，謁高祖於陳。上令武士縛信，載後車。信曰：「果若人言，『狡兔死，良狗亨；高鳥盡，良弓藏；敵國破，謀臣亡』。天下已定，我固當亨！」上曰：「人告公反。」遂械繫信。至雒陽，赦信罪，以爲淮陰侯。

信知漢王畏惡其能，常稱病不朝從。信由此日夜怨望，居常鞅鞅，羞與絳、灌等列。信嘗過樊將軍噲，噲跪拜送迎，言稱臣，曰：「大王乃肯臨臣！」信出門，笑曰：「生乃與噲等爲伍！」上常從容與信言諸將能不，各有差。上問曰：「如我能將幾何？」信曰：「陛下不過能將十萬。」上曰：「於君何如？」曰：「臣多多而益善耳。」上笑曰：「多多益善，何爲爲我禽？」信曰：「陛下不能將兵，而善將將，此乃信之所以爲陛下禽也。且陛下所謂天授，非人力也。」

陳豨拜爲鉅鹿守，辭於淮陰侯。淮陰侯挈其手，辟左右與之步於庭，仰天歎曰：「子可與言乎？欲與子有言也。」豨曰：「唯將軍令之。」淮陰侯曰：「公之所居，天下精兵處也；而公，陛下之信幸臣也。人言公之畔，陛下必不信；再至，陛下乃疑矣；三至，必怒而自將。吾爲公從中起，天下可圖也。」陳豨素知其能也，信之，曰：「謹奉教！」漢十年，陳豨果反。上自將而往，信病不從。陰使人至豨所，曰：「弟舉兵，吾從此助公。」信乃謀與家臣夜詐詔赦諸官徒奴，欲發以襲吕后、太子。部署已定，待豨報。其舍人得罪於信，信囚，欲殺之。舍人弟上變，告信欲反狀於吕后。吕后欲召，恐其黨不就，乃與蕭相國謀，詐令人從上所來，言豨已得死，列侯羣臣皆賀。相國紿信曰：「雖疾，彊入賀。」信入，吕后使武士縛信，斬之長樂鍾室。信方斬，曰：「吾悔不用蒯通之計，乃爲兒女子所詐，豈非天哉！」遂夷信三族。

高祖已從豨軍來，至，見信死，且喜且憐之，問：「信死亦何言？」吕后曰：「信言恨不用蒯通計。」高祖曰：「是齊辯士也。」乃詔齊捕蒯通。蒯通至，上曰：「若教淮陰侯反乎？」對曰：「然，臣固教之。豎子不用臣之策，故令自夷於此。如彼豎子用臣之計，陛下安得而夷之乎！」上怒曰：「亨之。」通曰：「嗟乎，冤哉亨也！」上曰：「若教韓信反，何冤？」對曰：「秦之綱絶而維弛，山東大擾，異姓並起，英俊烏集。秦失其鹿，天下共逐之，於是高材疾足者先得焉。蹠之狗吠堯，堯非不仁，狗因吠非其主。當是時，臣唯獨知韓信，非知陛下也。且天下鋭精持鋒欲爲陛下所爲者甚衆，顧力不能耳。又可盡亨之邪？」高帝曰：「置之。」乃釋通之罪。

《全宋文》卷一〇五二陳薦《淮陰侯碑銘》 秦以力稱帝，任私智以鞭笞天下，民不勝痛，思易其上以止之。勝、廣乘聚，欲操戟木，□猛士鱗附，□□秦勢，然率庸庸人，無高才卓畫，不足了大義。及劉、項起，龍超虎躍，用六合之憤以滅獨□，若翻巨石以擊瓦缶，何□□耶！兩雄并峙，勢疑而争，朝戰暮伐，生靈未得出塗炭。然籍以剛暴澁賞，漢以仁愛大器，英雄多去□爲漢用，自是興亡之理白日也。韓公諱信，少尚闊大奇偉，不謹細□。始事項氏，不得用，脱身歸漢，高帝用酇侯言，擢爲大將，故得盡其才以驅馳天下，爲漢立戰功多矣。史氏皆漢臣，謂公叛誅，無一語及錙銖善，惜哉！謹條史事，以明公爲。初，自漢中翼高帝出

陳倉，破三秦，縛□□將魏豹，東出井陘，一擊剪趙，殺餘擒歇。功名蓋天地，威德震萬里，而師事亡虜，謹奉順煦，若童蒙之爲者，以咨下燕齊策，□席是勢。舉弱燕弊齊，猶蒼搏乳雀，舒翼則獲耳，而□□受謀於廣武君，引由余、百里奚事爲證者何，蓋知圖天下之功，當用天下之智。豪傑之所藴有一也，其所以異者用捨也。計當時之士，聞此聲□尺籌寸策者，孰不求用於公之□乎！漢諸將之功無公右者，能多得謀士然也。史不載者脱略耳。後之人，權位纔□尋丈矢謀制事，或得髪綫□，則驕色傲氣，艴艴見顔面，謂舉世無我對者，矧爵尊勢重，著絶世勳烈，而師事困賤者耶！嗚呼，公之風無嗣矣。及侯淮陰也，召疇昔辱己少年，嘉有壯才，引爲□□，了不以□□□意。後之人平時有□忽違戾，一旦得志，大必誅，小必放，苟脱去，視其親□□□尚未易前意，况引而貴之耶！嗚呼，公之風無嗣矣。當□田□殺龍沮，顧天下猶掌握中物耳，而拒蒯通、武涉之語，忠貫金石，豈卒反耶？高帝偕群雄起草莽，一朝已帝，衆臣顧其□魏者不能無防，益以吕□□忍，故成其意。陔□之戰，項籍始死，即襲奪公軍，禍本兆矣。雲夢檻歸，雖畏天下之口，赦而不誅，禍體成矣。海内已□，□力無用，不能知幾向晦，嗚□冲下□疑以圖自全，而有其功烈，怏怏不滿，遂陷鐘室之禍。噫，公之智明於時而暗□□，知聖賢之始而不知聖賢之終。每讀史至此，未嘗不輟書而泣也。公死，彭越繼族，由是盧綰、英布輩指高后殺諸□□畏禍叛去。屬天下新造，瘡痍未完，繼以大兵，下益搔困，而高帝竟以流矢不起，斯吕后爲已。自湯武而下□□業□石，雄武明决無如漢高者，而不克蹈先王之美，刑於寡妻，爲後世慮，牽帷箔之愛，不忌褻污□之干政，及抱□□魯動干□□□屠戮宗室，非忠義之臣維持，幾毁大業。太史遷號通博明大體，乃紀其史，同帝者□□婦人奪夫政，必引□□爲典故，以亂天下者不可勝紀，悲夫！古人有言曰「牝雞之晨，惟家之索」，信哉！按《易・家人》之初爻曰：「鄰有家，悔亡。」高□□不能閑家以節法，正别内外之位，遂汨天地之大義，其後悔可道哉！於戲，聖人之言，遵之則治，捨之則亂，□□□明切也。慶曆六年夏，□□簿鹿泉，東境乃昔背水戰處，西境故有祠。謹□銘曰：

養虎□獸，□□虎肥。心忘山林，遂觸殺機。時雖曰宜，後人可悲。

雜録

備録

陸賈《楚漢春秋・韓信》 韓信常數從其下鄉新昌亭長寄食。

陸賈《楚漢春秋・項王使武涉説淮陰侯》 項王使武涉説淮陰侯，淮陰侯曰：「臣故事項王，位不過中郎，官不過執戟。及去項歸漢，漢王賜臣玉案之食，巨闕之劍，臣背判之，内愧於心。」

《漢書》卷三〇《藝文志》「兵權謀家」 《韓信》三篇。

兵家者，蓋出古司馬之職，王官之武備也。【略】漢興，張良、韓信序次兵法，凡百八十二家，删取要用，定著三十五家。諸吕用事而盗取之。武帝時，軍政楊僕捃摭遺逸，紀奏兵録，猶未能備。至于孝成，命任宏論次兵書爲四種。

《漢書》卷四五《蒯通傳》 後漢將韓信虜魏王，破趙、代，降燕，定三國，引兵將東擊齊。未度平原，聞漢王使酈食其説下齊，信欲止。通説信曰：「將軍受詔擊齊，而漢獨發間使下齊，寧有詔止將軍乎？何以得無行！且酈生一士，伏軾掉三寸舌，下齊七十餘城，將軍將數萬之衆，乃下趙五十餘城。爲將數歲，反不如一豎儒之功乎！」於是信然之，從其計，遂度河。齊已聽酈生，即留之縱酒，罷備漢守禦。信因襲歷下軍，遂至臨菑。齊王以酈生爲欺己而亨之，因敗走。信遂定齊地，自立爲齊假王。漢方困於滎陽，遣張良即立信爲齊王，以安固之。項王亦遣武涉説信，欲與連和。

蒯通知天下權在信，欲説信令背漢，乃先微感信曰：「僕嘗受相人之術，相君之面，不過封侯，又危而不安；相君之背，貴而不可言。」信曰：「何謂也？」通因請間，曰：「天下初作難也，俊雄豪桀建號壹呼，天下之士雲合霧集，魚鱗雜襲，飄至風起。當此之時，憂在亡秦而已。今劉、項分争，使人肝腦塗地，流離中野，不可勝數。漢王將數十萬衆，距鞏、雒，岨山河，一日數戰，無尺寸之功，折北不救，敗滎陽，傷成皋，還走宛、葉之間，此所謂智勇俱困者也。楚人起彭城，轉鬬逐北，至滎陽，乘利席勝，威震天下，然兵困於京、索之間，迫西山而不能進，三

年於此矣。鋭氣挫於嶮塞，粮食盡於内藏，百姓罷極，無所歸命。以臣料之，非天下賢聖，其勢固不能息天下之禍。當今之時，兩主縣命足下。足下爲漢則漢勝，與楚則楚勝。臣願披心腹，墮肝膽，效愚忠，恐足下不能用也。方今爲足下計，莫若兩利而俱存之，參分天下，鼎足而立，其勢莫敢先動。夫以足下之賢聖，有甲兵之衆，據彊齊，從燕、趙，出空虚之地以制其後，因民之欲，西鄉爲百姓請命，天下孰敢不聽！足下按齊國之故，有淮泗之地，懷諸侯以德，深拱揖讓，則天下君王相率而朝齊矣。蓋聞『天與弗取，反受其咎；時至弗行，反受其殃』。願足下孰圖之。」

信曰：「漢遇我厚，吾豈可見利而背恩乎！」通曰：「始常山王、成安君故相與爲刎頸之交，及争張黶、陳釋之事，常山王奉頭鼠竄，以歸漢王。借兵東下，戰於鄗北，成安君死於泜水之南，頭足異處。此二人相與，天下之至驩也，而卒相滅亡者，何也？患生於多欲而人心難測也。今足下行忠信以交於漢王，必不能固於二君之相與也，而事多大於張黶、陳釋之事者，故臣以爲足下必漢王之不危足下，過矣。大夫種存亡越，伯句踐，立功名而身死。語曰：『野禽殫，走犬亨；敵國破，謀臣亡。』故以交友言之，則不過張王與成安君；以忠臣言之，則不過大夫種。此二者，宜足以觀矣。願足下深慮之。且臣聞之，勇略震主者身危，功蓋天下者不賞。足下涉西河，虜魏王，禽夏説，下井陘，誅成安君之罪，以令於趙，脅燕定齊，南摧楚人之兵數十萬衆，遂斬龍且，西鄉以報，此所謂功無二於天下，略不世出者也。今足下挾不賞之功，戴震主之威，歸楚，楚人不信；歸漢，漢人震恐。足下欲持是安歸乎？夫勢在人臣之位，而有高天下之名，切爲足下危之。」信曰：「生且休矣，吾將念之。」

數日，通復説曰：「聽者，事之候也；計者，存亡之機也。夫隨廝養之役者，失萬乘之權；守儋石之禄者，闕卿相之位。計誠知之，而決弗敢行者，百事之禍也。故猛虎之猶與，不如蠭蠆之致蠚；孟賁之狐疑，不如童子之必至。此言貴能行之也。夫功者難成而易敗，時者難值而易失。『時乎時，不再來。』願足下無疑臣之計。」信猶與不忍背漢，又自以功多，漢不奪我齊，遂謝通。通説不聽，惶恐，乃陽狂爲巫。

天下既定，後信以罪廢爲淮陰侯，謀反被誅，臨死歎曰：「悔不用蒯通之言，死於女子之手！」高帝曰：「是齊辯士蒯通。」乃詔齊召蒯通。通至，上欲亨之，曰：「若教韓信反，何也？」通曰：「狗各吠非其主。當彼時，臣獨知齊王韓信，非知陛下也。且秦失其鹿，天下共逐之，高材者先得。天下匈匈，争欲爲陛下所爲，顧力不能，可殫誅邪！」上乃赦之。

《漢書》卷六七《梅福傳》 昔高祖納善若不及，從諫若轉圜，聽言不求其能，舉功不考其素。陳平起於亡命而爲謀主，韓信拔於行陳而建上將。故天下之士雲合歸漢，争進奇異，知者竭其策，愚者盡其慮，勇士極其節，怯夫勉其死。合天下之知，并天下之威，是以舉秦如鴻毛，取楚若拾遺，此高祖所以亡敵於天下也。

吴處厚《青箱雜記》卷五 淮陰侯廟，題者甚多，惟諫議錢公昆最爲絶唱，曰：「築壇拜日恩雖厚，躡足封時慮已深；隆準早知同鳥喙，將軍應起五湖心。」

洪邁《容齋隨筆》卷五《韓信周瑜》 世言韓信伐趙，趙廣武君請以奇兵塞井陘口，絶其糧道，成安君不聽。信使間人窺知其不用廣武君策，還報，則大喜，乃敢引兵遂下，遂勝趙。使廣武計行，信且成禽，信蓋自言之矣。周瑜拒曹公於赤壁，部將黄蓋獻火攻之策，會東南風急，悉燒操船，軍遂敗。使天無大風，黄蓋不進計，則瑜未必勝。是二説者，皆不善觀人者也。夫以韓信敵陳餘，猶以猛虎當羊豕爾。信與漢王語，請北舉燕、趙，正使井陘不得進，必有他奇策矣。其與廣武君言曰：「向使成安君聽子計，僕亦禽矣。」蓋謙以求言之詞也。方孫權問計於周瑜，瑜已言操冒行四患，將軍禽之宜在今日。劉備見瑜，恨其兵少。瑜曰：「此自足用，豫州但觀瑜破之。」正使無火攻之説，其必有以制勝矣。不然，何以爲信、瑜？

羅大經《鶴林玉露》卷六《甲編·漂母》 韓信未遇時，識之者惟蕭何及淮陰漂母爾。何之英傑，固足以識信，漂母一市媪，乃亦識之，異哉！故嘗謂子房狙擊祖龍，意氣過於輕鋭，故圯上老人抑之。韓信俛出市胯，意氣鄰於消沮，故淮陰漂母揚之。一翁一媪，皆異人也。唐子西作《淮陰賢母墓銘》曰：「項王喑嗚，范增謀謨，信來不呼，信去不追，坐睎信逋，反噬其躬，匹婦區區，而知信乎？吁！」

王應麟《困學紀聞》卷一二《考史》 淮陰侯羞與樊噲伍，然噲亦未易可輕：諫留居秦宮，鴻門譙項羽，排闥入見，一狗屠能之，漢廷諸公不及也。

黄震《古今紀要·西漢》 韓信，登壇言楚漢得失，規模已定，天下皆其所取。漢王彭城敗還，賴信擊楚京、索間，楚不能西。還定三秦，根本立，破魏，破伐夏説，背水破趙，下燕，囊沙破齊，斬龍且，楚氣索矣。用兵後世莫及，無反心，報漂母等志願已足。武涉、蒯通力説不動，假王取禍，又固陵之期不至，帝姑少

忍以濟事，楚滅即奪齊。

《方苞集》卷二《書淮陰侯列傳後》　太史公於漢興諸將，皆列數其成功，而不及其方略，以區區者，不足言也。惟於信，詳哉其言之。蓋信之戰，劉、項之興亡係焉，且其兵謀，足爲後世法也。然自井陘而外，陽夏、濰水之蹟蓋略矣。其擊楚破代，亦約舉其成功；至定三秦，則以一言蔽之，而其事反散見於他傳；蓋漢、楚之争，惟定三秦爲易，雖信之部署，亦不足言也。左氏紀韓之戰，方及卜徒父之占，而承以「三敗及韓」。乍觀之，辭意似不相承，然使戰韓之前，具列兩國之將佐，三敗之時地，則重膇滯壅，其體尚能自舉乎？此紀事之文，所以《左》、《史》稱最也。

其詳載武涉、蒯通之言，則微文以志痛也。方信據全齊，軍鋒震楚、漢，不忍鄉利倍義，乃謀畔於天下既集之後乎？其始被誣，以「行縣，陳兵出入」耳；終則見紿被縛，斬於宫禁。未聞讞獄而明徵其辭，所據乃告變之誣耳。其與陳豨辟人挈手之語，孰聞之乎？列侯就第，無符璽節篆，而欲「與家臣夜詐詔，發諸官徒奴」，孰聽之乎？信之過，獨在請假王與約分地而後會兵垓下。然秦失其鹿，欲逐而得之者多矣。蒯通教信以反，罪尚可釋；況定齊而求自王，滅楚而利得地，乃不可末減乎？故以通之語終焉。

備論

《史記》卷九二《淮陰侯列傳論》　吾如淮陰，淮陰人爲余言，韓信雖爲布衣時，其志與衆異。其母死，貧無以葬，然乃行營高敞地，令其旁可置萬家。余視其母冢，良然。假令韓信學道謙讓，不伐己功，不矜其能，則庶幾哉，於漢家勳可以比周、召、太公之徒，後世血食矣。不務出此，而天下已集，乃謀畔逆，夷滅宗族，不亦宜乎！

《史記》卷一三〇《太史公自序》　楚人迫我京索，而信拔魏趙，定燕齊，使漢三分天下有其二，以滅項籍。

《漢書》卷三四《韓信傳贊》　昔高祖定天下，功臣異姓而王者八國。張耳、吴芮、彭越、黥布、臧荼、盧綰與兩韓信，皆徼一時之權變，以詐力成功，咸得裂土，南面稱孤。見疑强大，懷不自安，事窮勢迫，卒謀叛逆，終於滅亡。張耳以智全，至子亦失國。唯吴芮之起，不失正道，故能傳號五世，以無嗣絶，慶流支庶，有以矣夫，著于甲令而稱忠也！

《漢書》卷八九《循吏傳·朱邑傳》　韓信雖奇，賴蕭公而後信。

《漢書》卷一〇〇下《敘傳下》　信惟餓隷，布實黥徒，越亦狗盗，芮尹江湖。雲起龍襄，化爲侯王，割有齊、楚，跨制淮、梁。綰自同閈，鎮我北疆，德薄位尊，非胙惟殃。吴克忠信，胤嗣乃長。

《史記》卷九二《淮陰侯列傳》司馬貞述贊　君臣一體，自古所難。相國深薦，策拜登壇。沈沙决水，拔幟傳餐。與漢漢重，歸楚楚安。三分不議，僞遊可歎。

《全宋文》卷一〇八七陳襄《韓信論》　按《項羽紀》曰：漢王追羽至於陽夏，乃與韓信期會，將以擊楚。洎楚軍至於固陵，信乃不會，楚大破之。漢王謂張良曰：「諸侯不從其約，其奈之何？」對曰：「楚兵且破，信未有分地，是以未至固宜。君王能與共天下，今可立致也。」王乃自陳以東至海，裂而與信，信於是始會以破楚。愚嘗三復其説，未始不撫卷而歎曰：此信可謂見其利而不知其義也。且夫高帝爲君，韓信爲臣，君有難，則臣濟之，義也。臣有功，則君賞之，利也。義者，義於君；利者，利於己。孰有寵君之命，食君之禄，當危難之際，反利於己而不利於其君者乎？且信始自布衣，無所推擇，涉淮事項，項不能用，及歸於漢，漢王禮之，於是修築壇之儀，拜上將之任，其厚遇之若是，無他也，欲使安邦靖亂以固一朝之宗社而已。然當楚漢争衡之際，天下未定，得失之權，皆繫於信，當此時也，必當憂國忘家，捐軀濟難，以報其主，可謂義矣。及其固陵之會，而反不從，洎漢王分土地而與之，方乃率兵大會以破楚，如此，則信之意，果將先己之利而後君之難乎？若高皇之有天下，非受天命，當固陵之會，信兵不至，上下無援，爲楚所滅，則盡爲虜矣，又安得有壤地而賜之乎？至如楚昭王返國以賞功臣，申包胥曰：「吾爲君也，君既定矣，吾何求哉？」乃避其賞。武帝爲霍去病治第，辭曰：「匈奴未滅，無以家爲。」二子推忠於國，盡瘁於君，斯亦至矣。洎乎受賞治第之際，尚能辭之，況信之於漢，邀君之寵，不爲不多矣，受君之禄，不爲不厚矣，當固陵之會，不能應期而擊楚，排兵而濟難，而反貪其壤地，不亦謬歟！嗚呼！司馬遷、班固修史至此，而無明譏，予恐後代臣子踵其所爲，不能盡事君之節，故揚搉而論之云耳。

《二程集》卷一九《伊川先生語五》　韓信初亡，蕭何追之，高祖如失左右手，

却兩日不追，及蕭何反，問之曰：「何亡也？」曰：「臣非亡，乃追亡者也。」當時高祖豈不知此二人，乃肯放與項羽，兩日不追邪？乃是蕭何與高帝二人商量做來，欲致韓信之死爾。當時史官已被高祖瞞過，後人又被史官瞞。

惜乎，韓信與項羽，諸葛亮與司馬仲達，不曾合戰。更得這兩箇戰得幾陣，不妨有可觀。

《全宋文》卷二六九〇楊時《韓信論》　韓信以機變之才，因思歸之衆，以臨關東，而燕、代、趙、齊之間無堅城彊敵矣。其用奇無窮，所向風靡，自漢興，名將未有倫擬也。至其軍修武也，又輔以張耳，二人皆勇略蓋世。余竊怪漢王自稱漢使，晨馳入壁，即卧内奪其印符，麾召諸將易置之，而耳、信未之知也。此其禁防闊疏，與棘門、霸上之軍何異耶？使敵人投間竊發，則二人者可得而虜也，豈古所謂有制之兵者，信亦有未逮歟？

《張耒集》卷四二《韓信議二首》　或問：「韓信服高帝乎？」予曰：「韓信爲高帝將數年，常將重兵滅大國，而動以武涉、蒯通之邪説，信無所顧，召之而至，令之而行，何爲不服？」「然則何爲卒反乎？」曰：「信服高帝之智力，而不服其爲人，是以反也。」「然則何也？」「夫信之反，非重失楚也，在夫僞遊雲夢而執之也。夫僞遊雲夢之計，是市井下俚之智，而萬乘之主親行之，此信所以怏怏北面而薄其君，以爲不足爲其下也。夫暴奪人之富貴而幽囚之，欲使夫雄傑者帖然而無怨，非服之以德、屈之以理則不可。夫以下俚市井之策而詐韓信，彼身可執，心輕其上矣。彼且聞其計出于謀臣，則君臣皆輕，是不反何待？」「然則爲高祖者，奈何必待反形明白，乃明其罪，引天下兵誅之耳？」「信雖難制，然不過數年而定，一僞遊而縛韓信，自爾出令，天下誰敢信之歟？」

自古士有所負而功名見于世者，未嘗有肯以身輕就人者也。何者？彼輕就人者，其規矩準繩將在彼矣。夫如是，則我之所有，安得盡布之哉？且寶鏌鋣之利者，不以試薪；售和氏之璧者，不以登門。彼皆不求人而人求之，若不得已焉，而後即之者，亦自其理然也。韓信當秦之亡，天下之窮士也，非有孔、孟進退之節，然蕭何獨察其非汲汲于求顯，待之不厚，禮之不至，則不爲用也。故以高帝之倨，必使其築壇齋戒備禮而後官之，舉之三軍之下，而加之諸將之上而不疑，知不若是，信將不滿而無留心矣。諸葛亮，戰國之策士也。高卧于隆中，其主就而後起，而後能使劉備三分天下而仲于强敵。彼孫武求試兵法于宫人，叔孫通度上所能行而蕝禮，其事業功名卒不顯，有以也夫！

《全宋文》卷四二五九劉子翬《漢書雜論下》　有告韓信反者，高帝初欲發兵，陳平勸帝僞遊雲夢，信必郊謁，即執縛之，此計亦適行耳。據《韓信傳》，高祖且至，楚欲發兵，自度無罪；欲謁上，恐見擒。是信已明知高祖欲擒之矣。使信決策發兵以襲高祖，事固不測也。或説信斬鍾離昧，楚亡將，漢捕之甚急，信初匿之，今發之，是自暴其罪也，以此求免，難哉。噫，信誠無他，然高祖卒疑之者，豈兩雄不並居耶？韓信料敵制勝，可謂明矣，而不知高祖之疑已，是天奪其鑑也。高祖兵敗成皋，自稱漢使，晨馳入信軍，信未起，即入卧内，奪其印符，麾召諸將，易置之，信乃知獨漢王來，大驚，則高祖疑信之跡彰矣。及封齊王，會垓下，項羽死，高祖襲奪信軍，徙信爲楚王，則高祖疑信之跡，又昭昭矣。信殊不覺，故武涉、蒯通之言，如水投石焉。初謂漢王親信我，不奪我齊。既奪齊，又謂我無罪。既見縛，始知漢王畏惡其能，遂稱疾不朝。嗚呼，何信知之晚也！奪軍徙地，出其不意，相疑甚矣，三尺童子亦須覺悟，而信不知，信豈暗昧至此哉？天奪其鑑也。

《朱子語類》卷一三五《歷代二》　韓信反，無證見。

問：「南軒嘗對上論韓信、諸葛之兵異。」曰：「韓都是詭詐無狀。」

《全宋文》卷六〇四二陳傅良《韓信論一》　世子君子，蓋有忠而被戮者矣，然未必皆其不察者之罪，而或者亦自取也。夫可疑之形見，則徒信不足以自孚；相忌之隙開，則徒廉不足以自潔。是故君子之善處此也，必先有以固人之心，以自固其身。魯隱之欲遜於桓也，公子翬諂於隱曰：「將爲子殺桓而終立。」隱公不聽，翬卒譖於桓而弑隱。悲夫！隱有遜國之心而不能免者，亦其斷不足而無以自固也矣。夫已與聞其邪説，拒之而貰之，雖翬不譖，則桓亦不能安於隱。何者？彼固有無君之心而動於桓，而隱之不誅，則是縱桓之賊也。攝桓之位而又縱其賊而不治，豈所以固桓之心也哉？使隱而正子翬之誅，則桓將義隱之爲，雖有他諫，不能入矣。故夫君子必有所公以成其私者，謂此類歟！韓信不納武涉、蒯通之説，其忠於漢也甚矣，已而卒執於高祖，天下悲之。然信有以來之也。信之王齊也，豈不知夫高帝之情而出於强勉而獨以堅漢耶？武涉、蒯通之説信之計可以施矣。公愜天下之議，而私不失爲一己之謀者，二子之計也，而信失之。嗚呼，其卒爲漢擒也，宜哉！或曰：「雲夢之會，信嘗斬鍾離昧以説矣，而卒不解，則亦徒爲是忍也。」是不然。疑甚而隙大，亦已晚矣。惜也，此計不行

於二子也。

《全宋文》卷六〇四二陳傅良《韓信論二》　君臣之際，非惟下之人有以自全，而上之人亦有以全之者也。大凡反側生於猜嫌，而離隙開於讒慝之口。當是時也，取之則危，捨之則亂，故其道莫若全之以固其心。是故有所曲而予之也，以竟其歡；有所寬而示之也，以弛其忌。陽浮而厚之，而陰奪其所欲，是所謂借信以窒疑，緣公以敗私，雖古之君子亦不廢。昔者，秦穆公赦食馬者三百人，而又飲之酒，韓之戰，出穆公於難者皆盜馬者也。子孔爲載書，而國人弗順，將誅之，子産焚書，而鄭衆以定。夫盜不可縱也，而飲之以滋惡；書以治衆也，而焚之則政替，然則秦、鄭賴焉，何也？蓋負不宥之罪者遭非意之幸，藴欲逞之怒者獲不争之便，此固人情之所因以死也。由此觀之，欲全夫人也如此，而况於岐下之盜而其罪未彰，於鄭之誅子孔者哉？而况於天下之大臣也哉？吾觀高帝諸將，其方介可以義閑，厚潔可以禮固者，獨韓信一人也，而帝莫之全，卒以戮死，悲夫！信有以取之，而帝亦若無賴子之爲者，君子是以閔信而甚漢高也。且使或者之告信也，帝縶告者以歸誠於信，信烈人也，吾見其愧死矣，而何至於詐計以襲信而使之自危？然則帝之心亦無信久矣。或曰：「彼訴信者，忠漢也，帝而戮之，無乃墮黨而崇讎？此景帝所以僇夫晁錯也。錯徒死而吴、楚不弭，則訴者徒縶而信亦必逆。」嗚呼！是未達乎輕重之權。投鼠忌器，而愛牛者搏其虻，何則？小固不可害大也。欲以全信，則何愛於一人？况信之反未有形，而七國之兵已西向；告信者未必不誣，而錯則朝廷之謀主也。却告之誣以安未反之大將，孰與誅朝廷之謀主以説叛國哉？孟子曰：「爲政不難，不得罪於巨室。」傳曰：「從政者有所反焉以取媚。」夫得罪於巨室者，以其昵乎小也；欲不得罪於巨室，則亦有所不愛於其小以安其大。是故反焉以取媚者，以安大也。吁！將以安大也，雖媚可也，而何必行詐以危諸將之心乎？

《全宋文》卷六三三二陳亮《酌古論・韓信》　英雄之士，常以多算勝少算，而未嘗幸人之無算也。敵人無算，凡天下之有算者類能勝之，豈惟英雄哉！故夫以英雄之才而臨無算之敵，俛首而取之，曾不足以闘其思慮，而奇謀至計無所自發，此非英雄之所幸爲也。至若敵人去已不遠，籌算時出，其勢足以迫我，吾居其間，隨機而應之，窘之而愈知，費之而愈新，愈出愈奇，而沛然常若有餘，天下始知英雄之爲不可當矣。且夫天下必有好强不可制之敵，而後天使英雄之士出佐其君，以制天下之變，以息天下之争。使敵無算則進，少有算則遂逡巡而不敢前，則是勝負之數未可判，而天下之患未可息也。是何足以辱英雄之名哉！天之所生，必不如是也。夫項氏之患，蚩尤以來所未有也。故韓信出佐高祖而劫制之。彼其所以謀項氏者，可謂盡矣。不以其兵與之角，而欲先下諸國以孤其勢，故一舉而定三秦，再舉而虜魏豹，三舉而擒夏説，迺欲引兵遂下井陘。李左車説趙將陳餘曰：「韓信乘勝遠鬭，其鋒不可當。趙地阻險，願足下假臣奇兵三萬人，從間道絶其輜重，足下深溝高壘勿與戰，信必成擒矣。」餘不能用，信迺一舉而破趙。世之議者皆曰：「使左車之策遂行，則信必不敢下井陘，下則必爲所擒矣。」嗟夫！此何待信之薄哉！信而非英雄則可，若英雄也，則計必不出此矣。且趙不破則燕不服，燕不服則齊未可平，齊未可平則劉、項之權未有所分也。信之用兵，古今一人而已。今屈於左車之計而不能决劉、項之雌雄，斯亦何取於信哉！故吾謂左車之策行，則信亦下井陘，趙亦破，餘亦擒，左車亦就縛。請遂籌之。夫善用兵者，不内人於死地。今餘兵當其前，左車之兵絶其後，進退不可，可謂死地矣。内人於死地，而求人之不出奇謀，智者固如是乎！且信之精兵已詣滎陽，而所存者皆非素拊循之兵也。持是兵而與人戰，猶將自置之死地以决死鬭；而况敵内吾於死地，吾何憚而不敢入哉！吾以是知信之必下也。餘嘗言，信兵雖號數萬，其實不過數千。則知餘兵雖號二十萬，其實不過十萬也。今分三萬以與左車，則餘所統者不過六七萬耳。吾既下井陘，因留數千人扼險以爲後拒，以防左車之奇兵。迺引兵壓趙壘而陣，彼必不肯戰；迺命挑鬭，彼又不肯戰；迺使辱之，彼必又不肯戰。何者？左車亦嘗教之也。遲之一二日，密遣數千人間往伏險，戒之曰：「望趙軍出而逐我，即起據其壁，擊其背。」處分既定，乃使人巡軍大呼曰：「賊兵斷後，不如急歸。」乃引兵而反。彼必謂吾計已窮，士氣已沮，而又知左車奇兵實已斷後，欲使吾腹背受敵，始可全勝。此雖智者亦必舉兵逐我，而况餘貪得忘失之心囂然其未已乎！彼既舉軍逐我，勢將相迫。迺鼓譟反兵而戰，兵在死地，人人死鬭，而吾之伏兵又起，據其壁，擊其背。彼腹背俱受敵，反不知所以爲禦者矣，餘固可以一舉而擒也。餘既擒，則左車三萬之兵可以傳呼而潰矣。孰謂左車之計果能沮信之兵乎！且夫斷後之兵，古之智將固嘗以是而勝也。然其勝嘗出於敵人之不意。今左車之計未行而信已覘知之，此雖有天下之至計，猶得預爲之備，而况左車之計乎！且善謀者，鬼神不能窺。使敵人得窺之，則不得爲善謀矣。推此言之，左車之計可知矣。雖然，是計也，雖非天下之至計，亦一時之良策也。惟信爲能可以當之，他人則愕然不敢

進矣。計左車之爲人，亦足以爲軍中之謀主，信欲就之以決疑，所以虛心委己而問之，豈真以爲嚮者之計足以擒我哉！司馬遷、班固不達兵機，以爲信然，迺記於傳曰：「廣武君策不用，信使人間視知之，乃敢引兵遂下。」從遷、固之言，則信特幸人之無算者爾，彼豈知廣武君之策用而信亦敢下兵哉！此殆可與曉機者道也。昔者曹操伐張繡，而劉表斷其後，操隨機應之，卒敗繡、表。夫繡不下於餘，表不下於左車，而操之用兵，特信之流亞也。以信之流亞猶能敗繡、表，信獨不能破餘、左車乎？從是觀之，則吾之説有不妄者矣。

葉適《習學記言序目》卷二〇《史記二・列傳》 韓信事當與張良並看，漢所以得天下，開闔變化皆在其中。豈惟漢，蓋三代之後，天下雖大，徒手號令而以一夫智力取之，皆自是始。至蒯通掉舌縱橫，使已合者幾散，尤異也。孔子稱「惡利口之覆邦家」，堯舜三代及春秋時所謂利口，猶未至是哉！遷責韓信不學道謙讓，伐功矜能，至於夷滅；信雖不足以知此，然當受此責矣，何也？當天下發難，與沛公先後起者，各有得鹿之心，固以其力自斃，無怪也。獨蕭何、張良與信，沛公之所須如左右手，然其君臣之分當素定也。若信猶欲自立，則漢誰與共功，是天下終不可得而定矣。信托身于人，而市井之度不改，始則急迫以不得不與，終則徼幸於必不可爲，以黥、彭所以自處者而處周、召、太公之地，欲不亡得乎？（《淮陰侯》）

錢時《兩漢筆記・高祖》 觀信答武涉、蒯通之言，豈有背漢之心哉？而漢王之疑則已兆於躡足之封矣。固陵後期，許地始來，而漢王之疑成矣。項羽一死，即奪其軍，更齊與楚不少遼緩，而信之迹於是危矣。地大兵强，漢不能過此，高祖之所日夜憂虞而不能釋者。乃方收納亡將，有詔弗捕，陳兵出入，自爲張皇，此豈久安之道乎？嗚呼！高祖之視信猶養虎以御羆也，虎之得不死者以羆在焉，羆死則虎亦死矣。謂信爲反，人知其誣而信小人，固有以自取也。至若僞遊雲夢則竊爲高祖羞之。天子適諸侯曰巡狩，巡狩者巡所守也，夏諺曰：一遊一豫爲諸侯。度是豈可託之爲用詐之地乎？今年即皇帝位，而明年以僞出狩禽一諸侯，何以示信於天下矣？此陳平險詐無識，有以誤之也。

古之人功高跡危，而有一旦佯狂用晦者，此明哲保身之道也。多多益善，高祖之所以忌信正在乎此。奪楚王而侯封之，誅戮之兆見矣。爲信者斂形遁迹，盡喪其智勇於塊處無用之地，尚庶幾焉。猶之猛虎方就圈檻，而乃呀然出爪牙以自矜耀，幾何其不速死也。嗚呼！愚哉！

《全宋文》卷七三一七陳耆卿《韓信論》 鷙鳥百，不如一鶚。高帝諸將固多，其所與取天下者，實一韓信耳。大才不可小使，漢之連敖、都尉，與楚之郎中，相去幾何哉？此蕭何之薦韓信，非大將不止；而信之見用於漢，非大將不就也。大凡料事在識，處事在謀。信之識，見於登壇與帝答問之時；而其謀，見於請兵三萬人之日。夫信嘗事羽，事羽非不欲佐羽也，顧羽非可佐者耳。其言匹夫勇、婦人仁、怙威背約等事，及高帝所以寬仁得人心之大略，真如老吏鞫囚，彼曲此直，較然如日，不待垓下之戰，而勝負已判矣，此信之所以捨楚歸漢也。從信之策，定三秦矣。自高帝彭城置酒之驕，而其事幾敗。蓋是時欣、翳已降楚，而齊、趙、魏亦皆與楚和矣。非信發兵與帝破楚京、索，而以身下諸國，亦曰殆哉！夫滎陽、京、索，乃漢與羽相持之地，而諸國之下，專藉信力。前輩謂韓信將兵，惜不與項羽一戰，不知信以不戰戰羽，而帝以不用用信。夫欲拔大木，不先去其枝葉，則根本亦未易摇。楚者根本，諸國者枝葉也。故信專爲帝一意下諸國，以孤羽之援，而帝獨與羽相持於滎陽、成皋，以扼羽之衝，然後羽可圖。蓋非信無以下諸國，有信而不使之下諸國，帝雖與羽相持，其氣索矣。是信之所以有功於帝者，正在於不與羽戰，見得有區畫處，未可以爲疑也。然按《史記・帝紀》，垓下之戰，信未嘗不與，其云「淮陰侯將三十萬，皇帝在後。淮陰先合，不利，却，孔將軍、費將軍縱楚兵，不利。淮陰侯復乘之，大敗垓下」。則信之在戰明矣。其所以在戰不利者，非必誠不利也。信之兵用奇，疑兵下魏，拔幟下趙，水囊下齊之類是也。其所謂不利者，安知其不陽敗陰誘，而因以權破之哉！是信未嘗不與羽戰也。夫前此不與之戰，而今與之戰，何也？曰：已下諸國也。諸國未下，則一力於諸國，而未暇及楚。諸國既下，則可以併力於楚矣。要皆有深意也。雖然，信之智，能謀天下，而不能謀身，又何歟？帝之取天下，雖不可一日無信，亦不能一日不疑信，惟其不可一日無，故不能一日不疑也。人謂帝之疑信，始於齊王之封，而終於固陵之會。以予觀之，奚特此時哉！自其請兵三萬，籌筴了了，帝見其處天下事若几上肉，心雖喜之，亦甚畏之矣。一下魏、代，即收其精兵，詣滎陽，惟恐其兵之多，此一疑也。下趙、燕，則晨自稱漢使，即其卧奪之印符，惟恐其權之固耳，此二疑也。至於請爲假王，而繼以真王之命，則其疑遂成。至於固陵不會，則其疑遂深。前二事，帝猶能制信；後二事，則帝不能制信，而反爲信所制。封齊割地之時，帝之心已勃勃乎不可遏矣，特勢未可耳。故項羽一死，即奪齊而與之楚；變告一上，即奪楚而侯之淮陰。蓋將以奔走之、馳

逐之，使不得一日無事以嬉。當是時，帝既疑信，而信亦不堪其困，雖欲不反，不可得也；雖欲不誅，亦不可得也。嗚呼！信不反帝於羣雄角逐之時，而反帝於天下既定之日，壯闢蒯通，老從陳豨，固可罪，亦可哀矣。向使帝也稍録舊恩，略鋤新忿，推誠而復王之，未至有末年無聊之舉也。蓋惟疑之甚，故去之亟。信不去，帝不得高枕而卧。嘻，其甚哉！

《李東陽集・文前稿》卷一四《韓信論》　信之事，兩司馬論之詳矣。有説者曰：信之忠，一拒武涉，再辭蒯徹，言出肺腑，容不可以僞。且其慮事料敵，算無遺策。不以全齊叛，而以一淮陰；不以逐鹿未定之時，而以天下一統勢不可動之日，亦明矣。其所謂逆，非有擅兵養士如陽夏，部聚侯伺如九江者。不過以吾方念之之言，猶豫不忍倍之意，爲陳豨内應之謀，悔不用蒯徹之計之語，是安知非忌者所媒孽，抑或史氏之所傳襲而附會之者耶！

夫信之獄成於吕后，汲汲乎不待高帝之歸，臨刑之辭未足深信。且彭越再變，吕氏實使人告之，何有於信？信蓋其尤所忌者也。然信之請爲假王也，陳平、張良躡足附耳之不暇。雲夢之執，平實爲之，而田肯復以得信爲賀。及其死也，以出亡夜追之蕭何，而亦與其謀。豈信之忠不勝智，固未免見疑於人人耶！方其始説高帝以天下城邑封功臣，不旋踵而自爲假王之乞，馳壁奪軍，易置諸將，帝固已疑之。失期得楚而不辭，納項氏亡將而不輒奏，及其失王就侯，身不自保，而猶以「多多益善」辯夸於帝。蓋非特帝疑之，廷之臣莫不疑之矣。疑其迹而不知其心，悲夫！

嗚乎！平以下不足道也。彼良與何者，宜知之，不但無百口之保，亦無一言以紓其難，坐視其赤族而不惻者，何哉？蓋高帝之雄心，未嘗不耿耿於天下之豪傑，非辟穀之請，田宅之汚，雖良與何，亦且不免，其勢固無暇於信，信之必死於高帝，旦暮等耳。苟徒摭片語隻字以爲信罪，豈君子之所忍哉！《綱目》書後殺淮陰侯韓信，夷三族，朱子蓋已洞見其曲直矣。程子謂讀《春秋》者必以傳考經之事實，以經別傳之真僞。《綱目》非史類也，愚請以經法讀之。

張志淳《南園漫録》卷六《韓信》　太史公論韓信，以爲學道謙讓，不伐功矜能，可比周召、太公，後世血食矣，不務出此，天下已定，乃謀叛逆，夷滅宗族，不亦宜乎！予嘗思之，雖使信謙讓不矜伐，終亦不免。蓋信唯用兵取勝，以圖富貴其身，初不在於爲民。如置軍死地以破趙，自將三十萬先合餌項羽不利而却，其以無罪死於趙、楚者，蓋不知幾萬矣，欺其愚而愚不悟，凡信之用兵，皆此類也。信所殺無罪之人不減楚，天道固以夷滅宗族報之，豈不矜不伐所能免乎？前乎信如白起，後乎信如楊素，不族誅於其身，必於其子孫，天道昭昭，不可掩也。太史公只據事立論，未嘗深求，若曰學道，則固非信之所能矣。

李贄《藏書》卷四七《韓信》　李生曰：蒯通爲信畫策，何其工也，而不知信之終不聽，何哉？然卒如其策矣。信固無負於漢王也，方其設壇始拜，一軍皆驚，卒之少年之耻雪，漂母之恩酧，志亦遂矣。堂堂赤幟，涉涉囊沙，垓下挫羽，木罌破魏，雖西楚霸王，且恐懼遣武涉往矣。英雄萬古香，安在乎其無王也？諺曰：「畏首畏尾，身其餘幾。」今世人士，人知自好，猶能判身首以就功名，况烈丈夫之業乎？等死耳，牖下亦死，湯鑊亦死，自無用太較計爲也。烏乎！天地如存，三杰長在。鄼侯之命不延，淮陰之壽不短。彼區區者，猶抱冤痛於侯其餘幾之人哉。

陳子龍《陳忠裕公全集・韓信論》　世傳淮陰用兵爲古今之冠。觀其定謀御衆，規畫部署，功業炳然，雖古之師尚父何以加焉？予獨謂其善于攻瑕而未嘗當堅也。當是時，將勇兵勁，與漢王争天下者獨項王耳，而信未嘗獨當其鋒也。惟漢三年，漢王敗彭城還，信發兵破楚京、索，然漢王實在行閒，不專藉信力也。彼趙、魏、燕、齊皆新造之國，政柄未一，民心未信，雖擁數萬之衆，非素所練卒也。以信之能，舉兵而臨之，猶振槁摧枯耳。楚漢日夜苦戰滎陽、成皋閒，漢王披堅執鋭，以身獨當其衝，信雖時分麾下以助漢，何嘗親與項王争一旦之命乎？及項王東走，所謂强弩之末，力已疲矣。漢王舉天下之兵至垓下，而信又出三齊之甲以佐之。項王雖善鬬乎，比權量力，與在滎陽、成皋時，豈可同日語哉！其就擒固宜，非獨信功也。故曰：信善于攻瑕而未嘗當堅也。雖然，使無信者，席捲河北數千里之地，拱手歸漢，而漢王獨以秦蜀之衆當勁楚，諸侯又向背其閒，即勝敗之數，未可知也，孰謂信功不大哉！彼高祖亦然。當秦之末亡，精兵選士皆屬章邯，項羽獨當之河北。高祖乃從析酈入武關，行空虚之地，秦之守將皆賈豎耳，故能降子嬰，定咸陽如反掌。嗚呼！聖君明佐應運而起，時會所至，化難爲易，豈可量耶！

《曾湖峰詩文集・淮陰論》　漢用韓信力，平定秦天下。初封信齊王，及項氏既滅，復改楚，尋降秩淮陰侯，遂以族誅。或曰：「此吕后殺之也。高祖方征豨未還，信爲兒女子詐也。」或曰：「相國不給信，信必不入賀，此蕭何殺之也。」或又曰：「是高祖殺之也。高祖不疑信擒信，何寧遽給信，后亦不遽斬信。」君子

曰：「不然。」然則淮陰之殺也，孰殺之？曰：「留侯、曲逆殺之也。」

夫告變者舍人也，何紿之，後斬之，疑而擒之者高祖也。夫淮陰一匹夫爾，以一匹夫之微，登壇拜之而不辱，一軍皆驚而不嫌，身總大軍，馳騁魏、趙、燕、齊之邦，有漢之大勢，信處其半而不爲專，高祖之信信，寧不篤哉！迨假王之請，高祖之疑自此始矣；躡足之言進，高祖之疑信益甚矣。人惟不疑則已，疑則嫌，嫌則忿，忿則動輒得咎，罪輒隨之。高祖之推食解衣也，不疑故也。高祖之族信，則疑之毒滋也。使當方疑之時，有人焉從其旁譬解之，則疑易釋而心可平。乃更疑其詞而疑之，則疑愈深，嫌愈甚，忌愈至，忿愈滋，而禍不可度矣。夫良、平，帷幄臣也。帷幄之臣，言必甘而易入。假令高祖怒罵之日，誠宜免冠稽首，諄諄切切，備陳開悟。高祖，智者也，必且釋其猜疑，推誠以待諸勛臣矣。不於此時以理和豫其君，而躡足附耳以説之，是外信爲敵國也。高祖親良、平而外信，良、平自以内臣而外信，人臣之義，固如是乎？予嘗謂韓淮陰，天下之忠臣也，當兩主懸命之日，蒯通三説而不入，不忠而能若斯與？良、平不爲國家全柱石之臣，而長城自壞，致其君有殺戮功臣之失，豈不謬哉！

然則良、平之躡足請封也，是削奪兵權之漸也。其削奪兵權，是僞游雲夢之漸也。其僞游雲夢，是殺信族信之漸也。其殺信族信，是醢彭越、斬英布、逐陳豨、係蕭何之漸也。是知良、平之躡足，不特信之禍階，諸臣之禍階實由是始，而帝之德從此虧矣。他日留侯辟穀，平亦區區爲自全計，豈非禍人者適以自禍也哉？故曰良、平殺之也。陳平，曲士也，其所爲固無足怪。良有儒者氣象，今若此可勝慨哉。雖然，功成拂衣，人臣之義也。兔死狗烹，信亦與有責焉。崇德報功，興主之道也。功臣自危，帝亦有過焉。然則予前之責良、平，所以警後世内臣之逢君惡而疏人君臣者。予後之爲是説，則人臣之明哲保身，人主之優全元勛，其又不可不知也夫。

錢澄之《田間文集》卷一《淮陰侯論》 傷哉！淮陰侯信之見誅於吕后也。高帝實無誅信意，蓋帝知信之必不反也：非其不反，不能反也。信之爲人，自治兵以外，至於治生涉世，無一所能，惟得兵而用之，遂如蛟龍之得雲雨，騰驤變化，不可復制。故信之感恩死心於帝，惟帝能假之兵柄，以任其所爲，使得畢展其能也。其謝羽曰：「漢王授我上將印，予我數萬衆。」以信生平之大願，漢王一朝而滿之，此其所以始終不肯倍漢也。惟帝知之，又能駕馭之，故既予之兵，而時輒奪其兵，不欲其多也，尤不欲其用之久也。久則兵精，兵精而多，雖帝亦無以制之矣。方信甫下魏破代，帝輒使人收其精兵詣滎陽。迨與張耳破趙之後，信兵益振，乃自稱使者，晨馳入趙壁，即其卧内奪兩人軍，而使信另收兵擊齊。信既已王齊，會兵破楚，天下已定，帝即乘其時，襲奪信軍，而徙封於楚。帝之所以防信者至矣，防其有兵也。信之語帝曰：「臣多多益善。」即帝亦自知其不如信也。

夫信去齊，而楚不過一分封之國耳，非如齊之實爲信之所自有也，其士大夫皆信素所撫循，而將卒吏民受其節制久矣，齊知有信，不知有漢也。帝以楚易齊，固已制信於股掌之上矣，而陳平猶曰天下精兵莫如楚。楚兵雖精，非信素有，固不能用之如齊兵之臂指使也。然鍾離眛實在信所，眛將吏部曲存者尚多，楚之豪傑，皆眛所習知。信急與眛發兵以反，亦其勢也。故眛曰：「漢不擊取楚，以眛在公所耳。」而信實無反心，聞帝爲雲夢之游，遂斬眛謁帝，以自明其不反。帝械信至洛陽，赦爲淮陰侯。當是時，帝真赦之矣，知其無能爲也。信去國去兵，不過匹夫耳，其在長安，猶之向之淮陰市一餓夫也。蓋帝至是無復防信之心矣，故與信從容論諸將能否，信直自伐其長，無所避忌，惟信亦知帝之諒其無能爲也，而云與陳豨謀反，冤矣！

夫豨與信非有平生之交，又其才豈能出諸將上？信視諸將如奴隸，而乃獨倚豨成事乎？且云：「第舉兵，吾從中起。」乃謀夜詐詔赦諸官徒奴爲兵。此其道至危，而事涉於兒戲，愚者不爲，而謂信爲之乎？夫信雖好用奇兵，而計必出於萬全，觀其出井陘時，必使人間視趙，知趙不用廣武君計，乃引兵遂下，此豈肯僥幸於萬一者？而以此蜚語坐信反狀，冤哉！帝見信已死，且喜且憐之，蓋深憐其冤也。

或曰：「帝在，則信不反；帝百歲後，后與太子能制其不反乎？」夫帝即百歲後，信亦不能反也。人臣之謀反者，非外有重兵，即内有黨援。信恃功傲忽，舉朝中無一與信者，即以滕公之救其死，未聞如張蒼之報德王陵也；以蕭相國之薦賢，未聞如陳平之歸功魏無知也。又何論絳、灌、樊噲輩哉？信一孤豚耳。使后不殺信，高帝既殁，信有悒悒失志以死耳，惡能爲哉！惡能爲哉！

《朱彝尊選集·韓信論》 或曰：「韓信之反，信乎？」曰：「信不反也。」何以知之？于信之報漂母知之也。方信在淮陰，一市咸笑其怯，母獨爲進食。宜其有知己之感，千金之報不爲重也。迨干楚爲郎中，投漢爲都尉，至此，而天下遂無一人知己者，此信所由亡也。

當其時，豪傑並起，可與就天下者惟楚、漢，信之亡將安往哉？蓋惟有窮餓于深山以没世焉爾。何也？彼其視郎中、都尉之遇，甚于胯下之辱也。乃高帝一聞蕭何之言，不特赦其罪，且以爲大將，又設壇場，具禮，召居上座。自古君臣相遇之隆，未有若高帝之于信也。其知己之感，雖葅醢其身不惜。彼武涉、蒯通之言，曾何足以動心哉！天下已定，信未嘗有纖毫之過，而陳平倡僞游之邪説，無故貶爵，使與絳、灌並列，其與郎中、都尉之遇何異？欲禁其無怨望之言，難矣。

彼吕后者，包藏禍心，以爲信不死必不爲所用，由是文致其辭，戮之鐘室。史遂附會其説，謂與陳豨有執手之言。嗚呼，以信用兵之神，衆寡莫測，欲反則反耳，何藉豨爲？信之視豨，猶絳、灌之屬，不屑與之言者也。然則信悔不用蒯通之心，非二心何？曰：信之言曰：「衣人之衣者，懷人之憂，食人之食者，死人之事。」信爲高帝所殺，則雖葅醢無憾，其爲是言者，深憾爲女子所賣也。不然，以漂母一飯之不忘，忍負解衣推食之高帝哉！豫讓之死也，曰：「中行衆人畜我，我故衆人報之；智伯國士遇我，我故國士報之。」賈生以讓行同狗彘而能抗節若是，孰謂信也行乃出豫讓下哉！

劉統勛《評鑑闡要》卷一《漢》　韓信之冤與否姑弗論，然高祖在外而后公然族誅大臣，回亦弗問。牝雞司晨，成何國政。人彘之禍，兆於此矣。

王鳴盛《十七史商榷》卷五《韓信兵法》　韓信既破趙軍，斬成安君，與諸將論所以勝趙之術，因引兵法曰：陷之死地而後生，置之亡地而後存。此二句當在《武經七書》某篇，失記俟攷。

太史公自序云：漢興，蕭何次律令，韓信申軍法。《漢書·藝文志》分兵書爲四種，一權謀，二形勢，三陰陽，四技巧。權謀内有韓信三篇，班氏論之云：權謀者，先計後戰，兼形勢，包陰陽，用技巧者也。又總論云：自春秋至戰國，出奇設伏變詐之兵作。漢興，張良、韓信序次兵法，凡百八十二家，删取要用，定著三十五家。觀信引兵法以自證其用兵之妙，且又著書三篇，序次諸家爲三十五家，可見信平日學問本原。寄食受辱時，揣摩已久，其連百萬之衆，戰必勝，攻必取，皆本於平日學問，非以危事嘗試者。信書雖不傳，就本傳所載戰事攷之，可見其純用權謀，所謂出奇設伏變詐之兵也。形勢内有項王一篇，項王嘗學兵法，故良與信亦取而存之。以項之形勢，當信之權謀，則敗矣。

邵之棠《皇朝經世文統編》文教部三《淮陰將兵論》　用兵之道，勇冠三軍易，謀出萬全難；謀集千人易，斷在一心難。是故有勇不如有謀，善謀不如善斷。勇而無謀是暴勇也，暴勇者必敗；謀而不斷是疑謀也，疑謀者弗成。項氏之滅非勇不足也，劉氏之興非勇有餘也，謀與不謀，斷與不斷也。項王勇悍仁强，爲漢王所不及。然而匹夫之勇，婦人之仁，有勇無謀，卒至其强易弱。其端在驅范增以歸田，其機尤在驅韓信以歸漢。將才如韓信，楚失之而漢得之，此天所以奪項而予劉也。漢王善將將而韓信善將兵，以名將佐興王，國士無雙，遂爲戰功第一。故吾不多漢王之謀，而多韓信之謀也。且不多信之能用己謀，而多信之能用人謀也。世之論將材者必推韓信，孫、吴不足道也，況起、翦、頗、牧以下乎？其對漢王曰：陛下將兵不過十萬，臣將兵多多益善。自秦漢以來，未始有將材如斯之優也。夫將將非真主不能，而將兵之能事可謂獨絶於天下。嘗試略舉古來名將而嘆選將之難其人也。趙云膽壯猶資諸葛之指揮，周勃令嚴尚乏陳平之計略，勇可恃而謀不可恃，非將材之全者也。乃或則神機决勝，置孫吴兵法而不談；或則折節讀書，授《春秋》《漢書》而熟習，此豈有異術哉！蓋不讀兵書者有謀以爲之闇合，多讀兵書者有謀以觀其會通。疆場無必勝之兵，而帷幄有必勝之將。將畧固自有畧也，得將材如此而又值需將孔亟之時，此韓信可以無求於漢王，漢王不能無求於韓信也。顧或謂信少不能自治生業，長不能自結主知，賴蕭何力薦於前，張良贊成於後，用使登壇拜將，一軍皆驚。由是順風而呼，虜魏王，禽夏説，兵下井陘，成安授首，背水一戰，千古稱奇。惟是兵法數言韓信以之成功，而馬謖卒以之敗績，豈非天將興漢，故使所向克捷，幸成豎子之名歟。不知廣武獻策早在韓信計中，使其策而果用，信必不蹈險至此。至間視而知其不用，又自度其力足以勝之，固不待軍皆死戰而必勝之勢顯然矣。論信之將兵者，自當以此爲最。而其將畧之宏深，不在能斬成安而在能得廣武。當其解縛師事，委心歸計，舍己從人，持以長擊短之衡，收先聲後實之效，狥趙之後一舉而脅燕，再舉而定齊，凡此皆廣武之策也，而實韓信之謀也。蓋其隱情以虞也，即腹有甲兵之不可測；其定謀而戰也，即撼如山岳之不可摇。知彼知己，百戰百勝，雖有智者不能爲敵矣。前以罌渡出奇而後以囊沙制勝，則愈出而愈便於用，非夫好謀而成者，孰能建此偉績歟？且高祖用三傑以取天下，其謂蕭何以鎮撫給糧，張良以運籌决勝，乃一則文吏而未能出將，一則多病而未嘗持將，而信獨能連百萬之師，戰必勝而攻必取，需將材者非信而誰？何之言曰：非信無所與計事。良之言曰：獨信可屬以大事。是蓋有禮信於深者，以視諸將如樊噲等，其相去爲何如也。故當劉項相持，咸知權在韓信。漢王議捐關東，即黥布可

使，彭越可使，名籍三人之力，實憑一將之功。而蒯通乃欲以奇策感動之，謂勇略震主者身危，功蓋天下者不賞，而信不爲之動。豈不知兩主之命懸於己乎，乃爲是猶豫狐疑哉？蓋當斷而即斷者將略之方也，不當斷而不斷者人臣之分也。所恨假王誤請，冤獄潛萌，談兵者不免爲之短氣耳。要之，信之工於兵機，勝於衛青之漫邀天幸；信之拙於身計，甚於項羽之妄引天亡。史公惜其以畔逆見誅，謂信苟能學道謙讓，不伐不矜，庶幾漢代首勳可與周、召、太公比烈。不敢護其所短，誠不忍没其所長也。論將三代以還，湯武之仁義不可期，即桓文之節制亦不易得，而齊之技擊，魏之武卒，與夫秦之鋭士，有精兵而無良將，其不至相尋覆轍者幾希。而世之誇一勝之威，輒思著書以垂後，任百夫之長，亦欲挾策以干時者，皆信之罪人也。更何論狃故智而自用其才，如莫敖之取敗；讀父書而不通其變，如趙括之速亡哉！善夫賀若弼之論將也，謂楊素爲猛將非謀將，韓擒虎爲鬥將非領將，史萬歲爲騎將非大將，意蓋以大將自許。惜乎其論則是而其人尚非，若韓信可以當之矣。李左車善爲信謀，一似左車之謀，實出韓信上者，不知惟高祖能用韓信，惟韓信能用左車。左車雖善謀適足供韓信之用，左車而爲信所用，益知信遠勝於左車也。後有名將，弗可及已。

藝文

《漢魏六朝一百三家集》卷一〇六陳張正見《賦得韓信》　淮陰總漢兵，燕齊擅遠聲。沉沙擁急水，拔幟上危城。野有千金報，朝稱三傑名。所悲雲夢澤，空傷狡兔情。

《全唐詩》卷三〇王珪《詠淮陰侯》　秦王日凶慝，豪傑争共亡。信亦胡爲者，劍歌從項梁。項羽不能用，脱身歸漢王。道契君臣合，時來名位彰。北討燕承命，東驅楚絶糧。斬龍堰濉水，擒豹熠夏陽。功成享天禄，建旗還南昌。千金答漂母，百錢酬下鄉。吉凶成糾纏，倚伏難預詳。弓藏狡兔盡，慷慨念心傷。

《李太白全集》卷三《樂府・行路難》（其二）　大道如青天，我獨不得出。羞逐長安社中兒，赤雞白狗賭梨栗。彈劍作歌奏苦聲，曳裾王門不稱情。淮陰市井笑韓信，漢朝公卿忌賈生。君不見昔時燕家重郭隗，擁篲折節無嫌猜。劇辛、樂毅感恩分，輸肝剖膽效英才。昭王白骨縈蔓草，誰人更掃黄金臺！行路難，歸去來。

《李太白全集》卷九《古近體詩・贈新平少年》　韓信在淮陰，少年相欺凌。屈體若無骨，壯心有所憑。一遭龍顔君，嘯咤從此興。千金答漂母，萬古共嗟稱。而我竟何爲，寒苦坐相仍。長風入短袂，内手如懷冰。故友不相恤，新交寧見矜。摧殘檻中虎，羈紲鞲上鷹。何時騰風雲，搏擊申所能。

《李太白全集》卷一九《古近體詩・答王十二寒夜獨酌有懷》　與君論心握君手，榮辱於余亦何有？孔聖猶聞傷鳳麟，董龍更是何雞狗？一生傲岸苦不諧，恩疏媒勞志多乖。嚴陵高揖漢天子，何必長劍拄頤事玉階。達亦不足貴，窮亦不足悲。韓信羞將絳、灌比，禰衡恥逐屠沽兒。君不見李北海，英風豪氣今何在！君不見裴尚書，土墳三尺蒿棘居。少年早欲五湖去，見此彌將鐘鼎疏。

《全唐詩》卷三四八陳羽《旅次沔陽聞克復而用師者窮兵黷武因書簡之》
江上煙消漢水清，王師大破緑林兵。干戈用盡人成血，韓信空傳壯士名。

《全唐詩》卷四八二李紳《卻過淮陰弔韓信廟》　功高自棄漢元臣，遺廟陰森楚水濱。英主任賢增虎翼，假王徼福犯龍鱗。賤能忍恥卑狂少，貴乏懷忠近佞人。徒用千金酬一飯，不知明哲重防身。

《劉禹錫集》卷二四《七言・韓信廟》　將略兵機命世雄，蒼黄鍾室歎良弓。遂令後代登壇者，每一尋思怕立功。

《羅隱集・甲乙集・漂母冢》　寂寂荒墳一水濱，蘆洲絶島自相親。青娥已落淮邊月，白骨甘爲泉下塵。原上荻花飄素髮，道傍菰葉碎羅巾。雖然寂寞千秋魄，猶是韓侯舊主人。

《羅隱集・甲乙集・書淮陰侯傳》　寒燈挑盡見遺塵，試瀝椒漿合有神。莫恨高皇不終始，滅秦謀項是何人！

《羅隱集・甲乙集・韓信廟》　剪項移秦勢自雄，布衣還是負深功。懦夫女子俱堪恨，卻把餘杯奠蒯通。

《全唐詩》卷四九二張祜《韓信廟》　長空鳥盡將軍死，無復中原入馬蹄。身向九泉還屬漢，功超諸將合封齊。荒凉古廟惟松柏，咫尺長陵又鹿麋。此日深憐蕭相國，竟無一語到金閨。

《梅堯臣集》卷一三《淮陰侯廟》　韓信未遇時，忍飢坐垂釣。歸來淮陰市，又復逢惡少。使之出胯下，一市皆大笑。龍蛇忽雲騰，蛭螾豈能料。亡命乃爲將，出奇還破趙。用兵不患多，所向孰敢摽。功名塞天地，翦刈等蒿藋。於今千百年，水上見孤廟。鷺銜葭下魚，相呼尚鳴叫。高皇四海平，有酒不共釂。古來

稱英雄，去就可以照。

王安石《王文公文集》卷三八《古詩・韓信》 韓信寄食常歉然，邂逅漂母能哀憐。當時噲等何由伍，但有淮陰惡少年。誰道蕭曹刀筆吏，從容一語知人意。壇上平明大將旗，舉軍盡驚王不疑。搏兵擊楚濉半涉，從初龍且聞信怯。鴻溝天下已横分，談笑重來卷楚氛。但以怯名終得羽，誰爲張費兩將軍。

王安石《臨川先生文集》卷三二《律詩・韓信》 貧賤侵凌富貴驕，功名無復在芻蕘。將軍北面師降虜，此事人間久寂寥。

《蘇軾文集》卷一七《淮陰侯廟碑》 應龍之所以爲神者，以其善變化而能屈伸也。夏則天飛，效其靈也。冬則泥蟠，避其害也。當嬴氏刑慘網密，毒流海内，銷鋒鏑，誅豪俊，將軍乃辱身汙節，避世用晦。志在鵲起豹變，食全楚之租，故受饋於漂母。抱王霸之畧，蓄英雄之壯圖，志輕六合，氣蓋萬夫，故忍恥跨下。洎乎山鬼反璧，天亡秦族。遇知己之英主，陳不世之奇策。崛起蜀漢，席捲關輔。戰必勝，攻必克，掃强楚，滅暴秦。平齊七十城，破趙二十萬。乞食受辱，惡足累大丈夫之功名哉！然使水行未殞，火流猶潛。將軍則與草木同朽，麋鹿俱死。安能持太阿之柄，雲飛龍驤，起徒步而取侯王？噫，自古英偉之士，不遇機會，委身草澤，名堙滅而無稱者，可勝道哉！乃碑而銘之。銘曰：

書軌新邦，英雄舊里。海霧朝翻，山烟暮起。宅臨舊楚，廟枕清淮。枯松折栢，廢井荒臺。我停單車，思人望古。淮陰少年，有目無睹。不知將軍，用之如虎。

《胡宏集・絶句・韓信》 功成全仗漢家兵，真是英雄不藉人。禽了項王知退步，定騎箕尾上天津。

葉顒《樵雲獨唱》卷四《韓信》 劉項存亡指顧中，君臣未定各稱雄。早知鳥盡弓無用，未必殷勤謝蒯通。

方孝孺《遜志齋集》卷二四《古詩・淮陰》 淮陰城頭落日黄，淮陰城下秋草荒。古城西繞淮水長，猶如背水陣堂堂。當時大將功無雙，顛嬴蹴項勇莫當。丈夫何乃爲假王，至今遺恨令人傷。漂母一飯千金償，解衣推食那敢忘。相君之背貴莫量，蒯生此語無忠良，慎弗出口遭吾撞。歌風帝子歸故鄉，思得勇士守四方，胡爲鳥盡良弓藏？

韓邦奇《苑洛集》卷一一《韓信廟》 養虎自遺天下患，漢高圜轉用張良。蒯生好似鴻門玦，不必登壇論項王。

張居正《張太岳文集》卷一五《擬韓信諭燕書》 信已破趙，用李左車之計，使人遺書燕王臧荼曰：蓋聞聖人不違天以立事，智者不悖時而建功。是以伊尹醜夏歸亳，微子去殷即周。彼二賢者，皆審天命之歸，以决去就之義。是以福慶流于無窮，聲名著于後世也。

往者，天下同患苦秦，豪杰蠭起，漢王與項羽戮力攻秦。懷王約諸將曰：「先入關者王之。」漢王先破秦，當王關中；羽倍約，奪漢王關中，而王之巴、蜀，又以私意易置侯王，盡王其將相功臣于善地，而徙其故主于長沙，已又弑之。漢王因天下不平，發蜀、漢之士，還定三秦，縞素而問弑君之罪。天下豪傑，雲合嚮應，皆棄楚而歸漢。故天命之數，歸于漢王，愚知所知也。

魏王豹背畔無親，絶河津，距境而自王。僕受命徇河北之未附者，涉西河，虜魏豹，下四十餘城，遂擒夏説閼與下。今趙又破矣，便欲乘勝，北首燕路。而軍吏皆曰：「趙破，燕固自宜聽從。若其從焉，又烏用多殺士大夫爲也。」故按兵醳士，使人獻愚計于左右。

僕聞《周易》垂知幾之箴，兵家審彼己之勢。鄭伯面縛，嚴王退舍；國小圖大，宋以敗亡。《詩》云「禍福無不自己求之者」，願足下詳計而熟圖焉。

今爲燕謀者，必曰：「我有易水之險，漢兵遠來，勢孤援絶，而欲以長技取勝，是自速其危亡者也。」且成安君有百戰百勝之計，阻井陘之固，連燕、齊之兵，南面而争權于天下。然僕以偏師鼓行而前，不崇朝破趙二十萬衆，遂斬成安君泜水上。夫燕之恃以自蔽者，獨趙耳。昔虢破而虞亡，韓降而魏懼；前事之不忘，後事之永鑒。故凡爲足下謀者，皆危亡之路，不忠于足下，不可用也。

爲足下計，莫若息兵徹備，以身自託于漢。僕請爲足下報漢王，即燕封下，剖符世世，與漢始終無極，孰與勢窮力蹙，坐而待亡乎？計不出此，以區區之燕，遠託于孤絶垂亡之楚，而欲鼓螳臂之勇，以抗乘勝之師。僕之所慮，薊丘之壞，不可以圖存；成安之事，復見于今日矣！故願足下詳計而熟圖也。危亡之端，禍福之機，迅如發矢，不預揆之，後悔何及。

江盈科《雪濤閣集・淮陰侯》 蒯徹甘言勝蜜糖，淮陰終不變剛腸。可憐輸却真肝膽，贏得三年號假王。

《張之洞全集》卷二九七《咏古詩・韓信》

百萬雄兵赤手提，淮陰將略古難齊。時危却被雌鷄縛，莫望將軍更縛鷄。

旗鼓堂堂下井陘，憐君智略獨知兵。登壇豈減隆中對，齒劍方思走狗烹。

長樂殿前鐘未歇，南昌亭上月空明。江東道覆隋王頬，不獨傷心有蒯生。

樊噲部

綜述

《史記》卷九五《樊酈滕灌列傳》 舞陽侯樊噲者，沛人也。以屠狗爲事，與高祖俱隱。

初從高祖起豐，攻下沛。高祖爲沛公，以噲爲舍人。從攻胡陵、方與，還守豐，擊泗水監豐下，破之。復東定沛，破泗水守薛西。與司馬尼戰碭東，卻敵，斬首十五級，賜爵國大夫。常從，沛公擊章邯軍濮陽，攻城先登，暫首二十三級，賜爵列大夫。復常從，從攻城陽，先登。下户牖，破李由軍，斬首十六級，賜上閒爵。從攻圍東郡守尉於成武，卻敵，斬首十四級，捕虜十一人，賜爵五大夫。從擊秦軍，出亳南。河閒守軍於杠里，破之。擊破趙賁軍開封北，以卻敵先登，斬候一人，首六十八級，捕虜二十七人，賜爵卿。從攻破楊熊軍於曲遇。攻宛陵，先登，斬首八級，捕虜四十四人，賜爵封號賢成君。從攻長社、轘轅，絶河津，東攻秦軍於尸，南攻秦軍於犨。破南陽守齮於陽城。東攻宛城，先登。西至酈，以卻敵，斬首二十四級，捕虜四十人，賜重封。攻武關，至霸上，斬都尉一人，首十級，捕虜百四十六人，降卒二千九百人。

項羽在戲下，欲攻沛公。沛公從百餘騎因項伯面見項羽，謝無有閉關事。項羽既饗軍士，中酒，亞父謀欲殺沛公，令項莊拔劍舞坐中，欲擊沛公，項伯常(肩)〔屏〕蔽之。時獨沛公與張良得入坐，樊噲在營外，聞事急，乃持鐵盾入到營。營衛止噲，噲直撞入，立帳下。項羽目之，問爲誰。張良曰：「沛公參乘樊噲。」項羽曰：「壯士。」賜之卮酒彘肩。噲既飲酒，拔劍切肉食，盡之。項羽曰：「能復飲乎？」噲曰：「臣死且不辭，豈特卮酒乎！且沛公先入定咸陽，暴師霸上，以待大王。大王今日至，聽小人之言，與沛公有隙，臣恐天下解，心疑大王也。」項羽默然。沛公如厠，麾樊噲去。既出，沛公留車騎，獨騎一馬，與樊噲等四人步從，從閒道山下歸走霸上軍，而使張良謝項羽。項羽亦因遂已，無誅沛公之心矣。是日微樊噲犇入營譙讓項羽，沛公事幾殆。

明日，項羽入屠咸陽，立沛公爲漢王。漢王賜噲爵爲列侯，號臨武侯。遷爲郎中，從入漢中。

還定三秦，别擊西丞白水北，雍輕車騎於雍南，破之。從攻雍、斄城，先登。擊章平軍好畤，攻城，先登陷陣，斬縣令、丞各一人，首十一級，虜二十人，遷郎中騎將。後擊秦車騎壤東，卻敵，遷爲將軍。攻趙賁，下郿、槐里、柳中、咸陽；灌廢丘，最。至櫟陽，賜食邑杜之樊鄉。從攻項籍，屠煮棗。擊破王武、程處軍於外黄。攻鄒、魯、瑕丘、薛。項羽敗漢王於彭城，盡復取魯、梁地。噲還至滎陽，益食平陰二千户，以將軍守廣武。一歲，項羽引而東。從高祖擊項籍，下陽夏，虜楚周將軍卒四千人。圍項籍於陳，大破之。屠胡陵。

項籍既死，漢王爲帝，以噲堅守戰有功，益食八百户。從高帝攻反燕王臧荼，虜荼，定燕地。楚王韓信反，噲從至陳，取信，定楚。更賜爵列侯，與諸侯剖符，世世勿絶，食舞陽，號爲舞陽侯，除前所食。以將軍從高祖攻反韓王信於代。自霍人以往至雲中，與絳侯等共定之，益食千五百户。因擊陳豨與曼丘臣軍，戰襄國，破柏人，先登，降定清河、常山凡二十七縣，殘東垣，遷爲左丞相。破得綦毋卬、尹潘軍於無終、廣昌。破豨别將胡人王黄軍於代南，因擊韓信軍於參合。軍所將卒斬韓信，破豨胡騎横谷，斬將軍趙既，虜代丞相馮梁、守孫奮、大將王黄、將軍、(太卜)太僕解福等十人。與諸將共定代鄉邑七十三。其後燕王盧綰反，噲以相國擊盧綰，破其丞相抵薊南，定燕地，凡縣十八，鄉邑五十一。益食邑千三百户，定食舞陽五千四百户。從，斬首百七十六級，虜二百八十八人。别，破軍七，下城五，定郡六，縣五十二，得丞相一人，將軍十二人，二千石已下至三百石十一人。

噲以吕后女弟吕須爲婦，生子伉，故其比諸將最親。

先黥布反時，高祖嘗病甚，惡見人，卧禁中，詔户者無得入羣臣。羣臣絳、灌等莫敢入。十餘日，噲乃排闥直入，大臣隨之。上獨枕一宦者卧。噲等見上流涕曰：「始陛下與臣等起豐沛，定天下，何其壯也！今天下已定，又何憊也！且陛下病甚，大臣震恐，不見臣等計事，顧獨與一宦者絶乎？且陛下獨不見趙高之事乎？」高帝笑而起。

其後盧綰反，高帝使噲以相國擊燕。是時高帝病甚，人有惡噲黨於吕氏，即

上一日宮車晏駕，則噲欲以兵盡誅滅戚氏、趙王如意之屬。高帝聞之大怒，乃使陳平載絳侯代將，而即軍中斬噲。陳平畏呂后，執噲詣長安。至則高祖已崩，呂后釋噲，使復爵邑。

孝惠六年，樊噲卒，謚爲武侯。子伉代侯。而伉母呂須亦爲臨光侯，高后時用事專權，大臣盡畏之。伉代侯九歲，高后崩。大臣誅諸呂、呂須婘屬，因誅伉。舞陽侯中絶數月。孝文帝既立，乃復封噲他庶子市人爲舞陽侯，復故爵邑。

雜録

備録

《史記》卷七《項羽本紀》　沛公旦日從百餘騎來見項王，至鴻門，謝曰：「臣與將軍戮力而攻秦，將軍戰河北，臣戰河南，然不自意能先入關破秦，得復見將軍於此。今者有小人之言，令將軍與臣有郤。」項王曰：「此沛公左司馬曹無傷言之；不然，籍何以至此。」項王即日因留沛公與飲。項王、項伯東嚮坐，亞父南嚮坐。亞父者，范增也。沛公北嚮坐，張良西嚮侍。范增數目項王，舉所佩玉玦以示之者三，項王默然不應。范增起，出召項莊，謂曰：「君王爲人不忍，若入前爲壽，壽畢，請以劍舞，因擊沛公於坐，殺之。不者，若屬皆且爲所虜。」莊則入爲壽。壽畢，曰：「君王與沛公飲，軍中無以爲樂，請以劍舞。」項王曰：「諾。」項莊拔劍起舞，項伯亦拔劍起舞，常以身翼蔽沛公，莊不得擊。於是張良至軍門，見樊噲。樊噲曰：「今日之事何如？」良曰：「甚急。今者項莊拔劍舞，其意常在沛公也。」噲曰：「此迫矣，臣請入，與之同命。」噲即帶劍擁盾入軍門。交戟之衛士欲止不内，樊噲側其盾以撞，衛士仆地，噲遂入，披帷西嚮立，瞋目視項王，頭髮上指，目眥盡裂。項王按劍而跽曰：「客何爲者？」張良曰：「沛公之參乘樊噲者也。」項王曰：「壯士，賜之巵酒。」則與斗巵酒。噲拜謝，起，立而飲之。項王曰：「賜之彘肩。」則與一生彘肩。樊噲覆其盾於地，加彘肩上，拔劍切而啗之。項王曰：「壯士，能復飲乎？」樊噲曰：「臣死且不避，巵酒安足辭！夫秦王有虎狼之心，殺人如不能舉，刑人如恐不勝，天下皆叛之。懷王與諸將約曰『先破秦入咸陽者王之』。今沛公先破秦入咸陽，豪毛不敢有所近，封閉宫室，還軍霸上，以待大王來。故遣將守關者，備他盜出入與非常也。勞苦而功高如此，未有封侯之賞，而聽細説，欲誅有功之人。此亡秦之續耳，竊爲大王不取也。」項王未有以應，曰：「坐。」樊噲從良坐。坐須臾，沛公起如厠，因招樊噲出。

沛公已出，項王使都尉陳平召沛公。沛公曰：「今者出，未辭也，爲之奈何？」樊噲曰：「大行不顧細謹，大禮不辭小讓。如今人方爲刀俎，我爲魚肉，何辭爲。」於是遂去。乃令張良留謝。良問曰：「大王來何操？」曰：「我持白璧一雙，欲獻項王，玉斗一雙，欲與亞父，會其怒，不敢獻。公爲我獻之。」張良曰：「謹諾。」當是時，項王軍在鴻門下，沛公軍在霸上，相去四十里。沛公則置車騎，脱身獨騎，與樊噲、夏侯嬰、靳彊、紀信等四人持劍盾步走，從酈山下，道芷陽閒行。沛公謂張良曰：「從此道至吾軍，不過二十里耳。度我至軍中，公乃入。」沛公已去，閒至軍中，張良入謝，曰：「沛公不勝桮杓，不能辭。謹使臣良奉白璧一雙，再拜獻大王足下；玉斗一雙，再拜奉大將軍足下。」項王曰：「沛公安在？」良曰：「聞大王有意督過之，脱身獨去，已至軍矣。」項王則受璧，置之坐上。亞父受玉斗，置之地，拔劍撞而破之，曰：「唉！竪子不足與謀。奪項王天下者，必沛公也，吾屬今爲之虜矣。」沛公至軍，立誅殺曹無傷。

《史記》卷八《高祖本紀》　秦二世元年秋，陳勝等起蘄，至陳而王，號爲「張楚」。諸郡縣皆多殺其長吏以應陳涉。沛令恐，欲以沛應涉。掾、主吏蕭何、曹參乃曰：「君爲秦吏，今欲背之，率沛子弟，恐不聽。願君召諸亡在外者，可得數百人，因劫衆，衆不敢不聽。」乃令樊噲召劉季。劉季之衆已數十百人矣。

於是樊噲從劉季來。沛令後悔，恐其有變，乃閉城城守，欲誅蕭、曹。蕭、曹恐，踰城保劉季。劉季乃書帛射城上，謂沛父老曰：「天下苦秦久矣。」於是少年豪吏如蕭、曹、樊噲等皆爲收沛子爲二三千人，攻胡陵、方與，還守豐。

沛公左司馬曹無傷聞項王怒，欲攻沛公，使人言項羽曰：「沛公欲王關中，令子嬰爲相，珍寶盡有之。」欲以求封。亞父勸項羽擊沛公。方饗士，旦日合戰。是時項羽兵四十萬，號百萬。沛公兵十萬，號二十萬，力不敵。會項伯欲活張良，夜往見良，因以文諭項羽，項羽乃止。沛公從百餘騎，驅之鴻門，見謝項羽。項羽曰：「此沛公左司馬曹無傷言之。不然，籍何以生此！」沛公以樊噲、張良故，得解歸。歸，立誅曹無傷。

七年，匈奴攻韓王信馬邑，信因與謀反太原。白土曼丘臣、王黄立故趙將趙利爲王以反，高祖自往擊之。會天寒，士卒墮指者什二三，遂至平城。匈奴圍我平城，七日而後罷去。令樊噲止定代地。立兄劉仲爲代王。

樊噲別將兵定代，斬陳豨當城。

上使辟陽侯迎綰，綰稱病。辟陽侯歸，具言綰反有端矣。二月，使樊噲、周勃將兵擊燕王綰。赦燕吏民與反者。立皇子建爲燕王。

四月甲辰，高祖崩長樂宫。四日不發喪。吕后與審食其謀曰：「諸將與帝爲編户民，今北面爲臣，此常怏怏，今乃事少主，非盡族是，天下不安。」人或聞之，語酈將軍。酈將軍往見審食其，曰：「吾聞帝已崩，四日不發喪，欲誅諸將。誠如此，天下危矣。陳平、灌嬰將十萬守滎陽，樊噲、周勃將二十萬定燕、代，此聞帝崩，諸將皆誅，必連兵還鄉以攻關中。大臣内叛，諸侯外反，亡可翹足而待也。」審食其入言之，乃以丁未發喪，大赦天下。

《史記》卷五六《陳丞相世家》 高帝從破布軍還，病創，徐行至長安。燕王盧綰反，上使樊噲以相國將兵攻之。既行，人有短惡噲者。高帝怒曰：「噲見吾病，乃冀我死也。」用陳平謀而召絳侯周勃受詔牀下，曰：「陳平亟馳傳載勃代噲將，平至軍中即斬噲頭！」二人既受詔，馳傳未至軍，行計之曰：「樊噲，帝之故人也，功多，且又乃吕后弟吕嬃之夫，有親且貴，帝以忿怒故，欲斬之，則恐後悔。寧囚而致上，上自誅之。」未至軍，爲壇，以節召樊噲。噲受詔，即反接載檻車，傳詣長安，而令絳侯勃代將，將兵定燕反縣。

平行聞高帝崩，平恐吕太后及吕嬃讒怒，乃馳傳先去。逢使者詔平與灌嬰屯於滎陽。平受詔，立復馳至宫，哭甚哀，因奏事喪前。吕太后哀之，曰：「君勞，出休矣。」平畏讒之就，因固請得宿衛中。太后乃以爲郎中令，曰：「傅教孝惠。」是後吕嬃讒乃不得行。樊噲至，則赦復爵邑。

吕嬃常以前陳平爲高帝謀執樊噲，數讒曰：「陳平爲相非治事，日飲醇酒，戲婦女。」陳平聞，日益甚。吕太后聞之，私獨喜。面質吕嬃於陳平曰：「鄙語曰『兒婦人口不可用』，顧君與我何如耳。無畏吕嬃之讒也。」

《史記》卷一〇〇《季布欒布列傳》 孝惠時，爲中郎將。單于嘗爲書嫚吕后，不遜，吕后大怒，召諸將議之。上將軍樊噲曰：「臣願得十萬衆，横行匈奴中。」諸將皆阿吕后意，曰「然」。季布曰：「樊噲可斬也！夫高帝將兵四十餘萬衆，因於平城，今噲奈何以十萬衆横行匈奴中，面欺！且秦以事於胡，陳勝等起。于今創痍未瘳，噲又面諛，欲摇動天下。」是時殿上皆恐，太后罷朝，遂不復議擊匈奴事。

《漢書》卷九四上《匈奴傳上》 是後韓信爲匈奴將，及趙利、王黄等數背約，侵盜代、鴈門、雲中。居無幾何，陳豨反，與韓信合謀擊代。漢使樊噲往擊之，復收代、鴈門、雲中郡縣，不出塞。是時匈奴以漢將數率衆往降，故冒頓常往來侵盜代地。於是高祖患之，乃使劉敬奉宗室女翁主爲單于閼氏，歲奉匈奴絮繒酒食物各有數，約爲兄弟以和親，冒頓乃少止。後燕王盧綰復反，率其黨且萬人降匈奴，往來苦上谷以東，終高祖世。

孝惠、高后時，冒頓寖驕，乃爲書，使使遺高后曰：「孤僨之君，生於沮澤之中，長於平野牛馬之域，數至邊境，願遊中國。陛下獨立，孤僨獨居。兩主不樂，無以自虞，願以所有，易其所無。」高后大怒，召丞相平及樊噲、季布等，議斬其使者，發兵而擊之。樊噲曰：「臣願得十萬衆，横行匈奴中。」問季布，布曰：「噲可斬也！前陳豨反於代，漢兵三十二萬，噲爲上將軍，時匈奴圍高帝於平城，噲不能解圍。天下歌之曰：『平城之下亦誠苦！七日不食，不能彀弩。』今歌唫之聲未絶，傷痍者甫起，而噲欲摇動天下，妄言以十萬衆横行，是面謾也。且夷狄譬如禽獸，得其善言不足喜，惡言不足怒也。」高后曰：「善。」令大謁者張澤報書曰：「單于不忘弊邑，賜之以書，弊邑恐懼。退日自圖，年老氣衰，髮齒墮落，行步失度，單于過聽，不足以自汙。弊邑無罪，宜在見赦。竊有御車二乘，馬二駟，以奉常駕。」冒頓得書，復使使來謝曰：「未嘗聞中國禮義，陛下幸而赦之。」因獻馬，遂和親。

《後漢書》志三〇《輿服下》 樊噲冠，漢將樊噲造次所冠，以入項羽軍。廣九寸，高七寸，前後出各四寸，制似冕。司馬殿門大難衛士服之。或曰，樊噲常持鐵楯，聞項羽有意殺漢王，噲裂裳以裹楯，冠之入軍門，立漢王旁，視項羽。

酈道元《水經注》卷三一《滍水》 滍水又東北歷舞陽縣故城南，漢高祖六年，封樊噲爲侯國也。

李吉甫《元和郡縣圖志》卷一《關内道一·萬年縣》 樊川，一名後寬川，在縣南三十五里。本杜陵之樊鄉，漢高祖賜樊噲食邑於此。

林寶《元和姓纂》卷四《樊》 【南陽湖陽縣】樊齊之後。漢有舞陽侯樊噲；曾孫嘉，爲南陽太守，因家焉。後漢有樊重，子弘，封壽張侯。重迺光武外祖也，一宗五侯。

樂史《太平寰宇記》卷八《河南道八・汝州》　州東新置舞陽縣，即漢樊噲舊國。噲，豐沛故人，又高祖之婭，惟勳惟舊，且親且賢，亦既受封，必稱吉土，保全良吏，庶在茲邦。【略】

舞陽城，樊噲所封爲舞陽侯是也。

樂史《太平寰宇記》卷一五《河南道十五・徐州》　彭城縣，【略】樊噲墓，在縣北五十九里。

備論

《史記》卷九五《樊酈滕灌列傳贊》　吾適豐沛，問其遺老，觀故蕭、曹、樊噲、滕公之家，及其素，異哉所聞！方其鼓刀屠狗賣繒之時，豈自知附驥之尾，垂名漢廷，德流子孫哉？余與他廣通，爲言高祖功臣之興時若此云。

《史記》卷一三〇《太史公自序》　攻城野戰，獲功歸報，噲、商有力焉，非獨鞭策，又與之脱難。

《漢書》卷四一《樊噲傳贊》　仲尼稱「犂牛之子騂且角，雖欲勿用，山川其舍諸」？言士不繫於世類也。語曰「雖有茲基，不如逢時」，信矣！樊噲、夏侯嬰、灌嬰之徒，方其鼓刀僕御販繒之時，豈自知附驥之尾，(勤)〔勒〕功帝籍，慶流子孫哉？當孝文時，天下以酈寄爲賣友。夫賣友者，謂見利而忘義也。若寄父爲功臣而又執劫，雖摧吕禄，以安社稷，誼存君親，可也。

《漢書》卷一〇〇下《敘傳下》　舞陽鼓刀，滕公廄騶，潁陰商販，曲周庸夫，攀龍附鳳，並乘天衢。

《史記》卷九五《樊酈滕灌列傳》司馬貞索隱述贊　聖賢影響，雲蒸龍變。屠狗販繒，攻城野戰。扶義西上，受封南面。酈況賣交，舞陽内援。滕灌更王，奕葉繁衍。

《全宋文》卷四三七〇王之望《樊噲論》　西漢之興，其大功臣雖出於刀筆之吏、販繒屠狗之人，然皆一時豪傑、王佐之才，非遭逢際會徼倖而成功者也。史於蕭何、曹參既以爲一代宗臣，而以周勃爲漢伊、周。雖後世之論，亦莫不然。至於樊將軍，不過以武勇爲稱，與酈商、灌、滕之徒等耳。以余觀之，噲蓋蕭、曹之倫，出周勃之右，非酈商、灌、滕之徒所可望也。高帝初入咸陽，欲止宮休舍，噲諫以爲不可，乃封秦重寶宮室府庫，還軍霸上。嗚呼！此乃沛公之所以得天下，漢祚之所以長久者也。是時沛公君臣志得意滿，無復遠慮，諸將争走金帛財物之府，惟恐己取之不多，上令之有所不能禁也，寧有諫其主者？賢如蕭何，不過能收律令圖書耳，獨樊將軍首發其端，留侯因而推之，高帝遂悟。三秦之民翕然皆願以爲君王，沛公之德結於民心，聞於天下。向使高帝入關，居秦宮室，收其子女玉帛而有之，則無以異秦項之爲，而鴻門之厄亦何説以釋曹無傷之譖，寬項羽之怒？安危成敗之機，間不容髮，微樊將軍，則沛公之事去矣。且沛公以布衣起盜賊中，轉戰連年，一旦得彊秦全盛之業，自非上智，誰不欲少快其心？而噲乃諫止之，使無秋毫之犯，是以湯武望沛公也，不亦責難於其君乎？夫披堅執鋭，攻城野戰，以却敵而争利者，武夫之所能爲也。若乃見利而不動，臨機而敢諫，納其君於堯舜，慮社稷於久遠，此縉紳儒者之所難，而噲乃能之，豈非所謂豪傑之士、王佐之才乎？方沛公之入關也，蓋未有取天下之心，不過曰「吾與諸侯約當王關中」耳。後爲項羽所遷，失意鬱鬱，始欲争天下。使沛公即得關中而王之，未必有此意也。夫沛公欲王關中，既已得關中矣，留而居，何所不可，而噲乃云云，是噲之意不止於王關中而已也，是噲先沛公與羣臣有取天下之志也。故范增謂項羽曰：「沛公在山東時，貪財好色。今聞入關，珍寶無所取，婦女無所幸，此其志不小。」然則樊噲之諫行，敵人固已畏忌，有識者固已歸心矣，不幾乎一言而興邦乎？惜乎遷、固爲噲立傳，只載其鴻門誚項羽、排闥悟高帝等事，武夫之所能爲者。至於入關之諫，則不大書特書其語，而徒附《高紀》與張良之傳中，使其造漢之忠闇然不彰，而天下惟以武勇稱樊將軍。陸士衡作《漢高功臣贊》，拾摭舊史，殊無發明，彼固不足道。歐陽文忠公作《舞陽侯廟記》，亦不及此，蓋未之思也。獨揚子雲云：「天下有事，非蕭、曹、子房、平、勃、樊、霍則不能安。」子雲之意，固不以酈商、灌、滕之徒待噲也，豈非有見於此乎？故聊爲發之。

藝文

庾信《庾子山集》卷一〇《樊噲見項王讚》　樊噲將軍，漢王車右。不憚鋒刃，何辭巵酒。霸上屯軍，鴻門固守。持謝范增，惟留玉斗。

《全唐詩》卷四一盧照鄰《詠史四首》(之一)　季生昔未達，身辱功不成。髡

鉗爲臺隸，灌園變姓名。幸逢滕將軍，兼遇曹丘生。漢祖廣招納，一朝拜公卿。百金孰云重，一諾良匪輕。廷議斬樊噲，羣公寂無聲。處身孤且直，遭時坦而平。丈夫當如此，唯唯何足榮。

羅文俊《詁經精舍文續集》卷八汪述孫《讀史・樊噲》 第一親臣共里閭，狗屠無賴酒徒如。衝筵語壯驚高會，横劍心雄恥嫚書。忠諫早徵排闥日，危機曾蹈伐兵餘。結交亦與淮陰伍，再拜中庭獨起居。

羅文俊《詁經精舍文續集》卷八胡琮《讀史・樊噲》 披盾軍前識壯夫，彘肩生啖氣豪麤。八千士已聞歌散，十萬師能破虜無。紅粉國侯羞絳灌，黄靈帝子識屠沽。廟災試讀歐陽記，異代英靈懾楚巫。

羅文俊《詁經精舍文續集》卷八洪昌燕《讀史・樊噲》 拊膺裂眥氣如虹，崛起王侯市井同。不遇斬蛇真帝子，誰知屠狗亦英雄。入關首決興亡策，排闥孤陳藥石忠。若許横行靖邊塞，漢家無復恥和戎。

叔孫通部

綜述

《漢書》卷四三《叔孫通傳》 叔孫通，薛人也。秦時以文學徵，待詔博士。數歲，陳勝起，二世召博士諸儒生問曰：「楚戍卒攻蘄入陳，於公何如？」博士諸生三十餘人前曰：「人臣無將，將則反，罪死無赦。願陛下急發兵擊之。」二世怒，作色。通前曰：「諸生言皆非。夫天下爲一家，毁郡縣城，鑠其兵，視天下弗復用。且明主在上，法令具於下，吏人人奉職，四方輻輳，安有反者！此特羣盜鼠竊狗盜，何足置齒牙間哉？郡守尉（令）〔今〕捕誅，何足憂？」二世喜，盡問諸生，諸生或言反，或言盜。於是二世令御史按諸生言反者下吏，非所宜言，諸言盜者皆罷之。乃賜通帛二十疋，衣一襲，拜爲博士。通已出，反舍，諸生曰：「生何言之諛也？」通曰：「公不知，我幾不免虎口！」乃亡去之薛，薛已降楚矣。

及項梁之薛，通從之。敗定陶，從懷王。懷王爲義帝，徙長沙，通留事項王。漢二年，漢王從五諸侯入彭城，通降漢王。

通儒服，漢王憎之，乃變其服，服短衣，楚製。漢王喜。

通之降漢，從弟子百餘人，然無所進，剸言諸故羣盜壯士進之。弟子皆曰：「事先生數年，幸得從降漢，今不進臣等，剸言大猾，何也？」通乃謂曰：「漢王方蒙矢石爭天下，諸生寧能鬬乎？故先言斬將搴旗之士。諸生且待我，我不忘矣。」漢王拜通爲博士，號稷嗣君。

漢王已并天下，諸侯共尊爲皇帝於定陶，通就其儀號。高帝悉去秦儀法，爲簡易。羣臣飲爭功，醉或妄呼，拔劍擊柱，上患之。通知上益饜之，説上曰：「夫儒者難與進取，可與守成。臣願徵魯諸生，與臣弟子共起朝儀。」高帝曰：「得無難乎？」通曰：「五帝異樂，三王不同禮。禮者，因時世人情爲之節文者也。故夏、殷、周禮所因損益可知者，謂不相復也。臣願頗采古禮與秦儀雜就之。」上曰：「可試爲之，令易知，度吾所能行爲之。」

於是通使徵魯諸生三十餘人。魯有兩生不肯行，曰：「公所事者且十主，皆面諛親貴。今天下初定，死者未葬，傷者未起，又欲起禮樂。禮樂所由起，百年積德而後可興也。吾不忍爲公所爲。公所爲不合古，吾不行。公往矣，毋汙我！」通笑曰：「若真鄙儒，不知時變。」

遂與所徵三十人西，及上左右爲學者與其弟子百餘人爲緜蕞野外。習之月餘，通曰：「上可試觀。」上使行禮，曰：「吾能爲此。」乃令羣臣習肄，會十月。

漢七年，長樂宮成，諸侯羣臣朝十月。儀：先平明，謁者治禮，引以次入殿門，廷中陳車騎戍卒衛官，設兵，張旗志。傳曰「趨」。殿下郎中俠陛，陛數百人。功臣列侯諸將軍軍吏以次陳西方，東鄉；文官丞相以下陳東方，西鄉。大行設九賓，臚句傳。於是皇帝輦出房，百官執戟傳警，引諸侯王以下至吏六百石以次奉賀。自諸侯王以下莫不震恐肅敬。至禮畢，盡伏，置法酒。諸侍坐殿上皆伏抑首，以尊卑次起上壽。觴九行，謁者言「罷酒」。御史執法舉不如儀者輒引去。竟朝置酒，無敢讙譁失禮者。於是高帝曰：「吾乃今日知爲皇帝之貴也。」拜通爲奉常，賜金五百斤。

通因進曰：「諸弟子儒生隨臣久矣，與共爲儀，願陛下官之。」高帝悉以爲郎。通出，皆以五百金賜諸生。諸生乃喜曰：「叔孫生聖人，知當世務。」

九年，高帝徙通爲太子太傅。十二年，高帝欲以趙王如意易太子，通諫曰：「昔者晉獻公以驪姬故，廢太子，立奚齊，晉國亂者數十年，爲天下笑。秦以不早定扶蘇，胡亥詐立，自使滅祀，此陛下所親見。今太子仁孝，天下皆聞之；呂后與陛下（共）〔攻〕苦食啖，其可背哉！陛下必欲廢適而立少，臣願先伏誅，以頸血汙地。」高帝曰：「公罷矣，吾特戲耳。」通曰：「太子天下本，本壹摇天下震動，奈何以天下戲！」高帝曰：「吾聽公。」及上置酒，見留侯所招客從太子入見，上遂無易太子志矣。

高帝崩，孝惠即位，乃謂通曰：「先帝園陵寢廟，羣臣莫習。」徙通爲奉常，定宗廟儀法。及稍定漢諸儀法，皆通所論著也。惠帝爲東朝長樂宮，及間往，數蹕煩民，作復道，方築武庫南，通奏事，因請間，曰：「陛下何自築復道高帝寢，衣冠月出游高廟？子孫奈何乘宗廟道（以）〔上〕行哉！」惠帝懼，曰：「急壞之。」通曰：「人主無過舉。今已作，百姓皆知之矣。願陛下爲原廟渭北，衣冠月出游之，益廣宗廟，大孝之本。」上乃詔有司立原廟。

惠帝常出游離宮，通曰：「古者有春嘗菓，方今櫻桃孰，可獻，願陛下出，因取櫻桃獻宗廟。」上許之。諸菓獻由此興。

雜録

備録

叔孫通《漢禮器制度》 弁冕以木爲體，廣八寸，長尺六寸。績麻三十升布爲之，上以元，下以纁，前後有旒，尊卑各有差等。天子玉笄朱紘。

冕制皆長尺六寸，廣八寸。天子以下皆同。飾棺，天子龍火黼黻皆五列，又有龍翣二，其戴皆加璧。

擊柷之椎名爲「止」，戞敔之木名爲「籈」。

籩，竹器如豆者。

膷鼎之扃，長二尺。

天子大槃廣八尺，長一丈二尺，深三尺，漆赤中。

洗之所用，士用鐵，大夫用銅，諸侯用白銀，天子用黄金。

尊卑皆用金罍，及其大小異。

陸賈《楚漢春秋・叔孫通》 名何。

叔孫何云：「臣三諫小從，請以身當之。」撫劍將自殺。上離席曰：「吾聽子計，不易太子。」

揚雄《法言・淵騫》 「叔孫通」。曰：「槧人也。」

王充《論衡・率性篇》 叔孫通制定禮儀，拔劍争功之臣，奉禮拜伏，初驕倨而後遜順，[聖]教威德，變易性也。不患性惡，患其不服聖教，自遇而以生禍也。

王充《論衡・效力篇》 叔孫通定儀，而高祖以尊。

《漢書》卷二二《禮樂志》 漢興，撥亂反正，日不暇給，猶命叔孫通制禮儀，以正君臣之位。高祖説而歎曰：「吾乃今日知爲天子之貴也！」以通爲奉常，遂定儀法，未盡備而通終。【略】

至成帝時，犍爲郡於水濱得古磬十六枚，議者以爲善祥。劉向因是説上：「【略】初，叔孫通將制定禮儀，見非於齊魯之士，然卒爲漢儒宗，業垂後嗣，斯成法也。」【略】今叔孫通所撰禮儀，與律令同録，臧於理官，法家又復不傳。漢典寢而不著，民臣莫有言者。又通没之後，河間獻王采禮樂古事，稍稍增輯，至五百餘篇。今學者不能昭見，但推士禮以及天子，説義又頗謬異，故君臣長幼交接之道寖以不章。【略】

漢興，樂家有制氏，以雅樂聲律世在大樂官，但能紀其鏗鎗鼓舞，而不能言其義。高祖時，叔孫通因秦樂人制宗廟樂。大祝迎神于廟門，奏《嘉至》，猶古降神之樂也。皇帝入廟門，奏《永至》，以爲行步之節，猶古《采薺》、《肆夏》也。乾豆上，奏《登歌》，獨上歌，不以筦弦亂人聲，欲在位者徧聞之，猶古《清廟》之歌也。《登歌》再終，下奏《休成》之樂，美神明既饗也。皇帝就酒東厢，坐定，奏《永安》之樂，美禮已成也。

《孔叢子・獨治》 秦始皇東并，子魚謂其徒叔孫通曰：「子之學可矣，盍仕乎？」對曰：「臣所學於先生者，不用於今，不可仕也。」子魚曰：「子之材能見時變，今爲不用之學，殆非子情也。」叔孫通遂辭去，以法仕秦。

《孔叢子・答問》 博士凡仕六旬，老於陳。將没，戒其弟襄曰：「魯，天下有仁義之國也。戰國之世，講誦不衰，且先君之廟在焉。吾謂叔孫通處濁世而清其身，學儒術而知權變，是今師也。宗於有道，必有令圖，歸必事焉。」

《後漢書》卷三五《曹褒列傳》 章和元年正月，乃召褒詣嘉德門，令小黄門持班固所上叔孫通《漢儀》十二篇，敕褒曰：「此制散略，多不合經，今宜依禮條正，使可施行。於南宫、東觀盡心集作。」褒既受命，乃次序禮事，依準舊典，雜以《五經》讖記之文，撰次天子至於庶人冠婚吉凶終始制度，以爲百五十篇，寫以二尺四寸簡。其年十二月奏上。

備論

《史記》卷二三《禮書》 至秦有天下，悉内六國禮儀，采擇其善，雖不合聖制，其尊君抑臣，朝廷濟濟，依古以來。至于高祖，光有四海，叔孫通頗有所增益減損，大抵皆襲秦故。自天子稱號下至佐僚及宫室官名，少所變改。

《史記》卷九九《劉敬叔孫通列傳論》 語曰「千金之裘，非一狐之腋也；臺榭之榱，非一木之枝也；三代之際，非一士之智也」。信哉！夫高祖起微細，定海内，謀計用兵，可謂盡之矣。然而劉敬脱輓輅一説，建萬世之安，智豈可專

邪！叔孫通希世度務，制禮進退，與時變化，卒爲漢家儒宗。「大直若詘，道固委蛇」，蓋謂是乎？

《史記》卷一二一《儒林列傳》 及高皇帝誅項籍，舉兵圍魯，魯中諸儒尚講誦習禮樂，弦歌之音不絶，豈非聖人之遺化，好禮樂之國哉？故孔子在陳，曰「歸與歸與！吾黨之小子狂簡，斐然成章，不知所以裁之」。夫齊魯之閒於文學，自古以來，其天性也。故漢興，然後諸儒始得脩其經蓺，講習大射鄉飲之禮。叔孫通作漢禮儀，因爲太常，諸生弟子共定者，咸爲選首，於是喟然歎興於學。然尚有干戈，平定四海，亦未暇遑庠序之事也。孝惠、吕后時，公卿皆武力有功之臣。孝文時頗徵用，然孝文帝本好刑名之言。乃至孝景，不任儒者，而竇太后又好黄老之術，故諸博士具官待問，未有進者。

《史記》卷一三〇《太史公自序》 徙彊族，都關中，和約匈奴；明朝廷禮，次宗廟儀法。【略】

維我漢繼五帝末流，接三代（統）〔絶〕業。周道廢，秦撥去古文，焚滅《詩》《書》，故明堂石室金匱玉版圖籍散亂。於是漢興，蕭何次律令，韓信申軍法，張蒼爲章程，叔孫通定禮儀，則文學彬彬稍進，《詩》《書》往往閒出矣。

《漢書》卷四三《叔孫通傳贊》 高祖以征伐定天下，而縉紳之徒騁其知辯，並成大業。語曰「廊廟之材非一木之枝，帝王之功非一士之略」，信哉！劉敬脱輓輅而建金城之安，叔孫通舍枹鼓而立一王之儀，遇其時也。

《漢書》卷六七《梅福傳》 臣聞箕子佯狂於殷，而爲周陳《洪範》；叔孫通遁秦歸漢，製作儀品。夫叔孫先非不忠也，箕子非疏其家而畔親也，不可爲言也。

《漢書》卷一〇〇下《敘傳下》 叔孫奉常，與時抑揚，税介免冑，禮義是創。或哲或謀，觀國之光。

《後漢書》卷三五《張曹鄭列傳論》 論曰：漢初天下創定，朝制無文，叔孫通頗採經禮，參酌秦法，雖適物觀時，有救崩敝，然先王之容典蓋多闕矣，是以賈誼、仲舒、王吉、劉向之徒，懷憤歎息所不能已也。資文、宣之遠圖明懿（美），而終莫或用，故知自燕而觀，有不盡矣。孝章永言前王，明發興作，專命禮臣，撰定國憲，洋洋乎盛德之事焉。而業絶天筭，議黜異端，斯道竟復墜矣。夫三王不相襲禮，五帝不相沿樂，所以《咸》、《莖》異調，中都殊絶。況物運遷回，情數萬化，制則不能隨其流變，品度未足定其滋章，斯固世主所當損益者也。且樂非夔、襄，而新音代起，律謝皐、蘇，而制令亟易，修補舊文，獨何猜焉？禮云禮云，曷其然哉！

《晉書》卷二一《禮志下》 五禮之別，三曰賓，蓋朝宗、覲遇、會同之制是也。自周以下，其禮彌繁。自秦滅學之後，舊典殘缺。漢興，始使叔孫通制禮，參用先代之儀，然亦往往改異焉。漢儀有正會禮，正旦，夜漏未盡七刻，鍾鳴受賀，公侯以下執贄夾庭，二千石以上升殿稱萬歲，然後作樂宴饗。魏武帝都鄴，正會文昌殿，用漢儀，又設百華燈。

《皮日休文集》卷八《題叔孫通傳》 古之所謂禮不相襲，樂不相沿者，何哉？非乎彼聖人也，此聖人也，不相襲者，角其功利之深淺爾。不相沿者，明其文武之優劣爾。故三王迭作，五帝更制，夏、殷易置，文、武遞述。其禮文昭昭然若兩曜爭明，百川之注瀆者矣。然猶周公刊之，仲尼正之。以周公之才之美，謂後世無其人乎？乃有仲尼。仲尼之後，迄今，望其道如顔、閔，文如游、夏者，鮮矣，況聖人哉？是後之制禮作樂，宜取周書孔策爲標準也。漢氏受命，禮壞文毁，時無聖人，苟措其儀，立其禮，不沿襲於聖制者，妄也。夫國之大祭，不過乎郊祀宗廟也。漢之既命，其郊止於五畤之祀者，禮不曰兆五帝之郊者乎。止於昭靈之園者，禮不曰天子七廟者乎？而叔孫生不爲之正郊祀，立宗廟，去秦畤之非制，議昭靈之非禮，汲汲於朝會之儀，俾漢天子爲高祖，身不得郊見，享不及七廟。噫生其制，物刊厥式，非不標準於聖人乎？將以漢新去水火，方弭兵械，難爲改作乎？將不明壇墠之位，禘祫之儀者乎？若然者，湯伐桀，周伐紂，其制可知也。嗚呼！不明於古制，樂通於時變，君子不由也，其叔孫生之謂矣。

《全宋文》卷八一五張方平《漢功臣論》 自高祖之世，至歷代之士，論漢初之功臣者輒曰：是其得三傑，而酇侯功次第一。以愚論之，在漢之初定，論功之時，則酇侯宜無與讓；在歷世之議者，則未之思也。以愚論之，漢氏之功臣，叔孫氏不在良、平之下矣。夫高祖自布衣提三尺劍起於大澤之中，顛危艱險，不濟者數矣，歷數有在，人多歸之。忠者守，知者慮，勇者戰，辯者說，以其寬仁大度，不忌不克，故天下之材咸爲之用，卒以有成。及項氏之亡，群臣諸將皆野人武士，與帝同起畎畝之中，素常差肩等夷者，一旦而爲之君臣，其心不能卒服，乃至酒諠殿上，拔劍奮擊。當是時也，亂在頃刻，變在須臾，雖蕭、曹之忠，良、平之謀，英、彭之勇，隨、酈之辯，顧無所施矣。叔孫氏一創朝儀，而悍夫懾，勇夫服，不施威刑，不煩訓令，君尊臣卑，上下肅定。宗廟以嚴，朝廷以莊，位分以叙，貴賤以別，高祖乃始歎天子之貴焉。在成周多士矣，然其成文武之業，致太平之功

者，終在周公。而周公所以致太平之迹，乃具於六典之法。懿、夷下衰，王室微弱，後王所守，惟祭與號，而天下尚知宗周，以其邦秩國典，綱本所繫。雖齊桓、晉文立威定霸，必挾王命以令諸侯，猶賜胙而下拜，請遂而不許。降及末世，韓、魏之分晉，田氏之得齊，咸因諸侯請命於周，有封籍於文武之廟，而後敢正名稱爵，通於天下。則知疆域之大，士民之衆，甲兵之强，威勢之盛，不可以犯典禮之重也。不然者，以齊、晉之視安、烈，匹夫擒之耳。至戰國兵拏禍大，諸侯先竊，焚削舊禮之篇籍，而遂僭用王章焉。然其維持邦國八百餘年，雖危不亡，將絶復續，非禮何以存之！漢自孝惠之繼立，其大臣舊將北面於孺子之前，慴然無敢有異望者。及吕氏以婦人臨國，坐閨帷之中以制天下，彼陵、勃輩輸力服事，蓋束於朝廷之儀，而迫於大義也。及光武中興，三輔耆舊再見漢官儀，至或感泣，識者固以知其能復漢祚矣。由是言之，則知叔孫之於漢，子孫所賴者也。彼攻城野戰，出奇畫策，特決功於一日爾。周典司勳氏辨臣之六功，有國功，有民功，有戰功者。若叔孫氏，其可謂有國功者歟！愚故曰：漢氏之功臣，叔孫氏不在良、平之下矣。

《蘇軾文集》卷七《叔孫通不能致二生》 軾以謂叔孫通制禮，雖不能如三代，然亦因時施宜，有補於世者。魯二生非之，其言未必皆當，通以謂不知時變，亦宜矣。然謹按揚子《法言》：昔齊魯有大臣，史失其名，或曰，如何其大也？曰，叔孫通欲制君臣之儀，聘先生於齊魯，所不能致者二人。由此觀之，大臣以道事君，不可則止，然後可以托六尺之孤，可以寄百里之命。若與時上下，隨人俛仰，雖或適用於一時，何足謂之大臣爲社稷之衛哉！

《全宋文》卷二六九〇楊時《叔孫通論》 叔孫通欲徵諸生共起朝儀，而魯有兩生不從。夫叔孫通量君之能以爲禮，阿世苟合，其道不足尚也，不從誠宜。然天下新出於戰争之餘，朝廷之間皆武夫壯士，非復有禮文相際也，以至醉或妄呼，拔劍擊柱，其漸烏可久哉？故叔孫通所欲起者，朝儀而已，非如先王之製作也。二生拒之如此，失其旨矣。揚雄謂魯有大臣，豈其然乎！

《全宋文》卷二七三一晁補之《西漢雜論一・叔孫通請作原廟》 原廟非古也，自通啓之。且子孫乘宗廟道上行，不可也，則亦壞之而已。本爲複道，不爲原廟，百姓皆已知之矣，奈何復教人主，使欺百姓以取是名乎？夫人主行無過舉，改之可也，文之非也。

《全宋文》卷三八四六劉才邵《叔孫通論》 甚矣人臣進言之難，不可以不深思而熟計也。昔蕭何營未央宫，高帝怒其壯麗，何曰：「天下方未定，故可因以就宫室，非令壯麗，無以重威，且亡令後世有以加也。」議者咎何不能廣帝意，崇簡儉，乃示侈後嗣。建章至於千門萬户，豈無所復增之謂也？其後魏明帝遂藉何之言以拒陳群、辛毗之諫。張釋之奏犯蹕者使罰金，文帝怪其輕，而釋之曰：「方其時，上使使誅之則已。」王肅以其言重於爲己，輕於爲君，不忠之甚。廷尉，天子之吏也，不可以失平，而天子之身，反可以或謬乎？二子皆賢臣，其所建白，未能無失，遂取譏於後世，況才不及蕭、張而以依阿取容爲心者乎！觀叔孫生之言，何其思之不深而計之不熟也。惠帝爲東朝長樂宫，及間往，數蹕煩民，作複道，方築武庫南，通奏事，因請間具言，且曰：「子孫奈何乘宗廟道上行哉？」帝懼，曰：「急壞之。」其意固美矣。語及宗廟而懼，孝而敬也；已作而急壞之，納諫而改過如此其速也。通於是時，正宜具陳古昔聖王欽奉祖考，容受直言，與夫無文過遂非之累，以將順而卒成之；且請宣布帝意，亟罷其役，俾臣民曉然知之，猶之日月之更也，人皆仰之，何損於君德乎。如是，則其後設有過舉，當能改而不吝，不以從諫爲屈也。通不知出此，乃曰：「人主無過舉。今已作，百姓皆知之。願爲原廟渭北，衣冠月出游之。」嗚呼，言之兆亂，不幾於喪邦乎？是教人君文過遂非，則設僞以掩其失；耻屈於忠諫，則矜辯以拒之。此亂之所由生也，尚何以統承緒業而事宗廟乎？況通之意，以欲成複道，乃別爲出游之廟，是使宗廟避子孫而由別塗也。出游離宫，因取櫻桃以獻，是薦祭非出於誠心，將以蔽游觀之迹也。惠帝悉行其説，非特誣民，且誣祖矣。所謂大孝之本，乃如是耶？世之庸醫，有病瘍者造焉，初不察其脉理之虚實，即取藥攻其内以伐其根，傅其外以蝕其肉。識者或難之，則曰：「吾知治瘍而已，遑恤其他。」俄而瘍潰。瘍則愈矣，而病者因枵然益虚，氣體俱耗，而藥之毒殊未艾也，豈不以取一切之效以爲己利，而至然歟？通其似之矣。至如定綿蕞之儀，拒廢嫡之議，則卓然有過人者，豈其智足以乘時，而適昧於多變乎？

《全宋文》卷四二七五范浚《叔孫通知當世要務論》 當草昧多艱之初，而爲誕闊難行之事，譬欲飲渴而酌河漢，豈人情哉？將以救世定亂，則莫若當務爲急，知所當務，則功立效矣。漢高祖初定天下，叔孫通欲正君臣之儀，以尊高祖。諸生稱之曰：知當世要務謂通明，所以定亂之道也。君臣之禍，莫大於名分不嚴。名分不嚴，則君不自知其尊，臣不自安其卑。君不自知其尊，則不知所以馭臣；臣不自安其卑，則不知所以奉君。於是君臣失位，慢悖偪僭之患以生，至於

逆叛篡竊者有矣。故曰名分定勢治之道，名分不定勢亂之道。今夫嬴秦失鹿，天下逐之，人有自王之心，故陳勝以戍卒王楚；楚遣武臣略趙，則武臣王趙；趙遣韓廣徇燕，則韓廣王燕；已而王魏、王齊、王韓、王西楚，號稱滅秦而王者，不可勝數，率皆自謂特起稱孤，無復北面事人。雖使舜禹在上，不以名分制之，且不能保其必臣。顧區區劉季，特以馬上得之，苟非以禮法爲治，彼肯低首下心，曲拳而遂服哉？又況漢之將臣多出於刑餘、盜劫、鼓刀、市儈之徒，非有至智大識通知天命者，一有不快，則掉弄逆旗等兒戲耳，高祖其能盡誅之乎？於斯時也，求所謂定亂之道，則未有先於名分者。君臣之儀，所以正名分也，而通乃能爲高祖制之，是以明其知要務也。長樂之會，警衛肅飾，自諸侯王以下莫不震恐，前日擊柱醉呼之人，鉗頰縮氣，無敢譁者，使高帝一旦知爲皇帝之貴。此則知所當務而功立效也。其後諸侯雖有反者，然名分既定，天下之人獨知有天子，而不知有諸侯，故皆偏方獨叛，無有應助，而相繼受戮。向使通不正君臣之儀，則韓信不入賀，彭越不受囚，天下之人亦將乍臣乍叛，爲信爲越，而高祖不得獨尊矣。通之有功於漢，豈汗馬比哉？雖然，諸生謂通知要務，則是也；謂之聖人，則大不可。通挾儀、秦捭闔之風，且不得爲純儒，其去聖人亦萬萬遠矣，是可無辨而明也。

《全宋文》卷六〇四三陳傅良《叔孫通論》 夫朝祥暮歌，短喪之真情也，而聖人恕之，且不深探其微。蓋自周之季，猶幸諸侯存禮之萬一，而不深探夫人無禮之心，不然，《春秋》一書將盡削之、去之、絶之而已爾。聖人所以不盡繩者，懼不勝誅也。吁！世之君子如之何其欲舉三代纖悉之文，以過望於久散之民也？由是觀之，高祖制禮，欲度其可行者，叔孫通亦采秦雜就，寧有所闊略，而無敢極備，則亦便漢而已矣。嗚呼！惟無至於上下之亂，而足以便於民，是亦可矣。蓋求備於民而重其罪戾者，亦君子不爲也。

葉適《習學記言序目》卷二〇《史記二·列傳》 揚雄稱齊魯有大臣，史失其名。蓋漢至中世，董仲舒之流出，頗見古人本末，而叔孫通以刓方希世爲儒者所貶；然豈知通於暴秦、勝、羽中，以其所學綿蕝自立之爲難也！儒術賴以粗傳，真叔孫通、陸賈之力。觀兩生所言，殆亦未知者。昔公劉失其稷官，自竄戎狄，詩人追美之，與文武同詞，故曰「肆不殄厥愠，亦不隕厥問」，言有以致之也。安得以孫曾之文誚祖宗之質乎！（《劉敬叔孫通》）

《朱子語類》卷一三五《歷代二》 叔孫通爲綿蕝之儀，其效至於羣臣震恐，無敢喧嘩失禮者。比之三代燕享羣臣氣象，便大不同，蓋只是秦人尊君卑臣之法。

齊魯二生之不至，亦是見得如此，未必能傳孔孟之道。只是它深知叔孫通之爲人，不肯從它耳。

《全元文》卷一三三二楊維楨《叔孫通論》 魯兩生譏通事于王，皆面諛以取親貴，則知通亦五季長樂老之僞耳。其能增損秦儀與漢初律令同録，使拔劍擊柱之徒抑首就約束，無敢譁而失禮者，亦爲能蕭、曹之所不能已，於通尚何責？兩生曰：禮樂所由起，積德百年而後可興也。獨惜文景之際於其時可矣，兩儒者治申、韓、蘇、張之言者猶未罷，賈生、晁錯之徒久不能招通之招所不致如兩生者，制漢文典爲一王法，此則君子之遺憾也，於通果何責？

藝文

《全唐詩》卷五三宋之問《奉和幸長安故城未央宮應製》 漢王未息戰，蕭相乃營宮。壯麗一朝盡，威靈千載空。皇明悵前跡，置酒宴羣公。寒輕綵仗外，春發幔城中。樂思回斜日，歌詞繼大風。今朝天子貴，不假叔孫通。

《李太白全集》卷二五《古近體詩·嘲魯儒》 魯叟談《五經》，白髮死章句。問以經濟策，茫如墜烟霧。足著遠遊履，首戴方山巾。緩步從直道，未行先起塵。秦家丞相府，不重褒衣人。君非叔孫通，與我本殊倫。時事且未達，歸耕汶水濱。

《全唐詩》卷八一八皎然《送張孝廉赴舉》 名在諸生右，家經見素風。春田休學稼，秋賦出儒宮。別路殘雲溼，離情晚桂叢。明年石渠署，應繼叔孫通。

《白居易集》外集卷下《叔孫通定朝儀賦》 稷嗣君上稽天帝，下察人聽，以爲作樂者存乎功成，制禮者本乎理定。故《易》尚隨時，《禮》貴從宜。于以致理，何莫由斯？允矣君子，休哉令規！採三代之帝典，起兩漢之朝儀。于斯時也，秦吞六雄之後，漢承百代之弊。禮壞樂崩，上陵下替。將欲創洪業，尊皇帝。馴致王道，不革季世。莫先乎正位以經邦，體元而立制者也。夫其將用於國，先習於野。辨度數於聲名文物，審等威於君臣上下。儒生肅以濟濟，物有其容；國典煥其煌煌，禮無違者。然後闢雙闕，會百僚。動必嚴恪，進無諠囂。長幼之序不忒，貴賤之儀孔昭。鏘鏘兮若萬國赴塗山而會，秩秩兮如百官仰太一而朝。歲

十月，天地澄爽，宫殿清曠。風傳警蹕，日麗天仗。於是右陳列辟，左立丞相。東西分而則別，文武儼以相向。簪裾奕奕，頌鵷鷺之具寮；劍戟森森，列熊羆之名將。帝容式展，皇威克壯。莫不上恭己以臨下，下竭誠而奉上。觀其威儀允淑，容止具篤。天子負鳳扆以皇皇，正龍顔而穆穆。百辟欣戴，九賓悦服。拔劍者懲懼而慄慄，飲酒者敬慎而肅肅。故知君有威，故能守其邦；臣有儀，所以保其禄。帝謂叔孫，舊章斯存。可以發揮我洪德，啓迪我後昆。方將守而經國，豈止焕而盈門。不然，何以表一人之貴，知萬乘之尊？

《全宋文》卷五二二宋祁《魯兩生贊》　叔孫通制禮，聘齊魯大儒。不能致者二人，揚子雲稱之。遂爲之贊云。

晚周東弱，孤秦西起。吞滅六國，陰規萬祀。姗古罷侯，挾書下吏。辰光遂祲，天紐潛弛。民籲於天，天祚其聖。夥涉倡亂，卯金受命。珤緯宵聚，彤光夕映。八年之間，四海底定。曰公曰侯，狗盜販徒。無種而起，有利則趨。拔劍争競，或號或呼。帝用患之，惟懷永圖。曰叔孫氏，請建其禮。置蕝定位，剌經取制。帝曰俞哉，我將其試。無甚高論，俾便其事。粤二先生，比景藏迹。靈龜養志，威鳳覽德。素行玉粹，丕猷淵塞。智周萬物，精騖八極。規規稷嗣，以禮來聘。先生謂言，汝一何佞。謾駡不恥，生靈方梗。圖興禮樂，是相詬病。稷嗣弗從，謂我改造。良玉藴山，衆珉入寶。先生不致，孰將順考。漢風四百，終雜霸道。

王安石《王文公文集》卷三八《古詩・叔孫通》　先生秦博士，秦禮頗能熟。量主欲有爲，兩生皆不欲。草具一王儀，群豪果知肅。黄金既遍賜，短衣亦已續。儒術自此雕，何爲反初服？

李昱《草閣詩集》卷五《詠史・叔孫通》　太常近侍龍頭日，博士初離虎口時。尚改短衣從楚製，能逃古禮雜秦儀。兩生不往誰爲鄙，三代相因豈在爲。賴有忠言争易嗣，汗青傳載似期期。

《張之洞全集》卷二九七《讀詩絶句・叔孫通》　綿蕝匆匆帝改觀，兩生偏道百年難。不知禮樂扶開創，陋絶寒儒二寸冠。

陸賈部

綜述

《史記》卷九七《酈生陸賈列傳》 陸賈者，楚人也。以客從高祖定天下，名爲有口辯士，居左右，常使諸侯。

及高祖時，中國初定，尉他平南越，因王之。高祖使陸賈賜尉他印爲南越王。陸生至，尉他魋結箕倨見陸生。陸生因進說他曰：「足下中國人，親戚昆弟墳墓在真定。今足下反天性，弃冠帶，欲以區區之越與天子抗衡爲敵國，禍且及身矣。且夫秦失其政，諸侯豪桀並起，唯漢王先入關，據咸陽。項羽倍約，自立爲西楚霸王，諸侯皆屬，可謂至彊。然漢王起巴蜀，鞭笞天下，劫略諸侯，遂誅項羽滅之。五年之閒，海内平定，此非人力，天之所建也。天子聞君王王南越，不助天下誅暴逆，將相欲移兵而誅王，天子憐百姓新勞苦，故且休之，遣臣授君王印，剖符通使。君王宜郊迎，北面稱臣，迺欲以新造未集之越，屈彊於此。漢誠聞之，掘燒王先人冢，夷滅宗族，使一偏將將十萬衆臨越，則越殺王降漢，如反覆手耳。」

於是尉他迺蹶然起坐，謝陸生曰：「居蠻夷中久，殊失禮義。」因問陸生曰：「我孰與蕭何、曹參、韓信賢？」陸生曰：「王似賢。」復曰：「我孰與皇帝賢？」陸生曰：「皇帝起豐沛，討暴秦，誅彊楚，爲天下興利除害，繼五帝三王之業，統理中國。中國之人以億計，地方萬里，居天下之膏腴，人衆車轝，萬物殷富，政由一家，自天地剖泮未始有也。今王衆不過數十萬，皆蠻夷，崎嶇山海閒，譬若漢一郡，王何乃比於漢！」尉他大笑曰：「吾不起中國，故王此。使我居中國，何渠不若漢？」迺大說陸生，留與飲數月。曰：「越中無足與語，至生來，令我日聞所不聞。」賜陸生橐中裝直千金，他送亦千金。陸生卒拜尉他爲南越王，令稱臣奉漢約。歸報，高祖大悅，拜賈爲太中大夫。

陸生時時前說稱《詩》《書》。高帝罵之曰：「迺公居馬上而得之，安事《詩》《書》！」陸生曰：「居馬上得之，寧可以馬上治之乎？且湯武逆取而以順守之，文武並用，長久之術也。昔者吳王夫差、智伯極武而亡；秦任刑法不變，卒滅趙氏。鄉使秦已并天下，行仁義，法先聖，陛下安得而有之？」高帝不懌而有慙色，迺謂陸生曰：「試爲我著秦所以失天下，吾所以得之者何，及古成敗之國。」陸生迺粗述存亡之徵，凡著十二篇。每奏一篇，高帝未嘗不稱善，左右呼萬歲，號其書曰「新語」。

孝惠帝時，吕太后用事，欲王諸吕，畏大臣有口者，陸生自度不能争之，迺病免家居。以好畤田地善，可以家焉。有五男，迺出所使越得橐中裝賣千金，分其子，子二百金，令爲生産。陸生常安車駟馬，從歌舞鼓琴瑟侍者十人，寶劍直百金，謂其子曰：「與汝約：過汝，汝給吾人馬酒食，極欲，十日而更。所死家，得寶劍車騎侍從者。一歲中往來過他客，率不過再三過，數見不鮮，無久慁公爲也。」

吕太后時，王諸吕，諸吕擅權，欲劫少主，危劉氏。右丞相陳平患之，力不能争，恐禍及己，常燕居深念。陸生往請，直入坐，而陳丞相方深念，不時見陸生。陸生曰：「何念之深也？」陳平曰：「生揣我何念？」陸生曰：「足下位爲上相，食三萬户侯，可謂極富貴無欲矣。然有憂念，不過患諸吕、少主耳。」陳平曰：「然。爲之奈何？」陸生曰：「天下安，注意相；天下危，注意將。將相和調，則士務附；士務附，天下雖有變，即權不分。爲社稷計，在兩君掌握耳。臣常欲謂太尉絳侯，絳侯與我戲，易吾言。君何不交驩太尉，深相結？」爲陳平畫吕氏數事。陳平用其計，迺以五百金爲絳侯壽，厚具樂飲；太尉亦報如之。此兩人深相結，則吕氏謀益衰。陳平迺以奴婢百人，車馬五十乘，錢五百萬，遺陸生爲飲食費。陸生以此游漢廷公卿閒，名聲藉甚。

及誅諸吕，立孝文帝，陸生頗有力焉。孝文帝即位，欲使人之南越。陳丞相等乃言陸生爲太中大夫，往使尉他，令尉他去黄屋稱制，令比諸侯，皆如意旨。語在《南越》語中。陸生竟以壽終。

唐晏《兩漢三國學案》卷四《陸賈》 陸賈，楚人也。以客從高祖，名有口辨，居左右，嘗使諸侯。使南粵，臣尉佗，高帝大說，拜爲太中大夫。賈時時前說陳《詩》、《書》，高帝謾罵之曰：「乃公居馬上得之，安事《詩》、《書》！」賈曰：「馬上得之，甯能以馬上治之乎？且湯、武逆取而順守之，文武並用，長久之術也。鄉使秦以并天下，行仁義，法先聖，陛下安得而有之？」高帝不懌，有慚色，謂賈曰：「試爲我著秦所以失天下，吾所以得之者，及古成敗之國。」賈凡著十二篇。

每奏一篇，高帝未嘗不稱善，左右呼萬歲，稱其書曰《新語》。及誅吕氏，立孝文，賈頗有力。孝文即位，欲使人之南越，丞相平乃言賈爲太中大夫，往使尉佗，去黄屋稱制，令比諸侯，皆如意指。

雜録

備録

《史記》卷一一三《南越列傳》 漢十一年，遣陸賈因立佗爲南越王，與剖符通使，和集百越，毋爲南邊患害，與長沙接境。

及孝文帝元年，初鎮撫天下，使告諸侯四夷從代來即位意，喻盛德焉。乃爲佗親冢在真定，置守邑，歲時奉祀。召其從昆弟，尊官厚賜寵之。詔丞相陳平等舉可使南越者，平言好畤陸賈，先帝時習使南越。迺召賈以爲太中大夫，往使。因讓佗自立爲帝，曾無一介之使報者。陸賈至南越，王甚恐，爲書謝，稱曰：「蠻夷大長老夫臣佗，前日高后隔異南越，竊疑長沙王讒臣，又遥聞高后盡誅佗宗族，掘燒先人冢，以故自弃，犯長沙邊境。且南方卑溼，蠻夷中閒，其東閩越千人衆號稱王，其西甌駱裸國亦稱王。老臣妄竊帝號，聊以自娱，豈敢以聞天王哉！」乃頓首謝，願長爲藩臣，奉貢職。於是乃下令國中曰：「吾聞兩雄不俱立，兩賢不並世。皇帝，賢天子也。自今以後，去帝制黄屋左纛。」陸賈還報，孝文帝大説。遂至孝景時，稱臣，使人朝請。然南越其居國竊如故號名，其使天子，稱王朝命如諸侯。至建元四年卒。

劉向《説苑·奉使》 陸賈從高祖定天下，名爲有口辯士，居左右，常使諸侯。及高祖時，中國初定，尉佗平南越，因王之。高祖使陸賈賜尉佗印爲南越王。陸生至，尉佗椎結箕踞見陸生。陸生因説佗曰：「足下中國人，親戚昆弟墳墓在真定。今足下棄反天性，捐冠帶，欲以區區之越與天子抗衡爲敵國，禍且及身矣。且夫秦失其政，諸侯豪傑並起，惟漢王先入關，據咸陽。項籍倍約，自立爲西楚霸王，諸侯皆屬，可謂至彊。然漢王起巴蜀，鞭笞天下，劫諸侯，遂誅項羽滅之。五年之間，海内平定，此非人力，天之所建也。天子聞君王王南越，不助

天下誅暴逆，將相欲移兵而誅王，天子憐百姓新勞苦，且休之，遣臣授君王印，剖符通使。君王宜郊迎，北面稱臣，乃欲以新造未集之越，屈彊於此。漢誠聞之，掘燒君王先人冢墓，夷種宗族，使一偏將將十萬衆臨越，越則殺王以降漢，如反覆手耳。」於是尉佗乃蹶然起坐，謝陸生曰：「居蠻夷中久，殊失禮義。」因問陸生曰：「我孰與蕭何、曹參、韓信賢？」陸生曰：「王似賢。」復問：「我孰與皇帝賢？」陸生曰：「皇帝起豐沛，討暴秦，誅强楚，爲天下興利除害，繼五帝三王之業，統理中國。中國之人以億計，地方萬里，居天下之膏腴，人衆車輿，萬物殷富，政由一家，自天地剖判未嘗有也。今王衆不過數十萬，皆蠻夷，踦嶇山海之閒，譬若漢一郡，何可乃比於漢王！」尉佗大笑曰：「吾不起中國，故王此，使我居中國，何遽不若漢？」乃大悦陸生，與留飲數月。曰：「越中無足與語，至生來，令我日聞所不聞。」賜陸生橐中裝直千金，佗送亦千金。陸生拜尉佗爲南越王，令稱臣奉漢約。歸報，高祖大悦，拜爲太中大夫。

王充《論衡·率性篇》 人間之水污濁，在野外者清潔。俱爲一水，源從天涯，或濁或清，所在之勢使之然也。南越王趙他，本漢賢人也，化南夷之俗，背畔王制，椎髻箕坐，好之若性。陸賈説以漢德，懼以聖威，蹶然起坐，心覺改悔，奉制稱蕃，其於椎髻箕坐也，惡之若性。前則若彼，後則若此。由此言之，亦在於教，不獨在性也。

王充《論衡·書虚篇》 目不能見百里，則耳亦不能聞也。陸賈曰：「離婁之明，不能察帷薄之内；師曠之聰，不能聞百里之外。」昌門之與太山，非直帷薄之内，百里之外也。

王充《論衡·譴告篇》 趙他入南越，箕踞椎髻。漢朝稱蘇武，而毁趙他之性，習越土氣，畔冠帶之制。陸賈説之，夏服雅禮，風告以義，趙他覺悟，運心嚮内。如陸賈復越服夷談，從其亂俗，安能令之覺悟，自變從漢制哉？

王充《論衡·佚文篇》 韓非之書，傳在秦庭，始皇歎曰：「獨不得與此人同時！」陸賈《新語》，每奏一篇，高祖左右，稱曰萬歲。夫歎思其人，與喜稱萬歲，豈可空爲哉？誠見其美，懽氣發於内也。【略】

漢興，易亡秦之軌，削李斯之跡。高祖始令陸賈造書，未興五經。惠、景以至元、成，經書並修。【略】

孔子稱周曰：「唐、虞之際，於斯爲盛。周之德，其可謂至德已矣！」孔子，周之文人也，設生漢世，亦稱漢之至德矣。趙他王南越，倍主滅使，不從漢制，箕

踞椎髻，沉溺夷俗。陸賈説以漢德，懼以帝威，心覺醒悟，蹶然起坐。世儒之愚，有趙他之惑，鴻文之人，陳陸賈之説，觀見之者，將有蹶然起坐，趙他之悟。漢氏浩爛，不有殊卓之聲。

《漢書》卷三〇《藝文志》　（儒家）《陸賈》二十三篇。

（賦）陸賈賦三篇。

《漢書》卷九五《兩粵傳》　文帝元年，初鎮撫天下，使告諸侯四夷從代來即位意，諭盛德焉。乃爲佗親冢在真定置守邑，歲時奉祀。召其從昆弟，尊官厚賜寵之。詔丞相平舉可使粵者，平言陸賈先帝時使粵。上召賈爲太中大夫，謁者一人爲副使，賜佗書曰：「皇帝謹問南粵王，甚苦心勞意。朕，高皇帝側室之子，棄外奉北藩于代，道里遼遠，壅蔽樸愚，未嘗致書。高皇帝棄羣臣，孝惠皇帝即世，高后（白）〔自〕臨事，不幸有疾，日進不衰，以故誖暴乎治諸吕爲變故亂法，不能獨制，乃取它姓子爲孝惠皇帝嗣。賴宗廟之靈，功臣之力，誅之已畢。朕以王侯吏不釋之故，不得不立，今即位。乃者聞王遺將軍隆慮侯書，求親昆弟，請罷長沙兩將軍。朕以王書罷將軍博陽侯，親昆弟在真定者，已遣人存問，脩治先人冢。前日聞王發兵於邊，爲寇災不止。當其時長沙苦之，南郡尤甚，雖王之國，庸獨利乎！必多殺士卒，傷良將吏，寡人之妻，孤人之子，獨人父母，得一亡十，朕不忍爲也。朕欲定地犬牙相入者，以問吏，吏曰『高皇帝所以介長沙土也』，朕不得擅變焉。吏曰：『得王之地不足以爲大，得王之財不足以爲富，服領以南，王自治之。』雖然，王之號爲帝。兩帝並立，亡一乘之使以通其道，是争也；争而不讓，仁者不爲也。願與王分棄前患，終今以來，通使如故。故使賈馳諭告王朕意，王亦受之，毋爲寇災矣。上褚五十衣，中褚三十衣，下褚二十衣，遺王。願王聽樂娱憂，存問鄰國。」

陸賈至，南粵王恐，乃頓首謝，願奉明詔，長爲藩臣，奉貢職。於是下令國中曰：「吾聞兩雄不俱立，兩賢不並世。漢皇帝賢天子。自今以來，去帝制黄屋左纛。」因爲書稱：「蠻夷大長老夫臣佗昧死再拜上書皇帝陛下：老夫故粵吏也，高皇帝幸賜臣佗璽，以爲南粵王，使爲外臣，時内貢職。孝惠皇帝即位，義不忍絶，所以賜老夫者厚甚。高后自臨用事，近細士，信讒臣，别異蠻夷，出令曰：『毋予蠻夷外粵金鐵田器；馬牛羊即予，予牡，毋與牝。』老夫處辟，馬牛羊齒已長，自以祭祀不脩，有死罪，使内史藩、中尉高、御史平凡三輩上書謝過，皆不反。又風聞老夫父母墳墓已壞削，兄弟宗族已誅論。吏相與議曰：『今内不得振於漢，外亡以自高異。』故更號爲帝，自帝其國，非敢有害於天下也。高皇后聞之大怒，削去南粵之籍，使使不通。老夫竊疑長沙王讒臣，故敢發兵以伐其邊。且南方卑溼，蠻夷中西有西甌，其衆半羸，南面稱王；東有閩粵，其衆數千人，亦稱王；西北有長沙，其半蠻夷，亦稱王。老夫故敢妄竊帝號，聊以自娱。老夫身定百邑之地，東西南北數千萬里，帶甲百萬有餘，然北面而臣事漢，何也？不敢背先人之故。老夫處粵四十九年，于今抱孫焉。然夙興夜寐，寢不安席，食不甘味，目不視靡曼之色，耳不聽鍾鼓之音者，以不得事漢也。今陛下幸哀憐，復故號，通使漢如故，老夫死骨不腐，改號不敢爲帝矣！謹北面因使者獻白璧一雙，翠鳥千，犀角十，紫貝五百，桂蠹一器，生翠四十雙，孔雀二雙。昧死再拜，以聞皇帝陛下。」

陸賈還報，文帝大説。遂至孝景時，稱臣遣使入朝請。然其居國，竊如故號；其使天子，稱王朝命如諸侯。

《後漢書》卷四〇《班彪列傳》　彪既才高而好述作，遂專心史籍之閒。武帝時，司馬遷著《史記》，自太初以後，闕而不録，後好事者頗或綴集時事，然多鄙俗，不足以踵繼其書。彪乃繼採前史遺事，傍貫異聞，作後傳數十篇，因斟酌前史而譏正得失。其略論曰：【略】漢興定天下，太中大夫陸賈記録時功，作《楚漢春秋》九篇。

《後漢書》卷七九下《儒林列傳・謝該》　〔該〕仕爲公車司馬令，以父母老，託疾去官。欲歸鄉里，會荆州道斷，不得去。少府孔融上書薦之曰：「臣聞高祖創業，韓、彭之將征討暴亂，陸賈、叔孫通進説《詩》《書》。光武中興，吴、耿佐命，范升、衛宏脩述舊業，故能文武並用，成長久之計。」

葛洪《西京雜記》卷三　樊將軍噲問陸賈曰：「自古人君皆云受命於天，云有瑞應，豈有是乎？」賈應之曰：「有之。夫目瞤得酒食，燈火華得錢財，乾鵲噪而行人至，蜘蛛集而百事喜。小既有徵，大亦宜然。故目瞤則咒之，火華則拜之，乾鵲噪則餧之，蜘蛛集則放之。況天下大寶，人君重位，非天命何以得之哉？瑞者，寶也，信也。天以寶爲信，應人之德，故曰瑞應。無天命，無寶信，不可以力取也。」

洪邁《容齋隨筆》卷一六《前代爲監》　漢祖命羣臣言吾所以有天下，項氏所以失天下，命陸賈著秦所以失天卜。

黄震《古今紀要・西漢》　陸賈，太后王諸吕，因以病免。諸吕謀亂，傳會將

相以誅之。廉耻，忠赤，功極大。東萊曾議其分財諸子爲敗風俗，此時賈避吕氏不仕，當取此處。况三代後，首説《詩》《書》，功尤大。

王應麟《通鑑答問·陸賈前説稱詩書》 或曰：《詩》《書》火於秦，天下無誦之者。漢興，陸賈始以雜説，賈其爲儒者歟？曰：學之爲王者事久矣，高祖不知學也。當時，言《詩》有齊浮丘伯，高祖過魯，其弟子申公從師，入見于魯南宫，而高祖不能用也。言《書》有濟南伏生，教于齊魯之間，至孝文時乃詔掌故往受之，而高祖未嘗問也。浮丘隱而不見，伏生耄而後有聞，此高祖不學之過也。古者立教造士，莫先乎《詩》《書》。陸賈辯士也，耳剽口誦而稱述之，若二南之正始，二雅之言正，典謨訓誥之軌範帝王，所以修身齊家治國平天下者，賈何足以知之？其言湯武以爲逆取順守，此戰國駁雜卑陋之説。其著《新語》不過秦漢之失得，不以堯舜之道告其君，不以孔孟之訓格其君，賈焉得爲儒者哉！挾書之律未除，遊學之路未廣。《大風之歌》曰「安得猛士」而已，《求賢之詔》曰「賢士大夫肯從我遊」而已，通經學古之士不在列也。次律令申軍法，定章程制禮儀，孔氏六藝之傳不得與也。孝文好刑名黄老，而《詩》《書》以異端廢。孝武有表章之名，而《詩》《書》以空言廢。孝宣有講論之名，而《詩》《書》以法律廢。是《詩》《書》之道未得一試，所存者章句訓故爾。漢終於雜霸道，而士以經術爲禄利之資。程子曰：道不行，百世無善，治學不傳，千載無真儒。亦可歎夫！

屈大均《廣東新語》卷二《地語·西場》 陸賈初至南越，築城於番禺西滸以待佗，名曰陸賈城，其遺基在郊西十里，地名西場，一曰西候津亭。出城凡度石長橋一、短橋二乃至，予之生實在其地。所居前對龜峰，後枕花田，白鵝潭吞吐其西，白雲山盤迴其東。泉甘林茂，有荔支灣、花塢、藕塘之饒，蓋賈之所嘗經營者也。其湯沐在錦石之山，其魂魄或嘗游此。予嘗欲以宅地作賈祠，私俎豆之。

屈大均《廣東新語》卷四《水語·陸溪》 陸溪，在德慶西四十里。其源出佛子嶺，東流四十里入于江。自陸賈至此，溪名陸。山名錦石，江名錦水，亦曰錦江。以賈所曾濯錦，又名濯錦川。人知蜀有錦水錦江，不知東粤亦有之。舊有大中大夫祠，在錦江上。有詠者云：「陸廟春晴候，花飛錦水香。」又云「陸賈祠前錦水香」。仁化亦有錦水，其源一出崇義仙人嶺，一出太平山，會於長江水口過龍石。水中石五色如錦，亦曰錦江。

屈大均《廣東新語》卷一七《宫語·三樓》 三樓，一曰越華樓，故在廣州城西戙船澳。南越王佗，以陸大夫有威儀文采，爲越之華，故作斯樓以居之。或曰，越華樓一名越華館，佗作此以送陸賈，因邇朝臺稱朝亭，唐改曰津亭云。自古文人至越者，始陸賈，繼終軍，皆有光於越，而軍與韓千秋節烈尤偉。予嘗欲重建此樓以祀之。

屈大均《廣東新語》卷二五《木語·山桃》 山桃，大於尋常桃。陸賈云，羅浮山頂有楊梅山桃，海人時登採拾，止於飽食，不得持下。羅浮固多異果，不知賈當時何自知之，豈嘗一至羅浮耶？廣中又有冬桃，似橄欖而圓，色緑味甘酸。有扁桃，似桃而扁，一曰偏桃，大者若鴨卵，色青黄，味酸微甜，皆山桃之屬。

備論

《史記》卷九七《酈生陸賈列傳論》 余讀陸生《新語》書十二篇，固當世之辯士。至平原君子與余善，是以得具論之。

《史記》卷一三〇《太史公自序》 結言通使，約懷諸侯；諸侯咸親，歸漢爲藩輔。

揚雄《法言·淵騫》 言辭，婁敬、陸賈。【略】

王充《論衡·本性篇》 陸賈曰：「天地生人也，以禮義之性。人能察己所以受命則順，順之謂道。」

夫陸賈知人禮義爲性，人亦能察己所以受命。性善者，不待察而自善，性惡者，雖能察之，猶背禮畔義。義挹於善，不能爲也。故貪者能言廉，亂者能言治。盜跖非人之竊也，莊蹻刺人之濫也，明能察己，口能論賢，性惡不爲，何益於善？陸賈之言，未能得實。

王充《論衡·超奇篇》 儒生説名於儒門，過俗人遠也。或不能説一經，教誨後生。或帶徒聚衆，説論洞溢，稱爲經明。或不能成牘，治一説。或能陳得失，奏便宜，言應經傳，文如星月。【略】若夫陸賈、董仲舒，論説世事，由意而出，不假取於外，然而淺露易見，觀讀之者，猶曰傳記。【略】

曰：此不然。周世著書之人，皆權謀之臣；漢世直言之士，皆通覽之吏，豈謂文非華葉之生，根核推之也？心思爲謀，集扎爲文，情見於辭，意驗於言。商鞅相秦，致功於霸，作《耕戰》之書；虞卿爲趙，決計定説，行退作□□□□。《春秋》之思，起(趙)城中之議；《耕戰》之書，秦堂上之計也。陸賈消吕氏之謀，與

《新語》同一意；恒君山易鼂錯之策，與《新論》共一思。

高祖讀陸賈之書，歎稱萬歲；徐樂、主父偃上疏，徵拜郎中，方今未聞。膳無苦酸之肴，口所不甘味，手不舉以啖人。詔書每下，文義經傳四科，詔書斐然，郁郁好文之明驗也。上書不實核，著書無義指，「萬歲」之聲，「徵拜」之恩，何從發哉？飾面者皆欲爲好，而運目者希；文(聞)音者皆欲爲悲，而驚耳者寡。陸賈之書未奏，徐樂、主父之策未聞，羣諸瞽言之徒，言事麤醜，文不美潤，不指所謂，文辭淫滑，不被濤沙之謫，幸矣！焉蒙徵拜爲郎中之寵乎？

王充《論衡・薄葬篇》 賢聖之業，皆以薄葬省用爲務。然而世尚厚葬，有奢泰之失者，儒家論不明，墨家議之非故也。墨家之議右鬼，以爲人死輒爲神鬼而有知，能形而害人，故引杜伯之類以爲效驗。儒家不從，以爲死人無知，不能爲鬼，然而賻祭備物者，示不負死以觀生也。陸賈依儒家而說，故其立語，不肯明處。【略】

以爲死人有知，與生人無以異，孔子非之，而亦無以定實然。而陸賈之論，兩無所處。【略】

孔子非不明死生之實，其意不分別者，亦陸賈之語指也。夫言死〔人〕無知，則臣子倍其君父。故曰：「喪祭禮廢，則臣子恩泊；臣子恩泊，則倍死亡先；倍死亡先，則不孝獄多。」

《漢書》卷四三《陸賈傳贊》 高祖以征伐定天下，而縉紳之徒騁其知辯，並成大業。語曰「廊廟之材非一木之枝，帝王之功非一士之略」，信哉！【略】陸賈位止大夫，致仕諸吕，不受憂責，從容平、勃之間，附會將相以彊社稷，身名俱榮，其最優乎！

《漢書》卷一〇〇《敘傳下》 賈作行人，百越來賓，從容風議，博我以文。

《史記》卷九七《酈生陸賈列傳》司馬貞述贊 陸賈使越，尉佗慴怖。相說國安，書成主悟。

《全宋文》卷二七三一晁補之《西漢雜論一・陸賈交歡平勃》 誅産、禄，迎文帝，天下後世皆知其爲平、勃、朱虛、東牟之功，謂賈有遊談之助耳。雖如孝文，深德大臣之立己，而謂章與興居始謀立齊王，猶詘其功，然間一歲，終立二人爲王，至賈之功，則無一人爲言之，文帝亦不圖也。以陳平之智，百發百中。而方其端居深念，不知所出，微賈發之，安知與勃深相結，使彼不疑，而後可與成功哉？管、蔡之事，斷可見矣。聖如周公，賢如召公，而召公不悦，故周室幾危。況勃椎魯少文，昧於慮始，安能不疑平，而睹未萌以成至計哉？然賈一言而兩人成謀，社稷之計出其掌握，去産、禄如莧陸之易，措劉氏如太山之安。「二人同心，其利斷金」，豈不信哉！然平始起微時，有功當賞，不忘魏無知，高帝固以爲不背本者。及此智窮計困，得賈一言而免深禍，成大勳，事定國安，而已佚樂，顧忘賈本圖，不聞其爲上言之，上亦莫之省，賈亦不自言，而翛然事外，樂以忘利。《易》曰：「鴻漸于陸，其羽可用爲儀。吉。」陸賈以之。

《全宋文》卷六〇四三陳傅良《陸賈論》 漢之人主好經術者，莫如武帝。然以《春秋》復讎一言，甘心夷狄。汲黯仁義之諫，則每以不學鄙之，而弗爲聽。至於高帝嫚儒，不可以詩、書說，雖末年，猶有馬上之氣。然及陸賈一說，且慚且喜，終身不事遠略，議者惑焉。竊嘗論之，人主之患，莫大於多知而不暇爲。古之王者，惟知之未至，而樂爲之意先入。夫其先入也，得之之專，故其至也，趍之之決。至於多知而不暇爲，則雖有異聞，亦莫之肯行。蓋惟其習而玩之，而故易違之也。故凡天下之事，狎於其說也，而苦其難者，則不可誘而進；愧其非也，而不能自勝者，則不可諫而却。昔者魯昭公娶於吴，爲其同姓，謂之「吴孟子」。陳司敗問於孔子曰：「昭公知禮乎？」夫子曰：「知禮。」司敗以爲聖人之黨，而說者亦曰諱魯。聖人非諱魯也，蓋非魯也。昭公而不知禮，則雖娶姬氏焉亦奚不敢？惟其知之也，而畏人之議而逃夫名，聖人以是悲昭公之不足與有爲也。然則世之人主則亦悔於其知之之晚而已。知之而不爲，則不可以强。譬夫人之疾也，其藥之則效，其砭之則達，必其所未嘗試故也。及其久也，瀆於藥矣，則補之弗滿矣；玩於砭矣，則刺之弗動矣，無他，其備嘗而試之也。由是言之，武帝所以不可諫而高帝所以慚而悔也，有以夫！

鍾惺《隱秀軒集》卷二三《論一・陸賈》 陸賈，蓋子房之流，英雄有道術，而姑以辯士自晦者也。賈以客從高祖定天下，凡漢定天下之事，若何之守，參與勃之戰，良、平之智，信、越之勇，賈皆無聞焉。及漢有天下，可以無所用賈矣。賈乃起而有爲。其一說尉佗，爲漢服遠人；其一奏《新語》，爲漢開文治；而其大者，乃在聯將相之交，用平、勃以誅諸吕，爲漢克復舊物，功在社稷。察其動静顯藏，蓋諸臣圖功食報之終，乃爲賈奮身揆策之始。意不能無所爲，而又不欲爲諸臣之所已爲。其有所不爲也，不獨養其純氣，留其全力，以標其獨能而已；抑亦置其身於諸功臣之外，使漢不得有所加，以預爲自全之地。而其起而有爲也，則

事必擇其大，時必待其可，功必度其成。諸功臣身名俱亨，策力兩窮，而徐以一辯士收之。則陸生之所以爲陸生者，皆不在漢有天下之前也。天下已定，女主臨朝，欲王諸吕，畏諸大臣有口者。陸生自度不能争之，乃病免家居。使陸生而與之争，則其爲陸生也亦淺矣。買田分金，飲食歌舞，藏身袖手於樂生娱老之中，而誅吕安劉始末，業有全局於胸中矣。當其時，非惟吕氏之人不知，即劉氏之人亦不知也。能使吕氏與劉氏之人浮没其中而不知，然後可以惟吾所爲而莫之礙。當其時，智如陳平，燕居深念，計無所出，而不知深心妙用陸生之部署久矣。善哉乎，「將相和調則權不分」，千古謀國名言，身爲侯鯖，不出杯杓筐篚之内，而已默制諸吕之命。布局寬而當機緊，用力輕而取道捷，功歸平、勃，而仍以辯士自了，有功臣之實，而始終於辯士之名。其薄於食其報者，正厚於託其身者也。陸生竟以壽終，漢功臣如此結局者，蓋亦難其人矣。觀其進退取舍，蓋英雄而有道術者也。不然，使粤之功，止可當一婁敬；《新語》之奏，止可當一叔孫通；其誅吕安劉及自全之妙，作用機權，非子房莫能與於此也。

藝文

李白《李太白全集》卷一八《古近體詩・送鞠十少府》　試發清秋興，因爲吴會吟。碧雲斂海色，流水折江心。我有延陵劍，君無陸賈金。艱難此爲别，惆悵一何深。

《全唐詩》卷一四七劉長卿《送裴二十端公使嶺南》　蒼梧萬里路，空見白雲來。遠國知何在，憐君去未迴。桂林無葉落，梅嶺自花開。陸賈千年後，誰看朝漢臺。

《白居易集》卷三四《律詩・書事詠懷》　官俸將生計，雖貧豈敢嫌？金多輸陸賈，酒足勝陶潛。床暖僧敷坐，樓晴妓卷簾。日遭齋破用，春賴閏加添。老向歡彌切，狂於飲不廉。十年閑未足，亦恐涉無厭！

《白居易集》卷三七《律詩・閑居貧活》　冠蓋閑居少，簞瓢陋巷深。稱家開户牖，量力置園林。儉薄身都慣，營爲力不任。飢烹一斤肉，暖卧兩重衾。樽有陶潛酒，囊無陸賈金。莫嫌貧活計，更富即勞心。

《全唐詩》卷五三五許渾《登尉佗樓》　劉項持兵鹿未窮，自乘黄屋島夷中。南來作尉任囂力，北向稱臣陸賈功。簫鼓尚陳今世廟，旌旗猶鎮昔時宫。越人未必知虞舜，一奏薰弦萬古風。

《全唐詩》卷五九九于濆《南越謡》　迢迢東南天，巨浸無津壖。雄風卷昏霧，干戈滿樓船。此時尉佗心，兒童待幽燕。三寸陸賈舌，萬里漢山川。若令交趾貨，盡生虞芮田。天意苟如此，遐人誰肯憐。

李昱《草閣詩集》卷五《詠史・陸賈》　奉使南夷誰得雋，陸生雄辯口如瀾。直將冠帶回椎結，更倚詩書化溺冠。好時歸來初解橐，太中推薦未酬官。須知誅吕安劉計，正在深交將相懽。

《詁經精舍文續集》卷八朱大紳《讀史・陸賈》　秦火纔銷楚火延，孰從劫後問殘編。君於戎馬無多暇，臣謂詩書未可捐。《新語》陳餘參得失，安車歸去合經權。生平碩學班班見，口舌論功豈足賢。

《詁經精舍文續集》卷八胡琮《讀史・陸賈》　《新語》裒成手一編，陸生才調自翩翩。溺冠偶值輕儒日，持節還看出使年。粤嶠韜東歸橐富，大中官爵後人賢。但將傳食煩兒輩，寶劍黄金值幾錢。

《詁經精舍文續集》卷八洪昌燕《讀史・陸賈》　游士紛紛抵掌過，辨才雅讓陸生多。命宣使粤華夷正，謀預安劉將相和。豈有明珠讒馬援，何須肉袒謝廉頗。高陽長揖稱同調，争奈而翁嫚罵何。

《詁經精舍文續集》卷八汪述孫《讀史・陸賈》　天下原從馬上争，何能馬上致平成。詩書而外傳《新語》，王霸之間有此生。使粤辨才傾大長，安劉奇策冠諸卿。憐他垂老遺烹者，空下全齊七十城。

《詁經精舍文續集》卷八陸璣《讀史・陸賈》　名篇十二竟前陳，語必詩書語便新。計足安劉和將相，才能折粤定君臣。書生有膽方多識，國是難謀乃保身。與子分金約傳食，桑榆娱樂有誰倫。

呂太后部

綜述

《史記》卷九《呂太后本紀》 呂太后者，高祖微時妃也，生孝惠帝、女魯元太后。及高祖爲漢王，得定陶戚姬，愛幸，生趙隱王如意。孝惠爲人仁弱，高祖以爲不類我，常欲廢太子，立戚姬子如意，如意類我。戚姬幸，常從上之關東，日夜啼泣，欲立其子代太子。呂后年長，常留守，希見上，益疏。如意立爲趙王後，幾代太子者數矣，賴大臣争之，及留侯策，太子得毋廢。

呂后爲人剛毅，佐高祖定天下，所誅大臣多呂后力。呂后兄二人，皆爲將。長兄周呂侯死事，封其子呂台爲酈侯，子產爲交侯；次兄呂釋之爲建成侯。

高祖十二年四月甲辰，崩長樂宫，太子襲號爲帝。是時高祖八子：長男肥，孝惠兄也，異母，肥爲齊王；餘皆孝惠弟，戚姬子如意爲趙王，薄夫人子恒爲代王，諸姬子子恢爲梁王，子友爲淮陽王，子長爲淮南王，子建爲燕王。高祖弟交爲楚王，兄子濞爲吴王。非劉氏功臣番君吴芮子臣爲長沙王。

呂后最怨戚夫人及其子趙王，迺令永巷囚戚夫人，而召趙王。使者三反，趙相建平侯周昌謂使者曰：「高帝屬臣趙王，趙王年少。竊聞太后怨戚夫人，欲召趙王并誅之，臣不敢遣王。王且亦病，不能奉詔。」呂后大怒，迺使人召趙相。趙相徵至長安，迺使人復召趙王。王來，未到。孝惠帝慈仁，知太后怒，自迎趙王霸上，與入宫，自挾與趙王起居飲食。太后欲殺之，不得閒。孝惠元年十二月，帝晨出射。趙王少，不能蚤起。太后聞其獨居，使人持酖飲之。犂明，孝惠還，趙王已死。於是迺徙淮陽王友爲趙王。夏，詔賜酈侯父追謚爲令武侯。太后遂斷戚夫人手足，去眼，煇耳，飲瘖藥，使居厠中，命曰「人彘」。居數日，迺召孝惠帝觀人彘。孝惠見，問，迺知其戚夫人，迺大哭，因病，歲餘不能起。使人請太后曰：「此非人所爲。臣爲太后子，終不能治天下。」孝惠以此日飲爲淫樂，不聽政，故有病也。

二年，楚元王、齊悼惠王皆來朝。十月，孝惠與齊王燕飲太后前，孝惠以爲齊王兄，置上坐，如家人之禮。太后怒，迺令酌兩卮酖，置前，令齊王起爲壽。齊王起，孝惠亦起，取卮欲俱爲壽。太后迺恐，自起泛孝惠卮。齊王怪之，因不敢飲，詳醉去。問，知其酖，齊王恐，自以爲不得脱長安，憂。齊内史士説王曰：「太后獨有孝惠與魯元公主。今工有七十餘城，而公主迺食數城。王誠以一郡上太后，爲公主湯沐邑，太后必喜，王必無憂。」於是齊王迺上城陽之郡，尊公主爲王太后。呂后喜，許之。迺置酒齊邸，樂飲，罷，歸齊王。三年，方築長安城，四年就半，五年六年城就。諸侯來會。十月朝賀。

七年秋八月戊寅，孝惠帝崩。發喪，太后哭，泣不下。留侯子張辟彊爲侍中，年十五，謂丞相曰：「太后獨有孝惠，今崩，哭不悲，君知其解乎？」丞相曰：「何解？」辟彊曰：「帝毋壯子，太后畏君等。君今請拜呂台、呂產、呂禄爲將，將兵居南北軍，及諸呂皆入宫，居中用事，如此則太后心安，君等幸得脱禍矣。」丞相迺如辟彊計。太后説，其哭迺哀。呂氏權由此起。迺大赦天下。九月辛丑，葬。太子即位爲帝，謁高廟。元年，號令一出太后。

太后稱制，議欲立諸呂爲王，問右丞相王陵。王陵曰：「高帝刑白馬盟曰『非劉氏而王，天下共擊之』。今工呂氏，非約也。」太后不説。問左丞相陳平、絳侯周勃。勃等對曰：「高帝定天下，王子弟，今太后稱制，王昆弟諸呂，無所不可。」太后喜，罷朝。王陵讓陳平、絳侯曰：「始與高帝啑血盟，諸君不在邪？今高帝崩，太后女主，欲王呂氏，諸君從欲阿意背約，何面目見高帝地下？」陳平、絳侯曰：「於今面折廷争，臣不如君；夫全社稷，定劉氏之後，君亦不如臣。」王陵無以應之。十一月，太后欲廢王陵，乃拜爲帝太傅，奪之相權。王陵遂病免歸。迺以左丞相平爲右丞相，以辟陽侯審食其爲左丞相。左丞相不治事，令監宫中，如郎中令。食其故得幸太后，常用事，公卿皆因而決事。迺追尊酈侯父爲悼武王，欲以王諸呂爲漸。

四月，太后欲侯諸呂，迺先封高祖之功臣郎中令無擇爲博城侯。魯元公主薨，賜謚爲魯元太后。子偃爲魯王。魯王父，宣平侯張敖也。封齊悼惠王子章爲朱虚侯，以呂禄女妻之。齊丞相壽爲平定侯，少府延爲梧侯。乃封呂種爲沛侯，呂平爲扶柳侯，張買爲南宫侯。

太后欲王呂氏，先立孝惠後宫子彊爲淮陽王，子不疑爲常山王，子山爲襄城侯，子朝爲軹侯，子武爲壺關侯。太后風大臣，大臣請立酈侯呂台爲呂王，太后許之。建成康侯釋之卒，嗣子有罪，廢，立其弟呂禄爲胡陵侯，續康侯後。二年，

常山王薨，以其弟襄城侯山爲常山王，更名義。十一月，吕王台薨，謚爲肅王，太子嘉代立爲王。三年，無事。四年，封吕嬃爲臨光侯，吕他爲俞侯，吕更始爲贅其侯，吕忿爲吕城侯，及諸侯丞相五人。

宣平侯女爲孝惠皇后時，無子，詳爲有身，取美人子名之，殺其母，立所名子爲太子。孝惠崩，太子立爲帝。帝壯，或聞其母死，非真皇后子，迺出言曰：「后安能殺吾母而名我？我未壯，壯即爲變。」太后聞而患之，恐其爲亂，迺幽之永巷中，言帝病甚，左右莫得見。太后曰：「凡有天下治爲萬民命者，蓋之如天，容之如地，上有歡心以安百姓，百姓欣然以事其上，歡欣交通而天下治。今皇帝病久不已，迺失惑惛亂，不能繼嗣奉宗廟祭祀，不可屬天下，其代之。」羣臣皆頓首言：「皇太后爲天下齊民計所以安宗廟社稷甚深，羣臣頓首奉詔。」帝廢位，太后幽殺之。五月丙辰，立常山王義爲帝，更名曰弘。不稱元年者，以太后制天下事也。以軹侯朝爲常山王。置太尉官，絳侯勃爲太尉。五年八月，淮陽王薨，以弟壺關侯武爲淮陽王。六年十月，太后曰吕王嘉居處驕恣，廢之，以肅王台弟吕産爲吕王。夏，赦天下。封齊悼惠王子興居爲東牟侯。

七年正月，太后召趙王友。友以諸吕女爲后，弗愛，愛他姬，諸吕女妒，怒去，讒之於太后，誣以罪過，曰「吕氏安得王！太后百歲後，吾必擊之」。太后怒，以故召趙王。趙王至，置邸不見，令衛圍守之，弗與食。其羣臣或竊饋，輒捕論之。趙王餓，乃歌曰：「諸吕用事兮劉氏危，迫脅王侯兮彊授我妃。我妃既妒兮誣我以惡，讒女亂國兮上曾不寤。我無忠臣兮何故弃國？自決中野兮蒼天舉直！于嗟不可悔兮寧蚤自財。爲王而餓死兮誰者憐之！吕氏絶理兮託天報仇。」丁丑，趙王幽死，以民禮葬之長安民冢次。

己丑，日食，晝晦。太后惡之，心不樂，乃謂左右曰：「此爲我也。」

二月，徙梁王恢爲趙王。吕王産徙爲梁王，梁王不之國，爲帝太傅。立皇子平昌侯太爲吕王。更名梁曰吕，吕曰濟川。太后女弟吕嬃有女爲營陵侯劉澤妻，澤爲大將軍。太后王諸吕，恐即崩後劉將軍爲害，迺以劉澤爲琅邪王，以慰其心。

梁王恢之徙王趙，心懷不樂。太后以吕産女爲趙王后。王后從官皆諸吕，擅權，微伺趙王，趙王不得自恣。王有所愛姬，王后使人酖殺之。王乃爲歌詩四章，令樂人歌之。王悲，六月即自殺。太后聞之，以爲王用婦人弃宗廟禮，廢其嗣。

宣平侯張敖卒，以子偃爲魯王，敖賜謚爲魯元王。

秋，太后使使告代王，欲徙王趙。代王謝，願守代邊。

太傅産、丞相平等言，武信侯吕禄上侯，位次第一，請立爲趙王。太后許之，追尊禄父康侯爲趙昭王。九月，燕靈王建薨，有美人子，太后使人殺之，無後，國除。八年十月，立吕肅王子東平侯吕通爲燕王，封通弟吕莊爲東平侯。

三月中，吕后祓，還過軹道，見物如蒼犬，據高后掖，忽弗復見。卜之，云趙王如意爲祟。高后遂病掖傷。

高后爲外孫魯元王偃年少，蚤失父母，孤弱，迺封張敖前姬兩子，侈爲新都侯，壽爲樂昌侯，以輔魯元王偃。及封中大謁者張釋爲建陵侯，吕榮爲祝茲侯。諸中宦者令丞皆爲關内侯，食邑五百户。

七月中，高后病甚，迺令趙王吕禄爲上將軍，軍北軍；吕王産居南軍。吕太后誡産、禄曰：「高帝已定天下，與大臣約，曰『非劉氏王者，天下共擊之』。今吕氏王，大臣弗平。我即崩，帝年少，大臣恐爲變。必據兵衛宫，慎毋送喪，毋爲人所制。」辛巳，高后崩，遺詔賜諸侯王各千金，將相列侯郎吏皆以秩賜金。大赦天下。以吕王産爲相國，以吕禄女爲帝后。

高后已葬，以左丞相審食其爲帝太傅。

《史記》卷九《吕太后本紀》司馬貞索隱　諱雉，字娥姁也。

雜録

備録

陸賈《楚漢春秋・惠帝崩》　惠帝崩，吕太后欲爲高墳，使從未央宫而見之，諸將諫，不許。東陽侯垂泣曰：「陛下見惠帝冢，悲哀流涕無已，是傷生也。臣竊哀之。」太后乃止。東陽侯，張相如也。

王充《論衡・吉驗篇》　高皇帝母曰劉媼，嘗息大澤之陂，夢與神遇。是時雷電晦冥，蛟龍在上。及生而有美〔質〕。性好用酒，嘗從王媼、武負貰酒，飲醉止卧，媼、負見其身常有神怪。每留飲醉，酒售數倍。後行澤中，手斬大虵，一嫗

當道而哭云：「赤帝子殺吾子。」此驗既著聞矣。秦始皇帝常曰：「東南有天子氣。」於是東遊以厭當之。高祖之氣也，與吕后隱於芒、碭山澤間。吕后與人求之，見其上常有氣直起，往求，輒得其處。

王充《論衡·骨相篇》 高祖隆準龍顔美鬚，左股有七十二黑子。單父吕公善相，見高祖狀貌，奇之，因以其女妻高祖，吕后是也，卒生孝惠王、魯元公主。高祖爲泗上亭長，當去歸之田，與吕后及兩子居田。有一老公過，請飲，因相吕后曰：「夫人，天下貴人也。」令相兩子。見孝惠，曰：「夫人所以貴者，乃此男也。」相魯元，曰：「皆貴。」老公去，高祖從外來，吕后言於高祖。高祖追及老公，止使自相。老公曰：「鄉者夫人嬰兒相皆似君，君相貴不可言也。」後高祖得天下，如老公言。推此以況一室之人，皆有富貴之相矣。

王充《論衡·雷虚篇》 吕后斷戚夫人手，去其眼，置於厠中，以爲人豕。呼人示之，人皆傷心。惠帝見之，疾卧不起。吕后故爲，天不罰也；人誤不知，天輒殺之。不能原誤，失而責故，天治悖也。夫人食不浄之物，□不知有其洿也；如食，已知之，名曰腸洿。戚夫人入厠，身體辱之，與洿何以别？腸之與體何以異？爲腸不爲體，傷洿不病辱，非天意也。且人聞人食不清之物，心平如故，觀戚夫人者，莫不傷心。人傷，天意悲矣。夫悲戚夫人，則怨吕后。案吕后之崩，未必遇雷也。

王充《論衡·死僞篇》 高皇帝以趙王如意爲似我而欲立之，吕后恚恨，後酖殺趙王。其後，吕后出，見蒼犬，噬其左腋。怪而卜之，趙王如意爲祟，遂病腋傷，不愈而死。蓋以如意精神爲蒼犬，見變以報其仇也。

曰：勇士忿怒，交刃而戰，負者被創，仆地而死。目見彼之中己，死後其神尚不能報。吕后酖如意時，身不自往，使人飲之，不知其爲酖毒，憤不知殺己者爲誰，安能爲祟以報吕后？使死人有知，恨者莫過高祖。高祖愛如意，而吕后殺之，高祖魂怒，宜如雷霆，吕后之死，宜不旋日。豈高祖之精，不若如意之神？將死後憎如意，善吕后之殺也？

王充《論衡·訂鬼篇》 蒼犬噬吕后，吕后且死，妖象犬形也。

《漢書》卷二一下《律曆志下》 高(帝)〔后〕，著《紀》即位八年。

《漢書》卷二三《刑法志》 當孝惠、高后時，百姓新免毒蠚，人欲長幼養老。【略】至高后元年，乃除三族罪、祆言令。

《漢書》卷二四上《食貨志上》 孝惠、高后之間，衣食滋殖。

《漢書》卷二四下《食貨志下》 孝惠、高后時，爲天下初定，復弛商賈之律，然市井子孫亦不得(宦爲吏)〔爲官吏〕。

《漢書》卷三七《季布傳》 孝惠時，爲中郎將。單于嘗爲書嫚吕太后，太后怒，召諸將議之。上將軍樊噲曰：「臣願得十萬衆，横行匈奴中。」諸將皆阿吕太后，以噲言爲然。布曰：「樊噲可斬也。夫以高帝兵三十餘萬，困於平城，噲時亦在其中。今噲奈何以十萬衆横行匈奴中，面謾！且秦以事胡，陳勝等起。今瘡痍未瘳，噲又面諛，欲摇動天下。」是時殿上皆恐，太后罷朝，遂不復議擊匈奴事。

《漢書》卷六三《武五子傳》 曰：「前高后時，僞立子弘爲皇帝，諸侯交手事之八年。吕太后崩，大臣誅諸吕，迎立文帝，天下乃知非孝惠子也。我親武帝長子，反不得立，上書請立廟，又不聽。立者疑非劉氏。」

《漢書》卷七三《韋賢傳》 初，高后時患臣下妄非議先帝宗廟寢園官，故定著令，敢有擅議者棄市。至元帝改制，蠲除此令。

《漢書》卷九四上《匈奴傳上》 孝惠、高后時，冒頓寖驕，乃爲書，使使遺高后曰：「孤僨之君，生於沮澤之中，長於平野牛馬之域，數至邊境，願遊中國。陛下獨立，孤僨獨居。兩主不樂，無以自虞，願以所有，易其所無。」高后大怒，召丞相平及樊噲、季布等，議斬其使者，發兵而擊之。樊噲曰：「臣願得十萬衆，横行匈奴中。」問季布，布曰：「噲可斬也！前陳豨反於代，漢兵三十二萬，噲爲上將軍，時匈奴圍高帝於平城，噲不能解圍。天下歌之曰：『平城之下亦誠苦！七日不食，不能彀弩。』今歌唫之聲未絶，傷痍者甫起，而噲欲摇動天下，妄言以十萬衆横行，是面謾也。且夷狄譬如禽獸，得其善言不足喜，惡言不足怒也。」高后曰：「善。」令大謁者張澤報書曰：「單于不忘弊邑，賜之以書，弊邑恐懼。退日自圖，年老氣衰，髮齒墮落，行步失度，單于過聽，不足以自汙。弊邑無罪，宜在見赦。竊有御車二乘，馬二駟，以奉常駕。」冒頓得書，復使使來謝曰：「未嘗聞中國禮義，陛下幸而赦之。」因獻馬，遂和親。

《漢書》卷九五《南粤王傳》 高后時，有司請禁粤關市鐵器。佗曰：「高皇帝立我，通使物，今高后聽讒臣，别異蠻夷，鬲絶器物，此必長沙王計，欲倚中國，擊滅南海并王之，自爲功也。」於是佗乃自尊號爲南武帝，發兵攻長沙邊，敗數縣焉。高后遣將軍隆慮侯竈擊之，會暑溼，士卒大疫，兵不能隃領。歲餘，高后崩，即罷兵。佗因此以兵威財物賂遺閩粤、西甌駱，役屬焉。東西萬餘里。乃乘黃

屋左纛，稱制，與中國侔。

文帝元年，初鎮撫天下，使告諸侯四夷從代來即位意，諭盛德焉。乃爲佗親冢在真定置守邑，歲時奉祀。召其從昆弟，尊官厚賜寵之。詔丞相平舉可使粵者，平言陸賈先帝時使粵。上召賈爲太中大夫，謁者一人爲副使，賜佗書曰：「皇帝謹問南粵王，甚苦心勞意。朕，高皇帝側室之子，棄外奉北藩于代，道里遼遠，壅蔽樸愚，未嘗致書。高皇帝棄羣臣，孝惠皇帝即世，高后(白)〔自〕臨事，不幸有疾，日進不衰，以故誖暴乎治。諸呂爲變故亂法，不能獨制，乃取它姓子爲孝惠皇帝嗣。賴宗廟之靈，功臣之力，誅之已畢。朕以王侯吏不釋之故，不得不立，今即位。」

《漢書》卷九七上《外戚傳上》 高祖呂皇后，父呂公，單父人也，好相人。高祖微時，呂公見而異之，乃以女妻高祖，生惠帝、魯元公主。高祖爲漢王，元年封呂公爲臨泗侯，二年立孝惠爲太子。

後漢王得定陶戚姬，愛幸，生趙隱王如意。太子爲人仁弱，高祖以爲不類己，常欲廢之而立如意，「如意類我」。戚姬常從上之關東，日夜啼泣，欲立其子。呂后年長，常留守，希見，益疏。如意且立爲趙王，留長安，幾代太子者數。賴公卿大臣爭之，及叔孫通諫，用留侯之策，得無易。

呂后爲人剛毅，佐高帝定天下，兄二人皆爲列將，從征伐。長兄澤爲周呂侯，次兄釋之爲建成侯，逮高祖而侯者三人。高祖四年，臨泗侯呂公薨。

高祖崩，惠帝立，呂后爲皇太后，乃令永巷囚戚夫人，髡鉗衣赭衣，令舂。戚夫人舂且歌曰：「子爲王，母爲虜，終日舂薄暮，常與死爲伍！相離三千里，當誰使告女？」太后聞之大怒，曰：「乃欲倚女子邪？」乃召趙王誅之。使者三反，趙相周昌不遣。太后召趙相，相徵至長安。使人復召趙王，王來。惠帝慈仁，知太后怒，自迎趙王霸上，入宮，挾與起居飲食。數月，帝晨出射，趙王不能蚤起，太后伺其獨居，使人持鴆飲之。遲帝還，趙王死。太后遂斷戚夫人手足，去眼熏耳，飲瘖藥，使居鞠域中，名曰「人彘」。居數月，乃召惠帝視「人彘」。帝視而問知其戚夫人，乃大哭，因病，歲餘不能起。使人請太后曰：「此非人所爲。臣爲太后子，終不能復治天下！」以此日飲爲淫樂，不聽政，七年而崩。

太后發喪，哭而泣不下。留侯子張辟彊爲侍中，年十五，謂丞相陳平曰：「太后獨有帝，今哭而不悲，君知其解未？」陳平曰：「何解？」辟彊曰：「帝無壯子，太后畏君等。今請拜呂台、呂產爲將，將兵居南北軍，及諸呂皆官，居中用事。如此則太后心安，君等幸脱禍矣！」丞相如辟彊計請之，太后說，其哭乃哀。呂氏權由此起。乃立孝惠後宮子爲帝，太后臨朝稱制。復殺高祖子趙幽王友、共王恢及燕(靈)王建〔子〕。遂立周呂侯子台爲呂王，台弟產爲梁王，建城侯釋之子祿爲趙王，台子通爲燕王，又封諸呂凡六人皆爲列侯，追尊父呂公爲呂宣王，兄周呂侯爲悼武王。

太后持天下八年，病犬禍而崩，語在《五行志》。病困，以趙王祿爲上將軍居北軍，梁王產爲相國居南軍，戒產、祿曰：「高祖與大臣約，非劉氏王者天下共擊之。今王呂氏，大臣不平。我即崩，恐其爲變，必據兵衛宮，慎毋送喪，爲人所制。」太后崩，太尉周勃、丞相陳平、朱虛侯劉章等共誅產、祿，悉捕諸呂男女，無少長皆斬之。而迎立代王，是爲孝文皇帝。

孝惠張皇后。宣平侯敖尚帝姊魯元公主，有女。惠帝即位，呂太后欲爲重親，以公主女配帝爲皇后。欲其生子，萬方終無子，乃使陽爲有身，取後宮美人子名之，殺其母，立所名子爲太子。

惠帝崩，太子立爲帝，四年，乃自知非皇后子，出言曰：「太后安能殺吾母而名我！我壯即爲所爲。」太后聞而患之，恐其作亂，乃幽之永巷，言帝病甚，左右莫得見。太后下詔廢之，語在《高后紀》。遂幽死，更立恒山王弘爲皇帝，而以呂祿女爲皇后。欲連根固本牢甚，然而無益也。呂太后崩，大臣正之，卒滅呂氏。少帝恒山、淮南、濟川王，皆以非孝惠子誅。獨置孝惠皇后，廢處北宮，孝文後元年薨，葬安陵，不起墳。

高祖薄姬，文帝母也。【略】始姬少時，與管夫人、趙子兒相愛，約曰：「先貴毋相忘！」已而管夫人、趙子兒先幸漢王。漢王四年，坐河南成皋靈臺，此兩美人侍，相與笑薄姬初時約。漢王問其故，兩人俱以實告。漢王心悽然憐薄姬，是日召，欲幸之。對曰：「昨暮夢龍據妾胸。」上曰：「是貴徵也，吾爲汝成之。」遂幸，有身。歲中生文帝，年八歲立爲代王。自有子後，希見。高祖崩，諸幸姬戚夫人之屬，呂后怒，皆幽之不得出宮。而薄姬以希見故，得出從子之代，爲代太后。太后弟薄昭從如代。

《漢書》卷一〇〇下《敘傳下》 孝惠短世，高后稱制，罔顧天顯，呂宗以敗。

《後漢書》卷一下《光武帝紀下》 〔中元元年十月〕甲申，使司空告祠高廟曰：「高皇帝與羣臣約，非劉氏不王。呂太后賊害三趙，專王呂氏，賴社稷之靈，

禄、産伏誅，天命幾墜，危朝更安。吕太后不宜配食高廟，同祧至尊。薄太后母德慈仁，孝文皇帝賢明臨國，子孫賴福，延祚至今。其上薄太后尊號曰高皇后，配食地祇。遷吕太后廟主于園，四時上祭。」

《後漢書》卷一一《劉盆子傳》　盆子乘王車，駕三馬，從數百騎。乃自南山轉掠城邑，與更始將軍嚴春戰於郿，破春，殺之，遂入安定、北地。至陽城、番須中，逢大雪，坑谷皆滿，士多凍死，乃復還，發掘諸陵，取其寶貨，遂汙辱吕后屍。凡賊所發，有玉匣殮者率皆如生，故赤眉得多行婬穢。

葛洪《西京雜記》卷一　惠帝嘗與趙王同寢處，吕后欲殺之而未得。後帝早獵，王不能夙興，吕后命力士於被中縊殺之。及死，吕后不之信。以緑囊盛之，載以小軿車，入見，乃厚賜力士。力士是東郭門外官奴，帝後知，腰斬之，后不知也。

備論

《史記》卷九《吕太后本紀論》　孝惠皇帝、高后之時，黎民得離戰國之苦，君臣俱欲休息乎無爲，故惠帝垂拱，高后女主稱制，政不出房户，天下晏然。刑罰罕用，罪人是希。民務稼穡，衣食滋殖。

《史記》卷一三〇《太史公自序》　惠之早霣，諸吕不台；崇彊禄、産，諸侯謀之；殺隱幽友，大臣洞疑，遂及宗禍。

《漢書》卷三《高后紀贊》　孝惠、高后之時，海内得離戰國之苦，君臣俱欲無爲，故惠帝拱已，高后女主制政，不出房闥，而天下晏然，刑罰罕用，民務稼穡，衣食滋殖。

《漢書》卷八五《杜鄴傳》　鄴對曰：「【略】漢興，吕太后權私親屬，又以外孫爲孝惠后，是時繼嗣不明，凡事多晻，晝昏冬雷之變，不可勝載。」

《漢書》卷八九《循吏傳》序　孝惠垂拱，高后女主，不出房闥，而天下晏然，民務稼穡，衣食滋殖。

《漢書》卷九〇《酷吏傳序》　漢興，破觚而爲圜，斲琱而爲樸，號爲罔漏吞舟之魚。而吏治蒸蒸，不至於姦，黎民艾安。由是觀之，在彼不在此。高后時，酷吏獨有侯封，刻轢宗室，侵辱功臣。吕氏已敗，遂夷侯封之家。孝景時，鼂錯以刻深頗用術輔其資，而七國之亂發怒於錯，錯卒被戮。

《漢書》卷一〇〇上《敘傳上》　孝惠短世，高后稱制，罔顧天顯，吕宗以敗。

《漢書》卷一〇〇下《敘傳下》　詭矣禍福，刑于外戚。高后首命，吕宗顛覆。

《史記》卷九《吕太后本紀》司馬貞述贊　高祖猶微，吕氏作妃。及正軒掖，潛用福威。志懷安忍，性挾猜疑。置鴆齊悼，殘彘戚姬。孝惠崩殞，其哭不悲。諸吕用事，天下示私。大臣葅醢，支孽芟夷。禍盈斯驗，蒼狗爲菑。

《全宋文》卷四八三一史堯弼《吕后論》　天下之事，順其理而各適其所，則安行而不悖。惟其有所咈逆而觸其怒，則必有所不平，以至於怨亂而莫可解。是以變之作，未有無故而作者。其未作之初，先有以激之而弗得平，抑鬱而不能發散，則必潰裂四出，以致其忿而後已。故天下之變，或起於内，或起於外，而其始皆有以激之而後作。然其間嘗若有無故而作者，是亦有無意於相激，而勢必至於相激，而其亂乃與夫有心於激之者均也。有心於激之，其激也有所指，則其禍發也有所歸。如鼂錯削七國，而吴楚因以叛。若此之類，人皆知之而無難。而獨有無心於相激，而勢必至於相激者，雖高見之人亦莫知其故，是以亂每出於意外而莫可止。嘗怪漢唐之初，收天下於秦隋鼎鑊之餘，而與民休息，意其根蔕，卒未可摇動也。然皆不再世而幾奪於一婦人之手者，蓋武氏之初，一言一顧而遂爲后，其得之也易，則舉而委之也必不甚惜。高宗又嘗欲廢之，而事不諧，宜其憤毒慘烈，至於烹滅宗室，菹醢大臣，以撼取神器而後已。蓋其享之也易，而又有以大觸其怒，其所以然者無足怪也。若夫吕后則不然。彼其初隨高祖，顛越狼狽，艱難勞苦之態，亦備嘗其極味矣。故得天下而爲漢家謀慮，亦不可謂不至，而實未有睽忤之怨。然一旦忘悲别付託之言，乃欲舉天下授與不相屬之人，陰沉險刻，將必取而後已。夫其情理與武氏異，而其反亂與武氏同，蓋未嘗不怪其無故而作也。嗚呼，此必其閨門之間事有無意於相激，而勢必至於相激，以至於此也。嘗觀高祖以愛故欲易太子，然後知其有以激之而無疑。且其同冒百戰而後得天下，其情豈不願其嫡嗣有天下哉？今乃無故立戚姬子，而視我如路人焉，百戰離合之恩愛，至此已了不相屬矣。故得意之後，遂鴆如意，粉戚姬，以發其至痛。其憤悶急切，紆鬱無所逞，必舉天下而授諸吕者，其意以爲若能置我以從若之愛，則予豈不能外若以從我之親哉？婦人之情，至此而後已也。是知諸吕之禍，雖起於吕后之陰險，而實原於高祖之激之也。今夫惟天下至親者易合，而亦易以離。易合者以其愛深，易離者以其情切而怨不可解。古今之亂，

有朝爲父子兄弟夫婦，而暮已如禽獸之相食者，皆其情切而怨不可解也，故貴其順而深忌其相逆。若夫聖人則不然，必曰以義制事，以禮制心。心無爲而不正，則理勢必不至於相逆，而亂何由起哉？夫以泗上一亭長，而能以大度蓋天下而王之，亦古今曠絶矣。聖人之事，未之容責焉。然而禍之所自發，則咎必有所歸，亦不可不督過之也。

葉適《習學記言序目》卷一九《史記一・本紀》 吕氏可謂亂矣，而禍不及民，天下稱平；或者古人後世之治不同，故猶與褒、妲一間耶？

葉適《習學記言序目》卷二一《漢書一・帝紀》 取天下於群雄争奪之時易，定社稷於母后專制之日難，此陳平當吕后時，所以銷縮不敢有所爲也。然平自審産、禄昏庸，不爲深患，但以吕后不可廷争，故一切順聽。及吕后死，四十日間，諸吕已滅；更數十日，則孝文立，漢事定矣。後人徒見取之不難，便謂若戲劇，不知其處置精密，蓋能使外朝上下相合爲一，更無趨和吕氏之意；不然，不足爲燕居深念也。

藝文

《全唐詩》卷一二〇李昂《賦戚夫人楚舞歌》 定陶城中是妾家，妾年二八顔如花。閨中歌舞未終曲，天下死人如亂麻。漢王此地因征戰，未出簾櫳人已薦。風花菡萏落轅門，雲雨裴回入行殿。日夕悠悠非舊鄉，飄飄處處逐君王。閨門向裏通歸夢，銀燭迎來在戰場。相從顧恩不顧己，何異浮萍寄深水。逐戰曾迷隻輪下，隨君幾陷重圍裏。此時平楚復平齊，咸陽宫闕到關西。珠簾夕殿聞鐘磬，白日秋天憶鼓鼙。君王縱恣翻成誤，吕后由來有深妒。不奈君王容鬢衰，相存相顧能幾時。黄泉白骨不可報，雀釵翠羽從此辭。君楚歌兮妾楚舞，脈脈相看兩心苦。曲未終兮袂更揚，君流涕兮妾斷腸。已見儲君歸惠帝，徒留愛子付周昌。

陳平部

綜述

《史記》卷五六《陳丞相世家》 陳丞相平者，陽武户牖鄉人也。少時家貧，好讀書，有田三十畝，獨與兄伯居。伯常耕田，縱平使游學。平爲人長〔大〕美色。人或謂陳平曰：「貧何食而肥若是？」其嫂嫉平之不視家生産，曰：「亦食糠覈耳。有叔如此，不如無有。」伯聞之，逐其婦而弃之。

及平長，可娶妻，富人莫肯與者，貧者平亦恥之。久之，户牖富人有張負，張負女孫五嫁而夫輒死，人莫敢娶。平欲得之。邑中有喪，平貧侍喪，以先往後罷爲助。張負既見之喪所，獨視偉平，平亦以故後去。負隨平至其家，家乃負郭窮巷，以弊席爲門，然門外多有長者車轍。張負歸，謂其子仲曰：「吾欲以女孫予陳平。」張仲曰：「平貧不事事，一縣中盡笑其所爲，獨奈何予女乎？」負曰：「人固有好美如陳平而長貧賤者乎？」卒與女。爲平貧，乃假貸幣以聘，予酒肉之資以内婦。負誡其孫曰：「毋以貧故，事人不謹。事兄伯如事父，事嫂如母。」平既娶張氏女，齎用益饒，游道日廣。

里中社，平爲宰，分肉食甚均。父老曰：「善，陳孺子之爲宰！」平曰：「嗟乎，使平得宰天下，亦如是肉矣！」

陳涉起而王陳，使周市略定魏地，立魏咎爲魏王，與秦軍相攻於臨濟。陳平固已前謝其兄伯，從少年往事魏王咎於臨濟。魏王以爲太僕。説魏王不聽，人或讒之，陳平亡去。

久之，項羽略地至河上，陳平往歸之，從入破秦，賜平爵卿。項羽之東王彭城也，漢王還定三秦而東，殷王反楚。項羽乃以平爲信武君，將魏王咎客在楚者以往，擊降殷王而還。項王使項悍拜平爲都尉，賜金二十溢。居無何，漢王攻下殷(王)。項王怒，將誅定殷者將吏。陳平懼誅，乃封其金與印，使使歸項王，而平身閒行杖劍亡。渡河，船人見其美丈夫獨行，疑其亡將，要中當有金玉寶器，目之，欲殺平。平恐，乃解衣躶而佐刺船。船人知其無有，乃止。

平遂至修武降漢，因魏無知求見漢王，漢王召入。是時萬石君奮爲漢王中涓，受平謁，入見平。平等七人俱進，賜食。王曰：「罷，就舍矣。」平曰：「臣爲事來，所言不可以過今日。」於是漢王與語而説之，問曰：「子之居楚何官？」曰：「爲都尉。」是日乃拜平爲都尉，使爲參乘，典護軍。諸將盡讙，曰：「大王一日得楚之亡卒，未知其高下，而即與同載，反使監護軍長者！」漢王聞之，愈益幸平。遂與東伐項王。至彭城，爲楚所敗。引而還，收散兵至滎陽，以平爲亞將，屬於韓王信，軍廣武。

絳侯、灌嬰等咸讒陳平曰：「平雖美丈夫，如冠玉耳，其中未必有也。臣聞平居家時，盗其嫂；事魏不容，亡歸楚；歸楚不中，又亡歸漢。今日大王尊官之，令護軍。臣聞平受諸將金，金多者得善處，金少者得惡處。平，反覆亂臣也，願王察之。」漢王疑之，召讓魏無知。無知曰：「臣所言者，能也；陛下所問者，行也。今有尾生、孝己之行而無益處於勝負之數，陛下何暇用之乎？楚漢相距，臣進奇謀之士，顧其計誠足以利國家不耳。且盗嫂受金又何足疑乎？」漢王召讓平曰：「先生事魏不中，遂事楚而去，今又從吾游，信者固多心乎？」平曰：「臣事魏王，魏王不能用臣説，故去事項王。項王不能信人，其所任愛，非諸項即妻之昆弟，雖有奇士不能用，平乃去楚。聞漢王之能用人，故歸大王。臣躶身來，不受金無以爲資。誠臣計畫有可采者，(顧)〔願〕大王用之；使無可用者，金具在，請封輸官，得請骸骨。」漢王乃謝，厚賜，拜爲護軍中尉，盡護諸將。諸將乃不敢復言。

其後，楚急攻，絶漢甬道，圍漢王於滎陽城。久之，漢王患之，請割滎陽以西以和。項王不聽。漢王謂陳平曰：「天下紛紛，何時定乎？」陳平曰：「項王爲人，恭敬愛人，士之廉節好禮者多歸之。至於行功爵邑，重之，士亦以此不附。今大王慢而少禮，士廉節者不來；然大王能饒人以爵邑，士之頑鈍嗜利無恥者亦多歸漢。誠各去其兩短，襲其兩長，天下指麾則定矣。然大王恣侮人，不能得廉節之士。顧楚有可亂者，彼項王骨鯁之臣亞父、鍾離眛、龍且、周殷之屬，不過數人耳。大王誠能出捐數萬斤金，行反閒，閒其君臣，以疑其心，項王爲人意忌信讒，必内相誅。漢因舉兵而攻之，破楚必矣。」漢王以爲然，乃出黄金四萬斤，與陳平，恣所爲，不問其出入。

陳平既多以金縱反閒於楚軍，宣言諸將鍾離眛等爲項王將，功多矣，然而終不得裂地而王，欲與漢爲一，以滅項氏而分王其地。項羽果意不信鍾離眛等。

項王既疑之，使使至漢。漢王爲太牢具，舉進。見楚使，即詳驚曰：「吾以爲亞父使，乃項王使！」復持去，更以惡草具進楚使。楚使歸，具以報項王。項王果大疑亞父。亞父欲急攻下滎陽城，項王不信，不肯聽。亞父聞項王疑之，乃怒曰：「天下事大定矣，君王自爲之！願請骸骨歸！」歸未至彭城，疽發背而死。陳平乃夜出女子二千人滎陽城東門，楚因擊之，陳平乃與漢王從城西門夜出去。遂入關，收散兵復東。

其明年，淮陰侯破齊，自立爲齊王，使使言之漢王。漢王大怒而罵，陳平躡漢王。漢王亦悟，乃厚遇齊使，使張子房卒立信爲齊王。封平以户牖鄉。用其奇計策，卒滅楚。常以護軍中尉從定燕王臧荼。

漢六年，人有上書告楚王韓信反。高帝問諸將，諸將曰：「亟發兵阬豎子耳。」高帝默然。問陳平，平固辭謝，曰：「諸將云何？」上具告之。陳平曰：「人之上書言信反，有知之者乎？」曰：「未有。」曰：「信知之乎？」曰：「不知。」陳平曰：「陛下精兵孰與楚？」上曰：「不能過。」平曰：「陛下將用兵有能過韓信者乎？」上曰：「莫及也。」平曰：「今兵不如楚精，而將不能及，而舉兵攻之，是趣之戰也，竊爲陛下危之。」上曰：「爲之奈何？」平曰：「古者天子巡狩，會諸侯。南方有雲夢，陛下弟出僞游雲夢，會諸侯於陳。陳，楚之西界，信聞天子以好出游，其勢必無事而郊迎謁。謁，而陛下因禽之，此特一力士之事耳。」高帝以爲然，乃發使告諸侯會陳「吾將南游雲夢」。上因隨以行。行未至陳，楚王信果郊迎道中。高帝豫具武士，見信至，即執縛之，載後車。信呼曰：「天下已定，我固當烹！」高帝顧謂信曰：「若毋聲！而反，明矣！」武士反接之，遂會諸侯于陳，盡定楚地。還至雒陽，赦信以爲淮陰侯，而與功臣剖符定封。

於是與平剖符，世世勿絶，爲户牖侯。平辭曰：「此非臣之功也。」上曰：「吾用先生謀計，戰勝剋敵，非功而何？」平曰：「非魏無知臣安得進？」上曰：「若子可謂不背本矣。」乃復賞魏無知。其明年，以護軍中尉從攻反者韓王信於代。卒至平城，爲匈奴所圍，七日不得食。高帝用陳平奇計，使單于閼氏，圍以得開。高帝既出，其計祕，世莫得聞。

高帝南過曲逆，上其城，望見其屋室甚大，曰：「壯哉縣！吾行天下，獨見洛陽與是耳。」顧問御史曰：「曲逆户口幾何？」對曰：「始秦時三萬餘户，閒者兵數起，多亡匿，今見五千户。」於是乃詔御史，更以陳平爲曲逆侯，盡食之，除前所食户牖。

其後常以護軍中尉從攻陳豨及黥布。凡六出奇計，輒益邑，凡六益封。奇計或頗祕，世莫能聞也。

高帝從破布軍還，病創，徐行至長安。燕王盧綰反，上使樊噲以相國將兵攻之。既行，人有短惡噲者。高帝怒曰：「噲見吾病，乃冀我死也。」用陳平謀而召絳侯周勃受詔牀下，曰：「陳平亟馳傳載勃代噲將，平至軍中即斬噲頭！」二人既受詔，馳傳未至軍，行計之曰：「樊噲，帝之故人也，功多，且又乃呂后弟呂嬃之夫，有親且貴，帝以忿怒故，欲斬之，則恐後悔。寧囚而致上，上自誅之。」未至軍，爲壇，以節召樊噲。噲受詔，即反接載檻車，傳詣長安，而令絳侯勃代將，將兵定燕反縣。

平行聞高帝崩，平恐呂太后及呂嬃讒怒，乃馳傳先去。逢使者詔平與灌嬰屯於滎陽。平受詔，立復馳至宫，哭甚哀，因奏事喪前。呂太后哀之，曰：「君勞，出休矣。」平畏讒之就，因固請得宿衛中。太后乃以爲郎中令，曰：「傅教孝惠。」是後呂嬃讒乃不得行。樊噲至，則赦復爵邑。

孝惠帝六年，相國曹參卒，以安國侯王陵爲右丞相，陳平爲左丞相。

王陵者，故沛人，始爲縣豪，高祖微時，兄事陵。陵少文，任氣，好直言。及高祖起沛，入至咸陽，陵亦自聚黨數千人，居南陽，不肯從沛公。及漢王之還攻項籍，陵乃以兵屬漢。項羽取陵母置軍中，陵使至，則東鄉坐陵母，欲以招陵。陵母既私送使者，泣曰：「爲老妾語陵，謹事漢王。漢王，長者也，無以老妾故，持二心。妾以死送使者。」遂伏劍而死。項王怒，烹陵母。陵卒從漢王定天下。以善雍齒，雍齒，高帝之仇，而陵本無意從高帝，以故晚封，爲安國侯。

安國侯既爲右丞相，二歲，孝惠帝崩。高后欲立諸呂爲王，問王陵，王陵曰：「不可。」問陳平，陳平曰：「可。」呂太后怒，乃詳遷陵爲帝太傅，實不用陵。陵怒，謝疾免，杜門竟不朝請，七年而卒。

陵之免丞相，呂太后乃徙平爲右丞相，以辟陽侯審食其爲左丞相。左丞相不治，常給事於中。

食其亦沛人。漢王之敗彭城，西，楚取太上皇、呂后爲質，食其以舍人侍呂后。其後從破項籍爲侯，幸於呂太后。及爲相，居中，百官皆因決事。

呂嬃常以前陳平爲高帝謀執樊噲，數讒曰：「陳平爲相非治事，日飲醇酒，戲婦女。」陳平聞，日益甚。呂太后聞之，私獨喜。面質呂嬃於陳平曰：「鄙語曰『兒婦人口不可用』，顧君與我何如耳。無畏呂嬃之讒也。」

呂太后立諸呂爲王，陳平僞聽之。及呂太后崩，平與太尉勃合謀，卒誅諸呂，立孝文皇帝，陳平本謀也。審食其免相。

孝文帝立，以爲太尉勃親以兵誅呂氏，功多；陳平欲讓勃尊位，乃謝病。孝文帝初立，怪平病，問之。平曰：「高祖時，勃功不如臣平。及誅諸呂，臣功亦不如勃。願以右丞相讓勃。」於是孝文帝乃以絳侯勃爲右丞相，位次第一；平徙爲左丞相，位次第二。賜平金千斤，益封三千户。

居頃之，孝文皇帝既益明習國家事，朝而問右丞相勃曰：「天下一歲決獄幾何？」勃謝曰：「不知。」問：「天下一歲錢穀出入幾何？」勃又謝不知，汗出沾背，愧不能對。於是上亦問左丞相平。平曰：「有主者。」上曰：「主者謂誰？」平曰：「陛下即問決獄，責廷尉；問錢穀，責治粟内史。」上曰：「苟各有主者，而君所主者何事也？」平謝曰：「主臣！陛下不知其駑下，使待罪宰相。宰相者，上佐天子理陰陽，順四時，下育萬物之宜，外鎮撫四夷諸侯，内親附百姓，使卿大夫各得任其職焉。」孝文帝乃稱善。右丞相大慙，出而讓陳平曰：「君獨不素教我對！」陳平笑曰：「君居其位，不知其任邪？且陛下即問長安中盜賊數，君欲彊對邪？」於是絳侯自知其能不如平遠矣。居頃之，絳侯謝病請免相，陳平專爲一丞相。

孝文帝二年，丞相陳平卒，謚爲獻侯。子共侯買代侯。二年卒，子簡侯恢代侯。二十三年卒，子何代侯。二十三年，何坐略人妻，弃市，國除。

始陳平曰：「我多陰謀，是道家之所禁。吾世即廢，亦已矣，終不能復起，以吾多陰禍也。」然其後曾孫陳掌以衛氏親貴戚，願得續封陳氏，然終不得。

雜録

備録

酈道元《水經注》卷七《濟水》　濟水又東逕東昬縣故城北，陽武縣之户牖鄉矣。漢丞相陳平家焉。平少爲社宰，以善均肉稱，今民祠其社。平有功于高祖，封户牖侯，是後置東昬縣也，王莽改曰東明矣。

王楙《野客叢書》卷七《陳平用張辟彊計》　世稱良、平之智，而良之智，夐非平之所能及。僕嘗著《良平論》，辨之詳矣，茲不復論。因閲《前漢・外戚傳》，見張辟彊勸陳平進用台、産輩以解呂后之憤，乃信有乃父風。當惠帝崩，太后發喪，哭而泣不下。留侯子張辟彊爲侍郎，年十五，謂丞相陳平曰：「太后獨有帝，今哭而不哀，君知其解未？」陳平曰：「何解？」辟彊曰：「帝無壯子，太后畏君等。今請拜呂台、呂産爲將，將兵居南、北軍，及諸呂皆官，居中用事，如此則太后心安，君等幸脱禍矣。」丞相如辟彊計請之，太后説，其哭乃哀。夫陳平至是時亦已老矣，其平生用智，至此亦可謂熟矣，然受教於張辟彊十五歲之子，從容解呂后之憤，是平之智不惟不及其父，且不及其子遠甚。揚子雲美辟彊之覺陳平，而李德裕非之。僕謂辟彊正料台、産庸材，有不足慮，故使之暫掌二軍，使其材不可制，決不出此計矣！有以見辟彊術高。《詩》曰「是以似之」，辟彊之謂與？《張良傳》末但言子不疑嗣侯，不聞辟彊之名，何邪？

黄震《古今紀要・西漢》　陳平，姦詐小人。劉項之争，只間疎楚君臣一事，然是時楚勢已蹙，范增素非諫行言聽者，初無補成敗，徒間疎于漢君臣。天下甫定，教高祖僞遊，叛者九起。高帝既崩，阿呂后，王諸呂，幾亡漢。端居深念，時亦自無策，賴陸賈傳會將相。周勃爲將誅諸呂，平爲相亦與竊安漢之名，不知漢之有此，不安者皆平之罪。對文帝言宰相之職，乃以大言勝周勃，平於此語無毫髪之實，尤見其姦。誤漢極多，漢初罪魁。

王應麟《通鑑答問》卷三《陳平六出奇計》　或問：陳平六出奇計，其事可悉數歟？曰：古之謀人，本於正而奇生焉。後之謀人，出於奇而詐生焉。正而爲奇，猶不失其正也。奇而爲詐，一時之利，悠久之害也。夫子以正譎論齊桓、晉文，若陳平之奇亦晉文之譎歟？以平傳攷之，所謂奇計者，大略可睹。其間楚亞父也，敵國相傾之術，李斯、尉繚之故智，不足以爲奇也。其夜出女子滎陽東門也，使無紀信捐軀誑楚，平之計亦不得施矣。君臣以義相投，以信相孚，熊羆之士，不二心之臣，所以保乂王家也。僞游雲夢以禽韓信，是教高帝以詐也。君疑其臣，臣貳于君，叛者並起，高帝傷于黥王之矢，僞游之計實啓之。至於平城秘計，特救急之下策耳。匈奴見羸弱而伏奇兵，以平之多智，曾不如一婁敬。既無料敵之謀，又無制勝之術，至於危地而後爲不得已之計，作史者諱而不言，以爲世莫得聞其秘也，乃所以爲恥也。舉四事而觀它可知矣。奇不失正，其唯子房乎？平終身奇譎，謀兵則有餘，謀國則不足，廷争不若王陵之正，誅呂不若絳侯

之果，其以功名終，幸也！

備論

《史記》卷五六《陳丞相世家論》 陳丞相平少時，本好黄帝、老子之術。方其割肉俎上之時，其意固已遠矣。傾側擾攘楚魏之閒，卒歸高帝。常出奇計，救紛糾之難，振國家之患。及吕后時，事多故矣，然平竟自脱，定宗廟，以榮名終，稱賢相，豈不善始善終哉！非知謀孰能當此者乎？

《史記》卷一三〇《太史公自序》 六奇既用，諸侯賓從於漢；吕氏之事，平爲本謀，終安宗廟，定社稷。

《漢書》卷四〇《陳平傳贊》 陳平之志，見於社下，傾側擾攘楚、魏之間，卒歸於漢，而爲謀臣。及吕后時，事多故矣，平竟自免，以智終。

《漢書》卷一〇〇下《敘傳下》 陳公擾攘，歸漢乃安，斃范亡項，走狄擒韓，六奇既設，我罔艱難。

《三國志》卷一《魏志・武帝紀》 乙未，令曰：「夫有行之士未必能進取，進取之士未必能有行也。陳平豈篤行，蘇秦豈守信邪？而陳平定漢業，蘇秦濟弱燕。由此言之，士有偏短，庸可廢乎！有司明思此義，則士無遺滯，官無廢業矣。」

《三國志》卷五八《吴志・陸遜傳》 遜雖身在外，乃心於國，上疏陳時事曰：「【略】昔漢高舍陳平之愆，用其奇略，終建勳祚，功垂千載。夫峻法嚴刑，非帝王之隆業；有罰無恕，非懷遠之弘規也。」

《晉書》卷三六《石苞傳》 宣帝聞苞好色薄行，以讓景帝。帝答曰：「苞雖細行不足，而有經國才略。夫貞廉之士，未必能經濟世務。是以齊桓忘管仲之奢僭，而録其匡合之大謀；漢高捨陳平之污行，而取其六奇之妙算。苞雖未可以上儔二子，亦今日之選也。」意乃釋。徙鄴典農中郎將。

《史記》卷五六《陳丞相世家》司馬貞述贊 曲逆窮巷，門多長者。宰肉先均，佐喪後罷。魏楚更用，腹心難假。弃印封金，刺船露躶。閒行歸漢，委質麾下。滎陽計全，平城圍解。推陵讓勃，裒多益寡。應變合權，克定宗社。

《二程集》卷一八《伊川先生語四》 問：「陳平當王諸吕時，何不極諫？」曰：「王陵争之不從，乃引去。如陳平復諍，未必不激吕氏之怒矣。且高祖與羣臣，只是以力相勝，力强者居上，非至誠樂願爲之臣也。如王諸吕時，責他死節，他豈肯死？」

《二程集》卷一九《伊川先生語五》 陳平只是幸而成功，當時順却諸吕，亦只是畏死。漢之君臣，當恁時，豈有樸實頭爲社稷者？使後來少主在，事變却時，他也則隨却。如令周勃先入北軍，陳平亦不是推功讓能底人，只是占便宜，令周勃先試難也。其謀甚拙，其後成功亦幸。如人臣之義，當以王陵爲正。

《全宋文》卷二六九〇楊時《陳平論》 吕后問宰相，高祖曰：「陳平智有餘，難以獨任。王陵少戇，可以佐之。」則高祖固有疑平之心矣，然終其世不見其隙。蓋天下初定，國家多故，諸侯内叛，夷狄外陵，平爲護軍，常從征伐，不據重兵，不親國柄，故能免也。然高祖謂平難獨任，王陵可以佐之，而陵終以戇見疏，無益於國；其後平專爲丞相，天下無間言，卒以功名終，不其反歟？「知人惟帝難之」，信矣夫！

《張耒集》卷四〇《陳平論》 吾觀陳平使人刼酈商，使其子説吕禄，陸賈勸陳平以百金交歡絳侯，而平、勃日以親，卒用此滅吕氏，未嘗不竊歎也。夫士不以仁義相與，則其于利害之際，其能不以詐謀相欺者鮮矣。酈商爲列侯，事高祖十餘年，其視吕氏之危漢，其心豈能無惻然哉？雖不刼之，豈不肯使其子也？絳侯，漢之大臣，雖無百金，未必與平異心也。平之心豈不知酈商、絳侯之未必背漢也？然必爲是之區區者，其心不能無疑于此二人故也。彼其不能無疑者何也？士不以仁義相與，而其合也以權利，則其于利害之際安能無疑哉？

昔周公爲師，召公爲保而不悦，周公詳説而宣諭之。夫師保之際有所不悦，而周公不忌焉，諭之以義，明之以理而已。嗚呼！聖賢之事爲不可及也哉！

《全宋文》卷三六五六綦崇禮《論漢陳平降漢事》 臣嘗謂國家多事之際，要以得人爲急，苟有得焉，患在不能用；用矣，而能信任不疑，最人君之難事也。蓋人固未易知，而或得於一言，意合之間，已足了其賢否，而察其可用，非明智不惑之主，不能至此。然而人君進賢，將以疏踰戚、卑踰尊。孤遠之人，一旦加之同儕之上，使其聽順服從，而無間言，又所難者。顧其賢才審堪吾用，要非信之篤，任之親，使人聽順服從，而讒間之言不敢發，則亦不能盡其才而成功。觀平初以亡命來歸，一説高帝而悦之，即使參乘，典護軍，諸將讙言其不可，而愈親幸之。其後絳、灌之讒作，不能無少疑也，反問焉，而得其心，遂不復疑，乃使盡護

諸將，而後人不敢有言。此平所以得展盡其才，而畫策吐奇，終興漢家也。夫惟高帝豁達大度，規模如是，彼項籍有一范增而不能用，不亡何待？故曰用人非難，盡其才之爲難。能盡其才，蓋不疑之爲也。

《全宋文》卷六二五七蔡戡《陳平論》　論曰：陳平智有餘，難以獨任，此高祖顧命之言也。平天姿詭譎，動輒任數，帝雖賴其智以取天下，然至死猶疑之。愚考其平生，誠可疑者。捐金以間范增，僞遊以禽韓信，賂閼氏以解平城之危，凡所謂奇計秘策，無非出於變詐，君子或恕之者，以其謀國則忠也。天下已定，智無所用，一於謀身而已。其保富貴，固權寵，謀身之巧，又有甚於謀國。故懼吕后之不安也，用張辟彊之言，請拜吕産爲將，將兵居南北軍，於是起吕氏之權。畏吕后之不悦也，背高皇帝之約，立諸吕爲王，於是産吕氏之變。平之阿意順旨，求媚於后，唯恐不至者，乃所以自爲身謀也。至使諸吕作難，幾危社稷，皆平有以召之。平之難於獨任，至此可見。然非特此耳，方其大臣共誅諸吕，平不任其事，乃令周勃先入北軍，是以勃嘗試諸吕也。及其迎立文帝，平不有其功，以位授勃，而甘處其下，是又以勃嘗試文帝也。蓋人臣而專誅，危事也，成敗固未可知，事成則平同其功，不成則勃任其咎，所以讓勃先入者此耳。人臣而廢立，大事也，禍福亦未可知，帝疑之則勃爲禍首，德之則平不失爲定策功臣，所以讓勃居上者此耳。夫平之雍容退託，主謀而不主事，類夫謙謙君子，殊不知平之心又爲身謀者也。蓋平詭譎，無所不用其智，在高帝時則免於蕭何之囚繫，在吕后時則免於王陵之廢出，在文帝時則免於周勃之侵辱。平歷事四朝，皆以智免，其謀身之巧又可知矣。由是言之，平不止可疑，亦可畏人也。世之言謀臣必曰良、平，夫平豈良之儔匹哉？良之學出於黄老，平之學出於縱横。黄老則近道，縱横則尚詐。黄老則有不必爲，縱横則無所不爲。觀其行事，察其存心，良、平之賢否，不待較而明矣。故平之言曰：「我多陰謀，道家所禁。吾世即廢，不能復起，以吾多陰禍也。」蓋亦有所慊而云耳。

葉適《習學記言序目》卷二一《漢書一・帝紀》　取天下於群雄争奪之時易，定社稷於母后專制之日難，此陳平當吕后時，所以銷縮不敢有所爲也。然平自審産、禄昏庸，不爲深患，但以吕后不可廷争，故一切順聽。及吕后死，四十日間，諸吕已滅；更數十日，則孝文立，漢事定矣。後人徒見取之不難，便謂若戲劇，不知其處置精密，蓋能使外朝上下相合爲一，更無趨和吕氏之意；不然，不足爲燕居深念也。

《全元文》卷一三三二楊維楨《陳平論》　管子曰：生我者父母，知我者鮑叔也。自管子有是言，而知己之恩殆與父吾者同也。魏無知之於陳平，實有難於鮑叔。平有才而亡行者也，何以當沛公之嫚罵哉！非無知力於舉才，則平何以望户牖侯之封於漢乎？辭封之際，平不歸功於無知，平爲不仁矣。烏乎，以其忍爲雲夢以陷寮友，無知亦豈有望於平哉。推功於無知而後平得不背本之稱於漢，此一事也，實足以蓋寡恩薄義之行云。

《全元文》卷一三三二楊維楨《或問陳平不斬樊噲》　或問陳平不奉詔斬噲，蓋能以義制命，亦可以贖僞遊禽信之罪者歟？抱遺老人曰：平不辯噲之讒，顧獻策馳傳載勃以斬噲，豈知以義制命者耶？其不斬噲，以噲吕后弟嬃之夫，帝駕將晏，漢牝將鳴矣。不斬噲者，慮忤后爾，豈知以義制命者耶？

《全元文》卷一三三二楊維楨《或問陳平決獄錢穀之對》　或問陳平決獄錢穀之對，抱遺老人曰：此平禦言爾，宰相於天下事無不知，況於獄數係人命，金穀之數係國命，廷尉内史其職主也。而一歲生殺出納之數，上計冢宰者獨可不知乎？使帝問天下户口阨塞之數，平又將孰推乎？平所學黄老術，戰國之縱横説爾，其陳相職於帝者，平果能之否乎？亦不過勦言以妄帝爾。帝以其言爲善，而勃又慚其言，因免位而去，平遂專相以爲德也，君子哂之。

《曾湖峰詩文集・陳平論》　予讀《左氏傳》，而究觀其大略，如曰某當興也，必有料之者，曰若者當興，已而果然。某當廢也，又有料之者，曰若者當廢，已而果然。往往取當時名卿大夫之行事，而大張其詞，不然，且驗之卜筮。未嘗不私自怪曰：「甚矣左氏之誕也，春秋之至誠如神者，尼父以外，何若斯多也。」及讀《前漢書》至吕雉王諸吕事，是時陳平不諫，且爲之辭曰：「今日面諍廷諫，平不如陵；他日全社稷，安劉氏，陵不如平。」厥後果如其言，平諸吕，迎文帝，而漢以寧。嗚呼，此豈史臣習於左氏之陋，爲之張大其詞耶？抑平之子孫，欲掩祖父之諛，飾是説艷聽聞耶？不則平之負慚不諫，姑爲是説，俟之不可知之數，以文其醜耶？夫史氏之張大其詞，子孫之掩飾其愆，與夫諛臣媚子之好爲曲説，以僥幸，近世以來，士大夫嘗多有之，吾知其必有出於此也。且夫劉氏之危，實是平始也。當太后欲王諸吕之日，王陵廷諍，使平亦從而諍之，將相大臣，俱以爲不可，后雖悍，謀亦從此寢矣。不於此時陳扶漢之讜論，附會其説而王之，又用辟彊脱禍策，奉禄、産爲將軍而授之柄，致使吕氏之亂，南北軍幾不得入，則劉氏之危，平固有以致之也。假令陸賈無交歡之策，酈寄無解柄之紿，禄、産無脱淵之

愚，灌嬰無連齊之智，平於斯且有挈漢之天下授之呂氏而已矣，尚何安之哉？觀於左右之袒，聽之軍中，而南北軍既入，平與勃猶未敢訟言攻之也，古所謂社稷之臣者，固如是歟？偷生自完，亟亟爲全軀保妻子計，視國家之安危如秦越人肥瘠，及僥幸成事，又竊其功以自飾曰「我固久知有是功也」，尚誰愚哉？

或者曰：「以陳平之智，蓋足知禄、産之無能爲，故縱之王與將爾，凡後之大惡暴張，殄之如振槁然者，平固了然於心，厚其毒而速之亡也。」是又不然。假令禄、産未亂之先，平已捐賓客而不在朝，又或太后之存賊殺少帝，授呂禄而帝之，平雖善料，豈能知其身之不死，太后之不預亂，而安劉之功可必自己出耶？以是而責陳平，平又何説之辭？唐有狄仁杰者，諂事武曌，已十餘年，歷逐諸帝，唐易爲周。幸以一言之悟，反廬陵而君之，遂詡詡然號於世曰：「我能反周爲唐也。」當時艷其功，史書大其事，夸張後世而不羞也，殆與平等矣。予見夫平之詭其詞以愚時，太史氏襲其愚以愚世，誠懼後之固位冒功者，且將效陳平之愚與仁杰等，又襲其愚以愚後人也，於是乎有論。

王鳴盛《十七史商榷》卷四《陳平邪説》　陳平，小人也。漢得天下，皆韓信功。一旦有告反者，閭左蜚語，略無證據，平不以此時彌縫其隙，乃倡僞遊雲夢之邪説，使信無故見黜，其後爲呂后所殺，直平殺之耳。迨高祖命即軍中斬樊噲，而平械之歸。噲，呂氏黨也，故平活之，其揣時附勢如此。且平六出奇計，而其解白登之圍，特圖畫美人以遺閼氏，計甚庸鄙，又何奇焉。

龔景瀚《澹静齋文鈔》卷一《陳平論》　嘗讀史至西漢之初，未嘗不廢書三嘆也。曰：高祖以三尺劍定天下，功業之盛未有比隆，而三代之風卒不復先，王之禮樂卒不作，非獨其君上之過，抑亦輔相之不得其人也。如陳平者，不過戰國一策士耳，非有經綸之術、王佐之才，不過挾其詭計以干謁王侯。始而干項王，不用，之漢，而盡護諸將，始得展其平生之才，佐高祖以有天下。而史顧艷侈其六出之功，亦已誣矣。夫計何有秘？天子有道，守在四夷，王者所爲，光明磊落，當與天下共見之。即兵不厭詐，亦何至不忍明言其故？千秋後世將以高祖爲何如人乎？夫雲夢之事，亦平之秘計也。使信有辠，集天下之兵，聲其辠而致討之，反手間耳。當楚漢相持，高祖能以一騎疾馳入壁，取其印而以令諸將，豈天下既平，反不能令一諸侯邪？如其無辠，執之何名？夫走兔盡，良狗烹，自古功臣固多不免，然兔死狐悲，平獨無惘於心乎？當高祖草創之初，以馬上得之，豈可以馬上治之。平不於此時涵養其性情，薰陶其德性，而使之僞遊雲夢，開其詐譌之端，啓其殺功臣之漸，異日之英、彭醢，蕭何獄，高帝功臣多不令終，未必非平一言之故也。且呂后非有跋扈之能，桀驁之氣也，不過貪戀名位，使子弟長享其鬱禄耳。使平於王諸呂之時，正色立朝，堅執非劉不王之議，后豈能違諸大臣而獨斷哉！不於此時面折廷争，而乃曰面折廷争平不如陵，安定社稷陵不如平。夫不能面折廷争，安能安定社稷？古大臣豈徇人爲説哉！幸也，酈商之計行，而太尉得以入北軍，斯産、禄可誅耳。設呂嬃之言不入，呂産之印不與，堅守宫門，號召諸黨，持一節以誅平、勃諸人，漢之天下亦岌岌乎殆哉，安在其能安社稷也。其相文帝亦無大節可稱，至於以錢穀刑名爲非宰相事，尤爲大謬。夫不理刑名，不知錢穀，然則宰相者第恭己無爲，遂足畢其職哉！不過一時粉飾之言，而乃爲後世庸謹無能者所藉口，抑亦陋矣！雖然，平亦智士也。高祖天資刻薄，同時功臣多不克終，而平獨優游以享其壽，其固寵保身，亦後世所不可及哉！

龍啓瑞《經德堂文集》卷一內集《陳平周勃論》　古之大人弭天下之亂者，必有不得已焉。故與其有亂而吾弭之，不如無亂而吾安之爲愈也。與其既亂而止之，不如及其未亂而先止之爲愈也。夫亂不亂存乎天，天之所爲，非人所得知也，而君子終不以天之難問而廢。夫人力所自盡者，則以救諸目前之可恃，而俟諸將來之難自必也。火之焚於室也，雖里巷之人猶將走而救之，不俟其爇及於吾廬也。既及吾廬，將有不可爲者矣。惜哉！以平、勃之賢，處可預防之勢，而其計乃出於救火之人下也。呂后初臨朝，平、勃與高帝諸臣共列將相之位。方其欲王諸呂，問王陵，陵不從，復問平、勃。夫亦自知不義，而懼爲大臣之所折也。假令平、勃附王陵之正，堅執高帝之約，呂氏雖横，安能重違大臣而恣行己意？且其時，兵權尚不歸呂氏，呂后欲假産、禄以王，實欲假以兵權之漸也。杜亂源者必以漸始，則莫如先使之勿王産、禄。不王，兵權不歸呂氏，平、勃可安坐而弭其釁，何呂氏之能爲？或又曰：呂后陰鷙，如平、勃不從，亦必中以他事去之。去之無益，不如隱忍以成吾事。是又不然。大臣之事君也，於吾力之可正者則正之，不敢徼幸於異日而姑待焉。且設是心者，亦謂平、勃知呂后年齒已長，彼既旦暮晏駕，産、禄庸子，終無能爲耳。此尤爲悖之甚者。萬一産、禄既王，呂后未死，而二子不爲天所祚，則國家之事更諉之誰任乎？高帝之於呂后論相也，首王陵，次平、勃，豈不陰識陵之守正，而欲二子有以佐之歟？既不能佐之，又從而非笑之，其成功蓋亦天幸焉，而未可據以爲能也。夫平、勃之事，既往

而不可復矣。而後之爲人臣而值事變者，慎毋藉口於有待而終至於不可及哉！

藝文

《孟浩然集》卷中《久滯越中貽謝甫池會稽賀少府》 陳平無産業，尼父倦東西。負郭共云翳，問津今亦迷。未能忘魏闕，空此滯秦稽。兩見夏雲起，再聞春鳥啼。懷仙梅福市，訪舊若耶溪。聖主賢爲寶，君何隱遁棲。

《李太白全集》卷二四《古近體詩・南奔書懷》 遥夜何漫漫，空歌白石爛。甯戚未匡齊，陳平終佐漢。攙搶掃河、洛，直割鴻溝半。

杜甫《杜詩詳注》卷二〇《社日兩篇》（其二） 陳平亦分肉，太史竟論功。今日江南老，他時渭北童。歡娱看絶塞，涕淚落秋風。鴛鷺迴金闕，誰憐病峽中。

《胡宏集・絶句・陳平》 陳平相業定何如，應對知君智有餘。不佐漢興三代業，區區心事六奇書。

《詁經精舍文續集》卷八汪述孫《讀史・陳平》 讀書游學賤刀錐，狂語還聞割肉時。誅吕驩交周太尉，依劉説感魏無知。一時姓氏侔三傑，千古勳名誤六奇。博得智謀標列傳，高風應媿帝王師。

《詁經精舍文續集》卷八朱大紳《讀史・陳平》 如斯孺子豈長貧，仗劍歸來決策新。已喜捐金成間隙，直從宰肉見經綸。功先狄令扶唐室，策定澶淵啓宋人。漢法寡恩侯易失，莫將秘計罪謀臣。

《詁經精舍文續集》卷八胡琮《讀史・陳平》 中原逐鹿溷風塵，冠玉丰姿亦偉人。宰肉已申天下志，受金聊解少時貧。能消跋扈黔彭氣，端賴交驩絳灌倫。獨有和戎非上策，漫將奇計許謀臣。

《詁經精舍文續集》卷八張炳《讀史・陳平》 才從分肉卜鈞衡，冠玉丰標蓋世英。每濟艱危紆祕策，本來智數絶羣卿。黄金黯淡軍前謗，白馬蒼涼殿上盟。代邸北歸劉後定，劇憐絳灌盛勛名。

《詁經精舍文續集》卷八金鶴清《讀史・陳平》 讀書觀變久沈幾，擾攘先知楚魏非。宰世經猷分肉顯，封侯骨相食糠肥。安危注意周旋久，貧賤知交富貴稀。終恃智謀能遠害，不徒六出有神機。

《詁經精舍文續集》卷八陸璣《讀史・陳平》 天生美好豈長貧，背項歸劉識最真。敵國自疑先中計，此才成事恐因人。曾將術智襄幃幄，從古陰謀忌鬼神。曲逆小侯心已足，封齊前鑒淚霑巾。

漢文帝部

綜述

《史記》卷一〇《孝文本紀》 孝文皇帝，高祖中子也。高祖十一年春，已破陳豨軍，定代地，立爲代王，都中都。太后薄氏子。即位十七年，高后八年七月，高后崩。九月，諸吕吕産等欲爲亂，以危劉氏，大臣共誅之，謀召立代王，事在《吕后》語中。

丞相陳平、太尉周勃等使人迎代王。代王問左右郎中令張武等，張武等議曰：「漢大臣皆故高帝時大將，習兵，多謀詐，此其屬意非止此也，特畏高帝、吕太后威耳。今已誅諸吕，新啑血京師，此以迎大王爲名，實不可信。願大王稱疾毋往，以觀其變。」中尉宋昌進曰：「羣臣之議皆非也。夫秦失其政，諸侯豪桀並起，人人自以爲得之者以萬數，然卒踐天子之位者，劉氏也，天下絶望，一矣。高帝封王子弟，地犬牙相制，此所謂盤石之宗也，天下服其彊，二矣。漢興，除秦苛政，約法令，施德惠，人人自安，難動摇，三矣。夫以吕太后之嚴，立諸吕爲三王，擅權專制，然而太尉以一節入北軍，一呼士皆左袒，爲劉氏，叛諸吕，卒以滅之。此乃天授，非人力也。今大臣雖欲爲變，百姓弗爲使，其黨寧能專一邪？方今内有朱虚、東牟之親，外畏吴、楚、淮南、琅邪、齊、代之彊。方今高帝子獨淮南王與大王，大王又長，賢聖仁孝，聞於天下，故大臣因天下之心而欲迎立大王，大王勿疑也。」代王報太后計之，猶與未定。卜之龜，卦兆得大横。占曰：「大横庚庚，余爲天王，夏啓以光。」代王曰：「寡人固已爲王矣，又何王？」卜人曰：「所謂天王者乃天子。」於是代王乃遣太后弟薄昭往見絳侯，絳侯等具爲昭言所以迎立王意。薄昭還報曰：「信矣，毋可疑者。」代王乃笑謂宋昌曰：「果如公言。」乃命宋昌參乘，張武等六人乘傳詣長安。至高陵休止，而使宋昌先馳之長安觀變。

昌至渭橋，丞相以下皆迎。宋昌還報。代王馳至渭橋，羣臣拜謁稱臣。代王下車拜。太尉勃進曰：「願請閒言。」宋昌曰：「所言公，公言之。所言私，王者不受私。」太尉乃跪上天子璽符。代王謝曰：「至代邸而議之。」遂馳入代邸。羣臣從至。丞相陳平、太尉周勃、大將軍陳武、御史大夫張蒼、宗正劉郢、朱虚侯劉章、東牟侯劉興居、典客劉揭皆再拜言曰：「子弘等皆非孝惠帝子，不當奉宗廟。臣謹請(與)陰安侯列侯頃王后與琅邪王、宗室、大臣、列侯、吏二千石議曰：『大王高帝長子，宜爲高帝嗣。』願大王即天子位。」代王曰：「奉高帝宗廟，重事也。寡人不佞，不足以稱宗廟。願請楚王計宜者，寡人不敢當。」羣臣皆伏固請。代王西鄉讓者三，南鄉讓者再。丞相平等皆曰：「臣伏計之，大王奉高帝宗廟最宜稱，雖天下諸侯萬民以爲宜。臣等爲宗廟社稷計，不敢忽。願大王幸聽臣等，臣謹奉天子璽符再拜上。」代王曰：「宗室將相王列侯以爲莫宜寡人，寡人不敢辭。」遂即天子位。

羣臣以禮次侍。乃使太僕嬰與東牟侯興居清宫，奉天子法駕，迎于代邸。皇帝即日夕入未央宫。乃夜拜宋昌爲衛將軍，鎮撫南北軍。以張武爲郎中令，行殿中。還坐前殿，於是夜下詔書曰：「閒者諸吕用事擅權，謀爲大逆，欲以危劉氏宗廟，賴將相列侯宗室大臣誅之，皆伏其辜。朕初即位，其赦天下，賜民爵一級，女子百户牛酒，酺五日。」

孝文皇帝元年十月庚戌，徙立故琅邪王澤爲燕王。

辛亥，皇帝即阼，謁高廟。右丞相平徙爲左丞相，太尉勃爲右丞相，大將軍灌嬰爲太尉。諸吕所奪齊、楚故地，皆復與之。

壬子，遣車騎將軍薄昭迎皇太后于代。皇帝曰：「吕産自置爲相國，吕禄爲上將軍，擅矯遣灌將軍嬰將兵擊齊，欲代劉氏，嬰留滎陽弗擊，與諸侯合謀以誅吕氏。吕産欲爲不善，丞相陳平與太尉周勃謀奪吕産等軍。朱虚侯劉章首先捕吕産等。太尉身率襄平侯通持節承詔入北軍，典客劉揭身奪趙王吕禄印。益封太尉勃萬户，賜金五千斤。丞相陳平、灌將軍嬰邑各三千户，金二千斤。朱虚侯劉章、襄平侯通、東牟侯劉興居邑各二千户，金千斤。封典客揭爲陽信侯，賜金千斤。」

十二月，上曰：「法者，治之正也，所以禁暴而率善人也。今犯法已論，而使毋罪之父母妻子同産坐之，及爲收帑，朕甚不取。其議之。」有司皆曰：「民不能自治，故爲法以禁之。相坐坐收，所以累其心，使重犯法，所從來遠矣。如故便。」上曰：「朕聞法正則民慤，罪當則民從。且夫牧民而導之善者，吏也。其既不能導，又以不正之法罪之，是反害於民爲暴者也，何以禁之？朕未見其便，其孰計之。」有司皆曰：「陛下加大惠，德甚盛，非臣等所及也。請奉詔書，除收帑

諸相坐律令。」

正月，有司言曰：「蚤建太子，所以尊宗廟。請立太子。」上曰：「朕既不德，上帝神明未歆享，天下人民未有嗛志。今縱不能博求天下賢聖有德之人而禪天下焉，而曰豫建太子，是重吾不德也，謂天下何？其安之。」有司曰：「豫建太子，所以重宗廟社稷，不忘天下也。」上曰：「楚王，季父也，春秋高，閲天下之義理多矣，明於國家之大體。吴王於朕，兄也，惠仁以好德。淮南王，弟也，秉德以陪朕。豈爲不豫哉！諸侯王宗室昆弟有功臣，多賢及有德義者，若舉有德以陪朕之不能終，是社稷之靈，天下之福也。今不選舉焉，而曰必子，人其以朕爲忘賢有德者而專於子，非所以憂天下也。朕甚不取也。」有司皆固請曰：「古者殷周有國，治安皆千餘歲，古之有天下者莫長焉，用此道也。立嗣必子，所從來遠矣。高帝親率士大夫，始平天下，建諸侯，爲帝者太祖。諸侯王及列侯始受國者皆亦爲其國祖。子孫繼嗣，世世弗絶，天下之大義也，故高帝設之以撫海内。今釋宜建而更選於諸侯及宗室，非高帝之志也。更議不宜。子某最長，純厚慈仁，請建以爲太子。」上乃許之。因賜天下民當代父後者爵各一級。封將軍薄昭爲軹侯。

三月，有司請立皇后。薄太后曰：「諸侯皆同姓，立太子母爲皇后。」皇后姓竇氏。上爲立后故，賜天下鰥寡孤獨窮困及年八十已上、孤兒九歲已下布帛米肉各有數。上從代來，初即位，施德惠天下，填撫諸侯四夷皆洽驩，乃循從代來功臣。上曰：「方大臣之誅諸吕迎朕，朕狐疑，皆止朕，唯中尉宋昌勸朕，朕以得保奉宗廟。已尊昌爲衛將軍，其封昌爲壯武侯。諸從朕六人，官皆至九卿。」

上曰：「列侯從高帝入蜀、漢中者六十八人皆益封各三百户，故吏二千石以上從高帝潁川守尊等十人食邑六百户，淮陽守申徒嘉等十人五百户，衛尉定等十人四百户。封淮南王舅父趙兼爲周陽侯，齊王舅父駟鈞爲清郭侯。」秋，封故常山丞相蔡兼爲樊侯。

人或説右丞相曰：「君本誅諸吕，迎代王，今又矜其功，受上賞，處尊位，禍且及身。」右丞相勃乃謝病免罷，左丞相平專爲丞相。

二年十月，丞相平卒，復以絳侯勃爲丞相。上曰：「朕聞古者諸侯建國千餘(歲)，各守其地，以時入貢，民不勞苦，上下驩欣，靡有遺德。今列侯多居長安，邑遠，吏卒給輸費苦，而列侯亦無由教馴其民。其令列侯之國，爲吏及詔所止者，遣太子。」

十一月晦，日有食之。十二月望，日又食。上曰：「朕聞之，天生蒸民，爲之置君以養治之。人主不德，布政不均，則天示之以菑，以誡不治。乃十一月晦，日有食之，適見于天，菑孰大焉！朕獲保宗廟，以微眇之身託于兆民君王之上，天下治亂，在朕一人，唯二三執政猶吾股肱也。朕下不能理育羣生，上以累三光之明，其不德大矣。令至，其悉思朕之過失，及知見思之所不及，匄以告朕。及舉賢良方正能直言極諫者，以匡朕之不逮。因各飭其任職，務省繇費以便民。朕既不能遠德，故憪然念外人之有非，是以設備未息。今縱不能罷邊屯戍，而又飭兵厚衛，其罷衛將軍軍。太僕見馬遺財足，餘皆以給傳置。」

正月，上曰：「農，天下之本，其開籍田，朕親率耕，以給宗廟粢盛。」

三月，有司請立皇子爲諸侯王。上曰：「趙幽王幽死，朕甚憐之，已立其長子遂爲趙王。遂弟辟彊及齊悼惠王子朱虚侯章、東牟侯興居有功，可王。」乃立趙幽王少子辟彊爲河閒王，以齊劇郡立朱虚侯爲城陽王，立東牟侯爲濟北王，皇子武爲代王，子參爲太原王，子揖爲梁王。

上曰：「古之治天下，朝有進善之旌，誹謗之木，所以通治道而來諫者。今法有誹謗妖言之罪，是使衆臣不敢盡情，而上無由聞過失也，將何以來遠方之賢良？其除之。民或祝詛上以相約結而後相謾，吏以爲大逆，其有他言，而吏又以爲誹謗。此細民之愚無知抵死，朕甚不取。自今以來，有犯此者勿聽治。」

九月，初與郡國守相爲銅虎符、竹使符。

三年十月丁酉晦，日有食之。十一月，上曰：「前日(計)(詔)遣列侯之國，或辭未行。丞相朕之所重，其爲朕率列侯之國。」絳侯勃免丞相就國，以太尉潁陰侯嬰爲丞相。罷太尉官，屬丞相。四月，城陽王章薨。淮南王長與從者魏敬殺辟陽侯審食其。

五月，匈奴入北地，居河南爲寇。帝初幸甘泉。六月，帝曰：「漢與匈奴約爲昆弟，毋使害邊境，所以輸遺匈奴甚厚。今右賢王離其國，將衆居河南降地，非常故，往來近塞，捕殺吏卒，驅保塞蠻夷，令不得居其故，陵轢邊吏，入盗，甚敖無道，非約也。其發邊吏騎八萬五千詣高奴，遣丞相潁陰侯灌嬰擊匈奴。」匈奴去，發中尉材官屬衛將軍軍長安。

辛卯，帝自甘泉之高奴，因幸太原，見故羣臣，皆賜之。舉功行賞，諸民里賜牛酒。復晉陽中都民三歲。留游太原十餘日。

濟北王興居聞帝之代，欲往擊胡，乃反，發兵欲襲滎陽。於是詔罷丞相兵，遣棘蒲侯陳武爲大將軍，將十萬往擊之。祁侯賀爲將軍，軍滎陽。七月辛亥，帝

自太原至長安。迺詔有司曰：「濟北王背德反上，詿誤吏民，爲大逆。濟北吏民兵未至先自定，及以軍地邑降者，皆赦之，復官爵。與王興居去來，亦赦之。」八月，破濟北軍，虜其王，赦濟北諸吏民與王反者。

六年，有司言淮南王長廢先帝法，不聽天子詔，居處毋度，出入擬於天子，擅爲法令，與棘蒲侯太子奇謀反，遣人使閩越及匈奴，發其兵，欲以危宗廟社稷。羣臣議，皆曰「長當弃市」。帝不忍致法於王，赦其罪，廢勿王。羣臣請處王蜀嚴道、邛都，帝許之。長未到處所，行病死，上憐之。後十六年，追尊淮南王長謚爲厲王，立其子三人爲淮南王、衡山王、廬江王。

十三年夏，上曰：「蓋聞天道禍自怨起而福繇德興。百官之非，宜由朕躬。今祕祝之官移過于下，以彰吾之不德，朕甚不取，其除之。」

五月，齊太倉令淳于公有罪當刑，詔獄逮徙繫長安。太倉公無男，有女五人。太倉公將行會逮，罵其女曰：「生子不生男，有緩急非有益也！」其少女緹縈自傷泣，乃隨其父至長安，上書曰：「妾父爲吏，齊中皆稱其廉平，今坐法當刑。妾傷夫死者不可復生，刑者不可復屬，雖復欲改過自新，其道無由也。妾願没入爲官婢，贖父刑罪，使得自新。」書奏天子，天子憐悲其意，乃下詔曰：「蓋聞有虞氏之時，畫衣冠異章服以爲僇，而民不犯。何則？至治也。今法有肉刑三，而姦不止，其咎安在？非乃朕德薄而教不明歟？吾甚自愧。故夫馴道不純而愚民陷焉。《詩》曰『愷悌君子，民之父母』。今人有過，教未施而刑加焉，或欲改行爲善而道毋由也，朕甚憐之。夫刑至斷支體，刻肌膚，終身不息，何其楚痛而不德也，豈稱爲民父母之意哉！其除肉刑。」

上曰：「農，天下之本，務莫大焉。今勤身從事而有租稅之賦，是爲本末者毋以異，其於勸農之道未備。其除田之租稅。」

十四年冬，匈奴謀入邊爲寇，攻朝那塞，殺北地都尉卬。上乃遣三將軍軍隴西、北地、上郡，中尉周舍爲衛將軍，郎中令張武爲車騎將軍，軍渭北，車千乘，騎卒十萬。帝親自勞軍，勒兵申教令，賜軍吏卒。帝欲自將擊匈奴，羣臣諫，皆不聽。皇太后固要帝，帝乃止。於是以東陽侯張相如爲大將軍，成侯赤爲内史，欒布爲將軍，擊匈奴。匈奴遁走。

春，上曰：「朕獲執犧牲珪幣以事上帝宗廟，十四年于今，歷日(縣)〔緜〕長，以不敏不明而久撫臨天下，朕甚自愧。其廣增諸祀墠場珪幣。昔先王遠施不求其報，望祀不祈其福，右賢左戚，先民後己，至明之極也。今吾聞祠官祝釐，皆歸福朕躬，不爲百姓，朕甚愧之。夫以朕不德，而躬享獨美其福，百姓不與焉，是重吾不德。其令祠官致敬，毋有所祈。」

是時北平侯張蒼爲丞相，方明律曆。魯人公孫臣上書陳終始傳五德事，言方今土德時，土德應黄龍見，當改正朔服色制度。天子下事與丞相議。丞相推以爲今水德，始明正十月上黑事，以爲其言非是，請罷之。

十五年，黄龍見成紀，天子乃復召魯公孫臣，以爲博士，申明土德事。於是上乃下詔曰：「有異物之神見于成紀，無害於民，歲以有年。朕親郊祀上帝諸神，禮官議，毋諱以勞朕。」有司禮官皆曰：「古者天子夏躬親禮祀上帝於郊，故曰郊。」於是天子始幸雍，郊見五帝，以孟夏四月答禮焉。趙人新垣平以望氣見，因説上設立渭陽五廟。欲出周鼎，當有玉英見。

十六年，上親郊見渭陽五帝廟，亦以夏答禮而尚赤。

十七年，得玉杯，刻曰「人主延壽」。於是天子始更爲元年，令天下大酺。其歲，新垣平事覺，夷三族。

後二年，上曰：「朕既不明，不能遠德，是以使方外之國或不寧息。夫四荒之外不安其生，封畿之内勤勞不處，二者之咎，皆自於朕之德薄而不能遠達也。閒者累年，匈奴並暴邊境，多殺吏民，邊臣兵吏又不能諭吾内志，以重吾不德也。夫久結難連兵，中外之國將何以自寧？今朕夙興夜寐，勤勞天下，憂苦萬民，爲之怛惕不安，未嘗一日忘於心，故遣使者冠蓋相望，結軼於道，以諭朕意於單于。今單于反古之道，計社稷之安，便萬民之利，親與朕俱弃細過，偕之大道，結兄弟之義，以全天下元元之民。和親已定，始于今年。」

後六年冬，匈奴三萬人入上郡，三萬人入雲中。以中大夫令勉爲車騎將軍，軍飛狐；故楚相蘇意爲將軍，軍句注；將軍張武屯北地；河内守周亞夫爲將軍，居細柳；宗正劉禮爲將軍，居霸上；祝兹侯軍棘門：以備胡。數月，胡人去，亦罷。

天下旱，蝗。帝加惠：令諸侯毋入貢，弛山澤，減諸服御狗馬，損郎吏員，發倉庾以振貧民，民得賣爵。

孝文帝從代來，即位二十三年，宫室苑囿狗馬服御無所增益，有不便，輒弛以利民。嘗欲作露臺，召匠計之，直百金。上曰：「百金中民十家之産，吾奉先帝宫室，常恐羞之，何以臺爲！」上常衣綈衣，所幸慎夫人，令衣不得曳地，幃帳不得文繡，以示敦朴，爲天下先。治霸陵皆以瓦器，不得以金銀銅錫爲飾，不治

墳，欲爲省，毋煩民。南越王尉佗自立爲武帝，然上召貴尉佗兄弟，以德報之，佗遂去帝稱臣。與匈奴和親，匈奴背約入盜，然令邊備守，不發兵深入，惡煩苦百姓。吴王詐病不朝，就賜几杖。羣臣如袁盎等稱説雖切，常假借用之。羣臣如張武等受賂遺金錢，覺，上乃發御府金錢賜之，以愧其心，弗下吏。專務以德化民，是以海内殷富，興於禮義。

後七年六月己亥，帝崩於未央宫。遺詔曰：「朕聞蓋天下萬物之萌生，靡不有死。死者天地之理，物之自然者，奚可甚哀。當今之時，世咸嘉生而惡死，厚葬以破業，重服以傷生，吾甚不取。且朕既不德，無以佐百姓；今崩，又使重服久臨，以離寒暑之數，哀人之父子，傷長幼之志，損其飲食，絶鬼神之祭祀，以重吾不德也，謂天下何！朕獲保宗廟，以眇眇之身託于天下君王之上，二十有餘年矣。賴天地之靈，社稷之福，方内安寧，靡有兵革。朕既不敏，常畏過行，以羞先帝之遺德；維年之久長，懼于不終。今乃幸以天年，得復供養于高廟，朕之不明與嘉之，其奚哀悲之有！其令天下吏民，令到出臨三日，皆釋服。毋禁取婦嫁女祠祀飲酒食肉者。自當給喪事服臨者，皆無踐。絰帶無過三寸，毋布車及兵器，毋發民男女哭臨宫殿。宫殿中當臨者，皆以旦夕各十五舉聲，禮畢罷。非旦夕臨時，禁毋得擅哭。已下，服大紅十五日，小紅十四日，纖七日，釋服。佗不在令中者，皆以此令比率從事。布告天下，使明知朕意。霸陵山川因其故，毋有所改。歸夫人以下至少使。」令中尉亞夫爲車騎將軍，屬國悍爲將屯將軍，郎中令武爲復土將軍，發近縣見卒萬六千人，發内史卒萬五千人，藏郭穿復土屬將軍武。

乙巳，羣臣皆頓首上尊號曰孝文皇帝。

太子即位于高廟。丁未，襲號曰皇帝。

孝景皇帝元年十月，制詔御史：「蓋聞古者祖有功而宗有德，制禮樂各有由。聞歌者，所以發德也；舞者，所以明功也。高廟酎，奏《武德》、《文始》、《五行》之舞。孝惠廟酎，奏《文始》、《五行》之舞。孝文皇帝臨天下，通關梁，不異遠方。除誹謗，去肉刑，賞賜長老，收恤孤獨，以育羣生。減嗜欲，不受獻，不私其利也。罪人不帑，不誅無罪。除(肉)〔宫〕刑，出美人，重絶人之世。朕既不敏，不能識。此皆上古之所不及，而孝文皇帝親行之。德厚侔天地，利澤施四海，靡不獲福焉。明象乎日月，而廟樂不稱，朕甚懼焉。其爲孝文皇帝廟爲《昭德》之舞，以明休德。然后祖宗之功德著於竹帛，施于萬世，永永無窮，朕甚嘉之。其與丞相、列侯、中二千石、禮官具爲禮儀奏。」丞相臣嘉等言：「陛下永思孝道，立《昭德》之舞以明孝文皇帝之盛德，皆臣嘉等愚所不及。臣謹議：世功莫大於高皇帝，德莫盛於孝文皇帝，高皇廟宜爲帝者太祖之廟，孝文皇帝廟宜爲帝者太宗之廟。天子宜世世獻祖宗之廟。郡國諸侯宜各爲孝文皇帝立太宗之廟。諸侯王列侯使者侍祠天子，歲獻祖宗之廟。請著之竹帛，宣布天下。」制曰：「可。」

皇甫謐《帝王世紀》卷七　孝文即位二十三年，年四十七。葬霸陵，因山爲體，廟名顧成。

雜録

備録

《漢書》卷二二《禮樂志》　孝文廟奏《昭德》、《文始》、《四時》、《五行》之舞；**【略】**《四時舞》者，孝文所作，以(明)示天下之安和也。

《漢書》卷二三《刑法志》　及孝文即位，躬脩玄默，勸趣農桑，減省租賦。而將相皆舊功臣，少文多質，懲惡亡秦之政，論議務在寬厚，恥言人之過失。化行天下，告訐之俗易。吏安其官，民樂其業，畜積歲增，户口寖息。風流篤厚，禁罔疏闊。選張釋之爲廷尉，罪疑者予民，是以刑罰大省，至於斷獄四百，有刑錯之風。

即位十三年，齊太倉令淳于公有罪當刑，詔獄逮繫長安。淳于公無男，有五女，當行會逮，罵其女曰：「生子不生男，緩急非有益(也)！」其少女緹縈，自傷悲泣，乃隨其父至長安，上書曰：「妾父爲吏，齊中皆稱其廉平，今坐法當刑。妾傷夫死者不可復生，刑者不可復屬，雖後欲改過自新，其道亡繇也。妾願没入爲官婢，以贖父刑罪，使得自新。」書奏天子，天子憐悲其意，遂下令曰：「制詔御史：蓋聞有虞氏之時，畫衣冠異章服以爲戮，而民弗犯，何治之至也！今法有肉刑三，而姦不止，其咎安在？非乃朕德之薄，而教不明與！吾甚自愧。故夫訓道不純而愚民陷焉。《詩》曰：『愷弟君子，民之父母。』今人有過，教未施而刑已加焉，或欲改行爲善，而道亡繇至，朕甚憐之。夫刑至斷支體，刻肌膚，終身不息，

何其刑之痛而不德也！豈稱爲民父母之意哉？其除肉刑，有以易之；及令罪人各以輕重，不亡逃，有年而免。具爲令。」

丞相張蒼、御史大夫馮敬奏言：「肉刑所以禁姦，所由來者久矣。陛下下明詔，憐萬民之一有過被刑者終身不息，及罪人欲改行爲善而道亡繇至，於盛德，臣等所不及也。臣謹議請定律曰：諸當完者，完爲城旦舂；當黥者，髡鉗爲城旦舂；當劓者，笞三百；當斬左止者，笞五百；當斬右止，及殺人先自告，及吏坐受賕枉法，守縣官財物而即盜之，已論命復有笞罪者，皆棄市。罪人獄已決，完爲城旦舂，滿三歲爲鬼薪白粲。鬼薪白粲一歲，爲隸臣妾。隸臣妾一歲，免爲庶人。隸臣妾滿二歲，爲司寇。司寇一歲，及作如司寇二歲，皆免爲庶人。其亡逃及有罪耐以上，不用此令。前令之刑城旦舂歲而非禁錮者，如完爲城旦舂歲數以免。臣昧死請。」制曰：「可。」是後，外有輕刑之名，內實殺人。斬右止者又當死。斬左止者笞五百，當劓者笞三百，率多死。【略】

孝文二年，又詔丞相、太尉、御史：「法者，治之正，所以禁暴而衛善人也。今犯法者已論，而使無罪之父母妻子同產坐之及收，朕甚弗取。其議。」左右丞相周勃、陳平奏言：「父母妻子同產相坐及收，所以累其心，使重犯法也。收之之道，所由來久矣。臣之愚計，以爲如其故便。」文帝復曰：「朕聞之，法正則民愨，罪當則民從。且夫牧民而道之以善者，吏也；既不能道，又以不正之法罪之，是法反害於民，爲暴者也。朕未見其便，宜孰計之。」平、勃乃曰：「陛下幸加大惠於天下，使有罪不收，無罪不相坐，甚盛德，臣等所不及也。臣等謹奉詔，盡除收律、相坐法。」其後，新垣平謀爲逆，復行三族之誅。由是言之，風俗移易，人性相近而習相遠，信矣。夫以孝文之仁，平、勃之知，猶有過刑謬論如此甚也，而況庸材溺於末流者乎？

《漢書》卷二四上《食貨志上》 文帝即位，躬修儉節，思安百姓。時民近戰國，皆背本趨末，賈誼說上曰：

筦子曰「倉廩實而知禮節」。民不足而可治者，自古及今，未之嘗聞。古之人曰：「一夫不耕，或受之飢；一女不織，或受之寒。」生之有時，而用之亡度，則物力必屈。古之治天下，至孅至悉也，故其畜積足恃。今背本而趨末，食者甚衆，是天下之大殘也；淫侈之俗，日日以長，是天下之大賊也。殘賊公行，莫之或止；大命將泛，莫之振救。生之者甚少而靡之者甚多，天下財產何得不蹷！漢之爲漢幾四十年矣，公私之積猶可哀痛。失時不雨，民且狼顧；歲惡不入，請賣爵、子。既聞耳矣，安有爲天下阽危者若是而上不驚者！

世之有飢穰，天之行也，禹、湯被之矣。即不幸有方二三千里之旱，國胡以相恤？卒然邊境有急，數十百萬之衆，國胡以餽之？兵旱相乘，天下大屈，有勇力者聚徒而衡擊，罷夫羸老易子而齩其骨。政治未畢通也，遠方之能疑者並舉而爭起矣，乃駭而圖之，豈將有及乎？

夫積貯者，天下之大命也。苟粟多而財有餘，何爲而不成？以攻則取，以守則固，以戰則勝。懷敵附遠，何招而不至？今毆民而歸之農，皆著於本，使天下各食其力，末技游食之民轉而緣南晦，則畜積足而人樂其所矣。可以爲富安天下，而直爲此廩廩也，竊爲陛下惜之！

於是上感誼言，始開籍田，躬耕以勸百姓。鼂錯復說上曰：

聖王在上而民不凍飢者，非能耕而食之，織而衣之也，爲開其資財之道也。故堯、禹有九年之水，湯有七年之旱，而國亡捐瘠者，以畜積多而備先具也。今海內爲一，土地人民之衆不避湯、禹，加以亡天災數年之水旱，而畜積未及者，何也？地有遺利，民有餘力，生穀之土未盡墾，山澤之利未盡出也，游食之民未盡歸農也。民貧，則姦邪生。貧生於不足，不足生於不農，不農則不地著，不地著則離鄉輕家，民如鳥獸，雖有高城深池，嚴法重刑，猶不能禁也。

夫寒之於衣，不待輕煖；飢之於食，不待甘旨；飢寒至身，不顧廉恥。人情，一日不再食則飢，終歲不製衣則寒。夫腹飢不得食，膚寒不得衣，雖慈母不能保其子，君安能以有其民哉！明主知其然也，故務民於農桑，薄賦斂，廣畜積，以實倉廩，備水旱，故民可得而有也。

民者，在上所以牧之，趨利如水走下，四方亡擇也。夫珠玉金銀，飢不可食，寒不可衣，然而衆貴之者，以上用之故也。其爲物輕微易臧，在於把握，可以周海內而亡飢寒之患。此令臣輕背其主，而民易去其鄉，盜賊有所勸，亡逃者得輕資也。粟米布帛生於地，長於時，聚於力，非可一日成也；數石之重，中人弗勝，不爲姦邪所利，一日弗得而飢寒至。是故明君貴五穀而賤金玉。

今農夫五口之家，其服役者不下二人，其能耕者不過百晦，百晦之收不過百石。春耕夏耘，秋獲冬臧，伐薪樵，治官府，給繇役；春不得避風塵，夏

不得避暑熱，秋不得避陰雨，冬不得避寒凍，四時之間亡日休息；又私自送往迎來，弔死問疾，養孤長幼在其中。勤苦如此，尚復被水旱之災，急政暴（虐）〔賦〕，賦斂不時，朝令而暮改。當具有者半賈而賣，亡者取倍稱之息，於是有賣田宅鬻子孫以償責者矣。而商賈大者積貯倍息，小者坐列販賣，操其奇贏，日游都市，乘上之急，所賣必倍。故其男不耕耘，女不蠶織，衣必文采，食必（梁）〔粱〕肉；亡農夫之苦，有仟伯之得。因其富厚，交通王侯，力過吏勢，以利相傾；千里游敖，冠蓋相望，乘堅策肥，履絲曳縞。此商人所以兼并農人，農人所以流亡者也。

今法律賤商人，商人已富貴矣；尊農夫，農夫已貧賤矣。故俗之所貴，主之所賤也；吏之所卑，法之所尊也。上下相反，好惡乖迕，而欲國富法立，不可得也。方今之務，莫若使民務農而已矣。欲民務農，在於貴粟；貴粟之道，在於使民以粟爲賞罰。今募天下入粟縣官，得以拜爵，得以除罪。如此，富人有爵，農民有錢，粟有所渫。夫能入粟以受爵，皆有餘者也；取於有餘，以供上用，則貧民之賦可損，所謂損有餘補不足，令出而民利者也。順於民心，所補者三：一曰主用足，二曰民賦少，三曰勸農功。今令民有車騎馬一匹者，復卒三人。車騎者，天下武備也，故爲復卒。神農之教曰：「有石城十仞，湯池百步，帶甲百萬，而亡粟，弗能守也。」以是觀之，粟者，王者大用，政之本務。令民入粟受爵至五大夫以上，乃復一人耳，此其與騎馬之功相去遠矣。爵者，上之所擅，出於口而亡窮；粟者，民之所種，生於地而不乏。夫得高爵與免罪，人之所甚欲也。使天下〔人〕入粟於邊，以受爵免罪，不過三歲，塞下之粟必多矣。

於是文帝從錯之言，令民入粟邊，六百石爵上造，稍增至四千石爲五大夫，萬二千石爲大庶長，各以多少級數爲差。錯復奏言：「陛下幸使天下入粟塞下以拜爵，甚大惠也。竊恐塞卒之食不足用大渫天下粟。邊食足以支五歲，可令入粟郡縣矣；足支一歲以上，可時赦，勿收農民租。如此，德澤加於萬民，民俞勸農。時有軍役，若遭水旱，民不困乏，天下安寧；歲孰且美，則民大富樂矣。」上復從其言，乃下詔賜民十二年租稅之半。明年，遂除民田之租稅。

應劭《風俗通義》卷二《正失・孝文帝》 孝成皇帝好《詩》、《書》，通覽古今，閒習朝廷儀禮，尤善漢家法度故事。常見中壘校尉劉向，以世俗多傳道：孝文皇帝，小生於軍，及長大有識，不知父所在，日祭於代東門外。高帝數夢見一兒祭己，使使至代求之，果得文帝，立爲代王。及後徵到，後期，不得立，日爲再中。及即位爲天子，躬自節儉，集上書囊以爲前殿帷，常居明光宮聽政，爲皇太薄后持三年服，廬居枕塊如禮，至以發大病，知後子不能行三年之喪，更制三十六日服。治天下，致升平，斷獄三百人，粟升一錢。「有此事不？」向對曰：「皆不然。」

謹按：漢高三年，魏王豹叛漢附楚，漢使大將韓信擊虜豹姬薄夫人，傳詣雒陽織室。漢王見薄姬，内後宮，幸之，生文帝，二年而爲王者子，常居宮闕内，不棄捐軍中，祭代東門。高皇后八年後九月己酉夕即位，就未央，幸前殿，下赦令，即位時以昏夜，日不再中。文帝雖節儉，未央前殿至奢，雕文五采，畫華榱璧璫，軒檻皆飾以黄金，其勢不可以書囊爲帷，奢儉好醜，不相副侔。又文帝以後元六年己亥崩未央宮，在時平常聽政宣室，不居明光宮。及皇太薄后以孝景二年四月壬子薨，葬南陵，文帝先太后崩，不爲皇太薄后持三年服。文帝遵漢家，基業初定，重承軍旅之後，百姓新免於干戈之難，故文帝宜因修秦餘政教，輕刑事少，與之休息，以儉約節欲自持，初開籍田，躬勸農耕桑，務民之本，即位十餘年，時五穀豐熟，百姓足，倉廩實，蓄積有餘。然文帝本修黄、老之言，不甚好儒術，其治尚清淨無爲，以故禮樂庠序未修，民俗未能大化，苟温飽完結，所謂治安之國也。其後匈奴數犯塞，侵擾邊境，單于深入寇掠，賊害北地都尉，殺略吏民，係虜老弱，驅畜産，燒積聚，候騎至甘泉，烽火通長安，京師震動，無不憂懣。是時，大發興材官騎士十餘萬軍長安，帝遣丞相灌嬰擊匈奴，文帝自勞兵至太原、代郡，由是北邊置屯待戰，設備備胡，兵連不解，轉輸駱驛，費損虚耗，因以年歲穀不登，百姓饑乏，穀糴常至石五百，時不升一錢。前待詔賈捐之爲孝元皇帝言：「太宗時，民賦四十，斷獄四百餘。」案太宗時民重犯法，治理不能過中宗之世，地節元年，天下斷獄四萬七千餘人，如捐之言，復不類，前世斷獄，皆以萬數，不三百人。文帝即位二十三年，日月薄蝕，地數震動，毁壞民廬舍，關東二十九山，同日崩潰，水出，河決酸棗，大風壞都，雨雹如桃李，深者厚三尺，狗馬及人皆生角，大雪蝗蟲。文帝下詔書曰：「閒者，陰陽不調，日月薄蝕，年穀不登，大遭旱蝗饑饉之害，譴見天地，災及萬民。」丞相、御史議可以佐百姓之急。推此事類，似不及太宗之世，不可以爲升平。上曰：「吾於臨朝統政施號令何如？」（劉）向未及對，上謂向：「校尉帝師傅，耆舊洽聞，親事先帝，歷見三世得失，事無善惡，如聞知之，其言勿有所隱。」向曰：「文帝時政頗遺失，皆所謂悔恡小疵耶。嘗輦過郎

署，問中郎馮唐以趙將廉頗、馬服，唐言：『今雖有此人，不能用也。』推輦而去，還歸禁中，召責讓，唐頓首陳言：『聞之於祖父，道廉頗、李牧爲邊將，市租諸人，皆輸莫府，而趙王不問多少，日擊牛灑酒，勞賜士大夫，賞異有加，故能立威名。今臣竊聞雲中太守魏尚，邊之良將也，匈奴常犯塞爲寇，尚追之，吏士爭居前，樂盡死力，斬首上功，誤差數級，下之吏，尚竟抵罪。由是言之：雖得廉頗、李牧，不能用也。』及河東太守季布，治郡有聲，召欲以爲御史大夫，左右或毀言使酒，後不用，布見辭去，自陳曰：『臣幸得待罪河東，無故而見徵召，此人必有以臣欺國者，既到無用，此人亦有以毀傷臣者。今以一人言則進之，以一人言則退之，臣恐天下有以見朝廷短也。』上有慙色，卒遣布之官。及太中大夫鄧通，以佞幸吮癰瘍汁見愛，擬於至親，賜以蜀郡銅山，令得鑄錢。通私家之富，侔於王者封君。又爲微行，數幸通家。文帝代服衣罽，襲氈帽，騎駿馬，從侍中近臣常侍期門武騎獵漸臺下，馳射狐兔，畢雉刺彘，是時，待詔賈山諫以爲『不宜數從郡國賢良吏出遊獵，重令此人負名，不稱其舉』。及太中大夫賈誼，亦數諫止遊獵。是時，誼與鄧通俱侍中同位，誼又惡通爲人，數廷譏之，由是疏遠，遷爲長沙太傅。既之官，內不自得，及渡湘水，投弔書曰：『闒茸尊顯，佞諛得意。』以哀屈原離讒邪之咎，亦因自傷爲鄧通等所愬也。」成帝曰：「其治天下，孰與孝宣皇帝？」向曰：「中宗之世，政教明，法令行，邊境安，四夷親，單于欵塞，天下殷富，百姓康樂，其治過於太宗之時，亦以遭遇匈奴賓服，四夷和親也。」上曰：「後世皆言文帝治天下幾至太平，其德比周成王，此語何從生？」向對曰：「生於言事。文帝禮言事者，不傷其意，羣臣無小大，至即便從容言，上止輦聽之，其言可者稱善，不可者喜笑而已。言事多褒之，後人見遺文，則以爲然。世之毀譽，莫能得實，審形者少，隨聲者多，或至以無爲有。故曰：『堯、舜不勝其善，桀、紂不勝其惡。』桀、紂非殺父與君也，而世有殺君父者，人皆言無道如桀、紂，此不勝其惡。故若文帝之仁賢，不勝其善，世俗褒揚，言其德比成王，治幾太平也。然文帝之節儉約身，以率先天下，忍容言者，含咽臣子之短，此亦通人難及，似出於孝宣皇帝者也。如其聰明遠識，不忘數十年事，制持萬機，天資治理之材，恐文帝亦且不及孝宣皇帝。」向以爲如此。及世間言文帝小生於軍中，長大祭代東門外，使者求得之，因立爲代王，徵當即位，後期，日爲之再中，集上書囊，以爲前殿帷，常居明光宮聽政，爲薄太后持三年服，治天下，致升平，斷獄三百人，粟一升一錢：凡此十餘事，皆俗人所妄傳，言過其實，及傅會，或以爲前皆非是，如劉向言。

《宋書》卷二七《符瑞上》 文帝之母薄姬，魏豹爲魏王，納之後宮。許負相之，當生天子，魏王豹於是背漢，漢高帝擊虜，而薄姬輸織室。高帝見而美之，內於後宮，歲餘乃得幸。將見幸，薄姬言：「妾昨夢青龍據妾心。」高帝曰：「我是也。吾爲爾成之。」一御而生文帝。

洪邁《容齋隨筆》卷九《漢文失材》 漢文帝見李廣，曰：「惜廣不逢時，令當高祖世，萬户侯豈足道哉！」賈山上書言治亂之道，借秦爲諭，其言忠正明白，不下賈誼，曾不得一官，史臣猶贊美文帝，以爲山言多激切，終不加罰，所以廣諫爭之路。觀此二事，失材多矣。吳、楚反時，李廣以都尉戰昌邑下顯名，以梁王授廣將軍印，故賞不行。武帝時，五爲將軍擊匈奴，無尺寸功，至不得其死。三朝不遇，命也夫！

洪邁《容齋續筆》卷三《漢文帝受言》 漢文帝即位十三年，齊太倉令淳于意有罪當刑，其女緹縈，年十四，隨至長安，上書願没入爲官婢，以贖父刑罪。帝憐悲其意，即下令除肉刑。丞相張蒼、御史大夫馮敬議，請定律，當斬右止者反弃市，笞者杖背五百至三百，亦多死，徒有輕刑之名，實多殺人，其三族之罪，又不乘時建明，以負天子德意，蒼、敬可謂具臣矣。史稱文帝止輦受言。今以一女子上書，躬自省覽，即除數千載所行之刑，曾不留難，然則天下事豈復有稽滯不決者哉！所謂集上書囊以爲殿帷，蓋凡囊封之書，必至前也。

洪邁《容齋三筆》卷一一《漢文帝不用兵》 《史記・律書》云：「高祖厭苦軍事，偃武休息。孝文即位，將軍陳武等議曰：『南越、朝鮮，擁兵阻阸，選蠕觀望。宜及士民樂用，征討逆黨，以一封疆。』孝文曰：『朕能任衣冠，念不到此。會呂氏之亂，誤居正位，常戰戰慄慄，恐事之不終。且兵凶器，雖克所願，動亦耗病，謂百姓遠方何！今匈奴內侵，邊吏無功，邊民父子荷兵日久，朕常爲動心傷痛，無日忘之。願且堅邊設候，結和通使，休寧北陲，爲功多矣。且無議軍。』故百姓無內外之繇，得息肩於田畝，天下富盛，粟至十餘錢。」予謂孝文之仁德如此，與武帝黷武窮兵，爲霄壤不侔矣。然《班史》略不及此事。《資治通鑑》亦不編入，使其事不甚暴白，惜哉！

葉適《習學記言序目》卷二一《漢書一・帝紀》 漢文除肉刑，短喪，賜民租，除田租，皆以其予民者行之，不爲勉强；更有以上事亦可行，惜乎輔之者無其人也！班氏父子雖掎摭其善，然亦止能言其儉及近里做事，蓋其所知者如此而已。

葉適《習學記言序目》卷二二《漢書二・志》 漢文帝用賈誼言開籍田，從晁

錯入粟除租，後遂三十稅一。孟子以二十取一爲貊道，謂有中國人倫，非苟輕之，此爲當時諸侯小國言之可也。若漢初制度已大異，必將反之於古而後能利民，相持紛紛，欲益反損。如錯等議論，雖甚拙陋簡率，而因時轉易，主於不貪，農末相安，積實自倍，卒成漢世之仁政，則雖聖賢復起有不能廢矣。至後世全得天下無異於漢，上下苦心勞力奉行刻剥之策，使仁人志士，欲出其一二求以毫末利民而不可，且終莫知其所以受病者安在，是真可悲耳！

備論

《史記》卷一〇《孝文本紀》 太史公曰：孔子言「必世然後仁。善人之治國百年，亦可以勝殘去殺」。誠哉是言！漢興，至孝文四十有餘載，德至盛也。廪廪鄉改正服封禪矣，謙讓未成於今。嗚呼，豈不仁哉！

《史記》卷一三〇《太史公自序》 漢既初興，繼嗣不明，迎王踐祚，天下歸心；蠲除肉刑，開通關梁，廣恩博施，厥稱太宗。

《漢書》卷六七《梅福傳》 孝文皇帝起於代谷，非有周、召之師，伊、吕之佐也，循高祖之法，加以恭儉。當此之時，天下幾平。繇是言之，循高祖之法則治，不循則亂。何者？秦爲亡道，削仲尼之迹，滅周公之軌，壞井田，除五等，禮廢樂崩，王道不通，故欲行王道者莫能致其功也。

《漢書》卷七二《貢禹傳》 孝文皇帝時，貴廉絜，賤貪汙，賈人、贅壻及吏坐贓者皆禁錮不得爲吏，賞善罰惡，不阿親戚，罪白者伏其誅，疑者以與民，亡贖罪之法，故令行禁止，海内大化，天下斷獄四百，與刑錯亡異。

《漢書》卷一〇〇上《敘傳上》 太宗穆穆，允恭玄默，化民以躬，帥下以德。農不供貢，辠不收孥，宫不新館，陵不崇墓。我德如風，民應如屮，國富刑清，登我漢道。

曹丕《魏文帝集・漢文帝論》 昔有苗不賓，重華舞以干戚，尉佗稱帝，孝文撫以恩德，吴王不朝，錫之几杖以撫其意，而天下賴安，能弘三章之教，愷悌之化，欲使曩時累息之民，得濶步高談，無危懼之心。若賈誼之才敏，籌畫國政，特賢臣之器，管、晏之姿，豈若孝文大人之量哉。

《史記》卷一〇《孝文本紀》司馬貞述贊 孝文在代，兆遇大横。宋昌建册，絳侯奉迎。南面而讓，天下歸誠。務農先籍，布德偃兵。除帑削謗，政簡刑清。綈衣率俗，露臺罷營。法寬張武，獄恤緹縈。霸陵如故，千年頌聲。

《蘇軾文集》卷七《漢文帝之行事有可疑者三》 自漢以來，道德純備，未有如文帝者也。今考其行事，而可疑者三。上林令，吏之不才，而虎圈嗇夫，才之過人者也。才者見而不録，不才者置而不問，則事之不廢壞者有幾？然則兵偃刑措，何從而致之？南越不臣，寵以使者，吴王不朝，賜以几杖，此與唐之陵夷，藩鎮自立以邀旄鉞者何異，不幾於姑息苟簡之政歟？《傳》曰：三王臣主俱賢，五霸不及其臣。文帝不見賈生，自以爲過之，既見，不如也。文帝豈霸者歟？帝自以爲不如，而魏文帝乃以爲過之，此又何也？抑過之爲賢歟？將自謂不如爲賢歟？漢文之所以爲文，殆以是三者，而可疑如此。故願與子大夫論之，以待上問而發焉。

蘇轍《欒城後集》卷七《歷代論一・漢文帝》 老子曰：「柔勝剛，弱勝强。」漢文帝以柔御天下，剛强者皆乘風而靡。尉佗稱號南越，帝復其墳墓，召貴其兄弟，佗去帝號，俯伏稱臣。匈奴桀敖，陵駕中國，帝屈體遺書，厚以繒絮，雖未能調伏，然兵革之禍，比武帝世十一二耳。吴王濞包藏禍心，稱病不朝，帝賜之几杖，濞無所發怒，亂以不作。使文帝尚在，不出十年，濞亦已老死，則東南之亂無由起矣。至景帝不能忍，用鼂錯之計，削諸侯地，濞因之號召七國，西向入關，漢遣三十六將軍，竭天下之力，僅乃破之。錯言：「諸侯强大，削之亦反，不削亦反；削之反疾而禍小，不削反遲而禍大。」世皆以其言爲信。吾以爲不然。誠如文帝，忍而不削，濞必未反。遷延數歲之後，變故不一，徐因其變而爲之備，所以制之者固多術矣。猛虎在山，日食牛羊，人不能堪，荷戈而往刺之。幸則虎斃，不幸則人死，其爲害亟矣。鼂錯之計，何以異此？若能高其垣牆，深其陷穽，時伺而謹防之，虎安能必爲害？此則文帝之所以備吴也。於乎，爲天下慮患，而使好名貪利小丈夫制之，其不爲鼂錯者鮮矣！

《全宋文》卷一七六一孔文仲《漢文帝論》 漢之西京，其爲治近於正心修身以化天下者，莫如孝文帝。文帝躬行以率下，其迹著明者，莫如節儉。班固稱其在位二十餘年，宫室園囿，無所增加，至於身衣弋綈之服，帷帳無文繡之飾，則其行之於身者，可謂至矣。宜其天下之民，靡然革其故俗而從之。賈誼乃極論時弊，以爲禮義廉恥，不行於天下，天子之服而庶人得以衣倡優，被墻屋。由此觀之，民之奢侈而僭上，驕汰而無節，蓋亦未過於此時也。豈帝王之行，不足以動

天下之民哉？蓋文帝之所率民者，未有以盡其方也。凡爲治之體，有風化，而又有法度。風化所以動民之心，法度所以動民之志，兩者相爲用，而未嘗可以偏廢也。風化有餘而法度不足，雖黄帝、堯、舜復出，猶不能使天下皆胥勸而爲善也。先王知其若此也，故爲之制度之密，紀綱之詳，頒之天下，以束其心體，齊其耳目。故宫室之用，器服之飾，車輿之節，人徒之數，自天子至於委吏，由京師被於海表，斟酌處置，錙銖分寸之間，皆有條理而不亂，使之馴飭而不至於拘，優游而不至於蕩。下者不得進而慕上，尊者不得俯而從卑。則是所以調劑天下之民者，盡於此矣。猶懼夫斯民之未深知也，於是月告之，時詔之，歲曉之，置官師以勸之於鄉閭，立師友以講之於庠序，使之知夫循理奉法之榮，踰分犯上之辱。夫如是，故天下之民，雖豪悍忍詬者，莫不愧羞勉激，以從上之令，而後風化得行焉。文帝之爲天下也，嘗有法度紀綱以節制之與？嘗月告之，時詔之，歲曉之，使知禮義廉恥之可貴與？皆未嘗聞也。則天下之民將何所依歸向風而就先王之禮哉！此其雖有修己之勤，而卒無化俗之效也。下至孝武，慨然有意修太平之治，於是疇咨海内，招徠俊良，與之議文章，改制度，而武帝未嘗行之於身，故天下亦莫之信，其爲治之迹，與孝文異，而其失一也。臣故曰風化、法度，兩者相爲用，而未嘗可以偏廢也。

《全宋文》卷二三八一曾肇《漢文帝論》　予嘗謂，治天下本于躬化。及觀漢文帝躬行節儉，以德化民，宜其有以振起衰俗，而賈誼以謂「殘賊公行，莫之禁止」。其説以背本趨末者爲天下之大殘，淫侈之俗爲天下之大賊，則當時風俗，可謂敝矣。豈所謂躬化者，果無益于治哉？蓋文帝雖有仁心仁聞，而不修先王之政故也。先王有不忍人之心，則有不忍人之政，而其政必本于理財。理財之法，其定民之大方有四，而任民之職有九。士、農、工、商，以辨其名；九谷、草木、山澤、鳥獸、材賄、絲枲、聚斂、轉移，以辨其職。又爲之屋粟里布夫家之征，以待其不勤。是故天下無遷徙之業，無游惰之民，其于生財，可謂衆矣。至于愛養萬物，必以其道。故罻羅網罟、斧斤弓矢，皆以時入，而覆巢靡卵，殺胎伐夭，皆爲之禁，取之又有其時也。于是制禮以節其用。天子都千里之畿，諸侯各專百里之國，卿士大夫至于庶人莫不有田。而視其位之貴賤，稱其入之厚薄，而爲之法制度數，以待其冠婚賓客、死喪祭祀之用者，隆殺多寡，各適其宜。爲上者謹名分以示天下，而人人安于名分之内，無覬覦于其外。是以淫僻放侈之心不生，而貧富均一，海内充實，無不足之患。然後示之以廉恥，興之以德義，故民從之也輕。方此之時，游惰者無所容，而雖有僭侈之心，亦安所施于外哉？教化之所以成，殘賊之所以熄，蓋出于是也。自秦滅先王之籍，而漢因之，務爲一切之制，由天子至于庶人，無復有度量分界之限，而人人去本趨末，急于僭侈。高祖嘗禁賈人不得曳絲乘車，其令卒于不行。至文帝之時，商賈富厚，力過吏執，而末技游食，害農者蕃，庶人墻屋之飾，僕妾之衣，皆宗廟之奉，天子之服，則其俗之不善可知矣。而文帝不知脩先王之政，以救其敝。方其開籍田以勸耕者，衣弋綈而斥之繡，以示敦朴，爲天下先，其意美矣。然法度之具不行，而欲以區區之一身，率四海之衆，豈非難哉？孟子曰：「徒善不足以爲政。」非虚言也。雖然，以彼之德，成之以先王之政，則庶幾三代之賢王哉！

《張耒集》卷三九《漢文帝論》　昔者絳侯既平吕氏，親握國璽授之孝文。當是時，劉氏之後，惟大臣所立，文帝爲諸王，特以其賢而取之，其初未可以必得也。絳侯以天下與所不可必得之人，恩德至厚也，文帝之報絳侯者，宜何如哉？雖分國而王之，天下未以爲過也。然内難既定，君臣之分既明，爵賞禄賜所以慰答昔日之功者，未聞有卓然過于常時，何其不旋踵而遂去之速也！

予嘗觀漢之大臣，多禍少全，武帝以來，不啻如殺囚隸，獨文帝時，公卿被誅者無幾人。然則文帝之待大臣，亦有恩矣。當是時，大臣之有恩者，宜無有過絳侯，然匹夫一言，罪辜未明，廷尉折簡以召之如取孤囚，侵奪困苦，僅免于死。文帝非昏蔽無知之君，何獨于勃少恩若是哉？蓋嘗深思其故，而得其説。夫高祖之將有大功者，至文帝時幾盡矣，非以逆誅，則以疑死。彼皆心有所恃，矜其功能，日邀其上，不得所欲則狼顧而起。絳侯，吹簫之羈民也。用兵十餘年，習見天下之勢，喜事而尚功，其驍勇之習，豈能帖然無毫釐于心哉？以英雄之資，挾立君之威，臨視其上，無異于保婦之提嬰兒，如是而不驕者，伊尹、周公之所難也。驕則縱，縱則亂因以生。文帝豈無愛勃之心哉？視前日之誅死族滅者，皆恃功邀君，驕蹇放縱之所致，而絳侯之迹異于韓、彭者無幾耳。吾亦畏其有所恃而驕，驕而不已則亂，亂而不誅則廢法，從而誅之則傷恩甚矣。嗚呼！理至于是，曾不如抑遠困辱，使之慊然内顧而無所恃，鋤去其驕慢之心，全其生，保其家，使其子孫長有國土之爲愈也。然則文帝之恩亦深矣。

且能尊霍光者，莫如孝、宣，委天下之政與之而不敢專。光死，又立其子，兄弟聯兵，女充後宫，賞賜寵錫不以數計，天下翕然以爲孝、宣無負于霍氏矣。然光死未幾，妻子爲戮。以天下與人，而身死之後，弱子單孫之祭曾不得享，天下

之人聞之者，誰不爲霍光痛心哉？嗚呼！使宣帝既正君臣之分，則遂攬天下之政。光既死，視子孫之賢愚而授之官，與之財而收其權，取其尤無良者而屏遠之，霍氏雖欲爲亂，不可得也。然則霍光無後者，非宣帝誰爲之哉？

天下之事，要其終，而後知君子之用心。絳侯無禍于身，則知文帝之所以裁之者，乃所以深報之也；霍光無後于漢，則知宣帝之所以寵之者，乃所以深害之也。語曰：「嬰兒常病，傷于飽也；貴臣常禍，傷于寵也。」然則文、宣之報功，其得失可攷也。

《全宋文》卷四二五八劉子翬《漢書雜論上》 文帝身衣弋綈，慎夫人衣不曳地，惜百金不作露臺，治霸陵以瓦器，可謂儉德之至矣。然寵幸鄧通，賜賞通鉅萬以十數，賜銅山得鑄錢，鄧氏錢布天下，何耶？蓋心有所嬖惑，不能自勝也。然文帝躬行儉約，實惠及人，小疵不足掩大美，故卒爲漢世之賢主也。其視唐虞三代之君，則有間矣。

袁盎、馮唐、張釋之數諫止文帝，帝或大怒，或怒起入禁中，若不能堪也，然卒聽數子之言者，以能勝其私也。成帝委政王鳳，王章諫其專權，帝初納之，後不忍廢鳳，卒殺章。哀帝欲封董賢，王嘉亦數諫，帝初憚嘉，卒封董賢，遂殺嘉。二君初非不知其言是也，卒殺之者，不勝其私也。勝己之私之謂克，人君能自克如文帝，而以成、哀爲戒，豈不賢哉！

《全宋文》卷六二五七蔡戡《文帝論一》 知人不能用，用人不能盡其才，自昔人主之通患也。賈誼、李廣皆天下奇士，生逢文帝，非不遇時，然卒不至大用，迨今爲憾。愚嘗求其故。帝之於誼，自以爲不及，於廣亦曰：「令當高祖世，萬户侯何足道哉！」蓋帝非不知其才，特不盡用其才耳；非不能盡用，不敢盡用耳。甚矣，人才之難也！用之不難，自用爲難。有才而不能自用，其未用必輕售，既用必輕發，人君又從而輕信之，鮮有不敗事者。譬如洞庭之橘、大谷之梨，豈不適口而快意？善養生者睥睨終日而不敢啗，非不欲也，懼其有以傷吾生，不若粱肉之可以養生而無害也。天下之事，求以自適而快於一時者，終必爲患。文帝之不敢盡用誼、廣，殆類是歟？故廣結髮與匈奴戰，往往輕敵取敗，幾不免者屢矣，然竟以此破亡。誼之三表五餌，術固已疎矣，帝若盡用之，其禍豈止於殺身而已耶？誼也，廣也，不善自用，文帝不盡用之者，乃所以深知之也。觀帝所置相則申屠嘉，命將則周亞夫。嘉之守節，亞夫之持重，其視賈、李，初若遲鈍樸拙，有所不逮，至言漢賢相良將必予之。帝之所用相命將如此，則誼、廣之不用固其宜也。且文帝非特能用將相耳，又能假其權，尊其禮，行其志，使得以自盡其才。嘉責辱鄧通，帝則遣使致謝；亞夫以軍禮見，帝則稱善不已。自常情觀之，二公悻悻自大，不肯少屈，幾於專權犯上者，帝方且優容寬假，委曲奬借，又留以遺後人，帝於人才可謂無負矣。惜乎至景帝時，晁錯變更法令，嘉欲誅之，而帝不可；王信以無功侯，亞夫力争之，而帝不然，二公俱以是死。其後晁錯既用，吴楚七國之變起；王信既封，王氏五侯之隙開。文帝以之致治，景帝以之召亂，治亂之間，在乎人才之用舍耳。嗚呼，文帝能用人如此，誰謂不能用誼、廣乎？然則誼、廣之不用，可無憾矣。馮唐謂文帝「雖有頗、牧不能用」，彼蓋有激而云，非公論也。

《全宋文》卷六二五七蔡戡《文帝論二》 文帝寬仁恭儉，爲漢賢君，惜乎君人之量不洪，未免爲盛德之累。諸吕既誅，惠帝無子，所當立者高帝子耳。高帝見在子，唯帝與淮南王。帝長而賢，天命人心不約而合，故平、勃定策迎帝者，豈私也哉？順天命、因人心也。且楚漢相攻，平、勃身履目擊之。高亡屢矣，卒并天下，韓、彭、英、盧一有非覬，相繼葅醢。高后擅朝，諸吕用事，尋亦誅滅。天命歸漢，殆不容釋，平、勃尚何望耶？帝可以判然而猶豫不決者，蓋高后殺趙王，齊王幾及於難；燕王早世，又殺其子；後欲徙帝王趙，患將及矣，帝遜辭以謝之，僅乃得免。帝懲諸王之禍，惴惴然朝不謀夕，一旦人以天下與之，非意所及，且喜且驚，故謀及羣臣，謀及卜筮，遲疑而不敢進。先之以薄昭以察其情，繼之以宋昌以觀其變。當是時，帝之心何如哉！即位之夕，夜拜宋昌爲衛將軍，張武爲郎中令，仍乃匆匆如此？數月之間，又封昌爲壯武侯。朱虚、東牟嘗有立齊王之意，帝追恨而黜其功，章以失職，怏怏而死，興居遂有不軌之謀。夫昌以勸進而得封，章、興居以欲立齊王而被黜，帝之所存，亦可見矣。昔晉侯賞從亡之功，介之推曰：「天未絶晉，必將有主，主晉祀者，非君而誰？天實置之，二三子以爲己力，不亦誣乎？」蓋天之所命，非人力所能爲，豈以昌一言之勸，章、興居一言之異，而爲得喪乎？帝於此切切焉，是不知有天道也。或謂夜拜昌、武，非遽欲貴之，帝自代有天下，疑漢大臣皆不附己，故以親信代處要任，蓋所以慮患於未然。此文帝私憂過計耳。絳、灌始誅諸吕，握璽將兵，呼吸之間，有關存亡，不以此時圖危社稷，帝已正位，君臣之分定矣，欲何爲哉？夫君人者當以天下爲量，漢臣即代臣也，帝乃畏忌大臣，寵任親信，而預防之，自分畛域，示人以疑，使人有危懼之心，亦非自全計也。唐魏徵嘗勸建成早除秦王，薛萬徹嘗帥東宫兵以攻秦

府，二人者罪不容誅，太宗不惟赦之，又復用之，位極將相，不以爲疑。至於秦府舊人遷官，反出東宮、齊府之後，惟才是擇，不以新舊爲間。如太宗，可謂有君人之量也。若夫文帝恭儉愛民，有非太宗所能及者；儻以大體責之，視太宗有間矣。故曰，君人者當以天下爲量。

文帝曉事，景帝不曉事。

《朱子語類》卷一三五《歷代二》 三代以下，漢之文帝，可謂恭儉之主。

文帝學申韓刑名，黄老清静，亦甚雜。但是天資素高，故所爲多近厚。至景帝以刻薄之資，又輔以慘刻之學，故所爲不如文帝。班固謂漢言文、景帝者，亦只是養民一節略同；亦如周云「成康」，康亦無大好處。或者説《關雎》之詩，正謂康后淫亂，故作以譏之。

文帝不欲天下居三年喪，不欲以此勤民，所爲大綱類墨子。

或問：「文帝欲短喪，或者要爲文帝遮護，謂非文帝短喪，乃景帝之過。」曰：「恐不是恁地。文帝當時遺詔教大功十五日，小功七日，服纖三日。或人以爲當時當服大功者只服十五日，當服小功者只服七日，當服纖者只三日，恐亦不解恁地。臣爲君服，不服則已，服之必斬衰三年，豈有此等級！或者又説，古者只是臣爲君服三年服，如諸侯爲天子，大夫爲諸侯，及畿内之民服之。於天下吏民無三年服，道理必不可行。此制必是秦人尊君卑臣，却行這三年，至文帝反而復之耳。」

問：「文帝問陳平錢穀刑獄之數，而平不對，乃述所謂宰相之職。或以爲錢穀刑獄一得其理，則陰陽和，萬物遂，而斯民得其所矣。宰相之職，莫大於是，惜乎平之不知此也。」曰：「平之所言，乃宰相之體。此之所論，亦是一説。但欲執此以廢彼，則非也。要之，相得人，則百官各得其職。擇一户部尚書，則錢穀何患不治？而刑部得人，則獄事亦清平矣。昔魏文侯與田子方飲。文侯曰：『鐘聲不比乎左高。』田子方笑。文侯曰：『何笑？』子方曰：『臣聞之，君明樂官，不明樂音。今君審於音，臣恐其聾於官也。』陳平之意，亦猶是爾。蓋知音而不知人，則聾者之職爾。知人，則音雖不知，而所謂樂者固無失也。本朝韓魏公爲相，或謂公之德業無愧古人，但文章有所不逮。公曰：『某爲相，歐陽永叔爲翰林學士，天下之文章，莫大於是！』自今觀之，要説他自不識，安能知歐陽永叔，也得。但他偶然自知，亦奈他何？」

《全元文》卷一三三三楊維楨《議文帝短喪》 議者以文帝溺小仁、廢大禮，爲有罪於天下後世。余曰：文帝使博士諸生依據六經作《王制》，其於喪祭之禮昭昭矣。至遺詔短喪，特謙德自損之言，又爲時之厚葬破業、重服傷生者矯其過而設也。初非著爲令甲，使天下後世準以爲法。世無孝子慈孫，輒援爲前典，孝子之罪也，於文帝何尤？

李贄《藏書》卷三《世紀・明聖繼統》評 歷代詔令多文飾，惟孝文詔書，字字出肺腸，讀之令人深快，予故備載之。孝文深得退一步法，自然脚跟穩實，故其詔令不虚也。學者未知黄帝、老子之實，謂之異端楊朱氏，能令天下禍敗。吁！請細觀焉，毋但哺前人糟粕也。

李光地《榕村續語録》卷八《歷代》 漢文帝文字，未必不如賈生，且天下做事人，亂叫嚷便有限。若使賈生爲天子，恐未必如文帝。《治安策》開頭便言要處置藩王，其意狀如制强敵，意象極不好。孔子論九經，尊賢即次親親；《書》言堯德，必言親睦九族。如何是此種立論？當日以漢文帝爲君，以董子爲相，而以河間獻王調停其間，三代庶可復乎！仲舒第二策，余初未選，以其語意平常。細思其以皇皇求利爲言，皆豫見武帝之禍天下，與孔子要哀公立誠行政，而不直誨以在下位者，推言同意。先賢所見深遠如此。

漢文帝雖天姿仁厚，但不能興禮樂，致太平，所以易世至武帝，而幾危。宣帝綜覈名實，雖亦小康，不知禮樂，竟弄成一名法之天下。東漢明帝鋭意興復禮樂，然亦只是皮毛，然功效亦能使人尚名節。可見禮樂之功大，但終不能置斯民于三代。可見此事非聖人躬至，德從心中流出者，不能爲也。唐太宗慨然有志，而人倫多慚，不獨禮樂無本，而再世幾亡。甚矣！根本宜亟也。

《方苞集》卷三《漢文帝論》 三王以降，論君德者，必首漢文，非其治功有不可及也。自魏、晉及五季，雖亂臣盗賊，闇奸天位，皆泰然自任而不疑，故用天下以恣睢而無所畏忌；文帝則幽隱之中，常若不足以當此，而懼於不終，此即大禹「一夫勝予」、成湯「慄慄危懼」之心也。世徒見其奉身之儉，接下之恭，臨民之簡，以爲黄、老之學則然，不知正自視缺然之心之所發耳。

然文帝用此治術，亦安於淺近，苟可以爲而止。其聞張季之論，猶曰「卑之毋高」，蓋謂興先王之道以明民，非己所能任也。孔子曰：「子産猶衆人之母也，能食之而不能教也。」《書》曰：「周公師保萬民。」若文帝者，能保之而不能師也。夫是，乃雜於黄、老之病矣夫！

劉統勛《評鑑闡要・漢》 文帝仁儉之德，當觀其大者遠者。自史臣博採傅會，轉恐失真，無論持百金以營臺，分十金以號中人之産，爲理所必無，即慎夫人

衣不曳地，而鄧通則給銅山鑄錢事，寧有刺謬若此者？甚至以賜吴王几杖爲止叛，賜張武金爲止貪，不幾執宋襄、徐偃王愚懦之見，窺尋令辟哉。向因讀史屢及之，蓋以辭害意，古今通病，不可不知。

王昶《春融堂集》卷三三《漢文帝論》 漢高祖堅忍好殺，疑其不足以貽子孫，享國長久，卒歷十二帝祚，二百餘年，由文帝休養之功爲多。蓋自周衰東遷，五伯迭興，百姓苦於戰鬭，至七國殆有甚焉。秦之帝也，不過四十年。浸尋迄楚漢間，喋血無虚日，民生之倒懸憔悴，五六百年於此矣。文帝自代來，具天下之易亂而難治也。而周勃、灌嬰輩以行陳老，益厭言兵。於是務寬，崇清静，惇恭儉，以爲休養生息之計。廷尉以張釋之更秦苛法殆盡，任張相如等長者，而嗇夫諜諜捷給之人斥弗取。匈奴入犯，整軍以禦之，出塞乃已。尉陀倔强，南越卑辭，遜語以屈之。雖以賈生流涕太息欲縛中行説，削七國地，師天下以整齊嚴肅，帝猶恐其紛更擾動而不之用。於是乎安静無爲，漢之元氣始固。夫是時，周亞夫、劇孟之徒善將兵，非遜於衛青、霍去病、楊僕諸人也。陸賈之徒善馳説，非遜於張騫、唐蒙諸人也。而文帝卒不之使，以爲天下已寧矣，百姓苦戰鬭已久矣，撫循之，安輯之，足以爲治。不然騖遠畧而忽近患，此亡秦之續爾，文帝不忍爲也。文帝惟不忍爲，然後百姓之戴漢也益堅。故雖以武帝踵其後，連兵三十餘年，中國騷然，而百姓猶不忍以亂且叛，不然高祖所爲，岌岌不終日之勢也，何能享國長久如此？雖然，武帝之好兵，景帝之殘刻啓之；景帝之殘刻，文帝使鼂錯爲家令啓之。則爲文帝者，其於佑啓之道，惜猶有所未盡也夫。

藝文

《曹植集》卷一《漢文帝贊》 孝文即位，愛物儉身。驕吴撫越，匈奴和親。納諫赦罪，以德讓民。殆至刑錯，萬國化淳。

《王禹偁詩文選·讀漢文紀》 西漢十二帝，孝文最稱賢。百金惜人力，露臺草芊眠。千里却駿骨，鸞旗影遷延。上林慎夫人，衣短無花鈿。細柳周將軍，不拜容櫜鞬。霸業固以盛，帝道或未全。賈生多謫宦，鄧通終鑄錢。謾道膝前席，不如衣後穿。使我千古下，覽之一泫然。賴有佞幸傳，賢哉司馬遷。

王安石《王文公文集》卷三八《古詩·漢文帝》 輕刑死人衆，喪短生者偷。仁孝自此薄，哀哉不能謀。露臺惜百金，灞陵無高丘。淺恩施一時，長患被九州。

《王十朋全集·詩集》卷一〇《詠史詩·文帝》 文帝興王自代來，百金不費亦仁哉。後人不務師恭儉，萬户千門幾露臺。

《張之洞全集》卷二九七《讀詩絶句·漢文帝》 救時黄老愧純王，款敵和親計不臧。北宋昭陵知此意，書生何用苦雌黄？

周勃部

綜述

《史記》卷五七《絳侯周勃世家》 絳侯周勃者，沛人也。其先卷人，徙沛。勃以織薄曲爲生，常爲人吹簫給喪事，材官引彊。

高祖之爲沛公初起，勃以中涓從攻胡陵，下方與。方與反，與戰，卻適。攻豐。擊秦軍碭東。還軍留及蕭。復攻碭，破之。下下邑，先登。賜爵五大夫。攻蒙、虞，取之。擊章邯車騎，殿。定魏地。攻爰戚、東緡，以往至栗，取之。攻齧桑，先登。擊秦軍阿下，破之。追至濮陽，下甄城。攻都關、定陶，襲取宛朐，得單父令。夜襲取臨濟，攻張，以前至卷，破之。擊李由軍雍丘下。攻開封，先至城下爲多。後章邯破殺項梁，沛公與項羽引兵東如碭。自初起沛還至碭，一歲二月。楚懷王封沛公號安武侯，爲碭郡長。沛公拜勃爲虎賁令，以令從沛公定魏地。攻東郡尉於城武，破之。擊王離軍，破之。攻長社，先登。攻潁陽、緱氏，絶河津。擊趙賁軍尸北。南攻南陽守齮，破武關、嶢關。破秦軍於藍田，至咸陽，滅秦。

項羽至，以沛公爲漢王。漢王賜勃爵爲威武侯，從入漢中，拜爲將軍。還定三秦，至秦，賜食邑懷德。攻槐里、好時，最。擊趙賁、内史保於咸陽，最。北攻漆。擊章平、姚卬軍。西定汧。還下郿、頻陽。圍章邯廢丘。破西丞。擊盜巴軍，破之。攻上邽。東守嶢關。轉擊項籍。攻曲逆，最。還守敖倉，追項籍。籍已死，因東定楚地泗(川)〔水〕、東海郡，凡得二十二縣。還守雒陽、櫟陽，賜與潁(陽)〔陰〕侯共食鍾離。以將軍從高帝擊反者燕王臧荼，破之易下。所將卒當馳道爲多。賜爵列侯，剖符世世勿絶。食絳八千一百八十户，號絳侯。

以將軍從高帝擊反韓王信於代，降下霍人。以前至武泉，擊胡騎，破之武泉北。轉攻韓信軍銅鞮，破之。還，降太原六城。擊韓信胡騎晉陽下，破之，下晉陽。後擊韓信軍於硰石，破之，追北八十里。還攻樓煩三城，因擊胡騎平城下，所將卒當馳道爲多。勃遷爲太尉。

擊陳豨，屠馬邑。所將卒斬豨將軍乘馬絺。擊韓信、陳豨、趙利軍於樓煩，破之。得豨將宋最、鴈門守圂。因轉攻得雲中守遬、丞相箕肆、將勳。定鴈門郡十七縣，雲中郡十二縣。因復擊豨靈丘，破之，斬豨，得豨丞相程縱、將軍陳武、都尉高肆。定代郡九縣。

燕王盧綰反，勃以相國代樊噲將，擊下薊，得綰大將抵、丞相偃、守陘、太尉弱、御史大夫施，屠渾都。破綰軍上蘭，復擊破綰軍沮陽。追至長城，定上谷十二縣，右北平十六縣，遼西、遼東二十九縣，漁陽二十二縣。最從高帝得相國一人，丞相二人，將軍、二千石各三人；别破軍二，下城三，定郡五，縣七十九，得丞相、大將各一人。

勃爲人木彊敦厚，高帝以爲可屬大事。勃不好文學，每召諸生説士，東鄉坐而責之：「趣爲我語」。其椎少文如此。

勃既定燕而歸，高祖已崩矣，以列侯事孝惠帝。孝惠帝六年，置太尉官，以勃爲太尉。十歲，高后崩。吕禄以趙王爲漢上將軍，吕産以吕王爲漢相國，秉漢權，欲危劉氏。勃爲太尉，不得入軍門。陳平爲丞相，不得任事。於是勃與平謀，卒誅諸吕而立孝文皇帝。其語在《吕后》、《孝文》事中。

文帝既立，以勃爲右丞相，賜金五千斤，食邑萬户。居月餘，人或説勃曰：「君既誅諸吕，立代王，威震天下，而君受厚賞，處尊位，以寵，久之即禍及身矣。」勃懼，亦自危，乃謝請歸相印。上許之。歲餘，丞相平卒，上復以勃爲丞相。十餘月，上曰：「前日吾詔列侯就國，或未能行，丞相吾所重，其率先之。」乃免相就國。

歲餘，每河東守尉行縣至絳，絳侯勃自畏恐誅，常被甲，令家人持兵以見之。其後人有上書告勃欲反，下廷尉。廷尉下其事長安，逮捕勃治之。勃恐，不知置辭。吏稍侵辱之。勃以千金與獄吏，獄吏乃書牘背示之，曰「以公主爲證」。公主者，孝文帝女也，勃太子勝之尚之，故獄吏教引爲證。勃之益封受賜，盡以予薄昭。及繫急，薄昭爲言薄太后，太后亦以爲無反事。文帝朝，太后以冒絮提文帝，曰：「絳侯綰皇帝璽，將兵於北軍，不以此時反，今居一小縣，顧欲反邪！」文帝既見絳侯獄辭，乃謝曰：「吏(事)方驗而出之。」於是使使持節赦絳侯，復爵邑。絳侯既出，曰：「吾嘗將百萬軍，然安知獄吏之貴乎！」

絳侯復就國。孝文帝十一年卒，謚爲武侯。子勝之代侯。六歲，尚公主，不相中，坐殺人，國除。絶一歲，文帝乃擇絳侯勃子賢者河内守亞夫，封爲條侯，續

絳侯後。

雜録

備録

《史記》卷一〇一《袁盎鼂錯列傳》 絳侯爲丞相，朝罷趨出，意得甚。上禮之恭，常自送之。袁盎進曰：「陛下以丞相何如人？」上曰：「社稷臣。」盎曰：「絳侯所謂功臣，非社稷臣。社稷臣主在與在，主亡與亡。方吕后時，諸吕用事，擅相王，劉氏不絶如帶。是時絳侯爲太尉，主兵柄，弗能正。吕后崩，大臣相與共畔諸吕，太尉主兵，適會其成功，所謂功臣，非社稷臣。丞相如有驕主色，陛下謙讓，臣主失禮，竊爲陛下不取也。」後朝，上益莊，丞相益畏。已而絳侯望袁盎曰：「吾與而兄善，今兒廷毁我！」盎遂不謝。

《史記》卷一〇二《張釋之馮唐列傳》 詔釋之拜嗇夫爲上林令。釋之久之前曰：「陛下以絳侯周勃何如人也？」上曰：「長者也。」

酈道元《水經注》卷一九《渭水》 故渠又東逕漢丞相周勃冢南，冢北有亞夫冢。故渠東南謂之周氏曲，又東南逕漢景帝陽陵南，又東南注于渭，今無水。

備論

《史記》卷五七《絳侯周勃世家論》 絳侯周勃始爲布衣時，鄙樸人也，才能不過凡庸。及從高祖定天下，在將相位，諸吕欲作亂，勃匡國家難，復之乎正，雖伊尹、周公，何以加哉！

《漢書》卷四〇《周勃傳贊》 周勃爲布衣時，鄙樸庸人，至登輔佐，匡國家難，誅諸吕，立孝文，爲漢伊周，何其盛也！始吕后問宰相，高祖曰：「陳平智有餘，王陵少戇，可以佐之；安劉氏者必勃也。」又問其次，云「過此以後，非乃所及」。終皆如言，聖矣夫！

《漢書》卷一〇〇下《敘傳下》 絳侯矯矯，誅吕尊文。亞夫守節，吴楚有勳。

《後漢書》卷一八《吴漢列傳論》 昔陳平智有餘以見疑，周勃資朴忠而見信。夫仁義不足以相懷，則智者以有餘爲疑，而朴者以不足取信矣。

《史記》卷五七《絳侯周勃世家》司馬貞述贊 絳侯佐漢，質厚敦篤。始擊碭東，亦圍尸北。所攻必取，所討咸克。陳豨伏誅，臧荼破國。事居送往，推功伏德。列侯還第，太尉下獄。繼相條侯，紹封平曲。惜哉賢將，父子代辱！

《全唐文》卷七〇八李德裕《袁盎以周勃爲功臣論》 袁盎對文帝曰：「絳侯所謂功臣，非社稷臣。夫社稷臣者，主在與在，主亡與亡。」盎見勃自德其功，有以激之也，非至理篤論。此言足以惑文帝聰明，傷仁厚之政，俾其有薄宗臣之意，竟使周勃大功皆棄，非罪見疑，可爲長歎息也。當吕后之世，惠帝已殂，少帝非劉氏，陳平用辟彊之計，權王産、禄，絳侯若不與之同心而制其兵柄，必由此而階亂矣，則劉氏安危，未可知也。然磨而不磷，涅而不緇，未嘗不心存社稷，志在劉氏，外雖順遜，内守忠貞，得不謂之社稷臣乎？其後絳侯繫請室，盎雖明其無罪，所謂陷之死地而後生之，徒有救焚之力，且非曲突之義，楊子稱盎忠不足而談有餘，斯言當矣。善哉賈生之説，喻堂陛之峻，高者難攀，卑者易淩。文帝感悟，養臣下有節，有以見賢人用心，致君精識。若袁公者，難與並爲仁矣。盎惟有正慎夫人席，塞梁王求嗣，此二事守正不撓，忠於所奉，害錯之罪虐貫于神明，安陵之禍，知天道不昧矣。

《全宋文》卷二六九〇楊時《周勃論》 將視軍如臂指然，唯所用耳，以義驅之，雖赴水火可也。絳侯之入北軍也，乃令之曰：「爲劉氏者左袒，爲吕氏者右袒。」使吕氏能得士心，軍皆右袒，則斯言豈不召亂乎？蓋不學無術，居其位而不知其任，皆此類也。至其以列侯就國也，嘗自畏恐誅，每河東郡守尉行縣至，絳必被甲，令家人持兵以見，是果欲何爲耶？使天子欲誅之也，則被甲持兵將拒之耶？其後人有上書告勃欲反者，乃其自召也。以文帝之寬仁，故卒能全宥。使在高帝、吕氏之時，而所爲若是，猶欲以功名自全，難矣！

《全宋文》卷三九五三李彌遜《袁盎言絳侯非社稷臣議》 議曰：勃背高皇帝約，姑順后旨，以王諸吕。幸而産、禄即誅，不然，顧何面目見帝於地下乎？王陵固盡臣職，而勃不得亡罪。世乃譽勃而譏陵，使後之面從容悦阿意希旨者得以藉口，特未之思爾。盎取其功，誠確論歟。

《全宋文》卷四二五八劉子翬《漢書雜論上》 周勃入北軍，令曰：「爲吕氏

右袒，爲劉氏左袒。」或曰，使衆皆右袒，勃當何如哉，是未察其情也。方漢臣謀諸吕時，禄主北軍，勃欲入北軍不得，乃令紀通持節矯納勃北軍，復令説禄曰：「急歸將印辭去，不然禍且起。」禄遂解印，以兵授勃。當是時，軍衆豈不知勃爲劉氏而來哉？勃已執兵柄，下令以激衆心故云耳，豈有奪吕禄之兵而復爲吕氏哉？高祖曰：「安劉氏者必勃也。」其有以知之矣。

《全宋文》卷四八三二史堯弼《安劉氏者必勃論》　天下之事在我者可以必爲，而在人者不可以必爲；見於今者可以必料，而出於他日者不可以必料；圖於有形者可以必成，而爲於未兆者不可以必成。漢高祖臨終之時，天下未有大患難之可憂，而周勃亦無大功業之可見。然帝付託之語乃曰：「安劉氏者必勃。」舉天下不可必之理而加之於必然，此蓋高見遠慮存乎其間，而非世俗之所可知也。竊謂高祖之意有不可曉者四：當其時天下無事，劉氏既安矣，而勃又何安耶？此不可曉者一也。陳平之智足以應變而無窮，而勃椎魯若無能爲者，乃云安劉氏者必勃，何耶？此不可曉者二也。若謂周勃可以制諸吕，胡爲乃面屬吕后，使用爲太尉，又何耶？此不可曉者四也。此其高祖微機乎？嘗原帝之亡，嗣君幼弱，諸將尚存，侯王太盛，惟吕后之多謀而更事，然後足以制其變，此高祖之所以不去吕后也。然堇毒足以治病，而亦足以殺人；吕后足以制變，而亦足以起亂。婦人之情，好私其外戚，則諸吕之勢必至於傾漢，此又高祖之所以逆知吕后之亂也。然諸吕之禍起於蕭墻，緩之則養亂，急之則速變。是必頑然若無能，而使不吾慮；確然若不動，而使不吾察，而後可圖也。此又高祖之所以必周勃之安漢也。既知吕氏之必傾漢，又知周勃之必安漢，然私用爲太尉，則吕后有致疑之心；勃不綰兵柄，則劉氏無可興之理，此又高祖之所以面屬吕后也。高祖其有憂患乎？何其慮之深而計之盡也？且制天下者莫易於治，亦莫易於亂，蓋其發也有狀，則吾處之也有方。而最不可爲者，莫難於不治不亂之際。以爲治耶，則亂藏乎其中；以爲亂耶，而治見乎其外。此其禍必陰沉而莫可解，既不可弭其變，又不可聽其亂。而諸吕之禍，蓋亦在乎欲治不治之間，欲亂不亂之際。欲圖之而無可圖之形，欲救之而無可救之狀。以才與之角，則才有所不足用；將動而求成功，則勢有所不可廢。故王陵之直而無所措，而陳平之智亦難獨任。然則將何爲而可耶？曰是必有龐然無能爲，頽然若不足慮者，而後可以定亂於天下，此高祖之所以必周勃之安劉氏與！勃爲人厚重而少文，故其鎮重足以壓天下之亂，而使之不能動；其椎魯足以安諸吕之心，而使之不吾疑。然後徐起而取之，則大事必決于我。方是時，直諫以抗之者王陵也，陰謀而圖之者陳平也，合將相者陸賈也，結吕禄者酈寄也，倡大義者朱虚侯也，握重兵者齊與灌嬰也，而劉揭、御史窋、張辟彊之徒，皆并力馳騁乎其間。是數子者，皆以其才與之角，惟勃能以不才而合其謀；皆欲動而求成功，惟勃能以不動而制其會。是以入北軍而人不知，士皆左袒爲劉氏，而諸吕不之覺。安社稷，定劉氏，而天下不見其狀。此高祖所以必其成功，而陳平所以自謂不及也。向使勃處危疑，而以區區之才動於其間，則姦人得以乘勢而奪其權，又何劉氏之安乎？吾乃今知勃之無能者，乃所以爲有能；而不足慮者，乃所以爲深可慮也。嗚呼，周勃今以無能而安劉氏，高祖亦常以無能而取天下矣。方項羽咄嗟叱咤，其勢若飄風震霆，天下以爲無漢矣。而高祖以其不智不勇之身，横塞其衝。其頑冒椎魯，雖足以取笑於人，而卒能張項羽於始而翕之於終，其知人之術，無乃其取天下之術歟！其所以任人者，乃其所以自任歟！不然，何其能必周勃之安劉氏也耶？方其既没之時，天下雖平，而内有諸吕之禍，蓄怒而欲發，不可謂之治，亦不可謂之亂。故高祖知其然也，以其治焉而付之曹參，以其亂焉而遺之周勃。參卒能行其清淨無爲之政，安然而致其治；勃卒以椎魯無能之才，安然而平其亂。此非高祖知人之效，蓋其御天下之術也。嘗觀西漢之事有可怪者二：周勃椎魯少文，而高祖必其能安劉氏；霍光不學無術，而孝武必其能輔幼主。皆卒如所料。蓋椎魯少文者，乃所以安劉氏，而不學無術者，乃所以能輔幼主也。世之人不知夫不才之爲才，無用之爲有用，疏矣。晁錯以其才而發七國之亂，竇武以其才而速宦官之變，西漢以亂，東漢以亡。沈重而不發者，未有不成；疏狂以速禍者，未有不敗。故晁錯、竇武用，則劉氏必危；周勃、霍光用，則劉氏必安，豈非自然之理耶？

《全宋文》卷六〇四三陳傅良《周勃論》　久矣，天下喜夫才也。自周衰，士以才相高，孔子傷之，曰吾欲從先進之野人，蓋思古矣。古之君子，弱乎其形也而其氣固，樸乎其貌也而其心察，是故簡直而不苛，鎮静而不浮。吾觀趙文子言不出諸口，而所舉管庫之士七十餘家，生不交利，死不屬其子。吴起與田文論功，屈於起者三不如也，而至於主少國危，大臣未附，則文以自居，起亦愧弗及。是烏可以其才喜之耶？吁！世之人主，則亦無誘乎其所可喜也。今之君子，巧而文甚矣，震整而翹秀，閑麗而辯。學問之工，而氣質之陋也；詞藻之華，而忠信之薄也。機辯慧巧者，蒙不仁之具也；威儀丰度者，蓋空中之質也。是以攻之不

窮而用之必亂，擿之無尤而動則爲奸。上之人其亦何便於此哉？吁！吾是以悲絳侯之不可復見也。居今之世而有如勃者，則天下譁然以爲斯偶人而已矣，而不知夫子之所思，而吴起之所媿者，斯人也夫！

王應麟《通鑑答問》卷三　或曰：絳侯有誅吕安劉氏之功，文帝下之廷尉，不以議功少恕，微薄太后之言，亦曰殆哉！或謂帝之繫絳侯，所以全之，其然歟？曰：遇大臣以禮，待功臣以恩，未聞係絏而困辱之也。漢襲秦法，君臣之際不以禮義相接。韓、彭誅夷之慘，酈侯械繫之暴，高帝不能改於秦也。至文帝習以爲常，帝之疑絳侯始於非社稷臣之對，繼以率列侯之國之詔。君臣之義已睽，上下相疑，而被甲持兵之事起。雖張釋之爲廷尉而獄吏之貴自若，此路温舒所謂秦有十失，其一尚存者也。帝因賈誼之言，養臣下有節。然古者師友其臣，漢直以徒隸視之。景之於周亞夫，武之於竇嬰，元之於蕭望之，成之於王商，哀之於王嘉，摧折挫抑至東都而益甚，豈非高、文詒謀之失歟？或曰：張釋之於犯蹕，盜環則争之。絳侯之繫，不聞其抗奏也。争於小而不争於大，豈亦視以爲常歟？曰：太史公謂積威約之勢，自商鞅、李斯以是爲常法，漢之君臣恬不知怪。張蒼爲相，未嘗救文帝之失，明絳侯之忠，況廷尉乎？故曰：漢襲秦之罪大。

錢澄之《田間文集》卷二《平勃論》　吾嘗怪陳平、周勃，其始阿吕后意以王諸吕，後雖有定亂之功，而漢幾危。使當其時能與王陵合詞，面折庭争，則産、禄不王，吕氏禍亦未如此其烈也。已，讀《吕后紀》，乃知産、禄之禍不在王，而在使居南北軍入宫用事耳。

當惠帝崩，太后哭，泣不下，張辟彊謂丞相，請拜吕産、吕禄爲將，將兵居南北軍。丞相然其計，吕氏權由此起。丞相者誰？陵也。陵既以兵柄授産、禄，而乃欲禁其不王，甚矣陵之愚也！夫産、禄之所喜者，喜於得王；而漢大臣之所畏者，畏其爲將。彼既居吾所畏，吾復禁其所喜，禍必自此始矣。平、勃知其勢不能禁，不如因而從之。平爲相，與勃交驩，吕媭讒不能入，后之所以德平者可知。且平、勃知將兵之禍大於封王，當平、勃聽産、禄爲王，陵争之；陵請産、禄主兵，平、勃獨不能争乎？平、勃知産、禄皆庸才，雖主兵，固無能爲，所憚者后也。

觀后之臨殁所誡産、禄數語，固知后之權略足以制諸大臣，亦未嘗一日不防諸大臣也。后知産、禄非諸大臣敵也，王吕氏非諸大臣意也，計必誅諸大臣以安吕氏，而平、勃事事迎合，欲將則將，欲王則王，雖后内疑之，亦無由以發難，及至永訣之時，乃授産、禄方略曰：「必據兵衛宫，毋爲人所制。」后至是情亦迫矣，而詎意産、禄之不能聽也？

當齊兵西向時，彼産、禄者，爲相國，主重兵於内，一佩上將印，悉天下之兵東迎擊齊，雖不能勝齊，猶足以自固，而乃以兵屬潁陰侯將之，使留屯滎陽，與齊連和，吕氏之大勢，於此去矣。且吕禄本不知兵，志在王而不在將，酈寄知之久矣。寄計雖爲諸吕所阻，乃紿之出與游獵，禄爲大將而輕去其軍，禄豈知軍事哉！無怪吕媭之遇之而怒也。禄一去軍，太尉即已矯詔入矣。然是時，印猶在禄所也。太尉入軍，即行令曰：「爲吕氏右袒，爲劉氏左袒。」袒之尚右也舊矣。王孫賈於市中曰：「欲與我誅淖齒者袒右。」陳涉起大澤亦袒右，稱大楚。乃勃故謬其旨，右吕而左劉，示諸軍以不可測，而軍皆從左，則知軍心之向漢也必矣。軍心即將印也，禄雖不解印，勃固已得而將之也。知北軍之心，即以知南軍之心，不必入南軍，而産、禄之命已制於太尉之手矣。而産乃思吕后衛宫之語，求入未央宫爲亂，不已晚乎！夫産既失軍，即入宫亦不能爲亂，不過劫少主以令諸大臣，圖旦夕活計耳。而賈壽之謀，朱虚侯業已先之。吾固知産、禄雖主兵，實無能爲漢患也。

設使平、勃不順吕后之旨，使后内懷猜怒，陰以計誅大臣，後有用事者皆吕氏黨；以産、禄之權而信用其黨，漢之爲漢，尚忍言哉？唐武氏事，其左證也。吾故曰：平勃之安劉，其機固在於聽吕后之王産、禄也。

朱軾《史傳三編·名臣傳·周勃》　論曰：寬仁如孝文，不鈇鉞不朝之王，不桎梏受賕之吏。丞相勃平定内難，加以迎立大功，顧屢遭策免，又詔獄焉。其故何也？勃天資厚重而苦不好學。當其上符璽時，願請間有言，非以市德即以營私，明主猜疑之端，固已伏於此矣。一生鄙朴，椎魯少文，袁絲謂其有驕主色，蓋功則高而所以居功者未善乎？方高后擅王諸吕，面折廷諫不如王陵，沉幾觀變不如陳平，而高帝獨曰：「安劉氏者必勃。」卒之國勢纍卵，不動聲色，轉移於呼吸間，可不謂社稷臣哉！

藝文

《全唐詩》卷六四宋璟《奉和御製璟與張説源乾曜同日上官命宴都堂賜詩應製》　丞相邦之重，非賢諒不居。老臣慵且憊，何德以當諸。厚秩先爲忝，崇班復此除。太常陳禮樂，中掖降簪裾。聖酒山河潤，仙文象緯舒。冒恩懷寵錫，陳

力省空虚。郭隗慚無駿，馮諼愧有魚。不知周勃者，榮幸定何如。

《全唐詩》卷七六三楊夔《送張相公出征》 得意在當年，登壇秉國權。漢推周勃重，晉讓趙宣賢。儒德尼丘降，兵鈐太白傳。援毫飛鳳藻，發匣吼龍泉。歷火金難耗，零霜桂益堅。從來稱玉潔，此更讓朱妍。鴛鷺臻門下，貔貅擁帳前。去知清朔漠，行不費陶甄。獻畫符中旨，推誠契上玄。願將班固筆，書頌勒燕然。

《全唐詩》卷八五三吴筠《覽古十四首》（之六） 絳侯成大績，賞厚位仍尊。一朝對獄吏，榮辱安可論。蘇生佩六印，奕奕爲殃源。主父食五鼎，昭昭成禍根。李斯佐二辟，巨釁鍾其門。霍孟翼三后，伊戚及後昆。天人忌盈滿，兹理固永存。方知得意者，何必乘朱輪。滅景棲遠壑，弦歌對清樽。二疏返海濱，蔣詡歸林園。蕭灑去物累，此謀誠足敦。

《王陽明全集》卷一九《外集二·二日雨》 昨朝陰霧埋元日，向曉寒雲迸雨聲。莫道人爲無感召，從來天意亦分明。安危他日須周勃，痛苦當年笑賈生。坐對殘燈愁徹夜，靜聽晨鼓報新晴。

李廣部

綜述

《史記》卷一〇九《李將軍列傳》 李將軍廣者，隴西成紀人也。其先曰李信，秦時爲將，逐得燕太子丹者也。故槐里，徙成紀。廣家世世受射。孝文帝十四年，匈奴大入蕭關，而廣以良家子從軍擊胡，用善騎射，殺首虜多，爲漢中郎。廣從弟李蔡亦爲郎，皆爲武騎常侍，秩八百石。嘗從行，有所衝陷折關及格猛獸，而文帝曰：「惜乎，子不遇時！如令子當高帝時，萬户侯豈足道哉！」

及孝景初立，廣爲隴西都尉，徙爲騎郎將。吴、楚軍時，廣爲驍騎都尉，從太尉亞夫擊吴、楚軍，取旗，顯功名昌邑下。以梁王授廣將軍印，還，賞不行。徙爲上谷太守，匈奴日以合戰。典屬國公孫昆邪爲上泣曰：「李廣才氣，天下無雙，自負其能，數與虜敵戰，恐亡之。」於是乃徙爲上郡太守。後廣轉爲邊郡太守，徙上郡。嘗爲隴西、北地、鴈門、代郡、雲中太守，皆以力戰爲名。

匈奴大入上郡，天子使中貴人從廣勒習兵擊匈奴。中貴人將騎數十縱，見匈奴三人，與戰。三人還射，傷中貴人，殺其騎且盡。中貴人走廣。廣曰：「是必射雕者也。」廣乃遂從百騎往馳三人。三人亡馬步行，行數十里。廣令其騎張左右翼，而廣身自射彼三人者，殺其二人，生得一人，果匈奴射雕者也。已縛之上馬，望匈奴有數千騎，見廣，以爲誘騎，皆驚，上山陳。廣之百騎皆大恐，欲馳還走。廣曰：「吾去大軍數十里，今如此以百騎走，匈奴追射我立盡。今我留，匈奴必以我爲大軍〔之〕誘(之)，必不敢擊我。」廣令諸騎曰：「前！」前未到匈奴陳二里所，止，令曰：「皆下馬解鞍！」其騎曰：「虜多且近，即有急，柰何？」廣曰：「彼虜以我爲走，今皆解鞍以示不走，用堅其意。」於是胡騎遂不敢擊。有白馬將出護其兵，李廣上馬與十餘騎犇射殺胡白馬將，而復還至其騎中，解鞍，令士皆縱馬卧。是時會暮，胡兵終怪之，不敢擊。夜半時，胡兵亦以爲漢有伏軍於旁，欲夜取之，胡皆引兵而去。平旦，李廣乃歸其大軍。大軍不知廣所之，故弗從。

居久之，孝景崩，武帝立，左右以爲廣名將也，於是廣以上郡太守爲未央衛尉，而程不識亦爲長樂衛尉。程不識故與李廣俱以邊太守將軍屯。及出擊胡，而廣行無部伍行陳，就善水草屯，舍止人人自便，不擊刀斗以自衛，莫府省約文書籍事，然亦遠斥候，未嘗遇害。程不識正部曲行伍營陳，擊刀斗，士吏治軍簿至明，軍不得休息，然亦未嘗遇害。不識曰：「李廣軍極簡易，然虜卒犯之，無以禁也；而其士卒亦佚樂，咸樂爲之死。我軍雖煩擾，然虜亦不得犯我。」是時漢邊郡李廣、程不識皆爲名將，然匈奴畏李廣之略，士卒亦多樂從李廣而苦程不識。程不識孝景時以數直諫爲太中大夫，爲人廉，謹於文法。

後漢以馬邑城誘單于，使大軍伏馬邑旁谷，而廣爲驍騎將軍，領屬護軍將軍。是時單于覺之，去，漢軍皆無功。其後四歲，廣以衛尉爲將軍，出鴈門擊匈奴。匈奴兵多，破敗廣軍，生得廣。單于素聞廣賢，令曰：「得李廣必生致之。」胡騎得廣，廣時傷病，置廣兩馬閒，絡而盛卧廣。行十餘里，廣詳死，睨其旁有一胡兒騎善馬，廣暫騰而上胡兒馬，因推墮兒，取其弓，鞭馬南馳數十里，復得其餘軍，因引而入塞。匈奴捕者騎數百追之，廣行取胡兒弓，射殺追騎，以故得脱。於是至漢，漢下廣吏。吏當廣所失亡多，爲虜所生得，當斬，贖爲庶人。

頃之，家居數歲。廣家與故潁陰侯孫屏野居藍田南山中射獵。嘗夜從一騎出，從人田閒飲。還至霸陵亭，霸陵尉醉，呵止廣。廣騎曰：「故李將軍。」尉曰：「今將軍尚不得夜行，何乃故也！」止廣宿亭下。居無何，匈奴入殺遼西太守，敗韓將軍，後韓將軍徙右北平。於是天子乃召拜廣爲右北平太守。廣即請霸陵尉與俱，至軍而斬之。

廣居右北平，匈奴聞之，號曰「漢之飛將軍」，避之數歲，不敢入右北平。

廣出獵，見草中石，以爲虎而射之，中石没鏃，視之石也。因復更射之，終不能復入石矣。廣所居郡聞有虎，嘗自射之。及居右北平射虎，虎騰傷廣，廣亦竟射殺之。

廣廉，得賞賜輒分其麾下，飲食與士共之。終廣之身，爲二千石四十餘年，家無餘財，終不言家産事。廣爲人長，猨臂，其善射亦天性也，雖其子孫他人學者，莫能及廣。廣訥口少言，與人居則畫地爲軍陳，射闊狹以飲。專以射爲戲，竟死。廣之將兵乏絶之處，見水，士卒不盡飲，廣不近水，士卒不盡食，廣不嘗食。寬緩不苛，士以此愛樂爲用。其射，見敵急，非在數十步之内，度不中不發，發即應弦而倒。用此，其將兵數困辱，其射猛獸亦爲所傷云。

居頃之，石建卒，於是上召廣代建爲郎中令。元朔六年，廣復爲後將軍，從大將軍軍出定襄，擊匈奴。諸將多中首虜率，以功爲侯者，而廣軍無功。後二歲，廣以郎中令將四千騎出右北平，博望侯張騫將萬騎與廣俱，異道。行可數百里，匈奴左賢王將四萬騎圍廣，廣軍士皆恐，廣乃使其子敢往馳之。敢獨與數十騎馳，直貫胡騎，出其左右而還，告廣曰：「胡虜易與耳。」軍士乃安。廣爲圜陳外嚮，胡急擊之，矢下如雨。漢兵死者過半，漢矢且盡。廣乃令士持滿毋發，而廣身自以大黄射其裨將，殺數人，胡虜益解。會日暮，吏士皆無人色，而廣意氣自如，益治軍。軍中自是服其勇也。明日，復力戰，而博望侯軍亦至，匈奴軍乃解去。漢軍罷，弗能追。是時廣軍幾没，罷歸。漢法，博望侯留遲後期，當死，贖爲庶人。廣軍功自如，無賞。

初，廣之從弟李蔡與廣俱事孝文帝，景帝時，蔡積功勞至二千石。孝武帝時，至代相。以元朔五年爲輕車將軍，從大將軍擊右賢王，有功中率，封爲樂安侯。元狩二年中，代公孫弘爲丞相。蔡爲人在下中，名聲出廣下甚遠，然廣不得爵邑，官不過九卿，而蔡爲列侯，位至三公。諸廣之軍吏及士卒或取封侯。廣嘗與望氣王朔燕語，曰：「自漢擊匈奴而廣未嘗不在其中，而諸部校尉以下，才能不及中人，然以擊胡軍功取侯者數十人，而廣不爲後人，然無尺寸之功以得封邑者，何也？豈吾相不當侯邪？且固命也？」朔曰：「將軍自念，豈嘗有所恨乎？」廣曰：「吾嘗爲隴西守，羌嘗反，吾誘而降，降者八百餘人，吾詐而同日殺之。至今大恨獨此耳。」朔曰：「禍莫大於殺已降，此乃將軍所以不得侯者也。」

後二歲，大將軍、驃騎將軍大出擊匈奴，廣數自請行。天子以爲老，弗許；良久乃許之，以爲前將軍。是歲，元狩四年也。

廣既從大將軍青擊匈奴，既出塞，青捕虜知單于所居，乃自以精兵走之，而令廣并於右將軍軍，出東道。東道少回遠，而大軍行水草少，其勢不屯行。廣自請曰：「臣部爲前將軍，今大將軍乃徙令臣出東道，且臣結髮而與匈奴戰，今乃一得當單于，臣願居前，先死單于。」大將軍青亦陰受上誡，以爲李廣老，數奇，毋令當單于，恐不得所欲。而是時公孫敖新失侯，爲中將軍從大將軍，大將軍亦欲使敖與俱當單于，故徙前將軍廣。廣時知之，固自辭於大將軍。大將軍不聽，令長史封書與廣之莫府，曰：「急詣部，如書。」廣不謝大將軍而起行，意甚愠怒而就部，引兵與右將軍食其合軍出東道。軍亡導，或失道，後大將軍。大將軍與單于接戰，單于遁走，弗能得而還。南絶幕，遇前將軍、右將軍。廣已見大將軍，還入軍。大將軍使長史持糒醪遺廣，因問廣、食其失道狀，青欲上書報天子軍曲折。廣未對，大將軍使長史急責廣之幕府對簿。廣曰：「諸校尉無罪，乃我自失道，吾今自上簿。」

至莫府，廣謂其麾下曰：「廣結髮與匈奴大小七十餘戰，今幸從大將軍出接單于兵，而大將軍又徙廣部行回遠，而又迷失道，豈非天哉！且廣年六十餘矣，終不能復對刀筆之吏。」遂引刀自剄。廣軍士大夫一軍皆哭。百姓聞之，知與不知，無老壯皆爲垂涕。而右將軍獨下吏，當死，贖爲庶人。

雜録

備録

《史記》卷一〇八《韓長孺列傳》〔元光元年〕當是時，漢伏兵車騎材官三十餘萬，匿馬邑旁谷中。衛尉李廣爲驍騎將軍，太僕公孫賀爲輕車將軍，大行王恢爲將屯將軍，太中大夫李息爲材官將軍。御史大夫韓安國爲護軍將軍，諸將皆屬護軍。約單于入馬邑而漢兵縱發。王恢、李息、李廣別從代主擊其輜重。於是單于入漢長城武州塞。【略】

車騎將軍衛青擊匈奴，出上谷，破胡蘢城。將軍李廣爲匈奴所得，復失之；公孫敖大亡卒：皆當斬，贖爲庶人。明年，匈奴大入邊，殺遼西太守，及入鴈門，所殺略數千人。

《史記》卷一一〇《匈奴列傳》自馬邑軍後五年之秋，漢使四將軍各萬騎擊胡關市下。將軍衛青出上谷，至蘢城，得胡首虜七百人。公孫賀出雲中，無所得。公孫敖出代郡，爲胡所敗七千餘人。李廣出鴈門，爲胡所敗，而匈奴生得廣，廣後得亡歸。漢囚敖、廣，敖、廣贖爲庶人。其冬，匈奴數入盜邊，漁陽尤甚。漢使將軍韓安國屯漁陽備胡。其明年秋，匈奴二萬騎入漢，殺遼西太守。【略】

其明年春，漢使驃騎將軍去病將萬騎出隴西，過焉支山千餘里，擊匈奴，得胡首虜(騎)萬八千餘級，破得休屠王祭天金人。其夏，驃騎將軍復與合騎侯數萬

騎出隴西、北地二千里，擊匈奴。過居延，攻祁連山，得胡首虜三萬餘人，裨小王以下七十餘人。是時匈奴亦來入代郡、鴈門，殺略數百人。漢使博望侯及李將軍廣出右北平，擊匈奴左賢王。左賢王圍李將軍，卒可四千人，且盡，殺虜亦過當。會博望侯軍救至，李將軍得脱。漢失亡數千人，合騎侯後驃騎將軍期，及與博望侯皆當死，贖爲庶人。

《史記》卷一一一《衛將軍驃騎列傳》 最大將軍青，凡七出擊匈奴，斬捕首虜五萬餘級。一與單于戰，收河南地，遂置朔方郡，再益封，凡萬一千八百户。封三子爲侯，侯千三百户。并之，萬五千七百户。其校尉裨將以從大將軍侯者九人。其裨將及校尉已爲將者十四人。爲裨將者曰李廣，自有傳。

王充《論衡・禍虚篇》 漢將李廣與望氣王朔燕語曰：「自漢擊匈奴，而廣未常不在其中，而諸校尉以下，才能不及中，然以胡軍攻(功)取侯者數十人，而廣不爲後人，然終無尺土(寸)之功，以得封邑者，何也？豈吾相不當侯？且固命也？」朔曰：「將軍自念，豈常有恨者乎？」廣曰：「吾爲隴西太守，羌常反，吾誘而降之八百餘人，吾詐而同日殺之。至今恨之，獨此矣！」朔曰：「禍莫大於殺已降，此乃將軍所以不得侯者也。」李廣然之，聞者信之。

夫不侯猶不王者也。不侯何(有)恨，不王何負乎？孔子不王，論者不謂之不(有)負，李廣不侯，王朔謂之有恨。然則王朔之言，失論之實矣。

王充《論衡・儒增篇》 儒書言：「楚熊渠子出，見寢石，以爲伏虎，將弓射之，矢没其衛。」或曰：「養由基見寢石，以爲兕也，射之，矢飲羽。」或言：「李廣。」便是熊渠、養由基、李廣主名不審，無實(害)也。或以爲「虎」，或以爲「兕」，兕、虎俱猛，一實也。或言「没衛」，或言「飲羽」，羽則衛，言不同耳。要取以寢石似虎、兕，畏懼加精，射之入深也。

夫言以寢石爲虎，射之矢入，可也；言其没衛，增之也。

夫見似虎者，意以爲是，張弓射之，盛精加意，則其見真虎，與是無異。射似虎之石，矢入没衛，若射真虎之身，矢洞度乎？石之質難射，肉易射也。以射難没衛言之，則其射易者洞，不疑矣。善射者能射遠中微，不失毫釐，安能使弓弩更多力乎？養由基從軍，射晉侯中其目。夫以疋夫射萬乘之主，其加精倍力，必與射寢石等。當中晉侯之目也，可復洞達於項乎？如洞達於項，晉侯宜死。

車張十石之弩，恐不能入一寸，矢摧爲三，況以一人之力，引微弱之弓，雖加精誠，安能没衛？人之精乃氣也，氣乃力也。有水火之難，惶惑恐懼，舉徙器物，精誠至矣，素舉一石者，倍舉二石。然則，見伏石射之，精誠倍故，不過入一寸，如何謂之没衛乎？如有好用劍者，見寢石，懼而斫之，可復謂能斷石乎？以勇夫空拳而暴虎者，卒然見寢石，以手椎之，能令石有跡乎？

巧人之精，與拙人等；古人之誠，與今人同。使當今射工，射禽獸於野，其欲得之，不餘精力乎，及其中獸，不過數寸。跌誤中石，不能内鋒，箭摧折矣。夫如是，儒書之言楚熊渠子、養由基、李廣射寢石，矢没衛飲羽者，皆增之也。

《漢書》卷九四上《匈奴傳上》 自馬邑軍後五歲之秋，漢使四將各萬騎擊胡關市下。將軍衛青出上谷，至龍城，得胡首虜七百人。公孫賀出雲中，無所得。公孫敖出代郡，爲胡所敗七千。李廣出雁門，爲胡所敗，匈奴生得廣，廣道亡歸。漢囚敖、廣，敖、廣贖爲庶人。其冬，匈奴數千人盜邊，漁陽尤甚。漢使將軍韓安國屯漁陽備胡。其明年秋，匈奴二萬騎入漢，殺遼西太守，略二千餘人。又敗漁陽太守軍千餘人，圍將軍安國。安國時千餘騎亦且盡，會燕救之，至，匈奴乃去，又入雁門殺略千餘人。於是漢使將軍衛青將三萬騎出雁門，李息出代郡，擊胡，得首虜數千。其明年，衛青復出雲中以西至隴西，擊胡之樓煩、白羊王於河南，得胡首虜數千，羊百餘萬。於是漢遂取河南地，築朔方，復繕故秦時蒙恬所爲塞，因河而爲固。漢亦棄上谷之斗辟縣造陽地以予胡。是歲，元朔二年也。【略】

明年春，漢使票騎將軍去病將萬騎出隴西，過焉耆山千餘里，得胡首虜八千餘級，得休屠王祭天金人。其夏，票騎將軍復與合騎侯數萬騎出隴西、北地二千里，過居延，攻祁連山，得胡首虜二萬餘級，裨小王以下十餘人。是時，匈奴亦來入代郡、鴈門，殺略數百人。漢使博望侯及李將軍廣出右北平，擊匈奴左賢王。左賢王圍李廣，廣軍四千人死者過半，殺虜亦過當。會博望侯軍救至，李將軍得脱，盡亡其軍。合騎侯後票騎將軍期，及博望侯皆當死，贖爲庶人。

應劭《風俗通義》卷七《窮通》 李廣去雲中太守，屏居藍田南山中，射獵，嘗夜從一騎出飲田間，還，霸陵尉呵止廣，廣騎曰：「故李將軍。」尉曰：「今將軍尚不得夜行，何故也？」宿亭下。居無何，匈奴入遼西，大爲邊害，於是孝武皇帝乃召廣爲北平太守，廣請霸陵尉與俱，至軍斬之，上書謝罪。上報曰：「將軍者，國之爪牙也。《司馬法》曰：『登車不式，遭喪不服。』振旅撫師，以征不服，率三軍

之心，同戰士之力，故怒形則千里竦，威振則萬物伏，是以名聲暴於夷、貊，威稜憺乎鄰國。夫報忿除害，捐殘去殺，朕之所圖於將軍也；若乃免冠徒跣，稽顙請罪，豈稱朕之指哉！」

葛洪《西京雜記》卷五 李廣與兄弟共獵於冥山之北，見臥虎焉。射之，一矢即斃。斷其髑髏以爲枕，示服猛也。鑄銅象其形爲溲器，示厭辱之也。他日，復獵於冥山之陽，又見臥虎，射之，没矢飲羽。進而視之，乃石也，其形類虎。退而更射，鏃破簳折而石不傷。余嘗以問揚子雲，子雲曰：「至誠則金石爲開。」余應之曰：「昔人有遊東海者，既而風惡，船漂不能制，船隨風浪，莫知所之。一日一夜，得至一孤洲，共侶歡然。下石植纜，登洲煮食。食未熟而洲没，在船者斫斷其纜，船復漂蕩。向者孤洲乃大魚，怒掉揚鬣，吸波吐浪而去，疾如風雲。在洲死者十餘人。又余所知陳縞，質木人也。入終南山采薪，還晚，趨舍未至，見張丞相墓前石馬，謂爲鹿也，即以斧撾之，斧缺柯折，石馬不傷。此二者亦至誠也，卒有沉溺缺斧之事，何金石之所感偏乎？」子雲無以應余。

干寶《搜神記》卷一一 楚熊渠子夜行，見寢石，以爲伏虎，彎弓射之，没金鎩羽。下視，知其石也。因復射之，矢摧無迹。漢世復有李廣，爲右北平太守，射虎得石，亦如之。劉向曰：「誠之至也，而金石爲之開，況於人乎！夫唱而不和，動而不隨，中必有不全者也。夫不降席而匡天下者，求之己也。」

酈道元《水經注》卷一四《鮑丘水》 漢世李廣爲郡，出遇伏石，謂虎也，射之飲羽，即此處矣。

樂史《太平寰宇記》卷七〇《河北道十九・薊州・漁陽縣》 北平故城。《隋圖經》云：「漁陽有北平故城，即漢將軍李廣爲郡守，出獵，遇草中石，謂是伏虎，引弓射，没羽，是此處。」

備論

《史記》卷一〇九《李將軍列傳論》 《傳》曰「其身正，不令而行；其身不正，雖令不從」。其李將軍之謂也？余睹李將軍悛悛如鄙人，口不能道辭。及死之日，天下知與不知，皆爲盡哀。彼其忠實心誠信於士大夫也？諺曰「桃李不言，下自成蹊」。此言雖小，可以諭大也。

《史記》卷一三〇《太史公自序》 勇於當敵，仁愛士卒，號令不煩，師徒鄉之。

《漢書》卷五四《李廣傳贊》 李將軍恂恂如鄙人，口不能出辭，及死之日，天下知與不知皆爲流涕，彼其中心誠信於士大夫也。諺曰：「桃李不言，下自成蹊。」此言雖小，可以喻大。然三代之將，道家所忌，自廣至陵，遂亡其宗，哀哉！

《漢書》卷六九《趙充國辛慶忌傳贊》 秦漢已來，山東出相，山西出將。秦將軍白起，郿人；王翦，頻陽人。漢興，郁郅王圍，甘延壽，義渠公孫賀、傅介子，成紀李廣、李蔡，杜陵蘇建、蘇武，上邽上官桀、趙充國，襄武廉褒，狄道辛武賢、慶忌，皆以勇武顯聞。蘇、辛父子著節，此其可稱列者也，其餘不可勝數。何則？山西天水、隴西、安定、北地處勢迫近羌胡，民俗修習戰備，高上勇力鞍馬騎射。故《秦詩》曰：「王于興師，修我甲兵，與子皆行。」其風聲氣俗自古而然，今之歌謡慷慨，風流猶存耳。

《漢書》卷一〇〇下《叙傳下》 李廣恂恂，實獲士心，控弦貫石，威動北鄰，躬戰七十，遂死于軍。敢怨衛青，見討去病。陵不引決，忝世滅姓。蘇武信節，不詘王命。

《史記》卷一〇九《李將軍列傳》司馬貞述贊 猨臂善射，實負其能。解鞍卻敵，圓陣摧鋒。邊郡屢守，大軍再從。失道見斥，數奇不封。惜哉名將，天下無雙！

《全宋文》卷一五〇二劉攽《書李廣傳後》 李將軍英毅果鷙，謙讓不入，可謂名將矣。然而功不至封侯者，非其人之智失也，又非時人之勝己也，幸不幸，有命也已矣。世之君子，全道極美，而功名不顯者，亦何可勝紀哉？然君子之道，得於人必反諸其身，違於天必復諸其心。故禍福之至，曰己有以致之，是以上無怨而下無尤也。李將軍追咎殺降者，以使己不封，能自訟矣。嗚呼，可謂非篤厚君子哉？

《全宋文》卷二五二九王當《李廣論》 知人雖難，而用之亦未易也。始能知之，則終能用之，使之各盡其才，而無有餘不足之病，斯以爲善用人矣。若知而不用，則如無知；若用而不當，則如無用。昔李廣以出奇之才而不及大用，天下多傷之，是豈知用才之意歟？且文帝固嘗言之矣，以廣生高帝時，萬户侯不足道也，然世不察，以帝知廣之才而不能用，此豈文帝之意哉！廣之爲人也，多奇而易窮，輕變而無重。方高帝時，四分五裂之時也，天下之人救左則失右，救右則

失左，方是時也，李廣可以或出而立奇功。若天下既平，而持權用兵乃大將之事也。此惟隱厚有謀，然後中當世之用，固非廣之所長矣。向高帝方擾攘之間，所以深信而屢用□□□之謀，覆秦誅楚而卒有天下，其君臣相得，亦已至矣。及天下已安，吕后問帝後事，則陳平智有餘，難以獨任，而在周勃，以其厚重少文而足以安劉氏。且平無攘天下之資，而又非有韓、彭之志，帝安得而疑之，亦以其不時而已矣。蓋用智則傷譎，好奇則多危，此可以治亂而不可以守成，故高帝之所不與也。然則文帝之不用李廣，蓋謂此邪。王者之師必出於萬全，故其有事則先勝而後戰，然猶懼其不足用也，故三令而五申之，先之以盟誓，重之以勸戒，制法謹嚴則堅不可犯。是以其止如山，其行如川，其徐如林，其疾如雷，故師出而無敵於天下，此穰苴所以勝於未戰也。將果可以無法乎？今廣之用兵則不然，其行無部曲，戰無行伍，屯無刁斗，守無扞衛，此林谷散鬭之法，所將不過千人足矣，過此其能爲之乎？春秋之時，楚師救鄭，過險不整，姚句耳尚知其無能；秦師伐鄭，入險而脱，王孫滿猶知其必敗。且列國之師一不重固，則覆亡之不暇，况天下之大，而數奇安可爲萬全計，宜文帝之所不欲也。

何去非《何博士備論・李廣論》 昔者，李廣之爲將軍，其材氣超絶，漢之邊將無出其右者，自漢師之加匈奴，廣未嘗不任其事。蓋以兵居郡者四十餘年，以將軍出塞者歲相繼也，而大小之戰七十餘。遇以漢武之厚於賞功，自衛、霍之出，克敵而取侯封者數十百人，廣之吏士侯者亦且數輩，而廣每至於敗衄廢罪，無尺寸之功以取封爵，卒以失律自裁，以當幕府之責。當時、後世之士，莫不共惜其材，而深哀其不偶也。竊嘗究之，以廣之能而遂至於此者，由其治軍不用紀律，此所以勛烈、爵賞皆所不與，而又繼之以死也。

夫士有死將之恩，有死將之令。知死恩而不知死令，常至於驕；知死令而不知死恩，常至於怨。善於將者，使有以死吾之恩，又有以死吾之令，可百戰而百勝也。雖然，死恩者私也，死令者職也。士未有以致其私，而有以致其職者，可戰也。未有以致其職，而有以致其私者，未可戰也。蓋私者在士，而職者在將。在士者難恃，在將者可必故也。夫部曲行陣、屯營頓舍，與夫晝夜之警嚴、符籍之管攝，皆所謂軍之紀律。雖百夫之率，不可一日輒廢而緩於申嚴約束者也。故以守則整而不犯，以戰則肅而用命。今廣之治軍，欲其人人之自安利也。至於部曲、頓舍、警嚴、管攝一切弛略，以便其私而專爲恩，所謂軍之紀律者，未嘗用也。故當時稱其寬緩不苛，士皆愛樂，而程不識乃謂：「士雖佚，樂爲之死敵，然敵卒犯之，無以禁也。」此其恩不加令，而功之難必也。士誠樂死之矣，然其紀律之不戒也，亦所以取敗也。故曰：厚而不能令，譬如驕子，不可用也。

昔者，司馬穰苴卒然擢於閭伍之間而將齊軍，一申令於莊賈，而三軍之士莫不奮争爲之赴戰，遂一舉而摧燕、晉之師。彭越起於群盗百人之聚，其所率者皆平日之等夷，一旦號令，斬其後期，衆皆莫敢仰視，遂以其兵起爲侯王，卒佐高祖平一天下。二人者，豈復所謂素撫循之師者哉！以其得治軍之紀律，能使夫三軍之士必死於令故也。廣不求諸此，乃從妄人之談，而深自罪悔於殺已降，以爲禍蓋莫大於此者，亦已疏矣。

葉適《習學記言序目》卷二〇《史記二・列傳》 李廣自用之兵，人所不及，世或以常律論之，固非矣。然終不立大功名，未知其故安在。遷謂其「將兵數困辱」有由，殆亦未然也。

黄震《古今紀要》卷二《西漢》 李廣，文帝時擊胡，有惜不逢時之嘆。景帝時擊吴楚以梁，授廣將軍印，還不賞。武帝時屢從大將軍，無功。青承上意，以廣數奇不令當匈奴，出東道回遠，失期自殺。廣歷七郡四十年，賞賜分戲下，飲食與士卒共，寬緩不苛，士樂爲用，善射無雙，虜號飛將軍，然終不封侯。蓋自悔殺降云。三子，當户、椒、敢皆以勇取敗。

藝文

《李太白全集》卷一一《古近體詩・贈張相鎬二首》（其二） 本家隴西人，先爲漢邊將。功略蓋天地，名飛青雲上。苦戰竟不侯，當年頗惆悵。世傳崆峒勇，氣激金風壯。英烈遺厥孫，百代神猶王。十五觀奇書，作賦淩相如。龍顔惠殊寵，麟閣憑天居。晚途未云已，蹭蹬遭讒毁。想像晉末時，崩騰胡塵起。衣冠陷鋒鏑，戎虜盈朝市。石勒窺神州，劉聰劫天子。撫劍夜吟嘯，雄心日千里。誓欲斬鯨鯢，澄清洛陽水。六合灑霖雨，萬物無凋枯。我揮一杯水，自笑何區區。因人恥成事，貴欲決良圖。滅虜不言功，飄然陟方壺。惟有安期舄，留之滄海隅。

杜甫《杜詩詳注》卷二《曲江三章》（其三） 自斷此生休問天，杜曲幸有桑麻田，故將移住南山邊。短衣匹馬隨李廣，看射猛虎終殘年。

杜甫《杜詩詳注》卷一三《將赴荆南寄别李劍州》 使君高義驅今古，寥落三

年坐劍州。但見文翁能化俗，焉知李廣未封侯。路經灩澦雙蓬鬢，天入滄浪一釣舟。戎馬相逢更何日，春風迴首仲宣樓。

《王十朋全集・詩集》卷一〇《詠史詩・李廣》 李廣才名漢世稀，孝文猶自未深知。輟飧長嘆無頗牧，翻惜將軍不遇時。

隴右英豪真有種，將軍才氣更無雙。功高不得封侯賞，祇爲當時殺已降。

高啓《高青丘集》卷一七《李廣》 猿臂將軍本自賢，灞陵醉尉竟難全。不聞當日王孫貴，重到淮陰賞少年。

《張之洞全集》卷二九七《詠古詩・李廣》 大黄射却賊紛紛，□□□□始見君。身手能擒白馬將，姓名羞説故將軍。通侯無命非緣殺，天子憐才不録勛。一語九京相慰藉，似聞日角是雲礽。

漢景帝部

綜述

《史記》卷一一《孝景本紀》 孝景皇帝者，孝文之中子也。母竇太后。孝文在代時，前后有三男，及竇太后得幸，前后死，及三子更死，故孝景得立。

元年四月乙卯，赦天下。乙巳，賜民爵一級。五月，除田半租。爲孝文立太宗廟。令羣臣無朝賀。匈奴入代，與約和親。

二年春，封故相國蕭何孫係爲武陵侯。男子二十而得傅。廣川、長沙王皆之國。八月，以御史大夫開封侯陶青爲丞相。置南陵及内史、祋祤爲縣。

三年正月乙巳，赦天下。天火燔雒陽東宫大殿城室。吴王濞、楚王戊、趙王遂、膠西王卬、濟南王辟光、菑川王賢、膠東王雄渠反，發兵西鄉。天子爲誅晁錯，遣袁盎諭告，不止，遂西圍梁。上乃遣大將軍竇嬰、太尉周亞夫將兵誅之。六月乙亥，赦亡軍及楚元王子蓺等與謀反者。封大將軍竇嬰爲魏其侯。立楚元王子平陸侯禮爲楚王。立皇子端爲膠西王，子勝爲中山王。徙濟北王志爲菑川王，淮陽王餘爲魯王，汝南王非爲江都王。齊王將廬、燕王嘉皆薨。

四年夏，立太子。立皇子徹爲膠東王。六月甲戌，赦天下。後九月，更以(弋)〔易〕陽爲陽陵。復置津關，用傳出入。冬，以趙國爲邯鄲郡。

五年三月，作陽陵、渭橋。五月，募徙陽陵，予錢二十萬。江都大暴風從西方來，壞城十二丈。丁卯，封長公主子蟜爲隆慮侯。徙廣川王爲趙王。

六年春，封中尉(趙)綰爲建陵侯，江都丞相嘉爲建平侯，隴西太守渾邪爲平曲侯，趙丞相嘉爲江陵侯，故將軍布爲鄃侯。梁、楚二王皆薨。後九月，伐馳道樹，殖蘭池。

七年冬，廢栗太子爲臨江王。春，免徒隸作陽陵者。丞相青免。二月乙巳，以太尉條侯周亞夫爲丞相。四月乙巳，立膠東王太后爲皇后。丁巳，立膠東王爲太子，名徹。

中元年，封故御史大夫周苛孫平爲繩侯，故御史大夫周昌(子)〔孫〕左車爲安陽侯。四月乙巳，赦天下，賜爵一級。除禁錮。

中二年二月，匈奴入燕，遂不和親。三月，召臨江王來，即死中尉府中。夏，立皇子越爲廣川王，子寄爲膠東王。封四侯。

中三年冬，罷諸侯御史中丞。春，匈奴王二人率其徒來降，皆封爲列侯。立皇子方乘爲清河王。丞相周亞夫(死)〔免〕，以御史大夫桃侯劉舍爲丞相。軍東都門外。

中四年三月，置德陽宫。秋，赦徒作陽陵者。

中五年夏，立皇子舜爲常山王。封十侯。六月丁巳，赦天下，賜爵一級。天下大潦。更命諸侯丞相曰相。

中六年二月己卯，行幸雍，郊見五帝。四月，梁孝王、城陽共王、汝南王皆薨。立梁孝王子明爲濟川王，子彭離爲濟東王，子定爲山陽王，子不識爲濟陰王。梁分爲五。封四侯。更命廷尉爲大理，將作少府爲將作大匠，主爵中尉爲都尉，長信詹事爲長信少府，將行爲大長秋，大行爲行人，奉常爲太常，典客爲大行，治粟内史爲大農。以大内爲二千石，置左右内官，屬大内。

後元年冬，更命中大夫令爲衛尉。三月丁酉，赦天下，賜爵一級，中二千石、諸侯相爵右庶長。四月，大酺。丞相劉舍免。八月壬辰，以御史大夫綰爲丞相，封爲建陵侯。

後二年正月，郅將軍擊匈奴。酺五日。令内史郡不得食馬粟，没入縣官。令徒隸衣七緵布。止馬舂。爲歲不登，禁天下食不造歲。省列侯遣之國。

正月甲寅，皇太子冠。甲子，孝景皇帝崩。遺詔賜諸侯王以下至民爲父後爵一級，天下户百錢。出宫人歸其家，復無所與。太子即位，是爲孝武皇帝。三月，封皇太后弟蚡爲武安侯，弟勝爲周陽侯。置陽陵。

雜録

備録

《漢書》卷一七《景武昭宣元成功臣表》序 至孝景始欲侯降者，丞相周亞夫

守約而争。帝黜其議，初開封賞之科，又有吴、楚之事。

《漢書》卷二一下《律曆志下》 景帝，前七年，中六年，後三年，著《紀》即位十六年。

《漢書》卷二二《禮樂志》 孝景采《武德舞》以爲《昭德》，以尊大宗廟。

《漢書》卷二三《刑法志》 景帝元年，下詔曰：「加笞與重罪無異，幸而不死，不可爲人。其定律：笞五百曰三百，笞三百曰二百。」猶尚不全。至中六年，又下詔曰：「加笞者，或至死而笞未畢，朕甚憐之。其減笞三百曰二百，笞二百曰一百。」又曰：「笞者，所以教之也，其定箠令。」丞相劉舍、御史大夫衛綰請：「笞者，箠長五尺，其本大一寸，其竹也，末薄半寸，皆平其節。當笞者笞臀。毋得更人，畢一罪乃更人。」自是笞者得全，然酷吏猶以爲威。死刑既重，而生刑又輕，民易犯之。【略】

故孝景中五年復下詔曰：「諸獄疑，雖文致於法而於人心不厭者，輒讞之。」其後獄吏復避微文，遂其愚心。至後元年，又下詔曰：「獄，重事也。人有愚智，官有上下。獄疑者讞，有令讞者已報讞而後不當，讞者不爲失。」自此之後，獄刑益詳，近於五聽三宥之意。三年復下詔曰：「高年老長，人所尊敬也；鰥寡不屬逮者，人所哀憐也。其著令：年八十以上，八歲以下，及孕者未乳，師、朱儒當鞠繫者，頌繫之。」

《漢書》卷二四上《食貨志上》 孝景二年，令民半出田租，三十而稅一也。其後，上郡以西旱，復修賣爵令，而裁其賈以招民；及徒復作，得輸粟於縣官以除罪。始造苑馬以廣用，宫室列館車馬益增修矣。然婁敕有司以農爲務，民遂樂業。至武帝之初七十年間，國家亡事，非遇水旱，則民人給家足，都鄙廩庾盡滿，而府庫餘財。京師之錢累百鉅萬，貫朽而不可校。太倉之粟陳陳相因，充溢露積於外，腐敗不可食。衆庶街巷有馬，仟伯之間成羣，乘牸牝者擯而不得會聚。守閭閻者食粱肉；爲吏者長子孫；居官者以爲姓號。人人自愛而重犯法，先行誼而黜媿辱焉。於是罔疏而民富，役財驕溢，或至并兼豪黨之徒以武斷於鄉曲。宗室有土，公卿大夫以下争於奢侈，室廬車服僭上亡限。物盛而衰，固其變也。

《宋書》卷二七《符瑞上》 景帝王皇后初嫁爲金王孫妻，母臧兒卜筮曰：「當貴。」乃奪金氏而内太子宫，生男。男方在身，夢日入其懷，以告太子。太子曰：「是貴徵也。」生男，是爲武帝。

李吉甫《元和郡縣圖志》卷一《關内道一・咸陽縣》 陽陵，景帝陵也，在縣東四十里。

備論

《史記》卷一一《孝景本紀論》 漢興，孝文施大德，天下懷安。至孝景，不復憂異姓，而鼂錯刻削諸侯，遂使七國俱起，合從而西鄉，以諸侯太盛，而錯爲之不以漸也。及主父偃言之，而諸侯以弱，卒以安。安危之機，豈不以謀哉？

《史記》卷一三〇《太史公自序》 諸侯驕恣，吴首爲亂，京師行誅，七國伏辜，天下翕然，大安殷富。

《漢書》卷一〇〇下《敘傳下》 孝景蒞政，諸侯方命，克伐七國，王室以定。匪怠匪荒，務在農桑，著于甲令，民用寧康。

《史記》卷一一《孝景本紀》司馬貞述贊 景帝即位，因脩静默。勉人於農，率下以德。制度斯創，禮法可則。一朝吴楚，乍起凶慝。提局成釁，拒輪致惑。鼂錯雖誅，梁城未克。條侯出將，追奔逐北。坐見梟剋，立翦牟賊。如何太尉，後卒下獄。惜哉明君，斯功不録！

蘇轍《欒城後集》卷七《漢景帝》 漢之賢君，皆曰「文景」。文帝寬仁大度，有高帝之風。景帝忌克少恩，無人君之量，其實非文帝比也。

帝之爲太子也，吴王濞世子來朝，與帝博而争道，帝怒以博局提殺之。濞之叛逆，勢激於此。張釋之，文帝之名臣也，以劾奏之恨，斥死淮南。鄧通，文帝之倖臣也，以吮癰之怨，困迫至死。鼂錯始與帝謀削諸侯，帝違衆而用之，及七國反，袁盎一説，譎而斬之東市，曾不之卹。周亞夫爲大將，折吴、楚之鋭鋒，不數月而平大難，及其爲相，守正不阿，惡其悻悻不屈，遂以無罪殺之。梁王武，母弟也，驕而從之，幾致其死。臨江王榮，太子也，以母失愛，至使酷吏殺之。其於君臣、父子、兄弟之際，背理而傷道者，一至於此。

原其所以能全身保國，與文帝俱稱賢君者，惟不改其恭儉故耳。《春秋》之法，弑君稱君，君無道也，稱臣，臣之罪也。然陳侯平國、蔡侯般，皆以無道弑，而弑皆稱臣，以爲罪不及民故也。如景帝之失道非一也，而猶稱賢君，豈非躬行恭儉、罪不及民故耳？此可以爲不恭儉者戒也。

《張耒集》卷三九《漢景帝論》 景帝稱竇嬰「沾沾自喜，多易，不足以任宰相」，因持重而相衛綰。夫「自喜，多易」，固不足以持重是也，而求持重者必如衛綰，則已甚矣。古之知人者，不觀其形而察其情，得其妙而遺其似。夫天下之善惡，其似者固未必是，而其真者或不可以形求也。綰，車戲之賤士也。其椎魯庸鈍，偶似夫敦厚長者之形耳。夫敦厚之士，其用之也，必有蒙其利者矣，豈謂其無是非可否，如偶人而已者也。苟以是爲長者而用之，則世之可謂持重者多矣。夫惡馬之奔馳不可也，求其無奔馳可矣，得偶馬而愛之，可乎？景帝之相綰也，是愛偶馬之類也。

帝之惡周亞夫也，曰：「此鞅鞅非少主臣也。」卒殺之。夫天下之情，其未見于利害之際者，舉不可知，而要之，易劫以勢者易動以利，不輕許人之私者不輕行其私。亞夫之不納文帝于細柳與夫不肯侯王信，可謂不可以勢劫而無私意矣。仗節死義與夫見利而心不動，非輕勢而滅私者莫能。可以相少主、共危難者，意非亞夫不可，而帝乃反之，是徒以其剛勁不苟，其形若難制而嫚上者，故殺之而不疑。嗚呼！景帝者，求人于形似而失之者也。蓋昔者高祖求傅如意者而不可得，得一周昌能强項面折，而高祖遂以趙主委之。夫昌之不能脱如意于死，其勢蓋有所迫，而所以任昌者，固相危弱之道也。嗟夫！周昌以此見取，而亞夫乃用是不免，則景帝之與高祖，其觀人也亦異矣。

《胡宏集・皇王大紀論・天子服喪》 古者天子崩，王世子聽於冢宰三年，蓋父子天性，哭泣之哀，齊衰之服，饘粥之食，自天子至於庶人一也。

古者天子崩，天下之人無不服者。愚觀《漢紀》，惟文帝有孜孜愛民之心，其將殁也，自愧德薄，無恩於百姓，故令輕其服，不欲使疎遠之人爲不情之舉耳，曷嘗命太子曰「爾毋喪我三年」乎！

景帝能終身遵文帝之恭儉，而不能有三年之哀，遂比類從事，以日易月，輕蔑君父，等於無服之殤，何哉？漢初貴黄、老，尚清浄，景帝之爲太子，孝文未嘗教之以禮也。

《胡宏集・論史・景帝》 漢景方其寵晁錯，雖穿太上皇廟堧垣，亦無罪。及惡臨江王，則侵太宗廟堧垣，剄而死，亦不恤。任私意而不循義理，使君臣父子一至于是。又以郅都爲中尉，貴戚宗室號曰「蒼鷹」，後坐不與臨川王刀筆竟被誅。既宗室多犯法，則又用甯成。夫欲親親，必選有節行賢德之人爲之師傅，爲之交遊。下民猶不可以酷法治也，況宗室乎？

洪邁《容齋隨筆》卷一一《漢景帝忍殺》 漢景帝恭儉愛民，上繼文帝，故亦稱爲賢君。考其天資，則刻戾忍殺之人耳。自在東宫時，因博戲殺吴太子，以起老濞之怨，即位之後，不思罪己，且於三郡中而削其二，以速兵端。正信用晁錯，付以國事，及爰盎之説行，但請斬錯而已，帝令有司劾錯以大逆，遂父母妻子同産皆弃市。七國之役，下詔以深入多殺爲功，比三百石以上皆殺，無有所置，敢有議詔及不如詔者，皆要斬。周亞夫以功爲丞相，坐争封匈奴降將事病免，心惡之，賜食不置箸，叱之使起，昧於敬禮大臣之義，卒以非罪置之死，悲哉！

洪邁《容齋續筆》卷九《漢景帝》 漢景帝爲人，甚有可議。鼂錯爲内史，門東出，不便，更穿一門南出，南出者，太上皇廟堧垣也。丞相申屠嘉聞錯穿宗廟垣，爲奏請誅錯。錯恐，夜入宫上謁，自歸上。至朝，嘉請誅錯。上曰：「錯所穿非真廟垣，乃外堧垣，且又我使爲之，錯無罪。」臨江王榮以皇太子廢爲王，坐侵太宗廟壖地爲宫，詣中尉府對簿責訊，王遂自殺。兩者均爲侵宗廟，榮以廢黜失寵，至於殺之，錯方貴幸，故略不問罪，其不公不慈如此。及用爰盎一言，錯即夷族，其寡恩忍殺復如此。

《全宋文》卷七四五七王邁《景帝論》 論東都之明、章，不可不論西都之文、景。蓋明之忌刻似景，而章之長厚似文。參前證從，則景帝之失浮於明帝，而肅宗之善過於文皇也遠，要不可以無辨。西漢自高帝創業，嘉與宇内，從事於廣大樂易之域，寬仁一念，爲漢家社稷之根本。文帝繼之，仁增而愈高，澤浚而愈深。爲景帝者不過守高祖立國之意，益從而培植之，則漢家之元氣日充，民心之戴漢愈固。夫何刑名之習先入其心，任用酷吏郅都、甯成之徒，以毒天下，至使公卿大臣駢頸就戮，高、文累世之澤，殆幾斬焉。河汾氏不以之預七制之列者，蓋惜之也。若夫明帝之察慧，咎不在帝而在光武，光武矯先漢之枉，凡事必過用其聰明。方明帝爲東海王時，正在童丱之中，而能知墾田之弊，光武即期之以察慧，至以庶代嫡而不以爲過，不知人之一心先入爲主，雖終其身湔洗不盡。明帝既以慧察見喜於光武，異時設施，君子得以覘其終。是則帝之刻薄，光武有以遺之，非如景帝之忌刻，出於天姿之固然，非其父祖之過。故曰景帝之失浮於明帝者以此。章帝承明帝苛政之後，亦難乎其爲繼矣。而章帝則能代虐以寬，除苛解嬈，如楚王英之獄、淮陽之囚，知其無辜，必爲之洗濯其舊染，而更除其禁錮。輕徭薄賦，與天下休息，而又能容受直言。朱暉之面折廷諍，則温辭以慰勞之；崔駰之爲人告訐，不特恕其罪，又從而寵褒之。蓋其性姿本自慈祥，凡所設施，

有厚無薄，一時風俗駸駸近古。是以明帝苛政之失，未遽形見，蓋有章帝以蓋前人之愆也。若文帝承高惠之餘，故家遺俗，一本寬仁，帝蓋習聞而稔見之，故能謹守家法，罔敢失墜。非如章帝親承前世之苛政，能反而爲今日之愷悌也。是以爲文帝之寬仁易，章帝之長者難，故曰章帝之善過於文皇遠矣。嗚呼，以文帝之寬仁，不幸而有景；以明帝之慧察，乃幸而有章。讀史者試思之。

藝文

《曹植集》卷一《漢景帝贊》 景帝明德，繼文之則。肅清王室，克滅七國。省役薄賦，百姓殷昌。風移俗易，齊美成康。

《歐陽修全集》卷四九《求雨祭漢景帝文》 維年月日，具官修告於漢孝景帝之神：縣有州帖，祈雨諸祠。縣令至愚，以謂雨澤頗時，民不至於不足，不敢以煩神之視聽。癸丑，出于近郊，見民稼之苗者荒在草間，問之，曰：「待雨而後耘耔。」又行見老父，曰：「此月無雨，歲將不成。」然後乃知前所謂雨澤頗時者，徒見於城郭之近，而縣境數百里山陂田畝之間，蓋未及也。修以有罪，爲令於此，宜勤民事神以塞其責。今既治民獄訟之不明，又不求民之所急，至去縣十餘里外，凡民之事皆不能知，頑然慢於事神，此修爲罪又甚於所以來爲令之罪。惟神爲漢明帝，生能惠澤其民，布義行剛，威靈之名，照臨後世，而尤信於此土之人。神其降休，以答此土之民之信。尚饗！

周亞夫部

綜述

《史記》卷五七《絳侯周勃世家》　條侯亞夫自未侯爲河內守時，許負相之，曰：「君後三歲而侯。侯八歲爲將相，持國秉，貴重矣，於人臣無兩。其後九歲而君餓死。」亞夫笑曰：「臣之兄已代父侯矣，有如卒，子當代，亞夫何說侯乎？然既已貴如負言，又何說餓死？指示我。」許負指其口曰：「有從理入口，此餓死法也。」居三歲，其兄絳侯勝之有罪，孝文帝擇絳侯子賢者，皆推亞夫，乃封亞夫爲條侯，續絳侯後。

文帝之後六年，匈奴大入邊。乃以宗正劉禮爲將軍，軍霸上；祝茲侯徐厲爲將軍，軍棘門；以河內守亞夫爲將軍，軍細柳：以備胡。上自勞軍。至霸上及棘門軍，直馳入，將以下騎送迎。已而之細柳軍，軍士吏被甲，鋭兵刃，彀弓弩，持滿。天子先驅至，不得入。先驅曰：「天子且至！」軍門都尉曰：「將軍令曰『軍中聞將軍令，不聞天子之詔』。」居無何，上至，又不得入。於是上乃使使持節詔將軍：「吾欲入勞軍。」亞夫乃傳言開壁門。壁門士吏謂從屬車騎曰：「將軍約，軍中不得驅馳。」於是天子乃按轡徐行。至營，將軍亞夫持兵揖曰：「介胄之士不拜，請以軍禮見。」天子爲動，改容式車。使人稱謝：「皇帝敬勞將軍。」成禮而去。既出軍門，羣臣皆驚。文帝曰：「嗟乎，此真將軍矣！曩者霸上、棘門軍，若兒戲耳，其將固可襲而虜也。至於亞夫，可得而犯邪！」稱善者久之。月餘，三軍皆罷，乃拜亞夫爲中尉。

孝文且崩時，誡太子曰：「即有緩急，周亞夫真可任將兵。」文帝崩，拜亞夫爲車騎將軍。

孝景三年，吴、楚反。亞夫以中尉爲太尉，東擊吴、楚。因自請上曰：「楚兵剽輕，難與争鋒。願以梁委之，絶其糧道，乃可制。」上許之。

太尉既會兵滎陽，吴方攻梁，梁急，請救。太尉引兵東北走昌邑，深壁而守。梁日使使請太尉，太尉守便宜，不肯往。梁上書言景帝，景帝使使詔救梁。太尉不奉詔，堅壁不出，而使輕騎兵弓高侯等絶吴、楚兵後食道。吴兵乏糧，飢，數欲挑戰，終不出。夜，軍中驚，内相攻擊擾亂，至於太尉帳下。太尉終卧不起。頃之，復定。後吴奔壁東南陬，太尉使備西北。已而其精兵果奔西北，不得入。吴兵既餓，乃引而去。太尉出精兵追擊，大破之。吴王濞弃其軍，而與壯士數千人亡走，保於江南丹徒。漢兵因乘勝，遂盡虜之，降其兵，購吴王千金。月餘，越人斬吴王頭以告。凡相攻守三月，而吴、楚破平。於是諸將乃以太尉計謀爲是。

由此梁孝王與太尉有卻。

歸，復置太尉官。五歲，遷爲丞相，景帝甚重之。景帝廢栗太子，丞相固争之，不得，景帝由此疏之。而梁孝王每朝，常與太后言條侯之短。

竇太后曰：「皇后兄王信可侯也。」景帝讓曰：「始南皮、章武侯先帝不侯，及臣即位乃侯之。信未得封也。」竇太后曰：「人主各以時行耳。自竇長君在時，竟不得侯，死後乃（封）其子彭祖顧得侯，吾甚恨之。帝趣侯信也！」景帝曰：「請得與丞相議之。」丞相議之，亞夫曰：「高皇帝約『非劉氏不得王，非有功不得侯。不如約，天下共擊之』。今信雖皇后兄，無功，侯之，非約也。」景帝默然而止。

其後匈奴王〔唯〕徐盧等五人降，景帝欲侯之以勸後。丞相亞夫曰：「彼背其主降陛下，陛下侯之，則何以責人臣不守節者乎？」景帝曰：「丞相議不可用。」乃悉封〔唯〕徐盧等爲列侯。亞夫因謝病。景帝中三年，以病免相。

頃之，景帝居禁中，召條侯，賜食。獨置大胾，無切肉，又不置櫡。條侯心不平，顧謂尚席取櫡。景帝視而笑曰：「此不足君所乎？」條侯免冠謝。上起，條侯因趨出。景帝以目送之，曰：「此怏怏者非少主臣也！」

居無何，條侯子爲父買工官尚方甲楯五百被可以葬者。取庸苦之，不予錢。庸知其盗買縣官器，怒而上變告子，事連汙條侯。書既聞上，上下吏。吏簿責條侯，條侯不對。景帝罵之曰：「吾不用也。」召詣廷尉。廷尉責曰：「君侯欲反邪？」亞夫曰：「臣所買器，乃葬器也，何謂反邪？」吏曰：「君侯縱不反地上，即欲反地下耳。」吏侵之益急。初，吏捕條侯，條侯欲自殺，夫人止之，以故不得死，遂入廷尉。因不食五日，嘔血而死。國除。

絶一歲，景帝乃更封絳侯勃他子堅爲平曲侯，續絳侯後。十九年卒，謚爲共侯。子建德代侯，十三年，爲太子太傅。坐酎金不善，元鼎五年，有罪，國除。

條侯果餓死。死後，景帝乃封王信爲蓋侯。

雜録

備録

王充《論衡・骨相篇》 周亞夫未封侯之時，許負相之，曰：「君後三歲而〔侯〕，〔侯〕入（八）〔歲爲〕將相，持國秉，貴重矣，於人臣無兩。其後九歲而君餓死。」亞夫笑曰：「臣之兄已代侯矣，有如父卒，子當代，亞夫何説侯乎？然既已貴，如負言，又何説餓死？指示我！」許負指其口，有縱理入口，曰：「此餓死法也。」居三歲，其兄絳侯勝〔之〕有罪，文帝擇絳侯子賢者，推亞夫，迺封條侯，續絳侯後。文帝之後六年，匈奴入邊，乃以亞夫爲將軍。至景帝之時，亞夫爲丞相，後以疾免。其子爲亞夫買工官尚方甲盾五百被可以爲葬者，取庸苦之，不與錢。庸知其盜買官器，怨而上告其子。景帝下吏責問，因不食五日，嘔血而死。

《漢書》卷一七《景武昭宣元成功臣表》序 昔《書》稱「蠻夷帥服」，《詩》云「徐方既倈」，《春秋》列潞子之爵，許其慕諸夏也。漢興至于孝文時，乃有弓高、襄城之封，雖自外倈，本功臣後。故至孝景始欲侯降者，丞相周亞夫守約而争。帝黜其議，初開封賞之科，又有吳、楚之事。武興胡越之伐，將帥受爵，應本約矣。後（有）〔世〕承平，頗有勞臣，輯而序之，續元功次云。

《漢書》卷二六《天文志》 其三年，吳、楚、膠西、膠東、淄川、濟南、趙七國反。吳、楚兵先至攻梁，膠西、膠東、淄川三國攻圍齊。漢遣大將軍周亞夫等成止河南，以候吳楚之敝，遂敗之。吳王亡走粤，粤攻而殺之。平陽侯敗三國之師于齊，咸伏其辜，齊王自殺。漢兵以水攻趙城，城壞，王自殺。

《漢書》卷二七上《五行志上》 景帝中五年八月己酉，未央宫東闕災。先是，栗太子廢爲臨江王，以罪徵詣中尉，自殺。丞相條侯周亞夫以不合旨稱疾免，後二年下獄死。

《漢書》卷三五《荆燕吳傳》 七國反書聞，天子乃遣太尉條侯周亞夫將三十六將軍往擊吳、楚；遣曲周侯酈寄擊趙，將軍欒布擊齊，大將軍竇嬰屯滎陽監齊、趙兵。

《漢書》卷三六《楚元王傳》 王戊稍淫暴，二十年，爲薄太后服私姦，削東海、薛郡，乃與吳通謀。二人諫，不聽，胥靡之，衣之赭衣，使杵臼雅舂於市。休侯使人諫王，王曰：「季父不吾與，我起，先取季父矣。」休侯懼，乃與母太夫人奔京師。二十一年春，景帝之三年也，削書到，遂應吳王反。其相張尚、太傅趙夷吾諫，不聽。遂殺尚、夷吾，起兵會吳西攻梁，破棘壁，至昌邑南，與漢將周亞夫戰。漢絶吳、楚糧道，士饑，吳王走，戊自殺，軍遂降漢。

《漢書》卷八二《王商傳》 前孝景世七國反，將軍周亞夫以爲即得雒陽劇孟，關東非漢之有。今商宗族權勢，合貲鉅萬計，私奴以千數，非特劇孟匹夫之徒也。

《漢書》卷九〇《酷吏傳》 趙禹，斄人也。以佐史補中都官，用廉爲令史，事太尉周亞夫。亞夫爲丞相，禹爲丞相史，府中皆稱其廉平。然亞夫弗任，曰：「極知禹無害，然文深，不可以居大府。」

酈道元《水經注》卷九《淇水》 清河又東北，左與横漳枝津故瀆合，又東北逕脩國故城東，漢文帝封周亞夫爲侯國，故世謂之北脩城也。

李吉甫《元和郡縣圖志》卷一〇《河南道六・金鄉縣》 昌邑故城，在縣西北四十二里。其中城周十餘里，外城周三十餘里。中有鐵柱，出地數尺。漢景帝三年，吳、楚、趙、膠西、濟南、菑川、膠東七國俱反，天子命條侯周亞夫將三十六將軍擊吳、楚，亞夫至淮陽，問父客鄧都尉策安出？客曰：「莫若引兵東北，壁昌邑，以梁委吳。將軍深溝高壘，使輕兵絶淮、泗口，塞吳餉道，吳、梁相弊，乃以全制其極，破吳必矣。」條侯從之。吳、楚以正月起，三月皆破滅，即此城也。

李吉甫《元和郡縣圖志》卷一七《河北道二・蓨縣》 蓨縣，本漢條縣，即條侯國也，景帝封周亞夫爲條侯。

黄震《古今紀要・西漢》 周亞夫重厚似勃，執正過之。細柳之軍，文帝動容，拜中尉，付以重寄，屬後人焉。【略】堅卧不動，以梁委敵，違詔成功。帝廢立太子，亞夫爲相國，争之不得，欲王皇后兄王信、王降虜徐靈等五人，皆争之不得，謝病免。帝言怏怏者，非少主臣也，卒殺之。

備論

《史記》卷五七《絳侯周勃世家論》 亞夫之用兵，持威重，執堅刃，穰苴曷有

加焉！足已而不學，守節不遜，終以窮困。悲夫！

《史記》卷一三〇《太史公自序》 諸吕爲從，謀弱京師，而勃反經合於權；吴、楚之兵，亞夫駐於昌邑，以戹齊、趙，而出委以梁。

王充《論衡・命禄篇》 代王自代入爲文帝，周亞夫以庶子爲條侯，此時代王非太子，亞夫非適嗣，逢時遇會，卓然卒至。命貧以力勤致富，富至而死；命賤以才能取貴，貴至而免。才力而致富貴，命禄不能奉持，猶器之盈量，手之持重也。器受一升，以一升則平，受之如過一升，則滿溢也；手舉一鈞，以一鈞則平，舉之過一鈞，則蹎仆矣。

《漢書》卷一〇〇下《叙傳下》 亞夫守節，吴楚有勳。

《全宋文》卷三一〇二蘇過《書周亞夫傳後》 曾子曰：「可以託六尺之孤，可以寄百里之命，臨大節而不奪。」君子之學，亦志於斯而已矣。閱古今而不知成敗，見小節而闇於大道，雖學足以通天人，智足以周事物，吾不知其人也。禍福莫大於死生，利害莫大於安危。人能輕千金之軀，以任天下之重，禍福不懼，死生不易，雖曰未學，吾必謂之學矣。天下無事，雖腐儒小生弄刀筆有餘；事出意外，又能究其本心，而不失其素志者，寡矣！鼂錯號稱「智囊」，本造六國之謀，知吴必反者，宜其遭變而不動，慨然以身任之，乃反以危事委人主，而自處於萬全，此其智已亂矣！錯猶若此，而況其下者乎。吾觀周亞夫之將也，可謂安静有守而不動者矣。梁孝王日夜請救，而亞夫卒堅壁不出；軍夜驚，相攻至帳下，而亞夫卒堅卧不起。夫不救梁，不過梁亡而誅耳，而漢無可幾之道。軍夜驚不起，不過匕首竊發，而軍無可乘之隙。以死生而易安危，亦可謂任重而道遠矣！至於諫臨江之廢，拒王信之封，所謂嚴嫡庶之分，守高祖之約，可謂真宰相矣。而太史公獨稱其用兵而不取其守節，曰：「足智而不學，守節而不遜，卒以窮困。」嗚呼！此爲景帝諱也。景帝不道，至於殺無罪元勳之臣，太史公不能直書其惡，乃譏亞夫之短，以爲自取者，可爲流涕太息也！亞夫之不學，豈其似絳侯厚重少文耶？劉氏微其父子，幾亡矣！何不學之有哉！亞夫之不遜，豈其以面折廷争，而爲庸主所不堪耶？鬻拳懼君以兵，君子猶能與之，而守節者安得以不遜罪之哉？孔子曰：「仁者必有勇。」勇蓋仁者之餘事也。亞夫獨以兵見稱，豈不遺其大而録其細耶？

《全宋文》卷四二五八劉子翬《漢書雜論上》 周亞夫强直自信，當文帝而顯名，遇景帝而殺身，非有幸有不幸，其操術然也。方匈奴寇邊，文帝遣亞夫屯細柳。細柳在長安西，當時非臨敵之地，文帝以萬乘臨之，先過棘門、霸上，則軍中豈不預知哉？萬弩持滿，向帝先驅，帝至又不得入，既入又禁馳驅，此亞夫欲以軍威示文帝爾。如穰苴之斬莊賈，孫武之斬吴姬，有意爲之也。文帝因此重之，亞夫之名遂顯。後屢諫景帝，帝怒，下吏又不對，竟殺之。夫行己恭、事上敬，此大臣之節也。亞夫不知遵此，姑以强直自信不移。文帝寬仁，故推成其美；景帝忌刻，故陷於戮辱。然則景帝之殺亞夫，雖曰濫刑，固有以招之矣。

《胡宏集・論史・周亞夫》 人不可不知道。知道，然後知進退。亞夫，勃之子，細柳軍容，威震人主。吴、楚之反，計謀獨出諸將之上，有蓋天下之功。及因事廢太子不能得，可以逡巡引去矣。後更爲相，不知景帝特以人望用之也。先不肯救梁，後不肯侯王信，取諸貴戚怒。及不肯侯匈奴降者，乃謝病免。賜食無切肉，不置箸，見之使皇恐，請罪可也，猶顧上席取箸，其不知幾如此！其見殺也，豈特景帝之咎哉？

《全宋文》卷六〇四三陳傅良《周亞夫論》 明王之用人，非惟樂其所可狎而亦必有所可忌者也。天下之士峻於自居者不可屈，而敢爲者斯有所不自愛。夫惟其不可屈也，則其形似難制，而其不自愛者，疑於生事而好亂，是以人主忌之。嗚呼！其患蓋生於疑，其辨之已詳也。夫天子之大臣，而亦必爲人所畏，而後可以沮姦之萌。爲天子大臣而循循無忤，而聽其上之所爲，則人將有所侮而動，而一日有變，則彼且有以辭吾責。何則？損其威者固撓其氣，而既安其無能，則亦不可望其有所震立。是故明君必有所伸者，蓋有所養也。文帝之屬亞夫於景也，得之於細柳之日也，則文帝之察人盡矣。七國之變，堅壁伺便，以折吴、楚之鋒，不以天子之命救母弟於垂亡之急以闕軍計，則亞夫誠無負文帝之託者。景帝固以鞅鞅非少主臣，卒置之死。至於庸懦無所爲之衛綰，則謂其可相少主矣。所謂朴厚弘毅以當社稷之寄者，蓋其若是靡耶？故自殺亞夫，漢之大臣始衰。太史公曰：「申屠嘉死，景帝時及今上爲丞相者，齪齪備員而已，無所能發明功名有著於當世。」嗟乎！漢之禍成於大臣之無權，而所謂宰相者取充位也。夫大臣無權則其勢可以劫，而賢者止於取充位，則雖甚繆而可以無過。以甚繆之人居可劫之勢，是故王莽得易之以爲資，而其端則出於孝景。然則漢之禍，景帝爲也。

洪邁《容齋隨筆》卷二《周亞夫》 周亞夫距吴、楚，堅壁不出。軍中夜驚，内相攻擊擾亂，至於帳下，亞夫堅卧不起，頃之，復定。吴奔壁東南陬，亞夫使備西

北，已而果奔西北，不得入。《漢史》書之，以爲亞夫能持重。按，亞夫軍細柳時，天子先驅至，不得入，文帝稱其不可得而犯。今乃有軍中夜驚相攻之事，安在其能持重乎！

洪邁《容齋續筆》卷六《周亞夫》　漢景帝即位三年，七國同日反，吴王至稱東帝，天下震動。周亞夫一出即平之，功亦不細矣，而訖死於非罪。景帝雖未爲仁君，然亦非好殺卿大夫者，何獨至亞夫而忍爲之？切嘗原其説，亞夫之爲人，班、馬雖不明言，然必悻直行行者。方其將屯細柳，秖以備胡，且近在長安數十里間，非若出臨邊塞，與敵對壘，有呼吸不可測知之事。今天子勞軍至不得入，及遣使持節詔之，始開壁門。又使不得驅馳，以軍禮見，自言介胄之士不拜。天子改容稱謝，然後去。是乃王旅萬騎，乘輿黄屋，顧制命於將帥，豈人臣之禮哉。則其傲睨帝尊，習與性成，故賜食不設箸，有不平之意。鞅鞅非少主臣，必已見於辭氣之間，以是隕命，其可惜也。秦王猛伐燕圍鄴，苻堅自長安赴之。至安陽，猛潛謁堅，堅曰：「昔周亞夫不迎漢文帝，今將軍臨敵而棄軍，何也？」猛曰：「亞夫前却人主以求名，臣竊少之。」猛之識慮，視亞夫有間矣。

《全宋文》卷七三一八陳耆卿《周亞夫申屠嘉論》　讀《周亞夫傳》，見文帝所以重將之權；讀《申屠嘉傳》，見文帝所以重相之權。將相之尊次天子，將相不重則天子亦輕，此投鼠忌器之説也。夫以堂堂天子之尊，一入軍門，而使之按轡徐行，無異臣僕。寵一私昵，誰敢與君抗？而摧拉困挫，瀕於死而後釋之。人皆以爲二子之難，蓋不知文帝之所以爲難爾。有文帝則足以容二子，無文帝則二子雖欲爲二子而不能。夫文帝非不能自尊而卑將相也，顧其所以尊將相者，乃所以尊己也。《易》曰：「謙尊而光，卑而不可踰。」夫惟其謙，故有尊而光之理；惟其卑，故有不可踰之理。世謂文帝之治尚寬，不知其振舉朝綱，尊强國體，精采凛然，銷姦褫惡，蓋有合於乾德之剛，而非懈怠縱弛以爲寬者也。景帝見識不明，故疑心一開，大臣不得展手伸足。文帝任亞夫，則景帝殺亞夫；文帝任嘉，則景帝亦殺嘉。二子在文帝時，如在天池；在景帝時，如在樊罟。非二子前後相反，時使然也。景帝之待二子誠失矣，而二子亦有以致之。大凡氣强無學，慮直少謀，未必不爲身患。宰相職業，以格心爲主，不以矯激亢訐爲功。以景帝之忌刻，二子無以化導融液之，而與力争於事爲之末，則亦宜其扞格而不終也。況夫取箸之傲，未免以私情而虧公禮；悔不先斬錯之説，又未免以小忿而忘大敬。嗚呼，已伸者難屈，已亢者難下。景帝之不能容，亦文帝之能容有以致之耳。蓋惟二子得容於文帝，而遂以其事文帝者事景帝，其氣益張，不可收斂，則其死宜矣。觀此，不獨見文、景二君體貌大臣之輕重，而亞夫、嘉之相業，可以夷考矣。

葛洪《涉史隨筆》卷上《周亞夫從趙涉計定六國》　漢景帝時七國反書聞，天子乃遣太尉條侯周亞夫將三十六將軍往擊吴楚。亞夫既發，至霸上，趙涉遮説亞夫曰：吴王素富，懷輯死士久矣。此知將軍且行，必置間人於殽黽阨阻之間耳。兵事尚神密，將軍何不從此右去走藍田，出武關，抵雒陽，間不過差一二日，直入武庫，擊鳴鼓，諸侯聞之，以爲將軍從天而下也。太尉如其計，至雒陽，使吏搜殽黽間，果得吴伏兵，乃請涉爲護軍。趙涉之遮説亞夫，即三老董公之遮説漢王也。惟其賤而無因至前，故遮道以説之耳。孰謂滅項籍定七國，乃皆出於道旁賤夫之一言。然則天下之才，豈有窮哉！此衆不可，蓋所以發齊人王先生之歎也。是以古之明君賢臣，智雖落天地而不自慮也，辨雖彫萬物而不自悦也，能雖窮海内而不自爲也。片善可取，不間芻蕘，一言有聞，狂夫亦擇。故能并天下之謀，盡天下之智，而事無遺策矣。

《朱子語類》卷一三五《歷代二》　問：「周亞夫『軍中聞將軍令，不聞天子詔』，不知是否？」曰：「此軍法。」又問：「大凡爲將之道，首當使軍中尊君親上。若徒知有將，而不知有君，則將皆亞夫，固無害也。設有姦將一萌非意，則軍中之人，豈容不知有君？」曰：「若説到反時，更無説。凡天子命將，既付以一軍，只當守法。且如朝廷下州縣取一件公事，亦須知州知縣肯放，方可發去。不然，豈可輒易也！」自修。

《全元文》卷一三三三楊維楨《周亞夫論》　徐盧之議不用即謝病去，君子賢之。而猶有鞅鞅爲上所嫌，大哉不箸之召，警之者至矣。又不能爲高蹈遠引之舉，且縱其子盜買尚方甲楯，此與絳侯披甲執兵者何以異，禍烏得而不及乎？卒廷尉不食死，以符許負氏之言，烏乎，悲夫。

方孝孺《遜志齋集》卷五《雜著·條侯傳論》　天下之賞罰必有所受，受於人者必制於人。大夫受於諸侯，諸侯得以賞罰之。諸侯受於天子，天子得以賞罰之。惟天子之大柄受於天，而天不屑屑然與之較。古之聖人恐其無所畏而肆也，於是立史氏以書之。史氏者所以賞罰天子，而立天下之大公於世。故天子之所賞而濫，天下莫敢問，史氏得以奪之。天子之所罰而僭，天下莫敢言，史氏得以予之。天子之身所爲有當否乎，其下者莫敢是非也，史氏秉大公之道是非之。故天子之賞罰信於當時，史氏之賞罰信於萬世。天子之賞罰可以賤貴一世

之人，而史氏之賞罰可以懲勸於無窮，榮辱於既死。君子謂史氏之柄不在天子下，彼以其位，此以其公也。使史氏之予奪而不以其公，後世何所取信哉！

漢初輔相之臣，多出於一時亡命屠販刀筆之流，其人皆習熟世故，迫於利害，善避禍趨變。而堅守臣節求諸高、惠、文、景四世間，如王陵、周亞夫輩無數人，而亞夫尤得大臣體。在景帝時以争皇后兄信及匈奴降王之封忤旨，遂用他事下獄以死。夫封無功者以亂先帝之法，納夷狄之叛臣以啓爲臣不忠之心，此誠宰相之所宜争也。亞夫争之，豈爲過哉？彼景帝者私刻忍人也，欲封其后之兄，而亞夫不從，其心固有殺亞夫之端矣，特未得其名耳。及降王而不封，其怒宜愈甚，特無以屈其説，故忍而未發。官甲楯之告，景帝方幸其有名以誅之，遂卒置之於死。

求其所爲事，確乎有大臣之風，景帝罪之者私恨也，爲史者宜有以明之。而司馬遷反詆之爲守節不遜，以取窮困。嗚呼！人臣如亞夫乃可謂之不遜乎？夫朝廷之禮，君臣之分，固有當遜者矣。至於爲一事而亂舊典，起邪心，爲害於國甚矣。苟阿意希旨，從而附和之，此小人反覆之計，謀一身而不顧職業之所爲，烏可謂之遜乎？人臣者以義守職，以忠事君，利害有所不恤。苟畏窮困而安利達，則無所不至矣。亞夫之心豈以窮困爲戚者哉！遷不稱其能守官，而詆其不遜；不閔其死不以罪，而悲其困窮。史氏之論若此，何以信於後世？此吾嘗論遷善紀事而不知統，善陳辭而不能斷，有良史之才而不達君子之道，《亞夫傳》之類也。

朱軾《史傳三編》卷一〇《名臣傳・周亞夫論》　高祖功臣雖保全終始，如蕭、曹、張、陳及其再傳或嬰罪戾被削奪者多矣。兼資文武，備位將相，獨亞夫一人，與其父後先輝映，可不謂賢歟？文帝法古賢君推轂之義，屬之景帝，委以重權，此與高祖以周勃屬之孝惠同，豈非深計遠慮，明略之主哉？亞夫剛以取禍，司馬遷譏其足己不學，然用兵能任趙涉，聽鄧都尉，推賢下士，有儒將風。至争太子以固國本，不侯王信以存祖制，絀降人之封，激厲忠節，明於大體，雖詩書之所稱訓，何以加焉！

邵之棠《皇朝經世文統編》卷三文教部三《讀史記叢論》　亞夫將軍軍細柳，法令嚴肅，天子爲屈，亞夫將兵之道誠善矣。然亞夫既爲將，則兵即爲亞夫之兵，亞夫亦知將爲誰之將乎？誰使爲將，誰使將有此兵，則皆天子也。軍中聞將軍令，誠以軍中爲將所制也。然制將者其誰乎？誰爲制將，誰予將以制軍之權，則又天子也。兵知有將，將顧可不知有天子乎？奈何以軍禮見天子於軍中耶？是故將兵之才，亞夫固有餘矣，事上之道，不免猶有遺憾乎！

藝文

《柳宗元集》卷四二《古今詩・古東門行》　漢家三十六將軍，東方雷動橫陣雲。雞鳴函谷客如霧，貌同心異不可數。赤丸夜語飛電光，徼巡司隸眠如羊。

《全唐詩》卷三二五權德輿《細柳驛》　細柳肅軍令，條侯信殊倫。棘門乃兒戲，從古多其人。神武今不殺，介夫如搢紳。息駕幸茲地，懷哉悚精神。

《全唐詩》卷六四七胡曾《細柳營》　文帝鑾輿勞北征，條侯此地整嚴兵。轅門不峻將軍令，今日争知細柳營。

《全唐詩》卷七二九周曇《條侯》　上將風戈賞罰明，矛鋋嚴閉亞夫營。人君卻稟將軍令，按轡垂鞭爲緩行。

羅文俊《詁經精舍文續集》卷八胡琮《讀史・周亞夫》　一門兩代擅威名，晝策先教七國驚。帝到軍中猶緩轡，將從天下是奇兵。餓夫有相身終貴，大俠能收寇早平。兒戲諸君多厚福，庸庸幾輩享功成。

羅文俊《詁經精舍文續集》卷八朱大紳《讀史・周亞夫》　吴楚功成未足誇，功由此著禍從加。分羹敢取尚方箸，持節曾迴天子車。直爲讒言傷伏蜮，豈真相法坐螣蛇。劇憐不學終窮困，感慨遺勳讀世家。

賈誼部

綜述

《史記》卷八四《屈原賈生列傳》 賈生名誼，雒陽人也。年十八，以能誦詩屬書聞於郡中。吴廷尉爲河南守，聞其秀才，召置門下，甚幸愛。孝文皇帝初立，聞河南守吴公治平爲天下第一，故與李斯同邑而常學事焉，乃徵爲廷尉。廷尉乃言賈生年少，頗通諸子百家之書，文帝召以爲博士。

是時賈生年二十餘，最爲少。每詔令議下，諸老先生不能言，賈生盡爲之對，人人各如其意所欲出。諸生於是乃以爲能，不及也。孝文帝説之，超遷，一歲中至太中大夫。

賈生以爲漢興至孝文二十餘年，天下和洽，而固當改正朔，易服色，法制度，定官名，興禮樂，乃悉草具其事儀法，色尚黄，數用五，爲官名，悉更秦之法。孝文帝初即位，謙讓未遑也。諸律令所更定，及列侯悉就國，其説皆自賈生發之。於是天子議以爲賈生任公卿之位。絳、灌、東陽侯、馮敬之屬盡害之，乃短賈生曰：「雒陽之人，年少初學，專欲擅權，紛亂諸事。」於是天子後亦疏之，不用其議，乃以賈生爲長沙王太傅。

賈生既辭往行，聞長沙卑溼，自以壽不得長，又以適去，意不自得。及渡湘水，爲賦以弔屈原。其辭曰：

共承嘉惠兮，俟罪長沙。側聞屈原兮，自沈汨羅。造託湘流兮，敬弔先生。遭世罔極兮，乃隕厥身。嗚呼哀哉，逢時不祥！鸞鳳伏竄兮，鴟梟翺翔。闒茸尊顯兮，讒諛得志；賢聖逆曳兮，方正倒植。世謂伯夷貪兮，謂盜跖廉；莫邪爲頓兮，鉛刀爲銛。于嗟嚜嚜兮，生之無故！斡弃周鼎兮寶康瓠，騰駕罷牛兮驂蹇驢，驥垂兩耳兮服鹽車。章甫薦屨兮，漸不可久；嗟苦先生兮，獨離此咎！

訊曰：已矣，國其莫我知，獨堙鬱兮其誰語？鳳漂漂其高逝兮，夫固自縮而遠去。襲九淵之神龍兮，沕深潛以自珍。彌融爚以隱處兮，夫豈從螘與蛭螾？所貴聖人之神德兮，遠濁世而自藏。使騏驥可得係羈兮，豈云異夫犬羊！般紛紛其離此尤兮，亦夫子之辜也！瞝九州而相君兮，何必懷此都也？鳳皇翔于千仞之上兮，覽惪煇而下之；見細德之險(微)〔徵〕兮，摇增翮逝而去之。彼尋常之汙瀆兮，豈能容吞舟之魚！横江湖之鱣鱏兮，固將制於蟻螻。

賈生爲長沙王太傅三年，有鴞飛入賈生舍，止于坐隅。楚人命鴞曰「服」。賈生既以適居長沙，長沙卑溼，自以爲壽不得長，傷悼之，乃爲賦以自廣。其辭曰：

單閼之歲兮，四月孟夏，庚子日施兮，服集予舍，止于坐隅，貌甚閒暇。異物來集兮，私怪其故，發書占之兮，筴言其度。曰「野鳥入處兮，主人將去」。請問于服兮：「予去何之？吉乎告我，凶言其菑。淹數之度兮，語予其期。」服乃歎息，舉首奮翼，口不能言，請對以意。

萬物變化兮，固無休息。斡流而遷兮，或推而還。形氣轉續兮，變化而嬗。沕穆無窮兮，胡可勝言！禍兮福所倚，福兮禍所伏；憂喜聚門兮，吉凶同域。彼吴彊大兮，夫差以敗；越棲會稽兮，句踐霸世。斯游遂成兮，卒被五刑；傅説胥靡兮，乃相武丁。夫禍之與福兮，何異糾纆。命不可説兮，孰知其極？水激則旱兮，矢激則遠。萬物回薄兮，振蕩相轉。雲蒸雨降兮，錯繆相紛。大專槃物兮，坱軋無垠。天不可與慮兮，道不可與謀。遲數有命兮，惡識其時？

且夫天地爲鑪兮，造化爲工；陰陽爲炭兮，萬物爲銅。合散消息兮，安有常則；千變萬化兮，未始有極。忽然爲人兮，何足控摶；化爲異物兮，又何足患！小知自私兮，賤彼貴我；通人大觀兮，物無不可。貪夫徇財兮，烈士徇名；夸者死權兮，品庶馮生。怵迫之徒兮，或趨西東；大人不曲兮，億變齊同。拘士繫俗兮，攌如囚拘；至人遺物兮，獨與道俱。衆人或或兮，好惡積意；真人淡漠兮，獨與道息。釋知遺形兮，超然自喪；寥廓忽荒兮，與道翺翔。乘流則逝兮，得坻則止；縱軀委命兮，不私與己。其生若浮兮，其死若休；澹乎若深淵之静，汜乎若不繫之舟。不以生故自寶兮，養空而浮；德人無累兮，知命不憂。細故蔕薊兮，何足以疑！

後歲餘，賈生徵見。孝文帝方受釐，坐宣室。上因感鬼神事，而問鬼神之本。賈生因具道所以然之狀。至夜半，文帝前席。既罷，曰：「吾久不見賈生，自以爲過之，今不及也。」居頃之，拜賈生爲梁懷王太傅。梁懷王，文帝之少子，

愛，而好書，故令賈生傅之。

文帝復封淮南厲王子四人皆爲列侯。賈生諫，以爲患之興自此起矣。賈生數上疏，言諸侯或連數郡，非古之制，可稍削之，文帝不聽。

居數年，懷王騎，墮馬而死，無後。賈生自傷爲傅無狀，哭泣歲餘，亦死。賈生之死時年三十三矣。及孝文崩，孝武皇帝立，舉賈生之孫二人至郡守，而賈嘉最好學，世其家，與余通書。至孝昭時，列爲九卿。

雜録

備録

《史記》卷一二七《日者列傳》 自古受命而王，王者之興何嘗不以卜筮決於天命哉！其於周尤甚，及秦可見。代王之入，任於卜者。太卜之起，由漢興而有。

司馬季主者，楚人也。卜於長安東市。

宋忠爲中大夫，賈誼爲博士，同日俱出洗沐，相從論議，誦易先王聖人之道術，究徧人情，相視而歎。賈誼曰：「吾聞古之聖人，不居朝廷，必在卜醫之中。今吾已見三公九卿朝士大夫，皆可知矣。試之卜數中以觀采。」二人即同輿而之市，游於卜肆中。天新雨，道少人，司馬季主閒坐，弟子三四人侍，方辯天地之道，日月之運，陰陽吉凶之本。二大夫再拜謁。司馬季主視其狀貌，如類有知者，即禮之，使弟子延之坐。坐定，司馬季主復理前語，分別天地之終始，日月星辰之紀，差次仁義之際，列吉凶之符，語數千言，莫不順理。

宋忠、賈誼瞿然而悟，獵纓正襟危坐，曰：「吾望先生之狀，聽先生之辭，小子竊觀於世，未嘗見也。今何居之卑，何行之汙？」

司馬季主捧腹大笑曰：「觀大夫類有道術者，今何言之陋也，何辭之野也！今夫子所賢者何也？所高者誰也？今何以卑汙長者？」

二君曰：「尊官厚禄，世之所高也，賢才處之。今所處非其地，故謂之卑。言不信，行不驗，取不當，故謂之汙。夫卜筮者，世俗之所賤簡也。世皆言曰：『夫卜者多言誇嚴以得人情，虛高人禄命以説人志，擅言禍災以傷人心，矯言鬼神以盡人財，厚求拜謝以私於己。』此吾之所恥，故謂之卑汙也。」

司馬季主曰：「公且安坐。公見夫被髮童子乎？日月照之則行，不照則止，問之日月疵瑕吉凶，則不能理。由是觀之，能知別賢與不肖者寡矣。

「賢之行也，直道以正諫，三諫不聽則退。其譽人也不望其報，惡人也不顧其怨，以便國家利衆爲務。故官非其任不處也，禄非其功不受也；見人不正，雖貴不敬也；見人有污，雖尊不下也；得不爲喜，去不爲恨；非其罪也，雖累辱而不愧也。

「今公所謂賢者，皆可爲羞矣。卑疵而前，孅趨而言；相引以勢，相導以利；比周賓正，以求尊譽，以受公奉；事私利，枉主法，獵農民；以官爲威，以法爲機，求利逆暴：譬無異於操白刃劫人者也。初試官時，倍力爲巧詐，飾虛功執空文以誷主上，用居上爲右；試官不讓賢陳功，見僞增實，以無爲有，以少爲多，以求便勢尊位；食飲驅馳，從姬歌兒，不顧於親，犯法害民，虛公家：此夫爲盜不操矛弧者也，攻而不用弦刃者也，欺父母未有罪而弑君未伐者也。何以爲高賢才乎？

「盜賊發不能禁，夷貊不服不能攝，姦邪起不能塞，官秏亂不能治，四時不和不能調，歲穀不孰不能適。才賢不爲，是不忠也；才不賢而託官位，利上奉，妨賢者處，是竊位也；有人者進，有財者禮，是僞也。子獨不見鴟梟之與鳳皇翔乎？蘭芷芎藭弃於廣野，蒿蕭成林，使君子退而不顯衆，公等是也。

「述而不作，君子義也。今夫卜者，必法天地，象四時，順於仁義，分策定卦，旋式正棊，然後言天地之利害，事之成敗。昔先王之定國家，必先龜策日月，而後乃敢代；正時日，乃後入家；産子必先占吉凶，後乃有之。自伏羲作八卦，周文王演三百八十四《爻》而天下治。越王句踐放文王八卦以破敵國，霸天下。由是言之，卜筮有何負哉！

「且夫卜筮者，埽除設坐，正其冠帶，然後乃言事，此有禮也。言而鬼神或以饗，忠臣以事其上，孝子以養其親，慈父以畜其子，此有德者也。而以義置數十百錢，病者或以愈，且死或以生，患或以免，事或以成，嫁子娶婦或以養生：此之爲德，豈直數十百錢哉！此夫老子所謂『上德不德，是以有德』。今夫卜筮者利大而謝少，老子之云豈異於是乎？

「莊子曰：『君子内無飢寒之患，外無劫奪之憂，居上而敬，居下不爲害，君

子之道也。』今夫卜筮者之爲業也，積之無委聚，藏之不用府庫，徙之不用輜車，負裝之不重，止而用之無盡索之時。持不盡索之物，游於無窮之世，雖莊氏之行未能增於是也，子何故而云不可卜哉？天不足西北，星辰西北移；地不足東南，以海爲池；日中必移，月滿必虧；先王之道，乍存乍亡。公責卜者言必信，不亦惑乎！

「公見夫談士辯人乎？慮事定計，必是人也，然不能以一言說人主意，故言必稱先王，語必道上古；慮事定計，飾先王之成功，語其敗害，以恐喜人主之志，以求其欲。多言誇嚴，莫大於此矣。然欲彊國成功，盡忠於上，非此不立。今夫卜者，導惑教愚也。夫愚惑之人，豈能以一言而知之哉！言不厭多。

「故騏驥不能與罷驢爲駟，而鳳皇不與燕雀爲羣，而賢者亦不與不肖者同列。故君子處卑隱以辟衆，自匿以辟倫，微見德順以除羣害，以明天性，助上養下，多其功利，不求尊譽。公之等喁喁者也，何知長者之道乎！」

宋忠、賈誼忽而自失，芒乎無色，悵然噤口不能言。於是攝衣而起，再拜而辭。行洋洋也，出門僅能自上車，伏軾低頭，卒不能出氣。

居三日，宋忠見賈誼於殿門外，乃相引屏語相謂自歎曰：「道高益安，勢高益危。居赫赫之勢，失身且有日矣。夫卜而有不審，不見奪糈；爲人主計而不審，身無所處。此相去遠矣，猶天冠地屨也。此老子之所謂『無名者萬物之始』也。天地曠曠，物之熙熙，或安或危，莫知居之。我與若，何足預彼哉！彼久而愈安，雖曾氏之義未有以異也。」

久之，宋忠使匈奴，不至而還，抵罪。而賈誼爲梁懷王傅，王墮馬薨，誼不食，毒恨而死。此務華絶根者也。

王充《論衡・遭虎篇》 賈誼爲長沙王傅，鵩鳥集舍，發書占之，曰：「主人將去。」其後遷爲梁王傅。懷王好騎，墜馬而薨；賈誼傷之，亦病而死。

王充《論衡・宣漢篇》 漢興，至文帝時，二十餘年。賈誼創議，以爲天下洽和，當改正朔、服色、制度，定官名，興禮樂。文帝初即位，謙讓未遑。夫如賈生之議，文帝時已太平矣。漢興二十餘年，應孔子之言「必世然後仁」也。漢一代(世)之年數已滿，太平立矣，賈生知之。

王充《論衡・驗符篇》 賈誼創議於文帝之朝云：「漢色當尚黄，數以五爲名。」賈誼，智囊之臣，云色黄數五，土德審矣。

《漢書》卷二二《藝文志》 至文帝時，賈誼以爲「漢承秦之敗俗，廢禮義，捐廉恥，今其甚者殺父兄，盜者取廟器，而大臣特以簿書不報期會爲故，至於風俗流溢，恬而不怪，以爲是適然耳。夫移風易俗，使天下回心而鄉道，類非俗吏之所能爲也。夫立君臣，等上下，使綱紀有序，六親和睦，此非天之所爲，人之所設也。人之所設，不爲不立，不修則壞。漢興至今二十餘年，宜定制度，興禮樂，然後諸侯軌道，百姓素樸，獄訟衰息」。乃草具其儀，天子說焉。而大臣絳、灌之屬害之，故其議遂寢。【略】

今海内更始，民人歸本，户口歲息，平其刑辟，牧以賢良，至於家給，既庶且富，則須庠序禮樂之教化矣。今幸有前聖遺制之威儀，誠可法象而補備之，經紀可因緣而存著也。孔子曰：「殷因於夏禮，所損益，可知也；周因於殷禮，所損益，可知也；其或繼周者，百世可知也。」今大漢繼周，久曠大儀，未有立禮成樂，此賈(宜)〔誼〕、仲舒、王吉、劉向之徒所爲發憤而增嘆也。

《漢書》卷二四上《食貨志上》 孝惠、高后之間，衣食滋殖。文帝即位，躬修儉節，思安百姓。時民近戰國，皆背本趨末，賈誼說上曰：

筦子曰「倉廩實而知禮節」。民不足而可治者，自古及今，未之嘗聞。古之人曰：「一夫不耕，或受之飢；一女不織，或受之寒。」生之有時，而用之亡度，則物力必屈。古之治天下，至孅至悉也，故其畜積足恃。今背本而趨末，食者甚衆，是天下之大殘也；淫侈之俗，日日以長，是天下之大賊也。殘賊公行，莫之或止；大命將泛，莫之振救。生之者甚少而靡之者甚多，天下財産何得不蹷！漢之爲漢幾四十年矣，公私之積猶可哀痛。失時不雨，民且狼顧；歲惡不入，請賣爵、子。既聞耳矣，安有爲天下阽危者若是而上不驚者！

世之有飢穰，天之行也，禹、湯被之矣。即不幸有方二三千里之旱，國胡以相恤？卒然邊境有急，數十百萬之衆，國胡以餽之？兵旱相乘，天下大屈，有勇力者聚徒而衡擊，罷夫羸老易子而齩其骨。政治未畢通也，遠方之能疑者並舉而争起矣，乃駭而圖之，豈將有及乎？

夫積貯者，天下之大命也。苟粟多而財有餘，何爲而不成？以攻則取，以守則固，以戰則勝。懷敵附遠，何招而不至？今毆民而歸之農，皆著於本，使天下各食其力，末技游食之民轉而緣南畮，則畜積足而人樂其所矣。可以爲富安天下，而直爲此廩廩也，竊爲陛下惜之！

於是上感誼言，始開籍田，躬耕以勸百姓。

《漢書》卷二四下《食貨志下》 孝文五年，爲錢益多而輕，乃更鑄四銖錢，其文爲「半兩」。除盜鑄錢令，使民放鑄。賈誼諫曰：

法使天下公得顧租鑄銅錫爲錢，敢雜以鉛鐵爲它巧者，其罪黥。然鑄錢之情，非殽雜爲巧，則不可得贏；而殽之甚微，爲利甚厚。夫事有召禍而法有起姦，今令細民人操造幣之勢，各隱屏而鑄作，因欲禁其厚利微姦，雖黥罪日報，其勢不止。乃者，民人抵罪，多者一縣百數，及吏之所疑，榜笞奔走者甚衆。夫縣法以誘民，使入陷阱，孰積於此！曩禁鑄錢，死罪積下；今公鑄錢，黥罪積下。爲法若此，上何賴焉？

又民用錢，郡縣不同：或用輕錢，百加若干；或用重錢，平稱不受。法錢不立，吏急而壹之虖，則大爲煩苛，而力不能勝；縱而弗呵虖，則市肆異用，錢文大亂。苟非其術，何鄉而可哉！

今農事棄捐而采銅者日蕃，釋其耒耨，冶鎔炊炭，姦錢日多，五穀不爲多。善人怵而爲姦邪，愿民陷而之刑戮，刑戮將甚不詳，奈何而忽！國知患此，吏議必曰禁之。禁之不得其術，其傷必大。令禁鑄錢，則錢必重；重則其利深，盜鑄如雲而起，棄市之罪又不足以禁矣。姦數不勝而法禁數潰，銅使之然也。故銅布於天下，其爲禍博矣。

今博禍可除，而七福可致也。何謂七福？上收銅勿令布，則民不鑄錢，黥罪不積，一矣。僞錢不蕃，民不相疑，二矣。采銅鑄作者反於耕田，三矣。銅畢歸於上，上挾銅積以御輕重，錢輕則以術斂之，重則以術散之，貨物必平，四矣。以作兵器，以假貴臣，多少有制，用别貴賤，五矣。以臨萬貨，以調盈虛，以收奇羡，則官富實而末民困，六矣。制吾棄財，以與匈奴逐爭其民，則敵必懷，七矣。故善爲天下者，因禍而爲福，轉敗而爲功。今久退七福而行博禍，臣誠傷之。

上不聽。是時，吴以諸侯即山鑄錢，富埒天子，後卒叛逆。鄧通，大夫也，以鑄錢財過王者。故吴、鄧錢布天下。

《漢書》卷二七上《五行志上》 漢興，大封諸侯王，連城數十。文帝即位，賈誼等以爲違古制度，必將叛逆。先是，濟北、淮南王皆謀反，其後吴、楚七國舉兵而誅。

《漢書》卷八八《儒林傳》 漢興，北平侯張蒼及梁太傅賈誼、京兆尹張敞、太中大夫劉公子皆修《春秋左氏傳》。誼爲《左氏傳》訓故，授趙人貫公，爲河間獻王博士，子長卿爲蕩陰令，授清河張禹長子。

酈道元《水經注》卷三八《湘水》 城之内，郡廨西有陶侃廟，云舊是賈誼宅地。中有一井，是誼所鑿，極小而深，上斂下大，其狀似壺。傍有一腳石牀，纔容一人坐形，流俗相承云，誼宿所坐牀。又有大柑樹，亦云誼所植也。【略】

汨水又西爲屈潭，即汨羅淵也。屈原懷沙，自沈于此，故淵潭以屈爲名。昔賈誼、史遷，皆嘗逕此，弭檝江波，投弔于淵。淵北有屈原廟，廟前有碑，又有《漢南太守程堅碑》，寄在原廟。

邵博《邵氏聞見後録》卷七 賈誼《疏》云：「生爲明帝，没爲明神，使顧成之廟稱爲太宗。」又云：「萬年之後，傳之老母弱子，將使不寧。」是時文帝尚無恙，非不忌也，更爲之前席。如武帝以道惡，曰：「以我不行此道邪！」以馬瘦，曰：「以我不乘此馬邪！」皆殺主者，其有間矣。

邵博《邵氏聞見後録》卷一〇 「太史遷取賈誼《過秦》上下篇以爲《秦始皇本紀》、《陳涉世家》下贊文」，班固曰爾。固《賈誼傳》不書《過秦》，今《史記・陳涉》語下著《過秦》爲「褚先生曰」，非也。

黄震《古今紀要・西漢》 賈誼資質好學未純，初欲興禮樂是鋭氣。緣去長沙，方知天下未是治安。《治安策》皆是爲後世慮，痛哭者一謂侯王過制，流涕者二謂歲奉匈奴及試爲屬國。長太息者六令在者三：定經制，教太子，審取舍，禮大臣，共爲一。言多施行。分齊爲六，淮南爲三，諸侯王事。教太子，但文帝用晁錯，失人耳。審取舍，則帝尚德。禮大臣，自是大臣有罪，自殺。又請立梁王，疏願舉淮南地以益淮陽，割淮陽北邊二三城及東郡以益梁。梁足以扞齊、趙，淮南足以禁吴、楚，景帝時卒籍以破七國。又諫立淮南王，疏云：淮南四子分王，必有白公報仇之事。後四齊果反。四齊者：膠東、西，菑川、齊南也。正朔服色，誼以漢土德，數五，色黄。班固言其疎者，以漢火德也。自高帝尚赤，至光武終用之。三表五餌，贊言其疎，注云愛人之狀，好人之技，仁道也。信爲大操，常義也。愛好有實，已諾可明，十死一生，彼將必至。此三表也。賜之車服以壞其目，珍味以壞其口，音樂以壞其耳，堂宇倉庫奴婢以壞其腹，來降者上召之相娱樂以壞其心。此五餌也。劉向謂伊管未過。伊以道德維持，誼以智謀防患，大不同。管慮不及後，誼皆爲後慮，青於藍。

備論

《史記》卷八四《屈原賈生列傳論》 太史公曰：余讀《離騷》、《天問》、《招魂》、《哀郢》，悲其志。適長沙，觀屈原所自沈淵，未嘗不垂涕，想見其爲人。及見賈生弔之，又怪屈原以彼其材，游諸侯，何國不容，而自令若是。讀《服鳥賦》，同死生，輕去就，又爽然自失矣。

《漢書》卷四八《賈誼傳贊》 劉向稱「賈誼言三代與秦治亂之意，其論甚美，通達國體，雖古之伊、管未能遠過也。使時見用，功化必盛。爲庸臣所害，甚可悼痛。」追觀孝文玄默躬行以移風俗，誼之所陳略施行矣。及欲改定制度，以漢爲土德，色上黄，數用五，及欲試屬國，施五餌三表以係單于，其術固以疏矣。誼（以天）〔亦天〕年早終，雖不至公卿，未爲不遇也。凡所著述五十八篇，掇其切於世事者著于傳云。

《漢書》卷六二《司馬遷傳》 自曹參薦蓋公言黄老，而賈誼、朝錯明申韓，公孫弘以儒顯，百年之間，天下遺文古事靡不畢集。

《漢書》卷一〇〇下《叙傳上》 賈生矯矯，弱冠登朝。遭文叡聖，屢抗其疏，暴秦之戒，三代是據。建設藩屏，以强守圉，吴楚合從，賴誼之慮。

《後漢書》卷二八上《桓譚列傳》 賈誼以才逐，而朝錯以智死。

《歐陽修全集》卷六〇《賈誼不至公卿論》 漢興，本恭儉、革弊末、移風俗之厚者，以孝文爲稱首；議禮樂、興制度、切當世之務者，惟賈生爲美談。天子方欣然説之，倚以爲用，而卒遭周勃、東陽之毁，以謂儒學之生紛亂諸事，由是斥去，竟以憂死。班史贊之以「誼天年早終，雖不至公卿，未爲不遇」。

予切惑之，嘗試論之曰：孝文之興，漢三世矣。孤秦之弊未救，諸吕之危繼作，南北興兩軍之誅，京師新蹀血之變。而文帝由代邸嗣漢位，天下初定，人心未集，方且破觚斲雕，衣綈履革，務率敦朴，推行恭儉。故改作之議謙於未遑，制度之風闕然不講者，二十餘年矣。而誼因痛哭以憫世，太息而著論。況是時方隅未寧，表裏未輯。匈奴桀黠，朝那、上郡蕭然苦兵；侯王僭儗，淮南、濟北繼以見戮。誼指陳當世之宜，規畫億載之策，願試屬國以繫單于之頸，請分諸子以弱侯王之勢，上徒善其言，而不克用。

又若鑒秦俗之薄惡，指漢風之奢侈，嘆屋壁之被帝服，憤優倡之爲后飾。請設庠序，述宗周之長久；深戒刑罰，明孤秦之速亡。譬人主之如堂，所以優臣子之禮；置天下於大器，所以見安危之幾。諸所以日不可勝，而文帝卒能拱默化理，推行恭儉，緩除刑罰，善養臣下者，誼之所言，略施行矣。故天下以謂可任公卿，而劉向亦稱遠過伊、管。然卒以不用者，得非孝文之初立日淺，而宿將老臣方握其事，或艾旗斬級矢石之勇，或鼓刀販繒賈豎之人，樸而少文，昧於大體，相與非斥，至于謫去。則誼之不遇，可勝歎哉！

且以誼之所陳，孝文略施其術，猶能比德於成、康。況用於朝廷之間，坐於廊廟之上，則舉大漢之風，登三皇之首，猶決壅摔墜耳。奈何俯抑佐王之略，遠致諸侯之間！故誼過長沙，作賦以弔汨羅，而太史公傳於屈原之後，明其若屈原之忠而遭棄逐也。而班固不譏文帝之遠賢，痛賈生之不用，但謂其天年早終。且誼以失志憂傷而横夭，豈曰天年乎！則固之善志，逮與《春秋》褒貶萬一矣。謹論。

《全宋文》卷一二一八司馬光《賈生論》 世皆以賈生聰明辯博，曉練治體，若遭明主、當治世，誠得盡用其道，三代可復，帝皇可幾，不幸黜於絳、灌，疎廢早終，可爲痛惜。愚以爲賈生學不純正，雖有儁才，任之爲治，必不效矣。何以知之？觀其書而知之。賈生數上疏陳得失云：「可爲痛哭者一，流涕者二，太息者六。」然所謂痛哭者，諸侯太彊也，以爲指大於股，脛大於腰，久而不制，必爲國害。夫爲天下者，患政刑之不立，不患諸侯之太彊。賈生言不見用，然終文帝世，諸侯帖服。孝景初立，晁錯不勝其憤而削之，反者紛然響應，起不踰時，敗亡不救，惡能爲漢之大害哉？所謂流涕者，匈奴不賓也。匈奴荒外之國，與禽獸無殊。天下治而不服，不足損聖王之德，天下弊而得之，不足爲聖王之功。而賈生孜孜愛其蕞爾之金絮，忘其征討之大費；忿其區區之禮節，忽其勤民之鉅害，惡在其爲知治體也？夫治天下之具，孰先於禮義者？安天下之本，孰先於嗣君者？禮義不張，雖復四夷賓服，疆埸不聳，當如内憂何？儲嗣失教，雖復諸侯微弱，四方無虞，其誰能守之？然賈生以此二者列之於後，以爲餘事，捨國家之紀綱，遺天下之大本，顧切切然以列國、外夷爲慮，皆涕泣之，可謂悖本末之統，繆緩急之序，謂之知治體，何哉？又曰：「仁義者，人主之芒刃也。法制者，人主之斤斧也。」不能以道輔人主鎮撫諸侯，綏之以德，齊之以禮，而欲疎骨肉，斷慈惠，視仁義爲虚器，操刑法爲利柄，翦周禮之夷塗，樹申商之險術。由此觀之，所學

豈得爲純正耶？世人不察其所由之術，苟見其材之茂，學之博，其言暐曄可觀，而不得施於世，因從而歎之，不知夫駮濫刻深，非吾黨也。夫唯材高而道不正者，君子惡之。

《曾鞏集》卷五一《讀賈誼傳》　余讀三代兩漢之書，至於奇辭奧旨，光輝淵澄，洞達心腑，如登高山以望長江之活流，而怳然駭其氣之壯也。故詭辭誘之而不能動，淫辭迫之而不能顧，考是與非若别白黑而不能惑，浩浩洋洋，波徹際涯，雖千萬年之遠，而若會於吾心，蓋自喜其資之者深而得之者多也。既而遇事輒發，足以自壯其氣，覺其辭源源來而不雜，剔吾粗以迎其真，植吾本以質其華。其高足以淩青雲，抗太虚，而不入於詭誕；其下足以盡山川草木之理，形狀變化之情，而不入於卑污。及其事多，而憂深慮遠之激扞有觸於吾心，而干於吾氣，故其言多而出於無聊，讀之有憂愁不忍之態，然其氣要以爲無傷也，於是又自喜其無入而不宜矣。

使予位之朝廷，視天子所以措置指畫號令天下之意，作之訓辭，鏤之金石，以傳太平無窮之業，蓋未必不有可觀者，遇其所感，寓其所志，則自以爲皆無傷也。

余悲賈生之不遇。觀其爲文，經畫天下之便宜，足以見其康天下之心。觀其過湘爲賦以吊屈原，足以見其憫時憂國，而有觸於其氣。後之人責其一不遇而爲是憂怨之言，乃不知古詩之作，皆古窮人之辭，要之不悖於道義者，皆可取也。賈生少年多才，見文帝極陳天下之事，毅然無所阿避。而絳、灌之武夫相遭於朝，譬之投規於矩，雖强之不合，故斥去，不得與聞朝廷之事，以奮其中之所欲言。彼其不發於一時，猶可託文以攄其藴，則夫賈生之志，其亦可罪耶？

故予之窮餓，足以知人之窮者，亦必若此。又嘗學文章，而知窮人之辭，自古皆然，是以於賈生少進焉。嗚呼！使賈生卒其所施，爲其功業，宜有可述者，又豈空言以道之哉？予之所以自悲者，亦若此。然世之知者，其誰歟？雖不吾知，誰患耶！

《全宋文》卷一四七六鄭獬《書賈誼傳》　屈平竄而死，誼詆之曰：「何必懷此都也？」又著《鵩賦》以自開。揚子雲亦曰：「何必湛身哉？」及誼傅梁懷王，王墮馬死，誼哭泣亦死。子雲迫於莽，投之閣，此又何也？士君子介窮屈憂急之際，果難自置與？惜誼死之不審所處也。至於創制度，興禮樂，厝漢於三代，乃曰色尚黄，數用五，則吾曷知於誼也哉？

《全宋文》卷二三八〇曾肇《書賈誼傳後》　賈誼自疏遠之中，遭遇世主，數言天下事，不忌權倖，至於廢斥而不變。予讀其書，固已偉其材而哀其志，與夫世俗偷合苟得，取容一時者異矣。讀《弔屈原文》、《鵩鳥賦》，又知其於道德性命之理，無不學也。而考其行事，文帝使傅梁懷王，懷王墜馬死，誼自傷爲傅無狀，哭泣歲餘，亦卒。嗚呼！此又何其好善之篤也。蓋自漢興，先王之澤熄，道術不明，士忘其本，而役於利害得喪之地，弊聰明於外物，而歿世不知自反。所謂道德，世固不得而聞矣，安有傑然自信於此者哉？誼於斯時，獨能不汩於流俗，而以道德自信。其見於辭者，皆發明天地萬物消息盈虚之理，吉凶禍福倚伏之數，聖人君子行止、進退、去就之義。以列士衆庶、貪夫夸者怵迫之徒，同爲有徇於物，而縱軀委命，與道翱翔者，獨能無累而不憂，其所知宏遠矣。至其行己，亦無悖於古人。孔子稱：「智及之，仁能守之。」誼之所知與其所守，亦可以庶幾矣。夫人不能自進於德者，以其不肯責善於己，而好移其過於人，此天下之公患也。若梁王之死，雖有以致之，顧豈非命哉？而誼獨身任其責，憂傷悲涕，以至於死。此與夫不肯責善於己，而好移其過於人者異矣。非德性之厚，而篤於好善，安能及此乎？孔子曰：「未見蹈仁而死者。」若誼，可謂蹈仁而死矣。蓋孔子之所思見而不得，是豈可輕也哉！惜其不幸，不得充其志，悲夫！

《蘇軾文集》卷四《賈誼論》　非才之難，所以自用者實難。惜乎賈生王者之佐，而不能自用其才也。夫君子之所取者遠，則必有所待，所就者大，則必有所忍。古之賢人，皆有可致之才，而卒不能行其萬一者，未必皆其時君之罪，或者其自取也。

愚觀賈生之論，如其所言，雖三代何以遠過。得君如漢文，猶且以不用死。然則是天下無堯舜，終不可以有所爲耶？仲尼聖人，歷試於天下，苟非大無道之國，皆欲勉强扶持，庶幾一日得行其道。將之荆，先之以子夏，申之以冉有。君子之欲得其君，如此其勤也。孟子去齊，三宿而後出晝，猶曰「王其庶幾召我」。君子之不忍棄其君，如此其厚也。公孫丑問曰：「夫子何爲不豫？」孟子曰：「方今天下，捨我其誰哉，而吾何爲不豫？」君子之愛其身，如此其至也。夫如此而不用，然後知天下之果不足與有爲，而可以無憾矣。若賈生者，非漢文之不用生，生之不能用漢文也。

夫絳侯親握天子璽，而授之文帝，灌嬰連兵數十萬，以決劉、吕之雄雌。又皆高帝之舊將。此其君臣相得之分，豈特父子骨肉手足哉。賈生洛陽之少年，欲使其一朝之間，盡棄其舊而謀其新，亦已難矣。爲賈生者，上得其君，下得其

大臣如絳、灌之屬，優游浸漬而深交之，使天子不疑，大臣不忌，然後舉天下而唯吾之所欲爲，不過十年，可以得志。安有立談之間，而遽爲人痛哭哉？觀其過湘，爲賦以弔屈原，紆鬱憤悶，趯然有遠舉之志。其後卒以自傷哭泣，至於夭絶。是亦不善處窮者也。夫謀之一不見用，安知終不復用也。不知默默以待其變，而自殘至此。嗚呼，賈生志大而量小，才有餘而識不足也。

古之人有高世之才，必有遺俗之累，是故非聰明睿哲不惑之主，則不能全其用。古今稱苻堅得王猛於草茅之中，一朝盡斥去其舊臣，而與之謀。彼其匹夫略有天下之半，其以此哉。

愚深悲賈生之志，故備論之。亦使人君得如賈誼之臣，則知其有狷介之操，一不見用，則憂傷病沮，不能復振；而爲賈生者，亦慎其所發哉。

《全宋文》卷二六九〇楊時《賈誼論》 賈誼以少年英鋭之資，抱負其器，頗見識拔，慨然遂以身任天下。而絳、灌之徒出於織簿販繒之武夫，先王之典章文物，彼烏足與議哉？高皇帝所以平天下，定法令，又皆其身親見之也。誼以疏逖晚進之人，欲一日悉更易之，彼其心豈能恝然耶？此讒釁之所由起也。古之君子，自重其身，常若不得已而後進，非固要君也。蓋天下重器不可易爲之，王業之大必遲久而後成，故人君非有至誠不倦之心，則不足與有爲也。其尊德樂義，一有不至，則引而去之，萬鍾於我何加焉！非忘天下，道固然也。誼之草具儀法，與夫三表五餌，其術固疏矣。當是時，人君方且謙讓未遑也，誼身非宰輔，乃汲汲然自進其説，蓋亦不自重矣。在我者不重，故人聽之也輕。及夫以才見忌，不容于朝，出爲王傅，其論國事猶曰「陛下曾不與如臣者議之」，則是欲嬰撫在庭之臣而出其上也，豈不召禍與？孔子曰「爲國以禮，其言不讓」，於誼有之矣。

《全宋文》卷二九四五謝邁《書賈誼傳後》 賈誼説文帝以諸侯强大，天下之勢如病瘇，失今不治，必爲痼疾。文帝入絳、灌、東陽、馮敬之言，未盡施行，而誼亦不幸死矣。晁錯得幸景帝，乃請諸侯之罪過，削其支郡，於是七國連兵西鄉，以誅錯爲名。吴王謀反已兆於高帝之言，豈爲錯發哉？袁盎一説，錯遂滅其宗族。悲夫！使誼不死，景帝之時，絳、灌舊臣無在者，誼必得志，得志必盡行其策，則晁錯之禍，誼其當之耶？誼之不幸而死，乃誼之所以爲幸也。禍福倚伏無形，其不易知如此。班固稱誼夭年早終，雖不至公卿，未爲不遇也，固亦有見於斯耶。

《全宋文》卷五七三七張栻《賈董奏篇其間議論孰得孰失論》 賈生英俊之才，若董相則知學者也。《治安》之策，可謂通達當世之務，然未免乎有激發暴露之氣，其才則然也。「天人」之對，雖若緩而不切，然反復誦味，淵源純粹，蓋有餘意，以其自學問涵養中來也。讀其奏篇，則二子氣象如在目中，而其平生出處語默，亦可驗於是矣。以武帝好大喜功多慾之心，使其聽仲舒之言，則天下蒙其福矣，孰謂緩而不切邪？

《全宋文》卷六〇四三陳傅良《賈誼論》 天下之事，鮮不强其才之不足。而才之不足，猶强而爲之者，皆其中之定論不立也。夫是以眩於其名也而浮其實，誘於其利而卒蒙其害。嗚呼！世之君子，亦毋有所貪焉斯可矣！孔子嘗曰：「知及之，仁不能守之，雖得之，必失之。知及之，仁能守之，不莊以涖之，則民不敬。知及之，仁能守之，莊以涖之，動之不以禮，未善也。」夫有天下者，自其及之之積，而至於動之之難，其任有差。而其力之堪也，皆止焉而不可過，過而冒之，則必以自禍。瑚璉之器，千金之寶也，蓄千金者能得之，然能得之也而藏之不周，或者盜之矣；能藏之也，而御之不謹，或者傷之矣。其藏之也周，其御之也謹，是亦可矣。雖然，居有焉而已矣。奉之而趨，吾懼其足之蹶也；負之而馳，吾懼其馬之佚也。則愛器者不可以輕，何者？誠不敢試其所甚愛于其所未安也。至於治天下則輕動之，吾不知夫愛於天下者而薄於愛器也。是故古之君子，凡其所欲立，必有所甚便也。寧有所畏而毋有所恃，蓋亦所愛者大，而寘吾力焉於其力之所堪，而非惑乎天下之可否，是以未嘗一日出其定論之素而圖罔功，兹文帝之治漢是矣。陳武以用兵説，晁錯以削國説，帝雖却之可也。甚者，賈生以制度説，帝猶未暇。夫豈固爲沖退之行哉？其見者審也。嘗觀子産相鄭，焚載書，作丘賦，犯人之議不恤，可謂勇於必爲而健於決者。及鄭國有災，或勸之遷國，子産曰：「吾不足以遷矣。」卒弗之聽。嗚呼！文帝賢君也，而難於制度；鄭子産賢大夫也，而難於遷國。無乃優於守之之仁、涖之之莊，而動而中禮猶未也歟？而後之君子耻曰「未能也」，而獵之以爲名，曰：吾將必爲堯、舜、伊、周。吁！賢而至於文帝、子産，亦足矣，而堯、舜、伊、周，未易以僭也。

《朱子語類》卷一三五《歷代二》 賈誼説教太子，方説那承師問道等事，却忽然説帝入太學之類。後面又説太子，文勢都不相干涉。不知怎地，賈誼文章大抵恁地無頭腦。如後面説「春朝朝日，秋莫夕月」，亦然。他方説太子，又便從天子身上去。某嘗疑「三代之禮」一句，合當作「及其爲天子」字。蓋詳他意，是謂爲太子時教得如此，及爲天子則能如此。它皆是引《禮經》全文以爲證，非是

他自說如此。

問：「賈誼《新書》云：『太子處位不端，受業不敬，言語不序，聲音不應律。』聲音應律，恐是以歌詠而言。」曰：「不是如此。太子新生，太師吹律以驗其啼。所謂應律，只是要看他聲音高下。如大射禮『舉旌以宮，偃旌以商』，便是此類。」

問：「賈誼《新書》『立容言早立』，何謂『早立』？」曰：「不可曉。如《儀禮》云『疑立』，疑却(肯)〔音〕屹，屹然而立也。」

問賈誼《新書》。曰：「此誼平日記録藁草也。其中細碎俱有，《治安策》中所言亦多在焉。」

賈誼《新書》除了《漢書》中所載，餘亦難得粹者。看來只是賈誼一雜記藁耳，中間事事有些。

問：「賈誼『五餌』之說如何？」曰：「伊川嘗言，本朝正用此術。契丹分明是被金帛買住了。今日金虜亦是如此。」昌父曰：「交鄰國，待夷狄，固自有道。『五餌』之說，恐非仁人之用心。」曰：「固是。但虜人分明是遭餌。但恐金帛盡則復來，不爲則已，爲則五餌須並用。然以宗室之女妻之，則大不可。如烏孫公主之類，令人傷痛。然何必夷狄？『齊人歸女樂』，便是如此了。如阿骨打初破遼國，勇鋭無敵。及既下遼，席卷其子女而北，肆意蠱惑，行未至其國而死。」因笑謂趙曰：「頃年於呂季克處見一畫卷，畫虜酋與一胡女並轡而語。季克苦求詩，某勉爲之賦，末兩句云：『却是燕姬解迎敵，不教行到殺胡林。』正用骨打事也。」

《朱子語類》卷一三七《戰國漢唐諸子》 問：「賈誼與仲舒如何？」曰：「誼有戰國縱橫之氣，仲舒儒者，但見得不透。【略】賈誼之學雜。他本是戰國縱橫之學，只是較近道理，不至如儀、秦、蔡、范之甚爾。他於這邊道理見得分數稍多，所以說得較好。然終是有縱橫之習，緣他根脚只是從戰國中來故也。

葉適《習學記言序目》卷二二《漢書二・列傳》 屈原《騷》意，余於前章見之。後世愛《騷》本司馬遷，病《騷》本賈誼、揚雄，雄亦因誼。誼更事少，慮變不深，如古聖賢身履憂患所以垂於文字者，未能知也，直以己能形人不能，己賢揣人之不肖耳，果止是，則事何其易論也！君子於己所不足，則有之矣，而過不在我，謂過在於不去，尤非也。柳下惠三黜，未嘗一言，人猶譏其不去，獨孔子知之。屈原方叫叫焉號於天，訴於人，宜乎？誼以爲當去，此豈足以知原哉！遷又謂「讀《服鳥賦》，爽然自失」，此又不然。《風》《騷》之迫隘，《莊》《列》之曠達，皆未有能行順正者。誼功名之心久而無所遇，因欲推墮渺莽不可知之間，以此自廣，亦烏能見道也！每見古今文人材士，於屈原、賈誼、司馬遷便留住志意，開展不前，如《離騷》、《弔屈原》、《服鳥賦》，是大歇止處，及謂「孔顔自有樂地」，史不論此，又全是正墻面而立，此後世問學所以難也。

「樂與今同」，古無此語。「計數得於外，佚游恣於內」，所傳管仲如此，其實非也，申、韓蓋然。

誼所論建，「日中必熭，操刀必割」，輕重適宜，無疏闕者；獨三表五餌未經試用，且匈奴事難測，故班固以爲術疏。雖然，固則不敢耳，使誼用之，未必疏也。劉惔以爲桓温善博者不勝則不爲，博猶可必勝，而況此乎！孔子言「樂則《韶》舞」而「《武》未盡善」。使誼果能以此勝匈奴，蓋非盛德事。人材與治道，自勝負以上更有多少重數，如秦築長城逐北，冒頓畏之遠徙，豈爲不能勝也！

棄故謀，就新畫，以計數取天下，莫如張良；復以計數守之，莫如賈誼。禮義教化實無所用，但爲觀美之具耳。此皆古人所無有，伊、傅、周、召虛費心力者也。

誼所言殷周古事，極與《詩》《書》不類，豈習其教者分流異門，相承爲說；或誼聰明自以意言之？然後世學者以誼嘗論，遂謂古人事誠然。其間淺駁甚多，當細考。

黄溍《文獻集》卷三《讀賈生傳》 屈原死後百有餘年，而漢有賈生。賈生以讁去，過湘水，乃投書以弔屈原。太史公蓋合二子以爲傳。夫亦徒見生之爲文，愁痛無聊，發憤壹鬱，不殊於原而未極其趣者也。夫懷王受欺於張儀，疏屈原而不用，身陷國蹙，爲天下笑，頃襄親值其亂而曾不悟，反怒原，遷之江南，而楚亦尋滅。彼屈原者，誠悼夫存君興國之志，終無所伸，而爲是發憤無聊也。生之在漢，非有肺腑之親，歷試之久，顧於卒然遇王之頃，欲盡去其舊而惟己之所欲爲，一不見用，則遂自附於原，而待其君以亡國之主，誠何理耶？夫改正朔，易服色，法制度，定官名，興禮樂，事至不輕也。大臣不聞，議士不與，而遽自革，具其儀法，可不可哉。絳、灌之屬，皆先帝舊臣，苟遠嫌而不言，則誰當言者。且此三四公，位爲將相，爵爲通侯，權寵之盛，豈復有過於是，亦何忌而不容一新進之賈生耶。然則謂生以讒去，而遂以配於屈原者，甚不然也。夫生之始欲改定制度也，將無以天下爲。既和洽與至，其論厝火積薪之勢，顧在乎數年之後，凡其言之可行而必效者，大抵皆南遷之餘也。吾意生以憂患怵迫，習於世故，未必不悔其前

言之易，而尚肯尤人之短已哉。然則今之疾視絳、灌之屬，而比之上官子蘭者，又非必生之志也。周人之詩曰：肆成人有德，小人有造。絳灌之屬，安足以知此。徒使如賈生者，不得盡其材，反以年少初學而見斥遠，則其蒙蔽賢之譏，非不幸哉。

《全元文》卷一三三二楊維楨《讀賈生治安策》　余讀賈生文至《治安策》，凡五千七百有餘言，讀之亹亹，唯恐其語終，不知其煩也。其爲文帝規畫治體，圖謀遠慮，大抵害陳而利以見。首言可痛哭者，諸侯王之必危必亂，此肺腑之害。次言可流涕者，匈奴之上下倒懸，此四肢之害。又次言可長太息者，服制亡等、剽敓矯僞無行義，此外膚之害。大臣事簿書期會，而無移風易俗之道，推極放秦滅四維而亡，此又心害。必定經制而有所持循，太子之教必有其素，輔翼者必有其具，推極於胡亥之亡教殺人，此又繼體之害。故人主安危之積在取舍之定，以湯武之仁義禮樂與秦之法令刑罰，較其明效大驗，此取舍辯也。末及體貌大臣，推極於豫讓之抗節報主，父兄之臣死宗廟，法度之臣死社稷，輔翼之臣死君上，守圉扞敵之臣死城郭封疆，爲厲廉恥、行禮義之所致，此又取舍定之明效大驗也。其先後、輕重、成敗、得失，有本有末，至切至著，雖使兩生復起，不易其言。方之後日晁、董諸子，言非事實，迂而少迫也，煩而寡要也，豈不爲西京策臣之冠乎？其文氣筆力吾未暇論，獨惜文帝有臣如誼，乃爲絳、灌不學之徒以紛亂短之，屈爲長沙、梁王傅。而出在梁，猶上淮陽代疏，憂不忘君，數歲之後，見其言之驗而誼亦死矣。烏乎，豈天未欲禮樂治漢天下也耶。

郎瑛《七修類稿》卷二〇《賈誼一太息》　賈生《治安策》可爲痛哭者一，流涕者二，長太息者六。今以史考之，少一太息，意《新書》内則俱載之，奈分爲各篇，又不似史之撮其要，後復逐篇對以史文，惟《銅布》一篇，史未曾取，疑即是也。不然，何以曰「可爲長太息者此其一也」。

李贄《焚書》卷五《賈誼》　李卓吾曰：班氏文儒耳，只宜依司馬氏例以成一代之史，不宜自立論也。立論則不免攙雜別項經史聞見，反成穢物矣。班氏文才甚美，其於孝武以前人物，盡依司馬氏之舊，又甚有見，但不宜更添論贊於後也。何也？論贊須具曠古隻眼，非區區有文才者所能措也。劉向亦文儒也，然筋骨勝，肝腸勝，人品不同，故見識亦不同，是儒而自文者也。雖不能超於文之外，然與固遠矣。

漢之儒者咸以董仲舒爲稱首，今觀仲舒不計功謀利之云，似矣。而以明災異下獄論死，何也？夫欲明災異，是欲計利而避害也。今既不肯計功謀利矣，而欲明災異者何也？既欲明災異以求免於害，而又謂仁人不計利，謂越無一仁又何也？所言自相矛盾矣。且夫天下曷嘗有不計功謀利之人哉！若不是真實知其有利益於我，可以成吾之大功，則烏用正義明道爲耶？其視賈誼之通達國體，真實切用何如耶？

班氏何知，知有舊時所聞耳，而欲以貶誼，豈不可笑！董氏，章句之儒也，其腐固宜。雖然，董氏特腐耳，非詐也。直至今日，則爲穿窬之盜矣。其未得富貴也，養吾之聲名以要朝廷之富貴，凡可以欺世盜名者，無所不至。其既得富貴也，復以朝廷之富貴養吾之聲名，凡所以臨難苟免者，無所不爲。豈非真穿窬之人哉！是又仲舒之罪人，班固之罪人，而亦敢於隨聲雷同以議賈生，故余因讀賈、晁二子經世論策，痛班氏之溺於聞見，敢於論議，遂爲歌曰：

駟不及舌，慎莫作孽！通達國體，劉向自別。三表五餌，非疏匪拙。彼何人斯？千里之絶。漢廷諸子，誼實度越。利不可謀，何其迂闊！何以用之？皤鬚鶴髮。從容廟廊，冠冕珮玦。世儒拱手，不知何說。

何良俊《四友齋叢説》卷五《史一》　太史公以賈誼與屈原同傳，故但載其《弔屈原文》與《鵩賦》二篇而已。然誼所上政事書，先儒稱其通達國體，以爲終漢之世其言皆見施用。又其所論貯積與鑄錢諸事，皆大有關於政理，是何可以不傳？班固取入《漢書》傳中，最是。或者太史公未及整齊漢事，故但取其似屈原者附入耳。

吕留良《吕晚村先生文集》卷六《賈誼論》　明君之於賢臣也，或身用之，或留於其子孫用之，皆用也。於其言也亦然，或身行之，或留於其子孫行之，皆行也。故或用其身而行其言，或不用其身而行其言，或身與言俱不用而亦用，此明君用臣之心，與謀子孫之道也。

漢興至孝文帝，天下殷強，海内充溢，舉朝訢訢，謂將成三代之治矣。而賈誼以洛陽儒素，年不及強仕，位不及卿相，抵掌闕下，陳痛哭之言，上危亡之語。天子慨然歎爲不及，非其才之明而策之當，而能傾動英主若此乎？然而言不盡行，出就長沙，身終於梁傅，則又何也？於是言者曰：誼初進言，以疎賤之人，計貴戚之事，過於切直，是以不得志。此其説非知誼者也。孔子曰：「邦有道，危言危行；邦無道，危行言孫。」當有道之世，而用無道之術，是重誣其君也。挾詼佞之智，而欲行王霸之道，是自欺其學也。偷合苟容，浸結權貴，以求得志，及其

得志而後圖之，是背本而賤義也。此數者一介自愛之士所不爲，而謂賈生爲之乎？故曰此非知誼之言也。言者又曰：漢室素輕儒術，道不同，故終不見用。嗚呼，知夫明君用臣之心與謀子孫之道哉？文帝之時，其左右朝廷決天下之大計者，皆與高祖披荆斬棘共起山澤者也。否則，皆先朝所擢之岩穴而用之廊廟者也。其出就侯國者，皆天子之叔伯兄弟也。否則，皆功臣之後也。一旦以少年布衣，加於老成貴介之上，而且欲裁抑勳舊，損削侯王，大或至於召亂，小亦必至於讒沮。是不得用臣之福而先受臣之禍，欲行其言而并不得保其身也。是故出以老其才，静以俟其用，計絳、灌諸臣衰退之年，當賈生强邁之日，於是舉而授之，此所謂明君用臣之心也。

且賈生諸奏，其大者在乎封建，其言至善也，其策至當也，其憂慮至忠也。而文帝遲之又久，卒不及舉行者何也？蓋其時淮南、濟北諸王，雖間有舉動，旋就夷亡，其他大國猶拱手受詔，未有異謀。苟即分更其制，則必皆奮臂而起，於是動兵勞民，以大傷百姓，此文帝之所不忍也。假己之名以予人，聚民之怨以歸己，此文帝之所不欲也。文帝曰：吾不若及其治而後行之。此則久安長治之業耳。其後謀削諸侯，而七國果造亂矣。七國既平，而主父偃等果遂能行其策矣。終漢之世，無侯國之變者，偃之謀也。偃之謀，文帝之謀也。文帝之謀，賈生之謀也。而賈生之言固已行矣，此所謂謀子孫之道也。雖然，使賈生不即死而絳、灌衰，則必見用於文帝之世。使文帝不即崩而七國亡，則亦必身用賈生之言。然而不能，則命也。乃世儒不察，猥以不遇之言短賈生而罪文帝。且士之欲得於君也，將取卿相之尊用其身而已乎？抑欲行其言也？如欲用其身而已，則後世之君，養無益之臣，知而不言，言而不當，以及於敗亡者，胡可勝計也！如欲行其言也，則賈生又何嘗不遇哉！

姚鼐《惜抱軒全集》卷一《賈生明申商論》 太史公曰：賈生、鼂錯明申商，公孫宏用儒術顯。世多疑之。果若是，則公孫宏賢於賈生邪？宋儒者以爲生上書謂「髖髀之所，非斤則斧」，以此待諸侯爲申韓之意。吾謂不然。生欲立法制以約諸侯王，使受地有定，不致入於罪而抗剄之，所以爲安全也。斤斧以取譬耳，豈刑戮謂哉？此不足爲生病。

然遂謂太史公爲誣賈生？則亦非也。夫戰國以來，百家並興，雖或純、或駮，或陋且謬悖，推本之彼，亦各原於聖人之一端，未嘗不可相爲用也，顧用之何如耳。冬必裘而夏必絺者，時也。齊甘苦酸辛鹹而御之者，和也。諸葛武侯當先主之時，寬法孝直，救李邈、張裕，其用意一出於慈仁。乃以申韓之書教後主，知其所不能也。且賈生、諸葛皆所謂天下之才、識時務之要者矣。申商明君臣之分，審名實，使吏奉法令而度數可循守，雖聖人作，豈能廢其説哉？然使述此於景、武之時，則與處烈風而進翣者何以異？良醫不能使鐘乳、烏頭之無毒，而使其毒不爲患也。惟文帝仁厚，而所不足者在於法制。故賈生勸之立君臣，等上下。法制定，則天下安。比皆申商之長也。申商之短在於刻薄，賈生之知足以知文帝必不如申商之刻，特患不能用其長耳。景帝之天資固薄矣，提殺吴太子於嬉戲，疏張釋之而誅周亞夫。其資如此，而鼂錯又以申商進之，何怪有吴楚之難。賢者視其君之資而矯正之，不肖者則順其欲，順其欲則言雖正，而實與邪妄者等爾。

賈生當文帝而明申商，汲長孺爲武帝言黄老，彼皆救世主之弊，和而不同。豈如公孫宏、匡衡之流，雖號爲儒者，誦説之辭洋洋盈耳，而適以文其姦説者邪！周公之告成王曰：「詰爾戎兵，方行天下。」召公、芮伯之告康王曰：「張皇六師。」若以此言施之好武之主，其害豈不更重於申商哉？惟於成、康之時，則無以復易矣。

吾嘗謂人之真僞與書之真僞，其道一而已。世所謂古文《尚書》者，何其言之漫然泛博也？彼以爲使人誦其書莫可指摘者，必以爲聖賢之言，如是其當於理也。而不知言之不切者，皆不當於理者也。

朱軾《史傳三編》卷一〇《名臣傳・賈誼》 論曰：西漢諸臣好謀議通權術者，稱賈、鼂。鼂之削七國與賈策諸侯王畧同，而爲袁盎所中，亦其天性刻深，動與禍會也。賈之學術論議較正於鼂，而醇深不及董廣川。踔厲風發，無寬居之度，優柔夷愉之致。諸葛武侯有言：「寧静可以致遠。」斯洛陽、南陽所由以異歟？

陳鱣《簡莊文鈔》卷一《賈誼論》 自古人臣之爲國家除害也，匡救在乎先，而不當有所待；進言在乎直，而不當有所忍。夫天下治平無事，方且杜漸防微，若其禍亂已兆，爲人臣者勿言，僉曰有所待也，即言矣，或不敢盡言，且曰有所忍也，其遺害實甚。

漢之賈生，少爲博士，人人以爲能，文帝超遷，至大中大夫，議任以公卿之位。被讒放逐，歲餘徵之，問以得失，則上疏陳事，多所匡建。而宋蘇氏論之，惜其王者之佐，不能自用其才，以爲君子必有所待，必有所忍，而責生之不能用漢文。陳子曰：異哉蘇氏之言也。夫賈生，乃漢文不能用生，非生之不能用漢文

也。君子之立朝，將以行吾所學，不顧其利害。若抱其才之美，而惟冀其福之享，天下無事則收其福，有事則避其禍，天下亦安賴有此美才邪？醫之視病也，宜及其病之方形而速治，乃姑以輕緩之藥試之，待其亟也，然後投以重劑，則晚矣。如蘇氏之論，是率天下諂臣媚子，兢兢奉命而後可也。是釀成其病也，其如病者之孔亟何？孟子曰：位卑而言高，罪也。賈生官至大中大夫，位不爲卑矣。彼絳、灌之徒，恐其害己，乃毀其年少初學，專欲擅權，紛亂諸事，雖然，於生固無傷也。儻如蘇氏所謂優游浸漬而深交之，使天子不疑，大臣不忌，又必率天下而逢迎君側，趨附權門而後可也，是益之病也，曾謂王者之佐所宜出此哉？方是時，本有邊患，淮南、濟北王皆爲逆誅，紛紛擾擾，數被其憂。若不衆建諸侯而少其力，則漢之爲漢固未可知，又況絳、灌等般樂怠傲，不急救正，誠如所言「病非徒瘇，又苦跋盭」，此而不痛哭又烏乎痛哭？文帝果能用之，可以爲堯舜，可以爲湯武，何意受釐宣室，感問鬼神，後世僅稱中主？生時年三十餘，未幾，自傷無狀，鬱鬱而死。厥後，吴、楚、趙與四齊王合縱舉兵，諸國亦反，天下騷然，其言皆驗。使及其身不諫，姑爲待之忍之云耳，人壽能幾何邪？天下之長治久安，又何可必邪？

漢之劉向大儒也，以生爲「通達國體，伊、管未能遠過」。班固良史也，以生「雖不至公卿，未爲不遇」。二君之言，實出至公。若云「志大而量小，才有餘而識不足」，未免以成敗論人耳。嗟乎！世之君子苟有高世之才，務爲立身之計，特不幸窮而在野，無官守，無言責，惟是默而息耳。若遭遇人主特達之知，又當國家治亂所係，知無不言，言無不盡，而又奚待哉？而又奚忍哉？

汪之昌《青學齋集・賈生明申商論》 劉向稱賈生「通達國體，雖伊、管未能遠過」。史遷謂其「明申商」，與鼂錯并。考《錯傳》言學申商刑名家於軹張恢生所，其明申商固宜。生則能誦《詩》、《書》，受《春秋左氏傳》於張蒼，兼通諸子百家，申商特其一耳，奚足爲生重？

吾謂史遷以明申商稱之者，殆有感於廷臣而言。夫申商之爲人不足取，其言又安足法？史遷豈不知之？然韓昭侯用申不害爲相，内修政教，外應諸侯，終其身國治兵强，無敢侵韓者。商鞅輔秦孝公，申嚴號令，信賞必罰，以雄長天下，特偏重於威劫，處事不務持其平，然振作敢爲，攘卻外侮，於國家不無小補。當漢文帝朝，匈奴歲擾邊郡，窺玩中夏，粤閩嵎負偏方，羈縻幸安，在廷之持禄保位者，咸謂已安已治，或且緣飾儒術，以言邊事、灑國恥斥爲雜霸之紛更。惟賈生疏陳「五餌」「三表」，鼂錯亦上言兵事，剴切詳明，不以功利爲諱，安知不有以爲申商之術者？史遷慨衆論之謬悠，上氣之頽靡，抱有爲之志者所見適與學申商之錯相近，遂曲隨時論耳。明知生決不爲申商之所爲，故與錯并稱。《錯傳》首叙學申商刑名，見傳習之由來；生則泛言其明申商，而曾不言其授自何人也。後人不原史遷措詞之意，泥於明申商之文，據生所上書「髖髀之所，非斤則斧」，以此待諸侯云云，直申商家言，互相訾毁。吾就生《治安策》論之，生言此殆欲立法制以整齊諸侯王，使分地有畫一定法，庶不淫僻驕佚，于大典而抗剄之，所以規安全也。特借斤斧以況喻耳，豈真刑僇謂哉？或謂漢文仁厚有餘，所不足者在於威重，故生欲以引繩墨、審名實數端矯正之，所謂濟寬以猛。且逆料文帝必不如申商之刻，流極於慘礉少恩。然吾觀生《疏》，明言秦君用商鞅之法，卒底於敗，安有欲人之效法而反言其不可爲邪？然則，謂生以申商矯漢文所爲，其説之謬顯然矣。若鼂錯者，躬自學申商之學，又以之導景帝，卒之自詒伊戚，夫豈賈生之比哉！

姚瑩《東溟文集》卷一《賈誼論》 文景之世，上好黄老以無爲爲治，大臣亦皆謹謹無所舉建。其時慷慨論議深計天下事者，賈誼、鼂錯而已。

誼與錯皆明於事勢，而錯尤善言兵，其論募民入粟及削弱諸侯之計，即賈生積穀與定地制之議也。錯之才不及誼，景之賢不及文，然景帝方爲太子即説錯，及爲帝，遂驟用至三公，行其策。賈生痛哭上書，言更切至，文帝雖奇之而不能大用，卒以自傷哭泣死。或者以爲遇之幸不幸，非也。錯言於時事已形之後，故見爲悚切而易入；誼言於癰疽未潰之先，故見爲迂闊而緩圖也。且錯之言術數，峭直深刻，與景帝資性既近，而刑名之原亦本黄老；若賈生定制度、辨等威、明教化、美風俗，策治亂於未形，權安危於久遠，教太子以重國本，禮大臣以崇國體，信乎王佐之才，原本於三代之意，是豈中主以下所能曉者哉！文帝蓋略有以知之矣，然卒不大用生者，豈非學術不同、見爲迂闊而可緩行之乎？

且文帝非不用生也。觀其始進，歲中超遷至大中大夫，固以爲才任公卿矣。繼而大臣沮之，嚮用不堅。及自長沙徵還，宣室夜見，自歎以爲不及，吾知帝意終用之也。顧使傅梁王而不即任，或者欲老其才以貽後人乎？乃其言，則當時亦略施行矣。史謂生「以夭亡，雖不至公卿，未爲不遇也」，斯言得之。

且夫士抱非常之略，懷不世之資，其宏才遠畫，固以爲天下，非夫立談干主取卿相以爲榮也。身雖不顯，而言能見用，即其道，行其志，可以慰矣。向使賈

生得大用至卿相，其設施必更有可觀者，然亦度帝能盡行之乎。張釋之見，帝曰：「卑之，無甚高論。」則帝意可知矣。用之而不盡行其言，猶不用也。言誠以次行矣，又奚必身之卿相爲哉！

賈生之於文帝，可謂遇其主矣。哭泣悲傷以至於死，吾以爲猶有功名之念，鋭於進身而昧於行道。蘇氏譏其「志大而量小，才有餘而識不足」，或者亦以是歟！若鼂錯者，尤縱横之士，以功名爲亟，學本刑名，身爲誅戮宜矣，而世猶悲之；賈生以王佐之才，議論實中於經術，而亦不免末俗之見，爲尤可惜耳。蘇氏者，才亞於賈生，而能自愛其才，其亦有鑑而然耶？乃其勇於建言而嗇於見用，則亦與生等。嗚呼，此豈三代以下所能責諸人主者哉！

方宗誠《柏堂集前編》卷一《賈生論》　蘇子瞻謂「賈生志大而量小，才有餘而識不足」。是不然，且未詳考賈生之事實也。

當漢之初，承秦敝，土宇雖定，而先王之禮樂、法制所以維社稷安人民者，悉苟且未當。賈生以爲天下和洽既久，若不爲防微杜漸之策，則積習相沿，將至潰敗而不可收拾，故欲法制度，興禮樂。諸律令所更定，及列侯悉就國，其説皆自賈生發之，豈非識時務之至者乎？是時孝文雖謙讓未遑，而議以爲賈生可任公卿之位。絳、灌之屬，介胄武夫，不知治道，又皆各擁權勢，慮賈生得志，名位出己上，故盡害之，是豈賈生之咎？且夫賈生積學待用既有年矣。吴公薦爲博士，文帝超遷，一歲至大中大夫，可謂得君矣。而法制度，興禮樂，更秦之法，又皆當時之急務。不於此時草具其事、儀法，以冀君之一行，而欲其優游寖漬深交絳、灌之徒，此依阿澳涊儌倖於功名者之所爲也，而謂賈生肯爲之邪？及生遷長沙，卑溼自以壽不得長，乃過湘爲賦弔屈原以致其惓惓不忘君國之意，而故爲反詞以自解其傷悼之懷，又爲《鵩鳥賦》以自廣。觀其言，殆非達天安命者不能爲也，而可謂其不善處窮者邪？至於陳政事疏，乃在宣室召對之後，爲梁懷王太傅之時。是時文帝復封淮南厲王四子爲列侯，賈生以爲患之興自此起矣，因數上疏，言諸侯或連數郡，非古制，可稍削之。嗟乎！賈生蓋早知有七國之難，故爲是太息痛哭之言，思致治保邦於亂危未至之日也，惡得謂爲立談之間哉？且賈生因懷王騎墮馬死，無後，自傷爲傅無狀，哭泣至死。此其精忠棐忱，三代而下未可多見。而子瞻顧譏其不知默默以待其變，而自殘至此，爲量小而識不足，甚矣子瞻之疏也。嗟乎！世多稱賈生之才，而余以爲賈生之識，足以見微而知著，其志在防微杜漸，爲天下籌長治久安之策。而其忠於事主，直能致身委命，不以死生去就爲懷。惜乎孝文仁厚有餘而規模少隘，不能重用之也。

藝文

《陶淵明集》卷六《讀史述九章·屈賈》　進德修業，將以及時。如彼稷契，孰不願之？嗟乎二賢，逢世多疑。候詹寫志，感鵩獻辭。

《全唐詩》卷五三宋之問《登粤王臺》　江上粤王臺，登高望幾回。南溟天外合，北户日邊開。地溼煙嘗起，山晴雨半來。冬花採盧橘，夏果摘楊梅。跡類虞翻枉，人非賈誼才。歸心不可見，白髮重相催。

《全唐詩》卷一二一盧象《贈程祕書》　客自岐陽來，吐音若鳴鳳。孤飛畏不偶，獨立誰見用。忽從被褐中，召入承明宫。聖人借顔色，言事無不通。殷勤拯黎庶，感激論諸公。將相猜賈誼，圖書歸馬融。顧余久寂寞，一歲麒麟閣。且共歌太平，勿嗟名宦薄。

《李太白全集》卷一八《古近體詩·送别》　水色南天遠，舟行若在虚。遷人發佳興，吾子訪閑居。日落看歸鳥，潭澄羡躍魚。聖朝思賈誼，應降紫泥書。

《李太白全集》卷二四《古近體詩·田園言懷》　賈誼三年謫，班超萬里侯。何如牽白犢，飲水對清流。

杜甫《杜詩詳注》卷一六《贈左僕射鄭國公嚴公武》　意待犬戎滅，人藏紅粟盈。以兹報主願，庶獲裨世程。炯炯一心在，沉沉二豎嬰。顔回竟短折，賈誼徒忠貞。飛旐出江漢，孤舟轉荆衡。虚横馬融笛，悵望龍驤塋。空餘老賓客，身上愧簪纓。

《全唐詩》卷一九李端《度關山》　雁塞日初晴，胡關雪復平。危竿緣廣漠，古竇傍長城。拔劍金星出，彎弧玉羽鳴。誰知係虜者，賈誼是書生。

李商隱《李義山詩集》卷六《賈生》　宣室求賢訪逐臣，賈生才調更無倫。可憐夜半虚前席，不問蒼生問鬼神。

王安石《臨川先生文集》卷一六《律詩·賈生》　漢有洛陽子，少年明是非。所論多感慨，自信肯依違。死者若可作，今人誰與歸。應須蹈東海，不但涕沾衣。

高啓《高青丘集》卷一七《賈誼》 凶吉何由鵩鳥知？才高暫謫未須悲。秋風不灑梁園淚，宣室寧無再見時。

《戴名世集》附録二《古史詩鍼・夜半前席》 賈生夜半邀前席，驚寵忘形異姓家。遲識死生榮辱理，空留《鵩賦》在長沙。

袁枚《小倉山房文集》卷一《長沙弔賈誼賦》 歲在丙辰，予春秋二十有一，於役粵西，路出長沙，感賈生之弔屈平也，亦爲文以弔賈生。其詞曰：

何蒼蒼者之不自珍其靈氣兮，代紛紛而俊英。前者既不用而流亡兮，後者又不用而挺生。惟吾夫子之於君臣兮，淚如秋霖而不可止：前既哭其治安兮，後又哭其愛子。爲人臣而竭其忠兮，爲人師而殉之以死。

君固黄、農、虞、夏之故人兮，行宛曼于先王。不知漢家之自有制度兮，乃嘐嘐然一則曰禮樂，一則曰明堂。夫固要君以堯、舜兮，豈知其謙讓而猶未遑！彼絳、灌之戟戟兮，召儒生而恒東向。見夫子而吠所怪兮，以弱冠而氣淩其上。曰丁我躬而未諧夫人世兮，未免負孤姿而抱絶狀。

當七國之妖氛將發兮，彼社稷臣無一語。徒申申其排余兮，余又見木索箠笞而憐汝。蓀兩愛而莫知所爲兮，終不知千古之孰爲龍而孰爲鼠！彼俗儒之寡識兮，謂宜交驩夫要津。使詭遇而獲獸兮，吾又恐孟軻之笑人。

聖賢每汶汶而蹇屯兮，歷萬祀而不知其故也。吾獨悲吾夫子兮，爲其知而不遇也。明珠耀於懷袖兮，忽中道而置之；淑女歡于衾席兮，媵妒譖而棄之。夫既干將之出匣兮，胡不淬清水而試之？蒙召見于宣室兮，泣鬼神于前席。蓀拳拳而托長沙王兮，終不忍使先生之獨受此卑濕。欲嘉遁乎山椒兮，感君王之恩重；圖效忠于晚節兮，鵩鳥又知而來送。已之薄命固甘心兮，又累梁王而使之翻鞚。傷爲傅之無狀兮，自賢人之忠愛也；三十三而化去兮，恐終非哭泣之爲害也。

彼顔淵之樂道兮，亦時命之不長。賢者不忍其言之驗兮，宜其身先七國而亡。誤鳳凰爲欽鵶兮，覽德輝而竟去；駟玉虬以上升兮，知九州之不可以久駐。逝者既蕭曼以雲征兮，名獨留乎此處。

亂曰：瀟湘之春，水浩浩兮；有美一人，涉遠道兮。忽見芳草，生君之廟兮；咨嗟涕洟，感年少兮。

晁錯部

綜述

《漢書》卷四九《晁錯傳》 鼂錯，潁川人也。學申商刑名於軹張恢生所，與雒陽宋孟及劉帶同師。以文學爲太常掌故。

錯爲人陗直刻深。孝文時，天下亡治《尚書》者，獨聞齊有伏生，故秦博士，治《尚書》，年九十餘，老不可徵。乃詔太常，使人受之。太常遣錯受《尚書》伏生所，還，因上書稱説。詔以爲太子舍人，門大夫，遷博士。又上書言：「人主所以尊顯功名揚於萬世之後者，以知術數也。故人主知所以臨制臣下而治其衆，則羣臣畏服矣；知所以聽言受事，則不欺蔽矣；知所以安利萬民，則海内必從矣；知所以忠孝事上，則臣子之行備矣：此四者，臣竊爲皇太子急之。人臣之議或曰皇太子亡以知事爲也，臣之愚，誠以爲不然。竊觀上世之君，不能奉其宗廟而劫殺於其臣者，皆不知術數者也。皇太子所讀書多矣，而未深知術數者，不問書説也。夫多誦而不知其説，所謂勞苦而不爲功。臣竊觀皇太子材智高奇，馭射伎藝過人絶遠，然於術數未有所守者，以陛下爲心也。竊願陛下幸擇聖人之術可用今世者，以賜皇太子，因時使太子陳明於前。唯陛下裁察。」上善之，於是拜錯爲太子家令。以其辯得幸太子，太子家號曰「智囊」。

是時匈奴彊，數寇邊，上發兵以禦之。錯上言兵事，曰：

臣聞漢興以來，胡虜數入邊地，小入則小利，大入則大利；高后時再入隴西，攻城屠邑，敺略畜産；其後復入隴西，殺吏卒，大寇盗。竊聞戰勝之威，民氣百倍；敗兵之卒，没世不復。自高后以來，隴西三困於匈奴矣，民氣破傷，亡有勝意。今兹隴西之吏，賴社稷之神靈，奉陛下之明詔，和輯士卒，底厲其節，起破傷之民以當乘勝之匈奴，用少擊衆，殺一王，敗其衆而(法曰)大有利。非隴西之民有勇怯，乃將吏之制巧拙異也。故兵法曰：「有必勝之將，無必勝之民。」繇此觀之，安邊境，立功名，在於良將，不可不擇也。

臣又聞用兵，臨戰合刃之急者三：一曰得地形，二曰卒服習，三曰器用利。兵法曰：丈五之溝，漸車之水，山林積石，經川丘阜，屮木所在，此步兵之地也，車騎二不當一。土山丘陵，曼衍相屬，平原廣野，此車騎之地，步兵十不當一。平陵相遠，川谷居間，仰高臨下，此弓弩之地也，短兵百不當一。兩陳相近，平地淺(草)〔屮〕，可前可後，此長戟之地也，劍楯三不當一。(雚)〔萑〕葦竹蕭，屮木蒙蘢，支葉茂接，此矛鋋之地也，長戟二不當一。曲道相伏，險陒相薄，此劍楯之地也，弓弩三不當一。士不選練，卒不服習，起居不精，動静不集，趨利弗及，避難不畢，前擊後解，與金鼓之(音)〔旨〕相失，此不習勒卒之過也，百不當十。兵不完利，與空手同；甲不堅密，與袒裼同；弩不可以及遠，與短兵同；射不能中，與亡矢同；中不能入，與亡鏃同：此將不省兵之禍也，五不當一。故兵法曰：器械不利，以其卒予敵也；卒不可用，以其將予敵也；將不知兵，以其主予敵也；君不擇將，以其國予敵也。四者，(國)〔兵〕之至要也。

臣又聞小大異形，彊弱異勢，險易異備。夫卑身以事彊，小國之形也；合小以攻大，敵國之形也；以蠻夷攻蠻夷，中國之形也。今匈奴地形技藝與中國異。上下山阪，出入溪澗，中國之馬弗與也；險道傾仄，且馳且射，中國之騎弗與也；風雨罷勞，飢渴不困，中國之人弗與也：此匈奴之長技也。若夫平原易地，輕車突騎，則匈奴之衆易撓亂也；勁弩長戟，射疏及遠，則匈奴之弓弗能格也；堅甲利刃，長短相雜，遊弩往來，什伍俱前，則匈奴之兵弗能當也；材官騶發，矢道同的，則匈奴之革笥木薦弗能支也；下馬地鬬，劍戟相接，去就相薄，則匈奴之足弗能給也：此中國之長技也。以此觀之，匈奴之長技三，中國之長技五。陛下又興數十萬之衆，以誅數萬之匈奴，衆寡之計，以一擊十之術也。

雖然，兵，凶器；戰，危事也。以大爲小，以彊爲弱，在俛卬之間耳。夫以人之死争勝，跌而不振，則悔之亡及也。帝王之道，出於萬全。今降胡義渠蠻夷之屬來歸誼者，其衆數千，飲食長技與匈奴同，可賜之堅甲絮衣，勁弓利矢，益以邊郡之良騎。令明將能知其習俗和輯其心者，以陛下之明約將之。即有險阻，以此當之；平地通道，則以輕車材官制之。兩軍相爲表裏，各用其長技，衡加之以衆，此萬全之術也。

傳曰：「狂夫之言，而明主擇焉。」臣錯愚陋，昧死上狂言，唯陛下財擇。文

帝嘉之，乃賜錯璽書寵答焉，曰：「皇帝問太子家令：上書言兵體三章，聞之。書言『狂夫之言，而明主擇焉』。今則不然。言者不狂，而擇者不明，國之大患，故在於此。使夫不明擇於不狂，是以萬聽而萬不當也。」

錯復言守邊備塞，勸農力本，當世急務二事，曰：

臣聞秦時北攻胡貉，築塞河上，南攻楊、粵，置戍卒焉。其起兵而攻胡、粵者，非以衛邊地而救民死也，貪戾而欲廣大也，故功未立而天下亂。且夫起兵而不知其勢，戰則爲人禽，屯則卒積死。夫胡貉之地，積陰之處也，木皮三寸，冰厚六尺，食肉而飲酪，其人密理，鳥獸毳毛，其性能寒。楊、粵之地少陰多陽，其人疏理，鳥獸希毛，其性能暑。秦之戍卒不能其水土，戍者死於邊，輸者僨於道。秦民見行，如往棄市，因以謫發之，名曰「謫戍」。先發吏有謫及贅壻、賈人，後以嘗有市籍者，又後以大父母、父母嘗有市籍者，後入閭，取其左。發之不順，行者深怨，有背畔之心。凡民守戰至死而不降北者，以計爲之也。故戰勝守固則有拜爵之賞，攻城屠邑則得其財鹵以富家室，故能使其衆蒙矢石，赴湯火，視死如生。今秦之發卒也，有萬死之害，而亡銖兩之報，死事之後不得一算之復，天下明知禍烈及己也。陳勝行戍，至於大澤，爲天下先倡，天下從之如流水者，秦以威劫而行之之敝也。

胡人衣食之業不著於地，其勢易以擾亂邊竟。何以明之？胡人食肉飲酪，衣皮毛，非有城郭田宅之歸居，如飛鳥走獸於廣壄，美草甘水則止，草盡水竭則移。以是觀之，往來轉徙，時至時去，此胡人之生業，而中國之所以離南畮也。今使胡人數處轉牧行獵於塞下，或當燕代，或當上郡、北地、隴西，以候備塞之卒，卒少則入。陛下不救，則邊民絶望而有降敵之心；救之，少發則不足，多發，遠縣纔至，則胡又已去。聚而不罷，爲費甚大；罷之，則胡復入。如此連年，則中國貧苦而民不安矣。

陛下幸憂邊境，遣將吏發卒以治塞，甚大惠也。然令遠方之卒守塞，一歲而更，不知胡人之能，不如選常居者，家室田作，且以備之。以便爲之高城深塹，具藺石，布渠荅，復爲一城其內，城間百五十步。要害之處，通川之道，調立城邑，毋下千家，爲中周虎落。先爲室屋，具田器，乃募辠人及免徒復作令居之；不足，募以丁奴婢贖辠及輸奴婢欲以拜爵者；不足，乃募民之欲往者。皆賜高爵，復其家。予冬夏衣，廩食，能自給而止。郡縣之民得買其爵，以自增至卿。其亡夫若妻者，縣官買予之。人情非有匹敵，不能久安其處。塞下之民，祿利不厚，不可使久居危難之地。胡人入驅而能止其所驅者，以其半予之，縣官爲贖其民。如是，則邑里相救助，赴胡不避死。非以德上也，欲全親戚而利其財也。此與東方之(戎)〔戍〕卒不習地勢而心畏胡者，功相萬也。以陛下之時，徙民實邊，使遠方無屯戍之事，塞下之民父子相保，亡係虜之患，利施後世，名稱聖明，其與秦之行怨民，相去遠矣。

陛下幸募民相徙以實塞下，使屯戍之事益省，輸將之費益寡，甚大惠也。下吏誠能稱厚惠，奉明法，存卹所徙之老弱，善遇其壯士，和輯其心而勿侵刻，使先至者安樂而不思故鄉，則貧民相募而勸往矣。臣聞古之徙遠方以實廣虚也，相其陰陽之和，嘗其水泉之味，審其土地之宜，觀其屮木之饒，然後營邑立城，製里割宅，通田作之道，正阡陌之界，先爲築室，家有一堂二内，門户之閉，置器物焉，民至有所居，作有所用，此民所以輕去故鄉而勸之新(色)〔邑〕也。爲置醫巫，以救疾病，以脩祭祀，男女有昏，生死相卹，墳墓相從，種樹畜長，室屋完安，此所以使民樂其處而有長居之心也。

臣又聞古之制邊縣以備敵也，使五家爲伍，伍有長；十長一里，里有假士；四里一連，連有假五百；十連一邑，邑有假候：皆擇其邑之賢材有護，習地形知民心者，居則習民於射法，出則教民於應敵。故卒伍成於内，則軍正定於外。服習以成，勿令遷徙，幼則同游，長則共事。夜戰聲相知，則足以相救；晝戰目相見，則足以相識；驩愛之心，足以相死。如此而勸以厚賞，威以重罰，則前死不還踵矣。所徙之民非壯有材力，但費衣糧，不可用也；雖有材力，不得良吏，猶亡功也。

陛下絶匈奴不與和親，臣竊意其冬來南也，壹大治，則終身創矣。欲立威者，始於折膠，來而不能困，使得氣去，後未易服也。愚臣亡識，唯陛下財察。

後詔有司舉賢良文學士，錯在選中。上親策詔之，曰：

惟十有五年九月壬子，皇帝曰：昔者大禹勤求賢士，施及方外，四極之内，舟車所至，人迹所及，靡不聞命，以輔其不逮；近者獻其明，遠者通厥聰，比善戮力，以翼天子。是以大禹能亡失德，夏以長楙。高皇帝親除大害，去亂從，並建豪英，以爲官師，爲諫争，輔天子之闕，而翼戴漢宗也。賴天之靈，宗廟之福，方内以安，澤及四夷。今朕獲執天子之正，以承宗廟之祀，朕既不德，又不敏，明弗能燭，而智不能治，此大夫之所著聞也。故詔有

司、諸侯王、三公、九卿及主郡吏，各帥其志，以選賢良明於國家之大體，通於人事之終始，及能直言極諫者，各有人數，將以匡朕之不逮。二三大夫之行當此三道，朕甚嘉之，故登大夫于朝，親諭朕志。大夫其上三道之要，及永惟朕之不德，吏之不平，政之不宣，民之不寧，四者之闕，悉陳其志，毋有所隱。上以薦先帝之宗廟，下以興愚民之休利，著之于篇，朕親覽焉，觀大夫所以佐朕，至與不至。書之，周之密之，重之閉之。興自朕躬，大夫其正論，毋枉執事。烏虖，戒之！二三大夫其帥志毋怠！

錯對曰：

平陽侯臣窋、汝陰侯臣竈、潁陰侯臣何、廷尉臣宜昌、隴西太守臣昆邪所選賢良太子家令臣錯昧死再拜言：臣竊聞古之賢主莫不求賢以爲輔翼，故黄帝得力牧而爲五帝〔先〕，大禹得咎繇而爲三王祖，齊桓得筦子而爲五伯長。今陛下講于大禹及高皇帝之建豪英也，退託於不明，以求賢良，讓之至也。臣竊觀上世之傳，若高皇帝之建功業，陛下之德厚而得賢佐，皆有司之所覽，刻於玉版，藏於金匱，歷之春秋，紀之後世，爲帝者祖宗，與天地相終。今臣窋等乃以臣錯充賦，甚不稱明詔求賢之意。臣錯屮茅臣，亡識知，昧死上愚對，曰：

詔策曰「明於國家大體」，愚臣竊以古之五帝明之。臣聞五帝神聖，其臣莫能及，故自親事，處于法宫之中，明堂之上；動静上配天，下順地，中得人。故衆生之類亡不覆也，根著之徒亡不載也；燭以光明，亡偏異也；德上及飛鳥，下至水蟲，草木諸産，皆被其澤。然後陰陽調，四時節，日月光，風雨時，膏露降，五穀孰，祅孽滅，賊氣息，民不疾疫，河出圖，洛出書，神龍至，鳳鳥翔，德澤滿天下，靈光施四海。此謂配天地，治國大體之功也。

詔策曰「通於人事終始」，愚臣竊以古之三王明之。臣聞三王臣主俱賢，故合謀相輔，計安天下，莫不本於人情。人情莫不欲壽，三王生而不傷也；人情莫不欲富，三王厚而不困也；人情莫不欲安，三王扶而不危也；人情莫不欲逸，三王節其力而不盡也。其爲法令也，合於人情而後行之；其動衆使民也，本於人事然後爲之。取人以己，内恕及人。情之所惡，不以彊人；情之所欲，不以禁民。是以天下樂其政，歸其德，望之若父母，從之若流水；百姓和親，國家安寧，名位不失，施及後世。此明於人情終始之功也。

詔策曰「直言極諫」，愚臣竊以五伯之臣明之。臣聞五伯不及其臣，故屬之以國，任之以事。五伯之佐之爲人臣也，察身而不敢誣，奉法令不容私，盡心力不敢矜，遭患難不避死，見賢不居其上，受禄不過其量，不以亡能居尊顯之位。自行若此，可謂方正之士矣。其立法也，非以苦民傷衆而爲之機陷也，以之興利除害，尊主安民而救暴亂也。其行賞也，非虚取民財妄予人也，以勸天下之忠孝而明其功也。故功多者賞厚，功少者賞薄。如此，斂民財以顧其功，而民不恨者，知與而安己也。其行罰也，非以忿怒妄誅而從暴心也，以禁天下不忠不孝而害國者也。故辠大者罰重，辠小者罰輕。如此，民雖伏罪至死而不怨者，知罪罰之至，自取之也。立法若此，可謂平正之吏矣。法之逆者，請而更之，不以傷民；主行之暴者，逆而復之，不以傷國。救主之失，補主之過，揚主之美，明主之功，使主内亡邪辟之行，外亡騫汙之名。事君若此，可謂直言極諫之士矣。此五伯之所以德匡天下，威正諸侯，功業甚美，名聲章明。舉天下之賢主，五伯與焉，此身不及其臣而使得直言極諫補其不逮之功也。今陛下人民之衆，威武之重，德惠之厚，令行禁止之勢，萬萬於五伯，而賜愚臣策曰「匡朕之不逮」，愚臣何足以識陛下之高明而奉承之！

詔策曰「吏之不平，政之不宣，民之不寧」，愚臣竊以秦事明之。臣聞秦始并天下之時，其主不及三王，而臣不及其佐，然功力不遲者，何也？地形便，山川利，財用足，民利戰。其所與並者六國，六國者，臣主皆不肖，謀不輯，民不用，故當此之時，秦最富彊。夫國富彊而鄰國亂者，帝王之資也，故秦能兼六國，立爲天子。當此之時，三王之功不能進焉。及其末塗之衰也，任不肖而信讒賊；宫室過度，耆欲亡極，民力罷盡，賦斂不節；矜奮自賢，羣臣恐諛，驕溢縱恣，不顧患禍；妄賞以隨（善）〔喜〕意，妄誅以快怒心，法令煩憯，刑罰暴酷，輕絶人命，身自射殺；天下寒心，莫安其處。姦邪之吏，乘其亂法，以成其威，獄官主斷，生殺自恣。上下瓦解，各自爲制。秦始亂之時，吏之所先侵者，貧人賤民也；至其中節，所侵者富人吏家也；及其末塗，所侵者宗室大臣也。是故親疏皆危，外内咸怨，離散逋逃，人有走心。陳勝先倡，天下大潰，絶祀亡世，爲異姓福。此吏不平，政不宣，民不寧之禍也。今陛下配天象地，覆露萬民，絶秦之迹，除其亂法；躬親本事，廢去淫末；除苛解嬈，寬大愛人；肉刑不用，辠人亡帑；非謗不治，鑄錢者除；通

關去塞，不孽諸侯；賓禮長老，愛卹少孤；辠人有期，後宮出嫁；尊賜孝悌，農民不租；明詔軍師，愛士大夫；求進方正，廢退姦邪；除去陰刑，害民者誅；憂勞百姓，列侯就都；親耕節用，視民不奢。所爲天下興利除害，變法易故，以安海内者，大功數十，皆上世之所難及，陛下行之，道純德厚，元元之民幸矣。

詔策曰「永惟朕之不德」，愚臣不足以當之。

詔策曰「悉陳其志，毋有所隱」，愚臣竊以五帝之賢臣明之。臣聞五帝其臣莫能及，則自親之；三王臣主俱賢，則共憂之；五伯不及其臣，則任使之。此所以神明不遺，而聖賢不廢也，故各當其世而立功德焉。傳曰「往者不可及，來者猶可待，能明其世者謂之天子」，此之謂也。竊聞戰不勝者易其地，民貧窮者變其業。今以陛下神明德厚，資財不下五帝，臨制天下，至今十有六年，民不益富，盜賊不衰，邊竟未安，其所以然，意者陛下未之躬親，而待羣臣也。今執事之臣皆天下之選已，然莫能望陛下清光，譬之猶五帝之佐也。陛下不自躬親，而待不望清光之臣，臣竊恐神明之遺也，日損一日，歲亡一歲，日月益暮，盛德不及究於天下，以傳萬世，愚臣不自度量，竊爲陛下惜之。昧死上狂惑屮茅之愚，臣言唯陛下財擇。

時賈誼已死，對策者百餘人，唯錯爲高第，繇是遷中大夫。錯又言宜削諸侯事，及法令可更定者，書凡三十篇。孝文雖不盡聽，然奇其材。當是時，太子善錯計策，爰盎諸大功臣多不好錯。

景帝即位，以錯爲内史。錯數請閒言事，輒聽，幸傾九卿，法令多所更定。丞相申屠嘉心弗便，力未有以傷。内史府居太上廟堧中，門東出，不便，錯乃穿門南出，鑿廟堧垣。丞相大怒，欲因此過爲奏請誅錯。錯聞之，即請閒爲上言之。丞相奏事，因言錯擅鑿廟垣爲門，請下廷尉誅。上曰：「此非廟垣，乃堧中垣，不致於法。」丞相謝。罷朝，因怒謂長史曰：「吾當先斬以聞，乃先請，固誤。」丞相遂發病死。錯以此愈貴。

遷爲御史大夫，請諸侯之罪過，削其支郡。奏上，上〔令〕公卿列侯宗室〔雜議〕，莫敢難，獨竇嬰争之，繇此與錯有隙。錯所更令三十章，諸侯讙譁。錯父聞之，從潁川來，謂錯曰：「上初即位，公爲政用事，侵削諸侯，疏人骨肉，口讓多怨，公何爲也！」錯曰：「固也。不如此，天子不尊，宗廟不安。」父曰：「劉氏安矣，而鼂氏危，吾去公歸矣！」遂飲藥死，曰：「吾不忍見禍逮身。」

後十餘日，吳、楚七國俱反，以誅錯爲名。上與錯議出軍事，錯欲令上自將兵，而身居守。會竇嬰言爰盎，詔召入見，上方與錯調兵食。上問盎曰：「君嘗爲吳相，知吳臣田祿伯爲人虖？今吳、楚反，於公意何如？」對曰：「不足憂也，今破矣。」上曰：「吳王即山鑄錢，煑海爲鹽，誘天下豪桀，白頭舉事，此其計不百全，豈發虖？何以言其無能爲也？」盎對曰：「吳銅鹽之利則有之，安得豪桀而誘之！誠令吳得豪桀，亦且輔而爲誼，不反矣。吳所誘，皆亡賴子弟，亡命鑄錢姦人，故相誘以亂。」錯曰：「盎策之善。」上問曰：「計安出？」盎對曰：「願屏左右。」上屏人，獨錯在。盎曰：「臣所言，人臣不得知。」乃屏錯。錯趨避東箱，甚恨。上卒問盎，對曰：「吳、楚相遺書，言高皇帝王子弟各有分地，今賊臣鼂錯擅適諸侯，削奪之地，以故反名爲西共誅錯，復故地而罷。方今計，獨有斬錯，發使赦吳、楚七國，復其故地，則兵可毋血刃而俱罷。」於是上默然，良久曰：「顧誠何如，吾不愛一人謝天下。」盎曰：「愚計出此，唯上孰計之。」乃拜盎爲太常，密裝治行。

後十餘日，丞相青翟、中尉嘉、廷尉歐劾奏錯曰：「吳王反逆亡道，欲危宗廟，天下所當共誅。今御史大夫錯議曰：『兵數百萬，獨屬羣臣，不可信，陛下不如自出臨兵，使錯居守。徐、僮之旁吳所未下者可以予吳。』錯不稱陛下德信，欲疏羣臣百姓，又欲以城邑予吳，亡臣子禮，大逆無道。錯當要斬，父母妻子同産無少長皆棄市。臣請論如法。」制曰：「可。」錯殊不知。乃使中尉召錯，紿載行市。錯衣朝衣斬東市。

錯已死，謁者僕射鄧公爲校尉，擊吳、楚爲將。還，上書言軍事，見上。上問曰：「道軍所來，聞鼂錯死，吳、楚罷不？」鄧公曰：「吳爲反數十歲矣，發怒削地，以誅錯爲名，其意不在錯也。且臣恐天下之士拑口不敢復言矣。」上曰：「何哉？」鄧公曰：「夫鼂錯患諸侯彊大不可制，故請削之，以尊京師，萬世之利也。計畫始行，卒受大戮，内杜忠臣之口，外爲諸侯報仇，臣竊爲陛下不取也。」於是景帝喟然長息，曰：「公言善，吾亦恨之。」乃拜鄧公爲城陽中尉。

鄧公，成固人也，多奇計。建元年中，上招賢良，公卿言鄧先。鄧先時免，起家爲九卿。一年，復謝病免歸。其子章，以修黄老言顯諸公閒。

雜録

備録

桓寬《鹽鐵論・晁錯》 大夫曰：「《春秋》之法，君親無將，將而必誅。故臣罪莫重於弑君，子罪莫重於弑父。日者，淮南、衡山修文學，招四方遊士，山東儒、墨咸聚於江、淮之間，講議集論，著書數十篇。然卒於背義不臣，使謀叛逆，誅及宗族。晁錯變法易常，不用制度，迫蹙宗室，侵削諸侯，蕃臣不附，骨肉不親，吴、楚積怨，斬錯東市，以慰三軍之士而謝諸侯。斯亦誰殺之乎？」

文學曰：「孔子不飲盜泉之流，曾子不入勝母之閭。名且惡之，而況爲不臣不子乎？是以孔子沐浴而朝，告之哀公。陳文子有馬十乘，棄而違之。《傳》曰：『君子可貴可賤，可刑可殺，而不可使爲亂。』若夫外飾其貌而内無其實，口誦其文而行不猶其道，是盜，固與盜而不容於君子之域。《春秋》不以寡犯衆，誅絶之義有所止，不兼怨惡也。故舜之誅，誅鮌；其舉，舉禹。夫以璵璠之玼，而棄其璞，以一人之罪，而兼其衆，則天下無美寶信士也。晁生言諸侯之地大，富則驕奢，急即合從。故因吴之過而削之會稽，因楚之罪而奪之東海，所以均輕重，分其權，而爲萬世慮也。弦高誕於秦而信於鄭，晁生忠於漢而讎於諸侯。人臣各死其主，爲其國用，此解楊之所以厚於晉而薄於荆也。」

《史記》卷二三《禮書》 孝景時，御史大夫鼂錯明於世務刑名，數干諫孝景曰：「諸侯藩輔，臣子一例，古今之制也。今大國專治異政，不稟京師，恐不可傳後。」孝景用其計，而六國畔逆，以錯首名，天子誅錯以解難。事在《袁盎》語中。是後官者養交安禄而已，莫敢復議。

《史記》卷五二《齊悼惠王世家》 齊孝王十一年，吴王濞、楚王戊反，興兵西，告諸侯曰「將誅漢賊臣鼂錯以安宗廟」。膠西、膠東、菑川、濟南皆擅發兵應吴楚。

《史記》卷九六《張丞相列傳》 〔申屠〕嘉爲丞相五歲，孝文帝崩，孝景帝即位。二年，鼂錯爲内史，貴幸用事，諸法令多所請變更，議以謫罰侵削諸侯。而丞相嘉自絀所言不用，疾錯。錯爲内史，門東出，不便，更穿一門南出。南出者，太上皇廟堧垣。嘉聞之，欲因此以法錯擅穿宗廟垣爲門，奏請誅錯。錯客有語錯，錯恐，夜入宫上謁，自歸景帝。至朝，丞相奏請誅内史錯。景帝曰：「錯所穿非真廟垣，乃外堧垣，故他官居其中，且又我使爲之，錯無罪。」罷朝，嘉謂長史曰：「吾悔不先斬錯，乃先請之，爲錯所賣。」至舍，因歐血而死。謚爲節侯。

《史記》卷一二一《儒林列傳》 伏生者，濟南人也。故爲秦博士。孝文帝時，欲求能治《尚書》者，天下無有，乃聞伏生能治，欲召之。是時伏生年九十餘，老，不能行，於是乃詔太常使掌故朝錯往受之。秦時焚書，伏生壁藏之。其後兵大起，流亡，漢定，伏生求其書，亡數十篇，獨得二十九篇，即以教于齊魯之閒。學者由是頗能言《尚書》，諸山東大師無不涉《尚書》以教矣。

《漢書》卷二四上《食貨志上》 鼂錯復説上曰：

聖王在上而民不凍飢者，非能耕而食之，織而衣之也，爲開其資財之道也。故堯、禹有九年之水，湯有七年之旱，而國亡捐瘠者，以畜積多而備先具也。今海内爲一，土地人民之衆不避湯、禹，加以亡天災數年之水旱，而畜積未及者，何也？地有遺利，民有餘力，生穀之土未盡墾，山澤之利未盡出也，游食之民未盡歸農也。民貧，則姦邪生。貧生於不足，不足生於不農，不農則不地著，不地著則離鄉輕家，民如鳥獸，雖有高城深池，嚴法重刑，猶不能禁也。

夫寒之於衣，不待輕煖；飢之於食，不待甘旨；飢寒至身，不顧廉恥。人情，一日不再食則飢，終歲不製衣則寒。夫腹飢不得食，膚寒不得衣，雖慈母不能保其子，君安能以有其民哉！明主知其然也，故務民於農桑，薄賦斂，廣畜積，以實倉廩，備水旱，故民可得而有也。

民者，在上所以牧之，趨利如水走下，四方亡擇也。夫珠玉金銀，飢不可食，寒不可衣，然而衆貴之者，以上用之故也。其爲物輕微易臧，在於把握，可以周海内而亡飢寒之患。此令臣輕背其主，而民易去其鄉，盜賊有所勸，亡逃者得輕資也。粟米布帛生於地，長於時，聚於力，非可一日成也；數石之重，中人弗勝，不爲姦邪所利，一日弗得而飢寒至。是故明君貴五穀而賤金玉。

今農夫五口之家，其服役者不下二人，其能耕者不過百畮，百畮之收不過百石。春耕夏耘，秋穫冬臧，伐薪樵，治官府，給繇役；春不得避風塵，夏

不得避暑熱，秋不得避陰雨，冬不得避寒凍，四時之間亡日休息；又私自送往迎來，弔死問疾，養孤長幼在其中。勤苦如此，尚復被水旱之災，急政暴(虐)〔賦〕，賦斂不時，朝令而暮改。當具有者半賈而賣，亡者取倍稱之息，於是有賣田宅鬻子孫以償責者矣。而商賈大者積貯倍息，小者坐列販賣，操其奇贏，日游都市，乘上之急，所賣必倍。故其男不耕耘，女不蠶織，衣必文采，食必(粱)〔粱〕肉；亡農夫之苦，有仟伯之得。因其富厚，交通王侯，力過吏勢，以利相傾；千里游敖，冠蓋相望，乘堅策肥，履絲曳縞。此商人所以兼并農人，農人所以流亡者也。

今法律賤商人，商人已富貴矣；尊農夫，農夫已貧賤矣。故俗之所貴，主之所賤也；吏之所卑，法之所尊也。上下相反，好惡乖迕，而欲國富法立，不可得也。方今之務，莫若使民務農而已矣。欲民務農，在於貴粟；貴粟之道，在於使民以粟爲賞罰。今募天下入粟縣官，得以拜爵，得以除罪。如此，富人有爵，農民有錢，粟有所渫。夫能入粟以受爵，皆有餘者也；取於有餘，以供上用，則貧民之賦可損，所謂損有餘補不足，令出而民利者也。順於民心，所補者三：一曰主用足，二曰民賦少，三曰勸農功。今令民有車騎馬一匹者，復卒三人。車騎者，天下武備也，故爲復卒。神農之教曰：「有石城十仞，湯池百步，帶甲百萬，而亡粟，弗能守也。」以是觀之，粟者，王者大用，政之本務。令民入粟受爵至五大夫以上，乃復一人耳，此其與騎馬之功相去遠矣。爵者，上之所擅，出於口而亡窮；粟者，民之所種，生於地而不乏。夫得高爵與免罪，人之所甚欲也。使天下〔人〕入粟於邊，以受爵免罪，不過三歲，塞下之粟必多矣。

於是文帝從錯之言，令民入粟邊，六百石爵上造，稍增至四千石爲五大夫，萬二千石爲大庶長，各以多少級數爲差。錯復奏言：「陛下幸使天下入粟塞下以拜爵，甚大惠也。竊恐塞卒之食不足用大渫天下粟。邊食足以支五歲，可令入粟郡縣矣；足支一歲以上，可時赦，勿收農民租。如此，德澤加於萬民，民俞勤農。時有軍役，若遭水旱，民不困乏，天下安寧；歲孰且美，則民大富樂矣。」上復從其言，乃下詔賜民十二年租稅之半。明年，遂除民田之租稅。

《漢書》卷二七下之下《五行志下之下》 景帝新立，信用鼂錯，將誅正諸侯王，其象先見。後三年，吴、楚、四齊與趙七國舉兵反，皆誅滅云。

《漢書》卷三〇《藝文志》法家 《鼂錯》三十一篇。

《漢書》卷五一《枚乘傳》 景帝即位，御史大夫鼂錯爲漢定制度，損削諸侯，吴王遂與六國謀反，舉兵西鄉，以誅錯爲名。漢聞之，斬錯以謝諸侯。

《漢書》卷五三《景十三王傳》 中山靖王勝以孝景前三年立。武帝初即位，大臣懲吴楚七國行事，議者(勿)〔多〕冤鼂錯之策，皆以諸侯連城數十，泰强，欲稍侵削，數奏暴其過惡。諸侯王自以骨肉至親，先帝所以廣封連城，犬牙相錯者，爲盤石宗也。今或無罪，爲臣下所侵辱，有司吹毛求疵，笞服其臣，使證其君，多自以侵冤。

《漢書》卷九〇《酷吏傳》 孝景時，鼂錯以刻深頗用術輔其資，而七國之亂發怒於錯，錯卒被戮。其後有郅都、甯成之倫。

《後漢書》卷四〇上《班彪列傳上》 漢興，太宗使鼂錯導太子以法術，賈誼教梁王以《詩》《書》。

黄震《古今紀要·西漢》 晁錯言兵事三：得地形，卒服習，器用利。當世急務二：守邊備塞，勸農力本。又請有才者什伍教之，賢良策無理而諂。言三道之要，國家大體以五帝明之，臣不及君；人事終始以三王明之，臣主俱賢；直言極諫以五伯明之，不及其臣。又言削諸侯更法令三篇。文帝雖不盡用，然奇其才，令教太子。文帝致富却從入粟來，然徙民守邊，只是利誘勢脅，申商之流。

備論

《史記》卷一〇一《袁盎鼂錯列傳論》 袁盎雖不好學，亦善傅會，仁心爲質，引義忼慨。遭孝文初立，資適逢世。時以變易，及吴、楚一説，説雖行哉，然復不遂。好聲矜賢，竟以名敗。鼂錯爲家令時，數言事不用；後擅權，多所變更。諸侯發難，不急匡救，欲報私讎，反以亡軀。語曰「變古亂常，不死則亡」，豈錯等謂邪！

《史記》卷一三〇《太史公自序》 敢犯顔色以達主義，不顧其身，爲國家樹長畫。

《漢書》卷四九《晁錯傳贊》 鼂錯鋭於爲國遠慮，而不見身害。其父睹之，經於溝瀆，亡益救敗，不如趙母指括，以全其宗。悲夫！錯雖不終，世哀其忠，故論其施行之語著于篇。

《漢書》卷一〇〇下《叙傳下》 錯之瑣材，智小謀大，旤如發機，先寇受害。

《後漢書》卷七〇《孔融列傳》 鼂錯念國，遘禍於袁盎。

《史記》卷一〇一《袁盎晁錯列傳》司馬貞述贊 袁絲公直，亦多附會。攬轡見重，卻席翳賴。朝錯建策，屢陳利害。尊主卑臣，家危國泰。悲彼二子，名立身敗！

李觀《李元賓文集》卷六《晁錯論》 讀《漢史》見景帝殺御史大夫鼂錯，以姑息吴王濞，痛其非罪也，故直筆而議。按：錯，潁川人，起於諸生，事文帝，爲太常掌故，以英詞射策累擢爲中大夫。及景帝即位，極言獻替，未嘗不忠於心，乃命副丞相。錯所以推心不顧，思永漢室而患諸侯侈大，上書請削其土，是用剪其翼而固其本也。度錯之志，豈有負漢哉！原吴濞之反，誠有由然。間人骨肉而塞小忿，自非上達，能不生怨？怨端既立，臣節安附，欲無爲逆，終不可得也。蓋以南方富殖，而諸夏初乂狂夫爲計料勝一舉，遂摇長舌交結七國，借誅錯爲名，景帝無非常之見，而聽亂臣一説，乃斬錯不問，冀其紓難，而七國之兵曾不少減。是以察其來不爲錯，明矣。且袁盎與錯宿不相善，於景帝豈不知二臣之不叶而聽偏議，是爲臣之報隙也，若宗社何？及鄧公吴還，乃欷歔長悲，益爲天子之羞爾。始高祖封濞於吴，已識東南之必亂，于時豈有錯削地之議？蓋天之曆數，有理亂也。脱使無梁國以絶其道，無條侯以耀其武，則秦之鹿復駭，盎之肉可食。初錯介然孤立，指畫高議，大臣疾，小臣怖，人人束約，各欲傳刃。其父知其必戮也，而深病之。答曰：「所以尊君上，安宗廟。」父曰：「劉氏安，鼂氏危矣。吾不忍見禍及，先禍死矣。」噫！夫史臣責錯之父不逮趙括母，何其鄙也！夫趙括持必敗之勢，而母言於趙王不可使將。及括失律，母以先見獲宥。鼂錯用至忠之畧，與必敗之勢，異也。其父雖懼禍至，奈其子所籌國之大事也。且使括母言之，足稱明婦人也。使錯父言之，是沮其子爲忠也，孰可擬議？或人有復言，錯忠則有矣，而智不足，愚則不爾。夫忠所以補君，智所以濟身。苟圖濟身，則忠有不遂。忠有不遂，是臣不臣，亦何生？爲賊由袁盎，昧在景帝，非智之短，時不與也。古云直木先伐，愚智何道哉！

徐鉉《騎省集》卷二四《晁錯論》 愚因讀李觀所爲文，見其論晁錯盡忠于漢，而袁盎以私讎陷之，景帝過聽，可爲王者之羞，誠皆然也。以愚觀之，則盎、錯之罪一也。夫二子者，才識度量不相上下，遭天下初定，文帝勵精求理，能用善言，故盡忠論事，並獲聽用。而皆欲功名在我，莫肯急病讓夷，故相與爲敵，非素有父兄之讎也。及七國兵起，而錯遽欲按治袁盎宜知吴之計謀，其吏不聽而止。盎聞之懼，遂反譖錯焉。然則忘公家而務私怨，其罪先在錯也。夫古之君子，爲而不有，功成不居，付物以能，任之則逸，故能成可久可大之業。今二子者冒道家之所忌，以智能爲身榮，故終于惡。是知道不可離也如此。

田錫《咸平集》卷一一《晁錯論》 班固以晁錯急于利國，而不知身害。後代論者，或以景帝聽袁盎之讒，因七國舉兵，遂誅錯以悦諸侯；或以晁錯智小而謀大；或以景帝不明，而無懲亂之術。斯皆執偏見之一端，而不周覽前後之次第也。夫安危理亂之形，必起于漸也。《易》曰：「履霜，堅冰至。」謂其所由來者漸矣。錫嘗讀《高帝紀》及文、景二君之事迹，因三復賈傅所上之書，乃備得七國叛涣之本末也。賈生曰：「竊惟事勢，可爲痛哭者一，可爲流涕者二。」時淮南王、濟北王與吴王逆節已露，故賈傅曰：今淮南謀爲東帝，濟北王西向取滎陽，吴王不循漢法。今天子春秋鼎盛，德澤有加，猶尚如是。然天下少安，何也？諸王幼弱，傅相方握其事。若數年之後，諸王年長，傅相各稱病而罷，則濟南、濟北之邪，雖堯舜不能理也。昔者屠坦一朝解十二牛，而芒刃不頓者，所排擊中理解也。至于髖髀，非斤則斧。夫仁惠恩信，人主之芒刃也；權勢法制，人主之斧斤也；今諸侯王皆髖髀也。釋斤斧之用，而嬰以芒刃，臣以爲不缺則折，胡不用之？以是詳之，諸侯强叛之心，自文帝始也。于時賈生雖有是言，而文帝不能用焉。逮吴王不朝，翻賜之几杖，以愧其心。斯所謂釋斧斤之用，而嬰以芒刃也。夫周公聖人，猶殺管、蔡，以正法制，況孝文纂新造之漢，欲以仁信感其心乎？亂本萌于高帝之時，滋蔓于文帝之世，難圖于景帝之代也。夫先王設禮，所以禁邪于未然也；用刑，所以懲亂于已然也。故《禮》曰：「使人遷善遠罪，而不自覺者，禮也。」兵法曰：「善戰者無赫赫之名。」謂決勝于未形未兆之前也。晁錯雖懷獨見之明，而切憂君之志，然驟欲削黜諸侯之爵土，使本强而枝弱，無乃智術未周乎！亦猶解結而急之，則其結益固也。又如沉痼之疾，雖秦和未能驟理。錫嘗研幾于聖人之用心也，設尊卑等差之位，以車服衮冕各有降殺，俾人各安其分。苟有僭侈，是謂禮失；失于小則降黜之，失于大則誅戮之。洎宗周之衰，暴秦之亂，禮亡樂壞，莫甚當時。高祖以英武之姿，撥亂返正，然臣下功高，封建逾等，使韓信、黥布、陳豨、彭越皆不保臣節，勢使然也。故賈生曰：「臣竊迹前事，大抵强者先叛。」謂淮陰王于楚，韓王信倚于匈奴，陳豨兵精，而貫高因全趙之資，皆以因强而叛心生也。斯皆賈生見前車之覆，于是指切時病，抗言于當時

也。豈非禍亂有漸乎？賈生有先見之明乎？果數十年後，其言合若符契。景帝固不足嬰以芒刃，又不能斷以斧斤，驟悅叛王之心，而隕忠臣之命。尚賴周亞夫善用兵法，堅壁于滎陽，委梁不救，以絶吳、楚之糧道，禍遂解弛。余謂晁錯之謀，適促諸侯之弄兵也，圖慮安危之計，無乃有慚德于賈生乎。唐有于佶作《晁錯傳贊評》，未盡其理，因作論以質之。

《全宋文》卷一七七七韋驤《晁錯愚論》 或問揚雄之愚晁錯過矣。曰：不然。然則忠矣乎？曰：忠矣。何以謂之愚也？曰：忠不勝於愚，此所以謂之愚也。或者請卒其説。蒙曰：所以忠錯者一，所以愚錯者四。一忠於國，未爲必死之道，而蹈其四愚，適足以殺其軀矣。使四者化一而爲智，則錯豈亡乎哉？錯不能是，持區區不完之忠，昧於不智，身被重戮而於國家無錙銖之助，是忠不勝於愚矣。則揚氏愚之，非過也。方是時，諸侯驕横，而錯不避衆怨，請因過以削諸侯之地，此其所以爲忠也。備位三公，爲景帝所信，知有弊事，不務晦迹以漸治，招權怙寵，更變法令，使四方側目而議論朝廷。至於乃父之親且愛，尚猶指天出忿言，知禍之將及，遂仰藥以逝，而錯安然不以爲非，此愚之一也。七國奮臂磨牙而起，類以誅錯爲名，而錯不請將兵以行爲決勝之計，乃欲主上親征，而己幸居守，使上心不獨難之，而遂以疑，故袁盎之説得行焉，此愚之二也。方在帝所調算兵食，而盎素爲所怨，以閒廢之身，因人召對，錯不能吐一言以自伸，以感動人主須臾之思，此愚之三也。盎嘗相於吳矣，錯使吏察其多受濞財，至廢爲庶人，及吳楚反狀聞，錯知罪盎久於吳，當通知謀勢，而蔽匿不陳，不能即治之，而沮謀於丞史。既沮而漏，則太阿之柄授盎矣，此愚之四也。四者兼溺之，不能照其一端，雖有建議之忠，故無救於東市之禍也。或曰：錯之死，殆死國也。能死國矣，其又可謂之愚邪？曰：君子之於命也，有輕如蔕芥，有重如丘山。己在而國必危，己亡而國必安，死焉可也。己存而國未必危，己亡而國未必安，其死何爲哉？錯知立威在己，而不知市怨於天下；知陰欲即人，而不知人亦即之；知避險自固，而不知以艱危遺君父。不繫國之安危而銜刃都市，陷無名之死，其與匹夫匹婦自經於溝瀆也亦奚以異？死國者當如是乎？其謂之愚非過也。《詩》不云乎：「既明且哲，以保其身。」或曰：晁錯而爲愚，則後之人豈復有不顧軀而爲國立謀者乎？若忠也，殆不可爲矣。曰：不爲晁錯之愚則忠可爲矣，如躡其愚，雖忠烏用哉！且錯之忠，忠於始議，及其迫也，則請以徐僮之旁吳所未下者可以予吳。忠者之守固如是其易變乎？曰：晁錯之愚，既聞其説矣，敢問袁盎非罪歟？曰：匿姦嫁禍，終亦見殺。此罪之尤也，烏足道哉！若夫漢景之不昭，其亦不能逃萬世之義也已。

《蘇軾文集》卷四《晁錯論》 天下之患，最不可爲者，名爲治平無事，而其實有不測之憂。坐觀其變，而不爲之所，則恐至於不可救。起而强爲之，則天下狃於治平之安，而不吾信。唯仁人君子豪傑之士，爲能出身爲天下犯大難，以求成大功。此固非勉强期月之間，而苟以求名者之所能也。天下治平，無故而發大難之端，吾發之，吾能收之，然後有以辭於天下。事至而循循焉欲去之，使他人任其責，則天下之禍，必集於我。

昔者晁錯盡忠爲漢，謀弱山東之諸侯。山東諸侯並起，以誅錯爲名，而天子不察，以錯爲説。天下悲錯之以忠而受禍，而不知錯之有以取之也。

古之立大事者，不唯有超世之才，亦必有堅忍不拔之志。昔禹之治水，鑿龍門，決大河而放之海。方其功之未成也，蓋亦有潰冒衝突可畏之患，唯能前知其當然，事至不懼，而徐爲之所，是以得至於成功。

夫以七國之强而驟削之，其爲變豈足怪哉！錯不於此時捐其身，爲天下當大難之衝，而制吳、楚之命，乃爲自全之計，欲使天子自將，而己居守。且夫發七國之難者，誰乎？己欲求其名，安所逃其患。以自將之至危，與居守之至安，己爲難首，擇其至安，而遺天子以其至危，此忠臣義士所以憤惋而不平者也。當此之時，雖無袁盎，錯亦不免於禍。何者？己欲居守，而使人主自將，以情而言，天子固已難之矣。而重違其議，是以袁盎之説，得行於其間。使吳、楚反，錯以身任其危，日夜淬礪，東向而待之，使不至於累其君，則天子將恃之以爲無恐，雖有百袁盎，可得而間哉。

嗟夫，世之君子，欲求非常之功，則無務爲自全之計。使錯自將而擊吳、楚，未必無功。唯其欲自固其身，而天子不悦，姦臣得以乘其隙。錯之所以自全者，乃其所以自禍歟！

秦觀《淮海集》卷一九《晁錯論》 臣聞世之論者，皆以爲漢用袁盎之謀，斬晁錯以謝天下爲非是。以臣觀之，漢斬晁錯，七國之兵所以破也。何則？勝敗之機，繫於理之曲直。理直則師壯，師壯，勝之機也。理曲則師老，師老，敗之機也。故善戰者，戰理。昔晉欲報楚之惠，退師三舍，軍吏以爲師老，子犯曰：「師直爲壯，曲爲老，豈在久乎？」若子犯，可謂善戰理矣。蓋不退師，則背惠失言，而曲在晉；師退而楚不還，則曲在楚：我直彼曲，所以勝也。漢斬晁錯之事，何

異於此？

夫漢之諸侯，連城數十，地方千里，雖號强大，然則皆高帝之封也。一旦用錯計，擿其罪過而削奪之，則天下忿然，皆有不直漢之心。當此之時，諸侯直而漢曲，故吴王得以藉口反也。然吴王即山鑄錢，煮海爲鹽，以其子故，招致天下亡命，欲爲反者三十餘年。其稱兵也，發憤削地，以誅錯爲名耳。漢斬錯而兵不罷，則逆節暴露，天下亦忿然有不直七國之心。當此之時，諸侯曲而漢直，故太尉得以破其兵也。雖然，漢之斬錯也，其謀發於袁盎。盎與錯有隙，故世之論者以錯死爲冤。此正樓緩所謂以母言之則爲是，以妻言之則爲妬。夫言之者異，而其意同也。就使盎與錯素無睚眦之嫌，其爲漢計亦當出此。

然則漢不斬錯奈何？即七國之兵未易破也。何以知之？以唐安禄山之事可知也。方明皇之時，姦臣楊國忠用事，天下皆切齒不平，故禄山以誅國忠爲名而反。是時唐若斬國忠以謝天下，則禄山安得而至長安乎？惜其不知此，至賊入潼關，人神共怒，然後爲陳玄禮之所殺也。由是觀之，漢不斬錯，則七國之兵豈易破哉？

或曰：王思禮之徒嘗以此勸哥舒翰用其計，留卒三萬守關，悉精鋭渡滻水以誅君側，禄山可遂破乎？曰：不然。漢斬晁錯，事出景帝，袁盎發其端而已，故足以激忠義之氣而折姦雄之心。使翰雖斬國忠，事不出於人主，亦不能感動天下，祇足以危身矣，尚爲禄山之成敗哉？故斬國忠以破禄山，事非明皇不可爲也。

何去非《何博士備論·晁錯論》 古者，持國任事有四臣焉：杜患於未兆，弭於未形者，賢臣也；禍結而排之使安，難立而戡之使平者，功臣也；國安矣挈而錯之危，世治矣汩而屬之亂者，非愚臣即奸臣也。蓋奸臣之不足者忠，愚臣之不足者知。忠、知不足而持國任事，禍之府也。

昔者，晁錯嘗忠於漢矣，而其知不足以任天下之大權也，是以輕發七國之難，而其身先戮於一人之言，可不謂愚乎？彼錯者，爲申、韓之學，鋭氣而寡恩，好謀而喜功之臣也。自孝景之居東宫，而錯説之以人主之術數也，固以知寵之矣。及其即位，而以天下聽之。彼挾其君之以天下聽之也，欲就其所謂術數之效。是以輕爲而不疑，決發而不顧，卒以憂君危國，幾成劉氏之大變。而後世之士，猶或知之，獨子雲乃謂之愚。子雲之愚錯也，非以其知不足以衛身而愚之也，亦以其不能杜七國未發之禍而故趣之於亂也。東諸侯之勢誠强矣。强而驕，驕而反，其理也。然而，束之而使無驕，御之而使無反者，豈固無術耶？而錯之策曰：「削之、不削，皆且反也。削之，則反速而禍小；不削，則反遲而禍大。」是錯之術無他，趣之以速反而已。錯之所謂禍小者，以吾朝削其地，而暮得其民故也。安有數十年拊循之民，一旦而遂不爲之役也？吴王所發五十萬之衆者，皆其削郡之民也。連七國百萬之師西向而圖危關中，乃曰禍小者，真愚也。

夫七國之王，獨吴少嘗軍旅，爲宿奸故惡。其六王皆驕夫孱稚，非有高材絶器、挾智任術，足以就大計者，其謀又非前締而宿合之也。今一旦徜徉相視而起，皆吴實迫之，欲并以爲東帝之資耳。當孝文之世，濞之不朝發於死子之隙，而反端著矣。賈誼固嘗爲之痛哭矣。然而孝文一切包匿，不究其奸，而以恩禮羈之。是以迄孝文之世三十餘年，而濞無他變也。濞之反於孝景之三年，而其王吴者四十三稔矣。齒髮固已就衰，而鄉之勇決之氣與夫驕悍之情、窺覬之奸，皆已沮釋矣。今一旦奮然空國西向，計不反顧者，濞豈得已哉？有錯之鞭趣其後以起之也。昔高帝之王濞者三郡，且南面而撫其國者四十餘年。錯之任事，一旦而削其二郡。楚、趙、諸齊，皆以暗隱微慝奪其封國之半。彼固知其地盡而要領隨之，是以出於計之無聊爲一決耳。向使景帝襲孝文之寬殺而恩禮有加焉，而錯出於主父偃之策，使諸侯皆得以其封地分侯支庶，以弱其勢，則濞亦何事乎白首稱兵，冀所非望，而楚、趙、諸齊不安南面之樂而安甘爲濞役也？

吴王反虜也，固天人之所共棄，未有不至於敗滅者。然亦幸其未爲曉兵者也，使其誠曉兵，則關東非漢有，而錯之罪可勝戮哉？方濞之起也，其謀於宿將，則曰「必先取梁」；其謀於新將，則曰「必先據洛」。二策者，皆勝策也。而吴王昧於所用，故敗亡隨之。其曰必先取梁者，梁王，景帝之親母弟，國大而强，北距泰山，西界高陽。今釋梁不下，而兵遂西，則漢沖其膺，梁擣其吭，不戰而成擒矣。此宿將以先取梁爲功者，圖全之策也，所謂以正合者也。洛陽阻山河之固，扼西兵之沖，積武庫之械，豐敖倉之粟。今不疾據而徐行留攻，而漢騎騰入梁、楚之郊以蹙之，敗可立待也。此新將以先據洛爲功者，立奇之策也，所謂以奇勝者也。二策者，皆勝策也。雖反國之虜無所恃之，亦兵家之至數也。幸其當時無以雙舉而并施之以教之也。是以吴王用其攻梁，而不用其據洛，此所以亟敗也。所謂雙舉而并施者，鋭師卷甲以趣洛陽，重兵疾攻以覆梁都，雖無能入關，而山東舉矣。知取梁而不知取洛，則漢兵得以東下；知據洛而不知取梁，則梁兵得以躡後。使鋭師據洛而重兵攻梁，洛已據，則漢兵不能即東。漢兵不東，則

必舉梁，梁舉而山東定矣。幸其不出於此，乃屯聚而不分，以壓梁壁。梁未及下，而亞夫之輩馳入滎陽而壁昌邑矣。求戰不得，欲去不可，彷徨無所之而坐成擒。故曰：幸其未爲曉兵者也。向使吴王兩用其策，而又假田禄伯以偏師提之以趨武關，周兵長驅，遂歷陽城之北，反雖不遲，而禍實大矣。嗚呼！孰謂晁錯非真愚者哉！

《全宋文》卷三五二四周紫芝《晁錯論》　世之議者，皆以晁錯不當削七國以發其怒。及七國反，以誅錯爲名，則景帝不得不殺錯以謝七國。余以謂此特書生之談，兒童之見耳。蓋世之善論人者，不以迹而以心。其迹是也，其心非也，則世俗皆以爲忠，而君子以謂未見其所以爲忠焉，若王莽之安劉是也。其心是也，其迹非也，世俗未必以爲忠，而君子以謂是乃所以爲忠矣，若晁錯之削七國是也。七國之地，高祖之所封，削之則爲賊恩。吴、楚之君懷奸而未發，激之則必至速禍。故削書一出，而七國果反，連衡以叛，天子憂勞，王師四出，而僅以仆滅，錯亦可謂無策矣。當是之時，非特七國欲誅錯，雖左右無不欲誅之者。非特當時左右之不知錯，後世雖賢如揚雄者亦以錯爲愚。景帝固知其爲智囊，而先入之言已不可變，雖欲活之，計將安出？此無他，是皆觀其迹而終其心有不察焉者也。爲景帝者，胡不察其心？以謂錯所以削其國者，爲其一身計耶？爲天下計耶？二者有所不能明，則徐而思之。以謂吴、楚之君地大勢强，日以滋横，鑄山煮海，招亡集叛，反狀已萌，特未有以發耳。雖三尺之童，知其必至於此也。錯雖至愚，豈不知削其地則必叛，叛則禍必及己。錯所以不畏其禍而肯爲其君言之者，其心果安在哉？蓋特以安國家而定社稷也。察其心，苟知其如此，則左右大臣雖勸帝以殺錯，勿殺可也。惜乎孝景惑於一時之言，倉皇無術，而於錯之心有不察也。初，高帝既定天下，昆弟少，諸子弱，遂大封同姓以益維城之固。悼惠王，孽子也，而王齊七十二城。楚元王，庶弟也，而王楚四十城。吴王，兄子也，而王吴五十餘城。封三庶孽分天下半。至其弊也，則劉章以軍法行酒而追斬亡酒者。吴太子弈棋争道，爲皇太子提殺之。皆以戲笑發怒於酒樽棋局之間而無所畏忌，豈非脛大於腰，指大於股，其勢漸不可制歟？賈生所以痛哭，以謂失今不治，必爲痼疾，後雖有扁鵲不能爲也。錯不自量慮，扁有不能爲者，奮然欲以身任其責，宜其速誅而不可救歟？然而察錯之心，則要在安劉氏而已。景帝不察其心，此盎之説所以得行於疑似之間也。或有以謂：「漢不誅晁錯，無以折七國之兵，猶唐不殺國忠，無以弭禄山之禍，孝景之殺錯，豈得已哉？」曰：錯之忠，豈可與國忠比？孝景之治，豈可與明皇論？時國忠雖誅，而禄山之難未必戢。晁錯不誅，七國將何爲哉？此其理較然易知者，而景帝竟納盎言，此殆不察其心而然歟！或者又謂：「七國之難作，錯不能捐身以當其危，反使天子將兵而己居守，安在其爲忠乎？」曰：是乃所以爲忠也。錯知大臣之欲殺己，而自將其兵，則足未及旋而首已墮於奸臣之手矣。孰若使天子自將，己居其中，扼奸臣之吭而控之。則天子收戰勝之功，而己不失忠臣之名，豈非兩全之道歟？帝不此之思，而納盎之説，此亦不察其心而然也。然則，爲人君而不察其臣下之心，則其殺忠臣而不悔者鮮矣。

《全宋文》卷四三七〇王之望《晁錯論》　天下之事曷嘗不可爲，其所以每至於禍敗而不救者，非事固然，爲之不知其數耳。爲之不知其數以至於禍敗，而因以爲事固不可爲，則亦不察矣。昔晁錯患諸侯彊大，建議削地以尊京師，於是七國俱反，指錯以爲名，漢遂誅錯以謝。議者皆冤錯之策，以謂吴、楚之事，錯固已前知之，削之則反疾而禍小，不削則反遲而禍大。嗚呼！七國之反、漢之不亡，幸耳，禍尚有更大者邪？於此有削而不敢反，反亦不能爲禍者，錯固不知，則其死亦宜矣。蓋天下之勢，彊弱異形，則攻取有先後。先攻小以圖大者，弱國之形也；先攻大以令小者，彊國之形也。先小後大，則敵脆而力有所并；先大後小，則威加而交不得合。高帝與楚相距滎陽、成皋間，知項氏方彊而不可獨取，乃收趙、魏，從燕、齊，兼諸國而攻之，故楚雖彊而卒破。其後韓、彭、英布王地數千里，高帝知其禍之且起，而念諸侯之不可一朝去也，而韓信最彊，則先取之；彭越又彊，則又取之；最後英布以疑懼反，則亦孤立而無應矣。向使高帝不審先後，并誅三雄，而韓信率黥、彭以起，則天下非漢有也。夫惟彊者破於衆人未疑之間，而交無所合；弱者疑於衆彊已破之後，而事無所及。此所以三雄之地雖半天下，而終不能以病漢也。景帝之世，山東之國凡十有八，而吴阻江負海，其地最大；怨望不朝，其罪最深；鑄山煮海，招納叛亡，其謀最久。景帝初立，宜姑加惠藩臣，闊略細故，使睦我而無反側心，然後首議削吴。彼削之出於不意，則事有所不及謀。既而勢益弱，則謀有所不敢發；就使果發，亦難動摇諸侯。一區區之吴，何能爲哉？吴既削而天下定矣。此所謂削而不敢反，反亦不能爲禍者也。錯固不然，方且紛然更定律令，以侵刻諸侯爲己功，先削趙，又削楚，又削膠西，然後乃議削吴。諸侯人人自危，皆有怨怒不服之心，故劉濞一呼，天下皆應，吴未及削而禍結矣。然則，錯之謀實驅之，尚何冤哉！昔齊桓公欲尊王

室，管仲先使之存亡繼絶，而厚諸侯之禮，然後南征彊楚，責包茅之不入，楚服而霸功遂成。齊列國也，爲之有數，而其效有見如此，况西漢全盛之時乎！孟子謂「魯方五百里，王者作則必損之」，又謂「今之諸侯取民猶盗，王者不盡誅也」。由是言之，使孟子得志於戰國之時，其彊大者猶可稍削，然亦不至於盡誅諸侯。而錯直爲此紛紛，亦慮之不熟哉。夫謀事一未成，而爲天下所指，至以其族藉仇讎之手，爲萬世笑，可不哀哉！或曰：「賈誼於文帝陳衆建諸侯之策，主父偃因之，漢遂封及支庶，諸侯不削而自弱，錯獨不爲此乎？」曰：文帝之世，諸侯之子弟鮮矣，誼乃欲建以爲國，空而置之，然則必悟其將弱己矣，與割地何異哉？彼推恩之令，必武帝之世而後可行也，非所以責晁錯也。

《胡宏集・論史・晁錯》　晁錯小有才，未聞君子之大道，遂致滅宗，豈特景帝寡恩哉？錯若自請討吴，以周亞夫爲己副，軍事一以委之，豈至若此？

《全宋文》卷六〇四三陳傅良《晁錯論》　天下之禍，其積非一日也，其來也有自，其發也有所歸。世之忠臣謀士，不幸以其身嬰大禍之所歸者，固君子之所悲惋也。昔者吴王濞之謀反也，其志蓋萌於太子博局之死，而停蓄含忍於文帝几杖之賜，西向之心未始不欲逞也。景帝之立，濞之側目京師，猜然而噬者屢矣，而晁錯以削地之策適犯其怒，而泄其不逞之謀，卒死讒鋒，爲言事者戒。錯誠可悲也哉！人之受病幾死，醫以一藥速之，世皆咎醫者。夫醫者固有罪，然致幾死之病者，亦不得謂之無愧也。景帝以兒戲殺其宗子，芽蘖釁端，一旦變生，斬謀臣以悦叛國，冀以遏其奔軼之鋒。嗟乎！錯誠有罪，帝獨無愧耶？以愚策，六國惟緩可以圖之。錯之議曰：「削之亦反，不削亦反。」愚則曰：亟削則必反，緩削則可以亡反。濞以壯年受封，至是垂老矣，寬之數年，濞之木拱，則首難無其人，七國雖强，皆可以勢恐之也。錯不忍十年之緩假，欲急其攻而蹴蹋爲之，身殞國危，取笑天下。俚語曰：「貪走者蹶，貪食者噎。」其錯之謂耶！

李贄《焚書》卷五《晁錯》　卓吾曰：晁錯對策，直推漢文於五帝，非諛也，以其臣皆莫及也。【略】

夫申、商之術，非不可平均天下，而使人人視之盡如指掌也，然而禍患則自己當之矣。故錯以其殘忍刻薄之術，輔成太子；而太子亦卒用彼殘忍刻薄之術，還害其身。嗚呼！孰知錯傷傷文帝之無輔，而其父反以傷晁錯之無父乎？是故國爾忘家，錯唯知日夜傷劉氏之不尊也。公爾忘私，而其父又唯知日夜傷晁氏之不安矣。千載之下，真令人悲傷而不可已。乃班固反譏其父不能學趙母，謬哉！

李贄《藏書》卷七《名臣傳二・强主名臣・鼂錯》　李生曰：鼂錯區區欲圖爰盎，自速反噬，無足怪也。然而漢景之愚，亦太甚矣。若錯但可謂之不善謀身，不可謂之不善謀國也。鼂、賈同時，人皆以賈生通達國體。今觀賈生之策，其迂遠不通者，猶十而一二，豈如鼂之鑿鑿可行者哉！故宜魏相諸賢，多從鼂、賈以致中興也。然言鼂，則賈繼之矣，餘無能出賈之右者也。又曰：斬韓信則生入信罪，斬鼂錯則生入錯罪。刑官假借以誣一時，史臣又久假以誣萬世。誣哉冤乎！孰肯盡心於所事也。

錢澄之《田間文集》卷二《袁盎晁錯論》　盎與錯，皆忠於謀國者也。削諸侯以尊漢室，賈生所謂久安長治之計也，其議始之於盎，而成之於錯。使兩人者和衷協謀以共成大計，則皆漢社稷臣，而奈何以私怨相陷至於死也？太史公言：錯擅權變更，「諸侯發難，不急匡救，欲報私讎，反以亡軀」。其云「報私讎」者，言吴、楚反時，錯欲借吴事以害盎也。盎因請間言事，卒誅錯以自免。是其難端自錯發之也，故罪錯而不罪盎。

以吾觀盎錯相陷之事，錯，一疏愚無術者耳，豈盎敵哉？

夫削地之説自盎論淮南王發之，議發自盎，盎安得與錯爲異同也？而盎又爲吴相，素知其欲反，用兄子種計得免，豈待削地時始有反謀哉？當吴楚反時，舉朝無有與錯者，其意見稍同，計獨有一盎耳，錯於此時宜急引盎爲助，盡蠲私忿，共濟國事可也。上言：「袁盎昔爲吴相，數勸王毋反，且深習吴事，盎與臣素不相能，臣不敢以私廢公，請得自謝於盎，以共謀吴。」盎固俠士，豈不釋然於錯，而必欲撓錯之計者哉？不知出此，而乃謂長史曰：「袁盎多受吴金錢，知吴計謀，宜請治盎。」當是時，錯方用事，以此殺盎不難。盎怖死，焉得不急因竇嬰請召見以謀錯也？

夫錯業有謀盎之心，獨不防盎之謀己乎？既不能用盎，使其聞盎之對，謂吴不足憂，明知其迎合上意，固將有進計也，即面攻盎曰：「臣本知吴不足憂，但盎受吴金，爲吴間漢，其言不足信。」上即不誅盎，亦足以制盎之間錯之口矣，而奈何贊於上曰「盎策之善」？蓋自七國舉兵以來，言者争張吴、楚之勢，帝心已内怵，錯恐見疑，故欲借盎之一言以堅帝之信己，而忘己之初欲殺盎也。夫帝所恃者錯耳，錯既爲衆口指擿，帝不能無疑，聞有更能謀吴者，即傾心向之矣，而錯復善盎之對，使取信於帝，即帝亦以盎之計必有過於錯者也，焉得不信盎乎？夫盎

與錯敵也，兩敵相持，鋒刃之際，非彼即己，間不容髮；如錯者，是自舍其兵以授人，而使戕之也，寧待趨避東厢時，錯始宜知恨耶？

夫吴、楚之反，當削諸侯時，錯言之早矣，曰：削亦反，不削亦反。削之反急，其禍小；不削反遲，其禍大。帝豈忘之乎？即盎豈不知反者借錯爲名，斬錯必不足以解兵？盎此時計，且斬錯以紓目前之死耳；至於策之不效，上異日悔錯之誅，而治盎之罪，皆非所暇計也。迨吴、楚破後，上不以誅錯爲盎罪，漢之失刑，盎之倖矣。設使錯初無謀盎之心，盎何以至此？既已謀之，而又不爲之備，宜其死也。

劉統勛《評鑑闡要・漢》 錯之罪在欲自守，然此際斷不可誅之。至其贊晝縱不得爲合宜，然其識過明代方、黄輩甚遠。景帝既與定計，旋爲讐口所動，斬謀臣以謝叛人，及知其無濟，而又悔之。其識見卑鄙，不更出建文下乎？

錢大昕《潛研堂文集》卷二《晁錯論》 漢文帝時，鼂錯上書，請以術數教皇太子，拜太子家令，太子家號錯爲「智囊」。及景帝即位，錯益貴用事，謀侵削諸侯，吴、楚兵起，以誅錯爲名，錯竟要斬東市。烏呼，景帝可謂失刑矣！雖然，錯固有以教之也。

古之人君於其臣也，尊之信之，禮貌以待之，故臣不挾術以干君，君亦不忍徇利而棄臣。春秋以降，主益替，臣益驕，於是始有倡爲刑名之學，以救時之弊，以尊君而抑臣者。商鞅以之强秦，而卒以自亡；秦人用鞅之法并天下，愈益任法。蒙恬、李斯皆將相，久任事，秦以法誅之，若刲羊豕然。古之能尊其君，未有如秦者也，秦以胥史僕隸待其臣，而臣於秦者，亦盡頑頓無耻，無有與上同休戚者。商鞅之法，不獨自亡，而終以亡秦矣。漢文寬仁待下，而鼂錯以刑名進，錯知帝不能盡用，因請以術數教太子，蓋知太子之猜忌而投其所好也。天子在而自結太子，錯自此見輕於太子矣。吾聞以仁義治天下，未聞以術數治天下。以術數者，好殺而不信其臣者也。錯之對策，擬漢文以五帝，謂羣臣莫能及，而勉以躬親其事，蓋導其君以驕也。君驕而侵臣之職，於是乎任法而不任臣，以臣爲不足任也，故殺之而不悔，此錯之所謂術數矣。

錯之説不用於文而用於景，錯欲傾諸大臣而中之以法，而景帝乃即以此術殺錯，何也？吴之反謀，非一日矣，帝之與錯謀吴，非一日矣，帝之所忌者惟吴，而錯欲因以謀楚趙諸國，而非帝本意也。帝方倚錯爲智囊，而錯謂非侵削諸侯則天子不尊而宗廟不安，帝之排衆議而任錯，將以制七國也。七國反，錯無以制之，帝知錯之不足任也，而誅錯之謀成矣。且錯之議曰：「兵數百萬，獨屬羣臣，不可信。陛下不如自出臨兵，使錯居守。」噫！漢之羣臣舉不可信，錯獨可信乎？將兵者不可信，居守者又可信乎？使天子將不可信之臣以行，而天子亦安肯留不可信之臣以守？此一議也，景帝固疑錯之有異志矣；不然，要斬，極刑也，孥戮，慘法也，果用爰盎之計殺一錯可以謝七國，何忍加以要斬，且并其父母妻子同産盡置之重辟哉！錯謂羣臣不可信，故誅錯以安軍中諸將之心，此景帝之術數，即錯所教也。

禮有議貴議能之例，而法家絀之，惡其法不立也。法在必行，錯所受申商之學如是，庸詎知適以自禍也。是故任刑之君常至於亂國，任法之臣常至於殺身。鞅、斯慘礉而秦速亡，蕭、曹清静而漢後滅，錯之不幸見誅，漢之幸也。不然，以景帝之猜忌，而錯以刻深輔之，幾何其不爲亡秦之續矣。

梅曾亮《柏梘山房文集》卷一《鼂錯論》 晁錯以術數授景帝，景帝悦之，用其計削七國，七國反，景帝乃誅錯。君子曰：術不可不慎哉！以盜之術授人，而保其不我盜，且曰是必不疑我爲盜，雖至愚者不出此。錯之智曾不是愚人若也。哀哉！昔范蠡以計然之術，教勾踐滅吴，曰越王爲人可與共患難，不可與共安樂，乃扁舟逃於五湖。始皇用尉繚之計亡六國，尉繚曰秦王居約，易爲人下，得志亦輕食人，遂逃去。方其説之行也，若石之投水，若丸之走阪，其君不惜出肺肝相結如左右手，而二子獨汲汲不可終日，豈好爲過計哉？彼知非雄猜深阻之人，不能行吾術。而不怍其能行吾術者，必不容他人之有其術。故先有棄富貴之志，而成功名。彼晁錯之智，乃不知此。今以受特知蒙貴幸無比者，入一人之言，衣朝衣，斬東市，目不得反顧，足不得旋踵，雖商鞅、韓非之行法，未至是也。而景帝能之，錯教之也。錯之術，盜術也，而恃所授者之不我盜哉。或曰：帝之削七國也，志甚壯。反書聞，乃惶遽自誅其大臣。且吴王白首舉事，不因一錯而解兵，豈帝而不知此。曰帝詔諸將以深入多殺爲功，比三百石以上皆殺無赦。有議詔及不如詔者，皆要斬。帝之志，苟得亡吴，不憚以國爲功，豈冀幸於兵之一解而息事哉？然則其誅錯者何？曰：兵之微權也。夫亂臣賊子之首事，必以名劫其衆。故王敦以周顗、戴淵，蘇峻以庾亮，李懷光以盧杞，而七國則以晁錯。晉不去周顗、戴淵、庾亮，而王敦、蘇峻之禍成。漢與唐去盧杞、晁錯，而懷光、七國之勢挫。雖勝敗之數不全出於此，然彼所恃以爲名者，吾舉而空之，亦所以怒我而怠寇也。鄧公見景帝言誅錯是爲七國報仇也。帝曰：然，吾亦悔之。嗚

乎！帝特以錯爲餌敵具耳，何悔之可生？或曰：審如是，則七國不反，錯固可免於禍乎？曰：不然。臨江王適長太子也。栗姬廢，而臨江王死於吏。亞夫功臣也，七國平而亞夫死於吏。錯之親不及臨江王，而勳舊又非亞夫比也。然則始所以用錯者何？曰削七國者，帝之素志也，而不欲居其名，故假錯以爲之用。帝固不足怪也，世之擇術者，亦擇其可以授人者而自處哉！

藝文

杜甫《杜詩詳注》卷二《奉贈鮮于京兆二十韻》 途遠欲何向，天高難重陳。學詩猶孺子，鄉賦忝嘉賓。不得同晁錯，吁嗟後郤詵。計疏疑翰墨，時過憶松筠。

《白居易集》卷二《諷喻二·贈友》（其一） 一年十二月，每月有常令。君出臣奉行，謂之握金鏡。由茲六氣順，以遂萬物性。時令一反常，生靈受其病。周漢德下衰，王風始不競。又從斬晁錯，諸侯益强盛。百里不同禁，四時自爲政；盛夏興土功，方春勦人命。誰能救其失？待君佐邦柄：峨峨象魏門，懸法彝倫正。

《全唐詩》卷八五三吴筠《覽古十四首》（之九） 晁錯抱遠策，爲君納良規。削彼諸侯權，永用得所宜。姦臣負舊隙，乘釁謀相危。世主竟不辨，身戮宗且夷。漢景稱欽明，濫罰猶如斯。比干與龍逢，殘害何足悲。

王沂《伊濱集》卷二二《吊晁錯文》 有漢失馭兮，裂土擅强。太阿倒持兮，黄屋翱翔。綱紀逆臾兮，弗慮弗匡。馮口或啓兮，胷陷劒鋩。賈策之畫兮，流涕浪浪。大夫之弗言兮，後之人又何望。噫！跤鰲之云錮兮，俞扁深矉其旁。厲鍼石以從之兮，衆果竊笑其爲狂。狂獸之在山兮，樵採擯迹。鷙翮之高翔兮，狐貍不食。何大夫之忠勇兮，君胡惑夫讒賊。詎覆敗之是圖兮，卒快心乎仇敵。殺身之匪余戚兮，哀宗社之將隳。苟余心之無愆兮，雖勦絶而奚悲。嗟夫！世之議大夫兮，曰胡蹈殆而弗疑。術數之自操兮，斯聖人之所非。身居而君將兮，固召禍以媒讒。君子之過忠兮，故忍責其纖微。羌余衷之坎坎兮，獨咏嘆而長思。余哀後之人兮，何鞫悪而抵戲。咸嗟卑而嘆老兮，孰懼忠讜之或虧。瞻馬鬣之遺封兮，聊徘徊于潁湄。緬遺塵之遼絶兮，涕浪浪以沾衣。

江盈科《雪濤閣集·晁錯》 諸王概削計全非，打草驚蛇豈事機？枉號智囊那得智？自教鮮血染朝衣。

張之洞《張之洞全集》卷二九七《詠古詩·晁錯》 少學申商强受經，鼂壎先使貴人嗔。匆匆東市韲殘碧，衮衮關西卧積薪。□□□□□□□，□□□□□□□。公愚暗被揚雄笑，老向承明箸《美新》。

劉安部

綜述

《史記》卷一一八《淮南衡山列傳》 淮南王安爲人好讀書鼓琴，不喜弋獵狗馬馳騁，亦欲以行陰德拊循百姓，流譽天下。時時怨望厲王死，時欲畔逆，未有因也。及建元二年，淮南王入朝。素善武安侯，武安侯時爲太尉，乃逆王霸上，與王語曰：「方今上無太子，大王親高皇帝孫，行仁義，天下莫不聞。即宮車一日晏駕，非大王當誰立者！」淮南王大喜，厚遺武安侯金財物。陰結賓客，拊循百姓，爲畔逆事。建元六年，彗星見，淮南王心怪之。或説王曰：「先吳軍起時，彗星出長數尺，然尚流血千里。今彗星長竟天，天下兵當大起。」王心以爲上無太子，天下有變，諸侯並争，愈益治器械攻戰具，積金錢賂遺郡國諸侯游士奇材。諸辨士爲方略者，妄作妖言，諂諛王，王喜，多賜金錢，而謀反滋甚。

淮南王有女陵，慧，有口辯。王愛陵，常多予金錢，爲中詗長安，約結上左右。元朔三年，上賜淮南王几杖，不朝。淮南王王后荼，王愛幸之。王后生太子遷，遷取王皇太后外孫修成君女爲妃。王謀爲反具，畏太子妃知而内泄事，乃與太子謀，令詐弗愛，三月不同席。王乃詳爲怒太子，閉太子使與妃同内三月，太子終不近妃。妃求去，王乃上書謝歸去之。王后荼、太子遷及女陵得愛幸王，擅國權，侵奪民田宅，妄致繫人。

元朔五年，太子學用劍，自以爲人莫及，聞郎中雷被巧，乃召與戲。被一再辭讓，誤中太子。太子怒，被恐。此時有欲從軍者輒詣京師，被即願奮擊匈奴。太子遷數惡被於王，王使郎中令斥免，欲以禁後，被遂亡至長安，上書自明。詔下其事廷尉、河南。河南治，逮淮南太子，王、王后計欲無遣太子，遂發兵反，計猶豫，十餘日未定。會有詔，即訊太子。當是時，淮南相怒壽春丞留太子逮不遣，劾不敬。王以請相，相弗聽。王使人上書告相，事下廷尉治。蹤跡連王，王使人候伺漢公卿，公卿請逮捕治王。王恐事發，太子遷謀曰：「漢使即逮王，王令人衣衛士衣，持戟居庭中，王旁有非是，則刺殺之，臣亦使人刺殺淮南中尉，乃舉兵，未晚。」是時上不許公卿請，而遣漢中尉宏即訊驗王。王聞漢使來，即如太子謀計。漢中尉至，王視其顔色和，訊王以斥雷被事耳，王自度無何，不發。中尉還，以聞。公卿治者曰：「淮南王安擁閼奮擊匈奴者雷被等，廢格明詔，當弃市。」詔弗許。公卿請廢勿王，詔弗許。公卿請削五縣，詔削二縣。使中尉宏赦淮南王罪，罰以削地。中尉入淮南界，宣言赦王。王初聞漢公卿請誅之，未知得削地，聞漢使來，恐其捕之，乃與太子謀刺之如前計。及中尉至，即賀王，王以故不發。其後自傷曰：「吾行仁義見削，甚恥之。」然淮南王削地之後，其爲反謀益甚。諸使道從長安來，爲妄妖言，言上無男，漢不治，即喜；即言漢廷治，有男，王怒，以爲妄言，非也。

王日夜與伍被、左吳等案輿地圖，部署兵所從入。王曰：「上無太子，宮車即晏駕，廷臣必徵膠東王，不即常山王，諸侯並争，吾可以無備乎！且吾高祖孫，親行仁義，陛下遇我厚，吾能忍之；萬世之後，吾寧能北面臣事豎子乎！」

王坐東宮，召伍被與謀，曰：「將軍上。」被悵然曰：「上寬赦大王，王復安得此亡國之語乎！臣聞子胥諫吳王，吳王不用，乃曰『臣今見麋鹿游姑蘇之臺也』。今臣亦見宮中生荆棘，露霑衣也。」王怒，繫伍被父母，囚之三月。復召曰：「將軍許寡人乎？」被曰：「不，直來爲大王畫耳。臣聞聽者聽於無聲，明者見於未形，故聖人萬舉萬全。昔文王一動而功顯于千世，列爲三代，此所謂因天心以動作者也，故海内不期而隨。此千歲之可見者。夫百年之秦，近世之吳、楚，亦足以喻國家之存亡矣。臣不敢避子胥之誅，願大王毋爲吳王之聽。昔秦絶聖人之道，殺術士，燔《詩》《書》，弃禮義，尚詐力，任刑罰，轉負海之粟致之西河。當是之時，男子疾耕不足於糟糠，女子紡績不足於蓋形。遣蒙恬築長城，東西數千里，暴兵露師常數十萬，死者不可勝數，僵尸千里，流血頃畝，百姓力竭，欲爲亂者十家而五。又使徐福入海求神異物，還爲僞辭曰：『臣見海中大神，言曰：「汝西皇之使邪？」臣答曰：「然。」「汝何求？」曰：「願請延年益壽藥。」神曰：「汝秦王之禮薄，得觀而不得取。」即從臣東南至蓬萊山，見茂成宮闕，有使者銅色而龍形，光上照天。於是臣再拜問曰：「宜何資以獻？」海神曰：「以令名男子若振女與百工之事，即得之矣。」』秦皇帝大説，遣振男女三千人，資之五穀種種百工而行。徐福得平原廣澤，止王不來。於是百姓悲痛相思，欲爲亂者十家而六。又使尉佗踰五嶺攻百越。尉佗知中國勞極，止王不來，使人上書，求女無夫家者三萬人，以爲士卒衣補。秦皇帝可其萬五千人。於是百姓離心瓦解，欲

爲亂者十家而七。客謂高皇帝曰：『時可矣。』高皇帝曰：『待之，聖人當起東南閒。』不一年，陳勝、吴廣發矣。高皇始於豐、沛，一倡天下不期而響應者不可勝數也。此所謂蹈瑕候閒，因秦之亡而動者也。百姓願之，若旱之望雨，故起於行陳之中而立爲天子，功高三王，德傳無窮。今大王見高皇帝得天下之易也，獨不觀近世之吴、楚乎？夫吴王賜號爲劉氏祭酒，復不朝，王四郡之衆，地方數千里，内鑄消銅以爲錢，東煮海水以爲鹽，上取江陵木以爲船，一船之載當中國數十兩車，國富民衆。行珠玉金帛賂諸侯宗室大臣，獨竇氏不與。計定謀成，舉兵而西。破於大梁，敗於狐父，奔走而東，至於丹徒，越人禽之，身死絶祀，爲天下笑。夫以吴越之衆不能成功者何？誠逆天道而不知時也。方今大王之兵衆不能十分吴、楚之一，天下安寧有萬倍於秦之時，願大王從臣之計。大王不從臣之計，今見大王事必不成而語先泄也。臣聞微子過故國而悲，於是作《麥秀之歌》，是痛紂之不用王子比干也。故《孟子》曰『紂貴爲天子，死曾不若匹夫』。是紂先自絶於天下久矣，非死之日而天下去之。今臣亦竊悲大王弃千乘之君，必且賜絶命之書，爲羣臣先，死於東宫也。」於是（王）氣怨結而不揚，涕滿匡而横流，即起，歷階而去。

王有孽子不害，最長，王弗愛，王、王后、太子皆不以爲子兄數。不害有子建，材高有氣，常怨望太子不省其父；又怨時諸侯皆得分子弟爲侯，而淮南獨二子，一爲太子，建父獨不得爲侯。建陰結交，欲告敗太子，以其父代之。太子知之，數捕繫而榜笞建。建具知太子之謀欲殺漢中尉，即使所善壽春莊芷以元朔六年上書於天子曰：「毒藥苦於口利於病，忠言逆於耳利於行。今淮南王孫建，材能高，淮南王王后荼、荼子太子遷常疾害建。建父不害無罪，擅數捕繫，欲殺之。今建在，可徵問，具知淮南陰事。」書聞，上以其事下廷尉，廷尉下河南治。是時故辟陽侯孫審卿善丞相公孫弘，怨淮南厲王殺其大父，乃深購淮南事於弘，弘乃疑淮南有畔逆計謀，深窮治其獄。河南治建，辭引淮南太子及黨與。淮南王患之，欲發，問伍被曰：「漢廷治亂？」伍被曰：「天下治。」王意不説，謂伍被曰：「公何以言天下治也？」被曰：「被竊觀朝廷之政，君臣之義，父子之親，夫婦之别，長幼之序，皆得其理，上之舉錯遵古之道，風俗紀綱未有所缺也。重裝富賈，周流天下，道無不通，故交易之道行。南越賓服，羌僰入獻，東甌入降，廣長榆，開朔方，匈奴折翅傷翼，失援不振。雖未及古太平之時，然猶爲治也。」王怒，被謝死罪。王又謂被曰：「山東即有兵，漢必使大將軍將而制山東，公以爲大將軍何如人也？」被曰：「被所善者黄義，從大將軍擊凶奴，還，告被曰：『大將軍遇士大夫有禮，於士卒有恩，衆皆樂爲之用。騎上下山若蜚，材幹絶人。』被以爲材能如此，數將習兵，未易當也。及謁者曹梁使長安來，言大將軍號令明，當敵勇敢，常爲士卒先。休舍，穿井未通，須士卒盡得水，乃敢飲。軍罷，卒盡已度河，乃度。皇太后所賜金帛，盡以賜軍吏。雖古名將弗過也。」王默然。

淮南王見建已徵治，恐國陰事且覺，欲發，被又以爲難，乃復問被曰：「公以爲吴興兵是邪非也？」被曰：「以爲非也。吴王至富貴也，舉事不當，身死丹徒，頭足異處，子孫無遺類。臣聞吴王悔之甚。願王孰慮之，無爲吴王之所悔。」王曰：「男子之所死者一言耳。且吴何知反，漢將一日過成皋者四十餘人。今我令樓緩先要成皋之口，周被下潁川兵塞轘轅、伊闕之道，陳定發南陽兵守武關。河南太守獨有雒陽耳，何足憂。然此北尚有臨晉關、河東、上黨與河内、趙國。人言曰『絶成皋之口，天下不通』。據三川之險，招山東之兵，舉事如此，公以爲何如？」被曰：「臣見其禍，未見其福也。」王曰：「左吴、趙賢、朱驕如皆以爲有福，什事九成，公獨以爲有禍無福，何也？」被曰：「大王之羣臣近幸素能使衆者，皆前繫詔獄，餘無可用者。」王曰：「陳勝、吴廣無立錐之地，千人之聚，起於大澤，奮臂大呼而天下響應，西至於戲而兵百二十萬。今吾國雖小，然而勝兵者可得十餘萬，非直適戍之衆，鐖鑿棘矜也，公何以言有禍無福？」被曰：「往者秦爲無道，殘賊天下。興萬乘之駕，作阿房之宫，收太半之賦，發閭左之戍，父不寧子，兄不便弟，政苛刑峻，天下熬然若焦，民皆引領而望，傾耳而聽，悲號仰天，叩心而怨上，故陳勝大呼，天下響應。當今陛下臨制天下，一齊海内，汎愛蒸庶，布德施惠。口雖未言，聲疾雷霆，令雖未出，化馳如神，心有所懷，威動萬里，下之應上，猶影響也。而大將軍材能不特章邯、楊熊也。大王以陳勝、吴廣諭之，被以爲過矣。」王曰：「苟如公言，不可徼幸邪？」被曰：「被有愚計。」王曰：「奈何？」被曰：「當今諸侯無異心，百姓無怨氣。朔方之郡田地廣，水草美，民徙者不足以實其地。臣之愚計，可僞爲丞相御史請書，徙郡國豪桀任俠及有耐罪以上，赦令除其罪，産五十萬以上者，皆徙其家屬朔方之郡，益發甲卒，急其會日。又僞爲左右都司空上林中都官詔獄（逮）書，〔逮〕諸侯太子幸臣。如此則民怨，諸侯懼，即使辯武隨而説之，儻可徼幸什得一乎？」王曰：「此可也。雖然，吾以爲不至若此。」於是王乃令官奴入宫，作皇帝璽，丞相、御史、大將軍、軍吏、中二千石、都官令、丞印，及旁近郡太守、都尉印，漢使節法冠，欲如伍被計。使人僞得

罪而西，事大將軍、丞相；一日發兵，使人即刺殺大將軍青，而説丞相下之，如發蒙耳。

王欲發國中兵，恐其相、二千石不聽。王乃與伍被謀，先殺相、二千石；僞失火宮中，相、二千石救火，至即殺之。計未决，又欲令人衣求盗衣，持羽檄，從東方來，呼曰「南越兵入界」，欲因以發兵。乃使人至廬江、會稽爲求盗，未發。王問伍被曰：「吾舉兵西鄉，諸侯必有應我者；即無應，奈何？」被曰：「南收衡山以擊廬江，有尋陽之船，守下雉之城，結九江之浦，絶豫章之口，彊弩臨江而守，以禁南郡之下，東收江都、會稽，南通勁越，屈彊江淮閒，猶可得延歲月之壽。」王曰：「善，無以易此。急則走越耳。」

於是廷尉以王孫建辭連淮南王太子遷聞。上遣廷尉監因拜淮南中尉，逮捕太子。至淮南，淮南王聞，與太子謀召相、二千石，欲殺而發兵。召相，相至；内史以出爲解。中尉曰：「臣受詔使，不得見王。」王念獨殺相而内史中尉不來，無益也，即罷相。王猶豫，計未決。太子念所坐者謀刺漢中尉，所與謀者已死，以爲口絶，乃謂王曰：「羣臣可用者皆前繫，今無足與舉事者。王以非時發，恐無功，臣願會逮。」王亦偷欲休，即許太子。太子即自剄，不殊。伍被自詣吏，因告與淮南王謀反，反蹤跡具如此。

吏因捕太子、王后，圍王宮，盡求捕王所與謀反賓客在國中者，索得反具以聞。上下公卿治，所連引與淮南王謀反列侯二千石豪傑數千人，皆以罪輕重受誅。衡山王賜，淮南王弟也，當坐收，有司請逮捕衡山王。天子曰：「諸侯各以其國爲本，不當相坐。與諸侯王列侯會肆丞相諸侯議。」趙王彭祖、列侯臣讓等四十三人議，皆曰：「淮南王安甚大逆無道，謀反明白，當伏誅。」膠西王臣端議曰：「淮南王安廢法行邪，懷詐僞心，以亂天下，熒惑百姓，倍畔宗廟，妄作妖言。《春秋》曰『臣無將，將而誅』。安罪重於將，謀反形已定。臣端所見其書節印圖及他逆無道事驗明白，甚大逆無道，當伏其法。而論國吏二百石以上及比者，宗室近幸臣不在法中者，不能相教，當皆免官削爵爲士伍，毋得宦爲吏。其非吏，他贖死金二斤八兩。以章臣安之罪，使天下明知臣子之道，毋敢復有邪僻倍畔之意。」丞相弘、廷尉湯等以聞，天子使宗正以符節治王。未至，淮南王安自剄殺。王后荼、太子遷諸所與謀反者皆族。天子以伍被雅辭多引漢之美，欲勿誅。廷尉湯曰：「被首爲王畫反謀，被罪無赦。」遂誅被。國除爲九江郡。

雜録

備録

《史記》卷一〇七《魏其武安侯列傳》 淮南王安謀反覺，治。王前朝，武安侯爲太尉，時迎王至霸上，謂王曰：「上未有太子，大王最賢，高祖孫，即宮車晏駕，非大王立當誰哉！」淮南王大喜，厚遺金財物。上自魏其時不直武安，特爲太后故耳。及聞淮南王金事，上曰：「使武安侯在者，族矣。」

《漢書》卷二七上《五行志上》 先是，淮南王安入朝，始與帝舅太尉武安侯田蚡有逆言。其後膠西于王、趙敬肅王、常山憲王皆數犯法，或至夷滅人家，藥殺二千石，而淮南、衡山王遂謀反。膠東、江都王皆知其謀，陰治兵弩，欲以應之。至元朔六年，乃發覺而伏辜。時田蚡已死，不及誅。上思仲舒前言，使仲舒弟子吕步舒持斧鉞治淮南獄，以《春秋》誼顓斷於外，不請。既還奏事，上皆是之。

《漢書》卷二八下《地理志下》 壽春、合肥受南北湖皮革、鮑、木之輸，亦一都會也。始楚賢臣屈原被讒放流，作《離騷》諸賦以自傷悼。後有宋玉、唐勒之屬慕而述之，皆以顯名。漢興，高祖王兄子濞於吴，招致天下之娱游子弟，枚乘、鄒陽、嚴夫子之徒興於文、景之際。而淮南王安亦都壽春，招賓客著書。而吴有嚴助、朱買臣，貴顯漢朝，文辭并發，故世傳《楚辭》。其失巧而少信。初淮南王異國中民家有女者，以待游士而妻之，故至今多女而少男。本吴，粤與楚接比，數相并兼，故民俗略同。

《漢書》卷四五《伍被傳》 伍被，楚人也。或言其先伍子胥後也。被以材能稱，爲淮南中郎。是時淮南王安好術學，折節下士，招致英雋以百數，被爲冠首。

久之，淮南王陰有邪謀，被數微諫。後王坐東宮，召被欲與計事，呼之曰：「將軍上。」被曰：「王安得亡國之言乎？昔子胥諫吴王，吴王不用，乃曰『臣今見麋鹿游姑蘇之臺也』。今臣亦將見宮中生荆棘，露霑衣也。」於是王怒，繫被父母，囚之三月。

王復召被曰：「將軍許寡人乎？」(對)〔被〕曰：「不，臣將爲大王畫計耳。臣聞聰者聽於聲，明者見於未形，故聖人萬舉而萬全。文王壹動而功顯萬世，列爲三王，所謂因天心以動作者也。」王曰：「方今漢庭治乎？亂乎？」被曰：「天下治。」王不説曰：「公何以言治也？」被對曰：「被竊觀朝廷，君臣父子夫婦長幼之序皆得其理，上之舉錯遵古之道，風俗紀綱未有所缺。重裝富賈周流天下，道無不通，交易之道行。南越賓服，羌、僰貢獻，東甌入朝，廣長榆，開朔方，匈奴折傷。雖未及古太平時，然猶爲治。」王怒，被謝死罪。

王又曰：「山東即有變，漢必使大將軍將而制山東，公以爲大將軍何如人也？」被曰：「臣所善黄義，從大將軍擊匈奴，言大將軍遇士大夫以禮，與士卒有恩，衆皆樂爲用。騎上下山如飛，材力絶人如此，數將習兵，未易當也。及謁者曹梁使長安來，言大將軍號令明，當敵勇，常爲士卒先；須士卒休，乃舍；穿井得水，乃敢飲；軍罷，士卒已踰河，乃度。皇太后所賜金錢，盡以賞賜。雖古名將不過也。」王曰：「夫蓼太子知略不世出，非常人也，以爲漢廷公卿列侯皆如沐猴而冠耳。」被曰：「獨先刺大將軍，乃可舉事。」

王復問被曰：「公以爲吴舉兵非邪？」被曰：「非也。夫吴王賜號爲劉氏祭酒，受几杖而不朝，王四郡之衆，地方數千里，采山銅以爲錢，煮海水以爲鹽，伐江陵之木以爲船，國富民衆，行珍寶，賂諸侯，與七國合從，舉兵而西，破大梁，敗狐父，奔走而還，爲越所禽，死於丹徒，頭足異處，身滅祀絶，爲天下戮。夫以吴衆不能成功者，何也？誠逆天違衆而不見時也。」王曰：「男子之所死者，一言耳。且吴何知反？漢將一日過成皋者四十餘人。今我令緩先要成皋之口，周被下潁川兵塞轘轅、伊闕之道，陳定發南陽兵守武關。河南太守獨有雒陽耳，何足憂？然此北尚有臨晉關、河東、上黨與河内、趙國界者通谷數行。人言『絶成皋之道，天下不通』。據三川之險，招天下之兵，公以爲何如？」被曰：「臣見其禍，未見其福也。」

後漢逮淮南王孫建，繫治之。王恐陰事泄，謂被曰：「事至，吾欲遂發。天下勞苦有間矣，諸侯頗有失行，皆自疑，我舉兵西鄉，必有應者；無應，即還略衡山。勢不得不發。」被曰：「略衡山以擊(盧)〔廬〕江，有尋陽之船，守下雉之城，結九江之浦，絶豫章之口，强弩臨江而守，以禁南郡之下，東保會稽，南通勁越，屈强江淮間，可以延歲月之壽耳，未見其福也。」王曰：「左吴、趙賢、朱驕如皆以爲什八九成，公獨以爲無福，何？」被曰：「大王之羣臣近幸素能使衆者，皆前繫詔獄，餘無可用者。」王曰：「陳勝、吴廣無立錐之地，百人之聚，起於大澤，奮臂大呼，天下響應，西至於戲而兵百二十萬。今吾國雖小，勝兵可得二十萬，公何以言有禍無福？」被曰：「臣不敢避子胥之誅，願大王無爲吴王之聽。往者秦爲無道，殘賊天下，殺術士，燔《詩》《書》，滅聖迹，棄禮義，任刑法，轉海濱之粟，致于西河。當是之時，男子疾耕不足於糧餽，女子紡績不足於蓋形。遣蒙恬築長城，東西數千里。暴兵露師，常數十萬，死者不可勝數，僵尸滿野，流血千里。於是百姓力屈，欲爲亂者十室而五。又使徐福入海求仙藥，多齎珍寶，童男女三千人，五種百工而行。徐福得平原大澤，止王不來。於是百姓悲痛愁思，欲爲亂者十室而六。又使尉佗踰五嶺，攻百越，尉佗知中國勞極，止王南越。行者不還，往者莫返，於是百姓離心瓦解，欲爲亂者十室而七。興萬乘之駕，作阿房之宫，收太半之賦，發閭左之戍。父不寧子，兄不安弟，政苛刑慘，民皆引領而望，傾耳而聽，悲號仰天，叩心怨上，欲爲亂者，十室而八。客謂高皇帝曰：『時可矣。』高帝曰：『待之，聖人當起東南。』間不一歲，陳、吴大呼，劉、項並和，天下響應，所謂蹈瑕釁，因秦之亡時而動，百姓願之，若枯旱之望雨，故起於行陳之中，以成帝王之功。今大王見高祖得天下之易也，獨不觀近世之吴楚乎！當今陛下臨制天下，壹齊海内，汎愛蒸庶，布德施惠。口雖未言，聲疾雷震；令雖未出，化馳如神。心有所懷，威動千里；下之應上，猶景響也。而大將軍材能非直章邯、楊熊也。王以陳勝、吴廣論之，被以爲過矣。且大王之兵衆不能什分吴、楚之一，天下安寧又萬倍於秦時。願王用臣之計。臣聞箕子過故國而悲，作《麥秀》之歌，痛紂之不用王子比干之言也。故孟子曰，紂貴爲天子，死曾不如匹夫。是紂先自絶久矣，非死之日天去之也。今臣亦竊悲大王棄千乘之君，將賜絶命之書，爲羣臣先，身死于東宫也。」被因流涕而起。

後王復召問被：「苟如公言，不可以徼幸邪？」被曰：「必不得已，被有愚計。」王曰：「奈何？」被曰：「當今諸侯無異心，百姓無怨氣。朔方之郡土地廣美，民徙者不足以實其地。可爲丞相、御史請書，徙郡國豪桀及耐罪以上，以赦令除，家産五十萬以上者，皆徙其家屬朔方之郡，益發甲卒，急其會日。又僞爲左右都司空上林中都官詔獄書，逮諸侯太子及幸臣。如此，則民怨，諸侯懼，即使辯士隨而説之，黨可以徼幸。」干曰：「此可也。雖然，吾以不至若此，專發而已。」後事發覺，被詣吏自告與淮南王謀反(縱)〔蹤〕跡如此。天子以伍被雅辭多引漢美，欲勿誅。張湯進曰：「被首爲王畫反計，罪無赦。」遂誅被。

《漢書》卷五二《灌夫傳》 後淮南王安謀反，覺。始安入朝時，蚡爲太尉，迎安霸上，謂安曰：「上未有太子，大王最賢，高祖孫，即(公)〔宫〕車晏駕，非大王立，尚誰立哉？」淮南王大喜，厚遺金錢財物。上自嬰、夫事時不直蚡，特爲太后故。及聞淮南事，上曰：「使武安侯在者，族矣。」

《漢書》卷六四上《嚴助傳》 閩越復興兵擊南越。南越守天子約，不敢擅發兵，而上書以聞。上多其義，大爲發興，遣兩將軍將兵誅閩越。淮南王安上書諫曰：

陛下臨天下，布德施惠，緩刑罰，薄賦斂，哀鰥寡，恤孤獨，養耆老，振匱乏，盛德上隆，和澤下洽，近者親附，遠者懷德，天下攝然，人安其生，自以〔没〕身不見兵革。今聞有司舉兵將以誅越，臣安竊爲陛下重之。越，方外之地，劗髮文身之民也，不可以冠帶之國法度理也。自三代之盛，胡越不與受正朔，非彊弗能服，威弗能制也，以爲不居之地，不牧之民，不足以煩中國也。故古者封内甸服，封外侯服，侯衛賓服，蠻夷要服，戎狄荒服，遠近勢異也。自漢初定已來七十二年，吴越人相攻擊者不可勝數，然天子未嘗舉兵而入其地也。

臣聞越非有城郭邑里也，處谿谷之間，篁竹之中，習於水鬭，便於用舟，地深昧而多水險，中國之人不知其勢阻而入其地，雖百不當其一。得其地，不可郡縣也；攻之，不可暴取也。以地圖察其山川要塞，相去不過寸數，而間獨數百千里，阻險林叢弗能盡著。視之若易，行之甚難。天下賴宗廟之靈，方内大寧，戴白之老不見兵革，民得夫婦相守，父子相保，陛下之德也。越人名爲藩臣，貢酎之奉，不輸大内，一卒之用，不給上事。自相攻擊而陛下發兵救之，是反以中國而勞蠻夷也。且越人愚戇輕薄，負約反覆，其不(可)用天子之法度，非一日之積也。壹不奉詔，舉兵誅之，臣恐後兵革無時得息也。

間者，數年歲比不登，民待賣爵贅子以接衣食，賴陛下德澤振救之，得毋轉死溝壑。四年不登，五年復蝗，民生未復。今發兵行數千里，資衣糧，入越地，輿轎而隃領，拕舟而入水，行數百千里，夾以深林叢竹，水道上下擊石，林中多蝮蛇猛獸，夏月暑時，歐泄霍亂之病相隨屬也，曾未施兵接刃，死傷者必衆矣。前時南海王反，陛下先臣使將軍間忌將兵擊之，以其軍降，處之上淦。後復反，會天暑多雨，樓船卒水居擊櫂，未戰而疾死者過半。親老涕泣，孤子謕號，破家散業，迎尸千里之外，裹骸骨而歸。悲哀之氣數年不息，長老至今以爲記。曾未入其地而禍已至此矣。

臣聞軍旅之後必有凶年，言民之各以其愁苦之氣薄陰陽之和，感天地之精，而災氣爲之生也。陛下德配天地，明象日月，恩至禽獸，澤及草木，一人有飢寒不終其天年而死者，爲之悽愴於心。今方内無狗吠之警，而使陛下甲卒死亡，暴露中原，霑漬山谷，邊境之民爲之早閉晏開，鼂不及夕，臣安竊爲陛下重之。

不習南方地形者，多以越爲人衆兵彊，能難邊城。淮南全國之時，多爲邊吏，臣竊聞之，與中國異。限以高山，人迹所絶，車道不通，天地所以隔外内也。其入中國必下領水，領水之山峭峻，漂石破舟，不可以大船載食糧下也。越人欲爲變，必先田餘干界中，積食糧，乃入伐材治船。邊城守候誠謹，越人有入伐材者，輒收捕，焚其積聚，雖百越，奈邊城何！且越人緜力薄材，不能陸戰，又無車騎弓弩之用，然而不可入者，以保地險，而中國之人不能其水土也。臣聞越甲卒不下數十萬，所以入之，五倍乃足，輓車奉饟者，不在其中。南方暑溼，近夏癉熱，暴露水居，蝮蛇蠚生，疾癘多作，兵未血刃而病死者什二三，雖舉越國而虜之，不足以償所亡。

臣聞道路言，閩越王弟甲弑而殺之，甲以誅死，其民未有所屬。陛下若欲來内，處之中國，使重臣臨存，施德垂賞以招致之，此必攜幼扶老以歸聖德。若陛下無所用之，則繼其絶世，存其亡國，建其王侯，以爲畜越，此必委質爲藩臣，世共貢職。陛下以方寸之印，丈二之組，填撫方外，不勞一卒，不頓一戟，而威德並行。今以兵入其地，此必震恐，以有司爲欲屠滅之也，必雉兔逃入山林險阻。背而去之，則復相羣聚；留而守之，歷歲經年，則士卒罷勌，食糧乏絶，男子不得耕稼(種樹)〔樹種〕，婦人不得紡績織絍，丁壯從軍，老弱轉餉，居者無食，行者無糧。民苦兵事，亡逃者必衆，隨而誅之，不可勝盡，盜賊必起。

臣聞長老言，秦之時嘗使尉屠睢擊越，又使監禄鑿渠通道。越人逃入深山林叢，不可得攻。留軍屯守空地，曠日(持)〔引〕久，士卒勞倦，越(乃)出擊之。秦兵大破，乃發適戍以備之。當此之時，外内騷動，百姓靡敝，行者不還，往者(莫)〔莫〕反，皆不聊生，亡逃相從，羣爲盜賊，於是山東之難始興。此老子所謂「師之所處，荆棘生之」者也。兵者凶事，一方有急，四面皆從。

臣恐變故之生，姦邪之作，由此始也。《周易》曰：「高宗伐鬼方，三年而克之。」鬼方，小蠻夷；高宗，殷之盛天子也。以盛天子伐小蠻夷，三年而後克，言用兵之不可不重也。

臣聞天子之兵有征而無戰，言莫敢(挍)〔校〕也。如使越人蒙(死)徼幸以逆執事之顔行，廝輿之卒有一不備而歸者，雖得越王之首，臣猶竊爲大漢羞之。陛下以四海爲境，九州爲家，八(蔬)〔藪〕爲囿，江(海)〔漢〕爲池，生民之屬皆爲臣妾。人徒之衆足以奉千官之共，租税之收足以給乘輿之御。玩心神明，秉執聖道，負黼依，馮玉几，南面而聽斷，號令天下，四海之内莫不嚮應。陛下垂德惠以覆露之，使元元之民安生樂業，則澤被萬世，傳之子孫，施之無窮。天下之安猶泰山而四維之也，夷狄之地何足以爲一日之閒，而煩汗馬之勞乎！《詩》云「王猶允塞，徐方既來」，言王道甚大，而遠方懷之也。臣聞之，農夫勞而君子養焉，愚者言而智者擇焉。臣安幸得爲陛下守藩，以身爲鄣蔽，人臣之任也。邊境有警，愛身之死而不畢其愚，非忠臣也。臣安竊恐將吏之以十萬之師爲一使之任也！

是時，漢兵遂出，〔未〕踰領，適會閩越王弟餘善殺王以降，漢兵罷。上嘉淮南之意，美將卒之功，乃令嚴助諭意風指於南越。南越王頓首曰：「天子乃幸興兵誅閩越，死無以報！」即遣太子隨助入侍。

助還，又諭淮南曰：「皇帝問淮南王：使中大夫玉上書言事，聞之。朕奉先帝之休德，夙興夜(昧)〔寐〕，明不能燭，重以不德，是以比年凶菑害衆。夫以眇眇之身，託于王侯之上，内有飢寒之民，南夷相攘，使邊騷然不安，朕甚懼焉。今王深惟重慮，明太平以弼朕失，稱三代至盛，際天接地，人迹所及，咸盡賓服，藐然甚慙。嘉王之意，靡有所終，使中大夫助諭朕意，告王越事。」

助諭意曰：「今者大王以發屯臨越事上書，陛下故遣臣助告王其事。王居遠，事薄遽，不與王同其計。朝有闕政，遺王之憂，陛下甚恨之。夫兵固凶器，明主之所重出也，然自五帝三王禁暴止亂，非兵，未之聞也。漢爲天下宗，操殺生之柄，以制海内之命，危者望安，亂者卬治。今閩越王狼戾不仁，殺其骨肉，離其親戚，所爲甚多不義，又數舉兵侵陵百越，并兼鄰國，以爲暴彊，陰計奇策，入燔尋陽樓船，欲招會稽之地，以踐句踐之迹。今者，邊又言閩王率兩國擊南越。陛下爲萬民安危久遠之計，使人諭告之曰：『天下安寧，各繼世撫民，禁毋敢相并。』有司疑其以虎狼之心，貪據百越之利，或於逆順，不奉明詔，則會稽、豫章必有長患。且天子誅而不伐，焉有勞百姓苦士卒乎？故遣兩將屯於境上，震威武，揚聲鄉。屯曾未會，天誘其衷，閩王隕命，輒遣使者罷屯，毋後農時。南越王甚嘉被惠澤，蒙休德，願革心易行，身從使者入謝。有狗馬之病，不能勝服，故遣太子嬰齊入侍；病有瘳，願伏北闕，望大廷，以報盛德。閩王以八月舉兵於冶南，士卒罷倦，三王之衆相與攻之，因其弱弟餘善以成其(謀)〔誅〕。至今國空虛，遣使者上符節，請所立，不敢自立，以待天子之明詔。此一舉，不挫一兵之鋒，不用一卒之死，而閩王伏辜，南越被澤，威震暴王，義存危國，此則陛下深計遠慮之所出也。事效見前，故使臣助來諭王意。」

於是王謝曰：「雖湯伐桀，文王伐崇，誠不過此。臣安妄以愚意狂言，陛下不忍加誅，使使者臨詔臣安以所不聞，臣不勝厚幸！」助由是與淮南王相結而還。上大説。

助侍燕從容，上問助居鄉里時，助對曰：「家貧，爲友壻富人所辱。」上問所欲，對願爲會稽太守。於是拜爲會稽太守。數年，不聞問。賜書曰：「制詔會稽太守：君厭承明之廬，勞侍從之事，懷故土，出爲郡吏。會稽東接於海，南近諸越，北枕大江。間者，闊焉久不聞問，具以《春秋》對，毋以蘇秦從横。」助恐，上書謝稱：「《春秋》天王出居于鄭，不能事母，故絶之。臣事君，猶子事父母也，臣助當伏誅。陛下不忍加誅，願奉三年計最。」詔許，因留侍中。有奇異，輒使爲文，及作賦頌數十篇。

後淮南王來朝，厚賂遺助，交私論議。及淮南王反，事與助相連，上薄其罪，欲勿誅。廷尉張湯争，以爲助出入禁門，腹心之臣，而外與諸侯交私如此，不誅，後不可治。助竟棄市。

高誘《淮南鴻烈・敘目》 淮南子名安，厲王長子也。長，高皇帝之子也。其母趙氏女，爲趙王張敖美人。高皇帝七年討韓信於銅鞮，信亡走匈奴，上遂北至樓煩。還過趙，不禮趙王。趙王獻美女趙氏女，得幸，有身。趙王不敢内之於宮，爲築舍于外。及貫、高等謀反發覺，并逮治王，盡收王家，及美人趙氏女亦與焉。吏以得幸有身聞上，上方怒趙王，未理也。趙美人弟兼因辟陽侯審食其言之吕后，吕后不肯白，辟陽侯亦不强争。及趙美人生男，恚而自殺。吏奉男詣上，上命吕后母之，封爲淮南王。暨孝文皇帝即位，長弟上書願相見，詔至長安。日從游宴，驕蹇如家人兄弟。怨辟陽侯不争其母於吕后，因椎殺之。上非之，肉袒北闕謝罪，奪四縣，還歸國。爲黄屋左纛，稱東帝，坐徙蜀嚴道，死於雍。上閔

之，封其四子爲列侯。時民歌之曰：「一尺繒，好童童。一升粟，飽蓬蓬。兄弟二人，不能相容。」上聞之曰：「以我貪其地邪？」乃召四侯而封之。其一人病薨，長子安襲封淮南王，次爲衡山王，次爲廬江王。太傅賈誼諫曰：「怨讎之人，不可貴也。」後淮南、衡山卒反，如賈誼言。初，安爲辨達，善屬文。皇帝爲從父，數上書，召見。孝文皇帝甚重之，詔使爲《離騷賦》，自旦受詔，日早食已。上愛而秘之。天下方術之士多往歸焉。於是遂與蘇飛、李尚、左吳、田由、雷被、毛被、伍被、晉昌等八人，及諸儒大山、小山之徒，共講論道德，總統仁義，而著此書。其旨近《老子》，淡泊無爲，蹈虚守静，出入經道。言其大也，則燾天載地，説其細也，則淪於無垠，及古今治亂存亡禍福，世間詭異瓌奇之事。其義也著，其文也富，物事之類，無所不載，然其大較歸之於道，號曰《鴻烈》。鴻，大也；烈，明也，以爲大明道之言也。故夫學者不論《淮南》，則不知大道之深也。是以先賢通儒述作之士，莫不援采以驗經傳。以父諱長，故其所著，諸「長」字皆曰「脩」。光禄大夫劉向校定撰具，名之《淮南》。又有十九篇者，謂之《淮南外篇》。自誘之少，從故侍中、同縣盧君受其句讀，誦舉大義。會遭兵災，天下棋峙，亡失書傳，廢不尋修，二十餘載。建安十年，辟司空掾，除東郡濮陽令，覩時人少爲《淮南》者，懼遂淩遲，於是以朝餔事畢之間，乃深思先師之訓，參以經傳道家之言，比方其事，爲之注解，悉載本文，并舉音讀。典農中郎將弁揖借八卷刺之，會揖身喪，遂亡不得。至十七年，遷監河東，復更補足。淺學寡見，未能備悉，其所不達，注以「未聞」。唯博物君子覽而詳之，以勸後學者云爾。

李吉甫《元和郡縣圖志》卷二九《江南道五・江華縣》 淮南王子廟，在縣南七十二里。《荆州記》云「淮南王安被誅，其子奔至此城門，化爲石」，今名東塘神。

王得臣《麈史》卷下《諧謔》 余長子渝嘗爲壽春令，邑有淮南王安廟，春秋朝廷祀之。邑人思劉仁瞻之功德，欲立廟不可得也，遂共爲劉令公像於淮南廟中，歲時享焉。傳舍有人爲詩曰：「淮南據險逆西京，仁瞻輸忠保一城。今日鄉人聊合祭，未應同食便同情。」

洪邁《容齋續筆》卷七《淮南王》 漢淮南厲王死，民作歌以諷文帝曰：「一尺布，尚可縫。一斗粟，尚可舂。兄弟二人不相容。」此《史》、《漢》所書也。高誘作《鴻烈解叙》，及許叔重注文，其辭乃云：「一尺繒，好童童。一升粟，飽蓬蓬。兄弟二人，不能相容。」殊爲不同。後人但引尺布斗粟之喻耳。厲王子安復爲王，招致賓客方術之士，作爲《内書》二十一篇，《外書》甚衆，又有《中篇》八卷，言神仙黄白之術。《漢書・藝文志》《淮南内》二十一篇，《淮南外》三十三篇，列於雜家，今所存者二十一卷，蓋《内篇》也。壽春有八公山，正安所延致客之處，傳記不見姓名，而高誘叙以爲蘇飛、李尚、左吳、田由、雷被、毛被、伍被、晉昌等八人，然唯左吳、雷被、伍被見於史。雷被者，蓋爲安所斥而亡之長安上書者，疑不得爲賓客之賢也。

王楙《野客叢書》卷九《古人避諱》 淮南王安避父諱「長」，故《淮南子》書凡言「長」悉曰「修」。

《全元文》卷一三三三・楊維楨《或問淮南王安》 或問淮南王安再亡國，班史以爲荆楚剽輕好作亂，其俗使然者，雖安有不免耶。老人曰：居下必濕，履滿必傾。安父子蹈亡國之行，而淮南之國遂除爲郡司。論者尚欲以地俗文之，何也？豈閔安之好文喜客，善撫百姓，流聲譽賢於其先之驕蹇不法者耶？然其所聚客至千人，多方術之流，則其所養非賢可知已。其所師者伍被，則足以刑其軀而亡其國矣。於乎！安親罹父難而又躬自蹈之，其父子薦亡者自取之也，又何地俗之咎耶？君子不悼尺布斗粟之謡於淮民也，而悼悖子之疏，不聽於封國之始也。

備論

《史記》卷一一八《淮南衡山列傳論》 《詩》之所謂「戎狄是膺，荆舒是懲」，信哉是言也。淮南、衡山親爲骨肉，疆土千里，列爲諸侯，不務遵蕃臣職以承輔天子，而專挾邪僻之計，謀爲畔逆，仍父子再亡國，各不終其身，爲天下笑。此非獨王過也，亦其俗薄，臣下漸靡使然也。夫荆楚僄勇輕悍，好作亂，乃自古記之矣。

《漢書》卷六七《梅福傳》 〔梅福曰〕孝(文)〔武〕皇帝好忠諫，説至言，出爵不待廉茂，慶賜不須顯功，是以天下布衣各厲志竭精以赴闕廷自衒鬻者不可勝數。漢家得賢，於此爲盛。使孝武皇帝聽用其計，升平可致。於是積尸暴骨，快心胡越，故淮南(安王)〔王安〕緣間而起。所以計慮不成而謀議泄者，以衆賢聚於本朝，故其大臣勢陵不敢和從也。

《漢書》卷一〇〇下《敘傳下》　淮南僭狂，二子受殃。安辯而邪，賜頑以荒。敢行稱亂，窘世薦亡。

《史記》卷一一八《淮南衡山列傳》司馬貞述贊　淮南多橫，舉事非正。天子寬仁，其過不更。轞車致禍，斗粟成詠。王安好學，女陵作詗。兄弟不和，傾國殞命。

王應麟《通鑑答問》卷四　或問：分國邑，封子弟，諸侯之勢已弱，曷爲復有淮南衡山之謀？曰：利者，國之螟螣也。孟子謂後義先利，不奪不饜。故忠臣必廉，而廉者必忠。邪臣必貪，而貪者必邪。淮南王安之謀，始於太尉田蚡、侍中莊助。蚡以外戚位三公，懷利而貳其心，語安以上無太子非王尚誰立者，安厚遺之，於是輕量大臣，無所畏忌矣。助爲帷幄近臣，與安交結，受其賂遺，衣冠之盜，腹心之蠹，而武帝不之察焉。淮南首惡，衡山合從，二獄連引者數萬，貨利之流禍如此。建元初，董仲舒對策，明辨義利之間，謂居君子之位，當君子之行，舍公儀休之相魯，無可爲者矣。此清原正本之論，杜漸防微之幾也。帝能深省斯言，則必厲大臣以廉恥，律近臣以節行，未有義而後其君者，同姓有維城磐石之固，在位有羔羊素絲之風，豈至縱尋斧於葛藟之本根，殄戮數萬人若薙氏之芟草哉？《大學》以義爲利，此平天下之道，惜帝之不早辨也。李尋有云：淮南作謀之時，其所難者獨有汲黯，以爲公孫弘等不足言也。朝廷無人則爲賊亂所輕。蓋黯直諫守節，志於爲義。弘持祿患失，志於爲利。朝廷之輕重在義利之趨舍，儻令武帝以仲舒爲丞相，黯爲御史大夫，立直木於四達之逵，自朝廷達於諸侯，莫不壹於義，折衝厭難勝於無形。詩曰：無競維人，四方其訓之。

張溥《歷代史論》卷一《淮南謀反》　史言淮南王長剛戾谷口，謀泄而身死輜車，罪不足憐。然觀其袖鐵椎，椎辟陽侯，令從者魏敬剄之，馳走闕下，肉袒謝，雖豫讓、荆卿不若是氣決也。辟陽之罪，莫大於侍太后監宮中，厲王責以三罪而不之及，蓋爲親諱也。文帝心知辟陽大惡，難於顯言，快心厲王之一擊而赦弗治，亦所以全親也。若以《春秋》之義斷之，厲王專殺之罪小，討賊之功大。帝録其功而赦其罪，因念親之誠而教以忠孝之道，自此也爲賢藩臣可也。迺曰驕縱之而生其邪謀，則文帝之失也。袁盎曰：上素驕淮南王，弗爲置嚴傅相，以故至此。嗟乎！此豈特爲厲王言哉！繇而不察，安、賜之變，又見告矣。文帝悼傷民歌，封厲王四子，賈誼痛言其禍，引白公爲戒。然孝景三年，吳、楚七國之叛，使使往來，廬江弗應，衡山堅守，淮南王安欲發兵應之，爲相所制，乃復爲漢。當時，皇帝褒美貞信，勞苦卑溼，賜謚徙地，淮南諸子恩厚最著，彼亦何嘗有反側之行，邪辟之心哉？即安數欲反，謀之伍被，被極陳患害，安爲氣結流涕。令被堅守其言，請以死爭，則安謀當寢而執義不固，蹤迹覆敗，是所謂君非其君臣非其臣也。衡山王賜惑於其后徐來，因太子爽而佩次男孝以王印，遂至太子告變，闔室誅死，迹其所造輣車、鍛矢、璽印，反具亦以備淮南耳，非果倍漢而自爲也。而二子搆釁，陰事宣露，衡山之死於家人，非教訓不豫之故哉。予嘗論淮南父子之不得其死，長失於剛，安失於文，賜失於愚，而禍本在於無嚴傅相。傅相無人，在王左右者，大逆則爲柴武、開章之聚兵，小逆則爲雷被、白嬴之上書。大逆負漢，小逆負王，奸人之志要在破人父子，危人君臣，滅人社稷而已，他又何所計焉？袁盎陰賊著心，長於傾危，獨論淮南一事質而近理，亦尚論者所節取也。

藝文

《樂府詩集·琴曲歌辭·八公操》　一曰《淮南操》。《古今樂録》曰：「淮南王好道，正月上辛，八公來降，王作此歌。」謝希逸《琴論》曰：「《八公操》，淮南王作也。」

煌煌上天，照下土兮。知我好道，公來下兮。公將與余，生毛羽兮。超騰青雲，蹈梁甫兮。觀見瑶光，過北斗兮。馳乘風雲，使玉女兮。含精吐氣，嚼芝草兮。悠悠將將，天相保兮。

《羅隱集·甲乙集·東歸別所知》　芙蓉宫闕二妃壇，兩處因依五歲寒。鄒律有風吹不變，郄枝無分住應難。愁心似火還燒鬢，別淚非珠謾落盤。却羨淮南好雞犬，也能終始逐劉安。

公孫弘部

綜述

《漢書》卷五八《公孫弘傳》　公孫弘，菑川薛人也。少時爲獄吏，有罪，免。家貧，牧豕海上。年四十餘，乃學《春秋》雜說。

武帝初即位，招賢良文學士，是時弘年六十，以賢良徵爲博士。使匈奴，還報，不合意，上怒，以爲不能，弘乃移病免歸。

元光五年，復徵賢良文學，菑川國復推上弘。弘謝曰：「前已嘗西，用不能罷，願更選。」國人固推弘，弘至太常。上策詔諸儒：

制曰：蓋聞上古至治，畫衣冠，異章服，而民不犯；陰陽和，五穀登，六畜蕃，甘露降，風雨時，嘉禾興，朱屮生，山不童，澤不涸；麟鳳在郊藪，龜龍游於沼，河洛出圖書；父不喪子，兄不哭弟；北發渠搜，南撫交阯，舟車所至，人迹所及，跂行喙息，咸得其宜。朕甚嘉之，今何道而臻乎此？子大夫修先聖之術，明君臣之義，講論洽聞，有聲乎當世，〔敢〕問子大夫：天人之道，何所本始？吉凶之效，安所期焉？禹湯水旱，厥咎何由？仁義禮知四者之宜，當安設施？屬統垂業，物鬼變化，天命之符，廢興何如？天文地理人事之紀，子大夫習焉。其悉意正議，詳具其對，著之于篇，朕將親覽焉，靡有所隱。

弘對曰：

臣聞上古堯舜之時，不貴爵賞而民勸善，不重刑罰而民不犯，躬率以正而遇民信也；末世貴爵厚賞而民不勸，深刑重罰而姦不止，其上不正，遇民不信也。夫厚（當）〔賞〕重刑未足以勸善而禁非，必信而已矣。是故因能任官，則分職治；去無用之言，則事情得；不作無用之器，即賦斂省；不奪民時，不妨民力，則百姓富；有德者進，無德者退，則朝廷尊；有功者上，無功者下，則羣臣逡；罰當罪，則姦邪止；賞當賢，則臣下勸：凡此八者，治〔民〕之本也。故民者，業之即不争，理得則不怨，有禮則不暴，愛之則親上，此有天下之急者也。故法不遠義，則民服而不離；和不遠禮，則民親而不暴。故法之所罰，義之所去也；和之所賞，禮之所取也。禮義者，民之所服也，而賞罰順之，則民不犯禁矣。故畫衣冠，異章服，而民不犯者，此道素行也。

臣聞之，氣同則從，聲比則應。今人主和德於上，百姓和合於下，故心和則氣和，氣和則形和，形和則聲和，聲和則天地之和應矣。故陰陽和，風雨時，甘露降，五穀登，六畜蕃，嘉禾興，朱草生，山不童，澤不涸，此和之至也。故形和則無疾，無疾則不夭，故父不喪子，兄不哭弟。德配天地，明並日月，則麟鳳至，龜龍在郊，河出圖，洛出書，遠方之君莫不説義，奉幣而來朝，此和之極也。

臣聞之，仁者愛也，義者宜也，禮者所履也，智者術之原也。致利除害，兼愛無私，謂之仁；明是非，立可否，謂之義；進退有度，尊卑有分，謂之禮；擅殺生之柄，通〔壅〕塞之塗，權輕重之數，論得失之道，使遠近情僞必見於上，謂之術：凡此四者，治之本，道之用也，皆當設施，不可廢也。得其要，則天下安樂，法設而不用；不得其術，則主蔽於上，官亂於下。此事之情，屬統垂業之本也。

臣聞堯遭鴻水，使禹治之，未聞禹之有水也。若湯之旱，則桀之餘烈也。桀紂行惡，受天之罰；禹湯積德，以王天下。因此觀之，天德無私親，順之和起，逆之害生。此天文地理人事之紀。臣弘愚戇，不足以奉大對。

時對者百餘人，太常奏弘第居下。策奏，天子擢弘對爲第一。召入見，容貌甚麗，拜爲博士，待詔金馬門。

弘復上疏曰：「陛下有先聖之位而無先聖之名，有先聖之名而無先聖之吏，是以勢同而治異。先世之吏正，故其民篤；今世之吏邪，故其民薄。政弊而不行，令倦而不聽。夫使邪吏行弊政，用倦令治薄民，民不可得而化，此治之所以異也。臣聞周公旦治天下，朞年而變，三年而化，五年而定。唯陛下之所志。」書奏，天子以册書答曰：「問：弘稱周公之治，弘之材能自視孰與周公賢？」弘對曰：「愚臣淺薄，安敢比材於周公！雖然，愚心曉然見治道之可以然也。夫虎豹馬牛，禽獸之不可制者也，及其教馴服習之，至可牽持駕服，唯人之從。臣聞揉曲木者不累日，銷金石者不累月，夫人之於利害好惡，豈比禽獸木石之類哉？朞年而變，臣弘尚竊遲之。」上異其言。

時方通西南夷，巴蜀苦之，詔使弘視焉。還奏事，盛毁西南夷無所用，上不聽。每朝會議，開陳其端，使人主自擇，不肯面折庭争。於是上察其行慎厚，辯論有餘，習文法吏事，緣飾以儒術，上説之，一歲中至左内史。

弘奏事，有所不可，不肯庭辯。常與主爵都尉汲黯請間，黯先發之，弘推其後，上常説，所言皆聽，以此日益親貴。嘗與公卿約議，至上前，皆背其約以順上指。汲黯庭詰弘曰：「齊人多詐而無情，始爲與臣等建此議，今皆背之，不忠。」上問弘，弘謝曰：「夫知臣者以臣爲忠，不知臣者以臣爲不忠。」上然弘言。左右幸臣每毁弘，上益厚遇之。

弘爲人談笑多聞，常稱以爲人主病不廣大，人臣病不儉節。養後母孝謹，後母卒，服喪三年。

爲内史數年，遷御史大夫。時又東置蒼海，北築朔方之郡。弘數諫，以爲罷弊中國以奉無用之地，願罷之。於是上乃使朱買臣等難弘置朔方之便。發十策，弘不得一。弘乃謝曰：「山東鄙人，不知其便若是，願罷西南夷、蒼海，專奉朔方。」上乃許之。

汲黯曰：「弘位在三公，奉禄甚多，然爲布被，此詐也。」上問弘，弘謝曰：「有之。夫九卿與臣善者無過黯，然今日庭詰弘，誠中弘之病。夫以三公爲布被，誠飾詐欲以釣名。且臣聞管仲相齊，有三歸，侈擬於君，桓公以霸，亦上僭於君。晏嬰相景公，食不重肉，妾不衣絲，齊國亦治，亦下比於民。今臣弘位爲御史大夫，爲布被，自九卿以下至於小吏無差，誠如黯言。且無黯，陛下安聞此言？」上以爲有讓，愈益賢之。

元朔中，代薛澤爲丞相。先是，漢常以列侯爲丞相，唯弘無爵，上於是下詔曰：「朕嘉先聖之道，開廣門路，宣招四方之士，蓋古者任賢而序位，量能以授官，勞大者厥禄厚，德盛者獲爵尊，故武功以顯重，而文德以行褒。其以高成之平津鄉户六百五十封丞相弘爲平津侯。」其後以爲故事，至丞相封，自弘始也。

時上方興功業，婁舉賢良。弘自見爲舉首，起徒步，數年至宰相封侯，於是起客館，開東閣以延賢人，與參謀議。弘身食一肉，脱粟飯，故人賓客仰衣食，奉禄皆以給之，家無所餘。然其性意忌，外寬内深。諸常與弘有隙，無近遠，雖陽與善，後竟報其過。殺主父偃，徙董仲舒膠西，皆弘力也。

後淮南、衡山謀反，治黨與方急，弘病甚，自以爲無功而封侯，居宰相位，宜佐明主填撫國家，使人由臣子之道。今諸侯有畔逆之計，此大臣奉職不稱也。恐病死無以塞責，乃上書曰：「臣聞天下通道五，所以行之者三。君臣、父子、夫婦、長幼、朋友之交，五者天下之通道也；仁、知、勇三者，所以行之也。故曰『好問近乎知，力行近乎仁，知恥近乎勇』。知此三者，知所以自治；知所以自治，然後知所以治人』。未有不能自治而能治人者也。陛下躬孝弟，監三王，建周道，兼文武，招徠四方之士，任賢序位，量能授官，將以厲百姓勸賢材也。今臣愚駑，無汗馬之勞，陛下(下)過意擢臣弘卒伍之中，封爲列侯，致位三公。臣弘行能不足以稱，加有負薪之疾，恐先狗馬填溝壑，終無以報德塞責。願歸侯，乞骸骨，避賢者路。」上報曰：「古者賞有功，褒有德，守成[上]文，遭遇右武，未有易此者也。朕夙夜庶幾，獲承至尊，懼不能寧，惟所與共爲治者，君宜知之。蓋君子善善及後世，若兹行，常在朕躬。君不幸罹霜露之疾，何恙不已，乃上書歸侯，乞骸骨，是章朕之不德也。今事少閒，君其存精神，止念慮，輔助醫藥以自持。」因賜告牛酒雜帛。居數月，有瘳，視事。

凡爲丞相御史六歲，年八十，終丞相位。其後李蔡、嚴青翟、趙周、石慶、公孫賀、劉屈氂繼踵爲丞相。自蔡至慶，丞相府客館丘虚而已，至賀、屈氂時壞以爲馬廄車庫奴婢室矣。唯慶以惇謹，復終相位，其餘盡伏誅云。

弘子度嗣侯，爲山陽太守十餘歲，詔徵鉅野令史成詣公車，度留不遣，坐論爲城旦。

元始中，修功臣後，下詔曰：「漢興以來，股肱在位，身行儉約，輕財重義，未有若公孫弘者也。位在宰相封侯，而爲布被脱粟之飯，奉禄以給故人賓客，無有所餘，可謂減於制度，而率下篤俗者也，與内富厚而外爲詭服以釣虚譽者殊科。夫表德章義，所以率世厲俗，聖王之制也。其賜弘後子孫之次見爲適者，爵關内侯，食邑三百户。」

唐晏《兩漢三國學案》卷八《春秋・公孫弘》 公孫弘，菑川薛人也。家貧，牧豕海上。年四十餘，乃學《春秋》。武帝初即位，招賢良文學士，弘年六十，以賢良徵爲博士。使匈奴，還報，不合意，乃移病免。元光五年，復徵對策，拜爲博士，待詔金馬門。弘奏事，有所不可，不肯庭辯。弘習文法吏事，緣飾以儒術，上説之，一歲中至左内史。常稱人主病不廣大，人臣病不節儉。養後母孝謹，後母卒，服喪三年。數年，遷御史大夫。元朔中，爲丞相，封平津侯。於是起客館，開東閣以延賢人，與參謀議。弘身食一肉、脱粟飯，故人賓客仰衣食，奉禄皆以給之，家無所餘。然其性意忌，外寬内深。諸常與弘有隙，雖陽與善，後竟報其過。

殺主父偃，徙董仲舒膠西，皆弘力也。

雜録

備録

《史記》卷三〇《平準書》 自公孫弘以《春秋》之義繩臣下取漢相，張湯用峻文決理爲廷尉，於是見知之法生，而廢格沮誹窮治之獄用矣。其明年，淮南、衡山、江都王謀反迹見，而公卿尋端治之，竟其黨與，而坐死者數萬人，長吏益慘急而法令明察。

當是之時，招尊方正賢良文學之士，或至公卿大夫。公孫弘以漢相，布被，食不重味，爲天下先。然無益於俗，稍鶩於功利矣。

《史記》卷五二《齊悼惠王世家》 趙王懼主父偃一出廢齊，恐其漸疏骨肉，乃上書言偃受金及輕重之短。天子亦既囚偃。公孫弘言：「齊王以憂死毋後，國入漢，非誅偃無以塞天下之望。」遂誅偃。

《史記》卷一一六《西南夷列傳》 當是時，巴蜀四郡通西南夷道，戍轉相饟。數歲，道不通，士罷餓離溼死者甚衆；西南夷又數反，發兵興擊，耗費無功。上患之，使公孫弘往視問焉。還對，言其不便。及弘爲御史大夫，是時方築朔方以據河逐胡，弘因數言西南夷害，可且罷，專力事匈奴。上罷西夷，獨置南夷夜郎兩縣一都尉，稍令犍爲自葆就。

《史記》卷一二〇《汲鄭列傳》 大將軍青侍中，上踞厠而視之。丞相弘燕見，上或時不冠。至如黯見，上不冠不見也。【略】

是時，漢方征匈奴，招懷四夷。黯務少事，乘上閒，常言與胡和親，無起兵。上方向儒術，尊公孫弘。及事益多，吏民巧弄，上分别文法，湯等數奏決讞以幸。而黯常毁儒，面觸弘等徒懷詐飾智以阿人主取容，而刀筆吏專深文巧詆，陷人於罪，使不得反其真，以勝爲功。上愈益貴弘、湯，弘、湯深心疾黯，唯天子亦不説也，欲誅之以事。弘爲丞相，乃言上曰：「右内史界部中多貴人宗室，難治，非素重臣不能任，請徙黯爲右内史。」爲右内史數歲，官事不廢。【略】淮南王謀反，憚黯，曰：「好直諫，守節死義，難惑以非。至如説丞相弘，如發蒙振落耳。」【略】

始黯列爲九卿，而公孫弘、張湯爲小吏。及弘、湯稍益貴，與黯同位，黯又非毁弘、湯等。已而弘至丞相，封爲侯；湯至御史大夫；故黯時丞相史皆與黯同列，或尊用過之。

《史記》卷一二一《儒林列傳》序 【略】公孫弘以《春秋》白衣爲天子三公，封以平津侯，天下之學士靡然鄉風矣。

公孫弘爲學官，悼道之鬱滯，乃請曰：「丞相御史言：制曰『蓋聞導民以禮，風之以樂。婚姻者，居室之大倫也。今禮廢樂崩，朕甚愍焉。故詳延天下方正博聞之士，咸登諸朝。其令禮官勸學，講議洽聞興禮，以爲天下先。太常議，與博士弟子，崇鄉里之化，以廣賢材焉』。謹與太常臧、博士平等議曰：聞三代之道，鄉里有教，夏曰校，殷曰序，周曰庠。其勸善也，顯之朝廷；其懲惡也，加之刑罰。故教化之行也，建首善自京師始，由内及外。今陛下昭至德，開大明，配天地，本人倫，勸學脩禮，崇化厲賢，以風四方，太平之原也。古者政教未洽，不備其禮，請因舊官而興焉。爲博士官置弟子五十人，復其身。太常擇民年十八已上，儀狀端正者，補博士弟子。郡國縣道邑有好文學，敬長上，肅政教，順鄉里，出入不悖所聞者，令相長丞上屬所二千石，二千石謹察可者，當與計偕，詣太常，得受業如弟子。一歲皆輒試，能通一蓺以上，補文學掌故缺；其高弟可以爲郎中者，太常籍奏。即有秀才異等，輒以名聞。其不事學若下材及不能通一蓺，輒罷之，而請諸不稱者罰。臣謹案詔書律令下者，明天人分際，通古今之義，文章爾雅，訓辭深厚，恩施甚美。小吏淺聞，不能究宣，無以明布諭下。治禮次治掌故，以文學禮義爲官，遷留滯。請選擇其秩比二百石以上，及吏百石通一蓺以上，補左右内史、大行卒史；比百石已下，補郡太守卒史：皆各二人，邊郡一人。先用誦多者，若不足，乃擇掌故補中二千石屬，文學掌故補郡屬，備員。請著功令。佗如律令。」制曰：「可。」自此以來，則公卿大夫士吏斌斌多文學之士矣。

《史記》卷一二一《儒林列傳・轅固生》 今上初即位，復以賢良徵固。【略】薛人公孫弘亦徵，側目而視固。固曰：「公孫子，務正學以言，無曲學以阿世！」

《史記》卷一二一《儒林列傳・董仲舒》 公孫弘治《春秋》不如董仲舒，而弘希世用事，位至公卿。董仲舒以弘爲從諛。弘疾之，乃言上曰：「獨董仲舒可使相膠西王。」膠西王素聞董仲舒有行，亦善待之。董仲舒恐久獲罪，疾免居家。

至卒，終不治產業，以脩學著書爲事。【略】

齊之言《春秋》者多受胡毋生，公孫弘亦頗受焉。

瑕丘江生爲穀梁《春秋》。自公孫弘得用，嘗集比其義，卒用董仲舒。

《史記》卷一二四《遊俠列傳・郭解》 御史大夫公孫弘議曰：「解布衣爲任俠行權，以睚眦殺人，解雖弗知，此罪甚於解殺之。當大逆無道。」遂族郭解翁伯。

桓寬《鹽鐵論・刺復》 文學曰：「冰炭不同器，日月不並明。當公孫弘之時，人主方設謀垂意於四夷，故權譎之謀進，荆、楚之士用，將帥或至封侯食邑，而勉獲者咸蒙厚賞，是以奮擊之士由此興。其後，干戈不休，軍旅相望，甲士糜弊，縣官用不足，故設險興利之臣起，磻溪熊羆之士隱。涇、渭造渠以通漕運，東郭咸陽、孔僅建鹽、鐵，策諸利，富者買爵販官，免刑除罪，公用彌多而爲者徇私，上下兼求，百姓不堪，抏弊而從法，故憯急之臣進，而見知、廢格之法起。杜周、咸宣之屬，以峻文決理貴，而王溫舒之徒以鷹隼擊殺顯。其欲據仁義以道事君者寡，偷合取容者衆。獨以一公孫弘，如之何？」

《漢書》卷一八《外戚恩澤侯表序》 至乎孝武，元功宿將略盡。會上亦興文學，進拔幽隱，公孫弘自海瀕而登宰相，於是寵以列侯之爵。又疇咨前代，詢問耆老，初得周後，復加爵邑。自是之後，宰相畢侯矣。

《漢書》卷二二《禮樂志》 大儒公孫弘、董仲舒等皆以爲音中正雅，立之大樂。

《漢書》卷二四下《食貨志下》 自〔公〕孫弘以《春秋》之義繩臣下取漢相，張湯以峻文決理爲廷尉，於是見知之法生，而廢格沮誹窮治之獄用矣。其明年，淮南、衡山、江都王謀反迹見，而公卿尋端治之，竟其黨與，坐而死者數萬人，吏益慘急而法令察。當是時，招尊方正賢良文學之士，或至公卿大夫。公孫弘以宰相，布被，食不重味，爲下先，然而無益於俗，稍務於功利矣。

《漢書》卷六四上《吾丘壽王傳》 丞相公孫弘奏言「民不得挾弓弩。十賊彍弩，百吏不敢前，盜賊不輒伏辜，免脱者衆，害寡而利多，此盜賊所以蕃也。禁民不得挾弓弩，則盜賊執短兵，短兵接則衆者勝。以衆吏捕寡賊，其勢必得。盜賊有害無利，則莫犯法，刑錯之道也。臣愚以爲禁民毋得挾弓弩便。」上下其議。壽王對曰：

臣聞古者作五兵，非以相害，以禁暴討邪也。安居則以制猛獸而備非常，有事則以設守衛而施行陣。及至周室衰微，上無明王，諸侯力政，彊侵弱，衆暴寡，海内抏敝，〔是以〕巧詐並生。〔是以〕知者陷愚，勇者威怯，苟以得勝爲務，不顧義理。故機變械飾，所以相賊害之具不可勝數。於是秦兼天下，廢王道，立私議，滅《詩》《書》而首法令，去仁恩而任刑戮，墮名城，殺豪桀，銷甲兵，折鋒刃。其後，民以耰鉏箠梃相撻擊，犯法滋衆，盜賊不勝，至於赭衣塞路，羣盜滿山，卒以亂亡。故聖王務教化而省禁防，知其不足恃也。

今陛下昭明德，建太平，舉俊材，興學官，三公有司或由窮巷，起白屋，裂地而封，宇内日化，方外鄉風，然而盜賊猶有者，郡國二千石之罪，非挾弓弩之過也。《禮》曰男子生，桑弧蓬矢以舉之，明示有事也。孔子曰：「吾何執？執射乎？」大射之禮，自天子降及庶人，三代之道也。《詩》云「大侯既抗，弓矢斯張，射夫既同，獻爾發功」，言貴中也。愚聞聖王合射以明教矣，未聞弓矢之爲禁也。且所爲禁者，爲盜賊之以攻奪也。攻奪之罪死，然而不止者，大姦之於重誅固不避也。臣恐邪人挾之而吏不能止，良民以自備而抵法禁，是擅賊威而奪民救也。竊以爲無益於禁姦，而廢先王之典，使學者不得習行其禮，大不便。

書奏，上以難丞相弘。弘詘服焉。

《漢書》卷八八《儒林傳序》 漢興，言《易》自淄川田生；言《書》自濟南伏生；言《詩》，於魯則申培公，於齊則轅固生，燕則韓太傅；言《禮》，則魯高堂生；言《春秋》，於齊則胡毋生，於趙則董仲舒。及竇太后崩，武安君田蚡爲丞相，黜黄老、刑名百家之言，延文學儒者以百數，而公孫弘以治《春秋》爲丞相封侯，天下學士靡然鄉風矣。

備論

《漢書》卷五八《公孫弘卜式兒寬傳贊》 公孫弘、卜式、兒寬皆以鴻漸之翼困於燕爵，遠迹羊豕之間，非遇其時，焉能致此位乎？

《漢書》卷六四上《嚴助傳》 公孫弘起徒步，數年至丞相，開東閣，延賢人與謀議，朝覲奏事，因言國家便宜。

《漢書》卷一〇〇下《敘傳下》 平津斤斤，晚躋金門，既登爵位，禄賜頤賢，布衾疏食，用儉飭身。卜式耕牧，以求其志，忠寤明君，乃爵乃試。兒生亹亹，束

髮修學，偕列名臣，從政輔治。

《全宋文》卷一六三四鄧綰《公孫弘論》 漢四百年，唯武、昭、宣之世，得人爲盛，前史總爲之論而稱讚之。然李蔡之人品，當時目之下中；楊敞之對客，其妻與之參語；蔡義之庸懦，舉朝有老嫗之誚焉。而卒李蔡位至三公，楊敞、蔡義以給事霍光幕府，并至丞相。其故何哉？武、昭、宣非不求人也，當時非乏賢也，蓋平津取容，非引李蔡無以見己之賢；博陸持權，非用楊敞、蔡義則無以便己之私。故逐汲黯，罪董生，殺主父，而引李蔡則平津獨賢矣；抑望之，黜魏相，而相楊敞，則博陸愈尊矣。噫！抑遠賢俊，蔽君耳目，引不如己爲自固之計，此人臣之利，非人主之益、天下之福也。故擇小臣者，訪之大臣可也；擇大臣而謀之大臣，必有不得其情者矣。試請言其情。夫利同者相忌，勢均者相疑。人臣欲得其君，則惡人之賢於己也；欲便其私，則惡人之戾於己也；欲匿其姦，則惡人之察於己也。故擇大臣而謀之大臣，必有不得其情者矣，此人君擇臣之術也，不可以不察也。古語有云：女入宮見妬，士入朝見嫉。昔晉武帝擇采嬪御，使揚后選之，后揀出其美麗者，獨取其長大者。夫擇大臣而謀之大臣，其蔽豈不近於此耶？晏嬰，齊之賢相也，毀孔子而逐之；臧武仲，魯之名卿也，忌展禽而廢之；高氏、國氏、鮑氏，齊之大家也，害穰苴而毀之；公叔、田文，魏之忠臣也，嫉吳起而讒之：此數臣之情僞，不可不知也。噫！鄙夫事君，莫不有患得患失之憂；才臣得志，亦不免功名彼我之心。爲人君者，欲得才傑輔弼之臣，不能詢事考言，深思獨斷而舉用之，欲擇大臣而謀於大臣，或亦不得其實矣。

《全宋文》卷六二一〇袁説友《公孫弘辯》 或曰公孫弘願不用卜式，知人者。余曰不然，作《公孫弘辯》。

卜式上書，願輸家財助邊。上使使問式：「欲爲官乎？」式曰：「不習仕宦，不願也。」使者曰：「家有冤欲言乎？」式曰：「臣生與人亡所争，邑人貧者貸之，式何故冤。」使者曰：「苟子何故？」式曰：「天子誅匈奴，愚以爲賢者宜死節，有財者宜輸之，如此而匈奴可滅也。」上以語丞相公孫弘，弘曰：「此非人情。不軌之臣，不可以爲化而亂法，願陛下勿許。」上不報。嗚呼！公孫弘其以妾婦之道事其君也。觀弘立朝大概，顯然盡在史册，固不必枚舉而後見。然獨惡其以卜式爲不軌之臣，不可以爲化而亂法。愚以《春秋》誅意之法繩之，則妾婦之説信矣。方弘之事武帝，其矯僞足以欺世而愚俗，而獨不能以誣汲黯。蓋天下之理，惟正足以識邪，惟誠足以照僞。彼其見詰於汲黯，略不少恕。凡弘一言之發，一事之舉，黯即誚責，皆逆其心之所未形見者，旁詰而曲數之。故弘曾無一日少自縱肆，往往費辭曲説，僅足以爲臨時解紛之計。其視黯輩，恨不斥去也。而卜式輸財之奏，雖未可以爲美事，然觀其答使者反覆之言，與其牧羊如治民之語，其忠純質直，守道徇理，不徇情勢，是蓋汲黯之似者。而弘心固逆知之，彼謂使式一日居於朝廷，則又復一汲黯矣。一黯且不能制，而乃附益之，吾其危哉。弘意出此，故曰「願陛下勿許」，則其懷疑猜忌之意，所以刺刺於中者爲何如？且式後既爲郎，凡因時諷諫，以死請行，指鹽鐵之爲難，謂舟車之可罷，此豈弘輩所可企萬分一者，而曰「不可以爲化而亂法」，嗚呼！剛明英武如漢武，且不足以燭姦人之計，信乎君子難進而易退者也。

《全宋文》卷三九五四李彌遜《公孫弘禁民毋得挾弓弩議》 始皇殺豪俊，銷鋒鏑，以固萬世之業，而陳涉起阡陌，偏袒一呼，天下嚮應，斬木爲兵，揭竿爲旗以亡秦，烏在其兵甲堅利耶？爲國者苟德教足以感人，刑政足以制衆，雖賞之不竊；不然，欲禍亂之弭，難矣。公孫弘爲相，不知出此，而欲禁挾弓矢以除盜，壽王謂是擅賊威而奪民救也，誠哉！腐儒之術乖疏，一至於是。而後世語治者，尤而效之，抑又甚焉。如寓兵於農，三代之政也，而曰勤民於野，盜賊必蓄。玩近代之弊，而廢累古不易之法，亦可謂不知務矣。

《全宋文》卷四二五九劉子翬《漢書雜論下》 公孫宏徒步數年至宰相封侯，於是起客館、開東閣以延賢人，一時稱焉，然不聞有所引薦也。董仲舒卒擠排之，何賢人之能得耶。若所招延唯諂諛軟美之士，則宏之客館與屈氂之奴婢室無以異也。

洪邁《容齋隨筆》卷五《平津侯》 公孫平津本傳稱其意忌内深，殺主父偃，徙董仲舒，皆其力。然其可稱者兩事：武帝置蒼海、朔方之郡，平津數諫，以爲罷弊中國以奉無用之地，願罷之。上使朱買臣等難之，乃謝曰：「山東鄙人，不知其便若是，願罷西南夷，專奉朔方。」上乃許之。卜式上書，願輸家財助邊，蓋迎合主意。上以語平津，對曰：「此非人情，不軌之臣不可以爲化而亂法，願勿許。」乃罷式。當武帝好大喜功而能如是，槩之後世，足以爲賢相矣，惜不以式事載本傳中。

王應麟《通鑑答問》卷四 或問：公孫弘學《春秋》，年七十餘對策高第，不能守經據古，引君當道，而曲學阿世以取爵位，年進而德退，何其繆歟？曰：在《易·艮》之上九，敦艮之吉，以厚終也。節或隳於晚，守或失於終，艮止之至善，篤厚於終而已。君子於老，戒之在得。既得之，患失之無所不至矣。公孫弘始

也不合意而免歸，再以賢良召，辭謝不能，固推而後出，似非嗜進無恥者。及待詔金馬，每朝會議，開陳其端，使人主自擇，不肯面折廷爭，蓋以戒得之年，懷患失之意，變其初節，媮合苟從。《春秋》之學，所以明王道辨是非也。弘不能勝利欲之心，舍所學以求詭遇之獲宰相封侯，人以爲榮，識者則曰儒之辱也。太史公自序云：公孫弘以儒顯，其意微矣。以道得民之謂儒，特立獨行之謂儒。自周公以大儒相天下，孔孟道不得行。漢興六世，弘始以儒得相，儒之遇世如此其難也。功烈如彼其卑也，非儒之辱乎？正誼不謀利，明道不計功。若董子可以爲儒矣，而武帝不能用，弘不能容也。《儒林傳》云：公孫弘以《春秋》白衣爲天子三公，天下學士靡然嚮風。夫弘以佞諛致斯位，猶翰音之登天，稊稗之有秋，而學者爲之風動，明經志青紫，稽古矜車馬，慕人爵之勢榮，忘天爵之良貴，弘實啓之。《平準書》又云：公孫弘以《春秋》之義繩臣下，取漢相。史公於弘之爲相屢書不一書，深嘆夫儒效不白於天下，而文姦飾詐者，爲經術之羞也。是時，轅固年九十餘，亦以賢良進，蹇蹇諤諤，入朝見疾，帝棄之如遺。噫！守儒之名，流芳不朽，曲學之罪，播惡無窮。一時之用舍，豈能掩百世之榮辱哉！

或曰：丞相封侯自公孫弘始歟？曰：孝文後二年，申屠嘉爲丞相，封故安侯，非始于弘也。曰：弘始以儒者得相，其後爲相者皆以儒歟？曰：弘之後李蔡、莊青翟、趙周、石慶、公孫賀，皆非儒也。劉屈氂以宗室，繼以田千秋，亦非儒也。終帝之世，儒相惟弘一人。其後相克有終者，弘、慶、千秋三人而已。帝非不知正人可以重廊廟，有德可以尊朝廷也。好臣所教，苟用易制，有順無救，不拯其隨，若弘可謂具臣矣。《秦誓》曰：人之有技，媢嫉以惡之，人之彦聖，而違之俾不達。是不能容其弘之謂乎。薦董仲舒相膠西，請徙汲黯爲右內史，欲納之必死之地，幸姦謀之不售，否則李林甫、盧杞與弘爲三矣。史稱弘起客館，開東閤，延賢人，與參謀議，而排擯二賢若此，其所謂賢者誰乎？帝之崇儒，未嘗知儒。弘之禮賢，未嘗知賢。上有好名之君，下有釣名之臣，不獨弘也。張湯號爲推賢揚善，而置狄山於死。鄭莊號爲推轂士，而進東郭咸陽、孔僅，則帝之所謂得人，可知矣。或謂帝雖失於賢良之公孫弘，猶得於不學之霍光。噫！真儒不用，而世之輕儒者以是藉口，儒豈果無益於國哉！

李贄《藏書》卷九《大臣傳三・結主大臣・公孫弘》 轅固以弘爲阿世，仲舒以弘爲從諛，汲黯以弘爲不忠，皆似也。予以爲臣而忠可也，獨不思有難乎其爲上者與？主欲聖而臣欲忠，夫誰獨無欲者。今臣欲忠而不以聖歸其主，主欲聖而不以忠與其臣，夫是以愈相持而愈不相值耳。必也，其至忠乎？至忠者不忠，平津侯真是已。且帝素憚黯，黯亦素能面折帝者，帝之多欲如故也。黯以忠求帝，而帝反以戇與黯，吾見忠未獲而淮陽之命下矣。平津侯則不然。天子使吾丘壽王等難弘，弘詘服。使朱買臣等難弘，弘則曰：「山東鄙人，不知其便若是也。」蓋歸其能于主，而居己于不能，上下之道固如是耳。然而天子卒用侯言，不置滄海，不通西南夷，族郭解而舍卜式，非人情不軌之臣，則帝之受益於侯者亦弘矣。作史者乃稱其意忌，外寬內深，而獨引二人以爲證。夫主父之惡，甚於郭解，可勿誅耶？仲舒以明災異下獄論死，誰出之？平津侯力也，人特未知之耳。況乎膠西之相，惟正義不謀利者乃宜居之。舉能其官，又何過乎？

陳子龍《安雅堂稿》卷八《公孫弘論》 平陵侯建嘗説衛大將軍以養士，大將軍謝曰：自魏其、武安之厚賓客，天子常切齒，人臣奉法遵職而已，何與招士。此其深中帝心而保有功名者也。及公孫弘爲丞相，起客館，開東閤，以延賢人，不聞見惡於帝，何哉？夫武帝雄主也，不欲移權於下，彼親見貴戚之族，結私交，養死士，睥睨兩宫間，故痛恨於田、竇也。青以椒房之戚，嘗握數十萬衆，横行匈奴，此其人非可見嫌於人主者。若弘以六七十老布衣，受知遇至宰相封侯，雖賓客日進，豈人主之所忌哉？且當其時天下奇材異能之士，縱横詭倜之儔，帝皆招而致之矣。弘之所謂賢人者，雖不可知，然大約經生掌故之流，如與太常博士所議者而已。至於朔方之難，則絀於朱買臣，弓矢之議，則絀於吾邱壽王，而又時時稱長孺之賢。彼蓋内示魯鈍以投人主之所歡，而外示寬容以收天下之譽，弘亦智矣哉。夫古之小人雖至忮險，亦必時有所延獎，時有所縱捨，而後其惡可行，豈惟弘哉？張湯，酷吏也，猶能厚待賓客，故人造請諸公不避寒暑，故能以此動天下。我見今之大臣不然，拒人千里之外，以自託於絶私奉公。一人非之，則憤然而起，相與詬厲，不勝不止。繇是觀之，弘以功名終，而湯有後未爲幸也。彼公孫賀、劉屈氂壞客館爲馬廐車庫而卒不免於誅，嗚呼！人主之所惡，豈獨以私交哉！

王鳴盛《十七史商榷》卷六《公孫弘等》 公孫弘及主父偃、徐樂、嚴安，皆傾險浮薄之徒耳，而其上書言事，皆能諫止用兵。蓋是時如若輩者，猶倚正論以行其説，武帝亦喜而恨相見晚。武帝好文，故愛其辭而不責其忤己。偃既任用，遂請城朔方，以爲滅匈奴之本，與初進議論，大相矛盾矣。

公孫弘以儒者致位宰相，封侯，乃與主父偃同傳。張湯、杜周皆三公也，乃

入之《酷吏傳》。子長惡此三人特甚，故其位置如此。至班氏欲體裁整齊，故遂提公孫弘與卜式、兒寬同傳，而主父偃自與嚴助、朱買臣輩同傳，搭配停勻，殊覺合宜，不似子長之不倫不類矣。至於張、杜兩人，在子長輕薄之則可，豈料其子孫名臣相繼，富貴烜赫，自不便復入《酷吏》，故班氏不得已而升入列傳。夫兩人皆殘刻小人，致位三公，亦過矣。及其後復大昌，誠不可解。班氏求其故而不得，故於湯傳贊，則以湯雖酷烈及身蒙咎爲解，見其餘殃不當又及子孫。若杜周則善終者，班氏幾無以爲解，故於傳贊深致其疑訝，而終解之曰：自謂唐杜苗裔，豈其然乎？見得除非因此或當流慶，此等措詞之妙，班直不讓馬矣。吁！自有馬、班而二人之惡，孝子慈孫，百世不改，若非良史，則爲善者懼，爲惡者勸，史權不亦重哉！

藝文

《全唐詩》卷三七王績《薛記室收過莊見尋率題古意以贈》　憶我少年時，攜手遊東渠。梅李夾兩岸，花枝何扶疏。同志亦不多，西莊有姚徐。嘗愛陶淵明，酌醴焚枯魚。嘗學公孫弘，策杖牧羣豬。追念甫如昨，奄忽成空虛。人生詎能幾，歲歲常不舒。賴有北山僧，教我以真如。使我視聽遣，自覺塵累祛。何事須筌蹄，今已得兔魚。舊遊儻多暇，同此釋紛拏。

《全唐詩》卷七二九周曇《平津侯》　儒素逢時得自媒，忽從徒步列公台。北辰如不延吾輩，東閣何由逐汝開。

《全宋文》卷五二二宋祁《平津侯東閣贊并序》　粵若遂萬物，帥百寮，丞相之位至尊也；壹統類，運樞極，丞相之責至重也。眇視振古，艱哉若人。若乃持尊本乎就卑，分重由於借力。借力於賢則國治，就卑以已則士集。此平津侯所以開東閣延天下之俊也。於是漢興七十餘歲矣，制度草創，禮文未縟。上方嚮儒術，絀黃老，議正朔，易服色，郊見上帝，親巡泰山，北探單于嫚書之罪，南誚勁越不臣之俗，東築穢貊滄海之郡，西開夜郎邛僰之道。求非常之人，待不次之位。四方之士，上書衒鬻者以千數。我侯起白屋，以《春秋》之義繩臣下，取漢相，則不得不求賢以自輔也。夫賢至而禮不篤，與不至同；禮篤而用不密，與不禮同。我侯坐閤以賓之，脱粟以食之，悉其奉賜，以給諸公，可謂禮之矣；從容請問，講聞高義，可謂用之矣。是以國家表裏，爛焉可睹，天下學士，靡然嚮風。耳不殫聽，人無所隱其聰；目不偏窺，物無所逃其瞭。漢之得士，於斯爲盛。且夫官惟其人，無之則闕。後之宰天下者爲不少矣，然而專其茵軾，奥其壇宇，門闌呵留，騶呼傳唱，士有願見而不獲，民有赴訴而中止，況求乎歷相府，坐相閣，攘袂以言天下之事乎？故齪齪備員者有之，沾沾多易者有之。褚淵障扇以自蔽，常衮塞門以示威，固其然也。噫！其人存則其閣立，其人亡則其閣廢，屈氂、孫賀，毀爲廐庫，可勝嘆哉！儒有千載而下，覽乎舊史，嘆東閣之不見也，我見其傳，如人存焉。遂爲贊云：

衆材構厦閣之興，群賢講治時之明，吁嗟乎平津！棟折榱崩閣之廢，衆士不集時之弊，吁嗟乎平津！

主父偃部

綜述

《史記》卷一一二《平津侯主父列傳》 主父偃者，齊臨菑人也。學長短縱橫之術，晚乃學《易》、《春秋》、百家言。游齊諸生閒，莫能厚遇也。齊諸儒生相與排擯，不容於齊。家貧，假貸無所得，迺北游燕、趙、中山，皆莫能厚遇，爲客甚困。孝武元光元年中，以爲諸侯莫足游者，乃西入關見衛將軍。衛將軍數言上，上不召。資用乏，留久，諸公賓客多厭之，乃上書闕下。朝奏，暮召入見。所言九事，其八事爲律令，一事諫伐匈奴。其辭曰：

臣聞明主不惡切諫以博觀，忠臣不敢避重誅以直諫，是故事無遺策而功流萬世。今臣不敢隱忠避死以效愚計，願陛下幸赦而少察之。

《司馬法》曰：「國雖大，好戰必亡；天下雖平，忘戰必危。」天下既平，天子大凱，春蒐秋獮，諸侯春振旅，秋治兵，所以不忘戰也。且夫怒者逆德也，兵者凶器也，争者末節也。古之人君，一怒必伏尸流血，故聖王重行之。夫務戰勝窮武事者，未有不悔者也。昔秦皇帝任戰勝之威，蠶食天下，并吞戰國，海内爲一，功齊三代。務勝不休，欲攻匈奴，李斯諫曰：「不可。夫匈奴無城郭之居，委積之守，遷徙鳥舉，難得而制也。輕兵深入，糧食必絶；踵糧以行，重不及事。得其地不足以爲利也，遇其民不可役而守也。勝必殺之，非民父母也。靡獘中國，快心匈奴，非長策也。」秦皇帝不聽，遂使蒙恬將兵攻胡，辟地千里，以河爲境。地固澤(鹹)鹵，不生五穀。然後發天下丁男以守北河。暴兵露師十有餘年，死者不可勝數，終不能踰河而北。是豈人衆不足，兵革不備哉？其勢不可也。又使天下蜚芻輓粟，起於黄、腄、琅邪負海之郡，轉輸北河，率三十鍾而致一石。男子疾耕不足於糧饟，女子紡績不足於帷幕。百姓靡敝，孤寡老弱不能相養，道路死者相望，蓋天下始畔秦也。

及至高皇帝定天下，略地於邊，聞匈奴聚於代谷之外而欲擊之。御史成進諫曰：「不可。夫匈奴之性，獸聚而鳥散，從之如搏影。今以陛下盛德攻匈奴，臣竊危之。」高帝不聽，遂北至於代谷，果有平城之圍。高皇帝蓋悔之甚，乃使劉敬往結和親之約，然後天下忘干戈之事。故兵法曰「興師十萬，日費千金」。夫秦常積衆暴兵數十萬人，雖有覆軍殺將係虜單于之功，亦適足以結怨深讎，不足以償天下之費。夫上虚府庫，下敝百姓，甘心於外國，非完事也。夫匈奴難得而制，非一世也。行盜侵敺，所以爲業也，天性固然。上及虞、夏、殷、周，固弗程督，禽獸畜之，不屬爲人。夫上不觀虞、夏、殷、周之統，而下(脩)〔循〕近世之失，此臣之所大憂，百姓之所疾苦也。且夫兵久則變生，事苦則慮易。乃使邊境之民獘靡愁苦而有離心，將吏相疑而外市，故尉佗、章邯得以成其私也。夫秦政之所以不行者，權分乎二子，此得失之效也。故《周書》曰「安危在出令，存亡在所用」。願陛下詳察之，少加意而熟慮焉。

是時趙人徐樂、齊人嚴安俱上書言世務，各一事。【略】

書奏天子，天子召見三人，謂曰：「公等皆安在？何相見之晚也！」於是上乃拜主父偃、徐樂、嚴安爲郎中。〔偃〕數見，上疏言事，詔拜偃爲謁者，遷(樂)爲中大夫。一歲中四遷偃。

偃説上曰：「古者諸侯不過百里，彊弱之形易制。今諸侯或連城數十，地方千里，緩則驕奢易爲淫亂，急則阻其彊而合從以逆京師。今以法割削之，則逆節萌起，前日鼂錯是也。今諸侯子弟或十數，而適嗣代立，餘雖骨肉，無尺寸地封，則仁孝之道不宣。願陛下令諸侯得推恩分子弟，以地侯之。彼人人喜得所願，上以德施，實分其國，不削而稍弱矣。」於是上從其計。又説上曰：「茂陵初立，天下豪桀并兼之家，亂衆之民，皆可徙茂陵，内實京師，外銷姦猾，此所謂不誅而害除。」上又從其計。

尊立衛皇后，及發燕王定國陰事，蓋偃有功焉。大臣皆畏其口，賂遺累千金。人或説偃曰：「太横矣。」主父曰：「臣結髮游學四十餘年，身不得遂，親不以爲子，昆弟不收，賓客棄我，我阸日久矣。且丈夫生不五鼎食，死即五鼎亨耳。吾日暮途遠，故倒行暴施之。」

偃盛言朔方地肥饒，外阻河，蒙恬城之以逐匈奴，内省轉輸戍漕，廣中國，滅胡之本也。上覽其説，下公卿議，皆言不便。公孫弘曰：「秦時常發三十萬衆築北河，終不可就，已而棄之。」主父偃盛言其便，上竟用主父計，立朔方郡。

元朔二年，主父言齊王内淫佚行僻，上拜主父爲齊相。至齊，遍召昆弟賓

客，散五百金予之，數之曰：「始吾貧時，昆弟不我衣食，賓客不我内門；今吾相齊，諸君迎我或千里。吾與諸君絶矣，毋復入偃之門！」乃使人以王與姊姦事動王，王以爲終不得脱罪，恐效燕王論死，乃自殺。有司以聞。

主父始爲布衣時，嘗游燕、趙，及其貴，發燕事。趙王恐其爲國患，欲上書言其陰事，爲偃居中，不敢發。及爲齊相，出關，即使人上書，告言主父偃受諸侯金，以故諸侯子弟多以得封者。及齊王自殺，上聞大怒，以爲主父劫其王令自殺，乃徵下吏治。主父服受諸侯金，實不劫王令自殺。上欲勿誅，是時公孫弘爲御史大夫，乃言曰：「齊王自殺無後，國除爲郡，入漢，主父偃本首惡，陛下不誅主父偃，無以謝天下。」乃遂族主父偃。

主父方貴幸時，賓客以千數，及其族死，無一人收者，唯獨洨孔車收葬之。天子後聞之，以爲孔車長者也。

唐晏《兩漢三國學案》卷一《周易・主父偃》 主父偃，齊國臨淄人也。學長短縱横術，晚迺學《易》、《春秋》、百家之言。游齊諸子間，諸儒生相與排擯，不容於齊。家貧，假貸無所得，北遊燕、趙、中山，皆莫能厚客，甚困。以諸侯莫足游者，元光初迺西入關見衛將軍。衛將軍數言上，上不省。資用乏，留久，諸侯賓客多厭之，迺上書闕下。朝奏，莫召入見。所言九事，其八事爲律令，一事諫伐匈奴，乃拜爲郎中。歲中四遷。偃因説上曰：「古者諸侯地不過百里，願陛下令諸侯得推恩分子弟，以地侯之。彼人人喜得所願，上以德施，實分其國，必稍自銷弱矣。」上從其計。又説上以「茂陵初立，天下豪桀兼并之家，亂衆民，皆可徙茂陵，内實京師，外銷姦猾，此所謂不誅而害除」。上又從之。尊立衛皇后及發燕王定國陰事，偃有功焉。大臣皆畏其口，賂遺累千金。或説偃曰：「大横。」偃曰：「丈夫生不五鼎食，死則五鼎烹耳。吾日暮，故倒行逆施之。」後卒以齊王事誅。

雜録

備録

《史記》卷五二《齊悼惠王世家》 齊有宦者徐甲，入事漢皇太后。皇太后有愛女曰脩成君，脩成君非劉氏，太后憐之。脩成君有女名娥，太后欲嫁之於諸侯，宦者甲乃請使齊，必令王上書請娥。皇太后喜，使甲之齊。是時齊人主父偃知甲之使齊以取后事，亦因謂甲：「即事成，幸言偃女願得充王後宫。」甲既至齊，風以此事。紀太后大怒，曰：「王有后，後宫具備。且甲，齊貧人，急乃爲宦者，入事漢，無補益，乃欲亂吾王家！且主父偃何爲者？乃欲以女充後宫！」徐甲大窮，還報皇太后曰：「王已願尚娥，然有一害，恐如燕王。」燕王者，與其子昆弟姦，新坐以死，亡國，故以燕感太后。太后曰：「無復言嫁女齊事。」事浸潯（不得）聞於天子。主父偃由此亦與齊有卻。

主父偃方幸於天子，用事，因言：「齊臨菑十萬户，市租千金，人衆殷富，巨於長安，此非天子親弟愛子不得王此。今齊王於親屬益疏。」乃從容言：「吕太后時齊欲反，吴楚時孝王幾爲亂。今聞齊王與其姊亂。」於是天子乃拜主父偃爲齊相，且正其事。主父偃既至齊，乃急治王後宫宦者爲王通於姊翁主所者，令其辭證皆引王。王年少，懼大罪爲吏所執誅，乃飲藥自殺。絶無後。

是時趙王懼主父偃一出廢齊，恐其漸疏骨肉，乃上書言偃受金及輕重之短。天子亦既因偃。公孫弘言：「齊王以憂死毋後，國入漢，非誅偃無以塞天下之望。」遂誅偃。

《史記》卷一二一《儒林列傳》 臨菑人主父偃，皆以《易》至二千石。然要言《易》者本於楊何之家。

桓寬《鹽鐵論・孝養》 近世，主父偃行不軌而誅滅，吕步舒弄口而見戮，行身不謹，誅及無罪之親。由此觀之：虚禮無益於己也。

王充《論衡・命禄篇》 殊不知才知行操雖高，官位富禄有命。才智之人，以吉盛時舉事而福至，人謂才智明審；凶衰禍來，謂愚闇。不知吉凶之命，盛衰之禄也。白圭、子貢，轉貨致富，積累金玉，人謂術善學明，〔非也〕。主父偃辱賤於齊，排擯不用；赴闕舉疏，遂用於漢，官至齊相。趙人徐樂亦上書，與偃章會，上善其言，徵拜爲郎。人謂偃之才，樂之慧，非也。

王充《論衡・超奇篇》 高祖讀陸賈之書，歎稱萬歲；徐樂、主父偃上疏，徵拜郎中，方今未聞。膳無苦酸之肴，口所不甘味，手不舉以啖人。詔書每下，文義經傳四科，詔書斐然，郁郁好文之明驗也。上書不實核，著書無義指，「萬歲」之聲，「徵拜」之恩，何從發哉？飾面者皆欲爲好，而運目者希；文（聞）音者皆欲爲悲，而驚耳者寡。陸賈之書未奏，徐樂、主父之策未聞，羣諸瞽言之徒，言事麤

醜，文不美潤，不指所謂，文辭淫滑，不被濤沙之謫，幸矣！焉蒙徵拜爲郎中之寵乎？

王充《論衡・對作篇》 董仲舒作道術之書，頗言災異政治所失，書成文具，表在漢室。主父偃嫉之，誣奏其書。天子下仲舒於吏，當謂之下愚。仲舒當死，天子赦之。

《漢書》卷三〇《藝文志》「縱横家」 《主父偃》二十八篇。

《漢書》卷五三《景十三王傳》 上乃厚諸侯之禮，省有司所奏諸侯事，加親親之恩焉。其後更用主父偃謀，令諸侯以私恩自裂地分其子弟，而漢爲定制封號，輒别屬漢郡。漢有厚恩，而諸侯地稍自分析弱小云。

《後漢書》卷九〇《鮮卑傳》 蔡邕曰：「武帝情存遠略，志闢四方，南誅百越，北討强胡，西伐大宛，東并朝鮮。因文、景之蓄，藉天下之饒，數十年間，官民俱匱。乃興鹽鐵酒榷之利，設告緡重税之令，民不堪命，起爲盜賊，關東紛擾，道路不通。繡衣直指之使，奮鈇鉞而並出。既而覺悟，乃息兵罷役，〔封〕丞相爲富人侯。故主父偃曰：「夫務戰勝，窮武事，未有不悔者也。」夫以世宗神武，將相良猛，財賦充實，所拓廣遠，猶有悔焉。況今人財並乏，事劣昔時乎！」

《顔氏家訓・省事》 上書陳事，起自戰國，逮於兩漢，風流彌廣。原其體度：攻人主之長短，諫諍之徒也；訐羣臣之得失，訟訴之類也；陳國家之利害，對策之伍也；帶私情之與奪，遊説之儔也。總此四塗，賈誠以求位，鬻言以干禄。或無絲毫之益，而有不省之困，幸而感悟人主，爲時所納，初獲不貲之賞，終陷不測之誅，則嚴助、朱買臣、吾丘壽王、主父偃之類甚衆。良史所書，蓋取其狂狷一介，論政得失耳，非士君子守法度者所爲也。今世所覩，懷瑾瑜而握蘭桂者，悉恥爲之。

林寶《元和姓纂》卷六《主》 主，主父偃之後，或單姓主氏。今同州有此姓。

洪邁《容齋隨筆》卷二《漢輕族人》 爰盎陷鼂錯，但云：「方今計，獨有斬錯耳。」而景帝使丞相以下劾奏，遂至父母妻子同産無少長皆棄市。主父偃陷齊王於死，武帝欲勿誅，公孫丞相争之，遂族偃。郭解客殺人，吏奏解無罪，公孫大夫議，遂族解。且偃、解兩人本不死，因議者之言，殺之足矣，何遽至族乎？漢之輕於用刑如此！

王應麟《困學紀聞》卷一〇《諸子》 蒯通善爲長短説，主父偃學長短從横術，邊通學短長。

王應麟《困學紀聞》卷一二《考史》 主父偃學從横，諸儒排擯不容。

黄震《古今紀要》卷二《西漢》 主父偃，上書言九事，八律令，一諫伐匈奴。推恩分者侯三，子弟亦長。説上徙豪民茂陵，及置朔方郡。大臣皆畏其口，賂遺累千金。始遊燕、趙，發燕王定國陰事，趙王乘其相齊，出關亦發偃陰事。及齊王懼偃而自殺，偃遂誅，公孫弘主之云。

汪越《讀史記十表》卷五《讀漢興以來諸侯年表》 衆建諸侯而少其力，此賈誼之策，以之干文帝者。至景帝用鼂錯謀削七國，山東諸侯皆反。武帝用主父偃之説，使推恩子弟，分其國邑，乃不削奪而自析矣。然班固有言：抑損諸侯，減黜其官，惟得衣食租税，不與政事。至哀、平之際，皆繼體苗裔，親屬疏遠，不爲士民所尊。

備論

《史記》卷八〇《樂毅列傳論》 始齊之蒯通及主父偃讀樂毅之報燕王書，未嘗不廢書而泣也。樂臣公學黄帝、老子，其本師號曰河上丈人，不知其所出。河上丈人教安期生，安期生教毛翕公，毛翕公教樂瑕公，樂瑕公教樂臣公，樂臣公教蓋公。蓋公教於齊高密、膠西，爲曹相國師。

《史記》卷一一二《平津侯主父列傳論》 主父偃當路，諸公皆譽之，及名敗身誅，士争言其惡。悲夫！

《史記》卷一二二《酷吏列傳》 減宣者，楊人也。以佐史無害給事河東守府。衛將軍青使買馬河東，見宣無害，言上，徵爲大厩丞。官事辨，稍遷至御史及中丞。使治主父偃及治淮南反獄，所以微文深詆，殺者甚衆，稱爲敢決疑。數廢數起，爲御史及中丞者幾二十歲。

桓寬《鹽鐵論》卷四《褒賢》 主父偃以口舌取大官，竊權重，欺紿宗室，受諸侯之賂，卒皆誅死。

《漢書》卷六四上《主父偃傳贊》 《詩》稱「戎狄是膺，荆舒是懲」，久矣其爲諸夏患也。漢興，征伐胡越，於是爲盛。究觀淮南、捐之、主父、嚴安之義，深切著明，故備論其語。世稱公孫弘排主父，張湯陷嚴助，石顯譖捐之，察其行迹，主父求欲鼎亨而得族，嚴、賈出入禁門招權利，死皆其所也，亦何排陷之恨哉！

《漢書》卷一〇〇下《敘傳下》　六世耽耽，其欲浟浟，文武方作，是庸四克。助、偃、淮南，數子之德，不忠其身，善謀於國。

《史記》卷一一二《平津侯主父列傳》司馬貞述贊　主父推恩，觀時設度。生食五鼎，死非時蠹。

《全宋文》卷三五一夏竦《主父偃論》　夫儒者立言措意，訓世垂範，布在方策，播之無窮，非隨時之義也。漢武待學者以不次之位，揚雄、司馬相如、平津侯、董仲舒之徒，以大材稱旨；東方朔、吾丘壽王、朱買臣、主父偃之流，以上書被用。雖昧國朝規制，而左右經義，以析時弊。故主父偃上書，極諫伐匈奴之事，排兵革，去戰争，謂得其地不足利，得其民不可用。秦竭天下之力，却地千里，澤鹵不生五穀。暴兵露師，以守河北，飛芻輓粟，不足糧餉，邊境靡弊，而尉他、章邯得成其私。言世務之急，其中治道。故上歎其見晚，歲有四遷之榮，極言之禄亦厚矣，求諫之賞亦重矣。是時上方黷武事于夷狄，北欲城築朔方。國用不足，而榷酤算緡鹽鐵之利並行，民苦其弊。平津侯議罷四遠無用之郡，偃乃盛言朔方地肥饒，外阻河，蒙恬城以逐匈奴，内省轉輸，廣中國，滅胡之本也。於戲，何忘本之甚歟！人之無常，不可以爲醫，況士乎？其進也，危言高論，傳經致諫，以合人望，言其害也如彼；其貴也，甘言邪説，希旨苟合，以自固位，言其利也如此。語不于常，終始違迕。豈可以聖人之道而進身，以小人之邪而固位。得非日暮塗遠，倒行逆施，令色亂僞，以譎一人？《書》云：「靡不有初，鮮克有終。」《易》曰：「不常其德，或承之羞。」《詩》云：「士也罔極，二三其德。」《傳》曰：「善人吾不得見也，得見有常者斯可矣。」哀哉，聖人之塗，而成小人之私！負乘致寇，宜其不達矣。當朱買臣之十難，平津侯不得其一，史籍不載，莫知其辭。苟能舉此以難建策者，固將説服矣。

《全宋文》卷一四七六鄭獬《書主父偃傳》　主父偃方困於齊梁間，故人親戚皆厭棄之，及爲齊相，乃以五百金謝之，曰：「始我貧賤，昆弟不我衣食，賓客不我内門，今迎者乃至千里，與諸君絶矣，亡復入偃之室。」嗚呼！羶者，螘之所聚也，羶盡則去。趨富貴，惡貧賤，此世俗之所同也，又奚獨以爲怪？偃既顯用，頗能移人主意，故其賓客亦千數，此豈盡慷慨服義，慕高風而來者也？富貴之所趨，貧賤之所棄，有以異乎哉？而偃且謝絶之者，豈得以平生所拂鬱，苟快其一時之志歟？何見乎往而未睹其來也！其後被誅，果無一人視，獨孔車收葬焉。悲夫！

《朱子語類》卷一二四《論語六・爲政篇下》　秦既鑒封建之弊，改爲郡縣，雖其宗族，一齊削弱。至漢，遂大封同姓，莫不過制。賈誼已慮其害，晁錯遂削一番，主父偃遂以誼之説施之武帝諸侯王，只管削弱。自武帝以下，直至魏末，無非剗削宗室，至此可謂極矣。

《朱子語類》卷八六《禮三・周禮》　且如封建，自柳子厚之屬，論得來也是太過，但也是行不得。如漢當初要封建，後來便恁地狼狽。若如主父偃之説，「天子使吏治其國而納其貢税」，如此，便不必封建也得。今且做把一百里地封一箇親戚或功臣，教他去做，其初一箇未必便不好，但子孫決不能皆賢。若有一箇在那裏無稽時，不成教百姓論罷了一箇國君！若只坐視他害民，又不得，却如何區處？

《朱子語類》卷一〇八《朱子五・論治道》　問：「後世封建郡縣，何者爲得？」曰：「論治亂畢竟不在此。以道理觀之，封建之意，是聖人不以天下爲己私，分與親賢共理，但其制則不過大，此所以爲得。賈誼於漢言『衆建諸侯而少其力』。其後主父偃竊其説，用之於武帝。」

因論封建，曰：「此亦難行。使膏粱之子弟不學而居士民上，其爲害豈有涯哉！且以漢諸王觀之，其荒縱淫虐如此，豈可以治民！故主父偃勸武帝分王子弟，而使吏治其國，故禍不及民。所以後來諸王也都善弱，蓋漸染使然。」

《全宋文》卷五七六〇陳造《主父偃論》　執仇許客者，必寠人子，而援溺之惠不可望於千金之家。人惟不甚自惜，而後蹈危以有爲。有所惜，則有所畏。所惜者愈大，所畏者愈重。此人臣之節所以競挺於下僚而銷爽於高位也。主父偃自布衣上書諫伐匈奴，而武帝悦，既而勸築朔方，以爲滅敵之本。偃之前書，何芻狗之遽也？當是時，帝以爵禄籠天下士，而尤鋭意武功。偃官尊位寵，惟恐一日失帝意，以失所有也，顧可以中其欲者，無出武功耳。士以患失爲心，鮮不喪所有而敗人事哉！劉栖楚諫君，額叩龍墀，及入李逢吉黨，遂爲小人之雄。人以栖楚爲僞於初，非也。其初未有所顧惜，故視名節爲重，而顧進退爲輕。及夫權臣誘之，利禄媒之，昔之競挺敢爲之氣，轉而爲憸佞用矣。

藝文

《高適集・詩・送蔡山人》　山東布衣明古今，自言獨未逢知音。識者閲見

一生事，到處豁然千里心。看書學劍長辛苦，近日方思謁明主。斗酒相留醉復醒，悲歌數年淚如雨。丈夫遭遇不可知，買臣主父皆如斯。我今蹭蹬無所似，看爾崩騰何若爲？

《全唐詩》卷八五三吴筠《覽古十四首》（之十） 絳侯成大績，賞厚位仍尊。一朝對獄吏，榮辱安可論。蘇生佩六印，奕奕爲殃源。主父食五鼎，昭昭成禍根。李斯佐二辟，巨釁鍾其門。霍孟翼三后，伊戚及後昆。天人忌盈滿，兹理固永存。方知得意者，何必乘朱輪。滅景棲遠壑，弦歌對清樽。二疏返海濱，蔣詡歸林園。蕭灑去物累，此謀誠足敦。

張養浩《歸田類稿》卷二一《主父偃》 鼎食渾能幾許甜，先生不避朵頤嫌。他時舉族皆夷滅，此味方知極苦嚴。

漢武帝部

綜述

《史記》卷一二《孝武本紀》 孝武皇帝者，孝景中子也。母曰王太后。孝景四年，以皇子爲膠東王。孝景七年，栗太子廢爲臨江王，以膠東王爲太子。孝景十六年崩，太子即位，爲孝武皇帝。孝武皇帝初即位，尤敬鬼神之祀。

元年，漢興已六十餘歲矣，天下乂安，薦紳之屬皆望天子封禪改正度也。而上鄉儒術，招賢良，趙綰、王臧等以文學爲公卿，欲議古立明堂城南，以朝諸侯。草巡狩封禪改曆服色事未就。會竇太后治黄老言，不好儒術，使人微得趙綰等姦利事，召案綰、臧，綰、臧自殺，諸所興爲者皆廢。

後六年，竇太后崩。其明年，上徵文學之士公孫弘等。

明年，上初至雍，郊見五時。後常三歲一郊。是時上求神君，舍之上林中蹏氏觀。神君者，長陵女子，以子死悲哀，故見神於先後宛若。宛若祠之其室，民多往祠。平原君往祠，其後子孫以尊顯。及武帝即位，則厚禮置祠之内中，聞其言，不見其人云。

是時而李少君亦以祠竈、穀道、卻老方見上，上尊之。少君者，故深澤侯入以主方。匿其年及所生長，常自謂七十，能使物，卻老。其游以方徧諸侯。無妻子。人聞其能使物及不死，更饋遺之，常餘金錢帛衣食。人皆以爲不治産業而饒給，又不知其何所人，愈信，争事之。少君資好方，善爲巧發奇中。嘗從武安侯飲，坐中有年九十餘老人，少君乃言與其大父游射處，老人爲兒時從其大父行，識其處，一坐盡驚。少君見上，上有故銅器，問少君。少君曰：「此器齊桓公十年陳於柏寢。」已而案其刻，果齊桓公器。一宫盡駭，以少君爲神，數百歲人也。

少君言於上曰：「祠竈則致物，致物而丹沙可化爲黄金，黄金成以爲飲食器則益壽，益壽而海中蓬萊僊者可見，見之以封禪則不死，黄帝是也。臣嘗游海上，見安期生，食臣棗，大如瓜。安期生僊者，通蓬萊中，合則見人，不合則隱。」於是天子始親祠竈，而遣方士入海求蓬萊安期生之屬，而事化丹沙諸藥齊爲黄金矣。

居久之，李少君病死。天子以爲化去不死也，而使黄錘史寬舒受其方。求蓬萊安期生莫能得，而海上燕、齊怪迂之方士多相效，更言神事矣。

亳人薄誘忌奏祠泰一方，曰：「天神貴者泰一，泰一佐曰五帝。古者天子以春秋祭泰一東南郊，用太牢具，七日，爲壇開八通之鬼道。」於是天子令太祝立其祠長安東南郊，常奉祠如忌方。其後人有上書，言「古者天子三年一用太牢具祠神三一：天一，地一，泰一」。天子許之，令太祝領祠之忌泰一壇上，如其方。後人復有上書，言「古者天子常以春秋解祠，祠黄帝用一梟破鏡；冥羊用羊；祠馬行用一青牡馬；泰一、皋山山君、地長用牛；武夷君用乾魚；陰陽使者以一牛」。令祠官領之如其方，而祠於忌泰一壇旁。

其後，天子苑有白鹿，以其皮爲幣，以發瑞應，造白金焉。

其明年，郊雍，獲一角獸，若麃然。有司曰：「陛下肅祗郊祀，上帝報享，錫一角獸，蓋麟云。」於是以薦五時，時加一牛以燎。賜諸侯白金，以風符應合于天地。

於是濟北王以爲天子且封禪，乃上書獻泰山及其旁邑。天子受之，更以他縣償之。常山王有辠，遷，天子封其弟於真定，以續先王祀，而以常山爲郡。然後五嶽皆在天子之郡。

其明年，齊人少翁以鬼神方見上。上有所幸王夫人，夫人卒，少翁以方術蓋夜致王夫人及竈鬼之貌云，天子自帷中望見焉。於是乃拜少翁爲文成將軍，賞賜甚多，以客禮禮之。文成言曰：「上即欲與神通，宫室被服不象神，神物不至。」乃作畫雲氣車，及各以勝日駕車辟惡鬼。又作甘泉宫，中爲臺室，畫天、地、泰一諸神，而置祭具以致天神。居歲餘，其方益衰，神不至。乃爲帛書以飯牛，詳弗知也，言此牛腹中有奇。殺而視之，得書，書言甚怪，天子疑之。有識其手書，問之人，果(爲)〔僞〕書。於是誅文成將軍而隱之。

其後則又作栢梁、銅柱、承露僊人掌之屬矣。

文成死明年，天子病鼎湖甚，巫醫無所不致，(至)不愈。游水發根乃言曰：「上郡有巫，病而鬼下之。」上召置祠之甘泉。及病，使人問神君。神君言曰：「天子毋憂病。病少愈，强與我會甘泉。」於是病愈，遂幸甘泉，病良已。大赦天下，置壽宫神君。神君最貴者(大夫)〔太一〕，其佐曰大禁、司命之屬，皆從之。非

可得見，聞其音，與人言等。時去時來，來則風肅然也。居室帷中。時晝言，然常以夜。天子祓，然後入。因巫爲主人，關飲食。所欲者言行下。又置壽宮、北宮，張羽旗，設供具，以禮神君。神君所言，上使人受書其言，命之曰「畫法」。其所語，世俗之所知也，毋絶殊者，而天子獨喜。其事祕，世莫知也。

其後三年，有司言元宜以天瑞命，不宜以一二數。一元曰建元，二元以長星曰元光，三元以郊得一角獸曰元狩云。

其明年冬，天子郊雍，議曰：「今上帝朕親郊，而后土毋祀，則禮不答也。」有司與太史公、祠官寬舒等議：「天地牲角繭栗。今陛下親祀后土，后土宜於澤中圜丘爲五壇，壇一黄犢太牢具，已祠盡瘞，而從祠衣上黄。」於是天子遂東，始立后土祠汾陰脽上，如寬舒等議。上親望拜，如上帝禮。禮畢，天子遂至滎陽而還。過雒陽，下詔曰：「三代邈絶，遠矣難存。其以三十里地封周後爲周子南君，以奉先王祀焉。」是歲，天子始巡郡縣，侵尋於泰山矣。

其春，樂成侯上書言欒大。欒大，膠東宮人，故嘗與文成將軍同師，已而爲膠東王尚方。而樂成侯姊爲康王后，毋子。康王死，他姬子立爲王。而康后有淫行，與王不相中(得)，相危以法。康后聞文成已死，而欲自媚於上，乃遣欒大因樂成侯求見言方。天子既誅文成，後悔恨其早死，惜其方不盡，及見欒大，大悦。大爲人長美，言多方略，而敢爲大言，處之不疑。大言曰：「臣嘗往來海中，見安期、羨門之屬。顧以爲臣賤，不信臣。又以爲康王諸侯耳，不足予方。臣數言康王，康王又不用臣。臣之師曰：『黄金可成，而河決可塞，不死之藥可得，僊人可致也。』臣恐效文成，則方士皆掩口，惡敢言方哉！」上曰：「文成食馬肝死耳。子誠能脩其方，我何愛乎！」大曰：「臣師非有求人，人者求之。陛下必欲致之，則貴其使者，令有親屬，以客禮待之，勿卑，使各佩其信印，乃可使通言於神人。神人尚肯邪不邪。致尊其使，然後可致也。」於是上使先驗小方，鬬旗，旗自相觸擊。

是時上方憂河決，而黄金不就，乃拜大爲五利將軍。居月餘，得四金印，佩天士將軍、地士將軍、大通將軍、天道將軍印。制詔御史：「昔禹疏九江，決四瀆。閒者河溢皋陸，隄繇不息。朕臨天下二十有八年，天若遺朕士而大通焉。《乾》稱『蜚龍』，『鴻漸于般』，意庶幾與焉。其以二千户封地士將軍大爲樂通侯。」賜列侯甲第，僮千人。乘輿斥車馬帷帳器物以充其家。又以衛長公主妻之，齎金萬斤，更名其邑曰當利公主。天子親如五利之第。使者存問所給，連屬於道。自大主將相以下，皆置酒其家，獻遺之。於是天子又刻玉印曰「天道將軍」，使使衣羽衣，夜立白茅上，五利將軍亦衣羽衣，立白茅上受印，以示弗臣也。而佩「天道」者，且爲天子道天神也。於是五利常夜祠其家，欲以下神。神未至而百鬼集矣，然頗能使之。其後治裝行，東入海，求其師云。大見數月，佩六印，貴振天下，而海上燕、齊之閒，莫不搤捥而自言有禁方，能神僊矣。

其夏六月中，汾陰巫錦爲民祠魏脽后土營旁，見地如鉤狀，掊視得鼎。鼎大異於衆鼎，文鏤毋款識，怪之，言吏。吏告河東太守勝，勝以聞。天子使使驗問巫錦得鼎無姦詐，乃以禮祠，迎鼎至甘泉，從行，上薦之。至中山，晏温，有黄雲蓋焉。有麃過，上自射之，因以祭云。至長安，公卿大夫皆議請尊寶鼎。天子曰：「閒者河溢，歲數不登，故巡祭后土，祈爲百姓育穀。今年豐廡未有報，鼎曷爲出哉？」有司皆曰：「聞昔大帝興神鼎一，一者一統，天地萬物所繫終也。黄帝作寶鼎三，象天地人也。禹收九牧之金，鑄九鼎，皆嘗鬺亨上帝鬼神。遭聖則興，遷于夏商。周德衰，宋之社亡，鼎乃淪伏而不見。《頌》云『自堂徂基，自羊徂牛；鼐鼎及鼒，不虞不驁，胡考之休』。今鼎至甘泉，光潤龍變，承休無疆。合兹中山，有黄白雲降蓋，若獸爲符，路弓乘矢，集獲壇下，報祠大饗。惟受命而帝者心知其意而合德焉。鼎宜見於祖禰，藏於帝廷，以合明應。」制曰：「可。」

入海求蓬萊者，言蓬萊不遠，而不能至者，殆不見其氣。上乃遣望氣佐候其氣云。

其秋，上幸雍，且郊。或曰「五帝，泰一之佐也，宜立泰一而上親郊之」。上疑未定。齊人公孫卿曰：「今年得寶鼎，其冬辛巳朔旦冬至，與黄帝時等。」卿有札書曰：「黄帝得寶鼎宛(侯)〔朐〕，問於鬼臾區。區對曰：『(黄)帝得寶鼎神筴，是歲己酉朔旦冬至，得天之紀，終而復始。』於是黄帝迎日推筴，後率二十歲得朔旦冬至，凡二十推，三百八十年，黄帝僊登于天。」卿因所忠欲奏之。所忠視其書不經，疑其妄書，謝曰：「寶鼎事已決矣，尚何以爲！」卿因嬖人奏之。上大説，召問卿。對曰：「受此書申功，申功已死。」上曰：「申功何人也？」卿曰：「申功，齊人也。與安期生通，受黄帝言，無書，獨有此鼎書。曰『漢興復當黄帝之時。漢之聖者在高祖之孫且曾孫也。寶鼎出而與神通，封禪。封禪七十二王，唯黄帝得上泰山封』。申功曰：『漢主亦當上封，上封則能僊登天矣。黄帝時萬諸侯，而神靈之封居七千。天下名山八，而三在蠻夷，五在中國。中國華山、首山、太室、泰山、東萊，此五山黄帝之所常遊，與神會。黄帝且戰且學僊。患百姓

非其道，乃斷斬非鬼神者。百餘歲然後得與神通。黃帝郊雍上帝，宿三月。鬼臾區號大鴻，死葬雍，故鴻冢是也。其後黃帝接萬靈明廷。明廷者，甘泉也。所謂寒門者，谷口也。黃帝采首山銅，鑄鼎於荊山下。鼎既成，有龍垂胡顊下迎黃帝。黃帝上騎，羣臣後宮從上龍七十餘人，龍乃上去。餘小臣不得上，乃悉持龍顊，龍顊拔，墮黃帝之弓。百姓仰望黃帝既上天，乃抱其弓與龍胡顊號，故後世因名其處曰鼎湖，其弓曰烏號。』」於是天子曰：「嗟乎！吾誠得如黃帝，吾視去妻子如脱躧耳。」乃拜卿爲郎，東使候神於太室。

上遂郊雍，至隴西，西登空桐，幸甘泉。令祠官寬舒等具泰一祠壇，壇放薄忌泰一壇，壇三垓。五帝壇環居其下，各如其方，黃帝西南，除八通鬼道。泰一所用，如雍一時物，而加醴棗脯之屬，殺一犛牛以爲俎豆牢具。而五帝獨有俎豆醴進。其下四方地，爲餟食羣神從者及北斗云。已祠，胙餘皆燎之。其牛色白，鹿居其中，彘在鹿中，水而洎之。祭日以牛，祭月以羊彘特。泰一祝宰則衣紫及繡。五帝各如其色，日赤，月白。

十一月辛巳朔旦冬至，昧爽，天子始郊拜泰一。朝朝日，夕夕月，則揖；而見泰一如雍禮。其贊饗曰：「天始以寶鼎神筴授皇帝，朔而又朔，終而復始，皇帝敬拜見焉。」而衣上黃。其祠列火滿壇，壇旁烹炊具。有司云「祠上有光焉」。公卿言「皇帝始郊見泰一雲陽，有司奉瑄玉嘉牲薦饗。是夜有美光，及晝，黃氣上屬天」。太史公、祠官寬舒等曰：「神靈之休，祐福兆祥，宜因此地光域立泰畤壇以明應。令太祝領，(祀)〔秋〕及臘閒祠。三歲天子一郊見。」

其秋，爲伐南越，告禱泰一，以牡荊畫幡日月北斗登龍，以象天一三星，爲泰一鋒，名曰「靈旗」。爲兵禱，則太史奉以指所伐國。而五利將軍使不敢入海，之泰山祠。上使人微隨驗，實無所見。五利妄言見其師，其方盡，多不讎。上乃誅五利。

其冬，公孫卿候神河南，見僊人跡緱氏城上，有物若雉，往來城上。天子親幸緱氏城視跡。問卿：「得毋效文成、五利乎？」卿曰：「僊者非有求人主，人主求之。其道非少寬假，神不來。言神事，事如迂誕，積以歲乃可致。」於是郡國各除道，繕治宮觀名山神祠所，以望幸矣。

其年，既滅南越，上有嬖臣李延年以好音見。上善之，下公卿議，曰：「民閒祠尚有鼓舞之樂，今郊祠而無樂，豈稱乎？」公卿曰：「古者祀天地皆有樂，而神祇可得而禮。」或曰：「泰帝使素女鼓五十弦瑟，悲，帝禁不止，故破其瑟爲二十五弦。」於是塞南越，禱祠泰一、后土，始用樂舞，益召歌兒，作二十五弦及箜篌瑟自此起。

其來年冬，上議曰：「古者先振兵澤旅，然後封禪。」乃遂北巡朔方，勒兵十餘萬，還祭黃帝冢橋山，澤兵須如。上曰：「吾聞黃帝不死，今有冢，何也？」或對曰：「黃帝已僊上天，羣臣葬其衣冠。」既至甘泉，爲且用事泰山，先類祠泰一。

自得寶鼎，上與公卿諸生議封禪。封禪用希曠絶，莫知其儀禮，而羣儒采封禪《尚書》、《周官》、《王制》之望祀射牛事。齊人丁公年九十餘，曰：「封者，合不死之名也。秦皇帝不得上封。陛下必欲上，稍上即無風雨，遂上封矣。」上於是乃令諸儒習射牛，草封禪儀。數年，至且行。天子既聞公孫卿及方士之言，黃帝以上封禪，皆致怪物與神通，欲放黃帝以嘗接神僊人蓬萊士，高世比悳於九皇，而頗采儒術以文之。羣儒既以不能辯明封禪事，又牽拘於《詩》《書》古文而不敢騁。上爲封祠器示羣儒，羣儒或曰「不與古同」，徐偃又曰「太常諸生行禮不如魯善」，周霸屬圖封事，於是上絀偃、霸，盡罷諸儒弗用。

三月，遂東幸緱氏，禮登中嶽太室。從官在山下聞若有言「萬歲」云。問上，上不言；問下，下不言。於是以三百户封太室奉祠，命曰崇高邑。東上泰山，山之草木葉未生，乃令人上石立之泰山顛。

上遂東巡海上，行禮祠八神。齊人之上疏言神怪奇方者以萬數，然無驗者。乃益發船，令言海中神山者數千人求蓬萊神人。公孫卿持節常先行候名山，至東萊，言夜見一人，長數丈，就之則不見，見其跡甚大，類禽獸云。羣臣有言見一老父牽狗，言「吾欲見巨公」，已忽不見。上既見大跡，未信，及羣臣有言老父，則大以爲僊人也。宿留海上，與方士傳車及閒使求僊人以千數。

四月，還至奉高。上念諸儒及方士言封禪人人殊，不經，難施行。天子至梁父，禮祠地主。乙卯，令侍中儒者皮弁薦紳，射牛行事。封泰山下東方，如郊祠泰一之禮。封廣丈二尺，高九尺，其下則有玉牒書，書祕。禮畢，天子獨與侍中奉車子侯上泰山，亦有封。其事皆禁。明日，下陰道。丙辰，禪泰山下阯東北肅然山，如祭后土禮。天子皆親拜見，衣上黃而盡用樂焉。江淮閒一茅三脊爲神藉。五色土益雜封。縱遠方奇獸蜚禽及白雉諸物，頗以加祠。兕旄牛犀象之屬弗用。皆至泰山然后去。封禪祠，其夜若有光，晝有白雲起封中。

天子從封禪還，坐明堂，羣臣更上壽。於是制詔御史：「朕以眇眇之身承至尊，兢兢焉懼弗任。維德菲薄，不明于禮樂。脩祀泰一，若有象景光，屑如有望，

依依震於怪物，欲止不敢，遂登封泰山，至於梁父，而后禮肅然。自新，嘉與士大夫更始，賜民百户牛一酒十石，加年八十孤寡布帛二匹。復博、奉高、蛇丘、歷城，毋出今年租税。其赦天下，如乙卯赦令。行所過毋有復作。事在二年前，皆勿聽治。」又下詔曰：「古者天子五載一巡狩，用事泰山，諸侯有朝宿地。其令諸侯各治邸泰山下。」

天子既已封禪泰山，無風雨菑，而方士更言蓬萊諸神山若將可得，於是上欣然庶幾遇之，乃復東至海上望，冀遇蓬萊焉。奉車子侯暴病，一日死。上乃遂去，並海上，北至碣石，巡自遼西，歷北邊至九原。五月，返至甘泉。有司言寶鼎出爲元鼎，以今年爲元封元年。

其秋，有星茀于東井。後十餘日，有星茀于三能。望氣王朔言：「候獨見其星出如瓠，食頃復入焉。」有司言曰：「陛下建漢家封禪，天其報德星云。」

其來年冬，郊雍五帝，還，拜祝祠泰一。贊饗曰：「德星昭衍，厥維休祥。壽星仍出，淵耀光明。信星昭見，皇帝敬拜泰祝之饗。」

其春，公孫卿言見神人東萊山，若云「見天子」。天子於是幸緱氏城，拜卿爲中大夫。遂至東萊，宿留之數日，毋所見，見大人跡。復遣方士求神怪采芝藥以千數。是歲旱。於是天子既出毋名，乃禱萬里沙，過祠泰山。還至瓠子，自臨塞決河，留二日，沈祠而去。使二卿將卒塞決河，河徙二渠，復禹之故跡焉。

是時既滅南越，越人勇之乃言「越人俗信鬼，而其祠皆見鬼，數有效。昔東甌王敬鬼，壽至百六十歲。後世謾怠，故衰耗」。乃令越巫立越祝祠，安臺無壇，亦祠天神上帝百鬼，而以雞卜。上信之，越祠雞卜始用焉。

公孫卿曰：「僊人可見，而上往常遽，以故不見。今陛下可爲觀，如緱氏城，置脯棗，神人宜可致。且僊人好樓居。」於是上令長安則作蜚廉桂觀，甘泉則作益延壽觀，使卿持節設具而候神人。乃作通天臺，置祠具其下，將招來神僊之屬。於是甘泉更置前殿，始廣諸宫室。夏，有芝生殿防内中。天子爲塞河，興通天臺，若有光云，乃下詔曰：「甘泉防生芝九莖，赦天下，毋有復作。」

其明年，伐朝鮮。夏，旱。公孫卿曰：「黄帝時封則天旱，乾封三年。」上乃下詔曰：「天旱，意乾封乎？其令天下尊祠靈星焉。」

其明年，上郊雍，通回中道，巡之。春，至鳴澤，從西河歸。

其明年冬，上巡南郡，至江陵而東。登禮潛之天柱山，號曰南嶽。浮江，自尋陽出樅陽，過彭蠡，祀其名山川。北至琅邪，並海上。四月中，至奉高脩封焉。

初，天子封泰山，泰山東北阯古時有明堂處，處險不敞。上欲治明堂奉高旁，未曉其制度。濟南人公玊帶上黄帝時明堂圖。明堂圖中有一殿，四面無壁，以茅蓋，通水，圜宫垣爲複道，上有樓，從西南入，命曰昆侖，天子從之入，以拜祠上帝焉。於是上令奉高作明堂汶上，如帶圖。及五年脩封，則祠泰一、五帝於明堂上坐，令高皇帝祠坐對之。祠后土於下房，以二十太牢。天子從昆侖道入，始拜明堂如郊禮。禮畢，燎堂下。而上又上泰山，有祕祠其顛。而泰山下祠五帝，各如其方，黄帝并赤帝，而有司侍祠焉。泰山上舉火，下悉應之。

其後二歲，十一月甲子朔旦冬至，推曆者以本統。天子親至泰山，以十一月甲子朔旦冬至日祠上帝明堂，每脩封禪。其贊饗曰：「天增授皇帝泰元神筴，周而復始。皇帝敬拜泰一。」東至海上，考入海及方士求神者，莫驗，然益遣，冀遇之。

十一月乙酉，柏梁烖。十二月甲午朔，上親禪高里，祠后土。臨渤海，將以望祠蓬萊之屬，冀至殊庭焉。

上還，以柏梁烖故，朝受計甘泉。公孫卿曰：「黄帝就青靈臺，十二日燒，黄帝乃治明庭。明庭，甘泉也。」方士多言古帝王有都甘泉者。其後天子又朝諸侯甘泉，甘泉作諸侯邸。勇之乃曰：「越俗有火烖，復起屋必以大，用勝服之。」於是作建章宫，度爲千門萬户。前殿度高未央。其東則鳳闕，高二十餘丈。其西則唐中，數十里虎圈。其北治大池，漸臺高二十餘丈，名曰泰液池，中有蓬萊、方丈、瀛洲、壺梁，象海中神山龜魚之屬。其南有玉堂、璧門、大鳥之屬。乃立神明臺、井幹樓，度五十餘丈，輦道相屬焉。

夏，漢改曆，以正月爲歲首，而色上黄，官名更印章以五字，因爲太初元年。是歲，西伐大宛。蝗大起。丁夫人、雒陽虞初等以方祠詛匈奴、大宛焉。

其明年，有司言雍五畤無牢熟具，芬芳不備。乃命祠官進畤犢牢具，五色食所勝，而以木禺馬代駒焉。獨五帝用駒，行親郊用駒。及諸名山川用駒者，悉以木禺馬代。行過，乃用駒。他禮如故。

其明年，東巡海上，考神僊之屬，未有驗者。方士有言「黄帝時爲五城十二樓，以候神人於執期，命曰迎年」。上許作之如方，名曰明年。上親禮祠上帝，衣上黄焉。

公玊帶曰：「黄帝時雖封泰山，然風后、封鉅、岐伯令黄帝封東泰山，禪凡山合符，然後不死焉。」天子既令設祠具，至東泰山，東泰山卑小，不稱其聲，乃令祠

官禮之，而不封禪焉。其後令帶奉祠候神物。夏，遂還泰山，脩五年之禮如前，而加禪祠石閭。石閭者，在泰山下阯南方，方士多言此僊人之閭也，故上親禪焉。

其後五年，復至泰山脩封，還過祭常山。

今天子所興祠，泰一、后土，三年親郊祠，建漢家封禪，五年一脩封。薄忌泰一及三一、冥羊、馬行、赤星，五，寬舒之祠官以歲時致禮。凡六祠，皆太祝領之。至如八神諸神，明年、凡山他名祠，行過則祀，去則已。方士所興祠，各自主，其人終則已，祠官弗主。他祠皆如其故。今上封禪，其後十二歲而還，徧於五嶽、四瀆矣。而方士之候祠神人，入海求蓬萊，終無有驗。而公孫卿之候神者，猶以大人跡爲解，無其效。天子益怠厭方士之怪迂語矣，然終羈縻弗絶，冀遇其真。自此之後，方士言祠神者彌衆，然其效可睹矣。

雜録

備録

《漢書》卷六七《梅福傳》　梅福曰：孝(文)〔武〕皇帝好忠諫，説至言，出爵不待廉茂，慶賜不須顯功，是以天下布衣各厲志竭精以赴闕廷自衒鬻者不可勝數。漢家得賢，於此爲盛。使孝武皇帝聽用其計，升平可致。於是積尸暴骨，快心胡越，故淮南(安王)〔王安〕緣間而起。所以計慮不成而謀議泄者，以衆賢聚於本朝，故其大臣勢陵不敢和從也。

《漢書》卷七五《夏侯勝傳》　宣帝初即位，欲褒先帝，詔丞相御史曰：「朕以眇身，蒙遺德，承聖業，奉宗廟，夙夜惟念。孝武皇帝躬仁誼，厲威武，北征匈奴，單于遠遁，南平氐羌、昆明、甌駱兩越，東定薉、貉、朝鮮，廓地斥境，立郡縣，百蠻率服，款塞自至，珍貢陳於宗廟；協音律，造樂歌，薦上帝，封太山，立明堂，改正朔，易服色；明開聖緒，尊賢顯功，興滅繼絶，褒周之後；備天地之禮，廣道術之路。上天報況，符瑞並應，寶鼎出，白麟獲，海效鉅魚，神人並見，山稱萬歲。功德茂盛，不能盡宣，而廟樂未稱，朕甚悼焉。其與列侯、二千石、博士議。」於是羣臣大議廷中，皆曰：「宜如詔書。」長信少府勝獨曰：「武帝雖有攘四夷廣土斥境之功，然多殺士衆，竭民財力，奢泰亡度，天下虚耗，百姓流離，物故者(過)半。蝗蟲大起，赤地數千里，或人民相食，畜積至今未復。亡德澤於民，不宜爲立廟樂。」公卿共難勝曰：「此詔書也。」勝曰：「詔書不可用也。人臣之誼，宜直言正論，非苟阿意順指。議已出口，雖死不悔。」於是丞相義、御史大夫廣明劾奏勝非議詔書，毁先帝，不道，及丞相長史黄霸阿縱勝，不舉劾，俱下獄。有司遂請尊孝武帝廟爲世宗廟，奏《盛德》、《文始》、《五行》之舞，天下世世獻納，以明盛德。武帝巡狩所幸郡國凡四十九，皆立廟，如高祖、太宗焉。

《漢書》卷二一下《律曆志下》　武帝建元、元光、元朔各六年。元朔六年十一月甲申朔旦冬至，《殷曆》以爲乙酉，距初元七十六歲。元狩、元鼎、元封各六年。漢曆太初元年，距上元十四萬三千一百二十七歲。前十一月甲子朔旦冬至，歲在星紀婺女六度，故《漢志》曰歲名困敦，正月歲星出婺女。太初、天漢、太始、征和各四年，後二年，著《紀》即位五十四年。

《漢書》卷二二《禮樂志》　孝武廟奏《盛德》、《文始》、《四時》、《五行》之舞。【略】文、景之間，禮官肄業而已。至武帝定郊祀之禮，祠太一於甘泉，就乾位也；祭后土於汾陰，澤中方丘也。乃立樂府，采詩夜誦，有趙、代、秦、楚之謳。以李延年爲協律都尉，多舉司馬相如等數十人造爲詩賦，略論律吕，以合八音之調，作十九章之歌。以正月上辛用事甘泉圜丘，使童男女七十人俱歌，昏祠至明。夜常有神光如流星止集于祠壇，天子自竹宮而望拜，百官侍祠者數百人皆肅然動心焉。

《漢書》卷二三《刑法志》　至武帝平百粤，内增七校，外有樓船，皆歲時講肄，修武備云。【略】

及至孝武即位，外事四夷之功，内盛耳目之好，徵發煩數，百姓貧耗，窮民犯法，酷吏擊斷，姦軌不勝。於是招進張湯、趙禹之屬，條定法令，作見知故縱、監臨部主之法，緩深故之罪，急縱出之誅。其後姦猾巧法，轉相比況，禁罔寖密。律令凡三百五十九章，大辟四百九條，千八百八十二事，死罪決事比萬三千四百七十二事。文書盈於几閣，典者不能徧睹。是以郡國承用者駮，或罪同而論異。姦吏因緣爲市，所欲活則傅生議，所欲陷則予死比，議者咸冤傷之。

《漢書》卷九七上《外戚傳上》　孝武李夫人，本以倡進。初，夫人兄延年性知音，善歌舞，武帝愛之。每爲新聲變曲，聞者莫不感動。延年侍上起舞，歌

曰：「北方有佳人，絶世而獨立，一顧傾人城，再顧傾人國。寧不知傾城與傾國，佳人難再得！」上嘆息曰：「善！世豈有此人乎？」平陽主因言延年有女弟，上乃召見之，實妙麗善舞。由是得幸，生一男，是爲昌邑哀王。李夫人少而蚤卒，上憐閔焉，圖畫其形於甘泉宮。及衛思后廢後四年，武帝崩，大將軍霍光緣上雅意，以李夫人配食，追上尊號曰孝武皇后。

初，李夫人病篤，上自臨候之，夫人蒙被謝曰：「妾久寢病，形貌毁壞，不可以見帝。願以王及兄弟爲託。」上曰：「夫人病甚，殆將不起，一見我屬託王及兄弟，豈不快哉？」夫人曰：「婦人貌不修飾，不見君父。妾不敢以燕媠見帝。」上曰：「夫人弟一見我，將加賜千金，而予兄弟尊官。」夫人曰：「尊官在帝，不在一見。」上復言欲必見之，夫人遂轉鄉歔欷而不復言。於是上不説而起。夫人姊妹讓之曰：「貴人獨不可一見上屬託兄弟邪？何爲恨上如此？」夫人曰：「所以不欲見帝者，乃欲以深託兄弟也。我以容貌之好，得從微賤愛幸於上。夫以色事人者，色衰而愛弛，愛弛則恩絶。上所以攣攣顧念我者，乃以平生容貌也。今見我毁壞，顔色非故，必畏惡吐棄我，意尚肯復追思閔録其兄弟哉！」及夫人卒，上以后禮葬焉。其後，上以夫人兄李廣利爲貳師將軍，封海西侯，延年爲協律都尉。

上思念李夫人不已，方士齊人少翁言能致其神。乃夜張燈燭，設帷帳，陳酒肉，而令上居他帳，遥望見好女如李夫人之貌，還幄坐而步。又不得就視，上愈益相思悲感，爲作詩曰：「是邪，非邪？立而望之，偏何姍姍其來遲！」令樂府諸音家絃歌之。上又自爲作賦，以傷悼夫人，其辭曰：

美連娟以脩嫮兮，命樔絶而不長，飾新宫以延貯兮，泯不歸乎故鄉。慘鬱鬱其蕪穢兮，隱處幽而懷傷，釋輿馬於山椒兮，奄修夜之不陽。秋氣(潛)[憯]以淒淚兮，桂枝落而銷亡，神煢煢以遥思兮，精浮游而出畺。託沈陰以壙久兮，惜蕃華之未央，念窮極之不還兮，惟幼眇之相羊。函菱荴以俟風兮，芳雜襲以彌章，的容與以猗靡兮，縹飄姚虖愈莊。燕淫衍而撫楹兮，連流視而娥揚，既激感而心逐兮，包紅顔而弗明。驩接狎以離别兮，宵寤夢之芒芒，忽遷化而不反兮，魄放逸以飛揚。何靈魂之紛紛兮，哀裴回以躊躇，勢路日以遠兮，遂荒忽而辭去。超兮西征，屑兮不見。寖淫敞克，寂兮無音，思若流波，怛兮在心。

亂曰：佳俠函光，隕朱榮兮，嫉妒闒(葺)[茸]，將安程兮！方時隆盛，年夭傷兮，弟子增欷，洿沫悵兮。悲愁於邑，喧不可止兮。嚮不虚應，亦云已兮。嫶妍太息，嘆稚子兮，懰慄不言，倚所恃兮。仁者不誓，豈約親兮？既往不來，申以信兮。去彼昭昭，就冥冥兮，既下新宫，不復故庭兮。嗚呼哀哉，想魂靈兮！

其後李延年弟季坐姦亂後宫，廣利降匈奴，家族滅矣。

皇甫謐《帝王世紀》卷七　孝武帝廟名淵龍。

王嘉《拾遺記》卷五　漢武帝思懷往者李夫人，不可復得。時始穿昆靈之池，泛翔禽之舟。帝自造歌曲，使女伶歌之。時日已西傾，涼風激水，女伶歌聲甚遒，因賦《落葉哀蟬》之曲曰：「羅袂兮無聲，玉墀兮塵生。虚房冷而寂寞，落葉依於重扃。望彼美之女兮安得，感余心之未寧！」帝聞唱動心，悶悶不自支持，命龍膏之燈以照舟内，悲不自止。親侍者覺帝容色愁怨，乃進洪梁之酒，酌以文螺之巵。巵出波衹之國。酒出洪梁之縣，此屬右扶風，至哀帝廢此邑。南人受此釀法。今言「雲陽出美酒」，兩聲相亂矣。帝飲三爵，色悦心歡，乃詔女伶出侍。帝息於延涼室，卧夢李夫人授帝蘅蕪之香。帝驚起，而香氣猶著衣枕，歷月不歇。帝彌思求，終不復見，涕泣洽席，遂改延涼室爲遺芳夢室。初，帝深嬖李夫人，死後常思夢之，或欲見夫人。帝貌顦顇，嬪御不寧。詔李少君與之語曰：「朕思李夫人，其可得見乎？」少君曰：「可遥見，不可同於帷幄。」帝曰：「一見足矣，可致之。」少君曰：「暗海有潛英之石，其色青，輕如毛羽，寒盛則石温，暑盛則石冷。刻之爲人像，神悟不異真人。使此石像往，則夫人至矣。此石人能傳譯人言語，有聲無氣，故知神異也。」帝曰：「此石像可得否？」少君曰：「願得樓船百艘，巨力千人，能浮水登木者，皆使明於道術，齎不死之藥。」乃至暗海，經十年而還。昔之去人，或升雲不歸，或託形假死，獲反者四五人。得此石，即命工人依先圖刻作夫人形。刻成，置於輕紗幙裏，宛若生時。帝大悦，問少君曰：「可得近乎？」少君曰：「譬如中宵忽夢，而晝可得近觀乎？此石毒，宜遠望，不可逼也。勿輕萬乘之尊，惑此精魅之物！」帝乃從其諫。見夫人畢，少君乃使舂此石人爲丸，服之，不復思夢。乃築靈夢臺，歲時祀之。

元封元年，浮忻國貢蘭金之泥。此金出湯泉，盛夏之時，水常沸湧，有若湯火，飛鳥不能過。國人常見水邊有人冶此金爲器。金狀混混若泥，如紫磨之色；百鑄，其色變白，有光如銀，即「銀燭」是也。常以此泥封諸函匣及諸宫門，鬼魅不敢干。當漢世，上將出征，及使絶國，多以此泥爲璽封。衛青、張騫、蘇

武，傅介子之使，皆受金泥之璽封也。武帝崩後，此泥乃絶焉。

酈道元《水經注》卷一九《渭水》 〔霸〕陵之西而北一里，即李夫人冢，冢形三成，世謂之英陵。夫人兄延年知音，尤善歌舞，帝愛之，每爲新聲變曲，聞者莫不感動。常侍上起舞，歌曰：「北方有佳人，絶世而獨立，一顧傾人城，再顧傾人國。寧不知傾城復傾國，佳人難再得。」上曰：「世豈有此人乎？」平陽主曰：「延年女弟。」上召見之，妖麗善歌舞，得幸，早卒，上憫念之，以后禮葬，悲思不已，賦詩悼傷。

《全宋文》卷四二五九劉子翬《漢書雜論下》 武帝任車千秋，一言寤主，何哉？智有餘也。武帝惑於鬼神，故千秋訟太子之冤，託以白頭翁教臣言，武帝亦曰：「此高廟神靈使公教我也。」武帝晚年多病，尤信巫蠱之説。《衛太子傳》曰：「久之，巫蠱事多不信。上知太子惶恐無他意，車千秋復訟太子冤。」是千秋逆知武帝有悔恨心，故乘間而開説也。不然，千秋爲高寢郎，當追捕太子時，何不言耶？因其悔恨之心，挾以鬼神之事，故一言寤主，豈非智有餘耶？傳中亦言千秋敦厚有智，千秋無他施爲，所謂有智者，豈當時史臣亦微見此意耶？

備論

《史記》卷一二《孝武本紀論》 余從巡祭天地諸神名山川而封禪焉。入壽宮侍祠神語，究觀方士祠官之言，於是退而論次自古以來用事於鬼神者，具見其表裏。後有君子，得以覽焉。至若俎豆珪幣之詳，獻酬之禮，則有司存焉。

《史記》卷三〇《平準書》 至今上即位數歲，漢興七十餘年之閒，國家無事，非遇水旱之災，民則人給家足，都鄙廩庾皆滿，而府庫餘貨財。京師之錢累巨萬，貫朽而不可校。太倉之粟陳陳相因，充溢露積於外，至腐敗不可食。衆庶街巷有馬，阡陌之閒成羣，而乘字牝者儐而不得聚會。守閭閻者食粱肉，爲吏者長子孫，居官者以爲姓號。故人人自愛而重犯法，先行義而後絀恥辱焉。當此之時，網疏而民富役財驕溢，或至兼并豪黨之徒，以武斷於鄉曲。宗室有土公卿大夫以下，爭于奢侈，室廬輿服僭于上，無限度。物盛而衰，固其變也。

《漢書》卷六《武帝紀贊》 漢承百王之弊，高祖撥亂反正，文、景務在養民，至于稽古禮文之事，猶多闕焉。孝武初立，卓然罷黜百家，表章《六經》。遂疇咨海内，舉其俊茂，與之立功。興太學，修郊祀，改正朔，定曆數，協音律，作詩樂，建封禪，禮百神，紹周後，號令文章，焕焉可述。後嗣得遵洪業，而有三代之風。如武帝之雄材大略，不改文、景之恭儉以濟斯民，雖《詩》《書》所稱何有加焉！

《漢書》卷五八《公孫弘卜式兒寬傳贊》 是時，漢興六十餘載，海内艾安，府庫充實，而四夷未賓，制度多闕。上方欲用文武，求之如弗及，始以蒲輪迎枚生，見主父而歎息。羣士慕嚮，異人並出。卜式拔於芻牧，弘羊擢於賈豎，衛青奮於奴僕，日磾出於降虜，斯亦曩時版築飯牛之(明)〔朋〕已。漢之得人，於兹爲盛。儒雅則公孫弘、董仲舒、兒寬，篤行則石建、石慶，質直則汲黯、卜式，推賢則韓安國、鄭當時，定令則趙禹、張湯，文章則司馬遷、相如，滑稽則東方朔、枚皋，應對則嚴助、朱買臣，曆數則唐都、洛下閎，協律則李延年，運籌則桑弘羊，奉使則張騫、蘇武，將率則衛青、霍去病，受遺則霍光、金日磾，其餘不可勝紀。是以興造功業，制度遺文，後世莫及。

《漢書》卷六五《東方朔傳》 上以朔口諧辭給，好作問之。嘗問朔曰：「先生視朕何如主也？」朔對曰：「自唐虞之隆，成康之際，未足以諭當世。臣伏觀陛下功德，陳五帝之上，在三王之右。非若此而已，誠得天下賢士，公卿在位咸得其人矣。」

《漢書》卷七二《貢禹傳》 貢禹曰：武帝始臨天下，尊賢用士，闢地廣境數千里，自見功大威行，遂從耆欲，用度不足，乃行壹切之變，使犯法者贖罪，入穀者補吏，是以天下奢侈，官亂民貧，盜賊並起，亡命者衆。郡國恐伏其誅，則擇便巧史書習於計簿能欺上府者，以爲右職；姦軌不勝，則取勇猛能操切百姓者，以苛暴威服下者，使居大位。故亡義而有財者顯於世，欺謾而善書者尊於朝，誖逆而勇猛者貴於官。故俗皆曰：「何以孝弟爲？財多而光榮。何以禮義爲？史書而仕宦。何以謹慎爲？勇猛而臨官。」故黥劓而髡鉗者猶復攘臂爲政於世，行雖犬彘，家富勢足，目指氣使，是爲賢耳。故謂居官而置富者爲雄桀，處姦而得利者爲壯士，兄勸其弟，父勉其子，俗之壞敗，乃至於是！察其所以然者，皆以犯法得贖罪，求士不得真賢，相守崇財利，誅不行之所致也。

《漢書》卷八八《儒林傳贊》 自武帝立《五經》博士，開弟子員，設科射策，勸以官禄，訖於元始，百有餘年，傳業者寖盛，支葉蕃滋，一經説至百餘萬言，大師衆至千餘人，蓋禄利之路然也。初，《書》唯有歐陽，《禮》后，《易》楊，《春秋》公羊而已。至孝宣世，復立《大小夏侯尚書》，《大小戴禮》，《施》、《孟》、《梁丘易》，《穀

梁春秋》。至元帝世，復立《京氏易》。平帝時，又立《左氏春秋》、《毛詩》、逸《禮》、古文《尚書》，所以罔羅遺失，兼而存之，是在其中矣。

《漢書》卷八九《循吏傳》　孝武之世，外攘四夷，内改法度，民用彫敝，姦軌不禁。時少能以化治稱者，惟江都相董仲舒、内史公孫弘、兒寬，居官可紀。三人皆儒者，通於世務，明習文法，以經術潤飾吏事，天子器之。仲舒數謝病去，弘、寬至三公。

《漢書》卷一〇〇下《叙傳下》　世宗曄曄，思弘祖業，疇咨熙載，髦俊並作。厥作伊何？百蠻是攘，恢我疆宇，外博四荒。武功既抗，亦迪斯文，憲章六學，統壹聖真。封禪郊祀，登秩百神；協律改正，饗兹永年。

曹丕《魏文帝集・漢武帝論》　孝武帝承累世之遺業，遇中國之殷阜，府庫餘錢帛，倉廩畜腐米，因此有意平滅匈奴而廓清邊境矣。故即位之初，從王恢之書，設馬邑之謀。自元光以迄征和，四十五載之間，征匈奴四十餘舉，踰廣漠，絶梓嶺，封狼居胥，禪姑嶧，梁北河，觀兵瀚海。刈單于之旗，勦閼氏之首，探符離之窟，掃五王之庭，納休屠昆耶之附，獲祭天金人之寶，斬名王以十數，馘首虜以萬計。既窮追其敗亡，又摧破其積聚。虜不暇於救死扶傷，疲於孕重墮殰。元封初，躬執武節，告以天子自將，懼以兩越之誅，易彼符號，可爲威震匈奴矣。

《後漢書》卷七九上《儒林列傳下・孔僖傳》　崔駰曰：昔孝武皇帝始爲天子，年方十八，崇信聖道，師則先王，五六年間，號勝文、景。及後恣己，忘其前之爲善。

《後漢書》卷九〇《鮮卑傳》　蔡邕曰：武帝情存遠略，志闢四方，南誅百越，北討强胡，西伐大宛，東并朝鮮。因文、景之蓄，藉天下之饒，數十年間，官民俱匱。乃興鹽鐵酒榷之利，設告緡重税之令，民不堪命，起爲盗賊，關東紛擾，道路不通。繡衣直指之使，奮鈇鉞而並出。既而覺悟，乃息兵罷役，〔封〕丞相爲富人侯。故主父偃曰：「夫務戰勝，窮武事，未有不悔者也。」夫以世宗神武，將相良猛，財賦充實，所拓廣遠，猶有悔焉。況今人財並乏，事劣昔時乎！

吴兢《貞觀政要・奢縱》　至孝武帝雖窮奢極侈，而承文、景遺德，故人心不動。向使高祖之後，即有武帝，天下必不能全。

《史記》卷一二《孝武本紀》司馬貞述贊　孝武纂極，四海承平。志尚奢麗，尤敬神明。壇開八道，接通五城。朝親五利，夕拜文成。祭非祀典，巡乖卜征。登嵩勒岱，望景傳聲。迎年祀日，改曆定正。疲秏中土，事彼邊兵。日不暇給，人無聊生。俯觀嬴政，幾欲齊衡。

《舊唐書》卷八〇《褚遂良傳》　漢武負文、景之聚財，玩士馬之餘力，始通西域，初置校尉。軍旅連出，將三十年。復得天馬於宛城，採蒲萄於安息。而海内虚竭，生人失所，租及六畜，算至舟車，因之凶年，盗賊並起。搜粟都尉桑弘羊復希主意，遣士卒遠田輪臺，築城以威西域。帝翻然追悔，情發於中，棄輪臺之野，下哀痛之詔，人神感悦，海内乃康。向使武帝復用弘羊之言，天下生靈皆盡之矣。是以光武中興，不踰葱嶺；孝章即位，都護來歸。

蘇轍《欒城後集》卷八《歷代論二・漢武帝》　天下利害不難知也。士大夫心平而氣定，高不爲名所眩，下不爲利所怵者，類能知之。人主生於深宫，其聞天下事至鮮矣。知其一，不達其二；見其利，不覩其害。而好名貪利之臣，探其情而逢其惡，則利害之實亂矣。

漢武帝即位三年，年未二十，閩越舉兵圍東甌，東甌告急。帝問太尉田蚡，蚡曰：「越人相攻，其常事耳。又數反覆，不足煩中國往救。」帝使嚴助難蚡曰：「特患力不能救，德不能覆。誠能，何故棄之？小國以窮困來告急，天子不救，尚何所愬？」帝詘蚡議，而使助持節發會稽兵救之。自是征南越、伐朝鮮、討西南夷，兵革之禍加於四夷矣。後二年，匈奴請和親，大行王恢請擊之，御史大夫韓安國請許其和。帝從安國議矣。明年馬邑豪聶壹因恢言：「匈奴初和親，親信邊，可誘以利致之，伏兵襲擊，必破之道也。」帝使公卿議之，安國、恢往反議甚苦。帝從恢議，使聶壹賣馬邑城以誘單于。單于覺之而去，兵出無功。自是匈奴犯邊，終武帝無寧歲，天下幾至大亂。

此二者，田蚡、韓安國皆知其非，而迫於利口，不能自伸。武帝志求功名，不究利害之實，而遽從之。及其晚歲，禍災並起，外則黔首秏散，内則骨肉相賊殺，雖悔過自咎，而事已不救矣。然嚴助以交通淮南，張湯論殺之；王恢以不擊匈奴，亦坐棄市。二人皆罪不至死而不免大戮，豈非首禍致罪，天之所不赦故耶？

《全宋文》卷五六七余靖《漢武不宜稱宗論》　創帝基，革天命，濟率土於塗炭者，祖之盛；恢聲教，同文軌，納蒸民於富壽者，宗之最。存則詠其德，没則觀其謚，所以叙昭穆於百世之下，配祫郊於群廟之上，親雖盡而不毁者，祖宗之隆也。昔武皇之撫運，紹炎漢之重熙。拓蠻夷之境，則衛青、去病之勳立，而民疲於干戈矣；惑神仙之談，則少翁、欒大之寵崇，而吏煩於祠祀矣；悦韓嫣之佞而處以副車，則君臣之位失矣；信江充之譖而誅及戾園，則父子之恩絶矣。舉其

大概，何昏如之？至於即世之日，群臣加謚，曾不爲靈若厲，而反壯其武，廟爲世宗，虧周公之法，敗三王之制。當時洪儒碩生如夏侯勝、黄次公議其樂章，遽抵詔獄，不亦甚乎！且祖有功，宗有德，若夏之少康，商之太戊、武丁，皆廢而復興，不失舊物，然始謂之宗也。周人自文、武而下，雖德如成、康，刑措不用，宣王中興，姬道再盛，廟在迭毁，亦無異號。暨乎漢室高帝，以英武特起，紲嬰刃籍，戴之曰祖，斯固宜矣。孝文崇仁義，省刑罰，弭兵革，服節儉，而囹圄空虚，寓内太平，廟稱太宗，斯又宜矣。孝武雖廓地斥境，而亡德及民，不加惡謚，固亦幸矣，尊之爲宗，無乃失其正乎？或曰：孝武雄才遠略，高出百王，西開夜郎之境，東建朝鮮之郡，匈奴徙庭，甌越請吏，修典禮，嚮儒學，登封告成，而漢之制度，於是乎備。若如所論，不亦過乎？曰：邦士雖闢，兵已黷矣；遠夷雖服，民已耗矣；樂府雖盛，雅亦亂矣；泰山雖封，制亦侈矣。文、景之俗，由是而僿，可勝道哉！末年下哀痛之詔，進筦榷之術，有富民之心，而不能得其道也。世謂漢家雜以霸道，愚於武帝觀之，曾霸者之不及，代廟弗毁，後嗣何以觀乎？西漢稱宗者四，而東漢無復區別，至於安、桓，亦有廟號，其失自武帝始，故著論云。

《全宋文》卷二一九二孔武仲《漢武帝論》　班固曰：武帝之雄才大略，而不改文、景之恭儉，雖《詩》《書》所稱，何以加焉？余取本紀，質其行事，以謂武帝承文、景之後，兵休民樂，海内富實，不能躬踐法度，以追二帝三代之隆，而甘心四夷，虚内事外，敝天下之力，殫生民之財，其末年愀然自悔，棄輪臺之地，封丞相爲富民侯，蓋亦晚矣，其雄才大略安在？而固之言如此，頗疑史臣褒揚先帝之辭，而非天下之公言也。然其在位數十年間，天下之士争立於其朝，内則文章制度炳然可觀，外則匈奴遁逃，西域、南粤皆爲郡縣。其錯置閎大，後世之所不及，豈其皆無所長而能至於是歟？竊嘗論之，人主之所以貴於天下者，在不失其權。權之大者，在於賞罰。賞罰誠行，則天下知所畏愛矣，五尺童子，可使冒白刃而馳三軍，鰲夫悍將，可使佩玉視地而趨也。賞罰不信於天下，則勸沮之道不明，百步之間，號令不能達，而户庭之内，將勤勞而不治也。故賞罰者，人主之所以輕重，百官萬民之所以治亂也。然賞之重，或裂大國而封匹夫；罰之重，或廢大臣而誅骨肉。至於此，則中人之情有所顧望而難行。故又必有闊達之大度，果敢之明斷，然後賞大功而不悋，誅大罪而不疑。古之人有粗知此而能行之者，武帝是也。故大宛之役，封列侯，拜九卿，慶賞滂沛，以勞還師之功，其於罪惡甚多，皆略而不問，其能容有功者如此。隆慮公主，帝之姊也。方其病也，預入金錢，以贖其子之罪。帝雖許之，及主子犯法，帝流涕而言曰：「法者，先帝所造也，用弟故，而誣先帝法，何面目入高廟乎？」卒使伏法。其用刑不私如此，余所謂闊達之大度，果敢之明斷也。故王師屢動，而將帥無逗撓之計；奸宄數發，而社稷無傾危之憂。威行方外，利及後世，卒於薦功天地，廟號世宗，彼亦有以致之也。及其末年，睠顧霍光，屬以大事。光遂能戡定逆亂以安少主，立孝宣以中興。推其本原，則武帝之功尤爲俊偉。何者？霍光，階闥之臣耳，未嘗參國議，預民政也。又非有公卿之薦，士大夫之譽也。帝親察其才，擢之於近侍之中，而付之以社稷之重，比方周、召，曾不置疑。而光卒能擁持大業，不負垂死之託，則帝之知人善任，豈易及哉！昔齊桓公得管夷吾於鮑叔，以稱霸於一時。漢武帝舉霍光而功業施乎三代，則武帝之明，優於齊桓遠矣。凡武帝之所得，焯焯如此，則所謂雄才大略者，非史臣之私論，乃天下之公言也。嗚呼！元帝有陳湯而不能賞，有蕭望之而不能用，衡、譚巽懦不能退，恭、顯奸邪不能誅，而區區焉罷三服官，省甘泉衛，卒以爲忝儉之節，考其施爲，可謂無武皇之風矣。是故漢室至此而亦衰焉。荀子曰：「大節是也，小節非也，上君也；大節非也，小節是也，吾無所觀其餘矣。」其武帝、元帝之謂歟！

何去非《何博士備論・漢武帝論》　西漢之興，歷五君而至於孝武。自高帝之起匹夫，誅强秦，蹙暴楚，已而平反亂，征不服，迄終其世，而天下伏尸流血者二十餘年。吕后、惠、文，乘天下初定，與民休息，深持柔仁不拔之德。其於兵也，固憚言而厭用之也，可謂知天下之勢矣。孝景之於漢也，蓋威可抗而兵可形之時也。然而，即位未幾，卒然警於七國之變。故其志氣創艾，亦姑安天下之無事，未暇爲天下之勢慮也。然其爲漢之勢，亦浸以趨弱矣。孝武帝以雄才大略，承三世涵育之澤，知夫天下之勢將就弱而不振，所當濟之以威强而抗武節之時也。方是時也，内無奸變之臣，外無强逼之國，而世爲漢患者獨匈奴耳。

夫匈奴自楚、漢之起，乘秦之亂，復踐河南之地，而其勢始强。高帝曾以三十萬之衆困於白登之圍，蓋士不食者七日，已解而歸，不思有以復之，而和親始議矣。高后被其嫚書之辱，臨朝而震怒矣，終之以婉辭順禮慰適其桀驁之情。凡此者，皆欲與民息肩，姑置外之而不校也。孝文之立，其所以順悦輸遺者甚，至飾遣宗女以固其歡。蓋送車未返，而彼已大舉深入，候騎達於甘泉、雍梁矣。其後乍親乍絶，蓋爲寇患至於近，嚴霸上、棘門、細柳之屯以衛京都。以孝文之寬仁鎮静，攝衣發奮，親駕而驅之者再，乃至乎輟飯搏髀而思頗、牧之良能也。

孝景之世，其所以悦奉之情與夫遺給之數又加至矣。然其寇侵之暴，紛然其不止也。由是觀之，漢之於匈奴，非深懲而大治之，則其爲後患也，可勝備哉？是以孝武抗其英特之氣，選侍習騎，擇命將帥，先發而昌誅之。蓋師行十年，斬刈殆盡，名王貴人俘獲百數，單于捧首窮遁漠北，遂收兩河之地而郡屬之。刷四世之侵辱，遺後嗣之安强。至於宣、元、成、哀之世，單于頓顙臣順，謁期聽令以朝，位次比内諸侯。雖曰勞師匱財，而功烈之被遠矣。使微孝武，則漢之所以世被邊患，其戍役轉餉以憂累縣官者，可得而預計哉？甚矣！昧者之議，不知求夫天下之勢、强弱之任所當然者，而猥曰：「文、景爲是慈儉愛民，而武帝黷於兵師祈祀。」至與秦皇同日而非詆之，豈不痛哉！使孝武不溺於文成、五利之奸以重耗天下，攘敵之役止於衛、霍之既死，而不窮貳師之兵，則其功烈與周宣比隆矣。

《全宋文》卷三九五三李彌遜《武帝作沈命法議》　武帝以酷暴之法，行掊克之政，民無所措手足，盜賊由是滋起。不思所以休養之，而加以苛令，貽禍郡邑，猶以火救火，久之益多，將以禁暴，乃所以縱之也。賀輩倚法肆威，示恩邀福，上不能除國害，下不能寬民瘼。奉法若此，謂之忠，可乎？

《全宋文》卷三九五四李彌遜《吾丘壽王奏起上林苑議》　能士長於應變，而或貪功以過舉；賢者可以礪俗，而或静退以緩事。故艱難之時則急於智謀，持守之際則尊尚德義，隨時濟務，不得不耳。至於士之飾文采，富辭章，長辨論，雖粉澤王猷，羽儀士類，世不可無；其或專信偏聽，付以重任，鮮不敗者。漢武喜用儒術，而其所簡拔，雖號一時俊異，類非忠厚方正之士，豈特於將順匡救，有所不足，而持論不根，競自衒鬻，伺意邀寵，啓其非心，爲害深矣。以帝之睿智英特，方初踐阼，勇於爲治，若泉之始達，東決東流，西決西流，善惡可致也。使左右之人陳謨納誨，皆知根本帝王之道，以輔其德，則異時窮奢黷武之習，轉而爲恭儉仁厚之風，治功之隆，將無愧於商周矣。惜哉！

《全宋文》卷四二五八劉子翬《漢書雜論上》　武帝勤兵四夷，禍流中外，而卒得無他者，賴前有文、景累培基址，後有昭、宣撫養瘡痍耳。不然，天下土崩久矣。

《全宋文》卷四六〇九林之奇《論漢武帝》　武帝好長生不死之術，聚方士於京師，由是禱祠之俗興，以成巫蠱之禍。陽邑、朱昌二公主俱以此誅，而皇后、太子亦皆不免。其始也，欲求長生不死之術而不可得，徒使敗亡之禍横及骨肉，可笑也。

洪邁《容齋隨筆》卷五《漢武賞功明白》　武帝賞功，必視法如何，不以貴賤爲高下，其明白如此。

洪邁《容齋續筆》卷一〇《漢武留意郡守》　漢武帝天資高明，政自己出，故輔相之任，不甚擇人，若但使之奉行文書而已。其於除用郡守，尤所留意。

洪邁《容齋五筆》卷四《漢武帝喜殺人者》　漢武帝天資剛嚴，聞臣下有殺人者，不唯不加之罪，更喜而褒稱之。

《朱子語類》卷一三五《歷代二》　文帝便是善人，武帝却有狂底氣象。陸子静《省試策》説武帝强文帝，其論雖偏，亦有此理。文帝資質雖美，然安於此而已。其曰「卑之無甚高論，令今可行」，題目只如此。先王之道，情願不要去做，只循循自守。武帝病痛固多，然大資高，志向大，足以有爲。使合下便得箇真儒輔佐，豈不大有可觀？惜乎無真儒輔佐，不能勝其多欲之私，做從那邊去了！欲討匈奴，便把吕后嫚書做題目，要來揜蓋其失。他若知得此，豈無「修文德以來」道理？又如討西域，初一番去不透，又再去，只是要得一馬，此是甚氣力！若移來就這邊做，豈不可？末年海内虚耗，去秦始皇無幾。若不得霍光收拾，成甚麼！輪臺之悔，亦是天資高，方如此。嘗因人言，太子仁柔不能用武，答以「正欲其守成。若朕所爲，是襲亡秦之迹」！可見他當時已自知其罪。向若能以仲舒爲相，汲黯爲御史大夫，豈不善！

「漢守高祖無功不侯之法甚嚴。武帝欲侯李廣利，亦作計，終破之。法制之不足恃，除得人方好。」因論子静取武帝，曰：「其英雄，乃其不好處，看人不可如此。」又謂：「文帝雖只此，然亦不是胸中無底。觀與賈誼夜半前席之事，則其論説甚多。誼蓋皆與帝背者，帝只是應將去。誼雖説得如『厝火薪下』之類，如此之急，帝觀之亦未見如此。」又云：「彼自見得，當時之治，亦且得安静，不可撓。」

武帝做事，好揀好名目。如欲逞兵立威，必曰：「高皇帝遺我平城之憂！」若果以此爲耻，則須「修文德以來之」，何用窮兵黷武，驅中國生民於沙漠之外，以償鋒鏑之慘！

武帝征匈奴，非爲祖宗雪積年之忿，但假此名而用兵耳。

《全宋文》卷六二五七蔡戡《武帝論一》　愚觀漢武帝殘忍少恩，殺戮臣下，如刈草菅，雖素所愛信，小有犯法，輒按誅之，無所寬假。公卿大臣，惟公孫弘以多智，石慶以醇謹而得免，其餘繼踵伏誅。當是時，立於其朝者重足一迹，朝暮之不保，往往如脂如韋，偷合取容，以苟延歲月。汲黯乃以骨鯁之資，犯顔逆耳，

屢嬰武帝之怒，帝每優容之，愚嘗疑焉。且黯面折廷爭，蓋非一事，帝或以爲戇，或以爲愚，或以爲姦，或以爲妄發，甚則怒而罷朝。又質責公孫弘、張湯於上前，二人嫉黯，欲因事誅之，帝終始涵容，委曲覆護，不加以刑。雖未大用，而位九卿，出入禁闥，至以社稷臣許之，在黯不爲不遇也。夫以武安侯、大將軍之親，公孫弘、張湯之寵，或始不以禮，或終不以恩，待遇之厚，無黯若者。以愚觀之，帝有深意存焉。蓋衛青功高而倨，田蚡負貴而驕，弘、湯挾詐懷姦，專阿主意。外則又有諸侯之踰制，内則又有貴幸之撓法。若無直臣，則何以消邪佞之心，沮姦賊之計耶？傳曰：「山有猛獸，藜藿爲之不採；國有直臣，姦邪爲之不起。」夫一人正色抗詞於一堂之上，而折衝禦侮於千萬里之遠，國勢自尊，士氣自振，宗社自安，豈不偉歟？故淮南王陰謀欲以死士刺大將軍，以辨士説公孫弘，舉無難者，獨憚黯守節死義，而不敢發，其效可見也。帝之所以矯情屈己而敬禮者，蓋出於此。不然，帝之窮兵黷武，侵伐四夷，繁刑重斂，殘害百姓，極宫室之侈靡，溺神仙之虚無，去始皇亦一間耳。始皇以之亂，而帝以之治，何哉？甚矣，國不可以無直臣也！直臣在廷，則忠讜之言日進，欺蔽之竇不開，小人有所憚而不爲，君子有所恃而無恐，紀綱以正，朝廷以治，雖欲亂，不可得也。秦相趙高指鹿爲馬，左右莫敢言，上下相蒙，循習至是，以此可以見秦之無人。彼唐武后以一女子，不出房闥，屠戮士夫不可勝紀，獨狄仁傑、徐有功抗顔正論，無所畏忌，不但免禍，亦多信用其言。武后所以終其身不及於難，唐室未至大亂者，職此之由。故曰，國不可以無直臣；無直臣，則國非其國矣。

《全宋文》卷六二五七蔡戡《武帝論二》 論相自古其難。論之不審而遽用，既用而後疑，二者皆足以害治。古之人君，其未得也，求之甚切，選之甚難；其既得也，任之甚專，責之甚備。罪惡彰著，則竄殛流放之，未聞非其人而使居是位，居其位而不任以事者也。漢武帝雄才大略，號爲知人，一時名卿，於斯爲盛。獨於論相之際，略不加意，所用之人，如公孫弘之多詐，車千秋之無能，石慶之庸闒，以至田蚡、李蔡、趙周、公孫賀、劉屈氂之徒，或以戚里進，或以宗室用，或拔於行伍，或起於卒吏，非糾糾武士，則碌碌鄙夫，徒取充位備數而已。帝既不任宰相，乃與左右親幸之臣嚴助、朱買臣、吾丘壽王、司馬相如相與論天下事，帝又陰右之，務使詘其大臣。東甌之請，田蚡不可，助詰之而蚡沮；朔方之議，公孫弘不可，買臣難之而弘服。二公平時蓋已見輕於助輩，議論之間又不能力爭固執，卒困於捷給之口。大臣之言既詘，則左右之言日用；大臣之迹既疎，則左右之迹日親；大臣之權既輕，則左右之權日重。爲大臣者，服台衮，坐廟堂，號爲天子宰相，漫不與天下事，其勢力反出左右近習下，豪傑之士肯爲之乎？故必得齷齪無似如前數公，然後爲稱職也。若夫天子左右之臣，朝夕之所狎昵，必求有以順適其意而陰中其欲。故助誅閩粤，買臣伐東越，而啓武帝之争心；壽王議周鼎，相如請封禪，而啓武帝之侈心。凡帝之好大喜功，窮兵黷武，實數子啓之。彼數子者奮自諸生，幸得備天子左右，固當拾遺補闕，繩愆糾謬，而乃開其不善之端，置之有過之地，殆與近習小人無異，以此要權利，固禄位，豈不悖哉！蓋不如是，則其情易間，其寵易衰，其黜可立而待，勢使之然也。助輩尚爾，而況近習小人乎？由是言之，人主以論相爲職，以任相爲正。宰相不才，内外之臣皆得言之。近習朋姦，上下蒙蔽，則人主何緣而覺。借使盡得賢者，亦不足以爲後世法；苟非其人，爲害豈小哉？雖然，帝之信任左右，其失固也，猶得駕馭之術焉。小有犯法忤意，誅責隨之，甚至赤族，故左右之臣不敢肆其姦，蓋亦有所憚也。元帝用一閹者，使亂天下，終身不寤，此尤可悲也已。

《陳亮集》卷九《論·勉彊行道大有功》 天下豈有道外之事哉！而人心之危，不可一息而不操也。不操其心，而從容乎聲色貨利之境，以泛應乎一日萬幾之繁，而責事之不效，亦可謂失其本矣。此儒者之所大懼也。

夫道非出於形氣之表，而常行於事物之間者也。人主以一身而據崇高之勢，其於聲色貨利，必用吾力焉，而不敢安也。其於一日萬幾，必盡吾心焉，而不敢忽也。惟理之徇，惟是之從，以求盡天下賢者之心，遂一世人物之生。其功非不大，而不假於外求。天下固無道外之事也，不恃吾天資之高，而勉彊於其所當行而已。漢武帝好大喜功，而董仲舒言之曰：「勉彊行道大有功。」可謂責難於君者矣。請試申之。

昔者堯、舜、禹、湯、文、武汲汲，仲尼皇皇。彼皆大聖人也，安行利行，何所不可，又復何求於天地之間而若此其切哉！蓋人心之危，道心之微，出此入彼，間不容髮，是不可一息而但已也。夫喜怒哀樂愛惡，欲之所以受形於天地而被色而生者也。六者得其正則爲道，失其正則爲欲。而況人君居得致之位，操可致之勢，目與物接，心與事俱。其所以取吾之喜怒哀樂愛惡者，不一端也，安能保事事物物之得其正哉！一息不操，則其心放矣。放而不知求，則惟聖罔念之勢也。夫道豈有他物哉！喜怒哀樂愛惡得其正而已。行道豈有他事哉！審喜怒哀樂愛惡之端而已。不敢以一息而不用吾力，不盡吾心，則彊勉之實

也。賢者在位，能者在職，而無一民之不安，無一物之不養，則大有功之驗也。天祐下民而作之君，豈使之自縱其欲哉！雖聖人不敢不念，固其理也。

武帝雄材大略，傑視前古，其天資非不高也。上嘉唐虞，下樂商周，其立志非不大也。念典禮之漂墜，傷《六經》之散落，其意亦非止於求功夷狄以快吾心而已，固將求功於聖人之典，以與三代比隆，而爲不世出之主也。而不知喜怒哀樂愛惡一失其正，則天下之盛舉皆一人之欲心也，而去道遠矣，有功亦止於美觀耳。堯舜之「都」「俞」，堯舜之喜也，一喜而天下之賢智悉用也。湯武之《誥》、《誓》，湯武之怒也，一怒而天下之暴亂悉除矣。此其所以爲行道之功也。經典之悉上送官，非武帝之私喜也。用爲私喜，則真僞混淆，徒爲虚文耳。夷狄之侵侮漢家，非武帝之私怒也。用爲私怒，則人不聊生，徒爲世戒耳。使武帝知彊勉行道，以正用之，則表章而聖人之道明，必非爲虚文也；誅討而夷夏之勢定，必不爲世戒也。其功豈可勝計哉！武帝奮其雄材大略，而從容於聲色貨利之境，以泛應乎一日萬幾之繁，而不知警懼焉，何往而非患也！説者以爲武帝好大喜功而不知彊勉學問，正心誠意以從事乎形器之表，溥博淵泉，而後出之。故仲舒欲以淵源正大之理而易其膠膠擾擾之心，如枘鑿之不相入，此武帝所以終棄之諸侯也。

夫淵源正大之理，不於事物而達之，則孔孟之學真迂闊矣，非時君不用之罪也。齊宣王之好色好貨好勇，皆害道之事也，孟子乃欲進而擴充之。好色人心之所同，達之於民無怨曠，則彊勉行道以達其同心，而好色必不至於溺，而非道之害也。好貨人心之所同，而達之於民無凍餒，則彊勉行道以達其同心，而好貨必不至於陷，而非道之害也。人誰不好勇，而獨患其不大耳。人心之所無，雖孟子亦不能以順而誘之也。不忍一牛之心，孟子欲其擴充之，以至於五十之食肉，六十之衣帛，八口之無饑，而謂之王道。孟子之言王道，豈爲不切於事情！梁惠王問利國，未爲戾於道也；移民移粟，未爲無意於民也。孟子皆不然之，而力以仁義爲言。蓋計較利害，非本心之所宜有。其極可以至於忘親後君，而無可達於事物之理，非好貨好色之比，而況不忍一牛之心乎！聖賢之所謂道，非後世之所謂道也。爲人上者，知聲色貨利之易溺而一日萬幾之可畏，彊勉於其所當行，則庶幾仲舒之意矣。夫天下豈有道外之事哉！

錢時《兩漢筆記》卷四《武帝》　内君子而外小人，是君子小人皆得位也。故《泰》内小人而外君子，是小人君子皆失位也。故《否》一相當國而使君子不容於内，則時事可知矣。邪正不並立，是非難兩存。小人之情惟恐君子之不利於己也，而厄之百方而擠之，是故屏遠竄逐，使人主終身不見其面，然後惟吾所爲，無不可者，豈容一日安於朝廷之上哉！武帝之有汲黯、董和如麒麟鳳凰，真希世之瑞。公孫弘爲丞相，方開東閣以延賢人，而首以危機中之，不知所延者果何賢乎？史氏謂其意忌報隙，愚謂雖無隙，弘亦不容也。

武帝好大喜誇，多欲之主也。一時人材紛然蝟集，凡有以中其欲者，皆得而從臾之。是故趙綰、王臧之言一投，則議明堂；吾丘壽王之言一投，則起上林；唐蒙之言一投，則通夜郎；司馬相如之言一投，則通邛筰；張騫之言一投，則通西域；莊助之言一投，則徙東甌；王恢之言一投，則誘擊匈奴；李少君之言一投，則信祠竈；少翁之言一投，則欲致天神；欒大之言一投，則冀安期、羨門之可見；公孫卿之言一投，則真若封禪之可以登天。以至張湯之徒之峻刑法，桑弘羊之徒之言利事，江充之徒之治巫蠱，皆隨其所投，而輒爲之動，東飄西泊，泛泛然如風萍之在江湖，略無主宰，良可憫笑。及其晚年，輔少主受顧命，則有以得霍光於平時，身後之謀，先事而定，所見卓然，斷不他屬。雖田千秋一言，寤主數月，而取宰相封侯，亦且不得而與。於此見帝天姿本高，從前浮念，卒是掃滅，而真見特達乃如此，漢祚之所以未艾歟。惜乎，上官桀未幾從逆有誤委寄，知人自古所難，又足以爲世戒也。

錢時《兩漢筆記》卷六《武帝》　武帝之虚耗，原於文景之恭儉。何者？省費尚樸，身先天下，兩君相繼凡四十年，粟腐貫朽，海内殷富，非天雨而鬼輸也。武帝嗣服，但見財用豐衍而不知其所自來，是以胷膽開張，耳目盈蕩，恣所欲爲而不暇計其後，譬如膏粱之子狃於貴盛，侈費、無藝，意氣咈然，以妄爲常，難可復歛。一有不給，遂至刻剥苟求，賣田宅貨簪珥什物以繼其欲而弗悟，斯武帝之謂矣。周公作《無逸》，首陳稼穡之艱難。而《七月》一詩，下至男耕女桑，蔬果生菹之候，纖悉無所不具，正恐成王年少驟處盈盛之運，而侈心易生也。經曰：民爲邦本。又曰上以厚，下安宅。武帝虚内而事外，危國命而戰遠夷，經用大空，窘無以繼，輪臺之悔可以速下矣。乃方甘心酷吏殘虐於上，計析秋毫之徒蒐獵於下，縱豺虎羔犢之羣而莫恤，烏在其爲民父母也。繼世之少主，其毋怵於目前之殷富而自效其侈心哉！

《吴廷翰集》卷上《漢武帝》　漢武帝殺鈎弋夫人，非也。立其子而殺其母，

豈理也哉？古之帝王，正心修身以齊其家，則男女之教自正，嫡妾之分自明。三代之上，未聞有女后臨朝者，以此故耳。帝而慮及於此，則當立爲家法，如古帝王不許女后臨朝，而又著之典章而世守之，使足以爲一代之制，而何至舉措若此耶！若以吕后爲戒，則當時託孤受遺之大臣，如霍光可屬大事，則立法在上，遺令在耳，而又有昭帝之明，夫人雖强，豈得行其志哉！且方夫人生子之時，以堯母名其門，豈堯母而可殺耶？帝此舉可謂舛矣。雖然，唐玄宗寵一貴妃至於敗亂天下，禍及宗廟，奔竄之餘，六軍憤怒，猶戀戀而不忍裁，則帝亦可謂英烈矣。

《江盈科集・漢武帝》 人君之治天下，用人焉，盡之矣。人君用人以治天下，器使焉，盡之矣。取象于物，則雞以司晨，犬以司夜，違晨夜之宜，則鷄犬皆爲贅疣。牛以服耕，馬以服乘，反耕乘之用，則牛馬總屬廢置。推之用人，亦莫不然。故明于器使之道，則貪可使也，詐可使也，盜賊夷狄可使也，盲者可使審音，刖者可使守門，腐者可使典宫，瘖者可使司鼓，短者可使灑掃，駝者可使甃砌。何不使也？何不效也？藉令用非其材，則孟公綽之廉靖以治滕、薛，殊無救于劻勷；殷深源之雅望以典征伐，適足增其敗衂。求之上古，若堯、舜爲君，禹、皋、稷、契等爲相，平土者不言烈山，播種者不言布教。禮樂刑罰，各精其能；龍蛇虎豹，各歸其部。人職一官，官職一事，自壯至老，不相更爲，而洪荒以闢，雍熙以開。此謂以聖君用聖臣，千載器使之標準也。顧使之必當，係于知之必真。而知人則哲，自古稱難。帝堯之神也，遁于伯鯀；孔子之聖也，蔽于宰予。夫以堯、孔之所難，安可概責後世之人以必易。故三代而下，史册所載，求其長于知人，能盡器使之道者，惟漢武帝一人而已。武帝乘文、景之世，席富庶之餘，方將長駕遠馭，潤色太平，掃蕩胡越，諸所簡拔，俱出親閱，極一時之選，流萬世之譽。嘗試考其人，曾有一之不副其任、不稱帝意者耶？如枚、馬之才也，使典文章；張、趙之能也，使詰奸宄；桑、孔之心計也，使理財賦；衛、霍之兵略也，使管征伐；蘇、張之節俠也，使出異域。諸臣受命，如耳任聽，如目任視，如手任持，如足任行，文者文，武者武，富者富，强者强，安者安，攘者攘，功伐輻輳，赫焉稱盛。至于輕敵之李廣，必不肯使當單于；廣之孫陵，驍鋭絶倫，帝因其有祖之風，不任爲將，强而任之，竟貽降虜之耻，此非武帝意也。若夫社稷臣之重，即所寵之平津侯不輕許，而獨以許汲黯；其更難者，托孤寄命身後之事，在不可知之境，慨然挈周公圖畀諸木强之霍子孟，而命降胡如金日磾者佐之。夫以漢臣之多，中國之人之衆，才能表著者不少矣，霍與金平日未聞推轂于衆庶，帝獨自拔而自任之，舉社稷之重，付于兩人之手，兩人亦遂能竭忠安漢，以無負于帝之委托。于此見帝之任人，百使百當，豈非三代而下所稱不世出之主耶？議者乃曰：「帝所任用，大率富國强兵之臣而已。」嗟嗟，談何容易？三代以下爲天子者，能使國富兵强，而天下之事畢矣。獨怪夫宋之用人，今日誠意，明日正心，一切兵戎、財賦緊要之事，反視爲緩圖。獨一王安石鋭意富强，又更張太驟，立法太亟；而當世之爲賢人君子者，聞富强之言，視安石如仇讎，如豺虎，嘩然攻之，不遺餘力，而其禍遂移而之國。故宋祚之弱，弱于君子講理學，小人肆奸謀，而爲執政者，不留心于因才器使之道。夫古之聖人，至孔子極矣；古之論用人，如孔子亦可以法矣。而孔子未嘗專尚理學也，觀其使由治賦，使求理財，使赤爲擯，使雍南面，使回爲邦，諸所推擇，大都若此。即以媚竈之王孫，便佞之祝鮀，宣淫之孔圉、衛靈，用之合當其才，猶然咨嗟稱善，而反無取于廉静之公綽。孔子非右王孫、左公綽也，若曰能濟事，則王孫輩亦有裨于國；不能濟事，則雖公綽數十輩，亦何益于天下萬一？是道也，漢武得之而强，宋世失之而弱。宋儒自以爲能推明孔氏之道，不知孔氏之道，確然救時良策，宋儒諸腐濫者，名爲學孔氏，而不善學焉者也。後世用人者，鑒漢武之得、宋世之失，而人才出，天下治矣。

錢謙益《牧齋雜著》再補《漢武帝論上》 《前漢》史譏切孝武黷武窮邊，襲跡亡秦。儒者以其言爲口實，至於今不變。遷、固皆漢臣也，請以漢臣之論鑿鑿副名實者折之。

班史記建元七年，蚩尤旗長竟天，後遂命將畧取河南，置朔方。明年，戾太子生，與兵相終始。指陳事應以不戢自焚爲戒。虜數入上谷、漁陽、雁門，殺畧無算。收河南地，置朔方、五原郡，扼戍要害，此上策也。「天子命我，城彼朔方」，宣王亦將爲黷武乎？長星見則天子征伐四方，其所指則匈奴當之，何謂不戢自焚？延元中，陳忠論燉煌事曰：「孝武憤怒匈奴兇暴，浮河絶漠，窮追虜庭，遂開河西四郡，收三十六國，以斷匈奴右臂。是以單于孤特，鼠竄遠藏。至於宣、元之世，遂備藩臣。」由此觀之，甘露、竟寧，扶服入朝，皆武帝三十餘年窮兵遠畧，威稜所震疊也。竟寧中，侯應論保塞事曰：「自孝武出師征伐，斥奪陰山，匈奴不得依阻其中，治弓矢來寇。每過之，未嘗不哭也。」應以得陰山爲漢利，而固以收河南爲漢病，異乎所論矣。史言漢兩將軍大出，所殺虜八九萬。漢士物故亦數萬，馬死者十餘萬匹。府庫單竭，杼軸空虛。漢之疲耗，亦畧相當。建平中，揚雄論入朝事曰：「孝武深惟社稷之計，規恢萬載之策，豈樂傾無量之費，役

無罪之人，快心於狼望之北哉？以爲不一勞者不久佚，不暫費者不永寧。是以忍百萬之師，以摧餓虎之喙，運府庫之財，以填盧山之壑而不悔也。」雄可謂知大計矣。

中國與匈奴，疲耗相當，蓋承有之。獨不見九原、令居之役，兩將軍出塞千里，不見匈奴一人而還乎？獨不見宣、元之際，天子承襲餘威，南面受單于朝，龍駕帝服，傳鐘伐鼓於清渭之上乎？武帝末，匈奴遠遁，十四年不復出兵。幕南空庭，垂及三世。士馬休養蕃庶幾何？軍興之費，視舟車六畜訾省幾何？並邊士馬戍卒收保幾何？比前絜後，會計得失，奚翅相當而已哉！今盡沒出車命將奠安方夏之成勞，而虛引禁暴止戈助順佑信之經義。六十餘年，入朝保塞，牛馬布野，策勳於後王；而三十餘年好大喜功，單極中國，録瑕於前世。知二五而不知十，非通人之識也。吾故謂論武帝者，以揚雄、侯應、陳忠三臣爲正。遷謗書也，固目論也，吾無取焉耳。

錢謙益《牧齋雜著》再補《漢武帝論下》　范曄《南匈奴傳論》，謂「孝武窮竭武力，殫用天財。宣帝值虜庭分爭，權納懷柔，罷關徼之警，息兵民之勞，南面朝單于，朔、易無匹馬之蹤六十餘年」。此襲班氏之餘論，而又失焉者也。班史《匈奴傳》曰：「貳師沒後，漢不復出兵三歲，武帝崩。前此者漢兵深入窮追二十餘年，匈奴孕重墮殰，罷極苦之。自單于以下，常有欲和親計，單于欲求和親，會病死。衛律在時，常言和親之利。律死，兵數困，國益貧。單于弟左谷蠡王思律言，欲和親，而恐漢不聽。」又曰：「宣帝之世，承武帝奮擊之威，直匈奴百年之運。」由此觀之，匈奴之上書求朝，攜國內附，皆武帝威力明矣。譬如穫稻，武帝耕之，宣帝食之。今盡絀耕耔之勞，而侈談庾積，不已傎乎？陳壽《魏書》曰：「孝武雖外事四夷，東平兩越、朝鮮，西討貳師、大宛，開邛竹、夜郎之道，然皆在荒服之外，不能爲中國輕重。而匈奴最逼於諸夏，胡騎南侵，則三邊受敵。是以屢遣衛、霍之將，深入北伐，窮追單于，奪其饒衍之地，後遂保塞稱臣，世以衰弱。」此深悉用兵要害方畧，非范曄所能知也。

三代以來，世患戎狄。玁狁戎其孔棘，薄伐止於太原。武帝雪耻百王，復仇九世。天子巡邊，親至朔方，勒兵十八萬騎，北登單于臺，虜不敢南嚮發一矢。易世而後，單于稱北藩臣，朝正月。上登長平坂，詔單于毋謁，左右當户、蠻夷君長，迎者數萬人。上登渭橋，咸稱萬歲。快矣哉！撻伐之勝事，開闢以來所未有也。金行失紀，胡羯蔓延。拓拔主中國，耶律作天子。衮冕蹂踐於馬蹄，襁褓沉淪於魚服。信天之不悔禍，抑亦世無漢武，以至此極也。

孔子作《春秋》，大齊桓一匡之功，而仁管仲。大齊桓，有不大漢武矣乎？仁管仲，有不仁漢武矣乎？或曰：「孟、荀二子言仲尼之徒無道桓、文者何居？」曰：此仲尼之徒之言也，非仲尼之言也。吾夫子受命於天，制《春秋》爲萬世法，立乎衰周，却觀後世。華夷同貫，殺運增長，茫茫禹跡，有深恫焉！故曰：「微管仲，吾其被髮左衽矣。」非爲一世言之也。嗚呼！斯所謂百世可知者也。孟、荀二子，數世之知也。使二子者生乎今之世，則其大齊桓、仁漢武也，亦必將有取於吾言矣。

龔煒《巢林筆談》卷三《漢武非英主》　戾太子冤死，漢武已是不明。至望氣者言長安獄中有天子氣，其時曾孫在內，不即開釋，以覘其氣度；而乃遣使者分條中都官詔獄繫者無輕重皆殺之，幸丙吉拒使得免。不然，不特戾太子無遺種，元平以後，中興之主，漢祚不幾絶乎？而世猶以英主目之哉！

藝文

《曹植集》卷一《漢武帝贊》　世宗光光，文武是攘。威振百蠻，恢拓土疆。簡定律曆，辨修舊章。封天禪土，功越百王。

庾信《庾子山集》卷一〇《漢武帝聚書讚》　獻書路廣，藏書柱開。秦儒出谷，漢簡吹灰。芝泥印上，玉匣封來。坐觀風俗，不出蘭臺。

《韋應物集》卷一〇《漢武帝雜歌三首》

其一

漢武好神仙，黄金作臺與天近。王母摘桃海上還，感之西過聊問訊。欲來不來夜未央，殿前青鳥先徊翔。緑鬟紫雲裾曳霧，雙節飄颻下仙步。白日分明到世間，碧空何處來時路。玉盤捧桃將獻君，踟蹰未去留彩雲。海水桑田幾翻覆，中間此桃四五熟。可憐穆滿瑶池燕，正值花開不得薦。花開子熟安可期，邂逅能當漢武時。顔如芳華潔如玉，心念我皇多嗜欲。雖留桃核桃有靈，人間糞土種不生。由來在道豈在藥，徒勞方士海上行。掩扇一言相謝去，如烟非烟不知處。

其二

金莖孤峙兮凌紫烟，漢宮美人望杳然。通天臺上月初出，承露盤中珠正圓。

珠可飲，壽可永，武皇南面曙欲分，從空下來玉杯冷。世間綵翠亦作囊，八月一日仙人方。仙方稱上藥，静者服之常綽約。柏粱沉飲自傷神，猶聞駐顔七十春。乃知甘醴皆是腐腸物，獨有淡泊之水能益人。千載金盤竟何處，當時鑄金恐不固。蔓草生來春復秋，碧天何言空墜露。

其三

漢天子，觀風自南國。浮舟大江屹不前，蛟龍索鬭風波黑。春秋方壯雄武才，彎弧叱浪連山開。愕然觀者千萬衆，舉麾齊呼一矢中。死蛟浮出不復靈，舳艫千里江水清。鼓鼙餘響數日在，天吴深入魚鼈驚。左有佽飛落霜翮，右有孤兒貫犀革。何爲臨深親射蛟，示威以奪諸侯魄？威可畏，皇可尊，平田校獵書猶陳，此日從臣何不言。獨有威聲振千古，君不見後嗣尊爲武。

《白居易集》卷四《諷喻四·李夫人》 漢武帝，初喪李夫人；夫人病時不肯别，死後留得生前恩。君恩不盡念未已，甘泉殿裏令寫真。丹青畫出竟何益？不言不笑愁殺人。又令方士合靈藥，玉釜煎鍊金爐焚；九華帳深夜悄悄，反魂香降夫人魂。夫人之魂在何許？香烟引到焚香處。既來何苦不須臾？縹緲悠揚還滅去。去何速兮來何遲？是耶非耶兩不知。翠蛾髣髴平生貌，不似昭陽寢疾時。魂之不來君心苦，魂之來兮君亦悲。背燈隔帳不得語，安用暫來還見違？傷心不獨漢武帝，自古及今皆若斯。君不見，穆王三日哭，重璧臺前傷盛姬？又不見，泰陵一掬淚，馬嵬坡下念楊妃？縱令妍姿艷質化爲土，此恨長在無銷期。生亦惑，死亦惑，尤物惑人忘不得。人非木石皆有情，不如不遇傾城色。

李觀《李元賓文集》卷六《弔漢武帝文并序》 閲太史氏書，見漢武之御極，雖非求仁蹈道之主，亦英雄之君也。然觀其内傳，有學神仙與築三山焉，飲露飡霞，希升汗漫，激流延石，用擬林泉。嗚呼！履其位而不知所以守，好其事而不知所以從。夫一物各異道，萬彙不同致。帝王之與神仙，林泉之與朝市，猶鱗羣毛族，川陸分之，日居月諸，晝夜常之，麒麟不可又處泉，蛟龍不可更居藪，玉兔莫延於旦，金烏莫瞻於宵，附其翼者兩其足，與其角者一其齒，不兼之兼，又理昭然。帝者宜本於觀人，仙者宜先於遠世。以林泉爲意者，可居於藪澤。以天下爲念者，可謹於朝廷。是以唐、堯、虞、舜無野心，子晉、許由辭寶祚，誠以帝王於神仙有隔，林泉將朝市難并也。今據唐、堯、虞、舜之地，而求子晉、許由之志，不亦迂而可痛哉！況君子所以歡心屈體爲僕御，元元所以封膏割血爲飽暖，又非圖林泉而學仙也。傷心久之。戊辰歲秋八月，周覽秦原，次茂陵之下，既覩永歸之地，彌懷所行之事。且夫承天統物，豈無足稱之德歟？蓋觀日月高明，有時虧昃，珠玉貞潔，不免瑕疵，徘徊路隅，興言而弔曰：

赫赫兮炎靈降神，造漢秦楚，四葉重茂，翹英薦新，首出羣龍，卓爲世祖。秋風揚文，夏日昭武。柔不化之人，闢未名之土。雖殊仁聖之后，是異凡庸之主。伊何才有不周，事非所事，求非所求。惟此帝謨，相夫仙道，魚處重淵，獸居茂草。辨乎朝市，别以林泉。日由旦陸，月麗宵天。跡既兩分，理難齊剋。若死將生，猶南與北。貪臣王公鞅掌者可以勤萬幾，欲升汗漫逍遥者可以爲匹夫。愛深宫祕殿者可以垂旒纊，好青山緑水者可以棲江湖。飲露乘景，激流貫都。苟從同致，實曰殊途。堯舜曰聖，巢由匪愚，確乎守一，亦以難俱。況夫小人唯唯，罔圖山水，君子乾乾，孰爲神仙。嗚呼哀哉！前鑒孔彰，高臺深池，夫差以伐；尋山越海，嬴政其亡。有一於此，未或無殃。胡爲乃辰，於窮厥方。舟全虎臂，車出羊腸。已臨燧炭，幾絶苞桑。反覆前聞，痛心疾首。藥石無人，瑾瑜有垢。暑來寒往，時移代久。吉壟將頹，惡聲不朽。日臨宇宙，有時而虧。目覩毫釐，或不見眦。將爲而不知，復知而故爲。嗚呼！噫嘻！

《王十朋全集·詩集》卷一○《詠史詩·武帝》 武帝英雄類始皇，甘心黷武國幾亡。晚年賴有知人術，解把嬰兒付霍光。

張養浩《歸田類稿》卷二二《武帝》 内興土木外禽荒，北伐東征事擾攘。自已欲多渾忘盡，却評淖子不宜王。

漢武公卿動滅夷，殺心如此豈君宜。他時坐蠱宫中禍，子喪孫亡實自貽。

《全元文》卷一〇二七陳樵《李夫人賦》 李夫人既没，乙帳成寒，蘭銷曼宇。脂澤無華，皇情弗豫。怨反生之不靈，遲所思兮遲莫。顧羅綺兮成堆，撫瑶席而不御。熊蹯謝美，露鵠非腴。玉冷柘漿，莖晞丹露。臨扇徵歌，卷衣思舞。縹玉笛兮聲轉悲，璙碧樽兮無與佐。傷寶唾之餘花，恨黄金之莫鑄。於是承明受詔，百靈授職。招錦車，下軒液，薦浴壺，藉蘭席。羽仗宵陳，侍臣在側。月照金釭，流蘇五色。靈風繞帷，光儀可覿。皇帝撫今懷古，悲喜交集，顧謂枚乘曰：陳大夫之麗藻，輸予心之悒抑。緣情率禮，爲予賦之。乘曰：唯唯。若有人兮望宸幄，行姍姍兮綏若若。顧帳殿之未移，感芳華之榮落。冶步弄姿，映華迴立。形迭成光，綺態艷逸。遠之若綵雲之方興，近之若珠樹之在室。曄曄乎若晴花之倚草，娟娟乎若華雪之映日。丹萸並秀，璚枝共新。顧李增穠，懷芝比潤。髻環百合，香傳五蘊。玉色成丹，長眉入鬢。晞光髮九回之膏，承露華百英之粉。希

蛾染桂，傳齒編犀。鬟隨銜巧，腰將楚細。艷與華兮争春，目横波兮剪水。昔宴惰以爲虞兮，今烏取夫衆媚。方鸞鎩翮，當蕙罹霜。旦温室之背秋，夕露寒之迎涼。飈車無羽，漢津無梁。苔痕暗上黄金印，緑塵飛墮合歡牀。顧今夕爲何夕兮，共珠璧之夜光。翹分翠羽，衣縷鴛鴦。條脱如縈，雜佩截肪。綴石榴之華鈿兮，垂傅珥之明璫。曳翠雲之華袿兮，襲鬱金之羅裳。委夫容之裙釵兮，緝繁繡之偏諸。衣金錯之襠襦兮，曜緗綺之襜褕。揚衡微笑，宛轉躊躇。懷華葶之連枝兮，非直以悦己之故也。寧趨死而不一見兮，有不死之具也。姿采如新，穠花如故。乍見乍泯，出有入無。望椒塗而不進，旋卻立而引去。冀芳訊之一陣兮，蓄瑜辭而不吐。朝爲終南之雲，暮爲渭川之雨。瑜珥在几，茵馮在車。芬若未寒，薇帳在華。翰有點蛾之緑，奩餘漬粉之瓜。情脈脈而不一言兮，紛瓊瑰之盈懷。昔爲琴上之琅玕，今爲空中之玉釵。君心無所終薄兮，使春帶之轉賒。乘鸞有侣，拾翠有儔。招漢女于璇淵，命洛妃于春洲。攜玉姜以並來，挾緑華以共游。上可以攄君王之邑邑，下可以致芳意之綢繆。何忽來而獨往兮，使鶱望以增愁。色似是而情非兮，曾不肯乎少休。同車之子，艷非世有。曼姬在左，白台在右。協律悲歌而撫節兮，悦慶雲之光覆。美人一去而長存兮，何必戀戀以爲己憂也。美人笑夫春華兮，春華謂非吾偶。彩雲一散而無質兮，華一夭而莫予留。美人死而不死兮，華見之而懷羞。歌曰：

陳寶衣兮散璠燭，君不來兮輪兩角。間何闊兮去何速，誰與來兮兩鴻鵠。雄鬟春深緑轉銷，秋塵日暗黄金屋。君王愛玉體，無使沈心曲。

帝又歌曰：

絳縷銷兮百子池，蛾影散兮明鏡飛。日昧昧兮損容輝，來如雨兮青蛾眉。光塵莫予羈，異香出予衣。心悦子兮非令姿，懷故心兮勞望思。何姗姗兮其來遲，折蘅蕪兮復來歸。

於是司馬大夫起而爲亂，亂曰：

罷回波兮停白雲，朝華蔫兮玉枝折。玉既折兮汗未晞，望美人兮青雲霓。斷夢殘香翡翠帷，苕華玉上餘芳字。海外殊庭未可期，更待承華青鳥至。

方孝孺《遜志齋集》卷八《雜著・弔茂陵文》 祇明祀而言旋兮，指槐里以西征。停策憩于道旁兮，睹高丘之峥嶸。即故老而訊之兮，惟漢武皇之茂陵。整冠裳而疾趨兮，躋遺廟以屏營。淒風起于叢棘兮，鼪鼯嘯于幽塋。慨雄心之靡托兮，悲曼志之無成。惟君皇之御極兮，邁炎靈之方熾。陋堯禹爲未足遵兮，卑祖武而弗肯繼。内瘠民以自殖兮，外震威乎遐裔。騁車轍于八荒兮，候神人于海澨。建千門與萬户兮，殫土木之奢麗。希軒轅之騰化兮，永傲睨乎斯世。何盛業之易隳兮，洪謨鬱而難宣。雖暫弱于戎胡兮，生民疲弊而不痊。奇禍機于巫蠱兮，妃胤丁毒而銜冤。諒湜心於屠滅兮，抑天道之致然。辟土疆之宏廓兮，曾玄宫之莫固。赫兵革之繁庶兮，委守衛于草露。城闕之崇敞兮，求斷礎而無所。后宫之韶冶兮，僅或傳其冢墓。像祈連以旌武兮，想壯魄之已腐。嗚呼哀哉！形必有盡兮，孰不有亡。匪君皇之獨然兮，尚奚爲隱憫而迴遑。惟祈生之已甚兮，或妖誑而過望。謂長年而卒老死兮，斯足垂戒于昏荒。明固有所不達兮，智固有所短。偉才略之英邁兮，哲與愚其相半。賴表聖而黜邪兮，兼善悔而能斷。雖人惆而財竭兮，終克免乎危亂。悼往者之無知兮，尚來者之可諫。感盛衰之相襲兮，仰昊天而永嘆。

高啓《高青丘集》卷一《李夫人歌》 延年麗歌少翁望，蘭芬淒淒銷複帳。臨歿最難忘，欷歔不相嚮。陳杯觴，列燈火，是耶非？幄中坐。新宫漏殘星欲墮。

東方朔部

綜述

《漢書》卷六五《東方朔傳》 東方朔字曼倩，平原厭次人也。武帝初即位，徵天下舉方正賢良文學材力之士，待以不次之位，四方士多上書言得失，自衒鬻者以千數，其不足采者輒報聞罷。朔初來，上書曰：「臣朔少失父母，長養兄嫂。年十三學書，三冬文史足用。十五學擊劍。十六學《詩》《書》，誦二十二萬言。十九學孫吴兵法，戰陣之具，鉦鼓之教，亦誦二十二萬言。凡臣朔固已誦四十四萬言。又常服子路之言。臣朔年二十二，長九尺三寸，目若懸珠，齒若編貝，勇若孟賁，捷若慶忌，廉若鮑叔，信若尾生。若此，可以爲天子大臣矣。臣朔昧死再拜以聞。」

朔文辭不遜，高自稱譽，上偉之，令待詔公車，奉禄薄，未得省見。

久之，朔紿騶朱儒，曰：「上以若曹無益於縣官，耕田力作固不及人，臨衆處官不能治民，從軍擊虜不任兵事，無益於國用，徒索衣食，今欲盡殺若曹。」朱儒大恐，啼泣。朔教曰：「上即過，叩頭請罪。」居有頃，聞上過，朱儒皆號泣頓首。上問：「何爲？」對曰：「東方朔言上欲盡誅臣等。」上知朔多端，召問朔：「何恐朱儒爲？」對曰：「臣朔生亦言，死亦言。朱儒長三尺餘，奉一囊粟，錢二百四十。臣朔長九尺餘，亦奉一囊粟，錢二百四十。朱儒飽欲死，臣朔飢欲死。臣言可用，幸異其禮；不可用，罷之，無令但索長安米。」上大笑，因使待詔金馬門，稍得親近。

上嘗使諸數家射覆，置守宫盂下，射之，皆不能中。朔自贊曰：「臣嘗受《易》，請射之。」乃別蓍布卦而對曰：「臣以爲龍又無角，謂之爲蛇又有足，跂跂脈脈善緣壁，是非守宫即蜥蜴。」上曰：「善。」賜帛十四。復使射他物，連中，輒賜帛。

時有幸倡郭舍人，滑稽不窮，常侍左右，曰：「朔狂，幸中耳，非至數也。臣願令朔復射，朔中之，臣榜百，不能中，臣賜帛。」乃覆樹上寄生，令朔射之。朔曰：「是寠數也。」舍人曰：「果知朔不能中也。」朔曰：「生肉爲膾，乾肉爲脯；著樹爲寄生，盆下爲寠數。」上令倡監榜舍人，舍人不勝痛，呼謈。朔笑之曰：「咄！口無毛，聲謷謷，（尻）〔尻〕益高。」舍人恚曰：「朔擅詆欺天子從官，當棄市。」上問朔：「何故詆之？」對曰：「臣非敢詆之，乃與爲隱耳。」上曰：「隱云何？」朔曰：「夫口無毛者，狗竇也；聲謷謷者，鳥哺鷇也；尻益高者，鶴俛啄也。」舍人不服，因曰：「臣願復問朔隱語，不知，亦當榜。」即妄爲諧語曰：「令壺齟，老柏塗，伊優亞，狋吽牙。何謂也？」朔曰：「令者，命也。壺者，所以盛也。齟者，齒不正也。老者，人所敬也。柏者，鬼之廷也。塗者，漸洳徑也。伊優亞者，辭未定也。狋吽牙者，兩犬争也。」舍人所問，朔應聲輒對，變詐鋒出，莫能窮者，左右大驚。上以朔爲常侍郎，遂得愛幸。

久之，伏日，詔賜從官肉。大官丞日晏不來，朔獨拔劍割肉，謂其同官曰：「伏日當蚤歸，請受賜。」即懷肉去。大官奏之。朔入，上曰：「昨賜肉，不待詔，以劍割肉而去之，何也？」朔免冠謝。上曰：「先生起自責也。」朔再拜曰：「朔來！朔來！受賜不待詔，何無禮也！拔劍割肉，壹何壯也！割之不多，又何廉也！歸遺細君，又何仁也！」上笑曰：「使先生自責，乃反自譽！」復賜酒一石，肉百斤，歸遺細君。

初，建元三年，微行始出，北至池陽，西至黄山，南獵長楊，東游宜春。微行常用飲酎已。八九月中，與侍中常侍武騎及待詔隴西北地良家子能騎射者期諸殿門，故有「期門」之號自此始。微行以夜漏下十刻乃出，常稱平陽侯。旦明，入山下馳射鹿豕狐兔，手格熊羆，馳騖禾稼稻秔之地。民皆號號罵詈，相聚會，自言鄠杜令。令往，欲謁平陽侯，諸騎欲擊鞭之。令大怒，使吏呵止，獵者數騎見留，乃示以乘輿物，久之乃得去。時夜出夕還，後齎五日糧，會朝長信宫，上大驩樂之。是後，南山下乃知微行數出也，然尚迫於太后，未敢遠出。丞相御史知指，乃使右輔都尉徼循長楊以東，右内史發小民共待會所。後乃私置更衣，從宣曲以南十二所，中休更衣，投宿諸宫，長楊、五柞、倍陽、宣曲尤幸。於是上以爲道遠勞苦，又爲百姓所患，乃使太中大夫吾丘壽王與待詔能用算者二人，舉籍阿城以南，盩厔以東，宜春以西，提封頃畝，及其賈直，欲除以爲上林苑，屬之南山。又詔中尉、左右内史表屬縣草田，欲以償鄠杜之民。吾丘壽王奏事，上大説稱善。時朔在傍，進諫曰：

臣聞謙遜静慤，天表之應，應之以福；驕溢靡麗，天表之應，應之以異。

今陛下累郎臺，恐其不高也；弋獵之處，恐其不廣也。如天不爲變，則三輔之地盡可以爲苑，何必盩厔、鄠、杜乎！奢侈越制，天爲之變，上林雖小，臣尚以爲大也。

夫南山，天下之阻也。南有江淮，北有河渭，其地從汧隴以東，商雒以西，厥壤肥饒。漢興，去三河之地，止霸産以西，都涇渭之南，此所謂天下陸海之地，秦之所以虜西戎兼山東者也。其山出玉石，金、銀、銅、鐵，豫章、檀、柘，異類之物，不可勝原，此百工所取給，萬民所卬足也。又有秔稻梨栗桑麻竹箭之饒，土宜薑芋，水多䵷魚，貧者得以人給家足，無飢寒之憂。故酆鎬之間號爲土膏，其賈畝一金。今規以爲苑，絶陂池水澤之利，而取民膏腴之地，上乏國家之用，下奪農桑之業，棄成功，就敗事，損耗五穀，是其不可一也。且盛荆棘之林，而長養麋鹿，廣狐兔之苑，大虎狼之虚，又壞人冢墓，發人室廬，令幼弱懷土而思，耆老泣涕而悲，是其不可二也。斥而營之，垣而囿之，騎馳東西，車騖南北，又有深溝大渠，夫一日之樂不足以危無隄之輿，是其不可三也。故務苑囿之大，不恤農時，非所以彊國富人也。

夫殷作九市之宮而諸侯畔，靈王起章華之臺而楚民散，秦興阿房之殿而天下亂。糞土愚臣，忘生觸死，逆盛意，犯隆指，罪當萬死，不勝大願，願陳《泰階六符》，以觀天變，不可不省。

是日因奏《泰階》之事，上乃拜朔爲太中大夫、給事中，賜黄金百斤。然遂起上林苑，如壽王所奏云。

久之，隆慮公主子昭平君尚帝女夷安公主，隆慮主病困，以金千斤錢千萬爲昭平君豫贖死罪，上許之。隆慮主卒，昭平君日驕，醉殺主傅，獄繫内官。以公主子，廷尉上請請論。左右人人爲言：「前又入贖，陛下許之。」上曰：「吾弟老有是一子，死以屬我。」於是爲之垂涕歎息，良久曰：「法令者，先帝所造也，用弟故而誣先帝之法，吾何面目入高廟乎！又下負萬民。」乃可其奏，哀不能自止，左右盡悲。朔前上壽，曰：「臣聞聖王爲政，賞不避仇讎，誅不擇骨肉。《書》曰：『不偏不黨，王道蕩蕩。』此二者，五帝所重，三王所難也。陛下行之，是以四海之内元元之民各得其所，天下幸甚！臣朔奉觴，昧死再拜上萬歲壽。」上乃起，入省中，夕時召讓朔，曰：「傳曰『時然後言，人不厭其言』。今先生上壽，時乎？」朔免冠頓首曰：「臣聞樂太甚則陽溢，哀太甚則陰損，陰陽變則心氣動，心氣動則精神散，精神散而邪氣及。銷憂者莫若酒，臣朔所以上壽者，明陛下正而不阿，因以止哀也。愚不知忌諱，當死。」先是，朔嘗醉入殿中，小遺殿上，劾不敬。有詔免爲庶人，待詔宦者署，因此(時)〔對〕復爲中郎，賜帛百匹。

初，帝姑館陶公主號竇太主，堂邑侯陳午尚之。午死，主寡居，年五十餘矣，近幸董偃。始偃與母以賣珠爲事，偃年十三，隨母出入主家。左右言其姣好，主召見，曰：「吾爲母養之。」因留第中，教書計相馬御射，頗讀傳記。至年十八而冠，出則執轡，入則侍内。爲人温柔愛人，以主故，諸公接之，名稱城中，號曰董君。主因推令散財交士，令中府曰：「董君所發，一日金滿百斤，錢滿百萬，帛滿千匹，乃白之。」安陵爰叔者，爰盎兄子也，與偃善，謂偃曰：「足下私侍漢主，挾不測之罪，將欲安處乎？」偃懼曰：「憂之久矣，不知所以。」爰叔曰：「顧城廟遠無宿宮，又有萩竹籍田，足下何不白主獻長門園？此上所欲也。如是，上知計出於足下也，則安枕而卧，長無慘怛之憂。久之不然，上且請之，於足下何如？」偃頓首曰：「敬奉教。」入言之主，主立奏書獻之。上大説，更名竇太主園爲長門宮。主大喜，使偃以黄金百斤爲爰叔壽。

叔因是爲董君畫求見上之策，令主稱疾不朝。上往臨疾，問所欲，主辭謝曰：「妾幸蒙陛下厚恩，先帝遺德，奉朝請之禮，備臣妾之儀，列爲公主，賞賜邑入，隆天重地，死無以塞責。一日卒有不勝洒掃之職，先狗馬填溝壑，竊有所恨，不勝大願，願陛下時忘萬事，養精游神，從中掖庭回輿，枉路臨妾山林，得獻觴上壽，娱樂左右。如是而死，何恨之有！」上曰：「主何憂？幸得愈。恐羣臣從官多，大爲主費。」上還。有頃，主疾愈，起謁，上以錢千萬從主飲。後數日，上臨山林，主自執宰敝膝，道入登階就坐。坐未定，上曰：「願謁主人翁。」主乃下殿，去簪珥，徒跣頓首謝曰：「妾無狀，負陛下，身當伏誅。陛下不致之法，頓首死罪。」有詔謝。主簪履起，之東箱自引董君。董君緑幘傅韝，隨主前，伏殿下。主乃贊：「館陶公主胞人臣偃昧死再拜謁。」因叩頭謝，上爲之起。有詔賜衣冠上。偃起，走就衣冠。主自奉食進觴。當是時，董君見尊不名，稱爲「主人翁」，飲大驩樂。主乃請賜將軍列侯從官金錢雜繒各有數。於是董君貴寵，天下莫不聞，郡國狗馬蹴鞠劍客輻湊董氏。常從游戲北宮，馳逐平樂，觀雞鞠之會，角狗馬之足，上大歡樂之。於是上爲竇太主置酒宣室，使謁者引内董君。

是時，朔陛戟殿下，辟戟而前曰：「董偃有斬罪三，安得入乎？」上曰：「何謂也？」朔曰：「偃以人臣私侍公主，其罪一也。敗男女之化，而亂婚姻之禮，傷王制，其罪二也。陛下富於春秋，方積思於《六經》，留神於王事，馳騖於唐虞，折

節於三代，偃不遵經勸學，反以靡麗爲右，奢侈爲務，盡狗馬之樂，極耳目之欲，行邪枉之道，徑淫辟之路，是乃國家之大賊，人主之大蜮。偃爲淫首，其罪三也。昔伯姬燔而諸侯憚，奈何乎陛下？」上默然不應。良久曰：「吾業以設飲，後而自改。」朔曰：「不可。夫宣室者，先帝之正處也，非法度之政不得入焉。故淫亂之漸，其變爲篡，是以豎貂爲淫而易牙作患，慶父死而魯國全，管蔡誅而周室安。」上曰：「善。」有詔止，更置酒北宫，引董君從東司馬門。東司馬門更名東交門。賜朔黄金三十斤。董君之寵由是日衰，至年三十而終。後數歲，竇太主卒，與董君會葬於霸陵。是後，公主貴人多踰禮制，自董偃始。

時天下侈靡趨末，百姓多離農畝。上從容問朔：「吾欲化民，豈有道乎？」朔對曰：「堯、舜、禹、湯、文、武、成、康上古之事，經歷數千載，尚難言也，臣不敢陳。願近述孝文皇帝之時，當世耆老皆聞見之。貴爲天(下)[子]，富有四海，身衣弋綈，足履革舄，以韋帶劍，莞蒲爲席，兵木無刃，衣緼無文，集上書囊以爲殿帷；以道德爲麗，以仁義爲準。於是天下望風成俗，昭然化之。今陛下以城中爲小，圖起建章，左鳳闕，右神明，號稱千門萬户；木土衣綺繡，狗馬被繢罽；宫人簪瑇瑁，垂珠璣；設戲車，教馳逐，飾文采，藂珍怪；撞萬石之鐘，擊雷霆之鼓，作俳優，舞鄭女。上爲淫侈如此，而欲使民獨不奢侈失農，事之難者也。陛下誠能用臣朔之計，推甲乙之帳燔之於四通之衢，卻走馬示不復用，則堯舜之隆宜可與比治矣。《易》曰：『正其本，萬事理；失之豪氂，差以千里。』願陛下留意察之。」

朔雖詼笑，然時觀察顔色，直言切諫，上常用之。自公卿在位，朔皆敖弄，無所爲屈。

上以朔口諧辭給，好作問之。嘗問朔曰：「先生視朕何如主也？」朔對曰：「自唐虞之隆，成康之際，未足以諭當世。臣伏觀陛下功德，陳五帝之上，在三王之右。非若此而已，誠得天下賢士，公卿在位咸得其人矣。譬若以周、邵爲丞相，孔丘爲御史大夫，太公爲將軍，畢公高拾遺於後，弁嚴子爲衛尉，皋陶爲大理，后稷爲司農，伊尹爲少府，子贛使外國，顔閔爲博士，子夏爲太常，益爲右扶風，季路爲執金吾，契爲鴻臚，龍逢爲宗正，伯夷爲京兆，管仲爲馮翊，魯般爲將作，仲山甫爲光禄，申伯爲太僕，延陵季子爲水衡，百里奚爲典屬國，柳下惠爲大長秋，史魚爲司直，蘧伯玉爲太傅，孔父爲詹事，孫叔敖爲諸侯相，子産爲郡守，王慶忌爲期門，夏育爲鼎官，羿爲旄頭，宋萬爲式道候。」上乃大笑。

是時朝廷多賢材，上復問朔：「方今公孫丞相、兒大夫、董仲舒、夏侯始昌、司馬相如、吾丘壽王、主父偃、朱買臣、嚴助、汲黯、膠倉、終軍、嚴安、徐樂、司馬遷之倫，皆辯知閎達，溢于文辭，先生自視，何與比哉？」朔對曰：「臣觀其舌齒牙，樹頰胲，吐脣吻，擢項頤，結股腳，連脽尻，遺蛇其迹，行步偊旅，臣朔雖不肖，尚兼此數子者。」朔之進對澹辭，皆此類也。

武帝既招英俊，程其器能，用之如不及。時方外事胡越，内興制度，國家多事，自公孫弘以下至司馬遷皆奉使方外，或爲郡國守相至公卿，而朔嘗至太中大夫，後常爲郎，與枚皋、郭舍人俱在左右，詼啁而已。久之，朔上書陳農戰彊國之計，因自訟獨不得大官，欲求試用。其言專商鞅、韓非之語也，指意放蕩，頗復詼諧，辭數萬言，終不見用。朔因著論，設客難己，用位卑以自慰諭。其辭曰：

客難東方朔曰：「蘇秦、張儀一當萬乘之主，而都卿相之位，澤及後世。今子大夫修先王之術，慕聖人之義，諷誦《詩》《書》百家之言，不可勝數，著於竹帛，脣腐齒落，服膺而不釋，好學樂道之效，明白甚矣；自以智能海内無雙，則可謂博聞辯智矣。然悉力盡忠以事聖帝，曠日持久，官不過侍郎，位不過執戟，意者尚有遺行邪？同胞之徒無所容居，其故何也？」

東方先生喟然長息，仰而應之曰：「是固非子之所能備也。彼一時也，此一時也，豈可同哉？夫蘇秦、張儀之時，周室大壞，諸侯不朝，力政爭權，相禽以兵，并爲十二國，未有雌雄，得士者彊，失士者亡，故談説行焉。身處尊位，珍寶充内，外有廩倉，澤及後世，子孫長享。今則不然。聖帝流德，天下震慴，諸侯賓服，連四海之外以爲帶，安於覆盂，動猶運之掌，賢不肖何以異哉？遵天之道，順地之理，物無不得其所；故綏之則安，動之則苦；尊之則爲將，卑之則爲虜；抗之則在青雲之上，抑之則在深泉之下；用之則爲虎，不用則爲鼠；雖欲盡節效情，安知前後？夫天地之大，士民之衆，竭精談説，並進輻湊者不可勝數，悉力募之，困於衣食，或失門户。使蘇秦、張儀與僕並生於今之世，曾不得掌故，安敢望常侍郎乎！故曰時異事異。

「雖然，安可以不務修身乎哉！《詩》云：『鼓鐘于宫，聲聞于外。』『鶴鳴于九皋，聲聞于天。』苟能修身，何患不榮！太公體行仁義，七十有二(延)[乃]設用於文武，得信厥説，封於齊，七百歲而不絶。此士所以日夜孳孳，敏行而不敢怠也。辟若鶺鴒，飛且鳴矣。傳曰：『天不爲人之惡寒而輟其冬，地不爲人之惡險而輟其廣，君子不爲小人之匈匈而易其行。』『天有常

度，地有常形，君子有常行；君子道其常，小人計其功。』《詩》云：『禮義之不愆，何恤人之言？』故曰：『水至清則無魚，人至察則無徒。冕而前旒，所以蔽明；黈纊充耳，所以塞聰。』明有所不見，聰有所不聞，舉大德，赦小過，無求備於一人之義也。枉而直之，使自得之；優而柔之，使自求之；揆而度之，使自索之。』蓋聖人教化如此，欲自得之；自得之，則敏且廣矣。

「今世之處士，魁然無徒，廓然獨居，上觀許由，下察接輿，計同范蠡，忠合子胥，天下和平，與義相扶，寡耦少徒，固其宜也，子何疑於我哉？若夫燕之用樂毅，秦之任李斯，酈食其之下齊，說行如流，曲從如環，所欲必得，功若丘山，海內定，國家安，是遇其時也，子又何怪之邪！語曰『以筦闚天，以蠡測海，以莛撞鐘』，豈能通其條貫，考其文理，發其音聲哉！繇是觀之，譬猶鼱鼩之襲狗，孤豚之咋虎，至則靡耳，何功之有？今以下愚而非處士，雖欲勿困，固不得已，此適足以明其不知權變而終或於大道也。」

又設非有先生之論，其辭曰：

非有先生仕於吳，進不稱往古以厲主意，退不能揚君美以顯其功，默（默）〔然〕無言者三年矣。吳王怪而問之，曰：「寡人獲先人之功，寄於衆賢之上，夙興夜寐，未嘗敢怠也。今先生率然高舉，遠集吳地，將以輔治寡人，誠竊嘉之，體不安席，食不甘味，目不視靡曼之色，耳不聽鐘鼓之音，虛心定志欲聞流議者三年于茲矣。今先生進無以輔治，退不揚主譽，竊不爲先生取之也。蓋懷能而不見，是不忠也；見而不行，主不明也。意者寡人殆不明乎？」非有先生伏而唯唯。吳王曰：「可以談矣，寡人將竦意而覽焉。」先生曰：「於戲！可乎哉？可乎哉？談何容易！夫談有悖於目拂於耳謬於心而便於身者，或有說於目順於耳快於心而毀於行者，非有明王聖主，孰能聽之？」吳王曰：「何爲其然也？『中人已上可以語上也』。先生試言，寡人將聽焉。」

先生對曰：「昔者關龍逢深諫於桀，而王子比干直言於紂，此二臣者，皆極慮盡忠，閔王澤不下流，而萬民騷動，故直言其失，切諫其邪者，將以爲君之榮，除主之禍也。今則不然，反以爲誹謗君之行，無人臣之禮，果紛然傷於身，蒙不辜之名，戮及先人，爲天下笑，故曰談何容易！是以輔弼之臣瓦解，而邪諂之人並進，〔遂〕及蜚廉、惡來（輩）〔革〕等。二人皆詐僞，巧言利口以進其身，陰奉琱瑑刻鏤之好以納其心。務快耳目之欲，以苟容爲度。遂往不戒，身没被戮，宗廟崩阤，國家爲虛，放戮聖賢，親近讒夫。《詩》不云乎？『讒人罔極，交亂四國』，此之謂也。故卑身賤體，說色微辭，愉愉呴呴，終無益於主上之治，則志士仁人不忍爲也。將儼然作矜嚴之色，深言直諫，上以拂主之邪，下以損百姓之害，則忤於邪主之心，歷於衰世之法。故養壽命之士莫肯進也，遂居（家）〔深〕山之間，積土爲室，編蓬爲户，彈琴其中，以咏先王之風，亦可以樂而忘死矣。是以伯夷、叔齊避周，餓于首陽之下，後世稱其仁。如是，邪主之行固足畏也，故曰談何容易！」

於是吳王懼然易容，捐薦去几，危坐而聽。先生曰：「接輿避世，箕子被髮陽狂，此二人者，皆避濁世以全其身者也。使遇明王聖主，得清燕之閒，寬和之色，發憤畢誠，圖畫安危，揆度得失，上以安主體，下以便萬民，則五帝三王之道可幾而見也。故伊尹蒙恥辱負鼎俎和五味以干湯，太公釣於渭之陽以見文王。心合意同，謀無不成，計無不從，誠得其君也。深念遠慮，引義以正其身，推恩以廣其下，本仁祖義，褒有德，禄賢能，誅惡亂，總遠方，一統類，美風俗，此帝王所由昌也。上不變天性，下不奪人倫，則天地和洽，遠方懷之，故號聖王。臣子之職既加矣，於是裂地定封，爵爲公侯，傳國子孫，名顯後世，民到于今稱之，以遇湯與文王也。太公、伊尹以如此，龍逢、比干獨如彼，豈不哀哉！故曰談何容易！」

於是吳王穆然，俛而深惟，仰而泣下交頤，曰：「嗟乎！余國之不亡也，緜緜連連，殆哉，世（之）不絶也！」於是正明堂之朝，齊君〔臣〕之位，舉賢材，布德惠，施仁義，賞有功；躬節儉，減後宮之費，損車馬之用；放鄭聲，遠佞人，省庖廚，去侈靡；卑宮館，壞苑囿，填池塹，以予貧民無産業者；開內藏，振貧窮，存耆老，卹孤獨；薄賦斂，省刑辟。行此三年，海內晏然，天下大洽，陰陽和調，萬物咸得其宜；國無災害之變，民無飢寒之色，家給人足，畜積有餘，囹圄空虛；鳳凰來集，麒麟在郊，甘露既降，朱草萌牙；遠方異俗之人鄉風慕義，各奉其職而來朝賀。故治亂之道，存亡之端，若此易見，而君人者莫肯爲也，臣愚竊以爲過。故《詩》云：「王國克生，惟周之楨，濟濟多士，文王以寧。」此之謂也。

朔之文辭，此二篇最善。其餘有《封泰山》、《責和氏璧》及《皇太子生禖》、《屏風》、《殿上柏柱》、《平樂觀賦獵》，八言、七言上下，《從公孫弘借車》，凡〔劉〕向所録朔書具是矣，世所傳他事皆非也。

應劭《風俗通義》卷二《正失・東方朔》 俗言：東方朔太白星精，黄帝時爲風后，堯時爲務成子，周時爲老聃，在越爲范蠡，在齊爲鴟夷子皮。言其神聖能興王霸之業，變化無常。

謹按：《漢書》：東方朔，平原人也。孝武皇帝時，招延賢良、文學之士，待以不次之位，故四方多上書言得失自衒鬻者。於是朔詣闕自陳：「十二失父，長養兄嫂，年十三學書，十四擊劍，十六誦《詩》，十九習孫、吴《兵法》，又常服子路之言。臣朔年二十三，長九尺三寸，目若懸珠，齒若編貝，勇若孟賁，捷若慶忌，廉如鮑叔，信若尾生，若此可以爲天子大臣矣。」朔文辭不遜，高自稱譽，由是見偉，稍益親幸，官至太中大夫，倡優畜之，不豫國政。劉向少時，數問長老賢人通於事及朔時人，皆云：朔口諧倡辯，不能持論，喜爲凡庸誦說，故今後世多傳聞者。而揚雄亦以爲朔言不純師，行不純德，其流風遺書，蔑如也。然朔所以名過其實，以其恢誕多端，不名一行，應諧似優，不窮似智，正諫似直，穢德似隱，非夷、齊，是柳惠，其滑稽之雄乎！朔之逢占射覆，其事浮淺，行於衆，僮兒牧豎，莫不眩耀，而後之好事者，因取奇言怪語附著之耳，安在能神聖歷世爲輔佐哉？

雜録

備録

桓寬《鹽鐵論・褒賢》 大夫曰：「文學言行雖有伯夷之廉，不及柳下惠之貞，不過高瞻下視，絜言汚行，觴酒豆肉，遷延相讓，辭小取大，雞廉狼吞。趙綰、王臧之等，以儒術擢爲上卿，而有姦利殘忍之心。主父偃以口舌取大官，竊權重，欺紿宗室，受諸侯之賂，卒皆誅死。東方朔自稱辯略，消堅釋石，當世無雙；然省其私行，狂夫不忍爲，況無東方朔之口，其餘無可觀者也？」

文學曰：「志善者忘惡，謹小者致大。俎豆之間足以觀禮，閨門之内足以論行。夫服古之服，誦古之道，舍此而爲非者，鮮矣。故君子時然後言，義然後取，不以道得之不居也。滿而不溢，泰而不驕。故袁盎親於景帝，秣馬不過一駟；公孫弘即三公之位，家不過十乘；東方先生說聽言行於武帝，而不驕溢；主父見困厄之日久矣，疾在位者不好道而富且貴，莫知恤士也，於是取饒衍之餘以周窮士之急，非爲私家之業也。當世囂囂，非患儒之雞廉，患在位者之虎飽鴟咽，於求覽無所孑遺耳。」

《漢書》卷三〇《藝文志》雜家 《東方朔》二十篇。

《漢書》卷五一《枚乘傳》 〔枚乘子枚〕皋不通經術，詼笑類俳倡，爲賦頌，好嫚戲，以故得媟黷貴幸，比東方朔、郭舍人等，而不得比嚴助等得尊官。

武帝春秋二十九乃得皇子，羣臣喜，故皋與東方朔作《皇太子生賦》及《立皇子》、《禖祝》，受詔所爲，皆不從故事，重皇子也。

初，衛皇后立，皋奏賦以戒終。皋爲賦善於朔也。

從行至甘泉、雍、河東，東巡狩，封泰山，塞決河宣房，游觀三輔離宫館，臨山澤，弋獵射馭狗馬蹵鞠刻鏤，上有所感，輒使賦之。爲文疾，受詔輒成，故所賦者多。司馬相如善爲文而遲，故所作少而善於皋。皋賦辭中自言爲賦不如相如，又言爲賦乃俳，見視如倡，自悔類倡也。故其賦有詆娸東方朔，又自詆娸。其文骫骳，曲隨其事，皆得其意，頗詼笑，不甚閑靡。凡可讀者百二十篇，其尤嫚戲不可讀者尚數十篇。

《漢書》卷六四上《嚴助傳》 上令助等與大臣辯論，中外相應以義理之文，大臣數詘。其尤親幸者，東方朔、枚皋、嚴助、吾丘壽王、司馬相如。相如常稱疾避事。朔、皋不根持論，上頗俳優畜之。唯助與壽王見任用，而助最先進。

張華《博物志》卷四《戲術》 蜥蜴或名蝘蜓。以器養之，以朱砂，體盡赤，所食滿七斤，治擣萬杵，點女人支體，終年不滅。唯房室事則滅，故號守宫。《傳》云：「東方朔語漢武帝，試之有驗。」

張華《博物志》卷八《史補》 漢武帝好仙道，祭祀名山大澤以求神仙之道。時西王母遣使乘白鹿告帝當來，乃供帳九華殿以待之。七月七日夜漏七刻，王母乘紫雲車而至於殿西，南面東向，頭上戴七種，青氣鬱鬱如雲。有三青鳥，如烏大，使侍母旁。時設九微燈。帝東面西向，王母索七桃，大如彈丸，以五枚與帝，母食二枚。帝食桃輒以核著膝前，母曰：「取此核將何爲？」帝曰：「此桃甘美，欲種之。」母笑曰：「此桃三千年一生實。」唯帝與母對坐，其從者皆不得進。時東方朔竊從殿南廂朱鳥牖中窺母，母顧之謂帝曰：「此窺牖小兒，嘗三來盜吾此桃。」帝乃大怪之。由此世人謂方朔神仙也。

君山有道與吴包山潛通，上有美酒數斗，得飲者不死。漢武帝齋七日，遣男女數十人至君山，得酒欲飲之，東方朔曰：「臣識此酒，請視之。」因一飲致盡。

帝欲殺之，朔乃曰：「殺朔若死，此爲不驗。以其有驗，殺亦不死。」乃赦之。

張華《博物志》卷九《雜説上》 《神仙傳》曰：「説上據辰尾爲宿，歲星降爲東方朔。傳説死後有此宿，東方生無歲星。」

《文選·夏侯湛〈東方朔畫贊〉》 大夫諱朔，字曼倩，平原厭次人也。魏建安中分厭次以爲樂陵郡，故又爲郡人焉。事漢武帝，《漢書》具載其事。

先生瓌瑋博達，思周變通，以爲濁世不可以富貴也，故薄遊以取位。苟出不可以直道也，故頡頏以慠世。慠世不可以垂訓也，故正諫以明節。明節不可以久安也，故詼諧以取容。潔其道而穢其迹，清其質而濁其文。弛張而不爲邪，進退而不離羣。若乃遠心曠度，贍智宏材。倜儻博物，觸類多能。合變以明筭，幽贊以知來。自《三墳》《五典》《八索》《九丘》，陰陽圖緯之學，百家衆流之論，周給敏捷之辯，支離覆逆之數。經脈藥石之藝，射御書計之術。乃研精而究其理，不習而盡其功，經目而諷於口，過耳而闇於心。夫其明濟開豁，包含弘大，淩轢卿相，嘲哂豪桀，籠罩靡前，跆籍貴勢，出不休顯，賤不憂戚，戲萬乘若寮友，視儔列如草芥。雄節邁倫，高氣蓋世，可謂拔乎其萃，遊方之外者已。

談者又以先生噓吸沖和，吐故納新；蟬蜕龍變，棄俗登仙；神交造化，靈爲星辰。此又奇怪惚恍，不可備論者也。

大人來守此國，僕自京都言歸定省，覩先生之縣邑，想先生之高風；徘徊路寢，見先生之遺像；逍遥城郭，觀先生之祠宇。慨然有懷，乃作頌焉。其辭曰：

矯矯先生，肥遯居貞。退不終否，進亦避榮。臨世濯足，希古振纓。涅而無滓，既濁能清。無滓伊何，高明克柔。能清伊何，視汙若浮。樂在必行，處淪罔憂。跨世淩時，遠蹈獨游。瞻望往代，爰想遐蹤。邈邈先生，其道猶龍。染迹朝隱，和而不同。棲遲下位，聊以從容。

我來自東，言適兹邑。敬問墟墳，企佇原隰，墟墓徒存，精靈永戢。民思其軌，祠宇斯立。徘徊寺寢，遺像在圖。周旋祠宇，庭序荒蕪。榱棟傾落，草萊弗除。肅肅先生，豈焉是居？是居弗形，悠悠我情。昔在有德，罔不遺靈。天秩有禮，神監孔明。彷彿風塵，用垂頌聲。

劉義慶《世説新語》卷中《規箴》 漢武帝乳母嘗於外犯事，帝欲申憲，乳母求救東方朔。朔曰：「此非脣舌所争，爾必望濟者，將去時，但當屢顧帝，慎勿言，此或可萬一冀耳。」乳母既至，朔亦侍側，因謂曰：「汝癡耳！帝豈復憶汝乳哺時恩邪！」帝雖才雄心忍，亦深有情戀，乃凄然愍之，即敕免罪。

酈道元《水經注》卷五《河水》 楊虚縣，縣西有東方朔冢，冢側有祠，祠有神驗。

《隋書》卷三三《經籍志二》 《神異經》一卷，東方朔撰，張華注。

《隋書》卷三四《經籍志三》五行 《東方朔占》二卷，《東方朔書》二卷，《東方朔書鈔》二卷，《東方朔曆》一卷，《東方朔占候水旱下人善惡》一卷。

樂史《太平寰宇記》卷六四《河北道十三·德州·安德縣》 東方朔祠，在縣東四十里。係祀典，唐大曆中，刺史顔真卿重鐫夏侯湛讚碑，見存。

樂史《太平寰宇記》卷六四《河北道十三·棣州·厭次縣》 有東方朔冢，存。

樂史《太平寰宇記》卷六五《河北道十四·滄州·樂陵縣》 東方朔廟。

備論

《漢書》卷五八《公孫弘等傳贊》 漢之得人，於兹爲盛，【略】滑稽則東方朔、枚皋。

《漢書》卷六五《東方朔傳贊》 劉向言少時數問長老賢人通於事及朔時者，皆曰朔口諧倡辯，不能持論，喜爲庸人誦説，故令後世多傳聞者。而楊雄亦以爲朔言不純師，行不純德，其流風遺書蔑如也。然朔名過實者，以其詼達多端，不名一行，應諧似優，不窮似智，正諫似直，穢德似隱。非夷、齊而是柳下惠，戒其子以上容：「首陽爲拙，柱下爲工；飽食安步，以仕易農；依隱玩世，詭時不逢。」其滑稽之雄乎！朔之詼諧，逢占射覆，其事浮淺，行於衆庶，童兒牧豎莫不眩耀。而後世好事者因取奇言怪語附著之朔，故詳録焉。

《漢書》卷一〇〇下《叙傳下》 東方贍辭，詼諧倡優，譏苑扞偃，正諫舉郵，懷肉汙殿，弛張沈浮。

黄震《古今紀要·西漢》 東方朔，給侏儒，詆舍人，割肉，皆滑稽處。實持正論，以不見用，著《設客難》、《非有先生論》，傳稱二篇最善。諫起上林，却董偃，化民有道。對乞燔甲乙之帳，却走馬，且曰上淫侈如此，而使民不奢。凡皆勁切，卓出一時。

錢時《兩漢筆記·武帝》 東方朔以詼諧侍左右，而侃侃之論如此，良可喜也。武帝才高而過失最多，一時進用往往皆快心逞意之徒，務投所好，以相從諛，鮮有正救之者。苟正救之，亦自能聽。向使在廷隨事納忠，皆如斯言之侃

侃，則武帝必不至於已甚。每見東甌告急，聶壹設詐，可否兩端，初不自決。非莊助、王恢啓其端萌，而鼓其狂念，安有後日窮征遠討之禍哉！類而推之，可爲浩歎者，多矣。愚是以有感於朔，而重爲武帝惜云。

藝文

《李太白全集》卷七《古近體詩·玉壺吟》 烈士擊玉壺，壯心惜暮年。三盃拂劍舞秋月，忽然高詠涕泗漣。鳳凰初下紫泥詔，謁帝稱觴登御筵。揄揚九重萬乘主，謔浪赤墀青瑣賢。朝天數換飛龍馬，勑賜珊瑚白玉鞭。世人不識東方朔，大隱金門是謫仙。西施宜笑復宜嚬，醜女效之徒累身。君王雖愛蛾眉好，無奈宫中妒殺人。

《李太白全集》卷九《古近體詩·贈嵩山焦鍊師（并序）》 嵩山有神人焦鍊師者，不知何許婦人也。又云：生於齊、梁時，其年貌可稱五六十。常胎息絶穀，居少室廬，遊行若飛，倏忽萬里。世或傳其入東海，登蓬萊，竟莫能測其往也。余訪道少室，盡登三十六峰，聞風有寄，灑翰遥贈。

二室淩青天，三花含紫烟。中有蓬海客，宛疑麻姑仙。道在喧莫染，跡高想已綿。時餐金鵝蕊，屢讀青苔篇。八極恣遊憩，九垓長周旋。下瓢酌潁水，舞鶴來伊川。還歸東山上，獨拂秋霞眠。蘿月挂朝鏡，松風鳴夜絃。潛光隱嵩岳，鍊魄棲雲幄。霓裳何飄颻，鳳吹轉綿邈。願同西王母，下顧東方朔。紫書儻可傳，銘骨誓相學。

杜甫《杜詩詳注》卷二〇《社日兩篇》（之一） 九農成德業，百祀發光輝。報效神如在，馨香舊不違。南翁巴曲醉，北雁塞聲微。尚想東方朔，詼諧割肉歸。

《韋應物集》卷一〇《歌行下·送褚校書歸舊山歌》 握珠不返泉，匣玉不歸山。明皇重士亦如此，忽怪褚生何得還。方稱《羽獵賦》，來拜蘭臺職。漢箧亡書已暗傳，嵩丘遺簡還能識。朝朝待詔青鎖闈，中有萬年之樹蓬萊池。世人仰望棲此地，生獨徘徊意何爲。故山可往薇可采，一自人間星歲改。藏書壁中苔半侵，洗藥泉中月還在。春風飲餞灞陵原，莫厭歸來朝市喧。不見東方朔，避世從容金馬門。

韓愈《韓昌黎詩系年》卷八《讀東方朔雜事》 嚴嚴王母宫，下維萬仙家。噫欠爲飄風，濯手大雨沱。方朔乃豎子，驕不加禁訶，偷入雷電室，輷輘掉狂車。王母聞以笑，衛官助呀呀。不知萬萬人，生身埋泥沙，簸頓五山踣，流漂入維蹉。曰吾兒可憎，奈此狡獪何？方朔聞不喜，褫身絡蛟蛇，瞻相北斗柄，兩手自相挼。羣仙急乃言，百犯庸不科？向觀睥睨處，事在不可赦，欲不布露言，外口實諠譁。王母不得已，顔嚬口齎嗟。頷頭可其奏，送以紫玉珂。方朔不懲創，挾恩更矜誇。詆欺劉天子，正晝溺殿衙。一旦不辭訣，攝身淩蒼霞。

《白居易集》卷一五《律詩·得微之到官後書備知通州之事悵然有感因成四章》（之三） 人稀地僻醫巫少，夏旱秋霖瘴瘧多。老去一身須愛惜，別來四體得如何？侏儒飽笑東方朔，薏苡讒憂馬伏波。莫遣沈愁結成病，時時一唱濯纓歌。

《全唐詩》卷六八〇韓偓《六月十七日召對自辰及申方歸本院》 清暑簾開散異香，恩深咫尺對龍章。花應洞裏尋常發，日向壺中特地長。坐久忽疑槎犯斗，歸來兼恐海生桑。如今冷笑東方朔，唯用詼諧侍漢皇。

王安石《王文公文集》卷三八《古詩·東方朔》 平原狂先生，隱翳世上塵。材多不可數，射覆亦絶倫。談辭最詼怪，發口如有神。以此得親幸，賜予頗不貧。金玉本光瑩，浮沙豈能堙。時時一悟主，驚動漢庭臣。不肯下兒童，敢言詆平津。何知夷與惠，空復忤時人。

《蘇軾文集》卷二〇《東交門箴》 漢武帝爲竇太主置酒宣室，使謁者引納董偃。東方朔以謂有斬罪三，安得入宣室。上爲更置酒北宫而引偃，從東司馬門面前，更無譏焉。作《東交門箴》：

上所好惡，民實趨之。風俗厚薄，君實驅之。道之以正，民俗罔中。唱之以淫，實煩有從。帝于館陶，在齊文姜。矧董外人，干國亂常。既不能戮，反以爲好。予飲予燕，宣室是傲。偉彼臣朔，辟戟趨陛。鬻拳是效，剛而有禮。改館徹饌，北宫東門。雖曰從諫，東交實存。維藩維戚，禮法遂恣。延及齊民，惟上所使。昔在季孫，賞盜以邑。魯遂多盜，而罔敢詰。矧茲王宫，姦人是納。昭示來世，有慙斯闥。蕢也揚觶，杜舉得名。殿檻勿輯，直臣是旌。人孰無過，過而勿貳。宣室東交，實同名異。

《王十朋全集·詩集》卷一九《東方寺》 大冶迢迢接武昌，西征踰月到東方。白蓮智印蟠桃朔，仙佛同歸一道場。

《張之洞全集》卷二九七《讀詩絶句·東方朔》 上林苑與主人翁，正諫難言譎諫從。不到韓公憂鬼怪，誰知曼倩果猶龍。

張騫部

綜述

《漢書》卷六一《張騫李廣利傳》　張騫，漢中人也，建元中爲郎。時匈奴降者言匈奴破月氏王，以其頭爲飲器，月氏遁而怨匈奴，無與共擊之。漢方欲事滅胡，聞此言，欲通使，道必更匈奴中，乃募能使者。騫以郎應募，使月氏，與堂邑氏奴甘父俱出隴西。徑匈奴，匈奴得之，傳詣單于。單于曰：「月氏在吾北，漢何以得往使？吾欲使越，漢肯聽我乎？」留騫十餘歲，予妻，有子，然騫持漢節不失。

居匈奴西，騫因與其屬亡鄉月氏，西走數十日至大宛。大宛聞漢之饒財，欲通不得，見騫，喜，問欲何之。騫曰：「爲漢使月氏而爲匈奴所閉道，今亡，唯王使人道送我。誠得至，反漢，漢之賂遺王財物不可勝言。」大宛以爲然，遣騫，爲發譯道，抵康居，康居傳致大月氏。大月氏王已爲胡所殺，立其夫人爲王。既臣大夏而君之，地肥饒，少寇，志安樂，又自以遠遠漢，殊無報胡之心。騫從月氏至大夏，竟不能得月氏要領。

留歲餘，還，並南山，欲從羌中歸，復爲匈奴所得。留歲餘，單于死，國内亂，騫與胡妻及堂邑父俱亡歸漢。拜騫太中大夫，堂邑父爲奉使君。

騫爲人彊力，寬大信人，蠻夷愛之。堂邑父胡人，善射，窮急射禽獸給食。初，騫行時百餘人，去十三歲，唯二人得還。

騫身所至者，大宛、大月氏、大夏、康居，而傳聞其旁大國五六，具爲天子言其地形，所有。語皆在《西域傳》。

騫曰：「臣在大夏時，見邛竹杖、蜀布，問安得此，大夏國人曰：『吾賈人往市之身毒國。身毒國在大夏東南可數千里。其俗土著，與大夏同，而卑溼暑熱。其民乘象以戰。其國臨大水焉。』以騫度之，大夏去漢萬二千里，居西南。今身毒又居大夏東南數千里，有蜀物，此其去蜀不遠矣。今使大夏，從羌中，險，羌人惡之；少北，則爲匈奴所得；從蜀，宜徑，又無寇。」天子既聞大宛及大夏、安息之屬皆大國，多奇物，土著，頗與中國同俗，而兵弱，貴漢財物；其北則大月氏、康居之屬，兵彊，可以賂遺設利朝也。誠得而以義屬之，則廣地萬里，重九譯，致殊俗，威德徧於四海。天子欣欣以騫言爲然。乃令因蜀犍爲發間使，四道並出：出駹，出莋，出徙，出邛，出僰，皆各行一二千里。其北方閉氐、莋，南方閉巂、昆明。昆明之屬無君長，善寇盜，輒殺略漢使，終莫得通。然聞其西可千餘里，有乘象國，名滇越，而蜀賈間出物者或至焉，於是漢以求大夏道始通滇國。初，漢欲通西南夷，費多，罷之。及騫言可以通大夏，乃復事西南夷。

騫以校尉從大將軍擊匈奴，知水草處，軍得以不乏，乃封騫爲博望侯。是歲元朔六年也。後二年，騫爲衛尉，與李廣俱出右北平擊匈奴。匈奴圍李將軍，軍失亡多，而騫後期當斬，贖爲庶人。是歲驃騎將軍破匈奴西邊，殺數萬人，至祁連山。其秋，渾邪王率衆降漢，而金城、河西(西)並南山至鹽澤，空無匈奴。匈奴時有候者到，而希矣。後二年，漢擊走單于於幕北。

天子數問騫大夏之屬。騫既失侯，因曰：「臣居匈奴中，聞烏孫王號昆莫。昆莫父難兜靡本與大月氏俱在祁連、焞煌間，小國也。大月氏攻殺難兜靡，奪其地，人民亡走匈奴。子昆莫新生，傅父布就翎侯抱亡置草中，爲求食，還，見狼乳之，又烏銜肉翔其旁，以爲神，遂持歸匈奴，單于愛養之。及壯，以其父民衆與昆莫，使將兵，數有功。時，月氏已爲匈奴所破，西擊塞王。塞王南走遠徙，月氏居其地。昆莫既健，自請單于報父怨，遂西攻破大月氏。大月氏復西走，徙大夏地。昆莫略其衆，因留居，兵稍彊，會單于死，不肯復朝事匈奴。匈奴遣兵擊之，不勝，益以爲神而遠之。今單于新困於漢，而昆莫地空。蠻夷戀故地，又貪漢物，誠以此時厚賂烏孫，招以東居故地，漢遣公主爲夫人，結昆弟，其勢宜聽，則是斷匈奴右臂也。既連烏孫，自其西大夏之屬皆可招來而爲外臣。」天子以爲然，拜騫爲中郎將，將三百人，馬各二匹，牛羊以萬數，齎金幣帛直數千鉅萬，多持節副使，道可便遣之旁國。騫既至烏孫，致賜諭指，未能得其決。語在《西域傳》。騫即分遣副使使大宛、康居、月氏、大夏。烏孫發譯道送騫，與烏孫使數十人，馬數十匹，報謝，因令窺漢，知其廣大。

騫還，拜爲大行。歲餘，騫卒。後歲餘，其所遣副使通大夏之屬者皆頗與其人俱來，於是西北國始通於漢矣。然騫鑿空，諸後使往者皆稱博望侯，以爲質於外國，外國由是信之。其後，烏孫竟與漢結婚。

初，天子發書《易》，曰「神馬當從西北來」。得烏孫馬好，名曰「天馬」。及得

宛汗血馬，益壯，更名烏孫馬曰「西極馬」，宛馬曰「天馬」云。而漢始築令居以西，初置酒泉郡，以通西北國。因益發使抵安息、奄蔡、犛軒、條支、身毒國。而天子好宛馬，使者相望於道，一輩大者數百，少者百餘人，所齎操，大放博望侯時。其後益習而衰少焉。漢率一歲中使者多者十餘，少者五六輩，遠者八九歲，近者數歲而反。

是時，漢既滅越，蜀所通西南夷皆震，請吏。置牂柯、越嶲、益州、沈黎、文山郡，欲地接以前通大夏。乃遣使歲十餘輩，出此初郡，皆復閉昆明，爲所殺，奪幣物。於是漢發兵擊昆明，斬首數萬。後復遣使，竟不得通。語在《西南夷傳》。

自騫開外國道以尊貴，其吏士爭上書言外國奇怪利害，求使。天子爲其絶遠，非人所樂，聽其言，予節，募吏民無問所從來，爲具備人衆遣之，以廣其道。來還不能無侵盜幣物，及使失指，天子爲其習之，輒覆按致重罪，以激怒令贖，復求使。使端無窮，而輕犯法。其吏卒亦輒復盛推外國所有，言大者予節，言小者爲副，故妄言無行之徒皆爭相效。其使皆私縣官齎物，欲賤市以私其利。外國亦厭漢使人人有言輕重，度漢兵遠，不能至，而禁其食物，以苦漢使。漢使乏絶，責怨，至相攻擊。樓蘭、姑師小國，當空道，攻劫漢使王恢等尤甚。而匈奴奇兵又時時遮擊之。使者爭言外國利害，皆有城邑，兵弱易擊。於是天子遣從票侯破奴將屬國騎及郡兵數萬以擊胡，胡皆去。明年，擊破姑師，虜樓蘭王。酒泉列亭鄣至玉門矣。

而大宛諸國發使隨漢使來，觀漢廣大，以大鳥卵及犛軒眩人獻於漢，天子大説。而漢使窮河源，其山多玉石，采來，天子案古圖書，名河所出山曰昆侖云。

是時，上方數巡狩海上，乃悉從外國客，大都多人則過之，散財帛賞賜，厚具饒給之，以覽視漢富厚焉。大角氐，出奇戲諸怪物，多聚觀者，行賞賜，酒池肉林，令外國客偏觀各倉庫府臧之積，欲以見漢廣大，傾駭之。及加其眩者之工，而角氐奇戲歲增變，其益興，自此始。而外國使更來更去。大宛以西皆自恃遠，尚驕恣，未可詘以禮羈縻而使也。

漢使往既多，其少從率進孰於天子，言大宛有善馬在貳師城，匿不肯示漢使。天子既好宛馬，聞之甘心，使壯士車令等持千金及金馬以請宛王貳師城善馬。宛國饒漢物，相與謀曰：「漢去我遠，而鹽水中數有敗，出其北有胡寇，出其南乏水草，又且往往而絶邑，乏食者多。漢使數百人爲輩來，常乏食，死者過半，是安能致大軍乎？且貳師馬，宛寶馬也。」遂不肯予漢使。漢使怒，妄言，椎金馬而去。宛中貴人怒曰：「漢使至輕我！」遣漢使去，令其東邊郁成王遮攻，殺漢使，取其財物。天子大怒。諸嘗使宛姚定漢等言：「宛兵弱，誠以漢兵不過三千人，强弩射之，即破宛矣。」天子以嘗使浞野侯攻樓蘭，以七百騎先至，虜其王，以定漢等言爲然，而欲侯寵姬李氏，乃以李廣利爲將軍，伐宛。

騫孫猛，字子游，有俊才，元帝時爲光禄大夫，使匈奴，給事中，爲石顯所譖，自殺。

雜録

備録

《史記》卷一一一《衛將軍驃騎列傳》 張騫從大將軍，以嘗使大夏，留匈奴中久，導軍，知善水草處，軍得以無飢渴，因前使絶國功，封騫博望侯。【略】其夏，驃騎將軍與合騎侯敖俱出北地，異道；博望侯張騫、郎中令李廣俱出右北平，異道：皆擊匈奴。郎中令將四千騎先至，博望侯將萬騎在後至。匈奴左賢王將數萬騎圍郎中令，郎中令與戰二日，死者過半，所殺亦過當。博望侯至，匈奴兵引去。博望侯坐行留，當斬，贖爲庶人。

左方兩大將軍諸裨將名：【略】將軍張騫，以使通大夏，還，爲校尉。從大將軍有功，封爲博望侯。後三歲，爲將軍，出右北平，失期，當斬，贖爲庶人。其後使通烏孫，爲大行而卒，冢在漢中。

《史記》卷一一六《西南夷列傳》 及元狩元年，博望侯張騫使大夏來，言居大夏時見蜀布、邛竹杖，使問所從來，曰「從東南身毒國，可數千里，得蜀賈人市」。或聞邛西可二千里有身毒國。騫因盛言大夏在漢西南，慕中國，患匈奴隔其道，誠通蜀，身毒國道便近，有利無害。於是天子乃令王然于、柏始昌、吕越人等，使閒出西夷西，指求身毒國。至滇，滇王嘗羌乃留爲求道西十餘輩。歲餘，皆閉昆明，莫能通身毒國。

《漢書》卷七〇《鄭吉傳》 鄭吉，會稽人也，以卒伍從軍，數出西域，由是爲郎。吉爲人彊執，習外國事。自張騫通西域，李廣利征伐之後，初置校尉，屯田

渠黎。至宣帝時，吉以侍郎田渠黎，積穀，因發諸國兵攻破車師，遷衛司馬，使護鄯善以西南道。【略】

漢之號令班西域矣，始自張騫而成於鄭吉。

《漢書》卷九六上《西域傳上》 漢興至于孝武，事征四夷，廣威德，而張騫始開西域之迹。其後驃騎將軍擊破匈奴右地，降渾邪、休屠王，遂空其地，始築令居以西，初置酒泉郡，後稍發徙民充實之，分置武威、張掖、敦煌，列四郡，據兩關焉。自貳師將軍伐大宛之後，西域震懼，多遣使來貢獻，漢使西域者益得職。於是自敦煌西至鹽澤，往往起亭，而輪臺、渠犂皆有田卒數百人，置使者校尉領護，以給使外國者。【略】

初，武帝感張騫之言，甘心欲通大宛諸國，使者相望於道，一歲中多至十餘輩。樓蘭、姑師當道，苦之，攻劫漢使王恢等，又數爲匈奴耳目，令其兵遮漢使。漢使多言其國有城邑，兵弱易擊。於是武帝遣從票侯趙破奴將屬國騎及郡兵數萬擊姑師。王恢數爲樓蘭所苦，上令恢佐破奴將兵。破奴與輕騎七百人先至，虜樓蘭王，遂破姑師，因暴兵威以動烏孫、大宛之屬。還，封破奴爲浞野侯，恢爲浩侯。於是漢列亭障至玉門矣。【略】

大宛國，王治貴山城，去長安萬二千(二)〔五〕百五十里。户六萬，口三十萬，勝兵六萬人。副王、輔國王各一人。東至都護治所四千三十一里，北至康居卑闐城千五百一十里，西南至大月氏六百九十里。北與康居、南與大月氏接，土地風氣物類民俗與大月氏、安息同。大宛左右以蒲陶爲酒，富人藏酒至萬餘石，久者至數十歲不敗。俗耆酒，馬耆目宿。

宛別邑七十餘城，多善馬。馬汗血，言其先天馬子也。

張騫始爲武帝言之，上遣使者持千金及金馬，以請宛善馬。宛王以漢絶遠，大兵不能至，愛其寶馬不肯與。漢使妄言，宛遂攻殺漢使，取其財物。於是天子遣貳師將軍李廣利將兵前後十餘萬人伐宛，連四年。宛人斬其王毋寡首，獻馬三千匹，漢軍乃還，語在《張騫傳》。貳師既斬宛王，更立貴人素遇漢善者名昧蔡爲宛王。後歲餘，宛貴人以爲昧蔡諂，使我國遇屠，相與(兵)〔共〕殺昧蔡，立毋寡弟蟬封爲王，遣子入侍，質於漢，漢因使使賂賜鎮撫之。又發(數)〔使〕十餘輩，抵宛西諸國，求(其)〔奇〕物，因風諭以(代)〔伐〕宛之威。宛王蟬封與漢約，歲獻天馬二匹。漢使采蒲陶、目宿種歸。天子以天馬多，又外國使來衆，益種蒲陶、目宿離宫館旁，極望焉。

《漢書》卷九六下《西域傳下》 始張騫言烏孫本與大月氏共在敦煌間，今烏孫雖彊大，可厚賂招，令東居故地，妻以公主，與爲昆弟，以制匈奴。語在《張騫傳》。武帝即位，令騫齎金幣往。昆莫見騫如單于禮，騫大慙，謂曰：「天子致賜，王不拜，則還賜。」昆莫起拜，其它如故。

初，昆莫有十餘子，中子大禄彊，善將，將衆萬餘騎別居。大禄兄太子，太子有子曰岑陬。太子蚤死，謂昆莫曰：「必以岑陬爲太子。」昆莫哀許之。大禄怒，乃收其昆弟，將衆畔，謀攻岑陬。昆莫與岑陬萬餘騎，令別居，昆莫亦自有萬餘騎以自備。國分爲三，大總羈屬昆莫。騫既致賜，諭指曰：「烏孫能東居故地，則漢遣公主爲夫人，結爲昆弟，共距匈奴，不足破也。」烏孫遠漢，未知其大小，又近匈奴，服屬日久，其大臣皆不欲徙。昆莫年老國分，不能專制，乃發使送騫，因獻馬數十匹報謝。其使見漢人衆富厚，歸其國，其國後乃益重漢。

張華《博物志》卷六《物名考》 張騫使西域還，乃得胡桃種。

酈道元《水經注》卷三一《淯水》 淯水又東南流逕博望縣故城東，郭仲産曰：在郡東北百二十里，漢武帝置。校尉張騫隨大將軍衛青西征，爲軍前導，相望水草，得以不乏。元光六年，封騫爲侯國。

樂史《太平寰宇記》卷七《河南道七・許州・長社縣》 張騫冢。漢武帝使尋河源，封博望侯。今郡有冢，存。

樂史《太平寰宇記》卷一五四《隴右道五・河州・枹罕縣》 大河源。《西河舊事》云：「葱嶺在燉煌西八千里，其山高大，上悉生葱，故名葱嶺。河潛發其嶺，分爲二水。」《涼州異物志》云：「葱嶺水分東西，西入大海，東爲河源。」張騫使大宛而窮河源，謂極于此，不達崑崙也。

樂史《太平寰宇記》卷一八〇《四夷九・西戎一・西戎總述》 漢武帝時，北患匈奴之强，因問匈奴降者，言：「月氏王嘗爲匈奴所破遁逃，恒怨匈奴，無與共擊之者。」武帝因令張騫由匈奴中而使月氏，爲匈奴所得，亡走西數十日至大宛，傳致大月氏，凡十三歲乃還。騫所至大宛、月氏、康居、大夏，及傳聞其旁國五六。初，漢通西南夷，費多罷之，騫言：「大夏東南有身毒國，有蜀物，去蜀不遠。」乃復通西南夷。

黄震《古今紀要》卷二《西漢》 張騫，使月氏，爲匈奴所留十餘歲，給大宛得還。歸言在大夏時見卭竹、蜀布，云得之身毒。大夏去漢萬二千里，身毒又數千里，此其去蜀不遠。廼復事西南夷，終莫得通。後以軍失期廢。復説漢結烏孫，

斷匈奴右臂，遂通西北國，爲昆明殺奪。雖擊斬昆明數萬，後遣使竟不得通。自騫以開外國通尊貴，妄言無行者轉相效。

郝經《續後漢書》卷八七下下《禮樂録·代樂》　胡角本應胡笳聲，後漸用之橫吹，有雙角，即胡樂也。張騫入西域，傳其法於西京，惟得《摩訶兜勒》一曲，李延年因胡曲更造新聲二十八解。

備論

《史記》卷一二三《大宛列傳論》　《禹本紀》言「河出崑崙。崑崙其高二千五百餘里，日月所相避隱爲光明也。其上有醴泉、瑶池」。今自張騫使大夏之後也，窮河源，惡睹本紀所謂崑崙者乎？故言九州山川，《尚書》近之矣。至《禹本紀》、《山海經》所有怪物，余不敢言之也。

《漢書》卷六一《張騫李廣利傳贊》　《禹本紀》言河出昆侖，昆侖高二千五百里餘，日月所相避隱爲光明也。自張騫使大夏之後，窮河原，惡睹所謂昆侖者乎？故言九州山川，《尚書》近之矣。至《禹本紀》、《山經》所有，放哉！

《漢書》卷七〇《鄭吉等傳贊》　自元狩之際，張騫始通西域，至于地節，鄭吉建都護之號，訖王莽世，凡十八人，皆以勇略選，然其有功迹者具此。

《漢書》卷一〇〇下《叙傳下》　博望杖節，收功大夏；貳師秉鉞，身釁胡社。致死爲福，每生作戚。

《後漢書》卷四七《班超傳》　若得鄯兹，則西域未服者百分之一耳。臣伏自惟念，卒伍小吏，實願從谷吉效命絶域，庶幾張騫棄身曠野。昔魏絳列國大夫，尚能和輯諸戎，況臣奉大漢之威，而無鈆刀一割之用乎？前世議者皆曰取三十六國，號爲斷匈奴右臂。

《後漢書》卷八八《西域傳論》　西域風土之載，前古未聞也。漢世張騫懷致遠之略，班超奮封侯之志，終能立功西遐，羈服外域。自兵威之所肅服，財賂之所懷誘，莫不獻方奇，納愛質，露頂肘行，東向而朝天子。故設戊己之官，分任其事；建都護之帥，總領其權。

《全宋文》卷三一〇二蘇過《書張騫傳後》　酒色之害人，甚於毒藥；博弈之害財，甚於盜賊。然人知畏毒藥而甘心於酒色，知惡盜賊而不厭博弈者，何哉？適於己而忘於害耳。千金之子，破家於聲色狗馬；萬乘之主，失德於玩好嗜慾者多矣，豈不信哉！昔明皇引鏡不樂，左右曰：「自韓休相，陛下無一日懽，何不逐去之？」帝曰：「吾雖瘠，天下肥矣。」而秦二世曰：「賢人之有天下也，適己而已。」故不及三年而有望夷之禍。楚靈王、吴夫差皆如是敗。此適己之效也。漢武帝襲文、景之業，内外晏然，家給人足，可謂盛矣。然以一馬之故，窮師萬里，天下騷動，幾及勝、廣之亂。此誰發其端歟？蓋自張騫一使，睹筇竹、蜀布，大宛，身毒之饒，遂倡通西南夷之説。又語以蠻夷貪漢幣而多奇物，天子由是欣然，發使治兵，必得所欲。騫既封侯賜金，貪人自是争言外國利害，以嘗天子之意，邀取富貴矣。其後得烏孫、宛馬，天子益甘心焉，此貳師之役所以作也。是時李廣利喪師郁成，欲歸，天子大怒，使使遮玉門關，曰：「軍有敢入者斬。」益發甲卒十八萬，僅能克宛，取貳師善馬而歸。嗚呼！徇一夫之私欲，竭生民之膏髓。雖係虜其人而郡縣其地，何補瘡夷之萬一哉！昔隋之亡也，盜起征遼，而征遼之師實倡於裴矩。裴矩之在張掖，得西域諸胡山川國俗之詳，還爲煬帝言之，曰：「胡多瓌怪名寶。」帝由是甘心四夷。高麗不來，故征遼自此始矣。嗟乎！小人之得君也，必因其所嗜而獻其説，非獨用兵也。德宗喜財，故裴延齡以裒刻進；憲宗既平淮西，稍欲縱意宫室游幸之樂，則皇甫鎛以貢羨餘取卿相。君臣之間，寧復有志於民也哉！且夫土地非不廣也，府庫非不實也，宫室臺榭非不美也，子女玉帛、羽毛齒革非不備也，食租衣税非不厚也，而皇皇焉外求之不已，何哉？貪人之心，如飢渴然，必欲有其所未有者爲富，見其所未見者爲寶耳，夫豈有窮哉！昔虞公以寶劍而亡，蒯聵亦死於吕姜之髢，夫豈有國者少此糞土耶？然二君以此亡國殞身，世皆知非笑之矣，而不知彼數君之所甘心者，獨非糞土乎？

《全宋文》卷三九五四李彌遜《張騫使月氏議》　漢武好大喜功，外事西夷。張騫鑿空，以開西南之役。自是遣誅求之使，興問罪之師，殆無虛歲。中國殊方，并受其弊，闢草萊，任土地，罪不至是也。然騫身所至者五六國，留匈奴十有餘歲，持漢節不失，不爲不難矣。向使移其賢勞奉國之誠，敦恭儉，本仁義，内正君失，外除民患，垂紳正笏，爲社稷臣，與其捐軀絶域，以萌後患，相距豈不懸絶哉？欲爲臣盡臣道，在所擇而已。

黄震《古今紀要》卷二《西漢》　西域則張騫始通，凡三十六國，後分爲五十六國，兵衆分弱，無所統一。命曰斷匈奴右臂，實不能與匈奴相進退，萬里相奉，

徒勞費云。又以汗血馬故伐貳師。

李贄《藏書》卷一五《名臣傳二・强主名臣・張騫》 張騫持漢節入匈奴，十三年而不失，與蘇武何異！同時百十人皆没，獨騫與堂邑父兩人在耳。身所經歷者：大夏、大宛、烏孫、康居諸國，不下萬餘里。所至戎狄皆愛而信之，以故兩度得脱，無困迫憂，則其才力，固有大過人者。予固略其節而愛其才，益信漢武之能得士也。

張溥《歷代史論二編》卷一《漢通西域》 漢武帝元光二年，擊匈奴。元鼎二年，通西域。誘擊匈奴之策，發於王恢，一不效，立誅死。西域始自張騫，元朔三年騫即官大中大夫，出使十餘年，方得通。初行百餘人，惟二人得還，帝未嘗詰責也。匈奴數爲漢患，攻邊塞，西域則去漢遼絶矣。史言帝睹犀布、瑇瑁，則建珠崖七郡；感枸醬、竹杖則開牂牁、越巂；聞天馬、蒲陶，則通大宛、安息，誠其貴異物勞中國也。帝伐匈奴，專任衛青、霍去病，雖士卒耗敝，多斬獲立功。伐宛之役，則欲侯寵姬李氏而將廣利，大發兵車，挫於郁成，逾年僅能斬宛王母寡，取善馬數十匹，得不補失，重困海内。至張騫失侯，説招烏孫以公主妻其王，辱國甚矣。昆莫初尚江都王女，既苦老，欲使孫岑陬尚之，公主不肯聽，天子報從其俗。宣帝之世，楚主妻岑陬，肥王狂王復室焉，老年土思，哀愈黄鵠。夫武帝欲制兩越則通西南夷，欲斷匈奴右臂則通西域。人臣喜事，必窺天子所急以説中之，及西域既開，大宛、月氏、大夏、烏孫、于窴、扜罙諸國，咸以義屬，方謂廣地萬里，重九譯，致殊俗，聖天子德威無二也。乃公主下嫁，鳥獸不别，絶漠未窮，閨門先黷，漢直爲夷，烏足道哉！武帝雄材大略，欲駕文、景而慚德有三：董偃幸於竇太主而不誅，以欒大尚衛長公主，詔細君從烏孫俗是也。宣帝能揚呼韓稽顙之威，不洗楚主烝報之恥，其循孝武之失而未察乎？抑劉敬始議和親，高祖降家人子於單于，其時公主固已許從胡俗哉？是故罪張騫者必先罪劉敬，罪武宣者必先罪高祖。

藝文

杜甫《杜詩詳注》卷八《寄岳州賈司馬六丈巴州嚴八使君兩閣老五十韻》
憶昨趨行殿，殷憂捧御筵。討胡愁李廣，奉使待張騫。

杜甫《杜詩詳注》卷一一《有感五首》（之一） 將帥蒙恩澤，兵戈有歲年。至今勞聖主，何以報皇天。白骨新交戰，雲臺舊拓邊。乘槎斷消息，無處覓張騫。

杜甫《杜詩詳注》卷二二《哭李尚書》 相知成白首，此别間黄泉。風雨嗟何及，江湖涕泫然。修文將管輅，奉使失張騫。史閣行人在，詩家秀句傳。

《全唐詩》卷二六九耿湋《奉送崔侍御和蕃》 萬里華戎隔，風沙道路秋。新恩明主啓，舊好使臣修。旌節隨邊草，關山見戍樓。俗殊人左衽，地遠水西流。日暮冰先合，春深雪未休。無論善長對，博望自封侯。

《全唐詩》卷二九〇楊凝《從軍行》 都尉出居延，强兵集五千。還將張博望，直救范祁連。漢卒悲簫鼓，胡姬濕采旃。如今意氣盡，流淚挹流泉。

《全唐詩》卷六〇五邵謁《覽張騫傳》 採藥不得根，尋河不得源。此時虚白首，徒感武皇恩。桑田未聞改，日月曾幾昏。仙骨若求得，壟頭無新墳。不見杜陵草，至今空自繁。

《全唐詩》卷六八〇韓偓《夢仙》 紫霄宫闕五雲芝，九級壇前再拜時。鶴舞鹿眠春草遠，山高水闊夕陽遲。每嗟阮肇歸何速，深羡張騫去不疑。澡練純陽功力在，此心唯有玉皇知。

蘇武部

綜述

《漢書》卷五四《蘇武傳》 武字子卿，少以父任，兄弟並爲郎，稍遷至移中廄監。時漢連伐胡，數通使相窺觀，匈奴留漢使郭吉、路充國等，前後十餘輩。匈奴使來，漢亦留之以相當。天漢元年，且鞮侯單于初立，恐漢襲之，乃曰：「漢天子我丈人行也。」盡歸漢使路充國等。武帝嘉其義，乃遣武以中郎將使持節送匈奴使留在漢者，因厚(輅)[賂]單于，答其善意。武與副中郎將張勝及假吏常惠等募士斥候百餘人俱。既至匈奴，置幣遺單于。單于益驕，非漢所望也。

方欲發使送武等，會緱王與長水虞常等謀反匈奴中。緱王者，昆邪王姊子也，與昆邪王俱降漢，後隨浞野侯没胡中。及衛律所將降者，陰相與謀劫單于母閼氏歸漢。會武等至匈奴，虞常在漢時素與副張勝相知，私候勝曰：「聞漢天子甚怨衛律，常能爲漢伏弩射殺之。吾母與弟在漢，幸蒙其賞賜。」張勝許之，以貨物與常。後月餘，單于出獵，獨閼氏子弟在。虞常等七十餘人欲發，其一人夜亡，告之。單于子弟發兵與戰，緱王等皆死，虞常生得。

單于使衛律治其事。張勝聞之，恐前語發，以狀語武。武曰：「事如此，此必及我。見犯乃死，重負國。」欲自殺，勝、惠共止之。虞常果引張勝。單于怒，召諸貴人議，欲殺漢使者。左伊秩訾曰：「即謀單于，何以復加？宜皆降之。」單于使衛律召武受辭，武謂惠等：「屈節辱命，雖生，何面目以歸漢！」引佩刀自刺。衛律驚，自抱持武，馳召毉。鑿地爲坎，置熅火，覆武其上，蹈其背以出血。武氣絶，半日復息。惠等哭，輿歸營。單于壯其節，朝夕遣人候問武，而收繫張勝。

武益愈，單于使使曉武。會論虞常，欲因此時降武。劍斬虞常已，律曰：「漢使張勝謀殺單于近臣，當死，單于募降者赦罪。」舉劍欲擊之，勝請降。律謂武曰：「副有罪，當相坐。」武曰：「本無謀，又非親屬，何謂相坐？」復舉劍擬之，武不動。律曰：「蘇君，律前負漢歸匈奴，幸蒙大恩，賜號稱王，擁衆數萬，馬畜彌山，富貴如此。蘇君今日降，明日復然。空以身膏草野，誰復知之！」武不應。律曰：「君因我降，與君爲兄弟，今不聽吾計，後雖欲復見我，尚可得乎？」武罵律曰：「女爲人臣子，不顧恩義，畔主背親，爲降虜於蠻夷，何以女爲見？且單于信女，使決人死生，不平心持正，反欲鬭兩主，觀禍敗。南越殺漢使者，屠爲九郡；宛王殺漢使者，頭縣北闕；朝鮮殺漢使者，即時誅滅。獨匈奴未耳。若知我不降明，欲令兩國相攻，匈奴之禍從我始矣。」

律知武終不可脅，白單于。單于愈益欲降之，乃幽武置大窖中，絶不飲食。天雨雪，武卧齧雪與旃毛并咽之，數日不死，匈奴以爲神，乃徙武北海上無人處，使牧羝，羝乳乃得歸。別其官屬常惠等，各置他所。

武既至海上，廩食不至，掘野鼠去屮實而食之。杖漢節牧羊，卧起操持，節旄盡落。積五六年，單于弟於靬王弋射海上。武能網紡繳，檠弓弩，於靬王愛之，給其衣食。三歲餘，王病，賜武馬畜服匿穹廬。王死後，人衆徙去。其冬，丁令盜武牛羊，武復窮厄。

初，武與李陵俱爲侍中，武使匈奴明年，陵降，不敢求武。久之，單于使陵至海上，爲武置酒設樂，因謂武曰：「單于聞陵與子卿素厚，故使陵來説足下，虚心欲相待。終不得歸漢，空自苦亡人之地，信義安所見乎？前長君爲奉車，從至雍棫陽宫，扶輦下除，觸柱折轅，劾大不敬，伏劍自刎，賜錢二百萬以葬。孺卿從祠河東后土，宦騎與黄門駙馬争船，推墮駙馬河中溺死，宦騎亡，詔使孺卿逐捕不得，惶恐飲藥而死。來時，大夫人已不幸，陵送葬至陽陵。子卿婦年少，聞已更嫁矣。獨有女弟二人，兩女一男，今復十餘年，存亡不可知。人生如朝露，何久自苦如此！陵始降時，忽忽如狂，自痛負漢，加以老母繫保宫，子卿不欲降，何以過陵？且陛下春秋高，法令亡常，大臣亡罪夷滅者數十家，安危不可知，子卿尚復誰爲乎？願聽陵計，勿復有云。」武曰：「武父子亡功德，皆爲陛下所成就，位列將，爵通侯，兄弟親近，常願肝腦塗地。今得殺身自效，雖蒙斧鉞湯鑊，誠甘樂之。臣事君，猶子事父也，子爲父死亡所恨。願勿復再言。」陵與武飲數日，復曰：「子卿壹聽陵言。」武曰：「自分已死久矣！王必欲降武，請畢今日之驩，效死於前！」陵見其至誠，喟然歎曰：「嗟乎，義士！陵與衛律之罪上通於天。」因泣下霑衿，與武決去。

陵惡自賜武，使其妻賜武牛羊數十頭。後陵復至北海上，語武：「區脱捕得雲中生口，言太守以下吏民皆白服，曰上崩。」武聞之，南鄉號哭，歐血，旦夕臨。

數月，昭帝即位。數年，匈奴與漢和親。漢求武等，匈奴詭言武死。後漢使復至匈奴，常惠請其守者與俱，得夜見漢使，具自陳道。教使者謂單于，言天子射上林中，得雁，足有係帛書，言武等在某澤中。使者大喜，如惠語以讓單于。單于視左右而驚，謝漢使曰：「武等實在。」於是李陵置酒賀武曰：「今足下還歸，揚名於匈奴，功顯於漢室，雖古竹帛所載，丹青所畫，何以過子卿！陵雖駑怯，令漢且貰陵罪，全其老母，使得奮大辱之積志，庶幾乎曹柯之盟，此陵宿昔之所不忘也。收族陵家，爲世大戮，陵尚復何顧乎？已矣！令子卿知吾心耳。異域之人，壹別長絶！」陵起舞，歌曰：「徑萬里兮度沙幕，爲君將兮奮匈奴。路窮絶兮矢刃摧，士衆滅兮名已隤。老母已死，雖欲報恩將安歸！」陵泣下數行，因與武決。單于召會武官屬，前以降及物故，凡隨武還者九人。

武以(元始)〔始元〕六年春至京師。詔武奉一太牢謁武帝園廟，拜爲典屬國，秩中二千石，賜錢二百萬，公田二頃，宅一區。常惠、徐聖、趙終根皆拜爲中郎，賜帛各二百匹。其餘六人老歸家，賜錢人十萬，復終身。常惠後至右將軍，封列侯，自有傳。武留匈奴凡十九歲，始以彊壯出，及還，須髮盡白。

武來歸明年，上官桀子安與桑弘羊及燕王、蓋主謀反。武子男元與安有謀，坐死。

初桀、安與大將軍霍光争權，數疏光過失予燕王，令上書告之。又言蘇武使匈奴二十年不降，還乃爲典屬國，大將軍長史無功勞，爲搜粟都尉，光顓權自恣。及燕王等反誅，窮治黨與，武素與桀、弘羊有舊，數爲燕王所訟，子又在謀中，廷尉奏請逮捕武。霍光寢其奏，免武官。

數年，昭帝崩，武以故二千石與計謀立宣帝，賜爵關内侯，食邑三百户。久之，衛將軍張安世薦武明習故事，奉使不辱命，先帝以爲遺言。宣帝即時召武待詔宦者署，數進見，復爲右曹典屬國。以武著節老臣，令朝朔望，號稱祭酒，甚優寵之。

武所得賞賜，盡以施予昆弟故人，家不餘財。皇后父平恩侯、帝舅平昌侯、樂昌侯、車騎將軍韓增、丞相魏相、御史大夫丙吉皆敬重武。武年老，子前坐事死，上閔之，問左右：「武在匈奴久，豈有子乎？」武因平恩侯自白：「前發匈奴時，胡婦適産一子通國，有聲問來，願因使者致金帛贖之。」上許焉。後通國隨使者至，上以爲郎。又以武弟子爲右曹。武年八十餘，神爵二年病卒。

甘露三年，單于始入朝。上思股肱之美，乃圖畫其人於麒麟閣，法其形貌，署其官爵姓名。唯霍光不名，曰大司馬大將軍博陸侯姓霍氏，次曰衛將軍富平侯張安世，次曰車騎將軍龍頟侯韓增，次曰後將軍營平侯趙充國，次曰丞相高平侯魏相，次曰丞相博陽侯丙吉，次曰御史大夫建平侯杜延年，次曰宗正陽城侯劉德，次曰少府梁丘賀，次曰太子太傅蕭望之，次曰典屬國蘇武。皆有功德，知名當世，是以表而揚之，明著中興輔佐，列於方叔、召虎、仲山甫焉。凡十一人，皆有傳。自丞相黄霸、廷尉于定國、大司農朱邑、京兆尹張敞、右扶風尹翁歸及儒者夏侯勝等，皆以善終，著名宣帝之世，然不得列於名臣之圖，以此知其選矣。

劉向《新序》卷七《節士》 蘇武者，故右將軍平陵侯蘇建子也。孝武皇帝時，以武爲移中監，使匈奴。是時匈奴使者數降漢，故匈奴亦欲降武以取當。單于使貴人故漢人衛律説武，武不從。乃設以貴爵重禄尊位，終不聽。於是律絶不與飲食，武數日不降，又當盛暑，以旃厚衣并束，三日暴。武心意愈堅，終不屈撓。稱曰：「臣事君，由子事父也，子爲父死，無所恨。」守節不移，雖有鈇鉞湯鑊之誅而不懼也，尊官顯位而不榮也，匈奴亦由此重之。武留十餘歲，竟不降下，可謂守節臣矣。《詩》云：「我心匪石，不可轉也；我心匪席，不可卷也。」蘇武之謂也。匈奴紿言武死，其後漢聞武在，使使者求武，匈奴欲慕義，歸武，以爲典屬國，顯異於他臣也。

黄震《古今紀要》卷二《西漢》 蘇武，父名建，三從大將軍出塞，勸大將軍招士。武使虜，會虞常反，虜中事連其副張勝，併欲降武，武自刎，復生。衛律刼之，武大罵。徙武牧羝北海上，李陵説之，武以死誓。聞武帝崩，哭嘔血，朝夕臨。留十九歲，因常惠得還。明年武子元以逆誅武，賴霍光免。宣帝時復爲典屬國，八十餘卒，圖形麒麟閣。子通國。

雜録

備録

《史記》卷一一〇《匈奴列傳》 漢既誅大宛，威震外國。天子意欲遂困胡，乃下詔曰：「高皇帝遺朕平城之憂，高后時單于書絶悖逆。昔齊襄公復九世之

鞮，《春秋》大之。」是歲太初四年也。

且鞮侯單于既立，盡歸漢使之不降者，路充國等得歸。單于初立，恐漢襲之，乃自謂「我兒子，安敢望漢天子！漢天子，我丈人行也」。漢遣中郎將蘇武厚幣賂遺單于。單于益驕，禮甚倨，非漢所望也。其明年，浞野侯破奴得亡歸漢。

《漢書》卷七《昭帝紀》〔始元六年〕移中監蘇武前使匈奴，留單于庭十九歲乃還，奉使全節，以武爲典屬國，賜錢百萬。

《漢書》卷六三《武五子傳》〔燕王旦曰〕：「臣聞武帝使中郎將蘇武使匈奴，見留二十年不降，還亶爲典屬國。」

《漢書》卷九四上《匈奴傳上》單于年少初立，母閼氏不正，國内乖離，常恐漢兵襲之。於是衛律爲單于謀「穿井築城，治樓以藏穀，與秦人守之。漢兵至，無奈我何」。即穿井數百，伐材數千。或曰胡人不能守城，是遺漢糧也，衛律於是止，乃更謀歸漢使不降者蘇武、馬宏等。馬宏者，前副光禄大夫王忠使西國，爲匈奴所遮，忠戰死，馬宏生得，亦不肯降。故匈奴歸此二人，欲以通善意。是時，單于立三歲矣。

《後漢書》卷二六《伏隆傳》帝得隆奏，召父湛流涕以示之曰：「隆可謂有蘇武之節。恨不且許而遽求還也！」

《後漢書》卷四七《班超傳》超自以久在絶域，年老思土。十二年，上疏曰：「【略】昔蘇武留匈奴中尚十九年，今臣幸得奉節帶金銀護西域，如自以壽終屯部，誠無所恨，然恐後世或名臣爲没西域。臣不敢望到酒泉郡，但願生入玉門關。」

《晉書》卷一〇〇《王機傳》郭訥【略】歎曰：「昔蘇武不失其節，前史以爲美談。此節天朝所假，義不相與，自可遣兵來取之。」機慚而止。

樂史《太平寰宇記》卷三一《關西道七・乾州・好畤縣》蘇武冢，在縣東三十里。今里名守節焉。

備論

王充《論衡・譴告篇》太伯教吴冠帶，孰與隨從其俗，與之俱倮也？故吴之知禮義也，太伯改其俗也。蘇武入匈奴，終不左衽；趙他入南越，箕踞椎髻。漢朝稱蘇武，而毁趙他之性，習越土氣，畔冠帶之制。

《漢書》卷五四《蘇武傳贊》孔子稱「志士仁人，有殺身以成仁，無求生以害仁」，「使於四方，不辱君命」，蘇武有之矣。

《漢書》卷一〇〇下《叙傳下》蘇武信節，不詘王命。

《後漢書》卷一一九《耿恭傳論》余初讀《蘇武傳》，感其茹毛窮海，不爲大漢羞。後覽耿恭疏勒之事，喟然不覺涕之無從。嗟哉，義重於生，以至是乎！昔曹子抗質於柯盟，相如申威於河表，蓋以決一旦之負，異乎百死之地也。以爲二漢當疏高爵，宥十世。而蘇君恩不及嗣，恭亦終填牢户。追誦龍蛇之章，以爲歎息。

洪邁《容齋四筆》卷一六《漢重蘇子卿》漢世待士大夫少恩，而獨於蘇子卿加優寵，蓋以其奉使持節，褒勸忠義也。上官安謀反，武子元與之有謀，坐死。武素與上官桀、桑弘羊有舊，數爲燕王所訟，子又在謀中，廷尉奏請逮捕武，霍光寢其奏。宣帝立，録羣臣定策功，賜爵關内侯者八人，劉德、蘇武食邑。張晏曰：「舊關内侯無邑，以武守節外國，德宗室俊彦，故特令食邑。」帝閔武年老，子坐事死，問左右：「武在匈奴久，豈有子乎？」武曰：「前發匈奴時，胡婦實産一子通國，有聲問來，願因使者贖之。」上許焉。通國至，上以爲郎，又以武弟子爲右曹，以武著節老臣，令朝朔望，稱祭酒，甚優寵之。皇后父、帝舅、丞相、御史、將軍皆敬重武。後圖畫中興輔佐有功德知名者於麒麟閣，凡十一人，而武得預。武終於典屬國，蓋以武老不任公卿之故。先公縶留絶漠十五年，能致顯仁皇太后音書，蒙高宗皇帝有「蘇武不能過」之語。而厄於權臣，歸國僅升一職，立朝不滿三旬，訖於竄謫南荒惡地，長子停官。追誦漢史，可爲痛哭者已！又案武本傳云：「奉使初還，拜爲典屬國，秩中二千石。昭帝時，免武官。後以故二千石與計謀立宣帝，賜爵。張安世薦之，即時召待詔，數進見，復爲典屬國。」然則豫定策時，但以故二千石耳。而《霍光傳》連名奏昌邑王時，直稱典屬國，《宣紀》封侯亦然，恐誤也。

王楙《野客叢書》卷四《蘇武在匈奴》《前漢書》載：蘇武在匈奴，衛律白單于，幽武大窖中，絶不與飲食。天雨雪，武卧齧雪，與旃毛并咽之，數日不死。劉向《新序》又載：武在匈奴，衛律絶不與飲食，武數日不降；當盛暑，以旃衣并束，三日暴，武心意愈堅，終不屈撓。今人徒知武在匈奴劇寒中被如是之虐，不知劇暑中亦受如是之苦。今人飽食安眠於廣厦之間，隆寒盛暑，優游自得，而猶

萌不足之念，其可不知愧乎！

呂柟《涇野子内篇》卷一四 邦儒問：「蘇武使匈奴，海上十九年，百般苦醜都能甘得，如何有西域娶胡婦、生胡兒之事？」先生曰：「此亦是《外傳》所紀，不可遽信。且看他當時匈奴再三欲以長公主妻他，他終不肯屈，則此等事斷然可知其無；縱有之，亦不害其爲武也。」

康熙帝《御製文三集》卷二《蘇楊論》 蘇武留匈奴十九歲而還，楊重英留緬甸二十一年而還，念其事相類，作《蘇楊論》。

武在匈奴餐旃齧雪，勢不能久，向已有説。然其娶妻生子，《漢書》章章可考。重英在緬甸，其誓死不降與武同，而無武娶妻生子事。今呼路人而詢之，曰：重英與武孰優？必甲武而乙重英。彼故不知武之爲何如人，何如事，徒以羶薌久而耳食熟耳。則司馬遷所云非附青雲之士，惡能施於後世，語誠不爽。緬甸之歸順也，總督富綱猶責其弗獻重英，予以爲過於羅索。既而其長隨以重英，及其時被遮之兵，並自暹羅所獲粵民致之邊，及入邊，重英謂同歸之兵曰：「今生還本朝，即伏國法亦瞑目。」是可哀矣。問其在緬有無易衣娶妻生子事，則皆以爲無，而重英本抱病來，因遂故以其志可憐憫，命給道員銜，仍將録其子。夫重英究爲在緬偷生，兹仍加薄恩，所爲仁義兼施教忠之道也。若武之爲典屬國，漢之恩爲過優矣，而猶有嘆其被賚薄者，是何耶？且以重英所爲較武有過之無不及，武乃奉使而重英則不過從軍被拘留也。若曰因附青雲而得名之傳，則其傳與不傳，固不足爲貴耳。

朱軾《史傳三編》卷一〇《名臣傳·蘇武》 論曰：蘇武陷身絶域，瀕死者數矣。或慷慨而赴，或從容而就，卒全身名，爲漢室光。固知三軍可奪帥，而匹夫必不可奪志也。

劉統勛《評鑑闡要》卷二《漢》 蘇武奉使北庭，慷慨誓死，歷十九年，凛然不少挫，固足以風世勵俗。然史家謬以齧雪餐旃，詫爲異事。夫雪或可齧，旃決無可食之理。即偶一食之，斷不能數日藉以不死，是説殊失於誣。即野鼠草食，亦衹可苟延旦夕。十九年之久，何以當之？則所稱義不食匈奴之粟，亦飾辭耳。且武既娶婦生子，豈得謂非大節之玷。蓋武不過不降，不若李陵、衛律之背君，以曰奇節，吾未之信。

趙翼《廿二史劄記》卷二《與蘇武同出使者》 蘇武使匈奴，守節不屈，十九年始得歸，人皆知之。然是時守節絶域，或歸或不得歸，不止武一人也。先是長史任敞使匈奴，欲令單于爲外臣，單于怒，留敞不遣。又郭吉諷單于，單于亦留吉，辱之於北海上。路充國爲單于所留，且鞮侯單于立，始得歸。是諸人皆在武之先。又《匈奴傳》，匈奴欲和親，先歸蘇武、馬弘等以通善意。馬弘者，前副光禄(任)〔王〕忠使西域，爲匈奴所遮，忠戰死，弘被擒，不肯降，至是得歸。是武之外尚有馬弘也。趙破奴以浚稽將軍與匈奴戰，爲所得，在匈奴中十年，與其子定國逃歸，是破奴亦守節不屈者也。張騫先使月氏，道半爲匈奴所得，留十年，持漢節不失。後乃逃出，由大宛、康居至月氏、大夏，從羌中歸，又爲匈奴所得。歲餘，乘其國内亂，乃脱歸。是騫之崎嶇險阻，更甚於武也。即與武同時出使者，有中郎將張勝及假吏常惠等，後勝爲匈奴所殺，惠仍在匈奴，教漢使言天子在上林射，得雁足書，知武等所在，故武得歸。是惠在匈奴亦十九年也。同時隨武還者九人，見於《武傳》者，常惠、徐聖、趙終根，然至今但稱武而已。惠後以軍功封長羅侯，尚在人耳目間，聖、終根雖附書於傳，已莫有知之者，其餘尚有六人，并氏名亦不載，則同一使也，而傳不傳亦有命。又況是時二十餘年間，漢留匈奴使，匈奴亦留漢使以相當，前後凡十餘輩，則其中守節不屈者亦必有人，而皆不見於史籍，則有幸有不幸，豈不重可歎哉！

劉聲木《萇楚齋隨筆·續筆》卷七《漢蘇武等不辱使命》 漢蘇武出使，匈奴使居絶域，嚙毛飲血，不忘漢室，志節震耀千古，獨不能忘情於胡婦，生子通國於匈奴中。宋之胡銓，以争和議一疏，貶逐十年而不悔。《鶴林玉露》記其蒙赦回朝，過飲湘潭胡氏園，挾妓黎娲飲酒。澹菴先生題壁詩有云：「君恩許歸此一醉，旁有黎頰生微渦。」謂侍姬黎倩也。後朱子見之，賦詩云：「十年浮海一身輕，歸見黎娲卻有情。世上無如人欲險，幾人到此誤平生。」云云。以直節名臣，皆不能忘情於此，始信孟子言「食色性也」之言，確爲千古至論。

藝文

《文選·蘇武〈詩四首〉》 骨肉緣枝葉，結交亦相因。四海皆兄弟，誰爲行路人？況我連枝樹，與子同一身。昔爲鴛與鴦，今爲參與辰。昔者常相近，邈若胡與秦。惟念當離别，恩情日以新。鹿鳴思野草，可以喻嘉賓。我有一罇酒，欲以贈遠人。願子留斟酌，叙此平生親。

黃鵠一遠别，千里顧徘徊。胡馬失其羣，思心常依依。何況雙飛龍，羽翼臨當乖。幸有絃歌曲，可以喻中懷。請爲遊子吟，泠泠一何悲！絲竹厲清聲，慷慨有餘哀。長歌正激烈，中心愴以摧。欲展清商曲，念子不能歸。俛仰内傷心，淚下不可揮。願爲雙黃鵠，送子俱遠飛。

結髮爲夫妻，恩愛兩不疑。歡娱在今夕，嬿婉及良時。征夫懷往路，起視夜何其？參辰皆已没，去去從此辭。行役在戰場，相見未有期。握手一長歎，淚爲生别滋。努力愛春華，莫忘歡樂時。生當復來歸，死當長相思。

燭燭晨明月，馥馥我蘭芳。芬馨良夜發，隨風聞我堂。征夫懷遠路，遊子戀故鄉。寒冬十二月，晨起踐嚴霜。俯觀江漢流，仰視浮雲翔。良友遠離别，各在天一方。山海隔中州，相去悠且長。嘉會難兩遇，懽樂殊未央。願君崇令德，隨時愛景光。

庾信《庾子山集》卷一〇《李陵蘇武别讚》 李陵北去，蘇武南旋。歸驂欲動，别馬將前。河橋兩岸，臨路悽然。故人此别，知應幾年？

《敦煌變文集新書》卷五《蘇武李陵執别詞》 於是泣涕相送，漸過峻溪（浚稽）。見峻嶺千重，洪崖萬刃（仞）。東連渤海，西接雁門。春草不榮，夏仍降雪。猿啼似哭，鶴叫如歌。野樹枯生，寒花亂墜，白雲散漫，黃葉飛微。幽澗冰生，鴻鳴逐摎（旅）。時聞箞（羗）笛，聽且愁人。曉渡胡川，覆縱連黜，時降（逢）務（牧）羊客，不見採樵人。蘇大使忩見單于，李將軍羞看漢節。或悲或恨，再笑再吟。知千萬之珍重，況戀河而阻隔，是罰（時）三人相對下泣。酌别酒於路傍，按離琴而（於）膝上。

蘇武把酒迴謝韓曾曰：「僕是大漢之將，久没陷在於沙場，不因ㄙ來，寧無歸［?］，銘肌陋（鏤）骨，起（豈）望辜恩。」言由（猶）未了，迴看李陵。且見李陵，身卦（掛）胡裘，頂帶胡帽，脚跢赤荆。問李陵曰：「將軍是大漢之將，豈不望在隴西，積代已來，［?］名露頂，朱門烈戰（列戟），南面於人。出入香宫，高官隘路。奈何將軍，遊遊沙幕（漠），儻如骨肉，陷在虜庭，言不人之所笑。」

李陵聞誚，直得身皮骨解，陪生（背主）辭親，陵雖有力，過有身而云可。令（今）無家而可歸。已（以）手把臂，望天大哭，李陵所帶胡鄉之帽，棄在沙場。遂向腰間取仞（刃），已（以）説往年，共遥呈長安。

乃即言曰：「憶借（昔）陵初儁（攜）步年（卒），不滿五千，深入虜庭，獯（戰）過萬□，□行至到峻溪山南，龍勒河北，地迥無泉，空砂無水。陵下□未定，見單于兵馬十萬餘衆，行若雨，一罰（時）全□。陵此日擬戰，彼晨（衆）我寡，陵擬不戰，□公在攸羊，憧憶吾賢，不免自從旗隊，陣號越華，□右射右虚，兇奴傾□衆，時前街（衝）漢將争功，抽刀浄（争）入，看遠□云彫了□玉虚而星刃，斬虜集（奪）旗，是日也，感德（得）文超（天起）陣雲，地生戰霧，兇奴傾敗，當即抽［軍］。

漢將得勝，約行二十餘里，猶未迴旗。無賴當即抽軍，漢將德（得）勝，遂被狂寇順風放火，紅解連天。陵在火中，事洽難爲。不免乍（詐）降戰（單）于，准擬喫□，心飴突□，日夜定蚪，校亂相煞，偷路還家。□陵□中□滅，奈何武帝□取佞臣之言，道陵上祖已來，三代皆漢［?］。勑下所司，捕捉陵之家口，一男一女，攤入雲陽，馬乖行顯，准法處分。少妻幼女，無罪枉殊（誅）。陵有老母，八十有五，走待人扶，食須人餵，負天何辜，也被誅戮！

乍可□□沙漠，恓恓虜庭，北闕之下，求得錐寸宜（寡）利，煞父天子，誰能手事！足下如萬□，陵無迴心，老母墳前，慇懃爲時日拜著。到武帝殿前，爲陵怶（披）訴。儻途（逢）人信，時附一音；若遇來鴻，芳菲一行。」

是日也，酌别酒，敲鞭鞍，唱如歌。蘇武未語不見，遂乃再趁李陵，拘馬摇鞭，各自題詩一首：

涼風趁□煙，□（旅）雁遠思邊，
蘇武歸南國，雖陵何負天！
羨他失伴鳥，塞北獨連蕃，
漢軍日雲下，咸陽路幾千？

蘇武和曰：

勸軍（君）所賜酒，過後爲君愁，
欲知相憶處，思君稟水頭，
有時無雁翼，群臣並是憂。

己巳年六月五日

《王維集》卷二《隴頭吟》 長安少年游俠客，夜上戍樓看太白。隴頭明月迴臨關，隴上行人夜吹笛。關西老將不勝愁，駐馬聽之雙淚流。身經大小百餘戰，麾下偏裨萬户侯。蘇武纔爲典屬國，節旄空盡海西頭！

《李太白全集》卷二二《古近體詩・奔亡道中五首》（其一） 蘇武天山上，田

横海島邊。萬重關塞斷，何日是歸年？

《李太白全集》卷二二《古近體詩・蘇武》　蘇武在匈奴，十年持漢節。白雁上林飛，空傳一書札。牧羊邊地苦，落日歸心絶。渴飲月窟水，飢飡天上雪。東還沙塞遠，北愴河梁別。泣把李陵衣，相看淚成血。

《全唐詩》卷一七僧貫休《戰城南》　磧中有陰兵，戰馬時驚蹶。輕猛李陵心，摧殘蘇武節。黄金鎖子甲，風吹色如鐵。十載不封侯，茫茫向誰說。

《全唐詩》卷一〇六鄭愔《胡笳曲》　漢將留邊朔，遥遥歲序深。誰堪牧馬思，正是胡笳吟。曲斷關山月，聲悲雨雪陰。傳書問蘇武，陵也獨何心。

劉宰《漫塘集》卷一《讀蘇武傳》　李陵衛律兩降人，大義相規幾盡誠。陵語不傳傳衛律，要令千載識交情。

《文天祥全集・指南録・題蘇武忠節圖》　忽報忠圖紀歲華，東風吹淚落天涯。蘇卿更有歸時國，老相兼無去後家。烈士喪元心不易，達人知命事何嗟！生平愛覽忠臣傳，不爲吾身亦陷車。

獨伴羝羊海上游，相逢血淚向天流。忠真已向生前定，老節須從死後休。不死未論生可喜，雖生何恨死堪憂。甘心賣國人何處？曾識蘇公義膽不？

漠漠愁雲海戍迷，十年何事望京師？李陵罪在偷生日，蘇武功成未死時。鐵石心存無鏡變，君臣義重與天期。縱饒夜久胡塵黑，百煉丹心涅不緇。

張養浩《歸田類稿》卷二二《蘇武》　爲臣惟命敢辭難，脱遇艱難亦自安。試看子卿持節處，雪花如席不知寒。

金涓《青村遺稿・蘇武》　北海寒深雲滿天，邊雲漠漠漢雲連。將軍不是麒麟種，争伴羝羊十九年。

鄭真《滎陽外史集》卷八九《題蘇武握節圖》　齧雪餐氈使節孤，老來不肯困窮途。如何娶婦爲姬妾，教得生兒也姓蘇。

草凍沙乾又乳羝，天寒大窖雪成圍。節毛落盡空頭白，忍死邊廷未得歸。

胡奎《斗南老人集》卷三《題蘇武牧羊圖》　十九年中仗節旄，祁連山下夢勞勞。一行書寄邊鴻遠，萬里心懸漢月高。沙磧塵隨歸日騎，河梁淚灑別時袍。畫中偶識麒麟像，忍見秋霜點鬢毛。

李賢《古穰集》卷二二《題蘇武墓》　蘇卿一去鬢成霜，贏得殘軀入漢鄉。旄落共憐堅使節，雪深猶憶牧羝羊。荒墳草掩斜陽裏，短碣苔封古道傍。顧我遠因王事過，匆匆不及奠椒漿。

談遷《談遷詩文集》卷三《擬蘇武答李陵書》　武頓首少卿足下。武自還朝，謁先帝園廟，泣不自勝。先帝餌方士藥，遺容未老。臣無狀，淹恤於虜，負陛下任使。空持一漢節，不及陛下在時上壽也。天子召見前殿，給事中臨飭左右，命典屬國。拜日，賜錢二百萬、田二頃、宅一區。武何功之有？過沐優寵，思綱紡繳，檠弓弩，荷戟而馳，幸得一當虜。顧武老矣，鬚髮盡白，其精已亡，不敢望闌干山之南。所得賞賜，盡予昆弟故人。椎一少牢，匐匍先將軍之墓。太夫人合葬陽陵，所樹松檟，大者蔽兕象，間摧爲薪。往少卿言：我長君從至雍棫陽宫，扶輦下除，觸柱折轅，劾大不敬，伏劍自刎，賜葬錢二百萬。孺卿從祠河東后土。宦騎與黄門附馬争舩，推墜駙馬溺死，宦騎亡。詔使孺卿逐捕不得，皇恐飲藥死。此二事武以問人，或曰否否。長君從至雍，鹿觸殺之。孺卿得寒疾，五日不汗死。諸人豈有所諱耶？少卿語當不誣也。又少卿白衣冠送葬太夫人，助執紼，爲歌薤露，泣下沾襟。嗟乎少卿，不故人情哉！第爲人臣子，不顧恩義，畔主背親，爲降虜于蠻夷，潰其家聲，少卿何無肝腸至是也！遠辱存問，猶念及先將軍乎？先將軍恂恂如鄙人，口不能道詞，死而天下哀之。其忠實心誠信於士大夫也。少卿自待，詎出韓延年下，重負先帝，母妻爲戮，使博聞强直之臣坐遊説忍痛蠶室，不亦敗李氏而耻隴西之士乎！先將軍有知，何以汝爲？見武南歸，少卿置酒起舞，歌泣相繼。河梁之章，纏綿凄愴，猶有大漢之遺風焉。牧馬悲鳴，胡笳互動。其時奏之，嗚咽不可堪。异域之人，一别長絶。奮大辱之積志，庶幾乎曹柯之盟，少卿欺人耳。爲匈奴贅婿，賜號稱王，擁衆數萬，馬畜彌山。富貴如此，何漢威德之爲？

武於少卿素厚。李氏之鬼餓不得食，當歲奉盂飯斗酒，招先將軍之魂而饗之也。前書稽答，頃從蠻夷邸中得胡人歸義者，起居亡恙，勿復有云。

《戴名世集・附録・古史詩鍼・北海牧羝》　殺戮爲生是暴胡，和親征討兩齟齬。荒涼北海羝羊乳，漢節撑天一丈夫。

羅文俊《詁經精舍文續集》卷八朱大紳《讀史・蘇武》　一雁朝飛信果傳，生還猶自裹餘氊。君恩恐負二千石，臣節終操十九年。豈以數奇同李廣，敢因奉使效張騫。至今遺像瞻麟閣，論世何如霍氏賢。

羅文俊《詁經精舍文續集》卷八汪述孫《讀史・蘇武》　穹廬風雪廿年嘗，完節歸來鬢已霜。中禁頭銜標屬國，故人詩句感河梁。繫書僞託天邊雁，生乳奇傳海上羊。從古和戎終失計，幾多降漢老氊鄉。

張湯部

綜述

《漢書》卷五九《張湯傳》 張湯，杜陵人也。父爲長安丞，出，湯爲兒守舍。還，鼠盜肉，父怒，笞湯。湯掘熏得鼠及餘肉，劾鼠掠治，傳爰書，訊鞫論報，并取鼠與肉，具獄磔堂下。父見之，視文辭如老獄吏，大驚，遂使書獄。

父死後，湯爲長安吏。周陽侯爲諸卿時，嘗繫長安，湯傾身事之。及出爲侯，大與湯交，徧見貴人。湯給事内史，爲甯成掾，以湯爲無害，言大府，調茂陵尉，治方中。

武安侯爲丞相，徵湯爲史，薦補侍御史。治陳皇后巫蠱獄，深竟黨與，上以爲能，遷太中大夫。與趙禹共定諸律令，務在深文，拘守職之吏。已而禹至少府，湯爲廷尉，兩人交驩，兄事禹。禹志在奉公孤立，而湯舞知以御人。始爲小吏，乾没，與長安富賈田甲、魚翁叔之屬交私。及列九卿，收接天下名士大夫，己心内雖不合，然陽浮道與之。

是時，上方鄉文學，湯決大獄，欲傅古義，乃請博士弟子治《尚書》、《春秋》，補廷尉史，平亭疑法。奏讞疑，必奏先爲上分别其原，上所是，受而著讞法廷尉挈令，揚主之明。奏事即譴，湯摧謝，鄉上意所便，必引正監掾史賢者，曰：「固爲臣議，如(此)上責臣，臣弗用，愚抵此。」罪常釋。間即奏事，上善之，曰：「臣非知爲此奏，乃監、掾、史某所爲。」其欲薦吏，揚人之善、解人之過如此。所治即上意所欲辠，予監吏深刻者；即上意所欲釋，予監吏輕平者。所治即豪，必舞文巧詆；即下户羸弱，時口言「雖文致法，上裁察」。於是往往釋湯所言。湯至於大吏，内行修，交通賓客飲食，於故人子弟爲吏及貧昆弟，調護之尤厚。其造請諸公，不避寒暑。是以湯雖文深意忌不專平，然得此聲譽。而深刻吏多爲爪牙用者，依於文學之士，丞相弘數稱其美。

及治淮南、衡山、江都反獄，皆窮根本。嚴助、伍被，上欲釋之，湯争曰：「伍被本造反謀，而助親幸出入禁闥腹心之臣，乃交私諸侯，如此弗誅，後不可治。」上可論之。其治獄所巧排大臣自以爲功，多此類。繇是益尊任，遷御史大夫。

會渾邪等降漢，大興兵伐匈奴，山東水旱，貧民流徙，皆卬給縣官，縣官空虚。湯承上指，請造白金及五銖錢，籠天下鹽鐵，排富商大賈，出告緡令，鉏豪彊并兼之家，舞文巧詆以輔法。湯每朝奏事，語國家用，日旰，天子忘食。丞相取充位，天下事皆決湯。百姓不安其生，騷動，縣官所興未獲其利，姦吏並侵漁，於是痛繩以辠。自公卿以下至於庶人咸指湯。湯嘗病，上自至舍視，其隆貴如此。

匈奴求和親，羣臣議前，博士狄山曰：「和親便。」上問其便，山曰：「兵，凶器，未易數動。高帝欲伐匈奴，大困平城，乃遂結和親。孝惠、高后時，天下安樂，及文帝欲事匈奴，北邊蕭然苦兵。孝景時，吴、楚七國反，景帝往來東宫間，天下寒心數月。吴、楚已破，竟景帝不言兵，天下富實。今自陛下興兵擊匈奴，中國以空虚，邊大困貧。由是觀之，不如和親。」上問湯，湯曰：「此愚儒無知。」狄山曰：「臣固愚忠，若御史大夫湯，乃詐忠。湯之治淮南、江都，以深文痛詆諸侯，别疏骨肉，使藩臣不自安，臣固知湯之(爲)詐忠。」於是上作色曰：「吾使生居一郡，能無使虜入盜乎？」山曰：「不能。」曰：「居一縣？」曰：「不能。」復曰：「居一鄣間？」山自度辯窮且下吏，曰：「能。」乃遣山乘鄣。至月餘，匈奴斬山頭而去。是後羣臣震讋。

湯客田甲雖賈人，有賢操，始湯爲小吏，與錢通，及爲大吏，而甲所以責湯行義，有烈士之風。

湯爲御史大夫七歲，敗。

河東人李文，故嘗與湯有隙，已而爲御史中丞，薦數從中文事有可以傷湯者，不能爲地。湯有所愛史魯謁居，知湯弗平，使人上飛變告文姦事。事下湯，湯治論殺文，而湯心知謁居爲之。上問：「變事從迹安起？」湯陽驚曰：「此殆文故人怨之。」謁居病卧閭里主人，湯自往視病，爲謁居摩足。趙國以冶鑄爲業，王數訟鐵官事，湯常排趙王。趙王求湯陰事。謁居嘗案趙王，趙王怨之，并上書告：「湯大臣也，史謁居有病，湯至爲摩足，疑與爲大姦。」事下廷尉。謁居病死，事連其弟，弟繫導官。湯亦治它囚導官，見謁居弟，欲陰爲之，而陽不省。謁居弟不知而怨湯，使人上書，告湯與謁居謀，(兵)〔共〕變李文。事下減宣。宣嘗與湯有隙，及得此事，窮竟其事，未奏也。會人有盜發孝文園瘞錢，丞相青翟朝，與湯約俱謝，至前，湯念獨丞相以四時行園，當謝，湯無與也，不謝。丞相謝，上使御史案其事。湯欲致其文丞相見知，丞相患之。三長史皆害湯，欲陷之。

始，長史朱買臣素怨湯，語在其傳。王朝，齊人，以術至右内史。邊通學短長，剛暴人也，官至濟南相。故皆居湯右，已而失官，守長史，詘體於湯。湯數行丞相事，知此三長史素貴，常陵折之，故三長史合謀曰：「始湯約與君謝，已而賣君；今欲劾君以宗廟事，此欲代君耳。吾知湯陰事。」使吏捕案湯左田信等，曰湯且欲爲請奏，信輒先知之，居物致富，與湯分之。及它姦事。事辭頗聞。上問湯曰：「吾所爲，賈人輒知，益居其物，是類有以吾謀告之者。」湯不謝，又陽驚曰：「固宜有。」減宣亦奏謁居事。上以湯懷詐面欺，使使八輩簿責湯。湯具自道無此，不服。於是上使趙禹責湯。禹至，讓湯曰：「君何不知分也！君所治，夷滅者幾何人矣！今人言君皆有狀，天子重致君獄，欲令君自爲計，何多以對爲？」湯乃爲書謝曰：「湯無尺寸之功，起刀筆吏，陛下幸致位三公，無以塞責。然謀陷湯者，三長史也。」遂自殺。

湯死，家産直不過五百金，皆所得奉賜，無它贏。昆弟諸子欲厚葬湯，湯母曰：「湯爲天子大臣，被惡言而死，何厚葬爲！」載以牛車，有棺而無槨。上聞之，曰：「非此母不生此子。」乃盡按誅三長史。丞相青翟自殺。出田信。上惜湯，復稍進其子安世。

雜録

備録

《史記》卷二九《河渠書》 其後人有上書欲通褒斜道及漕事，下御史大夫張湯。湯問其事，因言：「抵蜀從故道，故道多阪，回遠。今穿褒斜道，少阪，近四百里；而褒水通沔，斜水通渭，皆可以行船漕。漕從南陽上沔入褒，褒之絶水至斜，閒百餘里，以車轉，從斜下渭。如此，漢中之穀可致，山東從沔無限，便於砥柱之漕。且褒斜材木竹箭之饒，擬於巴蜀。」天子以爲然，拜湯子卬爲漢中守，發數萬人作褒斜道五百餘里。道果便近，而水湍石，不可漕。

《史記》卷三〇《平準書》 自公孫弘以《春秋》之義繩臣下取漢相，張湯用峻文決理爲廷尉，於是見知之法生，而廢格沮誹窮治之獄用矣。其明年，淮南、衡山、江都王謀反迹見，而公卿尋端治之，竟其黨與，而坐死者數萬人，長吏益慘急而法令明察。【略】

而大農顔異誅。初，異爲濟南亭長，以廉直稍遷至九卿。上與張湯既造白鹿皮幣，問異。異曰：「今王侯朝賀以蒼璧，直數千，而其皮薦反四十萬，本末不相稱。」天子不説。張湯又與異有郤，及有人告異以它議，事下張湯治異。異與客語，客語初令下有不便者，異不應，微反脣。湯奏當異九卿見令不便，不入言而腹誹，論死。自是之後，有腹誹之法(以此)[比]，而公卿大夫多諂諛取容矣。

天子既下緡錢令而尊卜式，百姓終莫分財佐縣官，於是(楊可)告緡錢縱矣。

郡國多姦鑄錢，錢多輕，而公卿請令京師鑄鍾官赤側，一當五，賦官用非赤側不得行。白金稍賤，民不寶用，縣官以令禁之，無益。歲餘，白金終廢不行。

是歲也，張湯死而民不思。

《史記》卷一二〇《汲鄭列傳》 張湯方以更定律令爲廷尉，黯數質責湯於上前，曰：「公爲正卿，上不能襃先帝之功業，下不能抑天下之邪心，安國富民，使囹圄空虚，二者無一焉。非苦就行，放析就功，何乃取高皇帝約束紛更之爲？公以此無種矣。」黯時與湯論議，湯辯常在文深小苛，黯伉厲守高不能屈，忿發罵曰：「天下謂刀筆吏不可以爲公卿，果然。必湯也，令天下重足而立，側目而視矣！」

是時，漢方征匈奴，招懷四夷。黯務少事，乘上閒，常言與胡和親，無起兵。上方向儒術，尊公孫弘。及事益多，吏民巧弄。上分別文法，湯等數奏決讞以幸。而黯常毁儒，面觸弘等徒懷詐飾智以阿人主取容，而刀筆吏專深文巧詆，陷人於罪，使不得反其真，以勝爲功。上愈益貴弘、湯，弘、湯深心疾黯，唯天子亦不説也，欲誅之以事。弘爲丞相，乃言上曰：「右内史界部中多貴人宗室，難治，非素重臣不能任，請徙黯爲右内史。」爲右内史數歲，官事不廢。【略】

始黯列爲九卿，而公孫弘、張湯爲小吏。及弘、湯稍益貴，與黯同位，黯又非毁弘、湯等。已而弘至丞相，封爲侯；湯至御史大夫；故黯時丞相史皆與黯同列，或尊用過之。黯褊心，不能無少望，見上，前言曰：「陛下用羣臣如積薪耳，後來者居上。」上默然。有閒黯罷，上曰：「人果不可以無學，觀黯之言也日益甚。」【略】

居數年，會更五銖錢，民多盜鑄錢，楚地尤甚。上以爲淮陽，楚地之郊，乃召拜黯爲淮陽太守。黯伏謝不受印，詔數彊予，然後奉詔。詔召見黯，黯爲上泣

曰：「臣自以爲填溝壑，不復見陛下，不意陛下復收用之。臣常有狗馬病，力不能任郡事，臣願爲中郎，出入禁闥，補過拾遺，臣之願也。」上曰：「君薄淮陽邪？吾今召君矣。顧淮陽吏民不相得，吾徒得君之重，卧而治之。」黯既辭行，過大行李息，曰：「黯棄居郡，不得與朝廷議也。然御史大夫張湯智足以拒諫，詐足以飾非，務巧佞之語，辯數之辭，非肯正爲天下言，專阿主意。主意所不欲，因而毁之；主意所欲，因而譽之。好興事，舞文法，内懷詐以御主心，外挾賊吏以爲威重。公列九卿，不早言之，公與之俱受其僇矣。」息畏湯，終不敢言。黯居郡如故治，淮陽政清。後張湯果敗，上聞黯與息言，抵息罪。令黯以諸侯相秩居淮陽。七歲而卒。

《史記》卷一二一《儒林列傳》 伏生教濟南張生及歐陽生，歐陽生教千乘兒寬。兒寬既通《尚書》，以文學應郡舉，詣博士受業，受業孔安國。兒寬貧無資用，常爲弟子都養，及時時閒行傭賃，以給衣食。行常帶經，止息則誦習之。以試第次，補廷尉史。是時張湯方鄉學，以爲奏讞掾，以古法議決疑大獄，而愛幸寬。寬爲人温良，有廉智，自持，而善著書、書奏，敏於文，口不能發明也。湯以爲長者，數稱譽之。及湯爲御史大夫，以兒寬爲掾，薦之天子。天子見問，説之。張湯死後六年，兒寬位至御史大夫。九年而以官卒。寬在三公位，以和良承意從容得久，然無有所匡諫；於官，官屬易之，不爲盡力。張生亦爲博士。而伏生孫以治《尚書》徵，不能明也。

王充《論衡·講瑞篇》 張湯之父五尺，湯長八尺，湯孫長六尺。

《漢書》卷二三《刑法志》 及至孝武即位，外事四夷之功，内盛耳目之好，徵發煩數，百姓貧耗，窮民犯法，酷吏擊斷，姦軌不勝。於是招進張湯、趙禹之屬，條定法令，作見知故縱、監臨部主之法，緩深故之罪，急縱出之誅。其後姦猾巧法，轉相比況，禁罔寖密。律令凡三百五十九章，大辟四百九條，千八百八十二事，死罪決事比萬三千四百七十二事。文書盈於几閣，典者不能徧睹。是以郡國承用者駮，或罪同而論異。姦吏因緣爲市，所欲活則傅生議，所欲陷則予死比，議者咸冤傷之。

《漢書》卷二四下《食貨志下》 自〔公〕孫弘以《春秋》之義繩臣下取漢相，張湯以峻文決理爲廷尉，於是見知之法生，而廢格沮誹窮治之獄用矣。【略】

自造白金五銖錢後五歲，而赦吏民之坐盜鑄金錢死者數十萬人。其不發覺相殺者，不可勝計。赦自出者百餘萬人。然不能半自出，天下大氐無慮皆鑄金錢矣。犯法者衆，吏不能盡誅，於是遣博士褚大、徐偃等分行郡國，舉并兼之徒守相爲利者。而御史大夫張湯方貴用事，減宣、杜周等爲中丞，義縱、尹齊、王温舒等用急刻爲九卿，直指夏蘭之屬始出，而大農顔異誅矣。初，異爲濟南亭長，以廉直稍遷至九卿。上與湯既造白鹿皮幣，問異。異曰：「今王侯朝賀以倉璧，直數千，而其皮薦反四十萬，本末不相稱。」天子不説。湯又與異有隙，及人有告異以它議，事下湯治。異與客語，客語初令下有不便者，異不應，微反脣。湯奏當異九卿見令不便，不入言而腹非，論死。自是後有腹非之法比，而公卿大夫多諂諛取容。

《漢書》卷四五《伍被傳》 被詣吏自告與淮南王謀反（縱）〔蹤〕跡如此。天子以伍被雅辭多引漢美，欲勿誅。張湯進曰：「被首爲王畫反計，罪無赦。」遂誅被。

《漢書》卷五〇《汲黯傳》 張湯以更定律令爲廷尉，黯質責湯於上前，曰：「公爲正卿，上不能褒先帝之功業，下不能化天下之邪心，安國富民，使囹圄空虚，何空取高皇帝約束紛更之爲？而公以此無種矣！」黯時與湯論議，湯辯常在文深小苛，黯憤發，罵曰：「天下謂刀筆吏不可（謂）〔爲〕公卿，果然。必湯也，令天下重足而立，仄目而視矣！」

《漢書》卷五八《兒寬傳》 寬爲人温良，有廉知自將，善屬文，然懦於武，口弗能發明也。時張湯爲廷尉，廷尉府盡用文史法律之吏，而寬以儒生在其間，見謂不習事，不署曹，除爲從史，之北地視畜數年。還至府，上畜簿，會廷尉時有疑奏，已再見卻矣，掾史莫知所爲。寬爲言其意，掾史因使寬爲奏。奏成，讀之皆服，以白廷尉湯。湯大驚，召寬與語，乃奇其材，以爲掾。上寬所作奏，即時得可。異日，湯見上。問曰：「前奏非俗吏所及，誰爲之者？」湯言兒寬。上曰：「吾固聞之久矣。」湯由是鄉學，以寬爲奏讞掾，以古法義決疑獄，甚重之。及湯爲御史大夫，以寬爲掾，舉侍御史。見上，語經學。上説之，從問《尚書》一篇。擢爲中大夫，遷左内史。

《漢書》卷六〇《杜周傳》 杜周，南陽杜衍人也。義縱爲南陽太守，以周爲爪牙，薦之張湯，爲廷尉史。使案邊失亡，所論殺甚多。奏事中意，任用，與減宣更爲中丞者十餘歲。

周少言重遲，而内深次骨。宣爲左内史，周爲廷尉，其治大抵放張湯，而善候司。上所欲擠者，因而陷之；上所欲釋，久繫待問而微見其冤狀。客有謂周

曰：「君爲天下決平，不循三尺法，專以人主意指爲獄，獄者固如是乎？」周曰：「三尺安出哉？前主所是著爲律，後主所是疏爲令；當時爲是，何古之法乎！」

《漢書》卷六四上《嚴助傳》 後淮南王來朝，厚賂遺助，交私論議。及淮南王反，事與助相連，上薄其罪，欲勿誅。廷尉張湯爭，以爲助出入禁門，腹心之臣，而外與諸侯交私如此，不誅，後不可治。助竟棄市。

《漢書》卷六四上《朱買臣傳》 數年，坐法免官，復爲丞相長史。張湯爲御史大夫。始買臣與嚴助俱侍中，貴用事，湯尚爲小吏，趨走買臣等前。後湯以廷尉治淮南獄，排陷嚴助，買臣怨湯。及買臣爲長史，湯數行丞相事，知買臣素貴，故陵折之。買臣見湯，坐牀上弗爲禮。買臣深怨，常欲死之。後遂告湯陰事，湯自殺，上亦誅買臣。

《漢書》卷六四下《終軍傳》 元鼎中，博士徐偃使行風俗。偃矯制，使膠東、魯國鼓鑄鹽鐵。還，奏事，徙爲太常丞。御史大夫張湯劾偃矯制大害，法至死。偃以爲《春秋》之義，大夫出疆，有可以安社稷，存萬民，顓之可也。湯以致其法，不能詘其義。有詔下軍問狀，軍詰偃曰：「古者諸侯國異俗分，百里不通，時有聘會之事，安危之勢，呼吸成變，故有不受辭造命顓己之宜；今天下爲一，萬里同風，故《春秋》『王者無外』。偃巡封域之中，稱以出疆何也？且鹽鐵，郡有餘臧，正二國廢，國家不足以爲利害，而以安社稷存萬民爲辭，何也？」又詰偃：「膠東南近琅邪，北接北海，魯國西枕泰山，東有東海，受其鹽鐵。偃度四郡口數田地，率其用器食鹽，不足以并給二郡邪？將勢宜有餘，而吏不能也？何以言之？偃矯制而鼓鑄者，欲及春耕種贍民器也。今魯國之鼓，當先具其備，至秋乃能舉火。此言與實反者非？偃已前三奏，無詔，不惟所爲不許，而直矯作威福，以從民望，干名采譽，此明聖所必加誅也。『枉尺直尋』，孟子稱其不可；今所犯罪重，所就者小，偃自予必死而爲之邪？將幸誅不加，欲以采名也？」偃窮詘，服罪當死。軍奏「偃矯制顓行，非奉使體，請下御史徵偃即罪。」奏可。上善其詰，有詔示御史大夫。

《漢書》卷八九《循吏傳・黃霸》 五鳳三年，代丙吉爲丞相，封建成侯，食邑六百户。**【略】**

郡國吏竊笑丞相仁厚有知略，微信奇怪也。昔汲黯爲淮陽守，辭去之官，謂大行李息曰：「御史大夫張湯懷詐阿意，以傾朝廷，公不早白，與俱受戮矣。」息畏湯，終不敢言。後湯誅敗，上聞黯與息語，乃抵息罪而秩黯諸侯相，取其思竭忠也。臣敞非敢毀丞相也，誠恐羣臣莫白，而長吏守丞畏丞相指，歸舍法令，各爲私教，務相增加，澆淳散樸，並行僞貌，有名亡實，傾搖解怠，甚者爲妖。

《漢書》卷九〇《酷吏傳・義縱》 是時趙禹、張湯爲九卿矣，然其治尚寬，輔法而行，縱以鷹擊毛摯爲治。後會吏五銖錢白金起，民爲姦，京師尤甚，乃以縱爲右內史，王溫舒爲中尉。溫舒至惡，所爲弗先言縱，縱必以氣陵之，敗壞其功。其治，所誅殺甚多，然取爲小治，姦益不勝，直指始出矣。吏之治以斬殺縛束爲務，閻奉以惡用矣。縱廉，其治效郅都。上幸鼎湖，病久，已而卒起幸甘泉，道不治。上怒曰：「縱以我爲不行此道乎？」銜之。至冬，楊可方受告緡，縱以爲此亂民，部吏捕其爲可使者。天子聞，使杜式治，以爲廢格沮事，棄縱市。後一歲，張湯亦死。

《漢書》卷九〇《酷吏傳・尹齊》 尹齊，東郡茌平人也。以刀筆吏稍遷至御史。事張湯，湯數稱以爲廉。武帝使督盜賊，斬伐不避貴勢。遷關都尉，聲甚於甯成。上以爲能，拜爲中尉。吏民益彫敝，輕齊木彊少文，豪惡吏伏匿而善吏不能爲治，以故事多廢，抵罪。後復爲淮陽都尉。王溫舒敗後數年，病死，家直不滿五十金。所誅滅淮陽甚多，及死，仇家欲燒其尸，妻亡去，歸葬。

《後漢書》卷四三《何敞傳》 何敞字文高，扶風平陵人也。其先家于汝陰。六世祖比干，學《尚書》於朝錯，武帝時爲廷尉正，與張湯同時。湯持法深而比干務仁恕，數與湯爭，雖不能盡得，然所濟活者以千數。

《後漢書》卷四八《應劭傳》 又刪定律令爲《漢儀》，建安元年乃奏之。曰：「夫國之大事，莫尚載籍。載籍也者，決嫌疑，明是非，賞刑之宜，允獲厥中，俾後之人永爲監焉。故膠(東)〔西〕相董仲舒老病致仕，朝廷每有政議，數遣廷尉張湯親至陋巷，問其得失。於是作《春秋決獄》二百三十二事，動以經對，言之詳矣。」

黃震《古今紀要・西漢》 張湯、杜周：湯治陳后巫蠱獄，及治淮南、衡山、江都反獄，皆窮其根。定律令，務深文。造白金五銖錢，籠天下鹽鐵，排商賈，出告緡令，天下事皆決於湯，以懷詐誅。

備論

《史記》卷一二二《酷吏列傳論》 自郅都、杜周十人者，此皆以酷烈爲聲。然郅都伉直，引是非，爭天下大體。張湯以知陰陽，人主與俱上下，時數辯當否，

國家賴其便。趙禹時据法守正。杜周從諛，以少言爲重。自張湯死後，網密，多詆嚴，官事寖以秏廢。九卿碌碌奉其官，救過不贍，何暇論繩墨之外乎！然此十人中，其廉者足以爲儀表，其污者足以爲戒，方略教導，禁姦止邪，一切亦皆彬彬質有其文武焉。雖慘酷，斯稱其位矣。至若蜀守馮當暴挫，廣漢李貞擅磔人，東郡彌僕鋸項，天水駱璧推咸，河東褚廣妄殺，京兆無忌、馮翊殷周蝮鷙，水衡閻奉朴擊賣請，何足數哉！何足數哉！

王充《論衡·定賢篇》 以敏於筆，文墨兩（雨）集爲賢乎？夫筆之與口，一實也。口出以爲言，筆書以爲文。口辯，才未必高，然則筆敏，知未必多也。且筆用何爲敏？以敏於官曹事？事之難者，莫過於獄，獄疑則有請讞。蓋世優者，莫過張湯，張湯文深，在漢之朝，不稱爲賢。太史公序累，以湯酷非賢者之行。魯林中哭婦，虎食其夫，又食其子，不能去者，善政不苛，吏不暴也。夫酷，苛暴之黨也，難以爲賢。

《漢書》卷五九《張湯傳贊》 馮商稱張湯之先與留侯同祖，而司馬遷不言，故闕焉。漢興以來，侯者百數，保國持寵，未有若富平者也。湯雖酷烈，及身蒙咎，其推賢揚善，固宜有後。安世履道，滿而不溢。賀之陰德，亦有助云。

《漢書》卷六〇《杜周傳贊》 張湯、杜周並起文墨小吏，致位三公，列於酷吏。而俱有良子，德器自過，爵位尊顯，繼世立朝，相與提衡，至於建武，杜氏爵乃獨絶。

《漢書》卷六四下《嚴朱等傳贊》 《詩》稱「戎狄是膺，荆舒是懲」，久矣其爲諸夏患也。漢興，征伐胡越，於是爲盛。究觀淮南、捐之、主父、嚴安之義，深切著明，故備論其語。世稱公孫弘排主父，張湯陷嚴助，石顯譖捐之，察其行迹，主父求欲鼎亨而得族，嚴、賈出入禁門招權利，死皆其所也，亦何排陷之恨哉！

《漢書》卷九〇《酷吏傳贊》 自郅都以下皆以酷烈爲聲，然都抗直，引是非，争大體。張湯以知阿邑人主，與俱上下，時辯當否，國家賴其便。趙禹據法守正。杜周從諛，以少言爲重。張湯死後，罔密事叢，以寖耗廢，九卿奉職，救（國）〔過〕不給，何暇論繩墨之外乎！自是以至哀、平，酷吏衆多，然莫足數，此其知名見紀者也。其廉者足以爲儀表，其汙者方略教道，壹切禁姦，亦質有文武焉。雖酷，稱其位矣。

《漢書》卷一〇〇下《叙傳下》 張湯遂達，用事任職，媚兹一人，日旰忘食，既成寵禄，亦羅咎慝。安世温良，塞淵其德，子孫遵業，全祚保國。

王符《潛夫論·志氏姓》 《詩》頌宣王，始有「張仲孝友」，至春秋時，宋有張白蔑矣。惟晉張侯、張老，實爲大家。張孟談相趙襄子以滅智伯，遂逃功賞，耕於肓山。後魏有張儀、張丑。至漢，張姓滋多。常山王張耳，梁人。丞相張蒼，陽武人也。東陽侯張相如。御史大夫張湯，增定律令，以防姦惡，有利於民，又好薦賢達士，故受福祐。子安世爲車騎將軍，封富平侯，敦仁儉約，矜遂權而好陰德，是以子孫昌熾，世有賢胤，更封武始，遭王莽亂，享國不絶，家凡四公，世著忠孝行義。前有丞相張禹，御史大夫張忠；後有太尉張酺，汝南人，太傅張禹，趙國人。司邑閭里，無不有張者。河東解邑有張城，有西張城，豈晉張之祖所出邪？

吴競《貞觀政要》卷八《刑法》 且夫暇豫清談，皆敦尚於孔、老；威怒所至，則取法於申、韓。直道而行，非無三黜，危人自安，蓋亦多矣。故道德之旨未弘，刻薄之風已扇。夫刻薄既扇，則下生百端，人競趨時，則憲章不一，稽之王度，實虧君道。昔州犂上下其手，楚國之法遂差；張湯輕重其心，漢朝之刑以弊。以人臣之頗僻，猶莫能申其欺罔，況人君之高下，將何以措其手足乎！以睿聖之聰明，無幽微而不燭，豈神有所不達，智有所不通哉？安其所安，不以恤刑爲念；樂其所樂，遂忘先笑之變。禍福相倚，吉凶同域，惟人所召，安可不思？頃者責罰稍多，威怒微厲，或以供帳不贍，或以營作差違，或以物不稱心，或以人不從命，皆非致治之所急，實恐驕奢之攸漸。是知「貴不與驕期而驕自至，富不與侈期而侈自來」，非徒語也。

《全宋文》卷一二二一·司馬光《司馬公文集》卷七三《張湯有後》 或稱張湯矯僞刻薄，而後嗣顯榮，七葉不絶。意者，積善餘慶，積惡餘殃，近虚語耶？應之曰：不然。所謂積者，繼世相因之謂也。故傳稱八元八凱，世濟其美。又稱三族，世濟其凶。此非積善、積惡之謂耶？欒書有惠於晉，晉人思之。黶雖剛愎，猶得保其宗廟。至盈無德，卿族遂亡。然則黶之所以存，書之餘慶也；盈之所以亡，黶之餘殃也。祖父有德，子孫爲不善，未免禍敗，慶何有焉？祖父不善，而子孫有德，福禄將集，殃何有焉？祖父爲不善，而子孫又無德以蓋前人之愆，則餘殃被之。是以堯、舜雖至德，朱、均不能免其災；瞽、鯀雖大惡，舜、禹無所虧其聖。若張湯者，雖險詖人也，有子安世，保輔漢室，寔有大功。子孫嗣之，率皆忠恪信厚，恭儉周密。邦有道不廢，邦無道免於刑戮。以是光顯於後，彌歷永世，固其宜矣，又何異焉？

《全宋文》卷一六三四鄧綰《張湯論》 或問：張湯，漢之深文法吏也，而其子孫珥貂蟬，侍帷幄，封爵至七世而不絶，漢功臣子孫，無如湯之盛者。夫深文

法吏而能有後者，謂天與之也；所謂無後者，天絶之也。夫天絶之者，蓋欺天者也。今夫人臣高爵位貴，食生人之禄，享生人之奉，養其蝨賊而莫之去，縱其蛇豕而莫之顧，偷安於世，擇利於己，而曰「吾不害物，以望陰德之報」。其不得已者，則擊搏狐鼠，而畏避豺虎，侮虐鰥寡，而附益强禦。噫！世之能爲是者，非欺天者歟？積爲欺以終，其天得不絶之歟？按張湯事實，湯爲漢更律令，務在深文拘守職之吏，有善則上歸於上，下推於掾吏。其治獄則曰所值者豪强，必舞文巧詆；所治者羸弱，常於上前口言，雖文致於法，幸上裁察，往往得釋。以是觀之，則湯之更定律令，務在深文責守職之吏，與夫世之人臣偷安擇利，養蝨賊、縱蛇豕者異矣。湯之用法，務在誅鋤豪强，哀矜羸弱，與夫世之人附益强禦而侮虐鰥寡者異矣。噫！湯雖深文，法吏也，積不欺以終其身也，天所與也，宜其子孫珥貂蟬、侍帷幄，封爵至七世而不絶也。而爲史者隨聲背實，引湯治淮南獄及誅嚴助、伍被二事，證湯痛詆諸侯，巧排大臣。今考淮南之逆亂，助、被之邪惡，誅有餘矣，湯獨痛詆而巧排之，忠矣，足以見史筆之誣飾也。噫！人臣有奉公嫉惡，不欺於天，不欺於人，其生也盜憎民惡，其死也良吏從而不與，反以積欺苟容者爲賢，無以勸忠矣。按湯雖不修文學，而能薦接天下賢士大夫，身死之日，家産不直五百金，皆所得俸賜，無他贏餘。而丞相、三長史畏湯，遽誣陷之。噫，湯忠死耳，宜其獨有後於漢也！

蘇轍《欒城集》卷三八《右司諫論時事・乞誅竄呂惠卿狀》　漢武帝世御史大夫張湯挾持巧詐，以迎合上意，變亂貨幣，崇長犴獄，使天下重足而立，幾至於亂。武帝覺悟，誅湯而後天下安。

《全宋文》卷二九八二趙鼎臣《讀酷吏傳》　張湯、杜周，俱爲漢酷吏，其所誅殺夷滅及因事而死者，各不下數千百人。然皆及身爲三公，傳子付孫，封侯出牧，爲世家顯人。較漢公卿，自蕭、曹而下，累葉顯貴，有如二人者乎？世之説者曰：湯雖酷，然能薦士，不揜人之美，以爲陰德之報。余謂殺人與薦士，其功過固有輕重。就令薦千百賢才，猶未足以贖數十人無辜之命，況湯所薦，其顯者莫若兒寬，夫寬亦何足數哉？然此尚爲有説。至若周，繼湯死之後，詔獄益多，廷尉及中都官逮至十餘萬人，兩子夾河爲守，皆酷暴甚於王温舒，而又史未嘗言其薦一賢，揚一善者，其不及湯遠矣。然爲御史大夫，家貲巨萬，死於牖下。宗族子弟，奕奕華盛，延年欽業，皆爲名臣。校其所享，于湯爲優。此又果何德以致然哉？説者於此亦能自持其辯乎？古今言禍福報應者多矣，韓退之曰：「君子得福爲常，得禍，其不幸也。小人得禍爲常，得福，其非常也。但不可謂善而不福，惡而必禍。」余謂此説最爲得之。若湯、周者，是亦小人之幸者耳，不可以一時苟免，而遂廢萬世之公論也。兄弟操兵，各殺一人，兄執以死，弟逃而生，因以起家，遂爲巨室。此亦時之適然，夫安知其所由來，乃私欲必有其説，故詰之而不得不窮也。《詩》曰：「靖共爾位，好是正直。神之聽之，介爾景福。」《易》曰：「積善必有餘慶，積不善必有餘殃。」《書》曰：「福善禍淫。」嗚呼！斯殆聖人所以教天下後世者，固必當以是爲説乎。然其大理，固亦不能逃于此也。

《全宋文》卷四二五九劉子翬《漢書雜論下》　張湯、杜周，酷吏也，皆子孫榮顯，侯爵數世。史稱湯雖酷烈，及身蒙禍，其推賢揚善，固宜有後，此牽合之論也。湯深刻排陷，流毒一時，其稱引一二掾史，何足掩其過伐。安世、延年之德器，自應綿遠，未必由湯與周。舜之帝，禹之王，豈必自瞽、鯀耶！

葉適《習學記言序目》卷二三《漢書三・列傳》　張湯「推賢揚善」。自兒寬外，他名士未聞因湯以進者，其所排陷則有明證矣。蓋湯造請結納以欺當世，正、監、掾、史，大抵皆小人田甲、魯謁居之流也。湯本用此得名譽，故遷表出之，班固便謂緣此「固宜有後」，而後世因其説，遂使湯有薦賢名，斯大誤矣。邪正賢不肖，要歸一途，未有小人酷吏而爲君子之事，既排陷人而又能薦進人者也。滔滔宇宙間，若此類甚衆，曷足數哉。（《張湯》）

王應麟《通鑑答問》卷四《張湯趙禹定律令》　或問：張湯、趙禹所定律令，亦可攷其科條歟？曰：古者，刑期于無刑，天討有罪，非人也。文王罔敢知，非君也。以欽恤之心，行簡寬之法，縣於象魏，讀於州黨族閭，日星之著明，江河之易避也。鄭鑄刑書，叔向譏之。晉鑄鼎，仲尼非之。竹刑作于鄧析，而法益繁矣。魏李悝著《法經》六篇，商鞅受之以相秦。漢蕭何定律，除參夷連坐之罪，增部主見知之條，益事律三篇，合爲九篇，叔孫通益旁章十八篇，張湯越宫律二十七篇，趙禹朝律六篇，合爲六十篇，此秦漢律之大畧也。商鞅有不告姦之罰，蕭何因以爲見知之條，張湯、趙禹又作見知，故縱監臨部主之法，緩深故之罪，急縱出之誅。其後禁罔益密，律令凡三百五十九章。郡國承用者駮，或罪同而論異，姦吏因緣爲市。杜周謂前王所是著爲律，後主所是疏爲令，當時爲是，何古之法乎？蓋酷吏不師古，始峻文深憲罔民而納之死，秋荼凝脂之慘，去秦無幾矣。高帝順民心，作三章之約，蕭何爲法，講若畫一。孝文化行天下，告訐之俗易。選張釋之爲廷尉，罪疑者予民。武帝不惟舊典時式，始以佳兵，繼以聚斂，又繼以嚴

刑，取高、文之法紛更之。張湯厲刀筆之鋩，戕忠厚之脈，聚斂嚴刑，兼而有之，小大之至，不仁者也。顏異微反脣而論以腹誹，秦法無是也。自昔好殺人者，必反其身，商鞅、張湯可以監矣。《書》曰：乃變亂先王之正刑。其武帝之謂乎！

藝文

《白居易集》卷一五《律詩・渭村退居寄禮部崔侍郎翰林錢舍人詩一百韻》 起草偏同視，疑文最共詳。滅私容點竄，窮理析毫芒。便共輸肝膽，何曾異肺腸？慎微參石奮，決密與張湯。禁闥青交瑣，宮垣紫界墻。井欄排菡萏，簷瓦鬭鴛鴦。

《全唐詩》卷八八一李瀚《蒙求》 張湯巧詆，杜周深刻。

《張耒集》卷八《五言古詩・臨文》 一病廢百嗜，好文心未忘。南窗納虛明，羅列陳縑緗。茫昧考巢燧，典章斷虞唐。清妍進屈景，雋永旌蘇張。少狂不自料，遇事形文章。誤逢作者歎，因復力披攘。蹉跎生白髮，始紬石室藏。粗見漢家事，濡毫時否臧。文詞比工祝，不殊公卿行。何用疲心精，舍本棄耕桑？讀賦意陵雲，律令尊張湯。榮華繫遇合，才技無短長。頗師老氏術，抱璞和其光。無營以卒歲，刻意翰墨場。

衛青部

綜述

《漢書》卷五五《衛青傳》 衛青字仲卿。其父鄭季，河東平陽人也，以縣吏給事侯家。平陽侯曹壽尚武帝姊陽信長公主。季與主家僮衛媪通，生青。青有同母兄衛長君及姊子夫，子夫自平陽公主家得幸武帝，故青冒姓爲衛氏。衛媪長女君孺，次女少兒，次女則子夫。子夫男弟步廣，皆冒衛氏。

青爲侯家人，少時歸其父，父使牧羊。民母之子皆奴畜之，不以爲兄弟數。青嘗從人至甘泉居室，有一鉗徒相青曰：「貴人也，官至封侯。」青笑曰：「人奴之生，得無笞罵即足矣，安得封侯事乎！」

青壯，爲侯家騎，從平陽主。建元二年春，青姊子夫得入宫幸上。皇后，大長公主女也，無子，妒。大長公主聞衛子夫幸，有身，妒之，乃使人捕青。青時給事建章，未知名。大長公主執囚青，欲殺之。其友騎郎公孫敖與壯士往篡之，故得不死。上聞，乃召青爲建章監，侍中。及母昆弟貴，賞賜數日間累千金。君孺爲太僕公孫賀妻。少兒故與陳掌通，上召貴掌。公孫敖由此益顯。子夫爲夫人。青爲太中大夫。

元光六年，拜爲車騎將軍，擊匈奴，出上谷；公孫賀爲輕車將軍，出雲中；太中大夫公孫敖爲騎將軍，出代郡；衛尉李廣爲驍騎將軍，出雁門：軍各萬騎。青至籠城，斬首虜數百。騎將軍敖亡七千騎，衛尉廣爲虜所得，得脱歸，皆當斬，贖爲庶人。賀亦無功。唯青賜爵關内侯。是後匈奴仍侵犯邊。語在《匈奴傳》。

元朔元年春，衛夫人有男，立爲皇后。其秋，青復將三萬騎出雁門，李息出代郡。青斬首虜數千。明年，青復出雲中，西至高闕，遂至於隴西，捕首虜數千，畜百餘萬，走白羊、樓煩王，遂取河南地爲朔方郡。以三千八百户封青爲長平侯。青校尉蘇建爲平陵侯，張次公爲岸頭侯。使建築朔方城。上曰：「匈奴逆天理，亂人倫，暴長虐老，以盗竊爲務，行詐諸蠻夷，造謀籍兵，數爲邊害。故興師遣將，以征厥罪。《詩》不云乎？『薄伐獫允，至于太原』；『出車彭彭，城彼朔方』。今車騎將軍青度西河至高闕，獲首二千三百級，車輜畜産畢收爲鹵，已封爲列侯，遂西定河南地，案榆谿舊塞，絶梓領，梁北河，討蒲泥，破符離，斬輕鋭之卒，捕伏聽者三千一十七級。執訊獲醜，敺馬牛羊百有餘萬，全甲兵而還，益封青三千八百户。」其後匈奴比歲入代郡、雁門、定襄、上郡、朔方，所殺略甚衆。語在《匈奴傳》。

元朔五年春，令青將三萬騎出高闕，衛尉蘇建爲遊擊將軍，左内史李沮爲彊弩將軍，太僕公孫賀爲騎將軍，代相李蔡爲輕車將軍，皆領屬車騎將軍，俱出朔方。大行李息、岸頭侯張次公爲將軍，俱出右北平。匈奴右賢王當青等兵，以爲漢兵不能至此，飲醉，漢兵夜至，圍右賢王。右賢王驚，夜逃，獨與其愛妾一人騎數百馳，潰圍北去。漢輕騎校尉郭成等追數百里，弗得，得右賢裨王十餘人，衆男女萬五千餘人，畜數十百萬，於是引兵而還。至塞，天子使使者持大將軍印，即軍中拜青爲大將軍，諸將皆以兵屬，立號而歸。上曰：「大將軍青躬率戎士，師大捷，獲匈奴王十有餘人，益封青八千七百户。」而封青子伉爲宜春侯，子不疑爲陰安侯，子登爲發干侯。青固謝曰：「臣幸得待罪行間，賴陛下神靈，軍大捷，皆諸校力戰之功也。陛下幸已益封臣青，臣青子在繦褓中，未有勤勞，上幸裂地封爲三侯，非臣待罪行間所以勸士力戰之意也。伉等三人何敢受封！」上曰：「我非忘諸校功也，今固且圖之。」乃詔御史曰：「護軍都尉公孫敖三從大將軍擊匈奴，常護軍傅校獲王，封敖爲合騎侯。都尉韓説從大軍出寘渾，至匈奴右賢王庭，爲戲下搏戰獲王，封説爲龍頟侯。騎將軍賀從大將軍獲王，封賀爲南窌侯。輕車將軍李蔡再從大將軍獲王，封蔡爲樂安侯。校尉李朔、趙不虞、公孫戎奴各三從大將軍獲王，封朔爲陟軹侯，不虞爲隨成侯，戎奴爲從平侯。將軍李沮、李息及校尉豆如意、中郎將綰皆有功，賜爵關内侯。沮、息、如意食邑各三百户。」其秋，匈奴入代，殺都尉。

明年春，大將軍青出定襄，合騎侯敖爲中將軍，太僕賀爲左將軍，翕侯趙信爲前將軍，衛尉蘇建爲右將軍，郎中令李廣爲後將軍，左内史李沮爲彊弩將軍，咸屬大將軍，斬首數千級而還。月餘，悉復出定襄，斬首虜萬餘人。蘇建、趙信并軍三千餘騎，獨逢單于兵，與戰一日餘，漢兵且盡。信故胡人，降爲翕侯，見急，匈奴誘之，遂將其餘騎可八百犇降單于。蘇建盡亡其軍，獨以身得亡去，自歸青。青問其罪正閎、長史安、議郎周霸等：「建當云何？」霸曰：「自大將軍出，未嘗斬裨將，今建棄軍，可斬，以明將軍之威。」閎、安曰：「不然。兵法『小敵

之堅，大敵之禽也。』今建以數千當單于數萬，力戰一日餘，士皆不敢有二心。自歸而斬之，是示後無反意也。不當斬。」青曰：「青幸得以肺附待罪行間，不患無威，而霸說我以明威，甚失臣意。且使臣職雖當斬將，以臣之尊寵而不敢自擅專誅於境外，其歸天子，天子自裁之，於以風爲人臣不敢專權，不亦可乎？」軍吏皆曰「善」。遂囚建行在所。

是歲也，霍去病始侯。【略】

自去病死後，青長子宜春侯伉坐法失侯。後五歲，伉弟二人，陰安侯不疑、發干侯登，皆坐酎（伉）〔金〕失侯。後二歲，冠軍侯國絶。後四年，元封五年，青薨，謚曰烈侯。子伉嗣，六年坐法免。

自青圍單于後十四歲而卒，竟不復擊匈奴者，以漢馬少，又方南誅兩越，東伐朝鮮，擊羌、西南夷，以故久不伐胡。

初，青既尊貴，而平陽侯曹壽有惡疾就國，長公主問：「列侯誰賢者？」左右皆言大將軍。主笑曰：「此出吾家，常騎從我，奈何？」左右曰：「於今尊貴無比。」於是長公主風白皇后，皇后言之，上乃詔青尚平陽主，與主合葬，起冢象廬山云。

最大將軍青凡七出擊匈奴，斬捕首虜五萬餘級。一與單于戰，收河南地，置朔方郡。再益封，凡萬六千三百户；封三子爲侯，侯千三百户，并之二萬二百户。其裨將及校尉侯者九人，爲特將者十五人，李廣、張騫、公孫賀、李蔡、曹襄、韓說、蘇建皆自有傳。

王充《論衡・骨相篇》 衛青父鄭季與楊信公主家僮衛媼通，生青。在建章宫時，鉗徒相之，曰：「貴至封侯。」青曰：「人奴之道，得不笞罵足矣，安敢望封侯？」其後青爲軍吏，戰數有功，超封增官，遂爲大將軍，封爲萬户侯。

雜録

備録

《史記》卷三〇《平準書》 其後漢將歲以數萬騎出擊胡，及車騎將軍衛青取匈奴河南地，築朔方。當是時，漢通西南夷道，作者數萬人，千里負擔饋糧，率十餘鍾致一石，散幣於邛僰以集之。數歲道不通，蠻夷因以數攻，吏發兵誅之。悉巴蜀租賦不足以更之，乃募豪民田南夷，入粟縣官，而内受錢於都内。東至滄海之郡，人徒之費擬於南夷。又興十萬餘人築衛朔方，轉漕甚遼遠，自山東咸被其勞，費數十百巨萬，府庫益虚。乃募民能入奴婢得以終身復，爲郎增秩，及入羊爲郎，始於此。

《史記》卷四九《外戚世家》 衛皇后字子夫，生微矣。蓋其家號曰衛氏，出平陽侯邑。子夫爲平陽主謳者。武帝初即位，數歲無子。平陽主求諸良家子女十餘人，飾置家。武帝祓霸上還，因過平陽主。主見所侍美人，上弗說。既飲，謳者進，上望見，獨說衛子夫。是日，武帝起更衣，子夫侍尚衣軒中，得幸。上還坐，驩甚，賜平陽主金千斤。主因奏子夫奉送入宫。子夫上車，平陽主拊其背曰：「行矣，彊飯，勉之！即貴，無相忘。」入宫歲餘，竟不復幸。武帝擇宫人不中用者，斥出歸之。衛子夫得見，涕泣請出。上憐之，復幸，遂有身，尊寵日隆。召其兄衛長君弟青爲侍中。而子夫後大幸，有寵，凡生三女一男。男名據。

初，上爲太子時，娶長公主女爲妃。立爲帝，妃立爲皇后，姓陳氏，無子。上之得爲嗣，大長公主有力焉，以故陳皇后驕貴。聞衛子夫大幸，恚，幾死者數矣。上愈怒。陳皇后挾婦人媚道，其事頗覺，於是廢陳皇后，而立衛子夫爲皇后。

陳皇后母大長公主，景帝姊也，數讓武帝姊平陽公主曰：「帝非我不得立，已而棄捐吾女，壹何不自喜而倍本乎！」平陽公主曰：「用無子故廢耳。」陳皇后求子，與醫錢凡九千萬，然竟無子。

衛子夫已立爲皇后，先是衛長君死，乃以衛青爲將軍，擊胡有功，封爲長平侯。青三子在襁褓中，皆封爲列侯。及衛皇后所謂姊衛少兒，少兒生子霍去病，以軍功封冠軍侯，號驃騎將軍。青號大將軍。立衛皇后子據爲太子。衛氏枝屬以軍功起家，五人爲侯。

及衛后色衰，趙之王夫人幸，有子，爲齊王。【略】

衛子夫立爲皇后，后弟衛青字仲卿，以大將軍封爲長平侯。四子，長子伉爲侯世子，侯世子常侍中，貴幸。其三弟皆封爲侯，各千三百户，一曰陰安侯，二曰發干侯，三曰宜春侯，貴震天下。天下歌之曰：「生男無喜，生女無怒，獨不見衛子夫霸天下！」

是時平陽主寡居，當用列侯尚主。主與左右議長安中列侯可爲夫者，皆言

大將軍可。主笑曰：「此出吾家，常使令騎從我出入耳，奈何用爲夫乎？」左右侍御者曰：「今大將軍姊爲皇后，三子爲侯，富貴振動天下，主何以易之乎？」於是主乃許之。言之皇后，令白之武帝，乃詔衛將軍尚平陽公主焉。

《史記》卷一〇八《韓長孺列傳》 車騎將軍衛青擊匈奴，出上谷，破胡蘢城。將軍李廣爲匈奴所得，復失之；公孫敖大亡卒：皆當斬，贖爲庶人。明年，匈奴大入邊，殺遼西太守，及入鴈門，所殺略數千人。車騎將軍衛青擊之，出鴈門。衛尉安國爲材官將軍，屯於漁陽。安國捕生虜，言匈奴遠去，即上書言方田作時，請且罷軍屯。罷軍屯月餘，匈奴大入上谷、漁陽。安國壁乃有七百餘人，出與戰，不勝，復入壁。匈奴虜略千餘人及畜産而去。天子聞之，怒，使使責讓安國。徙安國益東，屯右北平。是時匈奴虜言當入東方。

安國始爲御史大夫及護軍，後稍斥疏，下遷；而新幸壯將軍衛青等有功，益貴。安國既疏遠，默默也；將屯又爲匈奴所欺，失亡多，甚自愧。幸得罷歸，乃益東徙屯，意忽忽不樂。數月，病歐血死。

《史記》卷一一〇《匈奴列傳》 漢使將軍衛青將三萬騎出鴈門，李息出代郡，擊胡。得首虜數千人。其明年，衛青復出雲中以西至隴西，擊胡之樓煩、白羊王於河南，得胡首虜數千，牛羊百餘萬。於是漢遂取河南地，築朔方，復繕故秦時蒙恬所爲塞，因河爲固。漢亦棄上谷之什辟縣造陽地以予胡。是歲，漢之元朔二年也。

其明年春，漢以衛青爲大將軍，將六將軍，十餘萬人，出朔方、高闕擊胡。右賢王以爲漢兵不能至，飲酒醉，漢兵出塞六七百里，夜圍右賢王。右賢王大驚，脱身逃走，諸精騎往往隨後去。漢得右賢王衆男女萬五千人，裨小王十餘人。其秋，匈奴萬騎入殺代郡都尉朱英，略千餘人。

其明年春，漢復遣大將軍衛青將六將軍，兵十餘萬騎，乃再出定襄數百里擊匈奴，得首虜前後凡萬九千餘級，而漢亦亡兩將軍，軍三千餘騎。右將軍建得以身脱，而前將軍翕侯趙信兵不利，降匈奴。趙信者，故胡小王，降漢，漢封爲翕侯，以前將軍與右將軍并軍分行，獨遇單于兵，故盡沒。單于既得翕侯，以爲自次王，用其姊妻之，與謀漢。信教單于益北絶幕，以誘罷漢兵，徼極而取之，無近塞。單于從其計。其明年，胡騎萬人入上谷，殺數百人。

《漢書》卷六九《辛慶忌傳》 時數有災異，丞相司直何武上封事曰：「虞有宫之奇，晉獻不寐；衛青在位，淮南寢謀。故賢人立朝，折衝厭難，勝於亡形。《司馬法》曰：『天下雖安，忘戰必危。』夫將不豫設，則亡以應卒；士不素厲，則難使死敵。」

《漢書》卷九四上《匈奴傳上》 自馬邑軍後五歲之秋，漢使四將各萬騎擊胡關市下。將軍衛青出上谷，至龍城，得胡首虜七百人。公孫賀出雲中，無所得。公孫敖出代郡，爲胡所敗七千。李廣出雁門，爲胡所敗，匈奴生得廣，廣道亡歸。漢囚敖、廣，敖、廣贖爲庶人。其冬，匈奴數千人盜邊，漁陽尤甚。漢使將軍韓安國屯漁陽備胡。其明年秋，匈奴二萬騎入漢，殺遼西太守，略二千餘人。又敗漁陽太守軍千餘人，圍將軍安國。安國時千餘騎亦且盡，會燕救之，至，匈奴乃去，又入雁門殺略千餘人。於是漢使將軍衛青將三萬騎出雁門，李息出代郡，擊胡，得首虜數千。其明年，衛青復出雲中以西至隴西，擊胡之樓煩、白羊王於河南，得胡首虜數千，羊百餘萬。於是漢遂取河南地，築朔方，復繕故秦時蒙恬所爲塞，因河而爲固。漢亦棄上谷之斗辟縣造陽地以予胡。是歲，元朔二年也。【略】

其明年春，漢遣衛青將六將軍，十餘萬人出朔方、高闕。右賢王以爲漢兵不能至，飲酒醉。漢兵出塞六七百里，夜圍右賢王。右賢王大驚，脱身逃走，精騎往往隨後去。漢將軍得右賢王人衆男女萬五千人，裨小王十餘人。其秋，匈奴萬騎入代郡，殺都尉朱央，略千餘人。

其明年春，漢復遣大將軍衛青將六將軍，十餘萬騎，仍再出定襄數百里擊匈奴，得首虜前後萬九千餘級，而漢亦亡兩將軍，三千餘騎。右將軍建得以身脱，而前將軍翕侯趙信兵不利，降匈奴。【略】

其〔明〕年春，漢謀以爲「翕侯信爲單于計，居幕北，以爲漢兵不能至」。乃粟馬，發十萬騎，私負從馬凡十四萬匹，糧重不與焉。令大將軍青、票騎將軍去病中分軍，大將軍出定襄，票騎將軍出代，咸約絶幕擊匈奴。單于聞之，遠其輜重，以精兵待於幕北。與漢大將軍接戰一日，會暮，大風起，漢兵縱左右翼圍單于。單于自度戰不能與漢兵，遂獨與壯騎數百潰漢圍西北遁走。漢兵夜追之不得，行捕斬首虜凡萬九千級，北至寘顔山趙信城而還。

《漢書》卷九四下《匈奴傳下》 孝武即位，設馬邑之權，欲誘匈奴，使韓安國將三十萬衆徼於便墜，匈奴覺之而去，徒費財勞師，一虜不可得見，況單于之面乎！其後深惟社稷之計，規恢萬載之策，乃大興師數十萬，使衛青、霍去病操兵，前後十餘年。於是浮西河，絶大幕，破寘顔，襲王庭，窮極其地，追奔逐北，封狼

居胥山，禪於姑衍，以臨翰海，虜名王貴人以百數。自是之後，匈奴震怖，益求和親，然而未肯稱臣也。

《後漢書·志》卷二四《百官一》 初，武帝以衛青數征伐有功，以爲大將軍，欲尊寵之。以古尊官唯有三公，皆將軍始自秦、晉，以爲卿號，故置大司馬官號以冠之。其後霍光、王鳳等皆然。

酈道元《水經注》卷三《河水》 河水又屈而東流，爲北河。漢武帝元朔二年，大將軍衛青絶梓嶺，梁北河是也。東逕高闕南。《史記》：趙武靈王既襲胡服，自代並陰山下，至高闕爲塞。山下有長城，長城之際，連山刺天，其山中斷，兩岸雙闕，善能雲舉，望若闕焉。即狀表目，故有高闕之名也。自闕北出荒中，闕口有城，跨山結局，謂之高闕戍。自古迄今，常置重捍，以防塞道。漢元朔四年，衛青將十萬人，敗右賢王于高闕。即此處也。

李吉甫《元和郡縣圖志》卷二《關内道二·京兆下·興平縣》 衛青墓，在縣東北十九里，起冢象廬山。

汪越《讀史記十表》卷八《讀建元以來侯者年表》 表建元至太初已後侯者，蓋主軍功，而擊匈奴則軍功之大者，或從大將軍衛青，或從驃騎將軍霍去病，多取封侯。【略】有以父擊匈奴功而其子侯者，大將軍衛青之三子是也。

備論

《史記》卷一一一《衛將軍驃騎列傳論》 蘇建語余曰：「吾嘗責大將軍至尊重，而天下之賢大夫毋稱焉，願將軍觀古名將所招選擇賢者，勉之哉。大將軍謝曰：『自魏其、武安之厚賓客，天子常切齒。彼親附士大夫，招賢絀不肖者，人主之柄也。人臣奉法遵職而已，何與招士！』」驃騎亦放此意，其爲將如此。

《史記》卷一三〇《太史公自序》 直曲塞，廣河南，破祁連，通西國，靡北胡。

王充《論衡·定賢篇》 以人衆所歸附、賓客雲合者爲賢乎？則夫人衆所附歸者，或亦廣交多徒之人也，衆愛而稱之，則蟻附而歸之矣。或尊貴而爲利，或好士下客，折節俟賢。信陵、孟嘗、平原、春申，食客數千，稱爲賢君。大將軍衛青及霍去病，門無一客，稱爲名將。故賓客之會，在好下之君，利害之賢。或不好士，不能爲輕重，則衆不歸而士不附也。

《漢書》卷五八《公孫弘等傳贊》 衛青奮於奴僕，【略】漢之得人，於茲爲盛，【略】將率則衛青、霍去病，【略】其餘不可勝紀。

《漢書》卷九三《佞幸傳》 是後寵臣，大氏外戚之家也。衛青、霍去病皆愛幸，然亦以功能自進。

《漢書》卷一〇〇下《叙傳下》 長平桓桓，上將之元，薄伐獫允，恢我朔邊，戎車七征，衝輣閑閑，合圍單于，北登闐顔。票騎冠軍，猋勇紛紜，長驅六舉，電擊雷震，飲馬翰海，封狼居山，西規大河，列郡祁連。

《史記》卷一一一《衛將軍驃騎列傳》司馬貞述贊 君子豹變，貴賤何常。青本奴虜，忽升戎行。姊配皇極，身尚平陽。寵榮斯僭，取亂彝章。嫖姚繼踵，再静邊方。

《張耒集》卷四〇《衛青論》 自古中和深厚之士，可以保富貴，處功勳，而不足於名高。輕俠慷慨之士，立可喜之行者，可以爲名高，而多履危禍。二者若皆有所不足。然爲可喜以取名者，其技止此耳，使爲中和深厚，必不可得。而中和深厚之士，其于取名驚世，或者能之而有不爲也。

司馬遷論李將軍之死曰：「知與不知，皆爲流涕。」論大將軍曰：「以柔媚於上，其于天下未有稱也。」愚意李廣之所爲，青之所不願，而非不足也。以青爲奴虜庸人，遭時幸會以取富貴者耶，則汲黯不拜大將軍，曰：「使大將軍有揖客，顧不重耶？」青由此益重黯。李敢怨其父死，至擊傷青，青爲諱不言，青知揖之重于拜，權足以報敢而爲諱之。懲田、竇之事，至絶口不薦士。不斬蘇建，使歸命天子。言之如不快人意，而其知時見遠，皆中幾會。青顧不能交灌夫、籍福之歡，而爲決意斬伐者之所爲耶，凡此類非庸人所能也。彼非庸人而爲此，則必有道矣，而遽欲賢廣而貶之，不亦過哉？

夫好名之士，常鼓舞于壯鋭可喜之節，而不快於持重遠見之士，廣之所爲，天下之乾勇者好也，其明者未必善也。後世論郭子儀、李光弼二人者，未嘗不右子儀。夫善戰而有謀，果敢而精鋭，是數者子儀皆若其不及，其寬緩仁愛，宜若魯鈍矣，而卒過光弼者，何也？子儀之所長，光弼之所不能；光弼之所長，子儀或未必待是故也。淮南王與伍被爲反計，而被獨稱大將軍以折之。彼其伏節死義則憚汲黯，用兵決勝則忌青，然則爲天下未有稱者，又果然哉！

《全宋文》卷二七三三晁補之《西漢雜論三·衛青爲大將軍》 青無卓犖才能，其起奴隸，臨士大夫也，徒以其肺附寵。又班固言其軍數有天幸，不破敗也。

合二幸以得封侯，爲大將軍，似不足言也。然其所以起微賤，極安榮而不顛，則非徒二幸，亦青知止足，持滿畏罪，以能保之也。其曰「伉等三人何敢受封」，是言也，則雖以奴隸加士大夫之上，可矣。至周霸請斬蘇建以明威，而青自言以肺附待罪，不患無威，深斥霸論，以謂「甚失臣意」，則非徒可以加士大夫之上，蓋堂堂乎有漢大臣之風矣。雖欲不貴且侯而永終譽，亦不可得也。

《全宋文》卷三〇七三葛勝仲《衛青論》 衛青起於奴隸，顯於戚里，而終以閫外之功，封侯裂土，延及襁褓，三子同日受封，而裨校皆得爵土，雖曰知兵勝敵，然其德度亦自有以致之。方是時，武帝在上，大臣少麗罪則誅戮隨之，青獨能保身以没，可謂賢矣。且天子之大柄二：一曰爵賞，二曰誅戮。而青於此皆逡巡退避而不敢專，此其所以能保身者。嘗曰自魏其、武安厚賓客，天子常切齒。彼親待士大夫，招賢黜不肖者，人主之柄也。人臣奉法遵職而已，何與招士？此不肯侵天子爵賞之柄也。蘇建盡亡其軍，周霸之屬皆請斬以立威，青曰：「青幸得以肺腑待罪行間，不患無威。儻歸天子，使天子自裁之，示不敢擅專誅於境外，以風人臣不敢專權，不亦可乎？」遂囚建行在。此不敢侵人主之誅罰也。以此令終，不亦宜乎！

《全宋文》卷三五二六周紫芝《衛青不殺蘇建》 衛青不用周霸之言以殺蘇建，建卒蒙宥廢爲庶人。議者以青爲賢，余以爲不然。初，青與李廣俱擊匈奴，廣本前軍，乃徙其軍使東，因以失道，遂致喪師。當是之時，罪在青不在廣也。青奚不狀之天子以赦其過，而乃逼廣使自殺乎？以飛將軍之才氣，下視衛青如庸奴耳。青既忌其能，又與之有眦睚之嫌，非殺之無以快其欲也。青既殺廣，無以自蓋其愆，乃獨私建以沽一時之名。小人姦僞之狀如此，武帝據厠而見之，豈不宜哉！

洪邁《容齋隨筆》卷二《灌夫任安》 衛青爲大將軍，霍去病才爲校尉，已而皆爲大司馬。青日衰，去病日益貴。青故人門下多去事去病，唯任安不肯去。灌夫、任安，可謂賢而知義矣。然皆以他事卒不免於族誅，事不可料如此。

《全宋文》卷六〇四三陳傅良《衛青張安世論》 君臣之間，可以相忘而不可以相忌也。相忌之隙開，君臣之道喪矣。大凡憂畏生於不足，猜疑起於有間。上之繩下也太嚴，則下之奉上也不敢自盡。故操權急者無重臣，持法禁者無節士。何則？有所拘者不能有所縱，戚然自危必不能泰然安意爲之。嗚呼！人君之禁其臣，使之懼不免之不暇，屏迹以逃嫌，損威以避禍，豈國家之福也哉？昔武帝以剛明之資督責臣下，自李、蔡、嚴、青、翟、趙、周，數相駢死牢户，石慶雖僅以謹終，亦數被譴，公孫賀至於流涕不敢受命。當時處鈞衡之地，如以其身陷不測之淵也。至于宣帝，其忮克又過之。趙、蓋、韓、楊之倫以微罪誅，其他自全唯陳萬年之順從，丙吉之謙虚而已。高材之立於朝者，未始不累之也。世多咎衛青之事武帝不招士，張安世之事宣帝不薦賢。嗟乎！魏其、武安以厚賓客爲天子切齒，霍將軍以秉權萌驂乘之禍，其鑑未遠也。況青握兵百萬，振威沙漠；安世身總禁旅，司國之命。此固武、宣之所以側視貌敬，其心難之者。使其招士薦賢，以取士大夫之譽，其能免乎？《易》於《否》之六四曰：「有命無咎，疇離祉。」《豫》之九四曰：「由豫，大有得，勿疑朋盍簪。」所居之世不同，其事之所以異也。若《豫》之九四，以上行之志不能勿疑，而疇離以自守，則曠官之刺興；《否》之六四，履可危之地，不俟有命而朋盍以自助，則植黨之患生矣。若二臣者，未能免朋盍之疑者也，孰若自處於疇離之祉也哉？嗚呼，是非二臣之罪也！

黄震《古今紀要》卷二《西漢》 衛青、霍去病：青，衛后弟。去病，青姊少兒之子。青，大將軍。去病，驃騎將軍。青凡七擊匈奴，斬捕五萬餘級。一與單于戰，收河南，置朔方郡，封九萬六千三百户。去病六擊匈奴，斬十一萬餘級，降渾邪王，開河西酒泉地，封萬七千七百户。青小心不敢薦士，蘇建當斬，歸之於上。去病夸誕，匈奴未滅何家爲，帝令學孫吴，云顧方畧如何，安用古兵法？青所當單于，去病當右地。青擊其全勝，去病乘其已衰，去病又不撫士，優劣可見。武帝好大，故去病寵過青。兩將軍之出塞，封去病而不及青，青已侯而去病方顯，去病日益貴而青日衰。青之裨將如李息、公孫敖等，去病之裨將如趙破奴皆碌碌無功。二人所將兵力盛，亦皆未見智勇過人處。其出塞也，青至寘顔，去病封狼居胥，禪姑衍。然馬十四萬疋，入塞者不滿三萬，自是不復擊匈奴矣。青之衰，不背青者惟任安。

鍾惺《隱秀軒集》卷二三《論二・衛青》 衛青以奴虜爲外戚，能以邊功自奮，稱大將軍，使史家不入《外戚》，特爲立傳，亦英雄也。武帝，雄主也，以皇后故貴青有之，然其時開邊多事，信賞罰，明功罪，使恩澤無故加於外戚，不足以驅策智勇，亦帝之所内諱。而青自以邊功爲大將軍，代爲帝出脱私外戚之名與迹，尤帝之所心醉也。封青三子，青固辭曰：「臣幸得待罪行間，賴陛下神靈，軍大捷，皆諸校尉力戰之功也。陛下幸已益封臣青，臣青子在襁褓，未有勤勞，上幸列地封爲三侯，非臣待罪行間所以勸士力戰之意也。」及不敢薦士，以招賢絀不

肖之柄歸之人主，有識有體，有機權，有情實，似從學問世務中出，非獨奴虜所難，恐功臣中亦鮮有及此者。獲上收衆，道俱不出此。及蘇建亡軍歸，或言當斬，或言當赦，青具歸天子，天子自裁之，示不敢專。處分折衷，出諸將士之上，稱「大將軍」不虛耳。處盛滿之術固應如是。而是歲霍去病適以材見幸，日進用，爲驃騎將軍，大將軍漸退。使青不早爲自處之地，後將何以收局乎？青於盛衰消息之際，似有所見者，亦知幾人也。

王鳴盛《十七史商榷》卷六《衛將軍驃騎》 《衛將軍驃騎列傳》，叙述戰功雖詳，而指摘其短特甚。其論贊又補叙蘇建責大將軍至尊重，而天下賢士大夫無稱，宜招選賢者，大將軍謝以奉法不敢招士，與傳中和柔自媚等語相應。其下則云：驃騎亦放此意。而末束以一句云：其爲將如此。論體應加褒貶，此則叙述而止，無所可否，乃論之變例，隱以見其人本庸猥，用兵制勝，皆竭民力以成功，豈真有謀略？敵未滅無以家爲，亦是自媚之詞，非其本心。上益重之者，與信燕、齊怪迂士搤掔談神仙同一受欺耳。此還意也。

藝文

庾信《庾子山集》卷三《詩·擬詠懷二十七首》（之八） 白馬向清波，乘冰始渡河。置兵須近水，移營喜竈多。長坂初垂翼，鴻溝遂倒戈。的盧於此去，虞兮奈若何。空營衛青塚，徒聽田横歌。

《高適集·詩·送渾將軍出塞》 將軍族貴兵且强，漢家已是渾耶王。子孫相承在朝野，至今部曲燕支下。控弦盡用陰山兒，登陣常騎大宛馬。銀鞍玉勒繡蝥弧，每逐嫖姚破骨都。李廣從來先將士，衛青未肯學孫吴。

《王維集》卷二《老將行》 少年十五二十時，步行奪取胡馬騎。射殺山中白額虎，肯數鄴下黄鬚兒！一身轉戰三千里，一劍曾當百萬師。漢兵奮迅如霹靂，虜騎崩騰畏蒺藜。衛青不敗由天幸，李廣無功緣數奇。自從棄置便衰朽，世事蹉跎成白首。昔時飛箭無全目，今日垂楊生左肘。路傍時賣故侯瓜，門前學種先生柳。

《李太白全集》卷九《古近體詩·述德兼陳情上哥舒大夫》 天爲國家孕英才，森森矛戟擁靈臺。浩蕩深謀噴江海，縱横逸氣走風雷。丈夫立身有如此，一呼三軍皆披靡。衛青謾作大將軍，白起真成一豎子。

杜甫《杜詩詳注》卷一一《廣州段功曹到得楊五長史譚書功曹却歸聊寄此詩》 衛青開幕府，楊僕將樓船。漢節梅花外，春城海水邊。銅梁書遠及，珠浦使將旋。貧病他鄉老，煩君萬里傳。

劉宰《漫塘集》卷一《讀衛青傳》 任俠行權世所誅，將軍尚借齒牙餘。古來名將勤招選，底事牢辭不敢居。

霍去病部

綜述

《漢書》卷五五《霍去病傳》　霍去病，大將軍青姊少兒子也。其父霍仲孺先與少兒通，生去病。及衛皇后尊，少兒更爲詹事陳掌妻。去病以皇后姊子，年十八爲侍中。善騎射，再從大將軍。大將軍受詔，予壯士，爲票姚校尉，與輕勇騎八百直棄大（將）軍數百里赴利，斬捕首虜過當。於是上曰：「票姚校尉去病斬首捕虜二千二十八級，得相國、當户，斬單于大父行藉若侯産，捕季父羅姑比，再冠軍，以二千五百户封去病爲冠軍侯。上谷太守郝賢四從大將軍，捕首虜千三百級，封賢爲終利侯。騎士孟已有功，賜爵關内侯，邑二百户。」

是歲失兩將軍，亡翕侯，功不多，故青不益封。蘇建至，上弗誅，贖爲庶人。青賜千金。是時王夫人方幸於上，甯乘説青曰：「將軍所以功未甚多，身食萬户，三子皆爲侯者，以皇后故也。今王夫人幸而宗族未富貴，願將軍奉所賜千金爲王夫人親壽。」青以五百金爲王夫人親壽。上聞，問青，青以實對。上乃拜甯乘爲東海都尉。

校尉張騫從大將軍，以嘗使大夏，留匈奴中久，道軍，知善水草處，軍得以無飢渴，因前使絶國功，封騫爲博望侯。

去病侯三歲，元狩(三)〔二〕年春爲票騎將軍，將萬騎出隴西，有功。上曰：「票騎將軍率戎士隃烏盭，討遬濮，涉狐奴，歷五王國，輜重人衆攝讋者弗取，幾獲單于子。轉戰六日，過焉支山千有餘里，合短兵，鏖皋蘭下，殺折蘭王，斬盧侯王，鋭悍者誅，全甲獲醜，執渾邪王子，及相國、都尉，捷首虜八千九百六十級，收休屠祭天金人，師率減什七，益封去病二千二百户。」

其夏，去病與合騎侯敖俱出北地，異道。博望侯張騫、郎中令李廣俱出右北平，異道。廣將四千騎先至，騫將萬騎後。匈奴左賢王將數萬騎圍廣，廣與戰二日，死者過半，所殺亦過當。騫至，匈奴引兵去。騫坐行留，當斬，贖爲庶人。而去病出北地，遂深入，合騎侯失道，不相得。去病至祁連山，捕首虜甚多。上曰：「票騎將軍涉鈞耆，濟居延，遂臻小月氏，攻祁連山，揚武乎鱳得，得單于單桓、酋涂王，及相國、都尉以衆降下者二千五百人，可謂能舍服知成而止矣。捷首虜三萬二百，獲五王，王母、單于閼氏、王子五十九人，相國、將軍、當户、都尉六十三人，師大率減什三，益封去病五千四百户。賜校尉從至小月氏者爵左庶長。鷹擊司馬破奴再從票騎將軍斬遬濮王，捕稽且王，右千騎將〔得〕王、王母各一人，王子以下四十一人，捕虜三千三百三十人，前行捕虜千四百人，封破奴爲從票侯。校尉高不識從票騎將軍捕呼于耆王王子以下十一人，捕虜千七百六十八人，封不識爲宜冠侯。校尉僕多有功，封爲煇渠侯。」合騎侯敖坐行留不與票騎將軍會，當斬，贖爲庶人。諸宿將所將士馬兵亦不如去病，去病所將常選，然亦敢深入，常與壯騎先其大軍，軍亦有天幸，未嘗困絶也。然而諸宿將常留落不耦，由此去病日以親貴，比大將軍。

其後，單于怒渾邪王居西方數爲漢所破，亡數萬人，以票騎之兵也，欲召誅渾邪王。渾邪王與休屠王等謀欲降漢，使人先要道邊。是時大行李息將城河上，得渾邪王使，即馳傳以聞。上恐其以詐降而襲邊，乃令去病將兵往迎之。去病既度河，與渾邪衆相望。渾邪裨王將見漢軍而多欲不降者，頗遁去。去病乃馳入，得與渾邪王相見，斬其欲亡者八千人，遂獨遣渾邪王乘傳先詣行在所，盡將其衆度河，降者數萬人，號稱十萬。既至長安，天子所以賞賜數十鉅萬。封渾邪王萬户，爲漯陰侯。封其裨王呼毒尼爲下摩侯，雁疪爲煇渠侯，禽黎爲河綦侯，大當户調雖爲常樂侯。於是上嘉去病之功，曰：「票騎將軍去病率師征匈奴，西域王渾邪王及厥衆萌咸犇於率，以軍糧接食，并將控弦萬有餘人，誅獟悍，捷首虜八千餘級，降異國之王三十二。戰士不離傷，十萬之衆畢懷集服。仍興之勞，爰及河塞，庶幾亡患。以千七百户益封票騎將軍。減隴西、北地、上郡戍卒之半，以寬天下繇役。」乃分處降者於邊五郡故塞外，而皆在河南，因其故俗爲屬國。其明年，匈奴入右北平、定襄，殺略漢千餘人。

其明年，上與諸將議曰：「翕侯趙信爲單于畫計，常以爲漢兵不能度幕輕留，今大發卒，其勢必得所欲。」是歲元狩四年也。春，上令大將軍青、票騎將軍去病各五萬騎，步兵轉者踵軍數十萬，而敢力戰深入之士皆屬去病。去病始爲出定襄，當單于。捕虜，虜言單于東，乃更令去病出代郡，令青出定襄。郎中令李廣爲前將軍，太僕公孫賀爲左將軍，主爵趙食其爲右將軍，平陽侯襄爲後將軍，皆屬大將軍。趙信爲單于謀曰：「漢兵即度幕，人馬罷，匈奴可坐收虜耳。」

乃悉遠北其輜重，皆以精兵待幕北。而適直青軍出塞千餘里，見單于兵陳而待，於是青令武剛車自環爲營，而縱五千騎往當匈奴，匈奴亦(從)〔縱〕萬騎。會日且入，而大風起，沙礫擊面，兩軍不相見，漢益縱左右翼繞單于。單于視漢兵多，而士馬尚彊，戰而匈奴不利，薄莫，單于遂乘六贏，壯騎可數百，直冒漢圍西北馳去。昏，漢匈奴相紛挐，殺傷大當。漢軍左校捕虜，言單于未昏而去，漢軍因發輕騎夜追之，青因隨其後。匈奴兵亦散走。會明，行二百餘里，不得單于，頗捕斬首虜萬餘級，遂至窴顔山趙信城，得匈奴積粟食軍。軍留一日而還，悉燒其城餘粟以歸。

青之與單于會也，而前將軍廣、右將軍食其軍別從東道，或失道。大將軍引還，過幕南，乃相逢。青欲使使歸報，令長史簿責廣，廣自殺。食其贖爲庶人。青軍入塞，凡斬首虜萬九千級。

是時匈奴衆失單于十餘日，右谷蠡王自立爲單于。單于後得其衆，右王乃去單于之號。

去病騎兵車重與大將軍軍等，而亡裨將。悉以李敢等爲大校，當裨將，出代、右北平二千餘里，直左方兵，所斬捕功已多於青。

既皆還，上曰：「票騎將軍去病率師躬將所獲葷允之士，約輕齎，絶大幕，涉獲單于章渠，以誅北車耆，轉擊左大將雙，獲旗鼓，歷度難侯，濟弓盧，獲屯頭王、韓王等三人，將軍、相國、當户、都尉八十三人，封狼居胥山，禪於姑衍，登臨翰海，執訊獲醜七萬有四百四十三級，師率減什二，取食於敵，卓行殊遠而糧不絶。以五千八百户益封票騎將軍。右北平太守路博德屬票騎將軍，會興城，不失期，從至檮余山，斬首捕虜二千八百級，封博德爲邳離侯。北地都尉衛山從票騎將軍獲王，封山爲義陽侯。故歸義侯因淳王復陸支、樓剸王伊即軒皆從票騎將軍有功，封復陸支爲杜侯，伊即軒爲衆利侯。從票侯破奴、昌武侯安稽從票騎有功，益封各三百户。漁陽太守解、校尉敢皆獲鼓旗，賜爵關内侯，解食邑三百户，敢二百户。校尉自爲爵左庶長。」軍吏卒爲官，賞賜甚多。而青不得益封，吏卒無封者。唯西河太守常惠、雲中太守遂成受賞，遂成秩諸侯相，賜食邑二百户，黄金百斤，惠爵關内侯。

兩軍之出塞，塞閲官及私馬凡十四萬匹，而後入塞者不滿三萬匹。乃置大司馬位，大將軍、票騎將軍皆爲大司馬。定令，令票騎將軍秩禄與大將軍等。自是後，青日衰而去病日益貴。青故人門下多去事去病，輒得官爵，唯獨任安不肯去。

去病爲人少言不泄，有氣敢往。上嘗欲教之吴孫兵法，對曰：「顧方略何如耳，不至學古兵法。」上爲治第，令視之，對曰：「匈奴不滅，無以家爲也。」由此上益重愛之。然少而侍中，貴不省士。其從軍，上爲遣太官齎數十乘，既還，重車餘棄粱肉，而士有飢者。其在塞外，卒乏糧，或不能自振，而去病尚穿域蹋鞠也。事多此類。青仁，喜士退讓，以和柔自媚於上，然於天下未有稱也。

去病自四年軍後三歲，元狩六年薨。上悼之，發屬國玄甲，軍陳自長安至茂陵，爲冢象祁連山。謚之并武與廣地曰景桓侯。子嬗嗣。嬗字子侯，上愛之，幸其壯而將之。爲奉車都尉，從封泰山而薨。無子，國除。

雜録

備録

《史記》卷四九《外戚世家》 衛皇后所謂姊衛少兒，少兒生子霍去病，以軍功封冠軍侯，號驃騎將軍。【略】衛氏枝屬以軍功起家，五人爲侯。

《漢書》卷二七中之下《五行志中之下》 武帝元狩六年冬，亡冰。先是，比年遣大將軍衛青、霍去病攻祁連，絶大幕，窮追單于，斬首十餘萬級，還，大行慶賞。乃閔海内勤勞，是歲遣博士褚大等六人持節巡行天下，存賜鰥寡，假與乏困，舉遺逸獨行君子詣行在所。郡國有以爲便宜者，上丞相、御史以聞。天下咸喜。

《漢書》卷九三《佞幸傳》 衛青、霍去病皆愛幸，然亦以功能自進。

《漢書》卷九四下《匈奴傳下》 揚雄曰：「孝武即位，設馬邑之權，欲誘匈奴，使韓安國將三十萬衆徼於便墬，匈奴覺之而去，徒費財勞師，一虜不可得見，況單于之面乎！其後深惟社稷之計，規恢萬載之策，乃大興師數十萬，使衛青、霍去病操兵，前後十餘年。於是浮西河，絶大幕，破窴顔，襲王庭，窮極其地，追奔逐北，封狼居胥山，禪於姑衍，以臨翰海，虜名王貴人以百數。自是之後，匈奴震怖，益求和親，然而未肯稱臣也。」

《漢書》卷九七上《外戚傳上》 先是衛長君死，乃以青爲將軍，擊匈奴有功，封長平侯。青三子(皆)〔在〕襁褓中，皆爲列侯。及皇后姊子霍去病亦以軍功爲冠軍侯，至大司馬票騎將軍。青爲大司馬大將軍。衛氏支屬侯者五人。青還，尚平陽主。

《後漢書》卷八七《西羌傳》 湟中月氏胡，其先大月氏之别也，舊在張掖、酒泉地。月氏王爲匈奴冒頓所殺，餘種分散，西踰葱領。其羸弱者南入山阻，依諸羌居止，遂與共婚姻。及驃騎將軍霍去病破匈奴，取西河地，開湟中，於是月氏來降，與漢人錯居。雖依附縣官，而首施兩端。其從漢兵戰鬬，隨埶强弱。被服飲食言語略與羌同，亦以父名母姓爲種。其大種有七，勝兵合九千餘人，分在湟中及令居。又數百户在張掖，號曰義從胡。中平元年，與北宫伯玉等反，殺護羌校尉泠徵、金城太守陳懿，遂寇亂隴右焉。

《後漢書》卷九〇《烏桓傳》 烏桓自爲冒頓所破，衆遂孤弱，常臣伏匈奴，歲輸牛馬羊皮，過時不具，輒没其妻子。及武帝遣驃騎將軍霍去病擊破匈奴左地，因徙烏桓於上谷、漁陽、右北平、遼西、遼東五郡塞外，爲漢偵察匈奴動静。其大人歲一朝見，於是始置護烏桓校尉，秩二千石，擁節監領之，使不得與匈奴交通。

《宋書》卷三九《百官志上》 驃騎將軍，一人。漢武帝元狩二年，始用霍去病爲驃騎將軍。漢西京制，大將軍、驃騎將軍位次丞相。

《魏書》卷一一四《釋老志》 漢武元狩中，遣霍去病討匈奴，至皋蘭，過居延，斬首大獲。昆邪王殺休屠王，將其衆五萬來降。獲其金人，帝以爲大神，列於甘泉宫。金人率長丈餘，不祭祀，但燒香禮拜而已。此則佛道流通之漸也。

酈道元《水經注》卷二九《湍水》 湍水又逕冠軍縣故城東，縣本穰縣之盧陽鄉，宛之臨駣聚，漢武帝以霍去病功冠諸軍，故立冠軍縣以封之。

李吉甫《元和郡縣圖志》卷二《關内道二・京兆下・興平縣》 霍去病墓，在縣東北十九里，起冢象祁連山。

《宋史》卷二八三《夏竦傳》 (楊)偕復奏云：

自古將帥深入殊庭，霍去病止將輕騎八百，直棄大將軍數百里赴利，斬捕過當；又將萬騎踰烏盭，討遫僕，涉狐奴，歷五王國，過焉支山千有餘里，合兵鏖皋蘭下，殺折蘭王、盧侯王，執昆邪王子，收休屠祭天金人。

郝經《續後漢書》卷七九上《北狄傳・烏桓》 漢初，匈奴冒頓彊大，并滅其國，餘類保烏桓山，因以爲號，從是臣伏匈奴。漢武帝使霍去病擊破匈奴，因徙烏桓於上谷、漁陽、右北平、〔遼西〕、遼東五郡塞外，其大人歲一朝，置護烏桓校尉，持節以領之。其後漸彊盛，每與匈奴連兵入寇，叛服不常。

備論

《史記》卷一三〇《太史公自序》 直曲塞，廣河南，破祁連，通西國，靡北胡。

王充《論衡・講瑞篇》 信陵、孟嘗，食客三千，稱爲賢君；漢將軍衛青及將軍霍去病，門無一客，亦稱名將。太史公曰：「盗跖横行，聚黨數千人；伯夷、叔齊，隱處首陽山。」鳥獸之操，與人相似。人之得衆，不足以别賢，以鳥附從審鳳皇，如何？

《漢書》卷一〇〇下《叙傳下》 票騎冠軍，猋勇紛紜，長驅六舉，電擊雷震，飲馬翰海，封狼居山，西規大河，列郡祁連。

《後漢書》卷二三《竇憲傳論》 衛青、霍去病資强漢之衆，連年以事匈奴，國秏太半矣，而猾虜未之勝，後世猶傳其良將，豈非以身名自終邪！

《三國志》卷一三《魏志・王朗傳》 漢之文、景亦欲恢弘祖業，增崇洪緒，故能割意於百金之臺，昭儉於弋綈之服，内減太官而不受貢獻，外省傜賦而務農桑，用能號稱升平，幾致刑錯。孝武之所以能奮其軍勢，拓其外境，誠因祖考畜積素足，故能遂成大功。霍去病，中才之將，猶以匈奴未滅，不治第宅。明卹遠者略近，事外者簡内。自漢之初及其中興，皆於金革略寢之後，然後鳳闕猥閃，德陽並起。

《三國志》卷一九《魏志・陳思王曹植傳》 昔漢武爲霍去病治第，辭曰：「匈奴未滅，臣無以家爲！」(固)夫憂國忘家，捐軀濟難，忠臣之志也。

何去非《何博士備論・霍去病論》 天之所與，不可强而甚高者，材也；性之所受，不可習而甚明者，智也。以天下無可强之材、可習之智，則凡材、智有以大過於人者，皆天之所以私被之也。天下之事莫神於兵，天下之能莫巧於戰。以其神也，故温恭信厚盛德之君子有所不能知；以其巧也，而桀惡欺譎不羈之小人常有以獨辦。由是觀之，凡材智之高明而自得於兵之妙用者，皆天之所資也。

昔者，漢武之有事於匈奴也，其世家宿將交於塞下。而衛青起於賤隸，去病

奮於驕童，轉戰萬里，無向不克，聲威功烈震於天下，雖古之名將無以過之。二人者之能，豈出於素習耶？亦天之所資也。是以漢武欲教去病以孫、吴之書，乃曰：「顧方略何如耳，不求學古兵法。」信哉，兵之不可以法傳也。昔之人無言焉，而去病發之，此足知其爲曉兵矣。

夫以兵可以無法，而人可以無學也。蓋兵未嘗不出於法，而法未嘗能盡於兵。以其必出於法，故人不可以不學。然法之所得而傳者，其粗也。以其不盡於兵，故人不可以專守。蓋法之無得而傳者，其妙也。法有定論，而兵無常形。一日之内，一陣之間，離合取舍，其變無窮，一移踵瞬目，而兵形易矣。守一定之書，而應無窮之敵，則勝負之數戾矣。是以古之善爲兵者，不以法爲守，而以法爲用，常能緣法而生法，與夫離法而會法。順求之於古，而逆施之於今；仰取之於人，而俯變之於己。人以之死，而我以之生；人以之敗，而我以之勝。視之若拙，而卒爲工；察之若愚，而適爲智。運奇合變，既勝而不以語人，則人亦莫知其所以然者。此去病之不求深學，而自顧方略之如何也。夫「歸師勿追」，曹公所以敗張綉也，皇甫嵩犯之而破王國。「窮寇勿迫」，趙充國所以緩先零也，唐太宗犯之而降薛仁杲。「百里而争利者蹶上將」，孫臏所以殺龐涓也，趙奢犯之而破秦軍，賈詡犯之而破叛羌。「强而避之」，周亞夫所以不擊吴軍之鋭也，光武犯之而破尋、邑，石勒犯之而敗箕澹。「兵少而勢分者敗」，黥布所以覆楚軍也，曹公用之，拒袁紹而斬顔良。「臨敵而易將者危」，騎劫所以喪燕師也，秦君用之，將白起而破趙括。薛公策黥布以三計，知其必棄上、中而用其下。賈詡策張綉以精兵追退軍而敗，以敗軍擊勝卒而勝。宋武先料譙縱我之出其不意，然後攻彼之所不意。李光弼暫出野次，忽焉而歸，即降思明之二將。凡此者，皆非法之所得膠而書之所能教也。然而，善者用之，其巧如是，此果不在乎祖其緒餘而專守也。趙括之能讀父書詳矣，而藺相如謂徒能讀之而不知合變也。故其於論兵，雖父奢無以難之，然奢不以爲能，而逆知其必敗趙軍者，以書之無益於括，而妙之在我者，不特非書之所不能傳，而亦非吾心之能逆定於未戰之日也。

昔之以兵爲書者，無若孫武。武之所可以教人者備矣，其所不可者，雖武亦無得而預言之，而唯人之所自求也。故其言曰：「兵家之勝，不可先傳。」又曰：「奇正之變，不可勝窮。」又曰：「人皆知我所勝之形，而莫知吾所以制勝之形。故其戰勝不復，而應形於無窮。」善學武者，因諸此而自求之，乃所謂方略也。去病之不求深學者，亦在乎此而已。嗟乎！執孫、吴之遺言，以程人之空言，求合乎其所以教，而不求其所不可教，乃因謂之善者，亦已妄矣。

《全宋文》卷二七三三晁補之《西漢雜論三·封霍去病爲冠軍侯》 李廣結髮與匈奴大小七十戰，竟以不封，引咎自刎。而去病一戰即封，遂顯名。雖論功成敗行賞罰自殊，亦用有當不當然也。李陵孤立，自請擊匈奴而無左右彊近之援，武帝則曰「吾發兵多，無騎與汝」，竟以是困。至去病以肺附從軍，則獨詔大將軍與壯士，大將軍又爲擇輕勇騎予之。去病封，陵降北，何怪哉？夫士求有用於時，必量其上之信否。未信而試，不得已而用，且内無助而遠求功，乃徒欲以其才力蘄必成，故多敗，而中才則率多成功。然則廣與陵可謂才矣，而未可謂能自用其才也。

王應麟《通鑑答問》卷四 或問：李廣、衛青、霍去病三將孰優？曰：士不可以成敗論也。以成敗論士，則公議廢矣。廉頗以讒棄，李牧以讒死，而言良將者必稱頗、牧，千載之下懔懔有生氣，此公議之不可泯者也。李廣，山西宿將，老不封侯而豪傑歸之。衛、霍以后戚進，功著沙漠而豪傑輕之。太史公列傳謂李將軍死之日，天下知與不知，皆爲盡哀。於衛青則曰：以和柔自媚於上，然天下未有稱也。於去病則曰：亦有天幸，未嘗困絶也。功可以幸而成，名不可以幸而得；爵位可以幸而致，譏貶不得以幸而免。史筆之公，即天理之正，曾、西之不爲管仲也，平、勃之不如王陵也。吾以是觀之，雖然大將軍有揖客，猶能敬賢也。匈奴未滅，無以家爲，猶能憂國忘家也。衛、霍亦豈易得哉！此長平、冠軍之征伐，《法言》所以猶有取歟！

藝文

《文選·虞子陽〈詠霍將軍北伐〉》 擁旄爲漢將，汗馬出長城。長城地勢嶮，萬里與雲平。涼秋八九月，虜騎入幽并。飛狐白日晚，瀚海愁陰生。羽書時斷絶，刁斗晝夜驚。乘墉揮寶劍，蔽日引高旌。雲屯七萃士，魚麗六郡兵。胡笳關下思，羌笛隴頭鳴。骨都先自讋，日逐次亡精。玉門罷斥候，甲第始修營。位登萬庾積，功立百行成。天長地自久，人道有虧盈。未窮激楚樂，已見高臺傾。當令麟閣上，千載有雄名！

《全唐詩》卷五四崔湜《大漠行》 單于犯薊壖，驃騎略蕭邊。南山木葉飛下

地，北海蓬根亂上天。科斗連營太原道，魚麗合陣武威川。三軍遥倚仗，萬里相馳逐。旌旆悠悠静瀚源，鼙鼓喧喧動盧谷。窮徼上幽陵，吁嗟倦寢興。馬蹄凍溜石，胡毳暖生冰。雲沙泱漭天光閉，河塞陰沈海色凝。崆峒異國誰能托，蕭索邊心常不樂。近見行人畏白龍，遥聞公主愁黄鶴。陽春半，岐路間。瑶臺苑，玉門關。百花芳樹紅將歇，二月蘭皋緑未還。陣雲不散魚龍水，雨雪猶飛鴻雁山。山嶂連綿不可極，路遠辛勤夢顔色。北堂萱草不寄來，東園桃李長相憶。漢將紛紜攻戰盈，胡寇蕭條幽朔清。韓君拜節偏知遠，鄭吉驅旌坐見迎。火絶煙沈右西極，谷静山空左北半。但使將軍能百戰，不須天子築長城。

《全唐詩》卷六八崔融《從軍行》 穹廬雜種亂金方，武將神兵下玉堂。天子旌旗過細柳，匈奴運數盡枯楊。關頭落月横西嶺，塞下凝雲斷北荒。漠漠邊塵飛衆鳥，昏昏朔氣聚羣羊。依稀蜀杖迷新竹，髣髴胡牀識故桑。臨海舊來聞驃騎，尋河本自有中郎。坐看戰壁爲平土，近待軍營作破羌。

《全唐詩》卷七四蘇頲《同餞陽將軍兼源州都督御史中丞》 右地接龜沙，中朝任虎牙。然明方改俗，去病不爲家。將禮登壇盛，軍容出塞華。朔風摇漢鼓，邊馬思胡笳。旗合無邀正一作整，冠危有觸邪。當看勞一作榮還日，及此御溝花。

《王維集》卷一《少年行四首》（之二） 出身仕漢羽林郎，初隨驃騎戰漁陽。孰知不向邊庭苦，縱死猶聞俠骨香。

《劉禹錫集》卷二一《雜興·詠史二首》（之一） 驃騎非無勢，少卿終不去。世道劇頽波，我心如砥柱。

桑弘羊部

綜述

《史記》卷三〇《平準書》 於是以東郭咸陽、孔僅爲大農丞，領鹽鐵事；桑弘羊以計算用事，侍中。咸陽，齊之大煑鹽，孔僅，南陽大冶，皆致生累千金，故鄭當時進言之。弘羊，雒陽賈人子，以心計，年十三侍中。故三人言利事析秋豪矣。【略】

而孔僅之使天下鑄作器，三年中拜爲大農，列於九卿。而桑弘羊爲大農丞，筦諸會計事，稍稍置均輸以通貨物矣。

其明年，元封元年，卜式貶秩爲太子太傅。而桑弘羊爲治粟都尉，領大農，盡代僅筦天下鹽鐵。弘羊以諸官各自市，相與争，物故騰躍，而天下賦輸或不償其僦費，乃請置大農部丞數十人，分部主郡國，各往往縣置均輸鹽鐵官，令遠方各以其物貴時商賈所轉販者爲賦，而相灌輸。置平準于京師，都受天下委輸。召工官治車諸器，皆仰給大農。大農之諸官盡籠天下之貨物，貴即賣之，賤則買之。如此，富商大賈無所牟大利，則反本，而萬物不得騰踊。故抑天下物，名曰「平準」。天子以爲然，許之。於是天子北至朔方，東到太山，巡海上，並北邊以歸。所過賞賜，用帛百餘萬匹，錢金以巨萬計，皆取足大農。

弘羊又請令吏得入粟補官，及罪人贖罪。令民能入粟甘泉各有差，以復終身，不告緡。他郡各輸急處，而諸農各致粟，山東漕益歲六百萬石。一歲之中，太倉、甘泉倉滿。邊餘穀諸物均輸帛五百萬匹。民不益賦而天下用饒。於是弘羊賜爵左庶長，黄金再百斤焉。

是歲小旱，上令官求雨。卜式言曰：「縣官當食租衣税而已，今弘羊令吏坐市列肆，販物求利，亨弘羊，天乃雨。」

《漢書》卷一九《百官公卿表下》 武帝天漢元年，大司農桑弘羊，四年，貶爲搜粟都尉。【略】

武帝後元二年，二月乙卯，搜粟都尉桑弘羊爲御史大夫，七年，坐謀反誅。

雜録

備録

劉向《新序》卷一〇《善謀下》 御史大夫桑弘羊請佃輪臺。詔卻曰：「當今之務，務在禁暴，止擅賦；今乃遠西佃，非所以慰民也。朕不忍聞。」封丞相號曰富民侯。遂不復言兵事，國家以寧，繼嗣以定，從韓安國之本謀也。

桓寬《鹽鐵論》卷四《貧富》 大夫曰：「余結髮束脩，年十三，幸得宿衛，給事輦轂之下，以至卿大夫之位，獲禄受賜，六十有餘年矣。車馬衣服之用，妻子僕養之費，量入爲出，儉節以居之，奉禄賞賜，一二籌策之，積浸以致富成業。故分土若一，賢者能守之；分財若一，智者能籌之。夫白圭之廢著，子貢之三至千金，豈必賴之民哉？運之六寸，轉之息耗，取之貴賤之間耳！」

《漢書》卷四六《萬石君傳》 元狩元年，上立太子，選羣臣可傅者，慶自沛守爲太子太傅，七歲遷御史大夫。元鼎五年，丞相趙周坐酎金免，制詔御史：「萬石君先帝尊之，子孫至孝，其以御史大夫慶爲丞相，封牧丘侯。」是時漢方南誅兩越，東擊朝鮮，北逐匈奴，西伐大宛，中國多事。天子巡狩海内，修古神祠，封禪，興禮樂。公家用少，桑弘羊等致利，王温舒之屬峻法，兒寬等推文學，九卿更進用事，事不關決於慶，慶醇謹而已。在位九歲，無能有所匡言。嘗欲請治上近臣所忠、九卿咸宣，不能服，反受其過，贖罪。

《漢書》卷五九《張安世傳》 昭帝即位，大將軍霍光秉政，以安世篤行，光親重之。會左將軍上官桀父子及御史大夫桑弘羊皆與燕王、蓋主謀反誅，光以朝無舊臣，白用安世爲右將軍光禄勳，以自副焉。

《漢書》卷六六《車千秋傳》 後歲餘，武帝疾，立皇子鉤弋夫人男爲太子，拜大將軍霍光、車騎將軍金日磾、御史大夫桑弘羊及丞相千秋，並受遺詔，輔道少主。武帝崩，昭帝初即位，未任聽政，政事壹決大將軍光。千秋居丞相位，謹厚有重德。每公卿朝會，光謂千秋曰：「始與君侯俱受先帝遺詔，今光治内，君侯治外，宜有以教督，使光毋負天下。」千秋曰：「唯將軍留意，即天下幸甚。」終不

肯有所言。光以此重之。每有吉祥嘉應，數褒賞丞相。訖昭帝世，國家少事，百姓稍益充實。始元六年，詔郡國舉賢良文學士，問以民所疾苦，於是鹽鐵之議起焉。【略】

桑弘羊爲御史大夫八年，自以爲國家興榷筦之利，伐其功，欲爲子弟得官，怨望霍光，與上官桀等謀反，遂誅滅。

酈道元《水經注》卷二《河水》　西去姑墨六百七十里，川水又東南流逕于輪臺之東也。昔漢武帝初通西域，置校尉，屯田于此。搜粟都尉桑弘羊奏言：故輪臺以東，地廣，饒水草，可溉田五千頃以上。其處温和，田美，可益通溝渠，種五穀，收穫與中國同。時匈奴弱，不敢近西域，于是徙莎車，相去千餘里，即是臺也。【略】

桑弘羊曰：臣愚以爲連城以西，可遣屯田，以威西國。即此處也。其水又屈而南，逕渠犂國西。

樂史《太平寰宇記》卷五七《河北道六・通利軍》　黎陽縣桑弘羊墓，在今縣西北隅。

蘇轍《欒城集》卷三五《制置三司條例司論事狀》　轍又聞發運之職，今時改爲均輸，常平之法，今將變爲青苗，愚鄙之人，亦所未達。昔漢武外事四夷，内興宫室，財用匱竭，力不能支，用賈人桑弘羊之説，買賤賣貴，謂之均輸。雖曰民不加賦而國用饒足；然而法術不正，吏緣爲姦，掊克日深，民受其病。孝昭既立，學者争排其説；霍光順民所欲，從而予之，天下歸心，遂以無事。不意今世此論復興，衆口紛然，皆謂其患必甚於漢。何者？方今聚斂之臣，才智方略，未見桑弘羊之比；而朝廷破壞規矩，解縱繩墨，使得馳騁自由，惟利是嗜，以轍觀之，其害必有不可勝言者矣。

秦觀《淮海集》卷一五《財用上》　自什一之法壞，天下之財始失其平。其偏歸於公室也，則有榷鹽、冶鑄，以管山海之饒；榷酒酤，以漁井邑之利；算舟車，告緡錢，以摧抑商賈；造皮幣，省酎金，以侵牟封君；甚者，至令吏坐列肆販物，以求利焉。其偏入於私家也，則有以農田而甲一州，販脂而傾都邑，賣漿而踰侈，洒削而鼎食，貨脯而連騎，馬醫而擊鐘；甚者，至累萬金，而不佐公家之急。是以民常困於聚斂之吏，而吏常嫉夫兼并之民，所謂事勢之流相激使然，曷足怪哉！【略】昔管仲通輕重之權，范蠡計然否之策，蕭何漕關中之粟，財利之臣也；東郭咸陽之煑鹽，孔僅之冶鑄，桑弘羊之均輸，亦財利之臣也。士大夫言財利有如東郭咸陽、孔僅、桑弘羊所爲也則不可，有如管仲、范蠡、蕭何之所爲也，亦惡乎而不可哉！

王應麟《困學紀聞》卷一二《考史》　班固敘武帝名臣，李延年、桑弘羊亦與焉。若儒雅則列董仲舒於公孫弘、兒寬之間；汲黯之直，豈卜式之儔哉？史筆之褒貶，萬世之榮辱，而薰蕕渾殽如此，謂之比良遷、董，可乎？

備論

揚雄《法言》卷七《寡見》　或曰：「弘羊榷利而國用足，盍榷諸？」曰：「譬諸父子，爲其父而榷其子，縱利，如子何？卜式之云，不亦匡乎！」

《漢書》卷六六《公孫賀等傳贊》　所謂鹽鐵議者，起始元中，徵文學賢良問以治亂，皆對願罷郡國鹽鐵酒榷均輸，務本抑末，毋與天下争利，然後〔教〕化可興。御史大夫弘羊以爲此乃所以安邊竟，制四夷，國家大業，不可廢也。當時相詰難，頗有其議文。至宣帝時，汝南(相)〔桓〕寬次公治《公羊春秋》，舉爲郎，至廬江太守丞，博通善屬文，推衍鹽鐵之議，增廣條目，極其論難，著數萬言，亦欲以究治亂，成一家之法焉。其辭曰：「觀公卿賢良文學之議，『異乎吾所聞』。聞汝南朱生言，當此之時，英俊並進，賢良茂陵唐生、文學魯國萬生之徒六十有餘人咸聚闕庭，舒六藝之風，陳治平之原，知者贊其慮，仁者明其施，勇者見其斷，辯者騁其辭，齗齗焉，行行焉，雖未詳備，斯可略觀矣。中山劉子推言王道，撟當世，反諸正，彬彬然弘博君子也。九江祝生奮史魚之節，發憤懣，譏公卿，介然直而不撓，可謂不畏彊圉矣。桑大夫據當世，合時變，上權利之略，雖非正法，鉅儒宿學不能自解，博物通達之士也。然攝公卿之柄，不師古始，放於末利，處非其位，行非其道，果隕其性，以及厥宗。車丞相履伊吕之列，當軸處中，括囊不言，容身而去，彼哉！彼哉！若夫丞相、御史兩府之士，不能正議以輔宰相，成同類，長同行，阿意苟合，以説其上，『斗筲之徒，何足選也』！」

樂史《太平寰宇記》卷一八〇《四夷九・西戎一・車師國》　黄門侍郎褚遂良上疏曰：「臣聞古者哲后，必先華夏而後夷狄，務廣德化，不事遐荒。是以周宣薄伐，至境而止；始皇遠塞，中國分離。漢武負文景之聚財，玩士馬之餘力，始通西域，將三十年。得天馬于宛城，採蒲萄于安息，而海内空竭，生人物故，所

以租至六畜，算至舟車，因之年凶，盜賊並起。搜粟都尉桑弘羊復希主意，請遣士卒遠田輪臺，築城以威西域。武帝翻然追悔，棄輪臺之野，下哀痛之詔，人神感悦，海内乂康。向使武帝復用弘羊之言，天下生靈皆盡矣。是以光武中興，不踰葱嶺；孝章即位，都護來歸。」

《歐陽修全集》卷七一《南省試策》 問：【略】黄憲之牛醫，胡廣之田畝，桑羊之賈豎，叔敖之負薪，肯構百端，安可責其承世？」「對：【略】策以謂古之四民，罔敢雜處之義，而今取士，故有異類之防，端木、膠鬲、倪寬、王猛之徒，謂不可限以定居，黄憲、胡廣、桑羊、叔敖之賢，謂不可責其世職，以古之鑑，求今之宜，此誠當世之所急也。【略】桑羊之心計，叔敖之善相，如此數賢者，皆遭遇其時，以立勳業，故不限以定居，責其世職，烏得同條而語哉？」

王安石《王文公文集》卷三一《議茶法》 昔桑弘羊興榷酤之議，當時以爲財用待此而給，萬世不可易者，然至霍光不學無術之人，遂能屈其論而罷其法，蓋義之勝利久矣。

蘇軾《東坡志林》卷五《司馬遷二大罪》 商鞅用於秦，變法定令，行之十年，秦民大悦，道不拾遺，山無盜賊，家給人足，民勇於公戰，怯於私鬬，秦人富强，天子致胙於孝公，諸侯畢賀。蘇子曰：此皆戰國之游士邪説詭論，而司馬遷闇於大道，取之以爲史。吾嘗以爲遷有大罪二，其先黄、老，後《六經》，退處士，進姦雄，蓋其小小者耳。所謂大罪二者，則論商鞅、桑弘羊之功也。自漢以來，學者耻言商鞅、桑弘羊，而世主獨甘心焉，皆陽諱其名，而陰用其實，甚者則名實皆宗之，庶幾其成功，此則司馬遷之罪也。秦固天下之强國，而孝公亦有志之君也，修其政刑十年，不爲聲色畋游之所敗，雖微商鞅，有不富强乎？秦之所以富强者，孝公務本立穡之效，非鞅流血刻骨之功也。而秦之所以見疾於民，如豺虎毒藥，一夫作難，而子孫無遺種，則鞅實使之。至於桑弘羊，斗筲之才，穿窬之智，無足言者；而遷稱之曰：「不加賦而上用足」。善乎司馬光之言也曰：「天下安有此理？天地所生財貨百物，止有此數，不在民則在官；譬如雨澤，夏澇則秋旱；不加賦而上用足，不過設法陰奪民利，其害甚於加賦也。」二子之名在天下者，如蛆蠅糞穢也，言之則汙口舌，書之則汙簡牘，二子之術用於世者，滅國殘民，覆族亡軀者相踵也；而世主獨甘心焉，何哉？樂其言之便己也。夫堯、舜、禹，世主之父師也；諫臣拂士，世主之藥石也；恭敬慈儉，勤勞憂畏，世主之繩約也。今使世主日臨父師，而親藥石，履繩約，非其樂也。故爲商鞅、桑弘羊之術者，必先鄙堯笑舜而陋禹也。曰：所謂賢主，專以天下適己而已，此世主之所以人人甘心而不悟也。世有食鍾乳、烏喙，而縱酒色以求長生者，蓋始於何晏；晏少而富貴，故服寒食散以濟其欲，無足怪者，彼其所爲，足以殺身滅族者日相繼也，得死於寒食散，豈不幸哉！而吾獨何爲效之？世之服寒食散，疽背嘔血者相踵也；用商鞅、桑弘羊之術，破國亡宗者皆是也；然而終不悟者，樂其言之便，而忘其禍之慘烈也。

《全宋文》卷二一六五六華鎮《策問鹽鐵》 問：鹽鐵之材，民並用之，其來久矣。自管氏銖量寸計，而齊用富强，後之言利者，必以爲稱首。由西漢以來，或弛或禁，不常其法，而經制之方，未盡善美。弛之則利歸豪右，威去公朝，而下有朐邴、吴濞之强；榷之則民失其利，器多苦窳，而上有卜式、仲舒之議。然則山海之藏，必在所禁；而弘羊之術，未易推行。今國家制鹽之法既致其詳，天下奉行，爲效已久；而冶鐵之利，尚在所略。議者謂其材可以上佐大農之調度，下通百姓之器用，宜有制作，以究其利，此治古之所當行，而當世之所宜講者也。然謀安宅者務厚下，談王道者賤霸圖。利雖足以富國，而術未便於百姓者，主上之所不爲；功雖足以蓋世，而道或詭於先王者，朝廷之所不取。爲今之議，必取散之而上不失權利之重，收之而下無受其敝者，然後可以稱興造之意，而在所行也。諸君講前世已行之事，考當今時措之宜熟矣，何施而可以與於此乎？蓋三王之盛時，所以馭山海之利者，宜有良法可考而行；管子以來，興利之士，計議之臣，其所以措置施設之方，辯析利害之説多矣，必有當否，在所去取。幸詳言之。

錢時《兩漢筆記·昭帝》 甚矣，利端之不可輕啓也。其端一啓，後來者守爲定法，以害民蠹國爲常事，其禍可勝言哉！桑弘羊一賈孺耳，天子作民父母而用賈人斗筲之智以争利，竭赤子之膏血以事荒遠，譬猶伐貞氣助狂陽，實此曹從臾之。武帝末年有志富民，而田千秋、趙過用選，受顧命而得霍光、金日磾，平生謬妄，灑然一洗。桑弘羊，巨蠹也，大盜也，可去不去而顧以御史大夫，輔少主，竟使賢良文學之議排抑而不得伸。因觀霍光號知時務，未幾而罷榷酤，則賢良文學固有以切中其心矣。向微弘羊，鹽鐵均輸，豈不能悉罷乎？小人之根不除，雖有讜議空言無補。機會一失，流毒滔滔，武帝實遺其禍也。

《宋史》卷一七六《食貨志上四》 〔神宗〕帝袖出〔韓〕琦奏示執政曰：「琦真忠臣，朕始謂可以利民，不意乃害民如此。且坊郭安得青苗，而使者亦彊與

之？」安石勃然進曰：「苟從其所欲，雖坊郭何害？」因難琦奏，曰：「陛下修常平法以助民，至於收息，亦周公遺法也。如桑弘羊籠天下貨財以奉人主私用，乃可謂興利之臣；今抑兼并，振貧弱，置官理財，非所以佐私欲，安可謂興利之臣乎？」

《元史》卷九四《食貨二·鹽法》 國之所資，其利最廣者莫如鹽。自漢桑弘羊始榷之，而後世未有遺其利者也。

李贄《藏書》卷一七《富國名臣總論》 卓吾曰：史遷傳貨殖，則羞賤貧，書平準，則厭功利，利固有國者之所諱與？然則太公之九府，管子之輕重，非歟？夫有國之用與士庶之用，孰大？有國者之貧與士庶之貧，孰急？漢自高帝圍於冒頓，高后辱於嫚書，文、景困於中行説，堂堂天朝，犬戎侮之，至妻以公主而納之財，猶且不得免也，烽火通甘泉，邊城晝警，入粟塞下，募民徙邊，積穀屯田，殆無虛歲矣。武帝固大有爲不世出之主也，於此肯但已乎？今夫富者力本業、出粟帛以給公上，貧者作什器、出力役以佐國用，助征戍，是所益於國者大也。獨有富商大賈，羨天子山海陂澤之利，以自比於列郡都君，而不以佐國家之急，果何説乎？設使國家無此，固無損也。夫有之未嘗益，則無之自無損：此桑弘羊均輸之法，所以爲國家大業，制四海、安邊足用之本，不可廢也。且其初亦非有意盡奪之也，既拜爵以勸之矣，又大封賜卜式以誇耀風厲之矣，而商賈終不聽也，故重征商税，使之無利自止，然後縣官自爲之耳。又於京師置平準以平物價，使之不至騰躍，而後買賤賣貴者，無所售其贏利，其勢自止，不待形驅而勢禁之也。弘羊既有心計，又能用人，其所用者，前有爵賞之勸，後有誅罰之威；是以銖兩之利盡入朝廷，奸吏無所措其手足，不待加賦，而國用自足，太倉、甘泉，一歲皆滿，邊餘穀，賞賜日以鉅萬，皆取足大農，大農財帛，盈溢如故也。武帝之雄才如何哉！甚矣，孝武之未可以輕議也！宋之王安石，吾不知何如人者，乃亦欲效之，可乎？夫安石不知其才之不能，而冒焉遽以天下之重自任；議者不以其才之不足以生財，而反咎其欲以奪民之財，則其所見又在安石下矣。夫安石之於神宗，猶夷吾之於齊、商君之於秦也，言聽而計從之矣；然夷吾之行，迨二百餘年以至威、宣，猶享其利；商君相秦，不過十年，能使秦立致富强，成帝業者。乃安石欲益反損，欲强反弱，使神宗大有爲之志，反成紛更不振之弊，胡爲也哉？是非生財之罪也，不知所以生財之罪也。嗚呼，桑弘羊者，不可少也！

章炳麟《訄書》第四〇《明農》 昔吾嘗恨始元文學之與弘羊辯也，不如卜式。

夫天地有百昌以資人用，待工而成，待商而通。故聖王置舫人之官以通川澤，駿服駃牝以達原阪，人不極勞，而足以窮泰遠，劑其所產，以襲服御。弘羊之均輸，非苟作也。今之人亦嘗以理財之善善劉晏，晏式弘羊矣。勿爲權首，而怨勿及也。而文學諸生，類欲遠法治古，民至老死不相往來，以遏貪鄙之俗，醇至誠之風，其議虛憍，近於無端崖之辯，固不足以服弘羊矣。

察弘羊之病，在知商而不知農。卜式，農家也，故導之以衣租食税，以爲本議。租税出於穀，穀出於力耕，力耕出於重農，是爲知本。夫通四方之珍異，使五金、百卉、皮革、丹桼，晝夜相轉乎前，而上榷税之。民得其養，上得其用，均輸之術於是乎兩便。然計本量委，轉輸之久，而出者必窮。是故終南之山，今無檀柘者；會稽之壤，今無竹箭者：取之盡也。然則商非能自通也，孳殖於農，而裁制於工，已則轉之。今居大農之官，而不以飭力長財，惠訓其民，斯溺職也哉！古之所謂農，非播稼而已，蔬屮之豐，園圃毓之；楨榦之富，虞衡作之；鳥獸之蕃，魚蛤之孳，藪牧聚之；麻枲之堅，蠶桑之賊，婦工成之。數者，非三農之職也，而隸於農。故諸農之所隸籍者，一切致筋力以厚其本，則百貨蓬涌，不知其所盡，而商旅通矣。

藝文

《全唐詩》卷一三七儲光羲《晚次東亭獻鄭州宋使君文》 自初賓上國，乃至鄒人鄉。曾點與曾子，俱升闕里堂。武皇恢大略，逸翮思寥廓。三居清憲臺，兩拜文昌閣。爲道既貞信，處名猶謇諤。鐵柱勵風威，錦軸含光輝。夜聞持簡立，朝看伏奏歸。洞門清珮響，廣路丅珂飛。驤首入丹掖，摶空趨太微。絲綸逢聖主，出入飄華組。愔愔宿帝梧，侃侃居文府。海内語三獨，朝端謀六户。善計在弘羊，清嚴歸仲舉。侍郎跨方朔，中丞蔑周處。天眷擇循良，惟賢降寵章。分符指聊攝，爲政本農桑。籍籍歌五袴，祁祁頌千箱。隨車微雨灑，逐扇清風颺。既以遷列國，復兹鄰帝鄉。褰帷乃仍舊，坐嘯非更張。居敬物無擾，履端人自康。薄遊出京邑，引領東南望。林晚鳥雀噪，田秋稼穡黄。成皋天地險，廣武征戰

場。道喪苦兵賦，時來開井疆。霏霏渠門色，晻晻制巖光。徒念京索近，猶悲溱洧長。大明潛照耀，淑慝自昭彰。昔歲幸西土，今茲歸洛陽。同爲知鄭伯，當輔我周王。

《白居易集》卷四《諷喻四·鹽商婦》 鹽商婦，多金帛，不事田農與蠶績；南北東西不失家，風水爲鄉船作宅。本是楊州小家女，嫁得西江大商客。緑鬟富去金釵多，皓腕肥來銀釧窄。前呼蒼頭後叱婢，問爾因何得如此？壻作鹽商十五年，不屬州縣屬天子。每年鹽利入官時，少入官家多入私。官家利薄私家厚，鹽鐵尚書遠不知。何況江頭魚米賤，紅鱠黃橙香稻飯。飽食濃粧倚柁樓，兩朵紅顋花欲綻。鹽商婦，有幸嫁鹽商：終朝美飯食，終歲好衣裳。好衣美食有來處，亦須慚愧桑弘羊！桑弘羊，死已久；不獨漢時今亦有！

趙充國部

綜述

《漢書》卷六九《趙充國傳》 趙充國字翁孫，隴西上邽人也，後徙金城令居。始爲騎士，以六郡良家子善騎射補羽林。爲人沈勇有大略，少好將帥之節，而學兵法，通知四夷事。

武帝時，以假司馬從貳師將軍擊匈奴，大爲虜所圍。漢軍乏食數日，死傷者多，充國乃與壯士百餘人潰圍陷陳，貳師引兵隨之，遂得解。身被二十餘創，貳師奏狀，詔徵充國詣行在所。武帝親見視其創，嗟歎之，拜爲中郎，遷車騎將軍長史。

昭帝時，武都氐人反，充國以大將軍護軍都尉將兵擊定之，遷中郎將，將屯上谷，還爲水衡都尉。擊匈奴，獲西祁王，擢爲後將軍，兼水衡如故。

與大將軍霍光定册尊立宣帝，封營平侯。本始中，爲蒲類將軍征匈奴，斬虜數百級，還爲後將軍、少府。匈奴大發十餘萬騎，南旁塞，至符奚廬山，欲入爲寇。亡者題除渠堂降漢言之，遣充國將四萬騎屯緣邊九郡，單于聞之，引去。

是時，光祿大夫義渠安國使行諸羌，先零豪言願時渡湟水北，逐民所不田處畜牧。安國以聞。充國劾安國奉使不敬。是後，羌人旁緣前言，抵冒渡湟水，郡縣不能禁。元康三年，先零遂與諸羌種豪二百餘人解仇交質盟詛。上聞之，以問充國，對曰：「羌人所以易制者，以其種自有豪，數相攻擊，勢不壹也。往三十餘歲，西羌反時，亦先解仇合約攻令居，與漢相距，五六年乃定。至征和五年，先零豪封煎等通使匈奴，匈奴使人至小月氏，傳告諸羌曰：『漢貳師將軍衆十餘萬人降匈奴。羌人爲漢事苦。張掖、酒泉本我地，地肥美，可共擊居之。』以此觀匈奴欲與羌合，非一世也。間者匈奴困於西方，聞烏桓來保塞，恐兵復從東方起，數使使尉黎、危須諸國，設以子女貂裘，欲沮解之。其計不合。疑匈奴更遣使至羌中，道從沙陰地，出鹽澤，過長阬，入窮水塞，南抵屬國，與先零相直。臣恐羌變未止此，且復結聯他種，宜及未然爲之備。」後月餘，羌侯狼何果遣使至匈奴藉兵，欲擊鄯善、敦煌以絶漢道。充國以爲「狼何，小月氏種，在陽關西南，勢不能獨造此計，疑匈奴使已至羌中，先零、罕、开乃解仇作約。到秋馬肥，變必起矣。宜遣使者行邊兵豫爲備，敕視諸羌，毋令解仇，以發覺其謀。」於是兩府復白遣義渠安國行視諸羌，分別善惡。安國至，召先零諸豪三十餘人，以尤桀黠，皆斬之。縱兵擊其種人，斬首千餘級。於是諸降羌及歸義羌侯楊玉等恐怒，亡所信鄉，遂劫略小種，背畔犯塞，攻城邑，殺長吏。安國以騎都尉將騎三千屯備羌，至浩亹，爲虜所擊，失亡車重兵器甚衆。安國引還，至令居，以聞。是歲，神爵元年春也。

時充國年七十餘，上老之，使御史大夫丙吉問誰可將者，充國對曰：「亡踰於老臣者矣。」上遣問焉，曰：「將軍度羌虜何如，當用幾人？」充國曰：「百聞不如一見。兵難隃度，臣願馳至金城，圖上方略。然羌戎小夷，逆天背畔，滅亡不久，願陛下以屬老臣，勿以爲憂。」上笑曰：「諾。」

充國至金城，須兵滿萬騎，欲渡河，恐爲虜所遮，即夜遣三校銜枚先渡，渡輒營陳，會明，畢，遂以次盡渡。虜數十百騎來，出入軍傍。充國曰：「吾士馬新倦，不可馳逐。此皆驍騎難制，又恐其爲誘兵也。擊虜以殄滅爲期，小利不足貪。」令軍勿擊。遣騎候四望陿中，亡虜。夜引兵上至落都，召諸校司馬，謂曰：「吾知羌虜不能爲兵矣。使虜發數千人守杜四望陿中，兵豈得入哉！」充國常以遠斥候爲務，行必爲戰備，止必堅營壁，尤能持重，愛士卒，先計而後戰。遂西至西部都尉府，日饗軍士，士皆欲爲用。虜數挑戰，充國堅守。捕得生口，言羌豪相數責曰：「語汝亡反，今天子遣趙將軍來，年八九十矣，善爲兵。今請欲一鬭而死，可得邪！」

充國子右曹中郎將卬，將期門佽飛、羽林孤兒、胡越騎爲支兵，至令居。虜並出絶轉道，卬以聞。有詔將八校尉與驍騎都尉、金城太守合疏捕山間虜，通轉道津渡。

初，罕、开豪靡當兒使弟雕庫來告都尉曰先零欲反，後數日果反。雕庫種人頗在先零中，都尉即留雕庫爲質。充國以爲亡罪，乃遣歸告種豪：「大兵誅有罪者，明白自別，毋取并滅。天子告諸羌人，犯法者能相捕斬，除罪。斬大豪有罪者一人，賜錢四十萬，中豪十五萬，下豪二萬，大男三千，女子及老小千錢，又以其所捕妻子財物盡與之。」充國計欲以威信招降罕、开及劫略者，解散虜謀，徼極乃擊之。

時上已發三輔、太常徒弛刑，三河、潁川、沛郡、淮陽、汝南材官，金城、隴西、

天水、定安、北地、上郡騎士、羌騎，與武威、張掖、酒泉太守各屯其郡者，合六萬人矣。酒泉太守辛武賢奏言：「郡兵皆屯備南山，北邊空虛，勢不可久。或曰至秋冬乃進兵，此虜在竟外之册。今虜朝夕爲寇，土地寒苦，漢馬不能冬，屯兵在武威、張掖、酒泉萬騎以上，皆多羸瘦。可益馬食，以七月上旬齎三十日糧，分兵並出張掖、酒泉合擊罕、幵在鮮水上者。虜以畜産爲命，今皆離散，兵即分出，雖不能盡誅，亶奪其畜産，虜其妻子，復引兵還，冬復擊之，大兵仍出，虜必震壞。」

天子下其書充國，令與校尉以下吏士知羌事者博議。充國及長史董通年以爲「武賢欲輕引萬騎，分爲兩道出張掖，回遠千里。以一馬自佗負三十日食，爲米二斛四斗，麥八斛，又有衣裝兵器，難以追逐。勤勞而至，虜必商軍進退，稍引去，逐水屮，入山林。隨而深入，虜即據前險，守後阸，以絶糧道，必有傷危之憂，爲夷狄笑，千載不可復。而武賢以爲可奪其畜産，虜其妻子，此殆空言，非至計也。又武威縣、張掖日勒皆當北塞，有通谷水草。臣恐匈奴與羌有謀，且欲大入，幸能要杜張掖、酒泉以絶西域，其郡兵尤不可發。先零首爲畔逆，它種劫略。故臣愚册，欲捐罕、幵闇昧之過，隱而勿章，先行先零之誅以震動之，宜悔過反善，因赦其罪，選擇良吏知其俗者拊循和輯，此全師保勝安邊之册。」天子下其書。公卿議者咸以爲先零兵盛，而負罕、幵之助，不先破罕、幵，則先零未可圖也。

上乃拜侍中樂成侯許延壽爲彊弩將軍，即拜酒泉太守武賢爲破羌將軍，賜璽書嘉納其册。以書敕讓充國曰：

皇帝問後將軍，甚苦暴露。將軍計欲至正月乃擊罕羌，羌人當獲麥，已遠其妻子，精兵萬人欲爲酒泉、敦煌寇。邊兵少，民守保不得田作。今張掖以東粟石百餘，芻稾束數十。轉輸並起，百姓煩擾。將軍將萬餘之衆，不早及秋共水草之利争其畜食，欲至冬，虜皆當畜食，多藏匿山中依險阻，將軍士寒，手足皸瘃，寧有利哉？將軍不念中國之費，欲以歲數而勝微，將軍誰不樂此者！

今詔破羌將軍武賢將兵六千一百人，敦煌太守快將二千人，長水校尉富昌、酒泉(侯)〔候〕奉世將婼、月氏兵四千人，亡慮萬二千人。齎三十日食，以七月二十二日擊罕羌，入鮮水北句廉上，去酒泉八百里，去將軍可千二百里。將軍其引兵便道西並進，雖不相及，使虜聞東方北方兵並來，分散其心意，離其黨與，雖不能殄滅，當有瓦解者。已詔中郎將卬將胡越佽飛射士、步兵二校，益將軍兵。

今五星出東方，中國大利，蠻夷大敗。太白出高，用兵深入敢戰者吉，弗敢戰者凶。將軍急裝，因天時，誅不義，萬下必全，勿復有疑。

充國既得讓，以爲將任兵在外，便宜有守，以安國家。乃上書謝罪，因陳兵利害，曰：

臣竊見騎都尉安國前幸賜書，擇羌人可使使罕，諭告以大軍當至，漢不誅罕，以解其謀。恩澤甚厚，非臣下所能及。臣獨私美陛下盛德至計亡已，故遣幵豪雕庫宣天子至德，罕、幵之屬皆聞知明詔。今先零羌楊玉（此羌之首帥名王）將騎四千及煎鞏騎五千，阻石山木，候便爲寇，罕羌未有所犯。今置先零，先擊罕，釋有罪，誅亡辜，起壹難，就兩害，誠非陛下本計也。

臣聞兵法「攻不足者守有餘」，又曰「善戰者致人，不致於人」。今罕羌欲爲敦煌、酒泉寇，飭兵馬，練戰士，以須其至，坐得致敵之術，以逸擊勞，取勝之道也。今恐二郡兵少不足以守，而發之行攻，釋致虜之術而從爲虜所致之道，臣愚以爲不便。先零羌虜欲爲背畔，故與罕、幵解仇結約，然其私心不能亡恐漢兵而至罕、幵背之也。臣愚以爲其計常欲先赴罕、幵之急，以堅其約，先擊罕羌，先零必助之。今虜馬肥，糧食方饒，擊之恐不能傷害，適使先零得施德於罕羌，堅其約，合其黨。虜交堅黨合，精兵二萬餘人，迫脅諸小種，附著者稍衆，莫須之屬不輕得離也。如是，虜兵寖多，誅之用力數倍，臣恐國家憂累繇十年數，不二三歲而已。

臣得蒙天子厚恩，父子俱爲顯列。臣位至上卿，爵爲列侯，犬馬之齒七十六，爲明詔填溝壑，死骨不朽，亡所顧念。獨思惟兵利害至孰悉也，於臣之計，先誅先零已，則罕、幵之屬不煩兵而服矣。先零已誅而罕、幵不服，涉正月擊之，得計之理，又其時也。以今進兵，誠不見其利，唯陛下裁察。

六月戊申奏，七月甲寅璽書報從充國計焉。

充國引兵至先零在所。虜久屯聚，解弛，望見大軍，棄車重，欲渡湟水，道阸狹，充國徐行驅之。或曰逐利行遲，充國曰：「此窮寇不可迫也。緩之則走不顧，急之則還致死。」諸校皆曰：「善。」虜赴水溺死者數百，降及斬首五百餘人，鹵馬牛羊十萬餘頭，車四千餘兩。兵至罕地，令軍毋燔聚落芻牧田中。罕羌聞之，喜曰：「漢果不擊我矣！」豪靡忘使人來言：「願得還復故地。」充國以聞，未報。靡忘來自歸，充國賜飲食，遣還諭種人。護軍以下皆争之，曰：「此反虜，不

可擅遣。」充國曰：「諸君但欲便文自營，非爲公家忠計也。」語未卒，璽書報，令靡忘以贖論。後罕竟不煩兵而下。

其秋，充國病，上賜書曰：「制詔後將軍：聞苦脚脛、寒泄，將軍年老加疾，一朝之變不可諱，朕甚憂之。今詔破羌將軍詣屯所，爲將軍副，急因天時大利，吏士鋭氣，以十二月擊先零羌。即疾劇，留屯毋行，獨遣破羌、彊弩將軍。」時羌降者萬餘人矣。充國度其必壞，欲罷騎兵屯田，以待其敝。作奏未上，會得進兵璽書，中郎將卬懼，使客諫充國曰：「誠令兵出，破軍殺將以傾國家，將軍守之可也。即利與病，又何足争？一旦不合上意，遣繡衣來責將軍，將軍之身不能自保，何國家之安？」充國歎曰：「是何言之不忠也！本用吾言，羌虜得至是邪？往者舉可先行羌者，吾舉辛武賢，丞相御史復白遣義渠安國，竟沮敗羌。金城、湟中穀斛八錢，吾謂耿中丞，糴二百萬斛穀，羌人不敢動矣。耿中丞請糴百萬斛，乃得四十萬斛耳。義渠再使，且費其半。失此二册，羌人故敢爲逆。失之毫釐，差(之)〔以〕千里，是既然矣。今兵久不決，四夷卒有動摇，相因而起，雖有知者不能善其後，羌獨足憂邪！吾固以死守之，明主可爲忠言。」遂上屯田奏曰：

臣聞兵者，所以明德除害也，故舉得於外，則福生於内，不可不慎。臣所將吏士馬牛食，月用糧穀十九萬九千六百三十斛，鹽千六百九十三斛，茭藁二十五萬二百八十六石。難久不解，繇役不息，又恐它夷卒有不虞之變，相因並起，爲明主憂，誠非素定廟勝之册。且羌虜易以計破，難用兵碎也，故臣愚以爲擊之不便。

計度臨羌東至浩亹，羌虜故田及公田，民所未墾，可二千頃以上，其間郵亭多壞敗者。臣前部士入山，伐材木大小六萬餘枚，皆在水次。願罷騎兵，留弛刑應募，及淮陽、汝南步兵與吏士私從者，合凡萬二百八十一人，用穀月二萬七千三百六十三斛，鹽三百八斛，分屯要害處。冰解漕下，繕鄉亭，浚溝渠，治湟陿以西道橋七十所，令可至鮮水左右。田事出，賦人二十晦。至四月草生，發郡騎及屬國胡騎伉健各千，倅馬什二，就草，爲田者遊兵。以充入金城郡，益積畜，省大費。今大司農所轉穀至者，足支萬人一歲食。謹上田處及器用簿，唯陛下裁許。

上報曰：「皇帝問後將軍，言欲罷騎兵萬人留田，即如將軍之計，虜當何時伏誅，兵當何時得決？孰計其便，復奏。」充國上狀曰：

臣聞帝王之兵，以全取勝，是以貴謀而賤戰。戰而百勝，非善之善者也，故先爲不可勝以待敵之可勝。蠻夷習俗雖殊於禮義之國，然其欲避害就利，愛親戚，畏死亡，一也。今虜亡其美地薦草，愁於寄託遠遯，骨肉離心，人有畔志，而明主般師罷兵，萬人留田，順天時，因地利，以待可勝之虜，雖未即伏辜，兵決可期月而望。羌虜瓦解，前後降者萬七百餘人，及受言去者凡七十輩，此坐支解羌虜之具也。

臣謹條不出兵留田便宜十二事。步兵九校，吏士萬人，留屯以爲武備，因田致穀，威德並行，一也。又因排折羌虜，令不得歸肥饒之墜，貧破其衆，以成羌虜相畔之漸，二也。居民得並田作，不失農業，三也。軍馬一月之食，度支田士一歲，罷騎兵以省大費，四也。至春省甲士卒，循河湟漕穀至臨羌，以眎羌虜，揚威武，傳世折衝之具，五也。以閒暇時下所伐材，繕治郵亭，充入金城，六也。兵出，乘危徼幸，不出，令反畔之虜竄於風寒之地，離霜露疾疫瘃墮之患，坐得必勝之道，七也。亡經阻遠追死傷之害，八也。内不損威武之重，外不令虜得乘間之勢，九也。又亡驚動河南大幵、小幵使生它變之憂，十也。治湟陿中道橋，令可至鮮水，以制西域，信威千里，從枕席上過師，十一也。大費既省，繇役豫息，以戒不虞，十二也。留屯田得十二便，出兵失十二利。臣充國材下，犬馬齒衰，不識長册，唯明詔博詳公卿議臣採擇。

上復賜報曰：「皇帝問後將軍，言十二便，聞之。虜雖未伏誅，兵決可期月而望，期月而望者，謂今冬邪，謂何時也？將軍獨不計虜聞兵頗罷，且丁壯相聚，攻擾田者及道上屯兵，復殺略人民，將何以止之？又大幵、小幵前言曰：『我告漢軍先零所在，兵不往擊，久留，得亡效五年時不分別人而并擊我？』其意常恐。今兵不出，得亡變生，與先零爲一？將軍孰計復奏。」充國奏曰：

臣聞兵以計爲本，故多筭勝少筭。先零羌精兵今餘不過七八千人，失地遠客，分散飢凍。罕、幵、莫須又頗暴略其羸弱畜産，畔還者不絶，皆聞天子明令相捕斬之賞。臣愚以爲虜破壞可日月冀，遠在來春，故曰兵決可期月而望。竊見北邊自敦煌至遼東萬一千五百餘里，乘塞列隧有吏卒數千人，虜數大衆攻之而不能害。今留步士萬人屯田，地勢平易，多高山遠望之便，部曲相保，爲塹壘木樵，校聯不絶，便兵弩，飭鬭具。烽火幸通，勢及并力，以逸待勞，兵之利者也。臣愚以爲屯田内有亡費之利，外有守禦之備。騎兵雖罷，虜見萬人留田爲必禽之具，其土崩歸德，宜不久矣。從今盡三

月，虜馬羸瘦，必不敢捐其妻子於他種中，遠涉河山而來爲寇。又見屯田之士精兵萬人，終不敢復將其累重還歸故地。是臣之愚計，所以度虜且必瓦解其處，不戰而自破之册也。至於虜小寇盜，時殺人民，其原未可卒禁。臣聞戰不必勝，不苟接刃；攻不必取，不苟勞衆。誠令兵出，雖不能滅先零，亶能令虜絶不爲小寇，則出兵可也。即今同是而釋坐勝之道，從乘危之勢，往終不見利，空内自罷敝，貶重而自損，非所以視蠻夷也。又大兵一出，還不可復留，湟中亦未可空，如是，繇役復發也。且匈奴不可不備，烏桓不可不憂。今久轉運煩費，傾我不虞之用以澹一隅，臣愚以爲不便。校尉臨衆幸得承威德，奉厚幣，拊循衆羌，諭以明詔，宜皆鄉風。雖其前辭嘗曰「得亡效五年」，宜亡它心，不足以故出兵。臣竊自惟念，奉詔出塞，引軍遠擊，窮天子之精兵，散車甲於山野，雖亡尺寸之功，婾得避慊之便，而亡後咎餘責，此人臣不忠之利，非明主社稷之福也。臣幸得奮精兵，討不義，久留天誅，罪當萬死。陛下寬仁，未忍加誅，(令)〔令〕臣數得孰計。愚臣伏計孰甚，不敢避斧鉞之誅，昧死陳愚，唯陛下省察。

充國奏每上，輒下公卿議臣。初是充國計者什三，中什五，最後什八。有詔詰前言不便者，皆頓首服。丞相魏相曰：「臣愚不習兵事利害，後將軍數畫軍册，其言常是，臣任其計可必用也。」上於是報充國曰：「皇帝問後將軍，上書言羌虜可勝之道，今聽將軍，將軍計善。其上留屯田及當罷者人馬數。將軍强食，慎兵事，自愛！」上以破羌、强弩將軍數言當擊，又用充國屯田處離散，恐虜犯之，於是兩從其計，詔兩將軍與中郎將卬出擊。强弩出，降四千餘人，破羌斬首二千級，中郎將卬斬首降者亦二千餘級，而充國所降復得五千餘人。詔罷兵，獨充國留屯田。

明年五月，充國奏言：「羌本可五萬人軍，凡斬首七千六百級，降者三萬一千二百人，溺河湟飢餓死者五六千人，定計遺脱與煎鞏、黄羝俱亡者不過四千人。羌靡忘等自詭必得，(一)請罷屯兵。」奏可，充國振旅而還。

所善浩星賜迎説充國，曰：「衆人皆以破羌、强弩出擊，多斬首獲降，虜以破壞。然有識者以爲虜勢窮困，兵雖不出，必自服矣。將軍即見，宜歸功於二將軍出擊，非愚臣所及。如此，將軍計未失也。」充國曰：「吾年老矣，爵位已極，豈嫌伐一時事以欺明主哉！兵勢，國之大事，當爲後法。老臣不以餘命壹爲陛下明言兵之利害，卒死，誰當復言之者？」卒以其意對。上然其計，罷遣辛武賢歸酒泉太守官，充國復爲後將軍衛尉。

其秋，羌若零、離留、且種、兒庫共斬先零大豪猶非、楊玉首，及諸豪弟澤、陽雕、良兒、靡忘皆帥煎鞏、黄羝之屬四千餘人降漢。封若零、弟澤二人爲帥衆王，離留、且種二人爲侯，兒庫爲君，陽雕爲言兵侯，良兒爲君，靡忘爲獻牛君。初置金城屬國以處降羌。

詔舉可護羌校尉者，時充國病，四府舉辛武賢小弟湯。充國遽起奏：「湯使酒，不可典蠻夷。不如湯兄臨衆。」時湯已拜受節，有詔更用臨衆。後臨衆病免，五府復舉湯，湯數醉酗羌人，羌人反畔，卒如充國之言。

初，破羌將軍武賢在軍中時與中郎將卬宴語，卬道：「車騎將軍張安世始嘗不快上，上欲誅之，卬家將軍以爲安世本持橐簪筆事孝武帝數十年，見謂忠謹，宜全度之，安世用是得免。」及充國還言兵事，武賢罷歸故官，深恨，上書告卬泄省中語。卬坐禁止而入至充國莫府司馬中亂屯兵下吏，自殺。

充國乞骸骨，賜安車駟馬、黄金六十斤，罷就第。朝庭每有四夷大議，常與參兵謀，問籌策焉。年八十六，甘露二年薨，謚曰壯侯。傳子至孫欽，欽尚敬武公主。主亡子，主教欽良人習詐有身，名它人子。欽薨，子岑嗣侯，習爲太夫人。岑父母求錢財亡已，忿恨相告。岑坐非子免，國除。元始中，修功臣後，復封充國曾孫伋爲營平侯。

初，充國以功德與霍光等列，畫未央宫。成帝時，西羌嘗有警，上思將帥之臣，追美充國，乃召黄門郎楊雄即充國圖畫而頌之，曰：

明靈惟宣，戎有先零。先零昌狂，侵漢西疆。漢命虎臣，惟後將軍，整我六師，是討是震。既臨其域，諭以威德，有守矜功，謂之弗克。請奮其旅，于罕之羌，天子命我，從之鮮陽。營平守節，婁奏封章，料敵制勝，威謀靡亢。遂克西戎，還師於京，鬼方賓服，罔有不庭。昔周之宣，有方有虎，詩人歌功，乃列于《雅》。在漢中興，充國作武，赳赳桓桓，亦紹厥後。

充國爲後將軍，徙杜陵。辛武賢自羌軍還後七年，復爲破羌將軍，征烏孫至敦煌，後不出，徵未到，病卒。子慶忌至大官。

《史記》卷二〇《建元以來侯者年表》褚少孫引《營平》 趙充國。以隴西騎士從軍得官，侍中，事武帝。數將兵擊匈奴有功，爲護軍都尉，侍中，事昭帝。昭帝崩，議立宣帝，決疑定策，以安宗廟功侯，封二千五百户。

雜録

備録

《漢書》卷五四《蘇建傳》 甘露三年，單于始入朝。上思股肱之美，乃圖畫其人於麒麟閣，法其形貌，署其官爵姓名。【略】次曰後將軍營平侯趙充國【略】。皆有功德，知名當世，是以表而揚之，明著中興輔佐，列於方叔、召虎、仲山甫焉。凡十一人，皆有傳。

《漢書》卷七六《趙廣漢傳》 本始二年，漢發五將軍擊匈奴，徵廣漢以太守將兵，屬蒲類將軍趙充國。從軍還，復用守京兆尹，滿歲爲真。

《漢書》卷九四上《匈奴傳上》 其明年，匈奴三千餘騎入五原，略殺數千人，後數萬騎南旁塞獵，行攻塞外亭(長)〔障〕，略取吏民去。是時漢邊郡烽火候望精明，匈奴爲邊寇者少利，希復犯塞。漢復得匈奴降者，言烏桓嘗發先單于冢，匈奴怨之，方發二萬騎擊烏桓。大將軍霍光欲發兵(要)〔邀〕擊之，以問護軍都尉趙充國。充國以爲「烏桓間數犯塞，今匈奴擊之，於漢便。又匈奴希寇盜，北邊幸無事。蠻夷自相攻擊，而發兵要之，招寇生事，非計也。」光更問中郎將范明友，明友言可擊。於是拜明友爲度遼將軍，將二萬騎出遼東。匈奴聞漢兵至，引去。初，光誡明友：「兵不空出，即後匈奴，遂擊烏桓。」烏桓時新中匈奴兵，明友既後匈奴，因乘烏桓敝，擊之，斬首六千餘級，獲三王首，還，封爲平陵侯。

匈奴繇是恐，不能出兵。即使使之烏孫，求欲得漢公主。擊烏孫，取車延、惡師地。烏孫公主上書，下公卿議救，未決。昭帝崩，宣帝即位，烏孫昆彌復上書，言「連爲匈奴所侵削，昆彌願發國半精兵人馬五萬匹，盡力擊匈奴，唯天子出兵，哀救公主」！本始二年，漢大發關東輕鋭士，選郡國吏三百石伉健習騎射者，皆從軍。遣御史大夫田廣明爲祁連將軍，四萬餘騎，出西河；度遼將軍范明友三萬餘騎，出張掖；前將軍韓增三萬餘騎，出雲中；後將軍趙充國爲蒲類將軍，三萬餘騎，出酒泉；雲中太守田順爲虎牙將軍，三萬餘騎，出五原：凡五將軍，兵十餘萬騎，出塞各二千餘里。及校尉常惠使護發兵烏孫西域，昆彌自將翕侯以下五萬餘騎從西方入，與五將軍兵凡二十餘萬衆。匈奴聞漢兵大出，老弱犇走，敺畜産遠遁逃，是以五將少所得。【略】

其明年，西域城郭共擊匈奴，取車師國，得其王及人衆而去。單于復以車師王昆弟兜莫爲車師王，收其餘民東徙，不敢居故地。而漢益遣屯士分田車師地以實之。其明年，匈奴怨諸國共擊車師，遣左右大將各萬餘騎屯田右地，欲以侵迫烏孫西域。後二歲，匈奴遣左右奥鞬各六千騎，與左大將再擊漢之田車師城者，不能下。其明年，丁令比三歲入盜匈奴，殺略人民數千，驅馬畜去。匈奴遣萬餘騎往擊之，無所得。其明年，單于將十萬餘騎旁塞獵，欲入邊寇。未至，會其民題除渠堂亡降漢言狀，漢以爲言兵鹿奚盧侯，而遣後將軍趙充國將兵四萬餘騎屯緣邊九郡備虜。月餘，單于病歐血，因不敢入，還去，即罷兵。乃使題王都犁胡次等入漢，請和親，未報，會單于死。是歲，神爵二年也。

《後漢書》卷八七《西羌傳》 至宣帝時，遣光禄大夫義渠安國覘行諸羌，其先零種豪言：「願得度湟水，逐人所不田處以爲畜牧。」安國以事奏聞，後將軍趙充國以爲不可聽。後因緣前言，遂度湟水，郡縣不能禁。至元康三年，先零乃與諸羌大共盟誓，將欲寇邊。帝聞，復使安國將兵觀之。安國至，召先零豪四十餘人斬之，因放兵擊其種，斬首千餘級。於是諸羌怨怒，遂寇金城。乃遣趙充國與諸將將兵六萬人擊破平之。

李吉甫《元和郡縣圖志》卷三九《隴右道上・鄯州・湟水縣》 漢宣帝神爵元年，遣後將軍趙充國擊先零羌，充國欲罷騎兵，屯田以待其弊。計度臨羌東至浩亹，羌虜故田，人所未墾，可二千頃已上。又理湟陿以西道橋七十所，令可至鮮水左右，留步士萬人屯田，爲必禽之具。詔從之。充國竟以屯田之利，支解先零。

樂史《太平寰宇記》卷一八七《四夷十六・西戎八・塞内西戎總序》 趙充國立屯田，且討且招降者三萬餘人，置金城屬國以處之，自後賓服。

樂史《太平寰宇記》卷一八七《四夷十六・西戎八・羌無弋》 至宣帝時，羌又相與解仇，寇金城，帝遣後將軍趙充國將兵討之。充國欲以屯田于臨羌，東至浩亹，務以威信招降罕幵音牽。及劫掠者，解散虜謀，乃擊之。時已發諸郡兵六萬人。酒泉太守辛武賢奏請即擊之，天子下其書令充國博議，往返者三四，遂兩從其志。武賢出擊羌，破降數千人，詔罷兵，獨充國留屯田。明年五月，充國奏言：「羌本可五萬人軍，凡斬首七千六百級，降者三萬一千二百人，溺河湟饑死

者五六千人，定計遺脱與煎鞏、黄羝俱亡者不過四千人。」初置金城屬國以處降羌。從爰劍種五代至研，研最豪健，自後以研爲種號。十三代至燒當，復豪健，其子孫更以燒當爲種號。自元帝以後數十年，四夷賓服，邊塞無事。

洪邁《容齋三筆》卷二《趙充國馬援》 前漢先零羌犯塞，趙充國平之，初置金城屬國，以處降羌，西邊遂定。成帝命楊雄頌其圖畫，至比周之方、虎。後漢光武時，西羌入居塞内，來歙奏言，隴西侵殘，非馬援莫能定。乃拜援太守，追討之。羌來和親，於是隴右清静。而自永平以後，訖于靈帝，十世之間，羌患未嘗少息。

黄震《古今紀要・西漢》 趙充國以全取勝，不貪小利。先零與諸羌解仇共反，充國至金城圖上方畧，以威信招降罕、幵，執奏再三，謂明主可忠言。上屯田便宜十二事，魏相主其議，卒從之。明年，奏羌可五萬，今未服不過四千，罷兵，奏可。其秋四千人降。得之屯田，失之置屬國。

備論

《漢書》卷一〇〇下《叙傳下》 兵家之策，惟在不戰。營平皤皤，立功立論，以不濟可，上諭其信。武賢父子，虎臣之俊。

《蘇軾文集》卷六五《趙充國用心可重》 始予觀充國策先零、匈奴情僞，曰：「何其明也。」又觀遣彫車行羌中告諭，阻辛武賢先攻罕、幵，守便宜不出師。畫屯田十二利，專務以恩信積穀招降，以謂此從容以義用兵，與夫逞詐諼疲人於一戰者絶殊。最末，觀其語將校曰：「諸君皆便文自營爾，非爲公家忠計也。」語郎中曰：「是何言之不忠也？吾固以死守之。」語浩星賜曰：「吾老矣，豈嫌伐一時事以欺明主哉！老臣不以餘命爲陛下言之，卒死，誰當復言之？」卒以其意白上云。嗚呼，使有位君子皆用其心如充國，則古今天下豈有不治者哉！嘗觀於内，公卿士大夫之議曰：「法當然，奈何！」觀於外，將之議曰：「詔如是，不當違詔也。」凡在我，一入一出，未有止障也。脱有能言一事，其言不用，則矜語於人曰：「某事吾嘗言之，上不我用也，我則無負。」終不更犯顔色，往復論也，況於以死守而不欺，豈復有哉！而以餘命受禄位者，併肩立也。豈特才不及充國，忠又不如，可歎也。夫充國之用心，人臣常道爾。然與充國同時在漢廷人，未聞皆然，而充國獨然，故可重也。噫，今之人，不及往時遠矣，則充國益可重也。予既觀充國而感今之人，又觀宣帝與之上下議論，而格排羣疑用之，遂無勞兵下羌寇，不知其能功名，亦遇主然也。噫，宣帝、充國可重也，況三代君臣間哉。下不肯有欺上，上其容有間然乎？而觀揚子雲贊不及此，區區論功爾。功古今豈無大者哉，不若原其心以勵事君也。班固又不出語。山東氣俗，故著云爾。

《張耒集》卷四一《趙充國論》 予讀《趙充國傳》，觀其用兵決策若可以有奇功，然提大兵對五萬之先零，持久數年而不決，其取之也，又未有奇變可喜之功，蓋嘗疑其多畏而少斷。及見其言兵勢、國之大事，當爲後法，而後知其非徒然也。夫先零之事微矣，然其規略即古之謀臣智士之遺法也。古之善計者，未嘗一日不志於功名，而不肯爲僥幸之利，而其術本於觀時。時非吾之所能爲，而吾能引而致之，不然則安坐以待其疲，舍是未有肯妄動者。夫提兵決戰，斬級捕虜與敵鬬，吾可以有功，而不可以無患也。未可以無患則變生不常，而勝負未有所在。謀人之國都，而吾之勝負未有所在，是天下之危道也。充國救罕、幵以離其支黨，遣其降者以亂其腹心，培之于覆亡乃徐待其勢，而後振之。夫充國豈以力戰決死爲必敗哉？以爲善戰者，其法不當出此故也。

昔予嘗怪武帝用衛青、霍去病，出萬死百戰以踐蹂匈奴之强。此兩人斬馘降虜不可勝數，單于遠遁，漠南空虚，而終不能得志，至其晚年，漢與匈奴兩不振矣。唐太宗與頡利臨渭水而盟，方是時，内有太宗之雄，而李靖、李勣爲之將帥，致頡利於室中而閉其門，覆軍殺將何求而不可？太宗竟不出此。而其後頡利危殆，國中空虚，李靖以五千騎談笑而滅之。夫武帝之無大功，何也？戰匈奴之强，而不能致匈奴于弱而後戰。而太宗之明，知頡利之方强，雖足以取而未可以無患。李靖以孤軍而功過衛、霍之百戰，彼惟投其時故也。其後太宗舉國以取高麗，猛將鋭卒自以無前，而頓兵堅城，逡巡而退，何則？蓋蘇文之雄，而欲以亡國處之，過矣！高宗之時，蓋蘇文既死，則用一李勣取之而有餘。夫勣之才豈過太宗哉？敵之時異也。

句踐與范蠡百計而謀吴，句踐不能忍而欲發也數矣，蠡獨不可，而至稻蟹之變，則遂起而不疑，何則？彼之至計不獨以戰爲也。

故充國以善戰之才謀五萬之衆，至百計蹙取，彌年而後成，彼非惡速也，以爲此用兵之法也。

李贄《藏書》卷四八《趙充國》 李生曰：充國、武賢，雖同歸復故官，然公爵位

極矣，安得全不爲辛子謀乎？浩星賜之言，千載不可易也。兵事不必盡言，武賢決當薦用，決不宜使之徒勞而無賞也。是皆公之知有己而不知有人處，故未善。

鍾惺《隱秀軒集》卷二三《論二・趙充國》 從來夷狄情形，合則强，分則弱。善制夷狄者，常使之分而不合。充國之言曰：「羌人所以易制者，以其種自有豪，數相攻擊，勢不壹也。」看分合二字甚透。先零諸羌，解仇交質，合之執也。充國始終作用主意，全在捐罕、幵闇昧之過，隱而勿章，專行先零之誅。使其分者常在羌，而合者常在我，勿令虜交堅黨合，中國制夷狄之法，不出於此。然均之羌也，可以舍罕、幵而誅先零，獨不可以舍先零而誅罕、幵乎？曰：罕、幵之要領在我也。罕、幵之要領在我者，何也？「初，罕、幵豪靡當兒，使弟雕庫來告都尉曰：『先零欲反。』後數日，先零果反。」此罕、幵不合於先零之要領也。要領在我，然後用吾威信以柔伏之。故「雕庫種人頗在先零中。都尉即留雕庫爲質。充國以爲亡罪，遣歸」。分別善惡，宣示天子購斬之令，；解散其心，使罕、幵欲復合於先零而不可得。故辛武賢，充國所薦也。與充國異意，欲擊罕、幵，充國駁之。至公卿皆是武賢議，天子以書敕讓充國，令其引兵從武賢深入。充國以將任兵在外，便宜有守，以安國家，因陳兵利害，其言曰：「先零雖與罕、幵解仇約結，然其私心不能亡恐漢兵至而罕、幵背之也。」「其計常欲先赴罕、幵之急，以堅其約。」「適使先零得施德於罕羌，堅其約，合其黨。」數語最透。充國肯使已分於先零之罕、幵，復與先零合哉？及擊先零，降斬無數。「至罕地，令軍毋燔聚落芻牧田中。罕羌聞之，喜曰：『漢果不擊我矣。』」此舍罕、幵而誅先零之效也。然不得罕、幵所以不合於先零之故，則同一羌也，或舍之，或誅之，先後之間，亦安能了然於心手乎？

朱軾《史傳三編》卷一一《名臣傳・趙充國》 論曰：《周官》車甲卒徒之制，即寓於井邑丘甸之中。《易》稱君子容民畜衆。三代盛時，平居無縻餉之兵，有事亦無不可戰之民。管、商雖變古法，猶師其意而行之，致國富强。秦漢以來，屯田倡自充國，諸葛武侯實用以拒魏。唐初府兵之制，與租庸調竝行，其法最善。天寶以後，驕兵悍卒遂殺主帥，蔓延至五季不解，亦緣不講於屯田之策。既無以馴柔其血氣，復無以係戀其身家。夫是，故可强不可弱，可動不可靜，可聚不可散也。充國料敵制勝，如善弈者之先局無遺算，終局可覆，舉横斜曲直後先左右，雖回易再四，而一著不差。《詩》曰：「方叔元老，克壯其猶。」充國可謂老謀壯事矣。昔大禹惟順水之性以治水，故能建非常之原而萬世永賴。營平惟因羌之情以致羌，故能操不戰之勝而四夷來王。而是時公卿不怙其前非，朝廷不回於衆議，師中錫命，閫外伸威，尤中興氣象哉！

劉統勳《評鑑闡要》卷二《漢》 充國緩於進擊，或其時羌無大畧，招撫罕、幵，則其勢已孤，可不煩兵而定。使羌本桀黠勁敵有大志，而乃自托持重不擊，則適足爲養癰之患。罕、幵等且從之不暇，又何能爲充國用耶？兵貴知時，非可執一論也。至其屯田十二事，則誠古今不易良策。

藝文

《全唐詩》卷七四蘇頲《餞趙尚書攝御史大夫赴朔方軍》 勁虜欲南窺，揚兵護朔陲。趙堯寧易印，鄧禹即分麾。野餞迴三傑，軍謀用六奇。雲邊愁出塞，日下愴臨岐。拔劍行人舞，揮戈戰馬馳。明年麟閣上，充國畫於斯。

《全唐詩》卷三三二羊士諤《送張郎中副使自南省赴鳳翔府幕》 仙郎佐氏謀，廷議寵元侯。城郭須來貢，河隍亦順流。亞夫高壘静，充國大田秋。當奮燕然筆，銘功向隴頭。

《全唐詩》卷二〇僧貫休《櫂歌行》 霍嫖姚，趙充國，天子將之平朔漠。肉胡之肉，燼胡帳幄，千里萬里，惟留胡之空殼。邊風蕭蕭，榆葉初落。殺氣晝赤，枯骨夜哭。將軍既立殊勳，遂有胡無人曲。我聞之，天子富有四海，德被無垠，但令一物得所，八表來賓，亦何必令彼胡無人。

董仲舒部

綜述

《漢書》卷五六《董仲舒傳》 董仲舒，廣川人也。少治《春秋》，孝景時爲博士。下帷講誦，弟子傳以久次相授業，或莫見其面。蓋三年不窺園，其精如此。進退容止，非禮不行，學士皆師尊之。

武帝即位，舉賢良文學之士前後百數，而仲舒以賢良對策焉。

制曰：朕獲承至尊休德，傳之亡窮，而施之罔極，任大而守重，是以夙夜不皇康寧，永惟萬事之統，猶懼有闕。故廣延四方之豪儁，郡國諸侯公選賢良修絜博習之士，欲聞大道之要，至論之極。今子大夫褎然爲舉首，朕甚嘉之。子大夫其精心致思，朕垂聽而問焉。

蓋聞五帝三王之道，改制作樂而天下洽和，百王同之。當虞氏之樂莫盛於《韶》，於周莫盛於《勺》。聖王已没，鐘鼓筦絃之聲未衰，而大道微缺，陵夷至虖桀紂之行，王道大壞矣。夫五百年之間，守文之君，當塗之士，欲則先王之法以戴翼其世者甚衆，然猶不能反，日以仆滅，至後王而後止，豈其所持操或誖繆而失其統與？固天降命不可復反，必推之於大衰而後息與？烏虖！凡所爲屑屑，夙興夜寐，務法上古者，又將無補與？三代受命，其符安在？災異之變，何緣而起？性命之情，或夭或壽，或仁或鄙，習聞其號，未燭厥理。伊欲風流而令行，刑輕而姦改，百姓和樂，政事宣昭，何脩何飭而膏露降，百穀登，德潤四海，澤臻屮木，三光全，寒暑平，受天之祜，享鬼神之靈，德澤洋溢，施虖方外，延及羣生？

子大夫明先聖之業，習俗化之變，終始之序，講聞高誼之日久矣，其明以諭朕。科別其條，勿猥勿并，取之於術，慎其所出。乃其不正不直，不忠不極，枉于執事，書之不泄，興于朕躬，毋悼後害。子大夫其盡心，靡有所隱，朕將親覽焉。

仲舒對曰：

陛下發德音，下明詔，求天命與情性，皆非愚臣之所能及也。臣謹案《春秋》之中，視前世已行之事，以觀天人相與之際，甚可畏也。國家將有失道之敗，而天乃先出災害以譴告之；不知自省，又出怪異以警懼之；尚不知變，而傷敗乃至。以此見天心之仁愛人君而欲止其亂也。自非大亡道之世者，天盡欲扶持而全安之，事在彊勉而已矣。彊勉學問，則聞見博而知益明；彊勉行道，則德日起而大有功：此皆可使還至而(立)有效者也。《詩》曰「夙夜匪解」，《書》云「茂哉茂哉」！皆彊勉之謂也。

道者，所繇適於治之路也，仁義禮樂皆其具也。故聖王已没，而子孫長久安寧數百歲，此皆禮樂教化之功也。王者未作樂之時，乃用先王之樂宜於世者，而以深入教化於民。教化之情不得，雅頌之樂不成，故王者功成作樂，樂其德也。樂者，所以變民風，化民俗也；其變民也易，其化人也著。故聲發於和而本於情，接於肌膚，臧於骨髓。故王道雖微缺，而筦絃之聲未衰也。夫虞氏之不爲政久矣，然而樂頌遺風猶有存者，是以孔子在齊而聞《韶》也。夫人君莫不欲安存而惡危亡，然而政亂國危者甚衆，所任者非其人，而所繇者非其道，是以政日以仆滅也。夫周道衰於幽厲，非道亡也，幽厲不繇也。至於宣王，思昔先王之德，興滯補弊，明文武之功業，周道粲然復興，詩人美之而作，上天祐之，爲生賢佐，後世稱誦，至今不絕。此夙夜不解行善之所致也。孔子曰「人能弘道，非道弘人」也。故治亂廢興在於己，非天降命不可得反，其所操持誖謬失其統也。

臣聞天之所大奉使之王者，必有非人力所能致而自至者，此受命之符也。天下之人同心歸之，若歸父母，故天瑞應誠而至。《書》曰「白魚入于王舟，有火復于王屋，流爲烏」，此蓋受命之符也。周公曰「復哉復哉」，孔子曰「德不孤，必有鄰」，皆積善絫德之效也。及至後世，淫佚衰微，不能統理羣生，諸侯背畔，殘賊良民以爭壤土，廢德教而任刑罰。刑罰不中，則生邪氣；邪氣積於下，怨惡畜於上。上下不和，則陰陽繆盭而妖孽生矣。此災異所緣而起也。

臣聞命者天之令也，性者生之質也，情者人之欲也。或夭或壽，或仁或鄙，陶冶而成之，不能粹美，有治亂之所生，故不齊也。孔子曰：「君子之德風(也)，小人之德屮(也)，屮上之風必偃。」故堯舜行德則民仁壽，桀紂行暴則民鄙夭。夫上之化下，下之從上，猶泥之在鈞，唯甄者之所爲；猶金之在

鎔，唯治者之所鑄。「綏之斯倈，動之斯和」，此之謂也。

臣謹案《春秋》之文，求王道之端，得之於正。正次王，王次春。春者，天之所爲也；正者，王之所爲也。其意曰，上承天之所爲，而下以正其所爲，正王道之端云爾。然則王者欲有所爲，宜求其端於天。天道之大者在陰陽。陽爲德，陰爲刑；刑主殺而德主生。是故陽常居大夏，而以生育養長爲事；陰常居大冬，而積於空虛不用之處。以此見天之任德不任刑也。天使陽出布施於上而主歲功，使陰入伏於下而時出佐陽；陽不得陰之助，亦不能獨成歲。終陽以成歲爲名，此天意也。王者承天意以從事，故任德教而不任刑。刑者不可任以治世，猶陰之不可任以成歲也。爲政而任刑，不順於天，故先王莫之肯爲也。今廢先王德教之官，而獨任執法之吏治民，毋乃任刑之意與！孔子曰：「不教而誅謂之虐。」虐政用於下，而欲德教之被四海，故難成也。

臣謹案《春秋》謂一元之意，一者萬物之所從始也，元者辭之所謂大也。謂一爲元者，視大始而欲正本也。《春秋》深探其本，而反自貴者始。故爲人君者，正心以正朝廷，正朝廷以正百官，正百官以正萬民，正萬民以正四方。四方正，遠近莫敢不壹於正，而亡有邪氣奸其間者。是以陰陽調而風雨時，羣生和而萬民殖，五穀孰而屮木茂，天地之間被潤澤而大豐美，四海之内聞盛德而皆徠臣，諸福之物，可致之祥，莫不畢至，而王道終矣。

孔子曰：「鳳鳥不至，河不出圖，吾已矣夫！」自悲可致此物，而身卑賤不得致也。今陛下貴爲天子，富有四海，居得致之位，操可致之勢，又有能致之資，行高而恩厚，知明而意美，愛民而好士，可謂誼主矣。然而天地未應而美祥莫至者，何也？凡以教化不立而萬民不正也。夫萬民之從利也，如水之走下，不以教化隄防之，不能止也。是故教化立而姦邪皆止者，其隄防完也；教化廢而姦邪並出，刑罰不能勝者，其隄防壞也。古之王者明於此，是故南面而治天下，莫不以教化爲大務。立大學以教於國，設庠序以化於邑，漸民以仁，摩民以誼，節民以禮，故其刑罰甚輕而禁不犯者，教化行而習俗美也。

聖王之繼亂世也，埽除其迹而悉去之，復修教化而崇起之。教化已明，習俗已成，子孫循之，行五六百歲尚未敗也。至周之末世，大爲亡道，以失天下。秦繼其後，獨不能改，又益甚之，重禁文學，不得挾書，棄捐禮誼而惡聞之，其心欲盡滅先王之道，而顓爲自恣苟簡之治，故立爲天子十四歲而國破亡矣。自古以倈，未嘗有以亂濟亂，大敗天下之民如秦者也。其遺毒餘烈，至今未滅，使習俗薄惡，人民嚚頑，抵冒殊扞，孰爛如此之甚者也。孔子曰：「腐朽之木不可彫也，糞土之墻不可圬也。」今漢繼秦之後，如朽木糞牆矣，雖欲善治之，亡可奈何。法出而姦生，令下而詐起，如以湯止沸，抱薪救火，愈甚亡益也。竊譬之琴瑟不調，甚者必解而更張之，乃可鼓也；爲政而不行，甚者必變而更化之，乃可理也。當更張而不更張，雖有良工不能善調也；當更化而不更化，雖有大賢不能善治也。故漢得天下以來，常欲善治而至今不可善治者，失之於當更化而不更化也。古人有言曰：「臨淵羡魚，不如(蛛)〔退〕而結網。」今臨政而願治七十餘歲矣，不如退而更化；更化則可善治，善治則災害日去，福禄日來。《詩》云：「宜民宜人，受禄于天。」爲政而宜於民者，固當受禄于天。夫仁誼禮知信五常之道，王者所當脩飭也；五者脩飭，故受天之祐，而享鬼神之靈，德施于方外，延及羣生也。

天子覽其對而異焉，乃復册之曰：

制曰：蓋聞虞舜之時，游於巖郎之上，垂拱無爲，而天下太平。周文王至於日昃不暇食，而宇内亦治。夫帝王之道，豈不同條共貫與？何逸勞之殊也？

蓋儉者不造玄黄旌旗之飾。及至周室，設兩觀，乘大路，朱干玉戚，八佾陳於庭，而頌聲興。夫帝王之道豈異指哉？或曰良玉不瑑，又曰非文無以輔德，二端異焉。

殷人執五刑以督姦，傷肌膚以懲惡。成康不式，四十餘年天下不犯，囹圄空虛。秦國用之，死者甚衆，刑者相望，秏矣哀哉！

烏虖！朕夙寤晨興，惟前帝王之憲，永思所以奉至尊，章洪業，皆在力本任賢。今朕親耕藉田以爲農先，勸孝弟，崇有德，使者冠蓋相望，問勤勞，恤孤獨，盡思極神，功烈休德未始云獲也。今陰陽錯繆，氛氣充塞，羣生寡遂，黎民未濟，廉恥貿亂，賢不肖渾(淆)〔殽〕，未得其真，故詳延特起之士，(意)庶幾乎！今子大夫待詔百有餘人，或道世務而未濟，稽諸上古之不同，考之于今而難行，毋乃牽於文繫而不得騁(歟)〔與〕？將所繇異術，所聞殊方與？各悉對，著于篇，毋諱有司。明其指略，切磋究之，以稱朕意。

仲舒對曰：

臣聞堯受命，以天下爲憂，而未以位爲樂也，故誅逐亂臣，務求賢聖，是以得舜、禹、稷、禼、咎繇。衆聖輔德，賢能佐職，教化大行，天下和洽，萬民皆安仁樂誼，各得其宜，動作應禮，從容中道。故孔子曰「如有王者，必世而後仁」，此之謂也。堯在位七十載，乃遜于位以禪虞舜。堯崩，天下不歸堯子丹朱而歸舜。舜知不可辟，乃即天子之位，以禹爲相，因堯之輔佐，繼其統業，是以垂拱無爲而天下治。孔子曰「《韶》盡美矣，又盡善(也)〔矣〕」，此之謂也。至於殷紂，逆天暴物，殺戮賢知，殘賊百姓。伯夷、太公皆當世賢者，隱處而不爲臣。守職之人皆奔走逃亡，入于河海。天下秏亂，萬民不安，故天下去殷而從周。文王順天理物，師用賢聖，是以閎夭、大顛、散宜生等亦聚於朝廷。愛施兆民，天下歸之，故太公起海濱而即三公也。當此之時，紂尚在上，尊卑昏亂，百姓散亡，故文王悼痛而欲安之，是以日昃而不暇食也。孔子作《春秋》，先正王而繫萬事，見素王之文焉。繇此觀之，帝王之條貫同，然而勞逸異者，所遇之時異也。孔子曰「《武》盡美矣，未盡善也」，此之謂也。

臣聞制度文采玄黄之飾，所以明尊卑，異貴賤，而勸有德也。故《春秋》受命所先制者，改正朔，易服色，所以應天也。然則宫室旌旗之制，有法而然者也。故孔子曰：「奢則不遜，儉則固。」儉非聖人之中制也。臣聞良玉不瑑，資質潤美，不待刻瑑，此亡異於達巷黨人不學而自知也。然則常玉不瑑，不成文章；君子不學，不成其德。

臣聞聖王之治天下也，少則習之學，長則材諸位，爵禄以養其德，刑罰以威其惡，故民曉於禮誼而恥犯其上。武王行大誼，平殘賊，周公作禮樂以文之，至於成、康之隆，囹圄空虚四十餘年。此亦教化之漸而仁誼之流，非獨傷肌膚之效也。至秦則不然。師申商之法，行韓非之説，憎帝王之道，以貪狼爲俗，非有文德以教訓於(天)下也。誅名而不察實，爲善者不必免，而犯惡者未必刑也。是以百官皆飾(空言)虚辭而不顧實，外有事君之禮，内有背上之心，造僞飾詐，趣利無恥；又好用憯酷之吏，賦斂亡度，竭民財力，百姓散亡，不得從耕織之業，羣盗並起。是以刑者甚衆，死者相望，而姦不息，俗化使然也。故孔子曰「導之以政，齊之以刑，民免而無恥」，此之謂也。

今陛下并有天下，海内莫不率服，廣覽兼聽，極羣下之知，盡天下之美，至德昭然，施於方外。夜郎、康居，殊方萬里，説德歸誼，此太平之致也。然而功不加於百姓者，殆王心未加焉。曾子曰：「尊其所聞，則高明矣；行其所知，則光大矣。高明光大，不在於它，在乎加之意而已。」願陛下因用所聞，設誠於内而致行之，則三王何異哉！

陛下親耕藉田以爲農先，夙寤晨興，憂勞萬民，思惟往古，而務以求賢，此亦堯舜之用心也，然而未云獲者，士素不厲也。夫不素養士而欲求賢，譬猶不(瑑)〔琢〕玉而求文采也。故養士之大者，莫大(虐)〔虖〕太學；太學者，賢士之所關也，教化之本原也。今以一郡一國之衆，對亡應書者，是王道往往而絶也。臣願陛下興太學，置明師，以養天下之士，數考問以盡其材，則英俊宜可得矣。今之郡守、縣令，民之師帥，所使承流而宣化也；故師帥不賢，則主德不宣，恩澤不流。今吏既亡教訓於下，或不承用主上之法，暴虐百姓，與姦爲市，貧窮孤弱，冤苦失職，甚不稱陛下之意。是以陰陽錯繆，氛氣充塞，羣生寡遂，黎民未濟，皆長吏不明，使至於此也。

夫長吏多出於郎中、中郎，吏二千石子弟選郎吏，又以富訾，未必賢也。且古所謂功者，以任官稱職爲差，非(所)謂積日絫久也。故小材雖絫日，不離於小官；賢材雖未久，不害爲輔佐。是以有司竭力盡知，務治其業而以赴功。今則不然。(累)〔絫〕日以取貴，積久以致官，是以廉恥貿亂，賢不肖渾殽，未得其真。臣愚以爲使諸列侯、郡守、二千石各擇其吏民之賢者，歲貢各二人以給宿衛，且以觀大臣之能；所貢賢者有賞，所貢不肖者有罰。夫如是，諸侯、吏二千石皆盡心於求賢，天下之士可得而官使也。徧得天下之賢人，則三王之盛易爲，而堯舜之名可及也。毋以日月爲功，實試賢能爲上，量材而授官，録德而定位，則廉恥殊路，賢不肖異處矣。陛下加惠，寬臣之罪，令勿牽制於文，使得切磋究之，臣敢不盡愚！

於是天子復册之。

制曰：蓋聞「善言天者必有徵於人，善言古者必有驗於今」。故朕垂問乎天人之應，上嘉唐虞，下悼桀紂，寖微寖滅寖明寖昌之道，虚心以改。今子大夫明於陰陽所以造化，習於先聖之道業，然而文采未極，豈惑虖當世之務哉？條貫靡竟，統紀未終，意朕之不明與？聽若眩與？夫三王之教所祖不同，而皆有失，或謂久而不易者道也，意豈異哉？今子大夫既已著大道之極，陳治亂之端矣，其悉之究之，孰之復之。《詩》不云虖？「嗟爾君子，毋常安息，神之聽之，介爾景福。」朕將親覽焉，子大夫其茂明之。

仲舒復對曰：

臣聞《論語》曰：「有始有卒者，其唯聖人虖！」今陛下幸加惠，留聽於承學之臣，復下明册，以切其意，而究盡聖德，非愚臣之所能具也。前所上對，條貫靡竟，統紀不終，辭不別白，指不分明，此臣淺陋之罪也。

册曰：「善言天者必有徵於人，善言古者必有驗於今。」臣聞天者羣物之祖也，故徧覆包函而無所殊，建日月風雨以和之，經陰陽寒暑以成之。故聖人法天而立道，亦溥愛而亡私，布德施仁以厚之，設誼立禮以導之。春者天之所以生也，仁者君之所以愛也；夏者天之所以長也，德者君之所以養也；霜者天之所以殺也，刑者君之所以罰也。繇此言之，天人之徵，古今之道也。孔子作《春秋》，上揆之天道，下質諸人情，參之於古，考之於今。故《春秋》之所譏，災害之所加也；《春秋》之所惡，怪異之所施也。書邦家之過，兼災異之變，以此見人之所爲，其美惡之極，乃與天地流通而往來相應，此亦言天之一端也。古者修教訓之官，務以德善化民，民已大化之後，天下常亡一人之獄矣。今世廢而不脩，亡以化民，民以故棄行誼而死財利，是以犯法而罪多，一歲之獄以萬千數。以此見古之不可不用也，故《春秋》變古則譏之。天令之謂命，命非聖人不行；質樸之謂性，性非教化不成；人欲之謂情，情非度制不節。是故王者上謹於承天意，以順命也；下務明教化民，以成性也；正法度之宜，別上下之序，以防欲也：脩此三者，而大本舉矣。人受命於天，固超然異於羣生，入有父子兄弟之親，出有君臣上下之誼，會聚相遇，則有耆老長幼之施；粲然有文以相接，驩然有恩以相愛，此人之所以貴也。生五穀以食之，桑麻以衣之，六畜以養之，服牛乘馬，圈豹檻虎，是其得天之靈，貴於物也。故孔子曰：「天地之性人爲貴。」明於天性，知自貴於物；知自貴於物，然後知仁誼；知仁誼，然後重禮節；重禮節，然後安處善；安處善，然後樂循理；樂循理，然後謂之君子。故孔子曰「不知命，亡以爲君子」，此之謂也。

册曰：「上嘉唐虞，下悼桀紂，寖微寖滅寖明寖昌之道，虛心以改。」臣聞衆少成多，積小致鉅，故聖人莫不以晻致明，以微致顯。是以堯發於諸侯，舜興虖深山，非一日而顯也，蓋有漸以致之矣。言出於己，不可塞也；行發於身，不可掩也。言行，治之大者，君子之所以動天地也。故盡小者大，慎微者著。《詩》云：「惟此文王，小心翼翼。」故堯兢兢日行其道，而舜業業日致其孝，善積而名顯，德章而身尊，此其寖明寖昌之道也。積善在身，猶長日加益，而人不知也；積惡在身，猶火之銷膏，而人不見也。非明虖情性察虖流俗者，孰能知之？此唐虞之所以得令名，而桀紂之可爲悼懼者也。夫善惡之相從，如景鄉之應形聲也。故桀紂暴謾，讒賊並進，賢知隱伏，惡日顯，國日亂，晏然自以如日在天，終陵夷而大壞。夫暴逆不仁者，非一日而亡也，亦以漸至，故桀、紂雖亡道，然猶享國十餘年，此其寖微寖滅之道也。

册曰：「三王之教所祖不同，而皆有失，或謂久而不易者道也，意豈異哉？」臣聞夫樂而不亂復而不厭者謂之道；道者萬世亡弊，弊者道之失也。先王之道必有偏而不起之處，故政有眊而不行，舉其偏者以補其弊而已矣。三王之道所祖不同，非其相反，將以捄溢扶衰，所遭之變然也。故孔子曰：「亡爲而治者，其舜虖！」改正朔，易服色，以順天命而已；其餘盡循堯道，何更爲哉！故王者有改制之名，亡變道之實。然夏上忠，殷上敬，周上文者，所繼之捄，當用此也。孔子曰：「殷因於夏禮，所損益可知也；周因於殷禮，所損益可知也；其或繼周者，雖百世可知也。」此言百王之用，以此三者矣。夏因於虞，而獨不言所損益者，其道如一而所上同也。道之大原出於天，天不變，道亦不變，是以禹繼舜，舜繼堯，三聖相受而守一道，亡救弊之政也，故不言其所損益也。繇是觀之，繼治世者其道同，繼亂世者其道變。今漢繼大亂之後，若宜少損周之文致，用夏之忠者。

陛下有明德嘉道，愍世俗之靡薄，悼王道之不昭，故舉賢良方正之士，論(誼)〔議〕考問，將欲興仁誼之休德，明帝王之法制，建太平之道也。臣愚不肖，述所聞，誦所學，道師之言，廑能勿失耳。若乃論政事之得失，察天下之息耗，此大臣輔佐之職，三公九卿之任，非臣仲舒所能及也。然而臣竊有怪者。夫古之天下亦今之天下，今之天下亦古之天下，共是天下，古(亦)〔以〕大治，上下和睦，習俗美盛，不令而行，不禁而止，吏亡姦邪，民亡盜賊，囹圄空虛，德潤草木，澤被四海，鳳皇來集，麒麟來游，以古準今，壹何不相逮之遠也！安所繆盭而陵夷若是？意者有所失於古之道與？有所詭於天之理與？試迹之〔於〕古，返之於天，黨可得見乎？

夫天亦有所分予，予之齒者去其角，傅其翼者兩其足，是所受大者不得取小也。古之所予禄者，不食於力，不動於末，是亦受大者不得取小，與天

同意者也。夫已受大，又取小，天不能足，而況人乎！此民之所以囂囂苦不足也。身寵而載高位，家温而食厚禄，因乘富貴之資力，以與民争利於下，民安能如之哉！是故衆其奴婢，多其牛羊，廣其田宅，博其産業，畜其積委，務此而亡已，以迫蹵民，民日削月朘，寖以大窮。富者奢侈羨溢，貧者窮急愁苦；窮急愁苦而上不救，則民不樂生；民不樂生，尚不避死，安能避罪！此刑罰之所以蕃而姦邪不可勝者也。故受禄之家，食禄而已，不與民争業，然後利可均布，而民可家足。此上天之理，而亦太古之道，天子之所宜法以爲制，大夫之所當循以爲行也。故公儀子相魯，之其家見織帛，怒而出其妻，食於舍而茹葵，愠而拔其葵，曰：「吾已食禄，又奪園夫紅女利虖！」古之賢人君子在列位者皆如是，是故下高其行而從其教，民化其廉而不貪鄙。及至周室之衰，其卿大夫緩於誼而急於利，亡推讓之風而有争田之訟。故詩人疾而刺之，曰：「節彼南山，惟石巖巖，赫赫師尹，民具爾瞻。」爾好誼，則民鄉仁而俗善；爾好利，則民好邪而俗敗。由是觀之，天子大夫者，下民之所視效，遠方之所四面而内望也。近者視而放之，遠者望而效之，豈可以居賢人之位而爲庶人行哉！夫皇皇求財利常恐乏匱者，庶人之意也；皇皇求仁義常恐不能化民者，大夫之意也。《易》曰：「負且乘，致寇至。」乘車者君子之位也，負擔者小人之事也，此言居君子之位而爲庶人之行者，其患禍必至也。若居君子之位，當君子之行，則舍公儀休之相魯，亡可爲者矣。

《春秋》大一統者，天地之常經，古今之通誼也。今師異道，人異論，百家殊方，指意不同，是以上亡以持一統；法制數變，下不知所守。臣愚以爲諸不在六藝之科孔子之術者，皆絶其道，勿使並進。邪辟之説滅息，然後統紀可一而法度可明，民知所從矣。

對既畢，天子以仲舒爲江都相，事易王。易王，帝兄，素驕，好勇。仲舒以禮誼匡正，王敬重焉。久之，王問仲舒曰：「粤王句踐與大夫泄庸、種、蠡謀伐吴，遂滅之。孔子稱殷有三仁，寡人亦以爲粤有三仁。桓公決疑於管仲，寡人決疑於君。」仲舒對曰：「臣愚不足以奉大對。聞昔者魯君問柳下惠：『吾欲伐齊，何如？』柳下惠曰：『不可。』歸而有憂色，曰：『吾聞伐國不問仁人，此言何爲至於我哉！』徒見問耳，且猶羞之，況設詐以伐吴虖？繇此言之，粤本無一仁。夫仁人者，正其誼不謀其利，明其道不計其功，是以仲尼之門，五尺之童羞稱五伯，爲其先詐力而後仁誼也。苟爲詐而已，故不足稱於大君子之門也。五伯比於他諸侯爲賢，其比三王，猶武夫之與美玉也。」王曰：「善。」

仲舒治國，以《春秋》災異之變推陰陽所以錯行，故求雨，閉諸陽，縱諸陰，其止雨反是；行之一國，未嘗不得所欲。中廢爲中大夫。先是遼東高廟、長陵高園殿災，仲舒居家推説其意，屮稾未上，主父偃候仲舒，私見，嫉之，竊其書而奏焉。上召視諸儒，仲舒弟子吕步舒不知其師書，以爲大愚。於是下仲舒吏，當死，詔赦之。仲舒遂不敢復言災異。

仲舒爲人廉直。是時方外攘四夷，公孫弘治《春秋》不如仲舒，而弘希世用事，位至公卿。仲舒以弘爲從諛，弘嫉之。膠西王亦上兄也，尤縱恣，數害吏二千石。弘乃言於上曰：「獨董仲舒可使相膠西王。」膠西王聞仲舒大儒，善待之，仲舒恐久獲辠，病免。凡相兩國，輒事驕王，正身以率下，數上疏諫争，教令國中，所居而治。及去位歸居，終不問家産業，以修學著書爲事。

仲舒在家，朝廷如有大議，使使者及廷尉張湯就其家而問之，其對皆有明法。自武帝初立，魏其、武安侯爲相而隆儒矣。及仲舒對册，推明孔氏，抑黜百家。立學校之官，州郡舉茂材孝廉，皆自仲舒發之。年老，以壽終於家。家徙茂陵，子及孫皆以學至大官。

仲舒所著，皆明經術之意，及上疏條教，凡百二十三篇。而説《春秋》事得失，《聞舉》、《玉杯》、《蕃露》、《清明》、《竹林》之屬，復數十篇，十餘萬言，皆傳於後世。掇其切當世施朝廷者著于篇。

雜録

備録

《史記》卷一二一《儒林列傳》序　及今上即位，趙綰、王臧之屬明儒學，而上亦鄉之，於是招方正賢良文學之士。自是之後，言《詩》於魯則申培公，於齊則轅固生，於燕則韓太傅。言《尚書》自濟南伏生。言《禮》自魯高堂生。言《易》自菑川田生。言《春秋》於齊魯自胡毋生，於趙自董仲舒。

《漢書》卷二四上《食貨志上》　至武帝之初七十年間，國家亡事，非遇水旱，

則民人給家足，都鄙廩庾盡滿，而府庫餘財。京師之錢累百鉅萬，貫朽而不可校。太倉之粟陳陳相因，充溢露積於外，腐敗不可食。衆庶街巷有馬，仟伯之間成羣，乘牸牝者擯而不得會聚。守閭閻者食粱肉；爲吏者長子孫；居官者以爲姓號。人人自愛而重犯法，先行誼而黜媿辱焉。於是罔疏而民富，役財驕溢，或至并兼豪黨之徒以武斷於鄉曲。宗室有土，公卿大夫以下爭於奢侈，室廬車服僭上亡限。物盛而衰，固其變也。

是後，外事四夷，内興功利，役費並興，而民去本。董仲舒説上曰：「《春秋》它穀不書，至於麥禾不成則書之，以此見聖人於五穀最重麥與禾也。今關中俗不好種麥，是歲失《春秋》之所重，而損生民之具也。願陛下幸詔大司農，使關中民益種宿麥，令毋後時。」又言：「古者税民不過什一，其求易共；使民不過三日，其力易足。民財内足以養老盡孝，外足以事上共税，下足以畜妻子極愛，故民説從上。至秦則不然，用商鞅之法，改帝王之制，除井田，民得賣買，富者田連仟伯，貧者亡立錐之地。又顓川澤之利，管山林之饒，荒淫越制，踰侈以相高；邑有人君之尊，里有公侯之富，小民安得不困？又加月爲更卒，已復爲正，一歲屯戍，一歲力役，三十倍於古；田租口賦，鹽鐵之利，二十倍於古。或耕豪民之田，見税什五。故貧民常衣牛馬之衣，而食犬彘之食。重以貪暴之吏，刑戮妄加，民愁亡聊，亡逃山林，轉爲盜賊，赭衣半道，斷獄歲以千萬數。漢興，循而未改。古井田法雖難卒行，宜少近古，限民名田，以澹不足，塞并兼之路。鹽鐵皆歸於民。去奴婢，除專殺之威。薄賦斂，省繇役，以寬民力。然後可善治也。」仲舒死後，功費愈甚，天下虚耗，人復相食。

《漢書》卷二七上《五行志上》 漢興，承秦滅學之後，景、武之世，董仲舒治《公羊春秋》，始推陰陽，爲儒者宗。宣、元之後，劉向治《穀梁春秋》，數其旤福，傳以《洪範》，與仲舒錯。至向子歆治《左氏傳》，其《春秋》意亦已乖矣；言《五行傳》，又頗不同。是以擥仲舒，別向、歆，傳載眭孟、夏侯勝、京房、谷永、李尋之徒所陳行事，訖於王莽，舉十二世，以傅《春秋》，著於篇。

《春秋》桓公十四年「八月壬申，御廩災」。董仲舒以爲先是四國共伐魯，大破之於龍門。

嚴公二十年「夏，齊大災」。【略】董仲舒以爲魯夫人淫於齊，齊桓姊妹不嫁者七人。國君，民之父母；夫婦，生化之本。本傷則末夭，故天災所予也。

釐公二十年「五月(己酉)[乙巳]，西宮災」。【略】董仲舒以爲釐娶於楚，而齊媵之，脅公使立以爲夫人。西宮者，小寢，夫人之居也。若曰，妾何爲此宮！誅去之意也。以天災之，故大之曰西宮也。

宣公十六年「夏，成周宣榭火」。榭者，所以臧樂器，宣其名也。董仲舒、劉向以爲十五年王札子殺召伯、毛伯，天子不能誅。天戒若曰，不能行政令，何以禮樂爲而臧之？【略】

成公三年「二月甲子，新宮災」。【略】董仲舒以爲成居喪亡哀戚心，數興兵戰伐，故天災其父廟，示失子道，不能奉宗廟也。一曰，宣殺君而立，不當列於羣祖也。

三十年「五月甲午，宋災」。董仲舒以爲伯姬如宋五年，宋恭公卒，伯姬幽居守節三十餘年，又憂傷國家之患禍，積陰生陽，故火生災也。【略】

九年「夏四月，陳火」。董仲舒以爲陳夏徵舒殺君，楚嚴王託欲爲陳討賊，陳國闢門而待之，至因滅陳。陳臣子尤毒恨甚，極陰生陽，故致火災。【略】

昭十八年「五月壬午，宋、衛、陳、鄭災」。董仲舒以爲象王室將亂，天下莫救，故災四國，言亡四方也。又宋、衛、陳、鄭之君皆荒淫於樂，不恤國政，與周室同行。陽失節則火災出，是以同日災也。【略】

定公二年「五月，雉門及兩觀災」。董仲舒、劉向以爲此皆奢僭過度者也。先是，季氏逐昭公，昭公死于外。定公即位，既不能誅季氏，又用其邪説，淫於女樂，而退孔子。天戒若曰，去高顯而奢僭者。一曰，門闕，號令所由出也，今舍大聖而縱有辠，亡以出號令矣。京房《易傳》曰：「君不思道，厥妖火燒宮。」

哀公三年「五月辛卯，桓、釐宮災」。董仲舒、劉向以爲此二宮不當立，違禮者也。哀公又以季氏之故不用孔子。孔子在陳聞魯災，曰：「其桓、釐之宮乎！」以爲桓，季氏之所出，釐，使季氏世卿者也。

四年「六月辛丑，亳社災」。董仲舒、劉向以爲亡國之社，所以爲戒也。天戒若曰，國將危亡，不用戒矣。《春秋》火災，屢於定、哀之間，不用聖人而縱驕臣，將以亡國，不明甚也。一曰，天生孔子，非爲定、哀也，蓋失禮不明，火災應之，自然象也。

武帝建元六年六月丁酉，遼東高廟災。四月壬子，高園便殿火。董仲舒對曰：「《春秋》之道舉往以明來，是故天下有物，視《春秋》所舉與同比者，精微眇以存其意，通倫類以貫其理，天地之變，國家之事，粲然皆見，亡所疑矣。按《春秋》魯定公、哀公時，季氏之惡已孰，而孔子之聖方盛。夫以盛聖而易孰惡，季孫

雖重，魯君雖輕，其勢可成也。故定公二年五月兩觀災。兩觀，僭禮之物，天災之者，若曰，僭禮之臣可以去。已見辠徵，而後告可去，此天意也。定公不知省。至哀公三年五月，桓宮、釐宮災。二者同事，所爲一也，若曰燔貴而去不義云爾。哀公未能見，故四年六月亳社災。兩觀、桓、釐廟、亳社，四者皆不當立，天皆燔其不當立者以示魯，欲其去亂臣而用聖人也。季氏亡道久矣，前是天不見災者，魯未有賢聖臣，雖欲去季孫，其力不能，昭公是也。至定、哀乃見之，其時可也。不時不見，天之道也。今高廟不當居遼東，高園殿不當居陵旁，於禮亦不當立，與魯所災同。其不當立久矣，至於陛下時天乃災之者，殆亦其時可也。昔秦受亡周之敝，而亡以化之；漢受亡秦之敝，又亡以化之。夫繼二敝之後，承其下流，兼受其猥，難治甚矣。又多兄弟親戚骨肉之連，驕揚奢侈恣睢者衆，所謂重難之時者也。陛下正當大敝之後，又遭重難之時，甚可憂也。故天災若語陛下「當今之世，雖敝而重難，非以太平至公，不能治也。視親戚貴屬在諸侯遠正最甚者，忍而誅之，如吾燔遼〔東〕高廟乃可；視近臣在國中處旁仄及貴而不正者，忍而誅之，如吾燔高園殿乃可」云爾。在外而不正者，雖貴如高廟，猶災燔之，況諸侯乎！在內不正者，雖貴如高園殿，猶燔災之，況大臣乎！此天意也。辠在外者天災外，辠在內者天災內，燔甚辠當重，燔簡辠當輕，承天意之道也。」

先是，淮南王安入朝，始與帝舅太尉武安侯田蚡有逆言。其後膠西于王、趙敬肅王、常山憲王皆數犯法，或至夷滅人家，藥殺二千石，而淮南、衡山王遂謀反。膠東、江都王皆知其謀，陰治兵弩，欲以應之。至元朔六年，乃發覺而伏辜。時田蚡已死，不及誅。上思仲舒前言，使仲舒弟子吕步舒持斧鉞治淮南獄，以《春秋》誼顓斷於外，不請。既還奏事，上皆是之。

嚴公二十八年「冬，大（水）亡麥禾」。董仲舒以爲夫人哀姜淫亂，逆陰氣，故大水也。【略】

桓公元年「秋，大水」。董仲舒、劉向以爲桓弑兄隱公，民臣痛隱而賤桓。後宋督弑其君，諸侯會，將討之，桓受宋賂而歸，又背宋。諸侯由是伐魯，仍交兵結讎，伏尸流血，百姓愈怨，故十三年夏復大水。一曰，夫人驕淫，將弑君，陰氣盛，桓不寤，卒弑死。【略】

嚴公七年「秋，大水，亡麥苗」。董仲舒、劉向以爲嚴母文姜與兄齊襄公淫，共殺（威）〔桓〕公，嚴釋父讎，復取齊女，未入，先與之淫，一年再出，會於道逆亂，臣下賤之之應也。

十一年「秋，宋大水」。董仲舒以爲時魯、宋比年爲乘丘、鄑之戰，百姓愁怨，陰氣盛，故二國俱水。【略】

二十四年，「大水」。董仲舒以爲夫人哀姜淫亂不婦，陰氣盛也。【略】

宣公十年「秋大水，飢」。董仲舒以爲時比伐邾取邑，亦見報復，兵讎連結，百姓愁怨。

成公五年「秋，大水」。董仲舒、劉向以爲時成幼弱，政在大夫，前此一年再用師，明年復城鄆以彊私家，仲孫蔑、叔孫僑如顓會宋、晉，陰勝陽。

襄公二十四年「秋，大水」。董仲舒以爲先是一年齊伐晉，襄使大夫帥師救晉，後又侵齊，國小兵弱，數敵彊大，百姓愁怨，陰氣盛。【略】

《漢書》卷二七中之上《五行志中之上》 成公七年「正月，鼷鼠食郊牛角；改卜牛，又食其角」。【略】董仲舒以爲鼷鼠食郊牛，皆養牲不謹也。

釐公二十一年「夏，大旱」。董仲舒、劉向以爲齊（威）〔桓〕既死，諸侯從楚，釐尤得楚心。楚來獻捷，釋宋之執。外倚彊楚，炕陽失衆，又作南門，勞民興役。諸雩旱不雨，略皆同説。

嚴公十七年「冬，多麋」。劉歆以爲毛蟲之孽爲災。劉向以爲麋色青，近青祥也。麋之爲言迷也，蓋牝獸之淫者也。是時，嚴公將取齊之淫女，其象先見，天戒若曰，勿取齊女，淫而迷國。嚴不寤，遂取之。夫人既入，淫於二叔，終皆誅死，幾亡社稷。董仲舒指略同。

《漢書》卷二七中之下《五行志中之下》 桓公十五年「春，亡冰」。【略】董仲舒以爲象夫人不正，陰失節也。

成公元年「二月，無冰」。董仲舒以爲方有宣公之喪，君臣無悲哀之心，而炕陽，作丘甲。

襄公二十八年「春，無冰」。劉向以爲先是公作三軍，有侵陵用武之意，於是鄰國不和，伐其三鄙，被兵十有餘年，因之以饑饉，百姓怨望，臣下心離，公懼而弛緩，不敢行誅罰，楚有夷狄行，公有從楚心，不明善惡之應。董仲舒指略同。

僖公三十三年「十二月，隕霜不殺草」。劉歆以爲草妖也。劉向以爲今十月，周十二月。子赤，三家逐昭公。董仲舒指略同。

僖公三十三年「十二月，李梅實」。【略】董仲舒以爲李梅實，臣下彊也。記曰：「不當華而華，易大夫；不當實而實，易相室。」冬，水王，木相，故象大臣。

昭公二十五年「夏，有鸜鵒來巢」。劉歆以爲羽蟲之孽，其色黑，又黑祥也，

視不明聽不聰之罰也。劉向以爲有蜚有蜮不言來者，氣所生，所謂眚也；鸜鵒言來者，氣所致，所季氏所敗，出犇于齊，遂死于外野。董仲舒指略同。

桓公八年「十月，雨雪」。【略】董仲舒以爲象(大)〔夫〕人專恣，陰氣盛也。

釐公十年「冬，大雨雪」。【略】董仲舒以爲公脅於齊桓公，立妾爲夫人，不敢進羣妾，故專壹之象見諸雹，皆爲有所漸脅也，行專壹之政云。

昭公四年「正月，大雨雪」。【略】董仲舒以爲季孫宿任政，陰氣盛也。

定公元年「十月，隕霜殺菽」。【略】董仲舒以爲菽，草之彊者，天戒若曰，加誅於彊臣。言菽，以微見季氏之罰也。

桓公五年「秋，螽」。【略】諸螽略皆從董仲舒説云。

嚴公二十九年「有蜚」。劉歆以爲負蠜也，性不食穀，食穀爲災，介蟲之孽。劉向以爲蜚色青，近青眚也，非中國所有。南越盛暑，男女同川澤，淫風所生，爲蟲臭惡。是時嚴公取齊淫女爲夫人，既入，淫於兩叔，故蜚至。天戒若曰，今誅絶之尚及，不將生臭惡，聞於四方。嚴不寤，其後夫人與兩叔作亂，二嗣以殺，卒皆被辜。董仲舒指略同。

文公三年「秋，雨螽于宋」。【略】董仲舒以爲宋三世内取，大夫專恣，殺生不中，故螽先死而至。

宣公十五年「冬，蝝生」。【略】董仲舒、劉向以爲蝝，螟始生也，一曰(螟)〔蝗〕始生。是時民患上力役，解於公田。宣是時初税畝。税畝，就民田畝擇美者税其什一，亂先王制而爲貪利，故應是而蝝生，屬蠃蟲之孽。

《漢書》卷二七下之上《五行志下之上》 釐公十五年「九月己卯晦，震夷伯之廟」。【略】董仲舒以爲夷伯，季氏之孚也，陪臣不當有廟。震者雷也，晦暝，雷擊其廟，明當絶去僭差之類也。【略】

隱公五年「秋，螟」。董仲舒、劉向以爲時公觀漁于棠，貪利之應也。

嚴公六年「秋，螟」。董仲舒、劉向以爲先是衛侯朔出奔齊，齊侯會諸侯納朔，許諸侯賂。齊人歸衛寶，魯受之，貪利應也。

宣公三年，「郊牛之口傷，改卜牛，牛死」。劉向以爲近牛禍也。是時宣公與公子遂謀共殺子赤而立，又以喪娶，區霿昏亂。亂成於口，幸有季文子得免於禍，天猶惡之，生則不饗其祀，死則災燔其廟。董仲舒指略同。

文公九年「九月癸酉，地震」。劉向以爲先是時，齊桓、晉文、魯釐二伯賢君新没，周襄王失道，楚穆王殺父，諸侯皆不肖，權傾於下，天戒若曰，臣下彊盛者將動爲害。後宋、魯、晉、莒、鄭、陳、齊皆殺君。諸震，略皆從董仲舒説也。

釐公十四年「秋八月辛卯，沙麓崩」。《穀梁傳》曰：「林屬於山曰麓，沙其名也。」劉向以爲臣下背叛，散落不事上之象也。先是，齊桓行伯道，會諸侯，事周室。管仲既死，桓德日衰，天戒若曰，伯道將廢，諸侯散落，政逮大夫，陪臣執命，臣下不事上矣。桓公不寤，天子蔽晦。及齊(威)〔桓〕死，天下散而從楚。王札子殺二大夫，晉敗天子之師，莫能征討，從是陵遲。《公羊》以爲沙麓，河上邑也。董仲舒説略同。

成公五年「夏，梁山崩」。《穀梁傳》曰廱河三日不流，晉君帥羣臣而哭之，乃流。劉向以爲山陽，君也，水陰，民也，天戒若曰，君道崩壞，下亂，百姓將失其所矣。哭然後流，喪亡象也。梁山在晉地，自晉始而及天下也。後晉暴殺三卿，厲公以弑。溴梁之會，天下大夫皆執國政，其後孫、甯出衛獻，三家逐魯昭，單、尹亂王室。董仲舒説略同。

《漢書》卷二七下之下《五行志下之下》 隱公三年「二月己巳，日有食之」。《穀梁傳》曰，言日不言朔，食晦。《公羊傳》曰，食二日。董仲舒、劉向以爲其後戎執天子之使，鄭獲魯隱，滅戴，衛、魯、宋咸殺君。

桓公三年「七月壬辰朔，日有食之，既」。董仲舒、劉向以爲前事已大，後事將至者又大，則既。先是魯、宋弑君，魯又成宋亂，易許田，亡事天子之心；楚僭稱王。後鄭岠王師，射桓王，又二君相篡。

十七年「十月朔，日有食之」。【略】董仲舒以爲言朔不言日，惡魯桓且有夫人之禍，將不終日也。

嚴公十八年「三月，日有食之」。【略】董仲舒以爲宿在東壁，魯象也。後公子慶父、叔牙果通於夫人以劫公。

二十五年「六月辛未朔，日有食之」。董仲舒以爲宿在畢，主邊兵夷狄象也。後狄滅邢、衛。

二十六年「十二月癸亥朔，日有食之」。董仲舒以爲宿在心，心爲明堂，文武之道廢，中國不絶若綫之象也。

三十年「九月庚午朔，日有食之」。董仲舒、劉向以爲後魯二君弑，夫人誅，兩弟死，狄滅邢，徐取舒，晉殺世子，楚滅弦。

僖公五年「九月戊申朔，日有食之」。董仲舒、劉向以爲先是齊桓行伯，江、黄自至，南服彊楚。

十二年「三月庚午(朔)，日有食之」。董仲舒、劉向以爲是時楚滅黄，狄侵衛、鄭，莒滅杞。

十五年「五月，日有食之」。【略】董仲舒以爲後秦獲晉侯，齊滅項，楚敗徐于婁林。

文公元年「二月癸亥，日有食之」。董仲舒、劉向以爲先是大夫始執國政，公子遂如京師，後楚世子商臣殺父，齊公子商人弑君，皆自立，宋子哀出奔，晉滅江，楚滅六，大夫公孫敖、叔彭生並專會盟。

十五年「六月辛丑朔，日有食之」。董仲舒、劉向以爲後宋、齊、莒、晉、鄭八年之間五君殺死，(夷)〔楚〕滅舒蓼。

宣公八年「七月甲子，日有食之，既」。董仲舒、劉向以爲先是楚商臣弑父而立，至于嚴王遂彊。諸夏大國唯有齊、晉，齊、晉新有篡弑之禍，内皆未安，故楚乘弱横行，八年之間六侵伐而一滅國；伐陸渾戎，觀兵周室；後又入鄭，鄭伯肉袒謝罪；北敗晉師于邲，流血色水；圍宋九月，析骸而炊之。

十年「四月丙辰，日有食之」。董仲舒、劉向以爲後陳夏徵舒弑其君，楚滅蕭，晉滅二國，王札子殺召伯、毛伯。

十七年「六月癸卯，日有食之」。董仲舒、劉向以爲後邾支解鄫子，晉敗王師于貿戎，敗齊于鞌。

成公十六年「六月丙寅朔，日有食之」。董仲舒、劉向以爲後晉敗楚、鄭于鄢陵，執魯侯。

十七年「十二月丁巳朔，日有食之」。董仲舒、劉向以爲後楚滅舒庸，晉弑其君，宋魚石因楚奪君邑，莒滅鄫，齊滅萊，鄭伯弑死。

襄公十四年「二月乙未朔，日有食之」。董仲舒、劉向以爲後衛大夫孫、甯共逐獻公，立孫剽。

十五年「八月丁巳〔朔〕，日有食之」。董仲舒、劉向以爲先是晉爲雞澤之會，諸侯盟，又大夫盟，後爲溴梁之會，諸侯在而大夫獨相與盟，君若綴斿，不得舉手。

二十年「十月丙辰朔，日有食之」。董仲舒以爲陳慶虎、慶寅蔽君之明，邾庶其有叛心，後庶其以漆、閭丘來奔，陳殺二慶。

二十一年「九月庚戌朔，日有食之」。董仲舒以爲晉欒盈將犯君，後入于曲沃。

「十月庚辰朔，日有食之」。董仲舒以爲宿在軫、角，楚大國象也。後楚屈氏譖殺公子追舒，齊慶封脅君亂國。

二十三年「二月癸酉朔，日有食之」。董仲舒以爲後衛侯入陳儀，甯喜弑其君剽。

「八月癸巳朔，日有食之」。董仲舒以爲比食又既，象陽將絶，夷狄主上國之象也。後六君弑，楚子果從諸侯伐鄭，滅舒鳩，魯往朝之，卒主中國，伐吴討慶封。

二十七年「十二月乙亥朔，日有食之」。董仲舒以爲禮義將大滅絶之象也。時吴子好勇，使刑人守門；蔡侯通於世子之妻；莒不早立嗣。後閽戕吴子，蔡世子般弑其父，莒人亦弑君而庶子争。

昭公七年「四月甲辰朔，日有食之」。董仲舒、劉向以爲先是楚靈王弑君而立，會諸侯，執徐子，滅賴，後陳公子招殺世子，楚因而滅之，又滅蔡，後靈王亦弑死。

十七年「六月甲戌朔，日有食之」。董仲舒以爲時宿在畢，晉國象也。晉厲公誅四大夫，失衆心，以弑死。後莫敢復責大夫，六卿遂相與比周，專晉國，君還事之。日比再食，其事在春秋後，故不載於經。

二十一年「七月壬午朔，日有食之」。董仲舒以爲周景王老，劉子、單子專權，蔡侯朱驕，君臣不説之象也。後蔡侯朱果出奔，劉子、單子立王猛。

二十二年「十二月癸酉朔，日有食之」。董仲舒以爲宿在心，天子之象也。後尹氏立王子朝，天王居于狄泉。

二十四年「五月乙未朔，日有食之」。董仲舒以爲宿在胃，魯象也。後昭公爲季氏所逐。

三十一年「十二月辛亥朔，日有食之」。董仲舒以爲宿在心，天子象也。時京師微弱，後諸侯果相率而城周，宋中幾亡尊天子之心，而不衰城。

定公五年「三月辛亥朔，日有食之」。董仲舒、劉向以爲後鄭滅許，魯陽虎作亂，竊寶玉大弓，季桓子退仲尼，宋三臣以邑叛。

十二年「十一月丙寅朔，日有食之」。董仲舒、劉向以爲後晉三大夫以邑叛，薛弑其君，楚滅頓、胡，越敗吴，衛逐世子。

十五年「八月庚辰朔，日有食之」。董仲舒以爲宿在柳，周室大壞，夷狄主諸夏之象也。明年，中國諸侯果累累從楚而圍蔡，蔡恐，遷于州來。晉人執戎蠻子

歸于楚，京師楚也。

嚴公七年「四月辛卯夜，恒星不見，夜中星隕如雨」。董仲舒、劉向以爲常星二十八宿者，人君之象也；衆星，萬民之類也。列宿不見，象諸侯微也；衆星隕墜，民失其所也。夜中者，爲中國也。不及地而復，象齊桓起而救存之也。鄉亡桓公，星遂至地，中國其良絶矣。

文公十四年「七月，有星孛入于北斗」。董仲舒以爲孛者惡氣之所生也。謂之孛者，言其孛孛有所妨蔽，闇亂不明之貌也。北斗，大國象。後齊、宋、魯、莒、晉皆弑君。

昭公十七年「冬，有星孛于大辰」。董仲舒以爲大辰心也，心(在)〔爲〕明堂，天子之象。後王室大亂，三王分争，此其效也。

哀公十三年「冬十一月，有星孛于東方」。董仲舒、劉向以爲不言宿名者，不加宿也。以辰乘日而出，亂氣蔽君明也。明年，《春秋》事終。一曰，周之十一月，夏九月，日在氐。出東方者，軫、角、亢也。軫，楚；角、亢，陳、鄭也。或曰角、亢大國象，爲齊、晉也。其後楚滅陳，田氏篡齊，六卿分晉，此其效也。

釐公十六年「正月戊申朔，隕石于宋，五，是月六鶂退飛過宋都」。董仲舒、劉向以爲象宋襄公欲行伯道將自敗之戒也。石陰類，五陽數，自上而隕，此陰而陽行，欲高反下也。石與金同類，色以白爲主，近白祥也。鶂水鳥，六陰數，退飛，欲進反退也。其色青，青祥也，屬於貌之不恭。天戒若曰，德薄國小，勿持炕陽，欲長諸侯，與彊大争，必受其害。襄公不寤，明年齊威死，伐齊喪，執滕子，圍曹，爲盂之會，與楚争盟，卒爲所執。後得反國，不悔過自責，復會諸侯伐鄭，與楚戰于泓，軍敗身傷，爲諸侯笑。

《漢書》卷三〇《藝文志》 （《春秋》）《公羊董仲舒治獄》十六篇。

（儒家）《董仲舒》百二十三篇。

《漢書》卷三六《楚元王傳》 董仲舒坐私爲災異書，主父偃取奏之，下吏，罪至不道，幸蒙不誅，復爲太中大夫，膠西相，以老病免歸。漢有所欲興，常有詔問。仲舒爲世儒宗，定議有益天下。

《漢書》卷六四下《賈捐之傳》 觀其下筆屬文，則董仲舒。

《漢書》卷七五《眭弘傳》 眭弘字孟，魯國蕃人也。少時好俠，鬬雞走馬，長乃變節，從嬴公受《春秋》。以明經爲議郎，至符節令。【略】孟意亦不知其所在，即説曰：「先師董仲舒有言，雖有繼體守文之君，不害聖人之受命。漢家堯後，有傳國之運。漢帝宜誰差天下，求索賢人，禪以帝位，而退自封百里，如殷周二王後，以承順天命。」孟使友人内官長賜上此書。

《漢書》卷八八《儒林傳・韓嬰》 武帝時，嬰嘗與董仲舒論於上前，其人精悍，處事分明，仲舒不能難也。

應劭《風俗通義》卷九《怪神》 武帝時迷於鬼神，尤信越巫，董仲舒數以爲言。武帝欲驗其道，令巫詛仲舒；仲舒朝服南面，誦詠經論，不能傷害，而巫者忽死。

黄震《古今紀要・西漢》 董仲舒，潛心大業，非禮不行。兩相驕主，正身率下，數上諫争，所居而治。推明孔氏，抑黜百家，立學校，舉茂材孝廉，皆自仲舒發之。初爲博士，三年不窺園。及去位歸，終不問家産業。劉向謂伊、吕無以加，歆謂淵源未及游、夏，班固意蓋主之。仲舒治公羊，歆主左氏，故有此言。若受命之符，引經文《尚書》白魚入舟，及求雨，陰陽縱閉等却從公羊中來。或聞知或見知，不可專以淵源論。三策大要，首篇禮樂教化，任德正心，立太學，更化。二篇舜文勞逸，高明光大，求賢在養士，歲貢賢。三篇承天意以順命，明教化以成性，正法度以防欲。道原出於天，用夏之忠。士大夫言財利。按武帝三策不合，再策之曰子大夫或道世務而未濟，考之今而難行，是不以初對爲然。三策之曰文采未加，豈惑乎？當世之務及條貫未竟，統紀未終，是不以再對爲然。對畢，天子以爲江都相，是又不以三對爲然。對江都易王泄庸、種、蠡爲越三仁之問，云仁人正其誼不謀其利，明其道不計其功，與孟子對梁惠同。純儒。

備論

《史記》卷一四《十二諸侯年表》序 上大夫董仲舒推《春秋》義，頗著文焉。

王充《論衡・案書篇》 董仲舒著書，不稱子者，意殆自謂過諸子也。漢作書者多，司馬子長、楊子雲，河、漢也；其餘，涇、渭也。然而子長少臆中之説，子雲無世俗之論。仲舒説道術奇矣，北方三家尚矣。讖書云：「董仲舒，亂我書。」蓋孔子言也。讀之者或爲「亂我書」者，煩亂孔子之書也；或以爲亂者，理也，理

孔子之書也。共一「亂」字，理之與亂，相去甚遠。然而讀者用心不同，不省本實，故説誤也。夫言煩亂孔子之書，才高之語也；其言理孔子之書，亦知奇之言也。出入聖人之門，亂理孔子之書，子長、子雲無此言焉。世俗用心不實，省事失情，二語不定，轉側不安。案仲舒之書，不違儒家，不及(反)孔子。其言煩亂孔子之書者，非也；孔子之書不亂，其言理孔子之書者，亦非也。孔子曰：「師摯之始，《關雎》之亂，洋洋乎盈耳哉！」亂者，於(終)孔子言也。孔子生周，始其本；仲舒在漢，終其末。班叔皮續《太史公書》，蓋其義也。賦頌篇下其有「亂曰」章，蓋其類也。孔子終論，定於仲舒之言，其修雩治龍，必將有義，未可怪也。

《漢書》卷二二《禮樂志》 至武帝即位，進用英雋，議立明堂，制禮服，以興太平。會竇太后好黄老言，不説儒術，其事又廢。後董仲舒對策言：「王者欲有所爲，宜求其端於天。天道大者，在於陰陽。陽爲德，陰爲刑。天使陽常居大夏而以生育長養爲事，陰常居大冬而積於空虚不用之處，以此見天之任德不任刑也。陽出布施於上而主歲功，陰入伏藏於下而時出佐陽。陽不得陰之助，亦不能獨成歲功。王者承天意以從事，故務德教而省刑罰。刑罰不可任以治世，猶陰之不可任以成歲也。今廢先王之德教，獨用執法之吏治民，而欲德化被四海，故難成也。是故古之王者莫不以教化爲大務，立大學以教於國，設庠序以化於邑。教化已明，習俗已成，天下嘗無一人之獄矣。至周末世，大爲無道，以失天下。秦繼其後，又益甚之。自古以來，未嘗以亂濟亂，大敗天下如秦者也。習俗薄惡，民人抵冒。今漢繼秦之後，雖欲治之，無可奈何。法出而姦生，令下而詐起，一歲之獄以萬千數，如以湯止沸，沸俞甚而無益。辟之琴瑟不調，甚者必解而更張之，乃可鼓也。爲政而不行，甚者必變而更化之，乃可理也。故漢得天下以來，常欲善治，而至今不能勝殘去殺者，失之當更化而不能更化也。古人有言：『臨淵羨魚，不如歸而結網。』今臨政而願治七十餘歲矣，不如退而更化。更化則可善治，而災害日去，福禄日來矣。」是時，上方征討四夷，鋭志武功，不暇留意禮文之事。

【略】時，大儒公孫弘、董仲舒等皆以爲音中正雅，立之大樂。春秋鄉射，作於學官，希闊不講。【略】

今海内更始，民人歸本，户口歲息，平其刑辟，牧以賢良，至於家給，既庶且富，則須庠序禮樂之教化矣。今幸有前聖遺制之威儀，誠可法象而補備之，經紀可因緣而存著也。孔子曰：「殷因於夏禮，所損益，可知也；周因於殷禮，所損益，可知也；其或繼周者，百世可知也。」今大漢繼周，久曠大儀，未有立禮成樂，此賈(宜)〔誼〕、仲舒、王吉、劉向之徒所爲發憤而增嘆也。

《漢書》卷五六《董仲舒傳贊》 劉向稱「董仲舒有王佐之材，雖伊、吕亡以加，筦、晏之屬，伯者之佐，殆不及也。」至向子歆以爲「伊、吕乃聖人之耦，王者不得則不興。故顔淵死，孔子曰：『噫！天喪余。』唯此一人爲能當之，自宰我、子贛、子游、子夏不與焉。仲舒遭漢承秦滅學之後，《六經》離析，下帷發憤，潛心大業，令後學者有所統壹，爲羣儒首，然考其師友淵源所漸，猶未及乎游、夏，而曰筦、晏弗及，伊、吕不加，過矣。」至向曾孫龔，篤論君子也，以歆之言爲然。

《漢書》卷一〇〇下《叙傳下》 抑抑仲舒，再相諸侯，身修國治，致仕縣車，下帷覃思，論道屬書，讜言訪對，爲世純儒。

《全宋文》卷四〇一孫復《董仲舒論》 孔子而下至西漢間，世稱大儒者，或曰孟軻氏、荀卿氏、揚雄氏而已，以其立言垂範，明道救時，功豐德鉅也。至於董仲舒，則忽而不舉，此非明有所未至，識有所未周乎？何哉？昔者秦滅羣聖之言，欲愚四海也，蓋天奪之鑒，以授於漢，故生仲舒於孝武之世焉。於時大教頹缺，學者疏闊，莫明大端。仲舒暐然奮起，首能發聖道之本根，新孝武之耳目，上自二帝，下訖三代，其化基治具，咸得之於心而筆之於書，將以緝乾綱之絶紐，闢王道之梗塗矣。故其對策，推明孔氏，抑黜百家，請諸不在六藝之科、孔子之術者，皆絶其道，勿使并進，息滅邪説，斯可謂盡心於聖人之道者也。噫，暴秦之後，聖人之道晦矣，晦而復明者，仲舒之力也。彼孟軻、荀卿，當戰國之際，雖則諸子紛亂，然去聖未遠，先王之典經盡在。揚雄處新室之間，雖則大禍是懼，然漢有天下滋久，講求典禮，抑亦云備，故其微言大法，洽於聞見，揭而行之，張以爲教易爾。若仲舒燔滅之餘，典經已壞，其微言大法，希於聞見，探而索之，駕以爲説，不其艱哉？況乎暴秦之禍，甚於戰國之亂與新室之懼邪！然四子之道一也，使易地而處，則皆然矣。愚嘗病世之學者，鮮克知仲舒之懿，又病班孟堅作仲舒之贊，言「劉向稱『仲舒有王佐才，伊、吕亡以加，管、晏之屬，伯者之佐，殆不及也』。至向子歆，以爲『淵源所漸，未及乎游、夏，而曰管、晏弗及，伊、吕之不加，過矣』」。愚謂歆以仲舒盛德先覺，顧己弗及，疾而詆之者也，故雖其父言亦以爲過。且仲舒於孔氏之門，其功深矣。觀其道也，出於游、夏遠矣。對孝武大明王之端與夫任德不任刑之説，雖伊、吕又何加焉？蓋用與不用爾。使孝武能盡師其言，決而用之，則漢氏之德比隆三代矣，厥後曷有惑於神仙之事，困於征

伐之弊哉？仲舒不用，非孝武之過，平津之罪也。平津害其能而逐之。兩事驕主，才弗克施，既而退死於家，吁，可惜也！孟堅筆削之際，不能斥劉歆之浮論，惑而書之，失於斷矣。

《全宋文》卷一〇七六樓郁《春秋繁露序》 六經道大而難知，惟《春秋》，聖人之志在焉。自孔子没，莫不有傳，名於傳者五家，用於世纔三而止耳。其後傳世學散，源迷而流分。蓋公羊之學後有胡毋子都、董仲舒治其說，信勤矣。嘗爲武帝置對於篇，又自著書以傳於後，其微言至要，蓋深於《春秋》者也。然聖人之旨在經，經之失傳，傳之失學。故漢諸儒多病專門之見，各務高師之言，至窮智畢學，或不出聖人大中之道，使周公、孔子之志既晦而隱焉。董生之書，視諸儒尤博極閎深也。本傳稱《玉杯》、《繁露》、《清明》、《竹林》之屬，今其書十卷，又總名《繁露》，其是非請伺賢者辨之。太原王君家藏此書，常謂仲舒之學久鬱不發，將以廣之天下，就予求序，因書其本末云。慶曆七年二月，大理評事四明樓郁書。

《全宋文》卷二七三三晁補之《西漢雜論三・董仲舒對策》 武帝初立，魏其、武安侯爲相而隆儒矣。及仲舒對策，推明孔氏，抑黜百家。立學校之官，州郡舉茂才孝廉，皆自仲舒發之。然武帝名隆儒，既異仲舒對，至三策之，可謂勤矣。對畢不以居內，而以爲諸侯相，何耶？曰不合乎，則如傳所載，既用其言矣；用其言，疏其人，然則武帝名隆儒，實好大喜功，與儒者議闊而不好也。抑世皆疑仲舒語，徒以白魚流火爲受命之符，非三代得天下以仁之意。又推説園廟災，顧下比京房、翼奉輩，至使弟子不知，以爲大愚，抑末也，不足以論仲舒。劉向以謂伊、呂無以加之，而子歆意其不可，亦緣當時毀譽。雖然，何必爲伊、呂？顧其言深切可施於事者何如。漢承秦大壞，仲舒以謂非有文德以教訓於天下，誅名而不察實，爲善者未必免，而犯惡者未必刑。是以百官皆飾空言虛詞而不顧實，外有事君之禮，內有背上之心，造僞飾詐，趨利無恥。又好用慘酷之吏，刑者甚衆，死者相望，而姦不息，俗化使然也。宜少損周之文致，用夏之忠者。此最深切。非世儒守經不知務，徒語三代，則欲一一守文，不復可否。或名夫治莫盛於周，而周之文致，乃有時乎不可用；亂莫亂於秦，而欲革秦弊，乃獨在乎損周政。世務名而不語實者，安能知之！宗三代而實違之者所能及也。顧其言深切可施於事，不以與周反，與夏同，然則何必伊、呂？姑要與治同道而足。如醫治病，不問其藥、血脉治而人命延存，謂之俞、扁，無不可者。風俗善而世祚久，謂之伊、呂可也。則劉向謂仲舒爲王佐才，非過也。

《全宋文》卷六八四〇劉宰《讀史抄・前漢書十八條》 仲舒家居，朝廷每有大議，使使者及廷尉張湯就問。史臣謂其對大議皆有明法，而所對讜不見一二。使其所議果有關於朝廷大利害，則不應不載；議之而當，則朝廷又不應用其言而棄其人。使其果不曾有所議，史臣所載又不應爾。蓋反覆史臣所載，帝之所遣，非張湯則亦其徒也。言之阿意，在仲舒固有所不忍；言之而正，則固已與使者之意背馳矣，其所以復之君者何如哉！宜其效不概見，而仲舒亦終於不用也。

武帝策仲舒至于再三，何也？帝喜紛更主也。仲舒首篇乃以更化爲說，武帝得其辭而不得其意，疑舒之所謂更化則已之所欲變法易令也，故異其對而復策之。制冊所言諄乎古帝王沿革之異，意欲仲舒極其所言，大其所更張，故篇末欲明其指略，切磋究之，以稱其意。洎仲舒復對，不過諄諄乎禮義教化之事，其他本末度數，事制曲防，皆略而不及，帝始知意向殊異。而中篇猶有所謂改正朔，易服色等語，故復策之，而制冊所言尤深切致意於三王同異等語，且謂仲舒之對，爲條貫靡竟，統紀未終，篇末戒其悉之究之熟之復之，意欲仲舒條陳世務，使紀綱文章，鏗訇炳輝，一改當時之舊。而舒之所志，乃在損文用忠等語，則其去帝意遠矣。此帝所以絶意仲舒，不復再策，且出之爲諸侯相也。

《朱子語類》卷一三七《戰國漢唐諸子》 漢儒惟董仲舒純粹，其學甚正，非諸人比。只是困苦無精彩，極好處也只有『正誼、明道』兩句。下此諸子皆無足道。

問：「先生王氏續經説云云，荀卿固不足以望之。若房、杜輩，觀其書，則固嘗往來於王氏之門。其後來相業，還亦有得於王氏道否？」曰：「房、杜如何敢望文中子之萬一！其規模事業，無文中子髣髴。某嘗說，房、杜只是箇村宰相。文中子不干事，他那制度規模，誠有非後人之所及者。」又問：「仲舒比之如何？」曰：「仲舒却純正，然亦有偏，又是一般病。韓退之却見得又較活，然亦只是見得下面一層，上面一層都不曾見得。大概此諸子之病皆是如此，都只是見得下面一層，源頭處都不曉。所以伊川說『《西銘》是《原道》之宗祖』，蓋謂此也。」

只有董仲舒資質純良，摸索道得數句著，如「正誼不謀利」之類。然亦非它真見得這道理。

問：「性得，生之質。」曰：「不然。性者，生之理；氣者，生之質，已有形狀。」

問：「仲舒云：『性者，生之質。』」「也不是。只當云，性者，生之理也；氣者，生之質也。」璘謂：「『性者，生之質』，本莊子之言。」曰：「莊子有云：『形體保神，各有儀則，謂之性。』前輩謂此説頗好，如『有物有則』之意。」

問：「仲舒以情爲人之欲，如何？」曰：「也未害。蓋欲爲善，欲爲惡，皆人之情也。」

童問董仲舒見道不分明處。曰：「也見得鶻突。如『命者，天之令；性者，生之質；情者，人之欲。命非聖人不行，性非教化不成，情非制度不節』等語，似不識性善模樣。又云『明於天性，知自貴於物；知自貴於物，然後知仁義；知仁義，然後重禮節；重禮節，然後安處善；安處善，然後樂循理』，又似見得性善模樣。終是説得騎墻，不分明端的。」

「仲舒言：『命者，天之令；性者，生之質。』如此説，固未害。下云『命非聖人不行』，便牽於對句，説開去了。如『正誼明道』之言，却自是好。」道夫問：「或謂此語是有是非，無利害，如何？」曰：「是不論利害，只論是非。理固然也，要亦當權其輕重方盡善，無此亦不得。只被今人只知計利害，於是非全輕了。」

建寧出「正誼明道如何論」。先生曰：「『正其誼不謀其利，明其道不計其功。』誼必正，非是有意要正；道必明，非是有意要明，功利自是所不論。仁人於此有不能自已者。『師出無名，事故不成；明其爲賊，敵乃可服』，此便是有意立名以正其誼。」

在浙中見諸葛誠之千能云：「『仁人正其義不謀其利，明其道不計其功』，仲舒説得不是。只怕不是義，是義必有利；只怕不是道，是道必有功。」先生謂：「才如此，人必求功利而爲之，非所以爲訓也。固是得道義則功利自至；然而有得道義而功利不至者，人將於功利之徇，而不顧道義矣。」

仲舒所立甚高。後世之所以不如古人者，以道義功利關不透耳。其議匈奴一節，婁敬、賈誼智謀之士爲之，亦不如此。

劉淳叟問：「漢儒何以溺心訓詁而不及理？」曰：「漢初諸儒專治訓詁，如教人亦只言某字訓某字，自尋義理而已。至西漢末年，儒者漸有求得稍親者，終是不曾見全體。」問：「何以謂之全體？」曰：「全體須徹頭徹尾見得方是。且如匡衡問時政，亦及治性情之説；及到得他入手做時，又却只修得些小宗廟禮而已。翼奉言『見道知王治之象，見經知人道之務』，亦自好了；又却只教人主以陰陽日辰貪狠廉貞之類辨君子小人。以此觀之，他只時復窺見得些子，終不曾見大體也。唯董仲舒三篇説得稍親切，終是不脱漢儒氣味。只對江都易王云『仁人正其義不謀其利，明其道不計其功』，方無病，又是儒者語。」

董仲舒才不及陸宣公而學問過之。張子房近黄老，而隱晦不露。諸葛孔明近申韓。

《朱子語類》卷一三九《論文上》 司馬遷文雄健，意思不帖帖，有戰國文氣象。賈誼文亦然。老蘇文亦雄健。似此皆有不帖帖意。仲舒文實。劉向文又較實，亦好，無些虚氣象；比之仲舒，仲舒較滋潤發揮。大抵武帝以前文雄健，武帝以後更實。到杜欽、谷永書，又太弱無歸宿了。匡衡書多有好處，漢明經中皆不似此。

仲舒文大概好，然也無精彩。

郝經《續後漢書》卷八三下《録一下·道術》 董仲舒治《春秋》，爲《公羊》學。《公羊》之學出於曾子，故其學有所自，而得道術之正。其所對制策三篇，孟子以來所未有也。本於王道，深識治體，切中當世之病，其淵源純粹，明於天人之際。謂「正其義不謀其利，明其道不計其功」；「正心以正朝廷百官萬民」；「彊勉學問，則聞見博而智益明；彊勉行道，則德日起而大有功」；「道之大，原出於天，天不變，道亦不變」等，皆孔氏之門學問之要，授受之本。致知力行之方，天命率性之道，其反復於成、康風化之美，直欲堯、舜其君，追還三代。其謂「《春秋》大一統者，天地之常經，古今之通誼也。今師異道，人異論，百家殊方，指意不同，是以上無以持一統，法制數變，下不知其所守。臣愚以爲諸不在六藝之科、孔子之術者，皆絶其道，勿使並進。邪僻之説滅息，然後統紀可一，而法度可明，民知所從矣」。武帝雖不能盡用，略於施行，猶號稱隆儒。表章六經，顧其功不在孟子下。其進退容止，非禮不行，兩相驕正，正身率下。方公孫弘以阿意取相位，而仲舒獨終始守正。卒老於家。漢世儒者皆所不及也。惜乎生於絶學之後，不見聖傳之全，首言三代受命之符，以啓符命讖緯不經之説，爲後世姦人篡竊之具。又以《春秋》災異之變推陰陽錯行之故，以行閉縱之術，流於小道異端，是以不能如孟子之醇而續其傳也。

《全元文》卷九九七譚景星《董仲舒論》 漢魏諸儒，正字音句讀，通訓釋詁語，考文物制度，辨名數方物，其功博矣。考證推説之亦有補於後世學者，有得

於理性而後觀之，亦何適而不可哉？董仲舒明《春秋》，當時師尊之，專守公羊氏之説，公羊氏學於子夏，其明例或失之亂。夫子之作《春秋》也，游、夏不能贊一辭，傳亦安敢例經？公羊氏四傳而至仲舒，其學始彰。仲舒四傳而得何休，其學始備。自春秋以降，舉世趨功利。漢以智力持世，非復忠質文之治矣，焉知所謂義者天理之公，而利者人欲之私。舒則曰：「正其義不謀其利。」於是義利明矣。又焉知所謂道者事物共由之理，而功者又爲行道之效。舒則曰：「明其道不計其功。」於是道功分矣。自孟子言性善，而後荀子言惡，揚子言混。荀欲超孟，揚欲超荀。君子豈多尚乎？惡夫昧道體也。夫荀子出乎其前，揚子出乎其後，獨舒介焉特立於是間。其於《春秋玉英》亦曰：「凡人之性，莫不善。」斷斷焉如有定見，意與孟氏合。彼荀、揚也，又奚止於不精不詳而已哉，宜乎董子之度越也。孟氏有謂「仲氏之徒，無道桓文」，而舒亦謂「仲尼之門，羞稱五霸」。庶乎其闢孟氏之説，而後爲得聖賢《春秋》遺意，始能後功利而先道義，直公孫弘之從諛，匡易王之驕勇，雖未明道體，亦聖門之傑也。而於著災異，主父偃疾而奏之，天子召示諸生，吕步荼音舒不知其師所著，以爲下愚，幸下吏而免。夫言可爲法，行於後世，門弟子行乎哉？吾謂舒也，能無遺憾焉。

《全元文》卷一三三三楊維楨《或問董仲舒》 或問：漢稱董子爲純儒，而董子不入儒林傳，何也？抱遺老人曰：董子未得爲純儒也，儒林不入有以哉。迹其言曰質樸之謂性，人欲之謂情，異乎孔孟之言情性也。求雨閉諸陽，縱諸陰，止雨者反是，異乎《易》之言陰陽也。以陽爲生育，陰爲不用，天道專任德而不任刑，異乎聖人之言德刑也。以禨祥言王道之終事，異乎孟子之言王道也。蓋其學出於《公羊春秋》，大抵溺於災異之説。其災異書，雖其弟子以爲大愚，《玉杯》、《蕃露》、《清明》、《竹林》之屬，凡十餘萬言，亦未能盡了吾聖經之旨。當秦滅學之後，獨能下帷發憤，以著書爲事，其博物洽聞，通達古今，言亦有補於世矣。而謂之漢純儒，吾未之許，要其學類劉向，故向稱爲王佐之才，伊、吕不加。至其子歆非之，許仲舒爲群儒首。予謂漢儒首賈生，使生終年如仲舒，純儒不在仲舒也。

吕柟《涇野子内篇》卷一〇 先生謂：「漢武帝初年無所不好，神仙、征伐、財利、文學，其人各以類而至。惜一仲舒，真儒也，却不好，而又斥之。故其治駁雜，幾於大亂耳。」詔問：「西漢之時去古未遠，何真儒之少，而只一仲舒耶？」先生曰：「只緣未能興學耳。」詔曰：「莫緣秦坑儒之後，加以漢高輕儒嫚罵，是以道學不明於世，故士之知學者益鮮耶？」曰：「亦其然。」

朱軾《史傳三編》卷一《董仲舒》 論曰：孔子作《春秋》始於春，亦終於春，所以明千秋必還之運，而開太平於無窮也。當秦酷烈之餘，陰慘極矣。於是惓惓以教化爲言，是陽春之德也。夫欲興教化，必先崇學校；欲崇學校，必先一道術。道術既一，學校既崇，而後賢者循理處善，以成其君子，不賢者亦節情防欲以别於羣生，此實王道之正，非管、晏以下卑卑伯業之所得托也。向惟粗知王伯之分，故尊仲舒而黜管、晏。歆不知然，遂乃過其父論夫仲舒之於伊、吕，雖若不逮，然以視管、晏固已分軌而殊塗，豈復與較優劣哉？向使武帝深加嚮用，以董仲舒爲丞相，以汲黯爲御史大夫，漢治其幾於三代乎！

戴鈞衡《味經山館文鈔》卷一《董江都論上》 真西山曰：董子之學純乎孔孟，其告君必以堯舜，獨惜其不能不惑於符命。余竊以爲不然。夫武帝發策，首曰三代受命，其符安在？董子以新進士之草莽之臣直折其非，武帝必不能受，不能受而進言之路絶。梁惠王樂鴻雁麋鹿，孟子曰：「賢者而後樂此。」齊宣王好勇，孟子曰：「王請無好小勇。」宣王曰：「寡人好貨好色。」孟子曰：「貨色同民，於王何有？」夫孟子豈不能直闢一君之言之非哉，而對之若此，可以想其心矣。武帝爲人不能大遠於齊宣、梁惠，董子惟因其言，爲推本符瑞所由來，俾知不可倖邀，庶以反其侈心，而求之本原之地。其言曰：「天下之人，同心歸之，若歸父母，斯天瑞應誠而至。」又曰：「爲人君者正心以正朝廷，正朝廷以正百官，正百官以正萬民，正萬民以正四方。四方正，遠近莫敢不壹於正，而亡有邪氣奸其間者。是以陰陽調風雨時，諸福之物可致之祥，莫不畢至。」夫論天瑞而推本於人心，論人心而歸本於君心之正，是豈惑於符命，而漫爲是語者歟？武帝之策公孫宏也，亦曰：「天命之符興廢何如？」宏言符瑞，侈陳和氣之應，絶不一語，反求其本。當時太常奏宏第居下，而武帝乃親擢第一。由此推之，則武帝所以策董子者，其用意可知。故於再策之後，遂怪其明於陰陽，所言文采未極，條貫靡竟，統紀未終。嗚呼！武帝所謂文采條貫統紀者，類皆歷代帝王嘉祥瑞應之文，而董子絶不侈陳，一歸本於人事之實，此帝之所不樂聞也，故對既畢而遂以爲江都相矣。夫不置之左右而以相江都，則疎遠之，不用其言也。然而漢之尊六經，尊孔子，黜百家，與夫郡國歲舉孝廉一人，非董子力歟？向令董子聞符命而直折其非，則數事者皆不得而行之矣。然則董子之言符命，顧可不思其用心也哉！

戴鈞衡《味經山館文鈔》卷一《董江都論中》　或曰：史言高廟災，董子上書，以爲漢多兄弟親戚骨肉之連，驕揚恣睢，諷帝視親戚貴屬之違正者，忍而誅之，以應天災。夫武帝天性殘刻，導之仁厚，猶懼少恩，而董子顧以誅戮詔之，不亦謬乎？則應之曰，是非董子言也。董子之告武帝也，以爲天道先陽而後陰，王政先德而後刑，蓋深知帝非仁厚之君，故三策中諄諄於任德教輕刑罰者不一，何於此而忽詔以誅戮骨肉之親？且鼂錯之死未遠也，董子亦不愚且惑若是，是有以知其斷斷不然也。曰：然則是書誰爲之？曰主父偃之爲之也。史載仲舒家居，以遼東高廟長陵高園殿災，推説其意，艸藁未上，主父偃往候，私見嫉之，竊其書以奏。上召示諸儒，仲舒弟子吕步舒不知其師書，以爲大愚，於是下仲舒吏。夫偃所奏，果仲舒艸藁，斷無弟子不識其師手書者。步舒不識，則所奏必非仲舒艸藁；非仲舒艸藁，則其言爲偃之言矣。夫偃固學縱横之術者也，少不禮於昆弟故舊，爲齊相，徧召昆弟賓客，數之曰：「始吾貧時，昆弟不我衣食，賓客不我内門。今吾與諸君絶矣，毋復入偃之門！」嗚呼！偃之於親戚故舊如此，此所以諷武帝誅骨肉大臣而不惜也。且偃之得相齊也，以發齊王淫行之故，既相齊，不能匡正以義，遽使人以淫事刼王，王恐自殺。嗚乎！偃之所以誣董子者，偃且自行之矣。然則災議非偃爲之，而誰爲之乎？仲舒下吏後，偃上書，言今諸侯連城數十，地方千里，緩則驕奢淫亂，急則阻彊合從，以逆京師。請天子令諸侯得推恩分子弟爲侯，以弱其勢。夫偃之志，固將以誅殺骨肉大臣也，特以鑒於鼂錯之前車，知其事必不可行，而因以己之所欲言者，誣之仲舒，而旋以分侯之策進，既自挾其計之必用，又以形己之賢於仲舒。偃小人也，仲舒爲所陷不足怪，獨怪班氏弗察，載其書於《五行志》中，致令千載後太息痛恨於董子之失言，而莫有知主父之爲之者，是可歎也。

戴鈞衡《味經山館文鈔》卷一《董江都論下》　高廟災，議之不出於董子，既詳著其説矣。而猶有不能釋然於董子者，則凡《五行志》所載春秋災異之文也。夫國家災異，固必有所由生。其既生也，亦必有所應。然而衰亂之世，人事乖逆，戾氣充塞，造物者亦不能逐事而應之。特時出災祲以示戒，陰陽寒暑之不時，日月星辰之失度，山川木石之怪，蟲魚鳥獸之妖，感之者非一端，應之者時可測而不可測。春秋無道世也，二百四十二年之間，其災異無歲不有，推究其由，類皆君臣失德，民怨神怒之所致。然必比事論之，以爲某國某災某事某應，則必有穿鑿傅會而不通者矣。董子之言《春秋》也，論春王則以爲上承天之所爲，以正王道之端，一元則以爲視大始而欲正本。論大一統則以爲天地之常經，古今之通誼。嗚乎！是董子《春秋》之學也，彼沾沾推測之言，吾意董子後治《春秋》好災異者，托大儒名以爲重，班氏弗察而採之耳。然則史載董子治《春秋》，推陰陽測災變，其盡不可信乎？曰：亦是也，董子自言之矣。觀其對武帝曰：天道之大者在陰陽，陽常居大夏，以生育長養爲事，陰常居大冬，積於空虚不用之處。王者承天意，宜任德而不任刑。此董子之言陰陽也。又曰：《春秋》之所譏，災害所加。《春秋》之所惡，怪異所施。凡人所爲美惡之極，與天地流通而往來相應。此董子之言災變也。夫明陰陽之道，推災變之理，此亦治《春秋》者之大事也。若班書所載，穿鑿傅會之言，甚者事隔數十年反援以爲災應，曾董子而顧差謬若此邪？吾觀西漢名臣，好言災異者莫如劉向。向之上書也，歷引災異之徵若董子者，武帝諄諄然以災異爲詢，而未嘗略舉一事以告焉。嗚乎！是亦可以信其所學矣。

藝文

《全唐詩》卷四六七牟融《寄永平友人》　故人千里隔天涯，幾度臨風動遠思。賈誼上書曾伏闕，仲舒陳策欲匡時。高風落落誰同調，往事悠悠我獨悲。何日歸來話疇昔，一樽重敍舊襟期。

《全唐詩》卷四六八劉言史《放螢怨》　放螢去，不須留，聚時年少今白頭。架中科斗萬餘卷，一字千回重照見。青雲杳渺不可親，開囊欲放增餘怨。且逍遥，還酩酊，仲舒漫不窺園井。那將寂寞老病身，更就微蟲借光影。欲放時，淚沾裳，衝籬落，千點光。

《柳宗元集》卷一《雅詩歌曲・貞符（并序）》　負罪臣宗元惶恐言：臣所貶州流人吴武陵爲臣言：「董仲舒對三代受命之符，誠然非耶？」臣曰：「非也。何獨仲舒爾。自司馬相如、劉向、揚雄、班彪、彪子固，皆沿襲嗤嗤，推古瑞物以配受命。其言類淫巫瞽史，誑亂後代，不足以知聖人立極之本，顯至德，揚大功，甚失厥趣。」

《羅隱集・甲乙集・董仲舒》　災變儒生不合聞，謾將刀筆指乾坤。偶然留得陰陽術，閉却南門又北門。

高啓《高青丘集》卷一七《董仲舒》 早奏文章直殿廬，茂陵還復訪遺書。寂寥猶抱《春秋傳》，誰問江都老仲舒？

羅文俊《詁經精舍文續集》卷八汪述孫《讀史·董仲舒》 儒術遥遥續一燈，文章經濟孰兼能。百年禮樂乘時創，三策天人應運興。災異陳書言有典，《春秋》決獄例堪憑。申公轅伏紛然出，總讓江都據上層。

羅文俊《詁經精舍文續集》卷八朱大紳《讀史·董仲舒》 莊列荀揚語未醇，江都學識貫天人。微辭直揭《春秋》旨，經術終非晁賈倫。勵志帷曾三載下，致君論定萬言陳。賢良親策書綱日，得士如公信可珍。

司馬相如部

綜述

《漢書》卷五七上《司馬相如傳上》 司馬相如字長卿，蜀郡成都人也。少時好讀書，學擊劍，名犬子。相如既學，慕藺相如之爲人也，更名相如。以訾爲郎，事孝景帝，爲武騎常侍，非其好也。會景帝不好辭賦，是時梁孝王來朝，從游説之士齊人鄒陽、淮陰枚乘、吴嚴忌夫子之徒，相如見而説之，因病免，客游梁，得與諸侯游士居，數歲，乃著《子虚》之賦。

會梁孝王薨，相如歸，而家貧無以自業。素與臨邛令王吉相善，吉曰：「長卿久宦游，不遂而困，來過我。」於是相如往舍都亭。臨邛令繆爲恭敬，日往朝相如。相如初尚見之，後稱病，使從者謝吉，吉愈益謹肅。

臨邛多富人，卓王孫僮客八百人，程鄭亦數百人，乃相謂曰：「令有貴客，爲具召之。并召令。」令既至，卓氏客以百數，至日中請司馬長卿，長卿謝病不能臨。臨邛令不敢嘗食，身自迎相如，相如爲不得已而强往，一坐盡傾。酒酣，臨邛令前奏琴曰：「竊聞長卿好之，願以自娱。」相如辭謝，爲鼓一再行。是時，卓王孫有女文君新寡，好音，故相如繆與令相重而以琴心挑之。相如時從車騎，雍容閒雅，甚都。及飲卓氏弄琴，文君竊從户窺，心説而好之，恐不得當也。既罷，相如乃令侍人重賜文君侍者通殷勤。文君夜亡奔相如，相如與馳歸成都。家徒四壁立。卓王孫大怒曰：「女不材，我不忍殺，一錢不分也！」人或謂王孫，王孫終不聽。文君久之不樂，謂長卿曰：「弟俱如臨邛，從昆弟假貣，猶足以爲生，何至自苦如此！」相如與俱之臨邛，盡賣車騎，買酒舍，乃令文君當盧。相如身自著犢鼻褌，與庸保雜作，滌器於市中。卓王孫恥之，爲杜門不出。昆弟諸公更謂王孫曰：「有一男兩女，所不足者非財也。今文君既失身於司馬長卿，長卿故倦游，雖貧，其人材足依也。且又令客，奈何相辱如此！」卓王孫不得已，分與文君僮百人，錢百萬，及其嫁時衣被財物。文君乃與相如歸成都，買田宅，爲富人。

居久之，蜀人楊得意爲狗監，侍上。上讀《子虚賦》而善之，曰：「朕獨不得與此人同時哉！」得意曰：「臣邑人司馬相如自言爲此賦。」上驚，乃召問相如。相如曰：「有是。然此乃諸侯之事，未足觀，請爲天子游獵之賦。」上令尚書給筆札，相如以「子虚」，虚言也，爲楚稱；「烏有先生」者，烏有此事也，爲齊難；「亡是公」者，亡是人也，欲明天子之義。故虚藉此三人爲辭，以推天子諸侯之苑囿。其卒章歸之於節儉，因以風諫。奏之天子，天子大説。其辭曰：【略】

賦奏，天子以爲郎。亡是公言上林廣大，山谷水泉萬物，及子虚言雲夢所有甚衆，侈靡多過其實，且非義理所止，故删取其要，歸正道而論之。

《漢書》卷五七下《司馬相如傳下》 相如爲郎數歲，會唐蒙使略通夜郎、僰中，發巴蜀吏卒千人，郡又多爲發轉漕萬餘人，用軍興法誅其渠率。巴蜀民大驚恐。上聞之，乃遣相如責唐蒙等，因諭告巴蜀民以非上意。檄曰：

告巴蜀太守：蠻夷自擅，不討之日久矣，時侵犯邊境，勞士大夫。陛下即位，存撫天下，集安中國，然後興師出兵，北征匈奴，單于怖駭，交臂受事，屈膝請和。康居西域，重譯納貢，稽首來享。移師東指，閩越相誅；右弔番禺，太子入朝。南夷之君，西僰之長，常效貢職，不敢惰怠，延頸舉踵，喁喁然，皆鄉風慕義，欲爲臣妾，道里遼遠，山川阻深，不能自致。夫不順者已誅，而爲善者未賞，故遣中郎將往賓之，發巴蜀之士各五百人以奉幣，衛使者不然，靡有兵革之事，戰鬬之患。今聞其乃發軍興制，驚懼子弟，憂患長老，郡又擅爲轉粟運輸，皆非陛下之意也。當行者或亡逃自賊殺，亦非人臣之節也。

夫邊郡之士，聞烽舉燧燔，皆攝弓而馳，荷兵而走，流汗相屬，惟恐居後，觸白刃，冒流矢，議不反顧，計不旋踵，人懷怒心，如報私讎。彼豈樂死惡生，非編列之民，而與巴蜀異主哉？計深慮遠，急國家之難，而樂盡人臣之道也。故有剖符之封，析圭而爵，位爲通侯，居列東第。終則遺顯號於後世，傳土地於子孫，事行甚忠敬，居位甚安佚，名聲施於無窮，功(業)〔烈〕著而不滅。是以賢人君子，肝腦塗中原，膏液潤埜屮而不辭也。今奉幣使至南夷，即自賊殺，或亡逃抵誅，身死無名，謚爲至愚，恥及父母，爲天下笑。人之度量相越，豈不遠哉！然此非獨行者之罪也，父兄之教不先，子弟之率不謹，寡廉鮮恥，而俗不長厚也。其被刑戮，不亦宜乎！

陛下患使者有司之若彼，悼不肖愚民之如此，故遣信使，曉諭百姓以發卒之事，因數之以不忠死亡之罪，讓三老孝弟以不教誨之過。方今田時，重

煩百姓，已親見近縣，恐遠所谿谷山澤之民不徧聞，檄到，亟下縣道，咸喻陛下意，毋忽！

相如還報。唐蒙已略通夜郎，因通西南夷道，發巴蜀廣漢卒，作者數萬人。治道二歲，道不成，士卒多物故，費以億萬計，蜀民及漢用事者多言其不便。是時邛、莋之君長聞南夷與漢通，得賞賜多，多欲願爲内臣妾，請吏，比南夷。上問相如，相如曰：「邛、莋、冄、駹者近蜀，道易通，異時嘗通爲郡縣矣，至漢興而罷。今誠復通，爲置縣，愈於南夷。」上以爲然，乃拜相如爲中郎將，建節往使。副使者王然于、壺充國、呂越人，馳四乘之傳，因巴蜀吏幣物以賂西南夷。至蜀，太守以下郊迎，縣令負弩矢先驅，蜀人以爲寵。於是卓王孫、臨邛諸公皆因門下獻牛酒以交驩。卓王孫喟然而歎，自以得使女尚司馬長卿晚，乃厚分與其女財，與男等。相如使略定西南夷，邛、莋、冄、駹、斯榆之君皆請爲臣妾，除邊關，〔邊關〕益斥，西至沬、若水，南至牂牁爲徼，通靈山道，橋孫水，以通邛、莋。還報，天子大說。

相如使時，蜀長老多言通西南夷之不爲用，大臣亦以爲然。相如欲諫，業已建之，不敢，乃著書，藉蜀父老爲辭，而已詰難之，以風天子，且因宣其使(詣)〔指〕，令百姓皆知天子意。其辭曰：

漢興七十有八載，德茂存乎六世，威武紛云，湛恩汪濊，羣生霑濡，洋溢乎方外。於是乃命使西征，隨流而攘，風之所被，罔不披靡。因朝冄從駹，定莋存邛，略斯榆，舉苞蒲，結軌還轅，東鄉將報，至于蜀都。

耆老大夫搢紳先生之徒二十有七人，儼然造焉。辭畢，進曰：「蓋聞天子之於夷狄也，其義羈縻勿絶而已。今罷三郡之士，通夜郎之塗，三年於兹，而功不竟，士卒勞倦，萬民不贍；今又接之以西夷，百姓力屈，恐不能卒業，此亦使者之累也，竊爲左右患之。且夫邛、莋、西僰之與中國並也，歷年兹多，不可記已。仁者不以德來，强者不以力并，意者殆不可乎！今割齊民以附夷狄，弊所恃以事無用，鄙人固陋，不識所謂。」

使者曰：「烏謂此乎？必若所云，則是蜀不變服而巴不化俗也，僕尚惡聞若説。然斯事體大，固非觀者之所覯也。余之行急，其詳不可得聞已。請爲大夫粗陳其略：

「蓋世必有非常之人，然後有非常之事；有非常之事，然後有非常之功。非常者，固常人之所異也。故曰非常之元，黎民懼焉；及臻厥成，天下晏如也。

「昔者，洪水沸出，氾濫衍溢，民人升降移徙，崎嶇而不安。夏后氏戚之，乃堙洪原，決江疏河，灑沈澹災，東歸之於海，而天下永寧。當斯之勤，豈惟民哉？心煩於慮，而身親其勞，躬傶骿胝無胈，膚不生毛，故休烈顯乎無窮，聲稱浹乎于兹。

「且夫賢君之踐位也，豈特委瑣握躖，拘文牽俗，循誦習傳，當世取説云爾哉！必將崇論谹議，創業垂統，爲萬世規。故馳騖乎兼容并包，而勤思乎參天貳地。且《詩》不云乎？『普天之下，莫非王土；率土之濱，莫非王臣。』是以六合之内，八方之外，浸淫衍溢，懷生之物有不浸潤於澤者，賢君恥之。今封疆之内，冠帶之倫，咸獲嘉祉，靡有闕遺矣。而夷狄殊俗之國，遼絶異黨之域，舟車不通，人迹罕至，政教未加，流風猶微，内之則犯義侵禮於邊境，外之則邪行横作，放殺其上，君臣易位，尊卑失序，父兄不辜，幼孤爲奴虜，係纍號泣。内鄉而怨，曰：『蓋聞中國有至仁焉，德洋恩普，物靡不得其所，今獨曷爲遺己！』舉踵思慕，若枯旱之望雨，盭夫爲之垂涕，況乎上聖，又烏能已？故北出師以討强胡，南馳使以誚勁越。四面風德，二方之君鱗集仰流，願得受號者以億計。故乃關沬、若，徼牂牁，鏤靈山，梁孫原，創道德之塗，垂仁義之統，將博恩廣施，遠撫長駕，使疏逖不閉，曶爽闇昧得耀乎光明，以偃甲兵於此，而息討伐於彼。遐邇一體，中外禔福，不亦康乎？夫拯民於沈溺，奉至尊之休德，反衰世之陵夷，繼周氏之絶業，天子之急務也。百姓雖勞，又惡可以已哉？

「且夫王者固未有不始於憂勤，而終於佚樂者也。然則受命之符合在於此。方將增太山之封，加梁父之事，鳴和鸞，揚樂頌，上咸五，下登三。觀者未覩指，聽者未聞音，猶焦朋已翔乎寥廓，而羅者猶視乎藪澤，悲夫！」

於是諸大夫茫然喪其所懷來，失厥所以進，喟然並稱曰：「允哉漢德，此鄙人之所願聞也。百姓雖勞，請以身先之。」敞罔靡徙，遷延而辭避。

其後人有上書言相如使時受金，失官。居歲餘，復召爲郎。

相如口吃而善著書。常有消渴病。與卓氏婚，饒於財。故其(事)〔仕〕宦，未嘗肯與公卿國家之事，常稱疾閒居，不慕官爵。嘗從上至長楊獵。是時天子方好自擊熊豕，馳逐壄獸，相如因上疏諫。其辭曰：

臣聞物有同類而殊能者，故力稱烏獲，捷言慶忌，勇期賁育。臣之愚，

竊以爲人誠有之，獸亦宜然。今陛下好陵阻險，射猛獸，卒然遇逸材之獸，駭不存之地，犯屬車之清塵，輿不及還轅，人不暇施巧，雖有烏獲、逢蒙之技不能用，枯木朽株盡爲難矣。是胡越起於轂下，而羌夷接軫也，豈不殆哉！雖萬全而無患，然本非天子之所宜近也。

且夫清道而後行，中路而馳，猶時有銜橛之變。況乎涉豐草，騁丘虛，前有利獸之樂，而内無存變之意，其爲害也不〔亦〕難矣！夫輕萬乘之重不以爲安，樂出萬有一危之塗以爲娛，臣竊爲陛下不取。

蓋明者遠見於未萌，而知者避危於無形，既固多藏於隱微而發於人之所忽者也。故鄙諺曰：「家絫千金，坐不垂堂。」此言雖小，可以諭大。臣願陛下留意幸察。

上善之。還過宜春宫，相如奏賦以哀二世行失。其辭曰：

登陂陁之長阪兮，坌入曾宫之嵯峩。臨曲江之隑州兮，望南山之參差。巖巖深山之谾谾兮，通谷豁乎谽谺。汩淢靸以永逝兮，注平皐之廣衍。觀衆樹之蓊薆兮，覽竹林之榛榛。東馳土山兮，北揭石瀨。弭節容與兮，歷弔二世。持身不謹兮，亡國失勢；信讒不寤兮，宗廟滅絶。烏乎！操行之不得，墓蕪穢而不修兮，魂亡歸而不食。

相如拜爲孝文園令。上既美子虛之事，相如見上好僊，因曰：「上林之事未足美也，尚有靡者。臣嘗爲《大人賦》，未就，請具而奏之。」相如以爲列僊之儒居山澤間，形容甚臞，此非帝王之僊意也，乃遂奏《大人賦》。其辭曰：【略】

相如既奏《大人賦》，天子大説，飄飄有陵雲氣游天地之閒意。

相如既病免，家居茂陵。天子曰：「司馬相如病甚，可往從悉取其書，若後之矣。」使所忠往，而相如已死，家無遺書。問其妻，對曰：「長卿未嘗有書也。時時著書，人又取去。長卿未死時，爲一卷書，曰有使來求書，奏之。」其遺札書言封禪事，所忠奏焉，天子異之。其辭曰：

伊上古之初肇，自顥穹生民。歷選列辟，以迄乎秦。率邇者踵武，聽逖者風聲。紛輪威蕤，堙滅而不稱者，不可勝數也。繼《昭》《夏》，崇號謚，略可道者七十有二君。罔若淑而不昌，疇逆失而能存？

軒轅之前，遐哉邈乎，其詳不可得聞已。五三《六經》載籍之傳，維見可觀也。《書》曰：「元首明哉！股肱良哉！」因斯以談，君莫盛於堯，臣莫賢於后稷。后稷創業於唐，公劉發迹於西戎，文王改制，爰周郅隆，大行越成，而后陵夷衰微，千載亡聲，豈不善始善終哉！然無異端，慎所由於前，謹遺教於後耳。故軌迹夷易，易遵也；湛恩厖洪，易豐也；憲度著明，易則也；垂統理順，易繼也。是以業隆於繦保而崇冠乎二后。揆厥所元，終都攸卒，未有殊尤絶迹可考於今者也。然猶躡梁甫，登大山，建顯號，施尊名。大漢之德，逢涌原泉，沕潏曼羨，旁魄四塞，雲布霧散，上暢九垓，下泝八埏。懷生之類，沾濡浸潤，協氣横流，武節猋逝，爾陿游原，迥闊泳末，首惡鬱没，闇昧昭晣，昆蟲闓懌，回首面内。然后囿騶虞之珍羣，徼麋鹿之怪獸，導一莖六穗於庖，犧雙觡共抵之獸，獲周餘放龜于岐，招翠黄乘龍於沼。鬼神接靈圉，賓於閒館。奇物譎詭，俶儻窮變。欽哉，符瑞臻兹，猶以爲薄，不敢道封禪。蓋周躍魚隕杭，休之以燎。微夫斯之爲符也，以登介丘，不亦恧乎！進攘之道，何其爽與？

於是大司馬進曰：「陛下仁育羣生，義征不譓，諸夏樂貢，百蠻執贄，德牟往初，功無與二，休烈浹洽，符瑞衆變，期應紹至，不特創見。意者太山、梁父設壇場望幸，蓋號以況榮，上帝垂恩儲祉，將以慶成，陛下嗛讓而弗發也。挈三神之歡，缺王道之儀，羣臣恧焉。或謂且天爲質闇，示珍符固不可辭；若然辭之，是泰山靡記而梁父罔幾也。亦各並時而榮，咸濟厥世而屈，説者尚何稱於後，而云七十二君哉？夫修德以錫符，奉符以行事，不爲進越也。故聖王弗替，而修禮(以)〔地〕祇，謁款天神，勒功中岳，以章至尊，舒盛德，發號榮，受厚福，以浸黎民。皇皇哉斯事，天下之壯觀，王者之卒業，不可貶也。願陛下全之。而后因雜縉紳先生之略術，使獲曜日月之末光絶炎，以展采錯事。猶兼正列其義，祓飾厥文，作《春秋》一藝。將襲舊六爲七，攄之無窮，俾萬世得激清流，揚微波，蜚英聲，騰茂實。前聖之所以永保鴻名而常爲稱首者用此，宜命掌故悉奏其儀而覽焉。」

於是天子沛然改容，曰：「俞乎，朕其試哉！」乃遷思回慮，總公卿之議，詢封禪之事，詩大澤之博，廣符瑞之富。遂作頌曰：

自我天覆，雲之油油。甘露時雨，厥壤可游。滋液滲漉，何生不育！嘉穀六穗，我穡曷蓄？

匪唯雨之，又潤澤之；匪唯偏我，氾布護之；萬物熙熙，懷而慕之。名山顯位，望君之來。君兮君兮，侯不邁哉！

般般之獸，樂我君圃；白質黑章，其儀可喜；旼旼穆穆，君子之

態。蓋聞其聲，今視其來。厥塗靡從，天瑞之徵。兹爾於舜，虞氏以興。

濯濯之麟，游彼靈畤。孟冬十月，君徂郊祀。馳我君輿，帝用享祉。三代之前，蓋未嘗有。

宛宛黄龍，興德而升；采色玄耀，炳炳煇煌。正陽顯見，覺寤黎烝。於傳載之，云受命所乘。

厥之有章，不必諄諄。依類託寓，諭以封巒。

披藝觀之，天人之際已交，上下相發允答。聖王之事，兢兢翼翼。故曰於興必慮衰，安必思危。是以湯武至尊嚴，不失肅祗，舜在假典，顧省厥遺：此之謂也。

相如既卒五歲，上始祭后土。八年而遂禮中岳，封于太山，至梁甫，禪肅然。相如它所著，若《遺平陵侯書》、《與五公子相難》、《中木書篇》不采，采其尤著公卿者云。

雜録

備録

《史記》卷三〇《平準書》 自是之後，嚴助、朱買臣等招來東甌，事兩越，江淮之閒蕭然煩費矣。唐蒙、司馬相如開路西南夷，鑿山通道千餘里，以廣巴蜀，巴蜀之民罷焉。

《史記》卷一一六《西南夷列傳》 建元六年，大行王恢擊東越，東越殺王郢以報。恢因兵威使番陽令唐蒙風指曉南越。南越食蒙蜀枸醬，蒙問所從來，曰「道西北牂柯，牂柯江廣數里，出番禺城下」。蒙歸至長安，問蜀賈人，賈人曰：「獨蜀出枸醬，多持竊出市夜郎。夜郎者，臨牂柯江，江廣百餘步，足以行船。南越以財物役屬夜郎，西至同師，然亦不能臣使也。」蒙乃上書説上曰：「南越王黄屋左纛，地東西萬餘里，名爲外臣，實一州主也。今以長沙、豫章往，水道多絶，難行。竊聞夜郎所有精兵，可得十餘萬，浮船牂柯江，出其不意，此制越一奇也。誠以漢之彊，巴蜀之饒，通夜郎道，爲置吏，易甚。」上許之。乃拜蒙爲郎中將，將千人，食重萬餘人，從巴蜀筰關入，遂見夜郎侯多同。蒙厚賜，喻以威德，約爲置吏，使其子爲令。夜郎旁小邑皆貪漢繒帛，以爲漢道險，終不能有也，乃且聽蒙約。還報，乃以爲犍爲郡。發巴蜀卒治道，自僰道指牂柯江。蜀人司馬相如亦言西夷邛、筰可置郡。使相如以郎中將往喻，皆如南夷，爲置一都尉，十餘縣，屬蜀。

《漢書》卷二二《禮樂志》 至武帝定郊祀之禮，祠太一於甘泉，就乾位也；祭后土於汾陰，澤中方丘也。乃立樂府，采詩夜誦，有趙、代、秦、楚之謳。以李延年爲協律都尉，多舉司馬相如等數十人造爲詩賦，略論律吕，以合八音之調，作十九章之歌。以正月上辛用事甘泉圜丘，使童男女七十人俱歌，昏祠至明。夜常有神光如流星止集于祠壇，天子自竹宫而望拜，百官侍祠者數百人皆肅然動心焉。

《漢書》卷二四下《食貨志下》 武帝因文、景之畜，忿胡、粤之害，即位數年，嚴助、朱買臣等招徠東甌，事兩粤，江淮之間蕭然煩費矣。唐蒙、司馬相如始開西南夷，鑿山通道千餘里，以廣巴蜀，巴蜀之民罷焉。彭吴穿穢貊、朝鮮，置滄海郡，則燕、齊之間靡然發動。

《漢書》卷二八下《地理志下》 巴、蜀、廣漢本南夷，秦并以爲郡，土地肥美，有江水沃野，山林竹木疏食果實之饒。南賈滇、僰僮，西近邛、莋馬旄牛。民食稻魚，亡凶年憂，俗不愁苦，而輕易淫泆，柔弱褊阸。景、武間，文翁爲蜀守，教民讀書法令，未能篤信道德，反以好文刺譏，貴慕權勢。及司馬相如游宦京師諸侯，以文辭顯於世，鄉黨慕循其迹。後有王褒、嚴遵、揚雄之徒，文章冠天下。繇文翁倡其教，相如爲之師，故孔子曰：「有教亡類。」

《漢書》卷三〇《藝文志》 武帝時司馬相如作《凡將篇》，無復字。

《漢書》卷三〇《藝文志》賦 司馬相如賦二十九篇。【略】

傳曰：「不歌而誦謂之賦，登高能賦可以爲大夫。」言感物造耑，材知深美，可與圖事，故可以爲列大夫也。古者諸侯卿大夫交接鄰國，以微言相感，當揖讓之時，必稱《詩》以諭其志，蓋以别賢不肖而觀盛衰焉。故孔子曰「不學《詩》，無以言」也。春秋之後，周道寖壞，聘問歌詠不行於列國，學《詩》之士逸在布衣，而賢人失志之賦作矣。大儒孫卿及楚臣屈原離讒憂國，皆作賦以風，咸有惻隱古詩之義。其後宋玉、唐勒，漢興枚乘、司馬相如，下及揚子雲，競爲侈麗閎衍之

詞，沒其風諭之義。是以揚子悔之，曰：「詩人之賦麗以則，辭人之賦麗以淫。如孔氏之門人用賦也，則賈誼登堂，相如入室矣，如其不用何！」自孝武立樂府而采歌謡，於是有代趙之謳，秦楚之風，皆感於哀樂，緣事而發，亦可以觀風俗，知薄厚云。

《漢書》卷四四《淮南王劉安傳》 時武帝方好藝文，以安屬爲諸父，辯博善爲文辭，甚尊重之。每爲報書及賜，常召司馬相如等視草乃遣。

《漢書》卷五一《枚皋傳》 從行至甘泉、雍、河東，東巡狩，封泰山，塞決河宣房，游觀三輔離宫館，臨山澤，弋獵射馭狗馬蹵鞠刻鏤，上有所感，輒使賦之。爲文疾，受詔輒成，故所賦者多。司馬相如善爲文而遲，故所作少而善於皋。皋賦辭中自言爲賦不如相如，又言爲賦乃俳，見視如倡，自悔類倡也。故其賦有詆娸東方朔，又自詆娸。

《漢書》卷五八《兒寬傳》 及議欲放古巡狩封禪之事，諸儒對者五十餘人，未能有所定。先是，司馬相如病死，有遺書，頌功德，言符瑞，足以封泰山。上奇其書，以問寬，寬對曰：「陛下躬發聖德，統楫羣元，宗祀天地，薦禮百神，精神所鄉，徵兆必報，天地並應，符瑞昭明。其封泰山，禪梁父，昭姓考瑞，帝王之盛節也。然享薦之義，不著于經，以爲封禪告成，合祛於天地神祇，祇戒精專以接神明。總百官之職，各稱事宜而爲之節文。唯聖主所由，制定其當，非羣臣之所能列。今將舉大事，優游數年，使羣臣得人自盡，終莫能成。唯天子建中和之極，兼總條貫，金聲而玉振之，以順成天慶，垂萬世之基。」上然之，乃自制儀，采儒術以文焉。

《漢書》卷六四上《嚴助傳》 郡舉賢良，對策百餘人，武帝善助對，繇是獨擢助爲中大夫。後得朱買臣、吾丘壽王、司馬相如、主父偃、徐樂、嚴安、東方朔、枚皋、膠倉、終軍、嚴葱奇等，並在左右。【略】上令助等與大臣辯論，中外相應以義理之文，大臣數詘。其尤親幸者，東方朔、枚皋、嚴助、吾丘壽王、司馬相如。相如常稱疾避事。朔、皋不根持論，上頗俳優畜之。

《漢書》卷八七上《揚雄傳上》 先是時，蜀有司馬相如，作賦甚弘麗温雅，雄心壯之，每作賦，常擬之以爲式。又怪屈原文過相如，至不容，作《離騷》，自投江而死，悲其文，讀之未嘗不流涕也。以爲君子得時則大行，不得時則龍蛇，遇不遇命也，何必湛身哉！【略】

孝武帝時，客有薦雄文似相如者，上方郊祠甘泉泰畤、汾陰后土，以求繼嗣，召雄待詔承明之庭。

《漢書》卷八七下《揚雄傳下》 雄以爲賦者，將以風也，必推類而言，極麗靡之辭，閎侈鉅衍，競於使人不能加也，既乃歸之於正，然覽者已過矣。往時武帝好神仙，相如上《大人賦》，欲以風，帝反縹縹有陵雲之志。繇是言之，賦勸而不止，明矣。

《漢書》卷九三《佞幸傳》 李延年，中山人，身及父母兄弟皆故倡也。延年坐法腐刑，給事狗監中。女弟得幸於上，號李夫人，列《外戚傳》。延年善歌，爲新變聲。是時上方興天地諸祠，欲造樂，令司馬相如等作詩頌。延年輒承意弦歌所造詩，爲之新聲曲。

葛洪《西京雜記》卷二 司馬相如初與卓文君還成都，居貧愁懣，以所着鸘鷞裘就市人陽昌貰酒，與文君爲歡。既而文君抱頸而泣曰：「我平生富足，今乃以衣裘貰酒。」遂相與謀，於成都賣酒。相如親著犢鼻褌滌器，以恥王孫。王孫果以爲病，乃厚給文君，文君遂爲富人。文君姣好，眉色如望遠山，臉際常若芙蓉，肌膚柔滑如脂，十七而寡，爲人放誕風流，故悦長卿之才而越禮焉。長卿素有消渴疾，及還成都，悦文君之色，遂以發痼疾。乃作《美人賦》，欲以自刺，而終不能改，卒以此疾至死。文君爲誄，傳於世。【略】

司馬相如爲《上林》、《子虛》賦，意思蕭散，不復與外事相關，控引天地，錯綜古今，忽然如睡，煥然而興，幾百日而後成。其友人盛覽，字長通，牂牁名士，嘗問以作賦。相如曰：「合綦組以成文，列錦繡而爲質，一經一緯，一宫一商，此賦之迹也。賦家之心，苞括宇宙，總覽人物，斯乃得之於內，不可得而傳。」覽乃作《合組歌》、《列錦賦》而退，終身不復敢言作賦之心矣。

葛洪《西京雜記》卷三 司馬長卿賦，時人皆稱典而麗，雖詩人之作，不能加也。揚子雲曰：「長卿賦不似從人間來，其神化所至邪？」子雲學相如爲賦而弗逮，故雅服焉。【略】

相如將獻賦，未知所爲。夢一黄衣翁謂之曰：「可爲《大人賦》。」遂作《大人賦》，言神仙之事以獻之，賜錦四匹。

相如將聘茂陵人女爲妾，卓文君作《白頭吟》以自絶，相如乃止。【略】

枚皋文章敏疾，長卿制作淹遲，皆盡一時之譽。而長卿首尾温麗，枚皋時有累句，故知疾行無善迹矣。揚子雲曰：「軍旅之際，戎馬之間，飛書馳檄，用枚皋；廊廟之下，朝廷之中，高文典册，用相如。」

常璩《華陽國志》卷三《蜀志》　司馬相如耀文上京，揚子雲齊聖廣淵，才高名儁。【略】城北十里有昇仙橋，有送客觀。司馬相如初入長安，題市門曰「不乘赤車駟馬，不過汝下」也。其郫西上有永平橋。於是江衆多作橋，故蜀立里多以橋爲名。【略】武帝初，欲開南中，令蜀通僰、青衣道。（是）〔建〕元年，僰道令通之，費功無成，百姓愁怨，司馬相如諷諭之。使者唐蒙將南入，以道不通，執令，將斬之，令歎曰：「忝官益土，恨不見成都市！」蒙即令送成都市而殺之。蒙乃斬石通閣道。故世爲諺曰「思都郵，斬令頭」云。後蒙爲都尉，治南夷道。

常璩《華陽國志》卷四《南中志》　〔唐〕蒙亦以白帝，因上書曰：「南越地東西萬里，名爲外臣，實一州主。今以長沙、豫章往，水道多絶，難行。竊聞夜郎精兵可得十萬，若從番禺浮舩牂柯，出其不意，此制越之一奇也。可通夜郎道，爲置吏主之。」帝乃拜蒙中郎將，發巴、蜀兵千人，奉幣帛，見夜郎侯，喻以威德，爲置吏。旁小邑皆貪漢繒帛，以爲道遠，漢終不能有也，故皆且聽命。司馬相如亦言：西戎邛筰，蜀之後園，可置爲郡。帝既感邛竹，又甘蒟醬，乃拜爲中郎將，往喻意，皆聽命。後西南夷數反，發運興役，費甚多，相如知其不易也，乃假巴蜀之論以諷帝，且以宣指使於百姓。卒開僰門通南中，相如持節開越嶲，按道侯韓説開益州。武帝轉拜唐蒙爲都尉，開牂柯，以重幣喻告諸種侯王，侯王服從。因斬竹王，置牂柯郡，以吴霸爲太守。及置越嶲、朱提、益州四郡。【略】

晉寧郡，本益州也。元鼎初屬牂柯、越嶲。漢武帝元封二年，叟反，遣將軍郭昌討平之。因開爲郡，治滇池上，號曰益州。漢屬縣二十四，户二十萬。晉縣七，户萬。去洛五千六百里。司馬相如、韓説初開，得牛、馬、羊屬三十萬。漢乃募、徙死罪及奸豪實之。郡土大平敞，原田，多長松皋。有鸚鵡、孔雀，鹽池、田漁之饒，金銀、畜産之富。俗奢豪，難撫御，惟文齊、王阜、景毅、李顒及南郡董和爲之防檢，後遂爲善。

常璩《華陽國志》卷一〇上《先賢士女總贊》　長卿彬彬，文爲世矩。司馬相如，字長卿，成都人也。游京師，善屬文，著《子虚賦》而不自名，武帝見善之，曰：「吾獨不與此人同世。」楊得意對曰：「臣邑子司馬相如所作也。」召見相如，相如又作《上林賦》，帝悦，以爲郎。又上《大人賦》以風諫，制《封禪書》，爲漢詞宗。官至中郎將。世之作詞賦者，自揚雄之徒咸則之。

酈道元《水經注》卷三三《江水》　又從沖治橋北折，曰長昇橋。城北十里曰昇僊橋，有送客觀，司馬相如將入長安，題其門曰：不乘高車駟馬，不過汝下也。後入邛蜀，果如志焉。

李吉甫《元和郡縣圖志》卷三一《劍南道上・成都府・導江縣》　司馬相如墓，在縣東十二里。

《蘇軾文集》卷六五《司馬相如創開西南夷路》　司馬長卿始以汚行不齒於蜀人，既而以賦得幸天子，未能有所建明立絲毫之善以自贖也。而創開西南夷逢君之惡，以患苦其父母之邦，乃復矜其車服節旄之美，使邦君負弩先驅，豈得詩人致恭桑梓、萬石君父子下里門之義乎？卓王孫暴富遷虜也，故眩而喜耳。魯多君子，何喜之有。

《蘇軾文集》卷六五《司馬相如之諂死而不已》　司馬相如歸臨邛，令王吉謬爲恭敬，日往朝相如，相如稱病，使從者謝吉。及卓氏爲具，相如又稱病不往，吉自往迎相如。觀吉意，欲與相如爲率錢之會耳。而相如遂竊妻以逃，大可笑。其《諭蜀父老》，云以諷天子，以今觀之，不獨不能諷，殆幾於勸矣。諂諛之意，死而不已，猶作《封禪書》。如相如，真可謂小人也哉！

《蘇軾文集》卷六五《臞仙帖》　司馬相如諂事武帝，開西南夷之隙，及病且死，猶草《封禪書》，此所謂死而不已者耶！列仙之隱居山澤間，形容甚臞，此殆得道人也。而相如鄙之，作《大人賦》，不過欲以侈言廣武帝意耳。夫所謂大人者，相如孺子，何足以知之！若賈生《鵩鳥賦》，真知大人者也。庚辰八月二十二日。東坡書。

《蘇軾文集》卷六五《相如長門賦》　陳皇后廢處長門宫，聞司馬相如工爲文，奉百金爲相如、文君取酒。相如爲作《長門賦》，以悟主上，皇后復得幸。予觀漢武雄猜忍暴，而相如乃敢以微詞褻慢及宫闈間。太史公一説李陵事，以爲意沮貳師，遂下蠶室。陳皇后得罪，止坐衛子夫，子夫之愛，不減李夫人，豈區區貳師所能比乎？而於相如之賦，獨不疑其有問於子夫者，豈非幸與不幸，固自有命歟？世以禍福論工拙，而以太史公不能保身於明哲者，皆非通論也。

王士禛《池北偶談》卷一四《談藝四・司馬相如玉印》　錢編修宫聲有司馬相如小玉印，因憶元陸友仁得衛青玉印，翰林虞伯生諸公皆有詩，友仁因著《印史》。按衛宏曰：「秦以前，民皆以金玉爲印，唯其所好。自秦以來，唯天子之印稱璽，又以玉，羣臣莫敢用。」按此，宏説或不然。又後世謂詔令爲璽書。按《國語》：襄公在楚，季武子取卞，使季冶逆，予之璽書。注云：「古者大夫之印亦稱璽。」

備論

《史記》卷一一七《司馬相如列傳論》 《春秋》推見至隱，《易》本隱之以顯，《大雅》言王公大人而德逮黎庶，《小雅》譏小己之得失，其流及上。所以言雖外殊，其合德一也。相如雖多虛辭濫説，然其要歸引之節儉，此與《詩》之風諫何異。楊雄以爲靡麗之賦，勸百風一，猶馳騁鄭衛之聲，曲終而奏雅，不已虧乎？余采其語可論者著于篇。

《史記》卷一三〇《太史公自序》 《子虛》之事，《大人》賦説，靡麗多誇，然其指風諫，歸於無爲。

《漢書》卷五八《公孫弘等傳贊》 漢之得人，於兹爲盛，【略】文章則司馬遷、相如。

《漢書》卷九五《西南夷兩粵朝鮮傳贊》 楚、粵之先，歷世有土。及周之衰，楚地方五千里，而句踐亦以粵伯。秦滅諸侯，唯楚尚有滇王。漢誅西南夷，獨滇復寵。及東粵滅國遷衆，繇王居股等猶爲萬户侯。三方之開，皆自好事之臣。故西南夷發於唐蒙、司馬相如，兩粵起嚴助、朱買臣，朝鮮由涉何。遭世富盛，［動］能成功，然已勤矣。追觀太宗填撫尉佗，豈古所謂「招攜以禮，懷遠以德」者哉！

《漢書》卷一〇〇下《敘傳下》 文豔用寡，子虛烏有，寓言淫麗，託風終始，多識博物，有可觀采，蔚爲辭宗，賦頌之首。

《後漢書》卷四〇下《班固傳下》 固又作《典引篇》，述敘漢德。以爲相如《封禪》，靡而不典，楊雄《美新》，典而不實，蓋自謂得其致焉。

《史記》卷一一七《司馬相如列傳》司馬貞述贊 相如縱誕，竊貲卓氏。其學無方，方才足倚。《子虛》過吒，《上林》非侈。四馬還邛，百金獻伎。惜哉封禪，遺文卓爾。

《全宋文》卷五二二宋祁《成都文類》卷四八《司馬相如字長卿贊》 蜀有巨人，曰司馬氏。在漢六葉，爲文章倡始。言必故訓，革戰國之弊。斲彫混茫，從神取秘。摛發厥章，日星佐華。《封禪》遺篇，意極辭奢。武用東之，紹七十二家。行雖小眥，後帝賢嗟。

《張耒集》卷四一《司馬相如論》 司馬相如雖以文章事武帝，而慨然有君子之風，蓋其心不專以其技易寵禄，又有不忍欺其所知者。東方朔論上林苑害民田，號爲正諫，咈人主之欲，而相如《上林》，其終所陳與方朔何異？且相如事景帝，遊梁，羈旅不偶，亦思泰矣。起而逢其合，持末技以求售，此常人之情，惟恐失其意也。愛惡未可必，而諫及之，此其心似不志于利者也。其後爲帝開夜郎，通西南夷，既至蜀，得其父老之説，頗自悔其失，作書爲《諭蜀》而實以風。夫既已開其利于前矣，徐覺其害，又不忍默默，此其心似不忍自欺者，與夫遂非而忍愧者亦異矣。始相如亦自以慕藺相如，彼其從來，有足觀者矣。

黄震《古今紀要・西漢》 司馬相如素行不謹，諭蜀爲上餙非，開西南夷。賦大人，意蓋指帝誕謾無稽。賊其君，勸封禪，逢君之惡，死猶未已。古以尸諫，彼以尸誤國。使縣令負弩誇耀鄉里，小人不足道。

葉適《習學記言序目》卷二三《漢書三・列傳》 凡正言之理無不具，而隱顯上下交相明者，古人所以爲經也；旁言之必酌於理，使是非得失有所考者，後人所以爲文也。若夫窮慮殫思，以無爲有，自處於妄而後反之正，此違於經而謬於文者也，《上林》、《大人賦》是也。司馬遷之言，殆不可解，豈相如以文自溺，其許儻或在是乎？（《司馬相如》）

李贄《藏書》卷三七《儒臣傳・詞學儒臣・司馬相如》論 論者以相如詞賦爲千古之絶，若非遭逢漢武，亦且徒然。故曰：誰爲爲之，孰令聽之。聽者希，則爲者雖工，而其志不樂，況有天子知而好之，此相如之遭所以爲大奇也。嗣是而降，賦莫盛於楊雄，文莫尚於韓愈。然雄已不見知于漢，而愈亦不復見知于唐。且其時取人以詩賦，天子好音，君臣道合，賡歌迭唱，可謂至盛極文，郁乎有斐之時也。今觀愈之文，亦無難讀者，獨奈何寥寥至百餘年，必待穆伯長而後知其好也。假使讀《子虛》、《上林》，又當何如也？故吾謂漢武帝真不世出之雄者，非過也。雖然，又有奇者。方相如之客臨邛也，臨邛富人如程鄭、卓王孫等，皆財傾東南之産，而目不識一丁，令雖奏琴，空自鼓也，誰知琴心？其陪列賓席者，衣冠濟楚，一何偉也。空自見金而不見人，但見相如之貧，不見相如之富也。不有卓氏，誰能聽之？然則相如，卓氏之梁鴻也。使當其時，卓氏如孟光，必請於王孫，吾知王孫必不聽也。嗟夫！斗筲小人，何足計事，徒失佳偶，空負良緣，不如早自決擇，忍小恥而就大計。《易》不云乎，同聲相應，同氣相求。同明相照，同類相招。雲從龍，風從虎。歸鳳求皇，安可誣也！是又一奇也。悲夫！古今材士，數奇寡諧，奈之何？彼相如者，獨抱二奇以遊於世。予是以感慨而私論

之，未敢以語人也。

張溥《司馬相如自敘傳跋》　劉子玄《史通》云：「馬卿爲《自傳》，具在其《集》中。子長録爲列傳，班氏仍舊，曾無改尋。固於《馬》、《揚傳》末皆云遷、雄自敘，至相如篇下獨無此言，蓋止憑太史之書，未見文園之《集》耳。」余謂此傳果馬卿自作，安得有相如已死，天子遣所忠索書？又安知没後數歲，上始祭后土及禮中岳事乎？然則《自敘傳》應至「相如既病免，家居茂陵」爲止，此後別有結束，惜今不傳，而「天子曰」以下，還是太史公補足之。

近世學士謂《相如集》中《傳》乃校集者取子長所作附之，非其自筆。然《史通·序傳》一章詳言作者自敘基于《騷經》，降及相如，始以自敘爲傳。《史通》之意，直以後人序傳皆作祖于相如，斷非影響。而俗儒多以亡奔、滌器等事胡不少諱，以此爲非馬卿筆。不知馬卿正自述慢世一段光景，委曲周至，他人不能代之寫照阿堵中也。又按《南史》云：「古之名人相如、孟堅、子長皆自敘風流，傳芳末世。」則言此文之出相如手，非一人矣。

王鳴盛《十七史商榷》卷六《史記六·司馬相如》　《戰國策》敘蘇秦貧賤時困戹之狀，及佩趙國相印歸，而父母郊迎三十里，妻側目而視，側耳而聽。《史記》司馬相如竊妻買酒舍酤酒，令妻當鑪，身著犢鼻褌，滌器市中。及拜中郎將，建節馳傳使蜀，太守郊迎，縣令負弩矢前驅。卓王孫喟然嘆自以使女得尚長卿晚。《漢書》朱買臣貧，爲妻所棄，後拜會稽太守，衣故衣，懷印綬步歸郡邸，守邸與上計掾吏驚駭，遂乘傳去，見故妻，載之後車，妻自經死。三者正是一副筆墨。史傳中寫小人得志情形亦多矣，而《國策》、《史》、《漢》尤善描摹，窮秀才誦之，不覺眉飛色舞。作四書八股文者，每拈《孟子》舜發畎畝一章題，便將此段興會，闌入毫端，真堪一噱。然如蘇秦及買臣，終得慘禍，稍有識者，猶知戒之。若相如之事，輕薄文人，自許風流，千載下猶豔羡不已，自知道者觀之，則深醜其行，而不屑挂齒牙閒也。

藝文

《司馬相如集·琴歌二首》　鳳兮鳳兮歸故鄉，遨遊四海求其凰。時未遇兮無所將，何悟今夕兮升斯堂？有艷淑女在閨房，室邇人遐毒我腸。何緣交頸爲鴛鴦，胡頡頏兮共翱翔！

鳳兮鳳兮從我棲，得託孳尾永爲妃。交情通體心和諧，中夜相從知者誰？雙翼俱起翻高飛，無感我思使余悲。

《李太白全集》卷四《樂府·白頭吟》　錦水東北流，波蕩雙鴛鴦。雄巢漢宮樹，雌弄秦草芳。寧同萬死碎綺翼，不忍雲間兩分張。此時阿嬌正嬌妒，獨坐長門愁日暮。但願君恩顧妾深，豈惜黄金買詞賦。相如作賦得黄金，丈夫好新多異心。一朝將聘茂陵女，文君因贈《白頭吟》。東流不作西歸水，落花辭條羞故林。兔絲故無情，隨風任傾倒。誰使女蘿枝，而來强縈抱？兩草猶一心，人心不如草。莫捲龍鬚席，從他生網絲。且留琥珀枕，或有夢來時。覆水再收豈滿杯，棄妾已去難重回。古來得意不相負，祇今惟見青陵臺。

錦水東流碧，波蕩雙鴛鴦。雄巢漢宮樹，雌弄秦草芳。相如去蜀謁武帝，赤車駟馬生輝光。一朝再覽《大人》作，萬乘忽欲淩雲翔。聞道阿嬌失恩寵，千金買賦要君王。相如不憶貧賤日，位高金多聘私室。茂陵姝子皆見求，文君歡愛從此畢。淚如雙泉水，行墮紫羅襟。五起雞三唱，清晨《白頭吟》。長吁不整緑雲鬢，仰訴青天哀怨深。城崩杞梁妻，誰道土無心。東流不作西歸水，落花辭枝羞故林。頭上玉燕釵，是妾嫁時物。贈君表相思，羅袖幸時拂。莫捲龍鬚席，從他生網絲。且留琥珀枕，還有夢來時。鷫鸘裘在錦屏上，自君一挂無由披。妾有秦樓鏡，照心勝照井。願持照新人，雙對可憐影。覆水却收不滿杯，相如還謝文君回。古來得意不相負，祇今惟有青陵臺。

杜甫《杜詩詳注》卷一〇《琴臺》　茂陵多病後，尚愛卓文君。酒肆人間世，琴臺日暮雲。野花留寶靨，蔓草見羅裙。歸鳳求凰意，寥寥不復聞。

岑參《岑嘉州詩》卷一《樂府·司馬相如琴臺》　相如琴臺古，人去臺亦空。臺上寒蕭瑟，至今多悲風。荒臺漢時月，色與舊時同。

《劉禹錫集》卷三六《酬淮南牛相公述舊見貽》　少年曾忝漢庭臣，晚歲空餘老病身。初見相如成賦日，尋爲丞相掃門人。追思往事咨嗟久，喜奉清光笑語頻。猶有登朝舊冠冕，待公三入拂埃塵。

《劉禹錫集》卷三六《酬宣州崔大夫見寄》　白衣曾拜漢尚書，今日恩光到弊廬。再入龍樓稱綺季，應緣狗監説相如。中郎南鎮權方重，內史高齋興有餘。遥想敬亭春欲莫，百花飛盡柳花初。

《李商隱詩歌集解》編年詩《杜工部蜀中離席》　人生何處不離羣？世路干

戈惜暫分。雪嶺未歸天外使，松州猶駐殿前軍。座中醉客延醒客，江上晴雲雜雨雲。美酒成都堪送老，當壚仍是卓文君。

《蘇軾文集》卷二一《夢作司馬相如求畫贊》并敘　夜夢嚴君平、司馬相如、揚子雲合席而坐。子雲曰：「長卿久欲求公作畫贊。」余辭以罪戾之餘，久廢筆硯。子雲懇祈，不獲已爲之。既成，子雲戲余曰：「三賦果足以重趙乎？」余曰：「三賦足以重趙，則子之《太玄》果足以重趙乎？」爲之一笑而散。其贊曰：

長卿有意，慕藺之勇。言還故鄉，閭里是聳。景星鳳凰，以見爲寵。煌煌三賦，可使趙重。

張溥《司馬文園集題詞》　梁昭明太子《文選》登采絶嚴，獨於司馬長卿取其三賦四文，其生平壯篇略具，殆心篤好之，沈湎終日而不能舍也。太史公曰：「長卿賦多虛辭濫説，要歸節儉，與《詩》諷諫何異？」余讀之良然。《子虛》、《上林》非徒極博，實發於天材。揚子雲鋭精揣鍊，僅能合轍；然疎密大致，猶《漢書》於《史記》也。《美人賦》風詩之尤，上掩宋玉。蓋長卿風流誕放，深於論色，即其所自敘傳，琴心善感，好女夜亡，史遷形狀安能及此？他人之賦，賦才也。長卿賦，賦心也，得之於內，不可傳彼。曾與盛長通言之：「歌合組，賦列錦」，均未喻耳。獵獸獻書，長楊志直；馳檄發難，巴蜀竦聽。慕藺生之澠池，跨唐蒙於絶域。赤車駟馬，足名丈夫。抑其文皆賦流也。生賦《長門》，没留《封禪》。英主怨后，思眷不忘，豈偶然乎！

劉大櫆《劉大櫆集》卷二《司馬相如》　馬卿才不羈，文與屈宋競。入貲以爲郎，時時復稱病。梁園盛賓禮，聊復散情性。絶代得佳人，妃匹始宜稱。身著犢鼻褌，殊足聳觀聽。既分財與男，又邀牛酒敬。人生行樂耳，誰知狂與聖！

袁枚《小倉山房文集》卷一《卜式司馬相如贊》　《易》曰：「知幾其神乎！」幾者，一人知之，衆人不知也。衆人不知，則雖千百世後亦不知；當日之能知之者，爲何人也！而其人既已知之矣，見幾而作矣，則所存乎史册間者，不過其迹而已。推其迹以得其心，吾于卜式、司馬相如有獨契焉。

當武帝時，中國耗矣，帝之雄心未已，此楊可告緡之事所必有者也。法網密矣，帝之猜心未已，此淮南賓客之誅所必有者也。

卜式知家財之難保而先輸之王官，即陳平之裸而刺船也；相如知仕宦之難爲而愛閑多病，即子房之善藏其用也。帝知其無可告之緡，則轉以黄金賜之；知其有未盡之才，則且于遺稿求之。似要福也，而不知其避禍；似避禍也，而不知其要福。

以武帝之雄猜，落兩人度内而不悟。而其忠愛之心，持正之氣，則未嘗不一白于朝廷；又能各因其分以立言，而仍不蹈批鱗之忌。式官已尊，寵已固，故有「烹弘羊，天乃雨」之言，何其犯也！相如官尚卑，資尚淺，故僅有《諫獵》之章，奏雅之賦，何其婉也！

嗟乎！使式戀其財而不厭，必爲郭解之徒；而相如仕宦不止，又安知不爲壽王、主父之續乎？讀史至此，爲發其覆，而又笑世之鄙卜式而薄相如者，真淺士矣！故爲之《贊》，其詞曰：

天之生才，代不絶賢。何建元五十四年，而竟寂然？此如驕陽當天，百草萎焉；或陷于法，或遁乎田。陷法遁田，名皆不宣。一式一長卿，獨察機先。毁家家存，病身身全。一信乎君，而以危言讜論著；一忘乎世，而以高文典册傳。較之汲生之戇、曼倩之仙，竟别開一徑，而無愧色于其間。嗚呼，欲知人，先論世。如二公，如其智！如其智！

羅文俊《詁經精舍文續集》卷八朱大紳《讀史・司馬相如》　早歲才名賦《子虛》，九重動色歎誰如。疎狂豔説臨邛市，忠愛長存諫獵書。得意未逢羞自薦，茂陵終老且安居。遺文猶自言封禪，輸與西湖處士廬。

羅文俊《詁經精舍文續集》卷八汪述孫《讀史・司馬相如》　彈琴賣酒太疎狂，賦壓鄒枚最擅場。題柱大言驕里巷，登封遺藁媚君王。無端貢賦搜邛竹，幾令干戈困夜郎。賴有一書傳諫獵，《子虛》諷諭勝《長楊》。

羅文俊《詁經精舍文續集》卷八胡琮《讀史・司馬相如》　緑綺琴彈四壁秋，當壚名士最風流。蛾眉秀色供消渴，狗監功名誤遠游。遺藁不煩和靖續，高文空使所忠求。茂陵黄葉瀟瀟雨，終古西風動客愁。

羅文俊《詁經精舍文續集》卷八陸壎《讀史・司馬相如》　不逢楊意亦銷沈，一賦淩雲寓諷箴。天子有時疑隔世，美人千古獨知音。試看封禪留遺藁，猶是題橋負壯心。得顯功名原未易，茂陵秋雨自絃琴。

《張之洞全集》卷二九七《讀詩絶句・司馬相如》　傳遞琴心作上賓，吹噓賦手借閹人。余辜留藁言封禪，誤到唐元與宋真。

《張之洞全集》卷二九七《詠古詩・司馬相如》　西蜀開山兩漢宗，訾郎文采甚雍容。外慚和靖陳封禪，老羨張騫下笮邛。秋雨茂陵空黯黯，春波錦水自溶溶。孔桑豈識淩雲賦，狗監而今不易逢。

李陵部

綜述

《漢書》卷五四《李陵傳》 陵字少卿，少爲侍中建章監。善騎射，愛人，謙讓下士，甚得名譽。武帝以爲有廣之風，使將八百騎，深入匈奴二千餘里，過居延視地形，不見虜，還。拜爲騎都尉，將勇敢五千人，教射酒泉、張掖以備胡。數年，漢遣貳師將軍伐大宛，使陵將五校兵隨後。行至塞，會貳師還。上賜陵書，陵留吏士，與輕騎五百出敦煌，至鹽水，迎貳師還，復留屯張掖。

天漢二年，貳師將三萬騎出酒泉，擊右賢王於天山。召陵，欲使爲貳師將輜重。陵召見武臺，叩頭自請曰：「臣所將屯邊者，皆荆楚勇士奇材劍客也，力扼虎，射命中，願得自當一隊，到蘭干山南以分單于兵，毋令專鄉貳師軍。」上曰：「將惡相屬邪！吾發軍多，毋騎予女。」陵對：「無所事騎，臣願以少擊衆，步兵五千人涉單于庭。」上壯而許之，因詔彊弩都尉路博德將兵半道迎陵軍。博德故伏波將軍，亦羞爲陵後距，奏言：「方秋匈奴馬肥，未可與戰，臣願留陵至春，俱將酒泉、張掖騎各五千人並擊東西浚稽，可必禽也。」書奏，上怒，疑陵悔不欲出而教博德上書，乃詔博德：「吾欲予李陵騎，云『欲以少擊衆』。今虜入西河，其引兵走西河，遮鉤營之道。」詔陵：「以九月發，出遮虜鄣，至東浚稽山南龍勒水上，徘徊觀虜，即亡所見，從浞野侯趙破奴故道抵受降城休士，因騎置以聞。所與博德言者云何？具以書對。」陵於是將其步卒五千人出居延，北行三十日，至浚稽山止營，舉圖所過山川地形，使麾下騎陳步樂還以聞。步樂召見，道陵將率得士死力，上甚説，拜步樂爲郎。

陵至浚稽山，與單于相直，騎可三萬圍陵軍。軍居兩山間，以大車爲營。陵引士出營外爲陳，前行持戟盾，後行持弓弩，令曰：「聞鼓聲而縱，聞金聲而止。」虜見漢軍少，直前就營。陵搏戰攻之，千弩俱發，應弦而倒。虜還走上山，漢軍追擊，殺數千人。單于大驚，召左右地兵八萬餘騎攻陵。陵且戰且引，南行數日，抵山谷中。連戰，士卒中矢傷，三創者載輦，兩創者將車，一創者持兵戰。陵曰：「吾士氣少衰而鼓不起者，何也？軍中豈有女子乎？」始軍出時，關東羣盜妻子徙邊者隨軍爲卒妻婦，大匿車中。陵搜得，皆劍斬之。明日復戰，斬首三千餘級。引兵東南，循故龍城道，行四五日，抵大澤葭葦中，虜從上風縱火，陵亦令軍中縱火以自救。南行至山下，單于在南山上，使其子將騎擊陵。陵軍步鬬樹木間，復殺數千人，因發連弩射單于，單于下走。是日捕得虜，言「單于曰：『此漢精兵，擊之不能下，日夜引吾南近塞，得毋有伏兵乎？』諸當户君長皆言『單于自將數萬騎擊漢數千人不能滅，後無以復使邊臣，令漢益輕匈奴。復力戰山谷間，尚四五十里得平地，不能破，乃還』」。

是時陵軍益急，匈奴騎多，戰一日數十合，復傷殺虜二千餘人。虜不利，欲去，會陵軍候管敢爲校尉所辱，亡降匈奴，具言「陵軍無後救，射矢且盡，獨將軍麾下及成安侯校各八百人爲前行，以黄與白爲幟，當使精騎射之即破矣」。成安侯者，潁川人，父韓千秋，故濟南相，奮擊南越戰死，武帝封子延年爲侯，以校尉隨陵。單于得敢大喜，使騎並攻漢軍，疾呼曰：「李陵、韓延年趣降！」遂遮道急攻陵。陵居谷中，虜在山上，四面射，矢如雨下。漢軍南行，未至鞮汗山，一日五十萬矢皆盡，即棄車去。士尚三千餘人，徒斬車輻而持之，軍吏持尺刀，抵山入陝谷。單于遮其後，乘隅下壘石，士卒多死，不得行。昏後，陵便衣獨步出營，止左右：「毋隨我，丈夫一取單于耳！」良久，陵還，大息曰：「兵敗，死矣！」軍吏或曰：「將軍威震匈奴，天命不遂，後求道徑還歸，如浞野侯爲虜所得，後亡還，天子客遇之，況於將軍乎！」陵曰：「公止！吾不死，非壯士也。」於是盡斬旌旗，及珍寶埋地中，陵歎曰：「復得數十矢，足以脱矣。今無兵復戰，天明坐受縛矣！各鳥獸散，猶有得脱歸報天子者。」令軍士人持二升糒，一半冰，期至遮虜鄣者相待。夜半時，擊鼓起士，鼓不鳴。陵與韓延年俱上馬，壯士從者十餘人。虜騎數千追之，韓延年戰死。陵曰：「無面目報陛下！」遂降。軍人分散，脱至塞者四百餘人。

陵敗處去塞百餘里，邊塞以聞。上欲陵死戰，召陵母及婦，使相者視之，無死喪色。後聞陵降，上怒甚，責問陳步樂，步樂自殺。羣臣皆罪陵，上以問太史令司馬遷，遷盛言：「陵事親孝，與士信，常奮不顧身以殉國家之急。其素所畜積也，有國士之風。今舉事一不幸，全軀保妻子之臣隨而媒蘖其短，誠可痛也！

且陵提步卒不滿五千，深輮戎馬之地，抑數萬之師，虜救死扶傷不暇，悉舉引弓之民共攻圍之。轉鬬千里，矢盡道窮，士張空拳，冒白刃，北首争死敵，得人之死力，雖古名將不過也。身雖陷敗，然其所摧敗亦足暴於天下。彼之不死，宜欲得當以報漢也。」初，上遣貳師大軍出，財令陵爲助兵，及陵與單于相值，而貳師功少。上以遷誣罔，欲沮貳師，爲陵游説，下遷腐刑。

久之，上悔陵無救，曰：「陵當發出塞，乃詔彊弩都尉令迎軍。坐預詔之，得令老將生姦詐。」乃遣使勞賜陵餘軍得脱者。

陵在匈奴歲餘，上遣因杅將軍公孫敖將兵深入匈奴迎陵。敖軍無功還，曰：「捕得生口，言李陵教單于爲兵以備漢軍，故臣無所得。」上聞，於是族陵家，母弟妻子皆伏誅。隴西士大夫以李氏爲愧。其後，漢遣使使匈奴，陵謂使者曰：「吾爲漢將步卒五千人横行匈奴，以亡救而敗，何負於漢而誅吾家？」使者曰：「漢聞李少卿教匈奴爲兵。」陵曰：「乃李緒，非我也。」李緒本漢塞外都尉，居奚侯城，匈奴攻之，緒降，而單于客遇緒，常坐陵上。陵痛其家以李緒而誅，使人刺殺緒。大閼氏欲殺陵，單于匿之北方，大閼氏死乃還。

單于壯陵，以女妻之，立爲右校王，衛律爲丁靈王，皆貴用事。衛律者，父本長水胡人。律生長漢，善協律都尉李延年，延年薦言律使匈奴。使還，會延年家收，律懼并誅，亡還降匈奴。匈奴愛之，常在單于左右。陵居外，有大事，乃入議。

昭帝立，大將軍霍光、左將軍上官桀輔政，素與陵善，遣陵故人隴西任立政等三人俱至匈奴招陵。立政等至，單于置酒賜漢使者，李陵、衛律皆侍坐。立政等見陵，未得私語，即目視陵，而數數自循其刀環，握其足，陰諭之，言可還歸漢也。後陵、律持牛酒勞漢使，博飲，兩人皆胡服椎結。立政大言曰：「漢已大赦，中國安樂，主上富於春秋，霍子孟、上官少叔用事。」以此言微動之。陵墨不應，孰視而自循其髮，答曰：「吾已胡服矣！」有頃，律起更衣，立政曰：「咄，少卿良苦！霍子孟、上官少叔謝女。」陵曰：「霍與上官無恙乎？」立政曰：「請少卿來歸故鄉，毋憂富貴。」陵字立政曰：「少公，歸易耳，恐再辱，柰何！」語未卒，衛律還，頗聞餘語，曰：「李少卿賢者，不獨居一國。范蠡徧遊天下，由余去戎入秦，今何語之親也！」因罷去。立政隨謂陵曰：「亦有意乎？」陵曰：「丈夫不能再辱。」

陵在匈奴二十餘年，元平元年病死。

雜録

備録

《史記》卷一一〇《匈奴列傳》　漢使貳師將軍廣利以三萬騎出酒泉，擊右賢王於天山，得胡首虜萬餘級而還。匈奴大圍貳師將軍，幾不脱。漢兵物故什六七。漢復使因杅將軍敖出西河，與彊弩都尉會涿涂山，毋所得。又使騎都尉李陵將步騎五千人，出居延北千餘里，與單于會，合戰，陵所殺傷萬餘人，兵及食盡，欲解歸，匈奴圍陵，陵降匈奴，其兵遂没，得還者四百人。單于乃貴陵，以其女妻之。

《漢書》卷二七中之上《五行志中之上》　天漢元年夏，大旱；其三年夏，大旱。先是貳師將軍征大宛還。天漢元年，發適民。二年夏，三將軍征匈奴，李陵没不還。

《漢書》卷九四上《匈奴傳上》　御史大夫軍至追（斜）〔邪〕徑，無所見，還。匈奴使大將與李陵將三萬餘騎追漢軍，至浚稽山合，轉戰九日，漢兵陷陳卻敵，殺傷虜甚衆。至蒲奴水，虜不利，還去。

《宋書》卷九五《索虜傳》　索頭虜姓託跋氏，其先漢將李陵後也。陵降匈奴，有數百千種，各立名號，索頭亦其一也。

《南齊書》卷五七《魏虜傳》　隆昌元年，遣司徒參軍劉斅、車騎參軍沈宏報使至北。宏稱字玄覽。其夏，虜平北將軍魯直清率衆降，以爲督洛州軍事，領平戎校尉、征虜將軍、洛州刺史。是歲，宏徙都洛陽，改姓元氏。初，匈奴女名托跋，妻李陵，胡俗以母名爲姓，故虜爲李陵之後，虜甚諱之，有言其是陵後者，輒見殺，至是乃改姓焉。

《隋書》卷三五《經籍志四》別集　漢騎都尉《李陵集》二卷。

李吉甫《元和郡縣圖志》卷四〇《隴右道下・涼州・酒泉縣》　遮虜障，在縣北二百四十里。李陵與單于戰處。隋鎮將楊玄於其地得銅弩牙箭鏃。

李吉甫《元和郡縣圖志》卷四〇《隴右道下・涼州・壽昌縣》　龍勒水，在縣

南一百八十里龍勒山上。李陵發兵至遮虜障東浚稽山南龍勒水上，徘徊觀虜，所見即此水。

樂史《太平寰宇記》卷三一《關西道七・耀州・雲陽縣》 李陵母冢，在縣西北一十五里。

樂史《太平寰宇記》卷三七《關西道十三・夏州・朔方縣》 無定河，一名朔方水，亦曰奢延水，源出縣南。即漢李陵失利於此河之外。

樂史《太平寰宇記》卷三八《關西道十四・振武軍・金河縣》 李陵臺，壘石爲之，在府北。單于探騎，多候于此。

樂史《太平寰宇記》卷一五二《隴右道三・甘州・張掖縣》 遮虜障，漢將路博德之所築。李陵敗，與士衆期至遮虜，即此也。

樂史《太平寰宇記》卷一九〇《四夷十九・北狄二・匈奴中》 漢遣中郎將蘇武厚幣賂遺單于，單于益驕。漢使騎都尉李陵將步兵五千出居延北千餘里，與單于會，合戰，陵所殺傷萬餘人，兵食盡，匈奴圍陵，陵降，單于乃貴陵，以其女妻之。

樂史《太平寰宇記》卷一九九《四夷二十八・北狄十一・黠戛斯》 黠戛斯，西北荒之國也。本名結骨，又名居易，又謂之堅昆，《史記》謂之鬲昆，《漢書》謂之隔昆，在回鶻西北四十日程，一本云三千里。其人身悉長大，赤髮，緑睛。有黑髮者，謂之不祥。蓋嘉惠撰《西域記》云：「黑髮黑睛者，則李陵之後也，故其自稱是都尉苗裔。」初屬薛延陀，薛延陀常令頡利發一人監統其國，而其渠帥曰紇悉輩，次曰居沙波輩，次曰阿米輩，三人共理其國政。官有宰相、都督、職使、長史、將軍、達干之號。

《新唐書》卷七二上《宰相世系表二上》 漢騎都尉陵降匈奴，裔孫歸魏，見於丙殿，賜氏曰丙。後周有信州總管龍居縣公明，明生粲，唐左監門大將軍、應國公，高祖與之有舊，以避世祖名，賜姓李氏。

《宋史》卷四九〇《外國・高昌傳》 雍熙元年四月，王延德等還，敍其行程來獻，云：【略】

次歷阿墩族，經馬鬉山望鄉嶺，嶺上石龕有李陵題字處。次歷格囉美源，西方百川所會，極望無際，鷗鷺鳧鴈之類甚衆。次至托邊城，亦名李僕射城，城中首領號「通天王」。

備論

《漢書》卷六二《司馬遷傳》 十年而遭李陵之禍，幽於纍紲。乃喟然而歎曰：「是余之辠夫！身虧不用矣。」退而深惟曰：「夫《詩》《書》隱約者，欲遂其志之思也。」卒述陶唐以來，至於麟止，自黄帝始。【略】

遷既被刑之後，爲中書令，尊寵任職。故人益州刺史任安予遷書，責以古賢臣之義。遷報之曰：【略】

且事本末未易明也。僕少負不羈之才，長無鄉曲之譽，主上幸以先人之故，使得奉薄技，出入周衛之中。僕以爲戴盆何以望天，故絶賓客之知，忘室家之業，日夜思竭其不肖之材力，務壹心營職，以求親媚於主上。而事乃有大謬不然者。夫僕與李陵俱居門下，素非相善也，趣舍異路，未嘗銜盃酒接殷勤之歡。然僕觀其爲人自奇士，事親孝，與士信，臨財廉，取予義，分別有讓，恭儉下人，常思奮不顧身以徇國家之急。其素所畜積也，僕以爲有國士之風。夫人臣出萬死不顧一生之計，赴公家之難，斯已奇矣。今舉事壹不當，而全軀保妻子之臣隨而媒孽其短，僕誠私心痛之。且李陵提步卒不滿五千，深踐戎馬之地，足歷王庭，垂餌虎口，横挑彊胡，卬億萬之師，與單于連戰十餘日，所殺過當。虜救死扶傷不給，旃裘之君長咸震怖，乃悉徵左右賢王，舉引弓之民，一國共攻而圍之。轉鬬千里，矢盡道窮，救兵不至，士卒死傷如積。然李陵一呼勞軍，士無不起，躬流涕，沬血飲泣，張空拳，冒白刃，北首争死敵。陵未没時，使有來報，漢公卿王侯皆奉觴上壽。後數日，陵敗書聞，主上爲之食不甘味，聽朝不怡。大臣憂懼，不知所出。僕竊不自料其卑賤，見主上慘悽怛悼，誠欲効其款款之愚。以爲李陵素與士大夫絶甘分少，能得人之死力，雖古名將不過也。身雖陷敗，彼觀其意，且欲得其當而報漢。事已無可柰何，其所摧敗，功亦足以暴於天下。僕懷欲陳之，而未有路。適會召問，即以此指推言陵功，欲以廣主上之意，塞睚眦之辭。未能盡明，明主不深曉，以爲僕沮貳師，而爲李陵游説，遂下於理。拳拳之忠，終不能自列，因爲誣上，卒從吏議。家貧，財賂不足以自贖，交遊莫救，左右親近不爲壹言。身非木石，獨與法吏爲伍，深幽囹圄之中，誰可告愬者！此正少卿所親見，僕行事豈不然邪？李陵既生降，隤其家聲，而僕又茸以蠶室，重爲天下觀笑。

悲夫！悲夫！

《北齊書》卷六《孝昭紀》　遂篤志讀《漢書》，至《李陵傳》，恒壯其所爲焉。

《白居易集》卷四六《漢將李陵論》　忠、孝、智、勇四者，爲臣爲子之大寶也。故古之君子，奉以周旋。苟一失之，是非人臣人子矣。漢李陵策名上將，出討匈奴：竊謂不死於王事，非忠；生降於戎虜，非勇；棄前功，非智；召後禍，非孝：四者無一可，而遂亡其宗。哀哉！予覽《史記》《漢書》皆無明譏，竊甚惑之。司馬遷雖以陵獲罪，而無譏可乎？班孟堅亦從而無譏，又可乎？按《禮》云：「謀人之軍，師敗則死之。」故敗而死者，是其所也。《春秋》所以美狼瞫者，爲能獲其死所。而陵獲所不死，得無譏焉？觀其始以步卒，深入虜庭，而能以寡擊衆，以勞破逸，再接再捷，功孰大焉？及乎兵盡力殫，摧鋒敗績，不能死戰，卒就生降。噫！墜君命，挫國威，不可以言忠；屈身於夷狄，束手爲俘虜，不可以言勇；喪戰勳於前，墜家聲於後，不可以言智；罪逭於躬，禍移於母，不可以言孝：而引范蠡、曹沫爲比，又何謬歟！且會稽之耻，蠡非其罪；魯國之羞，沫必能報，所以二子不死也。而陵苟免其微軀，受制於强虜，雖有區區之意，亦奚爲哉？夫吴、齊者，越、魯之敵國。匈奴者，漢之外臣。俾大漢之將，爲單于之擒，是長寇讎，辱國家甚矣！況二子雖不死，無陵生降之名；二子苟生降，無陵及親之禍。酌其本末，事不相侔。而陵竊慕之，是大失臣子之義也。觀陵答子卿之書，意者但患漢之不知己，而不自内省其始終焉。何者？與其欲刺心自明，刎頸見志，曷若効節致命，取信於君？與其痛母悼妻，尤君怨國，曷若忘身守死，而紓禍於親焉？或曰：武帝不能明察，苟聽流言，遽加厚誅，豈非負德？答曰：設使陵不苟其生，能繼以死，則必賞延於世，刑不加親。戰功足以冠當時，壯節足以垂後代。忠、孝、智、勇四者立，而死且不朽矣，何流言之能及哉？嗚呼！予聞之古人云：人各有一死，死或重於泰山，生或輕於鴻毛。若死重於義，則視之如泰山也；若義重於死，則視之如鴻毛也。故非其義，君子不輕其生；得其所，君子不愛其死。惜哉！陵之不死也，失君子之道焉！故隴西士大夫以李氏爲愧。不其然乎？不其然乎？

《舊唐書》卷一一四《魯炅等傳》　史臣曰：嘗讀《李陵傳》，戰敗不能死，屈節降虜庭，君不得爲忠臣，母不得爲孝子，每長歎久之。

秦觀《淮海集》卷二〇《李陵論》　臣聞草食之獸，不疾易藪；水生之蟲，不疾易水，行小變而不失其大常也。知此者可以用兵矣。何則？夫用兵之法，有所謂常，有所謂變。什則圍之，伍則攻之，不敵則逃之，兵之所謂常也。以寡覆衆，兵之所謂變也。古之善用兵者，雖能以寡覆衆，而什圍伍攻之道未嘗忽焉，所謂行小變而不失其大常也。嗚呼，李陵之所以敗者，其不達於此乎？

《兵法》曰：「小敵之堅，大敵之擒也。」方漢武時，匈奴承冒頓之後，號爲强盛，控弦百萬，幾與中國抗衡。衛青、霍去病之徒，每出塞，至少不下三萬騎，其多至十萬騎，又有諸將相爲應援，然後有功。陵乃以步卒五千出居延，行三十日，至浚稽山，與單于七八萬騎接戰，一日數十合，安得而不敗哉？蓋陵嘗將八百騎，深入匈奴二千餘里，過居延北，不見虜，還；又嘗將輕騎五百，出燉煌至鹽水，迎貳師，未聞困絶。謂以少擊衆可以爲常，不知幸之不可以數也。

昔秦始皇問李信曰：「吾欲取荆，將軍度用幾何人而足？」李信曰：「不過二十萬人。」又問王翦，曰：「非六十萬人不可。」始皇使信伐荆，既而軍敗，復欲使翦。翦曰：「大王必不得已用臣，非六十萬人不可。」始皇從之，遂平荆地。夫王翦豈不知以少擊衆爲利哉？以爲小變不可恃，大常不可失也。故田單疑趙奢之用衆，而奢以爲鏌鋣之劍，肉試則斷牛馬，金試則截盤匜，薄之柱上而擊之，則折爲三，質之石上而擊之，則碎爲百。嗚呼，以王翦之事、趙奢之言觀之，則陵之敗也，其自取之哉？

夫豪傑之士，不患無才，患不能養其氣而已。不能養其氣，則雖有奇才，適足以殺其身也。方陵之召見武臺，天子欲使爲貳師將輜重，陵心耻之，不敢言也，遂請當一隊以分單于兵。夫以陵之奇才，向使少加持重，則衛、霍之功豈難繼耶？而不勝一旦之憤，輕用其鋒，至兵敗降匈奴，頽其家聲，是以不能養其氣而已矣。

或曰：李陵以孤軍深入，其亡也宜矣。然則李靖以騎三千，蹀血虜庭，遂取定襄，何也？曰：唐之擊突厥也，六總管，師十萬，皆授靖節制，所向輒克。虜勢窘甚矣，頡利諸酋，皆勒所部來奔。所謂傷弓之禽，可以虚弦下也，況於勁騎三千乎？與陵之事異矣！

何去非《何博士備論・李陵論》　善將將者，不以其將予敵；善爲將者，不以其身予敵。主以其將予敵，而將不辭，是制將也；將以其身予敵，而主不禁，是聽主也。故聽主無斷，而制將無權，二者之失均焉。

漢武召陵欲爲貳師將輜重也，而陵惡于屬人，自以所將皆荆楚勇士、奇才、劍客，願得自當一隊，以步卒五千涉單于庭，而無所事騎也。夫所謂騎者，匈奴

之勝兵長技也。廣澤平野，奔突馳踐，出没千里，非中國步兵所能敵也。以匈奴之强，兵騎之衆，居安待佚，爲制敵之主。而吾欲以五千之士，擐甲負糧，徒步深入，策勢麾憊，爲赴敵之客，是陵輕委其身以予敵矣。而漢武不之禁也，乃甚壯之，而聽其行。上無統帥，而旁無援師，使之窮數十日之力，涉數千里之地，以與敵角而冀其成功。陵誠勇矣，雖其所以摧敗，足以暴于天下，卒以衆寡不敵，身爲降虜，辱國敗家，爲天下笑者，是漢武以陵與敵也。故曰：二者之失均焉。法曰：「小敵之堅，大敵之擒也。」陵提五千之士，孤軍獨出，當單于十萬之師，轉鬬萬里，安得不爲其所擒也？是以古之善戰者無幸勝而有常功。計必勝而後戰，是勝不可以幸得也；度有功而後動，是功可以常期也。秦將取荆，問其將李信曰：「度兵幾何而足？」信曰：「二十萬足矣。」以問王翦，翦曰：「非六十萬不可。」秦君甚壯信而怯翦也，遂以二十萬衆，信將而行，大喪其師而還。秦君大怒，自駕以請王翦，翦曰：「必欲用臣，顧非六十萬人不可也。」秦君曰：「謹受命。」翦遂將之，卒破荆而滅之焉。冒頓單于辱吕后，漢之君臣廷議，欲斬其使，遂舉兵擊之。樊噲請曰：「願得十萬衆，横行匈奴中。」季布曰：「噲可斬也。昔高祖以四十萬衆困于平城，噲奈何欲以十萬衆横行匈奴也？」吕后大悟，遂罷其議。向使王翦徇秦君以將予敵而不辭，吕后聽樊噲以身予敵而不禁，則二將之禍可勝悔哉？

夫李廣、李陵皆山西之英將也，材武善戰，能得士死力。然輕暴易敵，可以屬人，難以專將。世主者苟能因其材而任之，使奮勵氣節，霆擊鷙搏，則前無堅敵，而功烈可期矣。漢武皆乖其所任，二人者終僨蹶而不濟，身辱名敗，可不惜哉！

大將軍衛青之大擊匈奴也，以廣爲前將軍。青徙廣出東道，少回遠，乏水草。廣請于上曰：「臣部爲前將軍，今臣出東道，臣結髮與匈奴戰，乃今一得當單于，臣願居前，先死單于。」而青陰受上旨，以廣數奇，無令當單于，恐不得所欲。廣遂出東道，卒以失期自殺。夫以廣之材勇，得從大將軍全師之出，其勝氣已倍矣。又獲居前以當單于，此其志得所逞，宜有以自效，無復平日之不偶也。奈何獨摧擯之，使其枉道他出，遂死于悒悒，而天下皆深哀焉。至若陵也，又聽其以身予敵而棄之匈奴，僥幸于或勝。及其以敗聞，徒延首傾耳望其死敵而已，無他悔惜也。嗟夫！漢武之于李氏不得爲無負也。蓋用廣者失于難，而用陵者失于易，其所以喪之者一也。賈復，中興之名將也。世祖以其壯勇輕敵而敢深入，不令別將遠征，常自從之，故復卒以勛名自終。蓋壯勇輕敵者可以自從，而別將遠征之所深忌也。觀賈復之所以爲將，無以異于陵、廣也。而世祖不令別將遠征，常以自從者，是明于知復，而得所以馭之之術也，故卒收其效而全其軀。不然，則復也亦殞于敵矣。嗚呼，任人若世祖者，幾希矣！

黄震《古今紀要》卷二《西漢》　陵當户子，武帝專令隨貳師，陵欲自當一隊，以步兵五千，轉戰二千里，無救而降。有李緒者教匈奴，漢以爲陵而族其家，陵遂不歸。霍光遣任立政招之，云丈夫不能再辱。按陵以漢殺其母爲辭，然陵海上説蘇武時，陵母固未誅。

《宋史》卷二七九《王繼忠傳論》　繼忠臨陣赴敵，以死自效，其生也亦幸而免，然在朔庭貴寵用事，議者方之李陵，而大節固已虧矣。

張煌言《張蒼水集》第一編《冰槎集・李陵論》　世以李陵報蘇子卿書，出自史遷之筆。蓋遷欲掩其保舉之失，而所云欲得一當以報漢者，陵則無有也。余謂不然。今觀其河梁諸什，未始不歎風波之失所，而流離感慨，無一懟漢之詞，是亦豈遷所僞製耶？即就陵當日之事而論之，李陵之出塞也，初非疆埸不靖而亭障失守也。武帝特欲示威于四夷，故窮黷其兵，千里而趨利。陵不過一偏裨，提不滿五千步卒，深入沙漠，殺傷相當，而又鮮佽飛貳師爲之後勁，其勢固已危矣。迨矢盡力竭而後降，志亦大可哀也。夫陵之罪在不能死耳，與棄師辱國者稍有間，與事仇噬主者更有間矣。而漢連坐之不少貸，則安望陵之能爲朱序哉？設令漢武聞陵之敗，臨軒而歎，側席而思，爲之恤其母，撫其孥。或誤傳陵已死事，更爲招魂以祭，卹典以贈之。陵雖犬豕，當必悔恨自裁矣，敢忘漢恩德哉？夫何功罪之不明，陵卒以族，毋怪乎論者謂漢少恩也。倘陵而心懷逆節，氣結重誅，或教匈奴以犯邊，或引華人以助虐，不特子卿故節，難留雪窖，而匈奴十萬控弦，直可長驅中土，豈僅僅烽達甘泉而已哉？然陵于子卿之歸國，纏綿反覆，贈之以詩，而曰陵之罪上通于大，其亦可哀也已。夫陵當漢盛時，起偏裨，提孤軍，出遠塞，戰敗而降。漢若九牛亡一毛，其族屬輒蒙顯戮，當世士大夫無一言爲之辯解，惟司馬遷稍稍言之，乃以爲爲陵游説，遂下蠶室，此足見國憲之有常，而軍律之不可逭也。假使陵荷節鉞之重，會匈奴鴟張，玉關淪陷，漢家埽境内甲兵以託陵，不幸而被圍，遂倒戈解甲，屈膝僞庭，則其罪居何等也。又使陵受賙卹之殊恩，冒祭饗之異數，而乘潢池弄兵，反戈相向，覆漢之宗社，毁漢之衣冠，甚至牽犬羊以芟薙漢之子孫黎民，則其罪更居何等也。由是觀之，陵之罪不

當末減而平反之也哉！雖然，刑者鉶也，一成而不變，故君子用心焉。《春秋》之義，美召陵、城濮者，深内夏外夷之防也，怒仲遂、季友者，甚亂臣賊子之辜也。明乎此，則知我之所以論李陵矣。

劉統勛《評鑑闡要》卷二《漢》　李陵恥爲貳師屬役，以及於敗，乃甘心叛降，所謂小犢僨轅破犁也。司馬遷以爲欲得當報漢，其誰欺乎？以是罪遷，不爲過當，然遷恨武帝深矣，其爲史於武帝，尚得有美事乎？

方宗誠《柏堂集前編》卷一《李陵論》　李陵之失節，無怪也。彼徒知有功名，而不明致身事主之大義也。當其將勇敢五千人時，武帝召爲貳師將軍將輜重，擊右賢王於天山。以陵之勇，隨貳師出，未必無功。乃自負所將者皆荆楚勇士，奇材劒客，力扼虎，射命中，不屑爲人屬，自請獨當一隊。及帝欲發軍，多予騎，陵又對以無所事騎，願以少擊衆。夫以陵之勇，精兵五千，誠使又有騎爲支援爲伏兵，則陵未必敗；即敗，當亦不至若後來之甚也。然陵所以謝之者，徒以隨貳師出，則不得獨成大功；多受騎出，即成功亦未足奇。欲成奇功於絶塞，不得不爲萬死一生之計，以求自見。嗟乎，陵之心第欲爲一身顯功名耳，曷嘗熟爲國家計慮乎？既欲立功名，故既敗而猶不肯死，彼自謂奮大辱之積志，庶幾乎曹柯之盟，乃實言也。豈知臣子事君，當以不辱君命爲正。事成則功不必歸己，事敗則以一死謝之，曷可但爲身圖乎？觀陵之説蘇武也，專爲之計校於存亡安危之地，惜其自苦，惜其誰爲，惜其信義安所見，則彼之所以不死者，可知矣。世徒知責陵以失節，而吾謂人臣事君，苟徒欲爲一身顯功，而不明君臣之大義，則當危急存亡之秋，皆有不可恃者也。蘇武曰：殺身自效，誠甘樂之。又曰：臣事君，猶子事父，死無所懼。嗟乎！斯其所以能爲純臣也與！

藝文

《文選・李陵〈與蘇武三首〉》　良時不再至，離别在須臾。屏營衢路側，執手野踟躕。仰視浮雲馳，奄忽互相踰。風波一失所，各在天一隅。長當從此别，且復立斯須。欲因晨風發，送子以賤軀。

嘉會難再遇，三載爲千秋。臨河濯長纓，念子悵悠悠。遠望悲風至，對酒不能酬。行人懷往路，何以慰我愁？獨有盈觴酒，與子結綢繆。

攜手上河梁，遊子暮何之？徘徊蹊路側，悢悢不得辭。行人難久留，各言長相思。安知非日月，弦望自有時。努力崇明德，皓首以爲期。

《文選・李陵〈答蘇武書〉》　子卿足下：勤宣令德，策名清時，榮問休暢，幸甚幸甚！遠託異國，昔人所悲，望風懷想，能不依依！昔者不遺，遠辱還答，慰誨懃懃，有踰骨肉。陵雖不敏，能不慨然！

自從初降，以至今日，身之窮困，獨坐愁苦，終日無覩，但見異類。韋韝毳幙，以禦風雨。羶肉酪漿，以充飢渴。舉目言笑，誰與爲歡？胡地玄冰，邊土慘裂，但聞悲風蕭條之聲。涼秋九月，塞外草衰。夜不能寐，側耳遠聽，胡笳互動，牧馬悲鳴，吟嘯成羣，邊聲四起。晨坐聽之，不覺淚下。嗟乎子卿！陵獨何心，能不悲哉！與子别後，益復無聊。上念老母，臨年被戮；妻子無辜，並爲鯨鯢。身負國恩，爲世所悲。子歸受榮，我留受辱，命也如何！身出禮義之鄉，而入無知之俗，違棄君親之恩，長爲蠻夷之域，傷已！令先君之嗣，更成戎狄之族，又自悲矣！功大罪小，不蒙明察，孤負陵心，區區之意，每一念至，忽然忘生。陵不難刺心以自明，刎頸以見志，顧國家於我已矣。殺身無益，適足增羞，故每攘臂忍辱，輒復苟活。左右之人，見陵如此，以爲不入耳之歡，來相勸勉。異方之樂，秖令人悲，增忉怛耳。嗟乎子卿！人之相知，貴相知心。前書倉卒，未盡所懷，故復略而言之：

昔先帝授陵步卒五千，出征絶域，五將失道，陵獨遇戰。而裹萬里之糧，帥徒步之師，出天漢之外，入强胡之域。以五千之衆，對十萬之軍，策疲乏之兵，當新羈之馬。然猶斬將搴旗，追奔逐北，滅跡掃塵，斬其梟帥。使三軍之士，視死如歸。陵也不才，希當大任，意謂此時，功難堪矣。匈奴既敗，舉國興師，更練精兵，强踰十萬。單于臨陣，親自合圍。客主之形，既不相如；步馬之勢，又甚懸絶。疲兵再戰，一以當千，然猶扶乘創痛，决命争首，死傷積野，餘不滿百，而皆扶病，不任干戈。然陵振臂一呼，創病皆起，舉刃指虜，胡馬奔走；兵盡矢窮，人無尺鐵，猶復徒首奮呼，争爲先登。當此時也，天地爲陵震怒，戰士爲陵飲血。單于謂陵不可復得，便欲引還。而賊臣教之，遂便復戰，故陵不免耳。

昔高皇帝以三十萬衆，困於平城，當此之時，猛將如雲，謀臣如雨，然猶七日不食，僅乃得免。況當陵者，豈易爲力哉？而執事者云云，苟怨陵以不死。然陵不死，罪也；子卿視陵，豈偷生之士，而惜死之人哉？寧有背君親，捐妻子，而反爲利者乎？然陵不死，有所爲也，故欲如前書之言，報恩於國主耳。誠以虚死不

如立節，滅名不如報德也。昔范蠡不殉會稽之恥，曹沫不死三敗之辱，卒復勾踐之讎，報魯國之羞。區區之心，切慕此耳。何圖志未立而怨已成，計未從而骨肉受刑，此陵所以仰天椎心而泣血也！

足下又云：漢與功臣不薄。子爲漢臣，安得不云爾乎？昔蕭、樊囚縶，韓、彭葅醢，鼂錯受戮，周、魏見辜，其餘佐命立功之士，賈誼、亞夫之徒，皆信命世之才，抱將相之具，而受小人之讒，並受禍敗之辱，卒使懷才受謗，能不得展。彼二子之遐舉，誰不爲之痛心哉！陵先將軍，功略蓋天地，義勇冠三軍，徒失貴臣之意，剄身絶域之表。此功臣義士所以負戟而長嘆者也！何謂不薄哉？

且足下昔以單車之使，適萬乘之虜，遭時不遇，至於伏劍不顧，流離辛苦，幾死朔北之野。丁年奉使，皓首而歸。老母終堂，生妻去帷。此天下所希聞，古今所未有也。蠻貊之人，尚猶嘉子之節，況爲天下之主乎？陵謂足下，當享茅土之薦，受千乘之賞。聞子之歸，賜不過二百萬，位不過典屬國，無尺土之封，加子之勤。而妨功害能之臣，盡爲萬户侯，親戚貪佞之類，悉爲廊廟宰。子尚如此，陵復何望哉？且漢厚誅陵以不死，薄賞子以守節，欲使遠聽之臣，望風馳命，此實難矣。所以每顧而不悔者也。陵雖孤恩，漢亦負德。昔人有言：「雖忠不烈，視死如歸。」陵誠能安，而主豈復能眷眷乎？男兒生以不成名，死則葬蠻夷中，誰復能屈身稽顙，還向北闕，使刀筆之吏，弄其文墨邪？願足下勿復望陵！

嗟乎子卿！夫復何言！相去萬里，人絶路殊。生爲別世之人，死爲異域之鬼，長與足下生死辭矣！幸謝故人，勉事聖君。足下胤子無恙，勿以爲念，努力自愛。時因北風，復惠德音。李陵頓首。

《文選・江淹〈恨賦〉》 試望平原，蔓草縈骨，拱木斂魂。人生到此，天道寧論！

於是僕本恨人，心驚不已。直念古者，伏恨而死。至如秦帝按劍，諸侯西馳。削平天下，同文共規。華山爲城，紫淵爲池。雄圖既溢，武力未畢。方架黿鼉以爲梁，巡海右以送日。一旦魂斷，宫車晚出。若乃趙王既虜，遷於房陵。薄暮心動，昧旦神興。別豔姬與美女，喪金輿及玉乘。置酒欲飲，悲來填膺。千秋萬歲，爲怨難勝。

至如李君降北，名辱身冤，拔劍擊柱，弔影慙魂。情往上郡，心留鴈門。裂帛繫書，誓還漢恩。朝露溘至，握手何言？

庾信《庾子山集》卷三《擬詠懷二十七首》（之十） 悲歌度遼水，弭節出陽關。李陵從此去，荆卿不復還。故人形影滅，音書兩俱絶。遥看塞北雲，懸想關山雪。遊子河梁上，應將蘇武別。

庾信《庾子山集》卷一〇《李陵蘇武別讚》 李陵北去，蘇武南旋。歸驂欲動，別馬將前。河橋兩岸，臨路悽然。故人此別，知應幾年？

庾信《庾子山集》卷一一《趙國公集序》 昔者屈原、宋玉，始於哀怨之深；蘇武、李陵，生於別離之世。

庾信《庾子山集》卷一二《思舊銘（并序）》 歲在攝提，星居監德，梁故觀寧侯蕭永卒。嗚呼哀哉！人之戚也，既非金石所移；士之悲也，寧有春秋之異？高臺已傾，稷下有聞琴之泣；壯士一去，燕南有擊筑之悲。項羽之晨起帳中，李陵之徘徊歧路，韓王孫之質趙，楚公子之留秦，無假窮秋，於時悲矣！

《唐詩品彙》卷一八劉灣《李陵別蘇武》 漢武愛邊功，李陵提步卒，轉戰單于庭，身隨漢軍没。李陵不愛死，心存歸漢闕，誓欲還國恩，不爲匈奴屈。身辱家已無，長居虎狼窟。胡天無春風，虜地多積雪，窮陰悉殺人，況與蘇武別。發聲天地哀，執手肺腸絶。白日爲我悉，陰雲爲我結，生爲漢宫臣，死爲胡地骨。

《王維集》卷一《李陵詠》 漢家李將軍，三代將門子。結髮有奇策，少年成壯士。長驅塞上兒，深入單于壘。旌旗列相向，簫鼓悲何已！日暮沙漠陲，戰聲烟塵裏。將令驕虜滅，豈獨名王侍？既失大軍援，遂嬰穹廬恥。少小蒙漢恩，何堪坐思此！深衷欲有報，投軀未能死。引領望子卿，非君誰相理？

《李太白全集》卷六《樂府・千里思》 李陵没胡沙，蘇武還漢家。迢迢五原關，朔雪亂邊花。一去隔絶國，思歸但長嗟。鴻雁向西北，因書報天涯。

杜甫《杜詩詳注》卷一七《解悶十二首》（其五） 李陵蘇武是吾師，孟子論文更不疑。一飯未曾留俗客，數篇今見古人詩。

《敦煌變文集新書》卷五《李陵變文》

（前缺）　　□（戰）□□□□□（圍），
從來不信三軍勇，　是日方知九姓衰。
兇（匈）奴得急於先走，　漢將如雲押背槌，
丈夫百戰寧詞（辭）苦，　只恐明君不照知。

其時兇（匈）奴落節，輸漢便宜，直至黄昏，收兵不了。著刀者重重着刀，着箭者重重着箭。單于見陣輸失，心懷不分（忿），直至明朝，乃共老臣伊袟（訾）平章：「昨日見漢將欒（卒）徒寡鮮，旗皷（鼓）繿縷，擧動途（迂）廻，狀同隴種（貌龍

種）。朕本意發遣三五十（千）人，把搭（搭）馬索，從頭縛取。奈何十萬餘騎，不敵（敵）五十（千），可得嗔他大語！看陵形勢，言作長盈，□（足）得縱横。戰由（猶）未息。追取左賢王下兵馬數十萬人，四面圍之，一時搦取。漢將得脱，皈（歸）報帝知，言我單于，一一不濟。仍差有旨撥者，西南取紅撓山入，東南取駱駝烽已來，先令應接。如有漢賊渡河來走，一任諸軍隨時僕（撲）掃，自餘家口，向北遠行。」

單于親領萬衆兵馬，到大夫人城，趁上李陵。韓延年報李陵曰：「大將軍䡩柚（抽）兵馬，取路而行。」李陵聞言，向南即走，行經三日，遂被單于趁來。虜既全强，漢使半敗，不覺在後，約損五百餘人。李陵唤左右曰：「如何不戰？」左右答曰：「將軍□（兵）□□盡，如何更戰？」李陵報曰：「體着三槍四槍者，車上載行；一槍兩槍者，重重更戰。」下營來了，頓食中間，陵欲攢軍，方令擊鼓。一時朾（打）其鼓不鳴。李陵自歎：「天喪我等！」歎之未了，從弟三車上，有三條黑氣，向上衝天。李陵處分左右搜括，得〔兩〕箇女子，年登二八，亦在馬前。處分左右斬之，各爲兩𠬛（段），其鼓不打，自鳴吼唤。庚（庾）信詩云：「軍中二女憶，塞外夫人城。」更無别文，正用此時（事）。胡還大走，漢亦争奔，斬決兇（匈）奴，三千餘騎。旋割其耳，馬上馳行。敍録之時，擬馮（憑）爲驗。夜望西北，曉望東南，取路而行，故望得脱。忽至平川之所，川静草深，李陵報左右曰：「緣没不攢身入草，避難南皈（歸）？」將士聞言，一時入草。

其時李陵忽遇北風大吼，吹草南倒。單于道：「漢賊不朾（打）自死。」左右聞言：「大王，漢賊不朾（打），如何自死？」單于人從後放火，其煙蓬㨍，〔熾〕餤䭔（蒸）天。「大將軍後底火來，如何勉（免）死？」李陵問：「火去此間近遠？」左右報言：「火去此間一里。」「軍中有火石否？」急手出火，燒却前頭草，後底火來，他自定。前頭火着，後底火滅。看李陵共單于火中戰處：

陵軍骸骸向前催，虜騎芬芬（紛紛）逐後來，
陣雲海内初交合，朔氣燕南望不開。
此時糧盡兵初餓，早已戰他人力破，
遂被單于放火燒，欲走知從若邊過？
川中定是羽狼毛，風裏吹來夜以毛，
紅餤炎炎傳□□〔盛〕，一廻吹起一廻高。
白雪芬芬（紛紛）平紫塞，黑煙隊隊人悉寘（冥），
前頭草盡不相連，後底火來他自定。
「傳聞漢將昔家陳，慣在長城多苦辛，
十萬軍由（猶）不怕死，況當陵有五千□（人）！
軍中有事須成援，數將同行不同戰，
遥奔逐北我自知，滅跡掃除□□□。
平生願望小臣功，山塞方知火幕空，
聖主徑饒今日下，可得知陵□□中，
其時將軍遭洛薄（落魄），在後遺兵我遺收。
臥氈若重從抌（抛）却，驄驐輕時任意□。
逢水且須和麨喫，逢冰莫使咽人喉，
隔是虜庭須決命，相煞無過死即休。
國中聖主何年見？堂上慈親拜未由！
今朝死在胡天鴈，萬里飛來向覇頭。」

單于報左右曰：「入他漢界，早行二千，收兵却廻，各自穩便。」語由（猶）未了，陵下有一官決果管敢校尉，緣撿校抏唯，李陵嗔朾（打）五下，「更作熠没撿挍，斬煞令軍！」管敢怕陵斬之，背軍屯（逃）走，直至單于帳前。勃籠宛轉，僻道（蹈）颺聲，口稱死罪。單于問：「是甚没人？」「李陵官決果管敢。」單于言：「作甚没來？」管敢啟陛下：「李陵兵馬，箭盡弓折，糧用俱無，去此絶近，大王何不收取？」單于見管敢投來，大咲呵呵。唤言左右曰：「更行三二百里，李陵自伏作奴。」單于〔左右〕聞語，便趁李陵，李陵即張弩射之，㝍（突）騎尸（施）蕃王左眼着〔箭〕。單于怕急，不敢登前，馬上逡巡，報左右曰：「急守趁賊來。大家疲乏，雖行千里，約損萬人。縱得漢兵，知將何用！不如早廻却。」左右對曰：「大王自將十萬人來，覆五千，不蓋其榮，返昭（招）挫褥（辱），拓廻放後庭還來，小弱不誅，大必有患。陛下更戰，漢必敗降，不至午時，陵軍走敗。」單于聞語，即〔趁〕李陵。

李陵箭盡弓折，糧用俱無，赤心求於寸刃。李陵處分左右，火急交人抈（拆）車，人執一根車輻棒，朾（打）着從頭面奄沙。李陵共單于鬬戰第三陣處，若爲陳説？

狂胡北上振天崖，大漢南行路上（尚）賒，
交兵欲〔□〕風頭便，對敵生曾（憎）日影斜。

後軍事急雖然戰，漢將懸知力不加，
不那弓刀渾用盡，遂搦空身左右遮。
臨時用快無過棒，火急交人拆破車，
人執一根車輻棒，着者從頭面唵沙，
登時草木遭霜箭，是日山川被血荼。
夜望胡星飛似電，朝看煞氣狀如霞。
今日爲將黄髭虜，歲歲還同赤觜鴟。
如何管敢行非里（理），遣我將軍不見家，
今朝塞外渾輸失，更將何面見京華！

戰已了首，須臾黄昏，各自至營。夜深以后，陵自出來，唤左右曰：「吾今不死者，非壯士也！」左右啓大將軍曰：「自從束髮，遠劫單于，一入虜庭，二千餘里。誓擬平於沙漠，擬絶嚚塵（塵），持此微功，用將明主。豈謂將軍失利，將士徒然，負特壯心，乖爲（違）本願。當今日下，實是孤危。覩（魚）遊鐤（鼎）中，鷰巢幕下，鼎熿魚爛，幕動巢傾，勢既不全，理難存立。大將軍本意，莫狂（枉）勞人，幸請方圓，擬求生路。」陵曰：「吾文（聞）高文皇帝親御卌萬衆，北征意（塞）上，用（困）於平城。其時猛將如雲，謀臣若雨，一入單于之境，三軍數萬，大行一廻。賴得陳平剋（刻）木女誰（誑）他，幸而獲勉（免）。況我今日五千步卒，敵十萬之軍，何得蚊蚋拒於長風，螻蟻拶於大樹！」「大將軍，虵無頭不行，鳥無翼不颺，軍無將不戰，兵無糧不存。徑饒將軍有黄石三略，陳平六奇，滔神述之法鬼没方爲喪人亡。兵無救援，皇天所喪，非有罪兵，願大將軍不如降却。」陵曰：「吾三軍節度，六卿旗鼓，天子受（授）吾命，將破虜皈（歸）朝。奈何〔漢〕弱胡强，旗鼓零洛（落），節度恓惶，人雖命在，軍見無糧，眼看食盡，道理須降。君須去，努力同皈（歸），莫相抛擲。可不聞道：『千世時君，萬世鄉里，好即同榮，惡即同恥。』夜果勉臥，平旦早起，若至漢朝，好防胡蟻。吾今薄命，天道若此。儻若至朝庭，明申道理。起居我北堂慈母，再拜吾南面天子。道陵生作異域之人，死作失鄉之鬼。永別親故，長辭知己。」更欲云云，不能已已。具看李陵共兵士別處若爲陳説？

「丈夫出寒（塞）命能判（拌），大衆胡狼事實難，
辝君擬前（剪）兇（匈）奴賊，自坐千金明月鞍。
丈夫失制輪狂虜，負特黄（皇）天孤傅（負）士，
非但無面見天王，黄泉地下羞見祖。
嗟呼歎息乃長吟，只爲欺胡若（苦）入深，
上天使爾知何道，陛下應知陵赤心。」
左右聞言皆落淚，將軍今日何千次，
豈容獨領五千人，戰敵兇（匈）奴十萬騎。
赤血滂沛若水流，胡兵遍地横尸死，
縱令無面見天王，亦合留名在使（史）記。
大丈夫氿（兒—而）金（今）何在，乳哺之恩須愧耳，
將軍後莫輒行非，相將皈國朝天子。」
陵聞左右説尊堂，大哭號咷淚萬行，
「更若人爲十隻矢，參嗟（差）重得見家鄉。
左右今須鳥獸分，失路迷津望月奔，
償（儻）若南皈見天子，爲報陵辜陛下恩。」

李陵言訖，長吁數聲，報左右曰：「吾聞鳥之在空，由（猶）湃（憑）六翮，皮既不存，三（毛）覆（復）何依！須運不筞（策—測）之謀，非常之計，先降後出，斬虜朝天，帝側（測）陵情，當不信。」於是獲收珍寶，脱下翻（旛）旗，埋着地中，莫令賊見。左右李陵，各自信緣，若至天明，必當受縛。左右聞語，當即星分，恰至天明，胡兵即至。陵副使韓延〔年〕着箭洛（落）馬身亡。李陵弓矢俱無，勒轡便走，搥凶（胸）望漢國，號咷大哭。赤目明心，誓指山何（河），不幸漢家明主。抛下弓刀，便投突厥。逡巡欲語恐畏嗔，單于高聲呵責，李陵降服處，若爲？

李陵言訖遂降蕃，走至單于大帳前，
先守昨來征戰事，然當盡朕本情元（緣）。
「凱（鎧）四（甲）弓兵渾用盡，情願長居玉塞垣，
償（儻）若蕃王垂一顧，於是無心朝漢天。
自從按節爲君將，一戰凡知幾百年，
所是交兵由漢帝，奉使何增（曾）敢自專。
虜臣計有彌天罪，今將草命獻三（王）前，
直爲無公（功）謝蕃主，幸願寬恩捨此僭（僭—愆）。」
單于既見李陵降，且責緣何入塞邦，
「每每將兵來討擊，時時領衆踐沙場。

出隊上(尚)由(猶)無萬衆，如何輒敢突邊方，
比日上(尚)能稱漢將，緣何今日自來降！
前頭有將名蘇武，早向胡庭自索强，
直爲高心欺我國，長交北海枚(牧)佤(低—羝)羊。
卿今必若來浄伏，勉强留卿鎮虜强(疆)，
已後不煩爲漢將，當即封爲右效王。」

單于曰：「尋思是伱漢家伱將，倒不解深謀一時之功，行萬里之地。昔者漢家興盛，與我突厥和親，單于殊常之義，坐着我衆蕃之上，我祖仍自不拜，啟譖(讃)不名，侍從臨階，劍履上殿。由(猶)更賜其珂珮，白玉裝弓勒鞅，束封僕(僕)從，浮乘□厩之龍騎，湌百官之珍饈。勅賜赤斗錢二萬貫，紫磨黄金一萬廷(鋌)。更錦繡衣裳，綾羅布絹，合合雜雜，答(達)五百餘車。歲給極多，用之不足。漢家爲言過分，墨(默)啜由(猶)自手(不)平。從孝文皇帝亡來，免得塞庭無事，漢家將作，伱的專知抄略邊壃(疆)，今日捉降，若生是？」

李陵對曰：「臣是小人，虛霑大造，行事不謹，爲將不明，輒駈(驅)一隊之夫，衝萬乘之主。臣聞周秦已來，此方興盛。外有陰山，東西千里，草木慈(滋)茂，禽獸成羣。本是我大王上祖大王所居之處，臣亦盡知。臣見砂幕(沙漠)擁截，如何絶□(嶮)往來西隅，於中外聖制於常道者也。今日之陛下，唯命具心，生死囑在大王，去住寧由小子！鼎鑊在近，斧越(越—鉞)不遥，萬一急難，請將駈(驅)使。然敗軍之將，不可禦(語)勇，亡軀大丈夫，不可徒(圖)存。煞活二徒(途)，希申一決。」單于聞語，深美李陵，一見雄才，高山仰指(止)。封官立號，具着胡衣，與(衛)律同行，推挽左右。

陵下散者，可有千人，有命得至漢朝者，惣(總)有四百人。漢帝聞之，喟然歎曰：「我李將軍必是捉矣！」帝唤太史司馬遷，并唤陵老母妻子。帝唤司馬遷向前想(相)陵母妻子面上有死色無：「陵在蕃中有死色無？若無喪色，陵在蕃中。卿想(相)報朕。」司馬遷想(相)了報漢帝：「李陵蕃中在。陵母妻子面上並無死色。」武帝聞之，忽然大怒。「何其小人，背我漢國，降他胡虜！李陵老母妻子付法。」

司馬遷見是三代軍將，向帝殿前口奏：「陛下！臣聞陵祖李廣，名聞海内，勇管(冠)三軍，廿餘年，精(積)量砂幕(沙漠)。若使邊庭若戰，中國獲安，興功若此。臣聞陵又邂逆(逅)事急降胡，獲計未成，不久應出。母既非罪，伏乞寬刑，在後不來，臣即甘心鼎鑊。」武帝聞言，捨其母罪。

得至明年，差公孫遨(敖)領兵五萬騎，兵到龍勒水北，峻畓(浚稽)山南，與單于兵戰，云索蘇武、李陵。其時有往年敗没將李敍(緒)教單于兵馬法，打公孫遨(敖)兵馬失利，左穿右穴。公孫遨(敖)怕急，問「蕃中行兵將是阿誰」？是李敍(緒)不能自道：「蕃中行兵馬，不是餘人，是我李陵。」公孫遨(敖)却走至漢朝，「臣兵馬不合失利，盡是李陵教單于兵馬，打臣兵馬，失利輸兵。」武帝聞之，忽然大怒，遂掩(閹)司馬遷，并陵老母妻子於馬市頭付法。血流滿市，抂(枉)法陵母，日月無光，樹枝摧折。誅陵老母妻子處若爲陳説？

我昔幽閨事君子，擬望千載同終始，
何其没在虜庭中，孤養少卿在祭□(祀)。
當年初婚新婦時，少卿深得君王意，
寵貴榮華不可當，出入朝庭無禁止。
結親本擬防非禍，養子承望奉甘碎(脆)，
何其没在虜庭中，生死不知居那地。
老母妻子一時誅，曠古已來無此事，
皆是先葉薄因緣，新婦不須生怨□(悔)。」
新婦被法啟尊婆：「枉法嚴刑知奈何？
君王受倿(佞)無披訢(訴)，生死今朝一任他。
嗚呼上天無可戀，妾共老母同灾變，
君在單于應不知，與君地下同相見。」

誅陵老母妻子了手，所司奏表於王。即(既)至明年，差富平郡王進朝往於蕃中，看李陵在無？其王進朝行至黄河南岸，作書附與李陵。李陵蕃中聞母被誅，未知虛實。覇得王〔進〕朝書，沙場悲哀大哭，乃將侍從出迎處若爲？

陵聞漢使入胡庭，乃將侍從出來迎，
下馬望鄉拜皇帝，便即號咷發哭聲。
「陵家曆大(歷代)爲軍將，世世從軍爲國征，
失利天兵兒(而)自別(剄)，臨死之時怨爲情。
五千步卒逢狂虜，此苦從來阿那經？
身雖屈節兇(匈)奴下，中心不望(忘)漢家城。
遥聞漢主誅陵母，痛切於身深是苦，

足下辛(新)從帝邑來，誅滅陵親實已否？」
王(進)朝答道兒(而)言曰：「欲語尋思而氣咽，
賴得脩書司馬千(遷)，殿前啟答披干(肝)說。
武帝聞之而息怒，尋思細察將軍苦，
後使公孫遨(敖)入虜庭，輸兵失利而迴去。
過失推向將軍上，漢家兵法任教虜，
總是公孫遨下倭(佞)言，然始煞却將軍母。」
陵聞老母被君誅，叫苦號咷而氣咽，
雙淚交流若愉(欲)終，肝腸寸寸如刀切。
使人泣淚相扶得，沙塞遣出腸中血，
良久提撕始得蘇，南望漢國悲號曰：
「憶性(昔)初至峻稽北，虜騎芬芬(紛紛)漸相逼，
抽刀避(劈)面血成津，此是報王恩將得。
制不由己降胡虜，曉夜方圓擬皈國，
今日黄(皇)天應得知，漢家天子辜陵得。」

郝經《續後漢書》卷六六上《文藝・文章總敘》 古詩，自陳靈公訖周之亡，歷戰國、秦、漢，及高、惠、文、景之世，踰五百年，騷、賦之外，詩遂無聞。孝武時，李陵、蘇武相與贈答，始爲五言，號稱古詩。歷漢三百餘年，絶無僅有。建安間，篇什始盛，爲漢魏正體，然亦非三代之詩也。

汪元量《湖山類稿》卷三《李陵臺》 伊昔李少卿，築臺望漢月。月落淚縱橫，悽然腸斷裂。當時不愛死，心懷歸漢闕。豈謂壯士身，中道有摧折。我行到寰州，悠然見突兀。下馬登斯臺，臺荒草如雪。妖氛靄冥蒙，六合何恍惚。傷彼古豪雄，清淚泫不歇。吟君五言詩，朔風共嗚咽。

虞集《道園遺稿》卷五《李陵別蘇武》 老羝已乳鴈書傳，去住初分哭向天。明日節旄歸漢地，將軍應是獨潸然。

許有壬《圭塘小稿》卷四《李陵臺》 李陵臺下駐分臺，紅藥金蓮徧地開。斜日一鞭三十里，北山飛雨逐人來。

揭傒斯《文安集》卷四《題李陵送蘇武圖》 一與故人別，死生寧復親。休言典屬國，猶得畫麒麟。今朝送漢節，迢遞入秦關。惟有沙場夢，相隨匹馬還。慘澹河梁路，參差塞上山。誰言是死別，日夜望生還。

馬臻《霞外詩集》卷三《李陵臺懷古》 在昔李將軍，提師奮威武。步卒五千人，縱横盡貔虎。謀猷始欲成，管敢摧一語。漢恩既未報，肝膽日益苦。豈知萬里外，骨肉膏草莽。昭帝固任賢，義斷難復取。登臺望漢地，山川眇如許。北風吹不消，恨入臺下土。我行青山下，矯首一懷古。復笑秦家城，彎環列遺堵。惟有山上雲，淒迷送秋雨。

柳貫《待制集》卷二《望李陵臺》 平沙北流水，青山在其上。李陵思鄉臺，駐馬一西向。草根含餘淒，峯尖入寒望。俚言雖莫稽，陳跡尚可訪。想其深入初，步卒亦材壯。手張天子威，氣奪名王帳。覆軍陷囚虜，此志乃大妄。一爲情愛牽，遑恤身名喪。縷縷中郎書，挽使同跌踼。安知臣節忝，之死不易諒。河梁執別處，出語謾惆悵。家聲故煒赫，三世漢飛將。兵法有死生，人運迭休旺。忠回在信史，豈没功罪狀。馬遷當腐刑，强欲雪其謗。士思豈能無，層雲塞亭障。千年麒麟圖，吾將執玄鬯。

司馬遷部

綜述

《漢書》卷六二《司馬遷傳》　昔在顓頊，命南正重司天，火正黎司地。唐虞之際，紹重黎之後，使復典之，至于夏商，故重黎氏世序天地。其在周，程伯休甫其後也。當宣王時，官失其守而爲司馬氏。司馬氏世典周史。惠、襄之間，司馬氏適晉。晉中軍隨會犇魏，而司馬氏入少梁。

自司馬氏去周適晉，分散，或在衛，或在趙，或在秦。其在衛者，相中山，在趙者，以傳劍論顯，蒯聵其後也。在秦者錯，與張儀争論，於是惠王使錯將兵伐蜀，遂拔，因而守之。錯孫蘄，事武安君白起。而少梁更名夏陽。蘄與武安君阬趙長平軍，還而與之俱賜死杜郵，葬於華池。蘄孫昌，爲秦王鐵官。當始皇之時，蒯聵玄孫卬爲武信君將而徇朝歌。諸侯之相王，王卬於殷。漢之伐楚，卬歸漢，以其地爲河内郡。昌生毋懌，毋懌爲漢市長。毋懌生喜，喜爲五大夫，卒，皆葬高門。喜生談，談爲太史公。

太史公學天官於唐都，受《易》於楊何，習道論於黄子。太史公仕於建元、元封之間，愍學者不達其意而師誖，乃論六家之要指曰：【略】

太史公既掌天官，不治民。有子曰遷。

遷生龍門，耕牧河山之陽。年十歲則誦古文。二十而南游江淮，上會稽，探禹穴，窺九疑，浮沅湘。北涉汶泗，講業齊魯之都，觀夫子遺風，鄉射鄒嶧；阸困蕃、薛、彭城，過梁楚以歸。於是遷仕爲郎中，奉使西征巴蜀以南，略邛、筰、昆明，還報命。

是歲，天子始建漢家之封，而太史公留滯周南，不得與從事，發憤且卒。而子遷適反，見父於河雒之間。太史公執遷手而泣曰：「予先，周室之太史也。自上世嘗顯功名虞夏，典天官事。後世中衰，絶於予乎？汝復爲太史，則續吾祖矣。今天子接千歲之統，封泰山，而予不得從行，是命也夫！命也夫！予死，爾必爲太史；爲太史，毋忘吾所欲論著矣。且夫孝，始於事親，中於事君，終於立身；揚名於後世，以顯父母，此孝之大也。夫天下稱周公，言其能論歌文、武之德，宣周、召之風，達大王、王季思慮，爰及公劉，以尊后稷也。幽、厲之後，王道缺，禮樂衰，孔子脩舊起廢，論《詩》《書》，作《春秋》，則學者至今則之。自獲麟以來四百有餘歲，而諸侯相兼，史記放絶。今漢興，海内壹統，明主賢君，忠臣義士，予爲太史而不論載，廢天下之文，予甚懼焉，爾其念哉！」遷俯首流涕曰：「小子不敏，請悉論先人所次舊聞，不敢闕。」卒三歲，而遷爲太史令，紬史記石室金鐀之書。五年而當太初元年，十一月甲子朔旦冬至，天曆始改，建於明堂，諸神受記。

太史公曰：「先人有言：『自周公卒五百歲而有孔子，孔子至於今五百歲，有能紹而明之，正《易傳》，繼《春秋》，本《詩》《書》《禮》《樂》之際。』意在斯乎！意在斯乎！小子何敢攘焉！」

上大夫壺遂曰：「昔孔子爲何作《春秋》哉？」太史公曰：「余聞之董生：『周道廢，孔子爲魯司寇，諸侯害之，大夫壅之。孔子知時之不用，道之不行也，是非二百四十二年之中，以爲天下儀表，貶諸侯，討大夫，以達王事而已矣。』子曰：『我欲載之空言，不如見之於行事之深切著明也。』《春秋》上明三王之道，下辨人事之經紀，别嫌疑，明是非，定猶與，善善惡惡，賢賢賤不肖，存亡國，繼絶世，補弊起廢，王道之大者也。《易》著天地陰陽四時五行，故長於變；《禮》綱紀人倫，故長於行；《書》記先王之事，故長於政；《詩》記山川谿谷禽獸草木牝牡雌雄，故長於風；《樂》樂所以立，故長於和；《春秋》辯是非，故長於治人。是故《禮》以節人，《樂》以發和，《書》以道事，《詩》以達意，《易》以道化，《春秋》以道義。撥亂世反之正，莫近於《春秋》。《春秋》文成數萬，其指數千。萬物之散聚皆在《春秋》。《春秋》之中，弑君三十六，亡國五十二，諸侯奔走不得保社稷者不可勝數。察其所以，皆失其本已。故《易》曰『差以豪氂，謬以千里』。故『臣弑君，子弑父，非一朝一夕之故，其漸久矣』。有國者不可以不知《春秋》，前有讒而不見，後有賊而不知。爲人臣者不可以不知《春秋》，守經事而不知其宜，遭變事而不知其權。爲人君父者而不通於《春秋》之義者，必蒙首惡之名。爲人臣子不通於《春秋》之義者，必陷簒弑誅死之罪。其實皆以善爲之，而不知其義，被之空言不敢辭。夫不通禮義之指，至於君不君，臣不臣，父不父，子不子。夫君不君則犯，臣不臣則誅，父不父則無道，子不子則不孝。此四行者，天下之大過也。以天下大過予之，受而不敢辭。故《春秋》者，禮義之大宗也。夫禮禁未然之前，

法施已然之後；法之所爲用者易見，而禮之所爲禁者難知。」

壺遂曰：「孔子之時，上無明君，下不得任用，故作《春秋》，垂空文以斷禮義，當一王之法。今夫子上遇明天子，下得守職，萬事既具，咸各序其宜，夫子所論，欲以何明？」太史公曰：「唯唯，否否，不然。余聞之先人曰：『虙戲至純厚，作《易》八卦。堯舜之盛，《尚書》載之，禮樂作焉。湯武之隆，詩人歌之。《春秋》采善貶惡，推三代之德，褒周室，非獨刺譏而已也。』漢興已來，至明天子，獲符瑞，封禪，改正朔，易服色，受命於穆清，澤流罔極，海外殊俗重譯款塞，請來獻見者，不可勝道。臣下百官力誦聖德，猶不能宣盡其意。且士賢能矣，而不用，有國者恥也；主上明聖，德不布聞，有司之過也。且余掌其官，廢明聖盛德不載，滅功臣賢大夫之業不述，墮先人所言，罪莫大焉。余所謂述故事，整齊其世傳，非所謂作也，而君比之《春秋》，謬矣。」

於是論次其文。十年而遭李陵之禍，幽於纍紲。乃喟然而歎曰：「是余之辠夫！身虧不用矣。」退而深惟曰：「夫《詩》《書》隱約者，欲遂其志之思也。」卒述陶唐以來，至於麟止，自黃帝始。《五帝本紀》第一，《夏本紀》第二，《殷本紀》第三，《周本紀》第四，《秦本紀》第五，《始皇本紀》第六，《項羽本紀》第七，《高祖本紀》第八，《呂后本紀》第九，《孝文本紀》第十，《孝景本紀》第十一，《今上本紀》第十二。《三代世表》第一，《十二諸侯年表》第二，《六國年表》第三，《秦楚之際月表》第四，《漢諸侯年表》第五，《高祖功臣年表》第六，《惠景間功臣年表》第七，《建元以來侯者年表》第八，《王子侯者年表》第九，《漢興以來將相名臣年表》第十。《禮書》第一，《樂書》第二，《律書》第三，《曆書》第四，《天官書》第五，《封禪書》第六，《河渠書》第七，《平準書》第八。《吴太伯世家》第一，《齊太公世家》第二，《魯周公世家》第三，《燕召公世家》第四，《管蔡世家》第五，《陳杞世家》第六，《衛康叔世家》第七，《宋微子世家》第八，《晉世家》第九，《楚世家》第十，《越世家》第十一，《鄭世家》第十二，《趙世家》第十三，《魏世家》第十四，《韓世家》第十五，《田完世家》第十六，《孔子世家》第十七，《陳涉世家》第十八，《外戚世家》第十九，《楚元王世家》第二十，《荆燕王世家》第二十一，《齊悼惠王世家》第二十二，《蕭相國世家》第二十三，《曹相國世家》第二十四，《留侯世家》第二十五，《陳丞相世家》第二十六，《絳侯世家》第二十七，《梁孝王世家》第二十八，《五宗世家》第二十九，《三王世家》第三十。《伯夷列傳》第一，《管晏列傳》第二，《老子韓非列傳》第三，《司馬穰苴列傳》第四，《孫子吴起列傳》第五，《伍子胥列傳》第六，《仲尼弟子列傳》第七，《商君列傳》第八，《蘇秦列傳》第九，《張儀列傳》第十，《樗里甘茂列傳》第十一，《穰侯列傳》第十二，《白起王翦列傳》第十三，《孟子荀卿列傳》第十四，《平原虞卿列傳》第十五，《孟嘗君列傳》第十六，《魏公子列傳》第十七，《春申君列傳》第十八，《范雎蔡澤列傳》第十九，《樂毅列傳》第二十，《廉頗藺相如列傳》第二十一，《田單列傳》第二十二，《魯仲連列傳》第二十三，《屈原賈生列傳》第二十四，《呂不韋列傳》第二十五，《刺客列傳》第二十六，《李斯列傳》第二十七，《蒙恬列傳》第二十八，《張耳陳餘列傳》第二十九，《魏豹彭越列傳》第三十，《黥布列傳》第三十一，《淮陰侯韓信列傳》第三十二，《韓王信盧綰列傳》第三十三，《田儋列傳》第三十四，《樊酈滕灌列傳》第三十五，《張丞相倉列傳》第三十六，《酈生陸賈列傳》第三十七，《傅靳蒯成侯列傳》第三十八，《劉敬叔孫通列傳》第三十九，《季布欒布列傳》第四十，《爰盎朝錯列傳》第四十一，《張釋之馮唐列傳》第四十二，《萬石張叔列傳》第四十三，《田叔列傳》第四十四，《扁鵲倉公列傳》第四十五，《吴王濞列傳》第四十六，《魏其武安列傳》第四十七，《韓長孺列傳》第四十八，《李將軍列傳》第四十九，《衛將軍驃騎列傳》第五十，《平津主父列傳》第五十一，《匈奴列傳》第五十二，《南越列傳》第五十三，《閩越列傳》第五十四，《朝鮮列傳》第五十五，《西南夷列傳》第五十六，《司馬相如列傳》第五十七，《淮南衡山列傳》第五十八，《循吏列傳》第五十九，《汲鄭列傳》第六十，《儒林列傳》第六十一，《酷吏列傳》第六十二，《大宛列傳》第六十三，《游俠列傳》第六十四，《佞幸列傳》第六十五，《滑稽列傳》第六十六，《日者列傳》第六十七，《龜策列傳》第六十八，《貨殖列傳》第六十九。

惟漢繼五帝末流，接三代絶業。周道既廢，秦撥去古文，焚滅《詩》《書》，故明堂石室金鐀玉版圖籍散亂。漢興，蕭何次律令，韓信申軍法，張蒼爲章程，叔孫通定禮儀，則文學彬彬稍進，《詩》《書》往往間出。自曹參薦蓋公言黄老，而賈誼、朝錯明申韓，公孫弘以儒顯，百年之間，天下遺文古事靡不畢集。太史公仍父子相繼纂其職，曰：「於戲！余維先人嘗掌斯事，顯於唐虞。至於周，復典之。故司馬氏世主天官，至於余乎，欽念哉！」罔羅天下放失舊聞，王迹所興，原始察終，見盛觀衰，論考之行事，略三代，録秦漢，上記軒轅，下至於兹，著十二本紀，既科條之矣。並時異世，年差不明，作十表。禮樂損益，律曆改易，兵權山川鬼神，天人之際，承敝通變，作八書。二十八宿環北辰，三十輻共一轂，運行無窮，輔弼股肱之臣配焉，忠信行道以奉主上，作三十世家。扶義俶儻，不令已失時，

立功名於天下，作七十列傳。凡百三十篇，五十二萬六千五百字，爲《太史公書》。序略，以拾遺補藝，成一家言，協《六經》異傳，齊百家雜語，臧之名山，副在京師，以竢後聖君子。第七十，遷之自敘云爾。而十篇缺，有録無書。

遷既被刑之後，爲中書令，尊寵任職。故人益州刺史任安予遷書，責以古賢臣之義。遷報之曰：

少卿足下：曩者辱賜書，教以慎於接物，推賢進士爲務，意氣勤勤懇懇，若望僕不相師用，而流俗人之言。僕非敢如是也。雖罷駑，亦嘗側聞長者遺風矣。顧自以爲身殘處穢，動而見尤，欲益反損，是以抑鬱而無誰語。諺曰：「誰爲爲之？孰令聽之？」蓋鍾子期死，伯牙終身不復鼓琴。何則？士爲知己用，女爲説己容。若僕大質已虧缺，雖材懷隨和，行若由夷，終不可以爲榮，適足以發笑而自點耳。

書辭宜答，會東從上來，又迫賤事，相見日淺，卒卒無須臾之間得竭指意。今少卿抱不測之罪，涉旬月，迫季冬，僕又薄從上上雍，恐卒然不可諱。是僕終已不得舒憤懣以曉左右，則長逝者魂魄私恨無窮。請略陳固陋。闕然不報，幸勿過。

僕聞之，修身者智之府也，愛施者仁之端也，取予者義之符也，恥辱者勇之決也，立名者行之極也。士有此五者，然後可以託於世，列於君子之林矣。故禍莫憯於欲利，悲莫痛於傷心，行莫醜於辱先，而詬莫大於宮刑。刑餘之人，無所比數，非一世也，所從來遠矣。昔衛靈公與雍渠載，孔子適陳；商鞅因景監見，趙良寒心；同子參乘，爰絲變色：自古而恥之。夫中材之人，事關於宦豎，莫不傷氣，況忼慨之士乎！如今朝雖乏人，柰何令刀鋸之餘薦天下豪儁哉！僕賴先人緒業，得待罪輦轂下，二十餘年矣。所以自惟：上之，不能納忠效信，有奇策材力之譽，自結明主；次之，又不能拾遺補闕，招賢進能，顯巖穴之士；外之，不能備行伍，攻城（戰野）〔野戰〕，有斬將搴旗之功；下之，不能累日積勞，取尊官厚禄，以爲宗族交遊光寵。四者無一遂，苟合取容，無所短長之效，可見於此矣。鄉者，僕亦嘗厠下大夫之列，陪外廷末議。不以此時引維綱，盡思慮，今已虧形爲埽除之隸，在闒茸之中，乃欲卬首信眉，論列是非，不亦輕朝廷，羞當世之士邪！嗟乎！嗟乎！如僕，尚何言哉！尚何言哉！

且事本末未易明也。僕少負不羈之才，長無鄉曲之譽，主上幸以先人之故，使得奉薄技，出入周衞之中。僕以爲戴盆何以望天，故絶賓客之知，忘室家之業，日夜思竭其不肖之材力，務壹心營職，以求親媚於主上。而事乃有大謬不然者。夫僕與李陵俱居門下，素非相善也，趣舍異路，未嘗銜盃酒接殷勤之歡。然僕觀其爲人自奇士，事親孝，與士信，臨財廉，取予義，分別有讓，恭儉下人，常思奮不顧身以徇國家之急。其素所畜積也，僕以爲有國士之風。夫人臣出萬死不顧一生之計，赴公家之難，斯已奇矣。今舉事壹不當，而全軀保妻子之臣隨而媒孽其短，僕誠私心痛之。且李陵提步卒不滿五千，深踐戎馬之地，足歷王庭，垂餌虎口，横挑彊胡，卬億萬之師，與單于連戰十餘日，所殺過當。虜救死扶傷不給，旃裘之君長咸震怖，乃悉徵左右賢王，舉引弓之民，一國共攻而圍之。轉鬬千里，矢盡道窮，救兵不至，士卒死傷如積。然李陵一呼勞軍，士無不起，躬流涕，沫血飲泣，張空弮，冒白刃，北首爭死敵。陵未没時，使有來報，漢公卿王侯皆奉觴上壽。後數日，陵敗書聞，主上爲之食不甘味，聽朝不怡。大臣憂懼，不知所出。僕竊不自料其卑賤，見主上慘悽怛悼，誠欲效其款款之愚。以爲李陵素與士大夫絶甘分少，能得人之死力，雖古名將不過也。身雖陷敗，彼觀其意，且欲得其當而報漢。事已無可柰何，其所摧敗，功亦足以暴於天下。僕懷欲陳之，而未有路。適會召問，即以此指推言陵功，欲以廣主上之意，塞睚眦之辭。未能盡明，明主不深曉，以爲僕沮貳師，而爲李陵游説，遂下於理。拳拳之忠，終不能自列，因爲誣上，卒從吏議。家貧，財賂不足以自贖，交遊莫救，左右親近不爲壹言。身非木石，獨與法吏爲伍，深幽囹圄之中，誰可告愬者！此正少卿所親見，僕行事豈不然邪？李陵既生降，隤其家聲，而僕又茸以蠶室，重爲天下觀笑。悲夫！悲夫！

事未易一二爲俗人言也。僕之先人非有剖符丹書之功，文史星曆近乎卜祝之間，固主上所戲弄，倡優畜之，流俗之所輕也。假令僕伏法受誅，若九牛亡一毛，與螻螘何異？而世又不與能死節者比，特以爲智窮罪極，不能自免，卒就死耳。何也？素所自樹立使然。人固有一死，死有重於泰山，或輕於鴻毛，用之所趨異也。太上不辱先，其次不辱身，其次不辱理色，其次不辱辭令，其次詘體受辱，其次易服受辱，其次關木索被箠楚受辱，其次鬄毛髮嬰金鐵受辱，其次毁肌膚斷支體受辱，最下腐刑，極矣。傳曰「刑不上大夫」，此言士節不可不厲也。猛虎處深山，百獸震恐，及其在穽檻之中，摇

尾而求食，積威約之漸也。故士有畫地爲牢勢不入，削木爲吏議不對，定計於鮮也。今交手足，受木索，暴肌膚，受榜箠，幽於圜牆之中，當此之時，見獄吏則頭槍地，視徒隸則心惕息。何者？積威約之勢也。及已至此，言不辱者，所謂彊顔耳，曷足貴乎！且西伯，伯也，拘牖里；李斯，相也，具五刑；淮陰，王也，受械於陳；彭越、張敖南鄉稱孤，繫獄具罪；絳侯誅諸呂，權傾五伯，囚於請室；魏其，大將也，衣赭關三木；季布爲朱家鉗奴；灌夫受辱居室。此人皆身至王侯將相，聲聞鄰國，及罪至罔加，不能引決自財。在塵埃之中，古今一體，安在其不辱也！由此言之，勇怯，勢也；彊弱，形也。審矣，曷足怪乎！且人不能蚤自財繩墨之外，已稍陵夷至於鞭箠之間，乃欲引節，斯不亦遠乎！古人所以重施刑於大夫者，殆爲此也。夫人情莫不貪生惡死，念親戚，顧妻子，至激於義理者不然，乃有不得已也。今僕不幸，蚤失二親，無兄弟之親，獨身孤立，少卿視僕於妻子何如哉？且勇者不必死節，怯夫慕義，何處不勉焉！僕雖怯耎欲苟活，亦頗識去就之分矣，何至自湛溺累紲之辱哉！且夫臧獲婢妾猶能引決，況若僕之不得已乎！所以隱忍苟活，函糞土之中而不辭者，恨私心有所不盡，鄙没世而文采不表於後也。

古者富貴而名摩滅，不可勝記，唯俶儻非常之人稱焉。蓋西伯拘而演《周易》；仲尼戹而作《春秋》；屈原放逐，乃賦《離騷》；左丘失明，厥有《國語》；孫子髕脚，《兵法》修列；不韋遷蜀，世傳《吕覽》；韓非囚秦，《説難》、《孤憤》。《詩》三百篇，大氐賢聖發憤之所爲作也。此人皆意有所鬱結，不得通其道，故述往事，思來者。及如左丘明無目，孫子斷足，終不可用，退論書策以舒其憤，思垂空文以自見。僕竊不遜，近自託於無能之辭，網羅天下放失舊聞，考之行事，稽其成敗興壞之理，凡百三十篇，亦欲以究天人之際，通古今之變，成一家之言。草創未就，適會此禍，惜其不成，是以就極刑而無愠色。僕誠已著此書，藏之名山，傳之其人通邑大都，則僕償前辱之責，雖萬被戮，豈有悔哉！然此可爲智者道，難爲俗人言也。

且負下未易居，下流多謗議。僕以口語遇遭此禍，重爲鄉黨戮笑，汙辱先人，亦何面目復上父母之丘墓乎？雖累百世，垢彌甚耳！是以腸一日而九回，居則忽忽若有所亡，出則不知所如往。每念斯恥，汗未嘗不發背霑衣也。身直爲閨閤之臣，寧得自引深臧於巖穴邪！故且從俗浮湛，與時俯仰，以通其狂惑。今少卿乃教以推賢進士，無乃與僕之私指謬乎。今雖欲自彫瑑，曼辭以自解，無益，於俗不信，祇取辱耳。要之死日，然後是非乃定。書不能盡意，故略陳固陋。

遷既死後，其書稍出。宣帝時，遷外孫平通侯楊惲祖述其書，遂宣布焉。至王莽時，求封遷後，爲史通子。

唐晏《兩漢三國學案》卷一一《明經文學列傳・司馬遷》 司馬遷字子長，河東龍門人也。耕牧河山之陽。年十歲則誦古文。二十而南游江、淮，上會稽，探禹穴，窺九疑，浮沅、湘。北涉汶、泗，講業齊、魯之都，觀夫子遺風，鄉射鄒、嶧；阸困蕃、薛、彭城，過梁、楚以歸。仕爲郎中，奉使西征巴、蜀以南，略邛、筰、昆明，還報命天子。三歲而爲太史令，紬史記石室金匱之書，乃依《春秋》，作《史記》百三十篇。因諫李陵事，被刑下蠶室，遂爲中書令，尊寵任職。

引經：

余聞之董生：「周道廢，孔子爲魯司寇，諸侯害之，大夫壅之。孔子知時之不用，道之不行也，是非二百四十二年之中，以爲天下儀表，貶諸侯，討大夫，以達王事而已矣。」子曰：「我欲載之空言，不如見之於行事之深切著明也。」《春秋》上明天子之道，下辨人事之經紀，别嫌疑，明是非，定猶與，善善惡惡，賢賢賤不肖，存亡國，繼絶世，補弊起廢，王道之大者也。《易》著天地陰陽四時五行，故長於變。《禮》綱紀人倫，故長於行。《書》記先王之事，故長於政。《詩》記山川谿谷、禽獸草木、牝牡雌雄，故長於風。《樂》樂所以立，故長於和。《春秋》辨是非，故長於治人。是故《禮》以節人，《樂》以發和，《書》以道事，《詩》以達意，《易》以道化，《春秋》以道義。撥亂世反之正，莫近於《春秋》。《春秋》文成數萬，其指數千。萬物之散聚皆在《春秋》。《春秋》之中，弑君三十六，亡國五十二，諸侯奔走不得保社稷者不可勝數。察其所以，皆失其本已。故《易》曰：「差以豪釐，謬以千里。」故「臣弑君，子弑父，非一朝一夕之故，其漸久矣」。有國者不可以不知《春秋》，前有讒而不見，後有賊而不知。爲人臣者不可以不知《春秋》，守經事而不知其宜，遭變故而不知其權。爲人君父者而不達於《春秋》之義者，必蒙首惡之名。爲人臣子不達於《春秋》之義者，必陷篡弑誅死之罪。其實皆以善爲之，而不知其義，被之空言不敢辭。夫不知禮義之指，至於君不君，臣不臣，父不父，子不子。夫君不君則犯，臣不臣則誅，父不父則無道，子不子則不孝。此四

行者，天下之大過也。以天下之大過予之，而不敢辭。故《春秋》者，禮義之大宗也。夫禮禁未然之前，法施已然之後；法之所爲用者易見，而禮之所爲禁者難知。

太史公引經遺文、異字、異訓，皆載在《史記》，不具列。

雜録

備録

《漢書》卷二一上《律曆志上》 武帝元封七年，漢興百二歲矣，大中大夫公孫卿、壺遂、太史令司馬遷等言「曆紀壞廢，宜改正朔」。

《漢書》卷三〇《藝文志》「賦」 司馬遷賦八篇。

《漢書》卷六六《楊惲傳》 〔楊〕忠弟惲，字子幼，以忠任爲郎，補常侍騎。惲母，司馬遷女也。惲始讀外祖《太史公記》，頗爲《春秋》。以材能稱。好交英俊諸儒，名顯朝廷，擢爲左曹。霍氏謀反，惲先聞知，因侍中金安上以聞，召見言狀。霍氏伏誅，惲等五人皆封，惲爲平通侯，遷中郎將。

《漢書》卷八八《儒林傳》 孔氏有古文《尚書》，孔安國以今文字讀之，因以起其家逸《書》，得十餘篇，蓋《尚書》兹多於是矣。遭巫蠱，未立於學官。安國爲諫大夫，授都尉朝，而司馬遷亦從安國問故。遷書載《堯典》、《禹貢》、《洪範》、《微子》、《金縢》諸篇，多古文説。

《水經注》卷四《河水》 東南逕華池南，池方三百六十步，在夏陽城西北四里許。故司馬遷《碑文》云：「高門華池，在兹夏陽。」今高門東去華池三里。

備論

《漢書》卷二五下《郊祀志下贊》 漢興之初，庶事草創，唯一叔孫生略定朝廷之儀。若乃正朔服色郊望之事，數世猶未章焉。至於孝文，始以夏郊，而張倉據水德，公孫臣、賈誼更以爲土德，卒不能明。孝武之世，文章爲盛，太初改制，而兒寬、司馬遷等猶從臣、誼之言，服色數度，遂順黄德。彼以五德之傳從所不勝，秦在水德，故謂漢據土而克之。

《漢書》卷六二《司馬遷傳贊》 自古書契之作而有史官，其載籍博矣。至孔氏篹之，上〔繼〕〔斷〕唐堯，下訖秦繆。唐虞以前雖有遺文，其語不經，故言黄帝、顓頊之事未可明也。及孔子因魯史記而作《春秋》，而左丘明論輯其本事以爲之傳，又篹異同爲《國語》。又有《世本》，録黄帝以來至春秋時帝王公侯卿大夫祖世所出。春秋之後，七國並争，秦兼諸侯，有《戰國策》。漢興伐秦定天下，有《楚漢春秋》。故司馬遷據《左氏》、《國語》，采《世本》、《戰國策》，述《楚漢春秋》，接其後事，訖于〔大〕〔天〕漢。其言秦漢，詳矣。至於采經摭傳，分散數家之事，甚多疏略，或有抵梧。亦其涉獵者廣博，貫穿經傳，馳騁古今，上下數千載間，斯以勤矣。又其是非頗繆於聖人，論大道則先黄老而後六經，序遊俠則退處士而進姦雄，述貨殖則崇勢利而羞賤貧，此其所蔽也。然自劉向、揚雄博極羣書，皆稱遷有良史之材，服其善序事理，辨而不華，質而不俚，其文直，其事核，不虚美，不隱惡，故謂之實録。烏呼！以遷之博物洽聞，而不能以知自全，既陷極刑，幽而發憤，書亦信矣。迹其所以自傷悼，《小雅》巷伯之倫。夫唯《大雅》「既明且哲，能保其身」，難矣哉！

《後漢書》卷四〇上《班彪傳》 彪既才高而好述作，遂專心史籍之間。武帝時，司馬遷著《史記》，自太初以後，闕而不録，後好事者頗或綴集時事，然多鄙俗，不足以踵繼其書。彪乃繼採前史遺事，傍貫異聞，作後傳數十篇，因斟酌前史而譏正得失。其略論曰：

【略】孝武之世，太史令司馬遷採《左氏》、《國語》，删《世本》、《戰國策》，據楚、漢列國時事，上自黄帝，下訖獲麟，作本紀、世家、列傳、書、表凡百三十篇，而十篇缺焉。遷之所記，從漢元至武以絶，則其功也。至於採經摭傳，分散百家之事，甚多疏略，不如其本，務欲以多聞廣載爲功，論議淺而不篤。其論術學，則崇黄老而薄《五經》；序貨殖，則輕仁義而羞貧窮；道游俠，則賤守節而貴俗功：此其大敝傷道，所以遇極刑之咎也。然善述序事理，辯而不華，質而不野，文質相稱，蓋良史之才也。誠令遷依《五經》之法言，同聖人之是非，意亦庶幾矣。

夫百家之書，猶可法也。若《左氏》、《國語》、《世本》、《戰國策》、《楚漢

春秋》、《太史公書》，今之所以知古，後之所由觀前，聖人之耳目也。司馬遷序帝王則曰本紀，公侯傳國則曰世家，卿士特起則曰列傳。又進項羽、陳涉而黜淮南、衡山，細意委曲，條例不經。若遷之著作，採獲古今，貫穿經傳，至廣博也。一人之精，文重思煩，故其書刊落不盡，尚有盈辭，多不齊一。若序司馬相如，舉郡縣，著其字，至蕭、曹、陳平之屬，及董仲舒並時之人，不記其字，或縣而不郡者，蓋不暇也。今此後篇，慎覈其事，整齊其文，不爲世家，唯紀、傳而已。傳曰：「殺史見極，平易正直，《春秋》之義也。」

劉知幾《史通》卷一《六家》 《史記》家者，其先出於司馬遷。自《五經》間行，百家競列，事迹錯糅，前後乖舛。至遷乃鳩集國史，採訪家人，上起黄帝，下窮漢武，紀傳以統君臣，書表以譜年爵，合百三十卷。因魯史舊名，目之曰《史記》。自是漢世史官所續，皆以《史記》爲名。迄乎東京著書，猶稱《漢記》。

至梁武帝，又敕其羣臣，上自太初，下終齊室，撰成《通史》六百二十卷。其書自秦以上，皆以《史記》爲本，而别採他説，以廣異聞；至兩漢已還，則全録當時紀傳，而上下通達，臭味相依；又吴、蜀二主皆入世家，五胡及拓拔氏列於《夷狄傳》。大抵其體皆如《史記》，其所爲異者，唯無表而已。

其後元魏濟陰王暉業，又著《科録》二百七十卷，其斷限亦起自上古，而終於宋年。其編次多依放《通史》，而取其行事尤相似者，共爲一科，故以《科録》爲號。皇家顯慶中，符璽郎隴西李延壽抄撮近代諸史，南起自宋，終於陳，北始自魏，卒於隋，合一百八十篇，號曰《南》、《北史》。其君臣流例，紀傳羣分，皆以類相從，各附於本國。凡此諸作，皆《史記》之流也。

尋《史記》疆宇遼闊，年月遐長，而分以紀傳，散以書表。每論家國一政，而胡、越相懸；敍君臣一時，而參、商是隔。此其爲體之失者也。兼其所載，多聚舊記，時採雜言，故使覽之者事罕異聞，而語饒重出。此撰録之煩者也。況《通史》以降，蕪累尤深，遂使學者寧習本書，而怠窺新録。且撰次無幾，而殘缺遽多，可謂勞而無功，述者所宜深誡也。

秦觀《淮海集》卷二〇《司馬遷論》 班固贊司馬遷，以爲「是非頗謬於聖人，論大道則先黄老而後《六經》，序游俠則退處士而進姦雄，述貨殖則崇勢利而羞貧賤」。先黄老而後《六經》，求古今搢紳先生之論，尚或有之。至於退處士而進姦雄，崇勢利而羞貧賤，則非閭里至愚極陋之人，不至是也，孰謂遷之高才博洽而至於是乎？以臣觀之不然，彼實有見而發、有激而云耳。

孟子曰：「仁者，人也；合而言之，道也。」揚子亦曰：「道以導之，德以得之，仁以人之，義以宜之，禮以體之，天也。合則渾，離則散。」蓋道德者，仁義禮之大全；而仁義禮者，道德之一偏。黄老之學，貴合而漸離，故以道爲本。《六經》之教，於渾者略，於散者詳，故以仁義禮爲用。遷之論大道也，先黄老而後《六經》，豈非有見於此而發哉？

方漢武用法刻深，急於功利，大臣一言不合，輒下吏就誅；有罪當刑，得以貨自贖，因而補官者有焉。於是，朝廷皆以偷合苟免爲事，而天下皆以竊資貨殖爲風。遷之遭李陵禍也，家貧無財賄自贖，交遊莫救，左右親近不爲一言，以陷腐刑。其憤懣不平之氣無所發泄，乃一切寓之於書。故其序游俠也，稱昔虞舜窘於井廩，伊尹負於鼎俎，傅説匿於傅巖，吕尚困於棘津，夷吾桎梏，百里飯牛，仲尼阨於陳、蔡，蓋遷自況也。又曰：「士窮窘得委命，此豈非人所謂賢豪者耶？誠使鄉曲之俠與季次、原憲比權量力，効功於當世，不同日而論矣。」蓋言當世號爲修行仁義者，皆畏避自保，莫肯急於人之難，曾匹夫之不若也。其述貨殖也，稱秦始皇令烏氏倮比封君，於列臣朝請，以巴寡婦清爲貞婦而客之，爲築女懷清臺，蓋以譏孝武也。又云：「諺曰：『千金之子，不死於市。』非空言也。」蓋遷自傷砥節礪行，特以貧故不免於刑戮也。以此言退處士而進奸雄，崇勢利而羞貧賤，豈非有激而云哉？彼班固不達其意，遂以爲是非頗謬於聖人，亦已過矣！

然遷爲人，多愛不忍，雖刺客、滑稽、佞幸之類，猶屑屑焉稱其所長，況於黄老、游俠、貨殖之事有見而發、有激而言者！其所稱道，不能無溢美之言也。若以《春秋》之法「明善惡、定邪正」責之，則非矣。揚子曰：「太史公，聖人，將有取焉。」又曰：「多愛不忍，子長也。仲尼多愛，愛義也。子長多愛，愛奇也。」夫惟所愛，不主於義，而主於奇，則遷不爲無過。若以是非頗謬於聖人，曷爲乎有取也！

《全宋文》卷二七三三晁補之《西漢雜論三・司馬遷雪李陵》 韓延年戰死，陵曰：「無面目報陛下！」遂降。云云。羣臣皆罪陵，上以問太史令司馬遷，遷盛言：「陵有國士之風。身雖陷敗，然其所摧敗亦足暴於天下。彼之不死，宜欲得當以報漢也。」

右《李陵傳第二十四》。武帝始不察路博德羞爲陵後距，疑陵悔不欲出，固非矣。又竟不遣博德，使陵以少擊衆，尚殺匈奴數千人，單于震恐，亦名將矣。如遷之言「其所摧敗，亦足以暴於天下」，此知陵者之言也。至言

陵「欲得當以報漢」，陵以匹夫没彊虜，何能爲耶？使其有謀，不過投隙率邊人拔身來歸，必不能舉匈奴内屬明矣。又陵自爲蘇武言：「令漢且貰陵罪，全其老母，庶幾曹柯之盟。」陵誠自信才足以爲此與？齊事與匈奴事異也。夷狄之俗，喪君有君。劫一單于可病吾國，則立一單于以信吾國，陵且與俱斃，何以報漢？故遷與陵之言皆非也。其勸武降而不得，泣曰：「嗟乎，義士！陵與衛律之罪上通於天。」至此則陵知悔其身之不幸，復以自還而將死矣。然則陵有功耶，罪耶？曰：漢用陵不盡其才，兵少而數勝，亦功也。使如韓延年死，則後世復何議？忍死而降，曰「吾將有爲」，孰明之？以謂「安知其不能有爲」則毋誅，陵勢不可還而可死，又竟不死，是陵於忠孝皆負矣，曰罪可也。

《張耒集》卷四一《司馬遷論上》 司馬遷作《伯夷傳》，言「非公正不發憤而遇禍災」，此特遷自言爲李陵辯而武帝刑之耳。論管、晏之事，則于晏子獨曰：「使晏子而在，雖執鞭所欣慕焉。」遷之爲是言者，蓋晏子出越石父于縲紲，而方遷被刑，漢之公卿無爲遷言，故于晏子致意焉。且方李陵之降，其爲漢與否未可知，而遷獨激昂不顧出力辯之如此，幾于愚乎！與夫時然後言，片言解紛者異矣。不知其失，而惑夫道之是非，何哉？至怨時人之不援己于禍，而拳拳于晏子，遷亦淺矣！遷亦淺矣！

張耒《張耒集》卷四一《司馬遷論下》 司馬遷尚氣好俠，有戰國豪士之餘風。故其爲書，敍用兵、氣節、豪俠之事特詳。其言侯嬴自殺以報魏公子，而樊於期自殺以頭遺荆軻，皆奇誕不近人情，不足攷信。以嬴既進朱亥以報魏公子，不自殺未害爲信，而樊於期自匿以求苟免，尚安肯憤然劫以浮詞，以首遺人哉？此未必非燕丹殺之也。予讀《刺客傳》，頗愛曹沫、豫讓之事。沫有補其國，而讓爲不負其君，然皆不合大義，而庶幾所謂好勇者。如聶政、荆軻之事，此特賤丈夫之雄耳。予觀竇嬰、田蚡、灌夫之事，攷嬰與蚡皆庸人不學，其所立無可稱録，而灌夫屠沽之人也，鬭争于酒食之間，不啻若奴妾，是皆何足載之于書？而遷敍聶政、荆軻、竇嬰、田蚡之事特詳，反覆敍録而不厭，蓋其尚氣好俠，事投其所好，故不知其言之不足信，而忘其事之爲不足録也。

《全宋文》卷三一一二王庠《司馬遷論》 古今異情，而千世之傳難以考，故遠舉者常失於迂誕而不經；治亂殊世，而當時之變得以揆，故近取者每怪其簡脱疏牾不能周也。論著之士，雖以記録爲功，而精裁銓釋，足以標準於後，信以傳信，疑以傳疑，徑取科摘，務存梗槩而已。三五之代，不得而詳，其文闕陋，備體固缺，不幾於太略歟？所書之事，得一二於十百，無足怪也。所聞異辭，所見異辭，捃摭而備録，牢籠而博采，參較異同，類聚區分而編次紬繹，宜其囊括而無遺。故秦漢而下，條貫有倫，歷然可觀，不幾於太詳歟？耳目所接，則錙銖無爽，無足怪也。比不知而作，成於闕文，整齊故事，則不若博物洽聞之爲愈歟？司馬遷之書，略推三代而每詳秦漢，班固嘗言之矣，可得而論也。以區區之秦，散從解約，以束攘雄諸侯，具信威於天下，斂手而事者，常恐其後，游説之士憑軾而西嚮，圖一統之業不爲易矣。矜武任力，以暴虐始禍，二世而亡，推而言之者，宜詳於此也。以戍卒散亡之衆，徒手奮呼，群起而亡秦。高祖撥亂誅暴，仗義約法，股肱蕭、曹，腹心良、平，爪牙信、布，駕馭英雄，用三傑以屈群策。八年之間，鋒鏑之所交，權智之所用，酈生騁縱横之辯，陸賈述存亡之語，婁敬建萬世之安，叔孫新一時之制。興王之迹，原始要終，業巨而事叢矣，推而言之者，宜詳於此也。秦并海内，識其詳者《戰國策》；漢定天下，識其詳者《楚漢春秋》。至於高祖，知馬上得之而不可以治也，著秦之所以失，見吾之所以得者《新語》。漢之爲漢，且七十載，故老流俗尚能言之，討論遺編，放失舊聞，筆削所采，網羅貫穿，宜無脱略之累。與夫馳騁古今上下數千載，勤苦而僅得者，功相萬也。賈誼之徒借秦喻漢，可謂詳悉，輟毫灑牘，無所施其能，則槩舉而發明者無幾，乘傳車，探禹穴，復何爲哉？著不可之典，垂將來之法，隱顯必該，洪纖靡失。若鴈行魚貫，舉一而可尋，固非凌駕前作而直取胸臆也。明統業於帝紀，叙勳庸於世家，標智能於列傳，謹歲月於年表。譜諜之損益，詳於本末；形勢之强弱，詳其得失。大而《禮樂》、《律曆》，詳於沿革，小而《平準》、《河渠》，詳於利害；《天官》詳於推文而考應，《封禪》詳於儲福而薦成。國體世務，具備於方册之中。包舉大端，特振於宏綱；委曲細事，不遺於纖芥。以不羈之才，少露鋒穎，而好奇多愛，致疑於取捨之間，則秦漢之事，言每詳焉可也。文、景已前，隨世裒掇，簡不及漏，可得而詳；太初之後，闕而不録，善惡汩汩，有所未盡。書景之失，譏武之過，不少假借，使後世或謂武帝不誅馬遷，得傳謗書於後，然本紀卒至湮没而不行，不可得而詳又如此也。然魯之二生，商之四皓，有可書之實，雜見他傳，遽多殘缺。謂嘗從征伐、詳知楚漢之事者周緤爾，考其始終，曾無少聞所可詳者，或疑於略也。佞倖之細，刺客之靡，猶屑屑焉道其所長。而沐猴之譏，腐儒之罵，彈筑之歌，留侯之若婦人女子，項羽之重瞳，取不爲益，去不爲損，與夫酈生之見高祖，刊落未

盡，煩蕪相因，所可略者，又疑於煩也。立言記事，斟酌是非，以權輿作者而因淺仍俗，不可勝數。以遷之博極群書，才稱良史，而尚爾耶。然采放遺逸，總括緒餘，考其文質而不俚，揆其論辯而不華。張輔嘗謂其以五十萬言書三千年事，以爲固不如遷，又不知捨秦漢而觀，則所存固其略也。切謂孔聖之書，昭、襄而降，載其行事，每詳於宣、成之前，謂隨聞見而成傳，自宜如此。至定、哀之間多微辭，則雖其詳且不可得。馬遷所以詳近而言者，捨秦漢將安書乎？

《全宋文》卷三五二四周紫芝《司馬遷論》　范曄贊班固，謂其議論嘗排死節，否正直，不叙殺身成仁之美，何其貶固之深耶！夫公天下之賞罰，以當天下之功罪者君也。公天下之是非，以辨天下之善惡者史也。賞罰不公，則無以厭人心；是非不審，則無以取信於後世。然則，秉史筆以權衡天下之人物而去取之，其任常與人主相爲重輕，顧不難哉！今也，死節者猶或排之，正直者在所否焉，則人知勉於爲善益寡矣。曄特從而深詆之，不爲過也。始，李陵以步卒五千，抗單于七八萬騎，轉戰萬里之外，一日至數十合，五十萬矢爲之俱盡，且勝且北，其於勢窮力殫而後已。雖曰兵敗而功不立，身辱而名已隳，究其初心，豈不忠且勇哉？武帝盛怒，欲食其肉。當時，左右無肯爲陵言者，往往從而媒孽其短者有之。史遷力奪群議，以謂陵奮不顧身以徇國家，雖古名將無以遠過。而武帝疑遷欲沮貳師，爲陵遊説，遂罹蠶室之禍。噫！遷亦可謂賢矣哉！且武帝以暴刻之資而濟以猜忌之情，大臣一言不合輒就誅戮。遷之議陵，帝從而刑之，幸也。使其怒而不已，安知其不從而殺之乎！是亦幾於死節之士，而固方且譏其不能明哲保身，此何理也？夫所謂明哲云者，謂其智足以慮患，識足以周身，不至冥行以觸罪罟而已，是爲君子保身之道。豈爲緘默不言，坐視人主之過，全軀以保妻子而後爲明哲哉？古之人有行之者，仲山甫是也。故作《詩》者美之曰「既明且哲，以保其身」也。使仲山甫以緘默不言，坐視人主之過爲明哲保身之道，則「衮職有闕，仲山甫補之」果何謂哉？曰：單于之戰，陵當死國而不當降，降則陵之罪也。李陵之降，遷當直其過而不當辨，辨則遷之罪也。馬遷之辨，漢當容之而不當刑，刑則漢之過也。漢之責遷不爲無罪，遷之救陵未免於屢敗，固之所以責遷者是也。曰：不然也。初，陵以屢敗疲羸之兵，抗全軍虎狼之敵，横行匈奴，身蹈白刃而不顧，此豈畏於一死者？及其兵殫力窮，無救而敗，乃始蒙負羞辱，斂衽以就降，此其故何哉？意猶有望於漢也。遷嘗謂武帝言陵之力戰萬死不顧，使賊鋒屢挫，左枝右梧之不暇，其威武亦足暴於後世。陵之不死，猶冀得當以報漢也。遷之論陵如此，可謂得其心矣！奈何不納其言，而反疑以遊説乎。且陵敗而不歸漢，知漢之必殺也。殺之則無益於死，不若因敗以立功於漢，猶有望焉。陵不可謂不善於處死者也。遷爲陵言而幾不免死，陵之聞之，知漢之必殺已也，是以招之而不至。及其不至，又從而殺其母、妻。陵之望於是絶矣，雖遣百使萬方而招之，其有卒哉？由是言之，過在於漢而不在遷明矣。借使遷言果效於當時，漢無負忠臣之名，無報忠臣母、妻之罪，無拒諫不納之失，一舉而三善隨之，此遷所以反覆爲陵言也。不幸而以言獲罪，使之飲恨以終其身。固不知罪漢，乃責遷以不能明哲保身，可謂繆矣！

《朱子語類》卷一三四《歷代一》　司馬遷才高，識亦高，但粗率。閎祖。

太史公書疏爽，班固書密塞。振。

司馬子長動以孔子爲證，不知是見得，亦且是如此説。所以伯恭每發明得非細，只恐子長不敢承領耳。

《史記》亦疑當時不曾得删改脱藁。《高祖紀》記迎太公處，稱「高祖」。此様處甚多。高祖未崩，安得「高祖」之號？《漢書》盡改之矣。《左傳》只有一處云：「陳桓公有寵於王。」

曹器遠説《伯夷傳》「得孔子而名益彰」云云。先生曰：「伯夷當初何嘗指望孔子出來發揮他！」又云：「『黄屋左纛，朝以十月，葬長陵。』此是大事，所以書在後。」先生曰：「某嘗謂《史記》恐是個未成底文字，故記載無次序，有疏闊不接續處，如此等是也。」閎祖。

《朱子語類》卷一三五《歷代二》　王允云：「武帝不殺司馬遷，使作謗書。」如《封禪書》所載祠祀事。《樂書》載得神馬爲《太一歌》，汲黯進曰：「先帝百姓豈能知其音邪？」公孫弘曰：「黯誹謗聖制，當族。」下面卻忽然寫許多《禮記》。又如《律書》説律，又説兵，又説文帝不用兵，贊歎一場。全是個醉人東撞西撞！觀此等處，恐是此意。閎祖。

漢儒董仲舒較穩。劉向雖博洽而淺，然皆不見聖人大道。賈誼、司馬遷皆駁雜，大意是説權謀功利。説得深了，覺見不是，又説一兩句仁義。然權謀已多了，救不轉。蘇子由《古史》前數卷好，後亦合雜權謀了。

《全宋文》卷五八八四吕祖謙《司馬遷論》　人不可以有不平之氣也，有不平之氣，必有矯枉過直之言，言至於過直，則其害有不可勝言者矣。且人之所以矯枉者，蓋欲使其直也。今既過其直，則吾之言先不直矣，又何以責彼之不直乎？

竊嘗譬之，天下之輕重，至於權而後定；天下之長短，至於度而後定。人之執權以罔市利者，多以重爲輕，而取它人之物，則以斤爲兩，以兩爲銖。其失輕重之平，世之所同患也。今人之執度以罔市利者，多以長爲短，而取他人之物，故以尺爲寸，以寸爲分。其失長短之平，世之所同患也。苟爲權之失其平，則盍反其本矣，今乃矯其輕以爲重，以銖爲兩，以兩爲斤，雖輕重之不同，其失權之平則一也。苟以度爲失其平，則盍反其本矣，今乃矯其短以爲長，以寸爲尺，以尺爲丈，雖長短之不同，而失度之平則一也。彼失於輕，此失於重，彼失於短，此失於長，雖殄滅之，直五十步笑百步耳，又何以大相過！是故天下有一定之理，君子有至平之言，增之毫釐則太過，損之毫釐則不及。苟憤世嫉邪而爲矯枉過直之言，則所矯之枉未息而過直之言先見矣。老子之言芻狗，欲矯封吝之弊也，其弊不除，而反生韓非之寡恩。公羊之論無時，欲矯畔亂之患也，其患不除，而反啓漢民之濫刑。荀卿之殺《詩》、《書》，欲矯章句之習也，其習不除，而反開李斯之坑儒。欲去一害，復召一害，安在其爲善立言者邪？昔司馬遷述《史記》，自黄帝止於麟趾，成一家之言。其論大道，先黄老而後六經，所以矯漢民之尚黄老也。其序游俠，退處士而進姦雄，所以矯群臣之齷齪也。其述貨殖，則崇勢利而卑貧賤，所以激武帝之興利也。蓋遷雖横就刑戮，處於污俗之中，困於心，衡於慮，損激之氣形於簡策，故其言每過直而不自知焉。及稽其流弊，則自遷之先黄老而虛浮之説愈勝，自遷之進姦雄而閭里之姦愈滋，自遷之崇勢利而貨賂之風愈熾。彼何晏之清談，步降之暴横，靈帝之鬻官，皆遷有以啓之也。始欲救弊，終反生弊，始欲正患，終反生患，善立言者果如是乎？雖然，遷之矯枉過直，而未嘗不微見其意焉。其《叙傳》固先黄老矣，而又曰：「先人有言：『孔子卒，有能紹而明之，正《易傳》，繼《春秋》本意也？』」其傳游俠固進姦雄矣，而又曰原憲獨行，不合於世，蔬食不厭，四百餘年而弟子志之不倦，所以見其進處士之本意也。其傳貨殖固崇勢利矣，而又曰俗之所漸泯久矣，雖户談以眇論終不能化，所以見其輕利勢之本意也。遷之意欲使學者知向日之言，乃吾一時矯枉過直之言爾，當以今言爲正。然遷固特見其本意以示學者，曷若言必慮其所終而無過直之害哉！以是知君子之言，誠不可苟也。

李贄《藏書》卷四〇《儒臣傳二·史學儒臣·司馬遷》 李生曰：班氏父子譏司馬遷之言也，班氏以此爲真足以譏遷也，當也，不知適足以彰遷之不朽而已。使遷而不殘陋，不踈略，不輕信，不是非謬於聖人，何足以爲遷乎？則玆史固不待作也。遷、固之懸絶，正在於此。夫所謂作者，謂其興於有感而志不容已，或情有所激而詞不可緩之謂也。若必其是非盡合於聖人，則聖人既已有是非矣，尚何待於吾也？夫按聖人以爲是非，則其所言者，乃聖人之言也，非吾心之言也。言不出於吾心，詞非由於不可遏，則無味矣。有言者不必有德，又何貴於言也？此遷之史所以爲繼麟經而作，後有作者，終不可追也已。《春秋》者，夫子之史也。筆則筆，削則削，初未嘗案古聖人以爲是非也。故雖以游、夏文學，終不能出一詞以贊之。言不待贊也，而况爲之傳與註乎？蓋夫子之心，則天下後世之人自知之矣。至其言之不可知者，初無害其爲可知，又何必穿鑿傳會，比擬推測，以求合於一字一句之間也。當時惟有左氏直傳其事，使人詳其事，覽其詞，高下淺深，各自得之。故昔人有言：「左氏本爲經作，而《左傳》實自孤行。」良有見也。《史記》者，遷發憤之所爲作也，其不爲後世是非而作也明矣。其爲一人之獨見也者，信非班氏之所能窺也與！若責以明哲保身，則於竇固之獄，又誰爲之？其視犯顔敢諍者，又孰謂不明哲與！

藝文

《全唐詩》卷四六七牟融《司馬遷墓》 落落長才負不羈，中原回首益堪悲。英雄此日誰能薦，聲價當時衆所推。一代高風留異國，百年遺跡剩殘碑。經過詞客空惆悵，落日寒煙賦黍離。

《全唐詩》卷八三七貫休《上盧使君二首》（之二） 司馬遷文亞聖人，三頭九陌碾香塵。盡傳棣萼麟兼鳳，終作昌朝甫與申。樓聳嬌歌疏雨過，風含和氣滿城春。因知寰海昇平去，又見高宗夢裏人。

王安石《王文公文集》卷三八《古詩·司馬遷》 孔鸞負文章，不忍留枳棘。嗟子刀鋸間，悠然止而食。成書與後世，憤悱聊自釋。領略非一家，高辭殆天得。雖微樊父明，不失孟子直。彼欺以自私，豈啻相十百。

朱珪《知足齋詩集》卷一九《司馬遷》 子長良史材，文章何卓犖。著書繼《春秋》，發憤遭刑椓。上溯軒轅紀，下迄獲麟角。經緯數千歲，網羅實鴻倬。壺荅義高朗，安書痛呼謈。班贊稍抑揚，巷伯議大慤。後儒過輊軒，龍豬喻未確。疎密兩鉅手，並峙標華嶽。

漢昭帝部

綜述

《漢書》卷七《昭帝紀》 孝昭皇帝，武帝少子也。母曰趙倢伃，本以有奇異得幸，及生帝，亦奇異。武帝末，戾太子敗，燕王旦、廣陵王胥行驕嫚，後元二年二月上疾病，遂立昭帝爲太子，年八歲。以侍中奉車都尉霍光爲大司馬大將軍，受遺詔輔少主。明日，武帝崩。戊辰，太子即皇帝位，謁高廟。帝姊鄂邑公主益湯沐邑，爲長公主，共養省中。大將軍光秉政，領尚書事，車騎將軍金日磾、左將軍上官桀副焉。

夏六月，赦天下。

賜長公主及宗室昆弟各有差。追尊趙倢伃爲皇太后，起雲陵。

冬，匈奴入朔方，殺略吏民。發軍屯西河，左將軍桀行北邊。

始元元年春二月，黄鵠下建章宫太液池中，公卿上壽。賜諸侯王、列侯、宗室金錢各有差。

己亥，上耕于鉤盾弄田。

益封燕王、廣陵王及鄂邑長公主各萬三千户。

夏，爲太后起園廟雲陵。

益州廉頭、姑繒、牂柯談指、同並二十四邑皆反。遣水衡都尉吕破胡募吏民及發犍爲、蜀郡犇命擊益州，大破之。

秋七月，赦天下，賜民百户牛酒。大雨，渭橋絶。

八月，齊孝王孫劉澤謀反，欲殺青州刺史雋不疑，發覺，皆伏誅。遷不疑爲京兆尹，賜錢百萬。

九月丙子，車騎將軍日磾薨。

閏月，遣故廷尉王平等五人持節行郡國，舉賢良，問民所疾苦、冤、失職者。

二年春正月，大將軍光、左將軍桀皆以前捕斬反虜重合侯馬通功，封光爲博陸侯，桀爲安陽侯。

以宗室毋在位者，舉茂才劉辟彊、劉長樂皆爲光禄大夫，辟彊守長樂衛尉。

三月，遣使者振貸貧民毋種、食者。秋八月，詔曰：「往年災害多，今年蠶麥傷，所振貸種、食勿收責，毋令民出今年田租。」

冬，發習戰射士詣朔方，調故吏將屯田張掖郡。

三年秋，募民徙雲陵，賜錢田宅。

冬十月，鳳皇集東海，遣使者祠其處。

四年春三月甲寅，立皇后上官氏。赦天下。辭訟在後二年前，皆勿聽治。

夏六月，皇后見高廟。賜長公主、丞相、將軍、列侯、中二千石以下及郎吏宗室錢帛各有差。

徙三輔富人雲陵，賜錢，户十萬。

秋七月，詔曰：「比歲不登，民匱於食，流庸未盡還，往時令民共出馬，其止勿出。諸給中都官者，且減之。」

冬，遣大鴻臚田廣明擊益州。

廷尉李种坐故縱死罪棄市。

五年春正月，追尊皇太后父爲順成侯。

夏陽男子張延年詣北闕，自稱衛太子，誣罔，要斬。

夏，罷天下亭母馬及馬弩關。

六月，封皇后父驃騎將軍上官安爲桑樂侯。

詔曰：「朕以眇身獲保宗廟，戰戰栗栗，夙興夜寐，修古帝王之事，通保傅，傳《孝經》、《論語》、《尚書》，未云有明。其令三輔、太常舉賢良各二人，郡國文學高第各一人。賜中二千石以下至吏民爵各有差。」

罷儋耳、真番郡。

秋，大鴻臚廣明、軍正王平擊益州，斬首捕虜三萬餘人，獲畜産五萬餘頭。

六年春正月，上耕于上林。

二月，詔有司問郡國所舉賢良文學民所疾苦。議罷鹽鐵榷酤。

移中監蘇武前使匈奴，留單于庭十九歲乃還，奉使全節，以武爲典屬國，賜錢百萬。

秋七月，罷榷酤官，令民得以律占租，賣酒升四錢。以邊塞闊遠，取天水、隴西、張掖郡各二縣置金城郡。

詔曰：「鉤町侯毋波率其君長人民擊反者，斬首捕虜有功。其立毋波爲鉤

町王。大鴻臚廣明將率有功，賜爵關内侯，食邑。」

元鳳元年春，長公主共養勞苦，復以藍田益長公主湯沐邑。

泗水戴王前薨，以毋嗣，國除。後宮有遺腹子煖，相内史不奏言，上聞而憐之，立煖爲泗水王。相内史皆下獄。

三月，賜郡國所選有行義者涿郡韓福等五人帛，人五十匹，遣歸。詔曰：「朕閔勞以官職之事，其務修孝弟以教鄉里。令郡縣常以正月賜羊酒。有不幸者賜衣被一襲，祠以中牢。」

武都氐人反，遣執金吾馬適建、龍額侯韓增、大鴻臚廣明將三輔、太常徒，皆免刑擊之。

夏六月，赦天下。

八月，改始元爲元鳳。

九月，鄂邑長公主、燕王旦與左將軍上官桀、桀子票騎將軍安、御史大夫桑弘羊皆謀反，伏誅。初，桀、安父子與大將軍光争權，欲害之，詐使人爲燕王旦上書言光罪。時上年十四，覺其詐。後有譖光者，上輒怒曰：「大將軍國家忠臣，先帝所屬，敢有譖毁者，坐之。」光由是得盡忠。語在《燕王》、《霍光傳》。

冬十月，詔曰：「左將軍安陽侯桀、票騎將軍桑樂侯安、御史大夫弘羊皆數以邪枉干輔政，大將軍不聽，而懷怨望，與燕王通謀，置驛往來相約結。燕王遣壽西長、孫縱之等賂遺長公主、丁外人、謁者杜延年、大將軍長史公孫遺等，交通私書，共謀令長公主置酒，伏兵殺大將軍光，徵立燕王爲天子，大逆毋道。故稻田使者燕倉先發覺，以告大司農敞，敞告諫大夫延年，延年以聞。丞相徵事任宫手捕斬桀，丞相少史王壽誘將安入府門，皆已伏誅，吏民得以安。封延年、倉、宫、壽皆爲列侯。」又曰：「燕王迷惑失道，前與齊王子劉澤等爲逆，抑而不揚，望王反道自新，今乃與長公主及左將軍桀等謀危宗廟。王及公主皆自伏辜。其赦王太子建、公主子文信及宗室子與燕王、上官桀等謀反父母同産當坐者，皆免爲庶人。其吏爲桀等所詿誤，未發覺在吏者，除其罪。」

二年夏四月，上自建章宫徙未央宫，大置酒。賜郎從官帛，及宗室子錢，人二十萬。吏民獻牛酒者賜帛，人一匹。

六月，赦天下。詔曰：「朕閔百姓未贍，前年減漕三百萬石。頗省乘輿馬及(菀)〔苑〕馬，以補邊郡三輔傳馬。其令郡國毋斂今年馬口錢，三輔、太常郡得以叔粟當賦。」

三年春正月，罷中牟苑賦貧民。詔曰：「乃者民被水災，頗匱於食，朕虚倉廩，使使者振困乏。其止四年毋漕。三年以前所振貸，非丞相御史所請，邊郡受牛者勿收責。」

夏四月，少府徐仁、廷尉王平、左馮翊賈勝胡皆坐縱反者，仁自殺，平、勝胡皆要斬。

冬，遼東烏桓反，以中郎將范明友爲度遼將軍，將北邊七郡郡二千騎擊之。

四年春正月丁亥，帝加元服，見于高廟。賜諸侯王、丞相、大將軍、列侯、宗室下至吏民金帛牛酒各有差。賜中二千石以下及天下民爵。毋收四年、五年口賦。三年以前逋更賦未入者，皆勿收。令天下酺五日。

甲戌，丞相千秋薨。

夏四月，詔曰：「度遼將軍明友前以羌騎校尉將羌王侯君長以下擊益州反虜，後復率擊武都反氐，今破烏桓，斬虜獲生，有功。其封明友爲平陵侯。平樂監傅介子持節使，誅斬樓蘭王安，歸首縣北闕，封義陽侯。」

五月丁丑，孝文廟正殿火，上及羣臣皆素服。發中二千石將五校作治，六日成。太常及廟令丞郎吏皆劾大不敬，會赦，太常轑陽侯德免爲庶人。

六月，赦天下。

五年春正月，廣陵王來朝，益國萬一千户，賜錢二千萬，黄金二百斤，劍二，安車一，乘馬二駟。

六月，發三輔及郡國惡少年吏有告劾亡者，屯遼東。

秋，罷象郡，分屬鬱林、牂柯。

十二月庚戌，丞相訢薨。

六年春正月，募郡國徒築遼東玄菟城。夏，赦天下。詔曰：「夫穀賤傷農，今三輔、太常穀減賤，其令以叔粟當今年賦。」

右將軍張安世宿衛忠謹，封富平侯。

烏桓復犯塞，遣度遼將軍范明友擊之。

元平元年春二月，詔曰：「天下以農桑爲本。日者省用，罷不急官，減外繇，耕桑者益衆，而百姓未能家給，朕甚愍焉。其減口賦錢。」有司奏請減什三，上許之。

夏四月癸未，帝崩于未央宫。六月壬申，葬平陵。

雜録

備録

《漢書》卷二四下《食貨志下》　昭帝即位六年，詔郡國舉賢良文學之士，問以民所疾苦，教化之要。皆對願罷鹽鐵酒(權)〔榷〕均輸官，毋與天下争利，視以儉節，然後教化可興。弘羊難，以爲此國家大業，所以制四夷，安邊足用之本，不可廢也。乃與丞相千秋共奏罷酒酤。弘羊自以爲國興大利，伐其功，欲爲子弟得官，怨望大將軍霍光，遂與上官桀等謀反，誅滅。

《漢書》卷二五下《郊祀志下》　昭帝即位，富於春秋，未嘗親巡祭云。

《漢書》卷九七上《外戚傳上》　孝武鉤弋趙倢伃，昭帝母也，家在河間。武帝巡狩過河間，望氣者言此有奇女，天子亟使使召之。既至，女兩手皆拳，上自披之，手即時伸。由是得幸，號曰拳夫人。先是其父坐法宫刑，爲中黄門，死長安，葬雍門。

拳夫人進爲倢伃，居鉤弋宫，大有寵，(元)〔太〕始三年生昭帝，號鉤弋子。任身十四月乃生，上曰：「聞昔堯十四月而生，今鉤弋亦然。」乃命其所生門曰堯母門。後衛太子敗，而燕王旦、廣陵王胥多過失，寵姬王夫人男齊懷王、李夫人男昌邑哀王皆蚤薨，鉤弋子年五六歲，壯大多知，上常言「類我」，又感其生與衆異，甚奇愛之，心欲立焉，以其年穉母少，恐女主顓恣亂國家，猶與久之。

鉤弋倢伃從幸甘泉，有過見譴，以憂死，因葬雲陽。後上疾病，乃立鉤弋子爲皇太子。拜奉車都尉霍光爲大司馬大將軍，輔少主。明日，帝崩。昭帝即位，追尊鉤弋倢伃爲皇太后，發卒二萬人起雲陵，邑三千户。追尊外祖趙父爲順成侯，詔右扶風置園邑二百家，長丞奉守如法。順成侯有姊君姁，賜錢二百萬，奴婢第宅以充實焉。諸昆弟各以親疏受賞賜。趙氏無在位者，唯趙父追封。

孝昭上官皇后，祖父桀，隴西上邽人也。少時爲羽林期門郎，從武帝上甘泉，天大風，車不得行，解蓋授桀。桀奉蓋，雖風常屬車；雨下，蓋輒御。上奇其材力，遷未央廄令。上嘗體不安，及愈，見馬，馬多瘦，上大怒：「令以我不復見馬邪！」欲下吏，桀頓首曰：「臣聞聖體不安，日夜憂懼，意誠不在馬。」言未卒，泣數行下。上以爲忠，由是親近，爲侍中，稍遷至太僕。武帝疾病，以霍光爲大將軍，太僕桀爲左將軍，皆受遺詔輔少主。以前捕斬反者莽通功，封桀爲安陽侯。

初，桀子安取霍光女，結婚相親，光每休沐出，桀常代光入決事。昭帝始立，年八歲，帝長姊鄂邑蓋長公主居禁中，共養帝。蓋主私近子客河間丁外人。上與大將軍聞之，不絶主驩，有詔外人侍長主。長主内周陽氏女，令配耦帝。時上官安有女，即霍光外孫，安因光欲内之，光以爲尚幼，不聽。安素與丁外人善，説外人曰：「聞長主内女，安子容貌端正，誠因長主時得入爲后，以臣父子在朝而有椒房之重，成之在於足下，漢家故事常以列侯尚主，足下何憂不封侯乎？」外人喜，言於長主。長主以爲然，詔召安女入爲倢伃，安爲騎都尉。月餘，遂立爲皇后，年甫六歲。

安以后父封桑樂侯，食邑千五百户，遷車騎將軍，日以驕淫。受賜殿中，出對賓客言：「與我壻飲，大樂！」見其服飾，使人歸，欲自燒物。安醉則裸行内，與後母及父諸良人、侍御皆亂。子病死，仰而罵天。數守大將軍光，爲丁外人求侯，及桀欲妄官禄外人，光執正，皆不聽。又桀妻父所幸充國爲太醫監，闌入殿中，下獄當死。冬月且盡，蓋主爲充國入馬二十匹贖罪，乃得減死論。於是桀、安父子深怨光而重德蓋主。知燕王旦帝兄，不得立，亦怨望，桀、安即記光過失予燕王，令上書告之，又爲丁外人求侯。燕王大喜，上書稱：「子路喪姊，朞而不除，孔子非之。子路曰：『由不幸寡兄弟，不忍除之。』故曰『觀過知仁』。今臣與陛下獨有長公主爲姊，陛下幸使丁外人侍之，外人宜蒙爵號。」書奏，上以問光，光執不許。及告光罪過，上又疑之，愈親光而疏桀、安。桀、安寖恚，遂結黨與謀殺光，誘徵燕王至而誅之，因廢帝而立桀。或曰：「當如皇后何？」安曰：「逐麋之狗，當顧菟邪！且用皇后爲尊，一旦人主意有所移，雖欲爲家人亦不可得，此百世之一時也。」事發覺，燕王、蓋主皆自殺。語在《霍光傳》。桀、安宗族既滅，皇后以年少不與謀，亦光外孫，故得不廢。皇后母前死，葬茂陵郭東，追尊曰敬夫人，置園邑二百家，長丞奉守如法。皇后自使私奴婢守桀、安冢。

光欲皇后擅寵有子，帝時體不安，左右及醫皆阿意，言宜禁内，雖宫人使令皆爲窮絝，多其帶，後宫莫有進者。

皇后立十歲而昭帝崩，后年十四五云。昌邑王賀徵即位，尊皇后爲皇太后。

光與太后共廢王賀，立孝宣帝。宣帝即位，爲太皇太后。凡立四十七年，年五十二，建昭二年崩，合葬平陵。

王嘉《拾遺記》卷六 昭帝始元元年，穿淋池，廣千步。中植分枝荷，一莖四葉，狀如騈蓋，日照則葉低蔭根莖，若葵之衛足，名「低光荷」。實如玄珠，可以飾佩。花葉難萎，芬馥之氣，徹十餘里。食之令人口氣常香，益脈理病。宮人貴之，每遊宴出入，必皆含嚼。或剪以爲衣，或折以蔽日，以爲戲弄。《楚辭》所謂「折芰荷以爲衣」，意在斯也。亦有倒生菱，莖如亂絲，一花千葉，根浮水上，實沉泥中，名「紫菱」，食之不老。帝時命水嬉，遊宴永日。士人進一巨槽，帝曰：「桂楫松舟，其猶重朴；況乎此槽，可得而乘也？」乃命以文梓爲船，木蘭爲柂，刻飛鸞翔鷁，飾於船首，隨風輕漾，畢景忘歸，乃至通夜。使宮人歌曰：「秋素景兮泛洪波，揮纖手兮折芰荷，涼風凄凄揚棹歌，雲光開曙月低河，萬歲爲樂豈云多！」帝乃大悦。起商臺於池上。及乎末歲，進諫者多，遂省薄遊幸，堙毁池臺，鸞舟荷芰，隨時廢滅。今臺無遺址，溝池已平。

元鳳二年，於淋池之南起桂臺，以望遠氣。東引太液之水。有一連理樹，上枝跨於渠水，下枝隔岸而南，生與上枝同一株。帝常以季秋之月，泛蘅蘭雲鷁之舟，窮晷係夜，釣於臺下，以香金爲鉤，縭絲爲綸，丹鯉爲餌，釣得白蛟，長三丈，若大蛇，無鱗甲。帝曰：「非祥也。」命太官爲鮓，肉紫骨青，味甚香美，班賜羣臣。帝思其美，漁者不能復得，知爲神異之物。

酈道元《水經注》卷一九《渭水》 故渠又東逕姜原北，渠北有漢昭帝陵，東南去長安七十里。

李吉甫《元和郡縣圖志》卷一《關内道一・咸陽縣》 平陵，昭帝陵也，在縣西北二十里。

樂史《太平寰宇記》卷三一《關西道七・耀州・雲陽縣》 鉤弋陵，漢武帝鉤弋趙婕妤，昭帝母也，昭帝即位，追尊爲皇太后，發卒二萬人起雲陵，邑三千户。《列仙傳》：「鉤弋夫人，齊人，姓趙，少好酒。病卧六年，右手拳，飲食少。望氣者云『東北有貴人』，推而得之。召到，姿色甚佳。武帝披其手，得玉鉤而手尋展。遂生昭帝。後武帝害之，及殯，尸香一月。昭帝即位，更葬之，棺空但有綵履。」《雲陽記》：「鉤弋夫人從至甘泉而卒，尸香聞十餘里，葬雲陽。武帝思之，爲起通靈臺于甘泉宮。有一青鳥，集臺上往來，至宣帝時乃止。」

備論

《漢書》卷七《昭帝紀贊》 昔周成以孺子繼統，而有管、蔡四國流言之變。孝昭幼年即位，亦有燕、蓋、上官逆亂之謀。成王不疑周公，孝昭委任霍光，各因其時以成名，大矣哉！承孝武奢侈餘敝師旅之後，海内虛耗，户口減半，光知時務之要，輕繇薄賦，與民休息。至始元、元鳳之間，匈奴和親，百姓充實。舉賢良文學，問民所疾苦，議鹽鐵而罷榷酤，尊號曰「昭」，不亦宜乎！

《漢書》卷一〇〇下《敘傳下》 孝昭幼沖，冢宰惟忠。燕、蓋譸張，實叡實聰，辠人斯得，邦家和同。

曹丕《魏文帝集・周成漢昭論》 或方周成王於漢昭帝，僉高成而下昭。余以爲周成王體上聖之休氣，禀賢妣之胎誨，周、召爲保傅，吕尚爲太師，口能言，則行人稱辭；足能履，則相者導儀。目厭威容之美，耳飽仁義之聲，所謂沈漬玄流，而沐浴清風者矣。猶有咎悔，聆二叔之謗，使周公東遷，皇天赫怒，顯明厥咎，猶啓諸《金縢》，稽諸國史，然後乃悟。不亮周公之聖德，而信《金縢》之教言，豈不暗哉。夫孝昭，父非武王，母非邑姜，養惟蓋主，相則桀、光，體不承聖，化不胎育，保無仁孝之質，佐無隆平之治，所謂生於深宮之中，長於婦人之手，然而德與性成，行與體并，年在二七，早智夙達，發燕書之詐，亮霍光之誠，豈將有啓《金縢》，信國史而後乃悟哉。使夫昭、成均年而立，易世而化，貿臣而治，换樂而歌，則漢不獨少，周不獨多也。

《曹植集》卷一《成王漢昭論》 周公以天下初定，武王既終，而成王尚幼，未能定南面之事，是以推以忠誠，稱制假號。二弟流言，召公疑之，發金縢之匱，然後用寤，亦未決也。至於昭帝，所以不疑於霍光，亦緣武帝有遺詔於光。使光若周公，踐天子之位，行周公之事，吾恐叛者非徒二弟，疑者非徒召公也。且賢者固不能知聖賢，自其宜爾！昭帝固可不疑霍光，周王自可疑周公也。若以昭帝勝成王，霍光當踰周公耶？若以堯舜爲成王，湯禹作管、蔡、召公，周公之不見疑必也。

蘇轍《欒城後集》卷八《漢昭帝》 周成王以管、蔡之言疑周公，及遭風雷之變，發金縢之書，而後釋然知其非也。漢昭帝聞燕王之譖，霍光懼不敢入。帝召

見光謂之曰：「燕王言將軍都郎，道上稱蹕，又擅調益幕府校尉。二事屬爾，燕王何自知之？且將軍欲爲非，不待校尉。」左右聞者皆伏其明，光由是獲安，而燕王與上官皆敗。故議者以爲昭帝之賢過於成王。然成王享國四十餘年，治致刑措。及其將崩，命召公、畢公相康王，臨死生之變，其言琅然不亂。昭帝享國十三年，年甫及冠，功未見於天下，其不及成王者亦遠矣。天壽雖出於天，然人事常參焉。故吾以爲成王之壽考，周公之功也；昭帝之短折，霍光之過也。

昔晉平公有蠱疾，醫和視之曰：「是謂近女，非鬼非食，惑以喪志。良臣將死，天命不宥。」「國之大臣，受其寵禄，而任其大節，有災禍興而無改焉，必受其咎。」以此譏趙孟，趙孟受之不辭，而霍光何逃焉！成王之幼也，周公爲師，召公爲保，左右前後皆賢臣也。雖以中人之資，而起居飲食，日與之接，逮其壯且老也，志氣定矣，其能安富貴易生死，蓋無足怪者。今昭帝所親信，惟一霍光。光雖忠信篤實，而不學無術。其所與國事者，惟一張安世，所與斷幾事者，惟一田延年，士之通經術、識義理者光不識也。其後雖聞久陰不雨之言，而貴夏侯勝，感蒯聵之事，而賢雋不疑，然終亦不任也。使昭帝居深宫，近嬖倖，雖天資明斷，而無以養之，朝夕害之者衆矣，而安能及遠乎？人主不幸，未嘗更事而履大位，當得篤學深識之士日與之居，示之以邪正，曉以是非，觀之以治亂，使之久而安之，知類通達，强立而不反，然後聽其自用而無害。此大臣之職也。不然，小人先之，悦之以聲色犬馬，縱之以馳騁田獵，侈之以宫室器服。志氣已亂，然後入之以讒説，變亂是非，移易白黑，紛然無所不至。小足以害其身，而大足以亂天下。大臣雖欲有言，不可及矣。《語》曰：「君子學道則愛人，小人學道則易使。」故人必知道而後知愛身，知愛身而後知愛人，知愛人而後知保天下。故吾論三宗享國長久，皆學道之力。至漢昭帝，惜其有過人之明，而莫能導之以學，故重論之，以爲此霍光之過也。

洪邁《容齋隨筆》卷三《漢昭順二帝》 漢昭帝年十四，能察霍光之忠，知燕王上書之詐，誅桑羊、上官桀，後世稱其明。然和帝時，竇憲兄弟專權，太后臨朝，共圖殺害。帝陰知其謀，而與內外臣僚莫由親接，獨知中常侍鄭衆不事豪黨，遂與定議誅憲。時亦年十四，其剛決不下昭帝，但范史發明不出，故後世無稱焉。順帝時，梁商爲大將軍輔政，商以小黄門曹節用事於中，遣子冀與交友，而宦官忌其寵，反欲害之。中常侍張逵、蘧政、楊定等，與左右連謀，共譖商及中常侍曹騰、孟賁，云欲議廢立，請收商等按罪。帝曰：「大將軍父子我所親，騰、賁我所愛，必無是，但汝曹共妒之耳。」逵等知言不用，遂出矯詔收縛騰、賁。帝震怒，收逵等殺之。此事尤與昭帝相類。霍光忠於國，而爲子禹覆其宗，梁商忠於國，而爲子冀覆其宗，又相似。但順帝復以政付冀，其明非昭帝比，故不爲人所稱。

藝文

《全唐詩》卷五一〇張祜《詠史二首》（其一） 漢代非良計，西戎世世塵。無何求善馬，不算苦生民。外國饑虚結，中華憤莫伸。卻教爲後恥，昭帝遠和親。

霍光部

綜述

《漢書》卷六八《霍光傳》 霍光字子孟，票騎將軍去病弟也。父中孺，河東平陽人也，以縣吏給事平陽侯家，與侍者衛少兒私通而生去病。中孺吏畢歸家，娶婦生光，因絶不相聞。久之，少兒女弟子夫得幸於武帝，立爲皇后，去病以皇后姊子貴幸。既壯大，乃自知父爲霍中孺，未及求問。會爲票騎將軍擊匈奴，道出河東，河東太守郊迎，負弩矢先驅，至平陽傳舍，遣吏迎霍中孺。中孺趨入拜謁，將軍迎拜，因跪曰：「去病不早自知爲大人遺體也。」中孺扶服叩頭，曰：「老臣得託命將軍，此天力也。」去病大爲中孺買田宅奴婢而去。還，復過焉，乃將光西至長安，時年十餘歲，任光爲郎，稍遷諸曹侍中。去病死後，光爲奉（常）〔車〕都尉光禄大夫，出則奉車，入侍左右，出入禁闥二十餘年，小心謹慎，未嘗有過，甚見親信。

征和二年，衛太子爲江充所敗，而燕王旦、廣陵王胥皆多過失。是時上年老，寵姬鉤弋趙倢伃有男，上心欲以爲嗣，命大臣輔之。察羣臣唯光任大重，可屬社稷，上乃使黄門畫者畫周公負成王朝諸侯以賜光。後元二年春，上游五柞宫，病篤，光涕泣問曰：「如有不諱，誰當嗣者？」上曰：「君未諭前畫意邪？立少子，君行周公之事。」光頓首讓曰：「臣不如金日磾。」日磾亦曰：「臣外國人，不如光。」上以光爲大司馬大將軍，日磾爲車騎將軍，及太僕上官桀爲左將軍，搜粟都尉桑弘羊爲御史大夫，皆拜卧内牀下，受遺詔輔少主。明日，武帝崩，太子襲尊號，是爲孝昭皇帝。帝年八歲，政事壹決於光。

先是，後元年，侍中僕射莽何羅與弟重合侯通謀爲逆，時光與金日磾、上官桀等共誅之，功未録。武帝病，封璽書曰：「帝崩發書以從事。」遺詔封金日磾爲秺侯，上官桀爲安陽侯，光爲博陸侯，皆以前捕反者功封。時衛尉王莽子男忽侍中，揚語曰：「帝（病）〔崩〕，忽常在左右，安得遺詔封三子事！羣兒自相貴耳。」光聞之，切讓王莽，莽酖殺忽。

光爲人沈静詳審，長財七尺三寸，白晳，疏眉目，美須頿。每出入下殿門，止進有常處，郎僕射竊識視之，不失尺寸，其資性端正如此。初輔幼主，政自己出，天下想聞其風采。殿中嘗有怪，一夜羣臣相驚，光召尚符璽郎，郎不肯授光。光欲奪之，郎按劍曰：「臣頭可得，璽不可得也！」光甚誼之。明日，詔增此郎秩二等，衆庶莫不多光。

光與左將軍桀結婚相親，光長女爲桀子安妻。有女年與帝相配，桀因帝姊鄂邑蓋主内安女後宫爲倢伃，數月立爲皇后。父安爲票騎將軍，封桑樂侯。光時休沐出，桀輒入代光決事。桀父子既尊盛，而德長公主。公主内行不修，近幸河間丁外人。桀、安欲爲外人求封，幸依國家故事以列侯尚公主者，光不許。又爲外人求光禄大夫，欲令得召見，又不許。長主大以是怨光。而桀、安數爲外人求官爵弗能得，亦慙。自先帝時，桀已爲九卿，位在光右，及父子並爲將軍，有椒房中宫之重，皇后親安女，光乃其外祖，而顧專制朝事，繇是與光争權。

燕王旦自以昭帝兄，常懷怨望。及御史大夫桑弘羊建造酒榷鹽鐵，爲國興利，伐其功，欲爲子弟得官，亦怨恨光。於是蓋主、上官桀、安及弘羊皆與燕王旦通謀，詐令人爲燕王上書，言「光出都肄郎羽林，道上稱趩，太官先置。又引蘇武前使匈奴，拘留二十年不降，還乃爲典屬國，而大將軍長史敞亡功爲搜粟都尉。又擅調益莫府校尉。光專權自恣，疑有非常。臣旦願歸符璽，入宿衛，察姦臣變」。候司光出沐日奏之。桀欲從中下其事，桑弘羊當與諸大臣共執退光。書奏，帝不肯下。

明旦，光聞之，止畫室中不入。上問「大將軍安在？」左將軍桀對曰：「以燕王告其罪，故不敢入。」有詔召大將軍。光入，免冠頓首謝，上曰：「將軍冠。朕知是書詐也，將軍亡罪。」光曰：「陛下何以知之？」上曰：「將軍之廣明，都郎屬耳。調校尉以來未能十日，燕王何以得知之？且將軍爲非，不須校尉。」是時帝年十四，尚書左右皆驚，而上書者果亡，捕之甚急。桀等懼，白上小事不足遂，上不聽。

後桀黨與有譖光者，上輒怒曰：「大將軍忠臣，先帝所屬以輔朕身，敢有毁者坐之。」自是桀等不敢復言，乃謀令長公主置酒請光，伏兵格殺之，因廢帝，迎立燕王爲天子。事發覺，光盡誅桀、安、弘羊、外人宗族。燕王、蓋主皆自殺。光威震海内。昭帝既冠，遂委任光，訖十三年，百姓充實，四夷賓服。

元平元年，昭帝崩，亡嗣。武帝六男獨有廣陵王胥在，羣臣議所立，咸持廣

陵王。王本以行失道，先帝所不用。光內不自安。郎有上書言「周太王廢太伯立王季，文王舍伯邑考立武王，唯在所宜，雖廢長立少可也。廣陵王不可以承宗廟。」言合光意。光以其書視丞相敞等，擢郎爲九江太守，即日承皇太后詔，遣行大鴻臚事少府樂成、宗正德、光祿大夫吉、中郎將利漢迎昌邑王賀。

賀者，武帝孫，昌邑哀王子也。既至，即位，行淫亂。光憂懣，獨以問所親故吏大司農田延年。延年曰：「將軍爲國柱石，審此人不可，何不建白太后，更選賢而立之？」光曰：「今欲如是，於古嘗有此否？」延年曰：「伊尹相殷，廢太甲以安宗廟，後世稱其忠。將軍若能行此，亦漢之伊尹也。」光乃引延年給事中，陰與車騎將軍張安世圖計，遂召丞相、御史、將軍、列侯、中二千石、大夫、博士會議未央宮。光曰：「昌邑王行昏亂，恐危社稷，如何？」羣臣皆驚鄂失色，莫敢發言，但唯唯而已。田延年前，離席按劍，曰：「先帝屬將軍以幼孤，寄將軍以天下，以將軍忠賢能安劉氏也。今羣下鼎沸，社稷將傾，且漢之傳謚常爲孝者，以長有天下，令宗廟血食也。如令漢家絶祀，將軍雖死，何面目見先帝於地下乎？今日之議，不得旋踵。羣臣後應者，臣請劍斬之。」光謝曰：「九卿責光是也。天下匈匈不安，光當受難。」於是議者皆叩頭，曰：「萬姓之命在於將軍，唯大將軍令。」

光即與羣臣俱見白太后，具陳昌邑王不可以承宗廟狀。皇太后乃車駕幸未央承明殿，詔諸禁門毋內昌邑羣臣。王入朝太后還，乘輦欲歸溫室，中黄門宦者各持門扇，王入，門閉，昌邑羣臣不得入。王曰：「何爲？」大將軍跪曰：「有皇太后詔，毋內昌邑羣臣。」王曰：「徐之，何乃驚人如是！」光使盡驅出昌邑羣臣，置金馬門外。車騎將軍安世將羽林騎收縛二百餘人，皆送廷尉詔獄。令故昭帝侍中中臣侍守王。光敕左右：「謹宿衛，卒有物故自裁，令我負天下，有殺主名。」王尚未自知當廢，謂左右：「我故羣臣從官安得罪，而大將軍盡繫之乎。」頃之，有太后詔召王。王聞召，意恐，乃曰：「我安得罪而召我哉！」太后被珠襦，盛服坐武帳中，侍御數百人皆持兵，期門武士陛戟，陳列殿下。羣臣以次上殿，召昌邑王伏前聽詔。光與羣臣連名奏王，尚書令讀奏曰：

丞相臣敞、大司馬大將軍臣光、車騎將軍臣安世、度遼將軍臣明友、前將軍臣增、後將軍臣充國、御史大夫臣誼、宜春侯臣譚、當塗侯臣聖、隨桃侯臣昌樂、杜侯臣屠耆堂、太僕臣延年、太常臣昌、大司農臣延年、宗正臣德、少府臣樂成、廷尉臣光、執金吾臣延壽、大鴻臚臣賢、左馮翊臣廣明、右扶風臣德、長信少府臣嘉、典屬國臣武、京輔都尉臣廣漢、司隸校尉臣辟兵、諸吏文學光祿大夫臣遷、臣畸、臣吉、臣賜、臣管、臣勝、臣梁、臣長幸、臣夏侯勝、太中大夫臣德、臣卬昧死言皇太后陛下：臣敞等頓首死罪。(大)〔天〕子所以永保宗廟總壹海內者，以慈孝禮誼賞罰爲本。孝昭皇帝早棄天下，亡嗣，臣敞等議，禮曰「爲人後者爲之子也」，昌邑王誼嗣後，遣宗正、大鴻臚、光祿大夫奉節使徵昌邑王典喪。服斬縗，亡悲哀之心，廢禮誼，居道上不素食，使從官略女子載衣車，內所居傳舍。始至謁見，立爲皇太子，常私買雞豚以食。受皇帝信璽、行璽大行前，就次發璽不封。從官更持節，引內昌邑從官騶宰官奴二百餘人，常與居禁闥內敖戲。自之符璽取節十六，朝暮臨，令從官更持節從。爲書曰「皇帝問侍中君卿：使中御府令高昌奉黄金千斤，賜君卿取十妻」。大行在前殿，發樂府樂器，引內昌邑樂人，擊鼓歌吹作俳倡。會下還，上前殿，擊鐘磬，召內泰壹宗廟樂人輦道牟首，鼓吹歌舞，悉奏衆樂。發長安廚三太牢具祠閣室中，祀已，與從官飲啗。駕法駕，皮軒鸞旗，驅馳北宮、桂宮，弄彘鬬虎。召皇太后御小馬車，使官奴騎乘，遊戲掖庭中。與孝昭皇帝宮人蒙等淫亂，詔掖庭令敢泄言要斬。

太后曰：「止！爲人臣子當悖亂如是邪！」王離席伏。尚書令復讀曰：

取諸侯王、列侯、二千石綬及墨綬、黄綬以并佩昌邑郎官者免奴。變易節上黄旄以赤。發御府金錢刀劍玉器采繒，賞賜所與遊戲者。與從官官奴夜飲，湛沔於酒。詔太官上乘輿食如故。食監奏未釋服未可御故食，復詔太官趣具，無關食監。太官不敢具，即使從官出買雞豚，詔殿門內，以爲常。獨夜設九賓溫室，延見姊夫昌邑關內侯。祖宗廟祠未舉，爲璽書使使者持節，以三太牢祠昌邑哀王園廟，稱嗣子皇帝。受璽以來二十七日，使者旁午，持節詔諸官署徵發，凡千一百二十七事。文學光祿大夫夏侯勝等及侍中傅嘉數進諫以過失，使人簿責勝，縛嘉繫獄。荒淫迷惑，失帝王禮誼，亂漢制度。臣敞等數進諫，不變更，日以益甚，恐危社稷，天下不安。

臣敞等謹與博士臣霸、臣雋舍、臣德、臣虞舍、臣射、臣倉議，皆曰：「高皇帝建功業爲漢太祖，孝文皇帝慈仁節儉爲太宗，今陛下嗣孝昭皇帝後，行淫辟不軌。《詩》云：『籍曰未知，亦既抱子。』五辟之屬，莫大不孝。周襄王不能事母，《春秋》曰『天王出居于鄭』，繇不孝出之，絶之於天下也。宗廟重於君，陛下未見命高廟，不可以承天序，奉祖宗廟，子萬姓，當廢。」臣請有司

御史大夫臣誼、宗正臣德、太常臣昌與太祝以一太牢具，告祠高廟。臣敞等昧死以聞。

皇太后詔曰：「可。」光令王起拜受詔，王曰：「聞天子有争臣七人，雖無道不失天下。」光曰：「皇太后詔廢，安得天子！」乃即持其手，解脱其璽組，奉上太后，扶王下殿，出金馬門，羣臣隨送。王西面拜，曰：「愚戇不任漢事。」起就乘輿副車。大將軍光送至昌邑邸，光謝曰：「王行自絶於天，臣等駑怯，不能殺身報德。臣寧負王，不敢負社稷。願王自愛，臣長不復見左右。」光涕泣而去。羣臣奏言：「古者廢放之人屏於遠方，不及以政，請徙王賀漢中房陵縣。」太后詔歸賀昌邑，賜湯沐邑二千户。昌邑羣臣坐亡輔導之誼，陷王於惡，光悉誅殺二百餘人。出死，號呼市中曰：「當斷不斷，反受其亂。」

光坐庭中，會丞相以下議定所立。廣陵王已前不用，及燕刺王反誅，其子不在議中。近親唯有衛太子孫號皇曾孫在民間，咸稱述焉。光遂復與丞相敞等上奏曰：「《禮》曰『人道親親故尊祖，尊祖故敬宗。』(太)〔大〕宗亡嗣，擇支子孫賢者爲嗣。孝武皇帝曾孫病已，武帝時有詔掖庭養視，至今年十八，師受《詩》、《論語》、《孝經》，躬行節儉，慈仁愛人，可以嗣孝昭皇帝後，奉承祖宗廟，子萬姓。臣昧死以聞。」皇太后詔曰：「可。」光遣宗正劉德至曾孫家尚冠里，洗沐賜御衣，太僕以軨獵車迎曾孫就齋宗正府，入未央宮見皇太后，封爲陽武侯。已而光奉上皇帝璽綬，謁于高廟，是爲孝宣皇帝。明年，下詔曰：「夫褒有德，賞元功，古今通誼也。大司馬大將軍光宿衛忠正，宣德明恩，守節秉誼，以安宗廟。其以河北、東武陽益封光萬七千户。」與故所食凡二萬户。賞賜前後黄金七千斤，錢六千萬，雜繒三萬疋，奴婢百七十人，馬二千疋，甲第一區。

自昭帝時，光子禹及兄孫雲皆中郎將，雲弟山奉車都尉侍中，領胡越兵。光兩女壻爲東西宫衛尉，昆弟諸壻外孫皆奉朝請，爲諸曹大夫，騎都尉，給事中。黨親連體，根據於朝廷。光自後元秉持萬機，及上即位，乃歸政。上謙讓不受，諸事皆先關白光，然後奏御天子。光每朝見，上虚己斂容，禮下之已甚。

光秉政前後二十年，地節二年春病篤，車駕自臨問光病，上爲之涕泣。光上書謝恩曰：「願分國邑三千户，以封兄孫奉車都尉山爲列侯，奉兄票騎將軍去病祀。」事下丞相御史，即日拜光子禹爲右將軍。

光薨，上及皇太后親臨光喪。太中大夫任宣與侍御史五人持節護喪事。中二千石治莫府冢上。賜金錢、繒絮，繡被百領，衣五十篋，璧珠璣玉衣，梓宫、便房、黄腸題湊各一具，樅木外臧椁十五具。東園温明，皆如乘輿制度。載光尸柩以輼輬車，黄屋左纛，發材官輕車北軍五校士軍陳至茂陵，以送其葬。謚曰宣成侯。發三河卒穿復土，起冢祠堂，置園邑三百家，長丞奉守如舊法。

既葬，封山爲樂平侯，以奉車都尉領尚書事。天子思光功德，下詔曰：「故大司馬大將軍博陸侯宿衛孝武皇帝三十有餘年，輔孝昭皇帝十有餘年，遭大難，躬秉誼，率三公九卿大夫定萬世册以安社稷，天下蒸庶咸以康寧。功德茂盛，朕甚嘉之。復其後世，疇其爵邑，世世無有所與，功如蕭相國。」明年夏，封太子外祖父許廣漢爲平恩侯。復下詔曰：「宣成侯光宿衛忠正，勤勞國家。善善及後世，其封光兄孫中郎將雲爲冠陽侯。」

禹既嗣爲博陸侯，太夫人顯改光時所自造塋制而侈大之。起三出闕，築神道，北臨昭靈，南出承恩，盛飾祠室，輦閣通屬永巷，而幽良人婢妾守之。廣治第室，作乘輿輦，加畫繡絪馮，黄金塗，韋絮薦輪，侍婢以五采絲輓顯，游戲第中。初，光愛幸監奴馮子都，常與計事，及顯寡居，與子都亂。而禹、山亦並繕治第宅，走馬馳逐平樂館。雲當朝請，數稱病私出，多從賓客，張圍獵黄山苑中，使蒼頭奴上朝謁，莫敢譴者。而顯及諸女，晝夜出入長信宫殿中，亡期度。

宣帝自在民間聞知霍氏尊盛日久，内不能善。光薨，上始躬親朝政，御史大夫魏相給事中。顯謂禹、雲、山：「女曹不務奉大將軍餘業，今大夫給事中，他人壹間，女能復自救邪？」後兩家奴争道，霍氏奴入御史府，欲躢大夫門，御史爲叩頭謝，乃去。人以謂霍氏，顯等始知憂。會魏大夫爲丞相，數燕見言事。平恩侯與侍中金安上等徑出入省中。時霍山自若領尚書，上令吏民得奏封事，不關尚書，羣臣進見獨往來，於是霍氏甚惡之。

宣帝始立，立微時許妃爲皇后。顯愛小女成君，欲貴之，私使乳醫淳于衍行毒藥殺許后，因勸光内成君，代立爲后。語在《外戚傳》。始許后暴崩，吏捕諸醫，劾衍侍疾亡狀不道，下獄。吏簿問急，顯恐事敗，即具以實語光。光大驚，欲自發舉，不忍，猶與。會奏上，因署衍勿論。光薨後，語稍泄。於是上始聞之而未察，乃徙光女壻度遼將軍未央衛尉平陵侯范明友爲光禄勳，次壻諸吏中郎將羽林監任勝出爲安定太守。數月，復出光姊壻給事中光禄大夫張朔爲蜀郡太守，羣孫壻中郎將王漢爲武威太守。頃之，復徙光長女壻長樂衛尉鄧廣漢爲少府。更以禹爲大司馬，冠小冠，亡印綬，罷其右將軍屯兵官屬，特使禹官名與光俱大司馬者。又收范明友度遼將軍印綬，但爲光禄勳。及光中女壻趙平爲散騎

騎都尉光祿大夫將屯兵，又收平騎都尉印綬。諸領胡越騎、羽林及兩宮衛將屯兵，悉易以所親信許、史子弟代之。

禹爲大司馬，稱病。禹故長史任宣候問，禹曰：「我何病？縣官非我家將軍不得至是，今將軍墳墓未乾，盡外我家，反任許、史，奪我印綬，令人不省死。」宣見禹恨望深，乃謂曰：「大將軍時何可復行！持國權柄，殺生在手中。廷尉李种、王平、左馮翊賈勝胡及車丞相女壻少府徐仁皆坐逆將軍(竟)〔意〕下獄死。使樂成小家子得幸將軍，至九卿封侯。百官以下但事馮子都、王子方等，視丞相亡如也。各自有時，今許、史自天子骨肉，貴正宜耳。大司馬欲用是怨恨，愚以爲不可。」禹默然。數日，起視事。

顯及禹、山、雲自見日侵削，數相對啼泣，自怨。山曰：「今丞相用事，縣官信之，盡變易大將軍時法令，以公田賦與貧民，發揚大將軍過失。又諸儒生多窶人子，遠客飢寒，喜妄説狂言，不避忌諱，大將軍常讎之，今陛下好與諸儒生語，人人自使書對事，多言我家者。嘗有上書言大將軍時主弱臣强，專制擅權，今其子孫用事，昆弟益驕恣，恐危宗廟，災異數見，盡爲是也。其言絶痛，山屏不奏其書。後上書者益黠，盡奏封事，輒(使)〔下〕中書令出取之，不關尚書，益不信人。」顯曰：「丞相數言我家，獨無罪乎？」山曰：「丞相廉正，安得罪？我家昆弟諸壻多不謹。又聞民間讙言霍氏毒殺許皇后，寧有是邪？」顯恐急，即具以實告山、雲、禹。山、雲、禹驚曰：「如是，何不早告禹等！縣官離散斥逐諸壻，用是故也。此大事，誅罰不小，柰何？」於是始有邪謀矣。

初，趙平客石夏善爲天官，語平曰：「熒惑守御星，御星，太僕奉車都尉也，不黜則死。」平内憂山等。雲舅李竟所善張赦見雲家卒卒，謂竟曰：「今丞相與平恩侯用事，可令太夫人言太后，先誅此兩人。移徙陛下，在太后耳。」長安男子張章告之，事下廷尉。執金吾捕張赦、石夏等，後有詔止勿捕。山等愈恐，相謂曰：「此縣官重太后，故不竟也。然惡端已見，又有弑許后事，陛下雖寬仁，恐左右不聽，久之猶發，發即族矣，不如先也。」遂令諸女各歸報其夫，皆曰：「安所相避？」

會李竟坐與諸侯王交通，辭語及霍氏，有詔雲、山不宜宿衛，免就第。光諸女遇太后無禮，馮子都數犯法，上并以爲讓，山、禹等甚恐。顯夢第中井水溢流庭下，竈居樹上，又夢大將軍謂顯曰：「知捕兒不？亟下捕之。」第中鼠暴多，與人相觸，以尾畫地。鴞數鳴殿前樹上。第門自壞。雲尚冠里宅中門亦壞。巷端人共見有人居雲屋上，徹瓦投地，就視，亡有，大怪之。禹夢車騎聲正讙來捕禹，舉家憂愁。山曰：「丞相擅減宗廟羔、菟、鼃，可以此罪也。」謀令太后爲博平君置酒，召丞相、平恩侯以下，使范明友、鄧廣漢承太后制引斬之，因廢天子而立禹。約定未發，雲拜爲玄菟太守，太中大夫任宣爲代郡太守。山又坐寫祕書，顯爲上書獻城西第，入馬千匹，以贖山罪。書報聞。會事發覺，雲、山、明友自殺，顯、禹、廣漢等捕得。禹要斬，顯及諸女昆弟皆棄市。唯獨霍后廢處昭臺宫。與霍氏相連坐誅滅者數千家。

上乃下詔曰：「乃者東織室令史張赦使魏郡豪李竟報冠陽侯雲謀爲大逆，朕以大將軍故，抑而不揚，冀其自新。今大司馬博陸侯禹與母宣成侯夫人顯及從昆弟子冠陽侯雲、樂平侯山諸姊妹壻謀爲大逆，欲詿誤百姓。賴(祖宗)〔宗廟〕神靈，先發得，咸伏其辜，朕甚悼之。諸爲霍氏所詿誤，事在丙申前，未發覺在吏者，皆赦除之。男子張章先發覺，以語期門董忠，忠告左曹楊惲，惲告侍中金安上。惲召見對狀，後章上書以聞。侍中史高與金安上建發其事，言無入霍氏禁闥，卒不得遂其謀，皆讎有功。封章爲博成侯，忠高昌侯，惲平通侯，安上都成侯，高樂陵侯。」

初，霍氏奢侈，茂陵徐生曰：「霍氏必亡。夫奢則不遜，不遜必侮上。侮上者，逆道也。在人之右，衆必害之。霍氏秉權日久，害之者多矣。天下害之，而又行以逆道，不亡何待！」乃上疏言「霍氏泰盛，陛下即愛厚之，宜以時抑制，無使至亡」。書三上，輒報聞。其後霍氏誅滅，而告霍氏者皆封。人爲徐生上書曰：「臣聞客有過主人者，見其竈直突，傍有積薪，客謂主人，更爲曲突，遠徙其薪，不者且有火患。主人嘿然不應。俄而家果失火，鄰里共救之，幸而得息。於是殺牛置酒，謝其鄰人，灼爛者在於上行，餘各以功次坐，而不録言曲突者。人謂主人曰：『鄉使聽客之言，不費牛酒，終亡火患。今論功而請賓，曲突徙薪亡恩澤，燋頭爛額爲上客耶？』主人乃寤而請之。今茂陵徐福數上書言霍氏且有變，宜防絶之。鄉使福説得行，則國亡裂土出爵之費，臣亡逆亂誅滅之敗。往事既已，而福獨不蒙其功，唯陛下察之，貴徙薪曲突之策，使居焦髮灼爛之右。」上乃賜福帛十疋，後以爲郎。

宣帝始立，謁見高廟，大將軍光從驂乘，上内嚴憚之，若有芒刺在背。後車騎將軍張安世代光驂乘，天子從容肆體，甚安近焉。及光身死而宗族竟誅，故俗傳之曰：「威震主者不畜，霍氏之禍萌於驂乘。」

至成帝時，爲光置守冢百家，吏卒奉祠焉。元始二年，封光從父昆弟曾孫陽爲博陸侯，千户。

雜録

備録

《史記》卷二〇《建元以來侯者年表》褚少孫補《博陸》　霍光家在平陽，以兄驃騎將軍故貴。前事武帝，覺捕得侍中謀反者馬何羅等功侯，三千户。中輔幼主昭帝，爲大將軍。謹信，用事擅治，尊爲大司馬，益封邑萬户。後事宣帝。歷事三主，天下信鄉之，益封二萬户。子禹代立，謀反，族滅，國除。

《漢書》卷二七上《五行志上》　元鳳四年五月丁丑，孝文廟正殿災。劉向以爲孝文，太宗之君，與成周宣榭火同義。先是，皇后父車騎將軍上官安、安父左將軍桀謀爲逆，大將軍霍光誅之。皇后以光外孫，年少不知，居位如故。光欲后有子，因上侍疾醫言，禁内後宫皆不得進，唯皇后顓寢。皇后年六歲而立，十三年而昭帝崩，遂絶繼嗣。光執朝政，猶周公之攝也。是歲正月，上加元服，通《詩》、《尚書》，有明悊之性。光亡周公之德，秉政九年，久於周公，上既已冠而不歸政，將爲國害。故正月加元服，五月而災見。古之廟皆在城中，孝文廟始出居外，天戒若曰，去貴而不正者。宣帝既立，光猶攝政，驕溢過制，至妻顯殺許皇后，光聞而不討，後遂誅滅。

《漢書》卷二七中之下《五行志中之下》　昭帝始元二年冬，亡冰。是時上年九歲，大將軍霍光秉政，始行寬緩，欲以説下。【略】昭帝富於春秋，霍光秉政，以孟妖言，誅之。後昭帝崩，無子，徵昌邑王賀嗣位，狂亂失道，光廢之，更立昭帝兄衛太子之孫，是爲宣帝。帝本名病已。

《漢書》卷二七下之上《五行志下之上》　昭帝元平元年四月崩，亡嗣，立昌邑王賀。賀即位，天陰，晝夜不見日月。賀欲出，光禄大夫夏侯勝當車諫曰：「天久陰而不雨，臣下有謀上者，陛下欲何之？」賀怒，縛勝以屬吏，吏白大將軍霍光。光時與車騎將軍張安世謀欲廢賀。光讓安世，以爲泄語，安世實不泄，召問勝。勝上《洪範五行傳》曰：「『皇之不極，厥罰常陰，時則有下人伐上。』不敢察察言，故云臣下有謀。」光、安世讀之，大驚，以此益重經術士。後數日卒共廢賀，此常陰之明效也。

《漢書》卷三六《劉辟彊傳》　昭帝即位，或説大將軍霍光曰：「將軍不見諸吕之事乎？處伊尹、周公之位，攝政擅權，而背宗室，不與共職，是以天下不信，卒至於滅亡。今將軍當盛位，帝春秋富，宜納宗室，又多與大臣共事，反諸吕道，如是則可以免患。」光然之，乃擇宗室可用者。

《漢書》卷三六《劉德傳》　德字路叔(少)，修黄老術，有智略。【略】妻死，大將軍光欲以女妻之，德不敢取，畏盛滿也。蓋長公主孫譚遮德自言，德數責以公主起居無狀。侍御史以爲光望不受女，承指劾德誹謗詔獄，免爲庶人，屏居山田。光聞而恨之，復白召德守青州刺史。歲餘，復爲宗正，與立宣帝，以定策賜爵關内侯。

《漢書》卷五四《蘇建傳》　甘露三年，單于始入朝。上思股肱之美，乃圖畫其人於麒麟閣，法其形貌，署其官爵姓名。唯霍光不名，曰大司馬大將軍博陸侯姓霍氏，【略】皆有功德，知名當世，是以表而揚之，明著中興輔佐，列於方叔、召虎、仲山甫焉。凡十一人，皆有傳。

《漢書》卷六〇《杜延年傳》　延年本大將軍霍光吏，首發大姦，有忠節，由是擢爲太僕右曹給事中。光持刑罰嚴，延年輔之以寬。【略】

見國家承武帝奢侈師旅之後，數爲大將軍光言：「年歲比不登，流民未盡還，宜修孝文時政，示以儉約寬和，順天心，説民意，年歲宜應。」光納其言，舉賢良，議罷酒榷鹽鐵，皆自延年發之。吏民上書言便宜，有異，輒下延年平處復奏。言可官試者，至爲縣令，或丞相、御史除用，滿歲以狀聞，或抵其罪法，常與兩府及廷尉分章。

昭帝末，寢疾，徵天下名醫，延年典領方藥。帝崩，昌邑王即位，廢，大將軍光、車騎將軍張安世與大臣議所立。時宣帝養於掖廷，號皇曾孫，與延年中子佗相愛善，延年知曾孫德美，勸光、安世立焉。宣帝即位，褒賞大臣，延年以定策安宗廟，益户二千三百，與始封所食邑凡四千三百户。詔有司論定策功，大司馬大將軍光功德過太尉絳侯周勃，車騎將軍安世、丞相楊敞功比丞相陳平，前將軍韓增、御史大夫蔡誼功比潁陰侯灌嬰，太僕杜延年功比朱虚侯劉章，後將軍趙充國、大司農田延年、少府史樂成功比典客劉揭，皆封侯益土。【略】

霍光薨後，子禹與宗族謀反，誅。上以延年霍氏舊人，欲退之，而丞相魏相奏延年素貴用事，官職多姦。遣吏考案，但得苑馬多死，官奴婢乏衣食，延年坐免官，削户二千。

《漢書》卷六三《武五子傳》　帝崩，太子立，是爲孝昭帝，賜諸侯王璽書。【略】時大將軍霍光秉政，褒賜燕王錢三千萬，益封萬三千户。旦怒曰：「我當爲帝，何賜也！」遂與宗室中山哀王子劉長、齊孝王孫劉澤等結謀，詐言以武帝時受詔，得職吏事，修武備，備非常。

久之，旦姊鄂邑蓋長公主、左將軍上官桀父子與霍光争權有隙，皆知旦怨光，即私與燕交通。旦遣孫縱之等前後十餘輩，多齎金寶走馬，賂遺蓋主。上官桀及御史大夫桑弘羊等皆與交通，數記疏光過失與旦，令上書告之。桀欲從中下其章。【略】

是時昭帝年十四，覺其有詐，遂親信霍光，而疏上官桀等。桀等因謀共殺光，廢帝，迎立燕王爲天子。旦置驛書，往來相報，許立桀爲王，外連郡國豪桀以千數。旦以語相平，平曰：「大王前與劉澤結謀，事未成而發覺者，以劉澤素夸，好侵陵也。平聞左將軍素輕易，車騎將軍少而驕，臣恐其如劉澤時不能成，又恐既成，反大王也。」旦曰：「前日一男子詣闕，自謂故太子，長安中民趣鄉之，正讙不可止，大將軍恐，出兵陳之，以自備耳。我帝長子，天下所信，何憂見反？」後謂羣臣：「蓋主報言，獨患大將軍與右將軍王莽。今右將軍物故，丞相病，幸事必成，徵不久。」令羣臣皆裝。【略】

王受皇帝璽綬，襲尊號。即位二十七日，行淫亂。大將軍光與羣臣議，白孝昭皇后，廢賀歸故國，賜湯沐邑二千户，故王家財物皆與賀。及哀王女四人各賜湯沐邑千户。語在《霍光傳》。國除，爲山陽郡。【略】

大將軍光更尊立武帝曾孫，是爲孝宣帝。

《漢書》卷六六《車（田）千秋傳》　武帝疾，立皇子鉤弋夫人男爲太子，拜大將軍霍光、車騎將軍金日磾、御史大夫桑弘羊及丞相千秋，並受遺詔，輔道少主。武帝崩，昭帝初即位，未任聽政，政事壹決大將軍光。千秋居丞相位，謹厚有重德。每公卿朝會，光謂千秋曰：「始與君侯俱受先帝遺詔，今光治内，君侯治外，宜有以教督，使光毋負天下。」千秋曰：「唯將軍留意，即天下幸甚。」終不肯有所言。光以此重之。每有吉祥嘉應，數褒賞丞相。訖昭帝世，國家少事，百姓稍益充實。始元六年，詔郡國舉賢良文學士，問以民所疾苦，於是鹽鐵之議起焉。

《漢書》卷六六《楊敞傳》　楊敞，華陰人也。給事大將軍莫府，爲軍司馬，霍光愛厚之，稍遷至大司農。元鳳中，稻田使者燕蒼知上官桀等反謀，以告敞。敞素謹畏事，不敢言，乃移病卧，以告諫大夫杜延年，延年以聞。蒼、延年皆封，敞以九卿不輒言，故不得侯。後遷御史大夫，代王訢爲丞相，封安平侯。

明年，昭帝崩。昌邑王徵即位，淫亂，大將軍光與車騎將軍張安世謀欲廢王更立。議既定，使大司農田延年報敞。敞驚懼，不知所言，汗出洽背，徒唯唯而已。延年起至更衣，敞夫人遽從東箱謂敞曰：「此國大事，今大將軍議已定，使九卿來報君侯。君侯不疾應，與大將軍同心，猶與無決，先事誅矣。」延年從更衣還，敞、夫人與延年參語許諾，請奉大將軍教令，遂共廢昌邑王，立宣帝。宣帝即位月餘，敞薨，謚曰敬侯。

《漢書》卷六七《胡建傳》　爲渭城令，治甚有聲。值昭帝幼，皇后父上官將軍安與帝姊蓋主私夫丁外人相善。外人（獢）〔驕〕恣，怨故京兆尹樊福，使客射殺之。客臧公主廬，吏不敢捕。渭城令建將吏卒圍捕。蓋主聞之，與外人、上官將軍多從奴客往，犇射追吏，吏散走。主使僕射劾渭城令游徼傷主家奴。建報亡它坐。蓋主怒，使人上書告建侵辱長公主，射甲舍門。知吏賊傷奴，辟報故不窮審。大將軍霍光寢其奏。後光病，上官氏代聽事，下吏捕建，建自殺。吏民稱冤，至今渭城立其祠。

《漢書》卷七〇《傅介子傳》　介子謂大將軍霍光曰：「樓蘭、龜茲數反覆而不誅，無所懲艾。介子過龜茲時，其王近就人，易得也，願往刺之，以威示諸國。」大將軍曰：「龜茲道遠，且驗之於樓蘭。」於是白遣之。

《漢書》卷七一《雋不疑傳》　始元五年，有一男子乘黄犢車，建黄旐，衣黄襜褕，著黄冒，詣北闕，自謂衛太子。公車以聞，詔使公卿將軍中二千石雜識視，長安中吏民聚觀者數萬人。右將軍勒兵闕下，以備非常。丞相御史中二千石至者（立）〔並〕莫敢發言。京兆尹不疑後到，叱從吏收縛。或曰：「是非未可知，且安之。」不疑曰：「諸君何患於衛太子！昔蒯聵違命出奔，輒距而不納，《春秋》是之。衛太子得罪先帝，亡不即死，今來自詣，此罪人也。」遂送詔獄。

天子與大將軍霍光聞而嘉之，曰：「公卿大臣當用經術明於大誼。」繇是名聲重於朝廷，在位者皆自以不及也。大將軍光欲以女妻之，不疑固辭，不肯當。久之，以病免，終於家。京師紀之。

《漢書》卷七四《魏相傳》　後遷河南太守，禁止姦邪，豪彊畏服。會丞相車

千秋死，先是千秋子爲雒陽武庫令，自見失父，而相治郡嚴，恐久獲罪，乃自免去。相使掾追呼之，遂不肯還。相獨恨曰：「大將軍聞此令去官，必以爲我用丞相死不能遇其子，使當世貴人非我，殆矣！」武庫令西至長安，大將軍霍光果以責過相曰：「幼主新立，以爲函谷京師之固，武庫精兵所聚，故以丞相弟爲關都尉，子爲武庫令。今河南太守不深惟國家大策，苟見丞相不在而斥逐其子，何淺薄也！」後人有告相賊殺不辜，事下有司。河南卒戍中都官者二三千人，遮大將軍，自言願復留作一年以贖太守罪。河南老弱萬餘人守關欲入上書，關吏以聞。大將軍用武庫令事，遂下相廷尉獄。久繫踰冬，會赦出。復有詔守茂陵令，遷楊州刺史。考案郡國守相，多所貶退。相與丙吉相善，時吉爲光禄大夫，與相書曰：「朝廷已深知弱翁(行治)〔治行〕，方且大用矣。願少慎事自重，臧器于身。」相心善其言，爲霽威嚴。居部二歲，徵爲諫大夫，復爲河南太守。

數年，宣帝即位，徵相入爲大司農，遷御史大夫。四歲，大將軍霍光薨，上思其功德，以其子禹爲右將軍，兄子樂平侯山復領尚書事。相因平恩侯許伯奏封事，言：「《春秋》譏世卿，惡宋三世爲大夫，及魯季孫之專權，皆危亂國家。自後元以來，禄去王室，政繇冢宰。今光死，子復爲大將軍，兄子秉樞機，昆弟諸壻據權勢，在兵官。光夫人顯及諸女皆通籍長信宮，或夜詔門出入，驕奢放縱，恐寖不制。宜有以損奪其權，破散陰謀，以固萬世之基，全功臣之世。」又故事諸上書者皆爲二封，署其一曰副，領尚書者先發副封，所言不善，屏去不奏。相復因許伯白，去副封以防雍蔽。宣帝善之，詔相給事中，皆從其議，霍氏殺許后之謀始得上聞。乃罷其三侯，令就第，親屬皆出補吏。於是韋賢以老病免，相遂代爲丞相，封高平侯，食邑八百户。及霍氏怨相，又憚之，謀矯太后詔，先召斬丞相，然後廢天子。事發覺，伏誅。

《漢書》卷七五《眭弘傳》 眭弘字孟，魯國蕃人也。**【略】**時，昭帝幼，大將軍霍光秉政，惡之，下其書廷尉。奏賜、孟妄設祅言惑衆，大逆不道，皆伏誅。後五年，孝宣帝興於民間，即位，徵孟子爲郎。

《漢書》卷七五《夏侯勝傳》 夏侯勝字長公。**【略】**是時，光與車騎將軍張安世謀欲廢昌邑王。光讓安世以爲泄語，安世實不言。乃召問勝，勝對言：「在《洪範傳》曰『皇之不極，厥罰常陰，時則下人有伐上者』，惡察察言，故云臣下有謀。」光、安世大驚，以此益重經術士。後十餘日，光卒與安世(共)白太后，廢昌邑王，尊立宣帝。光以爲羣臣奏事東宮，太后省政，宜知經術，白令勝用《尚書》授太后。

《漢書》卷七六《趙廣漢傳》 是時，昌邑王徵即位，行淫亂，大將軍霍光與羣臣共廢王，尊立宣帝。廣漢以與議定策，賜爵關内侯。**【略】**

初，大將軍霍光秉政，廣漢事光。及光薨後，廣漢心知微指，發長安吏自將，與俱至光子博陸侯禹第，直突入其門，廋索私屠酤，椎破盧罌，斧斬其門關而去。時光女爲皇后，聞之，對帝涕泣。

《漢書》卷七八《蕭望之傳》 是時大將軍霍光秉政，長史丙吉薦儒生王仲翁與望之等數人，皆召見。先是左將軍上官桀與蓋主謀殺光，光既誅桀等，後出入自備。吏民當見者，露索去刀兵，兩吏挾持。望之獨不肯聽，自引出閤曰：「不願見。」吏牽持匈匈。光聞之，告吏勿持。望之既至前，説光曰：「將軍以功德輔幼主，將以流大化，致於洽平，是以天下之士延頸企踵，爭願自(劾)〔效〕，以輔高明。今士見者皆先露索挾持，恐非周公相成王躬吐握之禮，致白屋之意。」於是光獨不除用望之，而仲翁等皆補大將軍史。三歲間，仲翁至光禄大夫給事中，望之以射策甲科爲郎，署小苑東門候。仲翁出入從倉頭廬兒，下車趨門，傳呼甚寵，顧謂望之曰：「不肯録録，反抱關爲。」望之曰：「各從其志。」**【略】**

時大將軍光薨，子禹復爲大司馬，兄子山領尚書，親屬皆宿衛内侍。地節三年夏，京師雨雹，望之因是上疏，願賜清閒之宴，口陳災異之意。**【略】**其後霍氏竟謀反誅，望之寖益任用。

葛洪《西京雜記》卷三 霍將軍妻一產二子，疑所爲兄弟。或曰：「前生爲兄，後生者爲弟。今雖俱日，亦宜以先生爲兄。」或曰：「居上者宜爲兄，居下宜爲弟，居下者前生，今宜以前生爲弟。」時霍光聞之曰：「昔殷王祖甲一產二子，曰嚚，曰良。以卯日生嚚，以巳日生良，則以嚚爲兄，以良爲弟。若以在上者爲兄，嚚亦當爲弟。昔許釐莊公一產二女，曰妖，曰茂。楚大夫唐勒一產二子，一男一女，男曰貞夫，女曰瓊華。皆以先生爲長。近代鄭昌時、文長蒨並生二男，滕公一生二女，李黎生一男一女，並以前生者爲長。」霍氏亦以前生爲兄焉。

樂史《太平寰宇記》卷一一八《河南道十八・濰州・昌邑縣》 霍侯山，在縣南四十里。《漢書》：「霍光爲博陸侯，封在北海。」其山本名陸山，天寶六年勅改爲霍侯山。

樂史《太平寰宇記》卷二五《關西道一・雍州・萬年縣》 霍光冢，在茂、平二陵間。霍光葬，詔賜黃腸，即柏木心也。今人耕田時得柏木如壍形，謂之

柏塋。

《蘇軾文集》卷六五《霍光疏昌邑王之罪》　觀昌邑王與張敞語，真風狂不慧者爾，烏能爲惡？廢則已矣，何至誅其從官二百餘人？以吾觀之，其中從官，必有謀光者，光知之，故立廢賀，非專以淫亂故也。二百人方誅，號呼於市，曰：「當斷不斷，反受其亂。」此其有謀明矣。特其事秘密，無緣得之。著此者，亦欲後人微見其意也。武王數紂之罪，孔子猶且疑之。光等疏賀之惡，可盡信耶？

黄震《古今紀要·西漢》　霍光，漢社稷臣，出入禁闥二十餘年，未嘗有過，受遺詔擁昭帝，每出入下殿門，進止不失尺寸，訖十三年，百姓充實，四夷賓服。及廢昌邑立宣帝，歸政焉，上謙不受，前後秉政二十年。然昧於盛滿之戒，不知勇退，上内實嚴憚之，身死而赤族矣。

備論

《漢書》卷六八《霍光傳贊》　霍光以結髮内侍，起於階闥之間，確然秉志，誼形於主。受襁褓之託，任漢室之寄，當廟堂，擁幼君，摧燕王，仆上官，因權制敵，以成其忠。處廢置之際，臨大節而不可奪，遂匡國家，安社稷。擁昭立宣，光爲師保，雖周公、阿衡，何以加此！然光不學亡術，闇於大理，陰妻邪謀，立女爲后，湛溺盈溢之欲，以增顛覆之禍，死財三年，宗族誅夷，哀哉！昔霍叔封於晉，晉即河東，光豈其苗裔乎？

《漢書》卷六七《梅福傳》　漢興以來，社稷三危。吕、霍、上官皆母后之家也，親親之道，全之爲右，當與之賢師良傅，教以忠孝之道。今乃尊寵其位，授以魁柄，使之驕逆，至於夷滅，此失親親之大者也。自霍光之賢，不能爲子孫慮，故權臣易世則危。《書》曰：「毋若火，始庸庸。」勢陵於君，權隆於主，然後防之，亦亡及已。

《漢書》卷八九《循吏傳》序　孝昭幼沖，霍光秉政，承奢侈師旅之後，海内虚耗，光因循守職，無所改作。至於始元、元鳳之間，匈奴鄉化，百姓益富，舉賢良文學，問民所疾苦，於是罷酒榷而議鹽鐵矣。

及至孝宣，繇仄陋而登至尊，興于閭閻，知民事之艱難。自霍光薨後始躬萬機，厲精爲治，五日一聽事，自丞相已下各奉職而進。

《漢書》卷一〇〇下《叙傳下》　博陸堂堂，受遺武皇，擁毓孝昭，末命導揚。遭家不造，立帝廢王，權定社稷，配忠阿衡。懷禄耽寵，漸化不詳，陰妻之逆，至子而亡。秺侯狄孥，虔恭忠信，奕世載德，貤于子孫。

《後漢書》卷二九《申屠剛傳》　霍光秉政，輔翼少主，修善進士，名爲忠直，而尊（崇）其宗黨，摧抑外戚，結貴據權，至堅至固，終没之後，受禍滅門。

《全宋文》卷一五五王禹偁《霍光論》　議者多以光受遺命輔少帝，比之周公；又以廢昌邑王立宣帝，比之伊尹。此功德相萬，不待論辯而明矣。又謂光之族也，光已死，罪在妻子，不在于光。愚獨以爲光自族其家，非顯、禹之罪也。何者？當宣帝時，光以定策之功，負震主之威，人臣莫與爲比。妻顯驕恣，欲貴其女而酖許后。事垂發矣，妻以告光，光不能于此時明大義滅親之道，收顯下獄，免冠請罪，因上印綬，還政事，則所誅者唯顯一身而已。嗚呼，學不深，心不明，眷戀私恩，猶豫不決，奏免太醫，以藏大逆。身死之後，卒緣此而致禍，非光自族其家而誰爲之邪？石碏，一陪臣也，殺其子而《春秋》義之；吴起，一將軍也，劍其妻而《史記》壯之。況居伊、周之位者乎？故曰能正其心，然後能修其身；修其身，然後能齊其家；齊其家，然後能治其國。光之心于斯見矣。衛太子之死也，天下冤之，故大福歸于皇孫，則宣帝之起，天也。當邴吉閉獄門，拒使者，武帝曰：「天使之然也。」然則光貪天之功以爲己有，與夫日磾之割愛，邴吉之讓位，德不侔矣。且貪天之功者，鮮不及也，愚故曰：光自族其家，非顯、禹之罪也。

《蘇軾文集》卷四《霍光論》　古之人，惟漢武帝號知人。蓋其平生所用文武將帥、郡國邊鄙之臣，左右侍從、陰陽律曆博學之士，以至錢穀小吏、治刑獄、使絶域者，莫不獲盡其才，而各當其處。然此猶有所試，其功效著見，天下之所共知而信者。至於霍光，先無尺寸之功，而才氣術數，又非有以大過於羣臣。而武帝擢之於稠人之中，付以天下後世之事。而霍光又能忘身一心，以輔幼主。處於廢立之際，其舉措甚閑而不亂。此其故何也？

夫欲有所立於天下，擊搏進取以求非常之功者，則必有卓然可見之才，而後可以有望於其成。至於捍社稷、託幼子，此其難者不在乎才，而在乎節，不在乎節，而在乎氣。天下固有能辦其事者矣，然才高而位重，則有僥倖之心，以一時之功，而易萬世之患，故曰「不在乎才，而在乎節」。古之人有失之者，司馬仲達是也。天下亦有忠義之士，可託以死生之間，而不忍負者矣。然狷介廉潔，不爲

不義，則輕死而無謀，能殺其身，而不能全其國，故曰「不在乎節，而在乎氣」。古之人有失之者，晉荀息是也。夫霍光者，才不足而節氣有餘，此武帝之所爲取也。

《書》曰：「如有一介臣，斷斷兮，無他技。其心休休焉，其如有容。人之有技，若己有之。人之彦聖，其心好之，不啻若自其口出，是能容之。以保我子孫黎民。」嗟夫，此霍光之謂歟！使霍光而有他技，則其心安能休休焉容天下之才，而樂天下之彦聖，不忌不克，若自己出哉！

才者，争之端也。夫惟聖人在上，驅天下之人各走其職，而争用其所長。苟以人臣之勢，而居於廊廟之上，以捍衛幼冲之君，而以其區區之才，與天下争能，則姦臣小人有以乘其隙而奪其權矣。霍光以匹夫之微而操生殺之柄，威蓋人主，而貴震於天下。其所以歷事三主而終其身天下莫與争者，以其無他技，而武帝亦以此取之歟？

《全宋文》卷二六六七陳師道《霍光論》 有其才而無其節者，司馬懿是也；有其節而無其才者，荀息是也。有是二者，成功而去，伊、周是也；有是二者，守而不固，霍光是也。光承武帝孤幼之託，天下之寄，黜昏陟明，全而歸之。承征伐之後，公私兩弊，而十數年間，内豐外服，光之功有三焉。然以私愛冒大義，鄰於奪矣。其幸宣帝智而不争，使之争，則未可知也。昭長而宣立，既不能去，又不歸政，光之失亦三焉。史氏謂不學無術，闇於大理。而或以謂人倫逆順，雖不學而知之，日磾老胡而著忠孝，何待於學。嗚呼！學則明，否則蔽，理之常也。不學而能者，資也，資可常乎？夫義有由之者，有畏之者。由之者道也，畏之者學也。學而後知畏也，畏聖人之言也。光之不勝私，以其不知畏也。光善人也，使其學而知畏，其肯出此乎？豈特如此，其肯以婢爲妻乎？則除患於未然，光之三失，其皆出於此乎。或者又謂節而不才，然保人之幼，全人之國，天下危而復安，此皆才之大者。至其結昏金與上官，以宰相子守關與武庫，親同列而慮患，有急而收符璽，又皆有以過人，特其才有能否爾。雖然，中人而下亦不能具也。或又謂日磾不肯納女後宫，而光以爲后；日磾殺弄兒，而光陰妻爲不軌。光之守節誠有不如，至其功，亦非日磾所及也。始，光推日磾，而謂匈奴輕漢，此其智有過人者，惜乎不之盡也。

《全宋文》卷二八九三李新《霍光論》 士通古今，斷以大義，乃能行天下之忠，爲人之所不能爲者。如霍光，豈忠臣耶？其立孝昭，武帝已有定議矣。殺鉤弋，得聖人先見之幾；畫周公圖，示後人任重之責。而又有金日磾、張安世之謹慎，彼霍光雖欲不忠，不可得也。昌邑淫亂，廢之當然耳，田延年發其端，光不知古，延年以伊尹事太甲譬曉之，光乃肯合謀，其忠于漢，光未嘗忘之于心也。人倡之，人驅之，雖欲不忠，不可得也。顯謀納女，毒殺許皇后，雲、禹、山等爲逆謀，光知之而不告，兹得爲忠乎？凡漢不忠之臣，請以光冠其首。孝昭之立，决謀始于田延年，延年之死，光不之救。孝昭無嗣，戾太子之冤，天地日月爲之不平，求孝武之後，非皇孫而何？則孝宣之立，大義明矣。光不啓其端，邴吉力陳之，而光乃始就議；及其推功，乃不以歸吉而身自尸之，光得爲忠乎？其家族滅，天道至此，何其昭昭，恢而不失矣。或以光爲社稷之臣，社稷之臣固如是乎？

《全宋文》卷六〇四四陳傅良《霍光論》 凡天下之利害，自非聖人，則不以其身嘗焉，而後知者蓋寡。人主之用人，其利害最難知也。天下之人才，匿真於似而託虚乎實，雖智者易惑也。故夫其人炳然，其容翹然，而其中無有，世主必甘心焉而不疑，蓋亦利其便捷奮發之形，若足以成天下之功。則捨而爲朴魯庸鈍之取也，必有所不暇，而亦非近於人情。惟其倚之而不濟，用之而有窮，然後反而思天下之事不可以形求。昔秦穆公來由余於戎，拔百里於虞，起蹇叔於疏賤，春秋賢君有愧其爲者矣；而聽杞子之言，覆師於殽，乃悔過自警，而深取乎介然無它技之臣。漢高帝收一時英雄共取天下，天下既定，叛者九國相踵，而後吕后問人，則曰：「安劉者周也。陳平智有餘，然難獨任。」是故非殽之敗，穆公不知一介之足以託國也；而懲韓、彭之多事，雖陳平獨以智疑。嗚呼！其亦嘗也已矣。粱稻藥石，吾審知其良於柤梨菱芡也，而雜羞焉，則亦柤梨菱芡之啗，而不先於稻粱藥石，何也？快於人者誘人，非有誤焉，則亦未果却也。士之誘人，不甚於柤梨菱芡也哉？嘗始怪武帝得人盛於七國，而不足以辦事，何也？彼見夫衛、霍之容若是其甚武也，張、周、桑、孔之狀若是其餂而巧也，公孫、鄒、枚儒言而儒服，又若是其文且秀也，則以爲天下之功得如是者共之，亦奚無成？而愈多愈不濟，愈用之則愈窮，然後脱然自失，而憂天下之計非便捷奮發者能之，而提孺子之命，寄之朴魯庸鈍之霍光，而光果有以當其心。至於唐太宗，平生無用人之失，卒繆於一李勣。由此言之，武帝雖創於殽之敗，而太宗不自見黥、彭之禍故也。嗟乎！霍光安漢於幾危，而李勣流毒數世，則一霍光足以贖武帝之過，而太宗之烈至于一李勣而頓隳。故曰：人主不幸而有所誤，則亦寧以其身

嘗之而已。

王應麟《通鑑答問》卷五《霍光》　或問：霍光輔少主，不行寬大之政而務爲嚴刑，其不學之蔽歟？曰：寬則得衆，嚴刑非所以爲治也。武帝之罔嘗密矣，而姦宄不勝。守成之君方在沖孺，當迪之以仁厚，不宜導之以刑罰。燕、蓋、上官之誅，有風霆而無雨露。一桑遷之逋竄，匿者以赦除罪，而廷尉少府左馮翊，皆坐重法。杜延年奏記，謂問者民頗言獄深吏爲峻詆，則持刑之嚴可見矣。伊尹誥太甲曰：民罔常懷懷于有仁。周公戒成王曰：其勿誤于庶獄。光居伊周之任，不以伊周之心爲心，何以養君德壽國脈乎？昌邑之廢，誅其羣臣二百餘人。光之忮心若此，所以殄厥世也。且光擢用安世、延年，抑以張湯、杜周之子歟。二人寬和，能蓋厥父之愆。張、杜有後，霍氏滅焉。寬嚴之報，時乃天道，可不謹哉！

《朱子語類》卷一三五《歷代二》　問：「君臣之變，不可不講。且如霍光廢昌邑，正與伊尹同。然尹能使太甲『自怨自艾』，而卒復辟。光當時被昌邑説『天子有争臣七人』兩句後，他更無轉側。萬一被他更咆勃時，也惡模樣。」曰：「到這裏也不解恤得惡模樣了。」義剛曰：「光畢竟是做得未宛轉。」曰：「做到這裏，也不解得宛轉了。」良久，又曰：「人臣也莫願有此。萬一有此時，也十分使那宛轉不得。」義剛。

問：「霍光廢昌邑，是否？」曰：「是。」「使太甲終不明，伊尹如之何？」曰：「亦有道理。」可學。

或問：「霍光不負社稷，而終有許后之事；馬援以口過戒子孫，而他日有裹屍之禍。」先生曰：「『采葑采菲，無以下體。』取人之善，爲己師法，不當如此論也。」若海。

方孝孺《遜志齋集》卷五《雜著・霍光》　霍光以樸直見知武帝，輔少主，廢昌邑，立中宗，功烈爲漢伊尹，而身死受赤族之誅。世嘗疑之。曰：是烏足疑哉？光之獲全其軀，亦已幸矣。賞罰生殺予奪者，天之大柄，授之天子，使奉而行焉者也，故是六者惟天子得專之，然猶不敢私任其喜怒好惡以爲輕重，而一決之於天。功懋焉而後賞，曰非我賞之也，天賞之也。罪盈焉而後罰，曰非我罰之也，彼得罪於天也。其於生殺予奪莫不裁之於天，而不敢預存於心。以可專之位，持之以恭謹，至於如此，猶且或有不中，禍及於身，而殃及乎子孫，況於無其位者乎？且以伊尹之聖，以德則天下莫加，以位則爲之師，而當阿衡之任，以功則相湯取天下，致太平，三世而至于太甲。其格於天而著于民，亦已久矣。其於太甲也，未嘗廢之，特奉之居憂於先王冢上，俟其修德而迎之以歸。其於進退宜無不可，時之人孰敢非之。然而伊尹既復政於君，即决然請去其位，不敢略有顧戀遲留之心。何者？誠知天之大柄不可以久持也。夫伊尹聖人，不任其私以賞罰生殺予奪，亦昭昭矣，猶畏且慎如此。

彼霍光者，自度何如人哉？以德則僅若恒人，以功則非有平暴亂安宇内之績，特以謹願，偶爲人主所信，而托以非常大事。計其平日，操天子之柄，以制群下者，幾何年矣。其於輕重緩急，已不能無私意行於其間乎哉！然立昌邑既不審，隨數而廢之，天下之人見其所爲，蓋已側目視光者久矣。非特天下之人，吾意中宗未立之時，亦疑光之爲人矣，不待參乘而後疑之也。爲光計者當中宗之初立，社稷宗廟既有所托，不負先帝顧屬之心，即宜力辭而引去。不許則宜辭朝廷之政不與，而以列侯就第，庶可少紓中宗之疑，而息衆庶之怒。光則不然，一歸政而不受，則肆然而居之，至於身死而後已。且中宗是時年近壯矣，其於民情國體究之熟矣，光曷不思乎？當昭帝之初立，燕王、上官之變，非昭帝之明，光之誅其得免乎？在執政未久之時且若此，更廢一主之後，其生殺予奪賞罰之際，妄用者多矣。使重有告於中宗，光其可免乎？

吾故曰，光之不底于戮，幸也。以其昧於去就之義，而不知天之大柄不可僭持也。雖然，光不學無術，其昧於去就，不足責也。中宗之待光，宜亦不能無過焉。當歸政之時，封之以上國，榮之以顯號，優游以師傅之禮，而擇□□□□其□□之權，使光有明哲之知，禹、雲、山等知威權之不可以太盛，而思退戢之道焉，光身死之餘，豈有赤族之禍乎？故赤族之誅，不在禹、雲、山謀逆之時，而在光秉政之日。中宗之疑霍光，不在許后之死，而在乎廢昌邑之時。故取族滅者，非禹、雲、山也，光也。光之得罪於天，非廢立也，僭持天之大柄也。嗚呼，世有不幸而居光之任者，得吾言而思之，其可免於禍乎！

陳櫟《歷代通畧》卷一《前漢》　霍光能納杜延年之説，修孝文時政，示以儉約寬和，罷鹽鐵榷酤均輸官，輕傜薄賦，百姓充實，稍復文景之舊，此於培養國脉最有功焉。使昭帝天假之年，加以伊、周之佐，周成王不能過也。昭帝早世無嗣，輕立昌邑王，霍光之過也。不得已廢昌邑迎曾孫病已立之，是爲宣帝，亦霍光之功也。

《江盈科集・霍光》　甚哉，天下之事不有以有意處也！以有意處者，有意

處即是私；以無意處者，無意處即是公。事出于私，即其事至小，以之攝一二人，而人未必服；事出于公，即其事至大，以之攝天下萬世之人，而人無不服。若霍光之廢昌邑，立宣帝，所謂以無意處事，而人自服焉者也。夫天下之事，孰有大于廢君立君者乎？光之廢昌邑也，天下之人安焉，若以爲當廢，而無有議其僭者；其立漢宣也，天下之人安焉，若以爲當立，而無有議其擅者。其一人之身，朝廢一君，暮立一君，天下之人安焉，又若以爲出于光之所當爲，而無有議其威權之太重者。夫光於此，豈其有他謬巧能箝天下之口，而制天下之人之心也哉？特其以漢廷之人，處漢廷之事，我特從中持之，而未嘗先萌一毫己意于其間耳。夫意動于中，如穀有芽，芒且立見；如基植表，衆且群指。故琴音噍殺，感貓鼠也；機心內横，徵鷗鳥也。意之害事，其端甚微，而其究至于不可收拾。光以無意處廢君立君之事，故其事雖甚大，而天下之人安焉。所謂無意者，何也？于其用田延年之策知之也。當昌邑既立之後，光日夜望其謹度循理，修政勤民，以無負漢之宗社，無負高廟之靈，無負武帝畫圖托孤之命，光之心慰矣，光之事畢矣。奈何昌邑縱肆淫褻，日甚一日，而莫可挽回也。光蓋有深憂焉，其對廷臣咨嗟太息，若將以爲無可奈何。及聞田延年易置之語，乃遽然問曰：「于古有此否？」延年始舉伊尹爲對。光遂率公卿群僚仰白太后，太后如光請，于是退昌邑王而脱之璽，拔曾孫病已而躋之南面之位。然則當延年未建議之先，光心且不知有所謂伊尹，而況有爲伊尹之心也哉？及延年之言一出，光慨然行之，蓋行延年之言也，行天下萬世人心是非之公也，行高祖、武帝之靈之所欲奪欲予者也，光無意也。惟其無意，所以漢廷之臣諒之，漢之宗室、漢之黎民無不諒之，至于天下萬世皆諒之。事成而九鼎宴然，群喙斂戢，勛名藏于府庫，圖像著于丹青。信哉！公道之能濟事，而處事者之不可以一毫己意寓也。迨于後世，曹操有意爲文王，人不謂操文王，而謂鬼瞞；司馬懿有意擬虞舜，人不謂懿虞舜，而謂狐媚。噫，有意而欲服人，難矣哉！蓋昔楚有兄弟同室而處，兄見一雀搏于貓，墮地爲蟻困，取蓄笥中，日飼之粒焉，翅滿翔去。雀銜瓜子一顆置之案頭，兄種焉，而苗，而蔓，而結實，及老剖之，瓜仁皆金也，凡百鎰。其弟效焉，取一雀擊折其翅，蓄笥中，久之雀去。亦復報以瓜子，弟種焉，而所結瓜，較兄大數倍，乃日夜浪費，稱貸千金，指瓜腹金相償。及剖，而一老翁坐其中，眉蹙蹙焉，若甚憂者。弟問曰：「翁何憂？」翁答曰：「吾憂汝之貸金而無以償也。」夫同一飼雀也，同一瓜子之報也，兄也得金，弟也得翁，無他，兄無意，弟有意也。嗚呼，天下之人非雀也，誰其可欺？而我欲以私心服之哉！故處大事者，能若霍光斯可矣。

陳子龍《陳忠裕公全集・霍光論》 術不可以常存而悉用也，事有不得已而術生焉。用術而有狐疑之心，則術卒不可用，故惟能斷而後可以行術也。霍光非無術，亦其斷有所不足耳。夫光負重大，挾天子，滅上官，壞燕、蓋，逐昌邑，置病已，天下安之，此其人似能斷者。至于禍患所會，機發勢變，顧內牽嫟昵，重自蒙明，自傷何益，卒僨于濡忍。斷之不終，其在斯乎？嗟夫！光以之得，亦以之失。雖曰天道，謀亦概可覩見。光非無術而術不生于學，光之得成者在此，其敗卒繇此也。光惟無學，故凡古之所言權震主者身危，與夫惟辟作威福，太甲之訓，東山之詩，皆未見也。凡古先聖賢之爲人臣誡者，上不廢國而下不失身，光亦不知也。夫古之賢人君子以負託之重，當昏暴之主，其可爲光所爲者，豈無其人乎？而或節蹈匹夫，行猶遺世，非其才之不如光，但不能無知于往事，以爲有甚難而不可者，故曰多學寡斷。何則？流覽興亡之跡，危乎危乎，吾幸居事後，何得不萬全也。光惟不知利害，故一聞伊尹之論，以爲甚易，而我亦可以爲之矣。是以行于一朝而無自疑之意。至于天下已定，國家已平，光意劉氏安，而霍氏亦可以稍貴顯，雖頗踰越乎我實無愧。嗟乎！卒陷烈禍，有以也夫！夫人臣不幸而有放廢之事，又無篡弒之心，而不知身之已危，家之必族，欲以流澤于子孫，而昌大其宗，莫愚于光矣。使光聞許后事時陰誅霍顯，盡出山雲禹明友之屬，內爲國家報仇而外負高蹈之名，則庶幾可以免。乃重自抑鬱，優柔不斷，彼惟但知事之不可，而不知禍之至于此也。以爲我寧負愧，而富貴可以不失，何不學之甚哉！即無許后事，霍氏其能全乎？或曰：光專而用法嚴，故不免于禍。夫專而用法嚴者，莫如諸葛之于蜀。然而諸葛之保終者，田二十頃，桑八百株耳。中外親戚填積當塗，驕妻勁奴縱横長安中，連牆接棟比擬宸極，此豈復人臣也哉！韓信以不賞之功，而云漢終不奪齊。霍光以震主之威，而欲以侯長子孫，愚矣！然則爲光、信計奈何？曰：使後世之人當之，則信必自王而光必篡。以賢人當之，則信當辭王伍絳、灌，光則棄爵邑賤子弟示無所利耳。舍是二者而求自全之策，豈可得乎？史以信爲不學，道光爲不學，嗟乎！後世惟多好學而篡弒相繼哉！

張溥《歷代史論二編》卷一《霍光廢立》 天下有無望之福。霍光，縣吏子，所出微，以驃騎故得任爲郎，出入禁闥二十餘年。一旦以奉車都尉，遷大司馬大將軍，受遺詔輔少主是也。天下有無望之禍。光輔昭帝十三年，百姓充實，四夷

賓服，不幸帝崩無嗣，昌邑王復淫亂不道，光廢昏立明，漢室危而復安，身死未幾，宗族誅夷是也。夫始也光無周公之望，而任以周公之事。既也光有周公之功，而不食周公之報。論者嘗稱武帝知人，而惜孝宣微少恩也。然以光論，大臣前後禍福之殊，亦觀於居心公私之際而已。當昭帝方崩，羣臣議立廣陵王，光以先帝所以不用，内不自安，乃迎立昌邑賀。賀受璽二十七日爲荒淫迷惑千一百二十七事，光憂懣無所出，田延年以伊尹廢太甲請，始定圖計，白太后，下詔解脱王璽綬，歸邸。廷議所立，丙吉、杜延年盛稱曾孫德美，遂迎於尚冠里，進登帝位。光之不立廣陵王胥也，非有所惑於廣陵也，以先帝之所惡也。昌邑之立而復廢也，與天下公立之，與天下公廢之，光無所喜怒於其間也。皇曾孫雖賢，少倚許廣漢兄弟及祖家史氏，與光無平日之素，養視之情，特以衆所稱述而建焉。凡光行事皆非得已。當田延年按劍之時，丙吉奏記之日，光所汲汲，惟漢之無君而有君爾，進不知其嫌，成不敢爲德，即後之幸而禔安，亦未及計存此心也。賢君長世而身名尊盛，有以夫？故曰：霍光之擁昭立宣，以公受福。霍禹怨望朝廷，任宣曰：大將軍時殺生在手，李种、王平、賈勝胡、徐仁逆意獄死，百官但事馮子都、王子方，視丞相亡如，以此爲禍。愚謂此猶恩怨之小者也，光之失莫大於不發舉霍顯，而署淳于衍勿論也。顯欲貴小女成君，使衍投毒弑許后，罪在不赦。使光因人上書，治侍疾之醫，發舉顯謀，即周公誅管蔡，不過是也。且匹夫庶婦不得其死，尚足感傷陰陽，逆召乖氣，世未聞有殺皇后而無罪者也。發之則罪止一顯，隱之則害必三族。光不忍割妻子之私，而利貴其女，卒之舉族覆滅，女殺雲林。此所謂能斷社稷，不能斷家庭，知有目前，而不知天下後世也。故曰：霍光死纔三年，而連坐誅滅者數十家，蓋以私召禍。

朱軾《史傳三編》卷一一《名臣傳・霍光》 論曰：光明達慎厚，爲漢宗臣。其擁昭也，承天下虚耗之後，行政施化，與民休息，十三年如一日。其立宣也，出于至公，行所無事，開漢室中興之治，可不謂社稷臣乎！然因是遂有伊、霍之稱，此擬之不以其倫也。其他無論，即罔以寵利居成功一語，豈光所能見及哉！史稱光驂乘于宣帝，帝内憚之，若有芒刺在背。又任宣追述光柄國時，中廷尉李种、王平等皆坐逆意，下獄死。樂成小家子，得幸至封侯。百官以下但事馮子都、王子方輩，視丞相亡如也。雖所語或有過當，然自擁立二君，專國既久，恐未能不變其二十餘年謹慎小心之初度也。豈誠位不期驕，禄不期侈，抑精神衰則驕生，傳所謂老將至而耄及之也。夫治天下觀于家，治家觀于身。是以聖賢兢兢于房幃衽席之地，情欲無感而燕私不形。光身爲弼亮數世之元臣，朝野中外倚若太山，而牽制于女子小人之手，豈非發乎情，莫能止乎義哉？《易》之《家人》曰：反身之謂端本，乃可以善則也。孟子之論伊尹曰：聖人之行，歸潔其身，無欲乃可言王佐也。漢唐諸臣能講求斯道者，或寡矣。于不學之霍光，何尤？

汪越《讀史記十表》卷八《讀建元以來侯者年表》 功臣如霍光輔昭帝，後立宣帝，漢室以安，金日磾、張安世、杜延年皆忠謹有功。傅介子斬樓蘭，宣威異域。趙充國屯金城。蔡義、韋賢通經術，爲人主師。黄霸以循吏，于定國爲廷尉，民自以不寃。邴吉有德皇孫，終不自言，皆人所未易能哉！然惟光與安世、日磾廢立行權合變，功莫大焉，其餘亦贊決定策者也。至或出于告捕發覺逆謀以致封侯，上官桀，霍氏顯、雲、山、禹，馬何羅，楚王之屬，適爲用事者資也，豈非時勢使然與？此外外戚恩澤侯，宣帝大母家史氏、宣帝后兄許氏、太子妃家王氏是也。惟酇侯續封以蕭何功第一，而驃騎將軍霍去病續封其後，庶幾賞延于世之義乎！

按褚先生補孝昭以來功臣侯者，而諄諄于其子孫持滿守成之道，可謂善矣！獨舉龍頟侯韓説。厚重謹信，果與韓嫣不同趣與？至稱其先起晉六卿，至今八百餘歲，此與其論《三代世表》稱霍光爲黄帝後者皆不經，宜司馬貞詆其蕪穢正史也。

方宗誠《柏堂集前編》卷一《論辯・霍光論》 霍光，非純臣也。其事武帝二十餘年，未嘗有過，不可謂不慎。及受命立昭帝，政自己出，百姓充實，四夷賓服，不可謂不忠。其後昌邑王無道，光會群臣，稟太后，數其罪而廢之，立孝宣爲皇帝，不可謂無權變之宜、安定之勳。以忠慎之本，而加之以權變之宜、安定之勳，而吾謂其非純臣，何也？人臣之心貴乎公而忘私，國而忘家。少有身家之圖，即不能無害於君國。至一旦有失，而讒人組織其間，亦必反爲身家之害。昔者，伊尹廢立太甲而天下不疑，太甲不忌。周公負斧扆輔成王，雖管蔡流言而天下終不爲之動。何者？其素無愛權貴之心，謍身家之念，一志不欺，足以取信於天下後世也。初上官桀與蓋主謀殺光，賴昭帝不信，誅桀等，桀之志不徒在光也，不誅且必爲漢害。然桀等既誅，而光出入自備，吏民當見者，露索去刀兵，兩吏挾持。蕭望之諫説光，由是不除用望之。嗟乎！人心機械不可端倪，示以大公至正，坦白無猜，猶不能弭羣小之愠，況復以機械待之？則人愈疑矣。余觀望之所言，最得大臣體，光不能用反而忌之，吾故謂光不能無愛權貴之心也。又況

昆弟諸子諸壻外孫黨親連體，皆根據於朝廷。其妻顯私使乳醫行毒藥殺許后，勸光納其少女代爲后。後顯恐事敗，具以實語光。光大驚，欲自發不忍猶與。噫！此何事也，而不忍於妻子邪？春秋時，晉趙穿弑靈公，趙盾不知，特以反不討賊之故，而董狐書曰：趙盾弑其君。孔子稱爲良史。以《春秋》之法論之，顯之弑非即光之弑乎？且光之所以失者，猶不在此。向使光真純臣，平日一動一静無不以君國生民爲念，權勢富貴毫不以介於中，則自能持身約，齊家以禮。家人相習於忠孝，相安於節儉，亦自不敢萌覬覦之心，爲淫侈之事。顯之敢於弑后，敢於告光也，毋亦光身家念重，有所以啟之者與？夫女子小人之心，其始非遽欲爲亂也，特思淫縱其欲耳，欲不得而後姦心生而大禍以作。惜乎光不能豫以清白自矢，而杜妻子淫縱之萌也。管仲相桓公，霸天下，其功不在霍光下，而立三歸，樹寒門，有反站，孔子譏之，况以黨親連體，根據朝廷，妻子有弑后之謀而不加之罪，尚得爲純臣邪？班氏謂霍氏之禍萌於驂乘，余謂不然。使光能約其妻子，不致生禍，則宣帝豈忍以嚴憚之故，滅其族哉！

惲敬《大雲山房文稿》卷二《讀霍光傳》 此傳七千餘言，所書者四事耳。其一，受遺輔政；其二，殺燕王、蓋主、上官桀；其三，廢昌邑王，立宣帝；其四，霍氏謀反，伏誅而已。孟堅之文，整贍得大體，即此傳可見。而著光之罪，則微而顯焉。何也？昌邑羣臣，坐無輔道之誼，陷王于惡，光悉誅殺，二百餘人出死號呼市中，曰：當斷不斷，反受其亂。是昌邑羣臣謀光，光因廢王殺羣臣耳。光懲于此，故立宣帝，以起側微，無從官及强媚親爲黨也。爲人臣而如是，即無弑許后之事，豈有不滅族者哉？禹、山、雲皆少年愚騃，非能爲惡者，孟堅皆詳書之，而篇末載徐福抑制霍氏書，所以責宣帝不能全功臣之後，載謁見高廟而斷之曰：霍氏之禍，萌于驂乘。所以見不臣之罪，不始于禹、山、雲而在光，故曰良史也。

李慈銘《越縵堂讀書記·史部·正史類》 昔人以霍光輔幼主，任天下之重，廢昏立明，與伊周比。嗚呼，光誠社稷臣，不當牽於私愛，匿妻之弑君母。既慝矣，不當復納女後宫以圖寵利；然則光廢昌邑之私心見矣。夫昌邑雖非賢，亦無大惡跡，何至併從官而誅之也。既廢之公矣，何至引延年，要楊敞，以刼制爲也。昔固有疑昌邑與從臣有密謀，光因之廢立者。余讀《楊敞傳》，至敞妻語敞曰：君不從，禍且不測，輒廢書歎曰：當日情勢如此，光之罪其足疑耶！然則光特以權術挾主者耳，廣樹子姓，不以盛滿爲懼，仇怨浸盈，自取夷滅。史稱光不學無術，嗚呼其術也！其不學也！哀哉。

邵之棠輯《皇朝經世文統編》文教部三《史學·讀通鑑叢論》 讀史至霍氏反伏誅章，未嘗不嘆霍光之不智不果而爲兒女子之情也。夫霍光承昭帝遺詔輔助幼主，盡忠竭力而無異心，誠功臣也。宣帝既立，天下已安，爲光者正宜薦賢以自代，爲明哲保身之計，豈不善哉！而乃不知定計，戀於利禄，優柔寡斷，妻弑皇后而不知正其罪，子弟驕奢而不知遏其過，久專大柄而不知去其位，及夷其族，宣帝雖殘忍少恩，然光苟能正妻罪，去大位，則子孫何至有謀反之事哉！更何至於滅族哉！附枝大者賊木心，勢位重者傷族宗，此自然之理也。後之人臣處霍光之勢，其以光爲龜鑑哉！

藝文

《全唐詩》卷三七王績《贈梁公》 我欲圖世樂，斯樂難可常。位大招譏嫌，禄極生禍殃。聖莫若周公，忠豈踰霍光。成王已興誚，宣帝如負芒。范蠡何智哉，單舟戒輕裝。疏廣豈不懷，策杖還故鄉。朱門雖足悦，赤族亦可傷。履霜成堅冰，知足勝不祥。我今窮家子，自言此見長。功成皆能退，在昔誰滅亡。

《沈佺期集》卷五《漢大將軍霍光祭文》 將軍秉節炎漢，俾寧社稷。替昌邑，擁昭、宣，勢扶將傾，權實在己；功冠不朽，義存復辟。奉誠所以息猜，思主有毁；育德所以起貴，禮當先白。雖伊、周二勳，無足加也。皇帝則天統物，覆暴旌善，遐酌忠貞，緬覃雨露。降明制，飾窮泉，枌柏生光，臣子企節。某虚昧，忝役兹邦，祗宣大猷，或暢如在。茂陵園邑，瞻白雲而不見；博陸封彊，薦緑樽而徒滿。大君有命，貞魂饗諸。

張養浩《歸田類稿》卷二二《詠史·霍光》 妻行弑逆子專權，無乃將軍太默然。女不納宫兒罪死，也應慚愧秺侯賢。

《張之洞全集》卷二九七《詠古詩·霍光》 定策功高計却疏，徙薪轉笑□□愚。逼如德裕終非福，禍類阿衡幸免誅。落日便房聞劍佩，秋風麟閣想形模。可知風雨崖州路，應悔班書未讀無。

金日磾部

綜述

《漢書》卷六八《金日磾傳》 金日磾字翁叔，本匈奴休屠王太子也。武帝元狩中，票騎將軍霍去病將兵擊匈奴右地，多斬首，虜獲休屠王祭天金人。其夏，票騎復西過居延，攻祁連山，大克獲。於是單于怨昆邪、休屠居西方多爲漢所破，召其王欲誅之。昆邪、休屠恐，謀降漢。休屠王後悔，昆邪王殺之，并將其衆降漢。封昆邪王爲列侯。日磾以父不降見殺，與母閼氏、弟倫俱没入官，輸黄門養馬，時年十四矣。

久之，武帝游宴見馬，後宮滿側。日磾等數十人牽馬過殿下，莫不竊視，至日磾獨不敢。日磾長八尺二寸，容貌甚嚴，馬又肥好，上異而問之，具以本狀對。上奇焉，即日賜湯沐衣冠，拜爲馬監，遷侍中駙馬都尉光禄大夫。日磾既親近，未嘗有過失，上甚信愛之，賞賜累千金，出則驂乘，入侍左右。貴戚多竊怨，曰：「陛下妄得一胡兒，反貴重之！」上聞，愈厚焉。

日磾母教誨兩子，甚有法度，上聞而嘉之。病死，詔圖畫於甘泉宮，署曰「休屠王閼氏」。日磾每見畫常拜，鄉之涕泣，然後乃去。日磾子二人皆愛，爲帝弄兒，常在旁側。弄兒或自後擁上項，日磾在前，見而目之。弄兒走且啼曰：「翁怒。」上謂日磾「何怒吾兒爲」？其後弄兒壯大，不謹，自殿下與宮人戲，日磾適見之，惡其淫亂，遂殺弄兒。弄兒即日磾長子也。上聞之大怒，日磾頓首謝，具言所以殺弄兒狀。上甚哀，爲之泣，已而心敬日磾。

初，莽何羅與江充相善，及充敗衛太子，何羅弟通用誅太子時力戰得封。後上知太子冤，乃夷滅充宗族黨與。何羅兄弟懼及，遂謀爲逆。日磾視其志意有非常，心疑之，陰獨察其動静，與俱上下。何羅亦覺日磾意，以故久不得發。是時上行幸林光宮，日磾小疾臥廬。何羅與通及小弟安成矯制夜出，共殺使者，發兵。明旦，上未起，何羅亡何從外入。日磾奏厠心動，立入坐内户下。須臾，何羅褏白刃從東箱上，見日磾，色變，走趨臥内欲入，行觸寶瑟，僵。日磾得抱何羅，因傳曰：「莽何羅反！」上驚起，左右拔刃欲格之，上恐并中日磾，止勿格。日磾捽胡投何羅殿下，得禽縛之，窮治皆伏辜。繇是著忠孝節。

日磾自在左右，目不忤視者數十年。賜出宮女，不敢近。上欲内其女後宮，不肯。其篤慎如此，上尤奇異之。及上病，屬霍光以輔少主，光讓日磾。日磾曰：「臣外國人，且使匈奴輕漢。」於是遂爲光副。光以女妻日磾嗣子賞。初，武帝遺詔以討莽何羅功封日磾爲秺侯，日磾以帝少不受封。輔政歲餘，病困，大將軍光白封日磾，臥授印綬。一日，薨，賜葬具冢地，送以輕車介士，軍陳至茂陵，謚曰敬侯。

日磾兩子，賞、建，俱侍中，與昭帝略同年，共臥起，賞爲奉車，建駙馬都尉。及賞嗣侯，佩兩綬，上謂霍將軍曰：「金氏兄弟兩人不可使俱兩綬邪？」霍光對曰：「賞自嗣父爲侯耳。」上笑曰：「侯不在我與將軍乎？」光曰：「先帝之約，有功乃得封侯。」時年俱八九歲。宣帝即位，賞爲太僕，霍氏有事萌牙，上書去妻。上亦自哀之，獨得不坐。元帝時爲光禄勳，薨，亡子，國除。元始中繼絶世，封建孫當爲秺侯，奉日磾後。

初，日磾所將俱降弟倫，字少卿，爲黄門郎，早卒。日磾兩子貴，及孫則衰矣，而倫後嗣遂盛，子安上始貴顯封侯。

雜録

備録

《史記》卷二〇《建元以來侯者年表》褚少孫補《秺》 金翁叔名日磾，以匈奴休屠王太子從渾邪王將衆五萬，降漢歸義，侍中，事武帝，覺捕侍中謀反者馬何羅等功侯，三千户。中事昭帝，謹厚，益封三千户。子弘代立，爲奉車都尉，事宣帝。

《漢書》卷六六《車千秋傳》 武帝疾，立皇子鉤弋夫人男爲太子，拜大將軍霍光、車騎將軍金日磾、御史大夫桑弘羊及丞相千秋，並受遺詔，輔道少主。

《晉書》卷一〇一《劉宣傳》 劉宣字士則。朴鈍少言，好學修潔。師事樂安孫炎，沈精積思，不舍晝夜，好《毛詩》、《左氏傳》。炎每嘆之曰：「宣若遇漢武，當踰於金日磾也。」

李吉甫《元和郡縣圖志》卷一一《河南道七・乘氏縣》 故秺城，在縣西北二

十九里。昭帝封金日磾爲秺侯。

《舊唐書》卷一三四《渾瑊傳》 瑊忠勤謹慎，功高不伐，在藩方歲時貢奉，必躬親閲視，每有頒錫，雖居遠地，如在帝前。位極將相，無忘謙抑，物論方之金日磾，故深爲德宗委信，猜間不能入，君子多之。

樂史《太平寰宇記》卷二九《關西道五・華州・下邽縣》 金氏陂，在縣東南二十里。按《輿地志》云：「漢昭帝時，車騎將軍金日磾有功，賜其地。」摯虞《三輔決録》云：「金氏本下邽人也。」今陂久廢，即渠西廢陂是也。唐武德二年引白渠入陂，復曰金氏陂。貞觀三年，陂側置金氏監；十一年，此監廢，其田賜王公。古云：「此陂水滿，即關内豐熟。」西又有金氏陂，俗號曰東陂，南有月陂，形似月也，亦名金氏陂。

金日磾冢，在縣城内東南三百步，高一丈。年多不見，墳闕地勢猶存。《史記》：「金翁叔名日磾，以匈奴休屠王太子從渾邪王將衆五萬降漢。」位至將軍，賜田于此，歸葬，因家焉，非下邽人也。

洪邁《容齋隨筆》卷五《金日磾》 金日磾没入宫，輸黄門養馬。武帝游宴見馬，後宫滿側，日磾等數十人牽馬過殿下，莫不竊視。至日磾，獨不敢。日磾容貌甚嚴，馬又肥好，上奇焉，即日拜爲馬監，後受遺輔政。日磾與上官桀皆因馬而受知，武帝之取人，可謂明而不遺矣。

黄震《古今紀要・西漢》 金日磾著忠孝節，識過於光。光小妻陰謀不忍發覆其宗，而日磾殺弄兒全其宗。光以女爲后，而武帝欲納日磾女後宫，不肯。武帝遺詔封光博陸侯、日磾秺侯，日磾不受而光受之。王忽果飛語云安得遺詔，群兒自相貴耳。不以夷人先中國，不爲群臣所忌，輔政歲餘薨。子孫七世内侍。

王士禛《池北偶談》卷一〇《談獻六・叢氏》 文登叢大司空蘭，本漢秺侯金日磾之後。相傳日磾四十五代孫永，遷縣之叢家峴家焉，遂以爲姓，至今科名甚盛。江西多淦氏，舊傳亦日磾後。有金賦者，爲制置使，宋高宗爲加點水，遂有淦姓，詳載子《皇華紀聞》。

備論

《漢書》卷六八《金日磾傳贊》 金日磾夷狄亡國，羈虜漢庭，而以篤敬寤主，忠信自著，勒功上將，傳國後嗣，世名忠孝，七世内侍，何其盛也！本以休屠作金人爲祭天主，故因賜姓金氏云。

《漢書》卷一〇〇下《叙傳下》 秺侯狄孥，虔恭忠信，奕世載德，貤于子孫。

《宋書》卷六五《杜驥傳》 兄（杜）坦，頗涉史傳。【略】嘗與太祖言及史籍，上曰：「金日磾忠孝淳深，漢朝莫及，恨今世無復如此輩人。」坦曰：「日磾之美，誠如聖詔。假使生乎今世，養馬不暇，豈辦見知。」上變色曰：「卿何量朝廷之薄也。」坦曰：「請以臣言之。臣本中華高族，亡曾祖晉氏喪亂，播遷涼土，世葉相承，不殞其舊。直以南度不早，便以荒傖賜隔。日磾胡人，身爲牧圉，便超入内侍，齒列名賢。聖朝雖復拔才，臣恐未必能也。」上默然。

洪邁《容齋五筆》卷六《知人之難》 霍光事武帝，但爲奉車都尉，出則奉車，入侍左右，雖以小心謹飭親信，初未嘗少見於事也。一旦位諸百寮之上，使之受遺當國。金日磾以胡父不降，没入官養馬，上因游宴見馬，於造次頃刻間，異其爲人，即日親近，其後遂爲光副。兩人皆能稱上所委。然一日用四人，若上官桀、桑弘羊亦同時輔政，幾於欲害霍光，苟非昭帝之明，社稷危矣！則其知人之哲，得失相半，爲未能盡，此雖帝堯之聖而以爲難也。

朱軾《史傳三編・名臣傳・金日磾》 論曰：日磾以降臣事漢，卓卓著大節，立賢無方，武帝知人哉。夫小不忍則亂大謀。霍光聞妻顯毒后之事而猶與不發，卒以滅族。視日磾之殺弄兒，不奉詔内女後宫者，識量相去何等也！日磾之父以不降見殺，其母教訓子有法度，其子爲霍氏壻而早自遠禍，閑門之嚴有自來矣。功名令終，施及後嗣，豈偶然哉。

藝文

曹學佺編《石倉歷代詩選》卷三一二《明詩初集》三二陳伯康《讀史》 趙高利少主，矯制誅扶蘇。一念誤國人，三説感李斯。望夷眩鹿馬，赤族誠天誅。吾聞金日磾，出身本降俘。霍光受遺詔，共負成王圖。大哉社稷臣，戒之用小夫。

張安世部

綜述

《漢書》卷五九《張安世傳》　安世字子孺，少以父任爲郎。用善書給事尚書，精力於職，休沐未嘗出。上行幸河東，嘗亡書三篋，詔問莫能知，唯安世識之，具作其事。後購求得書，以相校無所遺失。上奇其材，擢爲尚書令，遷光祿大夫。

昭帝即位，大將軍霍光秉政，以安世篤行，光親重之。會左將軍上官桀父子及御史大夫桑弘羊皆與燕王、蓋主謀反誅，光以朝無舊臣，白用安世爲右將軍光祿勳，以自副焉。久之，天子下詔曰：「右將軍光祿勳安世輔政宿衛，肅敬不怠，十有三年，咸以康寧。夫親親任賢，唐虞之道也，其封安世爲富平侯。」

明年，昭帝崩，未葬，大將軍光白太后，徙安世爲車騎將軍，與共徵立昌邑王。王行淫亂，光復與安世謀廢王，尊立宣帝。帝初即位，褒賞大臣，〔下〕詔曰：「夫褒有德，賞有功，古今之通義也。車騎將軍光祿勳富平侯安世，宿衛忠正，宣德明恩，勤勞國家，守職秉義，以安宗廟，其益封萬六百户，功次大將軍光。」安世子千秋、延壽、彭祖，皆中郎將侍中。

大將軍光薨後數月，御史大夫魏相上封事曰：「聖王褒有德以懷萬方，顯有功以勸百寮，是以朝廷尊榮，天下鄉風。國家承祖宗之業，制諸侯之重，新失大將軍，宜宣章盛德以示天下，顯明功臣以填藩國。毋空大位，以塞争權，所以安社稷絶未萌也。車騎將軍安世事孝武皇帝三十餘年，忠信謹厚，勤勞政事，夙夜不怠，與大將軍定策，天下受其福，國家重臣也，宜尊其位，以爲大將軍，毋令領光祿勳事，使專精神，憂念天下，思惟得失。安世子延壽重厚，可以爲光祿勳，領宿衛臣。」上亦欲用之。安世聞指，懼不敢當，請間求見，免冠頓首曰：「老臣耳安聞，言之爲先事，不言情不達，誠自量不足以居大位，繼大將軍後。唯天子財哀，以全老臣之命。」上笑曰：「君言泰謙。君而不可，尚誰可者！」安世深辭弗能得。後數日，竟拜爲大司馬車騎將軍，領尚書事。數月，罷車騎將軍屯兵，更爲衛將軍，兩宫衛尉，城門、北軍兵屬焉。

時霍光子禹爲右將軍，上亦以禹爲大司馬，罷其右將軍屯兵，以虚尊加之，而實奪其衆。後歲餘，禹謀反，夷宗族，安世素小心畏忌，已内憂矣。其女孫敬爲霍氏外屬婦，當相坐，安世瘦懼，形於顔色。上怪而憐之，以問左右，乃赦敬，以慰其意。安世寖恐。職典樞機，以謹慎周密自著，外内無間。每定大政，已決，輒移病出，聞有詔令，乃驚，使吏之丞相府問焉。自朝廷大臣莫知其與議也。

嘗有所薦，其人來謝，安世大恨，以爲舉賢達能，豈有私謝邪？絶勿復爲通。有郎功高不調，自言，安世應曰：「君之功高，明主所知。人臣執事，何長短而自言乎！」絶不許。已而郎果遷。莫府長史遷，辭去之官，安世問以過失。長史曰：「將軍爲明主股肱，而士無所進，論者以爲譏。」安世曰：「明主在上，賢不肖較然，臣下自修而已，何知士而薦之？」其欲匿名迹遠權勢如此。

爲光祿勳，郎有醉小便殿上，主事白行法，安世曰：「何以知其不反水漿邪？如何以小過成罪！」郎淫官婢，婢兄自言，安世曰：「奴以恚怒，誣汙衣冠。」（自）〔告〕署適奴。其隱人過失，皆此類也。

安世自見父子尊顯，懷不自安，爲子延壽求出補吏，上以爲北地太守。歲餘，上閔安世年老，復徵延壽爲左曹太僕。

初，安世兄賀幸於衛太子，太子敗，賓客皆誅，安世爲賀上書，得下蠶室。後爲掖庭令，而宣帝以皇曾孫收養掖庭，賀内傷太子無辜，而曾孫孤幼，所以視養拊循，恩甚密焉。及曾孫壯大，賀教書，令受《詩》，爲取許妃，以家財聘之。曾孫數有徵怪，語在《宣紀》。賀聞知，爲安世道之，稱其材美。安世輒絶止，以爲少主在上，不宜稱述曾孫。及宣帝即位，而賀已死。上謂安世曰：「掖（廷）〔庭〕令平生稱我，將軍止之，是也。」上追思賀恩，欲封其冢爲恩德侯，置守冢二百家。賀有一子蚤死，無子，子安世小男彭祖。彭祖又小與上同席研書，指欲封之，先賜爵關内侯。故安世深辭賀封，又求損守冢户數，稍減至三十户。上曰：「吾自爲掖（廷）〔庭〕令，非爲將軍也。」安世乃止，不敢復言。遂下詔曰：「其爲故掖（廷）〔庭〕令張賀置守冢三十家。」上自處置其里，居冢西鬭雞翁舍南，上少時所嘗游處也。明年，復下詔曰：「朕微眇時，故掖（廷）〔庭〕令張賀輔道朕躬，修文學經術，恩惠卓異，厥功茂焉。《詩》云：『無言不讎，無德不報。』其封賀弟子侍中關内侯彭祖爲陽都侯，賜賀謚曰陽都哀侯。」時賀有孤孫霸，年七歲，拜爲散騎中郎將，賜爵關内侯，食邑三百户。安世以父子封侯，在位大盛，乃辭禄。詔都内别

臧張氏無名錢以百萬數。

安世尊爲公侯，食邑萬户，然身衣弋綈，夫人自紡績，家童七百人，皆有手技作事，内治産業，累積纖微，是以能殖其貨，富於大將軍光。天子甚尊憚大將軍，然内親安世，心密於光焉。

元康四年春，安世病，上疏歸侯，乞骸骨。天子報曰：「將軍年老被病，朕甚閔之。雖不能視事，折衝萬里，君先帝大臣，明於治亂，朕所不及，得數問焉，何感而上書歸衛將軍富平侯印？薄朕忘故，非所望也！願將軍强餐食，近醫藥，專精神，以輔天年。」安世復强起視事，至秋薨。天子贈印綬，送以輕車介士，謚曰敬侯。賜塋杜東，將作穿復土，起冢祠堂。子延壽嗣。

雜録

備録

《史記》卷二〇《建元以來侯者年表》褚少孫補《富平》 張安世，家在杜陵。以故御史大夫張湯子武帝時給事尚書，爲尚書令。事昭帝，謹厚習事，爲光禄勳右將軍。輔政十三年，無適過，侯，三千户。及事宣帝，代霍光爲大司馬，用事，益封萬六千户。子延壽代立，爲太僕，侍中。

《漢書》卷二七下之上《五行志下之上》 昭帝元平元年四月崩，亡嗣，立昌邑王賀。【略】光時與車騎將軍張安世謀欲廢賀。光讓安世，以爲泄語，安世實不泄，召問勝。

《漢書》卷五四《蘇建傳》 甘露三年，單于始入朝。上思股肱之美，乃圖畫其人於麒麟閣，法其形貌，署其官爵姓名。【略】次曰衛將軍富平侯張安世，【略】皆有功德，知名當世，是以表而揚之，明著中興輔佐，列於方叔、召虎、仲山甫焉。凡十一人，皆有傳。

《漢書》卷六〇《杜延年傳》 昭帝末，寢疾，徵天下名醫，延年典領方藥。帝崩，昌邑王即位，廢，大將軍光、車騎將軍張安世與大臣議所立。時宣帝養於掖廷，號皇曾孫，與延年中子佗相愛善，延年知曾孫德美，勸光、安世立焉。

《漢書》卷七六《張敞傳》 間者輔臣顓政，貴戚太盛，君臣之分不明，請罷霍氏三侯皆就弟。及衛將軍張安世，宜賜几杖歸休，時存問召見，以列侯爲天子師。

《晉書》卷二四《職官志》 漢武時，左右曹諸吏分平尚書奏事，知樞要者始領尚書事。張安世以車騎將軍，霍光以大將軍，王鳳以大司馬，師丹以左將軍並領尚書事。

《晉書》卷六一《成公簡傳》 成公簡字宗舒，東郡人也。家世二千石。性朴素，不求榮利，潛心味道，罔有干其志者。默識過人。張茂先每言：「簡清静比楊子雲，默識擬張安世。」

《舊唐書》卷二三《禮儀志三》 漢武帝時，張安世爲尚書令，遊宴後宫，以宦者一人出入帝命，改爲中書謁者令。

樂史《太平寰宇記》卷二五《關西道一・雍州・萬年縣》 張安世冢，在明德門南八里，俗呼爲張車騎冢。

洪邁《容齋隨筆》卷一二《周漢存國》 漢列侯八百餘人，及光武而存者，平陽、建平、富平三侯耳。建平以先降梁王，永奪國。平陽爲曹參之後，富平爲張安世之後，參猶有創業之功，若安世則湯子也，史稱其推賢揚善，固宜有後，然輕重其心，殺人亦多矣，獨無餘殃乎！漢侯之在王莽朝，皆不奪國，光武乃但許宗室復故，餘皆除之，雖酇侯亦不紹封，不知曹、張兩侯，何以能獨全也？

洪邁《容齋續筆》卷九《兒寬張安世》 《漢史》有當書之事，本傳不載者。武帝時，兒寬有重罪繫，按道侯韓説諫曰：「前吾丘壽王死，陛下至今恨之；今殺寬，後將復大恨矣！」上感其言，遂貰寬，復用之。宣帝時，張安世嘗不快上，所爲不可上意。上欲誅之，趙充國以爲安世本持橐簪筆事孝武帝數十年，見謂忠謹，宜全度之，安世用是得免。二事不書於寬及安世傳，而於劉向、充國傳中見之。豈非以二人之賢爲諱之邪？韓説能以一言救賢臣於垂死，而不於説傳書之，以揚其善，爲可惜也。

王楙《野客叢書》卷二《事有見於他傳》 破羌將軍武賢在軍中與中郎將卬宴語，卬道：「車騎將軍張安世始嘗不快於上，欲誅之。卬家將軍以爲安世本持橐簪筆事孝武帝數十年，見謂忠謹，宜全度之，安世用是得免。」此事《安世傳》不載，而見《趙充國傳》。

王楙《野客叢書》卷二《官名沿革輕重不同》 漢大將軍甚重。宣帝中興，霍

光功居第一，爲大將軍，麒麟畫像不敢書名，而張安世、韓增之徒則曰車騎將軍、衛將軍，示莫敢抗也。其重如此。

黃震《古今紀要・西漢》 張安世同輔昭宣，而宣帝内親安世。謂薦賢，豈有私謝。太盛辭禄，子延壽讓户邑。漢賢相，忠謹，避權勢，匿名迹，掩人過失，薦賢不許來謝，矯霍氏之弊。

顧炎武《日知録》卷一三《家事》 《史記》之載宣曲任氏，曰：「富人爭奢侈而任氏折節爲儉，力田畜。田畜，人爭取賤賈，任氏獨取貴善。富者數世。然任公家約：非田畜所出，弗衣食；公事不畢，則身不得飲酒食肉。以此爲閭里率，故富而主上重之。」《漢書》載張安世，曰：「安世尊爲公侯，食邑萬户，然身衣弋綈，夫人自紡績。家童七百人，皆有手技作事。内治産業，累積纖微，是以能殖其貨，富於大將軍光。」《後漢書》載樊宏父重，曰：「世善農稼，好貨殖，性溫厚，有法度。三世共財，子孫朝夕禮敬，常若公家。其營理産業，物無所棄，課役童隸，各得其宜，故能上下戮力，財利歲倍。」今之士大夫知此者鮮，故富貴不三四傳而衰替也。

顧炎武《日知録》卷二七《漢書注》 《張安世傳》：「無子，子安世小男彭祖。」謂賀無見存之子，而以安世小男爲子，其蚤死之子别有一子，乃下文所謂「孤孫霸」，非無子也。

備論

《漢書》卷五八《公孫弘等傳贊》 孝宣承統，纂修洪業，亦講論六藝，招選茂異，【略】將相則張安世、趙充國、魏相、丙吉、于定國、杜延年，治民則黃霸、王成、龔遂、鄭弘、召信臣、韓延壽、尹翁歸、趙廣漢、嚴延年、張敞之屬，皆有功迹見述於世。參其名臣，亦其次也。

《漢書》卷五九《張安世傳贊》 馮商稱張湯之先與留侯同祖，而司馬遷不言，故闕焉。漢興以來，侯者百數，保國持寵，未有若富平者也。湯雖酷烈，及身蒙咎，其推賢揚善，固宜有後。安世履道，滿而不溢。賀之陰德，亦有助云。

《漢書》卷一〇〇下《敘傳下》 張湯遂達，用事任職，媚兹一人，日旰忘食，既成寵禄，亦羅咎慝。安世溫良，塞淵其德，子孫遵業，全祚保國。

秦觀《淮海集》卷一九《張安世論》 臣聞張安世匿名迹，遠權勢，自前史皆以爲賢。以臣觀之，安世亦具臣耳，賢則未也。何則？有大臣者，有具臣者，有姦臣者。天下之士，於道可進，則請於君而進；於道可退，則請於君而退。進退在道，而不在我。進之不從，退之不聽，去而已。此之謂以道事君，不可則止，大臣者也。進賢而不能固，退不肖而不能必，取充位而已，具臣者也。同乎己，雖不肖必與；異乎己，雖賢必擠，專爲利而已，此姦臣者也。

安世身爲漢之大臣，與聞政事，當天下進賢退不肖之責，而竊竊焉專爲匿名迹、遠權勢之事。進之不從，退之不聽也，能致爲臣而去乎？臣知安世之不能也。蓋安世與霍光同功一體之人，女孫敬，又霍氏之外屬婦也。光得薨而子禹謀反，夷宗族，敬當相坐，宣帝雖赦之，而安世心不自安，顧上徼博陸之顛，方貪權勢在己，是以深思熟計，欲以自媚於上。故每定大政，已決，輒移病出。聞有詔令，乃驚，使吏之丞相府問焉。謂其長史曰：「明主在上，賢不肖較然。臣下自修而已，何知士而薦之。」嗚呼，其視姦臣則有間矣，豈大臣之所以事君者乎？臣故曰：安世則具臣矣，賢則未也。

昔伊尹之相湯曰阿衡，周公之相周曰太宰。衡者，所以權萬物之輕重而歸於平。宰者，所以制百味之多寡而適於和。唯其和平而已矣，故爲重爲多者，無所於德；爲輕爲寡者，無所於怨。衡、宰之工，實無心也。伊尹、周公所以事其君者如此，曾若安世遠權勢者乎？雖號不同，而其於有心則同也。

昔叔向被囚，祁奚免之，叔向不告免焉而朝。范滂被繫，霍諝理之，滂往候之而不謝。管仲奪伯氏駢邑三百，没齒無怨言。諸葛亮廢廖立、李平，及亮卒，立泣涕，平致死。嗚呼，國之大臣，其好賢也，如祁奚之於叔向、霍諝之於范滂；其疾惡也，如管仲之於伯氏，諸葛之於廖立、李平，則名迹之或匿或見，權勢之或遠或近，皆可以兩忘矣。

山濤爲吏部，拔賢進善，時無知者。身殁之後，天子出其奏於朝，然後知羣才皆濤所進；而王通以爲密，不以仁予之也。嗚呼，知通之不與濤，則知臣之不與安世矣。

李光地《榕村語録》卷六《下孟》 「安社稷臣」，只知社稷爲重；「天民」，却見得百姓要緊，要匹夫匹婦無不與被堯舜之澤，實實見到「天之生斯民也，使先知覺後知，使先覺覺後覺」一段道理。問：「大人亦不過是天民見解，不能更高了。」曰：「其根本見識，天民與大人一樣，只是正己而物正，是盡其性，則能盡人

物之性，贊化育，參天地。天民者，正己而正物者也；大人者，正己而物正者也。」問：「社稷臣功豈不及于百姓？」曰：「如霍子孟與民休息，天下富庶，豈無恩澤及民？只是起念爲安社稷耳。即事君人者，豈無有益社稷之處？只起意爲容悦耳。」問：「容悦不過是鄙夫，孟子爲何與後三項人並舉？」曰：「容悦之臣不是鄙夫，如張安世一輩人，他亦有他的德行學問，但止知『事是君則爲容悦』耳。」

朱軾《史傳三編·名臣傳·張安世》 論曰：傳稱安世父湯，兒時爲磔鼠，文辭如老獄吏，其明有絶過人者，顧舞智弄文遂以惡。終安世獨改父之德，一之乎正，非素常學問，識義理能如是哉？初安世長子千秋，與霍光子禹俱將兵，隨度遼將軍范明友擊烏桓。還，謁光。光問千秋戰鬭方畧，山川形勢。千秋口對兵事，畫地成圖，無所亡失。復問禹，禹不能記。又以見是父是子而安世之平日訓敕爲有素也。觀其制節謹度化及妻孥，或以爲鑒於霍氏，不知彼皆心儀古大臣之風烈而訓行之。《君陳》曰：「爾有嘉謨嘉猷，則入告爾后於内，爾乃順之于外。」曰：「斯謨斯猷，惟我后之德。」《儒行》曰：程功積事推賢而進，達之不望其報。《中庸》曰：隱惡而揚善。安世蓋兼有之。方霍光驂乘，天子背若芒刺。安世代之，乃從容肆體，甚安近焉。彼其積學深醇，容貌詞氣之間，固已穆然遠矣。邁前迹貽後昆，以世有禄位，蓋詩書之流澤長也。

藝文

魏憲《百名家詩選》卷二八部焕元《伾山高爲李青立作李子舊黎侯仲子也》 伾山高，高入雲，上有松杉下榆枌。千年老鶴巢其巔，日夕引子悲鳴聞。悲鳴何所道，似屬憶使君。使君七載牧黎陽，爬梳已遍玄髮蒼。千村鼓靜烽烟息，百雉城成帶礪長。倉卒南渡日，高牙振軍壘。漢業想諸葛，未捷身先死。今年作客薊門秋，邂逅逢君國士流。傳家已識張安世，生子當如孫仲謀。

張際亮《思伯子堂詩集》卷一六《次日廉峯太史招同人集寓廬餞雲麓先生口號》 若到天涯獨感春，暫時進酒莫辭頻。歲朝已隔黄河水，海國遥憐翠羽人。名士即今耆舊盡，富民從古子孫貧。尊前慷慨張安世，別愴風懷送漢臣。

漢宣帝部

綜述

《漢書》卷八《宣帝紀》 孝宣皇帝，武帝曾孫，戾太子孫也。太子納史良娣，生史皇孫。皇孫納王夫人，生宣帝，號曰皇曾孫。生數月，遭巫蠱事，太子、良娣、皇孫、王夫人皆遇害。語在《太子傳》。曾孫雖在襁褓，猶坐收繫郡邸獄。而邴吉爲廷尉監，治巫蠱於郡邸，憐曾孫之亡辜，使女徒復作淮陽趙徵卿、渭城胡組更乳養，私給衣食，視遇甚有恩。

巫蠱事連歲不決。至後元二年，武帝疾，往來長楊、五柞宮，望氣者言長安獄中有天子氣，上遣使者分條中都官獄繫者，輕重皆殺之。內謁者令郭穰夜至郡邸獄，吉拒閉，使者不得入，曾孫賴吉得全。因遭大赦，吉乃載曾孫送祖母史良娣家。語在《吉》及《外戚傳》。

後有詔掖庭養視，上屬籍宗正。時掖庭令張賀嘗事戾太子，思顧舊恩，哀曾孫，奉養甚謹，以私錢供給教書。既壯，爲取暴室嗇夫許廣漢女，曾孫因依倚廣漢兄弟及祖母家史氏。受《詩》於東海澓中翁，高材好學，然亦喜游俠，鬭雞走馬，具知閭里奸邪，吏治得失。數上下諸陵，周徧三輔，常困於蓮勺鹵中。尤樂杜、鄠之間，率常在下杜。時會朝請，舍長安尚冠里，身足下有毛，臥居數有光耀。每買餅，所從買家輒大讎，亦以(自是)〔是自〕怪。

元平元年四月，昭帝崩，毋嗣。大將軍霍光請皇后徵昌邑王。六月丙寅，王受皇帝璽綬，尊皇后曰皇太后。癸巳，光奏王賀淫亂，請廢。語在《賀》及《光傳》。

秋七月，光奏議曰：「禮，人道親親故尊祖，尊祖故敬宗。大宗毋嗣，擇支子孫賢者爲嗣。孝武皇帝曾孫病已，有詔掖庭養視，至今年十八，師受《詩》、《論語》、《孝經》，操行節儉，慈仁愛人，可以嗣孝昭皇帝後，奉承祖宗，子萬姓。」奏可。遣宗正德至曾孫尚冠里舍，洗沐，賜御府衣。太僕以軨獵車奉迎曾孫，就齊宗正府。庚申，入未央宮，見皇太后，封爲陽武侯。已而羣臣奉上璽綬，即皇帝位，謁高廟。八月己巳，丞相敞薨。

九月，大赦天下。

十一月壬子，立皇后許氏。賜諸侯王以下金錢，至吏民鰥寡孤獨各有差。皇太后歸長樂宮。初置屯衛。

本始元年春正月，募郡國吏民訾百萬以上徙平陵。遣使者持節詔郡國二千石謹牧養民而風德化。

大將軍光稽首歸政，上謙讓委任焉。論定策功，益封大將軍光萬七千户，車騎將軍光祿勳富平侯安世萬户。詔曰：「故丞相安平侯敞等居位守職，與大將軍光、車騎將軍安世建議定策，以安宗廟，功賞未加而薨。其益封敞嗣子忠及丞相陽平侯義、度遼將軍平陵侯明友、前將軍龍雒侯增、太僕建平侯延年、太常蒲侯昌、諫大夫宜春侯譚、當塗侯平、杜侯屠耆堂、長信少府關內侯勝邑户各有差。封御史大夫廣明爲昌水侯，後將軍充國爲營平侯，大司農延年爲陽城侯，少府樂成爲爰氏侯，光祿大夫遷爲平丘侯。賜右扶風德、典屬國武、廷尉光、宗正德、大鴻臚賢、詹事畸、光祿大夫吉、京輔都尉廣漢爵皆關內侯。德、武食邑。」

夏四月庚午，地震。詔內郡國舉文學高第各一人。

五月，鳳皇集膠東、千乘。赦天下。賜吏二千石、諸侯相、下至中都官、宦吏、六百石爵，各有差，自左更至五大夫。賜天下人爵各一級，孝者二級，女子百户牛酒。租稅勿收。六月，詔曰：「故皇太子在湖，未有號謚。歲時祠，其議謚，置園邑。」語在《太子傳》。

秋七月，詔立燕剌王太子建爲廣陽王，立廣陵王胥少子弘爲高密王。

大司農陽城侯田延年有罪，自殺。

夏五月，詔曰：「朕以眇身奉承祖宗，夙夜惟念孝武皇帝躬履仁義，選明將，討不服，匈奴遠遁，平氐、羌、昆明、南越，百蠻鄉風，款塞來享；建太學，修郊祀，定正朔，協音律；封泰山，塞宣房，符瑞應，寶鼎出，白麟獲。功德茂盛，不能盡宣，而廟樂未稱，其議奏。」有司奏請宜加尊號。六月庚午，尊孝武廟爲世宗廟，奏《盛德》、《文始》、《五行》之舞，天子世世獻。武帝巡狩所幸之郡國，皆立廟。賜民爵一級，女子百户牛酒。

匈奴數侵邊，又西伐烏孫。烏孫昆彌及公主因國使者上書，言昆彌願發國精兵擊匈奴，唯天子哀憐，出兵以救公主。秋，大發興調關東輕車鋭卒，選郡國吏三百石伉健習騎射者，皆從軍。御史大夫田廣明爲祁連將軍，後將軍趙充國

爲蒲類將軍，雲中太守田順爲虎牙將軍，及度遼將軍范明友、前將軍韓增，凡五將軍，兵十五萬騎，校尉常惠持節護烏孫兵，咸擊匈奴。

三年春正月癸亥，皇后許氏崩。戊辰，五將軍師發長安。夏五月，軍罷。祁連將軍廣明、虎牙將軍順有罪，下有司，皆自殺。校尉常惠將烏孫兵入匈奴右地，大克獲，封列侯。

大旱。郡國傷旱甚者，民毋出租賦。三輔民就賤者，且毋收事，盡四年。六月己丑，丞相義薨。

四年春正月，詔曰：「蓋聞農者興德之本也，今歲不登，已遣使者振貸困乏。其令太官損膳省宰，樂府減樂人，使歸就農業。丞相以下至都官令丞上書入穀，輸長安倉，助貸貧民。民以車船載穀入關者，得毋用傳。」

三月乙卯，立皇后霍氏。賜丞相以下至郎吏從官金錢帛各有差。赦天下。

夏四月壬寅，郡國四十九地震，或山崩水出。詔曰：「蓋災異者，天地之戒也。朕承洪業，奉宗廟，託于士民之上，未能和羣生。乃者地震北海、琅邪，壞祖宗廟，朕甚懼焉。丞相、御史其與列侯、中二千石博問經學之士，有以應變，輔朕之不逮，毋有所諱。令三輔、太常、內郡國舉賢良方正各一人。律令有可蠲除以安百姓，條奏。被地震壞敗甚者，勿收租賦。」大赦天下。上以宗廟墮，素服，避正殿五日。五月，鳳皇集北海安丘、淳于。

秋，廣川王吉有罪，廢遷上庸，自殺。地節元年春正月，有星孛于西方。三月，假郡國貧民田。

夏六月，詔曰：「蓋聞堯親九族，以和萬國。朕蒙遺德，奉承聖業，惟念宗室屬未盡而以罪絕，若有賢材，改行勸善，其復屬，使得自新。」

冬十一月，楚王延壽謀反，自殺。

二年春三月庚午，大司馬大將軍光薨。詔曰：「大司馬大將軍博陸侯宿衛孝武皇帝三十餘年，輔孝昭皇帝十有餘年，遭大難，躬秉義，率三公、諸侯、九卿、大夫定萬世策，以安宗廟。天下蒸庶，咸以康寧，功德茂盛，朕甚嘉之。復其後世，疇其爵邑，世世毋有所與。功如蕭相國。」夏四月，鳳皇集魯郡，羣鳥從之。大赦天下。

五月，光祿大夫平丘侯王遷有罪，下獄死。

上始親政事，又思報大將軍功德，乃復使樂平侯山領尚書事，而令羣臣得奏封事，以知下情。五日一聽事，〔自丞相〕以下各奉職奏事，以傅奏其言，考試功能。侍中尚書功勞當遷及有異善，厚加賞賜，至于子孫，終不改易。樞機周密，品式備具，上下相安，莫有苟且之意也。

三年春三月，詔曰：「蓋聞有功不賞，有罪不誅，雖唐虞猶不能以化天下。今膠東相成勞來不怠，流民自占八萬餘口，治有異等。其秩成中二千石，賜爵關內侯。」

又曰：「鰥寡孤獨高年貧困之民，朕所憐也。前下詔假公田，貸種、食。其加賜鰥寡孤獨高年帛。二千石嚴教吏謹視遇，毋令失職。」

令內郡國舉賢良方正可親民者。

夏四月戊申，立皇太子，大赦天下。賜御史大夫爵關內侯，中二千石爵右庶長，天下當爲父後者爵一級。賜廣陵王黃金千斤，諸侯王十五人黃金各百斤，列侯在國者八十七人黃金各二十斤。

冬十月，詔曰：「乃者九月壬申地震，朕甚懼焉。有能箴朕過失，及賢良方正直言極諫之士以匡朕之不逮，毋諱有司。朕既不德，不能附遠，是以邊境屯戍未息。今復飭兵重屯，久勞百姓，非所以綏天下也。其罷車騎將軍、右將軍屯兵。」又詔：「池籞未御幸者，假與貧民。郡國宮館，勿復修治。流民還歸者，假公田，貸種、食，且勿算事。」

十一月，詔曰：「朕既不逮，導民不明，反側晨興，念慮萬方，不忘元元。唯恐羞先帝聖德，故並舉賢良方正以親萬姓，歷載臻茲，然而俗化闕焉。傳曰：『孝弟也者，其爲仁之本與！』其令郡國舉孝弟有行義聞于鄉里者各一人。」

十二月，初置廷尉平四人，秩六百石。

省文山郡，并蜀。

四年春二月，封外祖母爲博平君，故酇侯蕭何曾孫建世爲侯。

詔曰：「導民以孝，則天下順。今百姓或遭衰絰凶災，而吏繇事，使不得葬，傷孝子之心，朕甚憐之。自今諸有大父母、父母喪者勿繇事，使得收斂送終，盡其子道。」

夏五月，詔曰：「父子之親，夫婦之道，天性也。雖有患禍，猶蒙死而存之。誠愛結于心，仁厚之至也，豈能違之哉！自今子首匿父母，妻匿夫，孫匿大父母，皆勿坐。其父母匿子，夫匿妻，大父母匿孫，罪殊死，皆上請廷尉以聞。」

立廣川惠王孫文爲廣川王。

秋七月，大司馬霍禹謀反。詔曰：「乃者，東織室令史張赦使魏郡豪李竟報冠陽侯霍雲謀爲大逆，朕以大將軍故，抑而不揚，冀其自新。今大司馬博陸侯禹與母宣成侯夫人顯及從昆弟冠陽侯雲、樂平侯山、諸姊妹壻度遼將軍范明友、長

信少府鄧廣漢、中郎將任勝、騎都尉趙平、長安男子馮殷等謀爲大逆。顯前又使女侍醫淳于衍進藥殺共哀后，謀毒太子，欲危宗廟。逆亂不道，咸(服)〔伏〕其辜。諸爲霍氏所詿誤未發覺在吏者，皆赦除之。」八月己酉，皇后霍氏廢。

九月，詔曰：「朕惟百姓失職不贍，遣使者循行郡國問民所疾苦。吏或營私煩擾，不顧厥咎，朕甚閔之。今年郡國頗被水災，已振貸。鹽，民之食，而賈咸貴，衆庶重困。其減天下鹽賈。」

又曰：「令甲，死者不可生，刑者不可息。此先帝之所重，而吏未稱。今繫者或以掠辜若飢寒瘐死獄中，何用心逆人道也！朕甚痛之。其令郡國歲上繫囚以掠笞若瘐死者所坐名、縣、爵、里，丞相御史課殿最以聞。」

十二月，清河王年有罪，廢遷房陵。

元康元年春，以杜東原上爲初陵，更名杜縣爲杜陵。徙丞相、將軍、列侯、吏二千石、訾百萬者杜陵。

三月，詔曰：「乃者鳳皇集泰山、陳留，甘露降未央宮。朕未能章先帝休烈，協寧百姓，承天順地，調序四時，獲蒙嘉瑞，賜兹祉福，夙夜兢兢，靡有驕色，内省匪解，永惟罔極。《書》不云乎？『鳳皇來儀，庶(不)〔尹〕允諧。』其赦天下徒，賜勤事吏中二千石以下至六百石爵，自中郎吏至五大夫，佐史以上二級，民一級，女子百户牛酒。加賜鰥寡孤獨、三老、孝弟力田帛。所振貸勿收。」夏五月，立皇考廟。益奉明園户爲奉明縣。

復高皇帝功臣絳侯周勃等百三十六人家子孫，令奉祭祀，世世勿絶。其毋嗣者，復其次。

秋八月，詔曰：「朕不明六藝，鬱于大道，是以陰陽風雨未時。其博舉吏民，厥身修正，通文學，明於先王之術，宣究其意者，各二人，中二千石各一人。」

冬，置建章衛尉。

二年春正月，詔曰：「《書》云『文王作罰，刑兹無赦』，今吏修身奉法，未有能稱朕意，朕甚愍焉。其赦天下，與士大夫厲精更始。」二月乙丑，立皇后王氏。賜丞相以下至郎從官錢帛各有差。

三月，以鳳皇甘露降集，賜天下吏爵二級，民一級，女子百户牛酒，鰥寡孤獨高年帛。

夏五月，詔曰：「獄者萬民之命，所以禁暴止邪，養育羣生也。能使生者不怨，死者不恨，則可謂文吏矣。今則不然。用法或持巧心，析律貳端，深淺不平，增辭飾非，以成其罪。奏不如實，上亦亡繇知。此朕之不明，吏之不稱，四方黎民將何仰哉！二千石各察官屬，勿用此人。吏務平法。或擅興繇役，飾廚傳，稱過使客，越職踰法，以取名譽，譬猶踐薄冰以待白日，豈不殆哉！今天下頗被疾疫之災，朕甚愍之。其令郡國被災甚者，毋出今年租賦。」

又曰：「聞古天子之名，難知而易諱也。今百姓多上書觸諱以犯罪者，朕甚憐之。其更諱詢。諸觸諱在令前者，赦之。」

冬，京兆尹趙廣漢有罪，要斬。

三年春，以神爵數集泰山，賜諸侯王、丞相、將軍、列侯、二千石金，郎從官帛，各有差。賜天下吏爵二級，民一級，女子百户牛酒，鰥寡孤獨高年帛。

三月，詔曰：「蓋聞象有罪，舜封之，骨肉之親粲而不殊。其封故昌邑王賀爲海昏侯。」

又曰：「朕微眇時，御史大夫丙吉、中郎將史曾、史玄、長樂衛尉許舜、侍中光禄大夫許延壽皆與朕有舊恩。及故掖庭令張賀輔導朕躬，修文學經術，恩惠卓異，厥功茂焉。《詩》不云乎？『無德不報。』封賀所子弟子侍中中郎將彭祖爲陽都侯，追賜賀謚曰陽都哀侯。吉、曾、玄、舜、延壽皆爲列侯。故人下至郡邸獄復作嘗有阿保之功，皆受官禄田宅財物，各以恩深淺報之。」

夏六月，詔曰：「前年夏，神爵集雍。今春，五色鳥以萬數飛過屬縣，翱翔而舞，欲集未下。其令三輔毋得以春夏擿巢探卵，彈射飛鳥。具爲令。」

立皇子欽爲淮陽王。

四年春正月，詔曰：「朕惟耆老之人，髮齒墮落，血氣衰微，亦亡暴虐之心，今或罹文法，拘執囹圄，不終天命，朕甚憐之。自今以來，諸年八十以上，非誣告殺傷人，佗皆勿坐。」

遣大中大夫彊等十二人循行天下，存問鰥寡，覽觀風俗，察吏治得失，舉茂材異倫之士。

二月，河東霍徵史等謀反，誅。

三月，詔曰：「乃者，神爵五采以萬數集長樂、未央、北宮、高寢、甘泉泰畤殿中及上林苑。朕之不逮，寡于德厚，屢獲嘉祥，非朕之任。其賜天下吏爵二級，民一級，女子百户牛酒。加賜三老、孝弟力田帛，人二匹，鰥寡孤獨各一匹。」

秋八月，賜故右扶風尹翁歸子黃金百斤，以奉其祭祀。又賜功臣適後黃金，人二十斤。

丙寅，大司馬衛將軍安世薨。

比年豐，穀石五錢。

神爵元年春正月，行幸甘泉，郊泰畤。三月，行幸河東，祠后土。詔曰：「朕承宗廟，戰戰栗栗，惟萬事統，未燭厥理。乃元康四年嘉穀玄稷降于郡國，神爵仍集，金芝九莖產于函德殿銅池中，九真獻奇獸，南郡獲白虎威鳳爲寶。朕之不明，震于珍物，飭躬齋精，祈爲百姓。東濟大河，天氣清靜，神魚舞河。幸萬歲宮，神爵翔集。朕之不德，懼不能任。其以五年爲神爵元年。賜天下勤事吏爵二級，民一級，女子百户牛酒，鰥寡孤獨高年帛。所振貸物勿收。行所過毋出田租。」

西羌反，發三輔、中都官徒弛刑，及應募佽飛射士、羽林孤兒，胡、越騎，三河、潁川、沛郡、淮陽、汝南材官，金城、隴西、天水、安定、北地、上郡騎士、羌騎，詣金城。夏四月，遣後將軍趙充國、彊弩將軍許延壽擊西羌。

即拜酒泉太守辛武賢爲破羌將軍，與兩將軍並進。詔曰：「軍旅暴露，轉輸煩勞，其令諸侯王、列侯、蠻夷王侯君長當朝二年者，皆毋朝。」

秋，賜故大司農朱邑子黃金百斤，以奉祭祀。後將軍充國言屯田之計，語在《充國傳》。

二年春二月，詔曰：「乃者正月乙丑，鳳皇甘露降集京師，羣鳥從以萬數。朕之不德，屢獲天福，祗事不怠，其赦天下。」

夏五月，羌虜降服，斬其首惡大豪楊玉、酋非首。置金城屬國以處降羌。

秋，匈奴日逐王先賢撣將人衆萬餘來降。使都護西域騎都尉鄭吉迎日逐，破車師，皆封列侯。

九月，司隸校尉蓋寬饒有罪，下有司，自殺。

匈奴單于遣名王奉獻，賀正月，始和親。三年春，起樂游苑。三月丙午，丞相相薨。

秋八月，詔曰：「吏不廉平則治道衰。今小吏皆勤事，而奉禄薄，欲其毋侵漁百姓，難矣。其益吏百石以下奉十五。」

四年春二月，詔曰：「乃者鳳皇甘露降集京師，嘉瑞並見。修興泰一、五帝、后土之祠，祈爲百姓蒙祉福。鸞鳳萬舉，蜚覽翺翔，集止于旁。齋戒之暮，神光顯著。薦鬯之夕，神光交錯。或降于天，或登于地，或從四方來集于壇。上帝嘉嚮，海内承福。其赦天下，賜民爵一級，女子百户牛酒，鰥寡孤獨高年帛。」

夏四月，潁川太守黃霸以治行尤異秩中二千石，賜爵關内侯，黃金百斤。及潁川吏民有行義者爵，人二級，力田一級，貞婦順女帛。

令内郡國舉賢良可親民者各一人。

五月，匈奴單于遣弟呼留若王勝之來朝。

十一月，河南太守嚴延年有罪，棄市。

五鳳元年春正月，行幸甘泉，郊泰畤。

皇太子冠。皇太后賜丞相、將軍、列侯、中二千石帛，人百匹，大夫人八十匹，〔夫人六十匹〕。又賜列侯嗣子爵五大夫，男子爲父後者爵一級。

夏，赦徒作杜陵者。

冬十二月乙酉朔，日有蝕之。

左馮翊韓延壽有罪，棄市。

二年春三月，行幸雍，祠五畤。

夏四月己丑，大司馬車騎將軍增薨。

秋八月，詔曰：「夫婚姻之禮，人倫之大者也；酒食之會，所以行禮樂也。今郡國二千石或擅爲苛禁，禁民嫁娶不得具酒食相賀召。由是廢鄉黨之禮，令民亡所樂，非所以導民也。《詩》不云乎？『民之失德，乾餱以愆。』勿行苛政。」

冬十一月，匈奴呼遬累單于帥衆來降，封爲列侯。

十二月，平通侯(陽)〔楊〕惲坐前爲光禄勳有罪，免爲庶人。不悔過，怨望，大逆不道，要斬。三年春正月癸卯，丞相吉薨。

三月，行幸河東，祠后土。詔曰：「往者匈奴數爲邊寇，百姓被其害。朕承至尊，未能綏定匈奴。虛閭權渠單于請求和親，病死。右賢王屠耆堂代立。骨肉大臣立虛閭權渠單于子爲呼韓邪單于，擊殺屠耆堂。諸王並自立，分爲五單于，更相攻擊，死者以萬數，畜產大耗什八九，人民飢餓，相燔燒以求食，因大乖亂。單于閼氏子孫昆弟及呼遬累單于、名王、右伊秩訾、且渠、當户以下將衆五萬餘人來降歸義。單于稱臣，使弟奉珍朝賀正月，北邊晏然，靡有兵革之事。朕飭躬齊戒，郊上帝，祠后土，神光並見，或興于谷，燭燿齊宮，十有餘刻。甘露降，神爵集。已詔有司告祠上帝、宗廟。三月辛丑，鸞鳳又集長樂宮東闕中樹上，飛下止地，文章五色，留十餘刻，吏民並觀。朕之不敏，懼不能任，婁蒙嘉瑞，獲茲祉福。《書》不云乎？『雖休勿休，祗事不怠。』公卿大夫其勗焉。減天下口錢。赦殊死以下。賜民爵一級，女子百户牛酒。大酺五日。加賜鰥寡孤獨高年帛。」

四年春正月，廣陵王胥有罪，自殺。

匈奴單于稱臣，遣弟谷蠡王入侍。以邊塞亡寇，減戍卒什二。

大司農中丞耿壽昌奏設常平倉，以給北邊，省轉漕。賜爵關内侯。

夏四月辛丑晦，日有蝕之。詔曰：「皇天見異，以戒朕躬，是朕之不逮，吏之不稱也。以前使使者問民所疾苦，復遣丞相、御史掾二十四人循行天下，舉寃獄，察擅爲苛禁深刻不改者。」

甘露元年春正月，行幸甘泉，郊泰畤。

匈奴呼韓邪單于遣子右賢王銖婁渠堂入侍。

二月丁巳，大司馬車騎將軍延壽薨。

夏四月，黄龍見新豐。

丙申，太上皇廟火。甲辰，孝文廟火。上素服五日。

冬，匈奴單于遣弟左賢王來朝賀。

二年春正月，立皇子囂爲定陶王。

詔曰：「乃者鳳皇甘露降集，黄龍登興，醴泉滂流，枯槁榮茂，神光並見，咸受禎祥。其赦天下。減民算三十。賜諸侯王、丞相、將軍、列侯、中二千石金錢各有差。賜民爵一級，女子百户牛酒，鰥寡孤獨高年帛。」夏四月，遣護軍都尉禄將兵擊珠崖。

秋九月，立皇子宇爲東平王。

冬十二月，行幸萯陽宫屬玉觀。

匈奴呼韓邪單于款五原塞，願奉國珍朝三年正月。詔有司議咸曰：「聖王之制，施德行禮，先京師而後諸夏，先諸夏而後夷狄。《詩》云：『率禮不越，遂視既發。相土烈烈，海外有截。』陛下聖德，充塞天地，光被四表。匈奴單于鄉風慕義，舉國同心，奉珍朝賀，自古未之有也。單于非正朔所加，王者所客也，禮儀宜如諸侯王，稱臣昧死再拜，位次諸侯王下。」詔曰：「蓋聞五帝三王，禮所不施，不及以政。今匈奴單于稱北藩臣，朝正月，朕之不逮，德不能弘覆。其以客禮待之，位在諸侯王上。」

三年春正月，行幸甘泉，郊泰畤。

匈奴呼韓邪單于稽侯狦來朝，贊謁稱藩臣而不名。賜以璽綬、冠帶、衣裳、安車、駟馬、黄金、錦繡、繒絮。使有司道單于先行就邸長安，宿長平。上自甘泉宿池陽宫。上登長平阪，詔單于毋謁。其左右當户之羣皆列觀，蠻夷君長王侯迎者數萬人，夾道陳。上登渭橋，咸稱萬歲。單于就邸。置酒建章宫，饗賜單于，觀以珍寶。二月，單于罷歸。（之）〔遣〕長樂衛尉高昌侯忠、車騎都尉昌、騎都尉虎將萬六千騎送單于。單于居幕南，保光禄城。詔北邊振穀食。郅支單于遠遁，匈奴遂定。

詔曰：「乃者鳳皇集新蔡，羣鳥四面行列，皆鄉鳳皇立，以萬數。其賜汝南太守帛百匹，新蔡長吏、三老、孝弟力田、鰥寡孤獨各有差。賜民爵二級。毋出今年租。」

三月己丑，丞相霸薨。

詔諸儒講《五經》同異，太子太傅蕭望之等平奏其議，上親稱制臨决焉。乃立梁丘《易》、大小夏侯《尚書》、穀梁《春秋》博士。

冬，烏孫公主來歸。四年夏，廣川王海陽有罪，廢遷房陵。

冬十月丁卯，未央宫宣室閣火。

黄龍元年春正月，行幸甘泉，郊泰畤。

匈奴呼韓邪單于來朝，禮賜如初。二月，單于歸國。

詔曰：「蓋聞上古之治，君臣同心，舉措曲直，各得其所。是以上下和洽，海内康平，其德弗可及已。朕既不明，數申詔公卿大夫務行寬大，順民所疾苦，將欲配三王之隆，明先帝之德也。今吏或以不禁姦邪爲寬大，縱釋有罪爲不苛，或以酷惡爲賢，皆失其中。奉詔宣化如此，豈不謬哉！方今天下少事，繇役省減，兵革不動，而民多貧，盜賊不止，其咎安在？上計簿，具文而已，務爲欺謾，以避其課。三公不以爲意，朕將何任？諸請詔省卒徒自給者皆止。御史察計簿，疑非實者，按之，使真僞毋相亂。」

夏四月，詔曰：「舉廉吏，誠欲得其真也。吏六百石位大夫，有罪先請，秩禄上通，足以效其賢材，自今以來毋得舉。」

冬十二月甲戌，帝崩于未央宫。癸巳，尊皇太后曰太皇太后。

雜録

備録

《漢書》卷二一下《律曆志下》 宣帝本始、地節、元康、神爵、五鳳、甘露各四

年，黃龍一年，著《紀》即位二十五年。

《漢書》卷二二《禮樂志》 至孝宣，采《昭德舞》爲《盛德》，以尊世宗廟。

《漢書》卷二三《刑法志》 宣帝自在閭閻而知其若此，及即尊位，廷史路温舒上疏，言秦有十失，其一尚存，治獄之吏是也。語在《温舒傳》。上深愍焉，乃下詔曰：「間者吏用法，巧文寖深，是朕之不德也。夫決獄不當，使有罪興邪，不辜蒙戮，父子悲恨，朕甚傷之。今遣廷史與郡鞠獄，任輕禄薄，其爲置廷平，秩六百石，員四人。其務平之，以稱朕意。」於是選于定國爲廷尉，求明察寬恕黄霸等以爲廷平，季秋後請讞。時上常幸宣室，齋居而決事，獄刑號爲平矣。時涿郡太守鄭昌上疏言：「聖王置諫争之臣者，非以崇德，防逸豫之生也；立法明刑者，非以爲治，救衰亂之起也。今明主躬垂明聽，雖不置廷平，獄將自正；若開後嗣，不若删定律令。律令一定，愚民知所避，姦吏無所弄矣。今不正其本，而置廷平以理其末也，政衰聽怠，則廷平將招權而爲亂首矣。」宣帝未及修正。

《漢書》卷二四上《食貨志上》 宣帝即位，用吏多選賢良，百姓安土，歲數豐穰，穀至石五錢，農人少利。時大司農中丞耿壽昌以善爲算能商功利得幸於上，五鳳中奏言：「故事，歲漕關東穀四百萬斛以給京師，用卒六萬人。宜糴三輔、弘農、河東、上黨、太原郡穀足供京師，可以省關東漕卒過半。」又白增海租三倍，天子皆從其計。御史大夫蕭望之奏言：「故御史屬徐宫家在東萊，言往年加海租，魚不出。長老皆言武帝時縣官嘗自漁，海魚不出，後復予民，魚乃出。夫陰陽之感，物類相應，萬事盡然。今壽昌欲近糴漕關内之穀，築倉治船，費直二萬萬餘，有動衆之功，恐生旱氣，民被其災。壽昌習於商功分銖之事，其深計遠慮，誠未足任，宜且如故。」上不聽。漕事果便，壽昌遂白令邊郡皆築倉，以穀賤時增其賈而糴，以利農，穀貴時減賈而糶，名曰常平倉。民便之。上乃下詔，賜壽昌爵關内侯。而蔡癸以好農使勸郡國，至大官。

《漢書》卷二五下《郊祀志下》 宣帝即位，由武帝正統興，故立三年，尊孝武廟爲世宗，行所巡狩郡國皆立廟。告祠世宗廟日，有白鶴集後庭。以立世宗廟告祠孝昭寢，有鴈五色集殿前。西河築世宗廟，神光興於殿旁，有鳥如白鶴，前赤後青。神光又興於房中，如燭狀。廣川國世宗廟殿上有鍾音，門户大開，夜有光，殿上盡明。上乃下詔赦天下。

時，大將軍霍光輔政，上共己正南面，非宗廟之祀不出。十二年，乃下詔曰：「蓋聞天子尊事天地，修祀山川，古今通禮也。間者，上帝之祠闕而不親十有餘年，朕甚懼焉。朕親飭躬齊戒，親奉祀，爲百姓蒙嘉氣，獲豐年焉。」

明年正月，上始幸甘泉，郊見泰畤，數有美祥。修武帝故事，盛車服，敬齊祠之禮，頗作詩歌。

其三月，幸河東，祠后土，有神爵集，改元爲神爵。制詔太常：「夫江海，百川之大者也，今闕焉無祠，其令祠官以禮爲歲事，以四時祠江海雒水，祈爲天下豐年焉。」自是五嶽、四瀆皆有常禮。東嶽泰山於博，中嶽泰室於嵩高，南嶽灊山於灊，西嶽華山於華陰，北嶽常山於上曲陽，河於臨晉，江於江都，淮於平氏，濟於臨邑界中，皆使者持節侍祠。唯泰山與河歲五祠，江水四，餘皆一禱而三祠云。

時，南郡獲白虎，獻其皮牙爪，上爲立祠。又以方士言，爲隨侯、劍寶、玉寶璧、周康寶鼎立四祠於未央宫中。又祠太室山於即墨，三户山於下密，祠天封苑火井於鴻門。又立歲星、辰星、太白、熒惑、南斗祠於長安城旁。又祠參山八神於曲城，蓬山石社石鼓於臨朐，之罘山於腄，成山於不夜，萊山於黄。成山祠日，萊山祠月。又祠四時於琅邪，蚩尤於壽良。京師近縣鄠，則有勞谷、五牀山、日月、五帝、僊人、玉女祠。雲陽有徑路神祠，祭休屠王也。又立五龍山僊人祠及黄帝、天神、帝原水，凡四祠於膚施。

或言益州有金馬碧雞之神，可醮祭而致，於是遣諫大夫王襃使持節而求之。大夫劉更生獻淮南枕中洪寶苑祕之方，令尚方鑄作。事不驗，更生坐論。京兆尹張敞上疏諫曰：「願明主時忘車馬之好，斥遠方士之虚語，游心帝王之術，太平庶幾可興也。」後尚方待詔皆罷。

是時，美陽得鼎，獻之。下有司議，多以爲宜薦見宗廟，如元鼎時故事。張敞好古文字，桉鼎銘勒而上議曰：「臣聞周祖始乎后稷，后稷封於斄，公劉發迹於豳，大王建國於郊、梁，文武興於酆、鎬。由此言之，則郊、梁、豐、鎬之間周舊居也，固宜有宗廟壇場祭祀之臧。今鼎出於郊東，中有刻書曰：『王命尸臣：「官此栒邑，賜爾旂鸞黼黻琱戈。」尸臣拜手稽首曰：「敢對揚天子丕顯休命。」』臣愚不足以迹古文，竊以傳記言之。此鼎殆周之所以襃賜大臣，大臣子孫刻銘其先功，臧之於宫廟也。昔寶鼎之出於汾脽也，河東太守以聞，詔曰：『朕巡祭后土，祈爲百姓蒙豐年，今穀嗛未報，鼎焉爲出哉？』博問耆老，意舊臧與？誠欲考得事實也。有司驗脽上非舊臧處，鼎大八尺一寸，高三尺六寸，殊異於衆鼎。今此鼎細小，又有款識，不宜薦見於宗廟。」制曰：「京兆尹議是。」

上自幸河東之明年正月，鳳皇集祋祤，於所集處得玉寶，起步壽宮，乃下詔赦天下。後間歲，鳳皇神爵甘露降集京師，赦天下。其冬，鳳皇集上林，乃作鳳皇殿，以答嘉瑞。明年正月，復幸甘泉，郊泰畤，改元曰五鳳。明年，幸雍祠五時。其明年春，幸河東，祠后土，赦天下。後間歲，改元爲甘露。正月，上幸甘泉，郊泰畤。其夏，黄龍見新豐。建章、未央、長樂宮鍾虡銅人皆生毛，長一寸所，時以爲美祥。後間歲正月，上郊泰畤，因朝單于於甘泉宮。後間歲，改元爲黄龍。正月，復幸甘泉，郊泰畤，又朝單于於甘泉宮。至冬而崩。鳳皇下郡國凡五十餘所。

《漢書》卷七八《蕭望之傳》 初，宣帝不甚從儒術，任用法律，而中書宦官用事。

皇甫謐《帝王世紀》卷七 宣帝廟名樂游。

酈道元《水經注》卷一九《渭水》 元帝初元元年，葬宣帝杜陵，北去長安五十里。陵之西北有杜縣故城，秦武公十一年縣之，漢宣帝元康元年，以杜東原上爲初陵，更名杜縣爲杜陵，王莽之饒安也。

洪邁《容齋隨筆》卷五《漢宣帝忌昌邑王》 漢廢昌邑王賀而立宣帝，賀居故國，帝心内忌之，賜山陽太守張敞璽書，戒以謹備盗賊。敞條奏賀居處，著其廢亡之効。上知賀不足忌，始封爲列侯。光武廢太子彊爲東海王而立顯宗，顯宗即位，待彊彌厚。宣、顯皆雜霸道，治尚剛嚴，獨此事，顯優於宣多矣。

錢時《兩漢筆記・宣帝》 宣帝親政而以太守吏民之本，可謂知所務矣。夫太守數易，豈止下不安而已乎。是故欲致治，非久任不可，欲久任非擇賢不可。數遷數易，如寄傳舍，政何由成，化何由洽也？至有治理效則璽書勉勵，增秩賜金，公卿闕則選諸所表以次用之，此意尤善。伯禹、后稷以至康叔、蘇忿生之徒，皆由諸侯而入爲公卿，此古制也。宣帝致中興之治，其有以哉！惜乎所謂良吏，止漢世人物，而治亦止於漢耳。

黄震《古今紀要・西漢》 宣帝詔二千石謹牧養民，假郡國貧民田。始親政事，厲精爲治，樞機周密，品式備具，拜刺史守相，輒親見問。二千石有治理效，以璽書勉勵，增秩賜金，公卿缺則遷次用之。池籞未御幸者假貧民，流民遠歸者假公田，貸種食。路温舒言治獄之弊，置廷尉平四人，每秋季讞。減鹽價，令郡國歲上係囚課殿最。渤海守龔遂入爲水衡都尉，北海朱邑爲大司農，東海尹翁歸高第爲扶風二千石。察官屬用法不平者。潁川黄霸爲太子太傅，東郡韓延壽爲馮翊。減口錢，置常平倉，減民筭三十，圖功臣麒麟閣，講五經同異，立梁邱《易》、大小夏侯《書》、穀梁《春秋》博士。詔公卿大夫務行寬大，詔舉廉吏欲真。匈奴爲丁令、烏桓、烏孫三國所攻，滋欲和親。充國以威信下先零，西羌降，置金城屬國。鄭吉破車師，降日逐，都護西域三十六國。五單于屠耆、車黎、烏籍、呼韓耶等相攻，呼韓邪入朝，於是烏孫以西咸尊漢矣。王成僞增户口賞俗吏多爲虚名，霍氏以所親子弟領羽林及兩宫衛將屯兵，後霍氏族，趙、蓋、韓、楊死非其罪，外戚許、史、王氏貴寵，王吉上疏諫以迂闊歸。太子言上持刑深，謂柰何純任德教。以恭顯典樞機，宦官之禍始；以許、史握兵柄，外戚之禍始。

胡一桂《史纂通要・西漢》 宣帝病已，更名詢。帝幼遭巫蠱之禍，逮繫長安獄，賴廷尉丙吉得以生全。養民間，高才好學，授《詩》、《論語》、《孝經》，喜游俠。昌邑廢，吉奏記，霍光迎帝即位。先是泰山石起立，上林枯僵柳自起生，蟲食葉，其文已有公孫病已立之讖矣。帝興自閭閻，知民事艱難，又苦吏急。即位之初，首遣使詔郡國謹牧養民而周德化，擢路温舒、黄霸等以尚寬和。至于定國，民自以不冤。霍光薨後，始親政事，厲精爲治。五日一聽政，丞相以下奉職奏事，魏相、丙吉同心輔佐。二三年間，舉賢良，罷屯田，罷池籞未幸者與貧民，勿治郡國宫館以貸民流者，減天下鹽價，遣使郡國，戒勿煩擾。又嚴繫囚掠笞瘐死之禁，無非愛民卹刑之事。每拜刺史，輒親見問，以爲太守吏民之本，數易則下不安。二千石有治理效，輒璽書勉厲，公卿闕以次用之，朱邑入爲大司農，龔遂入爲水衡都尉，尹翁歸入爲右扶風，韓延壽入爲左馮翊，黄霸入爲太子太傅，此皆以郡守擢拜者也。其重文學也，修武帝故事，講論文藝傳。又選羣儒俊材，置諸左右。於是劉向、王褒以文章顯；其崇經術也，命諸儒講論石渠，稱制臨決，立梁丘《易》，大小夏侯《尚書》，穀梁《春秋》博士，文雅翕然中興，於是蕭望之、梁丘賀、夏侯勝、韋玄成以經術顯。將相則張安世、趙充國、杜延年、于定國，京兆尹則趙廣漢、張敞，太子太傅疏廣，少傅疏受，皆知名當世，有未易枚舉者，謂之政事文學法理之士，咸精其能，信然矣！至於夷狄賓服，則自匈奴爲丁令、烏桓、烏孫三國所攻，由是虚弱，邊境少事。馮奉世誅莎車王，平諸國，西域震恐。趙充國擊先零，招以威信，竟不煩兵而下。鄭吉破車師，降日逐，乃命爲都護，督察烏孫、康居等三十六國，號令遂班於西域。至是匈奴乖亂分爲五，單于更相攻擊。呼韓邪奉國珍來朝，於是烏孫以西至安息諸國，咸尊漢矣。史稱單于慕義，稽首稱藩，功光祖宗，比迹商宗、周宣，非與。帝以戎狄之歸，思股肱之

美，圖功臣於麒麟閣，表而揚之，名著中興輔佐，亦可謂知本者矣。然先儒之論又有曰：當時法制過詳而道德不足，是以人情奸詐益甚。增户口者得以冒其賞，減糴額者得以逃其罪，獻鶡雀者得以投其詐，甚至上計簿者不過具文。而虜入代郡，始科瑣邊吏者反蒙思職之褒，其爲欺弊雜出，而不可禁矣。至於用恭顯而啟元帝之信宦官，貴許、史而啟成帝之信外戚，楊、韓之戮，赤族之誅，而啟哀帝之殺大臣，産三大釁卒以亡漢。愚謂大臣之誅，已見之前朝而帝又甚焉者也，不但楊、韓而已。霍氏之罪固不容赦，而光之忠勳不可以無後。趙廣漢之脅持丞相，固不可逃，而吏民請代數萬，亦不容以重違。蓋寬饒剛直公清，諫用刑法，任中書，宦官以爲怨謗，下獄致死，帝曾不少顧惜，何其刻哉？推原其故，皆初年擇術不精，學申韓而不任周政，雜霸道以致之也。由是觀之，綜核厲精之治，雖足以使一時吏稱其職，民安其業，而高祖文帝忠厚寬仁之脈，斷喪無餘矣。議者直謂西京之亡，自宣帝始，其以是夫。

備論

《漢書》卷八《宣帝紀贊》　孝宣之治，信賞必罰，綜核名實，政事文學法理之士咸精其能，至于技巧工匠器械，自元、成間鮮能及之，亦足以知吏稱其職，民安其業也。遭值匈奴乖亂，推亡固存，信威北夷，單于慕義，稽首稱藩。功光祖宗，業垂後嗣，可謂中興，侔德殷宗、周宣矣。

《漢書》卷七四《魏相丙吉傳贊》　古之制名，必繇象類，遠取諸物，近取諸身。故經謂君爲元首，臣爲股肱，明其一體，相待而成也。是故君臣相配，古今常道，自然之勢也。近觀漢相，高祖開基，蕭、曹爲冠，孝宣中興，丙、魏有聲。是時黜陟有序，衆職修理，公卿多稱其位，海内興於禮讓。覽其行事，豈虚虖哉！

《漢書》卷六四下《王褒傳》　宣帝時修武帝故事，講論六藝羣書，博盡奇異之好，徵能爲《楚辭》九江被公，召見誦讀，益召高材劉向、張子僑、華龍、柳褒等待詔金馬門。神爵、五鳳之間，天下殷(當)〔富〕，數有嘉應。上頗作歌詩，欲興協律之事，丞相魏相奏言知音善鼓雅琴者渤海趙定、梁國龔德，皆召見待詔。

《漢書》卷八六《王嘉傳》　孝宣皇帝賞罰信明，施與有節，記人之功，忽於小過，以致治平。

《漢書》卷一〇〇下《敘傳下》　中宗明明，夤用刑名，時舉傳納，聽斷惟精。柔遠能邇，燀燿威靈，龍荒幕朔，莫不來庭。丕顯祖烈，尚於有成。

《全宋文》卷四三一六胡銓《漢宣帝論》　善乎班生之論曰：「孝宣功光祖宗。」愚不暇並舉文、景、武、昭之事，略條陳高帝之成敗而論之，於孝宣竊有所喜，而復有所恨，蓋恨其不如高帝之寬容大度，而喜其功光於高帝者四也。客有過而歎曰：「吁，三王以來，撥亂英雄之主，未有如高帝者也，而以爲孝宣之功過之，咄哉，子之迂也！」愚曰：然，人能碎千金之璧，不能無失聲於破釜；能搏猛虎，不能無變色於蜂蠆之螫。客不能無怪於吾言似矣，而未知高帝、孝宣之所以爲優劣也。夫孝宣何如主也？中興之賢主也。其涵養天下，比高帝爲優；其聽斷之勤，比高帝爲優；其禮貌大臣，比高帝爲優；能使蠻夷慕義而單于降服，比高帝爲優。方嬴秦疲弊天下，漢高起沛，談笑而麾之。入關之日，首以三章約法，斯民始有息肩之望。爲帝計者，正宜除苛解煩，以與天下更始，而猶勤兵不解者連年，則其意不在民而在兵，責以湯武之師東征西怨者，有間矣。至孝宣則不然。方地節初，始親政事，遣使十有二，循行天下，問民疾苦。今日下詔則恤民，明日下詔則又恤民，詔凡數四，爲民而下者半。時則有循吏無酷吏，德政沛然，有成康之風，則其涵養天下，視高帝爲何如？漢興之初，天下草創，帝方躬親聽覽，日與二三大臣謀謨治道。已而天下廓然無事，帝意少解，聽朝少弛，而晏閒數矣，將相大臣日益疏而嬖寵親矣，戚姬之愛遷而國本摇矣，自是而聽覽不講矣。至孝宣則不然。方躬親政事之初，宵旰視朝，五日不聽事，群臣奏對則親省之，天下疑獄不決者則親省之，丞相御史舉冤獄者則親省之。方冀州有寇竊之變，京師有桴鼓之警，則惻然感張敞之功，復使就職，而河内以安。嗚呼，孝宣可謂厲精政事矣，則其聽斷之勤，視高帝爲何如？方楚漢角力而爭雄長，帝得三傑而用之，以麾下精兵、大將軍之印付之韓信，以關中金城之固付之蕭何，以腹心肝膈之寄付之張良。一旦志得意驕，猜間諸將，視淮陰不啻讎仇，卒縛而辱之，無禮甚矣，獨不知大失國體也，而忍爲是屈辱也哉？至宣帝則不然。委寄丙、魏，不移如山，相與圖回中興事業。且如丙吉自地節三年居相位，至五鳳元年死矣。其在相位僅四載，而四載中，河南殺人，連歲大旱，朝廷議者皆咎吉而帝獨信之。至魏相以小累被劾，雖趙京兆欲擠之死，而帝獨眷之不少息。中興之功，雖二子之力居多，亦孝宣任之確也。則其禮貌大臣，視高帝爲何如？夷狄之爲患，自五帝三王所以不免者，高帝與之區區較勝負於矢石之間，卒有平城之敗，

高帝之憤甚矣。孝惠、文、景，歷四世而不能報，孝武以雄才大略，雖窮追遠討而不能臣。及孝宣中興，信威北夷，不煩一矢而單于稱藩，雪祖宗積年之憤，天下快之。則四夷慕義而來降，視高帝爲何如？愚故曰於孝宣竊有所喜者，此也。客曰：「若如所云，則孝宣果中興之賢主也，而謂不及高帝之寬容大度，又何以辨之？」曰：孝宣所最優者，信賞必罰，高帝所不及也。故高帝之興也，平生所至惡者無出雍齒，殺之可也，而反封之，何其罰之不必也？平生所至有恩者無出丁公，賞之可也，而反戮之，何其賞之不信也？孝宣則曰：「有功不賞，有罪不誅，雖堯舜不能以致治。」故殺廣漢，賞王成，所以爲賞罰之審也。高帝之興也，刻印以封六國，始欲賞矣，未幾以留侯之言而罷之，又何賞之不信也！下吏以按蕭何，始欲罰矣，未幾以群臣之請而出之，又何罰之不必也！孝宣則曰：「掖庭張賀有舊恩則報之，媪御侍養之不謹則斥之。」所以爲賞罰之審也。然而高帝於賞罰則以寬容大度得之，孝宣則以煩碎苛察失之。高帝之意，若曰刻印而復六國，使必行之，則六國必有變亂之禍；下吏以按蕭何，使必戮之，則有殺功臣之嫌。至於王成之增加可無賞也而必賞之，是必謂高帝之銷印爲謬也；廣漢可無死也而必戮之，是必謂高帝赦蕭何爲謬也。高帝之意，豈不知丁公有恩於己，而雍齒可恨哉？以爲平生恨齒者私嫌耳，不可以私嫌而濫罰；丁公於己私恩耳，豈可以私恩而加賞哉？故掖庭張賀之舊恩可無賞也，而必報之，是不謂丁公之不當遭戮也？媪御養侍之不謹可無罰也，而必仇之，是必謂雍齒之不當封侯也。孝宣功光祖宗，於是亦少貶矣。愚故竊有所恨者此也。客唯唯，請畢其説，愚於是不復論。

洪邁《容齋三筆》卷二《漢宣帝不用儒》　漢宣帝不好儒，至云俗儒不達時宜，好是古非今，使人眩於名實，不知所守，何足委任。匡衡爲平原文學，學者多上書薦衡經明，當世少雙，不宜在遠方。事下蕭望之、梁丘賀。望之奏衡經學精習，説有師道，可觀覽。宣帝不甚用儒，遣衡歸故官。司馬温公謂俗儒誠不可與爲治，獨不可求真儒而用之乎？且是古非今之説，秦始皇、李斯所禁也，何爲而効之邪？既不用儒生而專委中書宦官，弘恭、石顯因以擅政事，卒爲後世之禍，人主心術，可不戒哉！

《朱子語類》卷一三五《歷代二》　問宣帝雜王、伯之説。曰：「須曉得如何是王，如何是伯，方可論此。宣帝也不識王、伯，只是把寬慈底便喚做王，嚴酷底便喚做伯。明道《王伯劄子》説得後，自古論王、伯，至此無餘蘊矣。」

叔器問：「宣帝言漢雜王、伯，此説也似是。」曰：「這箇先須辨別得王、伯分明，方可去論它是與不是。」叔器云：「如約法三章，爲義帝發喪之類，做得也似好。」曰：「這箇是它有意無意？」叔器曰：「有意。」曰：「既是有意，便不是王。」

《全宋文》卷五八八三呂祖謙《宣帝論》　嗚呼，申、韓之害流毒後世何其遠耶！秦始皇、二世用之以亡其國，趙高、李斯用之以亡其身。生乎秦之後者，可以戒矣，而漢晁錯復明申、韓佐景帝，更律令，削七國，天下幾至於亡，甘蹈亡秦之轍而不顧焉。生乎晁錯之後者，可以重戒矣。宣帝復好觀《申子》君臣之篇，所用多文法吏，以刑名繩下，甘蹈晁錯之覆轍而不顧焉。彼申、韓之説，其入人之深，雖明君賢臣皆陷溺而不能出，何也？其令行禁止，奔走天下，誠足以稱快一時也。樂其一時之快而不暇顧其它日之害，此其説所以盛行於世歟？觀宣帝之爲君，綜核名實，信賞必罰，其所以功光祖宗，業垂後嗣者，蓋勵精之效，初非申、韓之功也。至於用恭、顯而啓元帝之信宦者，貴許、史而啓成帝之任外戚，殺趙、蓋、韓、楊而啓哀帝之誅大臣，開三大釁，終以亡國，此豈非擇術不審之流弊乎？故論其功大爲中興之君，論其罪則亦爲基禍之主，其功罪相半者，蓋失於欲速而用申、韓也。昔者聖人亦知遲之不如速，鈍之不如利矣，然其爲治，乃曰王者必世而後仁，曰久於其道而天下化成，日計不足，月計有餘，其遲鈍迂闊每不若申、韓之速，獨何歟？使聖人而不知此理耶，是不智也；使聖人知而不行耶，是不仁也。不仁不智，豈所以爲聖人哉？殊不知聖人慮事至精也，其舉事厭遲而惡鈍，亦與人同也。使有道於此，加頃刻之捷，則聖人已先爲之矣。惟其原始要終，探端窮本，知吾道雖有歲月之遲而終成千百年之安，申、韓雖有歲月之速而終貽千百年之害，故去彼取此也。由是論之，則莫速於聖人，莫遲於申、韓；莫利於聖人，莫鈍於申、韓，其理甚明。宣帝不知此理，反非太子用儒之諫，豈天未欲斯民見三代之治耶？

《全宋文》卷六〇五〇陳傅良《孝宣優於孝文論》　天下之俗，有決不可循而無所變者。澹然寬大，安民俗也；奮然急飭，勵民俗也。可以安者其俗激，可以勵者其俗緩，人君非强爲之治也，因俗而制之耳。果哉宣帝之治，因文帝而制其俗也。塗炭之民未衽席，文帝清凈以安之，素朴以先之，漢之民壽其脉矣。寬厚樂易之俗久而不飭，必流於委靡而不能自振，故宣帝反文帝之俗而用之，苟且相安之俗頓革於厲精爲治之時，文學法理之士咸精於總核名實之際。使文帝之後而復文帝之治，其弊矣，宣帝知乎此而反乎此者也。崔子真謂有優於孝文，意以

此論，要之無有乎優劣之説也。孝宣優於孝文，曰善爲政者因其俗，善處俗者因其時。簀桴土鼓不聲於箜篌笙笛，茅茨土階不色於濩艧丹青故也。然彼一時、此一時也，時非聖人所能違，能不失時而已。商因夏，周因商，忠未既，質生焉，質未已，文生焉，非不一定爲一俗，蓋質者反乎忠之極，而文者反乎質之窮也。不自其反者觀之，何以知古人之善制其俗哉？甚哉，轉秦而漢，何其難也！自灰始棄，木始徙，秦人之欲安息久矣。高帝鞍馬五六年之間，定乾坤於百戰，民瘡痍矣，俗驍雄矣，風俗欲其安也。革秦之暴在高帝，反秦之俗在文帝。自文帝時觀之，誶語德色猶秦也，墻屋文綉猶秦也。嗟夫，轉秦而漢，何其難也！道德麗矣，百金之臺何吝焉；弋綈衣矣，書囊之集何勞焉。天下之俗激，勢不容不緩也。帝知處激俗之後，勢蓋欲其緩也。以和柔循優戰國之餘風，以朴素奪易秦人之末習。行之數年，而後昔之喜暴過者今耻言，昔之喜立功者今屏迹。所向一定，越四世而孝宣承之，急病難消，而緩勢已易矣。風俗非可復孝文，政事非可復孝文也，故一切而反倒之。文帝刑措不用也，趙、蓋、楊、韓之誅吾無憾焉；文帝吏貴不嚴也，綜核功能之績吾無苟焉。斷斷乎賞之信，罰之必，名實之覈。過寬易於威嚴之日，整頹綱於廢弛之時。宣帝能承文帝而反文帝者也。不然，處文帝後，以文帝治，俗弱矣，烏乎强？吏偷矣，烏乎勤？民玩矣，烏乎振？吁，文帝非黄老其心者也，俗激矣，以申韓治，民必殘，勢不得不出於寬柔。宣帝非雜伯其政者也，俗弊矣，以黄老治，民必慢，勢不得不出於剛毅。陰極不生陰而生陽，寒極不生寒而生暑，俗緩不生緩而生激，勢之所趨，固至是耳。反俗不異，優劣何以異？勇哉，崔子之論！以是論也，以文帝之治而不能斧鉞不朝之王，桎梏受金之吏，懲艾匈奴深入之患。宣帝而吏已稱，民已安，匈奴已款，筭計見效，卓卓乎文帝之所爲，兹其所以爲優也歟。嗚呼，效固不當論也，無赫赫之事，有冥冥之功，文帝還漢俗而朴之，重民以厚本之政，目黼黻而心田野，足軒陛而口茅茨。農餘粟也，女餘布也，雞豚狗彘餘養也。文帝富庶不在乎己，而在乎人；文帝功業不見於卓卓，而見於冥冥。宣帝取文帝之所不急者矯而行之。微帝之道德沉涵在人，吾知宣帝决不右刑罰而必嚴刻，以自拔其根本者。然則文帝之治譬之春風和氣，芬香襲物，陰寓其造化之巧，卒莫名其生育之妙。宣帝之治猶之雲行乎天，雷震乎山，未及雨也，而枯槁已有生意矣。此崔子所以以其彰彰者而遽優於孝文也。勇哉崔子之論，以效論也。東都桓、靈之後，漢灰幾不燃矣，崔子欲鼓舞而振迅之，激一時之陋俗，挽回漢人之生氣，則優宣而劣文也有意哉。雖然，兩君亦未嘗偏有所尚也。文帝處俗一於緩矣，獄周勃，刑薄昭，何忍哉！匈奴之入形而細柳之勞，何勇哉！宣帝處俗一於激矣，相丙吉，退延年，何傷哉！播告之修形而寬仁之務，何仁哉！蓋文帝以膏粱餌漢俗者也。矯俗雖緩而太柔，則失於無統，故爲政未嘗不嚴者，所以濟其寬之所不及也。宣帝以藥石鍼漢俗者也。矯俗雖激而太剛，則失於無恩，故爲政未嘗不寬者，所以濟其嚴之所不及也。文膏粱，宣藥石，用術不同，用心則一。

《全宋文》卷六二五七蔡戡《宣帝論一》 天下之勢，有以抑之，則可以悠久而常存；縱而不收，則横潰四溢，必致於一敗塗地而不可遏。故縱之者非所以愛之，適所以禍之；抑之者非所以苦之，乃所以全之也。淮南王擅殺大臣，文帝置而不問，王以此驕恣，卒抵於敗。絳侯無辜，逮繫廷尉，侵奪頓挫，幾死而幸免，卒能保有爵土，傳之子孫。何文帝忍於絳侯，而不忍於淮南也？蓋忍而裁之，所以存之，不忍而驕之，所以殺之，其勢然也。故人之愛子，必自其提孩之時，示之以成人之事，一有乖争陵犯之心，則從而痛抑之，不使滋長。不善愛子者，夸炫其能，覆護其短，不遜犯上，亦曰姑恕之而已。及其長也，習于性成，頑不可訓，則暴戾摧折之；怙終不悛，則屏之斥之殺之而後已。父母之愛其子，豈欲殺之哉？幼之不圖，長而無及，勢必至此。史臣謂霍氏之禍，由光不學無術，闇於大理之所致。噫，此固光自取也，而宣帝亦有以使之。帝即位年十九矣，民之情僞、吏之得失盡知之矣，方且謙冲退托，舉國而聽於光，莫敢一摇手，凡尊寵而委任之者，皆所以報光也。光薨，帝宜攬威福之權，正君臣之分，以張帝室，所以待霍氏者，亦宜優以禄秩，厚以賞賜，稍奪其重任，陰散其邪謀，庶幾全終始之恩，而不負於光矣。帝乃不然，大封諸霍，並據要地，又以兵柄分授諸壻，酖其心，稔其惡，聽其自潰，一舉而滅之，靡有遺種，略無分毫顧惜之心。以愚觀之，意固有在也。傳曰：「將欲翕之，必固張之；將欲廢之，必固興之；將欲奪之，必固予之。」此宣帝待霍氏之術也。帝在民間，聞霍氏尊盛，心已不喜光也。居不賞之功，握非據之權，挾震主之威以臨之，帝積不平，固非一日，驂乘之際，禍已胚胎。帝不憚虚心斂容而禮下之者，皆非本心。蓋帝無霍氏久矣，隱忍而不發者，不欲負光也。又以光專政日久，子壻秉樞機，操權勢，傾動中外，亦不敢以輕發。及聞許后之死，帝有詞矣，猶且堅忍，若有所待。蓋光之功德當十世宥，而毒殺許后之罪不過霍顯一人，以功準過，未可以赤族。帝秘而不言，待以舊恩，委以要職，誘之使亂，至於誅滅。帝之心以爲我之報光者盡矣，霍氏之所以

誅滅者，蓋自取也。是何異以錦繡豢陷穽，而使人由之，乃曰非我也，彼自取之也。且霍氏之威，許廣漢言之，蕭望之又言之，張敞、徐生又言之，帝略不介意，以是知帝之意固有在也。噫，帝真少恩哉！

《全宋文》卷六二五七蔡戡《宣帝論二》　天下之禍，其發有端，其漸非一朝一夕之故。古之明君憂深思遠，於念慮言動之微必謹其始，不敢輕作妄舉，蓋恐毫釐之差，基後世無窮之禍也。夫漢之亡也以外戚，外戚之禍不起於哀、平，而萌芽於武帝。田、竇、衛、霍繼踵將相，武帝實啓之。唐之亡也以宦官，宦官之禍不生於僖、昭，而胚胎於明皇。楊思勉、高力士持節監軍，明皇實啓之。故創業垂統之君所以貽厥孫謀者，預爲之防，曲爲之制，遏絶禍亂之原，莫不備具，傳之嗣君，猶以喜怒愛慾變更法度，至於敗亡，況吾開其隙而誘之哉？漢元帝任用恭、顯，幾亂天下，世以爲元帝不明之過。以愚觀之，宣帝有以啓之也。當宣帝時，恭、顯已爲中書令、僕射，任事久矣，其親信貴幸雖不若元帝之世，然用恭、顯者自宣帝始。宣帝用之如此之久，其人精專可任無疑矣。況恭、顯之巧慧邪僻，能得人主微指，固有以當元帝之心。故其迫殺師傅，廢錮忠賢，誅戮言者，愚弄元帝於掌握，如保母之玩嬰兒。終帝之世，專權怙勢，公肆姦欺，無所畏憚。雖曰元帝不明之故，非宣帝啓之，何以至此？或謂恭、顯明習法令故事，善爲請奏，其才亦可用也，在用之何如耳。宣帝在上，勵精爲治，人人自奮其能，故恭、顯無所用其姦。元帝優柔不斷，小人得以乘間而入，雖知其姦，亦不能制。借使元帝有宣帝之明，雖百恭、顯何患焉？夫元帝之仁柔，宣帝知之熟矣，嘗有「亂我家」之語。宣帝知其仁柔，宜選剛正之士以輔導之，反令刑餘之人久典樞機，留以遺元帝，可乎？況中人用事，非盛時所宜有。宣帝之時，賢公卿在下比肩，帝五日一聽政，丞相以下奉職而已。不能朝夕與賢者圖治於廟堂之上，乃與宫掖掃除之隸謀事於帷幄之中，豈所以貽厥孫謀者哉？夫堂下百里，君門千里。天下之事，九重不能盡知，故以腹心之寄付之大臣，又置耳目之官以糾察之。强明自任之君惟恐大臣之負己，大臣見疑，勢不免詢謀於左右。左右之臣窺其罅，乘其機，必有以中人主之欲，陰取威福之柄而竊弄之。人主蔽於朝夕之所親狎，疎遠之言無自而入，蒙蔽之姦無自而知，所以馴致於亂亡。强明且爾，況其下者乎？故宣帝一用恭、顯，而元帝竟以恭、顯亂，勢使之然。若夫敗德亂常之事，出於庸君闇主，後世猶以爲戒，不敢蹈覆車之轍，惜乎宣帝漢之明主，而乃有此，後嗣何觀焉？噫，元帝不足道也，《春秋》責備賢者，愚爲宣帝惜之。

葉適《習學記言序目》卷二一《漢書一・帝紀》　孝宣「五日一聽事，自丞相以下各奉職奏事，以傅奏其言，考試功能，侍中尚書功勞當遷及有異善，厚賜不易」；當時謂之「樞機周密，品式備具」。蓋自成康以後，人主能以天下爲一家之治，始終無缺者，方有此耳。古人以天下爲公，非爲一家也，故曰「野無遺賢，萬邦咸寧」。宣帝以天下爲私，侍中尚書終身不遷，賴其幹力足以任家事而已，雖遺賢不恤，雖有賢不用也。此事既遠，而風聲習氣所熏炙，此論亦不復有，哀哉！

爵王成詔稱「有功不賞，有罪不誅，雖唐虞猶不能以化天下」。後世論治道，無所統壹，只以刑賞爲極至，遂以私意扳執古人。此等語言，傳誦既熟，極害義理。

「有大父母、父母喪，勿繇事」，是時猶存此意。

鳳凰、神雀、甘露、醴泉，當是一時氣候所召。宣帝操殺罰如左契，而乃以此爲瑞應，何哉？然急吏而緩民，持刑而不濫，雖非古人之道，亦求治之心也。

匈奴在九州之外，與古夷狄不同。自中國爲一，而夷狄亦一大種爲對，自盛自衰，昔鬬今服，非孝宣之力能致之也。惜哉孝武君臣不明，以此枉用民命，幾亡其國！

《全宋文》卷七七三六林希逸《孝宣厲精爲治論》　論曰：以一人而作新天下，亦運諸此心而已。神乎心之用也！舉天下之大，斡旋闔闢，有非智巧之所能，而精神之地一日用其力焉，則治之功用隨之，此其故何也？蓋吾心之蘊者爲精，而其發者爲治。求治於天下，不於其治，而於其心，則沉潛於未發之先，激揚於既發之後，風采所至，怠必奮，弛必張，事物條理，而政治精明，特吾心一運量之頃爾。地節、元康之政，漢治更始之日也，帝之精神晦藏亦甚矣。一旦權綱反正，而與斯世更新焉，不致力於其他，而汲汲於此心之用，一念奮而百廢興，帝之所操何其約也！方其韜晦，則精蘊於心，及其奮發，則精見於治，中興之盛，其可以心外求之乎？孝宣厲精爲治，請以是明班固之意。嘗謂治道之精神在於人主，而人主之精神在於一心。含洪停蓄，心之體也；光明發越，心之用也。其虚靈之妙，主宰之神，存諸方寸者雖微，而萬化之樞紐、百爲之綱紀繫焉。帝之所以帝，王之所以王，無非吾心精者爲之也。今夫日月星辰之運行，陰陽寒暑之代謝，人莫不以爲天之功，而冥冥之中，乾實主之。大《易》之贊《乾》，既曰「剛健中正純粹」矣，而管攝之妙，獨歸於「精」之一辭。精也者，其乾道變化之根乎。吁，

乾，天也，君也。天以乾運，而精之用見於四時；君以心運，而精之用見於政治。二者蓋同一機括也。宣帝之爲君，固未足以語此，而更始一意，獨得於此心之用，愚於是有取焉爾。地節以前帝之於治何如也？弊根之蟠固，蠹穴之浸淫，志氣梏於滯固之深，神采鑠於退遜之久。民生疾苦，帝非不知也，而未及問焉；吏治得失，帝非不聞也，而未暇察焉。帝於斯時，韜聰明以自晦，則此心之精者未露也；藏智勇以若怯，則此心之精者未奮也。一旦陰翳剥而陽和舒，洊雷震而群蟄起，一時之政，粲然精芒，如太阿之出匣。人孰不曰樞機周密，治之鍵也；品式備具，治之目也。勞來之褒，所以明勸賞之權；副封之撤，所以防壅蔽之漸。初政施行，班班可紀，致治之美，殆以是基之。然嘗觀諸帝之心矣，遣使循問之詔則曰「朕所甚閔」，直言箴過之詔則曰「朕所甚懼」。想其閔心一萌，而瘝痌疾痛真切吾身；懼心一動，而天地鬼神森布左右。其曰「念慮之不忘」，其曰「朕意之未稱」，無非此心之精所著見者。故聽斷惟精，見於齋居之決，而內治以興；飭躬齋精，詔及勤事之吏，而吏治以振。二十餘年，田里絶愁嘆之聲，上下無苟且之意。文學法理，咸精其能，中興之治，號爲厲精，至今在人耳目，是豈出於帝心之外乎！帝果何以得此哉？人之一心，動則汩，静則精。當其韜晦之時，蓋有静定之益。閱歷之久，則其見精；容忍之積，則其慮精。帝之所得，愚知其出於是矣。雖然，心也者，合理與氣，而後有是名也。理足以御氣，則其用也純；氣得以勝理，則其用也駁。唐虞三代之治，粹而不雜，精而無間，純乎心之理也。秦漢而下，英君誼辟時獲有爲於斯世，而大抵皆以氣主之。以帝之精鋭，一時之振厲固有餘用，而不能充此心之理，以進於傳心精一之地，使漢之爲漢僅止於斯，是可慨嘆也已。豈惟帝哉，貞觀之思治曰厲精也，開元之政事亦曰厲精也，於其氣而不於其理，視帝蓋一轍焉。帝與太宗猶能勉强支持，帥是氣以終身，故不盡見其敗缺，玄宗之晚節亦餒甚矣。後之厲精爲治，其監于兹。謹論。

陳櫟《歷代通畧・前漢》 宣帝起自閭閻，知民疾苦，霍光既卒，始親政事，天資英明，勵精爲治。丙吉、魏相同心輔政，信賞必罰，綜核名實，樞機周密，品式備具，吏稱其能，民安其業，漢世良吏，於斯爲盛。立諸經博士，文雅翕然，可謂中興，比迹商宗、周宣矣。然帝嚴厲有餘，寬厚不足，霍光忠烈如此，不免赤族之誅，趙、蓋、韓、楊之才，駢首就戮。政雖嚴厲，僞增户口而蒙顯賞者有之。至若用恭、顯而啓元帝之信宦者，貴許、史而啓成帝之信外戚，西都之亡，端自宦官外戚始，雖號中興，實基亂亡，可嘆也！

劉統勛《評鑑闡要・漢》 政自人主之政，苟不幸遇沖齡，大臣代攝，長而自理其政可也，無請歸之體。況宣帝年已弱冠，習民事，宜自理無二議。光請歸政，名已不正，讓而弗受，豈非因驂乘之憚，故爲是假藉權術乎？卒至釀成弑后之禍，誰執其咎哉？

藝文

《全唐詩》卷三七王績《贈梁公》 我欲圖世樂，斯樂難可常。位大招譏嫌，禄極生禍殃。聖莫若周公，忠豈踰霍光。成王已興誚，宣帝如負芒。范蠡何智哉，單舟戒輕裝。疏廣豈不懷，策杖還故鄉。朱門雖足悦，赤族亦可傷。履霜成堅冰，知足勝不祥。我今窮家子，自言此見長。功成皆能退，在昔一作自古誰滅亡。

《全唐詩》卷七七七豆盧回《登樂遊原懷古》 緬惟漢宣帝，初謂皇曾孫。雖在襁褓中，亦遭巫蠱冤。至哉丙廷尉，感激義彌敦。馳逐蓮勺道，出入諸陵門。一朝風雲會，竟登天位尊。握符升寶曆，負扆御華軒。赫奕文物備，葳蕤休瑞繁。卒爲中興主，垂名於後昆。雄圖奄已謝，餘址空復存。昔爲樂遊苑，今爲狐兔園。朝見牧豎集，夕聞棲烏喧。蕭條灞亭岸，寂寞杜陵原。冪䍥野煙起，蒼茫嵐氣昏。二曜屢迴薄，四時更涼温。天道尚如此，人理安可論。

《王十朋全集・詩集》卷一〇《詠史詩・宣帝》 道雜霸王非美事，治先刑法少仁恩。蓋楊韓趙猶誅死，誰謂當時獄不冤。

《全宋文》卷四七四三洪适《漢麒麟閣名臣圖贊》 漢中宗皇帝承孝昭之緒，中興帝室，左右前後，莫非忠良之臣，委質奮庸，共凝雋功。當是時，大則樞機周密，品式備具；小則技巧工匠，各精其能。內則朝廷清明，民俗阜安；外則氈罽酋豪，屈膝殿陛。甘露三年，上思股肱之美，乃選其臣有功德而知名當世者十有一人，題其官爵、法其形貌於未央宮之麒麟閣，于以傳之亡窮，施之罔極，使瞻仰之者勵忠孝之節而激功名之心，甚盛舉也。宜有宿學鉅儒，贊揚厥美，而史氏無傳，謹追書之曰：

炎正七葉，天啓英主。受命中興，畢張治具。虎嘯風冽，龍興雲騰。翬固洪

業，實惟股肱。宗臣霍侯，元勳鮮儔。定萬世策，比迹伊周。富平温良，宿衛著名。番番龍雒，功埒灌嬰。營平善謀，遂克先零。高平提衡，聲聞赫然。博陽同心，衆職修理。建平寬裕，明法練事。陽成謹厚，表儀宗室。少府醞藉，進繇儒術。太傅堂堂，社稷之傑。屬國精忠，膚使猶劣。猗歟異人，輩出昌代。峨峨華閣，以次圖繪。黄霸于張，仰企後塵。山甫方召，並揚清芬。義士瞻想，奮發感厲。姦臣顧盼，膽落心悸。聖主賢臣，千載一時。泚筆作贊，表而出之。

黃霸部

綜述

《漢書》卷八九《循吏傳・黃霸傳》 黃霸字次公，淮陽陽夏人也，以豪桀役使徙雲陵。霸少學律令，喜爲吏，武帝末以待詔入錢賞官，補侍郎謁者，坐同産有罪劾免。後復入穀沈黎郡，補左馮翊二百石卒史。馮翊以霸入財爲官，不署右職，使領郡錢穀計。簿書正，以廉稱，察補河東均輸長，復察廉爲河南太守丞。霸爲人明察内敏，又習文法，然温良有讓，足知，善御衆。爲丞，處議當於法，合人心，太守甚任之，吏民愛敬焉。

自武帝末，用法深。昭帝立，幼，大將軍霍光秉政，大臣争權，上官桀等與燕王謀作亂，光既誅之，遂遵武帝法度，以刑罰痛繩羣下，繇是俗吏上嚴酷以爲能，而霸獨用寬和爲名。

會宣帝即位，在民間時知百姓苦吏急也，聞霸持法平，召以爲廷尉正，數決疑獄，庭中稱平。守丞相長史，坐公卿大議廷中知長信少府夏侯勝非議詔書大不敬，霸阿從不舉劾，皆下廷尉，繫獄當死。霸因從勝受《尚書》獄中，再踰冬，積三歲乃出，語在《勝傳》。勝出，復爲諫大夫，令左馮翊宋畸舉霸賢良。勝又口薦霸於上，上擢霸爲揚州刺史。三歲，宣帝下詔曰：「制詔御史：其以賢良高第揚州刺史霸爲潁川太守，秩比二千石，居官賜車蓋，特高一丈，别駕主簿車，緹油屏泥於軾前，以章有德。」

時上垂意於治，數下恩澤詔書，吏不奉宣。太守霸爲選擇良吏，分部宣布詔令，令民咸知上意。使郵亭鄉官皆畜雞豚，以贍鰥寡貧窮者。然後爲條教，置父老師帥伍長，班行之於民間，勸以爲善防姦之意，及務耕桑，節用殖財，種樹畜養，去食穀馬。米鹽靡密，初若煩碎，然霸精力能推行之。吏民見者，語次尋繹，問它陰伏，以相參考。嘗欲有所司察，擇長年廉吏遣行，屬令周密。吏出，不敢舍郵亭，食於道旁，烏攫其肉。民有欲詣府口言事者適見之，霸與語道此。後日吏還謁霸，霸見迎勞之，曰：「甚苦！食於道旁乃爲烏所盜肉。」吏大驚，以霸具知其起居，所問豪氂不敢有所隱。鰥寡孤獨有死無以葬者，鄉部書言，霸具爲區處，某所大木可以爲棺，某亭豬子可以祭，吏往皆如言。其識事聰明如此，吏民不知所出，咸稱神明。姦人去入它郡，盜賊日少。

霸力行教化而後誅罰，務在成就全安長吏。許丞老，病聾，督郵白欲逐之，霸曰：「許丞廉吏，雖老，尚能拜起送迎，正頗重聽，何傷？且善助之，毋失賢者意。」或問其故，霸曰：「數易長吏，送故迎新之費及姦吏緣絶簿書盜財物，公私費耗甚多，皆當出於民，所易新吏又未必賢，或不如其故，徒相益爲亂。凡治道，去其泰甚者耳。」

霸以外寬内明得吏民心，户口歲增，治爲天下第一。徵守京兆尹，秩二千石。坐發民治馳道不先以聞，又發騎士詣北軍馬不適士，劾乏軍興，連貶秩。有詔歸潁川太守官，以八百石居治如其前。前後八年，郡中愈治。是時鳳皇神爵數集郡國，潁川尤多。天子以霸治行終長者，下詔稱揚曰：「潁川太守霸，宣布詔令，百姓鄉化，孝子弟弟貞婦順孫日以衆多，田者讓畔，道不拾遺，養視鰥寡，贍助貧窮，獄或八年亡重罪囚，吏民鄉于教化，興於行誼，可謂賢人君子矣。《書》不云乎？『股肱良哉！』其賜爵關内侯，黄金百斤，秩中二千石。」而潁川孝弟、有行義民、三老、力田，皆以差賜爵及帛。後數月，徵霸爲太子太傅，遷御史大夫。

五鳳三年，代丙吉爲丞相，封建成侯，食邑六百户。霸材長於治民，及爲丞相，總綱紀號令，風采不及丙、魏、于定國，功名損於治郡。時京兆尹張敞舍鶡雀飛集丞相府，霸以爲神雀，議欲以聞。敞奏霸曰：「竊見丞相請與中二千石博士雜問郡國上計長吏守丞，爲民興利除害成大化條其對，有耕者讓畔，男女異路，道不拾遺，及舉孝子弟弟貞婦者爲一輩，先上殿，舉而不知其人數者次之，不爲條教者在後叩頭謝。丞相雖口不言，而心欲其爲之也。長吏守丞對時，臣敞舍有鶡雀飛止丞相府屋上，丞相以下見者數百人。邊吏多知鶡雀者，問之，皆陽不知。丞相圖議上奏曰：『臣問上計長吏守丞以興化條，皇天報下神雀。』後知從臣敞舍來，乃止。郡國吏竊笑丞相仁厚有知略，微信奇怪也。昔汲黯爲淮陽守，辭去之官，謂大行李息曰：『御史大夫張湯懷詐阿意，以傾朝廷，公不早白，與俱受戮矣。』息畏湯，終不敢言。後湯誅敗，上聞黯與息語，乃抵息罪而秩黯諸侯相，取其思竭忠也。臣敞非敢毁丞相也，誠恐羣臣莫白，而長吏守丞畏丞相指，歸舍法令，各爲私教，務相增加，澆淳散樸，並行僞貌，有名亡實，傾搖解怠，甚者

爲妖。假令京師先行讓畔異路，道不拾遺，其實亡益廉貪貞淫之行，而以僞先天下，固未可也；即諸侯先行之，僞聲軼於京師，非細事也。漢家承敝通變，造起律令，所以勸善禁姦，條貫詳備，不可復加。宜令貴臣明飭長吏守丞，歸告二千石，舉三老孝弟力田孝廉廉吏務得其人，郡事皆以義法令撿式，毋得擅爲條教；敢挾詐僞以奸名譽者，必先受戮，以正明好惡。」天子嘉納敞言，召上計吏，使侍中臨飭如敞指意。霸甚慙。

又樂陵侯史高以外屬舊恩侍中貴重，霸薦高可太尉。天子使尚書召問霸：「太尉官罷久矣，丞相兼之，所以偃武興文也。如國家不虞，邊境有事，左右之臣皆將率也。夫宣明教化，通達幽隱，使獄無寃刑，邑無盜賊，君之職也。將相之官，朕之任焉。侍中樂陵侯高帷幄近臣，朕之所自親，君何越職而舉之？」尚書令受丞相對，霸免冠謝罪，數日乃決，自是後不敢復有所請。然自漢興，言治民吏，以霸爲首。

爲丞相五歲，甘露三年薨，謚曰定侯。霸死後，樂陵侯高竟爲大司馬。霸子思侯賞嗣，爲關都尉。薨，子忠侯輔嗣，至衛尉九卿。薨，子忠嗣侯，訖王莽乃絶。子孫爲吏二千石者五六人。

始霸少爲陽夏游徼，與善相人者共載出，見一婦人，相者言「此婦人當富貴，不然，相書不可用也」。霸推問之，乃其鄉里巫家女也。霸即取爲妻，與之終身。爲丞相後徙杜陵。

雜録

備録

《史記》卷九六《張丞相列傳》附　黄丞相霸者，淮陽人也。以讀書爲吏，至潁川太守。治潁川，以禮義條教喻告化之。犯法者，風曉令自殺。化大行，名聲聞。孝宣帝下制曰：「潁川太守霸，以宣布詔令治民，道不拾遺，男女異路，獄中無重囚。賜爵關内侯，黄金百斤。」徵爲京兆尹而至丞相，復以禮義爲治。以丞相病死。子嗣，後爲列侯。黄丞相卒，以御史大夫于定國代。于丞相已有廷尉傳，在《張廷尉》語中。于丞相去，御史大夫韋玄成代。

《史記》卷二〇《建元以來侯者年表》褚少孫補《建成》　黄霸，家在陽夏，以役使徙雲陽。以廉吏爲河内守丞，遷爲廷尉監，行丞相長史事。坐見知夏侯勝非詔書大不敬罪，久繫獄三歲，從勝學《尚書》。會赦，以賢良舉爲揚州刺史，潁川太守。善化，男女異路，耕者讓畔，賜黄金百斤，秩中二千石。居潁川，入爲太子太傅，遷御史大夫。五鳳三年，代邴吉爲丞相。封千八百户。

王充《論衡・須頌篇》　孝宣皇帝稱潁川太守黄霸有治狀，賜金百斤，漢臣勉政。

《漢書》卷二三《刑法志》　〔宣帝〕即尊位，廷史路温舒上疏，言秦有十失，其一尚存，治獄之吏是也。語在《温舒傳》。上深愍焉，乃下詔曰：「間者吏用法，巧文寖深，是朕之不德也。夫決獄不當，使有罪興邪，不辜蒙戮，父子悲恨，朕甚傷之。今遣廷史與郡鞠獄，任輕禄薄，其爲置廷平，秩六百石，員四人。其務平之，以稱朕意。」於是選于定國爲廷尉，求明察寬恕黄霸等以爲廷平，季秋後請讞。時上常幸宣室，齋居而決事，獄刑號爲平矣。

《漢書》卷七四《丙吉傳》　及吉薨，御史大夫黄霸爲丞相，徵西河太守杜延年爲御史大夫，會其年老，乞骸骨，病免。以廷尉于定國代爲御史大夫。黄霸薨，而定國爲丞相，太僕陳萬年代定國爲御史大夫，居位皆稱職，上稱吉爲知人。

《漢書》卷七五《夏侯勝傳》　宣帝初即位，欲褒先帝，詔丞相御史曰：【略】於是羣臣大議廷中，皆曰：「宜如詔書。」長信少府勝獨曰：「武帝雖有攘四夷廣土斥境之功，然多殺士衆，竭民財力，奢泰亡度，天下虚耗，百姓流離，物故者（過）半。蝗蟲大起，赤地數千里，或人民相食，畜積至今未復。亡德澤於民，不宜爲立廟樂。」公卿共難勝曰：「此詔書也。」勝曰：「詔書不可用也。人臣之誼，宜直言正論，非苟阿意順指。議已出口，雖死不悔。」於是丞相義、御史大夫廣明劾奏勝非議詔書，毀先帝，不道，及丞相長史黄霸阿縱勝，不舉劾，俱下獄。有司遂請尊孝武帝廟爲世宗廟，奏《盛德》、《文始》、《五行》之舞，天下世世獻納，以明盛德。武帝巡狩所幸郡國凡四十九，皆立廟，如高祖、太宗焉。

勝、霸既久繫，霸欲從勝受經，勝辭以罪死。霸曰：「『朝聞道，夕死可矣』。」勝賢其言，遂授之。繫再更冬，講論不怠。

至四年夏，關東四十九郡同日地動，或山崩，壞城郭室屋，殺六千餘人。【略】因大赦，勝出爲諫大夫給事中，霸爲揚州刺史。

《漢書》卷七六《張敞傳》　是時潁川太守黄霸以治行第一入守京兆尹。霸視事數月，不稱，罷歸潁川。於是制詔御史：「其以膠東相敞守京兆尹。」自趙廣漢誅後，比更守尹，如霸等數人，皆不稱職。京師寖廢，長安市偷盜尤多，百賈苦之。上以問敞，敞以爲可禁。

《漢書》卷七七《何並傳》　郡中清静，表善好士，見紀潁川，名次黄霸。性清廉，妻子不至官舍。

《漢書》卷七八《蕭望之傳》　望之既左遷，而黄霸代爲御史大夫。數月間，丙吉薨，霸爲丞相。霸薨，于定國復代焉。

《漢書》卷九〇《酷吏傳・嚴延年》　時黄霸在潁川以寬恕爲治，郡中亦平，婁蒙豐年，鳳皇下，上賢焉，下詔稱揚其行，加金爵之賞。延年素輕霸爲人，及比郡爲守，褒賞反在己前，心内不服。

賈思勰《齊民要術》自序　黄霸爲潁川，使郵亭、鄉官皆畜雞、豚，以贍鰥、寡、貧窮者；及務耕桑，節用，殖財，種樹。鰥、寡、孤、獨，有死無以葬者，鄉部書言，霸具爲區處：某所大木，可以爲棺；某亭豚子，可以祭。吏往皆如言。

樂史《太平寰宇記》卷二《河南道二・東京下・考城縣》　黄霸墓，在縣東北十里。《漢・循吏傳》：「霸，字次公，淮陽人。」卒，葬于此。有碑在。

樂史《太平寰宇記》卷七《河南道七・許州》　風俗：潁川，本有夏之國。夏人尚忠，其弊鄙朴。有申、韓之餘烈，高仕宦，好文法，人以貪悋争訟爲俗。然漢韓延壽、黄霸繼爲郡守，先之以敬讓，化之以篤厚，風教大行。

樂史《太平寰宇記》卷七《河南道七・許州》　鳳凰樓，在縣西南一里。漢黄霸爲潁川太守，鳳凰集，嘉禾生，霸乃起樓于郡中。今基址存。

陸游《老學庵筆記》卷一　漢人入仕，有以貲爲郎者，司馬相如、張釋之是也；有入錢入穀賞以官者，卜式、黄霸是也。入錢穀則今買官之類，以貲則非也。

王楙《野客叢書》卷一六《廣陵》　西漢揚州，治無定所。後漢治歷陽，後治壽春，後又徙曲阿，至隋唐方治今之廣陵耳。今之廣陵，自後漢至晉，皆屬徐州；至東晉僑置青、兖二州，故廣陵以青、兖、徐爲一鎮，至宋乃爲南兖州，齊爲東廣州，後周爲吳州，隋唐始爲揚州耳。然則今廣陵之爲揚州，亦未甚久也。古今地理，更革不一，而文人議論，多失於不契勘，往往便謂今之廣陵，爲古揚州之地。如韓皋謂諸葛誕等爲揚州都督，舉兵討晉事敗，故名《廣陵散》，不知廣陵是時未爲揚州也；今廣陵境上有黄相公冢，《大觀圖經》謂黄霸冢，蓋霸嘗爲揚州刺史也，不知是時揚州刺史未治廣陵。

備論

《漢書》卷二八下《地理志下》　潁川，韓都。士有申子、韓非，刻害餘烈，高(士)〔仕〕宦，好文法，民以貪遴争訟生分爲失。韓延壽爲太守，先之以敬讓；黄霸繼之，教化大行，獄或八年亡重罪囚。南陽好商賈，召父富以本業；潁川好争訟分異，黄、韓化以篤厚。「君子之德風也，小人之德草也」，信矣。

《漢書》卷五四《李廣蘇建傳》　自丞相黄霸、廷尉于定國、大司農朱邑、京兆尹張敞、右扶風尹翁歸及儒者夏侯勝等，皆以善終，著名宣帝之世，然不得列於名臣之圖，以此知其選矣。

《漢書》卷五八《公孫弘等傳贊》　治民則黄霸、王成、龔遂、鄭弘、召信臣、韓延壽、尹翁歸、趙廣漢、嚴延年、張敞之屬，皆有功迹見述於世。參其名臣，亦其次也。

《漢書》卷八九《循吏傳》序　王成、黄霸、朱邑、龔遂、鄭弘、召信臣等，所居民富，所去見思，生有榮號，死見奉祀，此廩廩庶幾德讓君子之遺風矣。

王符《潛夫論・三式》　聖主誠肯明察羣臣，竭精稱職有功效者，無愛金帛封侯之費；其懷姦藏惡別無狀者，圖鐵鑕鉞之決。然則良臣如王成、黄霸、龔遂、邵信臣之徒，可比郡而得也；神明瑞應，可期年而致也。

《宋書》卷五四《羊玄保傳》　黄霸以寬和爲用，不以嚴刻爲先。

《宋書》卷八五《謝莊傳》　政平訟理，莫先親民，親民之要，實歸守宰，故黄霸治潁川累稔，杜畿居河東歷載，或就加恩秩，或入崇輝寵。

《晉書》卷九〇《良吏傳》序　漢宣帝有言：「百姓所以安其田里而無歎息愁恨之心者，政平訟理也。與我共此者，其唯良二千石乎！」此則長吏之官實爲撫導之本。是以東里相鄭，西門宰鄴，潁川黄霸，蜀郡文翁，或吏不敢欺，或人懷其惠；或教移齊魯，或政務寬和，斯並惇史播其徽音，良吏以爲準的。

《蘇軾文集》卷六五《史彦輔論黄霸》　吾先君友人史經臣彦輔，豪偉人也。嘗云：「黄霸本尚教化，庶幾於富，而教之者，乃復用烏攫肉，小數，陋矣。潁川

鳳凰，蓋可疑也。霸以鶡爲神雀，不知潁川之鳳以何物爲之？」雖近於戲，亦有理也，故記之。

《朱子語類》卷一〇《學四·讀書法上》 今人所以讀書苟簡者，緣書皆有印本多了。如古人皆用竹簡，除非大段有力底人方做得，若一介之士，如何置。所以後漢吳恢欲殺青以寫《漢書》，其子吳祐諫曰：「此書若成，則載之車兩。昔馬援以薏苡興謗，王陽以衣囊徼名，正此謂也。」如黃霸在獄中從夏侯勝受書，凡再踰冬而後傳。蓋古人無本，除非首尾熟背得方得。至於講誦者，也是都背得，然後從師受學。如東坡作《李氏山房藏書記》，那時書猶自難得。晁以道嘗欲得《公》、《穀傳》，遍求無之，後得一本，方傳寫得。今人連寫也自厭煩了，所以讀書苟簡。

錢時《兩漢筆記·宣帝》 民間所聞，天下之公論也。宣帝知百姓苦，吏急而用黃霸，是矣。持是以往，無所變亂則孝文之遺風可復，而孝武之虐焰當爲之一洗。奈何卒用文法吏，而以刑繩下乎？甚矣！習氣之易移，而流於不美者之勢，順也。大凡初心無有不善，後世人主有得於民間之公論，行之以果斷，持之以悠久，毋轉移於氣習變亂，其初心哉！

黃震《古今紀要·西漢》 黃霸力行教化，而後誅伐。凡治道去泰甚，守潁川八年，百姓興行，治常爲天下第一。

方孝孺《遜志齋集》卷五《雜著·黃霸》 漢史稱黃霸爲相，功名損於治郡時，昔者嘗惑之，謂豈有才如黃霸，而不能爲相者乎？後觀其爲張敞所奏，然後釋然知其故。蓋宣帝不能盡霸之才，非霸不能也。天下之患，非才之爲難，而用才者之爲難。夫駒駼駃騠，可以不再駕而致千里，不遇善御之人，雖欲一日百里不可得也。宣帝善任守令，而不善任相。知愛民之情，而不知爲國之體。其天資善察，好挾數以用，而持法太嚴。丙吉、魏相之徒，號爲賢相，不過逡逡然行乎繩墨之內，醇謹僅足而已，非能有所創達施爲，可爲後世法也。豈二子之才止於此？宰相之功業視人主，人主善任相，雖中才亦足以爲治；不能任相，雖俊傑不能以成功。

霸之治郡時，得以意操縱斷制，行于民而達於境內，故可以得人心。及入而爲相，欲飭法令，則人將以爲過；欲行教化，則人將以爲迂；欲守廉隅，則人將以爲拙。沛然行於一郡而莫敢御者，今皆窒沮而不可。惜乎！雖有有爲之才，安能立不可爲之功，致不可得之名哉？其敕上計吏之事，教化之一端耳，真宰相之所宜爲。古之人先務教化，（缺）霸豈爲過哉！張敞遽毀訐之，謂其教民爲僞，而宣帝亦遽聽之。蓋宣帝之素志以爲漢家自有制度，從事乎督責苛刻之間，而惡聞教化之説久矣。敞之言正與帝意合，故帝信敞不疑，而尤霸之非。霸雖有爲，其可復得哉？王猛慧黠小才，非有絶人之智，超世之量，苻堅斬除異議之臣，而親任之，卒并疆國而雄視海內。非猛難遇，用猛者難遇也。

任人以位，而不假之權，猶不任也。假之權而不用其言，行其道，猶無權也。今霸治郡則爲良吏，爲相則爲恒人，任之以良吏之道，彼則以良吏自效也，束之以恒人之制，雖欲不爲恒人，安可致哉？噫！才有餘而不用者，士之責也，用之不能盡人之才者，人主之責也。

葉盛《水東日記》卷八《論黃霸丙吉》 黃霸只是州郡之才，爲宰相而事鉤距，固無如許精神，天下亦將無所容，而弊將不勝其多矣。若丙吉，則又傷於大鶻突。《易》曰：「易簡，得天下之理。」《孟子》曰：「智者行其所無事。」宰相之道，其在是乎？

朱軾《史傳三編·循吏傳·黃霸》 論曰：子賤爲單父宰，有賢於己者五人，子賤師之而稟度焉用，能鳴琴而治，夫子稱之曰：昔堯舜聽天下，務求賢以自輔。惜不齊所治者，小也。霸之治潁川，不聞求一賢，師一士，而獨任聰明以爲理，故處郡則優，以宰天下，而其才遂絀。雖然，樹畜桑農，王政先務，以此殖民，民可使富也。如其禮樂，則以俟夫君子！

劉統勛《評鑑闡要·漢》 黃霸治郡，自不愧循吏，至爲相而功名頓損，則趙、魏之老滕、薛大夫之謂也。若嚴延年因其以鳳凰受賞，心內不服，及相府神雀來集，欲奏復止，或出附會之語，然宣帝好祥瑞之失，亦足見一斑。

唐晏《兩漢三國學案》卷四《尚書·黃霸》 按：前漢循吏以黃霸爲稱首，而考其所得，由經術來也。其治潁川也，彷彿子產之治鄭，西門豹之治鄴，然不出孔門富教之旨，有以知其所得矣。及其入相，乃治減於在潁川時，此則天資限之，所謂不可爲滕、薛大夫者也。

藝文

岑參《岑嘉州詩》卷三《西河太守杜公輓歌》（其一） 蒙叟悲藏壑，殷宗惜濟川。

長安非舊日，京兆是新阡。黄霸官猶屈，蒼生望已愆。唯餘卿月在，留向杜陵懸。

《全唐詩》卷二三八錢起《寄袁州李嘉祐員外》 誰謂江山阻，心親夢想偏。容輝常在目，離別任經年。郡國通流水，雲霞共遠天。行春鶯幾囀，遲客月頻圓。雁有歸鄉羽，人無訪戴船。願徵黄霸入，相見玉階前。

《全唐詩》卷五二四杜牧《寄唐州李玭尚書》 累代功勳照世光，奚胡聞道死心降。書功筆禿三千管，領節門排十六雙。先揖耿弇聲寂寂，今看黄霸事摐摐。時人欲識胸襟否，彭蠡秋連萬里江。

王士禎《池北偶談》卷八《談獻四・秦襄毅公年譜》 服闋，秦人三疏保留，吏部不准，秦人日哭於東拱辰門，吏部不得已，將見任奏調別州，仍授予秦州。郭定襄伯贈行詩云：「早登金榜列儒紳，誰不爭先覩鳳麟。曾以霜威消瘴癘，還將和氣布陽春。廟堂正擬徵黄霸，父老俄聞借寇恂。不獨兒童騎竹待，郊原草木亦欣欣。」

龔遂部

綜述

《漢書》卷八九《循吏傳・龔遂傳》　龔遂字少卿，山陽南平陽人也。以明經爲官，至昌邑郎中令，事王賀。賀動作多不正，遂爲人忠厚，剛毅有大節，内諫争於王，外責傅相，引經義，陳禍福，至於涕泣，蹇蹇亡已。面刺王過，王至掩耳起走，曰「郎中令善媿人」。及國中皆畏憚焉。王嘗久與騶奴宰人游戲飲食，賞賜亡度，遂入見王，涕泣厀行，左右侍御皆出涕。王曰：「郎中令何爲哭？」遂曰：「臣痛社稷危也！願賜清閒竭愚。」王辟左右，遂曰：「大王知膠西王所以爲無道亡乎？」王曰：「不知也。」曰：「臣聞膠西王有諛臣侯得，王所爲儗於桀紂也，得以爲堯舜也。王説其諂諛，嘗與寢處，唯得所言，以至於是。今大王親近羣小，漸漬邪惡所習，存亡之機，不可不慎也。臣請選郎通經術有行義者與王起居，坐則誦《詩》《書》，立則習禮容，宜有益。」王許之。遂乃選郎中張安等十人侍王。居數日，王皆(去遂)〔逐去〕安等。久之，宫中數有妖怪，王以問遂，遂以爲有大憂，宫室將空，語在《昌邑王傳》。會昭帝崩，亡子，昌邑王賀嗣立，官屬皆徵入。王相安樂遷長樂衛尉，遂見安樂，流涕謂曰：「王立爲天子，日益驕溢，諫之不復聽，今哀痛未盡，日與近臣飲食作樂，鬭虎豹，召皮軒，車九流，驅馳東西，所爲誖道。古制寬，大臣有隱退，今去不得，陽狂恐知，身死爲世戮，奈何？君，陛下故相，宜極諫争。」王即位二十七日，卒以淫亂廢。昌邑羣臣坐陷王於惡不道，皆誅，死者二百餘人，唯遂與中尉王陽以數諫争得減死，髡爲城旦。

宣帝即位，久之，渤海左右郡歲飢，盗賊並起，二千石不能禽制。上選能治者，丞相御史舉遂可用，上以爲渤海太守。時遂年七十餘，召見，形貌短小，宣帝望見，不副所聞，心内輕焉，謂遂曰：「渤海廢亂，朕甚憂之。君欲何以息其盗賊，以稱朕意？」遂對曰：「海瀕遐遠，不霑聖化，其民困於飢寒而吏不恤，故使陛下赤子盗弄陛下之兵於潢池中耳。今欲使臣勝之邪，將安之也？」上聞遂對，甚説，答曰：「選用賢良，固欲安之也。」遂曰：「臣聞治亂民猶治亂繩，不可急也；唯緩之，然後可治。臣願丞相御史且無拘臣以文法，得一切便宜從事。」上許焉，加賜黄金，贈遣乘傳。至渤海界，郡聞新太守至，發兵以迎，遂皆遣還，移書勑屬縣悉罷逐捕盗賊吏。諸持鉏鉤田器者皆爲良民，吏無得問，持兵者乃爲盗賊。遂單車獨行至府，郡中翕然，盗賊亦皆罷。渤海又多劫略相隨，聞遂教令，即時解散，棄其兵弩而持鉤鉏。盗賊於是悉平，民安土樂業。遂乃開倉廩假貧民，選用良吏，尉安牧養焉。

遂見齊俗奢侈，好末技，不田作，乃躬率以儉約，勸民務農桑，令口種一樹榆、百本䪥、五十本葱、一畦韭，家二母彘、五雞。民有帶持刀劍者，使賣劍買牛，賣刀買犢，曰：「何爲帶牛佩犢！」春夏不得不趨田畝，秋冬課收斂，益蓄果實菱芡。勞來循行，郡中皆有畜積，吏民皆富實，獄訟止息。

數年，上遣使者徵遂，議曹王生願從。功曹以爲王生素耆酒，亡節度，不可使。遂不忍逆，從至京師。王生日飲酒，不視太守。會遂引入宫，王生醉，從後呼，曰：「明府且止，願有所白。」遂還問其故，王生曰：「天子即問君何以治渤海，君不可有所陳對，宜曰『皆聖主之德，非小臣之力也』。」遂受其言。既至前，上果問以治狀，遂對如王生言。天子説其有讓，笑曰：「君安得長者之言而稱之？」遂因前曰：「臣非知此，乃臣議曹教戒臣也。」上以遂年老不任公卿，拜爲水衡都尉，議曹王生爲水衡丞，以褒顯遂云。水衡典上林禁苑，共張宫館，爲宗廟取牲，官職親近，上甚重之，以官壽卒。

雜録

備録

王充《論衡・遭虎篇》　昌邑王時，夷鴣鳥集宫殿下，王射殺之，以問郎中令龔遂。龔遂對曰：「夷鴣野鳥，入宫，亡之應也。」其後昌邑王竟亡。

王充《論衡・商蟲篇》　昌邑王夢西階下有積蠅矢，明旦召問郎中龔遂。遂對曰：「蠅者，讒人之象也。夫矢積於階下，王將用讒臣之言也。」由此言之，蠅之爲蟲，應人君用讒，何故不謂蠅爲災乎？如蠅可以爲災，夫蠅歲生，世間人君

常用讒乎？

《漢書》卷二七中之上《五行志中之上》 昭帝時，昌邑王賀遣中大夫之長安，多治仄注冠，以賜大臣，又以冠奴，劉向以爲近服妖也。時王賀狂悖，聞天子不豫，弋獵馳騁如故，與騶奴宰人游居娱戲，驕嫚不敬。冠者尊服，奴者賤人，賀無故好作非常之冠，暴尊象也。以冠奴者，當自至尊墜至賤也。其後帝崩，無子，漢大臣徵賀爲嗣。即位，狂亂無道，縛戮諫者夏侯勝等。於是大臣白皇太后，廢賀爲庶人。賀爲王時，又見大白狗冠方山冠而無尾，此服妖，亦犬旤也。賀以問郎中令龔遂，遂曰：「此天戒，言在仄者盡冠狗也。去之則存，不去則亡矣。」賀既廢數年，宣帝封之爲列侯，復有辠，死不得置後，又犬旤無尾之效也。京房《易傳》曰：「行不順，厥咎人奴冠，天下亂，辟無適，妾子拜。」又曰：「君不正，臣欲篡，厥妖狗冠出朝門。」【略】

昭帝時，昌邑王賀聞人聲曰「熊」，視而見大熊。左右莫見，以問郎中令龔遂，遂曰：「熊，山野之獸，而來入宫室，王獨見之，此天戒大王，恐宫室將空，危亡象也。」賀不改寤，後卒失國。

《漢書》卷六三《武五子傳·昌邑王》 昌邑哀王髆天漢四年立，十一年薨，子賀嗣。立十三年，昭帝崩，無嗣，大將軍霍光徵王賀典喪。璽書曰：「制詔昌邑王：使行大鴻臚事少府樂成、宗正德、光禄大夫吉、中郎將利漢徵王，乘七乘傳詣長安邸。」夜漏未盡一刻，以火發書。其日中，賀發，晡時至定陶，行百三十五里，侍從者馬死相望於道。郎中令龔遂諫王，令還郎謁者五十餘人。賀到濟陽，求長鳴雞，道買積竹杖。過弘農，使大奴善以衣車載女子。至湖，使者以讓相安樂。安樂告遂，遂入問賀，賀曰：「無有。」遂曰：「即無有，何愛一善以毁行義！請收屬吏，以湔洒大王。」即捽善，屬衛士長行法。

賀到霸上，大鴻臚郊迎，騶奉乘輿車。王使僕壽成御，郎中令遂參乘。旦至廣明東都門，遂曰：「禮，奔喪望見國都哭。此長安東郭門也。」賀曰：「我嗌痛，不能哭。」至城門，遂復言，賀曰：「城門與郭門等耳。」且至未央宫東闕，遂曰：「昌邑帳在是闕外馳道北，未至帳所，有南北行道，馬足未至數步，大王宜下車，鄉闕西面伏，哭盡哀止。」王曰：「諾。」到，哭如儀。【略】

初賀在國時，數有怪。嘗見白犬，高三尺，無頭，其頸以下似人，而冠方山冠。後見熊，左右皆莫見。又大鳥飛集宫中。王知，惡之，輒以問郎中令遂。遂爲言其故，語在《五行志》。王卬天歎曰：「不祥何爲數來！」遂叩頭曰：「臣不敢隱忠，數言危亡之戒，大王不説。夫國之存亡，豈在臣言哉？願王内自揆度。大王誦《詩》三百五篇，人事浹，王道備，王之所行中《詩》一篇何等也？大王位爲諸侯王，行汙於庶人，以存難，以亡易，宜深察之。」後又血汙王坐席，王問遂，遂叫然號曰：「宫空不久，祅祥數至。血者，陰憂象也。宜畏慎自省。」賀終不改節。居無何，徵。既即位，後王夢青蠅之矢積西階東，可五六石，以屋版瓦覆，發視之，青蠅矢也。以問遂，遂曰：「陛下之《詩》不云乎？『營營青蠅，至于藩；愷悌君子，毋信讒言。』陛下左側讒人衆多，如是青蠅惡矣。宜進先帝大臣子孫親近以爲左右。如不忍昌邑故人，信用讒諛，必有凶咎。願詭禍爲福，皆放逐之。臣當先逐矣。」賀不用其言，卒至於廢。

《漢書》卷七二《王吉傳》 〔昌邑〕王既到，即位二十餘日以行淫亂廢。昌邑羣臣坐在國時不舉奏王罪過，令漢朝不聞知，又不能輔道，陷王大惡，皆下獄誅。唯吉與郎中令龔遂以忠直數諫正得減死，髡爲城旦。

《漢書》卷八八《儒林傳·王式》 昭帝崩，昌邑王嗣立，以行淫亂廢，昌邑羣臣皆下獄誅，唯中尉王吉、郎中令龔遂以數諫減死論。

《後漢書》卷六四《延篤傳》 舉孝廉，爲平陽侯相。到官，表龔遂之墓，立銘祭祠，擢用其後於畎畝之閒。

《宋書》卷五四《羊玄保傳》 昔龔遂譬民於亂繩，緩之然後可理。

賈思勰《齊民要術》自序 〔龔〕遂爲渤海，勸民務農桑，令口種一樹榆，百本䪥，五十本葱，一畦韭，家二母彘，五雞。民有帶持刀劍者，使賣劍買牛，賣刀買犢，曰：「何爲帶牛佩犢？」春夏不得不趣田畝，秋冬課收斂，益蓄果實、菱、芡。吏民皆富實。

洪邁《容齋續筆》卷一〇《水衡都尉二事》 龔遂爲渤海太守，宣帝召之，議曹王生願從，遂不忍逆。及引入宫，王生隨後呼曰：「天子即問君何以治渤海，宜曰：『皆聖主之德，非小臣之力也。』」遂受其言，上果問以治狀，遂對如王生言。天子悦其有讓，笑曰：「君安得長者之言而稱之？」遂曰：「乃臣議曹教戒臣也。」上拜遂水衡都尉，以王生爲丞。予謂遂之治郡，功效著明，宣帝不以爲賞，而顧悦其佞詞乎！宜其起王成膠東之僞也。褚先生於《史記》中又載武帝時，召北海太守，有文學卒史王先生自請與太守俱。太守入宫，王先生曰：「天子即問君何以治北海令無盜賊，君對曰何哉？」守曰：「選擇賢材，各任之以其能，賞異等，罰不肖。」王先生曰：「是自譽自伐功，不可也。願君對言：『非臣之

力，盡陛下神靈威武所變化也。』」太守如其言。武帝大笑，曰：「安得長者之言而稱之，安所受之？」對曰：「受之文學卒史。」於是以太守爲水衡都尉，王先生爲丞。二事不應相類如此，疑即龔遂，而褚誤書也。

王楙《野客叢書》卷二《龔張對上無隱》 前漢尚有純實氣象，雖小人有時乎不敢自欺。龔遂入朝，王生曰：「天子即問何以治渤海，君不可有所陳，宜曰『皆聖主之德，非小臣之力也』。」遂至上前，如王生對。上曰：「君安得長者之言而稱之？」遂曰：「臣非知此，乃議曹教臣也。」兒寬爲廷尉湯作奏，即時得可。異時湯見，上曰：「前奏非俗吏所及，誰爲之者？」湯以寬對。不掠人之美以自耀，龔遂可也，湯或爲之，則知當時人物猶爲近古。

王楙《野客叢書》卷四《膠東之詐》 《容齋隨筆》云：龔遂爲渤海太守，受王生之策，以爲聖主之功。宣帝悦其有讓，遷遂水衡都尉，以王生爲丞。以謂遂之治效著明，宣帝不以爲賞，而悦其佞詞，宜其起王膠東之僞也。僕考膠東王相受賞在地節三年之春，而龔遂自渤海太守遷水衡都尉，乃在地節四年間耳。此事在後，謂遂鑒王膠東冒賞之弊則可，不應反謂王膠東因帝悦遂佞詞而起其詐也。

王禎《農書·農桑通訣集》卷二《播種》 凡菜有蟲，擣苦參根併石灰水潑之即死。苟能依上法種蒔，非止家可足食，餘者亦可爲資生之利。昔龔遂勸農，口種葱五十本，薤百本，韭一畦，渤海之民，緣是致足。

徐光啟《農政全書》卷二七《樹藝·蓏部》 【芡】《本草》云：「芡實，一名鷄頭」。

王禎曰：八月採芡，擘破，取子，散著池中，自生。又曰：雞頭作粉，食之甚妙。河北沿溏濼居人採之，舂去皮，搗爲粉，烝溧作餅，可以代糧。龔遂守渤海，勸民秋冬益蓄菱芡，蓋謂其能充飢也。

備論

《漢書》卷五八《公孫弘等傳贊》 孝宣承統，纂修洪業，亦講論六藝，招選茂異，【略】治民則黄霸、王成、龔遂、鄭弘、召信臣、韓延壽、尹翁歸、趙廣漢、嚴延年、張敞之屬，皆有功迹見述於世。參其名臣，亦其次也。

《漢書》卷一〇〇下《叙傳下》 誰毁誰譽，譽其有試。泯泯羣黎，化成良吏。淑人君子，時同功異。没世遺愛，民有餘思。

葉適《習學記言序目》卷二四《後漢書一·志》 龔遂教民棄弓弩而持鉤鋤，故能治郡。要之，漢晉南北，兵農不分，施置之間，小小同異，未足害大體；唐以來則不然矣。

黄震《古今紀要·西漢》 龔遂事昌邑極諫，化渤海以儉約，民皆富厚。王生教歸功聖主，因薦之。

朱軾《史傳三編·循吏傳·龔遂》 論曰：先王之世，無曠土，無游民，食節事時，民咸安其居，以故姦宄不作，五刑不試。秦漢以後，民業益薄，俗益婾，一遇水旱，盜賊輒興，於是立重法以繩其後，而民生愈蹙矣。遂之議安渤海，何其惻然動人也！昔汲黯以謇直立朝，孝武稱爲社稷臣，其涖郡亦能以清静理，遂之忠言似黯而吏績抑又過之，庶幾重臣之選，乃以年老不至公卿，惜哉！

劉統勛《評鑑闡要·漢》 賣劍賣刀，必有售者，則仍郡民也。使皆不售，賣又何爲？遂之勞來務本，固屬循吏，予但惡史之飾辭。

唐晏《兩漢三國學案》卷一一《龔遂》 遂所爲真儒者也。昔孟子所以教齊、梁之君而謂爲王道者，不過足其衣食耳，而遂能用之於渤海，孰謂儒者不可復見於三代下乎！惜乎遂能養之，尚未能教之。尤惜宣帝用遂而未能竟其用，但以水衡都尉終其老也。

藝文

《全唐詩》卷二七四戴叔倫《撫州被推昭雪答陸太祝三首》（其一） 求理由來許便宜，漢朝龔遂不爲疵。如今謗起翻成累，唯有新人子細知。

《元稹集》卷四三《制誥·授劉悟昭義軍節度使制》 門下：昔潢池驟變，則龔遂亟行；河内去思，而寇恂來復，所以順人情而急時病也。

《全唐詩》卷八二七貫休《上孫使君》 聖主得賢臣，天地方交泰。恭惟嶽精粹，多出於昭代。君侯握文鏡，獨立塵埃外。王演俗容儀，崔陵小風概。馨香擁蘭雪，峻秀高嵩岱。嵇松領歲寒，莊劍無礱淬。威稜玉霜直，匠石金槌大。詩穿明月珠，道拍安期背。中興鸞鳳集，直道風雲會。萬卷似無書，三山如歷塊。德

乎天所縱，清矣誰堪對。有法在朝端，無塵到冠蓋。具瞻從密勿，旦夕調鼎鼐。爲君整衢尊，爲君戢蕃塞。豈知吾后意，憂此毘陵最。親手賜彤弓，蒼生是繄賴。下車鄰寇散，是物冰壺內。龔遂〔愛〕（喪）廉平，次公太繁碎。袴襦砧動地，父母歌闤闠。□雪鎖戈鋋，非煙遶旌旆。寧思子産冰，肯羨任棠薤。忽如春再來，不獨天重戴。昂藏海嶠鶴，冷碧仙庭檜。物物動和氣，家家有新態。芙蓉開帟幕，錦帳無纖壒。鼓角穿凍雲，恩波動耕耒。奸回改精魄，禮教書紳帶。必于堯舜日，還似房杜輩。野人有章句，格力亦慷慨。若不入丘門，世間更誰愛。

《蘇軾詩集》卷三〇《送周朝議守漢州》 茶爲西南病，岷俗記二李。何人折其鋒，矯矯六君子。君家尤出力，流落初坐此。謂當收桑榆，華髮看劍履。胡爲犯風雪，歲晚行未已。念歸誠得計，顧自爲謀耳。吾聞江漢間，瘡痏有未起。莫輕龔遂老，君王付尺箠。召還當有詔，挽袖謝鄰里。猶堪作水衡，供張園林美。

漢元帝部

綜述

《漢書》卷九《元帝紀》　孝元皇帝，宣帝太子也。母曰共哀許皇后，宣帝微時生民間。年二歲，宣帝即位。八歲，立爲太子。壯大，柔仁好儒。見宣帝所用多文法吏，以刑名繩下，大臣楊惲、(盍)〔蓋〕寬饒等坐刺譏辭語爲罪而誅，嘗侍燕從容言：「陛下持刑太深，宜用儒生。」宣帝作色曰：「漢家自有制度，本以霸王道雜之，奈何純(住)〔任〕德教，用周政乎！且俗儒不達時宜，好是古非今，使人眩於名實，不知所守，何足委任！」乃歎曰：「亂我家者，太子也！」繇是疏太子而愛淮陽王，曰：「淮陽王明察好法，宜爲吾子。」而王母張倢伃尤幸。上有意欲用淮陽王代太子，然以少依許氏，俱從微起，故終不背焉。

黄龍元年十二月，宣帝崩。癸巳，太子即皇帝位，謁高廟。尊皇太后曰太皇太后，皇后曰皇太后。

初元元年春正月辛丑，孝宣皇帝葬杜陵。賜諸侯王、公主、列侯黄金，吏二千石以下錢帛，各有差。大赦天下。三月，封皇太后兄侍中中郎將王舜爲安平侯。丙午，立皇后王氏。以三輔、太常、郡國公田及苑可省者振業貧民，貲不滿千錢者賦貸種、食。封外祖父平恩戴侯同産弟子中常侍許嘉爲平恩侯，奉戴侯後。

夏四月，詔曰：「朕承先帝之聖緒，獲奉宗廟，戰戰兢兢。間者地數動而未静，懼於天地之戒，不知所繇。方田作時，朕憂蒸庶之失業，臨遣光禄大夫褒等十二人循行天下，存問耆老鰥寡孤獨困乏失職之民，延登賢俊，招顯側陋，因覽風俗之化。相守二千石誠能正躬勞力，宣明教化，以親萬姓，則六合之内和親，庶幾虖無憂矣。《書》不云乎？『股肱良哉，庶事康哉！』布告天下，使明知朕意。」又曰：「關東今年穀不登，民多困乏。其令郡國被災害甚者毋出租賦。江海陂湖園池屬少府者以假貧民，勿租賦。賜宗室有屬籍者馬一匹至二駟，三老、孝者帛五匹，弟者、力田三匹，鰥寡孤獨二匹，吏民五十户牛酒。」

六月，以民疾疫，令大官損膳，減樂府員，省苑馬，以振困乏。

秋八月，上郡屬國降胡萬餘人亡入匈奴。

九月，關東郡國十一大水，饑，或人相食，轉旁郡錢穀以相救。詔曰：「間者陰陽不調，黎民饑寒，無以保治，惟德淺薄，不足以充入舊貫之居。其令諸宫館希御幸者勿繕治，太僕減穀食馬，水衡省肉食獸。」

二年春正月，行幸甘泉，郊泰畤。賜雲陽民爵一級，女子百户牛酒。

立弟竟爲清河王。

三月，立廣陵厲王太子霸爲王。

詔罷黄門乘輿狗馬，水衡禁囿、宜春下苑、少府佽飛外池、嚴籞池田假與貧民。詔曰：「蓋聞賢聖在位，陰陽和，風雨時，日月光，星辰静，黎庶康寧，考終厥命。今朕恭承天地，託于公侯之上，明不能燭，德不能綏，災異並臻，連年不息。乃二月戊午，地震于隴西郡，毁落太上皇廟殿壁木飾，壞敗豲道縣城郭官寺及民室屋，壓殺人衆。山崩地裂，水泉涌出。天惟降災，震驚朕師。治有大虧，咎至於斯。夙夜兢兢，不通大變，深惟鬱悼，未知其序。間者歲數不登，元元困乏，不勝饑寒，以陷刑辟，朕甚閔之。郡國被地動災甚者無出租賦。赦天下。有可蠲除減省以便萬姓者，條奏，毋有所諱。丞相、御史、中二千石舉茂材異等直言極諫之士，朕將親覽焉。」

夏四月丁巳，立皇太子。賜御史大夫爵關内侯，中二千石右庶長，天下當爲父後者爵一級，列侯錢各二十萬，五大夫十萬。

六月，關東饑，齊地人相食。秋七月，詔曰：「歲比災害，民有菜色，慘怛於心。已詔吏虚倉廪，開府庫振救，賜寒者衣。今秋禾麥頗傷。一年中地再動。北海水溢，流殺人民。陰陽不和，其咎安在？公卿將何以憂之？其悉意陳朕過，靡有所諱。」

冬，詔曰：「國之將興，尊師而重傅。故前將軍望之傅朕八年，道以經書，厥功茂焉。其賜爵關内侯，食邑八百户，朝朔望。」

十二月，中書令弘恭、石顯等譖望之，令自殺。

三年春，令諸侯相位在郡守下。

珠厓郡山南縣反，博謀羣臣。待詔賈捐之以爲宜棄珠厓，救民饑饉。乃罷珠厓。

夏四月乙未晦，茂陵白鶴館災。詔曰：「乃者火災降於孝武園館，朕戰栗恐懼。不燭變異，咎在朕躬。羣司又未肯極言朕過，以至於斯，將何以寤焉！百姓仍遭凶阨，無以相振，加以煩擾虖苛吏，拘牽乎微文，不得永終性命，朕甚閔焉。其赦天下。」

夏，旱。立長沙煬王弟宗爲王。封故海昏侯賀子代宗爲侯。

六月，詔曰：「蓋聞安民之道，本繇陰陽。間者陰陽錯謬，風雨不時。朕之不德，庶幾羣公有敢言朕之過者，今則不然。媮合苟從，未肯極言，朕甚閔焉。永惟烝庶之饑寒，遠離父母妻子，勞於非業之作，衛於不居之宮，恐非所以佐陰陽之道也。其罷甘泉、建章宮衛，令就農。百官各省費。條奏毋有所諱。有司勉之，毋犯四時之禁。丞相御史舉天下明陰陽災異者各三人。」於是言事者衆，或進擢召見，人人自以得上意。

四年春正月，行幸甘泉，郊泰畤。三月，行幸河東，祠后土。赦汾陰徒。賜民爵一級，女子百户牛酒，鰥寡高年帛。行所過無出租賦。

五年春正月，以周子南君爲周承休侯，位次諸侯王。

三月，行幸雍，祠五畤。

夏四月，有星孛于參。詔曰：「朕之不逮，序位不明，衆僚久懬，未得其人。元元失望，上感皇天，陰陽爲變，咎流萬民，朕甚懼之。乃者關東連遭災害，饑寒疾疫，夭不終命。《詩》不云乎？『凡民有喪，匍匐救之。』其令太官毋日殺，所具各減半。乘輿秣馬，無乏正事而已。罷角抵、上林宮館希御幸者、齊三服官、北假田官、鹽鐵官、常平倉。博士弟子毋置員，以廣學者。賜宗室子有屬籍者馬一匹至二駟，三老、孝者帛人五匹，弟者、力田三匹，鰥寡孤獨二匹，吏民五十户牛酒。」省刑罰七十餘事。除光禄大夫以下至郎中保父母同産之令。令從官給事宮司馬中者，得爲大父母父母兄弟通籍。

冬十二月丁未，御史大夫貢禹卒。

衛司馬谷吉使匈奴，不還。

永光元年春正月，行幸甘泉，郊泰畤。赦雲陽徒。賜民爵一級，女子百户牛酒，高年帛。行所過毋出租賦。

二月，詔丞相、御史舉質樸敦厚遜讓有行者，光禄歲以此科第郎、從官。

三月，詔曰：「五帝三王任賢使能，以登至平，而今不治者，豈斯民異哉？咎在朕之不明，亡以知賢也。是故壬人在位，而吉士雍蔽。重以周秦之弊，民漸薄俗，去禮義，觸刑法，豈不哀哉！繇此觀之，元元何辜？其赦天下，令厲精自新，各務農畝。無田者皆假之，貸種、食如貧民。賜吏六百石以上爵五大夫，勤事吏二級，爲父後者民一級，女子百户牛酒，鰥寡孤獨高年帛。」是月雨雪，隕霜傷麥稼，秋罷。

二年春二月，詔曰：「蓋聞唐虞象刑而民不犯，殷周法行而姦軌服。今朕獲承高祖之洪業，託位公侯之上，夙夜戰栗，永惟百姓之急，未嘗有忘焉。然而陰陽未調，三光晻昧。元元大困，流散道路，盜賊並興。有司又長殘賊，失牧民之術。是皆朕之不明，政有所虧。咎至於此，朕甚自恥。爲民父母，若是之薄，謂百姓何！其大赦天下，賜民爵一級，女子百户牛酒，鰥寡孤獨高年、三老、孝弟力田帛。」又賜諸侯王、公主、列侯黄金，中二千石以下至中都官長吏各有差，吏六百石以上爵五大夫，勤事吏各二級。

三月壬戌朔，日有蝕之。詔曰：「朕戰戰栗栗，夙夜思過失，不敢荒寧。惟陰陽不調，未燭其咎。婁敕公卿，日望有效。至今有司執政，未得其中，施與禁切，未合民心。暴猛之俗彌長，和睦之道日衰，百姓愁苦，靡所錯躬。是以氣邪歲增，侵犯太陽，正氣湛掩，日久奪光。乃壬戌，日有蝕之。天見大異，以戒朕躬，朕甚悼焉。其令内郡國舉茂材異等賢良直言之士各一人。」

夏六月，詔曰：「間者連年不收，四方咸困。元元之民，勞於耕耘，又亡成功，困於饑饉，亡以相救。朕爲民父母，德不能覆，而有其刑，甚自傷焉。其赦天下。」

秋七月，西羌反，遣右將軍馮奉世擊之。八月，以太常任千秋爲奮威將軍，別將五校並進。

三年春，西羌平，軍罷。

三月，立皇子康爲濟陽王。

夏四月癸未，大司馬車騎將軍接薨。

冬十一月，詔曰：「乃者己丑地動，中冬雨水，大霧，盜賊並起。吏何不以時禁？各悉意對。」

冬，復鹽鐵官、博士弟子員。以用度不足，民多復除，無以給中外繇役。

四年春二月，詔曰：「朕承至尊之重，不能燭理百姓，婁遭凶咎。加以邊竟不安，師旅在外，賦斂轉輸，元元騷動，窮困亡聊，犯法抵罪。夫上失其道而繩下以深刑，朕甚痛之。其赦天下，所貸貧民勿收責。」

三月，行幸雍，祠五時。

夏六月甲戌，孝宣園東闕災。

戊寅晦，日有蝕之。詔曰：「蓋聞明王在上，忠賢布職，則羣生和樂，方外蒙澤。今朕晻于王道，夙夜憂勞，不通其理，靡瞻不眩，靡聽不惑，是以政令多還，民心未得，邪説空進，事亡成功。此天下所著聞也。公卿大夫好惡不同，或緣姦作邪，侵削細民，元元安所歸命哉！乃六月晦，日有蝕之。《詩》不云虖？『今此下民，亦孔之哀！』自今以來，公卿大夫其勉思天戒，慎身修永，以輔朕之不逮。直言盡意，無有所諱。」

九月戊子，罷衛思后園及戾園。冬十月乙丑，罷祖宗廟在郡國者。諸陵分屬三輔。以渭城壽陵亭部原上爲初陵。詔曰：「安土重遷，黎民之性；骨肉相附，人情所願也。頃者有司緣臣子之義，奏徙郡國民以奉園陵，令百姓遠棄先祖墳墓，破業失産，親戚别離，人懷思慕之心，家有不安之意。是以東垂被虚耗之害，關中有無聊之民，非久長之策也。《詩》不云虖？『民亦勞止，迄可小康，惠此中國，以綏四方。』今所爲初陵者，勿置縣邑，使天下咸安土樂業，亡有動摇之心。布告天下，令明知之。」又罷先后父母奉邑。

五年春正月，行幸甘泉，郊泰畤。三月，上幸河東，祠后土。

秋，潁川水出，流殺人民。吏、從官縣被害者與告。士卒遣歸。

冬，上幸長楊射熊館，布車騎，大獵。

十二月乙酉，毁太上皇、孝惠皇帝寢廟園。

建昭元年春三月，上幸雍，祠五畤。

秋八月，有白蛾羣飛蔽日，從東都門至枳道。

冬，河間王元有罪，廢遷房陵。罷孝文太后、孝昭太后寢園。

二年春正月，行幸甘泉，郊泰畤。三月，行幸河東，祠后土。益三河〔大〕郡太守秩。户十二萬爲大郡。

夏四月，赦天下。

六月，立皇子(興)〔興〕爲信都王。閏月丁酉，太皇太后上官氏崩。

冬十一月，齊楚地震，大雨雪，樹折屋壞。

淮陽王舅張博、魏郡太守京房坐窺道諸侯王以邪意，漏泄省中語，博要斬，房棄市。

三年夏，令三輔都尉、大郡都尉秩皆二千石。

六月甲辰，丞相玄成薨。

秋，使護西域騎都尉甘延壽、副校尉陳湯撟發戊己校尉屯田吏士及西域胡兵攻郅支單于。冬，斬其首，傳詣京師，縣蠻夷邸門。

四年春正月，以誅郅支單于告祠郊廟，赦天下。羣臣上壽置酒，以其圖書示後宫貴人。

夏四月，詔曰：「朕承先帝之休烈，夙夜栗栗，懼不克任。間者陰陽不調，五行失序，百姓饑饉。惟烝庶之失業，臨遣諫大夫博士賞等二十一人循行天下，存問耆老鰥寡孤獨乏困失職之人，舉茂材特立之士。相將九卿，其帥意毋怠，使朕獲觀教化之流焉。」

六月甲申，中山王竟薨。

藍田地沙石雍霸水，安陵岸崩雍涇水，水逆流。

五年春三月，詔曰：「蓋聞明王之治國也，明好惡而定去就，崇敬讓而民興行，故法設而民不犯，令施而民從。今朕獲保宗廟，兢兢業業，匪敢解怠，德薄明晻，教化淺微。傳不云虖？『百姓有過，在予一人。』其赦天下，賜民爵一級，女子百户牛酒，三老、孝弟力田帛。」又曰：「方春農桑興，百姓(戮)〔勠〕力自盡之時也，故是月勞農勸民，無使後時。今不良之吏，覆案小罪，徵召證案，興不急之事，以妨百姓，使失一時之作，亡終歲之功，公卿其明察申敕之。」

夏六月庚申，復戾園。

壬申晦，日有蝕之。

秋七月庚子，復太上皇寢廟園、原廟，昭靈后、武哀王、昭哀后、衛思后園。

竟寧元年春正月，匈奴虖韓邪單于來朝。詔曰：「匈奴郅支單于背叛禮義，既伏其辜，虖韓邪單于不忘恩德，鄉慕禮義，復修朝賀之禮，願保塞傳之無窮，邊垂長無兵革之事。其改元爲竟寧，賜單于待詔掖庭王檣爲閼氏。」

皇太子冠。賜列侯嗣子爵五大夫，天下爲父後者爵一級。二月，御史大夫延壽卒。

三月癸未，復孝惠皇帝寢廟園、孝文太后、孝昭太后寢園。

夏，封騎都尉甘延壽爲列侯。賜副校尉陳湯爵關内侯，黄金百斤。

五月壬辰，帝崩于未央宫。

毁太上皇、孝惠、孝景皇帝廟。罷孝文、孝昭太后、昭靈后、武哀王、昭哀后寢園。

秋七月丙戌，葬渭陵。

雜録

備録

《漢書》卷二三《刑法志》 至元帝初立，乃下詔曰：「夫法令者，所以抑暴扶弱，欲其難犯而易避也。今律令煩多而不約，自典文者不能分明，而欲羅元元之不逮，斯豈刑中之意哉！其議律令可蠲除輕減者條奏，唯在便安萬姓而已。」

《漢書》卷二五下《郊祀志下》 元帝即位，遵舊儀，間歲正月，一幸甘泉郊泰畤，又東至河東祠后土，西至雍祠五畤。凡五奉泰畤、后土之祠。亦施恩澤，時所過毋出田租，賜百户牛酒，或賜爵，赦罪人。

元帝好儒，貢禹、韋玄成、匡衡等相繼爲公卿。禹建言漢家宗廟祭祀多不應古禮，上是其言。後韋玄成爲丞相，議罷郡國廟，自太上皇、孝惠帝諸園寢廟皆罷。後元帝寢疾，夢神靈譴罷諸廟祠，上遂復焉。後或罷或復，至哀、平不定。語在《韋玄成傳》。

《漢書》卷八八《儒林傳》 元帝好儒，能通一經者皆復。數年，以用度不足，更爲設員千人，郡國置《五經》百石卒史。

皇甫謐《帝王世紀》卷七 孝元皇帝廟名長壽。

劉義慶《世説新語》卷中《規箴》 京房與漢元帝共論，因問帝：「幽、厲之君何以亡？所任何人？」答曰：「其任人不忠。」房曰：「知不忠而任之，何邪？」曰：「亡國之君各賢其臣，豈知不忠而任之？」房稽首曰：「將恐今之視古，亦猶後之視今也。」

李吉甫《元和郡縣圖志》卷一《關内道一·咸陽縣》 渭陵，元帝陵也，在縣西北七里。

備論

《漢書》卷八六《王嘉傳》 孝元皇帝奉承大業，温恭少欲，都内錢四十萬萬，水衡錢二十五萬萬，少府錢十八萬萬。嘗幸上林，後宫馮貴人從臨獸圈，猛獸驚出，貴人前當之，元帝嘉美其義，賜錢五萬。掖庭見親，有加賞賜，屬其人勿衆謝。示平惡偏，重失人心，賞賜節約。是時外戚貲千萬者少耳，故少府水衡見錢多也。雖遭初元、永光凶年飢饉，加有西羌之變，外奉師旅，内振貧民，終無傾危之憂，以府臧内充實也。

《漢書》卷一〇〇下《叙傳下》 孝元翼翼，高明柔克，賓禮故老，優繇亮直。外割禁囿，内損御服，離宫不衛，山陵不邑。閹尹之呰，穢我明德。

《漢書》卷九《元帝紀贊》 臣外祖兄弟爲元帝侍中，語臣曰元帝多材藝，善史書。鼓琴瑟，吹洞簫，自度曲，被歌聲，分刌節度，窮極幼眇。少而好儒，及即位，徵用儒生，委之以政，貢、薛、韋、匡迭爲宰相。而上牽制文義，優游不斷，孝宣之業衰焉。然寬弘盡下，出於恭儉，號令温雅，有古之風烈。

《李德裕文集》卷一《漢元論》 漢元帝習武帝游宴後庭，又隆好音樂，與弘恭、石顯圖議帷幄之中，進退天下之士。史臣贊曰：「優游不斷，漢宣之業衰焉。」余以班固之言，未盡其癖。蓋懦而不才，權移所嬖，非不斷也。夫帝王者天也，天以剛健爲氣，粹精爲體。氣剛而健，則三光不昏；體粹而精，則四氣不亂。剛也者，不息之謂也。故權衡獨運，四時不忒。粹也者，不雜之謂也。故乖氣消散，陰陽不謬。若運動不在於權軸，鎔鑄不由於大冶，蕩蕩上帝，復何爲哉？《書》曰：「天聰明，自我民聰明。」又曰：「天視自我民視，天聽自我民聽。」豈堯、舜之時，上下皆公，讒説不行，人與其聰明哉？豈幽、厲之君，上下盡邪，讒言相蔽，人不與其聰明哉？元帝自稱淫亂之君，各賢其臣，令皆覺悟，天下安得危亡之君？元帝蓋自以恭、顯爲賢，而任之不疑也。

《全宋文》卷四〇一孫復《書漢元帝贊後》 儒者長世御俗，宣教化之本也。宣帝不識帝王遠略，故鄙之曰：「俗儒好是古非今，使人眩於名實，不知所守，何足委任？」及夫元帝即位，徒有好儒之名，復無用儒之實，雖外以貢、薛、韋、匡爲宰相，而内以弘恭、石顯爲腹心。是時天下之政，皆自恭、顯出，貢、薛之徒言不

必行，計不必從，但具備位而已。自恭、顯殺蕭望之、京房之後，羣臣側足喪氣，畏權懼誅，雖睹朝廷之失，刑政之濫，莫復敢有抗言於時者。元帝昏然不寤，益信顯、恭。是故姦邪日進，紀綱日亂，風俗日壞，災異日見，孝宣之業，職此而衰矣。而史固稱上「少而好儒，及即位，登用儒生，委之以政，故貢、薛之徒，迭爲宰相。而上牽制文義，優游不斷，孝宣之業衰焉」。噫，史固所謂牽文義者，非儒者之文義乎？昔宣帝嘗怒元帝言用儒生，曰：「亂我家者，太子也。」今觀史固之贊，宛是元帝用儒生亂其家者也，此史固不思之甚矣。向使元帝能納蕭望之、劉更生、京房、賈捐之之謀，退去憸人，進用碩老，與之講求治道，以天下爲心，則邦家之休，祖宗之烈，可垂於無窮矣，安有衰減者哉？史固筆削論定善惡之際，何不書「上即位，登用儒生，不能委之政。牽制佞倖，優游不斷，孝宣之業衰焉」？如是則褒貶得其中矣。吾大懼後世繼體守文之君，覽史固之贊，以爲自昔儒生之不足爲用也，而委任佞倖，以致衰亂，禍不淺矣。

《全宋文》卷一一二一司馬光《京房對漢元帝》 甚矣，闇君之不可與言也！天實剥喪漢室，而昏塞孝元之心，使如木石不可得入，至於此乎，哀哉！京房之言，如此其深切著明也，而曾不能諭，何哉？《詩》云：「匪面命之，言提其耳。匪手携之，言示之事。」又云：「誨爾諄諄，聽我藐藐。」噫，後之人可不以孝元爲鑑乎？

《全宋文》卷四二五八劉子翬《漢書雜論上》 元帝爲太子時，諫宣帝宜用儒生，帝曰：「亂我家者必太子也。」及元帝即位，貢、薛、韋、匡迭爲宰相，而孝宣之業衰焉。然則是儒生果不可用耶？劉子謂不然。宣帝不用者腐儒耳，所謂儒者不獨明訓詁，通章句而已，必練達世務，器識兼全可也。宣帝拔爲輔相者，魏相、張安世、黄霸、于定國、蕭望之之流是也。相明《易經》，有師法；安世識亡書三篋；黄霸繫獄，就夏侯勝受《尚書》，曰「朝聞道，夕死可矣」；定國迎師學《春秋》，自執經北面備弟子禮；蕭望之好學，治《齊詩》。是皆通經術者也。處事知宜，立朝有守，所謂通儒也。梁邱賀、夏侯勝、韋玄成、嚴彭祖、尹更始、劉向、王褒，或以儒術進，或以文章顯。宣帝與之議論於石渠，或於燕游，播爲歌頌，第其高下，則宣帝豈不好儒哉？元帝任韋、匡等爲相，齪齪鹿鹿，親附閹尹，不敢失其意，故史臣曰：「服儒衣冠，傳先王語，其蕴藉可也，然皆持禄保位，被阿諛之譏。」則元帝所用，其腐儒也耶？

《全宋文》卷四二五八劉子翬《漢書雜論上》 陳湯誅郅支單于，元帝告祠郊廟，赦天下，群臣上壽置酒，以其圖書示後宫貴人。昔楚子以宋馘示文姜，君子曰：「戎事不邇女器。」譏之也。元帝以獲郅支圖上祠郊廟，下以爲婦人之悦，失禮甚矣。其事雖微，史臣詳著之。

元帝時御史闕，在位多舉馮野王行能第一，帝以馮媛之故不用，曰：「吾用野王爲三公，後世必謂我私後宫親屬，以野王爲比。」余嘗偉之。後讀《石顯傳》，乃昭儀兄馮逡嘗言專權得罪，後朝臣薦野王，帝以問顯，顯曰：「野王親昭儀兄，後世必以陛下私後宫親。」帝曰：「善，吾不見是。」以此見元帝不能爲此，乃石顯之謀也。舉用三公不信廷臣而折中於宦者，元帝陋矣。又小人之譖君子，亦各有道也，可不戒哉？

《全宋文》卷四二五九劉子翬《漢書雜論下》 哀帝爲定陶王，從傅、相、中尉入朝，成帝問之，對曰：「令諸侯王朝得從其國二千石，傅、相、中尉皆國二千石也。」問中山王，不能對，帝乃賢定陶王。時哀帝年十七，元帝即位時年二十七矣，不省召致廷尉爲下獄，竟殺蕭望之，以此言人君一日二日萬幾，豈可不練達世務也哉？元帝好儒，宣帝曰：「亂我家者必太子也。」漢業自元帝而衰，知子莫若父，信矣。

葉適《習學記言序目》卷二一《漢書一·帝紀》 孝元勸用儒生幾坐廢，而漢治亦終以不振，蓋俗儒不足委任，正中其用人之病也。然則孝元審不堪天下歟？成、康非上質，而以文、武、周、召之故，能致隆平，爲百王法。使宣帝王道已明，擇人以遺其子，何遽不爲成、康？古人先後一揆，而後世父子異意，由操術殊也。(《元帝》)

孝元非宣帝持刑深，而蕭望之以二年冬殞恭、顯之手，君臣皆不悟，父之知子，其驗速矣。然恭、顯本宣帝所委信，史臣謂之「樞機周密」者，望之、堪之死，宣帝爲之也。(又)

《舉陰陽詔》，「言事者衆，或進擢召見，人人自以得上意」。孝元非無意於得天下者，若見臣下多，使品局有分而鑒照自遠，衆言并進，使異情無壅而思慮易中，古人所以貴於「明作哲，聰作謀」也。不然，則東西高下，惟物所使，外惑内眩，無以自知，而其害有甚於獨聽孤立者矣。如孝宣之牢關固拒，專守一智，蓋懼此也。(又)

永光詔自咎不明，「無以知賢」。并考孝元諸詔，往往引過在己，不失君道，史以爲「號令温雅」，信矣。自三代誥誓既絶，至漢制詔遂爲空文，然猶有其意與

言也。又降而後世，言與意皆亡，但襞積故實矣。（又）

錢時《兩漢筆記・元帝》 此正人君進德第一機會，元帝自爲太子，已知好儒，一即位而貢禹首以明經潔行徵用，又上之所素聞者，此其傾心祈向，豈區區細故末務也哉！闡聖學之精微，明本心之固有，蔽解惑去，天德昭融，是非瞭然，邪正自辨。特達剛果發於實見，雖柔而能立，雖懦而能斷矣。帝也虚己有問，而禹以節儉爲請。夫節儉固當務也，而帝王之學，所以清源正本，則又有在所當急者。病者切於求醫而不能察病之標本，昧其藥之所當用，何貴於醫哉？非不欲治病也，欲治病而無其方也。是故愈太甲、成王之疾者，必伊、周而後可也。【略】

君德以剛明爲貴，而元帝病於弱，固不足與有爲也。然觀其一聞貢禹之言而納善之，委用蕭望之、周堪之徒而鄉納之，猶知儒之當好，賢者之當親，不猶愈於剛愎自用者乎？向使望之諸賢常在其左右，雖未能大有爲於天下，抑亦可與爲善也。惜乎知儒而不知遠佞，小人之言一入而君子之迹遂危。每見恭、顯之殺望之，未嘗不爲悲痛。元帝一代事體，於此乎決矣。粤自趙高亡秦而漢氏宦官之禍，實自恭、顯之典樞機始。孝宣謂亂我家者，太子也。孰知亂太子者，乃孝宣歟。【略】

君子與小人並處而小人之黨常勝，何也？君子剛正而小人巧險故也。巧險則易入，剛正則難親。有虞之朝猶以巧言令色、孔壬爲畏，況庸君乎？元帝時，在朝非無賢者，一小人焉，橫塞其上，以塗其君之耳目。雖忠言至論，鍼砭膏肓，將以安君子之跡，而祇以速小人之禍，三復劉向此書，使人歎悼不能已，著其大略，爲後世深戒云。

王應麟《通鑑答問》卷五《元帝》 或曰：文帝以節儉而昌，元帝以節儉而衰，儉不足爲歟？曰：君道有要，辨君子小人而已。甚矣！元帝之似唐文宗也。劉蕡對策曰：漢元帝即位之初，更制七十餘事，其心甚誠，其稱甚美。然而紀綱日紊，國祚日衰，姦宄日彊，黎元日困者，不能擇賢明而任之，失其操柄也。蕡之言所以規文宗也。元帝所以失操柄者，史、高秉政於外，恭、顯竊權於中，戚宦締從，讒邪用事，此宣帝受任之失。國柄不歸於忠賢，元帝不知君子小人之辨，善善不能保，而君子之道消，惡惡不能去，而小人之道長。細行之修飾，庶事之紛更，何取焉？君德剛則明，柔則闇。史謂元帝優游不斷。劉更生亦云持不斷之意者，開羣枉之門。所謂不斷者，史、高、恭、顯，如山之難拔也。殺望之、猛，黜堪、更生，何其果斷也。當斷不斷，不當斷而斷而歸於亂，無剛明之資，有柔闇之累，焉往而不悖哉！

藝文

《樂府詩集・雜歌謠辭・漢元帝時童謡》 《漢書・五行志》曰：「元帝時童謡，至成帝建始二年三月戊子，北宮中井泉稍上，溢出南流。井水，陰也，竈烟，陽也，玉堂、金門，至尊之居：象陰盛而滅陽，竊有宫室之應也。王莽生於元帝初元四年，至成帝封侯，爲三公輔政，因以篡位也。」

井水溢，滅竈烟，灌玉堂，流金門。

《王十朋全集・詩集》卷一〇《詠史詩・元帝》 德化欲遵周軌轍，刑名思革漢規模。更生疎斥蕭生戮，元帝何曾善用儒。

漢成帝部

綜述

《漢書》卷一〇《成帝紀》　孝成皇帝，元帝太子也。母曰王皇后，元帝在太子宮生甲觀畫堂，爲世嫡皇孫。宣帝愛之，字曰太孫，常置左右。年三歲而宣帝崩，元帝即位，帝爲太子。壯好經書，寬博謹慎。初居桂宮，上嘗急召，太子出龍樓門，不敢絶馳道，西至直城門，得絶乃度，還入作室門。上遲之，問其故，以狀對。上大説，乃著令，令太子得絶馳道云。其後幸酒，樂燕樂，上不以爲能。而定陶恭王有材藝，母傅昭儀又愛幸，上以故常有意欲以恭王爲嗣。賴侍中史丹護太子家，輔助有力，上亦以先帝尤愛太子，故得無廢。

立故河間王弟上郡庫令良爲王。

有星孛于營室。

罷上林詔獄。

二月，右將軍長史姚尹等使匈奴還，去塞百餘里，暴風火發，燒殺尹等七人。賜諸侯王、丞相、將軍、列侯、王太后、公主、王主、吏二千石黄金，宗室諸官吏千石以下至二百石及宗室子有屬籍者、三老、孝弟力田、鰥寡孤獨錢帛，各有差，吏民五十户牛酒。

詔曰：「乃者火災降於祖廟，有星孛于東方，始正而虧，咎孰大焉！《書》云：『惟先假王正厥事。』羣公孜孜，帥先百寮，輔朕不逮。崇寬大，長和睦，凡事恕己，毋行苛刻。其大赦天下，使得自新。」

封舅諸吏光禄大夫關内侯王崇爲安成侯。賜舅王譚、商、立、根、逢時爵關内侯。

夏四月，黄霧四塞，博問公卿大夫，無有所諱。六月，有青蠅無萬數集未央宮殿中朝者坐。

秋，罷上林宮館希御幸者二十五所。

十二月，作長安南北郊，罷甘泉、汾陰祠。是日大風，拔甘泉畤中大木十韋以上。郡國被災什四以上，毋收田租。

二年春正月，罷雍五畤。辛巳，上始郊祀長安南郊。詔曰：「乃者徙泰畤、后土于南郊、北郊，朕親飭躬，郊祀上帝。皇天報應，神光並見。三輔長無共張繇役之勞，赦奉郊縣長安、長陵及中都官耐罪徒。減天下賦錢，算四十。」

閏月，以渭城延陵亭部爲初陵。

二月，詔三輔内郡舉賢良方正各一人。

辛丑，上始祠后土于北郊。

丙午，立皇后許氏。

罷六廐、技巧官。

東平王宇有罪，削樊、亢父縣。

秋，罷太子博望苑，以賜宗室朝請者。減乘輿廐馬。

三年春三月，赦天下徒。賜孝弟力田爵二級。諸逋租賦所振貸勿收。

秋，關内大水。七月，虒上小女陳持弓聞大水至，走入横城門，闌入尚方掖門，至未央宮鉤盾中。吏民驚上城。九月，詔曰：「乃者郡國被水災，流殺人民，多至千數。京師無故訛言大水至，吏民驚恐，奔走乘城。殆苛暴深刻之吏未息，元元冤失職者衆。遣諫大夫林等循行天下。」

冬十二月戊申朔，日有蝕之。夜，地震未央宮殿中。詔曰：「蓋聞天生衆民，不能相治，爲之立君以統理之。君道得，則草木昆蟲咸得其所；人君不德，謫見天地，災異婁發，以告不治。朕涉道日寡，舉錯不中，乃戊申日蝕地震，朕甚懼焉。公卿其各思朕過失，明白陳之。『女無面從，退有後言。』丞相、御史與將軍、列侯、中二千石及内郡國舉賢良方正能直言極諫之士，詣公車，朕將覽焉。」

四年春，罷中書宦官，初置尚書員五人。

五月，中謁者丞陳臨殺司隸校尉轅豐於殿中。

秋，大水，河決東郡金隄。冬十月，御史大夫尹忠以河決不憂職，自殺。

河平元年春三月，詔曰：「河決東郡，流漂二州，校尉王延世隄塞輒平，其改元爲河平。賜天下吏民爵，各有差。」

夏四月己亥晦，日有蝕之，既。詔曰：「朕獲保宗廟，戰戰栗栗，未能奉稱。傳曰：『男教不修，陽事不得，則日爲之蝕。』天著厥異，辜在朕躬。公卿大夫其勉悉心，以輔不逮。百寮各修其職，惇任仁人，退遠殘賊。陳朕過失，無有所諱。」大赦天下。

六月，罷典屬國并大鴻臚。

秋九月，復太上皇寢廟園。

二年春正月，沛郡鐵官冶鐵飛。語在《五行志》。

夏六月，封舅譚、商、立、根、逢時皆爲列侯。

三年秋，光禄大夫劉向校中祕書。謁者陳農使，使求遺書於天下。

四年春正月，匈奴單于來朝。

赦天下徒，賜孝弟力田爵二級，諸逋租賦所振貸勿收。

二月，單于罷歸國。

三月遣光禄大夫博士嘉等十一人行舉瀕河之郡水所毀傷困乏不能自存者，財振貸。其爲水所流壓死，不能自葬，令郡國給槥櫝葬埋。已葬者與錢，人二千。避水它郡國，在所冗食之，謹遇以文理，無令失職。舉惇厚有行能直言之士。

壬申，長陵臨涇岸崩，雍涇水。

夏六月庚戌，楚王囂薨。

山陽火生石中，改元爲陽朔。

陽朔元年。

三月，赦天下徒。

冬，京兆尹王章有罪，下獄死。

二年春，寒。詔曰：「昔在帝堯立羲、和之官，命以四時之事，令不失其序。故《書》云『黎民於蕃時雍』，明以陰陽爲本也。今公卿大夫或不信陰陽，薄而小之，所奏請多違時政。傳以不知，周行天下，而欲望陰陽和調，豈不謬哉！其務順四時月令。」

三月，大赦天下。

夏五月，除吏八百石、五百石秩。

秋，關東大水，流民欲入函谷、天井、壺口、五阮關者，勿苛留。遣諫大夫博士分行視。

八月甲申，定陶王康薨。

九月，奉使者不稱。詔曰：「古之立太學，將以傳先王之業，流化於天下也。儒林之官，四海淵原，宜皆明於古今，温故知新，通達國體，故謂之博士。否則學者無述焉，爲下所輕，非所以尊道德也。『工欲善其事，必先利其器。』丞相、御史其與中二千石、二千石雜舉可充博士位者，使卓然可觀。」

是歲，御史大夫張忠卒。

三年夏六月，潁川鐵官徒申屠聖等百八十人殺長吏，盗庫兵，自稱將軍，經歷九郡。遣丞相長史、御史中丞逐捕，以軍興從事，皆伏辜。

秋八月丁巳，大司馬大將軍王鳳薨。

四年春正月，詔曰：「夫《洪範》八政，以食爲首，斯誠家給刑錯之本也。先帝劭農，薄其租税，寵其彊力，令與孝弟同科。間者，民彌惰怠，鄉本者少，趨末者衆，將何以矯之？方東作時，其令二千石勉勸農桑，出入阡陌，致勞來之。《書》不云乎？『服田力嗇，乃亦有秋。』其勗之哉！」

二月，赦天下。

秋九月壬申，東平王宇薨。

閏月壬戌，御史大夫于永卒。

鴻嘉元年春二月，詔曰：「朕承天地，獲保宗廟，明有所蔽，德不能綏，刑罰不中，衆冤失職，趨闕告訴者不絶。是以陰陽錯謬，寒暑失序，日月不光，百姓蒙辜，朕甚閔焉。《書》不云乎？『即我御事，罔克耆壽，咎在厥躬。』方春生長時，臨遣諫大夫理等舉三輔、三河、弘農冤獄。公卿大夫、部刺史明申敕守相，稱朕意焉。其賜天下民爵一級，女子百户牛酒，加賜鰥寡孤獨高年帛。逋貸未入者勿收。」

壬午，行幸初陵，赦作徒。以新豐戲鄉爲昌陵縣，奉初陵，賜百户牛酒。

上始爲微行出。

二年春，行幸雲陽。

三月，博士行飲酒禮，有雉蜚集于庭，歷階升堂而雊，後集諸府，又集承明殿。

詔曰：「古之選賢，傳納以言，明試以功，故官無廢事，下無逸民，教化流行，風雨和時，百穀用成，衆庶樂業，咸以康寧。朕承鴻業十有餘年，數遭水旱疾疫之災，黎民婁困於飢寒，而望禮義之興，豈不難哉！朕既無以率道，帝王之道日以陵夷，意乃招賢選士之路鬱滯而不通與，將舉者未得其人也？其舉敦厚有行義能直言者，冀聞切言嘉謀，匡朕之不逮。」

夏，徙郡國豪傑貲五百萬以上五千户于昌陵。賜丞相、御史、將軍、列侯、公主、中二千石冢地、第宅。

六月，立中山憲王孫雲客爲廣德王。

三年夏四月，赦天下。令吏民得買爵，賈級千錢。

秋八月乙卯，孝景廟闕災。

冬十一月甲寅，皇后許氏廢。

廣漢男子鄭躬等六十餘人攻官寺，篡囚徒，盜庫兵，自稱山君。

四年春正月，詔曰：「數敕有司，務行寬大，而禁苛暴，訖今不改。一人有辜，舉宗拘繫，農民失業，怨恨者衆，傷害和氣，水旱爲災，關東流冗者衆，青、幽、冀部尤劇，朕甚痛焉。未聞在位有惻然者，孰當助朕憂之！已遣使者循行郡國。被災害什四以上，民貲不滿三萬，勿出租賦。逋貸未入，皆勿收。流民欲入關，輒籍內。所之郡國，謹遇以理，務有以全活之。思稱朕意。」

秋，勃海、清河河溢，被災者振貸之。

冬，廣漢鄭躬等黨與寖廣，犯歷四縣，衆且萬人。拜河東都尉趙護爲廣漢太守，發郡中及蜀郡合三萬人擊之。或相捕斬，除罪。旬月平，遷護爲執金吾，賜黄金百斤。

永始元年春正月癸丑，太官凌室火。戊午，戾后園闕火。

夏四月，封婕妤趙氏父臨爲成陽侯。五月，封舅曼子侍中騎都尉光禄大夫王莽爲新都侯。六月丙寅，立皇后趙氏，大赦天下。

秋七月，詔曰：「朕執德不固，謀不盡下，過聽將作大匠萬年言昌陵三年可成。作治五年，中陵、司馬殿門内尚未加功。天下虚耗，百姓罷勞，客土疏惡，終不可成。朕惟其難，怛然傷心。夫『過而不改，是謂過矣』。其罷昌陵，及故陵勿徙吏民，令天下毋有動摇之心。」立城陽孝王子俚爲王。

八月丁丑，太皇太后王氏崩。

二年春正月己丑，大司馬車騎將軍王音薨。

二月癸未夜，星隕如雨。乙酉晦，日有蝕之。詔曰：「乃者，龍見于東萊，日有蝕之。天著變異，以顯朕郵，朕甚懼焉。公卿申敕百寮，深思天誡，有可省減便安百姓者條奏。所振貸貧民，勿收。」又曰：「關東比歲不登，吏民以義收食貧民、入穀物助縣官振贍者，已賜直，其百萬以上，加賜爵右更，欲爲吏補三百石，其吏也遷二等。三十萬以上，賜爵五大夫，吏亦遷二等，民補郎。十萬以上，家無出租賦三歲。萬錢以上，一年。」

冬十一月，行幸雍，祠五畤。

十二月，詔曰：「前將作大匠萬年知昌陵卑下，不可爲萬歲居，奏請營作，建置郭邑，妄爲巧詐，積土增高，多賦斂繇役，興卒暴之作。卒徒蒙辜，死者連屬，百姓罷極，天下匱竭。常侍閎前爲大司農中丞，數奏昌陵不可成。侍中衛尉長數白宜早止，徙家反故處。朕以長言下閎章，公卿議者皆合長計。〔長〕首建至策，閎典主省大費，民以康寧。閎前賜爵關内侯，黄金百斤。其賜長爵關内侯，食邑千户，閎五百户。萬年佞邪不忠，毒流衆庶，海内怨望，至今不息，雖蒙赦令，不宜居京師，其徙萬年敦煌郡。」

是歲，御史大夫王駿卒。

三年春正月己卯晦，日有蝕之。詔曰：「天災仍重，朕甚懼焉。惟民之失職，臨遣大中大夫嘉等循行天下，存問耆老，民所疾苦。其與部刺史舉惇樸遜讓有行義者各一人。」

冬十月庚辰，皇太后詔有司復甘泉泰畤、汾陰后土、雍五畤、陳倉陳寶祠。語在《郊祀志》。

十一月，尉氏男子樊並等十三人謀反，殺陳留太守，劫略吏民，自稱將軍。徒李譚等五人共格殺並等，皆封爲列侯。

十二月，山陽鐵官徒蘇令等二百二十八人攻殺長吏，盜庫兵，自稱將軍，經歷郡國十九，殺東郡太守、汝南都尉。遣丞相長史、御史中丞持節督趣逐捕。汝南太守嚴訢捕斬令等。遷訢爲大司農，賜黄金百斤。

四年春正月，行幸甘泉，郊泰畤，神光降集紫殿。大赦天下。賜雲陽吏民爵，女子百户牛酒，鰥寡孤獨高年帛。三月，行幸河東，祠后土，賜吏民如雲陽，行所過無出田租。

夏四月癸未，長樂臨華殿、未央宫東司馬門皆災。

六月甲午，霸陵園門闕災。出杜陵諸未嘗御者歸家。詔曰：「乃者，地震京師，火災婁降，朕甚懼之。有司其悉心明對厥咎，朕將親覽焉。」

又曰：「聖王明禮制以序尊卑，異車服以章有德，雖有其財，而無其尊，不得踰制，故民興行，上義而下利。方今世俗奢僭罔極，靡有厭足。公卿列侯親屬近臣，四方所則，未聞修身遵禮，同心憂國者也。或乃奢侈逸豫，務廣第宅，治園池，多畜奴婢，被服綺縠，設鐘鼓，備女樂，車服嫁娶葬埋過制。吏民慕效，寖以成俗，而欲望百姓儉節，家給人足，豈不難哉！《詩》不云乎？『赫赫師尹，民具爾瞻。』其申敕有司，以漸禁之。青緑民所常服，且勿止。列侯近臣，各自省改。司

隸校尉察不變者。」

元延元年三月，行幸雍，祠五時。

夏四月丁酉，赦天下。

秋七月，有星孛于東井。詔曰：「乃者，日蝕星隕，謫見于天，大異重仍。在位默然，罕有忠言。今孛星見于東井，朕甚懼焉。公卿大夫、博士、議郎其各悉心，惟思變意，明以經對，無有所諱；與内郡國舉方正能直言極諫者各一人，北邊二十二郡舉勇猛知兵法者各一人。」

封蕭相國後喜爲酇侯。

冬十二月辛亥，大司馬大將軍王商薨。

是歲，昭儀趙氏害後宫皇子。

二年春正月，行幸甘泉，郊泰畤。

三月，行幸河東，祠后土。

夏四月，立廣陵孝王子守爲王。

冬，行幸長楊宫，從胡客大校獵。宿萯陽宫，賜從官。

三年春正月丙寅，蜀郡岷山崩，雍江三日，江水竭。

二月，封侍中衛尉淳于長爲定陵侯。

三月，行幸雍，祠五時。

四年春正月，行幸甘泉，郊泰畤。

二月，罷司隸校尉官。

三月，行幸河東，祠后土。

甘露降京師，賜長安民牛酒。

綏和元年春正月，大赦天下。

二月癸丑，詔曰：「朕承太祖鴻業，奉宗廟二十五年，德不能綏理宇内，百姓怨望者衆。不蒙天祐，至今未有繼嗣，天下無所係心。觀于往古近事之戒，禍亂之萌，皆由斯焉。定陶王欣於朕爲子，慈仁孝順，可以承天序，繼祭祀。其立欣爲皇太子。封中山王舅諫大夫馮參爲宜鄉侯，益中山國三萬户，以慰其意。賜諸侯王、列侯金，天下當爲父後者爵，三老、孝弟力田帛，各有差。」

又曰：「蓋聞王者必存二王之後，所以通三統也。昔成湯受命，列爲三代，而祭祀廢絶。考求其後，莫正孔吉。其封吉爲殷紹嘉侯。」三月，進爵爲公，及周承休侯皆爲公，地各百里。

行幸雍，祠五時。

夏四月，以大司馬票騎（大）將軍（根）爲大司馬，罷將軍官。御史大夫爲大司空，封爲列侯。益大司馬、大司空奉如丞相。

秋八月庚戌，中山王興薨。

冬十一月，立楚孝王孫景爲定陶王。

定陵侯淳于長大逆不道，下獄死。廷尉孔光使持節賜貴人許氏藥，飲藥死。

十二月，罷部刺史，更置州牧，秩二千石。

二年春正月，行幸甘泉，郊泰畤。

二月壬子，丞相翟方進薨。

三月，行幸河東，祠后土。

丙戌，帝崩于未央宫。皇太后詔有司復長安南北郊。四月己卯，葬延陵。

雜録

備録

王充《論衡・骨相篇》 王莽姑正君許嫁，至期當行時，夫輒死。如此者再。乃獻之趙王，趙王未取又薨。清河南宫大有與正君父穉君善者，遇相（正）君，曰：「貴爲天下母。」是時，宣帝世，元帝爲太子，穉君乃因魏郡都尉納之太子，太子幸之，生子君上。宣帝崩，太子立，正君爲皇后，君上爲太子。元帝崩，太子立，是爲成帝，正君爲皇太后，竟爲天下母。夫正君之相當爲天下母，而前所許二家及趙王，爲無天下父之相，故未行而二夫死，趙王薨。是則二夫、趙王無帝王大命，而正君不當與三家相遇之驗也。

王充《論衡・佚文篇》 孝成皇帝讀百篇《尚書》，博士郎吏莫能曉知，徵天下能爲《尚書》者。東海張霸通《左氏春秋》，案百篇序，以《左氏》訓詁，造作百二篇，具成奏上。成帝出祕《尚書》以考校之，無一字相應者。成帝下霸於吏，吏當器辜大不謹敬。成帝奇霸之才，赦其辜，亦不滅（滅）其經，故百二《尚書》傳在民間。孔子曰：「才難。」能推精思，作經百篇，才高卓遹，希有之人也。成帝赦之，

多其文也。雖姦非實，次序篇句，依倚事類，有似真是，故不燒滅之。疏一櫝，相遣(遺)以書，書十數札，奏記長吏，文成可觀，讀之滿意，百不能一。張霸推精思至於百篇，漢世實(寡)類，成帝赦之，不亦宜乎？楊子山爲郡上記吏，見三府爲《哀牢傳》不能成，歸郡作上，孝明奇之，徵在蘭臺。夫以三府掾吏(史)叢積成才，不能成一篇，子山成之，上覽其文。子山之傳，豈必審是？傳聞依爲之有狀，會三府之士，終不能爲，子山爲之，斯須不難。成帝赦張霸，豈不有以哉？

《漢書》卷二一下《律曆志下》 成帝建始、河平、陽朔、鴻嘉、永始、元延各四年，綏和二年，著《紀》即位二十六年。

《漢書》卷二三《刑法志》 至成帝河平中，復下詔曰：「《甫刑》云『五刑之屬三千，大辟之罰其屬二百』，今大辟之刑千有餘條，律令煩多，百有餘萬言，奇請它比，日以益滋，自明習者不知所由，欲以曉喻衆庶，不亦難乎！於以羅元元之民，夭絶亡辜，豈不哀哉！其與中二千石、二千石、博士及明習律令者議減死刑及可蠲除約省者，令較然易知，條奏。《書》不云乎？『惟刑之恤哉！』其審核之，務準古法，朕將盡心覽焉。」有司無仲山父將明之材，不能因時廣宣主恩，建立明制，爲一代之法，而徒鉤摭微細，毛舉數事，以塞詔而已。是以大議不立，遂以至今。議者或曰，法難數變，此庸人不達，疑塞治道，聖智之所常患者也。故略舉漢興以來，法令稍定而合古便今者。【略】

至成帝鴻嘉元年，定令：「年未滿七歲，賊鬭殺人及犯殊死者，上請廷尉以聞，得減死。」合於三赦幼弱老眊之人。此皆法令稍定，近古而便民者也。

《漢書》卷二五下《郊祀志下》 成帝初即位，丞相衡、御史大夫譚奏言：「帝王之事莫大乎承天之序，承天之序莫重於郊祀，故聖王盡心極慮以建其制。祭天於南郊，就陽之義也；瘞地於北郊，即陰之象也。天之於天子也，因其所都而各饗焉。往者，孝武皇帝居甘泉宮，即於雲陽立泰畤，祭於宮南。今行常幸長安，郊見皇天反北之泰陰，祠后土反東之少陽，事與古制殊。又至雲陽，行谿谷中，阸陜且百里，汾陰則渡大川，有風波舟楫之危，皆非聖主所宜數乘。郡縣治道共張，吏民困苦，百官煩費。勞所保之民，行危險之地，難以奉神靈而祈福祐，殆未合於承天子民之意。昔者周文武郊於豐鄗，成王郊於雒邑。由此觀之，天隨王者所居而饗之，可見也。甘泉泰畤、河東后土之祠宜可徙置長安，合於古帝王。願與羣臣議定。」奏可。大司馬車騎將軍許嘉等八人以爲所從來久遠，宜如故。右將軍王商、博士師丹、議郎翟方進等五十人以爲《禮記》曰「燔柴於太壇，祭天也；瘞薶於大折，祭地也」。兆於南郊，所以定天位也。祭地於大折，在北郊，就陰位也。郊處各在聖王所都之南北。《書》曰「越三日丁巳，用牲於郊，牛二」。周公加牲，告徙新邑，定郊禮於雒。明王聖主，事天明，事地察。天地明察，神明章矣。天地以王者爲主，故聖王制祭天地之禮必於國郊。長安，聖主之居，皇天所觀視也。甘泉、河東之祠非神靈所饗，宜徙就正陽大陰之處。違俗復古，循聖制，定天位，如禮便。於是衡、譚奏議曰：「陛下聖德，忽明上通，承天之大，典覽羣下，使各悉心盡慮，議郊祀之處，天下幸甚。臣聞廣謀從衆，則合於天心，故《洪範》曰『三人占，則從二人言』，言少從多之義也。論當往古，宜於萬民，則依而從之；違道寡與，則廢而不行。今議者五十八人，其五十人言當徙之義，皆著於經傳，同於上世，便於吏民；八人不案經藝，考古制，而以爲不宜，無法之議，難以定吉凶。《太誓》曰：『正稽古立功立事，可以永年，丕天之大律。』《詩》曰『毋曰高高在上，陟降厥士，日監在茲』，言天之日監王者之處也。又曰『乃眷西顧，此維予宅』，言天以文王之都爲居也。宜於長安定南北郊，爲萬世基。」天子從之。

既定，衡言：「甘泉泰畤紫壇，八觚宣通象八方。五帝壇周環其下，又有羣神之壇。以《尚書》禋六宗、望山川、徧羣神之義，紫壇有文章采鏤黼黻之飾及玉、女樂，石壇、僊人祠，瘞鸞路、騂駒、寓龍馬，不能得其象於古。臣聞郊(紫壇)〔柴〕饗帝之義，埽地而祭，上質也。歌大呂舞《雲門》以竢天神，歌太蔟舞《咸池》以竢地祇，其牲用犢，其席槀稭，其器陶匏，皆因天地之性，貴誠上質，不敢修其文也。以爲神祇功德至大，雖修精微而備庶物，猶不足以報功，唯至誠爲可，(致)〔故〕上質不飾，以章天德。紫壇僞飾女樂、鸞路、騂駒、龍馬、石壇之屬，宜皆勿修。」

衡又言：「王者各以其禮制事天地，非因異世所立而繼之。今雍鄜、密、上下畤，本秦侯各以其意所立，非禮之所載術也。漢興之初，儀制未及定，即且因秦故祠，復立北畤。今既稽古，建定天地之大禮，郊見上帝，青赤白黃黑五方之帝皆畢陳，各有位饌，祭祀備具。諸侯所妄造，王者不當長遵。及北畤，未定時所立，不宜復修。」天子皆從焉。及陳寶祠，由是皆罷。

明年，上始祀南郊，赦奉郊之縣及中都官耐罪囚徒。是歲衡、譚復條奏：「長安廚官縣官給祠郡國候神方士使者所祠，凡六百八十三所，其二百八所應禮，及疑無明文，可奉祠如故。其餘四百七十五所不應禮，或復重，請皆罷。」奏

可。本雍舊祠二百三所，唯山川諸星十五所爲應禮云。若諸布、諸嚴、諸逐，皆罷。杜主有五祠，置其一。又罷高祖所立梁、晉、秦、荆巫、九天、南山、萊中之屬，及孝文渭陽、孝武薄忌泰一、三一、黄帝、冥羊、馬行、泰一、皋山山君、武夷、夏后啓母石、萬里沙、八神、延年之屬，及孝宣參山、蓬山、之罘、成山、萊山、四時、蚩尤、勞谷、五牀、僊人、玉女、徑路、黄帝、天神、原水之屬，皆罷。候神方士使者副佐、本草待詔七十餘人皆歸家。

明年，匡衡坐事免官爵。衆庶多言不當變動祭祀者。又初罷甘泉泰畤作南郊日，大風壞甘泉竹宫，折拔畤中樹木十圍以上百餘。天子異之，以問劉向。對曰：「家人尚不欲絶種祠，況於國之神寶舊畤！且甘泉、汾陰及雍五畤始立，皆有神祇感應，然後營之，非苟而已也。武、宣之世，奉此三神，禮敬敕備，神光尤著。祖宗所立神祇舊位，誠未易動。及陳寶祠，自秦文公至今七百餘歲矣，漢興世世常來，光色赤黄，長四五丈，直祠而息，音聲砰隱，野雞皆雊。每見雍太祝祠以太牢，遣候者乘一乘傳馳詣行在所，以爲福祥。高祖時五來，文帝二十六來，武帝七十五來，宣帝二十五來，初元元年以來亦二十來，此陽氣舊祠也。及漢宗廟之禮，不得擅議，皆祖宗之君與賢臣所共定。古今異制，經無明文，至尊至重，難以疑説正也。前始納貢禹之議，後人相因，多所動摇。《易大傳》曰：『誣神者殃及三世。』恐其咎不獨止禹等。」上意恨之。

後上以無繼嗣故，令皇太后詔有司曰：「蓋聞王者承事天地，交接泰一，尊莫著於祭祀。孝武皇帝大聖通明，始建上下之祀，營泰畤於甘泉，定后土於汾陰，而神祇安之，饗國長久，子孫蕃滋，累世遵業，福流於今。今皇帝寬仁孝順，奉循聖緒，靡有大愆，而久無繼嗣。思其咎職，殆在徙南北郊，違先帝之制，改神祇舊位，失天地之心，以妨繼嗣之福。春秋六十，未見皇孫，食不甘味，寢不安席，朕甚悼焉。《春秋》大復古，善順祀。其復甘泉泰畤，汾陰后土如故，及雍五畤、陳寶祠在陳倉者。」天子復親郊禮如前。又復長安、雍及郡國祠著明者且半。

成帝末年頗好鬼神，亦以無繼嗣故，多上書言祭祀方術者，皆得待詔，祠祭上林苑中長安城旁，費用甚多，然無大貴盛者。谷永説上曰：「臣聞明於天地之性，不可或以神怪；知萬物之情，不可罔以非類。諸背仁義之正道，不遵《五經》之法言，而盛稱奇怪鬼神，廣崇祭祀之方，求報無福之祠，及言世有僊人，服食不終之藥，遥興輕舉，登遐倒景，覽觀縣圃，浮游蓬萊，耕耘五德，朝種暮穫，與山石無極，黄冶變化，堅冰淖溺，化色五倉之術者，皆姦人惑衆，挾左道，懷詐僞，以欺罔世主。聽其言，洋洋滿耳，若將可遇；求之，盪盪如係風捕景，終不可得。是以明王距而不聽，聖人絶而不語。昔周史萇弘欲以鬼神之術輔尊靈王會朝諸侯，而周室愈微，諸侯愈叛。楚懷王隆祭祀，事鬼神，欲以獲福助，卻秦師，而兵挫地削，身辱國危。秦始皇初并天下，甘心於神僊之道，遣徐福、韓終之屬多齎童男童女入海求神采藥，因逃不還，天下怨恨。漢興，新垣平、齊人少翁、公孫卿、樂大等，皆以僊人黄冶祭祠事鬼使物入海求神采藥貴幸，賞賜累千金。大尤尊盛，至妻公主，爵位重絫，震動海内。元鼎、元封之際，燕齊之間方士瞋目扼掔，言有神僊祭祀致福之術者以萬數。其後，平等皆以術窮詐得，誅夷伏辜。至初元中，有天淵玉女、鉅鹿神人、轑陽侯師張宗之姦，紛紛復起。夫周秦之末，三五之隆，已嘗專意散財，厚爵禄，竦精神，舉天下以求之矣。曠日經年，靡有毫氂之驗，足以揆今。經曰：『享多儀，儀不及物，惟曰不享。』《論語》説曰：『子不語怪神。』唯陛下距絶此類，毋令姦人有以窺朝者。」上善其言。

後成都侯王商爲大司馬衛將軍輔政，杜鄴説商曰：「『東鄰殺牛，不如西鄰之瀹祭』，言奉天之道，貴以誠質大得民心也。行穢祀豐，猶不蒙祐；德修薦薄，吉必大來。古者壇場有常處，尞禋有常用，贊見有常禮；犧牲玉帛雖備而財不匱，車輿臣役雖動而用不勞。是故每(奉)〔舉〕其禮，助者歡説，大路所歷，黎元不知。今甘泉、河東天地郊祀，咸失方位，違陰陽之宜。及雍五畤皆曠遠，奉尊之役休而復起，繕治共張無解已時，皇天著象殆可略知。前上甘泉，先敺失道；禮月之夕，奉引復迷。祠后土還，臨河當渡，疾風起波，船不可御。又雍大雨，壞平陽宫垣。乃三月甲子，震電災林光宫門。祥瑞未著，咎徵仍臻。迹三郡所奏，皆有變故。不答不饗，何以甚此！《詩》曰『率由舊章』。舊章，先王法度，文王以之，交神于祀，子孫千億。宜如異時公卿之議，復還長安南北郊。」

後數年，成帝崩，皇太后詔有司曰：「皇帝即位，思順天心，遵經義，定郊禮，天下説憙。懼未有皇孫，故復甘泉泰畤、汾陰后土，庶幾獲福。皇帝恨難之，卒未得其祐。其復南北郊長安如故，以順皇帝之意也。」

皇甫謐《帝王世紀》卷七 成帝廟名池陽。

葛洪《西京雜記》卷一 成帝設雲帳、雲幄、雲幕於甘泉紫殿，世謂三雲殿。

葛洪《西京雜記》卷二 成帝好蹴踘，羣臣以蹴踘爲勞體，非至尊所宜。帝曰：「朕好之，可擇似而不勞者奏之。」家君作彈棊以獻，帝大悦，賜青羔裘、紫絲履，服以朝覲。

王嘉《拾遺記》卷六　漢成帝好微行，於太液池旁起宵遊宮，以漆爲柱，鋪黑綈之幕，器服乘輿，皆尚黑色。既悅於暗行，憎燈燭之照。宮中美御，皆服皂衣，自班婕妤以下，咸帶玄綬，衣珮雖加錦繡，更以木蘭紗綃罩之。至宵遊宮，乃秉燭。宴幸既罷，静鼓自舞，而步不揚塵。好夕出遊。造飛行殿，方一丈，如今之輦，選羽林之士，負之以趨。帝於輦上，覺其行快疾，聞其中若風雷之聲，言其行疾也，名曰「雲雷宮」。所幸之宮，咸以氈綈藉地，惡車轍馬跡之喧。雖惑於微行昵宴，在民無勞無怨。每乘輿返駕，以愛幸之姬寶衣珍食，捨於道傍，國人之窮老者皆歌「萬歲」。是以鴻嘉、永始之間，國富家豐，兵戈長戢。故劉向、谷永指言切諫。於是焚宵遊宮及飛行殿，罷宴逸之樂。所謂從繩則正，如轉圜焉。

帝常以三秋閑日，與飛燕戲於太液池，以沙棠木爲舟，貴其不沉没也。以雲母飾於鷁首，一名「雲舟」。又刻大桐木爲虬龍，雕飾如真，以夾雲舟而行。以紫桂爲柂枻。及觀雲棹水，玩擷菱蕖，帝每憂輕蕩，以驚飛燕，令佽飛之士，以金鎖纜雲舟於波上。每輕風時至，飛燕殆欲隨風入水。帝以翠纓結飛燕之裙，遊倦乃返。飛燕後漸見疏，常怨曰：「妾微賤，何復得預纓裙之遊？」今太液池尚有避風臺，即飛燕結裙之處。

劉義慶《世説新語》卷下《賢媛》　漢成帝幸趙飛燕，飛燕讒班婕妤祝詛，於是考問，辭曰：「妾聞死生有命，富貴在天。修善尚不蒙福，爲邪欲以何望？若鬼神有知，不受邪佞之訴；若其無知，訴之何益？故不爲也。」

酈道元《水經注》卷一九《渭水》　漢成帝建始二年，造延陵爲初陵，以爲非吉，于霸曲亭南更營之。鴻嘉元年，于新豐戲鄉爲昌陵縣，以奉初陵。永始元年，詔以昌陵卑下，客土疏懸，不可爲萬歲居，其罷陵作，令吏民反，故徙將作大匠解萬年燉煌。《關中記》曰：昌陵在霸城東二十里，取土東山，與粟同價，所費巨萬，積年無成。即此處也。

李吉甫《元和郡縣圖志》卷一《關内道一·咸陽縣》　延陵，成帝陵也，在縣西北十三里。

洪邁《容齋隨筆》卷九《辛慶忌》　漢成帝將立趙飛燕爲皇后，怒劉輔直諫，囚之掖廷獄，左將軍辛慶忌等上書救輔，遂得減死。朱雲請斬張禹，上怒，將殺之，慶忌免冠解印綬，叩頭殿下，曰：「此臣素著狂直，臣敢以死爭。」叩頭流血。上意解，然後得已。慶忌此兩事，可與汲黯、王章同科。班史不書於本傳，但言其爲國虎臣，匈奴、西域敬其威信而已。方争朱雲時，公卿在前，曾無一人助之以請，爲可羞也。

備論

《漢書》卷一〇《成帝紀贊》　臣之姑充後宫爲婕妤，父子昆弟侍帷幄，數爲臣言成帝善修容儀，升車正立，不内顧，不疾言，不親指，臨朝淵嘿，尊嚴若神，可謂穆穆天子之容者矣！博覽古今，容受直辭。公卿稱職，奏議可述。遭世承平，上下和睦。然湛于酒色，趙氏亂内，外家擅朝，言之可爲於邑。建始以來，王氏始執國命，哀、平短祚，莽遂篡位，蓋其威福所由來者漸矣！

《漢書》卷一〇〇下《敘傳下》　孝成煌煌，臨朝有光，威儀之盛，如圭如璋。壼闈恣趙，朝政在王，炎炎燎火，亦允不陽。

《全宋文》卷四二五八劉子翬《漢書雜論上》　成帝惑於昭儀，自殺絶其嗣子；哀帝惑於董賢，而欲遜以大位。人君一有所惑，舉其甚重而不顧焉，亦可謂昏愚矣。

中謁者丞陳臨殺司隸校尉轅豐於殿中，以此知成帝之時紀綱不肅甚矣。殺人不忌曰賊，况近在宫掖間耶？國柄移於王氏，不足怪也。

藝文

《樂府詩集·雜歌謡辭·漢成帝〔時〕燕燕童謡》　《漢書·五行志》曰：「成帝時童謡，後帝爲微行出遊，常與富平侯張放俱稱富平侯家人，過陽阿主作樂，見舞者趙飛燕而幸之，故曰『燕燕尾涎涎』，美好貌也。『張公子』，謂富平侯也。『木門倉琅根』，（爲）〔謂〕宫門銅鍰，言將尊貴也。後遂立爲皇后，與弟昭儀賊害後宫皇子，卒皆伏辜，所謂『燕飛來，啄皇孫，皇孫死，燕啄矢』者也。」

燕燕尾涎涎，張公子，時相見。木門倉琅根。燕飛來，啄皇孫，皇孫死，燕啄矢。

《樂府詩集·雜歌謡辭·漢成帝時歌謡》　《漢書·五行志》曰：「成帝時歌

謡也。桂，赤色，漢家象。華不實，無繼嗣也。王莽自謂黃象，黃爵巢其顛也。」邪徑敗良田，讒口亂善人。桂樹華不實，黃爵巢其顛。故爲人所羨，今爲人所憐。

《全唐詩》卷一五六王翰《飛燕篇》 孝成皇帝本嬌奢，行幸平陽公主家。可憐女兒三五許，丰茸惜是一園花。歌舞向來人不貴，一旦逢君感君意。君心見賞不見忘，姊妹雙飛入紫房。紫房綵女不得見，專榮固寵昭陽殿。紅妝寶鏡珊瑚臺，青瑣銀簧雲母扇。日夕風傳歌舞聲，祇擾長信憂人情。長信憂人氣欲絶，君王歌吹終不歇。朝弄瓊簫下綵雲，夜踏金梯上明月。明月薄蝕陽精昏，嬌妒傾城惑至尊。已見白虹横紫極，復聞飛燕啄皇孫。皇孫不死燕啄折，女弟一朝如火絶。明明天子咸戒之，赫赫宗周褒姒滅。古來賢聖歎狐裘，一國荒淫萬國羞。安得上方斷馬劍，斬取朱門公子頭。

《全唐詩》卷二三五賈至《贈薛瑶英》（元載末年，納薛瑶英爲姬，以體輕不勝重衣，於外國求龍綃衣之。惟至及楊炎與載善，得見其歌舞。各贈詩。）舞怯銖衣重，笑疑桃臉開。方知漢成帝，虛築避風臺。

《全唐詩》卷四九二殷堯藩《漢宫詞三首》（之一） 成帝夫人淚滿懷，璧宫相趁落空階。可憐玉貌花前死，惟有君恩白燕釵。

劉向部

綜述

《漢書》卷三六《劉向傳》 向字子政，本名更生。年十二，以父德任爲輦郎。既冠，以行修飭擢爲諫大夫。是時，宣帝循武帝故事，招選名儒俊材置左右。更生以通達能屬文辭，與王襃、張子僑等並進對，獻賦頌凡數十篇。上復興神僊方術之事，而淮南有《枕中鴻寶苑祕書》，書言神僊使鬼物爲金之術，及鄒衍重道延命方，世人莫見，而更生父德武帝時治淮南獄得其書。更生幼而讀誦，以爲奇，獻之，言黄金可成。上令典尚方鑄作事，費甚多，方不驗。上乃下更生吏，吏劾更生鑄僞黄金，繫當死。更生兄陽城侯安民上書，入國户半，贖更生罪。上亦奇其材，得踰冬減死論。會初立《穀梁春秋》，徵更生受《穀梁》，講論《五經》於石渠。復拜爲郎中、給事黄門，遷散騎、諫大夫、給事中。

元帝初即位，太傅蕭望之爲前將軍，少傅周堪爲諸吏光禄大夫，皆領尚書事，甚見尊任。更生年少於望之、堪，然二人重之，薦更生宗室忠直，明經有行，擢爲散騎宗正給事中，與侍中金敞拾遺於左右。四人同心輔政，患苦外戚許、史在位放縱，而中書宦官弘恭、石顯弄權。望之、堪、更生議，欲白罷退之。未白而語泄，遂爲許、史及恭、顯所譖愬，堪、更生下獄，及望之皆免官。語在《望之傳》。其春地震，夏，客星見昴、卷舌間。上感悟，下詔賜望之爵關内侯，奉朝請。秋，徵堪、向，欲以爲諫大夫，恭、顯白皆爲中郎。冬，地復震。時恭、顯、許、史子弟侍中諸曹，皆側目於望之等，更生懼焉，乃使其外親上變事，言：

竊聞故前將軍蕭望之等，皆忠正無私，欲致大治，忤於貴戚尚書。今道路人聞望之等復進，以爲且復見毁讒，必曰嘗有過之臣不宜復用，是不大然。臣聞春秋地震，爲在位執政太盛也，不爲三獨夫動，亦已明矣。且往者高皇帝時，季布有罪，至於夷滅，後赦以爲將軍，高后、孝文之間卒爲名臣。孝武帝時，兒寬有重罪繫，按道侯韓説諫曰：「前吾丘壽王死，陛下至今恨之；今殺寬，後將復大恨矣！」上感其言，遂貫寬，復用之，位至御史大夫，御史大夫未有及寬者也。又董仲舒坐私爲災異書，主父偃取奏之，下吏，罪至不道，幸蒙不誅，復爲太中大夫，膠西相，以老病免歸。漢有所欲興，常有詔問。仲舒爲世儒宗，定議有益天下。孝宣皇帝時，夏侯勝坐誹謗繫獄三年，免爲庶人。宣帝復用勝，至長信少府，太子太傅，名敢直言，天下美之。若乃羣臣，多此比類，難一一記。有過之臣，無負國家，有益天下，此四臣者，足以觀矣。

前弘恭奏望之等獄決，三月，地大震。恭移病出，後復視事，天陰雨雪。由是言之，地動殆爲恭等。

臣愚以爲宜退恭、顯以章蔽善之罰，進望之等以通賢者之路。如此，太平之門開，災異之原塞矣。

書奏，恭、顯疑其更生所爲，白請考姦詐。辭果服，遂逮更生繫獄，下太傅韋玄成、諫大夫貢禹，與廷尉雜考。劾更生前爲九卿，坐與望之、堪謀排車騎將軍高、許、史氏侍中者，毁離親戚，欲退去之，而獨專權。爲臣不忠，幸不伏誅，復蒙恩徵用，不悔前過，而教令人言變事，誣罔不道。更生坐免爲庶人。而望之亦坐使子上書自寃前事，恭、顯白令詣獄置對。望之自殺。天子甚悼恨之，乃擢周堪爲光禄勳，堪弟子張猛光禄大夫給事中，大見信任。恭、顯憚之，數譖毁焉。更生見堪、猛在位，幾已得復進，懼其傾危，乃上封事諫曰：

臣前幸得以骨肉備九卿，奉法不謹，乃復蒙恩。竊見災異並起，天地失常，徵表爲國。欲終不言，念忠臣雖在甽畝，猶不忘君，惓惓之義也，況重以骨肉之親，又加以舊恩未報乎！欲竭愚誠，又恐越職，然惟二恩未報，忠臣之義，一杼愚意，退就農畝，死無所恨。

臣聞舜命九官，濟濟相讓，和之至也。衆賢和於朝，則萬物和於野。故《簫韶》九成，而鳳皇來儀；擊石拊石，百獸率舞。四海之内，靡不和寧。及至周文，開基西郊，雜遝衆賢，罔不肅和，崇推讓之風，以銷分争之訟。文王既没，周公思慕，歌詠文王之德，其《詩》曰：「於穆清廟，肅雍顯相；濟濟多士，秉文之德。」當此之時，武王、周公繼政，朝臣和於内，萬國驩於外，故盡得其驩心，以事其先祖。其《詩》曰：「有來雍雍，至止肅肅，相維辟公，天子穆穆。」言四方皆以和來也。諸侯和於下，天應報於上，故《周頌》曰「降福穰穰」，又曰「飴我釐麰」。釐麰，麥也，始自天降。此皆以和致和，獲天助也。

下至幽、厲之際，朝廷不和，轉相非怨，詩人疾而憂之曰：「民之無良，

相怨一方。」衆小在位而從邪議，歙歙相是而背君子，故其《詩》曰：「歙歙訿訿，亦孔之哀！謀之其臧，則具是違；謀之不臧，則具是依。」君子獨處守正，不橈衆枉，勉彊以從王事則反見憎毒讒愬，故其《詩》曰：「密勿從事，不敢告勞，無罪無辜，讒口嗸嗸！」當是之時，日月薄蝕而無光，其《詩》曰：「朔日辛卯，日有蝕之，亦孔之醜！」又曰：「彼月而微，此日而微，今此下民，亦孔之哀！」又曰：「日月鞠凶，不用其行；四國無政，不用其良！」天變見於上，地變動於下，水泉沸騰，山谷易處。其《詩》曰：「百川沸騰，山冢卒崩，高岸爲谷，深谷爲陵。哀今之人，胡憯莫懲！」霜降失節，不以其時，其《詩》曰：「正月繁霜，我心憂傷；民之訛言，亦孔之將！」言民以是爲非，甚衆大也。此皆不和，賢不肖易位之所致也。

自此之後，天下大亂，篡殺殃禍並作，厲王奔彘，幽王見殺。至乎平王末年，魯隱之始即位也，周大夫祭伯乖離不和，出奔於魯，而《春秋》爲諱，不言來奔，傷其禍殃自此始也。是後尹氏世卿而專恣，諸侯背畔而不朝，周室卑微。二百四十二年之間，日食三十六，地震五，山陵崩阤二，彗星三見，夜常星不見，夜中星隕如雨一，火災十四。長狄入三國，五石隕墜，六鶂退飛，多麋，有蜮、蜚，鸜鵒來巢者，皆一見。晝冥晦。雨木冰。李梅冬實。七月霜降，草木不死。八月殺菽。大雨雹。雨雪雷霆失序相乘。水、旱、饑，蝝、螽、螟蠭午並起。當是時，禍亂輒應，弒君三十六，亡國五十二，諸侯奔走，不得保其社稷者，不可勝數也。周室多禍：晉敗其師於貿戎；伐其郊；鄭傷桓王；戎執其使；衛侯朔召不往，齊逆命而助朔；五大夫爭權，三君更立，莫能正理。遂至陵夷不能復興。

由此觀之，和氣致祥，乖氣致異；祥多者其國安，異衆者其國危，天地之常經，古今之通義也。今陛下開三代之業，招文學之士，優游寬容，使得並進。今賢不肖渾殽，白黑不分，邪正雜糅，忠讒並進。章交公車，人滿北軍。朝臣舛午，膠戾乖剌，更相讒愬，轉相是非。傳授增加，文書紛糾，前後錯繆，毀譽渾亂。所以營或耳目，感移心意，不可勝載。分曹爲黨，往往羣朋，將同心以陷正臣。正臣進者，治之表也；正臣陷者，亂之機也。乘治亂之機，未知孰任，而災異數見，此臣所以寒心者也。夫乘權藉勢之人，子弟鱗集於朝，羽翼陰附者衆，輻湊於前，毀譽將必用，以終乖離之咎。是以日月無光，雪霜夏隕，海水沸出，陵谷易處，列星失行，皆怨氣之所致也。夫遵衰周之軌迹，循詩人之所刺，而欲以成太平，致雅頌，猶卻行而求及前人也。初元以來六年矣，案《春秋》六年之中，災異未有稠如今者也。夫有《春秋》之異，無孔子之救，猶不能解紛，況甚於《春秋》乎？

原其所以然者，讒邪並進也。讒邪之所以並進者，由上多疑心，既已用賢人而行善政，如或譖之，則賢人退而善政還。夫執狐疑之心者，來讒賊之口；持不斷之意者，開羣枉之門。讒邪進則衆賢退，羣枉盛則正士消。故《易》有《否》《泰》。小人道長，君子道消，君子道消，則政日亂，故爲否。否者，閉而亂也。君子道長，小人道消，小人道消，則政日治，故爲泰。泰者，通而治也。《詩》又云「雨雪麃麃，見晛聿消」，與《易》同義。昔者鯀、共工、驩兜與舜、禹雜處堯朝，周公與管、蔡並居周位，當是時，迭進相毀，流言相謗，豈可勝道哉！帝堯、成王能賢舜、禹、周公而消共工、管、蔡，故以大治，榮華至今。孔子與季、孟偕仕於魯，李斯與叔孫俱宦於秦，定公、始皇賢季、孟、李斯而消孔子、叔孫，故以大亂，污辱至今。故治亂榮辱之端，在所信任；信任既賢，在於堅固而不移。《詩》云「我心匪石，不可轉也」。言守善篤也。《易》曰「渙汗其大號」。言號令如汗，汗出而不反者也。今出善令，未能踰時而反，是反汗也；用賢未能三旬而退，是轉石也。《論語》曰：「見不善如探湯。」今二府奏佞讇不當在位，歷年而不去。故出令則如反汗，用賢則如轉石，去佞則如拔山，如此望陰陽之調，不亦難乎！

是以羣小窺見間隙，緣飾文字，巧言醜詆，流言飛文，譁於民間。故《詩》云：「憂心悄悄，愠于羣小。」小人成羣，誠足愠也。昔孔子與顏淵、子貢更相稱譽，不爲朋黨；禹、稷與皋陶傳相汲引，不爲比周。何則？忠於爲國，無邪心也。故賢人在上位，則引其類而聚之於朝，《易》曰「飛龍在天，大人聚也」；在下位，則思與其類俱進，《易》曰「拔茅茹以其彙，征吉」。在上則引其類，在下則推其類，故湯用伊尹，不仁者遠，而衆賢至，類相致也。今佞邪與賢臣並在交戟之內，合黨共謀，違善依惡，歙歙訿訿，數設危險之言，欲以傾移主上。如忽然用之，此天地之所以先戒，災異之所以重至者也。

自古明聖，未有無誅而治者也。故舜有四放之罰，而孔子有兩觀之誅，然後聖化可得而行也。今以陛下明知，誠深思天地之心，迹察兩觀之誅，覽《否》《泰》之卦，觀雨雪之詩，歷周、唐之所進以爲法，原秦、魯之所消以爲

戒，考祥應之福，省災異之禍，以揆當世之變，放遠佞邪之黨，壞散險詖之聚，杜閉羣枉之門，廣開衆正之路，決斷狐疑，分別猶豫，使是非炳然可知，則百異消滅，而衆祥並至，太平之基，萬世之利也。

臣幸得託肺附，誠見陰陽不調，不敢不通所聞。竊推《春秋》災異，以（効）〔救〕今事一二，條其所以，不宜宣泄。臣謹重封昧死上。

恭、顯見其書，愈與許、史比而怨更生等。堪性公方，自見孤立，遂直道而不曲。是歲夏寒，日青無光，恭、顯及許、史皆言堪、猛用事之咎。上内重堪，又患衆口之寖潤，無所取信。時長安令楊興以材能幸，常稱譽堪。上欲以爲助，乃見問興：「朝臣齗齗不可光禄勳，何（也）〔邪〕？」興者傾巧士，謂上疑堪，因順指曰：「堪非獨不可於朝廷，自州里亦不可也。臣見衆人聞堪前與劉更生等謀毁骨肉，以爲當誅，故臣前言堪不可誅傷，爲國養恩也。」上曰：「然此何罪而誅？今宜奈何？」興曰：「臣愚以爲可賜爵關内侯，食邑三百户，勿令典事。明主不失師傅之恩，此最策之得者也。」上於是疑。會城門校尉諸葛豐亦言堪、猛短，上因發怒免豐。語在其傳。又曰：「豐言堪、猛貞信不立，朕閔而不治，又惜其材能未有所効，其左遷堪爲河東太守，猛槐里令。」

顯等專權日甚。後三歲餘，孝宣廟闕災，其晦，日有蝕之。於是上召諸前言日變在堪、猛者責問，皆稽首謝。乃因下詔曰：「河東太守堪，先帝賢之，命而傅朕。資質淑茂，道術通明，論議正直，秉心有常，發憤悃愊，信有憂國之心。以不能阿尊事貴，孤特寡助，抑厭遂退，卒不克明。往者衆臣見異，不務自修，深惟其故，而反晻昧説天，託咎此人。朕不得已，出而試之，以彰其材。堪出之後，大變仍臻，衆亦嘿然。堪治未期年，而三老官屬有識之士詠頌其美，使者過郡，靡人不稱。此固足以彰先帝之知人，而朕有以自明也。俗人乃造端作基，非議詆欺，或引幽隱，非所宜明，意疑以類，欲以陷之，朕亦不取也。朕迫于俗，不得專心，乃者天著大異，朕甚懼焉。今堪年衰歲暮，恐不得自信，排於異人，將安究之哉？其徵堪詣行在所。」拜爲光禄大夫，秩中二千石，領尚書事。猛復爲太中大夫給事中。顯幹尚書〔事〕，尚書五人，皆其黨也。堪希得見，常因顯白事，事決顯口。會堪疾瘖，不能言而卒。顯誣譖猛，令自殺於公車。更生傷之，乃著《疾讒》、《擿要》、《救危》及《世頌》，凡八篇，依興古事，悼己及同類也。遂廢十餘年。

成帝即位，顯等伏辜，更生乃復進用，更名向。向以故九卿召拜爲中郎，使領護三輔都水。數奏封事，遷光禄大夫。是時帝元舅陽平侯王鳳爲大將軍秉政，倚太后，專國權，兄弟七人皆封爲列侯。時數有大異，向以爲外戚貴盛，鳳兄弟用事之咎。而上方精於《詩》《書》，觀古文，詔向領校中《五經》祕書。向見《尚書·洪範》，箕子爲武王陳五行陰陽休咎之應。向乃集合上古以來歷春秋六國至秦漢符瑞災異之記，推迹行事，連傳禍福，著其占驗，比類相從，各有條目，凡十一篇，號曰《洪範五行傳論》，奏之。天子心知向忠精，故爲鳳兄弟起此論也，然終不能奪王氏權。

久之，營起昌陵，數年不成，復還歸延陵，制度泰奢。向上疏諫曰：

臣聞《易》曰：「安不忘危，存不忘亡，是以身安而國家可保也。」故賢聖之君，博觀終始，窮極事情，而是非分明。王者必通三統，明天命所授者博，非獨一姓也。孔子論《詩》，至於「殷士膚敏，祼將于京」，喟然歎曰：「大哉天命！善不可不傳于子孫，是以富貴無常；不如是，則王公其何以戒慎，民萌何以勸勉？」蓋傷微子之事周，而痛殷之亡也。雖有堯舜之聖，不能化丹朱之子；雖有禹湯之德，不能訓末孫之桀紂。自古及今，未有不亡之國也。昔高皇帝既滅秦，將都雒陽，感寤劉敬之言，自以德不及周，而賢於秦，遂徙都關中，依周之德，因秦之阻。世之長短，以德爲効，故常戰栗，不敢諱亡。孔子所謂「富貴無常」，蓋謂此也。

孝文皇帝居霸陵，北臨廁，意悽愴悲懷，顧謂羣臣曰：「嗟乎！以北山石爲椁，用紵絮斮陳漆其間，豈可動哉！」張釋之進曰：「使其中有可欲，雖錮南山猶有隙；使其中無可欲，雖無石椁，又何慼焉？」夫死者無終極，而國家有廢興，故釋之之言，爲無窮計也。孝文寤焉，遂薄葬，不起山墳。

《易》曰：「古之葬者，厚衣之以薪，臧之中野，不封不樹。後世聖人易之以棺椁。」棺椁之作，自黄帝始。黄帝葬於橋山，堯葬濟陰，丘壠皆小，葬具甚微。舜葬蒼梧，二妃不從。禹葬會稽，不改其列。殷湯無葬處。文、武、周公葬於畢，秦穆公葬於雍橐泉宫祈年館下，樗里子葬於武庫，皆無丘隴之處。此聖帝明王賢君智士遠覽獨慮無窮之計也。其賢臣孝子亦承命順意而薄葬之，此誠奉安君父，忠孝之至也。

夫周公，武王弟也，葬兄甚微。孔子葬母於防，稱古墓而不墳，曰：「丘，東西南北之人也，不可不識也。」爲四尺墳，遇雨而崩。弟子修之，以告

孔子，孔子流涕曰：「吾聞之，古〔者〕不修墓。」蓋非之也。延陵季子適齊而反，其子死，葬於嬴、博之間，穿不及泉，斂以時服，封墳掩坎，其高可隱，而號曰：「骨肉歸復於土，命也，魂氣則無不之也。」夫嬴、博去吳千有餘里，季子不歸葬。孔子往觀曰：「延陵季子於禮合矣。」故仲尼孝子，而延陵慈父，舜禹忠臣，周公弟弟，其葬君親骨肉，皆微薄矣；非苟爲儉，誠便於體也。宋桓司馬爲石椁，仲尼曰「不如速朽」。秦相吕不韋集知略之士而造《春秋》，亦言薄葬之義，皆明於事情者也。

逮至吳王闔閭，違禮厚葬，十有餘年，越人發之。及秦惠文、武、昭、嚴襄五王，皆大作丘隴，多其瘞臧，咸盡發掘暴露，甚足悲也。秦始皇帝葬於驪山之阿，下錮三泉，上崇山墳，其高五十餘丈，周回五里有餘；石椁爲游館，人膏爲燈燭，水銀爲江海，黄金爲鳧雁。珍寶之臧，機械之變，棺椁之麗，宫館之盛，不可勝原。又多殺宫人，生薶工匠，計以萬數。天下苦其役而反之，驪山之作未成，而周章百萬之師至其下矣。項籍燔其宫室營宇，往者咸見發掘。其後牧兒亡羊，羊入其鑿，牧者持火照求羊，失火燒其臧椁。自古至今，葬未有盛如始皇者也，數年之間，外被項籍之災，内離牧豎之禍，豈不哀哉！

是故德彌厚者葬彌薄，知愈深者葬愈微。無德寡知，其葬愈厚，丘隴彌高，宫廟甚麗，發掘必速。由是觀之，明暗之效，葬之吉凶，昭然可見矣。周德既衰而奢侈，宣王賢而中興，更爲儉宫室，小寢廟。詩人美之，《斯干》之詩是也，上章道宫室之如制，下章言子孫之衆多也。及魯嚴公刻飾宗廟，多築臺囿，後嗣再絶，《春秋》刺焉。周宣如彼而昌，魯、秦如此而絶，是則奢儉之得失也。

陛下即位，躬親節儉，始營初陵，其制約小，天下莫不稱賢明。及徙昌陵，增埤爲高，積土爲山，發民墳墓，積以萬數，營起邑居，期日迫卒，功費大萬百餘。死者恨於下，生者愁於上，怨氣感動陰陽，因之以饑饉，物故流離以十萬數，臣甚惛焉。以死者爲有知，發人之墓，其害多矣；若其無知，又安用大？謀之賢知則不説，以示衆庶則苦之；若苟以説愚夫淫侈之人，又何爲哉！陛下慈仁篤美甚厚，聰明疏達蓋世，宜弘漢家之德，崇劉氏之美，光昭五帝、三王，而顧與暴秦亂君競爲奢侈，比方丘隴，説愚夫之目，隆一時之觀，違賢知之心，亡萬世之安，臣竊爲陛下羞之。唯陛下上覽明聖黄帝、堯、舜、禹、湯、文、武、周公、仲尼之制，下觀賢知穆公、延陵、樗里、張釋之之意。孝文皇帝去墳薄葬，以儉安神，可以爲則；秦昭、始皇增山厚臧，以侈生害，足以爲戒。初陵之樵，宜從公卿大臣之議，以息衆庶。

書奏，上甚感向言，而不能從其計。

向睹俗彌奢淫，而趙、衛之屬起微賤，踰禮制。向以爲王教由内及外，自近者始。故採取《詩》《書》所載賢妃貞婦，興國顯家可法則，及孽嬖亂亡者，序次爲《列女傳》，凡八篇，以戒天子。及采傳記行事，著《新序》、《説苑》凡五十篇奏之。數上疏言得失，陳法戒。書數十上，以助觀覽，補遺闕。上雖不能盡用，然内嘉其言，常嗟歎之。

時上無繼嗣，政由王氏出，災異浸甚。向雅奇陳湯智謀，與相親友，獨謂湯曰：「災異如此，而外家日〔甚〕〔盛〕，其漸必危劉氏。吾幸得同姓末屬，絫世蒙漢厚恩，身爲宗室遺老，歷事三主。上以我先帝舊臣，每進見常加優禮，吾而不言，孰當言者？」向遂上封事極諫曰：

臣聞人君莫不欲安，然而常危；莫不欲存，然而常亡，失御臣之術也。夫大臣操權柄，持國政，未有不爲害者也。昔晉有六卿，齊有田、崔，衛有孫、甯，魯有季、孟，常掌國事，世執朝柄。終後田氏取齊，六卿分晉；崔杼弑其君光；孫林父、甯殖出其君衎，弑其君剽；季氏八佾舞於庭，三家者以《雍》徹，並專國政，卒逐昭公。周大夫尹氏筦朝事，濁亂王室，子朝、子猛更立，連年乃定。故經曰「王室亂」，又曰「尹氏殺王子克」，甚之也。《春秋》舉成敗，録禍福，如此類甚衆，皆陰盛而陽微，下失臣道之所致也。故《書》曰：「臣之有作威作福，害于而家，凶于而國。」孔子曰「禄去公室，政逮大夫」，危亡之兆。秦昭王舅穰侯及涇陽、葉陽君專國擅勢，上假太后之威，三人者權重於昭王，家富於秦國，國甚危殆，賴寤范睢之言，而秦復存。二世委任趙高，專權自恣，壅蔽大臣，終有閻樂望夷之禍，秦遂以亡。近事不遠，即漢所代也。

漢興，諸吕無道，擅相尊王。吕産、吕禄席太后之寵，據將相之位，兼南北軍之衆，擁梁、趙王之尊，驕盈無厭，欲危劉氏。賴忠正大臣絳侯、朱虚侯等竭誠盡節以誅滅之，然後劉氏復安。今王氏一姓乘朱輪華轂者二十三人，青紫貂蟬充盈幄内，魚鱗左右。大將軍秉事用權，五侯驕奢僭盛，並作

威福，擊斷自恣，行汙而寄治，身私而託公，依東宮之尊，假甥舅之親，以爲威重。尚書九卿州牧郡守皆出其門，筦執樞機，朋黨比周。稱譽者登進，忤恨者誅傷；游談者助之説，執政者爲之言。排擯宗室，孤弱公族，其有智能者，尤非毁而不進。遠絶宗室之任，不令得給事朝省，恐其與己分權；數稱燕王、蓋主以疑上心，避諱吕、霍而弗肯稱。內有管、蔡之萌，外假周公之論，兄弟據重，宗族磐互。歷上古至秦漢，外戚僭貴未有如王氏者也。雖周皇甫、秦穰侯、漢武安、吕、霍、上官之屬，皆不及也。

物盛必有非常之變先見，爲其人微象。孝昭帝時，冠石立於泰山，仆柳起於上林。而孝宣帝即位，今王氏先祖墳墓在濟南者，其梓柱生枝葉，扶疏上出屋，根垂地中，雖立石起柳，無以過此之明也。事勢不兩大，王氏與劉氏亦且不並立，如下有泰山之安，則上有累卵之危。陛下爲人子孫，守持宗廟，而令國祚移於外親，降爲皁隸，縱不爲身，奈宗廟何！婦人內夫家，外父母家，此亦非皇太后之福也。孝宣皇帝不與舅平昌、樂昌侯權，所以安全之也。

夫明者起福於無形，銷患於未然。宜發明詔，吐德音，援近宗室，親而納信，黜遠外戚，毋授以政，皆罷令就弟，以則效先帝之所行，厚安外戚，全其宗族，誠東宮之意，外家之福也。王氏永存，保其爵禄，劉氏長安，不失社稷，所以褒睦外内之姓，子子孫孫無疆之計也。如不行此策，田氏復見於今，六卿必起於漢，爲後嗣憂，昭昭甚明，不可不深圖，不可不蚤慮。《易》曰：「君不密，則失臣；臣不密，則失身；幾事不密，則害成。」唯陛下深留聖思，審固幾密，覽往事之戒，以折中取信，居萬安之實，用保宗廟，久承皇太后，天下幸甚。

書奏，天子召見向，歎息悲傷其意，謂曰：「君且休矣，吾將思之。」以向爲中壘校尉。

向爲人簡易無威儀，廉靖樂道，不交接世俗，專積思於經術，晝誦書傳，夜觀星宿，或不寐達旦。元延中，星孛東井，蜀郡岷山崩雍江。向惡此異，語在《五行志》。懷不能已，復上奏，其辭曰：

臣聞帝舜戒伯禹，毋若丹朱敖；周公戒成王，毋若殷王紂。《詩》曰「殷監不遠，在夏后之世」，亦言湯以桀爲戒也。聖帝明王常以敗亂自戒，不諱廢興，故臣敢極陳其愚，唯陛下留神察焉。

謹案春秋二百四十二年，日蝕三十六，襄公尤數，率三歲五月有奇而壹食。漢興訖竟寧，孝景帝尤數，率三歲一月而一食。臣向前數言日當食，今連三年比食。自建始以來，二十歲間而八食，率二歲六月而一發，古今罕有。異有小大希稠，占有舒疾緩急，而聖人所以斷疑也。《易》曰：「觀乎天文，以察時變。」昔孔子對魯哀公，並言夏桀、殷紂暴虐天下，故曆失則攝提失方，孟陬無紀，此皆易姓之變也。秦始皇之末至二世時，日月薄食，山陵淪亡，辰星出於四孟，太白經天而行，無雲而雷，枉矢夜光，熒惑襲月，孽火燒宫，野禽戲廷，都門内崩，長人見臨洮，石隕于東郡，星孛大角，大角以亡。觀孔子之言，考暴秦之異，天命信可畏也。及項籍之敗，亦孛大角。漢之入秦，五星聚于東井，得天下之象也。孝惠時，有雨血，日食於衝，滅光星見之異。孝昭時，有泰山臥石自立，上林僵柳復起，大星如月西行，衆星隨之，此爲特異。孝宣興起之表，天狗夾漢而西，久陰不雨者二十餘日，昌邑不終之異也。皆著於《漢紀》。觀秦、漢之易世，覽惠、昭之無後，察昌邑之不終，視孝宣之紹起，天之去就，豈不昭昭然哉！高宗、成王亦有雊雉拔木之變，能思其故，故高宗有百年之福，成王有復風之報。神明之應，應若景響，世所同聞也。

臣幸得託末屬，誠見陛下有寬明之德，冀銷大異，而興高宗、成王之聲，以崇劉氏，故貇貇數奸死亡之誅。今日食尤屢，星孛東井，攝提炎及紫宮，有識長老莫不震動，此變之大者也。其事難一二記，故《易》曰「書不盡言，言不盡意」，是以設卦指爻，而復説義。《書》曰「伻來以圖」，天文難以相曉，臣雖圖上，猶須口説，然後可知，願賜清燕之閒，指圖陳狀。

上輒入之，然終不能用也。向每召見，數言公族者國之枝葉，枝葉落則本根無所庇廕；方今同姓疏遠，母黨專政，禄去公室，權在外家，非所以彊漢宗，卑私門，保守社稷，安固後嗣也。

向自見得信於上，故常顯訟宗室，譏刺王氏及在位大臣，其言多痛切，發於至誠。上數欲用向爲九卿，輒不爲王氏居位者及丞相御史所持，故終不遷，居列大夫官前後三十餘年，年七十二卒。卒後十三歲而王氏代漢。向三子皆好學：長子伋，以《易》教授，官至郡守；中子賜，九卿丞，蚤卒；少子歆，最知名。

雜録

備録

《漢書》卷二二《禮樂志》 至成帝時，犍爲郡於水濱得古磬十六枚，議者以爲譱祥。劉向因是説上：「宜興辟雍，設庠序，陳禮樂，隆雅頌之聲，盛揖攘之容，以風化天下。如此而不治者，未之有也。或曰，不能具禮。禮以養人爲本，如有過差，是過而養人也。刑罰之過，或至死傷。今之刑，非皋陶之法也，而有司請定法，削則削，筆則筆，救時務也。至於禮樂，則曰不敢，是敢於殺人不敢於養人也。爲其俎豆管弦之間小不備，因是絶而不爲，是去小不備而就大不備，(大不備)或莫甚焉。夫教化之比於刑法，刑法輕，是舍所重而急所輕也。且教化所恃以爲治也，刑法所以助治也。今廢所恃而獨立其所助，非所以致太平也。自京師有誖逆不順之子孫，至於陷大辟受刑戮者不絶，繇不習五常之道也。夫承千歲之衰周，繼暴秦之餘敝，民漸漬惡俗，貪饕險詖，不閑義理，不示以大化，而獨敺以刑罰，終已不改。故曰：『導之以禮樂，而民和睦。』初，叔孫通將制定禮儀，見非於齊魯之士，然卒爲漢儒宗，業垂後嗣，斯成法也。」成帝以向言下公卿議，會向病卒，丞相大司空奏請立辟雍。案行長安城南，營表未作，遭成帝崩，羣臣引以定謚。【略】

今海内更始，民人歸本，户口歲息，平其刑辟，牧以賢良，至於家給，既庶且富，則須庠序禮樂之教化矣。今幸有前聖遺制之威儀，誠可法象而補備之，經紀可因緣而存著也。孔子曰：「殷因於夏禮，所損益，可知也；周因於殷禮，所損益，可知也；其或繼周者，百世可知也。」今大漢繼周，久曠大儀，未有立禮成樂，此賈(宜)〔誼〕、仲舒、王吉、劉向之徒所爲發憤而增嘆也。

《漢書》卷二五下《郊祀志下》 大夫劉更生獻淮南枕中洪寶苑祕之方，令尚方鑄作。事不驗，更生坐論。京兆尹張敞上疏諫曰：「願明主時忘車馬之好，斥遠方士之虛語，游心帝王之術，太平庶幾可興也。」後尚方待詔皆罷。【略】

明年，匡衡坐事免官爵。衆庶多言不當變動祭祀者。又初罷甘泉泰畤作南郊日，大風壞甘泉竹宮，折拔畤中樹木十圍以上百餘。天子異之，以問劉向。對曰：「家人尚不欲絶種祠，況於國之神寶舊畤！且甘泉、汾陰及雍五畤始立，皆有神祇感應，然後營之，非苟而已也。武、宣之世，奉此三神，禮敬敕備，神光尤著。祖宗所立神祇舊位，誠未易動。及陳寶祠，自秦文公至今七百餘歲矣，漢興世世常來，光色赤黄，長四五丈，直祠而息，音聲砰隱，野雞皆雊。每見雍太祝祠以太牢，遣候者乘一乘傳馳詣行在所，以爲福祥。高祖時五來，文帝二十六來，武帝七十五來，宣帝二十五來，初元元年以來亦二十來，此陽氣舊祠也。及漢宗廟之禮，不得擅議，皆祖宗之君與賢臣所共定。古今異制，經無明文，至尊至重，難以疑説正也。前始納貢禹之議，後人相因，多所動摇。《易大傳》曰：『誣神者殃及三世。』恐其咎不獨止禹等。」上意恨之。

《漢書》卷二七上《五行志上》 漢興，承秦滅學之後，景、武之世，董仲舒治《公羊春秋》，始推陰陽，爲儒者宗。宣、元之後，劉向治《穀梁春秋》，數其旤福，傳以《洪範》，與仲舒錯。至向子歆治《左氏傳》，其《春秋》意亦已乖矣；言《五行傳》，又頗不同。是以擥仲舒，别向、歆，傳載眭孟、夏侯勝、京房、谷永、李尋之徒所陳行事，訖於王莽，舉十二世，以傅《春秋》，著於篇。

《春秋》成公十六年「正月，雨，木冰」。劉向以爲冰者陰之盛而水滯者也，木者少陽，貴臣卿大夫之象也。此人將有害，則陰氣(協)〔脅〕木，木先寒，故得雨而冰也。是時叔孫喬如出奔，公子偃誅死。一曰，時晉執季孫行父，又執公，此執辱之異。或曰，今之長老名木冰爲「木介」。介者，甲。甲，兵象也。是歲晉有隱陵之戰，楚王傷目而敗。屬常雨也。

《春秋》桓公十四年「八月壬申，御廩災」。劉向以爲御廩，夫人八妾所舂米之臧以奉宗廟者也，時夫人有淫行，挾逆心，天戒若曰，夫人不可以奉宗廟。桓不寤，與夫人俱會齊，夫人譖桓公於齊侯，齊侯殺桓公。

嚴公二十年「夏，齊大災」。劉向以爲齊桓好色，聽女口，又妾爲妻，適庶數更，故致(太)〔大〕災。桓公不寤，及死，適庶分争，九月不得葬。《公羊傳》曰，大災，疫也。

釐公二十年「五月(己酉)〔乙巳〕，西宫災」。劉向以爲釐立妾母爲夫人以入宗廟，故天災愍宫，若曰，去其卑而親者，將害宗廟之正禮。

宣公十六年「夏，成周宣榭火」。榭者，所以臧樂器，宣其名也。董仲舒、劉向以爲十五年王札子殺召伯、毛伯，天子不能誅。天戒若曰，不能行政令，何以

禮樂爲而臧之？《左氏經》曰：「成周宣榭火，人火也。人火曰火，天火曰災。」榭者，講武之坐屋。

成公三年「二月甲子，新宮災」。劉向以爲時魯三桓子孫始執國政，宣公欲誅之，恐不能，使大夫公孫歸父如晉謀。未反，宣公死。三家譖歸父於成公。成公父喪未葬，聽讒而逐其父之臣，使奔齊，故天災宣宮，明不用父命之象也。一曰，三家親而亡禮，猶宣公殺子赤而立。亡禮而親，天災宣廟，欲示去三家也。

襄公九年「春，宋災」。劉向以爲先是宋公聽讒，逐其大夫華弱，出奔魯。三十年「五月甲午，宋災」。劉向以爲先是宋公聽讒而殺太子痤，應火不炎上之罰也。

昭九年「夏四月，陳火」。劉向以爲先是陳侯弟招殺陳太子偃師，皆外事，不因其宮館者，略之也。八年十月壬午，楚師滅陳，《春秋》不與蠻夷滅中國，故復書陳火也。

昭十八年「五月壬午，宋、衛、陳、鄭災」。劉向以爲宋、陳，王者之後，衛、鄭，周同姓也。時周景王老，劉子、單子事王子猛，尹氏、召伯、毛伯事王子鼂。子鼂，楚之出也。及宋、衛、陳、鄭亦皆外附於楚，亡尊周室之心。後三年，景王崩，王室亂，故天災四國。天戒若曰，不救周，反從楚，廢世子，立不正，以害王室，明同辠也。

定公二年「五月，雉門及兩觀災」。董仲舒、劉向以爲此皆奢僭過度者也。先是，季氏逐昭公，昭公死于外。定公即位，既不能誅季氏，又用其邪説，淫於女樂，而退孔子。天戒若曰，去高顯而奢僭者。一曰，門闕，號令所由出也，今舍大聖而縱有辠，亡以出號令矣。

哀公三年「五月辛卯，桓、釐宮災」。董仲舒、劉向以爲此二宮不當立，違禮者也。哀公又以季氏之故不用孔子。孔子在陳聞魯災，曰：「其桓、釐之宮乎！」以爲桓，季氏之所出，釐，使季氏世卿者也。

四年「六月辛丑，亳杜災」。董仲舒、劉向以爲亡國之社，所以爲戒也。天戒若曰，國將危亡，不用戒矣。《春秋》火災，屢於定、哀之間，不用聖人而縱驕臣，將以亡國，不明甚也。一曰，天生孔子，非爲定、哀也，蓋失禮不明，火災應之，自然象也。

高后元年五月丙申，趙叢臺災。劉向以爲是時呂氏女爲趙王后，嫉妒，將爲讒口以害趙王。王不寤焉，卒見幽殺。

惠帝四年十月乙亥，未央宮凌室災；丙子，織室災。劉向以爲元年呂太后殺趙王如意，殘戮其母戚夫人。是歲十月壬寅，太后立帝姊魯元公主女爲皇后。

文帝七年六月癸酉，未央宮東闕罘思災。劉向以爲東闕所以朝諸侯之門也，罘思在其外，諸侯之象也。漢興，大封諸侯王，連城數十。

昭帝元鳳元年，燕城南門災。劉向以爲時燕王使邪臣通於漢，爲讒賊，謀逆亂。南門者，通漢道也。天戒若曰，邪臣往來，爲姦讒於漢，絶亡之道也。燕王不寤，卒伏其辜。

元鳳四年五月丁丑，孝文廟正殿災。劉向以爲孝文，太宗之君，與成周宣榭火同義。

宣帝甘露元年四月丙申，中山太上皇廟災。甲辰，孝文廟災。元帝初元三年四月乙未，孝武園白鶴館災。劉向以爲先是前將軍蕭望之、光禄大夫周堪輔政，爲佞臣石顯、許章等所譖，望之自殺，堪廢黜。明年，白鶴館災。園中五里馳逐走馬之館，不當在山陵昭穆之地。天戒若曰，去貴近逸遊不正之臣，將害忠良。後章坐走馬上林下烽馳逐，免官。

永光四年六月甲戌，孝宣杜陵園東闕南方災。劉向以爲先是上復徵用周堪爲光禄勳，及堪弟子張猛爲太中大夫，石顯等復譖毁之，皆出外遷。

嚴公二十八年「冬，大(水)亡麥禾」。劉向以爲水旱當書，不書水旱而曰「大亡麥禾」者，土氣不養，稼穡不成者也。是時，夫人淫於二叔，內外亡別，又因凶飢，一年而三築臺，故應是而稼穡不成，飾臺榭內淫亂之罰云。遂不改寤，四年而死，旤流二世，奢淫之患也。

《左氏傳》曰昭公八年「春，石言於晉」。劉向以爲石白色爲主，屬白祥。

桓公元年「秋，大水」。董仲舒、劉向以爲桓弑兄隱公，民臣痛隱而賤桓。後宋督弑其君，諸侯會，將討之，桓受宋賂而歸，又背宋。諸侯由是伐魯，仍交兵結讎，伏尸流血，百姓愈怨，故十三年夏復大水。一曰，夫人驕淫，將弑君，陰氣盛，桓不寤，卒弑死。

嚴公七年「秋，大水，亡麥苗」。董仲舒、劉向以爲嚴母文姜與兄齊襄公淫，共殺(威)[桓]公，嚴釋父讎，復取齊女，未入，先與之淫，一年再出，會於道逆亂，臣下賤之之應也。

十一年「秋，宋大水」。劉向以爲時宋愍公驕慢，睹災不改，明年與其臣宋萬博戲，婦人在側，矜而罵萬，萬殺公之應。

二十四年，「大水」。劉向以爲哀姜初入，公使大夫宗婦見，用幣，又淫於二叔，公弗能禁。臣下賤之，故是歲、明年仍大水。

宣公十年「秋大水，飢」。劉向以爲宣公殺子赤而立，子赤，齊出也，故懼，以濟西田賂齊。邾子貜且亦齊出也，而宣比與邾交兵。臣下懼齊之威，創邾之敗，皆賤公行而非其正也。

成公五年「秋，大水」。董仲舒、劉向以爲時成幼弱，政在大夫，前此一年再用師，明年復城鄆以彊私家，仲孫蔑、叔孫僑如顓會宋、晉，陰勝陽。

襄公二十四年「秋，大水」。劉向以爲先是襄慢鄰國，是以邾伐其南，齊伐其北，莒伐其東，百姓騷動，後又仍犯彊齊也。大水，饑，穀不成，其災甚也。

《漢書》卷二七中之上《五行志中之上》 孝武時，夏侯始昌通《五經》，善推《五行傳》，以傳族子夏侯勝，下及許商，皆以教所賢弟子。其傳與劉向同，唯劉歆傳獨異。貌之不恭，是謂不肅。肅，敬也。內曰恭，外曰敬。人君行庶徵之恒雨，劉向以爲大水。

隱公九年「三月癸酉，大雨，震電；庚辰，大雨雪」。大雨，雨水也；震，雷也。劉向以爲周三月，今正月也，當雨水，雪雜雨，雷電未可以發也。既已發也，則雪不當復降。皆失節，故謂之異。於《易》，雷以二月出，其卦曰《豫》，言萬物隨雷出地，皆逸豫也。以八月入，其卦曰《歸妹》，言雷復歸。入地則孕毓根核，保藏蟄蟲，避盛陰之害；出地則養長華實，發揚隱伏，宣盛陽之德。入能除害，出能興利，人君之象也。是時，隱以弟桓幼，代而攝立。公子翬見隱居位已久，勸之遂立。隱既不許，翬懼而易其辭，遂與桓共殺隱。天見其將然，故正月大雨水而雷電。是陽不閉陰，出涉危難而害萬物。天戒若曰，爲君失時，賊弟佞臣將作亂矣。後八日大雨雪，陰見間隙而勝陽，篡殺之旤將成也。公不寤，後二年而殺。

《左氏傳》曰，鄭子臧好聚鷸冠，鄭文公惡之，使盜殺之。劉向以爲近服妖者也。一曰，非獨爲子臧之身，亦文公之戒也。初，文公不禮晉文，又犯天子命而伐滑，不尊尊敬上。其後晉文伐鄭，幾亡國。

昭帝時，昌邑王賀遣中大夫之長安，多治仄注冠，以賜大臣，又以冠奴。劉向以爲近服妖也。時王賀狂悖，聞天子不豫，弋獵馳騁如故，與騶奴宰人游居娛戲，驕嫚不敬。冠者尊服，奴者賤人，賀無故好作非常之冠，暴尊象也。以冠奴者，當自至尊墜至賤也。其後帝崩，無子，漢大臣徵賀爲嗣。即位，狂亂無道，縛戮諫者夏侯勝等。於是大臣白皇太后，廢賀爲庶人。賀爲王時，又見大白狗冠方山冠而無尾，此服妖，亦犬旤也。

《左氏傳》曰，周景王時大夫賓起見雄雞自斷其尾。劉向以爲近雞旤也。是時，王有愛子子鼂，王與賓起陰謀欲立之。田于北山，將因兵衆殺適子之黨，未及而崩。三子爭國，王室大亂。其後，賓起誅死，子鼂奔楚而敗。

成公七年「正月，鼷鼠食郊牛角；改卜牛，又食其角」。劉向以爲近青祥，亦牛旤也，不敬而傋霿之所致也。昔周公制禮樂，成周道，故成王命魯郊祀天地，以尊周公。至成公時，三家始顓政，魯將從此衰。天愍周公之德，痛其將有敗亡之旤，故於郊祭而見戒云。鼠，小蟲，性盜竊，鼷又其小者也。牛，大畜，祭天尊物也。角，兵象，在上，君威也。小小鼷鼠，食至尊之牛角，象季氏乃陪臣盜竊之人，將執國命以傷君威而害周公之祀也。改卜牛，鼷鼠又食其角，天重語之也。成公怠慢昏亂，遂君臣更執于晉。至于襄公，晉爲溴梁之會，天下大夫皆奪君政。其後三家逐昭公，卒死于外，幾絶周公之祀。

定公十五年「正月，鼷鼠食郊牛，牛死」。劉向以爲定公知季氏逐昭公，皋惡如彼，親用孔子爲夾谷之會，齊人倈歸鄆、讙、龜陰之田，聖德如此，反用季桓子，淫於女樂，而退孔子，無道甚矣。《詩》曰：「人而亡儀，不死何爲！」是歲五月，定公薨，牛死之應也。

哀公元年「正月，鼷鼠食郊牛」。劉向以爲天意汲汲於用聖人，逐三家，故復見戒也。哀公年少，不親見昭公之事，故見敗亡之異。已而哀不寤，身奔於粵，此其效也。

景帝三年十二月，吳二城門自傾，大船自覆。劉向以爲近金沴木，木動也。先是，吳王濞以太子死於漢，稱疾不朝，陰與楚王戊謀爲逆亂。城猶國也，其一門名曰楚門，一門曰魚門。吳地以船爲家，以魚爲食。天戒若曰，與楚所謀，傾國覆家。吳王不寤，正月，與楚俱起兵，身死國亡。

釐公二十一年「夏，大旱」。董仲舒、劉向以爲齊（威）〔桓〕既死，諸侯從楚，釐尤得楚心。楚來獻捷，釋宋之執。外倚彊楚，炕陽失衆，又作南門，勞民興役。諸雩旱不雨，略皆同說。

嚴公十七年「冬，多麋」。劉向以爲麋色青，近青祥也。麋之爲言迷也，蓋牝獸之淫者也。是時，嚴公將取齊之淫女，其象先見，天戒若曰，勿取齊女，淫而迷國。嚴不寤，遂取之。夫人既入，淫於二叔，終皆誅死，幾亡社稷。

《漢書》卷二七中之下《五行志中之下》 傳曰：「視之不明，是謂不悊，厥咎舒，厥罰恆奥，厥極疾。時則有草妖，時則有蠃蟲之孽，時則有羊旤，時則有目痾，時則有赤眚赤祥。惟水沴火。」【略】庶徵之恆奥，劉向以爲《春秋》亡冰也。小奥不書，無冰然後書，舉其大者也。

桓公十五年「春，亡冰」。劉向以爲周春，今冬也。先是連兵鄰國，三戰而再敗也，内失百姓，外失諸侯，不敢行誅罰，鄭伯突篡兄而立，公與相親，長養同類，不明善惡之罰也。

襄公二十八年「春，無冰」。劉向以爲先是公作三軍，有侵陵用武之意，於是鄰國不和，伐其三鄙，被兵十有餘年，因之以饑饉，百姓怨望，臣下心離，公懼而弛緩，不敢行誅罰，楚有夷狄行，公有從楚心，不明善惡之應。

僖公三十三年「十二月，隕霜不殺草」。劉向以爲今十月，周十二月。於《易》，五爲天位，(爲)君位，九月陰氣至，五通於天位，其卦爲《剥》，剥落萬物，始大殺矣，明陰從陽命，臣受君令而後殺也。今十月隕霜而不能殺草，此君誅不行，舒緩之應也。是時公子遂顓權，三桓始世官，天戒若曰，自此之後，將皆爲亂矣。文公不寤，其後遂殺子赤，三家逐昭公。

《書序》曰：「伊(涉)〔陟〕相太戊，亳有祥桑穀共生。」傳曰：「俱生乎朝，七日而大拱。伊陟戒以修德，而木枯。」劉向以爲殷道既衰，高宗承敝而起，盡涼陰之哀，天下應之，既獲顯榮，怠於政事，國將危亡，故桑穀之異見。桑猶喪也，穀猶生也，殺生之秉失而在下，近草妖也。一曰，野木生朝而暴長，小人將暴在大臣之位，危亡國家，象朝將爲虚之應也。

《書序》又曰：「高宗祭成陽，有蜚雉登鼎耳而雊。」祖己曰：「惟先假王，正厥事。」劉向以爲雉雊鳴者雄也，以赤色爲主。於《易》，《離》爲雉，雉，南方，近赤祥也。

僖公三十三年「十二月，李梅實」。劉向以爲周十二月，今十月也，李梅當剥落，今反華實，近草妖也。先華而後實，不書華，舉重者也。陰成陽事，象臣顓君作威福。一曰，冬當殺，反生，象驕臣當誅，不行其罰也。故冬(華)華者，象臣邪謀有端而不成，至於實，則成矣。是時僖公死，公子遂顓權，文公不寤，後有子赤之變。一曰，君舒緩甚，奥氣不臧，則華實復生。

昭公二十五年「夏，有鸜鵒來巢」。劉向以爲有蜚有蜮不言來者，氣所生，所謂眚也；鸜鵒言來者，氣所致，所謂祥也。鸜鵒，夷狄穴藏之禽，來至中國，不穴而巢，陰居陽位，象季氏將逐昭公，去宫室而居外野也。鸜鵒白羽，旱之祥也；穴居而好水，黑色，爲主急之應也。天戒若曰，既失衆，不可急暴；急暴，陰將持節陽以逐爾，去宫室而居外野矣。昭不寤，而舉兵圍季氏，爲季氏所敗，出犇于齊，遂死于外野。

昭帝時有鵜鶘或曰禿鶖，集昌邑王殿下，王使人射殺之。劉向以爲水鳥色青，青祥也。時王馳騁無度，慢侮大臣，不敬至尊，有服妖之象，故青祥見也。野鳥入處，宫室將空。王不寤，卒以亡。

惠帝二年，天雨血於宜陽，一頃所，劉向以爲赤眚也。時又冬雷，桃李華，常奥之罰也。

傳曰：「聽之不聽，是謂不謀，厥咎急，厥罰恆寒，厥極貧。時則有鼓妖，時則有魚孽，時則有豕禍，時則有耳痾，時則有黑眚黑祥。惟火沴水。」

劉向以爲春秋無其應，周之末世舒緩微弱，政在臣下，奥煖而已，故籍秦以爲驗。秦始皇帝即位尚幼，委政太后，太后淫於吕不韋及嫪毐，皆常寒之罰也。

劉向以爲常雨屬貌不恭。

桓公八年「十月，雨雪」。周十月，今八月也，未可以雪，劉向以爲時夫人有淫齊之行，而桓有妬(媚)〔媢〕之心，夫人將殺，其象見也。桓不覺寤，後與夫人俱如齊而殺死。凡雨，陰也，雪又雨之陰也，出非其時，迫近象也。

釐公十年「冬，大雨雪」。劉向以爲先是釐公立妾爲夫人，陰居陽位，陰氣盛也。《公羊經》曰「大雨雹」。

昭公四年「正月，大雨雪」。劉向以爲昭取於吴而爲同姓，謂之吴孟子。君行於上，臣非於下。又三家已彊，皆賤公行，慢侮之心生。

定公元年「十月，隕霜殺菽」。劉向以爲周十月，今八月也，消卦爲《觀》，陰氣未至君位而殺，誅罰不由君出，在臣下之象也。是時季氏逐昭公，公死于外，定公得立，故天見災以視公也。釐公二年「十月，隕霜不殺草」，爲嗣君微，失秉事之象也。其後卒在臣下，則災爲之生矣。異故言草，災故言菽，重殺穀。一曰菽，草之難殺者也，言殺菽，知草皆死也；言不殺草，知菽亦不死也。

釐公二十九年「秋，大雨雹」。劉向以爲盛陽雨水，温煖而湯熱，陰氣脅之不相入，則轉而爲雹；盛陰雨雪，凝滯而冰寒，陽氣薄之不相入，則散而爲霰。故沸湯之在閉器，而湛於寒泉，則爲冰，及雪之銷，亦冰解而散，此其驗也。故雹者陰脅陽也，霰者陽脅陰也，《春秋》不書霰者，猶月食也。釐公末年信用公子遂，

遂專權自恣，將至於殺君，故陰脅陽之象見。釐公不寤，遂終專權，後二年殺子赤，立宣公。《左氏傳》曰：「聖人在上無雹，雖有不爲災。」説曰：凡物不爲災不書，書大，言爲災也。凡雹，皆冬之愆陽，夏之伏陰也。

《左傳》曰釐公三十二年十二月己卯，晉文公卒，庚辰，將殯于曲沃，出絳，柩有聲如牛。劉向以爲近鼓妖也。喪，凶事；聲如牛，怒象也。將有急怒之謀，以生兵革之禍。

史記秦二世元年，天無雲而雷。劉向以爲雷當託於雲，猶君託於臣，陰陽之合也。二世不恤天下，萬民有怨畔之心。是歲陳勝起，天下畔，趙高作亂，秦遂以亡。一曰，《易》《震》爲雷，爲貌不恭也。

史記秦始皇八年，河魚大上。劉向以爲近魚孽也。

桓公五年「秋，螽」。劉向以爲介蟲之孽屬言不從。是歲，公獲二國之聘，取鼎易邑，興役起城。

嚴公二十九年「有蜚」。劉向以爲蜚色青，近青眚也，非中國所有。南越盛暑，男女同川澤，淫風所生，爲蟲臭惡。是時嚴公取齊淫女爲夫人，既入，淫於兩叔，故蜚至。天戒若曰，今誅絶之尚及，不將生臭惡，聞於四方。嚴不寤，其後夫人與兩叔作亂，二嗣以殺，卒皆被辜。

釐公十五年「八月，螽」。劉向以爲先是釐有鹹之會，後城緣陵，是歲復以兵車爲牡丘會，使公孫敖帥師，及諸侯大夫救徐，兵比三年在外。

文公三年「秋，雨螽于宋」。劉向以爲先是宋殺大夫而無罪，有暴虐賦斂之應。《穀梁傳》曰上下皆合，言甚。

宣公六年「八月，螽」。劉向以爲先是時宣伐莒向，後比再如齊，謀伐萊。

襄公七年「八月，螽」。劉向以爲先是襄興師救陳，滕子、郯子、小邾子皆來朝。夏，城費。

哀公十二年「十二月，螽」。是時哀用田賦。劉向以爲春用田賦，冬而螽。

宣公十五年「冬，蝝生」。董仲舒、劉向以爲蝝，螟始生也，一曰（螟）〔蝗〕始生。是時民患上力役，解於公田。宣是時初税畝。税畝，就民田畝擇美者税其什一，亂先王制而爲貪利，故應是而蝝生，屬蠃蟲之孽。

史記魯襄公二十三年，穀、洛水鬬，將毀王宮。劉向以爲近火沴水也。周靈王將擁之，有司諫曰：「不可。長民者不崇藪，不墮山，不防川，不竇澤。今吾執政毋乃有所辟，而滑夫二川之神，使至于争明，以防王宮室，王而飾之，毋乃不可乎！懼及子孫，王室愈卑。」王卒擁之。以傳推之，以四瀆比諸侯，穀、洛其次，卿大夫之象也，爲卿大夫將分争以危亂王室也。是時世卿專權，儋括將有篡殺之謀，如靈王覺寤，匡其失政，懼以承戒，則災禍除矣。不聽諫謀，簡嫚大異，任其私心，塞埤擁下，以逆水勢而害鬼神。後數年有黑如日者五。是歲蚤霜，靈王崩。景王立二年，儋括欲殺王，而立王弟佞夫。佞夫不知，景王并誅佞夫。及景王死，五大夫争權，或立子猛，或立子朝，王室大亂。

史記曰，秦武王三年渭水赤者三日，昭王三十四年渭水又赤三日。劉向以爲近火沴水也。秦連相坐之法，棄灰於道者黥，罔密而刑虐，加以武伐横出，殘賊鄰國，至於變亂五行，氣色謬亂。天戒若曰，勿爲刻急，將致敗亡。秦遂不改，至始皇滅六國，二世而亡。昔三代居三河，河洛出圖書，秦居渭陽，而渭水數赤，瑞異應德之效也。

《漢書》卷二七下之上《五行志下之上》 傳曰：「思心之不睿，是謂不聖，厥咎霧，厥罰恆風，厥極凶短折。時則有脂夜之妖，時則有華孽，時則有牛禍，時則有心腹之痾，時則有黄眚黄祥，時則有金木水火沴土。」

劉向以爲於《易》《巽》爲風爲木，卦在三月四月，繼陽而治，主木之華實。風氣盛，至秋冬木復華，故有華孽。一曰，地氣盛則秋冬復華。一曰，華者色也，土爲内事，爲女孽也。於《易》《坤》爲土爲牛，牛大心而不能思慮，思心氣毀，故有牛禍。一曰，牛多死及爲怪，亦是也。及人，則多病心腹者，故有心腹之痾。土色黄，故有黄眚黄祥。凡思心傷者病土氣，土氣病則金木水火沴之，故曰「時則有金木水火沴土」。不言「惟」而獨曰「時則有」者，非一衝氣所沴，明其異大也。其極曰凶短折，順之，其福曰考終命。庶徵之常風，劉向以爲《春秋》無其應。

文帝二年六月，淮南王都壽春大風毀民室，殺人。劉向以爲是歲南越反，攻淮南邊，淮南王長破之，後年入朝，殺漢故丞相辟陽侯，上赦之，歸聚姦人謀逆亂，自稱東帝，見異不寤，後遷于蜀，道死廱。

釐公十五年「九月己卯晦，震夷伯之廟」。劉向以爲晦，暝也；震，雷也。夷伯，世大夫，正（書）〔晝〕雷，其廟獨冥。天戒若曰，勿使大夫世官，將專事暝晦。明年，公子季友卒，果世官，政在季氏。至成公十六年「六月甲午晦」，正晝皆暝，陰爲陽，臣制君也。成公不寤，其冬季氏殺公子偃。季氏萌於釐公，大於成公，此其應也。向又以爲此皆所謂夜妖者也。

隱公五年「秋，螟」。董仲舒、劉向以爲時公觀漁于棠，貪利之應也。

嚴公六年「秋，螟」。董仲舒、劉向以爲先是衛侯朔出奔齊，齊侯會諸侯納朔，許諸侯賂。齊人歸衛寶，魯受之，貪利應也。

宣公三年，「郊牛之口傷，改卜牛，牛死」。劉向以爲近牛禍也。是時宣公與公子遂謀共殺子赤而立，又以喪娶，區霿昏亂。亂成於口，幸有季文子得免於禍，天猶惡之，生則不饗其祀，死則災燔其廟。

秦孝文王五年，斿朐衍，有獻五足牛者。劉向以爲近牛禍也。先是文惠王初都咸陽，廣大宫室，南臨渭，北臨涇，思心失，逆土氣。足者止也，戒秦建止奢泰，將致危亡。秦遂不改，至於離宫三百，復起阿房，未成而亡。一曰，牛以力爲人用，足所以行也。其後秦大用民力轉輸，起負海至北邊，天下叛之。

景帝中六年，梁孝王田北山，有獻牛，足上出背上。劉向以爲近牛禍。先是孝王驕奢，起苑方三百里，宫館閣道相連三十餘里。納於邪臣羊勝之計，欲求爲漢嗣，刺殺議臣爰盎，事發，負斧歸死。既退歸國，猶有恨心，内則思慮霿亂，外則土功過制，故牛旤作。足而出於背，下奸上之象也。猶不能自解，發疾暴死，又凶短之極也。

《左氏傳》昭公二十一年春，周景王將鑄無射鍾，泠州鳩曰：「王其以心疾死乎！夫天子省風以作樂，小者不窕，大者不摦。摦則不容，心是以感，感實生疾。今鍾摦矣，王心弗(𢦏)〔戡〕，其能久乎？」劉向以爲是時景王好聽淫聲，適庶不明，思心霿亂，明年以心疾崩，近心腹之痾，凶短之極者也。

史記周幽王二年，周三川皆震。劉向以爲金木水火沴土者也。

是歲(二)〔三〕川竭，岐山崩。劉向以爲陽失在陰者，謂火氣來煎枯水，故川竭也。山川連體，下竭上崩，事勢然也。時幽王暴虐，妄誅伐，不聽諫，迷於褒姒，廢其正后，廢后之父申侯與犬戎共攻殺幽王。一曰，其在天文，水爲辰星，辰星爲蠻夷。月食辰星，國以女亡。幽王之敗，女亂其内，夷攻其外。

文公九年「九月癸酉，地震」。劉向以爲先是時，齊桓、晉文、魯釐二伯賢君新没，周襄王失道，楚穆王殺父，諸侯皆不肖，權傾於下，天戒若曰，臣下彊盛者將動爲害。後宋、魯、晉、莒、鄭、陳、齊皆殺君。

襄公十六年「五月甲子，地震」。劉向以爲先是雞澤之會，諸侯盟，大夫又盟。是歲三月，諸侯爲溴梁之會，而大夫獨相與盟，五月地震矣。其後崔氏專齊，欒盈亂晉，良霄傾鄭，閽殺吴子，燕逐其君，楚滅陳、蔡。

昭公十九年「五月己卯，地震」。劉向以爲是時季氏將有逐君之變。其後宋三臣，曹會皆以地叛，蔡、莒逐其君，吴敗中國殺二君。

二十三年「八月乙未，地震」。劉向以爲是時周景王崩，劉、單立王子猛，尹氏立子朝。其後季氏逐昭公，黑肱叛邾，吴殺其君僚，宋五大夫、晉二大夫皆以地叛。

哀公三年「四月甲午，地震」。劉向以爲是時諸侯皆信邪臣，莫能用仲尼，盜殺蔡侯，齊陳乞弒君。

釐公十四年「秋八月辛卯，沙麓崩」。《穀梁傳》曰：「林屬於山曰麓，沙其名也。」劉向以爲臣下背叛，散落不事上之象也。先是，齊桓行伯道，會諸侯，事周室。管仲既死，桓德日衰，天戒若曰，伯道將廢，諸侯散落，政逮大夫，陪臣執命，臣下不事上矣。桓公不寤，天子蔽晦。及齊(威)〔桓〕死，天下散而從楚。王札子殺二大夫，晉敗天子之師，莫能征討，從是陵遲。《公羊》以爲沙麓，河上邑也。

成公五年「夏，梁山崩」。《穀梁傳》曰廱河三日不流，晉君帥羣臣而哭之，乃流。劉向以爲山陽，君也，水陰，民也，天戒若曰，君道崩壞，下亂，百姓將失其所矣。哭然後流，喪亡象也。梁山在晉地，自晉始而及天下也。後晉暴殺三卿，厲公以弒。溴梁之會，天下大夫皆執國政，其後孫、甯出衛獻，三家逐魯昭，單、尹亂王室。

成帝河平三年二月丙戌，犍爲柏江山崩，捐江山崩，皆廱江水，江水逆流壞城，殺十三人，地震積二十一日，百二十四動。元延三年正月丙寅，蜀郡岷山崩，廱江，江水逆流，三日乃通。劉向以爲周時岐山崩，三川竭，而幽王亡。岐山者，周所興也。漢家本起於蜀漢，今所起之地山崩川竭，星孛又及攝提、大角，從參至辰，殆必亡矣。其後三世亡嗣，王莽篡位。

傳曰：「皇之不極，是謂不建，厥咎眊，厥罰恆陰，厥極弱。時則有射妖，時則有龍蛇之孽，時則有馬禍，時則有下人伐上之痾，時則有日月亂行，星辰逆行。」

皇極之常陰，劉向以爲《春秋》亡其應。一曰，久陰不雨是也。

嚴公十八年「秋，有蜮」。劉向以爲蜮生南越。越地多婦人，男女同川，淫女爲主，亂氣所生，故聖人名之曰蜮。蜮猶惑也，在水旁，能射人，射人有處，甚者至死。南方謂之短弧，近射妖，死亡之象也。時嚴將取齊之淫女，故蜮至。天戒若曰，勿取齊女，將生淫惑篡弒之禍。嚴不寤，遂取之。入後淫於二叔，二叔以死，兩子見弒，夫人亦誅。

史記夏后氏之衰，有二龍止於夏廷，而言「余，褒之二君也」。夏帝卜殺之，去之，止殺幽王。《詩》曰：「赫赫宗周，褒姒威之。」劉向以爲夏后季世，周之幽、厲，皆誖亂逆天，故有龍黿之怪，近龍蛇孽也。漦，血也，一曰沫也。檿弧，桑弓也。萁服，蓋以萁草爲箭服，近射妖也。女童謡者，禍將生於女，國以兵寇亡也。

《左氏傳》昭公十九年，龍鬬於鄭時門之外洧淵。劉向以爲近龍孽也。鄭以小國攝乎晉楚之間，重以彊吳，鄭當其衝，不能修德，將鬬三國，以自危亡。是時子産任政，内惠於民，外善辭令，以交三國，鄭卒亡患，能以德消變之效也。

惠帝二年正月癸酉旦，有兩龍見於蘭陵廷東里温陵井中，至乙亥夜去。劉向以爲龍貴象而困於庶人井中，象諸侯將有幽執之禍。其後吕太后幽殺三趙王，諸吕亦終誅滅。

《左氏傳》魯嚴公時有内蛇與外蛇鬬鄭南門中，内蛇死。劉向以爲近蛇孽也。先是鄭厲公劫相祭仲而逐兄昭公代立。後厲公出奔，昭公復入。死，弟子儀代立。厲公自外劫大夫傅瑕，使僇子儀。此外蛇殺内蛇之象也。蛇死六年，而厲公立。嚴公聞之，問申繻曰：「猶有妖乎？」對曰：「人之所忌，其氣炎以取之，妖由人興也。人亡釁焉，妖不自作。人棄常，故有妖。」

《左氏傳》文公十六年夏，有蛇自泉宫出，入于國，如先君之數。劉向以爲近蛇孽也。泉宫在囿中，公母姜氏嘗居之，蛇從之出，象宫將不居也。《詩》曰：「維虺維蛇，女子之祥。」又蛇入國，國將有女憂也。如先君之數者，公母將薨象也。秋，公母薨。公惡之，乃毁泉臺。夫妖孽應行而自見，非見而爲害也。文不改行循正，共御厥罰，而作非禮，以重其過。後二年薨，公子遂殺文之二子惡、視，而立宣公。文公夫人大歸于齊。

文帝十二年，有馬生角於吳，角在耳前，上鄉。右角長三寸，左角長二寸，皆大二寸。劉向以爲馬不當生角，猶吳不當舉兵鄉上也。是時，吳王濞封有四郡五十餘城，内懷驕恣，變見於外，天戒早矣。王不寤，後卒舉兵，誅滅。

文公十一年，「敗狄于鹹」。《穀梁》、《公羊傳》曰，長狄兄弟三人，一者之魯，一者之齊，一者之晉。皆殺之，身横九畮；斷其首而載之，眉見於軾。何以書？記異也。劉向以爲是時周室衰微，三國爲大，可責者也。天戒若曰，不行禮義，大爲夷狄之行，將至危亡。其後三國皆有簒弒之禍，近下人伐上之痾也。

《漢書》卷二七下之下《五行志下之下》　隱公三年「二月己巳，日有食之」。《穀梁傳》曰，言日不言朔，食晦。《公羊傳》曰，食二日。董仲舒、劉向以爲其後戎執天子之使，鄭獲魯隱，滅戴，衛、魯、宋咸殺君。

桓公三年「七月壬辰朔，日有食之，既」。董仲舒、劉向以爲前事已大，後事將至者又大，則既。先是魯、宋弒君，魯又成宋亂，易許田，亡事天子之心；楚僭稱王。後鄭岠王師，射桓王，又二君相簒。

十七年「十月朔，日有食之」。《穀梁傳》曰，言朔不言日，食二日也。劉向以爲是時衛侯朔有於齊，卒殺威公。

嚴公十八年「三月，日有食之」。《穀梁傳》曰，不言日，不言朔，夜食。史推合朔在夜，明旦日食而出，出而解，是爲夜食。劉向以爲夜食者，陰因日明之衰而奪其光，象周天子不明，齊桓將奪其威，專會諸侯而行伯道。其後遂九合諸侯，天子使世子會之，此其效也。《公羊傳》曰食晦。

二十六年「十二月癸亥朔，日有食之」。劉向以爲時戎侵曹，魯夫人淫於慶父、叔牙，將以弒君，故比年再蝕以見戒。

三十年「九月庚午朔，日有食之」。董仲舒、劉向以爲後魯二君弒，夫人誅，兩弟死，狄滅邢，徐取舒，晉殺世子，楚滅弦。

僖公五年「九月戊申朔，日有食之」。董仲舒、劉向以爲先是齊桓行伯，江、黄自至，南服彊楚。其後不内自正，而外執陳大夫，則陳、楚不附，鄭伯逃盟，諸侯將不從桓政，故天見戒。其後晉滅虢，楚(國)〔圍〕許，諸侯伐鄭，晉弒二君，狄滅温，楚伐黄，桓不能救。

十二年「三月庚午(朔)，日有食之」。董仲舒、劉向以爲是時楚滅黄，狄侵衛、鄭，莒滅杞。

十五年「五月，日有食之」。劉向以爲象晉文公將行伯道，後遂伐衛，執曹伯，敗楚城濮，再會諸侯，召天王而朝之，此其效也。日食者臣之惡也，夜食者掩其罪也，以爲上亡明王，桓、文能行伯道，攘夷狄，安中國，雖不正猶可，蓋《春秋》實與而文不與之義也。

文公元年「二月癸亥，日有食之」。董仲舒、劉向以爲先是大夫始執國政，公子遂如京師，後楚世子商臣殺父，齊公子商人弒君，皆自立，宋子哀出奔，晉滅江，楚滅六，大夫公孫敖、叔彭生並專會盟。

十五年「六月辛丑朔，日有食之」。董仲舒、劉向以爲後宋、齊、莒、晉、鄭八年之間五君殺死，(夷)〔楚〕滅舒蓼。

宣公八年「七月甲子，日有食之，既」。董仲舒、劉向以爲先是楚商臣弒父而

立，至于嚴王遂彊。諸夏大國唯有齊、晉，齊、晉新有篡弑之禍，內皆未安，故楚乘弱橫行，八年之間六侵伐而一滅國；伐陸渾戎，觀兵周室；後又入鄭，鄭伯肉袒謝罪；北敗晉師于邲，流血色水；圍宋九有，析骸而炊之。

十年「四月丙辰，日有食之」。董仲舒、劉向以爲後陳夏徵舒弑其君，楚滅蕭，晉滅二國，王札子殺召伯、毛伯。

十七年「六月癸卯，日有食之」。董仲舒、劉向以爲後邾支解鄫子，晉敗王師于貿戎，敗齊于鞌。

成公十六年「六月丙寅朔，日有食之」。董仲舒、劉向以爲後晉敗楚、鄭于鄢陵，執魯侯。

十七年「十二月丁巳朔，日有食之」。董仲舒、劉向以爲後楚滅舒庸，晉弑其君，宋魚石因楚奪君邑，莒滅鄫，齊滅萊，鄭伯弑死。

襄公十四年「二月乙未朔，日有食之」。董仲舒、劉向以爲後衛大夫孫、甯共逐獻公，立孫剽。

十五年「八月丁巳〔朔〕，日有食之」。董仲舒、劉向以爲先是晉爲雞澤之會，諸侯盟，又大夫盟，後爲溴梁之會，諸侯在而大夫獨相與盟，君若綴斿，不得舉手。

二十七年「十二月乙亥朔，日有食之」。劉向以爲自二十年至此歲，八年間日食七作，禍亂將重起，故天仍見戒也。後齊崔杼弑君，宋殺世子，北燕伯出奔，鄭大夫自外入而篡位，指略如董仲舒。

昭公七年「四月甲辰朔，日有食之」。董仲舒、劉向以爲先是楚靈王弑君而立，會諸侯，執徐子，滅賴，後陳公子招殺世子，楚因而滅之，又滅蔡，後靈王亦弑死。

二十四年「五月乙未朔，日有食之」。劉向以爲自十五年至此歲，十年間天戒七見，人君猶不寤。後楚殺戎蠻子，晉滅陸渾戎，盜殺衛侯兄，蔡、莒之君出奔，吳滅巢，公子光殺王僚，宋三臣以邑叛其君。它如仲舒。

三十一年「十二月辛亥朔，日有食之」。劉向以爲時吳滅徐，而蔡滅沈，楚圍蔡，吳敗楚入郢，昭王走出。

定公五年「三月辛亥朔，日有食之」。董仲舒、劉向以爲後鄭滅許，魯陽虎作亂，竊寶玉大弓，季桓子退仲尼，宋三臣以邑叛。

十二年「十一月丙寅朔，日有食之」。董仲舒、劉向以爲後晉三大夫以邑叛，薛弑其君，楚滅頓、胡，越敗吳，衛逐世子。

十五年「八月庚辰朔，日有食之」。劉向以爲盜殺蔡侯，齊陳乞弑其君而立陽生，孔子終不用。

五月丁卯，先晦一日，日有食之，幾盡，在七星初。劉向以爲五月微陰始起而犯至陽，其占重。至其八月，宫車晏駕，有吕氏詐置嗣君之害。

武帝建元二年二月丙戌朔，日有食之，在奎十四度。劉向以爲奎爲卑賤婦人，後有衛皇后自至微興，卒有不終之害。

七月癸未，先晦一日，日有食之，在翼八度。劉向以爲前年高園便殿災，與春秋御廩災後日食於翼、軫同。其占，內有女變，外爲諸侯。其後陳皇后廢，江都、淮南、衡山王謀反，誅。日中時食從東北，過半，晡時復。

元鳳元年七月己亥晦，日有食之，幾盡，在張十二度。劉向以爲己亥而既，其占重。後六年，宫車晏駕，卒以亡嗣。

河平元年四月己亥晦，日有食之，不盡如鉤，在東井六度。劉向對曰：「四月交於五月，月同孝惠，日同孝昭。東井，京師地，且既，其占恐害繼嗣。」日蚤食時，從西南起。

成帝建始元年八月戊午，晨漏未盡三刻，有兩月重見。劉向以爲朓者疾也，君舒緩則臣驕慢，故日行遲而月行疾也。仄慝者不進之意，君肅急則臣恐懼，故日行疾而月行遲，不敢迫近君也。不舒不急，以正失之者，食朔日。

嚴公七年「四月辛卯夜，恆星不見，夜中星隕如雨」。董仲舒、劉向以爲常星二十八宿者，人君之象也；衆星，萬民之類也。列宿不見，星諸侯微也；衆星隕墜，民失其所也。夜中者，爲中國也。不及地而復，象齊桓起而救存之也。鄉亡桓公，星遂至地，中國其良絶矣。劉向以爲夜中者，言不得終性命，中道敗也。或曰象其叛也，言當中道叛其上也。天垂象以視下，將欲人君防惡遠非，慎卑省微，以自全安也。如人君有賢明之材，畏天威命，若高宗謀祖己，成王泣《金縢》，改過修正，立信布德，存亡繼絶，修廢舉逸，下學而上達，裁什一之税，復三日之役，節用儉服，以惠百姓，則諸侯懷德，士民歸亡，災消而福興矣。遂莫肯改寤，法則古人，而各行其私意，終於君臣乖離，上下交怨。自是之後，齊、宋之君弑，譚、遂、邢、衛之國滅，宿遷於宋，蔡獲於楚，晉相弑殺，五世乃定，此其效也。《左氏傳》曰：「恆星不見，夜明也；星隕如雨，與雨偕也。」

文公十四年「七月，有星孛入于北斗」。劉向以爲君臣亂於朝，政令虧於外，

則上濁三光之精，五星贏縮，變色逆行，甚則爲孛。北斗，人君象；孛星，亂臣類，篡殺之表也。《星傳》曰「魁者，貴人之牢」。又曰「孛星見北斗中，大臣諸侯有受誅者」。一曰魁爲齊、晉。夫彗星較然在北斗中，天之視人顯矣，史之有占明矣，時君終不改寤。是後，宋、魯、莒、晉、鄭、陳六國咸弒其君，齊再弒焉。中國既亂，夷狄並侵，兵革從横，楚乘威席勝，深入諸夏，六侵伐，一滅國，觀兵周室。晉外滅二國，内敗王師，又連三國之兵大敗齊師于鞌，追亡逐北，東臨海水，威陵京師，武折大齊，皆孛星炎之所及，流至二十八年。《星傳》又曰：「彗星入北斗，有大戰。其流入北斗中，得名人；不入，失名人。」宋華元，賢名大夫，大棘之戰，華元獲於鄭，傳舉其效云。

昭公十七年「冬，有星孛于大辰」。劉向以爲《星傳》曰「心，大星，天王也。其前星，太子；後星，庶子也。尾爲君臣乖離」。孛星加心，象天子適庶將分争也。其在諸侯，角、亢、氐，陳、鄭也；房、心，宋也。後五年，周景王崩，王室亂，大夫劉子、單子立王猛，尹氏、召伯、毛伯立子鼂。子鼂，楚出也。時楚彊，宋、衛、陳、鄭皆南附楚。王猛既卒，敬王即位，子鼂入王城，天王居狄泉，莫之敢納。五年，楚平王居卒，子鼂奔楚，王室乃定。後楚帥六國伐吴，吴敗之于雞父，殺獲其君臣。蔡怨楚而滅沈，楚怒，圍蔡。吴人救之，遂爲柏舉之戰，敗楚師，屠郢都，妻昭王母，鞭平王墓。此皆孛彗流炎所及之效也。《左氏傳》曰：「有星孛于大辰，西及漢。申繻曰：『彗，所以除舊布新也，天事恆象。今除於火，火出必布焉。諸侯其有火災乎？』梓慎曰：『往年吾見，是其徵也。火出而見，今兹火出而章，必火入而伏，其居火也久矣，其與不然乎？火出，於夏爲三月，於商爲四月，於周爲五月。夏數得天，若火作，其四國當之，在宋、衛、陳、鄭乎？宋，大辰之虚；陳，太昊之虚；鄭，祝融之虚：皆火房也。星孛及漢；漢，水祥也。衛，顓頊之虚，其星爲大水。水，火之牡也。其以丙子若壬午作乎？水火所以合也。若火入而伏，必以壬午，不過見之月。』」明年「夏五月，火始昏見，丙子風。梓慎曰：『是謂融風，火之始也。七日其火作乎？』戊寅風甚，壬午太甚，宋、衛、陳、鄭皆火。」

哀公十三年「冬十一月，有星孛于東方」。董仲舒、劉向以爲不言宿名者，不加宿也。以辰乘日而出，亂氣蔽君明也。明年，《春秋》事終。一曰，周之十一月，夏九月，日在氐。出東方者，軫、角、亢也。軫，楚；角、亢，陳、鄭也。或曰角、亢大國象，爲齊、晉也。其後楚滅陳，田氏篡齊，六卿分晉，此其效也。

高帝三年七月，有星孛于大角，旬餘乃入。劉向以爲是時項羽爲楚王，伯諸侯，而漢已定三秦，與羽相距滎陽，天下歸心於漢，楚將滅，故彗除王位也。一曰，項羽阬秦卒，燒宫室，弒義帝，亂王位，故彗加之也。

文帝後七年九月，有星孛于西方，其本直尾、箕，末指虚、危，長丈餘，及天漢，十六日不見。劉向以爲尾宋地，今楚彭城也。箕爲燕，又爲吴、越、齊。宿在漢中，負海之國水澤地也。是時景帝新立，信用鼂錯，將誅正諸侯王，其象先見。後三年，吴、楚、四齊與趙七國舉兵反，皆誅滅云。

武帝建元六年六月，有星孛于北方。劉向以爲明年淮南王安入朝，與太尉武安侯田蚡有邪謀，而陳皇后驕恣，其後陳后廢，而淮南王反，誅。

宣帝地節元年正月，有星孛于西方，去太白二丈所。劉向以爲太白爲大將，彗孛加之，掃滅象也。明年，大將軍霍光薨，後二年家夷滅。

成帝建始元年正月，有星孛于營室，青白色，長六七丈，廣尺餘。劉向、谷永以爲營室爲後宫懷任之象，彗星加之，將有害懷任絶繼嗣者。一曰，後宫將受害也。其後許皇后坐祝詛後宫懷任者廢。趙皇后立妹爲昭儀，害兩皇子，上遂無嗣。趙后姊妹卒皆伏辜。

元延元年七月辛未，有星孛于東井，踐五諸侯，出河戍北率行軒轅、太微，後日六度有餘，晨出東方。十三日夕見西方，犯次妃、長秋、斗、填，蠭炎再貫紫宫中。大火當後，達天河，除於妃后之域。南逝度犯大角、攝提，至天市而按節徐行，炎入市，中旬而後西去，五十六日與倉龍俱伏。谷永對曰：「上古以來，大亂之極，所希有也。察其馳騁驟步，芒炎或長或短，所歷奸犯，内爲後宫女妾之害，外爲諸夏叛逆之禍。」劉向亦曰：「三代之亡，攝提易方；秦、項之滅，星孛大角。」是歲，趙昭儀害兩皇子。

釐公十六年「正月戊申朔，隕石于宋，五，是月六鶂退飛過宋都」。董仲舒、劉向以爲象宋襄公欲行伯道將自敗之戒也。石陰類，五陽數，自上而隕，此陰而陽行，欲高反下也。石與金同類，色以白爲主，近白祥也。鶂水鳥，六陰數，退飛，欲進反退也。其色青，青祥也，屬於貌之不恭。天戒若曰，德薄國小，勿持炕陽，欲長諸侯，與彊大争，必受其害。襄公不寤，明年齊威死，伐齊喪，執滕子，圍曹，爲盂之會，與楚争盟，卒爲所執。後得反國，不悔過自責，復會諸侯伐鄭，與楚戰于泓，軍敗身傷，爲諸侯笑。《左氏傳》曰：隕石，星與金同類，色以白爲主，近白祥也。鶂水鳥，六陰數，退飛，欲進反退也。其色青，青祥也，屬於貌之不恭。天

戒若曰，德薄國小，勿持伉陽，欲長諸侯，與彊大爭，必受其害。襄公不寤，明年齊威死，伐齊喪，執滕子，圍曹，爲盂之會，與楚爭盟，卒爲所執。後得反國，不悔過自責，復會諸侯伐鄭，與楚戰于泓，軍敗身傷，爲諸侯笑。《左氏傳》曰：隕石，星也；鶂退飛，風也。宋襄公以問周内史叔興曰：「是何祥也？吉凶何在？」對曰：「今茲魯多大喪，明年齊有亂，君將得諸侯而不終。」退而告人曰：「是陰陽之事，非吉凶之所生也。吉凶繇人，吾不敢逆君故也。」是歲，魯公子季友、鄫季姬、公孫兹皆卒。明年齊威死，適庶亂。宋襄公伐齊行伯，卒爲楚所敗。

《漢書》卷三〇《藝文志》 漢興，改秦之敗，大收篇籍，廣開獻書之路。迄孝武世，書缺簡脱，禮壞樂崩，聖上喟然而稱曰：「朕甚閔焉！」於是建藏書之策，置寫書之官，下及諸子傳説，皆充祕府。至成帝時，以書頗散亡，使謁者陳農求遺書於天下。詔光禄大夫劉向校經傳諸子詩賦，步兵校尉任宏校兵書，太史令尹咸校數術，侍醫李柱國校方技。每一書已，向輒條其篇目，撮其指意，録而奏之。會向卒，哀帝復使向子侍中奉車都尉歆卒父業。歆於是總羣書而奏其《七略》，故有《輯略》，有《六藝略》，有《諸子略》，有《詩賦略》，有《兵書略》，有《術數略》，有《方技略》。今删其要，以備篇籍。【略】

凡《易》十三家，二百九十四篇。《易》道深矣，人更三聖，世歷三古。及秦燔書，而《易》爲筮卜之事，傳者不絶。漢興，田何傳之。訖于宣、元，有施、孟、梁丘、京氏列于學官，而民間有費、高二家之説。劉向以中《古文易經》校施、孟、梁丘經，或脱去「無咎」「悔亡」，唯費氏經與古文同。

凡《書》九家，四百一十二篇。《書》之所起遠矣，至孔子纂焉，上斷于堯，下訖于秦，凡百篇，而爲之序，言其作意。秦燔書禁學，濟南伏生獨壁藏之。漢興亡失，求得二十九篇，以教齊魯之間。訖孝宣世，有歐陽、大小夏侯氏立于學官。《古文尚書》者，出孔子壁中。武帝末，魯共王壞孔子宅，欲以廣其宫，而得《古文尚書》及《禮記》、《論語》、《孝經》凡數十篇，皆古字也。共王往入其宅，聞鼓琴瑟鐘磬之音，于是懼，乃止不壞。孔安國，孔子後也，悉得其書，以考二十九篇，得多十六篇。安國獻之。遭巫蠱事，未列于學官。劉向以中古文校歐陽、大小夏侯三家經文，《酒誥》脱簡一，《召誥》脱簡二。率簡二十五字者，脱亦二十五字，簡二十二字者，脱亦二十二字，文字異者七百有餘，脱字數十。《書》者，古之號令，號令于衆，其言不立具，則聽受施行者弗曉。古文讀應爾雅，故解古今語而可知也。【略】

凡《詩》六家，四百一十六卷。漢興，魯申公爲《詩》訓故，而齊轅固、燕韓生皆爲之傳。或取《春秋》，采雜説，咸非其本義。與不得已，魯最爲近之。三家皆列于學官。又有毛公之學，自謂子夏所傳，而河間獻王好之，未得立。【略】

凡《禮》十三家，五百五十五篇。漢興，魯高堂生傳《士禮》十七篇。訖孝宣世，后倉最明。戴德、戴聖、慶普皆其弟子，三家立于學官。《禮古經》者，出于魯淹中及孔氏，與十七篇文相似，多三十九篇。及《明堂陰陽》、《王史氏記》所見，多天子諸侯卿大夫之制，雖不能備，猶瘉倉等推《士禮》而致于天子之説。【略】

凡《樂》六家，百六十五篇。漢興，制氏以雅樂聲律，世在樂官，頗能紀其鏗鏘鼓舞，而不能言其義。六國之君，魏文侯最爲好古。孝文時，得其樂人竇公，獻其書，乃《周官·大宗伯》之《大司樂》章也。武帝時，河間獻王好儒，與毛生等共采《周官》及諸子言樂事者，以作《樂記》，獻八佾之舞，與制氏不相遠。其内史丞王定傳之，以授常山王禹。禹，成帝時爲謁者，數言其義，獻二十四卷。及劉向校書，得《樂記》二十三篇，與禹不同，其道寖以益微。【略】

凡《春秋》二十三家，九百四十八篇。周室既微，載籍殘缺，仲尼與左丘明觀魯史記，因興以立功，就敗以成罰。丘明論本事而作傳。及末世，有《公羊》、《穀梁》、《鄒》、《夾》之《傳》。四家之中，《公羊》、《穀梁》立于學官。鄒氏無師，夾氏未有書。【略】

凡《論語》十二家，二百二十九篇。漢興，有齊、魯之説。傳《齊論》者，昌邑中尉王吉、少府宋畸、御史大夫貢禹、尚書令五鹿充宗、膠東庸生，唯王陽名家。傳《魯論語》者，常山都尉龔奮、長信少府夏侯勝、丞相韋賢、魯扶卿、前將軍蕭望之、安昌侯張禹，皆名家。張氏最後而行於世。【略】

凡《孝經》十一家，五十九篇。漢興，長孫氏、博士江翁、少府后倉、諫大夫翼奉、安昌侯張禹傳之，各自名家。經文皆同，唯孔氏壁中古文爲異。「父母生之，續莫大焉」，「故親生之膝下」，諸家説不安處，古文字讀皆異。【略】

凡小學十家，四十五篇。古者八歲入小學，故《周官》保氏掌養國子，教之六書，謂象形、象事、象意、象聲、轉注、假借，造字之本也。漢興，蕭何草律，亦著其法，曰：「太史試學童，能諷書九千字以上，乃得爲史。又以六體試之，課最者以爲尚書、御史、史書、令史。吏民上書，字或不正，輒舉劾。」六體者，古文、奇字、篆書、隸書、繆篆、蟲書，皆所以通知古今文字，摹印章，書幡信也。漢興，閭里書師合《蒼頡》、《爰歷》、《博學》三篇，斷六十字以爲一章，凡五十五章，並爲《蒼頡

篇》。武帝時司馬相如作《凡將篇》，無復字。元帝時黄門令史游作《急就篇》，成帝時將作大匠李長作《元尚篇》，皆《蒼頡》中正字也。《凡將》則頗有出矣。至元始中，徵天下通小學者以百數，各令記字於庭中。揚雄取其有用者以作《訓纂篇》，順續《蒼頡》，又易《蒼頡》中重復之字，凡八十九章。臣復續揚雄作十三章，凡一百二章，無復字，六藝羣書所載略備矣。《蒼頡》多古字，俗師失其讀，宣帝時徵齊人能正讀者，張敞從受之，傳至外孫之子杜林，爲作訓故，並列焉。【略】

凡六藝一百三家，三千一百二十三篇。

《漢書》卷七〇《陳湯傳》 宗正劉向上疏曰：「郅支單于囚殺使者吏士以百數，事暴揚外國，傷威毁重，羣臣皆閔焉。陛下赫然欲誅之，意未嘗有忘。西域都護延壽、副校尉湯承聖指，倚神靈，總百蠻之君，攬城郭之兵，出百死，入絶域，遂蹈康居，屠五重城，搴歙侯之旗，斬郅支之首，縣旌萬里之外，揚威昆山之西，掃谷吉之恥，立昭明之功，萬夷慴伏，莫不懼震。呼韓邪單于見郅支已誅，且喜且懼，鄉風馳義，稽首來賓，願守北藩，累世稱臣。立千載之功，建萬世之安，羣臣之勳莫大焉。昔周大夫方叔、吉甫爲宣王誅獫狁而百蠻從，其《詩》曰：『嘽嘽焞焞，如霆如雷，顯允方叔，征伐獫狁，蠻荆來威。』《易》曰：『有嘉折首，獲(非)〔匪〕其醜。』言美誅首惡之人，而諸不順者皆來從也。今延壽、湯所誅震，雖《易》之折首、《詩》之雷霆不能及也。論大功者不録小過，舉大美者不疵細瑕。《司馬法》曰『軍賞不踰月』，欲民速得爲善之利也。蓋急武功，重用人也。吉甫之歸，周厚賜之，其《詩》曰：『吉甫燕喜，既多受祉，來歸自鎬，我行永久。』千里之鎬猶以爲遠，況萬里之外，其勤至矣！延壽、湯既未獲受祉之報，反屈捐命之功，久挫於刀筆之前，非所以勸有功厲戎士也。昔齊桓公前有尊周之功，後有滅項之罪，君子以功覆過而爲之諱行事。貳師將軍李廣利捐五萬之師，靡億萬之費，經四年之勞，而廑獲駿馬三十匹，雖斬宛王母鼓之首，猶不足以復費，其私罪惡甚多。孝武以爲萬里征伐，不録其過，遂封拜兩侯、三卿、二千石百有餘人。今康居國彊於大宛，郅支之號重於宛王，殺使者罪甚於留馬，而延壽、湯不煩漢士，不費斗糧，比於貳師，功德百之。且常惠隨欲擊之烏孫，鄭吉迎自來之日逐，猶皆裂土受爵。故言威武勤勞則大於方叔、吉甫，列功覆過則優於齊桓、貳師，近事之功則高於安遠、長羅，而大功未著，小惡數布，臣竊痛之！宜以時解縣通籍，除過勿治，尊寵爵位，以勸有功。」

《漢書》卷七五《李尋傳》 初，成帝時，齊人甘忠可詐造《天官曆》、《包元太平經》十二卷，以言「漢家逢天地之大終，當更受命於天，天帝使真人赤精子，下教我此道。」忠可以教重平夏賀良、容丘丁廣世、東郡郭昌等，中壘校尉劉向奏忠可假鬼神罔上惑衆，下獄治服，未斷病死。賀良等坐挾學忠可書以不敬論，後賀良等復私以相教。哀帝初立，司隸校尉解光亦以明經通災異得幸，白賀良等所挾忠可書。事下奉車都尉劉歆，歆以爲不合《五經》，不可施行。而李尋亦好之。光曰：「前歆父向奏忠可下獄，歆安肯通此道？」

《漢書》卷八五《谷永傳》 永於經書，汎爲疏達，與杜欽、杜鄴略等，不能洽浹如劉向父子及揚雄也。其於天官、《京氏易》最密，故善言災異，前後所上四十餘事，略相反覆，專攻上身與後宫而已。黨於王氏，上亦知之，不甚親信也。

《漢書》卷八八《儒林傳・京房》 京房受《易》梁人焦延壽。延壽云嘗從孟喜問《易》。會喜死，房以爲延壽《易》即孟氏學，翟牧、白生不肯，皆曰非也。至成帝時，劉向校書，考《易》説，以爲諸《易》家説皆祖田何、楊叔〔元〕、丁將軍，大誼略同，唯京氏爲異，黨焦延壽獨得隱士之説，託之孟氏，不相與同。房以明災異得幸，爲石顯所譖誅，自有傳。房授東海殷嘉、河東姚平、河南乘弘，皆爲郎、博士。繇是《易》有京氏之學。

酈道元《水經注》卷二三《獲水》 獲水又東轉逕城北而東注泗水，北三里有石冢被開，傳言楚元王之孫劉向冢，未詳是否。

王嘉《拾遺記》卷六 劉向於成帝之末，校書天禄閣，專精覃思。夜有老人，着黄衣，植青藜杖，登閣而進，見向暗中獨坐誦書。老父乃吹杖端，烟然，因以見向，説開闢已前。向因受《洪範五行》之文，恐辭説繁廣忘之，乃裂裳及紳，以記其言。至曙而去，向請問姓名。云：「我是太一之精，天帝聞金卯之子有博學者，下而觀焉。」乃出懷中竹牒，有天文地圖之書，「余畧授子焉」。至向子歆，從向受其術，向亦不悟此人焉。

《全宋文》卷二六一三李昭玘《記劉向冢》 酈道元《水經注》云：汴水西十五里有楚王山，自楚元王後世葬於此，凡十二冢，皆結石爲之。今向冢獨在城北五里，蛇穿冢罅，斷垣破甓，茅棘蕭然。疑其世非襲封，不得與先王之兆域，而爲別冢故也。向，元王之玄孫，以經明行修擢諫大夫，蕭望之、周堪以向忠直薦於朝。元帝儒昏，小人比德，許、史以外戚干政，恭、顯以近倖盗權。向肺腑之親，乃心王室，抗危言，吐孤憤，必欲推拉小人，拔天下正直之士在帝左右，以清天憲。方羣邪側目，相與攻詆，勢不能支，初下獄，再免爲庶人，終十年見廢。蕭望

之、周堪皆被誣自殺，向獨得不死，而志亦不少衰，可謂忠矣。惜乎既以身當怨，毅然特立，不能暴小人之惡，揚於王庭，以動天下之公義，乃使外親上變，而戒帝無漏言，彼所以揣其不足畏，而又欲擠之者也。當是時，韋玄成、貢禹以經術位大臣，不能助善排惡，爲向明區區之義，指以爲罔上不道。由此觀之，爲向之言者，果亦難矣。厥後成帝沉於内嬖，王氏專制，威福上下之勢，將轉衣爲裳，忠臣良士惴惴懼禍，向引《春秋》變異，欲以劫其心，而終不省其一二，豈言有所未中歟？趙氏殺太子，國嗣屢絶，當此之時，因以天性不忍之愛、父子之至情，引諭禍福，指明治亂之漸，庶幾惻然知悔焉。夫震雷變色，作於須臾，蜂蠆螫手，終身戒之，何則？遠於人者不必甚畏，而迫於所愛，則惟恐傷之也。若向之博極羣書，議論不詭，與董仲舒、揚雄、司馬遷相先後，可謂命世之才矣。於今洙泗之上，士多博洽廉靖樂道者，蓋向之遺風云。

備論

《漢書》卷二一上《律曆志一》　至孝成世，劉向總六曆，列是非，作《五紀論》。向子歆究其微眇，作《三統曆》及《譜》以説《春秋》，推法密要，故述焉。

《漢書》卷二五下《郊祀志贊》　漢興之初，庶事草創，唯一叔孫生略定朝廷之儀。若乃正朔服色郊望之事，數世猶未章焉。至於孝文，始以夏郊，而張倉據水德，公孫臣、賈誼更以爲土德，卒不能明。孝武之世，文章爲盛，太初改制，而兒寬、司馬遷等猶從臣、誼之言，服色數度，遂順黄德。彼以五德之傳從所不勝，秦在水德，故謂漢據土而克之。劉向父子以爲帝出於《震》，故包羲氏始受木德，其後以母傳子，終而復始，自神農、黄帝下歷唐虞三代而漢得火焉。故高祖始起，神母夜號，著赤帝之符，旗章遂赤，自得天統矣。昔共工氏以水德間於木火，與秦同運，非其次序，故皆不永。由是言之，祖宗之制蓋有自然之應，順時宜矣。究觀方士祠官之變，谷永之言，不亦正乎！不亦正乎！

《漢書》卷三六《楚元王傳贊》　仲尼稱「材難不其然與」！自孔子後，綴文之士衆矣，唯孟軻、孫況、董仲舒、司馬遷、劉向、揚雄。此數公者，皆博物洽聞，通達古今，其言有補於世。傳曰「聖人不出，其間必有命世者焉」，豈近是乎？劉氏《洪範論》發明《大傳》，著天人之應；《七略》剖判藝文，總百家之緒；《三統曆譜》考步日月五星之度。有意其推本之也。嗚虖！向言山陵之戒，于今察之，哀哉！指明梓柱以推廢興，昭矣！豈非直諒多聞，古之益友與！

《漢書》卷一〇〇上《敘傳上》　近者陸子優繇，《新語》以興；董生下帷，發藻儒林；劉向司籍，辯章舊聞；揚雄覃思，《法言》、《大玄》：皆及旹君之門闈，究先聖之壼奥，婆娑虖術藝之場，休息虖篇籍之囿，以全其質而發其文，用納虖聖聽，列炳於後人，斯非其亞與！

《漢書》卷一〇〇下《敘傳下》　虙羲畫卦，書契後作，虞夏商周，孔纂其業，篹《書》刪《詩》，綴《禮》正《樂》，彖系大《易》，因史立法。六學既登，遭世罔弘，羣言紛亂，諸子相騰。秦人是滅，漢修其缺，劉向司籍，九流以別。爰著目録，略序洪烈。

《漢書》卷一〇〇下《敘傳下》　太上四子：伯兮早夭，仲氏王代，斿宅于楚。戊實淫軼，平陸乃紹。其在于京，奕世宗正，劬勞王室，用侯陽成。子政博學，三世成名。

王嘉《拾遺記》卷六蕭綺録　觀乎劉向顯學於漢成時，才包三古，藝該九聖，懸日月以來，其類少矣。逮乎後漢，賈、何、任、曹之學，並爲聖神，通生民到今，蓋斯而已。若顔淵之殆庶幾；關美、張霸，何足顯大儒哉！至如五君之徒，孔門之外未有也，方之入室，彼有慚焉。賈氏之姊，所謂知識婦人鑒乎聖也。

《文選·曹元首〈六代論〉》　至於成帝，王氏擅朝。劉向諫曰：「臣聞公族者，國之枝葉。枝葉落，則本根無所庇蔭。方今同姓疏遠，母黨專政，排擯宗室，孤弱公族，非所以保守社稷，安固國嗣也。」其言深切，多所稱引。成帝雖悲傷歎息而不能用。

《全宋文》卷二六九〇楊時《楊龜山先生集》卷九《劉向論》　初，孝宣循武帝故事，招置名儒，而更生以通達善屬文與選中，可謂遇主矣。其後上復興神僊方術之士，而更生得淮南枕中鴻寶秘書獻之，言黄金可成，其所爲未免長君之過也。豈其逢世希合而爲之歟？抑年少學猶未能無惑於異端歟？其後與望之、堪，猛輩並立于朝，爲羣小側目，更生乃令外親上變事，其義安在哉？夫君子小人相爲盛衰，蓋天地之大義也。消息盈虚，天地且不能不以其漸，況於人乎？且許、史、恭、顯之於漢也，憑藉私昵寵嬖之恩非一日矣，其培根深，其滋蔓廣，非所以朝升而暮罷。而君子之去小人，又非智謀之足恃也，亦有吾之仁義而已。彼方欲肆欺以罔吾之信，爲數以敗吾之義，而吾且欲決而去之，而自爲不信，其見

棄也不亦宜乎？予讀更生傳，見其惓惓於其君，未嘗不爲之歎息也。惜其不知義命之歸，故一蹶而不振，悲夫！

《全宋文》卷五八八四呂祖謙《劉向論》　人臣事君之義，有不可則止者，有知其不可爲而爲之者，觀其所處之地如何耳。義所當止，雖如齊宣之授萬鍾，而孟子終不受；義所當爲，雖如商辛之剖心竅，而比干終不退。苟得其道，則進退不同，而同歸於是；苟失其義，則進退不同，同歸於非。烏呼，非知親疏之義者，孰能並行而不悖乎？是故三諫不聽而逃之者，疏也，臣道也；三諫不聽而隨之者，親也，子道也。孟子在齊爲疏，故當以臣道自處；比干在商爲親，故當以子道自處。知孟子之所止，則知比干之所以爲也；知比干之所爲，則知孟子之所以止也。孟子、比干，易地則皆然。劉向生於元、成間，前困於恭、顯之讒説，後困於王氏之排斥，屢讒屢排，而直言正論，曾不少衰。或者則責以不可則止之義，殊不知向與漢同姓，豈可恝然同疏遠之臣哉！諫而又諫，繼之以死可也。且元、成之昏亂，不足以有爲，向非不知之矣；知其不可而爲之者，特以吾之義而已。是數恭、顯之非惡非迂也，假外戚以上書非詐也，訟三氏之强盗非枉也，蹈殺身之危機非愚也，親之之義，不得不然也。向嘗告陳湯曰：「身爲宗室遺老，歷事五朝，吾而不言，誰當言者？」噫，斯言也，其見向之本心乎！昔屈原亦楚之宗族，事懷王、襄王盡忠而不見答，擯棄沉竄，徘徊不忍去，至投汨羅以死。人皆以屈原不能高舉遠逝，全身遠害遯之。賈誼亦弔之，曰：「歷九州而相君兮，何必懷此都也？」是豈知原之心哉？惟劉向所處之地，所處之義，與屈原同出一轍，故作《九嘆》以悼屈原，以己之心度屈原之心，以己之時度屈原之時，相望數百歲，若見其肺肝焉。其辭曰：「出國門而端指兮，方冀悟而錫還。」又曰：「興《離騷》之微文兮，冀靈修之一悟。還予車於南郢兮，復往軌於初古。」向之言雖爲原而發，亦所以自道也。蓋原與向皆同姓之臣，國存與存，國亡與亡。雖其君之昏亂，勢窮理絶，方且爲於不可爲之時，言於不可言之際，睠睠之忠，獨覬望於萬一焉，是所以爲忠孝之至也，世俗乃以疏遠之義而加貴戚之臣，槩以强活名之，可謂不知類矣。

《全宋文》卷七三一八陳耆卿《劉向論》　劉向學術未醇，而心事甚正。其學見於事宣帝，其心見於事元、成。夫神僊黄金，乃秦皇、漢武之所以亂亡者。向以通達能文，應名儒俊材之選，召見之初，疑有正論裨益，而所獻者，淮南鴻寶秘書，及鄒衍重道延命方而已。名儒俊才果如是乎！推是以往，則所謂講論五經者，亦糠粃土苴爾。雖然，不遇疾風，無以知勁草；不遇恭、顯、王鳳，無以知劉向。漢家宗室固多，其朴實爲漢者，特一向爾。惜乎其無沉幾深略也。何者？去小人之法，不在淺躁。方望之、堪、向等，同心輔政，其力强，其年富，可以有爲矣。是時恭、顯所以疑數子者，亦未甚也。使有沉幾深略以圖之，未必無成。奈何未白語泄，先受下獄免官之禍。其啓恭、顯之疑，一也。後上感悟，賜望之爵關内侯，而徵堪、向，欲以爲諫大夫。事體方有可回之漸，正宜緩以待之，奈何使外親上變事，復以此敗。其啓恭、顯之疑，二也。二疑之餘，更相仇敵，向等之忿恭、顯日力，而恭、顯之防向等日深。觀向之所以攻恭、顯者，專以災異，而恭、顯之所以攻堪、猛者，亦以災異。地動殆爲恭、顯，此向攻恭、顯之言也；以夏寒日青無光爲堪、猛用事之咎，此恭攻堪、猛之言也。正人指邪人爲邪，邪人指正人爲邪，正不勝邪，則向等不能害恭、顯，而反爲恭、顯所害。望之死於獄，則失一援矣。堪死於瘖，則失二援矣。蓋望之、堪尚存，向猶得扳連以成事；望之、堪既死，則向雖獨抱忠腸，倀倀然何所依哉！探本窮源，則實向等始焉之輕發有以召之也。或曰：向之攻王鳳，非有所謂語泄之過，與外親上變事之非也，胡爲向之計終不行，而鳳之姦終不去？曰：不然。恭、顯雖擅權，未至如王氏之盛；而向之攻王氏，又無望之、堪、猛之助也。恭、顯之姦，本亦可去，向不能審其所以去；王鳳之姦，既難於去，向亦終不可得而去。此理之必然者也。大抵去姦之事，出於上則易，出於下則難。以元、成之蔽於恭、顯、王鳳，如彼其極，向等欲以口伐代斧鉞，難哉！鳳之用事既甚於恭、顯，而成帝之孱弱，復甚於元帝。熟復向傳，觀元帝因地震感悟，下詔賜望之爵關内侯，徵堪、向欲以爲諫大夫，是猶能俟望之而徵堪、向也。望之自殺，天子甚悼恨之，乃擢堪爲光禄勳，堪弟子猛光禄大夫、給事中，大見信任。是猶能擢堪、猛而大信任之也。因楊興、諸葛豐之言，左遷堪、猛，曁廟災、日蝕，乃召諸前言日變在堪、猛者責問，是猶能察諸臣之非而責問之也。責問之後，徵堪詣行在所，拜光禄大夫，秩中二千石，領尚書事；猛復爲大中大夫、給事中，是猶能再徵而以爲光禄大夫、大中大夫也。特帝知之之心，不勝於恭、顯讒之之口，遂以不終。至於成帝，則異是矣。向奏《洪範五行傳論》，則曰「天子心知向忠精，故爲鳳兄弟起此論也。然終不能奪王氏權」。其上諫延陵疏，則曰「上甚感向言，而不能從其計」。其奏《新序》、《説苑》及上疏陳法戒，則曰「上雖不盡用，然内嘉其言，常嗟嘆之」。至於上封事，極言王氏，則曰「君且休矣，吾將思之」。夫曰「休」者，其真情；曰「思」者，其矯辭也。

縱帝能思，與不思一爾。嗚呼，唐德宗不以盧杞爲姦邪，而以姜公輔爲賣直。德宗之愚惑，未足責也；成帝知恭、顯之爲專擅而惡之矣，知向等之爲精忠而喜之矣，乃齷齪牽制，略不得一引手，何哉！譬如家有幼主，而强奴悍婢操竊其權，主固知其受制，有至親良友告以驅除之説，亦已覺其言之善，而乃因循苟且，不能早爲之計，其不終斃於强奴悍婢之手者幾希。

黄震《古今紀要》卷二《西漢》　劉向初以鑄金事宣帝，見罷。蕭望之、周堪引之以攻恭、顯，得罪，地震復用，又以外親上書見罷。望之見殺，堪、猛用向再上封事，堪、猛死，向廢。十餘年，成帝即位，顯等誅。又以王鳳擅政，再上封事，卒不用。没十三年而王氏代漢。學博而不純，始困於恭顯，終困於王氏，直諒多聞。

李贄《藏書》卷二九《儒臣傳一・詞學儒臣・劉向》論　予讀《戰國策》而知劉子政之陋也。夫春秋之後爲戰國，既爲戰國之時，則自有戰國之策。蓋與世推移，其道必爾。如此者，非可以春秋之治治之也明矣，況三王之世與？五霸者，春秋之事也。夫五霸何以獨盛於春秋也？蓋是時周室既衰，天子不能操禮樂征伐之權，以號令諸侯，故諸侯有不令者，方伯連帥率諸侯以討之，相與尊天子而協同盟，然後天下之勢復合于一。此如父母卧病，不能事事，羣小搆爭，莫可禁阻。中有賢子，自爲家督，遂起而身父母之任焉。是以名爲兄弟，而其實則父母也。雖若侵父母之權，而實父母賴之以安，兄弟賴之以和，左右童僕諸人賴之以立，則有勞於厥家大矣。管仲相桓，所謂首任其事者也。從此五霸迭興，更相雄長，夾輔王室，以藩屏周。百足之蟲，遲遲復至二百四十餘年者，皆管仲之功，五霸之力也。諸侯又不能爲五霸之事者，於是有志在吞周，心圖混一，如齊宣之所欲爲者焉。晉氏爲三，吕氏爲田，諸侯亦莫之正也，則安得不遂爲戰國而致謀臣策士于千里之外哉？其勢不至混一，故不止矣。劉子政當西漢之末造，感王室之將毁，徒知羨三王之盛，而不知戰國之宜，其見固已左矣。彼鮑、吴者，生于宋、元之季，聞見塞胸，仁義盈耳，區區襃貶，何足齒及！乃曾子固自負不少者也，咸謂其文章本於六經矣。乃譏向自信之不篤，邪説之當正，則亦不知六經爲何物，而但竊襃貶以繩世，則其視鮑與吴，亦魯、衛之人矣。

鍾惺《隱秀軒集》卷二三《論二・劉向》　予讀《劉向傳》，悲其遇，始信人主之庸之足以亡天下也。暴主終身悍窒，終身不悟，庸主有時悟，悟矣而足以亡者，疑爲之也。何以明之？愬譖周堪、劉向下獄者，弘恭、石顯也。則恭、顯之不利於堪、向，一愚者知之矣。地震星變，上自感悟，欲以堪、向爲諫大夫，又使恭、顯得與白，皆爲中郎，此甚不可解也。庸主當迷惑時，賢奸混殽，用舍倒置，固不足論。惟是感悟後一番舉動，不痛不癢，爲可恨耳！當其迷惑，猶冀其感悟；業已感悟，而所爲止此，則讒邪益無所忌，忠直益無所恃，而進言者始絶望矣。向之言曰：「讒邪之所以並進者，由上多疑心。」此元帝胎病，所以釀亡漢之禍者，不外於此。中間蔽而開，開而復蔽，精神面目，周始循環於一疑之中而不能自出。至夏寒，日青無光，恭、顯等皆言堪、猛用事之咎，抑何其不經也？上內重堪，又患衆口之寖潤，無所取信，時長安令楊興以材能幸，常稱譽堪，上欲以爲助，已可笑矣。興，險人也，反乘間傾堪，而上益爲之疑，左遷堪等。後廟闕災，日蝕，上召諸前言日變在堪、猛者責問，皆稽首謝。下詔爲堪暴白，情形業已豁然。徵堪爲光禄大夫，猛爲大中大夫，給事中。而顯幹尚書自若也，反使堪希得見，常因顯白事，事決顯口，堪竟以瘖死而猛自殺。帝之所以復用堪、猛者，非即其所以殺之者乎？至成帝時，王鳳兄弟用事，向作《洪範五行傳論》上之。「天子心知向精忠，故爲鳳兄弟起此論也，然終不能奪王氏權。」上無繼嗣，政由王氏出，向遂上封事極諫，至云「王氏與劉氏亦且不並立」，篡漢之事，不憚明言之，心亦極苦矣。「天子召見向，歎息悲傷其意。謂曰：『君且休矣，吾將思之。』」而卒無所發付，似有一疑鬼坐其腹，掣其手，使其席天子之權而不能自用一人，自作一事。每一感悟，每一改悔，不使人快，而反使人悶且恨焉！向事元帝困於恭、顯，事成帝困於王氏。二主世濟其庸，以至於亡，始終不出一疑字。世安知疑之效遂足以亡天下乎？《史記・李斯傳》末曰「遂以亡天下」，罪斯也。《漢書・劉向傳》末曰「卒後十三歲而王氏代漢」，惜向也，其亦幸向之不見漢亡也云爾。向之忠，無負於漢矣，然何救於漢之亡？忠臣欲救國之亡，豈以此心無負於國而遂已哉！

魏象樞《寒松堂全集》卷一二《漢儒新語新書新序新論評》　劉子政立身行己，亦可以伯仲長沙，第長沙之書憤深，而子政之書義襍。《新序》三十篇，目録一篇，子固所序者十篇而已，率摭中書襍傳，彙輯成編，較《説苑》更爲煩蕪。然自舜禹以至周秦，古人之嘉言嘉行具在焉。大都義取諷諫，非誕漫於怪奇可喜之論。且妹喜、妲己腠理骨髓之箴，與《列女傳》相表裏，鑿鑿乎感悟漢成者至矣。吾謂不及外戚諸疏，刺譏時事，指陳災異徵應，慷慨陳于天子之前，宥死批鱗，數困於讒而不改其操，斯則子政之大概矣。子固譏其爲衆説之所蔽，不知有

所折衷而純於道德之美，蓋苛論也。

羅文俊《詁經精舍文續集》卷三章廷彥《劉向揚雄優劣論》　班固稱劉向、揚雄皆博物洽聞，通達古今，其言有補於世。蓋文人學士徇一時之稱譽，於論世知人之術無當也。雄以蜀人游京師，王音奇其文，召爲門下吏，是其進身已不軌於正。向宗室子，以忠直明經具稱，屢上封事，專抑外戚。雄既不得比向之尊貴，而欲求全於亂世，勢不能不委蛇取容。然則二子之優劣可知已。向所著書惟《說苑》、《列女》、《洪範五行傳論》，雄則有《法言》、《倉頡訓纂》、《州箴》、《反騷》諸作，而《太元經》尤所自喜。跡其著述，非不奥且博，而其失在鉤深致遠，好爲艱險，無關世教，非如向之序次賢妃貞婦孽嬖亂亡與五行災異，垂爲世誡者可比。此即論文章之有補於世否，固已向優而雄劣，又况寂寞投閣，致以莽大夫見譏哉？嘗謂文人相輕，文人亦交相護。班固爲文瑰麗奇偉不下於司馬相如，故其作《漢書》於《相如傳》贊則以雄諷一勸百之言爲戲，斥雄所以護相如也。於《劉向傳》贊又與雄並推爲博洽，附雄於向，所以護雄也。雄傳中不録《劇秦美新》之文，一則曰少耆欲不汲汲於富貴，再則曰恬於勢利。嗚呼！誣矣！所惜童烏早殤，雄之子反得保其慧名，而向子歆者乃以符命干莽，躋仕國師，亦元王之裔所不幸而有此者也。

《龔自珍全集》卷一《說中古文》　成帝命劉向領校中五經祕書，但中古文之說，余所不信。秦燒天下儒書，漢因秦宮室，不應宮中獨藏《尚書》，一也。蕭何收秦圖籍，乃地圖之屬，不聞收《易》與《書》，二也。假使中祕有《尚書》，何必遣鼂錯往伏生所受二十九篇？三也。假使中祕有《尚書》，不應安國獻孔壁書，始知增多十六篇，四也。假使中祕有《尚書》，以武、宣之爲君，諸大儒之爲臣，百餘年間，無言之者，不應劉向始知校《召誥》、《酒誥》，始知與博士本異文七百，五也。此中祕書既是古文，外廷所獻古文，遭巫蠱不立，古文亦不亡；假使有之，則是燒書者，更始之火，赤眉之火，而非秦火矣，六也。中祕既是古文，外廷自博士以迄民間，應奉爲定本，斠若畫一，不應聽其古文家、今文家，紛紛異家法，七也。中祕有書，應是孔門百篇全經，不但《舜典》、《九共》之文，終西漢世具在，而且孔安國之所無者，亦在其中。孔壁之文，又何足貴？今試考其情事，然耶？不耶？八也。秦火後，千古儒者，獨劉向、歆父子見全經，而平生不曾於二十九篇外，引用一句，表章一事，九也。亦不傳受一人，斯謂空前，斯謂絶後，此古文者，迹過如掃矣，異哉！異至於此，十也。假使中祕書並無百篇，則向作《七略》，當載明是何等篇，其不存者亡於何時，其存者又何所受也，而皆無原委，千古但聞有中古文之名，十一也。中祕既有五經，獨《易》、《書》著，其三經何以蔑聞？十二也。當帝之時，以中書校百兩篇，非是。予謂：此中古文，亦張霸百兩之流亞，成帝不知而誤收之；或即劉歆所自序之言如此，託於其父，並無此事。古文《書》如此，古文《易》可知。宜其獨與絶無師承之費直《易》相同，而不與施、孟、梁邱同也。《漢書》劉向一傳，本非班作，歆也博而詐，固也侗而愿。

藝文

《文選・班固〈兩都賦〉》序　故言語侍從之臣，若司馬相如、虞丘壽王、東方朔、枚皋、王褒、劉向之屬，朝夕論思，日月獻納。

《全唐詩》卷二九三司空曙《送李嘉祐正字括圖書兼往揚州覲省》　不事蘭臺貴，全多韋帶風。儒官比劉向，使者得陳農。晚燒平蕪外，朝陽疊浪東。歸來喜調膳，寒筍出林中。

《劉禹錫集》卷三一《同樂天送河南馮尹學士》　可憐玉馬風流地，暫輟金貂侍從才。閣上掩書劉向去，門前修刺孔融來。崤陵路静寒無雨，洛水橋長晝起雷。共羡府中棠棣好，先於城外百花開。

劉敞《公是集》卷四九《西漢三名儒贊》　子政翼翼，簡易正直。博覽百家，以充其德。黄金之僞，智由信惑。𨈭骫邪世，身居困阨。不爲俗儒，苟取拘拘。略其威儀，忠質之符。疾邪救危，著論上書。同姓之仁，賢哉已夫。雖不三事，其文實章。以迄於今，日月之光。嗟我後人，庶幾不忘。

《張之洞全集》卷二九七《讀詩絶句・劉向》　父矢忠良子黨新，五行七略却無倫。傳家不獨遺經貴，恐有含飴瀹牡人。

漢哀帝部

綜述

《漢書》卷一一《哀帝紀》 孝哀皇帝，元帝庶孫，定陶恭王子也。母曰丁姬。年三歲嗣立爲王，長好文辭法律。元延四年入朝，盡從傅、相、中尉。時成帝少弟中山孝王亦來朝，獨從傅。上怪之，以問定陶王，對曰：「令，諸侯王朝，得從其國二千石。傅、相、中尉皆國二千石，故盡從之。」上令誦《詩》，通習，能説。他日問中山王：「獨從傅在何法令？」不能對。令誦《尚書》，又廢。及賜食於前，後飽；起下，韤係解。成帝由此以爲不能，而賢定陶王，數稱其材。時王祖母傅太后隨王來朝，私賂遺上所幸趙昭儀及帝舅票騎將軍曲陽侯王根。昭儀及根見上亡子，亦欲豫自結爲長久計，皆更稱定陶王，勸帝以爲嗣。成帝亦自美其材，爲加元服而遣之，時年十七矣。明年，使執金吾任宏守大鴻臚，持節徵定陶王，立爲皇太子。謝曰：「臣幸得繼父守藩爲諸侯王，材質不足以假充太子之宫。陛下聖德寬仁，敬承祖宗，奉順神祇，宜蒙福祐子孫千億之報。臣願且得留國邸，旦夕奉問起居，俟有聖嗣，歸國守藩。」書奏，天子報聞。後月餘，立楚孝王孫景爲定陶王，奉恭王祀，所以獎厲太子專爲後之誼。語在《外戚傳》。

綏和二年三月，成帝崩。四月丙午，太子即皇帝位，謁高廟。尊皇太后曰太皇太后，皇后曰皇太后。大赦天下。賜宗室王子有屬者馬各一駟，吏民爵，百户牛酒，三老、孝弟力田、鰥寡孤獨帛。太皇太后詔尊定陶恭王爲恭皇。

五月丙戌，立皇后傅氏。詔曰：「《春秋》『母以子貴』，尊定陶太后曰恭皇太后，丁姬曰恭皇后，各置左右詹事，食邑如長信宫、中宫。」追尊傅父爲崇祖侯、丁父爲褒德侯。封舅丁明爲陽安侯，舅子滿爲平周侯。追謚滿父忠爲平周懷侯，皇后父晏爲孔鄉侯，皇太后弟侍中光禄大夫趙欽爲新成侯。

六月，詔曰：「鄭聲淫而亂樂，聖王所放，其罷樂府。」

曲陽侯根前以大司馬建社稷策，益封二千户。太僕安陽侯舜輔導有舊恩，益封五百户，及丞相孔光、大司空汜鄉侯何武益封各千户。

詔曰：「河間王良喪太后三年，爲宗室儀表，益封萬户。」

又曰：「制節謹度以防奢淫，爲政所先，百王不易之道也。諸侯王、列侯、公主、吏二千石及豪富民多畜奴婢，田宅亡限，與民争利，百姓失職，重困不足。其議限列。」有司條奏：「諸王、列侯得名田國中，列侯在長安及公主名田縣道，關内侯、吏民名田，皆無得過三十頃。諸侯王奴婢二百人，列侯、公主百人，關内侯、吏民三十人。年六十以上，十歲以下，不在數中。賈人皆不得名田、爲吏，犯者以律論。諸名田畜奴婢過品，皆没入縣官。齊三服官、諸官織綺繡，難成，害女紅之物，皆止，無作輸。除任子令及誹謗詆欺法。掖庭宫人年三十以下，出嫁之。官奴婢五十以上，免爲庶人。禁郡國無得獻名獸。益吏三百石以下奉。察吏殘賊酷虐者，以時退。有司無得舉赦前往事。博士弟子父母死，予寧三年。」

秋，曲陽侯王根、成都侯王況皆有罪。根就國，況免爲庶人，歸故郡。

詔曰：「朕承宗廟之重，戰戰兢兢，懼失天心。間者日月亡光，五星失行，郡國比比地動。乃者河南、潁川郡水出，流殺人民，壞敗廬舍。朕之不德，民反蒙辜，朕甚懼焉，已遣光禄大夫循行舉籍，賜死者棺錢，人三千。其令水所傷縣邑及他郡國災害什四以上，民貲不滿十萬，皆無出今年租賦。」

建平元年春正月，赦天下。侍中騎都尉新成侯趙欽、成陽侯趙訢皆有罪，免爲庶人，徙遼西。

太皇太后詔外家王氏田非冢塋，皆以賦貧民。

二月，詔曰：「蓋聞聖王之治，以得賢爲首。其與大司馬、列侯、將軍、中二千石、州牧、守、相舉孝弟惇厚能直言通政事，延于側陋可親民者，各一人。」

三月，賜諸侯王、公主、列侯、丞相、將軍、中二千石、中都官郎吏金錢帛，各有差。

冬，中山孝王太后媛、弟宜鄉侯馮參有罪，皆自殺。

二年春三月，罷大司空，復御史大夫。

夏四月，詔曰：「漢家之制，推親親以顯尊尊。定陶恭皇之號不宜復稱定陶。尊恭皇太后曰帝太太后，稱永信宫；恭皇后曰帝太后，稱中安宫。立恭皇廟于京師。赦天下徒。」

罷州牧，復刺史。

六月庚申，帝太后丁氏崩。上曰：「朕聞夫婦一體。《詩》云：『穀則異室，死則同穴。』昔季武子成寢，杜氏之殯在西階下，請合葬而許之。附葬之禮，自周

興焉。『郁郁乎文哉！吾從周。』孝子事亡如事存。帝太后宜起陵恭皇之園。」遂葬定陶。發陳留、濟陰近郡國五萬人穿復土。

待詔夏賀良等言赤精子之讖，漢家曆運中衰，當再受命，宜改元易號。詔曰：「漢興二百載，曆數開元。皇天降非材之佑，漢國再獲受命之符，朕之不德，曷敢不通！夫基事之元命，必與天下自新，其大赦天下。以建平二年爲太初（元將）元年。號曰陳聖劉太平皇帝。漏刻以百二十爲度。」

七月，以渭城西北原上永陵亭部爲初陵。勿徙郡國民，使得自安。

八月，詔曰：「（時）〔待〕詔夏賀良等建言改元易號，增益漏刻，可以永安國家。朕過聽賀良等言，冀爲海内獲福，卒亡嘉應。皆違經背古，不合時宜。六月甲子制書，非赦令也，皆蠲除之。賀良等反道惑衆，下有司。」皆伏辜。

丞相博、御史大夫玄、孔鄉侯晏有罪。博自殺，玄減死二等論，晏削户四分之一。語在《博傳》。

三年春正月，立廣德夷王弟廣漢爲廣平王。

癸卯，帝太太后所居桂宫正殿火。

三月己酉，丞相當薨。有星孛于河鼓。

夏六月，立魯頃王子郚鄉侯閔爲王。

冬十一月壬子，復甘泉泰畤、汾陰后土祠，罷南北郊。

東平王雲、雲后謁、安成恭侯夫人放皆有罪。雲自殺，謁、放棄市。

四年春，大旱。關東民傳行西王母籌，經歷郡國，西入關至京師。民又會聚祠西王母，或夜持火上屋，擊鼓號呼相驚恐。

二月，封帝太太后從弟侍中傅商爲汝昌侯，太后同母弟子侍中鄭業爲陽信侯。

三月，侍中騶馬都尉董賢、光禄大夫息夫躬、南陽太守孫寵皆以告東平王封列侯。語在《賢傳》。

夏五月，賜中二千石至六百石及天下男子爵。

六月，尊帝太太后爲皇太太后。

秋八月，恭皇園北門災。

冬，詔將軍、中二千石舉明兵法有大慮者。

元壽元年春正月辛丑朔，日有蝕之。詔曰：「朕獲保宗廟，不明不敏，宿夜憂勞，未皇寧息。惟陰陽不調，元元不贍，未睹厥咎。婁敕公卿，庶幾有望。至今有司執法，未得其中，或上暴虐，假勢獲名，温良寬柔，陷於亡滅。是故殘賊彌長，和睦日衰，百姓愁怨，靡所錯躬。乃正月朔，日有蝕之，厥咎不遠，在余一人。公卿大夫其各悉心勉帥百寮，敦任仁人，黜遠殘賊，期於安民。陳朕之過失，無有所諱。其與將軍、列侯、中二千石舉賢良方正能直言者各一人。大赦天下。」

丁巳，皇太太后傅氏崩。

三月，丞相嘉有罪，下獄死。

秋九月，大司馬票騎將軍丁明免。

孝元廟殿門銅龜蛇鋪首鳴。

二年春正月，匈奴單于、烏孫大昆彌來朝。二月，歸國，單于不說。語在《匈奴傳》。

夏四月壬辰晦，日有蝕之。

五月，正三公官分職。大司馬衛將軍董賢爲大司馬，丞相孔光爲大司徒，御史大夫彭宣爲大司空，封長平侯。正司直、司隸，造司寇職，事未定。

六月戊午，帝崩于未央宫。秋九月壬寅，葬義陵。

雜録

備録

《漢書》卷二一下《律曆志下》 哀帝建平四年，元壽二年，著《紀》即位六年。

《漢書》卷二二《禮樂志》 哀帝自爲定陶王時疾之，又性不好音，及即位，下詔曰：「惟世俗奢泰文巧，而鄭衛之聲興。夫奢泰則下不孫而國貧，文巧則趨末背本者衆。鄭衛之聲興則淫辟之化流，而欲黎庶敦朴家給，猶濁其源而求其清流，豈不難哉！孔子不云乎？『放鄭聲，鄭聲淫。』其罷樂府官。郊祭樂及古兵法武樂，在經非鄭衛之樂者，條奏，別屬他官。」

《漢書》卷二五下《郊祀志下》 哀帝即位，寑疾，博徵方術士，京師諸縣皆有侍祠使者，盡復前世所常興諸神祠官，凡七百餘所，一歲三萬七千祠云。

明年，復令太皇太后詔有司曰：「皇帝孝順，奉承聖業，靡有解怠，而久疾未瘳。夙夜唯思，殆繼體之君不宜改作。其復甘泉泰畤、汾陰后土祠如故。」上亦

不能親至，遣有司行事而禮祠焉。後三年，哀帝崩。

《漢書》卷九三《佞幸傳・董賢傳》 董賢字聖卿，雲陽人也。父恭，爲御史，任賢爲太子舍人。哀帝立，賢隨太子官爲郎。二歲餘，賢傳漏在殿下，爲人美麗自喜，哀帝望見，説其儀貌，識而問之，曰：「是舍人董賢邪？」因引上與語，拜爲黄門郎，繇是始幸。問及其父爲雲中侯，即日徵爲霸陵令，遷光禄大夫。賢寵愛日甚，爲駙馬都尉侍中，出則參乘，入御左右，旬月間賞賜絫鉅萬，貴震朝廷。常與上臥起。嘗晝寢，偏藉上褏，上欲起，賢未覺，不欲動賢，乃斷褏而起。其恩愛至此。賢亦性柔和便辟，善爲媚以自固。每賜洗沐，不肯出，(嘗)〔常〕留中視醫藥。上以賢難歸，詔令賢妻得通引籍殿中，止賢廬，若吏妻子居官寺舍。又(詔)〔召〕賢女弟以爲昭儀，位次皇后，更名其舍爲椒風，以配椒房云。昭儀及賢與妻旦夕上下，並侍左右。賞賜昭儀及賢妻亦各千萬數。遷賢父爲少府，賜爵關内侯，食邑，復徙爲衛尉。又以賢妻父爲將作大匠，弟爲執金吾。詔將作大匠爲賢起大第北闕下，重殿洞門，木土之功窮極技巧，柱檻衣以綈錦。下至賢家僮僕皆受上賜，及武庫禁兵，上方珍寶。其選物上弟盡在董氏，而乘輿所服乃其副也。及至東園祕器，珠襦玉柙，豫以賜賢，無不備具。又令將作爲賢起冢塋義陵旁，内爲便房，剛柏題湊，外爲徼道，周垣數里，門闕罘罳甚盛。

上欲侯賢而未有緣。會待詔孫寵、息夫躬等告東平王雲后謁祠祀祝詛，下有司治，皆伏其辜。上於是令躬、寵爲因賢告東平事者，乃以其功下詔封賢爲高安侯，躬宜陵侯，寵方陽侯，食邑各千户。頃之，復益封賢二千户。丞相王嘉内疑東平事寃，甚惡躬等，數諫争，以賢爲亂國制度，嘉竟坐言事下獄死。

上初即位，祖母傅太后、母丁太后皆在，兩家先貴。傅太后從弟喜先爲大司馬輔政，數諫，失太后指，免官。上舅丁明代爲大司馬，亦任職，頗害賢寵，及丞相王嘉死，明甚憐之。上寖重賢，欲極其位，而恨明如此，遂册免明曰：「前東平王雲貪欲上位，祠祭祝詛，雲后舅伍宏以醫待詔，與校祕書郎楊閎結謀反逆，禍甚迫切。賴宗廟神靈，董賢等以聞，咸伏其辜。將軍從弟侍中奉車都尉吴、族父左曹屯騎校尉宣皆知宏及栩丹諸侯王后親，而宣除用丹爲御屬，吴與宏交通厚善，數稱薦宏。宏以附吴得興其惡心，因醫技進，幾危社稷，朕以恭皇后故，不忍有云。將軍位尊任重，既不能明威立義，折消未萌，又不深疾雲、宏之惡，而懷非君上，阿爲宣、吴，反痛恨雲等揚言爲羣下所寃，又親見言伍宏善醫，死可惜也，賢等獲封極幸。嫉妒忠良，非毁有功，於戲傷哉！蓋『君親無將，將而誅之』。是以季友鴆叔牙，《春秋》賢之；趙盾不討賊，謂之弒君。朕閔將軍陷于重刑，故以書飭。將軍遂非不改，復與丞相嘉相比，令嘉有依，得以罔上。有司致法將軍請獄治，朕惟噬膚之恩未忍，其上票騎將軍印綬，罷歸就第。」遂以賢代明爲大司馬衛將軍，册曰：「朕承天序，惟稽古建爾于公，以爲漢輔。往悉爾心，統辟元戎，折衝綏遠，匡正庶事，允執其中。天下之衆，受制於朕，以將爲命，以兵爲威，可不慎與！」是時賢年二十二，雖爲三公，常給事中，領尚書，百官因賢奏事。以父恭不宜在卿位，徙爲光禄大夫，秩中二千石。弟寬信代賢爲駙馬都尉。董氏親屬皆侍中諸曹奉朝請，寵在丁、傅之右矣。

明年，匈奴單于來朝，宴見，羣臣在前。單于怪賢年少，以問譯，上令譯報曰：「大司馬年少，以大賢居位。」單于乃起拜，賀漢得賢臣。

初，丞相孔光爲御史大夫，時賢父恭爲御史，事光。及賢爲大司馬，與光並爲三公，上故令賢私過光。光雅恭謹，知上欲尊寵賢，及聞賢當來也，光警戒衣冠出門待，望見賢車乃卻入。賢至中門，光入閤，既下車，乃出拜謁，送迎甚謹，不敢以賓客均敵之禮。賢歸，上聞之喜，立拜光兩兄子爲諫大夫常侍。賢繇是權與人主侔矣。

是時，成帝外家王氏衰廢，唯平阿侯譚子去疾，哀帝爲太子時爲庶子得幸，及即位，爲侍中騎都尉。上以王氏亡在位者，遂用舊恩親近去疾，復進其弟閎爲中常侍，閎妻父蕭咸，前將軍望之子也，久爲郡守，病免，爲中郎將。兄弟並列，賢父恭慕之，欲與結婚姻。閎爲賢弟駙馬都尉寬信求咸女爲婦，咸惶恐不敢當，私謂閎曰：「董公爲大司馬，册文言『允執其中』，此乃堯禪舜之文，非三公故事，長老見者，莫不心懼。此豈家人子所能堪邪！」閎性有知略，聞咸言，心亦悟。乃還報恭，深達咸自謙薄之意。恭歎曰：「我家何用負天下，而爲人所畏如是！」意不説。後上置酒麒麟殿，賢父子親屬宴飲，王閎兄弟侍中中常侍皆在側。上有酒所，從容視賢笑，曰：「吾欲法堯禪舜，何如？」閎進曰：「天下乃高皇帝天下，非陛下之有也。陛下承宗廟，當傳子孫於亡窮。統業至重，天子亡戲言！」上默然不説，左右皆恐。於是遣閎出，後不得復侍宴。

賢第新成，功堅，其外大門無故自壞，賢心惡之。後數月，哀帝崩。

葛洪《西京雜記》卷四 哀帝爲董賢起大第於北闕下，重五殿，洞六門，柱壁皆畫雲氣華蘤，山靈水怪，或衣以綈錦，或飾以金玉。南門三重，署曰南中門、南上門、南更門。東西各三門，隨方面題署，亦如之。樓閣臺榭，轉相連注，山池玩

好，窮盡雕麗。

李吉甫《元和郡縣圖志》卷一《關內道一・咸陽縣》　義陵，哀帝陵也，在縣北八里。

洪邁《容齋三筆》卷一三《漢世謀于衆》　兩漢之世，事無小大，必謀之於衆人，予前論之矣，然亦有持以藉口掩衆議者。霍光薨後，宣帝出其親屬補吏，張敞言：「朝臣宜有明言霍氏顓制，請罷三侯就第。明詔以恩不聽，羣臣以義固爭而後許之。今明詔自親其文，非策之得者也。」哀帝欲封董賢等，王嘉言：「宜延問公卿、大夫、博士、議郎，明正其義，然後乃加爵土；不然，恐大失衆心。暴平其事，必有言當封者，在陛下所從；天下雖不說，咎有所分，不獨在陛下。前成帝初封淳于長，其事亦議。谷永以長當封，衆人歸咎於永，先帝不獨蒙其譏。」哀帝乃止。是知委曲遷就，使恩出君上，過歸於下，漢代多如此也。

備論

《漢書》卷一一《哀帝紀贊》　孝哀自爲藩王及充太子之宮，文辭博敏，幼有令聞。睹孝成世祿去王室，權柄外移，是故臨朝婁誅大臣，欲彊主威，以則武、宣。雅性不好聲色，時覽卞射武戲。即位痿痺，末年寖劇，饗國不永，哀哉！

《漢書》卷九三《佞幸傳・董賢傳贊》　柔曼之傾意，非獨女德，蓋亦有男色焉。觀籍、閎、鄧、韓之徒非一，而董賢之寵尤盛，父子並爲公卿，可謂貴重人臣無二矣。然進不繇道，位過其任，莫能有終，所謂愛之適足以害之者也。漢世衰於元、成，壞於哀、平。哀、平之際，國多釁矣。主疾無嗣，弄臣爲輔，鼎足不彊，棟幹微撓。一朝帝崩，姦臣擅命，董賢縊死，丁、傅流放，辜及母后，奪位幽廢，咎在親便嬖，所任非仁賢。故仲尼著「損者三友」，王者不私人以官，殆爲此也。

《漢書》卷一〇〇下《敘傳下》　孝哀彬彬，克攬威神，彫落洪支，底剭鼎臣。婉孌董公，惟亮天功，《大過》之困，實橈實凶。

蘇轍《欒城後集》卷八《漢哀帝》　漢哀帝自諸侯爲天子，方其在國，好禮節儉。知成帝優容舅家，權奪於王氏，及即位，收攬威柄，朝廷竦然，庶幾於治。既而傅太后侵侮王后，僭竊名號，始失天下心。帝復寵任倖臣董賢，位至三公，富擬帝室。雖欲貶損王氏，而身既失德，朝無名臣，所以資之者多矣。《詩》曰：「無競維人，四方其訓之。有覺德行，四國順之。」二者帝皆失之，其若王氏何！方帝之崩也，王太后召大司馬賢，引見東廂，問以喪事調度，賢內憂不能對，免冠謝。太后曰：「新都侯莽，前以大司馬奉送先帝大行，曉習故事，吾令莽助君。」賢頓首幸甚。莽既至，使尚書劾免賢。賢即日自殺。王氏代漢之禍，實成於此。

昔高帝寢疾，有呂氏之憂。呂后問以後事，帝曰：「陳平智有餘，然難獨任。王陵少戇，可以助之。周勃厚重少文，然安劉氏必勃也，可令爲太尉。」及產、祿之變，王陵爭之於前，平、勃定之於後，皆如高帝所慮。文帝末年，有七國之憂，戒太子曰：「即有緩急，周亞夫可任將兵。」及吴楚之變，亞夫爲大將，破之數月之間，亦如文帝所慮。今王氏之亂，與呂氏、七國等耳，而哀帝無其人，漢遂以亡。非特天命，蓋人謀也。

藝文

《全唐詩》卷一一九崔國輔《白紵辭二首》（其一）　董賢女弟在椒風，窈窕繁華貴後宮。璧帶金釭皆翡翠，一朝零落變成空。

岑參《岑嘉州詩》卷二《醉後戲與趙歌兒》　秦州歌兒歌調苦，偏能立唱《濮陽女》。座中醉客不得意，聞之一聲淚如雨。向使逢着漢帝憐，董賢氣咽不能語。

袁枚《小倉山房詩集》卷五《董賢玉印歌》　董侯夜醉麒麟殿，漢王傳璽不傳印。璽墜千年印獨存，傳觀猶帶桃花暈。雙螭戍削陰文裂，衛將軍「董」字堪識。想見郎官美麗時，人面玉顔如一色。郎官傳漏殿上行，顧盼能使椒風清。高皇天下一笑與，乃祖轉愧銅山輕。并后匹嫡一身兼，三十六宫難爲情。大賢居位美如許，孔光俯伏單于舞。莫道和柔侍禁中，亦頗知賢薦何武。一朝龍去鼎湖天，頓首東廂狀可憐。熏香傳粉入歸矣，露眼嘶聲賊儼然。傳呼收印印早交，委命豈待金吾刀？絶勝漢家老寡婦，兩手握璽徒忉忉。漢朝家法良草草，外戚橫行母后老。不容舊寵戲金丸，翻許新皇鑄剛卯！摩君玉璽不勝情，憐君福過使災生。當時用印誅賊莽，未必書傳佞倖名！

皮錫瑞《師伏堂詩草》卷一《讀史》　早擬江山讓董賢，效尤新莽始欺天。賜山猶憶文皇帝，枉鑄黄頭百萬錢。

孔光部

綜述

《漢書》卷八一《孔光傳》 孔光字子夏，孔子十四世之孫也。孔子生伯魚鯉，鯉生子思伋，伋生子上帛，帛生子家求，求生子真箕，箕生子高穿。穿生順，順爲魏相。順生鮒，鮒爲陳涉博士，死陳下。鮒弟子襄爲孝惠博士，長沙太傅。襄生忠，忠生武及安國，武生延年。延年生霸，字次儒。霸生光焉。安國、延年皆以治《尚書》爲武帝博士。安國至臨淮太守。霸亦治《尚書》，事太傅夏侯勝，昭帝末年爲博士，宣帝時爲太中大夫，以選授皇太子經，遷詹事，高密相。是時，諸侯王相在郡守上。

元帝即位，徵霸，以師賜爵關内侯，食邑八百户，號褒成君，給事中，加賜黄金二百斤，第一區，徙名數于長安。霸爲人謙退，不好權勢，常稱爵位泰過，何德以堪之！上欲致霸相位，自御史大夫貢禹卒，及薛廣德免，輒欲拜霸。霸讓位，自陳至三，上深知其至誠，乃弗用。以是敬之，賞賜甚厚。及霸薨，上素服臨弔者再，至賜東園祕器錢帛，策贈以列侯禮，謚曰烈君。

霸四子，長子福嗣關内侯。次子捷、捷弟喜皆列校尉諸曹。光，最少子也，經學尤明，年未二十，舉爲議郎。光禄勳匡衡舉光方正，爲諫大夫。坐議有不合，左遷虹長，自免歸教授。成帝初即位，舉爲博士，數使録冤獄，行風俗，振贍流民，奉使稱旨，由是知名。是時，博士選三科，高(第)爲尚書，次爲刺史，其不通政事，以久次補諸侯太傅。光以高第爲尚書，觀故事品式，數歲明習漢制及法令。上甚信任之，轉爲僕射，尚書令。有詔光周密謹慎，未嘗有過，加諸吏官，以子男放爲侍郎，給事黄門。數年，遷諸吏光禄大夫，秩中二千石，給事中，賜黄金百斤，領尚書事。後爲光禄勳，復領尚書，諸吏給事中如故。凡典樞機十餘年，守法度，修故事。上有所問，據經法以心所安而對，不希指苟合；如或不從，不敢强諫争，以是久而安。時有所言，輒削草稾，以爲章主之過，以奸忠直，人臣大罪也。有所薦舉，唯恐其人之聞知。沐日歸休，兄弟妻子燕語，終不及朝省政事。或問光：「温室省中樹皆何木也？」光嘿不應，更答以它語，其不泄如是。光帝師傅子，少以經行自著，進官蚤成。不結黨友，養游説，有求於人。既性自守，亦其勢然也。徙光禄勳爲御史大夫。

綏和中，上即位二十五年，無繼嗣，至親有同産弟中山孝王及同産弟子定陶王在。定陶王好學多材，於帝子行。而王祖母傅太后陰爲王求漢嗣，私事趙皇后、昭儀及帝舅大司馬驃騎將軍王根，故皆勸上。上於是召丞相翟方進、御史大夫光、右將軍廉褒、後將軍朱博，皆引入禁中，議中山、定陶王誰宜爲嗣者。方進、根以爲定陶王帝弟之子，《禮》曰「昆弟之子猶子也」，「爲其後者爲之子也」，定陶王宜爲嗣，褒、博皆如方進、根議。光獨以爲禮立嗣以親，中山王先帝之子，帝親弟也，以《尚書・盤庚》殷之及王爲比，中山王宜爲嗣。上以《禮》兄弟不相入廟，又皇后、昭儀欲立定陶王，故遂立爲太子。光以議不中意，左遷廷尉。

光久典尚書，練法令，號稱詳平。時定陵侯淳于長坐大逆誅，長小妻迺始等六人皆以長事未發覺時棄去，或更嫁。及長事發，丞相方進、大司空武議，以爲「令，犯法者各以法時律令論之，明有所訖也。長犯大逆時，迺始等見爲長妻，已有當坐之罪，與身犯法無異。後乃棄去，於法無以解。請論。」光議以爲「大逆無道，父母妻子同産無少長皆棄市，欲懲後犯法者也。夫婦之道，有義則合，無義則離。長未自知當坐大逆之法，而棄去迺始等，或更嫁，義已絶，而欲以爲長妻論殺之，名不正，不當坐。」有詔光議是。

是歲，右將軍褒、後將軍博坐定陵、紅陽侯皆免爲庶人。以光爲左將軍，居右將軍官職，執金吾王咸爲右將軍，居後將軍官職，罷後將軍官。數月，丞相方進薨，召左將軍光，當拜，已刻侯印書贊，上暴崩，即其夜於大行前拜受丞相博山侯印綬。

哀帝初即位，躬行儉約，省減諸用，政事由己出，朝廷翕然，望至治焉。褒賞大臣，益封光千户。時成帝母太皇太后自居長樂宫，而帝祖母定陶傅太后在國邸，有詔問丞相、大司空：「定陶共王太后宜當何居？」光素聞傅太后爲人剛暴，長於權謀，自帝在襁褓而養長教道至於成人，帝之立又有力。光心恐傅太后與政事，不欲令與帝旦夕相近，即議以爲定陶太后宜改築宫。大司空何武曰：「可居北宫。」上從武言。北宫有紫房復道通未央宫，傅太后果從復道朝夕至帝所，

求欲稱尊號，貴寵其親屬，使上不得直道(而)行。頃之，太后從弟子傅遷在左右尤傾邪，上免官遣歸故郡。傅太后怒，上不得已復留遷。光與大司空師丹奏言：「詔書『侍中駙馬都尉遷巧佞無義，漏泄不忠，國之賊也，免歸故郡。』復有詔止。天下疑惑，無所取信，虧損聖德，誠不小愆。陛下以變異連見，避正殿，見羣臣，思求其故，至今未有所改。臣請歸遷故郡，以銷姦黨，應天戒。」卒不得遣，復爲侍中。脅於傅太后，皆此類也。

又傅太后欲與成帝母俱稱尊號，羣下多順指，言母以子貴，宜立尊號以厚孝道，唯師丹與光持不可。上重違大臣正議，又内迫傅太后，猗違者連歲。丹以罪免，而朱博代爲大司空。光自先帝時議繼嗣有持異之隙矣，又重忤傅太后指，由是傅氏在位者與朱博爲表裏，共毀譖光。後數月遂策免光曰：「丞相者，朕之股肱，所與共承宗廟，統理海内，輔朕之不逮以治天下也。朕既不明，災異重仍，日月無光，山崩河決，五星失行，是章朕之不德而股肱之不良也。君前爲御史大夫，輔翼先帝，出入八年，卒無忠言嘉謀，今相朕，出入三年，憂國之風復無聞焉。陰陽錯謬，歲比不登，天下空虛，百姓饑饉，父子分散，流離道路，以十萬數。而百官羣職曠廢，姦軌放縱，盜賊並起，或攻官寺，殺長吏。數以問君，君無怵惕憂懼之意，對毋能爲。是以羣卿大夫咸惰哉莫以爲意，咎由君焉。君秉社稷之重，總百僚之任，上無以匡朕之闕，下不能綏安百姓。《書》不云乎？『毋曠庶官，天工人其代之。』於虖！君其上丞相博山侯印綬，罷歸。」

光退閭里，杜門自守。而朱博代爲丞相，數月，坐承傅太后指妄奏事自殺。平當代爲丞相，數月薨。王嘉復爲丞相，數諫争忤指。旬歲間閲三相，議者皆以爲不及光，上由是思之。

會元壽元年正月朔日有蝕之，後十餘日傅太后崩。是月徵光詣公車，問日蝕事。光對曰：「臣聞日者，衆陽之宗，人君之表，至尊之象。君德衰微，陰道盛彊，侵蔽陽明，則日蝕應之。《書》曰『羞用五事』，『建用皇極』。如貌、言、視、聽、思失，大中之道不立，則咎徵薦臻，六極屢降。皇之不極，是爲大中不立，其傳曰『時則有日月亂行』，謂朓、側匿，甚則薄蝕是也。又曰『六沴之作』，歲之朝曰三朝，其應至重。乃正月辛丑朔日有蝕之，變見三朝之會。上天聰明，苟無其事，變不虛生。《書》曰『惟先假王正厥事』，言異變之來，起事有不正也。臣聞師曰，天(右)〔左〕與王者，故災異數見，以譴告之，欲其改更。若不畏懼，有以塞除，而輕忽簡誣，則凶罰加焉，其至可必。《詩》曰：『敬之敬之，天惟顯思，命不易哉！』又曰：『畏天之威，于時保之。』皆謂不懼者凶，懼之則吉也。陛下聖德聰明，兢兢業業，承順天戒，敬畏變異，勤心虛己，延見羣臣，思求其故，然後敕躬自約，總正萬事，放遠讒説之黨，援納斷斷之介，退去貪殘之徒，進用賢良之吏，平刑罰，薄賦斂，恩澤加於百姓，誠爲政之大本，應變之至務也。天下幸甚。《書》曰『天既付命正厥德』，言正德以順天也。又曰『天棐諶辭』，言有誠道，天輔之也。明承順天道在於崇德博施，加精致誠，孳孳而已。俗之祈禳小數，終無益於應天塞異，銷禍興福，較然甚明，無可疑惑。」

書奏，上説，賜光束帛，拜爲光禄大夫，秩中二千石，給事中，位次丞相。詔光舉可尚書令者封上，光謝曰：「臣以朽材，前比歷位典大職，卒無尺寸之效，幸免罪誅，全保首領，今復拔擢，備内朝臣，與聞政事。臣光智謀淺短，犬馬齒載，誠恐一旦顛仆，無以報稱。竊見國家故事，尚書以久次轉遷，非有踔絶之能，不相踰越。尚書僕射敞，公正勤職，通敏於事，可尚書令。謹封上。」敞以舉故，爲東平太守。敞姓成公，東海人也。

光爲大夫月餘，丞相嘉下獄死，御史大夫賈延免。光復爲御史大夫，二月(復)〔爲〕丞相，復故國博山侯。上乃知光前免非其罪，以過近臣毀短光者，復免傅嘉，曰：「前爲侍中，毀譖仁賢，誣愬大臣，令俊艾者久失其位。嘉傾覆巧僞，挾姦以罔上，崇黨以蔽朝，傷善以肆意。《詩》不云乎？『讒人罔極，交亂四國。』其免嘉爲庶人，歸故郡。」

明年，定三公官，光更爲大司徒。會哀帝崩，太皇太后以新都侯王莽爲大司馬，徵立中山王，是爲平帝。帝年幼，太后稱制，委政於莽。初，哀帝罷黜王氏，故太后與莽怨丁、傅、董賢之黨。莽以光爲舊相名儒，天下所信，太后敬之，備禮事光。所欲搏擊，輒爲草，以太后指風光令上之，睚眦莫不誅傷。莽權日盛，光憂懼不知所出，上書乞骸骨。莽白太后：「帝幼少，宜置師傅。」徙光爲帝太傅，位四輔，給事中，領宿衛供養，行内署門户，省服御食物。明年，徙爲太師，而莽爲太傅。光常稱疾，不敢與莽並。有詔朝朔望，領城門兵。莽又風羣臣奏莽功德，稱宰衡，位在諸侯王上，百官統焉。光愈恐，固稱疾辭位。太后詔曰：「太師光，聖人之後，先師之子，德行純淑，道術通明，居四輔職，輔道于帝。今年耆有疾，俊艾大臣，惟國之重，其猶不可以闕焉。《書》曰『無遺耇老』，國之將興，尊師而重傅。其令太師毋朝，十日一賜餐。賜太師靈壽杖，黄門令爲太師省中坐置几，太師入省中用杖，賜餐十七物，然後歸老于第，官屬按職如故。」

光凡爲御史大夫、丞相各再，壹爲大司徒、太傅、太師，歷三世，居公輔位前後十七年。自爲尚書，止不教授，後爲卿，時會門下大生講問疑難，舉大義云。其弟子多成就爲博士大夫者，見師居大位，幾得其助力，光終無所薦舉，至或怨之。其公如此。

光年七十，元始五年薨。莽白太后，使九卿策贈以太師博山侯印綬，賜乘輿祕器，金錢雜帛。少府供張，諫大夫持節與謁者二人使護喪事，博士護行禮。太后亦遣中謁者持節視喪。公卿百官會弔送葬。載以乘輿輼輬及副各一乘，羽林孤兒諸生合四百人輓送，車萬餘兩，道路皆舉音以過喪。將作穿復土，可甲卒五百人，起墳如大將軍王鳳制度。謚曰簡烈侯。

初，光以丞相封，後益封，凡食邑萬一千户。病甚，上書讓還七千户，及還所賜一弟。

子放嗣。莽篡位後，以光兄子永爲大司馬，封侯。昆弟子至卿大夫四五人。始光父霸以初元元年爲關内侯食邑。霸上書求奉孔子祭祀，元帝下詔曰：「其令師褒成君關内侯霸以所食邑八百户祀孔子焉。」故霸還長子福名數於魯，奉夫子祀。霸薨，子福嗣。福薨，子房嗣。房薨，子莽嗣。元始元年，封周公、孔子後爲列侯，食邑各二千户。莽更封爲褒成侯，後避王莽，更名均。

唐晏《兩漢三國學案》卷四《尚書・孔光》 孔光，霸之少子也，經學尤明，年未二十，舉爲議郎。匡衡舉光方正，爲諫議大夫。成帝即位，舉博士，數使録冤獄，行風俗，振贍流民，奉使稱旨，由是知名。以高第爲尚書，觀故事品式，數歲明習漢制及法令。上甚信任之，轉爲僕射，尚書令。凡典樞機十餘年，守法度，修故事。上有所問，據經法以心所安而對，不希指苟合，如或不從，不敢强諫争，以是久而安。時有所言，輒削草稿，以爲章主之過，以奸忠直，人臣大罪也。有所薦舉，唯恐其人之聞知。沐日歸休，兄弟妻子燕語，終日不及朝省政事。或問光：「温室省中樹皆何木也？」光嘿不應，更答以他語，其不泄如是。後至丞相，封博山侯。哀帝初即位，躬行儉約，省減諸用，政事由己出。褒賞大臣，益封光千户。後以忤傅太后免。朱博、平當、王嘉相次代爲丞相，議者皆以爲不及光。元壽元年正月朔日有食之，後十餘日傅太后崩。是月徵光詣公車，問日蝕事。光對曰：「臣聞日者，衆陽之宗，人君之表，至尊之象。君德衰微，陰道盛强，侵蔽陽明，則日蝕應之。《書》曰『羞用五事』，『建用皇極』。如貌、言、視、聽、思失，大中之道不立，則咎徵荐臻，六極屢降。皇之不極，是爲大中不立，其傳曰『時則有日月亂行』，謂朓、側慝，甚則薄蝕是也。又曰『六沴之作』，歲之朝曰三朝，其應至重。乃正月辛丑朔日有食之，變見三朝之會。上天聰明，苟無其事，變不虚生。《書》曰『惟先假王正厥事』，言異變之來，起事有不正也。臣聞師曰：『天佑與王者。』故災異數見，以譴告之，欲其改更。若不畏懼，有以塞除，而輕忽簡誣，則凶罰加焉，其至可必。《詩》曰：『敬之敬之，天惟顯思，命不易哉！』又曰：『畏天之威，于時保之。』皆謂不懼者凶，懼之則吉也。陛下聖德聰明，兢兢業業，承順天戒，延見羣臣，思求其故，然後勑躬自約，總正萬事，放遠讒説之黨，援納斷斷之介，退去貪殘之徒，進用賢良之吏，平刑罰，薄賦斂，恩澤加於百姓，誠爲政之大本，應變之至務也。天下幸甚。《書》曰：『天既付命正厥德。』言正德以順天也。又曰：『天棐諶辭。』言有誠道，天輔之也。明承順天道在於崇德博施，加精致誠，孳孳而已。俗之祈禳小數，終無益於應天塞異，銷禍興福，較然甚明，無可疑惑。」書奏，上悦，賜光束帛，拜爲光禄大夫，秩中二千石。二月爲丞相，復故博山侯。明年爲司徒。哀帝崩，平帝立，王莽爲大司馬，以光爲舊相名儒，天下所信，太后敬之，備禮事光。莽權日盛，光憂懼不知所出，上書乞骸骨。莽白太后：「帝幼少，宜置師傅。」徙光爲帝太傅，明年徙爲太師，而莽爲太傅。光常稱疾，不敢與莽並。有詔朝朔望。莽稱宰衡，位在諸侯王上，百官統焉。光愈恐，固稱疾辭位。太后詔：「每十日一朝，一賜餐，賜靈壽杖，省中坐置几，太師入省中用杖，賜餐十七物，然後歸老於第，官屬按職如故。」光居公輔位十七年，自爲尚書，止不教授，後爲卿，時會門下大生講問疑難，舉大義云。其子弟多成就爲博士大夫者，見師居大位，幾得其助力，光終無所薦舉，至或怨之。年七十，元始五年薨，謚曰簡烈，葬事依王鳳故事。

雜録

備録

《漢書》卷二二《禮樂志》 〔哀帝〕罷樂府官。丞相孔光、大司空何武奏：「郊祭樂人員六十二人，給祠南北郊。大樂鼓員六人，《嘉至》鼓員十人，邯鄲鼓

員二人，騎吹鼓員三人，江南鼓員二人，淮南鼓員四人，巴俞鼓員三十六人，歌鼓員二十四人，楚嚴鼓員一人，梁皇鼓員四人，臨淮鼓員三十五人，茲邡鼓員三人，凡鼓十二，員百二十八人，朝賀置酒陳殿下，應古兵法。外郊祭員十三人，諸族樂人兼《雲招》給祠南郊用六十七人，兼給事雅樂用四人，夜誦員五人，剛、別柎員二人，給《盛德》主調篪員二人，聽工以律知日冬夏至一人，鐘工、磬工、簫工員各一人，僕射二人主領諸樂人，皆不可罷。竽工員三人，一人可罷。琴工員五人，三人可罷。柱工員二人，一人可罷。繩弦工員六人，四人可罷。鄭四會員六十二人，一人給事雅樂，六十一人可罷。張瑟員八人，七人可罷。《安世樂》鼓員二十人，十九人可罷。沛吹鼓員十二人，族歌鼓員二十七人，陳吹鼓員十三人，商樂鼓員十四人，東海鼓員十六人，長樂鼓員十三人，縵樂鼓員十三人，凡鼓八，員百二十八人，朝賀置酒，陳前殿房中，不應經法。治竽員五人，楚鼓員六人，常從倡三十人，常從象人四人，詔隨常從倡十六人，秦倡員二十九人，秦倡象人員三人，詔隨秦倡一人，雅大人員九人，朝賀置酒爲樂。楚四會員十七人，巴四會員十二人，銚四會員十二人，齊四會員十九人，蔡謳員三人，齊謳員六人，竽瑟鐘磬員五人，皆鄭聲，可罷。師學百四十二人，其七十二人給大官挏馬酒，其七十人可罷。大凡八百二十九人，其三百八十八人不可罷，可領屬大樂，其四百四十一人不應經法，或鄭衛之聲，皆可罷。」奏可。然百姓漸漬日久，又不制雅樂有以相變，豪富吏民湛沔自若，陵夷壞于王莽。

《漢書》卷二四上《食貨志上》 哀帝即位，師丹輔政，【略】丞相孔光、大司空何武奏請：「諸侯王、列侯皆得名田國中。列侯在長安，公主名田縣道，及關內侯、吏民名田皆毋過三十頃。諸侯王奴婢二百人，列侯、公主百人，關內侯、吏民三十人。期盡三年，犯者沒入官。」時田宅奴婢賈爲減賤，丁、傅用事，董賢隆貴，皆不便也。詔書且須後，遂寢不行。

《漢書》卷二五下《郊祀志下》 〔王莽曰〕：「建平三年，懼孝哀皇帝之疾未瘳，復甘泉、汾陰祠，竟復無福。臣謹與太師孔光、長樂少府平晏、大司農左咸、中壘校尉劉歆、太中大夫朱陽、博士薛順、議郎國由等六十七人議，皆曰宜如建始時丞相(匡)衡等議，復長安南北郊如故。」

《漢書》卷二七上《五行志上》 傅太后欲與成帝母等號齊尊，大臣孔光、師丹等執政，以爲不可，太后皆免官爵，遂稱尊號。後三年，帝崩，傅氏誅滅。

《漢書》卷七二《兩龔傳》 後歲餘，丞相王嘉上書薦故廷尉梁相等，尚書劾奏嘉「言事恣意，迷國罔上，不道」。下將軍中朝者議，左將軍公孫祿、司隸鮑宣、光祿大夫孔光等十四人皆以爲嘉應迷國不道法。

《漢書》卷七二《鮑宣傳》 宣每居位，常上書諫争，其言少文多實。是時帝祖母傅太后欲與成帝母俱稱尊號，封爵親屬，丞相孔光、大司空師丹、何武、大司馬傅喜始執正議，失傅太后指，皆免官。【略】

是時郡國地震，民訛言行籌，明年正月朔日蝕，上乃徵孔光，免孫寵、息夫躬，罷侍中諸曹黄門郎數十人。【略】

丞相孔光四時行園陵，官屬以令行馳道中，宣出逢之，使吏鉤止丞相掾史，沒入其車馬，摧辱宰相。事下御史，中丞侍御史至司隸官，欲捕從事，閉門不肯內。

《漢書》卷七三《韋賢傳》 成帝崩，哀帝即位。丞相孔光、大司空何武奏言：「永光五年制書，高皇帝爲漢太祖，孝文皇帝爲太宗。建昭五年制書，孝武皇帝爲世宗。損益之禮，不敢有與。臣愚以爲迭毀之次，當以時定，非令所爲擅議宗廟之意也。臣請與羣臣雜議。」奏可。

《漢書》卷七五《李尋傳》 是時哀帝初立，成帝外家王氏未甚抑黜，而帝外家丁、傅新貴，祖母傅太后尤驕恣，欲稱尊號。丞相孔光、大司空師丹執政諫争，久之，上不得已，遂免光、丹而尊傅太后。

《漢書》卷七七《孔寶傳》 哀帝崩，王莽白王太后徵寶以爲光祿大夫，與王舜等俱迎中山王。平帝立，寶爲大司農。會越巂郡上黄龍游江中，太師孔光、大司徒馬宫等咸稱莽功德比周公，宜告祠宗廟。寶曰：「周公上聖，召公大賢。尚猶有不相說，著於經典，兩不相損。今風雨未時，百姓不足，每有一事，羣臣同聲，得無非其美者。」時大臣皆失色，侍中奉車都尉甄邯即時承制罷議者。

《漢書》卷七七《毋將隆傳》 王莽少時，慕與隆交，隆不甚附。哀帝崩，莽秉政，使大司徒孔光奏隆前爲冀州牧治中山馮太后獄冤陷無辜，不宜處位在中土。本中謁者令史立、侍御史丁玄自典考之，但與隆連名奏事。史立時爲中太僕，丁玄泰山太守，及尚書令趙昌譖鄭崇者爲河內太守，皆免官，徙合浦。

《漢書》卷八〇《宣元六王傳》 中山孝王興，建昭二年(王)〔立〕爲信都王。十四年，徙中山。成帝之議立太子也，御史大夫孔光以爲《尚書》有殷及王，兄終弟及，中山王元帝之子，宜爲後。成帝以中山王不材，又兄弟，不得相入廟。外家王氏與趙昭儀皆欲用哀帝爲太子，故遂立焉。

《漢書》卷八二《傅喜傳》 丁、傅驕奢，皆嫉喜之恭儉。又傅太后欲求稱尊號，與成帝母齊尊，喜與丞相孔光、大司空師丹共執正議。傅太后大怒，上不得已，先免師丹以感動喜，喜終不順。後數月，遂策免喜曰：「君輔政出入三年，未有昭然匡朕不逮，而本朝大臣遂其姦心，咎由君焉。其上大司馬印綬，就第。」傅太后又自詔丞相御史曰：「高武侯喜無功而封，内懷不忠，附下罔上，與故大司空丹同心背畔，放命圮族，虧損德化，罪惡雖在赦前，不宜奉朝請，其遣就國。」後又欲奪喜侯，上亦不聽。

《漢書》卷八三《朱博傳》 初，哀帝祖母定陶太后欲求稱尊號，太后從弟高武侯傅喜爲大司馬，與丞相孔光、大司空師丹共持正議。孔鄉侯傅晏亦太后從弟，諂諛欲順指，會博新徵用爲京兆尹，與交結，謀成尊號，以廣孝道。繇是師丹先免，博代爲大司空，數燕見奏封事，言「丞相光志在自守，不能憂國；大司馬喜至尊至親，阿黨大臣，無益政治。」上遂罷喜遣就國，免光爲庶人，以博代光爲丞相，封陽鄉侯，食邑二千户。

《漢書》卷八四《翟方進傳》 初，汝南舊有鴻隙大陂，郡以爲饒，成帝時，關東數水，陂溢爲害。方進爲相，與御史大夫孔光共遣掾行(事)〔視〕，以爲決去陂水，其地肥美，省隄防費而無水憂，遂奏罷之。及翟氏滅，鄉里歸惡，言方進請陂下良田不得而奏罷陂云。王莽時常枯旱，郡中追怨方進，童謡曰：「壞陂誰？翟子威。飯我豆食羹芋魁。反乎覆，陂當復。誰云者？兩黄鵠。」

《漢書》卷八六《何武傳》 綏和(三)〔元〕年，御史大夫孔光左遷廷尉，武爲御史大夫。【略】哀帝崩，太后即日引莽入，收大司馬董賢印綬，詔有司舉可大司馬者。莽故大司馬，辭位辟丁、傅，衆庶稱以爲賢，又太后近親，自大司徒孔光以下舉朝皆舉莽。

《漢書》卷八六《王嘉傳》 光禄大夫孔光、左將軍公孫禄、右將軍王安、光禄勳馬宫、光禄大夫龔勝劾嘉迷國罔上不道，請與廷尉雜治。勝獨以爲嘉備宰相，諸事並廢，咎由嘉生；嘉坐薦相等，微薄，以應迷國罔上不道，恐不可以示天下。遂可光等奏。

光等請謁者召嘉詣廷尉詔獄，制曰：「票騎將軍、御史大夫、中二千石、二千石、諸大夫、博士、議郎議。」衛尉雲等五十人以爲「如光等言可許」。議郎龔等以爲「嘉言事前後相違，無所執守，不任宰相之職，宜奪爵土，免爲庶人」。永信少府猛等十人以爲「聖王斷獄，必先原心定罪，探意立情，故死者不抱恨而入地，生者不銜怨而受罪。明主躬聖德，重大臣刑辟，廣延有司議，欲使海内咸服。嘉罪名雖應法，聖王之於大臣，在輿爲下，御坐則起，疾病視之無數，死則臨弔之，廢宗廟之祭，進之以禮，退之以義，誅之以行。案嘉本以相等爲罪，罪惡雖著，大臣括髮關械、裸躬就笞，非所以重國襃宗廟也。今春月寒氣錯繆，霜露數降，宜示天下以寬和。臣等不知大義，唯陛下察焉。」有詔假謁者節，召丞相詣廷尉詔獄。

使者既到府，掾史涕泣，共和藥進嘉，嘉不肯服。主簿曰：「將相不對理陳冤，相踵以爲故事，君侯宜引決。」使者危坐府門上。主簿復前進藥，嘉引藥杯以擊地，謂官屬曰：「丞相幸得備位三公，奉職負國，當伏刑都市以示萬衆。丞相豈兒女子邪，何謂咀藥而死！」嘉遂裝出，見使者再拜受詔，乘吏小車，去蓋不冠，隨使者詣廷尉。廷尉收嘉丞相新甫侯印綬，縛嘉載致都船詔獄。

上聞嘉生自詣吏，大怒，使將軍以下與五二千石雜治。吏詰問嘉，嘉對曰：「案事者思得實。竊見相等前治東平王獄，不以雲爲不當死，欲關公卿示重慎；置驛馬傳囚，勢不得踰冬月，誠不見其外内顧望阿附爲雲驗。復幸得蒙大赦，相等皆良善吏，臣竊爲國惜賢，不私此三人。」獄吏曰：「苟如此，則君何以爲罪猶當？有以負國，不空入獄矣。」吏稍侵辱嘉，嘉喟然卬天歎曰：「幸得充備宰相，不能進賢退不肖，以是負國，死有餘責。」吏問賢不肖主名，嘉曰：「賢，故丞相孔光、故大司空何武，不能進；惡，高安侯董賢父子，佞邪亂朝，而不能退。罪當死，死無所恨。」嘉繫獄二十餘日，不食歐血而死。帝舅大司馬票騎將軍丁明素重嘉而憐之，上遂免明，以董賢代之，語在《賢傳》。

嘉爲相三年誅，國除。死後上覽其對而思嘉言，復以孔光代嘉爲丞相，徵用何武爲御史大夫。

《漢書》卷八六《師丹傳》 師丹字仲公，琅邪東武人也。治《詩》，事匡衡。舉孝廉爲郎。元帝末，爲博士，免。建始中，州舉茂材，復補博士，出爲東平王太傅。丞相方進、御史大夫孔光舉丹論議深博，廉正守道，徵入爲光禄大夫、丞相司直。數月，復以光禄大夫給事中，由是爲少府、光禄勳、侍中，甚見尊重。

《漢書》卷八八《儒林傳·房鳳》 房鳳字子元，不其人也。以射策乙科爲太史掌故。太常舉方正，爲縣令都尉，失官。大司馬票騎將軍王根奏除補長史，薦鳳明經通達，擢爲光禄大夫，遷五官中郎將。時光禄勳王龔以外屬内卿，與奉車都尉劉歆共校書，三人皆侍中。歆白《左氏春秋》可立，哀帝納之，以問諸儒，皆不對。歆於是數見丞相孔光，爲言《左氏》以求助，光卒不肯。唯鳳、龔許歆，遂

共移書責讓太常博士，語在《歆傳》。大司空師丹奏歆非毀先帝所立，上於是出龔等補吏，龔爲弘農，歆河内，鳳九江太守，至青州牧。

《漢書》卷九七下《外戚傳下》 許后坐廢處昭臺宮，親屬皆歸故郡山陽，后弟子平恩侯旦就國。凡立十四年而廢，在昭臺歲餘，還徙長定宮。

先是廢后姊孊寡居，與定陵侯淳于長私通，因爲之小妻。長紿之曰：「我能白東宮，復立許后爲左皇后。」廢后因孊私賂遺長，數通書記相報謝。長書有誖謾，發覺，天子使廷尉孔光持節賜廢后藥，自殺，葬延陵交道廄西。【略】

明年春，成帝崩。帝素彊，無疾病。是時楚思王衍、梁王立來朝，明旦當辭去，上宿供張白虎殿。又欲拜左將軍孔光爲丞相，已刻侯印書贊。昏夜平善，鄉晨，傅絝韈欲起，因失衣，不能言，晝漏上十刻而崩。民間歸罪趙昭儀，皇太后詔大司馬莽、丞相大司空曰：「皇帝暴崩，羣衆讙譁怪之。掖庭令輔等在後庭左右，侍燕迫近，雜與御史、丞相、廷尉治問皇帝起居發病狀。」趙昭儀自殺。

哀帝崩，大司徒孔光奏「由前誣告骨肉，立陷人入大辟，爲國家結怨於天下，以取秩遷，獲爵邑，幸蒙赦令，請免爲庶人，徙合浦」云。

備論

《漢書》卷七二《鮑宣傳》 故大司空何武、師丹、故丞相孔光、故左將軍彭宣，經皆更博士，位皆歷三公，智謀威信，可與建教化，圖安危。

《漢書》卷八一《孔光傳贊》 自孝武興學，公孫弘以儒相，其後蔡義、韋賢、玄成、匡衡、張禹、翟方進、孔光、平當、馬宫及當子晏咸以儒宗居宰相位，服儒衣冠，傳先王語，其醞藉可也，然皆持祿保位，被阿諛之譏。彼以古人之迹見繩，烏能勝其任乎！

《漢書》卷一〇〇下《叙傳下》 樂安褎褎，古之文學，民具爾瞻，困于二司。安昌貨殖，朱雲作娸。博山惇慎，受莽之疢。

《張耒集》卷四五《孔光論》 昔者聖人所以惡夫鄉原者，何也？夫天下之道，君子小人而已。使是二者灼然無有殽亂於其間，不啻若白黑之易明，則人誰不欲用君子而黜小人哉？惟其有冒於其間，則使君子小人之別不明，而後有欲得君子而得小人，欲取善而得惡者，敗世生亂往往出此。且亂君子小人之別者，非鄉原其誰哉？於君子小人之間，包小人之實而冒君子之利者，鄉原也。

予嘗觀漢成、哀之間，舉賢孔光。嗟夫！光，鄉原之雄也。王嘉之忠蓋竭節，事君不欺，與夫董賢之嬖幸敗政，漢之婦人孺子皆知之也。哀帝怒王嘉，思有以殺之，光從而奏曰：「嘉，迷國不道。」哀帝欲重董賢，使見光，光從而厚禮之，身爲三公，不敢以賓客見君之弄臣。是二者，賢者之所爲歟？姦者之所爲歟？以爲賢歟？則畏君之威而殺賢人，明知君子之及禍而身擠之，説君之意而諂奉嬖幸之賊人者，不廢爲賢也，則天下亦少矣。以謂姦歟？則世之賢之者何也？蓋其居之似忠信，行之似廉潔，知足以欺人，姦足以容身，彌縫其惡，使人窺之也難，故常冒天下之美名，而獲君子之利。使光能力救王嘉之禍而深折董賢之盛，哀帝未必不少悟，事未必不少止。相哀帝之昏愚而啄喪漢氏者，非光歟？智如王嘉，猶賢孔光，鄉原之足以欺世也如此。此聖人知所以深絶之也。

予觀西漢之俗，其公卿大夫與世之學者，不恥賤事，用心不侈，其迹或若鄙，而人多可用之才，趨事赴功，往往有成。晉人之俗，高簡浮虚，公卿大夫皆足以美觀望，使人尊之，而臨事無實，赴功無成。譬如冠冕黼黻以被土偶，望之若可畏，屋壞梁傾，爛爲塗泥，是果何益哉？或問其故，張子曰：「天下之俗，尚實責功，則人心不侈，不羞賤事；天下尚名，則人自尊大而無實材。六國分裂，諸侯並爭，愚者思保家免禍，賢者思趨時立功，以取富貴人心，豈容高談于其間哉！是以舉世尚實。子不見六國馳説之士乎？度量時君如弄嬰孩，窺察成敗如觀目前，皆有奇才異能，後世莫及。何則？尚實之至，實技乃出；日斷月練，異能乃見。秦世無文，人心自危，劉、項並爭，智者交馳，勇者効力，辨者奮舌。至於西漢，六國尚實之餘習也，故西漢之俗多人才。東漢之衰，下傲其上，憤世嫉邪，名譽可尊，相夸成風，黨與交興，功不考實，以名相矜，當此之時，舉世尚名。三國短世，餘習不絶，雄如曹操，猶問許劭。晉武治平，士無勤勞，故天下之人，求爲美觀而不究行事。譬之如敗梁污壁而被以綺繡，臨事輒敗，亦宜乎！此則東漢尚名之餘習也。」或曰：「先王有作，則於名實何取焉？」張子曰：「先王隆實而名從之，名不孤行，實著乃興，先王崇之，以激世勵俗。故曰名譽以崇之，未有無實而有名者也。」或曰：「不幸而失，則何如？」張子曰：「寧失於實，無失於名。漢以實强，晉以名衰，豈不明哉！」

洪邁《容齋隨筆》卷九《忠義出天資》 忠義守節之士，出於天資，非關居位

貴賤，受恩深淺也。王莽移漢祚，劉歆以宗室之儁，導之爲逆，孔光以宰相輔成其事。

洪邁《容齋續筆》卷六《王嘉薦孔光》　漢王嘉爲丞相，以忠諫忤哀帝。事下將軍朝者，光禄大夫孔光等劾嘉迷國罔上不道，請與廷尉雜治，上可其奏。光請謁者召嘉詣廷尉，嘉對吏自言：「不能進賢退不肖。」吏問主名，嘉曰：「賢，故丞相孔光，不能進。」嘉死後，上覽其對，思嘉言，復以光爲丞相。按嘉之就獄，由光逢君之惡，而嘉且死，尚稱其賢，嘉用忠直隕命，名章一時，然亦可謂不知人矣。光之邪佞，鬼所唾也，奴事董賢，協媚王莽，爲漢蟊蜮，尚得爲賢也哉？

《朱子語類》卷八一《詩二・崧高・烝民》　問：「『既明且哲，以保其身』，有些小委曲不正處否？」曰：「安得此！只是見得道理分明，事事處之得其理，有可全之道。便有委曲處，亦是道理可以如此，元不失正，特不直犯之耳。若到殺身成仁處，亦只得死。古人只是平説中庸，無一理不明，即是明哲。若只見得一偏，便有蔽，便不能見得理盡，便不可謂之明哲。學至明哲，只是依本分行去，無一事不當理，即是保身之道。今人皆將私看了，必至於孔光之徒而後已！」

《朱子語類》卷一二七《本朝一・英宗朝》　亞夫問：「古禮自何壞起？」曰：「自定陶王時已壞了。蓋成帝不立弟中山王，以爲禮，兄弟不得相入廟，乃立定陶王，蓋子行也。孔光以《尚書》盤庚殷之(兄)〔及〕王争之，不獲。當時濮廟之争，都是不争好。好讀古禮，見得古人意思，爲人後爲之子，其義甚詳。」

王楙《野客叢書》卷一一《班范議論》　壞前漢之風俗者，莫過乎孔光、張禹。晉人謂光、禹之罪，深於莽、卓。使范曄作光、禹傳，則必直書其罪而誅之也。固則曰：「服儒衣冠，傳先王語，其醖藉可也。然持禄保位，被阿諛之譏，以古人之迹見繩，烏能勝其任乎？」其優游不迫如此。以此見古人忠厚氣象。

錢時《兩漢筆記・平帝》　傳曰：國有人焉，未可圖也。淮南謀反，而汲黯以守節死義見憚，且曰至説公孫弘等如發蒙耳。亂臣賊子雖有無君之心，亦必藐視朝廷，舉無足畏而後始肆。然無忌憚若張禹、孔光之徒，真何足道哉！成帝疑災異爲王氏專政之効，親至禹第問之。使當時而能效一語，雖殺身足以爲榮矣。禹乃以年老子孫弱，而詭辭以對帝，由是遂不疑王氏。哀帝以董賢爲大司馬，故令賢私過光，光知上欲尊寵之也，拜謁送迎甚謹，不敢以賓客鈞敵之禮。禹、光俱號名儒，而此舉錯，曾狗彘之不若，亂臣賊子將何所憚？扶顛持危，安所賴也。是故王莽用事，首於光而尊事之，且引其壻而貴之，而莽之賊心見矣。非尊事也，知其名足以欺世，而其人實易與，姑借之以行其姦也，夫然後斥逐惟意，而天下之大柄歸焉。大柄歸而光無用矣，與羣臣盛陳功德，上安漢之號而已耳。大傅四輔，榮乎？辱乎？漢之三公，賊之奴乎？

賀貽孫《水田居文集》卷二《孔光論》　孔子曰：「鄙夫可與事君也與哉？其未得(之)也，患得之；既得之，患失之。苟患失之，無所不至矣。」嗚呼！人臣而無所不至，其禍豈忍言哉？然吾謂鄙夫非皆生而鄙也。夫固有恪共諒直，羞爲鄙夫所爲；及其後也，仕路漸熟，世味漸深，忽然棄其生平者矣，而後知後世之「鄙夫」，異於夫子所謂「鄙夫」也。夫子所謂「鄙夫」者患得在未得之時，而後世之「鄙夫」患得在既得復失之後。夫子所謂「鄙夫」者患失在既得之時，而後世之「鄙夫」患失在既失復得之後。患於未得既得之時，其情常患於既得復失、既失復得之後，其志變常者可知，而變者不可測也。昔漢孔光，以經明行修進爲尚書，御史大夫。當成帝時，定陶王私事趙后、昭儀及帝舅王根，欲求爲後。光獨言中山王爲帝親弟，以《盤庚》殷之及王爲例以喻矣。又嘗言淳于長小妻迺始六人，在大逆事未發前更嫁，夫婦義絶，不宜連坐矣。及哀帝初，光爲丞相，封博山侯，定陶傅太后欲稱尊號，光獨建言，以爲不可。又嘗奏傅遷爲姦邪，且慮傅太后多權謀，干預政事，宜改築宫，勿與帝近矣。是其恪共諒直，固羞爲鄙夫所爲者。使光以此時遽死，豈非西漢之名臣哉？亡何而以忤傅太后，罷相免侯，杜門不出，於是榮辱炎冷之態廹於外，而患得於既得復失之後焉。亡何而復召爲丞相、博山侯，於是羶附□營之情動於中，而患失於既失復得之後焉。乃遂下車伏謁以媚董賢，稱頌功德以〔諂〕王莽，蓋其持禄固位，依阿苟容，有張禹所不屑爲者，而光爲之，□文始願豈及此哉？神昏於齒載，而氣衰於閒廢，世情類如是也。史□光事成、哀，凡有所言輒削其草，恐彰君過，以沽忠名。此時光之行，□過久遠矣。豈料其後，回意事莽。凡莽所欲誅擊者，即爲草，以太后意諷光上之，凡莽所睚眦者，無不中傷。光之嘉言不復見於世，而其□詞險説，因已彰彰矣。然則光特幸，而以七十終耳。設光不死於元始五年，而死於居攝，則凡所以贊莽篡弑，污青史而玷士林者，又當何□哉？蓋夫子所謂「無所不至」者，雖不指篡弑，而篡弑固所死然矣。嗚呼！「鄙夫」之禍，遂至是哉。

藝文

《全唐詩》卷一五三李華《雜詩六首》（之五）　孔光尊董賢，胡廣慚李固。儒風冠天下，而乃敗王度。絳侯與博陸，忠朴受遺顧。求名不考實，文弊反成蠹。

《蘇軾詩集》卷一一《景純復以二篇一言其亡兄與伯父同年之契一言今者唱酬之意仍次其韻》（其一）　靈壽扶來似孔光，感時懷舊一悲涼。蟾枝不獨同攀桂，雞舌還應共賜香。等是浮休無得喪，麤分憂樂有閑忙。年來世事如波浪，鬱鬱誰知柏在岡。

王應麟《困學紀聞》卷一八《評詩》　張文潛《咏孔光》云：「試問不言温室木，何如休望董賢車。」仲彌性《咏韋執誼不看嶺南圖》云：「政恐崖州如有北，卻應未肯受讒夫。」二詩誅姦諛之蕭斧也。

揭重熙《揭蒿菴先生集》詩集卷七《孔光》　近學相宜置大儒，佞人在側漫揚裾。當年只合親牏廁，便殺宮中執唾壺。

張問陶《船山詩草》卷一五《己未歲暮述懷》　青史重繙意不舒，打窗風雪沍寒初。孔光只解談經術，趙括安能讀父書。尚有罪言懷杜牧，都無生氣惜曹蜍。君恩難望庸人報，何日烽煙一埽除。

揚雄部

綜述

《漢書》卷八七上《揚雄傳上》　揚雄字子雲，蜀郡成都人也。其先出自有周伯僑者，以支庶初食采於晉之(楊)〔揚〕，因氏焉，不知伯僑周何別也。揚在河、汾之間，周衰而揚氏或稱侯，號曰揚侯。會晉六卿争權，韓、魏、趙興而范、中行、知伯弊。當是時，偪揚侯，揚侯逃於楚巫山，因家焉。楚漢之興也，揚氏遡江上，處巴江州，而揚季官至廬江太守。漢元鼎間避仇復遡江上，處㠊山之陽曰郫，有田一壥，有宅一區，世世以農桑爲業。自季至雄，五世而傳一子，故雄亡它揚於蜀。

雄少而好學，不爲章句，訓詁通而已，博覽無所不見。爲人簡易佚蕩，口吃不能劇談，默而好深湛之思，清静亡爲，少耆欲，不汲汲於富貴，不戚戚於貧賤，不修廉隅以徼名當世。家産不過十金，乏無儋石之儲，晏如也。自有大度，非聖哲之書不好也；非其意，雖富貴不事也。顧嘗好辭賦。

先是時，蜀有司馬相如，作賦甚弘麗温雅，雄心壯之，每作賦，常擬之以爲式。又怪屈原文過相如，至不容，作《離騷》，自投江而死，悲其文，讀之未嘗不流涕也。以爲君子得時則大行，不得時則龍蛇，遇不遇命也，何必湛身哉！乃作書，往往摭《離騷》文而反之，自㠊山投諸江流以弔屈原，名曰《反離騷》；又旁《離騷》作重一篇，名曰《廣騷》；又旁《惜誦》以下至《懷沙》一卷，名曰《畔牢愁》。《畔牢愁》、《廣騷》文多不載，獨載《反離騷》，其辭曰：

有周氏之蟬嫣兮，或鼻祖於汾隅。靈宗初諜伯僑兮，流于末之揚侯。淑周楚之豐烈兮，超既離虖皇波。因江潭而淮記兮，欽弔楚之湘纍。

惟天軌之不辟兮，何純絜而離紛！紛纍以其淟涊兮，暗纍以其繽紛。

漢十世之陽朔兮，招摇紀于周正。正皇天之清則兮，度后土之方貞。圖纍承彼洪族兮，又覽纍之昌辭。帶鉤矩而佩衡兮，履欃槍以爲綦。素初貯厥麗服兮，何文肆而質䶄！資娵娃之珍髢兮，鬻九戎而索賴。

鳳皇翔於蓬陼兮，豈駕鵝之能捷！騁驊騮以曲蘏兮，驢騾連蹇而齊足。枳棘之榛榛兮，蝯貁擬而不敢下。靈修既信椒、蘭之唼佞兮，吾纍忽焉而不蚤睹？

衿芰茄之緑衣兮，被夫容之朱裳。芳酷烈而莫聞兮，(固)不如襞而幽之離房。閨中容競淖約兮，相態以麗佳。知衆嫭之嫉妒兮，何必颺纍之蛾眉？

懿神龍之淵潛，竢慶雲而將舉。亡春風之被離兮，孰焉知龍之所處？愍吾纍之衆芬兮，颺爗爗之芳苓。遭季夏之凝霜兮，慶夭顇而喪榮。

横江、湘以南淮兮，云走乎彼蒼吾。馳江潭之汎溢兮，將折衷虖重華。舒中情之煩或兮，恐重華之不纍與。陵陽侯之素波兮，豈吾纍之獨見許？

精瓊靡與秋菊兮，將以延夫天年；臨汨羅而自隕兮，恐日薄於西山。解扶桑之總轡兮，縱令之遂奔馳。鸞皇騰而不屬兮，豈獨飛廉與雲師！

卷薜芷與若蕙兮，臨湘淵而投之；棍申椒與菌桂兮，赴江湖而漚之。費椒稰以要神兮，又勤索彼瓊茅。違靈氛而不從兮，反湛身於江皋！

纍既[illegible]夫傅説兮，奚不信而遂行？徒恐鷤搗之將鳴兮，顧先百草爲不芳！

初纍棄彼虙妃兮，更思瑶臺之逸女。抨雄鴆以作媒兮，何百離而曾不壹耦！乘雲蜺之旖柅兮，望昆侖以樛流。覽四荒而顧懷兮，奚必云女彼高丘？

既亡鸞車之幽藹兮，(焉)駕八龍之委蛇？臨江瀕而掩涕兮，何有《九招》與《九歌》？夫聖哲之(不)遭兮，固時命之所有；雖增欷以於邑兮，吾恐靈修之不纍改。昔仲尼之去魯兮，斐斐遲遲而周邁。終回復於舊都兮，何必湘淵與濤瀨！溷漁父之餔歠兮，絜沐浴之振衣。棄由、聃之所珍兮，蹠彭咸之所遺！

孝成帝時，客有薦雄文似相如者，上方郊祠甘泉泰畤、汾陰后土，以求繼嗣，召雄待詔承明之庭。正月，從上甘泉，還奏《甘泉賦》以風。其辭曰：【略】

甘泉本因秦離宫，既奢泰，而武帝復增通天、高光、迎風。宫外近則洪厓、旁皇、儲胥、弩阹，遠則石關、封巒、枝鵲、露寒、棠棃、師得，遊觀屈奇瑰瑋，非木摩而不彫，牆塗而不畫，周宣所考，般庚所遷，夏卑宫室，唐虞棌椽三等之制也。且爲其已久矣，非成帝所造，欲諫則非時，欲默則不能已，故遂推而隆之，乃上比於

帝室紫宫，若曰此非人力之所(能)〔爲〕，黨鬼神可也。又是時趙昭儀方大幸，每上甘泉，常法從，在屬車間豹尾中。故雄聊盛言車騎之衆，參麗之駕，非所以感動天地，逆釐三神。又言「屏玉女，卻虙妃」，以微戒齊肅之事。賦成奏之，天子異焉。

其三月，將祭后土，上乃帥羣臣横大河，湊汾陰。既祭，行遊介山，回安邑，顧龍門，覽鹽池，登歷觀，陟西岳以望八荒，迹殷周之虚，眇然以思唐虞之風。雄以爲臨川羨魚不如歸而結罔，還，上《河東賦》以勸，其辭曰：【略】

其十二月羽獵，雄從。以爲昔在二帝三王，宫館臺榭沼池苑囿林麓藪澤財足以奉郊廟，御賓客，充庖廚而已，不奪百姓膏腴穀土桑柘之地。女有餘布，男有餘粟，國家殷富，上下交足，故甘露零其庭，醴泉流其唐，鳳皇巢其樹，黄龍游其沼，麒麟臻其囿，神爵棲其林。昔者禹任益虞而上下和，屮木茂；成湯好田而天下用足；文王囿百里，民以爲尚小；齊宣王囿四十里，民以爲大：裕民之與奪民也。武帝廣開上林，南至宜春、鼎胡、御宿、昆吾，旁南山而西，至長楊、五柞，北繞黄山，瀕渭而東，周袤數百里。穿昆明池象滇河，營建章、鳳闕、神明、馺娑，漸臺、泰液象海水周流方丈、瀛洲、蓬萊。游觀侈靡，窮妙極麗。雖頗割其三垂以贍齊民，然至羽獵田車戎馬器械儲偫禁禦所營，尚泰奢麗誇詡，非堯、舜、成湯、文王三驅之意也。又恐後世復修前好，不折中以泉臺，故聊因《校獵賦》以風，其辭曰：【略】

《漢書》卷八七下《揚雄傳下》 明年，上將大誇胡人以多禽獸，秋，命右扶風發民入南山，西自褒斜，東至弘農，南敺漢中，張羅罔罝罘，捕熊羆豪豬虎豹狖玃狐菟麋鹿，載以檻車，輸長楊射熊館。以罔爲周阹，(從)〔縱〕禽獸其中，令胡人手搏之，自取其獲，上親臨觀焉。是時，農民不得收斂。雄從至射熊館，還，上《長楊賦》，聊因筆墨之成文章，故藉翰林以爲主人，子墨爲客卿以風。其辭曰：【略】

哀帝時丁、傅、董賢用事，諸附離之者或起家至二千石。時雄方草《太玄》，有以自守，泊如也。或謿雄以玄尚白，而雄解之，號曰《解謿》。其辭曰：

客謿揚子曰：「吾聞上世之士，人綱人紀，不生則已，生則上尊人君，下榮父母，析人之圭，儋人之爵，懷人之符，分人之祿，紆青拕紫，朱丹其轂。今子幸得遭明盛之世，處不諱之朝，與羣賢同行，歷金門上玉堂有日矣，曾不能畫一奇，出一策，上說人主，下談公卿。目如燿星，舌如電光，壹從壹衡，論者莫當，顧而作《太玄》五千文，支葉扶疏，獨說十餘萬言，深者入黄泉，高者出蒼天，大者含元氣，纖者入無倫，然而位不過侍郎，擢纔給事黄門。意者玄得毋尚白乎？何爲官之拓落也？」

揚子笑而應之曰：「客徒欲朱丹吾轂，不知一跌將赤吾之族也！往者周罔解結，羣鹿争逸，離爲十二，合爲六七，四分五剖，並爲戰國。士無常君，國亡定臣，得士者富，失士者貧，矯翼厲翮，恣意所存，故士或自盛以橐，或鑿坏以遁。是故騶衍以頡亢而取世資，孟軻雖連蹇，猶爲萬乘師。

「今大漢左東海，右渠搜，前番禺，後陶塗。東南一尉，西北一候。徽以糾墨，製以質鈇，散以禮樂，風以《詩》《書》，曠以歲月，結以倚廬。天下之士，雷動雲合，魚鱗雜襲，咸營于八區，家家自以爲稷契，人人自以爲咎繇，戴縰垂纓而談者皆擬於阿衡，五尺童子羞比晏嬰與夷吾；當塗者入青雲，失路者委溝渠，旦握權則爲卿相，夕失勢則爲匹夫；譬若江湖之雀，勃解之鳥，乘鴈集不爲之多，雙鳧飛不爲之少。昔三仁去而殷虚，二老歸而周熾，子胥死而吴亡，種、蠡存而粤伯，五羖入而秦喜，樂毅出而燕懼，范雎以折摺而危穰侯，蔡澤雖噤吟而笑唐舉。故當其有事也，非蕭、曹、子房、平、勃、樊、霍則不能安；當其亡事也，章句之徒相與坐而守之，亦亡所患。故世亂，則聖哲馳騖而不足；世治，則庸夫高枕而有餘。

「夫上世之士，或解縛而相，或釋褐而傅；或倚夷門而笑，或横江潭而漁；或七十說而不遇，或立談間而封侯；或枉千乘於陋巷，或擁帚彗而先驅。是以士頗得信其舌而奮其筆，窒隙蹈瑕而無所詘也。當今縣令不請士，郡守不迎師，羣卿不揖客，將相不俛眉；言奇者見疑，行殊者得辟，是以欲談者宛舌而固聲，欲行者擬足而投迹。鄉使上世之士處虖今，策非甲科，行非孝廉，舉非方正，獨可抗疏，時道是非，高得待詔，下觸聞罷，又安得青紫？

「且吾聞之，炎炎者滅，隆隆者絶；觀雷觀火，爲盈爲實，天收其聲，地藏其熱。高明之家，鬼瞰其室。攫挐者亡，默默者存；位極者宗危，自守者身全。是故知玄知默，守道之極；爰清爰静，游神之廷；惟寂惟寞，守德之宅。世異事變，人道不殊，彼我易時，未知何如。今子乃以鴟梟而笑鳳皇，執蝘蜓而謿龜龍，不亦病乎！子徒笑我玄之尚白，吾亦笑子之病甚，不遭臾跗、扁鵲，悲夫！」

客曰：「然則靡《玄》無所成名乎？范、蔡以下何必《玄》哉？」

揚子曰：「范雎，魏之亡命也，折脅拉髂，免於徽索，翕肩蹈背，扶服入橐，激卬萬乘之主，界涇陽抵穰侯而代之，當也。蔡澤，山東之匹夫也，顉頤折頞，涕涶流沫，西揖彊秦之相，搤其咽，炕其氣，附其背而奪其位，時也。天下已定，金革已平，都於雒陽，婁敬委輅脱輓，掉三寸之舌，建不拔之策，舉中國徙之長安，適也。五帝垂典，三王傳禮，百世不易，叔孫通起於枹鼓之間，解甲投戈，遂作君臣之儀，得也。《甫刑》靡敝，秦法酷烈，聖漢權制，而蕭何造律，宜也。故有造蕭何律於唐虞之世，則誖矣；有作叔孫通儀於夏殷之時，則惑矣；有建婁敬之策於成周之世，則繆矣；有談范、蔡之説於金、張、許、史之間，則狂矣。〔夫〕蕭規曹隨，留侯畫策，陳平出奇，功若泰山，嚮若阺隤，唯其人之贍知哉，亦會其時之可爲也。故爲可爲於可爲之時，則從；爲不可爲於不可爲之時，則凶。夫藺先生收功於章臺，四皓采榮於南山，公孫創業於金馬，票騎發迹於祁連，司馬長卿竊訾於卓氏，東方朔割(名)〔炙〕於細君。僕誠不能與此數公者並，故默然獨守吾《太玄》。」

雄以爲賦者，將以風也，必推類而言，極麗靡之辭，閎侈鉅衍，競於使人不能加也，既乃歸之於正，然覽者已過矣。往時武帝好神仙，相如上《大人賦》，欲以風，帝反縹縹有陵雲之志。繇是言之，賦勸而不止，明矣。又頗似俳優淳于髡、優孟之徒，非法度所存，賢人君子詩賦之正也，於是輟不復爲。而大潭思渾天，參摹而四分之，極於八十一。旁則三摹九据，極之七百二十九贊，亦自然之道也。故觀《易》者，見其卦而名之；觀《玄》者，數其畫而定之。《玄》首四重者，非卦也，數也。其用自天元推一晝一夜陰陽數度律曆之紀，九九大運，與天終始。故《玄》三方、九州、二十七部、八十一家、二百四十三表、七百二十九贊，分爲三卷，曰一二三，與《泰初歷》相應，亦有顓頊之曆焉。揲之以三策，關之以休咎，絣之以象類，播之以人事，文之以五行，擬之以道德仁義禮知。無主無名，要合《五經》，苟非其事，文不虛生。爲其泰曼漶而不可知，故有《首》、《衝》、《錯》、《測》、《攡》、《瑩》、《數》、《文》、《掜》、《圖》、《告》十一篇，皆以解剶《玄》體，離散其文，章句尚不存焉。《玄》文多，故不著；觀之者難知，學之者難成。客有難《玄》大深，衆人之不好也，雄解之，號曰《解難》。其辭曰：

客難揚子曰：「凡著書者，爲衆人之所好也，美味期乎合口，工聲調於比耳。今吾子乃抗辭幽説，閎意眇指，獨馳騁於有亡之際，而陶冶大鑪，旁薄羣生，歷覽者茲年矣，而殊不寤。亶費精神於此，而煩學者於彼，譬畫者畫於無形，弦者放於無聲，殆不可乎？」

揚子曰：「俞。若夫閎言崇議，幽微之塗，蓋難與覽者同也。昔人有觀象於天，視度於地，察法於人者，天麗且彌，地普而深，昔人之辭，乃玉乃金，彼豈好爲艱難哉？勢不得已也。獨不見夫翠虯絳螭之將登虖天，必聳身於倉梧之淵；不階浮雲，翼疾風，虛舉而上升，則不能撠膠葛，騰九閎。日月之經不千里，則不能燭六合，燿八紘；泰山之高不嶕嶢，則不能浡滃雲而散歊烝。是以宓犧氏之作《易》也，緜絡天地，經以八卦，文王附六爻，孔子錯其象而彖其辭，然後發天地之臧，定萬物之基。《典》《謨》之篇，《雅》《頌》之聲，不温純深潤，則不足以揚鴻烈而章緝熙。蓋胥靡爲宰，寂寞爲尸；大味必淡，大音必希；大語叫叫，大道低回。是以聲之眇者不可同於衆人之耳，形之美者不可棍於世俗之目，辭之衍者不可齊於庸人之聽。今夫弦者，高張急徽，追趨逐耆，則坐者不期而附矣；試爲之施《咸池》，揄《六莖》，發(蕭)〔簫〕《韶》，詠《九成》，則莫有和也。是故鍾期死，伯牙絶弦破琴而不肯與衆鼓；獿人亡，則匠石輟斤而不敢妄斵。師曠之調鍾，竢知音者之在後也；孔子作《春秋》，幾君子之前睹也。老聃有遺言，貴知我者希，此非其操與！」

雄見諸子各以其知舛馳，大氐詆訾聖人，即爲怪迂，析辯詭辭，以撓世事，雖小辯，終破大道而或衆，使溺於所聞而不自知其非也。及太史公記六國，歷楚漢，(記)〔訖〕麟止，不與聖人同，是非頗謬於經。故人時有問雄者，常用法應之，譔以爲十三卷，象《論語》，號曰《法言》。《法言》文多不著，獨著其目：

天降生民，倥侗顓蒙，恣于情性，聰明不開，訓諸理。譔《學行》第一。

降周迄孔，成于王道，終後誕章乖離，諸子圖微。譔《吾子》第二。

事有本真，陳施於億，動不克咸，本諸身。譔《修身》第三。

芒芒天道，在昔聖考，過則失中，不及則不至，不可姦罔。譔《問道》第四。

神心曶怳，經緯萬方，事繫諸道德仁誼禮。譔《問神》第五。

明哲煌煌，旁燭亡疆，遜于不虞，以保天命。譔《問明》第六。

假言周于天地，贊于神明，幽弘横廣，絶于邇言。譔《寡見》第七。

聖人悤明淵懿，繼天測靈，冠于羣倫，經諸范。譔《五百》第八。

立政鼓聚，動化天下，莫上於中和，中和之發，在於哲民情。譔《先知》第九。

仲尼以來，國君將相卿士名臣參差不齊，壹槩諸聖。譔《重黎》第十。

仲尼之後，訖于漢道，德行顏、閔，股肱蕭、曹，爰及名將尊卑之條，稱述品藻。譔《淵騫》第十一。

君子純終領聞，蠢迪檢押，旁開聖則。譔《君子》第十二。

孝莫大於寧親，寧親莫大於寧神，寧神莫大於四表之驩心。譔《孝至》第十三。

常璩《華陽國志》卷一〇上《蜀郡士女》 揚雄，字子雲，成都人也。少貧，好道。家無擔石之儲，十金之費，晏如也。好學，不爲章句。初慕司馬相如綺麗之文，多作詞賦。車騎將軍王音，成帝叔舅也，召爲門下史，薦待詔。上《甘泉》、《羽獵賦》，遷侍郎，給事黄門。雄既升秘閣，以爲：「詞賦可尚，則賈誼升堂，相如入室。武帝讀《大人賦》，飄飄然有凌雲之志，不足以諷諫。」乃輟其業。以經莫大於《易》，故則而作《太玄》。傳莫大於《論語》，故作《法言》。史莫善於《蒼頡》，故《訓纂》。賦莫弘於《離騷》，故反屈原而廣之。典莫正於《爾雅》，故作《方言》。初與劉歆、王莽、董賢同官，並至三公，雄歷三帝，獨不易官。年七十一卒。自劉向父子、桓譚等深敬服之。其玄源淵懿，後世大儒張衡、崔子玉、宋仲子、王子雍皆爲注解。吴郡陸公紀尤善於玄，稱雄聖人。雄子神童烏，七歲預雄《玄》文。年九歲而卒。

《全宋文》卷二八一七晁説之《揚雄別傳》 揚雄字子雲，蜀郡成都人也。周幽王封宣王子尚父于揚，號曰揚侯。其後并于晉河東揚侯子孫，遂以揚爲氏。雄本晉之揚，自其五世祖季徙諸蜀。雄少而簡易清浄，好古學，從同郡嚴君平遊，顧尚好辭賦，宗司馬相如，嘗嘆曰：「長卿賦不從人間來，其神所至耶！」初相如與枚乘孽子臯齊名，臯思敏疾，相如頗淹遲。有以二人問者，雄曰：「軍旅之際，戎馬之間，飛書馳檄，用枚臯；廊廟之下，朝廷之中，高文大册，用相如。」然帝於辭賦自俊捷，亦苦相如之艱，嘗謂相如曰：「以吾之速易子之遲可乎？」相如曰：「于臣則可，未知陛下何如耳。」蓋相如亦自謂有所短，而雄之論乃如此。雄嘗作《縣邸銘》、《玉佴頌》、《階闥銘》、《成都城四隅銘》，蜀人有楊莊者爲郎，誦之于成帝，成帝好之，以爲似相如，雄遂以此得見，待詔承明之庭，時永始四年也，雄年四十矣。帝方以正月郊祠甘泉，詔雄賦甚遽。雄蒼猝應詔，其賦極瓌瑋，盡諷戒之義。乃三月帝帥群臣横大河，湊汾陰，以祀后土，雄又作《河東賦》。以帝好廣宫室，又作《子虚賦》以諷戒。帝多玩書，善雄賦頌，出入遊獵，雄必從。十二月，帝縱胡人羽獵，雄因作《羽獵賦》。雄既待詔歲餘，給事黄門爲郎，後一歲帝又命雄作《繡補靈節龍骨之銘》詩三章，帝得之喜甚。當時之語曰：「玩子雲之篇章，樂于居千石之官。」西羌嘗有警，帝思將帥之臣，追美趙充國，詔雄即未央宫充國圖畫爲頌。綏和元年秋，帝大誇胡人多禽獸，復幸長楊，縱胡客大校獵，雄復作《長楊賦》上之，因以諷帝。雄爲郎時，自奏少不得學而好沈博絶麗之文，願不受三歲之奉，且休晚直事，庶得肆心廣意，以自克就。有詔可，不奪奉，令尚書賜筆墨錢六萬，得觀書于石渠。時京師班嗣者右曹中郎將遊之子，顯名當世。遊嘗賜秘書之副，而嗣爲人好賢，從雄遊，雄由是内外之書無不觀矣，然非聖不好也，時人稱雄曰西道孔子。有張子侯者，問沛郡桓譚曰：「揚子雲西道孔子，乃貧如此。」譚曰：「子雲亦東道孔子也。昔仲尼豈獨爲魯孔子而不能爲齊楚聖人耶？」王公子亦問子雲于譚，譚曰：「漢興以來未有斯人。」雄雖甚貧，而輕財惡利，無所事于世，作《逐貧賦》以自見曰：「揚子遁世，離俗獨處。左鄰崇山，右接曠野。鄰垣乞兒，終貧且窶。禮薄義弊，相與群聚。惆悵失志，呼貧與語：『汝在六極，投棄荒遐。好爲庸卒，刑戮是加。匪惟幼稚，嬉戲土沙。居非近鄰，接屋連家。恩輕毛羽，義薄輕羅。進不由德，退不受呵。久爲滯客，其意若何。人皆文繡，余褐不完。人皆稻粱，我獨藜餐。貧無寶玩，何以接歡？宗室之宴，爲樂不槃。徒行負賃，出處易衣。身服百役，手足胼胝。或耘或耔，霑體露肌。朋友道絶，進宦凌遲。厥咎安在，職汝之爲。舍汝遠竄，崑崙之顛。爾復我隨，翰飛戾天。舍爾登山，巖穴隱藏。爾復我隨，陟彼高岡。舍爾入海，汎彼栢舟。爾復我隨，載沉載浮。我行爾動，我静爾休。豈無他人，從我何求？今汝去矣，勿復久留。』貧曰：『唯唯。主人見逐，多言益嗤。心有所懷，願得盡辭。昔我乃祖，崇其明德。克佐帝堯，誓爲典則。土階茅茨，匪彫匪飾。爰及季世，縱其昏惑。饕餮之群，貪富苟得。鄙我先人，乃傲乃驕。瑶臺瓊室，華屋崇高。流酒爲池，積肉爲崤。是用鵠逝，不踐其朝。三省吾身，謂予無諐。處君之家，福禄如山。忘我大德，思我小怨。堪寒堪暑，少而習焉。寒暑不忒，等壽神仙。桀跖不顧，貪類不干。人皆重蔽，子獨露居。人皆怵惕，子獨無虞。』言辭既罄，色厲目張。攝齊而興，降階下堂。『誓將去汝，適彼首陽。孤竹之子，與我連行。』余乃避席，辭謝不直。請不貳過，聞義則服。長與爾居，終無厭極。貧遂不去，與我遊息。」哀帝時，丁傅、董賢用事，人皆媚之以貴富，雄獨安于郎署，而大覃思渾天。或者信蓋天之學，詆渾天。雄乃發八難難蓋天以通渾天，云：

「日東行，循黃道，晝夜中規，牽牛距北極南百一十度，東井距北極南七十度，并百八十度。周三徑一，二十八宿，周天當五百四十度，今三百六十度，何也？春秋分之日正出在卯，入在酉，而晝漏五十刻，即天蓋轉，夜當倍晝。今夜亦五十刻，何也？日入而星見，日出而星不見，即斗下見日六月，不見日六月，北斗亦當見六月，不見六月。今夜常見，何也？以蓋圖視天河，起斗而東入狼狐間，曲如輪。今視天河直如繩，何也？周天二十八宿，以蓋圖視天星，見者當少，不見者當多。今見不見等，何出入無冬夏，而兩宿十四星常見，不以日長短故見有多少，何也？天至高，地至卑。日託天而旋，可謂至高。縱人目可奪，水與景不可奪。今從高山上，以水望日，日出水下，影上行，何也？視物，近則大，遠則小。今日與北斗近我而小，遠我而大，何也？視蓋橑與車輻間，近杠轂密，益遠益疏。今北斗爲天杠轂，二十八宿爲天橑輻，以星度天，南方次地星間當數倍，今交密，何也？」時獨桓譚信雄學，雄與譚嘗同奏事，待報坐西廊廡下，以寒暴背。雄語譚曰：「蓋天以天如推磨石轉，而日西行者，其光景當照此廊下稍而東耳，不當拔出去。拔出去是應渾天法，渾爲天之真形于是可知。」雄按渾天，著書曰《太玄》，曰：「玄也者，兼天地人之道而天名之。」或曰：「述而不作，《玄》何以作？」雄曰：「其事則述，其書則作。」或曰：「《玄》何爲？」雄曰：「爲仁義。」或曰：「孰不爲仁，孰不爲義？」雄曰：「勿雜而已矣。」雄于《玄》用思甚苦，嘗夢吐白鳳集《玄》上，久之而滅。或曰無爲自苦，故難傳。當時儒士劉歆、張竦輩雖與雄善，獨于《玄》弗好也。雄知時人所好在彼不在此，乃作《太玄賦》曰：「觀大《易》之損益兮，覽老子之倚伏。省憂喜之共門兮，察吉凶之同域。皦皦著乎日月兮，何聖人之暗燭。豈慯寵以冒災兮，將吮臍之不及。若飄風不終朝兮，驟雨不終日。雷隆隱而輒息兮，火猶熾而速滅。且夫物有盛衰兮，況人事之所極。奚貪婪于富貴兮，迄喪躬以危族。豐盈禍所栖兮，名譽怨之所集。薰以芳而致燒兮，膏合肥而見焫。翠羽媺而殃身兮，蚌含珠而擘裂。聖作典以濟時兮，驅蒸民而入甲。張仁義以爲網兮，懷忠貞以矯俗。指尊選以誇世兮，疾身没而名滅。豈若師由聃兮，執玄静于中谷。納傿、禄于江淮兮，揖松、喬于華嶽。升崑崙以散髮兮，踞弱水以濯足。朝發軔于流沙兮，夕翱翔乎碣石。忽萬里而一頓兮，過列仙以訖宿。役青要以承戈兮，舞馮夷以作樂。聽素女之清聲兮，觀宓妃之妙曲。茹芝英以禦飢兮，飲玉醴以解渴。排閶闔以窺天庭兮，騎騂騩以踟躕。載羨門與儷遊兮，永周覽于八極。亂曰：甘餌含毒，難數嘗兮。麟而可羈，近犬羊兮。鸞鳳高翔，戾青雲兮。不掛罔羅，固足珍兮。斯錯位極，離大戮兮。屈子慕清，葬魚腹兮。伯姬曜名，炙厥身兮。孤竹二子，餓首山兮。斷跡屬婁，何足云兮。譬斯數子，智若淵兮。我異于是，執太玄兮。蕩然肆志，不拘攣兮。」獨鉅鹿侯芭授《玄》于雄，爲《玄》章句。桓譚亦好之，然不若好雄賦之甚也。譚嘗問雄曰：「何以能賦？」雄曰：「能讀千賦則善。」初，雄因成帝嗜酒，作《酒箴》以諷帝，曰：「觀瓶之居，居井之眉。處高臨深，動常近危。酒醪不入口，臧水滿懷，不得左右，牽于纆徽。一旦惠礙，爲甍所轠。身提黃泉，骨肉爲泥。自用如此，不如鴟夷。鴟夷滑稽，復如大壺。盡日盛酒，人復借酤。常爲國器，託于屬車。出入兩宮，經營公家。繇是言之，酒何過乎？」時杜陵陳遵，放縱于酒，見雄賦大喜，謂所友張竦曰：「吾與爾猶是矣。」故其因人問賦可以諷乎，雄曰：「諷則已，諷而不已，吾恐不免于勸也。」又有問雄少而好賦者，雄曰：「童子彫蟲篆刻，壯夫不爲也。」蓋其晚年立言明教，絕意于賦，不復爲矣。因時人問答，著《法言》十三篇，明帝皇之道，而廣大幽微備矣。建平四年，單于上書願朝。五年，哀帝時被疾。或言匈奴從上游來厭人，自黃龍、竟寧時，單于朝中國，輒有大故。上由是難之，以問公卿。諸公卿亦以爲虛費府帑，可勿許。單于使辭去未發，雄上書諫帝，以爲「六經之治，貴于未亂；兵家之勝，貴于未戰。二者皆微，然而大事之本不可不察也。今單于歸義，懷款誠之心，欲離其庭，陳見于前，此乃上世之遺策，神靈之所想望，國家雖費，不得已者也。奈何距以來厭之辭，疏以無日之期，消往昔之恩，開將來之隙！夫百年勞之，一日失之，費十而愛一，臣竊爲國家不安也。唯陛下少留意于未亂未戰，以遏邊萌之禍」。書奏，天子感寤，召還匈奴使者，更報書而許之。賜雄帛五十疋，黃金五十斤。雄視朝廷綱紀紊亂，知言之不行而不言，然獨見機會之決，弗得弗言也。元始中，徵天下通小學者以百數，各令説字于庭中。雄取其有用者作《訓纂篇》，以續《蒼頡篇》，又易《蒼頡》字之重復者，凡八十九章。雄善書。在西京時，以書稱者蓋寡，前有司馬相如、張敞、嚴延年，後則史遊、孔光、劉向、雄及陳遵。雄久爲郎，校書麟閣，見天下上計孝廉及內郡衛卒會者，常提三寸弱翰，齎油素四尺，以問異語。歸即以鉛摘次于槧，積二十有七歲而書成，名曰《輶軒使者絕代語釋別國方言》。《方言》者，蓋《爾雅》之流也。時茂陵郭威好讀書，以謂《爾雅》周公所制，而有「張仲孝友」等語，疑之，以問雄，雄曰：「《記》有孔子教魯哀公學《爾雅》」，《爾雅》之來遠矣。自古學者皆云周公作，當有所據。其後孔子弟子游夏之儔又有所記，以解釋六藝，故

有『張仲孝友』等語。」

劉歆聞雄作《方言》，移書雄曰：「詔問三代周秦軒車逌人使者八月巡路，宋代語僮謡歌戲，欲得其最目，因從事郝隆求之。篇中但有其目，無見文者。歆先君數爲孝成皇帝言，當使諸儒共集訓詁。會成帝未以爲意，先君又不能獨集，至于歆身，修軌不暇，何遑更創？屬聞子雲獨采集先代絶言，異國殊詞，以爲十五卷，其所解略多矣，而不知其目。非子雲澹雅之才，沉鬱之思，能經年鋭精以成書？良爲勤矣。歆雖不講過庭，亦克識先君雅訓，三代之書，蕴藏于家，直不計耳。今聞此，甚爲子雲嘉之。以今聖朝留心典誥，發精于殊語，欲驗考四方之事，不勞戎馬高車之使，坐知謡俗，適子雲攘意之秋也。不以是時發倉廪以振贍，殊無爲明。上以忠信明于上，下以置恩于罷朽，所謂知畜積、善布施也。蓋蕭何造律，張蒼推曆，皆成之于帷幕，貢之于王門，功列于漢室，名流乎無窮。誠以隆秋之時收藏不殆，飢春之歲散之不疑，故至于此也。今謹使密人奉手書，願頗與其最目，得使入籙，令聖朝留明明之典。」雄報歆曰：「敕以殊言十五卷，君何由知之？謹歸誠底裏，不敢違信。雄少不師章句，亦于五經之訓所不解。嘗聞先代輶軒之使奏籍之書，皆藏于周秦之室。及其破也，遺棄無見之者。獨蜀人有嚴君平、臨邛林閭翁孺者，深好訓詁，猶見輶軒之使所奏言。翁孺與雄外家牽連之親，又君平過誤，有以私遇，少而與雄也。君平財有千言耳，翁孺略有梗概。翁孺往數歲死，婦蜀郡掌氏子，無子而去。而雄始能草文，復論思，詳悉集之。張伯松不好雄賦頌之文，然亦奇之，常爲雄言其父及其先君喜典訓，雄以篇目頗示之，伯松曰：『是懸諸日月不刊之書也。』又言：恐雄爲《玄經》，由鼠坻之與牛場也。如其用，則實五稼，飽邦民，否則爲牴糞棄之于道矣。伯松與雄獨何德慧，而君與雄獨何譖隙，而當匿乎哉？其勞戎馬高車，令人君坐幃幕之中，知絶遐異俗之語，典流于昆嗣，言列于漢籍，誠雄心至精之所想講也，死之日則今之榮也。不敢有貳，不敢有愛。雄少而不以行立于鄉里，長而不以功顯于縣官，著訓于帝籍，但言詞博覽翰墨爲事。試崇而就之，不可以怠。即君必欲脅之以威，陵之以武，此又未定，未可以見。今君又終之，則縊死以從命也。而可且寬假延期，必不敢有愛，唯執事者圖之。長監于規繡之就，死以爲小，雄敢行之。」時歆爲王莽國師，威權可畏，而雄之辭如此，蓋明其心不與歆也。然當其時，士皆言符命，勸莽代漢，唯恐其晚。前後封侯者百數，其不附麗者，莽輒殺之。雄爲朝廷聞人，既不言符命，然不可以默，逮莽既僭，乃奏《劇秦美新》一篇，劇秦之慘酷，而美諸新，待新猶甚秦耳，莽方自聖而弗寤也。先是建國五年，元后崩，莽詔雄作誄，有曰：「漢廟黜廢，移定安公。皇皇靈祖，惟若孔臧。」其言亦無阿倚，特以耆老久次爲中散大夫。雄見莽更易百官，變置郡縣，制度大亂，士皆忘去節義，以從諛取利，乃作《司空》、《尚書》、《光禄勳》、《衛尉》、《廷尉》、《太僕》、《司農》、《大鴻臚》、《將作大匠》、《博士》、《城門校尉》、《上林苑令》等箴，及《荆》、《揚》、《兗》、《豫》、《徐》、《青》、《幽》、《冀》、《并》、《雍》、《益》、《交》十二州箴，皆勸人臣執忠守節，可爲萬世戒。先是雄在蜀時，嘗著《蜀王本紀》、《蜀都賦》，以極其山川地里人物之實；又嘗録宣帝以至哀平紀傳皆備，其後班固因之。嚴遵君平，高蹈之士也。雄仕京師顯名，數爲朝廷在位賢者稱君平德。杜陵李辟彊素善雄，久之爲益州牧，喜謂雄曰：「吾真得嚴君平爲吏矣。」雄曰：「君備禮以待之，彼人可見而不可得詘也。」辟彊心以爲不然，及至蜀致禮，與君平相見，欲屈以爲從事，卒不敢言。乃嘆曰：「揚子雲誠知人，可謂哲矣。」雄同郡里中田儀與雄幼稚交，後雄舉之于朝，久爲五官郎中，以私得罪。時舉儀者皆懷赧低眉以自恐恨，劉歆亦爲雄云云，雄曰：「儀舉至日，雄之任也。知人之德，堯舜猶病，雄何慚焉？」議者終多雄之知君平，而不以田儀累之也。孔子元者，孔子十七世孫也，爲郎校書七年，官不益，或譏以不恤進取，獨雄與善。山陰陳囂有義行，名未振，雄上書薦之，于是聲名粲然傳世矣，仕至太中大夫。潞水伶玄好學知音律，善屬文，然無所矜式。雄獨知其才，而病其學之不適正，知之而弗好也。蓋雄之好惡不苟如此。及于《法言》，稱谷口鄭樸子真、蜀人李弘仲元與嚴君平。蜀人聞之，有願載名于《法言》者，雄謝之，雖林翁孺猶不得與也。甘露元年戊寅鷄鳴雄生，天鳳五年四月乙丑晡卒。葬安陵阪上，侯芭、桓譚共爲治喪，朝臣郎吏及諸公遣世子來會送甚盛。譚爲斂賻，起祠置塋，芭負土作墳，號曰「玄冢」，與譚守墳如子禮。雄有子曰童烏，九歲與《玄》文，先雄卒。雄比歲亡一男，竭力歸葬于蜀，雄由是益貧。及雄卒，不能歸葬，而妻子孑還自長安。

嵩山晁説之曰：揚子傳孔子之道，立言明教，宜其行事甚大，昭著無遺，而有不見于本傳者，得之于諸子書傳記，因次第之，爲《别傳》焉。有與本傳異同甚者疏之。雄爲郎，不願受奉，以視無仕進心。幼子卒而必經紀反葬于蜀，以視不終長安。故守一官而閱三世不遷，觀其人，豈詣行在獻賦者？而本傳言奏《甘泉》等賦。蜀人楊莊誦雄文于成帝，帝因徵雄待詔，而肯爲王音門下吏耶？至于投閣事，余亦疑焉，而世已有辯之者。

唐晏《兩漢三國學案》卷一一《明經文學列傳・揚雄》 揚雄字子雲，蜀郡成都人也。少而好學，不爲章句，訓詁通而已，博覽無所不見。爲人簡易佚蕩，口吃不能劇談。孝成帝時，客有薦雄文似相如者，上召雄待詔，因奏《甘泉》、《羽獵》、《長楊》諸賦。又爲《太玄》、《法言》等書。以爲經莫大於《易》，故作《太玄》；傳莫大於《論語》，作《法言》；史篇莫善於《倉頡》，作《訓纂》；箴莫善於《虞箴》，作《州箴》；賦莫深於《離騷》，反而廣之；辭莫麗於相如，作四賦。皆斟酌其本，相與放依而馳騁云。王莽篡位，雄以耆老久次轉爲大夫，校書天禄閣。後以畏罪自投閣下，以病免。莽復召爲大夫，年七十一，王氏天鳳五年卒。

章炳麟《訄書》第六一《別録甲》 揚雄，字子雲，成都人也。少好學，不爲章句。爲人簡易佚蕩，口吃不能劇談，默而好深湛之思，不修廉隅以徼名當世。家產不過十金，乏無儋石之儲，晏如也。自有大度，非聖哲之書不好也，非其意，雖富貴不事也。顧嘗好辭賦，作《反離騷》、《甘泉》、《河東》、《羽獵》、《長楊》諸篇。仕漢成、哀間，直丁、傅、董賢用事，諸附離之者或起家至二千石。而雄方草《大玄》，位不過黃門郎。郎官散秩千人，無印綬，非命吏也。侍郎比四百石，秩不逮大縣丞、尉。漢穀至賤，此即與今之舉貢入館從事者何異？故去就新故，不爲攜貳。

及王莽代漢爲新帝，雄以耆老久次，轉爲大夫。嘗爲《劇秦美新》以獻，外示符命，內實以亡秦相風切。是時莽置羲和，雄爲《法言》，以羲和擬重黎，卒藉巫步以明其譎僞。究觀莽變法反古，當世百姓不堪命，然卒爲光武、明、章導師，所以盪亡秦之毒螫者，至後漢始效。雄識短，時有非議，然其本徒在漢新革命。故曰漢興二百一十載而中天，明其命胙方半，將中興，復舊物。且亟稱兩龔之絜，而自比於蜀莊沈冥。愀夫！其辭之志微憔顇也。雄以天鳳五年卒。

有相人桓譚者，字君山，與雄友善，仕新爲掌樂大夫。光武時，爲議郎，至六安郡丞。是時，新室舊臣，爭詆諆故主，務極醜惡。而譚爲《新論》，上之世祖，猶稱莽曰「王翁」。初，高祖令故楚臣名項籍，時有鄭君者，獨不奉詔，繇是盡拜名籍者爲大夫，而逐鄭君。如譚，可以亞矣！

其行事若反楊雄。要之同在禹域，則各爲其主，無傷也。若元時閔本、黃昬、鄭玉、趙弘毅之倫，以文學食禄，或絶意仕進，不受徵幣。及明師舉徽州，至入京，誅胡元，天下昭蘇，而方牽帥婦稚繫組自殞。此則所謂悖德遁天，以訓則逆者邪？

雜録

備録

王充《論衡・本性篇》 余固以孟軻言人性善者，中人以上者也；孫卿言人性惡者，中人以下者也；揚雄言人性善惡混者，中人也。若反經合道，則可以爲教；盡性之理，則未也。

《漢書》卷三〇《藝文志》 揚雄《蒼頡訓纂》一篇。

至元始中，徵天下通小學者以百數，各令記字於庭中。揚雄取其有用者以作《訓纂篇》，順續《蒼頡》，又易《蒼頡》中重復之字，凡八十九章。揚雄所序三十八篇。《太玄》十九，《法言》十三，《樂》四，《箴》二。

揚雄賦十二篇。

傳曰：「不歌而誦謂之賦，登高能賦可以爲大夫。」言感物造耑，材知深美，可與圖事，故可以爲列大夫也。古者諸侯卿大夫交接鄰國，以微言相感，當揖讓之時，必稱《詩》以諭其志，蓋以別賢不肖而觀盛衰焉。故孔子曰「不學《詩》，無以言」也。春秋之後，周道寖壞，聘問歌詠不行於列國，學《詩》之士逸在布衣，而賢人失志之賦作矣。大儒孫卿及楚臣屈原離讒憂國，皆作賦以風，咸有惻隱古詩之義。其後宋玉、唐勒，漢興枚乘、司馬相如，下及揚子雲，競爲侈麗閎衍之詞，没其風諭之義。是以揚子悔之，曰：「詩人之賦麗以則，辭人之賦麗以淫。如孔氏之門人用賦也，則賈誼登堂，相如入室矣，如其不用何！」自孝武立樂府而采歌謠，於是有代趙之謳，秦楚之風，皆感於哀樂，緣事而發，亦可以觀風俗，知薄厚云。〔序〕詩賦爲五種。

《漢書》卷六九《趙充國傳》 初，充國以功德與霍光等列，畫未央宮。成帝時，西羌嘗有警，上思將帥之臣，追美充國，乃召黃門郎楊雄即充國圖畫而頌之，曰：

明靈惟宣，戎有先零。先零昌狂，侵漢西疆。漢命虎臣，惟後將軍，整我六師，是討是震。既臨其域，諭以威德，有守矜功，謂之弗克。請奮其旅，

于罕之羌，天子命我，從之鮮陽。營平守節，婁奏封章，料敵制勝，威謀靡亢。遂克西戎，還師於京，鬼方賓服，罔有不庭。昔周之宣，有方有虎，詩人歌功，乃列于《雅》。在漢中興，充國作武，赳赳桓桓，亦紹厥後。

《漢書》卷九四下《匈奴傳下》 建平四年，單于上書願朝五年。時哀帝被疾，或言匈奴從上游來厭人，自黃龍、竟寧時，單于朝中國輒有大故。上由是難之，以問公卿，亦以爲虚費府帑，可且勿許。單于使辭去，未發，黄門郎揚雄上書諫曰：

臣聞《六經》之治，貴於未亂；兵家之勝，貴於未戰。二者皆微，然而大事之本，不可不察也。今單于上書求朝，國家不許而辭之，臣愚以爲漢與匈奴從此隙矣。本北地之狄，五帝所不能臣，三王所不能制，其不可使隙甚明。臣不敢遠稱，請引秦以來明之：

以秦始皇之彊，蒙恬之威，帶甲四十餘萬，然不敢窺西河，乃築長城以界之。會漢初興，以高祖之威靈，三十萬衆困於平城，士或七日不食。時奇譎之士石畫之臣甚衆，卒其所以脱者，世莫得而言也。又高皇后嘗忿匈奴，羣臣庭議，樊噲請以十萬衆横行匈奴中，季布曰：「噲可斬也，妄阿順指！」於是大臣權書遺之，然後匈奴之結解，中國之憂平。及孝文時，匈奴侵暴北邊，候騎至雍甘泉，京師大駭，發三將軍屯細柳、棘門、霸上以備之，數月乃罷。孝武即位，設馬邑之權，欲誘匈奴，使韓安國將三十萬衆徼於便墜，匈奴覺之而去，徒費財勞師，一虜不可得見，況單于之面乎！其後深惟社稷之計，規恢萬載之策，乃大興師數十萬，使衛青、霍去病操兵，前後十餘年。於是浮西河，絶大幕，破寘顔，襲王庭，窮極其地，追奔逐北，封狼居胥山，禪於姑衍，以臨翰海，虜名王貴人以百數。自是之後，匈奴震怖，益求和親，然而未肯稱臣也。

且夫前世豈樂傾無量之費，役無罪之人，快心於狼望之北哉？以爲不壹勞者不久佚，不暫費者不永寧，是以忍百萬之師以摧餓虎之喙，運府庫之財填盧山之壑而不悔也。至本始之初，匈奴有桀心，欲掠烏孫，侵公主，乃發五將之師十五萬騎獵其南，而長羅侯以烏孫五萬騎震其西，皆至質而還。時鮮有所獲，徒奮揚威武，明漢兵若雷風耳。雖空行空反，尚誅兩將軍。故北狄不服，中國未得高枕安寢也。逮至元康、神爵之間，大化神明，鴻恩溥洽，而匈奴内亂，五單于爭立，日逐、呼韓邪攜國歸(死)〔化〕，扶伏稱臣，然尚羈縻之，計不顓制。自此之後，欲朝者不距，不欲者不彊。何者？外國天性忿鷙，形容魁健，負力怙氣，難化以善，易肄以惡，其彊難詘，其和難得。故未服之時，勞師遠攻，傾國殫貨，伏尸流血，破堅拔敵，如彼之難也；既服之後，慰薦撫循，交接賂遺，威儀俯仰，如此之備也。往時嘗屠大宛之城，蹈烏桓之壘，探姑繒之壁，籍蕩姐之場，艾朝鮮之旃，拔兩越之旗，近不過旬月之役，遠不離二時之勞，固已犂其庭，掃其閭，郡縣而置之，雲徹席卷，後無餘菑。唯北狄爲不然，真中國之堅敵也，三垂比之懸矣，前世重之兹甚，未易可輕也。

今單于歸義，懷款誠之心，欲離其庭，陳見於前，此乃上世之遺策，神靈之所想望，國家雖費，不得已者也。奈何距以來厭之辭，疏以無日之期，消往昔之恩，開將來之隙！夫款而隙之，使有恨心，負前言，緣往辭，歸怨於漢，因以自絶，終無北面之心，威之不可，諭之不能，焉得不爲大憂乎！夫明者視於無形，聰者聽於無聲，誠先於未然，即蒙恬、樊噲不復施，棘門、細柳不復備，馬邑之策安所設，衛、霍之功何得用，五將之威安所震？不然，壹有隙之後，雖智者勞心於内，辯者轂擊於外，猶不若未然之時也。且往者圖西域，制車師，置城郭都護三十六國，費歲以大萬計者，豈爲康居、烏孫能踰白龍堆而寇西邊哉？乃以制匈奴也。夫百年勞之，一日失之，費十而愛一，臣竊爲國不安也。唯陛下少留意於未亂未戰，以遏邊萌之禍。

書奏，天子寤焉，召還匈奴使者，更報單于書而許之。賜雄帛五十匹，黄金十斤。單于未發，會病，復遣使願朝明年。故事，單于朝，從名王以下及從者二百餘人。單于又上書言：「蒙天子神靈，人民盛壯，願從五百人入朝，以明天子盛德。」上皆許之。

常璩《華陽國志》卷一〇上《蜀郡士女》 嚴遵，字君平，成都人也。雅性澹泊，學業加妙。專精大《易》，耽於《老》、《莊》。常卜筮於市，假蓍龜以教。與人子卜，教以孝。與人弟卜，教以悌。與人臣卜，教以忠。於是風移俗易，上下慈和。日閲得百錢，則閉肆下簾。授《老》《莊》，著《指歸》，爲道書之宗。揚雄少師之，稱其德。杜陵李强爲益州刺史，謂雄曰：「吾真得君平矣。」雄曰：「君但可見，不能屈也。」强以爲不然。至州，脩禮交遵，遵見之，强服其清高，而不敢屈也，歎曰：「揚子雲真知人也。」年九十卒。雄稱之曰：「不慕夷，即由矣。不作苟見，不治苟得，久幽而不改其操，雖隨、和何以加諸。」

常璩《華陽國志》卷一二《(梁益)〔益梁〕寧三州先漢以來士女目録》　德行,給事黄門侍郎揚雄,字子雲(成都人也)。文學,神童揚烏(雄子也,預父《玄》文,九歲卒)。

《全宋文》卷一二六柳開《揚子劇秦美新解》　昔人咸謂斯文媚莽之辭也。《法言·孝至篇》曰「周公已來,未有如漢公之懿」者云,稱未簒之前,莽實僞貌而近如是,亦可庶免乎;曰劇于秦而美于新,揚子之全德,此焉虧矣。今承往言,亦曰然也。嗚呼!下漢氏幾千年,無一人識雄之旨。蓋君子微言,而首比于惡者也。或曰:「子獨異而將説之何哉?是必果能直其雄之志者乎?」予曰:「吁!揚子之志譏莽而非媚也。謂『美』之稱,曰『劇』之類也。且夫目其辭云是者,其旨悉存于間也。夫秦之爲不道,其惡也,有天地而未有之矣。今引而言之秦劇也,取而比之曰新美也。是新無比于五帝三王,莫有其善也;比于秦而褒貶之,是其有不善與秦上下也,故曰『劇秦美新』矣。大凡褒貶于人,取其善惡類而較其優劣也,善者必以善類比之,惡者必以惡類比之。如稱堯舜云者,兼而是同其善也;桀紂云者,兼而是同其惡也,類而較之也。如曰善必以惡較之,即一善而千惡,其善自顯矣;惡必以善較之,即一惡而千善,其惡亦自顯矣。何復枉其功乎?未見較其善惡者,有云『堯桀』也,『舜紂』也;必曰如前『堯舜』、『桀紂』云。故今揚子是云如是也。劇其秦,謂惡甚也,焚《詩》《書》,大宫室,起長城,巡天下,兼滅其宗周也,曰劇也。美其新,謂其惡少異于秦也。雖其竊漢祚與滅宗周同,且無諸秦之所大惡也,故曰美也。又夫漢德不如周,享國日淺,王道不成;雖周之衰,經日已久,下劣諸侯,然其滅者,秦當其大逆也。故曰秦劇也,新美也。斯又聖賢之深旨在于周、漢也,孰可識之乎?」或曰:「子言斯即然矣,其何下之辭云云乎?」予曰:「吁!下之辭云云者,蓋蔽其名,譏之所寓也。若顯而闢之,即君子微旨何在焉?禍且及矣。凡揚子之是言也,遜惠者也。首亦至于斯焉,言苟不隱其志,後苟不晦其前,則不可也。」或曰:「然《詩》三百,譏刺者過半,且其篇曰『某篇也,是所怨于時之王者也』,下其辭未有如子稱雄之文將若是也。」予曰:「吁!異乎,時不同,事且殊矣。凡《詩》《書》之作,出自夫子,當時之人何能有焉?蓋聖人觀前事而繼言之,所以垂炯戒于後世也,非如夫揚子親居于莽之下也。」或曰:「若而言,是終不敢繼其始,晦不敢敵其明,即曷若不言乎?叔孫對于二世也,僞媚其言,而免于禍,蓋上之所發問,而不得已而言也。且雄非有叔孫之召,莽無二世之問,何如是哉?」予曰:「吁!當莽之時,揚子不得不自言也。凡人仕于世,大小之分各異矣。當大而不爲之大,即事之失矣;當小而不爲之小,即事之僭也。且叔孫無居于揚子之位,揚子有過于叔孫之名,位而拘之,名而累之,揚子須以異于叔孫也,在于分之事使然也。叔孫若昔如揚子不待問而言之也,則不能免後代而誅其名也;揚子若今如叔孫必待問而言之也,即不能免當日之害其身也。士之遭于不道也,居其邇者禍切之,處其遠者禍間之。危行以言遜,能者可避乎患也,尚時有罹其辜者焉。況揚子之懿若是而人乎,與世當不同也,莽固知耳,苟不有言,即莽疑不足于己也必甚矣。子不聞乎,閉門而著書也,尚有投閣之禍,幾死焉?如是,揚子果得不自言之以進耶?」嗚呼,知揚子者,在于斯;罪揚子者,在于斯!昔之所謂後世復有如我者,知我矣。其于餘也,得不盡若此之類者乎?。

備論

《漢書》卷三六《楚元王傳贊》　仲尼稱「材難不其然與」!自孔子後,綴文之士衆矣,唯孟軻、孫況、董仲舒、司馬遷、劉向、揚雄。此數公者,皆博物洽聞,通達古今,其言有補於世。傳曰「聖人不出,其間必有命世者焉」,豈近是乎?

《漢書》卷八七下《揚雄傳贊》　雄之自序云爾。初,雄年四十餘,自蜀來至游京師,大司馬車騎將軍王音奇其文雅,召以爲門下史,薦雄待詔,歲餘,奏《羽獵賦》,除爲郎,給事黄門,與王莽、劉歆並。哀帝之初,又與董賢同官。當成、哀、平間,莽、賢皆爲三公,權傾人主,所薦莫不拔擢,而雄三世不徙官。及莽簒位,談説之士用符命稱功德獲封爵者甚衆,雄復不侯,以耆老久次轉爲大夫,恬於勢利乃如是。實好古而樂道,其意欲求文章成名於後世,以爲經莫大於《易》,故作《太玄》;傳莫大於《論語》,作《法言》;史篇莫善於《倉頡》,作《訓纂》;箴莫善於《虞箴》,作《州箴》;賦莫深於《離騷》,反而廣之;辭莫麗於相如,作四賦:皆斟酌其本,相與放依而馳騁云。用心於內,不求於外,於時人皆曶之;唯劉歆及范逡敬焉,而桓譚以爲絶倫。

王莽時,劉歆、甄豐皆爲上公,莽既以符命自立,即位之後欲絶其原以神前事,而豐子尋、歆子棻復獻之。莽誅豐父子,投棻四裔,辭所連及,便收不請。時雄校書天禄閣上,治獄使者來,欲收雄,雄恐不能自免,乃從閣上自投下,幾死。

莽聞之曰：「雄素不與事，何故在此？」間請問其故，乃劉棻嘗從雄學作奇字，雄不知情。有詔勿問。然京師爲之語曰：「惟寂寞，自投閣；爰清静，作符命。」

雄以病免，復召爲大夫。家素貧，耆酒，人希至其門。時有好事者載酒肴從游學，而鉅鹿侯芭常從雄居，受其《太玄》、《法言》焉。劉歆亦嘗觀之，謂雄曰：「空自苦！今學者有禄利，然尚不能明《易》，又如《玄》何？吾恐後人用覆醬瓿也。」雄笑而不應。年七十一，天鳳五年卒，侯芭爲起墳，喪之三年。

時大司空王邑、納言嚴尤聞雄死，謂桓譚曰：「子嘗稱揚雄書，豈能傳於後世乎？」譚曰：「必傳。顧君與譚不及見也。凡人賤近而貴遠，親見揚子雲禄位容貌不能動人，故輕其書。昔老聃著虛無之言兩篇，薄仁義，非禮學，然後世好之者尚以爲過於《五經》，自漢文景之君及司馬遷皆有是言。今揚子之書文義至深，而論不詭於聖人，若使遭遇時君，更閱賢知，爲所稱善，則必度越諸子矣。」諸儒或譏以爲雄非聖人而作經，猶春秋吴楚之君僭號稱王，蓋誅絶之罪也。自雄之没至今四十餘年，其《法言》大行，而《玄》終不顯，然篇籍具存。

《漢書》卷一〇〇下《叙傳下》 淵哉若人！實好斯文。初擬相如，獻賦黄門，輟而覃思，草《法》纂《玄》，斟酌《六經》，放《易》象《論》，潛于篇籍，以章厥身。

《全宋文》卷一二五柳開《漢史揚雄傳論》 子雲作《太玄》、《法言》，本傳稱非聖人而作經籍，猶吴楚之君僭號稱王，蓋天絶之。嗚呼！且子雲之著書也，非聖人耶？非聖人也，則不能言聖人之辭，明聖人之道。能言聖人之辭，能明聖人之道，則是聖人也。子雲苟非聖人也，則又安能著書而作經籍乎？既能著書而作經籍，是子雲聖人也。聖人豈異于子雲乎？經籍豈異于《太玄》、《法言》乎？聖人之貌各相殊，聖人之辭不相同，惟其德與理類焉，在乎道而已矣。若非聖人而作經籍，則其所書也，不若于經籍矣。言無章，行無法，是曰經籍乎？人可誣曰經籍乎？比之吴楚之君，吴楚之君竊位而冒名，悖于道者也，天宜伐而絶之。子雲務教而利時，順于道者也，天豈罪其爲是乎？天能絶吴楚之君而僭竊，則天甚明矣。天既甚明，固能罪惡而福善，即吴楚之君可罪，子雲可福也。若反同吴楚之君而罪子雲，是天明于惡少，而不明于善也多矣。班孟堅稱諸儒之言曰是，蓋當時恥不及雄而謗之者也，不可從而書矣。凡爲史之任，在乎正其得失而後褒貶之。得失此不能正，況其褒貶乎？所謂孟堅有良史之才者，予于此不曰良史也。

《全宋文》卷一七〇趙湘《揚子三辨》 史言揚子吃，不能劇譚。又言揚子投天禄閣，又言揚子無子。讀者疑其故，謂揚子學聖人道而有是者。或問于趙子，于是作《吃辨》、《投閣辨》、《無子辨》三篇以答或人云。

或問曰：「揚子吃，不能劇譚乎？」曰：「吃亦吃矣，不可謂不能劇譚。」曰：「是吃也，惡能劇譚？」曰：「揚子于衆人則吃，于聖人則能劇譚。」噫！揚子之道，足以聖，足以賢，足以皇，足以王。劉歆知之，則曰「空自苦」。如是，不知雄者衆矣。雄當是時，似不言者，況謂之吃乎，宜也。聖人之道，當懼其吃道德、吃仁義、吃辭、吃志而已，不當懼吃衆也。雄果吃道德，不當演《太玄》；吃仁義，不當作《法言》；吃辭、吃志，不當《反騷》、《訓纂》、《州箴》而發焉。如是也，不可謂之吃。則衆人吃于道德、仁義、辭、志也，雄吃于衆人也。

王莽自立，將以神前事。于是誅甄豐及子尋，投劉歆之子棻于裔，辭連及者，急收不請。雄校書天禄閣，治獄使者來及雄，雄恐不免，輒自閣以投地，而不至死。莽知雄不預事，有詔弗問。病免弗獲，復爲大夫。或問雄投閣意，將懼其罪而弗生耶？將畏其法而求死耶？曰：「非雄意。雄之道繫天矣，雄之命亦繫天也。天之將喪斯文也，墜地而死矣；天之未喪斯文也，莽其如予何！」曰：「不能謝病，復爲大夫，如何？」曰：「用之則行，捨之則藏，雄意如是必矣。」

或問：「雄無子乎？」曰：「然。」曰：「史以雄非聖人而作經，猶春秋吴楚之稱王，故貽誅絶之罪，敢問如何？」曰：「載此非良史也。」諸儒之于雄也，不如雄經，一也；嫉雄賢，二也。經緯百王，仁義禮樂，則經矣。若謂雄非聖作經而獲罪，是仁義禮樂非聖人不當言，非聖人而言是，亦獲罪矣。嗚呼！言仁義禮樂者，罪止于此；不言者，其罪如何？噫！雄之無子也，非雄之無也，實時之無也；非雄不得子而子也，是子不得雄而父也。爲周公者必須伯禽，爲孔子者必須伯魚。伯禽生，爲周也；伯魚生，爲魯也。非周非孔，不父也；非禽非魚，不子也。爲雄子者必賢良，非賢良，雄不父也。故生烏而不苗，無復如烏者，非雄之欲有也。賢良之生必有時，非其時不生，故雄無子矣。作經之罪，吾未聞諸聖人。作經有罪，聖人當言，不當使後人言之。聖人不言，而諸儒言之，言之而無據，非嫉雄而何？嫉雄而不書，余敢罪于史。

《全宋文》卷一六〇六呂陶《揚雄論》 世之論《太玄》者多矣，是非何其異乎！或曰：雄之爲《玄》也，得自然之數，始於一而三之，故有天地人之體，而統之曰《玄》。四乘之極而至於八十一，故有方州部家之位，而名之曰首。從而三之，故有二百四十三表；又從而三之，故有七百二十九贊。以一首爲四日有半，

以二贊爲晝夜，又以踦贏爲四分度之一，而周天之度，二十八宿之次舍，一期之日，四時之氣節，盡於此矣，猶六十卦之當夫一歲而有六日七分也。或曰：《玄》之數可損益也，爲首者四日有半，而爲分者四百八十有七，則所謂周天之度與夫四分度之一者，亦可以合也。其踦與贏者，不必加之也。嗚呼！雄之爲《玄》，止於是而已乎？曰未也。昔之作《易》，蓋有憂患於後世矣。深探天地之本，而得之於數，然數不可以爲教，乃畫之以卦，擬之以象，重之以爻，繫之以辭，而後見三才之用焉。故曰：「立天之道，曰陰與陽；立地之道，曰柔與剛；立人之道，曰仁與義。」然則《易》之生也出於數，而其成也，數亦隱矣。聖人之所以濟乎斯民者曰道也。道之用，在乎教也。彼天地五行之奇偶者，不適夫道之用也。雄之書，其爲數乎？抑爲道乎？觀其覃思於渾天，三摹而九據，索研陰陽晝夜之運，考究節候鍾律之紀，星斗五行，既得其詳，然後定之以爲首，叙之以爲贊，以求合乎周天之度、一歲之日，則幾乎爲數而已也。至於一首之不同，則言一時之理；一贊之不同，則言一人之事。而又爲之《衝》、《錯》、《測》、《攡》、《瑩》、《數》、《文》、《掜》、《圖》、《告》，以解剥其義而敷繹其教。闢之以休咎禍福，播之以進退動静。其微則一身之吉凶悔吝，其巨則天下之安危治亂，亦可以推而及之。蓋爲乎道之用，而著以爲教也，亦有憂患後世之心，而不獨爲乎數也。然則説者多惑其數，少言其道，抑有由矣。蓋其説曰與《太初曆》合，而又有《顓頊曆》。夫曆者以數推天之書也，以數而推天，則不能不差於秒忽，是故千載之後，疏密異論，而其法不可歸一，使雄之書專爲曆邪，其數雖有小差，尚可成一家之法，未必廢而無取。況雄之所爲者，寓乎數而言乎道哉！然則所謂合《太初》、《顓頊曆》者，《玄》之體也；寓乎數而言乎道者，《玄》之用也。説者貴其道之有取，而不議其數之何如可也。昔王莽用之以筮，旦占而遇干，其贊則一五七，蓋言以逆爲事，而終至於害身。故其贊三違，示其不可動於禍亂也。此與夫南蒯將叛，而子服惠伯謂「《易》不可以占險」之義同矣。雄爲數乎？爲道乎？

《蘇軾文集》卷四《揚雄論》　昔之爲性論者多矣，而不能定于一。始孟子以爲善，而荀子以爲惡，揚子以爲善惡混。而韓愈者又取夫三子之説，而折之以孔子之論，離性以爲三品，曰：「中人可以上下，而上智與下愚不移。」以爲三子者，皆出乎其中，而遺其上下。而天下之所是者，於愈之説爲多焉。

嗟夫，是未知乎所謂性者，而以夫才者言之。夫性與才相近而不同，其别不啻若白黑之異也。聖人之所與小人共之，而皆不能逃焉，是真所謂性也。而其才固將有所不同。今夫木，得土而後生，雨露風氣之所養，暢然而遂茂者，是木之所同也，性也。而至於堅者爲轂，柔者爲輪，大者爲楹，小者爲桷。桷之不可以爲楹，輪之不可以爲轂，是豈其性之罪耶？天下之言性者，皆雜乎才而言之，是以紛紛而不能一也。

孔子所謂中人可以上下，而上智與下愚不移者，是論其才也。而至於言性，則未嘗斷其善惡，曰「性相近也，習相遠也」而已。韓愈之説，則又有甚者，離性以爲情，而合才以爲性，是故其論終莫能通。彼以爲性者，果泊然而無爲耶，則不當復有善惡之説。苟性而有善惡也，則夫所謂情者，乃吾所謂性也。人生而莫不有饑寒之患，牝牡之欲，今告乎人曰饑而食，渴而飲，男女之欲，不出於人之性也，可乎？是天下知其不可也。聖人無是，無由以爲聖；而小人無是，無由以爲惡。聖人以其喜怒哀懼愛惡欲七者御之，而之乎善；小人以是七者御之，而之乎惡。由此觀之，則夫善惡者，性之所能之，而非性之所能有也。且夫言性者，安以其善惡爲哉！雖然，揚雄之論，則固已近之。曰：「人之性善惡混。修其善則爲善人，修其惡則爲惡人。」此其所以爲異者，唯其不知性之不能以有夫善惡，而以爲善惡之皆出乎性也而已。

夫太古之初，本非有善惡之論，唯天下之所同安者，聖人指以爲善，而一人之所獨樂者，則名以爲惡。天下之人，固將即其所樂而行之，孰知夫聖人唯其一人之獨樂不能勝天下之所同安，是以有善惡之辨。而諸子之意，將以善惡爲聖人之私説，不已疎乎！而韓愈又欲以書傳之所聞昔人之事迹，而折夫三子之論，區區乎以后稷之岐嶷，文王之不勤，瞽、鯀、管、蔡之迹而明之！聖人之論性也，將以盡萬物之天理，與衆人之所共知者，以折天下之疑。而韓愈欲以一人之才，定天下之性，且其言曰「今之言性者，皆雜乎佛、老」。愈之説，以爲性之無與乎情，而喜怒哀樂皆非性者，是愈流入於佛、老而不自知也。

《全宋文》卷四二一一鄭厚《揚雄論》　謂菽爲麥，大愚也；謂鹿爲馬，大姦也。揚雄以《法言》僭《論語》，以《太玄》僭《易》，當時諸儒引春秋吴越之君比之，引《春秋》一王之法誅絶之，毋乃太甚。此正如兒曹斂容危坐，以效老成，拜揖趨蹌，以效賓主，羅屨列瓦，以效俎豆，長者見之，特一笑耳，何足深罪哉！惟符命之作，非大姦則大愚，清浄寂寞者爲之乎？

《朱子語類》卷一三七《戰國漢唐諸子》　問揚雄。曰：「雄之學似出於老子。如《太玄》曰：『潛心於淵，美厥靈根。』《測》曰：『「潛心於淵」，神不昧也。』

乃老氏説話。」問：「《太玄》分《贊》於三百六十六日下，不足者乃益以『踦嬴』，固不是。如《易》中卦氣如何？」曰：「此出於京房，亦難曉。如《太玄》中推之，蓋有氣而無朔矣。」問：「伊川亦取雄《太玄》中説，如何？」曰：「不是取他言，他地位至此耳。」

先生令學者評董仲舒、揚子雲、王仲淹、韓退之四子優劣。或取仲舒，或取退之。曰：「董仲舒自是好人，揚子雲不足道，這兩人不須説。只有文中子、韓退之這兩人疑似，試更評看。」學者亦多主退之。曰：「看來文中子根脚淺，然却是以天下爲心，分明是要見諸事業。天下事，它都一齊入思慮來。雖是卑淺，然却是循規蹈矩，要做事業底人，其心却公。如韓退之雖是見得箇道之大用是如此，然却無實用功處。它當初本只是要討官職做，始終只是這心。他只是要做得言語似《六經》，便以爲傳道。至其每日功夫，只是做詩，博弈，酣飲取樂而已。觀其詩便可見，都襯貼那《原道》不起。至其做官臨政，也不是要爲國做事，也無甚可稱，其實只是要討官職而已。」僩。

立之問：「揚子與韓文公優劣如何？」曰：「各自有長處。文公見得大意已分明，但不曾去子細理會。如《原道》之類，不易得也。揚子雲爲人深沈，會去思索。如陰陽消長之妙，他直是去推求。然而如《太玄》之類，亦是拙底工夫，道理不是如此。蓋天地間只有箇奇耦，奇是陽，耦是陰。春是少陽，夏是太陽，秋是少陰，冬是太陰。自二而四，自四而八，只恁推去，都走不得。而揚子却添兩作三，謂之天地人，事事要分作三截。又且有氣而無朔，有日星而無月，恐不是道理。亦如孟子既説『性善』，荀子既説『性惡』，他無可得説，只得説箇『善惡混』。若有箇三底道理，聖人想自説了，不待後人説矣。看他裏面推得辛苦，却就上面説些道理，亦不透徹。看來其學似本於老氏。如『惟清惟静，惟淵惟默』之語，皆是老子意思。韓文公於仁義道德上看得分明，其綱領已正，却無他這箇近於老子底説話。」又問：「文中子如何？」曰：「文中子之書，恐多是後人添入，真僞難見，然好處甚多。但一一似聖人，恐不應恰限有許多事相湊得好。如見甚荷蕢隱者之類，不知如何得恰限有這人。若道他都是粧點來，又恐粧點不得許多。然就其中惟是論世變因革處，説得極好。」又問：「程子謂『揚子之學實，韓子之學華』，是如何？」曰：「只緣韓子做閑雜言語多，故謂之華。若揚子雖亦有之，不如韓子之多。」時舉。

揚子雲、韓退之二人也難説優劣。但子雲所見處，多得之老氏，在漢末年難得人似它。亦如荀子言語亦多病，但就彼時亦難得一人如此。子雲所見多老氏者，往往蜀人有嚴君平源流。且如《太玄》就三數起，便不是。《易》中只有陰陽奇耦，便有四象。如春爲少陽，夏爲老陽，秋爲少陰，冬爲老陰。揚子雲見一二四都被聖人説了，却杜撰，就三上起數。㬊問：「温公最喜《太玄》。」曰：「温公全無見處。若作《太玄》，何似作曆？老泉嘗非《太玄》之數，亦説得是。」又問：「與康節如何？」曰：「子雲何敢望康節！康節見得高，又超然自得。退之却見得大綱，有七八分見識。如《原道》中説得仁義道德煞好，但是他不去踐履玩味，故見得不精微細密。伊川謂其學華者，只謂愛作文章。如作詩説許多閑言語，皆是華也。看得來退之勝似子雲。」南升。

揚子雲出處非是。當時善去，亦何不可？揚。

問：「揚子『避礙通諸理』之説是否？」曰：「大概也似，只是言語有病。」問：「莫不是『避』字有病否？」曰：「然。少間處事不看道理當如何，便先有箇依違閃避之心矣。」僩。

「『學之爲王者事』」，不與上文屬。只是言人君不可不學底道理，所以下文云：『堯舜禹湯文武汲汲，仲尼皇皇。以數聖人之盛德，猶且如此。』」問：「『仲尼皇皇』如何？」曰：「夫子雖無王者之位，而有王者之德，故作一處稱揚。」道夫。

揚子雲謂南北爲經，東西爲緯，故南北爲縱，東西爲横。六國之勢，南北相連則合縱；秦據東西，以横破縱也。蓋南北長，東西短，南北直，東西横，錯綜於其間也。敬仲。

「德隆則晷星，星隆則晷德。」晷，影也，猶影之隨形也。蓋德隆則星隨德而見，星隆則人事反隨星而應。僩。

葉適《習學記言序目》卷二三《漢書三・列傳》 揚雄自序：「默而好深沈之思。」庸人之思，病乎浮淺，故雄有此論。然古人論理，至思而止，理之所不至者，非思也，更不計淺深。今于思上更有沈深工用，即是思之所不止者而後爲理。如《太玄》乃理之過，學者所不當法也。（《揚雄》）

又言「不修廉隅以徼名當世」。雄清静恬淡，不汩没于欲利，則世俗淫夸垢污之賤，豈復有之，固不待修飾矣。然士之厲志操，明好惡，言必信，行必果，皦然以自號于世而爲户庭者，此其所謂廉隅而可以取名者也。雖然，止于是而已矣，故子貢曰：「譬之宮墻，賜之墻也及肩。」雄自以爲不止于是，故其言如此。然學者或不解，因雄之言，而以爲小廉小行皆不足修，淫夸垢污無害于道也，則

其誤大矣。（又）

文詞之變，始于屈原，衍于相如，文士之所慕效也。至揚雄辟而廣之，將一變至道，故爲《反離騷》。然原之本指，雄或未達也，余既數言之矣。自立于淺而不足以知人之深，固學者之大患；自處于深而不知人之未易以淺量也，則其患蓋有甚矣。（又）

王莽以文章制作成篡，雄居其間，既不爲用，復不見忌，優游散職，終老其身，著書立言，名垂于後。然世之論雄者多異説，孔子不作，而賢不肖莫知所定，此豈足爲雄重輕哉！如其浮雲富貴，敝屣廢興，以莽賢爲虛舟，視尤歆如土梗，伯夷之不降志，柳下惠之不去，蘧伯玉之愚，顔淵之樂，兼有之矣。（又）

黃震《古今紀要・西漢》 揚雄初慕相如，又騷，賦《甘泉》、《河東》、《校獵》、《長楊》，既而悔之。草《太元》、《法言》，自比孟子。王音召爲門下史，成帝時與王莽、劉歆並，哀帝時初與董賢同宦，卒爲王莽大夫，《劇秦美新》爲萬世羞。

王應麟《困學紀聞》卷一二《考史》 揚雄自比孟子，而《校獵賦》乃曰「羣公常伯，楊朱、墨翟之徒」。學孟子而尊楊、墨，與《法言》背馳矣。

《全元文》卷九九七譚景星《揚雄論》 雄以短才勉爲之，而欲覬乎聖賢之賾，殆不跬步思致萬里，其至幾希矣。夫人性至善，天命之也。乃以爲善惡混，已不知天之所賦予者何若。本然之性，已不識矣。未知立心，强欲立言以名世。此人也，非天也，而道安在。所以聖門學者，非徒得其言，而又可以得其意，以求夫聖賢之心。而聖賢之心，在我而已。觀其擬《太玄》以準《易》，《法言》以準《語》，殆爝火以侔日月之明乎？欲以言至，非以心至之。於是聖人之意，天地懸隔矣。夫《語》之爲義也，靡所不包，無非操存涵養之要。門弟子得一言，終身誦之行之以至於道，猶恐弗及。若雄者不以心至，而强以言至。託聖人馳驟於文辭，以驚世絶俗，度越諸子。然歟？否歟？而《易》之爲道也，有以□天地之心。故聖人之情見乎辭，後世見其辭而知其情，則可以知天地之心，希乎聖賢矣。雄乃設方、州、部、家，爲八十一首，要尤難明。如辭之正大，則人皆知之，夫何取於《玄》，必爲是艱深，使人不可知，不可知而後已。雖復有子雲知之，已非大中常行之道矣，豈復見聖人之情於其辭，天地之心於其心哉，蓋不能盡其性之過也。先儒問以其倣先聖遺言，故其過少。然不以心而觀乎聖人，徒以言而倣乎聖人，本之則無，末如之何也已。不知宓羲一畫，已包乎天地造化之妙。夫子一貫，已極乎聖賢體用之道。今其《玄》也，本以明《易》，却尤晦於《易》；而其《言》也，本以近《語》，却尤遠於《語》。倘此心爛然於《語》者而後以觀《法言》，《言》爲無益矣；此心渾然於《易》者而後以觀《玄》，《玄》爲無益矣。由是而觀，其所謂《玄》者，玄而又玄，於《易》晦矣。其所謂《言》者，法而又法，於《語》遠矣。《語》未嘗遠而自遠之，欲其近也，不可得矣；《易》未嘗晦而自晦之，欲其明也，不可得矣。至於蒼茫仆閣，失身事莽，劇秦美新，降志辱身者，混其性也。混其性者，不知性之爲善也。不知性之爲善者，不可以徒言也。雄如知性善而不混，言可謂師，必不至於是。悲夫！

方孝孺《遜志齋集》卷四《雜著・讀法言》 揚雄子雲《法言》十三篇。子雲爲此書，嘗自擬《論語》，而後世大儒或儕諸荀卿。其自擬者僭也，儕以荀卿者亦非也。《論語》述聖人言行，猶天地之化，子雲方且竊之焉，雕鏤藻繪而蘄類之，其僭甚哉！然自聖人没，明道者莫尚於子思、孟子，彼荀卿者，乃攘袂訐斥，而詆生民之性爲惡，其妄孰甚焉！子雲則不然，措言持論不敢違乎聖人，至其爲善惡混之説，及以韋玄成與顔子并稱，皆其不智而過言耳，非若卿之妄也。曰子雲勝卿與？曰否。卿才高而果於大言，故其過多。子雲才劣而篤於好古，故其過少。其未聞道則一也。曰好古曷事莽乎？曰好古而不能擇義，則將奚所不至，故士貴乎聞道。

高拱《本語》 問：「新莽之時，何獨揚雄爲《劇秦美新》文，貽譏萬世？」曰：「史稱頌莽功德者，四百八十餘萬人，豈四百八十餘萬人者，皆親至殿庭，以口説頌之而去哉？固皆形之文字也，但不傳耳。雄有盛名，故其文獨傳，而後世遂以爲獨雄爲之，其實不止雄也。」曰：「然則不可罪歟？」曰：「正不須責。古云：『放飯流歠，而問無齒決。』使雄能見幾以去，不仕莽朝，而却爲此文，則可以文罪之。雄仕莽，既失身矣，又何須責其文字？即無此文，猶夫失身也。譬之婦已失節，而乃責其言語、動止之不善，即言動皆善，猶夫失節也。噫！雄學聖人之道者也，我不意其學聖人之道，而乃與亂世之四百八十餘萬人伍也；我不意其學聖人之道，而乃與喪節之婦伍也。噫！」

全祖望《鮚埼亭集外編》卷四〇《揚子雲生卒考》 《文選》李善《注》於《甘泉賦》引桓氏君山《新論》，謂揚子雲以成帝永始時，待詔賦《甘泉》，始就，夢腸出，收而納之，次日卒。近日蜀儒者據此以爲子雲未嘗歷事諸朝，「美新」「投閣」，乃出自謗傷之口。相傳子雲甫殁，即有讐人私改其《法言》者。以此合之，足以湔雪千載沈屈，使其果核，亦正舊史之一大案矣。

予謂《漢書》紀載，誠不能無誤，若以子雲本集考之，有可疑者。子雲《解嘲》之作，其自序言：「當丁明、傅晏、董賢用事，諸附離之者，或起家至二千石而已。方草刱《太玄》，有以自守，客有嘲其玄之尚白者，故爲文解之。」夫《太玄》爲子雲擬經之書，實與《法言》並稱眉目，倘如《新論》所云，則早死於十年之前，哀、平消長，何由得見？況甘泉待詔以還，朝廷有事，子雲輒預扈從，諸如《羽獵》、《長楊》、《河東》諸作，皇皇大文，皆有歲月可稽。且子雲雖滯下僚，然於國事頗得與聞，累朝奏對，歷歷具在。若欲定子雲之死於永始，則著述亦寥寥矣。或曰是則然已，前輩汪堯峰固嘗辨之矣。但由成帝建始元年至王莽天鳳五年，春秋五十有餘，而其得見成帝，已踰四十，則與本傳所謂七十一者，顯然不符。不知子雲未嘗以建始至京也，其客大司馬王音門下，乃在永始元二之間，故不久即有承明之召，不然安有二十載京華，姓氏通於天子，直至汾陰肆祀，方得一薦之理。是所謂四十者，蓋從永始言之，其去天鳳，正與《漢書》年數大略相合。堯峰既知甘泉妖夢之誣，而欲移子雲之死於平帝末，是强爲之辭者也。

或又以谷永亦字子雲，欲以美新之文嫁之，不知谷死於王根之世，不及見禪代。或又以劉棻當之，然總莫之徵也。

且李善所引《新論》，實前後不相應，其於《文賦》注中亦引此條，則但曰病，而不曰卒，蓋一書之中，業已矛盾，原未必《新論》之本文也。常熟錢尚書謂《新論》在明季尚有完書，惜無從得一見之。

《戴名世集》卷一四《讀揚雄傳》　揚子雲亦漢家文人之豪也，其不爲章句訓詁而默然好深湛之思，余常賢之，然亦常嘆之矣。夫所貴乎學者爲能成一家之言，而前後不必相同，彼此不必相勝，以各出其機杼而勿詭於聖人而已。方雄之少年，慕司馬相如之賦，輒擬之以爲式。而屈原之《離騷》、《九章》，皆忠臣愛君惓惓之意，雄乃以「遇不遇命也，何必湛身哉」，因摭《離騷》而反之，又傍《離騷》作重一篇名曰《廣騷》，又傍《惜誦》以下至《懷沙》一卷名曰《畔牢愁》。夫《離騷》不必廣也，亦不可反也，《離騷》可反而莽大夫亦可爲矣。後又以經莫大於《易》，作《太玄》以擬之，傳莫大於《論語》，作《法言》以擬之，相與倣依而馳騁，何其不自度量至此也。彼直以區區文字摹擬倣效而遂謂可以入聖人之列，亦謬甚矣。後之論者，恕其仕莽，以爲不得已而爲之臣，既已爲之臣矣，豈不得已之可以釋其罪哉。而且謂其爲三代以後大儒，幾比於孔子、孟子，即一二大人先生亦不免爲是説，徒爲其《太玄》、《法言》所欺耳。

而當是時桓譚之論文者，吾有取焉。譚之言曰：「凡人賤近而貴遠，親見其禄位容貌不能動人，故輕其書。」然則庸耳俗目，其愚無知如此，悲夫！蓋由來久矣。而劉歆以後人之覆醬瓿爲憂，夫至後之人則已不復覆瓿，覆瓿者當其世耳。吾乃以知古作述之家，其孤危大抵皆然也。因識之於傳尾。

羅文俊《詁經精舍文續集》卷三諸葛壽熹《劉向揚雄優劣論》　昔班掾以劉向、揚雄並稱，謂其博物洽聞，通達古今，其言有補於世。夫論人者必觀其時事，核其心迹，而後其人之議論文章，可推究焉，亦千古得失之林也。向之諫諍可謂惓惓不忘君矣，恭、顯用事則諫，趙后專嬖則諫，王氏竊權則又諫，忠言讜論，雖廢錮不少詘，誠不愧宗室中之佼佼者。夫呂氏欲危劉氏，而劉章力誅之，乃王氏欲危劉氏，而劉向不得誅之者，章之志得行而向之言不用也。向真係漢安危哉！獨其得淮南鴻寶之書，言黃金可成，鑄作不驗，而所著《洪範五行傳》流入於陰陽讖緯家，則好博之過耳。方揚雄之好詞賦也，《甘泉》、《河東》、《校獵》、《長楊》，時寓諷諫，既而擬《論語》擬《易》，而後世大儒或儕諸荀卿。其擬經僭也，儕以荀卿亦非也。惟持論不違乎聖人，非若荀卿之妄爾。容齋洪氏以《劇秦美新》爲雄不得已之作，所言配五冠三，特戲莽耳。顧其淡泊而柔弱，富貴非所好，而節義又非所能，寂寞投閣之譏，誠不能免已。要之劉向之精忠亮節，言人所不敢言，犯顔諫諍，雖三代藎臣無以遠過。若雄之潛研篇籍，以章厥身，其志有足悲而文章成名於後世矣！

羅文俊《詁經精舍文續集》卷三顧廣譽《劉向揚雄優劣論》　昔班固以劉向、揚雄并稱命世，而雄著《太元》《法言》盛傳於後，名出向上遠甚。然向先後所上封事，辨恭、顯之邪，斥王氏之勢，直言無隱，元、成不能用漢祚遂衰。而雄當王莽簒漢時，不知潔身遠去，至爲《劇秦美新》以頌之，玷其所學。後世震於雄之學，以與孟子並。曾子固、王介甫、司馬君實推之尤至，甚者并其出處亦曲護之，而於向則姑置焉。蘇子瞻始議及《太元》、《法言》，至朱子《通鑑綱目》出，直書爲莽大夫，而生平大節之虧，遂不能掩。要其本原之失，則朱子斷以爲子雲之學本於黃老是已。夫向之學未極淵源，惟其篤於經訓，而不爲黃老所雜，故能激發於名義，懇惻其性情，一意孤行於危疑震撼之中，而終以自達。雄則不然。雄之深意在《太元》、《法言》兩書，《太元》七百二十九贊，所闡多造化之藴。《法言》十三卷，所陳皆理道之要，於經訓宜其理順冰釋矣，而出處乖謬，大非向比。豈無故哉？二書雖深博無涯涘，至究其指歸，則不出《解嘲》所謂元默清静寂寞而已。

夫元默清淨寂寞者，畸人逸士所以輕棄天下者也。雄以此處世，則必有漠視名義之心，而性情因以不摯。由是以好古樂道之弱，成阿諛苟容之習，於王氏不惟憚之，而且身事之，此其得失所以與向反也。嗚呼！以雄之泊然寡欲，使其不溺黄老，覃思研精於大道以淑其身，則從容進退更過於子政或未可定。惟不察而誤以黄老爲道德，委曲避罪，猥爲明哲，遂至周章失據如此。然則非出處之敗其學，乃學之累其出處也。此惟朱子爲識微也歟！

羅文俊《詁經精舍文續集》卷三陸壧《劉向揚雄優劣論》 莽大夫揚雄不可與劉向比也。然人知雄不可與向比，而不知其所以不可比，蓋向與雄之學實殊也。向之文邃於經術，雄之文溺於詞章。邃於經術者其心術必正，溺於詞章者其本原已漓。《前漢書》分載其文，向則上書三上疏一，稱述古訓，折衷孔子，於治體至爲明晰；雄則反騷一賦四解二，雖時有諷刺而辭涉浮夸。讀其文，兩人之優劣早見矣。夫向傳《魯詩》之學，其徵引於《列女傳》者極詳，故發爲文章，原本經術。雄雖草《太元》作《法言》，以擬經自任，然心好辭賦，嘗奉司馬相如以爲式，彼相如亦何足學也？人之惜雄者，謂無《劇秦美新》，猶不失爲完士。又謂以秦比新，語諛而意刺，爲雄解脱。然即不作符命仕莽而託虚辭以苟全其身，爲聖人之言者固如是乎？且夫向之封事，無愧於賈誼之策治安。雄之美新，不過效相如封禪之作。治安策志在除患，封禪書意在貢諛。雄不效法長沙，惟於竊妻以逃者規規摹仿，心術歧而本原喪，小才顯而大節虧。班史以兩人并稱，未爲通論也。如使向處新莽之亂，必能殺身以成仁，雄屬宗室而立元，成之朝，必不能排斥宵人而自裁以義。況乎向夙稱博洽，通達古今，所言有補於世，比孟子、董子雖不足，比荀子、太史公則有餘，揚雄何人，可比數哉？即以學而論，向覃思著述，感動太乙之星，雄家貧耆酒，險受奇字之禍。就校書一事觀之，一則然藜，一則投閣，其相去固已懸絶歟！

陸以湉《冷廬雜識》卷五《揚雄》 柳仲塗謂揚雄劇秦美新，譏莽而非媚莽，且以雄之著書而作經籍爲聖人；曾南豐謂雄處王莽之際，合於箕子之《明夷》；王介甫謂雄之仕，合於孔子「無不可」之義。其餘褒之者未遑悉數，自朱子《綱目》書「莽大夫」而論始定。近世文人復有襲柳氏諸家之説爲雄辨白者，然皆偏護之見，終無以易乎朱子之説爲能得其真也。

唐晏《兩漢三國學案》卷一一《明經文學列傳・揚雄》論 按：子雲爲學，最工於擬，故賦則擬相如，《玄》則擬《周易》，《法言》則擬《論語》。計其一生所爲，無往非擬，而問子雲之所以自立者，無有也。故其晚節失身賊莽，正其不能自立之所致也，後之人可以知所戒矣。

藝文

岑參《岑嘉州詩》卷一《揚雄草玄臺》 吾悲子雲居，寂寞人已去。娟娟西江月，猶照草玄處。精怪熹無人，睢盱藏古樹。

《全宋文》卷五二二一宋祁《揚雄字子雲贊》 卓哉子雲，爲漢儒師。準《易》、《論語》，同聖是非。百家灃淫，我獨正聲。譎怪縮藏，孔道光明。歆也致呰，謂抵醬蒙。惟譚有言，必傳無窮。《劇秦》詭辭，恨死新時。曰漢中天，果不吾欺。

《全宋文》卷五五三三張俞《蜀三賢畫像贊・揚子雲贊》 子雲潛真，與聖合神。龍隱其德，鳳耀其文。譔《法》著《玄》，統貫天人。道德之首，譚稱絶倫。

王安石《王文公文集》卷三八《古詩・楊雄三首》

一

孔孟如日月，委蛇在蒼旻。光明所照耀，萬物成冬春。楊子出其後，仰攀忘賤貧。衣冠渺塵土，文字爛星辰。歲晚天禄閣，强顔爲《劇秦》。趨舍迹少邇，行藏意終鄰。壤壤外逐物，紛紛輕用身。往者或可返，吾將與斯人。

二

子雲游天禄，華藻鋭初學。覃思晚有得，晦顯無適莫。寥寥鄒魯後，于此歸先覺。豈嘗知符命，何苦自投閣。長安諸愚儒，操行自爲薄。謗嘲出異己，傳載因疏略。孟軻勸伐燕，伊尹干説亳。扣馬觸兵鋒，食牛要禄爵。少知羞不爲，況彼皆卓犖。史官蔽多聞，自古喜穿鑿。

三

子雲平生人莫知，知者乃獨稱其辭。今尊子雲者皆是，得子雲心亦無幾。聖賢樹立自有師，人知不知無以爲。俗人賤今尊貴古，子雲今存誰汝數。

高啓《高青丘集》卷一七《揚雄》 執戟三朝老從臣，從來無意據通津。如何晚把《玄經》筆，却爲新都著《劇秦》。

漢平帝部

綜述

《漢書》卷一二《平帝紀》 孝平皇帝，元帝庶孫，中山孝王子也。母曰衛姬。年三歲嗣立爲王。元壽二年六月，哀帝崩，太皇太后詔曰：「大司馬賢年少，不合衆心。其上印綬，罷。」賢即日自殺。新都侯王莽爲大司馬，領尚書事。秋七月，遣車騎將軍王舜、大鴻臚左咸使持節迎中山王。辛卯，貶皇太后趙氏爲孝成皇后，退居北宫，哀帝皇后傅氏退居桂宫。孔鄉侯傅晏、少府董恭等皆免官爵，徙合浦。九月辛酉，中山王即皇帝位，謁高廟，大赦天下。

帝年九歲，太皇太后臨朝，大司馬莽秉政，百官總己以聽於莽。詔曰：「夫赦令者，將與天下更始，誠欲令百姓改行絜己，全其性命也。(性)〔往〕者有司多舉奏赦前事，累增罪過，誅陷亡辜，殆非重信慎刑，洒心自新之意也。及選舉者，其歷職更事有名之士，則以爲難保，廢而弗舉，甚謬於赦小過舉賢材之義。對諸有臧及内惡未發而薦舉者，皆勿案驗。令士厲精鄉進，不以小疵妨大材。自今以來，有司無得陳赦前事置奏上。有不如詔書爲虧恩，以不道論。定著令，布告天下，使明知之。」

元始元年春正月，越裳氏重譯獻白雉一，黑雉二，詔使三公以薦宗廟。

羣臣奏言大司馬莽功德比周公，賜號安漢公，及太師孔光等皆益封。語在《莽傳》。賜天下民爵一級，吏在位二百石以上，一切滿秩如真。

立故東平王雲太子開明爲王，故桃鄉頃侯子成都爲中山王。封宣帝耳孫信等三十六人皆爲列侯。太僕王惲等二十五人前議定陶傅太后尊號，守經法，不阿指從邪，右將軍孫建爪牙大臣，大鴻臚咸前正議不阿，後奉節使迎中山王，及宗正劉不惡、執金吾任岑、中郎將孔永、尚書令姚恂、沛郡太守石詡，皆以前與建策，東迎即位，奉事周密勤勞，賜爵關内侯，食邑各有差。賜帝徵即位前所過縣邑吏二千石以下至佐史爵，各有差。又令諸侯王、公、列侯、關内侯亡子而有孫若子同産子者，皆得以爲嗣。公、列侯嗣子有罪，耐以上先請。宗室屬未盡而以罪絶者，復其屬。其爲吏舉廉佐史，補四百石。天下吏比二千石以上年老致仕者，參分故禄，以一與之，終其身。遣諫大夫行三輔，舉籍吏民，以元壽二年倉卒時横賦斂者，償其直。義陵民冢不妨殿中者勿發。天下吏(舍)〔民〕亡得置什器儲偫。

二月，置羲和官，秩二千石；外史、閭師，秩六百石。班教化，禁淫祀，放鄭聲。

乙未，義陵寢神衣在柙中，丙申旦，衣在外床上，寢令以急變聞。用太牢祠。

夏五月丁巳朔，日有蝕之。大赦天下。公卿、將軍、中二千石舉敦厚能直言者各一人。

六月，使少(傅)〔府〕左將軍豐賜帝母中山孝王姬璽書，拜爲中山孝王后。賜帝舅衛寶、寶弟玄爵關内侯。賜帝女弟四人號皆曰君，食邑各二千户。

封周公後公孫相如爲褒魯侯，孔子後孔均爲褒成侯，奉其祀。追謚孔子曰褒成宣尼公。

罷明光宫及三輔馳道。

天下女徒已論，歸家，顧山錢月三百。復貞婦，鄉一人。置少府海丞、果丞各一人；大司農部丞十三人，人部一州，勸農桑。

太皇太后省所食湯沐邑十縣，屬大司農，常别計其租入，以贍貧民。

秋九月，赦天下徒。

以中山苦陘縣爲中山孝王后湯沐邑。

二年春，黄支國獻犀牛。

詔曰：「皇帝二名，通于器物，今更名，合於古制。使太師光奉太牢告祠高廟。」

夏四月，立代孝王玄孫之子如意爲廣宗王，江都易王孫盱台侯宫爲廣川王，廣川惠王曾孫倫爲廣德王。封故大司馬博陸侯霍光從父昆弟曾孫陽、宣平侯張敖玄孫慶忌、絳侯周勃玄孫共、舞陽侯樊噲玄孫之子章皆爲列侯，復爵。賜故曲周侯酈商等後玄孫酈明友等百一十三人爵關内侯，食邑各有差。

郡國大旱，蝗，青州尤甚，民流亡。安漢公、四輔、三公、卿大夫、吏民爲百〔姓〕困乏獻其田宅者二百三十人，以口賦貧民。遣使者捕蝗，民捕蝗詣吏，以石㪷受錢。天下民貲不滿二萬，及被災之郡不滿十萬，勿租税。民疾疫者，舍空邸第，爲置醫藥。賜死者一家六户以上葬錢五千，四户以上三千，二户以上二千。

罷安定呼池苑，以爲安民縣，起官寺市里，募徙貧民，縣次給食。至徙所，賜田宅什器，假與犂、牛、種、食。又起五里於長安城中，宅二百區，以居貧民。

秋，舉勇武有節明兵法，郡一人，詣公車。

九月戊申晦，日有蝕之。赦天下徒。

使謁者大司馬掾四十四人持節行邊兵。

遣執金吾候陳茂假以鉦鼓，募汝南、南陽勇敢吏士三百人，諭説江湖賊成重等二百餘人皆自出，送家在所收事。重徙雲陽，賜公田宅。

冬，中二千石舉治獄平，歲一人。

三年春，詔有司爲皇帝納采安漢公莽女。語在《莽傳》。又詔光禄大夫劉歆等雜定婚禮。四輔、公卿、大夫、博士、郎、吏家屬皆以禮娶，親迎立軺併馬。

夏，安漢公奏車服制度，吏民養生、送終、嫁娶、奴婢、田宅、器械之品。立官稷及學官。郡國曰學，縣、道、邑、侯國曰校。校、學置經師一人。鄉曰庠，聚曰序。序、庠置《孝經》師一人。

陽陵任横等自稱將軍，盗庫兵，攻官寺，出囚徒。大司徒掾督逐，皆伏辜。

安漢公世子宇與帝外家衛氏有謀，宇下獄死，誅衛氏。

四年春正月，郊祀高祖以配天，宗祀孝文以配上帝。

改殷紹嘉公曰宋公，周承休公曰鄭公。

詔曰：「蓋夫婦正則父子親，人倫定矣。前詔有司復貞婦，婦女徒，誠欲以防邪辟，全貞信。及眊悼之人刑罰所不加，聖王之所制也。惟苛暴吏多拘繫犯法者親屬，婦女老弱，構怨傷化，百姓苦之。其明敕百寮，婦女非身犯法，及男子年八十以上七歲以下，家非坐不道，詔所名捕，它皆無得繫。其當驗者，即驗問。定著令。」

二月丁未，立皇后王氏，大赦天下。

遣太僕王惲等八人置副，假節，分行天下，覽觀風俗。

賜九卿已下至六百石、宗室有屬籍者爵，自五大夫以上各有差。賜天下民爵一級，鰥寡孤獨高年帛。

夏，皇后見于高廟。加安漢公號曰「宰衡」。賜公太夫人號曰功顯君。封公子安、臨皆爲列侯。

安漢公奏立明堂、辟廱。尊孝宣廟爲中宗，孝元廟爲高宗，天子世世獻祭。

置西海郡，徙天下犯禁者處之。

梁王立有罪，自殺。

分京師置前煇光、後丞烈二郡。更公卿、大夫、八十一元士官名位次及十二州名。分界郡國所屬，罷置改易，天下多事，吏不能紀。

冬，大風吹長安城東門屋瓦且盡。

五年春正月，祫祭明堂。諸侯王二十八人、列侯百二十人、宗室子九百餘人徵助祭。禮畢，皆益户，賜爵及金帛，增秩補吏，各有差。

詔曰：「蓋聞帝王以德撫民，其次親親以相及也。昔堯睦九族，舜惇敍之。朕以皇帝幼年，且統國政，惟宗室子皆太祖高皇帝子孫及兄弟吴頃、楚元之後，漢元至今，十有餘萬人，雖有王侯之屬，莫能相糾，或陷入刑罪，教訓不至之咎也。傳不云乎？『君子篤於親，則民興於仁。』其爲宗室自太上皇以來族親，各以世氏，郡國置宗師以糾之，致教訓焉。二千石選有德義者以爲宗師。考察不從教令有冤失職者，宗師得因郵亭書言宗伯，請以聞。常以歲正月賜宗師帛各十匹。」

羲和劉歆等四人使治明堂、辟廱，令漢與文王靈臺、周公作洛同符。太僕王惲等八人使行風俗，宣明德化，萬國齊同，皆封爲列侯。

徵天下通知逸經、古記、天文、曆算、鍾律、小學、《史篇》、方術、《本草》及以《五經》、《論語》、《孝經》、《爾雅》教授者，在所爲駕一封軺傳，遣詣京師。至者數千人。

閏月，立梁孝王玄孫之耳孫音爲王。

冬十二月丙午，帝崩于未央宫。大赦天下。有司議曰：「禮，臣不殤君。皇帝年十有四歲，宜以禮斂，加元服。」奏可。葬康陵。詔曰：「皇帝仁惠，無不顧哀，每疾一發，氣輒上逆，害於言語，故不及有遺詔。其出媵妾，皆歸家得嫁，如孝文時故事。」

雜録

備録

《漢書》卷二一下《律曆志下》 平帝，著《紀》即位元始五年，以宣帝玄孫嬰爲嗣，謂之孺子。孺子，著《紀》新都侯王莽居攝三年，王莽居攝，盗襲帝位，竊號曰新室。始建國五年，天鳳六年，地皇三年，著《紀》盗位十四年。更始帝，著

《紀》以漢宗室滅王莽，即位二年。赤眉賊立宗室劉盆子，滅更始帝。自漢元年訖更始二年，凡二百三十歲。

李吉甫《元和郡縣圖志》卷一《關内道一・咸陽縣》 康陵，平帝陵也，在縣西北九里。

備論

王充《論衡・宣漢篇》 漢家三百歲，十帝耀德，未平如何？夫文帝之時，固已平矣，歷世持平矣。至平帝時，前漢已滅，光武中興，復致太平。

《漢書》卷一二《平帝紀贊》 孝平之世，政自莽出，褒善顯功，以自尊盛。觀其文辭，方外百蠻，亡思不服；休徵嘉應，頌聲並作。至乎變異見於上，民怨於下，莽亦不能文也。

《漢書》卷一〇〇下《敘傳下》 孝平不造，新都作宰，不周不伊，喪我四海。

《全宋文》卷四二五八劉子翬《屏山集》卷四《漢書雜論上》 《平帝紀》王莽奏事，史官只書安漢公，蓋是時平帝之權已移於莽矣。史臣非獨不敢書，亦以見莽已有無君之心也。

劉歆部

綜述

《漢書》卷三六《劉歆傳》　歆字子駿，少以通《詩》《書》能屬文召見成帝，待詔宦者署，爲黄門郎。河平中，受詔與父向領校祕書，講六藝傳記，諸子、詩賦、數術、方技，無所不究。向死後，歆復爲中壘校尉。

哀帝初即位，大司馬王莽舉歆宗室有材行，爲侍中太中大夫，遷騎都尉、奉車光禄大夫，貴幸。復領《五經》，卒父前業。歆乃集六藝羣書，種別爲《七略》。語在《藝文志》。

歆及向始皆治《易》，宣帝時，詔向受《穀梁春秋》，十餘年，大明習。及歆校祕書，見古文《春秋左氏傳》，歆大好之。時丞相史尹咸以能治《左氏》，與歆共校經傳。歆略從咸及丞相翟方進受，質問大義。初《左氏傳》多古字古言，學者傳訓故而已，及歆治《左氏》，引傳文以解經，轉相發明，由是章句義理備焉。歆亦湛靖有謀，父子俱好古，博見彊志，過絶於人。歆以爲左丘明好惡與聖人同，親見夫子，而公羊、穀梁在七十子後，傳聞之與親見之，其詳略不同。歆數以難向，向不能非間也，然猶自持其《穀梁》義。及歆親近，欲建立《左氏春秋》及《毛詩》、《逸禮》、《古文尚書》皆列於學官。哀帝令歆與《五經》博士講論其義，諸博士或不肯置對，歆因移書太常博士，責讓之曰：

昔唐虞既衰，而三代迭興，聖帝明王，累起相襲，其道甚著。周室既微而禮樂不正，道之難全也如此。是故孔子憂道之不行，歷國應聘。自衛反魯，然後樂正，《雅》《頌》乃得其所；修《易》，序《書》，制作《春秋》，以紀帝王之道。及夫子没而微言絶，七十子終而大義乖。重遭戰國，棄籩豆之禮，理軍旅之陳，孔氏之道抑，而孫吴之術興。陵夷至于暴秦，燔經書，殺儒士，設挾書之法，行是古之罪，道術由是遂滅。漢興，去聖帝明王遐遠，仲尼之道又絶，法度無所因襲。時獨有一叔孫通略定禮儀，天下唯有《易》卜，未有它書。至孝惠之世，乃除挾書之律，然公卿大臣絳、灌之屬咸介胄武夫，莫以爲意。至孝文皇帝，始使掌故朝錯從伏生受《尚書》。《尚書》初出于屋壁，朽折散絶，今其書見在，時師傳讀而已。《詩》始萌牙。天下衆書往往頗出，皆諸子傳説，猶廣立於學官，爲置博士。在漢朝之儒，唯賈生而已。至孝武皇帝，然後鄒、魯、梁、趙頗有《詩》、《禮》、《春秋》先師，皆起於建元之間。當此之時，一人不能獨盡其經，或爲《雅》，或爲《頌》，相合而成。《泰誓》後得，博士集而讀之。故詔書稱曰：「禮壞樂崩，書缺簡脱，朕甚閔焉。」時漢興已七八十年，離於全經，固已遠矣。

及魯恭王壞孔子宅，欲以爲宫，而得古文於壞壁之中，《逸禮》有三十九，《書》十六篇。天漢之後，孔安國獻之，遭巫蠱倉卒之難，未及施行。及《春秋》左氏丘明所修，皆古文舊書，多者二十餘通，臧於祕府，伏而未發。孝成皇帝閔學殘文缺，稍離其真，乃陳發祕臧，校理舊文，得此三事，以考學官所傳，經或脱簡，傳或間編。傳問民間，則有魯國(柏)〔桓〕公、趙國貫公、膠東庸生之遺學與此同，抑而未施。此乃有識者之所惜閔，士君子之所嗟痛也。往者綴學之士不思廢絶之闕，苟因陋就寡，分文析字，煩言碎辭，學者罷老且不能究其一藝。信口説而背傳記，是末師而非往古，至於國家將有大事，若立辟雍封禪巡狩之儀，則幽冥而莫知其原。猶欲保殘守缺，挾恐見破之私意，而無從善服義之公心，或懷妬嫉，不考情實，雷同相從，隨聲是非，抑此三學，以《尚書》爲備，謂左氏爲不傳《春秋》，豈不哀哉！

今聖上德通神明，繼統揚業，亦閔文學錯亂，學士若兹，雖昭其情，猶依違謙讓，樂與士君子同之。故下明詔，試《左氏》可立不，遣近臣奉指銜命，將以輔弱扶微，與二三君子比意同力，冀得廢遺。今則不然，深閉固距，而不肯試，猥以不誦絶之，欲以杜塞餘道，絶滅微學。夫可與樂成，難與慮始，此乃衆庶之所爲耳，非所望士君子也。且此數家之事，皆先帝所親論，今上所考視，其古文舊書，皆有徵驗，外内相應，豈苟而已哉！

夫禮失求之於野，古文不猶愈於野乎？往者博士《書》有歐陽，《春秋》公羊，《易》則施、孟，然孝宣皇帝猶復廣立《穀梁春秋》、《梁丘易》、《大小夏侯尚書》，義雖相反，猶並置之。何則？與其過而廢之也，寧過而立之。傳曰：「文武之道未墜於地，在人；賢者志其大者，不賢者志其小者。」今此數家之言所以兼包大小之義，豈可偏絶哉！若必專己守殘，黨同門，妬道真，違明詔，失聖意，以陷於文吏之議，甚爲二三君子不取也。

其言甚切，諸儒皆怨恨。是時名儒光禄大夫龔勝以歆移書上疏深自罪責，願乞骸骨罷。及儒者師丹爲大司空，亦大怒，奏歆改亂舊章，非毁先帝所立。上曰：「歆欲廣道術，亦何以爲非毁哉？」歆由是忤執政大臣，爲衆儒所訕，懼誅，求出補吏，爲河内太守。以宗室不宜典三河，徙守五原，後復轉在涿郡，歷三郡守。數年，以病免官，起家復爲安定屬國都尉。會哀帝崩，王莽持政，莽少與歆俱爲黄門郎，重之，白太后。太后留歆爲右曹太中大夫，遷中壘校尉，羲和，京兆尹，使治明堂辟雍，封紅休侯。典儒林史卜之官，考定律曆，著《三統曆譜》。

初，歆以建平元年改名秀，字穎叔云。及王莽篡位，歆爲國師，後事皆在《莽傳》。

雜録

備録

《漢書》卷二一上《律曆志上》 元始中王莽秉政，欲燿名譽，徵天下通知鐘律者百(餘)餘人，使羲和劉歆等典領條奏，言之最詳。故删其僞辭，取正義，著于篇。

《漢書》卷二四下《食貨志下》 莽性躁擾，不能無爲，每有所興造，必欲依古得經文。國師公劉歆言周有泉府之官，收不讎，與欲得，即《易》所謂「理財正辭，禁民爲非」者也。

《漢書》卷二七上《五行志上》 漢興，承秦滅學之後，景、武之世，董仲舒治《公羊春秋》，始推陰陽，爲儒者宗。宣、元之後，劉向治《穀梁春秋》，數其旤福，傳以《洪範》，與仲舒錯。至向子歆治《左氏傳》，其《春秋》意亦已乖矣；言《五行傳》，又頗不同。是以擥仲舒，别向、歆，傳載眭孟、夏侯勝、京房、谷永、李尋之徒所陳行事，訖於王莽，舉十二世，以傅《春秋》，著於篇。

《春秋》成公十六年「正月，雨，木冰」。劉歆以爲上陽施不下通，下陰施不上達，故雨，而木爲之冰，雺氣寒，木不曲直也。

《春秋》桓公十四年「八月壬申，御廩災」。劉歆以爲御廩，公所親耕籍田以奉粢盛者也，棄法度亡禮之應也。

《左氏傳》曰昭公八年「春，石言於晉」。劉歆以爲金石同類，是爲金不從革，失其性也。

桓公元年「秋，大水」。劉歆以爲桓易許田，不祀周公，廢祭祀之罰也。

二十四年，「大水」。劉歆以爲先是嚴飾宗廟，刻桷丹楹，以夸夫人，簡宗廟之罰也。

《漢書》卷二七中之上《五行志中之上》 孝武時，夏侯始昌通《五經》，善推《五行傳》，以傳族子夏侯勝，下及許商，皆以教所賢弟子。其傳與劉向同，唯劉歆傳獨異。【略】

庶徵之恒雨，劉歆以爲《春秋》大雨也。

隱公九年「三月癸酉，大雨，震電；庚辰，大雨雪」。大雨，雨水也；震，雷也。劉歆以爲三月癸酉，於曆數春分後一日，始震電之時也，當雨，而不當大雨。大雨，常雨之罰也。於始震電八日之間而大雨雪，常寒之罰也。

昭公三年「八月，大雩」。劉歆以爲昭公即位年十九矣，猶有童心，居喪不哀，炕陽失衆。

二十四年「八月，大雩」。劉歆以爲《左氏傳》二十三年邾師城翼，還經魯地，魯襲取邾師，獲其三大夫。邾人愬于晉，晉人執我行人叔孫婼，是春乃歸之。

二十五年「七月上辛大雩，季辛又雩」，旱甚也。劉歆以爲時后氏與季氏有隙。又季氏之族有淫妻爲讒，使季平子與族人相惡，皆共譖平子。子家駒諫曰：「讒人以君徼幸，不可。」昭公遂伐季氏，爲所敗，出犇齊。

嚴公十七年「冬，多麋」。劉歆以爲毛蟲之孽爲災。

《漢書》卷二七中之下《五行志中之下》 傳曰：「視之不明，是謂不悊，厥咎舒，厥罰恒奥，厥極疾。時則有草妖，時則有臝蟲之孽，時則有羊旤，時則有目痾，時則有赤眚赤祥。惟水沴火。」

劉歆以爲屬思心不容。於《易》，剛而包柔爲《離》，《離》爲火爲目。羊上角下(號)〔蹏〕，剛而包柔，羊大目而不精明，視氣毁故有羊旤。一曰，暑歲羊多疫死，及爲怪，亦是也。及人，則多病目者，故有目痾。火色赤，故有赤眚赤祥。凡視傷者病火氣，火氣傷則水沴之。其極疾者，順之，其福曰壽。劉歆視傳曰有羽蟲之孽，雞旤。説以爲於天文南方喙爲鳥星，故爲羽蟲；旤亦從羽，故爲雞；雞於《易》自在《巽》。説非是。

僖公三十三年「十二月，隕霜不殺草」。劉歆以爲草妖也。

《書序》又曰：「高宗祭成湯，有蜚雉登鼎耳而雊。」祖己曰：「惟先假王，正厥事。」【略】劉歆以爲羽蟲之孽。《易》有《鼎卦》，鼎，宗廟之器，主器奉宗廟者長子也。野鳥自外來，入爲宗廟器主，是繼嗣將易也。一曰，鼎三足，三公象，而以耳行。野鳥居鼎耳，小人將居公位，敗宗廟之祀。野木生朝，野鳥入廟，敗亡之異也。武丁恐駭，謀於忠賢，修德而正事，內舉傅説，授以國政，外伐鬼方，以安諸夏，故能攘木鳥之妖，致百年之壽，所謂「六沴作見，若是共御，五福乃降，用章于下」者也。一曰，金沴木曰木不曲直。

僖公三十三年「十二月，李梅實」。【略】劉歆以爲庶徵皆以蟲爲孽，思心贏蟲孽也。李梅實，屬草妖。

昭公二十五年「夏，有鸜鵒來巢」。劉歆以爲羽蟲之孽，其色黑，又黑祥也，視不明聽不聰之罰也。

傳曰：「聽之不聰，是謂不謀，厥咎急，厥罰恆寒，厥極貧。時則有鼓妖，時則有魚孽，時則有豕禍，時則有耳痾，時則有黑眚黑祥。惟火沴水。」

劉歆聽傳曰有介蟲孽也，庶徵之恆寒。【略】劉歆以爲大雨雪，及未當雨雪而雨雪，及大雨雹，隕霜殺叔草，皆常寒之罰也。

桓公五年「秋，螽」。劉歆以爲貪虐取民則螽，介蟲之孽也，與魚同占。

嚴公二十九年「有蜚」。劉歆以爲負蠜也，性不食穀，食穀爲災，介蟲之孽。

文公三年「秋，雨螽于宋」。【略】劉歆以爲螽爲穀災，卒遇賊陰，墜而死也。十三年「九月，螽；十二月，螽」。比三螽，虐取於民之效也。劉歆以爲周十二月，夏十月也，火星既伏，蟄蟲皆畢，天之見變，因物類之宜，不得以螽，是歲再失閏矣。周九月，夏七月，故傳曰「火猶西流，司曆過也」。

宣公十五年「冬，蝝生」。劉歆以爲蝝，螕蠹之有翼者，食穀爲災，黑眚也。

《漢書》卷二七中之下《五行志中之下》 傳曰：「思心之不容，是謂不聖，厥咎霿，厥罰恆風，厥極凶短折。時則有脂夜之妖，時則有華孽，時則有牛禍，時則有心腹之痾，時則有黃眚黃祥，時則有金木水火沴土。」【略】劉歆思心傳曰時則有贏蟲之孽，謂螟螣之屬也。

釐公十六年「正月，六鶂退蜚，過宋都」。《左氏傳》曰「風也」。劉歆以爲風發於它所，至宋而高，鶂高蜚而逢之，則退。經以見者爲文，故記退蜚；傳以實應著，言風，常風之罰也。象宋襄公區霿自用，不容臣下，逆司馬子魚之諫，而與彊楚爭盟，後六年爲楚所執，應六鶂之數云。

釐公十五年「九月己卯晦，震夷伯之廟」。【略】劉歆以爲《春秋》及朔言朔，及晦言晦，人道所不及，則天震之。展氏有隱慝，故天加誅於其祖夷伯之廟以譴告之也。

隱公五年「秋，螟」。【略】劉歆以爲又逆臧釐伯之諫，貪利區霿，以生贏蟲之孽也。

成公五年「夏，梁山崩」。《穀梁傳》曰廱河三日不流，晉君帥羣臣而哭之，乃流。劉歆以爲梁山，晉望也；崩，弛崩也。古者三代命祀，祭不越望，吉凶禍福，不是過也。國主山川，山崩川竭，亡之徵也，美惡周必復。是歲歲在鶉火，至十七年復在鶉火，欒書、中行偃殺厲公而立悼公。

傳曰：「皇之不極，是謂不建，厥咎眊，厥罰恆陰，厥極弱。時則有射妖，時則有龍蛇之孽，時則有馬禍，時則有下人伐上之痾，時則有日月亂行，星辰逆行。」【略】劉歆皇極傳曰有下體生上之痾。説以爲下人伐上，天誅已成，不得復爲痾云。一曰，久陰不雨是也。劉歆以爲自屬常陰。

嚴公十八年「秋，有蜮」。【略】劉歆以爲蜮，盛暑所生，非自越來也。

文公十一年，「敗狄于鹹」。《穀梁》、《公羊傳》曰，長狄兄弟三人，一者之魯，一者之齊，一者之晉。皆殺之，身橫九畮；斷其首而載之，眉見於軾。何以書？記異也。【略】劉歆以爲人變，屬黃祥。一曰，屬贏蟲之孽。一曰，天地之性人爲貴，凡人爲變，皆屬皇極下人伐上之痾云。

《漢書》卷二七下之下《五行志下之下》 隱公三年「二月己巳，日有食之」。《穀梁傳》曰，言日不言朔，食晦。《公羊傳》曰，食二日。【略】《左氏》劉歆以爲正月二日，燕、越之分野也。凡日所躔而有變，則分野之國失政者受之。人君能修政，共御厥罰，則災消而福至；不能，則災息而禍生。故經書災而不記其故，蓋吉凶亡常，隨行而成禍福也。周衰，天子不班朔，魯曆不正，置閏不得其月，月大小不得其度。史記(曰)［日］食，或言朔而實非朔，或不言朔而實朔，或脱不書朔與日，皆官失之也。

桓公三年「七月壬辰朔，日有食之，既」。【略】劉歆以爲六月，趙與晉分。先是，晉曲沃伯再弑晉侯，是歲晉大亂，滅其宗國。

十七年「十月朔，日有食之」。《穀梁傳》曰，言朔不言日，食二日也。【略】劉歆以爲楚、鄭分。

嚴公十八年「三月，日有食之」。《穀梁傳》曰，不言日，不言朔，夜食。史推

合朔在夜，明旦日食而出，出而解，是爲夜食。【略】劉歆以爲晦魯、衛分。

二十五年「六月辛未朔，日有食之」。【略】劉歆以爲五月二日魯、趙分。

二十六年「十二月癸亥朔，日有食之」。【略】劉歆以爲十月二日楚、鄭分。

三十年「九月庚午朔，日有食之」。【略】劉歆以爲八月秦、周分。

僖公五年「九月戊申朔，日有食之」。【略】劉歆以爲七月秦、晉分。

十二年「三月庚午(朔)，日有食之」。【略】劉歆以爲三月齊、衛分。

十五年「五月，日有食之」。【略】劉歆以爲二月朔齊、越分。

文公元年「十月癸亥，日有食之」。【略】劉歆以爲正月朔燕、越分。

十五年「六月辛丑朔，日有食之」。【略】劉歆以爲四月二日魯、衛分。

宣公八年「七月甲子，日有食之，既」。【略】劉歆以爲十月二日楚、鄭分。

十年「四月丙辰，日有食之」。【略】劉歆以爲二月魯、衛分。

十七年「六月癸卯，日有食之」。【略】劉歆以爲三月晦朓魯、衛分。

成公十六年「六月丙寅朔，日有食之」。【略】劉歆以爲四月二日魯、衛分。

十七年「十二月丁巳朔，日有食之」。【略】劉歆以爲九月周、楚分。

襄公十四年「二月乙未朔，日有食之」。【略】劉歆以爲前年十二月二日宋、燕分。

十五年「八月丁巳(朔)，日有食之」。【略】劉歆以爲五月二日魯、趙分。

二十年「十月丙辰朔，日有食之」。【略】劉歆以爲八月秦、周分。

二十一年「九月庚戌朔，日有食之」。【略】劉歆以爲七月秦、晉分。

「十月庚辰朔，日有食之」。【略】劉歆以爲八月秦、周分。

二十三年「二月癸酉朔，日有食之」。【略】劉歆以爲前年十二月二日宋、燕分。

二十四年「七月甲子朔，日有食之，既」。 劉歆以爲五月魯、趙分。

「八月癸巳朔，日有食之」。【略】劉歆以爲六月晉、趙分。

二十七年「十二月乙亥朔，日有食之」。【略】劉歆以爲九月周、楚分。

昭公七年「四月甲辰朔，日有食之」。【略】劉歆以爲二月魯、衛分。

十五年「六月丁巳朔，日有食之」。 劉歆以爲三月魯、衛分。

十七年「六月甲戌朔，日有食之」。【略】劉歆以爲魯、趙分。

二十一年「七月壬午朔，日有食之」。【略】劉歆以爲五月二日魯、趙分。

二十二年「十二月癸酉朔，日有食之」。【略】劉歆以爲十月楚、鄭分。

二十四年「五月乙未朔，日有食之」。【略】劉歆以爲二日魯、趙分。是月斗建辰。

三十一年「十二月辛亥朔，日有食之」。【略】劉歆以爲二日宋、燕分。

定公五年「三月辛亥朔，日有食之」。【略】劉歆以爲正月二日燕、趙分。

十二年「十一月丙寅朔，日有食之」。【略】劉歆以爲十二月二日楚、鄭分。

十五年「八月庚辰朔，日有食之」。【略】劉歆以爲六月晉、趙分。

哀公十四年「五月庚申朔，日有食之」。在獲麟後。 劉歆以爲三月二日齊、衛分。

成帝建始元年八月戊午，晨漏未盡三刻，有兩月重見。【略】劉歆以爲舒者侯王展意顓事，臣下促急，故月行疾也。肅者王侯縮朒不任事，臣下弛縱，故月行遲也。當春秋時，侯王率多縮朒不任事，故食二日仄慝者十八，食晦日朓者一，此其效也。考之漢家，食晦朓者三十六，終亡二日仄慝者，歆説信矣。此皆謂日月亂行者也。

嚴公七年「四月辛卯夜，恆星不見，夜中星隕如雨」。【略】《左氏傳》曰：「恆星不見，夜明也；星隕如雨，與雨偕也。」劉歆以爲晝象中國，夜象夷狄。夜明，故常見之星皆不見，象中國微也。「星隕如雨」，如，而也，星隕而且雨，故曰「與雨偕也」，明雨與星隕，兩變相成也。《洪範》曰：「庶民惟星。」《易》曰：「雷雨作，《解》。」是歲歲在玄枵，齊分壄也。夜中而星隕，象庶民中離上也。雨以解過施，復從上下，象齊桓行伯，復興周室也。周四月，夏二月也，日在降婁，魯分壄也。先是，衛侯朔奔齊，衛公子黔牟立，齊帥諸侯伐之，天子使使救衛。魯公子溺專政，會齊以犯王命，嚴弗能止，卒從而伐衛，逐天王所立。不義至甚，而自以爲功。(名)〔民〕去其上，政繇下作，尤著，故星隕於魯，天事常象也。

文公十四年「七月，有星孛入于北斗」。【略】《左氏傳》曰有星孛北斗，周史服曰：「不出七年，宋、齊、晉之君皆將死亂。」劉歆以爲北斗有環域，四星入其中也。斗，天之三辰，綱紀星也。宋、齊、晉，天子方伯，中國綱紀。彗所以除舊布新也。斗七星，故曰不出七年。至十六年，宋人弑昭公；十八年，齊人弑懿公；宣公二年，晉趙穿弑靈公。

昭公十七年「冬，有星孛于大辰」。【略】劉歆以爲大辰，房、心、尾也，八月心星在西方，孛從其西過心東及漢也。宋，大辰虛，謂宋先祖掌祀大辰星也。陳，太昊虛，虙羲木德，火所生也。鄭，祝融虛，高辛氏火正也。故皆爲火所舍。衛，

顓頊虛，星爲大水，營室也。天星既然，又四國失政相似，及爲王室亂皆同。

哀公十三年「冬十一月，有星孛于東方」。【略】劉歆以爲孛，東方大辰也，不言大辰，旦而見與日争光，星入而彗猶見。是歲再失閏，十一月實八月也。日在鶉火，周分野也。十四年冬，「有星孛」，在獲麟後。劉歆以爲不言所在，官失之也。

釐公十六年「正月戊申朔，隕石于宋，五，是月六鶂退飛過宋都。」【略】劉歆以爲是歲歲在壽星，其衝降婁。降婁，魯分壄也，故爲魯多大喪。正月，日在星紀，厭在玄枵。玄枵，齊分壄也。石，山物；齊，大嶽後。五石象齊威卒而五公子作亂，故爲明年齊有亂。庶民惟星，隕於宋，象宋襄將得諸侯之衆，而治五公子之亂。星隕而鶂退飛，故爲得諸侯而不終。六鶂象後六年伯業始退，執於盂也。民反德爲亂，亂則妖災生，言吉凶繇人，然后陰陽衝厭受其咎。齊、魯之災非君所致，故曰「吾不敢逆君故也」。

《漢書》卷七三《韋賢傳》 成帝崩，哀帝即位。【略】

太僕王舜、中壘校尉劉歆議曰：「臣聞周室既衰，四夷並侵，獫狁最彊，於今匈奴是也。至宣王而伐之，詩人美而頌之曰『薄伐獫狁，至于太原』，又曰『嘽嘽推推，如霆如雷，顯允方叔，征伐獫狁，荆蠻來威』，故稱中興。及至幽王，犬戎來伐，殺幽王，取宗器。自是之後，南夷與北夷交侵，中國不絶如綫。《春秋》紀齊桓南伐楚，北伐山戎，孔子曰：『微管仲，吾其被髮左衽矣。』是故棄桓之過而録其功，以爲伯首。及漢興，冒頓始彊，破東胡，禽月氏，并其土地，地廣兵彊，爲中國害。南越尉佗總百粤，自稱帝。故中國雖平，猶有四夷之患，且無寧歲。一方有急，三面救之，是天下皆動而被其害也。孝文皇帝厚以貨賂，與結和親，猶侵暴無已。甚者，興師十餘萬衆，近屯京師及四邊，歲發屯備虜，其爲患久矣，非一世之漸也。諸侯郡守連匈奴及百粤以爲逆者非一人也。匈奴所殺郡守都尉，略取人民，不可勝數。孝武皇帝愍中國罷勞無安寧之時，乃遣大將軍、驃騎、伏波、樓船之屬，南滅百粤，起七郡；北攘匈奴，降昆邪十萬之衆，置五屬國，起朔方，以奪其肥饒之地；東伐朝鮮，起玄菟、樂浪，以斷匈奴之左臂；西伐大宛，並三十六國，結烏孫，起敦煌、酒泉、張掖，以鬲婼羌，裂匈奴之右肩。單于孤特，遠遁于幕北。四垂無事，斥地遠境，起十餘郡。功業既定，乃封丞相爲富民侯，以大安天下，富實百姓，其規橅可見。又招集天下賢俊，與協心同謀，興制度，改正朔，易服色，立天地之祠，建封禪，殊官號，存周後，定諸侯之制，永無逆争之心，至今累世賴之。單于守藩，百蠻服從，萬世之基也，中興之功未有高焉者也。高帝建大業，爲太祖；孝文皇帝德至厚也，爲文太宗；孝武皇帝功至著也，爲武世宗；此孝宣帝所以發德音也。《禮記・王制》及《春秋穀梁傳》，天子七廟，諸侯五，大夫三，士二。天子七日而殯，七月而葬；諸侯五日而殯，五月而葬；此喪事尊卑之序也，與廟數相應。其文曰：『天子三昭三穆，與太祖之廟而七；諸侯二昭二穆，與太祖之廟而五。』故德厚者流光，德薄者流卑。《春秋左氏傳》曰：『名位不同，禮亦異數。』自上以下，降殺以兩，禮也。七者，其正法數，可常數者也。宗不在此數中。宗，變也，苟有功德則宗之，不可預爲設數。故於殷，太甲爲太宗，大戊曰中宗，武丁曰高宗。周公爲《毋逸》之戒，舉殷三宗以勸成王。繇是言之，宗無數也，然則所以勸帝者之功德博矣。以七廟言之，孝武皇帝未宜毁；以所宗言之，則不可謂無功德。《禮記》祀典曰：『夫聖王之制祀也，功施於民則祀之，以勞定國則祀之，能救大災則祀之。』竊觀孝武皇帝，功德皆兼而有焉。凡在於異姓，猶將特祀之，況于先祖？或説天子五廟無見文，又説中宗、高宗者，宗其道而毁其廟。名與實異，非尊德貴功之意也。《詩》云：『蔽芾甘棠，勿鬋勿伐，邵伯所茇。』思其人猶愛其樹，況宗其道而毁其廟乎？迭毁之禮自有常法，無殊功異德，固以親疏相推及。至祖宗之序，多少之數，經傳無明文，至尊至重，難以疑文虛説定也。孝宣皇帝舉公卿之議，用衆儒之謀，既以爲世宗之廟，建之萬世，宣布天下。臣愚以爲孝武皇帝功烈如彼，孝宣皇帝崇立之如此，不宜毁。」上覽其議而從之。制曰：「太僕舜、中壘校尉歆議可。」

《漢書》卷七五《李尋傳》 哀帝初立，司隸校尉解光亦以明經通災異得幸，白賀良等所挾忠可書。事下奉車都尉劉歆，歆以爲不合《五經》，不可施行。而李尋亦好之。光曰：「前歆父向奏忠可下獄，歆安肯通此道？」時郭昌爲長安令，勸尋宜助賀良等。尋遂白賀良等皆待詔黄門，數召見，陳説「漢曆中衰，當更受命。成帝不應天命，故絶嗣。今陛下久疾，變異屢數，天所以譴告人也。宜急改元易號，乃得延年益壽，皇子生，災異息矣。得道不得行，咎殃且亡，不有洪水將出，災火且起，滌盪(人民)〔民人〕。」

《漢書》卷八四《翟方進傳》 方進雖受《穀梁》，然好《左氏傳》、天文星曆，其《左氏》則國師劉歆，星曆則長安令田終術師也。

《漢書》卷八八《儒林傳》 王莽時，諸學皆立。劉歆爲國師，璜、惲等皆貴顯。世所傳《百兩篇》者，出東萊張霸，分析合二十九篇以爲數十，又采《左氏

傳》、《書敍》爲作首尾，凡百二篇。篇或數簡，文意淺陋。【略】

房鳳字子元，不其人也。以射策乙科爲太史掌故。太常舉方正，爲縣令都尉，失官。大司馬票騎將軍王根奏除補長史，薦鳳明經通達，擢爲光禄大夫，遷五官中郎將。時光禄勳王龔以外屬内卿，與奉車都尉劉歆共校書，三人皆侍中。歆白《左氏春秋》可立，哀帝納之，以問諸儒，皆不對。歆於是數見丞相孔光，爲言《左氏》以求助，光卒不肯。唯鳳、龔許歆，遂共移書責讓太常博士，語在《歆傳》。大司空師丹奏歆非毁先帝所立，上於是出龔等補吏，龔爲弘農，歆河内，鳳九江太守，至青州牧。始江博士授胡常，常授梁蕭秉君房，王莽時爲講學大夫。由是《穀梁春秋》有尹、胡、申章、房氏之學。

漢興，北平侯張蒼及梁太傅賈誼、京兆尹張敞、太中大夫劉公子皆修《春秋左氏傳》。誼爲《左氏傳》訓故，授趙人貫公，爲河間獻王博士，子長卿爲蕩陰令，授清河張禹長子。禹與蕭望之同時爲御史，數爲望之言《左氏》，望之善之，上書數以稱説。後望之爲太子太傅，薦禹於宣帝，徵禹待詔，未及問，會疾死。授尹更始，更始傳子咸及翟方進、胡常。常授黎陽賈護季君，哀帝時待詔爲郎，授蒼梧陳欽子佚，以《左氏》授王莽，至將軍。而劉歆從尹咸及翟方進受。由是言《左氏》者本之賈護、劉歆。

備論

《漢書》卷七三《韋賢傳贊》 司徒掾班彪曰：漢承亡秦絶學之後，祖宗之制因時施宜。自元、成後學者(番)〔蕃〕滋，貢禹毁宗廟，匡衡改郊兆，何武定三公，後皆數復，故紛紛不定。何者？禮文缺微，古今異制，各爲一家，未易可偏定也。考觀諸儒之議，劉歆博而篤矣。

《胡宏集·皇王大紀論·周禮禮樂》 天命之謂性。王者受命於天，宰制天下。其所以祭天地者，盡其心以成吾性耳，非有天地神祇在吾度外，有形體狀貌可得見而承事之也。

劉歆《周禮》曰：「樂六變而天神降，八變而地祇出。」此豈君子知禮之言，類如巫祝造怪之辭也。則又以爲神降祇出，然後可得而禮矣，不知樂所以導和，禮所以爲節，作樂乃所以行禮禮神也，豈待神降祇出，然後行禮哉？

夫天地之道，一往一來，否泰相應，變化無方，人日用而不窮。不可以智慮測度，不可以才能作爲者，謂之鬼神。鬼神者，特以往來言之。道固一體，不可分也。先儒多以神屬之天，鬼屬之人，我知其不知鬼神之情狀矣。故《易》、《詩》、《書》、《春秋》皆無如《周禮》之文者，然則劉歆之僞妄可不闢乎？【略】

劉歆牽合《周禮》之文，乃曰：「黄帝之《雲門》以祀天神，堯之《咸池》以祀地祇，舜之《韶》以祀四望，禹之《大夏》以祀山川，成湯之《大濩》以享先妣。」夫以《雲門》祭天，猶可言也。地祇烏知堯之《咸池》，四望烏知舜之《韶》，山川烏知禹之《大夏》！且周之先妣烏能知商之《大濩》也哉！設禮作樂而不知其義，則無以爲禮樂矣。

彼劉歆者，叛父背君，不祥之人也，是烏知禮樂？世儒懵懵然推尊其書，使與聖經並，此愚之所以拊膺太息，論之而不能自已者也。

洪邁《容齋隨筆》卷九《劉歆不孝》 事親孝，故忠可移於君，是以求忠臣必於孝子之門。劉歆事父雖不載不孝之迹，然其議論每與向異同。故向拳拳於國家，欲抑王氏以崇劉氏，而歆乃力贊王莽，唱其凶逆，至爲之國師公，又改名秀以應圖讖，竟亦不免爲莽所誅，子棻、女愔皆以戮死。使天道每如是，不善者其知懼乎！

《朱子語類》卷九〇《禮七·祭》 問：「漢諸儒所議禮如何？」曰：「劉歆説得較是。他謂宗不在七廟中者，謂恐有功德者多，則占了那七廟數也。」

葉適《習學紀言序目》卷二二《漢書·傳》 班固録劉氏向、歆無殊。向，孤忠志在抑絶王氏以存劉氏，而歆乃與王莽共篡劉氏，何同學而異操也？孟子曰：天下無道，以身徇道，未聞以道徇乎人也。人之患在爲徇人之學，向幸無此。然亦其父子講學所不到，而歆遂狼狽不可救，悲哉！

《全宋文》卷七三一八陳耆卿《劉歆論》 歆、向之異同有二：有談經之異同，有用心之異同。夫專門名家，正是漢儒之癖，歆、向雖父子，其不肯相襲亦明矣。一以《穀梁》，一以《左氏》。其解《春秋》之辭雖異，其欲明《春秋》之意亦豈得異哉。奈何向以《春秋》排王氏，歆乃以《春秋》附王氏。向所上封事，指陳《春秋》災異，及於弑君亡國之語，是知篡逆之爲大罪矣。而歆獨輔莽以篡逆，豈《左氏》教之耶？大凡亂臣賊子之作於世，非重有所倚毗，則事不成。故必有苟賤無恥之士，羽而翼之，教之以黼藻太平，興建禮樂，塗天下之耳目，而簧鼓其視聽，乃克有濟。蓋所謂孔光、張禹之徒，皆是也。終之者，劉歆焉。其罪可勝誅哉！

故嘗謂焚六藝者不在秦始皇，而在漢末之數子。秦始皇焚之而不亡，漢末數子用之而亡。

黄震《古今紀要・西漢》 劉歆，自楚元王、辟彊、德、向世爲宗英，歆爲莽國師，自覆其宗。初歆與甄豐、王舜附莽，加安漢、宰衡之號。及莽用劉慶、謝囂、田終術，欲稱攝，舜憂死，故與豐並父子誅。東萊謂三子不欲莽居攝，苟或不欲操加九錫，猶培其根而惡其實也。

王應麟《困學紀聞》卷一二《考史》 漢之劉歆，魏之元韶，賣宗國以徼利，而身亦不免。小人可以戒矣！

康有爲《新學僞經考・敘》 吾爲《僞經考》凡十四篇。敘其目而繫之辭曰：始作僞，亂聖制者自劉歆，布行僞經，篡孔統者成於鄭玄。閱二千年歲月日時之綿曖，聚百千萬億衿纓之問學，統二十朝王者禮樂制度之崇嚴，咸奉僞經爲聖法，誦讀尊信，奉持施行。違者以非聖無法論，亦無一人敢違者，亦無一人敢疑者。於是奪孔子之經以與周公，而抑孔子爲傳。於是掃孔子改制之聖法，而目爲斷爛朝報。六經顛倒，亂於非種；聖制埋瘗，淪於雺霧；天地反常，日月變色。以孔子天命大聖，歲載四百，地猶中夏，蒙難遘閔，乃至此極，豈不異哉？且後世之大禍，曰任奄寺、廣女色、人主奢縱、權臣篡盜，是嘗累毒生民、覆宗社者矣！古無有是，而皆自劉歆開之。是上爲聖經之篡賊，下爲國家之鴆毒者也。

康有爲《新學僞經考・秦焚六經未嘗亡缺考》 後世《六經》亡缺，歸罪秦焚，秦始皇遂嬰彌天之罪，不知此劉歆之僞説也。歆欲僞作諸經，不謂諸經殘缺，則無以爲作僞竄入之地，窺有秦焚之間，故一舉而歸之。

康有爲《新學僞經考・史記經説足證僞經考》 經學紛如亂絲。於今有漢學宋學之爭，在昔則有今學古學之辨，不知古學皆劉歆之竄亂僞撰也。凡今所爭之漢學宋學者，又皆歆之緒餘支派也。經歆亂諸經、作《漢書》之後，凡後人所考證，無非歆説，徵應四布，條理精密，幾於攻無可攻。此歆所以能欺紿二千年，而無人發其覆也。

康有爲《新學僞經考・〈漢書・藝文志〉辨僞》 劉歆僞撰古經，由於總校書之任，故得託名中書，恣其竄亂。

康有爲《新學僞經考・劉向經説足證僞經考》 漢大儒領袖當時，傳書今日者，自史遷外，董仲舒、劉向而已。孔子改制，統於《春秋》。仲舒傳《公羊》，向傳《穀梁》，皆博極羣書，兼通六藝，得孔子之學者也。然考孔子真經之學，必自董子爲入門；考劉歆僞經之學，必以劉向爲親證。二子者各有宜焉。蓋人以爲《七略》出於劉向而信之，不知其盡出於歆也；又以爲《别録》出於劉向而信之，不知其亦僞於歆也。然歆之作僞，自龔勝、公孫禄以來，人多疑之，但不知其遍僞羣經。故東漢校書高才，莫不尊信，終以託於中秘，莫得而攻焉。今爲之證其僞，曰：歆任校書，向亦任校書，凡歆所見之書，向亦見之，歆不能出向外也。以向説考歆，無不鑿枘。向則今學説也，歆則古學説也，則真僞具白矣。歆早料天下將以向之説攻之，故於僞造《左傳》，則云「向不能難」；於僞造《周官》，則云「向不能識」。所以拒塞天下之口者，防之早密矣。夫向之「陳外家封事」也，折王氏，而歆以宗室子，佐莽篡漢。向之尊述六經也，守孔學，而歆以世儒業，而抑儒篡孔。向之持守《魯詩》也，奉元王，而歆以作僞經，而誣父悖祖。其爲臣爲弟爲子，果何如也？今採《向傳》及《五行志》、《説苑》、《新序》、《列女傳》，屬門人新會梁啓超刺取經説，與歆僞經顯相違忤者，録著於篇。倘以歆之説爲可信乎，則向説其反僞邪？非歟！

藝文

《全唐詩》卷二七六盧綸《送崔郃拾遺》 皎潔無瑕清玉壺，曉乘華幰向天衢。石建每聞宗謹孝，劉歆不敢衒師儒。諫修郊廟開宸慮，議按休徵淺瑞圖。今日攀車復何者，轅門垂白一愚夫。

《全唐詩》卷六一三皮日休《襄陽閒居與友生夜會》 習隱悠悠世不知，林園幽事遞相期。舊絲再上琴調晚，壞葉重燒酒煖遲。三徑引時寒步月，四鄰偷得夜吟詩。草玄寂淡無人愛，不遇劉歆更語誰。

《全金詩》卷二〇郭元釪《次裕之韻兼及玄景弟》 名腸相焮半成灰，戰退紛華旆始迴。文字喜逢修月手，津梁愧乏濟川材。等閒有酒輒共醉，信口哦詩不置才。最憶平生劉子駿，紫芝可惜不偕來。

謝章鋌《賭棋山莊集》詩四《得芑川凶問》 故人劉子駿，昔日愛狂歌。真氣酒能出，雄心劍自磨。一廬激風雨，獨夜走巖阿。不見美人笑，寒泉咽薜蘿。

王莽部

綜述

《漢書》卷九九上《王莽傳上》 王莽字巨君，孝元皇后之弟子也。元后父及兄弟皆以元、成世封侯，居位輔政，家凡九侯、五大司馬，語在《元后傳》。唯莽父曼蚤死，不侯。莽羣兄弟皆將軍五侯子，乘時侈靡，以輿馬聲色佚游相高，莽獨孤貧，因折節爲恭儉。受《禮經》，師事沛郡陳參，勤身博學，被服如儒生。事母及寡嫂，養孤兄子，行甚敕備。又外交英俊，内事諸父，曲有禮意。陽朔中，世父大將軍鳳病，莽侍疾，親嘗藥，亂首垢面，不解衣帶連月。鳳且死，以託太后及帝，拜爲黄門郎，遷射聲校尉。

久之，叔父成都侯商上書，願分户邑以封莽，及長樂少府戴崇、侍中金涉、胡騎校尉箕閎、上谷都尉陽並、中郎陳湯，皆當世名士，咸爲莽言，上由是賢莽。永始元年，封莽爲新都侯，國南陽新野之都鄉，千五百户。遷騎都尉光禄大夫侍中，宿衛謹敕，爵位益尊，節操愈謙。散輿馬衣裘，振施賓客，家無所餘。收贍名士，交結將相卿大夫甚衆。故在位更推薦之，游者爲之談説，虚譽隆洽，傾其諸父矣。敢爲激發之行，處之不慙恧。

莽兄永爲諸曹，蚤死，有子光，莽使學博士門下。莽休沐出，振車騎，奉羊酒，勞遺其師，恩施下竟同學。諸生縱觀，長老嘆息。光年小於莽子宇，莽使同日内婦，賓客滿堂。須臾，一人言太夫人苦某痛，當飲某藥，比客罷者數起焉。(爲)〔嘗〕私買侍婢，昆弟或頗聞知，莽因曰：「後將軍朱子元無子，莽聞此兒種宜子，爲買之。」即日以婢奉子免，遣就國。

是時，太后姊子淳于長以材能爲九卿，先進在莽右。莽陰求其罪過，因大司馬曲陽侯根白之，長伏誅，莽以獲忠直，語在《長傳》。根因乞骸骨，薦莽自代，上遂擢爲大司馬。是歲，綏和元年也，年三十八矣。莽既拔出同列，繼四父而輔政，欲令名譽過前人，遂克己不倦，聘諸賢良以爲掾史，賞賜邑錢悉以享士，愈爲儉約。母病，公卿列侯遣夫人問疾，莽妻迎之，衣不曳地，布蔽膝。見之者以爲僮使，問知其夫人，皆驚。

輔政歲餘，成帝崩，哀帝即位，尊皇太后爲太皇太后。太后詔莽就第，避帝外家。莽上疏乞骸骨，哀帝遣尚書令詔莽曰：「先帝委政於君而棄羣臣，朕得奉宗廟，誠嘉與君同心合意。今君移病求退，以著朕之不能奉順先帝之意，朕甚悲傷焉。已詔尚書待君奏事。」又遣丞相孔光、大司空何武、左將軍師丹、衛尉傅喜白太后曰：「皇帝聞太后詔，甚悲。大司馬即不起，皇帝即不敢聽政。」太后復令莽視事。

時哀帝祖母定陶傅太后、母丁姬在，高昌侯董宏上書言：「《春秋》之義，母以子貴，丁姬宜上尊號。」莽與師丹共劾宏誤朝不道，語在《丹傳》。後日，未央宫置酒，内者令爲傅太后張幄，坐於太皇太后坐旁。莽案行，責内者令曰：「定陶太后藩妾，何以得與至尊並！」徹去，更設坐。傅太后聞之，大怒，不肯會，重怨恚莽。莽復乞骸骨，哀帝賜莽黄金五百斤，安車駟馬，罷就第。公卿大夫多稱之者，上乃加恩寵，置使家，中黄門十日一賜餐。下詔曰：「新都侯莽憂勞國家，執義堅固，朕庶幾與爲治。太皇太后詔莽就第，朕甚閔焉。其以黄郵聚户三百五十益封莽，位特進，給事中，朝朔望見禮如三公，車駕乘緑車從。」後二歲，傅太后、丁姬皆稱尊號，丞相朱博奏：「莽前不廣尊尊之義，抑貶尊號，虧損孝道，當伏顯戮，幸蒙赦令，不宜有爵土，請免爲庶人。」上曰：「以莽與太皇太后有屬，勿免，遣就國。」

莽杜門自守，其中子獲殺奴，莽切責獲，令自殺。在國三歲，吏上書冤訟莽者以百數。元壽元年，日食，賢良周護、宋崇等對策深頌莽功德，上於是徵莽。

始莽就國，南陽太守以莽貴重，選門下掾宛孔休守新都相。休謁見莽，莽盡禮自納，休亦聞其名，與相答。後莽疾，休候之，莽緣恩意，進其玉具寶劍，欲以爲好。休不肯受，莽因曰：「誠見君面有瘢，美玉可以滅瘢，欲獻其瑑耳。」即解其瑑，休復辭讓。莽曰：「君嫌其賈邪？」遂椎碎之，自裹以進休，休乃受。及莽徵去，欲見休，休稱疾不見。

莽還京師歲餘，哀帝崩，無子，而傅太后、丁太后皆先薨，太皇太后即日駕之未央宫收取璽綬，遣使者馳召莽。詔尚書，諸發兵符節，百官奏事，中黄門、期門兵皆屬莽。莽白：「大司馬高安侯董賢年少，不合衆心，收印綬。」賢即日自殺。太后詔公卿舉可大司馬者，大司徒孔光、大司空彭宣舉莽，前將軍何武、後將軍公孫禄互相舉。太后拜莽爲大司馬，與議立嗣。安陽侯王舜莽之從弟，其人修

飭，太后所信愛也，莽白以舜爲車騎將軍，使迎中山王奉成帝後，是爲孝平皇帝。帝年九歲，太后臨朝稱制，委政於莽。莽白趙氏前害皇子，傅氏驕僭，遂廢孝成趙皇后、孝哀傅皇后，皆令自殺，語在《外戚傳》。

莽以大司徒孔光名儒，相三主，太后所敬，天下信之，於是盛尊事光，引光女壻甄邯爲侍中奉車都尉。諸哀帝外戚及大臣居位素所不説者，莽皆傅致其罪，爲請奏，令邯持與光。光素畏慎，不敢不上之，莽白太后，輒可其奏。於是前將軍何武、後將軍公孫禄坐互相舉免，丁、傅及董賢親屬皆免官爵，徙遠方。紅陽侯立太后親弟，雖不居位，莽以諸父内敬憚之，畏立從容言太后，令己不得肆意，乃復令光奏立舊惡：「前知定陵侯淳于長犯大逆罪，多受其賂，爲言誤朝；後白以官婢楊寄私子爲皇子，衆言曰吕氏、少帝復出，紛紛爲天下所疑，難以示來世，成襁褓之功。請遣立就國。」太后不聽。莽曰：「今漢家衰，比世無嗣，太后獨代幼主統政，誠可畏懼，力用公正先天下，尚恐不從，今以私恩逆大臣議如此，羣下傾邪，亂從此起！宜可且遣就國，安後復徵召之。」太后不得已，遣立就國。莽之所以脅持上下，皆此類也。

於是附順者拔擢，忤恨者誅滅。王舜、王邑爲腹心，甄豐、甄邯主擊斷，平晏領機事，劉歆典文章，孫建爲爪牙。豐子尋、歆子棻、涿郡崔發、南陽陳崇皆以材能幸於莽。莽色厲而言方，欲有所爲，微見風采，黨與承其指意而顯奏之，莽稽首涕泣，固推讓焉，上以惑太后，下用示信於衆庶。

始，風益州令塞外蠻夷獻白雉，元始元年正月，莽白太后下詔，以白雉薦宗廟。羣臣因奏言太后「委任大司馬莽定策安宗廟。故大司馬霍光有安宗廟之功，益封三萬户，疇其爵邑，比蕭相國。莽宜如光故事。」太后問公卿曰：「誠以大司馬有大功當著之邪？將以骨肉故欲異之也？」於是羣臣乃盛陳「莽功德致周成白雉之瑞，千載同符。聖王之法，臣有大功則生有美號，故周公及身在而託號於周。莽有定國安漢家之大功，宜賜號曰安漢公，益户，疇爵邑，上應古制，下準行事，以順天心。」太后詔尚書具其事。

莽上書言：「臣與孔光、王舜、甄豐、甄邯共定策，今願獨條光等功賞，寢置臣莽，勿隨輩列。」甄邯白太后下詔曰：「『無偏無黨，王道蕩蕩。』屬有親者，義不得阿。君有安宗廟之功，不可以骨肉故蔽隱不揚。君其勿辭。」莽復上書讓。太后詔謁者引莽待殿東箱，莽稱疾不肯入。太后使尚書令恂詔之曰：「君以選故而辭以疾，君任重，不可闕，以時亟起。」莽遂固辭。太后復使長信太僕閎承制召莽，莽固稱疾。左右白太后，宜勿奪莽意，但條孔光等，莽乃肯起。太后下詔曰：「太傅博山侯光宿衛四世，世爲傅相，忠孝仁篤，行義顯著，建議定策，益封萬户，以光爲太師，與四輔之政。車騎將軍安陽侯舜積累仁孝，使迎中山王，折衝萬里，功德茂著，益封萬户，以舜爲太保。左將軍光禄勳豐宿衛三世，忠信仁篤，使迎中山王，輔導共養，以安宗廟，封豐爲廣陽侯，食邑五千户，以豐爲少傅。皆授四輔之職，疇其爵邑，各賜第一區。侍中奉車都尉邯宿衛勤勞，建議定策，封邯爲承陽侯，食邑二千四百户。」四人既受賞，莽尚未起，羣臣復上言：「莽雖克讓，朝所宜章，以時加賞，明重元功，無使百僚元元失望。」太后乃下詔曰：「大司馬新都侯莽三世爲三公，典周公之職，建萬世策，功(能)〔德〕爲忠臣宗，化流海内，遠人慕義，越裳氏重譯獻白雉。其以召陵、新息二縣户二萬八千益封莽，復其後嗣，疇其爵邑，封功如蕭相國。以莽爲太傅，幹四輔之事，號曰安漢公。以故蕭相國甲第爲安漢公第，定著於令，傳之無窮。」

於是莽爲惶恐不得已而起受策。策曰：「漢危無嗣，而公定之；四輔之職，三公之任，而公幹之；羣僚衆位，而公宰之：功德茂著，宗廟以安，蓋白雉之瑞，周成象焉。故賜嘉號曰安漢公，輔翼于帝，期於致平，毋違朕意。」莽受太傅安漢公號，讓還益封疇爵邑事，云願須百姓家給，然後加賞。羣公復争，太后詔曰：「公自期百姓家給，是以聽之。其令公奉、舍人、賞賜皆倍故。百姓家給人足，大司徒、大司空以聞。」莽復讓不受，而建言宜立諸侯王後及高祖以來功臣子孫，大者封侯，或賜爵關内侯食邑，然後及諸在位，各有第序。上尊宗廟，增加禮樂；下惠士民鰥寡，恩澤之政無所不施。語在《平紀》。

莽既説衆庶，又欲專斷，知太后猒政，乃風公卿，奏言：「往者，吏以功次遷至二千石，及州部所舉茂材異等吏，率多不稱，宜皆見安漢公。又太后不宜親省小事。」令太后下詔曰：「皇帝幼年，朕且統政，比加元服。今衆事煩碎，朕春秋高，精氣不堪，殆非所以安躬體而育養皇帝者也。故選忠賢，立四輔，羣下勸職，永以康寧。孔子曰：『巍巍乎，舜禹之有天下而不與焉！』自今以來，(非)〔惟〕封爵乃以聞。他事，安漢公、四輔平決。州牧、二千石及茂材吏初除奏事者，輒引入至近署對安漢公，考故官，問新職，以知其稱否。」於是莽人人延問，致密恩意，厚加贈送，其不合指，顯奏免之，權與人主侔矣。

莽欲以虛名説太后，白言「親承前孝哀丁、傅奢侈之後，百姓未贍者多，太后宜且衣繒練，頗損膳，以視天下。」莽因上書，願出錢百萬，獻田三十頃，付大司農

助給貧民。於是公卿皆慕效焉。莽帥羣臣奏言：「陛下春秋尊，久衣重練，減御膳，誠非所以輔精氣，育皇帝，安宗廟也。臣莽數叩頭省户下，白争未見許。今幸賴陛下德澤，間者風雨時，甘露降，神芝生，蓂莢、朱草、嘉禾，休徵同時並至。臣莽等不勝大願，願陛下愛精休神，闊略思慮，遵帝王之常服，復太官之法膳，使臣子各得盡驩心，備共養。惟哀省察！」莽又令太后下詔曰：「蓋聞母后之義，思不出乎門閾。國不蒙佑，皇帝年在襁褓，未任親政，戰戰兢兢，懼於宗廟之不安。國家之大綱，微朕孰當統之？是以孔子見南子，周公居攝，蓋權時也。勤身極思，憂勞未綏，故國奢則視之以儉，矯枉者過其正，而朕不身帥，將謂天下何！夙夜夢想，五穀豐孰，百姓家給，比皇帝加元服，委政而授焉。今誠未皇于輕靡而備味，庶幾與百僚有成，其勗之哉！」每有水旱，莽輒素食，左右以白。太后遣使者詔莽曰：「聞公菜食，憂民深矣。今秋幸孰，公勤於職，以時食肉，愛身爲國。」

莽念中國已平，唯四夷未有異，乃遣使者齎黄金幣帛，重賂匈奴單于，使上書言：「聞中國譏二名，故名囊知牙斯今更名知，慕從聖制。」又遣王昭君女須卜居次入侍。所以誑耀媚事太后，下至旁側長御，方故萬端。

莽既尊重，欲以女配帝爲皇后，以固其權，奏言：「皇帝即位三年，長秋宫未建，液廷媵未充。乃者，國家之難，本從亡嗣，配取不正。請考論《五經》，定取禮，正十二女之義，以廣繼嗣。博采二王後及周公孔子世列侯在長安者適子女。」事下有司，上衆女名，王氏女多在選中者。莽恐其與己女争，即上言：「身亡德，子材下，不宜與衆女並采。」太后以爲至誠，乃下詔曰：「王氏女，朕之外家，其勿采。」庶民、諸生、郎吏以上守闕上書者日千餘人，公卿大夫或詣廷中，或伏省户下，咸言：「明詔聖德巍巍如彼，安漢公盛勳堂堂若此，今當立后，獨奈何廢公女？天下安所歸命！願得公女爲天下母。」莽遣長史以下分部曉止公卿及諸生，而上書者愈甚。太后不得已，聽公卿采莽女。莽復自白：「宜博選衆女。」公卿争曰：「不宜采諸女以貳正統。」莽白：「願見女。」太后遣長樂少府、宗正、尚書令納采見女，還奏言：「公女漸漬德化，有窈窕之容，宜承（大）〔天〕序，奉祭祀。」有詔遣大司徒、大司空策告宗廟，雜加卜筮，皆曰：「兆遇金水王相，卦遇父母得位，所謂『康强』之占，『逢吉』之符也。」信鄉侯佟上言：「《春秋》，天子將娶於紀，則褒紀子稱侯，安漢公國未稱古制。」事下有司，皆（白）〔曰〕：「古者天子封后父百里，尊而不臣，以重宗廟，孝之至也。佟言應禮，可許。請以新野田二萬五千六百頃益封莽，滿百里。」莽謝曰：「臣莽子女誠不足以配至尊，復聽衆議，益封臣莽。伏自惟念，得託肺腑，獲爵土，如使子女誠能奉稱聖德，臣莽國邑足以共朝貢，不須復加益地之寵。願歸所益。」太后許之。有司奏「故事，聘皇后黄金二萬斤，爲錢二萬萬」。莽深辭讓，受四千萬，而以其三千三百萬予十一媵家。羣臣復言：「今皇后受聘，踰羣妾亡幾。」有詔，復益二千三百萬，合爲三千萬。莽復以其千萬分予九族貧者。

陳崇時爲大司徒司直，與張敞孫竦相善。竦者博通士，爲崇草奏，稱莽功德，崇奏之，曰：【略】

太后以視羣公，羣公方議其事，會吕寬事起。

初，莽欲擅權，白太后：「前哀帝立，背恩義，自貴外家丁、傅，撓亂國家，幾危社稷。今帝以幼年復奉大宗，爲成帝後，宜明一統之義，以戒前事，爲後代法。」於是遣甄豐奉璽綬，即拜帝母衛姬爲中山孝王后，賜帝舅衛寶、寶弟玄爵關内侯，皆留中山，不得至京師。莽子宇，非莽隔絶衛氏，恐帝長大後見怨。宇即私遣人與寶等通書，教令帝母上書求入。語在《衛后傳》。莽不聽。宇與師吴章及婦兄吕寬議其故，章以爲莽不可諫，而好鬼神，可爲變怪以驚懼之，章因推類説令歸政於衛氏。宇即使寬夜持血灑莽第，門吏發覺之，莽執宇送獄，飲藥死。宇妻焉懷子，繫獄，須産子已，殺之。莽奏言：「宇爲吕寬等所詿誤，流言惑衆，與管蔡同罪，臣不敢隱其誅。」甄邯等白太后下詔曰：「夫唐堯有丹朱，周文王有管蔡，此皆上聖亡奈下愚子何，以其性不可移也。公居周公之位，輔成王之主，而行管蔡之誅，不以親親害尊尊，朕甚嘉之。昔周公誅四國之後，大化乃成，至於刑錯。公其專意翼國，期於致平。」莽因是誅滅衛氏，窮治吕寬之獄，連引郡國豪桀素非議己者，内及敬武公主、梁王立、紅陽侯立、平阿侯仁，使者迫守，皆自殺。死者以百數，海内震焉。大司馬護軍褒奏言：「安漢公遭子宇陷於管蔡之辜，子愛至深，爲帝室故不敢顧私。惟宇遭辜，喟然憤發作書八篇，以戒子孫。宜班郡國，令學官以教授。」事下羣公，請令天下吏能誦公戒者，以著官簿，比《孝經》。

四年春，郊祀高祖以配天，宗祀孝文皇帝以配上帝。四月丁未，莽女立爲皇后，大赦天下。遣大司徒司直陳崇等八人分行天下，覽觀風俗。

太保舜等奏言：「《春秋》列功德之義，太上有立德，其次有立功，其次有立言，唯至德大賢然後能之。其在人臣，則生有大賞，終爲宗臣，殷之伊尹，周之周

公是也。」及民上書者八千餘人，咸曰：「伊尹爲阿衡，周公爲太宰，周公享七子之封，有過上公之賞。宜如陳崇言。」章下有司，有司請「還前所益二縣及黄郵聚、新野田，采伊尹、周公稱號，加公爲宰衡，位上公。掾史秩六百石。三公言事，稱『敢言之』。羣吏毋得與公同名。出從期門二十人，羽林三十人，前後大車十乘。賜公太夫人號曰功顯君，食邑二千户，黄金印赤韍。封公子男二人，安爲褒新侯，臨爲賞都侯。加后聘三千七百萬，合爲一萬萬，以明大禮。」太后臨前殿，親封拜。安漢公拜前，二子拜後，如周公故事。莽稽首辭讓，出奏封事，願獨受母號，還安、臨印韍及號位户邑。事下太師光等，皆曰：「賞未足以直功，謙約退讓，公之常節，終不可聽。」莽求見固讓。太后下詔曰：「公每見，叩頭流涕固辭，今移病，固當聽其讓，令眡事邪？將當遂行其賞，遣歸就第也？」光等曰：「安、臨親受印韍，策號通天，其義昭昭。黄郵、召陵、新野之田爲入尤多，皆止於公，公欲自損以成國化，宜可聽許。治平之化當以時成，宰衡之官不可世及。納徵錢，乃以尊皇后，非爲公也。功顯君户，止身不傳。褒新、賞都兩國合三千户，甚少矣。忠臣之節，亦宜自屈，而信主上之義。宜遣大司徒、大司空持節承制，詔公亟入眡事。詔尚書勿復受公之讓奏。」奏可。

莽乃起眡事，上書言：「臣以元壽二年六月戊午倉卒之夜，以新都侯引入未央宫；庚申拜爲大司馬，充三公位；元始元年正月丙辰拜爲太傅，賜號安漢公，備四輔官；今年四月甲子復拜爲宰衡，位上公。臣莽伏自惟，爵爲新都侯，號爲安漢公，官爲宰衡、太傅、大司馬，爵貴號尊官重，一身蒙大寵者五，誠非鄙臣所能堪。據元始三年，天下歲已復，官屬宜皆置。《穀梁傳》曰：『天子之宰，通于四海。』臣愚以爲，宰衡官以正百僚平海内爲職，而無印信，名實不副。臣莽無兼官之材，今聖朝既過誤而用之，臣請御史刻宰衡印章曰『宰衡太傅大司馬印』，成，授臣莽，上太傅與大司馬之印。」太后詔曰：「可。韍如相國，朕親臨授焉。」莽乃復以所益納徵錢千萬，遺與長樂長御奉共養者。太保舜奏言：「天下聞公不受千乘之土，辭萬金之幣，散財施予千萬數，莫不鄉化。蜀郡男子路建等輟訟慙怍而退，雖文王卻虞芮何以加！宜報告天下。」奏可。宰衡出，從大車前後各十乘，直事尚書郎、侍御史、謁者、中黄門、期門羽林。宰衡常持節，所止，謁者代持之。宰衡掾史秩六百石，三公稱「敢言之」。

是歲，莽奏起明堂、辟雍、靈臺，爲學者築舍萬區，作市、常滿倉，制度甚盛。立《樂經》，益博士員，經各五人。徵天下通一藝教授十一人以上，及有逸《禮》、古《書》、《毛詩》、《周官》、《爾雅》、天文、圖讖、鍾律、月令、兵法、《史篇》文字，通知其意者，皆詣公車。網羅天下異能之士，至者前後千數，皆令記説廷中，將令正乖繆，壹異説云。羣臣奏言：「昔周公奉繼體之嗣，據上公之尊，然猶七年制度乃定。夫明堂、辟雍，墮廢千載莫能興，今安漢公起于第家，輔翼陛下，四年于兹，功德爛然。公以八月載生魄庚子，奉使朝，用書臨賦營築，越若翊辛丑，諸生、庶民大和會，十萬衆並集，平作二旬，大功畢成。唐虞發舉，成周造業，誠亡以加。宰衡位宜在諸侯王上，賜以束帛加璧，大國乘車、安車各一，驪馬二駟。」詔曰：「可。其議九錫之法。」

冬，大風吹長安城東門屋瓦且盡。

五年正月，袷祭明堂，諸侯王二十八人，列侯百二十人，宗室子九百餘人，徵助祭。禮畢，封孝宣曾孫信等三十六人爲列侯，餘皆益户賜爵，金帛之賞各有數。是時，吏民以莽不受新野田而上書者前後四十八萬七千五百七十二人，及諸侯王、公、列侯、宗室見者皆叩頭言，宜亟加賞於安漢公。於是莽上書曰：「臣以外屬，越次備位，未能奉稱。伏念聖德純茂，承天當古，制禮以治民，作樂以移風，四海奔走，百蠻並輳，辭去之日，莫不隕涕。非有款誠，豈可虚致？自諸侯王已下至於吏民，咸知臣莽上與陛下有葭莩之故，又得典職，每歸功列德者，輒以臣莽爲餘言。臣見諸侯面言事於前者，未嘗不流汗而慙愧也。雖性愚鄙，至誠自知，德薄位尊，力少任大，夙夜悼栗，常恐汚辱聖朝。今天下治平，風俗齊同，百蠻率服，皆陛下聖德所自躬親，太師光、太保舜等輔政佐治，羣卿大夫莫不忠良，故能以五年之間至致此焉。臣莽實無奇策異謀。奉承太后聖詔，宣之于下，不能得什一；受羣賢之籌畫，而上以聞，不能得什伍。當被無益之辜，所以敢且保首領須臾者，誠上休陛下餘光，而下依羣公之故也。陛下不忍衆言，輒下其章於議者。臣莽前欲立奏止，恐其遂不肯止。今大禮已行，助祭者畢辭，不勝至願，願諸章下議者皆寢勿上，使臣莽得盡力畢制禮作樂事。事成，以傳示天下，與海内平之。即有所間非，則臣莽當被詿上誤朝之罪；如無他譴，得全命賜骸骨歸家，避賢者路，是臣之私願也。惟陛下哀憐財幸！」甄邯等白太后，詔曰：「可。唯公功德光於天下，是以諸侯王、公、列侯、宗室、諸生、吏民翕然同辭，連守闕庭，故下其章。諸侯、宗室辭去之日，復見前重陳，雖曉喻罷遣，猶不肯去。告以孟夏將行厥賞，莫不驩悦，稱萬歲而退。今公每見，輒流涕叩頭言願不受賞，賞即加不敢當位。方制作未定，事須公而決，故且聽公。制作畢成，羣公以

聞。究于前議，其九錫禮儀亟奏。」

於是公卿大夫、博士、議郎、列侯(富平侯)張純等九百二人皆曰：「聖帝明王招賢勸能，德盛者位高，功大者賞厚。故宗臣有九命上公之尊，則有九錫登等之寵。今九族親睦，百姓既章，萬國和協，黎民時雍，聖瑞畢湊，太平已洽。帝者之盛莫隆於唐虞，而陛下任之；忠臣茂功莫著於伊周，而宰衡配之。所謂異時而興，如合符者也。謹以《六藝》通義，經文所見，《周官》、《禮記》宜於今者，爲九命之錫。臣請命錫。」奏可。策曰：

惟元始五年五月庚寅，太皇太后臨于前殿，延登，(請)〔親〕詔之曰：公進，虛聽朕言。前公宿衛孝成皇帝十有六年，納策盡忠，白誅故定陵侯淳于長，以彌亂發姦，登大司馬，職在內輔。孝哀皇帝即位，驕妾窺欲，姦臣萌亂，公手劾高昌侯董宏，改正故定陶共王母之僭坐。自是之後，朝臣論議，靡不據經。以病辭位，歸于第家，爲賊臣所陷。就國之後，孝哀皇帝覺寤，復還公長安，臨病加劇，猶不忘公，復特進位。是夜倉卒，國無儲主，姦臣充朝，危殆甚矣。朕惟定國之計莫宜于公，引納于朝，即日罷退高安侯董賢，轉漏之間，忠策輒建，綱紀咸張。綏和、元壽，再遭大行，萬事畢舉，禍亂不作。輔朕五年，人倫之本正，天地之位定。欽承神祇，經緯四時，復千載之廢，矯百世之失，天下和會，大衆方輯。《詩》之靈臺，《書》之作雒，鎬京之制，商邑之度，於今復興。昭章先帝之元功，明著祖宗之令德，推顯嚴父配天之義，修立郊禘宗祀之禮，以光大孝。是以四海雍雍，萬國慕義，蠻夷殊俗，不召自至，漸化端冕，奉珍助祭。尋舊本道，遵術重古，動而有成，事得厥中。至德要道，通於神明，祖考嘉享。光耀顯章，天符仍臻，元氣大同。麟鳳龜龍，衆祥之瑞，七百有餘。遂制禮作樂，有綏靖宗廟社稷之大勳。普天之下，惟公是賴，官在宰衡，位(在)〔爲〕上公。今加九命之錫，其以助祭，共文武之職，乃遂及厥祖。於戲，豈不休哉！

於是莽稽首再拜，受綠韍袞冕衣裳，瑒琫瑒珌，句履，鸞路乘馬，龍旂九旒，皮弁素積，戎路乘馬，彤弓矢，盧弓矢，左建朱鉞，右建金戚，甲胄一具，秬鬯二卣，圭瓚二，九命青玉珪二，朱户納陛。署宗官、祝官、卜官、史官，虎賁三百人，家令丞各一人，宗、祝、卜、史官皆置嗇夫，佐安漢公。在中府外第，虎賁爲門衛，當出入者傳籍。自四輔、三公有事府第，皆用傳。以楚王邸爲安漢公第，大繕治，通周衛。祖禰廟及寢皆爲朱户納陛。陳崇又奏：「安漢公祠祖禰，出城門，城門校尉宜將騎士從。入有門衛，出有騎士，所以重國也。」奏可。

其秋，莽以皇后有子孫瑞，通子午道。子午道從杜陵直絶南山，徑漢中。

風俗使者八人還，言天下風俗齊同，詐爲郡國造歌謠，頌功德，凡三萬言。莽奏定著令。又奏爲市無二賈，官無獄訟，邑無盜賊，野無飢民，道不拾遺，男女異路之制，犯者象刑。劉歆、陳崇等十二人皆以治明堂，宣教化，封爲列侯。

莽既致太平，北化匈奴，東致海外，南懷黄支，唯西方未有加。乃遣中郎將平憲等多持金幣誘塞外羌，使獻地，願内屬。憲等奏言：「羌豪良願等種，人口可萬二千人，願爲内臣，獻鮮水海、允谷鹽池，平地美草皆予漢民，自居險阻處爲藩蔽。問良願降意，對曰：『太皇太后聖明，安漢公至仁，天下太平，五穀成孰，或禾長丈餘，或一粟三米，或不種自生，或繭不蠶自成，甘露從天下，醴泉自地出，鳳皇來儀，神爵降集。從四歲以來，羌人無所疾苦，故思樂内屬。』宜以時處業，置屬國領護。」事下莽，莽復奏曰：「太后秉統數年，恩澤洋溢，和氣四塞，絶域殊俗，靡不慕義。越裳氏重譯獻白雉，黄支自三萬里貢生犀，東夷王度大海奉國珍，匈奴單于順制作，去二名，今西域良願等復舉地爲臣妾，昔唐堯横被四表，亦亡以加之。今謹案已有東海、南海、北海郡，未有西海郡，請受良願等所獻地爲西海郡。臣又聞聖主序天文，定地理，因山川民俗以制州界。漢家地廣二帝三王，凡十(三)〔二〕州，州名及界多不應經。《堯典》十有二州，後定爲九州。漢家廓地遼遠，州牧行部，遠者三萬餘里，不可爲九。謹以經義正十二州名分界，以應正始。」奏可。又增法五十條，犯者徙之西海。徙者以千萬數，民始怨矣。

泉陵侯劉慶上書言：「周成王幼少，稱孺子，周公居攝。今帝富於春秋，宜令安漢公行天子事，如周公。」羣臣皆曰：「宜如慶言。」

冬，熒惑入月中。

平帝疾，莽作策，請命於泰畤，戴璧秉圭，願以身代。藏策金縢，置于前殿，敕諸公勿敢言。十二月平帝崩，大赦天下。莽徵明禮者宗伯鳳等與定天下吏六百石以上皆服喪三年。奏尊孝成廟曰統宗，孝平廟曰元宗。時元帝世絶，而宣帝曾孫有見王五人，列侯廣戚侯顯等四十八人，莽惡其長大，曰：「兄弟不得相爲後。」乃選玄孫中最幼廣戚侯子嬰，年二歲，託以爲卜相最吉。

是月，前煇光謝囂奏武功長孟通浚井得白石，上圓下方，有丹書著石，文曰「告安漢公莽爲皇帝」。符命之起，自此始矣。莽使羣公以白太后，太后曰：「此誣罔天下，不可施行！」太保舜謂太后：「事已如此，無可奈何，沮之力不能止。

又莽非敢有它，但欲稱攝以重其權，填服天下耳。」太后聽許。舜等即共令太后下詔曰：「蓋聞天生衆民，不能相治，爲之立君以統理之。君年幼稚，必有寄託而居攝焉，然後能奉天施而成地化，羣生茂育。《書》不云乎？『天工，人其代之。』朕以孝平皇帝幼年，且統國政，幾加元服，委政而屬之。今短命而崩，嗚呼哀哉！已使有司徵孝宣皇帝玄孫二十三人，差度宜者，以嗣孝平皇帝之後。玄孫年在繈褓，不得至德君子，孰能安之？安漢公莽輔政三世，比遭際會，安光漢室，遂同殊風，至于制作，與周公異世同符。今前煇光嚻、武功長通上言丹石之符，朕深思厥意，云『爲皇帝』者，乃攝行皇帝之事也。夫有法成易，非聖人者亡法。其令安漢公居攝踐祚，如周公故事，以武功縣爲安漢公采地，名曰漢光邑。具禮儀奏。」

於是羣臣奏言：「太后聖德昭然，深見天意，詔令安漢公居攝。臣聞周成王幼少，周道未成，成王不能共事天地，修文武之烈。周公權而居攝，則周道成，王室安；不居攝，則恐周隊失天命。《書》曰：『我嗣事子孫，大不克共上下，遏失前人光，在家不知命不易。天應棐諶，乃亡隊命。』説曰：周公服天子之冕，南面而朝羣臣，發號施令，常稱王命。召公賢人，不知聖人之意，故不説也。《禮・明堂記》曰：『周公朝諸侯於明堂，天子負斧依南面而立。』謂『周公踐天子位，六年朝諸侯，制禮作樂，而天下大服』也。召公不説。時武王崩，縗麤未除。由是言之，周公始攝則居天子之位，非乃六年而踐阼也。《書》逸《嘉禾篇》曰：『周公奉鬯立于阼階，延登，贊曰：「假王莅政，勤和天下。」』此周公攝政，贊者所稱。成王加元服，周公則致政。《書》曰『朕復子明辟』，周公常稱王命，專行不報，故言我復子明君也。臣請安漢公居攝踐祚，服天子韍冕，背斧依于户牖之間，南面朝羣臣，聽政事。車服出入警蹕，民臣稱臣妾，皆如天子之制。郊祀天地，宗祀明堂，共祀宗廟，享祭羣神，贊曰『假皇帝』，民臣謂之『攝皇帝』，自稱曰『予』。平決朝事，常以皇帝之詔稱『制』，以奉順皇天之心，輔翼漢室，保安孝平皇帝之幼嗣，遂寄託之義，隆治平之化。其朝見太皇太后、帝皇后，皆復臣節。自施政教於其宫家國采，如諸侯禮〔儀〕故事。臣昧死請。」太后詔曰：「可。」明年，改元曰居攝。

居攝元年正月，莽祀上帝於南郊，迎春於東郊，行大射禮於明堂，養三老五更，成禮而去。置柱下五史，秩如御史，聽政事，侍旁記疏言行。

三月己丑，立宣帝玄孫嬰爲皇太子，號曰孺子。以王舜爲太傅左輔，甄豐爲太阿右拂，甄邯爲太保後承。又置四少，秩皆二千石。

四月，安衆侯劉崇與相張紹謀曰：「安漢公莽專制朝政，必危劉氏。天下非之者，乃莫敢先舉，此宗室恥也。吾帥宗族爲先，海内必和。」紹等從者百餘人，遂進攻宛，不得入而敗。紹者，張竦之從兄也。竦與崇族父劉嘉詣闕自歸，莽赦弗罪。竦因爲嘉作奏曰：

建平、元壽之間，大統幾絶，宗室幾棄。賴蒙陛下聖德，扶服振救，遮扞匡衞，國命復延，宗室明目。臨朝統政，發號施令，動以宗室爲始，登用九族爲先。並録支親，建立王侯，南面之孤，計以百數。收復絶屬，存亡續廢，得比肩首，復爲人者，嬪然成行，所以藩漢國，輔漢宗也。建辟雍，立明堂，班天法，流聖化，朝羣后，昭文德，宗室諸侯，咸益土地。天下喁喁，引領而歎，頌聲洋洋，滿耳而入。國家所以服此美，膺此名，饗此福，受此榮者，豈非太皇太后日昃之思，陛下夕惕之念哉！何謂？亂則統其理，危則致其安，禍則引其福，絶則繼其統，幼則代其任，晨夜屑屑，寒暑勤勤，無時休息，孳孳不已者，凡以爲天下，厚劉氏也。臣無愚智，民無男女，皆諭至意。

而安衆侯崇乃獨懷悖惑之心，操畔逆之慮，興兵動衆，欲危宗廟，惡不忍聞，罪不容誅，誠臣子之仇，宗室之讎，國家之賊，天下之害也。是故親屬震落而告其罪，民人潰畔而棄其兵，進不跬步，退伏其殃。百歲之母，孩提之子，同時斷斬，懸頭竿杪，珠珥在耳，首飾猶存，爲計若此，豈不誖哉！

臣聞古者畔逆之國，既以誅討，(而)〔則〕豬其宫室以爲汙池，納垢濁焉，名曰凶虚，雖生菜茹，而人不食。四牆其社，覆上棧下，示不得通。辨社諸侯，出門見之，著以爲戒。方今天下聞崇之反也，咸欲騫衣手劍而叱之。其先至者，則拂其頸，衝其匈，刃其軀，切其肌；後至者，欲撥其門，仆其牆，夷其屋，焚其器，應聲滌地，則時成創。而宗室尤甚，言必切齒焉。何則？以其背畔恩義，而不知重德之所在也。宗室所居或遠，嘉幸得先聞，不勝憤憤之願，願爲宗室倡始，父子兄弟負籠荷鍤，馳之南陽，豬崇宫室，令如古制。及崇社宜如亳社，以賜諸侯，用永監戒。願下四輔公卿大夫議，以明好惡，視四方。

於是莽大説。公卿曰：「皆宜如嘉言。」莽白太后下詔曰：「惟嘉父子兄弟，雖與崇有屬，不敢阿私，或見萌牙，相率告之，及其禍成，同共讎之，應合古制，忠孝著焉。其以杜衍户千封嘉爲(師)〔帥〕禮侯，嘉子七人皆賜爵關内侯。」後又封竦爲

淑德侯。長安(謂)〔爲〕之語曰：「欲求封，過張伯松；力戰鬬，不如巧爲奏。」莽又封南陽吏民有功者百餘人，汙池劉崇室宅。後謀反者，皆汙池云。

羣臣復白：「劉崇等謀逆者，以莽權輕也，宜尊重以填海内。」五月甲辰，太后詔莽朝見太后稱「假皇帝」。

冬十月丙辰朔，日有食之。

十二月，羣臣奏請：「益安漢公宫及家吏，置率更令，廟、廄、廚長丞，中庶子，虎賁以下百餘人，又置衛士三百人。安漢公廬爲攝省，府爲攝殿，第爲攝宫。」奏可。

莽白太后下詔曰：「故太師光雖前薨，功效已列。太保舜、大司空豐、輕車將軍邯、步兵將軍建皆爲誘進單于籌策，又典靈臺、明堂、辟雍、四郊，定制度，開子午道，與宰衡同心説德，合意并力，功德茂著。封舜子匡爲同心侯，林爲説德侯，光孫壽爲合意侯，豐孫匡爲并力侯。益邯、建各三千户。

是歲，西羌龐恬、傅幡等怨莽奪其地作西海郡，反攻西海太守程永，永奔走。莽誅永，遣護羌校尉竇況擊之。

二年春，竇況等擊破西羌。

五月，更造貨：錯刀，一直五千；契刀，一直五百；大錢，一直五十，與五銖錢並行。民多盜鑄者。禁列侯以下不得挾黄金，輸御府受直，然卒不與直。

九月，東郡太守翟義都試，勒車騎，因發犇命，立嚴鄉侯劉信爲天子，移檄郡國，言莽「毒殺平帝，攝天子位，欲絶漢室，今共行天罰誅莽。」郡國疑惑，衆十餘萬。莽惶懼不能食，晝夜抱孺子告禱郊廟，放《大誥》作策，遣諫大夫桓譚等班於天下，諭以攝位當反政孺子之意。遣王邑、孫建等八將軍擊義，分屯諸關，守阸塞。槐里男子趙明、霍鴻等起兵，以和翟義，相與謀曰：「諸將精兵悉東，京師空，可攻長安。」衆稍多，至且十萬人，莽恐，遣將軍王奇、王級將兵拒之。以太保甄邯爲大將軍，受鉞高廟，領天下兵，左杖節，右把鉞，屯城外。王舜、甄豐晝夜循行殿中。

十二月，王邑等破翟義於圉。司威陳崇使監軍上書言：「陛下奉天洪範，心合寶龜，膺受元命，豫知成敗，(感)〔咸〕應兆占，是謂配天。配天之主，慮則移氣，言則動物，施則成化。臣崇伏讀詔書下日，竊計其時，聖思始發，而反虜仍破；詔文始書，反虜大敗；制書始下，反虜畢斬。衆將未及齊其鋒芒，臣崇未及盡其愚慮，而事已決矣。」莽大説。

三年春，地震。大赦天下。

王邑等還京師，西與王級等合擊明、鴻，皆破滅，語在《翟義傳》。莽大置酒未央宫白虎殿，勞賜將帥。詔陳崇治校軍功，第其高下。莽乃上奏曰：「明聖之世，國多賢人，故唐虞之時，可比屋而封，至功成事就，則加賞焉。至於夏后塗山之會，執玉帛者萬國，諸侯執玉，附庸執帛。周武王孟津之上，尚有八百諸侯。周公居攝，郊祀后稷以配天，宗祀文王於明堂以配上帝，是以四海之内各以其職來祭，蓋諸侯千八百矣。《禮記・王制》千七百餘國，是以孔子著《孝經》曰：『不敢遺小國之臣，而況於公侯伯子男乎？故得萬國之歡心以事其先王。』此天子之孝也。秦爲亡道，殘滅諸侯以爲郡縣，欲擅天下之利，故二世而亡。高皇帝受命除殘，考功施賞，建國數百，後稍衰微，其餘僅存。太皇太后躬統大綱，廣封功德以勸善，興滅繼絶以永世，是以大化流通，旦暮且成。遭羌寇害西海郡，反虜流言東郡，逆賊惑衆西土，忠臣孝子莫不奮怒，所征殄滅，盡備厥辜，天下咸寧。今制禮作樂，實考周爵五等，地四等，有明文；殷爵三等，有其説，無其文。孔子曰：『周監於二代，郁郁乎文哉！吾從周。』臣請諸將帥當受爵邑者爵五等，地四等。」奏可。於是封者高爲侯伯，次爲子男，當賜爵關内侯者更名曰附城，凡數百人。擊西海者以「羌」爲號，槐里以「武」爲號，翟義以「虜」爲號。

羣臣復奏言：「太后修功録德，遠者千載，近者當世，或以文封，或以武爵，深淺大小，靡不畢舉。今攝皇帝背依踐祚，宜異於宰國之時，制作雖未畢已，宜進二子爵皆爲公。《春秋》『善善及子孫』，『賢者之後，宜有土地』。成王廣封周公庶子六(子)〔人〕，皆有茅土。及漢家名相大將蕭、霍之屬，咸及支庶。兄子光，可先封爲列侯；諸孫，制度畢已，大司徒、大司空上名，如前詔書。」太后詔曰：「進攝皇帝子褒新侯安爲新舉公，賞都侯臨爲褒新公，封光爲衍功侯。」是時，莽還歸新都國，羣臣復白以封莽孫宗爲新都侯。莽既滅翟義，自謂威德日盛，獲天人助，遂謀即真之事矣。

九月，莽母功顯君死，意不在哀，令太后詔議其服。少阿、羲和劉歆與博士諸儒七十八人皆曰：「居攝之義，所以統立天功，興崇帝道，成就法度，安輯海内也。昔殷成湯既没，而太子蚤夭，其子太甲幼少不明，伊尹放諸桐宫而居攝，以興殷道。周武王既没，周道未成，成王幼少，周公屏成王而居攝，以成周道。是以殷有翼翼之化，周有刑錯之功。今太皇太后比遭家之不造，委任安漢公宰尹羣僚，衡平天下。遭孺子幼少，未能共上下，皇天降瑞，出丹石之符，是以太皇太

后則天明命，詔安漢公居攝踐祚，將以成聖漢之業，與唐虞三代比隆也。攝皇帝遂開祕府，會羣儒，制禮作樂，卒定庶官，茂成天功。聖心周悉，卓爾獨見，發得周禮，以明因監，則天稽古，而損益焉，猶仲尼之聞《韶》，日月之不可階，非聖哲之至，孰能若茲！綱紀咸張，成在一匱，此其所以保佑聖漢，安靖元元之效也。今功顯君薨，《禮》『庶子爲後，爲其母緦』。傳曰『與尊者爲體，不敢服其私親也』。攝皇帝以聖德承皇天之命，受太后之詔居攝踐祚，奉漢大宗之後，上有天地社稷之重，下有元元萬機之憂，不得顧其私親。故太皇太后建厥元孫，俾侯新都，爲哀侯後。明攝皇帝與尊者爲體，承宗廟之祭，奉共養太皇太后，不得服其私親也。《周禮》曰『王爲諸侯緦縗』，『弁而加環絰』，同姓則麻，異姓則葛。攝皇帝當爲功顯君緦縗，弁而加麻環絰，如天子弔諸侯服，以應聖制。」莽遂行焉，凡壹弔再會，而令新都侯宗爲主，服喪三年云。

司威陳崇奏，衍功侯光私報執金吾竇況，令殺人，況爲收繫，致其法。莽大怒，切責光。光母曰：「女自眡孰與長孫、中孫？」遂母子自殺，及況皆死。初，莽以事母、養嫂、撫兄子爲名，及後悖虐，復以示公義焉。令光子嘉嗣爵爲侯。

莽下書曰：「遏密之義，訖于季冬，正月郊祀，八音當奏。王公卿士，樂凡幾等？五聲八音，條各云何？其與所部儒生各盡精思，悉陳其義。」

是歲，廣饒侯劉京、車騎將軍千人扈雲、大保屬臧鴻奏符命。京言齊郡新井，雲言巴郡石牛，鴻言扶風雍石，莽皆迎受。十一月甲子，莽上奏太后曰：「陛下至聖，遭家不造，遇漢十二世三七之阸，承天威命，詔臣莽居攝，受孺子之託，任天下之寄。臣莽兢兢業業，懼於不稱。宗室廣饒侯劉京上書言：『七月中，齊郡臨淄縣昌興亭長辛當一暮數夢，曰：「吾，天公使也。天公使我告亭長曰：『攝皇帝當爲真。』即不信我，此亭中當有新井。」亭長晨起視亭中，誠有新井，入地且百尺。』十一月壬子，直建冬至，巴郡石牛，戊午，雍石文，皆到于未央宮之前殿。臣與太保安陽侯舜等視，天風起，塵冥，風止，得銅符帛圖於石前，文曰：『天告帝符，獻者封侯。承天命，用神令。』騎都尉崔發等眡說。及前孝哀皇帝建平二年六月甲子下詔書，更爲太初元將元年，案其本事，甘忠可、夏賀良讖書臧蘭臺。臣莽以爲元將元年者，大將居攝改元之文也，於今信矣。《尚書·康誥》『王若曰：「孟侯，朕其弟，小子封。」』此周公居攝稱王之文也。《春秋》隱公不言即位，攝也。此二經周公、孔子所定，蓋爲後法。孔子曰：『畏天命，畏大人，畏聖人之言。』臣莽敢不承用！臣請共事神祇宗廟，奏言太皇太后、孝平皇后，皆稱假皇帝。其號令天下，天下奏言事，毋言『攝』。以居攝三年爲初始元年，漏刻以百二十爲度，用應天命。臣莽夙夜養育隆就孺子，令與周之成王比德，宣明太皇太后威德於萬方，期於富而教之。孺子加元服，復子明辟，如周公故事。」奏可。衆庶知其奉符命，指意羣臣博議別奏，以視即真之漸矣。

期門郎張充等六人謀共劫莽，立楚王。發覺，誅死。

梓潼人哀章學問長安，素無行，好爲大言。見莽居攝，即作銅匱，爲兩檢，署其一曰「天帝行璽金匱圖」，其一署曰「赤帝行璽某傳予黄帝金策書」。某者，高皇帝名也。書言王莽爲真天子，皇太后如天命。圖書皆書莽大臣八人，又取令名王興、王盛，章因自竄姓名，凡爲十一人，皆署官爵，爲輔佐。章聞齊井、石牛事下，即日昏時，衣黄衣，持匱至高廟，以付僕射。僕射以聞。戊辰，莽至高廟拜受金匱神嬗。御王冠，謁太后，還坐未央宮前殿，下書曰：「予以不德，託于皇初祖考黄帝之後，皇始祖考虞帝之苗裔，而太皇太后之末屬。皇天上帝隆顯大佑，成命統序，符契圖文，金匱策書，神明詔告，屬予以天下兆民。赤帝漢氏高皇帝之靈，承天命，傳國金策之書，予甚祗畏，敢不欽受！以戊辰直定，御王冠，即真天子位，定有天下之號曰新。其改正朔，易服色，變犧牲，殊徽幟，異器制。以十二月朔癸酉爲建國元年正月之朔，以雞鳴爲時。服色配德上黄，犧牲應正用白，使節之旄旛皆純黄，其署曰『新使五威節』，以承皇天上帝威命也。」

《漢書》卷九九中《王莽傳中》　始建國元年正月朔，莽帥公侯卿士奉皇太后璽韍，上太皇太后，順符命，去漢號焉。

初，莽妻宜春侯王氏女，立爲皇后。本生四男：宇、獲、安、臨。二子前誅死，安頗荒忽，乃以臨爲皇太子，安爲新嘉辟。封宇子六人：千爲功隆公，壽爲功明公，吉爲功成公，宗爲功崇公，世爲功昭公，利爲功著公。大赦天下。

莽乃策命孺子曰：「咨爾嬰，昔皇天右乃太祖，歷世十二，享國二百一十載，曆數在于予躬。《詩》不云乎？『侯服于周，天命靡常。』封爾爲定安公，永爲新室賓。於戲！敬天之休，往踐乃位，毋廢予命。」又曰：「其以平原、安德、漯陰、鬲、重丘，凡户萬，地方百里，爲定安公國。立漢祖宗之廟於其國，與周後並，行其正朔、服色。世世以事其祖宗，永以命德茂功，享歷代之祀焉。以孝平皇后爲定安太后。」讀策畢，莽親執孺子手，流涕歔欷，曰：「昔周公攝位，終得復子明辟，今予獨迫皇天威命，不得如意！」哀歎良久。中傅將孺子下殿，北面而稱臣。百僚陪位，莫不感動。

又按金匱，輔臣皆封拜。以太傅、左輔、驃騎將軍安陽侯王舜爲太師，封安新公；大司徒就德侯平晏爲太傅，就新公；少阿、羲和、京兆尹紅休侯劉歆爲國師，嘉新公；廣漢梓潼哀章爲國將，美新公：是爲四輔，位上公。太保、後承承陽侯甄邯爲大司馬，承新公；丕進侯王尋爲大司徒，章新公；步兵將軍成都侯王邑爲大司空，隆新公：是爲三公。大阿、右拂、大司空、衛將軍廣陽侯甄豐爲更始將軍，廣新公；京兆王興爲衛將軍，奉新公；輕車將軍成武侯孫建爲立國將軍，成新公；京兆王盛爲前將軍，崇新公：是爲四將。凡十一公。王興者，故城門令史。王盛者，賣餅。莽按符命求得此姓名十餘人，兩人容貌應卜相，徑從布衣登用，以視神焉。餘皆拜爲郎。是日，封拜卿大夫、侍中、尚書官凡數百人。諸劉爲郡守，皆徙爲諫大夫。

改明光宮爲定安館，定安太后居之。以故大鴻臚府爲定安公第，皆置門衛使者監領。敕阿乳母不得與語，常在四壁中，至於長大，不能名六畜。後莽以女孫宇子妻之。

莽策羣司曰：「歲星司肅，東(獄)〔嶽〕太師典致時雨，青煒登平，考景以晷。熒惑司悊，南嶽太傅典致時奧，赤煒頌平，考聲以律。太白司艾，西嶽國師典致時陽，白煒象平，考量以銓。辰星司謀，北嶽國將典致時寒，玄煒和平，考星以漏。月刑元股左，司馬典致武應，考方法矩，主司天文，欽若昊天，敬授民時，力來農事，以豐年穀。日德元厷右，司徒典致文瑞，考圜合規，主司人道，五教是輔，帥民承上，宣美風俗，五品乃訓。斗平元心中，司空典致物圖，考度以繩，主司地里，平治水土，掌名山川，衆殖鳥獸，蕃茂草木。」各策命以其職，如典誥之文。

置大司馬司允，大司徒司直，大司空司若，位皆孤卿。更名大司農曰羲和，後更爲納言，大理曰作士，太常曰秩宗，大鴻臚曰典樂，少府曰共工，水衡都尉曰予虞，與三公司卿凡九卿，分屬三公。每一卿置大夫三人，一大夫置元士三人，凡二十七大夫，八十一元士，分主中都官諸職。更名光祿勳曰司中，太僕曰太御，衛尉曰太衛，執金吾曰奮武，中尉曰軍正，又置大贅官，主乘輿服御物，後又典兵秩，位皆上卿，號曰六監。改郡太守曰大尹，都尉曰太尉，縣令長曰宰，御史曰執法，公車司馬曰王路四門，長樂宮曰常樂室，未央宮曰壽成室，前殿曰王路堂，長安曰常安。更名秩百石曰庶士，三百石曰下士，四百石曰中士，五百石曰命士，六百石曰元士，千石曰下大夫，比二千石曰中大夫，二千石曰上大夫，中二千石曰卿。車服黻冕，各有差品。又置司恭、司徒、司明、司聰、司中大夫及誦詩工、徹膳宰，以司過。策曰：「予聞上聖欲昭厥德，罔不慎修厥身，用綏于遠，是用建爾司于五事。毋隱尤，毋將虚，好惡不愆，立于厥中。於戲，勗哉！」令王路設進善之旌，非謗之木，(欲)〔敢〕諫之鼓。諫大夫四人常坐王路門受言事者。

封王氏齊縗之屬爲侯，大功爲伯，小功爲子，緦麻爲男，其女皆爲任。男以「睦」、女以「隆」爲號焉，皆授印韍。令諸侯立太夫人、夫人、世子，亦受印韍。

又曰：「天無二日，土無二王，百王不易之道也。漢氏諸侯或稱王，至于四夷亦如之，違於古典，繆於一統。其定諸侯王之號皆稱公，及四夷僭號稱王者皆更爲侯。」

又曰：「帝王之道，相因而通；盛德之祚，百世享祀。予惟黄帝、帝少昊、帝顓頊、帝嚳、帝堯、帝舜、帝夏禹、皋陶、伊尹咸有聖德，假于皇天，功烈巍巍，光施于遠。予甚嘉之，營求其後，將祚厥祀。」惟王氏，虞帝之後也，出自帝嚳；劉氏，堯之後也，出自顓頊。於是封姚恂爲初睦侯，奉黄帝後；梁護爲脩遠伯，奉少昊後；皇孫功隆公千，奉帝嚳後；劉歆爲祁烈伯，奉顓頊後；國師劉歆子疊爲伊休侯，奉堯後；嬀昌爲始睦侯，奉虞帝後；山遵爲褒謀子，奉皋陶後；伊玄爲褒衡子，奉伊尹後。漢後定安公劉嬰，位爲賓。周後衛公姬黨，更封爲章平公，亦爲賓。殷後宋公孔弘，運轉次移，更封爲章昭侯，位爲恪。夏後遼西姒豐，封爲章功侯，亦爲恪。四代古宗，宗祀于明堂，以配皇始祖考虞帝。周公後褒魯子姬就，宣尼公後褒成子孔鈞，已前定焉。

莽又曰：「予前在攝時，建郊宮，定祧廟，立社稷，神祇報況，或光自上復于下，流爲烏，或黄氣熏烝，昭耀章明，以著黄、虞之烈焉。自黄帝至于濟南伯王，而祖世氏姓有五矣。黄帝二十五子，分賜厥姓十有二氏。虞帝之先，受姓曰姚，其在陶唐曰嬀，在周曰陳，在齊曰田，在濟南曰王。予伏念皇初祖考黄帝，皇始祖考虞帝，以宗祀于明堂，宜序於祖宗之親廟。其立祖廟五，親廟四，后夫人皆配食。郊祀黄帝以配天，黄后以配地。以新都侯東弟爲大禖，歲時以祀。家之所尚，種祀天下。姚、嬀、陳、田、王氏凡五姓者，皆黄、虞苗裔，予之同族也。《書》不云乎？『惇序九族。』其令天下上此五姓名籍于秩宗，皆以爲宗室。世世復，無有所與。其元城王氏，勿令相嫁娶，以別族理親焉。」封陳崇爲統睦侯，奉胡王後；田豐爲世睦侯，奉敬王後。

天下牧守皆以前有翟義、趙明等領州郡，懷忠孝，封牧爲男，守爲附城。又

封奮恩戴崇、金涉、箕閎、楊並等子皆爲男。

遣騎都尉囂等分治黄帝園位於上都橋時，虞帝於零陵九疑，胡王於淮陽陳，敬王於齊臨淄，愍王於城陽莒，伯王於濟南東平陵，孺王於魏郡元城，使者四時致祠。其廟當作者，以天下初定，且祫祭於明堂太廟。

以漢高廟爲文祖廟。莽曰：「予之皇始祖考虞帝受嬗于唐，漢氏初祖唐帝，世有傳國之象，予復親受金策於漢高皇帝之靈。惟思褒厚前代，何有忘時？漢氏祖宗有七，以禮立廟于定安國。其園寢廟在京師者，勿罷，祠薦如故。予以秋九月親入漢氏高、元、成、平之廟。諸劉更屬籍京兆大尹，勿解其復，各終厥身，州牧數存問，勿令有侵冤。」

又曰：「予前在大麓，至于攝假，深惟漢氏三七之阸，赤德氣盡，思索廣求，所以輔劉延期之(述)〔術〕，靡所不用。以故作金刀之利，幾以濟之。然自孔子作《春秋》以爲後王法，至于哀之十四而一代畢，協之於今，亦哀之十四也。赤世計盡，終不可强濟。皇天明威，黄德當興，隆顯大命，屬予以天下。今百姓咸言皇天革漢而立新，廢劉而興王。夫『劉』之爲字『卯、金、刀』也，正月剛卯，金刀之利，皆不得行。博謀卿士，僉曰天人同應，昭然著明。其去剛卯莫以爲佩，除刀錢勿以爲利，承順天心，快百姓意。」乃更作小錢，徑六分，重一銖，文曰「小錢直一」，與前「大錢五十」者爲二品，並行。欲防民盜鑄，乃禁不得挾銅炭。

(是歲)四月，徐鄉侯劉快結黨數千人起兵於其國。快兄殷，故漢膠東王，時改爲扶崇公。快舉兵攻即墨，殷閉城門，自繫獄。吏民距快，快敗走，至長廣死。莽曰：「昔予之祖濟南愍王困於燕寇，自齊臨淄出保于莒。宗人田單廣設奇謀，獲殺燕將，復定齊國。今即墨士大夫復同心殄滅反虜，予甚嘉其忠者，憐其無辜。其赦殷等，非快之妻子它親屬當坐者皆勿治。弔問死傷，賜亡者葬錢，人五萬。殷知大命，深疾惡快，以故輒伏厥辜。其滿殷國户萬，地方百里。」又封符命臣十餘人。

莽曰：「古者，設廬井八家，一夫一婦田百畝，什一而税，則國給民富而頌聲作。此唐虞之道，三代所遵行也。秦爲無道，厚賦税以自供奉，罷民力以極欲，壞聖制，廢井田，是以兼并起，貪鄙生，强者規田以千數，弱者曾無立錐之居。又置奴婢之市，與牛馬同蘭，制於民臣，顓斷其命。姦虐之人因緣爲利，至略賣人妻子，逆天心，誖人倫，繆於『天地之性人爲貴』之義。《書》曰『予則奴戮女』，唯不用命者，然後被此辜矣。漢氏減輕田租，三十而税一，常有更賦，罷癃咸出，而豪民侵陵，分田劫假。厥名三十税一，實什税五也。父子夫婦終年耕芸，所得不足以自存。故富者犬馬餘菽粟，驕而爲邪；貧者不厭糟糠，窮而爲姦。俱陷于辜，刑用不錯。予前在大麓，始令天下公田口井，時則有嘉禾之祥，遭反虜逆賊且止。今更名天下田曰『王田』，奴婢曰『私屬』，皆不得賣買。其男口不盈八，而田過一井者，分餘田予九族鄰里鄉黨。故無田，今當受田者，如制度。敢有非井田聖制，無法惑衆者，投諸四裔，以禦魑魅，如皇始祖考虞帝故事。」

是時百姓便安漢五銖錢，以莽錢大小兩行難知，又數變改不信，皆私以五銖錢市買。譌言大錢當罷，莫肯挾。莽患之，復下書：「諸挾五銖錢，言大錢當罷者，比非井田制，投四裔。」於是農商失業，食貨俱廢，民人至涕泣於市道。及坐賣買田宅奴婢，鑄錢，自諸侯卿大夫至于庶民，抵罪者不可勝數。

秋，遣五威將王奇等十二人班《符命》四十二篇於天下。德祥五事，符命二十五，福應十二，凡四十二篇。【略】五威將奉《符命》，齎印綬，王侯以下及吏官名更者，外及匈奴、西域，徼外蠻夷，皆即授新室印綬，因收故漢印綬。賜吏爵人二級，民爵人一級，女子百户羊酒，蠻夷幣帛各有差。大赦天下。

五威將乘《乾》文車，駕《坤》六馬，背負鷩鳥之毛，服飾甚偉。每一將各置左右前後中帥，凡五帥。衣冠車服駕馬，各如其方面色數。將持節，稱太一之使；帥持幢，稱五帝之使。莽策命曰：「普天之下，迄于四表，靡所不至。」其東出者，至玄菟、樂浪、高句驪、夫餘；南出者，隃徼外，歷益州，貶句町王爲侯；西出者，至西域，盡改其王爲侯；北出者，至匈奴庭，授單于印，改漢印文，去「璽」曰「章」。單于欲求故印，陳饒椎破之，語在《匈奴傳》。單于大怒，而句町、西域後卒以此皆畔。饒還，拜爲大將軍，封威德子。

冬，靁，桐華。

置五威司命，中城四關將軍。司命司上公以下，中城主十二城門。策命統睦侯陳崇曰：「咨爾崇。夫不用命者，亂之原也；大姦猾者，賊之本也；鑄僞金錢者，妨寶貨之道也；驕奢踰制者，兇害之端也；漏泄省中及尚書事者，『機事不密則害成』也；拜爵王庭，謝恩私門者，禄去公室，政從亡矣：凡此六條，國之綱紀。是用建爾作司命，『柔亦不茹，剛亦不吐，不侮鰥寡，不畏强圉』，帝命帥繇，統睦于朝。」命説符侯崔發曰：「『重門擊柝，以待暴客。』女作五威中城將軍，中德既成，天下説符。」命明威侯王級曰：「繞霤之固，南當荆楚。女作五威前關將軍，振武奮衛，明威于前。」命尉睦侯王嘉曰：「羊頭之阸，北當燕趙。女作五

威後關將軍，壺口捶扼，尉睦于後。」命(堂)〔掌〕威侯王奇曰：「肴黽之險，東當鄭衛。女作五威左關將軍，函谷批難，掌威于左。」命懷羌子王福曰：「汧隴之阻，西當戎狄。女作五威右關將軍，成固據守，懷羌于右。」

又遣諫大夫五十人分鑄錢於郡國。

是歲長安狂女子碧呼道中曰：「高皇帝大怒，趣歸我國。不者，九月必殺汝！」莽收捕殺之。治者掌寇大夫陳成自免去官。真定劉都等謀舉兵，發覺，皆誅。真定、常山大雨雹。

二年二月，赦天下。

五威將帥七十二人還奏事，漢諸侯王爲公者，悉上璽綬爲民，無違命者。封將爲子，帥爲男。

初設六筦之令。命縣官酤酒，賣鹽鐵器，鑄錢，諸采取名山大澤衆物者稅之。又令市官收賤賣貴，賒貸予民，收息百月三。犧和置酒士，郡一人，乘傳督酒利。禁民不得挾弩鎧，徙西海。

匈奴單于求故璽，莽不與，遂寇邊郡，殺略吏民。

十一月，立國將軍建奏：「西域將欽上言，九月辛巳，戊己校尉史陳良、終帶共賊殺校尉刁護，劫略吏士，自稱廢漢大將軍，亡入匈奴。又今月癸酉，不知何一男子遮臣建車前，自稱『漢氏劉子輿，成帝下妻子也。劉氏當復，趣空宫。』收繫男子，即常安姓武字仲。皆逆天違命，大逆無道。請論仲及陳良等親屬當坐者。奏可。漢氏高皇帝比著戒云，罷吏卒，爲賓食，誠欲承天心，全子孫也。其宗廟不當在常安城中，及諸劉爲諸侯者當與漢俱廢。陛下至仁，久未定。前故安衆侯劉崇、徐鄉侯劉快、陵鄉侯劉曾、扶恩侯劉貴等更聚衆謀反。今狂狡之虜或妄自稱亡漢將軍，或稱成帝子子輿，至犯夷滅，連未止者，此聖恩不蚤絶其萌牙故也。臣愚以爲漢高皇帝爲新室賓，享食明堂。成帝，異姓之兄弟，平帝，壻也，皆不宜復入其廟。元帝與皇太后爲體，聖恩所隆，禮亦宜之。臣請漢氏諸廟在京師者皆罷。諸劉爲諸侯者，以户多少就五等之差；其爲吏者皆罷，待除於家。上當天心，稱高皇帝神靈，塞狂狡之萌。」莽曰：「可。嘉新公國師以符命爲予四輔，明德侯劉龔、率禮侯劉嘉等凡三十二人皆知天命，或獻天符，或貢昌言，或捕告反虜，厥功茂焉。諸劉與三十二人同宗共祖者勿罷，賜姓曰王。」唯國師以女配莽子，故不賜姓。改定安太后號曰黄皇室主，絶之於漢也。

冬十二月，雷。

更名匈奴單于曰降奴服于。莽曰：「降奴服于知威侮五行，背畔四條，侵犯西域，延及邊垂，爲元元害，辠當夷滅。命遣立國將軍孫建等凡十二將，十道並出，共行皇天之威，罰于知之身。惟知先祖故呼韓邪單于稽侯狦累世忠孝，保塞守徼，不忍以一知之罪，滅稽侯狦之世。今分匈奴國土人民以爲十五，立稽侯狦子孫十五人爲單于。遣中郎將藺苞、戴級馳之塞下，召拜當爲單于者。諸匈奴人當坐虜知之法者，皆赦除之。」遣五威將軍苗訢、虎賁將軍王況出五原，厭難將軍陳欽、震狄將軍王巡出雲中，振武將軍王嘉、平狄將軍王萌出代郡，相威將軍李棽、鎮遠將軍李翁出西河，誅貉將軍陽俊、討穢將軍嚴尤出漁陽，奮武將軍王駿、定胡將軍王晏出張掖，及偏裨以下百八十人。募天下囚徒、丁男、甲卒三十萬人，轉衆郡委輸五大夫衣裘、兵器、糧食，長吏送自負海江淮至北邊，使者馳傳督趣，以軍興法從事，天下騷動。先至者屯邊郡，須畢具乃同時出。

莽以錢幣訖不行，復下書曰：「民以食爲命，以貨爲資，是以八政以食爲首。寶貨皆重則小用不給，皆輕則僦載煩費，輕重大小各有差品，則用便而民樂。」於是造寶貨五品，語在《食貨志》。百姓不從，但行小大錢二品而已。盜鑄錢者不可禁，乃重其法，一家鑄錢，五家坐之，没入爲奴婢。吏民出入，持布錢以副符傳，不持者，廚傳勿舍，關津苛留。公卿皆持以入宫殿門，欲以重而行之。

是時争爲符命封侯，其不爲者相戲曰：「獨無天帝除書乎？」司命陳崇白莽曰：「此開姦臣作福之路而亂天命，宜絶其原。」莽亦厭之，遂使尚書大夫趙並驗治，非五威將率所班，皆下獄。

初，甄豐、劉歆、王舜爲莽腹心，倡導在位，襃揚功德；「安漢」、「宰衡」之號及封莽母、兩子、兄子，皆豐等所共謀，而豐、舜、歆亦受其賜，並富貴矣，非復欲令莽居攝也。居攝之萌，出於泉陵侯劉慶、前煇光謝囂、長安令田終術。莽羽翼已成，意欲稱攝。豐等承順其意，莽輒復封舜、歆兩子及豐孫。豐等爵位已盛，心意既滿，又實畏漢宗室、天下豪桀。而疏遠欲進者，並作符命，莽遂據以即真，舜、歆内懼而已。豐素剛强，莽覺其不説，故徙大阿、右拂、大司空豐，託符命文，爲更始將軍，與賣餅兒王盛同列。豐父子默默。時子尋爲侍中京兆大尹茂德侯，即作符命，言新室當分陝，立二伯，以豐爲右伯，太傅平晏爲左伯，如周召故事。莽即從之，拜豐爲右伯。當述職西出，未行，尋復作符命，言故漢氏平帝后黄皇室主爲尋之妻。莽以詐立，心疑大臣怨謗，欲震威以懼下，因是發怒曰：「黄皇室主天下母，此何謂也！」收捕尋。尋亡，豐自殺。尋隨方士入華山，歲餘

捕得，辭連國師公歆子侍中東通靈將、五司大夫隆威侯棻，棻弟右曹長水校尉伐虜侯泳，大司空邑弟左(關)〔闢〕將軍(堂)〔掌〕威侯奇，及歆門人侍中騎都尉丁隆等，牽引公卿黨親列侯以下，死者數百人。尋手理有「天子」字，莽解其臂入視之，曰：「此一大子也，或曰一六子也。六者，戮也。明尋父子當戮死也。」乃流棻于幽州，放尋于三危，殛隆于羽山，皆驛車載其屍傳致云。

莽爲人侈口蹷顄，露眼赤精，大聲而嘶。長七尺五寸，好厚履高冠，以氂裝衣，反膺高視，瞰臨左右。是時有用方技待詔黄門者，或問以莽形貌，待詔曰：「莽所謂鴟目虎吻豺狼之聲者也，故能食人，亦當爲人所食。」問者告之，莽誅滅待詔，而封告者。後常翳雲母屏面，非親近莫得見也。

是歲，以初睦侯姚恂爲寧始將軍。

三年，莽曰：「百官改更，職事分移，律令儀法，未及悉定，且因漢律令儀法以從事。令公卿大夫諸侯二千石舉吏民有德行通政事能言語明文學者各一人，詣王路四門。」

遣尚書大夫趙並使勞北邊，還言五原北假膏壤殖穀，異時常置田官。乃以並爲田禾將軍，發戍卒屯田北假，以助軍糧。

是時諸將在邊，須大衆集，吏士放縱，而内郡愁於徵發，民棄城郭流亡爲盜賊，并州、平州尤甚。莽令七公六卿號皆兼稱將軍，遣著武將軍逯並等填名都，中郎將、繡衣執法各五十五人，分填緣邊大郡，督大姦猾擅弄兵者，皆便爲姦於外，撓亂州郡，貨賂爲市，侵漁百姓。莽下書曰：「虜知罪當夷滅，故遣猛將分十二部，將同時出，一舉而決絶之矣。内置司命軍正，外設軍監十有二人，誠欲以司不奉命，令軍人咸正也。今則不然，各爲權勢，恐猲良民，妄封人頸，得錢者去。毒蠚並作，農民離散。司監若此，可謂稱不？自今以來，敢犯此者，輒捕繫，以名聞。」然猶放縱自若。

而藺苞、戴級到塞下，招誘單于弟咸、咸子登入塞，脅拜咸爲孝單于，賜黄金千斤，錦繡甚多，遣去；將登至長安，拜爲順單于，留邸。

太師王舜自莽篡位後病悸，寖劇，死。莽曰：「昔齊太公以淑德累世，爲周氏太師，蓋予之所監也。其以舜子延襲父爵，爲安新公，延弟褒新侯匡爲太師將軍，永爲新室輔。」

爲太子置師友各四人，秩以大夫。以故大司徒馬宫爲師疑，故少府宗伯鳳爲傅丞，博士袁聖爲阿輔，京兆尹王嘉爲保拂，是爲四師；故尚書令唐林爲胥附，博士李充爲犇走，諫大夫趙襄爲先後，中郎將廉丹爲禦侮，是爲四友。又置師友祭酒及侍中、諫議、《六經》祭酒各一人，凡九祭酒，秩上卿。琅邪左咸爲講《春秋》、潁川滿昌爲講《詩》、長安國由爲講《易》、平陽唐昌爲講《書》、沛郡陳咸爲講《禮》、崔發爲講《樂》祭酒。遣謁者持安車印綬，即拜楚國龔勝爲太子師友祭酒，勝不應徵，不食而死。

寧始將軍姚恂免，侍中崇禄侯孔永爲寧始將軍。

是歲，池陽縣有小人景，長尺餘，或乘車馬，或步行，(摻)〔操〕持萬物，小大各相稱，三日止。

瀕河郡蝗生。

河決魏郡，泛清河以東數郡。先是，莽恐河決爲元城冢墓害。及決東去，元城不憂水，故遂不隄塞。

四年二月，赦天下。

夏，赤氣出東南，竟天。

四年二月，赦天下。

夏，赤氣出東南，竟天。

大司馬甄邯死，寧始將軍孔永爲大司馬，侍中大贅侯輔爲寧始將軍。

莽每當出，輒先搜索城中，名曰「横搜」。是月，横搜五日。

莽至明堂，授諸侯茅土。下書曰：「予以不德，襲于聖祖，爲萬國主。思安黎元，在于建侯，分州正域，以美風俗。追監前代，爰綱爰紀。惟在《堯典》，十有二州，衛有五服。《詩》國十五，抪徧九州。《殷頌》有『奄有九有』之言。《禹貢》之九州無并、幽，《周禮·司馬》則無徐、梁。帝王相改，各有云爲。或昭其事，或大其本，厥義著明，其務一矣。昔周二后受命，故有東都、西都之居。予之受命，蓋亦如之。其以洛陽爲新室東都，常安爲新室西都。邦畿連體，各有采任。州從《禹貢》爲九，爵從周氏有五。諸侯之員千有八百，附城之數亦如之，以俟有功。諸公一同，有衆萬户，土方百里。侯伯一國，衆户五千，土方七十里。子男一則，衆户二千有五百，土方五十里。附城大者食邑九成，衆户九百，土方三十里。自九以下，降殺以兩，至於一成。五差備具，合當一則。今已受茅土者，公十四人，侯九十三人，伯二十一人，子百七十一人，男四百九十七人，凡七百九十六人。附城千五百一十一人。九族之女爲任者，八十三人。及漢氏女孫中山承禮君、遵德君、修義君更以爲任。—有一公，九卿，十二大夫，二十四元士。定諸

國邑采之處，使侍中講禮大夫孔秉等與州部衆郡曉知地理圖籍者，共校治于壽成朱鳥堂。予數與羣公祭酒上卿親聽視，咸已通矣。夫褒德賞功，所以顯仁賢也；九族和睦，所以褒親親也。予永惟匪解，思稽前人，將章黜陟，以明好惡，安元元焉。」以圖簿未定，未授國邑，且令受奉都内，月錢數千。諸侯皆困乏，至有庸作者。

中郎區博諫莽曰：「井田雖聖王法，其廢久矣。周道既衰，而民不從。秦知順民之心，可以獲大利也，故滅廬井而置阡陌，遂王諸夏，訖今海内未厭其敝。今欲違民心，追復千載絶迹，雖堯舜復起，而無百年之漸，弗能行也。天下初定，萬民新附，誠未可施行。」莽知民怨，乃下書曰：「諸名食王田，皆得賣之，勿拘以法。犯私買賣庶人者，且一切勿治。」

初，五威將帥出，改句町王以爲侯，王邯怨怒不附。莽諷牂柯大尹周歆詐殺邯，邯弟承起兵攻殺歆。先是，莽發高句驪兵，當伐胡，不欲行，郡强迫之，皆亡出塞，因犯法爲寇。遼西大尹田譚追擊之，爲所殺。州郡歸咎於高句驪侯騶。嚴尤奏言：「貉人犯法，不從騶起，正有它心，宜令州郡且尉安之。今猥被以大罪，恐其遂畔，夫餘之屬必有和者。匈奴未克，夫餘、穢貉復起，此大憂也。」莽不尉安，穢貉遂反，詔尤擊之。尤誘高句驪侯騶至而斬焉，傳首長安。莽大説，下書曰：「乃者，命遣猛將，共行天罰，誅滅虜知，分爲十二部，或斷其右臂，或斬其左腋，或潰其胸腹，或紬其兩脅。今年刑在東方，誅貉之部先縱焉。捕斬虜騶，平定東域，虜知殄滅，在于漏刻。此乃天地羣神社稷宗廟佑助之福，公卿大夫士民同心將率虓虎之力也，予甚嘉之。其更名高句驪爲下句驪，布告天下，令咸知焉。」於是貉人愈犯邊，東北與西南夷皆亂云。

莽志方盛，以爲四夷不足吞滅，專念稽古之事，復下書曰：「伏念予之皇始祖考虞帝，受終文祖，在璇璣玉衡以齊七政，遂類于上帝，禋于六宗，望秩于山川，偏于羣神，巡狩五嶽，羣后四朝，敷奏以言，明試以功。予之受命即真，到于建國五年，已五載矣。陽九之阸既度，百六之會已過。歲在壽星，填在明堂，倉龍癸酉，德在中宫。觀晉掌歲，龜策告從，其以此年二月建寅之節東巡狩，具禮儀調度。」羣公奏請募吏民人馬布帛綿，又請内郡國十二買馬，發帛四十五萬匹，輸常安，前後毋相須。至者過半，莽下書曰：「文母太后體不安，其且止待後。」

是歲，改十一公號，以「新」爲「心」，後又改「心」爲「信」。

五年二月，文母皇太后崩，葬渭陵，與元帝合而溝絶之。立廟於長安，新室世世獻祭。元帝配食，坐於牀下。莽爲太后服喪三年。

大司馬孔永乞骸骨，賜安車駟馬，以特進就朝位。同風侯逯並爲大司馬。

是時，長安民聞莽欲都雒陽，不肯繕治室宅，或頗徹之。莽曰：「玄龍石文曰『定帝德，國雒陽』。符命著明，敢不欽奉！以始建國八年，歲纏星紀，在雒陽之都。其謹繕脩常安之都，勿令壞敗。敢有犯者，輒以名聞，請其罪。」

是歲，烏孫大小昆彌遣使貢獻。大昆彌者，中國外孫也。其胡婦子爲小昆彌，而烏孫歸附之。莽見匈奴諸邊並侵，意欲得烏孫心，乃遣使者引小昆彌使置大昆彌使上。保成師友祭酒滿昌劾奏使者曰：「夷狄以中國有禮誼，故詘而服從。大昆彌，君也，今序臣使於君使之上，非所以有夷狄也。奉使大不敬！」莽怒，免昌官。

西域諸國以莽積失恩信，焉耆先畔，殺都護但欽。

十一月，彗星出，二十餘日，不見。

是歲，以犯挾銅炭者多，除其法。

明年改元曰天鳳。

天鳳元年正月，赦天下。

莽曰：「予以二月建寅之節行巡狩之禮，太官齎糒乾肉，内者行張坐臥，所過毋得有所給。予之東巡，必躬載耒，每縣則耕，以勸東作。予之南巡，必躬載耨，每縣則薅，以勸南僞。予之西巡，必躬載銍，每縣則穫，以勸西成。予之北巡，必躬載拂，每縣則粟，以勸蓋藏。畢北巡狩之禮，即于土中居雒陽之都焉。敢有趨讙犯法，輒以軍法從事。」羣公奏言：「皇帝至孝，往年文母聖體不豫，躬親供養，衣冠稀解。因遭棄羣臣悲哀，顔色未復，飲食損少。今一歲四巡，道路萬里，春秋尊，非糒乾肉之所能堪。且無巡狩，須閼大服，以安聖體。臣等盡力養牧兆民，奉稱明詔。」莽曰：「羣公、羣牧、羣司、諸侯、庶尹願盡力相帥養牧兆民，欲以稱予，繇此敬聽，其勗之哉！毋食言焉。更以天鳳七年，歲在大梁，倉龍庚辰，行巡狩之禮。厥明年，歲在實沈，倉龍辛巳，即土之中雒陽之都。」乃遣太傅平晏、大司空王邑之雒陽，營相宅兆，圖起宗廟、社稷、郊兆云。

三月壬申晦，日有食之。大赦天下。策大司馬逯並曰：「日食無光，干戈不戢，其上大司馬印韍，就侯氏朝位。太傅平晏勿領尚書事，省侍中諸曹兼官者。以利苗男訢爲大司馬。」

莽即真，尤備大臣，抑奪下權，朝臣有言其過失者，輒拔擢。孔仁、趙博、費

興等以敢擊大臣，故見信任，擇名官而居之。公卿入宫，吏有常數，太傅平晏從吏過例，掖門僕射苛問不遜，戊曹士收繫僕射。莽大怒，使執法發車騎數百圍太傅府，捕士，即時死。大司空士夜過奉常亭，亭長苛之，告以官名，亭長醉曰：「寧有符傳邪？」士以馬箠擊亭長，亭長斬士，亡，郡縣逐之。家上書，莽曰：「亭長奉公，勿逐。」大司空邑斥士以謝。國將哀章頗不清，莽爲選置和叔，敕曰：「非但保國將閨門，當保親屬在西州者。」諸公皆輕賤，而章尤甚。

四月，隕霜，殺屮木，海瀕尤甚。六月，黄霧四塞。七月，大風拔樹，飛北闕直城門屋瓦。雨雹，殺牛羊。

莽以《周官》、《王制》之文，置卒正、連率、大尹，職如太守；屬令、屬長，職如都尉。置州牧、部監二十五人，見禮如三公。監位上大夫，各主五郡。公氏作牧，侯氏卒正，伯氏連率，子氏屬令，男氏屬長，皆世其官。其無爵者爲尹。分長安城旁六鄉，置帥各一人。分三輔爲六尉郡，河東、河内、弘農、河南、潁川、南陽爲六隊郡，置大夫，職如太守；屬正，職如都尉。更名河南大尹曰保忠信卿。益河南屬縣滿三十。置六郊州長各一人，人主五縣。及它官名悉改。大郡至分爲五。郡縣以亭爲名者三百六十，以應符命文也。緣邊又置竟尉，以男爲之。諸侯國閒田，爲黜陟增減云。莽下書曰：「常安西都曰六鄉，衆縣曰六尉。義陽東都曰六州，衆縣曰六隊。粟米之内曰内郡，其外曰近郡。有鄣徼者曰邊郡。合百二十有五郡。九州之内，縣二千二百有三。公作甸服，是爲惟城；諸在侯服，是爲惟寧；在采、任諸侯，是爲惟翰；在賓服，是爲惟屏；在揆文教，奮武衛，是爲惟垣；在九州之外，是爲惟藩：各以其方爲稱，總爲萬國焉。」其後，歲復變更，一郡至五易名，而還復其故。吏民不能紀，每下詔書，輒繫其故名，曰：「制詔陳留大尹、太尉：其以益歲以南付新平。新平，故淮陽。以雍丘以東付陳定。陳定，故梁郡。以封丘以東付治亭。治亭，故東郡。以陳留以西付祈隧。祈隧，故滎陽。陳留已無復有郡矣。大尹、大尉，皆詣行在所。」其號令變易，皆此類也。

令天下小學，戊子代甲子爲六旬首。冠以戊子爲元日，昏以戊寅之旬爲忌日。百姓多不從者。

匈奴單于知死，弟咸立爲單于，求和親。莽遣使者厚賂之，詐許還其侍子登，因購求陳良、終帶等。單于即執良等付使者，檻車詣長安。莽燔燒良等於城北，令吏民會觀之。

緣邊大飢，人相食。諫大夫如普行邊兵，還言「軍士久屯塞苦，邊郡無以相贍。今單于新和，宜因是罷兵」。校尉韓威進曰：「以新室之威而吞胡虜，無異口中蚤蝨。臣願得勇敢之士五千人，不齎斗糧，飢食虜肉，渴飲其血，可以横行。」莽壯其言，以威爲將軍。然采普言，徵還諸將在邊者。免陳欽等十八人，又罷四關填都尉諸屯兵。會匈奴使還，單于知侍子登前誅死，發兵寇邊，莽復發軍屯。於是邊民流入内郡，爲人奴婢，乃禁吏民敢挾邊民者棄市。

益州蠻夷殺大尹程隆，三邊盡反。遣平蠻將軍(馬)〔馮〕茂將兵擊之。

寧始將軍侯輔免，講《易》祭酒戴参爲寧始將軍。

二年二月，置酒王路堂，公卿大夫皆佐酒。大赦天下。

是時，日中見星。

大司馬苗訢左遷司命，以延德侯陳茂爲大司馬。

訛言黄龍墮死黄山宫中，百姓犇走往觀者有萬數。莽惡之，捕繫問語所從起，不能得。

單于咸既和親，求其子登屍，莽欲遣使送致，恐咸怨恨害使者，乃收前言當誅侍子者故將軍陳欽，以他辠繫獄。欽曰：「是欲以我爲説於匈奴也。」遂自殺。莽選儒生能顓對者濟南王咸爲大使，五威將琅邪伏黯等爲帥，使送登屍。敕令掘單于知墓，棘鞭其屍。又令匈奴卻塞於漠北，責單于馬萬匹，牛三萬頭，羊十萬頭，及稍所略邊民生口在者皆還之。莽好爲大言如此。咸到單于庭，陳莽威德，責單于背畔之辠，應敵從横，單于不能詘，遂致命而還之。入塞，咸病死，封其子爲伯，伏黯等皆爲子。

莽意以爲制定則天下自平，故鋭思於地里，制禮作樂，講合《六經》之説。公卿旦入暮出，議論連年不決，不暇省獄訟冤結民之急務。縣宰缺者，數年守兼，一切貪殘日甚。中郎將、繡衣執法在郡國者，並乘權勢，傳相舉奏。又十一公士分布勸農桑，班時令，案諸章，冠蓋相望，交錯道路，召會吏民，逮捕證左，郡縣賦斂，遞相賕賂，白黑紛然，守闕告訴者多。莽自見前顓權以得漢政，故務自攬衆事，有司受成苟免。諸寶物名、帑藏、錢穀官，皆宦者領之；吏民上封事書，宦官左右開發，尚書不得知。其畏備臣下如此。又好變改制度，政令煩多，當(奏)〔奉〕行者，輒質問乃以從事，前後相乘，憒眊不渫。莽常御燈火至明，猶不能勝。尚書因是爲姦寢事，上書待報者連年不得去，拘繫郡縣者逢赦而後出，衛卒不交代三歲矣。穀常貴，邊兵二十餘萬人仰衣食，縣官愁苦。五原、代郡尤被其毒，

起爲盜賊，數千人爲輩，轉入旁郡。莽遣捕盜將軍孔仁將兵與郡縣合擊，歲餘乃定，邊郡亦略將盡。

邯鄲以北大雨霧，水出，深者數丈，流殺數千人。

立國將軍孫建死，司命趙閎爲立國將軍。寧始將軍戴參歸故官，南城將軍廉丹爲寧始將軍。

三年二月乙酉，地震，大雨雪，關東尤甚，深者一丈，竹柏或枯。大司空王邑上書言：「視事八年，功業不效，司空之職尤獨廢頓，至乃有地震之變。願乞骸骨。」莽曰：「夫地有動有震，震者有害，動者不害。《春秋》記地震，《易繫·坤》動，動靜辟脅，萬物生焉。災異之變，各有云爲。天地動威，以戒予躬，公何辜焉，而乞骸骨，非所以助予者也。使諸吏散騎司祿大衞脩寧男遵諭予意焉。」

五月，莽下吏祿制度，曰：「予遭陽九之阸，百六之會，國用不足，民人騷動，自公卿以下，一月之祿十緵布二匹，或帛一匹。予每念之，未嘗不戚焉。今阸會已度，府帑雖未能充，略頗稍給，其以六月朔庚寅始，賦吏祿皆如制度。」四輔公卿大夫士，下至輿僚，凡十五等。僚祿一歲六十六斛，稍以差增，上至四輔而爲萬斛云。莽又曰：「『普天之下，莫非王土；率土之賓，莫非王臣。』蓋以天下養焉。《周禮》膳羞百有二十品，今諸侯各食其同、國、則；辟、任、附城食其邑；公、卿、大夫、元士食其采。多少之差，咸有條品。歲豐穰則充其禮，有災害則有所損，與百姓同憂喜也。其用上計時通計，天下幸無災害者，太官膳羞備其品矣；即有災害，以什率多少而損膳焉。東嶽太師立國將軍保東方三州一部二十五郡；南嶽太傅前將軍保南方二州一部二十五郡；西嶽國師寧始將軍保西方一州二部二十五郡；北嶽國將衞將軍保北方二州一部二十五郡；大司馬保納卿、言卿、仕卿、作卿、京尉、扶尉、兆隊、右隊、中部左洎前七部；大司徒保樂卿、典卿、宗卿、秩卿、翼尉、光尉、左隊、前隊、中部、右部，有五郡；大司空保予卿、虞卿、共卿、工卿、師尉、列尉、祈隊、後隊、中部洎後十郡；及六司，六卿，皆隨所屬之公保其災害，亦以十率多少而損其祿。郎、從官、中都官吏食祿都內之委者，以太官膳羞備損而爲節。諸侯、辟、任、附城、羣吏亦各保其災害。幾上下同心，勸進農業，安元元焉。」莽之制度煩碎如此，課計不可理，吏終不得祿，各因官職爲姦，受取賕賂以自共給。

是月戊辰，長平館西岸崩，邕涇水不流，毁而北行。遣大司空王邑行視，還奏狀，羣臣上壽，以爲《河圖》所謂「以土填水」，匈奴滅亡之祥也。乃遣并州牧宋弘、游擊都尉任萌等將兵擊匈奴，至邊止屯。

七月辛酉，霸城門災，民間所謂青門也。

戊子晦，日有食之。大赦天下。復令公卿大夫諸侯二千石舉四行各一人。大司馬陳茂以日食免，武建伯嚴尤爲大司馬。

十月戊辰，王路朱鳥門鳴，晝夜不絶，崔發等曰：「虞帝闢四門，通四聰。門鳴者，明當修先聖之禮，招四方之士也。」於是令羣臣皆賀，所舉四行從朱鳥門入而對策焉。

平蠻將軍馮茂擊句町，士卒疾疫，死者什六七，賦斂民財什取五，益州虛耗而不克，徵還下獄死。更遣寧始將軍廉丹與庸部牧史熊擊句町，頗斬首，有勝。莽徵丹、熊，丹、熊願益調度，必克乃還。復大賦斂，就都大尹馮英不肯給，上言「自越巂遂久仇牛、同亭邪豆之屬反畔以來，積且十年，郡縣距擊不已。續用馮茂，苟施一切之政。僰道以南，山險高深，茂多敺衆遠居，費以億計，吏士離毒氣死者什七。今丹、熊懼於自詭期會，調發諸郡兵穀，復訾民取其十四，空破梁州，功終不遂。宜罷兵屯田，明設購賞」。莽怒，免英官。後頗覺寤，曰：「英亦未可厚非。」復以英爲長沙連率。

翟義黨王孫慶捕得，莽使太醫、尚方與巧屠共刳剥之，量度五藏，以竹筳導其脈，知所終始，云可以治病。

是歲，遣大使五威將王駿、西域都護李崇將戊己校尉出西域，諸國皆郊迎貢獻焉。諸國前殺都護但欽，駿欲襲之，命佐帥何封、戊己校尉郭欽別將。焉耆詐降，伏兵擊駿等，皆死。欽、封後到，襲擊老弱，從車師還入塞。莽拜欽爲填外將軍，封剿胡子，何封爲集胡男。西域自此絶。

《漢書》卷九九下《王莽傳下》 四年五月，莽曰：「保成師友祭酒唐林、故諫議祭酒琅邪紀逡，孝弟忠恕，敬上愛下，博通舊聞，德行醇備，至於黄髮，靡有愆失。其封林爲建德侯，逡爲封德侯，位皆特進，見禮如三公。賜弟一區，錢三百萬，授几杖焉。」

六月，更授諸侯茅土於明堂，曰：「予制作地理，建封五等，考之經藝，合之傳記，通於義理，論之思之，至於再三，自始建國之元以來九年于兹，乃今定矣。予親設文石之平，陳菁茅四色之土，欽告于岱宗泰社后土、先祖先妣，以班授之。各就厥國，養牧民人，用成功業。其在緣邊，若江南，非詔所召，遣侍于帝城者，納言掌貨大夫且調都內故錢，予其祿，公歲八十萬，侯伯四十萬，子男二十萬。」

然復不能盡得。莽好空言，慕古法，多封爵人，性實遴嗇，託以地理未定，故且先賦茅土，用慰喜封者。

是歲，復明六筦之令。每一筦下，爲設科條防禁，犯者罪至死，吏民抵罪者浸衆。又一切調上公以下諸有奴婢者，率一口出錢三千六百，天下愈愁，盜賊起。納言馮常以六筦諫，莽大怒，免常官。置執法左右刺姦。選用能吏侯霸等分督六尉、六隊，如漢刺史，與三公士郡一人從事。

臨淮瓜田儀等爲盜賊，依阻會稽長州，琅邪女子吕母亦起。初，吕母子爲縣吏，爲宰所冤殺。母散家財，以酤酒買兵弩，陰厚貧窮少年，得百餘人，遂攻海曲縣，殺其宰以祭子墓。引兵入海，其衆浸多，後皆萬數。莽遣使者即赦盜賊，還言「盜賊解，輒復合。問其故，皆曰愁法禁煩苛，不得舉手。力作所得，不足以給貢稅。閉門自守，又坐鄰伍鑄錢挾銅，姦吏因以愁民。民窮，悉起爲盜賊。」莽大怒，免之。其或順指，言「民驕黠當誅」，及言「時運適然，且滅不久」，莽説，輒遷之。

是歲八月，莽親之南郊，鑄作威斗。威斗者，以五石銅爲之，若北斗，長二尺五寸，欲以厭勝衆兵。既成，令司命負之，莽出在前，入在御旁。鑄斗日，大寒，百官人馬有凍死者。

五年正月朔，北軍南門災。

以大司馬允費興爲荆州牧，見，問到部方略，興對曰：「荆、揚之民率依阻山澤，以漁采爲業。間者，國張六筦，稅山澤，妨奪民之利，連年久旱，百姓飢窮，故爲盜賊。興到部，欲令明曉告盜賊歸田里，假貸犁牛種食，闊其租賦，幾可以解釋安集。」莽怒，免興官。

天下吏以不得奉祿，並爲姦利，郡尹縣宰家累千金。莽下詔曰：「詳考始建國二年胡虜猾夏以來，諸軍吏及緣邊吏大夫以上爲姦利增産致富者，收其家所有財産五分之四，以助邊急。」公府士馳傳天下，考覆貪饕，開吏告其將，奴婢告其主，幾以禁姦，姦愈甚。

皇孫功崇公宗坐自畫容貌，被服天子衣冠，刻印三：一曰「維祉冠存己夏處南山臧薄冰」，二曰「肅聖寶繼」，三曰「德封昌圖」。又宗舅吕寬家前徙合浦，私與宗通，發覺按驗，宗自殺。莽曰：「宗屬爲皇孫，爵爲上公，知寬等叛逆族類，而與交通；刻銅印三，文意甚害，不知厭足，窺欲非望。《春秋》之義，『君親毋將，將而誅焉』。迷惑失道，自取此辜，烏呼哀哉！宗本名會宗，以制作去二名，今復名會宗。貶厥爵，改厥號，賜謚爲功崇繆伯，以諸伯之禮葬于故同穀城郡。」宗姊妨爲衛將軍王興夫人，祝詛姑，殺婢以絶口。事發覺，莽使中常侍𩐌惲責問妨，并以責興，皆自殺。事連及司命孔仁妻，亦自殺。仁見莽免冠謝，莽使尚書劾仁：「乘《乾》車，駕《巛》馬，左蒼龍，右白虎，前朱雀，後玄武，右杖威節，左負威斗，號曰赤星，非以驕仁，乃以尊新室之威命也。仁擅免天文冠，大不敬。」有詔勿劾，更易新冠。其好怪如此。

以直道侯王涉爲衛將軍。涉者，曲陽侯根子也。根，成帝世爲大司馬，薦莽自代，莽恩之，以爲曲陽非令稱，乃追謚根曰直道讓公，涉嗣其爵。

是歲，赤眉力子都、樊崇等以饑饉相聚，起於琅邪，轉鈔掠，衆皆萬數。遣使者發郡國兵擊之，不能克。

六年春，莽見盜賊多，乃令太史推三萬六千歲曆紀，六歲一改元，布天下。下書曰：「《紫閣圖》『太一、黄帝皆僊上天，張樂崑崙虔山之上。後世聖主得瑞者，當張樂秦終南山之上』。予之不敏，奉行未明，乃今諭矣。復以寧始將軍爲更始將軍，以順符命。《易》不云乎？『日新之謂盛德，生生之謂易。』予其饗哉！」欲以誑燿百姓，銷解盜賊。衆皆笑之。

初獻《新樂》於明堂、太廟。羣臣始冠麟韋之弁。或聞其樂聲，曰：「清厲而哀，非興國之聲也。」

是時，關東饑旱數年，力子都等黨衆寖多。更始將軍廉丹擊益州不能克，徵還。更遣復位後大司馬護軍郭興、庸部牧李曅擊蠻夷若豆等，太傅犧叔士孫喜清潔江湖之盜賊。而匈奴寇邊甚。莽乃大募天下丁男及死罪囚、吏民奴，名曰豬突豨勇，以爲鋭卒。一切稅天下吏民，訾三十取一，縑帛皆輸長安。令公卿以下至郡縣黄綬皆保養軍馬，多少各以秩爲差。又博募有奇技術可以攻匈奴者，將待以不次之位。言便宜者以萬數：或言能度水不用舟楫，連馬接騎，濟百萬師；或言不持斗糧，服食藥物，三軍不飢；或言能飛，一日千里，可窺匈奴。莽輒試之，取大鳥翮爲兩翼，頭與身皆著毛，通引環紐，飛數百步墮。莽知其不可用，苟欲獲其名，皆拜爲理軍，賜以車馬，待發。

初，匈奴右骨都侯須卜當，其妻王昭君女也，嘗内附。莽遣昭君兄子和親侯王歙誘呼(嘗)[當]至塞下，脅將詣長安，强立以爲須卜善于後安公。始欲誘迎當，大司馬嚴尤諫曰：「當在匈奴右部，兵不侵邊，單于動静，輒語中國，此方面之大助也。于今迎當置長安槀街，一胡人耳，不如在匈奴有益。」莽不聽。既得

當，欲遣尤與廉丹擊匈奴，皆賜姓徵氏，號二徵將軍，當誅單于輿而立當代之。出車城西横廐，未發。尤素有智略，非莽攻伐西夷，數諫不從，著古名將樂毅、白起不用之意及言邊事凡三篇，奏以風諫莽。及當出廷議，尤固言匈奴可且以爲後，先憂山東盜賊。莽大怒，乃策尤曰：「視事四年，蠻夷猾夏不能遏絶，寇賊姦宄不能殄滅，不畏天威，不用詔命，皃佷自臧，持必不移，懷執異心，非沮軍議。未忍致于理，其上大司馬武建伯印韍，歸故郡。」以降符伯董忠爲大司馬。

翼平連率田況奏郡縣訾民不實，莽復三十税一。以況忠言憂國，進爵爲伯，賜錢二百萬。衆庶皆詈之。青、徐民多棄鄉里流亡，老弱死道路，壯者入賊中。

夙夜連率韓博上言：「有奇士，長丈，大十圍，來至臣府，曰欲奮擊胡虜。自謂巨毋霸，出於蓬萊東南，五城西北昭如海瀕，軺車不能載，三馬不能勝。即日以大車四馬，建虎旗，載霸詣闕。霸卧則枕鼓，以鐵箸食，此皇天所以輔新室也。願陛下作大甲高車，賁育之衣，遣大將一人與虎賁百人迎之於道。京師門户不容者，開高大之，以視百蠻，鎮安天下。」博意欲以風莽。莽聞惡之，留霸在所新豐，更其姓曰巨母氏，謂因文母太后而霸王符也。徵博下獄，以非所宜言，棄市。

明年改元曰地皇，從三萬六千歲曆號也。

地皇元年正月乙未，赦天下。下書曰：「方出軍行師，敢有趨讙犯法者，輒論斬，毋須時，盡歲止。」於是春夏斬人都市，百姓震懼，道路以目。

二月壬申，日正黑。莽惡之，下書曰：「乃者日中見昧，陰薄陽，黑氣爲變，百姓莫不驚怪。兆域大將軍王匡遣吏考問上變事者，欲蔽上之明，是以適見于天，以正于理，塞大異焉。」

莽見四方盜賊多，復欲厭之，又下書曰：「予之皇初祖考黄帝定天下，將兵爲上將軍，建華蓋，立斗獻，内設大將，外置大司馬五人，大將軍二十五人，偏將軍百二十五人，裨將軍千二百五十人，校尉萬二千五百人，司馬三萬七千五百人，候十一萬二千五百人，當百二十二萬五千人，士吏四十五萬人，士千三百五十萬人，應協於《易》『弧矢之利，以威天下』。予受符命之文，稽前人，將條備焉。」於是置前後左右中大司馬之位，賜諸州牧號爲大將軍，郡卒正、連帥、大尹爲偏將軍，屬令長裨將軍，縣宰爲校尉。乘傳使者經歷郡國，日且十輩，倉無見穀以給，傳車馬不能足，賦取道中車馬，取辦於民。

七月，大風毁王路堂。復下書曰：「乃壬午餔時，有列風雷雨發屋折木之變，予甚弁焉，予甚栗焉，予甚恐焉。伏念一旬，迷乃解矣。昔符命文立安爲新遷王，臨國雒陽，爲統義陽王。是時予在攝假，謙不敢當，而以爲公。其後金匱文至，議者皆曰：『臨國雒陽爲統，謂據土中爲新室統也，宜爲皇太子。』自此後，臨久病，雖瘳不平，朝見挈茵輿行。見王路堂者，張於西廂及後閣更衣中，又以皇后被疾，臨且去本就舍，妃妾在東永巷。壬午，列風毁王路西廂及後閣更衣中室。昭寧堂池東南榆樹大十圍，東僵，擊東閣，閣即東永巷之西垣也。皆破折瓦壞，發屋拔木，予甚驚焉。又候官奏月犯心前星，厥有占，予甚憂之。伏念《紫閣圖》文，太一、黄帝皆得瑞以僊，後世褏主當登終南山。所謂新遷王者，乃太一新遷之後也。統義陽王乃用五統以禮義登陽上遷之後也。臨有兄而稱太子，名不正。宣尼公曰：『名不正，則言不順，至於刑罰不中，民無錯手足。』惟即位以來，陰陽未和，風雨不時，數遇枯旱蝗螟爲災，穀稼鮮耗，百姓苦飢，蠻夷猾夏，寇賊姦宄，人民正營，無所錯手足。深惟厥咎，在名不正焉。其立安爲新遷王，臨爲統義陽王，幾以保全二子，子孫千億，外攘四夷，内安中國焉。」

是月，杜陵便殿乘輿虎文衣廢臧在室匣中者出，自樹立外堂上，良久乃委地。吏卒見者以聞，莽惡之，下書曰：「寶黄厮赤，其令郎從官皆衣絳。」

望氣爲數者多言有土功象，莽又見四方盜賊多，欲視爲自安能建萬世之基者，乃下書曰：「予受命遭陽九之阸，百六之會，府帑空虚，百姓匱乏，宗廟未修，且祫祭於明堂太廟，夙夜永念，非敢寧息。深惟吉昌莫良於今年，予乃卜波水之北，郎池之南，惟玉食。予又卜金水之南，明堂之西，亦惟玉食。予將(新)〔親〕築焉。」於是遂營長安城南，提封百頃。九月甲申，莽立載行視，親舉築三下。司徒王尋、大司空王邑持節，及侍中常侍執法杜林等數十人將作。崔發、張邯説莽曰：「德盛者文縟，宜崇其制度，宣視海内，且令萬世之後無以復加也。」莽乃博徵天下工匠諸圖畫，以望法度算，及吏民以義入錢穀助作者，駱驛道路。壞徹城西苑中建章、承光、包陽、大臺、儲元宫及平樂、當路、陽禄館，凡十餘所，取其材瓦，以起九廟。是月，大雨六十餘日。令民入米六百斛爲郎，其郎吏增秩賜爵至附城。九廟：一曰黄帝太初祖廟，二曰帝虞始祖昭廟，三曰陳胡王統祖穆廟，四曰齊敬王世祖昭廟，五曰濟北愍王王祖穆廟，凡五廟不墮云；六曰濟南伯王尊禰昭廟，七曰元城孺王尊禰穆廟，八曰陽平頃王戚禰昭廟，九曰新都顯王戚禰穆廟。殿皆重屋。太初祖廟東西南北各四十丈，高十七丈，餘廟半之。爲銅薄櫨，飾以金銀琱文，窮極百工之巧。帶高增下，功費數百鉅萬，卒徒死者萬數。

鉅鹿男子馬適求等謀舉燕趙兵以誅莽，大司空士王丹發覺以聞。莽遣三公

大夫逮治黨與，連及郡國豪傑數千人，皆誅死。封丹爲輔國侯。

自莽爲不順時令，百姓怨恨，莽猶安之，又下書曰：「惟設此壹切之法以來，常安六鄉巨邑之都，枹鼓稀鳴，盗賊衰少，百姓安土，歲以有年，此乃立權之力也。今胡虜未滅誅，蠻僰未絶焚，江湖海澤麻沸，盗賊未盡破殄，又興奉宗廟社稷之大作，民衆動摇。今復壹切行此令，盡二年止之，以全元元，救愚姦。」

是歲，罷大小錢，更行貨布，長二寸五分，廣一寸，直貨錢二十五。貨錢徑一寸，重五銖，枚直一。兩品並行。敢盗鑄錢及偏行布貨，伍人知不發舉，皆没入爲官奴婢。

太傅平晏死，以予虞唐尊爲太傅。尊曰：「國虚民貧，咎在奢泰。」乃身短衣小褏，乘牝馬柴車，藉槀，瓦器，又以歷遺公卿。出見男女不異路者，尊自下車，以象刑赭幡汙染其衣。莽聞而説之，下詔申敕公卿思與厥齊。封尊爲平化侯。

是時，南郡張霸、江夏羊牧、王匡等起雲杜緑林，號曰下江兵，衆皆萬餘人。武功中水鄉民三舍墊爲池。

二年正月，以州牧位三公，刺舉怠解，更置牧監副，秩元士，冠法冠，行事如漢刺史。

是月，莽妻死，謚曰孝睦皇后，葬渭陵長壽園西，令永侍文母，名陵曰億年。初莽妻以莽數殺其子，涕泣失明，莽令太子臨居中養焉。莽妻旁侍者原碧，莽幸之。後臨亦通焉，恐事泄，謀共殺莽。臨妻愔，國師公女，能爲星，語臨宫中且有白衣會。臨喜，以爲所謀且成。後貶爲統義陽王，出在外第，愈憂恐。會莽妻病困，臨予書曰：「上於子孫至嚴，前長孫、中孫年俱三十而死。今臣臨復適三十，誠恐一旦不保中室，則不知死命所在！」莽候妻疾，見其書，大怒，疑臨有惡意，不令得會喪。既葬，收原碧等考問，具服姦、謀殺狀。莽欲祕之，使殺案事使者司命從事，埋獄中，家不知所在。賜臨藥，臨不肯飲，自刺死。使侍中票騎將軍同説侯林賜魂衣璽韍，策書曰：「符命文立臨爲統義陽王，此言新室即位三萬六千歲後，爲臨之後者乃當龍陽而起。前過聽議者，以臨爲太子，有烈風之變，輒順符命，立爲統義陽王。在此之前，自此之後，不作信順，弗蒙厥佑，夭年隕命，嗚呼哀哉！迹行賜謚，謚曰繆王。」又詔國師公：「臨本不知星，事從愔起。」愔亦自殺。

是月，新遷王安病死。初，莽爲侯就國時，幸侍者增秩、懷能、開明。懷能生男興，增秩生男匡、女曅，開明生女捷，皆留新都國，以其不明故也。及安疾甚，莽自病無子，爲安作奏，使上言：「興等母雖微賤，屬猶皇子，不可以棄。」章視羣公，皆曰：「安友于兄弟，宜及春夏加封爵。」於是以王車遣使者迎興等，封興爲功脩公，匡爲功建公，曅爲睦脩任，捷爲睦逮任。孫公明公壽病死，旬月四喪焉。莽壞漢孝武、孝昭廟，分葬子孫其中。

魏成大尹李焉與卜者王況謀，況謂焉曰：「新室即位以來，民田奴婢不得賣買，數改錢貨，徵發煩數，軍旅騷動，四夷並侵，百姓怨恨，盗賊並起，漢家當復興。君姓李，李音徵，徵火也，當爲漢輔。」因爲焉作讖書，言「文帝發忿，居地下趣軍，北告匈奴，南告越人。江中劉信，執敵報怨，復續古先，四年當發軍。江湖有盗，自稱樊王，姓爲劉氏，萬人成行，不受赦令，欲動秦、雒陽。十一年當相攻，太白揚光，歲星入東井，其號當行。」又言莽大臣吉凶，各有日期。會合十餘萬言。焉令吏寫其書，吏亡告之。莽遣使者即捕焉，獄治皆死。

三輔盗賊麻起，乃置捕盗都尉官，令執法謁者追擊長安中，建鳴鼓攻賊幡，而使者隨其後。遣太師犧仲景尚、更始將軍護軍王黨將兵擊青、徐，國師和仲曹放助郭興擊句町。轉天下穀幣詣西河、五原、朔方、漁陽，每一郡以百萬數，欲以擊匈奴。

秋，隕霜殺菽，關東大饑，蝗。

民犯鑄錢，伍人相坐，没入爲官奴婢。其男子檻車，兒女子步，以鐵鎖琅當其頸，傳詣鍾官，以十萬數。到者易其夫婦，愁苦死者什六七。孫喜、景尚、曹放等擊賊不能克，軍師放縱，百姓重困。

莽以王況讖言荆楚當興，李氏爲輔，欲厭之，乃拜侍中掌牧大夫李棽爲大將軍、揚州牧，賜名聖，使將兵奮擊。

上谷儲夏自請願説瓜田儀，莽以爲中郎，使出儀。儀文降，未出而死。莽求其尸葬之，爲起冢、祠室，謚曰瓜寧殤男，幾以招來其餘，然無肯降者。

閏月丙辰，大赦天下，天下大服民私服在詔書前亦釋除。

郎陽成脩獻符命，言繼立民母，又曰：「黄帝以百二十女致神僊。」莽於是遣中散大夫、謁者各四十五人分行天下，博采鄉里所高有淑女者上名。

莽夢長樂宫銅人五枚起立，莽惡之，念銅人銘有「皇帝初兼天下」之文，即使尚方工鐫滅所夢銅人膺文。又感漢高廟神靈，遣虎賁武士入高廟，拔劍四面提擊，斧壞户牖，桃湯赭鞭鞭灑屋壁，令輕車校尉居其中，又令中軍北壘居高寢。

或言黄帝時建華蓋以登僊，莽乃造華蓋九重，高八丈一尺，金瑵羽葆，載以

祕機四輪車，駕六馬，力士三百人黄衣幘，車上人擊鼓，輓者皆呼「登僊」。莽出，令在前。百官竊言「此似輭車，非僊物也」。

是歲，南郡秦豐衆且萬人。平原女子遲昭平能説（經博）〔博經〕以八投，亦聚數千人在河阻中。莽召問羣臣禽賊方略，皆曰：「此天囚行尸，命在漏刻。」故左將軍公孫禄徵來與議，禄曰：「太史令宗宣典星曆，候氣變，以凶爲吉，亂天文，誤朝廷。太傅平化侯飾虛僞以媮名位，『賊夫人之子』。國師嘉信公顛倒《五經》，毁師法，令學士疑惑。明學男張邯、地理侯孫陽造井田，使民棄土業。犧和魯匡設六筦，以窮工商。説符侯崔發阿諛取容，令下情不上通。宜誅此數子以慰天下！」又言：「匈奴不可攻，當與和親。臣恐新室憂不在匈奴，而在封域之中也。」莽怒，使虎賁扶禄出。然頗采其言，左遷魯匡爲五原卒正，以百姓怨非故。六筦非匡所獨造，莽厭衆意而出之。

初，四方皆以飢寒窮愁起爲盜賊，稍稍羣聚，常思歲熟得歸鄉里。衆雖萬數，亶稱巨人、從事、三老、祭酒，不敢略有城邑，轉掠求食，日闋而已。諸長吏牧守皆自亂鬬中兵而死，賊非敢欲殺之也，而莽終不諭其故。是歲，大司馬士按章豫州，爲賊所獲，賊送付縣。士還，上書具言狀。莽大怒，下獄以爲誣罔。因下書責七公曰：「夫吏者，理也。宣德明恩，以牧養民，仁之道也。抑强督姦，捕誅盜賊，義之節也。今則不然。盜發不輒得，至成羣黨，遮略乘傳宰士。士得脱者，又妄自言『我責數賊「何故爲是」？賊曰「以貧窮故耳」。賊護出我。』今俗人議者率多若此。惟貧困飢寒，犯法爲非，大者羣盜，小者偷穴，不過二科，今乃結謀連黨以千百數，是逆亂之大者，豈飢寒之謂邪？七公其嚴敕卿大夫、卒正、連率、庶尹，謹牧養善民，急捕殄盜賊。有不同心并力，疾惡黜賊，而妄曰飢寒所爲，輒捕繫，請其罪。」於是羣下愈恐，莫敢言賊情者，亦不得擅發兵，賊由是遂不制。

唯翼平連率田況素果敢，發民年十八以上四萬餘人，授以庫兵，與刻石爲約。赤糜聞之，不敢入界。況自劾奏，莽讓況：「未賜虎符而擅發兵，此弄兵也，厥辠乏興。以況自詭必禽滅賊，故且勿治。」後況自請出界擊賊，所嚮皆破。莽以璽書令況領青、徐二州牧事。況上言：「盜賊始發，其原甚微，非部吏、伍人所能禽也。咎在長吏不爲意，縣欺其郡，郡欺朝廷，實百言十，實千言百。朝廷忽略，不輒督責，遂至延曼連州，乃遣將率，多發使者，傳相監趣。郡縣力事上官，應塞詰對，共酒食，具資用，以救斷斬，不給復憂盜賊治官事。將率又不能躬率吏士，戰則爲賊所破，吏氣寖傷，徒費百姓。前幸蒙赦令，賊欲解散，或反遮擊，恐入山谷，轉相告語，故郡縣降賊，皆更驚駭，恐見詐滅，因饑饉易動，旬日之間更十餘萬人，此盜賊所以多之故也。今雒陽以東，米石二千。竊見詔書，欲遣太師、更始將軍，二人爪牙重臣，多從人衆，道上空竭，少則亡以威視遠方。宜急選牧、尹以下，明其賞罰，收合離鄉。小國無城郭者，徙其老弱置大城中，積藏穀食，并力固守。賊來攻城，則不能下，所過無食，勢不得羣聚。如此，招之必降，擊之則滅。今空復多出將率，郡縣苦之，反甚於賊。宜盡徵還乘傳諸使者，以休息郡縣。委任臣況以二州盜賊，必平定之。」莽畏惡況，陰爲發代，遣使者賜況璽書。使者至，見況，因令代監其兵。況隨使者西，到，拜爲師尉大夫。況去，齊地遂敗。

三年正月，九廟蓋構成，納神主。莽謁見，大駕乘六馬，以五采毛爲龍文衣，著角，長三尺。華蓋車，元戎十乘在前。因賜治廟者司徒、大司空錢各千萬，侍中、中常侍以下皆封。封都匠仇延爲邯淡里附城。

二月，霸橋災，數千人以水沃救，不滅。莽惡之，下書曰：「夫三皇象春，五帝象夏，三王象秋，五伯象冬。皇王，德運也；伯者，繼空續乏以成曆數，故其道駁。惟常安御道多以所近爲名。乃二月癸巳之夜，甲午之辰，火燒霸橋，從東方西行，至甲午夕，橋盡火滅。大司空行視考問，或云寒民舍居橋下，疑以火自燎，爲此災也。其明旦即乙未，立春之日也。予以神明聖祖黄虞遺統受命，至于地皇四年爲十五年。正以三年終冬絶滅霸駁之橋，欲以興成新室統壹長存之道也。又戒此橋空東方之道。今東方歲荒民飢，道路不通，東岳太師亟科條，開東方諸倉，賑貸窮乏，以施仁道。其更名霸館爲長存館，霸橋爲長存橋。」

是月，赤眉殺太師犧仲景尚。關東人相食。

四月，遣太師王匡、更始將軍廉丹東，祖都門外，天大雨，霑衣止。長老歎曰：「是爲泣軍！」莽曰：「惟陽九之阸，與害氣會，究于去年。枯旱霜蝗，飢饉薦臻，百姓困乏，流離道路，于春尤甚，予甚悼之。今使東嶽太師特進褒新侯開東方諸倉，賑貸窮乏。太師公所不過道，分遣大夫謁者並開諸倉，以全元元。太師公因與廉丹大使五威司命位右大司馬更始將軍平均侯之兗州，填撫所掌，及青、徐故不軌盜賊未盡解散，後復屯聚者，皆清潔之，期於安兆黎矣。」太師、更始合將鋭士十餘萬人，所過放縱。東方爲之語曰：「寧逢赤眉，不逢太師！太師尚可，更始殺我！」卒如田況之言。

莽又多遣大夫謁者分教民煮草木爲酪，酪不可食，重爲煩費。莽下書曰：「惟民困乏，雖溥開諸倉以賑贍之，猶恐未足。其且開天下山澤之防，諸能采取山澤之物而順月令者，其恣聽之，勿令出稅。至地皇三十年如故，是王光上戊之六年也。如令豪吏猾民辜而攉之，小民弗蒙，非予意也。《易》不云乎？『損上益下，民說無疆。』《書》云：『言之不從，是謂不艾。』咨虖羣公，可不憂哉！」

是時下江兵盛，新市朱鮪、平林陳牧等皆復聚衆，攻擊鄉聚。莽遣司命大將軍孔仁部豫州，納言大將軍嚴尤、秩宗大將軍陳茂擊荆州，各從吏士百餘人，乘船從渭入河，至華陰乃出乘傳，到部募士。尤謂茂曰：「遣將不與兵符，必先請而後動，是猶紲韓盧而責之獲也。」

夏，蝗從東方來，蜚蔽天，至長安，入未央宮，緣殿閣。莽發吏民設購賞捕擊。

莽以天下穀貴，欲厭之，爲大倉，置衞交戟，名曰「政始掖門」。

流民入關者數十萬人，乃置養贍官稟食之。使者監領，與小吏共盜其稟，飢死者十七八。先是，莽使中黄門王業領長安市買，賤取於民，民甚患之。業以省費爲功，賜爵附城。莽聞城中飢饉，以問業。業曰：「皆流民也。」乃市所賣粱飰肉羹，持入視莽，曰：「居民食咸如此。」莽信之。

冬，無鹽索盧恢等舉兵反城。廉丹、王匡攻拔之，斬首萬餘級。莽遣中郎將奉璽書勞丹、匡，進爵爲公，封吏士有功者十餘人。

赤眉别校董憲等衆數萬人在梁郡，王匡欲進擊之，廉丹以爲新拔城罷勞，當且休士養威。匡不聽，引兵獨進，丹隨之。合戰成昌，兵敗，匡走。丹使吏持其印韍符節付匡曰：「小兒可走，吾不可！」遂止，戰死。校尉汝雲、王隆等二十餘人别鬬，聞之，皆曰：「廉公已死，吾誰爲生？」馳犇賊，皆戰死。莽傷之，下書曰：「惟公多擁選士精兵，衆郡駿馬倉穀帑藏皆得自調，忽於詔策，離其威節，騎馬呵譟，爲狂刃所害，烏呼哀哉！賜謚曰果公。」

國將哀章謂莽曰：「皇祖考黄帝之時，中黄直爲將，破殺蚩尤。今臣居中黄直之位，願平山東。」莽遣章馳東，與太師匡并力。又遣大將軍陽浚守敖倉，司徒王尋將十餘萬屯雒陽填南宫，大司馬董忠養士習射中軍北壘，大司空王邑兼三公之職。司徒尋初發長安，宿霸昌厩，亡其黄鉞。尋士房揚素狂直，乃哭曰：「此經所謂『喪其齊斧』者也！」自劾去。莽擊殺揚。

四方盜賊往往數萬人攻城邑，殺二千石以下，太師王匡等戰數不利。莽知天下潰畔，事窮計迫，乃議遣風俗大夫司國憲等分行天下，除井田奴婢山澤六筦之禁，即位以來詔令不便於民者皆收還之。待見未發，會世祖與兄齊武王伯升、宛人李通等帥舂陵子弟數千人，招致新市平林朱鮪、陳牧等合攻拔棘陽。是時嚴尤、陳茂破下江兵，成丹、王常等數千人别走，入南陽界。

十一月，有星孛于張，東南行，五日不見。莽數召問太史令宗宣，諸術數家皆繆對，言天文安善，羣賊且滅。莽差以自安。

四年正月，漢兵得下江王常等以爲助兵，擊前隊大夫甄阜、屬正梁丘賜，皆斬之，殺其衆數萬人。初，京師聞青、徐賊衆數十萬人，訖無文號旌旗表識，咸怪異之。好事者竊言：「此豈如古三皇無文書號謚邪？」莽亦心怪，以問羣臣，羣臣莫對。唯嚴尤曰：「此不足怪也。自黄帝、湯、武行師，必待部曲旌旗號令，今此無有者，直飢寒羣盜，犬羊相聚，不知爲之耳。」莽大說，羣臣盡服。及後漢兵劉伯升起，皆稱將軍，攻城略地，既殺甄阜，移書稱說。莽聞之憂懼。

漢兵乘勝遂圍宛城。初，世祖族兄聖公先在平林兵中。三月辛巳朔，平林、新市、下江兵將王常、朱鮪等共立聖公爲帝，改年爲更始元年，拜置百官。莽聞之愈恐，欲外視自安，乃染其須髮，進所徵天下淑女杜陵史氏女爲皇后，聘黄金三萬斤，車馬奴婢雜帛珍寶以巨萬計。莽親迎於前殿兩階間，成同牢之禮于上西堂。備和嬪、美御、和人三，位視公；嬪人九，視卿；美人二十七，視大夫；御人八十一，視元士：凡百二十人，皆佩印韍，執弓韣。封皇后父諶爲和平侯，拜爲寧始將軍，諶子二人皆侍中。是日，大風發屋折木。羣臣上壽曰：「乃庚子雨水灑道，辛丑清靚無塵，其夕穀風迅疾，從東北來。辛丑，《巽》之宫日也。《巽》爲風爲順，后誼明，母道得，温和慈惠之化也。《易》曰：『受兹介福，于其王母。』《禮》曰：『承天之慶，萬福無疆。』諸欲依廢漢火劉，皆沃灌雪除，殄滅無餘雜矣。百穀豐茂，庶草蕃殖，元元驩喜，兆民賴福，天下幸甚！」莽日與方士涿郡昭君等於後宫考驗方術，縱淫樂焉。大赦天下，然猶曰：「故漢氏舂陵侯羣子劉伯升與其族人婚姻黨與，妄流言惑衆，悖畔天命，及手害更始將軍廉丹、前隊大夫甄阜、屬正梁丘賜，及北狄胡虜逆輿（泊）〔洎〕南僰虜若豆、孟遷，不用此書。有能捕得此人者，皆封爲上公，食邑萬户，賜寶貨五千萬。」

又詔：「太師王匡、國將哀章、司命孔仁、兖州牧壽良、卒正王閎、揚州牧李聖亟進所部州郡兵凡三十萬衆，迫措青、徐盜賊。納言將軍嚴尤、秩宗將軍陳茂、車騎將軍王巡、左隊大夫王吴亟進所部州郡兵凡十萬衆，迫措前隊醜虜。明

告以生活丹青之信，復迷惑不解散，皆并力合擊，殄滅之矣！大司空隆新公，宗室戚屬，前以虎牙將軍東指則反虜破壞，西擊則逆賊靡碎，此乃新室威寶之臣也。如黠賊不解散，將遣大司空將百萬之師征伐剿絶之矣！」遣七公幹士隗囂等七十二人分下赦令曉諭云。囂等既出，因逃亡矣。

四月，世祖與王常等别攻潁川，下昆陽、郾、定陵。莽聞之愈恐，遣大司空王邑馳傳之雒陽，與司徒王尋發衆郡兵百萬，號曰「虎牙五威兵」，平定山東。得顓封爵，政決於邑，除用徵諸明兵法六十三家術者，各持圖書，受器械，備軍吏。傾府庫以遣邑，多齎珍寶猛獸，欲視饒富，用怖山東。邑至雒陽，州郡各選精兵，牧守自將，定會者四十二萬人，餘在道不絶，車甲士馬之盛，自古出師未嘗有也。

六月，邑與司徒尋發雒陽，欲至宛，道出潁川，過昆陽。昆陽時已降漢，漢兵守之。嚴尤、陳茂與二公會，二公縱兵圍昆陽。嚴尤曰：「稱尊號者在宛下，宜亟進。彼破，諸城自定矣。」邑曰：「百萬之師，所過當滅，今屠此城，喋血而進，前歌後舞，顧不快邪！」遂圍城數十重。城中請降，不許。嚴尤又曰：「『歸師勿遏，圍城爲之闕』，可如兵法，使得逸出，以怖宛下。」邑又不聽。會世祖悉發郾、定陵兵數千人來救昆陽，尋、邑易之，自將萬餘人行陳，敕諸營皆按部毋得動，獨迎，與漢兵戰，不利。大軍不敢擅相救，漢兵乘勝殺尋。昆陽中兵出並戰，邑走，軍亂。（天）〔大〕風蜚瓦，雨如注水，大衆崩壞號謼，虎豹股栗，士卒犇走，各還歸其郡。邑獨與所將長安勇敢數千人還雒陽。關中聞之震恐，盜賊並起。

又聞漢兵言，莽鴆殺孝平帝。莽乃會公卿以下於王路堂，開所爲平帝請命金縢之策，泣以視羣臣。命明學男張邯稱説其德及符命事，因曰：「《易》言：『伏戎于莽，升其高陵，三歲不興。』『莽』，皇帝之名。『升』謂劉伯升。『高陵』謂高陵侯子翟義也。言劉升、翟義爲伏戎之兵於新皇帝世，猶殄滅不興也。」羣臣皆稱萬歲。又令東方檻車傳送數人，言「劉伯升等皆行大戮」。（臣）〔民〕知其詐也。

先是，衛將軍王涉素養道士西門君惠。君惠好天文讖記，爲涉言：「星孛掃宫室，劉氏當復興，國師公姓名是也。」涉信其言，以語大司馬董忠，數俱至國師殿中廬道語星宿，國師不應。後涉特往，對歆涕泣言：「誠欲與公共安宗族，奈何不信涉也！」歆因爲言天文人事，東方必成。涉曰：「新都哀侯小被病，功顯君素耆酒，疑帝本非我家子也。董公主中軍精兵，涉領宫衛，伊休侯主殿中，如同心合謀，共劫持帝，東降南陽天子，可以全宗族；不者，俱夷滅矣！」伊休侯者，歆長子也，爲侍中五官中郎將，莽素愛之。歆怨莽殺其三子，又畏大禍至，遂與涉、忠謀，欲發。歆曰：「當待太白星出，乃可。」忠以司中大贅起武侯孫伋亦主兵，復與伋謀。伋歸家，顔色變，不能食。妻怪問之，語其狀。妻以告弟雲陽陳邯，邯欲告之。七月，伋與邯俱告，莽遣使者分召忠等。時忠方講兵都肄，護軍王咸謂忠謀久不發，恐漏泄，不如遂斬使者，勒兵入。忠不聽，遂與歆、涉會省户下。莽令䁋惲責問，皆服。中黄門各拔刃將忠等送廬，忠拔劍欲自刎，侍中王望傳言大司馬反，黄門持劍共格殺之。省中相驚傳，勒兵至郎署，皆拔刃張弩。更始將軍史諶行諸署，告郎吏曰：「大司馬有狂病，發，已誅。」皆令弛兵。莽欲以厭凶，使虎賁以斬馬劍挫忠，盛以竹器，傳曰「反虜出」。下書赦大司馬官屬吏士爲忠所詿誤，謀反未發覺者。收忠宗族，以醇醯毒藥、尺白刃叢（棘）〔棘〕并一坎而埋之。劉歆、王涉皆自殺。莽以二人骨肉舊臣，惡其内潰，故隱其誅。伊休侯疊又以素謹，歆訖不告，但免侍中中郎將，更爲中散大夫。後日殿中鉤盾土山僊人掌旁有白頭公青衣，郎吏見者私謂之國師公。衍功侯喜素善卦，莽使筮之，曰：「憂兵火。」莽曰：「小兒安得此左道？是乃予之皇祖叔父子僑欲來迎我也。」

莽軍師外破，大臣内畔，左右亡所信，不能復遠念郡國，欲謼邑與計議。崔發曰：「邑素小心，今失大衆而徵，恐其執節引決，宜有以大慰其意。」於是莽遣發馳傳諭邑：「我年老毋適子，欲傳邑以天下。敕亡得謝，見勿復道。」邑到，以爲大司馬。大長秋張邯爲大司徒，崔發爲大司空，司中壽容苗訢爲國師，同説侯林爲衛將軍。莽憂懣不能食，亶飲酒，啗鰒魚。讀軍書倦，因馮几寐，不復就枕矣。性好時日小數，及事迫急，亶爲厭勝。遣使壞渭陵、延陵園門罘罳，曰：「毋使民復思也。」又以墨洿色其周垣。號將至曰「歲宿」，申水爲「助將軍」，右庚「刻木校尉」，前丙「耀金都尉」，又曰：「執大斧，伐枯木；流大水，滅發火。」如此屬不可勝記。

秋，太白星流入太微，燭地如月光。

成紀隗崔兄弟共劫大尹李育，以兄子隗囂爲大將軍，攻殺雍州牧陳慶、安定卒正王旬，并其衆，移書郡縣，數莽罪惡萬於桀紂。

是月，析人鄧曄、于匡起兵南鄉百餘人。時析宰將兵數千屯鄡亭，備武關。曄、匡謂宰曰：「劉帝已立，君何不知命也！」宰請降，盡得其衆。曄自稱輔漢左將軍，匡右將軍，拔析、丹水，攻武關，都尉朱萌降。進攻右隊大夫宋綱，殺之，西

拔湖。莽愈憂，不知所出。崔發言：「《周禮》及《春秋左氏》，國有大災，則哭以厭之。故《易》稱『先號咷而後笑』。宜呼嗟告天以求救。」莽自知敗，乃率羣臣至南郊，陳其符命本末，仰天曰：「皇天既命授臣莽，何不殄滅衆賊？即令臣莽非是，願下雷霆誅臣莽！」因搏心大哭，氣盡，伏而叩頭。又作告天策，自陳功勞千餘言。諸生小民會旦夕哭，爲設飧粥，甚悲哀及能誦策文者除以爲郎，至五千餘人。𠑹惲將領之。

莽拜將軍九人，皆以虎爲號，號曰「九虎」，將北軍精兵數萬人東，內其妻子宮中以爲質。時省中黄金萬斤者爲一匱，尚有六十匱，黄門、鉤盾、臧府、中尚方處處各有數匱。長樂御府、中御府及都内、平準帑藏錢帛珠玉財物甚衆，莽愈愛之，賜九虎士人四千錢。衆重怨，無鬬意。九虎至華陰回谿，距隘，北從河南至山。于匡待數千弩，乘堆挑戰。鄧曄將二萬餘人從閿鄉南出棗街、作姑，破其一部，北出九虎後擊之。六虎敗走。史熊、王況詣闕歸死，莽使使責死者安在，皆自殺；其四虎亡。三虎郭欽、陳翬、成重收散卒保京師倉。

鄧曄開武關迎漢，丞相司直李松將二千餘人至湖，與曄等共攻京師倉，未下。曄以弘農掾王憲爲校尉，將數百人北度渭，入左馮翊界，降城略地。李松遣偏將軍韓臣等徑西至新豐，與莽波水將軍戰，波水走。韓臣等追奔，遂至長門宮。王憲北至頻陽，所過迎降。大姓櫟陽申碭、下邽王大皆率衆隨憲。屬縣斄嚴春、茂陵董喜、藍田王孟、槐里汝臣、盩厔王扶、陽陵嚴本、杜陵屠門少之屬，衆皆數千人，假號稱漢將。

時李松、鄧曄以爲京師小小倉尚未可下，何況長安城，當須更始帝大兵到，即引軍至華陰，治攻具。而長安旁兵四會城下，聞天水隗氏兵方到，皆爭欲先入城，貪立大功鹵掠之利。

莽遣使者分赦城中諸獄囚徒，皆授兵，殺豨飲其血，與誓曰：「有不爲新室者，社鬼記之！」更始將軍史諶將度渭橋，皆散走，諶空還。衆兵發掘莽妻子父祖冢，燒其棺椁及九廟、明堂、辟雍，火照城中。或謂莽曰：「城門卒，東方人，不可信。」莽更發越騎士爲衛，門置六百人，各一校尉。

十月戊申朔，兵從宣平城門入，民間所謂都門也。張邯行城門，逢兵見殺。王邑、王林、王巡、𠑹惲等分將兵距擊北闕下。漢兵貪莽封力戰者七百餘人。會日暮，官府邸第盡犇亡。二日己酉，城中少年朱弟、張魚等恐見鹵掠，趨讙並和，燒作室門，斧敬法闥，謼曰：「反虜王莽，何不出降？」火及掖廷承明，黄皇室主所居也。莽避火宣室前殿，火輒隨之。宮人婦女謕謼曰：「當奈何！」時莽紺袀服，帶璽韍，持虞帝匕首。天文郎桉栻於前，日時加某，莽旋席隨斗柄而坐，曰：「天生德於予，漢兵其如予何！」莽時不食，少氣困矣。

三日庚戌，晨旦明，羣臣扶掖莽，自前殿南下椒除，西出白虎門，和新公王揖奉車待門外。莽就車，之漸臺，欲阻池水，猶抱持符命、威斗，公卿大夫、侍中、黄門郎從官尚千餘人隨之。王邑晝夜戰，罷極，士死傷略盡，馳入宮，間關至漸臺，見其子侍中睦解衣冠欲逃，邑叱之令還，父子共守莽。軍人入殿中，謼曰：「反虜王莽安在？」有美人出房曰：「在漸臺。」衆兵追之，圍數百重。臺上亦弓弩與相射，稍稍落去。矢盡，無以復射，短兵接。王邑父(平)〔子〕、𠑹惲、王巡戰死，莽入室。下餔時，衆兵上臺，王揖、趙博、苗訢、唐尊、王盛、中常侍王參等皆死臺上。商人杜吴殺莽，取其綬。校尉東海公賓就，故大行治禮，見吴問綬主所在。曰：「室中西北陬間。」就識，斬莽首。軍人分裂莽身，支節肌骨臠分，爭相殺者數十人。公賓就持莽首詣王憲。憲自稱漢大將軍，城中兵數十萬皆屬焉，舍東宮，妻莽後宮，乘其車服。

六日癸丑，李松、鄧曄入長安，將軍趙萌、申屠建亦至，以王憲得璽綬不輒上，多挾宮女，建天子鼓旗，收斬之。傳莽首詣更始，縣宛市，百姓共提擊之，或切食其舌。

莽揚州牧李聖、司命孔仁兵敗山東，聖格死，仁將其衆降，已而歎曰：「吾聞食人食者死其事。」拔劍自刺死。及曹部監杜普、陳定大尹沈意、九江連率賈萌皆守郡不降，爲漢兵所誅。賞都大尹王欽及郭欽守京師倉，聞莽死，乃降，更始義之，皆封爲侯。太師王匡、國將哀章降雒陽，傳詣宛，斬之。嚴尤、陳茂敗昆陽下，走至沛郡譙，自稱漢將，召會吏民。尤爲稱説王莽篡位天時所亡聖漢復興狀，茂伏而涕泣。聞故漢鍾武侯劉聖聚衆汝南稱尊號，尤、茂降之。以尤爲大司馬，茂爲丞相。十餘日敗，尤、茂并死。郡縣皆舉城降，天下悉歸漢。

初，申屠建嘗事崔發爲《詩》，建至，發降之。後復稱説，建令丞相劉賜斬發以徇。史諶、王延、王林、王吴、趙閎亦降，復見殺。初，諸假號兵人人望封侯。申屠建既斬王憲，又揚言三輔黠共殺其主。吏民惶恐，屬縣屯聚，建等不能下，馳白更始。

二年二月，更始到長安，下詔大赦，非王莽子，他皆除其罪，故王氏宗族得全。三輔悉平，更始都長安，居長樂宮。府藏完具，獨未央宮燒攻莽三日，死則

案堵復故。更始至，歲餘政教不行。明年夏，赤眉樊崇等衆數十萬人入關，立劉盆子，稱尊號，攻更始，更始降之。赤眉遂燒長安宫室市里，害更始。民飢餓相食，死者數十萬，長安爲虚，城中無人行。宗廟園陵皆發掘，唯霸陵、杜陵完。六月，世祖即位，然後宗廟社稷復立，天下艾安。

雜録

備録

《漢書》卷一九上《百官公卿表上》序 漢因循而不革，明簡易，隨時宜也。其後頗有所改。王莽篡位，慕從古官，而吏民弗安，亦多虐政，遂以亂亡。【略】元帝永光元年分諸陵邑屬三輔。王莽改太常曰秩宗。

廷尉，秦官，掌刑辟，有正、左右監，秩皆千古。【略】王莽改曰作士。

王莽改大鴻臚曰典樂。初，置郡國邸屬少府，中屬中尉，後屬大鴻臚。

宗正，秦官，掌親屬，有丞。【略】王莽并其官於秩宗。初，内官屬少府，中屬主爵，後屬宗正。【略】

王莽改大司農曰羲和，後更爲納言。初，斡官屬少府，中屬主爵，後屬大司農。【略】

綏和二年，哀帝省樂府。王莽改少府曰共工。

《漢書》卷二五下《郊祀志下》 平帝元始五年，大司馬王莽奏言：「王者父事天，故爵稱天子。孔子曰：『人之行莫大於孝，孝莫大於嚴父，嚴父莫大於配天。』王者尊其考，欲以配天，緣考之意，欲尊祖，推而上之，遂及始祖。是以周公郊祀后稷以配天，宗祀文王於明堂以配上帝。《禮記》天子祭天地及山川，歲徧。《春秋穀梁傳》以十二月下辛卜，正月上辛郊。高皇帝受命，因雍四時起北時，而備五帝，未共天地之祀。孝文十六年用新垣平，初起渭陽五帝廟，祭泰一、地祇，以太祖高皇帝配。日冬至祠泰一，夏至祠地祇，皆并祠五帝，而共一牲，上親郊拜。後平伏誅，乃不復自親，而使有司行事。孝武皇帝祠雍，曰：『今上帝朕親郊，而后土無祠，則禮不答也。』於是元鼎四年十一月甲子始立后土祠於汾陰。或曰，五帝，泰一之佐，宜立泰一。五年十一月癸未始立泰一祠於甘泉，二歲一郊，與雍更祠，亦以高祖配，不歲事天，皆未應古制。建始元年，徙甘泉泰時、河東后土於長安南北郊。永始元年三月，以未有皇孫，復甘泉、河東祠。綏和二年，以卒不獲祐，復長安南北郊。建平三年，懼孝哀皇帝之疾未瘳，復甘泉、汾陰祠，竟復無福。臣謹與太師孔光、長樂少府平晏、大司農左咸、中壘校尉劉歆、太中大夫朱陽、博士薛順、議郎國由等六十七人議，皆曰宜如建始時丞相衡等議，復長安南北郊如故。」

莽又頗改其祭禮，曰：「《周官》天墬之祀，樂有别有合。其合樂曰『以六律、六鐘、五聲、八音、六舞大合樂』，祀天神，祭墬祇，祀四望，祭山川，享先妣先祖。凡六樂，奏六歌，而天墬神祇之物皆至。四望，蓋謂日月星海也。三光高而不可得親，海廣大無限界，故其樂同。祀天則天文從，祭墬則墬理從。三光，天文也。山川，地理也。天地合祭，先祖配天，先妣配墬，其誼一也。天墬合精，夫婦判合。祭天南郊，則以墬配，一體之誼也。天墬位皆南鄉，同席，墬在東，共牢而食。高帝、高后配於壇上，西鄉，后在北，亦同席共牢。牲用繭栗，玄酒陶匏。《禮記》曰天子籍田千晦以事天墬，繇是言之，宜有黍稷。天地用牲一，燔尞瘞薶用牲一，高帝、高后用牲一。天用牲左，及黍稷燔尞南郊；墬用牲右，及黍稷瘞於北郊。其旦，東鄉再拜朝日；其夕，西鄉再拜夕月。然後孝弟之道備，而神祇嘉享，萬福降輯，此天墬合祀，以祖妣配者也。其别樂曰『冬日至，於墬上之圜丘奏樂六變，則天神皆降；夏日至，於澤中之方丘奏樂八變，則墬祇皆出。』天墬有常位，不得常合，此其各特祀者也。陰陽之别於日冬夏至，其會也以孟春正月上辛若丁。天子親合祀天墬於南郊，以高帝、高后配。陰陽有離合，《易》曰『分陰分陽，迭用柔剛』。以日冬至使有司奉祠南郊，高帝配而望羣陽，日夏至使有司奉祭北郊，高后配而望羣陰，皆以助致微氣，通道幽弱。當此之時，后不省方，故天子不親而遣有司，所以正承天順地，復聖王之制，顯太祖之功也。渭陽祠勿復修。羣望未悉定，定復奏。」奏可。三十餘年間，天地之祠五徙焉。

後莽又奏言：「《書》曰『類於上帝，禋于六宗』。歐陽、大小夏侯三家説六宗，皆曰上不及天，下不及墬，旁不及四方，在六者之間，助陰陽變化，實一而名六，名實不相應。《禮記》祀典，功施於民則祀之。天文日月星辰，所昭仰也；地理山川海澤，所生殖也。《易》有八卦，《乾坤》六子，水火不相逮，靁風不相誖，山澤通氣，然後能變化，既成萬物也。臣前奏徙甘泉泰時、汾陰后土皆復於南北

郊。謹案《周官》「兆五帝於四郊」，山川各因其方，今五帝兆居在雍五時，不合於古。又日月靁風山澤，《易》卦六子之尊氣，所謂六宗也。星辰水火溝瀆，皆六宗之屬也。今或未特祀，或無兆居。謹與太師光、大司徒宫、羲和歆等八十九人議，皆曰天子父事天，母事墜，今稱天神曰皇天上帝，泰一兆曰泰時，而稱地祇曰后土，與中央黄靈同，又兆北郊未有尊稱。宜令地祇稱皇墜后祇，兆曰廣時。《易》曰『方以類聚，物以羣分』。分羣神以類相從爲五部，兆天墜之别神：中央帝黄靈后土時及日廟、北辰、北斗、填星、中宿中宫於長安城之未墜兆；東方帝太昊青靈勾芒時及靁公、風伯廟、歲星、東宿東宫於東郊兆；南方炎帝赤靈祝融時及熒惑星、南宿南宫於南郊兆；西方帝少皞白靈蓐收時及太白星、西宿西宫於西郊兆；北方帝顓頊黑靈玄冥時及月廟、雨師廟、辰星、北宿北宫於北郊兆。」奏可。於是長安旁諸廟兆時甚盛矣。

莽又言：「帝王建立社稷，百王不易。社者，土也。宗廟，王者所居。稷者，百穀之主，所以奉宗廟，共粢盛，人所食以生活也。王者莫不尊重親祭，自爲之主，禮如宗廟。《詩》曰『乃立冢土』，又曰『以御田祖，以祈甘雨』。《禮記》曰『唯祭宗廟社稷，爲越紼而行事』。聖漢興，禮儀稍定，已有官社，未立官稷。」遂於官社後立官稷，以夏禹配食官社，后稷配食官稷。稷種穀樹。徐州牧歲貢五色土各一斗。

莽篡位二年，興神僊事，以方士蘇樂言，起八風臺於宫中。臺成萬金，作樂其上，順風作液湯，又種五粱禾於殿中，各順色置其方面，先鬻鶴髓、毒冒、犀玉二十餘物漬種，計粟斛成一金，言此黄帝穀僊之術也。以樂爲黄門郎，令主之。莽遂崇鬼神淫祀，至其末年，自天地六宗以下至諸小鬼神，凡千七百所，用三牲鳥獸三千餘種。後不能備，乃以雞當鶩鴈，犬當麋鹿。數下詔自以當僊，語在其傳。

《漢書》卷二七上《五行志上》　平帝元始五年七月己亥，高皇帝原廟殿門災盡。高皇帝廟在長安城中，後以叔孫通譏復道，故復起原廟於渭北，非正也。是時平帝幼，成帝母王太后臨朝，委任王莽，將篡絶漢，墮高祖宗廟，故天象見也。其冬，平帝崩。明年，莽居攝，因以篡國，後卒夷滅。

《漢書》卷二七中之上《五行志中之上》　元帝時童謡曰：「井水溢，滅竈煙，灌玉堂，流金門。」至成帝建始二年三月戊子，北宫中井泉稍上，溢出南流，象春秋時先有鸜鵒之謡，而後有來巢之驗。井水，陰也；竈煙，陽也；玉堂、金門，至尊之居：象陰盛而滅陽，竊有宫室之應也。王莽生於元帝初元四年，至成帝封侯，爲三公輔政，因以篡位。

成帝時謌謡又曰：「邪徑敗良田，讒口亂善人。桂樹華不實，黄爵巢其顛。故爲人所羡，今爲人所憐。」桂，赤色，漢家象。華不實，無繼嗣也。王莽自謂黄象，黄爵巢其顛也。

《漢書》卷二八下《地理志下》　平帝元始中，王莽輔政，欲燿威德，厚遺黄支王，令遣使獻生犀牛。自黄支船行可八月，到皮宗；船行可(八)〔二〕月，到日南、象林界云。黄支之南，有已程不國，漢之譯使自此還矣。

《漢書》卷二九《溝洫志》　王莽時，徵能治河者以百數，其大略異者，長水校尉平陵關並言：「河決率常於平原、東郡左右，其地形下而土疏惡。聞禹治河時，本空此地，以爲水猥，盛則放溢，少稍自索，雖時易處，猶不能離此。上古難識，近察秦漢以來，河決曹、衛之域，其南北不過百八十里者，可空此地，勿以爲官亭民室而已。」大司馬史長安張戎言：「水性就下，行疾則自刮除成空而稍深。河水重濁，號爲一石水而六斗泥。今西方諸郡，以至京師東行，民皆引河、渭山川水溉田。春夏乾燥，少水時也，故使河流遲，貯淤而稍淺；雨多水暴至，則溢決。而國家數隄塞之，稍益高於平地，猶築垣而居水也。可各順從其性，毋復灌溉，則百川流行，水道自利，無溢決之害矣。」御史臨淮韓牧以爲「可略於《禹貢》九河處穿之，縱不能爲九，但爲四五，宜有益」。大司空掾王横言：「河入勃海，勃海地高於韓牧所欲穿處。往者天嘗連雨，東北風，海水溢，西南出，寖數百里，九河之地已爲海所漸矣。禹之行河水，本隨西山下東北去。《周譜》云定王五年河徙，則今所行非禹之所穿也。又秦攻魏，決河灌其都，決處遂大，不可復補。宜卻徙完平處，更開空，使緣西山足乘高地而東北入海，乃無水災。」沛郡桓譚爲司空掾，典其議，爲甄豐言：「凡此數者，必有一是。宜詳考驗，皆可豫見，計定然後舉事，費不過數億萬，亦可以事諸浮食無産業民。空居與行役，同當衣食；衣食縣官，而爲之作，乃兩便，可以上繼禹功，下除民疾。」王莽時，但崇空語，無施行者。

《漢書》卷六六《王訢傳》　子譚嗣，以列侯與謀廢昌邑王立宣帝，益封三百户。薨，子咸嗣。王莽妻即咸女，莽篡位，宜春氏以外戚寵。自訢傳國至玄孫，莽敗，乃絶。

《漢書》卷九二《遊俠傳・陳遵》　王莽素奇遵材，在位多稱譽者，繇是起爲

河南太守。既至官，當遣從史西，召善書吏十人於前，治私書謝京師故人。遵馮几，口占書吏，且省官事，書數百封，親疏各有意，河南大驚。數月免。

《漢書》卷九二《遊俠傳·原涉》 自哀、平間，郡國處處有豪桀，然莫足數。其名聞州郡者，霸陵杜君敖，池陽韓幼孺，馬領繡君賓，西河漕中叔，皆有謙退之風。王莽居攝，誅鉏豪俠，名捕漕中叔，不能得。素善强弩將軍孫建，莽疑建藏匿，泛以問建。建曰：「臣名善之，誅臣足以塞責。」莽性果賊，無所容忍，然重建，不竟問，遂不得也。中叔子少游，復以俠聞於世云。

《漢書》卷九三《佞幸傳·淳于長》 初，許皇〔后〕坐執左道廢處長定宮，而后姊孊爲龍頟思侯夫人，寡居。長與孊私通，因取爲小妻。許后因孊賂遺長，欲求復爲倢伃。長受許后金錢乘輿服御物前後千餘萬，詐許爲白上，立以爲左皇后。孊每入長定宮，輒與孊書，戲侮許后，嫚易無不言。交通書記，賂遺連年。是時，帝舅曲陽侯王根爲大司馬票騎將軍，輔政數歲，久病，數乞骸骨。長以外親居九卿位，次第當代根。根兄子新都侯王莽心害長寵，私聞長取許孊，受長定宮賂遺。莽侍曲陽侯疾，因言「長見將軍久病，意喜，自以當代輔政，至對衣冠議語署置。」具言其辠過。根怒曰：「即如是，何不白也？」莽曰：「未知將軍意，故未敢言。」根曰：「趣白東宮。」莽求見太后，具言長驕佚，欲代曲陽侯，對莽母上車，私與長定貴人姊通，受取其衣物。太后亦怒曰：「兒至如此！往白之帝！」莽白上，上乃免長官，遣就國。

《漢書》卷九四下《匈奴傳下》 漢平帝幼，太皇太后稱制，新都侯王莽秉政，欲説太后以威德至盛異於前，乃風單于令遣王昭君女須卜居次云入侍太后，所以賞賜之甚厚。【略】

時，莽奏令中國不得有二名，因使使者以風單于，宜上書慕化，爲一名，漢必加厚賞。單于從之，上書言：「幸得備藩臣，竊樂太平聖制，臣故名囊知牙斯，今謹更名曰知。」莽大説，白太后，遣使者答諭，厚賞賜焉。

王莽之篡位也，建國元年，遣五威將王駿率甄阜、王颯、陳饒、帛敞、丁業六人，多齎金帛，重遺單于，諭曉以受命代漢狀，因易單于故印。故印文曰「匈奴單于璽」，莽更曰「新匈奴單于章」。將率既至，授單于印紱，詔令上故印紱。

《漢書》卷九八《元后傳》 孝元皇后，王莽之姑也。【略】

久之，平阿侯譚薨，謚曰安侯，子仁嗣侯。太后憐弟曼蚤死，獨不封，曼寡婦渠供養東宮，子莽幼孤不及等比，常以爲語。平阿侯譚、成都侯商及在位多稱莽者。久之，上復下詔追封曼爲新都哀侯，而子莽嗣爵爲新都侯。後又封太后姊子淳于長爲定陵侯。王氏親屬，侯者凡十人。【略】

歲餘，成帝崩，哀帝即位。太后詔莽就第，避帝外家。哀帝初優莽，不聽。莽上書固乞骸骨而退。上乃下詔曰：「曲陽侯根前在位，建社稷策。侍中太僕安陽侯舜往時護太子家，導朕，忠誠專壹，有舊恩。新都侯莽憂勞國家，執義堅固，庶幾與爲治，太皇太后詔休就第，朕其閔焉。其益封根二千户，舜五百户，莽三百五十户。以莽爲特進，朝朔望。」又還紅陽侯立京師。哀帝少而聞知王氏驕盛，心不能善，以初立，故優之。

元壽元年，日蝕。賢良對策多訟新都侯莽者，上於是徵莽及平阿侯仁還京師侍太后。曲陽侯根薨，國除。

明年，哀帝崩，無子，太皇太后以莽爲大司馬，與共徵立中山王奉哀帝後，是爲平帝。帝年九歲，(常)〔當〕年被疾，太后臨朝，委政於莽，莽顓威福。紅陽侯立莽諸父，平阿侯仁素剛直，莽内憚之，令大臣以罪過奏遣立、仁就國。莽日誑燿太后，言輔政致太平，羣臣奏請尊莽爲安漢公。後遂遣使者迫守立、仁令自殺，賜立謚曰荒侯，子柱嗣，仁謚曰刺侯，子術嗣。是歲，元始三年也。明年，莽風羣臣奏立莽女爲皇后。又奏尊莽爲宰衡，莽母及兩子皆封爲列侯，語在《莽傳》。

葉適《習學記言序目》卷二一《漢書一·志》 王莽時通知鐘律者皆聚，所言聲數、度量、權衡，無不傅合于《易》，其説甚淺，似後世義疏之爲，何取于知物也！其傳伶倫取解谷之竹以定律本，而物皆由律起，斯又妄矣。自司馬遷言「王者物度軌則一本于六律，六律爲萬事根本」，漢人之論，蓋因之矣。《書》言「同律、度、量、衡」，又曰「予欲聞六律、五聲、八音，在治忽，以出納五言」。然則古人以度與律數同爲一物，未嘗言皆由律起；而孔子贊《易》，無以八卦合度、量、權衡之文。夫準平規矩，世用所須，粲然陳列，雖在夷狄荒遠，無不畢具，生民以來共之，但其精粗疏密不同耳。學者將求通乎物變，未明其本而先膠其末，有終身不得而至者，又從而爲説以徇之，多此類也。(《律曆》)

《書》稱「命羲和曆象日月星辰」，而其法不可見，所可見者，四時昏旦之正而已。至司馬遷造新曆，始以律之龠起，而劉歆又推《春秋》與《易》參合爲曆書。按堯舜時《易》道未備，三代以前未有《春秋》，然則古曆法蓋不起于律，《易》《春秋》亦不兼曆數，此遷所謂律爲萬事根本者，而歆自謂有得于《左氏》，亦不過施之于曆耳。學者立乎百世之末，而律、曆皆難知之技，不以古文聖人爲正而眩後

世一家之私說，以今逆古，以後準前，則窮年終老而學之者，皆無用之虚詞，其去道德義理遠矣。（又）

葉適《習學記言序目》卷二三《漢書三·列傳》　周衰之後，秦人雖滅聖法，長苛刻，然猶是情性之流失者，譬如染習緅玄，蓋自素來也。至王莽變天下以諂僞，所謂加蘇合于糞丸，好惡向背失本質矣。如符命、圖讖之類，人心皆轉易而不自覺；雖東漢有節義之俗，然内而朝廷，外而邑里，千載相師，莽習故在，不復能自還，可哀也！至于文章，亦是張竦餘筆，「珠珥在耳，首飾猶存」，豈復漢語？魏晉齊梁之體已見矣。（《王莽》）

備論

《漢書》卷九九下《王莽傳下贊》　王莽始起外戚，折節力行，以要名譽，宗族稱孝，師友歸仁。及其居位輔政，成、哀之際，勤勞國家，直道而行，動見稱述。豈所謂「在家必聞，在國必聞」，「色取仁而行違」者邪？莽既不仁而有佞邪之材，又乘四父歷世之權，遭漢中微，國統三絶，而太后壽考爲之宗主，故得肆其姦慝，以成篡盗之禍，推是言之，亦天時，非人力之致矣。及其竊位南面，處非所據，顛覆之勢險於桀紂，而莽晏然自以黄、虞復出也。乃始恣睢，奮其威詐，滔天虐民，窮凶極惡，毒流諸夏，亂延蠻貉，猶未足逞其欲焉。是以四海之内，囂然喪其樂生之心，中外憤怨，遠近俱發，城池不守，支體分裂，遂令天下城邑爲虚，丘壟發掘，害徧生民，辜及朽骨，自書傳所載亂臣賊子無道之人，考其禍敗，未有如莽之甚者也。昔秦燔《詩》《書》以立私議，莽誦《六藝》以文姦言，同歸殊塗，俱用滅亡，皆炕龍絶氣，非命之運，紫色鼃聲，餘分閏位，聖王之驅除云爾！

《漢書》卷一〇〇下《叙傳下》　咨爾賊臣，篡漢滔天，行驕夏癸，虐烈商辛。僞稽黄、虞，繆稱典文，衆怨神怒，惡復誅臻。百王之極，究其姦昏。

《方苞集》卷二《書王莽傳後》　此傳，尤班史所用心。其鉤抉幽隱，雕繪衆形，信可肩隨子長，而備載莽之事與言，則義焉取哉？莽之亂名改作，不必有徵於後也。其姦言雖依於典誥，猶唾溺耳，雖用文者無取也。徒以著其譸張爲幻，則舉其尤者以見義可矣；而喋喋不休以爲後人詼嘲之資，何異小説家駁雜之戲乎？漢之朝儀禮器一切闕焉，而具詳莽所易職官、地域之號名，不亦舛乎？

馮道事四姓十君，竊位固寵於篡弑武人之朝。其醜行穢言必多矣，歐公無一及焉，而轉載其直言美行及所自述，與「當時士無賢愚皆喜爲稱譽，至擬之於孔子」，是之謂妙遠而不測也！

趙翼《廿二史劄記》卷三《王莽自殺子孫》　王莽妻生四子，宇、獲、安、臨其名也。哀帝時，莽退就國，獲殺奴，莽切責獲，迫令自殺。及平帝立，莽秉政，慮帝母衛姬及舅衛寶、衛玄入朝撓己權，遂建議奉大宗者不顧私親，但封以爵號，而不許入京師。莽子宇心竊非之，乃與師吴章及婦兄呂寬竊議，章以莽不可諫而好鬼神，當爲變怪懼之。宇即使寬夜持血洒莽門，爲門吏所發，莽執宇送獄，飲藥死。宇妻懷子繫獄，俟産後亦殺之。此未居攝以前，託大義滅親之説以立名也。僭位後，以安有疾，立臨爲太子，而莽妻以數哭子失明，莽使臨侍養。妻侍兒原碧者，舊爲莽所幸，至是臨又通焉。懼事泄，謀殺莽，適以事貶出外第。而莽妻病，臨寄書於母，爲莽所見，中有怨望語，莽疑之，收原碧考問，具得謀逆狀。莽欲祕之，乃殺考問者，而賜臨藥。臨不肯飲，自刺死，并其妻亦自殺。是月安亦病死。已而莽孫宗自畫容貌，服天子衣冠，刻三印，其母舅呂寬家徙合浦，宗又私與通書，事發，宗亦自殺。又其兄子光少孤，莽舊嘗敬事寡嫂，撫光以立名。莽僭位後，光私囑執金吾竇況爲之殺人，莽聞之大怒，切責光。光母謂光曰：「汝自視孰與長孫、仲孫？」即宇、獲二人也。遂母子俱自殺。是莽三子一孫一從子皆爲莽所殺，其意但貪帝王之尊，并無骨肉之愛也。

趙翼《廿二史劄記》卷三《王莽引經義以文其奸》　王莽僭竊，動引經義以文其奸。居攝時，使羣臣奏曰：「周成王幼小，不能修文、武之烈。周公攝政，則周道成；不攝，則恐失墜天命。故《君奭》篇曰：『我嗣子孫，大不克共上下，遏失前人光，在家不知命不易。天應棐諶，乃亡隊命。』」此言周公服天子衮冕，南面朝羣臣，發號施令，常稱王命，召公不知其意，故不悦也。「《書》逸《嘉禾》篇曰：『周公奉鬯，立于阼階，延登，贊曰，假王莅政，勤和天下。』」此周公攝政，贊者所稱也。又《康誥》篇：「王若曰：『孟侯，朕其弟小子封。』」此周公居攝稱王之文也。平帝疾，莽又作策，請於泰畤，戴璧秉珪，願以身代，藏策金縢，置於前殿，敕諸公勿言。又以漢高廟爲文祖廟，取《虞書》「受終文祖」之意。此皆援《尚書》以行事也。又引《禮記·明堂位》曰：「周公朝諸侯於明堂，天子負斧扆南面而立。」此言周公踐天子位，朝諸侯，制禮作樂，而天下大服也。莽又欲定封建之

制，引《禮記・王制》千七百餘國，是以孔子《孝經》曰：「不敢遺小國之臣，而況於公侯伯子男乎。」於是封爵高者爲侯伯，次爲子男。此引《禮記》、《孝經》以文其奸也。又引孔子作《春秋》，至於哀公十四年而一代畢，協之於今，亦哀之十四也。謂哀帝六年，平帝五年，至莽居攝三年，共年十四。此引《春秋》以文其奸也。其侮聖言以濟其私也如此！

趙翼《廿二史劄記》卷三《王莽之敗》 漢祚中衰，元后長壽，王莽藉其勢以輔政，援立幼弱，手握大權，詭託周公輔成王，由安漢公而宰衡，而居攝，而即真。權勢所劫，始則頌功德者八千餘人，繼則諸王公侯議加九錫者九百二人，又吏民上書者前後四十八萬七千五百七十二人。雖宗室有安衆侯劉崇、徐鄉侯劉快等，臣僚有東郡太守翟義、期門郎張充等，先後起兵匡復，皆旋即敗滅。其威力所劫，亦已遍天下，靡然從風，使能逆取順守，沛大澤以結人心，則天下雖未忘前朝，而亦且安於新政，未必更有發大難之端起而相抗者。其敗也，一由收天下田名曰王田，禁之不得買賣，一夫田過一井者分與里族，敢有非議者投四裔。又禁積五銖錢，犯者亦投四裔。於是農商皆失業，以賣田、積錢坐罪者，不可勝數。繼又設六筦之令，令州縣酤酒、賣鹽、鑄造鐵器、諸采取名山大澤衆物者稅之。此召怨于中國也。莽自以爲北化匈奴，東致海外，南懷黄支，惟西方未廓，乃遣人誘西羌獻地，置西海郡，而西羌以失地遂叛。又改蠻夷諸王皆爲侯，使人授單于新印，收故漢印，改璽爲章，單于欲得故印，使者椎破之，單于大怒，遂寇邊。句町王亦以改王爲侯而叛。此召怨於外夷也。又以匈奴之叛，遣十二將出討之，偏裨以下百八十人，兵三十萬。又擿鑄錢鄰伍坐罪者，男子檻車，兒女步行，鐵鎖琅當其頸詣軍前，以十萬數，到者易其夫婦。州縣饋運糧餉，自江海至北邊。兵先到者屯駐，候到畢同出。於是將吏在邊者縱恣爲害，五原、代郡尤被其毒。【略】其討句町者，士卒死什之五六。此又因用兵而病民，使外夷與中國胥怨者也。於是四海沸騰，寇盜蠭起，更始、赤眉、光武因得以劉宗號召天下。人但知莽之敗由於人心思漢，而不知人心之所以思漢，實莽之激而成之也。當其始也，詭激立名，以濟其闇干之計，似亦姦雄之所爲。及僭逆已成，不知所以撫御，方謂天下盡可欺而肆其毒痛，結怨中外，土崩瓦解，猶不以爲虞，但銳意於稽古之事，以爲制定則天下自平。乃日夜講求制禮作樂，附會六經之說，不復省政事。制作未畢而身已爲戮矣，此其識真三尺童子之不若。語云：「今之愚也詐而已矣。」若莽者，其詐也愚而已矣。

藝文

《白居易集》卷一五《律詩・放言五首》(之三) 贈君一法決狐疑，不用鑽龜與祝蓍。試玉要燒三日滿，辨材須待七年期。周公恐懼流言後，王莽謙恭未篡時，向使當初身便死，一生真僞復誰知？

《全唐詩》卷六四三李山甫《讀漢史》 四百年間反覆尋，漢家興替好沾襟。每逢姦詐須授手，真遇英雄始醒心。王莽弄來曾半破，曹公將去便平沈。當時虚受君恩者，謾向青編作鬼林。

《全唐詩》卷七二九周曇《王莽》 權歸諸吕牝雞鳴，殷鑒昭然詎可輕。新室不因崇外戚，水中安敢寄生營。

《蘇軾詩集》卷一二《王莽》 漢家殊未識經綸，入手功名事事新。百尺穿成連夜井，千金購得解飛人。

重賦嚴刑作禍胎，豈知由此亂離媒。家傳揖讓亦難濟，況是身從傾篡來。

銅馬朱眉滿四方，總緣居攝亂天常。因君多少布衣士，不是公卿即帝王。

侯克中《艮齋詩集》卷三《王莽》 少行謙謹衆咸稱，將謂終全孝弟名。掘地無成猶棄井，履霜不已至堅冰。忍傾王室爲新室，敢把阿衡比宰衡。慚愧洛陽諸父老，歡呼復覩漢中興。

張養浩《歸田類稿》卷二二《王莽》 桃李原無松柏心，鴟梟強作鳳凰音。當時一切皆從古，底事阿衡用意深。

華夏《過宜言》《王莽□》 問頭應莽莫生唾，以文遂篡古苦箇。勢法學富誑疏迂，懸吕金多瘖眠臥。千秋節義困阨激，四夕春秋簾階大。陰凨凄其驚說項，首肯啖名餓虎坐。

漢光武帝部

綜述

《後漢書》卷一《光武帝紀》　世祖光武皇帝諱秀，字文叔，南陽蔡陽人，高祖九世之孫也，出自景帝生長沙定王發。發生春陵節侯買，買生鬱林太守外，外生鉅鹿都尉回，回生南頓令欽，欽生光武。光武年九歲而孤，養於叔父良。身長七尺三寸，美須眉，大口，隆準，日角。性勤於稼穡，而兄伯升好俠養士，常非笑光武事田業，比之高祖兄仲。王莽天鳳中，乃之長安，受《尚書》，略通大義。

莽末，天下連歲災蝗，寇盜鋒起。地皇三年，南陽荒饑，諸家賓客多爲小盜。光武避吏新野，因賣穀於宛。宛人李通等以圖讖説光武曰：「劉氏復起，李氏爲輔。」光武初不敢當，然獨念兄伯升素結輕客，必舉大事，且王莽敗亡已兆，天下方亂，遂與定謀，於是乃市兵弩。十月，與李通從弟軼等起於宛，時年二十八。

十一月，有星孛于張。光武遂將賓客還春陵。時伯升已會衆起兵。初，諸家子弟恐懼，皆亡逃自匿，曰「伯升殺我」。及見光武絳衣大冠，皆驚曰「謹厚者亦復爲之」，乃稍自安。伯升於是招新市、平林兵，與其帥王鳳、陳牧西擊長聚。光武初騎牛，殺新野尉乃得馬。進屠唐子鄉，又殺湖陽尉。軍中分財物不均，衆恚恨，欲反攻諸劉。光武斂宗人所得物，悉以與之，衆乃悦。進拔棘陽，與王莽前隊大夫甄阜、屬正梁丘賜戰於小長安，漢軍大敗，還保棘陽。

更始元年正月甲子朔，漢軍復與甄阜、梁丘賜戰於沘水西，大破之，斬阜、賜。伯升又破王莽納言將軍嚴尤、秩宗將軍陳茂於淯陽，進圍宛城。

二月辛巳，立劉聖公爲天子，以伯升爲大司徒，光武爲太常偏將軍。

三月，光武别與諸將徇昆陽、定陵、郾，皆下之。多得牛馬財物，穀數十萬斛，轉以饋宛下。莽聞阜、賜死，漢帝立，大懼，遣大司徒王尋、大司空王邑將兵百萬，其甲士四十二萬人，五月，到潁川，復與嚴尤、陳茂合。初，光武爲春陵侯家訟逋租於尤，尤見而奇之。及是時，城中出降尤者言光武不取財物，但會兵計策。尤笑曰：「是美須眉者邪？何爲乃如是！」

初，王莽徵天下能爲兵法者六十三家數百人，並以爲軍吏；選練武衛，招募猛士，旌旗輜重，千里不絶。時有長人巨無霸，長一丈，大十圍，以爲壘尉；又驅諸猛獸虎豹犀象之屬，以助威武。自秦、漢出師之盛，未嘗有也。光武將數千兵，徼之於陽關。諸將見尋、邑兵盛，反走，馳入昆陽，皆惶怖，憂念妻孥，欲散歸諸城。光武議曰：「今兵穀既少，而外寇彊大，并力禦之，功庶可立；如欲分散，埶無俱全。且宛城未拔，不能相救，昆陽即破，一日之閒，諸部亦滅矣。今不同心膽共舉功名，反欲守妻子財物邪？」諸將怒曰：「劉將軍何敢如是！」光武笑而起。會候騎還，言大兵且至城北，軍陳數百里，不見其後。諸將遽相謂曰：「更請劉將軍計之。」光武復爲圖畫成敗。諸將憂迫，皆曰「諾」。時城中唯有八九千人，光武乃使成國上公王鳳、廷尉大將軍王常留守，夜自與驃騎大將軍宗佻、五威將軍李軼等十三騎，出城南門，於外收兵。時莽軍到城下者且十萬，光武幾不得出。既至郾、定陵，悉發諸營兵，而諸將貪惜財貨，欲分留守之。光武曰：「今若破敵，珍珤萬倍，大功可成；如爲所敗，首領無餘，何財物之有！」衆乃從。

嚴尤説王邑曰：「昆陽城小而堅，今假號者在宛，亟進大兵，彼必奔走；宛敗，昆陽自服。」邑曰：「吾昔以虎牙將軍圍翟義，坐不生得，以見責讓。今將百萬之衆，遇城而不能下，何謂邪？」遂圍之數十重，列營百數，雲車十餘丈，瞰臨城中，旗幟蔽野，埃塵連天，鉦鼓之聲聞數百里。或爲地道，衝輣橦城。積弩亂發，矢下如雨，城中負户而汲。王鳳等乞降，不許。尋、邑自以爲功在漏刻，意氣甚逸。夜有流星墜營中，晝有雲如壞山，當營而隕，不及地尺而散，吏士皆厭伏。

六月己卯，光武遂與營部俱進，自將步騎千餘，前去大軍四五里而陳。尋、邑亦遣兵數千合戰。光武奔之，斬首數十級。諸部喜曰：「劉將軍平生見小敵怯，今見大敵勇，甚可怪也，且復居前。請助將軍！」光武復進，尋、邑兵却，諸部共乘之，斬首數百千級。連勝，遂前。時伯升拔宛已三日，而光武尚未知，乃僞使持書報城中，云「宛下兵到」，而陽墯其書。尋、邑得之，不憙。諸將既經累捷，膽氣益壯，無不一當百。光武乃與敢死者三千人，從城西水上衝其中堅，尋、邑陳亂，乘鋭崩之，遂殺王尋。城中亦鼓譟而出，中外合埶，震呼動天地，莽兵大潰，走者相騰踐，奔殪百餘里閒。會大雷風，屋瓦皆飛，雨下如注，滍川盛溢，虎豹皆股戰，士卒争赴，溺死者以萬數，水爲不流。王邑、嚴尤、陳茂輕騎乘死人度水逃去。盡獲其軍實輜重，車甲珍寶，不可勝筭，舉之連月不盡，或燔燒其餘。

光武因復徇下潁陽。會伯升爲更始所害，光武自父城馳詣宛謝。司徒官屬迎弔光武，光武難交私語，深引過而已，未嘗自伐昆陽之功，又不敢爲伯升服喪，飲食言笑如平常。更始以是慙，拜光武爲破虜大將軍，封武信侯。

九月庚戌，三輔豪桀共誅王莽，傳首詣宛。

更始將北都洛陽，以光武行司隸校尉，使前整修宮府。於是置僚屬，作文移，從事司察，一如舊章。時三輔吏士東迎更始，見諸將過，皆冠幘，而服婦人衣，諸于繡擁，莫不笑之，或有畏而走者。及見司隸僚屬，皆歡喜不自勝。老吏或垂涕曰：「不圖今日復見漢官威儀！」由是識者皆屬心焉。

及更始至洛陽，乃遣光武以破虜將軍行大司馬事。十月，持節北度河，鎮慰州郡。所到部縣，輒見二千石、長吏、三老、官屬，下至佐史，考察黜陟，如州牧行部事。輒平遣囚徒，除王莽苛政，復漢官名。吏人喜悦，争持牛酒迎勞。

進至邯鄲，故趙繆王子林説光武曰：「赤眉今在河東，但決水灌之，百萬之衆可使爲魚。」光武不荅，去之真定。林於是乃詐以卜者王郎爲成帝子子輿，十二月，立郎爲天子，都邯鄲，遂遣使者降下郡國。

二年正月，光武以王郎新盛，乃北徇薊。王郎移檄購光武十萬户，而故廣陽王子劉接起兵薊中以應郎，城内擾亂，轉相驚恐，言邯鄲使者方到，二千石以下皆出迎。於是光武趣駕南轅，晨夜不敢入城邑，舍食道傍。至饒陽，官屬皆乏食，光武乃自稱邯鄲使者，入傳舍。傳吏方進食，從者飢，争奪之。傳吏疑其僞，乃椎鼓數十通，紿言邯鄲將軍至，官屬皆失色。光武升車欲馳，既而懼不免，徐還坐，曰：「請邯鄲將軍入。」久乃駕去。傳中人遥語門者閉之，門長曰：「天下詎可知，而閉長者乎？」遂得南出。晨夜兼行，蒙犯霜雪，天時寒，面皆破裂。至呼沱河，無船，適遇冰合，得過，未畢數車而陷。進至下博城西，遑惑不知所之。有白衣老父在道旁，指曰：「努力！信都郡爲長安守，去此八十里。」光武即馳赴之，信都太守任光開門出迎。世祖因發旁縣，得四千人，先擊堂陽、貰縣，皆降之。王莽和(戎)[成]卒正邳彤亦舉郡降。又昌城人劉植，宋子人耿純，各率宗親子弟，據其縣邑，以奉光武。於是北降下曲陽，衆稍合，樂附者至有數萬人。

復北擊中山，拔盧奴。所過發奔命兵，移檄邊部，共擊邯鄲，郡縣還復響應。南擊新市、真定、元氏、防子，皆下之，因入趙界。

時王郎大將李育屯柏人，漢兵不知而進，前部偏將朱浮、鄧禹爲育所破，亡失輜重。光武在後聞之，收浮、禹散卒，與育戰於郭門，大破之，盡得其所獲。育還保城，攻之不下，於是引兵拔廣阿。會上谷太守耿況、漁陽太守彭寵各遣其將吴漢、寇恂等將突騎來助擊王郎，更始亦遣尚書僕射謝躬討郎，光武因大饗士卒，遂東圍鉅鹿。王郎守將王饒堅守，月餘不下。郎遣將倪宏、劉奉率數萬人救鉅鹿，光武逆戰於南䜌，斬首數千級。四月，進圍邯鄲，連戰破之。五月甲辰，拔其城，誅王郎。收文書，得吏人與郎交關謗毁者數千章。光武不省，會諸將軍燒之，曰：「令反側子自安。」

更始遣侍御史持節立光武爲蕭王，悉令罷兵詣行在所。光武辭以河北未平，不就徵。自是始貳於更始。

是時長安政亂，四方背叛。梁王劉永擅命睢陽，公孫述稱王巴蜀，李憲自立爲淮南王，秦豐自號楚黎王，張步起琅邪，董憲起東海，延岑起漢中，田戎起夷陵，並置將帥，侵略郡縣。又別號諸賊銅馬、大彤、高湖、重連、鐵脛、大搶、尤來、上江、青犢、五校、檀鄉、五幡、五樓、富平、獲索等，各領部曲，衆合數百萬人，所在寇掠。

光武將擊之，先遣吴漢北發十郡兵。幽州牧苗曾不從，漢遂斬曾而發其衆。秋，光武擊銅馬於鄡，吴漢將突騎來會清陽。賊數挑戰，光武堅營自守；有出鹵掠者，輒擊取之，絶其糧道。積月餘日，賊食盡，夜遁去，追至館陶，大破之。受降未盡，而高湖、重連從東南來，與銅馬餘衆合，光武復與大戰於蒲陽，悉破降之，封其渠帥爲列侯。降者猶不自安，光武知其意，勑令各歸營勒兵，乃自乘輕騎按行部陳。降者更相語曰：「蕭王推赤心置人腹中，安得不投死乎！」由是皆服。悉將降人分配諸將，衆遂數十萬，故關西號光武爲「銅馬帝」。赤眉別帥與大彤、青犢十餘萬衆在射犬，光武進擊，大破之，衆皆散走。使吴漢、岑彭襲殺謝躬於鄴。

青犢、赤眉賊入函谷關，攻更始。光武乃遣鄧禹率六裨將引兵而西，以乘更始、赤眉之亂。時更始使大司馬朱鮪、舞陰王李軼等屯洛陽，光武亦令馮異守孟津以拒之。

建武元年春正月，平陵人方望立前孺子劉嬰爲天子，更始遣丞相李松擊斬之。

光武北擊尤來、大搶、五幡於元氏，追至右北平，連破之。又戰於順水北，乘勝輕進，反爲所敗。賊追急，短兵接，光武自投高岸，遇突騎王豐，下馬授光武，光武撫其肩而上，顧笑謂耿弇曰：「幾爲虜嗤。」弇頻射却賊，得免。士卒死者數

千人，散兵歸保范陽。軍中不見光武，或云已歿，諸將不知所爲。吴漢曰：「卿曹努力！王兄子在南陽，何憂無主？」衆恐懼，數日乃定。賊雖戰勝，而素懾大威，客主不相知，夜遂引去。大軍復進至安次，與戰，破之，斬首三千餘級。賊入漁陽，乃遣吴漢率耿弇、陳俊、馬武等十二將軍追戰于潞東，及平谷，大破滅之。

朱鮪遣討難將軍蘇茂攻温，馮異、寇恂與戰，大破之，斬其將賈彊。

於是諸將議上尊號。馬武先進曰：「天下無主。如有聖人承敝而起，雖仲尼爲相，孫子爲將，猶恐無能有益。反水不收，後悔無及。大王雖執謙退，柰宗廟社稷何！宜且還薊即尊位，乃議征伐。今此誰賊而馳騖擊之乎？」光武驚曰：「何將軍出是言？可斬也！」武曰：「諸將盡然。」光武使出曉之，乃引軍還至薊。

夏四月，公孫述自稱天子。

光武從薊還，過范陽，命收葬吏士。至中山，諸將復上奏曰：「漢遭王莽，宗廟廢絶，豪傑憤怒，兆人塗炭。王與伯升首舉義兵，更始因其資以據帝位，而不能奉承大統，敗亂綱紀，盜賊日多，羣生危蹙。大王初征昆陽，王莽自潰；後拔邯鄲，北州弭定；參分天下而有其二，跨州據土，帶甲百萬。言武力則莫之敢抗，論文德則無所與辭。臣聞帝王不可以久曠，天命不可以謙拒，惟大王以社稷爲計，萬姓爲心。」光武又不聽。

行到南平棘，諸將復固請之。光武曰：「寇賊未平，四面受敵，何遽欲正號位乎？諸將且出。」耿純進曰：「天下士大夫捐親戚，弃土壤，從大王於矢石之閒者，其計固望其攀龍鱗，附鳳翼，以成其所志耳。今功業即定，天人亦應，而大王留時逆衆，不正號位，純恐士大夫望絶計窮，則有去歸之思，無爲久自苦也。大衆一散，難可復合。時不可留，衆不可逆。」純言甚誠切，光武深感，曰：「吾將思之。」

行至鄗，光武先在長安時同舍生彊華自關中奉《赤伏符》，曰「劉秀發兵捕不道，四夷雲集龍鬭野，四七之際火爲主」。羣臣因復奏曰：「受命之符，人應爲大，萬里合信，不議同情，周之白魚，曷足比焉？今上無天子，海内淆亂，符瑞之應，昭然著聞，宜荅天神，以塞羣望。」光武於是命有司設壇場於鄗南千秋亭五成陌。

六月己未，即皇帝位。燔燎告天，禋于六宗，望於羣神。其祝文曰：「皇天上帝，后土神祇，眷顧降命，屬秀黎元，爲人父母，秀不敢當。羣下百辟，不謀同辭，咸曰：『王莽篡位，秀發憤興兵，破王尋、王邑於昆陽，誅王郎、銅馬於河北，平定天下，海内蒙恩。上當天地之心，下爲元元所歸。』讖記曰：『劉秀發兵捕不道，卯金修德爲天子。』秀猶固辭，至于再，至于三。羣下僉曰：『皇天大命，不可稽留。』敢不敬承。」於是建元爲建武，大赦天下，改鄗爲高邑。

是月，赤眉立劉盆子爲天子。

甲子，前將軍鄧禹擊更始定國公王匡於安邑，大破之，斬其將劉均。

秋七月辛未，拜前將軍鄧禹爲大司徒。丁丑，以野王令王梁爲大司空。壬午，以大將軍吴漢爲大司馬，偏將軍景丹爲驃騎大將軍，大將軍耿弇爲建威大將軍，偏將軍蓋延爲虎牙大將軍，偏將軍朱祐爲建義大將軍，中堅將軍杜茂爲大將軍。

時宗室劉茂自號「厭新將軍」，率衆降，封爲中山王。

己亥，幸懷。遣耿弇率彊弩將軍陳俊軍五社津，備滎陽以東。使吴漢率朱祐及廷尉岑彭、執金吾賈復、揚化將軍堅鐔等十一將軍圍朱鮪於洛陽。

八月壬子，祭社稷。癸丑，祠高祖、太宗、世宗於懷宫。進幸河陽。更始廪丘王田立降。

九月，赤眉入長安，更始奔高陵。辛未，詔曰：「更始破敗，棄城逃走，妻子裸袒，流宂道路，朕甚愍之。今封更始爲淮陽王。吏人敢有賊害者，罪同大逆。」

甲申，以前(高)密令卓茂爲太傅。

辛卯，朱鮪舉城降。

冬十月癸丑，車駕入洛陽，幸南宫却非殿，遂定都焉。

遣岑彭擊荆州羣賊。

十一月甲午，幸懷。

劉永自稱天子。

十二月丙戌，至自懷。

赤眉殺更始，而隗囂據隴右，盧芳起安定。破虜大將軍叔壽擊五校賊於曲梁，戰歿。

二年春正月甲子朔，日有食之。大司馬吴漢率九將軍擊檀鄉賊於鄴東，大破降之。庚辰，封功臣皆爲列侯，大國四縣，餘各有差。下詔曰：「人情得足，苦於放縱，快須臾之欲，忘慎罰之義。惟諸將業遠功大，誠欲傳於無窮，宜如臨深淵，如履薄冰，戰戰慄慄，日慎一日。其顯效未詶，名籍未立者，大鴻臚趣上，朕

將差而録之。」博士丁恭議曰：「古帝王封諸侯不過百里，故利以建侯，取法於雷，强榦弱枝，所以爲治也。今封諸侯四縣，不合法制。」帝曰：「古之亡國，皆以無道，未嘗聞功臣地多而滅亡者。」乃遣謁者即授印綬，策曰：「在上不驕，高而不危；制節謹度，滿而不溢。敬之戒之。傳爾子孫，長爲漢藩。」

壬午，更始復漢將軍鄧曄、輔漢將軍于匡降，皆復爵位。

壬子，起高廟，建社稷於洛陽，立郊兆于城南，始正火德，色尚赤。

是月，赤眉焚西京宮室，發掘園陵，寇掠關中。大司徒鄧禹入長安，遣府掾奉十一帝神主，納於高廟。

真定王楊、臨邑侯讓謀反，遣前將軍耿純誅之。二月己酉，幸修武。

大司空王梁免。壬子，以太中大夫宋弘爲大司空。

遣驃騎大將軍景丹率征虜將軍祭遵等二將軍擊弘農賊，破之，因遣祭遵圍蠻中賊張滿。

漁陽太守彭寵反，攻幽州牧朱浮於薊。

延岑自稱武安王於漢中。

辛卯，至自修武。

三月乙未，大赦天下，詔曰：「頃獄多冤人，用刑深刻，朕甚愍之。孔子云：『刑罰不中，則民無所措手足。』其與中二千石、諸大夫、博士、議郎議省刑法。」

遣執金吾賈復率二將軍擊更始郾王尹遵，破降之。

驍騎將軍劉植擊密賊，戰殁。

遣虎牙大將軍蓋延率四將軍伐劉永。夏四月，圍永於睢陽。更始將蘇茂殺淮陽太守潘蹇而附劉永。

甲午，封叔父良爲廣陽王，兄子章爲太原王，章弟興爲魯王，舂陵侯嫡子祉爲城陽王。

五月庚辰，封更始元氏王歙爲泗水王，故真定王楊子得爲真定王，周後姬常爲周承休公。

癸未，詔曰：「民有嫁妻賣子欲歸父母者，恣聽之。敢拘執，論如律。」

六月戊戌，立貴人郭氏爲皇后，子彊爲皇太子，大赦天下。增郎、謁者、從官秩各一等。丙午，封宗子劉終爲淄川王。

秋八月，帝自將征五校。丙辰，幸内黄，大破五校於羛陽，降之。

遣游擊將軍鄧隆救朱浮，與彭寵戰於潞，隆軍敗績。

蓋延拔睢陽，劉永奔譙。

破虜將軍鄧奉據淯陽反。

九月壬戌，至自内黄。

驃騎大將軍景丹薨。

延岑大破赤眉於杜陵。

關中饑，民相食。

冬十一月，以廷尉岑彭爲征南大將軍，率八將軍討鄧奉於堵鄉。

銅馬、青犢、尤來餘賊共立孫登爲天子於上郡。登將樂玄殺登，以其衆五萬餘人降。

遣偏將軍馮異代鄧禹伐赤眉。

使太中大夫伏隆持節安輯青、徐二州，招張步降之。

十二月戊午，詔曰：「惟宗室列侯爲王莽所廢，先靈無所依歸，朕甚愍之，其並復故國。若侯身已殁，屬所上其子孫見名尚書，封拜。」

是歲，蓋延等大破劉永於沛西。初，王莽末，天下旱蝗，黄金一斤易粟一斛；至是野穀旅生，麻尗尤盛，野蠶成繭，被於山阜，人收其利焉。

三年春正月甲子，以偏將軍馮異爲征西大將軍，杜茂爲驃騎大將軍。大司徒鄧禹及馮異與赤眉戰於回溪，禹、異敗績。

征虜將軍祭遵破蠻中，斬張滿。

辛巳，立皇考南頓君已上四廟。

壬午，大赦天下。

閏月乙巳，大司徒鄧禹免。

馮異與赤眉戰於崤底，大破之，餘衆南向宜陽，帝自將征之。己亥，幸宜陽。甲辰，親勒六軍，大陳戎馬，大司馬吴漢精卒當前，中軍次之，驍騎、武衛分陳左右。赤眉望見震怖，遣使乞降。丙午，赤眉君臣面縛，奉高皇帝璽綬，詔以屬城門校尉。戊申，至自宜陽。己酉，詔曰：「羣盜縱横，賊害元元，盆子竊尊號，亂惑天下。朕奮兵討擊，應時崩解，十餘萬衆束手降服，先帝璽綬歸之王府。斯皆祖宗之靈，士人之力，朕曷足以享斯哉！其擇吉日祠高廟，賜天下長子當爲父後者爵，人一級。」

二月己未，祠高廟，受傳國璽。

劉永立董憲爲海西王，張步爲齊王。步殺光禄大夫伏隆而反。

幸懷。遣吳漢率二將軍擊青犢於軹西，大破降之。

三月壬寅，以大司徒司直伏湛爲大司徒。

彭寵陷薊城，寵自立爲燕王。

帝自將征鄧奉，幸堵陽。夏四月，大破鄧奉於小長安，斬之。

馮異與延岑戰於上林，破之。

吳漢率七將軍與劉永將蘇茂戰於廣樂，大破之。虎牙大將軍蓋延圍劉永於睢陽。

五月己酉，車駕還宮。

六月壬戌，大赦天下。

耿弇與延岑戰於穰，大破之。

秋七月，征南大將軍岑彭率三將軍伐秦豐，戰於黎丘，大破之，獲其將蔡宏。

庚辰，詔曰：「吏不滿六百石，下至墨綬長、相，有罪先請。男子八十以上，十歲以下，及婦人從坐者，自非不道、詔所名捕，皆不得繫。當驗問者即就驗。女徒雇山歸家。」

蓋延拔睢陽，獲劉永，而蘇茂、周建立永子紆爲梁王。

冬十月壬申，幸舂陵，祠園廟，因置酒舊宅，大會故人父老。十一月乙未，至自舂陵。

涿郡太守張豐反。

是歲，李憲自稱天子。西州大將軍隗囂奉奏。建義大將軍朱祐率祭遵與延岑戰於東陽，斬其將張成。

四年春正月甲申，大赦天下。

二月壬子，幸懷。壬申，至自懷。

遣右將軍鄧禹率二將軍與延岑戰於武當，破之。夏四月丁巳，幸鄴。己巳，進幸臨平。

遣大司馬吳漢擊五校賊於箕山，大破之。

五月，進幸元氏。辛巳，進幸盧奴。

遣征虜將軍祭遵率四將軍討張豐於涿郡，斬豐。

六月辛亥，車駕還宮。

七月丁亥，幸譙。遣捕虜將軍馬武、偏將軍王霸圍劉紆於垂惠。

董憲將賁休以蘭陵城降，憲圍之。虎牙大將軍蓋延率平狄將軍龐萌救賁休，不克，蘭陵爲憲所陷。秋八月戊午，進幸壽春。

太中大夫徐惲擅殺臨淮太守劉度，惲坐誅。

遣揚武將軍馬成率三將軍伐李憲。九月，圍憲於舒。

冬十月甲寅，車駕還宮。

太傅卓茂薨。

十一月丙申，幸宛。遣建義大將軍朱祐率二將軍圍秦豐於黎丘。十二月丙寅，進幸黎丘。

是歲，征西大將軍馮異與公孫述將程焉戰於陳倉，破之。

五年春正月癸巳，車駕還宮。

二月丙午，大赦天下。

捕虜將軍馬武、偏將軍王霸拔垂惠。

乙丑，幸魏郡。

壬申，封殷後孔安爲殷紹嘉公。

彭寵爲其蒼頭所殺，漁陽平。

大司馬吳漢率建威大將軍耿弇擊富平、獲索賊於平原，大破降之。復遣耿弇率二將軍討張步。

三月癸未，徙廣陽王良爲趙王，始就國。

平狄將軍龐萌反，殺楚郡太守孫萌而東附董憲。

遣征南大將軍岑彭率二將軍伐田戎於津鄉，大破之。

河西大將軍竇融始遣使貢獻。

五月丙子，詔曰：「久旱傷麥，秋種未下，朕甚憂之。將殘吏未勝，獄多冤結，元元愁恨，感動天氣乎？其令中都官、三輔、郡、國出繫囚，罪非犯殊死一切勿案，見徒免爲庶人。務進柔良，退貪酷，各正厥事焉。」

六月，建義大將軍朱祐拔黎丘，獲秦豐；而龐萌、蘇茂圍桃城。帝時幸蒙，因自將征之。先理兵任城，乃進救桃城，大破萌等。

秋七月丁丑，幸沛，祠高原廟。詔修復西京園陵。進幸湖陵，征董憲。又幸蕃，遂攻董憲於昌慮，大破之。

八月己酉，進幸郯，留吳漢攻劉紆、董憲等，車駕轉徇彭城、下邳。吳漢拔郯，獲劉紆；漢進圍董憲、龐萌於朐。

冬十月，還，幸魯，使大司空祠孔子。

耿弇等與張步戰於臨淄，大破之。帝幸臨淄，進幸劇。張步斬蘇茂以降，齊地平。初起太學。車駕還宮，幸太學，賜博士弟子各有差。

十一月壬寅，大司徒伏湛免，尚書令侯霸爲大司徒。

十二月，盧芳自稱天子於九原。

西州大將軍隗囂遣子恂入侍。

交阯牧鄧讓率七郡太守遣使奉貢。詔復濟陽二年傜役。是歲，野穀漸少，田畝益廣焉。

六年春正月丙辰，改舂陵鄉爲章陵縣，世世復傜役，比豐、沛，無有所豫。

辛酉，詔曰：「往歲水旱蝗蟲爲災，穀價騰躍，人用困乏。朕惟百姓無以自贍，惻然愍之。其命郡國有穀者，給稟高年、鰥、寡、孤、獨及篤癃、無家屬貧不能自存者，如律。二千石勉加循撫，無令失職。」

揚武將軍馬成等拔舒，獲李憲。

二月，大司馬吴漢拔朐，獲董憲、龐萌，山東悉平。諸將還京師，置酒賞賜。

三月，公孫述遣將任滿寇南郡。

夏四月丙子，幸長安，始謁高廟，遂有事十一陵。

遣虎牙大將軍蓋延等七將軍從隴道伐公孫述。

五月己未，至自長安。

隗囂反，蓋延等因與囂戰於隴阺，諸將敗績。

辛丑，詔曰：「惟天水、隴西、安定、北地吏人爲隗囂所詿誤者，又三輔遭難赤眉，有犯法不道者，自殊死以下，皆赦除之。」

六月辛卯，詔曰：「夫張官置吏，所以爲人也。今百姓遭難，户口耗少，而縣官吏職所置尚繁，其令司隸、州牧各實所部，省減吏員。縣國不足置長吏可并合者，上大司徒、大司空二府。」於是條奏并省四百餘縣，吏職減損，十置其一。

代郡太守劉興擊盧芳將賈覽於高柳，戰歿。

初，樂浪人王調據郡不服。秋，遣樂浪太守王遵擊之，郡吏殺調降。

遣前將軍李通率二將軍，與公孫述將戰於西城，破之。

秋九月庚子，赦樂浪謀反大逆殊死已下。

冬十月丁丑，詔曰：「吾德薄不明，寇賊爲害，彊弱相陵，元元失所。《詩》云：『日月告凶，不用其行。』永念厥咎，内疚於心。其勑公卿舉賢良方正各一人；百僚並上封事，無有隱諱；有司修職，務遵法度。」

十一月丁卯，詔王莽時吏人没入爲奴婢不應舊法者，皆免爲庶人。

十二月壬辰，大司空宋弘免。

癸巳，詔曰：「頃者師旅未解，用度不足，故行什一之税。今軍士屯田，糧儲差積。其令郡國收見田租三十税一，如舊制。」

隗囂遣將行巡寇扶風，征西大將軍馮異拒破之。

是歲，初罷郡國都尉官。始遣列侯就國。匈奴遣使來獻，使中郎將報命。

七年春正月丙申，詔中都官、三輔、郡、國出繫囚，非犯殊死，皆一切勿案其罪。見徒免爲庶(民)〔人〕。耐罪亡命，吏以文除之。

又詔曰：「世以厚葬爲德，薄終爲鄙，至于富者奢僭，貧者單財，法令不能禁，禮義不能止，倉卒乃知其咎。其布告天下，令知忠臣、孝子、慈兄、悌弟薄葬送終之義。」

二月辛巳，罷護漕都尉官。

三月丁酉，詔曰：「今國有衆軍，並多精勇，宜且罷輕車、騎士、材官、樓船士及軍假吏，令還復民伍。」

公孫述立隗囂爲朔寧王。

癸亥晦，日有食之，避正殿，寢兵，不聽事五日。詔曰：「吾德薄致災，謫見日月，戰慄恐懼，夫何言哉！今方念愆，庶消厥咎。其令有司各修職任，奉遵法度，惠茲元元。百僚各上封事，無有所諱。其上書者，不得言聖。」

夏四月壬午，詔曰：「比陰陽錯謬，日月薄食。百姓有過，在予一人，大赦天下。公、卿、司隸、州牧舉賢良方正各一人，遣詣公車，朕將覽試焉。」

五月戊戌，前將軍李通爲大司空。

甲寅，詔吏人遭饑亂及爲青、徐賊所略爲奴婢下妻，欲去留者，恣聽之。敢拘制不還，以賣人法從事。

是夏，連雨水。

漢忠將軍王常爲横野大將軍。

八月丁亥，封前河閒王邵爲河閒王。

隗囂寇安定，征西大將軍馮異、征虜將軍祭遵擊却之。

冬，盧芳所置朔方太守田颯、雲中太守喬扈各舉郡降。

是歲，省長水、射聲二校尉官。

八年春正月，中郎將來歙襲略陽，殺隗囂守將而據其城。

夏四月，司隸校尉傅抗下獄死。

隗囂攻來歙，不能下。閏月，帝自征囂，河西(太守)〔大將軍〕竇融率五郡太守與車駕會高平。隴右潰，隗囂奔西城，遣大司馬吴漢、征南大將軍岑彭圍之；進幸上邽，不降，命虎牙大將軍蓋延、建威大將軍耿弇攻之。

潁川盜賊寇没屬縣，河東守守兵亦叛，京師騷動。

秋，大水。

八月，帝自上邽晨夜東馳。九月乙卯，車駕還宫。

庚申，帝自征潁川盜賊，皆降。

安丘侯張步叛歸琅邪，琅邪太守陳俊討獲之。

戊寅，至自潁川。

冬十月丙午，幸懷。十一月乙丑，至自懷。

公孫述遣兵救隗囂，吴漢、蓋延等還軍長安。天水、隴西復反歸囂。

十二月，高句麗王遣使奉貢。

是歲大水。

九年春正月，隗囂病死，其將王元、周宗復立囂子純爲王。

徙鴈門吏人於太原。

三月辛亥，初置青巾左校尉官。

公孫述遣將田戎、任滿據荆門。

夏六月丙戌，幸緱氏，登轘轅。

遣大司馬吴漢率四將軍擊盧芳將賈覽於高柳，戰不利。

秋八月，遣中郎將來歙監征西大將軍馮異等五將軍討隗純於天水。

驃騎大將軍杜茂與賈覽戰於繁時，茂軍敗績。

是歲，省關都尉，復置護羌校尉官。

十年春正月，大司馬吴漢率捕虜將軍王霸等五將軍擊賈覽於高柳，匈奴遣騎救覽，諸將與戰，卻之。

修理長安高廟。

夏，征西大將軍馮異破公孫述將趙匡於天水，斬之。征西大將軍馮異薨。

秋八月己亥，幸長安，祠高廟，遂有事十一陵。

戊戌，進幸汧。隗囂將高峻降。

冬十月，中郎將來歙等大破隗純於落門，其將王元奔蜀，純與周宗降，隴右平。

先零羌寇金城、隴西，來歙率諸將擊羌於五谿，大破之。

庚寅，車駕還宫。

是歲，省定襄郡，徙其民於西河。泗水王歙薨。淄川王終薨。

十一年春二月己卯，詔曰：「天地之性人爲貴。其殺奴婢，不得減罪。」

〔三月〕己酉，幸南陽；還，幸章陵，祠園陵。

城陽王祉薨。

庚午，車駕還宫。

閏月，征南大將軍岑彭率三將軍與公孫述將田戎、任滿戰於荆門，大破之，獲任滿。威虜將軍馮駿圍田戎於江州，岑彭遂率舟師伐公孫述，平巴郡。

夏四月丁卯，省大司徒司直官。

先零羌寇臨洮。

六月，中郎將來歙率揚武將軍馬成破公孫述將王元、環安於下辯。安遣閒人刺殺中郎將來歙。帝自將征公孫述。秋七月，次長安。八月，岑彭破公孫述將侯丹於黄石。輔威將軍臧宫與公孫述將延岑戰於沈水，大破之。王元降。至自長安。

癸亥，詔曰：「敢炙灼奴婢，論如律，免所炙灼者爲庶(民)〔人〕。」

冬十月壬午，詔除奴婢射傷人棄市律。

公孫述遣閒人刺殺征南大將軍岑彭。

馬成平武都，因隴西太守馬援擊破先零羌，徙致天水、隴西、扶風。

十二月，大司馬吴漢率舟師伐公孫述。

是歲，省朔方牧，并并州。初斷州牧自還奏事。

十二年春正月，大司馬吴漢與公孫述將史興戰於武陽，斬之。

三月癸酉，詔隴、蜀民被略爲奴婢自訟者，及獄官去報，一切免爲庶(民)〔人〕。

夏，甘露降南行唐。六月，黄龍見東阿。

秋七月，威虜將軍馮駿拔江州，獲田戎。九月，吴漢大破公孫述將謝豐于廣都，斬之。輔威將軍臧宫拔涪城，斬公孫恢。

大司空李通罷。

冬十一月戊寅，吴漢、臧宫與公孫述戰於成都，大破之。述被創，夜死。辛

巳，吴漢屠成都，夷述宗族及延岑等。

十二月辛卯，揚武將軍馬成行大司空事。

是歲，九真徼外蠻夷張遊率種人内屬，封爲歸漢里君。省金城郡屬隴西。參狼羌寇武都，隴西太守馬援討降之。詔邊吏力不足戰則守，追虜料敵不拘以逗留法。横野大將軍王常薨。遣驃騎大將軍杜茂將衆郡施刑屯北邊，築亭候，修烽燧。

十三年春正月庚申，大司徒侯霸薨。

戊子，詔曰：「往年已勑郡國，異味不得有所獻御，今猶未止，非徒有豫養導擇之勞，至乃煩擾道上，疲費過所。其令太官勿復受。明勑下以遠方口實所以薦宗廟，自如舊制。」

二月，遣捕虜將軍馬武屯虖沱河以備匈奴。盧芳自五原亡入匈奴。

丙辰，詔曰：「長沙王興、真定王得、河間王邵、中山王茂，皆襲爵爲王，不應經義。其以興爲臨湘侯，得爲真定侯，邵爲樂成侯，茂爲單父侯。」其宗室及絶國封侯者凡一百三十七人。丁巳，降趙王良爲趙公，太原王章爲齊公，魯王興爲魯公。庚午，以殷紹嘉公孔安爲宋公，周承休公姬(常)〔武〕爲衛公。省并西京十三國：廣平屬鉅鹿，真定屬常山，河間屬信都，城陽屬琅邪，泗水屬廣陵，淄川屬高密，膠東屬北海，六安屬廬江，廣陽屬上谷。

三月辛未，沛郡太守韓歆爲大司徒。丙子，行大司空馬成罷。

夏四月，大司馬吴漢自蜀還京師，於是大饗將士，班勞策勳。功臣增邑更封，凡三百六十五人。其外戚恩澤封者四十五人。罷左右將軍官。建威大將軍耿弇罷。

益州傳送公孫述瞽師、郊廟樂器、葆車、輿輦，於是法物始備。時兵革既息，天下少事，文書調役，務從簡寡，至乃十存一焉。

甲寅，冀州牧竇融爲大司空。

五月，匈奴寇河東。

秋七月，廣漢徼外白馬羌豪率種人内屬。

九月，日南徼外蠻夷獻白雉、白兔。

冬十二月甲寅，詔益州民自八年以來被略爲奴婢者，皆一切免爲庶(民)〔人〕；或依託爲人下妻，欲去者，恣聽之；敢拘留者，比青、徐二州以略人法從事。

復置金城郡。

十四年春正月，起南宫前殿。

匈奴遣使奉獻，使中郎將報命。

夏四月辛巳，封孔子後志爲褒成侯。

越嶲人任貴自稱太守，遣使奉計。

秋九月，平城人賈丹殺盧芳將尹由來降。

是歲，會稽大疫。莎車國、鄯善國遣使奉獻。

十二月癸卯，詔益、涼二州奴婢，自八年以來自訟在所官，一切免爲庶(民)〔人〕，賣者無還直。

十五年春正月辛丑，大司徒韓歆免，自殺。

丁未，有星孛於昴。

汝南太守歐陽歙爲大司徒。建義大將軍朱祐罷。

丁未，有星孛於營室。

二月，徙鴈門、代郡、上谷三郡民，置常(山)〔關〕、居庸關以東。

初，巴蜀既平，大司馬吴漢上書請封皇子，不許，重奏連歲。三月，乃詔羣臣議。大司空融、固始侯通、膠東侯復、高密侯禹、太常登等奏議曰：「古者封建諸侯，以藩屏京師。周封八百，同姓諸姬並爲建國，夾輔王室，尊事天子，享國永長，爲後世法。故《詩》云：『大啓爾宇，爲周室輔。』高祖聖德，光有天下，亦務親親，封立兄弟諸子，不違舊章。陛下德横天地，興復宗統，褒德賞勳，親睦九族，功臣宗室，咸蒙封爵，多受廣地，或連屬縣。今皇子賴天，能勝衣趨拜，陛下恭謙克讓，抑而未議，羣臣百姓，莫不失望。宜因盛夏吉時，定號位，以廣藩輔，明親親，尊宗廟，重社稷，應古合奮，厭塞衆心。臣請大司空上輿地圖，太常擇吉日，具禮儀。」制曰：「可。」

夏四月戊申，以太牢告祠宗廟。丁巳，使大司空融告廟，封皇子輔爲右翊公，英爲楚公，陽爲東海公，康爲濟南公，蒼爲東平公，延爲淮陽公，荆爲山陽公，衡爲臨淮公，焉爲左翊公，京爲琅邪公。癸丑，追謚兄伯升爲齊武公，兄仲爲魯哀公。

六月庚午，復置屯騎、長水、射聲三校尉官，改青巾左校尉爲越騎校尉。

詔下州郡檢覈墾田頃畝及户口年紀，又考實二千石長吏阿枉不平者。

冬十一月甲戌，大司徒歐陽歙下獄死。十二月庚午，關内侯戴涉爲大司徒。

盧芳自匈奴入居高柳。

是歲，驃騎大將軍杜茂免，虎牙大將軍蓋延薨。

十六年春二月，交阯女子徵側反，略有城邑。

秋九月，河南尹張伋及諸郡守十餘人，坐度田不實，皆下獄死。

郡國大姓及兵長、羣盜處處並起，攻劫在所，害殺長吏。郡縣追討，到則解散，去復屯結，青、徐、幽、冀四州尤甚。冬十月，遣使者下郡國，聽羣盜自相糾擿，五人共斬一人者，除其罪。吏雖逗留回避故縱者，皆勿問，聽以禽討爲效。其牧守令長坐界内盜賊而不收捕者，又以畏愞捐城委守者，皆不以爲負，但取獲賊多少爲殿最，唯蔽匿者乃罪之。於是更相追捕，賊並解散。徙其魁帥於它郡，賦田受稟，使安生業。自是牛馬放牧，邑門不閉。

盧芳遣使乞降。十二月甲辰，封芳爲代王。

初，王莽亂後，貨幣雜用布、帛、金、粟。是歲，始行五銖錢。

十七年春正月，趙公良薨。

二月乙(亥)〔未〕晦，日有食之。

夏四月乙卯，南巡狩，皇太子及右翊公輔、楚公英、東海公陽、濟南公康、東平公蒼從，幸潁川，進幸葉、章陵。五月乙卯，車駕還宫。

六月癸巳，臨淮公衡薨。

秋七月，妖巫李廣等羣起據皖城，遣虎賁中郎將馬援、驃騎將軍段志討之。九月，破皖城，斬李廣等。

冬十月辛巳，廢皇后郭氏爲中山太后，立貴人陰氏爲皇后。進右翊公輔爲中山王，食常山郡。其餘九國公，皆即舊封進爵爲王。

甲申，幸章陵。脩園廟，祠舊宅，觀田廬，置酒作樂，賞賜。時宗室諸母因酣悦，相與語曰：「文叔少時謹信，與人不款曲，唯直柔耳。今乃能如此！」帝聞之，大笑曰：「吾理天下，亦欲以柔道行之。」乃悉爲舂陵宗室起祠堂。有五鳳皇見於潁川之郟縣。十二月，至自章陵。

是歲，莎車國遣使貢獻。

十八年春二月，蜀郡守將史歆叛，遣大司馬吴漢率二將軍討之，圍成都。

甲寅，西巡狩，幸長安。三月壬午，祠高廟，遂有事十一陵。歷馮翊界，進幸蒲坂，祠后土。夏四月(甲戌)〔癸酉〕，車駕還宫。

(癸酉)〔甲戌〕，詔曰：「今邊郡盜穀五十斛，罪至於死，開殘吏妄殺之路，其蠲除此法，同之内郡。」

遣伏波將軍馬援率樓船將軍段志等擊交阯賊徵側等。

(戊)〔甲〕申，幸河内。戊子，至自河内。

五月，旱。

盧芳復亡入匈奴。

秋七月，吴漢拔成都，斬史歆等。壬戌，赦益州所部殊死已下。

冬十月庚辰，幸宜城。還，祠章陵。十二月乙丑，車駕還宫。

是歲，罷州牧，置刺史。

十九年春正月庚子，追尊孝宣皇帝曰中宗。始祠昭帝、元帝於太廟，成帝、哀帝、平帝於長安，舂陵節侯以下四世於章陵。

妖巫單臣、傅鎮等反，據原武，遣太中大夫臧宫圍之。夏四月，拔原武，斬臣、鎮等。

伏波將軍馬援破交阯，斬徵側等。因擊破九真賊都陽等，降之。

閏月戊申，進趙、齊、魯三國公爵爲王。

六月戊申，詔曰：「《春秋》之義，立子以貴。東海王陽，皇后之子，宜承大統。皇太子彊，崇執謙退，願備藩國。父子之情，重久違之。其以彊爲東海王，立陽爲皇太子，改名莊。」

秋九月，南巡狩。壬申，幸南陽，進幸汝南南頓縣舍，置酒會，賜吏人，復南頓田租歲。父老前叩頭言：「皇考居此日久，陛下識知寺舍，每來輒加厚恩，願賜復十年。」帝曰：「天下重器，常恐不任，日復一日，安敢遠期十歲乎？」吏人又言：「陛下實惜之，何言謙也？」帝大笑，復增一歲。進幸淮陽、梁、沛。

西南夷寇益州郡，遣武威將軍劉尚討之。越巂太守任貴謀叛，十二月，劉尚襲貴，誅之。

二十年春二月戊子，車駕還宫。

夏四月庚辰，大司徒戴涉下獄死。大司空竇融免。

五月辛亥，大司馬吴漢薨。匈奴寇上黨、天水，遂至扶風。

六月庚寅，廣漢太守祭茂爲大司徒，大僕朱浮爲大司空。壬辰，在中郎將劉隆爲驃騎將軍，行大司馬事。

秋，東夷韓國人率衆詣樂浪内附。

冬十月，東巡狩，甲午，幸魯，進幸東海、楚、沛國。

十二月，匈奴寇天水。

壬寅，車駕還宫。

是歲，省五原郡，徙其吏人置河東。復濟陽縣傜役六歲。

二十一年春正月，武威將軍劉尚破益州夷，平之。

夏四月，安定屬國胡叛，屯聚青山，遣將兵長史陳訢討平之。

秋，鮮卑寇遼東，遼東太守祭彤大破之。

冬十月，遣伏波將軍馬援出塞擊烏桓，不克。

匈奴寇上谷、中山。

其冬，鄯善王、車師王等十六國皆遣子入侍奉獻，願請都護。帝以中國初定，未遑外事，乃還其侍子，厚加賞賜。

二十二年春閏月丙戌，幸長安，祠高廟，遂有事十一陵。二月己巳，至自長安。

夏五月乙未晦，日有食之。

秋七月，司隸校尉蘇鄴下獄死。

九月戊辰，地震裂。制詔曰：「日者地震，南陽尤甚。夫地者，任物至重，静而不動者也。而今震裂，咎在君上。鬼神不順無德，災殃將及吏人，朕甚懼焉。其令南陽勿輸今年田租芻稾。遣謁者案行，其死罪繫囚在戊辰以前，減死罪一等；徒皆弛解鉗，衣絲絮。賜郡中居人壓死者棺錢，人三千。其口賦逋税而廬宅尤破壞者，勿收責。吏人死亡，或在壞垣毁屋之下，而家羸弱不能收拾者，其以見錢穀取傭，爲尋求之。」

冬十月壬子，大司空朱浮免。癸丑，光禄勳杜林爲大司空。

是歲，齊王章薨。青州蝗。匈奴薁鞬日逐王比遣使詣漁陽請和親，使中郎將李茂報命。烏桓擊破匈奴，匈奴北徙，幕南地空。詔罷諸邊郡亭候吏卒。

二十三年春正月，南郡蠻叛，遣武威將軍劉尚討破之，徙其種人於江夏。

夏五月丁卯，大司徒蔡茂薨。

秋八月丙戌，大司空杜林薨。

九月辛未，陳留太守玉況爲大司徒。

冬十月丙申，太僕張純爲大司空。

高句麗率種人詣樂浪内屬。

十二月，武陵蠻叛，寇掠郡縣，遣劉尚討之，戰於沅水，尚軍敗殁。

是歲，匈奴薁鞬日逐王比率部曲遣使詣西河内附。

二十四年春正月乙亥，大赦天下。

匈奴薁鞬日逐王比遣使款五原塞，求扞禦北虜。

秋七月，武陵蠻寇臨沅，遣謁者李嵩、中山太守馬成討蠻，不克，於是伏波將軍馬援率四將軍討之。

詔有司申明舊制阿附蕃王法。

冬十月，匈奴薁鞬日逐王比自立爲南單于，於是分爲南、北匈奴。

二十五年春正月，遼東徼外貊人寇右北平、漁陽、上谷、太原，遼東太守祭彤招降之。烏桓大人來朝。

南單于遣使詣闕貢獻，奉蕃稱臣；又遣其左賢王擊破北匈奴，却地千餘里。

三月，南單于遣子入侍。

戊申晦，日有食之。

伏波將軍馬援等破武陵蠻於臨沅。冬十月，叛蠻悉降。

夫餘王遣使奉獻。

是歲，烏桓大人率衆内屬，詣闕朝貢。

二十六年〔春〕正月，詔有司增百官奉。其千石已上，減於西京舊制；六百石已下，增於舊秩。

初作壽陵。將作大匠竇融上言園陵廣袤，無慮所用。帝曰：「古者帝王之葬，皆陶人瓦器，木車茅馬，使後世之人不知其處。太宗識終始之義，景帝能述遵孝道，遭天下反覆，而霸陵獨完受其福，豈不美哉！今所制地不過二三頃，無爲山陵，陂池裁令流水而已。」

遣中郎將段郴授南單于璽綬，令入居雲中，始置使匈奴中郎將，將兵衛護之。南單于遣子入侍，奉奏詣闕。於是雲中、五原、朔方、北地、定襄、鴈門、上谷、代八郡民歸於本土。遣謁者分將施刑補理城郭。發遣邊民在中國者，布還諸縣，皆賜以裝錢，轉輸給食。

二十七年夏四月戊午，大司徒玉況薨。

五月丁丑，詔曰：「昔契作司徒，禹作司空，皆無『大』名，其令二府去『大』。」又改大司馬爲太尉。驃騎大將軍行大司馬劉隆即日罷，以太僕趙憙爲太尉，大司農馮勤爲司徒。

益州郡徼外蠻夷率種人内屬。

北匈奴遣使詣武威乞和親。

冬，魯王興、齊王石始就國。

二十八年春正月己巳，徙魯王興爲北海王，以魯國益東海。賜東海王彊虎賁、旄頭、鍾虡之樂。

夏六月丁卯，沛太后郭氏薨，因詔郡縣捕王侯賓客，坐死者數千人。

秋八月戊寅，東海王彊、沛王輔、楚王英、濟南王康、淮陽王延始就國。

冬十月癸酉，詔死罪繫囚皆一切募下蠶室，其女子宫。

北匈奴遣使貢獻，乞和親。

二十九年春二月丁巳朔，日有食之。遣使者舉冤獄，出繫囚。

庚申，賜天下男子爵，人二級；鰥、寡、孤、獨、篤癃、貧不能自存者粟，人五斛。

夏四月乙丑，詔令天下繫囚自殊死已下及徒各減本罪一等，其餘贖罪輸作各有差。

三十年春正月，鮮卑大人内屬，朝賀。

二月，東巡狩。甲子，幸魯，進幸濟南。閏月癸丑，車駕還宫。

有星孛于紫宫。

夏四月戊子，徙左翊王焉爲中山王。

五月，大水。

賜天下男子爵，人二級；鰥、寡、孤、獨、篤癃、貧不能自存者粟，人五斛。

秋七月丁酉，幸魯國。復濟陽縣是年傜役。冬十一月丁酉，至自魯。

三十一年夏五月，大水。

戊辰，賜天下男子爵，人二級；鰥、寡、孤、獨、篤癃、貧不能自存者粟，人六斛。

癸酉晦，日有食之。

是夏，蝗。

秋九月甲辰，詔令死罪繫囚皆一切募下蠶室，其女子宫。

是歲，陳留雨穀，形如稗實。北匈奴遣使奉獻。

中元元年春正月，東海王彊、沛王輔、楚王英、濟南王康、淮陽王延、趙王盱皆來朝。

丁卯，東巡狩。二月己卯，幸魯，進幸太山。北海王興、齊王石朝于東嶽。辛卯，柴望岱宗，登封太山。甲午，禪于梁父。

三月戊辰，司空張純薨。

夏四月癸酉，車駕還宫。己卯，大赦天下。復嬴、博、梁父、奉高，勿出今年田租芻稾。改年爲中元。

行幸長安。戊子，祀長陵。五月乙丑，至自長安。

六月辛卯，太僕馮魴爲司空。

乙未，司徒馮勤薨。

是夏，京師醴泉涌出，飲之者固疾皆愈，惟眇、蹇者不瘳。又有赤草生於水崖。郡國頻上甘露。羣臣奏言：「地祇靈應而朱草萌生。孝宣帝每有嘉瑞，輒以改元，神爵、五鳳、甘露、黄龍，列爲年紀，蓋以感致神祇，表彰德信，是以化致升平，稱爲中興。今天下清寧，靈物仍降。陛下情存損挹，推而不居，豈可使祥符顯慶，没而無聞？宜令太史撰集，以傳來世。」帝不納。常自謙無德，每郡國所上，輒抑而不當，故史官罕得記焉。

秋，郡國三蝗。

冬十月辛未，司隸校尉東萊李訢爲司徒。

甲申，使司空告祠高廟曰：「高皇帝與羣臣約，非劉氏不王。吕太后賊害三趙，專王吕氏，賴社稷之靈，禄、産伏誅，天命幾墜，危朝更安。吕太后不宜配食高廟，同祧至尊。薄太后母德慈仁，孝文皇帝賢明臨國，子孫賴福，延祚至今。其上薄太后尊號曰高皇后，配食地祇。遷吕太后廟主于園，四時上祭。」

十一月甲子晦，日有食之。

是歲，初起明堂、靈臺、辟雍，及北郊兆域。宣布圖讖於天下。復濟陽、南頓是年傜役。參狼羌寇武都，敗郡兵，隴西太守劉盱遣軍救之，及武都郡兵討叛羌，皆破之。

二年春正月辛未，初立北郊，祀后土。

東夷倭奴國王遣使奉獻。

二月戊戌，帝崩於南宫前殿，年六十二。遺詔曰：「朕無益百姓，皆如孝文皇帝制度，務從約省。刺史、二千石長吏皆無離城郭，無遣吏及因郵奏。」

初，帝在兵閒久，厭武事，且知天下疲耗，思樂息肩。自隴、蜀平後，非儆急，未嘗復言軍旅。皇太子嘗問攻戰之事，帝曰：「昔衛靈公問陳，孔子不對，此非爾所及。」每旦視朝，日仄乃罷。數引公卿、郎、將講論經理，夜分乃寐。皇太子

見帝勤勞不怠，承間諫曰：「陛下有禹湯之明，而失黄老養性之福，願頤愛精神，優游自寧。」帝曰：「我自樂此，不爲疲也。」雖身濟大業，兢兢如不及，故能明慎政體，總攬權綱，量時度力，舉無過事。退功臣而進文吏，戢弓矢而散馬牛，雖道未方古，斯亦止戈之武焉。

雜録

備録

《漢書》卷二一下《律曆志下》 光武皇帝，著《紀》以景帝後高祖九世孫受命中興復漢，改元曰建武，歲在鶉尾之張度。建武三十一年，中元二年，即位三十三年。

《漢書》卷二二《禮樂志》 世祖受命中興，撥亂反正，改定京師于土中。即位三十年，四夷賓服，百姓家給，政教清明，乃營立明堂、辟廱。顯宗即位，躬行其禮，宗祀光武皇帝于明堂，養三老五更於辟廱，威儀既盛美矣。然德化未流洽者，禮樂未具，羣下無所誦説，而庠序尚未設之故也。孔子曰：「辟如爲山，未成一匱，止，吾止也。」今叔孫通所撰禮儀，與律令同録，臧於理官，法家又復不傳。漢典寢而不著，民臣莫有言者。又通没之後，河間獻王采禮樂古事，稍稍增輯，至五百餘篇。今學者不能昭見，但推士禮以及天子，説義又頗謬異，故君臣長幼交接之道寖以不章。

皇甫謐《帝王世紀》卷八 光武皇帝出自景帝也，名秀，字文叔。更始元年爲偏將軍，破王邑，殺王尋，誅王郎。更始二年，立爲蕭王。建武元年四月，更始降赤眉。六月，光武即帝位於常山鄗之陽千秋亭，都洛陽。在位三十三年。中元二年二月，崩於洛陽南宫，年六十三。太子莊代立，是爲孝明皇帝。

光武葬臨平亭南，西望平陰。原陵，方三百二十步，高六丈，在臨平亭東南，去洛陽十五里。

薛瑩《後漢記》卷一《光武帝紀》 光武征伐，嘗乘革車羸馬。【略】光武命將，皆授以方略，使奉圖而進，其有違失，無不折傷，意豈文史之過乎？不然，雖聖人其猶病諸。

司馬彪《續漢書》卷一《光武帝紀》 世祖微時，繫南鳴市，獄市吏以一笥飯與之。

伯昇賓客劫人，上避吏於新野鄧晟家。

是時上平河北，過邯鄲。林進見，言赤眉可破。上問其故，對曰：「河水從列人北流，如決河水灌之，皆可令爲魚。」上不然之。

更始使侍御史黄黨封上爲蕭王。

建武初，令天下繫囚減罪一等，出縑贖罪，輕重有差。

建武二年，詔曰：「其赦天下，惟〔酷吏〕殘賊，用刑深刻，獄多冤人，朕甚愍之。自今已後，有犯者，將正厥辜。〔與中二千石、諸大夫、博士、議郎有刑罰〕」。

中元元年二月，上東巡狩至山，封泰山，柴祭。禪於梁陰。夏四月，大赦天下。

至于光武，承王莽之篡，起自匹庶，一民尺土，靡有憑焉。發跡於昆陽，以數千屠百萬，非膽智之至，孰能堪之？討賊平亂，克復漢業，號稱中興，雖初興者，無以加之矣。中國既定，柔遠以德，愛慎人命，下及至賤，武功既〔備，抗文德，修經術〕，勳績宏矣。

袁山松《後漢書》卷一《光武帝紀》 光武封泰山，雲氣成宫闕。

謝沈《後漢書・光武帝紀》 光武攻淯陽不下，引兵欲攻宛，至小長安，與甄阜戰，敗。

無名氏《後漢書》 嚴光字子陵，與光武爲友。後光武登阼，忘之。光怨帝。是時太史云：「天上有客星恨帝。」帝曰：「豈非朕故人嚴子陵乎？」遽命徵之。夜與子陵共卧，光以脚加帝腹。太史奏：「客星侵御座。」子陵縮脚，客星尋退。竟不仕。

《後漢書》卷八三《逸民列傳・野王二老》 野王二老者，不知何許人也。初，光武貳於更始，會關中擾亂，遣前將軍鄧禹西征，送之於道。既反，因於野王獵，路見二老者即禽。光武問曰：「禽何向？」並舉手西指，言「此中多虎，臣每即禽，虎亦即臣，大王勿往也」。光武曰：「苟有其備，虎亦何患。」父曰：「何大王之謬邪！昔湯即桀於鳴條，而大城於亳；武王亦即紂於牧野，而大城於郟鄏。彼二王者，其備非不深也。是以即人者，人亦即之，雖有其備，庸可忽乎！」光武

悟其旨，顧左右曰：「此隱者也。」將用之，辭而去，莫知所在。

《全宋文》卷三九五四李彌遜《光武聽羣盜自相糾摘議》 盜賊之發，始於貧窮，乘法令廢弛之後，至其蔓則難圖也。自古衰亂之餘，天下蠭起矣。《書》曰：「撫我則后，虐我則讎。」讎我則爲寇，后我則爲民。創業之君，在於所以撫御之而已。必曰鋤治之盡，根株乃止，是使無遺民也。御之在制以法，撫之在懷以恩，爵禄固不可以人及，給田受廩，俾安生業，還爲吾民，斯所以懷之也。建武之詔，其得撫御之方歟！

《全宋文》卷四八三二史堯弼《光武以柔道理天下論》 惟天下之至柔，能制天下之至剛。甚矣，天下之人不能無紛紜好變之心，亦不能無猛悍難制之氣也。方天下之未定，則有以發其紛紜之心，猛悍之氣，故强者勝焉。及天下之既定，其紛紜之心，猛悍之氣，抑而不得騁，蓄而不得作，則將有所難服也。是以天下之患常起于此而莫可止，善治天下者必有道焉。寬大慈祥，雍容和易，以消磨其心於茫茫之中，折服其氣於冥冥之際，使好變者不得爲變，難制者皆易以制，潛消陰服而不知所以然，則天下之大可以拱手而治。然則柔之制剛，其用爲如何？此東漢光武所以以柔道理天下之意。夫治天下，無以異於治水也。善治水者，行於水之所無事；善治天下者，行於天下之所無事，如斯而已。天下之不能無好變之心、難制之氣，亦猶水不能無悍湍之怒、横流之暴也。故禹之治水，必順水之性而柔之，使其暴怒無所施，而水之勢得矣。光武之治天下亦順天下之理而柔之，使之不能爲變而易以制，而天下之亂息矣。是知禹能行于水之所無事，光武能行于天下之所無事，在能柔之而已耳。且光武之定天下，無以異于高祖也。然高祖于天下既定之後，外之則困於冒頓，而有平城、白登之圍，内之則困於悍將，而有韓、彭、英、盧之變。高祖終身奔走于介胄之間，天下幾至于不測。而光武之既定也，寇、鄧、吴、賈服從之不暇，匈奴、西域帖然而不作，傳至于永平之間，天下有百年之承平，而無一日之警急，此其故何也？在能柔之與不能柔之之間而已。由是觀之，高祖非好勝也，非好强也，不得夫柔之之道故也。光武非不欲勝也，非不欲强也，得其所以柔之之道故也。高祖無以柔之，故激諸將好變之心，而觸匈奴難制之氣，而身受其弊。光武則不然，天下既定，遂戢弓矢，散馬牛，退功臣，進文吏，使天下知吾之不生事；寬法禁，薄征賦，使天下知吾之不苛；不答太子攻戰之問，使天下知吾之不好戰；下黄石之詔，戒廣地之荒，以塞臧宫、馬武，使天下知吾之不開邊；修辭幣，禮匈奴之使，閉玉門，謝西域之質，使天下知吾之不務遠。是豈真柔真弱者哉？其至微之機，至變之權，運于心術之間，舉天下而柔之，使至剛之人消磨折服而無復作，故其用柔之效見於天下，而天下終不見其用柔之迹，此其爲柔也大矣。蓋嘗觀光武之初，焚王郎往來之書，而示之以寬；輕行銅馬之營，而示之以信。首舉良吏卓茂爲太傅，戒馮異安集關中，不務以戰攻取勝。當戰伐之際，方且投戈息馬以論道藝。此其柔道不特用于理天下之日，蓋嘗用之于取天下之初矣。吾以是知昔之人君，善用柔道如光武者蓋寡。然而柔之在天下，同是柔也，有用柔而安，亦有用之而危；有用柔而彊，亦有用之而弱。何哉？彼以姑息爲柔，後將有姑息之弊；以怯懦爲柔，後將有怯懦之弊。此以柔用柔之失也。若夫善用柔者，守之似弱，而能卷舒天下之至强；行之似懦，而能馳騁天下之至堅。至于使兵無所投其刃，虎無所措其爪牙，方矯揉帖服之不暇，此以道用柔之得也。嘗試以兩漢之君言之。如惠帝、如元帝以柔用柔者也，如文帝、如光武以道用柔者也。惠帝柔而漢之宗社幾至于中絶，吕産、吕禄幾至于盜國。元帝柔而蕭傅、劉向無所奮其忠，弘恭、石顯有以竊其柄。以柔用柔之失蓋如此。善哉文帝、光武之治乎！老夫尉佗之慢侮，文帝屈己遺書，而南北之禍不作。吴王稱病不朝，文帝賜以几杖，而吴楚之變不起。是文帝之柔有以勝之也。四七之將，光武優禮以慰其心，而無葅醢之憂；西北之戎，光武卑情以答其意，而無冒頓之暴。是光武之柔有以勝之也。是雖不求勝于天下，然蓋有以大勝之矣。語曰：「柔弱勝剛强。魚不可脱于淵，國之利器不可以示人。」是道也，非文帝、光武，孰能知之？彼南陽宗室之論，乃謂「光武少時謹信直柔耳，今乃能如此」。嗚呼，是安知所以爲光武者歟！

洪邁《容齋隨筆》卷一四《光武仁君》 漢光武雖以征伐定天下，而其心未嘗不以仁恩招懷爲本。隗囂受官爵而復叛，賜詔告之曰：「若束手自詣，保無他也。」公孫述據蜀，大軍征之垂滅矣，猶下詔喻之曰：「勿以來歙、岑彭受害自疑，今以時自詣，則家族全，詔書手記不可數得，朕不食言。」遣馮異西征，戒以平定安集爲急。怒吴漢殺降，責以失斬將弔民之義。可謂仁君矣。蕭銑舉荆楚降唐，而高祖怒其逐鹿之對，誅之於市，其隘如此。《新史》猶以高祖爲聖，豈理也哉。

《全宋文》卷五七三七張栻《光武比高祖論》 高祖洪模大略，非光武所及也。高祖起匹夫，提三尺取天下，光武則以帝室之胄，因人心之思漢而復舊業，其難易固有間矣。而高祖之對乃項籍，亦蓋世之豪也；光武所與周旋者，獨張

步、隗囂、公孫述輩，其去籍蓋萬萬相遠矣。至於韓信、彭越之徒，皆如泛駕之馬，實難駕御，而盡在高祖掌握之中，指麾使令，無不如意；使光武有臣如此，未必能用也。然而創業之難，光武固不及高祖，而至於光武之善守，則復非高祖所及也。大抵高祖天資極高，所不足者學爾。即位之後，所以維持經理者類皆疏略，雄傑之氣不能自歛，卒至平城之辱；一時功臣處之不得其道，類皆赤族。此則由其學不足之故也。光武天資雖不逮高祖，而自其少時從諸生講儒學，謹行義，故天下既定，則知兵之不可不戢，審《黄石》，存包桑，閉玉關，以謝西域之質；安南定北，以爲單于久遠之計；處置功臣，假以爵寵，而不使之任事，卒保全其始終。凡此皆思慮縝密，要自儒學中來。至於尊禮隱逸，褒崇風節，以振起士氣，後之人君尤未易及此，非特高祖也。嗟乎！以高祖之天資，使之知學爲當務，則湯武之聖，亦豈不可至哉！是尤可歎息也。

《全宋文》卷五七三七張栻《光武不任功臣以事》　光武之不任功臣爲三公，蓋鑑高帝之弊，而欲保全之，前史莫不以爲美談。以予觀之，光武之保全功臣，使皆得以福禄終身，是固美矣，然於用人之道則有未盡也。蓋用人之道，先以一説横於胸中，則爲私意，非立賢無方之義矣。高祖之待功臣誠非也，如韓、彭、黥布之徒，雖有大功，要皆天資小人。在《易》之《師》：「開國承家，小人勿用。」蓋於用師既終，成功之後，但當寵之以富貴，而不可使之有國家而爲政也。高帝正犯此義，是以不能保功臣之終。爲光武者，要當察吾大臣有如韓、彭之徒者乎？則當以是待之。若光武之功臣則異於是。至寇、鄧、賈復則又識明而行修，量洪而器遠，以光武時所用之大臣論之，若三子者類過之遠甚，與共圖政，豈不可乎？顧乃執一概之嫌，廢大公之義，是反爲私意而已矣。抑光武之所責於大臣者，特爲吏事，大臣之職顧如是乎？惟其不知大臣所當任之職，故不知用大臣之道，而獨以吏事之督責爲憂，抑亦末矣。方當亂定之後，正宜登用賢才，與共圖紀綱，以爲垂世長久之計，而但知吏事責三公，其貽謀之不競亦宜矣！

《全宋文》卷五七三七張栻《光武崇隱逸論》　光武鑑西都末世之弊，故汲汲然崇尚風節，而不忘遺逸之舉，亦可謂知所當務矣。蓋自三代而降，在上者以爵禄而驕士，在下者慕爵禄而求君，故上日以亢而下日以委靡。人君而能降心以求遺逸，則是不敢以爵禄而驕其士，反有求乎士之意，則於克己養德，所助固不細矣。況風俗委靡之中，而見時君所尊禮延納者乃在於恬退隱約之士，豈不足以遏其奔競之風而息其僥倖之意，於風俗所助又不輕矣。在光武時，雖曰舉遺逸，然固有召而不能致，致而不能用者，而其流風餘韻，猶足以革西京之陋，而起名節之俗，則其爲益固豈淺淺哉！《語》曰：「舉逸民，天下之人歸心焉。」蓋不遺賢於隱逸，則天下之賢才孰不歸心？賢才歸之，是天下之人舉歸之也，豈非爲治之總要乎？然嘗怪嚴子陵竟不爲帝少屈，何邪？攷子陵之言論風旨，亦非素隱行怪，必欲長往而不反者。彼與光武少而相從，知其心度爲最詳也。以謂光武欲爲當時之治，則當時之人才固足辦之，而無待乎己；若欲進乎兩漢之事，則又懼有未能信從者。不然，徒受其高位，饗其尊禮之虚名，則非子陵之本心也，故寧不屈就之。然而以子陵爲光武之故人，名高一世，而竟高卧不屈，光武亦不敢以屈之，其所以激頑起懦，扶植風化，助成東京風俗之美，人才之盛，其爲力固亦多矣，豈不美哉！

葉適《習學記言序目》卷二四《後漢書一·帝紀》　光武匹夫徒手得天下，其難有甚于高祖。然西漢初，天下謀臣畫策，起而并馳者甚衆，久猶不已；東漢乃無之，雖有鄧禹參計謀，亦不過常議論，士大夫皆奉繩墨從事，以力用取之，求如良、平不可得矣。興王同而人材異，何也？王莽雖篡奪而政已亂，天下固期漢以復興。向若劉伯升遂立，誅盜反正，還手即定矣，偶爲更始凡庸敗。（《光武帝》）

急迫時常作休民調度，用能親致太平，前史稱其「身濟大業，兢兢如不及」。高祖在章邯、項羽時，椎鈍奔北；及得志後，矜其功伐，屢以勝氣加物，反者四起，終身不定，求其與民息肩，固無時矣。論者或謂高祖英豪大略，非光武所能及，是事吾未知其孰賢；若以民爲貴，則光武之得多也。（又）

趙翼《廿二史劄記》卷四《光武多免奴婢》　光武時，彭寵反，其蒼頭子密殺寵降，光武已封爲不義侯矣。其他加恩於奴婢者，更史不勝書。建武二年，詔：「民有嫁妻賣子，欲歸父母者，恣聽之。敢拘執者論如律。」六年，詔：「王莽時吏人没入爲奴婢不應舊法者，皆免爲庶人。」七年，詔：「吏人遭饑〔亂〕，爲青、徐賊所畧爲奴婢下妻，欲去留者，恣聽之。敢拘制不還者，以賣人法從事。」十一年，詔曰：「天地之性人爲貴。其殺奴婢，不得減罪。」又詔：「敢熏灼奴婢論如律，免所炙灼者爲民。」又除奴婢射傷人棄市律。十二年，詔：「隴、蜀民被掠爲奴婢自訟者，及獄官未報，一切免爲庶民。」十三年，詔：「益州民自八年以來被掠爲奴婢者，皆免爲庶人。或依託人爲下妻欲去者，恣聽之。敢有拘留者，以掠人法從事。」十四年，詔：「益、涼二州，八年以來奴婢自訟在官，一切免爲民，賣者無還直。」此皆見于本紀者。主藉奴婢以供使令，奴婢亦藉主以資生養，固王法所

不禁，而光武獨爲之偏護，豈以當時富家巨室虐使臧獲之風過甚，故屢降詔以懲其弊耶。按班書《王莽傳》，謂貧富不均，置奴婢之市，與牛馬同闌，制於臣民，專斷其命，姦人因緣爲利，至略賣人妻子，逆天心，誖人倫云云。是莽時奴婢之受害寔甚。其後兵亂時，良民又多被掠爲奴婢。光武初在民間親見之，故曲爲矜護也。

備論

《後漢書》卷一《光武帝紀論贊》 論曰：皇考南頓君初爲濟陽令，以建平元年十二月甲子夜生光武於縣舍，有赤光照室中。欽異焉，使卜者王長占之。長辟左右曰：「此兆吉不可言。」是歲縣界有嘉禾生，一莖九穗，因名光武曰秀。明年，方士有夏賀良者，上言哀帝，云漢家歷運中衰，當再受命。於是改號爲太初元年，稱「陳聖劉太平皇帝」，以厭勝之。及王莽篡位，忌惡劉氏，以錢文有金刀，故改爲貨泉。或以貨泉字文爲「白水真人」。後望氣者蘇伯阿爲王莽使至南陽，遥望見春陵郭，唶曰：「氣佳哉！鬱鬱葱葱然。」及始起兵還春陵，遠望舍南，火光赫然屬天，有頃不見。初，道士西門君惠、李守等亦云劉秀當爲天子。其王者受命，信有符乎？不然，何以能乘時龍而御天哉！

贊曰：炎正中微，大盜移國。九縣飆回，三精霧塞。人厭淫詐，神思反德。光武誕命，靈貺自甄。沈幾先物，深略緯文。尋、邑百萬，貔虎爲羣。長轂雷野，高鋒彗雲。英威既振，新都自焚。虔劉庸、代，紛紜梁、趙。三河未澄，四關重擾。神旌乃顧，遞行天討。金湯失險，車書共道。靈慶既啓，人謀咸贊。明明廟謨，赳赳雄斷。於赫有命，系隆我漢。

《後漢書》卷一八《吴蓋陳臧傳論》 中興之業，誠艱難也。然敵無秦、項之彊，人資附漢之思，雖懷璽紆紱，跨陵州縣，殊名詭號，千隊爲羣，尚未足以爲比功上烈也。至於山西既定，威臨天下，戎羯喪其精膽，羣帥賈其餘壯，斯誠雄心尚武之幾，先志翫丘之日。臧宫、馬武之徒，撫鳴劒而抵掌，志馳於伊吾之北矣。光武審《黄石》，存包桑，閉玉門以謝西域之質，卑詞幣以禮匈奴之使，其意防蓋已弘深。豈其顛沛平城之圍，忍傷黥王之陳乎？

《諸葛亮集箋論・正集・論光武》 曹子建論光武，將則難比于韓、周，謀臣則不敵良、平，時人談者，亦以爲然。吾以此言誠欲美大光武之德，而有誣一代之俊異。何哉？追觀光武二十八將，下及馬援之徒，忠貞智勇，無所不有，篤而論之，非減曩時。所以張、陳特顯于前者，乃自高帝動多闊疏，故良、平得廣于忠信，彭、勃得横行于外。語有「曲突徙薪爲彼人，焦頭爛額爲上客」，此言雖小，有似二祖之時也。光武神略計較，生于天心，故帷幄無他所思，六奇無他所出，于是以謀合議同，共成王業而已。光武稱鄧禹曰：「孔子有回，而門人益親。」歎吴漢曰：「將軍差强吾意，其武力可及，而忠不可及。」與諸臣計事，常令馬援後言，以爲援策每與諧合。此皆明君知臣之審也。光武上將非減于韓、周，謀臣非劣于良、平，原其光武策慮深遠，有杜漸曲突之明；高帝能疏，故陳、張、韓、周有焦爛之功耳。

《曹植集》卷一《漢二祖優劣論》 有客問予曰：「夫漢二帝，高祖、光武，俱爲受命撥亂之君，比時事之難易，論其人之優劣，孰者爲先？」予應之曰：「昔漢之初興，高祖因暴秦而起，官由亭長，□自亡徒，招集英雄，遂誅强楚，光有天下，功齊湯武，業流後嗣，誠帝王之元勳，人君之盛事也！然而名不繼德，行不純道，直寡善人之美稱，鮮君子之風采，惑秦宫而不出，窘項坐而不起，計失乎酈生，忿過乎韓信，太公是誥，于孝違矣！敗古今之大教，傷王道之實義。身殁之後，崩亡之際，果令凶婦肆酖酷之心，嬖妾被人豕之刑，亡趙幽囚，禍殃骨肉，諸吕專權，社稷幾移。凡此諸事，豈非高祖寡計淺慮以致□！然彼之雄材大略，俶儻之節，信當世至豪健壯傑士也。又其梟將晝臣，皆古今之鮮有，歷世之希覩。彼能任其才而用之，聽其言而察之，故兼天下而有帝位，流巨功而遺元勳也。不然，斯不免於閭閻之人，當世之匹夫也。世祖體乾靈之休德，稟貞和之純精，通黄中之妙理，韜亞聖之懿才。其爲德也，通達而多識，仁知而明恕，重慎而周密，樂施而愛人。值陽九無妄之世，遭炎光戹會之運，殷爾雷發，赫然神舉。用武略以攘暴，興義兵以掃殘。神光前驅，威風先逝。軍未出於南京，莽已斃於西都。破二公於昆陽，斬阜、陽於漢津。當此時也，九州鼎沸，四海淵涌，言帝者二三，稱王者四五；咸鴟視狼顧，虎超龍驤。光武秉朱光之臣鉞，震赫斯之隆怒。夫其蕩滌凶穢，勦除醜類，若順迅風而縱烈火，曬白日而掃朝雲也。若克東齊難勝之寇，降赤眉不計之虜；彭寵以望異內隕，龐萌以叛主取誅，隗戎以背信軀斃，公孫以離心授首。爾乃廟謀而後動衆，計定而後行師，故攻無不陷之壘，戰無奔北之卒。是以羣下欣欣，歸心聖德。宣仁以和衆，邁德以來遠。於時戰克之將，籌

畫之臣，承詔奉令者獲寵，違命犯旨者顛危。故曰：建武之行師也，計出於主心，勝決於廟堂。故竇融聞聲而景附，馬援一見而歎息。股肱有濟濟之美，元首有穆穆之容。孰睦九族，有唐虞之稱；高尚純朴，有羲皇之素；謙虛納下，有吐握之勞；留心庶事，有日昃之勤。乃規弘迹而造皇極，創帝道而立德基。是以計功則業殊，比隆則事異，旌德則靡愆，言行則無穢，量力則勢微，論輔則力劣。卒能握乾坤之休徵，應五百之顯期，立不刊之遐迹，建不朽之元功，金石播其休烈，詩書載其勳懿。故曰：光武其近優也。漢之二祖，俱起布衣，高祖闕於微細，光武知於禮法。

杜牧《樊川文集》卷一五《黄州刺史謝上表》 臣觀東漢光武、明帝，稱爲明主，相繼聯五十年，當時以深刻刺舉，號爲稱職，治古之風廢，俗吏之課高。於此時，循吏衛颯、任延、王景、魯恭、劉寬、陳寵之徒，止一縣宰，獨能不徇時俗，自行教化，唯德是務，愛人如子，廢鞭笞責削之文，用忠恕撫字之道。百里之内，勃生古風。凡違衆背時，徇古非今，王者公侯尚難其事，豈一縣宰能移其俗。此蓋人爲治古之人，法爲一時之法。以治古之教教之，即治古之人；以一時之法齊之，即一時之人。

蘇轍《欒城後集》卷八《漢光武》 人主之德在於知人，其病在於多才。知人而善用之，若己有焉，雖至於堯舜可也。多才而自用，雖有賢者，無所復施，則亦僅自立耳。

漢高帝謀事不如張良，用兵不如韓信，治國不如蕭何，知此三人而用之不疑，西破强秦，東伏項羽，曾莫與抗者。及天下既平，政事一出於何，法令講若畫一，民安其生，天下遂以無事。又繼之以曹參，終之以平、勃，至文、景之際，中外晏然。凡此皆高帝知人之餘功也。

東漢光武，才備文、武，破尋、邑，取趙、魏，鞭笞羣盜，筭無遺策，計其武功若優於高帝。然使當高帝之世，與項羽爲敵，必有不能辦者。及既履大位，懲王莽篡奪之禍，雖置三公，而不付以事，專任尚書，以督文書，繩奸詐爲賢，政事察察，下不能欺，一時稱治。然而異己者斥，非讖者棄，專以一身任天下，其智之所不見，力之所不舉者多矣。至於明帝，任察愈甚。故東漢之治，寬厚樂易之風，遠不及西漢。賢士大夫立於其朝，志不獲伸，雖號稱治安，皆其父子才志之所止，君子不尚者也。

高帝舉天下後世之重屬之大臣，大臣亦盡其心力以報之。故吕氏之亂，平、勃得實力焉，誅産、禄，立文帝，若反覆手之易。當是時，大臣權任之盛，風流相接，至申屠嘉猶召辱鄧通，議斬鼂錯，而文、景不以爲忤，則高帝之用人，其重如此。

景、武之後，此風衰矣。大臣用舍，僅如僕隸。武帝之老也，將立少主，知非大臣不可，乃委任霍光。霍光之權，在諸臣右，故能翊昭建宣，天下莫敢異議。至於宣帝，雖明察有餘，而性本忌克，非張安世之謹畏，陳萬年之順從，鮮有能容者。惡楊惲、蓋寬饒，害趙廣漢、韓延壽，悍然無惻怛之意，高才之士側足而履其朝。陵遲至於元、成，朝無重臣，養成王氏之禍。故莽以斗筲之才，濟之以欺罔，而士無一人敢指其非者。

光武之興，雖文武之略足以鼓舞一世，而不知用人之長以濟其所不足。幸而子孫皆賢，權在人主，故其害不見。及和帝幼少，竇后擅朝。竇憲兄弟恣横，殺都鄉侯暢於朝，事發，請擊匈奴以自贖。及其成功，又欲立北單于，以樹恩固位。袁安、任隗皆以三公守義力争，而不能勝，幸而憲以逆謀敗。蓋光武不任大臣之積其弊乃見於此。其後漢日以衰。及其誅閻顯，立順帝，功出於宦官；黜清河王，殺李固，事成於外戚，大臣皆無所與。及其末流，梁冀之害重，天下不能容，復假宦官以去之。宦官之害極，天下不能堪，至召外兵以除之。外兵既入，而東漢之祚盡矣。蓋光武不任大臣之禍，勢極於此。

夫人君不能皆賢。君有不能，而屬之大臣，朝廷之正也。事出於正，則其成多，其敗少。歷觀古今大臣任事而禍至於不測者，必有故也。今畏忌大臣，而使他人得乘其隙，不在外戚，必在宦官。外戚宦官更相屠滅，至以外兵繼之。嗚呼，殆哉！

何去非《何博士備論・漢光武論》 師不必衆也，而效命者克；士無皆勇也，而致死者勝。古之人有以衆而敗，有以寡而勝者。王尋、王邑以百萬而敗於三千之光武，曹公以八十萬而敗於三萬之周瑜，苻堅以百萬而敗於八千之謝玄是也。夫率師百萬以臨數千之軍者，必勝之軍也。然有時而至於敗者，驕吾所以必勝而以輕敵敗也。提卒數千以當百萬之衆者，必敗之道也。然有時而至於勝者，奮吾所以必敗而以致死勝也。夫兵多在敵者，智將之所貪，而愚將之所懼也。兵寡在我者，愚將之所危，而智將之所安也。多固可懼，而我貪之，恃吾有以覆其驕也。少固可危，而我安之，恃吾有以激其奮也。提數千之兵以抗大敵，使人人自致其死，而忘其爲數千之弱者，易能也。連百萬之衆以臨小敵，使人人

各效其命，而忘其爲百萬之强者，難能也。何者？弱則思奮，而强則易懈故也。弱而奮，則奮者其氣也；强而懈，則懈者其情也。於氣則易乘，於情則難率。因易乘之氣而激之，故有以寡而勝者矣；就難率之情而驅之，故有以多而敗者矣。是以古之善論將者，必知其所以勝任之多寡。苟非所勝任，雖多而纍矣。韓信以高祖之所勝將者，十萬耳；而其自謂，則雖多而益辦也。是以古之善將者，其用百萬如役一人，分數既定，形名既飾，節制素明，威賞素著，有術以用其鋒故也。趙括一用趙人四十萬，束手而就長平之坑者，敗於衆也。王翦必用秦軍六十萬然後取勝于荆者，辦於多也。漢高祖嘗一大用其軍矣，劫五諸侯之兵，合六十萬以攻楚也。而項羽逡巡以三萬之鋭，起而覆之，濉水爲之不流。此將逾其分，而韓信之所憂也。曹公之於兵也，巧譎奇變，離合出没，其應無窮，白首於兵，未嘗不以少敵衆也。卒喪赤壁之師，而成劉備、周瑜之名者，驕荆州之勝，恃水陸之衆，而敗於懈也。

方尋、邑百衆之衆以壓昆陽，其視孤城之内外者皆几上肉也。然而光武合數千之卒，申之以必死之誓，激之以求生之奮，身先而搏之，則其反視尋、邑之衆者皆几上肉也，是以勝。雖然，是役也，人以其爲光武之能事，而莫知其所以爲能事也。唯諸將觀其生平見小敵怯，見大敵勇也，皆竊怪之。而不知光武爲是勇，怯者，乃所謂能事而皆以求勝也。夫怯於小敵者，其真情也；勇於大敵者，其權術也。敵小而怯，怯而戒，戒而勵，勝之道也。敵大而勇，勇而決，決而奮，亦勝之道也。於敵之小而示之真情，是以不易勝之也；於敵之大而用其權術，是以不畏勝之也。光武非特能以少敗衆也，固又至于多而益辦也。嗚呼！光武之於取天下者，亦何獨不出于真情之與權術歟？顧人莫之測耳。始伯昇之結賓客喜士，規以誅莽以復劉氏，而世祖乃獨事田業勤稼穡而已。故伯昇比之高祖兄仲，而人亦以謹厚目之，不意其有他也。及其部勒賓客，絳衣大冠而起於宛，則勇決之氣又有過於伯昇者焉。夫光武意之所以在莽者，豈一日之間邪？然于莽之世，而爲伯昇之所爲者，固亦危矣。是以光武之獨事田業，爲謹厚者，其權術也；卒然而起，絳衣大冠者，其真情也。故伯昇首事，而光武收之。嗚呼！英雄若世祖者，爲難及也。

《全宋文》卷三七五三李綱《論創業中興之主》 自古創業中興之主，必有包舉天下之度，運動天下之材，其識慮規模，英偉宏遠，然後股肱心腹之臣得展盡底藴，因而翼之，以成其功，蓋與繼體守文之君一切資于輔相者不同。【略】光武由宗室起南陽，親破尋、邑百萬之衆。既持節渡河，崎嶇燕、趙之間，屢困而志益厲。攻拔樂陽，舍城樓上披輿地圖，與群臣論所以定天下者。其後征赤眉、銅馬之屬，皆身臨行陣間，破而降之。既圍隗囂于天水，勑岑彭曰：「兩城若下，便可將兵南擊蜀虜。人若不知足，既平隴，復望蜀。」後竟禽公孫述，而天下遂定。自隴、蜀平，知天下凋耗，不復議兵，總攬權綱，明慎政體，退功臣，進文吏，量時度力，舉無過事，而海内治。其識慮規模，不亦英偉宏遠歟？唐李翺常怪神堯、太宗以一旅取天下，而後世子孫不能以天下取河北。及其甚也，内爲姦邪閹宦之所制，外爲强臣藩鎮之所逼，號令不出國門，而卒至于亡。此非獨勢之淩遲，亦其不才使之然也。猶之父祖起家，廣置田宅以遺子孫，而子孫不才，不足以守之，昏于酒色，惑于僕隸，而良田美宅皆爲有力者攘取而不知也。饑寒逼于己而後知之，蓋亦晚矣，可勝嘆哉！

《全宋文》卷六三三一陳亮《酌古論・光武》 自古中興之盛，無出於光武矣：奮寡而擊衆，舉弱而覆强，起身徒步之中甫十餘年，大業以濟，算計見效，光乎周宣。此雖天命，抑亦人謀也。何則？有一定之略，然後有一定之功。略者不可以倉卒制，而功者不可以僥倖成也。略以倉卒制，其略不可久；功以僥倖成，其功不可繼。犯此二患，雖渾奇奮鬬，所當者破，而旋得旋失，將以濟中興，難矣。人有常言：「光武料敵明，遇敵勇，豁達大度，善御諸將，其中興也固宜。」吾則曰：此特光武中興之一術也。使其中興止在於此，則是其功有時而窮也。西都之末，莽盜神器，羣雄並起，相與圖之。光武因思漢之民，舉大義之師，發迹昆陽，遂破尋、邑，百戰以有天下。彼其取亂誅暴，或先或後，未嘗無一定之略也。何以明之？光武自昆陽之勝，持節河北，鎮慰郡縣，破王郎，擊銅馬，收復故地。凡所以經營河北而取河内，爲之根本也。河北平，河内服，自常情觀之，當此之時，更始闇弱，可以西取關輔，疾據其地，俯首東瞰，以制天下。光武乃身徇燕、趙，止命鄧禹乘釁西征。此其意豈以燕、趙爲可急，而關輔爲可後哉？吾嘗籌之，關輔雖形勝之地，而隗囂在隴西，公孫述據巴蜀，赤眉羣盜蠭起山東。囂、述猶虎狼之據穴也，有物以阻其穴，則彼不敢騁；不然，將何所憚！赤眉猶長蛇之螫草也，有物以肆其螫，則其毒無餘；不然，將何所不至！光武之未取關輔，所以阻囂、述之穴，而肆赤眉之螫也。故且身徇燕、趙，使之速定，則自河以北，民心已一，而吾之根本固矣。及赤眉破長安，志滿氣溢，兵鋒已挫，而鄧禹得乘釁以并關中，馮異繼之，遂破赤眉，而長安平，洛陽固，而耿弇且定齊矣。當此之

時，天下略平，囂、述雖有覬覦之心而不得復騁。光武定都洛陽，命將討囂平述，而天下遂一矣。此其有一定之略，而後有一定之功也。使燕、趙未平而光武西取關輔，則遂與囂、述爲敵，而赤眉無所騁其鋒矣。與囂述爲敵，則欲徇燕、趙而彼乘其虛；赤眉無所騁其鋒，則已服郡縣而或罹其毒。是燕、趙未可以卒平，關輔未可以卒守，河北、河内未可以卒保，而天下紛紛將何時而一也！雖料敵明，遇敵勇，豁達大度，善御諸將，顧亦何用哉！吾以是知中興之君，略之不定，而僥倖於或成，則我欲東而盜據其西，我欲前而敵隨其後，智謀勇鬬，無一可者。今夫道路之人，僥倖而得千金，得之於此，則必失之於彼。何者？千金不可以常僥倖也。千金之子則不然：致之有術，取之有方，成之有次第，不終年而其富百倍。此光武所以爲中興也。唐肅宗起兵靈武，不能先圖范陽而急取關中，卒使盜據其穴，不能盡取，而河北裂爲藩鎮。終唐之世爲大患者，皆藩鎮也。此無他，不能立一定之略，則不能成一定之功，中興之不終，宜哉！吾以是知光武之果不可及也。且吾又聞自古服羣叛、驅英豪者，無如漢高帝。而光武之行事，有高帝之所未能爲者二焉：光武降銅馬，封其渠帥，降者未安，將有他變，此何異於沙上之謀乎！光武勒使歸營，單騎按行，示以赤心，而降者悉服，不必封雍齒而後諸將安也。馮異鎮關中，人或言其威權太重，恐有異志，此何異於蕭何之事乎！光武不信言者，而以其章示異，異惶恐稱謝，復賜詔慰諭，信任愈篤，不必繫諸獄而後明其無他也。且使後世人君用此術以成功者多矣。吾始讀高帝之書至此，未嘗不竊疑其計之過，而未有所處，及得光武二術，則欣然而笑曰：天下之事，未嘗無奇術，而人不能發之，光武發高帝之所未能爲，而中興之功遠過古人者，雖天命，抑人謀也。

錢澄之《田間文集》卷二《光武論》　史稱漢高祖微時即豁達有大度。光武初起春陵，人皆目以謹厚。後遂以此定論二帝。馬援謂光武「恢廓大度，同符高祖」。自吾論之，高祖之豁達，霸者之略也；光武之恢廓，王者之器也。高祖外寬内忌，故其御下也皆以術；光武内外如一，故其御下也一以誠。

高祖自謂取天下在能用三傑耳。三傑中惟張子房不將兵，常從上軍中，又多病，講道引辟穀之術，不爲帝忌。至于韓信，始以豁達用之，求將則將，求王則王；卒以猜忌制之，命以將而奪其軍，封以王而徙其地，及信死而後高祖喜可知也。蕭何留守關中，轉輸佐軍不竭，而帝疑之，何非從鮑生言，使子弟悉詣軍所，危矣！天下已定，誅淮陰，擊陳豨，而疑猶不釋，幸一用邵平計，以家財佐軍，而上悦；再從客言多用田宅以自污，而上悦。史兩紀上悦，則上之初意不測可知，而卒用請上林地爲民田，以爲何收民心，下廷尉械繫之，是其忌何之心，未嘗一日忘也。何爲帝故人，功第一，且忌之如是，又安論其他哉！

若光武任人則不然。夫寇恂之守河南，猶之蕭何之守關中也，當時亦有以鮑生言勸恂循何故事，自請從軍。帝以河内重地，不可無恂，固請，終不聽。馮異在關中，人有言異專制，關中百姓歸心，有「咸陽王者」之號。帝以章示異，且詔曰：「將軍於國家，義爲君臣，恩猶父子，何嫌何疑，而有懼意？」如帝之開誠布信，豈不足以駕馭英雄，而必須高祖之術御耶？

然高祖任術，光武任誠，在當時已有不能欺者。高祖之招田横曰：「横來，大者王，小者侯。」横義士，有死不辱耳。使横來，寧免一死而侯王耶？赤眉使劉恭乞降，且請曰：「盆子一旦將百萬衆來歸，將何以待之？」光武曰：「待之以不死耳。」而赤眉遂降。夫高帝詔人以王侯而不至，光武許人以不死而爭降，則誠與術之效亦可睹矣。夫光武之豁達過於高帝，惟其出之以誠，故以謹厚得名。世未有豁達而不誠者也，若高帝之豁達，吾固疑之。

馬援稱光武開心見誠，無所隱伏，又動如節度，不如高帝無可無不可，此可謂巧於優劣高、光者矣。彼石勒，梟雄耳，乃謂當北面事高帝，與光武並驅中原。嗚呼！以勒之才性，自應俯首高帝，彼烏能知光武之所爲哉！

藝文

《蔡邕集》卷二《光武濟陽宫碑》　惟漢再受命曰世祖光武皇帝，考南頓君，初爲濟陽令，濟陽有武帝行過宫，常封閉。帝將生，考以令舍下濕，開宫後殿居之。建平元年十二月甲子夜，帝生，時有赤光，室中皆明。使卜者王長卜之，長曰：「此善事，不可言。」歲有嘉禾，一莖生九穗，長於凡禾，因爲尊諱。王室中微，哀、平短祚，奸臣王莽媮有神器，十有八年，罪成惡熟，天人致誅。帝乃龍見白水，淵躍昆滍，破前隊之衆，殄二公之師，牧兵略地，經營河朔，戮力戎功，翼戴更始，義不即命，帝位闕焉。於是群公諸將據《河》、《洛》之文，叶符瑞之征，僉曰曆數在帝，踐祚允宜。乃以建武元年六月乙未，即位鄗縣之陽，五成之陌，祀漢配天，不失舊物。享國三十有三年，方内乂安，蠻夷率服。巡狩太山，禪梁父，皇

代之遐迹，帝者之上儀，罔不畢舉，道德餘慶延於無窮。先民有言：「樂，樂其所自生，而禮不忘其本。」是以虞稱嬀汭，姬美周原。皇天乃眷神宮，實始於此，厥迹邈哉！所謂神麗顯融，越不可尚。小臣河南尹鞏瑋，先祖銀艾封侯，歷世卿尹，受漢厚恩。瑋以商箕餘烈，郡舉孝廉，爲大官丞，來在濟陽，顧見神宮，追惟桑梓褒述之義，用敢作頌：

赫矣炎光，爰耀其輝。篤生聖皇，皇漢之微。稽度乾則，誕有靈姿。黄孽作慝，簒握天機。帝赫斯怒，爰整其師。應期潛見，扶陽而飛。禍亂克定，群凶殄夷。匡復帝載，萬國以綏。巡於四岳，展義省方。登封降禪，升中於皇。爰茲初基，天命孔彰。子子孫孫，保之無疆。

[唐]歐陽詢《藝文類聚》卷一二《帝王部二・後漢光武帝》　後漢蔡邕《光武濟陽宮碑》曰：王室中微，哀平短祚。姦臣王莽，偷有神器，十有八年。罪盈惡熟，天人致誅。帝乃龍見白水，淵躍昆滍，破前隊之衆，殄二公之師，收兵略地，經營河朔。於是羣公諸將，據河洛之文，協符瑞之徵，僉曰歷數在帝，踐祚允宜。乃以建武元年六月，即位于鄗縣之陽。五成之陌，祀漢配天，罔失舊物，享國三十有三年。方内乂安，蠻夷率服，巡狩太山，禪梁父。皇代之遐迹，帝者之上儀，罔不畢舉。道德餘慶，延于無窮。先民有言曰：樂樂其所自生，而禮不忘其本。是以虞稱嬀汭，姬美周原，皇天乃眷，神宮實始于此。厥路藐哉，所謂神麗顯融，越不可尚，小臣河尹瑋，來在濟陽，顧見神宮，追惟桑梓褒述之義，用敢作頌。其辭曰：赫赫炎天，爰曜其暉，篤生聖皇，貳漢之微，稽度虔則，誕育靈姿，黄孽作慝，簒握天機，帝赫斯怒，爰整其師，應期潛見，扶陽而飛，禍亂克定，羣凶殄夷，匡復帝載，萬國以綏，巡于四岳，展義省方，登封降禪，升于中皇，爰茲初基，天命孔彰，子子孫孫，保之無疆。

《張耒集》卷四九《漢世祖光武皇帝廟記》　南頓令江君惇裕，以書屬某曰：「吾邑有漢世祖光武皇帝祠，邑人奉祀甚謹，而昔人所記陋甚，君爲我述焉，將刻石以詔後世。」某辭之，不可。謹按光武皇帝以哀帝建平元年生于濟陽，而皇考欽實爲南頓令，帝嘗從父于此，既得天子，亦屢臨幸。蓋平生之所遊處，則邑之有祠，所從來久矣，豈獨水旱疾癘之請，有賜于民，亦其功盛德尊，後世有不能忘者。故南頓之民，世祠之惟謹，蓋無足怪。

漢自成、哀不君，權歸外家，王莽卒盜而有之，天下大亂，民心思漢。惟世祖以匹夫起田畝，出入行陣，躬夷大難，勇無堅敵，智無遺策。故能祀漢配天，光復舊物，一時羣雄，芟夷略盡，撫有方夏，覃及蠻貊，聲教所暨，比隆武、宣。是宜暴鷙强伉，玩兵黷武，視民如草芥，而不講于治國之事也。而武功既成，海内既定，則抑功臣，進文吏，投戈講藝，息馬論道，英偉之度屈于禮樂，驍猛之氣束于儒學。敦尚經術，賓延儒雅，開廣學校，修明典禮，涣然一變舊漢之俗，蓋嘗以爲吾理天下欲以柔道行之。至于明、章，繼志承統，纂修洪業，典章文物，粲然大備。故後世言禮樂稽古，稱東漢焉。孝和已後，漢德不競，破壞板蕩，可謂極矣。而仗節死義之士，如袁安、楊震、李固、陳蕃之徒救于上，符融、郭泰、范滂、許劭之徒助于下，矜尚名節，以震激衰敝，蹈死而不悔。至于獻帝，人主特號而已，而曹操終不敢身自取之，彼其心誠有所畏故也。蓋禮樂之功，風化之美，足以保國長世如此，皆世祖之遺烈也。嗚呼！自三代以來，一人而已。

建武十九年，南巡，進幸南頓縣舍，置酒會，賜吏人，復南頓田租一歲。父老前叩頭言：「皇考居此日久，陛下之寺舍，每來輒加厚恩，願賜復十年。」帝曰：「天下重器，常恐不任，日復一日，安敢遠期十歲。」吏人又言：「陛下實惜之，言何謙也。」帝大笑，又增一歲。中元元年，又復南頓徭役，同之濟陽，則帝之于是邦，豈若他邑漠然而已乎！高祖曰：「吾萬歲後，魂魄猶思沛。」吾意光武于南頓亦云。

《王十朋全集》卷一〇《詠史詩・光武》　大命由來自有真，子輿徒號魏家親。須知炎祚中興主，元是南陽謹厚人。

鬱鬱葱葱瑞氣浮，南陽兵起再興劉。將軍大敵非常勇，文叔平生本好柔。

《元好問全集》卷一《光武臺》　東南地上遊，荆楚兵四衝。游子十月來，登高送長鴻。當年赤帝孫，提劍起蒿蓬。一顧滍水斷，再顧新都空。雷霆萬萬古，青天看飛龍。巋然此遺臺，落日荒烟重。誰見經綸初，指揮走羣雄。白水日夜東，石麟幾秋風。空餘廣武歎，無復雲臺功。

郝經《陵川集》卷三四《新野光武皇帝廟碑》　繼秦以楚，而無高帝，則中國不能復；繼莽以操，而無光武，則漢統不能纂承三代。天下後世，不知用儒爲學之有益治道而德於斯民，殘陋蕪穢，荼毒宛轉，不復見先王風化之美矣。高帝平秦滅楚，恢拓綱維，帝有中國，垂統二百年。光武復汛掃僞妄，振踣植僨，以帝王之學潤色皇度，賁若草木，復垂統二百年。粲然二帝、三王之治，郁郁乎文，繼周而傳萬世。高帝平亂，開建大業，光武中興，身致太平，號稱二祖，其有功於中國則一也。自成、康而下，帝王始不務學，陵夷至於東周，漸不用儒，而中國不復有先王之治。至秦而彗滅除剷，專習法律，一以殺人爲務。漢興，將相皆刀筆軍

功。文、景之治，本于黄、老、申、韓。孝武雖號稱隆儒，相公孫弘而擯董仲舒，轅固、申生、汲黯老死於下國，相如、枚皐侍從文賦，畜以俳優。宣帝厲精爲治，綜核名實，不喜於儒，謂漢家制度雜于霸王。元帝好儒，昧于讖斷，貢、薛、韋、匡迭爲宰相，卒殺蕭望之而不悟。故西漢制度陋于三代，帝王不學，瞢於大道，卒爲孔光、張禹所誤，而欺于王氏。光武起自諸生，以謹厚稱，正大之學，蘊爲真勇，昆陽一戰，破尋、邑百萬，直壯之師，遂興漢室。風雲感會，鄧、馮、寇、馬皆稱儒將，左提右挈，底寧方夏。既即位，則進卓茂，登宋弘，用孝廉爲郎，保全功臣，不責以吏事；講論經理，夜分乃寐；閉玉關，謝西域，不勤遠略，推誠御物，不尚狙詐；躬幸太學，脩明禮樂，優禮嚴光，激成風節；始充高帝，祠孔子，說《詩》、《書》之規摹，緝熙文、武、成、康帝王之學。繼以明、章，臨雍拜老，横經問道，期門、羽林之士通經問學，有濟濟洋洋之盛。於是大儒輩出，維持鼎命，袁、楊、李、杜，屹然效節。終我四百，作成政治，保佑民命，風化之美，同於先王，則其功又有大於高帝者焉。且自昔中興之主，若夏少康、周宣王，特一時復國，不失舊物，其功烈未有盛于夏后、文、武者也。而宣王之治，又不克終。光武之興，條理文獻，遂軼西京，幾於三代，篤實輝光，基命以德，温純縝密，服天下以柔道，雖則中興，同夫創業。傳序十二，德威惟畏，使曹操終身染指垂涎而不敢革命，昭烈父子崎嶇艱阻，猶天命人歸，復漢討罪者，終曹氏之世幾五十年，又非少康、宣王之得比也。文德軼於高帝，中興功烈，邃古所無，於乎盛哉！初，帝與其兄齊武王起兵舂陵討莽，乘牛而殺新野尉，奪馬以戰。其後廟于新野，歷代祀之。歲己未，經奉命宣撫江淮，乃登昆陽故城，顧瞻舂陵，鬱葱之氣，浮動草木，英靈髣髴，猶可想像。又不能自已，推本論著，繫之以頌，畀鄧州道總管萬户史公，勒碑于廟，垂示不朽，足厭景聖之心焉。頌曰：

於鑠漢業，如火烈烈，滅之水兮。僞魁懷姦，投隙抵間，肆狐鬼兮。高廟有靈，翦除棘荆，豈遂圮兮。白河赤龍，羣飛天紅，有孫子兮。昆陽一戰，長驅百萬，天復啓兮。羹梟磔魅，糞污抉穢，瀹靈沚兮。百秦幾莽，撐裂天壤，復鬨起兮。雷鼓彗鋒，指靡羣雄，盡寧敉兮。帝有聖學，沉幾先覺，繼文軌兮。投戈講藝，夜分乃寐，究經理兮。以熙帝載，比隆三代，風化美兮。享國永久，德懷九有，殆三紀兮。身爲武、湯，治復成、康，孰可比兮。廟食世祀，代無廢事，貢帝里兮。于高有光，民猶不忘，載揚頌章，刻示茫茫，漢德無疆兮。

顧炎武《亭林詩集》卷五《漢三君詩・光武》 文叔能讀書，折節如儒生。一戰摧大敵，頓使海寓平。改化名節崇，磨鈍人才清。區區黨錮賢，猶足支危傾。

《吴梅村全集》卷一八《讀光武紀》 雷雨昆陽戰，風雲《赤伏符》。始知銅馬帝，遠勝執金吾。

《吴梅村全集》卷一八《讀漢光武紀》 岱觀東迎日，河源西問天。晚來雄略盡，巫蠱是神仙。

劉縯部

綜述

《後漢書》卷一四《宗室四王三侯列傳·劉縯傳》 齊武王縯字伯升，光武之長兄也。性剛毅，慷慨有大節。自王莽簒漢，常憤憤，懷復社稷之慮，不事家人居業，傾身破產，交結天下雄俊。

莽末，盜賊羣起，南方尤甚。伯升召諸豪傑計議曰：「王莽暴虐，百姓分崩。今枯旱連年，兵革並起。此亦天亡之時，復高祖之業，定萬世之秋也。」衆皆然之。於是分遣親客，使鄧晨起新野，光武與李通、李軼起於宛。伯升自發舂陵子弟，合七八千人，部署賓客，自稱柱天都部。使宗室劉嘉往誘新市、平林兵王匡、陳牧等，合軍而進，屠長聚及唐子鄉，殺湖陽尉，進拔棘陽，因欲攻宛。至小長安，與王莽前隊大夫甄阜、屬正梁丘賜戰。時天密霧，漢軍大敗，姊元弟仲皆遇害，宗從死者數十人。伯升復收會兵衆，還保棘陽。

阜、賜乘勝，留輜重於藍鄉，引精兵十萬南渡黃淳水，臨(泚)[沘]水，阻兩川間爲營，絕後橋，示無還心。新市、平林見漢兵數敗，阜、賜軍大至，各欲解去，伯升甚患之。會下江兵五千餘人至宜秋，乃往爲説合從之埶，下江從之。語在《王常傳》。伯升於是大饗軍士，設盟約。休卒三日，分爲六部，潛師夜起，襲取藍鄉，盡獲其輜重。明旦，漢軍自西南攻甄阜，下江兵自東南攻梁丘賜。至食時，賜陳潰，阜軍望見散走，漢兵急追之，却迫黃淳水，斬首溺死者二萬餘人，遂斬阜、賜。

王莽納言將軍嚴尤、秩宗將軍陳茂聞阜、賜軍敗，引欲據宛。伯升乃陳兵誓衆，焚積聚，破釜甑，鼓行而前，與尤、茂遇育陽下，戰，大破之，斬首三千餘級。尤、茂棄軍走，伯升遂進圍宛，自號柱天大將軍。王莽素聞其名，大震懼，購伯升邑五萬户，黃金十萬斤，位上公。使長安中官署及天下鄉亭皆畫伯升像於塾，旦起射之。

自阜、賜死後，百姓日有降者，衆至十餘萬。諸將會議立劉氏以從人望，豪傑咸歸於伯升。而新市、平林將帥樂放縱，憚伯升威明而貪聖公懦弱，先共定策立之，然後使騎召伯升，示其議。伯升曰：「諸將軍幸欲尊立宗室，其德甚厚，然愚鄙之見，竊有未同。今赤眉起青、徐，衆數十萬，聞南陽立宗室，恐赤眉復有所立，如此，必將內争。今王莽未滅，而宗室相攻，是疑天下而自損權，非所以破莽也。且首兵唱號，鮮有能遂，陳勝、項籍，即其事也。舂陵去宛三百里耳，未足爲功。遽自尊立，爲天下準的，使後人得承吾敝，非計之善者也。今且稱王以號令。若赤眉所立者賢，相率而往從之；若無所立，破莽降赤眉，然後舉尊號，亦未晚也。願各詳思之。」諸將多曰「善」。將軍張卬拔劍擊地曰：「疑事無功。今日之議，不得有二。」衆皆從之。

聖公既即位，拜伯升爲大司徒，封漢信侯。由是豪傑失望，多不服。平林後部攻新野，不能下。新野宰登城言曰：「得司徒劉公一信，願先下。」及伯升軍至，即開城門降。五月，伯升拔宛。六月，光武破王尋、王邑。自是兄弟威名益甚。

更始君臣不自安，遂共謀誅伯升，乃大會諸將，以成其計。更始取伯升寶劍視之，繡衣御史申屠建隨獻玉玦，更始竟不能發。及罷會，伯升舅樊宏謂伯升曰：「昔鴻門之會，范增舉玦以示項羽。今建此意，得無不善乎？」伯升笑而不應。初，李軼諂事更始貴將，光武深疑之，常以戒伯升曰：「此人不可復信。」又不受。

伯升部將宗人劉稷，數陷陳潰圍，勇冠三軍。時將兵擊魯陽，聞更始立，怒曰：「本起兵圖大事者，伯升兄弟也，今更始何爲者邪？」更始君臣聞而心忌之，以稷爲抗威將軍，稷不肯拜。更始乃與諸將陳兵數千人，先收稷，將誅之，伯升固争。李軼、朱鮪因勸更始并執伯升，即日害之。

有二子。建武二年，立長子章爲太原王，興爲魯王。十一年，徙章爲齊王。十五年，追謚伯升爲齊武王。

《東觀漢記》卷七《齊武王縯》 縯字伯升。王莽末年，天下大旱，蝗蟲蔽天，盜賊羣起，四方潰畔。伯升遂起兵舂陵。

伯升進圍宛，莽素震其名，大懼，使畫伯升像於埻，旦起射之。

平林後部攻新野，不下，宰潘臨登城言曰：「得司徒劉公一信，願先下。」及伯升軍至，即開門降。

伯升作攻城鬭車，上曰：「地車不可用，誰當獨居此上者？」伯升曰：「此兵

法也。」上曰：「兵法但有所圖畫者，實不可用。」伯升遂作之。後有司馬犯軍令，當斬，坐闕車上。

更始遂共謀誅伯升，大會諸將，以成其計。更始取伯升寶劍視之，繡衣御史申屠建隨獻玉玦，更始竟不能發。

劉伯升部將宗人劉稷，數陷陣潰圍，勇冠三軍。聞更始立，怒曰：「本起兵圖大事者，伯升兄弟，更始何爲者耶？」更始聞而心忌之。以稷爲抗威將軍，稷不肯拜。更始乃收稷，將誅之，伯升固争，並執伯升，即日害之。

雜録

備録

《後漢書》卷一五《李通傳》 及下江、新市兵起，南陽騷動，通從弟軼，亦素好事，乃共計議曰：「今四方擾亂，新室且亡，漢當更興。南陽宗室，獨劉伯升兄弟汎愛容衆，可與謀大事。」通笑曰：「吾意也。」

《後漢書》卷一五《王常傳》 是時，漢兵與新市、平林衆俱敗於小長安，各欲解去。伯升聞下江軍在宜秋，即與光武及李通俱造常壁，曰：「願見下江一賢將，議大事。」成丹、張卬共推遺常。伯升見常，説以合從之利。常大悟，曰：「王莽篡弑，殘虐天下，百姓思漢，故豪傑並起。今劉氏復興，即真主也。誠思出身爲用，輔成大功。」伯升曰：「如事成，豈敢獨饗之哉！」遂與常深相結而去。常還，具爲丹、卬言之。【略】

及諸將議立宗室，唯常與南陽士大夫同意欲立伯升，而朱鮪、張卬等不聽。及更始立，以常爲廷尉、大將軍，封知命侯。

《後漢書》卷一五《鄧晨傳》 鄧晨字偉卿，南陽新野人也。世吏二千石。父宏，豫章都尉。晨初娶光武姊元。王莽末，光武嘗與兄伯升及晨俱之宛，與穰人蔡少公等讌語。

《後漢書》卷一六《寇恂傳》 及王郎起，遣將徇上谷，急況發兵。恂與門下掾閔業共説況曰：「邯鄲拔起，難可信向。昔王莽時，所難獨有劉伯升耳。今聞大司馬劉公，伯升母弟，尊賢下士，士多歸之，可攀附也。」

《後漢書》卷一七《岑彭傳》 岑彭字君然，南陽棘陽人也。王莽時，守本縣長。漢兵起，攻拔棘陽，彭將家屬奔前隊大夫甄阜。阜怒彭不能固守，拘彭母妻，令效功自補。彭將賓客戰鬭甚力。及甄阜死，彭被創，亡歸宛，與前隊貳嚴説共城守。漢兵攻之數月，城中糧盡，人相食，彭乃與説舉城降。

諸將欲誅之，大司徒伯升曰：「彭，郡之大吏，執心堅守，是其節也。今舉大事，當表義士，不如封之，以勸其後。」更始乃封彭爲歸德侯，令屬伯升。及伯升遇害，彭復爲大司馬朱鮪校尉，從鮪擊王莽揚州牧李聖，殺之，定淮陽城。

《後漢書》卷二二《朱祐傳》 朱祐字仲先，南陽宛人也。少孤，歸外家復陽劉氏，往來舂陵，世祖與伯升皆親愛之。伯升拜大司徒，以祐爲護軍。及世祖爲大司馬，討河北，復以祐爲護軍，常見親幸，舍止於中。

《後漢書》卷三二《樊宏傳》 宏少有志行。王莽末，義兵起，劉伯升與族兄賜俱將兵攻湖陽，城守不下。賜女弟爲宏妻，湖陽由是收繫宏妻子，令出譬伯升，宏因留不反。

《後漢書》卷三二《陰識傳》 及劉伯升起義兵，識時游學長安，聞之，委業而歸，率子弟、宗族、賓客千餘人往詣伯升。伯升乃以識爲校尉。更始元年，遷偏將軍，從攻宛，别降新野、淯陽、杜衍、冠軍、(胡)〔湖〕陽。二年，更始封識陰德侯，行大將軍事。

黄震《古今紀要・後漢》 劉伯升名縯，光武長兄，破家厚士，謀復社稷，赦部將劉稷，更始并誅之。

備論

《後漢書》卷一四《宗室四王三侯列傳・劉縯傳論》 大丈夫之鼓動拔起，其志致蓋遠矣。若夫齊武王之破家厚士，豈游俠下客之爲哉！其慮將存乎配天之絶業，而痛明堂之不祀也。及其發舉大謀，在倉卒擾攘之中，使信先成於敵人，赦岑彭以顯義，若此足以見其度矣。志高慮遠，禍發所忽。嗚呼！古人以蜂蠆爲戒，蓋畏此也。《詩》云：「敬之敬之，命不易哉！」

何去非《何博士備論》卷上《劉伯升論》 古之豪傑，遭天下之變亂，慨然而

起，皆有拯民撥禍之志，其兵力威勢，亦足以就功成業者已。而一旦肝腦屠潰於庸夫孺子之手，曾不少悟，爲天下笑者何也？怙氣而易人，矜衆而忽禍，卒然變發於非意之所及故也。昔者王莽之盜漢也，而劉氏宗屬誅夷廢錮，救死不暇。幸而存者，皆孱駑不肖，習爲佞媚，苟生而已。獨伯升憤然有興復絶緒之志，收結輕俠，起以誅莽，雖莽亦深憚之。方其起也，獨率舂陵子弟八千人，乃誘合新市、平林數千之兵，以助其勢。而光武之衆亦倡於宛，是以斬甄阜、梁丘賜而破嚴尤、陳茂之師，不數月而衆至十萬，其勢振矣。於是豪傑相與議立宗室，以從人望，其意固在乎伯升也。而新市、平林憚其威明，且樂更始之懦弛也，遂定策立之，伯升争之而不得也。已而伯升拔宛，光武大破尋、邑百萬之衆，更始君臣愈不自安，遂誅伯升。嗟乎！伯升之志固大矣，而其死也，愚夫且知及之，而伯升之不悟也。夫新市、平林之將帥，故羣盜耳，方吾之起而藉其兵，已而連卻大敵，而擁衆十萬者，功在我也。人以其功而欲崇立之，新市、平林之不樂也。舉而屬之駑弱之更始，則三軍之權不在伯升，而在乎新市、平林矣。權分於人而又固争，更始之立，宜其不旋踵而誅矣。昔者吕后之欲王諸吕也，以問其相王陵、陳平，王陵力争而陳平可之。夫王陵之争，將欲以安漢而摧諸吕也。不知陳平之可者，乃所以安漢而摧諸吕也。伯升所拒更始之立者，王陵之争也，非所以自安矣。雖然，伯升之心，固未嘗忘新市、平林之與更始也。惜其撫機而不知發，而爲人發之，此其死而不悟也。宋義之令軍中曰：猛如虎，很如羊，貪如狼，强不可使者斬之。其意固在乎項羽也。羽知其意之在我也，是以先發而誅之。使其不先發，即羽亦誅矣。伯升以新市、平林之爲附我，是以德之而未忍負之耶？孰若蜀先主之於劉璋，李密之於翟氏也。璋舉全蜀倚先主，先主遂取之以爲鼎足之資，人不非其負璋而與其得取蜀之機也。密始臣於翟氏，翟自以其才之不逮密也，推而主之，已而微有間言，密即誅之，其權遂一而兵以大振。使伯升舉宛之威，而又因世祖破尋、邑之勢，勒兵誓師，以戮新市、平林之驕，而黜更始，則中興之業，不在世祖矣。嗟乎！伯升之不忍者，亦婦人之仁耳。古之求集大事者，常不忍於負人，而終爲人之所負者，以其相伺之機，間不容髮故也。世祖之連兵決戰不及伯升，而深謀至計乃甚過之。蓋伯升似項羽，而世祖類高皇，此所以定天下而復大業也。始伯升之見殺，而世祖馳詣更始，逡巡引過，深自咎謝，不爲戚傷，是以更始信而任之，卒至摧王郎，定河北，其資成矣，乃徐正其位號，遂以其兵西加更始，而定長安。使其遂形憤快不平於伯升之禍，則亦併誅而已矣。

洪邁《容齋續筆》卷一〇《孫權封兄策》 漢室中興，出於伯昇，光武感其功業之不終，建武二年，首封其二子爲王，而帝子之封，乃在一年之後。

葉適《習學記言序目》卷二四《後漢書一・列傳》 劉伯升慷慨大略，忠信仁厚，無愧興王之材。然知以己從人而不知以人從己，招合群盜，與之共事，急于苟成，所謂大兵聚會，强者爲雄，宜其足以殺身而不能成功也。

郝經《續後漢書》卷七〇上《列傳・孔融傳》 〔曹操曰〕昔廉、藺小國之臣，猶能相下；寇、賈倉卒武夫，屈節崇好。光武不問伯升之怨，齊侯不疑射鉤之虜。夫立大操者，豈累細故哉！

張志淳《南園漫録》卷四《光武》 漢光武於兄縯，恩禮極薄。蓋始謀者縯也，結豪傑者縯也，創洪業者縯也，其見殺於更始而不哭，有以也。及即帝位，謂宜首加縯封而褒示天下，然後封其二子可也，顧遲迴至建武十五年，始因封諸子而贈爲公，又至十七年，公皆進王而始贈爲王。觀寇恂勸耿況不奉王郎，亦曰：「昔王莽時，所難獨有伯昇焉，今大司馬劉公伯昇之弟，可扳附也。」況遂奉光武。則縯之功澤，亦自可見，而遲録其功，又絶無特異昭宣之典。至於劉盆子之兄恭，殺於劉輔，遂爲之捕，王侯賓客坐死數千人。朱鮪等殺縯，及降，竟不行殺縯之罪。夫恭之功之親，視縯何啻百十，何於恭之仇報之如彼，而於縯之仇忘之如此，律以兄弟之仇不反兵而戰之經，則光武薄於兄之恩義甚矣；而後世通不論及！

何焯《義門讀書記》卷二二《後漢書》 齊武王縯，皆畫伯升像于塾。塾字，傳寫之訛，當從《東觀記》、《續漢書》作埻。

論，若夫齊武王之破家厚士至而痛明堂之不祀也，當時若尊立伯升，入關取莽，則天下服從，何至羣盜蔓延，毒流海內，生民之禍，烈於秦、楚之際哉？新市、平林諸將，皆盜賊小人，固不可與共大事也。是故君子慎始。

藝文

陸游《劍南詩稿》卷四《斷碑歎》（興元姚節度園以折碑爲石筍，文猶可識，蓋梁蕭懿墓碑，簡文爲太子時撰，書法遒美可愛。） 二蕭同起南蘭陵，正如文叔與伯升。至今

人悲大蕭死，齎恨不見粱家興。崇崇之陵久爲谷，豈惟羣盜分珠玉。斷碑槎牙棄道邊，文字班班猶可讀。剥剜苔蘚一悽然，俯仰人間幾變遷。世人作碑君勿哂，千載園林須石筍。

錢謙益《牧齋初學集》卷八《後飲酒七首》（其二） 攤書晝日卧，流觀范曄史。可憐齊武王，大業困蟲螘。頳汗擁牧兒，刮席奉更始。終令田舍翁，應符作天子。達哉蜀婦言，朝聞可夕死。載尋黨錮傳，談虎欲擊齒。杵臼貯心胸，撞舂自獨抵。呼兒浮大白，爲我澆塊壘。飲酣發酒悲，泣下露泥泥。上爲劉伯升，下爲李元禮。

錢謙益《牧齋有學集》卷一二《秋日雜詩二十首》（其十三） 滔滔新莽世，人抱巾幗醜。誰歌《平陵東》？東海一嫠婦。痛子誓報仇，傾貲市刀酒。升堂縛縣宰，封屠若豬狗。聚衆據海曲，亡命競奔走。吕母稱將軍，部曲如臂肘。赤眉青犢兵，東海作淵藪。母死餘衆昌，漸臺蹴威斗。我敍誅莽功，阿母實魁首。赤符天所授，青史人誰剖？雲臺四七人，我欲躋某某。上有劉伯升，下有吕氏母。

吴銘道《古雪山民詩後》卷三《高田里居》 國淪志慷慨，氣逾劉伯升。託生雖三户，復營號中興。云何彼息壤，竟與天同崩。空餘伏臘地，嚄唶愁春陵。

沈欽韓《幼學堂詩文稿》詩稿卷一二《孫郎至》 孫郎至江東，歡叫袁公悖。孫郎死江東，雨泣曹瞞嘉。孫郎美若留子嗟，取妻正得陰麗華。豺狼戰命橫江火，花柳迎暉夾道笳。天意蒼芒忌英物，腸斷吴門古朗月。剩將家寶投青蠅，孫郎只作劉伯升。

劉玄部

綜述

《後漢書》卷一一《劉玄傳》　劉玄字聖公，光武族兄也。弟爲人所殺，聖公結客欲報之。客犯法，聖公避吏於平林。吏繫聖公父子張。聖公詐死，使人持喪歸春陵，吏乃出子張，聖公因自逃匿。

王莽末，南方飢饉，人庶羣入野澤，掘鳧茈而食之，更相侵奪。新市人王匡、王鳳爲平理諍訟，遂推爲渠帥，衆數百人。於是諸亡命馬武、王常、成丹等往從之；共攻離鄉聚，臧於緑林中，數月閒至七八千人。地皇二年，荆州牧某發奔命二萬人攻之，匡等相率迎擊於雲杜，大破牧軍，殺數千人，盡獲輜重，遂攻拔竟陵。轉擊雲杜、安陸，多略婦女，還入緑林中，至有五萬餘口，州郡不能制。

三年，大疾疫，死者且半，乃各分散引去。王常、成丹西入南郡，號下江兵；王匡、王鳳、馬武及其支黨朱鮪、張卬等北入南陽，號新市兵：皆自稱將軍。七月，匡等進攻隨，未能下。平林人陳牧、廖湛復聚衆千餘人，號平林兵，以應之。聖公因往從牧等，爲其軍安集掾。

是時光武及兄伯升亦起春陵，與諸部合兵而進。四年正月，破王莽前隊大夫甄阜、屬正梁丘賜，斬之，號聖公爲更始將軍。衆雖多而無所統一，諸將遂共議立更始爲天子。二月辛巳，設壇場於淯水上沙中，陳兵大會。更始即帝位，南面立，朝羣臣。素懦弱，羞愧流汗，舉手不能言。於是大赦天下，建元曰更始元年。悉拜置諸將，以族父良爲國三老，王匡爲定國上公，王鳳成國上公，朱鮪大司馬，伯升大司徒，陳牧大司空，餘皆九卿、將軍。五月，伯升拔宛。六月，更始入都宛城，盡封宗室及諸將，爲列侯者百餘人。

更始忌伯升威名，遂誅之，以光禄勳劉賜爲大司徒。前鍾武侯劉望起兵，略有汝南。時王莽納言將軍嚴尤、秩宗將軍陳茂既敗於昆陽，往歸之。八月，望遂自立爲天子，以尤爲大司馬，茂爲丞相。王莽使太師王匡、國將哀章守洛陽。更始遣定國上公王匡攻洛陽，西屏大將軍申屠建、丞相司直李松攻武關，三輔震動。是時海内豪桀翕然響應，皆殺其牧守，自稱將軍，用漢年號，以待詔命，旬月之閒，徧於天下。

長安中起兵攻未央宫。九月，東海人公賓就斬王莽於漸臺，收璽綬，傳首詣宛。更始時在便坐黄堂，取視之，喜曰：「莽不如是，當與霍光等。」寵姬韓夫人笑曰：「若不如是，帝焉得之乎？」更始悦，乃懸莽首於宛城市。是月，拔洛陽，生縛王匡、哀章，至，皆斬之。十月，使奮威大將軍劉信擊殺劉望於汝南，并誅嚴尤、陳茂。更始遂北都洛陽，以劉賜爲丞相。申屠建、李松自長安傳送乘輿服御，又遣中黄門從官奉迎遷都。二年二月，更始自洛陽而西。初發，李松奉引，馬驚奔，觸北宫鐵柱[門]，三馬皆死。

初，王莽敗，唯未央宫被焚而已，其餘宫館一無所毁。宫女數千，備列後庭，自鍾鼓、帷帳、輿輦、器服、太倉、武庫、官府、市里，不改於舊。更始既至，居長樂宫，升前殿，郎吏以次列庭中。更始羞怍，俛首刮席不敢視。諸將後至者，更始問虜掠得幾何，左右侍官皆宫省久吏，各驚相視。

李松與棘陽人趙萌説更始，宜悉王諸功臣。朱鮪争之，以爲高祖約，非劉氏不王。更始乃先封宗室太常將軍劉祉爲定陶王，劉賜爲宛王，劉慶爲燕王，劉歙爲元氏王，大將軍劉嘉爲漢中王，劉信爲汝陰王；後遂立王匡爲比陽王，王鳳爲宜城王，朱鮪爲膠東王，衛尉大將軍張卬爲淮陽王，廷尉大將軍王常爲鄧王，執金吾大將軍廖湛爲穰王，申屠建爲平氏王，尚書胡殷爲隨王，柱天大將軍李通爲西平王，五威中郎將李軼爲舞陰王，水衡大將軍成丹爲襄邑王，大司空陳牧爲陰平王，驃騎大將軍宋佻爲潁陰王，尹尊爲郾王。唯朱鮪辭曰：「臣非劉宗，不敢干典。」遂讓不受。乃徙鮪爲左大司馬，劉賜爲前大司馬，使與李軼、李通、王常等鎮撫關東。以李松爲丞相，趙萌爲右大司馬，共秉内任。

更始納趙萌女爲夫人，有寵，遂委政於萌，日夜與婦人飲讌後庭。羣臣欲言事，輒醉不能見，時不得已，乃令侍中坐帷内與語。諸將識非更始聲，出皆怨曰：「成敗未可知，遽自縱放若此！」韓夫人尤嗜酒，每侍飲，見常侍奏事，輒怒曰：「帝方對我飲，正用此時持事來乎！」起，抵破書案。趙萌專權，威福自己。郎吏有説萌放縱者，更始怒，拔劍擊之，自是無復敢言。萌私忿侍中，引下斬之，更始救請，不從。時李軼、朱鮪擅命山東，王匡、張卬横暴三輔。其所授官爵者，皆羣小賈豎，或有膳夫庖人，多著繡面衣、錦袴、襜褕、諸于，罵詈道中。長安爲之語曰：「竈下養，中郎將。爛羊胃，騎都尉。爛羊頭，關内侯。」

軍帥將軍豫章李淑上書諫曰：「方今賊寇始誅，王化未行，百官有司宜慎其任。夫三公上應台宿，九卿下括河海，故天工人其代之。陛下定業，雖因下江、平林之埶，斯蓋臨時濟用，不可施之既安。宜釐改制度，更延英俊，因才授爵，以匡王國。今公卿大位莫非戎陳，尚書顯官皆出庸伍，資亭長、賊捕之用，而當輔佐綱維之任。唯名與器，聖人所重。今以所重加非其人，望其毗益萬分，興化致理，譬猶緣木求魚，升山採珠。海內望此，有以闚度漢祚。臣非有憎疾以求進也，但爲陛下惜此舉厝。敗材傷錦，所宜至慮。惟割既往謬妄之失，思隆周文濟濟之美。」更始怒，繫淑詔獄。自是關中離心，四方怨叛。諸將出征，各自專置牧守，州郡交錯，不知所從。

十二月，赤眉西入關。

三年正月，平陵人方望立前孺子劉嬰爲天子。初，望見更始政亂，度其必敗，謂安陵人弓林等曰：「前定安公嬰，平帝之嗣，雖王莽篡奪，而嘗爲漢主。今皆云劉氏真人，當更受命，欲共定大功，何如？」林等然之，乃於長安求得嬰，將至臨涇立之。聚黨數千人，望爲丞相，林爲大司馬。更始遣李松與討難將軍蘇茂等擊破，皆斬之。又使蘇茂拒赤眉於弘農，茂軍敗，死者千餘人。

三月，遣李松會朱鮪與赤眉戰於蓩鄉，松等大敗，棄軍走，死者三萬餘人。

時王匡、張卬守河東，爲鄧禹所破，還奔長安。卬與諸將議曰：「赤眉近在鄭、華陰間，旦暮且至。今獨有長安，見滅不久，不如勒兵掠城中以自富，轉攻所在，東歸南陽，收宛王等兵。事若不集，復入湖池中爲盜耳。」申屠建、廖湛等皆以爲然，共入説更始。更始怒不應，莫敢復言。及赤眉立劉盆子，更始使王匡、陳牧、成丹、趙萌屯新豐，李松軍掫，以拒之。

張卬、廖湛、胡殷、申屠建等與御史大夫隗囂合謀，欲以立秋日貙膢時共劫更始，俱成前計。侍中劉能卿知其謀，以告之。更始託病不出，召張卬等。卬等皆入，將悉誅之，唯隗囂不至。更始狐疑，使卬等四人且待於外廬。卬與湛、殷疑有變，遂突出，獨申屠建在，更始斬之。卬與湛、殷遂勒兵掠東西市。昏時，燒門入，戰於宮中，更始大敗。明旦，將妻子車騎百餘，東奔趙萌於新豐。

更始復疑王匡、陳牧、成丹與張卬等同謀，乃並召入。牧、丹先至，即斬之。王匡懼，將兵入長安，與張卬等合。李松還從更始，與趙萌共攻匡、卬於城內。連戰月餘，匡等敗走，更始徙居長信宮。赤眉至高陵，匡等迎降之，遂共連兵而進。更始守城，使李松出戰，敗，死者二千餘人，赤眉生得松。時松弟汎爲城門校尉，赤眉使使謂之曰：「開城門，活汝兄。」汎即開門。九月，赤眉入城。更始單騎走，從廚城門出。諸婦女從後連呼曰：「陛下，當下謝城！」更始即下拜，復上馬去。

初，侍中劉恭以赤眉立其弟盆子，自繫詔獄；聞更始敗，乃出，步從至高陵，止傳舍。右輔都尉嚴本恐失更始爲赤眉所誅，將兵在外，號爲屯衛而實囚之。赤眉下書曰：「聖公降者，封長沙王。過二十日，勿受。」更始遣劉恭請降，赤眉使其將謝祿往受之。十月，更始遂隨祿肉袒詣長樂宮，上璽綬於盆子。赤眉坐更始，置庭中，將殺之。劉恭、謝祿爲請，不能得，遂引更始出。劉恭追呼曰：「臣誠力極，請得先死。」拔劍欲自刎，赤眉帥樊崇等遽共救止之，乃赦更始，封爲畏威侯。劉恭復爲固請，竟得封長沙王。更始常依謝祿居，劉恭亦擁護之。

三輔苦赤眉暴虐，皆憐更始，而張卬等以爲慮，謂祿曰：「今諸營長多欲篡聖公者。一旦失之，合兵攻公，自滅之道也。」於是祿使從兵與更始共牧馬於郊下，因令縊殺之。劉恭夜往收臧其屍。光武聞而傷焉，詔大司徒鄧禹葬之於霸陵。

有三子：求，歆，鯉。明年夏，求兄弟與母東詣洛陽，帝封求爲襄邑侯，奉更始祀；歆爲穀孰侯，鯉爲壽光侯。求後徙封成陽侯。求卒，子巡嗣，復徙封（灌）〔濩〕澤侯。巡卒，子姚嗣。

《東觀漢記》卷八《劉玄》 劉玄，字聖公，光武族兄也。弟爲人所殺，聖公結客欲報之。客犯法，聖公避吏於平林。吏繫聖公父子張，聖公詐死，使人持喪歸春陵，吏乃出子張，聖公因自逃匿。王莽末，南方飢饉，人庶羣入野澤，掘鳧茈而食，更相侵奪。新市人王匡、王鳳爲平理諍訟，遂推爲渠帥，衆數百人。諸亡命往從之，數月間至七八千人，號新市兵。平林人陳牧、廖湛復聚衆千餘人，號平林兵。聖公入平林中，與伯升會，遂共圍宛。聖公號更始將軍。自破甄阜等，衆庶來降十餘萬。諸將立劉氏，南陽英雄皆歸望於伯升。然漢兵以新市、平林爲本，其將帥素習聖公，因欲立之。而朱鮪立壇城南淯水上，詣伯升。呂植通《禮經》爲謁者，將立聖公爲天子儀以示諸將。馬武、王匡以爲王莽未滅，不如且稱王。張卬拔劍擊地曰：「稱天公尚可，稱天子何謂不可！」於是諸將軍起，與聖公至於壇所，奉通天冠進聖公。於是聖公乃拜，冠，南面而立，改元爲更始元年。上爲太常偏將軍。上破二公於昆陽城，而更始收劉稷及伯升，即日皆物故。上馳詣宛謝罪，更始大慚。長安中兵攻王莽，斬首，收璽綬詣宛。更始入便坐黃堂上視之，曰：「莽不如此，當與霍光等。」更始韓夫人曰：「莽不如此，帝那爲得之？」更始北都洛陽，李松等自長安傳輿服御物，及中黃門從官至洛陽。關中咸

相望天子，更始遂西發洛陽，李松奉引，車馬奔，觸北闕鐵柱門，三馬皆死。更始至長安，居東宮，鍾鼓帷帳，宫人數千，官府閭里，御府帑藏，皆安堵如舊。更始上前殿，郎吏以次侍。更始愧恧，俯刮席與小常侍語，郎吏怪之。更始納趙萌女爲后，有寵，遂委政於趙萌，日在後庭與婦人耽飲，諸將軍言事，更始醉不能見。時不得已，乃令侍中坐帷内與語，諸將識非更始聲，出皆怨之。韓夫人尤嗜酒，每侍飲，見常侍奏事，輒怒曰：「帝方對我飲，正用此時持事來乎！」起，抵破書案。所置牧守交錯，州郡不知所從。趙萌以私事捽侍中。侍中曰：「陛下救我。」更始言：「大司馬縱之。」萌曰：「臣不受詔。」遂斬之。更始在長安自恣，三輔苦之。又所署官爵皆羣小，里閭語曰：「使兒居市決，作者不能得。傭之市空返，問何故，曰：今日騎都尉往會日也。」被服威儀，不似衣冠，或繡面衣、錦袴、諸于、襜褕，罵詈道路，爲百姓之所賤。長安中爲之歌曰：「竈下養，中郎將。爛羊胃，騎都尉。爛羊頭，關内侯。」由是四方不復信向京師。雒陽人韓鴻爲謁者，更始二年，使持節降河北，拜除二千石。其冬，赤眉十餘萬人入關。徐宣、樊崇等入至弘農枯樅山下，與更始將軍蘇茂戰。崇北至務鄉，轉至湖。引兵入上林，更始騎出厨城門，諸婦女皆從後車呼更始，當下拜城。更始下馬拜謝城，乃去，至高陵。上聞更始失城，乃下詔封更始爲淮陽王，而赤眉劉盆子亦下詔以聖公爲長沙王。更始仍許赤眉，求降，上璽綬，乃封爲畏威侯。赤眉謝禄曰：「三輔兵多欲得更始，一旦失之，合兵攻公，自滅之道也。」遂害更始。詔鄧禹收葬於霸陵。

下江王鳳、王延兵侵疆，與荆州牧戰，鉤牧車屏泥，刺欸欸陪乘，度足以得牧，然不敢害，尚願望赦。

三輔豪傑入長安，攻未央宫。庚戌，杜虞殺莽於漸臺，東海公賓就得其首，傳詣宛，封滑侯。

雜録

備録

謝承《後漢書》卷二《劉玄傳》 赤眉入長安時，式侯恭以弟盆子爲赤眉所尊，故自繫。赤眉至，更始奔走，式侯從獄中出，參械出街中，逢京兆尹解惲，呼曰：「解君載我，我更始之忠臣也。即帝敗，我弟又爲赤眉所立。」惲使後車載之，前行見定陶王劉(禮)〔祉〕，解其械言：「帝在渭中船上。」遂相隨見更始。

《後漢書・天文志上》 光武起兵舂陵，會下江、新市賊張卬、王常及更始之兵亦至，俱攻破南陽，斬莽前隊大夫甄阜、屬正梁丘賜等，殺其士衆數萬人。更始爲天子，都雒陽，西入長安，敗死。光武興於河北，復都雒陽，居周地，除穢布新之象。

（地皇）四年秋，【略】十月戊申，【略】仍以更始入長安，赤眉賊立劉盆子爲天子，皆以大兵入宫廷，是其應也。

《後漢書・五行志一》 更始諸將軍過雒陽者數十輩，皆幘而衣婦人衣繡擁䯤。時智者見之，以爲服之不中，身之災也，乃奔入邊郡避之。是服妖也。其後更始遂爲赤眉所殺。

更始時，南陽有童謡曰：「諧不諧，在赤眉。得不得，在河北。」是時更始在長安，世祖爲大司馬平定河北。更始大臣並僭專權，故謡妖作也。後更始遂爲赤眉所殺，是更始之不諧在赤眉也。世祖自河北興。

《後漢書・五行志五》 更始二年二月，發雒陽，欲入長安，司直李松奉引，車奔，觸北宫鐵柱門，三馬皆死。馬禍也。時更始失道，將亡。

《後漢書》卷一一《劉盆子傳》 會更始都洛陽，遣使降崇。崇等聞漢室復興，即留其兵，自將渠帥二十餘人，隨使者至洛陽降更始，皆封爲列侯。【略】有笑巫者輒病，軍中驚動。時方望弟陽怨更始殺其兄，乃逆説崇等曰：「更始荒亂，政令不行，故使將軍得至於此。今將軍擁百萬之衆，西向帝城，而無稱號，名爲羣賊，不可以久。不如立宗室，挾義誅伐。以此號令，誰敢不服？」崇等以爲然，而巫言益甚。前及鄭，乃相與議曰：「今迫近長安，而鬼神如此，當求劉氏共尊立之。」六月，遂立盆子爲帝，自號建世元年。

初，赤眉過式，掠盆子及二兄恭、茂，皆在軍中。恭少習《尚書》，略通大義。及隨崇等降更始，即封爲式侯。以明經數言事，拜侍中，從更始在長安。

《後漢書》卷二九《鮑永傳》 更始二年徵，再遷尚書僕射，行大將軍事，持節將兵，安集河東、并州、朔部，得自置偏裨，輒行軍法。永至河東，因擊青犢，大破之，更始封爲中陽侯。永雖爲將率，而車服敝素，爲道路所識。

時赤眉害更始，三輔道絶。光武即位，遣諫議大夫儲大伯，持節徵永詣行在

所。永疑不從，乃收繫大伯，遣使馳至長安。既知更始已亡，乃發喪，出大伯等，封上將軍列侯印綬，悉罷兵，但幅巾與諸將及同心客百餘人詣河内。

《後漢書》卷一四《安成孝侯賜傳》 更始既立，以賜爲光禄勳，封廣漢侯。及伯升被害，代爲大司徒，將兵討汝南。未及平，更始又以信爲奮威大將軍，代賜擊汝南，賜與更始俱到洛陽。更始欲令親近大將徇河北，未知所使。賜言諸家子獨有文叔可用，大司馬朱鮪等以爲不可，更始狐疑，賜深勸之，乃拜光武行大司馬，持節過河。是日以賜爲丞相，令先入關，修宗廟宫室。還迎更始都長安，封賜爲宛王，拜前大司馬，使持節鎮撫關東。二年春，賜就國於宛，典將六部兵。後赤眉破更始，賜所領六部亦稍散畔，乃去宛保育陽。

《後漢書》卷二六《趙憙傳》 更始即位，舞陰大姓李氏擁城不下，更始遣柱天將軍李寶降之，不肯，云「聞宛之趙氏有孤孫憙，信義著名，願得降之」。更始乃徵憙。憙年未二十，既引見，更始笑曰：「繭栗犢，豈能負重致遠乎？」即除爲郎中，行偏將軍事，使詣舞陰，而李氏遂降。憙因進入潁川，擊諸不下者，歷汝南界，還宛。更始大悦，謂憙曰：「卿名家駒，努力勉之。」會王莽遣王尋、王邑將兵出關，更始乃拜憙爲五威偏將軍，使助諸將拒尋、邑於昆陽。光武破尋、邑，憙被創，有戰勞，還拜中郎將，封勇功侯。

更始敗，憙爲赤眉兵所圍，迫急，乃踰屋亡走，與所友善韓仲伯等數十人，攜小弱，越山阻，徑出武關。仲伯以婦色美，慮有彊暴者，而已受其害，欲棄之於道。憙責怒不聽，因以泥塗仲伯婦面，載以鹿車，身自推之。每道逢賊，或欲逼略，憙輒言其病狀，以此得免。既入丹水，遇更始親屬，皆裸跣塗炭，飢困不能前。憙見之悲感，所裝縑帛資糧，悉以與之，將護歸鄉里。

酈道元《水經注》卷一九《渭水》 故渠又東北逕劉更始冢西。更始二年，爲赤眉所殺，故侍中劉恭夜往取而埋之，光武使司徒鄧禹收葬于霸陵縣。更始尚書僕射行大將軍事鮑永，持節安集河東，聞更始死，歸世祖，累遷司隸校尉，行縣經更始墓，遂下拜哭，盡哀而去。帝問公卿，大中大夫張湛曰：仁不遺舊，忠不忘君，行之高者。帝乃釋。

備論

《後漢書》卷一一《劉玄傳論》 周武王觀兵孟津，退而還師，以爲紂未可伐，斯時有未至者也。漢起，驅輕黠烏合之衆，不當天下萬分之一，而旌旃之所撝及，書文之所通被，莫不折戈頓顙，争受職命。非唯漢人餘思，固亦幾運之會也。夫爲權首，鮮或不及。陳、項且猶未興，況庸庸者乎！

《後漢書》卷一一《劉盆子傳贊》 聖公靡聞，假我風雲。始順歸歷，終然崩分。赤眉阻亂，盆子探符。雖盜皇器，乃食均輸。

藝文

《全唐詩》卷六二九・周曇《劉聖公》 不納良謀劉縯言，胡爲銜璧向崇宣。傷哉亂帝途窮處，何必當時譖福先。

馬援部

綜述

《後漢書》卷二四《馬援傳》 馬援字文淵，扶風茂陵人也。其先趙奢爲趙將，號曰馬服君，子孫因爲氏。武帝時，以吏二千石自邯鄲徙焉。曾祖父通，以功封重合侯，坐兄何羅反，被誅，故援再世不顯。援三兄況、余、員，並有才能，王莽時皆爲二千石。

援年十二而孤，少有大志，諸兄奇之。嘗受《齊詩》，意不能守章句，乃辭況，欲就邊郡田牧。況曰：「汝大才，當晚成。良工不示人以朴，且從所好。」會況卒，援行服朞年，不離墓所；敬事寡嫂，不冠不入廬。後爲郡督郵，送囚至司命府，囚有重罪，援哀而縱之，遂亡命北地。遇赦，因留牧畜，賓客多歸附者，遂役屬數百家。轉游隴漢閒，常謂賓客曰：「丈夫爲志，窮當益堅，老當益壯。」因處田牧，至有牛馬羊數千頭，穀數萬斛。既而歎曰：「凡殖貨財產，貴其能施賑也，否則守錢虜耳。」乃盡散以班昆弟故舊，身衣羊裘皮絝。

王莽末，四方兵起，莽從弟衛將軍林廣招雄俊，乃辟援及同縣原涉爲掾，薦之於莽。莽以涉爲鎮戎大尹，援爲新成大尹。及莽敗，援兄員時爲增山連率，與援俱去郡，復避地涼州。世祖即位，員先詣洛陽，帝遣員復郡，卒於官。援因留西州，隗囂甚敬重之，以援爲綏德將軍，與決籌策。

是時公孫述稱帝於蜀，囂使援往觀之。援素與述同里閈，相善，以爲既至當握手歡如平生，而述盛陳陛衛，以延援入，交拜禮畢，使出就館，更爲援制都布單衣、交讓冠，會百官於宗廟中，立舊交之位。述鸞旗旄騎，警蹕就車，磬折而入，禮饗官屬甚盛，欲授援以封侯大將軍位。賓客皆樂留，援曉之曰：「天下雄雌未定，公孫不吐哺走迎國士，與圖成敗，反修飾邊幅，如偶人形。此子何足久稽天下士乎？」因辭歸，謂囂曰：「子陽井底蛙耳，而妄自尊大，不如專意東方。」

建武四年冬，囂使援奉書洛陽。援至，引見於宣德殿。世祖迎笑謂援曰：「卿遨遊二帝閒，今見卿，使人大慙。」援頓首辭謝，因曰：「當今之世，非獨君擇臣也，臣亦擇君矣。臣與公孫述同縣，少相善。臣前至蜀，述陛戟而後進臣。臣今遠來，陛下何知非刺客姦人，而簡易若是？」帝復笑曰：「卿非刺客，顧說客耳。」援曰：「天下反覆，盜名字者不可勝數。今見陛下，恢廓大度，同符高祖，乃知帝王自有真也。」帝甚壯之。援從南幸黎丘，轉至東海。及還，以爲待詔，使太中大夫來歙持節送援西歸隴右。

隗囂與援共臥起，問以東方流言及京師得失。援說囂曰：「前到朝廷，上引見數十，每接讌語，自夕至旦，才明勇略，非人敵也。且開心見誠，無所隱伏，闊達多大節，略與高帝同。經學博覽，政事文辯，前世無比。」囂曰：「卿謂何如高帝？」援曰：「不如也。高帝無可無不可；今上好吏事，動如節度，又不喜飲酒。」囂意不懌，曰：「如卿言，反復勝邪？」然雅信援，故遂遣長子恂入質。援因將家屬隨恂歸洛陽。居數月而無它職任，援以三輔地曠土沃，而所將賓客猥多，乃上書求屯田上林苑中，帝許之。

會隗囂用王元計，意更狐疑，援數以書記責譬於囂。囂怨援背己，得書增怒，其後遂發兵拒漢。援乃上疏曰：「臣援自念歸身聖朝，奉事陛下，本無公輔一言之薦，左右爲容之助。臣不自陳，陛下何因聞之。夫居前不能令人輊，居後不能令人軒，與人怨不能爲人患，臣所恥也。故敢觸冒罪忌，昧死陳誠。臣與隗囂，本實交友。初，囂遣臣東，謂臣曰：『本欲爲漢，願足下往觀之。於汝意可，即專心矣。』及臣還反，報以赤心，實欲導之於善，非敢譎以非義。而囂自挾姦心，盜憎主人，怨毒之情遂歸於臣。臣欲不言，則無以上聞。願聽詣行在所，極陳滅囂之術，得空匈腹，申愚策，退就隴畝，死無所恨。」帝乃召援計事，援具言謀畫。因使援將突騎五千，往來游說囂將高峻、任禹之屬，下及羌豪，爲陳禍福，以離囂(友)〔支〕黨。

援又爲書與囂將楊廣，使曉勸於囂，曰：「春卿無恙。前別冀南，寂無音驛。援閒還長安，因留上林。竊見四海已定，兆民同情，而季孟閉拒背畔，爲天下表的。常懼海内切齒，思相屠裂，故遺書戀戀，以致惻隱之計。乃聞季孟歸罪於援，而納王游翁諂邪之說，自謂函谷以西，舉足可定，以今而觀，竟何如邪？援閒至河内，過存伯春，見其奴吉從西方還，說伯春小弟仲舒望見吉，欲問伯春無它否，竟不能言，曉夕號泣，婉轉塵中。又說其家悲愁之狀，不可言也。夫怨讎可刺不可毀，援聞之，不自知泣下也。援素知季孟孝愛，曾、閔不過。夫孝於其親，豈不慈於其子？可有子抱三木，而跳梁妄作，自同分羹之事乎？季孟平生自言

所以擁兵衆者，欲以保全父母之國而完墳墓也，又言苟厚士大夫而已。而今所欲全者將破亡之，所欲完者將毀傷之，所欲厚者將反薄之。季孟嘗折愧子陽而不受其爵，今更共陸陸，欲往附之，將難爲顏乎？若復責以重質，當安從得子主給是哉！往時子陽獨欲以王相待，而春卿拒之；今者歸老，更欲低頭與小兒曹共槽櫪而食，併肩側身於怨家之朝乎？男兒溺死何傷而拘游哉！今國家待春卿意深，宜使牛孺卿與諸耆老大人共説季孟，若計畫不從，真可引領去矣。前披輿地圖，見天下郡國百有六所，柰何欲以區區二邦以當諸夏百有四乎？春卿事季孟，外有君臣之義，内有朋友之道。言君臣邪，固當諫争；語朋友邪，應有切磋。豈有知其無成，而但萎腇咋舌，叉手從族乎？及今成計，殊尚善也；過是，欲少味矣。且來君叔天下信士，朝廷重之，其意依依，常獨爲西州言。援商朝廷，尤欲立信於此，必不負約。援不得久留，願急賜報。」廣竟不荅。

八年，帝自西征囂，至漆，諸將多以王師之重，不宜遠入險阻，計冘豫未決。會召援，夜至，帝大喜，引入，具以羣議質之。援因説隗囂將帥有土崩之埶，兵進有必破之狀。又於帝前聚米爲山谷，指畫形埶，開示衆軍所從道徑往來，分析曲折，昭然可曉。帝曰：「虜在吾目中矣。」明旦，遂進軍至第一，囂衆大潰。

九年，拜援爲太中大夫，副來歙監諸將平涼州。自王莽末，西羌寇邊，遂入居塞内，金城屬縣多爲虜有。來歙奏言隴西侵殘，非馬援莫能定。十一年夏，璽書拜援隴西太守。援迺發步騎三千人，擊破先零羌於臨洮，斬首數百級，獲馬牛羊萬餘頭，守塞諸羌八千餘人詣援降。諸種有數萬，屯聚寇鈔，拒浩亹隘。援與揚武將軍馬成擊之。羌因將其妻子輜重移阻於允吾谷，援乃潛行閒道，掩赴其營。羌大驚壞，復遠徙唐翼谷中，援復追討之。羌引精兵聚北山上，援陳軍向山，而分遣數百騎繞襲其後，乘夜放火，擊鼓叫譟，虜遂大潰，凡斬首千餘級。援以兵少，不得窮追，收其穀糧畜産而還。援中矢貫脛，帝以璽書勞之，賜牛羊數千頭，援盡班諸賓客。

是時，朝臣以金城破羌之西，塗遠多寇，議欲棄之。援上言，破羌以西城多完牢，易可依固；其田土肥壤，灌溉流通。如令羌在湟中，則爲害不休，不可棄也。帝然之，於是詔武威太守，令悉還金城客民，歸者三千餘口，使各反舊邑。援奏爲置長吏，繕城郭，起塢候，開導水田，勸以耕牧，郡中樂業。又遣羌豪楊封譬説塞外羌，皆來和親。又武都氐人背公孫述來降者，援皆上復其侯王君長，賜印綬，帝悉從之。乃罷馬成軍。

十三年，武都參狼羌與塞外諸種爲寇，殺長吏。援將四千餘人擊之，至氐道縣，羌在山上，援軍據便地，奪其水草，不與戰，羌遂窮困，豪帥數十萬户亡出塞，諸種萬餘人悉降，於是隴右清静。

援務開(寬)〔恩〕信，(恩)〔寬〕以待下，任吏以職，但總大體而已。賓客故人，日滿其門。諸曹時白外事，援輒曰：「此丞、掾之任，何足相煩。頗哀老子，使得遨游。若大姓侵小民，黠羌欲旅距，此乃太守事耳。」傍縣嘗有報仇者，吏民驚言羌反，百姓奔入城郭。狄道長詣門，請閉城發兵。援時與賓客飲，大笑曰：「燒虜何敢復犯我。曉狄道長歸守寺舍，良怖急者，可牀下伏。」後稍定，郡中服之。視事六年，徵入爲虎賁中郎將。

初，援在隴西上書，言宜如舊鑄五銖錢。事下三府，三府奏以爲未可許，事遂寢。及援還，從公府求得前奏，難十餘條，乃隨牒解釋，更具表言。帝從之，天下賴其便。援自還京師，數被進見。爲人明須髮，眉目如畫。閑於進對，尤善述前世行事。每言及三輔長者，下至閭里少年，皆可觀聽。自皇太子、諸王侍聞者，莫不屬耳忘倦。又善兵策，帝常言「伏波論兵，與我意合」，每有所謀，未嘗不用。

初，卷人維汜，訞言稱神，有弟子數百人，坐伏誅。後其弟子李廣等宣言汜神化不死，以誑惑百姓。十七年，遂共聚會徒黨，攻没晥城，殺晥侯劉閔，自稱「南岳大師」。遣謁者張宗將兵數千人討之，復爲廣所敗。於是使援發諸郡兵，合萬餘人，擊破廣等，斬之。

又交阯女子徵側及女弟徵貳反，攻没其郡，九真、日南、合浦蠻夷皆應之，寇略嶺外六十餘城，側自立爲王。於是璽書拜援伏波將軍，以扶樂侯劉隆爲副，督樓船將軍段志等南擊交阯。軍至合浦而志病卒，詔援并將其兵。遂緣海而進，隨山刊道千餘里。十八年春，軍至浪泊上，與賊戰，破之，斬首數千級，降者萬餘人。援追徵側等至禁谿，數敗之，賊遂散走。明年正月，斬徵側、徵貳，傳首洛陽。封援爲新息侯，食邑三千户。援乃擊牛釃酒，勞饗軍士。從容謂官屬曰：「吾從弟少游常哀吾慷慨多大志，曰：『士生一世，但取衣食裁足，乘下澤車，御款段馬，爲郡掾史，守墳墓，鄉里稱善人，斯可矣。致求盈餘，但自苦耳。』當吾在浪泊、西里閒，虜去滅之時，下潦上霧，毒氣重蒸，仰視飛鳶跕跕墯水中，臥念少游平生時語，何可得也！今賴士大夫之力，被蒙大恩，猥先諸君紆佩金紫，且喜且慙。」吏士皆伏稱萬歲。

援將樓船大小二千餘艘，戰士二萬餘人，進擊九真賊徵側餘黨都羊等，自無功至居風，斬獲五千餘人，嶠南悉平。援奏言西于縣户有三萬二千，遠界去庭千餘里，請分爲封溪、望海二縣，許之。援所過輒爲郡縣治城郭，穿渠灌溉，以利其民。條奏越律與漢律駮者十餘事，與越人申明舊制以約束之，自後駱越奉行馬將軍故事。

二十年秋，振旅還京師，軍吏經瘴疫死者十四五。賜援兵車一乘，朝見位次九卿。

援好騎，善別名馬，於交阯得駱越銅鼓，乃鑄爲馬式，還上之。因表曰：「夫行天莫如龍，行地莫如馬。馬者甲兵之本，國之大用。安寧則以別尊卑之序，有變則以濟遠近之難。昔有騏驥，一日千里，伯樂見之，昭然不惑。近世有西河子輿，亦明相法。子輿傳西河儀長孺，長孺傳茂陵丁君都，君都傳成紀楊子阿，臣援嘗師事子阿，受相馬骨法。考之於〔行〕事，輒有驗效。臣愚以爲傳聞不如親見，視景不如察形。今欲形之於生馬，則骨法難備具，又不可傳之於後。孝武皇帝時，善相馬者東門京鑄作銅馬法獻之，有詔立馬於魯班門外，則更名魯班門曰金馬門。臣謹依儀氏輢，中帛氏口齒，謝氏脣鬐，丁氏身中，備此數家骨相以爲法。」馬高三尺五寸，圍四尺五寸。有詔置於宣德殿下，以爲名馬式焉。

初，援軍還，將至，故人多迎勞之，平陵人孟冀，名有計謀，於坐賀援。援謂之曰：「吾望子有善言，反同衆人邪？昔伏波將軍路博德開置七郡，裁封數百户；今我微勞，猥饗大縣，功薄賞厚，何以能長久乎？先生奚用相濟？」冀曰：「愚不及。」援曰：「方今匈奴、烏桓尚擾北邊，欲自請擊之。男兒要當死於邊野，以馬革裹屍還葬耳，何能卧牀上在兒女子手中邪？」冀曰：「諒爲烈士，當如此矣。」

還月餘，會匈奴、烏桓寇扶風，援以三輔侵擾，園陵危逼，因請行，許之。自九月至京師，十二月復出屯襄國。詔百官祖道。援謂黄門郎梁松、竇固曰：「凡人爲貴，當使可賤，如卿等欲不可復賤，居高堅自持，勉思鄙言。」松後果以貴滿致災，固亦幾不免。

明年秋，援乃將三千騎出高柳，行鴈門、代郡、上谷障塞。烏桓候者見漢軍至，虜遂散去，援無所得而還。

援嘗有疾，梁松來候之，獨拜牀下，援不荅。松去後，諸子問曰：「梁伯孫帝壻，貴重朝廷，公卿已下莫不憚之，大人柰何獨不爲禮？」援曰：「我乃松父友也。雖貴，何得失其序乎？」松由是恨之。

二十四年，武威將軍劉尚擊武陵五溪蠻夷，深入，軍没，援因復請行。時年六十二，帝愍其老，未許之。援自請曰：「臣尚能被甲上馬。」帝令試之。援據鞍顧眄，以示可用。帝笑曰：「矍鑠哉是翁也！」遂遣援率中郎將馬武、耿舒、劉匡、孫永等，將十二郡募士及弛刑四萬餘人征五溪。援夜與送者訣，謂友人謁者杜愔曰：「吾受厚恩，年迫餘日索，常恐不得死國事。今獲所願，甘心瞑目，但畏長者家兒或在左右，或與從事，殊難得調，介介獨惡是耳。」明年春，軍至臨鄉，遇賊攻縣，援迎擊，破之，斬獲二千餘人，皆散走入竹林中。

初，軍次下雋，有兩道可入，從壺頭則路近而水嶮，從充則塗夷而運遠，帝初以爲疑。及軍至，耿舒欲從充道，援以爲棄日費糧，不如進壺頭，搤其喉咽，充賊自破。以事上之，帝從援策。三月，進營壺頭。賊乘高守隘，水疾，船不得上。會暑甚，士卒多疫死，援亦中病，遂困，乃穿岸爲室，以避炎氣。賊每升險鼓譟，援輒曳足以觀之，左右哀其壯意，莫不爲之流涕。耿舒與兄好時侯弇書曰：「前舒上書當先擊充，糧雖難運而兵馬得用，軍人數萬争欲先奮。今壺頭竟不得進，大衆怫鬱行死，誠可痛惜。前到臨鄉，賊無故自致，若夜擊之，即可殄滅。伏波類西域賈胡，到一處輒止，以是失利。今果疾疫，皆如舒言。」弇得書，奏之。帝乃使虎賁中郎將梁松乘驛責問援，因代監軍。會援病卒，松宿懷不平，遂因事陷之。帝大怒，追收援新息侯印綬。

初，兄子嚴、敦並喜譏議，而通輕俠客。援前在交阯，還書誡之曰：「吾欲汝曹聞人過失，如聞父母之名，耳可得聞，口不可得言也。好論議人長短，妄是非正法，此吾所大惡也，寧死不願聞子孫有此行也。汝曹知吾惡之甚矣，所以復言者，施衿結褵，申父母之戒，欲使汝曹不忘之耳。龍伯高敦厚周慎，口無擇言，謙約節儉，廉公有威，吾愛之重之，願汝曹效之。杜季良豪俠好義，憂人之憂，樂人之樂，清濁無所失，父喪致客，數郡畢至，吾愛之重之，不願汝曹效也。效伯高不得，猶爲謹勑之士，所謂刻鵠不成尚類鶩者也。效季良不得，陷爲天下輕薄子，所謂畫虎不成反類狗者也。訖今季良尚未可知，郡將下車輒切齒，州郡以爲言，吾常爲寒心，是以不願子孫效也。」季良名保，京兆人，時爲越騎司馬。保仇人上書，訟保「爲行浮薄，亂羣惑衆，伏波將軍萬里還書以誡兄子，而梁松、竇固以之交結，將扇其輕僞，敗亂諸夏」。書奏，帝召責松、固，以訟書及援誡書示之，松、固叩頭流血，而得不罪。詔免保官。伯高名述，亦京兆人，爲山都長，由此擢拜

零陵太守。

初，援在交阯，常餌薏苡實，用能輕身省慾，以勝瘴氣。南方薏苡實大，援欲以爲種，軍還，載之一車。時人以爲南土珍怪，權貴皆望之。援時方有寵，故莫以聞。及卒後，有上書譖之者，以爲前所載還，皆明珠文犀。馬武與於陵侯侯昱等皆以章言其狀，帝益怒。援妻孥惶懼，不敢以喪還舊塋，裁買城西數畝地槀葬而已，賓客故人莫敢弔會。嚴與援妻子草索相連，詣闕請罪。帝乃出松書以示之，方知所坐，上書訴冤，前後六上，辭甚哀切，然後得葬。

又前雲陽令同郡朱勃詣闕上書曰：

臣聞王德聖政，不忘人之功，採其一美，不求備於衆。故高祖赦蒯通而以王禮葬田橫，大臣曠然，咸不自疑。夫大將在外，讒言在內，微過輒記，大功不計，誠爲國之所慎也。故章邯畏口而奔楚，燕將據聊而不下。豈其甘心末規哉，悼巧言之傷類也。

竊見故伏波將軍新息侯馬援，拔自西州，欽慕聖義，閒關險難，觸冒萬死，孤立羣貴之閒，傍無一言之佐，馳深淵，入虎口，豈顧計哉！寧自知當要七郡之使，徼封侯之福邪？八年，車駕西討隗囂，國計狐疑，衆營未集，援建宜進之策，卒破西州。及吴漢下隴，冀路斷隔，唯獨狄道爲國堅守，士民飢困，寄命漏刻。援奉詔西使，鎮慰邊衆，乃招集豪傑，曉誘羌戎，謀如涌泉，埶如轉規，遂救倒縣之急，存幾亡之城，兵全師進，因糧敵人，隴、冀略平，而獨守空郡，兵動有功，師進輒克。銖鋤先零，緣入山谷，猛怒力戰，飛矢貫脛。又出征交阯，土多瘴氣，援與妻子生訣，無悔吝之心，遂斬滅徵側，克平一州。閒復南討，立陷臨鄉，師已有業，未竟而死，吏士雖疫，援不獨存。夫戰或以久而立功，或以速而致敗，深入未必爲得，不進未必爲非。人情豈樂久屯絶地，不生歸哉！惟援得事朝廷二十二年，北出塞漠，南度江海，觸冒害氣，僵死軍事，名滅爵絶，國土不傳。海内不知其過，衆庶未聞其毁，卒遇三夫之言，横被誣罔之讒，家屬杜門，葬不歸墓，怨隙並興，宗親怖慄。死者不能自列，生者莫爲之訟，臣竊傷之。

夫明主醲於用賞，約於用刑。高祖嘗與陳平金四萬斤以閒楚軍，不問出入所爲，豈復疑以錢穀閒哉？夫操孔父之忠而不能自免於讒，此鄒陽之所悲也。《詩》云：「取彼讒人，投畀豺虎。豺虎不食，投畀有北。有北不受，投畀有昊。」此言欲令上天而平其惡。惟陛下留思豎儒之言，無使功臣懷恨黄泉。臣聞《春秋》之義，罪以功除；聖王之祀，臣有五義。若援，所謂以死勤事者也。願下公卿平援功罪，宜絶宜續，以厭海内之望。

臣年已六十，常伏田里，竊感欒布哭彭越之義，冒陳悲憤，戰慄闕庭。

書奏，報，歸田里。

勃字叔陽，年十二能誦《詩》、《書》。常候援兄況。勃衣方領，能矩步，辭言嫻雅，援裁知書，見之自失。況知其意，乃自酌酒慰援曰：「朱勃小器速成，智盡此耳，卒當從汝稟學，勿畏也。」朱勃未二十，右扶風請試守渭城宰，及援爲將軍，封侯，而勃位不過縣令。援後雖貴，常待以舊恩而卑侮之，勃愈身自親，及援遇讒，唯勃能終焉。肅宗即位，追賜勃子穀二千斛。

初，援兄子壻王磐子石，王莽從兄平阿侯仁之子也。莽敗，磐擁富貲居故國，爲人尚氣節而愛士好施，有名江淮閒。後游京師，與衛尉陰興、大司空朱浮、齊王章共相友善。援謂姊子曹訓曰：「王氏，廢姓也。子石當屏居自守，而反游京師長者，用氣自行，多所陵折，其敗必也。」後歲餘，磐果與司隸校尉蘇鄴、丁鴻事相連，坐死洛陽獄。而磐子肅復出入北宮及王侯邸第。援謂司馬吕种曰：「建武之元，名爲天下重開。自今以往，海内日當安耳。但憂國家諸子並壯，而舊防未立，若多通賓客，則大獄起矣。卿曹戒慎之！」及郭后薨，有上書者，以爲肅等受誅之家，客因事生亂，慮致貫高、任章之變。帝怒，乃下郡縣收捕諸王賓客，更相牽引，死者以千數。吕种亦豫其禍，臨命嘆曰：「馬將軍誠神人也！」

永平初，援女立爲皇后。顯宗圖畫建武中名臣、列將於雲臺，以椒房故，獨不及援。東平王蒼觀圖，言於帝曰：「何故不畫伏波將軍像？」帝笑而不言。至十七年，援夫人卒，乃更脩封樹，起祠堂。

建初三年，肅宗使五官中郎將持節追策，謚援曰忠成侯。

四子：廖，防，光，客卿。

客卿幼而歧嶷，年六歲，能應接諸公，專對賓客。嘗有死罪亡命者來過，客卿逃匿，不令人知。外若訥而内沈敏。援甚奇之，以爲將相器，故以客卿字焉。援卒後，客卿亦夭没。

《東觀漢記》卷一二《馬援》　馬援，字文淵，扶風茂陵人。

遠祖徙茂陵成懽里。

通生賓，宣帝時以郎持節，號使君。使君生仲，仲官至玄武司馬；仲生援。

援三兄，況字長平，余字聖卿，員字季主。

受《齊詩》，師事潁川滿昌。

援以況出爲河南太守，次兩兄爲吏京師，見家用不足，乃辭況欲就邊郡畜牧。

馬援外類倜儻簡易，而內重禮，事寡嫂，雖在閫內，必幘然後見之也。

馬援爲郡督郵，送囚至府，囚有重罪，援哀而縱之，亡命北地，遇赦留。

馬援歎曰：「凡殖產，貴其能施民也，否則守錢奴耳。」乃盡散以班昆弟故舊，身衣羊裘皮袴。

隗囂甚重馬援，以爲綏德將軍。時公孫述稱帝，囂使援往觀之。援素與述同鄉里，相善，以爲至當握手迎如平生，而述方盛陳陛衛，以延援入，交拜禮畢，就館，更爲援製荅布單衣、交讓冠，會百官於宗廟，立舊交之位。述鸞旗旄騎，警蹕就車，禮甚盛，欲以援封侯，食大將軍位。賓客皆樂留，援曉之，因而辭歸，謂囂曰：「子陽井底鼃耳，不如專意東方。」囂乃使援奉書洛陽。援初到，勑令中黄門引入，時上在宣德殿南廡下，但幘坐。上迎，笑謂之曰：「卿遨遊二帝間，見卿，使人慙。」援頓首謝曰：「當今之世，非獨君擇臣，臣亦擇君。臣與公孫述同縣，少小相善。臣前至蜀，述陛戟而後進臣。今臣遠來，陛下何知非刺客而簡易如此？」於是上復笑曰：「卿非刺客，顧説客耳。」援乃曰：「天下反覆，自盜名字者不可勝數。今見陛下，恢廓大度，同符高祖，乃知帝王自有真也。」帝甚壯之。

援説囂曰：「前到朝廷，上凡十四見，開心見誠。」

馬援與楊廣書曰：「車丞相高祖園寢郎，一月九遷爲丞相者，知武帝恨誅衛太子，上書訟之。」

上自征隗囂，至漆，諸侯多以王師之重，不宜遠入險阻，計未決。會召馬援，因説隗囂側足無所立，將帥土崩之勢，兵進必破之狀，於上前聚米爲山川，指畫地勢，上曰：「虜在吾目中矣。」囂衆大潰。

馬援爲隴西太守，擊羌，中矢貫腓脛，上聞，賜羊三千、牛三百頭以養病。

帝從援議，詔武威太守梁統，悉還金城客民。

馬援，字文淵，扶風人。爲隴西太守，務開寬信，恩以待下，任吏以職，但總大體而已。賓客故人，日滿其門。諸曹時白外事，輒曰：「此丞、掾任，何足相煩。若大姓侵小民，黠羌欲旅距，此乃太守事耳。」

馬援從隴西太守遷虎賁中郎將。

馬援在隴西，上書曰：「富民之本，在於食貨，宜如舊鑄五銖錢。」三府凡十三難，援一一解之，條奏其狀。帝從之，天下賴其便。

馬援自還京師，數被進見。援長七尺五寸，色理髮膚眉目容貌如畫。閑進對，尤善述前事，每言及三輔長者至閭里少年皆可觀，皇太子、諸王聞者，莫不屬耳忘倦。

馬援擊尋陽山賊，上書曰：「除其竹木，譬如嬰兒頭多蟣蝨而剃之，蕩蕩然蟣蝨無所復依。」書奏，上大悦，出尚璽書，數日，黄門取頭蝨章持入，因出小黄門頭有蝨者，皆剃之。

光武以馬援爲伏波將軍。

援上書：「臣所假伏波將軍印，書『伏』字，『犬』外嚮。城皋令印，『皋』字爲『白』下『羊』；丞印『四』下『羊』；尉印『白』下『人』，『人』下『羊』。即一縣長吏，印文不同，恐天下不正者多。符印所以爲信也，所宜齊同。」薦曉古文字者，事下大司空正郡國印章。奏可。

馬援好事，至荔浦，見冬筍名苞筍，上言：「《禹貢》『厥苞橘柚』，疑謂是也，其味美於春夏筍。」

馬援擊交阯，從容謂官屬曰：「吾從弟少遊嘗哀吾慷慨多大志，曰：『士生一世，但取衣食裁足，乘下澤車，御款段馬，爲郡掾吏，守墳墓，鄉里稱爲善人，斯可矣。致求盈餘，但自苦耳。』當吾在浪泊、西里、烏間，虜未滅之時，下潦上霧，毒氣熏蒸，仰視烏鳶跕跕墮水中，卧念少遊平生時語，何可得也！」

馬援《與兄子嚴敦書》云：「學龐伯高不就，猶爲謹勑士，所謂刻鵠不成尚類鶩者。效杜季良而不成，陷爲天下輕薄子，所謂畫虎不成反類狗也。」

馬援平交阯，上言太守蘇定張眼視錢，喋目討賊，怯於戰功，宜加切勑。後定果下獄。

馬援於交阯鑄銅馬，奏曰：「臣聞行天者莫如龍，行地者莫如馬。臣援師事楊子阿。孝武帝時，善相馬者東門京鑄作銅馬法獻之，立馬於魯班門外，更名曰金馬門。臣既備數家骨法，以所得駱越銅，鑄以爲馬，高三尺五寸，圍四尺五寸，謹獻。」詔置馬德陽殿下。

馬援振旅還京師，賜衣服、酒、牀、什器，粟五百斛，侯車一乘，朝見位次隨九卿之□。

馬援曰：「方今匈奴、烏桓尚擾北邊，欲自請擊之。男兒要當死於邊野，以馬革裹尸還墓耳，何能卧牀上在兒女子手中耶？」故人孟冀曰：「諒爲烈士，當

如此矣！」

馬援行亭鄣，到右北平，詔書賜援鉅鹿縑三百疋。

馬援，字文淵，建武二十四年，威武將軍劉尚擊武陵五谿蠻夷，深入，軍没。援因復請行。時年六十二，帝愍其老，未許之。援自請曰：「臣尚能被甲上馬。」帝令試之。援據鞍顧眄，以示可用。帝笑曰：「矍鑠哉是翁也！」遂遣援。二月到武陵臨鄉。

唐晏《兩漢三國學案》卷六《詩・馬援》 馬援字文淵，扶風茂陵人也。年十二而孤，少有大志，諸兄奇之。嘗受《齊詩》，意不能守章句，乃辭兄，欲就邊郡田牧。兄況曰：「汝大才，當晚成。良工不示人以朴，且從所好。」會況卒，援行服期年，不離墓所；敬事寡嫂，不冠不入廬。爲郡督郵，送囚至司命府，囚有重罪，援哀而縱之，遂亡命北地。因留畜牧，賓客多歸附者，遂役屬數百家。轉游隴漢間，嘗謂賓客曰：「丈夫爲志，窮當益堅，老當益壯。」因處田牧，至有牛馬羊數千頭，穀數萬斛。既而歎曰：「凡殖貨財，貴能施賑也，否則守錢虜耳。」乃盡散以班昆弟故舊，身衣羊裘皮絝。後歸光武，拜伏波將軍，封新息侯。

雜録

備録

謝承《後漢書》卷二《馬援傳》 馬援卒後，有人上書譖之者。援妻孥惶怖，不敢以喪還舊塋，裁買城西數畝地，藁葬而已，賓客故人莫敢弔。會援妻子草索相連，詣闕請罪，帝乃出訟書以示之，方知所坐。上書訴冤，前後六上，辭甚哀切，然後得葬。

華嶠《後漢書》卷一《馬援傳》 馬援在河西，有穀數萬斛，乃歎曰：「凡殖財者，貴以施也，否則守錢虜耳。」

援爲隴西太守，遇長吏如兄弟，〔委以任之〕。

馬援字文淵，爲伏波將軍，振旅京師，厚加賜車一乘，朝見次九卿。

司馬彪《續漢書》卷二《馬援傳》 援過北地任氏畜牧。自援祖賓，本客天水。父仲，又嘗爲牧師令。是時員爲護苑使者，故人賓客皆依援。

張瑩《後漢南記・馬援傳》 馬援奏曰：「武帝時，善相馬者鑄作銅馬法獻之，有詔立馬於魯班門外，則更名曰金馬門。」

《後漢書・五行志六》 二十五年【略】十月，以武谿蠻夷爲寇害，伏波將軍馬援將兵擊之。

《後漢書》卷一三《隗囂傳》 初，囂與來歙、馬援相善，故帝數使歙、援奉使往來，勸令入朝，許以重爵。囂不欲東，連遣使深持謙辭，言無功德，須四方平定，退伏閭里。【略】

牛邯字孺卿，狄道人。有勇力才氣，雄於邊垂。及降，大司〔空〕〔徒〕司直杜林、太中大夫馬援並薦之，以爲護羌校尉，與來歙平隴右。

《後漢書》卷一五《來歙傳》 初王莽世，羌虜多背叛，而隗囂招懷其酋豪，遂得爲用。及囂亡後，五谿、先零諸種數爲寇掠，皆營壍自守，州郡不能討。歙乃大修攻具，率蓋延、劉尚及太中大夫馬援等進擊羌於金城，大破之，斬首虜數千人，獲牛羊萬餘頭，穀數十萬斛。

《後漢書》卷一六《寇恂傳》 初，隗囂將安定高峻，擁兵萬人，據高平第一，帝使待詔馬援招降峻，由是河西道開。

《後漢書》卷二二《劉隆傳》 明年，復封爲扶樂鄉侯，以中郎將副伏波將軍馬援擊交阯蠻夷徵側等，隆别於禁谿口破之，獲其帥徵貳，斬首千餘級，降者二萬餘人。

《後漢書》卷四一《宋均傳》 會武陵蠻反，圍武威將軍劉尚，詔使均乘傳發江夏奔命三千人往救之。既至而尚已没。會伏波將軍馬援至，詔因令均監軍，與諸將俱進，賊拒阸不得前。及馬援卒於師，軍士多温溼疾病，死者太半。

《後漢書》卷四三《朱穆傳》 常感時澆薄，慕尚敦篤，乃作《崇厚論》。其辭曰：【略】「故覆人之過者，敦之道也；救人之失者，厚之行也。往者，馬援深昭此道，可以爲德，誡其兄子曰：『吾欲汝曹聞人之過如聞父母之名，耳可得聞，口不得言。』斯言要矣。遠則聖賢履之上世，近則丙吉、張子孺行之漢廷。【略】嗟乎！世士誠躬師孔聖之崇則，嘉楚嚴之美行，希李老之雅誨，思馬援之所尚，鄙二宰之失度，美韓稜之抗正，貴丙、張之弘裕，賤時俗之誹謗，則道豐績盛，名顯身榮，載不刊之德，播不滅之聲。然〔後〕知薄者之不足，厚者之有餘也。【略】」

《後漢書》卷八六《南蠻傳》 光武中興，武陵蠻夷特盛。建武二十三年，精夫相單程等據其險隘，大寇郡縣。遣武威將軍劉尚發南郡、長沙、武陵兵萬餘人，乘船泝沅水入武谿擊之。尚輕敵入險，山深水疾，舟船不得上。蠻氏知尚糧少入遠，又不曉道徑，遂屯聚守險。尚食盡引還，蠻緣路徼戰，尚軍大敗，悉爲所没。二十四年，相單程等下攻臨沅，遣謁者李嵩、中山太守馬成擊之，不能剋。明年春，遣伏波將軍馬援、中郎將劉匡、馬武、孫永等，將兵至臨沅，擊破之。單程等飢困乞降，會援病卒，謁者宗均聽悉受降。爲置吏司，羣蠻遂平。【略】

建武十二年，九真徼外蠻里張游，率種人慕化内屬，封爲歸漢里君。明年，南越徼外蠻夷獻白雉、白菟。至十六年，交阯女子徵側及其妹徵貳反，攻郡。徵側者，麊泠縣雒將之女也。嫁爲朱䳒人詩索妻，甚雄勇。交阯太守蘇定以法繩之，側忿，故反。於是九真、日南、合浦蠻里皆應之，凡略六十五城，自立爲王。交阯刺史及諸太守僅得自守。光武乃詔長沙、合浦、交阯具車船，修道橋，通障谿，儲糧穀。十八年，遣伏波將軍馬援、樓船將軍段志，發長沙、桂陽、零陵、蒼梧兵萬餘人討之。明年夏四月，援破交阯，斬徵側、徵貳等，餘皆降散。進擊九真賊都陽等，破降之。徙其渠帥三百餘口於零陵。於是領表悉平。【略】

及王莽篡亂，氐人亦叛。建武初，氐人悉附隴蜀。及隗囂滅，其酋豪乃背公孫述降漢，隴西太守馬援上復其王侯君長，賜以印綬。後囂族人隗茂反，殺武都太守。氐人大豪齊鍾留爲種類所敬信，威服諸豪，與郡丞孔奮擊茂，破斬之。後亦時爲寇盜，郡縣討破之。

《後漢書》卷八七《西羌傳・滇良》 十一年夏，先零種復寇臨洮，隴西太守馬援破降之。後悉歸服，徙置天水、隴西、扶風三郡。明年，武都參狼羌反，援又破降之。

《後漢書》卷九〇《烏桓傳》 建武二十一年，遣伏波將軍馬援將三千騎出五阮關掩擊之。烏桓逆知，悉相率逃走，追斬百級而還。烏桓復尾擊援後，援遂晨夜奔歸，比入塞，馬死者千餘匹。

酈道元《水經注》卷二《河水》 洮水【略】昔馬援爲隴西太守六年，爲狄道開渠，引水種秔稻，而郡中樂業，即此水也。

酈道元《水經注》卷二四《睢水》 又東過相縣南，屈從城北東流，當蕭縣南，入于陂。【略】

南越桂林監居翁爲侯國，曰湘成也。王莽更名，郡曰吾符，縣曰吾符亭。睢水東逕石馬亭，亭西有漢故伏波將軍馬援墓。

酈道元《水經注》卷三六《淮水》 《林邑記》曰：浦通銅鼓、外越、安定、黄岡心口，蓋藉度銅鼓，即駱越也。有銅鼓，因得其名。馬援取其鼓以鑄銅馬。至鑿口，馬援所鑿，内通九真、浦陽。《晉書地道記》，九德郡有浦陽縣。《交州記》曰：鑿南塘者，九真路之所經也，去州五百里，建武十九年，馬援所開。【略】

鬱水又南自壽泠縣注于海。昔馬文淵積石爲塘，達于象浦，建金標爲南極之界。《俞益期牋》曰：馬文淵立兩銅柱于林邑岸北，有遺兵十餘家不反，居壽泠岸南而對銅柱。悉姓馬，自婚姻，今有二百户。交州以其流寓，號曰馬流。言語飲食，尚與華同。山川移易，銅柱今復在海中，正賴此民，以識故處也。《林邑記》曰：建武十九年，馬援樹兩銅柱于象林南界，與西屠國分，漢之南疆也。土人以之流寓，號曰馬流，世稱漢子孫也。

李吉甫《元和郡縣圖志》卷三〇《江南道六・辰州・沅陵縣》 壺頭山，在縣東四十九里，即馬援攻五谿蠻置營之所。初援軍下雋，有兩道可入，從壺頭路近而水險，從充道則途夷而運遠。中郎將耿況欲從充道。援以爲如進壺頭，搤其咽喉，賊自破，遂進營於此。賊乘高守隘，水迅船不得進，會暑甚，士卒多疾死，援穿岸爲室，以避炎氣。《武陵記》云：「今山邊有石窟，即援穿空室處。」

李吉甫《元和郡縣圖志》卷三八《嶺南道五・安南・朱鳶縣》 朱鳶江，北去縣一里。後漢馬援南征，鑄銅船於此，揚排然火，炙船頭令赤，以燋涌浪及殺巨鱗横海之類。

李吉甫《元和郡縣圖志》卷三八《嶺南道五・愛州・日南縣》 鑿山，在縣北一百三十里。昔馬援征林邑，阻風波，乃鑿此山彎爲通道，因以爲名。

吴曾《能改齋漫録》卷五《辨誤・伏波將軍廟》 後漢馬援及路博德，俱有功於南方，仍皆爲伏波將軍。嶺外有伏波將軍廟，莫能定其名。政和中，修九域圖志，遂以雙廟爲例，祀兩神。

黄震《古今紀要・後漢》 馬援不能守章句，推財散施，論公孫述，光武智識過人，識去就。論光武似高祖，説降隗囂將。聚米爲山谷。來歙奏隴西非馬援不能定。守隴西，擊破先零，置金城，邊邑耕牧、樂業。爲邊守，最得大體，務用恩信以待下，任吏以職，但總大體。大姓侵小民，黠羌飲旅拒，乃太守事。平交趾，又平五溪蠻，馬革裹尸，上馬矍鑠，皆勇不能怯之過。載薏苡，鑄五銖錢，銅馬式。戒兄子當學伯高。子廖，勸馬后節儉，不訓諸子，事顯宗。防，事肅宗，破羌，迎

氣樂驕侈。兄子嚴，學問有行義，守陳留盜賊清。族孫稜。行義，賑貸，水利，賢太守。

劉統勛《評鑑闡要》卷二　趙充國平羌，馬援征蠻，皆屬老而益壯。乃充國卒以成功，而援不克集事，是豈時命爲之？抑亦遠猷勝算，援固有不逮充國者。至於身攖瘴癘，以死勤事，鞠躬盡瘁之義，實爲無愧。胡寅乃謂馬革裹屍，幾於馮婦。若然則臨陣鼠竄者，將謂明哲保身乎？不獨刻論，直是庸談。【略】

梁松與馬援有隙，光武宜知之，乃以援兵失利，遣松責問。使非宋均平羣蠻，則援陷無辜，如國事何，帝蓋未之思耶？

備論

《後漢書》卷二四《馬援傳論》　馬援騰聲三輔，遨游二帝，及定節立謀，以干時主，將懷負鼎之願，蓋爲千載之遇焉。然其戒人之禍，智矣，而不能自免於讒隙。豈功名之際，理固然乎？夫利不在身，以之謀事則智；慮不私己，以之斷義必厲。誠能回觀物之智而爲反身之察，若施之於人則能恕，自鑒其情亦明矣。

《全宋文》卷四七六孫堪《馬援論》　或曰：馬援垂白□□，身没讒作，而世之秉筆者或譏之，何也？對曰：是意也，原出於袁宏之論。宏以援不能安身保功，爲之不已，故身没之後，怨謗並興。堪常謂袁於是大失史臣品藻之理。夫君子之仕也，進非竊寵，退非固身。時進而吾進焉，非吾之不知止也；時退而吾退焉，非吾之善安身也。存時以觀，而其理得矣。是故制度立，寇戎平，君子雖含飴偃仰，而無慮可也；制度未立，寇戎未平，君子雖盡瘁向國而無悔可也。《尚書》曰「臣罔以寵利居成功」，《易》曰「王臣蹇蹇，匪躬之故」，進退之際也。建武之間，時當經綸，内民未孚，外戎屢梗；加以劉尚全軍見制，皇輿震駭。斯時也，爲臣者其將盡瘁向國乎？其將含飴偃仰乎？袁必以援爲之不已，怨謗並興，則爲臣者當忘國徇身，事諂佞以徼一時之譽乎？且曰：「善爲功者，力止於一戰，則事易而功全；勞足於一邑，則慮小而身安。」夫然，則周公之征，夏禹四載之勞，皆不善爲功乎？設有權盛位，享厚禄，覩國家制度紛擾，兵革玄動，束手拱膝，而曰「我將力止一戰也，我將勞足一邑也」，則君果謂其善爲功乎？而袁方且皎然筆諸史册，其何以待萬世之臣子乎？堪觀古之君子，稱人之善惟恐不及，貶惡之心亦然，故懲勸之道昭昭然可爲後世法。後之人異於是，見一惡則無片辭以質之，覩一善則巧文而抑挫之，故懲勸之道汩矣。後之學者不能深究古道，習聞淺説，多從而稱之，幾乎其將扇澆理而起敝原也。若馬援者，垂白許國，據鞍慷慨，宜君子之動心也，而後儒猶非之，故論以勸事君者。

《朱子語類》卷一三五《歷代二》　或問：「霍光不負社稷，而終有許后之事；馬援以口過戒子孫，而他日有裹屍之禍。」先生曰：「『采葑采菲，無以下體。』取人之善，爲己師法，不當如此論也。」若海。

《全宋文》卷六三三二陳亮《酌古論·馬援》　用兵之道，不可以常律論也。履險者，兵家之危事，智將常用之而勝，他將常以之而敗。勝非險也，以有術勝也；敗非不險也，以無術敗也。勝敗在人而不在險，唯險而後可以見人之能否也。且不探虎穴，安得虎子！冒大險而後能立奇功。險之不冒，雖曰有功，吾未見其奇也。故夫智者不惡夫履險，而惡乎無術。多方以誤之，此兵家之至術也。聲東而擊西，形此而出彼，雖在坦地猶然，而況於險乎！險者人所易拒也，吾欲出此而明以告之，則敵一分兵拒險，而吾固將不戰而自沮矣。乃若智者之制事也，聲其所必意，形其所必趍，而忽焉乘險而進，則敵人驚沮而不知其所從來，智者不及謀，勇者不及鬬，一舉而敗其黨與，覆其巢穴，而後可以爲不世之奇功也。昔者馬援率耿舒進擊武陵溪蠻，軍次下雋，其道有二：一曰壺頭，一曰充。壺頭則路近而水險，充則塗夷而運遠。舒欲從充，將以正合也；援欲從壺頭，將以奇勝也。故援力言之：「棄日費糧，不如徑進搤其喉咽。」帝遂捨舒而從援。援既進兵，賊乘高守隘，欲前不可，欲退不能。已而暑甚，士卒多疫，卒不戰而自敗。嗟夫！若援者，可謂不明乎履險之術矣。吾以謂當聲言從充，縱其降口，使歸以告。多張疑兵，鳴鼓鼙，盛旗幟，若從充進。賊必悉衆出拒，吾密遣輕兵乘舟急進，徑自壺頭以掩其無備，出其不意，則賊氣喪膽沮，不知所以爲禦者矣，五溪諸蠻可以一戰而擒也。不知出此，而明明履險，其敗也固宜。然援則失矣，而議者方以耿舒之計爲得，是所謂見牛而未見羊也。故從援則必敗，從舒則未必勝。從吾之計，則發必中，攻必克。是以韓信之擊魏豹也，盛兵臨晉，而伏兵從夏陽襲安邑，卒以擒豹。曹公之攻馬超也，盛兵潼關，而潛兵渡蒲阪、取西河，卒以破超。此則兵家之妙術，而非吾臆説也。惜乎援之不出於此！始援謀隗囂於掌握之間，擊諸羌於指顧之頃，破交趾，平嶠南，出奇制勝，前無堅敵，不可謂非一時之傑也。然至此而失，豈其終老而智耄耶？光武嘗言：「伏波論兵，與我意合。」

每有所謀，未嘗不用。援上此議而光武從之，光武必以爲可勝矣；已而援敗，復重加罪。始不能料其不可而遽從之，終不能少貸其法而重責之，嗚呼，光武亦不得爲無罪也。

葉適《習學記言序目》卷二四《後漢書一・列傳》　馬援先持尺度裁量光武，而後定君臣之分，光武内懷之不發也，初不征，後未用，與待杜林、申屠剛等異矣。援不過以才自見，而欲以鑒識高物，其所以取者，乃其所以失。光武未嘗忘人之功，然終不續封，蓋素所不平至是而見爾。（《馬援》）

葉適《習學記言序目》卷二五《後漢書二・列傳》　馬援擊武陵蠻，乘高守險，兵不能進，遂以獲罪。然援既死，宋均即矯制降之，訖無後患。以均事觀之，援但志於翦滅而已，自負鑒識，而賈勇奮鋭乃與臧宫、馬武等同，不逮均矣。均駠虎禁巫，其言「吏能弘厚，雖貪污放縱，猶無所害，至於苛察之人，身或廉法，而巧黠刻削，毒加百姓，災害流亡所由而作」，旨意弘雅，如援固不足望也。《援傳》稱「遺梁松乘驛責問，因代監軍」，當是均還代之耳。（《宋均》）

李贄《藏書》卷五五《武臣傳三賢將・馬援》評　援初爲書與囂將楊廣，使曉勸囂，其言甚美。朱勃之上書白援無罪也，其言亦美。然援實俠之豪，其爲書與嚴、敦，反令其效伯高，不欲其效季良，何哉？然卒以此書得改葬，則此書信不爲無意矣。范氏謂其戒人之禍智矣，而不能自免於讒隙，此言非也。夫伏波，節俠也，既自許以馬革裹尸矣，又何畏乎壬人？何畏乎讒説？嗟乎！功名之際，理自宜然。

賀復徵《文章辨體彙選》卷四〇三鍾惺《馬援論》　援爲隗囂奉書洛陽，世祖迎笑謂援曰：「卿遨遊二帝間，今見卿，使人大慚。」此語不可解，而發付甚妙。援曰：「臣今遠來，陛下何知非刺客姦人，而簡易若是？」帝復笑曰：「卿非刺客，顧説客耳。」游戲中大有折服。蓋來者意興正熱，吾冷之；筋節甚緊，吾鬆之，妙處全在用誕，「迎笑」「復笑」二「笑」字，已奪人氣，此周公瑾所以屈蔣幹也。援謂帝「闊達多大節，畧與高帝同」。而又云不如高帝，看英雄如相馬，然得其神而遺其形，若存若亡，若滅若没，其妙全在於此。高帝「無可無不可」五字，不必甚確，而卒不可易，具眼曠觀之言，一解便失之。援謂光武「經學博覽，政事文辯，前世無比」，則高帝所不能，其不如高帝似即在此處，此「好吏事，動如節度」之根也，高帝便省此一段，所以「無可無不可」。至謂帝「又不喜飲酒」，此語何關優劣，却看得深，大要踈與密之分也，其意俱在言外。囂不懌曰：「如卿言，反復勝邪？」則癡人説夢矣。

陳子龍《陳忠裕公全集・安雅堂稿・馬援》　伏波倜儻仗奇，自少至暮，不忘功名，蓋壯往之士也。至於誡諭子弟，每欲其謹飭自守。夫人情自許則期爲雄俊之流，貽厥則願爲保家之主，自古然耳。彼自謂負非常之姿，秉忠正之操，上結明主，下壓衆情，而不知飄風之徒，已投隙而傾之。長者家兒殊難得調，亦先慮之矣。夫是翁落落，失意於梁松，而得報於朱勃，信乎布衣之交不可忽，貴遊之子難爲工哉？

邵廷采《思復堂文集》卷一〇《讀馬伏波傳》　後漢伏波將軍馬公義烈士，能擇君矣，而不能度時。蓋君之幘坐迎我而開心見誠者，以其時天下未定，游士固能重輕也。當公孫稱帝，關以西之勢在隗囂。迨竇融款而公效誠，一丸泥封關之計不得行矣。

昔七國處士横議，儀、秦、鞅、斯並以立談取卿相，而四公子之客皆至三千人，豈其時王公誠能下賢哉？以爲是諸人者，定天下不足而撓天下有餘，吾不收之，將轉爲他人用，協而謀我也。迨天下既定，人之謀計横溢而不能制，大則取菹醢之禍，小則受請室之辱。而欲保全功臣之世者，則使之以列侯就國第，不仕吏職。此亦天下之勢宜然，漢、唐、宋、明開代皆如此，非可徒咎其君之薄而已。

公定交阯有大勛。至武陵五溪蠢動，一偏裨任耳，矧帝已厭兵，却減馬之言而謝西域。公年逾耳順，猶復壯心不已。即無薏苡之謗、梁松之構，其能免於疑嫉哉！帝之褒周黨而重嚴光，亦明示天下以意也。後人徒尚光之高、光武之量，而不窺其深識大慮，猶爲未知光與帝者。《易》曰：「後天而奉天時。」光之出處，特爲後天奉時，所以千百世下仰先生之風，而嘆其山高水長也。感伏波之事，因以志焉。

朱軾《史傳三編》卷一三《馬援》　論曰：臣主之交，難矣哉！以光武、伏波之相得恨晚，而不保其卒，況其餘乎？事君者，惟既厥心其他，成敗利鈍不敢逆覩。若夫毁譽則聽之，天下功罪則聽之，朝廷必一一預爲之防，是使國家終無任事之人也。史稱其爲人明而自爲闇，豈足以服援心乎？獨怪援血氣就衰，猶沾沾喜事。夫功不必皆己出，名不必皆己成，明俊民而讓後人，正老臣所以忠君報國之大者，非獨戒盛滿已也。方建武之末，天下一家，蠢爾蠻荊未有肘腋腹心之患。且同官健者皆能辦，此七十老翁何所求；而乃急功名之圖，此固已生明主

之疑矣，何待梁伯孫譖行，乃始得罪哉？雖然，援烈士也。才識節操，中興諸臣鮮有倫比。自少即喜邊郡畜牧，後遂往往樹勛羌隴間，卒之藁葬城西，距馬革之裹幾何？殆不幸而重爲其弟少游所哀，即援亦自哀之，而終莫自禁，所謂平生志在斯者，非耶？誦老驥伏櫪之歌，爲三歎息。

藝文

《全唐文》卷五三五李觀《祭伏波神文》 嗚呼！伏波之生，好兵自喜，幼有壯節，騰聲出仕。定册歸漢，謨俞帝旨，算無失畫，功伐可紀。破斬徵側，實平交趾，來征蠻溪，未卒而死。小人赤口，曷本於理，薏苡南還，明珠謗起。乃收侯印，爵不及子，唯德不忘，愛留社里。築廟以祭，人敬其鬼，久而若新，千載不毀。詁詁嗤嗤，易白成緇，孔子義失，勛華不慈。曾氏殺人，母投於機，居竊厥嫂，陳平不疑。申生寘毒，晉有驪姬。是以無極巧舌，伍奢族夷，孟子傷讒，淒兮作詩。公失其所，梁松實爲，何獨將軍？自昔如斯。故士有歷百代而不滅者，嘗被訕於當時，苟窺心而不怍，雖棄置其奚悲。赫赫聖帝，嘉賢命祠，酒斝既列，神乎降思。尚享。

《全唐詩》卷二八三李益《塞下曲》 伏波惟願裹尸還，定遠何須生入關。莫遣隻輪歸海窟，仍留一箭射天山。

《全唐詩》卷五三四許渾《韶州韶陽樓夜讌》 待月西樓捲翠羅，玉杯瑶瑟近星河。簾前碧樹窮秋密，窗外青山薄暮多。鸜鵒未知狂客醉，鷓鴣先讓美人歌。使君莫惜通宵飲，刀筆初從馬伏波。

杜甫《杜詩詳注》卷一三《奉寄別馬巴州》 勳業終歸馬伏波，功曹非復漢蕭何。扁舟繫纜沙邊久，南國浮雲水上多。獨把漁竿終遠去，難隨鳥翼一相過。知君未愛春湖色，興在驪駒白玉珂。

《劉禹錫集》卷二二《經伏波神祠》 蒙蒙篁竹下，有路上壺頭。漢壘麏鼯鬬，蠻溪霧雨愁。懷人敬遺像，閱世指東流。自負霸王略，安知恩澤侯？鄉園辭石柱，筋力盡炎洲。一以功名累，翻思馬少遊。

《蘇軾文集》卷一七《伏波將軍廟碑》 漢有兩伏波，皆有功德於嶺南之民。前伏波，邳離路侯也。後伏波，新息馬侯也。南越自三代不能有，秦雖稍通置吏，旋復爲夷，邳離始伐滅其國，開九郡。然至東漢，二女子側、貳反嶺南，震動六十餘城。世祖初平天下，民勞厭兵，方閉玉關，謝西域，況南荒何足以辱王師，非新息苦戰，則九郡左衽至今矣。由此論之，兩伏波廟食於嶺南者，均也。古今所傳，莫能定於一。自徐聞渡海，適朱崖，南望連山，若有若無，杳杳一髮耳。艤舟將濟，眩栗喪魄。海上有伏波祠，元豐中詔封忠顯王，凡濟海者必卜焉。曰：「某日可濟乎？」必吉而後敢濟。使人信之如度量衡石，必不吾欺者。嗚呼，非盛德其孰能然！自漢以來，朱崖、儋耳，或置或否。揚雄有言：「朱崖之棄，捐之之力也，否則介鱗易我衣裳。」此言施於當時可也。自漢末至五代，中原避亂之人，多家於此。今衣冠禮樂，蓋班班然矣，其可復言棄乎！四州之人，以徐聞爲咽喉。南北之濟者，以伏波爲指南，事神其敢不恭。軾以罪謫儋耳三年，今乃獲還海北，往返皆順風，念無以答神貺者，乃碑而銘之。銘曰：

至嶮莫測海與風，至幽不仁此魚龍，至信可恃漢兩公，寄命一葉萬仞中。自此而南洗汝胸，撫循民夷必清通。自此而北端汝躬，屈信窮達常正忠。生爲人英没愈雄，神雖無言意我同。

《全宋文》卷三一〇三蘇過《伏波將軍廟碑》 功名與五福均，意其爲造物者所吝也。富貴之視貧賤，壽考之方疾夭，固懸絶矣。若夫建不朽之功名，銘之鼎彝，垂之竹帛，使百世之後，想見其遺風餘烈，則與夫没世無聞者，蓋不可同年而語矣，得不爲造物者所吝乎？雖然，聖人罕言命，以爲言命則人事廢矣。然有不得不疑於造物者。漢武帝之喜功，而李廣卒不封侯；光武之好士，而伏波竟以讒死。嗚呼！伏波亦長於慮患，而智於出師矣，而壺頭一衄，讒人遂入其說，人主一信而不回，豈非命也夫！始其策公孫述、隗囂之必敗，南征百粵，指揮而定，豈其智於昔，而愚於今耶？武陵之役，壺頭路近而水險，若道於充則路夷而運遠。夫費日運糧，敵必有備，孰若提必死之士，搤其咽喉，所謂疾雷不及掩耳，此鄧艾用以破蜀，李靖所以平江陵也。使伏波士卒不病，則戰有餘矣，而耿舒乃謂不從其言致敗。夫事固有幸不幸耳。田千秋一言取丞相，衛青平匈奴而致位大將軍。其智安在？故豪傑之士，則庸夫得以藉口，而自信其說，豈不悲哉！且從光武定天下，功臣莫不有封，而伏波獨以讒奪。至永平圖形靈臺，而伏波乃以椒房之故不與。是命也夫？僕侍親南遷，踰五嶺，將涉大海，過將軍祠下，哀將軍之身見誣於千載之上，而嘆將軍之澤不斬於百世之後。豈彼造物者能困其人，而不能困其功名也耶？謹拜手稽首，獻其詞曰：

維百粵之險阻兮，右渤海而左五嶺。洞庭居其肘腋兮，九疑跨其襟領。日翳翳其無光兮，谷幽幽其如井。烝毒霧之四塞兮，雖六師其安騁？故尉佗之陸梁兮，建黄屋而外屏。薄蒼梧之舜野兮，内嘯聚夫不逞。屬孝武之明靈兮，赫王怒之誰梗？問將軍之安在兮？敢有愛其遺境。嗟粵人之喜亂兮，每覘吾之不警。彼徵氏之狂狡兮，民欲殞於陷穽。雖不足以辱王師兮，非仁者其誰靖？下凌波之樓船兮，驚絶俗之氣稟。勢破竹之無幾兮，倏迎刃而自定。殲渠魁以懲慝兮，釋俘囚而伸儆。布天子之德澤兮，舍盟書而胥命。誓馬革以裹尸兮，敢鳶飛而告病。何薏苡之興讒兮，抱孤忠而不見省。昔樂毅之去燕兮，遭孱主之聽瑩。悲將軍之誰咎兮，死青蠅於主聖。眷朱勃之何人兮，蹈欒布之前鼎。雖不能已雷霆之怒兮，亦少慰夫未瞑。仰嘉名於千載兮，傷吾道之不競。功未録而罪及兮，掩大德於一眚。維鴂舌之何知兮，獨忠義之所敬。走千里之烝盛兮，恃德刑於邪正。使斯民畏罪而不欺兮，猶將軍之威令。

張以寧《翠屏集》詩集卷之二《烏岩灘馬伏波祠》 烏岩江上古祠宫，傳是東南矍鑠翁。丹荔黄蕉長盛祭，緑沉金鎖尚英風。灘聲夜帶軍聲壯，嵐氣秋隨劍氣空。莫羨少游鄉裏好，封侯廟食丈夫雄。

鄭鄤《峚陽草堂詩文集》詩集卷六《看馬伏波銅鼓有懷》 飛鳶站站立沙汀，横海登壇舊識名。木是據鞍拚裹革，何期奏凱望身輕。明珠應了專征案，銅鼓空留轉戰聲。黄髮從戎青瘴老，方知戒子不論兵。

周拱辰《圣雨齋集》詩集卷四《送錢抱沖先生備兵粵西》 萬里籌邊借豸冠，蕭蕭征旆指雷關。山迎龍劍蠻花笑，月擁雕弓瘴霧寒。黄石兵書新佩肘，馬援軍政舊登壇。遥瞻銅柱能知我，攬轡剛逢荔子丹。

朱珪《知足齋集》詩集卷一九《馬援》 文淵有大志，井蛙嗤公孫。遨遊隴蜀間，擇主識其真。聚米畫形勢，何異借箸論。飛鳶墮跕跕，銅馬式班門。馬革誓效命，矍鑠壺關逡。薏苡竟遭謗，朱勃讜議陳。

徐世昌《晚晴簃詩匯》卷一九王士禎《馬伏波祠》 冥冥炎海伏波祠，肅肅靈旗故國思。萬里功名銅馬式，五溪淫潦跕鳶時。隗囂詎識真王異，朱勃終慚地下知。空憶平生少游語，歸來款段悔教遲。

卓茂部

綜述

《後漢書》卷二五《卓茂傳》 卓茂字子康，南陽宛人也。父祖皆至郡守。茂，元帝時學於長安，事博士江生，習《詩》、《禮》及歷筭，究極師法，稱爲通儒。性寬仁恭愛。鄉黨故舊，雖行能與茂不同，而皆愛慕欣欣焉。

初辟丞相府史，事孔光，光稱爲長者。時嘗出行，有人認其馬。茂問曰：「子亡馬幾何時？」對曰：「月餘日矣。」茂有馬數年，心知其謬，嘿解與之，挽車而去，顧曰：「若非公馬，幸至丞相府歸我。」他日，馬主別得亡者，乃詣府送馬，叩頭謝之。茂性不好爭如此。

後以儒術舉爲侍郎，給事黄門，遷密令。勞心諄諄，視人如子，舉善而教，口無惡言，吏人親愛而不忍欺之。人嘗有言部亭長受其米肉遺者，茂辟左右問之曰：「亭長爲從汝求乎？爲汝有事囑之而受乎？將平居自以恩意遺之乎？」人曰：「往遺之耳。」茂曰：「遺之而受，何故言邪？」人曰：「竊聞賢明之君，使人不畏吏，吏不取人。今我畏吏，是以遺之，吏既卒受，故來言耳。」茂曰：「汝爲敝人矣。凡人所以貴於禽獸者，以有仁愛，知相敬事也。今鄰里長老尚致饋遺，此乃人道所以相親，況吏與民乎？吏顧不當乘威力强請求耳。凡人之生，羣居雜處，故有經紀禮義以相交接。汝獨不欲修之，寧能高飛遠走，不在人閒邪？亭長素善吏，歲時遺之，禮也。」人曰：「苟如此，律何故禁之？」茂笑曰：「律設大法，禮順人情。今我以禮教汝，汝必無怨惡；以律治汝，何所措其手足乎？一門之内，小者可論，大者可殺也。且歸念之！」於是人納其訓，吏懷其恩。初，茂到縣，有所廢置，吏人笑之，鄰城聞者皆蚩其不能。河南郡爲置守令，茂不爲嫌，理事自若。數年，教化大行，道不拾遺。平帝時，天下大蝗，河南二十餘縣皆被其災，獨不入密縣界。督郵言之，太守不信，自出案行，見乃服焉。

是時王莽秉政，置大司農六部丞，勸課農桑，遷茂爲京部丞，密人老少皆涕泣隨送。乃莽居攝，以病免歸郡，常爲門下掾祭酒，不肯作職吏。

更始立，以茂爲侍中祭酒，從至長安，知更始政亂，以年老乞骸骨歸。

時光武初即位，先訪求茂，茂詣河陽謁見。乃下詔曰：「前密令卓茂，束身自修，執節淳固，誠能爲人所不能爲。夫名冠天下，當受天下重賞，故武王誅紂，封比干之墓，表商容之閭。今以茂爲太傅，封褒德侯，食邑二千户，賜几杖車馬，衣一襲，絮五百斤。」復以茂長子戎爲太中大夫，次子崇爲中郎，給事黄門。建武四年，薨，賜棺椁冢地，車駕素服親臨送葬。

子崇嗣，徙封汎鄉侯，官至大司農。崇卒，子棽嗣。棽卒，子訢嗣。訢卒，子隆嗣。永元十五年，隆卒，無子，國除。

初，茂與同縣孔休、陳留蔡勳、安衆劉宣、楚國龔勝、上黨鮑宣六人同志，不仕王莽時，並名重當時。休字子泉，哀帝初，守新都令。後王莽秉權，休去官歸家。及莽篡位，遣使齎玄纁、束帛，請爲國師，遂歐血託病，杜門自絶。光武即位，求休、勳子孫，賜穀以旌顯之。劉宣字子高，安衆侯崇之從弟，知王莽當篡，乃變名姓，抱經書隱避林藪。建武初乃出，光武以宣襲封安衆侯。擢龔勝子賜爲上谷太守。

《東觀漢記》卷一三《卓茂》 卓茂，字子康，南陽人也。

卓茂爲丞相史，嘗出，道中有人認茂馬者。茂問失馬幾日，對曰：「月餘矣。」茂曰：「然此馬畜已數年。」遂解馬與之，曰：「即非所失，幸至丞相府還我。」乃步輓車去。後馬主自得馬，慙愧詣府，叩頭謝歸焉。

卓茂，字子康，南陽人。遷密令，視民如子，口無惡言，吏民親愛而不忍欺之。民嘗有言部亭長受其米肉遺者，茂問之曰：「亭長從汝求乎？爲汝有事屬之而受乎？將平居以恩意遺之乎？」民曰：「往遺之耳。」茂曰：「遺之而受，何故言耶？」民曰：「竊聞賢明之君，使民不畏吏，吏不取民。今我畏吏，是以遺之。」茂曰：「凡人所以貴於禽獸者，以有仁愛，知相敬事也。今鄰里尚致饋，此乃相親，況吏民乎？凡人之生，羣居雜處，故有經紀禮義以相交接。汝獨不欲修之，寧能高飛遠去，不在人間耶？亭長素爲善吏，歲時遺之，禮也。」民曰：「苟如此，律何故禁之？」茂笑曰：「律設大法，禮從人情。今我以禮教汝，必無怨惡。以律治汝，何所措其手足乎？」時天下大蝗，河南二十餘縣皆被其災，獨不入密界。督郵言之，太守不信，自出按行，見乃服焉。

守令與茂並居，久之，吏人不歸往守令。

是時王莽秉政，置大司農六部丞，勸課農桑，遷茂爲京部丞，密人老少皆涕泣隨送。

上初即位，先訪求茂，茂謁見，時年七十餘矣。建武元年詔曰：「故密令卓茂，束身自脩，執節淳固，斷斷無他，其心休休焉。夫士誠能爲人所不能爲，則名冠天下，當受天下重賞。故武王誅紂，封比干之墓，表商容之閭。今以茂爲太傅，封襃德侯，賜安車一乘，衣一襲，金五百斤。」

茂爲人恬蕩樂道，推實不爲華貌，行己在於清濁之間，自束髮至白首，與人未嘗有爭競。

雜録

備録

司馬彪《續漢書》卷三《卓茂傳》 卓茂遷密令，其治民，舉善而教，不能則勸，口不出惡言，勞心憂念，吏民知其有緩急，以恩信待吏，吏畏而愛之，不忍欺也。元始中，天下蝗。河南二十縣蝗，獨不入密界。督郵書言，太守大怒，自出案行密界中，實然乃驚。

卓茂遷密令，道不拾遺。

《後漢書·百官志一》 世祖以卓茂爲太傅，薨，因省。其後每帝初即位，輒置太傅録尚書事，薨，輒省。

《後漢書》卷二二《朱景王杜等傳論》 永平中，顯宗追感前世功臣，乃圖畫二十八將於南宫雲臺，其外又有王常、李通、竇融、卓茂，合三十二人。故依其本弟係之篇末，以志功臣之次云爾。

《後漢書》卷七六《循吏列傳·王涣》 延熹中，桓帝事黄老道，悉毁諸房祀，唯特詔密縣存故太傅卓茂廟，洛陽留王涣祠焉。

酈道元《水經注》卷二二《洧水》 今縣城東門南側，有漢密令卓茂祠。茂字子康，南陽宛人，温仁寬雅，恭而有禮。人有認其馬者，茂與之，曰：若非公馬，幸至丞相府歸我。遂挽車而去，後馬主得馬，謝而還之。任漢黄門郎，遷密令，舉善而教，口無惡言，教化大行，道不拾遺，蝗不入境，百姓爲之立祠，享祀不輟矣。

備論

《後漢書》卷二五《卓茂傳論》 建武之初，雄豪方擾，虓呼者連響，嬰城者相望，斯固倥傯不暇給之日。卓茂斷斷小宰，無它庸能，時已七十餘矣，而首加聘命，優辭重禮，其與周、燕之君表閭立館何異哉？於是蘊憤歸道之賓，越關阻，捐宗族，以排金門者衆矣。夫厚性寬中近於仁，犯而不校鄰於恕，率斯道也，怨悔曷其至乎！

《後漢書》卷五六《王暢傳》 功曹張敞奏記諫曰：「五教在寬，著之經典。湯去三面，八方歸仁。武王入殷，先去炮格之刑。高祖鑒秦，唯定三章之法。孝文皇帝感一緹縈，蠲除肉刑。卓茂、文翁、召父之徒，皆疾惡嚴刻，務崇温厚。仁賢之政，流聞後世。夫明哲之君，網漏吞舟之魚，然後三光明於上，人物悦於下。言之若迂，其效甚近。發屋伐樹，將爲嚴烈，雖欲懲惡，難以聞遠。以明府上智之才，日月之曜，敷仁惠之政，則海内改觀，實有折枝之易，而無挾山之難。郡爲舊都侯甸之國，園廟出於章陵，三后生自新野，士女沾教化，黔首仰風流，自中興以來，功臣將相，繼世而隆。愚以爲懇懇用刑，不如行恩；孳孳求姦，未若禮賢。舜舉皋陶，不仁者遠。隨會爲政，晉盜奔秦。虞、芮入境，讓心自生。化人在德，不在用刑。」暢深納敞諫，更崇寬政，慎刑簡罰，教化遂行。

《後漢書》卷七七《酷吏列傳論》 古者敦庬，善惡易分。至於畫衣冠，異服色，而莫之犯。叔世偷薄，上下相蒙，德義不足以相洽，化導不能以懲違，遂乃嚴刑痛殺，隨而繩之，致刻深之吏，以暴理姦，倚疾邪之公直，濟忍苛之虐情。漢世所謂酷能者，蓋有聞也。皆以敢捍精敏，巧附文理，風行霜烈，威譽諠赫。與夫斷斷守道之吏，何工否之殊乎！故嚴君蚩黄霸之術，密人笑卓茂之政，猛既窮矣，而猶或未勝。然朱邑不以笞辱加物，袁安未嘗鞫人臧罪，而猾惡自禁，人不欺犯。何者？以爲威辟既用，而苟免之行興；仁信道孚，故感被之情著。苟免者威隙則姦起，感被者人亡而思存。由一邦以言天下，則刑訟繁措，可得而求乎！

《朱子語類》卷四三《論語二十五·子路篇》 「善人爲邦章」安卿問：「《集注》云：『民化於善，可以不用刑殺。』恐善人只是使風俗醇朴，若化於善，恐是聖

君之事。曰：「大概論功效是如此。其深淺在人，不必恁地粘皮著骨去説。不成説聖人便得如此，善人便不得如此！不必恁地分別。善人是他做百年工夫，積累到此，自是能使人興善，人自是不陷於刑辟。如文景恁地，後來海内富庶，豈不是『勝殘去殺』。如漢循吏，許多人才循良，也便有效。如陳太丘、卓茂、魯恭只是縣令，也能如此。不成説你便不是聖人，如何做得這箇！只看他功效處，又何必較量道聖人之效是如此，善人之效是如彼？聖人比善人自是不同。且如『綏之斯來，動之斯和』，『殺之而不怨，利之而不庸，民日遷善而不知爲之』，善人定是未能到這田地。但是有這般見識，有這般心胸，積累做將去，亦須有效。且如而今寬刑薄賦，民亦自能興起而不陷於刑。聖人論功效亦是大概如此。只思量他所以致此效處如何便了，何必較他優劣。便理會得，也無甚切己處。義剛。

葉適《習學記言序目》卷二一《漢書一・志》　王吉、劉向，皆欲於末世政刑刻急之内，暫興治古禮樂之虚文，以養人之毫髮而勝殺人之丘山；求王道之行，不可得也。夫舍泥塗者趨几席，惡辛螫者服甘飴。誠使後世君臣有能深知政刑之不足以善世，明見道德教化之意，篤信安上易俗之實，擇其忠厚至誠力行之士，布在州縣，廢其所以爲鞭箠、刑戮、監臨、防制者，而一以父兄師友之道經紀其民，然則禮樂之效，不待歲月而變矣。卓茂曰：「今我以禮治汝，汝必無怨惡；以律治汝，汝何所措其手足？一門之内，小者可論，大者可殺也。」嗚呼！後世雖無三代之材，若茂者亦豈乏少乎？然而茂可以治一邑而不能推之於國，則亦未知其方耳。（《禮樂》）

葉適《習學記言序目》卷二四《後漢書一・列傳》　卓茂爲吏，三代以後所無，司馬遷、班固所記，蓋不能仿佛。孔子言「爲政以德，譬如北辰」，然春秋時無能以德者，如茂可謂近之。光武言「名冠天下，當受重賞」，大哉言乎，亦三代以後所未有！所謂「周有大賚，善人是富，雖有周親，不如仁人」也。光武初立而茂爲首相，若茂有周召之材，而光武能受其輔導，未知當如何，惜其賢止是而已。后乎茂則無復論矣。（《卓茂》）

黄震《古今紀要・後漢》　卓茂，專務德化，初拜丞相府吏，與誤認者馬。遷密令，人有言亭長受米肉者，茂曰：「遺之而受，何故言耶？」數年教化大行，道不拾遺。視人如子。莽居攝病免。律設大夫，禮順人情，二語足盡法律之説。光武訪之爲太傅，封褒德侯。雲臺三十二人，二十八將，起河北，封李通、王常佐南陽，竇憲以河西附，獨茂以德選。

李贄《藏書》卷一九《名臣傳五・循良名臣・卓茂》評　偉哉「律設大法，禮順人情」之語也。夫以禮教汝，汝必無我怨惡。若以律治汝，則一門之内，小可論，大可殺，將無所措手足矣。真。柰之何爲民父母者不念也！苟一日之間，三復斯語，安有不興惻惻之念者，安有無所措手足之民也？然茂爲密令，亦必數年之後，教乃大行，則非久任不遷，亦當以不及降調罷軟罷斥矣，烏能澤及密黎，聲施後世乎？

閻爾梅《白耷山人詩文集》文集卷上《密縣重修卓君廟碑記》　河南密縣城内東北隅，有卓君廟，蓋漢太傅卓子康舊祠也。子康曾爲密令，稱循吏，密人思之；思之故祠之，宜也。禮，士大夫之饗祀者有二：里居，以高節盛德、惠澤桑梓者，則祀之於其鄉；服官，能使教化大行，著異政、捍災患者，則祀之於其筮仕之郡縣。外是，非諂則誣。狄懷英黜淫祀以千計，特存四家，江南韙之。今漢史載，子康新莽時託病厺官者，十五六年。建武初徵爲太傅，封褒德侯，節可謂高矣。鄉人誤認其馬，輒不較，雖學近黄老，然亦人所難者。密人訟其長吏，不繩以大法，而譬之以人情，其人慚悔去，教化大行。蝗起河南諸郡國，獨不入密境。豈非所謂著異政、捍災患者耶。夫如是，又何忒於饗祀也耶？余又嘗讀漢史，自宣帝嚴二千石之選，綜核名實，良吏輩出。然率以武健從事，往往失之過察。卓以長者之意矯之，不特惠密，亦以救漢治之衰也。如此則凡爲守令者，皆當於此乎取則焉，又何疑於密人之追崇之也？或曰：何不書太傅，書褒德侯，而必書「君」？曰：太傅，天子之上公；褒德者，朝廷之大爵，非密人之所敢私也。且其爲密令時，無此官、無此封也，密人亦祀密之君而已，故曰宜也。嗟乎！卓君往矣！自漢迄今，幾兩千年，而密之人猶君之，猶追崇之，密可謂不負卓君哉，然皆自卓君不負密始也。後之君於密者，其亦有感於斯舉也乎？

顧炎武《日知録》卷九《守令》　宋理宗淳祐八年，監察御史兼崇政殿説書陳求魯奏「今日救弊之策，大端有四：宜采夏侯太初并省州郡之議，俾縣令得以直達於朝廷；用宋元嘉六年爲斷之法，俾縣令得以究心於撫字；法藝祖出朝紳爲令之典，以重其權；遵光武擢卓茂爲三公之意，以激其氣。然後爲之正其經界，明其版籍，約其妄費，裁其橫斂」。此數言者，在今日亦可采而行之。

藝文

蒲壽宬《心泉學詩稿》卷一《五言古詩》 吾愛卓子康，作邑非尋常。口不及人惡，撫字若弗遑。禮律乃並用，化嚚以爲良。解馬以與人，不較人自償。

石珤《熊峰集》卷四《送穆尹入覲》 征鞍欲發更飛觴，北望堯天路短長。江漢情深終到海，山河福壯正當陽。詩篇我愛陶元亮，豈弟人傳卓子康。君去七絃誰解鼓，滿輸明月射虛堂。

閻爾梅《白耷山人詩文集》詩集卷四《苦蝗行》 結茆十里城東隅，老農老圃共晨夕。經年跡不到城中，疎懶相宜久成癖。枯旱塵絲掛野田，豆花憔悴無光液。乍聞有物空中鳴，蝗飛如蟻經天赤。翅聲剥啄墜紛紛，縱橫百里積盈尺。婦子嗷嗷争不及，千村萬村净如碧。三時勞苦殊可憐，飽茲螟螣誰愛惜。官吏追呼急于焚，中夜思之若芒刺。嗟我人斯安所逃，追呼不償死無益。君不見古人苑中自吞蝗，此民之災我躬嘗。又不見宓令卓子康，蝗不入境號循良。非其人兮民何臧，我行其野歌旁皇。

馮異部

綜述

《後漢書》卷一七《馮異傳》 馮異字公孫，潁川父城人也。好讀書，通《左氏春秋》、《孫子兵法》。

漢兵起，異以郡掾監五縣，與父城長苗萌共城守，爲王莽拒漢。光武略地潁川，攻父城不下，屯兵巾車鄉。異閒出行屬縣，爲漢兵所執。時異從兄孝及同郡丁綝、吕晏，並從光武，因共薦異，得召見。異曰：「異一夫之用，不足爲彊弱。有老母在城中，願歸據五城，以効功報德。」光武曰「善」。異歸，謂苗萌曰：「今諸將皆壯士屈起，多暴横，獨有劉將軍所到不虜掠。觀其言語舉止，非庸人也，可以歸身。」苗萌曰：「死生同命，敬從子計。」光武南還宛，更始諸將攻父城者前後十餘輩，異堅守不下；及光武爲司隸校尉，道經父城，異等即開門奉牛酒迎。光武署異爲主簿，苗萌爲從事。異因薦邑子銚期、叔壽、段建、左隆等，光武皆以爲掾史，從至洛陽。

更始數欲遣光武徇河北，諸將皆以爲不可。是時左丞相曹竟子詡爲尚書，父子用事，異勸光武厚結納之。及度河北，詡有力焉。

自伯升之敗，光武不敢顯其悲慼，每獨居，輒不御酒肉，枕席有涕泣處。異獨叩頭寬譬哀情。光武止之曰：「卿勿妄言。」異復因閒進説曰：「天下同苦王氏，思漢久矣。今更始諸將從横暴虐，所至虜掠，百姓失望，無所依戴。今公專命方面，施行恩德。夫有桀紂之亂，乃見湯武之功；人久飢渴，易爲充飽。宜急分遣官屬，徇行郡縣，理冤結，布惠澤。」光武納之。至邯鄲，遣異與銚期乘傳撫循屬縣，録囚徒，存鰥寡，亡命自詣者除其罪。陰條二千石長吏同心及不附者上之。

及王郎起，光武自薊東南馳，晨夜草舍，至饒陽無蔞亭。時天寒烈，衆皆飢疲，異上豆粥。明旦，光武謂諸將曰：「昨得公孫豆粥，飢寒俱解。」及至南宫，遇大風雨，光武引車入道傍空舍，異抱薪，鄧禹爇火，光武對竈燎衣。異復進麥飯菟肩。因復度虖沱河至信都，使異别收河閒兵。還，拜偏將軍。從破王郎，封應侯。

異爲人謙退不伐，行與諸將相逢，輒引車避道。進止皆有表識，軍中號爲整齊。每所止舍，諸將並坐論功，異常獨屏樹下，軍中號曰「大樹將軍」。及破邯鄲，乃更部分諸將，各有配隸。軍士皆言願屬大樹將軍，光武以此多之。别擊破鐵脛於北平，又降匈奴于林闟頓王，因從平河北。

時更始遣舞陰王李軼、廩丘王田立、大司馬朱鮪、白虎公陳僑將兵號三十萬，與河南太守武勃共守洛陽。光武將北徇燕、趙，以魏郡、河内獨不逢兵，而城邑完，倉廩實，乃拜寇恂爲河内太守，異爲孟津將軍，統二郡軍河上，與恂合執，以拒朱鮪等。

異乃遺李軼書曰：「愚聞明鏡所以照形，往事所以知今。昔微子去殷而入周，項伯畔楚而歸漢，周勃迎代王而黜少帝，霍光尊孝宣而廢昌邑。彼皆畏天知命，覩存亡之符，見廢興之事，故能成功於一時，垂業於萬世也。苟令長安尚可扶助，延期歲月，疏不閒親，遠不踰近，季文豈能居一隅哉？今長安壞亂，赤眉臨郊，王侯搆難，大臣乖離，綱紀已絶，四方分崩，異姓並起，是故蕭王跋涉霜雪，經營河北。方今英俊雲集，百姓風靡，雖邠岐慕周，不足以喻。季文誠能覺悟成敗，亟定大計，論功古人，轉禍爲福，在此時矣。如猛將長驅，嚴兵圍城，雖有悔恨，亦無及已。」初，軼與光武首結謀約，加相親愛，及更始立，反共陷伯升，雖知長安已危，欲降又不自安。乃報異書曰：「軼本與蕭王首謀造漢，結死生之約，同榮枯之計。今軼守洛陽，將軍鎮孟津，俱據機軸，千載一會，思成斷金。唯深達蕭王，願進愚策，以佐國安人。」軼自通書之後，不復與異争鋒，故異因此得北攻天井關，拔上黨兩城，又南下河南成皋已東十三縣，及諸屯聚，皆平之，降者十餘萬。武勃將萬餘人攻諸畔者，異引軍度河，與勃戰於士鄉下，大破斬勃，獲首五千餘級，軼又閉門不救。異見其信效，具以奏聞。光武故宣露軼書，令朱鮪知之。鮪怒，遂使人刺殺軼。由是城中乖離，多有降者。鮪乃遣討難將軍蘇茂將數萬人攻温，鮪自將數萬人攻平陰以綴異。異遣校尉護軍(將軍)將兵，與寇恂合擊茂，破之。異因度河擊鮪，鮪走；異追至洛陽，環城一帀而歸。

移檄上狀，諸將皆入賀，并勸光武即帝位。光武乃召異詣鄗，問四方動静。異曰：「三王反畔，更始敗亡，天下無主，宗廟之憂，在於大王。宜從衆議，上爲社稷，下爲百姓。」光武曰：「我昨夜夢乘赤龍上天，覺悟，心中動悸。」異因下席

再拜賀曰：「此天命發於精神。心中動悸，大王重慎之性也。」異遂與諸將定議上尊號。

建武二年春，定封異陽夏侯。引擊陽翟賊嚴終、趙根，破之。詔異歸家上冢，使太中大夫齎牛酒，令二百里内太守、都尉已下及宗族會焉。

時赤眉、延岑暴亂三輔，郡縣大姓各擁兵衆，大司徒鄧禹不能定，乃遣異代禹討之。車駕送至河南，賜以乘輿七尺具劒。勑異曰：「三輔遭王莽、更始之亂，重以赤眉、延岑之酷，元元塗炭，無所依訴。今之征伐，非必略地屠城，要在平定安集之耳。諸將非不健鬭，然好虜掠。卿本能御吏士，念自修勑，無爲郡縣所苦。」異頓首受命，引而西，所至皆布威信。弘農羣盗稱將軍者十餘輩，皆率衆降異。

異與赤眉遇於華陰，相拒六十餘日，戰數十合，降其將劉始、王宣等五千餘人。三年春，遣使者即拜異爲征西大將軍。會鄧禹率車騎將軍鄧弘等引歸，與異相遇，禹、弘要異共攻赤眉。異曰：「異與賊相拒且數十日，雖屢獲雄將，餘衆尚多，可稍以恩信傾誘，難卒用兵破也。上今使諸將屯黽池要其東，而異擊其西，一舉取之，此萬成計也。」禹、弘不從。弘遂大戰移日，赤眉陽敗，棄輜重走。車皆載土，以豆覆其上，兵士飢，争取之。赤眉引還擊弘，弘軍潰亂。異與禹合兵救之，赤眉小卻。異以士卒飢倦，可且休，禹不聽，復戰，大爲所敗，死傷者三千餘人，禹得脱歸宜陽。異棄馬步走上回谿阪，與麾下數人歸營。復堅壁，收其散卒，招集諸營保數萬人，與賊約期會戰。使壯士變服與赤眉同，伏於道側。旦日，赤眉使萬人攻異前部，異裁出兵以救之。賊見埶弱，遂悉衆攻異，異乃縱兵大戰。日昃，賊氣衰，伏兵卒起，衣服相亂，赤眉不復識别，衆遂驚潰。追擊，大破於崤底，降男女八萬人。餘衆尚十餘萬，東走宜陽降。璽書勞異曰：「赤眉破平，士吏勞苦，始雖垂翅回谿，終能奮翼黽池，可謂失之東隅，收之桑榆。方論功賞，以荅大勳。」

時赤眉雖降，衆寇猶盛：延岑據藍田，王歆據下邽，芳丹據新豐，蔣震據霸陵，張邯據長安，公孫守據長陵，楊周據谷口，吕鮪據陳倉，角閎據汧，駱(蓋)延據盩厔，任良據鄠，汝章據槐里，各稱將軍，擁兵多者萬餘，少者數千人，轉相攻擊。異且戰且行，屯軍上林苑中。延岑既破赤眉，自稱武安王，拜置牧守，欲據關中，引張邯、任良共攻異。異擊破之，斬首千餘級，諸營保守附岑者皆來降歸異。岑走攻析，異遣復漢將軍鄧曄、輔漢將軍于匡要擊岑，大破之，降其將蘇臣等八千餘人。岑遂自武關走南陽。時百姓飢餓，人相食，黄金一斤易豆五升。道路斷隔，委輸不至，軍士悉以果實爲糧。詔拜南陽趙匡爲右扶風，將兵助異，并送縑穀，軍中皆稱萬歲。異兵食漸盛，乃稍誅擊豪傑不從令者，褒賞降附有功勞者，悉遣其渠帥詣京師，散其衆歸本業。威行關中。唯吕鮪、張邯、蔣震遣使降蜀，其餘悉平。

明年，公孫述遣將程焉，將數萬人就吕鮪出屯陳倉。異與趙匡迎擊，大破之，焉退走漢川。異追戰於箕谷，復破之，還擊破吕鮪，營保降者甚衆。其後蜀復數遣將閒出，異輒摧挫之。懷來百姓，申理枉結，出入三歲，上林成都。

異自以久在外，不自安，上書思慕闕廷，願親帷幄，帝不許。後人有章言異專制關中，斬長安令，威權至重，百姓歸心，號爲「咸陽王」。帝使以章示異。異惶懼，上書謝曰：「臣本諸生，遭遇受命之會，充備行伍，過蒙恩私，位大將，爵通侯，受任方面，以立微功，皆自國家謀慮，愚臣無所能及。臣伏自思惟：以詔勑戰攻，每輒如意；時以私心斷決，未嘗不有悔。國家獨見之明，久而益遠，乃知『性與天道，不可得而聞也』。當兵革始起，擾攘之時，豪傑競逐，迷惑千數。臣以遭遇，託身聖明，在傾危溷殽之中，尚不敢過差，而況天下平定，上尊下卑，而臣爵位所蒙，巍巍不測乎？誠冀以謹勑，遂自終始。見所示臣章，戰慄怖懼。伏念明主知臣愚性，固敢因緣自陳。」詔報曰：「將軍之於國家，義爲君臣，恩猶父子，何嫌何疑，而有懼意？」

六年春，異朝京師。引見，帝謂公卿曰：「是我起兵時主簿也。爲吾披荆棘，定關中。」既罷，使中黄門賜以珍寶、衣服、錢帛。詔曰：「倉卒無蔞亭豆粥，虖沱河麥飯，厚意久不報。」異稽首謝曰：「臣聞管仲謂桓公曰：『願君無忘射鉤，臣無忘檻車。』齊國賴之。臣今亦願國家無忘河北之難，小臣不敢忘巾車之恩。」後數引讌見，定議圖蜀，留十餘日，令異妻子隨異還西。

夏，遣諸將上隴，爲隗囂所敗，乃詔異軍栒邑。未及至，隗囂乘勝使其將王元、行巡將二萬餘人下隴，因分遣巡取栒邑。異即馳兵，欲先據之。諸將皆曰：「虜兵盛而新乘勝，不可與争。宜止軍便地，徐思方略。」異曰：「虜兵臨境，忸(忲)〔忕〕小利，遂欲深入。若得栒邑，三輔動揺，是吾憂也。夫『攻者不足，守者有餘』。今先據城，以逸待勞，非所以争也。」潛往閉城，偃旗鼓。行巡不知，馳赴之。異乘其不意，卒擊鼓建旗而出。巡軍驚亂奔走，追擊數十里，大破之。祭遵亦破王元於汧。於是北地諸豪長耿定等，悉畔隗囂降。異上書言狀，不敢自伐。

諸將或欲分其功，帝患之。乃下璽書曰：「制詔大司馬，虎牙、建威、漢（中）〔忠〕、捕虜、武威將軍：虜兵猥下，三輔驚恐。栒邑危亡，在於旦夕。北地營保，按兵觀望。今偏城獲全，虜兵挫折，使耿定之屬，復念君臣之義。征西功若丘山，猶自以爲不足。孟之反奔而殿，亦何異哉？今遣太中大夫賜征西吏士死傷者醫藥、棺斂，大司馬已下親弔死問疾，以崇謙讓。」於是使異進軍義渠，并領北地太守事。

青山胡率萬餘人降異。異又擊盧芳將賈覽、匈奴薁鞬日逐王，破之。上郡、安定皆降，異復領安定太守事。九年春，祭遵卒，詔異守征虜將軍，并將其營。及隗囂死，其將王元、周宗等復立囂子純，猶總兵據冀，公孫述遣將趙匡等救之，帝復令異行天水太守事。攻匡等且一年，皆斬之。諸將共攻冀，不能拔，欲且還休兵，異固持不動，常爲衆軍鋒。

明年夏，與諸將攻落門，未拔，病發，薨于軍，謚曰節侯。

長子彰嗣。明年，帝思異功，復封彰弟訢爲析鄉侯。十三年，更封彰東緡侯，食三縣。永平中，徙封平鄉侯。彰卒，子普嗣，有罪，國除。

永初六年，安帝下詔曰：「夫仁不遺親，義不忘勞，興滅繼絶，善善及子孫，古之典也。昔我光武受命中興，恢弘聖緒，横被四表，昭假上下，光耀萬世，祉祚流衍，垂於罔極。予末小子，夙夜永思，追惟勳烈，披圖案籍，建武元功二十八將，佐命虎臣，讖記有徵。蓋蕭、曹紹封，傳繼於今；況此未遠，而或至乏祀，朕甚愍之。其條二十八將無嗣絶世，若犯罪奪國，其子孫應當統後者，分别署狀上。將及景風，章敍舊德，顯兹遺功焉。」於是紹封普子晨爲平鄉侯。明年，二十八將絶國者，皆紹封焉。

《東觀漢記》卷九《馮異》 異薦邑子銚期、叔壽、殷建、左隆等，光武皆以爲掾史。

齊武王以譖愬遇害，上與衆會飲食笑語如平常。馮異侍從親近，見上獨居，不御酒肉，坐卧枕席有泣涕處，異獨入叩頭，寬解上意。

馮異因間進説曰：「天下同苦王氏，思漢久矣。更始諸將縱横暴虐，所至虜掠，百姓失望。今專命方面，施行恩德。夫有桀、紂之亂，乃見湯、武之功。民人飢渴，易爲充飽。宜急分遣官屬，徇行郡縣，理冤結，布惠澤。」上納之。

王朗起兵，上自薊東南馳，晨夜草舍，夜至饒陽燕蔞亭。時天寒烈，衆皆飢疲，馮異上豆粥。明旦，上謂諸將曰：「昨日得公孫豆粥，飢寒俱解。」

上聞王郎軍將至，復驚去。至南宫，天大雨，上引車入道傍空舍，竈中有火，馮異抱薪，鄧禹炊火，上對竈炙衣。馮異進一笥麥飯兔肩，因渡呼沲河。

馮異，字公孫，爲人謙退，與諸將相逢，輒引車避道。每止頓，諸將共論功伐，異常屏止樹下，軍中號「大樹將軍」。

異勑吏士，非交戰受敵，常行諸營之後，相逢引車避之，由是無争道變鬬。

更始遣舞陰王李軼、廪丘王田立、大司馬朱鮪、白虎公陳矯將兵號三十萬，與河南太守武勃共守雒陽。上乃拜異爲孟津將軍，軍河上，以拒朱鮪等。

上報異曰：「軼多詐不信，人不能得其要領，今移其書。」

上以馮異爲孟津將軍，屯河上，擊走朱鮪，追至雒陽城門，環城一匝乃還。上聞之，大喜，諸將皆賀。

黄龍見於河，諸將勸光武立，乃召馮異。馮異曰：「更始敗亡，天下無主。」上曰：「我夢乘龍上天，覺悟，心中動悸。」異因下席再拜賀曰：「此天命發於精神。心中動悸，大王重慎之性也。」異遂與諸將定議上尊號。

馮異，潁川人，建武中，征賊還過陽翟，詔異上冢，别下潁川太守、都尉及三百里内長吏皆會，使中大夫致牛酒，宗族會郡縣給費。

建武二年，遣馮異西擊赤眉於關中，車駕送至河南，賜以乘輿七尺玉具劍，勑異曰：「念自修整，無爲郡縣所笑。」異頓首受命。

黽池霍郎、陝王長、湖濁惠、華陰陽沈等稱將軍者皆降。

異與赤眉遇於華陰，降其將劉始、王重等。馮異，字公孫，拜爲征西將軍，與赤眉相距。上命諸將士屯澠池，爲赤眉所乘，反走上回谿阪。異復合兵追擊，大破之殽底。璽書勞異曰：「垂翅回谿，奮翼澠池，失之東隅，收之桑榆。」

使者宋嵩西上，因以章示異。

光武引見馮異，謂於公卿曰：「是我起兵時主簿，爲吾披荆棘定關中者也。」

上賜馮異璽書曰：「聞吏士精鋭，水火不避，購賞之賜，必不令將軍負丹青，失斷金也。」

唐晏《兩漢三國學案》卷九《春秋・馮異》 馮異字公孫，潁川父城人也。好讀書，通《左氏春秋》、《孫子兵法》。漢兵起，異以郡掾監五縣，與父城長苗萌共城守，爲王莽拒漢。光武至父城，異與苗萌奉牛酒迎，光武署爲主簿，從行。異説光武宜遣官屬，循行郡縣，理冤結，布惠澤，光武納之。及王郎起，光武自薊東

南馳，晨夜草舍，至饒陽蕪蔞亭。時天寒烈，衆皆飢疲，異上豆粥。明旦，光武謂諸將曰：「昨得公孫豆粥，飢寒俱解。」及至南宫，遇大風雨，光武引車入道旁空舍，異抱薪，鄧禹爇火，光武對竈燎衣，異復進麥飯兔肩。至信都，使收兵河間，還拜偏將軍。從破王郎，封應侯。異爲人謙退不伐，與諸將相逢，輒引車避道。進止皆有表識，每所止舍，諸將並坐論功，異常獨屏大樹下，軍中號曰「大樹將軍」。建武二年，封陽夏侯。三年拜爲征西大將軍，攻赤眉。屯軍上林苑中，懷來百姓，申理枉結，出入三歲，上林成都。六年春，朝京師，使中黄門賜以珍寶、衣服、錢帛，詔曰：「倉卒蕪蔞亭豆粥，虖沱河麥飯，厚意久不報。」異稽首謝曰：「臣聞管仲謂桓公曰：『願君無忘射鉤，臣無忘檻車。』齊國賴之。臣今亦願國家無忘河北之難，小臣亦不敢忘巾車之恩。」征隗囂，病發，薨於軍。謚曰節侯。

雜録

備録

《後漢書》卷一一《劉盆子傳》 光武乃遣破姦將軍侯進等屯新安，建威大將軍耿弇等屯宜陽，分爲二道，以要其還路。勑諸將曰：「賊若東走，可引宜陽兵會新安；賊若南走，可引新安兵會宜陽。」明年正月，鄧禹自河北度，擊赤眉於湖，禹復敗走，赤眉遂出關南向。征西大將軍馮異破之於崤底。帝聞，乃自將幸宜陽，盛兵以邀其走路。

《後漢書》卷一三《隗囂傳》 時陳倉人吕鮪擁衆數萬，與公孫述通，寇三輔。囂復遣兵佐征西大將軍馮異擊之，走鮪，遣使上狀。帝報以手書曰：「慕樂德義，思相結納。昔文王三分，猶服事殷。但駑馬鈆刀，不可强扶。數蒙伯樂一顧之價，而蒼蠅之飛，不過數步，即託驥尾，得以絶羣。隔於盜賊，聲問不數。將軍操執款款，扶傾救危，南距公孫之兵，北禦羌胡之亂，是以馮異西征，得以數千百人躑躅三輔。微將軍之助，則咸陽已爲他人禽矣。今關東寇賊，往往屯聚，志務廣遠，多所不暇，未能觀兵成都，與子陽角力。如令子陽到漢中、三輔，願因將軍兵馬，鼓旗相當。儻肯如言，蒙天之福，即智士計功割地之秋也。管仲曰：『生我者父母，成我者鮑子。』自今以後，手書相聞，勿用傍人解構之言。」自是恩禮愈篤。【略】

六年，關東悉平。帝積苦兵閒，以囂子内侍，公孫述遠據邊陲，乃謂諸將曰：「且當置此兩子於度外耳。」因數騰書隴、蜀，告示禍福。囂賓客、掾史多文學生，每所上事，當世士大夫皆諷誦之，故帝有所辭荅，尤加意焉。囂復遣使周游詣闕，先到馮異營，游爲讎家所殺。帝遣衞尉銚期持珍寶繒帛賜囂，期至鄭被盜，亡失財物。帝常稱囂長者，務欲招之，聞而歎曰：「吾與隗囂事欲不諧，使來見殺，得賜道亡。」

諸將與囂戰，大敗，各引退。囂因使王元、〔行〕巡侵三輔，征西大將軍馮異、征虜將軍祭遵等擊破之。

明年，述以囂爲朔寧王，遣兵往來，爲之援埶。秋，囂將步騎三萬侵安定，至陰槃，馮異率諸將拒之。

《後漢書》卷一三《公孫述傳》 自更始敗後，光武方事山東，未遑西伐。關中豪桀吕鮪等往往擁衆以萬數，莫知所屬，多往歸述，皆拜爲將軍。遂大作營壘，陳車騎，肄習戰射，會聚兵甲數十萬人，積糧漢中，築宫南鄭。又造十層赤樓帛蘭船。多刻天下牧守印章，備置公卿百官。使將軍李育、程烏將數萬衆出陳倉，與吕鮪徇三輔。三年，征西將軍馮異擊鮪、育於陳倉，大敗之，鮪、育奔漢中。五年，延岑、田戎爲漢兵所敗，皆亡入蜀。

《後漢書》卷一六《寇恂傳》 朱鮪聞光武北而河内孤，使討難將軍蘇茂、副將賈彊將兵三萬餘人，度鞏河攻温。檄書至，恂即勒軍馳出，並移告屬縣，發兵會於温下。軍吏皆諫曰：「今洛陽兵度河，前後不絶，宜待衆軍畢集，乃可出也。」恂曰：「温，郡之藩蔽，失温則郡不可守。」遂馳赴之。旦日合戰，而偏將軍馮異遣救及諸縣兵適至，士馬四集，幡旗蔽野。恂乃令士卒乘城鼓譟，大呼言曰：「劉公兵到！」蘇茂軍聞之，陣動，恂因奔擊，大破之，追至洛陽，遂斬賈彊。茂兵自投河死者數千，生獲萬餘人。恂與馮異過河而還。自是洛陽震恐，城門晝閉。

《後漢書》卷二二《景丹傳》 建武二年，定封丹櫟陽侯。帝謂丹曰：「今關東故王國，雖數縣，不過櫟陽萬户邑。夫『富貴不歸故鄉，如衣繡夜行』，故以封卿耳。」丹頓首謝。秋，與吴漢、建威大將軍耿弇、建義大將軍朱祐、執金吾賈復、偏將軍馮異、强弩將軍陳俊、左曹王常、騎都尉臧宫等從擊破五校於羛陽，降其

衆五萬人。

《後漢書》卷三八《張宗傳》 及鄧禹徵還，光武以宗爲京輔都尉，將突騎與征西大將軍馮異共擊關中諸營保，破之，遷河南都尉。

酈道元《水經注》卷五《河水》 河水于此有五社渡，爲五社津。建武元年，朱鮪遣持節使者賈彊、討難將軍蘇茂，將三萬人，從五社津渡，攻温。馮異遣校尉與寇恂合擊之，大敗，追至河上，生擒萬餘人，投河而死者數千人。

酈道元《水經注》卷一七《渭水》 有落門聚，昔馮異攻落門，未拔而薨。

洪邁《容齋隨筆》卷一一《漢景帝忍殺》 光武遣馮異征赤眉，敕之曰：「征伐非必略地屠城，要在平定安集之耳。諸將非不健鬭，然好虜掠。卿本能御吏士，念自修敕，無爲郡縣所苦。」

洪邁《容齋隨筆》卷一一《燕昭漢光武之明》 馮異定關中，自以久在外，不自安。人有章言異威權至重，百姓歸心，號爲「咸陽王」，光武以章示異。異上書謝，詔報曰：「將軍之於國家，恩猶父子，何嫌何疑，而有懼意？」及異破隗囂，諸將欲分其功，璽書誚大司馬以下，稱異功若丘山。今人咸知毅、異之爲名將，然非二君之明，必困讒口矣。

吴曾《能改齋漫録》卷六《事實・將軍樹》 杜子美有過宋之問莊斷章云：「更識將軍樹，悲風日暮多。」自注云：「之問弟執金吾。」舊注引後漢「馮異每所止舍，獨在樹下，軍中呼爲大樹將軍」。余以爲事雖本此，亦自周庾信、隋元行恭二人詩發之。庾《麟趾殿校書和劉儀同》云：「月落將軍樹，風驚御史烏。」元行恭《過故宅》云：「頽城百戰後，荒邑四鄰通。將軍樹已折，步兵途轉窮。」子美意取此。

備論

《後漢書》卷一七《馮岑賈傳論贊》 論曰：中興將帥立功名者衆矣，唯岑彭、馮異建方面之號，自函谷以西，方城以南，兩將之功，實爲大焉。若馮、賈之不伐，岑公之義信，乃足以感三軍而懷敵人，故能剋成遠業，終全其慶也。昔高祖忌柏人之名，違之以全福；征南惡彭亡之地，留之以生災。豈幾慮自有明惑，將期數使之然乎？

贊曰：陽夏師克，實在和德。膠東鹽吏，征南宛賊。奇鋒震敵，遠圖謀國。

《後漢書》卷二二《朱景王杜等傳論》 永平中，顯宗追感前世功臣，乃圖畫二十八將於南宫雲臺，其外又有王常、李通、竇融、卓茂，合三十二人。故依其本弟係之篇末，以志功臣之次云爾。【略】征西大將軍陽夏侯馮異。

《朱子語類》卷三二《論語十四・雍也篇三》 讀「孟之反不伐」章，曰：「此與馮異之事不同。蓋軍敗以殿爲功，殿於後，則人皆屬目其歸地。若不恁地說，便是自承當這箇殿後之功。若馮異乃是戰時有功，到後來事定，諸將皆論功，它却不自言也。」

葉適《習學記言序目》卷二四《後漢書一・列傳》 馮異集關中，岑彭定南方，耿弇平齊，漢事以成，三將之功大矣。昔絳、灌鄉曲，以首級定功，而糾合元勛，乃付于韓、彭等，故不得不割裂大國以王之。賈誼謂「諸公幸者乃爲中涓，其次僅得舍人」，以此待信、布之倫可乎？功大而賞小，厚力而薄望，惟云臺諸將爲然。論者不貴其謙讓易足之近道，而反以頡頏難制者爲雄杰，蓋未深考也。（《馮異、岑彭、耿弇》）

黄震《古今紀要》卷三《後漢》 馮異，敗赤眉定關中，功最大，謹遜。異説光武施行恩德，光武敕異，平定安集，君臣契合，處用心同。薦姚期知人不及鄧禹，初間去就不如鄧禹。勸光武結曹竟父子，陰條二千石長吏同心與不附者，説李軼三事皆權術，用兵智計亦高。

陳子龍《陳忠裕公全集・安雅堂稿・馮異》 自古英雄之主，雖採擇衆流，其心未嘗不好勝者也。淮陰稱高祖善將將，而原之天授，馮異推國家謀慮本之性與天道，皆歸於崇主之能，而立詞異矣。若馮公之被服儒者，恂恂不伐，未嘗失色於僚友，況君臣之際乎？

顧炎武《日知録》卷二七《後漢書注》 馮異遺李軼書：「苟令長安尚可扶助，延期歲月，疏不間親，遠不逾近，季文豈能居一隅哉。」言季文於更始爲親近之臣，當在朝秉政，豈得居此一隅。注失其指，反以爲疏遠，非。

朱軾《史傳三編》卷一三《馮異》 論曰：人臣之義，有敬以立事，毋貪以徼功。蓋忠敬者，功名所從生也。異謙讓有儒將風，世祖嘗以比孟之反。然其大者，乃在每念不忘乎君國之務。觀其私獨寬譬哀情，及上言宜急拊循百姓，所謂事君如其親，視王事直如家事者，非徒麥飯豆粥之拳拳而已。夫敬其君者，乃能敬君之事。他日帝獨遣異代鄧禹，重以平定安集爲託，且曰：「卿本能馭吏士。」美哉！豈非君臣相知之雅哉！《易》稱敬慎不敗，中興諸將，唯馮公有之。同時若吴漢勇于受任，又數立大功，然臨陣或違勅而失紀，戰勝至積忿以殺降。至如

賈復之不伐，其能與異等，而敢爲深入，輒被重創，要皆果斷有餘，深沈不足者。方之公孫，瞠乎後矣。

藝文

庾信《庾子山集》卷二《哀江南賦》　日暮途遠，人間何世！將軍一去，大樹飄零；壯士不還，寒風蕭瑟。

杜甫《杜詩詳注》卷一《過宋員外之問舊莊》　宋公舊池館，零落首陽阿。枉道秖從入，吟詩許更過。淹留問耆老，寂寞向山河。更識將軍樹，悲風日暮多。

《李商隱詩集》編年詩《武侯廟古柏》　蜀相階前柏，龍蛇捧閟宫。陰成外江畔，老向惠陵東。大樹思馮異，《甘棠》憶召公。葉凋湘燕雨，枝拆海鵬風。玉壘經綸遠，金刀歷數終。誰將《出師表》，一爲問昭融？

韓雍《襄毅文集》卷二《凱還圖爲總兵官彰武伯楊公題》　又不見大樹將軍馮公孫，大破赤眉定三秦。中興偉蹟不可泯，南宫雲臺寫其真。將軍勳名不在古人下，雲臺麟閣終須畫。此畫亦須寶藏之，後人一覩千金價。

李苞《敏齋詩草》卷下《蕪蔞亭》　光武北渡河，鎮慰諸郡縣。王郎爲天子，倉卒遇患難。移檄購求急，晨夜南奔竄。行行至蕪蔞，人馬俱疲倦。況復飢寒甚，何從得一飯。幸有馮公孫，洒將豆粥獻。昔日在昆陽，龍鬪何勇悍。今日在饒陽，獸走何困頓。勝負原無常，成敗且莫論。白衣指所之，天意總歸漢。吴寇來助擊，終靖邯鄲亂。銅馬諸賊兵，剪除不滋蔓。彊華奉赤符，蕭王受帝眷。即位千秋亭，一紙天章焕。火德熄復燃，四七協神算。偉矣中興主，廟謨能雄斷。

祁寯藻《𥖁䚟亭集》後集卷三《詠古》　吾慕李將軍，年少㑺善射。猨臂縛雕手，虎氣神變化。談笑刁斗間，部曲獨閒暇。何無封侯相，竟以對簿罷。吾觀馮公孫，名與賈君亞。黽池能奮翼，大樹恒退舍。被羽必先登，擁兵意轉下。是皆漢名將，前後足方駕。廣也名尤著，其材更騰跨。儻非殺降羌，醉尉笑而赦。不必惜數奇，萬户何足詫。馮賈若矜功，豈曰無嫌罅。亦恐雲臺上，畫圖息聲價。

寶廷《偶齋詩草》外次集卷九《寄賀郭賓石孝廉兼懷臺灣從軍諸通家並示林琴南》　文章華國本無謂，筆鋒不如劍鋒快。中原戰鬬亦尋常，丈夫立功須海外。汾陽上溯家風遥，七閩近今閥閲高。攜來修桂月中斧，海雲深處披山魈。臺灣山海兩險絶，埜番穴處滋遺孽。洪荒天地一區留，盤古年衰忘開闢。從來外攘先内安，縋幽鑿險不知艱。七禽七縱乃不叛，古今惟有攻心難。□□□□□□□，□□□□□□□。玉山忽起赤城霞，戰血染紅萬年雪。通家豪杰多從軍，先登樹績首推君。閉門無已亦投筆，和靖不出良異人。瓊崖半載驚戰鼓，大樹將軍戰彌苦。東西兩地結兵戈，何日修文方偃武。瘴雲滿谷海雲腥，須知他族亦蒼生。但祝凱歌聲早奏，留將利刃劃鯢鯨。

吳漢部

綜述

《後漢書》卷一八《吳漢傳》 吳漢字子顔，南陽宛人也。家貧，給事縣爲亭長。王莽末，以賓客犯法，乃亡命至漁陽。資用乏，以販馬自業，往來燕、薊間，所至皆交結豪傑。更始立，使使者韓鴻徇河北。或謂鴻曰：「吳子顔，奇士也，可與計事。」鴻召見漢，甚悦之，遂承制拜爲安樂令。

會王郎起，北州擾惑。漢素聞光武長者，獨欲歸心。乃説太守彭寵曰：「漁陽、上谷突騎，天下所聞也。君何不合二郡精鋭，附劉公擊邯鄲，此一時之功也。」寵以爲然，而官屬皆欲附王郎，寵不能奪。漢乃辭出，止外亭，念所以譎衆，未知所出。望見道中有一人似儒生者，漢使人召之，爲具食，問以所聞。生因言劉公所過，爲郡縣所歸；邯鄲舉尊號者，實非劉氏。漢大喜，即詐爲光武書，移檄漁陽，使生齎以詣寵，令具以所聞説之，漢復隨後入，寵甚然之。於是遣漢將兵與上谷諸將并軍而南，所至擊斬王郎將帥。及光武於廣阿，拜漢爲偏將軍。既拔邯鄲，賜號建策侯。

漢爲人質厚少文，造次不能以辭自達。鄧禹及諸將多知之，數相薦舉，及得召見，遂見親信，常居門下。

光武將發幽州兵，夜召鄧禹，問可使行者。禹曰：「間數與吳漢言，其人勇鷙有智謀，諸將鮮能及者。」即拜漢大將軍，持節北發十郡突騎。更始幽州牧苗曾聞之，陰勒兵，勑諸郡不肯應調。漢乃將二十騎先馳至無終。曾以漢無備，出迎於路，漢即撝兵騎，收曾斬之，而奪其軍。北州震駭，城邑莫不望風弭從。遂悉發其兵，引而南，與光武會清陽。諸將望見漢還，士馬甚盛，皆曰：「是寧肯分兵與人邪？」及漢至莫府，上兵簿，諸將人人多請之，光武曰：「屬者恐不與人，今所請又何多也？」諸將皆慙。

初，更始遣尚書令謝躬率六將軍攻王郎，不能下。會光武至，共定邯鄲，而躬裨將虜掠不相承稟，光武深忌之，雖俱在邯鄲，遂分城而處，然每有以慰安之。躬勤於職事，光武常稱曰「謝尚書真吏也」，故不自疑。躬既而率其兵數萬，還屯於鄴。時光武南擊青犢，謂躬曰：「我追賊於射犬，必破之。尤來在山陽者，埶必當驚走。若以君威力，擊此散虜，必成禽也。」躬曰：「善。」及青犢破，而尤來果北走隆慮山，躬乃留大將軍劉慶、魏郡太守陳康守鄴，自率諸將軍擊之。窮寇死戰，其鋒不可當，躬遂大敗，死者數千人。光武因躬在外，乃使漢與岑彭襲其城。漢先令辯士説陳康曰：「蓋聞上智不處危以僥倖，中智能因危以爲功，下愚安於危以自亡。危亡之至，在人所由，不可不察。今京師敗亂，四方雲擾，公所聞也。蕭王兵彊士附，河北歸命，公所見也。謝躬内背蕭王，外失衆心，公所知也。公今據孤危之城，待滅亡之禍，義無所立，節無所成。不若開門内軍，轉禍爲福，免下愚之敗，收中智之功，此計之至者也。」康然之。於是康收劉慶及躬妻子，開門内漢等。及躬從隆慮歸鄴，不知康已反之，乃與數百騎輕入城。漢伏兵收之，手擊殺躬，其衆悉降。躬字子張，南陽人。初，其妻知光武不平之，常戒躬曰：「君與劉公積不相能，而信其虚談，不爲之備，終受制矣。」躬不納，故及於難。

光武北擊羣賊，漢常將突騎五千爲軍鋒，數先登陷陳。及河北平，漢與諸將奉圖書，上尊號。光武即位，拜爲大司馬，更封舞陽侯。

建武二年春，漢率大司空王梁，建義大將軍朱祐，大將軍杜茂，執金吾賈復，揚化將軍堅鐔，偏將軍王霸，騎都尉劉隆、馬武、陰識，共擊檀鄉賊於鄴東漳水上，大破之，降者十餘萬人。帝使使者璽書定封漢爲廣平侯，食廣平、斥漳、曲周、廣年，凡四縣。復率諸將擊鄴西山賊黎伯卿等，及河内脩武，悉破諸屯聚，車駕親幸撫勞。復遣漢進兵南陽，擊宛、涅陽、酈、穰、新野諸城，皆下之。引兵南，與秦豐戰黄郵水上，破之。又與偏將軍馮異擊昌城五樓賊張文等，又攻銅馬、五幡於新安，皆破之。

明年春，率建威大將軍耿弇、虎牙大將軍蓋延，擊青犢於軹西，大破降之。又率驃騎大將軍杜茂、彊弩將軍陳俊等，圍蘇茂於廣樂。劉永將周建別招聚收集得十餘萬人，救廣樂。漢將輕騎迎與之戰，不利，墯馬傷膝，還營，建等遂連兵入城。諸將謂漢曰：「大敵在前而公傷卧，衆心懼矣。」漢乃勃然裹創而起，椎牛饗士，令軍中曰：「賊衆雖多，皆劫掠羣盗，『勝不相讓，敗不相救』，非有仗節死義者也。今日封侯之秋，諸君勉之！」於是軍士激怒，人倍其氣。旦日，建、茂出兵圍漢。漢選四部精兵黄頭吳河等，及烏桓突騎三千餘人，齊鼓而進。建軍大

潰，反還奔城。漢長驅追擊，争門並入，大破之，茂、建突走。漢留杜茂、陳俊等守廣樂，自將兵助蓋延圍劉永於睢陽。永既死，二城皆降。

明年，又率陳俊及前將軍王梁，擊破五校賊於臨平，追至東郡箕山，大破之。北擊清河長直及平原五里賊，皆平之。時鬲縣五姓共逐守長，據城而反。諸將争欲攻之，漢不聽，曰：「使鬲反者，皆守長罪也。敢輕冒進兵者斬。」乃移檄告郡，使收守長，而使人謝城中。五姓大喜，即相率歸降。諸將乃服，曰：「不戰而下城，非衆所及也。」

冬，漢率建威大將軍耿弇、漢(中)〔忠〕將軍王常等，擊富平、獲索二賊於平原。明年春，賊率五萬餘人夜攻漢營，軍中驚亂，漢堅卧不動，有頃乃定。即夜發精兵出營突擊，大破其衆。因追討餘黨，遂至無鹽，進擊勃海，皆平之。又從征董憲，圍朐城。明年春，拔朐，斬憲。事(以)〔已〕見《劉永傳》。東方悉定，振旅還京師。

會隗囂畔，夏，復遣漢西屯長安。八年，從車駕上隴，遂圍隗囂於西城。帝勑漢曰：「諸郡甲卒但坐費糧食，若有逃亡，則沮敗衆心，宜悉罷之。」漢等貪并力攻囂，遂不能遣，糧食日少，吏士疲役，逃亡者多，及公孫述救至，漢遂退敗。

十一年春，率征南大將軍岑彭等伐公孫述。及彭破荆門，長驅入江關，漢留夷陵，裝露橈船，將南陽兵及弛刑募士三萬人泝江而上。會岑彭爲刺客所殺，漢并將其軍。十二年春，與公孫述將魏黨、公孫永戰於魚涪津，大破之，遂圍武陽。述遣子壻史興將五千人救之。漢迎擊興，盡殄其衆，因入犍爲界。諸縣皆城守。漢乃進軍攻廣都，拔之。遣輕騎燒成都市橋，武陽以東諸小城皆降。

帝戒漢曰：「成都十餘萬衆，不可輕也。但堅據廣都，待其來攻，勿與争鋒。若不敢來，公轉營迫之，須其力疲，乃可擊也。」漢乘利，遂自將步騎二萬餘人進逼成都，去城十餘里，阻江北爲營，作浮橋，使副將武威將軍劉尚將萬餘人屯於江南，相去二十餘里。帝聞大驚，讓漢曰：「比勑公千條萬端，何意臨事勃亂！既輕敵深入，又與尚別營，事有緩急，不復相及。賊若出兵綴公，以大衆攻尚，尚破，公即敗矣。幸無它者，急引兵還廣都。」詔書未到，述果使其將謝豐、袁吉將衆十許萬，分爲二十餘營，并出攻漢。使別將(將)萬餘人劫劉尚，令不得相救。漢與大戰一日，兵敗，走入壁，豐因圍之。漢乃召諸將厲之曰：「吾共諸君踰越險阻，轉戰千里，所在斬獲，遂深入敵地，至其城下。而今與劉尚二處受圍，埶既不接，其禍難量。欲潛師就尚於江南，并兵禦之。若能同心一力，人自爲戰，大功可立；如其不然，敗必無餘。成敗之機，在此一舉。」諸將皆曰「諾」。於是饗士秣馬，閉營三日不出，乃多樹幡旗，使煙火不絶，夜銜枚引兵與劉尚合軍。豐等不覺，明日，乃分兵拒江北，自將攻江南。漢悉兵迎戰，自旦至晡，遂大破之，斬謝豐、袁吉，獲甲首五千餘級。於是引還廣都，留劉尚拒述，具以狀上，而深自譴責。帝報曰：「公還廣都，甚得其宜，述必不敢略尚而擊公也。若先攻尚，公從廣都五十里悉步騎赴之，適當值其危困，破之必矣。」自是漢與述戰於廣都、成都之閒，八戰八剋，遂軍于其郭中。述自將數萬人出城大戰，漢使護軍高午、唐邯將數萬鋭卒擊之。述兵敗走，高午奔陳刺述，殺之。事已見《述傳》。旦日城降，斬述首傳送洛陽。明年正月，漢振旅浮江而下。至宛，詔令過家上冢，賜穀二萬斛。

十五年，復率揚武將軍馬成、捕虜將軍馬武北擊匈奴，徙鴈門、代郡、上谷吏人六萬餘口，置居庸、常(山)〔關〕以東。

十八年，蜀郡守將史歆反於成都，自稱大司馬，攻太守張穆，穆踰城走廣都，歆遂移檄郡縣，而宕渠楊偉、朐䏰徐容等，起兵各數千人以應之。帝以歆昔爲岑彭護軍，曉習兵事，故遣漢率劉尚及太中大夫臧宫將萬餘人討之。漢入武都，乃發廣漢、巴、蜀三郡兵圍成都，百餘日城破，誅歆等。漢乃乘桴沿江下巴郡，楊偉、徐容等惶恐解散，漢誅其渠帥二百餘人，徙其黨與數百家於南郡、長沙而還。

漢性彊力，每從征伐，帝未安，恒側足而立。諸將見戰陳不利，或多惶懼，失其常度。漢意氣自若，方整厲器械，激揚士吏。帝時遣人觀大司馬何爲，還言方脩戰攻之具，乃歎曰：「吴公差彊人意，隱若一敵國矣！」每當出師，朝受詔，夕即引道，初無辦嚴之日。故能常任職，以功名終。及在朝廷，斤斤謹質，形於體貌。漢嘗出征，妻子在後買田業。漢還，讓之曰：「軍師在外，吏士不足，何多買田宅乎！」遂盡以分與昆弟外家。

二十年，漢病篤。車駕親臨，問所欲言。對曰：「臣愚無所知識，唯願陛下慎無赦而已。」及薨，有詔悼愍，賜謚曰忠侯。發北軍五校、輕車、介士送葬，如大將軍霍光故事。

子哀侯成嗣，爲奴所殺。二十八年，分漢封爲三國：成子旦爲灈陽侯，以奉漢嗣；旦弟盱爲筑陽侯；成弟國爲新蔡侯。旦卒，無子，國除。建初八年，從封盱爲平春侯，以奉漢後。盱卒，子勝嗣。初，漢兄尉爲將軍，從征戰死，封尉子彤爲安陽侯。帝以漢功大，復封弟翕爲襃親侯。吴氏侯者凡五國。

《東觀漢記》卷一〇《吳漢》　吳漢，字子顏，南陽人。韓鴻爲使者，使持節，降河北，拜除二千石，人爲言：「吳子顏，奇士也，可與計事。」

吳漢爲人質厚少文，造次不能以辭語自達，鄧禹及諸將多所薦舉。再三召見，其後勤勤不離公門，上亦以其南陽人，漸親之。

上既破邯鄲，誅王郎，召鄧禹宿，夜語曰：「吾欲北發幽州突騎，諸將誰可使者？」禹曰：「吳漢可。吳漢與鄧弘俱客蘇弘，稱道之。禹數與語，其人勇鷙有智謀，諸將鮮能及者。」上於是以漢爲大將軍。漢遂斬幽州牧苗曾，上以禹爲知人。

吳漢與蘇茂、周建戰，漢躬被甲持戟，告令諸部將曰：「聞鼓聲皆大呼俱進，後至者斬。」遂鼓而進，賊兵大破。

北擊清河長垣及平原五里賊，皆平之。

吳漢擊富平、獲索二賊於平原。明年春，賊率五萬餘人夜攻漢營，軍中驚亂，漢堅卧不動。

公孫述大司馬田戎將兵下江關，至南郡，據浮橋於江水，吳漢鋸絶橫橋，大破之。

吳漢進逼成都，阻江北爲營，使副將武威將軍劉禹將萬餘人屯於江南。

吳漢伐蜀，分營於水南水北，北營戰不利，乃銜枚引兵往合水南營，大破公孫述。

吳漢兵守成都，公孫述將延岑遣奇兵出吳漢兵後，襲擊破漢，漢墮水，緣馬尾得出。

吳漢平成都，乘筏從江下邑郡，盜賊解散。

吳漢性忠厚，篤於事上，自初從征伐，常在左右，上未安，則側足屏息，上安然後退舍。兵有不利，軍營不完，漢常獨繕檠其弓戟，閱其兵馬，激揚吏士。上時令人視吳公何爲，還言方作戰攻具，上常曰：「吳公差强人意，隱若一敵國矣。」封漢廣平侯。

吳漢當出師，朝受詔，夕即引道，初無辦嚴之日，故能常任職，以功名終。

吳漢嘗出征，妻子在後買田業。漢還，讓之曰：「軍師在外，吏士不足，何多買田宅乎！」遂盡以分與昆弟外家。

吳漢爵位奉賜最尊重，然但治宅，不起巷第。夫人先死，薄葬小墳，不作祠堂，恭儉如此。疾篤，車駕親臨，問所欲言。對曰：「臣愚無所識知，唯願慎無赦而已。」病薨，奏謚曰：「有司議宜以爲武。」詔特賜曰忠侯。無後，國除。

序曰：自古異代之忠，其詳不可得聞也。已近觀大漢高祖、世祖受命之會，建功垂名之忠，察其屈伸，固非鄉舉里選所能拔也。吳漢起鄉亭，由逆旅假階韓鴻，發筴彭寵，然後遇乎聖王，把旄杖鉞，佐平諸夏，東征海嵎，北臨塞漠，西踰隴山，南平巴、蜀，遂斬公孫述、延岑、劉永、董憲之首，斯其跨制州域，竊號帝王，章可數者。熛起糜沸之徒，其所灑掃衆矣。天下既定，將帥論功，吳公爲大。覽其戰剋行事，無知名，無勇功，令合於孫、吳。何者？建武之行師，計出於主心，勝決廟堂，將帥咸承璽書，倚威靈，以治剋亂，以智取愚，其勢然也。及漢持盈守位，勞謙小心，懼以終始，勒功帝佐，同名上古，盛矣哉！

費樞《廉吏傳》卷上《吳漢》　吳漢，字子顔，南陽宛人也。家貧給事縣爲亭長。王莽末，以賓客犯法，乃亡命至漁陽。資用乏，以販馬自業，往來燕薊間，所至皆交結豪傑。漢素聞光武長者，獨欲歸心光武，後爲大將軍。光武即位，拜大司馬。漢常出征，妻子在後買田業，漢還責之曰：「軍師在外，吏士不足，何多買田宅乎？」盡以分昆弟外家。漢薨，有詔悼愍，賜謚曰忠侯。論曰：高祖建業，光武中興，皆資英雄以成大功。然高祖入咸陽，諸將争取秦所蓄珍寶。而吳漢爲光武倚信，獨念軍師在外，吏士不足，悉以妻子所買田宅分與親黨。兩主之將臣，可以分其優劣矣。觀高祖既定天下，諸將軍以罪誅戮。吳漢既死之後，帝念其功，吳氏之封侯者凡五國。嗚呼！人之佐主立功，亦烏在貪賄殖産以爲目前之計哉！取一代之將，考其初終而觀之，可以鑒矣！

雜録

備録

華嶠《漢後書》卷一《吳漢傳》　吳漢在朝廷唯公。

無名氏《後漢書》　吳漢爲大將軍，爲人質厚少文，無造次之能，不能以言自達，諸將多薦舉者。召見其後，勤不離公門，上親信之。先進故將皆怨曰：「吳將軍晝夜不離左右，殊不可爲也。」

司馬彪《續漢書》卷二《吴漢傳》　時道路多饑人，來求食者似儒生，漢召之，故先爲具食。

攻薊，誅王郎大將趙閎等。

時上使漢等將突騎，揚兵戲馬，立騎馳環邯鄲城，乃圍之。

吴漢爲大將軍，持節發突騎。更始幽州牧苗曾不肯應調，漢斬曾，威震州郡，將其兵詣上。

時岑彭已在城中，將躬詣傳舍，馳白漢。漢至，躬在彭前伏，漢曰：「何故與鬼語！」遂殺之。

從擊銅馬、重連、高胡，皆破之。

漢躬被甲拔戟，令諸部將曰：「聞鼉鼓聲，皆大呼俱進，後至者斬！」遂鼓而進之。

吴漢嘗出征，妻子在後買田業。漢還，讓之曰：「軍師在外，吏士不足，何多買田宅乎？」遂盡分以與昆弟外家。

上即位，漢爲大司馬。海内無事，乃得安。其性忠厚，篤於事上。

常璩《華陽國志》卷五《公孫述劉二牧志》　十年，世祖命大司馬吴漢與大司徒鄧禹討䦆，平隴右。述聞而惡之。城東素有秦時空倉，述更名白帝倉，使人宣言：（曰）〔白〕帝倉暴出米巨萬。公卿以下及國人就視之，無米。述曰：「倉去此數里，虚妄如此。隗王在數千里外，言破壞，真不然矣。」

彭破述荆門關及沔關，徑至彭亡。述使刺客刺殺彭。由是改彭亡曰平無，言無賊也。又使刺客刺殺歙於武都。世祖重遣吴漢與劉尚征述。

建武十八年，刺史郡守，撫恤失和，蜀郡史歆怨吴漢之殘掠蜀也，擁郡自保。世祖以天下始平，民未忘兵，而歆唱之，事宜必克，復遣漢平蜀，多行誅戮。世祖誚讓於漢，漢深陳謝。自是，守藩供職，自建武至乎中平，垂二百載，府盈西南之貨，朝多華岷之士矣。

《後漢書·天文志上》　大流星出柳入軫者，是大使從周入蜀。是時光武帝使大司馬吴漢發南陽卒三萬人，乘船泝江而上，擊蜀白帝公孫述。又命將軍馬武、劉尚、郭霸、岑彭、馮駿平武都、巴郡。十二年十月，漢進兵擊述從弟衛尉永，遂至廣都，殺述女壻史興。威虜將軍馮駿拔江州，斬述將田戎。吴漢又擊述大司馬謝豐，斬首五千餘級。臧宫破涪，殺述弟大司空恢。十一月丁丑，漢護軍將軍高午刺述洞胷，其夜死。明日，漢入屠蜀城，誅述大將公孫晃、延岑等，所殺數萬人，夷滅述妻宗族萬餘人以上。是大將出伐殺之應也。其小星射者，及如遺火分爲十餘，皆小將隨從之象。有聲如雷隱隱者，兵將怒之徵也。

十二年正月己未，小星流百枚以上，或西北，或正北，或東北，二夜止。六月戊戌晨，小流星百枚以上，四面行。小星者，庶民之類。流行者，移徙之象也。或西北，或東北，或四面行，皆小民流移之徵。是時西北討公孫述，北征盧芳。匈奴助芳侵邊，漢遣將軍馬武、騎都尉劉納、閻興軍下曲陽、臨平、呼沱，以備胡。匈奴入河東，中國未安，米穀荒貴，民或流散。後三年，吴漢、馬武又徙鴈門、代郡、上谷、關西縣吏民六萬餘口，置常〔山〕關、居庸關以東，以避胡寇。是小民流移之應。

《後漢書·百官志一》　世祖中興，吴漢以大將軍爲大司馬，景丹爲驃騎大將軍，位在公下，及前、後、左、右雜號將軍衆多，皆主征伐，事訖皆罷。

《後漢書》卷一二《龐萌傳》　帝時幸蒙，聞之，乃留輜重，自將輕騎三千，步卒數萬，晨夜馳赴，〔師〕次任城，去桃鄉六十里。旦日，諸將請進，賊亦勒兵挑戰，帝不聽，乃休士養鋭，以挫其鋒。城中聞車駕至，衆心益固。時吴漢等在東郡，馳使召之。萌等乃悉兵攻城，二十餘日，衆疲困而不能下。及吴漢與諸將到，乃率衆軍進桃城，而帝親自搏戰，大破之。萌、茂、彊夜棄輜重逃奔，董憲乃與劉紆悉其兵數萬人屯昌慮，自將鋭卒拒新陽。帝先遣吴漢擊破之，憲走還昌慮。漢進守之，憲恐，乃招誘五校餘賊步騎數千人屯建陽，去昌慮三十里。

帝至蕃，去憲所百餘里。諸將請進，帝不聽，知五校乏食當退，勑各堅壁以待其敝。頃之，五校糧盡，果引去。帝乃親臨，四面攻憲，三日，復大破之，衆皆奔散。遣吴漢追擊之，佼彊將其衆降，蘇茂奔張步，憲及龐萌走入繒山。數日，吏士聞憲尚在，復往往相聚，得數百騎，迎憲入郯城。吴漢等復攻拔郯，憲與龐萌走保朐。劉紆不知所歸，軍士高扈斬其首降，梁地悉平。

吴漢進圍朐。明年，城中穀盡，憲、萌潛出，襲取贛榆，琅邪太守陳俊攻之，憲、萌走澤中。會吴漢下朐城，進盡獲其妻子。憲乃流涕謝其將士曰：「妻子皆已得矣。嗟乎！久苦諸卿。」乃將數十騎夜去，欲從閒道歸降，而吴漢校尉韓湛追斬憲於方與，方與人黔陵亦斬萌，皆傳首洛陽。封韓湛爲列侯，黔陵關内侯。

《後漢書》卷一二《彭寵傳》　寵少爲郡吏，地皇中，爲大司空士，從王邑東拒漢軍。到洛陽，聞同産弟在漢兵中，懼誅，即與鄉人吴漢亡至漁陽，抵父時吏。更始立，使謁者韓鴻持節徇北州，承制得專拜二千石已下。鴻至薊，以寵、漢並

鄉閭故人，相見歡甚，即拜寵偏將軍，行漁陽太守事，漢安樂令。

及光武鎮慰河北，至薊，以書招寵。寵具牛酒，將上謁。會王郎詐立，傳檄燕、趙，遣將徇漁陽、上谷，急發其兵，北州衆多疑惑，欲從之。吴漢説寵從光武，語在《漢傳》。會上谷太守耿況亦使功曹寇恂詣寵，結謀共歸光武。寵乃發步騎三千人，以吴漢行長史，及都尉嚴宣、護軍蓋延、狐奴令王梁，與上谷軍合而南，及光武於廣阿。光武承制封寵建忠侯，賜號大將軍。遂圍邯鄲，寵轉糧食，前後不絶。

及王郎死，光武追銅馬，北至薊。寵上謁，自負其功，意望甚高，光武接之不能滿，以此懷不平。光武知之，以問幽州牧朱浮。浮對曰：「前吴漢北發兵時，大王遺寵以所服劍，又倚以爲北道主人。寵謂至當迎閤握手，交歡並坐。今既不然，所以失望。」浮因曰：「王莽爲宰衡時，甄豐旦夕入謀議，時人語曰：『夜半客，甄長伯。』及莽篡位後，豐意不平，卒以誅死。」光武大笑，以爲不至於此。及即位，吴漢、王梁，寵之所遣，並爲三公，而寵獨無所加，愈怏怏不得志。歎曰：「我功當爲王；但爾者，陛下忘我邪？」

《後漢書》卷一三《公孫述傳》 十一年，征南大將軍岑彭攻之，滿等大敗，述將王政斬滿首降于彭。田戎走保江州。城邑皆開門降，彭遂長驅至武陽。帝乃與述書，陳言禍福，以明丹青之信。述省書歎息，以示所親太常常少、光禄勳張隆。隆、少皆勸降。述曰：「廢興命也，豈有降天子哉！」左右莫敢復言。

中郎將來歙急攻王元、環安，安使刺客殺歙；述復令刺殺岑彭。十二年，述弟恢及子壻史興並爲大司馬吴漢、輔威將軍臧宫所破，戰死。自是將帥恐懼，日夜離叛，述雖誅滅其家，猶不能禁。帝必欲降之，乃下詔喻述曰：「往年詔書比下，開示恩信，勿以來歙、岑彭受害自疑。今以時自詣，則家族完全；若迷惑不喻，委肉虎口，痛哉柰何！將帥疲倦，吏士思歸，不樂久相屯守，詔書手記，不可數得，朕不食言。」述終無降意。

九月，吴漢又破斬其大司徒謝豐、執金吾袁吉，漢兵遂守成都。述謂延岑曰：「事當柰何？」岑曰：「男兒當死中求生，可坐窮乎！財物易聚耳，不宜有愛。」述乃悉散金帛，募敢死士五千餘人，以配岑於市橋，僞建旗幟，鳴鼓挑戰，而潛遣奇兵出吴漢軍後，襲擊破漢。漢墯水，緣馬尾得出。

十一月，臧宫軍至咸門。述視占書，云「虜死城下」，大喜，謂漢等當之。乃自將數萬人攻漢，使延岑拒宫。大戰，岑三合三勝。自旦及日中，軍士不得食，並疲，漢因令壯士突之，述兵大亂，被刺洞胷，墯馬，左右輿入城。述以兵屬延岑，其夜死。明旦，岑降吴漢。乃夷述妻子，盡滅公孫氏，并族延岑。遂放兵大掠，焚述宫室。帝聞之怒，以譴漢。又讓漢副將劉尚曰：「城降三日，吏人從服，孩兒老母，口以萬數，一旦放兵縱火，聞之可爲酸鼻！尚宗室子孫，嘗更吏職，何忍行此？仰視天，俯視地，觀放麑啜羹，二者孰仁？良失斬將弔人之義也！」

《後漢書》卷一七《岑彭傳》 建武二年，使彭擊荆州，下犨、葉等十餘城。是時南方尤亂。南郡人秦豐據黎丘，自稱楚黎王，略(十)有[十]二縣；董訢起堵鄉；許邯起杏；又更始諸將各擁兵據南陽諸城。帝遣吴漢伐之，漢軍所過多侵暴。時破虜將軍鄧奉謁歸新野，怒吴漢掠其鄉里，遂(返)[反]，擊破漢軍，獲其輜重，屯據淯陽，與諸賊合從。秋，彭破杏，降許邯，遷征南大將軍。復遣朱祐、賈復及建威大將軍耿弇，漢(中)[忠]將軍王常，武威將軍郭守，越騎將軍劉宏，偏將軍劉嘉、耿植等，與彭并力討鄧奉。先擊堵鄉，而奉將萬餘人救董訢。訢、奉皆南陽精兵，彭等攻之，連月不剋。三年夏，帝自將南征，至葉，董訢别將將數千人遮道，車騎不可得前。彭奔擊，大破之。帝至堵陽，鄧奉夜逃歸淯陽，董訢降。

【略】

八年，彭引兵從車駕破天水，與吴漢圍隗囂於西城。時公孫述將李育將兵救囂，守上邽，帝留蓋延、耿弇圍之，而車駕東歸。勑彭書曰：「兩城若下，便可將兵南擊蜀虜。人苦不知足，既平隴，復望蜀。每一發兵，頭鬢爲白。」彭遂壅谷水灌西城，城未没丈餘，囂將行巡、周宗將蜀救兵到，囂得出還冀。漢軍食盡，燒輜重，引兵下隴，延、弇亦相隨而退。囂出兵尾擊諸營，彭殿爲後拒，故諸將能全師東歸。彭還津鄉。

十一年春，彭與吴漢及誅虜將軍劉隆、輔威將軍臧宫、驍騎將軍劉歆，發南陽、武陵、南郡兵，又發桂陽、零陵、長沙委輸棹卒，凡六萬餘人，騎五千匹，皆會荆門。吴漢以三郡棹卒多費糧穀，欲罷之。彭以蜀兵盛，不可遣，上書言狀。帝報彭曰：「大司馬習用步騎，不曉水戰，荆門之事，一由征南公爲重而已。」彭乃令軍中募攻浮橋，先登者上賞，於是偏將軍魯奇應募而前。時天風狂急，(彭)奇船逆流而上，直衝浮橋，而欑柱鉤不得去，奇等乘埶殊死戰，因飛炬焚之，風怒火盛，橋樓崩燒。彭復悉軍順風並進，所向無前。蜀兵大亂，溺死者數千人。斬任滿，生獲程汎，而田戎亡保江州。

《後漢書》卷一九《耿弇傳》 拜弇爲大將軍，與吴漢北發幽州十郡兵。弇到

上谷，收韋順、蔡充斬之；漢亦誅苗曾。於是悉發幽州兵，引而南，從光武擊破銅馬、高湖、赤眉、青犢，又追尤來、大槍、五幡於元氏，弇常將精騎爲軍鋒，輒破走之。光武乘勝戰（慎）〔順〕水上，虜危急，殊死戰。時軍士疲弊，遂大敗奔還，壁范陽，數日乃振，賊亦退去，從追至容城、小廣陽、安次，連戰破之。光武還薊，復遣弇與吴漢、景丹、蓋延、朱祐、邳彤、耿純、劉植、岑彭、祭遵、堅鐔、王霸、陳俊、馬武十三將軍，追賊至潞東，及平谷，再戰，斬首萬三千餘級，遂窮追於右北平無終、土垠之閒，至（浚）〔俊〕靡而還。賊散入遼西、遼東，或爲烏桓、貊人所鈔擊略盡。【略】

五年，寵死，天子嘉況功，使光禄大夫持節迎況，賜甲第，奉朝請。封〔舒爲〕牟平侯。遣弇與吴漢擊富平、獲索賊於平原，大破之，降者四萬餘人。

《後漢書》卷二二《朱祐傳》 延岑自敗於穰，遂與秦豐將張成合，祐率征虜將軍祭遵與戰於東陽，大破之，臨陣斬成，延岑敗走歸豐。祐收得印綬九十七。進擊黄郵，降之，賜祐黄金三十斤。四年，率破姦將軍侯進、輔威將軍耿植代征南大將軍岑彭圍秦豐於黎丘，破其將張康於蔡陽，斬之。帝自至黎丘，使御史中丞李由持璽書招豐，豐出惡言，不肯降。車駕引還，勑祐方略，祐盡力攻之。明年夏，城中窮困，豐乃將其母妻子九人肉袒降。祐轞車傳豐送洛陽，斬之。大司馬吴漢劾奏祐廢詔受降，違將帥之任，帝不加罪。

《後漢書》卷二二《景丹傳》 世祖即位，以讖文用平狄將軍孫咸行大司馬，衆咸不悦，詔舉可爲大司馬者，羣臣所推唯吴漢及丹。帝曰：「景將軍北州大將，是其人也。然吴將軍有建大策之勳，又誅苗幽州、謝尚書，其功大。舊制驃騎將軍官與大司馬相兼也。」乃以吴漢爲大司馬，而拜丹爲驃騎大將軍。

建武二年，定封丹櫟陽侯。帝謂丹曰：「今關東故王國，雖數縣，不過櫟陽萬户邑。夫『富貴不歸故鄉，如衣繡夜行』，故以封卿耳。」丹頓首謝。秋，與吴漢、建威大將軍耿弇、建義大將軍朱祐、執金吾賈復、偏將軍馮異、强弩將軍陳俊、左曹王常、騎都尉臧宫等從擊破五校於羛陽，降其衆五萬人。

《後漢書》卷二七《郭丹傳》 十三年，大司馬吴漢辟舉高第，再遷并州牧，有清平稱。轉使匈奴中郎將，遷左馮翊。永平三年，代李訢爲司徒。

《後漢書》卷三一《張堪傳》 世祖微時，見堪志操，常嘉焉。及即位，中郎將來歙薦堪，召拜郎中，三遷爲謁者。使送委輸縑帛，并領騎七千匹，詣大司馬吴漢伐公孫述，在道追拜蜀郡太守。時漢軍餘七日糧，陰具船欲遁去。堪聞之，馳往見漢，説述必敗，不宜退師之策。漢從之，乃示弱挑敵，述果自出，戰死城下。成都既拔，堪先入據其城，撿閲庫藏，收其珍寶，悉條列上言，秋毫無私。慰撫吏民，蜀人大悦。

酈道元《水經注》卷三三《江水》 又從沖治橋北折，曰長昇橋，城北十里曰昇僊橋，有送客觀，司馬相如將入長安，題其門曰：不乘高車駟馬，不過汝下也。後入邛蜀，果如志焉。李冰沿水造橋，上應七宿。故世祖謂吴漢曰：安軍宜在七橋連星間。漢自廣都乘勝進逼成都，與其副劉尚南北相望，夾江爲營，浮橋相對。公孫述使謝豐揚軍市橋，出漢後襲破，漢墜馬落水，緣馬尾得出入壁，命將夜潛渡江，就尚擊豐，斬之于是水之陰。

洪邁《容齋四筆》卷一六《取蜀將帥不利》 自巴蜀通中國之後，凡割據擅命者，不過一傳再傳。而從東方舉兵臨之者，雖多以得儁，將帥輒不利，至於死貶。漢伐公孫述，大將岑彭、來歙遭刺客之禍，吴漢幾不免。魏伐劉禪，大將鄧艾、鍾會皆至族誅。唐莊宗伐王衍，招討使魏王繼岌、大將郭崇韜、康延孝皆死。國朝伐孟昶，大將王全斌、崔彦進皆不賞而受黜，十年乃復故官。

備論

《後漢書》卷一八《吴漢傳論》 吴漢自建武世，常居上公之位，終始倚愛之親，諒由質簡而彊力也。子曰「剛毅木訥近仁」，斯豈漢之方乎！昔陳平智有餘以見疑，周勃資樸忠而見信。夫仁義不足以相懷，則智者以有餘爲疑，而樸者以不足取信矣。

《後漢書》卷二二《朱景王杜等傳論》 永平中，顯宗追感前世功臣，乃圖畫二十八將於南宫雲臺，其外又有王常、李通、竇融、卓茂，合三十二人。故依其本弟係之篇末，以志功臣之次云爾。【略】大司馬廣平侯吴漢。

《朱子語類》卷一三五《歷代二》 古之名將能立功名者，皆是謹重周密，乃能有成。如吴漢、朱然終日欽欽，常如對陳。須學這樣底，方可。如劉琨恃才傲物，驕恣奢侈，卒至父母妻子皆爲人所屠。今人率以才自負，自待以英雄，以至恃氣傲物，不能謹嚴，以此臨事，卒至於敗而已。要做大功名底人，越要謹密，未

聞粗魯凋略而能有成者。

黄震《古今紀要・後漢》 吴漢質厚少文，鄧禹薦其勇智有謀，北擊郡賊，常爲先鋒。初説彭寵以幽州兵從光武，北發十郡兵斬幽州牧苗曾而發其衆，收其守長而鬲縣五姓降。八戰八克，斬公孫述而蜀平。北擊匈奴，意氣自若，隱若敵國。朝受詔，夕引道。田宅分昆弟，願無赦。初入蜀請罷三郡棹卒，帝不聽而勝，帝欲罷諸郡甲卒，漢不遣而勝。劉尚分營。

賀復徵《文章辨體彙選》卷四〇三鍾惺《吴漢論》 開國帝王，手取天下，其智勇不必自己出，往往於扼要處間出數語，使臣下以其從違爲成敗，萬不失一，非惟謀慮出臣下之上，其所以駕馭驅策之道，隱然在此。如吴漢擊蜀，攻廣都，拔之，帝戒以「但據廣都，待其來攻，勿與争鋒」。漢不從，自將進逼成都，使劉尚屯於江南，相去二十餘里。帝聞大驚，謂漢既輕敵深入，又與尚別營，緩急不復相及。卒如其言。董憲將賁休舉蘭陵城降，憲自郯圍休，帝勅曰：「可直往擣郯，則蘭陵自解。」延不從，先赴救休，憲出兵合圍，延等懼，因往攻郯。帝讓之曰：「間欲先赴郯者，以不意故耳。今賊計已立，圍豈可解乎！」延等至郯，果不能克，憲遂拔蘭陵，殺休。馮愔殺宗歆，又擊鄧禹，禹遣使以聞帝。帝問使人：「愔所親信爲誰」，曰：「護軍黄防。」帝因報禹曰：「縛馮愔者，必黄防也。」後月餘，防果執愔。常觀高帝刻印、銷印等事，若胸中憒憒悶悶，然絶無分曉，其線索機關轉動似皆聽於臣下，而光武操縱由己，鋒不覺盡露，似爲勝之。嗚呼！此高帝之所以爲大度也。

陳子龍《陳忠裕公全集・安雅堂稿・吴漢》 凡兵之制，軍鋒逼敵，大衆繼後，則近者戒嚴，遠者居重。若以正兵臨壘，而留別隊於散地，既無相救之功，遠敵者尤每恃大兵在前而自懈。綴其强，攻其弱，古人以此覆敵者衆矣。此吴漢所以前幾敗而後取勝也，世祖遥見萬里，誠老於兵哉。

藝文

《全唐詩》卷六二九周曇《光武》 成敗非儒孰可量，儒生何指指蕭王。蕭王得衆能寬裕，吴漢歸來帝業昌。

《全唐詩》卷七五六徐鉉《奉和宫傅相公懷舊見寄四十韻》 袁安辭氣忠仍懇，吴漢精誠直且專。卻許丘明師紀傳，更容疏廣奉周旋。

戚學標《景文堂詩集》卷十一《送吴洮雲入都一百韻》 別夢津門遠，離愁澤水長。兩行游子淚，九曲故人腸。契濶從今日，相思即異鄉。暌違心不展，傾倒意難忘。東海多才傑，吾賢挺秀良。英風吴季札，華族漢龍驤。

曾燠《江西詩徵》卷三八《贈袁彦通》 袁郎二十非凡才，廣眉清目何奇哉。我來山中未相識，入門一見心眸開。把臂登樓酌我酒，六博行觴不停手。座間索客歌黄鍾，馬上調弓剪青柳。君家舊時不可當，輿臺出入皆輝光。乃知公侯始必復，如君志氣非尋常。男兒困窮須自保，袁郎毋用傷懷抱。君不見東漢吴子顔，十年返馬漁陽道。

王柏心《百柱堂全集》卷一五《飛將》 南來飛將在行間，强鷙真如吴子顔。百戰縱横當矢石，一軍號令肅邱山。聞聲羣賊皆驚走，掃穴諸城盡奪還。近報河陽仍退守，臨淮壁壘壯江關。

杜詩部

綜述

《後漢書》卷三一《杜詩傳》 杜詩字(公)君〔公〕，河内汲人也。少有才能，仕郡功曹，有公平稱。更始時，辟大司馬府。建武元年，歲中三遷爲侍御史，安集洛陽。時將軍蕭廣放縱兵士，暴横民閒，百姓惶擾，詩勑曉不改，遂格殺廣，還以狀聞。世祖召見，賜以棨戟，復使之河東，誅降逆賊楊異等。詩到大陽，聞賊規欲北度，乃與長史急焚其船，部勒郡兵，將突騎趁擊，斬異等，賊遂翦滅。拜成皋令，視事三歲，舉政尤異。再遷爲沛郡都尉，轉汝南都尉，所在稱治。

七年，遷南陽太守。性節儉而政治清平，以誅暴立威，善於計略，省愛民役。造作水排，鑄爲農器，用力少，見功多，百姓便之。又修治陂池，廣拓土田，郡内比室殷足。時人方於召信臣，故南陽爲之語曰："前有召父，後有杜母。"

詩自以無勞，不安久居大郡，求欲降避功臣，乃上疏曰：

陛下亮成天工，克濟大業，偃兵脩文，羣帥反旅，海内合和，萬世蒙福，天下幸甚。唯匈奴未譬聖德，威侮二垂，陵虐中國，邊民虚耗，不能自守，臣恐武猛之將雖勤，亦未得解甲櫜弓也。夫勤而不息亦怨，勞而不休亦怨，怨恨之師，難復責功。臣伏覩將帥之情，功臣之望，冀一休足於内郡，然後即戎出命，不敢有恨。臣愚以爲"師克在和不在衆"，陛下雖垂念北邊，亦當頗泄用之。今昔湯武善御衆，故無忿鷙之師。陛下起兵十有三年，將帥和睦，士卒鼻藻。今若使公卿郡守出於軍壘，則將帥自厲；士卒之復，比於宿衛，則戎士自百。何者？天下已安，各重性命，大臣以下，咸懷樂土，不讎其功而厲其用，無以勸也。陛下誠宜虚缺數郡，以俟振旅之臣，重復厚賞，加於久役之士。如此，緣邊屯戍之師，競而忘死，乘城拒塞之吏，不辭其勞，則烽火精明，守戰堅固。聖王之政，必因人心。今猥用愚薄，塞功臣之望，誠非其宜。

臣詩伏自惟忖，本以史吏一介之才，遭陛下創制大業，賢俊在外，空乏之閒，超受大恩，(收)〔牧〕養不稱，奉職無效，久竊禄位，令功臣懷愠，誠惶誠恐。八年，上書乞避功德，陛下殊恩，未許放退。臣詩蒙恩尤深，義不敢苟冒虚請，誠不勝至願，願退大郡，受小職。及臣齒壯，力能經營劇事，如使臣詩必有補益，復受大位，雖析珪授爵，所不辭也。惟陛下哀矜！

帝惜其能，遂不許之。

詩雅好推賢，數進知名士清河劉統及魯陽長董崇等。

初，禁網尚簡，但以璽書發兵，未有虎符之信，詩上疏曰："臣聞兵者國之凶器，聖人所慎。舊制發兵，皆以虎符，其餘徵調，竹使而已。符第合會，取爲大信，所以明著國命，斂持威重也。閒者發兵，但用璽書，或以詔令，如有姦人詐僞，無由知覺。愚以爲軍旅尚興，賊虜未殄，徵兵郡國，宜有重慎，可立虎符，以絶姦端。昔魏之公子，威傾鄰國，猶假兵符，以解趙圍，若無如姬之仇，則其功不顯。事有煩而不可省，費而不得已，蓋謂此也。"書奏，從之。

詩身雖在外，盡心朝廷，讜言善策，隨事獻納。視事七年，政化大行。十四年，坐遣客爲弟報仇，被徵，會病卒。司隸校尉鮑永上書言詩貧困無田宅，喪無所歸。詔使治喪郡邸，賻絹千匹。

《東觀漢記》卷一四《杜詩》 杜詩，字君公。建武元年，杜詩爲侍御史，安集洛陽。時將軍蕭廣放縱兵士，暴横民間。詩勑曉不改，遂格殺廣，還以狀聞。上召見，賜以棨戟，復使之河東，誅降逆賊楊異等。

杜詩，字君公，爲南陽太守，性節儉而治清平，以誅暴立威信，善於計略，省愛民役。造作水排，鑄爲農器，用力省，見功多。時人方於召信臣，故南陽人爲之語："前有召父，後有杜母。"

南陽太守杜詩坐遣客爲弟報仇，被徵，會病卒，喪無所歸，詔使持喪郡國邸，賻絹千疋。

雜録

備録

謝承《後漢書》卷二《杜詩傳》 爲南陽太守，造作水排，鑄爲農器，用力少，

百姓便之。修理疆界陂塘，開拓土田，郡内殷足，民悦其德。時人方之召伯，俗語曰：「前有召父，後有杜母。」

《後漢書》卷二六《伏湛傳》　南陽太守杜詩上疏薦湛曰：「臣聞唐、虞以股肱康，文王以多士寧，是故《詩》稱『濟濟』，《書》曰『良哉』。臣詩竊見故大司徒陽都侯伏湛，自行束脩，訖無毀玷，篤信好學，守死善道，經爲人師，行爲儀表。前在河内、朝歌及居平原，吏人畏愛，則而象之。遭時反覆，不離兵凶，秉節持重，有不可奪之志。陛下深知其能，顯以宰相之重，衆賢百姓，仰望德義。微過斥退，久不復用，有識所惜，儒士痛心，臣竊傷之。湛容貌堂堂，國之光暉；智略謀慮，朝之淵藪。髫髮厲志，白首不衰。實足以先後王室，名足以光示遠人。古者選擢諸侯以爲公卿，是故四方回首，仰望京師。柱石之臣，宜居輔弼，出入禁門，補缺拾遺。臣詩愚戇，不足以知宰相之才，竊懷區區，敢不自竭。臣前爲侍御史，上封事，言湛公廉愛下，好惡分明，累世儒學，素持名信，經明行修，通達國政，尤宜近侍，納言左右，舊制九州五尚書，令一郡二人，可以湛代。頗爲執事所非。但臣詩蒙恩深渥，所言誠有益於國，雖死無恨，故復越職觸冒以聞。」

《後漢書》卷二七《郭丹傳》　更始敗，諸將悉歸光武，並獲封爵；丹獨保平氏不下，爲更始發喪，衰絰盡哀。建武二年，遂潛逃去，敝衣閒行，涉歷險阻，求謁更始妻子，奉還節傳，因歸鄉里。太守杜詩請爲功曹，丹薦鄉人長者自代而去。詩乃歎曰：「昔明王興化，卿士讓位，今功曹推賢，可謂至德。」勑以丹事編署黄堂，以爲後法。」

徐光啟《農政全書》卷一八《水利》　【水排】《集韻》作「橐」，與「鞴」同，韋囊吹火也。後漢杜詩爲南陽太守，造作水排，鑄爲農器，用力少而見功多，百姓便之。注云：冶鑄者爲排吹炭，今激水以鼓之也。

備論

《後漢書》卷三一《杜詩傳贊》　詩守南楚，民作謠言。

《後漢書》卷七六《循吏列傳》序　勤約之風，行于上下。數引公卿郎將，列于禁坐。廣求民瘼，觀納風謡。故能内外匪懈，百姓寬息。自臨宰邦邑者，競能其官。若杜詩守南陽，號爲「杜母」，任延、錫光移變邊俗，斯其績用之最章者也。

葉適《習學記言序目》卷二五《後漢書二・列傳》　杜詩欲辭南陽以處功臣，而光武不許，于是用兵十三年矣。按光武以征討付將帥，民事任文吏，已定之規，雖有齟齬，未嘗更易，夷難爲效，歲月磨揉，觀詩此疏可驗矣。詩言「將帥和睦，士卒鳧藻」，知光武功臣能親介胄而無觖望；又其使材官、騎士長休，專以見兵督戰而不怨。蓋光武定天下，賞薄衆整，内外分明，近于古人所謂以律者，戰國、秦漢所不能到也。（《杜詩》）

黄震《古今紀要・後漢》　杜詩，安集洛陽殺蕭廣。南陽杜母。水利農器。復虎符。身在外心在朝廷，臨事獻納。

陳子龍《陳忠裕公全集・安雅堂稿・杜詩》　夫勞逸之際，人情之所不能忘也。讀《出車》、《杕杜》之詩，而識王者體臣之義焉，迨其後也，《北山》之篇賦矣。夫使歷艱途者得久憩，出坎險者履華席，則物無相耀，而人心可平，志意不隳，而林武易畜也。今則細旃之子，終身不識旌旗，荷戈之夫，没齒不游廊廟，求其厲鋒鍔，建事功，安可得哉？杜詩之論，豈其退讓，實爲經國之遠猶矣。

朱軾《史傳三編・杜詩》　論曰：詩之爲治，可謂所居民富，所去民思。召父杜母之稱，於今爲烈。當其格殺蕭廣，一何壯也！其才略誠有以過人者，退而辭位以避功臣，又何其恂恂禮讓君子耶！

藝文

岑參《岑嘉州詩》卷一《入劍門作寄杜楊二郎中時二公並爲杜元帥判官》

不知造化初，此山誰開拆。雙崖倚天立，萬仞從地劈。雲飛不到頂，鳥去難過壁。速駕畏巖傾，單行愁路窄。平明地仍黑，停午日暫赤。凜凜三伏寒，巉巉五丁迹。與時忽開閉，作固或順逆。磅礴跨岷峨，巍蟠限蠻貊。星當觜參分，地起西南僻。斗覺煙景殊，杳將華夏隔。劉氏昔顛覆，公孫曾敗績。始知德不修，恃此險何益。相公總師旅，遠近罷金革。杜母來何遲，蜀人應更惜。

《李商隱詩集》編年詩《上杜僕射》　物議將調鼎，君恩忽賜弓。開吴相上下，全蜀占西東。鋭卒魚懸餌，豪胥鳥在籠。疲民呼杜母，鄰國仰羊公。置驛推

東道，安禪合北宗。嘉賓增重價，上士悟真空。扇舉遮王導，樽開見孔融。煙飛愁舞罷，塵定惜歌終。岸柳兼池緑，園花映燭紅。未曾周顗醉，轉覺季心恭。繫滯喧人望，便蕃屬聖衷。天書何日降？庭燎幾時烘？

陳師道《後山詩注》卷六《寄鄧州杜侍郎》 南陽老幼如雲屯，連日城東候使君。後者排前旁捷出，争先見面作殷勤。六年重來已白髮，一日再見回青春。道傍過者怪相問，共言杜母真吾親。使君雖老心尚壯，文采風流諸謝上。名家從昔杜陵人，盛德於今丈人行。我昔卧病老彭城，畫船鳴鼓千里行。致書饋奠初未識，丁寧勞苦如平生。人言此事今未有，古人中求還得否。

竇融部

綜述

《後漢書》卷二三《竇融傳》　竇融字周公，扶風平陵人也。七世祖廣國，孝文皇后之弟，封章武侯。融高祖父，宣帝時以吏二千石自常山徙焉。融早孤。王莽居攝中，爲强弩將軍司馬，東擊翟義，還攻槐里，以軍功封建武男。女弟爲大司空王邑小妻。家長安中，出入貴戚，連結閭里豪傑，以任俠爲名；然事母兄，養弱弟，内修行義。王莽末，青、徐賊起，太師王匡請融爲助軍，與共東征。及漢兵起，融復從王邑敗於昆陽下，歸〔長安。漢兵〕長驅入關，王邑薦融，拜爲波水將軍。賜黄金千斤，引兵至新豐。莽敗，融以軍降更始大司馬趙萌，萌以爲校尉，甚重之，薦融爲鉅鹿太守。

融見更始新立，東方尚擾，不欲出關，而高祖父嘗爲張掖太守，從祖父爲護羌校尉，從弟亦爲武威太守，累世在河西，知其土俗，獨謂兄弟曰：「天下安危未可知，河西殷富，帶河爲固，張掖屬國精兵萬騎，一旦緩急，杜絶河津，足以自守，此遺種處也。」兄弟皆然之。融於是日往守萌，辭讓鉅鹿，圖出河西。萌爲言更始，乃得爲張掖屬國都尉。融大喜，即將家屬而西。既到，撫結雄傑，懷輯羌虜，甚得其歡心，河西翕然歸之。

是時酒泉太守梁統、金城太守厙鈞、張掖都尉史苞、酒泉都尉竺曾、敦煌都尉辛肜，並州郡英俊，融皆與爲厚善。及更始敗，融與梁統等計議曰：「今天下擾亂，未知所歸。河西斗絶在羌胡中，不同心勠力則不能自守；權鈞力齊，復無以相率。當推一人爲大將軍，共全五郡，觀時變動。」議既定，而各謙讓，咸以融世任河西爲吏，人所敬向，乃推融行河西五郡大將軍事。是時武威太守馬期、張掖太守任仲並孤立無黨，乃共移書告示之，二人即解印綬去。於是以梁統爲武威太守，史苞爲張掖太守，竺曾爲酒泉太守，辛肜爲敦煌太守，厙鈞爲金城太守。融居屬國，領都尉職如故，置從事監察五郡。河西民俗質樸，而融等政亦寬和，上下相親，晏然富殖。修兵馬，習戰射，明烽燧之警，羌胡犯塞，融輒自將與諸郡相救，皆如符要，每輒破之。其後匈奴懲乂，稀復侵寇，而保塞羌胡皆震服親附，安定、北地、上郡流人避凶飢者，歸之不絶。

融等遥聞光武即位，而心欲東向，以河西隔遠，未能自通。時隗囂先稱建武年號，融等從受正朔，囂皆假其將軍印綬。囂外順人望，内懷異心，使辯士張玄游説河西曰：「更始事業已成，尋復亡滅，此一姓不再興之效。今即有所主，便相係屬，一旦拘制，自令失柄，後有危殆，雖悔無及。今豪傑競逐，雌雄未決，當各據其土宇，與隴、蜀合從，高可爲六國，下不失尉佗。」融等於是召豪傑及諸太守計議，其中智者皆曰：「漢承堯運，歷數延長。今皇帝姓號見於圖書，自前世博物道術之士谷子雲、夏賀良等，建明漢有再受命之符，言之久矣，故劉子駿改易名字，冀應其占。及莽末，道士西門君惠言劉秀當爲天子，遂謀立子駿。事覺被殺，出謂百姓觀者曰：『劉秀真汝主也。』皆近事暴著，智者所共見也。除言天命，且以人事論之：今稱帝者數人，而洛陽土地最廣，甲兵最彊，號令最明。觀符命而察人事，它姓殆未能當也。」諸郡太守各有賓客，或同或異。融小心精詳，遂決策東向。五年夏，遣長史劉鈞奉書獻馬。

先是，帝聞河西完富，地接隴、蜀，常欲招之以逼囂、述，亦發使遺融書，遇鈞於道，即與俱還。帝見鈞歡甚，禮饗畢，乃遣令還，賜融璽書曰：「制詔行河西五郡大將軍事、屬國都尉：勞鎮守邊五郡，兵馬精彊，倉庫有蓄，民庶殷富，外則折挫羌胡，内則百姓蒙福。威德流聞，虚心相望，道路隔塞，邑邑何已！長史所奉書獻馬悉至，深知厚意。今益州有公孫子陽，天水有隗將軍，方蜀漢相攻，權在將軍，舉足左右，便有輕重。以此言之，欲相厚豈有量哉！諸事具長史所見，將軍所知。王者迭興，千載一會。欲遂立桓、文，輔微國，當勉卒功業；欲三分鼎足，連衡合從，亦宜以時定。天下未并，吾與爾絶域，非相吞之國。今之議者，必有任囂效尉佗制七郡之計。王者有分土，無分民，自適己事而已。今以黄金二百斤賜將軍，便宜輒言。」因授融爲涼州牧。

璽書既至，河西咸驚，以爲天子明見萬里之外，網羅張立之情。融即復遣鈞上書曰：「臣融竊伏自惟，幸得託先后末屬，蒙恩爲外戚，累世二千石。至臣之身，復備列位，假歷將帥，守持一隅。以委質則易爲辭，以納忠則易爲力。書不足以深達至誠，故遣劉鈞口陳肝膽。自以底裏上露，長無纖介。而璽書盛稱蜀、漢二主，三分鼎足之權，任囂、尉佗之謀，竊自痛傷。臣融雖無識，猶知利害之際，順逆之分。豈可背真舊之主，事姦僞之人；廢忠貞之節，爲傾覆之事；弃已

成之基，求無冀之利。此三者雖問狂夫，猶知去就，而臣獨何以用心！謹遣同産弟友詣闕，口陳區區。」友至高平，會囂反叛，道絶，馳還，遣司馬席封閒行通書。帝復遣席封賜融、友書，所以尉藉之甚備。

融既深知帝意，乃與隗囂書責讓之曰：「伏惟將軍國富政修，士兵懷附。親遇戹會之際，國家不利之時，守節不回，承事本朝，後遣伯春，委身於國，無疑之誠，於斯有效。融等所以欣服高義，願從役於將軍者，良爲此也。而忿悁之閒，改節易圖，君臣分爭，上下接兵。委成功，造難就，去從義，爲横謀，百年累之，一朝毁之，豈不惜乎！殆執事者貪功建謀，以至於此，融竊痛之！當今西州地埶局迫，人兵離散，易以輔人，難以自建。計若失路不反，聞道猶迷，不南合子陽，則北入文伯耳。夫負虚交而易强禦，恃遠救而輕近敵，未見其利也。融聞智者不危衆以舉事，仁者不違義以要功。今以小敵大，於衆何如？弃子徼功，於義何如？且初事本朝，稽首北面，忠臣節也。及遣伯春，垂涕相送，慈父恩也。俄而背之，謂吏士何？忍而弃之，謂留子何？自兵起以來，轉相攻擊，城郭皆爲丘墟，生人轉於溝壑。今其存者，非鋒刃之餘，則流亡之孤。迄今傷痍之體未愈，哭泣之聲尚聞。幸賴天運少還，而(大)將軍復重於難，是使積痾不得遂瘳，幼孤將復流離，其爲悲痛，尤足愍傷，言之可爲酸鼻！庸人且猶不忍，況仁者乎？融聞爲忠甚易，得宜實難。憂人大過，以德取怨，知且以言獲罪也。區區所獻，唯將軍省焉。」囂不納。融乃與五郡太守共砥厲兵馬，上疏請師期。

帝深嘉美之，乃賜融以外屬圖及太史公《五宗》、《外戚世家》、《魏其侯列傳》。詔報曰：「每追念外屬，孝景皇帝出自竇氏，定王，景帝之子，朕之所祖。昔魏其一言，繼統以正，長君、少君尊奉師傅，修成淑德，施及子孫，此皇太后神靈，上天祐漢也。從天水來者寫將軍所讓隗囂書，痛入骨髓。畔臣見之，當股慄慙愧，忠臣則酸鼻流涕，義士則曠若發矇，非忠孝慤誠，孰能如此？豈其德薄者所能克堪！囂自知失河西之助，族禍將及，欲設閒離之説，亂惑真心，轉相解搆，以成其姦。又京師百僚，不曉國家及將軍本意，多能採取虚僞，誇誕妄談，令忠孝失望，傳言乖實。毁譽之來，皆不徒然，不可不思。今關東盜賊已定，大兵今當悉西，將軍其抗厲威武，以應期會。」融被詔，即與諸郡守將兵入金城。

初，更始時，先零羌封何諸種殺金城太守，居其郡，隗囂使使賂遺封何，與共結盟，欲發其衆。融等因軍出，進擊封何，大破之，斬首千餘級，得牛馬羊萬頭，穀數萬斛，因並河揚威武，伺候車駕。時大兵未進，融乃引還。

帝以融信效著明，益嘉之。詔右扶風修理融父墳塋，祠以太牢。數馳輕使，致遺四方珍羞。梁統乃使人刺殺張玄，遂與囂絶，皆解所假將軍印綬。七年夏，酒泉太守竺曾以弟報怨殺人而去郡，融承制拜曾爲武鋒將軍，更以辛肜代之。

秋，隗囂發兵寇安定，帝將自西征之，先戒融期。會遇雨，道斷，且囂兵已退，乃止。融至姑臧，被詔罷歸。融恐大兵遂久不出，乃上書曰：「隗囂聞車駕當西，臣融東下，士衆騷動，計且不戰。囂將高峻之屬皆欲逢迎大軍，後聞兵罷，峻等復疑。囂揚言東方有變，西州豪桀遂復附從。囂又引公孫述將，令守突門。臣融孤弱，介在其閒，雖承威靈，宜速救助。國家當其前，臣融促其後，緩急迭用，首尾相資，囂埶排迮，不得進退，此必破也。若兵不早進，久生持疑，則外長寇讎，内示困弱，復令讒邪得有因緣，臣竊憂之。惟陛下哀憐！」帝深美之。

八年夏，車駕西征隗囂，融率五郡太守及羌虜小月氏等步騎數萬，輜重五千餘兩，與大軍會高平第一。融先遣從事問會見儀適，是時軍旅代興，諸將與三公交錯道中，或背使者交私語。帝聞融先問禮儀，甚善之，以宣告百僚。乃置酒高會，引見融等，待以殊禮。拜弟友爲奉車都尉，從弟士太中大夫。遂共進軍，囂衆大潰，城邑皆降。帝高融功，下詔以安豐、陽泉、蓼、(安)安風四縣封融爲安豐侯，弟友爲顯親侯。遂以次封諸將帥：武鋒將軍竺曾爲助義侯，武威太守梁統爲成義侯，張掖太守史苞爲褒義侯，金城太守厙鈞爲輔義侯，酒泉太守辛肜爲扶義侯。封爵既畢，乘輿東歸，悉遣融等西還所鎮。

融以兄弟並受爵位，久專方面，懼不自安，數上書求代。詔報曰：「吾與將軍如左右手耳，數執謙退，何不曉人意？勉循士民，無擅離部曲。」

及隴、蜀平，詔融與五郡太守奏事京師，官屬賓客相隨，駕乘千餘兩，馬牛羊被野。融到，詣洛陽城門，上涼州牧、張掖屬國都尉、安豐侯印綬，詔遣使者還侯印綬。引見，就諸侯位，賞賜恩寵，傾動京師。數月，拜爲冀州牧，十餘日，又遷大司空。融自以非舊臣，一旦入朝，在功臣之右，每召會進見，容貌辭氣卑恭已甚，帝以此愈親厚之。融小心，久不自安，數辭讓爵位，因侍中金遷口達至誠。又上疏曰：「臣融年五十三。有了年十五，質性頑鈍，臣融朝夕教導以經蓺，不得令觀天文，見讖記。誠欲令恭肅畏事，恂恂循道，不願其有才能，何況乃當傳以連城廣土，享故諸侯王國哉？」因復請閒求見，帝不許。後朝罷，逡巡席後，帝知欲有讓，遂使左右傳出。它日會見，迎詔融曰：「日者知公欲讓職還土，故命公暑熱且自便。今相見，宜論它事，勿得復言。」融不敢重陳請。

二十年，大司徒戴涉坐所舉人盜金下獄，帝以三公參職，不得已乃策免融。明年，加位特進。二十三年，代陰興行衛尉事，特進如故，又兼領將作大匠。弟友爲城門校尉，兄弟並典禁兵。融復乞骸骨，輒賜錢帛，太官致珍奇。及友卒，帝愍融年衰，遣中常侍、中謁者即其卧内强進酒食。

融長子穆，尚内黄公主，代友爲城門校尉。穆子勳，尚東海恭王彊女沘陽公主。友子固，亦尚光武女涅陽公主。顯宗即位，以融從兄子林爲護羌校尉。竇氏一公，兩侯，三公主，四二千石，相與並時。自祖及孫，官府邸第相望京邑，奴婢以千數，於親戚、功臣中莫與爲比。

永平二年，林以罪誅，事在《西羌傳》。帝由是數下詔切責融，戒以竇嬰、田蚡禍敗之事。融惶恐乞骸骨，詔令歸第養病。歲餘，聽上衛尉印綬，賜養牛，上樽酒。融在宿衛十餘年，年老，子孫縱誕，多不法。穆等遂交通輕薄，屬託郡縣，干亂政事。以封在安豐，欲令姻戚悉據故六安國，遂矯稱陰太后詔，令六安侯劉盱去婦，因以女妻之。五年，盱婦家上書言狀，帝大怒，乃盡免穆等官，諸竇爲郎吏者皆將家屬歸故郡，獨留融京師。穆等西至函谷關，有詔悉復追還。會融卒，時年七十八，謚曰戴侯，賻送甚厚。

帝以穆不能修尚，而擁富貲，居大第，常令謁者一人監護其家。居數年，謁者奏穆父子自失執，數出怨望語，帝令將家屬歸本郡，唯勳以沘陽主壻留京師。穆坐賂遺小吏，郡捕繫，與子宣俱死平陵獄，勳亦死洛陽獄。久之，詔還融夫人與小孫一人居洛陽家舍。

十四年，封勳弟嘉爲安豐侯，食邑二千户，奉融後。和帝初，爲少府。及勳子大將軍憲被誅，免就國。嘉卒，子萬全嗣。萬全卒，子會宗嗣。萬全弟子武，别有傳。

《東觀漢記》卷一二《竇融》 以軍功封寧武男。

河西太守竇融遣使獻槖駝。

遣司馬虞封間行通書。

竺曾弟嬰報怨，殺屬國侯王胤等，曾慙而去郡，融承制拜曾爲武鋒將軍。

竇融將兵牧涼州。

詔封竇融曰：「行河西五郡大將軍、涼州牧、張掖屬國都尉竇融，執志忠孝，扶微救危，仇疾反虜隗囂，率厲五郡精兵，羌胡畢集，兵不血刃，而虜土崩瓦解，功既大矣。篤意分明，斷之不疑，吾甚嘉之。其以六安安豐、陽泉、蓼、安風凡四縣封融爲安豐侯。」

竇融光武時數辭爵位，不許，因上疏曰：「臣融年五十三，有一子，年十五，質性頑鈍，臣融朝夕教導以經藝，不得令觀天文，見讖記，誠欲令恭肅畏事，恂恂脩道，不願其有才能，何況乃當傳以連城廣土，享侯國哉！」他日會見，迎詔曰：「公欲讓職還土，今相見，不宜論也。」

竇融嗣子穆尚内黄公主，而融弟顯親侯竇友嗣子固尚沮陽公主，穆長子勳尚東海恭王女。竇氏一公，兩侯，三公主，四二千石，相與並代，自祖至孫，官府厩第相望，奴婢千數，雖親戚功臣，莫與爲比。

融年老，子孫驕慢，乞骸骨歸第，詔許之。融卒，謁者奏穆父子自謂失勢，帝令將家屬歸本郡。

雜録

備録

袁山松《後漢書》卷三《竇融傳》 河南尹王調、漢陽太守朱敞、南陽太守滿殷、高丹等皆其賓客。

《後漢書》卷一九《耿恭傳》 初，恭出隴西，上言「故安豐侯竇融昔在西州，甚得羌胡腹心。今大鴻臚固，即其子孫。前擊白山，功冠三軍。宜奉大使，鎮撫涼部。令車騎將軍防屯軍漢陽，以爲威重」。由是大忤於防。及防還，監營謁者李譚承旨奏恭不憂軍事，被詔怨望。坐徵下獄，免官歸本郡，卒於家。

《後漢書》卷二二《朱景王杜等傳論》 永平中，顯宗追感前世功臣，乃圖畫二十八將於南宮雲臺，其外又有王常、李通、竇融、卓茂，合三十二人。故依其本弟係之篇末，以志功臣之次云爾。

《後漢書》卷二六《蔡茂傳》 會天下擾亂，茂素與竇融善，因避難歸之。融欲以爲張掖太守，固辭不就；每所餉給，計口取足而已。後與融俱徵，復拜議郎，再遷廣漢太守，有政績稱。

《後漢書》卷三四《梁統傳》 統性剛毅而好法律。初仕州郡。更始二年，召

補中郎將，使安集涼州，拜酒泉太守。會更始敗，赤眉入長安，統與竇融及諸郡守起兵保境，謀共立帥。初以位次，咸共推統，統固辭曰：「昔陳嬰不受王者，以有老母也。今統内有尊親，又德薄能寡，誠不足以當之。」遂共推融爲河西大將軍，更以統爲武威太守。爲政嚴猛，威行鄰郡。

建武五年，統等各遣使隨竇融長史劉鈞詣闕奉貢，願得詣行在所，詔加統宣德將軍。八年夏，光武自征隗囂，統與竇融等將兵會車駕。及囂敗，封統爲成義侯，同産兄巡、從弟騰並爲關内侯，拜騰酒泉典農都尉，悉遣還河西。十二年，統與融等俱詣京師，以列侯奉朝請，更封高山侯，拜太中大夫，除四子爲郎。

《後漢書》卷三五《張純傳》　大司徒戴涉、大司空竇融議：「宜以宣、元、成、哀、平五帝四世代今親廟，宣、元皇帝尊爲祖、父，可親奉祠，成帝以下，有司行事，别爲南頓君立皇考廟。其祭上至舂陵節侯，羣臣奉祠，以明尊尊之敬，親親之恩。」帝從之。

《後漢書》卷四〇上《班彪傳》　著《王命論》，以爲漢德承堯，有靈命之符，王者興祚，非詐力所致，欲以感之，而囂終不寤，遂避地河西。河西大將軍竇融以爲從事，深敬待之，接以師友之道。彪乃爲融畫策事漢，總西河以拒隗囂。

及融徵還京師，光武問曰：「所上章奏，誰與參之？」融對曰：「皆從事班彪所爲。」帝雅聞彪才，因召入見，舉司隸茂才，拜徐令，以病免。後數應三公之命，輒去。

《後漢書》卷八八《西域傳・莎車》　光武初，康率傍國拒匈奴，擁衛故都護吏士妻子千餘口，檄書河西，問中國動静，自陳思慕漢家。建武五年，河西大將軍竇融乃承制立康爲漢莎車建功懷德王、西域大都尉，五十五國皆屬焉。

九年，康死，謚宣成王。弟賢代立，攻破拘彌、西夜國，皆殺其王，而立其兄康兩子爲拘彌、西夜王。十四年，賢與鄯善王安並遣使詣闕貢獻，於是西域始通。葱領以東諸國皆屬賢。十七年，賢復遣使奉獻，請都護。天子以問大司空竇融，以爲賢父子兄弟相約事漢，款誠又至，宜加號位以鎮安之。帝乃因其使，賜賢西域都護印綬，及車旗黄金錦繡。敦煌太守裴遵上言：「夷狄不可假以大權，又令諸國失望。」詔書收還都護印綬，更賜賢以漢大將軍印綬。其使不肯易，遵迫奪之，賢由是始恨。而猶詐稱大都護，移書諸國，諸國悉服屬焉，號賢爲單于。賢浸以驕横，重求賦税，數攻龜兹諸國，諸國愁懼。

酈道元《水經注》卷三二《決水》　世祖建武八年，封大將軍涼州牧竇融爲侯國，晉立安豐郡。

樂史《太平寰宇記》卷一五二《隴右道三・甘州(廢)・張掖縣》　千秋城、萬歲城，皆光武將竇融所築，以扼邊夷。

錢時《兩漢筆記・光武》　甲寅，以冀州牧竇融爲大司空。融自以非舊臣，一旦入朝，在功臣之右，每朝會進見，容貌辭氣卑恭已甚。帝以此愈親厚之。融小心久不自安，數辭爵位。上疏曰：「臣融有子，朝夕教導以經蓺，不令觀天文見讖記，誠欲令恭肅畏事，恂恂守道，不願其有才能。何況乃當傳以連城廣土，享故諸侯王國哉？」因復請間求見，帝不許。後朝罷，逡巡席後，帝知欲有讓職還土，故命公暑熱且自便，今相見宜論他事，勿得復言。融乃不敢重陳請。

光武不用功臣爲三公，所以處功臣則善矣。而乃責三公以吏事，所以處三公得無有未盡善乎？三公之名，雖與古殊，論道經邦即此其任，是安可以吏事責也。三公而責以吏事，則三公之選止以吏事，取人而不復知有道德之爲重矣，將何所不至乎？後年，春正月，大司徒韓歆以直言自殺，歐陽歙代之。冬十有一月，復以度田不實死獄中。又五年大司徒戴涉坐入故太倉令罪，下獄死。且以三公連職，併免竇融，嗚呼！光武每事懲先漢之弊而輕殺大臣，乃不異武宣之世，皆由不知三公爲何官，而責之以吏事之效也，可勝歎哉！以是觀之，竇融此日辭之懇懇，亦可謂有先見之明矣。

黄震《古今紀要・後漢》　竇融，河西翕然歸之，因班彪説決意歸漢。大司空，卑恭已甚，數辭爵邑。

備論

《漢書》卷一〇〇上《叙傳上》　知隗囂終不寤，乃避墜於河西。河西大將軍竇融嘉其美德，訪問焉。舉茂材，爲徐令，以病去官。後數應三公之召。仕不爲禄，所如不合；學不爲人，博而不俗；言不爲華，述而不作。

《後漢書》卷二三《竇融傳論》　竇融始以豪俠爲名，拔起風塵之中，以投天隙。遂蟬蛻王侯之尊，終膺卿相之位，此則徼功趣執之士也。及其爵位崇滿，至

乃放遠權寵，恂恂似若不能已者，又何智也！嘗獨詳味此子之風度，雖經國之術無足多談，而進退之禮良可言矣。

《全宋文》卷三九五四李彌遜《竇融等歸光武議》 王者之興，雖本天命，必有威烈德惠感服人心，使之向風內附。不然，四方萬里之遠，同力同德，未易悉以戰勝而攻取也。融等內懷二心，遠在西河之外，慕漢威德，決策東鄉，顧可以力致哉！向使號令不明，甲兵不備，有土地而日以侵削，廢人事，徇天時，蕭墻之內將不能保，欲以禦强制遠，豈不難乎？

陳子龍《陳忠裕公全集·安雅堂稿·竇融》 夫士負英傑之志者，當海內雲擾，瞻烏靡定，據山河之固，擁士馬之衆，下可以保宗族，撫流移，上可以審天時，輔真主，若融者，可謂明去就矣。特以融之小心謹畏，而貽厥無聞，子姓恣横，蓋富厚則滛佚易啟，篤老則繩簡必踈。膏粱難厭，自古嘆之，融猶如此，況乎身示涼法，驕其肖子，能無及乎？

藝文

《全唐詩》卷七五蔡孚《打毬篇》 德陽宫北苑東頭，雲作高臺月作樓。金錘玉鎣千金地，寶杖琱文七寶毬。竇融一家三尚主，梁冀頻封萬户侯。容色由來荷恩顧，意氣平生事俠游。共道用兵如斷蔗，俱能走馬入長楸。紅鬣錦鬃風騄驥，黄絡青絲電紫騮。奔星亂下花場裏，初月飛來畫杖頭。自有長鳴須決勝，能馳迅走滿先籌。薄暮漢宫愉樂罷，還歸堯室曉垂旒。

《李商隱詩集》編年詩《重有感》 玉帳牙旗得上游，安危須共主君憂。竇融表已來關右，陶侃軍宜次石頭。豈有蛟龍愁失水，更無鷹隼與高秋。晝號夜哭兼幽顯，早晚星關雪涕收。

漢明帝部

綜述

《後漢書》卷二《顯宗孝明帝紀》 顯宗孝明皇帝諱莊，光武第四子也。母陰皇后。帝生而豐下，十歲能通《春秋》，光武奇之。建武十五年封東海公，十七年進爵爲王，十九年立爲皇太子。師事博士桓榮，學通《尚書》。

中元二年二月戊戌，即皇帝位，年三十。尊皇后曰皇太后。

三月丁卯，葬光武皇帝於原陵。有司奏上尊廟曰世祖。

夏四月丙辰，詔曰：「予末小子，奉承聖業，夙夜震畏，不敢荒寧。先帝受命中興，德侔帝王，協和萬邦，假於上下，懷柔百神，惠於鰥寡。朕承大運，繼體守文，不知稼穡之艱難，懼有廢失。聖恩遺戒，顧重天下，以元元爲首。公卿百僚，將何以輔朕不逮？其賜天下男子爵，人二級；三老、孝悌、力田人三級；爵過公乘，得移與子若同産、同産子；及流人無名數欲自占者人一級；鰥、寡、孤、獨、篤癃粟，人十斛。其弛刑及郡國徒，在中元元年四月己卯赦前所犯而後捕繫者，悉免其刑。又邊人遭亂爲内郡人妻，在己卯赦前，一切遣還邊，恣其所樂。中二千石下至黄綬，貶秩贖論者，悉皆復秩還贖。方今上無天子，下無方伯，若涉淵水而無舟楫。夫萬乘至重而壯者慮輕，實賴有德左右小子。高密侯禹元功之首，東平王蒼寬博有謀，並可以受六尺之託，臨大節而不撓。其以禹爲太傅，蒼爲驃騎將軍。太尉喜告謚南郊，司徒訢奉安梓宫，司空魴將校復土。其封憙爲節鄉侯，訢爲安鄉侯，魴爲楊邑侯。」

秋九月，燒當羌寇隴西，敗郡兵於允街。赦隴西囚徒，減罪一等，勿收今年租調。又所發天水三千人，亦復是歲更賦。遣謁者張鴻討叛羌於允吾，鴻軍大敗，戰殁。冬十一月，遣中郎將竇固監捕虜將軍馬武等二將軍討燒當羌。

十二月甲寅，詔曰：「方春戒節，人以耕桑。其勑有司務順時氣，使無煩擾。天下亡命殊死以下，聽得贖論：死罪入縑二十匹，右趾至髡鉗城旦春十匹，完城旦春至司寇作三匹。其未發覺，詔書到先自告者，半入贖。今選舉不實，邪佞未去，權門請託，殘吏放手，百姓愁怨，情無告訴。有司明奏罪名，并正舉者。又郡縣每因徵發，輕爲奸利，詭責羸弱，先急下貧。其務在均平，無令枉刻。」

永平元年春正月，帝率公卿已下朝於原陵，如元會儀。

夏五月，太傅鄧禹薨。

戊寅，東海王彊薨，遣司空馮魴持節視喪事，賜升龍旄頭、鑾輅、龍旂。

六月乙卯，葬東海恭王。

秋七月，捕虜將軍馬武等與燒當羌戰，大破之。募士卒戍隴右，賜錢人三萬。

八月戊子，徙山陽王荆爲廣陵王，遣就國。

是歲，遼東太守祭肜使鮮卑擊赤山烏桓，大破之，斬其渠帥。越嶲姑復夷叛，州郡討平之。

二年春正月辛未，宗祀光武皇帝於明堂，帝及公卿列侯始服冠冕、衣裳、玉佩、絇屨以行事。禮畢，登靈臺。使尚書令持節詔驃騎將軍、三公曰：「今令月吉日，宗祀光武皇帝於明堂，以配五帝。禮備法物，樂和八音，詠祉福，舞功德，(其)班時令，勑羣后。事畢，升靈臺，望元氣，吹時律，觀物變。羣僚藩輔，宗室子孫，衆郡奉計，百蠻貢職，烏桓、濊貊咸來助祭，單于侍子、骨都侯亦皆陪位。斯固聖祖功德之所致也。朕以闇陋，奉承大業，親執珪璧，恭祀天地。仰惟先帝受命中興，撥亂反正，以寧天下，封泰山，建明堂，立辟雍，起靈臺，恢弘大道，被之八極；而胤子無成、康之質，羣臣無吕、旦之謀，盥洗進爵，踧踖惟慙。素性頑鄙，臨事益懼，故『君子坦盪蕩，小人長戚戚』。其令天下自殊死已下，謀反大逆，皆赦除之。百僚師尹，其勉修厥職，順行時令，敬若昊天，以綏兆人。」

三月，臨辟雍，初行大射禮。

秋九月，沛王輔、楚王英、濟南王康、淮陽王延、東海王政來朝。

冬十月壬子，幸辟雍，初行養老禮。詔曰：「光武皇帝建三朝之禮，而未及臨饗。眇眇小子，屬當聖業。間暮春吉辰，初行大射；令月元日，復踐辟雍。尊事三老，兄事五更，安車輭輪，供綏執授。侯王設醬，公卿饌珍，朕親袒割，執爵而酳。祝哽在前，祝噎在後。升歌《鹿鳴》，下管《新宫》，八佾具脩，萬舞於庭。朕固薄德，何以克當？《易》陳負乘，《詩》刺彼己，永念慙疚，無忘厥心。三老李躬，年耆學明。五更桓榮，授朕《尚書》。《詩》曰：『無德不報，無言不酬。』其賜榮爵關内侯，食邑五千户。三老、五更皆以二千石禄養終厥身。其賜天下三老

酒人一石，肉四十斤。有司其存耆耋，恤幼孤，惠鰥寡，稱朕意焉。」

中山王焉始就國。

甲子，西巡狩，幸長安，祠高廟，遂有事於十一陵。歷覽館邑，會郡縣吏，勞賜作樂。十一月甲申，遣使者以中牢祠蕭何、霍光。帝謁陵園，過式其墓。進幸河東，所過賜二千石、令長已下至於掾史，各有差。癸卯，車駕還宫。

十二月，護羌校尉竇林下獄死。

是歲，始迎氣於五郊。少府陰就子豐殺其妻酈邑公主，就坐自殺。

三年春正月癸巳，詔曰：「朕奉郊祀，登靈臺，見史官，正儀度。夫春者，歲之始也。始得其正，則三時有成。比者水旱不節，邊人食寡，政失於上，人受其咎。有司其勉順時氣，勸督農桑，去其螟蜮，以及蝥賊；詳刑慎罰，明察單辭，夙夜匪懈，以稱朕意。」

二月甲寅，太尉趙憙、司徒李訢免。丙辰，左馮翊郭丹爲司徒。己未，南陽太守虞延爲太尉。

甲子，立貴人馬氏爲皇后，皇子炟爲皇太子。賜天下男子爵，人二級；三老、孝悌、力田人三級；流人無名數欲占者人一級；鰥、寡、孤、獨、篤癃、貧不能自存者粟，人五斛。

夏四月辛酉，封皇子建爲千乘王，羡爲廣平王。

六月丁卯，有星孛于天船北。

秋八月戊辰，改大樂爲大予樂。

壬申晦，日有蝕之。詔曰：「朕奉承祖業，無有善政。日月薄蝕，彗孛見天，水旱不節，稼穡不成，人無宿儲，下生愁墊。雖夙夜勤思，而智能不逮。昔楚莊無災，以致戒懼；魯哀禍大，天不降譴。今之動變，儻尚可救。有司勉思厥職，以匡無德。古者卿士獻詩，百工箴諫。其言事者，靡有所諱。」

冬十月，蒸祭光武廟，初奏《文始》、《五行》、《武德》之舞。

甲子，車駕從皇太后幸章陵，觀舊廬。十二月戊辰，至自章陵。

是歲，起北宫及諸官府。京師及郡國七大水。

四年春二月辛亥，詔曰：「朕親耕藉田，以祈農事。京師冬無宿雪，春不燠沐，煩勞羣司，積精禱求。而比再得時雨，宿麥潤澤。其賜公卿半奉。有司勉遵時政，務平刑罰。」

秋九月戊寅，千乘王建薨。

冬十月乙卯，司徒郭丹，司空馮魴免。丙辰，河南尹范遷爲司徒，太僕伏恭爲司空。

十二月，陵鄉侯梁松下獄死。

五年春二月庚戌，驃騎將軍東平王蒼罷歸藩，琅邪王京就國。

冬十月，行幸鄴。與趙王栩會鄴。常山三老言於帝曰：「上生於元氏，願蒙優復。」詔曰：「豐、沛、濟陽，受命所由，加恩報德，適其宜也。今永平之政，百姓怨結，而吏人求復，令人愧笑。重逆此縣之拳拳，其復元氏縣田租更賦六歲，勞賜縣掾史，及門闌走卒。」至自鄴。

十一月，北匈奴寇五原；十二月，寇雲中，南單于擊却之。

是歲，發遣邊人在内郡者，賜裝錢人二萬。

六年春正月，沛王輔、楚王英、東平王蒼、淮陽王延、琅邪王京、東海王政、趙王盱、北海王興、齊王石來朝。

二月，王雒山出寶鼎，廬江太守獻之。夏四月甲子，詔曰：「昔禹收九牧之金，鑄鼎以象物，使人知神姦，不逢惡氣。遭德則興，遷于商、周；周德既衰，鼎乃淪亡。祥瑞之降，以應有德。方今政化多僻，何以致兹？《易》曰鼎象三公，豈公卿奉職得其理邪？太常其以礿祭之日，陳鼎於廟，以備器用。賜三公帛五十匹，九卿、二千石半之。先帝詔書，禁人上事言聖，而閒者章奏頗多浮詞，自今若有過稱虚譽，尚書皆宜抑而不省，示不爲諂子蚩也。」

冬十月，行幸魯，祠東海恭王陵；會沛王輔、楚王英、濟南王康、東平王蒼、淮陽王延、琅邪王京、東海王政。十二月，還，幸陽城，遣使者祠中岳。壬午，車駕還宫。東平王蒼、琅邪王京從駕來朝皇太后。

七年春正月癸卯，皇太后陰氏崩。二月庚申，葬光烈皇后。

秋八月戊辰，北海王興薨。

是歲，北匈奴遣使乞和親。

八年春正月己卯，司徒范遷薨。三月辛卯，太尉虞延爲司徒，衛尉趙憙行太尉事。

遣越騎司馬鄭衆報使北匈奴。初置度遼將軍，屯五原曼柏。

秋，郡國十四雨水。

冬十月，北宫成。

丙子，臨辟雍，養三老、五更。禮畢，詔三公募郡國中都官死罪繫囚，減罪一

等，勿笞，詣度遼將軍營，屯朔方、五原之邊縣；妻子自隨，便占著邊縣；父母同産欲相代者，恣聽之。其大逆無道殊死者，一切募下蠶室。亡命者令贖罪各有差。凡徙者，賜弓弩衣糧。

壬寅晦，日有食之，既。詔曰：「朕以無德，奉承大業，而下貽人怨，上動三光。日食之變，其災尤大，《春秋》圖讖所爲至譴。永思厥咎，在予一人。羣司勉修職事，極言無諱。」於是在位者皆上封事，各言得失。帝覽章，深自引咎，乃以所上班示百官。詔曰：「羣僚所言，皆朕之過。人冤不能理，吏黠不能禁；而輕用人力，繕修宫宇，出入無節，喜怒過差。昔應門失守，《關雎》刺世；飛蓬隨風，微子所歎。永覽前戒，竦然兢懼。徒恐薄德，久而致怠耳。」

北匈奴寇西河諸郡。

九年春三月辛丑，詔郡國死罪囚減罪，與妻子詣五原、朔方占著，所在死者皆賜妻父若男同産一人復終身；其妻無父兄獨有母者，賜其母錢六萬，又復其口筭。

夏四月甲辰，詔郡國以公田賜貧人各有差。令司隸校尉、部刺史歲上墨綬長吏視事三歲已上理狀尤異者各一人，與計偕上。及尤不政理者，亦以聞。

是歲，大有年。爲四姓小侯開立學校，置《五經》師。

十年春二月，廣陵王荆有罪，自殺，國除。

夏四月戊子，詔曰：「昔歲五穀登衍，今兹蠶麥善收，其大赦天下。方盛夏長養之時，蕩滌宿惡，以報農功。百姓勉務桑稼，以備災害，吏敬厥職，無令愆墯。」

閏月甲午，南巡狩，幸南陽，祠章陵。日北至，又祠舊宅。禮畢，召校官弟子作雅樂，奏《鹿鳴》，帝自御塤篪和之，以娱嘉賓。還，幸南頓，勞饗三老、官屬。

冬十一月，徵淮陽王延會平輿，徵沛王輔會睢陽。

十二月甲午，車駕還宫。

十一年春正月，沛王輔、楚王英、濟南王康、東平王蒼、淮陽王延、中山王焉、琅邪王京、東海王政來朝。

秋七月，司隸校尉郭霸下獄死。

是歲，漅湖出黄金，廬江太守以獻。時麒麟、白雉、醴泉、嘉禾所在出焉。

十二年春正月，益州徼外夷哀牢王相率内屬，於是置永昌郡，罷益州西部都尉。

夏四月，遣將作謁者王吴修汴渠，自滎陽至於千乘海口。

五月丙辰，賜天下男子爵，人二級，三老、孝悌、力田人三級，流民無名數欲占者人一級；鰥、寡、孤、獨、篤癃、貧無家屬不能自存者粟，人三斛。詔曰：「昔曾、閔奉親，竭歡致養；仲尼葬子，有棺無椁。喪貴致哀，禮存寧儉。今百姓送終之制，競爲奢靡。生者無擔石之儲，而財力盡於墳土。伏臘無糟糠，而牲牢兼於一奠。糜破積世之業，以供終朝之費，子孫飢寒，絶命於此，豈祖考之意哉！又車服制度，恣極耳目。田荒不耕，游食者衆。有司其申明科禁，宜於今者，宣下郡國。」

秋七月乙亥，司空伏恭罷。乙未，大司農牟融爲司空。

冬十月，司隸校尉王康下獄死。

是歲，天下安平，人無傜役，歲比登稔，百姓殷富，粟斛三十，牛羊被野。

十三年春二月，帝耕於藉田。禮畢，賜觀者食。

三月，河南尹薛昭下獄死。

夏四月，汴渠成。辛巳，行幸滎陽，巡行河渠。乙酉，詔曰：「自汴渠決敗，六十餘歲，加頃年以來，雨水不時，汴流東侵，日月益甚，水門故處，皆在河中，漭瀁廣溢，莫測圻岸，蕩蕩極望，不知綱紀。今兖、豫之人，多被水患，乃云縣官不先人急，好興它役。又或以爲河流入汴，幽、冀蒙利，故曰左隄彊則右隄傷，左右俱彊則下方傷，宜任水埶所之，使人隨高而處，公家息壅塞之費，百姓無陷溺之患。議者不同，南北異論，朕不知所從，久而不決。今既築隄理渠，絶水立門，河、汴分流，復其舊迹，陶丘之北，漸就壤墳，故薦嘉玉絜牲，以禮河神。東過洛汭，歎禹之績。今五土之宜，反其正色，濱渠下田，賦與貧人，無令豪右得固其利，庶繼世宗《瓠子》之作。」因遂度河，登太行，進幸上黨。壬寅，車駕還宫。

冬十月壬辰晦，日有食之。三公免冠自劾。制曰：「冠履勿劾。災異屢見，咎在朕躬，憂懼遑遑，未知其方。將有司陳事，多所隱諱，使君上壅蔽，下有不暢乎？昔衛有忠臣，靈公得守其位。今何以和穆陰陽，消伏災譴？刺史、太守詳刑理冤，存恤鰥孤，勉思職焉。」

十一月，楚王英謀反，廢，國除，遷於涇縣，所連及死徙者數千人。

是歲，齊王石薨。

十四年春三月甲戌，司徒虞延免，自殺。夏四月丁巳，鉅鹿太守南陽邢穆爲司徒。

前楚王英自殺。

夏五月，封故廣陵王荆子元壽爲廣陵侯。

初作壽陵。

十五年春二月庚子，東巡狩。辛丑，幸偃師。詔亡命自殊死以下贖：死罪縑四十匹，右趾至髡鉗城旦舂十匹，完城旦至司寇五匹；犯罪未發覺，詔書到日自告者，半入贖。徵沛王輔會睢陽。進幸彭城。癸亥，帝耕于下邳。

三月，徵琅邪王京會良成，徵東平王蒼會陽都，又徵廣陵侯及其三弟會魯。祠東海恭王陵。還，幸孔子宅，祠仲尼及七十二弟子。親御講堂，命皇太子、諸王説經。又幸東平。辛卯，進幸大梁，至定陶，祠定陶恭王陵。夏四月庚子，車駕還宫。

改信都爲樂成國，臨淮爲下邳國。封皇子恭爲鉅鹿王，黨爲樂成王，衍爲下邳王，暢爲汝南王，昞爲常山王，長爲濟陰王。賜天下男子爵，人三級；郎、從官〔視事〕二十歲已上帛百匹，十歲已上二十匹，十歲已下十匹，官府吏五匹，書佐、小史三匹。令天下大酺五日。乙巳，大赦天下，其謀反大逆及諸不應宥者，皆赦除之。

冬，車騎校獵上林苑。

十二月，遣奉車都尉竇固、駙馬都尉耿秉屯涼州。

十六年春二月，遣太僕祭肜出高闕，奉車都尉竇固出酒泉，駙馬都尉耿秉出居延，騎都尉來苗出平城，伐北匈奴。竇固破呼衍王於天山，留兵屯伊吾盧城。耿秉、來苗、祭肜並無功而還。

夏五月，淮陽王延謀反，發覺。癸丑，司徒邢穆、駙馬都尉韓光坐事下獄死，所連及誅死者甚衆。

戊午晦，日有食之。

六月丙寅，大司農西河王敏爲司徒。

秋七月，淮陽王延徙封阜陵王。

九月丁卯，詔令郡國中都官死罪繫囚減死罪一等，勿笞，詣軍營，屯朔方、敦煌；妻子自隨，父母同産欲求從者，恣聽之；女子嫁爲人妻，勿與俱。謀反大逆無道不用此書。

是歲，北匈奴寇雲中，雲中太守廉范擊破之。

十七年春正月，甘露降於甘陵。北海王睦薨。

二月乙巳，司徒王敏薨。三月癸丑，汝南太守鮑昱爲司徒。

是歲，甘露仍降，樹枝内附，芝草生殿前，神雀五色翔集京師。西南夷哀牢、儋耳、僬僥、槃木、白狼、動黏諸種，前後慕義貢獻；西域諸國遣子入侍。夏五月戊子，公卿百官以帝威德懷遠，祥物顯應，乃並集朝堂，奉觴上壽。制曰：「天生神物，以應王者；遠人慕化，實由有德。朕以虛薄，何以享斯？唯高祖、光武聖德所被，不敢有辭。其敬舉觴，太常擇吉日策告宗廟。其賜天下男子爵，人二級，三老、孝悌、力田人三級，流人無名數欲占者人一級；鰥、寡、孤、獨、篤癃、貧不能自存者粟，人三斛；郎、從官視事十歲以上者，帛十匹。中二千石、二千石下至黄綬，貶秩奉贖，在去年以來皆還贖。」

秋八月丙寅，令武威、張掖、酒泉、敦煌及張掖屬國，繫囚右趾已下任兵者，皆一切勿治其罪，詣軍營。

冬十一月，遣奉車都尉竇固、駙馬都尉耿秉、騎都尉劉張出敦煌昆侖塞，擊破白山虜於蒲類海上，遂入車師。初置西域都護、戊己校尉。

是歲，改天水爲漢陽郡。

十八年春三月丁亥，詔曰：「其令天下亡命，自殊死已下贖：死罪縑三十匹，右趾至髡鉗城旦舂十匹，完城旦至司寇五匹；吏人犯罪未發覺，詔書到自告者，半入贖。」

夏四月己未，詔曰：「自春已來，時雨不降，宿麥傷旱，秋種未下，政失厥中，憂懼而已。其賜天下男子爵，人二級，及流民無名數欲占者人一級；鰥、寡、孤、獨、篤癃、貧不能自存者粟，人三斛。理冤獄，録輕繫。二千石分禱五岳四瀆，郡界有名山大川能興雲〔致〕雨者，長吏各絜齋禱請，冀蒙嘉澍。」

六月己未，有星孛於太微。

焉耆、龜茲攻西域都護陳睦，悉没其衆。北匈奴及車師後王圍戊己校尉耿恭。

秋八月壬子，帝崩於東宫前殿。年四十八。遺詔無起寢廟，藏主於光烈皇后更衣別室。帝初作壽陵，制令流水而已，石椁廣一丈二尺，長二丈五尺，無得起墳。萬年之後，埽地而祭，杅水脯糒而已。過百日，唯四時設奠，置吏卒數人供給灑埽，勿開修道。敢有所興作者，以擅議宗廟法從事。

帝遵奉建武制度，無敢違者。後宫之家，不得封侯與政。館陶公主爲子求郎，不許，而賜錢千萬。謂羣臣曰：「郎官上應列宿，出宰百里，有非其人，則民

受其殃，是以難之。」故吏稱其官，民安其業，遠近肅服，户口滋殖焉。

雜録

備録

華嶠《後漢書》卷一《明帝紀》 明帝至長安，迎取飛廉并銅馬，置上西門平樂觀。

館陶公主爲子求郎，不許，賜錢千萬。明帝謂羣臣曰：「郎官上應列宿，非其人則民受其殃。」

帝自制《五行章句》。

世祖既以吏事自嬰，帝尤任文法，總攬威柄，權不借下。值天下初定，四民樂業，户口衣食滋植，斷獄號居前世之十二。中興已來，追蹤宣帝。夫以鍾離意之廉法，諫諍懇切，以寬和爲首。以此推之，斯亦難以德言者也。

司馬彪《續漢書》卷一《明帝紀》 明帝爲光武起廟，號世祖廟。

明帝永平二年正月辛未，宗祀光武於明堂。祀畢，升靈臺，望雲物，大赦天下。

永平四年，詔曰：「比來水旱饑饉，加有軍旅，正旦無陳朝賀之儀。」

袁山松《後漢書》卷一《明帝紀》 皇帝諱陽，一名莊，字子麗。

《後漢書》卷一〇上《皇后紀·光烈陰皇后》 光烈陰皇后諱麗華，南陽新野人。初，光武適新野，聞后美，心悦之。後至長安，見執金吾車騎甚盛，因歎曰：「仕宦當作執金吾，娶妻當得陰麗華。」更始元年六月，遂納后於宛當成里，時年十九。及光武爲司隸校尉，方西之洛陽，令后歸新野。及鄧奉起兵，后兄識爲之將，后隨家屬徙淯陽，止於奉舍。

光武即位，令侍中傅俊迎后，與胡陽、寧平主諸宫人俱到洛陽，以后爲貴人。帝以后雅性寬仁，欲崇以尊位，后固辭，以郭氏有子，終不肯當，故遂立郭皇后。

【略】建武四年，從征彭寵，生顯宗於元氏。

顯宗即位，尊后爲皇太后。永平三年冬，帝從太后幸章陵，置酒舊宅，會陰、鄧故人諸家子孫，並受賞賜。七年，崩，在位二十四年，年六十，合葬原陵。

明帝性孝愛，追慕無已。十七年正月，當謁原陵，夜夢先帝、太后如平生歡。既寤，悲不能寐，即案歷，明旦日吉，遂率百官及故客上陵。其日，降甘露於陵樹，帝令百官采取以薦。會畢，帝從席前伏御牀，視太后鏡奩中物，感動悲涕，令易脂澤裝具。左右皆泣，莫能仰視焉。

《後漢書》卷一〇上《皇后紀·明德馬皇后》 顯宗即位，以后爲貴人。時后前母姊女賈氏亦以選入，生肅宗。帝以后無子，命令養之。謂曰：「人未必當自生子，但患愛養不至耳。」后於是盡心撫育，勞悴過於所生。肅宗亦孝性淳篤，恩性天至，母子慈愛，始終無纖介之閒。后常以皇嗣未廣，每懷憂歎，薦達左右，若恐不及。後宫有進見者，每加慰納。若數所寵引，輒增隆遇。永平三年春，有司奏立長秋宫，帝未有所言。皇太后曰：「馬貴人德冠後宫，即其人也。」遂立爲皇后。【略】

十五年，帝案地圖，將封皇子，悉半諸國。后見而言曰：「諸子裁食數縣，於制不已儉乎？」帝曰：「我子豈宜與先帝子等乎？歲給二千萬足矣。」時楚獄連年不斷，因相證引，坐繫者甚衆。后慮其多濫，乘閒言及，惻然。帝感悟之，夜起仿偟，爲思所納，卒多有所降宥。時諸將奏事及公卿較議難平者，帝數以試后。后輒分解趣理，各得其情。每於侍執之際，輒言及政事，多所毗補，而未嘗以家私干。（欲）〔故〕寵敬日隆，始終無衰。

《後漢書》卷三七《桓榮傳》 顯宗即位，尊以師禮，甚見親重，拜二子爲郎。榮年踰八十，自以衰老，數上書乞身，輒加賞賜。乘輿嘗幸太常府，令榮坐東面，設几杖，會百官驃騎將軍東平王蒼以下及榮門生數百人，天子親自執業，每言輒曰「大師在是」。既罷，悉以太官供具賜太常家。其恩禮若此。

永平二年，三雍初成，拜榮爲五更。每大射養老禮畢，帝輒引榮及弟子升堂，執經自爲下説。乃封榮爲關内侯，食邑五千户。

榮每疾病，帝輒遣使者存問，太官、太醫相望於道。及篤，上疏謝恩，讓還爵土。帝幸其家問起居，入街下車，擁經而前，撫榮垂涕，賜以牀茵、帷帳、刀劍、衣被，良久乃去。自是諸侯將軍大夫問疾者，不敢復乘車到門，皆拜牀下。榮卒，帝親自變服，臨喪送葬，賜冢塋于首山之陽。除兄子二人補四百石，都講生八人補二百石，其餘門徒多至公卿。子郁嗣。

皇甫謐《帝王世紀》卷八 顯節陵，方三百步，高八丈。其地故富壽亭也，西

北去洛陽三十七里。

黄震《古今紀要・後漢》 明帝，議定南北郊、冠冕車服制度，宗祀光武，登靈臺辟雍，大射養老，觀聽者億萬。畫雲臺。諸王子弟外戚四姓至期門羽林，悉令通經，匈奴亦遣子入學。奉建武制度無變，后妃家不封侯與政。祭彤破赤山、烏桓，塞外震讋，班超斬鄯善於寘，西域復通。天下太平，人無徭役，歲比豐稔，百姓殷富。白狼、槃木百餘國，前世所不至，皆稱臣奉貢，白狼王作詩頌德。褊察大臣，數被詆毀，尚書以下至提拽。朝廷爭爲嚴切，惟鍾離意諫請緩刑，上亦不時用之。天竺求佛，得其書及沙門來。楚王英首奉之，以逆誅。楚獄死徙者以千數，賴馬后及寒朗言，始悟其濫。

胡一桂《史纂通要・東漢》 明帝莊，天資聰察，十歲能通《春秋》，十二知吏牘書，説墾田之弊，其明智已足以切事情。及即位，加意禮文之事，命東平王蒼議定南北郊，冠冕車服之儀，及光武廟登歌八佾樂舞之數，宗祀明堂，登靈臺以望雲物，尤垂情古典，游意經藝，大射禮畢，袒割執醬而酳。尊事三老、五更。正坐講道，諸儒執經問難，圜橋門而觀聽者萬計。自皇太子諸王以下，子弟莫不受經，又爲外戚子弟立四姓小侯學。置五經師。期門羽林之士，悉令通《孝經》大義，匈奴亦遣子入學。幸魯祠孔子及弟子七十二人。親御講堂，命皇太子諸王説經。尤善刑理，法令分明，日晏坐朝，幽枉必達，内外無倖曲之私，在上無矜大之色，斷獄得情，號居前代十二。至於遵奉建武制度，無敢或違，后妃之家不得封侯與政。館陶公主爲子求郎，不許。蠲公車，反支日不受章奏之制，可謂得爲政之體者。自祭彤破赤山烏桓，塞外震讋。西自武威，東盡玄菟，悉皆内附。班超至鄯善，斬北虜使，而鄯善降。至于寘，于寘王殺匈奴使，來降。威震西域，其後五十餘國皆遣子入侍，而白狼、槃木等百餘國，前世未至，皆稱臣奉貢，至歌詩頌德，寶鼎、麒麟、白雉、醴泉、甘露之草之祥，莫不畢至，亦云盛矣。南宫氏猶謂其殺朱浮，殺虞延，杖藥崧，提曳近臣，斥辱公卿，而君臣之禮闕。廣陵王荆、楚王英相繼殛死，而兄弟之恩乖。楚獄連逮，死徙千數而刑獄濫。傷於褊察，以耳目隱發爲明而弘人之度未優。遣使天竺，求浮屠書，而開億萬世釋氏之禍，深可惜耳！

劉統勛《評鑑闡要》卷二 馬后固不宜請子封，而明帝之對，亦有失言。何則？分封已非善政，多給更爲亂階。婦人不得預朝政，以是斥之，雖罪后可也。至云不宜與先帝子等，此尤失之。帝王之業，固欲其世世承繩，以至萬世。使世世皆行此言，必至於無子男之爵立錐之地而後可。此則明帝好名，矯枉過正之論，不自知其蹈於不可循矣。故曰：雖小道必有可觀者焉，致遠恐泥。

備論

薛瑩《後漢記》卷一《明帝紀》 〔贊曰〕：明帝自在儲宫，而聰允之德著矣。及臨萬機，以身率禮，恭奉遺業，一以貫之。雖夏啓周成，繼體持統，無以加焉。是以海内乂安，四夷賓服，斷獄希少，有治平之風，號曰顯宗，不亦宜乎！

《後漢書》卷二《顯宗孝明帝紀論贊》 論曰：明帝善刑理，法令分明。日晏坐朝，幽枉必達。内外無倖曲之私，在上無矜大之色。斷獄得情，號居前代十二。故後之言事者，莫不先建武、永平之政。而鍾離意、宋均之徒，常以察慧爲言，夫豈弘人之度未優乎？

贊曰：顯宗丕承，業業兢兢。危心恭德，政察姦勝。備章朝物，省薄墳陵。永懷廢典，下身遵道。登臺觀雲，臨雍拜老。懋惟帝績，增光文考。

《後漢書》卷三二《樊準傳》 至孝明皇帝，兼天地之姿，用日月之明，庶政萬機，無不簡心，而垂情古典，游意經藝，每饗射禮畢，正坐自講，諸儒並聽，四方欣欣。雖闕里之化，矍相之事，誠不足言。又多徵名儒，以充禮官，如沛國趙孝、琅邪承宫等，或安車結駟，告歸鄉里；或豐衣博帶，從見宗廟。其餘以經術見優者，布在廊廟。故朝多皤皤之良，華首之老。每讌會，則論難衎衎，共求政化。詳覽羣言，響如振玉。朝者進而思政，罷者退而備問。小大隨化，雍雍可嘉。期門羽林介胄之士，悉通《孝經》。博士議郎，一人開門，徒衆百數。化自聖躬，流及蠻荒，匈奴遣伊秩訾王大車且渠來入就學。八方肅清，上下無事。是以議者每稱盛時，咸言永平。

《後漢書》卷五〇《孝明八王列傳論贊》 論曰：晏子稱「夫人生厚而用利，於是乎正德以幅之，謂之幅利」。言人情須節以正其德，亦由布帛須幅以成其度焉。明帝封諸子，租歲不過二千萬，馬后爲言而不得也。賢哉！豈徒儉約而已乎！知驕貴之無猒，嗜欲之難極也，故東京諸侯鮮有至於禍敗者也。

贊曰：孝明傳胤，維城八國。陳敬嚴重，彭城厚德。下邳嬰痾，梁節邪惑。三藩夙齡，黨惟荒忒。

蘇轍《欒城後集》卷八《歷代論二・漢光武上》 至於明帝，任察愈甚，故東漢之治，寬厚樂易之風遠不及西漢。賢士大夫立於其朝，志不獲伸。雖號稱治安，皆其父子才志之所止，君子不尚者也。

葉適《習學紀言序目》卷二四《後漢書一》 孝明行養老禮，意既篤實，文亦丁寧，可謂三代之後，曠千載而一遇也。

東漢相承有巡狩之禮。自人主而言，固無獨坐深宮不觀省風俗之理；然自後世行之，則以爲厲民。觀章帝詔書，蓋庶幾焉。《孟子》載晏子語曰：「吾王不豫，吾何以助！吾王不游，吾何以休！」豈古人之舉遂不可復見耶！

「名冠天下，當受天下重賞」；「天下重器，常恐不任，日復一日，安敢遠期十歲」；「方今上無天子，下無方伯，若涉淵水而無舟楫」；「夫萬乘至重而壯者慮輕」；「胤子無成、康之質，群臣無呂、旦之謀」；「尊事三老，兄事五更，朕親袒割，執爵而酳」；「但患不能脱粟瓢飲耳」；「襄城令劉方，吏人同聲謂之不煩，雖未有它異，斯亦殆近之矣」；「車可以引避，引避之；騑馬可以輟解，輟解之」：此東漢詔令語言近古可稱者也。魏晉以後，無此體矣。

葉適《習學記言序目》卷二五《後漢書二・帝紀》 明帝始終獨楚獄一事可恨，與始皇坑戮、孝武巫蠱、武后羅織，略不相遠矣。然明帝處兄弟間，大抵天性不失，無淮南、陳思猜暴之禍。英母妻子猶在，楚殿悲泣相對，豈必遷怒天下士大夫耶！明德后、寒朗納説感動，夜起傍徨，出於至誠，然則明帝固以褊憤自損，而治獄者亦不肖甚矣。【略】

楚獄用馬后、寒朗言，理出千餘人；及袁安覆考，得出者四百餘家，是終於昭雪而不至冤死，視淮南、衡山巫蠱之濫殺者有間矣。然以天下四方之遠，顔忠、王平二人之妄，一旦無故陷而入者數千人，豈不爲大異！明帝以欽恤自許，而謬誤至此，豈先王明德慎罰之義歟！然本無殺心，則學者不可不知。

錢時《兩漢筆記・光武》 漢之君臣，號爲知學者，往往以黄老爲宗。故論養性，則專言黄老，不知吾聖人之學，果安所用其力也。明帝即位，未幾而佛入中國，其禍根蓋自黄老始。佛入中國而堯、舜、禹、湯、文、武、周、孔之家瀍，愈不明矣。悲夫！

錢時《兩漢筆記・明帝》 帝崇儒學，自皇太子諸王侯而下莫不受經，非不美矣。然楚王英好黄老、浮屠，乃從臾之而不能救，卒與方士，造成大獄。廣陵王、荆淮陽王延，亦皆所交，非類祝詛不道。所以受經者，果爲何事耶？要之親王出就蕃國，爲擇老成有學識者爲之師傅，使知敬憚，不納於邪，小人之謀無自而入，方爲盡善。若使年少不學，驕縱於外，而莫之檢，非保終吉之道也。明帝兄弟十人而三人者不以令終，至若楚獄殺戮無數，殆有不忍言者，而帝友于之義，亦且不能如初歲矣。區區講受爲文具何益哉？【略】

明帝尊師之意，其禮文亦可謂盛矣。因念孔孟皇皇於春秋戰國，而卒不遇於斯時也。而有真儒洞明正學，引其君於當道，則其所進豈魯定哀、齊宣、梁惠之比哉？桓榮爲帝者師，屈天子之尊，推崇敬禮，無所不備，而卒無以發揚聖教，啓迪君心，使斯道大明於天下，身被恩寵，徒爲文具，良可嗟夫！【略】

帝遵奉建武制度，無所變更。后妃之家，不得封侯與政。館陶公主爲子求郎，不許而賜錢千萬。謂羣臣曰：「郎官上應列宿，出宰百里，苟非其人，則民受其殃，是以難之。」守宰號親民之官，而宰爲尤親。苟非其人，民受其殃，此必至之禍也。後世限以舉貢，而改官者求必公選。至於任而得京官者，出宰百里，殆可日計，何暇論其賢不肖哉？明帝之言可爲鑒矣。后妃之家封侯與政，此尤漢室大弊。陰氏兄弟，懇懇辭避，而光武不能革。至明帝能革之，但列侯十九印，令諸王子五歲已上皆帶，則大不然。史謂成王以桐葉戲小弱弟曰以封汝，周公因入賀，封于唐，柳宗元力辨記者之繆是也。以印戲與小弱者爲之，知周公必無是也。明帝儻未忘廣陵之死，恩懷諸王，豈無其道，而乃褻名器於羣稚，若弄具然者，是奚可哉？

陳櫟《歷代通畧・東漢》 明帝聰慧少成，自爲東海公時，辯吏牘所書知爲墾田事，其明察已可知。及既即位，遵奉建武制度，法令分明，日晏坐朝，幽枉畢達，言東漢之治者，以建武、永平並稱之。尤能垂情古典，留意經學。自爲太子師事桓榮，追爲天子，尊禮尤至。臨幸辟雍，行養老禮，以李躬爲三老，桓榮爲五更。饗射禮畢，正坐自講，諸儒執經問難於前，圜橋門而觀者億萬計。下而羽林悉通《孝經》，外而匈奴遣子入學。三代而下，事師之禮，崇文之儀，數千百年鮮有其比。惜乎桓榮授經，專門章句，不知以古人修身治天下之大學，啓迪輔導之，故其君之德業如是，而止杜權門之請託，靳主子之求郎，后妃之家不得封侯與政。推其内助之功，賢如馬后，德冠古今，不無補焉，奈何傷於褊察，以耳目隱發爲明。自起撞郎，斥辱公卿，廣陵楚王之獄死徙數千家，無乃弘人之度未優乎？至若遣使天竺，求浮屠書，迎入中國，後世佛氏之禍開端於此，遂爲宇宙間不可除之痼疾。崇尚儒學之虚美，不足以蓋其開端佛氏之實禍，可重嘆

也已！

乾隆帝《御製樂善堂全集・東漢總論》 明帝以英睿之資，加以好學重道，親臨辟雍，尊桓榮、李躬爲更老，所以勸賢勵能，崇尚聖教者，至矣。而友愛東海王，則又《常棣》匪他之意，始終無間也。

藝文

王嘉《拾遺記》卷六《後漢》 明帝陰貴人夢食瓜甚美，帝使求諸方國。時燉煌獻異瓜種，恒山獻巨桃核。瓜名「穹隆」，長三尺，而形屈曲，味美如飴。父老云：「昔道士從蓬萊山得此瓜，云是崆峒靈瓜，四劫一實，西王母遺於此地，世代遐絶，其實頗在。」又説：「巨桃霜下結花，隆暑方熟，亦云仙人所食。」帝使植於霜林園。園皆植寒菓，積冰之節，百菓方盛，俗謂之「相陵」，與霜林之聲訛也。后曰：「王母之桃，王公之瓜，可得而食，吾萬歲矣，安可植乎？」后崩，内侍者見鏡奩中有瓜、桃之核，視之涕零，疑非其類耳。

傅玄《傅子》卷六《漢明帝贊》 肅矣孝明，杖法任刑，勤綜萬機，察下以情。未弘道治，用致太平，專信俗儒，非禮之經。

《藝文類聚》卷一二傅毅《明帝誄》 惟此永平，其德不回，恢廓鴻績，遐方是懷。明明肅肅，四國順威，赫赫盛漢，功德巍巍。躬履聖德，以臨萬國，仁風弘惠，雲布雨集。武伏蚩尤，文騰孔墨，下制九州，上係皇極。豐美中世，垂華億載，冠堯佩舜，踐履五代。三雍既洽，帝道繼備，七經宣暢，孔業淑著。明德慎罰，尊上師傅，薄刑厚賞，惠慈仁恕。明並日月，無有偏照，譬如北辰，與天同曜。發號施令，萬國震懼，庠序設陳，禮樂宣佈。琁璣所建，靡不奄有，貢篚納賦，如歸父母。正朔永昌，冠帶儋耳，四方共貫，八極同軌。

《王十朋全集・詩集》卷一〇《詠史詩・明帝》 萬乘臨雍事老更，橋門億萬會諸生。永平天子真儒雅，只恨容人度未宏。

鄧禹部

綜述

《後漢書》卷一六《鄧禹傳》 鄧禹字仲華，南陽新野人也。年十三，能誦詩，受業長安。時光武亦游學京師，禹年雖幼，而見光武知非常人，遂相親附。數年歸家。

及漢兵起，更始立，豪桀多薦舉禹，禹不肯從。及聞光武安集河北，即杖策北渡，追及於鄴。光武見之甚歡，謂曰：「我得專封拜，生遠來，寧欲仕乎？」禹曰：「不願也。」光武曰：「即如是，何欲爲？」禹曰：「但願明公威德加於四海，禹得效其尺寸，垂功名於竹帛耳。」光武笑，因留宿閒語。禹進説曰：「更始雖都關西，今山東未安，赤眉、青犢之屬，動以萬數，三輔假號，往往羣聚。更始既未有所挫，而不自聽斷，諸將皆庸人屈起，志在財幣，争用威力，朝夕自快而已，非有忠良明智，深慮遠圖，欲尊主安民者也。四方分崩離析，形埶可見。明公雖建藩輔之功，猶恐無所成立。於今之計，莫如延攬英雄，務悦民心，立高祖之業，救萬民之命。以公而慮天下，不足定也。」光武大悦，因令左右號禹曰鄧將軍。常宿止於中，與定計議。

及王郎起兵，光武自薊至信都，使禹發奔命，得數千人，令自將之，別攻拔樂陽。從至廣阿，光武舍城樓上，披輿地圖，指示禹曰：「天下郡國如是，今始乃得其一。子前言以吾慮天下不足定，何也？」禹曰：「方今海内殽亂，人思明君，猶赤子之慕慈母。古之興者，在德薄厚，不以大小。」光武悦。時任使諸將，多訪於禹，禹每有所舉者，皆當其才，光武以爲知人。使別將騎，與蓋延等擊銅馬於清陽。延等先至，戰不利，還保城，爲賊所圍。禹遂進與戰，破之，生獲其大將。從光武追賊至(滿)〔蒲〕陽，連大克獲，北州略定。

及赤眉西入關，更始使定國上公王匡、襄邑王成丹、抗威將軍劉均及諸將，分據河東、弘農以拒之。赤眉衆大集，王匡等莫能當。光武籌赤眉必破長安，欲乘釁并關中，而方自事山東，未知所寄，以禹沈深有大度，故授以西討之略。乃拜爲前將軍持節，中分麾下精兵二萬人，遣西入關，令自選偏裨以下可與俱者。於是以韓歆爲軍師，李文、李春、程慮爲祭酒，馮愔爲積弩將軍，樊崇爲驍騎將軍，宗歆爲車騎將軍，鄧尋爲建威將軍，耿訢爲赤眉將軍，左于爲軍師將軍，引而西。

建武元年正月，禹自箕關將入河東，河東都尉守關不開，禹攻十日，破之，獲輜重千餘乘。進圍安邑，數月未能下。更始大將軍樊參將數萬人，度大陽欲攻禹，禹遣諸將逆擊於解南，大破之，斬參首。於是王匡、成丹、劉均等合軍十餘萬，復共擊禹，禹軍不利，樊崇戰死。會日暮，戰罷，軍師韓歆及諸將見兵埶已摧，皆勸禹夜去，禹不聽。明日癸亥，匡等以六甲窮日不出，禹因得更理兵勒衆。明旦，匡悉軍出攻禹，禹令軍中無得妄動；既至營下，因傳發諸將鼓而並進，大破之。匡等皆棄軍亡走，禹率輕騎急追，獲劉均及河東太守楊寶、持節中郎將弭彊，皆斬之，收得節六，印綬五百，兵器不可勝數，遂定河東。承制拜李文爲河東太守，悉更置屬縣令長以鎮撫之。是月，光武即位於鄗，使使者持節拜禹爲大司徒。策曰：「制詔前將軍禹：深執忠孝，與朕謀謨帷幄，決勝千里。孔子曰：『自吾有回，門人日親。』斬將破軍，平定山西，功效尤著。百姓不親，五品不訓，汝作司徒，敬敷五教，五教在寬。今遣奉車都尉授印綬，封爲酇侯，食邑萬户。敬之哉！」禹時年二十四。

遂渡汾陰河，入夏陽。更始中郎將左輔都尉公乘歙，引其衆十萬，與左馮翊兵共拒禹於衙，禹復破走之，而赤眉遂入長安。是時三輔連覆敗，赤眉所過殘賊，百姓不知所歸。聞禹乘勝獨剋而師行有紀，皆望風相攜負以迎軍，降者日以千數，衆號百萬。禹所止輒停車住節，以勞來之，父老童穉，垂髪戴白，滿其車下，莫不感悦，於是名震關西。帝嘉之，數賜書褒美。

諸將豪傑皆勸禹徑攻長安。禹曰：「不然。今吾衆雖多，能戰者少，前無可仰之積，後無轉饋之資。赤眉新拔長安，財富充實，鋒鋭未可當也。夫盜賊羣居，無終日之計，財穀雖多，變故萬端，寧能堅守者也？上郡、北地、安定三郡，土廣人稀，饒穀多畜，吾且休兵北道，就糧養士，以觀其弊，乃可圖也。」於是引軍北至栒邑。禹所到，擊破赤眉別將諸營保，郡邑皆開門歸附。西河太守宗育遣子奉檄降，禹遣詣京師。

帝以關中未定，而禹久不進兵，下勑曰：「司徒，堯也；亡賊，桀也。長安吏人，遑遑無所依歸。宜以時進討，鎮慰西京，繫百姓之心。」禹猶執前意，乃分遣

將軍別攻上郡諸縣，更徵兵引穀，歸至大要。遣馮愔、宗歆守栒邑。二人爭權相攻，愔遂殺歆，因反擊禹，禹遣使以聞(帝)。帝問使人「愔所親愛爲誰」，對曰：「護軍黄防。」帝度愔、防不能久和，埶必相忤，因報禹曰：「縛馮愔者，必黄防也。」乃遣尚書宗廣持節降之。後月餘，防果執愔，將其衆歸罪。更始諸將王匡、胡殷(成丹)等皆詣廣降，與共東歸。至安邑，道欲亡，廣悉斬之。愔至洛陽，赦不誅。

二年春，遣使者更封禹爲梁侯，食四縣。時赤眉西走扶風，禹乃南至長安，軍昆明池，大饗士卒。率諸將齋戒，擇吉日，修禮謁祠高廟，收十一帝神主，遣使奉詣洛陽，因循行園陵，爲置吏士奉守焉。

禹引兵與延岑戰於藍田，不克，復就穀雲陽。漢中王劉嘉詣禹降。嘉相李寶倨慢無禮，禹斬之。寶弟收寶部曲擊禹，殺將軍耿訢。自馮愔反後，禹威稍損，又乏食，歸附者離散。而赤眉復還入長安，禹與戰，敗走，至高陵，軍士飢餓(者)，皆食棗菜。帝乃徵禹還，勑曰：「赤眉無穀，自當來東，吾折捶笞之，非諸將憂也。無得復妄進兵。」禹慙於受任而功不遂，數以飢卒徼戰，輒不利。三年春，與車騎將軍鄧弘擊赤眉，遂爲所敗，衆皆死散。事在《馮異傳》。獨與二十四騎還詣宜陽，謝上大司徒、梁侯印綬。有詔歸侯印綬。數月，拜右將軍。

延岑自敗於東陽，遂與秦豐合。四年春，復寇順陽閒。遣禹護復漢將軍鄧曄、輔漢將軍于匡，擊破岑於鄧；追至武當，復破之。岑奔漢中，餘黨悉降。

十三年，天下平定，諸功臣皆增户邑，定封禹爲高密侯，食高密、昌安、夷安、淳于四縣。帝以禹功高，封弟寬爲明親侯。其後左右將軍官罷，以特進奉朝請。禹内文明，篤行淳備，事母至孝。天下既定，常欲遠名埶。有子十三人，各使守一藝。修整閨門，教養子孫，皆可以爲後世法。資用國邑，不修産利。帝益重之。中元元年，復行司徒事。從東巡狩，封岱宗。

顯宗即位，以禹先帝元功，拜爲太傅，進見東向，甚見尊寵。居歲餘，寢疾。帝數自臨問，以子男二人爲郎。永平元年，年五十七薨，謚曰元侯。

帝分禹封爲三國：長子震爲高密侯，襲爲昌安侯，珍爲夷安侯。

《東觀漢記》卷九《鄧禹》 鄧禹，字仲華，南陽新野人。年十三，能誦《詩》，受業長安。時上亦遊學京師，禹年雖幼，而見上知非常人，遂相親附。

鄧禹，字仲華，南陽人也。更始既至雒陽，以世祖爲大司馬，使安集河北。禹聞之，自南陽發，北徑渡河，追至鄴謁，上見之甚驩，謂曰：「我得拜除長吏。生遠來，寧欲仕耶？」禹曰：「不願也。」

鄧禹聞上安集河北，即杖策北渡，追及於鄴。上欣其至。禹進説曰：「更始雖都關西，今山東未安，赤眉、青犢之屬，動以萬數，三輔假號，往往羣聚。更始既未有所挫，而不自聽斷，諸將皆庸人屈起，志在財幣，争用威力，朝夕自快，非有忠良明智，深慮遠圖，欲尊主安民者。明公雖建蕃輔之功，猶恐無所成立。於今之計，莫如攬延英雄，務悦民心，立高祖之業，救萬民之命。以公而慮天下，不足定也。」上大悦，因令左右號禹曰鄧將軍，常宿止於中，與定計議。

上至廣阿，止城門樓上，披輿地圖，指示鄧禹曰：「天下郡國如是，我乃始得一處，卿言天下不足定，何也？」

上破邯鄲，誅王郎，欲北發突騎。禹曰：「吴漢有智謀，諸將鮮能及者。」上以禹爲知人。

光武即位，拜鄧禹爲大司徒。制曰：「前將軍鄧禹，深執忠孝，與朕謀謨帷幄，決勝千里。孔子曰：『自吾有回也，門人日以親。』封禹爲酇侯。」

赤眉入長安，鄧禹乘勝獨克，而師行有紀，皆望風相攜以迎，降者日以千數，衆號百萬。

鄧禹爲司徒，討赤眉，不以時進，光武敕曰：「司徒，堯也；赤眉，桀也。今長安飢民，孰不延望？」

自馮愔反後，鄧禹威稍損，又乏食。赤眉還入長安，鄧禹與戰，敗走，至高陵，軍士飢餓，皆食藻菜。帝乃徵禹還，敕曰：「赤眉無穀，自當來降，吾折箠笞之，非諸將憂也。」

鄧禹與赤眉戰，赤眉佯敗，棄輜重走，車皆載土，以豆覆其上。兵士飢，争取之。赤眉引還擊之，軍潰亂。時百姓饑，人相食，黄金一斤易豆五升，道路斷隔，委輸不至，軍士悉以菓實爲糧。

鄧禹攻赤眉，輒不利，吏士散亡盡，禹獨與二十四騎還詣雒陽。

建武中，鄧禹罷三公，以列侯就第，位特進。

鄧禹，右將軍官罷，以特進奉朝請。

鄧禹篤於經書，教學子孫。

鄧禹，字仲華，以元功拜太傅，進見東向，甚見尊寵。

序曰：賢駿思聖主，風雲從龍武，自然之應也。鄧禹以弱冠睹廢興之兆，贏糧策馬，以追世祖，遂信竹帛之願，建社稷之謀，襲蕭何之爵位，可謂材難矣。受

命之初，躬率六師。中興治定，勒號泰山。聖上繼體，立師傅，位三公，功德之極，而禹兼之。《易》稱「利見大人」，《詩》有「自求多福」，其禹之謂與？

雜録

備録

謝承《後漢書》卷二《鄧禹傳》　赤眉盆子去長安，西入右扶風。鄧禹至長安中昆明池，率諸將齋戒，擇吉日入城，謁高帝廟，修禮祠祭，勞賜吏士。因收十二帝神主，以故高廟郎來輔守高廟令，行京兆尹，承事按行，掃除諸園陵，爲置卒吏奉守焉。遣輔奉主詣京師。

華嶠《漢後書》卷一《鄧禹傳》　鄧禹字仲華，拜大司徒。年二十四，内文明，篤行淳備。

鄧禹十三男，各令習一藝。

司馬彪《續漢書》卷二《鄧禹傳》　鄧禹字仲華，拜前將軍，持節分精吏士三萬人，自箕關入攻河内都尉，破之，獲輜重車千餘乘。

孝明皇帝以禹先帝名臣，拜太子太傅，進見東宮，甚優寵。

《後漢書》卷一一《劉盆子傳》　赤眉貪財物，復出大掠。城中糧食盡，遂收載珍寶，因大縱火燒宫室，引兵而西。過祠南郊，車甲兵馬最爲猛盛，衆號百萬。盆子乘王車，駕三馬，從數百騎。乃自南山轉掠城邑，與更始將軍嚴春戰於郿，破春，殺之，遂入安定、北地。至陽城、番須中，逢大雪，坑谷皆滿，士多凍死，乃復還，發掘諸陵，取其寶貨，遂汙辱呂后屍。凡賊所發，有玉匣殮者率皆如生，故赤眉得多行婬穢。大司徒鄧禹時在長安，遣兵擊之於郁夷，反爲所敗，禹乃出之雲陽。九月，赤眉復入長安，止桂宫。

時漢中賊延岑出散關，屯杜陵，逢安將十餘萬人擊之。鄧禹以逢安精兵在外，唯盆子與羸弱居城中，乃自往攻之。會謝禄救至，夜戰稾街中，禹兵敗走。延岑及更始將軍李寶合兵數萬人，與逢安戰於杜陵。【略】

光武乃遣破姦將軍侯進等屯新安，建威大將軍耿弇等屯宜陽，分爲二道，以要其還路。勑諸將曰：「賊若東走，可引宜陽兵會新安；賊若南走，可引新安兵會宜陽。」明年正月，鄧禹自河北度，擊赤眉於湖，禹復敗走，赤眉遂出關南向。征西大將軍馮異破之於崤底。帝聞，乃自將幸宜陽，盛兵以邀其走路。

《後漢書》卷一三《隗囂傳》　建武二年，大司徒鄧禹西擊赤眉，屯雲陽。禹裨將馮愔引兵叛禹，西向天水，囂逆擊，破之於高平，盡獲輜重。於是禹承制遣使持節命囂爲西州大將軍，得專制涼州、朔方事。及赤眉去長安，欲西上隴，囂遣將軍楊廣迎擊，破之，又追敗之於烏氏、涇陽閒。

囂既有功於漢，又受鄧禹爵，署其腹心，議者多勸通使京師。

《後漢書》卷一四《順陽懷侯嘉傳》　李寶等聞鄧禹西征，擁兵自守，勸嘉且觀成敗。光武聞之，告禹曰：「孝孫素謹善，少且親愛，當是長安輕薄兒誤之耳。」禹即宣帝旨，嘉乃因來歙詣禹於雲陽。三年，到洛陽，從征伐，拜爲千乘太守。

《後漢書》卷一七《賈復傳》　復遂辭嘉，受書北度河，及光武於柏人，因鄧禹得召見。光武奇之，禹亦稱有將帥節，於是署復破虜將軍督盜賊。【略】

十三年，定封膠東侯，食郁秩、壯武、下密、即墨、梃(胡)、觀陽，凡六縣。復知帝欲偃干戈，修文德，不欲功臣擁衆京師，乃與高密侯鄧禹並剽甲兵，敦儒學。帝深然之，遂罷左右將軍。復以列侯就第，加位特進。

《後漢書》卷二〇《銚期傳》　銚期字次況，潁川郟人也。長八尺二寸，容貌絶異，矜嚴有威。父猛，爲桂陽太守，卒，期服喪三年，鄉里稱之。光武略地潁川，聞期志義，召署賊曹掾，從徇薊。時王郎檄書到薊，薊中起兵應郎。光武趨駕出，百姓聚觀，諠呼滿道，遮路不得行，期騎馬奮戟，瞋目大呼左右曰「蹕」，衆皆披靡。及至城門，門已閉，攻之得出。行至信都，以期爲裨將，與傅寬、呂晏俱屬鄧禹。徇傍縣，又發房子兵。禹以期爲能，獨拜偏將軍，授兵二千人，寬、晏各數百人。還言其狀，光武甚善之。使期别徇真定宋子，攻拔樂陽、稾、肥纍。

《後漢書》卷二二《馬武傳》　帝後與功臣諸侯讌語，從容言曰：「諸卿不遭際會，自度爵禄何所至乎？」高密侯鄧禹先對曰：「臣少嘗學問，可郡文學博士。」帝曰：「何言之謙乎？卿鄧氏子，志行脩整，何爲不掾功曹？」

《後漢書》卷二七《王丹傳》　會前將軍鄧禹西征關中，軍糧乏，丹率宗族上麥千斛。禹表丹領左馮翊，稱疾不視事，免歸。後徵爲太子少傅。

《後漢書》卷三八《張宗傳》　及大司徒鄧禹西征，定河東，宗詣禹自歸。禹

聞宗素多權謀，乃表爲偏將軍。禹軍到栒邑，赤眉大衆且至，禹以栒邑不足守，欲引師進就堅城，而衆人多畏賊追，憚爲後拒。禹乃書諸將名於竹簡，署其前後，亂著笥中，令各探之。宗獨不肯探，曰：「死生有命，張宗豈辭難就逸乎！」禹歎息謂曰：「將軍有親弱在營，柰何不顧？」宗曰：「愚聞一卒畢力，百人不當；萬夫致死，可以横行。宗今擁兵數千，以承大威，何遽其必敗乎！」遂留爲後拒。諸營既引兵，宗方勒厲軍士，堅壘壁，以死當之。禹到前縣，議曰：「以張將軍之衆，當百萬之師，猶以小雪投沸湯，雖欲戮力，其埶不全也。」乃遣步騎二千人反還迎宗。宗引兵始發，而赤眉卒至，宗與戰，卻之，乃得歸營，於是諸將服其勇。及還到長安，宗夜將鋭士入城襲赤眉，中矛貫胛，又轉攻諸營保，爲流矢所激，皆幾至於死。

及鄧禹徵還，光武以宗爲京輔都尉，將突騎與征西大將軍馮異共擊關中諸營保，破之，遷河南都尉。

酈道元《水經注》卷三一《淯水》　宛城南三十里有一城，甚卑小，相承名三公城，漢時鄧禹等歸鄉餞離處也。

《後漢書》卷七〇《孔融傳》李賢注　鄧禹征赤眉，令宗欽、馮愔守栒邑。二人争權相攻，遂殺欽，因反擊禹。

《陳亮集》卷一二《三國紀年·鄧禹》　初，劉伯升死，光武於漢事惓惓也，持節北渡河。鄧禹首建大策，遂參密議，連兵西征，關河響動。當此之時，其威略至無前也，赤眉、延岑獨足嬰其鋒哉！

黄震《古今紀要·後漢》　鄧禹杖策追及於鄴，説帝延攬英雄，立高祖之業，救萬民之命。西入關謁祠高廟，收十一帝神主。二十四爲司徒，任用多誘之，薦賈、寇、吴。欲緩取赤眉，迫於君命，屢失利，入關，功雖不究，然能爲漢得人心。披圖對在德厚薄，大度淵謨，君臣同德，比張良智勇不及，學行過之，遠權勢，家法傳後世。

何焯《義門讀書記》卷二二《後漢書·列傳》　平定山西，此時河東已名山西，然特此一郡在太行西耳。

獨與二十四騎還，二萬衆止與二十四騎還，違勅而以飢卒徼戰之謬也，欲功自己成而反致敗散，其猶執之不堅之過歟。

定封禹爲高密侯。《帝王世紀》，禹字高密，仲華之封邑，世祖殆以相啁耶。各使守一蓺。一蓺，一經也。

劉統勛《評鑑闡要》卷二　鄧禹進説，極似韓信登壇之對，不過數言而成敗之勢了然，其識有大過人者。所云延攬英雄，務悦民心，雖草創要語，然帝王治世之道，誠不外知人安民而已。【略】韓信背水之戰，何嘗非置之死地而後生哉？禹異之敗，其必有致敗之由。謬以饑卒徼戰爲禹罪，則是不知兵機，而貽畏難選懦者流以口實矣。謂禹爲忿兵無成，或庶幾耳。

備論

《後漢書》卷一六《鄧禹傳論》　論曰：夫變通之世，君臣相擇，斯最作事謀始之幾也。鄧公嬴糧徒步，觸紛亂而赴光武，可謂識所從會矣。於是中分麾下之軍，以臨山西之隙，至使關河響動，懷赴如歸。功雖不遂，而道亦弘矣！及其威損栒邑，兵散宜陽，褫龍章於終朝，就侯服以卒歲，榮悴交而下無二色，進退用而上無猜情，使君臣之美，後世莫闚其閒，不亦君子之致爲乎！

《後漢書》卷二二《朱景王杜等傳論贊》　光武鑒前事之違，存矯枉之志，雖寇、鄧之高勳，耿、賈之鴻烈，分土不過大縣數四，所加特進、朝請而已。【略】

永平中，顯宗追感前世功臣，乃圖畫二十八將於南宫雲臺，其外又有王常、李通、竇融、卓茂，合三十二人。故依其本弟係之篇末，以志功臣之次云爾。

太傅高密侯鄧禹　　中山太守全椒侯馬成
大司馬廣平侯吴漢　　河南尹阜成侯王梁
左將軍膠東侯賈復　　琅邪太守祝阿侯陳俊
建威大將軍好畤侯耿弇　　驃騎大將軍參蘧侯杜茂
執金吾雍奴侯寇恂　　積弩將軍昆陽侯傅俊
征南大將軍舞陽侯岑彭　　左曹合肥侯堅鐔
征西大將軍陽夏侯馮異　　上谷太守淮（陽）〔陵〕侯王霸
建義大將軍鬲侯朱祐　　信都太守阿陵侯任光
征虜將軍潁陽侯祭遵　　豫章太守中水侯李忠
驃騎大將軍櫟陽侯景丹　　右將軍槐里侯萬脩
虎牙大將軍安平侯蓋延　　太常靈壽侯邳彤
衛尉安成侯銚期　　驍騎將軍昌成侯劉植

東郡太守東光侯耿純　　橫野大將軍山桑侯王常
城門校尉朗陵侯臧宫　　大司空固始侯李通
捕虜將軍楊虚侯馬武　　大司空安豐侯竇融
驃騎將軍慎侯劉隆　　太傅宣德侯卓茂

贊曰：帝績思乂，庸功是存。有來羣后，捷我戎軒。婉孌龍姿，儷景同翻。

蘇轍《欒城後集》卷八《鄧禹》　鄧禹初以兵入關，乘勝獨克，關輔響震。是時赤眉方入長安，諸將豪桀，皆勸禹徑乘其亂。禹曰：「吾衆雖多，能戰者少，前無可仰之積，後無轉饋之資。赤眉新拔長安，財富兵鋭，未易當也。盜賊羣居，無終日之計，財穀雖多，變故萬端，非能堅守者也。上郡、北地、安定三郡，土廣人稀，饒穀多畜。吾且休兵北道，就糧養士，以觀其變，乃可圖也。」於是引兵北屯栒邑。光武聞之，敕禹以時進討。禹固執前意，磐桓不進。明年赤眉西走扶風，禹乃入長安，謁祠高廟，收十一帝神主，然卒不能定關中，無功而歸。蓋赤眉之亂，光武欲急攻之，禹欲緩取之。議者見禹之敗，因以禹爲失計。吾以爲不然。

赤眉方强，急之實難，緩之爲得。逮其自敗，西走扶風，而禹乘之，猶能還兵敗禹，而況其未走也哉！如光武之計，蓋不知赤眉方强，而禹兵力不足。若審知如此，聽禹堅守北道，時出撓之，而使别將挾持其東，東西蹙之，磨以歲月，而赤眉成擒矣。禹之敗而西歸也，與馮異相遇，要異共攻赤眉。異曰：「異與賊相遇，且數十日，雖屢獲雄將，餘衆尚多，可稍以恩信傾誘，難卒用兵破也。上今使諸將屯澠池，要其東，而異擊其西，一舉取之。此萬全計也。」禹又不從而敗。由此觀之，禹本計不失，而帝不能用，禹亦迫於君命，不能自固耳。

《全宋文》卷四八三二史堯弼《光武授鄧禹西討論》　善乎亂者，必審觀敵人之勢，而用其將帥之才。今夫敵人之勢必有堅脆，而將帥之才必有長短。故古之善取天下之君，其所以收萬全之利者，豈有他哉？蓋亦因敵人之堅脆，以用將帥之長短，能使將之才與敵之勢相稱，然後能相當。能相當然後能相制，故能取勝於天下，而其兵不可敗。方其將發也，必觀敵之兵，而又觀其氣。觀敵之氣，而又觀其勢。彼爲吾之敵者誰乎，其氣果怠耶，勢果緩耶，雖以雍容之才，亦足以制其亂。其氣果鋭耶，勢果急耶，則必以縱横百出之才而當其衝。亦猶因病用藥而已，非惟以丹砂而去其易除之病，而又以烏喙蝮蝎而搏其難攻之毒，其理蓋甚近而易曉。嗟夫，世之人不斟酌敵勢而酬酢之，乃以雍容之士當飄忽震蕩之敵，而兵始敗矣。嘗怪光武掃蕩群盜，而不能不失威於赤眉，其故何哉？其失在於以鄧禹雍容之才，不能與敵人之勢相勝，亦無怪乎兵之至於敗也。方其命禹也，蓋曰：「禹有深沉大度。」故授以西討之略。夫當時之盜，其剽鋭而輕者莫如赤眉。剽則彊悍而不可敵，鋭則奮發而不可當，輕則倏忽而不可禁，而欲以深沉大度之士，頑然而當其衝，是猶冠冕佩玉之人，而使之捍禦山林之勇，其不斃者幾希矣。雖然，禹發光武取天下之心，不可謂無智。然而可以決一定之議，而不可以應無窮之變；可以優游於帷幄，而不可以奔走於征伐。向使民有未安耶，禹也旦暮而撫之者，其所長也；謀有未決者耶，敵有未撫者耶，決其謀而鎮撫其敵，亦禹之所長也。而光武捨禹之所長，而用其所短，以當赤眉之鋭，則西討之師適所以敗北而已。今夫有雍容之才者，必無縱横百出之智。稷、契未必能當蚩尤之鋒，曾、閔未必能制盜跖之怒，孰謂禹也而能當赤眉也耶？嗚呼，赤眉之勢本不張，張赤眉之勢者鄧禹也。鄧禹之才本可用，悮鄧禹之才者光武也。請論鄧禹制敵之疏，以觀光武用人之失。夫天下之亂，莫難於當飄忽震蕩之亂。自古以來，其亂有四，在漢則有項羽，有七國，有黄巾，在唐則有安史。其勢類皆如迅雷暴雨，遽而不可遏，然而卒破滅者，制之有術也。高祖之取項羽，李、郭之制安、史，是百戰以摧其鋒而已。亞夫之制七國，皇甫嵩之破黄巾，是堅壁以老其師而已。鋒之摧，則勢有所折而弊可乘；師之老，則氣有所竭而亡可待。雖有震動之勢，終何爲哉！赤眉之亂，大類於四者，而鄧禹有老其師之勢，而不能用於始，以喪其功；有摧其鋒之勢，而不能用於終，以至於敗。且赤眉之勢，不終日之勢也，雖有難拒之形，而實有必敗之理；雖有歲月之彊，而實無經久之患。所謂寄生之寇，無根之盜，蓋可必取而無難。方禹之臨山西也，苟能乘悦附之心，當屢勝之後，直擣長安而據其險。積財於内，使我師優游而有餘；閉關於外，使赤眉皇皇而無所歸，如是而赤眉不破，吾不信也。奈何得關中而不能守，使賊勢横行於長安而不可禁，故曰禹有老其師之勢，而不能用於始，以喪其功。方禹之入長安也，苟能困赤眉扶風，而其氣已沮，犒吾兵，養吾鋭，於是以素飽而乘其機，以至逸而待其勞，以方鋭而攻其衰，如是而赤眉不敗，吾不信也。奈何以饑饉之卒而當其鋭，於威損之後而繼之以戰，是以二戰而至二大敗，故曰禹有摧其鋒之勢，而不能用於終，以至於敗。夫禹之出也，與更始諸將三戰而三勝，與赤眉遇則二戰而二大敗。更始諸將懦而無立，故禹勝之爲有餘；赤眉之勢暴而難敵，故禹當之爲不足。其有雍容之才，而無縱横百出之智，蓋可見矣。而光

武反使之當衝突之敵以取敗，故曰非鄧禹制敵之疏，光武用人之失也。昔者高皇帝料韓信必能當柏直，料曹參必能當馮敬，蕭何之鎮重不使之運籌，子房之多謀不使之征伐，任人各當其長，用人各當其敵，故能取勝天下。光武之用寇恂，用耿弇，亦若高祖之用蕭何、韓信矣，而反失之於鄧禹。嗟夫，禹之才，置之於帷幄，不失爲斷大事之謀臣；而反用之以當飄忽震蕩之衝，則不免爲敗軍之將，此光武不觀敵勢之過也。兵法曰：「知彼知此，百戰不怠。」嗚呼，深知乎此而後可以將將矣。

《朱子語類》卷五八《孟子八・萬章下》 且如一間破屋，教自家修，須有先後緩急之序；不成一齊拆下，雜然並修。看他會做事底人便別，如韓信、鄧禹、諸葛孔明輩，無不有一定之規模，漸漸做將去，所以所爲皆卓然有成。這樣人方是有定力，會做事。

《朱子語類》卷一二六《釋氏》 問：「輪廻之説當時如何起？」曰：「自漢以來已有此説話。説得成了，因就此結果。」曰：「不知佛祖已有此説否？」曰：「今佛經存者亦不知孰爲佛祖之書。」厚之云：「或傳范淳夫是鄧禹後身。」曰：「鄧禹亦一好人，死許多時，如何魄識乃至今爲他人！」某云：「吕居仁詩亦有『狗脚朕』之語。」曰：「它又有『偷胎奪陰』之説，皆脱空。」

《朱子語類》卷一三五《歷代二》 事無有自做事得成者。光武要小小自做家活子，亦是鄧禹先尋得許多人。太宗便是房、杜爲尋得許多人。今只要自做。

古人年三十時，都理會得了，便受用行將去。今人都如此費力。只如鄧禹十三歲學於京師，已識光武爲非常人。後來杖策謁軍門，只以數言定天下大計。

《全宋文》卷六三三二陳亮《酌古論・鄧禹》 善用兵者，識用不用之宜，而後能以全爭於天下矣。夫戰久勝則兵不可用，敵已懼則兵不必用。不可用而用之則挫，不必用而用之則勞。勞且挫，則敵人反得乘其弊而覆之，上損國家之靈，下虧一身之名。一跌之後，前功盡棄，其爲患也可勝道哉！是故智者戒之也。昔者韓信之用兵也，一舉而定三秦，再舉而虜魏豹，三舉而擒夏説，四舉而梟成安君。出奇制勝，變化如神。兵鋒所加，敵人授首。蓋舉無遺策，而天下皆知其不可當也。然當此之時，戰雖勝而兵已疲矣，兵雖疲而敵已懼矣。故兵雖不可用，亦不必用也。聲恐而氣喝之，固足以勝。是以廣武君告以傳檄下燕，然後舉兵臨齊，信從其説，卒以成功。然吾以爲廣武君雖不言，信之計亦將出於此矣。何者？勢當然也。夫強弩之末，不能穿魯縞，勢不可用也。傷弓之鳥，可以虚弦下，勢不必用也。不可用，不必用，智者固將不用矣。今信之勢，何以異此？其所以區區咨計於廣武君者，蓋大功垂成，不敢不謹也。不然，則安能百舉百全而未嘗小衄歟！鄧禹起身徒步，杖策軍門，一見光武，遂論霸王大略，陳天下之大計，此其胸中固有大過人者矣。連兵西討，所當者破，既定河東，復平關中，威聲響震，敵人破膽。諸將勸禹乘勝徑攻長安，而禹定計欲待其斃。光武迫之使急進兵，赤眉西走，遂拔長安。已而糧運不斷，降者離散，赤眉還兵，長安復失，威名大損，功卒不成。論者皆以爲禹之計則然，而光武實迫之使敗者。吾獨以爲不然。斯民塗炭，皇皇無告，奮力拯之，惟恐不及。而況吾勝而彼沮，不進兵將何待也！使其既據長安，大張勝氣，分慰居民，合饗士卒，使辯士以尺書風諭威德，則赤眉延岑可指麾而定矣。此韓信破趙之勢也。不知出此，迺舉弊兵而與延岑合戰，敗於藍田，可以止矣，且憤其功之不成，復收餘卒求與賊戰，糧運日乏，屢戰屢敗，豈非禹之才略有所不及，而亦無謀士以傳檄之説告之耶？吾觀禹之失，而後知識用不用之宜者蓋亦難矣。嗟夫！禹之失亦有自來矣。禹令馮愔、宗歆等守栒邑，二人爭權相攻，愔殺歆而反擊禹，禹懵然無所措，求計於光武，賴黄防而僅能得其首。愔、歆，偏裨也，始不能防之，終不能制之，敵人固有以窺我矣。使其能御愔、歆而不至於相攻，則栒邑不摇；栒邑不摇則敵人不能窺，而糧運必不乏；敵人不能窺，則餘黨不降而自服；糧運既不乏，則居民降附者日衆，長安之功，固不在馮異而在禹矣。以此觀之，禹實有以取之，而光武何罪哉。語曰：「行百里者，半於九十。」故夫古之智者，嘗盡心於垂成之際也。

葉適《習學記言序目》卷二四《後漢書一・帝紀》 光武匹夫徒手得天下，其難有甚於高祖。然西漢初，天下謀臣畫策，起而并馳者甚衆，久猶不已；東漢乃無之，雖有鄧禹參計謀，亦不過常議論，士大夫皆奉繩墨從事，以力用取之，求如良、平不可得矣。興王同而人材异，何也？王莽雖篡奪而政已亂，天下固期漢以復興。向若劉伯升遂立，誅盜反正，還手即定矣，偶爲更始凡庸敗。

葉適《習學記言序目》卷二四《後漢書一・列傳》 鄧禹所以爲元功者，始贊光武自爲政，君臣之交合也。然天下事謀之若易而行之實難，其披輿地圖始得其一，而禹以爲「古之興者在德薄厚，不以大小」。若光武收成業於百戰夷傷之後，謂之以德不可也。禹中分麾下，數年終不就功，蓋用力之難而使人以德自歸者不驗矣。彼湯武無意於天下而天下從之，戰伐少而戡定多，及伊尹、周公，一以德輔而猶且不易，況用力乎！然則禹之論，謂之人思漢未衰，有所憑藉而可以

用力，用力而終歸於德則可矣；謂之在德而不在力，則與書生迂闊之常談無异也。

郝經《續後漢書》卷九〇上《録八中・兵將》 光武起於諸生，一時將帥鄧、馮、寇、賈，皆有問學，登功戢武，各全始終，有三代之遺風。兵將之良亦未易遇也。若穰苴之嚴，田單之智，無忌之義，亞夫之重，充國之謀，鄧禹之仁，耿弇之共，關羽之勇，陸遜之術，朱然之謹，抑亦可以爲將矣。

鄧禹、寇、賈皆儒將，素無韓、彭豪健難馭之氣，故得以柔道馭之，全其始終。

陳子龍《陳忠裕公全集・鄧禹論》 光武不任三公，而東京無相，若鄧禹者可以相矣。以相爲將而不得其道，則必至于敗。凡將之道有二，挑蕩威厲、譎詭疾鷙之徒，使之先以趨利，而令持重安固，可以和戢撫揗者，以繼其後，則用之有序，事之所繇成也。鄧禹非衝突之才，當關中紛擾，光武獨任以西事，而不使其爲人繼，又無人以繼之，宜其傾覆而不效也。凡獨任之將，宰制千里之外，而奉法太過，必行其君之意，患之大者矣。然則光武于禹均失乎？曰光武與禹之本計，皆未爲失也。光武有所誤，而禹有所迫耳。當秦之將亡，與更始之將敗，關中苦之久矣。光武之使禹，則義帝之遣沛公也。夫沛公之在楚，鄧禹之在漢，皆其長者名。光武亦以關中苦散敗，使長者扶義而西，告諭秦父老，可不勞而定也。然當時之勢良不然，無論高帝天力哉，秦之爲虐者，特其上耳，民誰與守者？更始竊漢名號，黨類尚繁，又光武之所嘗臣也。赤眉雖盜乎衆百萬，擁宗室，非可以虛聲下也。夫關西舊京，郡邑以百數，而使禹以二萬之衆，鼓行而前，其不責禹以破除掃滅，以爲招之而有甚易者矣。禹惟守光武之意，而不知變，故卒至于敗。且夫禹之長厚恂恂，天下莫不聞。當是之時，秦民之強豪有力者，咸爲寇盜，其歸禹者，皆老弱不聊者耳，然衆且百萬。夫以二萬之衆擁百萬之民，前有劇寇，後無繼粟，曠日持久，即不與赤眉接，禹能安坐乎？帝之督戰，蓋疑秦民之歸禹，而賊可以旦夕破，不知百萬之衆，適足爲禹累而已。禹之失計，不在于奉詔出兵之時，而在于收衆之無術。雖然，昭烈東下之時，狃于從奔之民，而妻子爲虜。禹以歸附之衆，兵敗名損。然昭烈卒稱得人，以有蜀漢，光武卒定關中，禹爲元。

陳子龍《陳忠裕公全集・安雅堂稿・鄧禹》 夫取天下者，未有不審天下之勢者也。高祖方與項籍爭，而令韓信北收燕、趙。世祖方經營河北，而鄧禹之師已躒汾晉，躪河渭矣。善用兵者，批隙導虛，以務自廣，故能致人而不致於人也。

朱一是《爲可堂初集》卷六《鄧禹論》 鄧禹以年少起，徒步輔成漢業，爲中興元侯，豈維時雲臺諸將，若寇、馮、耿、賈之屬，無足當禹歟！夫禹方面之勳，僅見征西，及敗走高陵，慙于受任而功不遂，以饑卒徼戰，爲赤眉所挫，衆皆死散，獨禹二十四騎還詣宜陽，是禹之戰功未見其無敵也。乃天下既定，大封功臣，必爲推首，而後世尚論將才，亦無有少禹者何故，然後知古之大將，佐取天下，固貴乎有過人之識，足以乘時致身，配德明聖，而臨敵之知勇不與焉。夫禹過人之識安在也？方其杖策北渡，追光武于鄴，即進説曰：「明公建藩輔之功，恐無所成立。于今之計，莫如延攬英雄，務悦民心，立高祖之業，救萬民之命。以公而慮天下，不足定也。」此數言者，何其明決哉！韓信登壇，策滅項之機；諸葛亮出隆中，定三分之計。凡關氣運之人，審時觀勢，其方畧必蓄積有素，一遇其主，出諸其懷而與之。禹之投鄴，王業百未得一，即已如是。光武曰禹「與朕謀謨帷幄，決勝千里」。比諸孔子有回，而門人日親。誠不敢以將帥蓄禹矣，此禹識之能定大計者一也。且禹「延攬英雄」，非虛語也。光武之渡河，從龍之士落落未多。自禹薦寇恂、吴漢、賈復諸人，而人材輻輳，所嚮輒克，是寇恂、吴漢、賈復諸人之功，皆禹之功。以布衣之從軍，同宰相之納士，終建武之世，用其才而不匱，此禹識之善知人者一也。雲臺將帥，從光武遲速不齊，或仕莽，或仕更始，或起羣盜，皆中道回心，希光日月，惟禹十三游學，即知光武非常人，遂相親附。及漢兵起，更始立，多薦禹，禹不肯從，乃從光武于河北，識天子于塵埃之內，守身却仕，不汙亂朝，此其識之善擇主者又一也。如是三識，得一已足命世，而況兼之，且又在年少之日，豈非英靈間出，天生光武以戡亂，即生禹以佐命，一君一臣，如器用之相配，一定而不可移，非折衝奔走之士所得同年而語，以之謚元侯，配廟享，豈有愧焉？然議者謂宜陽報命之後，不復專征，功亦少見，豈禹一蹶而才遂竭歟？當時赤眉未降，羣盜及隴蜀未滅，紛紛日用兵，禹以方剛之膂力，優游富貴，奉朝請而遠名勢者，幾三十載，人皆惜禹未盡其用，而不知用盡者之爲物忌也。古之人主善用人者，不必竭人之力，而人之見用于明主者，亦不必求竭其力，以邀不賞之功。惟力之不竭，則下有餘用，上有餘恩；有餘用則不驕，有餘恩則不忌，君與臣綽綽然相存以有餘，而相歡若不足，乃得常保其功名，而無不克令終之患。如飲酒者，適可而止，不至盡其量而沉湎失度；負重者，使其身猶可加，則弛負易而無虞于顛蹶不勝。彼禹之功限于征西，身閒于壯齒，亦此類也哉。豈獨禹然？吾觀耿弇，削平齊地，功比韓信，即歛鋒不試；寇恂堅拒河內，績侔蕭

侯，卒寄之以郡守之治；賈復衝鋒陷敵，而未嘗耑征，此數雄皆用有未盡。且使鄧、寇等爲相，豈下蕭、曹，徒以列侯歸第，即高密與固始、膠東，參議國事，而究不委之執政大任，光武之深心遠計，誠過于高祖，而列侯寵利居成，無鳥盡弓藏之禍，亦賴此也。

王源《居業堂文集》卷一〇《鄧禹論》 兵以利動，以利敗。善戰者誘敵以利而覆之，雖累敗之餘，可一舉而得志。昔鄧禹受命西征，所向克捷，而赤眉新破長安，鋒方鋭，禹乃休兵北地待其衰，光武屢趣之，不得已出戰，數敗，光武以馮異代其任，禹恥於受命無功，更以饑卒邀戰，遂大喪其師，遯而歸。嗚呼！勝負何常，禹於馮異入關之時，固有因敗致勝之策，惜禹之不善用之也。楚使盧戢黎侵庸，庸人敗楚，或請濟師。師叔曰：「不可。姑又與之，遇以驕之。彼驕我怒，而後可克。」又與之遇，七遇皆北，庸人曰：「楚不足與戰矣。」遂不設備。楚於是滅庸。石勒與姬澹戰，使孔萇爲前鋒，逆擊澹軍。孔萇退而澹來追，勒伏兵夾攻，大破之。使禹能出石勒之計，約馮異悉其精鋭，伏於險而再與之戰以北，赤眉狃於數勝，必輕進逐利，而禹雖屢敗之餘，可反因之以收師叔之功，何其計之昧乎此也。孫子曰：「利而誘之，亂而取之。」又曰：「以利動之，以本待之。」古之名將，用此術以成功者衆矣。禹能定天下之大計，而不能決機於兩陳之閒，豈將略非其所長乎？漢景帝使周亞夫禦吴楚，亞夫請曰：「吴楚輕慓，難與争鋒。請以梁委之，絶其食道，乃可破也。」帝許之。亞夫遂堅壁昌邑，梁數遣使求救，不聽，以至天子親降明詔，趣使救梁，而亞夫終守前議不奉詔，故卒破吴楚而成功。禹之初計，何嘗不善。使光武不從中制，聽其固軍高壘，養威蓄鋭，俟赤眉氣衰食盡，解散東歸，然後鼓行而隨其後，安在禹之不能滅此朝食也。光武既昧於授鉞之義，禹又不知君命有所不受，以便國家，則其受命無功，君臣兩分其責可矣。

王鳴盛《十七史商榷》卷三五《鄧禹論》 論曰：鄧公功雖不遂，道亦宏矣，及威損栒邑，兵散宜陽，褫龍章於終朝，就侯服以卒歲，榮悴交而下無二色，進退用而上無猜情，君臣之美，後世莫窺其閒云云。蔚宗此論，不甚貶禹，而亦深許光武，最爲平允。袁宏《後漢紀》第七卷爲禹論，乃深責光武以功高不賞，反覆爲禹惋惜呼冤。愚謂禹粗定長安，旋爲赤眉所敗，廢然而返，功頹業喪，雖歸大司徒印，仍封侯食邑。及中元元年，復行司徒事，爲幸多矣，宏此論殊不平。

藝文

《劉禹錫集》外集卷二《和樂天耳順吟兼寄敦詩》 吟君新什慰蹉跎，屈指同登耳順科。鄧禹功成三紀事，孔融書就八年多。已經將相誰能爾？拋卻丞郎争奈何？獨恨長洲數千里，且隨魚鳥泛煙波。

陳造《江湖長翁詩鈔》卷一五《書懷》 人間窮達命污隆，作意功名欲捕風。但見劉班誤車子，何曾鄧禹笑王融。官曹得飽餘何事，書課乘閒亦雋功。少待蓴鱸付張翰，一溪風月放船蓬。

漢章帝部

綜述

《後漢書》卷三《肅宗孝章帝紀》 肅宗孝章皇帝諱炟，顯宗第五子也。母賈貴人。永平三年，立爲皇太子。少寬容，好儒術，顯宗器重之。

十八年八月壬子，即皇帝位，年十九。尊皇后曰皇太后。

壬戌，葬孝明皇帝于顯節陵。

冬十月丁未，大赦天下。賜民爵，人二級，爲父後及孝悌、力田人三級，脱無名數及流人欲占者人一級，爵過公乘得移與子若同産子；鰥、寡、孤、獨、篤癃、貧不能自存者粟，人三斛。詔曰：「朕以眇身，託于王侯之上，統理萬機，懼失厥中，兢兢業業，未知所濟。深惟守文之主，必建師傅之官。《詩》不云乎：『不愆不忘，率由舊章。』行太尉事節鄉侯憙三世在位，爲國元老；司空融典職六年，勤勞不怠。其以憙爲太傅，融爲太尉，並録尚書事。『三事大夫，莫肯夙夜』，《小雅》之所傷也。『予違汝弼，汝無面從』，股肱之正義也。羣后百僚勉思厥職，各貢忠誠，以輔不逮。申勑四方，稱朕意焉。」

十一月戊戌，蜀郡太守第五倫爲司空。

詔征西將軍耿秉屯酒泉。遣酒泉太守段彭救戊己校尉耿恭。

甲辰晦，日有食之。於是避正殿，寢兵，不聽事五日。詔有司各上封事。

十二月癸巳，有司奏言：「孝明皇帝聖德淳茂，劬勞日昃，身御浣衣，食無兼珍。澤臻四表，遠人慕化，僬僥、儋耳，款塞自至。克伐鬼方，開道西域，威靈廣被，無思不服。以烝庶爲憂，不以天下爲樂。備三雍之教，躬養老之禮。作登歌，正予樂，博貫六藝，不舍晝夜。聰明淵塞，著在圖讖。至德所感，通於神明。功烈光於四海，仁風行於千載。而深執謙謙，自稱不德，無起寢廟，埽地而祭，除日祀之法，省送終之禮，遂藏主於光烈皇后更衣別室。天下聞之，莫不悽愴。陛下至孝烝烝，奉順聖德。臣愚以爲更衣在中門之外，處所殊別，宜尊廟曰顯宗，其四時禘祫，於光武之堂，閒祀悉還更衣，共進《武德》之舞，如孝文皇帝祫祭高廟故事。」制曰：「可。」

是歲，牛疫。京師及三州大旱，詔勿收兗、豫、徐州田租、芻稾，其以見穀賑給貧人。

建初元年春正月，詔三州郡國：「方春東作，恐人稍受稟，往來煩劇，或妨耕農。其各實覈尤貧者，計所貸并與之。流人欲歸本者，郡縣其實稟，令足還到，聽過止官亭，無雇舍宿。長吏親躬，無使貧弱遺脱，小吏豪右得容姦妄。詔書既下，勿得稽留，刺史明加督察尤無狀者。」

丙寅，詔曰：「比年牛多疾疫，墾田減少，穀價頗貴，人以流亡。方春東作，宜及時務。二千石勉勸農桑，弘致勞來。羣公庶尹，各推精誠，專急人事。罪非殊死，須立秋案驗。有司明慎選舉，進柔良，退貪猾，順時令，理冤獄。『五教在寬』，帝《典》所美；『愷悌君子』，《大雅》所歎。布告天下，使明知朕意。」

酒泉太守段彭討擊車師，大破之。罷戊己校尉官。

二月，武陵澧中蠻叛。

三月甲寅，山陽、東平地震。己巳，詔曰：「朕以無德，奉承大業，夙夜慄慄，不敢荒寧。而災異仍見，與政相應。朕既不明，涉道日寡；又選舉乖實，俗吏傷人，官職秏亂，刑罰不中，可不憂與！昔仲弓季氏之家臣，子游武城之小宰，孔子猶誨以賢才，問以得人。明政無大小，以得人爲本。夫鄉舉里選，必累功勞。今刺史、守相不明真僞，茂才、孝廉歲以百數，既非能顯，而當授之政事，甚無謂也。每尋前世舉人貢士，或起甽畝，不繫閥閲。敷奏以言，則文章可採；明試以功，則政有異迹。文質彬彬，朕甚嘉之。其令太傅、三公、中二千石、二千石、郡國守相舉賢良方正能直言極諫之士各一人。」

夏五月辛酉，初舉孝廉、郎中寬博有謀，任典城者，以補長、相。

秋七月辛亥，詔以上林池籞田賦與貧人。

八月庚寅，有星孛于天市。

九月，永昌哀牢夷叛。

冬十月，武陵郡兵討叛蠻，破降之。

十一月，阜陵王延謀反，貶爲阜陵侯。

二年春三月辛丑，詔曰：「比年陰陽不調，飢饉屢臻。深惟先帝憂人之本，詔書曰『不傷財，不害人』，誠欲元元去末歸本。而今貴戚近親，奢縱無度，嫁娶送終，尤爲僭侈。有司廢典，莫肯舉察。《春秋》之義，以貴理賤。今自三公，並

宜明糾非法，宣振威風。朕在弱冠，未知稼穡之艱難，區區管窺，豈能照一隅哉！其科條制度所宜施行，在事者備爲之禁，先京師而後諸夏。」

甲辰，罷伊吾盧屯兵。

永昌、越嶲、益州三郡民、夷討哀牢，破平之。

夏四月戊子，詔還坐楚、淮陽事徙者四百餘家，令歸本郡。

癸巳，詔齊相省冰紈、方空穀、吹綸絮。

六月，燒當羌叛，金城太守郝崇討之，敗績，羌遂寇漢陽。秋八月，遣行車騎將軍馬防討平之。

十二月戊寅，有星孛于紫宫。

三年春正月己酉，宗祀明堂。禮畢，登靈臺，望雲物。大赦天下。

三月癸巳，立貴人竇氏爲皇后。賜爵，人二級，三老、孝悌、力田人三級，民無名數及流民欲占者人一級；鰥、寡、孤、獨、篤癃、貧不能自存者粟，人五斛。

夏四月己巳，罷常山呼沲石臼河漕。

行車騎將軍馬防破燒當羌於臨洮。

閏月，西域假司馬班超擊姑墨，大破之。

冬十二月丁酉，以馬防爲車騎將軍。

武陵漊中蠻叛。

是歲，零陵獻芝草。

四年春二月庚寅，太尉牟融薨。

夏四月戊子，立皇子慶爲皇太子。賜爵，人二級，三老、孝悌、力田人三級，民無名數及流人欲自占者人一級；鰥、寡、孤、獨、篤癃、貧不能自存者粟，人五斛。

己丑，徙鉅鹿王恭爲江陵王，汝南王暢爲梁王，常山王昞爲淮陽王。辛卯，封皇子伉爲千乘王，全爲平春王。

五月丙辰，車騎將軍馬防罷。

甲戌，司徒鮑昱爲太尉，南陽太守桓虞爲司徒。

六月癸丑，皇太后馬氏崩。秋七月壬戌，葬明德皇(太)后。

冬，牛大疫。

十一月壬戌，詔曰：「蓋三代導人，教學爲本。漢承暴秦，襃顯儒術，建立《五經》，爲置博士。其後學者精進，雖曰承師，亦別名家。孝宣皇帝以爲去聖久遠，學不厭博，故遂立《大》、《小夏侯尚書》，後又立《京氏易》。至建武中，復置《顔氏》、《嚴氏春秋》、《大》、《小戴禮》博士。此皆所以扶進微學，尊廣道蓺也。中元元年詔書，《五經》章句煩多，議欲減省。至永平元年，長水校尉儵奏言，先帝大業，當以時施行。欲使諸儒共正經義，頗令學者得以自助。孔子曰：『學之不講，是吾憂也。』又曰：『博學而篤志，切問而近思，仁在其中矣。』於戲，其勉之哉！」於是下太常，將、大夫、博士、議郎、郎官及諸生、諸儒會白虎觀，講議《五經》同異，使五官中郎將魏應承制問，侍中淳于恭奏，帝親稱制臨決，如孝宣甘露石渠故事，作《白虎議奏》。

是歲，甘露降泉陵、洮陽二縣。

五年春二月庚辰朔，日有食之。詔曰：「朕新離供養，愆咎衆著，上天降異，大變隨之。《詩》不云乎：『亦孔之醜。』又久旱傷麥，憂心慘切。公卿已下，其舉直言極諫、能指朕過失者各一人，遣詣公車，將親覽問焉。其以巖穴爲先，勿取浮華。」

甲申，詔曰：「《春秋》書『無麥苗』，重之也。去秋雨澤不適，今時復旱，如炎如焚。凶年無時，而爲備未至。朕之不德，上累三光，震慄忉忉，痛心疾首。前代聖君，博思咨諏，雖降災咎，輒有開匱反風之應。今予小子，徒慘慘而已。其令二千石理冤獄，録輕繫；禱五嶽四瀆，及名山能興雲致雨者，冀蒙不崇朝徧雨天下之報。務加肅敬焉。」

三月甲寅，詔曰：「孔子曰：『刑罰不中，則人無所措手足。』今吏多不良，擅行喜怒，或案不以罪，迫脅無辜，致令自殺者，一歲且多於斷獄，甚非爲人父母之意也。有司其議糾舉之。」

荆、豫諸郡兵討破武陵漊中叛蠻。

夏五月辛亥，詔曰：「朕思遲直士，側席異聞。其先至者，各以發憤吐懣，略聞子大夫之志矣，皆欲置於左右，顧問省納。建武詔書又曰，堯試臣以職，不直以言語筆札。今外官多曠，並可以補任。」

戊辰，太傅趙憙薨。

冬，始行月令迎氣樂。

是歲，零陵獻芝草。有八黃龍見於泉陵。西域假司馬班超擊疏勒，破之。

六年春二月辛卯，琅邪王京薨。

夏五月辛酉，趙王盱薨。

六月丙辰，太尉鮑昱薨。

辛未晦，日有食之。

秋七月癸巳，以大司農鄧彪爲太尉。

七年春正月，沛王輔、濟南王康、東平王蒼、中山王焉、東海王政、琅邪王宇來朝。

夏六月甲寅，廢皇太子慶爲清河王，立皇子肇爲皇太子。

己未，徙廣平王羡爲西平王。

秋八月，飲酎高廟，禘祭光武皇帝、孝明皇帝。甲辰，詔〔曰〕：「《書》云『祖考來假』，明哲之祀。予末小子，質又菲薄，仰惟先帝烝烝之情，前修禘祭，以盡孝敬。朕得識昭穆之序，寄遠祖之思。今年大禮復舉，加以先帝之坐，悲傷感懷。樂以迎來，哀以送往，雖祭亡如在，而空虛不知所裁，庶或饗之。豈亡克慎肅雍之臣，辟公之相，皆助朕之依依。今賜公錢四十萬，卿半之，及百官執事各有差。」

九月甲戌，幸偃師，東涉卷津，至河內。下詔曰：「車駕行秋稼，觀收穫，因涉郡界。皆精騎輕行，無它輜重。不得輒修道橋，遠離城郭，遣吏逢迎，刺探起居，出入前後，以爲煩擾。動務省約，但患不能脱粟瓢飲耳。所過欲令貧弱有利，無違詔書。」遂覽淇園。己酉，進幸鄴，勞饗魏郡守令已下，至于三老、門闌、走卒，賜錢各有差。勞賜常山、趙國吏人，復元氏租賦三歲。辛卯，車駕還宮。詔天下繫囚減死一等，勿笞，詣邊戍；妻子自隨，占著所在；父母同産欲相從者，恣聽之；有不到者，皆以乏軍興論。及犯殊死，一切募下蠶室；其女子宮。繫囚鬼薪、白粲已上，皆減本罪各一等，輸司寇作。亡命贖；死罪入縑二十匹，右趾至髡鉗城旦舂十匹，完城旦至司寇三匹，吏人有罪未發覺，詔書到自告者，半入贖。

冬十月癸丑，西巡狩，幸長安。丙辰，祠高廟，遂有事十一陵。遣使者祠太上皇於萬年，以中牢祠蕭何、霍光。進幸槐里。岐山得銅器，形似酒罇，獻之。又獲白鹿。帝曰：「上無明天子，下無賢方伯。『人之無良，相怨一方。』斯器亦曷爲來哉？」又幸長平，御池陽宮，東至高陵，造舟於涇而還。每所到幸，輒會郡縣吏人，勞賜作樂。十一月，詔勞賜河東守、令、掾以下。十二月丁亥，車駕還宮。

是歲，京師及郡國螟。

八年春正月壬辰，東平王蒼薨。三月辛卯，葬東平憲王，賜鑾輅、龍旂。

夏六月，北匈奴大人率衆款塞降。

冬十二月甲午，東巡狩，幸陳留、梁國、淮陽、潁陽。戊申，車駕還宮。

詔曰：「《五經》剖判，去聖彌遠，章句遺辭，乖疑難正，恐先師微言將遂廢絶，非所以重稽古，求道真也。其令羣儒選高才生，受學《左氏》、《穀梁春秋》、《古文尚書》、《毛詩》，以扶微學，廣異義焉。」

是歲，京師及郡國螟。

元和元年春正月，中山王焉來朝。日南徼外蠻夷獻生犀、白雉。

閏月辛丑，濟陰王長薨。

二月甲戌，詔曰：「王者八政，以食爲本，故古者急耕稼之業，致耒耜之勤，節用儲蓄，以備凶災，是以歲雖不登而人無飢色。自牛疫已來，穀食連少，良由吏教未至，刺史、二千石不以爲負。其令郡國募人無田欲徙它界就肥饒者，恣聽之。到在所，賜給公田，爲雇耕傭，賃種餉，貰與田器，勿收租五歲，除筭三年。其後欲還本鄉者，勿禁。」

夏四月己卯，分東平國，封憲王子尚爲任城王。

六月辛酉，沛王輔薨。

秋七月丁未，詔曰：「《律》云『掠者唯得榜、笞、立』。又《令丙》，箠長短有數。自往者大獄已來，掠考多酷，鉆鑽之屬，慘苦無極。念其痛毒，怵然動心。《書》曰『鞭作官刑』，豈云若此？宜及秋冬理獄，明爲其禁。」

八月甲子，太尉鄧彪罷，大司農鄭弘爲太尉。

癸酉，詔曰：「朕道化不德，吏政失和，元元未諭，抵罪於下。寇賊争心不息，邊野邑屋不修。永惟庶事，思稽厥衷，與凡百君子，共弘斯道。中心悠悠，將何以寄？其改建初九年爲元和元年。郡國中都官繫囚減死一等，勿笞，詣邊縣；妻子自隨，占著在所。其犯殊死，一切募下蠶室；其女子宮。繫囚鬼薪、白粲以上，皆減本罪一等，輸司寇作。亡命者贖，各有差。」

丁酉，南巡狩，詔所經道上，郡縣無得設儲跱。命司空自將徒支柱橋梁。有遣使奉迎，探知起居，二千石當坐。其賜鰥、寡、孤、獨，不能自存者粟，人五斛。

九月乙未，東平王忠薨。

辛丑，幸章陵，祠舊宅園廟，見宗室故人，賞賜各有差。冬十月己未，進幸江陵，詔廬江太守祠南嶽，又詔長沙、零陵太守祠長沙定王、舂陵節侯、鬱林府君。

還，幸宛。十一月己丑，車駕還宮，賜從者各有差。

十二月壬子，詔曰：「《書》云：『父不慈，子不祗，兄不友，弟不恭，不相及也。』往者妖言大獄，所及廣遠，一人犯罪，禁至三屬，莫得垂纓仕宦王朝。如有賢才而没齒無用，朕甚憐之，非所謂與之更始也。諸以前妖惡禁錮者，一皆蠲除之，以明弃咎之路，但不得在宿衛而已。」

二年春正月乙酉，詔曰：「《令》云『人有産子者復，勿筭三歲』。今諸懷妊者，賜胎養穀人三斛，復其夫，勿筭一歲，著以爲令。」又詔三公曰：「方春生養，萬物莩甲，宜助萌陽，以育時物。其令有司，罪非殊死且勿案驗，及使人條書相告不得聽受，冀以息事寧人，敬奉天氣。立秋如故。夫俗吏矯飾外貌，似是而非，揆之人事則悦耳，論之陰陽則傷化，朕甚饜之，甚苦之。安静之吏，悃愊無華，日計不足，月計有餘。如襄城令劉方，吏人同聲謂之不煩，雖未有它異，斯亦殆近之矣。閒勑二千石各尚寬明，而今富奸行賂於下，貪吏枉法於上，使有罪不論而無過被刑，甚大逆也。夫以苛爲察，以刻爲明，以輕爲德，以重爲威，四者或興，則下有怨心。吾詔書數下，冠蓋接道，而吏不加理，人或失職，其咎安在？勉思舊令，稱朕意焉。」

二月甲寅，始用《四分歷》。

詔曰：「今山川鬼神應典禮者，尚未咸秩。其議增修羣祀，以祈豐年。」

丙辰，東巡狩。己未，鳳皇集肥城。乙丑，帝耕於定陶。詔曰：「三老，尊年也。孝悌，淑行也。力田，勤勞也。國家甚休之。其賜帛人一匹，勉率農功。」使使者祠唐堯於成陽靈臺。辛未，幸太山，柴告岱宗。有黄鵠三十從西南來，經祠壇上，東北過于宫屋，翺翔升降。進幸奉高。壬申，宗祀五帝于汶上明堂。癸酉，告祠二祖、四宗，大會外内羣臣。丙子，詔曰：「朕巡狩岱宗，柴望山川，告祀明堂，以章先勳。其二王之後，先聖之胤，東后蕃衛，伯父伯兄，仲叔季弟，幼子童孫，百僚從臣，宗室衆子，要荒四裔，沙漠之北，葱領之西，冒耏之類，跋涉懸度，陵踐阻絶，駿奔郊畤，咸來助祭。祖宗功德，延及朕躬。予一人空虚多疚，纂承尊明，盥洗享薦，慙愧祗慄。《詩》不云乎：『君子如祉，亂庶遄已。』歷數既從，靈燿著明，亦欲與士大夫同心自新。其大赦天下。諸犯罪不當得赦者，皆除之。復博、奉高、嬴，無出今年田租、芻稾。」戊寅，進幸濟南。三月己丑，進幸魯，祠東海恭王陵。庚寅，祠孔子於闕里，及七十二弟子，賜褒成侯及諸孔男女帛。壬辰，進幸東平，祠憲王陵。甲午，遣使者祠定陶太后、恭王陵。乙未，幸東阿，北登太行山，至天井關。夏四月乙巳，客星入紫宫。乙卯，車駕還宫。庚申，假于祖禰，告祠高廟。

五月戊申，詔曰：「乃者鳳皇、黄龍、鸞鳥比集七郡，或一郡再見，及白烏、神雀、甘露屢臻。祖宗舊事，或班恩施。其賜天下吏爵，人三級；高年、鰥、寡、孤、獨帛，人一匹。《經》曰：『無侮鰥寡，惠此煢獨。』加賜河南女子百户牛酒，令天下大酺五日。賜公卿已下錢帛各有差；及洛陽人當酺者布，户一匹，城外三户共一匹。賜博士員弟子見在太學者布，人三匹。令郡國上明經者，口十萬以上五人，不滿十萬三人。」

改廬江爲六安國，江陵復爲南郡。徙江陵王恭爲六安王。

秋七月庚子，詔曰：「《春秋》於春每月書『王』者，重三正，慎三微也。律十二月立春，不以報囚。《月令》冬至之後，有順陽助生之文，而無鞫獄斷刑之政。朕咨訪儒雅，稽之典籍，以爲王者生殺，宜順時氣。其定律，無以十一月、十二月報囚。」

九月壬辰，詔：「鳳皇、黄龍所見亭部無出二年租賦。加賜男子爵，人二級；先見者帛二十匹，近者三匹，太守三十匹，令、長十五匹，丞、尉半之。《詩》云：『雖無德與汝，式歌且舞。』它如賜爵故事。」

丙申，徵濟南王康、中山王焉會烝祭。

冬十一月壬辰，日南至，初閉關梁。

三年春正月乙酉，詔曰：「蓋君人者，視民如父母，有憯怛之憂，有忠和之教，匍匐之救。其嬰兒無父母親屬，及有子不能養食者，稟給如《律》。」

丙申，北巡狩，濟南王康、中山王焉、西平王羨、六安王恭、樂成王黨、淮陽王昞、任城王尚、沛王定皆從。辛丑，帝耕于懷。

二月壬寅，告常山、魏郡、清河、鉅鹿、平原、東平郡太守、相曰：「朕惟巡狩之制，以宣聲教，考同遐邇，解釋怨結也。今『四國無政，不用其良』，駕言出游，欲親知其劇易。前祠園陵，遂望祀華、霍，東柴岱宗，爲人祈福。今將禮常山，遂徂北土，歷魏郡，經平原，升踐隄防，詢訪耆老，咸曰『往者汴門未作，深者成淵，淺則泥塗』。追惟先帝勤人之德，底績遠圖，復禹弘業，聖跡滂流，至于海表。不克堂（垣）〔構〕，朕甚慙焉。《月令》，孟春善相丘陵土地所宜。今肥田尚多，未有墾闢。其悉以賦貧民，給與糧種，務盡地力，勿令游手。所過縣邑，聽半入今年田租，以勸農夫之勞。」

乙丑，勑侍御史、司空曰：「方春，所過無得有所伐殺。車可以引避，引避之；騑馬可輟解，輟解之。《詩》云：『敦彼行葦，牛羊勿踐履。』《禮》，人君伐一草木不時，謂之不孝。俗知順人，莫知順天。其明稱朕意。」

戊辰，進幸中山，遣使者祠北嶽。出長城。癸酉，還幸元氏，祠光武、顯宗於縣舍正堂；明日又祠顯宗于始生堂，皆奏樂。三月丙子，詔高邑令祠光武於即位壇。復元氏七年徭役。己卯，進幸趙。庚辰，祠房山於靈壽。辛卯，車駕還宮。賜從行者各有差。

夏四月丙寅，太尉鄭弘免，大司農宋由爲太尉。

五月丙子，司空第五倫罷，太僕袁安爲司空。

秋八月乙丑，幸安邑，觀鹽池。九月，至自安邑。

冬十月，北海王基薨。

燒當羌叛，寇隴西。

是歲，西域長史班超擊斬疏勒王。

章和元年春三月，護羌校尉傅育追擊叛羌，戰歿。

夏四月丙子，令郡國中都官繫囚減死一等，詣金城戍。

六月戊辰，司徒桓虞免。癸卯，司空袁安爲司徒，光祿勳任隗爲司空。

秋七月癸卯，齊王晃有罪，貶爲蕪湖侯。壬子，淮陽王昞薨。

鮮卑擊破北單于，斬之。

燒當羌寇金城，護羌校尉劉盱討之，斬其渠帥。

壬戌，詔曰：「朕聞明君之德，啓迪鴻化，緝熙康乂，光照六幽，訖惟人面，靡不率俾，仁風翔于海表，威霆行乎鬼區。然後敬恭明祀，膺五福之慶，獲來儀之貺。朕以不德，受祖宗弘烈。乃者鳳皇仍集，麒麟並臻，甘露宵降，嘉穀滋生，芝草之類，歲月不絶。朕夙夜祗畏上天，無以彰于先功。今改元和四年爲章和元年。」

秋，令是月養衰老，授几杖，行糜粥飲食。其賜高年二人共布帛各一匹，以爲醴酪。死罪囚犯法在丙子赦前而後捕繫者，皆減死，勿笞，詣金城戍。

八月癸酉，南巡狩。壬午，遣使者祠昭靈后於小黄園。甲申，徵任城王尚會睢陽。

戊子，幸梁。己丑，遣使祠沛高原廟，豐枌榆社。乙未，幸沛，祠獻王陵，徵會東海王政。乙未晦，日有食之。九月庚子，幸彭城，東海王政、沛王定、任城王尚皆從。辛亥，幸壽春。壬子，詔郡國中都官繫囚減死罪一等，詣金城戍；犯殊死者，一切募下蠶室；其女子宫；繫囚鬼薪、白粲已上，減罪一等，輸司寇作。亡命者贖：死罪縑二十匹，右趾至髡鉗城旦舂七匹，完城旦至司寇三匹；吏民犯罪未發覺，詔書到自告者，半入贖。復封阜陵侯延爲阜陵王。己未，幸汝陰。

冬十月丙子，車駕還宫。

北匈奴屋蘭儲等率衆降。

是歲，西域長史班超擊莎車，大破之。月氏國遣使獻扶拔、師子。

二年春正月，濟南王康、阜陵王延、中山王焉來朝。

［二月］壬辰，帝崩於章德前殿，年三十三。遺詔無起寢廟，一如先帝法制。

雜録

備録

司馬彪《續漢書》卷一《章帝紀》 建初五年，零陵女子傅寧宅内，生紫芝五株，長者尺四寸，短者七八寸。太守沈豐使功曹齎芝以聞，帝告示天下。

章帝徵能術者，深諸家曆，以爲《四分》之曆。

章帝元和二年二月，帝東巡狩泰山，至于岱宗，柴望，秩山川羣神，大赦天下。

章和元年，安息國遣使獻師子、符枝，形似麟而無角。

皇甫謐《帝王世紀》卷八 孝章皇帝以中元三年生於京師，其母姓秘不出號，其墓曰長信冢。

《後漢書》卷五五《章帝八王傳・清河孝王慶》 清河孝王慶，母宋貴人。

【略】

慶出居承禄觀，數月，竇后諷掖庭令誣奏前事，請加驗實。七年，帝遂廢太子慶而立皇太子肇。肇，梁貴人子也。乃下詔曰：「皇太子有失惑無常之性，爰自孩乳，至今益章，恐襲其母凶惡之風，不可以奉宗廟，爲天下主。大義滅親，況降退乎！今廢慶爲清河王。皇子肇保育皇后，承訓懷衽，導達善性，將成其器。

蓋庶子慈母，尚有終身之恩，豈若嫡后事正義明哉！今以肇爲皇太子。」遂出貴人姊妹置内舍，使小黄門蔡倫考實之，皆承諷旨傅致其事，乃載送暴室。二貴人同時飲藥自殺。帝猶傷之，敕掖庭令葬於樊濯聚。於是免楊歸本郡。郡縣因事復捕繫之，楊友人前懷令山陽張峻、左馮翊沛國劉均等奔走解釋，得以免罪。楊失志憔悴，卒于家。慶時雖幼，而知避嫌畏禍，言不敢及宋氏，帝更憐之，敕皇后令衣服與太子齊等。太子特親愛慶，入則共室，出則同輿。及太子即位，是爲和帝，待慶尤渥，諸王莫得爲比，常共議私事。

胡一桂《史纂通要·東漢》 章帝炟。帝知人厭明帝苛切，以長者之資，行愷悌之政，因鮑昱之請而除禁錮，因陳寵之疏而務寬厚，納第五倫王莽嚴酷之戒，行郭躬重文從輕之奏。糾擅殺之罪，除慘刻之科，定報囚之期，罷均輸法，著胎養令，賜行義穀。詔二千石選舉，惟進柔良，三公用吏，惟取安静，加以輕徭薄賦，民賴其慶。至於奉承太后，盡心孝道。友愛諸弟，不遣就國。備弟子儀以尊師，立四科以取士，命諸儒於白虎觀講論同異，而稱制臨決。選高材受《春秋》《書》《詩》，以扶學廣義。公卿大夫至郡縣吏，咸選經明行修之人，虎奔衛士皆習《孝經》，匈奴子弟亦遣入學。自三代以還，風化之盛，未有若東漢者。在位十三年間，郡國所上符瑞合於圖書者，數百千所，盛哉！吁！由漢迄唐，創業一統者數君，善作而不善述者，往往而是。求如光武、明、章，父祖子孫三世，匹休千載，一時而已。獨惜其信竇后之讒，而易太子，以飛書之謗而殺貴人。縱竇憲之横，至奪公主田園，而不正其罪。陳同父謂，異日女主臨朝，外戚用事，皆此焉基。胡氏以爲東漢之衰決於此。愚謂皆竇后有以爲帝盛德之累，使立后之時，不溺私愛，從馬、嚴之議，寧有此乎？可爲三歎！

備論

薛瑩《後漢記·章帝紀》 贊曰：章帝以繼世承平，天下無事，敬奉神明，友于兄弟，息省徭賦，綏静兆民，除苛法，蠲禁錮，抑有仁賢之風矣。是以陰陽協和而百姓安樂，衆瑞並集，不可勝載，考之圖籍，有徵云爾。

華嶠《漢後書》卷一《章帝紀》 魏文帝稱「明帝察察，章帝長者」。

袁山松《後漢書》卷一《章帝紀》 孝章皇帝弘裕有餘，明斷不足，閨房讒惑，外戚擅寵。惜乎！若明、章二主，損有餘而補不足，則古之賢君矣。

《後漢書》卷三《肅宗孝章帝紀論贊》 論曰：魏文帝稱「明帝察察，章帝長者」。章帝素知人厭明帝苛切，事從寬厚。感陳寵之義，除慘獄之科。深元元之愛，著胎養之令。奉承明德太后，盡心孝道。割裂名都，以崇建周親。平徭簡賦，而人賴其慶。又體之以忠恕，文之以禮樂。故乃蕃輔克諧，羣后德讓。謂之長者，不亦宜乎！在位十三年，郡國所上符瑞，合於圖書者數百千所。烏呼懋哉！

贊曰：肅宗濟濟，天性愷悌。於穆后德，諒惟淵體。左右蓺文，斟酌律禮。思服帝道，弘此長懋。儒館獻歌，戎亭虚候。氣調時豫，憲平人富。

錢時《兩漢筆記·章帝》 章帝素號長者，愚謂章帝之病，則正在不剛耳。竇后寵盛固已大失明德家風，一受其誣，而殺梁竦。二梁貴人，且復以憂死，於是竇族驕横，勢薰天矣。周紆爲雒陽令，而貴戚跼蹐，京師肅清，果誰之紀綱哉？帝也因而假借之，使之不敢撓天子之法，豈不大有益於國體？縱亭長有罪，罪亭長可也。令爲天子守法，亭長爲令守法，輕重猶當知所審，安得張皇劍戟之士，遽收紆而下之詔獄乎？湖陽公主蒼頭殺人，而董宣格殺之，帝以女兄之故，一時大怒，欲置死地。未幾，竟敕彊項，令出賜錢三十萬，亦知剛正守法，人主不當以私害公故也。摧剛正守法之令，佐驕横方張之勢，不然甚矣！愚故曰：章帝之病，在於不剛。【略】

是時承永平故事，吏政尚嚴切，尚書決事率近於重。尚書沛國陳寵以帝新即位，宜改前世苛俗，乃上疏曰：「臣聞先王之政，賞不僭，刑不濫，與其不得已，寧僭無濫。往者斷獄嚴明，所以威服姦慝，姦慝既平，必宜濟之以寬。陛下即位，率由此義，數詔羣僚，弘崇晏晏，而有司未悉，奉承猶尚深刻，斷獄者急於篣格酷烈之痛，執憲者煩於詆欺放濫之文，或因公行私，逞縱威福。夫爲政猶張琴瑟，大絃急者小絃絶。陛下宜隆先王之道，蕩滌煩苛之法，輕薄箠楚以濟羣生，全廣至德以奉天心。」帝深納寵言，每事務於寬厚。

舜御衆以寬，湯克寬克仁。周公亦每每主於裕民而以不寬綽厥心，亂罰無罪，殺無辜爲深戒。嗚呼！居上而不寬，豈爲民父母之道也哉！先王以德爲教，以仁爲政，固未有不寬者。三代衰王道息，德不足以善世，而後專以刑罰，從事至秦而其禍極矣！漢之高、文，號爲寬厚，然先王之教化則未講，道德之澤則未行，而秦俗則猶未變也。武、宣繼之，高、文寬厚無復髣髴，而秦人殘酷之具，乃

盡出而用焉。或者見元帝柔仁不競，漢日以削。因謂德教周政，真若無用，治天下非雜霸不可，豈理也哉！光武雖號同符高祖，而寬大則不及。明帝褊察，遂至峻刑，其家法蓋有自來也。章帝即位而陳寵首及之，知所務矣。帝能聽納，務爲寬厚。漢自孝文以後，方有此氣象。向使沈潛剛克，三德無頗，教化盛行，風俗不變，則秦俗至是爲之一洗，而先王之政可望矣。惜乎！其未有以進此，但知寬刑，而不知進德。天下之治，卒無以遠過於前代，或反不及之，是可歎也！

黄震《古今紀要・後漢》 章帝，除楚獄禁錮，詔勸農桑，有司選舉，進柔良理冤獄。陳寵請滌煩苛，第五倫戒嚴酷，皆深納之。白虎觀議五經，稱制臨決。詔及秋冬治獄。朱暉稱疾不署均輸之法，帝遣問起居，賜錢物衣服。孔僖、崔駰爲人告訐，帝詔弗問。詔三公曰：「俗吏矯飾，朕甚厭之。安静之吏，月計有餘。」幸魯祠孔子，作六代樂。褒寵鄭均、毛義之行義，報囚止用十月。郭躬爲廷尉，條可輕者四十一事行之。曹褒定禮制。帝厭明帝苛察，事從寬厚，又體以忠恕，文以禮樂，魏文稱章帝長者。竇憲驕横，奪沁水公主田園，帝切責之，不能繩其罪。信竇后廢太子慶，立肇爲太子，異日女主臨朝，外戚用事，皆此基之。

陳櫟《歷代通畧》卷一《東漢》 章帝懲明帝之苛切，事從寬厚，奉承明德馬后，盡心孝道，友愛諸弟，不忍遣之就國。勸課農桑，進用賢良。理冤獄，禁慘酷。雅好文章，褒崇儒術，講五經於白虎觀，如石渠故事。史稱長者，不亦宜乎！繇漢迄唐，創業一統者數君，父作之，子不善述之，往往而是。求如光武、明、章父子祖孫三世匹休，千載一時而已。然帝之長者，固寬之得，外戚浸横，養成竇憲之驕暴，亦寬之失也。太子慶以無罪廢，乃光武之貽謀已失之。光、明之抑陰馬，可謂嚴矣，以此爲防，後即有越之者，惜哉！

方孝孺《遜志齋集》卷五《雜著・漢章帝》 治天下之患，莫甚於矯前世之失而過於中。天下之事可矯也，而不可過也，然矯之急者，必致於過。失火之家三日不熟食，走而蹟者終身不御馬，蹟與火豈馬與食之罪哉？而爲之不食不御，此矯之過也。蓋懲之甚者改必速，畜之久者發必肆。方其前人之所爲，不合乎心，其心悱然，思有以易之而未能。一旦據可爲之勢，力矯其弊，不暇顧理之是非，則所失者愈多矣。往昔之事類此者甚衆，雖漢章之賢，亦未能免乎此也。

魏曹丕謂明帝察察，章帝長者。章帝豈真長者哉？其天資亦明帝之流耳。聞群臣言前代過於苛刻，故深矯之以寬。其寬也或過乎中，而時自出其所爲，又恒過乎嚴。是以當時文物典章雖有可觀者，而朝廷幾於不治。內則以皇后之譖，殺四貴人而廢太子。外則竇憲奪公主田園，而不能加罪；張林、楊光恃勢貪殘，而不知省。鄭弘以太尉言竇憲，而收其印綬以死。此其失反有甚於明帝，何足爲長者乎？漢之稱長者，以其持心謹厚而無害，以德化人而人自服之也。若文帝者是也，而章帝非其人也。文帝嘗曰：長者固殺人乎？然則無罪殺貴人，譴三公，縱貴戚酷吏虐民而不問，皆不得爲長者，明矣。斯其矯弊不以道之過也。

王者之道不貴乎太寬，亦不貴乎太察。太察則善者或不能自容，太寬則惡者或可以苟免。二者俱政之弊，不足以爲中道。明帝失之察，章帝矯枉而兩失之。然章帝之心稍近乎寬，非明帝比也。漢四百餘年，歷二十四帝，稱善治者僅數人，而章帝與焉，其功德可少哉？且猶不能盡善也。今有善弓，惜其偏而欲矯之也，必問諸弓人，豈智之不若哉？其智專且習也。欲矯天下，不求天下之士而問之，謂之智可乎？章帝賢矣，惜其不得天下之士而輔之也。

乾隆帝《御製樂善堂全集》卷四《東漢總論》 章帝寬厚長者，愛民務本，休養生息，尊信東平王，用第五倫爲相，而天下以治。

劉統勛《評鑑闡要》卷二 章帝當成母后謙讓之德，斯爲真孝，曲封外戚以致明德，有長恨之歎。蓋小節而失大義，不但可鄙，且可怪矣。豈當時史氏亦不無過甚之辭耶！

藝文

《張九齡集》卷四《故刑部李尚書挽歌詞三首》（其一） 仙宗出趙北，相業起山東。明德嘗爲禮，嘉謀屢作忠。論經白虎殿，獻賦甘泉宮。與善今何在，蒼生望已空。

《王十朋全集・詩集》卷一〇《詠史詩・章帝》 民苦繁苛厭永平，科除慘獄慰羣情。不窮竇憲欺君罪，翻被寬柔壞典刑。

班固部

綜述

《後漢書》卷四〇上《班固傳上》 固字孟堅。年九歲，能屬文誦詩賦，及長，遂博貫載籍，九流百家之言，無不窮究。所學無常師，不爲章句，舉大義而已。性寬和容衆，不以才能高人，諸儒以此慕之。

永平初，東平王蒼以至戚爲驃騎將軍輔政，開東閣，延英雄。時固始弱冠，奏記説蒼曰：

將軍以周、邵之德，立乎本朝，承休明之策，建威靈之號，昔在周公，今也將軍，《詩》《書》所載，未有三此者也。傳曰：「必有非常之人，然後有非常之事；有非常之事，然後有非常之功。」固幸得生於清明之世，豫在視聽之末，私以螻螘，竊觀國政，誠美將軍擁千載之任，躡先聖之蹤，體弘懿之姿，據高明之埶，博貫庶事，服膺《六蓺》，白黑簡心，求善無猒，採擇狂夫之言，不逆負薪之議。竊見幕府新開，廣延羣俊，四方之士，顛倒衣裳。將軍宜詳唐、殷之舉，察伊、皐之薦，令遠近無偏，幽隱必達，期於總覽賢才，收集明智，爲國得人，以寧本朝。則將軍養志和神，優游廟堂，光名宣於當世，遺烈著於無窮。

竊見故司空掾桓梁，宿儒盛名，冠德州里，七十從心，行不踰矩，蓋清廟之光暉，當世之俊彦也。京兆祭酒晉馮，結髮修身，白首無違，好古樂道，玄默自守，古人之美行，時俗所莫及。扶風掾李育，經明行著，教授百人，客居杜陵，茅室土階。京兆、扶風二郡更請，徒以家貧，數辭病去。温故知新，論議通明，廉清修絜，行能純備，雖前世名儒，國家所器，韋、平、孔、翟，無以加焉。宜令考績，以參萬事。京兆督郵郭基，孝行著於州里，經學稱於師門，政務之績，有絶異之效。如得及明時，秉事下僚，進有羽翮奮翔之用，退有杞梁一介之死。涼州從事王雍，躬卞嚴之節，文之以術蓺，涼州冠蓋，未有宜先雍者也。古者周公一舉則三方怨，曰「奚爲而後已」。宜及府開，以慰遠方。弘農功曹史殷肅，達學洽聞，才能絶倫，誦《詩》三百，奉使專對。此六子者，皆有殊行絶才，德隆當世，如蒙徵納，以輔高明，此山梁之秋，夫子所爲歎也。昔卞和獻寶，以離斷趾，靈均納忠，終於沈身，而和氏之璧，千載垂光，屈子之篇，萬世歸善。願將軍隆照微之明，信日昊之聽，少屈威神，咨嗟下問，令塵埃之中，永無荆山、汨羅之恨。

蒼納之。

父彪卒，歸鄉里。固以彪所續前史未詳，乃潛精研思，欲就其業。既而有人上書顯宗，告固私改作國史者，有詔下郡，收固繫京兆獄，盡取其家書。先是扶風人蘇朗僞言圖讖事，下獄死。固弟超恐固爲郡所覈考，不能自明，乃馳詣闕上書，得召見，具言固所著述意，而郡亦上其書。顯宗甚奇之，召詣校書部，除蘭臺令史，與前睢陽令陳宗、長陵令尹敏、司隸從事孟異共成《世祖本紀》。遷爲郎，典校祕書。固又撰功臣、平林、新市、公孫述事，作列傳，載記二十八篇，奏之。帝乃復使終成前所著書。

固以爲漢紹堯運，以建帝業，至於六世，史臣乃追述功德，私作本紀，編於百王之末，廁於秦、項之列，太初以後，闕而不録，故探撰前記，綴集所聞，以爲《漢書》。起元高祖，終于孝平王莽之誅，十有二世，二百三十年，綜其行事，傍貫《五經》，上下洽通，爲《春秋》者紀、表、志、傳凡百篇。固自永平中始受詔，潛精積思二十餘年，至建初中乃成。當世甚重其書，學者莫不諷誦焉。

自爲郎後，遂見親近。時京師脩起宮室，濬繕城隍，而關中耆老猶望朝廷西顧。固感前世相如、壽王、東方之徒，造搆文辭，終以諷勸，乃上《兩都賦》，盛稱洛邑制度之美，以折西賓淫侈之論。其辭曰：【略】

《後漢書》卷四〇下《班固傳下》 及肅宗雅好文章，固愈得幸，數入讀書禁中，或連日繼夜。每行巡狩，輒獻上賦頌，朝廷有大議，使難問公卿，辯論於前，賞賜恩寵甚渥。固自以二世才術，位不過郎，感東方朔、楊雄自論，以不遭蘇、張、范、蔡之時，作《賓戲》以自通焉。後遷玄武司馬。天子會諸儒講論《五經》，作《白虎通德論》，令固撰集其事。

時北單于遣使貢獻，求欲和親，詔問羣僚。議者或以爲「匈奴變詐之國，無内向之心，徒以畏漢威靈，逼憚南虜，故希望報命，以安其離叛。今若遣使，恐失南虜親附之歡，而成北狄猜詐之計，不可」。固議曰：「竊自惟思，漢興已來，曠世歷年，兵纏夷狄，尤事匈奴。綏御之方，其塗不一，或脩文以和之，或用武以征

之，或卑下以就之，或臣服而致之。雖屈申無常，所因時異，然未有拒絶弃放，不與交接者也。故自建武之世，復脩舊典，數出重使，前後相繼，至於其末，始乃暫絶。永平八年，復議通之。而廷争連日，異同紛回，多執其難，少言其易。先帝聖德遠覽，瞻前顧後，遂復出使，事同前世。以此而推，未有一世闕而不修者也。今烏桓就闕，稽首譯官，康居、月氏，自遠而至，匈奴離析，名王來降，三方歸服，不以兵威，此誠國家通於神明自然之徵也。臣愚以爲宜依故事，復遣使者，上可繼五鳳、甘露致遠人之會，下不失建武、永平羈縻之義。虜使再來，然後一往，既明中國主在忠信，且知聖朝禮義有常，豈(同)〔可〕逆詐示猜，孤其善意乎？絶之未知其利，通之不聞其害。設後北虜稍彊，能爲風塵，方復求爲交通，將何所及？不若因今施惠，爲策近長。」

固又作《典引篇》，述敍漢德。以爲相如《封禪》，靡而不典，楊雄《美新》，典而不實，蓋自謂得其致焉。其辭曰：【略】

固後以母喪去官。永元初，大將軍竇憲出征匈奴，以固爲中護軍，與參議。北單于聞漢軍出，遣使款居延塞，欲脩呼韓邪故事，朝見天子，請大使。憲上遣固行中郎將事，將數百騎與虜使俱出居延塞迎之。會南匈奴掩破北庭，固至私渠海，聞虜中亂，引還。及竇憲敗，固先坐免官。

固不教學諸子，諸子多不遵法度，吏人苦之。初，洛陽令种兢嘗行，固奴干其車騎，吏椎呼之，奴醉罵，兢大怒，畏憲不敢發，心銜之。及竇氏賓客皆逮考，兢因此捕繫固，遂死獄中，時年六十一。詔以譴責兢，抵主者吏罪。

固所著《典引》、《賓戲》、《應譏》、詩、賦、銘、誄、頌、書、文、記、論、議、六言，在者凡四十一篇。

《東觀漢記》卷一六《班固》 班固，字孟堅，年九歲，能屬文誦詩賦。及長，遂博貫載籍，九流百家之言，無不窮究。學無常師，不爲章句，舉大義而已。性寬和容衆，不以才能高人，諸儒以此慕之。

時人有上言班固私改作史記，詔下京兆收繫。固弟超詣闕上書，具陳固不敢妄作，但續父所記述漢事。

班固徵詣校書，除蘭臺令史，遷爲郎，典校祕書，令卒前所續史記也。

固數入讀書禁中，每行巡狩，輒獻賦頌。

雜録

備録

謝承《後漢書》卷三《班固傳》 固年十三，王充見之，拊其背謂彪曰：「此兒必記漢事。」

華嶠《後漢書》卷二《班彪傳》 班固拜爲郎中，使終成前所著書，學者莫不諷誦。自爲郎中，遂見親近，讀書禁中，或連日繼夜。每行巡狩，輒獻上賦頌。朝廷有大議，使難問，賞賜恩寵甚渥，然二世位不過郎中。

大將軍竇憲拜班固爲中護軍，與參謀議。

司馬彪《續漢書》卷三《班固傳》 固字孟堅，右扶風人。幼有儁才，學無常師，善屬文，經傳無不究覽。

班固字孟堅，九歲，能屬文誦詩賦，及長，遂博覽載籍，九流百家之言，無不窮究。

班固字孟堅，多議博文，著作東觀。

班固除蘭臺令史，與陳宗、尹敏共作《世祖本紀》。

《後漢書・律曆志一》 漢興，北平侯張蒼首治律曆。孝武正樂，置協律之官。至元始中，博徵通知鍾律者，考其意義，羲和劉歆典領條奏，前史班固取以爲志。

《後漢書・天文志上》 孝明帝使班固敍《漢書》，而馬續述《天文志》。今紹《漢書》作《天文志》，起王莽居攝元年，迄孝獻帝建安二十五年，二百一十五載。言其時星辰之變，表象之應，以顯天戒，明王事焉。

《後漢書・百官志一》 班固著百官公卿表，記漢承秦置官本末，訖於王莽，差有條貫；然皆孝武奢廣之事，又職分未悉。

《後漢書》卷四《孝和帝紀》 〔永元二年〕冬十月，遣行中郎將班固報命南單于。

《後漢書》卷一四《宗室四王三侯列傳・劉興傳》 初，臨邑侯復好學，能文

章。永平中，每有講學事，輒令復典掌焉。與班固、賈逵共述漢史，傅毅等皆宗事之。復子騊駼及從兄平望侯毅，並有才學。永寧中，鄧太后召毅及騊駼入東觀，與謁者僕射劉珍著中興以下名臣列士傳。騊駼又自造賦、頌、書、論凡四篇。

《後漢書》卷二八上《桓譚傳》 初，譚著書言當世行事二十九篇，號曰《新論》，上書獻之，世祖善焉。《琴道》一篇未成，肅宗使班固續成之。

《後漢書》卷三四《梁竦傳》 顯宗後詔聽還本郡。竦閉門自養，以經籍爲娱，著書數篇，名曰《七序》。班固見而稱曰：「孔子著《春秋》而亂臣賊子懼，梁竦作《七序》而竊位素餐者慙。」

《後漢書》卷三五《曹褒傳》 （曹褒）復上疏，具陳禮樂之本，制改之意。拜褒侍中，從駕南巡，既還，以事下三公，未及奏，詔召玄武司馬班固，問改定禮制之宜。固曰：「京師諸儒，多能説禮，宜廣招集，共議得失。」帝曰：「諺言『作舍道邊，三年不成』。會禮之家，名爲聚訟，互生疑異，筆不得下。昔堯作《大章》，一夔足矣。」章和元年正月，乃召褒詣嘉德門，令小黄門持班固所上叔孫通《漢儀》十二篇，勑褒曰：「此制散略，多不合經，今宜依禮條正，使可施行。於南宫、東觀盡心集作。」

《後漢書》卷三六《賈逵傳》 時有神雀集宫殿官府，冠羽有五采色，帝異之，以問臨邑侯劉復，復不能對，薦逵博物多識，帝乃召見逵，問之。對曰：「昔武王終父之業，鸑鷟在岐，宣帝威懷戎狄，神雀仍集，此胡降之徵也。」帝勑蘭臺給筆札，使作《神雀頌》，拜爲郎，與班固並校祕書，應對左右。

《後漢書》卷六二《荀悦傳》 帝好典籍，常以班固《漢書》文繁難省，乃令悦依《左氏傳》體以爲《漢紀》三十篇，詔尚書給筆札。辭約事詳，論辨多美。

《後漢書》卷七九下《儒林傳下·李育傳》 李育字元春，扶風漆人也。少習《公羊春秋》。沈思專精，博覽書傳，知名太學，深爲同郡班固所重。固奏記薦育於驃騎將軍東平王蒼，由是京師貴戚争往交之。州郡請召，育到，輒辭病去。

《後漢書》卷八〇上《文苑傳上·傅毅傳》 建初中，肅宗博召文學之士，以毅爲蘭臺令史，拜郎中，與班固、賈逵共典校書。

《後漢書》卷八二上《方術傳上·謝夷吾傳》 舉孝廉，爲壽張令，稍遷荆州刺史，遷鉅鹿太守。所在愛育人物，有善績。及倫作司徒，令班固爲文薦夷吾曰：「臣聞堯登稷、契，政隆太平；舜用皋陶，政致雍熙。殷、周雖有高宗、昌、發之君，猶賴傅説、吕望之策，故能克崇其業，允協大中。竊見鉅鹿太守會稽謝夷吾，出自東州，厥土塗泥，而英姿挺特，奇偉秀出。才兼四科，行包九德，仁足濟時，知周萬物。加以少膺儒雅，韜含六籍，推考星度，綜校圖録，探賾聖祕，觀變歷徵，占天知地，與神合契，據其道德，以經王務。昔爲陪隸，與臣從事，奮忠毅之操，躬史魚之節，董臣嚴綱，勖臣懦弱，得以免戾，寔賴厥勳。及其應選作宰，惠敷百里，降福彌異，流化若神，爰荆州，威行邦國。奉法作政，有周、召之風；居儉履約，紹公儀之操。尋功簡能，爲外臺之表；聽聲察實，爲九伯之冠。遷守鉅鹿，政合時雍。德量績謀，有伊、吕、管、晏之任；闡弘道奥，同史蘇、京房之倫。雖密勿在公，而身出心隱，不殉名以求譽，不馳騖以要寵，念存遜遁，演志箕山。方之古賢，實有倫序；採之於今，超焉絶俗。誠社稷之元龜，大漢之棟甍。宜當拔擢，使登鼎司，上令三辰順軌於歷象，下使五品咸訓于嘉時，必致休徵克昌之慶，非徒循法奉職而已。臣以頑駑，器非其疇，尸禄負乘，夕惕若厲。願乞骸骨，更授夷吾，上以光七曜之明，下以厭率土之望，庶令微臣塞咎免悔。」

《後漢書》卷八八《西域傳》序 永興元年，車師後王復反攻屯營。雖有降首，曾莫懲革，自此浸以疏慢矣。班固記諸國風土人俗，皆已詳備《前書》。今撰建武以後其事異於先者，以爲《西域傳》，皆安帝末班勇所記云。

備論

《後漢書》卷四〇下《班固傳論贊》 論曰：司馬遷、班固父子，其言史官載籍之作，大義粲然著矣。議者咸稱二子有良史之才。遷文直而事覈，固文贍而事詳。若固之序事，不激詭，不抑抗，贍而不穢，詳而有體，使讀之者亹亹而不猒，信哉其能成名也。彪、固譏遷，以爲是非頗謬於聖人。然其論議常排死節，否正直，而不敍殺身成仁之爲美，則輕仁義，賤守節愈矣。固傷遷博物洽聞，不能以智免極刑；然亦身陷大戮，智及之而不能守之。嗚呼，古人所以致論於目睫也！

贊曰：二班懷文，裁成帝墳。比良遷、董，兼麗卿、雲。彪識皇命，固迷世紛。

劉知幾《史通》卷一《六家》 《漢書》家者，其先出於班固。馬遷撰《史記》，終於今上。自太初已下，闕而不録。班彪因之，演成《後記》，以續前編。至子

固，乃斷自高祖，盡於王莽，爲十二紀、十志、八表、七十列傳，勒成一史，目爲《漢書》。昔虞、夏之典，商、周之誥，孔氏所撰，皆謂之「書」。夫以「書」爲名，亦稽古之偉稱。尋其創造，皆準子長，但不爲「世家」，改「書」曰「志」而已。自東漢以後，作者相仍，皆襲其名號，無所變革，唯《東觀》曰「記」，《三國》曰「志」。然稱謂雖别，而體制皆同。

歷觀自古，史之所載也，《尚書》記周事，終秦穆，《春秋》述魯文，止哀公，《紀年》不逮於魏亡，《史記》唯論於漢始。如《漢書》者，究西都之首末，窮劉氏之廢興，包舉一代，撰成一書。言皆精練，事甚該密，故學者尋討，易爲其功。自爾迄今，無改斯道。

鄭樵《通志》總序　班固者，浮華之士也，全無學術，專事剽竊。肅宗問以制禮作樂之事，固對以在京諸儒必能知之。儻臣鄰皆如此，則顧問何取焉？及諸儒各有所陳，固惟竊叔孫通十二篇之儀，以塞白而已。儻臣鄰皆如此，則奏議何取焉？肅宗知其淺陋，故語竇憲曰：「公愛班固而忽崔駰，此葉公之好龍也。」固於當時，已有定價；如此人材，將何著述！《史記》一書，功在十《表》，猶衣裳之有冠冕，木水之有本原，班固不通旁行邪上，以古今人物彊立差等，且謂漢紹堯運，自當繼堯，非遷作《史記》厠於秦、項，此則無稽之談也。由其斷漢爲書，是致周、秦不相因，古今成間隔。自高祖至武帝，凡六世之前，盡竊遷書，不以爲慚；自昭帝至平帝，凡六世，資於賈逵、劉歆，復不以爲恥。況又有曹大家終篇，則固之自爲書也幾希！往往出固之胷中者，《古今人表》耳，他人無此謬也。後世衆手修書，道傍築室；掠人之文，竊鍾掩耳，皆固之作俑也。固之事業如此，後來史家奔走班固之不暇，何能測其淺深！遷之於固，如龍之於豬，奈何諸史棄遷而用固，劉知幾之徒尊班而抑馬。且善學司馬遷者，莫如班彪。彪續遷書，自孝武至於後漢，欲令後人之續己，如己之續遷；既無衍文，又無絶緒，世世相承，如出一手，善乎其繼志也，其書不可得而見。所可見者，元、成二帝贊耳。皆於本紀之外，别記所聞，可謂深入太史公之閫奥矣。凡左氏之有「君子曰」者，皆經之新意；《史記》之有「太史公曰」者，皆史之外事，不爲褒貶也。間有及褒貶者，褚先生之徒雜之耳。且紀傳之中，既載善惡，足爲鑒戒，何必於紀傳之後更加褒貶？此乃諸生決科之文，安可施於著述？殆非遷、彪之意。況謂爲「贊」，豈有貶辭？後之史家，或謂之「論」，或謂之「序」，或謂之「銓」，或謂之「評」，皆效班固，臣不得不劇論固也。司馬談有其書，而司馬遷能成其父志；班彪有其業，而班固不能讀父之書。固爲彪之子，既不能保其身，又不能傳其業，又不能教其子，爲人如此，安在乎言爲天下法！范曄、陳壽之徒繼踵，率皆輕薄無行，以速罪辜，安在乎筆削而爲信史也！孔子曰：「殷因於夏禮，所損益可知也；周因於殷禮，所損益可知也。」此言相因也。自班固以斷代爲史，無復相因之義，雖有仲尼之聖，亦莫知其損益，會通之道，自此失矣。語其同也，則紀而復紀，一帝而有數紀；傳而復傳，一人而有數傳。天文者，千古不易之象，而世世作《天文志》，《洪範五行》者，一家之書，而世世序《五行傳》。如此之類，豈勝繁文？語其異也，則前王不列於後王，後事不接於前事。郡縣各爲區域，而昧遷革之源；禮樂自爲更張，遂成殊俗之政。如此之類，豈勝斷綆！

趙彦衛《雲麓漫鈔》卷六　班固才識不逮司馬遷遠甚，於《高祖紀》見之。《史記》第云：「高祖姓劉氏，母媪。」蓋司馬，漢臣，不敢斥其君名。班固爲《漢書》，盡用司馬遷舊文，卻云「高祖諱邦，字季」。意謂補其遺缺，不知害義。至於世系卻當推究，反不書，祇於《贊》略曰：「降及於周，在秦作劉，涉魏而東，遂爲豐公。」豐公蓋太上皇父。太公諱，合言之，亦從略。可見才識下於司馬矣。

《朱子語類》卷一三四《歷代一》　因言：「班固作《漢書》，不合要添改《史記》字，行文亦有不識當時意思處。如七國之反，《史記》所載甚疏略，却都是漢道理；班固所載雖詳，便却不見此意思。吕東萊甚不取班固。如載文帝《建儲詔》云：『楚王，季父也，春秋高，閲天下之義理多矣，明於國家之大體。吴王於朕，兄也，惠仁以好德。淮南王，弟也，秉德以陪朕。豈不爲豫哉！』固遂節了吴王一段，只於『淮南王』下添『皆』字云：『皆秉德以陪朕。』蓋『陪』字訓『貳』，以此言弟則可，言兄可乎！今《史記》中却載全文。」又曰：「屏山却云：『固作漢紀，有學《春秋》之意。其敍傳云：「爲春秋攷紀。」』」又曰：「遷史所載，皆是隨所得者載入，正如今人草藁。如酈食其踞洗前面已載一段，末後又載，與前説不同。蓋是兩處説，已寫入了，又據所得寫入一段耳。」

顔師古注《前漢書》如此詳，猶有不可曉者，況其他史無注者。漢宣渭上詔令「單于毋謁」，范升劾周黨「伏而不謁」，謁不知是何禮數，無注。疑是君臣之禮，見而自通其名，然不可考矣。

《漢書》有秀才做底文章，有婦人做底文字，亦有載當地獄辭者。秀才文章便易曉。當時文字多碎句，難讀，《尚書》便有如此底。《周官》只如今文字，太齊整了。

《漢書》言：「幾者動之微，吉凶之先見者也。」又如「豈若匹夫匹婦之爲諒，自經於溝瀆而人莫之知也」！添一箇「人」字，甚分曉。道夫。

沈存中以班固《律曆志》定言數處爲脛説是小説中「脛廟」之意，蓋不曉算法而言爾。人傑。

葉適《習學記言序目》卷二三《漢書三・列傳》 班嗣《報桓生書》，班彪《王命論》，卑隘淺俗，遂成魏晉之文，無復春秋秦漢仿佛。蓋學者大患，溺於耳目之所是而忘其宗，則道德日以淪墜而不可反，魯臧文仲、漢董仲舒、劉向父子是也。至彪、固，無可言矣。（《敘傳》）

「故雖堯舜之盛，必有《典謨》之篇，然後揚名於後世，冠德於百王。」此爲文耶？質耶？固未知古人之質而徒以爲文，此文之所益陋也。（又）

自《詩》《書》之作皆有敘，所以係事紀變，明取去也。司馬遷變古法，惟序已意，既已失之；然包括上古，收拾遺散，操縱在心，猶時有高遠之意，常人所不能測之者。及班固效之，而淺近復重，往往不過常人之識之所能及，至其後史官則又甚矣。是遷之法一傳而壞，曾不足以行遠，非復古史法不可也。（又）

葉適《習學記言序目》卷二五《後漢書二・列傳》 班彪言「定哀之間，左丘明作《傳》《國語》，由是《乘》《檮杌》之事遂暗，而《左氏》《國語》獨章」；不知彪此語何所本，若止據《孟子》文遂爲之説則不可。孟子此言自未爲準定，緣《楚語》自稱「以《春秋》教世子」，孟子蓋未必見《國語》也。「韓宣子聘魯，見《易象》與《魯春秋》」不自言其國史當何名。《乘》《檮杌》之是非固不足辨，然言其所不存者未審，則訂其所存者亦非的矣。惟言司馬遷「文重思煩，刊落不盡，尚有盈辭」，彪去遷時未遠，其理或然。今學者乃以爲遷之文體如此，反以其不盡不齊者爲意義深遠之所寄，則亦未必然也。（《班彪》）

班彪仕不求達，光武亦不用，止於司徒掾；固最寵幸，位不過郎；蓋於時公卿貴人不由文墨登也，自戰國以來無不然，至唐始變矣。彪静約，得古人之節，而固不免爲竇憲死，然則言果不可以信行矣。（又）

彪言「司馬遷漢事，止據陸賈，無別書」。彪及固自著，亦不言所承何書，但云「繼採前史遺事，傍貫异聞」而已。今史家用官文書比次日月，猶尚錯謬，則遷固綴集所聞而成者，安得傳信！故余爲李燾序，以爲《春秋》後財有燾書也。（又）

固以「相如《封禪》，靡而不典；揚雄《美新》，典而不實」，故作《典引》。其意言「自兩儀始分，莫崇乎堯，越成湯武，殷肱既周，天乃歸功元首，將授漢劉，先命孔子撰赤制，而高祖光武興」。謂漢特承堯，是何道理？與今世場屋架綴作經義者無异。固又以此著之《漢書》而欲垂中正不刊之義，可乎？詳其始，撰讖者妄稱劉秀爲天子，光武宗室單寡，援之立極，如童謡幸中，遂以自神，正與王莽同耳。故桓譚、鄭興皆莫肯信，而固希世傅會，曾無慚耻，蓋自昔文士往往不足同憑也。（又）

葉適《習學記言序目》卷二六《後漢書三・列傳》 班彪奏酬答北匈奴事宜，真西漢文章，可接太史公。今《漢書》文體，大率類此，蓋班固所取法也。若固所自作，質弱而文靡，爲魏晉先驅，失古意矣。彪不特文字，而策謀沈深，明習故事，應變有方，可施廊廟。雖光武漢業已成，不以無彪而有所闕，然如彪者不得盡其用，光武不得無棄材之過也。（《烏桓》）

朱一是《爲可堂初集》卷六論《班固論》 宋鄭樵曰：「班固，浮華之士也，無學術而事剽竊。自高祖至武帝，凡六世竊遷書；昭帝至平帝，凡六世資於賈逵、劉歆，而不以爲耻。又有曹大家終篇，則固之自爲書也，惟《古今人表》耳。且云漢紹堯運，自當繼堯，遷作《史記》厠於秦、項者非是，於是斷漢爲書，致周、秦不相因，古今成間隔。」樵之言如此。嗚呼！固既以漢名書矣，則爲一代之史，何必如遷記三千年，而後爲會通無間隔乎？其云越秦、項而紹堯，此人臣尊王之諛詞，言雖無稽，不足咎固也。至謂專事剽竊，樵言亦過。夫自古作史，未有一人能成者，貴乎博採舊聞，廣籍群力。如搆大厦，庀材豐而選工優，所爲大匠者，坐而指麾之爾，及其告成，則歸之大匠之能，而他不與。故司馬遷之史多本於父談，又雜考周、秦諸書，至陋如僞《泰誓》亦採入爲紀，議者猶恨；其承秦火之後，博雅不足，然則作史者相患剽竊少耳，其又何訾于固乎？孔子作《春秋》，因魯史舊文筆削之，未嘗無據而作也，然則孔子亦剽竊歟？獨是固嘗傷遷博物洽聞，不能以智免極刑，迺身被竇憲之難，亦繫死獄中，附權門而乖明哲，爲君子所譏。然吾謂固之禍亦有所難避也。苟爲良史之才，必當世所側目，而權貴者尤嫉之，故楊雄之仕王莽，蔡邕之仕董卓，皆出於不得已。雄懼而投閣，邕卒見殺於王允，不及續成漢史，司馬遷之被極刑，豈真爲李陵遊説乎？或亦忌才者不能容耳。誰謂班固能退引不附竇憲哉？且憲尤固知己也。維時肅宗尚輕固而憲獨重之，故肅宗語憲曰：「公愛班固而忽崔駰，葉公之好龍也。」如是固安得不爲憲用，又安得不爲之死？固死於竇憲，遷刑於李陵，事會所激，[illegible]何可避？要之皆非其罪，以區區之書，定百代之是非，自宜中陰陽之忌，而禍必隨之，凡作史者皆如是。若范曄反逆受誅之類，則誠自取也。

藝文

《全唐詩》卷四九六姚合《送任畹評事赴沂海》 擲筆不作尉，戎衣從嫖姚。嚴冬入都門，僕馬氣益豪。沂州右鎮雄，士勇旌旗高。洛東無憂虞，半夜開虎牢。丈夫貴攻勳，不貴爵禄饒。仰眠作書生，衣食何由銷。任生非常才，臨事膽不摇。必當展長畫，逆波斬鯨鼇。九陌塵土黑，話別立遠郊。孟堅勒燕然，豈獨在漢朝。

《全唐詩》卷七六三楊夔《送張相公出征》 得意在當年，登壇秉國權。漢推周勃重，晉讓趙宣賢。儒德尼丘降，兵鈐太白傳。援毫飛鳳藻，發匣吼龍泉。歷火金難耗，零霜桂益堅。從來稱玉潔，此更讓朱妍。鵷鷺臻門下，貔貅擁帳前。去知清朔漢，行不費陶甄。獻畫符中旨，推誠契上玄。願將班固筆，書頌勒燕然。

《蘇軾詩集》卷九《次韻答章傳道見贈》 並生天地宇，同閱古今宙。視下則有高，無前孰爲後。達人千鈞弩，一弛難再彀。下士沐猴冠，已繫猶跳驟。欲將駒過隙，坐待石穿溜。君看漢唐主，宫殿悲《麥秀》。而況彼區區，何異壹醉富。鶢鶋非所養，俯仰眩金奏。髑髏有餘樂，不博南面后。嗟我昔少年，守道貧非疚。自從出求仕，役物恐見囿。馬融既依梁，班固亦事竇。效顰豈不欲，頑質謝鐫鏤。仄聞長者言，婞直非養壽。唾面慎勿拭，出胯當俯就。居然成懶廢，敢復齒豪右。子如照海珠，網目疎見漏。宏材乏近用，巧舞困短袖。坐令傾國容，臨老見邂逅。吾衰信久矣，書絶十年舊。門前可羅雀，感子煩屢叩。願言歌《緇衣》，子粲還予授。

蘇籀《雙溪集》卷二《連雨偶成二首》（其二） 愚翁夸甫骨應寒，宇宙因誰危與安。治道灼知斯鞅安，中興竊擬導安難。文章一伎真何益，得失他年極易觀。私喜崔駰薄班固，繆賢朱博毀師丹。

葉觀國《緑筠書屋詩鈔》卷五《嶺右集·讀後漢書漫成三首》（之三） 孟堅三輔豪，妍文轡龍虎。季長邃六經，皐比擬鄒魯。文若識權變，籌策侔何禹。伯喈曠代英，博覽達今古。吁嗟數子才，藹藹鸞凰羽。奈何事匪人，闇識等矇瞽。一死抵鴻毛，多材竟何取。

朱珪《知足齋集》詩集卷一九《班彪子固》 馬班皆繼世，叔皮恬且貞。孟堅既博貫，研思國史成。鴻文賦《兩都》，馬揚畏後生。《典引》不足奇，沿襲非正聲。韙哉良史才，千世標典刑。

張澍《養素堂詩集》卷二五《詠史集·班固》 爲問何人續父書，馬遷而後孟堅如。相輕武仲文多冗，忽遇种兢獄搆虚。曹大家猶裁表録，竇將軍乃作銘譽。閒來亦述《離騷》句，欲寫煩寃寄蠹魚。

班超部

綜述

《後漢書》卷四七《班超傳》　班超字仲升，扶風平陵人，徐令彪之少子也。爲人有大志，不修細節。然内孝謹，居家常執勤苦，不耻勞辱。有口辯，而涉獵書傳。永平五年，兄固被召詣校書郎，超與母隨至洛陽。家貧，常爲官傭書以供養。久勞苦，嘗輟業投筆歎曰：「大丈夫無它志略，猶當效傅介子、張騫立功異域，以取封侯，安能久事筆研閒乎？」左右皆笑之。超曰：「小子安知壯士志哉！」其後行詣相者，曰：「祭酒，布衣諸生耳，而當封侯萬里之外。」超問其狀。相者指曰：「生燕頷虎頸，飛而食肉，此萬里侯相也。」久之，顯宗問固「卿弟安在」，固對「爲官寫書，受直以養老母」。帝乃除超爲蘭臺令史。後坐事免官。

十六年，奉車都尉竇固出擊匈奴，以超爲假司馬，將兵别擊伊吾，戰於蒲類海，多斬首虜而還。固以爲能，遣與從事郭恂俱使西域。

超到鄯善，鄯善王廣奉超禮敬甚備，後忽更疏懈。超謂其官屬曰：「寧覺廣禮意薄乎？此必有北虜使來，狐疑未知所從故也。明者睹未萌，況已著邪。」乃召侍胡詐之曰：「匈奴使來數日，今安在乎？」侍胡惶恐，具服其狀。超乃閉侍胡，悉會其吏士三十六人，與共飲，酒酣，因激怒之曰：「卿曹與我俱在絶域，欲立大功，以求富貴。今虜使到裁數日，而王廣禮敬即廢；如令鄯善收吾屬送匈奴，骸骨長爲豺狼食矣。爲之柰何？」官屬皆曰：「今在危亡之地，死生從司馬。」超曰：「不入虎穴，不得虎子。當今之計，獨有因夜以火攻虜，使彼不知我多少，必大震怖，可殄盡也。滅此虜，則鄯善破膽，功成事立矣。」衆曰：「當與從事議之。」超怒曰：「吉凶決於今日。從事文俗吏，聞此必恐而謀泄，死無所名，非壯士也！」衆曰：「善。」初夜，遂將吏士往奔虜營。會天大風，超令十人持鼓藏虜舍後，約曰：「見火然，皆當鳴鼓大呼。」餘人悉持兵弩夾門而伏。超乃順風縱火，前後鼓譟。虜衆驚亂，超手格殺三人，吏兵斬其使及從士三十餘級，餘衆百許人悉燒死。明日乃還告郭恂，恂大驚，既而色動。超知其意，舉手曰：「掾雖不行，班超何心獨擅之乎？」恂乃悦。超於是召鄯善王廣，以虜使首示之，一國震怖。超曉告撫慰，遂納子爲質。還奏於竇固，固大喜，具上超功效，并求更選使使西域。帝壯超節，詔固曰：「吏如班超，何故不遣而更選乎？今以超爲軍司馬，令遂前功。」超復受使，固欲益其兵，超曰：「願將本所從三十餘人足矣。如有不虞，多益爲累。」

是時于窴王廣德新攻破莎車，遂雄張南道，而匈奴遣使監護其國。超既西，先至于窴。廣德禮意甚疏。且其俗信巫。巫言：「神怒何故欲向漢？漢使有騧馬，急求取以祠我。」廣德乃遣使就超請馬。超密知其狀，報許之，而令巫自來取馬。有頃，巫至，超即斬其首以送廣德，因辭讓之。廣德素聞超在鄯善誅滅虜使，大惶恐，即攻殺匈奴使者而降超。超重賜其王以下，因鎮撫焉。

時龜兹王建爲匈奴所立，倚恃虜威，據有北道，攻破疏勒，殺其王，而立龜兹人兜題爲疏勒王。明年春，超從閒道至疏勒。去兜題所居槃橐城九十里，逆遣吏田慮先往降之。敕慮曰：「兜題本非疏勒種，國人必不用命。若不即降，便可執之。」慮既到，兜題見慮輕弱，殊無降意。慮因其無備，遂前劫縛兜題。左右出其不意，皆驚懼奔走。慮馳報超，超即赴之，悉召疏勒將吏，説以龜兹無道之狀，因立其故王兄子忠爲王，國人大悦。忠及官屬皆請殺兜題，超不聽，欲示以威信，釋而遣之。疏勒由是與龜兹結怨。

十八年，帝崩。焉耆以中國大喪，遂攻没都護陳睦。超孤立無援，而龜兹、姑墨數發兵攻疏勒。超守盤橐城，與忠爲首尾，士吏單少，拒守歲餘。肅宗初即位，以陳睦新没，恐超單危不能自立，下詔徵超。超發還，疏勒舉國憂恐。其都尉黎弇曰：「漢使棄我，我必復爲龜兹所滅耳。誠不忍見漢使去。」因以刀自剄。超還至于窴，王侯以下皆號泣曰：「依漢使如父母，誠不可去。」互抱超馬脚，不得行。超恐于窴終不聽其東，又欲遂本志，乃更還疏勒。疏勒兩城自超去後，復降龜兹，而與尉頭連兵。超捕斬反者，擊破尉頭，殺六百餘人，疏勒復安。

建初三年，超率疏勒、康居、于窴、拘彌兵一萬人攻姑墨石城，破之，斬首七百級。超欲因此叵平諸國，乃上疏請兵。曰：「臣竊見先帝欲開西域，故北擊匈奴，西使外國，鄯善、于窴即時向化。今拘彌、莎車、疏勒、月氏、烏孫、康居復願歸附，欲共并力破滅龜兹，平通漢道。若得龜兹，則西域未服者百分之一耳。臣伏自惟念，卒伍小吏，實願從谷吉效命絶域，庶幾張騫弃身曠野。昔魏絳列國大夫，尚能和輯諸戎，況臣奉大漢之威，而無鉛刀一割之用乎？前世議者皆曰取

三十六國，號爲斷匈奴右臂。今西域諸國，自日之所入，莫不向化，大小欣欣，貢奉不絶，唯焉耆、龜兹獨未服從。臣前與官屬三十六人奉使絶域，備遭艱戹。自孤守疏勒，於今五載，胡夷情數，臣頗識之。問其城郭小大，皆言『倚漢與依天等』。以是效之，則葱領可通，葱領通則龜兹可伐。今宜拜龜兹侍子白霸爲其國王，以步騎數百送之，與諸國連兵，歲月之閒，龜兹可禽。以夷狄攻夷狄，計之善者也。臣見莎車、疏勒田地肥廣，草牧饒衍，不比敦煌、鄯善閒也，兵可不費中國而粮食自足。且姑墨、温宿二王，特爲龜兹所置，既非其種，更相厭苦，其埶必有降反。若二國來降，則龜兹自破。願下臣章，參考行事。誠有萬分，死復何恨。臣超區區，特蒙神靈，竊冀未便僵仆，目見西域平定，陛下舉萬年之觴，薦勳祖廟，布大喜於天下。」書奏，帝知其功可成，議欲給兵。平陵人徐幹素與超同志，上疏願奮身佐超。五年，遂以幹爲假司馬，將弛刑及義從千人就超。

先是莎車以爲漢兵不出，遂降於龜兹，而疏勒都尉番辰亦復反叛。會徐幹適至，超遂與幹擊番辰，大破之，斬首千餘級，多獲生口。超既破番辰，欲進攻龜兹。以烏孫兵彊，宜因其力，乃上言：「烏孫大國，控弦十萬，故武帝妻以公主，至孝宣皇帝，卒得其用。今可遣使招慰，與共合力。」帝納之。八年，拜超爲將兵長史，假鼓吹幢麾。以徐幹爲軍司馬，别遣衛候李邑護送烏孫使者，賜大小昆彌以下錦帛。

李邑始到于窴，而值龜兹攻疏勒，恐懼不敢前，因上書陳西域之功不可成，又盛毁超擁愛妻，抱愛子，安樂外國，無内顧心。超聞之，歎曰：「身非曾參而有三至之讒，恐見疑於當時矣。」遂去其妻。帝知超忠，乃切責邑曰：「縱超擁愛妻，抱愛子，思歸之士千餘人，何能盡與超同心乎？」令邑詣超受節度。詔超：「若邑任在外者，便留與從事。」隨即遣邑將烏孫侍子還京師。徐幹謂超曰：「邑前親毁君，欲敗西域，今何不緣詔書留之，更遣它吏送侍子乎？」超曰：「是何言之陋也！以邑毁超，故今遣之。内省不疚，何卹人言！快意留之，非忠臣也。」

明年，復遣假司馬和恭等四人將兵八百詣超，超因發疏勒、于窴兵擊莎車。莎車陰通使疏勒王忠，啖以重利，忠遂反從之，西保烏即城。超乃更立其府丞成大爲疏勒王，悉發其不反者以攻忠。積半歲，而康居遣精兵救之，超不能下。是時月氏新與康居婚，相親，超乃使使多齎錦帛遺月氏王，令曉示康居王，康居王乃罷兵，執忠以歸其國，烏即城遂降於超。

後三年，忠説康居王借兵，還據損中，密與龜兹謀，遣使詐降於超。超内知其姦而外僞許之。忠大喜，即從輕騎詣超。超密勒兵待之，爲供張設樂。酒行，乃叱吏縛忠斬之。因擊破其衆，殺七百餘人，南道於是遂通。

明年，超發于窴諸國兵二萬五千人，復擊莎車。而龜兹王遣左將軍發温宿、姑墨、尉頭合五萬人救之。超召將校及于窴王議曰：「今兵少不敵，其計莫若各散去。于窴從是而東，長史亦於此西歸，可須夜鼓聲而發。」陰緩所得生口。龜兹王聞之大喜，自以萬騎於西界遮超，温宿王將八千騎於東界徼于窴。超知二虜已出，密召諸部勒兵，雞鳴馳赴莎車營，胡大驚亂奔走，追斬五千餘級，大獲其馬畜財物。莎車遂降，龜兹等因各退散，自是威震西域。

初，月氏嘗助漢擊車師有功，是歲貢奉珍寶、符拔、師子，因求漢公主。超拒還其使，由是怨恨。永元二年，月氏遣其副王謝將兵七萬攻超。超衆少，皆大恐。超譬軍士曰：「月氏兵雖多，然數千里踰葱領來，非有運輸，何足憂邪？但當收穀堅守，彼飢窮自降，不過數十日決矣。」謝遂前攻超，不下，又鈔掠無所得。超度其糧將盡，必從龜兹求救，乃遣兵數百於東界要之。謝果遣騎齎金銀珠玉以賂龜兹。超伏兵遮擊，盡殺之，持其使首以示謝。謝大驚，即遣使請罪，願得生歸。超縱遣之。月氏由是大震，歲奉貢獻。

明年，龜兹、姑墨、温宿皆降，乃以超爲都護，徐幹爲長史。拜白霸爲龜兹王，遣司馬姚光送之。超與光共脅龜兹廢其王尤利多而立白霸，使光將尤利多還詣京師。超居龜兹它乾城，徐幹屯疏勒。西域唯焉耆、危須、尉犁以前没都護，懷二心，其餘悉定。

六年秋，超遂發龜兹、鄯善等八國兵合七萬人，及吏士賈客千四百人討焉耆。兵到尉犁界，而遣曉説焉耆、尉犁、危須曰：「都護來者，欲鎮撫三國。即欲改過向善，宜遣大人來迎，當賞賜王侯已下，事畢即還。今賜王綵五百匹。」焉耆王廣遣其左將北鞬支奉牛酒迎超。超詰鞬支曰：「汝雖匈奴侍子，而今秉國之權。都護自來，王不以時迎，皆汝罪也。」或謂超可便殺之。超曰：「非汝所及。此人權重於王，今未入其國而殺之，遂令自疑，設備守險，豈得到其城下哉！」於是賜而遣之。廣乃與大人迎超於尉犁，奉獻珍物。

焉耆國有葦橋之險，廣乃絶橋，不欲令漢軍入國。超更從它道厲度。七月晦，到焉耆，去城二十里，(正)營大澤中。廣出不意，大恐，乃欲悉驅其人共入山保。焉耆左候元孟先嘗質京師，密遣使以事告超，超即斬之，示不信用。乃期大會諸國王，因揚聲當重加賞賜，於是焉耆王廣、尉犁王汎及北鞬支等三十人相率

詣超。其國相腹久等十七人懼誅，皆亡入海，而危須王亦不至。坐定，超怒詰廣曰：「危須王何故不到？腹久等所緣逃亡？」遂叱吏士收廣、汎等於陳睦故城斬之，傳首京師。因縱兵鈔掠，斬首五千餘級，獲生口萬五千人，馬畜牛羊三十餘萬頭，更立元孟爲焉耆王。超留焉耆半歲，慰撫之。於是西域五十餘國悉皆納質内屬焉。

明年，下詔曰：「往者匈奴獨擅西域，寇盜河西，永平之末，城門晝閉。先帝深愍邊萌嬰羅寇害，乃命將帥擊右地，破白山，臨蒲類，取車師，城郭諸國震慴響應，遂開西域，置都護。而焉耆王舜、舜子忠獨謀悖逆，恃其險隘，覆没都護，并及吏士。先帝重元元之命，憚兵役之興，故使軍司馬班超安集于窴以西。超遂踰葱領，迄縣度，出入二十二年，莫不賓從。改立其王，而綏其人。不動中國，不煩戎士，得遠夷之和，同異俗之心，而致天誅，蠲宿耻，以報將士之讎。《司馬法》曰：『賞不踰月，欲人速覩爲善之利也。』其封超爲定遠侯，邑千户。」

超自以久在絶域，年老思土。十二年，上疏曰：「臣聞太公封齊，五世葬周，狐死首丘，代馬依風。夫周齊同在中土千里之間，況於遠處絶域，小臣能無依風首丘之思哉？蠻夷之俗，畏壯侮老。臣超犬馬齒殲，常恐年衰，奄忽僵仆，孤魂棄捐。昔蘇武留匈奴中尚十九年，今臣幸得奉節帶金銀護西域，如自以壽終屯部，誠無所恨，然恐後世或名臣爲没西域。臣不敢望到酒泉郡，但願生入玉門關。臣老病衰困，冒死瞽言，謹遣子勇隨獻物入塞。及臣生在，令勇目見中土。」而超妹同郡曹壽妻昭亦上書請超曰：

妾同産兄西域都護定遠侯超，幸得以微功特蒙重賞，爵列通侯，位二千石。天恩殊絶，誠非小臣所當被蒙。超之始出，志捐軀命，冀立微功，以自陳效。會陳睦之變，道路隔絶，超以一身轉側絶域，曉譬諸國，因其兵衆，每有攻戰，輒爲先登，身被金夷，不避死亡。賴蒙陛下神靈，且得延命沙漠，至今積三十年。骨肉生離，不復相識。所與相隨時人士衆，皆已物故。超年最長，今且七十。衰老被病，頭髮無黑，兩手不仁，耳目不聰明，扶杖乃能行。雖欲竭盡其力，以報塞天恩，迫於歲暮，犬馬齒索。蠻夷之性，悖逆侮老，而超旦暮入地，久不見代，恐開姦宄之源，生逆亂之心。而卿大夫咸懷一切，莫肯遠慮。如有卒暴，超之氣力不能從心，便爲上損國家累世之功，下棄忠臣竭力之用，誠可痛也。故超萬里歸誠，自陳苦急，延頸踰望，三年於今，未蒙省録。

妾竊聞古者十五受兵，六十還之，亦有休息不任職也。緣陛下以至孝理天下，得萬國之歡心，不遺小國之臣，況超得備侯伯之位，故敢觸死爲超求哀，匄超餘年。一得生還，復見闕庭，使國永無勞遠之慮，西域無倉卒之憂，超得長蒙文王葬骨之恩，子方哀老之惠。《詩》云：「民亦勞止，汔可小康，惠此中國，以綏四方。」超有書與妾生訣，恐不復相見。妾誠傷超以壯年竭忠孝於沙漠，疲老則便捐死於曠野，誠可哀憐。如不蒙救護，超後有一旦之變，冀幸超家得蒙趙母、衛姬先請之貸。妾愚戇不知大義，觸犯忌諱。

書奏，帝感其言，乃徵超還。

超在西域三十一歲。十四年八月至洛陽，拜爲射聲校尉。超素有匈脅疾，既至，病遂加。帝遣中黄門問疾，賜醫藥。其年九月卒，年七十一。朝廷愍惜焉，使者弔祭，贈賵甚厚。子雄嗣。

初，超被徵，以戊己校尉任尚爲都護，與超交代。尚謂超曰：「君侯在外國三十餘年，而小人猥承君後，任重慮淺，宜有以誨之。」超曰：「年老失智，任君數當大位，豈班超所能及哉！必不得已，願進愚言。塞外吏士，本非孝子順孫，皆以罪過徙補邊屯。而蠻夷懷鳥獸之心，難養易敗。今君性嚴急，水清無大魚，察政不得下和。宜蕩佚簡易，寬小過，總大綱而已。」超去後，尚私謂所親曰：「我以班君當有奇策，今所言平平耳。」尚至數年，而西域反亂，以罪被徵，如超所戒。

《東觀漢記》卷一六《班超》 班超，字仲升，扶風平陵人，徐令彪之子也。爲人大志，不脩細節。然内孝謹，居家常執勤苦，不耻勞辱。有口辯，而涉獵書傳。

超持《公羊春秋》，多所窺覽。

班超，字仲升，家貧，恒爲官傭寫書，嘗輟書投筆歎曰：「大丈夫當効傅介子、張騫立功異域，以取封侯，安能久事筆硯乎！」

班超行詣相者，相者曰：「祭酒，布衣諸生耳，而當封侯萬里之外。」超問其狀。相者指曰：「生鷰頷虎頸，飛而食肉，此萬里侯相也。」

永平中，竇固擊匈奴，班超爲假司馬，將兵別擊伊吾，戰於蒲類海，多斬首虜。固又遣與從事郭恂俱使西域，鄯善王廣禮敬甚備，後更疏懈。超謂其官屬曰：「寧覺廣志意薄乎？此必有北虜使來也。」召侍胡，詐之曰：「匈奴使來數日，安在？」侍胡具服。超悉會其吏士三十六人，酒酣，激怒曰：「不探虎穴，不得虎子。當今之計，獨有因夜以火攻虜，使彼不知我多少，必大震怖，可殄盡。鄯善破膽，功成事立也。」衆曰：「善。」遂將吏士往奔虜營。超手格殺三人，斬得

匈奴節使屋賴帶、副使比離支首及節。明日乃還告郭恂，恂大驚，既而色動。超知其意，舉手曰：「掾雖不行，班超何心獨擅之乎？」恂乃悦。鄯善一國震怖。竇固具上超功，並求更選使西域。帝壯超，詔固曰：「吏如班超，何故不遣而選乎？今以超爲軍司馬，令遂前功。」固欲益其兵，超曰：「願得本所從三十餘人，足以備有虞，多益爲重煩。」

班超使西域，于闐王廣德，超至，禮意甚疏。其俗信巫，巫言：「神怒何故向漢？漢使有騧馬，急求取以祠我。」廣德就超請馬，超許之，而令巫自來取馬。有頃，巫至，超即斬其首送廣德，因辭讓之。

班超上疏曰：「臣乘聖漢威神，出萬死之志，冀效鉛刀一割之用。」

建初八年，拜班超爲將兵長史，假鼓吹幢麾。

疏勒王忠説康居王借兵，還據頓中。

班超討焉耆王廣，廣遣其左將北鞬支奉迎超，賜而遣。焉耆國有葦橋之險，廣乃絶橋，不欲令漢軍入國。超更從他道渡。

班超定西域五十餘國，其以漢中郡南鄭之西鄉户千封超爲定遠侯。

班超自以久在絶域，年老思土，上疏曰：「臣常恐年衰，奄忽僵仆。不敢望到酒泉郡，但願生入玉門關。」

時安息遣使獻大爵、師子，超遣子勇隨入塞。

班超在西域三十一歲。還洛陽，拜爲射聲校尉。

班超爲都護，以任尚代超。尚謂超曰：「君在外國三十餘年，而小人猥承君後，宜有以誨之。」超曰：「塞外吏士，本非孝子順孫，皆以過罪徙補邊。而蠻夷懷鳥獸之心，難禁易敗。今君性嚴急，水清無大魚，察政不得下和。宜陽爲簡易，寬小過，總大綱而已。」

雜録

備録

謝承《後漢書》卷三《班超傳》 永平五年，班超兄固被召詣校書，超與母隨至洛陽，家貧，常爲傭書以供養。久傭嘗苦，輟業投筆歎曰：「大丈夫無它志略，獨當効傅介子、張騫立功異域，以取封侯，安能久事筆硯乎！」

班超爲都護，合三十年。

司馬彪《續漢書》卷四《班超傳》 「久弄筆研乎？」

騩馬。

求得故王兄子榆勒立之，更名曰忠。

《後漢書》卷三《肅宗孝章帝紀》 〔建初三年〕閏月，西域假司馬班超擊姑墨，大破之。

〔建初五年〕是歲，零陵獻芝草。有八黄龍見於泉陵。西域假司馬班超擊疏勒，破之。

〔元和三年〕是歲，西域長史班超擊斬疏勒王。

〔章和元年〕是歲，西域長史班超擊莎車，大破之。

《後漢書》卷四《孝和帝紀》 〔永元二年〕月氏國遣兵攻西域長史班超，超擊降之。

〔永元六年〕西域都護班超大破焉耆、尉犁，斬其王。自是西域降服，納質者五十餘國。

《後漢書》卷八八《西域傳》序 建初元年春，酒泉太守段彭大破車師於交河城。章帝不欲疲敝中國以事夷狄，乃迎還戊己校尉，不復遣都護。二年，復罷屯田伊吾，匈奴因遣兵守伊吾地。時軍司馬班超留于窴，綏集諸國。和帝永元元年，大將軍竇憲大破匈奴。二年，憲因遣副校尉閻槃二千餘騎掩擊伊吾，破之。三年，班超遂定西域，因以超爲都護，居龜兹。復置戊已校尉，領兵五百人，居車師前部高昌壁，又置戊部候，居車師後部候城，相去五百里。六年，班超復擊破焉耆，於是五十餘國悉納質内屬。其條支、安息諸國至於海瀕四萬里外，皆重譯貢獻。九年，班超遣掾甘英窮臨西海而還。皆前世所不至，《山經》所未詳，莫不備其風土，傳其珍怪焉。於是遠國蒙奇、兜勒皆來歸服，遣使貢獻。

《後漢書》卷八八《西域傳・安息國》 章帝章和元年，遣使獻師子、符拔。符拔形似麟而無角。和帝永元九年，都護班超遣甘英使大秦，抵條支。臨大海欲度，而安息西界船人謂英曰：「海水廣大，往來者逢善風三月乃得度，若遇遲風，亦有二歲者，故入海人皆齎三歲糧。海中善使人思土戀慕，數有死亡者。」英聞之乃止。十三年，安息王滿屈復獻師子及條支大鳥，時謂之安息雀。

《後漢書》卷八八《西域傳・莎車國》 匈奴聞廣德滅莎車，遣五將發焉耆、尉黎、龜兹十五國兵三萬餘人圍于寘，廣德乞降，以其太子爲質，約歲給罽絮。冬，匈奴復遣兵將賢質子不居徵立爲莎車王，廣德又攻殺之，更立其弟齊黎爲莎車王，章帝元和三年〔也〕。時長史班超發諸國兵擊莎車，大破之，由是遂降漢。

《後漢書》卷八八《西域傳・焉耆國》 永平末，焉耆與龜兹共攻没都護陳睦、副校尉郭恂，殺吏士二千餘人。至永元六年，都護班超發諸國兵討焉耆、危須、尉黎、山國，遂斬焉耆、尉黎二王首，傳送京師，縣蠻夷邸。超乃立焉耆左(侯)〔候〕元孟爲王，尉黎、危須、山國皆更立其王。至安帝時，西域背畔。延光中，超子勇爲西域長史，復討定諸國。

酈道元《水經注》卷二七《沔水》 洋川者，漢戚夫人之所生處也。高祖得而寵之，夫人思慕本鄉，追求洋川米，帝爲驛致長安，蠲復其鄉，更名曰縣。故又目其地爲祥川，用表夫人載誕之休祥也。城即定遠矣。漢順帝永光七年，封班超以漢中郡南鄭縣之西鄉，爲定遠侯，即此也。

備論

《後漢書》卷四七《班超梁慬傳論贊》 論曰：時政平則文德用，而武略之士無所奮其力能，故漢世有發憤張膽，争膏身於夷狄以要功名，多矣。祭肜、耿秉啓匈奴之權，班超、梁慬奮西域之略，卒能成功立名，享受爵位，薦功祖廟，勒勳於後，亦一時之志士也。

贊曰：定遠慷慨，專功西遐。坦步葱、雪，咫尺龍沙。慬亦抗憤，勇乃負荷。

劉晝《劉子・通塞》 買臣忍饑而行歌，王章苦寒而臥泣，蘇秦握錐而憤懣，班超執筆而慷慨。當彼四子勢屈之時，容色黧黑，神情沮忸，言爲瓦礫，行成狂狷。髮露心憂，形消貌悴，引歎而雷轉，噴氣則雲湧。如騏驥之伏於鹽車，玄猿之束於籠圈。非無千里之駃，萬仞之捷，然而不異羸鈍者，無所肆其巧也。何異處穴而望聲徹，入井而欲睇博哉！及其勢伸志得，或衣錦而還鄉，或佩玉於廊廟，或合縱於六國之内，或懸旌於崑崙之外。當斯之時也，容彩光焕，神氣開發，言成金玉，行爲世則，乘肥衣輕，怡然自得。快若輕鴻之汎長風，沛若巨魚之縱大壑，何異順風而縱聲，登峯而長矖。人猶是也，而昔如彼今如此者，非爲昔愚而今賢，故醜而新美，壅之與通也。

劉晝《劉子・激通》 居不隱者，思不遠也；身不危者，志不廣也。蘇秦若有負郭之田，必不佩六國之印；主父無親友之蔑，必不窺五鼎之食；張儀不有堂下之耻，必無入秦之志；范雎若無厠中之辱，不懷復魏之心。甯越激而修文，卒爲周威之師；班超憤而習武，終建西域之績。觀其數賢，皆因窘而發志，緣阨而顯名。

唐順之《兩漢解疑》下《班超》 超一聞李邑之譖，即去其妻。蓋夫婦人之大倫也，婦苟未於七出之條，古人不輕絶也，超何漫無可否而遽去之，不幾急功名而輕兩髦乎？及章帝知超忠，令邑受節度，超即遣邑將烏孫侍子還京，不幾匿情以求名乎？

解曰：吴起殺妻以求將，急功名也，超則非可同日語也。萬里孤臣，聞謗而無以自明，人既以愛妻爲口實，復安之而不去，則身危矣，去妻所以全身也。曹孟德不殺禰正平，暱情求名也，超亦非其倫也。君既我知，而以其人來謝，是人亦當知自悔，復留之以快意，則褊心矣。遣邑所以明度也。雖然，家山萬里，妻去何之，以德報怨，何以報德？此不情之人也。徼奇功以開邊釁，是以君子無取焉。

焦袁熹《此木軒雜著》卷七《班超》 自古豪傑之士，有所畫而必遂，有所爲而必成者，由其見之明而膽之決也。物有其機，事有其會，差之絫黍，利害相反。見不明則膽不決，故猶豫多前卻者，必昏闇之人也。乘其機，赴其會，智生於倉卒，勇決於須臾，功非倖立，名非苟成，臨變愈多，神慮益熟，志力益堅，有百利而無一害者，惟其不以徼倖苟且成一旦之功名故也。班超之定西域五十餘國，其不由此乎？抑超之爲人，非直智勇而已。觀其語郭恂，不獨擅功，遣李邑，不逞私忿，謂無學人能之乎？大抵心無偏恡，度量過人，是以威惠兼行，弛張互用；上不見疑於所天，下不受掣於殊族者也。

皮錫瑞《師伏堂駢文二種》之二卷三《班超論》 夫謀國自有常經，而立功必操勝算。善謀國者，但守固而已足；重立功者，非炫奇而無成。是以或持重以求安，或奮起以著節。屯田振旅，營平老成之謀；馬革裹屍，伏波慷慨之語。志趣雖别，庸勳並隆。然而揆幾度勢，或過奇而失中；論世知人，或雖美而猶憾。蓋察其地，甌脱與要區殊觀；睹其時，安平與擾攘異致。則雖奮身虎穴，勒石龍

沙，成就偉然，足增壯士之氣。行事具在，難語大雅之真矣。定遠生自名門，早蒙帝問。虎頭燕頷，希冀萬里之侯；布衣諸生，慨投三寸之筆。始假司馬得使西域。時則鄯善方納虜使，陰懷叛心，侯乃明鑒未形，拔劍激衆，性命一擲，出手得盧，死生同心，斬首示虜，威申絶域，名動萬乘，食肉之概已見於此矣。無何，顯宗登遐，西域背叛。闕寵敗没，隻輪不返；耿恭僅還，役徒幾盡。廷議持重，欲並棄夫珠崖；侯乃執争，請叵平夫葱嶺。馳騁熱海之間，崎嶇雪山之地。屢反屢復，七縱七擒，卒能以三十六人，平五十餘國。抱馬足者，呼使爲父；畏威神者，依漢如天。後王、前王無復首鼠之意，南道、北道皆貢熊羆之皮。漢宫稱萬年之觴，幕府佩列侯之印。豈非有志竟成，材略不世出者乎？雖然，勢苟得已，君子不冒險以邀功；事或難繼，賢者不耀奇以震世。漢之西域，無當於安危也審矣！博望鑿空，夸言斷臂之功；新莽亂政，遂啟紛争之釁。世祖閉門而罷都護，辭質以息邊氓。伊吾鳴劍，戒白登之被圍；蕭牆是憂，援黄石之止足。其後貪功致敗，旋復奉詔徵還，棄之固無損，得之非有益也。且夫非常之事，尤非常人所能。侯密謀深規，偉略雄氣。不假聲援，同延壽之入康居；勿致騷動，異貳師之克母寡。經略既久，士卒協心，威望獨隆，蠻夷莫侮。斯豈任尚庸將所能代興者乎？卒之玉門幸得生入，金城竟無替人。言非平平，聽乃藐藐。戎馬復動，遂閉西河之門；大魚難容，反致涼州之禍。然則侯之功僅榮一旦，而初非遠猷也；侯之事但了一生，而難爲繼起也。亦安用殫極心力，邀紆佩金紫之榮；勞苦吏民，爲坦步葱雪之計哉。徒使庸書三歎，增志士之累；歆封侯一夢，發儒生之感慨，尚論者所爲深惜也。

藝文

《全唐詩》卷二五鮑溶《壯士行》 西方太白高，壯士羞病死。心知報恩處，對酒歌易水。砂鴻嘷天末，横劍别妻子。蘇武執節歸，班超束書起。山河不足重，重在遇知己。

《李太白全集》卷二四《田園言懷》 賈誼三年謫，班超萬里侯。何如牽白犢，飲水對清流。

《全唐詩》卷一四一王昌齡《箜篌引》 盧谿郡南夜泊舟，夜聞兩岸羌戎謳。其時月黑猿啾啾，微雨霑衣令人愁。有一遷客登高樓，不言不寐彈箜篌。彈作薊門桑葉秋，風沙颯颯青冢頭。將軍鐵驄汗血流，深入匈奴戰未休。黄旗一點兵馬收，亂殺胡人積如丘。瘡病驅來配邊州，仍披漠北羔羊裘。顔色飢枯掩面羞，眼眶淚滴深兩眸。思還本鄉食犛牛，欲語不得指咽喉。或有强壯能吚嘎，意説被他邊將讎。五世屬藩漢主留，碧毛氈帳河曲遊。橐駝五萬部落稠，敕賜飛鳳金兜鍪。爲君百戰如過籌，静掃陰山無鳥投。家藏鐵券特承優，黄金千斤不稱求。九族分離作楚囚，深谿寂寞絃苦幽。草木悲感聲颼飀，僕本東山爲國憂。明光殿前論九疇，籭讀兵書盡冥搜。爲君掌上施權謀，洞曉山川無與儔。紫宸詔發遠懷柔，摇筆飛霜如奪鉤。鬼神不得知其由，憐愛蒼生比蚍蜉。朔河屯兵須漸抽，盡遣降來拜御溝。便令海内休戈矛，何用班超定遠侯，史臣書之得已不。

《全唐詩》卷二三七錢起《送張管書記》 邊事多勞役，儒衣逐鼓鼙。日寒關樹外，峯盡塞雲西。河廣篷難度，天遥雁漸低。班超封定遠，之子去思齊。

《全唐詩》卷二六六顧況《送從兄使新羅》 六氣銅渾轉，三光玉律調。河宫清奉費，海嶽晏來朝。地絶提封入，天平賜貢饒。揚威輕破虜，柔服耻征遼。曙色黄金闕，寒聲白鷺潮。樓船非習戰，驄馬是嘉招。帝女飛銜石，鮫人賣淚綃。管寧雖不偶，徐市儻相邀。獨島緣空翠，孤霞上泬寥。蟾蜍同漢月，螮蝀異秦橋。水豹横吹浪，花鷹迴拂霄。晨裝凌莽渺，夜泊記招摇。幾路通員嶠，何山是沃焦。颶風晴汨起，陰火暝潛燒。鬢髮成新髩，人參長舊苗。扶桑銜日近，析木帶津遥。夢向愁中積，魂當别處銷。臨川思結網，見彈欲求鴞。共散羲和曆，誰差甲子朝。滄波伏忠信，譯語辨謳謡。疊鼓鯨鱗隱，陰帆鷁首飄。南溟垂大翼，西海飲文鰩。指景尋靈草，排雲聽洞簫。封侯萬里外，未肯後班超。

《全唐詩》卷三一六武元衡《送柳郎中裴起居》 沱江水緑波，喧鳥去喬柯。南浦别離處，東風蘭杜多。長亭春婉娩，層漢路蹉跎。會有歸朝日，班超奈老何。

《全唐詩》卷四七七李涉《寄趙準乞湘川山居》 閑説班超有舊居，山横水曲占商於。知君不用磻溪石，乞取終年獨釣魚。

《全唐詩》卷四九二殷堯藩《九日》 萬里飄零十二秋，不堪今倚夕陽樓。壯懷空擲班超筆，久客誰憐季子裘。瘴雨蠻煙朝暮景，平蕪野草古今愁。酣歌欲

盡登高興，強把黃花插滿頭。

《全唐詩》卷七〇九徐夤《長安即事三首》（之三） 拋擲清溪舊釣鉤，長安寒暑再環周。便隨鶯羽三春化，只說蟬聲一度愁。掃雪自憐窗紙照，上天寧愧海槎流。明時則待金門詔，肯羨班超萬户侯。

《蘇軾詩集》卷四三《贈李兕彥威秀才》 魏王大瓢實五石，種成濩落將安適。可憐公子持十牛，海上三年竟何得。先生少負不羈才，從軍數到單于臺。天山直欲三箭取，白衣將軍何人哉。夜逢怪石曾飲羽，戲中戟枝何足數。誓將馬革裹尸還，肯學班超苦兒女。封侯衛霍知幾許，老矣先生困羈旅。酒酣聊復說平生，結襪猶堪一再鼓。棄書捐劍學萬人，紈袴儒冠皆誤身。窮途政似不龜手，與世羞爲西子矉。如今惟有談天口，雲夢胸中吞八九。世間萬事寄黃粱，且與先生說烏有。

徐鈞《史詠詩集》上卷《班超》 人生適意在家山，萬里封侯老未還。燕頷虎頭成底事，但求生入玉門關。

張澍《養素堂詩集》卷二五《詠史集·班超》 食肉能飛萬里侯，玉關人老暗生愁。北風依馬情懷□，清水無魚策畫優。尚說擁妻終日樂，唐然有子壯心酬。邊荒想像臨衰病，應悔當年筆安投。

第五倫部

綜述

《後漢書》卷四一《第五倫傳》　第五倫字伯魚，京兆長陵人也。其先齊諸田，諸田徙園陵者多，故以次第爲氏。

倫少介然有義行。王莽末，盜賊起，宗族閭里爭往附之。倫乃依險固築營壁，有賊，輒奮厲其衆，引彊持滿以拒之，銅馬、赤眉之屬前後數十輩，皆不能下。倫始以營長詣郡尹鮮于褒，褒見而異之，署爲吏。後褒坐事左轉高唐令，臨去，握倫臂訣曰：「恨相知晚。」

倫後爲鄉嗇夫，平傜賦，理怨結，得人歡心。自以爲久宦不達，遂將家屬客河東，變名姓，自稱王伯齊，載鹽往來太原、上黨，所過輒爲糞除而去，陌上號爲道士，親友故人莫知其處。

數年，鮮于褒薦之於京兆尹閻興，興即召倫爲主簿。時長安鑄錢多姦巧，乃署倫爲督鑄錢掾，領長安市。倫平銓衡，正斗斛，市無阿枉，百姓悅服。每讀詔書，常歎息曰：「此聖主也，一見決矣。」等輩笑之曰：「爾説將尚不下，安能動萬乘乎？」倫曰：「未遇知己，道不同故耳。」

建武二十七年，舉孝廉，補淮陽國醫工長，隨王之國。光武召見，甚異之。二十九，從王朝京師，隨官屬得會見，帝問以政事，倫因此酬對政道，帝大悅。明日，復特召入，與語至夕。帝戲謂倫曰：「聞卿爲吏篣婦公，不過從兄飯，寧有之邪？」倫對曰：「臣三娶妻皆無父。少遭飢亂，實不敢妄過人食。」帝大笑。倫出，有詔以爲扶夷長，未到官，追拜會稽太守。雖爲二千石，躬自斬芻養馬，妻執炊爨。受俸裁留一月糧，餘皆賤貿與民之貧羸者。會稽俗多淫祀，好卜筮。民常以牛祭神，百姓財産以之困匱，其自食牛肉而不以薦祠者，發病且死，先爲牛鳴，前後郡將莫敢禁。倫到官，移書屬縣，曉告百姓。其巫祝有依託鬼神詐怖愚民，皆案論之。有妄屠牛者，吏輒行罰。民初頗恐懼，或祝詛妄言，倫案之愈急，後遂斷絶，百姓以安。永平五年，坐法徵，老小攀車叩馬，嗁呼相隨，日裁行數里，不得前。倫乃僞止亭舍，陰乘船去。衆知，復追之。及詣廷尉，吏民上書守闕者千餘人。是時顯宗方案梁松事，亦多爲松訟者。帝患之，詔公車諸爲梁氏及會稽太守上書者勿復受。會帝幸廷尉録囚徒，得免歸田里。身自耕種，不交通人物。

數歲，拜爲宕渠令，顯拔鄉佐玄賀，賀後爲九江、沛二郡守，以清絜稱，所在化行，終於大司農。

倫在職四年，遷蜀郡太守。蜀地肥饒，人吏富實，掾史家貲多至千萬，皆鮮車怒馬，以財貨自達。倫悉簡其豐贍者遣還之，更選孤貧志行之人以處曹任，於是爭賕抑絶，文職修理。所舉吏多至九卿、二千石，時以爲知人。

視事七歲，肅宗初立，擢自遠郡，代牟融爲司空。帝以明德太后故，尊崇舅氏馬廖，兄弟並居職任。廖等傾身交結，冠蓋之士爭赴趣之。倫以后族過盛，欲令朝廷抑損其權，上疏曰：「臣聞忠不隱諱，直不避害。不勝愚狷，昧死自表。《書》曰：『臣無作威作福，其害于而家，凶于而國。』傳曰：『大夫無境外之交，束脩之饋。』近代光烈皇后，雖友愛天至，而卒使陰就歸國，徙廢陰興賓客；其後梁、竇之家，互有非法，明帝即位，竟多誅之。自是洛中無復權戚，書記請託一皆斷絶。又譬諸外戚曰：『苦身待士，不如爲國，戴盆望天，事不兩施。』臣常刻著五臧，書諸紳帶。而今之議者，復以馬氏爲言。竊聞衛尉廖以布三千匹，城門校尉防以錢三百萬，私贍三輔衣冠，知與不知，莫不畢給。又聞臘日亦遺其在洛中者錢各五千，越騎校尉光，臘用羊三百頭，米四百斛，肉五千斤。臣愚以爲不應經義，惶恐不敢不以聞。陛下情欲厚之，亦宜所以安之。臣今言此，誠欲上忠陛下，下全后家，裁蒙省察。」及馬防爲車騎將軍，當出征西羌，倫又上疏曰：「臣愚以爲貴戚可封侯以富之，不當職事以任之。何者？繩以法則傷恩，私以親則違憲。伏聞馬防今當西征，臣以太后恩仁，陛下至孝，恐卒有纖介，難爲意愛。聞防請杜篤爲從事中郎，多賜財帛。篤爲鄉里所廢，客居美陽，女弟爲馬氏妻，恃此交通，在所縣令苦其不法，收繫論之。今來防所，議者咸致疑怪，況乃以爲從事，將恐議及朝廷。今宜爲選賢能以輔助之，不可復令防自請人，有損事望。苟有所懷，敢不自聞。」並不見省用。

倫雖峭直，然常疾俗吏苛刻。及爲三公，値帝長者，屢有善政，乃上疏褒稱盛美，因以勸成風德，曰：「陛下即位，躬天然之德，體晏晏之姿，以寬弘臨下，出入四年，前歲誅刺史、二千石貪殘者六人。斯皆明聖所鑒，非羣下所及。然詔書

每下寬和而政急不解，務存節儉而奢侈不止者，咎在俗敝，羣下不稱故也。光武承王莽之餘，頗以嚴猛爲政，後代因之，遂成風化。郡國所舉，類多辦職俗吏，殊未有寬博之選以應上求者也。陳留令劉豫，冠軍令駟協，並以刻薄之姿，臨人宰邑，專念掠殺，務爲嚴苦，吏民愁怨，莫不疾之，而今之議者反以爲能，違天心，失經義，誠不可不慎也。非徒應坐豫、協，亦當宜譴舉者。務進仁賢以任時政，不過數人，則風俗自化矣。臣嘗讀書記，知秦以酷急亡國，又目見王莽亦以苛法自滅，故勤勤懇懇，實在於此。又聞諸王主貴戚，驕奢踰制，京師尚然，何以示遠？故曰：『其身不正，雖令不(行)〔從〕。』以身教者從，以言教者訟。夫陰陽和歲乃豐，君臣同心化乃成也。其刺史、太守以下，拜除京師及道出洛陽者，宜皆召見，可因博問四方，兼以觀察其人。諸上書言事有不合者，可但報歸田里，不宜過加喜怒，以明在寬。臣愚不足採。」及諸馬得罪歸國，而竇氏始貴，倫復上疏曰：「臣得以空虛之質，當輔弼之任。素性駑怯，位尊爵重，拘迫大義，思自策厲，雖遭百死，不敢擇地，又況親遇危言之世哉！今承百王之敝，人尚文巧，咸趨邪路，莫能守正。伏見虎賁中郎將竇憲，椒房之親，典司禁兵，出入省闥，年盛志美，卑謙樂善，此誠其好士交結之方。然諸出入貴戚者，類多瑕釁禁錮之人，尤少守約安貧之節，士大夫無志之徒更相販賣，雲集其門。衆煦飄山，聚蚊成雷，蓋驕佚所從生也。三輔論議者，至云以貴戚廢錮，當復以貴戚浣濯之，猶解酲當以酒也。詖險趣埶之徒，誠不可親近。臣愚願陛下中宮嚴勑憲等閉門自守，無妄交通士大夫，防其未萌，慮於無形，令憲永保福祿，君臣交歡，無纖介之隙。此臣之至所願也。」

倫奉公盡節，言事無所依違。諸子或時諫止，輒叱遣之，吏人奏記及便宜者，亦并封上，其無私若此。性質慤，少文采，在位以貞白稱，時人方之前朝貢禹。然少藴藉，不修威儀，亦以此見輕。或問倫曰：「公有私乎？」對曰：「昔人有與吾千里馬者，吾雖不受，每三公有所選舉，心不能忘，而亦終不用也。吾兄子常病，一夜十往，退而安寢；吾子有疾，雖不省視而竟夕不眠。若是者，豈可謂無私乎？」連以老病上疏乞身。元和三年，賜策罷，以二千石奉終其身，加賜錢五十萬，公宅一區。後數年卒，時年八十餘，詔賜秘器、衣衾、錢布。

少子頡嗣，歷桂陽、廬江、南陽太守，所在見稱。順帝之爲太子廢也，頡爲太中大夫，與太僕來歷等共守闕固争。帝即位，擢爲將作大匠，卒官倫曾孫種。

《東觀漢記》卷一六《第五倫》　時米石萬錢，人相食，倫獨收養孤兄子、外孫，分糧共食，死生相守，鄉里以此賢之。

第五倫爲鄉嗇夫，平傜役，理怨滯，得民之歡心。

倫步擔往候之，留十餘日，將倫上堂，令妻子出相對，以屬託焉。

第五倫自度仕宦牢落，遂將家屬客河東，變易姓名，自稱王伯齊，常與奴載鹽北至太原販賣，每所止客舍，去輒爲糞除，道上號曰道士，開門請求，不復責舍宿直。

第五倫，字伯魚，京兆尹閻興召爲主簿。時長安市未有秩，又鑄錢官姦軌所集，無能整齊理之者。興署倫督鑄錢掾，領長安市。平銓衡，正斗斛。其後小人争訟，皆云「第五掾所平，市無姦枉」。

第五倫每見光武詔書，常歎曰：「此聖主也，當何由一得見快矣。」等輩笑之曰：「汝三皇時人也，説將尚不下，安能動萬乘主耶？」倫曰：「未遇知己，道不同故耳。」

諸王當歸國，詔書選三署郎補王家長吏，除倫爲淮陽王醫工長。時輩除者多，綬盡，但假印，倫請於王，王賜之綬。

上問第五倫曰：「聞卿爲吏撾妻父，不過從兄飯，寧有之也？」倫對曰：「臣三娶妻皆無父。臣生遭飢擾攘，米石萬錢，不敢妄過人飯。」

光武問第五倫曰：「聞卿爲市掾，人有遺卿母一笥餅，卿從外來見之，奪母飼，探口中餅出之，有之乎？」倫對曰：「實無此。衆人以臣愚蔽，故爲出此言耳。」

第五倫性節儉，作會稽郡，雖爲二千石，卧布被，自養馬，妻炊爨，受俸祿常求赤米，與小吏受等，財留一月俸，餘皆賤糶與民飢羸者。

第五倫爲會稽守，爲事徵，百姓攀轅扣馬呼曰：「捨我何之！」第五倫密委去。百姓聞之，乘船追之，交錯水中，其得民心如此。

第五倫爲會稽太守，免官歸田里，躬與奴共發株棘田種麥，不交通人物。

第五倫爲司空，奉公不撓，言議果決，無所依違，諸子諫止，輒叱之。每上封自作草，不復示掾吏。或民奏記言便宜，便封上。後自陳老病，以二千石祿俸終厥身。

去年伏誅者，刺史一人，太守三人，減死罪二人，凡六人。

費樞《廉吏傳》卷上《第五倫》　第五倫，字伯魚，京兆長陵人也。其先齊諸田，諸田徙園陵者多，故以次第爲氏。倫少介然，有義行。王莽末，盜賊起，宗族

閭里争往依倫，倫築營壁厲衆以拒之。建武二十七年，舉孝廉，光武召見，異之。歷仕遷蜀郡太守。蜀地肥饒，人吏富實。掾吏家貲，多至千萬，皆鮮車怒馬，以財貨自達。倫悉簡其豐贍者，遣還之，更選孤貧志行之人，以處曹任。於是争賕抑絶，文職脩理，所舉吏多九卿、二千石，時以爲知人。肅宗初立，擢自遠郡，代牟融爲司空，在位以貞白稱，時人方之前朝貢禹。然少蘊藉，不脩威儀，亦以此見輕。或問倫曰：「公有私乎？」對曰：「昔人有與吾千里馬者，吾雖不受，每三公有所選舉，心不能忘，而亦終不用也。」連以老病，上疏乞身。元和三年，賜册罷，後數年卒，年八十餘。

雜録

備録

應劭《風俗通義》卷九《怪神・會稽俗多淫祀》　會稽俗多淫祀，好卜筮，民一以牛祭。巫祝賦斂受謝，民畏其口，懼被祟，不敢拒逆。是以財盡於鬼神，産匱於祭祀。或貧家不能以時祀，至竟言不敢食牛肉，或發病且死，先爲牛鳴。其畏懼如此。

謹按時太守、司空第五倫到官，先禁絶之。掾吏皆諫，倫曰：「夫建功立事在敢斷，爲政當信經義，言『淫祀無福，非其鬼而祭之，諂也』。律不得屠殺少齒。令鬼神有知，不妄飲食民間；使其無知，又何能禍人。」遂移書屬縣，曉諭百姓，民不得有出門之祀。督課部吏，張設罪罰，犯，尉以下。巫祝依託鬼神，恐怖愚民，皆按論之，有屠生輒行罰。民初恐怖，頗摇動不安，或接祝妄言，倫勑之愈急，後遂斷，無復有禍祟矣。

謝承《後漢書》卷三《第五倫傳》　吴郡沈豐爲郡主簿，太守第五倫母老不能之官，倫每至臘節，常感戀垂泣。遣豐迎母，〔至〕廣陵，母見大江，畏水不敢渡。豐祭神，令子孫對母飲酒，因醉卧便渡。

或問第五倫曰：「公有私乎？」對曰：「吾兄子嘗病，一夜十往，退而安寢。吾子有病，雖不省視，而竟夕不眠。若是者，豈可謂無私乎？」

第五倫上疏褒稱盛美曰：「前歲誅刺史二千石貪殘者，皆明聖所察，非臣下所及。」

華嶠《後漢書》卷二《第五倫傳》　蓋延代鮮于褒爲馮翊，多非法。倫數切諫，延恨之，故滯不得舉。

上復曰：「聞卿爲市掾，人有遺母一笥餅者，卿從外來見之，奪母笥，探口中餅，信乎？」倫對曰：「實無此。衆人以臣愚蔽，故爲生是語也。」

章帝初，第五倫擢自遠郡，徵代牟融爲司空。第五倫奉公守法，每上事章，（不亦）掾吏臣奏記輒封上之，曰：「臣任憂深，責者多無私心。」自陳老病，以〔二〕千石俸終身。

第五倫雖峭直，然常以中興已來，二主好（更）〔吏〕化，俗尚苛刻。政化之本，宣先以寬和。及爲三公，值章帝長者多恕，屢有善政，倫上疏褒稱盛美，因以勸成德風也。

司馬彪《續漢書》卷三《第五倫傳》　第五倫，字伯魚，京兆長陵人。倫修行清白，嘗召見，上曰：「聞卿爲吏，不過從弟兄飯，寧有之邪？」倫對曰：「臣生遭饑饉，米石萬錢，不敢妄過人飯。」

第五倫遷會稽太守，爲政脩理，清净不煩。

第五倫遷會稽太守，雖爲二千石，常布被布襦，自斬草養馬，妻子炊爨。

第五倫俸禄常取赤米。

第五倫爲會稽太守，徵還當發，百姓老小，攀車啼呼。

《後漢書》卷一九《耿恭傳》　初，關寵上書求救，時肅宗新即位，乃詔公卿會議。司空第五倫以爲不宜救。司徒鮑昱議曰：「今使人於危難之地，急而棄之，外則縱蠻夷之暴，内則傷死難之臣。誠令權時後無邊事可也，匈奴如復犯塞爲寇，陛下將何以使將？又二部兵人裁各數十，匈奴圍之，歷旬不下，是其寡弱盡力之效也。可令敦煌、酒泉太守各將精騎二千，多其幡幟，倍道兼行，以赴其急。匈奴疲極之兵，必不敢當，四十日閒，足還入塞。」帝然之。

《後漢書》卷三三《鄭弘傳》　鄭弘字巨君，會稽山陰人也。從祖吉，宣帝時爲西域都護。弘少爲鄉嗇夫，太守第五倫行春，見而深奇之，召署督郵，舉孝廉。

【略】

元和元年，代鄧彪爲太尉。時舉將第五倫爲司空，班次在下，每正朔朝見，弘曲躬而自卑。帝問知其故，遂聽置雲母屏風，分隔其閒，由此以爲故事。

《後漢書》卷四三《樂恢傳》 後仕本郡吏，太守坐法誅，故人莫敢往，恢獨奔喪行服，坐以抵罪。歸，復爲功曹，選舉不阿，請託無所容。同郡楊政數衆毀恢，後舉政子爲孝廉，由是鄉里歸之。辟司空牟融府。會蜀郡太守第五倫代融爲司空，恢以與倫同郡，不肯留，薦潁川杜安而退。

《後漢書》卷四八《楊終傳》 建初元年，大旱穀貴，終以爲廣陵、楚、淮陽、濟南之獄，徙者萬數，又遠屯絕域，吏民怨曠，乃上疏曰：【略】書奏，肅宗下其章。司空第五倫亦同終議。太尉牟融、司徒鮑昱、校書郎班固等難倫，以施行既久，孝子無改父之道，先帝所建，不宜回異。終復上書曰：「秦築長城，功役繁興，胡亥不革，卒亡四海。故孝元棄珠崖之郡，光武絕西域之國，不以介鱗易我衣裳。魯文公毀泉臺，《春秋》譏之曰『先祖爲之而已毀之，不如勿居而已』，以其無妨害於民也。襄公作三軍，昭公舍之，君子大其復古，以爲不舍則有害於民也。今伊吾之役，樓蘭之屯，久而未還，非天意也。」帝從之，聽還徙者，悉罷邊屯。

《後漢書》卷七六《循吏列傳・許荆》 許荆字少張，會稽陽羡人也。祖父武，太守第五倫舉爲孝廉。武以二弟晏、普未顯，欲令成名，乃請之曰：「禮有分異之義，家有別居之道。」於是共割財産以爲三分，武自取肥田廣宅奴婢强者，二弟所得並悉劣少。鄉人皆稱弟克讓而鄙武貪婪，晏等以此並得選舉。武乃會宗親，泣曰：「吾爲兄不肖，盜聲竊位，二弟年長，未豫榮禄，所以求得分財，自取大譏。今理産所增，三倍於前，悉以推二弟，一無所留。」於是郡中翕然，遠近稱之。位至長樂少府。

《後漢書》卷八一《獨行列傳・張武》 張武者，吴郡由拳人也。父業，郡門下掾，送太守妻子還鄉里，至河内亭，盜夜劫之，業與賊戰死，遂亡〔失〕屍〔骸〕。武時年幼，不及識父。後之太學受業，每節，常持父遺劍，至亡處祭醊，〔泣〕而還。太守第五倫嘉其行，舉孝廉。遭母喪過毁，傷父魂靈不返，因哀慟絕命。

《後漢書》卷八二上《方術列傳上・謝夷吾》 謝夷吾字堯卿，會稽山陰人也。少爲郡吏，學風角占候。太守第五倫擢爲督郵。時烏程長有臧釁，倫使收案其罪。夷吾到縣，無所驗，但望閤伏哭而還。一縣驚怪，不知所爲。及還，白倫曰：「竊以占候，知長當死。近三十日，遠不過六十日，遊魂假息，非刑所加，故不收之。」倫聽其言，至月餘，果有驛馬齎長印綬，上言暴卒。倫以此益禮信之。

常璩《華陽國志》卷三《蜀志》 其太守著德垂績者，前漢莫聞。建武以來，有第五倫，廉范叔度，特垂惠愛。百姓歌之曰：「廉叔度，來何暮。來時我單衣，

去時重五袴。」其後，漢中趙瑶自扶風太守來之郡，司空張温謂曰：「第五伯魚從蜀郡爲司空，今掃吾第以待足下。」瑶换廣漢，陳留高眹亦播文教。太尉趙公初爲九卿，適子甯還蜀，眹命爲文學，撰《鄉俗記》。亦能屈士如此。廣漢王商、犍爲楊洪，皆見詠懷。及晉建西夷府，太守多遷爲西夷校尉，亦遷益州刺史。

備論

《後漢書》卷四一《第五倫傳論》 論曰：第五倫峭覈爲方，非夫愷悌之士，省其奏議，惇惇歸諸寬厚，將懲苛切之敝使其然乎？昔人以弦韋爲佩，蓋猶此矣。然而君子侈不僭上，儉不偪下，豈尊臨千里而與牧圉等庸乎？詎非矯激，則未可以中和言也。

《二程集》卷一八《伊川先生語二》 問：「第五倫視其子之疾，與兄子之疾不同，自謂之私，如何？」曰：「不特安寢與不安寢，只不起與十起，便是私也。父子之愛本是公，才著些心做，便是私也。」又問：「視己子與兄子有間否？」曰：「聖人立法曰：『兄弟之子猶子也。』是欲視之猶子也。」又問：「天性自有輕重，疑若有間然。」曰：「只爲今人以私心看了。孔子曰：『父子之道天性也。』此只就孝上説，故言父子天性。若君臣兄弟賓主朋友之類，亦豈不是天性？只爲今人小看，却不推其本所由來故爾。己之子與兄之子，所争幾何？是同出於父者也。只爲兄弟異形，故以兄弟爲手足。人多以異形故，親己之子，異於兄弟之子，甚不是也。」又問：「孔子以公冶長不及南容，故以兄之子妻南容，以己之子妻公冶長，何也？」曰：「此亦以己之私心看聖人也。凡人避嫌者，皆内不足也。聖人自是至公，何是避嫌？凡嫁女，各量其才而求配。或兄之子不甚美，必擇其相稱者爲之配；己之子美，必擇其才美者爲之配。豈更避嫌耶？若孔子事，或是年不相若，或時有先後，皆不可知。以孔子爲避嫌，則大不是。如避嫌事，雖賢者且不爲，況聖人乎？」

《朱子語類》卷二八《論語十・公冶長上》 「子謂公冶長」章叔蒙問程子避嫌之説。曰：「合當委曲，便是道理當如此。且如避嫌亦不能無。如做通判，與太守是親戚，也合當避嫌。第五倫之事非不見得如此，自是常有這心在，克不去。今人這樣甚多，只是徇情恁地去，少間將這箇做正道理了，大是害事。所以

古人於誠意正心上更著工夫，正怕到這處。」

葉適《習學記言序目》卷二五《後漢書二・列傳》 第五倫以建武末年自淮陽醫工長得再三見，通語至夕，至道其行事爲戲，光武誘進人材之度固無窮也。如倫廉正寬厚，得百姓心，立朝盡言，遂相肅宗，其詒謀子孫多矣。

錢時《兩漢筆記・章帝》 司空第五倫，以老病乞身。五月丙子，賜策罷，以二千石俸終其身。倫奉公盡節，言事無所依違，性質慤少文采，在位以貞白稱。或問倫曰：「公有私乎？」對曰：「昔人有與吾千里馬者，吾雖不受，每三公有所選，舉心不能忘，而亦終不用也。若是者，豈可謂無私乎？」

《泰》九二曰「包荒，用馮河，不遐遺」，此大臣所以廣進人才之路也。然有一毫朋比之私，即非中矣。是故必「朋亡」，而後「得尚于中行」，豈可以賂遺之故而遂不忘於心乎？心不能忘者，心已動於賂故也。雖不受，猶受也。雖不用，猶用也。其原弗窒，其流滔滔，此殖己崇私之病根也。雖然，却其馬而不受，絶其人而不用，而獨以心不能忘爲私，則第五倫亦賢矣。

黄震《古今紀要・後漢》 第五倫守會稽斷淫祀，西門豹、第五倫、宋均、狄仁傑皆是一理。守蜀選孤貧。章帝擢爲司空，論貴戚馬、竇最切，時雖峭直，然疾俗吏，帝長者褒稱以勸。在家能弭盜保鄉里，爲嗇夫平徭賦理冤結，爲市掾市無阿枉。爲太守，風移俗易，會稽淫祀絶，蜀郡賕賂絶。爲三公，奉公盡節，比貢禹過之，用不盡其才。史論其在會稽自斬芻，妻執爨爲矯激，然雖非中道，惟無欲故能無私。

姚瑩《寸陰叢録》卷一《第五倫》 第五倫爲蜀郡太守。蜀地肥饒，人吏富貴，掾史家貲多至千萬，皆鮮車怒馬，以財貨自達。倫悉簡其豐贍者遣還之；更選孤貧志行之人以處曹任，於是爭賕抑絶。余按：漢時太守掾史，皆士人爲之，所云「財貨自達」者，行賕於太守以自達也。家貲千萬，復何所求？求選舉入京師爲大官耳！財貨自達者何知職事？曹任非人，地方何由治乎？爲太守貪受其賕，未必止蜀郡，而蜀郡尤甚，以肥饒故也。自古貪國，蜀與廣州同稱，有以哉。

藝文

查嗣瑮《查浦詩鈔》卷一二《兒病》（之二） 呼翁聲楚楚，呼兄聲呢呢。惟有呼母聲，聲難徹故里。兩兄本共命，手足賴可倚。我愧第五倫，不寐夜數起。

弘曉《明善堂詩文集》詩集卷二五《恭輓慎王叔父四律》（之四） 夙叨猶子愛，同本感情真。勝集東山謝，私忘第五倫。琴書留舊澤，園寢泣行人。提訓言猶在，終當敬佩紳。

朱珪《知足齋集》詩集卷五《寄仲君兄並示兒錫經》 對牀夜雨夢猶頻，一卷波羅記岸津。我自聲聞慙寵弟，君無住相悟非身。誰知膝上王文度，只攬宵來第五倫。他日兩翁清比鶴，好教兒輩話先民。

王曇《烟霞萬古樓詩選》卷二《真州雨後題屠孟昭大令是程堂集刻》 孥舟小住古城闉，紗帽洲邊雨墊巾。花縣幾年新令尹，玉堂前度舊仙人。掃空名下胡僧佑，讀盡書來第五倫。十四卷中經濟在，詩才真與吏才真。

翁心存《知止齋詩集》卷三《病中雜述》（之十三） 十死才蘇百病身，嬌兒連揭又嚬呻。幾番欲起渾無力，且學忘情第五倫。

翁心存《知止齋詩集》卷六《南楚三首》（之三） 禳除逢惡月，競渡弔靈均。吾土誇金寶，斯邦信鬼神。因過章水曲，轉憶尚湖濱。更俗須循吏，誰為第五倫。

羅惇衍《集義軒咏史詩鈔》卷一五《第五倫》 馬竇戚家權燄盛，駟劉酷令世風憂。人方貢禹據忠諫，詔讀長安識遠猷。坐法越民紛守闕，選賢蜀掾抑爭賕。婦翁騰謗妻無父，大笑翻承帝眷優。

袁安部

綜述

《後漢書》卷四五《袁安傳》 袁安字邵公，汝南汝陽人也。祖父良，習《孟氏易》，平帝時舉明經，爲太子舍人；建武初，至成武令。

安少傳良學。爲人嚴重有威，見敬於州里。初爲縣功曹，奉檄詣從事，從事因安致書於令。安曰：「公事自有郵驛，私請則非功曹所持。」辭不肯受，從事懼然而止。後舉孝廉，除陰平長、任城令，所在吏人畏而愛之。

永平十三年，楚王英謀爲逆，事下郡覆考。明年，三府舉安能理劇，拜楚郡太守。是時英辭所連及繫者數千人，顯宗怒甚，吏案之急，迫痛自誣，死者甚衆。安到郡，不入府，先往案獄，理其無明驗者，條上出之。府丞掾史皆叩頭争，以爲阿附反虜，法與同罪，不可。安曰：「如有不合，太守自當坐之，不以相及也。」遂分別具奏。帝感悟，即報許，得出者四百餘家。歲餘，徵爲河南尹。政號嚴明，然未曾以臧罪鞠人。常稱曰：「凡學仕者，高則望宰相，下則希牧守。錮人於聖世，尹所不忍爲也。」聞之者皆感激自勵。在職十年，京師肅然，名重朝廷。建初八年，遷太僕。

元和二年，武威太守孟雲上書：「北虜既已和親，而南部復往抄掠，北單于謂漢欺之，謀欲犯邊。宜還其生口，以安慰之。」詔百官議朝堂。公卿皆言夷狄譎詐，求欲無厭，既得生口，當復妄自誇大，不可開許。安獨曰：「北虜遣使奉獻和親，有得邊生口者，輒以歸漢，此明其畏威，而非先違約也。雲以大臣典邊，不宜負信於戎狄，還之足示中國優貸，而使邊人得安，誠便。」司徒桓虞改議從安。太尉鄭弘、司空第五倫皆恨之。弘因大言激勵虞曰：「諸言當還生口者，皆爲不忠。」虞廷叱之，倫及大鴻臚韋彪各作色變容，司隷校尉舉奏，安等皆上印綬謝。肅宗詔報曰：「久議沈滯，各有所志。蓋事以議從，策由衆定，誾誾衎衎，得禮之容，寢嘿抑心，更非朝廷之福。君何尤而深謝？其各冠履。」帝竟從安議。明年，代第五倫爲司空。章和元年，代桓虞爲司徒。

和帝即位，竇太后臨朝，后兄車騎將軍憲北擊匈奴，安與太尉宋由、司空任隗及九卿詣朝堂上書諫，以爲匈奴不犯邊塞，而無故勞師遠涉，損費國用，徼功萬里，非社稷之計。書連上輒寢。宋由懼，遂不敢復署議，而諸卿稍自引止。唯安獨與任隗守正不移，至免冠朝堂固争者十上。太后不聽，衆皆爲之危懼，安正色自若。竇憲既出，而弟衛尉篤、執金吾景各專威權，公於京師使客遮道奪人財物。景又擅使乘驛施檄緣邊諸郡，發突騎及善騎射有才力者，漁陽、鴈門、上谷三郡各遣吏將送詣景第。有司畏憚，莫敢言者。安乃劾景擅發邊兵，驚惑吏人，二千石不待符信而輒承景檄，當伏顯誅。又奏司隷校尉、河南尹阿附貴戚，無盡節之義，請免官案罪。並寢不報。憲、景等日益横，盡樹其親黨賓客於名都大郡，皆賦斂吏人，更相賂遺，其餘州郡，亦復望風從之。安與任隗舉奏諸二千石，又它所連及貶秩免官者四十餘人，竇氏大恨。但安、隗素行高，亦未有以害之。

時竇憲復出屯武威。明年，北單于爲耿夔所破，遁走烏孫，塞北地空，餘部不知所屬。憲日矜己功，欲結恩北虜，乃上立降者左鹿蠡王阿佟爲北單于，置中郎將領護，如南單于故事。事下公卿議，太尉宋由、太常丁鴻、光禄勳耿秉等十人議可許。安與任隗奏，以爲「光武招懷南虜，非謂可永安内地，正以權時之筭，可得扞禦北狄故也。今朔漠既定，宜令南單于反其北庭，并領降衆，無緣復更立阿佟，以增國費」。宗正劉方、大司農尹睦同安議。事奏，未以時定。安懼憲計遂行，乃獨上封事曰：「臣聞功有難圖，不可豫見；事有易斷，較然不疑。伏惟光武皇帝本所以立南單于者，欲安南定北之策也，恩德甚備，故匈奴遂分，邊境無患。孝明皇帝奉承先意，不敢失墜，赫然命將，爰伐塞北。至乎章和之初，降者十餘萬人，議者欲置之濱塞，東至遼東，太尉宋由、光禄勳耿秉皆以爲失南單于心，不可，先帝從之。陛下奉承洪業，大開疆宇，大將軍遠師討伐，席卷北庭，此誠宣明祖宗，崇立弘勳者也。宜審其終，以成厥初。伏念南單于屯，先父舉衆歸德，自蒙恩以來，四十餘年。三帝積累，以遺陛下。陛下深宜遵述先志，成就其業。況屯首唱大謀，空盡北虜，輟而弗圖，更立新降，以一朝之計，違三世之規，失信於所養，建立於無功。由、秉實知舊議，而欲背弃先恩。夫言行君子之樞機，賞罰理國之綱紀。《論語》曰：『言忠信，行篤敬，雖蠻貊行焉。』今若失信於一屯，則百蠻不敢復保誓矣。又烏桓、鮮卑新殺北單于，凡人之情，咸畏仇讎，今立其弟，則二虜懷怨。兵、食可廢，信不可去。且漢故事，供給南單于費直歲一億九十餘萬，西域歲七千四百八十萬。今北庭彌遠，其費過倍，是乃空盡天下，而非建策之要也。」詔下其議。安又與憲更相難折。憲險急負執，言辭驕訐，

至詆毁安，稱光武誅韓歆、戴涉故事，安終不移。憲竟立匈奴降者右鹿蠡王於除鞬爲單于，後遂反叛，卒如安策。

安以天子幼弱，外戚擅權，每朝會進見，及與公卿言國家事，未嘗不噫嗚流涕，自天子及大臣皆恃賴之。四年春，薨，朝廷痛惜焉。

後數月，竇氏敗，帝始親萬機，追思前議者邪正之節，乃除安子賞爲郎。策免宋由，以尹睦爲太尉，劉方爲司空。睦，河南人，薨於位。方，平原人，後坐事免歸，自殺。

初，安父没，母使安訪求葬地，道逢三書生，問安何之，安爲言其故，生乃指一處，云「葬此地，當世爲上公」。須臾不見，安異之。於是遂葬其所占之地，故累世隆盛焉。安子京、敞最知名。

《東觀漢記》卷一六《袁安》 袁安爲尹十餘年，政令公平，未嘗以臧罪鞠人。常嘆曰：「凡士之學，高欲望宰相，下及牧守，錮人於聖代，尹不忍爲也。」

和帝始加元服，時太后詔袁安爲賓，賜束帛、乘馬。

袁安爲司徒，每朝會，憂念王室，未嘗不流涕也。

唐晏《兩漢三國學案》卷一《周易·袁安》 袁安字邵公，汝南汝陽人也。祖父良，習《孟氏易》。平帝時，舉明經，爲太子舍人。建武初，至成武令。安少傳良學。爲人嚴重有威，見敬於州里。初爲縣功曹，奉檄詣從事，從事因安致書於令。安曰：「公事自有郵驛，私請則非功曹所持。」辭不肯受，從事懼然而止。永平十二年，楚王英謀爲逆，事下郡覆考。明年，三府舉安能理劇，拜楚郡太守。是時，英辭所連及繫者數千人，顯宗怒甚，吏案之急，迫痛自誣，死者甚衆。安到郡，不入府，先往案獄，理其無明驗者，條上出之。府丞掾史皆叩頭争，以爲阿附反虜與同罪，不可。安曰：「如有不合，太守自當坐之，不以相及也。」遂分别具奏。帝感悟，即報許，得出者四百餘家。歲餘，徵爲河南尹，政號嚴明，未嘗以臧罪鞠人。常稱曰：「凡學仕者，高則望宰相，下則希牧守。錮人於聖世，尹所不忍爲也。」聞之者皆感激自勵。在職十年，京師肅然，名重朝廷。章和元年，代桓虞爲司徒。竇憲北擊匈奴，安與太尉宋由、司空任隗及九卿詣朝堂上書諫，以爲匈奴不犯邊塞，而無故勞師遠涉，損費國用，徼功萬里，非社稷之計。書連上輒寢。宋由懼，遂不敢復署議，而諸卿稍自引止，唯安獨與任隗守正不移。太后不聽，衆皆爲之危懼，安正色自若。安自以天子幼弱，外戚擅權，每朝會進見，及與公卿言國家事，未嘗不噫嗚流涕，自天子及大臣皆恃賴之。四年春，薨。

《袁安碑》 司徒公汝南(女)〔汝〕陽袁安召公，授《易》孟氏。永平三年二月庚午以孝廉除郎中。四年十一月庚午除給事謁者。五年正月□遷東海陰平長。十年二月辛巳東平任城令。十三年十二月丙辰拜楚郡太守。十七年八月庚申徵拜河南尹。建初八年六月丙申拜太僕。元和三年五月丙子拜司空。四年六月己卯拜司徒。孝和皇帝加元服，詔公爲賓。永元四年三月癸丑，閏月庚午葬。

雜録

備録

華嶠《漢後書》卷二《袁安傳》 袁良明經，爲太子舍人。

安字邵公，好學有威重。明帝時爲楚郡太守，治楚王獄，所申理者四百餘家，皆蒙全濟，安遂爲名臣。章帝時至司徒。生蜀郡太守京。京弟敞爲司空。京子(陽)〔湯〕太尉。湯四子，長子平，平弟成，左中郎將，並早卒。成弟逢，逢弟隗，皆爲公。

《後漢書》卷二一《任隗傳》 和帝即位，大將軍竇憲秉權，專作威福，内外朝臣莫不震懾。時憲擊匈奴，國用勞費，隗奏議徵憲還，前後十上。獨與司徒袁安同心畢力，持重處正，鯁言直議，無所回隱，語在《袁安傳》。

《後漢書》卷二五《魯恭傳》 建初七年，郡國螟傷稼，犬牙緣界，不入中牟。河南尹袁安聞之，疑其不實，使仁恕掾肥親往廉之。恭隨行阡陌，俱坐桑下，有雉過，止其傍。傍有童兒，親曰：「兒何不捕之？」兒言「雉方將雛」。親瞿然而起，與恭訣曰：「所以來者，欲察君之政迹耳。今蟲不犯境，此一異也；化及鳥獸，此二異也；豎子有仁心，此三異也。久留，徒擾賢者耳。」還府，具以狀白安。是歲，嘉禾生恭便坐廷中，安因上書言狀，帝異之。會詔百官舉賢良方正，恭薦中牟名士王方，帝即徵方詣公車，禮之與公卿所舉同，方致位侍中。

《後漢書》卷四三《何敞傳》 敞性公正。自以趣舍不合時務，每請召，常稱疾不應。元和中，辟太尉宋由府，由待以殊禮。敞論議高，常引大體，多所匡正。司徒袁安亦深敬重之。是時京師及四方累有奇異鳥獸草木，言事者以爲祥瑞。

敞通經傳，能爲天官，意甚惡之。乃言於二公曰：「夫瑞應依德而至，災異緣政而生。故鸜鵒來巢，昭公有乾侯之戹；西狩獲麟，孔子有兩楹之殯。海鳥避風，臧文祀之，君子譏焉。今異鳥翔於殿屋，怪草生於庭際，不可不察。」由、安懼然不敢荅。居無何而肅宗崩。

《後漢書》卷八九《南匈奴列傳》 伊屠於閭鞮單于宣，元和二年立。其歲，單于遣兵千餘人獵至涿邪山，卒與北虜温禺犢王遇，因戰，獲其首級而還。冬，孟雲上言：「北虜以前既和親，而南部復往鈔掠，北單于謂漢欺之，謀欲犯塞，謂宜還南所掠生口，以慰安其意。」肅宗從太僕袁安議，許之。乃下詔曰：「昔獫狁、獯粥之敵中國，其所由來尚矣。往者雖有和親之名，終無絲髪之效。墝埆之人，屢嬰塗炭，父戰於前，子死於後。弱女乘於亭障，孤兒號於道路。老母寡妻設虚祭，飲泣淚，想望歸魂於沙漠之表，豈不哀哉！傳曰：『江海所以能長百川者，以其下之也。』少加屈下，尚何足病？況今與匈奴君臣分定，辭順約明，貢獻累至，豈宜違信自受其曲。其勑度遼及領中郎將龐奮倍雇南部所得生口，以還北虜。其南部斬首獲生，計功受賞如常科。」於是南單于復令薁鞬日逐王師子將輕騎數千出塞掩擊北虜，復斬獲千人。北虜衆以南部爲漢所厚，又聞取降者歲數千人。

《後漢書》卷四五《袁安傳》李賢注引周斐《汝南先賢傳》時大雪積地丈餘，洛陽令身出案行，見人家皆除雪出，有乞食者。至袁安門，無有行路，謂安已死，令人除雪入户，見安僵卧。問何以不出，安曰：「大雪人皆餓，不宜千人。」令以爲賢，舉爲孝廉。

酈道元《水經注》卷二二《渠沙水》 亂流東逕中牟宰魯恭祠南。漢和帝時，右扶風魯恭，字仲康，以太尉掾遷中牟令，政專德化，不任刑罰，吏民敬信，蝗不入境。河南尹袁安疑不實，使部掾肥親按行之，恭隨親行阡陌，坐桑樹下，雉止其旁，有小兒，親曰：兒何不擊雉？曰：將雛。親起曰：蟲不入境，一異；化及鳥獸，二異；豎子懷仁，三異。久留非優賢，請還。是年嘉禾生縣庭，安美其治，以狀上之，徵博士侍中。車駕每出，恭常陪乘，上顧周民政，無所隱諱，故能遺愛，自古祠享來今矣。

酈道元《水經注》卷二三《獲水》 城内有漢司徒袁安、魏中郎將徐庶等數碑，竝列植于街右，咸曾爲楚相也。

王楙《野客叢書》卷一二《卧雪二安》 《録異傳》載：漢大雪，洛陽令行至袁安門，無路人，謂安已死，令人除雪，入户見之，僵卧於牀。又《先賢行狀》載：胡定字元安，時雪滿其室，縣令遣掾排雪問，定已絶穀，妻子皆僵。二事甚相類，皆雪中高卧，皆縣令來撫問：「元安」、「袁安」，名字又相協，安得不認爲一事邪？因思天下有一事關兩處者，何可勝數！如沈瘦事，前有約，後有昭略；望塵之潘，前有黨，後有岳；書紅葉之鄭，前有虔，後有谷；致冰鮮之王，前有祥，後有延。

何焯《義門讀書記》卷二二《後漢書・列傳》 初，安父没，故累世隆盛焉。後一卷載吴雄諸人事，卓然不惑。此傳中不刊削三書生指葬地事，自相違反。

備論

《後漢書》卷四五《袁安傳論》 陳平多陰謀，而知其後必廢；邴吉有陰德，夏侯勝識其當封及子孫。終陳掌不侯，而邴昌紹國，雖有不類，未可致詰，其大致歸然矣。袁公竇氏之閒，乃情帝室，引義雅正，可謂王臣之烈。及其理楚獄，未嘗鞫人於臧罪，其仁心足以覃乎後昆。子孫之盛，不亦宜乎？

《後漢書》卷七七《酷吏列傳論》 古者敦厖，善惡易分，至於畫衣冠，異服色，而莫之犯。叔世偷薄，上下相蒙，德義不足以相洽，化導不能以懲違，遂乃嚴刑痛殺，隨而繩之，致刻深之吏，以暴理姦，倚疾邪之公直，濟忍苛之虐情。漢世所謂酷能者，蓋有聞也。皆以敢捍精敏，巧附文理，風行霜烈，威譽諠赫。與夫斷斷守道之吏，何工否之殊乎！故嚴君蚩黄霸之術，密人笑卓茂之政，猛既窮矣，而猶或未勝。然朱邑不以笞辱加物，袁安未嘗鞫人臧罪，而猾惡自禁，人不欺犯。何者？以爲威辟既用，而苟免之行興；仁信道孚，故感被之情著。苟免者威隙則姦起，感被者人亡而思存。由一邦以言天下，則刑訟繁措，可得而求乎！

葉適《習學記言序目》卷二四《後漢書一・列傳》 袁安、任隗同心和帝初，安自當然，而隗可謂賢矣。史稱「隗義行内修，不求名譽，而以沈正見重於世」。東漢有此一等人，以職分自致，不爲名怵，不爲利誘，不可不知。

錢時《兩漢筆記・和帝》 太后稱制，外戚擅權，聲焰氣魄與王氏無異，則凡出於其門者，如城狐社鼠，誰得而呵之？安、隗斯時乃能舉奏，貶秩免官者四十餘人，則是猶知畏公論也。安、隗素行高，亦未有以害之，則是猶知畏正人也。新莽用事，上下靡然，雖揚雄、劉歆之徒，皆入叛黨，舉朝無一人能爲社稷吐氣。然則有正人焉，扶公論也，道雖壞而風節未衰，所以憲卒就戮，而漢祚賴以未墜歟！

黄震《古今紀要・後漢》 袁安和帝朝最賢相，東漢亦未易比。明帝時自爲

縣功曹，不爲從事持書。守楚郡出楚獄四百人。章帝朝尹河南十年，京師肅然。不以贓罪人。爲九卿議事，不阿三公。還北虜生口事。爲司徒，和帝立，諫竇憲爲三公，劾竇景擅發邊兵，爭竇憲立北單于，與任隗貶。免竇憲黨二千石四十人。天子及大臣皆恃賴之，以安之公忠不能制竇氏，嗚咽流涕，光武不任大臣之斃。最得待夷狄之道，還北虜生口，竇憲北伐諫無勞師，憲立北單于，諫以失信西單于。

弘晝《稽古齋全集》卷二《袁安論》 當和帝時，權歸竇憲，人皆側目而視，惟袁安、任隗剛直中正，獨奏貶竇氏之黨四十餘人，於是竇氏大恨。但以安素行高，思有以害之而未能。考安生平，少傳師學，爲人嚴重有威。及竇憲殺樂恢，朝臣震慴，無敢違者，惟安以天子幼弱，外戚擅權，每朝會進見，及與公卿言國家事，未嘗不喑嗚流涕，天子大臣皆恃賴之。若當時無安，憲之橫不知當何如其極也。及安死，而憲旋以罪誅，安亦可無憾於死矣。君子謂，安之卒爲憂忿所致，安誠公忠體國者哉！

朱軾《史傳三編・袁安》 論曰：袁安經學未知視楊震何如，其清介正復相埒，及建議廟堂，據典要，悉情形，經方致遠之畧，正多表見。東京以來，袁、楊並號名族，然袁氏車馬衣服，致爲奢僭，不如楊氏能守其清白。華嶠所稱，殆非虛也。考安子唯京、敞知名，敞爲三公，廉勁不阿權貴，頗有父風。自湯以下碌碌，鮮所樹立，迄乎紹、術，家聲墜焉。若袁閎之埋身土室，與乃祖雪中僵卧時何異。靈帝謂楊奇誠楊震子孫，竊于袁閎亦然。

藝文

陶潛《陶淵明集》卷四《詠貧士七首》（之五） 袁安困積雪，邈然不可干。阮公見錢入，即日棄其官。芻藁有常溫，採莒足朝餐。豈不實辛苦，所懼非飢寒。貧富常交戰，道勝無戚顔。至德冠邦閭，清節映西關。

《王維集》卷六《冬晚對雪憶胡居士家》 寒更傳曉箭，清鏡覽衰顔。隔牖風驚竹，開門雪滿山。灑空深巷靜，積素廣庭閑。借問袁安舍，翛然尚閉關。

《全唐詩》卷三三一姚康《禮部試早春殘雪》 微暖春潛至，輕明雪尚殘。銀鋪光漸溼，珪破色仍寒。無柳花常在，非秋露正團。素光浮轉薄，皓質駐應難。幸得依陰處，偏宜帶月看。玉塵銷欲盡，窮巷起袁安。

《全唐詩》卷五二九許渾《看雪》 松亞竹珊珊，心知萬井歡。山明迷舊徑，溪滿漲新瀾。客醉瑶臺曙，兵防玉塞寒。紅樓知有酒，誰肯學袁安。

《全唐詩》卷六一三皮日休《奉和魯望早春雪中作吴體見寄》 威仰噤死不敢語，瓊花雲魄清珊珊。溪光冷射觸鸝鳿，柳帶凍脆攢欄杆。竹根乍燒玉節快，酒面新潑金膏寒。全吴縹瓦十萬户，惟君與我如袁安。

方孝孺《遜志齋集》卷一九《袁安卧雪圖讚》 士必有守，乃果於爲。苟賤卑污，大節已隳。烈烈司徒，處困不折。志行皎然，與雪俱潔。登庸三朝，作社稷臣。萬乘安危，寄公一身。群竇朋奸，海内震恐。正色揚言，惴不敢動。孰能使然，惟氣直剛。養諸衡門，施於廟廊。卧雪有圖，千載作則，貪夫視之，尚喪其魄！

潘江《木厓集》卷一八《人日大雪喜余大微方爾止左子兼過集共得寒字》 荒齋風雪晝漫漫，且喜嘉辰集古歡。名下無虛推内史，山中高卧幾袁安。論詩雖抉千秋秘，把酒還防永夜寒。忽憶十年前共事，話來忍作兩朝看。

朱筠《笥河詩集》卷八《袁安碑》 司徒公德閲年厭，重質高風相漢炎。治獄此邦波及海，卧牀他日雪封檐。齊名街列中郎庶，出涕碑看常侍瞻。文字蘚苔零落盡，可能逸事訪閭閻。

漢和帝部

綜述

《後漢書》卷四《孝和帝紀》 孝和皇帝諱肇，肅宗第四子也。母梁貴人，爲竇皇后所譖，憂卒，竇后養帝以爲己子。建初七年，立爲皇太子。

章和二年二月壬辰，即皇帝位，年十歲。尊皇后曰皇太后，太后臨朝。

三月丁酉，改淮陽爲陳國，楚郡爲彭城國，西平并汝南郡，六安復爲廬江郡。遺詔徙西平王羡爲陳王，六安王恭爲彭城王。

癸卯，葬孝章皇帝于敬陵。

庚戌，皇太后詔曰：「先帝以明聖，奉承祖宗至德要道，天下清静，庶事咸寧。今皇帝以幼年，煢煢在疚，朕且佐助聽政。外有大國賢王並爲蕃屏，内有公卿大夫統理本朝，恭己受成，夫何憂哉！然守文之際，必有内輔以參聽斷。侍中憲，朕之元兄，行能兼備，忠孝尤篤，先帝所器，親受遺詔，當以舊典輔斯職焉。憲固執謙讓，節不可奪。今供養兩宫，宿衛左右，厥事已重，亦不可復勞以政事。故太尉鄧彪，元功之族，三讓彌高，海内歸仁，爲羣賢首，先帝褒表，欲以崇化。今彪聰明康彊，可謂老成黄耇矣。其以彪爲太傅，賜爵關内侯，録尚書事，百官總己以聽，朕庶幾得專心内位。於戲！羣公其勉率百僚，各修厥職，愛養元元，綏以中和，稱朕意焉。」

辛酉，有司上奏：「孝章皇帝崇弘鴻業，德化普洽，垂意黎民，留念稼穡。文加殊俗，武暢方表，界惟人面，無思不服。巍巍蕩蕩，莫與比隆。《周頌》曰：『於穆清廟，肅雝顯相。』請上尊廟曰肅宗，共進《武德》之舞。」制曰：「可。」

癸亥，陳王羡、彭城王恭、樂成王黨、下邳王衍、梁王暢始就國。

夏四月丙子，謁高廟。丁丑，謁世祖廟。

戊寅，詔曰：「昔孝武皇帝致誅胡、越，故權收鹽鐵之利，以奉師旅之費。自中興以來，匈奴未賓，永平末年，復修征伐。先帝即位，務休力役，然猶深思遠慮，安不忘危，探觀舊典，復收鹽鐵，欲以防備不虞，寧安邊境。而吏多不良，動失其便，以違上意。先帝恨之，故遺戒郡國罷鹽鐵之禁，縱民煮鑄，入税縣官如故事。其申勑刺史、二千石，奉順聖旨，勉弘德化，布告天下，使明知朕意。」

五月，京師旱。詔長樂少府桓郁侍講禁中。

冬十月乙亥，以侍中竇憲爲車騎將軍，伐北匈奴。

安息國遣使獻師子、扶拔。

永元元年春三月甲辰，初令郎官詔除者得占丞、尉，以比秩爲真。

夏六月，車騎將軍竇憲出雞鹿塞，度遼將軍鄧鴻出(榍)〔稒〕陽塞，南單于出滿夷谷，與北匈奴戰於稽落山，大破之，追至(和)〔私〕渠(北)〔比〕鞮海。竇憲遂登燕然山，刻石勒功而還。北單于遣弟右温禺鞮王奉奏貢獻。

秋七月乙未，會稽山崩。

閏月丙子，詔曰：「匈奴背叛，爲害久遠。賴祖宗之靈，師克有捷，醜虜破碎，遂掃厥庭，役不再籍，萬里清蕩，非朕小子眇身所能克堪。有司其案舊典，告類薦功，以章休烈。」

九月庚申，以車騎將軍竇憲爲大將軍，以中郎將劉尚爲車騎將軍。

冬十月，令郡國弛刑輸作軍營。其從出塞者，刑雖未竟，皆免歸田里。

庚子，阜陵王延薨。

是歲，郡國九大水。

二年春正月丁丑，大赦天下。

二月壬午，日有食之。

己亥，復置西河、上郡屬國都尉官。

夏五月庚戌，分太山爲濟北國，分樂成、涿郡、勃海爲河閒國。丙辰，封皇弟壽爲濟北王，開爲河閒王，淑爲城陽王，紹封故淮陽王昞子側爲常山王。賜公卿以下至佐史錢布各有差。

己未，遣副校尉閻磐討北匈奴，取伊吾盧地。

丁卯，紹封故齊王晃子無忌爲齊王，北海王睦子威爲北海王。

車師前後王並遣子入侍。

月氏國遣兵攻西域長史班超，超擊降之。

六月辛卯，中山王焉薨。

秋七月乙卯，大將軍竇憲出屯涼州。九月，北匈奴遣使稱臣。

冬十月，遣行中郎將班固報命南單于。遣左谷蠡王師子出雞鹿塞，擊北匈

奴於河雲北，大破之。

三年春正月甲子，皇帝加元服，賜諸侯王、公、將軍、特進、中二千石、列侯、宗室子孫在京師奉朝請者黄金，將、大夫、郎吏、從官帛。賜民爵及粟帛各有差，大酺五日。郡國中都官繫囚死罪贖縑，至司寇及亡命，各有差。庚辰，賜京師民酺，布兩户共一匹。

二月，大將軍竇憲遣左校尉耿夔出居延塞，圍北單于於金微山，大破之，獲其母閼氏。

夏六月辛卯，尊皇太后母比陽公主爲長公主。

辛丑，阜陵王种薨。

冬十月癸未，行幸長安。詔曰：「北狄破滅，名王仍降，西域諸國，納質内附，豈非祖宗迪哲重光之鴻烈歟？寤寐歎息，相望舊京。其賜行所過二千石長吏已下及三老、官屬錢帛，各有差；鰥、寡、孤、獨、篤癃、貧不能自存者粟，人三斛。」

十一月癸卯，祠高廟，遂有事十一陵。詔曰：「高祖功臣，蕭、曹爲首，有傳世不絶之義。曹相國後容城侯無嗣。朕望長陵東門，見二臣之壠，循其遠節，每有感焉。忠義獲寵，古今所同。可遣使者以中牢祠，大鴻臚求近親宜爲嗣者，須景風紹封，以章厥功。」

十二月，復置西域都護、騎都尉、戊己校尉官。

庚辰，至自長安，減弛刑徒從駕者刑五月。

四年春正月，北匈奴右谷蠡王於除鞬自立爲單于，款塞乞降。遣大將軍左校尉耿夔授璽綬。

三月癸丑，司徒袁安薨。閏月丁丑，太常丁鴻爲司徒。

夏四月丙辰，大將軍竇憲還至京師。

六月戊戌朔，日有食之。丙辰，郡國十三地震。

竇憲潛圖弒逆。庚申，幸北宫。詔收捕憲黨射聲校尉郭璜，璜子侍中舉，衛尉鄧疊，疊弟步兵校尉磊，皆下獄死。使謁者僕射收憲大將軍印綬，遣憲及弟篤、景就國，到皆自殺。

是夏，旱，蝗。

秋七月己丑，太尉宋由坐黨憲自殺。

八月辛亥，司空任隗薨。

癸丑，大司農尹睦爲太尉，録尚書事。

丁巳，賜公卿以下至佐史錢穀各有差。

冬十月己亥，宗正劉方爲司空。

十二月壬辰，詔：「今年郡國秋稼爲旱蝗所傷，其什四以上勿收田租、芻稾；有不滿者，以實除之。」

武陵零陵澧中蠻叛。燒當羌寇金城。

五年春正月乙亥，宗祀五帝於明堂，遂登靈臺，望雲物。大赦天下。

戊子，千乘王伉薨。

辛卯，封皇弟萬歲爲廣宗王。

二月戊戌，詔有司省減内外廐及涼州諸苑馬。自京師離宫果園、上林廣成囿悉以假貧民，恣得采捕，不收其税。

丁未，詔曰：「去年秋麥入少，恐民食不足。其上尤貧不能自給者户口人數。往者郡國上貧民，以衣履釜鬵爲貲，而豪右得其饒利。詔書實覈，欲有以益之，而長吏不能躬親，反更徵召會聚，令失農作，愁擾百姓。若復有犯者，二千石先坐。」

甲寅，太傅鄧彪薨。

戊午，隴西地震。

三月戊子，詔曰：「選舉良才，爲政之本。科别行能，必由鄉曲。而郡國舉吏，不加簡擇，故先帝明勅在所，令試之以職，乃得充選。又德行尤異，不須經職者，别署狀上。而宣佈以來，出入九年，二千石曾不承奉，恣心從好，司隸、刺史訖無糾察。今新蒙赦令，且復申勅，後有犯者，顯明其罰。在位不以選舉爲憂，督察不以發覺爲負，非獨州郡也。是以庶官多非其人。下民被姦邪之傷，由法不行故也。」

庚寅，遣使者分行貧民，舉實流冗，開倉賑稟三十餘郡。

夏四月壬子，封阜陵王种兄魴爲阜陵王。

六月丁酉，郡國三雨雹。

秋九月辛酉，廣宗王萬歲薨，無子，國除。

匈奴單于於除鞬叛，遣中郎將任尚討滅之。

壬午，令郡縣勸民蓄蔬食以助五穀。其官有陂池，令得采取，勿收假税二歲。

冬十月辛未，太尉尹睦薨。十一月乙丑，太僕張酺爲太尉。

是歲，武陵郡兵破叛蠻，降之。護羌校尉貫友討燒當羌，羌乃遁去。南單于安國叛，骨都侯喜斬之。

六年春正月，永昌徼外夷遣使譯獻犀牛、大象。

己卯，司徒丁鴻薨。

二月乙未，遣謁者分行稟貸三河、兖、冀、青州貧民。

許〔陽〕侯馬光自殺。

丁未，司空劉方爲司徒，太常張奮爲司空。

三月庚寅，詔流民所過郡國皆實稟之，其有販賣者勿出租税，又欲就賤還歸者，復一歲田租、更賦。

丙寅，詔曰：「朕以眇末，承奉鴻烈。陰陽不和，水旱違度，濟河之域，凶饉流亡，而未獲忠言至謀，所以匡救之策。寤寐永歎，用思孔疚。惟官人不得於上，黎民不安于下，有司不念寬和，而競爲苛刻，覆案不急，以妨民事，甚非所以上當天心，下濟元元也。思得忠良之士，以輔朕之不逮。其令三公、中二千石、二千石、内郡守相舉賢良方正、能直言極諫之士各一人。昭巖穴，按幽隱，遣詣公車，朕將悉聽焉。」帝乃親臨策問，選補郎吏。

夏四月，蜀郡徼外羌率種人遣使内附。

五月，城陽王淑薨，無子，國除。

六月己酉，初令伏閉盡日。

秋七月，京師旱。詔中都官徒各除半刑，謫其未竟，五月已下皆免遣。丁巳，幸洛陽寺，録囚徒，舉冤獄。收洛陽令下獄抵罪，司隸校尉、河南尹皆左降。未及還宫而澍雨。

西域都護班超大破焉耆、尉犁，斬其王。自是西域降服，納質者五十餘國。

南單于安國從弟子逢侯率叛胡亡出塞。九月癸丑，以光禄勳鄧鴻行車騎將軍事，與越騎校尉馮柱、行度遼將軍朱徽、使匈奴中郎將杜崇討之。冬十一月，護烏桓校尉任尚率烏桓、鮮卑，大破逢侯，馮柱遣兵追擊，復〔破〕之。

詔以勃海郡屬冀州。

武陵漊中蠻叛，郡兵討平之。

七年春正月，行車騎將軍鄧鴻、度遼將軍朱徽、中郎將杜崇皆下獄死。

夏四月辛亥朔，日有食之。帝引見公卿問得失，令將、大夫、御史、謁者、博士、議郎、郎官會廷中，各言封事。詔曰：「元首不明，化流無良，政失於民，謫見于天。深惟庶事，五教在寬，是以舊典因孝廉之舉，以求其人。有司詳選郎官寬博有謀才任典城者三十人。」既而悉以所選郎出補長、相。

五月辛卯，改千乘國爲樂安國。

六月丙寅，沛王定薨。

秋七月乙巳，易陽地裂。九月癸卯，京師地震。

八年春二月己丑，立貴人陰氏爲皇后。賜天下男子爵，人二級，三老、孝悌、力田三級，民無名數及流民欲占者一級；鰥、寡、孤、獨、篤癃、貧不能自存者粟，人五斛。

夏四月癸亥，樂成王黨薨。

甲子，詔賑貸并州四郡貧民。

五月，河内、陳留蝗。

南匈奴右温禺犢王叛，爲寇。秋七月，行度遼將軍龐奮、越騎校尉馮柱追討之，斬右温禺犢王。

車師後王叛，擊其前王。

八月辛酉，飲酎。詔郡國中都官繫囚減死一等，詣敦煌戍。其犯大逆，募下蠶室；其女子宫。自死罪已下，至司寇及亡命者入贖，各有差。

九月，京師蝗。吏民言事者，多歸責有司。詔曰：「蝗蟲之異，殆不虚生，萬方有罪，在予一人，而言事者專咎自下，非助我者也。朕寤寐恫矜，思弭憂釁。昔楚嚴無灾而懼，成王出郊而反風。將何以匡朕不逮，以塞灾變？百僚師尹勉修厥職，刺史、二千石詳刑辟，理冤虐，恤鰥寡，矜孤弱，思惟致灾興蝗之咎。」

庚子，復置廣陽郡。

冬十月乙丑，北海王威有罪自殺。

十二月辛亥，陳王羨薨。

丁巳，南宫宣室殿火。

九年春正月，永昌徼外蠻夷及撣國重譯奉貢。

三月庚辰，隴西地震。

癸巳，濟南王康薨。

西域長史王林擊車師後王，斬之。

夏四月丁卯，封樂成王黨子巡爲樂成王。

六月，蝗，旱。戊辰，詔：「今年秋稼爲蝗蟲所傷，皆勿收租、更、芻稾；若有所損失，以實除之，餘當收租者亦半入。其山林饒利，陂池漁採，以贍元元，勿收假稅。」秋七月，蝗蟲飛過京師。

八月，鮮卑寇肥如，遼東太守祭參下獄死。

閏月辛巳，皇太后竇氏崩。丙申，葬章德皇后。

燒當羌寇隴西，殺長吏，遣行征西將軍劉尚、越騎校尉趙世等討破之。

九月庚申，司徒劉方策免，自殺。

甲子，追尊皇妣梁貴人爲皇太后。冬十月乙酉，改葬恭懷梁皇后于西陵。

十一月癸卯，光祿勳河南呂蓋爲司徒。十二月丙寅，司空張奮罷。壬申，太僕韓稜爲司空。

己丑，復置若盧獄官。

十年春三月壬戌，詔曰：「隄防溝渠，所以順助地理，通利壅塞。今廢慢懈弛，不以爲負。刺史、二千石其隨宜疏導。勿因緣妄發，以爲煩擾，將顯行其罰。」

夏五月，京師大水。

秋七月己巳，司空韓稜薨。八月丙子，太常太山巢堪爲司空。

九月庚戌，復置廩犧官。

冬十月，五州雨水。

十二月，燒當羌豪迷唐等率種人詣闕貢獻。

戊寅，梁王暢薨。

十一年春二月，遣使循行郡國，稟貸被災害不能自存者，令得漁采山林池澤，不收假稅。

丙午，詔郡國中都官徒及篤癃老小女徒各除半刑，其未竟三月者，皆免歸田里。

夏四月丙寅，大赦天下。

己巳，復置右校尉官。

秋七月辛卯，詔曰：「吏民踰僭，厚死傷生，是以舊令節之制度。頃者貴戚近親，百僚師尹，莫肯率從，有司不舉，怠放日甚。又商賈小民，或忘法禁，奇巧靡貨，流積公行。其在位犯者，當先舉正。市道小民，但且申明憲綱，勿因科令，加虐羸弱。」

十二年春二月，旄牛徼外白狼、貗薄夷率種人內屬。

詔貸被災諸郡民種糧。賜下貧、鰥、寡、孤、獨，不能自存者，及郡國流民，聽入陂池漁采，以助蔬食。

三月丙申，詔曰：「比年不登，百姓虛匱。京師去冬無宿雪，今春無澍雨，黎民流離，困於道路。朕痛心疾首，靡知所濟。『瞻仰昊天，何辜今人？』三公朕之腹心，而未獲承天安民之策。數詔有司，務擇良吏。今猶不改，競爲苛暴，侵愁小民，以求虛名，委任下吏，假埶行邪。是以令下而姦生，禁至而詐起。巧法析律，飾文增辭，貨行於言，罪成乎手，朕甚病焉。公卿不思助明好惡，將何以救其咎罰？咎罰既至，復令灾及小民。若上下同心，庶或有瘳。其賜天下男子爵，人二級，三老、孝悌、力田三級，民無名數及流民欲占者人一級；鰥、寡、孤、獨、篤癃、貧不能自存者粟，人三斛。」

壬子，賜博士員弟子在太學者布，人三匹。

夏四月，日南象林蠻夷反，郡兵討破之。

閏月，賑貸敦煌、張掖、五原民下貧者穀。

六月，舞陽大水，賜被水灾尤貧者穀，人三斛。

九月戊午，太尉張酺免。丙寅，大司農張禹爲太尉。

冬十一月，西域蒙奇、兜勒二國遣使內附，賜其王金印紫綬。

是歲，燒當羌復叛。

十三年春正月丁丑，帝幸東觀，覽書林，閱篇籍，博選術藝之士以充其官。

二月，任城王尚薨。

丙午，賑貸張掖、居延、朔方、日南貧民及孤、寡、羸弱不能自存者。

秋八月，詔象林民失農桑業者，賑貸種糧，稟賜下貧穀食。

己亥，北宮盛饌門閣火。

護羌校尉周鮪擊燒當羌，破之。

荆州雨水。九月壬子，詔曰：「荆州比歲不節，今兹淫水爲害，餘雖頗登，而多不均浹，深惟四民農食之本，慘然懷矜。其令天下半入今年田租、芻稾；有宜以實除者，如故事。貧民假種食，皆勿收責。」

冬十一月，安息國遣使獻師子及條枝大爵。

丙辰，詔曰：「幽、并、涼州户口率少，邊役衆劇，束脩良吏，進仕路狹。撫接夷狄，以人爲本。其令緣邊郡口十萬以上歲舉孝廉一人，不滿十萬二歲舉一人，

五萬以下三歲舉一人。」

鮮卑寇右北平，遂入漁陽，漁陽太守擊破之。

戊辰，司徒呂蓋罷。十二月丁丑，光祿勳魯恭爲司徒。

辛卯，巫蠻叛，寇南郡。

十四年春二月乙卯，東海王政薨。

繕修故西海郡，徙金城西部都尉以戍之。

三月戊辰，臨辟雍，饗射，大赦天下。

夏四月，遣使者督荆州兵討巫蠻，破降之。

庚辰，賑貸張掖、居延、敦煌、五原、漢陽、會稽流民下貧穀，各有差。

五月丁未，初置象林將兵長史官。

六月辛卯，廢皇后陰氏，后父特進綱自殺。

秋七月甲寅，詔復象林縣更賦、田租、芻稾二歲。

壬子，常山王側薨。

是秋，三州雨水。冬十月甲申，詔：「兗、豫、荆州今年水雨淫過，多傷農功。其令被害什四以上皆半入田租、芻稾；其不滿者，以實除之。」

辛卯，立貴人鄧氏爲皇后。

丁酉，司空巢堪罷。十一月癸卯，大司農徐防爲司空。

是歲，初復郡國上計補郎官。

十五年春閏月乙未，詔流民欲還歸本而無糧食者，過所實稟之，疾病加致醫藥；其不欲還歸者，勿强。

二月，詔稟貸潁川、汝南、陳留、江夏、梁國、敦煌貧民。

夏四月甲子晦，日有食之。五月戊寅，南陽大風。

六月，詔令百姓鰥寡漁采陂池，勿收假税二歲。

秋七月丙寅，濟南王錯薨。

復置涿郡故安鐵官。

九月壬午，南巡狩，清河王慶、濟北王壽、河閒王開並從。賜所過二千石長吏以下、三老、官屬及民百年者錢布，各有差。是秋，四州雨水。冬十月戊申，幸章陵，祠舊宅。癸丑，祠園廟，會宗室於舊廬，勞賜作樂。戊午，進幸雲夢，臨漢水而還。十一月甲申，車駕還宫，賜從臣及留者公卿以下錢布，各有差。

十二月庚子，琅邪王宇薨。

有司奏，以爲夏至則微陰起，靡草死，可以決小事。

是歲，初令郡國以日北至案薄刑。

十六年春正月己卯，詔貧民有田業而以匱乏不能自農者，貸種糧。

二月己未，詔兗、豫、徐、冀四州比年雨多傷稼，禁沽酒。夏四月，遣三府掾分行四州，貧民無以耕者，爲雇犂牛直。

五月壬午，趙王商薨。

秋七月，旱。戊午，詔曰：「今秋稼方穗而旱，雲雨不霑，疑吏行慘刻，不宣恩澤，妄拘無罪，幽閉良善所致。其一切囚徒於法疑者勿決，以奉秋令。方察煩苛之吏，顯明其罰。」

辛酉，司徒魯恭免。庚午，光祿勳張酺爲司徒。

辛巳，詔令天下皆半入今年田租、芻稾；其被灾害者，以實除之。貧民受貸種糧及田租、芻稾，皆勿收責。

八月己酉，司徒張酺薨。冬十月辛卯，司空徐防爲司徒，大鴻臚陳寵爲司空。

十一月己丑，行幸緱氏，登百岯山，賜百官從臣布，各有差。

北匈奴遣使稱臣貢獻。

十二月，復置遼東西部都尉官。

元興元年春正月戊午，引三署郎召見禁中，選除七十五人，補謁者、長、相。

高句驪寇郡界。

夏四月庚午，大赦天下，改元元興。宗室以罪絶者，悉復屬籍。

五月癸酉，雍地裂。

秋九月，遼東太守耿夔擊貊人，破之。

冬十二月辛未，帝崩于章德前殿，年二十七。立皇子隆爲皇太子。賜天下男子爵，人二級，三老、孝悌、力田人三級，民無名數及流民欲占者人一級；鰥、寡、孤、獨、篤癃、貧不能自存者粟，人三斛。

自竇憲誅後，帝躬親萬機。每有灾異，輒延問公卿，極言得失。前後符瑞八十一所，自稱德薄，皆抑而不宣。舊南海獻龍眼、荔支，十里一置，五里一候，奔騰阻險，死者繼路。時臨武長汝南唐羌，縣接南海，乃上書陳狀。帝下詔曰：「遠國珍羞，本以薦奉宗廟。苟有傷害，豈愛民之本。其勅太官勿復受獻。」由是遂省焉。

雜録

備録

張瑩《後漢南記・和帝紀》 孝和皇帝諱肇，章帝中子也。兄慶爲皇太子，其母被讒死，慶爲清河王。帝年四歲，代爲太子，而特親慶，入則共室，出則同車。章帝以此更哀憐慶，衣服飲食與帝同也。

《後漢書》卷一〇上《皇后紀上・和帝陰皇后》 和帝陰皇后諱某，光烈皇后兄執金吾識之曾孫也。后少聰慧，善書蓺。永元四年，選入掖庭，以先后近屬，故得爲貴人，有殊寵。八年，遂立爲皇后。

自和熹鄧后入宮，愛寵稍衰，數有恚恨。后外祖母鄧朱出入宮掖。十四年夏，有言后與朱共挾巫蠱道，事發覺，帝遂使中常侍張慎與尚書陳褒於掖庭獄雜考案之。朱及二子奉、毅與后弟軼、輔、敞辭語相連及，以爲祠祭祝詛，大逆無道。奉、毅、輔考死獄中。帝使司徒魯恭持節賜后策，上璽綬，遷于桐宮，以憂死。立七年，葬臨平亭部。父特進綱自殺，軼、敞及朱家屬徙日南比景縣，宗親外内昆弟皆免官還田里。

《後漢書・五行志二》 和帝永元八年十二月丁巳，南宮宣室殿火。是時和帝幸北宮，竇太后在南宮。明年，竇太后崩。

十三年八月己亥，北宮盛饌門閤火。是時和帝幸鄧貴人，陰后寵衰怨恨，上有欲廢之意。明年，會得陰后挾僞道事，遂廢遷于桐宮，以憂死，立鄧貴人爲皇后。

十五年六月辛酉，漢中城固南城門災。此孝和皇帝將絶世之象也。其後二年，宫車晏駕，殤帝及平原王皆早殀折，和帝世絶。

《後漢書・五行志三》 和帝永元元年七月，郡國九大水，傷稼。【略】和帝幼，竇太后攝政，其兄竇憲幹事，及憲諸弟皆貴顯，並作威虣虐，嘗所怨恨，輒任客殺之。其後竇氏誅滅。

十二年六月，潁川大水，傷稼。是時，和帝幸鄧貴人，陰有欲廢陰后之意，陰后亦懷恚怨。一曰，先是恭懷皇后葬禮有闕，竇太后崩後，乃改殯梁后，葬西陵，徵舅三人皆爲列侯，位特進，賞賜累千金。

和帝永元五年六月，郡國三雨雹，大如雞子。是時和帝用酷吏周紆爲司隸校尉，刑誅深刻。

《後漢書・五行志四》 和帝永元四年，六月丙辰，郡國十三地震。【略】是時竇太后攝政，兄竇憲專權，將以是受禍也。後五日，詔收憲印綬，兄弟就國，逼迫皆自殺。

七年九月癸卯，京都地震。是時和帝與中常侍鄭衆謀奪竇氏權，德之，因任用之，及幸常侍蔡倫，二人始並用權。

備論

司馬彪《續漢書》卷一《和帝紀論》 孝和年十四，能折外戚驕横之權，即昭帝齔上官之類矣。朝政遂一，民安職樂，勸恤本務，苑囿希幸，遠夷稽服，西域開泰，郡國言符瑞八十餘品，咸懼虚妄，抑而不宣云爾。

《後漢書》卷四《孝和帝紀論》 自中興以後，逮于永元，雖頗有弛張，而俱存不擾，是以齊民歲增，闢土世廣。偏師出塞，則漠北地空；都護西指，則通譯四萬。豈其道遠三代，術長前世？將服叛去來，自有數也？

葉適《習學紀言序目》卷二四《後漢書・帝紀》 東漢至孝和八十年間，上無敗政，天下乂安，鄧后臨朝，灾變備矣，后約己爲民，撫以至誠，復用寧息。世多譏其留權擅事，不肯明辟，禍釁逮宗；然迄於永康，上接元興，四十年綱紀扶持，未甚濁亂，后之力也。不然，以孝安昏穢之資，俾親政事，極其所欲，則漢之亡，不待桓、靈而見矣。以三代盛德，羿幽王承之，猶即壞滅，况後世乎！然則桓、靈之亡晚矣。

錢時《兩漢筆記・和帝》 西京自成帝而下，皆制於王氏，竟致移國，固不足論。以孝宣之英明，而誅霍氏甚易，然亦往往大費區處，然後甫定。和帝才十四歲耳，一指顧間，去諸竇如磔鼠，且其方畧措置，精密詳練，以是而論，豈非有漢之英君哉？然自此以後，乃浸微浸消，終已不競何也？謀不出於王公大人，而出於閹官。謀之所出者，權之所歸故也。今日之事，雖明典憲，愜公論，觀其機伏

而不露，毒發而莫測，即陰謀巧計者之所爲，與他時禍國實同一根。是以和帝能去外戚之姦，而宦官用權，自此始爲漢氏膏肓之疾，悲夫！

黃震《古今紀要・後漢》　在和帝時，外戚則竇憲兄弟，而宦官則鄭衆爲之首。在安帝時，外戚則鄧隲兄弟，而宦官則樊豐、周廣爲之最。在順帝時，外戚則梁冀兄弟，而孫程、張防又宦官之尤横者也。然猶有骨鯁之臣，忘身徇國，袁安之正色折姦，楊震之慨嘆自殺，虞詡以屍諫自陳，張綱以埋輪自見，以至左雄之封事，李固、周舉之對策，八使之所奏劾，此漢所以雖衰而未墜歟。

鄧皇后部

綜述

《後漢書》卷一〇上《皇后紀上・和熹鄧皇后傳》　和熹鄧皇后諱綏，太傅禹之孫也。父訓，護羌校尉；母陰氏，光烈皇后從弟女也。后年五歲，太傅夫人愛之，自爲翦髮。夫人年高目冥，誤傷后額，忍痛不言。左右見者怪而問之，后曰：「非不痛也，太夫人哀憐爲斷髮，難傷老人意，故忍之耳。」六歲能《史書》，十二通《詩》、《論語》。諸兄每讀經傳，輒下意難問。志在典籍，不問居家之事。母常非之，曰：「汝不習女工以供衣服，乃更務學，寧當舉博士邪？」后重違母言，晝修婦業，暮誦經典，家人號曰「諸生」。父訓異之，事無大小，輒與詳議。

永元四年，當以選入，會訓卒，后晝夜號泣，終三年不食鹽菜，憔悴毁容，親人不識之。后嘗夢捫天，蕩蕩正青，若有鍾乳狀，乃仰嗽飲之。以訊諸占夢，言堯夢攀天而上，湯夢及天而咶之，斯皆聖王之前占，吉不可言。又相者見后驚曰：「此成湯之法也。」家人竊喜而不敢宣。后叔父陔言：「常聞活千人者，子孫有封。兄訓爲謁者，使修石臼河，歲活數千人。天道可信，家必蒙福。」初，太傅禹歎曰：「吾將百萬之衆，未嘗妄殺一人，其後世必有興者。」

七年，后復與諸家子俱選入宮。后長七尺二寸，姿顔姝麗，絶異於衆，左右皆驚。八年冬，入掖庭爲貴人，時年十六。恭肅小心，動有法度。承事陰后，夙夜戰兢。接撫同列，常克己以下之，雖宮人隸役，皆加恩借。帝深嘉愛焉。及后有疾，特令后母兄弟入視醫藥，不限以日數。后言於帝曰：「宮禁至重，而使外舍久在内省，上令陛下有幸私之譏，下使賤妾獲不知足之謗。上下交損，誠不願也。」帝曰：「人皆以數入爲榮，貴人反以爲憂，深自抑損，誠難及也。」每有讌會，諸姬貴人競自修整，簪珥光采，袿裳鮮明，而后獨著素，裝服無飾。其衣有與陰后同色者，即時解易。若並時進見，則不敢正坐離立，行則僂身自卑。帝每有所問，常逡巡後對，不敢先陰后言。帝知后勞心曲體，歎曰：「修德之勞，乃知是乎！」後陰后漸疎，每當御見，輒辭以疾。時帝數失皇子，后憂繼嗣不廣，恒垂涕歎息，數選進才人，以博帝意。

陰后見后德稱日盛，不知所爲，遂造祝詛，欲以爲害。帝嘗寢病危甚，陰后密言：「我得意，不令鄧氏復有遺類！」后聞，乃對左右流涕言曰：「我竭誠盡心以事皇后，竟不爲所祐，而當獲罪於天。婦人雖無從死之義，然周公身請武王之命，越姬心誓必死之分，上以報帝之恩，中以解宗族之禍，下不令陰氏有人豕之譏。」即欲飲藥，宮人趙玉者固禁之，因詐言屬有使來，上疾已愈。后信以爲然，乃止。明日，帝果瘳。

十四年夏，陰后以巫蠱事廢，后請救不能得，帝便屬意焉。后愈稱疾篤，深自閉絶。會有司奏建長秋宮，帝曰：「皇后之尊，與朕同體，承宗廟，母天下，豈易哉！唯鄧貴人德冠後庭，乃可當之。」至冬，立爲皇后。辭讓者三，然後即位。手書表謝，深陳德薄，不足以充小君之選。是時，方國貢獻，競求珍麗之物，自后即位，悉令禁絶，歲時但供紙墨而已。帝每欲官爵鄧氏，后輒哀請謙讓，故兄騭終帝世不過虎賁中郎將。

元興元年，帝崩，長子平原王有疾，而諸皇子夭没，前後十數，後生者輒隱祕養於人間。殤帝生始百日，后乃迎立之。尊后爲皇太后，太后臨朝。和帝葬後，宮人並歸園，太后賜周、馮貴人策曰：「朕與貴人託配後庭，共歡等列，十有餘年。不獲福祐，先帝早棄天下，孤心煢煢，靡所瞻仰，夙夜永懷，感愴發中。今當以舊典分歸外園，慘結增歎，燕燕之詩，曷能喻焉？其賜貴人王青蓋車，采飾輅，驂馬各一駟，黄金三十斤，雜帛三千匹，白越四千端。」又賜馮貴人王赤綬，以未有頭上步摇，環珮，加賜各一具。

是時新遭大憂，法禁未設。宮中亡大珠一篋，太后念，欲考問，必有不辜。乃親閲宮人，觀察顔色，即時首服。又和帝幸人吉成，御者共枉吉成以巫蠱事，遂下掖庭考訊，辭證明白。太后以先帝左右，待之有恩，平日尚無惡言，今反若此，不合人情，更自呼見實覈，果御者所爲，莫不歎服，以爲聖明。常以鬼神難徵，淫祀無福，乃詔有司罷諸祠官不合典禮者。又詔赦除建武以來諸犯妖惡，及馬、竇家屬所被禁錮者，皆復之爲平人。減大官、導官、尚方、内者服御珍膳靡麗難成之物，自非供陵廟，稻粱米不得導擇，朝夕一肉飯而已。舊太官湯官經用歲且二萬萬，太后勑止，（曰）〔日〕殺省珍費，自是裁數千萬。及郡國所貢，皆減其過半。悉斥賣上林鷹犬。其蜀、漢釦器九帶佩刀，並不復調。止畫工三十九種。又御府、尚方、織室錦繡、冰紈、綺縠、金銀、珠玉、犀象、瑇瑁、雕鏤翫弄之物，皆

絶不作。離宫别館儲峙米精薪炭，悉令省之。又詔諸園貴人，其宫人有宗室同族若羸老不任使者，令園監實覈上名，自御北宫增喜觀閲問之，恣其去留，即日免遣者五六百人。

及殤帝崩，太后定策立安帝，猶臨朝政。以連遭大憂，百姓苦役，殤帝康陵方中祕藏，及諸工作，事事減約，十分居一。

詔告司隸校尉、河南尹、南陽太守曰：「每覽前代外戚賓客，假借威權，輕薄謥詷，至有濁亂奉公，爲人患苦，咎在執法怠懈，不輒行其罰故也。今車騎將軍騭等雖懷敬順之志，而宗門廣大，姻戚不少，賓客姦猾，多干禁憲。其明加檢敕，勿相容護。」自是親屬犯罪，無所假貸。太后愍陰氏之罪廢，赦其徙者歸鄉，敕還資財五百餘萬。永初元年，爵號太夫人爲新野君，萬户供湯沐邑。

二年夏，京師旱，親幸洛陽寺録寃獄。有囚實不殺人而被考自誣，羸困輿見，畏吏不敢言，將去，舉頭若欲自訴。太后察視覺之，即呼還問狀，具得枉實，即時收洛陽令下獄抵罪。行未還宫，澍雨大降。

三年秋，太后體不安，左右憂惶，禱請祝辭，願得代命。太后聞之，即譴怒，切敕掖庭令以下，但使謝過祈福，不得妄生不祥之言。舊事，歲終當饗遣衛士，大儺逐疫。太后以陰陽不和，軍旅數興，詔饗會勿設戲作樂，減逐疫侲子之半，悉罷象橐駝之屬。豐年復故。太后自入宫掖，從曹大家受經書，兼天文、筭數。晝省王政，夜則誦讀，而患其謬誤，懼乖典章，乃博選諸儒劉珍等及博士、議郎、四府掾史五十餘人，詣東觀讎校傳記。事畢奏御，賜葛布各有差。又詔中官近臣於東觀受讀經傳，以教授宫人，左右習誦，朝夕濟濟。及新野君薨，太后自侍疾病，至乎終盡，憂哀毁損，事加於常。贈以長公主赤綬、東園祕器、玉衣繡衾，又賜布三萬匹，錢三千萬。騭等遂固讓錢布不受。使司空持節護喪事，儀比東海恭王，謚曰敬君。太后諒闇既終，久旱，太后比三日幸洛陽，録囚徒，理出死罪三十六人，耐罪八十人，其餘減罪死右趾已下至司寇。

七年正月，初入太廟，齋七日，賜公卿百僚各有差。庚戌，謁宗廟，率命婦羣妾相禮儀，與皇帝交獻親薦，成禮而還。因下詔曰：「凡供薦新味，多非其節，或鬱養强孰，或穿掘萌牙，味無所至而夭折生長，豈所以順時育物乎！傳曰：『非其時不食。』自今當奉祠陵廟及給御者，皆須時乃上。」凡所省二十三種。

自太后臨朝，水旱十載，四夷外侵，盜賊内起。每聞人飢，或達旦不寐，而躬自減徹，以救災戹，故天下復平，歲還豐穰。

元初五年，平望侯劉毅以太后多德政，欲令早有注記，上書安帝曰：「臣聞《易》載羲農而皇德著，《書》述唐虞而帝道崇，故雖聖明，必書功於竹帛，流音於管弦。伏惟皇太后膺大聖之姿，體乾坤之德，齊蹤虞妃，比跡任姒。孝悌慈仁，允恭節約，杜絶奢盈之源，防抑逸欲之兆。正位内朝，流化四海。及元興、延平之際，國無儲副，仰觀乾象，參之人譽，援立陛下爲天下主，永安漢室，綏静四海。又遭水潦，東州飢荒。垂恩元元，冠蓋交路，菲薄衣食，躬率羣下，損膳解驂，以贍黎苗。惻隱之恩，猶視赤子。克己引愆，顯揚仄陋。崇晏晏之政，敷在寬之教。興滅國，繼絶世，録功臣，復宗室。追還徙人，蠲除禁錮。政非惠和，不圖於心；制非舊典，不訪於朝。弘德洋溢，充塞宇宙；洪澤豐沛，漫衍八方。華夏樂化，戎狄混并。丕功著於大漢，碩惠加於生人。巍巍之業，可聞而不可及；蕩蕩之勳，可誦而不可名。古之帝王，左右置吏；漢之舊典，世有注記。夫道有夷崇，治有進退。若善政不述，細異輒書，是爲堯、湯負洪水大旱之責，而無咸熙假天之美；高宗、成王有雊雉迅風之變，而無中興康寧之功也。上考《詩》《書》，有虞二妃，周室三母，修行佐德，思不踰閾。未有内遭家難，外遇灾害，覽總大麓，經營天物，功德巍巍若兹者也。宜令史官著《長樂宫注》、《聖德頌》，以敷宣景燿，勒勳金石，縣之日月，攄之罔極，以崇陛下烝烝之考。」帝從之。

六年，太后詔徵和帝弟濟北、河閒王子男女年五歲以上四十餘人，又鄧氏近親子孫三十餘人，並爲開邸第，教學經書，躬自監試。尚幼者，使置師保，朝夕入宫，撫循詔導，恩愛甚渥。乃詔從兄河南尹豹、越騎校尉康等曰：「吾所以引納羣子，置之學官者，實以方今承百王之敝，時俗淺薄，巧僞滋生，《五經》衰缺，不有化導，將遂陵遲，故欲褒崇聖道，以匡失俗。傳不云乎：『飽食終日，無所用心，難矣哉！』今末世貴戚食禄之家，温衣美飯，乘堅驅良，而面牆術學，不識臧否，斯故禍敗所從來也。永平中，四姓小侯皆令入學，所以矯俗厲薄，反之忠孝。先公既以武功書之竹帛，兼以文德教化子孫，故能束脩，不觸羅網。誠令兒曹上述祖考休烈，下念詔書本意，則足矣。其勉之哉！」

康以太后久臨朝政，心懷畏懼，託病不朝。太后使内人問之。時宫婢出入，多能有所毁譽，其耆宿者皆稱中大人，所使者乃康家先婢，亦自通中大人。康聞，詬之曰：「汝我家出，爾敢爾邪！」婢怒，還説康詐疾而言不遜。太后遂免康官，遣歸國，絶屬籍。

永寧二年二月，寢病漸篤，乃乘輦於前殿，見侍中、尚書，因北至太子新所繕

宫。還，大赦天下，賜諸園貴人、王、主、羣僚錢布各有差。詔曰：「朕以無德，託母天下，而薄祐不天，早離大憂。延平之際，海内無主，元元戹運，危於累卵。勤勤苦心，不敢以萬乘爲樂，上欲不欺天愧先帝，下不違人負宿心，誠在濟度百姓，以安劉氏。自謂感徹天地，當蒙福祚，而喪禍内外，傷痛不絶。頃以廢病沈滯，久不得侍祠，自力上原陵，加欬逆唾血，遂至不解。存亡大分，無可奈何。公卿百官，其勉盡忠恪，以輔朝廷。」三月崩。在位二十年，年四十一。合葬順陵。

《東觀漢記》卷六《和熹鄧皇后》 和熹鄧后年五歲，太夫人爲剪髮，夫人年老目冥，並中后額，雖痛忍而不言，額盡傷。左右怪而問之，后言：「夫人哀我爲斷髮，難傷老人意，故忍之耳。」

和熹皇后六歲，諸兄持后髮，后曰：「身體髮膚，受之父母，不敢毁傷，孝之始也，奈何弄人髮乎？」

六歲能書。

諸兄讀經，難問其意。

和熹鄧后七歲讀《論語》，志在書傳，母常非之曰：「當習女工，今不是務，寧當學博士耶？」后重違母意，晝則縫紉，夜私買脂燭讀經傳，宗族外内皆號曰「諸生」。

和熹鄧皇后嘗夢捫天體，蕩蕩正青，滑如磄碲，有若鍾乳，后仰嗽之。以訊占夢，言堯夢攀天而上，湯夢及天舐之，皆聖主之夢。

博覽《五經》傳記。

和熹鄧后遜位，手書謝表，深陳德薄，不足以奉承宗廟，充少君之位。

和熹鄧后即位，萬國貢獻悉禁絶，惟歲時供紙墨而已。

鄧太后賜馮貴人步摇一具。

和熹后時，新遭大憂，法禁未設，宫中亡大珠一篋，主名不立。太后念欲下掖庭考問之，恐有無辜僵仆者，乃親自臨見宫人，一一閲問，察其顔色，開示恩信。宫人盜者，即時其服，不加鞭箠，不敢隱情，宫人驚，咸稱神明。

鄧太后雅性不好淫祀。

鄧太后臨朝，上林鷹犬，悉斥放之。

下□尚書曰：「國家離亂，大厦未安，黄門鼓吹，曷有燕樂之志。欲罷黄門鼓吹。」

和熹鄧后稱制，永初二年三月，京師旱，至五月朔，太后幸雒陽寺，省庶獄，舉冤囚。徒杜泠不殺人，自誣，被掠羸困，使輿見，畏吏，不敢自理。吏將去，微疾舉頸，若欲有言，太后察視覺之，即呼還問狀，遂信，即時收令下獄抵罪，尹左遷。行未還宫，澍雨大降。

鄧太后嘗體不安，左右憂惶，全令禱祠，願以人爲代。太后聞之，即譴怒，勑掖庭令以下：「何故乃有此不祥之言？」左右咸流涕，歎太后臨大病，不自顧，而念兆民。後病瘳，豈非天地之應與？

和熹鄧后自遭大憂，及新野君仍喪，諸兄常悲傷思慕，羸瘦骨立，不能自勝。

雜録

備録

司馬彪《續漢書》卷一《后妃傳》 孝和陰皇后，吴房侯綱之女也。后爲人聰惠，有才能。永元四年，撰入掖庭爲貴人。以託先后近屬，故有異寵，立爲皇后。自和熹鄧后入宫後，陰后寵衰，怨恨。后外母鄧朱數出入后所，有言后與朱共挾蠱，賜后策，遷於桐宫，以憂死，葬臨平亭部。

孝和和熹鄧皇后，太傅高密侯禹之孫，平壽敬侯訓之女也。訓有五男三女，長騭，次京、悝、弘、閶。女燕，次綏，綏即后也，次容。〔燕〕蚤卒，有子女娥，甫在襁褓。時后年十二，傷娥早孤，養視撫育，慈恩深至。后七歲，讀《論語》，十二通《詩》，諸兄讀經輒難問微意，志在書傳。母非之曰：「當習女工，以供衣服，今不是務，汝當舉博士耶？」后重違母意，則縫綻極女工事，暮夜私買脂燭，讀經傳，宗族内外，皆號曰「諸生」。父訓心異之。

永元四年，呼〔相者待詔〕相工蘇太相后，大驚曰：「此成湯之骨法也。貴不可言。」七年中，復與諸家女俱選入宫。姿容窈窕，進退辭令，粲然有異，與衆女殊。八年十一月己卯，后入掖庭，爲貴人。諸兄除郎中。后時年十六，德冠後宫。后性恭肅小心，承事陰氏，夙夜兢兢，接撫同列，常尅己下之。上深喜焉，遂有特寵。

后自入宫，遂博覽《五經》傳記，圖讖内事，風雨占候，《老子》、《孟子》、《禮

記・月令》、《法言》，不觀浮華申韓之書。上每欲官秩后諸兄弟，輒爲推讓。孝和世，騭裁虎賁中郎將，京、悝、弘、閶黄門郎。和帝未崩，數失皇子，皇子生，養於民間，羣僚無知者。及和帝崩，是日倉卒，上下憂惶。后乃收斂皇子，皇子勝長，有微疾。殤帝生百餘日，后欲自養長，立爲皇子。其夜即位，尊皇后爲皇太后。帝在襁褓，皇太后臨朝。

孝和鄧后性謙慎，兄弟中外，皆先帝所寵。自攝政之後，内檢左右，外抑宗族。

建元元年三月，太后崩。丙午，合葬順陵。

《後漢書・五行志一》 安帝永初元年十一月，民訛言相驚，司隸、并、冀州民人流移。時鄧太后專政。

《後漢書・五行志二》 安帝永初二年四月甲寅，漢陽(河)〔阿〕陽城中失火，燒殺三千五百七十人。先是和帝崩，有皇子二人，皇子勝長，鄧皇后貪殤帝少，欲自養長立之。延平元年，殤帝崩。勝有厥疾不篤，羣臣咸欲立之，太后以前既不立勝，遂更立清河王子，是爲安帝。司空周章等心不(掩)〔厭〕服，謀欲誅鄧氏，廢太后、安帝，而更立勝。元年十一月，事覺，章等被誅。其後涼州叛羌爲害大甚，涼州諸郡寄治馮翊、扶風界。及太后崩，鄧氏被誅。

《後漢書・五行志三》 安帝永初元年，是時司空周章等以鄧太后不立皇太子勝而立清河王子，故謀欲廢置。十一月，事覺，章等被誅。

安帝永初元年，是時鄧太后以陰專陽政。

《後漢書・五行志四》 安帝永初元年，大風拔樹。是時鄧太后攝政，以清河王子年少，號精耳，故立之，是爲安帝。不立皇太子勝，以爲安帝賢，必當德鄧氏也；後安帝親讒，廢免鄧氏，令郡縣迫切，死者八九人，家至破壞。此爲瞉霧也，是後西羌亦大亂涼州十有餘年。

《後漢書・天文志六》 和帝永元十五年四月甲子晦，日有蝕之，在東井二十二度。去年冬，鄧皇后立，有丈夫之性，與知外事，故天示象。

安帝永初元年，日有蝕之。是時鄧太后專政，去年大水傷稼，倉廩爲虚。

元初元年十月戊子朔，日有蝕之，是時上甚幸閻貴人，將立，故示不善，將爲繼嗣禍也。明年四月，遂立爲后。後遂與江京、耿寶等共讒太子廢之。

六年十二月戊午朔，日有蝕之，後二歲三月，鄧太后崩。

《後漢書》卷三三《周章傳》 和帝崩，鄧太后以皇子勝有痼疾，不可奉承宗廟，貪殤帝孩抱，養爲己子，故立之，以勝爲平原王。及殤帝崩，羣臣以勝疾非痼，意咸歸之，太后以前既不立，恐後爲怨，乃立和帝兄清河孝王子祐，是爲安帝。章以衆心不附，遂密謀閉宫門，誅車騎將軍鄧騭兄弟及鄭衆、蔡倫，劫尚書，廢太后於南宫，封帝爲遠國王，而立平原王〔勝〕。事覺，(勝)策免，章自殺。家無餘財，諸子易衣而出，并日而食。

《後漢書》卷三九《劉愷傳》 舊制，公卿、二千石、刺史不得行三年喪，由是内外衆職並廢喪禮。元初中，鄧太后詔長吏以下不爲親行服者，不得典城選舉。時有上言牧守宜同此制，詔下公卿，議者以爲不便。愷獨議曰：「詔書所以爲制服之科者，蓋崇化厲俗，以弘孝道也。今刺史一州之表，二千石千里之師，職在辯章百姓，宣美風俗，尤宜尊重典禮，以身先之。而議者不尋其端，至於牧守則云不宜，是猶濁其源而望流清，曲其形而欲景直，不可得也。」太后從之。

《後漢書》卷四四《張禹傳》 延平元年，遷爲太傅，録尚書事。鄧太后以殤帝初育，欲令重臣居禁内，乃詔禹舍宫中，給帷帳牀褥，太官朝夕進食，五日一歸府。每朝見，特贊，與三公絶席。禹上言：「方諒闇密静之時，不宜依常有事於苑囿。其廣成、上林空地，宜且以假貧民。」太后從之。及安帝即位，數上疾乞身。詔遣小黄門問疾，賜牛一頭，酒十斛，勸令就第。其錢布、刀劍、衣物，前後累至。

《後漢書》卷七六《循吏列傳・王涣》 永初二年，鄧太后詔曰：「夫忠良之吏，國家所以爲理也。求之甚勤，得之至寡。故孔子曰：『才難不其然乎！』昔大司農朱邑、右扶風尹翁歸，政迹茂異，令名顯聞，孝宣皇帝嘉歎愍惜，而以黄金百斤策賜其子。故洛陽令王涣，秉清脩之節，蹈羔羊之義，盡心奉公，務在惠民，功業未遂，不幸早世，百姓追思，爲之立祠。自非忠愛之至，孰能若斯者乎！今以涣子石爲郎中，以勸勞勤。」延熹中，桓帝事黄老道，悉毁諸房祀，唯特詔密縣存故太傅卓茂廟，洛陽留王涣祠焉。

《後漢書》卷七八《宦者列傳・蔡倫》 元初元年，鄧太后以倫久宿衛，封爲龍亭侯，邑三百户。後爲長樂太僕。四年，帝以經傳之文多不正定，乃選通儒謁者劉珍及博士良史詣東觀，各讎校(漢)家法，令倫監典其事。

胡一桂《史纂通要・東漢》 殤帝隆，和帝少子。生始百日而爲君，鄧太后臨朝，張禹、鄧騭、騭弟悝、弘等輔政。騭雖謙遜，然外戚擅權，又起於此。和、殤而後，宫闈定策，利在幼昏。外立者四君，臨朝者六后，蓋嗣主幼沖，女后專政，則外戚必用事，宦寺得與政，亦其勢然矣。

備論

《後漢書》卷一〇上《皇后紀・和熹鄧皇后傳》 鄧后稱制終身，號令自出，術謝前政之良，身闕明辟之義，至使嗣主側目，斂衽於虚器，直生懷慼，懸書於象魏。借之儀者，殆其惑哉！然而建光之後，王柄有歸，遂乃名賢戮辱，便孽黨進，衰斁之來，兹焉有徵。故知持權引謗，所幸者非己；焦心卹患，自强者唯國。是以班母一説，闔門辭事；愛姪微愆，髡剔謝罪。將杜根逢誅，未值其誠乎！但蹊田之牛，奪之已甚。

葉適《習學記言序目》卷二四《後漢書一・后紀》 東漢至孝和八十年間，上無敗政，天下乂安，鄧后臨朝，灾變備矣，后約己爲民，撫以至誠，復用寧息。世多譏其留權擅事，不肯明辟，禍釁逮宗；然迄於永康，上接元興，四十年綱紀扶持，未甚濁亂，后之力也。不然，以孝安昏穢之資，俾親政事，極其所欲，則漢之亡，不待桓、靈而見矣。以三代盛德，羿、幽王承之，猶即壞滅，况後世乎！然則桓、靈之亡晚矣。

錢時《兩漢筆記・殤帝》 鄧后雖非吕氏比，然疑似之迹，禍亂之萌，貪立孩抱，託疾廢長，而不顧天下之大計，可爲萬世戒矣！

錢時《兩漢筆記・安帝》 詔告司隸校尉、河南尹、南陽太守曰：「每覽前代外戚賓客，濁亂奉公，爲民患苦，咎在執法怠懈，不輒行其罰故也。今車騎將軍隲等，雖懷敬順之志，而宗門廣大，姻戚不少，賓客姦猾，多干禁憲。其明加檢敕，勿相容護。」自是親屬犯罪，無所假貸。

觀此檢敕之詔，則鄧氏賢於章后遠矣。雖然，與其繩法，孰若教之以禮？與其貴驕而冒禁，孰若退而不納於邪？鄧氏臨朝，首進兄弟，定簾大事，謀諸禁中，日長炎炎，卒貽後禍，視陰、馬何如也？愚是以三復此詔，太息而書之。【略】

母后臨朝，已非古典，况親臨獄户録囚徒者乎？司寇得人，式敬由獄，將使天下舉無冤民苦也。受王嘉師淫刑以逞，則海宇之廣，不得其平者多矣，豈一婦人耳目所能遍？及逞小慧於犴狴，失大體於宫庭，非所以爲訓也。且自臨朝，水旱十載，盜賊内起，四夷外侵，陰盛陽衰，昭乎可驗，而史氏獨書澍雨爲一囚之應，何哉？

陳子龍《陳忠裕公全集・安雅堂稿・和熹鄧后》 和熹稱制終身，義乖明辟。至於臨寺慮囚，入廟主獻，可謂獨執天綱，專侵陽教者矣。劉毅以宗臣而上頌德政，其近於諂乎。范史之紀載獨詳於他篇者，似尚襲夫記注也。

劉統勛《評鑑闡要》卷二 郡國貢獻，本非中壼得預之事。今鄧后乃以禁絶見稱，足以覘漢家制度矣。【略】

無毁無譽，婦人之道。躬自減撤以救災戹，豈女后之事耶？且前稱太后以鄧康數諫，宗門滿盛，大怒，免官。此又稱太后詔康等，以貴戚食禄，面牆弗學爲戒。記載自相矛盾至此，何以傳信？

竇憲部

綜述

《後漢書》卷二三《竇憲傳》 憲字伯度。父勳被誅，憲少孤。建初二年，女弟立爲皇后，拜憲爲郎，稍遷侍中、虎賁中郎將；弟篤，爲黄門侍郎。兄弟親幸，並侍宫省，賞賜累積，寵貴日盛，自王、主及陰、馬諸家，莫不畏憚。憲恃宫掖聲執，遂以賤直請奪沁水公主園田，主逼畏，不敢計。後肅宗駕出過園，指以問憲，憲陰喝不得對。後發覺，帝大怒，召憲切責曰：「深思前過，奪主田園時，何用愈趙高指鹿爲馬？久念使人驚怖。昔永平中，常令陰黨、陰博、鄧疊三人更相糾察，故諸豪戚莫敢犯法者，而詔書切切，猶以舅氏田宅爲言。今貴主尚見枉奪，何況小人哉！國家棄憲如孤雛腐鼠耳。」憲大震懼，皇后爲毁服深謝，良久乃得解，使以田還主。雖不繩其罪，然亦不授以重任。

和帝即位，太后臨朝，憲以侍中，内幹機密，出宣誥命。肅宗遺詔以篤爲虎賁中郎將，篤弟景、瓌並中常侍，於是兄弟皆在親要之地。憲以前太尉鄧彪有義讓，先帝所敬，而仁厚委隨，故尊崇之，以爲太傅，令百官總己以聽。其所施爲，輒外令彪奏，内白太后，事無不從。又屯騎校尉桓郁，累世帝師，而性和退自守，故上書薦之，令授經禁中。所以内外協附，莫生疑異。

憲性果急，睚眦之怨莫不報復。初，永平時，謁者韓紆嘗考劾父勳獄，憲遂令客斬紆子，以首祭勳冢。齊殤王子都鄉侯暢來弔國憂，暢素行邪僻，與步兵校尉鄧疊親屬數往來京師，因疊母元自通長樂宫，得幸太后，被詔召詣上東門。憲懼見幸，分宫省之權，遣客刺殺暢於屯衛之中，而歸罪於暢弟利侯剛，乃使侍御史與青州刺史雜考剛等。後事發覺，太后怒，閉憲於内宫。

憲懼誅，自求擊匈奴以贖死。會南單于請兵北伐，乃拜憲車騎將軍，金印紫綬，官屬依司空，以執金吾耿秉爲副，發北軍五校、黎陽、雍營、緣邊十二郡騎士，及羌胡兵出塞。明年，憲與秉各將四千騎及南匈奴左谷蠡王師子萬騎出朔方雞鹿塞，南單于屯屠河，將萬餘騎出滿夷谷，度遼將軍鄧鴻及緣邊義從羌胡八千騎，與左賢王安國萬騎出（摑）〔稒〕陽塞，皆會涿邪山。憲分遣副校尉閻盤、司馬耿夔、耿譚將左谷蠡王師子、右呼衍王須訾等，精騎萬餘，與北單于戰於稽落山，大破之，虜衆崩潰，單于遁走，追擊諸部，遂臨私渠比鞮海。斬名王已下萬三千級，獲生口馬牛羊橐駝百餘萬頭。於是温犢須、日逐、温吾、夫渠王柳鞮等八十一部率衆降者，前後二十餘萬人。憲、秉遂登燕然山，去塞三千餘里，刻石勒功，紀漢威德，令班固作銘曰：

惟永元元年秋七月，有漢元舅曰車騎將軍竇憲，寅亮聖明，登翼王室，納于大麓，惟清緝熙。乃與執金吾耿秉，述職巡御，理兵於朔方。鷹揚之校，螭虎之士，爰該六師，暨南單于、東烏桓、西戎氐羌侯王君長之羣，驍騎三萬。元戎輕武，長轂四分，雲輜蔽路，萬有三千餘乘。勒以八陣，莅以威神，玄甲耀日，朱旗絳天。遂陵高闕，下鷄鹿，經磧鹵，絶大漠，斬温禺以釁鼓，血屍逐以染鍔。然後四校横徂，星流彗埽，蕭條萬里，野無遺寇。於是域滅區單，反斾而旋，考傳驗圖，窮覽其山川。遂踰涿邪，跨安侯，乘燕然，躡冒頓之區落，焚老上之龍庭。上以攄高、文之宿憤，光祖宗之玄靈；下以安固後嗣，恢拓境宇，振大漢之天聲。茲所謂一勞而久逸，暫費而永寧者也。乃遂封山刊石，昭銘上德。其辭曰：

鑠王師兮征荒裔，勦兇虐兮截海外，夐其邈兮亘地界，封神丘兮建隆嵑，熙帝載兮振萬世。

憲乃班師而還。遣軍司馬吴汜、梁諷，奉金帛遺北單于，宣明國威，而兵隨其後。時虜中乖亂，汜、諷所到，輒招降之，前後萬餘人。遂及單于於西海上，宣國威信，致以詔賜，單于稽首拜受。諷因説宜修呼韓邪故事，保國安人之福。單于喜悦，即將其衆與諷俱還，到私渠海，聞漢軍已入塞，乃遣弟右温禺鞮王奉貢入侍，隨諷詣闕。憲以單于不自身到，奏還其侍弟。南單于於漢北遺憲古鼎，容五斗，其傍銘曰「仲山甫鼎，其萬年子子孫孫永保用」，憲乃上之。詔使中郎將持節即五原拜憲大將軍，封武陽侯，食邑二萬户。憲固辭封，賜策許焉。

舊大將軍位在三公下，置官屬依太尉。憲威權震朝庭，公卿希旨，奏憲位次太傅下，三公上；長史、司馬秩中二千石，從事中郎二人六百石，自下各有增。振旅還京師。於是大開倉府，勞賜士吏，其所將諸郡二千石子弟從征者，悉除太子舍人。

是時篤爲衛尉，景、瓌皆侍中、奉車、駙馬都尉，四家競修第宅，窮極工匠。明年，詔曰：「大將軍憲，前歲出征，克滅北狄，朝加封賞，固讓不受。舅氏舊典，並蒙爵土。其封憲冠軍侯，邑二萬户；篤郾侯，景汝陽侯，瓌夏陽侯，各六千户。」憲獨不受封，遂將兵出鎮涼州，以侍中鄧疊行征西將軍事爲副。

北單于以漢還侍弟，復遣車諧儲王等款居延塞，欲入朝見，願請大使。憲上遣大將軍中護軍班固行中郎將，與司馬梁諷迎之。會北單于爲南匈奴所破，被創遁走，固至私渠海而還。憲以北虜微弱，遂欲滅之。明年，復遣右校尉耿夔、司馬任尚、趙博等將兵擊北虜於金微山，大破之，克獲甚衆。北單于逃走，不知所在。

憲既平匈奴，威名大盛，以耿夔、任尚等爲爪牙，鄧疊、郭璜爲心腹。班固、傅毅之徒，皆置幕府，以典文章。刺史、守令多出其門。尚書僕射郅壽、樂恢並以忤意，相繼自殺。由是朝臣震懾，望風承旨。而篤進位特進，得舉吏，見禮依三公。景爲執金吾，瓌光禄勳，權貴顯赫，傾動京都。雖俱驕縱，而景爲尤甚，奴客緹騎依倚形執，侵陵小人，强奪財貨，篡取罪人，妻略婦女，商賈閉塞，如避寇讎，有司畏懦，莫敢舉奏。太后聞之，使謁者策免景官，以特進就朝位。瓌少好經書，節約自修，出爲魏郡，遷潁川太守。竇氏父子兄弟並居列位，充滿朝廷。叔父霸爲城門校尉，霸弟褒將作大匠，褒弟嘉少府，其爲侍中、將、大夫、郎吏十餘人。

憲既負重勢，陵肆滋甚。四年，封鄧疊爲穰侯。疊與其弟步兵校尉磊及母元，又憲女壻射聲校尉郭舉，舉父長樂少府璜，皆相交結。元、舉並出入禁中，舉得幸太后，遂共圖爲殺害。帝陰知其謀，乃與近幸中常侍鄭衆定議誅之。以憲在外，慮其懼禍爲亂，忍而未發。會憲及鄧疊班師還京師，詔使大鴻臚持節郊迎，賜軍吏各有差。憲等既至，帝乃幸北宮，詔執金吾、五校尉勒兵屯衛南、北宮，閉城門，收捕疊、磊、璜、舉，皆下獄誅，家屬徙合浦。遣謁者僕射收憲大將軍印綬，更封爲冠軍侯。憲及篤、景、瓌皆遣就國。帝以太后故，不欲名誅憲，爲選嚴能相督察之。憲、篤、景到國，皆迫令自殺，宗族、賓客以憲爲官者皆免歸本郡。瓌以素自修，不被逼迫，明年坐稟假貧人，徙封羅侯，不得臣吏人。初，竇后之譖梁氏，憲等豫有謀焉，永元十年，梁棠兄弟徙九真還，路由長沙，逼瓌令自殺。後和熹鄧后臨朝，永初三年，詔諸竇前歸本郡者與安豐侯萬全俱還京師。萬全少子章。

雜録

《東觀漢記》卷一二《竇憲》　竇憲恃宫掖聲勢，遂以賤直奪沁水公主園田，公主不敢訴。後肅宗駕出過園，指以問憲，憲陰喝不得對。發覺，帝大怒，召憲切責曰：「今貴主尚見枉奪，何況小臣乎！」

章帝崩，竇太后臨政，竇憲爲大將軍，食邑二萬户，弟景執金吾，瓌將作大匠，光禄勳。

竇憲作大將軍，置長史、司馬員吏官屬，位次太傅。

大將軍竇憲封武陽侯，食邑二萬户，憲固辭封。詔曰：「大將軍憲前歲出征，克滅北狄，朝加封賞，固辭不受。舅氏舊典，並蒙爵土。其封憲冠軍侯，邑二萬户。」

竇憲兄弟並列位，威鎮四海。

竇憲以特進見禮依三公，並未開封。

備録

《後漢書》卷一〇上《皇后紀上・光武郭皇后》　元和三年，肅宗北巡狩，過真定，會諸郭，朝見上壽，引入倡飲甚歡。以太牢具上郭主冢，賜粟萬斛，錢五十萬。永元初，璜爲長樂少府，子舉爲侍中，兼射聲校尉。及大將軍竇憲被誅，舉以憲女壻謀逆，故父子俱下獄死，家屬徙合浦，宗族爲郎吏者，悉免官。

《後漢書》卷一〇下《皇后紀下・皇女》　〔世祖〕皇女禮劉，十七年封淯陽公主，適陽安侯長樂少府郭璜。璜坐與竇憲謀反，誅。

《後漢書・天文志中》　孝和永元元年二月，流星起天天將軍爲兵。其六月，漢遣車騎將軍竇憲、執金吾耿秉，與度遼將軍鄧鴻出朔方，並進兵臨私渠北鞮海，斬虜首萬餘級，獲生口牛馬羊百萬頭。日逐王等八十一部降，凡三十餘萬人。追單于至西海。

三年九月丁卯，有流星大如雞子，起紫宫。竇憲爲大將軍，憲弟篤、景等皆卿、校尉，憲女弟壻郭舉爲侍中、射聲校尉，與衛尉鄧疊母元俱出入宫中，謀爲不

軌。至四年六月丙(寅)〔辰〕發覺，和帝幸北宮，詔執金吾、五校勒兵屯南、北宮，閉城門，捕擧。擧父長樂少府璜及疊，疊弟步兵校尉磊，母元，皆下獄誅。憲弟篤、景等皆自殺。金犯軒轅，女主失勢。竇氏被誅，太后失勢。

《後漢書·五行志三》 和帝永元元年七月，郡國九大水，傷稼。【略】是時和帝幼，竇太后攝政，其兄竇憲幹事，及憲諸弟皆貴顯，並作威虐，嘗所怨恨，輒任客殺之。其後竇氏誅滅。

《後漢書·五行志四》 和帝永元四年六月丙辰，郡國十三地震。【略】是時竇太后攝政，兄竇憲專權，將以是受禍也。後五日，詔收憲印綬，兄弟就國，逼迫皆自殺。

《後漢書·五行志六》 和帝永元四年戊戌朔日有蝕之。上免太后兄弟竇憲等官，遣就國，選嚴能相，於國蹙迫自殺。

《後漢書·百官志一》 和帝即位，以舅竇憲爲車騎將軍，征匈奴，位在公下；還復有功，遷大將軍，位在公上；復征西羌，還免官，罷。安帝即位，西羌寇亂，復以舅鄧騭爲車騎將軍征之，還遷大將軍，位如憲，數年復罷。

《後漢書》卷一六《鄧訓傳》 永元二年，大將軍竇憲將兵鎮武威，憲以訓曉羌胡方略，上求俱行。訓初厚於馬氏，不爲諸竇所親，及憲誅，故不離其禍。

《後漢書》卷一九《耿秉傳》 建初元年，拜度遼將軍。視事七年，匈奴懷其恩信。徵爲執金吾，甚見親重。帝每巡郡國及幸宮觀，秉常領禁兵宿衛左右。除三子爲郎。章和二年，復拜征西將軍，副車騎將軍竇憲擊北匈奴，大破之。事並見《憲傳》。封秉美陽侯，食邑三千户。【略】

長子沖嗣。及竇憲敗，以秉竇氏黨，國除。

《後漢書》卷一九《耿夔傳》 夔字定公。少有氣決。永元初，爲車騎將軍竇憲假司馬，北擊匈奴，轉(車)騎都尉。三年，憲復出河西，以夔爲大將軍左校尉，將精騎八百，出居延塞，直奔北單于廷，於金微山斬閼氏、名王已下五千餘級，單于與數騎脱亡，盡獲其匈奴珍寶財畜，去塞五千餘里而還，自漢出師所未嘗至也。乃封夔粟邑侯。會北單于弟左鹿蠡王於除鞬自立爲單于，衆八部二萬餘人，來居蒲類海上，遣使款塞。以夔爲中郎將，持節衛護之。及竇憲敗，夔亦免官奪爵士。

《後漢書》卷二一《任隗傳》 隗義行内修，不求名譽，而以沈正見重於世。和帝即位，大將軍竇憲秉權，專作威福，内外朝臣莫不震懾。時憲擊匈奴，國用勞費，隗奏議徵憲還，前後十上。

《後漢書》卷二四《馬嚴傳》 建初元年，遷五官中郎將，除三子爲郎。嚴數薦達賢能，申解冤結，多見納用。復以五官中郎將行長樂衛尉事。二年，拜陳留太過。嚴當之職，乃言於帝曰：「昔顯親侯竇固誤先帝出兵西域，置伊吾盧屯，煩費無益。又竇勳受誅，其家不宜親近京師。」是時勳女爲皇后，竇氏方寵，時有側聽嚴言者，以告竇憲兄弟，由是失權貴心。嚴下車，明賞罰，發姦慝，郡界清静。時京師訛言賊從東方來，百姓奔走，轉相驚動，諸郡遑急，各以狀聞。嚴察其虚妄，獨不爲備。詔書勑問，使驛係道，嚴固執無賊，後卒如言。典郡四年，坐與宗正劉軼、少府丁鴻等更相屬託，徵拜太中大夫；十餘日，遷將作大匠。七年，復坐事免。後既爲竇氏所忌，遂不復在位。及帝崩，竇太后臨朝，嚴乃退居自守，訓教子孫。

《後漢書》卷二五《魯恭傳》 後拜侍御史。和帝初立，議遣車騎將軍竇憲與征西將軍耿秉擊匈奴，恭上疏諫曰：【略】書奏，不從。

《後漢書》卷二九《郅壽傳》 復徵爲尚書僕射。是時大將軍竇憲以外戚之寵，威傾天下。憲嘗使門生齎書詣壽，有所請託，壽即送詔獄。前後上書陳憲驕恣，引王莽以誡國家。是時憲征匈奴，海内供其役費，而憲及其弟篤、景並起第宅，驕奢非法，百姓苦之。壽以府臧空虚，軍旅未休，遂因朝會譏刺憲等，厲音正色，辭旨甚切。憲怒，陷壽以買公田誹謗，下吏當誅。侍御史何敞上疏理之曰：「臣聞聖王闢四門，開四聰，延直言之路，下不諱之詔，立敢諫之旗，聽歌謡於路，争臣七人，以自鑒照，考知政理，違失人心，輒改更之，故天人並應，傳福無窮。臣伏見尚書僕射郅壽坐於臺上與諸尚書論擊匈奴，言議過差，及上書請買公田，遂繫獄考劾大不敬。臣愚以爲壽機密近臣，匡救爲職。若懷默不言，其罪當誅。今壽違衆正議，以安宗廟，豈其私邪？又臺閣平事，分争可否，雖唐虞之隆，三代之盛，猶謂諤諤以昌，不以誹謗爲罪。請買公田，人情細過，可裁隱忍。壽若被誅，臣恐天下以爲國家横罪忠直，賊傷和氣，忤逆陰陽。臣所以敢犯嚴威，不避夷滅，觸死瞽言，非爲壽也。忠臣盡節，以死爲歸。臣雖不知壽，度其甘心安之。誠不欲聖朝行誹謗之誅，以傷晏晏之化，杜塞忠直，垂譏無窮。臣敞謬豫機密，言所不宜，罪名明白，當填牢獄，先壽殭仆，萬死有餘。」書奏，壽得減死，論徙合浦。未行，自殺，家屬得歸鄉里。

《後漢書》卷三三《鄭弘傳》 元和元年，代鄧彪爲太尉。【略】在位四年，奏

尚書張林阿附侍中竇憲，而素行臧穢，又上洛陽令楊光，憲之賓客，在官貪殘，並不宜處位。書奏，吏與光故舊，因以告之。光報憲，憲奏弘大臣漏泄密事。帝詰讓弘，收上印綬。弘自詣廷尉，詔勑出之，因乞骸骨歸，未許。病篤，上書陳謝，並言竇憲之短。帝省章，遣醫占弘病，比至已卒。

《後漢書》卷三三《周章傳》　周章字次叔，南陽隨人也。初仕郡爲功曹。時大將軍竇憲免，封冠軍侯就國。章從太守行春到冠軍，太守猶欲謁之。章進諫曰：「今日公行春，豈可越儀私交。且憲椒房之親，執傾王室，而退就藩國，禍福難量。明府剖符大臣，千里重任，舉止進退，其可輕乎？」太守不聽，遂便升車。章前拔佩刀絶馬鞅，於是乃止。及憲被誅，公卿以下多以交關得罪，太守幸免，以此重章。

《後漢書》卷三四《梁竦傳》　永元九年，竇太后崩，松子扈遣從兄禮奏記三府，以爲漢家舊典，崇貴母氏，而梁貴人親育聖躬，不蒙尊號，求得申議。太尉張酺引禮訊問事理，會後召見，因白禮奏記之狀。帝感慟良久，曰：「於君意若何？」酺對曰：「《春秋》之義，母以子貴。漢興以來，母氏莫不隆顯，臣愚以爲宜上尊號，追慰聖靈，存録諸舅，以明親親。」帝悲泣曰：「非君孰爲朕思之！」會貴人姊南陽樊調妻嫕上書自訟曰：「妾同産女弟貴人，前充後宫，蒙先帝厚恩，得見寵倖。皇天授命，誕生聖明。而爲竇憲兄弟所見譖訴，使妾父竦冤死牢獄，骸骨不掩。老母孤弟，遠徙萬里。獨妾遺脱，逸伏草野，常恐没命，無由自達。今遭值陛下神聖之運，親統萬機，羣物得所。憲兄弟姦惡，既伏辜誅，海内曠然，各獲其宜。妾得蘇息，拭目更視，乃敢昧死自陳所天。妾聞太宗即位，薄氏蒙榮；宣帝繼統，史族復興。妾門雖有薄、史之親，獨無外戚餘恩，誠自悼傷。妾父既冤，不可復生，母氏年殊七十，及弟棠等，遠在絶域，不知死生。願乞收竦朽骨，使母弟得歸本郡，則施過天地，存殁幸賴。」帝覽章感悟，乃下中常侍、掖庭令驗問之，嫕辭證明審，遂得引見，具陳其狀。乃留嫕止宫中，連月乃出，賞賜衣被錢帛第宅奴婢，旬月之閒，累資千萬。

《後漢書》卷三七《桓郁傳》　和帝即位，富於春秋，侍中竇憲自以外戚之重，欲令少主頗涉經學，上疏皇太后曰：「《禮記》云：『天下之命，懸於天子；天子之善，成乎所習。習與智長，則切而不勤；化與心成，則中道若性。昔成王幼小，越在襁保，周公在前，史佚在後，太公在左，召公在右。中立聽朝，四聖維之。是以慮無遺計，舉無過事。』孝昭皇帝八歲即位，大臣輔政，亦選名儒韋賢、蔡義、夏侯勝等入授於前，平成聖德。近建初元年，張酺、魏應、召訓亦講禁中。臣伏惟皇帝陛下，躬天然之姿，宜漸教學，而獨對左右小臣，未聞典義。昔五更桓榮，親爲帝師，子郁，結髮敦尚，繼傳父業，故再以校尉入授先帝，父子給事禁省，更歷四世，今白首好禮，經行篤備。又宗正劉方，宗室之表，善爲《詩經》，先帝所褒。宜令郁、方並入教授，以崇本朝，光示大化。」由是遷長樂少府，復入侍講。頃之，轉爲侍中奉車都尉。

《後漢書》卷三七《丁鴻傳》　和帝即位，遷太常。永元四年，代袁安爲司徒。是時竇太后臨政，憲兄弟各擅威權。鴻因日食，上封事曰：

臣聞日者陽精，守實不虧，君之象也；月者陰精，盈毁有常，臣之表也。故日食者，臣乘君，陰陵陽；月滿不虧，下驕盈也。昔周室衰季，皇甫之屬專權於外，黨類强盛，侵奪主執，則日月薄食，故《詩》曰：「十月之交，朔月辛卯，日有食之，亦孔之醜。」《春秋》日食三十六，弑君三十二。變不空生，各以類應。夫威柄不以放下，利器不可假人。覽觀往古，近察漢興，傾危之禍，靡不由之。是以三桓專魯，田氏擅齊，六卿分晉；諸吕握權，統嗣幾移；哀、平之末，廟不血食。故雖有周公之親，而無其德，不得行其執也。

今大將軍雖欲勑身自約，不敢僭差，然而天下遠近皆惶怖承旨，刺史二千石初除謁辭，求通待報，雖奉符璽，受臺勑，不敢便去，久者至數十日。背王室，向私門，此乃上威損，下權盛也。人道悖於下，效驗見於天，雖有隱謀，神照其情，垂象見戒，以告人君。閒者月滿先節，過望不虧，此臣驕溢背君，專功獨行也。陛下未深覺悟，故天重見戒，誠宜畏懼，以防其禍。《詩》云：「敬天之怒，不敢戲豫。」若勑政責躬，杜漸防萌，則兇妖銷滅，害除福湊矣。

夫壞崖破巖之水，源自涓涓；干雲蔽日之木，起於葱青。禁微則易，救末者難，人莫不忽於微細，以致其大。恩不忍誨，義不忍割，去事之後，未然之明鏡也。臣愚以爲左官外附之臣，依託權門，傾覆諂諛，以求容媚者，宜行一切之誅。閒者大將軍再出，威振州郡，莫不賦斂吏人，遣使貢獻。大將軍雖云不受，而物不還主，部署之吏無所畏憚，縱行非法，不伏罪辜，故海内貪猾，競爲姦吏，小民吁嗟，怨氣滿腹。臣聞天不可以不剛，不剛則三光不明；王不可以不彊，不彊則宰牧從横。宜因大變，改政匡失，以塞天意。

書奏十餘日，帝以鴻行太尉兼衛尉，屯南、北宮。於是收竇憲大將軍印綬，憲及諸弟皆自殺。

《後漢書》卷四〇下《班固傳》 永元初，大將軍竇憲出征匈奴，以固爲中護軍，與參議。北單于聞漢軍出，遣使款居延塞，欲脩呼韓邪故事，朝見天子，請大使。憲上遣固行中郎將事，將數百騎與虜使俱出居延塞迎之。會南匈奴掩破北庭，固至私渠海，聞虜中亂，引還。及竇憲敗，固先坐免官。

固不教學諸子，諸子多不遵法度，吏人苦之。初，洛陽令种兢嘗行，固奴干其車騎，吏椎呼之，奴醉罵，兢大怒，畏憲不敢發，心銜之。及竇氏賓客皆逮考，兢因此捕繫固，遂死獄中。

《後漢書》卷四一《宋意傳》 遷司隸校尉。永元初，大將軍竇憲兄弟貴盛，步兵校尉鄧疊、河南尹王調、故蜀郡太守廉范等羣黨，出入憲門，負埶放縱。意隨違舉奏，無所回避，由是與竇氏有隙。二年，病卒。

《後漢書》卷四三《樂恢傳》 會車騎將軍竇憲出征匈奴，恢數上書諫争，朝廷稱其忠。入爲尚書僕射。是時河南尹王調、洛陽令李阜與竇憲厚善，縱舍自由。恢劾奏調、阜，并及司隸校尉，諸所刺舉，無所回避，貴戚惡之。憲弟夏陽侯瓌欲往候恢，恢謝不與通。憲兄弟放縱，而忿其不附己。妻每諫恢曰：「昔人有容身避害，何必以言取怨？」恢歎曰：「吾何忍素餐立人之朝乎！」遂上疏諫曰：「臣聞百王之失，皆由權移於下。大臣持國，常以埶盛爲咎。伏念先帝聖德未永，早棄萬國。陛下富於春秋，纂承大業，諸舅不宜幹正王室，以示天下之私。經曰：『天地乖互，衆物夭傷。君臣失序，萬人受殃。』政失不救，其極不測。方今之宜，上以義自割，下以謙自引。四舅可長保爵士之榮，皇太后永無慙負宗廟之憂，誠策之上者也。」書奏不省。時竇太后臨朝，和帝未親萬機，恢以意不得行，乃稱疾乞骸骨。詔賜錢，太醫視疾。恢薦任城郭均、成陽高鳳，而遂稱篤。拜騎都尉，上書辭謝曰：「仍受厚恩，無以報效。夫政在大夫，孔子所疾；世卿持權，《春秋》以戒。聖人懇惻，不虛言也。近世外戚富貴，必有驕溢之敗。今陛下思慕山陵，未遑政事；諸舅寵盛，權行四方。若不能自損，誅罰必加。臣壽命垂盡，臨死竭愚，惟蒙留神。」詔聽上印綬，乃歸鄉里。竇憲因是風厲州郡迫脅，恢遂飲藥死。弟子縗絰輓者數百人，衆庶痛傷之。

後竇氏誅，帝始親事，恢門生何融等上書陳恢忠節，除子己爲郎中。

《後漢書》卷四二《光武十王列傳·中山簡王焉》 立五十二年，永元二年薨。自中興至和帝時，皇子始封薨者，皆賻錢三千萬，布三萬匹；嗣王薨，賻錢千萬，布萬匹。是時竇太后臨朝，竇憲兄弟擅權，太后及憲等，東海出也，故睦於焉而重於禮，加賻錢一億。詔濟南、東海二王皆會。

《後漢書》卷四三《何敞傳》 時竇氏專政，外戚奢侈，賞賜過制，倉帑爲虛。敞奏記由曰：「敞聞事君之義，進思盡忠，退思補過。歷觀世主時臣，無不各欲爲化，垂之無窮，然而平和之政萬無一者，蓋以聖主賢臣不能相遭故也。今國家秉聰明之弘道，明公履晏晏之純德，君臣相合，天下翕然，治平之化，有望於今。孔子曰：『如有用我者，三年有成。』今明公視事，出入再朞，宜當克己，以醻四海之心。《禮》，一穀不升，則損服徹膳。天下不足，若己使然。而比年水旱，人不收穫，涼州緣邊，家被兇害，男子疲於戰陳，妻女勞於轉運，老幼孤寡，歎息相依，又中州內郡，公私屈竭，此實損膳節用之時。國恩覆載，賞賚過度，但聞臘賜，自郎官以上，公卿王侯以下，至於空竭帑藏，損耗國資。尋公家之用，皆百姓之力。明君賜賚，宜有品制，【略】忠臣受賞，亦應有度，是以夏禹玄圭，周公束帛。今明公位尊任重，責深負大，上當匡正綱紀，下當濟安元元，豈但空空無違而已哉！宜先正己以率羣下，還所得賜，因陳得失，奏王侯就國，除苑囿之禁，節省浮費，賑卹窮孤，則恩澤下暢，黎庶悅豫，上天聰明，必有立應。使百姓歌誦，史官紀德，豈但子文逃禄，公儀退食之比哉！」由不能用。【略】

以高第拜侍御史。時遂以竇憲爲車騎將軍，大發軍擊匈奴，而詔使者爲憲弟篤、景並起邸第，興造勞役，百姓愁苦。敞上疏諫曰：「臣聞匈奴之爲桀逆久矣。平城之圍，嫚書之恥，此二辱者，臣子所爲捐軀而必死，高祖、呂后忍怒還忿，舍而不誅。伏惟皇太后秉文母之操，陛下履晏晏之姿，匈奴無逆節之罪，漢朝無可慙之恥，而盛春東作，興動大役，元元怨恨，咸懷不悅。而猥復爲衛尉篤、奉車都尉景繕修館第，彌街絶里。臣雖斗筲之人，誠竊懷怪，以爲篤、景親近貴臣，當爲百僚表儀。今衆軍在道，朝廷焦脣，百姓愁苦，縣官無用，而遽起大第，崇飾玩好，非所以垂令德，示無窮也。宜且罷工匠，專憂北邊，恤人之困。」書奏不省。

後拜爲尚書，復上封事曰：「夫忠臣憂世，犯主嚴顏，譏刺貴臣，至以殺身滅家而猶爲之者，何邪？君臣義重，有不得已也。臣伏見往事，國之危亂，家之將兇，皆有所由，較然易知。昔鄭武姜之幸叔段，衛莊公之寵州吁，愛而不教，終至兇戾。由是觀之，愛子若此，猶饑而食之以毒，適所以害之也。伏見大將軍憲，

始遭大憂，公卿比奏，欲令典幹國事。憲深執謙退，固辭盛位，懇懇勤勤，言之深至，天下聞之，莫不悦喜。今踰年無幾，大禮未終，卒然中改，兄弟專朝。憲秉三軍之重，篤、景總宫衛之權，而虐用百姓，奢侈僭偪，誅戮無罪，肆心自快。今者論議兇兇，咸謂叔段、州吁復生於漢。臣觀公卿懷持兩端，不肯極言者，以爲憲等若有匪懈之志，則已受吉甫褒申伯之功，如憲等陷於罪辜，則自取陳平、周勃順吕后之權，終不以憲等吉凶爲憂也。臣敞區區，誠欲計策兩安，絶其緜緜，塞其涓涓，上不欲令皇太后損文母之號，陛下有誓泉之譏，下使憲等得長保其福祐。然臧獲之謀，上安主父，下存主母，猶不免於嚴怒。臣伏惟累祖蒙恩，至臣八世，復以愚陋，旬年之閒，歷顯位，備機近，每念厚德，忽然忘生。雖知言必夷滅，而冒死自盡者，誠不忍目見其禍而懷默苟全。駙馬都尉瓌，雖在弱冠，有不隱之忠，比請退身，願抑家權。可與參謀，聽順其意，誠宗廟至計，竇氏之福。」

敞數切諫，言諸竇罪過，憲等深怨之。時濟南王康尊貴驕甚，憲乃白出敞爲濟南太傅。敞至國，輔康以道義，數引法度諫正之，康敬禮焉。

《後漢書》卷四五《韓棱傳》 和帝即位，侍中竇憲使人刺殺齊殤王子都鄉侯暢於上東門，有司畏憲，咸委疑於暢兄弟，詔遣侍御史之齊案其事。棱上疏以爲賊在京師，不宜捨近問遠，恐爲奸臣所笑。竇太后怒，以切責棱，棱固執其議。及事發，果如所言。憲惶恐，白太后求出擊北匈奴以贖罪。棱復上疏諫，太后不從。及憲有功，還爲大將軍，威震天下，復出屯武威。會帝西祠園陵，詔憲與車駕會長安。及憲至，尚書以下議欲拜之，伏稱萬歲。棱正色曰：「夫上交不諂，下交不黷，禮無人臣稱萬歲之制。」議者皆慙而止。尚書左丞王龍私奏記上牛酒於憲，棱舉奏龍，論爲城旦。棱在朝數薦舉良吏應順、吕章、周紆等，皆有名當時。及竇氏敗，棱典案其事，深竟黨與，數月不休沐。帝以爲憂國忘家，賜布三百匹。

《後漢書》卷四五《周榮傳》 周榮字平孫，廬江舒人也。肅宗時，舉明經，辟司徒袁安府。安數與論議，甚器之。及安舉奏竇景及與竇憲争立北單于事，皆榮所具草。竇氏客太尉掾徐齮深惡之，脅榮曰：「子爲袁公腹心之謀，排奏竇氏，竇氏悍士刺客滿城中，謹備之矣！」榮曰：「榮江淮孤生，蒙先帝大恩，以歷宰二城。今復得備宰士，縱爲竇氏所害，誠所甘心。」故常敕妻子，若卒遇飛禍，無得殯斂，冀以區區腐身覺悟朝廷。及竇氏敗，榮由此顯名。

《後漢書》卷四六《陳寵傳》 皇后弟侍中竇憲，薦真定令張林爲尚書，帝以問寵，寵對「林雖有才能，而素行貪濁」，憲以此深恨寵。林卒被用，而以臧汙抵罪。及帝崩，憲等秉權，常銜寵，乃白太后，令典喪事，欲因過中之。黄門侍郎鮑德素敬寵，説憲弟夏陽侯瓌曰：「陳寵奉事先帝，深見納任，故久留臺閣，賞賜有殊。今不蒙忠能之賞，而計幾微之故，誠傷輔政容貸之德。」瓌亦好士，深然之，故得出爲太山太守。【略】

及竇憲爲大將軍征匈奴，公卿以下及郡國無不遣吏子弟奉獻遺者，而寵與中山相汝南張郴、東平相應順守正不阿。後和帝聞之，擢寵爲大司農，郴太僕，順左馮翊。

《後漢書》卷四七《梁慬傳》 梁慬字伯威，北地弋居人也。父諷，歷州宰。永元元年，車騎將軍竇憲出征匈奴，除諷爲軍司馬，令先齎金帛使北單于，宣國威德，其歸附者萬餘人。後坐失憲意，髡輸武威，武威太守承旨殺之。竇氏既滅，和帝知其爲憲所誣，徵慬，除爲郎中。

《後漢書》卷五一《李恂傳》 辟司徒桓虞府。後拜侍御史，持節使幽州，宣佈恩澤，慰撫北狄，所過皆圖寫山川、屯田、聚落百餘卷，悉封奏上，肅宗嘉之。拜兖相刺史。以清約率下，常席羊皮，服布被。遷張掖太守，有威重名。時大將軍竇憲將兵屯武威，天下州郡遠近莫不修禮遺，恂奉公不阿，爲憲所奏免。

《後漢書》卷五二《崔駰傳》 元和中，肅宗始修古禮，巡狩方岳。駰上《四巡頌》以稱漢德，辭甚典美，文多故不載。帝雅好文章，自見駰頌後，(帝)〔常〕嗟歎之，謂侍中竇憲曰：「卿寧知崔駰乎？」對曰：「班固數爲臣説之，然未見也。」帝曰：「公愛班固而忽崔駰，此葉公之好龍也。試請見之。」駰由此候憲。憲屣履迎門，笑謂駰曰：「亭伯，吾受詔交公，公何得薄哉？」遂揖入爲上客。居無幾何，帝幸憲第，時駰適在憲所，帝聞而欲召見之。憲諫，以爲不宜與白衣會。帝悟曰：「吾能令駰朝夕在傍，何必於此！」適欲官之，會帝崩。

竇太后臨朝，憲以重戚出内詔命。駰獻書誡之曰：

駰聞交淺而言深者，愚也；在賤而望貴者，惑也；未信而納忠者，謗也。三者皆所不宜，而或蹈之者，思效其區區，憤盈而不能已也。竊見足下體淳淑之姿，躬高明之量，意美志厲，有上賢之風。駰幸得充下館，序後陳，是以竭其拳拳，敢進一言。

傳曰：「生而富者驕，生而貴者慠。」生富貴而能不驕慠者，未之有也。今寵禄初隆，百僚觀行，當堯舜之盛世，處光華之顯時，豈可不庶幾夙夜，以

永衆譽，弘申伯之美，致周邵之事乎？語曰：「不患無位，患所以立。」昔馮野王以外戚居位，稱爲賢臣；近陰衛尉克己復禮，終受多福。郯氏之宗，非不尊也；陽(侯)〔平〕之族，非不盛也。重侯累將，建天樞，執斗柄。其所以獲譏於時，垂愆於後者，何也？蓋在滿而不挹，位有餘而仁不足也。漢興以後，迄于哀、平，外家二十，保族全身，四人而已。《書》曰：「鑒于有殷。」可不慎哉！

竇氏之興，肇自孝文。二君以淳淑守道，成名先日；安豐以佐命著德，顯自中興。内以忠誠自固，外以法度自守，卒享祚國，垂祉於今。夫謙德之光，《周易》所美；滿溢之位，道家所戒。故君子福大而愈懼，爵隆而益恭。遠察近覽，俯仰有則，銘諸几杖，刻諸盤杅。矜矜業業，無殆無荒。如此，則百福是荷，慶流無窮矣。

及憲爲車騎將軍，辟駰爲掾。憲府貴重，掾屬三十人，皆故刺史、二千石，唯駰以處士年少，擢在其閒。憲擅權驕恣，駰數諫之。及出擊匈奴，道路愈多不法，駰爲主簿，前後奏記數十，指切長短。憲不能容，稍疎之，因察駰高第，出爲長岑長。駰自以遠去，不得意，遂不之官而歸。永元四年，卒于家。

《後漢書》卷七八《宦者列傳·鄭衆》 鄭衆字季産，南陽犨人也。爲人謹敏有心幾。永平中，初給事太子家。肅宗即位，拜小黄門，遷中常侍。和帝初，加位鉤盾令。

時竇太后秉政，后兄大將軍憲等並竊威權，朝臣上下莫不附之，而衆獨一心王室，不事豪黨，帝親信焉。及憲兄弟圖作不軌，衆遂首謀誅之，以功遷大長秋。策勳班賞，每辭多受少，由是常與議事。中官用權，自衆始焉。

《後漢書》卷八〇上《文苑列傳·傅毅》 永元元年，車騎將軍竇憲復請毅爲主記室，崔駰爲主簿。及憲遷大將軍，復以毅爲司馬，班固爲中護軍。憲府文章之盛，冠於當世。

《後漢書》卷八二上《方術傳·李郃傳》 後三年，其使者一人拜漢中太守，郃猶爲吏，太守奇其隱德，召署户曹史。時大將軍竇憲納妻，天下郡國皆有禮慶，郡亦遣使。郃進諫曰：「竇將軍椒房之親，不修禮德，而專權驕恣，危亡之禍可翹足而待，願明府一心王室，勿與交通。」太守固遣之，郃不能止，請求自行，許之。郃遂所在留遲，以觀其變。行至扶風，而憲就國自殺，支黨悉伏其誅，凡交通憲者，皆爲免官，唯漢中太守不豫焉。

《後漢書》卷八八《西域傳》序 和帝永元元年，大將軍竇憲大破匈奴。二年，憲因遣副校尉閻槃將二千餘騎掩擊伊吾，破之。

《後漢書》卷八八《西域傳·東且彌》 和帝永元二年，大將軍竇憲破北匈奴，車師震慴，前後王各遣子奉貢入侍，並賜印綬金帛。

《後漢書》卷八九《南匈奴列傳》 永元元年，以秉爲征西將軍，與車騎將軍竇憲率騎八千，與度遼兵及南單于衆三萬騎，出朔方擊北虜，大破之。北單于奔走，首虜二十餘萬人。事已具《竇憲傳》。【略】

三年，北單于復爲右校尉耿夔所破，逃亡不知所在。其弟右谷蠡王於除鞬自立爲單于，將右温禺鞬王、骨都侯已下衆數千人，止蒲類海，遣使款塞。大將軍竇憲上書，立於除鞬爲北單于，朝廷從之。四年，遣耿夔即授璽綬，賜玉劍四具，羽蓋一駟，使中郎將任尚持節衛護屯伊吾，如南單于故事。方欲輔歸北庭，會竇憲被誅。五年，於除鞬自畔還北，帝遣將兵長史王輔以千餘騎與任尚共追誘將還斬之，破滅其衆。

樂史《太平寰宇記》卷三八《關西道十四·振武軍·金河縣》 燕然。按《續漢書·郡國志》云：「和帝永元三年，車騎將軍竇憲出雞鹿塞，遂至燕然山。」是在縣北近磧。

錢時《兩漢筆記·章帝》 三年，太尉鄭弘數陳侍中竇憲權勢太盛，言甚苦切，憲疾之。會弘奏憲黨尚書張林、雒陽令楊光，在官貪殘。書奏吏與光故舊，因以告之。光報憲。憲奏弘，大臣漏泄密事，帝詰讓弘。夏四月，丙寅，收弘印綬。弘自詣廷尉，詔敕出之，因乞骸骨歸。未許，病篤，上書陳謝曰：「竇憲姦惡貫天達地，海内疑惑，賢愚疾惡。謂憲何術以迷主上？近日王氏之禍，昞然可見。陛下處天子之尊，保萬世之祚，而信讒佞之臣，不計存亡之機。臣雖命在晷刻，死不忘忠。願陛下誅四凶之罪，以厭人鬼憤結之望。」帝省章遣醫視弘病，比至已薨。

傳言善善而不能用，惡惡而不能去，爲亡國之深病。

竇憲之姦，帝之所知也。沁水之事，怒責之而不繩以罪。鄭弘之死，激於忠憤，徒遣醫視病，而不行其言。溺於奸回，是非無斷，雖好賢樂善，外爲文具，何益哉？

錢時《兩漢筆記·和帝》 永元三年，竇憲既立大功，威名益盛。以耿夔、任尚等爲爪牙，鄧疊、郭璜爲心腹，班固、傅毅之徒典文章。刺史守令多出其門，競

賦斂，吏民共爲賂遺。司徒袁安、司空任隗舉奏，諸二千石并所連及貶秩免官者，四十餘人。竇氏大恨，但安、隗素行高，亦未有以害之。【畧】

詔竇憲與車駕會長安，憲至。尚書以下議欲拜之，伏稱萬歲。尚書韓稜正色曰：「夫上交不諂，下交不黷。禮無人臣稱萬歲之制。」議者皆慙而止，尚書左丞王龍私奏記上牛酒於憲，稜舉奏龍，論爲城旦。

四年，竇氏父子兄弟並爲卿校，充滿朝廷。穰侯鄧疊、疊弟步兵校尉磊及母元、憲女婿射聲校尉郭舉、舉父長樂少府璜，共相交結。元、舉並出入禁中，舉得幸太后，遂共圖爲殺害。帝陰知其謀。是時憲兄弟專權，帝與内外臣僚莫由親接，所與居者閹官而已。帝以朝臣上下莫不附憲，獨中常侍鉤盾令鄭衆謹敏有心幾，不事豪黨，遂與衆定議誅憲。以憲在外，慮其爲亂，忍而未發。會憲與鄧疊皆還京師，時清河王慶恩遇尤渥，常入省宿止，帝將發其謀，欲得外戚傳，懼左右不敢，使令慶私從千乘王伉，夜獨内之。又令慶傳語鄭衆，求索故事。庚申，帝幸北宫，詔執金吾、五校尉勒兵屯衛南北宫，閉城門，收捕郭璜、郭舉、鄧疊、鄧磊，皆下獄死。遣謁者僕射收憲大將軍印綬，更封爲冠軍侯，與篤、景、瓌皆就國。帝以太后故不欲名誅憲，爲選嚴能相督察之。憲、篤、景到國，皆迫令自殺。初河南尹張酺，數以正法繩治竇景。及竇氏敗，酺上疏：「方憲等寵貴，羣臣阿附，唯恐不及。皆言憲受顧命之託，懷伊吕之忠，至乃復比鄧夫人於文母。今嚴威既行，皆言當死，不復顧其前後。考折厥衷，臣伏見夏陽侯瓌每存忠善，前與臣言常有盡節之心。檢敕賓客，未嘗犯法。臣聞王政骨肉之刑，有三宥之義，過厚不過薄。今議者欲爲瓌選嚴能相，恐其迫切必不完免。宜裁加貸宥，以崇厚德。」帝感其言。由是獨瓌得全，竇氏宗族賓客以憲爲官者，皆免歸故鄉。【略】

愚觀自古亂賊，雖欲睥睨，尚知所畏。往往亂賊之徒相與從臾之，而後敢無忌憚焉。竇憲挾功來會，蠢蠢無識之子便靡然有望風阿附之意。當是時，而皆若人將何所不至也？韓稜正色一言，而大分遂明。小人無君之心，至是亦且膽落矣。然則國家危然之日，不有忠臣義士，孰爲之紀綱哉？

胡一桂《史纂通要》卷八《東漢》 和帝肇。帝幼沖踐祚，母后臨朝，竇憲專政。匈奴既平，憲威權日盛，潛圖僭逆，朝臣震慴，望風承旨。帝年十四，赫然發憤，欲謀誅之。會日食，丁鴻上疏，旬餘以鴻行太尉，兼屯衛南北宫，決議鄭衆，卒鋤元惡。

備論

《後漢書》卷二三《竇憲傳論贊》 論曰：衛青、霍去病資强漢之衆，連年以事匈奴，國耗太半矣，而猾虜未之勝，後世猶傳其良將，豈非以身名自終邪！竇憲率羌胡邊雜之師，一舉而空朔庭，至乃追奔稽落之表，飲馬比鞮之曲，銘石負鼎，薦告清廟。列其功庸，兼茂於前多矣，而後世莫稱者，章末釁以降其實也。是以下流，君子所甚惡焉。夫二三子得之不過房幄之閒，非復搜揚仄陋，選舉而登也。當青病奴僕之時，竇將軍念咎之日，乃庸力之不暇，思鳴之無晨，何意裂膏腴，享崇號乎？東方朔稱「用之則爲虎，不用則爲鼠」，信矣。以此言之，士有懷琬琰以就煨塵者，亦何可支哉！

贊曰：悃悃安豐，亦稱才雄。提挈河右，奉圖歸忠。孟孫明邊，伐北開西。憲實空漠，遠兵金山。聽笳龍庭，鏤石燕然。雖則折鼎，王靈以宣。

《後漢書》卷四九《仲長統傳》 或曰：政在一人，權甚重也。曰：人實難得，何重之嫌？昔者霍禹、竇憲、鄧騭、梁冀之徒，籍外戚之權，管國家之柄；及其伏誅，以一言之詔，詰朝而決，何重之畏乎？今夫國家漏神明於媟近，輸權重於婦黨，筭十世而爲之者八九焉。不此之罪而彼之疑，何其詭邪！

《後漢書》卷七八《宦者列傳》序 中興之初，宦官悉用閹人，不復雜調它士。至永平中，始置員數，中常侍四人，小黄門十人。和帝即祚幼弱，而竇憲兄弟專總權威，内外臣僚，莫由親接，所與居者，唯閹宦而已。故鄭衆得專謀禁中，終除大憝，遂享分土之封，超登宫卿之位，於是中官始盛焉。

《後漢書》卷八九《南匈奴列傳論》 匈奴分破，始有南北二庭焉。讎釁既深，互伺便隙，控弦抗戈，覘望風塵，雲屯鳥散，更相馳突，至於陷潰創傷者，靡歲或寧，而漢之塞地晏然矣。後亦頗爲出師，并兵窮討，命竇憲、耿夔之徒，前後並進，皆用果譎，設奇數，異道同會，究掩其窟穴，躡北追奔三千餘里，遂破龍祠，焚罽幕，阬十角，梏閼氏，銘功封石，倡呼而還。單于震慴屏氣，蒙氈遁走於烏孫之地，而漠北空矣。若因其時埶，及其虚曠，還南虜於陰山，歸(河)西〔河〕於内地，上申光武權宜之略，下防戎羯亂華之變，使耿國之筭不謬於當世，袁安之議見從於後王，平易正直，若此其弘也。而竇憲矜三捷之効，忽經世之規，狼戾不端，專

行威惠。遂復更立北虜，反其故庭，並恩兩護，以私己福，棄蔑天公，坐樹大鯁。永言前載，何恨憤之深乎！自後經綸失方，畔服不一，其爲疢毒，胡可單言！降及後世，翫爲常俗，終於吞噬神鄉，丘墟帝宅。嗚呼！千里之差，興自毫端，失得之源，百世不磨矣。

葉適《習學記言序目》卷二四《後漢書一·列傳》　西北夷狄之區，自堯舜三代，載籍莫能知其有無。《山海經》稱大章、豎亥步之，蓋諸子之怪妄，不待辨矣。燕趙及秦，并吞益大，乃有限域，然姑使之無逾越於我，而未暇求深入於彼也。至漢武肆其雄心，始絶幕收陰山，封狼居胥，禪姑衍，臨瀚海，烏孫城郭盡爲臣妾，而司馬遷以爲既窮河源，不睹崑崙，然猶不能極其分際。及竇憲、班固登燕然山勒銘，去塞三千餘里，師行如過枕蓆，蓋開闢所未有，則中國攘卻之盛極於此，而夷狄之區略具矣。憲雖驕兇無取，而承光武、明、章三世，邊政有紀，其初尚資業盧芳，驅率烏桓、鮮卑爲並涼患。自南北庭復分，匈奴奔走仇伐日深，而祭肜、吴棠之流，功烈未究。至是南匈奴力請鄉導，胡漢雜集，夷夏同心，遂能爲漢武所不及，衛、霍所不能，亦其時勢積累所致，非偶然也。學者忽其成功之易，又以爲出於憲童騃外戚，因棄之不道，亦已疏矣。其後漢政日衰，鮮卑强盛，檀石槐盡有匈奴故地，南部遺種，流毒中原，竟爲劉、石、慕容之禍，數百年不已。然則秦漢相因，既披抉戎狄之閫奥，錯其常序於前，而魏晋以來，胡羌异類亦交亂中國，倒持華夏之柄於後，其理之必然矣。如光武令南匈奴入居内地，竇憲欲再立北單于，或者皆以爲譏；而不知事變激逐，明智所不及慮，猶言《春秋》者稱溴梁盟爲大夫張；所謂見微，豈在是乎！（《竇融》）

黄震《古今紀要》卷三《後漢》　〔竇〕憲，外戚專權，勒功燕然。和帝誅惡，不至弑逆。

陳子龍《陳忠裕公全集·安雅堂稿·竇憲》　竇憲託威元舅，竊秉天綱，殘狡橫恣，積釁自斃，固其所已。詳斯人之意度，非夫倚藉椒庭，逞其醉飽者也。在朝則推用耆德，陰收名譽，爲將則虎臣俊士，咸致幕府。故能追衛、霍之跡，與絶漢之師，勒燕然之山，睨樊侯之鼎。雖運際呼韓，敵非冒頓，然發揚蹈厲，漢興以來不多見矣，憲豈徒貴戚之雄哉？使其久典樞戎，再綰衡軸，挾蓋世之功，遇昏幼之主，安漢之事，當再見焉。方其總師西州，與謀鄧、郭，未有左驗，而一朝被收，舉宗并命，非不幸也。特睿斷英謀，決於常侍，厥後順誅梁冀，亦賴中人。蓋外戚權尊勢重，支蔓滿庭，人主負芒刺之虞，懼屬垣之聽，捨近習誰與謀哉？雖一剪鯨鯢，而永歸熏腐，昔人所以有決癭之言，興進狼之喻也。

藝文

《全唐詩》卷一八耿湋《出塞》　漢家邊事重，竇憲出臨戎。絶漠秋山在，陽關舊路通。列營依茂草，吹角向高風。更就燕然石，看銘破虜功。

《全唐詩》卷一二〇李昂《從軍行》　漢家未得燕支山，征戍年年沙朔間。塞下長驅汗血馬，雲中恒閉玉門關。陰山瀚海千萬里，此日桑河凍流水。稽洛川邊胡騎來，漁陽戍裏烽煙起。長途羽檄何相望，天子按劍思北方。羽林練士拭金甲，將軍校戰出玉堂。幽陵異域風煙改，亭障連連古今在。夜聞鴻雁南渡河，曉望旌旗北臨海。塞沙飛淅瀝，遥裔連窮磧。玄漠雲平初合陣，西山月出聞鳴鏑。城南百戰多苦辛，路傍死卧黄沙人。戎衣不脱隨霜雪，汗馬趁趯長被鐵。楊葉樓中不寄書，蓮花劍上空流血。匈奴未滅不言家，驅逐行行邊徼賒。歸心海外見明月，别思天邊夢落花。天邊迴望何悠悠，芳樹無人渡隴頭。春雲不變陽關雪，桑葉先知胡地秋。田疇不賣盧龍策，竇憲思勒燕然石。麾兵静北垂，此日交河湄。欲令塞上無干戚，會待單于繫頸時。

《全唐詩》卷三〇〇王建《上李吉甫相公》　聖朝齊賀説逢殷，霄漢無雲日月真。金鼎調和天膳美，瑶池沐浴賜衣新。兩河開地山川正，四海休兵造化仁。曾向山東爲散吏，當今竇憲是賢臣。

鄧騭部

綜述

《後漢書》卷一六《鄧騭傳》 騭字昭伯，少辟大將軍竇憲府。及女弟爲貴人，騭兄弟皆除郎中。及貴人立，是爲和熹皇后。騭三遷虎賁中郎將，京、悝、弘、閶皆黄門侍郎。京卒於官。延平元年，拜騭車騎將軍、儀同三司。〔儀同三司〕始自騭也。悝虎賁中郎將，弘、閶皆侍中。

殤帝崩，太后與騭等定策立安帝，悝遷城門校尉，弘虎賁中郎將。自和帝崩後，騭兄弟常居禁中。騭謙遜不欲久在内，連求還第，歲餘，太后乃許之。

永初元年，封騭上蔡侯，悝葉侯，弘西平侯，閶西華侯，食邑各萬户。騭以定策功，增邑三千户。騭等辭讓不獲，遂逃避使者，閒關詣闕，上疏自陳曰：「臣兄弟汙濊，無分可採，過以外戚，遭值明時，託日月之末光，被雲雨之渥澤，並統列位，光昭當世。不能宣贊風美，補助清化，誠慙誠懼，無以處心。陛下躬天然之姿，體仁聖之德，遭國不造，仍離大憂，開日月之明，運獨斷之慮，援立皇統，奉承大宗。聖策定於神心，休烈垂於不朽，本非臣等所能萬一，而猥推嘉美，並享大封，伏聞詔書，驚惶慙怖。追觀前世傾覆之誡，退自惟念，不寒而慄。臣等雖無逮及遠見之慮，猶有庶幾戒懼之情。常母子兄弟，内相勑厲，冀以端慤畏慎，一心奉戴，上全天恩，下完性命，刻骨定分，有死無二。終不敢横受爵土，以增罪累。惶窘征營，昧死陳乞。」太后不聽。騭頻上疏，至於五六，乃許之。

其夏，凉部畔羌摇蕩西州，朝廷憂之。於是詔騭將左右羽林、北軍五校士及諸部兵擊之，車駕幸平樂觀餞送。騭西屯漢陽，使征西校尉任尚、從事中郎司馬鈞與羌戰，大敗。時以轉輸疲弊，百姓苦役。冬，徵騭班師。朝廷以太后故，遣五官中郎將迎拜騭爲大將軍。軍到河南，使大鴻臚親迎，中常侍齎牛酒郊勞，王、主以下候望於道。既至，大會羣臣，賜束帛乘馬，寵靈顯赫，光震都鄙。

時遭元二之災，人士荒饑，死者相望，盜賊羣起，四夷侵畔。騭等崇節儉，罷力役，推進天下賢士何熙、祋諷、羊浸、李郃、陶敦等列於朝廷，辟楊震、朱寵、陳禪置之幕府，故天下復安。

四年，母新野君寢病，騭兄弟並上書求還侍養。太后以閶最少，孝行尤著，特聽之，賜安車駟馬。及新野君薨，騭等復乞身行服，章連上，太后許之。騭等既還里第，並居冢次。閶至孝骨立，有聞當時。及服闋，詔喻騭還輔朝政，更授前封。騭等叩頭固讓，乃止，於是並奉朝請，位次在三公下，特進、侯上。其有大議，乃詣朝堂，與公卿參謀。

元初二年，弘卒。太后服齊衰，帝絲麻，並宿幸其第。弘少治《歐陽尚書》，授帝禁中，諸儒多歸附之。初疾病，遺言悉以常服，不得用錦衣玉匣。有司奏贈弘驃騎將軍，位特進，封西平侯。太后追思弘意，不加贈位衣服，但賜錢千萬，布萬匹，騭等復辭不受。詔大鴻臚持節，即弘殯封子廣德爲西平侯。將葬，有司復奏發五營輕車騎士，禮儀如霍光故事，太后皆不聽，但白蓋雙騎，門生輓送。後以帝師之重，分西平之都鄉封廣德弟甫德爲都鄉侯。四年，又封京子黄門侍郎珍爲陽安侯，邑三千五百户。

五年，悝、閶相繼並卒，皆遺言薄葬，不受爵贈，太后並從之。乃封悝子廣宗爲葉侯，閶子忠爲西華侯。

自祖父禹教訓子孫，皆遵法度，深戒竇氏，檢勑宗族，闔門静居。騭子侍中鳳，嘗與尚書郎張龕書，屬郎中馬融宜在臺閣。又中郎將任尚嘗遺鳳馬，後尚坐斷盜軍糧，檻車徵詣廷尉，鳳懼事泄，先自首於騭。騭畏太后，遂髡妻及鳳以謝，天下稱之。

建光元年，太后崩，未及大斂，帝復申前命，封騭爲上蔡侯，位特進。帝少號聰敏，及長多不德，而乳母王聖見太后久不歸政，慮有廢置，常與中黄門李閏候伺左右。及太后崩，宫人先有受罰者，懷怨恚，因誣告悝、弘、閶先從尚書鄧訪取廢帝故事，謀立平原王得。帝聞，追怒，令有司奏悝等大逆無道，遂廢西平侯廣德、葉侯廣宗、西華侯忠、陽安侯珍、都鄉侯甫德皆爲庶人。騭以不與謀，但免特進，遣就國。宗族皆免官歸故郡，没入騭等貲財田宅，徙鄧訪及家屬於遠郡。郡縣逼迫，廣宗及忠皆自殺。又徙封騭爲羅侯，騭與子鳳並不食而死。騭從弟河南尹豹、度遼將軍舞陽侯遵、將作大匠暢皆自殺，唯廣德兄弟以母閻后戚屬得留京師。

大司農朱寵痛騭無罪遇禍，乃肉袒輿櫬，上疏追訟騭曰：「伏惟和熹皇后聖善之德，爲漢文母。兄弟忠孝，同心憂國，宗廟有主，王室是賴。功成身退，讓國

遜位，歷世外戚，無與爲比。當享積善履謙之祐，而横爲宫人單辭所陷。利口傾險，反亂國家，罪無申證，獄不訊鞠，遂令騭等罹此酷濫。一門七人，並不以命，屍骸流離，怨魂不反，逆天感人，率土喪氣。宜收還冢次，寵樹遺孤，奉承血祀，以謝亡靈。」寵知其言切，自致廷尉，詔免官歸田里。衆庶多爲騭稱枉，帝意頗悟，乃譴讓州郡，還葬洛陽北芒舊塋，公卿皆會喪，莫不悲傷之。詔遣使者祠以中牢，諸從昆弟皆歸京師。及順帝即位，追感太后恩訓，愍騭無辜，乃詔宗正復故大將軍鄧騭宗親内外，朝見皆如故事。除騭兄弟子及門從十二人悉爲郎中，擢朱寵爲太尉，録尚書事。

《東觀漢記》卷九《鄧陟》 鄧陟，字昭伯。鄧訓五子，及女弟爲貴人，立爲皇后，陟三遷虎賁中郎將。延平元年，拜爲車騎將軍、儀同三司。儀同三司始自陟也。

鄧陟兄弟常居禁中，陟謙退，不欲久在内，連求還第，太后乃許。

永初元年，以定策增封鄧陟三千户。讓不獲，遂逃避使者，間關上疏，自陳情焉。

殤帝崩，惟安帝宜承大統，車騎將軍鄧陟定策禁中，封陟爲上蔡侯。

雜録

備録

《後漢書・天文志中》 孝安永初元年，五月戊寅，熒惑逆行守心前星。【略】是時，安帝未臨朝，鄧太后攝政，鄧騭爲車騎將軍，弟弘、悝、閶皆以校尉封侯，秉國勢。司空周章意不平，與王尊、叔元茂等謀，欲閉宫門，捕將軍兄弟，誅常侍鄭衆、蔡倫，刦刺尚書，廢皇太后，封皇帝爲遠國王。事覺，章自殺。東井、弧皆秦地。是時羌反，斷隴道，漢遣騭將左右羽林、北軍五校及諸郡兵征之。

《後漢書・百官志一》 安帝即位，西羌寇亂，復以舅鄧騭爲車騎將軍征之，還遷大將軍，位如憲，數年復罷。

《後漢書》卷一六《寇恂傳》 恂女孫爲大將軍鄧騭夫人，由是寇氏得志於永初閒。

《後漢書》卷二五《魯丕傳》 永初二年，詔公卿舉儒術篤學者，大將軍鄧騭舉丕，再遷，復爲侍中、左中郎將，再爲三老。

《後漢書》卷三三《周章傳》 及殤帝崩，羣臣以勝疾非痼，意咸歸之，太后以前既不立，恐後爲怨，乃立和帝兄清河孝王子祐，是爲安帝。章以衆心不附，遂密謀閉宫門，誅車騎將軍鄧騭兄弟及鄭衆、蔡倫，刦尚書，廢太后於南宫，封帝爲遠國王，而立平原王〔勝〕。事覺，(勝)策免，章自殺。家無餘財，諸子易衣而出，并日而食。

《後漢書》卷三六《張霸傳》 時皇后兄虎賁中郎將鄧騭，當朝貴盛，聞霸名行，欲與爲交，霸逡巡不荅，衆人笑其不識時務。

《後漢書》卷三九《劉愷傳》 征西校尉任尚以奸利被徵抵罪。尚曾副大將軍鄧騭，騭黨護之，而太尉馬英、司空李郃承望騭旨，不復先請，即獨解尚臧錮，愷不肯與議。後尚書案其事，二府並受譴咎，朝廷以此稱之。

《後漢書》卷四六《陳忠傳》 初，太尉張禹、司徒徐防欲與忠父寵共奏追封和熹皇后父護羌校尉鄧訓，寵以先世無奏請故事，争之連日不能奪，乃從二府議。及訓追加封謚，禹、防復約寵俱遣子奉禮於虎賁中郎將鄧騭，寵不從，騭心不平之，故忠不得志于鄧氏。及騭等敗，衆庶多怨之，而忠數上疏陷成其惡，遂詆劾大司農朱寵。順帝之爲太子廢也，諸名臣來歷、祝諷等守闕固争，時忠爲尚書令，與諸尚書復共劾奏之。及帝立，司隸校尉虞詡追奏忠等罪過，當世以此譏焉。

《後漢書》卷五一《陳禪傳》 陳禪字紀山，巴郡安漢人也。仕郡功曹，舉善黜惡，爲邦内所畏。察孝廉，州辟治中從事。時刺史爲人所上受納臧賂，禪當傳考，無它所齎，但持喪斂之具而已。及至，笞掠無筭，五毒畢加，禪神意自若，辭對無變，事遂散釋。車騎將軍鄧騭聞其名而辟焉，舉茂才。時漢中蠻夷反畔，以禪爲漢中太守。夷賊素聞其聲，即時降服。遷左馮翊，入拜諫議大夫。【略】

及鄧騭誅廢，禪以故吏免。

《後漢書》卷五一《龐參傳》 永初元年，涼州先零種羌反畔，遣車騎將軍鄧騭討之。參於徒中使其子俊上書曰：「方今西州流民擾動，而徵發不絶，水潦不休，地力不復。重之以大軍，疲之以遠戍，農功消於轉運，資財竭於徵發。田疇不得墾闢，禾稼不得收入，搏手困窮，無望來秋。百姓力屈，不復堪命。臣愚以

爲萬里運糧，遠就羌戎，不若總兵養衆，以待其疲。車騎將軍騭宜且振旅，留征西校尉任尚使督涼州士民，轉居三輔。休徭役以助其時，止煩賦以益其財，令男得耕種，女得織紝，然後畜精鋭，乘懈沮，出其不意，攻其不備，則邊人之讎報，奔北之恥雪矣。」書奏，會御史中丞樊準上疏薦參曰：「臣聞鷙鳥累百，不如一鶚。昔孝文皇帝悟馮唐之言，而赦魏尚之罪，使爲邊守，匈奴不敢南向。夫以一臣之身，折方面之難者，選用得也。臣伏見故左校令河南龐參，勇謀不測，卓爾奇偉，高才武略，有魏尚之風。前坐微法，輸作經時。今羌戎爲患，大軍西屯，臣以爲如參之人，宜在行伍。惟明詔採前世之舉，觀魏尚之功，免赦參刑，以爲軍鋒，必有成效，宣助國威。」鄧太后納其言，即擢參於徒中，召拜謁者，使西督三輔諸軍屯，而徵鄧騭還。

四年，羌寇轉盛，兵費日廣，且連年不登，穀石萬餘。參奏記於鄧騭曰：「比年羌寇特困隴右，供徭賦役爲損日滋，官負人責數十億萬。今復募發百姓，調取穀帛，衒賣什物，以應吏求。外傷羌虜，内困徵賦。遂乃千里轉糧，遠給武都西郡。塗路傾阻，難勞百端，疾行則鈔暴爲害，遲進則穀食稍損，運糧散於曠野，牛馬死於山澤。縣官不足，輒貸於民。民已窮矣，將從誰求？名救金城，而實困三輔。三輔既困，還復爲金城之禍矣。參前數言宜棄西域，乃爲西州士大夫所笑。今苟貪不毛之地，營恤不使之民，暴軍伊吾之野，以慮三族之外，果破涼州，禍亂至今。夫拓境不寧，無益於彊；多田不耕，何救饑敝！故善爲國者，務懷其内，不求外利；務富其民，不貪廣土。三輔山原曠遠，民庶稀疏，故縣丘城，可居者多，今宜徙邊郡不能自存者，入居諸陵，田戍故縣。孤城絶郡，以權徙之；轉運遠費，聚而近之；徭役煩數，休而息之。此善之善者也。」騭及公卿以國用不足，欲從參議，衆多不同，乃止。

《後漢書》卷五五《章帝八王傳·河間孝王開》 蠡吾侯翼，元初六年鄧太后徵濟北、河閒王諸子詣京師，奇翼美儀容，故以爲平原懷王后焉。留在京師。歲餘，太后崩。安帝乳母王聖與中常侍江京等譖鄧騭兄弟及翼，云與中大夫趙王謀圖不軌，闚覦神器，懷大逆心，貶爲都鄉侯，遣歸河閒。翼於是謝賓客，閉門自處。永建五年，父開上書，願分蠡吾縣以封翼，順帝從之。

《後漢書》卷五六《張皓傳》 張皓字叔明，犍爲武陽人也。六世祖良，高帝時爲太子少傅，封留侯。皓少游學京師，(初)永元中，歸仕州郡，辟大將軍鄧騭府，五遷尚書僕射，職事八年，出爲彭城相。

《後漢書》卷五八《虞詡傳》 永初四年，羌胡反亂，殘破并、涼，大將軍鄧騭以軍役方費，事不相贍，欲棄涼州，并力北邊，乃會公卿集議。騭曰：「譬若衣敗，壞一以相補，猶有所完。若不如此，將兩無所保。」議者咸同。詡聞之，乃説李脩曰：「竊聞公卿定策當棄涼州，求之愚心，未見其便。先帝開拓土宇，劬勞後定，而今憚小費，舉而棄之。涼州既棄，即以三輔爲塞；三輔爲塞，則園陵單外，此不可之甚者也。諺曰：『關西出將，關東出相。』觀其習兵壯勇，實過餘州。今羌胡所以不敢入據三輔，爲心腹之害者，以涼州在後故也。其士人所以推鋒執鋭，無反顧之心者，爲臣屬於漢故也。若弃其境域，徙其人庶，安土重遷，必生異志。如使豪雄相聚，席卷而東，雖賁、育爲卒，太公爲將，猶恐不足當禦。議者喻以補衣猶有所完，詡恐其疽食侵淫而無限極。弃之非計。」脩曰：「吾意不及此。微子之言，幾敗國事。然則計當安出？」詡曰：「今涼土擾動，人情不安，竊憂卒然有非常之變。誠宜令四府九卿，各辟彼州數人，其牧守令長子弟皆除爲冗官，外以勸厲，荅其功勤，内以拘致，防其邪計。」脩善其言，更集四府，皆從詡議。於是辟西州豪桀爲掾屬，拜牧守長吏子弟爲郎，以安慰之。

鄧騭兄弟以詡異其議，因此不平，欲以吏法中傷詡。後朝歌賊甯季等數千人攻殺長吏，屯聚連年，州郡不能禁，乃以詡爲朝歌長。

《後漢書》卷五九《張衡傳》 張衡字平子，南陽西鄂人也。世爲著姓。祖父堪，蜀郡太守。衡少善屬文，游於三輔，因入京師，觀太學，遂通《五經》，貫六藝。雖才高於世，而無驕尚之情。常從容淡静，不好交接俗人。永元中，舉孝廉不行，連辟公府不就。時天下承平日久，自王侯以下，莫不踰侈。衡乃擬班固《兩都》，作《二京賦》，因以諷諫。精思傅會，十年乃成。文多故不載。大將軍鄧騭奇其才，累召不應。

《後漢書》卷六〇上《馬融傳》 永初二年，大將軍鄧騭聞融名，召爲舍人，非其好也，遂不應命，客於涼州武都、漢陽界中。會羌虜颷起，邊方擾亂，米穀踊貴，自關以西，道殣相望。融既飢困，乃悔而歎息，謂其友人曰：「古人有言：『左手據天下之圖，右手刎其喉，愚夫不爲。』所以然者，生貴於天下也。今以曲俗咫尺之羞，滅無貲之軀，殆非老莊所謂也。」故往應騭召。

四年，拜爲校書郎中，詣東觀典校秘書。是時鄧太后臨朝，騭兄弟輔政，而俗儒世士，以爲文德可興，武功宜廢，遂寢蒐狩之禮，息戰陳之法，故猾賊從横，乘此無備。融乃感激，以爲文武之道，聖賢不墜，五才之用，無或可廢。元初二

年，上《廣成頌》以諷諫。

《後漢書》卷八一《獨行列傳·李充》 充遷侍中。大將軍鄧騭貴戚傾時，無所下借，以充高節，每卑敬之。嘗置酒請充，賓客滿堂，酒酣，騭跪曰：「幸託椒房，位列上將，幕府初開，欲辟天下奇偉，以匡不逮，惟諸君博求其器。」充乃爲陳海内隱居懷道之士，頗有不合。騭欲絶其説，以肉啖之。充抵肉於地，曰：「説士猶甘於肉！」遂出，徑去。騭甚望之。同坐汝南張孟舉往讓充曰：「一日聞足下與鄧將軍説士未究，激刺面折，不由中和，出言之責，非所以光祚子孫者也。」充曰：「大丈夫居世，貴行其意，何能遠爲子孫計哉！」由是見非於貴戚。

《後漢書》卷八四《列女傳·曹世叔妻》 扶風曹世叔妻者，同郡班彪之女也，名昭，字惠班，一名姬。博學高才。世叔早卒，有節行法度。兄固著《漢書》，其八表及《天文志》未及竟而卒，和帝詔昭就東觀臧書閣踵而成之。帝數召入宫，令皇后諸貴人師事焉，號曰大家。每有貢獻異物，輒詔大家作賦頌。及鄧太后臨朝，與聞政事。以出入之勤，特封子成關内侯，官至齊相。時《漢書》始出，多未能通者，同郡馬融伏於閣下，從昭受讀，後又詔融兄續繼昭成之。

永初中，太后兄大將軍鄧騭以母憂，上書乞身，太后不欲許，以問昭。昭因上疏曰：「伏惟皇太后陛下，躬盛德之美，隆唐虞之政，闢四門而開四聰，采狂夫之瞽言，納芻蕘之謀慮。妾昭得以愚朽，身當盛明，敢不披露肝膽，以効萬一。妾聞謙讓之風，德莫大焉，故典墳述美，神祇降福。昔夷齊去國，天下服其廉高；太伯違邠，孔子稱爲三讓。所以光昭令德，揚名于後者也。《論語》曰：『能以禮讓爲國，於從政乎何有。』由是言之，推讓之誠，其致遠矣。今四舅深執忠孝，引身自退，而以方垂未静，拒而不許；如後有毫毛加於今日，誠恐推讓之名不可再得。緣見逮及，故敢昧死竭其愚情。自知言不足采，以示蟲蝗之赤心。」太后從而許之。於是騭等各還里第焉。

《後漢書》卷八七《西羌傳》 東號子麻奴立。初隨父降，居安定。時諸降羌布在郡縣，皆爲吏人豪右所徭役，積以愁怨。安帝永初元年夏，遣騎都尉王弘發金城、隴西、漢陽羌數百千騎徵西域，弘迫促發遣，羣羌懼遠屯不還，行到酒泉，多有散叛。諸郡各發兵儌遮，或覆其廬落。於是勒姐、當煎大豪東岸等愈驚，遂同時奔潰。麻奴兄弟因此遂與種人俱西出塞。

先零别種滇零與鍾羌諸種大爲寇掠，斷隴道。時羌歸附既久，無復器甲，或持竹竿木枝以代戈矛，或負板案以爲楯，或執銅鏡以象兵，郡縣畏懦不能制。冬，遣車騎將軍鄧騭，征西校尉任尚副，將五營及三河、三輔、汝南、南陽、潁川、太原、上黨兵合五萬人，屯漢陽。明年春，諸郡兵未及至，鍾羌數千人先擊敗騭軍於冀西，殺千餘人。校尉侯霸坐衆羌反叛徵免，以西域都護段禧代爲校尉。其冬，騭使任尚及從事中郎司馬鈞率諸郡兵與滇零等數萬人戰於平襄，尚軍大敗，死者八千餘人。於是滇零等自稱「天子」於北地，招集武都、參狼、上郡、西河諸雜種，衆遂大盛，東犯趙、魏，南入益州，殺漢中太守董炳，遂寇鈔三輔，斷隴道。湟中諸縣粟石萬錢，百姓死亡不可勝數。朝廷不能制，而轉運難劇，遂詔騭還師，留任尚屯漢陽，爲諸軍節度。朝廷以鄧太后故，迎拜騭爲大將軍，封任尚樂亭侯，食邑三百户。

酈道元《水經注》卷二一《汝水》 汝水又東與廣成澤水合。水出狼皋山北澤中，安帝永初元年，以廣成遊獵地假與貧民。元初二年，鄧太后臨朝，鄧騭兄弟輔政，世士以爲文德可興，武功宜廢，寢蒐狩之禮，息戰陣之法。于時，馬融以文武之道，聖賢不墜，五材之用，無或可廢，作《廣成頌》云。

《晉書》卷二四《職官志》 開府儀同三司，漢官也。殤帝延平元年，鄧騭爲車騎將軍，儀同三司，儀同之名，始自此也。

洪邁《容齋隨筆》卷五《元二之災》 《後漢·鄧騭傳》：「拜爲大將軍，時遭元二之災，人士饑荒，死者相望，盜賊羣起，四夷侵畔。」章懷注云：「元二即元元也，古書字當再讀者，即於上字之下爲小二字，言此字當兩度言之。後人不曉，遂讀爲元二，或同之陽九，或附之百六，良由不悟，致斯乖舛。今岐州《石鼓銘》，凡重言者皆爲二字，明驗也。」漢碑有《楊孟文石門頌》云：「中遭元二，西夷虐殘。」《孔耽碑》云：「遭元二轗軻，人民相食。」趙明誠《金石跋》云：「若讀爲元元，不成文理，疑當時自有此語，《漢注》未必然也。」按王充《論衡·恢國篇》云：「今上嗣位，元二之間，嘉德布流。三年，零陵生芝草。四年，甘露降五縣。五年，芝復生。六年，黄龍見。」蓋章帝時事。考之本紀，所書建初三年以後諸瑞皆同，則知所謂元二者，謂建初元年、二年也。既稱嘉德布流，以致祥瑞，其爲非災告之語，益可決疑。安帝永初元年、二年，先零滇羌寇叛，郡國地震、大水。鄧騭以二年十一月拜大將軍，則知所謂元二者，謂永初元年、二年也。凡漢碑重文不皆用小二字，豈有《范史》一部唯獨一處如此，予兄丞相作《隸釋》，論之甚詳，予修國史日，撰《欽宗紀贊》，用靖康元二之禍，實本於此。

葉適《習學記言序目》卷二六《後漢書三·列傳》 永初中，羌胡殘破并、涼，

鄧騭欲棄涼救并，會公卿集議。騭謂「譬若衣敗，壞一以相補，猶有所完，若不如此，將兩無所保」，議者咸同。虞詡説李修，辟涼土豪傑爲掾屬，拜吏子弟爲郎，議與騭异，而騭以此怨詡。騭，鄧禹之孫，約畏廉儉，辟用賢俊，亦有可稱，而既爲外戚，所見卑下，故其謀謨於上者如此。所謂「衣服附在吾身，我知而慎之」，真棟撓之兇，斗筲之算也，漢業由此遂墮。大臣爲國家盛衰，其效豈不著明乎！後崔烈欲棄涼州，傅燮論亦同。（《虞詡傳燮》）

備論

胡一桂《史纂通要》卷八《東漢》　殤帝隆，和帝少子。生始百日而爲君，鄧太后臨朝，張禹、鄧騭、騭弟悝、弘等輔政。騭雖謙遜，然外戚擅權，又起於此。和殤而後宫闈定策，利在幼昏，外立者四君，臨朝者六后，蓋嗣主幼沖，女后專政，則外戚必用事，官寺得與政，亦其勢然矣。

《後漢書》卷一六《鄧騭傳論》　漢世外戚，自東、西京十有餘族，非徒豪橫盈極，自取災故，必於貽釁後主，以至顛敗者，其數有可言焉。何則？恩非己結，而權已先之；情疏禮重，而枉性圖之；來寵方授，地既害之；隙開執謝，讒亦勝之。悲哉！騭、悝兄弟，委遠時柄，忠勞王室，而終莫之免，斯樂生所以泣而辭燕也！

《後漢書》卷四九《仲長統傳》　《法誡篇》曰：【略】或曰：政在一人，權甚重也。曰：人實難得，何重之嫌？昔者霍禹、竇憲、鄧騭、梁冀之徒，籍外戚之權，管國家之柄；及其伏誅，以一言之詔，詰朝而決，何重之畏乎？今夫國家漏神明於媟近，輸權重於婦黨，筭十世而爲之者八九焉。不此之罪而彼之疑，何其詭邪！

《後漢書》卷八七《西羌傳論》　故永初之閒，羣種蜂起。遂解仇嫌，結盟詛，招引山豪，轉相嘯聚，揭木爲兵，負柴爲械。（穀）〔轂〕馬揚埃，陸梁於三輔；建號稱制，恣睢於北地。東犯趙、魏之郊，南入漢、蜀之鄙，塞湟中，斷隴道，燒陵園，剽城市，傷敗踵係，羽書日聞。并、涼之士，特衝殘斃，壯悍則委身於兵埸，女婦則徽纆而爲虜，發冢露胔，死生塗炭。自西戎作逆，未有陵斥上國若斯其熾也。和熹以女君親政，威不外接。朝議憚兵力之損，情存苟安。或以邊州難援，宜見捐棄；或懼疽食浸淫，莫知所限。謀夫回遑，猛士疑慮，遂徙西河四郡之人，雜寓關右之縣。發屋伐樹，塞其戀土之心；燔破貲積，以防顧還之思。於是諸將鄧騭，任尚、馬賢、皇甫規、張奐之徒，争設雄規，更奉征討之命，徵兵會衆，以圖其隙。馳騁東西，奔救首尾，揺動數州之境，日耗千金之資。至於假人增賦，借奉侯王，引金錢縑綵之珍，徵糧粟鹽鐵之積。所以賂遺購賞，轉輸勞來之費，前後數十巨萬。或梟剋酋健，摧破附落，降俘載路，牛羊滿山。軍書未奏其利害，而離叛之狀已言矣。故得不酬失，功不半勞。暴露師徒，連年而無所勝。官人屈竭，烈士憤喪。

洪邁《容齋隨筆》卷二《漢采衆議》　安帝時，大將軍鄧騭欲棄涼州，并力北邊，會公卿集議，皆以爲然，郎中虞詡陳三不可，乃更集四府，皆從詡議。北匈奴復强，西域諸國既絶於漢，公卿多以爲宜閉玉門關絶西域。鄧太后召軍司馬班勇問之，勇以爲不可，於是從勇議。漢元、成、哀、安、順、靈皆非明主，悉能違衆而聽之，大臣無賢愚亦不復執前説，蓋猶有公道存焉。每事皆能如是，天下其有不治乎？

葉適《習學記言序目》卷二四《後漢書一・列傳》　鄧騭兄弟之冤不旋踵而獲伸者，有朱寵之直也。漢中世以後，常有此事，主德雖昏，猶賴以未亡也。

黄震《古今紀要・後漢》　鄧騭立安帝，求還第，封上蔡侯，惟葉侯辭至五六，薦楊震、朱寵，天下復安，宫人誣告，不合，死。

陳子龍《陳忠裕公全集・安雅堂稿・鄧騭》　鄧氏世有文德，忠孝不替，騭處貴盛，執讓終身，而受誣罪辭，幾至沈族。甚矣！權勢之地難以久居也。如騭者當和熹之時，逃介山之禄，申明辟之義，如鄧康然，雖失歡於長樂，而釋憾於嗣君矣。

劉統勛《評鑑闡要》卷二　鄧騭，於侯族中尚稱賢者，然後爲大將軍本無大功，王主以下候望於道，光震都鄙，又何爲者？則此辭讓，亦不過矯情好名之舉耳，不可謂真賢也。

藝文

田雯《古歡堂集》卷三《咏史》　關西楊夫子，大節實峥嶸。如何觸鄧騭，嗟

哉夕陽亭。緬彼哀帝時，王嘉同此情。

張澍《養素堂詩集》卷二三《西歸集·偶作》 飲得高歡手中酒，未必便爲大丈夫。抵他鄧騭坐上肉，説士依然一腐儒。人生富貴如寄耳，安能永寶常山符。君不見蔡邕四旬歷三臺，反仞佞臣是逸才。又不見荀爽九十五，日相又爲公沙孚。

汪曰楨《玉鑑堂詩集》卷六《讀後漢書雜詩》 徙民發屋計謀乖，鄧騭征羌困負柴。野祭伊川徒浩歎，解嘲聊藉罷朱崖。

汪仲洋《心知堂詩稿》卷六《出棧集下·武功雜咏》 鼓琴吹笛坐高堂，一代通儒學老莊。鄧騭雖亡梁冀在，平生絳帳出椒房。

漢安帝部

綜述

《後漢書》卷五《孝安帝紀》 恭宗孝安皇帝諱祜，肅宗孫也。父清河孝王慶，母左姬。帝自在邸第，數有神光照室，又有赤蛇盤於牀第之閒。年十歲，好學《史書》，和帝稱之，數見禁中。

延平元年，慶始就國，鄧太后特詔留帝清河邸。

八月，殤帝崩，太后與兄車騎將軍鄧騭定策禁中。其夜，使騭持節，以王青蓋車迎帝，齋于殿中。皇太后御崇德殿，百官皆吉服，羣臣陪位，引拜帝爲長安侯。皇太后詔曰：「先帝聖德淑茂，早弃天下。朕奉皇帝，夙夜瞻仰日月，冀望成就，豈意卒然顛沛，天年不遂，悲痛斷心。朕惟平原王素被痼疾，念宗廟之重，思繼嗣之統，唯長安侯祜質性忠孝，小心翼翼，能通《詩》、《論》，篤學樂古，仁惠愛下。年已十三，有成人之志。親德係後，莫宜於祜。《禮》『昆弟之子猶己子』；《春秋》之義，爲人後者爲之子，不以父命辭王父命。其以祜爲孝和皇帝嗣，奉承祖宗，案禮儀奏。」又作策命曰：「惟延平元年秋八月癸丑，皇太后曰：咨長安侯祜：孝和皇帝懿德巍巍，光于四海；大行皇帝不永天年。朕惟侯孝章帝世嫡皇孫，謙恭慈順，在孺而勤，宜奉郊廟，承統大業。今以侯嗣孝和皇帝後。其審君漢國，允執其中。『一人有慶，萬民賴之。』皇帝其勉之哉！」讀策畢，太尉奉上璽綬，即皇帝位，年十三。太后猶臨朝。

九月庚子，謁高廟。辛丑，謁光武廟。

六州大水。己未，遣謁者分行虛實，舉灾害，賑乏絶。

丙寅，葬孝殤皇帝于康陵。

六月戊申，爵皇太后母陰氏爲新野君。

壬戌，罷西域都護。

先零種羌叛，斷隴道，大爲寇掠，遣車騎將軍鄧騭、征西校尉任尚討之。丁卯，赦除諸羌相連結謀叛逆者罪。

秋九月庚午，詔三公明申舊令，禁奢侈，無作浮巧之物，殫財厚葬。是日，太尉徐防免。辛未，司空尹勤免。

癸酉，調揚州五郡租米，贍給東郡、濟陰、陳留、梁國、下邳、山陽。

丁丑，詔曰：「自今長吏被考竟未報，自非父母喪無故輒去職者，劇縣十歲、平縣五歲以上，乃得次用。」

壬午，詔太僕、少府減黄門鼓吹，以補羽林士；廄馬非乘輿常所御者，皆減半食；諸所造作，非供宗廟園陵之用，皆且止。

丙戌，詔死罪以下及亡命贖，各有差。

庚寅，太傅張禹爲太尉，太常周章爲司空。

冬十月，倭國遣使奉獻。

辛酉，新城山泉水大出。

十一月丁亥，司空周章密謀廢立，策免，自殺。

戊子，勑司隸校尉、冀并二州刺史：「民訛言相驚，弃捐舊居，老弱相攜，窮困道路。其各勑所部長吏，躬親曉喻。若欲歸本郡，在所爲封長檄；不欲，勿強。」

十二月乙卯，潁川太守張敏爲司空。

是歲，郡國十八地震；四十一雨水，或山水暴至；二十八大風，雨雹。

二年春正月，禀河南、下邳、東萊、河内貧民。

車騎(大)將軍鄧騭爲種羌所敗於冀西。

二月乙丑，遣光禄大夫樊準、吕倉分行冀、兖二州，禀貸流民。

夏四月甲寅，漢陽城中火，燒殺三千五百七十人。

五月，旱。丙寅，皇太后幸洛陽寺及若盧獄，録囚徒，賜河南尹、廷尉、卿及官屬以下各有差，即日降雨。

秋七月戊辰，詔曰：「昔在帝王，承天理民，莫不據琁機玉衡，以齊七政。朕以不德，遵奉大業，而陰陽差越，變異並見，萬民饑流，羌貊叛戾。夙夜克己，憂心京京。閒令公卿郡國舉賢良方正，遠求博選，開不諱之路，冀得至謀，以鑒不逮，而所對皆循尚浮言，無卓爾異聞。其百僚及郡國吏人，有道術明習灾異陰陽之度琁機之數者，各使指變以聞。二千石長吏明以詔書，博衍幽隱，朕將親覽，待以不次，冀獲嘉謀，以承天誡。」

閏月辛丑，廣川王常保薨，無子，國除。

癸未，蜀郡徼外羌舉土內屬。

九月庚子，詔王（主）〔國〕官屬墨綬下至郎、謁者，其經明任博士，居鄉里有廉清孝順之稱，才任理人者，國相歲移名，與計偕上尚書，公府通調，令得外補。

冬十月庚寅，稟濟陰、山陽、玄菟貧民。

征西校尉任尚與先零羌戰于平襄，尚軍敗績。

十一月辛酉，拜鄧騭爲大將軍，徵還京師，留任尚屯隴右。先零羌滇零稱天子於北地，遂寇三輔，東犯趙、魏，南入益州，殺漢中太守董炳。

十二月辛卯，稟東郡、鉅鹿、廣陽、安定、定襄、沛國貧民。

廣漢塞外參狼羌降，分廣漢北部爲屬國都尉。

三年春正月庚子，皇帝加元服。大赦天下。賜王、主、貴人、公、卿以下金帛各有差；男子爲父後，及三老、孝悌、力田爵，人二級，流民欲占者人一級。

遣騎都尉任仁討先零羌，不利，羌遂破没臨洮。

高句驪遣使貢獻。

三月，京師大饑，民相食。壬辰，公卿詣闕謝。詔曰：「朕以幼沖，奉承鴻業，不能宣流風化，而感逆陰陽，至令百姓饑荒，更相噉食。永懷悼歎，若墜淵水。咎在朕躬，非羣司之責，而過自貶引，重朝廷之不德。其務思變復，以助不逮。」癸巳，詔以鴻池假與貧民。

壬寅，司徒魯恭免。夏四月丙寅，大鴻臚九江夏勤爲司徒。

三公以國用不足，奏令吏人入錢穀，得爲關内侯、虎賁羽林郎、五大夫、官府吏、緹騎、營士各有差。

己巳，詔上林、廣成苑可墾闢者，賦與貧民。

甲申，清河王虎威薨。五月丙申，封樂安王寵子延平爲清河王。

丁酉，沛王正薨。

六月，烏桓寇代郡、上谷、涿郡。

秋七月，海賊張伯路等寇略緣海九郡，遣侍御史龐雄督州郡兵討破之。

庚子，詔長吏案行在所，皆令種宿麥蔬食，務盡地力，其貧者給種餉。

九月，鴈門烏桓及鮮卑叛，敗五原郡兵於高渠谷。

冬十月，南單于叛，圍中郎將耿种於美稷。十一月，遣行車騎將軍何熙討之。

十二月辛酉，郡國九地震。乙亥，有星孛于天苑。

是歲，京師及郡國四十一雨水雹。并、涼二州大饑，人相食。

四年春正月元日，會，徹樂，不陳充庭車。

辛卯，詔以三輔比遭寇亂，人庶流宂，除三年逋租、過更、口筭、芻稾；稟上郡貧民各有差。

海賊張伯路復與勃海、平原劇賊劉文河、周文光等攻厭次，殺縣令，遣御史中丞王宗督青州刺史法雄討破之。

度遼將軍梁慬、遼東太守耿夔討破南單于於屬國故城。

丙午，詔減百官及州郡縣奉各有差。二月丁巳，稟九江貧民。

二月丁巳，稟九江貧民。

南匈奴寇常山。

乙丑，初置長安、雍二營都尉官。

乙亥，詔自建初以來，諸祆言它過坐徙邊者，各歸本郡；其没入官爲奴婢者，免爲庶人。

詔謁者劉珍及《五經》博士，校定東觀《五經》、諸子、傳記、百家藝術，整齊脱誤，是正文字。

三月，南單于降。

先零羌寇褒中，漢中太守鄭勤戰殁。徙金城郡都襄武。

戊子，杜陵園火。癸巳，郡國九地震。夏四月，六州蝗。丁丑，大赦天下。

秋七月乙酉，三郡大水。

己卯，騎都尉任仁下獄死。

九月甲申，益州郡地震。

冬十月甲戌，新野君陰氏薨，使司空持節護喪事。

大將軍鄧騭罷。

五年春正月庚辰朔，日有食之。丙戌，郡國十地震。

己丑，太尉張禹免。甲申，光禄勳李脩爲太尉。

二月丁卯，詔省減郡國貢獻太官口食。

先零羌寇河東，遂至河內。

三月，詔隴西徙襄武，安定徙美陽，北地徙池陽，上郡徙衙。

夫餘夷犯塞，殺傷吏人。

閏月丁酉，赦涼州河西四郡。

戊戌，詔曰：「朕以不德，奉郊廟，承大業，不能興和降善，爲人祈福。災異蜂起，寇賊縱横，夷狄猾夏，戎事不息，百姓匱乏，疲於徵發。重以蝗蟲滋生，害及成麥，秋稼方收，甚可悼也。朕以不明，統理失中，亦未獲忠良以毗闕政。傳曰：『顛而不扶，危而不持，則將焉用彼相矣。』公卿大夫將何以匡救，濟斯艱戹，承天誡哉？蓋爲政之本，莫若得人，褒賢顯善，聖制所先。『濟濟多士，文王以寧。』思得忠良正直之臣，以輔不逮。其令三公、特進、侯、中二千石、二千石、郡守、諸侯相舉賢良方正、有道術、達於政化、能直言極諫之士各一人，及至孝與衆卓異者，并遣詣公車，朕將親覽焉。」

六月甲辰，樂成王巡薨。

秋七月己巳，詔三公、特進、九卿、校尉，舉列將子孫明曉戰陳任將帥者。

九月，漢陽人杜琦、王信叛，與先零諸種羌攻陷上邽城。十二月，漢陽太守趙博遣客刺殺杜琦。

六年春正月庚申，詔越嶲置長利、高望、始昌三苑，又令益州郡置萬歲苑，犍爲置漢平苑。

夏四月乙丑，司空張敏罷。

己卯，太常劉(凱)〔愷〕爲司空。

丙寅，詔令中二千石下至黄綬，一切復秩還贖，賜爵各有差。

戊辰，皇太后幸雒陽寺，録囚徒，理冤獄。

六月壬辰，豫章、員谿、原山崩。

辛巳，大赦天下。

遣侍御史唐喜討漢陽賊王信，破斬之。

冬十一月辛丑，護烏桓校尉吴祉下獄死。

是歲，先零羌滇零死，子零昌復襲僞號。

七年春正月庚戌，皇太后率大臣命婦謁宗廟。

夏四月乙未，平原王勝薨。

秋，護羌校尉侯霸、騎都尉馬賢破先零羌。

八月丙寅，京師大風，蝗蟲飛過洛陽。詔賜民爵。郡國被蝗傷稼十五以上，勿收今年田租；不滿者，以實除之。

九月，調零陵、桂陽、丹陽、豫章、會稽租米，賑給南陽、廣陵、下邳、彭城、山陽、廬江、九江飢民；又調濱水縣穀輸敖倉。

元初元年春正月甲子，改元元初。賜民爵，人二級，孝悌、力田人三級，爵過公乘，得移與子若同産、同産子，民脱無名數及流民欲占者人一級；鰥、寡、孤、獨、篤癃、〔貧〕不能自存者穀，人三斛，貞婦帛，人一匹。

夏四月丁酉，大赦天下。

詔三公、特進、列侯、中二千石、二千石、郡守舉敦厚質直者，各一人。

五月，先零羌寇雍城。

秋七月，蜀郡夷寇蠶陵，殺縣令。

九月乙丑，太尉李脩罷。

先零羌寇武都、漢中，絶隴道。

辛未，大司農山陽司馬苞爲太尉。

先零羌敗涼州刺史皮陽於狄道。

乙卯，詔除三輔三歲田租、更賦、口筭。

二年春正月，詔稟三輔及并、涼六郡流亢貧人。

蜀郡青衣道夷奉獻内屬。

修理西門豹所分漳水爲支渠，以溉民田。

二月戊戌，遣中謁者收葬京師客死無家屬及棺椁朽敗者，皆爲設祭；其有家屬，尤貧無以葬者，賜錢人五千。

辛酉，詔三輔、河内、河東、上黨、趙國、太原各修理舊渠，通利水道，以溉公私田疇。

先零羌寇益州，遣中郎將尹就討之。

夏四月丙午，立貴人閻氏爲皇后。

五月，京師旱，河南及郡國十九蝗。甲戌，詔曰：「朝廷不明，庶事失中，災異不息，憂心悼懼。被蝗以來，七年于兹，而州郡隱匿，裁言頃畝。今羣飛蔽天，爲害廣遠，所言所見，寧相副邪？三司之職，内外是監，既不奏聞，又無舉正。天災至重，欺罔皐大。今方盛夏，且復假貸，以觀厥後。其務消救災害，安輯黎元。」

六月丙戌，太尉司馬苞薨。

秋七月辛巳，太僕太山馬英爲太尉。

八月，遼東鮮卑圍無慮縣。九月，又攻夫犂營，殺縣令。

冬十月，遣中郎將任尚屯三輔。

詔郡國中都官繫囚減死一等，勿笞，詣馮翊、扶風屯，妻子自隨，占著所在；女子勿輸。亡命死辠以下贖，各有差。其吏人聚爲盜賊，有悔過者，除其罪。

乙未，右扶風仲光、安定太守杜恢、京兆虎牙都尉耿溥與先零羌戰於丁奚城，光等大敗，並沒。左馮翊司馬鈞下獄，自殺。

十二月，武陵澧中蠻叛，州郡擊破之。

己酉，司徒夏勤罷。庚戌，司空劉愷爲司徒，光禄勳袁敞爲司空。

三年春正月甲戌，修理太原舊溝渠，溉灌官私田。

東平陸上言木連理。

蒼梧、鬱林、合浦蠻夷反叛，二月，遣侍御史任逴督州郡兵討之。

丙辰，赦蒼梧、鬱林、合浦、南海吏人爲賊所迫者。

五月，武陵蠻復叛，州郡討破之。

癸酉，度遼將軍鄧遵率南匈奴擊先零羌於靈州，破之。

越巂徼外夷舉種内屬。

六月，中郎將任尚遣兵擊破先零羌於丁奚城。

秋七月，武陵蠻復叛，州郡討平之。

九月辛巳，趙王宏薨。

冬十一月，蒼梧、鬱林、合浦蠻夷降。

丙戌，初聽大臣、二千石、刺史行三年喪。

十二月丁巳，任尚遣兵擊破先零羌於北地。

四年春二月乙巳朔，日有食之。乙卯，大赦天下。壬戌，武庫災。

夏四月戊申，司空袁敞薨。

己巳，鮮卑寇遼西，遼西郡兵與烏桓擊破之。

五月丁丑，太常李郃爲司空。

秋七月辛丑，陳王鈞薨。

京師及郡國十雨水。詔曰：「今年秋稼茂好，垂可收穫，而連雨未霽，懼必淹傷。夕惕惟憂，思念厥咎。夫霖雨者，人怨之所致。其武吏以威暴下，文吏妄行苛刻，鄉吏因公生姦，爲百姓所患苦者，有司顯明其罰。又《月令》『仲秋養衰老，授几杖，行糜粥』。方今案比之時，郡縣多不奉行。雖有糜粥，糠秕相半，長吏怠事，莫有躬親，甚違詔書養老之意。其務崇仁恕，賑護寡獨，稱朕意焉。」

九月，護羌校尉任尚使客刺殺叛羌零昌。

冬十一月己卯，彭城王恭薨。

十二月，越巂夷寇遂久，殺縣令。

甲子，任尚及騎都尉馬賢與先零羌戰于富平上河，大破之。虔人羌率衆降，隴右平。

五年春正月，越巂夷叛。

二月壬戌，中山王憲薨。

三月，京師及郡國五旱，詔稟遭旱貧人。

夏六月，高句驪與穢貊寇玄菟。

秋七月，越巂蠻夷及旄牛豪叛，殺長吏。

丙子，詔曰：「舊令制度，各有科品，欲令百姓務崇節約。遭永初之際，人離荒戹，朝廷躬自菲薄，去絶奢飾，食不兼味，衣無二綵。比年雖獲豐穰，尚乏儲積，而小人無慮，不圖久長，嫁娶送終，紛華靡麗，至有走卒奴婢被綺縠，著珠璣。京師尚若斯，何以示四遠？設張法禁，懇惻分明，而有司惰任，訖不奉行。秋節既立，鷙鳥將用，且復重申，以觀後效。」

鮮卑寇代郡，殺長吏。冬十月，鮮卑寇上谷。

十二月丁巳，中郎將任尚有辠，棄市。

壬子，詔三府選掾屬高第，能惠利牧養者各五人，光禄勳與中郎將選孝廉郎寬博有謀，清白行高者五十人，出補令、長、丞、尉。

乙卯，詔曰：「夫政，先京師，後諸夏。《月令》仲春『養幼小，存諸孤』，季春『賜貧窮，賑乏絶，省婦使，表貞女』，所以順陽氣，崇生長也。其賜人尤貧困、孤弱、單獨穀，人三斛；貞婦有節義十斛，甄表門閭，旌顯厥行。」

三月庚辰，始立六宗，祀於洛城西北。

夏四月，會稽大疫，遣光禄大夫將太醫循行疾病，賜棺木，除田租、口賦。

六月丁丑，樂成王賓薨。丙戌，平原王得薨。

秋七月，鮮卑寇馬城，度遼將軍鄧遵率南單于擊破之。

九月癸巳，陳王竦薨。

是歲，永昌、益州蜀郡夷叛，與越巂夷殺長吏，燔城邑，益州刺史張喬討破降之。

永寧元年春正月甲辰，任城王安薨。三月丁酉，濟北王壽薨。

車師後王叛，殺部司馬。

沈氏羌寇張掖。

夏四月丙寅，立皇子保爲皇太子，改元永寧，大赦天下。賜王、主、三公、列侯下至郎吏、從官金帛；又賜民爵及布粟各有差。

己巳，紹封陳王羨子崇爲陳王，濟北王子萇爲樂成王，河閒王子翼爲平原王。

壬午，琅邪王壽薨。

六月，沈氏種羌叛，寇張掖，護羌校尉馬賢討沈氏羌，破之。

秋七月乙酉朔，日有食之。

冬十月己巳，司空李郃免。癸酉，衛尉廬江陳襃爲司空。

自三月至是月，京師及郡國三十三大風，雨水。

十二月，永昌徼外撣國遣使貢獻。

戊辰，司徒劉愷罷。

遼西鮮卑降。

癸酉，太常楊震爲司徒。

是歲，郡國二十三地震。夫餘王遣子詣闕貢獻。燒當羌叛。

建光元年春正月，幽州刺史馮焕率二郡太守討高句驪、穢貊，不克。

二月癸亥，大赦天下。賜諸園貴人、王、主、公、卿以下錢布各有差。以公、卿、校尉、尚書子弟一人爲郎、舍人。

三月癸巳，皇太后鄧氏崩。丙午，葬和熹皇后。

丁未，樂安王寵薨。

戊申，追尊皇考清河孝王曰孝德皇，皇妣左氏曰孝德皇后，祖妣宋貴人曰敬隱皇后。

夏四月，穢貊復與鮮卑寇遼東，遼東太守蔡諷追擊，戰殁。

丙辰，以廣川并清河國。

丁巳，尊孝德皇元妃耿氏爲甘陵大貴人。

甲子，樂成王萇有罪，廢爲臨湖侯。

己巳，令公、卿、特進、侯、中二千石、二千石、郡國守相，舉有道之士各一人。賜鰥、寡、孤、獨、貧不能自存者穀，人三斛。

甲戌，遼東屬國都尉龐奮，承僞璽書殺玄菟太守姚光。

五月庚辰，特進鄧騭及度遼將軍鄧遵，並以譖自殺。

丙申，貶平原王翼爲都鄉侯。

秋七月己卯，改元建光，大赦天下。

壬寅，太尉馬英薨。

八月，護羌校尉馬賢討燒當羌於金城，不利。

甲子，前司徒劉愷爲太尉。

鮮卑寇居庸關，九月，雲中太守成嚴擊之，戰殁。鮮卑圍烏桓校尉於馬城，度遼將軍耿夔救之。

戊子，幸衛尉馮石府。

是秋，京師及郡國二十九雨水。

冬十一月己丑，郡國三十五地震，或坼裂。詔三公以下，各上封事陳得失。遣光禄大夫案行，賜死者錢，人二千。除今年田租。其被災甚者，勿收口賦。

鮮卑寇玄菟。

庚子，復斷大臣二千石以上服三年喪。

癸卯，詔三公、特進、侯、卿、校尉，舉武猛堪將帥者各五人。

丙午，詔京師及郡國被水雨傷稼者，隨頃畝減田租。

甲子，初置漁陽營兵。

冬十二月，高句驪、馬韓、穢貊圍玄菟城，夫餘王遣子與州郡并力討破之。

延光元年春二月，夫餘王遣了將兵救玄菟，擊高句驪、馬韓、穢貊，破之，遂遣使貢獻。

三月丙午，改元延光。大赦天下。還徙者，復户邑屬籍。賜民爵及三老、孝悌、力田，人二級；加賜鰥、寡、孤、獨、篤癃、貧不能自存者粟，人三斛；貞婦帛，人二匹。

夏四月癸未，京師郡國二十一雨雹。

癸巳，司空陳襃免。

五月庚戌，宗正彭城劉授爲司空。

己巳，改樂成國爲安平，封河閒王開子得爲安平王。

六月，郡國蝗。秋七月癸卯，京師及郡國十三地震。

高句驪降。

虔人羌叛，攻穀羅城，度遼將軍耿夔討破之。

八月戊子，陽陵園寢火。辛卯，九真言黄龍見無功。

己亥，詔三公、中二千石，舉刺史、二千石、令、長、相，視事一歲以上至十歲，清白愛利，能敕身率下，防姦理煩，有益於人者，無拘官簿。刺史舉所部，郡國太守相舉墨綬，隱親悉心，勿取浮華。

冬十月，鮮卑寇鴈門、定襄。十一月，鮮卑寇太原。

燒當羌豪降。

十二月，九真徼外蠻夷貢獻内屬。

是歲，京師及郡國二十七雨水，大風，殺人。詔賜壓溺死者年七歲以上錢，人二千；其壞敗廬舍、失亡穀食，粟，人三斛；又田被淹傷者，一切勿收田租；若一家皆被灾害而弱小存者，郡縣爲收斂之。虔人羌（反）攻穀羅城，度遼將軍耿夔討破之。

二年春正月，旄牛夷叛，寇靈關，殺縣令。益州刺史蜀郡西部都尉討之。

詔選三署郎及吏人能通《古文尚書》、《毛詩》、《穀梁春秋》各一人。

丙辰，河東、潁川大風。夏六月壬午，郡國十一大風。九真言嘉禾生。

丙申，北海王普薨。

八月庚午，初令三署郎通達經術任牧民者，視事三歲以上，皆得察舉。

冬十月辛未，太尉劉愷罷。甲戌，司徒楊震爲太尉，光禄勳東萊劉熹爲司徒。

十一月甲辰，校獵上林苑。

鮮卑敗南匈奴於曼柏。

是歲，分蜀郡西部爲屬國都尉。京師及郡國三地震。

三年春二月丙子，東巡狩。丁丑，告陳留太守，祠南頓君、光武皇帝于濟陽，復濟陽今年田租、芻稾。庚寅，遣使者祠唐堯於成陽。

戊子，濟南上言，鳳皇集臺縣丞霍收舍樹上。賜臺長帛五十匹，丞二十匹，尉半之，吏卒人三匹。鳳皇所過亭部，無出今年田租。賜男子爵，人二級。辛卯，幸太山，柴告岱宗。齊王無忌、北海王（普）〔翼〕、樂安王延來朝。壬辰，宗祀五帝于汶上明堂。癸巳，告祀二祖、六宗，勞賜郡縣，作樂。

三月甲午，陳王崇薨。戊戌，祀孔子及七十二弟子於闕里，自魯相、令、丞、尉及孔氏親屬、婦女、諸生悉會，賜褒成侯以下帛各有差。還，幸東平，至東郡，歷魏郡、河内。壬戌，車駕還京師，幸太學。是日，太尉楊震免。

夏四月乙丑，車駕入宫，假于祖禰。壬戌，沛國言甘露降豐縣。戊辰，光禄勳馮石爲太尉。

五月，南匈奴左日逐王叛，使匈奴中郎將馬翼討破之。

日南徼外蠻夷内屬。

六月，鮮卑寇玄菟。

庚午，閬中山崩。辛未，扶風言白鹿見雍。

辛巳，遣侍御史分行青、冀二州灾害，督録盜賊。

秋七月丁酉，初復右校（令）、左校〔令〕丞官。

日南徼外蠻豪帥詣闕貢獻。

馮翊言甘露降頻陽、衙。潁川上言木連理。白鹿、麒麟見陽翟。

鮮卑寇高柳。

梁王堅薨。

八月辛巳，大鴻臚耿寶爲大將軍。

戊子，潁川上言麒麟一、白虎二見陽翟。

九月丁酉，廢皇太子保爲濟陰王。

乙巳，詔郡國中都官死辠繫囚減罪一等，（詔）〔詣〕敦煌、隴西及度遼營；其右趾以下及亡命者贖，各有差。

辛亥，濟南上言黃龍見歷城。庚申晦，日有食之。

冬十月，行幸長安。壬午，新豐上言鳳皇集西界亭。丁亥，會三輔守、令、掾史於長安，作樂。閏月乙未，祠高廟，遂有事十一陵，歷觀上林、昆明池。遣使者祠太上皇于萬年，以中牢祠蕭何、曹參、霍光。十一月乙丑，至自長安。

十二月乙未，琅邪言黃龍見諸縣。

是歲，京師及（諸）郡國二十三地震；三十六雨水，疾風，雨雹。

四年春正月壬午，東郡言黃龍二、麒麟一見濮陽。

二月乙亥，下邳王衍薨。

甲辰，南巡狩。

庚申，幸宛，帝不豫。辛酉，令大將軍耿寶行太尉事。祠章陵園廟，告長沙、零陵太守，祠定王、節侯、鬱林府君。乙丑，自宛還。丁卯，幸葉，帝崩于乘輿，年三十二。祕不敢宣，所在上食問起居如故。庚午，還宫。辛未夕，乃發喪。尊皇后爲皇太后。太后臨朝，以后兄大鴻臚閻顯爲車騎將軍，定策禁中，立章帝孫濟北惠王壽子北鄉侯懿。

甲戌，濟南王香薨。

乙酉，北鄉侯即皇帝位。

夏四月丁酉，太尉馮石爲太傅，司徒劉熹爲太尉，參録尚書事；前司空李郃爲司徒。

辛卯，大將軍耿寶、中常侍樊豐、侍中謝惲、周廣、乳母野王君王聖，坐相阿黨，豐、惲、廣下獄死，寶自殺，聖徙鴈門。

己酉，葬孝安皇帝于恭陵。廟曰恭宗。

六月乙巳，大赦天下。詔先帝巡狩所幸，皆半入今年田租。

秋七月，西域長史班勇擊車師後王，斬之。

丙午，東海王肅薨。

冬十月丙午，越嶲山崩。

辛亥，少帝薨。

是冬，京師大疫。

《東觀漢紀》卷三《恭宗孝安皇帝》 孝安皇帝諱祜，清河孝王第二子也。少聰明敏達，慈仁惠和，寬容博愛，好樂施予。自在邸第，數有神光赤蛇嘉應，照耀於室內。又有赤蛇盤紆殿屋牀第之間，孝王常異之。年十歲，善《史書》，喜經籍，和帝甚喜重焉，號曰「諸生」。數燕見在禁中，特加賞賜，下及玩弄之物，諸王子莫得與比。殤帝即位，鄧后臨朝，以帝幼小，詔留於清河邸，欲爲儲副。殤帝崩，以王青蓋車迎，齊於殿中，拜爲長安侯，乃即帝位。謙讓恪懃，孜孜經學，志在供養，委政長樂宮。永初元年，徼外羌龍橋等六種慕義降附。永昌獻象牙、熊子。號皇太后母鄧夫人爲新野君。新城山泉水大出，突壞人田，水深三丈。十一月，上始講《尚書》，耽於典藝。二年春正月，帝加元服。六月，雹大如芋魁、雞子，風拔樹發屋。閏七月，徼外羌薄申等八種舉衆降。三年，鴈門烏桓及鮮卑叛，戰九原高梁谷。四年，司隸，豫、兖、徐、青、冀六州蝗。新野君薨。贈以玄玉赤紱，賻錢三千萬，布三萬匹。五年，漢陽人杜琦叛，琦自稱安漢將軍，漢陽故吏杜習手刺殺之。六年正月甲寅，謁宗廟。七年，郡國蝗飛過。濱水縣彭城、廣陽、廬江、九江穀九十萬斛，送敖倉。元初元年，日南地坼長百八十二里，廣五十六里。二年，青衣蠻夷堂律等歸義。安定太守杜恢與司馬鈞等并威擊羌，恢乘勝深入，至北地靈州丁奚城，爲虜所害，鈞擁兵不救，收鈞下獄。蠻田山、高少等攻城，殺長吏。州郡募五里蠻夷、六亭兵追擊，山等皆降。賜五里、六亭渠率金帛各有差。四年，武庫火，燒兵物百二十五種，直千萬以上。詔曰：「方今八月案比之時。」虔人種羌大豪恬狼等詣度遼將軍降。延光二年，九真言嘉禾生，禾百五十六本，七百六十八穗。三年，鳳皇集濟南臺丞霍穆舍樹上，賜帛各有差。衛縣木連理，定陵縣木連理。潁川上言白鹿見。潁川上言麟見。黃龍見歷城，又見諸縣。四年三月，帝崩于葉縣，在位十九年，時年三十二。御車所止，飲食、百官、鼓漏、起居、車騎、鹵簿如故。及還宮，皇后與兄顯，中常侍江京、樊豐等共與僞詐，不欲令羣臣知上道崩，欲僞道得病，遣司徒等分詣郊廟社稷，告天請命，誣罔靈祇，以亡爲存。其夕發喪，羣寮百姓，如喪考妣，塞外蠻夷，致祭涕泣。葬恭陵。

立章帝孫濟北惠王壽子北鄉侯犢。

聖德炳著。

雜録

備録

袁山松《後漢書》卷一《安帝紀》 六年，正月甲寅，謁宗廟。

張瑩《後漢南記・安帝紀》 安帝見銅人，以問侍中張陵，對曰：「昔秦始皇時，有大人十二，身長五丈，履六尺，皆夷狄之服，見於臨洮。此天將亡秦之證，而始皇誤喜以爲瑞，乃鑄銅人以爲像。」上曰：「何以知之？」對曰：「臣見傳載亦其人胸上有銘。」

謝沈《後漢書・安帝紀》 永初六年，正月甲寅，謁宗廟。

司馬彪《續漢書》卷一《安帝紀》 殤帝崩，太后與兄車騎將軍鄧騭定策禁中。其夜使騭持節以王青蓋車迎安帝，齋於殿中。

安帝加元服，大赦，賜公卿金帛。

永初四年詔：「比年饑，加有軍旅嚮衛，且勿設戲作樂，正旦無陳充庭車。」

永初六年正月甲寅，謁宗廟。

元初中，會稽大疫，使光禄大夫將醫巡行。

上賜衛尉馮石寶劍、玉玦、雜繒布等。

安帝崩，太子前廢，後無餘子，皇后與兄閻顯謀，以北鄉侯犢爲帝嗣。三月，立北鄉侯，皇太后臨朝。十月辛亥，北鄉侯薨。顯及江京等徵濟北、河間王子，欲以爲嗣。中黃門孫程、王康等十九人，共討京等，迎立濟陰王。

《後漢書》卷一〇下《皇后紀下・安思閻皇后》 安思閻皇后諱姬，河南滎陽人也。祖父章，永平中爲尚書，以二妹爲貴人。章精力曉舊典，久次，當遷以重職，顯宗爲後宮親屬，竟不用，出爲步兵校尉。章生暢，暢生后。

后有才色。元初元年，以選入掖庭，甚見寵愛，爲貴人。二年，立爲皇后。后專房妒忌，帝幸宮人李氏，生皇子保，遂鴆殺李氏。三年，以后父侍中暢爲長水校尉，封北宜春侯，食邑五千户。四年，暢卒，謚曰文侯，子顯嗣。

建光元年，鄧太后崩，帝始親政事。顯及弟景、耀、晏並爲卿校，典禁兵。延光元年，更封顯長社(縣)侯，食邑萬三千五百户，追尊后母宗爲滎陽君。顯、景諸子年皆童齔，並爲黃門侍郎。后寵既盛，而兄弟頗與朝權，后遂與大長秋江京、中常侍樊豐等共譖皇太子保，廢爲濟陰王。

四年春，后從帝幸章陵，帝道疾，崩於葉縣。后、顯兄弟及江京、樊豐等謀曰：「今晏駕道次，濟陰王在內，邂逅公卿立之，還爲大害。」乃僞云帝疾甚，徙御卧車。行四日，驅馳還宮。明日，詐遣司徒劉(喜)〔熹〕詣郊廟社稷，告天請命。其夕，乃發喪。尊后曰皇太后。皇太后臨朝，以顯爲車騎將軍儀同三司。

《後漢書・天文志中》 元興元年十〔二〕月〔二日〕，和帝崩，殤帝即位一年又崩，無嗣，鄧太后遣使者迎清河孝王子即位，是爲孝安皇帝，是其應也。

四年三月丁卯，安帝巡狩，從南陽還，道寢疾，至葉崩，閻后與兄衛尉顯、中常侍江京等共隱匿，不令羣臣知上崩，遣司徒劉喜等分詣郊廟，告天請命，載入北宮。庚午夕發喪，尊閻氏爲太后。北鄉侯懿病薨，京等又不欲立保，白太后，更徵諸王子擇所立。中黃門孫程、王國、王康等十九人，共合謀誅顯、京等，立保爲天子，是爲孝順皇帝。皆姦人强臣狂亂王室，其於死亡誅戮，兵起宮中，是其應。

備論

薛瑩《後漢記・安帝紀贊》 安帝之初，委政太后，十有餘年。及親萬機，佞邪始進，閹宦用事，寵加私愛，阿母王聖，勢傾朝廷，遂樹姦黨，摇動儲副，山陵未乾，蕭牆作難，兵交禁省，社稷殆危。

《後漢書》卷五《孝安帝紀論贊》 論曰：孝安雖稱尊享御，而權歸鄧氏，至乃損徹膳服，克念政道。然令自房帷，威不逮遠，始失根統，歸成陵敝。遂復計金授官，移民逃寇，推咎台衡，以荅天眚。既云哲婦，亦「惟家之索」矣。

贊曰：安德不升，秕我王度。降奪儲嫡，開萌邪蠹。馮石承歡，楊公逢怒。彼日而微，遂祲天路。

楊震部

綜述

《後漢書》卷五四《楊震傳》 楊震字伯起，弘農華陰人。八世祖喜，高祖時有功，封赤泉侯。高祖敞，昭帝時爲丞相，封安平侯。父寶，習《歐陽尚書》。哀、平之世，隱居教授。居攝二年，與兩龔、蔣詡俱徵，遂遁逃，不知所處。光武高其節。建武中，公車特徵，老病不到，卒於家。

震少好學，受《歐陽尚書》於太常桓郁，明經博覽，無不窮究。諸儒爲之語曰：「關西孔子楊伯起。」常客居於湖，不荅州郡禮命數十年，衆人謂之晚暮，而震志愈篤。後有冠雀銜三鱣魚，飛集講堂前，都講取魚進曰：「蛇鱣者，卿大夫服之象也。數三者，法三台也。先生自此升矣。」年五十，乃始仕州郡。

大將軍鄧騭聞其賢而辟之，舉茂才，四遷荊州刺史、東萊太守。當之郡，道經昌邑，故所舉荊州茂才王密爲昌邑令，謁見，至夜懷金十斤以遺震。震曰：「故人知君，君不知故人，何也？」密曰：「暮夜無知者。」震曰：「天知，神知，我知，子知。何謂無知！」密愧而出。後轉涿郡太守。性公廉，不受私謁。子孫常蔬食步行，故舊長者或欲令爲開產業，震不肯，曰：「使後世稱爲清白吏子孫，以此遺之，不亦厚乎！」

元初四年，徵入爲太僕，遷太常。先是博士選舉多不以實，震舉薦明經名士陳留楊倫等，顯傳學業，諸儒稱之。

永寧元年，代劉愷爲司徒。明年，鄧太后崩，内寵始横。安帝乳母王聖，因保養之勤，緣恩放恣；聖子女伯榮出入宫掖，傳通姦賂。震上疏曰：「臣聞政以得賢爲本，理以去穢爲務。是以唐虞俊乂在官，四凶流放，天下咸服，以致雍熙。方今九德未事，嬖倖充庭。阿母王聖出自賤微，得遭千載，奉養聖躬，雖有推燥居溼之勤，前後賞惠，過報勞苦，而無厭之心，不知紀極，外交屬託，擾亂天下，損辱清朝，塵點日月。《書》誡牝雞牡鳴，《詩》刺哲婦喪國。昔鄭嚴公從母氏之欲，恣驕弟之情，幾至危國，然後加討，《春秋》貶之，以爲失教。夫女子小人，近之喜，遠之怨，實爲難養。《易》曰：『無攸遂，在中饋。』言婦人不得與於政事也。宜速出阿母，令居外舍，斷絶伯榮，莫使往來，令恩德兩隆，上下俱美。惟陛下絶婉變之私，割不忍之心，留神萬機，誡慎拜爵，減省獻御，損節徵發。令野無《鶴鳴》之歎，朝無《小明》之悔，《大東》不興於今，勞止不怨於下。擬蹤往古，比德哲王，豈不休哉！」奏御，帝以示阿母等，内倖皆懷忿恚。而伯榮驕淫尤甚，與故朝陽侯劉護從兄瓌交通，瓌遂以爲妻，得襲護爵，位至侍中。震深疾之，復詣闕上疏曰：「臣聞高祖與羣臣約，非功臣不得封，故經制父死子繼，兄亡弟及，以防篡也。伏見詔書封故朝陽侯劉護再從兄瓌襲護爵爲侯。護同産弟威，今猶見在。臣聞天子專封封有功，諸侯專爵爵有德。今瓌無佗功行，但以配阿母女，一時之間，既位侍中，又至封侯，不稽舊制，不合經義，行人諠譁，百姓不安。陛下宜覽鏡既往，順帝之則。」書奏不省。

延光二年，代劉愷爲太尉。帝舅大鴻臚耿寶薦中常侍李閏兄於震，震不從。寶乃自往候震曰：「李常侍國家所重，欲令公辟其兄，寶唯傳上意耳。」震曰：「如朝廷欲令三府辟召，故宜有尚書勑。」遂拒不許，寶大恨而去。皇后兄執金吾閻顯亦薦所親厚於震，震又不從。司空劉授聞之，即辟此二人，旬日中皆見拔擢。由是震益見怨。

時詔遣使者大爲阿母脩第，中常侍樊豐及侍中周廣、謝惲等更相扇動，傾摇朝廷。震復上疏曰：「臣聞古者九年耕必有三年之儲，故堯遭洪水，人無菜色。臣伏念方今灾害發起，彌彌滋甚，百姓空虚，不能自贍。重以螟蝗，羌虜鈔掠，三邊震擾，戰鬭之役至今未息，兵甲軍糧不能復給。大司農帑藏匱乏，殆非社稷安寧之時。伏見詔書爲阿母興起津城門内第舍，合兩爲一，連里竟街，雕修繕飾，窮極巧伎。今盛夏土王，而攻山採石，其大匠左校別部將作合數十處，轉相迫促，爲費巨億。周廣、謝惲兄弟，與國無肺腑枝葉之屬，依倚近倖姦佞之人，與樊豐、王永等分威共權，屬託州郡，傾動大臣。宰司辟召，承望旨意，招來海内貪汙之人，受其貨賂，至有臧錮棄世之徒復得顯用。白黑溷淆，清濁同源，天下讙譁，咸曰財貨上流，爲朝結譏。臣聞師言：『上之所取，財盡則怨，力盡則叛。』怨叛之人，不可復使，故曰：『百姓不足，君誰與足？』惟陛下度之。」豐、惲等見震連切諫不從，無所顧忌，遂詐作詔書，調發司農錢穀、大匠見徒材木，各起家舍、園池、廬觀，役費無數。

震因地震，復上疏曰：「臣蒙恩備台輔，不能奉宣政化，調和陰陽，去年十(一)[二]月四日，京師地動。臣聞師言：『地者陰精，當安静承陽。』而今動搖者，陰道盛也。其日戊辰，三者皆土，位在中宫，此中臣近官盛於持權用事之象也。臣伏惟陛下以邊境未寧，躬自菲薄，宫殿垣屋傾倚，枝柱而已，無所興造，欲令遠近咸知政化之清流，商邑之翼翼也。而親近倖臣，未崇斷金，驕溢踰法，多請徒士，盛修第舍，賣弄威福。道路讙譁，衆所聞見。地動之變，近在城郭，殆爲此發。又冬無宿雪，春節未雨，百僚燋心，而繕修不止，誠致旱之徵也。《書》曰：『僭恒陽若，臣無作威作福玉食。』唯陛下奮乾剛之德，棄驕奢之臣，以掩訞言之口，奉承皇天之戒，無令威福久移於下。」

震前後所上，轉有切至，帝既不平之，而樊豐等皆側目憤怨，俱以其名儒，未敢加害。尋有河間男子趙騰詣闕上書，指陳得失。帝發怒，遂收考詔獄，結以罔上不道。震復上疏救之曰：「臣聞堯舜之世，諫鼓謗木，立之於朝；殷周哲王，小人怨詈，則還自敬德。所以達聰明，開不諱，博採負薪，盡極下情也。今趙騰所坐激訐謗語爲罪，與手刃犯法有差。乞爲虧除，全騰之命，以誘芻蕘輿人之言。」帝不省，騰竟伏尸都市。

會三年春，東巡岱宗，樊豐等因乘輿在外，競修第宅，震部掾高舒召大匠令史考校之，得豐等所詐下詔書，具奏，須行還上之。豐等聞，惶怖，會太史言星變逆行，遂共譖震云：「自趙騰死後，深用怨懟；且鄧氏故吏，有恚恨之心。」及車駕行還，便時太學，夜遣使者策收震太尉印綬，於是柴門絕賓客。豐等復惡之，乃請大將軍耿寶奏震大臣不服罪，懷恚望，有詔遣歸本郡。震行至城西几陽亭，乃慷慨謂其諸子門人曰：「死者士之常分。吾蒙恩居上司，疾姦臣狡猾而不能誅，惡嬖女傾亂而不能禁，何面目復見日月！身死之日，以雜木爲棺，布單被裁足蓋形，勿歸冢次，勿設祭祠。」因飲酖而卒，時年七十餘。弘農太守移良承樊豐等旨，遣吏於陝縣留停震喪，露棺道側，謫震諸子代郵行書，道路皆爲隕涕。

歲餘，順帝即位，樊豐、周廣等誅死，震門生虞放、陳翼詣闕追訟震事。朝廷咸稱其忠，乃下詔除二子爲郎，贈錢百萬，以禮改葬於華陰潼亭，遠近畢至。先葬十餘日，有大鳥高丈餘，集震喪前，俯仰悲鳴，淚下霑地，葬畢，乃飛去。郡以狀上。時連有灾異，帝感震之枉，乃下詔策曰：「故太尉震，正直是與，俾匡時政，而青蠅點素，同茲在藩。上天降威，灾眚屢作，爾卜爾筮，惟震之故。朕之不德，用彰厥咎，山崩棟折，我其危哉！今使太守丞以中牢具祠，魂而有靈，儻其歆享。」於是時人立石鳥象於其墓所。

震之被譖也，高舒亦得罪，以減死論。及震事顯，舒拜侍御史，至荆州刺史。

震五子。長子牧，富波相。

《東觀漢記》卷一七《楊震》 楊震，字伯起，少好學。受《歐陽尚書》於太常桓郁，明經博覽，無不窮究。諸儒爲之語曰：「關西孔子楊伯起。」

楊震，字伯起，弘農人。性公廉，不受私謁，子孫常蔬食步行，故舊長者或欲令爲開産業，震不肯，曰：「使後世稱爲清白吏子孫，以此遺之，不亦厚乎！」爲東萊太守，道經昌邑，邑令王密故所舉茂才，夜懷金十斤以遺震。震曰：「故人知君，君不知故人，何也？」密曰：「夜無知者。」震曰：「天知，神知，何謂無知？」

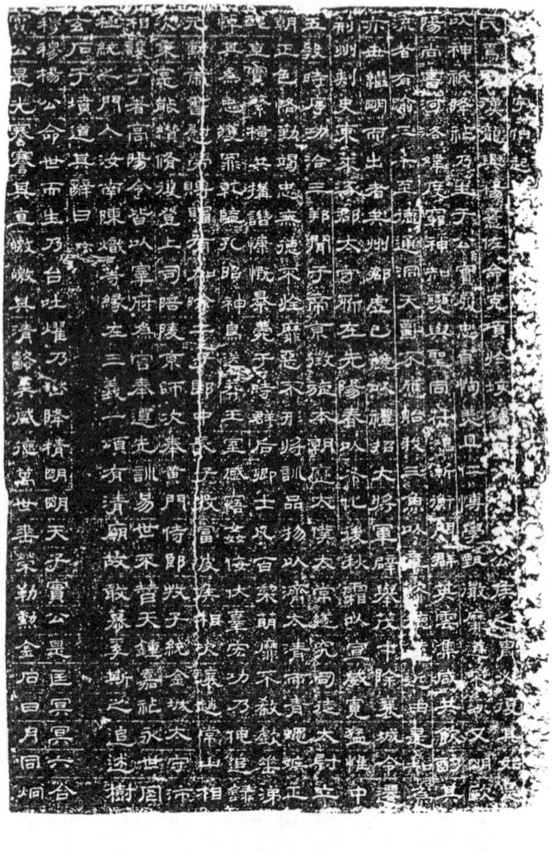

楊震墓碑　顧69

東漢熹平二年(173)刻。原石在河南陝縣，久佚。此本係翻刻。拓片高124厘米，寬80厘米。隸書。

楊震爲太尉，性忠誠，每陳諫諍，中常侍樊豐等譖之，收印綬，歸本郡。震到洛陽都亭，顧謂子及門生曰：「吾蒙恩居上司，姦臣狡猾而不能誅，嬖人傾亂而不能禁，帑藏空虚，賞賜不節而不能塞，何面以見日月。」遂仰鴆而死。

《太尉楊震碑》　（楊震，字）伯起，（下缺二十字）氏焉，聖漢龍興，楊喜佐命，克項於垓，（下缺四字），公侯之胄，必復其始，是以神祇降祚，乃生于公。實履忠貞，恂美且仁，博學甄微，靡道不該。又明《尚書》《歐陽》，河洛緯度，窮神知變，與聖同符，鴻漸衡門，群英雲集，咸共飲酌其流者有踰三千，至德通洞，天爵不應，貽我三魚，以章懿德，遠近由是知爲亦世繼明而出者矣。州郡虚己，競以禮招，大將軍辟舉茂才，除襄城令，遷荆州刺史，東萊、涿郡太守。所在先陽春以布化，後秋霜以宣威，寬猛惟中，五教時序，功洽三邦，聞於帝京。徵旋本朝，歷太僕、太常，遂究司徒、太尉。立朝正色，恪勤竭忠，無德不旌，靡惡不形。將訓品物，以濟太清。而青蠅嫉正，醜直實繁，横共搆譖，慷慨暴薨。于時群后卿士，凡百黎萌，靡不欷歔垂涕，悼其爲忠獲罪。乾監孔昭，神鳥送葬，王室感寤，奸佞伏辜，宏功乃神，追録元勳，璽書慰勞，賻賵有加，除二子郎中。長子牧，富波侯相；次讓，趙常山相；次秉，寔能纘脩，復登上司，陪陵京師；次奉，黄門侍郎。牧子統，金城太守，沛相。讓子著，高陽令。皆以宰府爲官，奉遵先訓，易世不替，天鍾嘉祚，永世罔極。統之門人汝南陳熾等，緣在三義一，頌有清廟，故敢慕奚斯之追述，樹玄石於墳道。其辭曰：

穆穆楊公，命世而生。乃台吐耀，乃嶽降精。明明天子，實公是匡。冥冥六合，實公是光。謇謇其直，皦皦其清。懿矣盛德，萬世垂榮。勒勳金石，日月同炯。

費樞《廉吏傳》卷上《楊震》　楊震字伯起，弘農華陰人也。震少好學，年五十乃始仕州郡。歷位荆州刺史、東萊太守。嘗之郡道經昌邑，故所舉荆州茂才王密爲昌邑令，謁見。至夜，懷金十斤以遺震，震曰：「故人知君，君不知故人，何也？」密曰：「莫夜無知者。」震曰：「天知神知，子知我知，何謂無知？」密愧而出。轉涿郡太守。性公廉不受私謁，子孫常蔬食步行。故舊長者或欲令爲開産業，震不肯曰：「使後世稱爲清白吏子孫，以此遺之，不亦厚乎？」後爲太尉，數上書斥言嬖倖，權寵切齒，衆共譖之，飲酖而卒，年七十餘。

雜録

備録

華嶠《漢後書》卷三《楊震傳》　楊震字伯起，年五十，始應州郡之辟，衆人謂之「晚暮」。後有鸛雀銜三鱣魚飛集講堂前，都講取魚，進曰：「蛇魚者，卿大夫之服象也。數三者，法三台也。先生自此升矣。」

楊震爲太尉，中常侍樊豐等驕恣，震常切諫，由是共譖震，罷遣歸本郡，遂仰鴆薨。葬日，有大鳥來止亭樹上，須臾下地行，徐步到柩前，止立，低頭淚出。〔旁人〕更共抱持，終不驚駭。〔鳥蒼色，頸去地五六尺，舒翅廣一丈三尺，莫有能名者。葬畢，飛去〕。

當時人立石鳥象於震前。

帝徙南宫，閱録故事，得所上張角奏及前侍講注籍，乃感悟，詔封臨晉侯。

與馬日磾、盧植、蔡邕等著作東觀。

東京楊氏、袁氏，累世宰相，爲漢名族。然袁氏車馬衣服極爲奢僭；能守家風，爲世所貫，不及楊氏也。

袁山松《後漢書》卷三《楊震傳》　楊震好學講書，有鸛雀銜三鱣魚飛集講堂前，都講進曰：「蛇鱣者，大夫之象也。數有三者，法三台也。先生自此升矣。」

司馬彪《續漢書》卷四《楊震傳》　教授二十餘年，州請召，數稱病不就。少孤貧，獨與母居，假地種殖，以給供養。諸生嘗有助種藍者，震輒拔更〔種〕，以距其後，鄉里稱孝也。

楊震爲東萊太守，道經昌邑。初震爲荆州，舉茂才王密。密時爲昌邑令，謁見。至夜，懷金十斤以遺震。震曰：「故人知君，君不知故人，何也？」密曰：「暮夜無知者。」震曰：「天知，神知，子知，我知，何謂無知？」密愧而出。

楊震數切諫，爲樊豐等所譖，遣歸本郡。震行至城西凡陽亭，謂諸子門人曰：「身死之日，以雜木爲棺，〔布〕單被，裁足蓋形，勿歸塚次，勿設祭祠。」因飲酖而卒。

楊震將葬，大鳥來止亭樹，下地安行到柩前，正立低頭淚出。衆人更共摩撫抱持，終不驚駭。其鳥五色，高丈餘，兩翼長二丈三尺，人莫知其名也。

謝承《後漢書》卷四《楊震傳》 楊震客居湖縣，立精舍，家貧，常以種藍爲業。楊震常客於湖，不荅州郡禮命數十年，衆人謂之晚貴，而震志愈篤。後有鸛雀銜三（鱣）〔鱓〕魚飛集講堂前，都講取魚，進曰：「蛇鱓者，卿大夫服之象也。數三者，法三台也。先生自此升矣。」時年過五十，乃始仕州郡。

弘農楊震字伯起，常種藍自業，諸生恐震年大，助其功傭，震喻而罷之。

薦楊仲桓等五人，各從家拜博士。

震臨歿，謂諸子以牛車簿簀，載柩還歸。

楊震卒，未葬，有大鳥五色，高丈餘，〔兩翼長二丈三尺，人莫知其名〕，從天飛下，到震棺前，舉頭悲鳴，淚出霑地。至葬日，冲升天上。

《後漢書・五行志二》 安帝延光三年二月戊子，有五色大鳥集濟南臺。【略】是時安帝信中常侍樊豐、江京、阿母王聖及外屬耿寶等讒言，免太尉楊震，廢太子爲濟陰王，不悊之異也。

《後漢書・五行志四》 永和二年十一月丁卯，京都地震。是時太尉王龔以中常侍張昉等專弄國權，欲奏誅之，時龔宗親有以楊震行事諫之止云。

《後漢書》卷一五《來歷傳》 中常侍樊豐與大將軍耿寶、侍中周廣、謝惲等共讒陷太尉楊震，震遂自殺。歷謂侍御史虞詡曰：「耿寶託元舅之親，榮寵過厚，不念報國恩，而傾側姦臣，誣奏楊公，傷害忠良，其天禍亦將至矣。」遂絶周廣、謝惲，不與交通。

《後漢書》卷三七《桓郁傳》 郁經授二帝，恩寵甚篤，賞賜前後數百千萬，顯於當世。門人楊震、朱寵，皆至三公。

酈道元《水經注》卷八《濟水》 縣令王密，懷金謁東萊太守楊震，震不受，是其慎四知處也。

樂史《太平寰宇記》卷二九《關西道五・華州・華陰縣》 楊震墓。按《三輔故事》云：「震改葬華陰潼亭，先葬十餘日，有鳥高丈餘，集震喪前，悲鳴，葬畢，始飛去。時人刻石象鳥立于墓前。」與苻秦丞相王猛墓相近，二冢並在今潼關西道北，有楊震碑，見存。周文帝破東魏軍，殺大將竇泰于此。貞觀十一年，太宗因幸墓所，傷其忠赤非命，親爲文以祭之。

王楙《野客叢書》卷三《楊胡有後》 後漢楊震九世祖喜，高祖時有功，封赤泉侯。高祖敞，昭帝時爲丞相，封安平侯。父寶，習《歐陽尚書》，哀、平之世，隱居教授；居攝二年，與兩龔、蔣詡俱徵，遂遁逃，不知所處；光武高其節，建武中公車徵，老病不到，卒於家。震子秉，秉子賜，賜子彪，四世太尉，德業相繼，爲東京顯族。此見《楊震傳》，而《前漢書・楊敞傳》不言所祖喜者，《漢書・鮑宣傳》後歷敘漢末清節之士，如龔、蔣之徒，又不及楊寶者，其殆史之逸乎？敞無甚可紀。震、秉、賜、彪四世榮顯者，無亦楊寶之所遺乎？【略】晉之佺期，唐之元琰，皆震之後也，考《世系》，楊氏相唐者十一人，其盛如此。

吴曾《能改齋漫録》卷二《事始・墓路稱神道》 葬者，墓路稱神道，自漢已然矣。《襄陽耆舊傳》云：「習郁爲侍中，時從光武幸黎邱。與帝通夢，見蘇山神，光武嘉之，拜大鴻臚。録其前後功，封襄陽侯。使立蘇嶺祠，刻二石鹿挾神道，百姓謂之鹿門廟。或呼蘇嶺山爲鹿門山。」然歐公《集古録跋尾》云：「右漢楊震碑，首題云：『故太尉楊公神道碑銘。』」乃知立碑墓路而稱以神道，始漢無疑。

錢時《兩漢筆記・安帝》 四年，鄧騭在位，頗能推進賢士。弘農楊震，孤貧好學，明《歐陽尚書》，通達博覽，諸儒爲之語曰：「關西孔子楊伯起。」教授二十餘年，不荅州郡禮命，衆人謂之晚暮，而震志愈篤。騭聞而辟之，時震年已五十餘，累遷荆州刺史、東萊太守。當之郡道，經昌邑，故所舉荆州茂才王密爲昌邑令，夜懷金十斤以遺震，震曰：「故人知君，君不知故人，何也？」密曰：「暮夜無知者。」震曰：「天知地知，我知子知，何謂無知者？」密愧而出。後轉涿郡太守。性公廉，子孫常蔬食步行，故舊或欲令爲開産業，震不肯曰：「使後世稱爲清白吏子孫，以此遺之，不亦厚乎？」

曾子曰：十目所視，十手所指，其嚴乎？子思亦曰：君子所不可及者，其唯人之所不見乎？不睹不聞，常戒常懼，所以爲謹獨之學也。凡小人之爲不善，其始未嘗不幸。人之不知而陰爲之，遂至爲姦、爲宄、爲賊、爲盜，無所不爲。楊震不受饋金，未爲高節，而何謂無知之語？則誠士大夫律己之端，常存此心，内省不疚，暗室屋漏，無異十目十手之時，則庶乎其不欺矣！

王應麟《困學紀聞》卷一三《考史》 東漢三公，無出楊震、李固之右，而始進以鄧、梁，君子以爲疵。故《易》之《漸》曰：「進以正。」

黄震《古今紀要・後漢》 楊震年五十始仕，鄧騭辟之。畏四知，却王密金。子孫蔬食。論伯榮姦賂帝舅耿寶薦中常侍，后兄閻顯亦薦所親，震皆不受。上書攻中常侍樊豐、周廣等，救趙騰死，得豐等詐詔上之。竟以譖去，夕陽亭飲醉

卒，大鳥集喪前。

備論

《後漢書》卷五四《楊震傳論贊》 論曰：孔子稱「危而不持，顛而不扶，則將焉用彼相矣」。誠以負荷之寄，不可以虚冒，崇高之位，憂重責深也。延、光之閒，震爲上相，抗直方以臨權枉，先公道而後身名，可謂懷王臣之節，識所任之體矣。遂累葉載德，繼踵宰相。信哉，「積善之家，必有餘慶」。先世韋、平，方之蔑矣。

贊曰：楊氏載德，仍世柱國。震畏四知，秉去三惑。賜亦無諱，彪誠匪忒。脩雖才子，渝我淳則。

《全宋文》卷一五五王禹偁《楊震論》 袁宏作《後漢紀》，爲楊震立論，且引紂之三仁，以爲蘧寧悦箕子之心，叔孫通行微子之趣，楊震守比干之志。又謂三者誠有異同，亦各盡天人之理也。雖是震而褒之不顯，請試論之。夫人莫不樂生而惡死，非篤于名教者，不能殺身以成仁。是以趨生之易，即死之難，不待誘而然也。立言垂教者，當勸其所難，沮其所易，猶懼人之不從也，況混而爲一哉？箕子者，所謂愛其生而有待者也，故能演《河圖》《洛書》之文，陳《九疇》五行之義，使天下彝倫攸叙，人到于今賴之。蓋所存者大，故不死而有爲也。蘧寧者，小國大夫，位非見危致命之地，故有道則智，無道則愚，非箕子之儔也。微子義存宗社，抱祭器而歸周，使商之祀不絶于宗，所慮者遠，非偷生者也。叔孫通，暴秦之博士爾，苟脱虎口，豈微子之倫邪？楊震之于比干，異代同德。就三仁而言之，宜褒干以起教。蘧寧、叔孫通、楊震而言之，宜顯震以勸人。古之爲三公，輔萬乘，當亡之時，負天下之望，慕箕、微、蘧寧、叔孫之行者，可勝道哉？效比干、楊震之風者，蓋亦鮮矣。殺身成仁，如是之難也。且震之將死，顧諸子謂門生曰：「吾居上司，疾樊豐之狡猾而不能誅，惡孽女王聖之傾亂而不能禁，知帑藏虚竭、賞賜不節而不責，何面目以見日月？」遂仰藥而死，斯無愧于比干矣。然吾觀楊彪事獻帝爲三公，浮沉亂世，全身遠害而已。及魏文受禪，微蘧寧、叔孫之風者乎？其子修北面事魏，坐法伏誅，祖風替矣。嗚呼！震殺身奉國以訓子孫，子孫猶不能守，况悠悠世人哉？而又混三仁之名跡，開去就之蹊術，欲望教人行勸，其可得乎？吾故曰褒干顯震而起教勸人也，不其然歟？

《二程集》卷一八《伊川先生語二》 問：「『莫見乎隱，莫顯乎微』，何也？」曰：「人只以耳目所見聞者爲顯見，所不見聞者爲隱微，然不知理却甚顯也。且如昔人彈琴，見螳蜋捕蟬，而聞者以爲有殺聲。殺在心，而人聞其琴而知之，豈非顯乎？人有不善，自謂人不知之，然天地之理甚著，不可欺也。」曰：「如楊震四知，然否？」曰：「亦是。然而若説人與我，固分得；若説天地，只是一箇知也。且如水旱，亦有所致，如暴虐之政所感，此人所共見者，固是也。然人有不善之心積之多者，亦足以動天地之氣。如疾疫之氣亦如此。不可道事至目前可見，然後爲見也。更如堯、舜之民，何故仁壽？桀、紂之民，何故鄙夭？纔仁便壽，纔鄙便夭。壽夭乃是善惡之氣所致。仁則善氣也，所感者亦善。善氣所生，安得不壽？鄙則惡氣也，所感者亦惡。惡氣所生，安得不夭？」

錢時《兩漢筆記・安帝》 是時，朝廷爲羣小之窟宅，獨一楊震盡忠竭節，極言排救。上章數四，切中膏肓之病，若能聽納，用其規模，則一轉移，可以丕變，而竟擠死於嬖倖之手，則天下大勢，不必復置論矣。雖然，尚有可議者。永寧元年，震爲司徒。明年，太后崩。而王聖及李閏、江京之謀行，位居大臣，爲國梁棟，所宜防微杜漸，遏其端萌，外正朝綱，内清宫掖，而乃坐視羣小鼓君，聽執國命，親王貴戚，誅斥惟意，而不能早爲之所。逮其事定，根據權要，乃方呶呶然争於頰舌之間，則已後矣。首論王聖，再論劉瓌，言既不行，徒招忿恚。去就之義，亦宜早決。後二年，太尉復論王聖等之起第舍，明年又極論樊豐等之弄威福，空言無濟，其跡遂危。臨將飲酖，乃始歎曰：「疾姦臣狡猾而不能誅惡，嬖女傾亂而不能禁，何面目復見日月？」此君子之論所以惜之，而於震猶有所未滿也。

錢時《兩漢筆記・順帝》 士大夫立乎人之本朝，凡今日所爲，當使後日可觀。貪目前之微榮，負天下之清議，苟一時之寵利，遺萬世之羞辱。由君子觀之，不翅犬豕之處泥塗，蛆蠅之在糞溷。彼方洋洋自以爲得志，吁！可哀也已。延光二年，楊震爲太尉，耿寶、閻顯薦人於震，不從。司空劉授聞之，即辟此二人。由是震益見怨。愚每觀此，使人唾斥不暇，小人情狀，其可惡一至於此，俱位三公，事同一體，所宜戮力秉公持正，共振朝綱，翊扶宗社，而乃背忠直而從邪，媚權貴而取容，一敗塗地，禍不旋踵，是非善惡，白黑昭然。因念世間，若無公論，則盗跖而夷齊矣。寵辱之境，曷審思焉！

陳子龍《陳忠裕公全集・安雅堂稿・楊震》 甚矣，小人之難去也。小人所用者，皆清議之廢士，而所急者財賄也。天下失職之徒甚多，嗜進之情最迫。而資

財所聚，威勢百倍，轇轕攀附，遂同邱山，欲以一夫公正之論，起而敵之，豈能勝哉？伯起所云臧錮棄世之徒，復得顯用，事之可患，未有過此者也。以金錢被玷，還以金錢洗濯之，罔上剥下，何所不至，大風隧有貪人敗類，國之不亡者幸矣！

朱軾《史傳三編》卷一四《楊震傳》　論曰：楊氏四世三公，然自震迄賜，並以晚達。古人先道德，後功名，于此可見。考震之學，蓋能用其力于慎獨者，非如馬融諸儒，習章句，通訓詁，以爲明經已也。傳曰：不爲威惕，不爲利疚。孟子曰有諸己之謂信，震殆有得乎此，是以苟得苟免之事，有所不爲，其直言顯諍，乃所謂勿欺而犯者。卒之一死報君，猶以屍諫。中孚應天，至誠動物，大鳥之集，豈偶然哉？夫學至宋儒始明，而漢人篤意力行，往往闇合，如伯起之立志較然，即司馬君實生平無不可對人言，趙閱道旦晝所爲必夜焚香以告帝，皆聞風興起者耳。秉之三不惑，爲能恪守四知之畏。賜危言不諱，有祖父風，數傳至彪，篤厚有餘，剛義不足矣，要不失爲清白吏子孫云。

唐晏《兩漢三國學案》卷三《尚書・楊震》　東漢之大臣若震者，豈易及哉！其事君之道純從經術來，而卒不免於小人，惜哉！孔子謂大臣者以道事君，不可則止，又謂殺身成仁，若震者近之矣。

藝文

《宋之問集》卷四《范陽王挽詞二首》（其二）　贈秩徽章洽，求書秘草成。客隨朝露盡，人逐夜舟驚。蒿里衣冠送，松門印綬迎。誰知楊伯起，今日重哀榮。

《全唐詩》卷六〇李嶠《金》　南楚標前貢，西秦識舊城。祭天封漢嶺，擲地警孫聲。鑠日披沙净，含風振鐸鳴。方同楊伯起，獨有四知名。

《李太白全集》卷九《口號贈楊徵君》　陶令辭彭澤，梁鴻入會稽。我尋《高士傳》，君與古人齊。雲卧留丹壑，天書降紫泥。不知楊伯起，早晚向關西。

《李太白全集》卷一七《送楊燕之東魯》　關西楊伯起，漢日舊稱賢。四代三公族，清風播人天。夫子華陰居，開門對玉蓮。何事歷衡霍，雲帆今始還。君坐稍解顔，爲我歌此篇。我固侯門士，謬登聖主筵。一辭金華殿，蹭蹬長江邊。二子魯門東，别來已經年。因君此中去，不覺淚如泉。

《全唐詩》卷五四八薛逢《潼關驛亭》　河上關門日日開，古今名利旋堪哀。終軍壯節埋黄土，楊震豐碑翳緑苔。寸禄應知霑有分，一官常懼處非才。猶驚往歲同袍者，尚逐江東計吏來。

《全唐詩》卷六四七胡曾《關西》　楊震幽魂下北邙，關西蹤跡遂荒涼。四知美譽留人世，應與乾坤共久長。

《全唐詩》卷六五〇方干《登新城縣樓贈蔡明府》　楊震東來是宦遊，政成登此自消憂。草中白道穿村去，樹裏清溪照郭流。縱目四山宜永日，開襟五月似高秋。不知縣籍添新户，但見川原桑柘稠。

《全唐詩》卷七二九周曇《楊震》　爲國推賢匪惠私，十金爲報遽相危。無言暗室何人見，咫尺斯須已四知。

漢順帝部

綜述

《後漢書》卷六《孝順帝紀》 孝順皇帝諱保，安帝之子也。母李氏，爲閻皇后所害。永寧元年，立爲皇太子。延光三年，安帝乳母王聖、大長秋江京、中常侍樊豐譖太子乳母王男、廚監邴吉，殺之，太子數爲歎息。王聖等懼有後禍，遂與豐、京共構陷太子，太子坐廢爲濟陰王。明年三月，安帝崩，北鄉侯立，濟陰王以廢黜，不得上殿親臨梓宫，悲號不食，内外羣僚莫不哀之。及北鄉侯薨，車騎將軍閻顯及江京，與中常侍劉安、陳達等白太后，祕不發喪，而更徵立諸國王子，乃閉宫門，屯兵自守。

十一月丁巳，京師及郡國十六地震。是夜，中黄門孫程等十九人共斬江京、劉安、陳達等，迎濟陰王於德陽殿西鍾下，即皇帝位，年十一。近臣尚書以下，從輦到南宫，登雲臺，召百官。尚書令劉光等奏言：「孝安皇帝聖德明茂，早棄天下。陛下正統，當奉宗廟，而姦臣交搆，遂令陛下龍潛蕃國，羣僚遠近莫不失望。天命有常，北鄉不永，漢德盛明，福祚孔章。近臣建策，左右扶翼，内外同心，稽合神明。陛下踐祚，奉遵鴻緒，爲郊廟主，承續祖宗無窮之烈，上當天心，下猒民望。而即位倉卒，典章多缺，請條案禮儀，分別具奏。」制曰：「可。」乃召公卿百僚，使虎賁、羽林士屯南、北宫諸門。閻顯兄弟聞帝立，率兵入北宫，尚書(郎)〔郭〕鎮與交鋒刃，遂斬顯弟衛尉景。戊午，遣使者入省，奪得璽綬，乃幸嘉德殿，遣侍御史持節收閻顯及其弟城門校尉耀、執金吾晏，並下獄誅。己未，開門，罷屯兵。壬戌，詔司隸校尉：「惟閻顯、江京近親當伏辜誅，其餘務崇寛貸。」壬申，謁高廟。癸酉，謁光武廟。

乙亥，詔益州刺史罷子午道，通褒斜路。

己卯，葬少帝以諸王禮。司空劉授免。賜公卿以下錢穀各有差。十二月甲申，以少府河南陶敦爲司空。

(其)令郡國守相視事未滿歲者，一切得舉孝廉吏。

癸卯，尚書奏請下有司，收還延光三年九月丁酉以皇太子爲濟陰王詔書。奏可。

京師大疫。

辛亥，詔公卿、郡守、國相，舉賢良方正、能直言極諫之士各一人。尚書令以下從輦幸南宫者，皆增秩賜布各有差。

永建元年春正月甲寅，詔曰：「先帝聖德，享祚未永，早弃鴻烈。姦慝緣閒，人庶怨讟，上干和氣，疫癘爲災。朕奉承大業，未能寧濟。蓋至理之本，稽弘德惠，蕩滌宿惡，與人更始。其大赦天下。賜男子爵，人二級，爲父後、三老、孝悌、力田(人)三級，流民欲自占者一級；鰥、寡、孤、獨、篤癃、貧不能自存者粟，人五斛；貞婦帛，人三匹。坐法當徙，勿徙；亡徒當傳，勿傳。宗室以罪絶，皆復屬籍。其與閻顯、江京等交通者，悉勿考。勉修厥職，以康我民。」

辛未，皇太后閻氏崩。

辛巳，太傅馮石、太尉劉熹、司徒李郃免。

二月甲申，葬安思皇后。

丙戌，太常桓焉爲太傅；大鴻臚朱寵爲太尉，參録尚書事；長樂少府九江朱倀爲司徒。賜百官隨輦宿衛及拜除者布各有差。

隴西鍾羌叛，護羌校尉馬賢討破之。

夏五月丁丑，詔幽、并、涼州刺史，使各實二千石以下至黄綬，年老劣弱不任軍事者，上名。嚴勑障塞，繕設屯備，立秋之後，簡習戎馬。

六月己亥，封濟南王錯子顯爲濟南王。

秋七月庚午，衛尉來歷爲車騎將軍。

八月，鮮卑寇代郡，代郡太守李超戰殁。

九月辛亥，初令三公、尚書入奏事。

冬十月辛巳，詔減死罪以下徙邊；其亡命贖，各有差。

丁亥，司空陶敦免。

鮮卑犯邊。庚寅，遣黎陽營兵出屯中山北界。告幽州刺史，其令緣邊郡增置步兵，列屯塞下。調五營弩師，郡舉五人，令教習戰射。

壬寅，廷尉張皓爲司空。

甲辰，詔以疫癘水潦，令人半輸今年田租；傷害什四以上，勿收責；不滿者，以實除之。

十二月辛巳，賜王、主、貴人、公卿以下布各有差。

二年春正月戊申，樂安王鴻來朝。

丁卯，常山王章薨。

二月，鮮卑寇遼東、玄菟。

甲辰，詔稟貸荆、豫、兗、冀四州流宂貧人，所在安業之；疾病致醫藥。

護烏桓校尉耿曄率南單于擊鮮卑，破之。

三月，旱，遣使者録囚徒。

疏勒國遣使奉獻。

夏六月乙酉，追尊謚皇妣李氏爲恭愍皇后，葬于恭北陵。

西域長史班勇、敦煌太守張朗討焉耆、尉犂、危須三國，破之；並遣子貢獻。

秋七月甲戌朔，日有食之。

壬午，太尉朱寵、司徒朱倀罷。庚子，太常劉光爲太尉，録尚書事；光禄勳許敬爲司徒。

辛丑，下邳王成薨。

三年春正月丙子，京師地震，漢陽地陷裂。甲午，詔實覈傷害者，賜年七歲以上錢，人二千；一家被害，郡縣爲收斂。乙未，詔勿收漢陽今年田租、口賦。

夏四月癸卯，遣光禄大夫案行漢陽及河内、魏郡、陳留、東郡，稟貸貧人。

六月，旱。遣使者録囚徒，理輕繫。

甲寅，濟南王顯薨。

秋七月丁酉，茂陵園寢災，帝縞素避正殿。辛亥，使太常王龔持節告祠茂陵。

九月，鮮卑寇漁陽。

冬十二月己亥，太傅桓焉免。

是歲，車騎將軍來歷罷。

四年春正月丙寅，詔曰：「朕託王公之上，涉道日寡，政失厥中，陰陽氣隔，寇盜肆暴，庶獄彌繁，憂悴永歎，疢如疾首。《詩》云：『君子如祉，亂庶遄已。』三朝之會，朔旦立春，嘉與海内洗心自新。其赦天下。從甲寅赦令已來復秩屬籍，三年正月已來還贖。其閻顯、江京等知識婚姻禁錮，一原除之。務崇寬和，敬順時令，遵典去苛，以稱朕意。」

丙子，帝加元服。賜王、主、貴人、公卿以下金帛各有差。賜男子爵及流民欲占者人一級，爲父後、三老、孝悌、力田人二級；鰥、寡、孤、獨、篤癃、〔貧〕不能自存帛，〔人〕一匹。

二月戊戌，詔以民入山鑿石，發洩藏氣，勑有司檢察所當禁絶，如建武、永平故事。

夏五月壬辰，詔曰：「海内頗有灾異，朝廷修政，太官減膳，珍玩不御。而桂陽太守文礱，不惟竭忠，宣暢本朝，而遠獻大珠，以求幸媚，今封以還之。」

五州雨水。秋八月庚子，遣使實覈死亡，收斂稟賜。

丁巳，太尉劉光、司空張皓免。

九月，復安定、北地、上郡歸舊土。

癸酉，大鴻臚龐參爲太尉，録尚書事。太常王龔爲司空。

冬十一月庚辰，司徒許敬免。

鮮卑寇朔方。

十二月乙卯，宗正劉崎爲司徒。

是歲，分會稽爲吴郡。拘彌國遣使貢獻。

五年春正月，疏勒王遣侍子，及大宛、莎車王皆奉使貢獻。

夏四月，京師旱。辛巳，詔郡國貧人被灾者，勿收責今年過更。京師及郡國十二蝗。

冬十月丙辰，詔郡國中都官死罪繫囚皆減罪一等，詣北地、上郡、安定戍。

乙亥，定遠侯班始坐殺其妻陰城公主，腰斬，同産皆棄市。

六年春二月庚午，河閒王開薨。

三月辛亥，復伊吾屯田，復置伊吾司馬一人。

秋九月辛巳，繕起太學。

護烏桓校尉耿曄遣兵擊鮮卑，破之。

丁酉，于闐王遣侍子貢獻。

冬十一月辛亥，詔曰：「連年灾潦，冀部尤甚。比蠲除實傷，贍恤窮匱，而百姓猶有棄業，流亡不絶。疑郡縣用心怠惰，恩澤不宣。《易》美『損上益下』，《書》稱『安民則惠』。其令冀部勿收今年田租、芻稾。」

十二月，日南徼外葉調國、撣國遣使貢獻。

壬申，客星出牽牛。

于闐王遣侍子詣闕貢獻。

陽嘉元年春正月乙巳，立皇后梁氏。賜爵，人二級，三老、孝悌、力田三級，爵過公乘，得移與子若同産、同産子，民無名數及流民欲占著者人一級；鰥、寡、孤、獨、篤癃、貧不能自存者粟，人五斛。

二月，海賊曾旌等寇會稽，殺句章、鄞、鄮三縣長，攻會稽東部都尉。詔緣海縣各屯兵戍。

丁巳，皇后謁高廟、光武廟，詔稟甘陵貧人，大小口各有差。

京師旱。庚申，勑郡國二千石各禱名山嶽瀆，遣大夫、謁者詣嵩高、首陽山，并祠河、洛，請雨。戊辰，雩。

以冀部比年水潦，民食不贍，詔案行稟貸，勸農功，賑乏絶。

甲戌，詔曰：「政失厥和，陰陽隔并，冬鮮宿雪，春無澍雨。分禱祈請，靡神不禁。深恐在所慢違『如在』之義，今遣侍中王輔等，持節分詣岱山、東海、滎陽、河、洛，盡心祈焉。」

三月，楊州六郡妖賊章河等寇四十九縣，殺傷長吏。

庚寅，帝臨辟雍饗射，大赦天下，改元陽嘉。詔宗室絶屬籍者，一切復籍；稟冀州尤貧民，勿收今年更、租、口賦。

夏五月戊寅，阜陵王恢薨。

秋七月，史官始作候風地動銅儀。

丙辰，以太學新成，試明經下第者補弟子，增甲、乙科員各十人。除郡國耆儒九十人補郎、舍人。

九月，詔郡國中都官繫囚皆減死一等，亡命者贖，各有差。

鮮卑寇遼東。

冬十一月甲申，望都、蒲陰狼殺女子九十七人，詔賜狼所殺者錢，人三千。

辛卯，初令郡國舉孝廉，限年四十以上，諸生通章句，文吏能牋奏，乃得應選；其有茂才異行，若顔淵、子奇，不拘年齒。

十二月丁未，東平王敞薨。

庚戌，復置玄菟郡屯田六(郡)〔部〕。

閏月丁亥，令諸以詔除爲郎，年四十以上課試如孝廉科者，得參廉選，歲舉一人。

戊子，客星出天苑。

辛卯，詔曰：「閒者以來，吏政不勤，故灾咎屢臻，盜賊多有。退省所由，皆以選舉不實，官非其人，是以天心未得，人情多怨。《書》歌股肱，《詩》刺三事。今刺史、二千石之選，歸任三司。其簡序先後，精覈高下，歲月之次，文武之宜，務存厥衷。」

庚子，恭陵百丈廡灾。

是歲，起西苑，修飾宫殿。

二年春二月甲申，詔以吴郡、會稽飢荒，貸人種糧。

三月，使匈奴中郎將王稠率左骨都侯等擊鮮卑，破之。

辛酉，除京師耆儒年六十以上四十八人補郎、舍人及諸王國郎。

夏四月，復置隴西南部都尉官。

己亥，京師地震。五月庚子，詔曰：「朕以不德，統奉鴻業，無以奉順乾坤，協序陰陽，灾眚屢見，咎徵仍臻。地動之異，發自京師，矜矜祗畏，不知所裁。羣公卿士將何以匡輔不逮，奉荅戒異？異不空設，必有所應，其各悉心直言厥咎，靡有所諱。」

戊午，司空王龔免。六月辛未，太常魯國孔扶爲司空。

疏勒國獻師子、封牛。

丁丑，洛陽地陷。是月，旱。

秋七月己未，太尉龐參免。八月己巳，大鴻臚沛國施延爲太尉。

鮮卑寇代郡。

冬十月庚午，行禮辟雍，奏應鍾，始復黄鍾，作樂器隨月律。

三年春二月己丑，詔以久旱，京師諸獄無輕重皆且勿考竟，須得澍雨。

三月庚戌，益州盜賊劫質令長，殺列侯。

夏四月丙寅，車師後部司馬率後部王加特奴等掩擊匈奴，大破之，獲其季母。

五月戊戌，制詔曰：「昔我太宗，丕顯之德，假于上下，儉以恤民，政致康乂。朕秉事不明，政失厥道，天地譴怒，大變仍見。春夏連旱，寇賊彌繁，元元被害，朕甚愍之。嘉與海内洗心更始。其大赦天下，自殊死以下謀反大逆諸犯不當得赦者，皆赦除之。賜民年八十以上米，〔人〕一斛，肉二十斤，酒五斗；九十以上加賜帛，人二匹，絮三斤。」

秋七月庚戌，鍾羌寇隴西、漢陽。冬十月，護羌校尉馬續擊破之。

十一月壬寅，司徒劉崎、司空孔扶免。乙巳，大司農南郡黄尚爲司徒，光禄

勳河東王卓爲司空。
丙午，武都塞上屯羌及外羌攻破屯官，驅略人畜。
四年春二月丙子，初聽中官得以養子爲後，世襲封爵。
自去冬旱，至于是月。
謁者馬賢擊鍾羌，大破之。
夏四月甲子，太尉施延免。戊寅，執金吾梁商爲大將軍，前太尉龐參爲太尉。
六月己未，梁王匡薨。秋七月己亥，濟北王登薨。
閏月丁亥朔，日有食之。
冬十月，烏桓寇雲中。十一月，圍度遼將軍耿曄於蘭池，發諸郡兵救之，烏桓退走。
十二月甲寅，京師地震。
永和元年春正月，夫餘王來朝。
乙卯，詔曰：「朕秉政不明，灾眚屢臻。典籍所忌，震食爲重。今日變方遠，地摇京師，咎徵不虛，必有所應。羣公百僚其各上封事，指陳得失，靡有所諱。」
己巳，宗祀明堂，登靈臺，改元永和，大赦天下。
秋七月，偃師蝗。
冬十月丁亥，承福殿火，帝避御雲臺。
十一月丙子，太尉龐參罷。
十二月，象林蠻夷叛。
乙巳，以前司空王龔爲太尉。
二年春正月，武陵蠻叛，圍充縣，又寇夷道。
二月，廣漢屬國都尉擊破白馬羌。
武陵太守李進擊叛蠻，破之。
三月辛亥，北海王翼薨。
乙卯，司空王卓薨。丁丑，光禄勳馮翊郭虔爲司空。
夏四月丙申，京師地震。
五月，日南叛蠻攻郡府。
秋七月，九真、交阯二郡兵反。
八月庚子，熒惑犯南斗。

江夏盜賊殺邾長。
冬十月甲申，行幸長安，所過鰥、寡、孤、獨、貧不能自存者賜粟，人五斛。庚子，幸未央宮，會三輔郡守、都尉及官屬，勞賜作樂。十一月丙午，祠高廟。丁未，遂有事十一陵。丁卯，京師地震。十二月乙亥，至自長安。
三年春二月乙亥，京師及金城、隴西地震，二郡山岸崩，地陷。戊子，太白犯熒惑。
夏四月，九江賊蔡伯流寇郡界，及廣陵，殺江都長。
戊戌，遣光禄大夫案行金城、隴西，賜壓死者年七歲以上錢，人二千；一家皆被害，爲收斂之。除今年田租，尤甚者勿收口賦。
閏月，蔡伯流等率衆詣徐州刺史應志降。
己酉，京師地震。
五月，吴郡丞羊珍反，攻郡府，太守王衡破斬之。
六月辛丑，琅邪王遵薨。
九真太守祝良、交阯刺史張喬慰誘日南叛蠻，降之，嶺外平。
秋七月丙戌，濟北王多薨。
八月己未，司徒黄尚免。九月己酉，光禄勳長沙劉壽爲司徒。
丙戌，令大將軍、三公各舉故刺史、二千石及見令、長、郎、謁者、四府掾屬剛毅武猛有謀謨任將帥者各二人，特進、卿、校尉各一人。
冬十月，燒當羌寇金城，護羌校尉馬賢擊破之，羌遂相招而叛。
十二月戊戌朔，日有食之。
四年春正月庚辰，中常侍張逵、蘧政、楊定等有罪誅，連及弘農太守張鳳、安平相楊皓，下獄死。
三月乙亥，京師地震。
夏四月癸卯，護羌校尉馬賢討燒當羌，大破之。
戊午，大赦天下。賜民爵及粟帛各有差。
五月戊辰，封故濟北惠王壽子安爲濟北王。
秋八月，太原郡旱，民庶流宂。癸丑，遣光禄大夫案行稟貸，除更賦。
冬十月戊午，校獵上林苑，歷函谷關而還。十一月丙寅，幸廣成苑。
五年春二月戊申，京師地震。
夏四月庚子，中山王弘薨。

南匈奴左部句龍大人吾斯、車紐等叛，圍美稷。

五月，度遼將軍馬續討吾斯、車紐，破之，使匈奴中郎將陳龜迫殺南單于。

己丑晦，日有食之。

且凍羌寇三輔，殺令長。

丁丑，令死罪以下及亡命贖，各有差。

九月，令扶風、漢陽築隴道塢三百所，置屯兵。

辛未，太尉王龔罷。

且凍羌寇武都，燒隴關。

壬午，太常桓焉爲太尉。

丁亥，徙西河郡居離石，上郡居夏陽，朔方居五原。

句龍吾斯等東引烏桓，西收羌胡，寇上郡，立車紐爲單于。冬十一月辛巳，遣使匈奴中郎將張耽擊破之，車紐降。

六年春正月丙子，征西將軍馬賢與且凍羌戰于射姑山，賢軍敗没，安定太守郭璜下獄死。

詔貸王、侯國租一歲。

閏月，鞏唐羌寇隴西，遂及三輔。

二月丁巳，有星孛于營室。

三月，武(都)〔威〕太守趙冲討鞏唐羌，破之。

庚子，司空郭虔免。

(丁)〔乙〕巳，河閒王政薨。

丙午，太僕趙戒爲司空。

夏五月庚子，齊王無忌薨。

使匈奴中郎將張耽大破烏桓、羌胡於天山。

鞏唐羌寇北地。

秋七月甲午，詔假民有貲者户錢一千。

八月丙辰，大將軍梁商薨；壬戌，河南尹梁冀爲大將軍。

九月，諸種羌寇武威。

辛亥晦，日有食之。

冬十月癸丑，徙安定居扶風，北地居馮翊。

十一月庚子，以執金吾張喬行車騎將軍事，將兵屯三輔。

漢安元年春正月癸巳，宗祀明堂，大赦天下，改元漢安。

二月丙辰，詔大將軍、公、卿舉賢良方正、能探賾索隱者各一人。

秋七月，始置承華廄。

八月，南匈奴左部大人句龍吾斯與薁鞬臺耆等反叛。

丁卯，遣侍中杜喬、光禄大夫周舉、守光禄大夫郭遵、馮羡、欒巴、張綱、周栩、劉班等八人分行州郡，班宣風化，舉實臧否。

九月庚寅，廣陵盜賊張嬰等寇郡縣。

冬十月辛未，太尉桓焉、司徒劉壽免。甲戌，行車騎將軍張喬罷。十一月壬午，司隸校尉趙峻爲太尉，大司農胡廣爲司徒。

癸卯，詔大將軍、三公選武猛試用有效驗任爲將校者各一人。

是歲，廣陵賊張嬰等詣太守張綱降。

二年春二月丙辰，鄯善國遣使貢獻。

夏四月庚戌，護羌校尉趙冲與漢陽太守張貢擊燒(當)〔何〕羌於參戀，破之。

六月乙丑，熒惑犯鎮星。

丙寅，立南匈奴守義王兜樓儲爲南單于。

冬十月辛丑，令郡國中都官繫囚殊死以下出縑贖，各有差；其不能入贖者，遣詣臨羌縣居作二歲。

甲辰，減百官奉。丙午，禁沽酒，又貸王、侯國租一歲。

閏月，趙冲擊燒當羌於(河)〔阿〕陽，破之。

十一月，使匈奴中郎將馬寔遣人刺殺句龍吾斯。

十二月，楊、徐盜賊攻燒城寺，殺略吏民。

是歲，涼州地百八十震。

建康元年春正月辛丑，詔曰：「隴西、漢陽、張掖、北地、武威、武都，自去年九月已來，地百八十震，山谷坼裂，壞敗城寺，殺害民庶。夷狄叛逆，賦役重數，内外怨曠，惟咎歎息。其遣光禄大夫案行，宣暢恩澤，惠此下民，勿爲煩擾。」

三月庚子，沛王廣薨。

領護羌校尉衛瑤追討叛羌，破之。

南郡、江夏盜賊寇掠城邑，州郡討平之。

夏四月，使匈奴中郎將馬寔擊南匈奴左部，破之，於是胡羌、烏桓悉詣寔降。

辛巳，立皇子炳爲皇太子，改年建康，大赦天下。賜人爵各有差。

秋七月丙午，清河王延平薨。

八月，楊、徐盜賊范容、周生等寇掠城邑，遣御史中丞馮赦督州郡兵討之。

庚午，帝崩于玉堂前殿，時年三十。遺詔無起寢廟，斂以故服，珠玉玩好皆不得下。

《東觀漢紀》卷三《敬宗孝順皇帝》 孝順皇帝諱保，孝安長子也。母早薨，追謚恭愍皇后。上幼有簡厚之質，體有敦慤之性，寬仁温惠。始入小學，誦《孝經》章句，和熹皇后甚嘉之，以爲宜奉大統。年六歲，永寧元年，爲皇太子。受業《尚書》，兼資敏達。初，乳母王男、厨監邴吉爲大長秋江京、中常侍樊豐等所譖愬，京懼有後害，遂共搆太子，太子坐廢爲濟陰王。安帝崩，北鄉侯即尊位。王廢絀，不得上殿臨棺，而悲哀泣血，不下餐粥。北鄉侯薨，車騎將軍閻顯等議：「前不用濟陰王，今用怨人。」白閻太后，復徵諸王子，閉門發兵。中黄門孫程等十九人共討賊臣，以迎濟陰王於德陽殿西鍾下，即皇帝位。司空劉授以阿附惡逆，辟召非其人，策罷。永建元年，太傅馮石、太尉劉熹以阿黨權貴，李郃以人多疾疫免。三年，太傅桓焉無清介辟召，策罷。四年，漢陽率善都尉蒲密因桂陽太守文礱獻大明珠。詔曰：「海内頗有災異，而礱不推忠諷誠，而喻明珠之瑞，求媚煩擾，珠今封却還。」太尉劉光、司空張皓以陰陽不和，久託病，策罷。司徒許敬爲陵轢使者策罷，以千石禄終身。六年，葉調國王遣使師會詣闕貢獻，以師會爲漢歸義葉調邑君，賜其君紫綬，及撣國王雍由亦賜金印紫綬。陽嘉元年，望都、蒲陰狼殺女子九十七人，爲不祠北嶽所致。詔曰：「政失厥中，狼災爲應，至乃殘食孤幼。博訪其故，山嶽尊靈，國所望秩，而比不奉祠，淫刑放濫，害加孕婦。」二年，汝南童子謝廉、河南童子趙建，年十二，各通一經，以太學初繕，應化而至，皆除郎中。疏勒王盤遣使文時詣闕，獻師子、封牛。師子形似虎，正黄，有髯耏，尾端茸毛大如斗。冬十月庚午，以春秋爲辟雍，隸太學，隨月律。十月作應鍾，三月作姑洗。元和以來，音戾不調，修復黄鍾，作樂器，如舊典。四年，太尉施延以選舉貪污，策罷。詔曰：「朕以不德，讁見于天，零陵言日食，京師不覺。」永和元年，大將軍夫人躬先率下，淑慎其身，追號爲開封君。六年十二月詔：「故將軍馬賢，前伐西夷，克敵深入，父子三人同命，其以漢中南鄭之武陽亭封賢孫承先爲武陽亭侯，食租税。」漢安元年，雒陽劉漢等百九十七家爲火所燒，其九十家不自存，詔賜錢廩穀。時以遠近獻馬衆多，園厩充滿，始置承華厩令，秩六百石。八月，遣侍中杜喬、光禄大夫周舉等八人分行州郡，頒宣風化，舉實臧否。二年，詔禁民無得酤賣酒麴。建康元年八月，帝崩于玉堂前殿，在位十九年，時年三十。遺詔無起寢廟，衣以故服，珠玉玩好皆不得下，務爲節約。葬憲陵，廟曰敬宗。

有司奏言：「孝順皇帝弘秉聖哲，龍興統業，稽乾則古，欽奉鴻烈。寬裕晏晏，宣恩以極，躬自菲薄，以崇玄默。遺詔貽約，顧念萬國。衣無製新，玩好不飾。塋陵損狹，不起寢廟，遵履前制，敬勑慎終，有始有卒。《孝經》曰：『愛敬盡於事親，而德教加於百姓。』《詩》云：『敬慎威儀，惟民之則。』臣請上尊號曰敬宗廟，天子世世獻奉，藏主祫祭，進《武德》之舞，如祖宗故事。」露布奏可。

中常侍籍建，遇姦迫臣，追封爲汝陰東鄉侯。

雜録

備録

司馬彪《續漢書》卷一《順帝紀》 帝爲太子，四歲避疾，當阿母王聖第新治，乳母王男、厨監邴吉以爲犯上忌，不可御，與江京、樊豐及聖二女永等相是非。聖、永誣譖男、吉，皆物故。太子思戀男等，數爲之歎息。聖、永懼有後害，遂與京、豐等共搆太子，坐廢爲王。

順帝詔曰：「死則委屍原野。」

《後漢書・天文志中》 孝順永建二年二月癸未，太白晝見三十九日。【略】是時中常侍高梵、張防、將作大匠翟酺、尚書令高堂芝、僕射張敦、尚書尹就、郎姜述、楊鳳等，及兗州刺史鮑就、使匈奴中郎〔將〕張國、金城太守張篤、敦煌太守張朗，相與交通，漏泄，就、述棄市，梵、防、酺、芝、敦、鳳、就、國皆抵罪。又定遠侯班始尚陰城公主堅得，鬭争殺堅得，坐要斬馬市，同産皆棄市。

永和三年二月辛巳，太白晝見。【略】是時，大將軍梁商父子秉勢，中常侍張逵、蘧政、(陽)〔楊〕定、内者令石光、尚方令傅福等與中常侍曹騰、孟賁争權，白帝言騰、賁與商謀反，矯詔命收騰、賁，賁自解説，順帝寤，解騰、賁縛。逵等自知事不從，各奔走，或自刺，解貂蟬投草中逃亡，皆得免。其六年，征西將軍馬賢擊西

羌於北地(謝)〔射〕姑山下，父子爲羌所没殺，是其應也。

錢時《兩漢筆記・順帝》 北鄉侯病篤，中常侍孫程謂濟陰王涓者長興渠曰：「王以嫡統，本無失德，先帝用讒，遂至廢黜。若北鄉侯不起，相與共斷，江京、閻顯事無不成者。」渠然之。又中黄門南陽王康先爲太子府史，及長樂太官丞京兆王國等並附同於程。江京謂閻顯曰：「北鄉侯病不解，國嗣宜以時定，何不早徵諸王子，簡所置乎？」顯以爲然。辛亥，北鄉侯薨。顯白太后，秘不發喪，而更徵諸王子，閉宫門，屯兵自守。十一月乙卯，孫程、王康、王國與中黄門黄龍、彭愷、孟叔、李進、王成、張賢、史汎、馬國、王道、李元、楊佗、陳予、趙封、李剛、魏猛、苗光等，聚謀於西鐘下，皆截單衣爲誓。丁巳，京師及郡國十六地震。是夜程等共會崇德殿，上因入章臺門。時江京、劉安及李閏、陳達等，俱坐省門下。程與王康共就斬京、安、達，以李閏權執積爲省内所服，欲引爲主，因舉刃脅閏曰：「今當立濟陰王，無得摇動。」閏曰：「諾。」於是，扶閏起，俱於西鐘下迎濟陰王即皇帝位，時年十一。戊午，遣使者入省，奪得璽綬。帝乃幸嘉德殿，遣侍御史持節收閻顯及其弟城門校尉耀、執金吾晏，並下獄，誅，家屬皆徙，比景遷太后於離宫。己未，開門，罷屯兵。壬戌，詔司隸校尉，惟閻顯、江京近親當伏辜誅，其餘務崇寬貸，封孫程等皆爲列侯。程食邑萬户，王康、王國食九千户，黄龍食五千户，彭愷、孟叔、李建食四千二百户，王成、張賢、史汎、馬國、王道、李元、楊佗、陳予、趙封、李剛食四千户，魏猛食二千户，苗光食千户，是爲十九侯，加賜車馬、金銀、錢帛各有差。李閏以先不豫謀，故不封，擢孫程爲騎都尉。

備論

《後漢書》卷五《孝順帝紀論》 古之人君，離幽放而反國祚者有矣，莫不矯鑒前違，審識情僞，無忘在外之憂，故能中興其業。觀夫順朝之政，殆不然乎？何其傚僻之多與？

錢時《兩漢筆記・順帝》 宦官定策，此天地之大變，自古所未有也，尚忍言之？然尋其禍根，則自鄭衆始矣。何者？竇氏之誅，獨謀於衆，由是宦官用事，得以制外戚之死命。一舉而竇，再舉而鄧，又再舉而閻，而天子廢置，遂出於其手。十九侯之事，豈一朝一夕之故哉？雖然，其血脉源流，又有自來也。伊周不可見矣。僅得顧命大臣如霍光者，受先君之託，雖百鄭衆，亦何能爲？惟夫嗣君童幼，母后擅朝，是以閹腐得志，宫庭玩天子如嬰孩，竊弄神器若掌股間物矣，是可歎也。或曰：濟陰王保既以讒廢，太后欲久專國，貪立幼年，向微孫、王之徒，則天下事殆有大可慮者，似亦未容輕議也。曰：小人出而執國命，豈皆悖繆而天下之權歸之？當人心憤鬱不平之日，其所舉錯，亦必有深愜乎天下之公論，然後時君世主甘心而聽命焉。竇氏之姦，不異王莽，謂非鄭衆之力，則固未可。嗚呼！綱淪法斁，世道陵遲，無大君子底柱頽波，而使小人焉有功於天下，太阿之柄因以不返，此愚所以又歎也。

梁皇后部

綜述

《後漢書》卷一〇下《皇后紀下・順烈梁皇后傳》　順烈梁皇后諱妠，大將軍商之女，恭懷皇后弟之孫也。后生，有光景之祥。少善女工，好《史書》，九歲能誦《論語》，治《韓詩》，大義略舉。常以列女圖畫置於左右，以自監戒。父商深異之，竊謂諸弟曰：「我先人全濟河西，所活者不可勝數。雖大位不究，而積德必報。若慶流子孫者，儻興此女乎？」

永建三年，與姑俱選入掖庭，時年十三。相工茅通見后，驚，再拜賀曰：「此所謂日角偃月，相之極貴，臣所未嘗見也。」太史卜兆得壽房，又筮得《坤》之《比》，遂以爲貴人。常特被引御，從容辭於帝曰：「夫陽以博施爲德，陰以不專爲義，螽斯則百，福之所由興也。願陛下思雲雨之均澤，識貫魚之次序，使小妾得免罪謗之累。」由是帝加敬焉。

陽嘉元年春，有司奏立長秋宮，以乘氏侯商先帝外戚，《春秋》之義，娶先大國，梁小貴人宜配天祚，正位坤極。帝從之，乃於壽安殿立貴人爲皇后。后既少聰惠，深覽前世得失，雖以德進，不敢有驕專之心，每日月見讁，輒降服求愆。

建康元年，帝崩。后無子，美人虞氏子炳立，是爲沖帝。尊后爲皇太后，太后臨朝。沖帝尋崩，復立質帝，猶秉朝政。

時楊、徐劇賊寇擾州郡，西羌、鮮卑及日南蠻夷攻城暴掠，賦斂煩數，官民困竭。太后夙夜勤勞，推心杖賢，委任太尉李固等，拔用忠良，務崇節儉。其貪叨罪慝，多見誅廢。分兵討伐，羣寇消夷。故海內肅然，宗廟以寧。而兄大將軍冀鴆殺質帝，專權暴濫，忌害忠良，數以邪説疑誤太后，遂立桓帝而誅李固。太后又溺於宦官，多所封寵，以此天下失望。

和平元年春，歸政於帝，太后寢疾遂篤，乃御輦幸宣德殿，見宫省官屬及諸梁兄弟。詔曰：「朕素有心下結氣，從閒以來，加以浮腫，逆害飲食，寖以沈困，比使內外勞心請禱。私自忖度，日夜虛劣，不能復與羣公卿士共相終竟。援立聖嗣，恨不久育養，見其終始。今以皇帝、將軍兄弟委付股肱，其各自勉焉。」後二日而崩。在位十九年，年四十五。合葬憲陵。

《東觀漢記》卷六《順烈梁皇后》　有光景之祥。

九歲誦《論語》。

孝順梁皇后，永建三年春三月丙午，選入掖庭。相工茅通見之，瞿然驚駭，却再拜賀曰：「此所謂日角偃月，相之極貴，臣所未嘗見。」太史卜之，兆得壽房，又筮之，得《坤》之《比》。

順帝陽嘉元年，立順烈皇后。是時自冬至春不雨，尊后之日，嘉澍霑渥。

太后攝政。

司馬彪《續漢書》卷一《后妃傳》　梁皇后，大將軍商女。后〔生〕，有光景之祥。及長，聰叡，仰承兄姊，俯接弟妹，恩情周悉。既有女功之巧，尤好史書學問之事。九歲能誦《孝經》、《論語》，遂治《韓詩》，大義略舉。女傳列圖，常在左右。宗族中外，咸敬異焉。選入掖庭，相工茅通見之，大驚曰：「此所謂日角偃月，相之極貴，臣所未常見。」於是以爲貴人，恩寵日崇。乃白上曰：「陽以博施爲德，陰以不專爲義，蓋詩人螽斯之福，則百斯男之祚，所由興也。願陛下思天行之普逮，均貫魚之次序，使小妾得免罪謗之累。」於是上愈善之，益親顧焉。陽嘉元年，立爲皇后。

雜録

《後漢書・天文志下》　建和三年八月己亥，鎮星犯輿鬼中南星。【略】至和平元年(十)二月甲寅，梁太后崩，梁冀益驕亂矣。

備録

《後漢書・五行志二》　桓帝建和二年五月癸丑，北宫掖庭中德陽殿火，及左掖門。先是梁太后兄冀挾姦枉，以故太尉李固、杜喬正直，恐害其事，令人誣奏固、喬而誅滅之。是後梁太后崩，而梁氏誅滅。

桓帝建和三年秋七月，北地廉雨肉似羊脅，或大如手，近赤祥也。是時梁太

后攝政，兄梁冀專權，枉誅漢良臣故太尉李固、杜喬，天下冤之。其後梁氏誅滅。

《後漢書・五行志三》 質帝本初元年海水溢樂安北海，溺殺人物。是時帝幼，梁太后專政。

桓帝建和二年七月，京師大水。去年冬，梁冀枉殺故太尉李固、杜喬。

三年八月，京都大水。是時梁太后猶專政。

桓帝建和三年六月乙卯，雷震憲陵寢屋。先是梁太后聽兄冀枉殺李固、杜喬。

《後漢書・五行志四》 順帝崩，梁太后攝政，欲爲順帝作陵，制度奢廣，多壞吏民冢。尚書欒巴諫事，太后怒，癸卯，詔書收巴下獄，欲殺之。丙午地震，於是太后乃出巴，免爲庶人。

桓帝建和元年九月丁卯，京都地震。是時梁太后攝政，兄冀持權。至和平元年，太后崩，然冀猶秉政專事，至延熹二年，乃誅滅。

桓帝建和元年四月，郡國六地裂。【略】時梁太后攝政，兄冀枉殺李固、杜喬。

《後漢書・五行志六》 桓帝建和元年正月辛亥朔，日有蝕之。是時梁太后攝政。

三年四月丁卯晦，日有蝕之。【略】梁太后又聽兄冀枉殺公卿，犯天法也。明年，太后崩。

《後漢書》卷三〇上《楊厚傳》 時大將軍梁冀威權傾朝，遣弟侍中不疑以車馬、珍玩致遺於厚，欲與相見。厚不答，固稱病求退。帝許之，賜車馬錢帛歸家。修黄老，教授門生，上名録者三千餘人。太尉李固數薦言之。(太)〔本〕初元年，梁太后詔備古禮以聘厚，遂辭疾不就。建和三年，太后復詔徵之，經四年不至。年八十二，卒於家。策書弔祭。

《後漢書》卷三四《梁商傳》 商字伯夏，雍之子也。少以外戚拜郎中，遷黄門侍郎。永建元年，襲父封乘氏侯。三年，順帝選商女及妹入掖庭，遷侍中、屯騎校尉。陽嘉元年，女立爲皇后，妹爲貴人，加商位特進，更增國土，賜安車駟馬，其歲拜執金吾。二年，封子冀爲襄邑侯，商讓不受。三年，以商爲大將軍，固稱疾不起。四年，使太常桓焉奉策就第即拜，商乃詣闕受命。明年，夫人陰氏薨，追號開封君，贈印綬。

商自以戚屬居大位，每存謙柔，虚己進賢，辟漢陽巨覽、上黨陳龜爲掾屬，李固、周舉爲從事中郎，於是京師翕然，稱爲良輔，帝委重焉。每有飢饉，輒載租穀於城門，賑與貧餧，不宣己惠。檢御門族，未曾以權盛干法。而性慎弱無威斷，頗溺於内豎。以小黄門曹節等用事於中，遂遣子冀、不疑與爲交友，然宦者忌商寵任，反欲陷之。永和四年，中常侍張逵、蘧政，内者令石光，尚方令傅福，冗從僕射杜永連謀，共譖商及中常侍曹騰、孟賁，云欲徵諸王子，圖議廢立，請收商等案罪。帝曰：「大將軍父子我所親，騰、賁我所愛，必無是，但汝曹共妒之耳。」逵等知言不用，懼迫，遂出矯詔收縛騰、賁於省中。帝聞震怒，勑宦者李歙急呼騰、賁釋之，收逵等，悉伏誅。辭所連染及在位大臣，商懼多侵枉，乃上疏曰：「《春秋》之義，功在元帥，罪止首惡，故賞不僭溢，刑不淫濫，五帝、三王所以同致康乂也。竊聞考中常侍張逵等，辭語多所牽及。大獄一起，無辜者衆，死囚久繫，纖微成大，非所以順迎和氣，平政成化也。宜早訖竟，以止逮捕之煩。」帝乃納之，罪止坐者。

六年秋，商病篤，勑子冀等曰：「吾以不德，享受多福。生無以輔益朝廷，死必耗費帑臧，衣衾飯唅玉匣珠貝之屬，何益朽骨。百僚勞擾，紛華道路，秖增塵垢，雖云禮制，亦有權時。方今邊境不寧，盗賊未息，即時殯斂。斂以時服，皆以故衣，無更裁制。殯已開冢，冢開即葬。祭食如存，無用三牲。孝子善述父志，不宜違我言也。」及薨，帝親臨喪，諸子欲從其誨，朝廷不聽，賜以東園朱壽(之)器、銀鏤、黄腸、玉匣、什物二十八種，錢二百萬，布三千匹。皇后錢五百萬，布萬匹。及葬，贈輕車介士，賜謚忠侯。中宫親送，帝幸宣陽亭，瞻望車騎。

子冀嗣。

《後漢書》卷五七《欒巴傳》 巴使徐州還，再遷豫章太守。郡土多山川鬼怪，小人常破貲産以祈禱。巴素有道術，能役鬼神，乃悉毁壞房祀，翦理姦巫，於是妖異自消。百姓始頗爲懼，終皆安之。遷沛相。所在有績，徵拜尚書。會帝崩，營起憲陵。陵左右或有小人墳冢，主者欲有所侵毁，巴連上書苦諫。時梁太后臨朝，詔詰巴曰：「大行皇帝晏駕有日，卜擇陵園，務從省約，塋域所極，裁二十頃，而巴虚言主者壞人冢墓。事既非實，寢不報下，巴猶固遂其愚，復上誹謗。苟肆狂瞽，益不可長。」巴坐下獄，抵罪，禁錮還家。

《後漢書》卷六一《周舉傳》 及梁太后臨朝，詔以殤帝幼崩，廟次宜在順帝下。太常馬訪奏宜如詔書，諫議大夫吕勃以爲應依昭穆之序，先殤帝，後順帝。詔下公卿。舉議曰：「《春秋》魯閔公無子，庶兄僖公代立，其子文公遂躋僖於閔

上。孔子譏之，書曰：『有事于太廟，躋僖公。』《傳》曰：『逆祀也。』及定公正其序，經曰『從祀先公』，爲萬世法也。今殤帝在先，於秩爲父，順帝在後，於親爲子，先後之義不可改，昭穆之序不可亂。吕勃議是也。」太后下詔從之。

《後漢書》卷六三《杜喬傳》 漢安元年，以喬守光禄大夫，使徇察兗州。表奏太山太守李固政爲天下第一；陳留太守梁讓、濟陰太守汜宫、濟北相崔瑗等臧罪千萬以上。讓即大將軍梁冀季父，宫、瑗皆冀所善。還，拜太子太傅，遷大司農。

時梁冀子弟五人及中常侍等以無功並封，喬上書諫曰：「陛下越從藩臣，龍飛即位，天人屬心，萬邦攸賴。不急忠賢之禮，而先左右之封，傷善害德，興長佞諛。臣聞古之明君，褒罰必以功過；末世闇主，誅賞各緣其私。今梁氏一門，宦者微孽，並帶無功之紱，裂勞臣之土，其爲乖濫，胡可勝言！夫有功不賞，爲善失其望；姦回不詰，爲惡肆其凶。故陳資斧而人靡畏，班爵位而物無勸。苟遂斯道，豈伊傷政，爲亂而已，喪身亡國，可不慎哉！」書奏不省。

益州刺史种暠舉劾永昌太守劉君世以金蛇遺梁冀，事發覺，以蛇輸司農。冀從喬借觀之，喬不肯與，冀始爲恨。累遷大鴻臚。時冀小女死，令公卿會喪，喬獨不往，冀又銜之。

遷光禄勳。建和元年，代胡廣爲太尉。桓帝將納梁冀妹，冀欲令以厚禮迎之，喬據執舊典，不聽。又冀屬喬舉汜宫爲尚書，喬以宫臧罪明著，遂不肯用，因此日忤於冀。先是李固見廢，内外喪氣，羣臣側足而立，唯喬正色無所回橈。由是海内歎息，朝野瞻望焉。在位數月，以地震免。宦者唐衡、左悺等因共譖於帝曰：「陛下前當即位，喬與李固抗議言上不堪奉漢宗祀。」帝亦怨之。及清河王蒜事起，梁冀遂諷有司劾喬及李固與劉鮪等交通，請逮案罪。而梁太后素知喬忠，但策免而已。冀愈怒，使人脅喬曰：「早從宜，妻子可得全。」喬不肯。明日冀遣騎至其門，不聞哭者，遂白執繫之，死獄中。妻子歸故郡。與李固俱暴屍於城北，家屬故人莫敢視者。

喬故掾陳留楊匡聞之，號泣星行到洛陽，乃著故赤幘，託爲夏門亭吏，守衛屍喪，驅護蠅蟲，積十二日，都官從事執之以聞，梁太后義而不罪。匡於是帶鈇鑕詣闕上書，并乞李、杜二公骸骨，太后許之。成禮殯殮，送喬喪還家，葬送行服，隱匿不仕。

備論

《後漢書》卷六三《李杜傳論》 夫稱仁人者，其道弘矣！立言踐行，豈徒徇名安己而已哉，將以定去就之槩，正天下之風，使生以理全，死與義合也。夫專爲義則傷生，專爲生則騫義，專爲物則害智，專爲己則損仁。若義重於生，舍生可也；生重於義，全生可也。上以殘闇失君道，下以篤固盡臣節。臣節盡而死之，則爲殺身以成仁，去之不爲求生以害仁也。順、桓之閒，國統三絶，太后稱制，賊臣虎視。李固據位持重，以争大義，確乎而不可奪。豈不知守節之觸禍，恥夫覆折之傷任也。觀其發正辭，及所遺梁冀書，雖機失謀乖，猶戀戀而不能已。至矣哉，社稷之心乎！其顧視胡廣、趙戒，猶糞土也。

錢時《兩漢筆記·冲帝》 人才者，國之元氣也。梁后臨朝，首用李固，此意豈不甚美。若一於信任，勿有間之，使得以展其所藴，則雖主少國危，尚可扶命脉於將墜，豈不猶幸矣哉！天下之患，莫大乎名尊君子而實小人執其權，寵之以禄爵而不任之以事也。當是時，有梁冀在，雖百李固亦不能如之何耳！雖然，冀也一旦感悟，斂然退聽，處無用之地，就君子之規模，則家安而國家可保，奈之何其終迷而不改也。悲夫！

錢時《兩漢筆記·質帝》 太后委政宰輔，李固所言，太后多從之。黄門宦官所惡者，一皆斥遣，天下咸望治平，而梁冀深忌疾之。初順帝時，所除官多不以次。及固任事，奏免百餘人。此等既怨，又希望冀旨，遂共作飛章，誣奏固曰：「大尉李固，因公假私，依正行邪，離間近戚。自隆友黨，大行在殯，路人掩涕。固獨胡粉飾貌，搔頭弄姿，槃旋偃仰，從容冶步，曾無慘怛傷悴之心。山陵未成，違矯舊政。善則稱己，過則歸君。斥逐近臣，不得侍送，作威作福，莫固之甚矣。夫子罪莫大於累父，臣惡莫深於毁君，固之過釁，事合誅辟。」書奏，冀以白太后，使下其書，太后不聽。

李固之斥逐羣小，是矣。朝路肅清，公論允協，是宜天下翕然有治平之望。然禍根不除，而但翦其枝葉，同惡相黨，如捍頭目，豈一太后所能主張哉？賢人君子不幸而遇斯時，欲行其志，祇以速禍，是可悲也！

梁冀部

綜述

《後漢書》卷三四《梁冀傳》　冀字伯卓。爲人鳶肩豺目，洞精矘眄，口吟舌言，裁能書計。少爲貴戚，逸游自恣。性嗜酒，能挽滿、彈棊、格五、六博、蹴鞠、意錢之戲，又好臂鷹走狗，騁馬鬬雞。初爲黄門侍郎，轉侍中、虎賁中郎將，越騎、步兵校尉，執金吾。

永和元年，拜河南尹。冀居職暴恣，多非法，父商所親客洛陽令吕放，頗與商言及冀之短，商以讓冀，冀即遣人於道刺殺放，而恐商知之，乃推疑於放之怨仇，請以放弟禹爲洛陽令，使捕之，盡滅其宗親、賓客百餘人。

商薨未及葬，順帝乃拜冀爲大將軍，弟侍中不疑爲河南尹。

及帝崩，沖帝始在繦褓，太后臨朝，詔冀與太傅趙峻、太尉李固參録尚書事。冀雖辭不肯當，而侈暴滋甚。

沖帝又崩，冀立質帝。帝少而聰慧，知冀驕横，嘗朝羣臣，目冀曰：「此跋扈將軍也。」冀聞，深惡之，遂令左右進鴆加煮餅，帝即日崩。

復立桓帝，而枉害李固及前太尉杜喬，海内嗟懼，語在《李固傳》。建和元年，益封冀萬三千户，增大將軍府舉高第茂才，官屬倍於三公。又封不疑爲潁陽侯，不疑弟蒙西平侯，冀子胤襄邑侯，各萬户。和平元年，重增封冀萬户，并前所襲合三萬户。

弘農人宰宣素性佞邪，欲取媚於冀，乃上言大將軍有周公之功，今既封諸子，則其妻宜爲邑君。詔遂封冀妻孫壽爲襄城君，兼食陽翟租，歲入五千萬，加賜赤紱，比長公主。壽色美而善爲妖態，作愁眉，嗁粧，墮馬髻，折要步，齲齒笑，以爲媚惑。冀亦改易輿服之制，作平上軿車，埤幘，狹冠，折上巾，擁身扇，狐尾單衣。壽性鉗忌，能制御冀，冀甚寵憚之。

初，父商獻美人友通期於順帝，通期有微過，帝以歸商，商不敢留而出嫁之，冀即遣客盜還通期。會商薨，冀行服，於城西私與之居。壽伺冀出，多從倉頭，篡取通期歸，截髮刮面，笞掠之，欲上書告其事。冀大恐，頓首請於壽母，壽亦不得已而止。冀猶復與私通，生子伯玉，匿不敢出。壽尋知之，使子胤誅滅友氏。冀慮壽害伯玉，常置複壁中。冀愛監奴秦宫，官至太倉令，得出入壽所。壽見宫，輒屏御者，託以言事，因與私焉。宫内外兼寵，威權大震，刺史、二千石皆謁辭之。

冀用壽言，多斥奪諸梁在位者，外以謙讓，而實崇孫氏宗親。冒名而爲侍中、卿、校尉、郡守、長吏者十餘人，皆貪叨凶淫，各遣私客籍屬縣富人，被以它罪，閉獄掠拷，使出錢自贖，貲物少者至於死徒。扶風人士孫奮居富而性吝，冀因以馬乘遺之，從貸錢五千萬，奮以三千萬與之，冀大怒，乃告郡縣，認奮母爲其守臧婢，云盜白珠十斛、紫金千斤以叛，遂收考奮兄弟，死於獄中，悉没貲財億七千餘萬。

其四方調發，歲時貢獻，皆先輸上第於冀，乘輿乃其次焉。吏人齎貨求官請罪者，道路相望。冀又遣客出塞，交通外國，廣求異物。因行道路，發取(妓)〔伎〕女御者，而使人復乘埶横暴，妻略婦女，毆擊吏卒，所在怨毒。

冀乃大起第舍，而壽亦對街爲宅，殫極土木，互相誇競。堂寢皆有陰陽奥室，連房洞户。柱壁雕鏤，加以銅漆；窻牖皆有綺疎青瑣，圖以雲氣仙靈。臺閣周通，更相臨望；飛梁石蹬，陵跨水道。金玉珠璣，異方珍怪，充積臧室。遠致汗血名馬。又廣開園囿，採土築山，十里九坂，以像二崤，深林絶澗，有若自然，奇禽馴獸，飛走其閒。冀、壽共乘輦車，張羽蓋，飾以金銀，游觀第内，多從倡伎，鳴鍾吹管，酣謳竟路。或連繼日夜，以騁娱恣。客到門不得通，皆請謝門者，門者累千金。又多拓林苑，禁同王家，西至弘農，東界滎陽，南極魯陽，北達河、淇，包含山藪，遠帶丘荒，周旋封域，殆將千里。又起菟苑於河南城西，經亘數十里，發屬縣卒徒，繕修樓觀，數年乃成。移檄所在，調發生菟，刻其毛以爲識，人有犯者，罪至刑死。嘗有西域賈胡，不知禁忌，誤殺一兔，轉相告言，坐死者十餘人。冀二弟嘗私遣人出獵上黨，冀聞而捕其賓客，一時殺三十餘人，無生還者。冀又起别第於城西，以納姦亡。或取良人，悉爲奴婢，至數千人，名曰「自賣人」。

元嘉元年，帝以冀有援立之功，欲崇殊典，乃大會公卿，共議其禮。於是有司奏冀入朝不趨，劒履上殿，謁讚不名，禮儀比蕭何；悉以定陶、(陽)成〔陽〕餘户增封爲四縣，比鄧禹；賞賜金錢、奴婢、綵帛、車馬、衣服、甲第，比霍光：以殊元勳。每朝會，與三公絶席。十日一入，平尚書事。宣布天下，爲萬世法。冀猶以所奏禮

薄，意不悦。專擅威柄，凶恣日積，機事大小，莫不諮決之。宫衛近侍，並所親樹，禁省起居，纖微必知。百官遷召，皆先到冀門牋檄謝恩，然後敢詣尚書。下邳人吴樹爲宛令，之官辭冀，冀賓客布在縣界，以情託樹。樹對曰：「小人姦蠹，比屋可誅。明將軍以椒房之重，處上將之位，宜崇賢善，以補朝闕。宛爲大都，士之淵藪，自侍坐以來，未聞稱一長者，而多託非人，誠非敢聞！」冀嘿然不悦。樹到縣，遂誅殺冀客爲人害者數十人，由是深怨之。樹後爲荆州刺史，臨去辭冀，冀爲設酒，因鴆之，樹出，死車上。又遼東太守侯猛，初拜不謁，冀託以它事，乃胥斬之。

時郎中汝南袁著，年十九，見冀凶縱，不勝其憤，乃詣闕上書曰：「臣聞仲尼歎鳳鳥不至，河不出圖，自傷卑賤，不能致也。今陛下居得致之位，又有能致之資，而和氣未應，賢愚失序者，埶分權臣，上下壅隔之故也。夫四時之運，功成則退，高爵厚寵，鮮不致災。今大將軍位極功成，可爲至戒，宜遵懸車之禮，高枕頤神。傳曰：『木實繁者，披枝害心。』若不抑損權盛，將無以全其身矣。左右聞臣言，將側目切齒，臣特以童蒙見拔，故敢忘忌諱。昔舜、禹相戒無若丹朱，周公戒成王無如殷王紂，願除誹謗之罪，以開天下之口。」書得奏御，冀聞而密遣掩捕著。著乃變易姓名，後託病僞死，結蒲爲人，市棺殯送。冀廉問知其詐，陰求得，笞殺之，隱蔽其事。學生桂陽劉常，當世名儒，素善於著，冀召補令史以辱之。時太原郝絜、胡武，皆危言高論，與著友善。先是絜等連名奏記三府，薦海内高士，而不詣冀，冀追怒之，又疑爲著黨，勑中都官移檄捕前奏記者並殺之，遂誅武家，死者六十餘人。絜初逃亡，知不得免，因輿櫬奏書冀門。書入，仰藥而死，家乃得全。及冀誅，有詔以禮祀著等。冀諸忍忌，皆此類也。

不疑好經書，善待士，冀陰疾之，因中常侍白帝，轉爲光禄勳。又諷衆人共薦其子胤爲河南尹。胤一名胡狗，時年十六，容貌甚陋，不勝冠帶，道路見者，莫不蚩笑焉。不疑自恥兄弟有隙，遂讓位歸第，與弟蒙閉門自守。冀不欲令與賓客交通，陰使人變服至門，記往來者。南郡太守馬融、江夏太守田明，初除，過謁不疑，冀諷州郡以它事陷之，皆髡笞徙朔方。融自刺不殊，明遂死於路。

永興二年，封不疑子馬爲潁陰侯，胤子桃爲城父侯。冀一門前後七封侯，三皇后，六貴人，二大將軍，夫人、女食邑稱君者七人，尚公主者三人，其餘卿、將、尹、校五十七人。在位二十餘年，窮極滿盛，威行内外，百僚側目，莫敢違命，天子恭己而不得有所親豫。

帝既不平之。延熹元年，太史令陳授因小黄門徐璜，陳災異日食之變，咎在大將軍，冀聞之，諷洛陽〔令〕收考授，死於獄。帝由此發怒。

初，掖庭人鄧香妻宣生女猛，香卒，宣更適梁紀。梁紀者，冀妻壽之舅也。壽引進猛入掖庭，見幸，爲貴人，冀因欲認猛爲其女以自固，乃易猛姓爲梁。時猛姊壻邴尊爲議郎，冀恐尊沮敗宣意，乃結刺客於偃城，刺殺尊，而又欲殺宣。宣家在延熹里，與中常侍袁赦相比。冀使刺客登赦屋，欲入宣家。赦覺之，鳴鼓會衆以告宣。宣馳入以白帝，帝大怒，遂與中常侍單超、具瑗、唐衡、左悺、徐璜等五人成謀誅冀。語在《宦者傳》。

冀心疑超等，乃使中黄門張惲入省宿，以防其變。具瑗勑吏收惲，以輒從外入，欲圖不軌。帝因是御前殿，召諸尚書入，發其事，使尚書令尹勳持節勒丞郎以下皆操兵守省閤，斂諸符節送省中。使黄門令具瑗將左右廐騶、虎賁、羽林、都候劍戟士，合千餘人，與司隸校尉張彪共圍冀第。使光禄勳袁盱持節收冀大將軍印綬，徙封比景都鄉侯。冀及妻壽即日皆自殺。悉收子河南尹胤、叔父屯騎校尉讓，及親從衛尉淑、越騎校尉忠、長水校尉戟等，諸梁及孫氏中外宗親送詔獄，無長少皆棄市。不疑、蒙先卒。其它所連及公卿列校刺史二千石死者數十人，故吏賓客免黜者三百餘人，朝廷爲空，唯尹勳、袁盱及廷尉邯鄲義在焉。是時事卒從中發，使者交馳，公卿失其度，官府市里鼎沸，數日乃定，百姓莫不稱慶。

收冀財貨，縣官斥賣，合三十餘萬萬，以充王府，用減天下税租之半。散其苑囿，以業窮民。録誅冀功者，封尚書令尹勳以下數十人。

《東觀漢記》卷一五《梁冀》 父商獻美人支通期於順帝。

梁冀僭侈，作平上輧車。

永昌太守鑄黄金之蛇獻之冀，益州刺史種暠發其事。大將軍夫人躬先率禮，淑慎其身，超號爲開封君，即大將軍梁冀妻也。

雜録

備録

干寶《搜神記》卷六《梁冀妻》 漢桓帝元嘉中，京都婦女作愁眉、啼粧、墮馬

髻、折腰步、齲齒笑。愁眉者，細而曲折。啼粧者，薄拭目下，若啼處。墮馬髻者，作一邊。折腰步者，足不在下體。齲齒笑者，若齒痛，樂不欣欣。始自大將軍梁冀妻孫壽所爲，京都翕然，諸夏效之。天戒若曰：「兵馬將往收捕，婦女憂愁，踧眉啼哭；吏卒掣頓，折其腰脊，令髻邪傾；雖强語笑，無復氣味也。」到延熹二年，冀舉宗合誅。

《後漢書》卷一〇下《皇后紀下・虞美人》 虞美人者，以良家子年十三選入掖庭，又生女舞陽長公主。自漢興，母氏莫不尊寵。順帝既未加美人爵號，而沖帝早夭，大將軍梁冀秉政，忌惡佗族，故虞氏抑而不登，但稱「大家」而已。

《後漢書》卷一〇下《皇后紀・桓帝懿獻梁皇后》 時太后秉政而梁冀專朝，故后獨得寵幸，自下莫得進見。后藉姊兄廕埶，恣極奢靡，宮幄彫麗，服御珍華，巧飾制度，兼倍前世。及皇太后崩，恩愛稍衰。后既無子，潛懷怨忌，每宮人孕育，鮮得全者。帝雖迫畏梁冀，不敢譴怒，然見御轉稀。至延熹(三)〔二〕年，后以憂恚崩，在位十三年，葬懿陵。其歲，誅梁冀，廢懿陵爲貴人冢焉。

《後漢書》卷一〇下《皇后紀・桓帝鄧皇后》 桓帝鄧皇后諱猛女，和熹皇后從兄子鄧香之女也。母宣，初適香，生后。改嫁梁紀，紀者，大將軍梁冀妻孫壽之舅也。后少孤，隨母爲居，因冒姓梁氏。冀妻見后貌美，永興中進入掖庭，爲采女，絶幸。明年，封兄鄧演爲南頓侯，位特進。演卒，子康嗣。及懿獻后崩，梁冀誅，立后爲皇后。帝惡梁氏，改姓爲薄，封后母宣爲長安君。

《後漢書・天文志中》 孝順帝崩。【略】太尉杜喬及故太尉李固爲梁冀所陷入，坐文書死。及至注、張爲周，滅於軒轅中爲後宮。其後懿獻后以憂死，梁氏被誅，是其應也。

孝質本初元年，【略】閏月一日，孝質帝爲梁冀所鴆，崩。

《後漢書・天文志下》 孝桓【略】和平元年(十)二年甲寅，梁太后崩，梁冀益驕亂矣。

永興二年閏月丁酉，太白晝見。後四歲，梁皇后崩，梁冀被誅，猛立爲皇后，恩寵甚盛。

永壽元年七月己未，辰星入太微犯心前星，爲大臣。後二年(四)〔七〕月，懿獻皇后以憂死。大將軍梁冀使太倉令秦宮刺殺議郎邴尊，又欲殺鄧后母宣，事覺，桓帝收冀及妻壽襄城君印綬，皆自殺。誅諸梁及孫氏宗族，或徙邊。是其應也。

《後漢書・五行志一》 桓帝時，梁冀秉政，兄弟貴盛自恣，好驅馳過度，至於歸家，猶馳驅入門，百姓號之曰「梁氏滅門驅馳」。後遂誅滅。

桓帝延熹二年夏，霖雨五十餘日。是時，大將軍梁冀秉政，謀害上所幸鄧貴人母宣，冀又擅殺議郎邴尊。上欲誅冀，懼其持權日久，威勢强盛，恐有逆命，害及吏民，密與近臣中常侍單超等圖其方略。其年八月，冀卒伏罪誅滅。

桓帝元嘉中，京都婦女作愁眉、啼糚、墮馬髻、折要步、齲齒笑。所謂愁眉者，細而曲折。啼糚者，薄拭目下，若啼處。墮馬髻者，作一邊。折要步者，足不在體下。齲齒笑者，若齒痛，樂不欣欣。始自大將軍梁冀家所爲，京都歙然，諸夏皆放效。此近服妖也。梁冀二世上將，婚媾王室，大作威福，將危社稷。天誡若曰：兵馬將往收捕，婦女憂愁，踧眉啼泣，吏卒掣頓，折其要脊，令髻傾邪，雖强語笑，無復氣味也。到延熹二年，舉宗誅夷。

延熹中，梁冀誅後，京都幘顔短耳長，短上長下。時中常侍單超、左悺、徐璜、具瑗、唐衡在帝左右，縱其姦慝。海内慍曰：一將軍死，五將軍出。家有數侯，子弟列布州郡，賓客雜襲騰翥，上短下長，與梁冀同占。到其八年，桓帝因日蝕之變，乃拜故司徒韓寅爲司隸校尉，以次誅鉏，京都正清。

桓帝永興二年四月丙午，光禄勳吏舍壁下夜有青氣，視之，得玉鉤、玦各一。鉤長七寸二分，〔玦〕周五寸四分，身中皆雕鏤。此青祥也。玉，金類也。七寸二分，商數也。五寸四分，徵數也。商爲臣，徵爲事，蓋爲人臣引決事者不肅，將有禍也。是時梁冀秉政專恣，後四歲，梁氏誅滅也。

沖帝永(嘉)〔熹〕元年夏，旱。時沖帝幼崩，太尉李固勸太后(及)兄梁冀立嗣帝，擇年長有德者，天下賴之，則功名不朽。年幼未可知，如後不善，悔無所及。時太后及冀貪立年幼，欲久自專，遂立質帝，八歲。此不用德。

桓帝元嘉元年夏，旱。是時梁冀秉政，妻子並受封，寵踰節。

順帝之末，京都童謡曰：「直如弦，死道邊。曲如鉤，反封侯。」案順帝即世，孝質短祚，大將軍梁冀貪樹疏幼，以爲己功，專國號令，以贍其私。太尉李固以爲清河王雅性聰明，敦詩悦禮，加又屬親，立長則順，置善則固。而冀建白太后，策免固，徵蠡吾侯，遂即至尊。固是日幽斃于獄，暴屍道路，而太尉胡廣封安樂鄉侯、司徒趙戒厨亭侯、司空袁湯安國亭侯云。

《後漢書・五行志二》 桓帝元嘉元年十一月，五色大鳥見濟陰己氏，時以爲鳳皇。此時政治衰缺，梁冀秉政阿枉，上幸亳后，皆羽孽時也。

桓帝建和三年秋七月，北地廉雨肉似羊脅或大如手，近赤祥也。是時梁太后攝政，兄梁冀專權，枉誅漢良臣故太尉李固、杜喬，天下冤之。其後梁氏誅滅。

《後漢書・五行志三》 桓帝建和二年七月，京師大水。去年冬，梁冀枉殺故太尉李固、杜喬。

桓帝建和三年六月乙卯，雷震憲陵寢屋。先是梁太后聽兄冀枉殺李固、杜喬。

桓帝永興元年七月，郡國三十二蝗。是時梁冀秉政無謀憲，苟貪權作虐。

《後漢書・五行志四》 桓帝建和元年四月庚寅，京都地震。九月丁卯，京都地震。是時梁太后攝政，兄冀持權。至和平元年，太后崩，然冀猶秉政專事，至延熹二年，乃誅滅。

延熹五年五月乙亥，京都地震。是時桓帝與中常侍單超等謀誅除梁冀，聽之，並使用事專權。

《後漢書》卷一九《耿弇傳》 大貴人數爲耿氏請，陽嘉三年，順帝遂（詔）〔紹〕封寶子箕牟平侯，爲侍中。以恒爲陽亭侯，承爲羽林中郎將。其後貴人薨，大將軍梁冀從承求貴人珍玩，不能得，冀怒，風有司奏奪其封。承惶恐，遂亡匿於穰。數年，冀推迹得之，乃并族其家十餘人。

《後漢書》卷三三《虞延傳》 延從曾孫放，字子仲。少爲太尉楊震門徒，及震被讒自殺，順帝初，放詣闕追訟震罪，由是知名。桓帝時爲尚書，以議誅大將軍梁冀功封都亭侯，後爲司空，坐水災免。性疾惡宦官，遂爲所陷，靈帝初，與長樂少府李膺等俱以黨事誅。

《後漢書》卷三六《張陵傳》 陵字處沖，官至尚書。元嘉中，歲首朝賀，大將軍梁冀帶劒入省，陵呵叱令出，勑羽林、虎賁奪冀劒。冀跪謝，陵不應，即劾奏冀，請廷尉論罪，有詔以一歲俸贖，而百僚肅然。

初，冀弟不疑爲河南尹，舉陵孝廉。不疑疾陵之奏冀，因謂曰：「昔舉君，適所以自罰也。」陵對曰：「明府不以陵不肖，誤見擢序，今申公憲，以報私恩。」不疑有愧色。

《後漢書》卷四三《朱穆傳》 初舉孝廉。順帝末，江淮盜賊羣起，州郡不能禁。或説大將軍梁冀曰：「朱公叔兼資文武，海内奇士，若以爲謀主，賊不足平也。」冀亦素聞穆名，乃辟之，使典兵事，甚見親任。及桓帝即位，順烈太后臨朝，穆以冀埶地親重，望有以扶持王室，因推災異，奏記以勸戒冀曰：「穆伏念明年丁亥之歲，刑德合於乾位，《易》經龍戰之會。其文曰：『龍戰于野，其道窮也。』謂陽道將勝而陰道負也。今年九月天氣鬱冒，五位四候連失正氣，此互相明也。夫善道屬陽，惡道屬陰，若修正守陽，摧折惡類，則福從之矣。穆每事不逮，所好唯學，傳受於師，時有可試。願將軍少察愚言，申納諸儒，而親其忠正，絶其姑息，專心公朝，割除私欲，廣求賢能，斥遠佞惡。夫人君不可不學，當以天地順道漸漬其心。宜爲皇帝選置師傅及侍講者，得小心忠篤敦禮之士，將軍與之俱入，參勸講授，師賢法古，此猶倚南山坐平原也，誰能傾之！今年夏，月暈房星，明年當有小戹。宜急誅姦臣爲天下所怨毒者，以塞災咎。議郎、大夫之位，本以式序儒術高行之士，今多非其人；九卿之中，亦有乖其任者。惟將軍察焉。」又薦種暠、欒巴等。而明年嚴鮪謀立清河王蒜，又黄龍二見沛國。冀無術學，遂以穆「龍戰」之言爲應，於是請暠爲從事中郎，薦巴爲議郎，舉穆高第，爲侍御史。

梁冀驕暴不悛，朝野嗟毒，穆以故吏，懼其釁積招禍，復奏記諫曰：「古之明君，必有輔德之臣，規諫之官，下至器物，銘書成敗，以防遺失。故君有正道，臣有正路，從之如升堂，違之如赴壑。今明將軍地有申伯之尊，位爲羣公之首，一日行善，天下歸仁，終朝爲惡，四海傾覆。頃者，官人俱匱，加以水蟲爲害。京師諸官費用增多，詔書發調或至十倍。各言官無見財，皆當出民，搒掠割剥，彊令充足。公賦既重，私斂又深。牧守長吏，多非德選，貪聚無猒，遇人如虜，或絶命於箠楚之下，或自賊於迫切之求。又掠奪百姓，皆託之尊府。遂令將軍結怨天下，吏人酸毒，道路歎嗟。昔秦政煩苛，百姓土崩，陳勝奮臂一呼，天下鼎沸，而面諛之臣，猶言安耳，諱惡不悛，卒至亡滅。昔永和之末，綱紀少弛，頗失人望。四五歲耳，而財空户散，下有離心。馬免之徒乘敝而起，荆揚之閒幾成大患。幸賴順烈皇后初政清静，内外同力，僅乃討定。今百姓戚戚，困於永和，内非仁愛之心可得容忍，外非守國之計所宜久安也。夫將相大臣，均體元首，共輿而馳，同舟而濟，輿傾舟覆，患實共之。豈可以去明即昧，履危自安，主孤時困，而莫之卹乎！宜時易宰守非其人者，減省第宅園池之費，拒絶郡國諸所奉送。内以自明，外解人惑，使挾姦之吏無所依託，司察之臣得盡耳目。憲度既張，遠邇清壹，則將軍身尊事顯，德耀無窮。天道明察，無言不信，惟垂省覽。」冀不納，而縱放日滋，遂復賂遺左右，交通宦者，任其子弟、賓客以爲州郡要職。穆又奏記極諫，冀終不悟。報書云：「如此，僕亦無一可邪？」穆言雖切，然亦不甚罪也。

《後漢書》卷四四《胡廣傳》 延熹二年，大將軍梁冀誅，廣與司徒韓縯、司空

孫朗坐不衛宫，皆減死一等，奪爵土，免爲庶人。

《後漢書》卷四五《袁敞傳》 朝廷由此薄敞罪而隱其死，以三公禮葬之，復甚官。子盱。

盱後至光禄勳。時大將軍梁冀擅朝，内外莫不阿附，唯盱與廷尉邯鄲義正身自守。及桓帝誅冀，使盱持節收其印綬，事已具《梁冀傳》。

《後漢書》卷四八《應奉傳》 奉少聰明，自爲童兒及長，凡所經履，莫不暗記，讀書五行並下。爲郡決曹史，行部四十二縣，録囚徒數百千人。及還，太守備問之，奉口説罪繫姓名，坐狀輕重，無所遺脱，時人奇之。著《漢書後序》，多所述載。大將軍梁冀舉茂才。

《後漢書》卷四八《霍諝傳》 是時大將軍梁冀貴戚秉權，自公卿以下莫敢違牾。諝與尚書令尹勳數奏其事，又因陛見陳聞罪失。及冀誅後，桓帝嘉其忠節，封鄴都亭侯。

《後漢書》卷五一《陳龜傳》 大將軍梁冀與龜素有隙，譖其沮毀國威，挑取功譽，不爲胡虜所畏。坐徵還，遂乞骸骨歸田里。復徵爲尚書。冀暴虐日甚，龜上疏言其罪狀，請誅之，帝不省。自知必爲冀所害，不食七日而死。西域胡夷，并、涼民庶，咸爲舉哀，弔祭其墓。

《後漢書》卷五一《橋玄傳》 玄少爲縣功曹。時豫州刺史周景行部到梁國，玄謁景，因伏地言陳相羊昌罪惡，乞爲部陳從事，窮案其姦。景壯玄意，署而遣之。玄到，悉收昌賓客，具考臧罪。昌素爲大將軍梁冀所厚，冀爲馳檄救之。景承旨召玄，玄還檄不發，案之益急。昌坐檻車徵，玄由是著名。

《後漢書》卷五四《楊秉傳》 是時大將軍梁冀用權，秉稱病。六年，冀誅後，乃拜太僕，遷太常。

《後漢書》卷五五《章帝八王傳・清河孝王慶》 〔延平〕立三十五年薨，子蒜嗣。冲帝崩，徵蒜詣京師，將議爲嗣。會大將軍梁冀與梁太后立質帝，罷歸國。

蒜爲人嚴重，動止有度，朝臣太尉李固等莫不歸心焉。初，中常侍曹騰謁蒜，蒜不爲禮，宦者由此惡之。及帝崩，公卿皆正議立蒜，而曹騰説梁冀不聽，遂立桓帝。語在《李固傳》。蒜由此得罪。【略】

梁冀惡清河名，明年，乃改爲甘陵。梁太后立安平孝王子經侯理爲甘陵王，奉孝德皇祀，是爲威王。

《後漢書》卷五五《章帝八王傳・河間孝王開》 翼卒，子志嗣，爲大將軍梁冀所立，是爲桓帝。梁太后詔追尊河間孝王爲孝穆皇，夫人趙氏曰孝穆后，廟曰清廟，陵曰樂成陵；蠡吾先侯曰孝崇皇，廟曰烈廟，陵曰博陵。

《後漢書》卷五六《种暠傳》 順帝末，爲侍御史。時所遣八使光禄大夫杜喬、周舉等，多所糾奏，而大將軍梁冀及諸宦官互爲請救，事皆被寢遏。【略】

時永昌太守冶鑄黄金爲文蛇，以獻梁冀，暠糾發逮捕，馳傳上言，而二府畏懦，不敢案之，冀由是銜怒於暠。會巴郡人服直聚黨數百人，自稱「天王」，暠與太守應承討捕，不克，吏人多被傷害。冀因此陷之，傳逮暠、承。

《後漢書》卷六〇上《馬融傳》 三遷，桓帝時爲南郡太守。先是融有事忤大將軍梁冀旨，冀諷有司奏融在郡貪濁，免官，髡徙朔方。自刺不殊，得赦還，復拜議郎，重在東觀著述，以病去官。【略】

初，融懲於鄧氏，不敢復違忤埶家，遂爲梁冀草奏李固，又作大將軍《西第頌》，以此頗爲正直所羞。

《後漢書》卷六一《黄瓊傳》 元嘉元年，遷司空。桓帝欲襃崇大將軍梁冀，使中朝二千石以上會議其禮。特進胡廣、太常羊溥、司隸校尉祝恬、太中大夫邊韶等，咸稱冀之勳德，其制度賚賞，以宜比周公，錫之山川、土田、附庸。瓊獨建議曰：「冀前以親迎之勞，增邑三千，又其子胤亦加封賞。昔周公輔相成王，制禮作樂，化致太平，是以大啓土宇，開地七百。今諸侯以户邑爲制，不以里數爲限。蕭何識高祖於泗水，霍光定傾危以興國，皆益户增封，以顯其功。冀可比鄧禹，合食四縣，賞賜之差，同於霍光，使天下知賞必當功，爵不越德。」朝廷從之。冀意以爲恨。會以地動策免。

《後漢書》卷六一《左雄傳》 初，帝廢爲濟陰王，乳母宋娥與黄門孫程等共議立帝，帝後以娥前有謀，遂封爲山陽君，邑五千户。又封大將軍梁商子冀襄邑侯。雄上封事曰：「夫裂土封侯，王制所重。【略】乞如前議，歲以千萬給奉阿母，内足以盡恩愛之歡，外可不爲吏民所怪。梁冀之封，事非機急，宜過灾戹之運，然後平議可否。」

《後漢書》卷六一《周勰傳》 勰字巨勝，少尚玄虚，以父任爲郎，自免歸家。父故吏河南召夔爲郡將，卑身降禮，致敬於勰。勰恥交報之，因杜門自絶。後太守舉孝廉，復以疾去。時梁冀貴盛，被其徵命者，莫敢不應，唯勰前後三辟，竟不能屈。後舉賢良方正，不應。又公車徵，玄纁備禮，固辭廢疾。常隱處竄身，慕老聃清静，杜絶人事，巷生荆棘，十有餘歲。至延熹二年，乃開門延賓，游談宴

樂，及秋而梁冀誅，年終而䚗卒，時年五十。

《後漢書》卷六三《杜喬傳》　漢安元年，以喬守光禄大夫，使徇察兗州。表奏太山太守李固政爲天下第一；陳留太守梁讓、濟陰太守汜宮、濟北相崔瑗等臧罪千萬以上。讓即大將軍梁冀季父，宮、瑗皆冀所善。還，拜太子太傅，遷大司農。

時梁冀子弟五人及中常侍等以無功並封，喬上書諫曰：「陛下越從藩臣，龍飛即位，天人屬心，萬邦攸賴。不急忠賢之禮，而先左右之封，傷善害德，興長佞諛。臣聞古之明君，褒罰必以功過；末世闇主，誅賞各緣其私。今梁氏一門，宦者微孽，並帶無功之紱，裂勞臣之土，其爲乖濫，胡可勝言！夫有功不賞，爲善失其望；姦回不詰，爲惡肆其凶。故陳資斧而人靡畏，班爵位而物無勸。苟遂斯道，豈伊傷政，爲亂而已，喪身亡國，可不慎哉！」書奏不省。

益州刺史种暠舉劾永昌太守劉君世以金蛇遺梁冀，事發覺，以蛇輸司農。冀從喬借觀之，喬不肯與，冀始爲恨。累遷大鴻臚。時冀小女死，令公卿會喪，喬獨不往，冀又銜之。

遷光禄勳。建和元年，代胡廣爲太尉。桓帝將納梁冀妹，冀欲令以厚禮迎之，喬據執舊典，不聽。又冀屬喬舉汜宮爲尚書，喬以宮臧罪明著，遂不肯用，因此日忤於冀。先是李固見廢，内外喪氣，羣臣側足而立，唯喬正色無所回橈。由是海内歎息，朝野瞻望焉。在位數月，以地震免。宦者唐衡、左悺等因共譖於帝曰：「陛下前當即位，喬與李固抗議言上不堪奉漢宗祀。」帝亦怨之。及清河王蒜事起，梁冀遂諷有司劾喬及李固與劉鮪等交通，請逮案罪。而梁太后素知喬忠，但策免而已。冀愈怒，使人脅喬曰：「早從宜，妻子可得全。」喬不肯。明日冀遣騎至其門，不聞哭者，遂白執繫之，死獄中。妻子歸故郡。與李固俱暴屍於城北，家屬故人莫敢視者。

《後漢書》卷六四《吴祐傳》　祐在膠東九年，遷齊相，大將軍梁冀表爲長史。及冀誣奏太尉李固，祐聞而請見，與冀争之，不聽。時扶風馬融在坐，爲冀章草，祐因謂融曰：「李公之罪，成於卿手。李公即誅，卿何面目見天下之人乎？」冀怒而起入室，祐亦徑去。冀遂出祐爲河閒相，因自免歸家，不復仕，躬灌園蔬，以經書教授。年九十八卒。

《後漢書》卷六四《延篤傳》　時皇子有疾，下郡縣出珍藥，而大將軍梁冀遣客齎書詣京兆，并貨牛黄。篤發書收客，曰：「大將軍椒房外家，而皇子有疾，必應陳進醫方，豈當使客千里求利乎？」遂殺之。冀慙而不得言，有司承旨欲求其事。篤以病免歸，教授家巷。

《後漢書》卷六五《皇甫規傳》　沖、質之閒，梁太后臨朝，規舉賢良方正。對策曰：

伏惟孝順皇帝，初勤王政，紀綱四方，幾以獲安。後遭姦僞，威分近習，畜貨聚馬，戲謔是聞；又因緣嬖倖，受賂賣爵，輕使賓客，交錯其閒，天下擾擾，從亂如歸。故每有征戰，鮮不挫傷，官民並竭，上下窮虚。臣在關西，竊聽風聲，未聞國家有所先後，而威福之來，咸歸權倖。陛下體兼乾坤，聰哲純茂。攝政之初，拔用忠貞，其餘維綱，多所改正。遠近翕然，望見太平。而地震之後，霧氣白濁，日月不光，旱魃爲虐，大賊從横，流血丹野，庶品不安，譴誡累至，殆以姦臣權重之所致也。其常侍尤無狀者，亟便黜遣，披埽凶黨，收入財賄，以塞痛怨，以荅天誡。

今大將軍梁冀、河南尹不疑，處周、邵之任，爲社稷之鎮，加與王室世爲姻族，今日立號雖尊可也，實宜增脩謙節，輔以儒術，省去遊娱不急之務，割減廬第無益之飾。夫君者舟也，人者水也。羣臣乘舟者也，將軍兄弟操檝者也。若能平志畢力，以度元元，所謂福也。如其怠弛，將淪波濤，可不慎乎！夫德不稱禄，猶鑿墉之趾，以益其高，豈量力審功安固之道哉？凡諸宿猾、酒徒、戲客，皆耳納邪聲，口出諂言，甘心逸遊，唱造不義。亦宜貶斥，以懲不軌。令冀等深思得賢之福，失人之累。又在位素餐，尚書怠職，有司依違，莫肯糾察，故使陛下專受諂諛之言，不聞戶牖之外。臣誠知阿諛有福，深言近禍，豈敢隱心以避誅責乎！臣生長邊遠，希涉紫庭，怖慴失守，言不盡心。

梁冀忿其刺己，以規爲下第，拜郎中。託疾免歸，州郡承冀旨，幾陷死者再三。遂以《詩》、《易》教授，門徒三百餘人，積十四年。後梁冀被誅，旬月之閒，禮命五至，皆不就。

《後漢書》卷六七《黨錮列傳·蔡衍》　舉孝廉，稍遷冀州刺史。中常侍具瑗託其弟恭舉茂才，衍不受，乃收齎書者案之。又劾奏河閒相曹鼎臧罪千萬。鼎者，中常侍騰之弟也。騰使大將軍梁冀爲書請之，衍不荅，鼎竟坐輸作左校。乃徵衍拜議郎、符節令。梁冀聞衍賢，請欲相見，衍辭疾不往，冀恨之。時南陽太守成瑨等以收糾宦官考廷尉，衍與議郎劉瑜表救之，言甚切厲，坐免官還家，杜

門不出。靈帝即位，(徵)〔復〕拜議郎，會病卒。

《後漢書》卷六七《黨錮列傳・陳翔》 陳翔字子麟，汝南邵陵人也。祖父珍，司隸校尉。翔少知名，善交結。察孝廉，太尉周景辟舉高第，拜侍御史。時正旦朝賀，大將軍梁冀威儀不整，〔翔〕奏冀恃貴不敬，請收案罪，時人奇之。

《後漢書》卷七六《劉矩傳》 後太尉胡廣舉矩賢良方正，四遷爲尚書令。矩性亮直，不能諧附貴埶，以是失大將軍梁冀意，出爲常山相，以疾去官。時冀妻兄孫祉爲沛相，矩懼爲所害，不敢還鄉里，乃投彭城友人家。歲餘，冀意少悟，乃止。補從事中郎，復爲尚書令，遷宗正、太常。

《後漢書》卷七八《宦者列傳・單超》 初，梁冀兩妹爲順、桓二帝皇后，冀代父商爲大將軍，再世權戚，威振天下。冀自誅太尉李固、杜喬等，驕横益甚，皇后乘埶忌恣，多所鴆毒，上下鉗口，莫有言者。帝逼畏久，恒懷不平，恐言泄，不敢謀之。延熹二年，皇后崩，帝因如厠，獨呼衡問：「左右與外舍不相得者皆誰乎？」衡對曰：「單超、左悺前詣河南尹不疑，禮敬小簡，不疑收其兄弟送洛陽獄，二人詣門謝，乃得解。徐璜、具瑗常私忿疾外舍放横，口不敢道。」於是帝呼超、悺入室，謂曰：「梁將軍兄弟專固國朝，迫脅外内，公卿以下從其風旨。今欲誅之，於常侍意何如？」超等對曰：「誠國姦賊，當誅日久。臣等弱劣，未知聖意何如耳。」帝曰：「審然者，常侍密圖之。」對曰：「圖之不難，但恐陛下復中狐疑。」帝曰：「姦臣脅國，當伏其罪，何疑乎！」於是更召璜、瑗等五人，遂定其議，帝齧超臂出血爲盟。於是詔收冀及宗親黨與悉誅之。悺、衡遷中常侍，封超新豐侯，二萬户，璜武原侯，瑗東武陽侯，各萬五千户，賜錢各千五百萬；悺上蔡侯，衡汝陽侯，各萬三千户，賜錢各千三百萬。五人同日封，故世謂之「五侯」。又封小黄門劉普、趙忠等八人爲鄉侯。自是權歸宦官，朝廷日亂矣。

《後漢書》卷七八《宦者列傳・侯覽》 侯覽者，山陽防東人。桓帝初爲中常侍，以佞猾進，倚埶貪放，受納貨遺以巨萬計。延熹中，連歲征伐，府帑空虚，乃假百官奉禄，王侯租税。覽亦上縑五千匹，賜爵關内侯。又託以與議誅梁冀功，進封高鄉侯。

《後漢書》卷八〇上《文苑列傳・崔琦》 崔琦字子瑋，涿郡安平人，濟北相瑗之宗也。少遊學京師，以文章博通稱。初舉孝廉，爲郎。河南尹梁冀聞其才，請與交。冀行多不軌，琦數引古今成敗以戒之，冀不能受。乃作《外戚箴》。其辭曰：

赫赫外戚，華寵煌煌。昔在帝舜，德隆英、皇。周興三母，有莘崇湯。宣王晏起，姜后脱簪。齊桓好樂，衛姬不音。皆輔主以禮，扶君以仁，達才進善，以義濟身。

爰暨末葉，漸已穨虧。貫魚不敘，九御差池。晉國之難，禍起於麗。惟家之索，牝雞之晨。專權擅愛，顯己蔽人。陵長間舊，圮剥至親。並后匹嫡，淫女斃陳。匪賢是上，番爲司徒。荷爵負乘，采食名都。詩人是刺，德用不憮。暴辛惑婦，拒諫自孤。蝠蛇其心，縱毒不辜。諸父是殺，孕子是刳。天怒地忿，人謀鬼圖。甲子昧爽，身首分離。初爲天子，後爲人螭。

非但耽色，母后尤然。不相率以禮，而競奬以權。先笑後號，卒以辱殘。家國泯絶，宗廟燒燔。末嬉喪夏，褒姒斃周，妲己亡殷，趙靈沙丘。戚姬人豕，吕宗以敗。陳后作巫，卒死於外。霍欲鴆子，身乃罹廢。

故曰：無謂我貴，天將爾摧；無恃常好，色有歇微；無怙常幸，愛有陵遲；無曰我能，天人爾違。患生不德，福有慎機。日不常中，月盈有虧。履道者固，杖埶者危。微臣司戚，敢告在斯。

琦以言不從，失意，復作《白鵠賦》以爲風。梁冀見之，呼琦問曰：「百官外内，各有司存，天下云云，豈獨吾人之尤，君何激刺之過乎？」琦對曰：「昔管仲相齊，樂聞機諫之言；蕭何佐漢，乃設書過之吏。今將軍累世台輔，任齊伊、公，而德政未聞，黎元塗炭，不能結納貞良，以救禍敗，反復欲鉗塞士口，杜蔽主聽，將使玄黄改色，馬鹿易形乎？」冀無以對，因遣琦歸。

後除爲臨濟長，不敢之職，解印綬去。冀遂令刺客陰求殺之。客見琦耕於陌上，懷書一卷，息輒偃而詠之。客哀其志，以實告琦，曰：「將軍令吾要子，今見君賢者，情懷忍忍，可亟自逃，吾亦於此亡矣。」琦得脱走，冀後竟捕殺之。

黄震《古今紀要・後漢》 冀商之子，事冲帝、質帝，質帝言其跋扈見弑，恒帝與中常侍謀誅之，諸梁皆棄市，收財三十餘萬萬，減天下半租。

備論

《後漢書》卷七《孝桓帝紀論》 前史稱桓帝好音樂，善琴笙。飾芳林而考濯龍之宫，設華蓋以祠浮圖、老子，斯將所謂「聽於神」乎！及誅梁冀，奮威怒，天下猶企其休息。而五邪嗣虐，流衍四方。自非忠賢力争，屢折姦鋒，雖願依斟流

㒓，亦不可得已。

《後漢書》卷三四《梁商傳論贊》 論曰：順帝之世，梁商稱爲賢輔，豈以其地居亢滿，而能以愿謹自終者乎？夫宰相運動樞極，感會天人，中於道則易以興政，乖於務則難乎御物。商協回天之埶，屬彫弱之期，而匡朝卹患，未聞上術，憔悴之音，載謡人口。雖輿粟盈門，何救阻飢之戹；永言終制，未解尸官之尤。況乃傾側孽臣，傳寵凶嗣，以至破家傷國，而豈徒然哉！

贊曰：河西佐漢，統亦定筭。褒親幽憤，升高累歎。商恨善柔，冀遂貪亂。

《後漢書》卷四九《仲長統傳》 或曰：政在一人，權甚重也。曰：人實難得，何重之嫌？昔者霍禹、竇憲、鄧騭、梁冀之徒，籍外戚之權，管國家之柄；及其伏誅，以一言之詔，詰朝而決，何重之畏乎？今夫國家漏神明於媟近，輸權重於婦黨，筭十世而爲之者八九焉。不此之罪而彼之疑，何其詭邪！

《白居易集》卷二《諷喻二・有木詩八首》序 余嘗讀《漢書》列傳，見佞順婞婀，圖身忘國如張禹輩者，見惑上蠱下，交亂君親如江充輩者，見暴狠跋扈，壅君樹黨如梁冀輩者，見色仁行違，先德後賊如王莽輩者。又見外狀恢弘，中無實用者，又見附離權勢，隨之覆亡者。其初皆有動人之才，足以惑衆媚主，莫不合於始而敗於終也。因引風人、騷人之興，賦《有木》八章，不獨諷前人，亦儆後代爾。

錢時《兩漢筆記・冲帝》 人才者，國之元氣也。梁后臨朝，首用李固，此意豈不甚美。若一於信任，勿有間之，使得以展其所藴，則雖主少國危，尚可扶命脉於將墜，豈不猶幸矣哉！天下之患，莫大乎名尊君子而實小人執其權，寵之以禄爵，而不任之以事也。當是時，有梁冀在，雖百李固亦不能如之何耳。雖然，冀也一旦感悟，斂然退聽，處無用之地，就君子之規模，則家安而國家可保，奈之何其終迷而不改也？悲夫。

錢時《兩漢筆記・質帝》 徵清河王蒜，及渤海孝王鴻之子纘，皆至京師。清河王爲人嚴重，動止有法度，公卿皆歸心焉。李固謂大將軍冀曰：「今當立帝，宜擇長年高明有德任親政事者。願將軍審詳大計，察周、霍之立文、宣，戒鄧、閻之利幼弱。」冀不從。與太后定策禁中，迎纘入南宫，封爲建平侯。其日即皇帝位，年八歲，蒜罷歸國。

姦臣擅命，惟恐長君之不利於己。雖禍敗天下，有所弗恤。然以愚觀之，其爲利，蓋莫大於長君也。立長立德，宗社奠安，前有定策之功，後無居寵之咎。不特長守富貴免於刑戮，而宗族親黨亦同保光榮而無禍矣。其爲利孰有大於此者乎？貪立幼弱，禍不旋踵，覆轍相繼，終已弗悟，可爲萬世戒也！

錢時《兩漢筆記・桓帝》 延熹元年，夏五月甲戌，晦，日有食之。太史令陳授因小黄門徐璜，陳日食之變，咎在大將軍冀。冀聞之，諷雒陽令，收考授，死於獄，帝由是怒冀。

冀之惡，甚矣。當時奮不顧身而言之者，非不多且切矣。往往如觸忌諱如，捍頭目，公卿大臣禍不旋踵，何一太史令之死，而乃由是怒冀邪？嗚呼！非爲陳授而怒也，爲小黄門而怒也。譬之庸暗無識之徒黨，縱悍僕陵犯長上，恬弗之戒，未必不反羽翼以佐其風，一旦忽有違言於其所私，則計行而怒突發矣。何者？冀帝之所黨，而宦官則尤帝之所昵比也。此梁氏所以竟族於五侯之手，而五侯專恣之禍，所以踵冀而愈烈歟！

錢時《兩漢筆記・桓帝》 是非之心，人皆有之。雖甚凶逆，而本心之良未嘗泯滅也。梁冀以弑君之惡，挾定策之功，殺戮忠賢如割草菅，誰得而嬰之。至於張陵一叱，則跪謝不暇。是孰使之然哉？乃知夫朝本未嘗不肅，亂臣賊子本亦未嘗不知畏。惟夫君德不剛，小人擅命，是以委靡頹敗而不自振。桓帝而明於是非，不繆於舉錯，若陵等輩分處要地，朝綱人紀一掃而清之，即日可以丕變，夫安有不可爲者？是時最多君子，而帝所信任則小人也。貶斥誅夷幾無遺類，而天下遂大亂。悲夫！

胡一桂《史纂通要・東漢》 冀嗣大將軍，不疑尹河南，窮饕極惡，爲日不足。八使之遣，巡行風俗，張綱至爲之埋輪都亭，且曰豺狼當道，安問狐狸？徑劾奏冀，不疑罪。帝雖知其忠言，莫能用也。餘使所劾，皆冀與閹宦親屬，事竟不行。忠賢屈抑，其能救亂乎？

何焯《義門讀書記》卷二一《後漢書・紀》【質帝紀】本初元年，大將軍梁冀潛行鴆殺，帝崩于玉堂前殿，年九歲。此用《春秋》殤公、孔父書法。贊。保阿傳土，謂聽中官得以養子世襲。【略】延熹二年，大將軍梁冀謀爲亂。梁冀凶忍奢僭，罪莫大焉。以本傳觀之，未謀爲亂也。班、陳則書法必審。

藝文

《全唐詩》卷七五蔡孚《打毬篇》（並序） 臣謹按打毬者，往之蹴踘古戲也。黄

帝所作兵勢，以練武士，知有材也。竊美其事，謹奏《打毬篇》一章，凡七言九韻。

德陽宫北苑東頭，雲作高臺月作樓。金鎚玉鑾千金地，寶杖琱文七寶毬。竇融一家三尚主，梁冀頻封萬户侯。容色由來荷恩顧，意氣平生事俠游。共道用兵如斷蔗，俱能走馬入長楸。紅鬣錦鬃風騄驥，黄絡青絲電紫騮。奔星亂下花場裏，初月飛來畫杖頭。自有長鳴須決勝，能馳迅走滿先籌。薄暮漢宫愉樂罷，還歸堯室曉垂旒。

《李賀歌詩》卷四《相勸酒》 羲和騁六轡，晝夕不曾閑。彈烏崦嵫竹，抶馬蟠桃鞭。蓐收既斷翠柳，青帝又造紅蘭。堯舜至今萬萬歲，數子將爲傾蓋間。青錢白璧買無端，丈夫快意方爲歡。臛蠵臛熊何足云？會須鍾飲北海，箕踞南山。歌淫淫，管愔愔，横波好送雕題金。人之得意且如此，何用强知元化心？相勸酒，終無輟。伏願陛下鴻名終不歇，子孫綿如石上葛。來長安，車駢駢，中有梁冀舊宅，石崇故園。

《元稹集》卷二三《樂府・人道短》 古道天道長、人道短，我道天道短、人道長。天道晝夜迴轉不曾住，春秋冬夏忙。顛風暴雨電雷狂，晴被陰暗，月奪日光，往往星宿，日亦堂堂。天既職性命，道德人自强。堯舜有聖德，天不能遣，壽命永昌。泥金刻玉與秦始皇，周公、傅説何不長宰相？老聃、仲尼何事栖遑？莽、卓、恭、顯，皆數十年富貴，梁冀夫婦，車馬煌煌。若此顛倒事，豈非天道短，豈非人道長！堯舜留得神聖事，百代天子有典章。仲尼留得孝順語，千年萬歲父子不敢相滅亡。

《羅隱集・甲乙集・經故洛陽城》 敗垣危堞跡依稀，試駐羸驂弔落暉。跋扈已成梁冀在，簡書難問杜喬歸。由來世事須翻覆，未必餘才解是非。千載昆陽好功業，與君門下作恩威。

李固部

綜述

《後漢書》卷六三《李固傳》 李固字子堅，漢中南鄭人，司徒郃之子也。郃在（數）《〔方〕术傳》。固貌狀有奇表，鼎角匿犀，足履龜文。少好學，常步行尋師，不遠千里。遂究覽墳籍，結交英賢。四方有志之士，多慕其風而來學。京師咸歎曰：「是復爲李公矣。」司隸、益州並命郡舉孝廉，辟司空掾，皆不就。

陽嘉二年，有地動、山崩、火災之異，公卿舉固對策，詔又特問當世之敝，爲政所宜。固對曰：

臣聞王者父天母地，寶有山川。王道得則陰陽和穆，政化乖則崩震爲災。斯皆關之天心，效於成事者也。夫化以職成，官由能理。古之進者，有德有命；今之進者，唯財與力。伏聞詔書務求寬博，疾惡嚴暴。而今長吏多殺伐致聲名者，必加遷賞；其存寬和無黨援者，輒見斥逐。是以淳厚之風不宣，彫薄之俗未革。雖繁刑重禁，何能有益？前孝安皇帝變亂舊典，封爵阿母，因造妖孽，使樊豐之徒乘權放恣，侵奪主威，改亂嫡嗣，至令聖躬狼狽，親遇其艱。既拔自困殆，龍興即位，天下喁喁，屬望風政。積敝之後，易致中興，誠當沛然思惟善道；而論者猶云，方今之事，復同於前。臣伏從山草，痛心傷臆。實以漢興以來，三百餘年，賢聖相繼，十有八主。豈無阿乳之恩？豈忘貴爵之寵？然上畏天威，俯案經典，知義不可，故不封也。今宋阿母雖有大功勤謹之德，但加賞賜，足以酬其勞苦；至於裂土開國，實乖舊典。聞阿母體性謙虛，必有遜讓，陛下宜許其辭國之高，使成萬安之福。

夫妃后之家所以少完全者，豈天性當然？但以爵位尊顯，專總權柄，天道惡盈，不知自損，故至顛仆。先帝寵遇閻氏，位號太疾，故其受禍，曾不旋時。《老子》曰：「其進鋭，其退速也。」今梁氏戚爲椒房，禮所不臣，尊以高爵，尚可然也。而子弟羣從，榮顯兼加，永平、建初故事，殆不如此。宜令步兵校尉冀及諸侍中還居黄門之官，使權去外戚，政歸國家，豈不休乎！

又詔書所以禁侍中尚書中臣子弟不得爲吏察孝廉者，以其秉威權，容請託故也。而中常侍在日月之側，聲埶振天下，子弟禄仕，曾無限極。雖外託謙默，不干州郡，而諂僞之徒，望風進舉。今可爲設常禁，同之中臣。

昔館陶公主爲子求郎，明帝不許，賜錢千萬。所以輕厚賜，重薄位者，爲官人失才，害及百姓也。竊聞長水司馬武宣、開陽城門候羊迪等，無它功德，初拜便真。此雖小失，而漸壞舊章。先聖法度，所宜堅守，政教一跌，百年不復。《詩》云：「上帝板板，下民卒癉。」刺周王變祖法度，故使下民將盡病也。

今陛下之有尚書，猶天之有北斗也。斗爲天喉舌，尚書亦爲陛下喉舌。斗斟酌元氣，運平四時。尚書出納王命，賦政四海，權尊埶重，責之所歸。若不平心，災眚必至。誠宜審擇其人，以毗聖政。今與陛下共理天下者，外則公卿尚書，內則常侍黄門，譬猶一門之內，一家之事，安則共其福慶，危則通其禍敗。刺史、二千石，外統職事，內受法則。夫表曲者景必邪，源清者流必絜，猶叩樹本，百枝皆動也。《周頌》曰：「薄言振之，莫不震疊。」此言動之於內，而應於外者也。（猶）〔由〕此言之，本朝號令，豈可蹉跌？閒隙一開，則邪人動心；利競暫啓，則仁義道塞。刑罰不能復禁，化導以之寖壞。此天下之紀綱，當今之急務。陛下宜開石室，陳圖書，招會羣儒，引問失得，指擿變象，以求天意。其言有中理，即時施行，顯拔其人，以表能者。則聖聽日有所聞，忠臣盡其所知。又宜罷退宦官，去其權重，裁置常侍二人，方直有德者，省事左右；小黄門五人，才智閑雅者，給事殿中。如此，則論者厭塞，升平可致也。臣所以敢陳愚瞽，冒昧自聞者，儻或皇天欲令微臣覺悟陛下。陛下宜熟察臣言，憐赦臣死。

順帝覽其對，多所納用，即時出阿母還弟舍，諸常侍悉叩頭謝罪，朝廷肅然。以固爲議郎。而阿母宦者疾固言直，因詐飛章以陷其罪，事從中下。大司農黄尚等請之於大將軍梁商，又僕射黄瓊救明固事，久乃得拜議郎。

出爲廣漢雒令，至白水關，解印綬，還漢中，杜門不交人事。歲中，梁商請爲從事中郎。商以后父輔政，而柔和自守，不能有所整裁，災異數見，下權日重。固欲令商先正風化，退辭高滿，乃奏記曰：「《春秋》褒儀父以開義路，貶無駭以閉利門。夫義路閉則利門開，利門開則義路閉也。前孝安皇帝內任伯榮、樊豐之屬，外委周廣、謝惲之徒，開門受賂，署用非次，天下紛然，怨聲滿道。朝廷初

立，頗存清静，未能數年，稍復墮損。左右黨進者，日有遷拜，守死善道者，滯涸窮路，而未有改敝立德之方。又即位以來，十有餘年，聖嗣未立，羣下繼望。可令中宫博簡嬪媵，兼採微賤宜子之人，進御至尊，順助天意。若有皇子，母自乳養，無委保妾醫巫，以致飛燕之禍。明將軍望尊位顯，當以天下爲憂，崇尚謙省，垂則萬方。而新營祠堂，費功億計，非以昭明令德，崇示清儉。自數年以來，灾怪屢見，比無雨潤，而沈陰鬱泱。宫省之内，容有陰謀。孔子曰：『智者見變思刑，愚者覩怪諱名。』天道無親，可爲祇畏。加近者月食既於端門之側。月者，大臣之體也。夫窮高則危，大滿則溢，月盈則缺，日中則移。凡此四者，自然之數也。天地之心，福謙忌盛，是以賢達功遂身退，全名養壽，無有怵迫之憂。誠令王綱一整，道行忠立，明公踵伯成之高，全不朽之譽，豈與此外戚凡輩耽榮好位者同日而論哉！固狂夫下愚，不達大體，竊感古人一飯之報，況受顧遇而容不盡乎！」商不能用。

永和中，荆州盜賊起，彌年不定，乃以固爲荆州刺史。固到，遣吏勞問境内，赦寇盜前釁，與之更始。於是賊帥夏密等斂其魁黨六百餘人，自縛歸首。固皆原之，遣還，使自相招集，開示威法。半歲間，餘類悉降，州内清平。

上奏南陽太守高賜等臧穢。賜等懼罪，遂共重賂大將軍梁冀，冀爲千里移檄，而固持之愈急。冀遂令徙固爲太山太守。時太山盜賊屯聚歷年，郡兵常千人，追討不能制。固到，悉罷遣歸農，但選留任戰者百餘人，以恩信招誘之。未滿歲，賊皆弭散。

遷將作大匠。上疏陳事曰：「臣聞氣之清者爲神，人之清者爲賢。養身者以練神爲寶，安國者以積賢爲道。昔秦欲謀楚，王孫圉設壇西門，陳列名臣，秦使懼然，遂爲寢兵。魏文侯師卜子夏，友田子方，軾段干木，故羣俊競至，名過齊桓，秦人不敢闚兵於西河，斯蓋積賢人之符也。陛下撥亂龍飛，初登大位，聘南陽樊英、江夏黄瓊、廣漢楊厚、會稽賀純，策書嗟歎，待以大夫之位。是以巖穴幽人，智術之士，彈冠振衣，樂欲爲用，四海欣然，歸服聖德。厚等在職，雖無奇卓，然夕惕孳孳，志在憂國。臣前在荆州，聞厚、純等以病免歸，誠以悵然，爲時惜之。一日朝會，見諸侍中並皆年少，無一宿儒大人可顧問者，誠可歎息。宜徵還厚等，以副羣望。瓊久處議郎，已且十年，衆人皆怪始隆崇，今更滯也。光禄大夫周舉，才謨高正，宜在常伯，訪以言議。侍中杜喬，學深行直，當世良臣，久託疾病，可敕令起。」又薦陳留楊倫、河南尹存、東平王惲、陳國何臨、清河房植等。是日有詔徵用倫、厚等，而遷瓊、舉，以固爲大司農。

先是周舉等八使案察天下，多所劾奏，其中並是宦者親屬，輒爲請乞，詔遂令勿考。又舊任三府選令史，光禄試尚書郎，時皆特拜，不復選試。固乃與廷尉吴雄上疏，以爲八使所糾，宜急誅罰，選舉署置，可歸有司。帝感其言，乃更下免八使所舉刺史、二千石，自是稀復特拜，切責三公，明加考察，朝廷稱善。乃復與光禄勳劉宣上言：「自頃選舉牧守，多非其人，至行無道，侵害百姓。又宜止槃遊，專心庶政。」帝納其言，於是下詔諸州劾奏守令以下，政有乖枉，遇人無惠者，免所居官；其姦穢重罪，收付詔獄。

及沖帝即位，以固爲太尉，與梁冀參録尚書事。明年帝崩，梁太后以楊、徐盜賊盛强，恐驚擾致亂，使中常侍詔固等，欲須所徵諸王侯到乃發喪。固對曰：「帝雖幼少，猶天下之父。今日崩亡，人神感動，豈有臣子反共掩匿乎？昔秦皇亡於沙丘，胡亥、趙高隱而不發，卒害扶蘇，以至亡國。近北鄉侯薨，閻后兄弟及江京等亦共掩祕，遂有孫程手刃之事。此天下大忌，不可之甚者也。」太后從之，即暮發喪。

固以清河王蒜年長有德，欲立之，謂梁冀曰：「今當立帝，宜擇長年高明有德，任親政事者，願將軍審詳大計，察周、霍之立文、宣，戒鄧、閻之利幼弱。」冀不從，乃立樂安王子纘，年八歲，是爲質帝。時沖帝將北卜山陵，固乃議曰：「今處處寇賊，軍興用費加倍，新創憲陵，賦發非一。帝尚幼小，可起陵於憲陵塋内，依康陵制度，其於役費三分減一。」乃從固議。時太后以比遭不造，委任宰輔，固所匡正，每輒從用，其黄門宦者一皆斥遣，天下咸望遂平，而梁冀猜專，每相忌疾。

初，順帝時諸所除官，多不以次，及固在事，奏免百餘人。此等既怨，又希望冀旨，遂共作飛章虚誣固罪曰：「臣聞君不稽古，無以承天；臣不述舊，無以奉君。昔堯殂之，舜仰慕三年，坐則見堯於墻，食則覩堯於羹。斯所謂聿追來孝，不失臣子之節者。太尉李固，因公假私，依正行邪，離間近戚，自隆支黨。至於表舉薦達，例皆門徒；及所辟召，靡非先舊。或富室財賂，或子壻婚屬，其列在官牒者凡四十九人。又廣選賈豎，以補令史；募求好馬，臨窻呈試。出入踰侈，輜軿曜日。大行在殯，路人掩涕，固獨胡粉飾貌，搔頭弄姿，槃旋偃仰，從容冶步，曾無慘怛傷悴之心。山陵未成，違矯舊政，善則稱己，過則歸君，斥逐近臣，不得侍送，作威作福，莫固之甚。臣聞台輔之位，實和陰陽，璇機不平，寇賊姦軌，則責在太尉。固受任之後，東南跋扈，兩州數郡，千里蕭條，兆人傷損，大化

陵遲，而詆疵先主，苟肆狂狷。存無廷争之忠，沒有誹謗之說。夫子罪莫大於累父，臣惡莫深於毀君。固之過釁，事合誅辟。」書奏，冀以白太后，使下其事。太后不聽，得免。

冀忌帝聰慧，恐爲後患，遂令左右進鴆。帝苦煩甚，使促召固。固入，前問：「陛下得患所由？」帝尚能言，曰：「食煮餅，今腹中悶，得水尚可活。」時冀亦在側，曰：「恐吐，不可飲水。」語未絕而崩。固伏屍號哭，推舉侍醫。冀慮其事泄，大惡之。

因議立嗣，固引司徒胡廣、司空趙戒，先與冀書曰：「天下不幸，仍遭大憂。皇太后聖德當朝，攝統萬機，明將軍體履忠孝，憂存社稷，而頻年之閒，國祚三絕。今當立帝，天下重器，誠知太后垂心，將軍勞慮，詳擇其人，務存聖明。然愚情眷眷，竊獨有懷。遠尋先世廢立舊儀，近見國家踐祚前事，未嘗不詢訪公卿，廣求羣議，令上應天心，下合衆望。且永初以來，政事多謬，地震宮廟，彗星竟天，誠是將軍用情之日。傳曰：『以天下與人易，爲天下得人難。』昔昌邑之立，昏亂日滋，霍光憂愧發憤，悔之折骨。自非博陸忠勇，延年奮發，大漢之祀，幾將傾矣。至憂至重，可不熟慮！悠悠萬事，唯此爲大。國之興衰，在此一舉。」冀得書，乃召三公、中二千石、列侯大議所立。固、廣、戒及大鴻臚杜喬皆以爲清河王蒜明德著聞，又屬最尊親，宜立爲嗣。先是蠡吾侯志當取冀妹，時在京師，冀欲立之。衆論既異，憤憤不得意，而未有以相奪。中常侍曹騰等聞而夜往說冀曰：「將軍累世有椒房之親，秉攝萬機，賓客縱橫，多有過差。清河王嚴明，若果立，則將軍受禍不久矣。不如立蠡吾侯，富貴可長保也。」冀然其言。明日重會公卿，冀意氣凶凶，而言辭激切。自胡廣、趙戒以下，莫不懾憚之。皆曰：「惟大將軍令。」而固獨與杜喬堅守本議。冀厲聲曰：「罷會。」固意既不從，猶望衆心可立，復以書勸冀。冀愈激怒，乃說太后先策免固，竟立蠡吾侯，是爲桓帝。

後歲餘，甘陵劉文、魏郡劉鮪各謀立蒜爲天子，梁冀因此誣固與文、鮪共爲妖言，下獄。門生勃海王調貫械上書，證固之枉，河内趙承等數十人亦要鈇鑕詣闕通訴，太后明之，乃赦焉。及出獄，京師市里皆稱萬歲。冀聞之大驚，畏固名德終爲己害，乃更據奏前事，遂誅之，時年五十四。

臨命，與胡廣、趙戒書曰：「固受國厚恩，是以竭其股肱，不顧死亡，志欲扶持王室，比隆文、宣。何圖一朝梁氏迷謬，公等曲從，以吉爲凶，成事爲敗乎？漢家衰微，從此始矣。公等受主厚禄，顛而不扶，傾覆大事，後之良史，豈有所私？固身已矣，於義得矣，夫復何言！」廣、戒得書悲慙，皆長歎流涕。

州郡收固二子基、兹於郾城，皆死獄中。小子燮得脱亡命。冀乃封廣、戒而露固屍於四衢，令有敢臨者加其罪。固弟子汝南郭亮，年始成童，遊學洛陽，乃左提章鉞，右秉鈇鑕，詣闕上書，乞收固屍。不許，因往臨哭，陳辭於前，遂守喪不去。夏門亭長呵之曰：「李、杜二公爲大臣，不能安上納忠，而興造無端。卿曹何等腐生，公犯詔書，干試有司乎？」亮曰：「亮含陰陽以生，戴乾履坤。義之所動，豈知性命，何爲以死相懼？」亭長歎曰：「居非命之世，天高不敢不跼，地厚不敢不蹐。耳目適宜視聽，口不可以妄言也。」太后聞而不誅。南陽人董班亦往哭固，而殉屍不肯去。太后憐之，乃聽得襚斂歸葬。二人由此顯名，三公並辟。班遂隱身，莫知所歸。

固所著章、表、奏、議、教令、對策、記、銘凡十一篇。弟子趙承等悲歎不已，乃共論固言迹，以爲《德行》一篇。

《東觀漢記》卷一七《李固》 李固，字子堅，漢中南鄭人也，司徒郃之子。固貌狀有奇表，鼎角匿犀，足履龜文。少好學，常步行隨師，不遠千里。

唐晏《兩漢三國學案》卷一一《明經文學列傳・李固》 李固字子堅，漢中南鄭人，司徒郃之子也。貌狀有奇表，鼎角匿犀，足履龜文。少好學，常改易姓名，步行尋師，不遠千里。學《五經》，積十餘年。博覽古今，明於風角、星算、《河圖》、讖緯。每到太學，密入公府，定省父母，不令同業諸生知是郃子。結交英賢，四方有志之士，多慕其風而來學。司隸、益州並命郡舉孝廉，辟司空掾，皆不就。陽嘉二年，有地動、山崩之異，公卿舉固對策。順帝覽其對，多所納用，朝廷肅然。以固爲議郎。而阿母宦者疾固言直，因詐飛章以陷其罪。出爲廣漢雒令，至白水關，解印綬，還漢中，杜門不交人事。歲中，梁商請爲從事中郎。商以后父輔政，而柔和自守，不能有所整裁，固欲令商先正風化，退辭高滿，奏記，商不能用。乃以固爲荆州刺史，徙太山太守，遷將作大匠。上疏陳事，薦賢黜邪。有詔徵用楊倫、楊厚，而還黄瓊、周舉，以固爲大司農。冲帝即位，以固爲太尉，與梁冀參録尚書事。明年，帝崩，以與杜喬議立清河王蒜忤冀，先策免固，竟立蠡吾侯。冀畏固名終爲己害，乃更據奏前事，遂誅之。州郡收固二子基、兹於偃城，皆死獄中。小子燮得脱亡命。

雜録

備録

司馬彪《續漢書》卷四《李固傳》 李固字子堅，狀有奇表，鼎角匿犀，足履龜文。

李固少有儁才，雅志好學。爲三公子，常躬步行，驅驢負書從師。

李固字子堅，拜議郎，爲洛陽令。大將軍梁商請爲從事中郎。

陽嘉二年，詔公卿舉敦樸之士，衛尉賈建舉固。

李固上書曰：「陛下之有尚書，猶天之有北斗。北斗天之喉舌，尚書陛下之喉舌也。」

方毅廉直，宜拜尚書。

李固遷將作大匠，常推賢進士。

李固爲大司農。〔時〕上信閹宦，天下牧守多其宗親舊故，及受貨賂，有詔特拜，不由選試，亂生彌甚。固乃上表，具陳盜賊所以興，由官非其人也。

順帝時，所除官多不次，李固奏免百餘人。此等既怨，共作飛章，誣固曰：「大行在殯，路人掩涕，固獨胡粉飾貌，搔頭弄姿，盤旋偃仰，曾無慘怛之心。」

沖帝以太尉李固參録尚書事。帝崩，梁太后詔固議所徵王侯，至乃發喪。對曰：「帝雖少，猶天下之父，今日崩，人臣感痛，豈有臣子反掩之乎？」太后從之。

李固被誅，梁冀乃露固屍於四衢，令有敢臨者，加其罪。固弟子汝南郭亮，年始成童，左提章鉞，右秉鐵鑕，詣闕上書，乞收固屍，不許。因往臨哭，陳辭於其前，遂守喪不去。夏門亭長呵之，亮曰：「含陰陽氣以生，戴乾履坤，義之所重，豈知生命，何爲以死相懼？」太后聞而不誅，乃聽得襚斂歸葬之。

基，偃師長。

李燮字德公。初李固既策罷，知不免禍，乃遣三子歸鄉里。時燮年十三。有頃難作，下郡收固三子，二兄受害。燮姊文姬乃告父門生王成曰：「今委君以六尺之孤，李氏存滅，其在君矣。」成乃將燮入徐州界中，變名姓，爲酒家傭，而成賣卜於市，陰相往來。梁冀既誅，而災眚屢見。明年史官上言，宜有赦令，又當存録大臣冤死者子孫。於是求固後，燮乃以本末告酒家，酒家具車重厚遣之。後王成卒，燮以禮葬之，感傷舊恩，每四節爲設上賓之位而祠焉。

謝承《後漢書》卷四《李固傳》 〔李固，漢中人。父郃爲司徒〕。固改易姓名，杖策驅驢，負笈追師三輔，學《五經》，積十餘年。博覽古今，明於風角、星筭、《河圖》、讖緯，仰察俯占，窮神知變。每到太學，密入公府，定省父母，不令同業諸生知是郃子。

五察孝廉，益州再舉茂才，不應。五府連辟，皆辭以疾。

李固爲太尉，常食麥飯。

梁冀奏誅李固，固臨命與胡廣、趙戒書曰：「固受國厚恩，是以竭其股肱，不顧死亡，志欲扶王室，比隆文(王)〔宣〕。何圖一朝梁氏迷謬，公等曲從，以吉爲凶，成事爲敗，漢家衰微，從此始矣。公等受主厚禄，顛而不扶，傾覆大事，後之良史，豈有所私？固身已矣，於義得矣，夫復何言！」廣、戒得書，悲慚，〔皆〕長歎。

固臨終，敕子孫素棺三寸，幅巾，殯斂於本郡墝埆之地，不得還墓塋，污先公兆域。

亮字恒直，朗陵人也。

郭諒師事杜喬。李固之誅，詣闕上書，乞收斂，不聽，因往守視其喪，扇護蠅蟲。

固所授弟子，潁川杜訪、汝南鄭遂、河南趙承等七十二人，相與哀歎悲憤，以爲眼不復瞻固形容，耳不復聞固嘉訓，乃共論集《德行》一篇。

燮遠遁身於北海劇，託命滕咨家以得免。

《後漢書》卷七《孝桓帝紀》李賢注引 《續漢志》曰：「順帝之末，京都童謡曰：『直如弦，死道邊；曲如鈎，反封侯。』曲如鈎謂梁冀、胡廣等。直如弦謂李固等。」

《後漢書・天文志中》 孝順永和二年六年二月丁巳彗星見東方。【略】，是時，太尉杜喬及故太尉李固爲梁冀所陷入，坐文書死。【略】其後懿獻后以憂死，梁氏被誅，是其應也。

《後漢書・五行志一》 陽嘉二年夏，旱。時李固對策，以爲奢僭所致也。

沖帝永(嘉)〔熹〕元年夏，旱。時沖帝幼崩，太尉李固勸太后(及)兄梁冀立嗣帝，擇年長有德者，天下賴之，則功名不朽。年幼未可知，如後不善，悔無所及。時太后及冀貪立年幼，欲久自專，遂立質帝，八歲。此不用德。

順帝之末，京都童謡曰：「直如弦，死道邊。曲如鉤，反封侯。」案順帝即世，孝質短祚，大將軍梁冀貪樹疏幼，以爲己功，專國號令，以贍其私。太尉李固以爲清河王雅性聰明，敦詩悦禮，加又屬親，立長則順，置善則固。而冀建白太后，策免固，徵蠡吾侯，遂即至尊。固是日幽斃于獄，暴屍道路，而太尉胡廣封安樂卿侯，司徒趙戒厨亭侯，司空袁湯安國亭侯云。

《後漢書·五行志二》 順帝陽嘉元年，恭陵廡災，及東西莫府火。太尉李固以爲奢僭所致。陵之初造，禍及枯骨，規廣治之尤飾。又上欲更造宮室，益臺觀，故火起莫府，燒材木。

桓帝建和二年五月癸丑，北宮掖庭中德殿火，及左掖門。先是梁太后兄冀挾姦枉，以故太尉李固、杜喬正直，恐害其事，令人誣奏固、喬而誅滅之。

《後漢書·五行志三》 建和二年七月，京師大水。去年冬，梁冀枉殺故太尉李固、杜喬。

建和三年秋七月，北地廉雨肉似羊脅，或大如手，近赤祥也。是時梁太后攝政，兄梁冀專權，枉誅漢良臣故太尉李固、杜喬，天下冤之。其後梁氏誅滅。

《後漢書·五行志四》 安帝永初元年，郡國十八地震。李固曰：「地者陰也，法當安静。今乃越陰之職，專陽之政，故應以震動。」是時鄧太后攝政專事，訖建光中，太后崩，安帝乃得制政，於是陰類並勝，西羌亂夏，連十餘年。

順帝陽嘉二年六月丁丑，雒陽宣德亭地坼，長八十五丈，近郊地。時李固對策，以爲「陰類專恣，將有分離之象，所以附郊城者，(事)〔是〕上帝示象以誡陛下也」。是時宋娥及中常侍各用權分争，後中常侍張逵、蘧政與大將軍梁商争權，爲商作飛語，欲陷之。

《後漢書》卷五二《崔瑗傳》 漢安初，大司農胡廣、少府竇章共薦瑗宿德大儒，從政有迹，不宜久在下位，由此遷濟北相。時李固爲太山太守，美瑗文雅，奉書禮致殷勤。

《後漢書》卷五五《章帝八王傳·清河孝王慶》 〔孝王〕蒜爲人嚴重，動止有度，朝臣太尉李固等莫不歸心焉。初，中常侍曹騰謁蒜，蒜不爲禮，宦者由此惡之。及帝崩，公卿皆正議立蒜，而曹騰説梁冀不聽，遂立桓帝。語在《李固傳》。蒜由此得罪。

《後漢書》卷五六《王龔傳》 永和元年，拜太尉。在位恭慎，自非公事，不通州郡書記。其所辟命，皆海内長者。龔深疾宦官專權，志在匡正，乃上書極言其狀，請加放斥。諸黄門恐懼，各使賓客誣奏龔罪，順帝命亟自實。前掾李固時爲大將軍梁商從事中郎，乃奏記於商曰：「今旦聞下太尉王公勑令自實，未審其事深淺何如。王公束脩厲節，敦樂蓺文，不求苟得，不爲苟行，但以堅貞之操，違俗失衆，横爲讒佞所構毁，衆人聞知，莫不歎慄。夫三公尊重，承天象極，未有詣理訴冤之義。纖微感槩，輒引分决，是以舊典不有大罪，不至重問。王公沈静内明，不可加以非理。卒有它變，則朝廷獲害賢之名，羣臣無救護之節矣。昔絳侯得罪，袁盎解其過，魏尚獲戾，馮唐訴其冤，時君善之，列在書傳。今將軍内倚至尊，外典國柄，言重信著，指撝無違，宜加表救，濟王公之艱難。語曰：『善人在患，飢不及餐。』斯其時也。」商即言之於帝，事乃得釋。

《後漢書》卷五六《种暠傳》 出爲益州刺史。暠素慷慨，好立功立事。在職三年，宣恩遠夷，開曉殊俗，岷山雜落皆懷服漢德。其白狼、槃木、唐菆、邛、僰諸國，自前刺史朱輔卒後遂絶；暠至，乃復舉種向化。時永昌太守冶鑄黄金爲文蛇，以獻梁冀，暠糾發逮捕，馳傳上言，而二府畏懦，不敢案之，冀由是銜怒於暠。會巴郡人服直聚黨數百人，自稱「天王」，暠與太守應承討捕，不克，吏人多被傷害。冀因此陷之，傳逮暠、承。太尉李固上疏救曰：「臣伏聞討捕所傷，本非暠、承之意，實由縣吏懼法畏罪，迫逐深苦，致此不詳。比盜賊羣起，處處未絶。暠、承以首舉大姦，而相隨受罪，臣恐沮傷州縣糾發之意，更共飾匿，莫復盡心。」梁太后省奏，乃赦暠、承罪，免官而已。

《後漢書》卷六〇上《馬融傳》 初，融懲於鄧氏，不敢復違忤執家，遂爲梁冀草奏李固，又作大將軍《西第頌》，以此頗爲正直所羞。

《後漢書》卷六一《黄瓊傳》 永建中，公卿多薦瓊者，於是與會稽賀純、廣漢楊厚俱公車徵。瓊至綸氏，稱疾不進。有司劾不敬，詔下縣以禮慰遣，遂不得已。先是徵聘處士多不稱望，李固素慕於瓊，乃以書逆遺之曰：「聞已度伊、洛，近在萬歲亭，豈即事有漸，將順王命乎？蓋君子謂伯夷隘，柳下惠不恭，故傳曰『不夷不惠，可否之閒』。蓋聖賢居身之所珍也。誠遂欲枕山棲谷，擬跡巢、由，斯則可矣；若當輔政濟民，今其時也。自生民以來，善政少而亂俗多，必待堯舜

之君，此爲志士終無時矣。常聞語曰：『嶢嶢者易缺，皦皦者易污。』《陽春》之曲，和者必寡，盛名之下，其實難副。近魯陽樊君被徵初至，朝廷設壇席，猶待神明。雖無大異，而言行所守無缺。而毁謗布流，應時折減者，豈非觀聽望深，聲名太盛乎？自頃徵聘之士，胡元安、薛孟嘗、朱仲昭、顧季鴻等，其功業皆無所採，是故俗論皆言處士純盜虚聲。願先生弘此遠謨，令衆人歎服，一雪此言耳。」瓊至，即拜議郎，稍遷尚書僕射。【略】七年，疾篤，上疏諫曰：「臣聞天者務剛其氣，君者務彊其政。【略】故太尉李固、杜喬，忠以直言，德以輔政，念國亡身，隕殁爲報，而坐陳國議，遂見殘滅。賢愚切痛，海内傷懼。」

《後漢書》卷六二《荀淑傳》　安帝時，徵拜郎中，後再遷當塗長。去職還鄉里。當世名賢李固、李膺等皆師宗之。

《後漢書》卷六四《吴祐傳》　祐在膠東九年，遷齊相，大將軍梁冀表爲長史。及冀誣奏太尉李固，祐聞而請見，與冀争之，不聽。時扶風馬融在坐，爲冀章草，祐因謂融曰：「李公之罪，成於卿手。李公即誅，卿何面目見天下之人乎？」冀怒而起入室，祐亦徑去。冀遂出祐爲河閒相，因自免歸家，不復仕，躬灌園蔬，以經書教授。

《後漢書》卷八六《南蠻傳》　永和二年，日南、象林徼外蠻夷區憐等數千人攻象林縣，燒城寺，殺長吏。交阯刺史樊演發交阯、九真二郡兵萬餘人救之。兵士憚遠役，遂反，攻其府。二郡雖擊破反者，而賊埶轉盛。會侍御史賈昌使在日南，即與州郡并力討之，不利，遂爲所攻。圍歲餘而兵穀不繼，帝以爲憂。明年，召公卿百官及四府掾屬，問其方略，皆議遣大將，發荆、楊、兗、豫四萬人赴之。大將軍從事中郎李固駮曰：「若荆、楊無事，發之可也。今二州盜賊槃結不散，武陵、南郡蠻夷未輯，長沙、桂陽數被徵發，如復擾動，必更生患。其不可一也。又兗、豫之人卒被徵發，遠赴萬里，無有還期，詔書迫促，必致叛亡。其不可二也。南州水土温暑，加有瘴氣，致死亡者十必四五。其不可三也。遠涉萬里，士卒疲勞，比至領南，不復堪鬭。其不可四也。軍行三十里爲程，而去日南九千餘里，三百日乃到，計人稟五升，用米六十萬斛，不計將吏驢馬之食，但負甲自致，費便若此。其不可五也。設軍到所在，死亡必衆，既不足禦敵，當復更發，此爲刻割心腹以補四支。其不可六也。九真、日南相去千里，發其吏民，猶尚不堪，何況乃苦四州之卒，以赴萬里之艱哉！其不可七也。前中郎將尹就討益州叛羌，益州諺曰：『虜來尚可，尹來殺我。』後就徵還，以兵付刺史張喬。喬因其將吏，旬月之閒，破殄寇虜。此發將無益之効，州郡可任之驗也。宜更選有勇略仁惠任將帥者，以爲刺史、太守，悉使共住交阯。今日南兵單無穀，守既不足，戰又不能。可一切徙其吏民北依交阯，事静之後，又命歸本。還募蠻夷，使自相攻，轉輸金帛，以爲其資。有能反閒致頭首者，許以封侯列士之賞。故并州刺史長沙祝良，性多勇決，又南陽張喬，前在益州有破虜之功，皆可任用。昔太宗就加魏尚爲雲中守，哀帝即拜龔舍爲太山太守。宜即拜良等，便道之官。」四府悉從固議，即拜祝良爲九真太守，張喬爲交阯刺史。喬至，開示慰誘，並皆降散。良到九真，單車入賊中，設方略，招以威信，降者數萬人，皆爲良築起府寺。由是嶺外復平。

酈道元《水經注》卷二七《沔水》　漢水又東得長柳渡。長柳，村名也。漢太尉李固墓，碑銘尚存，文字剥落，不可復識。

酈道元《水經注》卷三三《江水》　《地理風俗記》曰：華陽黑水惟梁州。漢武帝元朔二年，改梁曰益州，以新啓犍爲、牂柯、越巂，州之疆壤益廣，故稱益云。初治廣漢之雒縣，後乃徙此。故李固《與弟圄書》曰：固今年五十七，鬢髮已白，所謂容身而遊，滿腹而去，周觀天下，獨未見益州耳。昔嚴夫子常言：經有五，涉其四；州有九，遊其八。欲類此子矣。

樂史《太平寰宇記》卷一三三《山南西道一・三泉縣》　漾水，一名漢水，一名沔水。源出縣東二十八里嶓冢山。【略】今縣南有故漾水關，即漢李固解印綬處。今有冢在。

黄震《古今紀要・後漢》　李固郃之子，對當世之獘，求寬博，阿母，外戚，擇尚書，中常侍聲振天下。帝見其對即時出阿母、常侍請罪，朝廷肅然。奏議梁商，令退辭高滿。爲荆州刺史，與賊更始，六百餘人皆縛歸。徵用諸賢，八使所劾急加罰，詔劾奏守令。漢名臣，與梁冀争立清河王蒜，冀欲立桓帝，爲冀誣殺，此在桓帝朝。

方孝孺《遜志齋集》卷五《雜著・馬融》　馬融以通經術稱名儒，既事梁冀，復爲作章奏請誅李固，節義喪敗而不惜，蓋其心在乎利禄也。然卒不免冀手，未幾髠笞徙朔方。二者無一得而徒取惡聲，孰若不食冀禄之爲高哉！苟謂事冀爲不獲已，當其欲害李固、杜喬之初，毅然引大義而争之，以此得罪，死有餘榮。曲附姦回，以圖身利，而終蹈乎禍，豈不足爲患失者之戒乎？

顧炎武《日知録》卷二四《人臣稱萬歲》　李固出獄，京師市里皆稱萬歲，遂

爲梁冀所忌，而卒以殺之，亦可見其爲非常之辭矣。

備論

《後漢書》卷三〇下《郎顗傳》　顗又上書薦黃瓊、李固，并陳消災之術曰：【略】又處士漢中李固，年四十，通游、夏之蓺，履顏、閔之仁。絜白之節，情同皦日，忠貞之操，好是正直，卓冠古人，當世莫及。元精所生，王之佐臣，天之生固，必爲聖漢，宜蒙特徵，以示四方。夫有出倫之才，不應限以官次。昔顏子十八，天下歸仁；子奇稺齒，化阿有聲。若還瓊徵固，任以時政，伊尹、傅說，不足爲比，則可垂景光，致休祥矣。臣顗明不知人，伏聽衆言，百姓所歸，臧否共歎。願汎問百僚，覈其名行，有一不合，則臣爲欺國。惟留聖神，不以人廢言。

《後漢書》卷五二《崔瑗傳論》　崔氏世有美才，兼以沈淪典籍，遂爲儒家文林。駰、瑗雖先盡心於貴戚，而能終之以居正，則其歸旨異夫進趣者乎！李固，高絜之士也，與瑗隣郡，奉贄以結好。由此知杜喬之劾，殆其過矣。

《後漢書》卷六三《李杜傳論贊》　論曰：夫稱仁人者，其道弘矣！立言踐行，豈徒徇名安己而已哉，將以定去就之槩，正天下之風，使生以理全，死與義合也。夫專爲義則傷生，專爲生則騫義，專爲物則害智，專爲己則損仁。若義重於生，舍生可也；生重於義，全生可也。上以殘闇失君道，下以篤固盡臣節。臣節盡而死之，則爲殺身以成仁，去之不爲求生以害仁也。順、桓之閒，國統三絕，太后稱制，賊臣虎視。李固據位持重，以争大義，確乎而不可奪。豈不知守節之觸禍，恥夫覆折之傷任也。觀其發正辭，及所遺梁冀書，雖機失謀乖，猶戀戀而不能已。至矣哉，社稷之心乎！其顧視胡廣、趙戒，猶糞土也。

贊曰：李、杜司職，朋心合力。致主文、宣，抗情伊、稷。道亡時晦，終離罔極。燮同趙孤，世載弦直。

《後漢書》卷六一《左周黃傳論》　至乃英能承風，俊乂咸事，若李固、周舉之淵謨弘深，左雄、黃瓊之政事貞固。

《後漢書》卷八二上《方術列傳論》　論曰：漢世之所謂名士者，其風流可知矣。雖弛張趣舍，時有未純，於刻情修容，依倚道蓺，以就其聲價，非所能通物方，弘時務也。及徵樊英、楊厚，朝廷若待神明，至竟無它異。英名最高，毀最甚。李固、朱穆等以爲處士純盜虛名，無益於用，故其所以然也。然而後進希之以成名，世主禮之以得衆，原其無用亦所以爲用，則其有用或歸於無用矣。何以言之？夫煥乎文章，時或乖用；本乎禮樂，適末或疎。及其陶搢紳，藻心性，使由之而不知者，豈非道邈用表，乖之數跡乎？而或者忽不踐之地，賒無用之功，至乃誚譟遠術，賤斥國華，以爲力詐可以救淪敝，文律足以致寧平，智盡於猜察，道足於法令，雖濟萬世，其將與夷狄同也。孟軻有言曰：「以夏變夷，不聞變夷於夏。」況有未濟者乎！

蘇轍《欒城後集》卷八《李固》　孔子謂顏子：「用之則行，舍之則藏，惟我與爾有是夫。」用而不行，則何以利人？舍而不藏，則何以保身？聖人之于天下，理極于是而已。陳靈公與其大夫孔寧、儀行父宣淫于朝，洩冶强諫以死。《春秋》書之曰：「陳殺其大夫洩冶。」君雖無道，而洩冶亦名，以爲無益于事而害其身，君子不爲也。

李固立於順、桓之間，内無愧於其心，外無負於其人。東漢名臣，如固一二人耳。然事有可恨者。冲帝之亡也，固欲立清河王蒜，梁冀不從而立質帝。質帝之亡也，固復以清河爲請，與胡廣、趙戒同謀。廣、戒懼而中變，固獨與杜喬争之。冀積怒憤發，策免固而立桓帝。其後歲餘，劉文、劉鮪謀立清河，冀遂誣固與文、鮪通謀，殺之。吾竊怪固爲三公，再欲立蒜而不克。冀如豺狼，疾之如仇讎。獨一梁太后知其賢，欲宥之而不能。固雖貪立賢君，存漢社稷，勢必無成矣。一舉不中，奉身而去，得免于禍，斯已幸矣。再更大變，固守前議，遲遲不去，以陷于大戮。則固之死，僅自取也。不然，如固之賢，吾何間然哉！

秦觀《淮海集》卷二〇《李固論》　取天下者必有功臣，守天下者必有名臣。雖然，有國家者寧無功臣，不可以無名臣。何則？功臣以乘逐便利爲能，名臣以伏節死義爲任也。

昔西漢之末，海内承平，四夷賓服，而王氏竊持國柄，談笑而輒移之。東漢之季，姦雄崛起，中原大亂，而曹公睥睨神器，終身不敢取。臣嘗疑焉，及讀李固與杜喬之誅，門生弟子貫械腰鈇鑕，願俱死者相屬，然後始知其所以然也。何則？西漢多功臣也。

蓋西漢自高祖以馬上得天下，不悦諸生。其取人也先器識，所以朝多功臣，則乘便逐利者衆。形不便，勢不利，彼不爲也。故晚節末路，王鳳用事，王章以直言被誅，而天下靡然以苟患失之爲風矣。其大臣如張禹、孔光輩，皆持禄取

容，偷爲一切之計。其清節之士如龔勝、郭欽、蔣詡之徒，亦不過謝病免歸而已。其風如此，亂臣賊子奈何而有懼哉？此王氏所以談笑而移之也。

東漢自光武不任功臣，鋭意文士。其取人也先經術，所以朝多名臣，則伏節死義者衆。節之所在，義之所存，彼必爲也。故晚節末路，梁冀擅命，固與杜喬以死抗之，而天下靡然以殺身成仁爲俗矣。其大臣如陳蕃、黄琬輩，皆捐覆宗族，以急國家之難。黨錮之士如李膺、杜密、范滂之徒，至連頸就誅而無愠色。其俗如此，亂臣賊子奈何而不懼哉？曹公之所以終身而不敢取也。

然西漢易亡而復興，東漢難亡而易絶者何也？孟子曰：「三代之得天下也以仁，其失天下也以不仁。」故三代之君其始也雖勢强大，非有仁心則不興。及其季也，雖德失政亂，非有不仁之罪則不絶。哀、成之君，失德甚矣！然其事止於女寵佞幸而已，未犯不仁之罪也，故國亡而復興。桓、靈之時，無道極矣！鉤黨之獄，忠臣義士死者百有餘人；諸所夷滅，至不可勝數。則是不仁之罪已貫盈矣，故國亡而遂絶。此亦理之必至，事之固然，無足怪也。

嗚呼，國者，天下之大器也。君臣者，相與持此器者也。視器之安危，則知人之能否。視國之理亂，則知君臣之賢不肖。以二漢論之，報施之道其不殊也如此，然則爲君臣者，可不戒哉！

洪邁《容齋四筆》卷一五《四李杜》 漢太尉李固、杜喬，皆以爲相守正，爲梁冀所殺。故掾楊生上書，乞李、杜二公骸骨，使得歸葬。梁冀之誅，權勢專歸宦官，傾動中外，白馬令李雲露布上書，有帝欲不諦之語。桓帝得奏震怒，逮雲下北寺獄。弘農五官掾杜衆，傷雲以忠諫獲罪，上書願與雲同日死。帝愈怒，下廷尉，皆死獄中。其後襄楷上言，亦稱爲李、杜。靈帝再治鈎黨，范滂受誅，母就與之訣，曰：「汝今與李、杜齊名，死亦何恨！」謂李膺、杜密也。李太白、杜子美同時著名，故韓退之詩云：「李杜文章在，光燄萬丈長。」凡四李、杜云。

《全宋文》卷五七三七張栻《李固杜喬所處如何論》 李、杜二公精忠勁節，不憚殺身，百世之下凛乎猶有生氣，其視胡廣、趙戒輩真不翅如糞土也。但恨於幾會節目之間，處之未盡要，是於《春秋》提綱之法講之不素耳。李固方舉於朝，即就梁商之辟。商雖未有顯過，然如固之志業，其進也將以正邦，殆不可以苟也；一爲之屬，即涉梁氏賓客，事必有牽制者矣，此其失之於前也。方質帝之弑也，固爲首相，又質帝忍死有語之以被毒之事，則任是責者非固而誰？質帝既不幸，固便當召尚書發冀姦，正大義，顯言於朝，則忠臣義士孰不應固？冀雖勢盛，然名其爲賊，逆順理殊，蓋可誅也。此間不容髮之時，而固昧夫大幾，獨推究侍醫等，舉動迂緩，使冀得以措手，大義不白，人心日以解弛。其幾既失，故身據大位，當大權，持大義，而返聽命受制於賊，豈不惜哉！此其失之於後也。夫以冀之悖逆，而固且奏記與議所立，固豈不知冀心之所存哉？失太阿之柄，而陵遲至此耳。度固之不白發冀罪，非黨梁氏也，恐事之不成無益，故欲隱忍以待清河王之立，庶幾可扶社稷。而不知天下大變，已爲冢宰，理當明義以正之，事之成與不成，蓋非所問。況如前所論逆順之理，冀決無以逭死邪？固之隱忍乃所以成冀姦謀，殺身不足道，而社稷受害矣。若固者，盡其忠國之心，而無克亂之才，可勝惜哉！杜喬在九卿中，若懷是見，必贊固爲之矣。及繼固爲相，已制命於冀矣。相與就死，嗚呼悲夫！

葉適《習學記言序目》卷二六《後漢書三・列傳》 李固斟酌義理，熟于世故，深識根本，始末順正，無疏婞直前之□；然而不幸再當立君之際，權不在己而聽命于姦凶，欲以正道回之，率公議以塞其衝，以天下至危之舉，萬無一成。固與杜喬既以身當禍，而漢由此亡，此天命，非人謀，乃可痛哭流涕也。學者或輕論固事，幾于不識罪福矣。悲夫！悲夫！若固，所謂任伊周之道而不得成伊周之功者歟！（《李固》）

李固駁發兵之議：夫交趾九真反，而欲以兗、豫、揚州人赴之，不待智者而知其不可用矣；然當時士大夫所見皆如此者，蓋有寇即發兵，發近不能勝則發遠，乃目前常行之事故也。余頃在金陵，考按建炎以來守江者，皆用民兵，鹿角戰船，布列口岸，分寨而御，虜至江北，聲言欲涉，我輒棄之而潰，虜因以南渡，遂至顛覆。然前后施行，無不如此。余始疑昔人但守不定耳，亦莫敢舍此策，意欲激厲而用之；比虜既至，則已與之共水險，地散心摇，幾欲退去。余急别募兵渡江劫寨，頗得俘馘而歸，城郭間聞捷奏系踵，人意始安，虜亦北遁；而向之民兵、鹿角之類，盡爲無用，然其耗動根本已不少矣。觀固歷數利害，毫髮無遺，借筯而籌，蓋不足道，信儒者之英傑也。（《南蠻》）

錢時《兩漢筆記・順帝》 觀順帝一覽李固之對，即時出阿母還舍，諸常侍悉叩頭謝罪，朝廷肅然。其是非之心，果決不疑如此，亦豈不足與有爲哉！然而固也，終被誣陷，不能以一朝安。無他，病在腹心故也。當是時，宦官挾定策之功，后族怙宫闈之寵，根據内外，禍蟠腹心。左雄、黄瓊、李固、周舉之徒，極言竭論，號于王庭，非不足以快一時之公論，而天下大勢終無補益。朝廷之上，小人

爲之主宰。開陳者愈切，而嫉之者愈深。正救者愈力，而害之者愈甚耳。自非英明之主，天德剛健，篤信讜忠，洞昭姦回，使之言行而不譏，身安而不及於禍，未見其可也。

錢時《兩漢筆記・冲帝》 人才者，國之元氣也。梁后臨朝，首用李固，此意豈不甚美！若一於信任，勿有間之，使得以展其所藴，則雖主少國危，尚可扶命脉於將墜，豈不猶幸矣哉！天下之患，莫大乎名尊君子，而實小人執其權，寵之以禄爵，而不任之以事也。當是時，有梁冀在，雖百李固亦不能如之何耳。雖然，冀也一旦感悟，斂然退聽，處無用之地，就君子之規模，則家安而國家可保，奈之何其終迷而不改也。悲夫！

錢時《兩漢筆記・質帝》 李固之斥逐羣小，是矣。朝路肅清，公論允協，是宜天下翕然有治平之望。然禍根不除，而但翦其枝葉，同惡相黨，如捍頭目，豈一太后所能主張哉？賢人君子不幸而遇斯時，欲行其志，祇以速禍，是可悲也。

《吴廷翰集》卷上《李固》 李固以梁冀之誣下獄死，臨命，與胡廣、趙戒書，謂：「梁氏迷謬，公等受主厚禄，顛而不扶，後之良史，豈有所私？固身已矣，於義復何言哉！」夫固死忠矣，於義豈盡得哉？方固爲太尉，被召入侍，冀之弒帝，蓋所親見也，及此時而發之，明其爲賊，合廷中忠義之士以討之，不克而死可也。若倉卒不集，以笏擊賊而死，亦可也。不知出此，乃止於伏屍號哭，推舉侍醫，遲回隱忍，使賊無所懼，得以憑托太后，援立非次，以致甘受誣枉，俛首受戮。其與廣等書，乃猶自以爲得義，不亦誤乎！

李贄《藏書》卷二九《名臣傳八・直節名臣・李固》李贄評 快矣哉！固既死而有生死之交，若郭亮，若董班，若亭長，若王成者，王成大類程嬰也。又有若王調，若趙承，何門下之多士乎？或各從其類矣。

陳子龍《陳忠裕公全集・安雅堂稿・李固》 夫德之昏明，治亂所係，而廢興之故，天命難諶，是以定策之謀，智者畏避，以親猶可稽執，以賢更無顯據。而權倖之徒，必貪闇弱，自非計存社稷，爲國忘身者，孰肯奮發大議，推心聖哲，以蹈未定之天乎？李固力奉清河，謀非利己，圖事不成，必無餘地，所以始終不變也。嗚呼！天而既厭漢德矣，必使宗英無或躍之期，鼎臣有淪胥之嘆，運當流極，又何怪焉！

朱軾《史傳三編・李固杜喬》 論曰：李、杜二公，當母后强臣擅命之日，正色折姦，危言悟主，朝野咸倚爲重。志雖未遂而以身死之，百世而下，猶足興起頑懦，不獨當時門生故吏之從義如歸也。或乃以冀負弒逆大惡，固、喬不克聲罪致討，故《綱目》卒奪其官。然其事曖微，又旋已去位，清河之禍隨之，其身之莫保，況能案未成之獄，以加之罪，而制其死命乎？夫立君，美事也。又憑議于衆；弒君惡蹟也，又假手于私。王蒜長且賢，中外屬望。二公當此時，深心毅力，迭用柔剛，非惟不能奪邪謀而歸正議，終且以獲罪焉。而顧欲推鞫其私人，證成大獄，帝后制于中，羣凶黨于外，將誰謀之，而誰信之？夫機事不密則害成。冀依倚城社，搆連羽翼，他日桓帝尚不敢顯行其天誅，況臣下乎？或謂二公陰圖機會，爲國殄此大憝，若王允之于董卓，温嶠之于王敦可也。不知事勢不同，螽吾之立漢祚，興衰所繫，立與不立，定于俄闕。義固争，庶幾可爲。若復依違隱忍，託爲事闕卒之，國事已非，而已之身名亦喪。先儒有言曰：大臣當以李固、杜喬爲正，此不易之論也。延熹二年，李雲、杜衆以直諫得罪。九年，李膺、杜密以鈎黨見收。終桓之朝，稱李杜者三。並懷忠抗節不得其死，而漢之亡决矣。

乾隆帝《御製樂善堂全集》卷四《李固杜喬論》 東漢自光武、明、章，孜孜學術，培養氣節。故雖數傳稍衰矣，而袁安、楊震、何敞、朱穆、張綱、傅燮諸君子皆靖共正直，臨患難死生而不易其操。若李固、杜喬者，尤疾風勁草之卓然傑出者也。蓋梁冀擅廢立之權，利於幼弱，二公與胡廣、趙戒共争之。既而廣、戒順冀，而二公之志終不可移。争而不得，繼之以死，其爲漢室忠矣。夫權姦之欲擅國柄也，必害其忠直不撓，不與己合之大臣，以震其餘，梁冀之於李、杜是也。彼以爲此人一去，則在上之勢孤，在下之望絶，其餘皆軟靡易制，貪位苟禄之人耳。後世姦臣多效其爲，而人君咸不悟焉。卒之一身，孤立於上，而左右前後皆彼之人，豈不可哀也哉！漢末忠臣李杜並稱者三，李雲、杜衆，李膺、杜密是也，要當以固、喬爲冠。

趙一清《東潛文稿》卷下《書李固傳後》 喬與固俱暴屍城北，其故掾陳留楊匡著故赤幘，托爲夏門亭吏，守衛屍喪。積十二日，都官從事執之以聞，太后義而不罪。匡之義烈如此。意者《固傳》所稱夏門亭長，殆其人也。觀其始則投迹厮吏，陰行守視，而又設爲恫疑虚喝以試亮。及聞亮言，一時悲憤，憫惻之概，感觸而動。事已覺露，復腰質上書，并乞二公骸骨，以禮殯葬，卒伸其志。向非執德不回，烏能感悟明聽。方諸欒布、貫高之屬，匡真無愧矣。當梁冀擅權，雖以馬融通儒，猶爲冀草奏誣固。若亮僅成童之年，匡託亭吏之微，乃能證明其枉，殉護其屍。雖二公之忠直，足以感人，而東京節義之風，奮乎百世之上，感乎百

世之下，誠令人欽慕不置哉。

藝文

《全唐詩》卷一五三李華《雜詩》　孔光尊董賢，胡廣慚李固。儒風冠天下，而乃敗王度。絳侯與博陸，忠朴受遺顧。求名不考實，文弊反成蠹。

《全唐詩》卷五六二李玖《四丈夫同賦》　鳥啼鶯語思何窮，一世榮華一夢中。李固有冤藏蠹簡，鄧攸無子續清風。文章高韻傳流水，絲管遺音託草蟲。春月不知人事改，閒垂光影照洿宮。

桃蹊李徑盡荒涼，訪舊尋新益自傷。雖有衣衾藏李固，終無表疏雪王章。羈魂尚覺霜風冷，朽骨徒驚月桂香。天爵竟爲人爵誤，誰能高叫問蒼蒼。

《全宋文》卷二一九五孔武仲《李子堅銘》　漢熄復炎，後熒欲滅。順桓之際，統紀三絶。乾蹇坤摇，上下倒植。惟公之才，丙、魏、蕭、曹。不生自先，乃此之遭。又居大位，以弱戡豪。莫私女謁，莫强宦寺。太后主斷，后兄梁冀。更倡迭和，梟磔虎視。以臣立君，又事最難。公提肝膽，觸戰其間。羣凶側目，掣後衝前。而公不回，益秉仁義。桓桓爲仁，烈烈爲氣。危言鯁論，如處平地。屢擠得出，乃不息犯。萬歲之聲，以驚投撼。屹然奇表，終墜一劍。賢者死生，係國存亡。猶人有氣，正伏邪强。四體僵仆，内潰肺腸。自公之歿，漢亦隨絀。高光之業，當塗所奪。彼爲不善，身毁名闕。惟公赫赫，如日經天。史載其光，德行有篇。詩以嗣之，于千萬年。

《全宋文》卷五七九五薛季宣《磨李固碑文》　興元南鄭，有漢故太尉李公之碑。其刻文皆古佐書，遺漢之珉寶也。紹興中，楊太尉安撫利州東路，其鎮在興元。作舍落成，求石爲誌甚亟。尉無以塞命，磨是碑應之。太尉聞而怒曰：「而豈不知李太尉先漢名臣，以予武人，寘諸有過地爾！」謀黜尉，不果。世以李公之正，漢碑之古，字書之法，刻畫之妙，所宜傳示來世，永永無窮，一旦没于庸人，可爲碑弔。走則異是，故以悱辭發之。其辭曰：

太極渾渾，權輿地天兮，嘻！品物流形，貞于本原兮，嘻！總總林林，孰識其然兮，嘻！顧之無後，望之無前兮，嘻！竅心有九，莫適窮研兮，嘻！開闢來今，胡得而言兮，嘻！胡得而言，是以爲全兮，嘻！自古在昔，聖人有作兮，嘻！無遵一行，無宗一學兮，嘻！絶地通天，際充寥廓兮，嘻！窮仁非仁，至樂非樂兮，嘻！蕩蕩無名，無能以度，是以爲先覺兮，嘻！君子愛人，當以道兮，嘻！皇極神人，玄灝灝兮，嘻！萬古無言，寧可考兮，嘻！老也後天，名壽考兮，嘻！惟后侯之修直兮，嘻！亶降精于神極兮，嘻！冠芙蓉而纓蓀兮，嘻！懷明珠而佩蘭兮，嘻！更漢祚之中衰兮，嘻！蹇正揆而扶持兮，嘻！紛蕭艾之塞途兮，嘻！抵黨人于艱危兮，嘻！名礫坯爲美玉兮，嘻！指驪珠爲魚目兮，嘻！余執金而寧斃兮，嘻！眂衮章如牢狴兮，嘻！藹車余服有遺芳兮，嘻！斐萋貝錦漫成章兮，嘻！地久天長同久長兮，嘻！美好善兮惟昔人，嘻！豐碑勒銘兮頌成仁，嘻！嗟嗟節義兮，等太虚之無垠，嘻！是何爲兮，爲堅父之道信，嘻！亘千齡而猶建兮，其誰知夫至貞？嘻！秉山石兮鄭之尉，嘻！知李公兮達其意，嘻！磨貞珉兮明至義，嘻！惟公道兮不以兹而興替，嘻！子瞻之柳伐于山東兮，嘻！仲尼之柏殘于杏壇兮，嘻！一聖二公何非兮，嘻！樹伐碑亡，行當不疑兮，嘻！

李膺部

綜述

《後漢書》卷六七《黨錮列傳・李膺傳》 李膺字元禮，潁川襄城人也。祖父脩，安帝時爲太尉。父益，趙國相。膺性簡亢，無所交接，唯以同郡荀淑、陳寔爲師友。

初舉孝廉，爲司徒胡廣所辟，舉高第，再遷青州刺史。守令畏威明，多望風弃官。復徵，再遷漁陽太守。尋轉蜀郡太守，以母老乞不之官。轉護烏桓校尉。鮮卑數犯塞，膺常蒙矢石，每破走之，虜甚憚懾。以公事免官，還居綸氏，教授常千人。南陽樊陵求爲門徒，膺謝不受。陵後以阿附宦官，致位太尉，爲節〔志〕者所羞。荀爽嘗就謁膺，因爲其御，既還，喜曰：「今日乃得御李君矣。」其見慕如此。

永壽二年，鮮卑寇雲中，桓帝聞膺能，乃復徵爲度遼將軍。先是羌虜及疏勒、龜兹，數出攻鈔張掖、酒泉、雲中諸郡，百姓屢被其害。自膺到邊，皆望風懼服，先所掠男女，悉送還塞下。自是之後，聲振遠域。

延熹二年徵，再遷河南尹。時宛陵大姓羊元羣罷北海郡，臧罪狼藉，郡舍溷軒有奇巧，乃載之以歸。膺表欲按其罪，元羣行賂宦豎，膺反坐輸作左校。

初，膺與廷尉馮緄、大司農劉祐等共同心志，糾罰姦倖，緄、祐時亦得罪輸作。司隸校尉應奉上疏理膺等曰：「昔秦人觀寶於楚，昭奚恤莅以羣賢；梁惠王瑋其照乘之珠，齊威王荅以四臣。夫忠賢武將，國之心膂。竊見左校弛刑徒前廷尉馮緄、大司農劉祐、河南尹李膺等，執法不撓，誅舉邪臣，肆之以法，衆庶稱宜。昔季孫行父親逆君命，逐出莒僕，於舜之功二十之一。今膺等投身彊禦，畢力致罪，陛下既不聽察，而猥受譖訴，遂令忠臣同愆元惡。自春迄冬，不蒙降恕，遐邇觀聽，爲之歎息。夫立政之要，記功忘失，是以武帝捨安國於徒中，宣帝徵張敞於亡命。緄前討蠻荆，均吉甫之功。祐數臨督司，有不吐茹之節。膺著威幽、并，遺愛度遼。今三垂蠢動，王旅未振。《易》稱『雷雨作解，君子以赦過宥罪』。乞原膺等，以備不虞。」書奏，乃悉免其刑。

再遷，復拜司隸校尉。時張讓弟朔爲野王令，貪殘無道，至乃殺孕婦，聞膺厲威嚴，懼罪逃還京師，因匿兄讓弟舍，藏於合柱中。膺知其狀，率將吏卒破柱取朔，付洛陽獄。受辭畢，即殺之。讓訴寃於帝，詔膺入殿，御親臨軒，詰以不先請便加誅辟之意。膺對曰：「昔晉文公執衛成公歸于京師，《春秋》是焉。《禮》云公族有罪，雖曰宥之，有司執憲不從。昔仲尼爲魯司寇，七日而誅少正卯。今臣到官已積一旬，私懼以稽留爲愆，不意獲速疾之罪。誠自知釁責，死不旋踵，特乞留五日，尅殄元惡，退就鼎鑊，始生之願也。」帝無復言，顧謂讓曰：「此汝弟之罪，司隸何愆？」乃遣出之。自此諸黄門常侍皆鞠躬屏氣，休沐不敢復出宫省。帝怪問其故，並叩頭泣曰：「畏李校尉。」

是時朝廷日亂，綱紀穨阤，膺獨持風裁，以聲名自高。士有被其容接者，名爲登龍門。及遭黨事，當考實膺等。案經三府，太尉陳蕃卻之，曰：「今所考案，皆海内人譽，憂國忠公之臣。此等猶將十世宥也，豈有罪名不章而致收掠者乎？」不肯平署。帝愈怒，遂下膺等於黄門北寺獄。膺等頗引宦官子弟，宦官多懼，請帝以天時宜赦，於是大赦天下。膺免歸鄉里，居陽城山中，天下士大夫皆高尚其道，而污穢朝廷。

及陳蕃免太尉，朝野屬意於膺，荀爽恐其名高致禍，欲令屈節以全亂世，爲書貽曰：「久廢過庭，不聞善誘，陟岵瞻望，惟日爲歲。知以直道不容於時，悦山樂水，家于陽城。道近路夷，當即聘問，無狀嬰疾，闕於所仰。頃聞上帝震怒，貶黜鼎臣，人鬼同謀，以爲天子當貞觀二五，利見大人，不謂夷之初旦，明而未融，虹蜺揚煇，弃和取同。方今天地氣閉，大人休否，智者見險，投以遠害。雖匱人望，内合私願。想甚欣然，不爲恨也。願怡神無事，偃息衡門，任其飛沈，與時抑揚。」頃之，帝崩。陳蕃爲太傅，與大將軍竇武共秉朝政，連謀誅諸宦官，故引用天下名士，乃以膺爲長樂少府。及陳、竇之敗，膺等復廢。

後張儉事起，收捕鉤黨，鄉人謂膺曰：「可去矣。」對曰：「事不辭難，罪不逃刑，臣之節也。吾年已六十，死生有命，去將安之？」乃詣詔獄。考死，妻子徙邊，門生、故吏及其父兄，並被禁錮。

時侍御史蜀郡景毅子顧爲膺門徒，而未有録牒，故不及於譴。毅乃慨然曰：「本謂膺賢，遣子師之，豈可以漏奪名籍，苟安而已！」遂自表免歸，時人義之。

膺子瓚，位至東平相。初，曹操微時，瓚異其才，將没，謂子宣等曰：「時將

亂矣，天下英雄無過曹操。張孟卓與吾善，袁本初汝外親，雖爾勿依，必歸曹氏。」諸子從之，並免於亂世。

《東觀漢記》卷一七《李膺》　李元禮，祖父修，安帝時，生子亮、叔、訓、秀，號「四龍」，皆爲牧守。

李膺爲蜀郡太守，蜀之珍玩，不入於門，益州紀其政化。

唐晏《兩漢三國學案》卷一一《明經文學列傳・李膺》　李膺字元禮，潁川襄城人也。初舉孝廉，再遷青州刺史，遷漁陽太守，尋轉蜀郡太守，轉烏桓校尉。以公事免官，還居綸氏，教授常千人。永壽二年，鮮卑寇雲中，桓帝聞膺能，復徵爲度遼將軍。延熹二年，再遷河南尹，復拜司隸校尉。時張讓弟朔爲野王令，貪殘無道，至殺孕婦，聞膺厲威嚴，懼罪逃還京師，因匿兄讓第舍，藏於合柱中。膺知其狀，率將吏卒破柱取朔，付洛陽獄。受辭畢，即殺之。讓訴冤於帝，詔膺入殿，詰以不先請便加誅辟之意。膺對曰：「昔晉文公執衛成公歸于京師，《春秋》是焉。《禮》云公族有罪，雖曰宥之，有司執憲不從。昔仲尼爲魯司寇，七日而誅少正卯。今臣到官已積一旬，私懼以稽留爲愆，不意獲速疾之罪。誠自知釁責，死不旋踵，特乞留五日，尅殄元惡，退就鼎鑊，始生之願也。」帝無復言，顧謂讓曰：「此汝弟之罪，司隸何愆？」乃遣出之。自此諸黄門常侍皆鞠躬屏氣，休沐不敢復出宫省。是時，朝廷日亂，綱紀頽阤，膺獨持風裁，以聲名自高。及遭黨事，太尉陳蕃不肯平署，帝愈怒，遂下膺等黄門北寺獄。會赦，免歸居陽城山中。帝崩，陳蕃、竇武共秉朝政，引用天下名士，以膺爲長樂少府。及陳、竇事敗，膺等復廢。張儉事起，收捕鉤黨，乃詣詔獄。考死，妻子徙邊。

雜録

備録

華嶠《漢後書》卷三《李膺傳》　李膺字元禮，遷僕射，與太傅陳蕃戮力悉心，彌縫遺闕。

袁山松《後漢書》卷四《李膺傳》　桓帝時朝廷日亂，李膺風格秀整，高自標尚，後進之士升其堂者，以爲登龍門。太學生三萬餘人，牓天下士，上稱「三君」，次「八俊」，次「八顧」，次「八及」，次「八厨」，猶古之「八元」、「八凱」也。因爲七言謡曰：「不畏强禦陳仲舉，九卿直言有陳蕃。天下模楷李元禮，天下好交荀伯條，天下英秀王叔茂，天下冰棱王秀陵，天下忠平魏少英，天下稽古劉伯祖，天下良輔杜周甫，天下才英趙仲經。」

李膺風格儀刑，皆可師範。

李膺子瓚，位至東平相。初曹操微時，瓚異其才，將没，謂子宣等曰：「世將亂矣，天下英雄無過曹操。張孟卓與吾善，袁本初汝外親，雖爾勿依，必歸曹氏。」諸子從之，並免亂世矣。

薛瑩《後漢記・李膺傳》　李膺字元禮，潁川襄城人。抗志清妙，有文武儁才。遷司隸校尉，爲黨事自殺。

李膺、王暢、荀緄、朱寓、魏朗、劉祐、杜楷、趙典爲八俊。

謝承《後漢書》卷四《李膺傳》　〔李膺〕出補蜀郡太守，修庠序，設條教，〔申典禮〕，明法令，威恩並行，〔下民悦之〕。蜀之珍玩，不入於門。益州紀其政化，朝廷舉能理劇，轉烏桓校尉。

膺常率步騎臨陣交戰，身被創夷，拭血進戰，遂破寇，斬首二千級。

李膺字元禮，拜司隸校尉。張讓弟翔爲野王令，貪殘無道，畏膺而逃，藏讓合柱中。膺率將吏，破柱取翔，出獄殺之。讓訴冤於帝，帝詔膺詰之。膺曰：「仲尼爲魯司寇，七日誅少正卯。今臣列官已積旬，懼以淹留爲愆，不意獲速疾之罪。留之五日，克殄大惡。」帝頃謂讓曰：「此爾弟之罪，司隸何愆？」自是宦侍屏氣，休沐不敢復出。帝問其故，並叩頭曰：「畏李校尉。」

學中諸生與李膺等更相褒重，莫不〔畏〕（思）其貶議。時河南張成善説風角，推占當赦，遂教子殺人。李膺爲河南尹，督之，促收捕，既而逢宥獲免。膺愈憤，竟案殺之。初成以方伎交通宦官，帝亦頗訊其占，成弟子牢脩因上書誣告膺等多養太學遊士，交結諸郡生徒，更相驅馳，共爲部黨。於是天子震怒，班下郡國，逮捕黨人。

《後漢書》卷三三《虞延傳》　延從曾孫放，字子仲。少爲太尉楊震門徒，及震被讒自殺，順帝初，放詣闕追訟震罪，由是知名。桓帝時爲尚書，以議誅大將軍梁冀功封都亭侯，後爲司空，坐水災免。性疾惡宦官，遂爲所陷，靈帝初，與長樂少府李膺等俱以黨事誅。

《後漢書》卷三八《馮緄傳》 頃之，拜將作大匠，轉河南尹。上言「舊典，中官子弟不得爲牧人職」，帝不納。復爲廷尉。時山陽太守單遷以罪繫獄，緄考致其死。遷，故車騎將軍單超之弟，中官相黨，遂共誹章誣緄，坐與司隸校尉李膺、大司農劉祐俱輸左校。應奉上疏理緄等，得免。後拜屯騎校尉，復爲廷尉，卒於官。

《後漢書》卷五七《劉陶傳》 〔劉陶曰〕臣又聞危非仁不扶，亂非智不救，故武丁得傳説，以消鼎雉之災，周宣用申、甫，以濟夷、厲之荒。竊見故冀州刺史南陽朱穆，前烏桓校尉臣同郡李膺，皆履正清平，貞高絶俗。穆前在冀州，奉憲操平，摧破姦黨，掃清萬里。膺歷典牧守，正身率下，及掌戎馬，威揚朔北。斯實中興之良佐，國家之柱臣也。宜還本朝，挾輔王室，上齊七燿，下鎮萬國。臣敢吐不時之義於諱言之朝，猶冰霜見日，必至消滅。臣始悲天下之可悲，今天下亦悲臣之愚惑也。

《後漢書》卷六一《左雄傳》 濟陰太守胡廣等十餘人皆坐謬舉免黜，唯汝南陳蕃，潁川李膺、下邳陳球等三十餘人得拜郎中。自是牧守畏慄，莫敢輕舉。迄于永(嘉)〔憙〕，察選清平，多得其人。

《後漢書》卷六二《荀淑傳》 安帝時，徵拜郎中，後再遷當塗長。去職還鄉里。當世名賢李固、李膺等皆師宗之。及梁太后臨朝，有日食地震之變，詔公卿舉賢良方正，光禄勳杜喬、少府房植舉淑對策，譏刺貴倖，爲大將軍梁冀所忌，出補朗陵侯相。莅事明理，稱爲神君。頃之，棄官歸，閑居養志。産業每增，輒以贍宗族知友。年六十七，建和三年卒。李膺時爲尚書，自表師喪。二縣皆爲立祠。

【略】淑兄子昱字伯條，曇字元智。昱爲沛相，曇爲廣陵太守。兄弟皆正身疾惡，志除閹宦。其支黨賓客有在二郡者，纖罪必誅。昱後共大將軍竇武謀誅中官，與李膺俱死。曇亦禁錮終身。

《後漢書》卷六二《韓韶傳》 韓韶字仲黄，潁川舞陽人也。少仕郡，辟司徒府。時太山賊公孫舉僞號歷年，守令不能破散，多爲坐法。尚書選三府掾能理劇者，乃以韶爲嬴長。賊聞其賢，相戒不入嬴境。餘縣多被寇盜，廢耕桑，其流入縣界求索衣糧者甚衆。韶愍其飢困，乃開倉賑之，所稟贍萬餘户。主者争謂不可。韶曰：「長活溝壑之人，而以此伏罪，含笑入地矣。」太守素知韶名德，竟無所坐。以病卒官。同郡李膺、陳寔、杜密、荀淑等爲立碑頌焉。

《後漢書》卷六二《鍾皓傳》 鍾皓字季明，潁川長社人也。爲郡著姓，世善刑律。皓少以篤行稱，公府連辟，爲二兄未仕，避隱密山，以詩律教授門徒千餘人。同郡陳寔，年不及皓，皓引與爲友。皓爲郡功曹，會辟司徒府，臨辭，太守問：「誰可代卿者？」皓曰：「明府欲必得其人，西門亭長陳寔可。」寔聞之，曰：「鍾君似不察人，不知何獨識我？」皓頃之自劾去。前後九辟公府，徵爲廷尉正、博士、林慮長，皆不就。時皓及荀淑並爲士大夫所歸慕。李膺常歎曰：「荀君清識難尚，鍾君至德可師。」

皓兄子瑾母，膺之姑也。瑾好學慕古，有退讓風，與膺同年，俱有聲名。膺祖太尉脩，常言：「瑾似我家性，邦有道不廢，邦無道免於刑戮。」復以膺妹妻之。瑾辟州府，未嘗屈志。膺謂之曰：「孟子以爲『人無是非之心，非人也』。弟何期不與孟軻同邪？」瑾常以膺言白皓。皓曰：「昔國武子好昭人過，以致怨本。卒保身全家，爾道爲貴。」其體訓所安，多此類也。

《後漢書》卷六五《皇甫規傳》 永康元年，徵爲尚書。其夏日食，詔公卿舉賢良方正，下問得失。規對曰：「天之於王者，如君之於臣，父之於子也。誡以災妖，使從福祥。陛下八年之中，三斷大獄，一除内嬖，再誅外臣。而災異猶見，人情未安者，殆賢愚進退，威刑所加，有非其理也。前太尉陳蕃、劉矩，忠謀高世，廢在里巷；劉祐、馮緄、趙典、尹勳，正直多怨，流放家門；李膺、王暢、孔翊，絜身守禮，終無宰相之階。至於鉤黨之釁，事起無端，虐賢傷善，哀及無辜。今興改善政，易於覆手，而羣臣杜口，鑒畏前害，互相瞻顧，莫肯正言。伏願陛下暫留聖明，容受謇直，則前責可弭，後福必降。」對奏，不省。

《後漢書》卷六七《黨錮列傳》序 流言轉入太學，諸生三萬餘人，郭林宗、賈偉節爲其冠，並與李膺、陳蕃、王暢更相褒重。學中語曰：「天下模楷李元禮，不畏强禦陳仲舉，天下俊秀王叔茂。」又渤海公族進階、扶風魏齊卿，並危言深論，不隱豪强。自公卿以下，莫不畏其貶議，屣履到門。

時河内張成善説風角，推占當赦，遂教子殺人。李膺爲河南尹，督促收捕，既而逢宥獲免，膺愈懷憤疾，竟案殺之。初，成以方伎交通宦官，帝亦頗誶其占。成弟子牢脩因上書誣告膺等養太學遊士，交結諸郡生徒，更相驅馳，共爲部黨，誹訕朝廷，疑亂風俗。於是天子震怒，班下郡國，逮捕黨人，布告天下，使同忿疾，遂收執膺等。其辭所連及陳寔之徒二百餘人，或有逃遁不獲，皆懸金購募。使者四出，相望於道。明年，尚書霍諝、城門校尉竇武並表爲請，帝意稍解，乃皆赦歸田里，禁錮終身。而黨人之名，猶書王府。

自是正直廢放，邪枉熾結，海内希風之流，遂共相標榜，指天下名士，爲之稱

號。上曰「三君」，次曰「八俊」，【略】竇武、劉淑、陳蕃爲「三君」。君者，言一世之所宗也。李膺、荀翌、杜密、王暢、劉祐、魏朗、趙典、朱寓爲「八俊」。俊者，言人之英也。【略】凡黨事始自甘陵、汝南，成於李膺、張儉，海内塗炭，二十餘年，諸所蔓衍，皆天下善士。

《後漢書》卷六七《黨錮列傳・杜密》 後桓帝徵拜尚書令，遷河南尹，轉太僕。黨事既起，免歸本郡，與李膺俱坐，而名行相次，故時人亦稱「李杜」焉。後太傅陳蕃輔政，復爲太僕。明年，坐黨事被徵，自殺。

《後漢書》卷六七《黨錮列傳・魏朗》 魏朗字少英，會稽上虞人也。少爲縣吏。兄爲鄉人所殺，朗白日操刃報讎於縣中，遂亡命到陳國。從博士郤仲信學《春秋圖緯》，又詣太學受《五經》，京師長者李膺之徒争從之。

《後漢書》卷六七《黨錮列傳・岑晊》 晊有高才，郭林宗、朱公叔等皆爲友，李膺、王暢稱其有幹國器，雖在閭里，慨然有董正天下之志。

《後漢書》卷六七《黨錮列傳・賈彪》 延熹九年，黨事起，太尉陳蕃争之不能得，朝廷寒心，莫敢復言。彪謂同志曰：「吾不西行，大禍不解。」乃入洛陽，説城門校尉竇武、尚書霍諝，武等訟之，桓帝以此大赦黨人。李膺出，曰：「吾得免此，賈生之謀也。」

《後漢書》卷六七《黨錮列傳・何顒》 及陳蕃、李膺之敗，顒以與蕃、膺善，遂爲宦官所陷，乃變姓名，亡匿汝南閒。所至皆親其豪桀，有聲荆豫之域。袁紹慕之，私與往來，結爲奔走之友。是時黨事起，天下多離其難，顒常私入洛陽，從紹計議。其窮困閉戹者，爲求援救，以濟其患。有被掩捕者，則廣設權計，使得逃隱，全免者甚衆。

《後漢書》卷六八《符融傳》 符融字偉明，陳留浚儀人也。少爲都官吏，恥之，委去。後遊太學，師事少府李膺。膺風性高簡，每見融，輒絶它賓客，聽其言論。融幅巾奮褎，談辭如雲，膺每捧手歎息。郭林宗始入京師，時人莫識，融一見嗟服，因以介於李膺，由是知名。

時漢中晉文經、梁國黄子艾，並恃其才智，炫曜上京，卧託養疾，無所通接。洛中士大夫好事者，承其聲名，坐門問疾，猶不得見。三公所辟召者，輒以詢訪之，隨所臧否，以爲與奪。融察其非真，乃到太學，並見李膺曰：「二子行業無聞，以豪傑自置，遂使公卿問疾，王臣坐門。融恐其小道破義，空譽違實，特宜察焉。」膺然之。二人自是名論漸衰，賓徒稍省，旬日之閒，慙歎逃去。後果爲輕薄子，並以罪廢棄。

《後漢書》卷七八《宦者列傳・侯覽》 建寧二年，喪母還家，大起塋冢。督郵張儉因舉奏覽貪侈奢縱，前後請奪人宅三百八十一所，田百一十八頃。起立第宅十有六區，皆有高樓池苑，堂閣相望，飾以綺畫丹漆之屬，制度重深，僭類宫省。又豫作壽冢，石椁雙闕，高廡百尺，破人居室，發掘墳墓。虜奪良人，妻略婦子，及諸罪釁，請誅之。而覽伺候遮截，章竟不上。儉遂破覽冢宅，藉没資財，具言罪狀。又奏覽母生時交通賓客，干亂郡國。復不得御。覽遂誣儉爲鉤黨，及故長樂少府李膺、太僕杜密等，皆夷滅之。遂代曹節領長樂太僕。

洪邁《容齋續筆》卷二《歲旦飲酒》 今人元日飲屠酥酒，自小者起，相傳已久，然固有來處。後漢李膺、杜密以黨人同繫獄，值元日，於獄中飲酒，曰：「正旦從小起。」

葉適《習學記言序目》卷三一《宋書・列傳》 余每恨荀淑、李膺之流，師友言議不傳于後。觀《謝弘微傳》載謝混烏衣之游，益令人慨然！如言「阿遠剛躁負氣，阿客博而無檢，曜恃才而持操不篤，晦自知而納善不周，設復功濟三才，終亦以此爲恨」；又云「微子异不傷物，同不害正」；皆混語也。混已如此，况膺等乎！（《謝弘微》）

黄震《古今紀要・後漢》 李膺，爲青州刺史，守令多望風棄官。荀爽得御爲喜。爲度遼將軍，聲振遠域。先是免歸，教授常千人。拜司隸破張讓之柱，殺其弟朔。黄門休沐不敢出宫省。龍門。遭黨事，頗引宦官子弟得赦，陳蕃免太尉，朝野屬意荀爽，貽書勉其遠害。桓帝崩，陳蕃、竇武得政，膺復爲長樂少府。陳、竇敗，收黨人，膺詣獄考死。

何焯《義門讀書記・後漢書》 李膺，「尋轉蜀郡太守，以母老乞不之官」。按：注所引謝承書則固之官矣。「膺等頗引宦官子弟」，頗引宦官子弟，猶以智免，何不于黨禍未作，稍濟以寬宏，使不致死于我乎？無事則摧破其支黨以立名，有急則連引其子弟以脱免，又安能服奄寺之心哉？此牢修之獄發之自外，朱並之章授之自内也。

備論

《後漢書》卷六七《黨錮傳論》 李膺振拔污險之中，藴義生風，以鼓動流俗，

激素行以恥威權，立廉尚以振貴執，使天下之士奮迅感槩，波蕩而從之，幽深牢破室族而不顧，至于子伏其死而母歎其義。壯矣哉！子曰：「道之將廢也與？命也！」

劉義慶《世説新語》卷上《德行》　李元禮風格秀整，高自標持，欲以天下名教是非爲己任。後進之士有升其堂者，皆以爲登龍門。李元禮嘗歎荀淑、鍾皓曰：「荀君清識難尚，鍾君至德可師。」

劉義慶《世説新語》卷中《賞譽》　世目李元禮「謖謖如勁松下風」。

葉適《習學記言序目》卷二六《後漢書三·列傳》　李膺一時士子所宗，而指趨無聞，但有「荀君清識難尚，鍾君至德可師」二語而已；若魏晉以還，則有可言矣，亦史家之陋也，亦其他書不存，無以參考。惜哉！孔子謂泄冶，「民之多辟，無自立辟」。然陳蔡之難，師弟子去死如一髮，出處之際，聖賢難之。如膺言中倫，行中慮，而能稍自降辱以免亂世，意者或庶幾乎！（《李膺》）

陳子龍《陳忠裕公全集·安雅堂稿·李膺》　史稱膺等下北寺獄，頗引宦官子弟，繇是得免。夫諸君子亢直不回，名教自任，安肯出挾持之策，爲救死之謀乎？蓋其平日名譽高重，衆情所推，奄腐之門，掃除之族，亦有執經而問業者。養徒既多，來者不拒，固其所也。事繇彼發，獄在其手，引其親暱，明此無辜，斯固對辭之善訟，非爲解紛之權濟矣。

朱軾《史傳三編》卷一六《李膺》　論曰：東漢延熹、永康間，大往小來，陽外陰内，《易》曰君子以儉德辟難，不可榮以禄，垂戒至深遠矣。當此之時，即括囊肥遯，猶懼不免，顧不處於南山之南，北山之北，以弢光隱曜，而互相標榜，敢行倖直，立的於此，使人得以彎弓相向。君子高其節，不得不哀其志也。至夫孔融弟争兄死，范滂母歎子義。景毅以子爲膺門徒，自表免歸。皇甫規以西州豪傑，恥不與黨，上書自言宜坐。雖義聲感慨，足以立懦廉頑，然揆諸守死善道之常經，毋乃已激乎？讀元禮、孟博諸傳，乃益服郭有道、陳太丘二公之弘識雅量爲不可及也。

藝文

《全唐詩》卷六七三周朴《喜賀拔先輩衡陽除正字》　黄紙晴空墜一緘，聖朝恩澤洗冤讒。李膺門客爲閒客，梅福官銜改舊銜。名自石渠書典籍，香從芸閣著衣衫。寰中不用憂天旱，霖雨看看屬傅嚴。

《全唐詩》卷六九三周朴《贈李裕先輩》　曉擎弓箭入初場，一發曾穿百步楊。仙籍舊題前進士，聖朝新奏校書郎。馬疑金馬門前馬，香認芸香閣上香。閒伴李膺紅燭下，慢吟絲竹淺飛觴。

《全唐詩》卷六八七吴融《風雨吟》　風騷騷，雨涔涔，長洲苑外荒居深。門外流水流澶漫，河邊古木鳴蕭森。夐無禽影，寂無人音，端然拖愁坐，萬感叢於心。姑蘇碧瓦十萬户，中有樓臺與歌舞。尋常倚月復眠花，莫説斜風兼細雨。應不知天地造化是何物，亦不知榮辱是何主。吾困長滿是太平，吾樂不極是天生。豈憂天下有大憝，四郊刁斗常錚錚。官軍擾人甚於賊，將臣怕死唯守城。又豈復憂朝廷苦弛慢，中官轉縱横。李膺勾黨即罹患，竇武忠謀又未行。又豈憂文臣盡遭束高閣，文教從今日蕭索。若更無人稍近前，把筆到頭同一惡。可嘆吴城城中人，無人與我交一言。蓬蒿滿徑塵一榻，獨此閔閔何其煩。雖然小或可謀大，〔嫠〕（婺）婦之憂史尚存，況我長懷丈夫志，今來流落滄溟涘。有時驚事再咨嗟，因風因雨更憔悴。只有閒横膝上琴，怨傷怨恨聊相寄。伯牙海上感滄溟，何以今朝風雨思。

《全唐詩》卷七八七無名氏《人不易知》　權衡諒匪易，愚智信難移。九德皆殊進，三端豈易施。同稱昆岫寶，共握桂林枝。鄭鼠今奚别，齊竽或濫吹。瑶臺有光鑑，屢照不應疲。片善當無掩，先鳴貴在斯。龍門峻且極，驥足庶來馳。太息李元禮，期君幸一知。

郭泰部

綜述

《後漢書》卷六八《郭太傳》 郭太字林宗，太原界休人也。家世貧賤。早孤，母欲使給事縣廷。林宗曰：「大丈夫焉能處斗筲之役乎？」遂辭。就成臯屈伯彦學，三年業畢，博通墳籍。善談論，美音制。乃游於洛陽。始見河南尹李膺，膺大奇之，遂相友善，於是名震京師。後歸鄉里，衣冠諸儒送至河上，車數千里。林宗唯與李膺同舟而濟，衆賓望之，以爲神仙焉。

司徒黄瓊辟，太常趙典舉有道。或勸林宗仕進者，對曰：「吾夜觀乾象，晝察人事，天之所廢，不可支也。」遂並不應。性明知人，好獎訓士類。身長八尺，容貌魁偉，褒衣博帶，周遊郡國。嘗於陳梁閒行遇雨，巾一角墊，時人乃故折巾一角，以爲「林宗巾」。其見慕皆如此。或問汝南范滂曰：「郭林宗何如人？」滂曰：「隱不違親，貞不絕俗，天子不得臣，諸侯不得友，吾不知其它。」後遭母憂，有至孝稱。林宗雖善人倫，而不爲危言覈論，故宦官擅政而不能傷也。及黨事起，知名之士多被其害，唯林宗及汝南袁閎得免焉。遂閉門教授，弟子以千數。

建寧元年，太傅陳蕃、大將軍竇武爲閹人所害，林宗哭之於野，慟。既而歎曰：「『人之云亡，邦國殄瘁』。『瞻烏爰止，不知于誰之屋』耳。」

明年春，卒于家，時年四十二。四方之士千餘人，皆來會葬。同志者乃共刻石立碑，蔡邕爲其文，既而謂涿郡盧植曰：「吾爲碑銘多矣，皆有慙德，唯郭有道無愧色耳。」

其獎拔士人，皆如所鑒。後之好事，或附益增張，故多華辭不經，又類卜相之書。今録其章章效於事者，著之篇末。

左原者，陳留人也。爲郡學生，犯法見斥。林宗嘗遇諸路，爲設酒肴以慰之。謂曰：「昔顔涿聚梁甫之巨盜，段干木晉國之大駔，卒爲齊之忠臣，魏之名賢。蘧瑗、顔回尚不能無過，況其餘乎？慎勿恚恨，責躬而已。」原納其言而去。或有譏林宗不絕惡人者。對曰：「人而不仁，疾之以甚，亂也。」原後忽更懷忿，結客欲報諸生。其日林宗在學，原愧負前言，因遂罷去。後事露，衆人咸謝服焉。

茅容字季偉，陳留人也。年四十餘，耕於野，時與等輩避雨樹下，衆皆夷踞相對，容獨危坐愈恭。林宗行見之而奇其異，遂與共言，因請寓宿。旦日，容殺雞爲饌，林宗謂爲己設，既而以供其母，自以草蔬與客同飯。林宗起拜之曰：「卿賢乎哉！」因勸令學，卒以成德。

孟敏字叔達，鉅鹿楊氏人也。客居太原。荷甑墮地，不顧而去。林宗見而問其意。對曰：「甑以破矣，視之何益？」林宗以此異之，因勸令遊學。十年知名，三公俱辟，並不屈云。

庾乘字世遊，潁川鄢陵人也。少給事縣廷爲門士。林宗見而拔之，勸遊學(宫)〔官〕，遂爲諸生傭。後能講論，自以卑第，每處下坐，諸生博士皆就讎問，由是學中以下坐爲貴。後徵辟並不起，號曰「徵君」。

宋果字仲乙，扶風人也。性輕悍，憙與人報讎，爲郡縣所疾。林宗乃訓之義方，懼以禍敗。果感悔，叩頭謝負，遂改節自勑。後以烈氣聞，辟公府，侍御史、并州刺史，所在能化。

賈淑字子厚，林宗鄉人也。雖世有冠冕，而性險害，邑里患之。林宗遭母憂，淑來修弔，既而鉅鹿孫威直亦至。威直以林宗賢而受惡人弔，心怪之，不進而去。林宗追而謝之曰：「賈子厚誠實凶德，然洗心向善。仲尼不逆互鄉，故吾許其進也。」淑聞之，改過自厲，終成善士。鄉里有憂患者，淑輒傾身營救，爲州閭所稱。

史叔賓者，陳留人也。少有盛名。林宗見而告人曰：「牆高基下，雖得必失。」後果以論議阿枉敗名云。

黄允字子艾，濟陰人也。以儁才知名。林宗見而謂曰：「卿有絕人之才，足成偉器。然恐守道不篤，將失之矣。」後司徒袁隗欲爲從女求姻，見允而歎曰：「得壻如是足矣。」允聞而黜遣其妻夏侯氏。婦謂姑曰：「今當見弃，方與黄氏長辭，乞一會親屬，以展離訣之情。」於是大集賓客三百餘人，婦中坐，攘袂數允隱匿穢惡十五事，言畢，登車而去。允以此廢於時。

謝甄字子微，汝南召陵人也。與陳留邊讓並善談論，俱有盛名。每共候林宗，未嘗不連日達夜。林宗謂門人曰：「二子英才有餘，而並不入道，惜乎！」甄後不拘細行，爲時所毁。讓以輕侮曹操，操殺之。

王柔字叔優，弟澤，字季道，林宗同郡晉陽縣人也。兄弟總角共候林宗，以訪才行所宜。林宗曰：「叔優當以仕進顯，季道當以經術通，然違方改務，亦不能至也。」後果如所言，柔爲護匈奴中郎將，澤爲代郡太守。

又識張孝仲芻牧之中，知范特祖郵置之役，召公子、許偉康並出屠酤，司馬子威拔自卒伍，及同郡郭長信、王長文、韓文布、李子政、曹子元、定襄周康子、西河王季然、雲中丘季智、郝禮真等六十人，並以成名。

《東觀漢記》卷一七《郭泰》 童子魏照求入事郭泰，供給灑掃。泰曰：「當精義講書，何來相近？」照曰：「經師易獲，人師難遭，欲以素絲之質，附近朱藍。」

《文選・蔡邕〈郭有道碑文〉》 先生諱泰，字林宗，太原界休人也。其先出自有周王季之穆，有虢叔者，寔有懿德，文王咨焉。建國命氏，或謂之郭，即其後也。先生誕應天衷，聰睿明哲，孝友温恭，仁篤慈惠。夫其器量弘深，姿度廣大，浩浩焉，汪汪焉，奥乎不可測已。若乃砥節厲行，直道正辭，貞固足以幹事，隱括足以矯時。遂考覽《六經》，探綜《圖緯》。周流華夏，隨集帝學。收文武之將墜，拯微言之未絶。于時纓緌之徒，紳佩之士，望形表而影附，聆嘉聲而響和者，猶百川之歸巨海，鱗介之宗龜龍也。爾乃潛隱衡門，收朋勤誨，童蒙賴焉，用祛其蔽。州郡聞德，虚己備禮，莫之能致。羣公休之，遂辟司徒掾，又舉有道，皆以疾辭。將蹈鴻涯之遐迹，紹巢許之絶軌，翔區外以舒翼，超天衢以高峙。稟命不融，享年四十有二，以建寧二年正月乙亥卒。

凡我四方同好之人，永懷哀悼，靡所寘念。乃相與惟先生之德，以謀不朽之事。僉以爲先民既没，而德音猶存者，亦賴之於見述也。今其如何而闕斯禮！於是樹碑表墓，昭銘景行，俾芳烈奮于百世，令問顯於無窮。其辭曰：

於休先生，明德通玄。純懿淑靈，受之自天。崇壯幽浚，如山如淵。《禮》《樂》是悦，《詩》《書》是敦。匪惟摭華，乃尋厥根。宫牆重仞，允得其門。懿乎其純，確乎其操。洋洋搢紳，言觀其高。棲遲泌丘，善誘能教。赫赫三事，幾行其招。委辭召貢，保此清妙。降年不永，民斯悲悼。爰勒兹銘，摛其光耀。嗟爾來世，是則是效。

雜録

備録

謝承《後漢書》卷四《郭泰傳》 遭母憂，歐血發病，歷年乃瘳。

泰之所名，人品乃定，先言後驗，衆皆服之。故適陳留則友符偉明，遊太學則師仇季智，之陳國則親魏德公，入汝南則交黄叔度。初，泰始至南州，過袁奉高，不宿而去。從叔度，累日不去。或以問泰，泰曰：「奉高之器，譬之氿濫，雖清而易挹。叔度之器，汪汪若千頃之陂，澄之不清，擾之不濁，不可量也。」已而果然。泰以是名聞天下。

郭泰拔申屠子龍於漆工之中，嘉許偉康於屠酤之肆。

茅容字季偉，陳留人。〔年四十餘，耕於野。時〕與等輩避雨樹下，衆皆箕踞相對，容〔獨〕危坐愈恭。郭林宗見而奇之，共與言，因請寓宿。旦日，容殺雞爲黍，林宗謂爲己設，既而以供其母，自以菜蔬與林宗同飯。林宗起拜之曰：「卿賢乎哉！」因勸令學，卒以成德也。

淑爲舅宋瑗報讐於縣中，爲吏所捕，繫獄當死。泰與語，淑懇惻流涕。泰詣縣令應操，陳其報怨蹈義之士。被赦，縣不宥之，郡上言，乃得原。

太原郭長信、王長文、長文弟子師、韓文布、李子政、曹子元、定襄周康子、西河王季然、雲中丘季智名靈舉。子師位至司徒，季然北地太守，其餘多典州郡者。

泰以建寧二年正月卒，自弘農函谷關以西，河内湯陰以北，二千里負笈荷擔彌路，柴車葦裝塞塗，蓋有萬數來赴。

司馬彪《續漢書》卷五《郭泰傳》 郭泰字林宗，太原介休人。泰少孤，年二十，行學至成皋屈伯彦精廬，乏食，衣不蓋形，而處約味道，不改其樂。李元禮一見稱之曰：「吾見士多矣，無如林宗者也。」

郭泰字林宗，退身隱居教授，徒衆甚盛。喪母，友人或千里來弔之。

及卒，蔡伯喈爲作碑曰：「吾爲人作銘，未嘗不有慙容，唯爲郭有道碑頌無

愧耳。」初以有道君子徵，泰曰：「吾觀乾象人事，天之所廢，不可支也。」遂辭以疾。

郭泰入汝南，交黄叔度。至南州，先過袁奉高，不宿而去，從叔度累日。或以問泰，泰曰：「袁奉高之器，譬諸軌濫，雖清而易挹也。叔度之器，汪汪若萬頃之陂，澄之而不清，混之而不濁，不可量也。」

袁山松《後漢書》卷四《郭泰傳》　郭林宗與陳留盛仲明書曰：「足下諸人，爲時棟梁。」

《後漢書》卷三一《蘇不韋傳》　不韋後遇赦還家，乃始改葬，行喪。士大夫多譏其發掘冢墓，歸罪枯骨，不合古義，唯任城何休方之伍員。太原郭林宗聞而論之曰：「子胥雖云逃命，而見用强吳，憑闔廬之威，因輕悍之衆，雪怨舊郢，曾不終朝，而但鞭墓戮屍，以舒其憤，竟無手刃後主之報。豈如蘇子單特孑立，靡因靡資，强讎豪援，據位九卿，城闕天阻，宫府幽絶，埃塵所不能過，霧露所不能沾。不韋毁身燋慮，出於百死，冒觸嚴禁，陷族禍門，雖不獲逞，爲報已深。況復分骸斷首，以毒生者，使暠懷忿結，不得其命，猶假手神靈以斃之也。力唯匹夫，功隆千乘，比之於員，不以優乎？」議者於是貴之。

《後漢書》卷五三《徐穉傳》　穉嘗爲太尉黄瓊所辟，不就。及瓊卒歸葬，穉乃負糧徒步到江夏赴之，設雞酒薄祭，哭畢而去，不告姓名。時會者四方名士郭林宗等數十人，聞之，疑其穉也，乃選能言語生茅容輕騎追之。及於塗，容爲設飯，共言稼穡之事。臨訣去，謂容曰：「爲我謝郭林宗，大樹將顛，非一繩所維，何爲栖栖不遑寧處？」及林宗有母憂，穉往弔之，置生芻一束於廬前而去。衆怪，不知其故。林宗曰：「此必南州高士徐孺子也。《詩》不云乎，『生芻一束，其人如玉。』吾無德以堪之。」

《後漢書》卷六六《王允傳》　王允字子師，太原祁人也。世仕州郡爲冠蓋。同郡郭林宗嘗見允而奇之，曰：「王生一日千里，王佐才也。」遂與定交。

劉義慶《世説新語》卷上《德行》　郭林宗至汝南，造袁奉高，車不停軌，鸞不輟軛；詣黄叔度，乃彌日信宿。人問其故，林宗曰：「叔度汪汪如萬頃之陂，澄之不清，擾之不濁，其器深廣，難測量也。」

劉義慶《世説新語》卷中《規箴》　陳元方遭父喪，哭泣哀慟，軀體骨立，其母愍之，竊以錦被蒙上。郭林宗弔而見之，謂曰：「卿海内之儁才，四方是則，如是當喪，錦被蒙上？孔子曰：『衣夫錦也，食夫稻也，於汝安乎？』吾不取也。」奮衣而去。自後賓客絶百所日。

陳子龍《陳忠裕公全集・安雅堂稿・郭泰》　晉賀循報虞預書有云：「郭林宗拔龐德公於畎畝。」泰傳既不載其事，考之龐傳及《襄陽記》，亦無傳焉。豈事非實録，爲范史所删欤？彦先博識，爲時復近，恐亦有所據也。

備論

《後漢書》卷六八《郭太傳論》　莊周有言，人情險於山川，以其動静可識，而沈阻難徵。故深厚之性，詭於情貌；「則哲」之鑒，惟帝所難。而林宗雅俗無所失，將其明性特有主乎？然而遜言危行，終亨時晦，恂恂善導，使士慕成名，雖墨、孟之徒，不能絶也。

葉適《習學記言序目》卷二五《後漢書二・列傳》　蘇不韋報仇，郭泰、論之，爲議者所貴。泰臧否滿天下而析理不精，如此等見識，施之一時，取悦俗人可也。（《蘇章》）

葉適《習學記言序目》卷二六《後漢書三・列傳》　郭泰、符融，皆定聲名於一日，東漢尚名之俗至是而極，然至于久而不跆，則固有其實也。史稱李膺「每見融，輒絶他賓客，聽其言論；融幅巾奮袖，談辭如雲，膺每捧手嘆息」。不知所道何語，使人想見而不得，殆欲飛動。豈亦洙泗之流裔，田子方、段干木之後復有此耶！（《郭太》《符融》）

錢時《兩漢筆記・桓帝》　郭泰性明知人，好獎訓士類。陳國童子魏昭請於泰曰：「經師易遇，人師難遭，願在左右供給灑掃。」泰許之。泰嘗不在命，昭作粥，粥成進泰，泰呵之曰：「爲長者作粥，不加意敬，使不可食。」以杯擲地。昭更爲粥，重進，泰復呵之，如此者三。昭姿容無變，乃曰：「吾始見子之面，而今而後知卿心耳。」遂友而善之。

禮曰：幼子常視母誑，此教法之先務也，安有用詐而可爲人師乎？郭泰號當時人物之英，茅、孟諸人出其陶冶，疑若坐進於道，師表一時，欲驗童子之誠，而詐以試之，是奚可也？貞觀中，有請陽怒以試直佞者，帝曰：「君自爲詐，何以責臣下之直？朕方以至誠治天下，權譎小數，嘗竊恥之。卿策雖善，朕不取也。」嗚呼！唐太宗而有是語哉！

黃震《古今紀要・後漢》 郭太，始見李膺，名震京師，夜觀晝察，遂不應辟。不爲危言激論，宦官不能傷。

何焯《義門讀書記》卷二三《後漢書》 性明知人，好獎訓士類。獎而不訓，則徒合虛譽，何補于世？然知人之明或不至，則不可與言，而强聒者有矣。

藝文

《盧照鄰集》卷一《詠史四首》（之二） 大漢昔云季，小人道遂振。玉帛委奄尹，斧鑕嬰縉紳。邈哉郭先生，卷舒得其真。雍容謝朝廷，談笑獎人倫。在晦不絶俗，處亂不爲親。諸侯不得友，天子不得臣。冲情甄負甑，重價折角巾。悠悠天下士，相送洛橋津。誰知仙舟上，寂寂無四鄰。

《李商隱詩集》編年詩《哭遂州蕭侍郎二十四韻》 早歲思東閣，爲邦屬故園。登舟慚郭泰，解榻愧陳蕃。分以忘年契，情猶錫類敦。公先真帝子，我系本王孫。嘯傲張高蓋，從容接短轅。秋吟小山桂，春醉後堂萱。

《羅隱集・甲乙集・圍城偶作》 東望陳留日欲曛，每因刀筆想夫君。自從郭泰碑銘後，只見黃金不見文。

《蘇軾詩集》卷一三《孔長源挽詞二首》（其一） 少年才氣冠當時，晚節孤風益自奇。君勝宜爲夫子後，林宗不愧蔡邕碑。南荒尚記誅元惡，東越誰能事細兒。耆舊如今幾人在，爲君無憾爲時悲。

漢桓帝部

綜述

《後漢書》卷七《孝桓帝紀》 孝桓皇帝諱志，肅宗曾孫也。祖父河閒孝王開，父蠡吾侯翼，母匽氏。翼卒，帝襲爵爲侯。

本初元年，梁太后徵帝到夏門亭，將妻以女弟。會質帝崩，太后遂與兄大將軍冀定策禁中，閏月庚寅，使冀持節，以王青蓋車迎帝入南宫，其日即皇帝位，時年十五。太后猶臨朝政。秋七月乙卯，葬孝質皇帝于静陵。

齊王喜薨。

辛巳，謁高廟、光武廟。

丙戌，詔曰：「孝廉、廉吏皆當典城牧民，禁姦舉善，興化之本，恒必由之。詔書連下，分明懇惻，而在所翫習，遂至怠慢，選舉乖錯，害及元元。頃雖頗繩正，猶未懲改。方今淮夷未殄，軍師屢出，百姓疲悴，困於徵發。庶望羣吏，惠我勞民，蠲滌貪穢，以祈休祥。其令秩滿百石，十歲以上，有殊才異行，乃得參選。臧吏子孫，不得察舉。杜絶邪僞請託之原，令廉白守道者得信其操。各明守所司，將觀厥後。」

九月戊戌，追尊皇祖河閒孝王曰孝穆皇，夫人趙氏曰孝穆皇后，皇考蠡吾侯曰孝崇皇。冬十月甲午，尊皇母匽氏爲孝崇博園貴人。

建和元年春正月辛亥朔，日有食之。詔三公、九卿、校尉各言得失。

戊午，大赦天下。賜吏更勞一歲；男子爵，人二級，爲父後及三老、孝悌、力田人三級；鰥、寡、孤、獨、篤癃、貧不能自存者粟，人五斛；貞婦帛，人三匹。災害所傷什四以上，勿收田租；其不滿者，以實除之。

二月，荆、揚二州人多餓死，遣四府掾分行賑給。

沛國言黄龍見譙。

夏四月庚寅，京師地震。詔大將軍、公、卿、校尉舉賢良方正能直言極諫者各一人。又命列侯、將、大夫、御史、謁者、千石、六百石、博士、議郎、郎官各上封事，指陳得失。又詔大將軍、公、卿、郡、國舉至孝篤行之士各一人。

壬辰，詔州郡不得迫脅驅逐長吏。長吏臧滿三十萬而不糾舉者，刺史、二千石以縱避爲罪。若有擅相假印綬者，與殺人同弃市論。

丙午，詔郡國繫囚減死罪一等，勿笞。唯謀反大逆，不用此書。又詔曰：「比起陵塋，彌歷時歲，力役既廣，徒隸尤勤。頃雨澤不沾，密雲復散，儻或在兹。其令徒作陵者減刑各六月。」

是月，立阜陵王代兄勃遒亭侯便爲阜陵王。

郡國六地裂，水涌井溢。芝草生中黄藏府。

六月，太尉胡廣罷，大司農杜喬爲太尉。

秋七月，勃海王鴻薨，立帝弟蠡吾侯悝爲勃海王。

〔八月〕乙未，立皇后梁氏。

九月丁卯，京師地震。

太尉杜喬免，冬十月，司徒趙戒爲太尉，司空袁湯爲司徒，前太尉胡廣爲司空。

十一月，濟陰言有五色大鳥見于己氏。

戊午，減天下死罪一等，戍邊。

清河劉文反，殺國相射暠，欲立清河王蒜爲天子；事覺伏誅。蒜坐貶爲尉氏侯，徙桂陽，自殺。前太尉李固、杜喬皆下獄死。陳留盗賊李堅自稱皇帝，伏誅。

二年春正月甲子，皇帝加元服。庚午，大赦天下。賜河閒、勃海二王黄金各百斤，彭城諸國王各五十斤；公主、大將軍、三公、特進、侯、中二千石、二千石、將、大夫、郎吏、從官、四姓及梁鄧小侯、諸夫人以下帛，各有差。年八十以上賜米、酒、肉，九十以上加帛二匹，綿三斤。

三月戊辰，帝從皇太后幸大將軍梁冀府。

白馬羌寇廣漢屬國，殺長吏，益州刺史率板楯蠻討破之。

夏四月丙子，封帝弟（顧）〔碩〕爲平原王，奉孝崇皇祀。尊孝崇皇夫人馬氏爲孝崇園貴人。

嘉禾生大司農帑藏。五月癸丑，北宫掖廷中德陽殿及左掖門火，車駕移幸南宫。

六月，改清河爲甘陵，立安平王得子經侯理爲甘陵王。

秋七月，京師大水。河東言木連理。

冬十月，長平陳景自號「黄帝子」，署置官屬，又南頓管伯亦稱「真人」，並圖舉兵，悉伏誅。

三年春二月甲申，彭城王定薨。

夏四月丁卯晦，日有食之。五月乙亥，詔曰：「蓋聞天生蒸民，不能相理，爲之立君，使司牧之。君道得於下，則休祥著乎上；庶事失其序，則咎徵見乎象。閒者，日食毁缺，陽光晦暗，朕祗懼潛思，匪遑啓處。傳不云乎：『日食修德，月食修刑。』昔孝章帝愍前世禁徙，故建初之元，並蒙恩澤，流徙者使還故郡，没入者免爲庶民。先皇德政，可不務乎！其自永建元年迄乎今歲，凡諸妖惡，支親從坐，及吏民減死徙邊者，悉歸本郡；唯没入者不從此令。」

六月庚子，詔大將軍、三公、特進、侯，其與卿、校尉舉賢良方正能直言極諫之士各一人。

乙卯，震憲陵寢屋。秋七月庚申，廉縣雨肉。八月乙丑，有星孛于天市。京師大水。九月己卯，地震。庚寅，地又震。詔死罪以下及亡命者贖，各有差。郡國五山崩。

冬十月，太尉趙戒免。司徒袁湯爲太尉，大司農河内張歆爲司徒。

十一月甲申，詔曰：「朕攝政失中，災眚連仍，三光不明，陰陽錯序。監寐寤歎，疢如疾首。今京師廝舍，死者相枕，郡縣阡陌，處處有之，甚違周文掩胔之義。其有家屬而貧無以葬者，給直，人三千，喪主布三匹；若無親屬，可於官壖地葬之，表識姓名，爲設祠祭。又徒在作部，疾病致醫藥，死亡厚埋藏。民有不能自振及流移者，稟穀如科。州郡檢察，務崇恩施，以康我民。」

和平元年春正月甲子，大赦天下，改元和平。

(己)[乙]丑，詔曰：「曩者遭家不造，先帝早世。永惟大宗之重，深思嗣續之福，詢謀台輔，稽之兆占。既建明哲，克定統業，天人協和，萬國咸寧。元服已加，將即委付，而四方盜竊，頗有未静，故假延臨政，以須安謐。幸賴股肱禦侮之助，殘醜消蕩，民和年稔，普天率土，遐邇洽同。遠覽『復子明辟』之義，近慕先姑歸授之法，及今令辰，皇帝稱制。羣公卿士，虔恭爾位，戮力一意，勉同斷金。『展也大成』，則所望矣。」

二月，扶風妖賊裴優自稱皇帝，伏誅。

甲寅，皇太后梁氏崩。

三月，車駕徙幸北宫。

甲午，葬順烈皇后。

夏五月庚辰，尊博園匽貴人曰孝崇皇后。

秋七月，梓潼山崩。

冬十一月辛巳，減天下死罪一等，徙邊戍。

元嘉元年春正月，京師疾疫，使光禄大夫將醫藥案行。

癸酉，大赦天下，改元元嘉。

二月，九江、廬江大疫。

甲午，河閒王建薨。夏四月己丑，安平王得薨。

京師旱。任城、梁國飢，民相食。

司徒張歆罷，光禄勳吴雄爲司徒。

秋七月，武陵蠻叛。

冬十月，司空胡廣罷。

十一月辛巳，京師地震。

閏月庚午，任城王崇薨。太常黄瓊爲司空。

二年春正月，西域長史王敬爲于窴國所殺。

丙辰，京師地震。

夏四月甲寅，孝崇皇后匽氏崩。庚午，常山王豹薨。五月辛卯，葬孝崇皇后於博陵。

秋七月庚辰，日有食之。八月，濟陰言黄龍見句陽，金城言黄龍見允街。冬十月乙亥，京師地震。

十一月，司空黄瓊免。十二月，特進趙戒爲司空。

右北平太守和旻坐臧，下獄死。

永興元年春二月，張掖言白鹿見。

三月丁亥，幸鴻池。

夏五月丙申，大赦天下，改元永興。

丁酉，濟南王廣薨，無子，國除。

秋七月，郡國三十二蝗。河水溢。百姓飢窮，流冗道路，至有數十萬户，冀州尤甚。詔在所賑給乏絶，安慰居業。

冬十月，太尉袁湯免，太常胡廣爲太尉。司徒吴雄罷，司空趙戒免；以太僕

黄瓊爲司徒，光禄勳房植爲司空。

十一月丁丑，詔減天下死罪一等，徙邊戍。

是歲，武陵太守應奉招誘叛蠻，降之。

二年春正月甲午，大赦天下。

二月辛丑，初聽刺史、二千石行三年喪服。

癸卯，京師地震，詔公、卿、校尉舉賢良方正能直言極諫者各一人。詔曰：「比者星辰謬越，坤靈震動，灾異之降，必不空發。敕己修政，庶望有補。其輿服制度有踰侈長飾者，皆宜損省。郡縣務存儉約，申明舊令，如永平故事。」

六月，彭城泗水增長逆流。詔司隸校尉、部刺史曰：「蝗灾爲害，水變仍至，五穀不登，人無宿儲。其令所傷郡國種蕪菁以助人食。」

京師蝗。東海朐山崩。

九月丁卯朔，日有食之。詔曰：「朝政失中，雲漢作旱，川靈涌水，蝗螽孳蔓，殘我百穀，太陽虧光，飢饉薦臻。其不被害郡縣，當爲飢餒者儲。天下一家，趣不糜爛，則爲國寶。其禁郡國不得賣酒，祠祀裁足。」

太尉胡廣免，司徒黄瓊爲太尉。閏月，光禄勳尹頌爲司徒。

減天下死罪一等，徙邊戍。

蜀郡李伯詐稱宗室，當立爲「太初皇帝」，伏誅。

冬十一月甲辰，校獵上林苑，遂至函谷關，賜所過道傍年九十以上錢，各有差。

太山、琅邪賊公孫舉等反叛，殺長吏。

永壽元年春正月戊申，大赦天下，改元永壽。

二月，司隸、冀州飢，人相食。勑州郡賑給貧弱。若王侯吏民有積穀者，一切貣十分之三，以助稟貸；其百姓吏民者，以見錢雇直。王侯須新租乃償。

夏四月，白烏見齊國。

六月，洛水溢，壞鴻德苑。南陽大水。

司空房植免，太常韓縯爲司空。

詔太山、琅邪遇賊者，勿收租、賦，復更、筭三年。又詔被水死流失屍骸者，令郡縣鉤求收葬；及所唐突壓溺物故，七歲以上賜錢，人二千。壞敗廬舍，亡失穀食，尤貧者稟，人二斛。

巴郡、益州郡山崩。

秋七月，初置太山、琅邪都尉官。

南匈奴左〔薁鞬〕臺〔耆〕、且渠伯德等叛，寇美稷，安定屬國都尉張奂討除之。

二年春正月，初聽中官得行三年服。

二月甲申，東海王臻薨。

三月，蜀郡屬國夷叛。

秋七月，鮮卑寇雲中。太山賊公孫舉等寇青、兗、徐三州，遣中郎將段熲討，破斬之。

冬十一月，置太官右監丞官。

十二月，京師地震。

三年春正月己未，大赦天下。

夏四月，九真蠻夷叛，太守兒式討之，戰殁；遣九真都尉魏朗擊破之。復屯據日南。

閏月庚辰晦，日有食之。

六月，初以小黄門爲守宫令，置冗從右僕射官。

京師蝗。秋七月，河東地裂。

冬十一月，司徒尹頌薨。

長沙蠻叛，寇益陽。

司空韓縯爲司徒，太常北海孫朗爲司空。

延熹元年春三月己酉，初置鴻德苑令。

夏五月己酉，大會公卿以下，賞賜各有差。

甲戌晦，日有食之。京師蝗。

六月戊寅，大赦天下，改元延熹。

丙戌，分中山置博陵郡，以奉孝崇皇園陵。大雩。

秋七月己巳，雲陽地裂。

甲子，太尉黄瓊免，太常胡廣爲太尉。

冬十月，校獵廣成，遂幸上林苑。

十二月，鮮卑寇邊，使匈奴中郎將張奂率南單于擊破之。

二年春二月，鮮卑寇鴈門。

己亥，阜陵王便薨。

蜀郡夷寇蠶陵，殺縣令。

三月，復斷刺史、二千石行三年喪。

夏，京師雨水。

六月，鮮卑寇遼東。

秋七月，初造顯陽苑，置丞。

丙午，皇后梁氏崩。乙丑，葬懿獻皇后于懿陵。

大將軍梁冀謀爲亂。八月丁丑，帝御前殿，詔司隸校尉張彪將兵圍冀第，收大將軍印綬，冀與妻皆自殺。衛尉梁淑、河南尹梁胤、屯騎校尉梁讓、越騎校尉梁忠、長水校尉梁戟等，及中外宗親數十人，皆伏誅。太尉胡廣坐免。司徒韓縯、司空孫朗下獄。

壬午，立皇后鄧氏，追廢懿陵爲貴人冢。詔曰：「梁冀姦暴，濁亂王室。孝質皇帝聰敏早茂，冀心懷忌畏，私行殺毒。永樂太后親尊莫二，冀又遏絶，禁還京師，使朕離母子之愛，隔顧復之恩。禍害深大，罪釁日滋。賴宗廟之靈，及中常侍單超、徐璜、具瑗、左悺、唐衡，尚書令尹勳等激憤建策，内外協同，漏刻之閒，桀逆梟夷。斯誠社稷之祐，臣下之力，宜班慶賞，以酬忠勳。其封超等五人爲縣侯，勳等七人爲亭侯。」於是舊故恩私，多受封爵。

大司農黄瓊爲太尉，光禄大夫中山祝恬爲司徒，大鴻臚梁國盛允爲司空。

初置祕書監官。

冬十月壬申，行幸長安。乙酉，幸未央宫。甲午，祠高廟。十一月庚子，遂有事十一陵。

壬寅，中常侍單超爲車騎將軍。

十二月己巳，至自長安，賜長安民粟人十斛，園陵人五斛，行所過縣三斛。

燒當等八種羌叛，寇隴右，護羌校尉段熲追擊於羅亭，破之。

天竺國來獻。

三年春正月丙申，大赦天下。

丙午，車騎將軍單超薨。

閏月，燒何羌叛，寇張掖，護羌校尉段熲追擊於積石，大破之。

白馬令李雲坐直諫，下獄死。

夏四月，上郡言甘露降。五月甲戌，漢中山崩。

六月辛丑，司徒祝恬薨。秋七月，司空盛允爲司徒，太常虞放爲司空。

長沙蠻寇郡界。

九月，太山、琅邪賊勞丙等復叛，寇掠百姓，遣御史中丞趙某持節督州郡討之。

丁亥，詔無事之官權絶奉，豐年如故。

冬十一月，日南蠻賊率衆詣郡降。

勒姐羌圍允街，段熲擊破之。

太山賊叔孫無忌攻殺都尉侯章。十二月，遣中郎將宗資討破之。

武陵蠻寇江陵，車騎將軍馮緄討，皆降散。荆州刺史度尚討長沙蠻，平之。

四年春正月辛酉，南宫嘉德殿火。戊子，丙署火。大疫。二月壬辰，武庫火。

司徒盛允免，大司農种暠爲司徒。三月，省冗從右僕射官。太尉黄瓊免。

夏四月，太常劉矩爲太尉。

甲寅，封河閒王開子博爲任城王。

五月辛酉，有星孛于心。丁卯，原陵長壽門火。己卯，京師雨雹。六月，京兆、扶風及凉州地震。庚子，岱山及博尤來山並穨裂。

己酉，大赦天下。

司空虞放免，前太尉黄瓊爲司空。

犍爲屬國夷寇鈔百姓，益州刺史山昱擊破之。

零吾羌與先零諸種並叛，寇三輔。

秋七月，京師雩。

減公卿以下奉，貣王侯半租。占賣關内侯、虎賁、羽林、緹騎營士、五大夫錢各有差。

九月，司空黄瓊免，大鴻臚劉寵爲司空。

冬十月，天竺國來獻。

南陽黄武與襄城惠得、昆陽樂季訞言相署，皆伏誅。

先零沈氏羌與諸種羌寇并、凉二州，十一月，中郎將皇甫規擊破之。

十二月，夫餘王遣使來獻。

五年春正月，省太官右監丞。

壬午，南宫丙署火。

三月，沈氏羌寇張掖、酒泉。

壬午，濟北王次薨。

夏四月，長沙賊起，寇桂陽、蒼梧。

驚馬逸象突入宮殿。乙丑，恭陵東闕火。戊辰，虎賁掖門火。己巳，太學西門自壞。五月，康陵園寢火。

長沙、零陵賊起，攻桂陽、蒼梧、南海、交阯，遣御史中丞盛脩督州郡討之，不克。

乙亥，京師地震。詔公、卿各上封事。甲申，中藏府承禄署火。秋七月己未，南宮承善闥火。

己卯，罷琅邪都尉官。

烏吾羌寇漢陽、隴西、金城，諸郡兵討破之。

八月庚子，詔減虎賁、羽林住寺不任事者半奉，勿與冬衣；其公卿以下給冬衣之半。艾縣賊焚燒長沙郡縣，寇益陽，殺令。又零陵蠻亦叛，寇長沙。

冬十月，武陵蠻叛，寇江陵，南郡太守李肅坐奔北弃市；辛丑，以太常馮緄爲車騎將軍，討之。假公卿以下奉。又换王侯租以助軍糧，出濯龍中藏錢還之。

十一月，馮緄大破叛蠻於武陵。

京兆虎牙都尉宗謙坐臧，下獄死。

滇那羌寇武威、張掖、酒泉。

太尉劉矩免，太常楊秉爲太尉。

六年春二月戊午，司徒种暠薨。

三月戊戌，大赦天下。

衛尉潁川許栩爲司徒。

夏四月辛亥，康陵東署火。

五月，鮮卑寇遼東屬國。

秋七月甲申，平陵園寢火。

桂陽盜賊李研等寇郡界。

武陵蠻復叛，太守陳奉與戰，大破降之。

隴西太守孫羌討滇那羌，破之。

八月，車騎將軍馮緄免。

冬十月丙辰，校獵廣成，遂幸函谷關、上林苑。

十一月，司空劉寵免。

南海賊寇郡界。

十二月，衛尉周景爲司空。

七年春正月庚寅，沛王榮薨。

三月癸亥，隕石于鄠。

夏四月丙寅，梁王成薨。

五月己丑，京師雨雹。

秋七月辛卯，趙王乾薨。

野王山上有死龍。

荆州刺史度尚擊零陵、桂陽盜賊及蠻夷，大破平之。

冬十月壬寅，南巡狩。庚申，幸章陵，祠舊宅，遂有事于園廟，賜守令以下各有差。戊辰，幸雲夢，臨漢水；還，幸新野，祠湖陽、新野公主、魯哀王、壽張敬侯廟。

護羌校尉段熲擊當煎羌，破之。

十二月辛丑，車駕還宮。

八年春正月，遣中常侍左悺之苦縣，祠老子。

勃海王悝謀反，降爲(瘿)〔廮〕陶王。

丙申晦，日有食之。詔公、卿、校尉舉賢良方正。

〔二月〕己酉，南宮嘉德署黄龍見。千秋萬歲殿火。

太僕左稱有辠自殺。

癸亥，皇后鄧氏廢。河南尹鄧萬世、虎賁中郎將鄧會下獄死。

護羌校尉段熲擊罕姐羌，破之。

三月辛巳，大赦天下。

夏四月甲寅，安陵園寢火。

丁巳，壞郡國諸房祀。

濟陰、東郡、濟北河水清。

五月壬申，罷太山都尉官。丙戌，太尉楊秉薨。

〔六月〕丙辰，緱氏地裂。

桂陽胡蘭、朱蓋等復反，攻没郡縣，轉寇零陵，零陵太守陳球拒之；遣中郎將度尚、長沙太守抗徐等擊蘭、蓋，大破斬之。蒼梧太守張敍爲賊所執，又桂陽太守任胤背敵畏懦，皆弃市。

閏月甲午，南宫長秋和歡殿後鉤楯、掖庭、朔平署火。

六月，段熲擊當煎羌於湟中，大破之。

秋七月，太中大夫陳蕃爲太尉。

八月戊辰，初令郡國有田者畝斂税錢。

九月丁未，京師地震。

冬十月，司空周景免，太常劉茂爲司空。

辛巳，立貴人竇氏爲皇后。

勃海妖賊蓋登等稱「太上皇帝」，有玉印、珪、璧、鐵券，相署置，皆伏誅。

十一月壬子，德陽殿西閤、黄門北寺火，延及廣義、神虎門，燒殺人。

使中常侍管霸之苦縣，祠老子。

九年春正月辛(亥)〔卯〕朔，日有食之。詔公、卿、校尉、郡國舉至孝。

沛國戴異得黄金印，無文字，遂與廣陵人龍尚等共祭井，作符書，稱「太上皇」，伏誅。

己酉，詔曰：「比歲不登，民多飢窮，又有水旱疾疫之困。盜賊徵發，南州尤甚。灾異日食，譴告累至。政亂在予，仍獲咎徵。其令大司農絶今歲調度徵求，及前年所調未畢者，勿復收責。其灾旱盜賊之郡，勿收租，餘郡悉半入。」

三月癸巳，京師有火光轉行，人相驚譟。

司隸、豫州飢死者什四五，至有滅户者，遣三府掾賑稟之。

陳留太守韋毅坐臧自殺。

夏四月，濟陰、東郡、濟北、平原河水清。

司徒許栩免。五月，太常胡廣爲司徒。

六月，南匈奴及烏桓、鮮卑寇緣邊九郡。

秋七月，沈氏羌寇武威、張掖。詔舉武猛，三公各二人，卿、校尉各一人。

太尉陳蕃免。

庚午，祠黄、老於濯龍宫。

遣使匈奴中郎將張奂擊南匈奴、烏桓、鮮卑。

九月，光禄勳周景爲太尉。

南陽太守成瑨、太原太守劉質，並以譖弃市。

司空劉茂免。

大秦國王遣使奉獻。

冬十二月，洛城傍竹柏枯傷。

光禄勳汝南宣酆爲司空。

南匈奴、烏桓率衆詣張奂降。

司隸校尉李膺等二百餘人受誣爲黨人，並坐下獄，書名王府。

永康元年春正月，先零羌寇三輔，中郎將張奂破平之。當煎羌寇武威，護羌校尉段熲追擊於鸞鳥，大破之。西羌悉平。

夫餘王寇玄菟，太守公孫域與戰，破之。

夏四月，先零羌寇三輔。

五月丙申，京師及上黨地裂。

廬江賊起，寇郡界。

壬子晦，日有食之。詔公、卿、校尉舉賢良方正。

六月庚申，大赦天下，悉除黨錮，改元永康。

丙寅，阜陵王統薨。

秋八月，魏郡言嘉禾生，甘露降。巴郡言黄龍見。

六州大水，勃海海溢。詔州郡賜溺死者七歲以上錢，人二千；一家皆被害者，悉爲收斂；其亡失穀食，稟人三斛。

冬十月，先零羌寇三輔，使匈奴中郎將張奂擊破之。

十一月，西河言白菟見。

十二月壬申，復(癭)〔廮〕陶王悝爲勃海王。

丁丑，帝崩于德陽前殿，年三十六。戊寅，尊皇后曰皇太后，太后臨朝。

是歲，復博陵、河閒二郡，比豐、沛。

雜録

備録

司馬彪《續漢書》卷一《桓帝紀》 時登等有玉印五，皆如白石，文曰「皇帝信璽」、「皇帝行璽」，其三無文字。璧二十二，珪五，鐵券十一，開王廟，帶玉綬，衣

絳衣，相署置也。

〔桓帝〕祠老子於濯龍中，設華蓋(八)〔之〕座，〔用淳金釦器〕。

袁山松《後漢書》卷一《桓帝紀》 是時連月有火災，諸宮寺或一日再三發。又夜有訛言，擊鼓相驚。陳蕃、劉(智)〔矩、劉〕茂上疏諫曰：「古之火，皆君弱臣强，極陰之變也。前始春而獄刑慘，故火不炎上。前入春節，連寒木冰，暴風折樹。又八九州郡並言隕霜殺菽。《春秋》晉執季孫行父，木爲之冰。夫氣弘則景星見，化錯則五星開，日月蝕。災爲已然，異爲方來，恐卒有變，必于三朝，惟善政可以已之。願察臣前言，不棄愚忠，則元元幸甚。」書奏不省。

《後漢書》卷一〇下《皇后紀下・孝崇匽皇后》 孝崇匽皇后諱明，爲蠡吾侯翼媵妾，生桓帝。桓帝即位，明年，追尊翼爲孝崇皇，陵曰博陵，以后爲博園貴人。和平元年，梁太后崩，乃就博陵尊后爲孝崇皇后。遣司徒持節奉策授璽綬，齎乘輿器服，備法物。宫曰永樂。置太僕、少府以下，皆如長樂宫故事。又置虎賁、羽林衞士，起宫室，分鉅鹿九縣爲后湯沐邑。在位三年，元嘉二年崩。以帝弟平原王石爲喪主，斂以東園畫梓壽器、玉匣、飯含之具，禮儀制度比恭懷皇后。使司徒持節，大長秋奉弔祠，賻錢四千萬，布四萬匹，中謁者僕射典護喪事，侍御史護大駕鹵簿。詔安平王豹、河閒王建、勃海王悝，長社、益陽二長公主，與諸國侯三百里内者，及中二千石、二千石、令、長、相，皆會葬。將作大匠復土，繕廟，合葬博陵。

《後漢書》卷一〇下《皇后紀下・桓帝懿獻梁皇后》 桓帝懿獻梁皇后諱女瑩，順烈皇后之女弟也。帝初爲蠡吾侯，梁太后徵，欲與后爲婚，未及嘉禮，會質帝崩，因以立帝。明年，有司奏太后曰：「《春秋》迎王后于紀，在塗則稱后。今大將軍冀女弟，膺紹聖善。結婚之際，有命既集，宜備禮章，時進徵幣。請下三公、太常案禮儀。」奏可。於是悉依孝惠皇帝納后故事，聘黄金二萬斤，納采鴈璧乘馬束帛，一如舊典。建和元年六月始入掖庭，八月立爲皇后。

時太后秉政而梁冀專朝，故后獨得寵幸，自下莫得進見。后藉姊兄廕埶，恣極奢靡，宫幄彫麗，服御珍華，巧飾制度，兼倍前世。及皇太后崩，恩愛稍衰。后既無子，潛懷怨忌，每宫人孕育，鮮得全者。帝雖迫畏梁冀，不敢譴怒，然見御轉稀。至延熹(三)〔二〕年，后以憂恚崩，在位十三年，葬懿陵。其歲，誅梁冀，廢懿陵爲貴人冢焉。

《後漢書》卷一〇下《皇后紀下・桓帝鄧皇后》 桓帝鄧皇后諱猛女，和熹皇后從兄子鄧香之女也。母宣，初適香，生后。改嫁梁紀，紀者，大將軍梁冀妻孫壽之舅也。后少孤，隨母爲居，因冒姓梁氏。冀妻見后貌美，永興中進入掖庭，爲采女，絶幸。明年，封兄鄧演爲南頓侯，位特進。演卒，子康嗣。及懿獻后崩，梁冀誅，立后爲皇后。帝惡梁氏，改姓爲薄，封后母宣爲長安君。四年，有司奏后本郎中鄧香之女，不宜改易它姓，於是復爲鄧氏。追封贈香車騎將軍安陽侯印綬，更封宣、康大縣，宣爲昆陽君，康爲沘陽侯，賞賜巨萬計。宣卒，賵贈葬禮，皆依后母舊儀。以康弟統襲封昆陽侯，位侍中；統從兄會襲安陽侯，爲虎賁中郎將；又封統弟秉爲淯陽侯。宗族皆列校、郎將。

帝多内幸，博採宫女至五六千人，及駈役從使，復兼倍於此。而后恃尊驕忌，與帝所幸郭貴人更相譖訴。八年，詔廢后，送暴室，以憂死。立七年。葬於北邙。從父河南尹萬世及會皆下獄死。統等亦繫暴室，免官爵，歸本郡，財物没入縣官。

《後漢書》卷一〇下《皇后紀下・桓思竇皇后》 桓思竇皇后諱妙，章德皇后從祖弟之孫女也。父(諱)武。延熹八年，鄧皇后廢，后以選入掖庭爲貴人，其冬，立爲皇后，而御見甚稀，帝所寵唯采女田聖等。永康元年冬，帝寢疾，遂以聖等九女皆爲貴人。及崩，無嗣，后爲皇太后。太后臨朝定策，立解犢亭侯宏，是爲靈帝。

太后素忌忍，積怒田聖等，桓帝梓宫尚在前殿，遂殺田聖。又欲盡誅諸貴人，中常侍管霸、蘇康苦諫，乃止。時太后父大將軍武謀誅宦官，而中常侍曹節等矯詔殺武，遷太后於南宫雲臺，家屬徙比景。

竇氏雖誅，帝猶以太后有援立之功，建寧四年十月朔，率羣臣朝于南宫，親饋上壽。黄門令董萌因此數爲太后訴怨，帝深納之，供養資奉有加於前。中常侍曹節、王甫疾萌附助太后，誣以謗訕永樂宫，萌坐下獄死。熹平元年，太后母卒於比景，〔太〕后感疾而崩。立七年。合葬宣陵。

《後漢書・天文志下》 孝桓建和元年八月壬寅，熒惑犯輿鬼質星。【略】至和平元年(十)二月甲寅，梁太后崩，梁冀益驕亂矣。

元嘉元年二月戊子，太白晝見。【略】時上幸後宫采女鄧猛，明年，封猛兄演爲南頓侯。後四歲，梁皇后崩，梁冀被誅，猛立爲皇后，恩寵甚盛。

《後漢書・五行志一》 桓帝之初，天下童謡曰：「小麥青青大麥枯，誰當穫者婦與姑。丈人何在西擊胡，吏買馬，君具車，請爲諸君鼓嚨胡。」案元嘉中涼州諸羌一時俱反，南入蜀、漢，東抄三輔，延及并、冀，大爲民害。命將出衆，每戰常負，中國益發甲卒，麥多委棄，但有婦女穫刈之也。吏買馬，君具車者，言調發重

及有秩者也。請爲諸君鼓嚨胡者，不敢公言，私咽語。

桓帝之初，京都童謡曰：「城上烏，尾畢逋。公爲吏，子爲徒。一徒死，百乘車。車班班，入河間。河閒姹女工數錢，以錢爲室金爲堂。石上慊慊春黄粱。梁下有懸鼓，我欲擊之丞卿怒。」案此皆謂爲政貪也。城上烏，尾畢逋者，處高利獨食，不與下共，謂人主多聚斂也。公爲吏，子爲徒者，言蠻夷將畔逆，父既爲軍吏，其子又爲卒徒往擊之也。一徒死，百乘車者，言前一人往討胡既死矣，後又遣百乘車往。車班班，入河閒者，言上將崩，乘輿班班入河閒迎靈帝也。河閒姹女工數錢，以錢爲室金爲堂者，靈帝既立，其母永樂太后好聚金以爲堂也。石上慊慊春黄粱者，言永樂雖積金錢，慊慊常苦不足，使人舂黄粱而食之也。梁下有懸鼓，我欲擊之丞卿怒者，言永樂主教靈帝，使賣官受錢，所禄非其人，天下忠篤之士怨望，欲擊懸鼓以求見，丞卿主鼓者，亦復諂順，怒而止我也。

桓帝之初，京都童謡曰：「游平賣印自有平，不辟豪賢及大姓。」案到延熹之末，鄧皇后以譴自殺，乃以竇貴人代之，其父名武字游平，拜城門校尉。及太后攝政，爲大將軍，與太傅陳蕃合心戮力，惟德是建，印綬所加，咸得其人，豪賢大姓，皆絶望矣。

桓帝之末，京都童謡曰：「茅田一頃中有井，四方纖纖不可整。嚼復嚼，今年尚可後年鐃。」案《易》曰：「拔茅茹以其彙，征吉。」茅喻羣賢也。井者，法也。于時中常侍管霸、蘇康憎疾海内英哲，與長樂少府劉囂、太常許詠、尚書柳分、尋穆、史佟、司隸唐珍等，代作脣齒。河内牢川詣闕上書：「汝、潁、南陽，上採虚譽，專作威福；甘陵有南北二部，三輔尤甚。」由是傳考黄門北寺，始見廢閣。茅田一頃者，言羣賢衆多也。中有井者，言雖阨窮，不失其法度也。四方纖纖不可整者，言姦慝大熾，不可整理。嚼復嚼者，京都飲酒相强之辭也。言食肉者鄙，不恤王政，徒耽宴飲歌呼而已也。今年尚可者，言但禁錮也。後年鐃者，陳、竇被誅，天下大壞。

桓帝之末，京都童謡曰：「白蓋小車何延延。河閒來合諧，河閒來合諧！」案解犢亭屬饒陽河閒縣也。居無幾何而桓帝崩，使者與解犢侯皆白蓋車從河閒來。延延，衆貌也。是時御史劉儵建議立靈帝，以儵爲侍中，中常侍侯覽畏其親近，必當閒己，白拜儵泰山太守，因令司隸迫促殺之。朝廷(必)〔少〕長，思其功效，乃拔用其弟郃，致位司徒，此爲合諧也。

錢時《兩漢筆記·桓帝》 八年，李膺復拜司隸校尉。時小黄門張讓弟朔爲野王令，貪殘無道，畏膺威嚴，逃還京師，匿於兄家合柱中。膺知其狀，率吏卒破柱，取朔付雒陽獄，受辭畢，即殺之。讓訴冤於帝，帝召膺，詰以不先請便加誅之意，對曰：「昔仲尼爲魯司寇，七日而誅少正卯。今臣到官已積一旬，私懼以稽留爲愆，不意獲速疾之罪，誠自知釁，責死不旋踵，特乞留五日尅殄元惡，退就鼎鑊，始生之願也。」帝無復言，顧謂讓曰：「此汝弟之罪，司隸何愆？」乃遣出。自此諸黄門常侍皆鞠躬屏氣，休沐不敢出宫省，帝怪問其故，並叩頭泣曰：「畏李校尉。」時朝廷日亂，綱紀頽弛，而膺獨持風裁以聲名，自高士有被其容接者，名爲「登龍門」云。

愚每觀漢季人物之盛，未嘗不爲之慨歎，非謂其有進於道也，風節凛凛，無世俗之過，是可喜也。孔子曰：「不得中行而與之，必也狂狷乎？狂者進取，狷者有所不爲。」大抵務學當先氣節，惟不苟於行檢，而後可與入道耳。牽纏没溺，未能自拔於流俗沈痼之疾，方在膏肓而欲語向上事，作向上人物，難哉！此狂狷之士所以猶有取焉。而皇極之教，亦惟不協極，不罹咎者而受之也。世衰俗薄，污濁成風，上下相挺，習於無恥，如蛆蠅臭腐生死糞溷中，渾渾滔滔，曾不知反回，視漢季堅節正操，挺然特立，何翅霄壤。當是時有聖人爲依歸，一變而入堯舜之道，必無賜之貨殖，必無求之聚斂，必無商之出悦，紛華其見，必果不溺。於凡近其守必固不摇於氣習，豈易得哉！奈何生不逢時，皇不建極，隨所偏勝，莫或挽回，世愈暗而抗志愈高，變愈激而立行愈峻，錚錚然與羣小争勝負，共相標榜，植爲聲名，中外承風，臧否相尚，而成黨錮之禍。愚是以悲斯人之徒之不幸，而爲之重歎也！

陳櫟《歷代通畧》卷一《東漢》 和帝以十四之年，能誅竇憲，朝廷肅清，宫闈寧晏，遠足以繼孝昭之烈矣。親政以後，躬攬萬幾，威權不失。十六七年，曾無過舉，禮賢納諫，中國乂安。尤可尚者，竇后既没，帝始知爲梁貴人子。議者以梁氏冤死，請貶竇后，詔以臣子無貶尊上之文，不從之。方之章帝之事馬后，彼處其常，此處其變，最爲近厚。梁王暢有覬覦神器，語有司請徵詣詔獄，帝不之許。方之明帝楚淮陽獄之濫，不遠過之乎？孝友寬厚，良足爲東漢賢主矣。獨惜誅竇憲時，謀不及於大臣，功獨歸於鄭衆宦官，遂開宦者封侯之端焉。和帝既崩，國統數絶，宫闈定策，利在立昏。外立者四君，臨朝者六后，蓋嗣主幼冲則女后專政，外戚必用事，宦者必擅權，亦其勢然也。殤帝生百日而立，立八月而亡。安帝以清河王慶之子爲和帝嗣。鄧后，賢后也。鄧隲，亦戚屬之頗謹飭者。安

帝既長，后猶臨朝。后死，隲猶不免，况其餘乎？以災異策免三公，自安帝始。光武以來，權歸臺閣，三公具員。至於中世，權移外戚，寵被近習，濁亂流毒，上干天和，而乃策讓三公，或免或死，冤哉！善乎仲長統之言曰：光武奪三公之重，至今而加甚，不假后黨之權，數世而不行，親疏之勢異也。鄧氏既敗，耿、竇以戚屬進，而宦者江京、李閏侯矣，乳母王聖之母子横矣。殺太尉楊震，廢太子保，皆竇、京、聖等爲之。未幾，帝崩，閻顯迎立北鄉侯，而耿、竇自殺。未幾，北鄉又薨，宦者孫程等立保，而顯、京誅，是爲順帝，而孫程等十九人侯矣。大策不出於廟堂，扶立皆由於閹宦，况順帝又以庸弱臨之，其能振漢業之衰乎？帝幼遭廢黜，宜知動心忍性，乃取覆轍駕之，閹宦盈朝，忠良扼腕。封乳母宋娥，即先朝之封王聖也。寵任梁冀，即先朝之寵竇憲、閻顯也。地震天災，羌夷盜賊，史不絶書。左雄、李固等言之雖切，其如不用何哉？帝崩，子冲帝以二歲立，不半歲而亡。梁冀專朝，迎質帝立之。帝少聰慧，嘗目冀爲跋扈將軍。冀深惡之，置毒餅中，以行弑逆。李固爲太尉，不能推舉進膳，考核其由，必期得賊，乃伏屍慟哭，置之不問，方且聯書與冀勸立長君，忠有餘而識不足，惜哉！冀卒貪立幼昏，迎立桓帝。帝授國賊手，不即致討，日食正旦於嗣位改元之初，天厭著矣。忠直如李固、杜喬，皆以積忤梁冀而遭殺，容默如胡廣、趙戒，即以阿附梁冀而見容。未幾，冀以貪暴恣横之極，帝積不能平，雖發憤誅之，然不能聲其弑逆之罪，使討賊之義白於天下，漢廷諸臣俱可恨焉！帝之誅冀也，宦者單超等五人獨預其謀。梁冀誅，五人侯，自是宦者之勢愈熾矣。當是時政亂於上，俗清於下，宦者之父兄子弟賓客，黨與布滿中外，虐害生靈。成瑨、劉瓆、范滂、黄憲等乃能不畏宦者，以王法誅之。海内名流，共相標榜，推陳蕃、李膺、杜密、范滂、郭泰、賈彪、張儉等爲之冠，身負大名，口銜清議，危言深論，不避强豪，宦者深嫉之，譖訴誣毁，目爲黨人。帝也以宦者爲腹心，視諸賢如草芥，免太尉陳蕃，殺李雲、杜衆、成瑨、劉瓆，獄李膺、范滂等二百餘人，而黨錮之獄初起矣。賈彪説竇武，使訟之始赦黨人，猶禁錮終身焉。

備論

《後漢書》卷七《孝桓帝紀論贊》 論曰：前史稱桓帝好音樂，善琴笙。飾芳林而考濯龍之宫，設華蓋以祠浮圖、老子，斯將所謂「聽於神」乎！及誅梁冀，奮威怒，天下猶企其休息。而五邪嗣虐，流衍四方。自非忠賢力争，屢折姦鋒，雖願依斟流彘，亦不可得已。

贊曰：桓自宗支，越躋天禄。政移五倖，刑淫三獄。傾宫雖積，皇身靡續。

葛洪《抱朴子外篇》卷一五《審舉》 而漢之末葉，桓、靈之世，柄去帝室，政在姦臣，網漏防潰，風積教沮，抑清德而揚諂媚，退履道而進多財。力競成俗，苟得無恥，或輸自售之寶，或賣要人之書。或父兄貴顯，望門而辟命；或低頭屈膝，積習而見收。

黄震《古今紀要・後漢》 桓帝。初質帝之立也，李固所言多從，梁冀疾之。固策免，帝目冀跋扈，遂遇弑。立桓帝，年十五，太后猶聽政，以杜喬爲太尉，正色無撓，朝野倚重，尋以災異免。冀誣殺李固、杜喬。和平元年，太后歸政，張陵劾冀帶劍入省，詔以一歲俸贖，罪冀威行内外，天子拱手。帝召宦官單超、左悺等五人誅之，封五人爲侯。黄瓊爲太尉，奏貪污者，海内翕然，而權歸五侯，尤貪縱。李雲上書諫，受誅。嬖寵愈横。

是時封賞踰制，陳蕃上疏諫。時宦官方熾，周景、楊秉上言請罷斥貪殘，於是條奏五十人免死，天下肅然。初令郡國有田者畝斂税錢，李膺爲司隸，宦官屏氣。周福、房植二家賓客，各植朋黨，由是甘陵有南北部，黨議始此。太學生郭泰、賈彪等與李膺、陳蕃更相褒重，中外承風，以臧否相尚。

成瑨、劉瓆、翟超、黄浮皆以太守誅姦得罪，陳蕃諫不納。帝篤好黄老浮屠，宫中立祠。張牢修上書告李膺等交結生徒，爲部黨誹訕，乃逮捕黨人，下膺等獄，陳蕃極諫，策免之。竇武申理黨人，乃赦歸田里禁錮。

胡一桂《史纂通要・東漢》 桓帝志，太后猶臨朝，梁冀專政，肆作威福，天子拱手，首殺李固、杜喬以重其威，繼殺中郎袁著以杜天下議已。至殺陳授，邴尊，帝始震怒，與宦者單超、具瑗、唐衡、左悺、徐璜五人定議，誅冀。元惡雖除，五侯嗣虐，流毒四海，辜較百姓，與盜無異。楊秉、韓縯、李膺諸賢彈劾糾擊，削國誅貶，鞠躬屏氣，似亦爲稍快於人心者。于時甘陵周福以帝舊學，擢尚書，同郡河南尹房植亦有名當朝，鄉人謡曰：「天下規矩房伯武，因師獲印周重進。」二家賓客各植朋黨，由是有南北部黨人之議。後汝南太守宗資任范滂，河南太守成瑨委岑晊，二郡又爲之謡曰：「汝南太守范孟博，南陽宗資主畫諾，南陽太守岑公孝，弘農成瑨但坐嘯。」因此流言轉入太學，諸生三萬餘人，以郭林宗、賈偉

節爲冠，與李膺、陳蕃、王暢等更相褒重，學中語曰：「天下模楷李元禮，不畏彊禦陳仲舉，天下俊秀王叔茂。」於是中外承風，臧否相尚，公卿畏其貶議，屣履到門。而成瑨殺張汎，劉瓆殺趙津，翟超破侯覽冢宅，籍没貲財，黄浮按徐宣罪，棄市暴屍，皆犯閹宦之怒。及河内張成以善風角、推占，當赦教子殺人。李膺收捕，遇赦，竟殺之。宦官遂教成弟子牢修誣告膺等，養太學游士，交結諸郡生徒，共爲部黨，誹訕朝政，疑亂風俗。帝震怒，班下郡國逮捕，太尉陳蕃以所按皆憂國公忠之人，不肯平署。帝愈怒，下膺等獄，詞連及杜密、陳翔及陳寔、范滂之徒二百餘人，而黨錮之禍作矣。賴霍諝、竇武並表救請，事幸中息，而海内希風之流，復相標榜。有三君、八俊、八顧、八及、八厨之號，譬如立的於此，使人得以彎弓而射之，靈帝之世，卒陷大戮。悲夫！

陳子龍《陳忠裕公全集·安雅堂稿·桓帝》 桓帝無歲不赦，而盜賊滋起，災異屢告。李固、杜喬、李雲、杜衆、成瑨、劉質相繼枉死，不邀蕩滌，信乎小人之幸，而君子之不幸也。

藝文

《全唐詩》卷七二九周曇《桓帝》 能嫌跋扈斬梁王，寧便榮枯信段張。襄楷忠言誰佞惑，忍教奸禍起蕭牆。

陳蕃部

綜述

《後漢書》卷六七《陳蕃傳》 陳蕃字仲舉，汝南平輿人也。祖河東太守。蕃年十五，嘗閑處一室，而庭宇蕪穢。父友同郡薛勤來候之，謂蕃曰：「孺子何不洒埽以待賓客？」蕃曰：「大丈夫處世，當埽除天下，安事一室乎！」勤知其有清世志，甚奇之。

初仕郡，舉孝廉，除郎中。遭母憂，棄官行喪。服闋，刺史周景辟别駕從事，以諫争不合，投傳而去。後公府辟舉方正，皆不就。

太尉李固表薦，徵拜議郎，再遷爲樂安太守。時李膺爲青州刺史，名有威政，屬城聞風，皆自引去，蕃獨以清績留。郡人周璆，高絜之士，前後郡守招命莫肯至，唯蕃能致焉，字而不名，特爲置一榻，去則縣之。璆字孟玉，臨濟人，有美名。民有趙宣葬親而不閉埏隧，因居其中，行服二十餘年，鄉邑稱孝，州郡數禮請之。郡内以薦蕃，蕃與相見，問及妻子，而宣五子皆服中所生。蕃大怒曰：「聖人制禮，賢者俯就，不肖企及。且祭不欲數，以其易黷故也。況乃寢宿冢藏，而孕育其中，誑時惑衆，誣污鬼神乎？」遂致其罪。

大將軍梁冀威震天下，時遣書詣蕃，有所請託，不得通，使者詐求謁，蕃怒，笞殺之，坐左轉脩武令。稍遷，拜尚書。

時零陵、桂陽山賊爲害，公卿議遣討之，又詔下州郡，一切皆得舉孝廉、茂才。蕃上疏駁之曰：「昔高祖創業，萬邦息肩，撫養百姓，同之赤子。今二郡之民，亦陛下赤子也。致令赤子爲害，豈非所在貪虐，使其然乎？宜嚴勑三府，隱覈牧守令長，其有在政失和，侵暴百姓者，即便舉奏，更選清賢奉公之人，能班宣法令情在愛惠者，可不勞王師，而羣賊弭息矣。又三署郎吏二千餘人，三府掾屬過限未除，但當擇善而授之，簡惡而去之。豈煩一切之詔，以長請屬之路乎！」以此忤左右，故出爲豫章太守。性方峻，不接賓客，士民亦畏其高。徵爲尚書令，送者不出郭門。

遷大鴻臚。會白馬令李雲抗疏諫，桓帝怒，當伏〔重〕誅。蕃上書救雲，坐免歸田里。

復徵拜議郎，數日遷光禄勳。時封賞踰制，内寵猥盛，蕃乃上疏諫曰：「臣聞有事社稷者，社稷是爲；有事人君者，容悦是爲。今臣蒙恩聖朝，備位九列，見非不諫，則容悦也。夫諸侯上象四七，垂燿在天，下應分土，藩屏上國。高祖之約，非功臣不侯。而聞追録河南尹鄧萬世父遵之微功，更爵尚書令黄儁先人之絶封，近習以非義授邑，左右以無功傳賞，授位不料其任，裂土莫紀其功，至乃一門之内，侯者數人，故緯象失度，陰陽謬序，稼用不成，民用不康。臣知封事已行，言之無及，誠欲陛下從是而止。又比年收斂，十傷五六，萬人飢寒，不聊生活，而采女數千，食肉衣綺，脂油粉黛，不可貲計。鄙諺言『盜不過五女門』，以女貧家也。今後宮之女，豈不貧國乎！是以傾宮嫁而天下化，楚女悲而西宮災。且聚而不御，必生憂悲之感，以致并隔水旱之困。夫獄以禁止姦違，官以稱才理物。若法虧於平，官失其人，則王道有缺。而令天下之論，皆謂獄由怨起，爵以賄成。夫不有臭穢，則蒼蠅不飛。陛下宜採求失得，擇從忠善。尺一選舉，委尚書三公，使褒責誅賞，各有所歸，豈不幸甚！」帝頗納其言，爲出宮女五百餘人，但賜儁爵關内侯，而萬世南鄉侯。

延熹六年，車駕幸廣(城)〔成〕校獵。蕃上疏諫曰：「臣聞人君有事於苑囿，唯仲秋西郊，順時講武，殺禽助祭，以敦孝敬。如或違此，則爲肆縱。故皋陶戒舜『無教逸遊』，周公戒成王『無槃于遊田』。虞舜、成王猶有此戒，況德不及二主者乎！夫安平之時，尚宜有節，況當今之世，有三空之戹哉！田野空，朝廷空，倉庫空，是謂三空。加兵戎未戢，四方離散，是陛下焦心毁顔，坐以待旦之時也。豈宜揚旗曜武，騁心輿馬之觀乎！又(前)秋〔前〕多雨，民始種麥。今失其勸種之時，而令給驅禽除路之役，非賢聖恤民之意也。齊景公欲觀於海，放乎琅邪，晏子爲陳百姓惡聞旌旗輿馬之音，舉首嚬眉之感，景公爲之不行。周穆王欲肆車轍馬跡，祭公謀父爲誦《祈招》之詩，以止其心。誠惡逸遊之害人也。」書奏不納。

自蕃爲光禄勳，與五官中郎將黄琬共典選舉，不偏權富，而爲埶家郎所譖訴，坐免歸。頃之，徵爲尚書僕射，轉太中大夫。八年，代楊秉爲太尉。蕃讓曰：「『不愆不忘，率由舊章』，臣不如太常胡廣。齊七政，訓五典，臣不如議郎王暢。聰明亮達，文武兼姿，臣不如弛刑徒李膺。」帝不許。

中常侍蘇康、管霸等復被任用，遂排陷忠良，共相阿媚。大司農劉祐、廷尉

馮緄、河南尹李膺，皆以忤旨，爲之抵罪。蕃因朝會，固理膺等，請加原宥，升之爵任。言及反覆，誠辭懇切。帝不聽，因流涕而起。時小黄門趙津、南陽大猾張（氾）〔汜〕等，奉事中官，乘埶犯法，二郡太守劉瓆、成瑨考案其罪，雖經赦令，而並竟考殺之。宦官怨恚，有司承旨，遂奏瓆、瑨罪當弃市。又山陽太守翟超，没入中常侍侯覽財産，東海相黄浮，誅殺下邳令徐宣，超、浮並坐髡鉗，輸作左校。蕃與司徒劉矩、司空劉茂共諫請瓆、瑨、超、浮等，帝不悦。有司劾奏之，矩、茂不敢復言。蕃乃獨上疏曰：「臣聞齊桓修霸，務爲内政；《春秋》於魯，小惡必書。宜先自整勑，後以及人。今寇賊在外，四支之疾；内政不理，心腹之患。臣寢不能寐，食不能飽，實憂左右日親，忠言以疏，内患漸積，外難方深。陛下超從列侯，繼承天位。小家畜産百萬之資，子孫尚恥愧失其先業，况乃産兼天下，受之先帝，而欲懈怠以自輕忽乎？誠不愛己，不當念先帝得之勤苦邪？前梁氏五侯，毒徧海内，天啓聖意，收而戮之，天下之議，冀當小平。明鑒未遠，覆車如昨，而近習之權，復相扇結。小黄門趙津、大猾張（氾）〔汜〕等，肆行貪虐，姦媚左右，前太原太守劉瓆、南陽太守成瑨，糾而戮之。雖言赦後不當誅殺，原其誠心，在乎去惡，至於陛下，有何悁悁？而小人道長，營惑聖聽，遂使天威爲之發怒。如加刑讁，已爲過甚，况乃重罰，令伏歐刀乎？又前山陽太守翟超、東海相黄浮，奉公不橈，疾惡如讎，超没侯覽財物，浮誅徐宣之罪，並蒙刑坐，不逢赦恕。覽之從横，没財已幸；宣犯釁過，死有餘辜。昔丞相申屠嘉召責鄧通，洛陽令董宣折辱公主，而文帝從而請之，光武加以重賞，未聞二臣有專命之誅。而今左右羣豎，惡傷黨類，妄相交搆，致此刑譴。聞臣是言，當復嗁訴。陛下深宜割塞近習豫政之源，引納尚書朝省之事，公卿大官，五日壹朝，簡練清高，斥黜佞邪。如是天和於上，地洽於下，休禎符瑞，豈遠乎哉！陛下雖厭毒臣言，凡人主有自勉强，敢以死陳。」帝得奏愈怒，竟無所納，朝廷衆庶莫不怨之。宦官由此疾蕃彌甚，選舉奏議，輒以中詔譴却，長（吏）〔史〕已下多至抵罪。猶以蕃名臣，不敢加害。瓆字文理，高唐人。瑨字幼平，陝人。並有經術稱，處位敢直言，多所搏擊，知名當時，皆死於獄中。

九年，李膺等以黨事下獄考實。蕃因上疏極諫曰：「臣聞賢明之君，悉心輔佐；亡國之主，諱聞直辭。故湯武雖聖，而興於伊吕；桀紂迷惑，亡在失人。由此言之，君爲元首，臣爲股肱，同體相須，共成美惡者也。伏見前司隸校尉李膺、太僕杜密、太尉掾范滂等，正身無玷，死心社稷。以忠忤旨，横加考案，或禁錮閉隔，或死徙非所。杜塞天下之口，聾盲一世之人，與秦焚書坑儒，何以爲異？昔武王克殷，表閭封墓，今陛下臨政，先誅忠賢。遇善何薄？待惡何優？夫讒人似實，巧言如簧，使聽之者惑，視之者昏。夫吉凶之効，存乎識善；成敗之機，在於察言。人君者，攝天地之政，秉四海之維，舉動不可以違聖法，進退不可以離道規。謬言出口，則亂及八方，何况髡無罪於獄，殺無辜於市乎！昔禹巡狩蒼梧，見市殺人，下車而哭之曰：『萬方有罪，在予一人！』故其興也勃焉。又青、徐炎旱，五穀損傷，民物流遷，茹菽不足。而宫女積於房掖，國用盡於羅紈，外戚私門，貪財受賂，所謂『禄去公室，政在大夫』。昔春秋之末，周德衰微，數十年閒無復災眚者，天所弃也。天之於漢，悢悢無已，故殷勤示變，以悟陛下。除妖去孽，實在脩德。臣位列台司，憂責深重，不敢尸禄惜生，坐觀成敗。如蒙採録，使身首分裂，異門而出，所不恨也。」帝諱其言切，託以蕃辟召非其人，遂策免之。

永康元年，帝崩。竇后臨朝，詔曰：「夫民生樹君，使司牧之，必須良佐，以固王業。前太尉陳蕃，忠清直亮。其以蕃爲太傅，録尚書事。」時新遭大喪，國嗣未立，諸尚書畏懼權官，託病不朝。蕃以書責之曰：「古人立節，事亡如存。今帝祚未立，政事日蹙，諸君柰何委荼蓼之苦，息偃在牀？於義不足，焉得仁乎！」諸尚書惶怖，皆起視事。

靈帝即位，竇太后復優詔蕃曰：「蓋褒功以勸善，表義以厲俗，無德不報，《大雅》所歎。太傅陳蕃，輔弼先帝，出内累年。忠孝之美，德冠本朝；謇愕之操，華首彌固。今封蕃高陽鄉侯，食邑三百户。」蕃上疏讓曰：「使者即臣廬，授高陽鄉侯印綬，臣誠悼心，不知所裁。臣聞讓，身之文，德之昭也，然不敢盜以爲名。竊惟害地之封，功德是爲。臣孰自思省，前後歷職，無它異能，合亦食禄，不合亦食禄。臣雖無素絜之行，竊慕『君子不以其道得之，不居也』。若受爵不讓，掩面就之，使皇天震怒，災流下民，於臣之身，亦何所寄？顧惟陛下哀臣朽老，戒之在得。」竇太后不許，蕃復固讓，章前後十上，竟不受封。

初，桓帝欲立所幸田貴人爲皇后。蕃以田氏卑微，竇族良家，爭之甚固。帝不得已，乃立竇后。及后臨朝，故委用於蕃。蕃與后父大將軍竇武，同心盡力，徵用名賢，共參政事，天下之士，莫不延頸想望太平。而帝乳母趙嬈，旦夕在太后側，中常侍曹節、王甫等與共交搆，諂事太后。太后信之，數出詔命，有所封拜，及其支類，多行貪虐。蕃常疾之，志誅中官，會竇武亦有謀。蕃自以既從人望而德於太后，必謂其志可申，乃先上疏曰：「臣聞言不直而行不正，則爲欺乎天而負乎人。危言極意，則羣凶側目，禍不旋踵。鈞此二者，臣寧得禍，不敢欺

天也。今京師囂囂，道路諠譁，言侯覽、曹節、公乘昕、王甫、鄭颯等與趙夫人諸女尚書並亂天下。附從者升進，忤逆者中傷。方今一朝羣臣，如河中木耳，汎汎東西，耽禄畏害。陛下前始攝位，順天行誅，蘇康、管霸並伏其辜。是時天地清明，人鬼歡喜，柰何數月復縱左右？元惡大姦，莫此之甚。今不急誅，必生變亂，傾危社稷，其禍難量。願出臣章宣示左右，並令天下諸姦知臣疾之。」太后不納，朝廷聞者莫不震恐。蕃因與竇武謀之，語在《武傳》。

及事泄，曹節等矯詔誅武等。蕃時年七十餘，聞難作，將官屬諸生八十餘人，並拔刃突入承明門，攘臂呼曰：「大將軍忠以衞國，黄門反逆，何云竇氏不道邪？」王甫時出，與蕃相迕，適聞其言，而讓蕃曰：「先帝新弃天下，山陵未成，竇武何功，兄弟父子，一門三侯？又多取掖庭宫人，作樂飲讌，旬月之閒，貲財億計。大臣若此，是爲道邪？公爲棟梁，枉橈阿黨，復焉求賊！」遂令收蕃。蕃拔劒叱甫，甫兵不敢近，乃益人圍之數十重，遂執蕃送黄門北寺獄。黄門從官騶蹋踧蕃曰：「死老魅！復能損我曹員數，奪我曹稟假不？」即日害之。徙其家屬於比景，宗族、門生、故吏皆斥免禁錮。

蕃友人陳留朱震，時爲銍令，聞而弃官哭之，收葬蕃屍，匿其子逸於甘陵界中。事覺繫獄，合門桎梏。震受考掠，誓死不言，故逸得免。後黄巾賊起，大赦黨人，乃追還逸，官至魯相。

震字伯厚，初爲州從事，奏濟陰太守單匡臧罪，并連匡兄中常侍車騎將軍超。桓帝收匡下廷尉，以譴超，超詣獄謝。三府諺曰：「車如雞栖馬如狗，疾惡如風朱伯厚。」

《東觀漢記》卷一七《陳蕃》 陳蕃，字仲舉，爲光禄勳，上疏切諫曰：「鄙諺云『盜不過五女門』，以女能貧家也。今後宫之女數千，食肉衣綺，豈不貧困乎！」

雜録

備録

應劭《風俗通義》卷七《窮通》 太傅汝南陳蕃仲舉，去光禄勳，還到臨潁巨陵亭，從者擊亭卒數下，亭長閉門收其諸生人客，皆厭毒痛，欲復收蕃，蕃曰：「我故大臣，有罪，州郡尚當先請，今約敕兒客無素，幸皆坐之，何謂乃欲相及？」相守數時，會行亭掾至，困乃得免。時令范伯弟亦即殺其亭長。蕃本召陵，父梁父令，别仕平輿，其祖河東太守，冢在召陵，歲時往祠，以先人所出，重難解亭，止諸冢舍。時令劉子輿，亦本凡庸，不肯出候，股肱争之，爾乃會其冢上。蕃持板迎之，長跪；令徐乃下車，即坐，不命去板，辭意又不謙恪，蕃深忿之。令去，顧謂賓客：「平輿老夫何欲召陵令哉？不但爲諸家故耶！而爲小豎子所慢。孔子曰：『假我數年乎！』」其明年，桓帝赫然誅五侯鄧氏，海内望風草偃，子輿以臟疾見彈，埋於當世矣。蕃起於家，爲尚書僕射、太中大夫、太尉。

謝沈《後漢書・竇武傳》 三君者，一時之所貴也。竇武、劉淑、陳蕃少有高操，海内尊而稱之，故得因以爲目。

張瑩《後漢南記・陳蕃傳》 陳蕃等欲除諸黄門，謀泄，閹寺之黨於宫中詐稱驚云外有反者。蕃奔入宫，小黄門朱寓逆以戟刺蕃。

袁山松《後漢書》卷四《陳蕃傳》 陳蕃遷豫章〔太守〕，在郡下接賓客，獨坐一室。唯徐孺子來，爲置對榻，去則懸之。及徵爲尚書令，送之者亦不出郭門。桓帝時，京師稱曰：「李元禮巖巖如玉山，陳仲舉軒軒如千里驥。」

司馬彪《續漢書》卷五《陳蕃傳》 陳蕃字仲舉，汝南平輿人。年十五，常閑處一室，而庭宇蕪穢。父友同郡薛勤來候之，謂蕃曰：「孺子何不洒掃，以待賓客？」蕃曰：「丈夫處世，當除天下，安事一室乎？」勤知其有清世志。

陳蕃出爲豫章太守，性方峻，不接賓客。徵爲尚書令，送者不出郭門。

陳蕃諫桓帝云：「宫女數千，脂粉之耗，不可勝數。」

陳蕃字仲舉，諫桓帝曰：「鄙諺言『盜不過五女門』，以〔女〕貧家也。今後宫之女，豈不貧國乎？」

陳蕃既被害，友人陳留朱震時爲銍令，聞而棄官，哭之，收葬蕃屍，匿其子逸於甘陵界中。事覺繫獄，合門桎梏。震受拷掠，誓死不言，故逸其得免。

謝承《後漢書》卷四《陳蕃傳》 陳蕃家貧，不好掃室，客怪之者，或曰：「可一掃乎？」蕃曰：「大丈夫當爲國掃除天下，豈徒室中乎！」

陳蕃爲郡法曹吏。正月朝見太守王龔，客有貢白魚於龔者，龔曰：「汝南乃有此魚？」蕃曰：「魚大，且明府之德。」

蕃爲樂安郡守。周（瑜）〔璆字孟玉〕，招命不肯至，惟蕃致焉，特爲置一榻，

去則懸之。

陳蕃爲豫章太守，正雅矯俗，以禮導下。

陳蕃爲太守，不接賓客，惟穉來特設一榻，去則懸之。

陳蕃諫桓帝曰：「故皋陶戒舜『無畋遊』，周公戒成王『無槃於遊田』。虞舜、成王猶有此戒，况德不及二主者乎！夫安平之時，尚宜有節，况當今之世，有三空之危哉！田野空，朝廷空，倉庫空，是謂三空。加兵戎未戢，四方離散，是陛下燋心毁顔，坐而待旦之時也，豈宜揚旗曜武，騁心輿馬之觀乎？」

李膺等黨事下獄。陳蕃上疏極諫曰：「臣聞聖明之君，委心輔佐；亡國之主，諱聞直辭。故湯、武雖聖，而興於伊、吕；桀、紂迷惑，亡在失人。由此言之，君爲元首，臣爲股肱，同體相須，共成美惡者。伏見前司隸校尉李膺、太僕杜密、太尉掾范滂等，正身無玷，死心社稷，以忠忤旨，横加考案，或禁錮閉隔，或死徙非所，杜塞天下之口，聾盲一世之人，與秦焚書坑儒何以爲異？臣位列台司，憂深責重，不敢尸禄惜生，坐觀成敗。如不蒙採録，使身首分裂，異門而出，所不恨也。」帝諱其言切，託以蕃（辟召）非其人，遂策免之。

陳蕃既被害，友人陳留朱震，時爲銍令，聞而棄官，哭而收葬。

《後漢書・天文志下》 延熹九年十一月，太原太守劉瓆、南陽太守成瑨皆坐殺無辜，荆州刺史李隗爲賊所拘，尚書郎孟瑨坐受金漏言，皆棄市。永康元年十二月丁丑，桓帝崩，太傅陳蕃、大將軍竇武、尚書令尹勳、黄門令山冰等皆枉死。

孝靈帝建寧元年六月，太白在西方，入太微。【略】八月，太傅陳蕃、大將軍竇武謀欲盡誅諸宦者；其九月辛亥，中常侍曹節、長樂五官史朱瑀覺之，矯制殺蕃、武等，家屬徙日南比景。

《後漢書・五行志一》 桓帝之初，京都童謡曰：「游平賣印自有平，不辟豪賢及大姓。」案到延熹之末，鄧皇后以譴自殺，乃以竇貴人代之，其父名武字游平，拜城門校尉。及太后攝政，爲大將軍，與太傅陳蕃合心戮力，惟德是建，印綬所加，咸得其人，豪賢大姓，皆絶望矣。

《後漢書》卷三〇下《襄楷傳》 及靈帝即位，以楷書爲然。太傅陳蕃舉方正，不就。鄉里宗之，每太守至，輒致禮請。中平中，與荀爽、鄭玄俱以博士徵，不至，卒于家。

《後漢書》卷三一《王堂傳》 永建二年，徵入爲將作大匠。四年，坐公事左轉議郎。復拜魯相，政存簡一，至數年無辭訟。遷汝南太守，搜才禮士，不苟自專，乃教掾（吏）〔史〕曰：「古人勞於求賢，逸於任使，故能化清於上，事緝於下。其憲章朝右，簡覈才職，委功曹陳蕃。匡政理務，拾遺補闕，任主簿應嗣。庶循名責實，察言觀效焉。」自是委誠求當，不復妄有辭教，郡内稱治。

《後漢書》卷四八《爰延傳》 帝游上林苑，從容問延曰：「朕何如主也？」對曰：「陛下爲漢中主。」帝曰：「何以言之？」對曰：「尚書令陳蕃任事則化，中常侍黄門豫政則亂，是以知陛下可與爲善，可與爲非。」帝曰：「昔朱雲延折欄檻，今侍中面稱朕違，敬聞闕矣。」拜五官中郎將，轉長水校尉，遷魏郡太守，徵拜大鴻臚。

《後漢書》卷五三《徐穉傳》 徐穉字孺子，豫章南昌人也。家貧，常自耕稼，非其力不食。恭儉義讓，所居服其德。屢辟公府，不起。

時陳蕃爲太守，以禮請署功曹，穉不免之，既謁而退。蕃在郡不接賓客，唯穉來特設一榻，去則縣之。後舉有道，家拜太原太守，皆不就。

延熹二年，尚書令陳蕃、僕射胡廣等上疏薦穉等曰：「臣聞善人天地之紀，政之所由也。《詩》云：『思皇多士，生此王國。』天挺俊乂，爲陛下出，當輔弼明時，左右大業者也。伏見處士豫章徐穉、彭城姜肱、汝南袁閎、京兆韋著、潁川李曇，德行純備，著于人聽。若使擢登三事，協亮天工，必能翼宣盛美，增光日月矣。」桓帝乃以安車玄纁，備禮徵之，並不至。帝因問蕃曰：「徐穉、袁閎、韋著誰爲先後？」蕃對曰：「閎生出公族，聞道漸訓。著長於三輔禮義之俗，所謂不扶自直，不鏤自雕。至於穉者，爰自江南卑薄之域，而角立傑出，宜當爲先。」

《後漢書》卷五三《黄憲傳》 潁川荀淑至慎陽，遇憲於逆旅，時年十四，淑竦然異之，揖與語，移日不能去。謂憲曰：「子，吾之師表也。」既而前至袁（閎）〔閬〕所，未及勞問，逆曰：「子國有顔子，寧識之乎？」（閎）〔閬〕曰：「見吾叔度邪？」是時，同郡戴良才高倨慠，而見憲未嘗不正容，及歸，罔然若有失也。其母問曰：「汝復從牛醫兒來邪？」對曰：「良不見叔度，不自以爲不及；既覩其人，則瞻之在前，忽焉在後，固難得而測矣。」同郡陳蕃、周舉常相謂曰：「時月之閒不見黄生，則鄙吝之萌復存乎心。」及蕃爲三公，臨朝歎曰：「叔度若在，吾不敢先佩印綬矣。」

《後漢書》卷五六《王龔傳》 王龔字伯宗，山陽高平人也。世爲豪族。初舉孝廉，稍遷青州刺史，劾奏貪濁二千石數人，安帝嘉之，徵拜尚書。建光元年，擢

爲司隸校尉，明年遷汝南太守。政崇温和，好才愛士，引進郡人黄憲、陳蕃等。憲雖不屈，蕃遂就吏。蕃性氣高明，初到，龔不即召見之，乃留記謝病去。龔怒，使除其録。功曹袁閬請見，言曰：「聞之傳曰『人臣不見察於君，不敢立於朝』。蕃既以賢見引，不宜退以非禮。」龔改容謝曰：「是吾過也。」乃復厚遇待之。由是後進知名之士莫不歸心焉。

《後漢書》卷五六《王暢傳》 暢字叔茂。少以清實爲稱，無所交黨。初舉孝廉，辭病不就。大將軍梁商特辟舉茂才，四遷尚書令，出爲齊相。徵拜司隸校尉，轉漁陽太守。所在以嚴明爲稱。坐事免官。是時政事多歸尚書，桓帝特詔三公，令高選庸能。太尉陳蕃薦暢清方公正，有不可犯之色，由是復爲尚書。

《後漢書》卷五七《欒巴傳》 靈帝即位，大將軍竇武、太傅陳蕃輔政，徵拜議郎。蕃、武被誅，巴以其黨，復謫爲永昌太守。以功自劾，辭病不行，上書極諫，理陳、竇之冤。帝怒，下詔切責，收付廷尉。巴自殺。

《後漢書》卷五七《李雲傳》 雲素剛，憂國將危，心不能忍，乃露布上書，移副三府，曰：【略】孔子曰：『帝者，諦也。』今官位錯亂，小人諂進，財貨公行，政化日損，尺一拜用不經御省。是帝欲不諦乎？」帝得奏震怒，下有司逮雲，詔尚書都護劍戟送黄門北寺獄，使中常侍管霸與御史廷尉雜考之。時弘農五官掾杜衆傷雲以忠諫獲罪，上書願與雲同日死。帝愈怒，遂并下廷尉。大鴻臚陳蕃上疏救雲曰：「李雲所言，雖不識禁忌，干上逆旨，其意歸於忠國而已。昔高祖忍周昌不諱之諫，成帝赦朱雲腰領之誅。今日殺雲，臣恐剖心之譏復議於世矣。故敢觸龍鱗，冒昧以請。」太常楊秉、洛陽市長沐茂、郎中上官資並上疏請雲。帝恚甚，有司奏以爲大不敬。詔切責蕃、秉，免歸田里；茂、資貶秩二等。

《後漢書》卷五七《謝弼傳》 臣又聞爵賞之設，必酬庸勳；開國承家，小人勿用。今功臣久外，未蒙爵秩，阿母寵私，乃享大封，大風雨雹，亦由於茲。又故太傅陳蕃，輔相陛下，勤身王室，夙夜匪懈，而見陷羣邪，一旦誅滅。其爲酷濫，駭動天下，而門生故吏，並離徙錮。蕃身已往，人百何贖！宜還其家屬，解除禁網。夫台宰重器，國命所繼。今之四公，唯司空劉寵斷斷守善，餘皆素餐致寇之人，必有折足覆餗之凶。可因災異，並加罷黜。徵故司空王暢，長樂少府李膺，並居政事，庶災變可消，國祚惟永。臣山藪頑闇，未達國典。策曰「無有所隱」，敢不盡愚，用忘諱忌。伏惟陛下裁其誅罰。

《後漢書》卷六一《黄琬傳》 稍遷五官中郎將。時陳蕃爲光禄勳，深相敬待，數與議事。舊制，光禄舉三署郎，以高功久次才德尤異者爲茂才四行。時權富子弟多以人事得舉，而貧約守志者以窮退見遺，京師爲之謡曰：「欲得不能，光禄茂才。」於是琬、蕃同心，顯用志士，平原劉醇、河東朱山、蜀郡殷參等並以才行蒙舉。蕃、琬遂爲權富郎所見中傷，事下御史〔中〕丞王暢、侍御史刁韙。韙、暢素重蕃、琬，不舉其事，而左右復陷以朋黨。暢坐左轉議郎而免蕃官，琬、韙俱禁錮。

《後漢書》卷六五《張奂傳》 建寧元年，振旅而還。時竇太后臨朝，大將軍竇武與太傅陳蕃謀誅宦官，事泄，中常侍曹節等於中作亂，以奂新徵，不知本謀，矯制使奂與少府周靖率五營士圍武。武自殺，蕃因見害。奂遷少府，又拜大司農，以功封侯。奂深病爲節所賣，上書固讓，封還印綬，卒不肯當。

明年夏，青蛇見於御坐軒前，又大風雨雹，霹靂拔樹，詔使百僚各言災應。奂上疏曰：「臣聞風爲號令，動物通氣。木生於火，相須乃明。蛇能屈申，配龍騰蟄。順至爲休徵，逆來爲殃咎。陰氣專用，則凝精爲雹。故大將軍竇武、太傅陳蕃，或志寧社稷，或方直不回，前以讒勝，並伏誅戮，海内默默，人懷震憤。昔周公葬不如禮，天乃動威。今武、蕃忠貞，未被明宥，妖眚之來，皆爲此也。宜急爲改葬，徙還家屬。其從坐禁錮，一切蠲除。又皇太后雖居南宫，而恩禮不接，朝臣莫言，遠近失望。宜思大義顧復之報。」天子深納奂言，以問諸黄門常侍，左右皆惡之，帝不得自從。

《後漢書》卷六七《黨錮列傳・賈彪》 延熹九年，黨事起，太尉陳蕃爭之不能得，朝廷寒心，莫敢復言。彪謂同志曰：「吾不西行，大禍不解。」乃入洛陽，説城門校尉竇武、尚書霍諝，武等訟之，桓帝以此大赦黨人。

《後漢書》卷六五《皇甫規傳》 在事數歲，北邊威服。永康元年，徵爲尚書。其夏日食，詔公卿舉賢良方正，下問得失。規對曰：「天之於王者，如君之於臣，父之於子也。誡以災妖，使從福祥。陛下八年之中，三斷大獄，一除内嬖，再誅外臣。而災異猶見，人情未安者，殆賢愚進退，威刑所加，有非其理也。前太尉陳蕃、劉矩，忠謀高世，廢在里巷；劉祐、馮緄、趙典、尹勳，正直多怨，流放家門；李膺、王暢、孔翊，絜身守禮，終無宰相之階。至於鉤黨之釁，事起無端，虐賢傷善，哀及無辜。今興改善政，易於覆手，而羣臣杜口，鑒畏前害，互相瞻顧，莫肯正言。伏願陛下暫留聖明，容受謇直，則前責可弭，後福必降。」對奏，不省。

《後漢書》卷六八《許劭傳》 劭嘗到潁川，多長者之遊，唯不候陳寔。又陳

蕃喪妻還葬，鄉人（必）〔畢〕至，而劭獨不往。或問其故，劭曰：「太丘道廣，廣則難周；仲舉性峻，峻則少通。故不造也。」其多所裁量若此。

劉義慶《世說新語》卷上《德行》　陳仲舉言爲士則，行爲世範，登車攬轡，有澄清天下之志。爲豫章太守，至，便問徐孺子所在，欲先看之。主簿白：「羣情欲府君先入廨。」陳曰：「武王式商容之閭，席不暇煖。吾之禮賢，有何不可！」

劉義慶《世說新語》卷中《賞譽》　陳仲舉嘗歎曰：「若周子居者，真治國之器。譬諸寶劍，則世之干將。」

劉義慶《世說新語》卷中《品藻》　汝南陳仲舉，潁川李元禮，二人共論其功德，不能定先後。蔡伯喈評之曰：「陳仲舉彊於犯上，李元禮嚴於攝下，犯上難，攝下易。」仲舉遂在「三君」之下，元禮居「八俊」之上。

酈道元《水經注》卷三九《贛水》　贛水又北歷南塘，塘之東有孺子宅，際湖南小洲上。孺子名穉，南昌人，高尚不仕，太尉黃瓊辟不就。桓帝問尚書令陳蕃：徐穉、袁閎，誰爲先後？蕃答稱：袁生公族，不鏤自雕；至于徐穉，傑出薄域，故宜爲先。桓帝備禮徵之，不至。太原郭林宗有母憂，穉往弔之，置生芻于廬前而去。衆不知其故，林宗曰：必孺子也。《詩》云：生芻一束，其人如玉。吾無德以堪之。年七十二卒。贛水又逕谷鹿洲，即蓼子洲也，舊作大艑處。贛水又北逕南昌縣故城西，于春秋屬楚，即令尹子蕩師于豫章者也。秦以爲廬江南部，漢高祖六年，始命陳嬰以爲豫章郡，治此，即陳嬰所築也。王莽更名，縣曰宜善，郡曰九江焉。劉歆云：湖漢等九水入彭蠡，故言九江矣。陳蕃爲太守，署徐穉爲功曹，蕃在郡不接賓客，惟穉來，特設一榻，去則懸之，此即懸榻處也。

樂史《太平寰宇記》卷一〇八《江南西道六・虔州・大庾縣》　青龍岡，有陳蕃子孫墓，在縣東四十里。《南康記》云：「漢太傅陳蕃爲宦豎所害，徙家于日南，又追之于此誅滅，遂葬之。嘗有發冢者，乃見大蛇纏墓，即便風雨晦冥，其冢免開。其岡頂有青龍見，因號青龍岡。」

趙彥衛《雲麓漫鈔》卷八　《後漢・徐穉孺子傳》云：「家貧，常自耕稼，非其力不食，恭儉禮遜，所居服其德。屢辟公府不起。時陳蕃爲豫章太守，以禮請爲功曹，穉既謁而退。蕃在郡不接賓客，唯穉來特設一榻，去則收之。」及《陳蕃傳》，不書此事，卻云：「蕃爲樂安太守，郡人周璆，高潔之士，前後郡守招命莫肯至，唯蕃能致焉。字而不名，特爲置一榻，去則收之。璆字孟玉，臨濟人，有美名。」而司馬溫公《通鑑》亦祗書徐穉事，不及周，故周璆之名益不顯。細考之，蓋陳蕃能尊敬賢士，爲豫章太守則下徐孺之榻，爲樂安太守則下周璆之榻，范曄不能發明之耳。

黃震《古今紀要・後漢》　陳蕃，爲太尉，宦官蘇康、管霸排陷忠良，蕃請理膺等，理劉瓆、成瑨，又上疏訟李膺、范滂之罪，帝諱其言策免之。靈帝即位，竇后委用蕃，與竇武用心用賢，天下望太平，而帝乳母趙嬈與曹節、侯覽共亂天下，謀殺之，事泄見殺。

備論

《後漢書》卷六一《左周黃列傳論》　及孝桓之時，碩德繼興，陳蕃、楊秉處稱賢宰。

《後漢書》卷六五《張奐傳論》　自鄛鄉之封，中官世盛，暴恣數十年閒，四海之內，莫不切齒憤盈，願投兵於其族。陳蕃、竇武奮義草謀，徵會天下，名士有識所共聞也，而張奐見欺豎子，揚戈以斷忠烈。雖恨毒在心，辭爵謝咎。《詩》云：「啜其泣矣，何嗟及矣！」

《後漢書》卷六七《陳蕃傳論》　桓、靈之世，若陳蕃之徒，咸能樹立風聲，抗論惽俗。而驅馳嶮阸之中，與刑人腐夫同朝爭衡，終取滅亡之禍者，彼非不能絜情志，違埃霧也。愍夫世士以離俗爲高，而人倫莫相恤也。以遯世爲非義，故屢退而不去；以仁心爲己任，雖道遠而彌厲。及遭際會，協策竇武，自謂萬世一遇也。懔懔乎伊、望之業矣！功雖不終，然其信義足以攜持民心。漢世亂而不亡，百餘年閒，數公之力也。

《全宋文》卷五七八黃坦《東都名臣論》　范曄書稱陳蕃曰「懔懔乎伊、望之業矣」，論竇武曰「天之廢商久矣，君將興之，宋襄公所以敗也」。當陳蕃、竇武秉政之際，天下延頸太平之業，後世學者言忠烈有道必稽焉。愚獨謂東京天緒雖期於盡，然使國紀勦墜，士人不奮，實蕃、武之由。蕃以奇志堅節，誓清國步，呈材効業，不穢腐爛。竇氏臨朝，腹心相委，武以后父，位爲上將。將相同心，頤指喑嗚，足移天下。列奏邪豎，次行誅屏，緩期延計，如牛捕鼠。而鄭颯等縲紲吞舌，無敢騰變，是氣窮勢竭也。所留者朱瑀等十七人，方且出宿歸府，狐疑不斷，瑀等唾血一呼，軀首塗地，使天下忠臣義士蹋蹐甘禍亂，是何智慮之不明，器用

之寡微也！夫以將相委任之重，從天下相望之志，興起以誅洒群孽，若決江湖灌枝燭、泰山壓朽株爾。遲回自失，貽禍宗社，使天下以忠爲諱，兇竪得志人上，猶能謂之材烈之士邪？通儒巨賢，四海所觀望，覆敗乃爾，尚何責屠羊乘寵無謀而凶終哉！學者必猶惑蕃、武之事，試爲陳之。自和、順之後，君道已替，政由嬖習。使蕃、武居股肱地，補綻決壞，因事諷諭，不以蕩滅爲己任，則紀綱勢祚猶可維持，爲微缺之漢而已。一旦功力不終，爲邪黨魚肉，使何進小智憤激而辱覆車，兇黨竭澤，則劉氏遷業矣，豈非材不應實、覆餗渥形哉！愚誠傷漢業將謝，陳、竇扶起，翻爲振落之禍耳。故君子之立事也，乘勢如騎獸，搏物如鷹隼。騎獸顛則立噬，鷙鳥見形則無獲。是以不俟終日，救患未萌，疾雷不及掩耳，去惡絶其本根。安有處萬全之勢，緩毫髮之斷，身辱功絶，貽禍宗社哉！愚披《漢書》，與賈生異時而慟也。

蘇轍《欒城後集》卷八《陳蕃》 《易》曰：「君不密，則失臣；臣不密，則失身；幾事不密，則害成。」是故鷙鳥將擊，必匿其形，非以智御物，而事不得不爾。謀未發而使人知之，未有不殆者也。陳蕃將與竇武共誅宦官。蕃自謂外從人望，內有德於竇后，事無不克，乃先事露章曰：「臣聞言不直而行不正，則爲欺乎天而負乎人。危言極意，則羣凶側目，禍不旋踵。均此二者，臣寧得禍，不忍欺天。今道路訩訩，皆言侯覽、曹節、公乘昕、王甫、鄭颯等，與趙夫人諸女尚書並亂天下。若不急誅，必生變亂，傾覆社稷。願出臣章宣示左右，令諸奸知臣疾之。」太后不從，聞者莫不震恐。謀未及發，曹節等矯詔殺之。時蕃七十餘矣，聞難，將官屬門生八十餘人，拔刃入承明門，攘臂大呼，適遇王甫，甫收殺之。嗚呼，天之將亡漢邪！蕃一朝老臣，名重天下，而狷狂寡慮，乃與未嘗更事者比，幾乎暴虎馮河，死而無悔者，斯豈孔子所謂賢哉！

《朱子語類》卷一一《學五・讀書法下》 讀史亦易見作史者意思，後面成敗處，他都説得意思在前面了。如陳蕃殺宦者，但讀前面，許多疏脱都可見了。「甘露」事亦然。

葉適《習學記言序目》卷二六《後漢書三・列傳》 今世學者論陳蕃，只舉後一節，更不紀以前事：「有事社稷者，社稷是爲，有事人君者，容悦是爲」；「不愆不忘，率由舊章，臣不如太常胡廣；齊七政，訓五典，臣不如議郎王暢；聰明亮達，文武兼資，臣不如弛刑徒李膺」；「若受爵不讓，掩面就之，使皇天震怒，灾流下民，于臣之身亦何所寄？惟陛下哀臣朽老，戒之在得」，觀其正己正物，終始以天下之重自任，曆數二漢，自李固之外更無人也。然既有竇后父子，天下在掌握，自古得時未有如此；抑是蕃自蹙迫壞之，哀哉！哀哉！夫以蕃終身自治，尚不做得後一節，其不如蕃者，豈復能有爲！事功難易，人材品目，真未易言。有志于古人者，其可不深淵薄冰，日慎一日乎！（《陳蕃》）

《吴廷翰集》卷上《陳蕃》 陳蕃、竇武奏誅宦官，不克，被殺。其失有三：初蕃會武，謀於朝堂，願出臣章，宣示左右。夫朝堂百官視聽，小小察伺者多，顧可於此同謀？又事關中禁，太后預政，可以面陳，而乃輒露章疏，使羣奸側目，多爲之備。機之不察，一也。及朱瑀盜發武奏，罵曰：「放縱者自可誅耳，我曹何罪，可盡族乎？」彼誠有辭，乃不少寬假，小人迫於救死，變生不測。法之不平，二也。若五營軍將，正宜選任，以防其變，乃張奂徵還，不能早用，反使小人得以爲資。謀之不審，三也。嗚呼！使二子者同心戮力，選用忠賢，以爲腹心羽翼，而又務爲持重，乘機搆會，密白太后，取節等二三人暴其罪而誅之，若放縱者不過數人，而止於是，明告中外，以首惡既得，餘各自新，不悛者以漸芟除，而又復掃除之役，嚴與政之戒，則禍難可靖，朝廷可清，社稷可保，而忠勳與漢並隆矣。不知出此，使功烈未成，自取覆敗，惜哉！

陳子龍《陳忠裕公全集・安雅堂稿・陳蕃》 漢之末季，國統屢絶，昏德相繼，權歸熏腐，勢連維紐，非一日矣。賢人君子幸遭隙會，則當陽示寬假之懷，陰爲剸斷之計，內開長信之心，外收宿衛之柄，小則委之刀鋸，大則定以干戈，計成勢合，飈發電擊，斯能一舉而去數世之疾也。仲舉以華皓之德，阿衡本朝，游平以后父之尊，樞機禁闥，維彼醜類，豈不周防，而乃露版飛章，有乖射隼，輕離宫省，自脱淵魚，不密失身，邦國殄瘁。悲夫！《易》之《夬》以君子而決小人也。夫以五陽而去一陰，可謂易矣。然於初九曰壯於前趾，往不勝爲咎，蓋言未能必勝而輕進也。九二曰號惕莫夜，有戒勿恤，蓋言雖處强盛而不忘警惕也。苟違斯義，其能濟乎？

郭金臺《石村詩文集》文集卷下《陳蕃竇武論》 子曰「小不忍則亂大謀」，陳、竇之謂乎？方蕃、武之圖曹節、王甫也，不在處節、甫大激，而在節、甫未動之先，即奏小黄門令魏彪，以所親小黄門山冰代之。又收長樂尚書鄭颯，送北寺獄，辭連節、甫，又使侍中劉瑜內奏，武遂出宿歸府。甚矣！武之見小而遺大也。自魏彪免，山冰代，鄭颯囚，即令此時置節、甫不問，節、甫諸人已的的辨料與武、蕃作敵國，不殺不止矣，何故不先圖節、甫，而先圖魏彪、鄭颯，使巨憝准備，自開

隙釁乎？內奏出宿，又計之疏，不知節、甫謹防蕃、武之密，而諸小人爲蕃、武之疏，更不如爲節、甫之用之密也。蕃殺矣，甫矯制，使張奂率五營士討武，甫將千餘人與奂合，大呼武軍曰：「汝皆禁兵，何故隨竇武反乎？」于是武軍盡歸甫。吾于是又知竇武之不能治軍，而因不能治賊也。武爲大將軍，先舉大事，不能收攝軍心，盡爲我用，使甫一呼而反，可謂將兵乎？周勃誅諸吕，勃非有主兵，乃令紀通持節，矯内勃北軍，即令諸軍爲劉氏左袒，盡誅諸吕，勃真將軍也。使武亦能將諸軍，即提軍與甫對壘，甫將僅千餘人，又所使矯制率五營士者張奂耳，甫兵少而奂心不樂，爲節、甫所賣，武以義聲召奂而附己，以共圖甫，計猶未左也。甫呼武軍，而軍即歸甫，武雖知，無能爲矣，故武之不能除賊，武之不能將兵也。非節、甫之難制，而竇武之材弱也。夫誅諸吕難而誅節、甫易。諸吕主兵，而節、甫不主兵，誅諸吕者能用兵，而誅節、甫者不能用兵，此吾于竇武，而益服周勃之能安漢也，能將兵也。

馮景《解春集文鈔》卷三《陳蕃論》　陳蕃年十五，庭宇蕪穢，父友薛勤謂曰：「孺子何不洒掃以待賓客？」蕃曰：「大丈夫當掃除天下，安事一屋乎？」馮子曰：陳平宰分社肉均，而曰，使平得宰天下亦如是。蕃之卒不能掃除天下也，即於一室蕪穢覘之矣。昔衛武公年九十有五，猶箴儆於國，而望其交戒我，烏有童年荒惰如是而能成大業者乎？且其言夸意肆，亦非謹幼儀對父執之禮也。《大雅·抑》之四章「近自庭内，遠及蠻方」，細而寢興洒掃之常，大而車馬戎兵之變，慮無不周，備無不飭，小心敬慎，而後可以當大任。叔昭子之館，雖一日必葺其牆。第五倫、郭林宗所過逆旅，輒爲糞除而去。古之君子，類如是爾。吾觀蕃之爲人忠毅有餘，而深謀遠慮不足。其請誅中官，疏云：「願出臣章，宣示左右，并令天下諸姦，知臣疾之。」洩言速禍，豈不老誖哉？謝元北禦苻堅，而郗超知其必勝。桓温西伐李勢，而劉惔知其必取。蓋元於履屐間無不當其任，温於蒱博不必得則不爲。楊誠齋曰：「二子於平居無事之日，必有以察其小，而後信其大也，豈必大用而後見哉？斯言也，予於陳蕃信之矣！

何焯《義門讀書記》卷二三《後漢書》　帝得奏愈怒，竟無所納。蕃言不用，天命去漢，故桓帝下愚不移，以爲一時君子激切太過者，是小人諂媚設淫詞而比逆亂者耳。

論：「彼非不能絜情志至數公之力也」，天下一君，四海一國，雖異姓之臣，既當鼎鉉，固當禍福共之，竭力致死，無所辭避，事之不濟，則天也。

朱軾《史傳三編》卷一六《竇固陳蕃》　論曰：東漢之末，宦竪竊弄神器，敢行暴虐，天下莫不痛心疾首。蕃以耆德碩望，武以后父且賢，思掃除君側，以還清明，而機事一泄，重遭其毒。豈謀之不臧乎？太白入犯太微，大臣不利，天變告于上矣。張奂新至，不知本謀，至爲節、甫所賣，人事舛于下矣。固知四百年之運將終，而炎精已灰不可復燃也。厥後何進踵之，卒以其身與宦竪同盡，而漢鼎旋移。語曰：癰疽既潰，大命隨之。不其信哉！

藝文

《宋之問集》卷四《餞湖州薛司馬》　別駕促嚴程，離筵多故情。交深季作友，義重伯爲兄。鎮静移吴俗，風流在漢京。會看陳仲舉，從此拜公卿。

《全唐詩》卷七六七孫元晏《王倫之》　豫章太守重詞林，圖畫陳蕃與華歆。更奠子將并孺子，爲君千載作知音。

王安石《王荆文公詩》卷四六《律詩·讀〈後漢書〉》　黨錮紛紛果是非，當時高士見精微。可憐竇武陳蕃輩，欲與天争漢鼎歸。

王培荀《寓蜀草》卷四《端午》　旅邸閒居已閲旬，端陽聊復慶良辰。連綿雨溼三巴路，飄蕩官羈萬里身。借榻原非陳仲舉，狂吟那擬楚靈均。酒痕狼籍青衫浣，到處酣嬉莫問人。

竇武部

綜述

《後漢書》卷六九《竇武傳》 竇武字游平，扶風平陵人，安豐戴侯融之玄孫也。父奉，定襄太守。武少以經行著稱，常教授於大澤中，不交時事，名顯關西。

延熹八年，長女選入掖庭，桓帝以爲貴人，拜武郎中。其冬，貴人立爲皇后，武遷越騎校尉，封槐里侯，五千户。明年冬，拜城門校尉。在位多辟名士，清身疾惡，禮賂不通，妻子衣食裁充足而已。是時羌蠻寇難，歲儉民飢，武得兩宫賞賜，悉散與太學諸生，及載肴糧於路，匄施貧民。兄子紹，爲虎賁中郎將，性疎簡奢侈。武每數切厲相戒，猶不覺悟，乃上書求退紹位，又自責不能訓導，當先受罪。由是紹更遵節，大小莫敢違犯。

時國政多失，内官專寵，李膺、杜密等爲黨事考逮。永康元年，上疏諫曰：「臣聞明主不諱譏刺之言，以探幽暗之實；忠臣不卹諫争之患，以暢萬端之事。是以君臣並熙，名奮百世。臣幸得遭盛明之世，逢文武之化，豈敢懷禄逃罪，不竭其誠！陛下初從藩國，爰登聖祚，天下逸豫，謂當中興。自即位以來，未聞善政。梁、孫、寇、鄧雖或誅滅，而常侍黄門續爲禍虐，欺罔陛下，競行譎詐，自造制度，妄爵非人，朝政日衰，姦臣日彊。伏尋西京放恣王氏，佞臣執政，終喪天下。今不慮前事之失，復循覆車之軌，臣恐二世之難，必將復及，趙高之變，不朝則夕。近者姦臣牢脩，造設黨議，遂收前司隷校尉李膺、太僕杜密、御史中丞陳翔、太尉掾范滂等逮考，連及數百人，曠年拘録，事無効驗。臣惟膺等建忠抗節，志經王室，此誠陛下稷、卨、伊、吕之佐，而虚爲姦臣賊子之所誣枉，天下寒心，海内失望。惟陛下留神澄省，時見理出，以厭人鬼喁喁之心。臣聞古之明君，必須賢佐，以成政道。今臺閣近臣，尚書令陳蕃，僕射胡廣，尚書朱寓、荀緄、劉祐、魏朗、劉矩、尹勳等，皆國之貞士，朝之良佐。尚書郎張陵、嬀皓、苑康、楊喬、邊韶、戴恢等，文質彬彬，明達國典。内外之職，羣才並列。而陛下委任近習，專樹饕餮，外典州郡，内幹心膂。宜以次貶黜，案罪糾罰，抑奪宦官欺國之封，案其無狀誣罔之罪，信任忠良，平決臧否，使邪正毁譽，各得其所，寶愛天官，唯善是授。如此，咎徵可消，天應可待。間者有嘉禾、芝草、黄龍之見。夫瑞生必於嘉士，福至實由善人，在德爲瑞，無德爲灾。陛下所行，不合天意，不宜稱慶。」書奏，因以病上還城門校尉、槐里侯印綬。帝不許，有詔原李膺、杜密等，自黄門北寺、若盧、都内諸獄，繫囚罪輕者皆出之。

其冬帝崩，無嗣。武召侍御史河閒劉儵，參問其國中王子侯之賢者，儵稱解瀆亭侯宏。武入白太后，遂徵立之，是爲靈帝。拜武爲大將軍，常居禁中。帝既立，論定策功，更封武爲聞喜侯；子機渭陽侯，拜侍中；兄子紹鄠侯，遷步兵校尉；紹弟靖西鄉侯，爲侍中，監羽林左騎。

武既輔朝政，常有誅翦宦官之意，太傅陳蕃亦素有謀。時共會朝堂，蕃私謂武曰：「中常侍曹節、王甫等，自先帝時操弄國權，濁亂海内，百姓匈匈，歸咎於此。今不誅節等，後必難圖。」武深然之。蕃大喜，以手推席而起。武於是引同志尹勳爲尚書令，劉瑜爲侍中，馮述爲屯騎校尉；又徵天下名士廢黜者前司隷李膺、宗正劉猛、太僕杜密、廬江太守朱寓等，列於朝廷；請前越嶲太守荀翌爲從事中郎，辟潁川陳寔爲屬：共定計策。於是天下雄俊，知其風旨，莫不延頸企踵，思奮其智力。

會五月日食，蕃復説武曰：「昔蕭望之困一石顯，近者李、杜諸公禍及妻子，況今石顯數十輩乎！蕃以八十之年，欲爲將軍除害，今可且因日食，斥罷宦官，以塞天變。又趙夫人及女尚書，旦夕亂太后，急宜退絶。惟將軍慮焉。」武乃白太后曰：「故事，黄門、常侍但當給事省内，典門户，主近署財物耳。今乃使與政事而任權重，子弟布列，專爲貪暴。天下匈匈，正以此故。宜悉誅廢，以清朝廷。」太后曰：「漢來故事世有，但當誅其有罪，豈可盡廢邪？」時中常侍管霸頗有才略，專制省内。武先白誅霸及中常侍蘇康等，竟死。武復數白誅曹節等，太后冘豫未忍，故事久不發。

至八月，太白出西方。劉瑜素善天官，惡之，上書皇太后曰：「太白犯房左驂，上將星入太微，其占宫門當閉，將相不利，姦人在主傍。願急防之。」又與武、蕃書，以星辰錯繆，不利大臣，宜速斷大計。武、蕃得書將發，於是以朱寓爲司隷校尉，劉祐爲河南尹，虞祁爲洛陽令。武乃奏免黄門令魏彪，以所親小黄門山冰代之。使冰奏素狡猾尤無狀者長樂尚書鄭颯，送北寺獄。蕃謂武曰：「此曹子

便當收殺，何復考爲！」武不從，令冰與尹勳、侍御史祝瑨雜考颯，辭連及曹節、王甫。勳、冰即奏收節等，使劉瑜内奏。

時武出宿歸府，典中書者先以告長樂五官史朱瑀。瑀盜發武奏，罵曰：「中官放縱者，自可誅耳。我曹何罪，而當盡見族滅？」因大呼曰：「陳蕃、竇武奏白太后廢帝，爲大逆！」乃夜召素所親壯健者長樂從官史共普、張亮等十七人，喢血共盟誅武等。曹節聞之，驚起，白帝曰：「外閒切切，請出御德陽前殿。」令帝拔劍踊躍，使乳母趙嬈等擁衛左右，取棨信，閉諸禁門。召尚書官屬，脅以白刃，使作詔板。拜王甫爲黄門令，持節至北寺獄收尹勳、山冰。冰疑，不受詔，甫格殺之。遂害勳，出鄭颯。還共劫太后，奪璽書。令中謁者守南宫，閉門，絶複道。使鄭颯等持節，及侍御史、謁者捕收武等。武不受詔，馳入步兵營，與紹共射殺使者。召會北軍五校士數千人屯都亭下，令軍士曰：「黄門常侍反，盡力者封侯重賞。」詔以少府周靖行車騎將軍，加節，與護匈奴中郎將張奂率五營士討武。夜漏盡，王甫將虎賁、羽林、厩騶、都候、劒戟士，合千餘人，出屯朱雀掖門，與奂等合。明日悉軍闕下，與武對陳。甫兵漸盛，使其士大呼武軍曰：「竇武反，汝皆禁兵，當宿衛宫省，何故隨反者乎？先降有賞！」營府素畏服中官，於是武軍稍稍歸甫。自旦至食時，兵降略盡。武、紹走，諸軍追圍之，皆自殺，梟首洛陽都亭。收捕宗親、賓客、姻屬，悉誅之，及劉瑜、馮述，皆夷其族。徙武家屬日南，遷太后於雲臺。

當是時，兇豎得志，士大夫皆喪其氣矣。武府掾桂陽胡騰，少師事武，獨殯斂行喪，坐以禁錮。

武孫輔，時年二歲，逃竄得全。事覺，節等捕之急。胡騰及令史南陽張敞共逃輔於零陵界，詐云已死，騰以爲己子，而使聘娶焉。後舉桂陽孝廉。至建安中，荆州牧劉表聞而辟焉，以爲從事，使還竇姓，以事列上。會表卒，曹操定荆州，輔與宗人徙居於鄴，辟丞相府。從征馬超，爲流矢所中死。

初，武母産武而并産一蛇，送之林中。後母卒，及葬未窆，有大蛇自榛草而出，徑至喪所，以頭擊柩，涕血皆流，俯仰蛣屈，若哀泣之容，有頃而去。時人知爲竇氏之祥。

雜録

備録

謝承《後漢書》卷四《竇武傳》 竇武上表曰：「今冬大寒過節，毒害鳥獸，爰及池魚，城傍松竹，皆爲傷絶。」

竇武上疏曰：「奉承詔命，精爽隕越。」

騰辟荆州部南陽從事，遇孝桓帝南巡，又爲護駕到南陽，騰自表上言：「乘輿所幸，便爲京師。臣請荆州刺史比於司隸校尉，臣職比於都官從事也。」爲荆州從事，萬事既辦，一州肅然，百僚敬服其能。

《後漢書·五行志一》 靈帝建寧元年夏，霖雨六十餘日。是時大將軍竇武謀變廢中官。其年九月，長樂五官史朱瑀等共與中常侍曹節起兵，先誅武，交兵闕下，敗走，追斬武兄弟，死者數百人。

《後漢書》卷五五《章帝八王傳·河間孝王開》 解瀆亭侯淑，以河閒孝王子封。淑卒，子（長）〔萇〕嗣。（長）〔萇〕卒，子宏嗣，爲大將軍竇武所立，是爲靈帝。建寧元年，竇太后詔追尊皇祖淑爲孝元皇，夫人夏氏曰孝元后，陵曰敦陵，廟曰靖廟；皇考長爲孝仁皇，夫人董氏爲慎園貴人，陵曰慎陵，廟曰奂廟。

《後漢書》卷五六《陳球傳》 （復）〔徵〕拜廷尉。熹平元年，竇太后崩。太后本遷南宫雲臺，宦者積怨竇氏，遂以衣車載后屍，置城南市舍數日。中常侍曹節、王甫欲用貴人禮殯，帝曰：「太后親立朕躬，統承大業。《詩》云：『無德不報，無言不酬。』豈宜以貴人終乎？」於是發喪成禮。及將葬，節等復欲別葬太后，而以馮貴人配祔。詔公卿大會朝堂，令中常侍趙忠監議。太尉李咸時病，乃扶輿而起，擣椒自隨，謂妻子曰：「若皇太后不得配食桓帝，吾不生還矣。」既議，坐者數百人，各瞻望中官，良久莫肯先言。趙忠曰：「議當時定。」怪公卿以下各相顧望。球曰：「皇太后以盛德良家，母臨天下，宜配先帝，是無所疑。」忠笑而言曰：「陳廷尉宜便操筆。」球即下議曰：「皇太后自在椒房，有聰明母儀之德。遭時不造，援立聖明，承繼宗廟，功烈至重。先帝晏駕，因遇大獄，遷居空宫，不

幸早世，家雖獲罪，事非太后。今若別葬，誠失天下之望。且馮貴人冢墓被發，骸骨暴露，與賊併屍，魂靈汚染，且無功於國，何宜上配至尊？」忠省球議，作色俛仰，蚩球曰：「陳廷尉建此議甚健！」球曰：「陳、竇既寃，皇太后無故幽閉，臣常痛心，天下憤歎。今日言之，退而受罪，宿昔之願。」公卿以下，皆從球議。李咸始不敢先發，見球辭正，然〔後〕大言曰：「臣本謂宜爾，誠與臣意合。」會者皆爲之愧。曹節、王甫復争，以爲梁后家犯惡逆，別葬懿陵，武帝黜廢衛后，而以李夫人配食。今竇氏罪深，豈得合葬先帝乎？李咸乃詣闕上疏曰：「臣伏惟章德竇后虐害恭懷，安思閻后家犯惡逆，而和帝無異葬之議，順朝無貶降之文。至於衛后，孝武皇帝身所廢弃，不可以爲比。今長樂太后尊號在身，親嘗稱制，坤育天下，且援立聖明，光隆皇祚。太后以陛下爲子，陛下豈得不以太后爲母？子無黜母，臣無貶君，宜合葬宣陵，一如舊制。」帝省奏，謂曹節等曰：「竇氏雖爲不道，而太后有德於朕，不宜降黜。」節等無復言，於是議者乃定。咸字元貞，汝南人。累經州郡，以廉幹知名，在朝清忠，權倖憚之。

六年，遷球司空，以地震免。拜光禄大夫，復爲廷尉、太常。光和元年，遷太尉，數月，以日食免。復拜光禄大夫。明年，爲永樂少府，乃潛與司徒河閒劉郃謀誅宦官。

初，郃兄侍中儵，與大將軍竇武同謀俱死，故郃與球相結。事未及發，球復以書勸郃曰：「公出自宗室，位登臺鼎，天下瞻望，社稷鎮衛，豈得雷同容容無違而已？今曹節等放縱爲害，而久在左右，又公兄侍中受害節等，永樂太后所親知也。今可表徙衛尉陽球爲司隸校尉，以次收節等誅之。政出聖主，天下太平，可翹足而待也。」又尚書劉納以正直忤宦官，出爲步兵校尉，亦深勸於郃。郃曰：「兇豎多耳目，恐事未會，先受其禍。」納曰：「公爲國棟梁，傾危不持，焉用彼相邪？」郃許諾，亦結謀陽球。

《後漢書》卷五七《劉瑜傳》 及帝崩，大將軍竇武欲大誅宦官，乃引瑜爲侍中，又以侍中尹勳爲尚書令，共同謀畫。及武敗，瑜、勳並被誅。事在《武傳》。

《後漢書》卷六二《荀淑傳》 淑兄子昱字伯條，曇字元智。昱爲沛相，曇爲廣陵太守。兄弟皆正身疾惡，志除閹宦。其支黨賓客有在二郡者，纖罪必誅。昱後共大將軍竇武謀誅中官，與李膺俱死。曇亦禁錮終身。

《後漢書》卷六四《盧植傳》 時皇后父大將軍竇武援立靈帝，初秉機政，朝議欲加封爵。植雖布衣，以武素有名譽，乃獻書以規之曰：「植聞嫠有不恤緯之事，漆室有倚楹之戚，憂深思遠，君子之情。夫士立争友，義貴切磋。《書》陳『謀及庶人』，《詩》詠『詢于芻蕘』。植誦先王之書久矣，敢愛其瞽言哉！今足下之於漢朝，猶旦、奭之在周室，建立聖主，四海有繫。論者以爲吾子之功，於斯爲重。天下聚目而視，攢耳而聽，謂準之前事，將有景風之祚。尋《春秋》之義，王后無嗣，擇立親長，年均以德，德均則決之卜筮。今同宗相後，披圖案牒，以次建之，何勳之有？豈横叨天功以爲己力乎！宜辭大賞，以全身名。又比世祚不競，仍外求嗣，可謂危矣。而四方未寧，盗賊伺隙，恒岳、勃碣，特多姦盗，將有楚人脅比，尹氏立朝之變。宜依古禮，置諸子之官，徵王侯愛子，宗室賢才，外崇訓道之義，内息貪利之心，簡其良能，隨用爵之，彊幹弱枝之道也。」武並不能用。

《後漢書》卷六五《張奐傳》 建寧元年，振旅而還。時竇太后臨朝，大將軍竇武與太傅陳蕃謀誅宦官，事泄，中常侍曹節等於中作亂，以奐新徵，不知本謀，矯制使奐與少府周靖率五營士圍武。武自殺，蕃因見害。奐遷少府，又拜大司農，以功封侯。奐深病爲節所賣，上書固讓，封還印綬，卒不肯當。

明年夏，青蛇見於御坐軒前，又大風雨雹，霹靂拔樹，詔使百僚各言災應。奐上疏曰：「臣聞風爲號令，動物通氣。木生於火，相須乃明。蛇能屈申，配龍騰蟄。順至爲休徵，逆來爲殃咎。陰氣專用，則凝精爲雹。故大將軍竇武、太傅陳蕃，或志寧社稷，或方直不回，前以讒勝，並伏誅戮，海内默默，人懷震憤。昔周公葬不如禮，天乃動威。今武、蕃忠貞，未被明宥，妖眚之來，皆爲此也。宜急爲改葬，徙還家屬。其從坐禁錮，一切蠲除。又皇太后雖居南宫，而恩禮不接，朝臣莫言，遠近失望。宜思大義顧復之報。」天子深納奐言，以問諸黄門常侍，左右皆惡之，帝不得自從。

《後漢書》卷七八《宦者列傳・曹節》 時竇太后臨朝，后父大將軍武與太傅陳蕃謀誅中官，節與長樂五官史朱瑀、從官史共普、張亮、中黄門王尊、長樂謁者騰是等十七人，共矯詔以長樂食監王甫爲黄門令，將兵誅武、蕃等，事已具《蕃》、《武傳》。節遷長樂衛尉，封育陽侯，增邑三千户；甫遷中常侍，黄門令如故；瑀封都鄉侯，千五百户；普、亮等五人各三百户；餘十一人皆爲關内侯，歲食租二千斛。

先是瑀等陰於明堂中禱皇天曰：「竇氏無道，請皇天輔皇帝誅之，令事必成，天下得寧。」既誅武等，詔令太官給塞具，賜瑀錢五千萬，餘各有差，後更封華

容侯。

葉適《習學記言序目》卷二五《後漢書二・列傳》 自孝安昏德，漢業已衰；順帝用梁商父子相繼秉政，亡由此始；及冀被誅而亡形遂成，雖竇武賢戚，救之不能，反受大戮。人主以位爲樂而無志於天下，則禍敗立至，如幽王繼宣中興之後，十年間遽亡周，豈更論先德，亦不復有漸次也。桓、靈正賴衆賢共争之故尚延耳。

黄震《古今紀要・後漢》 竇武，融之元孫，女，桓帝后，清直，諫内官專寵，出李膺、杜密獄，與陳蕃謀誅宦官見殺。

備論

《後漢書》卷六九《竇武何進傳論贊》 論曰：竇武、何進藉元舅之資，據輔政之權，内倚太后臨朝之威，外迎羣英乘風之埶，卒而事敗閹豎，身死功積，爲世所悲，豈智不足而權有餘乎？《傳》曰：「天之廢商久矣，君將興之。」斯宋襄公所以敗於泓也。

贊曰：武生蛇祥，進自屠羊。惟女惟弟，來儀紫房。上惛下嬖，人靈動怨。將糾邪慝，以合人願。道之屈矣，代離兇困。

《全宋文》卷二六九〇楊時《竇武何進論》 桓、靈之間，昏弱相仍，女后臨朝，權移近習久矣。王甫、曹節以臺厮之賤，便嬖寵昵之私，竊弄神器，固天下之所同疾也。竇武倚元舅之親，操國重柄，招集天下名儒碩德，布在王庭，相與仗義協謀，勦絶兇類，正猶因迅風之勢以揚糠粃耳，豈不易哉！然而身敗功頽，貽國後患者，幾事不密，而禍成於猶豫也。方武之不受詔，馳入步軍營，召會北軍五校士數千人，勢猶足以有爲也。張奂北州之人豪，素非中人之黨，可以義動也，不能乘機決策收爲己用，而乃遲回達旦，使逆賊得與奂等合，豈不惜哉！何進親見竇氏之敗，而不用陳琳、鄭公業之諫，躬蹈覆轍，引姦兇而授之柄，卒成移鼎之禍，進實兆之也。范曄乃引天廢商之言，豈不謬哉！

《全宋文》卷三五二五周紫芝《竇武論》 兵有必勝，亦有必敗。善戰者常審成敗之勢而後發，故兵出而敵可取焉。不然，鮮不爲虜矣。何謂兵有必勝？師直而不曲者，必勝之道也；謀秘而不泄者，必勝之道也；戰鋭而不怯者，必勝之道也。何謂師直而不曲？唯天下之至義可以誅不義，唯天下之至仁可以伐不仁，此王者之師所以未戰而先勝也。苟在我者未免於釁而欲以伐有罪，是何異以桀而攻桀，以燕而伐燕者哉？何謂謀秘而不泄？運籌帷幄之中，決勝千里之外，奇中攻發，以出其不意。使敵退不知其所守，進不知其所攻，則彼雖欲伐吾謀而不可得矣。何謂戰鋭而不怯？夫先發者制人，後發者制於人，此兵之機也。王者之師疾如迅雷，出如脱兔，使敵弗克懼而兵已壓其境，則戰必克矣。是三者豈特勝爲然，破小人之黨亦出於是也。小人爲患有甚於敵，鋤而去之不可不急。然而小人者陽爲仁義以濟其奸，陰爲交私以結其黨。忍於爲惡而每有嫉善之心，工於中人而常懷慮患之計。不以勝敵之道而取之，則吾必受其敵矣，其爲患莫大焉。東漢之興，更十有二帝。自光武顯肅之後，蔑然無稱。孝和之世，政在竇氏。孝安之世，政在鄧氏。順質之世，政在梁氏。孝桓之世，政在五侯。孝靈之世，政在奄寺。迄孝獻而曹、董之禍作，漢自是而亡，其所由來久矣。初靈帝時，諸臣擅權，大起邸第，皆擬制宫禁。帝嘗登永安侯臺，恐其望見之，乃紿帝以人主不當登高，登高則百姓離。是與趙高指鹿爲馬何異！此天下已亡之兆也，而竇武之徒乃欲盡捕其黨而誅之，以扶持漢祚，宜其反死於數子之手而不可救歟！余固疑其如此，蓋大不然。靈帝雖孱弱，亦未有大惡於天下，特以其蔽於宦寺而已。天下雖已離，然内患稍除，更輔以二三大臣以收天下之心，徐起而安之，亦足以撥亂而反之正。惜乎武徒有其志耳！武之進也，既以后族顯，曾不旋踵而父子兄弟一門三侯，又多取掖庭宫人之資，酣燕佚樂。進不能遠抑權勢，無德而享厚禄，退不能躬行勤儉，以自貽僭侈之過，使諸官得以藉口。以謂無瑕，然後可以戮人，彼猶未免於亂也，而欲以除亂可乎？此所謂師出而不以直，其敗一矣。武日與蕃相爲計議，復引用同志，徵求名士，共定計策。天下英雄知其風旨，事未立而迹已彰，功未濟而計已失。機事不密，手足俱露，卒使曹節矯詔以誅武，至於身死事敗，爲天下笑。此所謂謀泄而不能秘，其敗二矣。武既内倚太后臨朝之威，外迎群英乘風之勢，得天下之同心，以去天下之同惡，雖權一時之宜，亦可以有爲矣。乃屢白太后，至於猶豫而不果，所謂謀及婦人，宜其死也。非劉瑜撼以天文變見，患將切己，計亦未決。幸而鄭颯既已就械，蕃説以便當收殺而不從，去邪而疑，必待雜考，連及甫、節而後已。彼殊不知首未及回而刃已襲吾之背。此所謂兵不能乘其鋭，其敗三矣。范曄以謂漢世亂而不亡，百有餘年，乃數公之力。功之不立，非智力不逮，

蓋天之所廢不可興也。此何異楚王所謂此天亡我，非戰之罪者哉？蓋人事已至而功有所不立，然後可以言天。若武者，非天也。何以知其然哉？始陽球一司隸校尉，孤立於朝，能殺甫父子而尸諸路，使節等流汗哀鳴之不暇，武而獨不能乎？然甫既僇而節猶在，余固知球之必亡也。二子之功雖皆不濟，以勇決言之，球之過武豈不遠也？

《全宋文》卷五七三八張栻《竇武陳蕃得失論》 竇武、陳蕃雖據權處位，而事當至難：主弱，一也；政在房闥，二也；宦者盤錯，其勢已成，三也。武等雖漸引類於朝，而植根未固，上則太后之心未明禍亂之原，下則中外之情未識朝廷之尊，而武等之謀，但欲速決爲誅小人之計。夫當時宦者雖有罪，然豈無輕重先後之倫？乃一概欲施之，舉動草草，今日誅數輩，明日誅數輩，輕重失其權，先後失其序，非天討矣。且使之人人自疑，因反締其黨與，而速其姦謀，善處大事者顧如是邪？觀朱瑀所謂中官放縱者自可誅耳，我曹何罪，而當盡族滅？使蕃、武施之有道，行之有序，則雖此曹蓋亦有心服者矣。殲厥渠魁，脅從罔治，此待盗與小人之法，而亦天心也。況其所自處者又自有失。方是時，非衆志允從，其何以濟事。宦者竊柄已久，人知有此曹而已。爲大臣者要當深自刻苦，至誠惻怛，舉動無失，而後人有以孚信而趨向於我。人心向信，則勢立而形成，然後可以消弭禍亂。而武於靈帝踐位之初，一門三侯，妄自封殖，如此，其誰心服乎？故王甫後來亦得以藉口，則可見此曹平日之所竊議，而衆志之所不平者矣。及難之作，雖曰忠義，而無或應之。以張奂之賢，猶且被紿而莫知逆順之所在，則以武平日所爲，未有以慰士大夫故也。蕃雖辭爵，而不能力止武之封，是亦潔身之爲耳，任天下之重顧止如是哉！然予每讀蕃辭爵之疏，未嘗不三復歎息。其辭達，其義正，東京之文若此者蓋鮮，亦足以見其忠義之氣也，可勝惜哉！

葉適《習學記言序目》卷二六《後漢書三・列傳》 竇武經生儒者，爲後父，執朝權，天下善士無非腹心，萬世一時，雖伊尹、周公何以加此，若雍容坐鎮，何事不成，雖還季漢於三代可也。惜乎漢人忿毒宦官深久，只有誅殺一路，更無他門。陳蕃以蕭望之、李固爲前鑒，欲以殺止殺，朝不及夕，而受禍之酷乃更過之，豈其制變之術不素講耶？（《竇武》）

錢時《兩漢筆記・靈帝》 宦官爲漢氏膏肓之禍，其來遠矣。夫以拳拳憤世嫉邪之忠，一旦秉鈞當國於上，則清宫掖，肅朝綱，誠當時第一急務。然天下之事治之有標本，行之有先後，權宜度勢，固有不容直遂而驟施者。竇武、何進之敗，良有以歟？夫國之有閹宦，猶愛女嬖妾之在閨闈，浸潤膚受，言最易行，又況漢廷竊命弄權，習成故事。當嗣君童幼，母后臨朝之日，所以朝夕承迎，給事左右者，何啻骨肉之相依倚，豈外廷疎遠可遽撼摇也！靈帝之立，甫十二，辯甫十四，方爾蒙稚未知所適，安能挺然特拔爲公道主盟也哉！爲大臣者，真有見乎天下之大勢，優容寬假，勿遽齟齬於羣小，朝廷宿弊徐徐而處之，勿峻勿迫，遽駭聽聞，同列一心，以輔養君德爲己任。尊崇有道，爲師爲保，正其習氣，發其本心。本心無蔽則是非日明，是非日明則邪正日辯。仇士良且以人主讀書爲戒，況知學者邪正瞭然，則君子日親，小人日疎，然後惟吾所爲無不可者，而何閹宦之足言也？竇武、何進輔遺託孤，不聞有此規模。靈帝八月而釁開，辯纔五月而難作，其視羣小瞠然若對枰奕，而争勝負於一著之先，誅惡之謀未行，而犯順之愬先入矣，幾何其不敗也。進既就戮，袁紹遂勒兵闕下，閉宫門捕宦者，無小大悉誅之，至使天子奔播狼狽，夜出逐螢光而走，忠君愛國之義，其舉措顧當爾耶？去疾而喪軀，去小人而喪天下，吁！可痛也已！

郝經《續後漢書》卷七《列傳・漢臣》 議曰：戚、宦并爲亂本，耦傷漢室久矣，一旦相更屠并，必兩斃而後已，理勢然也。故竇武、何進倚母后，恃元舅，握兵柄，操大權，總攬豪杰，登庸名士，欲糞除閹穢，卒之身死而族滅。以亂除亂，神明不與也。

陳櫟《歷代通畧・東漢》 竇武以太后父爲大將軍，起陳蕃爲太傅，協謀誅宦官，宜無難者，機事不密，優游無斷，武、蕃反爲宦者曹節、王甫等所殺。

方孝孺《遜志齋集》卷五《竇武》 禍恒發於大忽，而事多敗於不斷。爲天下之大事者，當畏可恃，而危垂成。不以己之有恃而易人，不以彼之不足備而肆志，故所舉無不成，而身完功立。竇武之謀誅曹節、王甫，其志可謂忠矣，而身不免受其殃，世常悲之，不知武有以致之也。宦官擅政，天下之所同惡也。陳蕃及同謀之士，天下之所稱以爲賢者也。女爲太后而身爲大將軍，以天下之賢而誅天下之所惡，宜乎去之如拉朽發腐，事之成可以萬全，而卒不成者，以恃其可成而忽之也。

宦官之威行於中外久矣，其根幹盤結宫省甚固。爲誅之之計，當使策謀預定于外，一旦會在廷之臣，白太后及帝，縛而夷之，如雷霆之擊，山嶽之壓，使之不暇生變，拱手伏辜，則不盈朝而大患去矣。今武則不然，自五六月謀之，至于

九月而始廢，言於太后者再三，而蕃復上疏陳其罪惡，請太后宣示左右；及攻其同黨，不嚴爲之備，而從容歸府，使宦豎得發密奏，劫帝爲變，其失計不已甚乎！執犬于牢，猶恐其噬，而以兵自衛，况節、甫宫省久吏，烏可謀誅之而不爲備哉！武、蕃之賢非不知此，特忽其不足畏故耳。爲計既疏，遂使太后變遷，身亡家滅，海内賢士戮殺殆盡，而漢隨以亡。其志雖忠，其才不足稱矣。小人之謀害君子，其爲心忍，爲慮周，爲計決，故君子多不能免。君子之誅小人，持以不忍之心，行以疏略之計，而不虞其足以爲害，故反受其禍者甚衆。此天下所以治難而亂易，忠義之士於是無所成功也。有國家者可不慎其始哉！

朱軾《史傳三編・竇固陳蕃》 論曰：東漢之末，宦豎竊弄神器，敢行暴虐，天下莫不痛心疾首。蕃以耆德碩望，武以后父且賢，思掃除君側以還清明，而機事一泄，重遭其毒，豈謀之不臧乎？太白入犯太微，大臣不利，天變告于上矣。張奂新至，不知本謀，至爲節、甫所賣，人事舛于下矣。固知四百年之運將終，而炎精已灰不可復燃也。厥後何進踵之，卒以其身與宦豎同盡，而漢鼎旋移。語曰：癰疽既潰，大命隨之，不其信哉！

藝文

袁中道《珂雪齋集》前集卷五詩《感懷詩五十八首》之二十 古人重結交，意氣身相許。抽心有至情，鼎鑊不足語。曹敞收吴章，脂習哭文舉。郭亮塟李固，胡騰埋竇武。豈不畏死生，攘臂赴砧俎。交情重丘山，忍令無處所。何人無緩急，夜半難扣户。扣户猶且難，安能挑乳虎。慷慨有餘哀，擲杯以中柱。

王士禎《帶經堂集》卷二五漁洋續詩三《武功道中》 武功迴首望金城，古跡蕭條感乍生。秃節尚憐蘇屬國，黨人終賴竇遊平。白頭鬱鬱身前事，青史悠悠世上名。千里終南山色好，一枝笻竹萬緣輕。

龔鼎孳《定山堂詩集》卷二七《慰朱蒿菴都諫以言事謫官》 掖垣封事朝朝下，誰並朱雲折檻名。斷獄已無于定國，上書空累竇游平。危言計肯謀妻子，長慮吾終愧友生。一斥術須悲仗馬，報君今日諫官成。

漢靈帝部

綜述

《後漢書》卷八《孝靈帝紀》 孝靈皇帝諱宏，肅宗玄孫也。曾祖河閒孝王開，祖淑，父萇。世封解瀆亭侯，帝襲侯爵。母董夫人。桓帝崩，無子，皇太后與父城門校尉竇武定策禁中，使守光禄大夫劉儵持節，將左右羽林至河閒奉迎。

建寧元年春正月壬午，城門校尉竇武爲大將軍。己亥，帝到夏門亭，使竇武持節，以王青蓋車迎入殿中。庚子，即皇帝位，年十二。改元建寧。以前太尉陳蕃爲太傅，與竇武及司徒胡廣參録尚書事。

使護羌校尉段熲討先零羌。

二月辛酉，葬孝桓皇帝于宣陵，廟曰威宗。

庚午，謁高廟。辛未，謁世祖廟。大赦天下。賜民爵及帛各有差。

段熲大破先零羌於逢義山。

閏月甲午，追尊皇祖爲孝元皇，夫人夏氏爲孝元皇后，考爲孝仁皇，夫人董氏爲慎園貴人。

夏四月戊辰，太尉周景薨。司空宣酆免，長樂衛尉王暢爲司空。

五月丁未朔，日有食之。詔公卿以下各上封事，及郡國守相舉有道之士各一人；又故刺史、二千石清高有遺惠，爲衆所歸者，皆詣公車。

太中大夫劉矩爲太尉。

六月，京師雨水。

秋七月，破羌將軍段熲復破先零羌於涇陽。

八月，司空王暢免，宗正劉寵爲司空。

九月(丁)〔辛〕亥，中常侍曹節矯詔誅太傅陳蕃、大將軍竇武及尚書令尹勳、侍中劉瑜、屯騎校尉馮述，皆夷其族。皇太后遷于南宮。司徒胡廣爲太傅，録尚書事。司空劉寵爲司徒，大鴻臚許栩爲司空。

冬十月甲辰晦，日有食之。令天下繫囚罪未決入縑贖，各有差。

十一月，太尉劉矩免，太僕沛國聞人襲爲太尉。

十二月，鮮卑及濊貊寇幽、并二州。

二年春正月丁丑，大赦天下。

三月乙巳，尊慎園董貴人爲孝仁皇后。

夏四月癸巳，大風，雨雹。詔公卿以下各上封事。

五月，太尉聞人襲罷，司空許栩免。六月，司徒劉寵爲太尉，太常許訓爲司徒，太僕長沙劉囂爲司空。

秋七月，破羌將軍段熲大破先零羌於射虎塞外谷，東羌悉平。

九月，江夏蠻叛，州郡討平之。

丹陽山越賊圍太守陳夤，夤擊破之。

冬十月丁亥，中常侍侯覽諷有司奏前司空虞放、太僕杜密、長樂少府李膺、司隸校尉朱(瑀)〔寓〕、潁川太守巴肅、沛相荀(翌)〔昱〕、河内太守魏朗、山陽太守翟超皆爲鉤黨，下獄，死者百餘人，妻子徙邊，諸附從者錮及五屬。制詔州郡大舉鉤黨，於是天下豪桀及儒學行義者，一切結爲黨人。

(庚子)〔戊戌〕晦，日有食之。

十一月，太尉劉寵免，太僕郭禧爲太尉。

鮮卑寇并州。

是歲，長樂太僕曹節爲車騎將軍，百餘日罷。

三年春正月，河内人婦食夫，河南人夫食婦。

三月丙寅晦，日有食之。

夏四月，太尉郭禧罷，太中大夫聞人襲爲太尉。秋七月，司空劉囂罷。八月，大鴻臚橋玄爲司空。

九月，執金吾董寵下獄死。

冬，濟南賊起，攻東平陵。

鬱林烏滸民相率内屬。

四年春正月甲子，帝加元服，大赦天下。賜公卿以下各有差，唯黨人不赦。

二月癸卯，地震，海水溢，河水清。

三月辛酉朔，日有食之。

太尉聞人襲免，太僕李咸爲太尉。

詔公卿至六百石各上封事。

大疫，使中謁者巡行致醫藥。

司徒許訓免，司空橋玄爲司徒。夏四月，太常來豔爲司空。

五月，河東地裂，雨雹，山水暴出。

秋七月，司空來豔免。

癸丑，立貴人宋氏爲皇后。

司徒橋玄免。太常宗俱爲司空，前司空許栩爲司徒。

冬，鮮卑寇并州。

熹平元年春三月壬戌，太傅胡廣薨。

夏五月己巳，大赦天下，改元熹平。

長樂太僕侯覽有罪，自殺。

六月，京師雨水。

癸巳，皇太后竇氏崩。秋七月甲寅，葬桓思皇后。

宦官諷司隸校尉段熲捕繫太學諸生千餘人。冬十月，渤海王悝被誣謀反，丁亥，悝及妻子皆自殺。

十一月，會稽人許生自稱「越王」，寇郡縣，遣楊州刺史臧旻、丹陽太守陳夤討破之。

十二月，司徒許栩罷，大鴻臚袁隗爲司徒。

鮮卑寇并州。

是歲，甘陵王恢薨。

二年春正月，大疫，使使者巡行致醫藥。

丁丑，司空宗俱薨。

二月壬午，大赦天下。

以光禄勳楊賜爲司空。

三月，太尉李咸免。夏五月，以司隸校尉段熲爲太尉。

沛相師遷坐誣罔國王，下獄死。

六月，北海地震。東萊、北海海水溢。

秋七月，司空楊賜免，太常潁川唐珍爲司空。

冬十二月，日南徼外國重譯貢獻。

太尉段熲罷。

鮮卑寇幽、并二州。

癸酉晦，日有食之。

三年春正月，夫餘國遣使貢獻。

二月己巳，大赦天下。

太常陳耽爲太尉。

三月，中山王暢薨，無子，國除。

夏六月，封河間王利子康爲濟南王，奉孝仁皇祀。

冬十月癸丑，令天下繫囚罪未決，入縑贖。

十一月，楊州刺史臧旻率丹陽太守陳寅，大破許生於會稽，斬之。

任城王博薨。

十二月，鮮卑寇北地，北地太守夏育追擊破之。鮮卑又寇并州。

司空唐珍罷，永樂少府許訓爲司空。

四年春三月，詔諸儒正《五經》文字，刻石立于太學門外。

封河間王建(孫)〔子〕佗爲任城王。

夏四月，郡國七大水。

五月丁卯，大赦天下。

延陵園灾，遣使者持節告祠延陵。

鮮卑寇幽州。

六月，弘農、三輔螟。

遣守宫令之鹽監，穿渠爲民興利。

令郡國遇災者，減田租之半；其傷害十四以上，勿收責。

冬十月丁巳，令天下繫囚罪未決，入縑贖。

拜沖帝母虞美人爲憲園貴人，質帝母陳夫人爲渤海孝王妃。

改平準爲中準，使宦者爲令，列於内署。自是諸署悉以閹人爲丞、令。

五年夏四月癸亥，大赦天下。

益州郡夷叛，太守李顒討平之。

復崇高山名爲嵩高山。

大雩。使侍御史行詔獄亭部，理冤枉，原輕繫，休囚徒。

五月，太尉陳耽罷，司空許訓爲太尉。

閏月，永昌太守曹鸞坐訟黨人，棄市。詔黨人門生故吏父兄子弟在位者，皆免官禁錮。

六月壬戌,太常南陽劉逸爲司空。

秋七月,太尉許訓罷,光禄勳劉寬爲太尉。

冬十月壬午,御殿後槐樹自拔倒豎。

司徒袁隗罷。十一月丙戌,光禄大夫楊賜爲司徒。

十二月,甘陵王定薨。

試太學生年六十以上百餘人,除郎中、太子舍人至王家郎、郡國文學吏。

是歲,鮮卑寇幽州。沛國言黄龍見譙。

六年春正月辛丑,大赦天下。

二月,南宫平城門及武庫東垣屋自壞。

夏四月,大旱,七州蝗。

鮮卑寇三邊。

市賈民爲宣陵孝子者數十人,皆除太子舍人。

秋七月,司空劉逸免,衛尉陳球爲司空。

八月,遣破鮮卑中郎將田晏出雲中,使匈奴中郎將臧旻與南單于出鴈門,護烏桓校尉夏育出高柳,並伐鮮卑,晏等大敗。

冬十月癸丑朔,日有食之。

太尉劉寬免。

帝臨辟雍。

辛丑,京師地震。

辛亥,令天下繫囚罪未決,入縑贖。

十一月,司空陳球免。十二月甲寅,太常河南孟戫爲太尉。庚辰,司徒楊賜免。太常陳耽爲司空。

鮮卑寇遼西。

永安太僕王旻下獄死。

光和元年春正月,合浦、交阯烏滸蠻叛,招引九真、日南民攻没郡縣。

太尉孟戫罷。

癸丑,光禄勳陳國袁滂爲司徒。

始置鴻都門學生。

三月辛丑,大赦天下,改元光和。

太常常山張顥爲太尉。

司空陳耽免,太常來豔爲司空。

五月壬午,有白衣人入德陽殿門,亡去不獲。六月丁丑,有黑氣墮所御温德殿庭中。秋七月壬子,青虹見御坐玉堂後殿庭中。八月,有星孛于天市。

九月,太尉張顥罷,太常陳球爲太尉。司空來豔薨。冬十月,屯騎校尉袁逢爲司空。

皇后宋氏廢,后父執金吾酆下獄死。

十一月,太尉陳球免。十二月丁巳,光禄大夫橋玄爲太尉。

是歲,鮮卑寇酒泉。初開西邸賣官,自關内侯、虎賁、羽林,入錢各有差。私令左右賣公卿,公千萬,卿五百萬。

二年春,大疫,使常侍、中謁者巡行致醫藥。

三月,司徒袁滂免,大鴻臚劉郃爲司徒。乙丑,太尉橋玄罷,太中大夫段熲爲太尉。

司空袁逢罷,太常張濟爲司空。

夏四月甲戌朔,日有食之。

辛巳,中常侍王甫及太尉段熲並下獄死。

丁酉,大赦天下,諸黨人禁錮小功以下皆除之。

東平王端薨。

五月,衛尉劉寬爲太尉。

秋七月,使匈奴中郎將張脩有罪,下獄死。

冬十月甲申,司徒劉郃、永樂少府陳球、衛尉陽球、步兵校尉劉納謀誅宦者,事泄,皆下獄死。

巴郡板楯蠻叛,遣御史中丞蕭瑗督益州刺史討之,不剋。

十二月,光禄勳楊賜爲司徒。

鮮卑寇幽、并二州。

是歲,河間王利薨。

三年春正月癸酉,大赦天下。

二月,公府駐駕廡自壞。

三月,梁王元薨。

夏四月,江夏蠻叛。

六月,詔公卿舉能通《〔古文〕尚書》、《毛詩》、《左氏》、《穀梁春秋》各一人,悉

除議郎。

秋，表是地震，涌水出。

八月，令繫囚罪未決，入縑贖，各有差。

冬閏月，有星孛于狼、弧。

鮮卑寇幽、并二州。

十二月己巳，立貴人何氏爲皇后。

是歲，作罼圭、靈昆苑。

四年春正月，初置騄驥厩丞，領受郡國調馬。豪右辜搉，馬一匹至二百萬。

二月，郡國上芝英草。夏四月庚子，大赦天下。

交阯刺史朱儁討交阯、合浦烏滸蠻，破之。

六月庚辰，雨雹。秋七月，河南言鳳皇見新城，羣鳥隨之；賜新城令及三老、力田帛，各有差。九月庚寅朔，日有食之。

太尉劉寬免，衛尉許馘爲太尉。

閏月辛酉，北宮東掖庭永巷署災。

司徒楊賜罷。冬十月，太常陳耽爲司徒。

鮮卑寇幽、并二州。

是歲帝作列肆於後宮，使諸采女販賣，更相盜竊争鬬。帝著商估服，飲宴爲樂。又於西園弄狗，著進賢冠，帶綬。又駕四驢，帝躬自操轡，驅馳周旋，京師轉相放效。

五年春正月辛未，大赦天下。

二月，大疫。

三月，司徒陳耽免。

夏四月，旱。

太常袁隗爲司徒。

五月庚申，永樂宫署灾。秋七月，有星孛于太微。

巴郡板楯蠻詣太守曹謙降。

癸酉，令繫囚罪未決，入縑贖。

八月，起四百尺觀於阿亭道。

冬十月，太尉許馘罷，太常楊賜爲太尉。

校獵上林苑，歷函谷關，遂巡狩于廣成苑。十二月，還，幸太學。

六年春正月，日南徼外國重譯貢獻。

二月，復長陵縣，比豐、沛。三月辛未，大赦天下。

夏，大旱。

秋，金城河水溢。五原山岸崩。

始置圃囿署，以宦者爲令。

冬，東海、東萊、琅邪井中冰厚尺餘。

大有年。

中平元年春二月，鉅鹿人張角自稱「黄天」，其部(師)〔帥〕有三十六(萬)〔方〕，皆著黄巾，同日反叛。安平、甘陵人各執其王以應之。

三月戊申，以河南尹何進爲大將軍，將兵屯都亭。置八關都尉官。壬子，大赦天下黨人，還諸徙者，唯張角不赦。詔公卿出馬、弩，舉列將子孫及吏民有明戰陣之略者，詣公車。遣北中郎將盧植討張角，左中郎將皇甫嵩、右中郎將朱儁討潁川黄巾。庚子，南陽黄巾張曼成攻殺郡守褚貢。

夏四月，太尉楊賜免，太僕弘農鄧盛爲太尉。司空張濟罷，大司農張温爲司空。

朱儁爲黄巾波才所敗。

侍中向栩、張鈞坐言宦者，下獄死。

汝南黄巾敗太守趙謙於邵陵。廣陽黄巾殺幽州刺史郭勳及太守劉衛。

五月，皇甫嵩、朱儁復與波才等戰於長社，大破之。

六月，南陽太守秦頡擊張曼成，斬之。

交阯屯兵執刺史及合浦太守來達，自稱「柱天將軍」，遣交阯刺史賈琮討平之。

皇甫嵩、朱儁大破汝南黄巾於西華。詔嵩討東郡，朱儁討南陽。盧植破黄巾，圍張角於廣宗。宦官誣奏植，抵罪。遣中郎將董卓攻張角，不尅。

秋七月，巴郡妖巫張脩反，寇郡縣。

河南尹徐灌下獄死。

八月，皇甫嵩與黄巾戰於倉亭，獲其帥。

乙巳，詔皇甫嵩北討張角。

九月，安平王續有罪誅，國除。

冬十月，皇甫嵩與黄巾賊戰於廣宗，獲張角弟梁。角先死，乃戮其屍。以皇

甫嵩爲左車騎將軍。十一月，皇甫嵩又破黄巾于下曲陽，斬張角弟寶。

湟中義從胡北宫伯玉與先零羌叛，以金城人邊章、韓遂爲軍帥，攻殺護羌校尉伶徵、金城太守陳懿。

癸巳，朱儁拔宛城，斬黄巾別帥孫夏。

詔減太官珍羞，御食一肉；厩馬非郊祭之用，悉出給軍。

十二月己巳，大赦天下，改元中平。

是歲，下邳王意薨，無子，國除。郡國生異草，備龍蛇鳥獸之形。

二年春正月，大疫。

琅邪王據薨。

二月己酉，南宫大災，火半月乃滅。(己)〔癸〕亥，廣陽門外屋自壞。

税天下田，畝十錢。

黑山賊張牛角等十餘輩並起，所在寇鈔。

司徒袁隗免。三月，廷尉崔烈爲司徒。

北宫伯玉等寇三輔，遣左車騎將軍皇甫嵩討之，不尅。

夏四月庚戌，大風，雨雹。

五月，太尉鄧盛罷，太僕河(南)〔内〕張延爲太尉。

秋七月，三輔螟。

左車騎將軍皇甫嵩免。八月以司空張温爲車騎將軍，討北宫伯玉。九月，特進楊賜爲司空。冬十月庚寅，司空楊賜薨，光禄大夫許相爲司空。

前司徒陳耽、諫議大夫劉陶坐直言，下獄死。

十一月，張温破北宫伯玉於美陽，因遣盪寇將軍周慎追擊之，圍榆中；又遣中郎將董卓討先零羌。慎、卓並不克。

鮮卑寇幽、并二州。

是歲，造萬金堂於西園。

三年春二月，江夏兵趙慈反，殺南陽太守秦頡。

庚戌，大赦天下。

太尉張延罷。車騎將軍張温爲太尉，中常侍趙忠爲車騎將軍。

復修玉堂殿，鑄銅人四，黄鍾四，及天禄、蝦蟆，又鑄四出文錢。

五月壬辰晦，日有食之。

六月，荆州刺史王敏討趙慈，斬之。

車騎將軍趙忠罷。

秋八月，懷陵上有雀萬數，悲鳴，因鬬相殺。

冬十月，武陵蠻叛，寇郡界，郡兵討破之。

前太尉張延爲宦人所譖，下獄死。

十二月，鮮卑寇幽、并二州。

四年春正月己卯，大赦天下。二月，滎陽賊殺中牟令。

己亥，南宫内殿罘罳自壞。

三月，河南尹何苗討滎陽賊，破之，拜苗爲車騎將軍。

夏四月，涼州刺史耿鄙討金城賊韓遂，鄙兵大敗，遂寇漢陽，漢陽太守傅燮戰没。扶風人馬騰、漢陽人王國並叛，寇三輔。

太尉張温免，司徒崔烈爲太尉。五月，司空許相爲司徒，光禄勳沛國丁宫爲司空。

漁陽人張純與同郡張舉舉兵叛，攻殺右北平太守劉政、遼東太守楊終、護烏桓校尉公綦稠等。舉(兵)自稱天子，寇幽、冀二州。

秋九月丁酉，令天下繫囚罪未決，入縑贖。

冬十月，零陵人觀鵠自稱「平天將軍」，寇桂陽，長沙太守孫堅擊斬之。

十一月，太尉崔烈罷，大司農曹嵩爲太尉。

十二月，休屠各胡叛。

是歲，賣關内侯，假金印紫綬，傳世，入錢五百萬。

五年春正月，休屠各胡寇西河，殺郡守邢紀。

丁酉，大赦天下。

二月，有星孛于紫宫。

黄巾餘賊郭太等起於西河白波谷，寇太原、河東。

三月，休屠各胡攻殺并州刺史張懿，遂與南匈奴左部胡合，殺其單于。

夏四月，汝南葛陂黄巾攻没郡縣。

太尉曹嵩罷。五月，永樂少府樊陵爲太尉。

六月丙寅，大風。

太尉樊陵罷。

益州黄巾馬相攻殺刺史郄儉，自稱天子，又寇巴郡，殺郡守趙部，益州從事賈龍擊相，斬之。

秋七月，射聲校尉馬日磾爲太尉。

八月，初置西園八校尉。

司徒許相罷，司空丁宫爲司徒。光禄勳南陽劉弘爲司空。衛尉董重爲票騎將軍。

九月，南單于叛，與白波賊寇河東。遣中郎將孟益率騎都尉公孫瓚討漁陽賊張純等。

冬十月，青、徐黄巾復起，寇郡縣。

甲子，帝自稱「無上將軍」，燿兵於平樂觀。

十一月，涼州賊王國圍陳倉，右將軍皇甫嵩救之。

遣下軍校尉鮑鴻討葛陂黄巾。

巴郡板楯蠻叛，遣下軍別部司馬趙瑾討平之。

公孫瓚與張純戰於石門，大破之。

是歲，改刺史，新置牧。

六年春二月，左將軍皇甫嵩大破王國於陳倉。

三月，幽州牧劉虞購斬漁陽賊張純。

下軍校尉鮑鴻下獄死。

夏四月丙午朔，日有食之。

太尉馬日磾免，幽州牧劉虞爲太尉。

丙辰，帝崩于南宫嘉德殿，年三十四。戊午，皇子辯即皇帝位，年十七。尊皇后曰皇太后，太后臨朝。大赦天下，改元爲光(喜)〔熹〕。封皇弟協爲渤海王。後將軍袁隗爲太傅，與大將軍何進參録尚書事。上軍校尉蹇碩下獄死。五月辛巳，票騎將軍董重下獄死。六月辛亥，孝仁皇后董氏崩。

辛酉，葬孝靈皇帝于文陵。

雨水。

秋七月，甘陵王忠薨。

庚寅，孝仁皇后歸葬河間慎陵。

徙渤海王協爲陳留王。司徒丁宫罷。

八月戊辰，中常侍張讓、段珪等殺大將軍何進，於是虎賁中郎將袁術燒東西宫，攻諸宦者。庚午，張讓、段珪等劫少帝及陳留王幸北宫德陽殿。何進部曲將吴匡與車騎將軍何苗戰於朱雀闕下，苗敗斬之。辛未，司隸校尉袁紹勒兵收僞司隸校尉樊陵、河南尹許相及諸閹人，無少長皆斬之。讓、珪等復劫少帝、陳留王走小平津。尚書盧植追讓、珪等，斬數人，其餘投河而死。帝與陳留王協夜步逐熒光行數里，得民家露車，共乘之。

辛未，還宫。大赦天下，改光(喜)〔熹〕爲昭寧。

并州牧董卓殺執金吾丁原。司空劉弘免，董卓自爲司空。

九月甲戌，董卓廢帝爲弘農王。

自六月雨，至于是月。

雜録

備録

司馬彪《續漢書》卷一《靈帝紀》 孝靈皇帝諱宏，章帝玄孫，河間孝王曾孫，解瀆亭侯淑之孫，萇之子也。母曰董姬。萇薨，上襲爵爲侯。永康元年十二月，桓帝崩。先是數有皇子，天昏不遂，太后與父竇武定策禁中。建寧元年正月，徵到，止夏門亭。〔使竇武持節〕以王青蓋車迎入于殿〔中〕，即皇帝位，太后臨朝。

靈帝封河間王子庚爲濟南王，奉帝父孝仁祀。

置永樂宫，儀如桓帝尊匽貴人之禮。

建寧四年〔正月〕，帝加元服，大赦天下，〔賜公卿金帛〕。

漢武帝禮登中嶽，聞言萬歲聲三，於是以三百户封奉祠，命曰崇高邑。至後漢靈帝，復改崇高爲嵩高焉。

光和元年，初置鴻都門，生本頗以經學相引。後詔能爲尺牘辭賦及工書鳥篆相課試，至千人。皆尺一勑州郡、三公舉用辟召，或典州郡，入爲尚書、侍中，封侯賜爵。

靈帝數遊於西園，令後宫采女爲客舍，主身爲商賈，行至客舍，采女下酒，因共飲食。

四年，於後宫與宫人爲列肆販賣，使相偷盗争鬥，上臨視以爲樂。又於西園令狗帶綬，著進賢冠。

靈帝光和六年，〔冬大寒，北海、東萊、琅邪〕井中冰厚尺餘。（冬）大有年。

中平元年，初賣官，自關内侯以下，至虎賁羽林，入錢各有差。

二年，收天下田，畝十錢，以治宫殿。發太原、河東諸道材木，黄門常侍斷截州郡送（林）〔材木〕、文石，掌主史譴呼不中，退賣之，貴戚因緣賤買，十倍入官，其貴戚所入者，然後得中，宫室連年不成。州郡因增加調發，刺史、二千石遷除，皆責助治宫錢，大郡至二千萬。諸詔所徵，皆令西園騶密約敕，號曰「中使」，恐動州郡，多受財賂，天下騷動，起爲盜賊矣。

是歲，又於西園造黄金堂，以爲私藏，别司農金錢繒帛，積之於中。又還河間買田業，起第觀。上本侯家，居貧，即位常曰：「桓帝不能作官家，曾無私錢。」故爲私藏。復寄小黄門常侍家錢至數千萬。又云「張常侍是我翁，趙常侍是我母」。由是宦官專朝日盛，奢僭無度，各起第宅，擬則宫室。上嘗登永安侯臺，黄門常侍惡其登高臺，見居處樓殿，乃使中大夫尚坦諫曰：「天子不當登高，登高則百姓虛。」自後遂不復登臺榭矣。

四年，又募買關内侯，假金紫，入錢五百萬。

靈帝時，講武平樂觀，建十重五彩華蓋，高十丈，復建九重華蓋高九丈。

六年四月，帝崩於嘉德殿，在位二十二年，時年三十四，葬文陵。

華嶠《漢後書》卷一《靈帝紀》 （元和）〔光和〕元年，置鴻都門學，〔畫孔子及七十二弟子像〕。其諸生皆敕州郡、三公舉用辟召，或出爲刺史、太守，入爲尚書、侍中，乃有封侯賜爵者，士君子皆恥與爲列焉。

靈帝時，遂使鉤盾令宋典繕治南宫，〔修玉堂殿〕。又使掖庭令畢嵐鑄銅人四，列於蒼龍、玄武闕外。又鑄四鍾，皆受二千斛，懸於〔玉〕堂及雲臺殿殿前。〔又鑄天禄蝦蟆吐水，渴烏施於橋西，用灑南北郊路，以省百姓灑道之費。又鑄四出文錢〕。

靈帝於平樂觀下起大壇，上建十二重五彩華蓋，高十丈。壇東北爲小壇，復建九重華蓋，高九丈，列奇兵騎士數萬人。天子住大蓋下。禮畢，天子躬擐甲，稱無上將軍，行陣三帀而還。設祕戲以示遠人。

袁山松《後漢書》卷一《靈帝紀》 建寧二年，爵乳母趙嬈爲平氏君。

光和四年，又於西園弄狗以配人。

中平四年，雲氣如足，相次重疊彌天。

董卓使弘農郎中令李（孝）儒進鴆於弘農王，曰：「服此辟惡。」王曰：「此必是毒也。」弗肯。强之，於是王與唐姬及宫人共飲酒，王自歌曰：「天道易兮我何艱，棄萬乘兮退守藩。逆臣見迫兮命不延，逝將棄爾兮適幽玄。」唐姬起舞歌曰：「皇天崩兮后土頽，身爲帝王兮命夭摧。死生路異兮從此乖，悼我煢獨兮中心哀。」因泣下，坐者噓欷不自勝。王謂唐姬曰：「卿故王者妃，勢不復爲吏民妻也。行矣自愛，從此長辭。」遂鴆死。

謝承《後漢書》卷一《靈帝紀》 靈帝善鼓琴，吹洞簫。

碑立太學門外，瓦屋覆之，四面欄障，開門於南，河南郡設吏卒視之。

靈帝數遊戲於西園，令後宫綵女爲客，主身爲商賈。

中平二年，造萬金堂於西園。

孝靈帝崩，皇太子即位，主上幼沖。

王嘉《拾遺記》卷六 靈帝初平三年，遊於西園，起裸遊館千間，采緑苔而被階，引渠水以繞砌，周流澄澈。乘船以遊漾，使宫人乘之，選玉色輕體者，以執篙檝，摇漾於渠中。其水清澄，以盛暑之時，使舟覆没，視宫人玉色。又奏《招商》之歌，以來涼氣也。歌曰：「涼風起兮日照渠，青荷晝偃葉夜舒，惟日不足樂有餘，清絲流管歌玉鳧，千年萬歲喜難踰。」渠中植蓮，大如蓋，長一丈，南國所獻；其葉夜舒晝卷，一莖有四蓮叢生，名曰「夜舒荷」；亦云月出則舒也，故曰「望舒荷」。帝盛夏避暑於裸遊館，長夜飲宴。帝嗟曰：「使萬歲如此，則上仙也。」宫人年二七已上，三六以下，皆靚妝，解其上衣，惟著内服，或共裸浴。西域所獻茵墀香，煮以爲湯，宫人以之浴浣畢，使以餘汁入渠，名曰「流香渠」。又使内豎爲驢鳴。於館北又作雞鳴堂，多畜雞，每醉迷於天曉，内侍競作雞鳴，以亂真聲也。乃以炬燭投於殿前，帝乃驚悟。及董卓破京師，散其美人，焚其宫館。至魏咸熙中，先所投燭處，夕夕有光如星。後人以爲神光，於此地立小屋，名曰「餘光祠」，以祈福。至魏明末，稍掃除矣。

《後漢書》卷一〇下《皇后紀下・靈帝宋皇后》 靈帝宋皇后諱某，扶風平陵人也，肅宗宋貴人之從曾孫也。建寧三年，選入掖庭爲貴人。明年，立爲皇后。父酆，執金吾，封不其鄉侯。

后無寵而居正位，後宫幸姬衆，共譖毁，初，中常侍王甫枉誅勃海王悝及妃宋氏，妃即后之姑也。甫恐后怨之，乃與太中大夫程阿共構言皇后挾左道祝詛，帝信之。光和元年，遂策收璽綬，后自致暴室，以憂死。在位八年。父及兄弟並被誅。諸常侍、小黄門在省闥者，皆憐宋氏無辜，共合錢物，收葬廢后及酆父子，

歸宋氏舊塋皋門亭。

帝後夢見桓帝怒曰：「宋皇后有何罪過，而聽用邪孽，使絶其命？勃海王悝既已自貶，又受誅斃。今宋氏及悝自訴於天，上帝震怒，罪在難救。」夢殊明察。帝既覺而恐，以事問於羽林左監許永曰：「此何祥？其可攘乎？」永對曰：「宋皇后親與陛下共承宗廟，母臨萬國，歷年已久，海内蒙化，過惡無聞。而虚聽讒妬之説，以致無辜之罪，身嬰極誅，禍及家族，天下臣妾，咸爲怨痛。勃海王悝，桓帝母弟也。處國奉藩，未嘗有過。陛下曾不證審，遂伏其辜。昔晉侯失刑，亦夢大厲被髮屬地。天道明察，鬼神難誣。宜并改葬，以安冤魂。反宋后之徙家，復勃海之先封，以消厥咎。」帝弗能用，尋亦崩焉。

《後漢書》卷一〇下《皇后紀下・靈思何皇后》　靈思何皇后諱某，南陽宛人。家本屠者，以選入掖庭。長七尺一寸。生皇子辯，養於史道人家，號曰史侯。拜后爲貴人，甚有寵幸。性彊忌，後宫莫不震懾。

光和三年，立爲皇后。明年，追號后父真爲車騎將軍、舞陽宣德侯，因封后母興爲舞陽君。時王美人任娠，畏后，乃服藥欲除之，而胎安不動，又數夢負日而行。四年，生皇子協，后遂酖殺美人。帝大怒，欲廢后，諸宦官固請得止。董太后自養協，號曰董侯。

王美人，趙國人也。祖父苞，五官中郎將。美人豐姿色，聰敏有才明，能書會計，以良家子應法相選入掖庭。帝愍協早失母，又思美人，作《追德賦》、《令儀頌》。

中平六年，帝崩，皇子辯即位，尊后爲皇太后。

《後漢書・五行志一》　靈帝建寧元年夏，霖雨六十餘日。是時大將軍竇武謀變廢中官。其年九月，長樂五官史朱瑀等共與中常侍曹節起兵，先誅武，交兵闕下，敗走，追斬武兄弟，死者數百人。

熹平元年夏，霖雨七十餘日。是時中常侍曹節等，共誣（曰）〔白〕勃海王悝謀反，其十月誅悝。

中平六年夏，霖雨八十餘日。是時靈帝新棄羣臣，大行尚在梓宫，大將軍何進與佐軍校尉袁紹等共謀欲誅廢中官。下文陵畢，中常侍張讓等共殺進，兵戰京都，死者數千。

靈帝建寧中，京都長者皆以葦方笥爲糚具，下士盡然。時有識者竊言：葦方笥，郡國讞篋也；今珍用之，此天下人皆當有罪讞於理官也。到光和三年癸丑赦令詔書，吏民依黨禁錮者赦除之，有不見文，他以類比疑者讞。於是諸有黨郡皆讞廷尉，人名悉入方笥中。

靈帝好胡服、胡帳、胡牀、胡坐、胡飯、胡空侯、胡笛、胡舞，京都貴戚皆競爲之。此服妖也。其後董卓多擁胡兵，填塞街衢，虜掠宫掖，發掘園陵。

靈帝於宫中西園駕四白驢，躬自操轡，驅馳周旋，以爲大樂。於是公卿貴戚轉相放效，至乘輜軿以爲騎從，互相侵奪，賈與馬齊。案《易》曰：「時乘六龍以御天。」行天者莫若龍，行地者莫如馬。《詩》云：「四牡騤騤，載是常服。」「檀車煌煌，四牡彭彭。」夫驢乃服重致遠，上下山谷，野人之所用耳，何有帝王君子而驂服之乎！遲鈍之畜，而今貴之。天意若曰：國且大亂，賢愚倒植，凡執政者皆如驢也。其後董卓陵虐王室，多援邊人以充本朝，胡夷異種，跨蹈中國。

熹平中，省内冠狗帶綬，以爲笑樂。有一狗突出，走入司徒府門，或見之者，莫不驚怪。京房《易傳》曰：「君不正，臣欲篡，厥妖狗冠出。」後靈帝寵用便嬖子弟，永樂賓客、鴻都羣小，傳相汲引，公卿牧守，比肩是也。又遣御史於西（鄉）〔邸〕賣官，關内侯顧五百萬者，賜與金紫；詣闕上書占令長，隨縣好醜，豐約有賈。强者貪如豺虎，弱者略不類物，實狗而冠者也。司徒古之丞相，壹統國政。天戒若曰：宰相多非其人，尸禄素餐，莫能據正持重，阿意曲從；今在位者皆如狗也，故狗走入其門。

靈帝數遊戲於西園中，令後宫采女爲客舍主人，身爲商賈服。行至舍，采女下酒食，因共飲食以爲戲樂。此服妖也。其後天下大亂。

靈帝光和元年，南宫侍中寺雌雞欲化雄，一身毛皆似雄，但頭冠尚未變。詔以問議郎蔡邕。邕對曰：「貌之不恭，則有雞禍。宣帝黄龍元年，未央宫雌雞化爲雄，不鳴無距。是歲元帝初即位，立王皇后。至初元元年，丞相史家雌雞化爲雄，冠距鳴將。是歲后父禁爲（平）陽〔平〕侯，女立爲皇后。至哀帝晏駕，后攝政，王莽以后兄子爲大司馬，由是爲亂。臣竊推之，頭，元首，人君之象；今雞一身已變，未至於頭，而上知之，是將有其事而不遂成之象也。若應之不精，政無所改，頭冠或成，爲患茲大。」是後張角作亂稱黄巾，遂破壞。四方疲於賦役，多叛者。上不改政，遂至天下大亂。

靈帝光和元年，南宫平城門内屋、武庫屋及外東垣屋前後頓壞。蔡邕對曰：「平城門，正陽之門，與宫連，郊祀法駕所由從出，門之最尊者也。武庫，禁兵所藏。東垣，庫之外障。《易傳》曰：『小人在位，上下咸悖，厥妖城門内崩。』

《潛潭巴》：『宮瓦自墮，諸侯强陵主。』此皆小人顯位亂法之咎也。」其後黄巾賊先起東方，庫兵大動。皇后同父兄何進爲大將軍，同母弟苗爲車騎將軍，兄弟並貴盛，皆統兵在京都。其後進欲誅廢中官，爲中常侍張讓、段珪等所殺，兵戰宮中闕下，更相誅滅，天下兵大起。

靈帝之末，京都童謡曰：「侯非侯，王非王，千乘萬騎上北芒。」案到中平六年，史侯登躡至尊，獻帝未有爵號，爲中常侍段珪等數十人所執，公卿百官皆隨其後，到河上，乃得來還。此爲非侯非王上北芒者也。

靈帝中平中，京都歌曰：「承樂世董逃，遊四郭董逃，蒙天恩董逃，帶金紫董逃，行謝恩董逃，整車騎董逃，垂欲發董逃，與中辭董逃，出西門董逃，瞻宮殿董逃，望京城董逃，日夜絶董逃，心摧傷董逃。」案「董」謂董卓也，言雖跋扈，縱其殘暴，終歸逃竄，至於滅族也。

《後漢書・五行志五》 靈帝光和元年六月丁丑，有黑氣墮北宮温明殿東庭中，黑如車蓋，起奮訊，身五色，有頭，體長十餘丈，形貌似龍。上問蔡邕，對曰：「所謂天投蜺者也。不見足尾，不得稱龍。《易傳》曰：『蜺之比無德，以色親也。』《潛潭巴》曰：『虹出，后妃陰脅王者。』又曰：『五色迭至，照于宮殿，有兵革之事。』《演孔圖》曰：『天子外苦兵，威内奪，臣無忠，則天投蜺。』變不空生，占不空言。」先是立皇后何氏，皇后每齋，當謁祖廟，輒有變異不得謁。中平元年，黄巾賊張角等立三十六方，起兵燒郡國，山東七州處處應角。遣兵外討角等，内使皇后二兄爲大將統兵。其年，宮車宴駕，皇后攝政，二兄秉權。譴讓帝母永樂后，令自殺。陰呼并州牧董卓欲共誅中官，中官逆殺大將軍進，兵相攻討，京都戰者塞道。皇太后母子遂爲太尉卓等所廢黜，皆死。天下之敗，兵先興於宮省，外延海内，二三十歲，其殃禍起自何氏。

黄震《古今紀要・後漢》 竇太后臨朝，委政陳蕃與竇武，同心輔政。時宦官曹節、王甫等諂事太后，蕃、武疾之，謀誅宦官。事泄，節等收蕃武等殺之，士大夫皆喪氣。初，李膺等廢錮，有三君、八俊、八及、八厨、八顧之名，宦者疾之，黨獄再興，李膺、范滂等死者百餘人。立三互法婚姻，及兩州人不得任爲官，蔡邕諫不聽。再詔禁錮黨人、門生故吏及五屬。諸生文賦者待制鴻都門下，宋松、江覽等圖形立贊。西邸賣官，西園立庫貯之。黄巾張角起，始赦黨人。

靈臺災，張讓説帝，斂天下田畝十錢修宮室，刺史二千石等官遷除，皆責助軍修宮錢之官，先至西園議價。帝崩，子辯立，何太后臨朝。袁紹説何進誅宦官。進召董卓，召兵詣京，卓將至，而進不決。宦官張讓等斬進，袁紹、何苗聞進被害，引兵盡誅宦官二千餘人。董卓乃廢少帝，立獻帝。

陳櫟《歷代通畧・東漢》 桓帝崩，迎立靈帝，昏虐貪縱又甚焉。竇武以太后父爲大將軍，起陳蕃爲太傅，協謀誅宦官，宜無難者，機事不密，優游無斷，武、蕃反爲宦者曹節、王甫等所殺，身死家徙，禁錮五屬，而黨錮之獄再起矣。自古以來，賢人受禍，未有若是烈者，固昏庸之君，兇竪之徒之罪。然黨人生昏亂之世，四海横流，乃欲以口舌救之，在其位者見幾之不早，不在其位者危言而不孫，以至身被淄刑，禍及朋友，士類殲滅，國隨以亡。律以聖賢出處語默之宜，誠有大過而不合乎中者，祇可悲耳。光和初，災異殊甚，黑氣如龍，墮温德殿，青虹見玉堂，侍中寺雌鷄化雄，可畏如此，帝畧不修省，方且殺宋后，殺大臣劉郃等，殺諫官劉陶，封宦者張讓、趙忠等十常侍爲列侯。西園賣官，後宮列肆，衣商賈服，弄犬駕驢，甘爲賤夫所不爲者。毒流四海，民心思亂。黄巾賊張角等相煽而起，天下響應。於是不得已再赦黨人，除黨禁，然已無救矣。諸將出師，黄巾隨破，宦寺蟠據，亂根愈深，漢亡之兆已見。安、順之朝，桓、靈又從而促之，亡形著矣。諸葛孔明有言：「親小人，遠賢臣，此後漢所以傾頽也。先帝在時，未嘗不歎息痛恨於桓、靈也。」信哉！

胡一桂《史纂通要・東漢》 靈帝宏，帝初即位，太后臨朝，陳蕃、竇武同心輔政，徵用名士，天下想望太平。惜其謀誅宦官，幾事不密，反爲曹節、王甫等矯詔所殺。於是羣兇得志，侯覽諷朱並告張儉黨人，曹節諷有司復舉膺等黨錮，名節屠戮，濫及無辜，生人之類幾息矣。郭林宗聞黨人之死，私爲之慟曰：「《詩》云『人之云亡，邦國殄瘁』，漢室滅矣。但未知瞻烏爰止于誰之屋耳？」泰雖好臧否人倫，而不爲危言激論，故能處濁世而怨禍不及焉。初范滂等非訐朝政，自公卿以下皆折節下之。太學生争慕其風，以爲文學將興，處士復用。申屠蟠獨歎曰：「昔戰國之世，處士横議，列國之王至爲擁彗先驅，卒有坑焚之禍，今之謂矣。」乃絶迹梁碭之間，居二年，滂等果罹禍，惟蟠超然，免於評論。司馬氏曰：「郭泰既明且哲以保其身，申屠蟠見幾而作，不俟終日。卓乎，其不可及已！」當是時，護羌校尉段熲既定西羌，復移東討，師凡再克，東羌悉平。然所以爲漢慮者，不在此也。帝方且西園賣官，後宮列肆，弄狗駕驢，甘爲下流之態。黄巾甫夷，黑山粗定，論功行賞，乃見於十常侍之封。貴寵宦孽，稱爲父母。南宮雲臺

災，計畝稅錢，一意聚斂，惟閹豎之言是聽。未幾帝崩，子辨即位。太后臨朝，何進用事，袁紹勸進，盡誅宦官。太后難之，進召董卓，本以脅后，卓將至而太后猶狐疑，進反死於張讓、段珪等之手。袁術燒焚宫闕，袁紹盡殲宦官。卓自爲司空，廢少帝，弒何太后，立陳留王協，是爲獻帝而東漢亡矣。

備論

王嘉《拾遺記》卷六蕭綺録 録曰：明、章兩主，丕承前業，風被四海，威行八區，殊邊異服，祥瑞輻湊。安、靈二帝，同爲敗德。夫悦目快心，罕不淪乎情慾，自非遠鑒興亡，孰能移隔下俗。傭才緣心，緬乎嗜慾，塞諫任邪，没情於淫靡。至如列代亡主，莫不憑威猛以喪家國，肆奢麗以覆宗祀，詢考先墳，往往而載，僉求歷古，所記非一。販爵鬻官，乖分職之本，露宿郊居，違省方之義。成、安二帝，載世雖遠，而亂政攸同。驗之史牒，訊諸前記，迷情狗馬，愛好龍鶴，非明王之所聞示於後也。內窮淫酷，外盡禽荒，取悦耳目，流貶萬世。是以牝妖告禍，漢靈以巷伯傾宗。酒池裸逐之醜，鳴雞長夜之惑，事由商乙，遠仿燕丹，異代一時，可爲悲矣。

《後漢書》卷八《孝靈帝紀論贊》 論曰：《秦本紀》説趙高譎二世，指鹿爲馬，而趙忠、張讓亦紿靈帝不得登高臨觀，故知亡敝者同其致矣。然則靈帝之爲靈也優哉！

贊曰：靈帝負乘，委體宦孽。徵亡備兆，《小雅》盡缺。麋鹿霜露，遂棲宫衛。

藝文

《全唐詩》卷七二九周曇《詠史詩・靈帝》 榜懸金價鬻官榮，千萬爲公五百卿。公瑾孔明窮退者，安知高卧遇雄英。

段熲部

綜述

《後漢書》卷六五《段熲傳》 段熲字紀明，武威姑臧人也。其先出鄭共叔段，西域都護會宗之從曾孫也。熲少便習弓馬，尚遊俠，輕財賄，長乃折節好古學。初舉孝廉，爲憲陵園丞、陽陵令，所在〔有〕能政。

遷遼東屬國都尉。時鮮卑犯塞，熲即率所領馳赴之。既而恐賊驚去，乃使驛騎詐齎璽書詔熲，熲於道僞退，潛於還路設伏。虜以爲信然，乃入追熲。熲因大縱兵，悉斬獲之。坐詐璽書伏重刑，以有功論司寇。刑竟，徵拜議郎。

時太山、琅邪賊東郭竇、公孫舉等聚衆三萬人，破壞郡縣，遣兵討之，連年不克。永壽二年，桓帝詔公卿選將有文武者，司徒尹（訟）〔頌〕薦熲，乃拜爲中郎將。擊竇、舉等，大破斬之，獲首萬餘級，餘黨降散。封熲爲列侯，賜錢五十萬，除一子爲郎中。

延熹二年，遷護羌校尉。會燒當、燒何、當煎、勒姐等八種羌寇隴西、金城塞，熲將兵及湟中義從羌萬二千騎出湟谷，擊破之。追討南度河，使軍吏田晏、夏育募先登，懸索相引，復戰於羅亭，大破之，斬其酋豪以下二千級，獲生口萬餘人，虜皆奔走。

明年春，餘羌復與燒何大豪寇張掖，攻没鉅鹿塢，殺屬國吏民，又招同種千餘落，并兵晨奔熲軍。熲下馬大戰，至日中，刀折矢盡，虜亦引退。熲追之，且鬭且行，晝夜相攻，割肉食雪，四十餘日，遂至河首積石山，出塞二千餘里，斬燒何大帥，首虜五千餘人。又分兵擊石城羌，斬首溺死者千六百人。燒當種九十餘口詣熲降。又雜種羌屯聚白石，熲復進擊，首虜三千餘人。冬，勒姐、零吾種圍允街，殺略吏民，熲排營救之，斬獲數百人。

四年冬，上郡沈氏、隴西牢姐、烏吾諸種羌共寇并、涼二州，熲將湟中義從討之。涼州刺史郭閎貪共其功，稽固熲軍，使不得進。義從没久，戀鄉舊，皆悉反叛。郭閎歸罪於熲，熲坐徵下獄，輸作左校。羌遂陸梁，覆没營塢，轉相招結，唐突諸郡，於是吏人守闕訟熲以千數。朝廷知熲爲郭閎所誣，詔問其狀。熲但謝罪，不敢言枉，京師稱爲長者。起於徒中，復拜議郎，遷并州刺史。

時滇那等諸種羌五六千人寇武威、張掖、酒泉，燒人廬舍。六年，寇埶轉盛，涼州幾亡。冬，復以熲爲護羌校尉，乘驛之職。明年春，羌封僇、良多、滇那等酋豪三百五十五人率三千落詣熲降。當煎、勒姐種猶自屯結。冬，熲將萬餘人擊破之，斬其酋豪，首虜四千餘人。

八年春，熲復擊勒姐種，斬首四百餘級，降者二千餘人。夏，進軍擊當煎種於湟中，熲兵敗，被圍三日，用隱士樊志張策，潛師夜出，鳴鼓還戰，大破之，首虜數千人。熲遂窮追，展轉山谷閒，自春及秋，無日不戰，虜遂飢困敗散，北略武威閒。

熲凡破西羌，斬首二萬三千級，獲生口數萬人，馬牛羊八百萬頭，降者萬餘落。封熲都鄉侯，邑五百户。

永康元年，當煎諸種復反，合四千餘人，欲攻武威，熲復追擊於鸞鳥，大破之，殺其渠帥，斬首三千餘級，西羌於此弭定。

而東羌先零等，自覆没征西將軍馬賢後，朝廷不能討，遂數寇擾三輔。其後度遼將軍皇甫規、中郎將張奂招之連年，既降又叛。桓帝詔問熲曰：「先零東羌造惡反逆，而皇甫規、張奂各擁强衆，不時輯定。欲熲移兵東討，未識其宜，可參思術略。」熲因上言曰：「臣伏見先零東羌雖數叛逆，而降於皇甫規者，已二萬許落，善惡既分，餘寇無幾。今張奂躊躇久不進者，當慮外離内合，兵往必驚。且自冬踐春，屯結不散，人畜疲羸，自亡之埶，徒更招降，坐制强敵耳。臣以爲狼子野心，難以恩納，埶窮雖服，兵去復動。唯當長矛挾脅，白刃加頸耳。計東種所餘三萬餘落，居近塞内，路無險折，非有燕、齊、秦、趙從横之埶，而久亂并、涼，累侵三輔，西河、上郡，已各内徙，安定、北地，復至單危，自雲中、五原，西至漢陽二千餘里，匈奴、種羌，並擅其地，是爲癰疽伏疾，留滯脅下，如不加誅，轉就滋大。今若以騎五千，步萬人，車三千兩，三冬二夏，足以破定，無慮用費爲錢五十四億。如此，則可令羣羌破盡，匈奴長服，内徙郡縣，得反本土。伏計永初中，諸羌反叛，十有四年，用二百四十億；永和之末，復經七年，用八十餘億。費耗若此，猶不誅盡，餘孽復起，于兹作害。今不暫疲人，則永寧無期。臣庶竭駑劣，伏待節度。」帝許之，悉聽如所上。

建寧元年春，熲將兵萬餘人，齎十五日糧，從彭陽直指高平，與先零諸種戰

於逢義山。虜兵盛，熲衆恐。熲乃令軍中張鏃利刃，張矛三重，挾以强弩，列輕騎爲左右翼。激怒兵將曰：「今去家數千里，進則事成，走必盡死，努力共功名！」因大呼，衆皆應聲騰赴，熲馳騎於傍，突而擊之，虜衆大潰，斬首八千餘級，獲牛馬羊二十八萬頭。

時竇太后臨朝，下詔曰：「先零東羌歷載爲患，熲前陳狀，欲必埽滅。涉履霜雪，兼行晨夜，身當矢石，感厲吏士。曾未浹日，兇醜奔破，連屍積俘，掠獲無筭。洗雪百年之逋負，以慰忠將之亡魂。功用顯著，朕甚嘉之。須東羌盡定，當并録功勤。今且賜熲錢二十萬，以家一人爲郎中。」勑中藏府調金錢綵物，增助軍費。拜熲破羌將軍。

夏，熲復追羌出橋門，至走馬水上。尋聞虜在奢延澤，乃將輕兵兼行，一日一夜二百餘里，晨及賊，擊破之。餘虜走向落川，復相屯結。熲乃分遣騎司馬田晏將五千人出其東，假司馬夏育將二千人繞其西。羌分六七千人攻圍晏等，晏等與戰，羌潰走。熲急進，與晏等共追之於令鮮水上。熲士卒飢渴，乃勒衆推方奪其水，虜復散走。熲遂與相連綴，且鬬且引，及於靈武谷。熲乃被甲先登，士卒無敢後者。羌遂大敗，棄兵而走。追之三日三夜，士皆重繭。既到涇陽，餘寇四千落，悉散入漢陽山谷閒。

時張奐上言：「東羌雖破，餘種難盡，熲性輕果，慮負敗難常。宜且以恩降，可無後悔。」詔書下熲。熲復上言：「臣本知東羌雖衆，而輭弱易制，所以比陳愚慮，思爲永寧之筭。而中郎將張奐，説虜强難破，宜用招降。聖朝明監，信納瞽言，故臣謀得行，奐計不用。事執相反，遂懷猜恨。信叛羌之訴，飾潤辭意，云臣兵累見折衂，又言羌一氣所生，不可誅盡，山谷廣大，不可空靜，血流污野，傷和致災。臣伏念周秦之際，戎狄爲害，中興以來，羌寇最盛，誅之不盡，雖降復叛。今先零雜種，累以反覆，攻没縣邑，剽略人物，發冢露屍，禍及生死，上天震怒，假手行誅。昔邢爲無道，衛國伐之，師興而雨。臣動兵涉夏，連獲甘澍，歲時豐稔，人無疵疫。上占天心，不爲災傷；下察人事，衆和師克。自橋門以西，落川以東，故(宫)〔官〕縣邑，更相通屬，非爲深險絶域之地，車騎安行，無應折衂。案奐爲漢吏，身當武職，駐軍二年，不能平寇，虚欲修文戢戈，招降獷敵，誕辭空説，僭而無徵。何以言之？昔先零作寇，趙充國徙令居内，煎當亂邊，馬援遷之三輔，始服終叛，至今爲鯁。故遠識之士，以爲深憂。今傍郡户口單少，數爲羌所創毒，而欲令降徒與之雜居，是猶種枳棘於良田，養虺蛇於室内也。故臣奉大漢之威，建長久之策，欲絶其本根，不使能殖。本規三歲之費，用五十四億，今適朞年，所耗未半，而餘寇殘燼，將向殄滅。臣每奉詔書，軍不内御，願卒斯言，一以任臣，臨時量宜，不失權便。」

二年，詔遣謁者馮禪説降漢陽散羌。熲以春農，百姓布野，羌雖暫降，而縣官無廩，必當復爲盜賊，不如乘虚放兵，埶必殄滅。夏，熲自進營，去羌所屯凡亭山四五十里，遣田晏、夏育將五千人據其山上。羌悉衆攻之，厲聲問曰：「田晏、夏育在此不？湟中義從羌悉在何面？今日欲決死生。」軍中恐，晏等勸激兵士，殊死大戰，遂破之。羌衆潰，東奔，復聚射虎谷，分兵守諸谷上下門。熲規一舉滅之，不欲復令散走，乃遣千人於西縣結木爲柵，廣二十步，長四十里，遮之。分遣晏、育等將七千人，銜枚夜上西山，結營穿塹，去虜一里許。又遣司馬張愷等將三千人上東山。虜乃覺之，遂攻晏等，分遮汲水道。熲自率步騎進擊水上，羌却走，因與愷等挾東西山，縱兵擊破之，羌復敗散。熲追至谷上下門窮山深谷之中，處處破之，斬其渠帥以下萬九千級，獲牛馬驢騾氈裘廬帳什物，不可勝數。馮禪等所招降四千人，分置安定、漢陽、隴西三郡，於是東羌悉平。

凡百八十戰，斬三萬八千六百餘級，獲牛馬羊騾驢駱駝四十二萬七千五百餘頭，費用四十四億，軍士死者四百餘人。更封新豐縣侯，邑萬户。熲行軍仁愛，士卒疾病者，親自瞻省，手爲裹創。在邊十餘年，未嘗一日蓐寢。與將士同苦，故皆樂爲死戰。

三年春，徵還京師，將秦胡步騎五萬餘人，及汗血千里馬，生口萬餘人。詔遣大鴻臚持節慰勞於鎬。軍至，拜侍中。轉執金吾河南尹。有盜發馮貴人冢，坐左轉諫議大夫，再遷司隸校尉。

熲曲意宦官，故得保其富貴，遂黨中常侍王甫，枉誅中常侍鄭颯、董騰等，增封四千户，并前萬四千户。

明年，代李咸爲太尉，其冬病罷，復爲司隸校尉。數歲，轉潁川太守，徵拜太中大夫。

光和二年，復代橋玄爲太尉。在位月餘，會日食自劾，有司舉奏，詔收印綬，詣廷尉。時司隸校尉陽球奏誅王甫，并及熲，就獄中詰責之，遂飲鴆死，家屬徙邊。後中常侍吕强上疏，追訟熲功，靈帝詔熲妻子還本郡。

初，熲與皇甫威明、張然明，並知名顯達，京師稱爲「涼州三明」云。

《東觀漢記》卷一七《段熲》 段熲，字紀明，有文武智略。竇讒等聚衆爲亂，

詔遣中郎將有文武者，尹頌時表用熲。其日拜熲，授節劍佩刀衣裳車馬束帛，將平陽騎。熲到所，設施方略，糾舉通急，行古司馬兵法、孫吴之術，旬月羣盜悉破。

段熲破羌，明年春，餘羌復與繞河大寇張掖。熲下馬大戰，力盡，虜亦引退。熲追斬之，且追且戰，晝夜相攻，割肉食雪，四十餘日。

段熲上疏曰：「先零東羌討之難破，降爲上策，戰爲下計。」

太后詔云：「以此慰种光、馬賢等亡魂也。」

熲復追羌出橋門谷。

段熲曰：「張奐事勢相反，遂懷猜恨。」

段熲起於徒中，爲并州刺史，有功，徵還京師。熲乘輕車，介士鼓吹，曲蓋朱旗，馬騎五萬餘匹，殷天蔽日，鉦鐸金鼓，雷振動地，連騎繼跡，彌數十里。

段熲滅羌，詔賜錢十萬，七尺絳襜褕一具。

段熲滅羌，詔賜熲赤幘大冠一具。

段熲上書曰：「又掠得羌侯君長金印四十三，銅印三十一，錫印一枚，及長史、司馬、涉頭、長燕、烏校、棚水塞尉印五枚，紫綬三十八，艾綬二十八，黄綬二枚，皆簿入也。」

雜録

備録

司馬彪《續漢書》卷四《段熲傳》 段熲破羌。明年餘羌復與燒何大豪寇張掖。熲下馬大戰，至日中，刀折矢盡，虜亦引退。

《後漢書》卷三一《蘇不韋傳》 後太傅陳蕃辟，不應，爲郡五官掾。初，弘農張奐睦於蘇氏，而武威段熲與暠素善，後奐熲有隙。及熲爲司隸，以禮辟不韋，不韋懼之，稱病不詣。熲既積憤於奐，因發怒，乃追咎不韋前報暠事，以爲暠表治謙事，被報見誅，君命天也，而不韋仇之。又令長安男子告不韋多將賓客奪舅財物，遂使從事張賢等就家殺之。乃先以鴆與賢父曰：「若賢不得不韋，便可飲此。」賢到扶風，郡守使不韋奉謁迎賢，即時收執，并其一門六十餘人盡誅滅之，諸蘇以是衰破。及段熲爲陽球所誅，天下以爲蘇氏之報焉。

《後漢書》卷五二《崔寔傳》 初，寔父卒，剽賣田宅，起冢塋，立碑頌。葬訖，資産竭盡，因窮困，以酤釀販鬻爲業。時人多以〔此〕譏之，寔終不改。亦取足而已，不致盈餘。及仕官，歷位邊郡，而愈貧薄。建寧中病卒。家徒四壁立，無以殯斂，光禄勳楊賜、太僕袁逢、少府段熲爲備棺槨葬具，大鴻臚袁隗樹碑頌德。

【略】

寔從兄烈，有重名於北州，歷位郡守、九卿。靈帝時，開鴻都門榜賣官爵，公卿州郡下至黄綬各有差。其富者則先入錢，貧者到官而後倍輸，或因常侍、阿保別自通達。是時段熲、樊陵、張温等雖有功勤名譽，然皆先輸貨財而後登公位。

《後漢書》卷五五《章帝八王傳・千乘貞王伉》 太后立桓帝弟蠡吾侯悝爲勃海王，奉鴻(嗣)〔祀〕。延熹八年，悝謀爲不道，有司請廢之。帝不忍，乃貶爲廮陶王，食一縣。

悝後因中常侍王甫求復國，許謝錢五千萬。帝臨崩，遺詔復爲勃海王。悝知非甫功，不肯還謝錢。甫怒，陰求其過。初，迎立靈帝，道路流言悝恨不得立，欲鈔徵書，而中常侍鄭颯、中黄門董騰並任俠通剽輕，數與悝交通。王甫司察，以爲有姦，密告司隸校尉段熲。熹平元年，遂收颯送北寺獄。使尚書令廉忠誣奏颯等謀迎立悝，大逆不道。遂詔冀州刺史收悝考實，又遣大鴻臚持節與宗正、廷尉之勃海，迫責悝。悝自殺。

《後漢書》卷六五《張奐傳》 奐前爲度遼將軍，與段熲爭擊羌，不相平。及熲爲司隸校尉，欲逐奐歸敦煌，將害之。奐憂懼，奏記謝熲曰：「小人不明，得過州將，千里委命，以情相歸。足下仁篤，照其辛苦，使人未反，復獲郵書。恩詔分明，前以寫白，而州期切促，郡縣惶懼，屏營延企，側待歸命。父母朽骨，孤魂相託，若蒙矜憐，壹惠咳唾，則澤流黄泉，施及冥寞，非奐生死所能報塞。夫無毛髮之勞，而欲求人丘山之用，此淳于髡所以拍髀仰天而笑者也。誠知言必見譏，然猶未能無望。何者？朽骨無益於人，而文王葬之；死馬無所復用，而燕昭寳之。黨同文、昭之德，豈不大哉！凡人之情，寃則呼天，窮則叩心。今呼天不聞，叩心無益，誠自傷痛。俱生聖世，獨爲匪人。孤微之人，無所告訴。如不哀憐，便爲魚肉。企心東望，無所復言。」熲雖剛猛，省書哀之，卒不忍也。時禁錮者多不能守静，或死或徙。奐閉門不出，養徒千人，著《尚書記難》三十餘萬言。

《後漢書》卷七七《酷吏列傳・陽球》 時中常侍王甫、曹節等姦虐弄權，扇動外內，球嘗拊髀發憤曰：「若陽球作司隸，此曹子安得容乎？」光和二年，遷爲司隸校尉。王甫休沐里舍，球詣闕謝恩，奏收甫及中常侍淳于登、袁赦、封昱、中黄門劉毅、小黄門龐訓、朱禹、齊盛等，及子弟爲守令者，姦猾縱恣，罪合滅族。太尉段熲諂附佞倖，宜並誅戮。於是悉收甫、熲等送洛陽獄，及甫子永樂少府萌、沛相吉。球自臨考甫等，五毒備極。萌謂球曰：「父子既當伏誅，少以楚毒假借老父。」球曰：「若罪惡無狀，死不滅責，乃欲求假借邪？」萌乃罵曰：「爾前奉事吾父子如奴，奴敢反汝主乎！今日困吾，行自及也！」球使以土窒萌口，箠朴交至，父子悉死杖下。熲亦自殺。乃僵磔甫屍於夏城門，大署牓曰「賊臣王甫」。盡沒入財産，妻子皆徙比景。

球既誅甫，復欲以次表曹節等，乃勑中都官從事曰：「且先去大猾，當次案豪右。」權門聞之，莫不屏氣。諸奢飾之物，皆各緘縢，不敢陳設。京師畏震。

時順帝虞貴人葬，百官會喪還，曹節見磔甫屍道次，慨然抆淚曰：「我曹自可相食，何宜使犬舐其汁乎？」語諸常侍，今且俱入，勿過里舍也。節直入省，白帝曰：「陽球故酷暴吏，前三府奏當免官，以九江微功，復見擢用。愆過之人，好爲妄作，不宜使在司隸，以騁毒虐。」帝乃徙球爲衛尉。時球出謁陵，節勑尚書令召拜，不得稽留尺一。球被召急，因求見帝，叩頭曰：「臣無清高之行，横蒙鷹犬之任。前雖糾誅王甫、段熲，蓋簡落狐狸，未足宣示天下。願假臣一月，必令豺狼鴟梟，各服其辜。」叩頭流血。殿上呵叱曰：「衛尉扞詔邪！」至於再三，乃受拜。

《後漢書》卷七八《宦者列傳・曹節》 熹平元年，竇太后崩，有何人書朱雀闕，言「天下大亂，曹節、王甫幽殺太后，常侍侯覽多殺黨人，公卿皆尸禄，無有忠言者。」於是詔司隸校尉劉猛逐捕，十日一會。猛以誹書言直，不肯急捕，月餘，主名不立。猛坐左轉諫議大夫，以御史中丞段熲代猛，乃四出逐捕，及太學游生，繫者千餘人。節等怨猛不已，使熲以它事奏猛，抵罪輸左校。朝臣多以爲言，乃免刑，復公車徵之。

《後漢書》卷八二下《方術列傳下・樊志張》 樊志張者，漢中南鄭人也。博學多通，隱身不仕。嘗遊隴西，時破羌將軍段熲出征西羌，請見志張。其夕，熲軍爲羌所圍數重，因留軍中，三日不得去。夜謂熲曰：「東南角無復羌，宜乘虛引出，住百里，還師攻之，可以全勝。」熲從之，果以破賊。於是以狀表聞。又説其人既有梓慎、焦、董之識，宜翼聖朝，咨詢奇異。於是有詔特徵，會病終。

《後漢書》卷八七《西羌傳・東號子麻奴》 永壽元年，校尉張貢卒，以前南陽太守第五訪代爲校尉，甚有威惠，西垂無事。延熹二年，訪卒，以中郎將段熲代爲校尉。時燒當八種寇隴右，熲擊大破之。四年，零吾復與先零及上郡沈氏、牢姐諸種并力寇并、涼及三輔。會段熲坐事徵，以濟南相胡閎代爲校尉。閎無威略，羌遂陸梁，覆没營塢，寇患轉盛，中郎將皇甫規擊破之。五年，沈氏諸種復寇張掖、酒泉，皇甫規招之，皆降。事已具《規傳》。鳥吾種復寇漢陽，隴西、金城諸郡兵共擊破之，各還降附。至冬，滇那等五六千人復攻武威、張掖、酒泉，燒民廬舍。六年，隴西太守孫羌擊破之，斬首溺死三千餘人。胡閎疾，復以段熲爲校尉。

永康元年，東羌岸尾等脅同種連寇三輔，中郎將張奂追破斬之，事已具《奂傳》。當煎羌寇武威，破羌將軍段熲復破滅之，餘悉降散。事已具《熲傳》。

酈道元《水經注》卷二《河水》 延熹二年，西羌燒當犯塞，護羌校尉段熲討之，追出塞，至積石山，斬首而還。

河水又東北逕黄川城，河水又東逕石城南，左合北谷水。昔段熲擊羌于石城，投河墜坑而死者八百餘人，即于此也。

又北合次水，水出縣西南四十八里，東北流，又與次水合，水出縣西南六十里酸陽山，東北流，左會右水，總爲一川。東逕西樓北，東注苦水。段熲爲護羌校尉，于安定、高平、苦水討先零，斬首八千級于是水之上。

酈道元《水經注》卷三《河水》 漢破羌將軍段熲破羌于奢延澤，虜走洛川。洛川在南，俗因縣土謂之奢延水，又謂之朔方水矣。【略】

其水東流，昔段熲追羌出橋門至走馬水，聞羌在奢延澤，即此處也。

酈道元《水經注》卷一九《渭水》 高祖王關中，太上皇思東歸，故象舊里，制兹新邑，立城社，樹枌榆，令街庭若一，分置豐民以實兹邑，故名之爲新豐也。漢靈帝建寧三年，改爲都鄉，封段熲爲侯國。後立陰槃城，其水際城北出，世謂是水爲陰槃水。又北絶漕渠，北注于渭。渭水又東逕鴻門北，舊大道北下坂口名也。

李吉甫《元和郡縣圖志》卷三九《隴右道上・廓州》 《禹貢》雍州之域。古西羌地。【略】後漢燒當等八種羌爲寇，段熲擊破之，諸羌弭定。

顧炎武《日知録》卷二三《氏族相傳之訛》 段氏。《後漢書》曰：「段熲，其

先出鄭共叔段。」古人無以祖父名爲氏者，凡若此類，皆不通之説。按段氏當出自段干。《史記》：「老子之子名宗，宗爲魏將，封於段干。」《魏世家》有段干木、段干子。《田完世家》有段干朋。

備論

《後漢書》卷六五《段熲傳贊》 山西多猛，「三明」儷蹤。戎駼糾結，塵斥河、湟。規、奂審策，亟遏矍兇。文會志比，更相爲容。段追兩狄，束馬縣鋒。紛紜騰突，谷静山空。

《後漢書》卷七八《宦者列傳·吕强》 吕强字漢盛，河南成皐人也。少以宦者爲小黄門，再遷中常侍。爲人清忠奉公。【略】强辭讓懇惻，固不敢當，帝乃聽之。因上疏陳事曰：「【略】故太尉段熲，武勇冠世，習於邊事，垂髮服戎，功成皓首，歷事二主，勳烈獨昭。陛下既已式序，位登台司，而爲司隸校尉陽球所見誣脅，一身既斃，而妻子遠播。天下惆悵，功臣失望。宜徵邕更授任，反熲家屬，則忠貞路開，衆怨以弭矣。」

《後漢書》卷八七《西羌傳論》 自西戎作逆，未有陵斥上國若斯其熾也。和熹以女君親政，威不外接。朝議憚兵力之損，情存苟安。或以邊州難援，宜見捐弃；或懼疽食浸淫，莫知所限。謀夫回遑，猛士疑慮，遂徙西河四郡之人，雜寓關右之縣。發屋伐樹，塞其戀土之心；燔破貲積，以防顧還之思。於是諸將鄧騭、任尚、馬賢、皇甫規、張奂之徒，争設雄規，更奉征討之命，徵兵會衆，以圖其隙。馳騁東西，奔救首尾，摇動數州之境，日耗千金之資。至於假人增賦，借奉侯王，引金錢縑綵之珍，徵糧粟鹽鐵之積。所以賂遺購賞，轉輸勞來之費，前後數十巨萬。或梟剋酋健，摧破附落，降俘載路，牛羊滿山。軍書未奏其利害，而離叛之狀已言矣。故得不酬失，功不半勞。暴露師徒，連年而無所勝。官人屈竭，烈士憤喪。段熲受事，專掌軍任，資山西之猛性，練戎俗之態情，窮武思盡颷鋭以事之。被羽前登，身當百死之陳，蒙没冰雪，經履千折之道，始殄西種，卒定東寇。若乃陷擊之所殲傷，追走之所崩籍，頭顱斷落於萬丈之山，支革判解於重崖之上，不可校計。其能穿竄草石，自脱於鋒鏃者，百不一二。而張奂盛稱「戎狄一氣所生，不宜誅盡，流血污野，傷和致妖」，是何言之迂乎！羌雖外患，實深内疾，若攻之不根，是養疾痾於心腹也。惜哉寇敵略定矣，而漢祚亦衰焉。

《後漢書》卷九〇《鮮卑傳》 議郎蔡邕議曰：【略】自匈奴遁逃，鮮卑强盛，據其故地，稱兵十萬，才力勁健，意智益生。加以關塞不嚴，禁網多漏，精金良鐵，皆爲賊有；漢人逋逃，爲之謀主，兵利馬疾，過於匈奴。昔段熲良將，習兵善戰，有事西羌，猶十餘年。今育、晏才策，未必過熲，鮮卑種衆，不弱于曩時。而虚計二載，自許有成，若禍結兵連，豈得中休？當復徵發衆人，轉運無已，是爲耗竭諸夏，并力蠻夷。夫邊垂之患，手足之蚧搔；中國之困，胷背之瘭疽。方今郡縣盜賊尚不能禁，況此醜虜而可伏乎！

葉適《習學記言序目》卷二六《後漢書三·列傳》 段熲殺東羌幾盡，以此爲靖難之術，固前代所無有。至其言「先零作難，趙充國徙令居内，煎當亂邊，馬援遷之三輔，始服終叛，至今爲梗」，則爲之有慨於心。然則人之慮患不在數百年之後者，不可以處事。蓋始以爲德，而不知其種性終不可合，既而屢服屢叛，馴弭無策，而熲之術用矣。以周人化商，猶歷三紀，而況羌乎！（《段熲》）

陳子龍《陳忠裕公全集·安雅堂稿·段熲》 夫戎狄天性鷙忍，非我族類。利用威懾，難以惠懷。當限以山河之表，不宜置諸封域之中。觀夫紀明之論，乃知謍平、新息之外，别有良謀，郭欽、江統之前，非無先覺也。後世帝王或藉彼驍突，以濟功勛，或因其欵附，以誇覆冒，雜編華户，間授韜戎，玩我文章，習知險易，因時搆會，必爲風塵。六季以還，若李唐造釁於番將，本朝自弱於大甯，亦後事之師矣。

藝文

胡應麟《少室山房集》卷四四《贈王將軍貞伯二章》 鎮北威名著，安東將略長。援枹肝膽赤，仗鉞鬢毛蒼。置陣分鵞鸛，連鑣控驌驦。旌旗縈析木，檣櫓散扶桑。草檄屯兵地，分題結客場。荀吴元破敵，段熲舊平羌。巨碣祁連外，高牙勑勒傍。煌煌麟閣燕，獸錦出明光。

查嗣瑮《查浦詩鈔》卷六《秦中懷古》 入塞諸羌燕蝠争，何年馬趙失經營。徙戎不用江常侍，百戰仍煩段紀明。西去鴟鴞應革響，南來鴻雀已先鳴。自從血淚秦川後，直恐凉州倚柱驚。

陳壽祺《絳跗草堂詩集》卷五《代和某總督喜雨元韻》 新捧鸞書墨未乾，節樓風雨角聲闌。人歸海嶠兵初洗，手倒天瓢夢尚寒。諸道旌旛迎段熲，百城父老望劉寬。霓裳虬蓋空高詠，猶費元暉賽石壇。

張澍《養素堂詩集》卷九《蘭山集·西寧大捷志喜四首寄呈郝繹堂師》（其二） 龍支關險控諸羌，段熲當年武烈揚。青海至今空突豕，紅崖終古壓參狼。冉軍入穴搜爰劍，降帥何人號貴霜。硤口金沙堪厲甲，義從長此戢河湟。

范滂部

綜述

《後漢書》卷六七《黨錮列傳·范滂》 范滂字孟博，汝南征羌人也。少厲清節，爲州里所服，舉孝廉、光禄四行。時冀州飢荒，盜賊羣起，乃以滂爲清詔使，案察之。滂登車攬轡，慨然有澄清天下之志。及至州境，守令自知臧汙，望風解印綬去。其所舉奏，莫不厭塞衆議。遷光禄勳主事。時陳蕃爲光禄勳，滂執公儀詣蕃，蕃不止之，滂懷恨，投版棄官而去。郭林宗聞而讓蕃曰：「若范孟博者，豈宜以公禮格之？今成其去就之名，得無自取不優之議也？」蕃乃謝焉。

復爲太尉黄瓊所辟。後詔三府掾屬舉謡言，滂奏刺史、二千石權豪之黨二十餘人。尚書責滂所劾猥多，疑有私故，滂對曰：「臣之所舉，自非叨穢姦暴，深爲民害，豈以汙簡札哉！閒以會日迫促，故先舉所急，其未審者，方更參實。臣聞農夫去草，嘉穀必茂；忠臣除姦，王道以清。若臣言有貳，甘受顯戮。」吏不能詰。滂覩時方艱，知意不行，因投劾去。

太守宗資先聞其名，請署功曹，委任政事。滂在職，嚴整疾惡。其有行違孝悌，不軌仁義者，皆埽迹斥逐，不與共朝。顯薦異節，抽拔幽陋。滂外甥西平李頌，公族子孫，而爲鄉曲所棄，中常侍唐衡以頌請資，資用爲吏。滂以非其人，寢而不召。資遷怒，捶書佐朱零。零仰曰：「范滂清裁，猶以利刃齒腐朽。今日寧受笞死，而滂不可違。」資乃止。郡中中人以下，莫不歸怨，乃指滂之所用以爲「范黨」。

後牢脩誣言鉤黨，滂坐繫黄門北寺獄。獄吏謂曰：「凡坐繫皆祭皋陶。」滂曰：「皋陶賢者，古之直臣。知滂無罪，將理之於帝；如其有罪，祭之何益！」衆人由此亦止。獄吏將加掠考，滂以同囚多嬰病，乃請先就格，遂與同郡袁忠争受楚毒。桓帝使中常侍王甫以次辨詰，滂等皆三木囊頭，暴於階下。餘人在前，或對或否，滂、忠於後越次而進。王甫詰曰：「君爲人臣，不惟忠國，而共造部黨，自相褒舉，評論朝廷，虛搆無端，諸所謀結，並欲何爲？皆以情對，不得隱飾。」滂對曰：「臣聞仲尼之言，『見善如不及，見惡如探湯』。欲使善善同其清，惡惡同其汙，謂王政之所願聞，不悟更以爲黨。」甫曰：「卿更相拔舉，迭爲脣齒，有不合者，見則排斥，其意如何？」滂乃慷慨仰天曰：「古之循善，自求多福；今之循善，身陷大戮。身死之日，願埋滂於首陽山側，上不負皇天，下不愧夷、齊。」甫愍然爲之改容。乃得並解桎梏。

滂後事釋，南歸。始發京師，汝南、南陽士大夫迎之者數千兩。同囚鄉人殷陶、黄穆，亦免俱歸，並衞侍於滂，應對賓客。滂顧謂陶等曰：「今子相隨，是重吾禍也。」遂遁還鄉里。

初，滂等繫獄，尚書霍諝理之。及得免，到京師，往候諝而不爲謝。或有讓滂者。對曰：「昔叔向嬰罪，祁奚救之，未聞羊舌有謝恩之辭，祁老有自伐之色。」竟無所言。

建寧二年，遂大誅黨人，詔下急捕滂等。督郵吴導至縣，抱詔書，閉傳舍，伏牀而泣。滂聞之，曰：「必爲我也。」即自詣獄。縣令郭揖大驚，出解印綬，引與俱亡。曰：「天下大矣，子何爲在此？」滂曰：「滂死則禍塞，何敢以罪累君，又令老母流離乎！」其母就與之訣。滂白母曰：「仲博孝敬，足以供養，滂從龍舒君歸黄泉，存亡各得其所。惟大人割不可忍之恩，勿增感戚。」母曰：「汝今得與李、杜齊名，死亦何恨！既有令名，復求壽考，可兼得乎？」滂跪受教，再拜而辭。顧謂其子曰：「吾欲使汝爲惡，則惡不可爲；使汝爲善，則我不爲惡。」行路聞之，莫不流涕。時年三十三。

唐晏《兩漢三國學案》卷一一《明經文學列傳·范滂》 范滂字孟博，汝南細陽人也。少厲清節，爲州里所服，舉孝廉、光禄四行。案察冀州，登車攬轡，慨然有澄清之志。遷光禄勳主事。及黨事起，滂坐繫黄門北寺獄。帝使王甫以次辨詰，滂乃慷慨仰天曰：「古之循善，自求多福；今之循善，身陷大戮。身死之日，願埋滂於首陽山側，上不負皇天，下不愧夷、齊。」甫愍然爲之改容。後事釋，遁還鄉里。建寧二年，大誅黨人，詔下急捕滂等。督郵吴遵抱詔書伏牀而泣。滂聞之曰：「必爲我也。」即自詣獄。縣令郭揖引與俱亡。滂曰：「滂死則禍塞，何敢以罪累君，又令老母流離乎。」其母就與之訣，曰：「汝今得與李、杜齊名，死亦何恨！」滂顧謂子曰：「吾欲使汝爲惡，則惡不可爲；吏汝爲善，則我不爲惡。」行路聞之，莫不流涕。時年三十三。

雜録

備録

應劭《風俗通義》卷五《十反》 太尉掾汝南范滂孟博，天資聰叡，辯於持論，舉孝廉、光禄主事，京師歸德，四方影附。父字叔矩，遭母憂，既葬之後，饘粥不瞻。叔矩謂其兄弟：「《禮》不言事，辦杖而起。今俱匍匐號咷，上闕奠酹，下困餬口，非孝道也。」因將人客於九江，田種畜牧，多所收獲，以解債，負土成冢，立祀。三年服闋，二兄仕進，叔矩以自替於喪紀，獨寢墳側，服制如初，哀猶未歇。郡舉至孝，拜中司、勾章長，病去官，博士徵，兄憂不行。

司徒梁國盛允字子翩，爲議郎，慕孟博之德，貪樹於有禮，謂孟博：「家公區區，欲辟大臣，宜令邑人廉薦之。」孟博厲聲曰：「老夫年尊，絶意世事。又海内清高，當路非一。」退而告人：「子翩欲德我，我不受也。」子翩亦以恨，遂不得辟。孟博病去受事，而常幹宰相之職。

謹按《禮》：「父爲士，子爲天子。」武王建有周之號，謚大王、王季，言王業肇於此矣。越裳重九譯獻白雉，周公薦陳祖廟，曰：「先人之德。」有天下，尊歸於父，此人道之極。漢詔曰：「海内大亂，兵革並起，朕被堅執鋭，自率士卒，犯危難，平暴亂，偃兵息民，天下大安，此皆太公之教訓也。今上尊號曰太上皇。」《春秋》之義，因其可褒而褒之。《孝經》曰：「敬其父則子悦。」叔矩則其孝敬，則粥身苦思，率禮無違矣；則其友于，則褒兄委榮，盡其哀情矣；則其學藝，則家法洽覽，誨人不倦矣；則其政事，則施於已試，靡有闕遺矣。君子百行，子産有四。凡在他姓，尚宜褒之，況於父乎！敬意之至，猶用夷悦，況於寵族乎！抗爽言以拒厚旨，抑所生以爲己高，忍能厲然獨享其榮，若乃不令之下愚，流貨財於權嬖，此罪人也。田煇託疾，上也；劉矩屈體，次也；范滂，吾無取焉耳。

華嶠《漢後書》卷三《范滂傳》 范滂以黨事下黄門北寺，滂以同囚多嬰病，乃請先就格，遂與同郡袁忠等争受楚毒。

袁山松《後漢書》卷四《范滂傳》 李膺等下獄，獄吏曰：「諸入獄，當祭臯繇以祈福。」范滂曰：「臯繇古之賢君，知滂無罪，將理之於天。如其有罪，祭之何益？」及訊獄，王甫以次詰之。滂年少在後，越次而前。甫曰：「夫合黨連羣，必有盟誓，其所謀圖，皆何等耶？」滂曰：「竊聞仲尼之言，見善如不及，見惡如探湯。欲使善善齊其情，惡惡同其行，謂王政之所思，不悟反以爲黨。」乃仰天歎曰：「古之修善，自求多福。今之修善，乃陷大戮。死之日，願賜一幡，埋於首陽山側，上不負皇天，下不愧夷、齊。」尚書霍諝以黨事無驗，表陳赦之。

謝承《後漢書》卷四《范滂傳》 滂，汝南細陽人。父顯，故龍舒侯相。

范滂字孟博，汝南人。太守宗資署功曹。滂外甥西平李頌，公族子孫，頑嚚穢濁，爲鄉曲所棄。〔極久，衡復有書諂資〕，資怒，召功曹書佐朱零，問不召頌意狀。零滂不肯聽。〔中〕常侍唐衡〔書求屬仕官〕，資勑〔功〕曹召署文學史，以告滂，滂曰：「答教嘗言，頌則滂之姊子，豈不樂其升進，但頌洿穢小人，不宜染汙朝廷，不敢以位私人，是以不召。」零具答教如此。零入聞，資使伍伯亂捶困杖，言辭不懾，仰疾言曰：「范滂清議，猶利刃截腐肉。願爲明府所笞殺，不爲滂所廢絶。今日之死，當受忠名，爲滂所廢，永成惡人。」滂正直謇諤，皆此類也。

宗資字叔都，南陽安衆人也。家代爲漢將相名臣。祖父均，自有傳。資少在京師，學孟氏《易》、歐陽《尚書》。舉孝廉，拜議郎，補御史中丞、汝南太守。置范滂爲功曹，委任政事，推功於滂，不伐其美。任善之名，聞於海内。

《後漢書》卷五三《申屠蟠傳》 先是京師游士汝南范滂等非訐朝政，自公卿以下皆折節下之。太學生争慕其風，以爲文學將興，處士復用。蟠獨歎曰：「昔戰國之世，處士横議，列國之王，至爲擁篲先驅，卒有阬儒燒書之禍，今之謂矣。」乃絶迹於梁碭之閒，因樹爲屋，自同傭人。居二年，滂等果罹黨錮，或死或刑者數百人，蟠確然免於疑論。

《後漢書》卷六七《黨錮列傳・尹勳》 尹勳字伯元，河南鞏人也。家世衣冠。伯父睦爲司徒，兄頌爲太尉，宗族多居貴位者，而勳獨持清操，不以地執尚人。州郡連辟，察孝廉，三遷邯鄲令，政有異迹。後舉高第，五遷尚書令。及桓帝誅大將軍梁冀，勳參建大謀，封都鄉侯。遷汝南太守。上書解釋范滂、袁忠等黨議禁錮。尋徵拜將作大匠，轉大司農。坐竇武等事，下獄自殺。

《宋史》卷三三八《蘇軾傳》 生十年，父洵游學四方，母程氏親授以書，聞古今成敗，輒能語其要。程氏讀東漢《范滂傳》，慨然太息，軾請曰：「軾若爲滂，母

許之否乎？」程氏曰：「汝能爲滂，吾顧不能爲滂母邪？」

洪邁《容齋續筆》卷四《黨錮牽連之賢》 漢黨錮之禍，知名賢士死者以百數，海内塗炭，其名迹章章者，並載於史。而一時牽連獲罪，甘心以受刑誅，皆節義之士，而位行不顯，僅能附見者甚多。李膺死，門生故吏並被禁錮。侍御史景毅之子，爲膺門徒，未有録牒，不及於譴。毅慨然曰：「本謂膺賢，遣子師之，豈可以漏籍苟安！」遂自表免歸。高城人巴肅被收，自載詣縣，縣令欲解印綬與俱去，肅不可。范滂在征羌，詔下急捕。督郵吴導至縣，抱詔書，閉傳舍，伏牀而泣。滂自詣獄，縣令郭揖大驚，出解印綬，引與俱亡。滂曰：「滂死則禍塞，何敢以罪累君！」張儉亡命，困迫遁走，所至破家相容。其所經歷，伏重誅者以十數。復流轉東萊，上李篤家。外黄令毛欽操兵到門，篤謂曰：「張儉亡非其罪，縱儉可得，寧忍執之乎？」欽撫篤曰：「蘧伯玉耻獨爲君子，足下如何自專仁義？」嘆息而去。儉得免。後數年，上禄長和海上言：「黨人錮及五族，非經常之法。」由是自從祖以下，皆得解釋。此數君子之賢如是，東漢尚名節，斯其驗歟？

岳珂《桯史》卷一〇《山谷范滂傳》 山谷在宜州，嘗大書《後漢書・范滂傳》，字徑數寸，筆勢飄動，超出翰墨逕庭，意蓋以悼黨錮之爲漢禍也。後百年，真蹟逸人間，趙忠定得之，寶寘巾篋，搢紳題跋，如牛腰焉。既迺躬蹈其禍，可謂奇讖。嘉定壬申，忠定之子崇憲守九江，刻石郡治四説堂。

備論

《後漢書》卷六七《黨錮列傳》序 夫上好則下必甚，矯枉故直必過，其理然矣。若范滂、張儉之徒，清心忌惡，終陷黨議，不其然乎？

初，桓帝爲蠡吾侯，受學於甘陵周福，及即帝位，擢福爲尚書。時同郡河南尹房植有名當朝，鄉人爲之謡曰：「天下規矩房伯武，因師獲印周仲進。」二家賓客，互相譏揣，遂各樹朋徒，漸成尤隙，由是甘陵有南北部，黨人之議，自此始矣。後汝南太守宗資任功曹范滂，南陽太守成瑨亦委功曹岑晊，二郡又爲謡曰：「汝南太守范孟博，南陽宗資主畫諾。南陽太守岑公孝，弘農成瑨但坐嘯。」因此流言轉入太學，諸生三萬餘人，郭林宗、賈偉節爲其冠，並與李膺、陳蕃、王暢更相褒重。自公卿以下，莫不畏其貶議，屣履到門。

郭林宗、宗慈、巴肅、夏馥、范滂、尹勳、蔡衍、羊陟爲「八顧」。顧者，言能以德行引人者也。靈帝詔刊章捕儉等。大長秋曹節因此諷有司奏捕前黨故司空虞放、太僕杜密、長樂少府李膺、司隸校尉朱寓、潁川太守巴肅、沛相荀翌、河内太守魏朗、山陽太守翟超、任城相劉儒、太尉掾范滂等百餘人，皆死獄中。餘或先殁不及，或亡命獲免。自此諸爲怨隙者，因相陷害，睚眦之忿，濫入黨中。又州郡承旨，或有未嘗交關，亦離禍毒。其死徙廢禁者，六七百人。

劉義慶《世説新語》卷中《賞譽》 謝子微見許子將兄弟，曰：「平輿之淵，有二龍焉。」見許子政弱冠之時，歎曰：「若許子政者，有幹國之器。正色忠謇，則陳仲舉之匹；伐惡退不肖，范孟博之風。」

朱熹《朱子語類》卷一一八《朱子十五・訓門人六》 某問：「如范滂之徒，太甚。」曰：「只是行其職。大抵義理所在，當爲則爲，無渾厚，無矯激，如此方可。」

岳珂《桯史》卷一三《范碑詩跋》 趙履常崇憲所刊四説堂《山谷范滂傳》，余前記之矣。後見跋卷，迺太府丞余伯山禹績之六世祖若著倅宜州日，因山谷謫居是邦，慨然爲之經理舍館，遂遣二子滋、滸從之游。時黨禁甚嚴，士大夫例削札掃迹，惟若著敬遇不怠，率以夜遣二子奉几杖，執諸生禮。一日携紙求書，山谷問以所欲，拱而對曰：「先生今日舉動，無愧東都黨錮諸賢，願寫范孟博一傳。」許之，遂默誦大書，盡卷僅有二三字疑誤。二子相顧愕服，山谷顧曰：「《漢書》固非能盡記也，如此等傳，豈可不熟。」聞者敬嘆。若著滿秩，持歸上饒，家居寶藏之。再世散逸，歸東武周氏，又歸忠定家。伯山僅傳摹本，其子子壽鑄爲四明制屬，攜之笈中之官，樓攻媿見之，爲作詩曰：「宜人初謂宜於人，菜肚老人竟不振。《承天院記》顧何罪，一斥致死南海濱。賢哉别駕眷遷客，不恤罪罟深相親。哀哀不容處城闉，夜遣二子從夫君。一日攜紙匄奇書，引筆行墨生烟雲。南方無書可尋問，默寫此傳終全文。補亡三篋比安世，偶熟此卷非張巡。巖巖汝南范孟博，清裁千載無比倫。坡翁侍母曾啓問，百謫九死氣自伸。别駕去官公亦已，身雖既衰筆有神。我聞此書久欲見，摹本尚爾況其真。輟君清俸登堅珉，可立懦夫羞佞臣。」及履常登朝，以真蹟呈似，攻媿迺復題其後，又面命幼子治録里士俞惠叔疇詩一篇，亟稱其佳焉。其辭曰：「貂璫羣雛擅天網，手驅名流入鈎黨。屯雲蔽日日光無，卯金神器春冰上。汝南節士居危邦，志剗蘆艾扶蘭芳。致君生不逮堯舜，死合夷齊俱首陽。千年興壞真暮旦，殷鑒詎應如許遠。安知

後人哀後人，又起諸賢落南歎。宜州老子筆有神，蟬蛻顔揚端逼真。少模龍爪已名世，晚用鷄毛亦絶人。平生孟博吾尚友，時事駸駸建寧舊。胸蟠萬卷老蠻鄉，獨感斯文聊運肘。老子書名横九州，一紙千金不當疇。此書豈但翰墨設，心事悢悢闕百憂。人言老子味禪悦，疾惡視滂寧爾切。須知許國本精忠，不幸爲滂甘伏節。九原莫作令人悲，遺墨敗素皆吾師。從君乞取宜州字，要對崇寧《黨籍碑》。」二詩明白痛快，足以吊二老於九垓之期矣。獨惠叔末章頗傷峻厲。跋卷又有柴中守一詩曰：「小春晝日如春晚，飲罷披圖清興遠。夜光照屋四座驚，金薤銀鈎真墨本。當年太史謫宜州，腸斷梅花棲戍樓。拾遺不逢東道主，翰林長作夜郎囚。蠻烟瘴雨森鈇鉞，更值韓盧搜兔窟。老色上面懽去心，惟有忠肝懸日月。郡丞嗜好殊世人，投箋乞字傳兒孫。平生孟博是知己，筆下寫出精神騫。興亡萬古同一轍，黨論到頭不堪説。刊章下郡漢道微，清流入河唐祚絶。先朝白晝狐亦鳴，正氣消盡邪氣生。殿門斷碑仆未起，中原戎馬來縱横。生蛟入手不敢玩，往事凄凉重三歎。《蘭亭》、《瘞鶴》徒爾爲，好刻此書禅廟算。」牛腰軸雖大，詩之者，惟此三人。柴作亦佳，特未免唐人所謂昌黎《淮西碑》猶欠冒頭不得之戲耳。伯山前輩老成，嘗爲九江校官，余又及同班行。子壽世科，今爲鎮江外轄，蓋方鄉用者。

黃震《古今紀要·後漢》 范滂，攬轡澄清，劾權豪，因投劾去。不祭皋陶，願埋首陽山。事釋南歸，迎者數千萬。不謝，謂以羊舌，不謝，祈奚爲比。靈帝建寧二年，誅黨人，自詣死。

藝文

韓維《南陽集·景仁招況之聞用歌舞望門而反作詩戲之》 一夜嚴風結素波，盍簪寧避曉寒多。范滂攬轡方清俗，墨子回車豈惡歌。雲外雁寒驚歲晚，林間鴉語弄春和。知君不久承寬詔，始奈紅裙緑酒何。

蘇轍《欒城後集》卷二《次韻子瞻寄賀生日》 弟兄本三人，懷抱喪其一。頎然仲與叔，耆老天所隲。師心每獨往，可否輒自必。折足非所恨，所恨覆鼎實。上賴吾君仁，議止海濱黜。凄酸念母氏，此恨何時畢？平生賢孟博，苟生不謂吉。歸心天若許，定卜老泉室。凄涼百年後，事付何人筆？於今兄獨知，言之泣生日。

陸游《劍南詩稿》卷六三《枕上作》 一室幽幽夢不成，高城傳漏過三更。孤燈無焰穴鼠出，枯葉有聲鄰犬行。壯日自期如孟博，殘年但欲慕初平。不然短楫棄家去，萬頃松江看月明。

皇甫嵩部

綜述

《後漢書》卷七一《皇甫嵩傳》　皇甫嵩字義真，安定朝那人，度遼將軍規之兄子也。父節，鴈門太守。嵩少有文武志介，好《詩》《書》，習弓馬。初舉孝廉、茂才。太尉陳蕃、大將軍竇武連辟，並不到。靈帝公車徵爲議郎，遷北地太守。

初，鉅鹿張角自稱「大賢良師」，奉事黄老道，畜養弟子，跪拜首過，符水呪説以療病，病者頗愈，百姓信向之。角因遣弟子八人使於四方，以善道教化天下，轉相誑惑。十餘年間，衆徒數十萬，連結郡國，自青、徐、幽、冀、荆、楊、兖、豫八州之人，莫不畢應。遂置三十六方。方猶將軍號也。大方萬餘人，小方六七千，各立渠帥。訛言「蒼天已死，黄天當立，歲在甲子，天下大吉」。以白土書京城寺門及州郡官府，皆作「甲子」字。中平元年，大方馬元義等先收荆、楊數萬人，期會發於鄴。元義數往來京師，以中常侍封諝、徐奉等爲内應，約以三月五日内外俱起。未及作亂，而張角弟子濟南唐周上書告之，於是車裂元義於洛陽。靈帝以周章下三公、司隸，使鉤盾令周斌將三府掾屬，案驗宫省直衛及百姓有事角道者，誅殺千餘人，推考冀州，逐捕角等。角等知事已露，晨夜馳勑諸方，一時俱起。皆著黄巾爲摽幟，時人謂之「黄巾」，亦名爲「蛾賊」。殺人以祠天。角稱「天公將軍」，角弟寶稱「地公將軍」，寶弟梁稱「人公將軍」。所在燔燒官府，劫略聚邑，州郡失據，長吏多逃亡。旬日之閒，天下嚮應，京師震動。

詔勑州郡修理攻守，簡練器械，自函谷、大谷、廣城、伊闕、轘轅、旋門、孟津、小平津諸關，並置都尉。召羣臣會議。嵩以爲宜解黨禁，益出中藏錢、西園廄馬，以班軍士。帝從之。於是發天下精兵，博選將帥，以嵩爲左中郎將，持節，與右中郎將朱儁，共發五校、三河騎士及募精勇，合四萬餘人，嵩、儁各統一軍，共討潁川黄巾。

儁前與賊波才戰，戰敗，嵩因進保長社。波才引大衆圍城，嵩兵少，軍中皆恐，乃召軍吏謂曰：「兵有奇變，不在衆寡。今賊依草結營，易爲風火。若因夜縱燒，必大驚亂。吾出兵擊之，四面俱合，田單之功可成也。」其夕遂大風，嵩乃約勑軍士皆束苣乘城，使鋭士閒出圍外，縱火大呼，城上舉燎應之，嵩因鼓而奔其陳，賊驚亂奔走。會帝遣騎都尉曹操將兵適至，嵩、操與朱儁合兵更戰，大破之，斬首數萬級。封嵩都鄉侯。嵩、儁乘勝進討汝南、陳國黄巾，追波才於陽翟，擊彭脱於西華，並破之。餘賊降散，三郡悉平。

又進擊東郡黄巾卜已於倉亭，生禽卜已，斬首七千餘級。時北中郎將盧植及東中郎將董卓討張角，並無功而還，乃詔嵩進兵討之。嵩與角弟梁戰於廣宗。梁衆精勇，嵩不能剋。明日，乃閉營休士，以觀其變。知賊意稍懈，乃潛夜勒兵，雞鳴馳赴其陳，戰至晡時，大破之，斬梁，獲首三萬級，赴河死者五萬許人，焚燒車重三萬餘兩，悉虜其婦子，繫獲甚衆。角先已病死，乃剖棺戮屍，傳首京師。

嵩復與鉅鹿太守馮翊郭典攻角弟寶於下曲陽，又斬之。首獲十餘萬人，築京觀於城南。即拜嵩爲左車騎將軍，領冀州牧，封槐里侯，食槐里、美陽兩縣，合八千户。

以黄巾既平，故改年爲中平。嵩奏請冀州一年田租，以贍飢民，帝從之。百姓歌曰：「天下大亂兮市爲墟，母不保子兮妻失夫，賴得皇甫兮復安居。」嵩温卹士卒，甚得衆情，每軍行頓止，須營幔修立，然後就舍帳。軍士皆食，(爾)〔已〕乃嘗飯。吏有因事受賂者，嵩更以錢物賜之，吏懷慙，或至自殺。

嵩既破黄巾，威震天下，而朝政日亂，海内虚困。故信都令漢陽閻忠干説嵩曰：「難得而易失者，時也；時至不旋踵者，幾也。故聖人順時以動，智者因幾以發。今將軍遭難得之運，蹈易駭之機，而踐運不撫，臨機不發，將何以保大名乎？」嵩曰：「何謂也？」忠曰：「天道無親，百姓與能。今將軍受鉞於暮春，收功於末冬。兵動若神，謀不再計，摧强易於折枯，消堅甚於湯雪，旬月之閒，神兵電埽，封尸刻石，南向以報，威德震本朝，風聲馳海外，雖湯武之舉，未有高將軍者也。今身建不賞之功，體兼高人之德，而北面庸主，何以求安乎？」嵩曰：「夙夜在公，心不忘忠，何故不安？」忠曰：「不然。昔韓信不忍一餐之遇，而棄三分之業，利劒已揣其喉，方發悔毒之歎者，機失而謀乖也。今主上執弱於劉、項，將軍權重於淮陰，指撝足以振風雲，叱咤可以興雷電。赫然奮發，因危抵積，崇恩以綏先附，振武以臨後服，徵冀方之士，動七州之衆，羽檄先馳於前，大軍響振於後，蹈流漳河，飲馬孟津，誅閹官之罪，除羣兇之積，雖僮兒可使奮拳以致力，女子可使褰裳以用命，況厲熊羆之卒，因迅風之執哉！功業已就，天下已順，然後

請呼上帝，示以天命，混齊六合，南面稱制，移寶器於將興，推亡漢於已墜，實神機之至會，風發之良時也。夫既朽不雕，衰世難佐。若欲輔難佐之朝，雕朽敗之木，是猶逆坂走丸，迎風縱棹，豈云易哉？且今豎宦羣居，同惡如市，上命不行，權歸近習，昏主之下，難以久居，不賞之功，讒人側目，如不早圖，後悔無及。」嵩懼曰：「非常之謀，不施於有常之埶。創圖大功，豈庸才所致。黄巾細孽，敵非秦、項，新結易散，難以濟業。且人未忘主，天下祐逆。若虛造不冀之功，以速朝夕之禍，孰與委忠本朝，守其臣節。雖云多讒，不過放廢，猶有令名，死且不朽。反常之論，所不敢聞。」忠知計不用，因亡去。

會邊章、韓遂作亂隴右，明年春，詔嵩迴鎮長安，以衛園陵。章等遂復入寇三輔，使嵩因討之。

初，嵩討張角，路由鄴，見中常侍趙忠舍宅踰制，乃奏没入之。又中常侍張讓私求錢五千萬，嵩不與，二人由此爲憾，奏嵩連戰無功，所費者多。其秋徵還，收左車騎將軍印綬，削户六千，更封都鄉侯，二千户。

五年，(梁)〔涼〕州賊王國圍陳倉，復拜嵩爲左將軍，督前將軍董卓，各率二萬人拒之。卓欲速進赴陳倉，嵩不聽。卓曰：「智者不後時，勇者不留決。速救則城全，不救則城滅，全滅之埶，在於此也。」嵩曰：「不然。百戰百勝，不如不戰而屈人之兵。是以先爲不可勝，以待敵之可勝。不可勝在我，可勝在彼。彼守不足，我攻有餘。有餘者動於九天之上，不足者陷於九地之下。今陳倉雖小，城守固備，非九地之陷也。王國雖强，而攻我之所不救，非九天之埶也。夫埶非九天，攻者受害；陷非九地，守者不拔。國今已陷受害之地，而陳倉保不拔之城，我可不煩兵動衆，而取全勝之功，將何救焉！」遂不聽。王國圍陳倉，自冬迄春，八十餘日，城堅守固，竟不能拔。賊衆疲敝，果自解去。嵩進兵擊之。卓曰：「不可。兵法，窮寇勿(迫)〔追〕，歸衆勿(追)〔迫〕。今我追國，是迫歸衆，追窮寇也。困獸猶鬬，蜂蠆有毒，況大衆乎！」嵩曰：「不然。前吾不擊，避其鋭也。今而擊之，待其衰也。所擊疲師，非歸衆也。國衆且走，莫有鬬志。以整擊亂，非窮寇也。」遂獨進擊之，使卓爲後拒。連戰大破之，斬首萬餘級，國走而死。卓大慙恨，由是忌嵩。

明年，卓拜爲并州牧，詔使以兵委嵩，卓不從。嵩從子酈時在軍中，説嵩曰：「本朝失政，天下倒懸，能安危定傾者，唯大人與董卓耳。今怨隙已結，埶不俱存。卓被詔委兵，而上書自請，此逆命也。又以京師昏亂，躊躇不進，此懷姦也。且其兇戾無親，將士不附。大人今爲元帥，杖國威以討之，上顯忠義，下除兇害，此桓文之事也。」嵩曰：「專命雖罪，專誅亦有責也。不如顯奏其事，使朝廷裁之。」於是上書以聞。帝讓卓，卓又增怨於嵩。及後秉政，初平元年，乃徵嵩爲城門校尉，因欲殺之。嵩將行，長史梁衍説曰：「漢室微弱，閹豎亂朝；董卓雖誅之，而不能盡忠於國，遂復寇掠京邑，廢立從意。今徵將軍，大則危禍，小則困辱。今卓在洛陽，天子來西，以將軍之衆，精兵三萬，迎接至尊，奉令討逆，發命海内，徵兵羣帥，袁氏逼其東，將軍迫其西，此成禽也。」嵩不從，遂就徵。有司承旨，奏嵩下吏，將遂誅之。

嵩子堅壽與卓素善，自長安亡走洛陽，歸投於卓。卓方置酒歡會，堅壽直前質讓，責以大義，叩頭流涕。坐者感動，皆離席請之。卓乃起，牽與共坐。使免嵩囚，復拜嵩議郎，遷御史中丞。及卓還長安，公卿百官迎謁道次。卓風令御史中丞已下皆拜以屈嵩，既而抵手言曰：「義真犕未乎？」嵩笑而謝之，卓乃解釋。

及卓被誅，以嵩爲征西將軍，又遷車騎將軍。其年秋，拜太尉，冬，以流星策免。復拜光禄大夫，遷太常。尋李傕作亂，嵩亦病卒，贈驃騎將軍印綬，拜家一人爲郎。

嵩爲人愛慎盡勤，前後上表陳諫有補益者五百餘事，皆手書毁草，不宣於外。又折節下士，門無留客，時人皆稱而附之。

堅壽亦顯名，後爲侍中，辭不拜，病卒。

《東觀漢記》卷一七《皇甫嵩》 皇甫嵩上言，四姓權右，咸各斂手也。

雜録

備録

謝承《後漢書》卷四《皇甫嵩傳》 皇甫嵩請冀州一年田租，以贍飢民。百姓歌曰：「天下亂兮市爲墟，母不保子妻失夫，賴得皇甫復汝居。」

皇甫嵩字義真，拜車騎將軍，討平涼羌胡，選將士梟騎萬隊，戎車三千，公卿百僚皆祖送于平樂觀，大會。既御天下命，又臨虜廷，掃殄羌賊，靡有孑遺，卒整

二州，獻捷振旅。

皇甫嵩爲三公，以身起於汗馬，常折節下士。

司馬彪《續漢書》卷五《皇甫嵩傳》 舉孝廉，爲郎中，遷霸陵、臨汾令，以父喪遂去官。

皇甫嵩爲左中郎將，持節與右中郎將朱儁各領一軍，擊潁川賊，進保長社。

皇甫嵩爲左中郎將，擊匈奴。

皇甫嵩領冀州牧，奏請一年租〔以〕賑饑民。民歌之曰：「天下亂兮市爲墟，母不保子兮妻失夫，賴得皇甫兮復安居。」

華嶠《漢後書》卷三《皇甫嵩傳》 皇甫嵩字義真，拜車騎將軍，領冀州牧。嵩溫卹士卒，甚得衆情。每軍行頓止，須營幔修立，然後就舍帳，軍士皆食爾，乃嘗飯。嵩既破黄巾，威震天下。

華嶠曰：臣父(袁)〔表〕每言臣祖歆云「當時人以皇甫嵩爲不伐，故汝豫之戰，歸功於朱儁，張角之捷，本之於盧植，〔收名斂策，而己不有焉〕。蓋功名者，士之所宜重。誠能不争，天下莫之與争，則怨禍不深矣」。

袁山松《後漢書》卷四《皇甫嵩傳》 皇甫嵩字義〔真〕，安定朝那人。善用兵，飲食舍止，必先將士，然後乃安。兵曹有受賂者，嵩曰：「公素廉清，必資用乏。」乃出錢賜之，吏羞慚而自殺。由是衆皆樂爲致死。

《後漢書・天文志下》 中平元年，黄巾賊起，上遣中郎將皇甫嵩、朱儁等征之，斬首十餘萬級。**【略】**至初平元年，獻帝遷都長安。

《後漢書》卷四八《應劭傳》 中平二年，漢陽賊邊章、韓遂與羌胡爲寇，東侵三輔，時遣車騎將軍皇甫嵩西討之。嵩請發烏桓三千人。北軍中候鄒靖上言：「烏桓衆弱，宜開募鮮卑。」事下四府，大將軍掾韓卓議，以爲「烏桓兵寡，而與鮮卑世爲仇敵，若烏桓被發，則鮮卑必襲其家。烏桓聞之，當復棄軍還救。非唯無益於實，乃更沮三軍之情。鄒靖居近邊塞，究其態詐。若令靖募鮮卑輕騎五千，必有破敵之效」。劭駁之曰：「鮮卑隔在漠北，犬羊爲羣，無君長之帥，廬落之居，而天性貪暴，不拘信義，故數犯障塞，且無寧歲。唯至互市，乃來靡服。苟欲中國珍貨，非爲畏威懷德。計獲事足，旋踵爲害。是以朝家外而不内，蓋爲此也。往者匈奴反叛，度遼將軍馬續、烏桓校尉王元發鮮卑五千餘騎，又武威太守趙沖亦率鮮卑征討叛羌。斬獲醜虜，既不足言，而鮮卑越溢，多爲不法。裁以軍令，則忿戾作亂；制御小緩，則陸掠殘害。劫居人，鈔商旅，噉人牛羊，略人兵馬。得賞既多，不肯去，復欲以物買鐵。邊將不聽，便取縑帛聚欲燒之。邊將恐怖，畏其反叛，辭謝撫順，無敢拒違。今狡寇未殄，而羌爲巨害，如或致悔，其可追乎！臣愚以爲可募隴西羌胡守善不叛者，簡其精勇，多其牢賞。太守李參沈静有謀，必能奬厲得其死力。當思漸消之略，不可倉卒望也。」韓卓復與劭相難反覆。於是詔百官大會朝堂，皆從劭議。

《後漢書》卷五八《蓋勳傳》 及帝崩，董卓廢少帝，殺何太后，勳與書曰：「昔伊尹、霍光權以立功，猶可寒心，足下小醜，何以終此？賀者在門，弔者在廬，可不慎哉！」卓得書，意甚憚之。徵爲議郎。時左將軍皇甫嵩精兵三萬屯扶風，勳密相要結，將以討卓。會嵩亦被徵，勳以衆弱不能獨立，遂並還京師。自公卿以下，莫不卑下於卓，唯勳長揖争禮，見者皆爲失色。

《後漢書》卷六四《盧植傳》 中平元年，黄巾賊起，四府舉植，拜北中郎將，持節，以護烏桓中郎將宗員副，將北軍五校士，發天下諸郡兵征之。連戰破賊帥張角，斬獲萬餘人。角等走保廣宗，植築圍鑿塹，造作雲梯，垂當拔之。帝遣小黄門左豐詣軍觀賊形埶，或勸植以賂送豐，植不肯。豐還言於帝曰：「廣宗賊易破耳。盧中郎固壘息軍，以待天誅。」帝怒，遂檻車徵植，減死罪一等。及車騎將軍皇甫嵩討平黄巾，盛稱植行師方略，嵩皆資用規謀，濟成其功。以其年復爲尚書。

《後漢書》卷六六《王允傳》 允少好大節，有志於立功，常習誦經傳，朝夕試馳射。三公並辟，以司徒高第爲侍御史。中平元年，黄巾賊起，特選拜豫州刺史。辟荀爽、孔融等爲從事，上除禁黨。討擊黄巾别帥，大破之，與左中郎將皇甫嵩、右中郎將朱儁等受降數十萬。於賊中得中常侍張讓賓客書疏，與黄巾交通，允具發其姦，以狀聞。靈帝責怒讓，讓叩頭陳謝，竟不能罪之。而讓懷協忿怨，以事中允。明年，遂傳下獄。**【略】**

士孫瑞字君策，扶風人，頗有才謀。瑞以允自專討董卓之勞，故歸功不侯，所以獲免於難。後爲國三老、光禄大夫。每三公缺，楊彪、皇甫嵩皆讓位於瑞。興平二年，從駕東歸，爲亂兵所殺。

《後漢書》卷七九下《儒林傳論》 自桓、靈之閒，君道秕僻，朝綱日陵，國隙屢啓，自中智以下，靡不審其崩離；而權彊之臣，息其闚盜之謀，豪俊之夫，屈於鄙生之議者，人誦先王言也，下畏逆順埶也。至如張溫、皇甫嵩之徒，功定天下之半，聲馳四海之表，俯仰顧眄，則天業可移，猶鞠躬昏主之下，狼狽折札之命，

散成兵，就繩約，而無悔心。暨乎剥橈自極，人神數盡，然後羣英乘其運，世德終其祚。跡衰敝之所由致，而能多歷年所者，斯豈非學之效乎？故先師垂典文，褒勵學者之功，篤矣切矣。不循《春秋》，至乃比於殺逆，其將有意乎！

酈道元《水經注》卷一九《渭水》 中平元年，靈帝封左中郎將皇甫嵩爲侯國。

李吉甫《元和郡縣圖志》卷一七《河北道二・恒州・鼓城縣》 後漢京觀，在縣西南七里。後漢皇甫嵩攻黄巾賊張角弟寶於下曲陽，首虜千餘人，築爲京觀。

樂史《太平寰宇記》卷六三《河北道十二・冀州》 後漢皇甫嵩字義貞，爲冀州牧，平黄巾賊有功，後嵩奏請冀州一年田租，以賑饑人，帝從之。百姓歌之曰：「天下大亂兮市爲墟，母不保子兮妻失夫，賴得皇甫兮復安居。」

備論

《後漢書》卷七一《皇甫嵩朱儁傳論》 論曰：皇甫嵩、朱儁並以上將之略，受脤倉卒之時，及其功成師剋，威聲滿天下。值弱主蒙塵，獷賊放命，斯誠葉公投袂之幾，翟義鞠旅之日，故梁衍獻規，山東連盟，而舍格天之大業，蹈匹夫之小諒，卒狼狽虎口，爲智士笑。豈天之長斯亂也？何智勇之不終甚乎！前史晉平原華嶠，稱其父光禄大夫表，每言其祖魏太尉歆稱「時人説皇甫嵩之不伐，汝豫之戰，歸功朱儁，張角之捷，本之於盧植，收名斂策，而已不有焉。蓋功名者，世之所甚重也。誠能不争天下之所甚重，則怨禍不深矣」。如皇甫公之赴履危亂，而能終以歸全者，其致不亦貴乎！故顔子願不伐善爲先，斯亦行身之要與！

郝經《續後漢書》卷六《列傳三・漢臣・皇甫嵩等》議 嗚呼！國之將亡，必有以兆亂發於意慮之所不及。東都之季，所以爲亂本者，母后也，外戚也，宦官也，大臣也。及其始禍，乃在一妖賊張角，同日鬨起，至數十百萬，横潰天下，雖嵩、儁仗鉞獮薙，一時豪傑，怙亂植兵，爲背脅疽根而不可去。卒之孫氏、曹氏據有天下十之八，使昭烈奔走一隅，竟不能完漢。蓋綱紀者，國之元氣也，母后、外戚、宦官、大臣更蠹迭壞，國病已成，一旦潰而爲羣盗，聚而爲大盜，僨而不復藥，有國君人者，可不戒哉，可不慎哉！嵩、儁有大將之略，昧匡時之幾，遂爲桀逆所制，不能以功名終。勳，西州義士，烈望高出一時，奮辭抗議，爲卓所憚，不能靖難，銜憤而死，棟折榱崩，自是而漢亡矣。

葉適《習學記言序目》卷二六《後漢書三・列傳》 皇甫嵩，功高一世，處之若無，爲董卓所擠，不敢愛死，可謂恭上命，盡臣節矣。閻忠之説，何足以介其慮乎！世以郭子儀爲難，視此殊不足道。（《皇甫嵩》）

黄震《古今紀要・後漢》 皇甫嵩，破黄巾，却閻忠，破王國涼賊州，董卓忌之。却梁衍之説而就召，諫益五百餘事。

吴廷翰《吴廷翰集》卷上《皇甫嵩》 皇甫嵩功業才名蓋於一時，而卒俛首以就董卓之徵，若非其子堅壽之請，則已延頸受戮矣。夫嵩可以制卓，乃爲卓所制，何也？始嵩與卓因忿生忌，既而卓拜并州，詔以兵委嵩，卓不聽。嵩從子酈説嵩，以「卓被詔不聽，此爲逆命，又以躊躇不進，此爲懷奸。大人身爲元帥，仗節討之，此桓文之舉也」。嵩不能從。此其失之於前也。及卓秉政，徵嵩，嵩長史梁衍説以「卓寇掠京邑，廢立任意，今居洛陽，天子未西，以將軍之衆，迎接至尊，奉命討逆，發令徵兵，袁氏逼其東，將軍蹙其西，此成禽也」。嵩又不從。此其失之於後也。此二策者，豈惟智謀，而實大義之所關。以嵩之識，顧不及此，而迷惑局縮，卒使功隳名殞，爲天下笑，惜哉！

藝文

《全唐文》卷三一七李華《隱者贊七首・皇甫義真》 桓靈政昏，釁因宦者。黄巾四起，血流天下。京師動摇，鬼哭匝野。義真受鉞，誓衆而前。即日掃除，京觀如山。渠帥已死，破棺折元。謡頌風興，家邦獲安。世故紛紛，罕有令人。既成其勳，又保其身。東漢純臣，嗚呼義真。

李雯《蓼齋集》卷一七《贈方仁植先生》 遼海沈沈動兵氣，二十年來東失地。天下無人薦卧龍，先生久望灊山翠。胸藏寶劍七星文，筆下皇圖九州記。邊城萬里如流泉，論兵更悉百年事。慷慨風塵心最雄，開懷折節莫與同。四海皆知鄭公業，時事應推皇甫嵩。黄金盡散安反仄，去年功在樅陽中。恩深更被桑梓怒，翻然屈跡身如龍。此雖尺水見神物，何況健翼陵長風。自從避地白門下，鹿車似是悠悠者。子弟能通黄石書，堂中不養少遊馬。每逢國論一慨嘆，造

膝蓬門身不難。聞道邊庭思頗牧，不免蒼生起謝安。

李天植《李介節先生全集·蜃園詩後集》卷三《仲春日同菁莪季親許雲公無爲堉西郊散步》 偶逐東風過海城，郊原春物更怡情。梅花已落不盡落，柳葉初晴未甚晴。好景從來當冷節，故人重見是餘生。漢家遺廟尊皇甫，此地真堪放浪行。

和瑛《易簡齋詩鈔》卷二《雜感五首》（其四） 治民法然明，治吏師蘇章。不見皇甫嵩，安居歌冀陽。

羅惇衍《集義軒咏史詩鈔》卷二〇《皇甫嵩》 天心尚靳驟除姦，畿服重罹毀裂艱。未奮熊羆伸紀律，徒傷狼狽縱兇頑。一清蛾魚綺反賊功銘石，再奠鴻基令若山。不伐殊勳原厚德，惜無義旅肅朝班。

漢獻帝部

綜述

《後漢書》卷九《孝獻帝紀》 孝獻皇帝諱協，靈帝中子也。母王美人，爲何皇后所害。中平六年四月，少帝即位，封帝爲勃海王，徙封陳留王。

九月甲戌，即皇帝位，年九歲。遷皇太后於永安宮。大赦天下。改昭寧爲永漢。丙子，董卓殺皇太后何氏。

初令侍中、給事黃門侍郎員各六人。賜公卿以下至黃門侍郎家一人爲郎，以補宦官所領諸署，侍於殿上。

乙酉，以太尉劉虞爲大司馬。董卓自爲太尉，加鈇鉞、虎賁。丙戌，太中大夫楊彪爲司空。甲午，豫州牧黃琬爲司徒。

遣使弔祠故太傅陳蕃、大將軍竇武等。冬十月乙巳，葬靈思皇后。

白波賊寇河東，董卓遣其將牛輔擊之。

十一月癸酉，董卓〔自〕爲相國。十二月戊戌，司徒黃琬爲太尉，司空楊彪爲司徒，光祿勳荀爽爲司空。

省扶風都尉，置漢安都護。

詔除光熹、昭寧、永漢三號，還復中平六年。

初平元年春正月，山東州郡起兵以討董卓。

辛亥，大赦天下。

癸酉，董卓殺弘農王。

白波賊寇東郡。

二月乙亥，太尉黃琬、司徒楊彪免。

庚辰，董卓殺城門校尉伍瓊、督軍校尉周珌。以光祿勳趙謙爲太尉，太僕王允爲司徒。

丁亥，遷都長安。董卓驅徙京師百姓悉西入關，自留屯畢圭苑。

三月乙巳，車駕入長安，幸未央宮。

己酉，董卓焚洛陽宮廟及人家。

戊午，董卓殺太傅袁隗、太僕袁基，夷其族。

夏五月，司空荀爽薨。六月辛丑，光祿大夫种拂爲司空。

大鴻臚韓融、少府陰脩、執金吾胡母班、將作大匠吳脩、越騎校尉王瓌安集關東，後將軍袁術、河內太守王匡各執而殺之，唯韓融獲免。

董卓壞五銖錢，更鑄小錢。

是歲，有司奏，和、安、順、桓四帝無功德，不宜稱宗，又恭懷、敬隱、恭愍三皇后並非正嫡，不合稱后，皆請除尊號。制曰：「可。」孫堅殺荊州刺史王叡，又殺南陽太守張咨。

二年春正月辛丑，大赦天下。

二月丁丑，董卓自爲太師。

袁術遣將孫堅與董卓將胡軫戰於陽人，軫軍大敗。董卓遂發掘洛陽諸帝陵。夏四月，董卓入長安。

秋七月，司空种拂免，光祿大夫濟南淳于嘉爲司空。太尉趙謙罷，太常馬日磾爲太尉。

冬十月壬戌，董卓殺衛尉張溫。

十一月，青州黃巾寇太山，太山太守應劭擊破之。黃巾轉寇勃海，公孫瓚與戰於東光，復大破之。

三年春正月丁丑，大赦天下。

袁術遣將孫堅攻劉表於襄陽，堅戰歿。

袁紹及公孫瓚戰于界橋，瓚軍大敗。

夏四月辛巳，誅董卓，夷三族。司徒王允録尚書事，總朝政，遣使者張种撫慰山東。

青州黃巾擊殺兗州刺史劉岱於東平。東郡太守曹操大破黃巾於壽張，降之。

五月丁酉，大赦天下。

丁未，征西將軍皇甫嵩爲車騎將軍。

董卓部曲將李傕、郭汜、樊稠、張濟等反，攻京師。六月戊午，陷長安城，太常种拂、太僕魯旭、大鴻臚周奐、城門校尉崔烈、越騎校尉王頎並戰歿，吏民死者萬餘人。李傕等並自爲將軍。

己未，大赦天下。

李傕殺司隸校尉黄琬，甲子，殺司徒王允，皆滅其族。丙子，前將軍趙謙爲司徒。

秋七月庚子，太尉馬日磾爲太傅，録尚書事。八月，遣日磾及太僕趙岐，持節慰撫天下。車騎將軍皇甫嵩爲太尉。司徒趙謙罷。

九月，李傕自爲車騎將軍，郭汜後將軍，樊稠右將軍，張濟鎮東將軍。濟出屯弘農。

甲申，司空淳于嘉爲司徒，光禄大夫楊彪爲司空，並録尚書事。

冬十二月，太尉皇甫嵩免。光禄大夫周忠爲太尉，參録尚書事。

四年春正月甲寅朔，日有食之。

丁卯，大赦天下。

三月，袁術殺楊州刺史陳温，據淮南。

長安宣平城門外屋自壞。

太尉周忠免，太僕朱儁爲太尉，録尚書事。

下邳賊闕宣自稱天子。

遣侍御史裴茂訊詔獄，原輕繫。六月辛丑，天狗西北行。

九月甲午，試儒生四十餘人，上第賜位郎中，次太子舍人，下第者罷之。詔曰：「孔子歎『學之不講』，不講則所識日忘。今耆儒年踰六十，去離本土，營求糧資，不得專業。結童入學，白首空歸，長委農野，永絶榮望，朕甚愍焉。其依科罷者，聽爲太子舍人。」

冬十月，太學行禮，車駕幸永福城門，臨觀其儀，賜博士以下各有差。

司空楊彪免，太常趙温爲司空。

公孫瓚殺大司馬劉虞。

司空趙温免，乙巳，衛尉張喜爲司空。

是歲，琅邪王容薨。

興平元年春正月辛酉，大赦天下，改元興平。甲子，帝加元服。二月壬午，追尊謚皇妣王氏爲靈懷皇后，甲申，改葬于文昭陵。丁亥，帝耕于藉田。

三月，韓遂、馬騰與郭汜、樊稠戰於長平觀，遂、騰敗績，左中郎將劉範、前益州刺史种劭戰殁。

夏六月丙子，分涼州河西四郡爲廱州。

丁丑，地震；戊寅，又震。乙巳晦，日有食之，帝避正殿，寢兵，不聽事五日。大蝗。

秋七月壬子，太尉朱儁免。戊午，太常楊彪爲太尉，録尚書事。

三輔大旱，自四月至于是月。帝避正殿請雨，遣使者洗囚徒，原輕繫。是時穀一斛五十萬，豆麥一斛二十萬，人相食啖，白骨委積。帝使侍御史侯汶出太倉米豆，爲飢人作糜粥，經日而死者無降。帝疑賦卹有虚，乃親於御坐前量試作糜，乃知非實，使侍中劉艾出讓有司。於是尚書令以下皆詣省閤謝，奏收侯汶考實。詔曰：「未忍致汶于理，可杖五十。」自是之後，多得全濟。

八月，馮翊羌叛，寇屬縣，郭汜、樊稠擊破之。

司徒淳于嘉罷。

以衛尉趙温爲司徒，録尚書事。

十二月，分安定、扶風爲新平郡。

是歲，楊州刺史劉繇與袁術將孫策戰于曲阿，繇軍敗績，孫策遂據江東。太傅馬日磾薨于壽春。

二年春正月癸丑，大赦天下。

二月乙亥，李傕殺樊稠而與郭汜相攻。三月丙寅，李傕脅帝幸其營，焚宫室。

夏四月甲午，立貴人伏氏爲皇后。

丁酉，郭汜攻李傕，矢及御前。是日，李傕移帝幸北塢。

五月壬午，李傕自爲大司馬。六月庚午，張濟自陝來和傕、汜。

秋七月甲子，車駕東歸。郭汜自爲車騎將軍，楊定爲後將軍，楊奉爲興義將軍，董承爲安集將軍，並侍送乘輿。張濟爲票騎將軍，還屯陝。八月甲辰，幸新豐。冬十月戊戌，郭汜使其將伍習夜燒所幸學舍，逼脅乘輿。楊定、楊奉與郭汜戰，破之。壬寅，幸華陰，露次道南。是夜，有赤氣貫紫宫。張濟復反，與李傕、郭汜合。十一月庚午，李傕、郭汜等追乘輿，戰於東澗，王師敗績，殺光禄勳鄧泉、衛尉士孫瑞、廷尉宣播、大長秋苗祀、步兵校尉魏桀、侍中朱展、射聲校尉沮儁。壬申，幸曹陽，露次田中。楊奉、董承引白波帥胡才、李樂、韓暹及匈奴左賢王去卑，率師奉迎，與李傕等戰，破之。十二月庚辰，車駕乃進。李傕等復來追戰，王師大敗，殺略宫人，少府田芬、大司農張義等皆戰殁。進幸陝，夜度河。乙亥，幸安邑。

是歲，袁紹遣將麴義與公孫瓚戰於鮑丘，瓚軍大敗。

建安元年春正月癸酉，郊祀上帝於安邑，大赦天下，改元建安。

二月，韓暹攻衛將軍董承。

夏六月乙未，幸聞喜。秋七月甲子，車駕至洛陽，幸故中常侍趙忠宅。丁丑，郊祀上帝，大赦天下。己卯，謁太廟。八月辛丑，幸南宫楊安殿。

癸卯，安國將軍張楊爲大司馬，韓暹爲大將軍，楊奉爲車騎將軍。

是時，宫室燒盡，百官披荆棘，依牆壁閒。州郡各擁彊兵，而委輸不至，羣僚飢乏，尚書郎以下自出採稆，或飢死牆壁閒，或爲兵士所殺。

辛亥，鎮東將軍曹操自領司隸校尉，録尚書事。曹操殺侍中臺崇、尚書馮碩等。

封衛將軍董承爲輔國將軍，伏完等十三人爲列侯，贈沮儁爲弘農太守。

庚申，遷都許。己巳，幸曹操營。

九月，太尉楊彪、司空張喜罷。冬十一月丙戌，曹操自爲司空，行車騎將軍事，百官總己以聽。

二年春，袁術自稱天子。三月，袁紹自爲大將軍。

是歲飢，江淮閒民相食。袁術殺陳王寵。孫策遣使奉貢。

三年夏四月，遣謁者裴茂率中郎將段煨討李傕，夷三族。呂布叛。

冬十一月，盜殺大司馬張楊。

十二月癸酉，曹操擊呂布於徐州，斬之。

四年春三月，袁紹攻公孫瓚于易京，獲之。

衛將軍董承爲車騎將軍。

夏六月，袁術死。

是歲，初置尚書左右僕射。

五年春正月，車騎將軍董承、偏將軍王服、越騎校尉种輯受密詔誅曹操，事洩。

壬午，曹操殺董承等，夷三族。

秋七月，立皇子馮爲南陽王。壬午，南陽王馮薨。

九月庚午朔，日有食之。詔三公舉至孝二人，九卿、校尉、郡國守相各一人。皆上封事，靡有所諱。

曹操與袁紹戰於官度，紹敗走。

冬十月辛亥，有星孛于大梁。

東海王祗薨。

是歲，孫策死，弟權襲其餘業。

六年春(三)[二]月丁卯朔，日有食之。

七年夏五月庚戌，袁紹薨。于窴國獻馴象。

八年冬十月己巳，公卿初迎冬於北郊，總章始復備八佾舞。

初置司直官，督中都官。

九年秋八月戊寅，曹操大破袁尚，平冀州，自領冀州牧。

冬十月，有星孛于東井。

十二月，賜三公已下金帛各有差。自是三年一賜，以爲常制。

十年春正月，曹操破袁譚於青州，斬之。

夏四月，黑山賊張燕率衆降。

秋九月，賜百官尤貧者金帛各有差。

十一年春正月，有星孛于北斗。

三月，曹操破高幹於并州，獲之。

秋七月，武威太守張猛殺雍州刺史邯鄲商。

是歲，立故琅邪王容子熙爲琅邪王。齊、北海、阜陵、下邳、常山、甘陵、濟(陰)[北]、平原八國皆除。

十二年秋八月，曹操大破烏桓於柳城，斬其蹋頓。

冬十月辛卯，有星孛于鶉尾。

乙巳，黄巾賊殺濟南王贇。

十一月，遼東太守公孫康殺袁尚、袁熙。

十三年春正月，司徒趙温免。

夏六月，罷三公官，置丞相、御史大夫。癸巳，曹操自爲丞相。

秋七月，曹操南征劉表。

八月丁未，光禄勳郗慮爲御史大夫。

壬子，曹操殺太中大夫孔融，夷其族。

是月，劉表卒，少子琮立，琮以荆州降操。

冬十月癸未朔，日有食之。

曹操以舟師伐孫權，權將周瑜敗之於烏林、赤壁。

十六年秋九月庚戌，曹操與韓遂、馬超戰於渭南，遂等大敗，關西平。

是歲，趙王赦薨。

十七年夏五月癸未，誅衛尉馬騰，夷三族。

秋七月，洧水、潁水溢。螟。

八月，馬超破涼州，殺刺史韋康。

九月庚戌，立皇子熙爲濟陰王，懿爲山陽王，邈爲濟北王，敦爲東海王。

十八年春正月庚寅，復《禹貢》九州。

夏五月丙申，曹操自立爲魏公，加九錫。

徙趙王珪爲博陵王。

是歲，彭城王和薨。

十九年，劉備破劉璋，據益州。

冬十月，曹操遣將夏侯淵討宋建于枹罕，獲之。

十一月丁卯，曹操殺皇后伏氏，滅其族及二皇子。

二十年春正月甲子，立貴人曹氏爲皇后。賜天下男子爵，人一級，孝悌、力田二級。賜諸王侯公卿以下穀各有差。

秋七月，曹操破漢中，張魯降。

二十一年夏四月甲午，曹操自進號魏王。

秋七月，匈奴南單于來朝。

是歲，曹操殺琅邪王熙，國除。

二十二年夏六月，丞相軍師華歆爲御史大夫。

是歲大疫。

二十三年春正月甲子，少府耿紀、丞相司直韋晃起兵誅曹操，不克，夷三族。

二十四年春二月壬子晦，日有食之。

夏五月，劉備取漢中。

秋七月庚子，劉備自稱漢中王。

冬十一月，孫權取荊州。

二十五年春正月庚子，魏王曹操薨。子丕襲位。

三月，改元延康。

冬十月乙卯，皇帝遜位，魏王丕稱天子。奉帝爲山陽公，邑一萬户，位在諸侯王上，奏事不稱臣，受詔不拜，以天子車服郊祀天地，宗廟、祖、臘皆如漢制，都山陽之濁鹿城。四皇子封王者，皆降爲列侯。

明年，劉備稱帝于蜀，孫權亦自王於吴，於是天下遂三分矣。

魏青龍二年三月庚寅，山陽公薨。自遜位至薨，十有四年，年五十四，謚孝獻皇帝。八月壬申，以漢天子禮儀葬于禪陵，置園邑令丞。

太子早卒，孫康立五十一年，晋太康六年薨。子瑾立四年，太康十年薨。子秋立二十年，永嘉中爲胡賊所殺，國除。

雜録

備録

華嶠《漢後書》卷一《獻帝紀》 李傕等大戰弘農，百官士卒死者不可勝數。董承密招白波帥李樂等率衆來共擊傕，大破之，乘輿乃得進。承夜潛過曰：「先具舟船爲應。」帝步出營，臨河岸高不得下。時中官伏德扶中宫，一手持十疋絹。乃取德絹，連續挽而下，餘人匍匐岸側，或自投死亡。

司馬彪《續漢書》卷一《獻帝紀》 孝獻皇帝諱協，靈帝少子也。母曰王美人，何皇后妬而害之，靈帝母永樂太后董氏收養焉，故號「董侯」。中平六年四月，靈帝崩，太子辯即尊位，年幼。皇太后詔封上爲勃海王。七月，徙封陳留王。

昭寧元年，董卓住兵屯〔顯〕陽苑，使者就拜司空。

九月，董卓廢天子，立陳留王。是日即皇帝位，年九歲，董卓秉政。初平元年二月，天子自洛陽遷都長安。興平元年正月，帝加元服。二年十月，上自長安東遷。建安元年七月，至雒陽。八月，上自雒陽遷都於許。

建安二十二年，命魏王建天子旌旗，出警入蹕。

二十五年十月，上禪位於魏。魏王即帝位，封上爲山陽公。青龍二年三月，薨，以天子禮葬禪陵。

謝承《後漢書》卷一《獻帝紀》 曹操逼獻帝廢伏后，以尚書令華歆〔爲〕郗慮副，勒兵入宫收后。后閉户藏壁中，歆就牽后出。時帝在外殿，后被髮徒跣行泣過，訣曰：「不能復相活耶！」帝曰：「我亦不知命在何時！」

王嘉《拾遺記》卷六　獻帝伏皇后，聰惠仁明，有聞於内則。及乘輿爲李傕所敗，晝夜逃走，宫人奔竄，萬無一生。至河，無舟楫，后乃負帝以濟河，河流迅急，惟覺脚下如有乘踐，則神物之助焉。兵戈逼岸，后乃以身擁遏於帝。帝傷趾，后以綉拭血，刮玉釵以覆於瘡，應手則愈。以淚湔帝衣及面，潔静如浣。軍人嘆伏：雖亂猶有明智婦人。精誠之至，幽祇之所感矣。

《後漢書》卷一〇下《皇后紀下·靈思何皇后紀》　光和三年，立爲皇后。明年，追號后父真爲車騎將軍、舞陽宣德侯，因封后母興爲舞陽君。時王美人任娠，畏后，乃服藥欲除之，而胎安不動，又數夢負日而行。四年，生皇子協，后遂酖殺美人。帝大怒，欲廢后，諸宦官固請得止。董太后自養協，號曰董侯。

王美人，趙國人也。祖父苞，五官中郎將。美人豐姿色，聰敏有才明，能書會計，以良家子應法相選入掖庭。帝愍協早失母，又思美人，作《追德賦》、《令儀頌》。

初，太后新立，當謁二祖廟，欲齋，輒有變故，如此者數，竟不克。時有識之士心獨怪之，後遂因何氏傾没漢祚焉。

明年，山東義兵大起，討董卓之亂。卓乃置弘農王於閣上，使郎中令李儒進酖，曰：「服此藥，可以辟惡。」王曰：「我無疾，是欲殺我耳！」不肯飲。强飲之，不得已，乃與妻唐姬及宫人飲讌别。酒行，王悲歌曰：「天道易兮我何艱！棄萬乘兮退守蕃。逆臣見迫兮命不延，逝將去汝兮適幽玄！」因令唐姬起舞，姬抗袖而歌曰：「皇天崩兮后土穨，身爲帝兮命夭摧。死生路異兮從此乖，柰我煢獨兮心中哀！」因泣下嗚咽，坐者皆歔欷。王謂姬曰：「卿王者妃，埶不復爲吏民妻。自愛，從此長辭！」遂飲藥而死。時年十八。

唐姬，潁川人也。王薨，歸鄉里。父會稽太守瑁欲嫁之，姬誓不許。及李傕破長安，遣兵鈔關東，略得姬。傕因欲妻之，固不聽，而終不自名。尚書賈詡知之，以狀白獻帝。帝聞感愴，乃下詔迎姬，置園中，使侍中持節拜爲弘農王妃。

初平元年二月，葬弘農王於故中常侍趙忠成壙中，謚曰懷王。

帝求母王美人兄斌，斌將妻子詣長安，賜第宅田業，拜奉車都尉。

興平元年，帝加元服。有司奏立長秋宫。詔曰：「朕夙受不弘，遭值禍亂，未能紹先，以光故典。皇母前薨，未卜宅兆，禮章有闕，中心如結。三歲之慼，蓋不言吉，且須其後。」於是有司乃奏追尊王美人爲靈懷皇后，改葬文昭陵，儀比敬、恭二陵，使光禄大夫持節行司空事奉璽綬，斌與河南尹駱業復土。

《後漢書》卷一〇下《皇后紀下·獻帝伏皇后紀》　獻帝伏皇后諱壽，琅邪東武人，大司徒湛之八世孫也。父完，沈深有大度，襲爵不其侯，尚桓帝女陽安公主，爲侍中。

初平元年，從大駕西遷長安，后時入掖庭爲貴人。興平二年，立爲皇后，完遷執金吾。帝尋而東歸，李傕、郭汜等追敗乘輿於曹陽，帝乃潛夜度河走，六宫皆步行出營。后手持縑數匹，董承使符節令孫徽以刃脅奪之，殺傍侍者，血濺后衣。既至安邑，御服穿敝，唯以棗栗爲糧。建安元年，拜完輔國將軍，儀比三司。完以政在曹操，自嫌尊戚，乃上印綬，拜中散大夫，尋遷屯騎校尉。十四年卒，子典嗣。

自帝都許，守位而已，宿衛兵侍，莫非曹氏黨舊姻戚。議郎趙彦嘗爲帝陳言時策，曹操惡而殺之。其餘内外，多見誅戮。操後以事入見殿中，帝不任其憤，因曰：「君若能相輔，則厚；不爾，幸垂恩相捨。」操失色，俛仰求出。舊儀，三公領兵朝見，令虎賁執刃挾之。操出，顧左右，汗流浹背，自後不敢復朝請。

董承女爲貴人，操誅承而求貴人殺之。帝以貴人有妊，累爲請，不能得。后自是懷懼，乃與父完書，言曹操殘逼之狀，令密圖之。完不敢發。至十九年，事乃露泄。操追大怒，遂逼帝廢后，假爲策曰：「皇后壽，得由卑賤，登顯尊極，自處椒房，二紀于兹。既無任、姒徽音之美，又乏謹身養己之福，而陰懷妒害，苞藏禍心，弗可以承天命，奉祖宗。今使御史大夫郗慮持節策詔，其上皇后璽綬，退避中宫，遷于它館。嗚呼傷哉！自壽取之，未致于理，爲幸多焉。」又以尚書令華歆爲郗慮副，勒兵入宫收后。閉户藏壁中，歆就牽后出。時帝在外殿，引慮於坐。后被髮徒跣行泣過訣曰：「不能復相活邪？」帝曰：「我亦不知命在何時！」顧謂慮曰：「郗公，天下寧有是邪？」遂將后下暴室，以幽崩。所生二皇子，皆酖殺之。后在位二十年，兄弟及宗族死者百餘人，母盈等十九人徙涿郡。

《後漢書》卷一〇下《皇后紀下·獻穆曹皇后紀》　獻穆曹皇后諱節，魏公曹操之中女也。建安十八年，操進三女憲、節、華爲夫人，聘以束帛玄纁五萬匹，小者待年於國。十九年，並拜爲貴人。及伏皇后被弑，明年，立節爲皇后。魏受禪，遣使求璽綬，后怒不與。如此數輩，后乃呼使者入，親數讓之，以璽抵軒下，因涕泣横流曰：「天不祚爾！」左右皆莫能仰視。

李吉甫《元和郡縣圖志》卷一六《河北道一·懷州·修武縣》　禪陵，在縣北

三十五里。獻帝陵也，以禪讓名。

郝經《續後漢書》卷八《列傳・董承傳》 董承，靈帝母永樂太后之姪，獻帝之舅也。既召曹操遷帝於許，以承爲車騎將軍，開府。自都許之後，權歸曹氏，天子總己，百官備員而已。帝不勝操專逼，置密詔衣帶中付承，令與昭烈結天下義士共誅操。未發，操遣昭烈東征袁術，承更與偏將軍王服謀曰：「郭多有數百兵，壞李傕數萬人，顧足下與吾同否？昔吕不韋之門須子楚而後高，今吾與子猶是也。」服惶懼不敢當，且曰：「兵少耳。」承曰：「舉事訖，得操成兵，顧豈少耶？今長水校尉種輯、議郎吴碩，吾腹心辦事者。」遂與服及輯、碩決計。事覺，承等皆爲操所誅，夷三族。

備論

袁山松《後漢書》卷一《獻帝紀》 天子自雒陽遷都長安。初長安遭赤眉亂，宫室焚盡，唯有高廟，遂居之。

獻帝崎嶇危亂之間，飄薄萬里之衢，萍流蓬轉，險阻備經，自古帝王未之有也。觀其天性慈愛，弱而神惠，若輔之以德，真守文令主也。曹氏始於勤王，終至滔天，遂力制羣雄，負鼎而趨。然因其利器，假而不反，迴山倒海，遂移天日。昔田常假湯武而殺君，操因堯舜而竊國，所乘不同濟，其盜賊之身一也。善乎莊生之言「竊鈎者誅，竊國者爲諸侯。〔諸侯〕之門，仁義在焉」，信矣！

《後漢書》卷九《孝獻帝紀論贊》 論曰：傳稱鼎之爲器，雖小而重，故神之所寶，不可奪移。至令負而趨者，此亦窮運之歸乎！天厭漢德久矣，山陽其何誅焉！

贊曰：獻生不辰，身播國屯。終我四百，永作虞賓。

藝文

《全唐詩》卷七二九周曇《詠史詩・獻帝》 祇爲曹侯數貴人，普天黔首盡黄巾。漢靈早聽侍中諫，安得獻生稱不辰。

趙賓《學易菴詩集》卷八《范介子太史遇小伻星軺驛附致手書賦答三絶并訊詹玉峰龐鶴汀馮無咎》 別賦銷魂漢帝宫，年年音問滯郵筒。爲語茂陵諸賦客，倦遊莫漫著牆東。

張雲璈《簡松草堂詩文集》詩集卷五《書魏本紀後》 曹家虎視欲吞劉，四十年來帝業休。忽漫當塗逢典午，依然亡國是陳留。

張問陶《船山詩草》補遺卷三《漢獻帝陵》 銅雀荒臺何處憑，山陽坏土尚堪徵。歌塵散後椎疑冢，螢火秋來識禪陵。猶爲赤符題玉篆，不堪碧血照魚燈。東都建武還祠祭，嘆汝無才繼中興。

孔融部

綜述

《後漢書》卷七〇《孔融傳》 孔融字文舉，魯國人，孔子二十世孫也。七世祖霸，爲元帝師，位至侍中。父宙，太山都尉。

融幼有異才。年十歲，隨父詣京師。時河南尹李膺以簡重自居，不妄接士賓客，勑外自非當世名人及與通家，皆不得白。融欲觀其人，故造膺門。語門者曰：「我是李君通家子弟。」門者言之。膺請融，問曰：「高明祖父嘗與僕有恩舊乎？」融曰：「然。先君孔子與君先人李老君同德比義，而相師友，則融與君累世通家。」衆坐莫不歎息。太中大夫陳煒後至，坐中以告煒。煒曰：「夫人小而聰了，大未必奇。」融應聲曰：「觀君所言，將不早惠乎？」膺大笑曰：「高明必爲偉器。」

年十三，喪父，哀悴過毀，扶而後起，州里歸其孝。性好學，博涉多該覽。

山陽張儉爲中常侍侯覽所怨，覽爲刊章下州郡，以名捕儉。儉與融兄褒有舊，亡抵於褒，不遇。時融年十六，儉少之而不告。融見其有窘色，謂曰：「兄雖在外，吾獨不能爲君主邪？」因留舍之。後事泄，國相以下，密就掩捕，儉得脱走，遂并收褒、融送獄。二人未知所坐。融曰：「保納舍藏者，融也，當坐之。」褒曰：「彼來求我，非弟之過，請甘其罪。」吏問其母，母曰：「家事任長，妾當其辜。」一門争死，郡縣疑不能決，乃上讞之，詔書竟坐褒焉。融由是顯名，與平原陶丘洪、陳留邊讓齊聲稱。州郡禮命，皆不就。

辟司徒楊賜府。時隱覈官僚之貪濁者，將加貶黜，融多舉中官親族。尚書畏迫内寵，召掾屬詰責之。融陳對罪惡，言無阿撓。河南尹何進當遷爲大將軍，楊賜遣融奉謁賀進，不時通，融即奪謁還府，投劾而去。河南官屬恥之，私遣劒客欲追殺融。客有言於進曰：「孔文舉有重名，將軍若造怨此人，則四方之士引領而去矣。不如因而禮之，可以示廣於天下。」進然之，既拜而辟融，舉高第，爲侍御史。與中丞趙舍不同，託病歸家。

後辟司空掾，拜中軍候。在職三日，遷虎賁中郎將。會董卓廢立，融每因對荅，輒有匡正之言。以忤卓旨，轉爲議郎。時黄巾寇數州，而北海最爲賊衝，卓乃諷三府同舉融爲北海相。

融到郡，收合士民，起兵講武，馳檄飛翰，引謀州郡。賊張饒等羣輩二十萬衆從冀州還，融逆擊，爲饒所敗，乃收散兵保朱虚縣。稍復鳩集吏民爲黄巾所誤者男女四萬餘人，更置城邑，立學校，表顯儒術，薦舉賢良鄭玄、彭璆、邴原等。郡人甄子然、臨孝存知名早卒，融恨不及之，乃命配食縣社。其餘雖一介之善，莫不加禮焉。郡人無後及四方游士有死亡者，皆爲棺具而斂葬之。時黄巾復來侵暴，融乃出屯都昌，爲賊管亥所圍。融逼急，乃遣東萊太史慈求救於平原相劉備。備驚曰：「孔北海乃復知天下有劉備邪？」即遣兵三千救之，賊乃散走。

時袁、曹方盛，而融無所協附。左丞祖者，稱有意謀，勸融有所結納。融知紹、操終圖漢室，不欲與同，故怒而殺之。

融負其高氣，志在靖難，而才疎意廣，迄無成功。在郡六年，劉備表領青州刺史。建安元年，爲袁譚所攻，自春至夏，戰士所餘裁數百人，流矢雨集，戈矛内接。融隱几讀書，談笑自若。城夜陷，乃奔東山，妻子爲譚所虜。

及獻帝都許，徵融爲將作大匠，遷少府。每朝會訪對，融輒引正定議，公卿大夫皆隸名而已。

初，太傅馬日磾奉使山東，及至淮南，數有意於袁術。術輕侮之，遂奪取其節，求去又不聽，因欲逼爲軍帥。日磾深自恨，遂嘔血而斃。及喪還，朝廷議欲加禮。融乃獨議曰：「日磾以上公之尊，秉髦節之使，銜命直指，寧輯東夏，而曲媚姦臣，爲所牽率，章表署用，輒使首名，附下罔上，姦以事君。昔國佐當晉軍而不撓，宜僚臨白刃而正色。王室大臣，豈得以見脅爲辭！又袁術僭逆，非一朝一夕，日磾隨從，周旋歷歲。《漢律》與罪人交關三日已上，皆應知情。《春秋》魯叔孫得臣卒，以不發揚襄仲之罪，貶不書日。鄭人討幽公之亂，斲子家之棺。聖上哀矜舊臣，未忍追案，不宜加禮。」朝廷從之。

時論者多欲復肉刑。融乃建議曰：「古者敦庬，善否不別，吏端刑清，政無過失。百姓有罪，皆自取之。末世陵遲，風化壞亂，政撓其俗，法害其人。故曰上失其道，民散久矣。而欲繩之以古刑，投之以殘弃，非所謂與時消息者也。紂斮朝涉之脛，天下謂爲無道。夫九牧之地，千八百君，若各刖一人，是下常有千八百紂也。求俗休和，弗可得已。且被刑之人，慮不念生，志在思死，類多趨惡，

莫復歸正。夙沙亂齊，伊戾禍宋，趙高、英布，爲世大患。不能止人遂爲非也，適足絶人還爲善耳。雖忠如鬻拳，信如卞和，智如孫臏，冤如巷伯，才如史遷，達如子政，一離刀鋸，没世不齒。是太甲之思庸，穆公之霸秦，南睢之骨立，衛武之《初筵》，陳湯之都賴，魏尚之守邊，無所復施也。漢開改惡之路，凡爲此也。故明德之君，遠度深惟，弃短就長，不苟革其政者也。」朝廷善之，卒不改焉。

是時荆州牧劉表不供職貢，多行僭僞，遂乃郊祀天地，擬斥乘輿。詔書班下其事。融上疏曰：「竊聞領荆州牧劉表桀逆放恣，所爲不軌，至乃郊祭天地，擬儀社稷。雖昏僭惡極，罪不容誅，至於國體，宜且諱之。何者？萬乘至重，天王至尊，身爲聖躬，國爲神器，陛級縣遠，禄位限絶，猶天之不可階，日月之不可踰也。每有一豎臣，輒云圖之，若形之四方，非所以杜塞邪萌。愚謂雖有重戾，必宜隱忍。賈誼所謂『擲鼠忌器』，蓋謂此也。是以齊兵次楚，唯責包茅；王師敗績，不書晉人。前以露袁術之罪，今復下劉表之事，是使跛牂欲闚高岸，天險可得而登也。案表跋扈，擅誅列侯，遏絶詔命，斷盜貢篚，招呼元惡，以自營衛，專爲羣逆，主萃淵藪。郜鼎在廟，章孰甚焉！桑落瓦解，其埶可見。臣愚以爲宜隱郊祀之事，以崇國防。」

五年，南陽王馮、東海王祇薨，帝傷其早殁，欲爲脩四時之祭，以訪於融。融對曰：「聖恩敦睦，感時增思，悼二王之靈，發哀愍之詔，稽度前典，以正禮制。竊觀故事，前梁懷王、臨江愍王、齊哀王、臨淮懷王並薨無後，同産昆弟，即景、武、昭、明四帝是也，未聞前朝修立祭祀。若臨時所施，則不列傳紀。臣愚以爲諸在沖亂，聖慈哀悼，禮同成人，加以號謚者，宜稱上恩，祭祀禮畢，而後絶之。至於一歲之限，不合禮意，又違先帝已然之法，所未敢處。」

初，曹操攻屠鄴城，袁氏婦子多見侵略，而操子丕私納袁熙妻甄氏。融乃與操書，稱「武王伐紂，以妲己賜周公」。操不悟，後問出何經典，對曰：「以今度之，想當然耳。」後操討烏桓，又嘲之曰：「大將軍遠征，蕭條海外。昔肅慎不貢楛矢，丁零盜蘇武牛羊，可并案也。」

時年飢兵興，操表制酒禁，融頻書争之，多侮慢之辭。既見操雄詐漸著，數不能堪，故發辭偏宕，多致乖忤。又嘗奏宜準古王畿之制，千里寰内，不以封建諸侯。操疑其所論建漸廣，益憚之。然以融名重天下，外相容忍，而潛忌正議，慮鯁大業。山陽郗慮承望風旨，以微法奏免融官。因顯明讎怨，操故書激厲融曰：「蓋聞唐虞之朝，有克讓之臣，故麟鳳來而頌聲作也。後世德薄，猶有殺身爲君，破家爲國。及至其敝，睚眦之怨必讎，一餐之惠必報。故鼂錯念國，遘禍於袁盎；屈平悼楚，受譖於椒、蘭；彭寵傾亂，起自朱浮；鄧禹威損，失於宗、馮。由此言之，喜怒怨愛，禍福所因，可不慎與！昔廉、藺小國之臣，猶能相下；寇、賈倉卒武夫，屈節崇好；光武不問伯升之怨；齊侯不疑射鉤之虜。夫立大操者，豈累細故哉！往聞二君有執法之平，以爲小介，當收舊好；而怨毒漸積，志相危害，聞之憮然，中夜而起。昔國家東遷，文舉盛歎鴻豫名實相副，綜達經學，出於鄭玄，又明《司馬法》，鴻豫亦稱文舉奇逸博聞，誠怪今者與始相違。孤與文舉既非舊好，又於鴻豫亦無恩紀，然願人之相美，不樂人之相傷，是以區區思協歡好。又知二君羣小所搆，孤爲人臣，進不能風化海内，退不能建德和人，然撫養戰士，殺身爲國，破浮華交會之徒，計有餘矣。」

融報曰：「猥惠書教，告所不逮。融與鴻豫州里比郡，知之最早。雖嘗陳其功美，欲以厚於見私，信於爲國，不求其覆過掩惡，有罪望不坐也。前者黜退，懽欣受之。昔趙宣子朝登韓厥，夕被其戮，喜而求賀。況無彼人之功，而敢枉當官之平哉！忠非三閭，智非鼂錯，竊位爲過，免罪爲幸。乃使餘論遠聞，所以慙懼也。朱、彭、寇、賈，爲世壯士，愛惡相攻，能爲國憂。至於輕弱薄劣，猶昆蟲之相嚙，適足還害其身，誠無所至也。晉侯嘉其臣所争者大，而師曠以爲不如心競。性既遲緩，與人無傷，雖出胯下之負，榆次之辱，不知貶毁之於己，猶蚊虻之一過也。子産謂人心不相似，或矜執者，欲以取勝爲榮，不念宋人待四海之客，大鑪不欲令酒酸也。至於屈穀巨瓠，堅而無竅，當以無用罪之耳。它者奉遵嚴教，不敢失墜。郗爲故吏，融所推進。趙衰之拔郤穀，不輕公叔之升臣也。知同其愛，訓誨發中。雖懿伯之忌，猶不得念，況恃舊交，而欲自外於賢吏哉！輒布腹心，脩好如初。苦言至意，終身誦之。」

歲餘，復拜太中大夫。性寬容少忌，好士，喜誘益後進。及退閑職，賓客日盈其門。常歎曰：「坐上客恒滿，尊中酒不空，吾無憂矣。」與蔡邕素善，邕卒後，有虎賁士貌類於邕，融每酒甜，引與同坐，曰：「雖無老成人，且有典刑。」融聞人之善，若出諸己，言有可採，必演而成之，面告其短，而退稱所長，薦達賢士，多所奬進，知而未言，以爲己過，故海内英俊皆信服之。

曹操既積嫌忌，而郗慮復搆成其罪，遂令丞相軍謀祭酒路粹枉狀奏融曰：「少府孔融，昔在北海，見王室不静，而招合徒衆，欲規不軌，云『我大聖之後，而見滅於宋，有天下者，何必卯金刀』。及與孫權使語，謗訕朝廷。又融爲九列，不

遵朝儀，秃巾微行，唐突宫掖。又前與白衣禰衡跌蕩放言，云『父之於子，當有何親？論其本意，實爲情欲發耳。子之於母，亦復奚爲？譬如寄物缻中，出則離矣』。既而與衡更相贊揚。衡謂融曰：『仲尼不死。』融荅曰：『顔回復生。』大逆不道，宜極重誅。」書奏，下獄棄市。時年五十六。妻子皆被誅。

初，女年七歲，男年九歲，以其幼弱得全，寄它舍。二子方弈棊，融被收而不動。左右曰：「父執而不起，何也？」荅曰：「安有巢毁而卵不破乎！」主人有遺肉汁，男渴而飲之。女曰：「今日之禍，豈得久活，何賴知肉味乎？」兄號泣而止。或言於曹操，遂盡殺之。及收至，謂兄曰：「若死者有知，得見父母，豈非至願！」乃延頸就刑，顔色不變，莫不傷之。

初，京兆人脂習元升，與融相善，每戒融剛直。及被害，許下莫敢收者，習往撫尸曰：「文舉舍我死，吾何用生爲？」操聞大怒，將收習殺之，後得赦出。

魏文帝深好融文辭，每歎曰：「楊、班儔也。」募天下有上融文章者，輒賞以金帛。所著詩、頌、碑文、論議、六言、策文、表、檄、教令、書記凡二十五篇。文帝以習有欒布之節，加中散大夫。

《東觀漢紀》卷一七《孔融》 孔融上書曰：「先帝褒厚老臣，懼其隕越，是故扶接助其氣力。三公刺掖，近爲憂之，非警戒也。云備大臣，非其類也。」

郝經《續後漢書》卷七〇上《孔融傳》 孔融字文舉，魯國人，孔子二十世孫也。七世祖霸，爲元帝師，號褒成君。父宙，泰山都尉。

融夙悟，有異才。兄弟七人，而融居六。年四歲，與諸兄共食梨，融取小者。父問其故，融曰：「小兒法當取小者。」由是宗族奇之。年十歲，隨父詣京師。時河南尹李膺以簡重自居，不妄接士，勑外自非當世名人及與通家，皆不得白。融欲觀其人，故造膺門，語門者曰：「我是李君通家子弟。」門者言之。膺請融，問曰：「高明祖父嘗與僕有恩舊乎？」融曰：「然，先君孔子與君先人李老君同德比義，而相師友，則融與君累世通家。」衆坐莫不歎息。太中大夫陳煒後至，坐中以告煒。煒曰：「夫人小而聰了，大未必奇。」融應聲曰：「觀君所言，將不早惠乎？」膺大笑曰：「高明必爲偉器。」

年十三，喪父，哀悴過毁，扶而後起，州里稱其孝。好學博涉，文辭高壯，傑氣蓋世。

山陽張儉爲中常侍侯覽所怨，詔爲刊章下州郡，以名捕儉。儉與融兄褒有舊，亡抵褒，不遇。時融年十六，儉少之而不告。融見其有窘色，謂曰：「兄雖在外，吾獨不能爲君主耶？」因留舍之。後事泄，國相以下，密就掩捕，儉得脱走，遂併收褒、融送獄。二人未知所坐。融曰：「保納舍藏者，融也，當坐之。」褒曰：「彼來求我，非弟之過，請甘其罪。」吏問其母，母曰：「家事任長，妾當其辜。」一門争死，郡縣疑不能決，乃上讞之，詔書竟坐褒焉。融由是顯名，與平原陶丘洪、陳留邊讓俱爲俊秀冠蓋。融持論經理不及讓等，而逸才宏博過之。州郡禮命，皆不就。

辟司徒楊賜府。時隱覈官僚之貪濁者，將加貶黜，融多舉中官親族。尚書畏迫内寵，召掾屬詰責之。融陳對罪惡，言無阿撓。河南尹何進當遷爲大將軍，楊賜遣融奉謁賀進，不時通，融即奪謁還府，投劾而去。河南官屬恥之，私遣劍客欲追殺融。客有言於進曰：「孔文舉有重名，將軍若造怨此人，則四方之士引領而去矣。不如因而禮之，可以示廣於天下。」進然之，既拜而辟融，舉高第，爲侍御史。與中丞趙舍不同，託病歸家。後辟司空掾，拜北軍中候。在職三日，遷虎賁中郎將。會董卓廢立，融義形於色，輒有匡正，遂忤卓，轉爲議郎。時黄巾寇數州，而北海最爲賊衝，卓乃諷三府舉融爲北海相。

融到郡，收合士民，起兵講武，馳檄飛翰，引謀州郡。賊張饒等羣輩二十萬衆從冀州還，融逆擊，爲饒所敗，乃收散兵保朱虚縣。稍復鳩集吏民爲黄巾所誤者男女四萬餘人，更置城邑，立學校，表顯儒術，薦舉賢良鄭玄、彭璆、邴原等。郡人甄子然、臨孝存知名早卒，融恨不及見之，乃命配食縣社。其餘雖一介之善，莫不加禮焉。郡人無後及四方游士有死亡者，皆爲棺具斂葬焉。黄巾復來侵暴，融乃出屯都昌，爲賊管亥所圍。融逼急，乃遣東萊太史慈求救於昭烈。昭烈即遣兵三千救之，賊乃散走。

融負其高氣，志在靖難，而才疏意廣，訖無成功。高談清教，盈溢官曹，辭氣温雅，可玩而誦。論事考實，難可悉行。但能張磔網羅，而目理甚疏。造次能得人心，久久亦不願附也。其所任用，好奇取異，多剽輕小才，如王子法、劉孔慈等，委以腹心。至於尊事名儒鄭玄，執子孫禮，易其鄉名曰「鄭公鄉」。及清雋之士左承祖、劉義遜等，皆備在座席而已，不與論政事，曰：「此民望不可失也。」黄巾來寇，融戰敗，走保都昌。時曹、袁、公孫首尾相連，融兵弱糧寡，孤立一隅，不與相通。左承祖勸融宜自託强國，融知紹、操終圖漢室，不欲與同，故怒而殺之。劉義遜棄去。在郡六年，昭烈表領青州刺史。建安元年，爲袁譚所攻，自春及夏，戰士所餘裁數百人，流矢雨集，戈矛内接，融隱几讀書，談笑自若。城夜陷，

乃奔東山，妻子爲譚所虜。

及獻帝都許，徵融爲將作大匠，遷少府。每朝會訪對，融輒引正定議，公卿大夫皆隸名而已。初，太傅馬日磾奉使山東，失節於袁術而死。及喪還朝廷，議欲加禮，融議以爲大臣失節，不宜加禮。朝廷從之。時論者多欲復肉刑，融乃建議，以爲世變既下，宜從先漢，不可苟革。朝廷善之，卒不復焉。尚書令楊彪見曹操專朝，惡之。操誣彪與袁術通，奏收下獄，劾以大逆，將誅之。融聞之，不及朝服，往見操，曰：「楊公四世清德，海内所瞻，《周書》『父子兄弟，罪不相及』，況以袁氏歸罪楊公！《易》稱『積善餘慶』，徒欺人爾！」操曰：「此國家之意。」融曰：「假使成王殺召公，周公可得言不知耶？今天下纓緌搢紳所以瞻仰明公者，以公聰明仁智，輔相漢朝，舉直錯枉，致之雍熙也。今横殺不辜，則海内觀聽，誰不解體？孔融，魯國男子，明日便當拂衣而去，不復朝矣！」操不得已，理出彪。

荆州牧劉表不供職貢，多行僭僞，遂乃郊祀天地，擬斥乘輿。詔書班下其事。融上疏曰：「竊聞領荆州牧劉表桀逆放恣，所爲不軌，至乃郊祀天地，擬儀社稷。雖昏僭惡極，罪不容誅，至於國體，宜且諱之。何者？萬乘至重，天王至尊，身爲聖躬，國爲神器，陛級縣遠，禄位限絶，猶天之不可階，日月之不可踰也。每有一豎臣，輒云圖之，若形之四方，非所以杜塞邪萌。愚謂雖有重戾，必宜隱忍。賈誼所謂『擲鼠忌器』，蓋謂此也。是以齊兵次楚，惟責包茅；王師敗績，不書晉人。前已露袁術之罪，今復下劉表之事，是使跛牂欲闚高岸，天險可得而登也。案表跋扈，擅誅列侯，遏絶詔命，斷盜貢(筐)〔篚〕，招呼元惡，以自營衛，專爲羣逆，主萃淵藪。郜鼎在廟，章孰甚焉！桑落瓦解，其勢可見。臣愚以爲宜隱郊祀之事，以崇國防。」

五年，南陽王馮、東海王祗薨，帝傷其早没，欲爲修四時之祭，以訪于融。融對曰：「聖恩敦睦，感時增思，悼二王之靈，發哀愍之詔，稽度前典，以正禮制。竊觀故事，前梁懷王、臨江愍王、齊懷王、臨淮公並薨無後，同産昆弟，即景、武、昭、明四帝是也，未聞前朝修立祭祀。若臨時所施，則不列傳紀。臣愚以爲諸在沖亂，聖慈哀悼，禮同成人，加以號謚者，宜稱上恩，祭祀禮畢，而後絶之。至於一歲之限，不合禮意，又違先帝已然之法，所未敢處。」

初，曹操攻屠鄴城，袁氏婦子多見侵略，而操子丕納袁熙妻甄氏，融乃與操書，稱「武王伐紂，以妲己賜周公」。操不悟，後問出何經典。對曰：「以今度之，想當然爾。」後操討烏桓，又嘲之曰：「大將軍遠征，蕭條海外。昔肅慎不貢楛矢，丁零盜蘇武牛羊，可并案也。」時年饑兵興，操表制酒禁，融頻書爭之，多侮慢之辭。

既見操雄詐漸著，數不能堪，故發辭偏宕，多致乖忤。又常奏宜準古王畿之制，千里寰内，不以封建諸侯。操疑其所論建漸廣，益憚之。然以融名重天下，外相容忍，而潛忌正議，慮鯁大業。帝嘗特見光禄勳山陽郗慮及融，問融曰：「鴻豫何所優長？」融曰：「可與適道，未可與權？」慮舉笏曰：「融昔宰北海，政散人流，其權安在？」遂與融互相短長，以至失和。未幾，慮遷御史大夫，承望操風旨，以微法奏免融官。因顯明讎怨，操故以書激厲融曰：「蓋聞唐虞之朝，有克讓之臣，故麟鳳來而頌聲作也。後世德薄，猶有殺身爲君，破家爲國。及至其敝，睚眦之怨必讎，一餐之惠必報。故鼂錯念國，遘禍於袁盎；屈平悼楚，受譖於椒、蘭；彭寵傾亂，起自朱浮；鄧禹威損，失於宗、馮。由此言之，喜怒怨愛，禍福所因，可不慎與！昔廉、藺小國之臣，猶能相下；寇、賈倉卒武夫，屈節崇好；光武不問伯升之怨；齊侯不疑射鉤之虜。夫立大操者，豈累細故哉！往聞二君有執法之平，以爲小介，當收舊好；而怨毒漸積，志相危害，聞之憮然，中夜而起。昔國家東遷，文舉盛歎鴻豫名實相副，綜達經學，出於鄭玄，又明《司馬法》，鴻豫亦稱文舉奇逸博聞，誠怪今者與始相違。孤與文舉既非舊好，又於鴻豫亦無恩紀，然願人之相美，不樂人之相傷，是以區區思協歡好。又知二君羣小所構，孤爲人臣，進不能風化海内，退不能建德和人，然撫養戰士，殺身爲國，破浮華交會之徒，計有餘矣。」融報曰：「猥惠書教，告所不逮。融與鴻豫州里比郡，知之最早。雖嘗陳其功美，欲以厚於見私，信於爲國，不求其覆過掩惡，有罪望不坐也。前者黜退，懽欣受之。昔趙宣子朝登韓厥，夕被其戮，喜而求賀。況無彼人之功，而敢枉當官之平哉！忠非三閭，智非鼂錯，竊位爲過，免罪爲幸。乃使餘論遠聞，所以慚懼也。朱、彭、寇、賈，爲世壯士，愛惡相攻，能爲國憂。至於輕弱薄劣，猶昆虫之相齧，適足還害其身，誠無所至也。晉侯嘉其臣所爭者大，而師曠以爲不如心競。性既遲緩，與人無(情)〔傷〕，雖出胯下之負，榆次之辱，不知貶毀之於己，猶蚊虻之一過也。子産謂人心不相似，或矜勢者，欲以取勝爲榮，不念宋人待四海之客，大鑪不欲令酒酸也。至於屈轂巨瓠，堅而無竅，當以無用罪之爾。它者奉遵嚴教，不敢失墜。郗爲故吏，融所推進。趙衰之援郤縠，不輕公叔之升臣也。知同其愛，訓誨發中。雖懿伯之忌，猶不得念，況恃舊交，而欲自外於賢吏哉！輒布腹心，脩好如初。苦言至意，終身誦之。」

歲餘，復拜太中大夫。性寬容少忌，好士，喜誘益後進。及退閑職，賓客日盈其門。常歎曰：「坐上客常滿，尊中酒不空，吾無憂矣。」與蔡邕素善，邕卒後，有虎賁士貌類邕，融每酒酣，引與同坐，曰：「雖無老成人，尚有典刑。」融聞人之善，若出諸己，言有可採，必演而成之，面告其短，而退稱所長，薦達賢士，多所獎進，知而未言，以爲己過，故海内英俊皆信服之。

曹操既積嫌忌，而郗慮復構成其罪，遂令丞相軍謀祭酒路粹枉狀奏融曰：「少府孔融，昔在北海，見王室不静，而招合徒衆，欲規不軌，云『我大聖之後，而見滅於宋，有天下者，何必卯金刀』。及與孫權使語，謗訕朝廷。又融爲九列，不遵朝儀，秃巾微行，唐突宫掖。又前與白衣禰衡跌蕩放言，云『父之於子，當有何親？論其本意，實爲情慾發耳。子之於母，亦復奚爲？譬如寄物缾中，出則離矣』。既而與衡更相贊揚，衡謂融曰『仲尼不死』，融答曰『顔回復生』。大逆不道，宜極重誅。」書奏，下獄棄市。時年五十六。妻子皆被誅。

幼女年七歲，男年九歲，以其幼弱得全，寄它舍。二子方奕棋，融被收而不動。左右曰：「父執而不起，何也？」答曰：「安有巢毁而卵不破乎！」主人有遺肉汁，男渴而飲之。女曰：「今日之禍，豈得久活，何賴知肉味乎？」兄號哭而止。或言於曹操，遂盡殺之。及收至，女謂兄曰：「若死者有知，得見父母，豈非至願！」乃延頸就刑，顔色不變，莫不傷之。

曹丕深好融文辭，歎曰：「揚、班儔也。」募天下有上融文章者，輒賞以金帛。所著詩、頌、碑文、論議、六言、策文、表、檄、教令、書記凡二十五篇。

雜録

備録

司馬彪《續漢書》卷五《孔融傳》 融〔字文舉，魯國人〕，孔子二十世孫也。高祖父尚，鉅鹿太守；父宙，泰山都尉。融幼有異才。時河南尹李膺有重名，勑門下簡通賓客，非當世英賢及通家子孫弗見也。融年十餘歲，欲觀其爲人，遂造膺門，語門者曰：「我，李君通家子孫也。」膺見融，問曰：「高明父祖，嘗與僕周旋乎？」融曰：「然。先君孔子與君先人李老君，同德比義而相師友，則融與君累世通家也。」衆坐奇之，僉曰：「異童子也。」太中大夫陳煒後至，同坐以告煒，煒曰：「人小時了了者，大亦未必奇也。」融答曰：「即如所言，君之幼時，豈實慧乎？」膺大笑，顧謂曰：「高明長大，必爲偉器。」

山陽張儉，以中正爲中常侍侯覽所忿疾，覽爲刊章下州郡捕儉。儉與融兄褒有舊，亡投褒。遇褒出。時融年十六，儉以其少不告也。融知儉長者，有窘迫色，謂曰：「吾獨不能爲君主邪！」因留舍藏之。後〔以客發洩〕事泄，國相以下密就掩捕，儉得脱走，登時收融及褒送獄。融曰：「保納藏舍者融也，融當坐之。」褒曰：「彼來求我，罪我之由，非弟之過，我當坐之。」兄弟争死，郡縣疑不能決，乃上讞，詔書令褒坐焉。融由是名震遠近，與平原陶丘洪、陳留邊讓，並以俊秀爲後進冠蓋。融持論經理不及讓等，而逸才宏博過之。

司徒、大將軍辟舉高第，累遷北軍中候、虎賁中郎將、北海相，時年三十八。承黄巾殘破之後，修復城邑，崇學校，設庠序，舉賢才，顯儒士。以彭璆爲方正，邴原爲有道，王脩爲孝廉。告高密縣爲鄭玄特立一鄉，名爲鄭公鄉。又國人無後，及四方遊士有死亡者，皆爲棺木而殯葬之。郡人甄子然孝行知名，早卒，融恨不及之，乃令配食縣社。其禮賢如此。

在郡六年，劉備表融領青州刺史。建安元年，徵還爲將作大匠，遷少府。每朝會訪對，輒爲議主，諸卿大夫寄名而已。

太尉楊彪與袁術婚姻，術僭號，太祖與彪有隙，因是執彪，將殺焉。融聞之，不及朝服，往見太祖曰：「楊公累世清德，四葉重光。《周書》『父子兄弟，罪不相及』，況以袁氏之罪乎？《易》稱『積善餘慶』，但欺人耳。」太祖曰：「國家之意也。」融曰：「假使成王欲殺召公，則周公可得言不知邪？今天下纓緌搢紳之士所以瞻仰明公者，以明公聰明仁智，輔相漢朝，舉直措枉，致之雍熙耳。今横殺無辜，則海内觀聽，誰不解體？孔融魯國男子，明日便當褰衣而去，不復朝矣。」太祖意解，遂理出彪。

時論者多欲復肉刑。孔融乃建議曰：「古者敦龐，善否區别，吏端刑清，政無過失，百姓有罪，皆自取之。末世陵遲，風化壞亂，政撓其俗，法害其民。故曰上失其道，民散久矣。而欲繩之以古刑，投之以殘棄，非所謂『與時消息』者也。紂斮朝涉之脛，天下謂爲無道。夫九牧之地千八百君，若各刑一人，是天下常有千八百紂也。求俗休和，弗可得已。且被刑之人，慮不念生，志在思死，類多趨

惡，莫復歸正。夙沙亂齊，伊戾禍宋，趙高、英布，爲世大患，不能正人，遂爲非也。故明德之君，遠度深惟，棄短就長，不苟革其政者也。」朝廷善之，卒不改焉。

華嶠《漢後書》卷三《孔融傳》　何進辟孔融，舉高第，爲侍御史，與中丞趙舍不同，託疾歸家。

孔融爲北海相，彭殊爲方正，邴原爲有道，王循、李廉造高縣，爲鄭玄立鄉曰鄭公鄉。

文舉爲北海相，崇學校，設庠序，舉賢士，表顯儒。

《後漢書》卷三五《鄭玄傳》　靈帝末，黨禁解，大將軍何進聞而辟之。州郡以進權戚，不敢違意，遂迫脅玄，不得已而詣之。進爲設几杖，禮待甚優。玄不受朝服，而以幅巾見。一宿逃去。時年六十，弟子河内趙商等自遠方至者數千。後將軍袁隗表爲侍中，以父喪不行。國相孔融深敬於玄，屣履造門。告高密縣爲玄特立一鄉，曰：「昔齊置『士鄉』，越有『君子軍』，皆異賢之意也。鄭君好學，實懷明德。昔太史公、廷尉吴公、謁者僕射鄧公，皆漢之名臣。又南山四皓有園公、夏黄公，潛光隱耀，世嘉其高，皆悉稱公。然則公者仁德之正號，不必三事大夫也。今鄭君鄉宜曰『鄭公鄉』。昔東海于公僅有一節，猶或戒鄉人侈其門閭，矧乃鄭公之德，而無駟牡之路！可廣開門衢，令容高車，號爲『通德門』。」

玄唯有一子益恩，孔融在北海，舉爲孝廉；乃融爲黄巾所圍，益恩赴難隕身。有遺腹子，玄以其手文似已，名之曰小同。

《後漢書》卷五四《楊彪傳》　建安元年，從東都許。時天子新遷，大會公卿，兖州刺史曹操上殿，見彪色不悦，恐於此圖之，未得讌設，託疾如廁，因出還營。彪以疾罷。時袁術僭亂，操託彪與術婚姻，誣以欲圖廢置，奏收下獄，劾以大逆。將作大匠孔融聞之，不及朝服，往見操曰：「楊公四世清德，海内所瞻。《周書》父子兄弟罪不相及，況以袁氏歸罪楊公。《易》稱『積善餘慶』，徒欺人耳。」操曰：「此國家之意。」融曰：「假使成王殺邵公，周公可得言不知邪？今天下纓緌搢紳所以瞻仰明公者，以公聰明仁智，輔相漢朝，舉直厝枉，致之雍熙也。今横殺無辜，則海内觀聽，誰不解體！孔融魯國男子，明日便當拂衣而去，不復朝矣。」操不得已，遂理出彪。

《後漢書》卷六四《趙岐傳》　曹操時爲司空，舉以自代。光禄勳桓典、少府孔融上書薦之，於是就拜岐爲太常。

《後漢書》卷七九下《文苑列傳・謝該》　仕爲公車司馬令，以父母老，託疾去官。欲歸鄉里，會荆州道斷，不得去。少府孔融上書薦之曰：「臣聞高祖創業，韓、彭之將征討暴亂，陸賈、叔孫通進説《詩》《書》。光武中興，吴、耿佐命，范升、衛宏脩述舊業，故能文武並用，成長久之計。陛下聖德欽明，同符二祖，勞謙戹運，三年乃讙。今尚文鷹揚，方叔翰飛，王師電鷔，羣兇破殄，始有櫜弓臥鼓之次，宜得名儒，典綜禮紀。竊見故公車司馬令謝該，體曾、史之淑性，兼商、偃之文學，博通羣蓺，周覽古今，物來有應，事至不惑，清白異行，敦悦道訓。求之遠近，少有疇匹。若乃巨骨出吴，隼集陳庭，黄能入寢，亥有二首，非夫洽聞者，莫識其端也。雋不疑定北闕之前，夏侯勝辯常陰之驗，然後朝士益重儒術。今該實卓然比跡前列，間以父母老疾，弃官欲歸，道路險塞，無由自致。猥使良才抱樸而逃，踰越山河，沈淪荆楚，所謂往而不反者也。後日當更饋樂以釣由余，剋像以求傅説，豈不煩哉？臣愚以爲可推録所在，召該令還。楚人止孫卿之去國，漢朝追匡衡於平原，尊儒貴學，惜失賢也。」書奏，詔即徵還，拜議郎。以壽終。

《後漢書》卷八〇下《文苑列傳・禰衡》　禰衡字正平，平原般人也。少有才辯，而尚氣剛傲，好矯時慢物。興平中，避難荆州。建安初，來遊許下。始達潁川，乃陰懷一刺，既而無所之適，至於刺字漫滅。是時許都新建，賢士大夫四方來集。或問衡曰：「盍從陳長文、司馬伯達乎？」對曰：「吾焉能從屠沽兒耶！」又問：「荀文若、趙稚長云何？」衡曰：「文若可借面弔喪，稚長可使監厨請客。」唯善魯國孔融及弘農楊脩。常稱曰：「大兒孔文舉，小兒楊德祖。餘子碌碌，莫足數也。」融亦深愛其才。

衡始弱冠，而融年四十，遂與爲交友。上疏薦之曰：「臣聞洪水横流，帝思俾乂，旁求四方，以招賢俊。昔孝武繼統，將弘祖業，疇咨熙載，羣士響臻。陛下叡聖，纂承基緒，遭遇戹運，勞謙日昃。惟岳降神，異人並出。竊見處士平原禰衡，年二十四，字正平，淑質貞亮，英才卓礫。初涉蓺文，升堂覩奥，目所一見，輒誦於口，耳所暫聞，不忘於心。性與道合，思若有神。弘羊潛計，安世默識，以衡準之，誠不足怪。忠果正直，志懷霜雪，見善若驚，疾惡若讎。任座抗行，史魚厲節，殆無以過也。鷙鳥累伯，不如一鶚。使衡立朝，必有可觀。飛辯騁辭，溢氣坌涌，解疑釋結，臨敵有餘。昔賈誼求試屬國，詭係單于；終軍欲以長纓，牽致勁越。弱冠慷慨，前世美之。近日路粹、嚴象，亦用異才擢拜臺郎，衡宜與爲比。如得龍躍天衢，振翼雲漢，揚聲紫微，垂光虹蜺，足以昭近署之多士，增四門之穆穆。鈞天廣樂，必有奇麗之觀；帝室皇居，必蓄非常之寶。若衡等輩，不可多

得。《激楚》、《楊阿》，至妙之容，臺牧者之所貪；飛兔、騕褭，絶足奔放，良、樂之所急。臣等區區，敢不以聞。」

融既愛衡才，數稱述於曹操。操欲見之，而衡素相輕疾，自稱狂病，不肯往，而數有恣言。操懷忿，而以其才名，不欲殺之。聞衡善擊鼓，乃召爲鼓史，因大會賓客，閱試音節。諸史過者，皆令脱其故衣，更著岑牟單絞之服。次至衡，衡方爲《漁陽》參撾，蹀𨇾而前，容態有異，聲節悲壯，聽者莫不慷慨。衡進至操前而止，吏訶之曰：「鼓史何不改裝，而輕敢進乎？」衡曰：「諾。」於是先解衵衣，次釋餘服，裸身而立，徐取岑牟、單絞而著之，畢，復參撾而去，顏色不怍。操笑曰：「本欲辱衡，衡反辱孤。」

孔融退而數之曰：「正平大雅，固當爾邪？」因宣操區區之意。衡許往。融復見操，説衡狂疾，今求得自謝。操喜，勑門者有客便通，待之極晏。衡乃著布單衣、疎巾，手持三尺梲杖，坐大營門，以杖捶地大罵。吏白：「外有狂生，坐於營門，言語悖逆，請收案罪。」操怒，謂融曰：「禰衡豎子，孤殺之猶雀鼠耳。顧此人素有虚名，遠近將謂孤不能容之，今送與劉表，視當何如。」於是遣人騎送之。臨發，衆人爲之祖道，先供設於城南，乃更相戒曰：「禰衡勃虐無禮，今因其後到，咸當以不起折之也。」及衡至，衆人莫肯興，衡坐而大號。衆問其故，衡曰：「坐者爲冢，臥者爲屍，屍冢之閒，能不悲乎！」

劉義慶《世説新語》卷上《言語》　孔文舉年十歲，隨父到洛。時李元禮有盛名，爲司隸校尉。詣門者，皆儁才清稱及中表親戚乃通。文舉至門，謂吏曰：「我是李府君親。」既通，前坐。元禮問曰：「君與僕有何親？」對曰：「昔先君仲尼與君先人伯陽有師資之尊，是僕與君奕世爲通好也。」元禮及賓客莫不奇之。太中大夫陳韙後至，人以其語語之，韙曰：「小時了了，大未必佳。」文舉曰：「想君小時，必當了了。」韙大踧踖。

孔文舉有二子，大者六歲，小者五歲。晝日父眠，小者牀頭盜酒飲之，大兒謂曰：「何以不拜？」答曰：「偷，那得行禮！」

孔融被收，中外惶怖。時融兒大者九歲，小者八歲，二兒故琢釘戲，了無遽容。融謂使者曰：「冀罪止於身，二兒可得全不？」兒徐進曰：「大人豈見覆巢之下，復有完卵乎？」尋亦收至。

禰衡被魏武謫爲鼓吏，正月半試鼓，衡揚枹爲《漁陽》摻檛，淵淵有金石聲，四坐爲之改容。孔融曰：「禰衡罪同胥靡，不能發明王之夢。」

酈道元《水經注》卷二六《濰水》　北海相孔融爲黄巾賊管亥所圍于都昌也，太史慈爲融求救劉備，持的突圍其處也。

《隋書》卷三五《經籍志四》　後漢少府《孔融集》九卷。梁十卷，録一卷。

樂史《太平寰宇記》卷一二三《淮南道一・揚州・江都縣》　孔融墓，在高士坊西北，去州九里。

洪邁《容齋續筆》卷三《太史慈》　三國當漢、魏之際，英雄虎争，一時豪傑志義之士，礌礌落落，皆非後人所能冀，然太史慈者尤爲可稱。慈少仕東萊本郡爲奏曹史，郡與州有隙，州章劾之，慈以計敗其章，而郡得直。孔融在北海爲賊所圍，慈爲求救於平原，突圍直出，竟得兵解融之難。後劉繇爲揚州刺史，慈往見之，會孫策至，或勸繇以慈爲大將軍。繇曰：「我若用子義，許子將不當笑我邪？」但使慈偵視輕重，獨與一騎卒遇策，便前鬬，正與策對，得其兜鍪。及繇奔豫章，慈爲策所執，捉其手曰：「寧識神亭時邪？」又稱其烈義，爲天下智士，釋縛用之，命撫安繇之子，經理其家。孫權代策，使爲建昌都尉，遂委以南方之事，督治海昏。至卒時，纔年四十一，葬於新吳，今洪府奉新縣也，邑人立廟敬事。乾道中封靈惠侯，予在西掖當制，其詞云：「神早赴孔融，雅謂青州之烈士，晚從孫策，遂爲吴國之信臣。立廟至今，作民司命。擥一同之言狀，擇二美以建侯。庶幾江表之間，尚憶神亭之事。」蓋爲是也。

洪邁《容齋三筆》卷一〇《禰衡輕曹操》　孔融薦禰衡，以爲「淑質貞亮，英才卓躒，志懷霜雪，疾惡若讎，任座、史魚，殆無以過，若衡等輩，不可多得」。數稱述於曹操。操欲見之，衡素相輕疾，不肯往，而數有恣言，操懷忿，因召之擊鼓，裸身辱之。融爲見操，説其狂疾，求得自謝。操喜，敕門者有客便通，待之極宴，衡乃坐於營門，言語悖逆，操怒，送與劉表。衡爲融所薦，東坡謂融視操，特鬼蜮之雄，其勢決不兩立，非融誅操，則操害融。而衡平生唯善融及楊脩，常稱曰：「大兒孔文舉，小兒楊德祖。」融、脩皆死於操手，衡無由得全。漢史言其尚氣剛傲，矯時慢物，此蓋不知其鄙賤曹操，故陷身危機，所謂語言狂悖者，必詆斥其有僭篡之志耳。劉表復不能容，以與黄祖。觀其所著《鸚鵡賦》，專以自況，一篇之中，三致意焉。

王楙《野客叢書》卷一《王章孔融兒女》　士君子不幸罹不測之禍，使兒女子悲痛亡聊，百世之下，聞者酸鼻。王章下獄，妻子皆收繫。章小女年十二，夜起號哭，曰：「平生獄上呼囚，數常至九，今八而止，我君素剛，先死者必君。」明日

問之，章果獄死。孔融棄市，時七歲女、九歲男以幼得全，寄他舍，二子方弈棋，融被收，不動。左右曰：「父執而不起，何也？」答曰：「安有巢毀而卵不破乎！」主人有遺肉汁，男渴而飲之。女曰：「今日之禍，豈得久活？何賴知肉味乎！」兄號泣而止。或言於曹操，欲盡殺之。及收，女謂兄曰：「若死者有知，得見父母，豈非至願！」乃延頸就戮，神色不變。自古兒女子爲家門累者，不爲不多，就此二事，尤其可傷者。夫七歲小女而勇決如是，雖聖門結纓赴難者，不是過也！此事甚異，不知何以致之。此正與李翱所著高妹妹事同。《世説》謂孔文舉有二子，大者六歲，小者五歲，相去纔一歲耳，而傳謂十二男七歲女，相去懸絶，不可深詰。

吴曾《能改齋漫録》卷六《事實・和戎如樂和》　孔融與韋休甫書曰：「西士之人，解仇崇好，以順風化。萬里雍穆，如樂之和。雖爲國家威靈感應，亦實士穀堪事之效也。」按《左氏傳》：「晉悼公語魏絳曰：『子教寡人和諸戎狄，以正諸華。八年之中，九合諸侯。如樂之和，無所不諧。請與子樂之。』」乃知融用此語。

郝經《續後漢書》卷三六《列傳三三・魏臣・邴原》　時魯國孔融在郡，教選計當任公卿之才，乃以鄭玄爲計掾，彭璆爲計吏，原爲計佐。融有所愛一人，常盛嗟歎。後恚望，欲殺之，吏皆爲請，叩頭流血，而融意不解。原獨不請。融謂原曰：「衆皆請，而君何獨不請？」原曰：「明府於某本不薄也，常言歲終當舉之，此吾一子也。如是朝吏受恩未有在某前者矣，而今乃欲殺之。明府愛之，則引而方之於子；憎之，則推之欲危其身。原愚，不知明府以何愛之，以何惡之？」融曰：「某生於微門，吾成就其兄弟，拔擢而用之，今孤負恩施。夫善則進之，惡則誅之，固君道也。往者應仲遠爲泰山太守，舉一孝廉，旬月之間而殺之。夫君人者，厚薄何常之有！」原對曰：「仲遠舉孝廉，殺之，其義焉在？夫孝廉，國之俊選也，舉之若是，則殺之非也；若殺之是，則舉之非也。《詩》云：『彼已之子，不遂其媾。』蓋譏之也。《語》云：『愛之欲其生，惡之欲其死。既欲其生，又欲其死，是惑也。』仲遠之惑甚矣，明府奚取焉？」融乃笑曰：「吾但戲爾！」原又曰：「君子於其言，無所苟，安有欲殺人而可以爲戲哉？」融無以答，遂釋之。是時朝綱陵遲，在所搆難，原乃將家人入鬱洲山中。郡舉有道，不就。融書喻原曰：「修性保貞，清虚自高，危邦不入，久潛樂土。王室多難，西遷鎬京。聖朝勞謙，疇咨儁乂。我徂求定，策命懇惻。國之將隕，嫠不恤緯；家之將亡，緹縈跋涉。彼匹婦也，猶執此義。實望根矩，仁爲己任，授手援溺，振民於難。乃燕燕居息，莫我肯顧，謂之君子，固如此乎！根矩，可以來矣！」原不答，遂與管寧浮海適遼東，依公孫度。嘗行，得遺錢以繫樹，錢既不見取，而繫錢者多。問其故，行者曰：「神樹也。」原惡其由己而成淫祀，乃辨之，里中斂其錢以爲社供。

同郡劉政有勇略，公孫度欲殺之，收捕其家，政得脱。度告諸縣敢有藏政者與同罪。政窘急投原，曰：「窮鳥入懷。」原曰：「安知此懷之可入邪？」原匿之月餘，時東萊太史慈當歸，原因以政付之，既而謂度曰：「將軍前日欲殺劉政，以其爲己害，今政已去，君之害豈不除哉？」度曰：「然。」原曰：「君之畏政者，以其有智也。今政已免智將用矣，尚奚拘政之家，不若赦之，無徒重怨。」度乃出之。原又資送政家使歸。

原在遼東一年中，往歸者數百家，游學之士絃誦之聲不絶。管寧以度終不容原，勸原歸。原乃徙居於三山。孔融復與書曰：「隨會在秦，賈季在翟，諮仰靡所，歎息增懷。頃知來至，近在三山。《詩》不云乎，『來歸自鎬，我行永久』。遣五官掾奉問榜人舟楫之勞，禍福動静告慰。亂階未已，阻兵之雄，若棋奕爭梟，復何俟乎？」原遂歸。行已數日而度始覺，曰：「邴君所謂雲中白鶴，非鶉鷃之網所能羅矣。又吾自遣之，勿復求也。」原既至，亦不仕，講肄禮樂，吟詠詩書，門徒數百人。時鄭玄博學洽聞，注解典籍，儒雅之士宗之。原以志尚高遠，節行粹白，英偉之士向焉。於是青州有邴、鄭之學。

郝經《續後漢書》卷七〇上《脂習傳》　脂習者，字元升，京兆人。中平中仕郡，公府辟，舉高第，除太醫令。天子西遷及東徙許昌，習常隨從。與孔融親善。操爲司空，威望日盛，而融故以舊意，書疏倨傲。習常戒融剛直取禍，宜改節。融不從。及融被誅，許下莫敢收視。而習獨往，撫尸而哭之曰：「文舉捨我死，我當復誰與語？安用生爲？」哀動一市。操聞大怒，將收習殺之，尋以忠直見原。居許東土橋下。後見操，操呼其字曰：「元升，卿故慷慨！」因問其居處，賜穀百斛。黄初中，嘉其有欒布之節，拜中散大夫。年八十餘卒。

備論

《後漢書》卷七〇《孔融傳論》　昔諫大夫鄭昌有言：「山有猛獸者，藜藿爲

之不採。」是以孔父正色，不容弑虐之謀；平仲立朝，有紓盜齊之望。若夫文舉之高志直情，其足以動義槩而忤雄心。故使移鼎之迹，事隔於人存；代終之規，啓機於身後也。夫嚴氣正性，覆折而已。豈有員園委屈，可以每其生哉！懍懍焉，皜皜焉，其與琨玉秋霜比質可也。

葉適《習學記言序目》卷二七《魏志》 操十五年令，叙「幾人稱帝，幾人稱王」事，極有始末，當詳看。後世多稱操姦賊狙伺，猶畏迫名義，不敢身自代漢。按操之僭亂，顯逼惟孔融，陰沮惟荀彧，二人既死，中外無不迎承自獻，以後爲羞，名義安在，而尚何所畏迫耶？然天下大物，自戰國秦漢以來，形窺若易，而實取亦難。董卓、袁紹之流，鴟張廣莫，未有能自知節限，故皆隨以夷滅。操雖姦賊不仁，然能自知節限，故敢竊而不敢叛，敢取而不敢代，所以諄諄自叙齊、晉、文王、樂毅、蒙恬等事，皆實語，非虛飾，益知許劭之評爲不妄也。

葉適《習學記言序目》卷三一《宋書·列傳》 王微《與江湛辭吏部郎書》及《王僧綽何偃書》，雖不弘暢，然無一點俗也，惜其所知未遠，而所立已過耳。微言「諸葛孔明云來敏亂羣過于孔文舉」。孔融奇逸，天下歸心，而亮之言如此。蓋秦漢以後，執權當位者皆有一種操切裁制之習，雖亮亦不免也。推亮此意，未必逮管、樂也。（《王微》）

葉適《習學記言序目》卷三五《周書·列傳》 柳虯論史，謂「漢魏以還，密爲記注，徒聞後世，無益當時」；故「著《漢魏》者非一氏，造《晉史》者至數家，後代紛紜，莫知準的」；請令記事者「皆當朝顯言其狀，然後付之史閣，庶令是非明著，得失無隱，使聞善者日修，有過者知懼」；事遂施行。後漢李法但能言「史官記事不實，後不明信」而已，當時議論開張至此，故泰廢立，虯能執簡書過也。虯死在魏恭帝元年之冬；不然，值宇文護行禪代事，或有懼否耶？天地之初，皆夷狄也，相攘相殺，以力自雄，蓋其常勢，雖炎黄以道御之，不能止也。及堯舜以身爲德，感而化物，遠近丕變，功成治定，擇賢退處，不爲己有，而忠信禮讓之俗成矣。夫先人後己，徙義遠利，必出於心之自然而明於理之不可悖。故湯既放桀，惟有慚德，而其臣反作《誥》以諭解之。若夫亂臣賊子則不然，公爲弑逆而惡大惡之聞，崔杼所以殺太史；將行篡奪而畏正論之禁，曹操所以殺孔融。至於彼自行之，此自書之，不殺不爭，兩不相忌，而天下易姓，此又杼與操智慮之所未至，而虯固不足以知之也，悲夫！（《柳虯》）

郝經《續後漢書》卷七〇上《孔融傳》 議曰：黨禍之酷，東漢風節寖衰。建安間，大抵多患失畏死，貪叨無恥之人，往往朋姦扇盜，相與穿窬主家，皆奴才也。故操得逞其谿壑，自以爲姦人之雄。獨孔融堂堂山立，瑰偉正大，海内厭服，英豪歸仰，巖然以風節自持，爲漢家四百年元氣，其視沓鄙猥瑣之操，區區偷兒耳。融不死，漢不亡，是以操亟圖之。其高風義概，百世之下，猶足以興衰激懦，使亂臣賊子懼焉，况當世之人哉。故議者謂操之不敢自取，陰畀之丕，融之義有以慴之也。

藝文

《全唐詩》卷四二盧照鄰《西使兼送孟學士南遊》 地道巴陵北，天山弱水東。相看萬餘里，共倚一征蓬。零雨悲王粲，清尊別孔融。裴回聞夜鶴，悵望待秋鴻。骨肉胡秦外，風塵關塞中。唯餘劍鋒在，耿耿氣成虹。

《全唐詩》卷一三七儲光羲《秋庭貽馬九》 伊昔好覲國，自鄉西入秦。往復萬餘里，相逢皆衆人。大君幸東嶽，世哲扈時巡。予亦從此去，閒居清洛濱。稍稍寒木直，彩彩陽華新。迭宕孔文舉，風流石季倫。妙年一相得，白首定相親。重此虛賓館，歡言冬及春。哲兄盛文史，出入馳高軌。令德本同人，深心重知己。絳衣朝聖主，紗帳延才子。伯淮與季江，清濬各孤峙。羣芳趨汎愛，萬物通情理。而我信空虛，提攜過杞梓。夫君美聲德，直道期終始。孰謂忽離居，優游鄭東里。東里近王城，山連路亦平。何言相去遠，閒言獨淒清。萬里鴻雁度，四鄰砧杵鳴。其如久離別，重以霜風驚。

《蘇軾文集》卷二一《贊·孔北海贊并序》 文舉以英偉冠世之資，師表海内，意所予奪，天下從之，此人中龍也。而曹操陰賊險狠，特鬼蜮之雄者耳。其勢決不兩立，非公誅操，則操害公，此理之常。而前史乃謂公負其高氣，志在靖難，而才疎意廣，訖無成功，此蓋當時奴婢小人論公之語。公之無成，天也。使天未欲亡漢，公誅操如殺狐兔，何足道哉！世之稱人豪者，才氣各有高庳，然皆以臨難不懼，談笑就死爲雄。操以病亡，子孫滿前而咿嚶涕泣，留連妾婦，分香賣履，區處衣物，平生姦僞，死見真性。世以成敗論人物，故操得在英雄之列。而公見謂才疎意廣，豈不悲哉！操平生畏劉備，而備以公知天下有己爲喜，天若胙漢，公使備，備誅操無難也。予讀公所作《楊四公贊》，歎曰：方操害公，復有魯國一男

子慨然争之，公庶幾不死。乃作《孔北海贊》曰：

晉有羯奴，盜賊之靡。欺孤如操，又羯所耻。我書《春秋》，與齊豹齒。文舉在天，雖亡不死。我宗若人，尚友千祀。視公如龍，視操如鬼。

《蘇軾詩集》卷六《送劉道原歸覲南康》 晏嬰不滿六尺長，高節萬仞陵首陽。青衫白髮不自歎，富貴在天那得忙。十年閉户樂幽獨，百金購書收散亡。朅來東觀弄丹墨，聊借舊史誅姦强。孔融不肯下曹操，汲黯本自輕張湯。雖無尺箠與寸刃，口吻排擊含風霜。自言静中閱世俗，有似不飲觀酒狂。衣巾狼藉又屢舞，傍人大笑供千場。交朋翩翩去略盡，惟吾與子猶徬徨。世人共棄君獨厚，豈敢自愛恐子傷。朝來告别驚何速，歸意已逐征鴻翔。匡廬先生古君子，挂冠兩紀鬢未蒼。定將文度置膝上，喜動鄰里烹豬羊。君歸爲我道名姓，幅巾他日容登堂。

《全宋文》卷二六七〇陳師道《孔北海贊》 世以曹操爲英雄，雖孫仲謀甘出其下，而文舉以犬豕視之，豈知不免而遂不屈？蓋其高明下視之耳。方操微時，幸許劭之目以爲重。匈奴使來，自謂不稱而代捉刀，其自處如此。至其自比劉玄德，謂袁紹不足數，特居勢使然耳。玄德之死，謂孔明曰：「如嗣子不肖，君自取之。」其勤勞一世，蓋不爲漢計，豈爲子孫計哉！操非其比也。操惡禰衡而畏殺士之名，故以衡予劉表；而不以文舉與人，卒自殺之，其不畏之亦至矣。劉毅家四壁，一擲百萬，世亦以爲英雄。小遇鵝炙，丐乞如奴婢，孰謂英雄而以一臠動其心哉，此其操之類乎！子曰：「棖也慾，焉得剛？」剛者，所以制欲，非勝人也。是故自用之謂英，自勝之爲彊。

楊慎《升庵集》卷四九《孔北海》 孔北海大志直節，東漢名流，而與建安七子並稱。駱賓王勁辭忠憤，唐之義士，而與垂拱四傑爲列。以文章之末技而掩其立身之大閑，可惜也，君子當表而出之。

張溥《漢魏六朝百三家集》卷二一《漢孔融集題詞》 張溥曰：魯國男子孔文舉，年大於曹操二歲。家世聲華，曹氏不敵，其詩文益非操所敢望也。操殺文舉在建安十三年，時僭形已彰，文舉既不能誅之，又不能遠之。並立衰朝，戲謔笑傲，激其忌怒，無啻肉餧餓虎，此南陽管樂所深悲也。曹丕論文，首推北海，金帛募録，比於楊、班。脂元升往哭文舉，官以中散。丕好賢知文，十倍於操，然令文舉不死，親見漢帝禪受，當塗盜鼎，亦必舉族沈焚。所恨者，其死先操，狐鼠晏行，攘袂之日，天下遂無孔父、仇牧耳。文舉天性樂善，甄臨配食，虎賁同坐，死不相負。何况生存盛憲，困於孫權，葅首急難，禰衡、謝該，淪落下士，抗章推舉。今讀其書表，如鮑子復生，禽息不没。彼之大度，豈止六國四公子乎？而道窮命盡，不能庇九歲之男、七歲之女。天道無親，其言不信，猶黨錮餘烈哉？陳留路粹，中郎弟子也。呈身漢賊，奏殺賢者，與馬融役於梁冀等耳。東漢詞章拘密，獨少府詩文豪氣直上孟子，所謂浩然非耶？琴堂衣冠，客滿酒盈，予尚能想見之。

羅惇衍《集義軒咏史詩鈔》卷二一《孔融》 立朝正色自家風，九鼎孤懸一髮中。時少清流空黨錮，天留聖裔抗姦雄。人如文若猶從賊，客有元升不負公。四坐賓朋星散盡，覆巢破卵訴蒼穹。

蔡邕部

綜述

《後漢書》卷六〇下《蔡邕傳》 蔡邕字伯喈，陳留圉人也。六世祖勳，好黄老，平帝時爲郿令。王莽初，授以厭戎連率。勳對印綬仰天歎曰：「吾策名漢室，死歸其正。昔曾子不受季孫之賜，況可事二姓哉？」遂攜將家屬，逃入深山，與鮑宣、卓茂等同不仕新室。父棱，亦有清白行，謚曰貞定公。

邕性篤孝，母常滯病三年，邕自非寒暑節變，未嘗解襟帶，不寢寐者七旬。母卒，廬于冢側，動静以禮。有菟馴擾其室傍，又木生連理，遠近奇之，多往觀焉。與叔父從弟同居，三世不分財，鄉黨高其義。少博學，師事太傅胡廣。好辭章、數術、天文，妙操音律。

桓帝時，中常侍徐璜、左悺等五侯擅恣，聞邕善鼓琴，遂白天子，敕陳留太守督促發遣。邕不得已，行到偃師，稱疾而歸。閑居翫古，不交當世。感東方〔朔〕《客難》及楊雄、班固、崔駰之徒設疑以自通，乃斟酌羣言，韙其是而矯其非，作《釋誨》以戒厲云爾。【略】

建寧三年，辟司徒橋玄府，玄甚敬待之。出補河平長。召拜郎中，校書東觀。遷議郎。邕以經籍去聖久遠，文字多謬，俗儒穿鑿，疑誤後學，熹平四年，乃與五官中郎將堂谿典、光禄大夫楊賜、諫議大夫馬日磾、議郎張馴、韓説、太史令單颺等，奏求正定《六經》文字。靈帝許之，邕乃自書〔册〕〔丹〕於碑，使工鐫刻立於太學門外。於是後儒晚學，咸取正焉。及碑始立，其觀視及摹寫者，車乘日千餘兩，填塞街陌。

初，朝議以州郡相黨，人情比周，乃制婚姻之家及兩州人士不得對相監臨。至是復有三互法，禁忌轉密，選用艱難。幽、冀二州，久缺不補。邕上疏曰：「伏見幽、冀舊壤，鎧馬所出，比年兵飢，漸至空耗。今者百姓虛縣，萬里蕭條，闕職經時，吏人延屬，而三府選舉，踰月不定。臣經怪其事，而論者云『避三互』。十一州有禁，當取二州而已。又二州之士，或復限以歲月，狐疑遲淹，以失事會。愚以爲三互之禁，禁之薄者，今但申以威靈，明其憲令，在任之人豈不戒懼，而當坐設三互，自生留閡邪？昔韓安國起自徒中，朱買臣出於幽賤，並以才宜，還守本邦。又張敞亡命，擢授劇州。豈復顧循三互，繼以末制乎？三公明知二州之要，所宜速定，當越禁取能，以救時敝；而不顧争臣之義，苟避輕微之科，選用稽滯，以失其人。臣願陛下上則先帝，蠲除近禁，其諸州刺史器用可换者，無拘日月三互，以差厥中。」書奏不省。

初，帝好學，自造《皇羲篇》五十章，因引諸生能爲文賦者。本頗以經學相招，後諸爲尺牘及工書鳥篆者，皆加引召，遂至數十人。侍中祭酒樂松、賈護，多引無行趣埶之徒，並待制鴻都門下，憙陳方俗閭里小事，帝甚悦之，待以不次之位。又市賈小民，爲宣陵孝子者，復數十人，悉除爲郎中、太子舍人。時頻有雷霆疾風，傷樹拔木，地震、隕雹、蝗蟲之害。又鮮卑犯境，役賦及民。六年七月，制書引咎，誥羣臣各陳政要所當施行。邕上封事曰：

臣伏讀聖旨，雖周成遇風，訊諸執事，宣王遭旱，密勿祗畏，無以或加。臣聞天降灾異，緣象而至。辟歷數發，殆刑誅繁多之所生也。風者天之號令，所以教人也。夫昭事上帝，則自懷多福；宗廟致敬，則鬼神以著。國之大事，實先祀典，天子聖躬所當恭事。臣自在宰府，及備朱衣，迎氣五郊，而車駕稀出，四時至敬，屢委有司，雖有解除，猶爲疎廢。故皇天不悦，顯此諸異。《鴻範傳》曰：「政悖德隱，厥風發屋折木。」《坤》爲地道，《易》稱安貞。陰氣憤盛，則當静反動，法爲下叛。夫權不在上，則雹傷物；政有苛暴，則虎狼食人；貪利傷民，則蝗蟲損稼。去六月二十八日，太白與月相迫，兵事惡之。鮮卑犯塞，所從來遠，今之出師，未見其利。上違天文，下逆人事。誠當博覽衆議，從其安者。臣不勝憤滿，謹條宜所施行七事表左：

一事：明堂月令，天子以四立及季夏之節，迎五帝於郊，所以導致神氣，祈福豐年。清廟祭祀，追往孝敬，養老辟雍，示人禮化，皆帝者之大業，祖宗所祗奉也。而有司數以蕃國疎喪，宫内産生，及吏卒小汙，屢生忌故。竊見南郊齋戒，未嘗有廢，至於它祀，輒興異議。豈南郊卑而它祀尊哉？孝元皇帝策書曰：「禮之至敬，莫重於祭，所以竭心親奉，以致肅祗者也。」又元和故事，復申先典。前後制書，推心懇惻。而近者以來，更任太史。忘禮敬之大，任禁忌之書，拘信小故，以虧大典。《禮》，妻妾産者，齋則不入側室之門，無廢祭之文也。所謂宫中有卒，三月不祭者，謂士庶人數堵之室，共

處其中耳，豈謂皇居之曠，臣妾之衆哉？自今齋制宜如故典，庶荅風霆灾妖之異。

二事：臣聞國之將興，至言數聞，内知己政，外見民情。是故先帝雖有聖明之姿，而猶廣求得失。又因灾異，援引幽隱，重賢良、方正、敦朴、有道之選，危言極諫，不絶於朝。陛下親政以來，頻年灾異，而未聞特舉博選之旨。誠當思省述脩舊事，使抱忠之臣展其狂直，以解《易傳》「政悖德隱」之言。

三事：夫求賢之道，未必一塗，或以德顯，或以言揚。頃者，立朝之士，曾不以忠信見賞，恒被謗訕之誅，遂使羣下結口，莫圖正辭。郎中張文，前獨盡狂言，聖聽納受，以責三司。臣子曠然，衆庶解悦。臣愚以爲宜擢文右職，以勸忠謇，宣聲海内，博開政路。

四事：夫司隸校尉、諸州刺史，所以督察姦枉，分别白黑者也。伏見幽州刺史楊憙、益州刺史龐芝、涼州刺史劉虔，各有奉公疾姦之心，憙等所糾，其効尤多。餘皆枉橈，不能稱職。或有抱罪懷瑕，與下同疾，綱網弛縱，莫相舉察，公府臺閣亦復默然。五年制書，議遣八使，又令三公謡言奏事。是時奉公者欣然得志，邪枉者憂悸失色。未詳斯議，所因寢息。昔劉向奏曰：「夫執狐疑之計者，開羣枉之門；養不斷之慮者，來讒邪之口。」今始聞善政，旋復變易，足令海内測度朝政。宜追定八使，糾舉非法，更選忠清，平章賞罰。三公歲盡，差其殿最，使吏知奉公之福，營私之禍，則衆灾之原庶可塞矣。

五事：臣聞古者取士，必使諸侯歲貢。孝武之世，郡舉孝廉，又有賢良、文學之選，於是名臣輩出，文武並興。漢之得人，數路而已。夫書畫辭賦，才之小者，匡國理政，未有其能。陛下即位之初，先涉經術，聽政餘日，觀省篇章，聊以游意，當代博弈，非以教化取士之本。而諸生競利，作者鼎沸。其高者頗引經訓風喻之言；下則連偶俗語，有類俳優；或竊成文，虚冒名氏。臣每受詔於盛化門，差次録第，其未及者，亦復隨輩皆見拜擢。既加之恩，難復收改，但守奉禄，於義已弘，不可復使理人及仕州郡。昔孝宣會諸儒於石渠，章帝集學士於白虎，通經釋義，其事優大，文武之道，所宜從之。若乃小能小善，雖有可觀，孔子以爲「致遠則泥」，君子故當志其大者。

六事：墨綬長吏，職典理人，皆當以惠利爲績，日月爲勞。褒責之科，所宜分明。而今在任無復能省，及其還者，多召拜議郎、郎中。若器用優美，不宜處之冗散。如有釁故，自當極其刑誅。豈有伏罪懼考，反求遷轉，更相放効，臧否無章？先帝舊典，未嘗有此。可皆斷絶，以覈真僞。

七事：伏見前一切以宣陵孝子（者）爲太子舍人。臣聞孝文皇帝制喪服三十六日，雖繼體之君，父子至親，公卿列臣，受恩之重，皆屈情從制，不敢踰越。今虚僞小人，本非骨肉，既無幸私之恩，又無禄仕之實，惻隱思慕，情何緣生？而羣聚山陵，假名稱孝，行不隱心，義無所依，至有姦軌之人，通容其中。（恒）〔桓〕思皇后祖載之時，東郡有盗人妻者亡在孝中，本縣追捕，乃伏其辜。虚僞雜穢，難得勝言。又前至得拜，後輩被遺；或經年陵次，以暫歸見漏；或以人自代，亦蒙寵榮。争訟怨恨，兇兇道路。太子官屬，宜搜選令德，豈有但取丘墓兇醜之人？其爲不祥，莫與大焉。宜遣歸田里，以明詐僞。

書奏，帝乃親迎氣北郊，及行辟雍之禮。又詔宣陵孝子爲舍人者，悉改爲丞尉焉。光和元年，遂置鴻都門學，畫孔子及七十二弟子像。其諸生皆勑州郡三公舉用辟召，或出爲刺史、太守，入爲尚書、侍中，乃有封侯賜爵者，士君子皆恥與爲列焉。

時妖異數見，人相驚擾。其年七月，詔召邕與光禄大夫楊賜、諫議大夫馬日磾、議郎張華、太史令單颺詣金商門，引入崇德殿，使中常侍曹節、王甫就問灾異及消改變故所宜施行。邕悉心以對，事在《五行》、《天文志》。又特詔問曰：「比灾變互生，未知厥咎，朝廷焦心，載懷恐懼。每訪羣公卿士，庶聞忠言，而各存括囊，莫肯盡心。以邕經學深奥，故密特稽問，宜披露失得，指陳政要，勿有依違，自生疑諱。具對經術，以皁囊封上。」邕對曰：「臣伏惟陛下聖德允明，深悼災咎，褒臣末學，特垂訪及，非臣螻蟻所能堪副。斯誠輸寫肝膽出命之秋，豈可以顧患避害，使陛下不聞至戒哉！臣伏思諸異，皆亡國之怪也。天於大漢，殷勤不已，故屢出祆變，以當譴責，欲令人君感悟，改危即安。今災眚之發，不於它所，遠則門垣，近在寺署，其爲監戒，可謂至切。蜺墯鷄化，皆婦人干政之所致也。前者乳母趙嬈，貴重天下，生則貲藏侔於天府，死則丘墓踰於園陵，兩子受封，兄弟典郡；續以永樂門史霍玉，依阻城社，又爲姦邪。今者道路紛紛，復云有程大人者，察其風聲，將爲國患。宜高爲隄防，明設禁令，深惟趙、霍，以爲至戒。今聖意勤勤，思明邪正。而聞太尉張顥，爲玉所進；光禄勳姓璋，有名貪濁；又長

水校尉趙玹、屯騎校尉蓋升，並叨時幸，榮富優足。宜念小人在位之咎，退思引身避賢之福。伏見廷尉郭禧，純厚老成；光禄大夫橋玄，聰達方直；故太尉劉寵，忠實守正：並宜爲謀主，數見訪問。夫宰相大臣，君之四體，委任責成，優劣已分，不宜聽納小吏，雕琢大臣也。又尚方工技之作，鴻都篇賦之文，可且消息，以示惟憂。《詩》云：『畏天之怒，不敢戲豫。』天戒誠不可戲也。宰府孝廉，士之高選。近者以辟召不慎，切責三公，而今並以小文超取選舉，開請託之門，違明王之典，衆心不厭，莫之敢言。臣願陛下忍而絶之，思惟萬機，以荅天望。聖朝既自約厲，左右近臣亦宜從化。人自抑損，以塞咎戒，則天道虧滿，鬼神福謙矣。臣以愚贛，感激忘身，敢觸忌諱，手書具對。夫君臣不密，上有漏言之戒，下有失身之禍。願寢臣表，無使盡忠之吏，受怨姦仇。」章奏，帝覽而歎息，因起更衣，曹節於後竊視之，悉宣語左右，事遂漏露。其爲邕所裁黜者，皆側目思報。

初，邕與司徒劉郃素不相平，叔父衞尉質又與將作大匠(楊)〔陽〕球有隙。球即中常侍程璜女夫也，璜遂使人飛章言邕、質數以私事請託於郃，郃不聽，邕含隱切，志欲相中。於是詔下尚書，召邕詰狀。邕上書自陳曰：「臣被召，問以大鴻臚劉郃前爲濟陰太守，臣屬吏張宛長休百日，郃爲司隸，又託河内郡吏李奇爲州書佐，及營護故河南尹羊陟、侍御史胡母班，郃不爲用致怨之狀。臣征營怖悸，肝膽塗地，不知死命所在。竊自尋案，實屬宛、奇，不及陟、班。凡休假小吏，非結恨之本。與陟姻家，豈敢申助私黨？如臣父子欲相傷陷，當明言臺閣，具陳恨狀所緣。内無寸事，而謗書外發，宜以臣對與郃參驗。臣得以學問特蒙褒異，執事秘館，操管御前，姓名貌狀，微簡聖心。今年七月，召詣金商門，問以灾異，齎詔申旨，誘臣使言。臣實愚贛，唯識忠盡，出命忘軀，不顧後害，遂譏刺公卿，内及寵臣。實欲以上對聖問，救消災異，規爲陛下建康寧之計。陛下不念忠臣直言，宜加掩蔽，誹謗卒至，便用疑怪。盡心之吏，豈得容哉？詔書每下，百官各上封事，欲以改政思譴，除兇致吉，而言者不蒙延納之福，旋被陷破之禍。今皆杜口結舌，以臣爲戒，誰敢爲陛下盡忠孝乎？臣季父質，連見拔擢，位在上列。臣被蒙恩渥，數見訪逮。言事者因此欲陷臣父子，破臣門户，非復發糾姦伏，補益國家者也。臣年四十有六，孤特一身，得託名忠臣，死有餘榮，恐陛下於此不復聞至言矣。臣之愚冗，職當咎患，但前者所對，質不及聞，而衰老白首，横見引逮，隨臣摧没，并入阬埳，誠冤誠痛。臣一入牢獄，當爲楚毒所迫，趣以飛章，辭情何緣復聞？死期垂至，冒昧自陳。願身當辜戮，匄質不并坐，則身死之日，更生之年也。惟陛下加餐，爲萬姓自愛。」於是下邕、質於洛陽獄，劾以仇怨奉公，議害大臣，大不敬，弃市。事奏，中常侍吕强愍邕無罪，請之，帝亦更思其章，有詔減死一等，與家屬髡鉗徙朔方，不得以赦令除。(楊)〔陽〕球使客追路刺邕，客感其義，皆莫爲用。球又賂其部主使加毒害，所賂者反以其情戒邕，故每得免焉。居五原安陽縣。

邕前在東觀，與盧植、韓説等撰補《後漢記》，會運事流離，不及得成，因上書自陳，奏其所著十意，分别首目，連置章左。帝嘉其才高，會明年大赦，乃宥邕還本郡。邕自徙及歸，凡九月焉。將就還路，五原太守王智餞之。酒酣，智起舞屬邕，邕不爲報。智者，中常侍王甫弟也，素貴驕，慙於賓客，詬邕曰：「徒敢輕我！」邕拂衣而去。智銜之，密告邕怨於囚放，謗訕朝廷。内寵惡之。邕慮卒不免，乃亡命江海，遠跡吴會。往來依太山羊氏，積十二年，在吴。

吴人有燒桐以爨者，邕聞火烈之聲，知其良木，因請而裁爲琴，果有美音，而其尾猶焦，故時人名曰「焦尾琴」焉。初，邕在陳留也，其鄰人有以酒食召邕者，比往而酒以酣焉。客有彈琴於屏，邕至門試潛聽之，曰：「憘！以樂召我而有殺心，何也？」遂反。將命者告主人曰：「蔡君向來，至門而去。」邕素爲邦鄉所宗，主人遽自追而問其故，邕具以告，莫不憮然。彈琴者曰：「我向鼓弦，見螳蜋方向鳴蟬，蟬將去而未飛，螳蜋爲之一前一卻。吾心聳然，惟恐螳蜋之失之也，此豈爲殺心而形於聲者乎？」邕莞然而笑曰：「此足以當之矣。」

中平六年，靈帝崩，董卓爲司空，聞邕名高，辟之。稱疾不就。卓大怒，詈曰：「我力能族人，蔡邕遂偃蹇者，不旋踵矣。」又切勑州郡舉邕詣府，邕不得已，到，署祭酒，甚見敬重。舉高第，補侍御史，又轉持書御史，遷尚書。三日之閒，周歷三臺。遷巴郡太守，復留爲侍中。

初平元年，拜左中郎將，從獻帝遷都長安，封高陽鄉侯。

董卓賓客部曲議欲尊卓比太公，稱尚父。卓謀之於邕，邕曰：「太公輔周，受命翦商，故特爲其號。今明公威德，誠爲巍巍，然比之尚父，愚意以爲未可。宜須關東平定，車駕還反舊京，然後議之。」卓從其言。

(初平)二年六月，地震，卓以問邕。邕對曰：「地動者，陰盛侵陽，臣下踰制之所致也。前春郊天，公奉引車駕，乘金華青蓋，爪畫兩轓，遠近以爲非宜。」卓於是改乘皁蓋車。

卓重邕才學，厚相遇待，每集讌，輒令邕鼓琴贊事，邕亦每存匡益。然卓多自佷用，邕恨其言少從，謂從弟谷曰：「董公性剛而遂非，終難濟也。吾欲東奔兗州，若道遠難達，且遯逃山東以待之，何如？」谷曰：「君狀異恒人，每行觀者盈集。以此自匿，不亦難乎？」邕乃止。

及卓被誅，邕在司徒王允坐，殊不意言之而歎，有動於色。允勃然叱之曰：「董卓國之大賊，幾傾漢室。君爲王臣，所宜同忿，而懷其私遇，以忘大節！今天誅有罪，而反相傷痛，豈不共爲逆哉？」即收付廷尉治罪。邕陳辭謝，乞黥首刖足，繼成漢史。士大夫多矜救之，不能得。太尉馬日磾馳往謂允曰：「伯喈曠世逸才，多識漢事，當續成後史，爲一代大典。且忠孝素著，而所坐無名，誅之無乃失人望乎？」允曰：「昔武帝不殺司馬遷，使作謗書，流於後世。方今國祚中衰，神器不固，不可令佞臣執筆在幼主左右。既無益聖德，復使吾黨蒙其訕議。」日磾退而告人曰：「王公其不長世乎？善人，國之紀也；制作，國之典也。滅紀廢典，其能久乎！」邕遂死獄中。允悔，欲止而不及。時年六十一。搢紳諸儒莫不流涕。北海鄭玄聞而歎曰：「漢世之事，誰與正之！」兗州、陳留(聞)〔閒〕皆畫像而頌焉。

其撰集漢事，未見録以繼後史。適作《靈紀》及十意，又補諸列傳四十二篇，因李傕之亂，湮没多不存。所著詩、賦、碑、誄、銘、讚、連珠、箴、弔、論議、《獨斷》、《勸學》、《釋誨》、《敍樂》、《女訓》、《篆執》、祝文、章表、書記，凡百四篇，傳於世。

《東觀漢紀》卷一七《蔡邕》 蔡邕，詔問有黑氣墮温明殿東庭中，如車蓋，騰起奮迅，五色，有頭，體長十餘丈，形似龍，似虹蜺。邕對：「虹著於天，而降施於庭，以臣所聞，則所謂天投蜺者也。」

虹晝見御座殿庭前，色青赤。上引邕問之，對曰：「虹蜺，小女子之祥。」

蔡邕徙朔方，上書求還，續成十志。

唐晏《兩漢三國學案》卷一一《明經文學列傳・蔡邕》 蔡邕字伯喈，陳留圉人也。性篤孝，少博學，師事太傅胡廣。好辭章、數術、天文，妙操音律。閑居翫古，不交當世。建寧三年，辟司徒橋玄府，出補河平長。召拜郎中，校書東觀。遷議郎。邕以經籍去聖久遠，文字多謬，俗儒穿鑿，疑誤後學，熹平四年，乃與堂谿典、楊賜、馬日磾、張馴、韓説、單颺等，奏求正定《六經》文字。靈帝許之，邕乃自書丹於碑，使工鐫刻立於太學門外。於是後儒晚學，咸取正焉。及碑始立，其觀視及摹寫者，東乘日千餘兩。時頻有雷霆疾風，地震隕雹之害，又鮮卑犯境，役賦及民。六年七月，制書引咎，誥羣臣各陳政要所當施行。邕上封事，謹條宜所施行七事。書奏，帝乃親迎氣北郊，及行辟雍之禮。又詔宜陵孝子爲舍人者，悉改爲丞尉焉。光和元年，以災異詔問，又以邕經學深奥，密特稽問。邕上封事，語涉太尉張顥、光禄勳姓璋、長水校尉趙玹、屯騎校尉蓋升。章奏，帝覽而歎息，因起更衣，曹節於後竊視之，悉宣語左右，事遂漏露。初，邕與司徒劉郃素不相平，叔父衛尉質又與將作大匠楊球有隙。球即中常侍程璜女夫也，璜遂使人飛章言邕、質數以私事請託於郃，郃不聽，邕含隱切志，欲相中。於是詔下尚書，召邕詰狀。邕上書自陳。於是下邕、質於洛陽獄，劾以仇怨奉公，議害大臣，大不敬，棄市。中常侍吕强愍邕無罪，請之，帝亦更思其章，詔減死一等，與家屬髡鉗徙朔方。楊球使客追路刺邕，客感其義，皆莫爲用。球又賂其部主使加毒害，所賂者反以其情戒邕，故每得免焉。居五原安陽縣。邕前在東觀，與盧植、韓説等撰補《後漢記》，會遭事流離，不及得成，因上書自陳，奏其所著十意，曰：「臣常以爲《漢書》十志下盡王莽而止，光武以來唯記紀傳，無續志者。臣所事師故太傅胡廣，知臣頗識其門户，略以所有舊事與臣。雖未備悉，粗見首尾。科條諸志，臣欲删定者一，所當接續者四，《前志》所無臣欲著者五，及經典羣書所宜捃摭，本奏詔書所當依據，分别首目，連置章左。」帝嘉其才高，會明年大赦，乃宥邕還本郡。邕自徙及歸，凡九月焉。邕乃亡命江海，遠跡吴會。靈帝崩，董卓爲司空。舉高第，補侍御史，又轉侍書御史，遷尚書。三日之間，周歷三台。遷巴郡太守，復留爲侍中。初平元年，拜左中郎將，從獻帝遷都長安，封高陽鄉侯。卓重邕才高，厚相遇待。邕亦每存匡益。然卓多自佷用，邕恨其言少從，謂從弟谷曰：「董公性剛而遂非，終難濟也。」及卓被誅，邕在司徒王允坐，殊不意言之而歎，有動於色。允叱曰：「董卓國之大賊，幾頃漢室。今天誅有罪，而反相傷痛，豈不共爲逆哉？」即收付廷尉治罪。邕陳辭謝，乞黥首刖足，繼成漢史。士大夫多矜救之，不能得。馬日磾馳謂允曰：「伯喈曠世逸才，多識漢事，當續成後史，爲一代大典。且忠孝素著，而所坐無名，誅之無乃失人望乎？」允曰：「昔武帝不殺司馬遷，使作謗書，流於後世。方今國祚中衰，神器不固，不可令佞臣執筆在幼主左右。」日磾退而告人曰：「王公其不長世乎？善人，國之紀也；制作，國之典也。滅紀廢典，其能久乎！」邕遂死獄中。搢紳諸儒莫不流涕。北海鄭玄聞而歎曰：「漢世之事，誰與正之！」兗州、

陳留皆畫像而頌焉。其撰集漢事，未見録以繼後史。適作《靈紀》及十意，又補諸列傳四十二篇，因李傕之亂，湮没多不存。所著詩、賦、碑、誄、銘、讚、連珠、箴、弔、論議、《獨斷》、《勸學》、《釋誨》、《敍樂》、《女訓》、《篆埶》、祝文、章表、書記，凡百四篇，傳於世。

雜録

備録

謝承《後漢書》卷四《蔡邕傳》　勳字君嚴。

蔡邕字伯喈，以治書御史遷尚書，三月之間，周歷三臺，遷侍中。

蔡邕在王允坐，聞卓死，有歎惜之音。允責邕曰：「卓，國之大賊，殺主殘臣，天地所不祐，人神所同疾。君爲王臣，世受漢恩，國主危難，曾不倒戈，卓受天誅，而更嗟痛乎？」便使收付廷尉。邕謝允曰：「雖以不忠，猶識大義，古今安危，耳所厭聞，口所常玩，豈當背國而向卓也？狂瞽之詞，謬出患入，願黥首爲刑，以繼漢史。」公卿惜邕才，咸共諫允。允曰：「昔武帝不殺司馬遷，使作謗書，流於後世。方今國祚中衰，戎馬在郊，不可令佞臣執筆在幼主左右，後令吾徒並受謗議。」遂殺邕。

蔡邕與袁公書曰：「酌麥醴，燔乾魚，樂亦在其中矣。」

司馬彪《續漢書》卷四《蔡邕傳》　蔡伯喈，陳留圉人。通達有儁才，博學善屬文，伎藝術數，無不精綜。

蔡邕避難在吴，告人曰：「吾昔經會稽高遷亭，見屋椽竹從東間數第十六可以爲籥。」取用，果有異聲。

董卓爲司空，辟蔡邕，稱疾不就。卓大怒，詈曰：「我力能族人！」邕不得已，及到，署祭酒。

〔以侍中〕仕至左中郎將。爲王允所誅。

華嶠《漢後書》卷三《蔡邕傳》　初，蔡邕在陳留，〔其〕鄰人有以酒食召邕者，比往而酒以酣〔焉〕。客有彈琴於屏，邕至門，潛聽之，曰：「〔嘻〕！以樂召我，而有殺心，何也？」遂反。將命者告主人〔曰〕：「蔡君向來，至門而去。」邕素爲邦鄉所宗，主人遂自追問其故，邕具以告，莫不憮然。彈琴者曰：「我向〔鼓弦〕見螳螂方向鳴蟬，蟬將去而未飛，螳螂爲一前一卻，吾心聳然，惟恐螳螂之失蟬也。此豈爲殺心而形於聲者乎？」邕笑曰：「此足以當之矣。」

張華《博物志》卷六《人名考》　蔡伯喈母，袁公妹曜卿姑也。

蔡邕有書萬卷，漢末年載數車與王粲。粲亡後，相國掾魏諷謀反，粲子與焉。既被誅，邕所與粲書，悉入粲族子葉字長緒，即正宗父，正宗即輔嗣兄也。初粲與族兄凱避地荆州依劉表，表有女。表愛粲才，欲以妻之，嫌其形陋周率，乃謂曰：「君才過人而體貌躁，非女壻才。」凱有風貌，乃妻凱，生葉，即女所生。

《後漢書》卷一〇下《皇后紀下·獻穆曹皇后論》　漢世皇后無謚，皆因帝謚以爲稱。雖吕氏專政，上官臨制，亦無殊號。中興，明帝始建光烈之稱，其後並以德爲配，至於賢愚優劣，混同一貫，故馬、竇二后俱稱德焉。其餘唯帝之庶母及蕃王承統，以追尊之重，特爲其號，如恭懷、孝崇之比是也。初平中，蔡邕始追正和熹之謚，其安思、順烈以下，皆依而加焉。

《後漢書·律曆志中》　靈帝熹平四年，五官郎中馮光、沛相上計掾陳晃言：「曆元不正，故妖民叛寇益州，盜賊相續爲〔害〕。曆〔當〕用甲寅爲元而用庚申，圖緯無以庚〔申〕爲元者。近秦所用代周之元。太史治治曆中郭香、劉固意造妄説，乞（與）本庚申元經緯（有）明〔文〕，受虚欺重誅。」乙卯，詔書下三府，與儒林明道者詳議，務得道真。以羣臣會司徒府議。

議郎蔡邕議，以爲：

曆數精微，去聖久遠，得失更迭，術（衛）無常是。〔漢興〕（以）承秦，曆用顓頊，元用乙卯。百有二歲，孝武皇帝始改正朔，曆用《太初》，元用丁丑，行之百八十九歲。孝章皇帝改從《四分》，元用庚申。今光、晃各以庚申爲非，甲寅爲是。案曆法，黄帝、顓頊、夏、殷、周、魯，凡六家，各自有元。光、晃所據，則殷曆元也。他元雖不明於圖讖，各〔自一〕家〔之〕術，皆當有效於（其）當時。（黄）〔武〕帝始用《太初》丁丑之元，（有）六家紛錯，争訟是非。太史令張壽王挾甲寅元以非漢曆，雜候清臺，課在下第，卒以疏闊，連見劾奏，《太初》效驗，無所漏失。是則雖非圖讖之元，而有效於前者也。及用《四分》以來，考之行度，密於《太初》，是又新元〔有〕效於今者也。延光元年，中謁者亶誦亦非《四分》庚申，上言當用《命曆序》甲寅元。公卿百寮參議正處，竟

不施行。且三光之行，遲速進退，不必若一。術家以筭追而求之，取合於當時而已。故有古今之術。今〔術〕之不能上通於古，亦猶古術之不能下通於今也。《元命苞》、《乾鑿度》皆以爲開闢至獲麟二百七十六萬歲；及《命曆序》積獲麟至漢，起庚（子）〔午〕蔀之二十三歲，竟己酉、戊子及丁卯蔀六十九歲，合爲二百七十五歲。漢元年歲在乙未，上至獲麟則歲在庚申。推此以上，上極開闢，則（不）〔元〕在庚申。讖雖無文，其數見存。而光、晃以爲開闢至獲麟二百七十五萬九千八百八十六歲，獲麟至漢百六十（二）〔一〕歲，轉差少一百一十四歲。云當滿足，則上違《乾鑿度》、《元命苞》，中使獲麟不得在哀公十四年，下不及《命曆序》獲麟〔至〕漢相去四蔀年數，與奏記譜注不相應。

當今曆正月癸亥朔，光、晃以爲乙丑朔。乙丑之與癸亥，無題勒款識可與衆共別者，須以弦望晦朔光魄虧滿可得而見者，考其符驗。而光、晃曆以《考靈曜》〔爲本〕，二十八宿度數及冬至日所在，與今史官甘、石舊文錯異，不可考校；以今渾天圖儀檢天文，亦不合於《考靈曜》。光、晃誠能自依其術，更造望儀，以追天度，遠有驗於圖書，近有效於三光，可以易奪甘、石，窮服諸術者，實宜用之。難問光、晃，但言圖讖，所言不服。元和二年二月甲寅制書曰：『朕聞古先聖王，先天而天不違，後天而奉天時。史官用太初鄧平術，冬至之日，日在斗二十（二）〔一〕度，而曆以爲牽牛中星，先立春一日，則四分數之立春也，而以折獄斷大刑，於氣已迕，用望平和，蓋亦遠矣。今改行《四分》，以遵於堯，以順孔聖奉天之文。』是始用《四分曆》庚申元之詔也。深引《河雒》圖讖以爲符驗，非史官私意獨所興構。而光、晃以爲〔香〕、固意造妄説，違反經文，謬之甚者。昔堯命羲和曆象日月星辰，舜叶時月正日，湯、武革命，治曆明時，可謂正矣，且猶遇水遭旱，戒以『蠻夷猾夏，寇賊姦宄』。而光、晃以爲陰陽不和，姦臣盜賊，皆元之咎，誠非其理。元和二年乃用庚申，至今九十二歲，而光、晃言秦所用代周之元，不知從秦來，漢三易元，不常庚申。光、晃區區信用所學，亦妄虚無造欺語之愆。至於改朔易元，往者壽王之術已課不效，亶誦之議不用，元和詔書文備義著，非羣臣議者所能變易。

太尉耽、司徒隗、司空訓以邕議劾光、晃不敬，正鬼薪法。詔書勿治罪。

光和二年，萬年公乘王漢上《月食注》。自章和元年到今年凡九十三歲，合百九十六食；與官曆河平元年月錯，以己巳爲元。事下太史令修，上言「漢所作注不與見食相應者二事，以同爲異者二十九事」。尚書召穀城門候劉洪。勑曰：「前郎中馮光、司徒掾陳晃各訟曆，故議郎蔡邕共補續其志。今洪其詣修，與漢相參，推元（謂）〔課〕分，考校月食。審己巳元密近，有師法，洪便從漢受；不能，對。」洪上言：「推（元）漢己巳元，則《考靈曜》旃蒙之歲乙卯元也，與光、晃甲寅元相經緯。於以追天作曆，校三光之步，今爲疏闊。孔子緯一事見二端者，明曆興廢，隨天爲節。甲寅曆於孔子時效；己巳《顓頊》秦所施用，漢興草創，因而不易，至元封中，迂闊不審，更用《太初》，應期三百改憲之節。甲寅、己巳讖雖有文，略其年數，是以學人各傳所聞，至於課校，罔得厥正。夫甲寅元天正正月甲子朔旦冬至，七曜之起，始於牛初。乙卯之元人正己巳朔旦立春，三光聚天廟五度。課兩元端，閏餘差（自）〔百〕五十（二）〔一〕分（二）〔一〕之三，朔三百四，中節之餘二十九。以效信難聚，漢不解説，但言先人有書而已。以漢成注參官施行，術不同二十九事，不中見食二事。案漢習書，見己巳元，謂朝不聞，不知聖人獨有興廢之義，史官有附天密術。甲寅、己巳，前已施行，效後格而（已）不用。河平疏闊，史官已廢之，而漢以去事分爭，殆非其意。雖有師法，與無同。課又不近密。其説蔀數，術家所共知，無所采取。」遣漢歸鄉里。

《後漢書·律曆志論》 光和元年中，議郎蔡邕、郎中劉洪補續《律曆志》，邕能著文，清濁鍾律，洪能爲筭，述敍三光。今考論其業，義指博通，術數略舉，是以集録爲上下篇，放續《前志》，以備一家。

《後漢書·祭祀志下》 靈帝崩，獻帝即位。初平中，相國董卓、左中郎將蔡邕等以和帝以下，功德無殊，而有過差，不應爲宗，及餘非宗者追尊三后，皆奏毁之。

《後漢書·五行志一》 靈帝光和元年，南宮侍中寺雌雞欲化雄，一身毛皆似雄，但頭冠尚未變。詔以問議郎蔡邕。邕對曰：「貌之不恭，則有雞禍。宣帝黄龍元年，未央宮雌雞化爲雄，不鳴無距。是歲元帝初即位，立王皇后。至初元元年，丞相史家雌雞化爲雄，冠距鳴將。是歲后父禁爲（平）陽〔平〕侯，女立爲皇后。至哀帝晏駕，后攝政，王莽以后兄子爲大司馬，由是爲亂。臣竊推之，頭，元首，人君之象；今雞一身已變，未至於頭，而上知之，是將有其事而不遂成之象也。若應之不精，政無所改，頭冠或成，爲患茲大。」是後張角作亂稱黄巾，遂破壞。四方疲於賦役，多叛者。上不改政，遂至天下大亂。

靈帝光和元年，南宮平城門内屋、武庫屋及外東垣屋前後頓壞。蔡邕對曰：「平城門，正陽之門，與宮連，郊祀法駕所由從出，門之最尊者也。武庫，禁兵所藏。東垣，庫之外障。《易傳》曰：『小人在位，上下咸悖，厥妖城門内崩。』《潛潭巴》曰：『宮瓦自墮，諸侯强陵主。』此皆小人顯位亂法之咎也。」其後黄巾賊先起東方，庫兵大動。皇后同父兄何進爲大將軍，同母弟苗爲車騎將軍，兄弟並貴盛，皆統兵在京都。其後進欲誅廢中官，爲中常侍張讓、段珪等所殺，兵戰宮中闕下，更相誅滅，天下兵大起。

《後漢書・五行志三》 光和元年詔策問曰：「連年蝗蟲至冬踊，其咎焉在？」蔡邕對曰：「臣聞《易傳》曰：『大作不時，天降災，厥咎蝗蟲來。』《河圖祕徵篇》曰：『帝貪則政暴而吏酷，酷則誅深必殺，主蝗蟲。』蝗蟲，貪苛之所致也。」是時百官遷徙，皆私上禮西園以爲府。

《後漢書・五行志五》 光和元年五月壬午，何人白衣欲入德陽門，辭「我梁伯夏，教我上殿爲天子」。中黄門桓賢等呼門吏僕射，欲收縛何人，吏未到，須臾還走，求索不得，不知姓名。時蔡邕以成帝時男子王褒絳衣入宮，上前殿非常室，曰「天帝令我居此」，後王莽篡位。今此與成帝時相似而有異，被服不同，又未入雲龍門而覺，稱梁伯夏，皆輕於言。以往況今，將有狂狡之人，欲爲王氏之謀，其事不成。其後張角稱黄天作亂，竟破壞。

靈帝光和元年六月丁丑，有黑氣墮北宮温明殿東庭中，黑如車蓋，起奮訊，身五色，有頭，體長十餘丈，形貌似龍。上問蔡邕，對曰：「所謂天投蜺者也。不見足尾，不得稱龍。《易傳》曰：『蜺之比無德，以色親也。』《潛潭巴》曰：『虹出，后妃陰脅王者。』又曰：『五色迭至，照于宮殿，有兵革之事。』《演孔圖》曰：『天子外苦兵，威内奪，臣無忠，則天投蜺。』變不空生，占不空言。」先是立皇后何氏，皇后每齋，當謁祖廟，輒有變異不得謁。

《後漢書》卷三七《桓彬傳》 彬少與蔡邕齊名。【略】所著《七説》及書凡三篇，蔡邕等共論序其志，僉以爲彬有過人者四：夙智早成，岐嶷也；學優文麗，至通也；仕不苟禄，絶高也；辭隆從窊，絜操也。乃共樹碑而頌焉。

《後漢書》卷四三《朱穆傳》 初，穆父卒，穆與諸儒考依古義，謚曰貞宣先生。及穆卒，蔡邕復與門人共述其體行，謚爲文忠先生。

《後漢書》卷四四《胡廣傳》 熹平六年，靈帝思感舊德，乃圖畫廣及太尉黄瓊於省内，詔議郎蔡邕爲其頌云。

《後漢書》卷五三《申屠蟠傳》 家貧，傭爲漆工。郭林宗見而奇之。同郡蔡邕深重蟠，及被州辟，乃辭讓之曰：「申屠蟠稟氣玄妙，性敏心通，喪親盡禮，幾於毁滅。至行美義，人所鮮能。安貧樂潛，味道守真，不爲燥濕輕重，不爲窮達易節。方之於邕，以齒則長，以德則賢。」

《後漢書》卷六四《盧植傳》 歲餘，復徵拜議郎，與諫議大夫馬日磾、議郎蔡邕、楊彪、韓説等並在東觀，校中書《五經》記傳，補續《漢記》。【略】植素善蔡邕，邕前徙朔方，植獨上書請之。邕時見親於卓，故往請植事。

《後漢書》卷七八《宦者列傳・吕强》 吕强字漢盛，河南成皋人也。少以宦者爲小黄門，再遷中常侍。爲人清忠奉公。靈帝時，例封宦者，以强爲都鄉侯。强辭讓懇惻，固不敢當，帝乃聽之。因上疏陳事曰：【略】

又聞前召議郎蔡邕對問於金商門，而令中常侍曹節、王甫等以詔書喻旨。邕不敢懷道迷國，而切言極對，毁刺貴臣，譏呵竪宦。陛下不密其言，至令宣露，羣邪項領，膏脣拭舌，競欲咀嚼，造作飛條。陛下回受誹謗，致邕刑罪，室家徙放，老幼流離，豈不負忠臣哉！今羣臣皆以邕爲戒，上畏不測之難，下懼劍客之害，臣知朝廷不復得聞忠言矣。故太尉段熲，武勇冠世，習於邊事，垂髮服戎，功成皓首，歷事二主，勳烈獨昭。陛下既已式序，位登台司，而爲司隸校尉陽球所見誣脅，一身既斃，而妻子遠播。天下惆悵，功臣失望。宜徵邕更授任，反顈家屬，則忠貞路開，衆怨以弭矣。

帝知其忠而不能用。【略】

時宦者濟陰丁肅、下邳徐衍、南陽郭耽、汝陽李巡、北海趙祐等五人稱爲清忠，皆在里巷，不争威權。巡以爲諸博士試甲乙科，争弟高下，更相告言，至有行賂定蘭臺漆書經字，以合其私文者，乃白帝，與諸儒共刻《五經》文於石，於是詔蔡邕等正其文字。自後《五經》一定，争者用息。

《後漢書》卷七九上《儒林列傳上・張馴》 張馴字子儁，濟陰定陶人也。少遊太學，能誦《春秋左氏傳》。以《大夏侯尚書》教授。辟公府，舉高第，拜議郎。與蔡邕共奏定《六經》文字。擢拜侍中，典領祕書近署，甚見納異。

《後漢書》卷七九下《儒林列傳下・趙曄》 曄著《吴越春秋》、《詩細歷神淵》。蔡邕至會稽，讀《詩細》而歎息，以爲長於《論衡》。邕還京師，傳之，學者咸誦習焉。

《後漢書》卷八〇下《文苑列傳下·邊讓》　議郎蔡邕深敬之，以爲讓宜處高任，乃薦於何進曰：「伏惟幕府初開，博選清英，華髮舊德，並爲元龜。雖振鷺之集西雍，濟濟之在周庭，無以或加。竊見令史陳留邊讓，天授逸才，聰明賢智。髫齔夙孤，不盡家訓。及就學廬，便受大典。初涉諸經，見本知義，授者不能對其問，章句不能逮其意。心通性達，口辯辭長。非禮不動，非法不言。若處狐疑之論，定嫌審之分，經典交至，撿括參合，衆夫寂焉，莫之能奪也。使讓生在唐、虞，則元、凱之次，運值仲尼，則顔、冉之亞，豈徒俗之凡偶近器而已者哉！階級名位，亦宜超然。若復隨輩而進，非所以章瓌偉之高價，昭知人之絶明也。傳曰：『函牛之鼎以亨雞，多汁則淡而不可食，少汁則熬而不可熟。』此言大器之於小用，固有所不宜也。邕竊悁邑，怪此寶鼎未受犧牛大羹之和，久在煎熬臠割之間。願明將軍回謀垂慮，裁加少納，貢之機密，展之力用。若以年齒爲嫌，則顔回不得貫德行之首，子奇終無理阿之功。苟堪其事，古今一也。」

《後漢書》卷八二下《方術列傳下·韓説》　韓説字叔儒，會稽山陰人也。博通《五經》，尤善圖緯之學。舉孝廉。與議郎蔡邕友善。

《後漢書》卷八四《列女傳·董祀妻》　陳留董祀妻者，同郡蔡邕之女也，名琰，字文姬。博學有才辯，又妙於音律。適河東衛仲道。夫亡無子，歸寧于家。興平中，天下喪亂，文姬爲胡騎所獲，没於南匈奴左賢王，在胡中十二年，生二子。曹操素與邕善，痛其無嗣，乃遣使者以金璧贖之，而重嫁於祀。

祀爲屯田都尉，犯法當死，文姬詣曹操請之。時公卿名士及遠方使驛坐者滿堂，操謂賓客曰：「蔡伯喈女在外，今爲諸君見之。」及文姬進，蓬首徒行，叩頭請罪，音辭清辯，旨甚酸哀，衆皆爲改容。操曰：「誠實相矜，然文狀已去，柰何？」文姬曰：「明公廐馬萬匹，虎士成林，何惜疾足一騎，而不濟垂死之命乎！」操感其言，乃追原祀罪。時且寒，賜以頭巾履襪。操因問曰：「聞夫人家先多墳籍，猶能憶識之不？」文姬曰：「昔亡父賜書四千許卷，流離塗炭，罔有存者。今所誦憶，裁四百餘篇耳。」操曰：「今當使十吏就夫人寫之。」文姬曰：「妾聞男女之别，禮不親授。乞給紙筆，真草唯命。」於是繕書送之，文無遺誤。

《後漢書》卷九〇《鮮卑傳》　靈帝立，幽、并、涼三州緣邊諸郡無歲不被鮮卑寇抄，殺略不可勝數。熹平三年冬，鮮卑入北地，太守夏育率休著屠各追擊破之。遷育爲護烏桓校尉。五年，鮮卑寇幽州。六年夏，鮮卑寇三邊。秋，夏育上言：「鮮卑寇邊，自春以來，三十餘發，請徵幽州諸郡兵出塞擊之，一冬二春，必能禽滅。」朝廷未許。先是護羌校尉田晏坐事論刑被原，欲立功自効，乃請中常侍王甫求得爲將，甫因此議遣兵與育并力討賊。帝乃拜晏爲破鮮卑中郎將。大臣多有不同，乃召百官議朝堂。議郎蔡邕議曰：

《書》戒猾夏，《易》伐鬼方，周有獫狁、蠻荆之師，漢有闐顔、瀚海之事。征討殊類，所由尚矣。然而時有同異，執有可否，故謀有得失，事有成敗，不可齊也。

武帝情存遠略，志闢四方，南誅百越，北討强胡，西伐大宛，東并朝鮮。因文、景之蓄，藉天下之饒，數十年閒，官民俱匱。乃興鹽鐵酒榷之利，設告緡重稅之令，民不堪命，起爲盗賊，關東紛擾，道路不通。繡衣直指之使，奮鈇鉞而並出。既而覺悟，乃息兵罷役，〔封〕丞相爲富人侯。故主父偃曰：「夫務戰勝，窮武事，未有不悔者也。」夫以世宗神武，將相良猛，財賦充實，所拓廣遠，猶有悔焉，況今人財並乏，事劣昔時乎！

自匈奴遁逃，鮮卑强盛，據其故地，稱兵十萬，才力勁健，意智益生。加以關塞不嚴，禁網多漏，精金良鐵，皆爲賊有；漢人逋逃，爲之謀主，兵利馬疾，過於匈奴。昔段熲良將，習兵善戰，有事西羌，猶十餘年。今育、晏才策，未必過熲，鮮卑種衆，不弱于曩時。而虚計二載，自許有成，若禍結兵連，豈得中休？當復徵發衆人，轉運無已，是爲耗竭諸夏，并力蠻夷。夫邊垂之患，手足之蚧搔；中國之困，胷背之瘭疽。方今郡縣盗賊尚不能禁，況此醜虜而可伏乎！

昔高祖忍平城之恥，吕后棄慢書之詬，方之於今，何者爲甚？

天設山河，秦築長城，漢起塞垣，所以别内外，異殊俗也。苟無蹙國内侮之患則可矣，豈與蟲螘(校)〔狡〕寇計争往來哉！雖或破之，豈可殄盡，而方(令)〔今〕本朝爲之旰食乎？

夫專勝者未必克，挾疑者未必敗，衆所謂危，聖人不任，朝議有嫌，明主不行也。昔淮南王安諫伐越曰：「天子之兵，有征無戰。言其莫敢校也。如使越人蒙死以逆執事廝輿之卒，有一不備而歸者，雖得越王之首，而猶爲大漢羞之。」而欲以齊民易醜虜，皇威辱外夷，就如其言，猶已危矣，況乎得失不可量邪！昔珠崖郡反，孝元皇帝納賈捐之言，而下詔曰：「珠崖背畔，今議者或曰可討，或曰棄之。朕日夜惟思，羞威不行，則欲誅之；通于時變，復憂萬民。夫萬民之飢與遠蠻之不討，何者爲大？宗廟之祭，凶年猶有

不備，况避不嫌之辱哉！今關東大困，無以相贍，又當動兵，非但勞民而已。其罷珠崖郡。」此元帝所以發德音也。夫卹民救急，雖成郡列縣，尚猶棄之，况障塞之外，未嘗爲民居者乎！守邊之術，李牧善其略，保塞之論，嚴尤申其要，遺業猶在，文章具存，循二子之策，守先帝之規，臣曰可矣。帝不從。遂遣夏育出高柳，田晏出雲中，匈奴中郎將臧旻率南單于出鴈門，各將萬騎，三道出塞二千餘里。

劉義慶《世説新語》卷下《輕詆》 蔡伯喈睹睞笛椽，孫興公聽妓振且擺折。王右軍聞，大嗔曰：「三祖壽樂器，虺瓦弔孫家兒打折。」

酈道元《水經注》卷一六《穀水》 穀水又東逕平昌門南，故平門也。又逕明堂北，漢光武中元元年立。尋其基構，上圓下方，九室重隅十二堂。蔡邕《月令章句》同之，故引水于其下爲辟雝也。【略】

又東逕國子太學《石經》北，【略】漢魏以來，置太學于國子堂。東漢靈帝光和六年，刻石鏤碑載《五經》，立于太學講堂前，悉在東側。蔡邕以熹平四年，與五官中郎將堂谿典，光禄大夫楊賜，諫議大夫馬日磾，議郎張馴、韓説，太史令單颺等，奏求正定《六經》文字。靈帝許之。邕乃自書丹于碑，使工鐫刻，立于太學門外。于是後儒晚學，咸取正焉。及碑始立，其觀視及筆寫者，車乘日千餘輛，填塞街陌矣。今碑上悉銘刻蔡邕等名。魏正始中，又立古、篆、隸《三字石經》。

楊衒之《洛陽伽藍記》卷三《城南・報德寺》 開陽門御道東有漢國子學堂，堂前有三種字石經二十五碑，表裏刻之，寫《春秋》《尚書》二部，作篆、科斗、隸三種字，漢右中郎將蔡邕筆之遺跡也。猶有十八碑，餘皆殘毁。

《隋書》卷三五《經籍志四》 後漢左中郎將《蔡邕集》十二卷。梁有二十卷，録一卷。又有尚書令士《孫瑞集》二卷，亡。

樂史《太平寰宇記》卷一《河南道一・東京上・開封府・開封縣》 蔡伯喈墓，在縣東北四十五里。《後漢書》：「蔡邕，字伯喈，陳留圉人。漢靈帝時坐收廷尉，死獄中。」葬于此。

樂史《太平寰宇記》卷九六《江南東道八・越州・山陰縣》 柯亭。《郡國志》云：「千秋亭，一名柯亭。」又《會稽地記》云：「漢議郎蔡邕避難，宿于此亭，仰觀椽竹，知有奇響，因取爲笛，遂以爲寶器也。」千秋，一云高遷亭。

樂史《太平寰宇記》卷九六《江南東道八・越州・上虞縣》 曹娥碑。《地志》云：「餘姚縣有孝女曹娥，父泝濤溺死，娥年十四，號痛入水，因抱父尸出而死。縣令度尚使外生邯鄲子禮爲碑文。後蔡邕過讀碑，乃題八字曰：『黄絹幼婦，外孫虀臼。』」此碑今在上虞縣水濱。

趙彦衛《雲麓漫鈔》卷三 蔡邕《光武濟陽宫碑》，載世祖皇考南頓君，初爲濟陽令，有武帝行過宫，常封閉，帝將生，考以令舍下濕，開宫門後殿居之。建元元年十二月甲子夜，帝生時，赤光滿室中，卜者王長卜之，曰：「此吉事，不可言。」《漢書》不載。

王楙《野客叢書》卷八《蔡邕》 《蔡邕傳》曰：光和元年七月詔邕與光禄大夫楊賜等詣金商門問災異，邕悉心以對，事悉在《五行志》。注云：「其志今亡，而《續漢志》引蝗蟲及雌雞二事而已。」僕考《邕集》，當時答詔問，凡有八事：一虹蜺；二白衣入德陽門；三雌雞化雄；四日蝕地動，風雨不時；疾癘流行，迅風折樹五；星辰錯謬六；蝗蟲冬出七；平城門武庫屋壞八。令邕分别皁囊封上，勿漏所問。邕對悉有據依，皆傳所不載。傳文謂獻帝遷都長安，董卓賓客欲尊卓比太公，稱「尚父」，邕以爲宜須關東平定，然後議之。觀集中有《表太尉董公可相國》一表，其詞甚切，謂卓功參周、霍，而止於三事，無異於衆，宜以爲相國，位在太傅上，帶劍履上殿，入朝不趨。亦傳所不聞。乃知異時卓爲相國，正邕之所啓也。

王楙《野客叢書》卷一一《蔡邕女賢》 羊祜父衜，先娶孔融女，後娶蔡邕女。孔氏生發，蔡氏生承、祜。時發與承俱病，蔡氏度不能兩存，乃專心養發，故得濟，承竟病死。其賢如此，視古烈女何愧！《後漢・蔡邕傳》無聞，《列女傳》但載邕女爲董祀妻者，名琰，字文姬。喪亂中爲胡騎所獲，在胡中十二年，生二子。曹操痛邕無嗣，遣使以金璧贖之。琰不能死節，更爲生子，謂之烈女可乎？史失去取甚矣！

王應麟《困學紀聞》卷一三《考史》 蔡邕文今存九十篇，而銘墓居其半，曰碑，曰銘，曰神誥，曰哀讚，其實一也。自云爲《郭有道碑》獨無愧辭，則其他可知矣。其頌胡廣、黄瓊，幾於老、韓同傳，若繼成漢史，豈有南、董之筆？

顧炎武《日知録》卷二六《後漢書》 《蔡邕傳》謂「邕亡命江海，積十二年」。「中平六年，靈帝崩，董卓爲司空，辟之，稱疾不就。卓切敕州郡，舉邕詣府。邕不得已，到，署祭酒。」而《文苑傳》有議郎蔡邕薦邊讓於大將軍何進一書。按中平元年，黄巾起，以何進爲大將軍，正邕亡命之時，無緣得奏記薦人也。

備論

《後漢書》卷六〇下《蔡邕傳論贊》 論曰：意氣之感，士所不能忘也。流極之運，有生所共深悲也。當伯喈抱鉗扭，徙幽裔，仰日月而不見照燭，臨風塵而不得經過，其意豈及語平日倖全人哉！及解刑衣，竄歐越，潛舟江壑，不知其遠，捷步深林，尚苦不密，但願北首舊丘，歸骸先壟，又可得乎？董卓一旦入朝，辟書先下，分明枉結，信宿三遷。匡導既申，狂僭屢革，資《同人》之先號，得北叟之後福。屬其慶者，夫豈無懷？君子斷刑，尚或爲之不舉，況國憲倉卒，慮不先圖，矜情變容，而罰同邪黨？執政乃追怨子長謗書流後，放此爲戮，未或聞之典刑。

贊曰：季長戚氏，才通情侈。苑囿典文，流悦音伎。邕實慕静，心精辭綺。斥言金商，南徂北徙。籍梁懷董，名澆身毀。

《朱子語類》卷一三〇《本朝四・自熙寧至靖康用人》 仁甫不審，多采其説，遂作正文書之。其他紀載有可信者，反爲小字以疏其下，殊無統紀，遂令觀者信之不疑，極是害事。昔王允之殺蔡邕也，謂「不可使佞臣執筆在幼主旁，使吾黨蒙訕議。」允之用心，固自可誅，然佞臣不可執筆，則是不易之論。儒用。

吴曾《能改齋漫録》卷一《事始・歌辭曰曲》 自昔歌辭，或謂之曲，未見其始。《琴書》曰：「蔡邕嘉平初入青溪，訪鬼谷先生所居。山有五曲，一曲製一弄：山之東曲，常有仙人遊，故作遊春；南曲有澗，冬夏常渌，故作渌水；中曲即鬼谷先生舊所居也，深邃岑寂，故作幽居；北曲高巖，猿鳥所集，感物愁坐，故作坐愁；西曲灌木吟秋，故作秋思。三年曲成，出示馬融，甚異之。」然漢蘇武詩云：「幸有絃歌曲，可以喻中懷。」則音韻稱曲，其來久矣。又按，《韓詩章句》：「有章曲曰歌，無章曲曰謡。」

吴曾《能改齋漫録》卷一一《記詩・卞和琴操》 今善琴者，傳卞和操，有其聲而亡其辭，惟存一句可認云：「卞和三獻人不識。」以余觀之，非當時操也。蔡邕記：卞和，楚野人，嘗居山耕種。因得玉璞，以獻于懷王。王以爲欺謾，刖其足。和作操曰：「悠悠沂水，經荆山兮。精氣鬱泱，谷巖巖兮。中有神寶，灼灼明兮。穴山採玉，難爲功兮。」

吴曾《能改齋漫録》卷一四《類對・夫子鼓瑟，蔡邕聽琴》 《韓詩外傳》：「孔子鼓瑟，曾子、子貢側門而聽。曲終，曾子曰：『夫子瑟聲，殆有貪狼之志，邪僻之行。』子貢入，夫子釋瑟而待之。子貢以曾子之言告之，子曰：『鄉者某鼓瑟，有鼠出遊，狸見於屋，循梁微行，造焉而避，厭目曲脊，求而不得。其以瑟爲其音，參以某爲貪狼邪僻，不亦宜乎。』」後漢蔡邕在陳留，有彈琴於屏，邕聽之，曰：「以酒召我，而有殺心，何也？」彈琴者曰：「向我鼓絃，見螳螂方向鳴蟬，將去而未飛，螳螂爲之一前一却。吾心聳然，惟恐螳螂之失也，此豈爲殺心而形于聲乎？」邕莞然而笑曰：「此足以當之矣。」夫以孔子鼓瑟而知狸之捕鼠，蔡邕聽琴而知螳螂之捕蟬，由此以進之，雖國之存亡可知也。

葉適《習學記言序目》卷二四《後漢書一・志》 曆象之説，具於《堯典》，詳於《左氏》，至司馬遷、劉歆，始有曆書而法術備焉。東漢又改用《四分》，自此議論蜂起，前後相非，各出己意，執天愈急。其時惟蔡邕最爲通達，以爲「三光之行，遲速進退，不必若一，術家以算追而求之，取合當時而已，故有古今之術。今之術不能上通於古，亦猶古之術不能下通於今也」。其後杜預亦言「當順天以求合，非爲合以驗天」。此二言者，皆古人所未發，後世所當遵也。若孟子謂「苟求其故，千歲之日可坐致」，則不過指其大歸而已。雖然，不當用昔之疏議今之密，則邕之論誠中爲術之膏肓。若夫不求詳於未差之前而爲合於已差之後，則預猶未免以己意言曆者也。

漢上陵儀，胡廣所言，蔡邕所記，以爲可以寓人子悲哀之心，其意固未失也。然古人之於禮，貴魂而賤魄，舍降而求昇，將以其氣爲無所不在，則悲哀無所不至也。若孝明戀戀焉致誠極孝，不過朽骨之間，則哀之所及者狹矣。君臣所見既皆若此，故後世無不厚墓而薄廟，以形爲實，以神爲誣，此委巷野人之事，奚取於禮哉！（《禮儀》）

葉適《習學記言序目》卷二六《後漢書三・列傳》 董卓族滅而蔡邕不知，大抵事機之際，厚薄淺深，便有榮悴，自春秋時已然，而況于不知者乎！邕之取死，自其宜也。然王允戇愎如此，觀其規爲，直以誅卓之外更無一事，乃欲于弱主賊臣之時，任扶顛持危之責，國雖欲不亡，不可得矣。（《蔡邕》）

葉適《習學記言序目》卷三一《宋書・志》 自蔡邕、杜預用新術治曆，至何承天、祖沖之，考索愈精。承天以月蝕之沖推日躔次，沖之言古術之作在漢初周

末，所謂求詳於未差之前，蓋劉歆、班固所不能到也。（《律曆》）

顧炎武《日知録》卷一三《兩漢風俗》 東京之末，節義衰而文章盛，自蔡邕始。其仕董卓，無守；卓死驚嘆，無識。觀其集中濫作碑頌，則平日之爲人可知矣。以其文采富而交遊多，故後人爲立佳傳。嗟乎，士君子處衰季之朝，常以負一世之名，而轉移天下之風氣者，視伯喈之爲人，其戒之哉！

藝文

《全唐詩》卷八七張説《李工部挽歌三首》（其二） 宅兆西陵上，平生雅志從。城臨丹闕近，山望白雲重。會葬知元伯，看碑識蔡邕。無由接神理，揮涕向青松。

《全唐詩》卷一三二李頎《題僧房雙桐》 青桐雙拂日，傍帶凌霄花。緑葉傳僧磬，清陰潤井華。誰能事音律，焦尾蔡邕家。

《王維集》卷三《故人張諲工詩善易卜兼能丹青草隸頃以詩見贈聊獲酬之》 不逐城東遊俠兒，隱囊紗帽坐彈碁。蜀中夫子時開卦，洛下書生解詠詩。藥欄花徑衡門裏，時復據梧聊隱几。屏風誤點惑孫郎，團扇草書輕内史。故園高枕度三春，永日垂帷絶四鄰。自想蔡邕今已老，更將書籍與何人？

杜甫《杜詩詳注》卷一八《李潮八分小篆歌》 蒼頡鳥跡既茫昧，字體變化如浮雲。陳倉石鼓又已訛，大小二篆生八分。秦有李斯漢蔡邕，中間作者絶不聞。嶧山之碑野火焚，棗木傳刻肥失真。苦縣光和尚骨立，書貴瘦硬方通神。

《全唐詩》卷二六九耿湋《題清源寺》 儒墨兼宗道，雲泉隱舊廬。孟城今寂寞，輞水自紆餘。内學銷多累，西林易故居。深房春竹老，細雨夜鐘疏。陳跡留金地，遺文在石渠。不知登座客，誰得蔡邕書。

《全唐詩》卷三〇一王建《題酸棗縣蔡中郎碑》 蒼苔滿字土埋龜，風雨銷磨絶妙詞。不向圖經中舊見，無人知是蔡邕碑。

鄭真《滎陽外史集》卷八九《題蔡琰歸漢圖》（其一） 玉顔没入左賢王，萬里天高恨雪霜。名父不應兒失節，九泉羞殺蔡中郎。

何進部

綜述

《後漢書》卷六九《何進傳》　何進字遂高，南陽宛人也。異母女弟選入掖庭爲貴人，有寵於靈帝，拜進郎中，再遷虎賁中郎將，出爲潁川太守。光和(二)[三]年，貴人立爲皇后，徵進入，拜侍中、將作大匠、河南尹。

中平元年，黄巾賊張角等起，以進爲大將軍，率左右羽林五營士屯都亭，修理器械，以鎮京師。張角别黨馬元義謀起洛陽，進發其姦，以功封慎侯。

四年，滎陽賊數千人羣起，攻燒郡縣，殺中牟縣令，詔使進弟河南尹苗出擊之。苗攻破羣賊，平定而還。詔遣使者迎於成皋，拜苗爲車騎將軍，封濟陽侯。

五年，天下滋亂，望氣者以爲京師當有大兵，兩宫流血。大將軍司馬許涼、假司馬伍宕説進曰：「《太公六韜》有天子將兵事，可以威壓四方。」進以爲然，入言之於帝。於是乃詔進大發四方兵，講武於平樂觀下。起大壇，上建十二重五采華蓋，高十丈，壇東北爲小壇，復建九重華蓋，高九丈，列步兵、騎士數萬人，結營爲陳。天子親出臨軍，駐大華蓋下，進駐小華蓋下。禮畢，帝躬擐甲介馬，稱「無上將軍」，行陳三匝而還。詔使進悉領兵屯於觀下。是時置西園八校尉，以小黄門蹇碩爲上軍校尉，虎賁中郎將袁紹爲中軍校尉，屯騎都尉鮑鴻爲下軍校尉，議郎曹操爲典軍校尉，趙融爲助軍校尉，淳于瓊爲佐軍校尉，又有左右校尉。帝以蹇碩壯健而有武略，特親任之，以爲元帥，督司隸校尉以下，雖大將軍亦領屬焉。

碩雖擅兵於中，而猶畏忌於進，乃與諸常侍共説帝遣進西擊邊章、韓遂。帝從之，賜兵車百乘，虎賁斧鉞。進陰知其謀，乃上遣袁紹東擊徐、兗二州兵，須紹還，即戎事，以稽行期。

初，何皇后生皇子辯，王貴人生皇子協。羣臣請立太子，帝以辯輕佻無威儀，不可爲人主，然皇后有寵，且進又居重權，故久不決。

六年，帝疾篤，屬協於蹇碩。碩既受遺詔，且素輕忌於進兄弟，及帝崩，碩時在内，欲先誅進而立協。及進從外入，碩司馬潘隱與進早舊，迎而目之。進驚，馳從儳道歸營，引兵入屯百郡邸，因稱疾不入。碩謀不行，皇子辯乃即位，何太后臨朝，進與太傅袁隗輔政，録尚書事。

進素知中官天下所疾，兼忿蹇碩圖己，及秉朝政，陰規誅之。袁紹亦素有謀，因進親客張津勸之曰：「黄門常侍權重日久，又與長樂太后專通姦利，將軍宜更清選賢良，整齊天下，爲國家除患。」進然其言。又以袁氏累世寵貴，海内所歸，而紹素善養士，能得豪傑用，其從弟虎賁中郎將術亦尚氣俠，故並厚待之。因復博徵智謀之士(龐)[逢]紀、何顒、荀攸等，與同腹心。

蹇碩疑不自安，與中常侍趙忠等書曰：「大將軍兄弟秉國專朝，今與天下黨人謀誅先帝左右，埽滅我曹。但以碩典禁兵，故且沈吟。今宜共閉上閤，急捕誅之。」中常侍郭勝，進同郡人也，太后及進之貴幸，勝有力焉。故勝親信何氏，遂共趙忠等議，不從碩計，而以其書示進。進乃使黄門令收碩，誅之，因領其屯兵。

袁紹復説進曰：「前竇武欲誅内寵而反爲所害者，以其言語漏泄，而五營百官服畏中人故也。今將軍既有元舅之重，而兄弟並領勁兵，部曲將吏皆英俊名士，樂盡力命，事在掌握，此天贊之時也。將軍宜一爲天下除患，名垂後世。雖周之申伯，何足道哉！今大行在前殿，將軍(宜)受詔領禁兵，不宜輕出入宫省。」進甚然之，乃稱疾不入陪喪，又不送山陵。遂與紹定籌策，而以其計白太后。太后不聽，曰：「中官統領禁省，自古及今，漢家故事，不可廢也。且先帝新弃天下，我柰何楚楚與士人對共事乎？」進難違太后意，且欲誅其放縱者。紹以爲中官親近至尊，出入號令，今不悉廢，後必爲患。而太后母舞陽君及苗數受諸宦官賂遺，知進欲誅之，數白太后，爲其障蔽。又言：「大將軍專殺左右，擅權以弱社稷。」太后疑以爲然。中官在省闥者或數十年，封侯貴寵，膠固内外。進新當重任，素敬憚之，雖外收大名而内不能斷，故事久不決。

紹等又爲畫策，多召四方猛將及諸豪傑，使並引兵向京城，以脅太后。進然之。主簿陳琳入諫曰：「《易》稱『即鹿無虞』，諺有『掩目捕雀』。夫微物尚不可欺以得志，況國之大事，其可以詐立乎？今將軍總皇威，握兵要，龍驤虎步，高下在心，此猶鼓洪爐燎毛髮耳。夫違經合道，天人所順，而反委釋利器，更徵外助。大兵聚會，彊者爲雄，所謂倒持干戈，授人以柄，功必不成，秖爲亂階。」進不聽。遂西召前將軍董卓屯關中上林苑，又使府掾太山王匡東發其郡强弩，并召東郡太守橋瑁屯城皋，使武猛都尉丁原燒孟津，火照城中，皆以誅宦官爲言。太后猶

不從。

苗謂進曰：「始共從南陽來，俱以貧賤，依省内以致貴富。國家之事，亦何容易！覆水不可收。宜深思之，且與省内和也。」進意更狐疑。紹懼進變計，乃脅之曰：「交搆已成，形埶已露，事留變生，將軍復欲何待，而不早決之乎？」進於是以紹爲司隸校尉，假節，專命擊斷；從事中郎王允爲河南尹。紹使洛陽方略武吏司察宦者，而促董卓等使馳驛上，欲進兵平樂觀。太后乃恐，悉罷中常侍小黄門，使還里舍，唯留進素所私人，以守省中。諸常侍小黄門皆詣進謝罪，唯所措置。進謂曰：「天下匈匈，正患諸君耳。今董卓垂至，諸君何不早各就國？」袁紹勸進便於此決之，至于再三。進不許。紹又爲書告諸州郡，詐宣進意，使捕案中官親屬。

進謀積日，頗泄，中官懼而思變。張讓子婦，太后之妹也。讓向子婦叩頭曰：「老臣得罪，當與新婦俱歸私門。惟受恩累世，今當遠離宫殿，情懷戀戀，願復一入直，得暫奉望太后、陛下顔色，然後退就溝壑，死不恨矣。」子婦言於舞陽君，入白太后，乃詔諸常侍皆復入直。

八月，進入長樂白太后，請盡誅諸常侍以下，選三署郎入守宦官廬。諸宦官相謂曰：「大將軍稱疾不臨喪，不送葬，今欻入省，此意何爲？竇氏事竟復起邪？」又張讓等使人潛聽，具聞其語，乃率常侍段珪、畢嵐等數十人，持兵竊自側闥入，伏省中。及進出，因詐以太后詔召進。入坐省闥，讓等詰進曰：「天下憒憒，亦非獨我曹罪也。先帝嘗與太后不快，幾至成敗，我曹涕泣救解，各出家財千萬爲禮，和悦上意，但欲託卿門户耳。今乃欲滅我曹種族，不亦太甚乎？卿言省内穢濁，公卿以下忠清者爲誰？」於是尚方監渠穆拔劒斬進於嘉德殿前。讓、珪等爲詔，以故太尉樊陵爲司隸校尉，少府許相爲河南尹。尚書得詔板，疑之，曰：「請大將軍出共議。」中黄門以進頭擲與尚書，曰：「何進謀反，已伏誅矣。」

進部曲將吴匡、張璋，素所親幸，在外聞進被害，欲將兵入宫，宫閤閉。袁術與匡共斫攻之，中黄門持兵守閤。會日暮，術因燒南宫九龍門及東西宫，欲以脅出讓等。讓等入白太后，言大將軍兵反，燒宫，攻尚書闥，因將太后、天子及陳留王，又劫省内官屬，從複道走北宫。尚書盧植執戈於閣道窗下，仰數段珪。段珪等懼，乃釋太后。太后投閣得免。

袁紹與叔父隗矯詔召樊陵、許相，斬之。苗、紹乃引兵屯朱雀闕下，捕得趙忠等，斬之。吴匡等素怨苗不與進同心，而又疑其與宦官同謀，乃令軍中曰：「殺大將軍者即車騎也，士吏能爲報讎乎？」進素有仁恩，士卒皆流涕曰：「願致死！」匡遂引兵與董卓弟奉車都尉旻攻殺苗，棄其屍於苑中。紹遂閉北宫門，勒兵捕宦者，無少長皆殺之。或有無須而誤死者，至自發露然後得免。〔死〕者二千餘人。紹因進兵排宫，或上端門屋，以攻省内。

張讓、段珪等困迫，遂將帝與陳留王數十人步出穀門，奔小平津。公卿並出平樂觀，無得從者，唯尚書盧植夜馳河上，王允遣河南中部掾閔貢隨植後。貢至，手劒斬數人，餘皆投河而死。明日，公卿百官乃奉迎天子還宫，以貢爲郎中，封都亭侯。

董卓遂廢帝，又迫殺太后，殺舞陽君，何氏遂亡，而漢室亦自此敗亂。

雜録

備録

司馬彪《續漢書》卷五《何進傳》　進字遂高，南陽人，太后異母兄也。進本屠家子，父曰真。真死後，進以妹倚黄門得入掖庭，有寵。光和三年，立爲皇后，進由是貴幸。中平元年，黄巾起，進拜大將軍。

紹使客張津説進曰：「黄門常侍，秉權日久。又永樂太后與諸常侍專通財利，將軍宜整頓天下，爲海内除患。」進以爲然，遂與紹結謀。

何進欲誅中常侍趙忠等，進乃詐令武猛都尉丁原放兵數千人，爲賊於河内，稱「黑山伯」，上書以誅忠等爲辭，燒平陰、河津莫府人舍，以怖動太后。

《後漢書》卷一〇下《皇后紀下・孝仁董皇后》　及竇太后崩，始與朝政，使帝賣官求貨，自納金錢，盈滿堂室。中平五年，以后兄子衛尉脩侯重爲票騎將軍，領兵千餘人。初，后自養皇子協，數勸帝立爲太子，而何皇后恨之，議未及定而帝崩。何太后臨朝，重與太后兄大將軍進權埶相害，后每欲參干政事，太后輒相禁塞。后忿恚詈言曰：「汝今輈張，怙汝兄耶？當勑票騎斷何進頭來。」何太后聞，以告進。進與三公及弟車騎將軍苗等奏：「孝仁皇后使故中常侍夏惲、永樂太僕封諝等交通州郡，辜較在所珍寶貨賂，悉入西省。蕃后故事不得留京師，

輿服有章，膳羞有品。請永樂后遷宮本國。」奏可。何進遂舉兵圍驃騎府，收重，〔重〕免官自殺。后憂怖，疾病暴崩，在位二十二年。民閒歸咎何氏。喪還河閒，合葬慎陵。

《後漢書·天文志下》 光和中，國皇星東南角去地一二丈，如炬火狀。**【略】**黄巾賊張角燒州郡，朝廷遣將討平，斬首十餘萬級。中平六年，宫車晏駕，大將軍何進令司隸校尉袁紹私募兵千餘人，陰跱雒陽城外，竊呼并州牧董卓使將兵至京都，共誅中官，對戰南、北宫闕下，死者數千人，燔燒宫室，遷都西京。及司徒王允與將軍吕布誅卓，卓部曲將郭汜、李傕旋兵攻長安，公卿百官吏民戰死者且萬人。天下之亂，皆自内發。**【略】**中平六年，大將軍何進謀盡誅中官，〔中官覺〕，於省中殺進：俱兩破滅，天下由此遂大壞亂。

六年八月丙寅，太白犯心前星。**【略】**其日未冥四刻，大將軍何進於省中爲諸黄門所殺。己巳，車騎將軍何苗爲進部曲將吴匡所殺。

《後漢書·五行志一》 中平六年夏，霖雨八十餘日。是時靈帝新棄羣臣，大行尚在梓宫，大將軍何進與佐軍校尉袁紹等共謀欲誅廢中官。下文陵畢，中常侍張讓等共殺進，兵戰京都，死者數千。**【略】**其後黄巾賊先起東方，庫兵大動。皇后同父兄何進爲大將軍，同母弟苗爲車騎將軍，兄弟並貴盛，皆統兵在京都。其後進欲誅廢中官，爲中常侍張讓、段珪等所殺，兵戰宫中闕下，更相誅滅，天下兵大起。

《後漢書·五行志二》 中平元年夏，是歲黄巾賊始起。皇后兄何進，異父兄朱苗，皆爲將軍，領兵。後苗封濟陽侯，進、苗遂秉威權，持國柄，漢遂微弱，自此始焉。**【略】**

中平三年八月中，懷陵上有萬餘爵，先極悲鳴，已因亂鬭相殺，皆斷頭，懸著樹枝枳棘。到六年，靈帝崩，大將軍何進以内寵外變，積惡日久，欲悉糾黜，以隆更始冗政，而太后持疑，事久不決。進從中出，於省内見殺，因是有司盪滌虔劉，後禄而尊厚者無餘矣。

《後漢書》卷三五《鄭玄傳》 靈帝末，黨禁解，大將軍何進聞而辟之。州郡以進權戚，不敢違意，遂迫脅玄，不得已而詣之。進爲設几杖，禮待甚優。玄不受朝服，而以幅巾見。

《後漢書》卷三七《桓典傳》 靈帝崩，大將軍何進秉政，典與同謀議，三遷羽林中郎將。獻帝即位，三公奏典前與何進謀誅閹官，功雖不遂，忠義炳著。詔拜家一人爲郎，賜錢二十萬。

《後漢書》卷五三《申屠蟠傳》 大將軍何進連徵不詣，進必欲致之，使蟠同郡黄忠書勸曰：「前莫府初開，至如先生，特加殊禮，優而不名，申以手筆，設几杖之坐。經過二載，而先生抗志彌高，所尚益固。竊論先生高節有餘，於時則未也。今潁川荀爽載病在道，北海鄭玄北面受署。彼豈樂羈牽哉，知時不可逸豫也。昔人之隱，遭時則放聲滅迹，巢棲茹薇。其不遇也，則裸身大笑，被髮狂歌。今先生處平壤，游人閒，吟典籍，襲衣裳，事異昔人，而欲遠蹈其迹，不亦難乎！孔氏可師，何必首陽。」蟠不荅。

《後漢書》卷六二《荀爽傳》 後公車徵爲大將軍何進從事中郎。進恐其不至，迎薦爲侍中，及進敗而詔命中絶。

《後漢書》卷六二《陳寔傳》 人尉楊賜、司徒陳耽，每拜公卿，羣僚畢賀，賜等常歎寔大位未登，愧於先之。及黨禁始解，大將軍何進、司徒袁隗遣人敦寔，欲特表以不次之位。寔乃謝使者曰：「寔久絶人事，飾巾待終而已。」時三公每缺，議者歸之，累見徵命，遂不起，閉門懸車，棲遲養老。中平四年，年八十四，卒于家。何進遣使弔祭，海内赴者三萬餘人，制衰麻者以百數。共刊石立碑，謚爲文範先生。

《後漢書》卷六六《王允傳》 及帝崩，乃奔喪京師。時大將軍何進欲誅宦官，召允與謀事，請爲從事中郎，轉河南尹。獻帝即位，拜太僕，再遷守尚書令。

《後漢書》卷七〇《鄭太傳》 初舉孝廉，三府辟，公車徵，皆不就。及大將軍何進輔政，徵用名士，以公業爲尚書侍郎，遷侍御史。進將誅閹官，欲召并州牧董卓爲助。公業謂進曰：「董卓彊忍寡義，志欲無猒。若借之朝政，授以大事，將恣兇慾，必危朝廷。明公以親德之重，據阿衡之權，秉意獨斷，誅除有罪，誠不宜假卓以爲資援也。且事留變生，殷鑒不遠。」又爲陳時務之所急數事。進不能用，乃弃官去，謂潁川人荀攸曰：「何公未易輔也。」

《後漢書》卷七八《宦者列傳·張讓》 六年，帝崩。中軍校尉袁紹説大將軍何進，令誅中官以悦天下。謀泄，讓、忠等因進入省，遂共殺進。

《後漢書》卷八〇下《文苑列傳·邊讓》 大將軍何進聞讓才名，欲辟命之，恐不至，詭以軍事徵召。既到，署令史，進以禮見之。讓善占(謝)〔射〕，能辭對，時賓客滿堂，莫不羡其風。府掾孔融、王朗並修刺候焉。

議郎蔡邕深敬之，以爲讓宜處高任，乃薦於何進曰：「伏惟幕府初開，博選

清英，【略】」讓後以高才擢進，屢遷，出爲九江太守，不以爲能也。

《後漢書》卷八一《獨行列傳・范冉》　中平二年，年七十四，卒於家。【略】於是三府各遣令史奔弔。大將軍何進移書陳留太守，累行論謚，僉曰宜爲貞節先生。會葬者二千餘人，刺史郡守各爲立碑表墓焉。

《後漢書》卷八二下《方術列傳・董扶》　靈帝時，大將軍何進薦扶，徵拜侍中，甚見器重。扶私謂太常劉焉曰：「京師將亂，益州分野有天子氣。」焉信之，遂求出爲益州牧，扶亦爲蜀郡屬國都尉，相與入蜀。去後一歲，帝崩，天下大亂，乃去官還家。

酈道元《水經注》卷一五《洛水》　靈帝中平元年，以河南尹何進爲大將軍，率五營士屯都亭，置函谷、廣城、伊闕、大谷、轘轅、旋門、小平津、孟津等八關，都尉官治此，函谷爲之首，在八關之限，故世人總其統目，有八關之名矣。

洪邁《容齋隨筆》卷一一《何進高叡》　東漢末，何進將誅宦官，白皇太后悉罷中常侍、小黃門，使還里舍。張讓子婦，太后之妹也。讓向子婦叩頭曰：「老臣得罪，當與新婦俱歸私門，唯受恩累世，今當遠離宮殿，願復一入直，得暫奉望太后顏色，死不恨矣。」子婦爲言之，乃詔諸常侍皆復入直。不數日，進乃爲讓所殺，董卓隨以兵至，讓等雖死，漢室亦亡。北齊和士開在武成帝世，奸蠹敗國。及後主嗣立，宰相高叡與婁定遠白胡太后，出士開爲兗州刺史。后欲留士開過百日，叡守之以死，苦言之。士開載美女珠簾賂定遠曰：「蒙王力，用爲方伯，今當遠出，願得一辭覲二宮。」定遠許之，士開由是得見太后及帝，進説曰：「臣出之後，必有大變，今已得入，復何所慮。」於是出定遠爲青州而殺叡。後二年，士開雖死，齊室亦亡。嗚呼！奸佞之難去久矣！何進、高叡，不惜隕身破家，爲漢、齊社稷計，而張讓、士開以談笑一言，變如反掌，忠良受禍，宗廟爲墟。乃知背脅瘭疽，決之不可不速；虎狼在穽，養之則自貽害。可不戒哉！

錢時《兩漢筆記・靈帝》　中平六年夏，帝崩，皇子辯即皇帝位。太后臨朝，以後將軍袁隗爲太傅，與大將軍何進參録尚書事。進既秉朝政，忿蹇碩圖己，陰規誅之。袁紹勸進悉誅宦官。秋七月，袁紹復説何進曰：「前竇武欲誅内寵，而反爲所害者，但坐言語漏泄，五營兵士皆服畏中人，而竇氏反用之，自取禍滅。今將軍兄弟並領勁兵，部曲將吏皆英俊名士，樂盡力命，事在掌握，此天贊之時也。將軍宜一爲天下除患，以垂名後世，不可失也。」進乃白太后，請罷中常侍以下，以三署郎補其處。太后不聽，曰：「中官統領禁省，自古及今，漢家故事，不可廢也。且先帝新棄天下，我奈何楚楚與士人共對事乎？」進難違太后意，且欲誅其放縱者。紹以爲中官親近至尊，出納號令，今不悉廢，後必爲患。而太后母舞陽君及何苗，數受諸宦官賂遺，知進欲誅之，數白太后，爲其障蔽。又言大將軍專殺，左右擅權，以弱社稷，太后疑以爲然。進新貴，素敬憚中官，雖外慕大名，而内不能斷，故事久不決。紹等又爲畫策，多召四方猛將，及諸將豪傑，使並引兵向京城，以脅太后。進然之。典軍校尉曹操聞而笑曰：「宦者之官，古今宜有，但世主不當假之權寵，使至於此。既治其罪，當誅元惡，一獄吏足矣。何至紛紛召外兵乎？欲盡誅之，事必宣露。吾見其敗也。」

黃震《古今紀要・後漢》　何進，元舅輔政，與袁紹謀誅宦官，以陳琳之言狐疑，見殺。

陳櫟《歷代通略》卷一《東漢》　靈帝崩，子辯立。何太后臨朝，后兄何進，與袁紹謀盡誅宦者，遂召董卓兵。卓未至，何進又爲宦者所殺，復如竇武矣。

備論

《後漢書》卷六九《竇武何進傳論贊》　論曰：竇武、何進藉元舅之資，據輔政之權，内倚太后臨朝之威，外迎羣英乘風之埶，卒而事敗閹豎，身死功積，爲世所悲，豈智不足而權有餘乎？《傳》曰：「天之廢商久矣，君將興之。」斯宋襄公所以敗於泓也。

贊曰：武生蛇祥，進自屠羊。惟女惟弟，來儀紫房。上惛下嬖，人靈動怨。將糾邪慝，以合人願。道之屈矣，代離兇困。

郝經《續後漢書》卷七《列傳第四・何進》　議曰：戚宦並爲亂本，耦傷漢室久矣。一旦更相屠并，必兩斃而後已，理勢然也。故竇武、何進倚母后，恃元舅，握兵柄，操大權，總攬豪傑，登庸名士，欲糞除閹穢，卒之身死而族滅，以亂除亂，神明不與也。進愎諫違衆，卒召外寇，疣潰身殫，遂淪鼎命。悲夫！鄭泰之止進召卓，不用而去，可謂見機而作也。及與何容發山東之謀，祇爲亂階，亦猶進之召卓也。容卒以憂死，泰可謂幸而免矣。國之將亡，殆如膏肓之疾，動之死地，雖雷、扁、和、秦原注：雷公、扁鵲、醫和、秦越人。莫能善其術也。種劭父子死國，烈氣凜凜，爲不死矣。【略】贊曰：進本屠劊，馮藉椒掖，智小謀大，身夷族

赤，自我致寇，死有餘責。公業諸賢，匡時濟難，龍蛇閧起，漫爲興歎，奔命脱死，亟走解散，允篤智計，漢火復然，臍炷未滅，頸刃遽連，明哲保身，士孫獨賢，終亦不免，衆果勝天。

陳子龍《陳忠裕公全集・安雅堂稿・何進》 竇武、何進，皆以外戚謀誅宦官，不克而死。然進之徒黨，卒能芟夷醜類者，以進先奪禁兵之權，而二袁、吴匡等健士爲之羽翼也。觀夫進死之後，二袁以西園之衆，排闥掃穴，如獮狐兎，豈必涼州之師乃獲濟乎？使進能聽孔璋之謀，納公業之諫，功與絳侯比肩，而漢室亦可無恙矣。惜哉！召兵之計，發於本初，或爲樂禍之心與？而暗於事機，亦可徵也。

何焯《義門讀書記》卷二三《後漢書》 詔使進弟河南尹苗出擊之。苗，朱氏子，與皇后同母異父，冒何氏，《五行傳》作后異父兄朱苗。前竇武欲誅内寵至而五營百官服畏中人故也。《魏志》注引《九州春秋》云：但坐言語漏泄，以五營士爲兵故耳。五營士生長京師，服畏中人，而竇氏反用其鋒，遂果叛，走歸黄門，是以自取破滅，事勢分曉。

袁紹勸進便於此決之，使捕案中官親屬，紹爲司隸校尉，假節擊斷，當進未決，直盡收中官付一獄吏可了。此之不圖，而詐宣進教，捕案親族，不亦不知要乎。

藝文

張澍《養素堂詩集》卷二十五《詠史集・陳琳》 檄文讀罷愈頭風，似比華陀奏效工。賦有宏裁森武庫，書成八事喻臧洪。詞章繁富爲雄伯，氣象麤疏忤上公。卻羨當季官主簿，尚爲何進效謀忠。

譚瑩《樂志堂詩集》卷四《誅宦官》 誅宦官，死遺恨，前竇武，後何進，復有王芬可同論。噫嘻，鄭注王涯都一例，政委家奴宜受制。惜哉唐文宗，未如莊烈帝。乾綱獨攬誅客魏，卻使杜勳仍富貴。敢縋城，言遜位。

譚瑩《樂志堂詩集》卷四《吾道東》 山東無足問，負笈西入關。三年不得見，召見乃即遷。幅巾詣何進，安車謝袁紹，委身梁竇曾誰料。吾道東矣終何如，萍浮南北歸故都。客耕學徒轉相隨，儒者之節能不拘。黨附知之弦誦初，通儒忍作絶交書。

董卓部

綜述

《後漢書》卷七二《董卓傳》 董卓字仲穎，隴西臨洮人也。性麤猛有謀。少嘗遊羌中，盡與豪帥相結。後歸耕於野，諸豪帥有來從之者，卓爲殺耕牛，與共宴樂，豪帥感其意，歸相斂得雜畜千餘頭以遺之，由是以健俠知名。爲州兵馬掾，常徼守塞下。卓膂力過人，雙帶兩鞬，左右馳射，爲羌胡所畏。

桓帝末，以六郡良家子爲羽林郎，從中郎將張奂爲軍司馬，共擊漢陽叛羌，破之，拜郎中，賜縑九千匹。卓曰：「爲者則己，有者則士。」乃悉分與吏兵，無所留。稍遷西域戊己校尉，坐事免。後爲并州刺史，河東太守。

中平元年，拜東中郎將，持節，代盧植擊張角於下曲陽，軍敗抵罪。其冬，北地先零羌及枹罕河關羣盜反叛，遂共立湟中義從胡北宫伯玉、李文侯爲將軍，殺護羌校尉泠徵。伯玉等乃劫致金城人邊章、韓遂，使專任軍政，共殺金城太守陳懿，攻燒州郡。明年春，將數萬騎入寇三輔，侵逼園陵，托誅宦官爲名。詔以卓爲中郎將，副左車騎將軍皇甫嵩征之。嵩以無功免歸，而邊章、韓遂等大盛。朝廷復以司空張温爲車騎將軍，假節，執金吾袁滂爲副。拜卓破虜將軍，與盪寇將軍周慎並統於温。并諸郡兵步騎合十餘萬，屯美陽，以衛園陵。章、遂亦進兵美陽。温、卓與戰，輒不利。十一月，夜有流星如火，光長十餘丈，照章、遂營中，驢馬盡鳴。賊以爲不祥，欲歸金城。卓聞之喜，明日，乃與右扶風鮑鴻等并兵俱攻，大破之，斬首數千級。章、遂敗走榆中，温乃遣周慎將三萬人追討之。温參軍事孫堅説慎曰：「賊城中無穀，當外轉糧食。堅願得萬人斷其運道，將軍以大兵繼後，賊必困乏而不敢戰。若走入羌中，并力討之，則涼州可定也。」慎不從，引軍圍榆中城。而章、遂分屯葵園狹，反斷慎運道。慎懼，乃弃車重而退。温時亦使卓將兵三萬討先零羌，卓於望垣北爲羌胡所圍，糧食乏絶，進退逼急。乃於所度水中僞立隱，以爲捕魚，而潛從隱下過軍。比賊追之，决水已深，不得度。時衆軍敗退，唯卓全師而還，屯於扶風，封斄鄉三年春，遣使者持節就長安拜張温爲太尉。三公在外，始之於温。其冬，徵温還京師，韓遂乃殺邊章及伯玉、文侯，擁兵十餘萬，進圍隴西。太守李相如反，與遂連和，共殺涼州刺史耿鄙。而鄙司馬扶風馬騰，亦擁兵反叛，又漢陽王國，自號「合衆將軍」，皆與韓遂合。共推王國爲主，悉令領其衆，寇掠三輔。五年，圍陳倉。乃拜卓前將軍，與左將軍皇甫嵩擊破之。韓遂等復共廢王國，而劫故信都令漢陽閻忠，使督統諸部。忠恥爲衆所脅，感恚病死。遂等稍争權利，更相殺害，其諸部曲並各分乖。

六年，徵卓爲少府，不肯就，上書言：「所將湟中義從及秦胡兵皆詣臣曰：『牢直不畢，稟賜斷絶，妻子飢凍。』牽挽臣車，使不得行。羌胡敝腸狗態，臣不能禁止，輒將順安慰。增異復上。」朝廷不能制，頗以爲慮。及靈帝寢疾，璽書拜卓爲并州牧，令以兵屬皇甫嵩。卓復上書言曰：「臣既無老謀，又無壯事，天恩誤加，掌戎十年。士卒大小相狎彌久，戀臣畜養之恩，爲臣奮一旦之命。乞將之北州，效力邊垂。」於是駐兵河東，以觀時變。

及帝崩，大將軍何進、司隸校尉袁紹謀誅閹宦，而太后不許，乃私呼卓將兵入朝，以脅太后。卓得召，即時就道。並上書曰：「中常侍張讓等竊倖承寵，濁亂海内。臣聞揚湯止沸，莫若去薪；潰癰雖痛，勝於内食。昔趙鞅興晉陽之甲，以逐君側之惡人。今臣輒鳴鍾鼓如洛陽，請收讓等，以清姦穢。」卓未至而何進敗，虎賁中郎將袁術乃燒南宫，欲討宦官，而中常侍段珪等劫少帝及陳留王夜走小平津。卓遠見火起，引兵急進，未明到城西，聞少帝在北芒，因往奉迎。帝見卓將兵卒至，恐怖涕泣。卓與言，不能辭對；與陳留王語，遂及禍亂之事。卓以王爲賢，且爲董太后所養，卓自以與太后同族，有廢立意。

初，卓之入也，步騎不過三千，自嫌兵少，恐不爲遠近所服，率四五日輒夜潛出軍近營，明旦乃大陳旌鼓而還，以爲西兵復至，洛中無知者。尋而何進及弟苗先所領部曲皆歸於卓，卓又使吕布殺執金吾丁原而并其衆，卓兵士大盛。乃諷朝廷策免司空劉弘而自代之。因集議廢立。百僚大會，卓乃奮首而言曰：「大者天地，其次君臣，所以爲政。皇帝闇弱，不可以奉宗廟，爲天下主。今欲依伊尹、霍光故事，更立陳留王，何如？」公卿以下莫敢對。卓又抗言曰：「昔霍光定策，延年案劍。有敢沮大議，皆以軍法從之。」坐者震動。尚書盧植獨曰：「昔太甲既立不明，昌邑罪過千餘，故有廢立之事。今上富於春秋，行無失德，非前事之比也。」卓大怒，罷坐。明日復集羣僚於崇德前殿，遂脅太后，策廢少帝。曰：「皇帝在喪，無人子之心，威儀不類人君，今廢爲弘農王。」乃立陳留王，是爲獻

帝。又議太后蹴迫永樂太后，至令憂死，逆婦姑之禮，無孝順之節，遷於永安宮，遂以弒崩。

卓遷太尉，領前將軍事，加節傳斧鉞虎賁，更封郿侯。卓乃與司徒黃琬、司空楊彪，俱帶鈇鑕詣闕上書，追理陳蕃、竇武及諸黨人，以從人望。於是悉復蕃等爵位，擢用子孫。

尋進卓爲相國，入朝不趨，劍履上殿。封母爲池陽君，置(丞)令〔丞〕。

是時洛中貴戚室第相望，金帛財產，家家殷積。卓縱放兵士，突其廬舍，淫略婦女，剽虜資物，謂之「搜牢」。人情崩恐，不保朝夕。及何后葬，開文陵，卓悉取藏中珍物。又姦亂公主，妻略宫人，虐刑濫罰，睚眦必死，羣僚內外莫能自固。卓嘗遣軍至陽城，時人會於社下，悉令就斬之，駕其車重，載其婦女，以頭繫車轅，歌呼而還。又壞五銖錢，更鑄小錢，悉取洛陽及長安銅人、鍾虡、飛廉、銅馬之屬，以充鑄焉。故貨賤物貴，穀石數萬。又錢無輪郭文章，不便人用。時人以爲秦始皇見長人於臨洮，乃鑄銅人。卓，臨洮人也，而今毁之。雖成毁不同，兇暴相類焉。

卓素聞天下同疾閹官誅殺忠良，及其在事，雖行無道，而猶忍性矯情，擢用羣士。乃任吏部尚書漢陽周珌、侍中汝南伍瓊、尚書鄭公業、長史何顒等。以處士荀爽爲司空。其染黨錮者陳紀、韓融之徒，皆爲列卿。幽滯之士，多所顯拔。以尚書韓馥爲冀州刺史，侍中劉岱爲兗州刺史，陳留孔伷爲豫州刺史，潁川張咨爲南陽太守。卓所親愛，並不處顯職，但將校而已。初平元年，馥等到官，與袁紹之徒十餘人，各興義兵，同盟討卓，而伍瓊、周珌陰爲内主。

初，靈帝末，黃巾餘黨郭太等復起西河白波谷，轉寇太原，遂破河東，百姓流轉三輔，號爲「白波賊」，衆十餘萬。卓遣中郎將牛輔擊之，不能却。及聞東方兵起，懼，乃鴆殺弘農王，欲徙都長安。會公卿議，太尉黃琬、司徒楊彪廷爭不能得，而伍瓊、周珌又固諫之。卓因大怒曰：「卓初入朝，二子勸用善士，故相從，而諸君到官，舉兵相圖。此二君賣卓，卓何用相負！」遂斬瓊、珌。而彪、琬恐懼，詣卓謝曰：「小人戀舊，非欲沮國事也，請以不及爲罪。」卓既殺瓊、珌，旋亦悔之，故表彪、琬爲光禄大夫。於是遷天子西都。

初，長安遭赤眉之亂，宫室營寺焚滅無餘，是時唯有高廟、京兆府舍，遂便時幸焉。後移未央宫。於是盡徙洛陽人數百萬口於長安，步騎驅蹙，更相蹈藉，飢餓寇掠，積尸盈路。卓自屯留畢圭苑中，悉燒宫廟官府居家，二百里内無復孑遺。又使吕布發諸帝陵，及公卿已下冢墓，收其珍寶。

時長沙太守孫堅亦率豫州諸郡兵討卓。卓先遣將徐榮、李蒙四出虜掠。榮遇堅於梁，與戰，破堅，生禽潁川太守李旻，亨之。卓所得義兵士卒，皆以布纏裹，倒立於地，熱膏灌殺之。

時河内太守王匡屯兵河陽津，將以圖卓。卓遣疑兵挑戰，而潛使鋭卒從小平津過津北，破之，死者略盡。明年，孫堅收合散卒，進屯梁縣之陽人。卓遣將胡軫、吕布攻之。布與軫不相能，軍中自驚恐，士卒散亂。堅追擊之，軫、布敗走。卓遣將李傕詣堅求和，堅拒絶不受，進軍大谷，距洛九十里。卓自出與堅戰於諸陵墓閒，卓敗走，却屯黽池，聚兵於陜。堅進洛陽宣陽城門，更擊吕布，布復破走。堅乃埽除宗廟，平塞諸陵，分兵出函谷關，至新安、黽池閒，以截卓後。卓謂長史劉艾曰：「關東諸將數敗矣，無能爲也。唯孫堅小戇，諸將軍宜慎之。」乃使東中郎將董越屯黽池，中郎將段煨屯華陰，中郎將牛輔屯安邑，其餘中郎將、校尉布在諸縣，以禦山東。

卓諷朝廷使光禄勳宣璠持節拜卓爲太師，位在諸侯王上。乃引還長安。百官迎路拜揖，卓遂僭擬車服，乘金華青蓋，爪畫兩轓，時人號「竿摩車」，言其服飾近天子也。以弟旻爲左將軍，封鄠侯，兄子璜爲侍中、中軍校尉，皆典兵事。於是宗族内外，並居列位。其子孫雖在髫齓，男皆封侯，女爲邑君。

數與百官置酒宴會，淫樂縱恣。乃結壘於長安城東以自居。又築塢於郿，高厚七丈，號曰「萬歲塢」，積穀爲三十年儲。自云：「事成，雄據天下；不成，守此足以畢老。」嘗至郿行塢，公卿已下祖道於横門外。卓施帳幔飲設，誘降北地反者數百人，於坐中殺之。先斷其舌，次斬手足，次鑿其眼目，以鑊煑之。未及得死，偃轉(柸)〔杯〕案閒。會者戰慄，亡失匕箸，而卓飲食自若。諸將有言語蹉跌，便戮於前。又稍誅關中舊族，陷以叛逆。

時太史望氣，言當有大臣戮死者。卓乃使人誣衞尉張温與袁術交通，遂笞温於市，殺之，以塞天變。前温出屯美陽，令卓與邊章等戰無功，温召又不時應命，既到而辭對不遜。時孫堅爲温參軍，勸温陳兵斬之。温曰：「卓有威名，方倚以西行。」堅曰：「明公親帥王師，威振天下，何恃於卓而賴之乎？堅聞古之名將，杖鉞臨衆，未有不斷斬以示威武者也。故穰苴斬莊賈，魏絳戮楊干。今若縱之，自虧威重，後悔何及！」温不能從，而卓猶懷忌恨，故及於難。

温字伯慎，少有名譽，累登公卿，亦陰與司徒王允共謀誅卓，事未及發而見

害。越騎校尉汝南伍孚忿卓兇毒，志手刃之，乃朝服懷佩刀以見卓。孚語畢辭去，卓起送至閤，以手撫其背，孚因出刀刺之，不中。卓自奮得免，急呼左右執殺之，而大詬曰：「虜欲反耶！」孚大言曰：「恨不得磔裂姦賊於都市，以謝天地！」言未畢而斃。

時王允與呂布及僕射士孫瑞謀誅卓。有人書「呂」字於布上，負而行於市，歌曰：「布乎！」有告卓者，卓不悟。三年四月，帝疾新愈，大會未央殿。卓朝服升車，既而馬驚墮泥，還入更衣。其少妻止之，卓不從，遂行。乃陳兵夾道，自壘及宮，左步右騎，屯衛周帀，令呂布等扞衛前後。王允乃與士孫瑞密表其事，使瑞自書詔以授布，令騎都尉李肅與布同心勇士十餘人，僞著衛士服於北掖門内以待卓。卓將至，馬驚不行，怪懼欲還。呂布勸令進，遂入門。肅以戟刺之，卓衷甲不入，傷臂墮車，顧大呼曰：「呂布何在？」布曰：「有詔討賊臣。」卓大罵曰：「庸狗敢如是邪！」布應聲持矛刺卓，趣兵斬之。主簿田儀及卓倉頭前赴其尸，布又殺之。馳齎赦書，以令宮陛内外。士卒皆稱萬歲，百姓歌舞於道。長安中士女賣其珠玉衣裝市酒肉相慶者，填滿街肆。使皇甫嵩攻卓弟旻於郿塢，殺其母妻男女，盡滅其族。乃尸卓於市。天時始熱，卓素充肥，脂流於地，守尸吏然火置卓臍中，光明達曙，如是積日。諸袁門生又聚董氏之尸，焚灰揚之於路。塢中珍藏有金二三萬斤，銀八九萬斤，錦綺繢縠紈素奇玩，積如丘山。

初，卓以牛輔子壻，素所親信，使以兵屯陝。輔分遣其校尉李傕、郭汜、張濟將步騎數萬，擊破河南尹朱儁於中牟。因掠陳留、潁川諸縣，殺略男女，所過無復遺類。呂布乃使李肅以詔命至陝討輔等，輔等逆與肅戰，肅敗走弘農，布誅殺之。其後牛輔營中無故大驚，輔懼，乃齎金寶踰城走。左右利其貨，斬輔，送首長安。

傕、汜等以王允、呂布殺董卓，故忿怒并州人，并州人其在軍者男女數百人，皆誅殺之。牛輔既敗，衆無所依，欲各散去。傕等恐，乃先遣使詣長安，求乞赦免。王允以爲一歲不可再赦，不許之。傕等益懷憂懼，不知所爲。武威人賈詡時在傕軍，説之曰：「聞長安中議欲盡誅涼州人，諸君若棄軍單行，則一亭長能束君矣。不如相率而西，以攻長安，爲董公報仇。事濟，奉國家以正天下；若其不合，走未後也。」傕等然之，各相謂曰：「京師不赦我，我當以死決之。若攻長安尅，則得天下矣；不尅，則鈔三輔婦女財物，西歸鄉里，尚可延命。」衆以爲然，於是共結盟，率軍數千，晨夜西行。王允聞之，乃遣卓故將胡軫、徐榮擊之於新豐。榮戰死，軫以衆降。傕隨道收兵，比至長安，已十餘萬，與卓故部曲樊稠、李蒙等合，圍長安。城峻不可攻，守之八日，呂布軍有叟兵内反，引傕衆得入。城潰，放兵虜掠，死者萬餘人。殺衛尉种拂等。呂布戰敗出奔。王允奉天子保宣平城門樓上。於是大赦天下。李傕、郭汜、樊稠等皆爲將軍。遂圍門樓，共表請司徒王允出，問「太師何罪」？允窮蹙乃下，後數日見殺。傕等葬董卓於郿，并收董氏所焚尸之灰，合斂一棺而葬之。葬日，大風雨，霆震卓墓，流水入藏，漂其棺木。

《三國志》卷六《魏志・董卓傳》 董卓字仲穎，隴西臨洮人也。少好俠，嘗游羌中，盡與諸豪帥相結。後歸耕於野，而豪帥有來從之者，卓與俱還，殺耕牛與相宴樂。諸豪帥感其意，歸相斂，得雜畜千餘頭以贈卓。漢桓帝末，以六郡良家子爲羽林郎。卓有才武，旅力少比，雙帶兩鞬，左右馳射。爲軍司馬，從中郎將張奂征并州有功，拜郎中，賜縑九千匹，卓悉以分與吏士。遷廣武令，蜀郡北部都尉，西域戊己校尉，免。徵拜并州刺史、河東太守，遷中郎將，討黄巾，軍敗抵罪。韓遂等起涼州，復爲中郎將，西拒遂。于望垣硤北，爲羌、胡數萬人所圍，糧食乏絶。卓僞欲捕魚，堰其還道當所渡水爲池，使水渟滿數十里，默從堰下過其軍而決堰。比羌、胡聞知追逐，水已深，不得渡。時六軍上隴西，五軍敗績，卓獨全衆而還，屯住扶風。拜前將軍，封斄鄉侯，徵爲并州牧。

靈帝崩，少帝即位。大將軍何進與司隸校尉袁紹謀誅諸閹官，太后不從。進乃召卓使將兵詣京師，并密令上書曰：「中常侍張讓等竊幸乘寵，濁亂海内。昔趙鞅興晉陽之甲，以逐君側之惡。臣輒鳴鐘鼓如洛陽，即討讓等。」欲以脅迫太后。卓未至，進敗。中常侍段珪等劫帝走小平津，卓遂將其衆迎帝于北芒，還宮。時進弟車騎將軍苗爲進衆所殺，進、苗部曲無所屬，皆詣卓。卓又使呂布殺執金吾丁原，并其衆，故京都兵權唯在卓。

先是，進遣騎都尉太山鮑信所在募兵，適至，信謂紹曰：「卓擁彊兵，有異志，今不早圖，將爲所制；及其初至疲勞，襲之可禽也。」紹畏卓，不敢發，信遂還鄉里。

於是以久不雨，策免司空劉弘而卓代之，俄遷太尉，假節鉞虎賁。遂廢帝爲弘農王。尋又殺王及何太后。立靈帝少子陳留王，是爲獻帝。卓遷相國，封郿侯，贊拜不名，劍履上殿，又封卓母爲池陽君，置家令、丞。卓既率精兵來，適值帝室大亂，得專廢立，據有武庫甲兵，國家珍寶，威震天下。卓性殘忍不仁，遂以

嚴刑脅衆，睚眦之隙必報，人不自保。嘗遣軍到陽城，時適二月社，民各在其社下，悉就斷其男子頭，駕其車牛，載其婦女財物，以所斷頭繫車轅軸，連軫而還洛，云攻賊大獲，稱萬歲。入開陽城門，焚燒其頭，以婦女與甲兵爲婢妾。至于姦亂宫人公主。其兇逆如此。

初，卓信任尚書周毖，城門校尉伍瓊等，用其所舉韓馥、劉岱、孔伷、(張資)〔張咨〕、張邈等出宰州郡。而馥等至官，皆合兵將以討卓。卓聞之，以爲毖、瓊等通情賣己，皆斬之。

河内太守王匡，遣泰山兵屯河陽津，將以圖卓。卓遣疑兵若將於平陰渡者，潛遣鋭衆從小平北渡，繞擊其後，大破之津北，死者略盡。卓以山東豪傑並起，恐懼不寧。初平元年二月，乃徙天子都長安。焚燒洛陽宫室，悉發掘陵墓，取寶物。卓至西京，爲太師，號曰尚父。乘青蓋金華車，爪畫兩轓，時人號曰竿摩車。卓弟旻爲左將軍，封鄠侯；兄子璜爲侍中、中軍校尉典兵；宗族内外並列朝廷。公卿見卓，謁拜車下，卓不爲禮。召呼三臺尚書以下自詣卓府啓事。築郿塢，高與長安城埒，積穀爲三十年儲，云事成，雄據天下，不成，守此足以畢老。嘗至郿行塢，公卿已下祖道於横門外。卓豫施帳幔飲，誘降北地反者數百人，於坐中先斷其舌，或斬手足，或鑿眼，或鑊煑之，未死，偃轉杯案閒，會者皆戰慄亡失匕箸，而卓飲食自若。太史望氣，言當有大臣戮死者。故太尉張温時爲衛尉，素不善卓，卓心怨之，因天有變，欲以塞咎，使人言温與袁術交關，遂笞殺之。法令苛酷，愛憎淫刑，更相被誣，冤死者千數。百姓嗷嗷，道路以目。悉椎破銅人、鐘虡，及壞五銖錢。更鑄爲小錢，大五分，無文章，肉好無輪郭，不磨鑢。于是貨輕而物貴，穀一斛至數十萬。自是後錢貨不行。

三年四月，司徒王允、尚書僕射士孫瑞、卓將吕布共謀誅卓。是時，天子有疾新癒，大會未央殿。布使同郡騎都尉李肅等，將親兵十餘人，僞著衛士服守掖門。布懷詔書。卓至，肅等格卓。卓驚呼布所在。布曰「有詔」，遂殺卓，夷三族。主簿田景前趨卓尸，布又殺之；凡所殺三人，餘莫敢動。長安士庶咸相慶賀，諸阿附卓者皆下獄死。

初，卓女壻中郎將牛輔典兵别屯陝，分遣校尉李傕、郭汜、張濟略陳留、潁川諸縣。卓死，吕布使李肅至陝，欲以詔命誅輔。輔等逆與肅戰，肅敗走弘農，布誅肅。其後輔營兵有夜叛出者，營中驚，輔以爲皆叛，乃取金寶，獨與素所厚(友)〔支〕胡赤兒等五六人相隨，踰城北渡河，赤兒等利其金寶，斬首送長安。

雜録

備録

謝承《後漢書》卷四《董卓傳》 董卓獲山東兵，以豬膏塗布十餘匹，用纏其身，然後燒之，先從足起。

董卓死，陝中諸將後共相要遣使詣長安相聞，求乞大赦。尚書令王允等以爲殺卓時已赦，今復求，一歲不可再赦。李傕等曰：「京師不赦我，我當死，不若決之。若攻長安克之，則可大得天下。不克，則盡鈔取三輔婦女財物，西上隴，歸鄉里，作賊延命，尚可數年。」於是帥兵西向長安。

獻帝幸弘農，郭汜虜略百官婦女，有美髮者，皆斷取之。

司馬彪《續漢書》卷五《董卓傳》 堰下過軍。

羌胡憋腸狗態。

太尉黄琬、司徒楊彪、司空荀爽俱詣卓，卓言：「昔高祖都關中，十一世後中興，更都洛陽。從光武至今，復十一世。案《石苞室讖》，宜還都長安。」坐中皆驚愕，無敢應者。彪曰：「遷都改制，天下大事，皆當因民之心，隨時之宜。昔盤庚五遷，殷民胥怨，作三篇以曉之。往者王莽篡逆，變亂五常；更始赤眉之時，焚燒長安，殘害百姓，民人流亡，百無一在。光武受命，更都洛邑，此其宜也。今方建立聖主，光隆漢祚，而無故損宫廟，棄園陵，恐百姓驚愕，不解此意，必麋沸蟻聚，以致擾亂。《石苞室讖》，妖邪之書，豈可信用？」卓作色曰：「楊公欲沮國家計邪？關東方亂，所在賊起。崤函險固，國之重防。又隴右取材，功夫不難。杜陵南山下有孝武故陶處，作塼瓦，一朝可辦。宫室官府，蓋何足言！百姓小民，何足與議。若有前卻，我以大兵驅之，豈得自在！」百僚皆恐怖失色。琬謂卓曰：「此大事。楊公之語，得無重思！」卓罷坐，即日令司隸奏彪及琬，皆免官。大駕即西，卓部兵燒洛陽城外面百里。又自將兵燒南北宫及宗廟、府庫、民家，城内掃地殄盡。又收諸富室，以罪惡没入其財物，無辜而死者，不可勝計。

華嶠《漢後書》卷三《董卓傳》 卓欲遷都長安，召公卿以下大議。司徒楊彪

曰：「昔盤庚五遷，殷民胥怨，故作三篇，以曉天下之民。（而）〔今〕海內安穩，無故移都，恐百姓驚動，糜沸蟻聚爲亂。」卓曰：「關中肥饒，故秦得并吞六國。今徙西京，設令關東豪彊敢有動者，以我彊兵蹴之，可使詣滄海。」彪曰：「海內動之甚易，安之甚難。又長安宮室壞敗，不可卒復。」卓曰：「武帝時居杜陵南山下，有成瓦窑數千處，引涼州材木東下，以作宮室，爲功不難。」卓意不得，便作色曰：「公欲沮我計耶？邊章、韓約有書來，欲令朝廷必徙都。若大兵（來）〔東〕下，我不能復相救，公便可與袁氏西行。」彪曰：「西方自彪道徑也，顧未知天下何如耳！」議罷，卓敕司隸校尉宣播以災異劾奏，因策免彪。

王允與呂布及士孫瑞謀誅董卓。有人書「呂」字於布上，負而（行）於市，歌曰：「布乎！布乎！」有告，卓不悟。三年四月，帝疾愈，卓入（市）〔朝〕，布持矛刺卓，兵士趣斬之。

《三國志》卷六《魏志·董卓傳》裴松之注引《英雄記》 卓父君雅，由微官爲潁川綸氏尉。有三子：長子擢，字孟高，早卒，次即卓；卓弟旻字叔穎。

卓數討羌、胡，前後百餘戰。

河南中部掾閔貢扶帝及陳留王上至雒舍止。帝獨乘一馬，陳留王與貢共乘一馬，從雒舍南行。公卿百官奉迎於北芒阪下，故太尉崔烈在前導。卓將步騎數千來迎，烈呵使避，卓罵烈曰：「晝夜三百里來，何云避，我不能斷卿頭邪？」前見帝曰：「陛下令常侍小黃門作亂乃爾，以取禍敗，爲負不小邪？」又趨陳留王，曰：「我董卓也，從我抱來。」乃於貢抱中取王。

一本云王不就卓抱，卓與王併馬而行也。

苗，太后之同母兄，先嫁朱氏之子。進部曲將吳匡，素怨苗不與進同心，又疑其與宦官通謀，乃令軍中曰：「殺大將軍者，車騎也。」遂引兵與卓弟旻共攻殺苗於朱爵闕下。

卓欲震威，侍御史擾龍宗詣卓白事，不解劍，立撾殺之，京師震動。發何苗棺，出其尸，枝解節棄於道邊。又收苗母舞陽君殺之，棄尸於苑枳落中，不復收斂。

卓侍妾懷抱中子，皆封侯，弄以金紫。孫女名白，時尚未笄，封爲渭陽君。於郿城東起壇，從廣二丈餘，高五六尺，使白乘軒金華青蓋車，都尉、中郎將、刺史二千石在郿者，各令乘軒簪筆，爲白導從，之壇上，使兄子璜爲使者授印綬。

時有謠言曰：「千里艸，何青青，十日卜，猶不生。」又作《董逃》之歌。又有道士書布爲「呂」字以示卓，卓不知其爲呂布也。卓當入會，陳列步騎，自營至宮，朝服導引行其中。馬躓不前，卓心怪欲止，布勸使行，乃衷甲而入。卓既死，當時日月清淨，微風不起。旻、璜等及宗族老弱悉在郿，皆還，爲其羣下所斫射。卓母年九十，走至塢門曰「乞脫我死」，即斬首。袁氏門生故吏，改殯諸袁死于郿者，斂聚董氏尸于其側而焚之。暴卓尸于市。卓素肥，膏流浸地，草爲之丹。守尸吏瞑以爲大炷，置卓臍中以爲燈，光明達旦，如是積日。後卓故部曲收所燒者灰，并以一棺棺之，葬于郿。卓塢中金有二三萬斤，銀八九萬斤，珠玉錦綺奇玩雜物皆山崇阜積，不可知數。

《三國志》卷六《魏志·董卓傳》裴松之注引《九州春秋》 卓初入洛陽，步騎不過三千，自嫌兵少，不爲遠近所服；率四五日，輒夜遣兵出四城門，明日陳旌鼓而入，宣言云「西兵復入至洛中」。人不覺，謂卓兵不可勝數。

《三國志》卷六《魏志·董卓傳》裴松之注引《山陽公載記》 初卓爲前將軍，皇甫嵩爲左將軍，俱征韓遂，各不相下。後卓徵爲少府并州牧，兵當屬嵩，卓大怒。及爲太師，嵩爲御史中丞，拜於車下。卓問嵩：「義真服未乎？」嵩曰：「安知明公乃至於是！」卓曰：「鴻鵠固有遠志，但燕雀自不知耳。」嵩曰：「昔與明公俱爲鴻鵠，不意今日變爲鳳皇耳。」卓笑曰：「卿早服，今日可不拜也。」

《後漢書》卷一〇下《皇后紀下·王美人》 王美人，趙國人也。祖父苞，五官中郎將。美人豐姿色，聰敏有才明，能書會計，以良家子應法相選入掖庭。帝愍協早失母，又思美人，作《追德賦》、《令儀頌》。

中平六年，帝崩，皇子辯即位，尊后爲皇太后。太后臨朝。后兄大將軍進欲誅宦官，反爲所害；舞陽君亦爲亂兵所殺。并州牧董卓被徵，將兵入洛陽，陵虐朝庭，遂廢少帝爲弘農王而立協，是爲獻帝。扶弘農王下殿，北面稱臣。太后鯁涕，羣臣含悲，莫敢言。董卓又議太后蹴迫永樂宮，至令憂死，逆婦姑之禮，乃遷於永安宮，因進酖，弒而崩。在位十年。董卓令帝出奉常亭舉哀，公卿皆白衣會，不成喪也。合葬文昭陵。

初，太后新立，當謁二祖廟，欲齋，輒有變故，如此者數，竟不克。時有識之士心獨怪之，後遂因何氏傾没漢祚焉。

明年，山東義兵大起，討董卓之亂。卓乃置弘農王於閣上，使郎中令李儒進酖，曰：「服此藥，可以辟惡。」王曰：「我無疾，是欲殺我耳！」不肯飲。强飲之，不得已，乃與妻唐姬及宮人飲讌別。酒行，王悲歌曰：「天道易兮我何艱！棄萬

乘兮退守蕃。逆臣見迫兮命不延，逝將去汝兮適幽玄！」因令唐姬起舞，姬抗袖而歌曰：「皇天崩兮后土頹，身爲帝兮命夭摧。死生路異兮從此乖，柰我煢獨兮心中哀！」因泣下嗚咽，坐者皆歔欷。王謂姬曰：「卿王者妃，執不復爲吏民妻。自愛，從此長辭！」遂飲藥而死。時年十八。

《後漢書・祭祀志下》 靈帝崩，獻帝即位。初平中，相國董卓、左中郎將蔡邕等以和帝以下，功德無殊，而有過差，不應爲宗，及餘非宗者追尊三后，皆奏毀之。四時所祭，高廟一祖二宗，及近帝四，凡七帝。

《後漢書・天文志下》 黄巾賊張角燒州郡，朝廷遣將討平，斬首十餘萬級。中平六年，宫車晏駕，大將軍何進令司隸校尉袁紹私募兵千餘人，陰跱雒陽城外，竊呼并州牧董卓使將兵至京都，共誅中官，對戰南、北宫闕下，死者數千人，燔燒宫室，遷都西京。及司徒王允與將軍吕布誅卓，卓部曲將郭汜、李傕旋兵攻長安，公卿百官吏民戰死者且萬人。天下之亂，皆自内發。

《後漢書・五行志三》 靈帝曾不克己復禮，虐侈滋甚，尺一雨布，騶騎電激，官非其人，政以賄成，内嬖鴻都，並受封爵。京都爲之語曰：「今兹諸侯歲也。」天戒若曰：放賢賞淫，何以舊典爲？故焚其臺門祕府也。其後三年，靈帝暴崩，續以董卓之亂，火三日不絶，京都爲丘墟矣。

獻帝初平元年八月，霸橋災。其後三年，董卓見殺。

《後漢書・五行志五》 董卓戮太后，被以不孝之名，放廢天子，後復害之。漢元以來，禍莫踰此。

中平元年，黄巾賊張角等立三十六方，起兵燒郡國，山東七州處處應角。遣兵外討角等，内使皇后二兄爲大將統兵。其年，宫車宴駕，皇后攝政，二兄秉權。譴讓帝母永樂后，令自殺。陰呼并州牧董卓欲共誅中官，中官逆殺大將軍進，兵相攻討，京都戰者塞道。皇太后母子遂爲太尉卓等所廢黜，皆死。天下之敗，兵先興於宫省，外延海内，二三十歲，其殃禍起自何氏。

《後漢書》卷二七《趙典傳》 車師王侍子爲董卓所愛，數犯法，謙收殺之。卓大怒，殺都官從事，而素敬憚謙，故不加罪。轉爲前將軍，遣擊白波賊，有功，封郫侯。

《後漢書》卷五二《崔鈞傳》 鈞少交結英豪，有名稱，爲西河太守。獻帝初，鈞與袁紹俱起兵山東，董卓以是收烈付郿獄，錮之，鋃鐺鐵鎖。卓既誅，拜烈城門校尉。及李傕入長安，爲亂兵所殺。

《後漢書》卷五六《种劭傳》 劭字申甫。少知名，中平末，爲諫議大夫。大將軍何進將誅宦官，召并州牧董卓，至澠池，而進意更狐疑，遣劭宣詔止之。卓不受，遂前至河南。劭迎勞之，因譬令還軍。卓疑有變，使其軍士以兵脅劭。劭怒，稱詔大呼叱之，軍士皆披，遂前質責卓。卓辭屈，乃還軍夕陽亭。

《後漢書》卷五八《蓋勳傳》 及帝崩，董卓廢少帝，殺何太后，勳與書曰：「昔伊尹、霍光權以立功，猶可寒心，足下小醜，何以終此？賀者在門，弔者在廬，可不慎哉！」卓得書，意甚憚之。徵爲議郎。時左將軍皇甫嵩精兵三萬屯扶風，勳密相要結，將以討卓。會嵩亦被徵，勳以衆弱不能獨立，遂並還京師。自公卿以下，莫不卑下於卓，唯勳長揖争禮，見者皆爲失色。卓問司徒王允曰：「欲得快司隸校尉，誰可作者？」允曰：「唯有蓋京兆耳。」卓曰：「此人明智有餘，然不可假以雄職。」乃以爲越騎校尉。卓又不欲令久典禁兵，復出爲潁川太守。未及至郡，徵還京師。時河南尹朱儁爲卓陳軍事。卓折儁曰：「我百戰百勝，決之於心，卿勿妄説，且汙我刀。」勳曰：「昔武丁之明，猶求箴諫，況如卿者，而欲杜人之口乎？」卓曰：「戲之耳。」勳曰：「不聞怒言可以爲戲？」卓乃謝儁。勳雖强直不屈，而内厭於卓，不得意，疽發背卒，時年五十一。遺令勿受卓賻贈。卓欲外示寬容，表賜東園祕器賵襚，送之如禮。葬于安陵。

《後漢書》卷六四《盧植傳》 帝崩，大將軍何進謀誅中官，乃召并州牧董卓，以懼太后。植知卓兇悍難制，必生後患，固止之，進不從。及卓至，果陵虐朝廷，乃大會百官於朝堂，議欲廢立。羣僚無敢言，植獨抗議不同。卓怒罷會，將誅植，語在《卓》傳。植素善蔡邕，邕前徙朔方，植獨上書請之。邕時見親於卓，故往請植事。又議郎彭伯諫卓曰：「盧尚書海内大儒，人之望也。今先害〔之〕，天下震怖。」卓乃止，但免植官而已。

植以老病求歸，懼不免禍，乃詭道從轘轅出。卓果使人追之，到懷，不及。遂隱於上谷，不交人事。冀州牧袁紹請爲軍師。初平三年卒。

《後漢書》卷八四《列女傳・皇甫規妻》 安定皇甫規妻者，不知何氏女也。規初喪室家，後更娶之。妻善屬文，能草書，時爲規荅書記，衆人怪其工。及規卒時，妻年猶盛，而容色美。後董卓爲相國，承其名，娉以軿輜百乘，馬二十匹，奴婢錢帛充路。妻乃輕服詣卓門，跪自陳請，辭甚酸愴。卓使傳奴侍者悉拔刀圍之，而謂曰：「孤之威教，欲令四海風靡，何有不行於一婦人乎！」妻知不免，乃立罵卓曰：「君羌胡之種，毒害天下猶未足邪！妾之先人，清德奕世。皇甫氏

文武上才，爲漢忠臣。君親非其趣使走吏乎？敢欲行非禮於爾君夫人邪！」卓乃引車庭中，以其頭縣軛，鞭撲交下。妻謂持杖者曰：「何不重乎？速盡爲惠。」遂死車下。後人圖畫，號曰「禮宗」云。

酈道元《水經注》卷四《河水》　地皇二年，王莽夢銅人泣，惡之，念《銅人銘》有皇帝初兼天下文，使尚方工鐫滅所夢銅人膺文。後董卓毀其九爲錢。其在者三，魏明帝欲徙之洛陽，重不可勝，至霸水西停之。《漢晉春秋》曰：或言金狄泣，故留之。

酈道元《水經注》卷一六《穀水》　明帝永平五年，長安迎取飛廉并銅馬，置上西門外平樂觀。今于上西門外無他基觀，惟西明門外獨有此臺，巍然廣秀，疑即平樂觀也。又言皇女稚殤，埋于臺側，故復名之曰皇女臺。晉灼曰：飛廉，鹿身，頭如雀有角，而蛇尾豹文。董卓銷爲金用，銅馬徙于建始殿東階下，胡軍喪亂，此象遂淪。

酈道元《水經注》卷一七《渭水》　渭水又東逕郿塢南，《漢獻帝傳》曰：董卓發卒築郿塢，高與長安城等，積穀爲三十年儲。自云：事成，雄據天下；不成，守此足以畢老。其愚如此。

楊衒之《洛陽伽藍記》卷一《城内・修梵寺》　寺北有永和里，漢太師董卓之宅也。

里南北皆有池，卓之所造。今猶有水，冬夏不竭。

李吉甫《元和郡縣圖志》卷二《關内道二・鳳翔府・郿縣》　董卓塢，在縣東北十六里。卓封郿侯，築塢高與長安埒，號爲萬歲塢。

洪邁《容齋隨筆》卷一四《有心避禍》　有心於避禍，不若無心於任運，然有不可一概論者。董卓盜執國柄，築塢於郿，積穀爲三十年儲，自云：「事不成，守此足以畢老。」殊不知一敗則掃地，豈容老於塢耶？公孫瓚據幽州，築京於易地，以鐵爲門，樓櫓千重，積穀三百萬斛，以爲足以待天下之變，殊不知梯衝舞於樓上，城豈可保耶？曹爽爲司馬懿所奏，桓範勸使舉兵，爽不從，曰：「我不失作富家翁。」不知誅滅在旦暮耳，富可復得耶？張華相晉，當賈后之難不能退，少子以中台星坼，勸其遜位，華不從，曰：「天道玄遠，不如静以待之。」竟爲趙王倫所害。方事勢不容髮，而欲以静待，又可嗤也。他人無足言，華博物有識，亦闇於幾事如此哉！

洪邁《容齋續筆》卷一〇《孫堅起兵》　董卓盜國柄，天下共興義兵討之，惟孫堅以長沙太守先至，爲卓所憚，獨爲有功。故裴松之謂其最有忠烈之稱。然長沙爲荆州屬部，受督於刺史王叡。叡先與堅共擊零、桂賊，以堅武官，言頗輕之。及叡舉兵欲討卓，堅乃承案行使者，詐檄殺之，以償曩忿。南陽太守張咨，鄰郡二千石也，以軍資不具之故，又收斬之。是以區區一郡將，乘一時兵威，輒害方伯、鄰守，豈得爲勤王乎？劉表在荆州，乃心王室，袁術志於逆亂，堅乃奉其命而攻之，自速其死，皆可議也。

洪邁《容齋續筆》卷一〇《賊臣遷都》　自漢以來，賊臣竊國命，將欲移鼎，必先遷都以自便。董卓以山東兵起，謀徙都長安，驅民數百萬口，更相蹈藉，悉燒宫廟、官府、居家，二百里内無復鷄犬。高歡自洛陽遷魏於鄴，四十萬户狼狽就道。朱全忠自長安遷唐於洛，驅徙士民，毁宫室百司，及民間廬舍，長安自是丘墟。卓不旋踵而死，曹操迎天子都許，卒覆劉氏。魏、唐之祚，竟爲高、朱所傾。兇盜設心積慮，由來一揆也。

王楙《野客叢書》卷二二《陳元方事》　《陳紀傳》云：「董卓入洛陽，乃使就家拜五官中郎將，不得已，至京師，遷侍中。出爲平原相，往謁卓，時欲徙都長安，謂紀曰：『今欲西都，何如？』紀云云，卓意甚忤，而敬紀名行，無所復言。時議欲以爲司徒，紀見禍亂方作，不復辦嚴，即時之郡，璽書追拜太僕，又徵爲尚書令。」所載如此。邯鄲淳所著《陳紀碑》則曰：「用大將軍何進表選名儒，君爲舉首，公車特徵，起家拜五官中郎將，到遷侍中，旬有八日，出相平原。會孝靈晏駕，賊臣秉政，肆其兇虐，剥亂宇内，州郡幅裂，視事未期；會刺史敗於黄巾，幽、冀二州，争利其土，乃辭而去之。於是老弱隨慕扳轅持轂，輪不得轉，遂晨夜間行，寓於邛、郯之野。袁術恣睢，僭號江淮，圖覆社稷，結婚吕布，送女在途，君爲國深憂，奮策出奇，以奪其心，卒使絶好，追女而還。離逖姦謀，使不得就，君之力也。惟帝念功，命作尚書令。」二處所載，互有不同，傳言紀受董卓之招，碑言紀用何進之薦；傳言紀阻董卓遷都之計，碑言紀敗袁、吕結婚之謀，兼摭出以資閲史者。

王應麟《困學紀聞》卷二〇《雜識》　發漢陵者，樊崇、董卓也。發唐陵者，温韜也。惡復誅臻，天道昭昭矣。

王應麟《困學紀聞》卷二〇《雜識》　「民不可與慮始」，商鞅之變法也；「百姓何足與議」，董卓之遷都也。咈百姓以從己欲，其效可睹矣。

《三國志》卷六《魏志・董卓傳評》　董卓狼戾賊忍，暴虐不仁，自書契已來，殆未之有也。

《三國志》卷六《魏志・董卓傳》裴松之注　臣松之以爲桀、紂無道，秦、莽縱虐，皆多歷年所，然後衆惡乃著。董卓自竊權柄，至于隕斃，計其日月，未盈三周，而禍崇山岳，毒流四海。其殘賊之性，寔豺狼不若。「書契未有」，斯言爲當。但評既曰「賊忍」，又云「不仁」，賊忍、不仁，於辭爲重。袁術無毫芒之功，纖介之善，而猖狂于時，妄自尊立，固義夫之所扼腕，人鬼之所同疾。雖復恭儉節用，而猶必覆亡不暇，而評但云「奢淫不終」，未足見其大惡。

《後漢書》卷七二《董卓傳論贊》　論曰：董卓初以虓闞爲情，因遭崩剥之埶，故得蹈藉彝倫，毁裂畿服。夫以刳肝斮趾之性，則羣生不足以厭其快，然猶折意縉紳，遲疑陵奪，尚有盜竊之道焉。及殘寇乘之，倒山傾海，崑岡之火，自兹而焚，《版》《蕩》之篇，於焉而極。嗚呼，人之生也難矣！天地之不仁甚矣！

贊曰：百六有會，《過》、《剥》成災。董卓滔天，干逆三才。方夏崩沸，皇京烟埃。無禮雖及，餘祲遂廣。矢延王輅，兵纏魏象。區服傾回，人神波蕩。

《蔡邕集》卷一《表太尉董公可相國稱公》　臣某等聞周有流彘之亂，而宣王以興；漢有昌邑之難，而中宗以昭。由此觀之，天生神聖，特以靖亂整殘，丕誕洪業。輔佐重臣，國之楹棟，生應期運，禀氣山岳，是故申伯、山甫，列於《大雅》，蕭、曹、邴、魏，載於史籍。國遭奸臣孽妾，制弄主權，累葉相繼，六十餘載，火熾流沸，浸以不振，威移羣下，福在弄臣，海内嗷嗷，被其傷毒。故大將軍慎侯何進，盡忠出身，圖議蕩滌，以清季朝。羣兇遘難，兵起亂作，元舅上卿，先寇受害，禍至執辱，社稷傾危。太尉郿侯卓，起自東土封畿之外，義勇憤發，旋赴京師，先陳便宜，列表奸猾羣匿情狀，辭意激切，感物寤靈，精兵虎臣，承持卓勢，奮擊醜類，漏刻之間，靡有孑遺。卓聞乘輿已趍河津，身率輕騎，長驅芒阜，上解國家播越之危，下救兆民塗炭之禍。然後黜廢頑兇，爰立聖哲。天心聿得，萬國賴祐。及至差功行賞，辭多受少。近臣倖臣，一人之封，户至萬數。今者受爵十有一人，總合户數，十不當一，非所以褒功賞勛也。今月七日，卓又上書，辭疾讓位，乞就國土，上違聖主寵嘉之至，下乖羣生瞻仰之望。臣等謹按《漢書》，高祖受命，（下缺）如卓者。陛下當益隆委任，數加訪問，厚其爵賞，責以相業之成，臣等不勝大願，謹陳狀。臣邕等頓首頓首，死罪死罪。

《高適集・後漢賊臣董卓廟議》　昔漢祚陵夷，桓靈棄德，宦官用事，國步多艱，宗社有綴旒之危，宰臣非補袞之具。董卓地兼形勝，手握兵鈐，顛而不扶，禍則先唱。興晉陽之甲，君側未除；入洛陽之宫，臣節如掃。至乃發掘園寢，逼辱妃嬪。太后之崩，豈稱天命！弘農之廢，孰謂人心！敢諷朝廷，以自尊貴；大肆剽虜，以極誅求。焚燒都邑，馳突放横。衣冠凍餒，倚死牆壁之間；兆庶困窮，生塗草莽之上。於是天地憤怒，鬼神號哭，而山東義旗，攘袂争起，連州跨郡，皆以誅卓爲名。故兵挫於孫堅，氣奪於袁紹，僭擬興服，黨助奸邪，驅蹙東人，脅帝西幸。淫刑以逞，有湯鑊之甚，要之糜爛，刳剔異端。乃謂漢鼎可移，郿塢方盛，殊不知禍盈惡稔，未或不亡。故神贊允誠，天假布手，母妻屠戮，種族無留，懸首燃臍，遺臭萬代，骨肉灰燼，不其快哉！

今狄道之人，不慙卓之不臣，而務其爲鬼；苟斯鬼足尚，則漢莽可得而神，晉敦可得而廟，桓元父子可享於江鄉，爾朱兄弟可祀於朔上。嗟乎！仁賢之魄，寂寞於丘陵，義烈之魂，沉埋於泉壤，何馨香之氣而用於暴悖之鬼哉！

適竊奉吹噓，庇身戎幕。每承餘論，飽識公忠之言；不遠下風，盡知仁義之本。昨忝高會，敬受德音，今具賊臣之事，悉以條上。謹按《尚書》，王者望秩天地之神祇，諸侯祭境内之山川。亂臣不言，淫祀無取，則董卓之廟，義當焚燬。

何去非《何博士備論・吴論》　古之豪傑，有功業之大志，其才力雖足有以取濟，而無謀夫策士合奇集智以更轉其不迫，使無失乎事機之會，則往往功敗業去而爲徒發者皆是也。

昔東漢董卓之變，豪傑相視而起於中州者，若袁、曹、劉、吕，皆負其姦豪之資，求因時乘變以濟所欲。特孫堅激於忠勇，投袂特起於區區之下郡，奮以誅卓，雖卓亦獨憚而避之。惜乎！二失大機而功業不就，卒以輕敵遂殞其身，由無謀夫策士以發其智慮之所不及故也。始堅以義從之士起於長沙，北至南陽，衆已數萬。南陽太守不時調給，堅責以稽停義師，按軍律而誅之，人大震服。南陽民籍且數百萬，兵强食阜，而堅不遂據之以治軍整卒，命一偏將西趨武關以震三輔，身扼成皋而定鞏、洛，迎天子而奉之，仗順討逆，以濟其志，乃反棄去。而袁術得以起而收於羈旅之中，以爲己資，遂以驕肆。此堅之一失也。夫董卓之强，

天下畏之。袁紹、曹公相與歃血而起者凡十一將，皆擁據州郡，衆合數萬，然無敢先發以向卓者，獨曹公與其偏將遇，遂以敗北。而堅獨以其兵趨之，合戰陽人，大破其軍，集其鋭將。卓深震憚，乃遣腹心詣堅和親，咸令疏其子弟勝刺史郡守者，悉表用之。向使堅陽合而陰伺之，差其宗親苟勝軍事者皆列疏與焉，使得各據土握兵以大其勢，徐四起以蹙之，則其取卓易於反掌。不知出此，乃怒辱其使，誓必誅卓，使之憤懼，遂殘污洛陽，劫持天子，西引入關以避其鋒而窮其毒。此堅之一失也。夫兵以義動者，其勢足以特立，則何至於附人？苟唯不能而有所附，必其德義足以爲天下之所歸往者，然後從之。袁術徒膺藉世資以役天下，其驕豪不武，非托身之主也。堅已驅卓而收復雒陽之殘壞，不能阻山河之固，因形勢之便，以觀天下之變。乃還軍魯陽聽役於術，爲之崎嶇轉戰以搏黄祖，卒殞其身於襄、漢之間，無異士伍。此堅之三失也。夫一舉事而三失隨之，則其功業遠矣。孫策壯武，術略過於其父，又有周瑜、魯肅之儔以輔其起。惜乎，堅之不善基也，使其不得奮於中原以競天下。然策一舉而遂收江東，爲鼎足之資，使之不死，當爲魏之大患。策之不得起於中原，非其智力之不逮，蓋袁紹已據河北，曹公已收河南，獨無隙以投之故也。以劉備之間關轉戰，至於白首，不獲中州一塊之壤以寓其足。而策乃能以敝兵千餘渡江轉鬥，不數歲而席卷江東，此其過備遠矣。權之勇決進取，無以逮其父兄，然審機察變，持保江東，於權有焉。

葉適《習學記言序目》卷二四《後漢書一·志》　應劭言「郡國罷材官騎士，馴致張角之變」；或又謂「誅中官，引董卓以亡漢，過在銷兵」。按光武自以精鋭多，而郡國兵懦怯，坐費糧廪，故還之民，未爲失策；大亂以來，父子不相保，休其疲弊，未爲失義；承平之後，因而不復，後世之失也。若謂以此致亡，則不然。材官、騎士，自秦而有，散爲羣盜，何救於亡？王莽講肄尤密，天下亦盡化爲賊，漢以再興。董卓雖桀逆，而四方牧守未嘗無兵，興亡在道得失，不在材官、騎士也。龔遂教民棄弓弩而持鉤鋤，故能治郡。要之，漢晉南北，兵農不分，施置之間，小小同異，未足害大體；唐以來則不然矣。

葉適《習學記言序目》卷二六《後漢書三·列傳》　王允氣驕量狹，慮挫謀乖，前後粗魯非一事；最不曉者，臨死猶「努力謝關東諸公」。彼謂起兵誅卓者皆忠臣善類邪？卓固當族，若族卓而卒繼以亂，如脱陷胸之匕首而飲腐腸之鴆毒爾，何所損益！允以爲當是時天下所患者，惟一董卓而已乎？可謂愚矣。（《王允》）

鄭太號有才略，其勸何進無召董卓，是也，至於用袁紹以發山東之謀，使卓懼而西遷，則何其明於前而暗於後！豈與紹素厚，且以其世胄所歸，遂不悟其能爲亂乎？然扶興者易爲策，救亡者難爲謀，事之初基，斷以獨智可矣；及其崩壞，扶左而失右，東就而西傾，蓋未易工也。（《鄭太》）

郭金臺《石村詩文集》文集卷下《何進論》　東漢之移運也，自董卓始；而董卓之擅權，自何進始；何進之召兵，自誅宦官始。論者僉謂，進不信陳琳之諫卒召董卓，以至於敗。吾謂進之失不在召卓，不召卓，太后必不罷諸宦官，諸宦官必不能悉誅。使卓至而進不死，諸宦必誅；宦誅而進使袁紹以禮退卓，卓即健，無大戾也。平、勃誅諸吕，大將軍灌嬰留屯滎陽，與齊王襄連和觀變。勃誅諸吕，遣朱虚侯章告齊王，與嬰兵請罷歸。夫齊、嬰之兵與召卓等，勃能誅吕，即能退兵；進不能誅諸宦，光用以殺身，而後因兵以亡國，吾故曰「進之失不在召卓」。然其不能誅諸宦奈何？方太后畏卓兵臨闕，趨令諸常侍黄門，皆指進謝罪，請措置。當是時，外有彊兵，而内有袁紹，即以此時直行胸臆，稱太后令，殲其渠可也，即填勑歸里趨行可也，詔就獄可也。當斷不斷，使張讓得復請入直，進乃更入，自投死地，何愚哉！或曰，進欲以誅宦之權出自太后而已，不與夫征伐，大事不擅可也。已召外兵而除國戚，后既委之而又遲之，不亡何待哉？且夫皇子辯進所立，何太后進之妹，進不死，宫府皆爲進録事，董卓又何敢獨行胸臆，擅立之而又殺之，如後日事哉？進死而有知，其愧袁紹當甚于愧陳琳。夫愧紹非召卓也，紹勸夫計行誅而不誅，又反爲所誅，所謂婦人之仁。嗚呼！烏有婦人而可以謀國者哉！

藝文

《三國志》卷六《魏志·袁紹傳》裴松之注引《英雄記》　載太祖作《董卓歌》，辭云：「德行不虧缺，變故自難常。鄭康成行酒，伏地氣絶，郭景圖命盡于園桑。」如此之文，則玄無病而卒。餘書不見，故載録之。

《元稹集》卷二三《樂府·董逃行》　董逃董逃董卓逃，揩鏗戈甲聲勞嘈。剜剜深臍脂焰焰，人皆數歎曰：爾獨不憶年年取我身上膏。膏銷骨盡烟火死，長

安城中賊毛起。城門四走公卿士，走勸劉虞作天子。劉虞不敢作天子，曹瞞篡亂從此始。董逃董逃人莫喜，勝負相環相枕倚。縫綴難成裁破易，何況曲針不能伸巧指。欲學裁縫須準擬。

《蘇軾詩集》卷一二《董卓》 公業平時勸用儒，諸公何事起相圖。只言天下無健者，豈信車中有布乎？

張岱《瑯嬛文集》卷三《樂府·伍孚刃》 越騎校尉汝南伍孚，忿董卓兇毒，志手刃之。乃朝服懷佩刀以見卓。孚語畢，辭去。卓起送，至閤，以手撫其背。孚因出利刃刺之，不中。卓自奮得免，急呼左右執殺孚，而大詬曰：「汝欲反耶？」孚大言曰：「恨不得磔裂姦賊於都市，以謝天下。」言未畢而斃。

殿前校，如蠓蠛。腰下刃，白於雪。遇奸雄，思屠裂。事不成，反飲鐵。曾聞安祿山，腹大如邱垤。賴有李猪兒，刺出一囊血。今有大臍奴，肝腸寸寸截。咸陽三月火，臍輪燒不滅。厲鬼日夜號，噬臍悔不迭。

袁紹部

綜述

《後漢書》卷七四上《袁紹傳》 袁紹字本初，汝南汝陽人，司徒湯之孫。父成，五官中郎將，(紹)壯健好交結，大將軍梁冀以下莫不善之。

紹少爲郎，除濮陽長，遭母憂去官。三年禮竟，追感幼孤，又行父服。服闋，徙居洛陽。紹有姿貌威容，愛士養名。既累世台司，賓客所歸，加傾心折節，莫不争赴其庭，士無貴賤，與之抗禮，輜軿柴轂，填接街陌，内官皆惡之。中常侍趙忠言於省内曰：「袁本初坐作聲價，好養死士，不知此兒終欲何作。」叔父太傅隗聞而呼紹，以忠言責之，紹終不改。

後辟大將軍何進掾，爲侍御史、虎賁中郎將。中平五年，初置西園八校尉，以紹爲佐軍校尉。

靈帝崩，紹勸何進徵董卓等衆軍，脅太后誅諸宦官，轉紹司隸校尉。語已見《何進傳》。及卓將兵至，騎都尉太山鮑信説紹曰：「董卓擁制强兵，將有異志，今不早圖，必爲所制。及其新至疲勞，襲之可禽也。」紹畏卓，不敢發。頃之，卓議欲廢立，謂紹曰：「天下之主，宜得賢明，每念靈帝，令人憤毒。董侯似可，今當立之。」紹曰：「今上富於春秋，未有不善宣於天下。若公違禮任情，廢嫡立庶，恐衆議未安。」卓案劒叱紹曰：「竪子敢然！天子之事，豈不在我？我欲爲之，誰敢不從！」紹詭對曰：「此國之大事，請出與太傅議之。」卓復言「劉氏種不足復遺」。紹勃然曰：「天下健者，豈惟董公！」横刀長揖徑出。縣節於上東門，而奔冀州。

董卓購募求紹。時侍中周珌、城門校尉伍瓊爲卓所信待，瓊等陰爲紹説卓曰：「夫廢立大事，非常人所及。袁紹不達大體，恐懼出奔，非有它志。今急購之，埶必爲變。袁氏樹恩四世，門生故吏徧於天下，若收豪傑以聚徒衆，英雄因之而起，則山東非公之有也。不如赦之，拜一郡守，紹喜於免罪，必無患矣。」卓以爲然，乃遣授紹勃海太守，封邟鄉侯。紹猶稱兼司隸。

初平元年，紹遂以勃海起兵，(以)〔與〕從弟後將軍術、冀州牧韓馥、豫州刺史孔伷、兖州刺史劉岱、陳留太守張邈、廣陵太守張超、河内太守王匡、山陽太守袁遺、東郡太守橋瑁、濟北相鮑信等同時俱起，衆各數萬，以討卓爲名。紹與王匡屯河内，伷屯潁川，馥屯鄴，餘軍咸屯酸棗，約盟，遥推紹爲盟主。紹自號車騎將軍，領司隸校尉。

董卓聞紹起山東，乃誅紹叔父隗，及宗族在京師者，盡滅之。卓乃遣大鴻臚韓融、少府陰循、執金吾胡母班、將作大匠吴循、越騎校尉王瓌譬解紹等諸軍。紹使王匡殺班、瓌、吴循等，袁術亦執殺陰循，惟韓融以名德免。

是時豪傑既多附紹，且感其家禍，人思爲報，州郡蜂起，莫不以袁氏爲名。韓馥見人情歸紹，忌(方)〔其〕得衆，恐將圖己，常遣從事守紹門，不聽發兵。橋瑁乃詐作三公移書，傳驛州郡，説董卓罪惡，天子危逼，企望義兵，以釋國難。馥於是方聽紹舉兵。乃謀於衆曰：「助袁氏乎？助董氏乎？」治中劉惠勃然曰：「興兵爲國，安問袁、董？」馥意猶深疑於紹，每貶節軍糧，欲使離散。

明年，馥將麴義反畔，馥與戰失利。紹既恨馥，乃與義相結。紹客逢紀謂紹曰：「夫舉大事，非據一州，無以自立。今冀部强實，而韓馥庸才，可密要公孫瓚將兵南下，馥聞必駭懼。并遣辯士爲陳禍福，馥迫於倉卒，必可因據其位。」紹然之，益親紀，即以書與瓚。瓚遂引兵而至，外託〔討〕董卓，而陰謀襲馥。紹乃使外甥陳留高幹及潁川荀諶等説馥曰：「公孫瓚乘勝來南，而諸郡應之。袁車騎引軍東向，其意未可量也。竊爲將軍危之。」馥懼，曰：「然則爲之柰何？」諶曰：「君自料寬仁容衆，爲天下所附，孰與袁氏？」馥曰：「不如也。」「臨危吐決，智勇邁於人，又孰與袁氏？」馥曰：「不如也。」「世布恩德，天下家受其惠，又孰與袁氏？」馥曰：「不如也。」諶曰：「勃海雖郡，其實州也。今將軍資三不如之埶，久處其上，袁氏一時之傑，必不爲將軍下也。且公孫提燕、代之卒，其鋒不可當。夫冀州天下之重資，若兩軍并力，兵交城下，危亡可立而待也。夫袁氏將軍之舊，且爲同盟。當今之計，莫若舉冀州以讓袁氏，必厚德將軍，公孫瓚不能復與之争矣。是將軍有讓賢之名，而身安於太山也。願勿有疑。」馥素性恇怯，因然其計。馥長史耿武、别駕閔純、騎都尉沮授聞而諫曰：「冀州雖鄙，帶甲百萬，穀支十年。袁紹孤客窮軍，仰我鼻息，譬如嬰兒在股掌之上，絶其哺乳，立可餓殺，柰何欲以州與之？」馥曰：「吾袁氏故吏，且才不如本初。度德而讓，古人所貴，諸君獨何病焉？」先是，馥從事趙浮、程涣將强弩萬人屯孟津，聞之，率兵馳

還，請以拒紹，馥又不聽。乃避位，出居中常侍趙忠故舍，遣子送印綬以讓紹。

紹遂領冀州牧，承制以馥爲奮威將軍，而無所將御。引沮授爲别駕，因謂授曰：「今賊臣作亂，朝廷遷移。吾歷世受寵，志竭力命，興復漢室。然齊桓非夷吾不能成霸，句踐非范蠡無以存國。今欲與卿戮力同心，共安社稷，將何以匡濟之乎？」授進曰：「將軍弱冠登朝，播名海内。值廢立之際，忠義奮發，單騎出奔，董卓懷懼，濟河而北，勃海稽服。擁一郡之卒，撮冀州之衆，威陵河朔，名重天下。若舉軍東向，則黄巾可埽；還討黑山，則張燕可滅；回師北首，則公孫必禽；震脅戎狄，則匈奴立定。横大河之北，合四州之地，收英雄之士，擁百萬之衆，迎大駕於長安，復宗廟於洛邑，號令天下，誅討未服。以此争鋒，誰能御之！比及數年，其功不難。」紹喜曰：「此吾心也。」即表授爲奮武將軍，使監護諸將。

魏郡審配、鉅鹿田豐，並以正直不得志於韓馥。紹乃以豐爲别駕，配爲治中，甚見器任。馥自懷猜懼，辭紹索去，往依張邈。後紹遣使詣邈，有所計議，因共耳語。馥時在坐，謂見圖謀，無何，如厠自殺。

其冬，公孫瓚大破黄巾，還屯槃河，威震河北，冀州諸城無不望風響應。紹乃自擊之。瓚兵三萬，列爲方陳，分突騎萬匹，翼軍左右，其鋒甚鋭。紹先令麴義領精兵八百，强弩千張，以爲前登。瓚輕其兵少，縱騎騰之，義兵伏楯下，一時同發，瓚軍大敗，斬其所置冀州刺史嚴綱，獲甲首千餘級。麴義追至界橋，瓚斂兵還戰，義復破之，遂到瓚營，拔其牙門，餘衆皆走。紹在後十數里，聞瓚已破，發鞌息馬，唯衛帳下强弩數十張，大戟士百許人。瓚散兵二千餘騎卒至，圍紹數重，射矢雨下。田豐扶紹，使却入空垣。紹脱兜鍪抵地，曰：「大丈夫當前鬭死，而反逃垣牆閒邪？」促使諸弩競發，多傷瓚騎。衆不知是紹，頗稍引却。會麴義來迎，騎乃散退。三年，瓚又遣兵至龍凑挑戰，紹復擊破之。瓚遂還幽州，不敢復出。

四年初，天子遣太僕趙岐和解關東，使各罷兵。瓚因此以書譬紹曰：「趙太僕以周、邵之德，銜命來征，宣揚朝恩，示以和睦，曠若開雲見日，何喜如之！昔賈復、寇恂争相危害，遇世祖解紛，遂同輿並出。釁難既釋，時人美之。自惟邊鄙，得與將軍共同斯好，此誠將軍之(差)〔眷〕，而瓚之願也。」紹於是引軍南還。

三月上巳，大會賓徒於薄落津。聞魏郡兵反，與黑山賊干毒等數萬人共覆鄴城，殺郡守。坐中客家在鄴者，皆憂怖失色，或起而啼泣，紹容貌自若，不改常度。賊有陶升者，自號「平漢將軍」，獨反諸賊，將部衆踰西城入，閉府門，具車重，載紹家及諸衣冠在州内者，身自扞衛，送到斥丘。紹還，因屯斥丘，以陶升爲建義中郎將。六月，紹乃出軍，入朝歌鹿腸山蒼巖谷口，討干毒。圍攻五日，破之，斬毒及其衆萬餘級。紹遂尋山北行，進擊諸賊左髭丈八等，皆斬之，又擊劉石、青牛角、黄龍、左校、郭大賢、李大目、于氐根等，復斬數萬級，皆屠其屯壁。遂與黑山賊張燕及四營屠各、鴈門烏桓戰於常山。燕精兵數萬，騎數千匹，連戰十餘日，燕兵死傷雖多，紹軍亦疲，遂各退。麴義自恃有功，驕縱不軌，紹召殺之，而并其衆。

興平二年，拜紹右將軍。其冬，車駕爲李傕等所追於曹陽，沮授説紹曰：「將軍累葉台輔，世濟忠義。今朝廷播越，宗廟殘毁，觀諸州郡，雖外託義兵，内實相圖，未有憂存社稷卹人之意。且今州城粗定，兵强士附，西迎大駕，即宫鄴都，挾天子而令諸侯，稸士馬以討不庭，誰能禦之？」紹將從其計。潁川郭圖、淳于瓊曰：「漢室陵遲，爲日久矣，今欲興之，不亦難乎？且英雄並起，各據州郡，連徒聚衆，動有萬計，所謂秦失其鹿，先得者王。今迎天子，動輒表聞，從之則權輕，違之則拒命，非計之善者也。」授曰：「今迎朝廷，於義爲得，於時爲宜。若不早定，必有先之者焉。夫權不失幾，功不猒速，願其圖之。」帝立既非紹意，竟不能從。

紹有三子：譚字顯思，熙字顯雍，尚字顯甫。譚長而惠，尚少而美。紹後妻劉有寵，而偏愛尚，數稱於紹，紹亦奇其姿容，欲使傳嗣。乃以譚繼兄後，出爲青州刺史。沮授諫曰：「世稱萬人逐兔，一人獲之，貪者悉止，分定故也。且年均以賢，德均則卜，古之制也。願上惟先代成(則)〔敗〕之誡，下思逐兔分定之義。若其不改，禍始此矣。」紹曰：「吾欲令諸子各據一州，以視其能。」於是以中子熙爲幽州刺史，外甥高幹爲并州刺史。

建安元年，曹操迎天子都許，乃下詔書於紹，責以地廣兵多而專自樹黨，不聞勤王之師而但擅相討伐。紹上書曰：

臣聞昔有哀歎而霜隕，悲哭而崩城者。每讀其書，謂爲信然，於今況之，乃知妄作。何者？臣出身爲國，破家立事，至乃懷忠獲釁，抱信見疑，晝夜長吟，剖肝泣血，曾無崩城隕霜之應，故鄒衍、杞婦何能感徹。

臣以負薪之資，拔於陪隸之中，奉職憲臺，擢授戎校。常侍張讓等滔亂天常，侵奪朝威，賊害忠德，扇動姦黨。故大將軍何進忠國疾亂，義心赫怒，以臣頗有一介之節，可責以鷹犬之功，故授臣以督司，諮臣以方略。臣不敢

畏憚强禦，避禍求福，與進合圖，事無違異。忠策未盡而元帥受敗，太后被質，宫室焚燒，陛下聖德幼沖，親遭戹困。時進既被害，師徒喪沮，臣獨將家兵百餘人，抽戈承明，竦劒翼室，虎叱羣司，奮擊兇醜，曾不浹辰，罪人斯殄。此誠愚臣效命之一驗也。

會董卓乘虚，所圖不軌。臣父兄親從，並當大位，不憚一室之禍，苟惟寧國之義，故遂解節出奔，創謀河外。時卓方貪結外援，招悦英豪，故即臣勃海，申以軍號，則臣之與卓，未有纖芥之嫌。若使苟欲滑泥揚波，偷榮求利，則進可以享竊禄位，退無門户之患。然臣愚所守，志無傾奪，故遂引會英雄，興師百萬，飲馬孟津，歃血漳河。會故冀州牧韓馥懷挾逆謀，欲專權埶，絶臣軍糧，不得踵係，至使猾虜肆毒，害及一門，尊卑大小，同日并戮。鳥獸之情，猶知號呼。臣所以蕩然忘哀，貌無隱戚者，誠以忠孝之節，道不兩立，顧私懷己，不能全功。斯亦愚臣破家徇國之二驗也。

又黄巾十萬焚燒青、兖，黑山、張楊蹈藉冀域。臣乃旋師，奉辭伐畔。金鼓未震，狡敵知亡，故韓馥懷懼，謝咎歸土，張楊、墨山同時乞降。臣時輒承制，竊比竇融，以議郎曹操權領兖州牧。會公孫瓚師旅南馳，陸掠北境，臣即星駕席卷，與瓚交鋒。假天之威，每戰輒克。臣備公族子弟，生長京輦，頗聞俎豆，不習干戈；加自乃祖先臣以來，世作輔弼，咸以文德盡忠，得免罪戾。臣非與瓚角戎馬之埶，争戰陣之功者也。誠以賊臣不誅，《春秋》所貶，苟云利國，專之不疑。故冒踐霜雪，不憚劬勤，實庶一捷之福，以立終身之功。社稷未定，臣誠恥之。大僕趙岐銜命來征，宣明陛下含弘之施，蠲除細故，與下更新，奉詔之日，引師南轅。是臣畏怖天威，不敢怠慢之三驗也。

又臣所上將校，率皆清英宿德，令名顯達，登鋒履刃，死者過半，勤恪之功，不見書列。而州郡牧守，競盗聲名，懷持二端，優游顧望，皆列士錫圭，跨州連郡，是以遠近狐疑，議論紛錯者也。臣聞守文之世，德高者位尊；倉卒之時，功多者賞厚。陛下播越非所，洛邑乏祀，海内傷心，志士憤惋。是以忠臣肝腦塗地，肌膚横分而無悔心者，義之所感故也。今賞加無勞，以攜有德；杜黜忠功，以疑衆望。斯豈腹心之遠圖？將乃讒慝之邪説使之然也？臣爵爲通侯，位二千石。殊恩厚德，臣既叨之，豈敢闚覬重禮，以希彤弓玈矢之命哉？誠傷偏裨列校，勤不見紀，盡忠爲國，翻成重愆。斯蒙恬所以悲號於邊獄，白起歔欷於杜郵也。太傅日磾位爲師保，任配東征，而耗亂王命，寵任非所，凡所舉用，皆衆所捐棄。而容納其策，以爲謀主，令臣骨肉兄弟，還爲讎敵，交鋒接刃，搆難滋甚。臣雖欲釋甲投戈，事不得已。誠恐陛下日月之明，有所不照，四聰之聽有所不聞，乞下臣章，咨之羣賢，使三槐九棘，議臣罪戾。若以臣今行權爲釁，則桓、文當有誅絶之刑；若以衆不討賊爲賢，則趙盾可無書弑之貶矣。臣雖小人，志守一介。若使得申明本心，不愧先帝，則伏首歐刀，褰衣就鑊，臣之願也。惟陛下垂《尸鳩》之平，絶邪諂之論，無令愚臣結恨三泉。

於是以紹爲太尉，封鄴侯。時曹操自爲大將軍，紹恥爲之下，僞表辭不受。操大懼，乃讓位於紹。二年，使將作大匠孔融持節拜紹大將軍，錫弓矢節鉞，虎賁百人，兼督冀、青、幽、并四州，然後受之。

紹每得詔書，患有不便於己，乃欲移天子自近，使説操以許下埤溼，洛陽殘破，宜徙都甄城，以就全實。操拒之。田豐説紹曰：「徙都之計，既不克從，宜早圖許，奉迎天子，動託詔令，響號海内，此筭之上者。不爾，終爲人所禽，雖悔無益也。」紹不從。四年春，擊公孫瓚，遂定幽土，事在《瓚傳》。

紹既并四州之地，衆數十萬，而驕心轉盛，貢御稀簡。主簿耿包密白紹曰：「赤德衰盡，袁爲黄胤，宜順天意，以從民心。」紹以包白事示軍府僚屬，議者以包妖妄宜誅。紹知衆情未同，不得已乃殺包以弭其迹。於是簡精兵十萬，騎萬匹，欲出攻許，以審配、逢紀統軍事，田豐、荀諶及南陽許攸爲謀主，顔良、文醜爲將帥。沮授進説曰：「近討公孫，師出歷年，百姓疲敝，倉庫無積，賦役方殷，此國之深憂也。宜先遣使獻捷天子，務農逸人。若不得通，乃表曹操隔我王路，然後進屯黎陽，漸營河南，益作舟船，繕修器械，分遣精騎，抄其邊鄙，令彼不得安，我取其逸。如此可坐定也。」郭圖、審配曰：「兵書之法，十圍五攻，敵則能戰。今以明公之神武，連河朔之强衆，以伐曹操，(兵)〔其〕埶譬若覆手。今不時取，後難圖也。」授曰：「蓋救亂誅暴，謂之義兵；恃衆憑强，謂之驕兵。義者無敵，驕者先滅。曹操奉迎天子，建宫許都。今舉師南向，於義則違。且廟勝之策，不在彊弱。曹操法令既行，士卒精練，非公孫瓚坐受圍者也。今棄萬安之術，而興無名之師，竊爲公懼之。」圖等曰：「武王伐紂，不爲不義；況兵加曹操，而云無名！且公師徒精勇，將士思奮，而不及時早定大業，所謂『天與不取，反受其咎』。此越之所以霸，吴之所以滅也。監軍之計，在於(將軍)〔持牢〕，而非見時知幾之變

也。」紹納圖言。圖等因是譖沮授曰：「授監統内外，威震三軍，若其浸盛，何以制之！夫臣與主同者〔昌，主與臣同者〕亡，此《黄石》之所忌也。且御衆於外，不宜知内。」紹乃分授所統爲三都督，使授及郭圖、淳于瓊各典一軍，未及行。

五年，左將軍劉備殺徐州刺史車胄，據沛以背曹操。操懼，及自將征備。田豐説紹曰：「與公爭天下者，曹操也。操今東擊劉備，兵連未可卒解，今舉軍而襲其後，可一往而定。兵以幾動，斯其時也。」紹辭以子疾，未得行。豐舉杖擊地曰：「嗟乎，事去矣！夫遭難遇之幾，而以嬰兒病失其會，惜哉！」紹聞而怒之，從此遂疏焉。

曹操畏紹過河，乃急擊備，遂破之。備奔紹，紹於是進軍攻許。田豐以既失前幾，不宜便行，諫紹曰：「曹操既破劉備，則許下非復空虚。且操善用兵，變化無方，衆雖少，未可輕也。今不如久持之。將軍據山河之固，擁四州之衆，外結英雄，内修農戰，然後簡其精鋭，分爲奇兵，乘虚迭出，以擾河南，救右則擊其左，救左則擊其右，使敵疲於奔命，人不得安業，我未勞而彼已困，不及三年，可坐剋也。今釋廟勝之策而決成敗於一戰，若不如志，悔無及也。」紹不從。豐强諫忤紹，紹以爲沮衆，遂械繫之。乃先宣檄曰：

蓋聞明主圖危以制變，忠臣慮難以立權。曩者强秦弱主，趙高執柄，專制朝命，威福由己，終有望夷之禍，汙辱至今。及臻吕后，禄、産專政，擅斷萬機，決事禁省，下陵上替，海内寒心。於是絳侯、朱虚興威奮怒，誅夷逆暴，尊立太宗，故能道化興隆，光明融顯。此則大臣立權之明表也。

司空曹操祖父騰，故中常侍，與左悺、徐璜並作妖孽，饕餮放横，傷化虐人。父嵩，乞匄攜養，因臧買位，輿金輦寶，輸貨權門，竊盜鼎司，傾覆重器。操〔姦〕〔贅〕閹遺醜，本無令德，僄狡鋒俠，好亂樂禍。幕府董統鷹揚，埽夷凶逆，續遇董卓侵官暴國，於是提劍揮鼓，發命東夏，廣羅英雄，棄瑕録用，故遂與操參咨策略，謂其鷹犬之才，爪牙可任。至乃愚佻短慮，輕進易退，傷夷折衄，數喪師徒。幕府輒復分兵命鋭，修完補輯，表行東郡太守、兖州刺史，被以虎文，授以偏師，奬就威柄，冀獲秦師一克之報。而遂乘資跋扈，肆行酷烈，割剥元元，殘賢害善。故九江太守邊讓，英才儁逸，以直言正色，論不阿諂，身被梟懸之戮，妻孥受灰滅之咎。自是士林憤痛，人怨天怒，一夫奮臂，舉州同聲，故躬破於徐方，地奪於吕布，彷徨東裔，蹈據無所。幕府惟强幹弱枝之義，且不登畔人之黨，故復援旌擐甲，席卷赴征，金鼓響震，布衆破沮，拯其死亡之患，復其方伯之任。是則幕府無德於兖土，而有大造於操也。

會後鑾駕東反，羣虜亂政。時冀州方有北鄙之警，匪遑離局，故使從事中郎徐勳就發遣操，使繕修郊廟，翼衛幼主。而便放志專行，威劫省禁，卑侮王僚，敗法亂紀，坐召三臺，專制朝政，爵賞由心，刑戮在口，所愛光五宗，所怨滅三族，羣談者受顯誅，腹議者蒙隱戮，道路以目，百辟鉗口，尚書記期會，公卿充員品而已。

故太尉楊彪，歷典二司，元綱極位。操因睚眦，被以非罪，搒楚并兼，五毒俱至，觸情放慝，不顧憲章。又議郎趙彦，忠諫直言，議有可納，故聖朝含聽，改容加錫。操欲迷奪時明，杜絶言路，擅收立殺，不俟報聞。又梁孝王先帝母弟，墳陵尊顯，松柏桑梓猶宜恭肅。操率將吏士，親臨發掘，破棺裸尸，掠取金寶，至令聖朝流涕，士民傷懷。又署發丘中郎將、摸金校尉，所過毁突，無骸不露。身處三公之官，而行桀虜之態，汙國虐民，毒施人鬼。加其細政苛慘，科防互設，矰繳充蹊，阬穽塞路，舉手挂網羅，動足蹈機陷，是以兖、豫有無聊之人，帝都有吁嗟之怨。

歷觀古今書籍所載，貪殘虐烈無道之臣，於操爲甚。莫府方詰外姦，未及整訓，加意含覆，冀可彌縫。而操豺狼野心，潛包禍謀，乃欲橈折棟梁，孤弱漢室，除忠害善，專爲梟雄。往歲伐鼓北征，討公孫瓚，强禦桀逆，拒圍一年。操因其未破，陰交書命，欲託助王師，以見掩襲，故引兵造河，方舟北濟。會行人發露，瓚亦梟夷，故使鋒芒挫縮，厥圖不果。屯據敖倉，阻河爲固，乃欲運螳蜋之斧，禦隆車之隧。莫府奉漢威靈，折衝宇宙，長戟百萬，胡騎千羣，奮中黄、育、獲之士，騁良弓勁弩之執，并州越太行，青州涉濟、漯，大軍汎黄河以角其前，荆州下宛、葉而掎其後。雷震虎步，並集虜廷，若舉炎火以焚飛蓬，覆滄海而注熛炭，有何不消滅者哉？

當今漢道陵遲，綱弛網絶，操以精兵七百，圍守宫闕，外稱陪衛，内以拘質，懼篡逆之禍，因斯而作。乃忠臣肝腦塗地之秋，烈士立功之會也。可不勗哉！

乃先遣顔良攻曹操別將劉延於白馬，紹自引兵至黎陽。沮授臨行，會其宗族，散資財以與之。曰：「執存則威無不加，執亡則不保一身。哀哉！」其弟宗曰：「曹操士馬不敵，君何懼焉？」授曰：「以曹兖州之明略，又挾天子以爲資，

我雖剋伯珪，衆實疲敝，而主驕將忲，軍之破敗，在此舉矣。楊雄有言：『六國蚩蚩，爲嬴弱姬。』今之謂乎！」曹操遂救劉延，擊顔良斬之。紹乃度河，壁延津南。沮授臨船歎曰：「上盈其志，下務其功，悠悠黄河，吾其濟乎！」遂以疾退，紹不許而意恨之，復省其所部，并屬郭圖。

紹使劉備、文醜挑戰，曹操又擊破之，斬文醜。再戰而禽二將，紹軍中大震。操還屯官度，紹進保陽武。沮授又説紹曰：「北兵雖衆，而勁果不及南軍；南軍穀少，而資儲不如北。南幸於急戰，北利在緩師。宜徐持久，曠以日月。」紹不從。連營稍前，漸逼官度，遂合戰。操軍不利，復還堅壁。紹爲高櫓，起土山，射營中，〔營中〕皆蒙楯而行。操乃發石車擊紹樓，皆破，軍中呼曰「霹靂車」。紹爲地道欲襲操，操輒於内爲長壍以拒之。又遣奇兵襲紹運車，大破之，盡焚其穀食。

相持百餘日，河南人疲困，多畔應紹。紹遣淳于瓊等將兵萬餘人北迎糧運。沮授説紹可遣蔣奇别爲支軍於表，以絶曹操之鈔。紹不從。許攸進曰：「曹操兵少而悉師拒我，許下餘守埶必空弱。若分遣輕軍，星行掩襲，許拔則操(爲)成禽。如其未潰，可令首尾奔命，破之必也。」紹又不能用。會攸家犯法，審配收繫之，攸不得志，遂奔曹操，而説使襲取淳于瓊等。瓊等時宿在烏巢，去紹軍四十里。操自將步騎五千人，夜往攻破瓊等，悉斬之。

初，紹聞操擊瓊，謂長子譚曰：「就操破瓊，吾拔其營，彼固無所歸矣。」乃使高覽、張郃等攻操營，不下。二將聞瓊等敗，遂奔操。於是紹軍驚擾，大潰。紹與譚等幅巾乘馬，與八百騎度河，至黎陽北岸，入其將軍蔣義渠營。至帳下，把其手曰：「孤以首領相付矣。」義渠避帳而處之，使宣令焉。衆聞紹在，稍復集。餘衆僞降，曹操盡阬之，前後所殺八萬人。

沮授爲操軍所執，乃大呼曰：「授不降也，爲所執耳。」操見授謂曰：「分野殊異，遂用圮絶，不圖今日乃相得也。」授對曰：「冀州失策，自取奔北。授知力俱困，宜其見禽。」操曰：「本初無謀，不相用計。今喪亂過紀，國家未定，方當與君圖之。」授曰：「叔父、母、弟懸命袁氏，若蒙公靈，速死爲福。」操歎曰：「孤早相得，天下不足慮也。」遂赦而厚遇焉。授尋謀歸袁氏，乃誅之。

紹外寬雅有局度，憂喜不形於色，而性矜愎自高，短於從善，故至於敗。及軍還，或謂田豐曰：「君必見重。」豐曰：「公貌寬而内忌，不亮吾忠，而吾數以至言迕之。若勝而喜，必能赦我，戰敗而怨，内忌將發。若軍出有利，當蒙全耳，今既敗矣，吾不望生。」紹還，曰：「吾不用田豐言，果爲所笑。」遂殺之。

官度之敗，審配二子爲曹操所禽。孟岱與配有隙，因蔣奇言於紹曰：「配在位專政，族大兵强，且二子在南，必懷反畔。」郭圖、辛評亦爲然。紹遂以岱爲監軍，代配守鄴。護軍逢紀與配不睦，紹以問之，紀對曰：「配天性烈直，每所言行，慕古人之節，不以二子在南爲不義也，公勿疑之。」紹曰：「君不惡之邪？」紀曰：「先所争者私情，今所陳者國事。」紹曰「善」。乃不廢配，配、〔紀〕由是更協。

冀州城邑多畔，紹復擊定之。自軍敗後發病，七年夏，薨。未及定嗣，逢紀、審配宿以驕侈爲譚所病，辛評、郭圖皆比於譚而與配、紀有隙。衆以譚長，欲立之。配等恐譚立而評等爲害，遂矯紹遺命，奉尚爲嗣。

《東觀漢記》卷一七《袁紹》　賓客所歸，傾心折節。士無貧賤，與之抗禮。

《三國志》卷六《魏志·袁紹傳》　袁紹字本初，汝南汝陽人也。高祖父安，爲漢司徒。自安以下四世居三公位，由是勢傾天下。紹有姿貌威容，能折節下士，士多附之，太祖少與交焉。以大將軍掾爲侍御史，稍遷中軍校尉，至司隸。

靈帝崩，太后兄大將軍何進與紹謀誅諸閹官，太后不從。乃召董卓，欲以脅太后。常侍、黄門聞之，皆詣進謝，唯所錯置。時紹勸進便可於此決之，至于再三，而進不許。令紹使洛陽方略武吏，檢司諸宦者。又令紹弟虎賁中郎將術選温厚虎賁二百人，當入禁中，代持兵黄門陛守門户。中常侍段珪等矯太后命，召進入議，遂殺之，宫中亂。術將虎賁燒南宫嘉德殿青瑣門，欲以迫出珪等。珪等不出，劫帝及帝弟陳留王走小平津。紹既斬宦者所署司隸校尉許相，遂勒兵捕諸閹人，無少長皆殺之。或有無鬚而誤死者，至自發露形體而後得免。宦者或有行善自守而猶見及。其濫如此。死者二千餘人。急追珪等，珪等悉赴河死。帝得還宫。

董卓呼紹，議欲廢帝，立陳留王。是時紹叔父隗爲太傅，紹僞許之，曰：「此大事，出當與太傅議。」卓曰：「劉氏種不足復遺。」紹不應，横刀長揖而去。紹既出，遂亡奔冀州。侍中周毖、城門校尉伍瓊、議郎何顒等，皆名士也，卓信之，而陰爲紹，乃説卓曰：「夫廢立大事，非常人所及。紹不達大體，恐懼故出奔，非有他志也。今購之急，勢必爲變。袁氏樹恩四世，門生故吏徧於天下，若收豪傑以聚徒衆，英雄因之而起，則山東非公之有也。不如赦之，拜一郡守，則紹喜于免罪，必無患矣。」卓以爲然，乃拜紹勃海太守，封邟鄉侯。

紹遂以勃海起兵，將以誅卓。語在《武紀》。紹自號車騎將軍，主盟，與冀州牧韓馥立幽州牧劉虞爲帝，遣使奉章詣虞，虞不敢受。後馥軍安平，爲公孫瓚所敗。瓚遂引兵入冀州，以討卓爲名，内欲襲馥。馥懷不自安。會卓西入關，紹還軍延津，因馥惶遽，使陳留高幹、潁川荀諶等説馥曰：「公孫瓚乘勝來向南，而諸郡應之。袁車騎引軍東向，此其意不可知，竊爲將軍危之。」馥曰：「爲之奈何？」諶曰：「公孫提燕、代之卒，其鋒不可當。袁氏一時之傑，必不爲將軍下。夫冀州，天下之重資也，若兩雄并力，兵交於城下，危亡可立而待也。夫袁氏，將軍之舊，且同盟也，當今爲將軍計，莫若舉冀州以讓袁氏。袁氏得冀州，則瓚不能與之争，必厚德將軍。冀州入於親交，是將軍有讓賢之名，而身安於泰山也。願將軍勿疑！」馥素恇怯，因然其計。馥長史耿武、别駕閔純、治中李歷諫馥曰：「冀州雖鄙，帶甲百萬，穀支十年。袁紹孤客窮軍，仰我鼻息，譬如嬰兒在股掌之上，絶其哺乳，立可餓殺，奈何乃欲以州與之？」馥曰：「吾，袁氏故吏，且才不如本初，度德而讓，古人所貴，諸君獨何病焉！」從事趙浮、程奂請以兵拒之，馥又不聽。乃讓紹，紹遂領冀州牧。

從事沮授説紹曰：「將軍弱冠登朝，則播名海内；值廢立之際，則忠義奮發；單騎出奔，則董卓懷怖；濟河而北，則勃海稽首。振一郡之卒，撮冀州之衆，威震河朔，名重天下。雖黄巾猾亂，黑山跋扈，舉軍東向，則青州可定；還討黑山，則張燕可滅；回衆北首，則公孫必喪；震脅戎狄，則匈奴必從。横大河之北，合四州之地，收英雄之才，擁百萬之衆，迎大駕於西京，復宗廟於洛邑，號令天下，以討未復，以此争鋒，誰能敵之？比及數年，此功不難。」紹喜曰：「此吾心也。」即表授爲監軍、奮威將軍。卓遣執金吾胡母班、將作大匠吴脩齎詔書喻紹，紹使河内太守王匡殺之。卓聞紹得關東，乃悉誅紹宗族太傅隗等。當是時，豪俠多附紹，皆思爲之報，州郡蠭起，莫不假其名。馥懷懼，從紹索去，往依張邈。後紹遣使詣邈，有所計議，與邈耳語。馥在坐上，謂見圖構，無何起至溷自殺。

初，天子之立非紹意，及在河東，紹遣潁川郭圖使焉。圖還説紹迎天子都鄴，紹不從。會太祖迎天子都許，收河南地，關中皆附。紹悔，欲令太祖徙天子都鄄城以自密近，太祖拒之。天子以紹爲太尉，轉爲大將軍，封鄴侯，紹讓侯不受。頃之，擊破瓚于易京，并其衆。出長子譚爲青州，沮授諫紹：「必爲禍始。」紹不聽，曰：「孤欲令諸兒各據一州也。」又以中子熙爲幽州，甥高幹爲并州。衆數十萬，以審配、逢紀統軍事，田豐、荀諶、許攸爲謀主，顔良、文醜爲將率，簡精卒十萬，騎萬匹，將攻許。

先是，太祖遣劉備詣徐州拒袁術。術死，備殺刺史車胄，引軍屯沛。紹遣騎佐之。太祖遣劉岱、王忠擊之，不克。建安五年，太祖自東征備。田豐説紹襲太祖後，紹辭以子疾，不許。豐舉杖擊地曰：「夫遭難遇之機，而以嬰兒之病失其會，惜哉！」太祖至，擊破備；備奔紹。

紹進軍黎陽，遣顔良攻劉延于白馬。沮授又諫紹：「良性促狹，雖驍勇不可獨任。」紹不聽。太祖救延，與良戰，破斬良。紹渡河，壁延津南，使劉備、文醜挑戰。太祖擊破之，斬醜，再戰，禽紹大將。紹軍大震。太祖還官渡。沮授又曰：「北兵數衆而果勁不及南，南穀虚少而貨財不及北；南利在於急戰，北利在於緩搏。宜徐持久，曠以日月。」紹不從。連營稍前，逼官渡，合戰，太祖軍不利，復壁。紹爲高櫓，起土山，射營中，營中皆蒙楯，衆大懼。太祖乃爲發石車，擊紹樓，皆破，紹衆號曰霹靂車。紹爲地道，欲襲太祖營。太祖輒於内爲長塹以拒之，又遣奇兵襲擊紹運車，大破之，盡焚其穀。太祖與紹相持日久，百姓疲乏，多叛應紹，軍食乏。會紹遣淳于瓊等將兵萬餘人北迎運車，沮授説紹：「可遣將蔣奇别爲支軍於表，以斷曹公之鈔。」紹復不從。瓊宿烏巢，去紹軍四十里。太祖乃留曹洪守，自將步騎五千候夜潛往攻瓊。紹遣騎救之，敗走。破瓊等，悉斬之。太祖還，未至營，紹將高覽、張郃等率其衆降。紹衆大潰，紹與譚單騎退渡河。餘衆僞降，盡坑之。沮授不及紹渡，爲人所執，詣太祖，太祖厚待之。後謀還袁氏，見殺。

初，紹之南也，田豐説紹曰：「曹公善用兵，變化無方，衆雖少，未可輕也，不如以久持之。將軍據山河之固，擁四州之衆，外結英雄，内脩農戰，然後簡其精鋭，分爲奇兵，乘虚迭出，以擾河南，救右則擊其左，救左則擊其右，使敵疲於奔命，民不得安業；我未勞而彼已困，不及二年，可坐克也。今釋廟勝之策，而決成敗於一戰，若不如志，悔無及也。」紹不從。豐懇諫，紹怒甚，以爲沮衆，械繫之。紹軍既敗，或謂豐曰：「君必見重。」豐曰：「若軍有利，吾必全，今軍敗，吾其死矣。」紹還，謂左右曰：「吾不用田豐言，果爲所笑。」遂殺之。紹外寬雅，有局度，憂喜不形于色，而内多忌害，皆此類也。

冀州城邑多叛，紹復擊定之。自軍敗後發病，七年，憂死。

紹愛少子尚，貌美，欲以爲後而未顯。審配、逢紀與辛評、郭圖争權，配、紀與尚比，評、圖與譚比。衆以譚長，欲立之。配等恐譚立而評等爲己害，緣紹素

意，乃奉尚代紹位。譚至，不得立，自號車騎將軍。由是譚、尚有隙。太祖北征譚、尚。譚軍黎陽，尚少與譚兵，而使逢紀從譚。譚求益兵，配等議不與。譚怒，殺紀。太祖渡河攻譚，譚告急於尚。尚欲分兵益譚，恐譚遂奪其衆，乃使審配守鄴，尚自將兵助譚，與太祖相拒於黎陽。自〔九〕月至（九）〔二〕月，大戰城下，譚、尚敗退，入城守。太祖將圍之，及夜遁。追至鄴，收其麥，拔陰安，引軍還許。太祖南征荆州，軍至西平。譚、尚遂舉兵相攻，譚敗奔平原。尚攻之急，譚遣辛毗詣太祖請救。太祖乃還救譚，十月至黎陽。尚聞太祖北，釋平原還鄴。其將呂曠、呂翔叛尚歸太祖，譚復陰刻將軍印假曠、翔。太祖知譚詐，與結婚以安之，乃引軍還。尚使審配、蘇由守鄴，復攻譚平原。太祖進軍將攻鄴，到洹水，去鄴五十里，由欲爲内應，謀泄，與配戰城中，敗，出奔太祖。太祖遂進攻之，爲地道，配亦於内作塹以當之。配將馮禮開突門，内太祖兵三百餘人，配覺之，從城上以大石擊突中栅門，栅門閉，入者皆没。太祖遂圍之，爲塹，周四十里，初令淺，示若可越。配望而笑之，不出争利。太祖一夜掘之，廣深二丈，決漳水以灌之，自五月至八月，城中餓死者過半。尚聞鄴急，將兵萬餘人還救之，依西山來，東至陽平亭，去鄴十七里，臨滏水，舉火以示城中，城中亦舉火相應。配出兵城北，欲與尚對決圍。太祖逆擊之，敗還，尚亦破走，依曲漳爲營，太祖遂圍之。未合，尚懼，遣陰夔、陳琳乞降，不聽。尚還走濫口，進復圍之急，其將馬延等臨陳降，衆大潰，尚奔中山。盡收其輜重，得尚印綬、節鉞及衣物，以示其家，城中崩沮。配兄子榮守東門，夜開門内太祖兵，與配戰城中，生禽配。配聲氣壯烈，終無撓辭，見者莫不歎息。遂斬之。高幹以并州降，復以幹爲刺史。

太祖之圍鄴也，譚略取甘陵、安平、勃海、河間，攻尚於中山。尚走故安從熙，譚悉收其衆。太祖將討之，譚乃拔平原，并南皮，自屯龍湊。十二月，太祖軍其門，譚不出，夜遁奔南皮，臨清河而屯。十年正月，攻拔之，斬譚及圖等。熙、尚爲其將焦觸、張南所攻，奔遼西烏丸。觸自號幽州刺史，驅率諸郡太守令長，背袁向曹，陳兵數萬，殺白馬盟，令曰：「違命者斬！」衆莫敢語，各以次歃。至別駕韓珩，曰：「吾受袁公父子厚恩，今其破亡，智不能救，勇不能死，於義闕矣；若乃北面於曹氏，所弗能爲也。」一坐爲珩失色。觸曰：「夫興大事，當立大義，事之濟否，不待一人，可卒珩志，以勵事君。」高幹叛，執上黨太守，舉兵守壺口關。遣樂進、李典擊之，未拔。十一年，太祖征幹。幹乃留其將夏昭、鄧升守城，自詣匈奴單于求救，不得，獨與數騎亡，欲南奔荆州，上洛都尉捕斬之。十二年，太祖至遼西擊烏丸。尚、熙與烏丸逆軍戰，敗走奔遼東，公孫康誘斬之，送其首。太祖高韓珩節，屢辟不至，卒於家。

郝經《續後漢書》卷九《列傳・漢臣・袁紹》 袁紹字本初，汝南汝陽人。自司徒安四世居三公位，由是勢傾天下。紹，司徒湯之孫，司空逢之庶孽也。出後伯父五官中郎將成。少爲郎，弱冠除濮陽長。早喪其父，及遭母喪，去官。三年喪畢，追感幼孤，再服父服，凡廬墓六年。

紹壯健有威容，既累世台輔，豪杰歸仰，加傾心折節，莫不争赴其庭。士無貴賤與之抗禮。輜軿柴轂，填接街陌，自大將軍梁冀以下莫不善之。與張邈、何顒、伍瓊爲奔走友。曹操傾慕，亦内交焉，於是聲望甚盛。及徙居雒陽，不妄通賓客，養名自重，非海内知名，不得相見。睥睨權倖，不應辟命，宦官皆惡之。中常侍趙忠言於省中曰：「袁本初坐作聲價，不應呼召，好養死士，不知此兒欲何所爲乎？」紹叔父太傅隗聞之，責數紹曰：「汝不改行而與時偕，且破我家！」始辟大將軍何進掾，爲侍御史，遷虎賁中郎將。中平五年，初置西園八校尉，以紹爲中軍校尉。靈帝崩，少帝即位，紹使客張津説何進曰：「黄門常侍秉權日久，又永樂太后與諸常侍專通財利，將軍宜整頓天下，爲海内除患。」進以爲然，遂與紹謀誅閹官。及蹇碩令趙忠圖進，事覺，誅碩。紹説進曰：「碩既伏誅，不盡滅其黨，必爲後患。今大行在前殿，將軍以詔書領兵衛守，可勿入宫。」進納其言，後更狐疑，紹脅進曰：「今釁構已成，形勢已露，將軍不早決之，事留變生，後機禍至，復爲竇氏矣！」進乃白太后，太后不從，乃召董卓欲以脅太后。常侍黄門聞之，皆詣進謝，惟所錯置。紹勸進便可於此決之，至再三，進不許。轉紹司隸校尉，假節，專命擊斷。紹使雒陽方略武吏，檢司諸宦者，又令紹從弟虎賁中郎將術選温厚虎賁二百人入禁中，代持兵黄門陛守門户。中常侍段珪等矯太后命召進入，殺之，宫中亂。術將虎賁燒南宫嘉德殿青瑣門，欲迫出珪等。珪等不出，劫帝及陳留王走小平津。紹既斬宦者所署司隸校尉許相，又捕趙忠等斬之，乃閉北宫門，勒兵捕諸閹官，無少長皆殺之。急(迫)〔追〕珪等，悉赴河死。帝得還宫。

董卓將兵至，騎都尉泰山鮑信説紹曰：「董卓擁制彊兵，累拒詔命，今乘亂而入，將有異志，若不早圖，必爲所制。其新至罷勞，襲之可禽也。」紹畏卓，不敢發。頃之，卓議欲廢立，謂紹曰：「天下之主宜得賢明，每念靈帝，令人憤毒。董侯似可，今欲立之，爲能勝史侯否？人有小智，大或癡，亦知復何如，爲當且爾。」

紹曰：「漢家君天下四百許年，恩澤深渥，兆民戴之。今上富於春秋，未有失德聞於天下，公欲廢嫡立庶，恐衆不從公議也。」卓按劍叱紹曰：「竪子敢然！天下事豈不在我，我欲爲之，誰敢不從？」紹詭對曰：「此國家大事，請出與太傅議。」卓復曰：「劉氏種不足復遺。」紹勃然曰：「天下健者，豈惟董公？」横刀長揖徑出，縣節於上東門而奔冀州。卓既廢帝立陳留王，購紹急。侍中周珌、城門校尉伍瓊、議郎何顒等爲卓信待，而陰爲紹地，説卓曰：「夫廢立大事，非常人所及。紹不達大體，恐懼，故出奔，非有他志也。今購之急，勢必爲變。袁氏樹恩四世，門生故吏徧於天下，若收豪傑以聚徒衆，英雄因之而起，則山東非公有也。不如赦之，拜一郡守。紹喜於免罪，必無患矣。」卓以爲然，乃拜紹渤海太守，封邟鄉侯，紹猶稱兼司隸。

初平元年，紹遂以渤海起兵，與後將軍術、冀州牧韓馥、豫州刺史孔伷、兗州刺史劉岱、陳留太守張邈、廣陵太守張超、河内太守王匡、山陽太守袁遺、東郡太守橋瑁、濟北相鮑信等十郡守相同時俱起，衆各數萬，以討董卓爲名。紹與王匡屯河内，伷屯潁川，馥屯鄴，邈、岱、瑁、遺咸屯酸棗，共約盟誓，推紹爲盟主，紹自號車騎將軍、領司隸校尉。卓聞紹起兵，乃誅其叔父太傅隗及太僕基，使司隸宣播收袁氏宗族在京師者，尺口以上皆殺之。既而卓脅遷車駕西幸長安，卓留據雒陽，焚(傷)〔燒〕宫室，發掘陵寢。獨長沙太守孫堅與卓戰，屢破之。紹等皆畏卓，莫敢先進，諸軍十餘萬，列營酸棗，日置酒高會。曹操爲陳計策，不從，引兵與卓將徐榮戰，不利，詣揚州募兵。紹還屯河内，諸軍食盡衆散。卓遣少府陰循等譬喻諸將，使罷兵，紹等各執其使殺之。是時豪傑多附紹，且感其家禍，人思爲報，州郡蜂起，莫不以袁氏爲名。韓馥見豪杰歸心於紹，忌其得衆恐將圖己，遣從事守紹門，不聽發兵。橋瑁乃詐作三公移書，傳驛州郡，説董卓罪惡，天子危逼，企望義兵以釋國難。馥方聽紹舉兵，而謀於衆曰：「助袁氏乎，助董氏乎？」治中劉惠勃然曰：「興兵爲國，安問袁、董？冀州於他州不爲弱也，兵者凶事，不可爲首。今宜視他有發初者，然後和之，未晚也。」劉岱遺馥書曰：「董卓無道，天下所共攻，死在旦暮。但卓死之後，當回師討文節爾。擁彊兵，阿兇逆，寧可得置？」馥大懼，歸咎於惠，將殺之。從事耿武排閤伏惠上，願并見斬，得不死，作徒，被赭衣掃除。劉岱與橋瑁相惡，岱殺瑁，以王肱領東郡太守。自是山東州郡互相吞滅，不復謀討卓矣。初，青州刺史焦和亦起兵討卓，與諸將西行，不爲民人保障。甫濟河，黄巾已入其境。青州素殷實，甲兵甚盛，和每望寇奔北，未嘗接風塵交旗鼓也。性好卜筮，信鬼神。入見其人，清談干雲，出觀其政，賞罰淆亂，州遂蕭條，悉爲丘墟。和病卒，紹使臧洪領青州以撫之。

二年，紹與山東諸將議立幽州牧劉虞爲帝，遣使奉章詣虞，虞拒不受。張楊自上黨率衆數千歸紹。紹使與南單于於扶羅屯漳水。韓馥意益深疑於紹，陰貶節其軍糧，欲使其衆離散。會馥將麴義叛，馥與戰而敗，紹因與義相結。紹客逢紀謂紹曰：「將軍舉大事而仰人資給，不據一州，無以自全。」紹曰：「冀州兵彊，吾士饑乏，設不能辦，無所容立。」紀曰：「韓馥庸才，可密要公孫瓚使取冀州，馥必駭懼，因遣辯士爲陳禍福，迫於倉卒，必自遜讓，可因據其位。」紹然之，即以書與瓚。瓚遂引兵而至，外托討董卓而陰謀襲馥。馥與戰，不利。會董卓入關，紹還軍延津，使外甥陳留高幹及馥所親潁川辛評、荀諶、郭國等説馥曰：「公孫瓚將燕、代之卒，乘勝南來，而諸郡應之，其鋒不可當。袁車騎引軍東向，其意未可量也。竊爲將軍危之。」馥懼曰：「然則爲之奈何？」諶曰：「君自料寬仁容衆，爲天下所附，孰與袁氏？」馥曰：「不如也。」「臨危吐決，智勇過人，又孰與袁氏？」馥曰：「不如也。」「世布恩德天下，家受其惠，又孰與袁氏？」馥曰：「不如也。」諶曰：「袁氏一時之傑，將軍資三不如之執，久處其上，彼必不爲將軍下也。夫冀州，天下之重資也，彼若與公孫瓚并力取之，危亡可立而待也。夫袁氏，將軍之舊，且爲同盟。當今之計，莫若舉冀州以讓袁氏，彼必厚德將軍，瓚亦不能與之争矣。是將軍有讓賢之名，而身安於泰山也。」馥性恇怯，因然其計。長史耿武、別駕閔純、治中李歷聞而諫曰：「冀州帶甲百萬，穀支十年，袁紹孤客窮軍，仰我鼻息，譬如嬰兒在股掌之上，絶其哺乳，立可餓殺，奈何欲以州與之？」馥曰：「吾袁氏故吏，且才不如本初，度德而讓，古人所貴，諸君獨何病焉？」先是馥從事趙浮、程奂將强弩萬張屯孟津，聞之，率兵馳還。時紹在朝歌清水，浮等從後來，船數百艘，衆萬餘人，整兵鼓夜過紹營，紹甚惡之。浮等到，謂馥曰：「袁本初軍無斗糧，各已離散，雖有張楊、於扶羅新附，未肯爲用，不足敵也。浮等請自以見兵拒之，旬日之間必土崩瓦解，明將軍但當開閤高枕，何憂何懼？」馥又不聽，乃避位出居中常侍趙忠故舍，遣子送印綬以讓紹。紹將至，從事十人争棄馥去，獨耿武、閔純杖刀拒之，不能禁，乃止。紹皆殺之。紹遂領冀州牧，承制以馥爲奮威將軍，使監護諸將，寵遇甚厚而實無所領御。引廣平沮授爲別駕，因謂授曰：「今賊臣作亂，朝廷播遷，吾歷世受寵，志竭(立)〔力〕命，興復漢室。

然齊桓非夷吾不能成霸，句踐非范蠡無以存國，今欲與君戮力同心，共安社稷，將何以匡濟之乎？」授曰：「將軍弱冠登朝，則播名海内；〔值〕廢立之際，則忠義奮發；單騎出奔，則董卓懷怖；濟河而北，則渤海稽首。振一郡之卒，撮冀州之衆，威震河朔，名重天下。雖黄巾猾亂，黑山跋扈，舉（衆）〔軍〕東向，則青州可定；還討黑山，則張燕可滅；回衆北首，則公孫必擒；震脅戎狄，則匈奴必從。横大河之北，合四州之地，收英雄之才，擁百萬之衆，迎大駕於西京，復宗廟于雒邑，號令天下，誅討未服，以此争鋒，誰能敵之？比及數年，其功不難。」紹喜曰：「此吾心也。」即表授爲監軍、奮武將軍。魏郡審配、鉅鹿田豐并以正直不得志於馥，紹以豐爲别駕，配爲治中。及南陽許攸、逢紀、荀諶皆爲謀主。紹以河内朱漢爲都官從事。漢先爲韓馥所不禮，且欲邀迎紹意，擅發兵圍守馥第，拔刀登屋，馥走上樓，收得馥大兒，槌折兩脚。紹立收漢，殺之。馥猶憂怖，從紹索去，往依張邈。後紹遣使詣邈，有所計議，與邈耳語。馥在坐上，謂爲見圖，無何，起至溷，以書刀自殺。

公孫瓚大破青州黄巾於東光，還屯廣宗，威震河朔。時州郡務相兼并以自强大，紹與術亦相離貳。術遣孫堅擊董卓，未返，紹以周昂爲豫州刺史，襲取堅陽城。堅還擊昂，走之。術遣瓚弟越助堅攻昂，越爲流矢所中，死。瓚怒曰：「余弟死，禍起於紹也。」遂出軍屯盤河上，疏數〔紹〕罪惡，進兵攻紹，冀州諸城望風響應。紹懼，以所佩渤海太守印綬授瓚從弟範，遣之郡，而範遂去紹，領渤海兵助瓚。瓚乃自署其將帥爲青、冀、兖三州刺史，又悉改置郡縣守令。紹乃自出擊瓚，陳於界橋南二十里。瓚步兵三萬列爲方陳，騎萬（足）〔匹〕分爲左右兩翼，白馬義從爲中堅，亦分爲兩校，左射右，右射左，旌旗鎧甲，光照天地。紹令麴義以精兵八百爲先登，强弩千張夾承之，紹自以步兵數萬結陳於後。義久在涼州，曉習羌鬬，兵皆精鋭。瓚輕其兵少，縱騎騰之，義兵皆伏楯下不動。未至數十步，同時俱起，揚塵大叫，直前衝突，彊弩雷發，瓚軍大奔，臨陳斬瓚所置冀州刺史嚴綱，獲甲首千餘級，追至界橋。瓚斂兵還戰，義復破之，遂到瓚營，拔其牙門，餘衆皆走。紹在後十數重，見瓚已破，不復設備，發鞍息馬，惟帳下彊弩數十張，大戟士百餘人。瓚散兵二千餘騎卒至，圍紹數里，亂矢雨下。田豐扶紹欲却入空垣，紹以兜鍪撲地，曰：「大丈夫當前鬬死，而反逃牆垣間邪？」促使彊弩競發，多所殺傷。瓚騎不知爲紹，頗稍引却，會麴義來迎，騎乃散去。紹振旅還鄴。三年，瓚又遣兵至龍湊挑戰，紹復擊破之，瓚遂還幽州，不復出。紹乃與瓚所置青州刺史田楷連戰，士卒疲頓，遂以其子譚爲青州刺史，楷與戰不勝。四年，天子使太傅馬日磾、太僕趙岐和解關東，岐别詣河北，紹出迎於百里，上拜奉朝命。岐往紹營，移書告瓚。瓚遣使與紹書曰：「趙太僕以周召之德，銜命來征，宣揚朝恩，示以和睦，曠若開雲見日，何喜如之！昔賈復、寇恂亦争士卒，欲相危害，世祖解紛，乃俱陛見，同興共出，釁難既釋，時人美之。自省邊鄙，得與將軍共同斯好，此誠將軍之（恥）〔眷〕，而瓚之幸也。」紹乃領兵南還。

三月上巳大會賓從於薄落津，修禊事以爲樂。聞魏郡兵反，與黑山賊于毒共覆鄴城，殺太守栗成，賊十餘部衆數萬人會于鄴中。坐客皆憂怖失色，紹自若也。賊陶升者，故内黄小吏，獨將部衆逾城西入，閉守州門，不納他賊，載紹家及諸衣冠，身自扞衛，送至斥丘。紹到，遂屯斥丘，以升爲建議中郎將。乃引軍入朝歌鹿場山蒼巖谷討于毒，圍攻五日，破之，斬毒及長安所置冀州牧壺壽，遂尋山北行薄擊諸賊左髭（文）〔丈〕八等，皆斬之。又擊劉石、青牛角、黄龍、左校、郭大賢、李大目、于（羝）〔氐〕根等，皆屠其屯壁，遂與黑山賊張燕及四營屠各、雁門烏桓戰于常山。燕精兵數萬，騎數千匹，紹與連戰十餘日，燕兵死傷雖多，而紹軍亦疲憊，遂俱退。麴義自恃有功，驕縱不軌，紹殺之而并其衆。初，帝之立非紹意，故欲立劉虞。帝在長安，竟不通問。

興平二年，李傕等以紹雄據河朔，威名日盛，乃拜紹爲右將軍。其冬，車駕東還，爲李傕所追於曹陽。沮授説紹曰：「將軍累葉輔弼，世濟忠義，今朝廷播越，宗廟毁壞，觀諸州郡外託義兵，内圖相滅，未有勤王卹民者。今州城麤定，兵彊士附，西迎大駕，即宫鄴都，挾天子以令諸侯，畜士馬以討不庭，誰能禦之？」紹悦，將從之。潁川郭圖、淳于瓊曰：「漢室陵遲，爲日久矣，今欲興之，不亦難乎？且英雄并起，各據州郡，連徒聚衆，動有萬計，所謂秦失其鹿，先得者王。今迎天子自近，動輒表聞，從之則權輕，違之則拒命，非計之善者。」授曰：「今迎朝廷，至義也，於事會大計也。若不早圖，必有先之者矣。夫權不失幾，功不厭速，將軍其圖之。」紹竟不從，以圖等言爲然。曹操圍張超於雍丘，東郡太守臧洪從紹請兵救超，紹不與。操拔雍丘，殺超，洪絶紹不與通。紹興兵圍之，城陷，執洪殺之。

建安元年，帝至雒陽，曹操迎帝都許，盡收河南地，關中皆附。詔書下紹，責以地廣兵多而專自樹黨，不聞勤王之師。紹上書曰：【略】

於是以紹爲太尉，封鄴侯。時曹操自爲大將軍，紹恥爲之下，表辭不受。操

懼，讓位於紹。

二年春，袁術稱帝於壽春。三月，詔將作大匠孔融持節拜紹大將軍，錫弓矢節鉞虎賁百人，兼督冀、青、幽、并四州，然後受之。紹每得詔書，患有不便於己，乃欲移天子自近，使説操以許下埤濕，雒陽殘破，宜徙都鄄城以就全實，操拒之。田豐説紹曰：「徙都計既不克從，宜早圖許，奉迎天子，動託詔書，號令海內，此筭之上者，不爾，終爲人禽，悔無益也。」紹不從。會紹亡卒詣操云：「田豐勸紹襲許。」操方圍張綉於穰，引兵還，密謀圖紹。

四年春，紹復擊公孫瓚，圍瓚易京，破之，斬瓚，遂并其衆，拓定幽土，盡有河朔四州之地，志驕氣盈，貢御希簡。主簿耿包密白紹曰：「赤德衰盡，袁爲黄胤，宜順天人，稱尊號。」紹以包白事示軍府僚屬，皆言包妖妄宜誅，紹不得已殺包以自解。又以初平年號與本初字合，必能剋平禍亂，於是簡精兵十萬，騎萬匹，以審配、逢紀統軍事，田豐、荀諶、許攸爲謀主，顔良、文醜爲將帥，欲以攻許。沮授諫曰：「近討公孫，師出歷年，百姓疲弊，倉庫無積，賦役方殷，未可動也。宜務農息民，先遣使獻捷天子。若不得通，乃表曹操隔我王路，然後進屯黎陽，漸營河南，益作舟船，繕修器械，分遣精騎鈔其邊鄙，令彼不得安，我取其逸。如此可坐定也。」郭圖、審配曰：「兵法：十圍五攻，敵則能戰。今以明公之神武，連河朔之彊衆，以伐曹操，其勢易若覆手，何必乃爾。」授曰：「救亂誅暴，謂之義兵；恃衆憑彊，謂之驕兵。義者無敵，驕者先滅。曹操奉迎天子，建宫許都，以令天下。今舉師南向，於義則違，且廟勝之策不在彊弱。曹操法令既行，士卒精練，非公孫瓚坐受圍者也。今棄萬安之術而興無名之師，竊爲公懼之。」圖、配曰：「武王伐紂，不爲不義，況兵加曹操而云無名！且今師徒精勇，將士思奮，而不及時早定大業，所謂『天與不取，反受其咎』，此越之所以霸，吴之所以滅也。監軍之計在於持牢，而非見時知幾也。」紹納圖言。圖等因是譖授曰：「授監統内外，威震三軍，若其浸盛，何以制之？夫臣與主同者亡，此《黄石》之所忌也。且御衆於外，不宜知内。」紹乃分授所統爲三都督，使授及郭圖、淳于瓊各典一軍。騎都尉崔琰諫曰：「天子在許，民望助順，不可攻也。」紹不從。

五年，昭烈殺徐州刺史車冑，據沛以圖曹操。操懼，乃自將擊昭烈。田豐説紹曰：「與公爭天下者，曹操也。操今東擊劉備，兵連不可卒解，舉軍而襲其後，可一往而定。兵以機動，斯其時也。」紹辭以子疾，未得行。豐舉杖擊地曰：「嗟乎，事去矣！夫遭難遇之機，而以嬰兒病失其會，惜哉！」紹聞而怒之，遂疏焉。曹操畏紹渡河，急擊昭烈，破之，昭烈奔紹。紹於是進軍攻許。田豐以既失前機，不宜便行，諫紹曰：「曹操既破劉備，則許下非復空虚，且操善用兵，變化無方，衆雖少，未可輕也，今不如久持之。將軍據山河之固，擁四州之衆，外結英雄，内修農戰，然後簡其精鋭，分爲奇兵，乘虚迭出，以擾河南。救右則擊其左，救左則擊其右，使敵疲於奔命，人不得安業，我未勞而彼已困，不及三年，可坐克也。今釋廟勝之策而決成敗於一戰，若不如志，悔無及也。」紹不從，豐彊諫忤紹，紹以爲沮衆，遂械繫之。紹乃宣檄州郡曰：【略】

紹進軍黎陽，臨發，沮授會其宗族，散貲財以與之，曰：「夫勢在則威無不加，勢亡則不保一身，哀哉！」其弟宗曰：「曹操士馬不敵，君(無)〔何〕懼焉？」授曰：「以曹兖州之明略，挾天子以爲資。我雖克伯珪，衆實疲弊，而將驕主汰，軍之破敗，在此行也。揚雄有言：『六國蚩蚩，爲嬴弱姬。』其今之謂乎！」紹先遣顔良(禦)〔攻〕操將劉延於白馬。授又諫紹曰：「良性促狹，雖驍勇，不可獨任。」紹不聽。操救延，與良戰，斬良。紹渡河，壁延津南。沮授臨船歎曰：「上盈其志，下(矜)〔務〕其功，悠悠黄河，吾其濟乎！」遂以疾退，紹不許，而意恨之，復省其所部，并屬郭圖。紹使昭烈及文醜挑戰，操又擊破之，斬醜。再戰，而禽二將，軍中大震。操還軍官渡，紹進保陽武。沮授又説紹曰：「北軍雖衆，而勁果不及南軍；南軍穀少，而資儲不如北軍。南幸於急戰，北利於緩師，宜徐持久，曠以日月。」紹不從。連營稍前逼官渡，遂合戰。操軍不利，復還堅壁。紹爲高櫓，起土山，射營中，矢下如雨，營中蒙楯而行。操乃爲發石車擊紹樓，皆破，紹軍呼爲霹靂車。紹爲地道，欲襲操。操輒於内爲長塹以拒之，又遣奇兵襲紹運車，大破之，盡焚其穀食。相持百餘日，操軍糧盡疲困，多叛應紹。紹遣淳于瓊等將兵萬餘人北迎糧運。沮授説紹：「可遣蔣奇别爲支軍於表，以絶操之鈔。」紹不從。許攸曰：「曹操兵少，而悉師拒我，許下餘守，勢必空弱，若分遣軍星行掩襲許，拔則奉天子以討操，操成禽矣；如其未潰，可令首尾奔命，破之必也！」紹又不能用。會攸家犯法，審配收繫之，攸遂奔操，而説使襲取淳于瓊等。瓊等時在烏巢，去紹軍四十里，操自將步騎五千人夜往攻之。紹聞操擊瓊，謂長子譚曰：「就操破瓊，吾拔其營，彼固無所歸矣！」乃使高覽、張郃等攻操營。郃曰：「曹操精兵往，必破瓊等，瓊等破，則事去矣。請先往救之。」郭圖固請攻操營，郃曰：「曹操營固，攻之必不拔，瓊等見禽，吾屬盡爲虜矣！」紹但遣輕騎救

瓊，而以重兵攻操營，不能下。操大破瓊等，斬之，盡燔其穀，紹軍恟懼。郭圖慚其計，反譖張郃於紹曰：「郃快軍敗。」郃忿懼，遂與高覽焚攻具，詣操降。於是紹軍大潰，紹與譚等幅巾乘馬，與八百騎渡河至黎陽北岸，入其將軍蔣義渠營，至帳下把其手曰：「孤以首領相付矣！」義渠避帳而處之，使宣令焉。衆聞紹在，稍復集。餘衆降操，操盡阬之，前後八萬人。沮授爲操軍所執，乃大呼曰：「授不降也，爲所執爾！」操見授謂曰：「分野殊異，遂用圮絶，不圖今日乃相得也。」授對曰：「冀州失策，自取奔北，授智力俱困，宜其見禽。」操曰：「本初無謀，不用君計，今喪亂過紀，國家未定，方當與君圖之。」授曰：「叔父、母弟縣命袁氏，若蒙公靈，速死爲福！」操歎曰：「孤早相得，天下不足慮也！」遂赦而厚遇焉。授尋謀歸，操乃誅之。

軍還，或謂田豐曰：「君必見重矣！」豐曰：「公貌寬而内忌，不亮吾忠，而吾數以至言迕之。若勝而喜，必能赦我；戰敗而恚，内忌將發，我必死矣！」紹軍士既敗，皆拊膺泣曰：「嚮令田豐在此，必不至於敗也。」紹謂逢紀曰：「冀州諸人聞吾軍敗，皆當念吾，惟田別駕前諫止吾，與衆不同，吾亦慚見之。」紀曰：「豐聞將軍之退，拊手大笑，喜其言之中也。」紹於是謂僚屬曰：「吾不用田豐言，果爲所笑。」遂殺之。初，操聞豐不從戎，喜曰：「紹必敗矣！」及紹奔遁，復曰：「向使紹用其別駕計，尚未可知也。」審配二子爲操所禽，紹將孟岱言於紹曰：「配在位專政，族大兵彊，且二子在南，必懷反計。」郭圖、辛評亦以爲然。紹遂以岱爲監軍，代配守鄴。護軍逢紀素與配不睦，紹以問之，紀曰：「配天性烈直，每慕古人之節，必不以二子在南爲不義也，願公勿疑。」紹曰：「君不惡之邪？」紀曰：「先所争者，私情也；今所陳者，國事也。」紹曰：「善。」乃不廢配。配由是更與紀親厚。冀州城邑叛紹者，紹稍復擊定之。紹爲人寬雅有局度，喜怒不形於色，而性矜愎自高，短於從善，故至於敗。

六年，曹操以紹新敗，欲乘其困遂定之。夏四月，揚兵河上，擊紹倉亭軍，破之。紹軍不出，操乃還。

七年春，操復進軍官渡。紹自軍敗，憤。發病嘔血。夏五月卒。

紹政寬，百姓德之，河北士女，莫不悼念，市巷揮涕，如喪所親。

紹後妻劉性酷妒，紹死未殯，盡殺紹寵妾五人，曰：「死者有知，當復被寵地下。」乃髡頭黑面，殘毁其形，又盡滅其家。

雜録

備録

《陳琳集・爲袁紹檄豫州》 左將軍領豫州刺史、郡國相、守：蓋聞明主圖危以制變，忠臣慮難以立權。是以有非常之人，然後有非常之事；有非常之事，然後立非常之功。夫非常者，故非常人所擬也。曩者彊秦弱主，趙高執柄，專制朝權，威福由己。時人迫脅，莫敢正言，終有望夷之敗。祖宗焚滅，汙辱至今，永爲世鑒。及臻吕后季年，産、禄專政，内兼二軍，外統梁、趙，擅斷萬機，決事省禁，下凌上替，海内寒心。於是絳侯、朱虚興兵奮怒，誅夷逆暴，尊立太宗。故能王道興隆，光明顯融，此則大臣立權之明表也。【略】

又操軍吏士，其可戰者皆出自幽冀，或故營部曲，咸怨曠思歸，流涕北顧。其餘兖、豫之民，及吕布、張揚之遺衆，覆亡迫脅，權時苟從，各被創夷，人爲讎敵。若迴旆方徂，登高岡而擊鼓吹，揚素揮以啓降路，必土崩瓦解，不俟血刃。

方今漢室陵遲，綱維弛絶。聖朝無一介之輔，股肱無折衝之勢，方畿之内，簡練之臣皆垂頭搨翼，莫所憑恃。雖有忠義之佐，脅於暴虐之臣，焉能展其節？又操持部曲精兵七百，圍守宫闕，外託宿衛，内實拘執，懼其篡逆之萌，因斯而作。此乃忠臣肝腦塗地之秋，烈士立功之會，可不勗哉！操又矯命稱制，遣使發兵，恐邊遠州郡，過聽而給與，强寇弱主，違衆旅叛，舉以喪名，爲天下笑，則明哲不取也。即日幽、并、青、冀四州並進。書到，荆州便勒見兵，與建忠將軍協同聲勢；州郡各整戎馬，羅落境界，舉師揚威，並匡社稷，則非常之功，於是乎著。其得操首者，封五千户侯，賞錢五千萬。部曲偏裨將校諸吏降者，勿有所問。廣宣恩信，班揚符賞，布告天下，咸使知聖朝有拘逼之難。如律令。

《三國志》卷六《魏志・袁紹傳》裴松之注引《英雄記》 紹生而父死，二公愛之。幼使爲郎，弱冠除濮陽長，有清名。遭母喪，服竟，又追行父服，凡在冢廬六年。禮畢，隱居洛陽，不妄通賓客，非海内知名，不得相見。又好游俠，與張孟卓、何伯求、吳子卿、許子遠、伍德瑜等皆爲奔走之友。不應辟命。中常侍趙忠

謂諸黄門曰：「袁本初坐作聲價，不應呼召而養死士，不知此兒欲何所爲乎？」紹叔父隗聞之，責數紹曰：「汝且破我家！」紹於是乃起應大將軍之命。

逢紀説紹曰：「將軍舉大事而仰人資給，不據一州，無以自全。」紹答云：「冀州兵彊，吾士飢乏，設不能辦，無所容立。」紀曰：「可與公孫瓚相聞，導使來南，擊取冀州。公孫必至而馥懼矣，因使説利害，爲陳禍福，馥必遜讓。於此之際，可據其位。」紹從其言而瓚果來。

是時年號初平，紹字本初，自以爲年與字合，必能剋平禍亂。

紹以河内朱漢爲都官從事。漢先時爲馥所不禮，内懷怨恨，且欲邀迎紹意，擅發城郭兵圍守馥第，拔刃登屋。馥走上樓，收得馥大兒，槌折兩脚。紹亦立收漢，殺之。馥猶憂怖，故報紹索去。

公孫瓚擊青州黄巾賊，大破之，還屯廣宗，改易守令，冀州長吏無不望風響應，開門受之。紹自往征瓚，合戰于界橋南二十里。瓚步兵三萬餘人爲方陳，騎爲兩翼，左右各五千餘匹，白馬義從爲中堅，亦分作兩校，左射右，右射左，旌旗鎧甲，光照天地。紹令麴義以八百兵爲先登，彊弩千張夾承之，紹自以步兵數萬結陳于後。義久在涼州，曉習羌鬭，兵皆驍鋭。瓚見其兵少，便放騎欲陵蹈之。義兵皆伏楯下不動，未至數十步，乃同時俱起，揚塵大叫，直前衝突，彊弩雷發，所中必倒，臨陳斬瓚所署冀州刺史嚴綱甲首千餘級。瓚軍敗績，步騎奔走，不復還營。義追至界橋。瓚殿兵還戰橋上，義復破之，遂到瓚營，拔其牙門，營中餘衆皆復散走。紹在後，未到橋十數里，下馬發鞍，見瓚已破，不爲設備，惟帳下彊弩數十張，大戟士百餘人自隨。瓚部迸騎二千餘匹卒至，便圍紹數重，弓矢雨下。别駕從事田豐扶紹欲卻入空垣，紹以兜鍪撲地曰：「大丈夫當前鬬死，而入牆閒，豈可得活乎？」彊弩乃亂發，多所殺傷。瓚騎不知是紹，亦稍引卻；會麴義來迎，乃散去。瓚每與虜戰，常乘白馬，追不虚發，數獲戎捷，虜相告云「當避白馬」。因虜所忌，簡其白馬數千匹，選騎射之士，號爲白馬義從；一曰胡夷健者常乘白馬，瓚有健騎數千，多乘白馬，故以號焉。紹既破瓚，引軍南到薄落津，方與賓客諸將共會，聞魏郡兵反，與黑山賊于毒共覆鄴城，遂殺太守栗成。賊十餘部，衆數萬人，聚會鄴中。坐上諸客有家在鄴者，皆憂怖失色，或起啼泣，紹容貌不變，自若也。賊陶升者，故内黄小吏也，有善心，獨將部衆踰西城入，閉守州門，不内他賊，以車載紹家及諸衣冠在州内者，身自扞衛，送到斥丘乃還。紹到，遂屯斥丘，以陶升爲建義中郎將。乃引軍入朝歌鹿場山蒼巖谷討于毒，圍攻五日，破之，斬毒及長安所署冀州牧壺壽。遂尋山北行，薄擊諸賊（左髮丈八）（左髭丈八）等，皆斬之。又擊劉石、青牛角、黄龍、左校、郭大賢、李大目、于氐根等，皆屠其屯壁，奔走得脱，斬首數萬級。紹復還屯鄴。初平四年，天子使太傅馬日磾、太僕趙岐和解關東。岐别詣河北，紹出迎於百里上，拜奉帝命。岐住紹營，移書告瓚。瓚遣使具與紹書曰：「趙太僕以周召之德，銜命來征，宣揚朝恩，示以和睦，曠若開雲見日，何喜如之？昔賈復、寇恂亦争士卒，欲相危害，遇光武之寬，親俱陛見，同輿共出，時人以爲榮。自省邊鄙，得與將軍共同此福，此誠將軍之眷，而瓚之幸也。」麴義後恃功而驕恣，紹乃殺之。

紀字元圖。初，紹去董卓出奔，與許攸及紀俱詣冀州，紹以紀聰達有計策，甚親信之，與共舉事。後審配任用，與紀不睦。或有讒配于紹，紹問紀，紀稱「配天性烈直，古人之節，不宜疑之」。紹曰：「君不惡之邪？」紀答曰：「先日所争者私情，今所陳者國事。」紹善之，卒不廢配。配由是更與紀爲親善。

《三國志》卷六《魏志・袁紹傳》裴松之注引《續漢書》 紹使客張津説進曰：「黄門、常侍秉權日久，又永樂太后與諸常侍專通財利，將軍宜整頓天下，爲海内除患。」進以爲然，遂與紹結謀。

《三國志》卷六《魏志・袁紹傳》裴松之注引《九州春秋》 初紹説進曰：「黄門、常侍累世太盛，威服海内，前竇武欲誅之而反爲所害，但坐言語漏泄，以五營士爲兵故耳。五營士生長京師，服畏中人，而竇氏反用其鋒，遂果叛走歸黄門，是以自取破滅。今將軍以元舅之尊，二府並領勁兵，其部曲將吏，皆英雄名士，樂盡死力，事在掌握，天贊其時也。今爲天下誅除貪穢，功勳顯著，垂名後世，雖周之申伯，何足道哉？今大行在前殿，將軍以詔書領兵衛守，可勿入宫。」進納其言，後更狐疑。紹懼進之改變，脅進曰：「今交搆已成，形勢已露，將軍何爲不早決之？事留變生，後機禍至。」進不從，遂敗。

馥遣都督從事趙浮、程奂將彊弩萬張屯河陽。浮等聞馥欲以冀州與紹，自孟津馳東下。時紹尚在朝歌清水口，浮等從後來，船數百艘，衆萬餘人，整兵鼓夜過紹營，紹甚惡之。浮等到，謂馥曰：「袁本初軍無斗糧，各已離散，雖有張楊、於扶羅新附，未肯爲用，不足敵也。小從事等請自以見兵拒之，旬日之間，必土崩瓦解；明將軍但當開閤高枕，何憂何懼！」馥不從，乃避位，出居趙忠故舍。遣子齎冀州印綬於黎陽與紹。

《九州春秋》載授諫辭曰：「世稱『一兔走衢，萬人逐之，一人獲之，貪者悉

止』，分定故也。且年均以賢，德均則卜，古之制也。願上惟先代成敗之戒，下思逐兔分定之義。」紹曰：「孤欲令四兒各據一州，以觀其能。」授出曰：「禍其始此乎！」譚始至青州，爲都督，未爲刺史，後太祖拜爲刺史。其土自河而西，蓋不過平原而已。遂北排田楷，東攻孔融，曜兵海隅，是時百姓無主，欣戴之矣。然信用羣小，好受近言，肆志奢淫，不知稼穡之艱難。華彦、孔順皆姦佞小人也，信以爲腹心；王脩等備官而已。然能接待賓客，慕名敬士。使婦弟領兵在内，至令草竊市井，而外虜掠田野；别使兩將募兵下縣，有賂者見免，無者見取，貧弱者多，乃至於竄伏丘野之中，放兵捕索，如獵鳥獸。邑有萬户者，著籍不盈數百，收賦納税，參分不入一。招命賢士，不就；不趨赴軍期，安居族黨，亦不能罪也。

《三國志》卷六《魏志・袁紹傳》裴松之注引《獻帝春秋》　卓欲廢帝，謂紹曰：「皇帝沖闇，非萬乘之主。陳留王猶勝，今欲立之。人有少智，大或癡，亦知復何如，爲當且爾；卿不見靈帝乎？念此令人憤毒！」紹曰：「漢家君天下四百許年，恩澤深渥，兆民戴之來久。今帝雖幼沖，未有不善宣聞天下，公欲廢適立庶，恐衆不從公議也。」卓謂紹曰：「豎子！天子事豈不決我？我今爲之，誰敢不從？爾謂董卓刀爲不利乎！」紹曰：「天下健者，豈唯董公？」引佩刀横揖而出。

臣松之以爲紹於時與卓未搆嫌隙，故卓與之諮謀。若但以言議不同，便罵爲豎子，而有推刃之心，及紹復答，屈彊爲甚，卓又安能容忍而不加害乎？且如紹此言，進非亮正，退違詭遜，而顯其競爽之旨，以觸哮闞之鋒，有志功業者，理豈然哉！此語妄之甚矣。

紹恥班在太祖下，怒曰：「曹操當死數矣，我輒救存之，今乃背恩，挾天子以令我乎！」太祖聞，而以大將軍讓于紹。

《三國志》卷六《魏志・袁紹傳》裴松之注引《獻帝傳》　沮授説紹云：「將軍累葉輔弼，世濟忠義。今朝廷播越，宗廟毁壞，觀諸州郡外託義兵，内圖相滅，未有存主恤民者。且今州城粗定，宜迎大駕，安宫鄴都，挾天子而令諸侯，畜士馬以討不庭，誰能禦之！」紹悦，將從之。郭圖、淳于瓊曰：「漢室陵遲，爲日久矣，今欲興之，不亦難乎！且今英雄據有州郡，衆動萬計，所謂秦失其鹿，先得者王。若迎天子以自近，動輒表聞，從之則權輕，違之則拒命，非計之善者也。」授曰：「今迎朝廷，至義也，又於時宜大計也，若不早圖，必有先人者也。夫權不失機，功在速捷，將軍其圖之！」紹弗能用。案此書稱(郭圖)〔沮授〕之計，則與本傳違也。

紹將南師，沮授、田豐諫曰：「師出歷年，百姓疲弊，倉庾無積，賦役方殷，此國之深憂也。宜先遣使獻捷天子，務農逸民；若不得通，乃表曹氏隔我王路。然後進屯黎陽，漸營河南，益作舟船，繕治器械，分遣精騎，鈔其邊鄙，令彼不得安，我取其逸。三年之中，事可坐定也。」審配、郭圖曰：「兵書之法，十圍五攻，敵則能戰。今以明公之神武，跨河朔之彊衆，以伐曹氏，譬若覆手，今不時取，後難圖也。」授曰：「蓋救亂誅暴，謂之義兵；恃衆憑彊，謂之驕兵。兵義無敵，驕者先滅。曹氏迎天子安宫許都，今舉兵南向，於義則違。且廟勝之策，不在彊弱。曹氏法令既行，士卒精練，非公孫瓚坐受圍者也。今弃萬安之術，而興無名之兵，竊爲公懼之！」圖等曰：「武王伐紂，不曰不義，況兵加曹氏而云無名！且公師武臣(竭)力，將士憤怒，人思自騁，而不及時早定大業，慮之失也。夫天與弗取，反受其咎，此越之所以霸，吴之所以亡也。監軍之計，計在持牢，而非見時知機之變也。」紹從之。圖等因是譖授「監統内外，威震三軍，若其浸盛，何以制之？夫臣與主不同者昌，主與臣同者亡，此《黄石》之所忌也。且御衆于外，不宜知内」。紹疑焉，乃分監軍爲三都督，使授及郭圖、淳于瓊各典一軍，遂合而南。

紹臨發，沮授會其宗族，散資財以與之曰：「夫勢在則威無不加，勢亡則不保一身，哀哉！」其弟宗曰：「曹公士馬不敵，君何懼焉！」授曰：「以曹兖州之明略，又挾天子以爲資，我雖克公孫，衆實疲弊，而將驕主忲，軍之破敗，在此舉也。揚雄有言『六國蚩蚩，爲嬴弱姬』，今之謂也。」

紹將濟河，沮授諫曰：「勝負變化，不可不詳。今宜留屯延津，分兵官渡，若其克獲，還迎不晚，設其有難，衆弗可還。」紹弗從。授臨濟歎曰：「上盈其志，下務其功，悠悠黄河，吾其不反乎！」遂以疾辭。紹恨之，乃省其所部兵屬郭圖。

授大呼曰：「授不降也，爲軍所執耳！」太祖與之有舊，逆謂授曰：「分野殊異，遂用圮絶，不圖今日乃相禽也！」授對曰：「冀州失策，以取奔北。授智力俱困，宜其見禽耳。」太祖曰：「本初無謀，不用君計，今喪亂過紀，國家未定，當相與圖之。」授曰：「叔父、母、弟，縣命袁氏，若蒙公靈，速死爲福。」太祖歎曰：「孤早相得，天下不足慮。」

《三國志》卷六《魏志・袁紹傳》裴松之注引《典略》　自此紹貢御希慢，私使主簿耿苞密白曰：「赤德衰盡，袁爲黄胤，宜順天意。」紹以苞密白事示軍府將吏。議者咸以苞爲妖妄宜誅，紹乃殺苞以自解。

上洛都尉王琰獲高幹，以功封侯；其妻哭于室，以爲琰富貴將更娶妾媵而

奪己愛故也。

尚爲人有勇力，欲奪取康衆，與熙謀曰：「今到，康必相見，欲與兄手擊之，有遼東猶可以自廣也。」康亦心計曰：「今不取熙、尚，無以爲説於國家。」乃先置其精勇于廄中，然後請熙、尚。熙、尚入，康伏兵出，皆縛之，坐于凍地。尚寒，求席，熙曰：「頭顱方行萬里，何席之爲！」遂斬首。譚，字顯思。熙，字顯奕。尚，字顯甫。

《三國志》卷六《魏志・袁紹傳》裴松之注引《魏氏春秋》　紹檄州郡文曰：**【略】**此陳琳之辭。

《三國志》卷六《魏志・袁紹傳》裴松之注引《世語》　紹步卒五萬，騎八千。孫盛評曰：　案魏武謂崔琰曰「昨案貴州户籍，可得三十萬衆」。由此推之，但冀州勝兵已如此，況兼幽，并及青州乎？紹之大舉，必悉師而起，十萬近之矣。

《三國志》卷六《魏志・袁紹傳》裴松之注引《先賢行狀》　豐字元皓，鉅鹿人，或云勃海人。豐天姿瓌傑，權略多奇，少喪親，居喪盡哀，日月雖過，笑不至矧。博覽多識，名重州黨。初辟太尉府，舉茂才，遷侍御史。閹宦擅朝，英賢被害，豐乃棄官歸家。袁紹起義，卑辭厚幣以招致豐，豐以王室多難，志存匡救，乃應紹命，以爲別駕。勸紹迎天子，紹不納。紹後用豐謀，以平公孫瓚。逢紀憚豐亮直，數讒之於紹，紹遂忌豐。紹軍之敗也，土崩奔北，師徒略盡，軍皆拊膺而泣曰：「嚮令田豐在此，不至於是也。」紹謂逢紀曰：「冀州人聞吾軍敗，皆當念吾，惟田別駕前諫止吾，與衆不同，吾亦慚見之。」紀復曰：「豐聞將軍之退，拊手大笑，喜其言之中也。」紹於是有害豐之意。初，太祖聞豐不從戎，喜曰：「紹必敗矣。」及紹奔遁，復曰：「向使紹用田別駕計，尚未可知也。」

孫盛曰：　觀田豐、沮授之謀，雖良、平何以過之？故君貴審才，臣尚量主。君用忠良，則伯王之業隆；臣奉闇后，則覆亡之禍至：存亡榮辱，常必由茲。豐知紹將敗，敗則己必死，甘冒虎口以盡忠規，烈士之於所事，慮不存己。夫諸侯之臣，義有去就，況豐與紹非純臣乎！《詩》云「逝將去汝，適彼樂土」，言去亂邦，就有道可也。

配字正南，魏郡人，少忠烈慷慨，有不可犯之節。袁紹領冀州，委以腹心之任，以爲治中別駕，并總幕府。初，譚之去，皆呼辛毗、郭圖家得出，而辛評家獨被收。及配兄子開城門内兵，時配在城東南角樓上，望見太祖兵入，忿辛、郭壞敗冀州，乃遣人馳詣鄴獄，指殺仲治家。是時，辛毗在軍，聞門開，馳走詣獄，欲解其兄家，兄家已死。是日生縛配，將詣帳下，辛毗等逆以馬鞭擊其頭，罵之曰：「奴，汝今日真死矣！」配顧曰：「狗輩，正由汝曹破我冀州，恨不得殺汝也！且汝今日能殺生我邪？」有頃，公引見，謂配：「知誰開卿城門？」配曰：「不知也。」曰：「自卿（文）〔子〕榮耳。」配曰：「小兒不足用乃至此！」公復謂曰：「曩日孤之行圍，何弩之多也？」配曰：「恨其少耳！」公曰：「卿忠于袁氏父子，亦自不得不爾也。」有意欲活之。配既無撓辭，而辛毗等號哭不已，乃殺之。初，冀州人張子謙先降，素與配不善，笑謂配曰：「正南，卿竟何如我？」配厲聲曰：「汝爲降虜，審配爲忠臣，雖死，豈若汝生邪！」臨行刑，叱持兵者令北向，曰：「我君在北。」

袁山松《後漢書》卷四《袁紹傳》　紹，司空逢之孽子，出後伯父成。

謝承《後漢書》卷四《袁紹傳》　班，王匡之妹夫。董卓使班奉詔到河内，解釋義兵。匡受袁紹旨，收班繫獄，欲殺之以徇軍。班與匡書云：「自古以來，未有下土諸侯舉兵向京師者。《劉向傳》曰『擲鼠忌器』，器猶忌之，況卓今處宫闕之内，以天子爲藩屏。幼主在宫，如何可討？僕與太傅馬公、太僕趙岐、少府陰脩俱受詔命。關東諸郡，雖實嫉卓，猶以銜奉王命，不敢玷辱。而足下獨囚僕於獄，欲以釁鼓，此〔何〕悖暴無道之甚者也！僕與董卓有何親戚，義豈同惡？而足下張虎狼之口，吐長蛇之毒，恚卓遷怒，何其酷哉！死，人之所難，然耻爲狂夫所害。若亡者有靈，當訴足下於皇天。夫婚姻者，禍福之機，今日著矣。曩爲一體，今爲血讐。亡人子二人，則君之甥，身没之後，慎勿令臨僕尸骸也。」匡得書，抱班二子而泣。班遂死於獄。

胡母班書曰：「董卓起朔垂。」

匡少與蔡邕善。其年爲卓軍所敗，走還泰山，收集勁勇，得數千人，欲與張邈合。匡先殺執金吾胡母班。班親屬不勝憤怒，與太祖并勢，共殺匡。

袁紹以曹操爲東郡太守，劉公山爲兗州。公山爲黄巾所殺，乃以操爲兗州刺史。

操得兗州，兵衆强盛，内懷反紹意。

操圍吕布於濮陽，爲布所破，投紹。紹哀之，乃給兵五千人，還取兗州。

《後漢書》卷三五《鄭玄傳》　時大將軍袁紹總兵冀州，遣使要玄，大會賓客，玄最後至，乃延升上坐。身長八尺，飲酒一斛，秀眉明目，容儀温偉。紹客多豪俊，並有才説，見玄儒者，未以通人許之，競設異端，百家互起。玄依方辯對，咸

出問表，皆得所未聞，莫不嗟服。時汝南應劭亦歸於紹，因自贊曰：「故太山太守應中遠，北面稱弟子何如？」玄笑曰：「仲尼之門考以四科，回、賜之徒不稱官閥。」劭有慙色。紹乃舉玄茂才，表爲左中郎將，皆不就。公車徵爲大司農，給安車一乘，所過長吏送迎。玄乃以病自乞還家。

五年春，夢孔子告之曰：「起，起，今年歲在辰，來年歲在巳。」既寤，以讖合之，知命當終，有頃寢疾。時袁紹與曹操相拒於官度，令其子譚遣使逼玄隨軍。不得已，載病到元城縣，疾篤不進，其年六月卒，年七十四。遺令薄葬。自郡守以下嘗受業者，縗絰赴會千餘人。

《後漢書》卷五八《臧洪傳》 時討虜校尉公孫瓚與大司馬劉虞有隙，超乃遣洪詣虞，共謀其難。行至河閒而值幽冀交兵，行塗阻絶，因寓於袁紹。紹見洪，甚奇之，與結友好，以洪領青州刺史。前刺史焦和好立虛譽，能清談。時黄巾羣盜處處飆起，而青部殷實，軍革尚衆。和欲與諸同盟西赴京師，未及得行，而賊已屠城邑。和不理戎警，但坐列巫史，禁禱羣神。又恐賊乘凍而過，命多作陷冰丸，以投于河。衆遂潰散，和亦病卒。洪收撫離叛，百姓復安。

在事二年，袁紹憚其能，徙爲東郡太守，都東武陽。時曹操圍張超於雍丘，甚危急。超謂軍吏曰：「今日之事，唯有臧洪必來救我。」或曰：「袁、方穆，而洪爲紹所用，恐不能敗好遠來，違福取禍。」超曰：「子源天下義士，終非背本者也，或見制强力，不相及耳。」洪始聞超圍，乃徒跣號泣，並勒所領，將赴其難。自以衆弱，從紹請兵，而紹竟不聽之，超城遂陷，張氏族滅。洪由是怨紹，絶不與通。紹興兵圍之，歷年不下，使洪邑人陳琳以書譬洪，示其禍福，責以恩義。洪荅曰：【略】

紹見洪書，知無降意，增兵急攻。城中糧盡，外無援救，洪自度不免，呼吏士謂曰：「袁紹無道，所圖不軌，且不救洪郡將，洪於大義，不得不死。念諸君無事，空與此禍，可先城未破，將妻子出。」將吏皆垂泣曰：「明府之於袁氏，本無怨隙，今爲郡將之故，自致危困，吏人何忍當捨明府去也？」初尚掘鼠，煮筋角，後無所復食，主簿啓内廚米三斗，請稍爲饘粥，洪曰：「何能獨甘此邪？」使爲薄糜，徧班士衆。又殺其愛妾，以食兵將。兵將咸流涕，無能仰視。男女七八十人相枕而死，莫有離叛。

城陷，生執洪。紹盛帷幔，大會諸將見洪。謂曰：「臧洪何相負若是！今日服未？」洪據地瞋目曰：「諸袁事漢，四世五公，可謂受恩。今王室衰弱，無扶翼之意，而欲因際會，觖望非冀，多殺忠良，以立姦威。洪親見將軍呼張陳留爲兄，則洪府君亦宜爲弟，而不能同心戮力，爲國除害，坐擁兵衆，觀人屠滅。惜洪力劣，不能推刃爲天下報仇，何謂服乎？」紹本愛洪，意欲屈服赦之，見其辭切，知終不爲用，乃命殺焉。

洪邑人陳容，少爲諸生，親慕於洪，隨爲東郡丞。先城未敗，洪使歸紹。時容在坐，見洪當死，起謂紹曰：「將軍舉大事，欲爲天下除暴，而專先誅忠義，豈合天意？臧洪發舉爲郡將，柰何殺之！」紹慙，使人牽出，謂曰：「汝非臧洪疇，空復爾爲？」容顧曰：「夫仁義豈有常所，蹈之則君子，背之則小人。今日寧與臧洪同日死，不與將軍同日生也。」遂復見殺。在紹坐者，無不歎息，竊相謂曰：「如何一日戮二烈士！」

《後漢書》卷六七《黨錮列傳・何顒》 及陳蕃、李膺之敗，顒以與蕃、膺善，遂爲宦官所陷，乃變姓名，亡匿汝南閒。所至皆親其豪桀，有聲荆豫之域。袁紹慕之，私與往來，結爲奔走之友。是時黨事起，天下多離其難，顒常私入洛陽，從紹計議。其窮困閉厄者，爲求援救，以濟其患。有被掩捕者，則廣設權計，使得逃隱，全免者甚衆。

《後漢書》卷七〇《荀彧傳》 彧比至冀州，而袁紹已奪馥位，紹待彧以上賓之禮。彧明有意數，見漢室崩亂，每懷匡佐之義。時曹操在東郡，彧聞操有雄略，而度紹終不能定大業。初平二年，乃去紹從操。操與語大悦，曰：「吾子房也。」以爲奮武司馬，時年二十九。明年，又爲操鎮東司馬。【略】

袁紹既兼河朔之地，有驕氣。而操敗於張繡，紹與操書甚倨。操大怒，欲先攻之，而患力不敵，以謀於彧。彧量紹雖强，終爲操所制，乃説先取呂布，然後圖紹，操從之。三年，遂擒呂布，定徐州。

五年，袁紹率大衆以攻許，操與相距。紹甲兵甚盛，議者咸懷惶懼。少府孔融謂彧曰：「袁紹地廣兵彊，田豐、許攸智計之士爲其謀，審配、逢紀盡忠之臣任其事，顔良、文醜勇冠三軍，統其兵，殆難克乎？」彧曰：「紹兵雖多而法不整，田豐剛而犯上，許攸貪而不正，審配專而無謀，逢紀果而自用，顔良、文醜匹夫之勇，可一戰而擒也。」後皆如彧之籌，事在《袁紹傳》。

操保官度，與紹連戰，雖勝而軍糧方盡，〔書〕與彧議，欲還許以致紹師。彧報曰：「今穀食雖少，未若楚漢在滎陽、成皋閒也。是時劉項莫肯先退者，以爲先退則執屈也。公以十分居一之衆，畫地而守之，搤其喉而不得進，已半年矣。

情見埶竭，必將有變，此用奇之時，不可失也。」操從之，乃堅壁持之。遂以奇兵破紹，紹退走。封彧萬歲亭侯，邑一千户。

六年，操以紹新破，未能爲患，但欲留兵衛之，自欲南征劉表，以計問彧。彧對曰：「紹既新敗，衆懼人擾，今不因而定之，而欲遠兵江漢，若紹收離糾散，乘虚以出，則公之事去矣。」操乃止。【略】

十二年，操上書表彧曰：「昔袁紹作逆，連兵官度，時衆寡糧單，圖欲還許。尚書令荀彧深建宜住之便，遠恢進討之略，起發臣心，革易愚慮，堅營固守，徼其軍實，遂摧撲大寇，濟危以安。紹既破敗，臣糧亦盡，將舍河北之規，改就荊南之策。彧復備陳得失，用移臣議，故得反旆冀土，剋平四州。向使臣退軍官度，紹必鼓行而前，敵人懷利以自百，臣衆怯沮以喪氣，有必敗之形，無一捷之埶。復若南征劉表，委棄兗、豫，飢軍深入，踰越江、沔，利既難要，將失本據。而彧建二策，以亡爲存，以禍爲福，謀殊功異，臣所不及。是故先帝貴指縱之功，薄搏獲之賞；古人尚帷幄之規，下攻拔之力。原其績効，足享高爵。而海内未喻其狀，所受不侔其功，臣誠惜之。乞重平議，增疇户邑。」

《後漢書》卷七五《吕布傳》 有頃，布得走投袁紹，紹與布擊張燕於常山。燕精兵萬餘，騎數千匹。布常御良馬，號曰赤菟，能馳城飛塹，與其健將成廉、魏越等數十騎馳突燕陣，一日或至三四，皆斬首而出。連戰十餘日，遂破燕軍。布既恃其功，更請兵於紹，紹不許，而將士多暴横，紹患之。布不自安，因求還洛陽。紹聽之，承制使領司隸校尉，遣壯士送布而陰使殺之。布疑其圖己，乃使人鼓箏於帳中，潛自遁出。夜中兵起，而布已亡。紹聞，懼爲患，募遣追之，皆莫敢逼，遂歸張楊。道經陳留，太守張邈遣使迎之，相待甚厚，臨别把臂言誓。

邈字孟卓，東平人，少以俠聞。初辟公府，稍遷陳留太守。董卓之亂，與曹操共舉義兵。及袁紹爲盟主，有驕色，邈正義責之。紹既怨邈，且聞與布厚，乃令曹操殺邈。操不聽，然邈心不自安。興平元年，曹操東擊陶謙，令其將武陽人陳宫屯東郡。宫因説邈曰：「今天下分崩，雄桀並起。君擁十萬之衆，當四戰之地，撫劒顧眄，亦足以爲人豪，而反受制，不以鄙乎！今州軍東征，其處空虚，吕布壯士，善戰無前，迎之共據兗州，觀天下形埶，俟時事變通，此亦從横一時也。」邈從之，遂與弟超及宫等迎布爲兗州牧，據濮陽，郡縣皆應之。

劉義慶《世説新語》卷中《捷悟》 魏武征袁本初，治裝，餘有數十斛竹片，咸長數寸。衆云並不堪用，正令燒除。太祖思所以用之，謂可爲竹椑楯，而未顯其言，馳使問主簿楊德祖，應聲答之，與帝心同。衆伏其辯悟。

劉義慶《世説新語》卷下《假譎》 魏武少時，嘗與袁紹好爲游俠。觀人新婚，因潛入主人園中，夜叫呼云：「有偷兒賊！」青廬中人皆出觀，魏武乃入，抽刃劫新婦，與紹還出。失道，墜枳棘中，紹不能得動。復大叫云：「偷兒在此！」紹遑迫自擲出，遂以俱免。

袁紹年少時，曾遣人夜以劍擲魏武，少下，不著。魏武揆之，其後來必高。因帖卧牀上，劍至果高。

酈道元《水經注》卷五《河水》 今城内有故臺，尚謂之鹿鳴臺，又謂之鹿鳴城。王玄謨自滑臺走鹿鳴者也。濟取名焉，故亦曰鹿鳴津。又曰白馬濟。津之東南有白馬城，衛文公東徙，渡河都之，故濟取名焉。袁紹遣顔良攻東郡太守劉延于白馬，關羽爲曹公斬良以報效，即此處也。白馬有韋鄉、韋城，故津亦有韋津之稱。《史記》所謂下脩武，渡韋津者也。【略】獻帝建安中，袁紹與曹操相禦于官渡，紹逼大司農鄭玄載病隨軍，届此而卒。【略】

臧洪爲東郡太守，治此。曹操圍張超于雍丘，洪以情義，請袁紹救之，不許，洪與紹絶。紹圍洪，城中無食，洪呼吏士曰：洪于大義，不得不死，諸君無事，空與此禍。衆泣曰：何忍捨明府也。男女八千餘人，相枕而死。洪不屈，紹殺洪。邑人陳容爲丞，謂曰：寧與臧洪同日死，不與將軍同日生。紹又殺之，士爲傷歎。今城四周，紹圍郭尚存。

酈道元《水經注》卷二二《渠》 建安五年，太祖營官渡，袁紹保陽武，紹連營稍前，依沙堆爲屯，東西數十里，公亦分營相禦，合戰不利，紹進臨官渡，起土山地道以逼壘，公亦起高臺以捍之，即中牟臺也。今臺北土山猶在，山之東悉紹舊營，遺基並存。渠水又東逕田豐祠北，袁本初慙不納其言，害之。

李吉甫《元和郡縣圖志》卷一一《河南道七・宛句縣》 袁本初故城，在縣北七十里。袁紹所築。

錢時《兩漢筆記・靈帝》 中平六年，夏，帝崩，皇子辯即皇帝位。太后臨朝，以後將軍袁隗爲太傅，與大將軍何進參録尚書事。進既秉朝政，忿蹇碩圖己，陰規誅之。袁紹勸進悉誅宦官。秋七月，袁紹復説何進曰：「前竇武欲誅内寵而反爲所害者，但坐言語漏泄，五營兵士皆服畏中人，而竇氏反用之，自取禍滅。今將軍兄弟並領勁兵，部曲將吏皆英俊名士，樂盡力命，事在掌握，此天贊之時也。將軍宜一爲天下除患，以垂名後世，不可失也。」進乃白太后，請罷中常

侍以下，以三署郎補其處。太后不聽曰：「中官統領禁省，自古及今，漢家故事，不可廢也。且先帝新棄天下，我奈何楚楚與士人共對事乎？」進難違太后，意且欲誅其放縱者。紹以爲中官親近至尊，出納號令，今不悉廢，後必爲患。而太后母舞陽君及何苗數受諸宦官賂遺，知進欲誅之，數白太后爲其障蔽，又言大將軍專殺左右，擅權以弱社稷。太后疑以爲然。進新貴，素敬憚中官，雖外慕大名而內不能斷，故事久不決。紹等又爲畫策，多召四方猛將。及諸將豪傑使並引兵向京城，以脅太后，進然之。典軍校尉曹操聞而笑曰：「宦者之官，古今宜有。但世主不當假之權寵，使至於此。既治其罪，當誅元惡，一獄吏足矣。何至紛紛召外兵乎？欲盡誅之，事必宣露，吾見其敗也。」

備論

《後漢書》卷七四上《袁紹劉表傳論贊》 論曰：袁紹初以豪俠得衆，遂懷雄霸之圖，天下勝兵舉旗者，莫不假以爲名。及臨場決敵，則悍夫爭命；深籌高議，則智士傾心。盛哉乎，其所資也！《韓非》曰：「佷剛而不和，愎過而好勝，嫡子輕而庶子重，斯之謂亡徵。」劉表道不相越，而欲臥收天運，擬蹤三分，其猶木禺之於人也。

贊曰：紹姿弘雅，表亦長者。稱雄河外，擅强南夏。魚儷漢舳，雲屯冀馬。闚圖訊鼎，禋天類社。既云天工，亦資人亮。矜彊少成，坐談奚望。回皇冡嬖，身積業喪。

《蘇軾文集》卷三七《代滕甫論西夏書》 臣竊觀善用兵者，莫如曹操。其破滅袁氏，最有巧思。請試爲陛下論之。袁紹以十倍之衆，大敗於官渡，僅以身免。而操斂兵不追者，何也？所以緩紹而亂其國也。紹歸國益驕，忠賢就戮，嫡庶並爭，不及八年，而袁氏無遺種矣。向使操急之，紹既未可以一舉蕩滅，若懼而脩政，用田豐而立袁譚，則成敗未可知也。其後北征烏丸，討袁尚、袁熙，尚、熙走遼東，或勸操遂平之。操曰：「彼素畏尚等。吾今急之則合，緩之則自相圖。其勢然也。」遂引兵還。曰：「吾方使公孫康斬送其首。」已而果然。若操者，可謂巧於滅國矣。滅國，大事也。不可以速。譬如小兒之毀齒，以漸摇撼之，則齒脱而小兒不知。若不以漸，一拔而得齒，則毁齒可以殺兒。

《蘇軾文集》卷六五《曹袁興亡》 魏武帝既勝烏桓，曰：「吾所以勝者，幸也。前諫我者，萬全之計也。」乃賞諫者，曰：「後勿難言。」袁紹既敗於官渡，曰：「諸人聞吾敗，必相哀，惟田别駕不然，幸其言之中也。」乃殺豐。爲明主謀而不忠，不惟無罪，乃有賞。爲庸主謀而忠，賞固不可得，而禍隨之。今吾知孟德、本初所以興亡者。

秦觀《淮海集》卷二一《袁紹論》 天下之禍，莫大於殺士。古之人欲有爲於世者，雖負其豪俊傑特之才，據强大不可拔之勢，疑若殺一士不足以爲損益，然而未始不亡者何耶？士，國之重器，社稷安危之所繫，四海治亂之所屬也。是故師士者王，友士者霸，臣士者彊，失士者辱，慢士者危，殺士者亡。

世之論者，皆以袁紹之亡繫於官渡，臣竊以謂不然。紹之所以亡者，殺田豐耳。使紹不殺田豐，雖有官渡之敗，未至亡也。何則？昔楚漢相距於京索之間，高祖犇北，狼狽甚於袁紹者數矣，而卒有天下。項籍以百戰百勝之威，非特曹公比也，而竟死東城。其所以然者無他，士之得失而已。故高祖以爲張子房、韓信、蕭何者皆人傑，吾能用之，所以取天下，項羽有一范增而不能用，所以爲我擒。以楚漢之事言之，則知紹之亡果在於田豐，不在於官渡也。且紹之械繫田豐也，何異高祖械繫婁敬於廣武乎？高祖圍於平城而還，以二千户封敬，號建信侯。紹敗而還，慚豐而殺之。嗚呼，人之度量相遠，一至於此哉！

傳曰，善敗者不亡。故楚昭王軫、越王句踐，皆濱於絶滅而復續。紹雖敗於官渡，而冀州之地，南據大河，北阻燕代，形勢之勝尚可用也。向使出豐於獄，東向而事之，問以計策，卑身折節以撫傷殘之餘，親執金鼓以厲奔走之氣，內修農戰，外結英雄，縱不能并吞天下，豈遽至於亡哉？方紹與董卓異議，横刀不應，長揖而出。及起兵渤海，遂有四州之地，連百萬之衆，威震河朔，名重天下，不可謂非一時之傑也。然殺一田豐遂至於此，則天下之禍，其有大於殺士者乎？

文若曰：「袁紹，布衣之雄耳，能聚人而不能用。」臣竊以爲知言也。

《全宋文》卷三〇一〇唐庚《三國雜事篇上》 曹公定鄴，祠袁紹墓，哭之流涕。孫盛評曰：「先王誅賞，將以懲勸。而盡哀於逆臣之家，爲政之道躓矣。匿怨友人，前哲所耻；稅驂舊館，義無虚涕。道乖好絶，何哭之有？漢祖失之於項氏，曹公遵謬於此舉，百慮之一失也。」

禹見刑人於市，下車而哭之。況劉、項受命，懷王約爲兄弟，而紹與操少相

友善，同起事，而紹又盟主乎？雖道乖好絶，至於相傾，然吾以公義討之，以私恩哭之，不以恩掩義，亦不以義廢恩，是古之道也，何名爲失哉？孫氏之論，非但僻學也，蓋亦可謂小人矣。

《全宋文》卷三七五四李綱《論主之明暗在賞刑》　主之明暗，國之興亡，觀其賞刑則知之。婁敬脱輓輅説高祖以都關中，即封以爲奉春君。其後欲擊匈奴，遣使覘之，匈奴匿其壯士肥牛馬，徒見老弱羸畜。使者十輩，皆言易擊。復使敬往，還報曰：「兩國相擊，此宜夸矜見所長，今往見羸弱，此必欲伏奇以争利，不可擊也。」高祖以爲沮軍，械繫廣武，果有平城之圍，七日而後得解，乃赦敬曰：「吾不用公言以困平城，已斬先使十輩言可擊者矣。」封敬二千户，號建信侯。客有韓生者，亦説項羽以都關中，羽不能用，一言不遜即斬之。賞刑如此，然則漢安得不興，而羽安得不亡也？曹操征烏丸，群臣諫之不從，引軍出，盧龍塞道不通，塹山堙谷五百餘里，遂克之。既還，問前諫者，厚賞之，曰：「孤乘危以僥倖，雖得之，不可爲常。諸君之諫，萬安之計也，是以相賞，後勿難言。」而袁紹之南攻，田豐説之曰：「曹操善用兵，雖少未可輕也。不若以久持之。今決勝敗于一戰，若不如志，悔無及矣。」不從，豐懇諫，紹以爲沮衆，械繫之。紹軍既敗，謂左右曰：「吾不用田豐言，果爲所笑。諸人聞吾敗當相哀，惟田别駕當幸其言之中也。」遂殺之。賞刑如此，然則操安得不興，而紹安得不亡也？蘇軾有言：「爲明主謀而不中，不惟無罪，乃有賞。爲庸主謀而中，賞固不可得，而禍隨之。吾今乃知孟德、本初所以興亡者。」真知言歟。

《全宋文》卷三九五五李彌遜《荀彧郭嘉言曹袁勝敗議》　袁紹與曹操書，辭語驕慢，操謂荀彧、郭嘉曰：「今將討不義而力不敵，何如？」對曰：「劉項之不敵，公所知也。漢祖唯智勝項羽，故羽雖强，終爲所禽。今紹有十敗，紹雖强，無能爲也。紹繁禮多儀，公體任自然，此道勝也。紹以逆動，公奉順以率天下，此義勝也。桓靈以來，政失於寬，以寬濟寬，故不懾；公糾之以猛而天下知制，此治勝也。紹外寛内忌，用人而疑之，所任唯親戚子弟；公外易簡而内機明，用人無疑，惟才所宜，不問遠近，此度勝也。紹多謀少決，失在後事；公策得輒行，應變無窮，此謀勝也。紹因累世之資，高議揖讓，以收名譽，士之好信飾外者多歸之；公以至心待人，不爲虚美，士之忠正遠見而有實者，皆願爲用，此德勝也。紹見人饑寒，恤念之形於顔色，其所不見，慮或不及；公於目前小事，時有所忽，至於大事，與四海接，恩之所加，皆過其望，雖所不見，慮無不周，此仁勝也。紹大臣争權，讒言惑亂；公御下以道，浸潤不行，此明勝也。紹是非不可知，公所是進之以禮，所不是正之以法，此文勝也。紹好爲虚勢，不知兵要；公以少克衆，用兵如神，軍人恃之，敵人畏之，此武勝也。」操笑曰：「如卿所言，孤何德以堪之！」議曰：　自古創業之君，中興之主，必有英資明略，足以駕御豪傑，馴服姦雄，然後王業可定。至其陳師鞠旅，攻城掠地，一勝一敗，未可以得失論也。故高帝厄於鴻門，敗於睢水，圍於滎陽，獨以寛大長者，誅不義，立有功，與天下同利，遂有海内。漢末群雄競逐，分鋒争雄，以窺神器，袁紹、魏武才略相去顧何啻倍蓰耶？至荀、郭之稱，則未免於諛，然而善乎其論勝敗也。

《全宋文》卷三九五五李彌遜《魏武破袁紹議》　建安五年，曹公軍官渡。袁紹依沙塠爲屯，東西數十里。公亦分營與相當，合戰不利。時公兵不滿萬，傷者十二三。紹復進臨官渡，起土山地道。公亦於内作之以相應。紹射營中，矢如雨下，行者皆蒙楯，衆大懼。時公糧少，與荀彧書，議欲還許。彧以爲：「紹悉衆聚官渡，欲與公決勝敗。公以至弱當至彊，若不能制，必爲所乘，是天下之大機也。且紹布衣之雄也，能聚人而不能用。夫以公之神武明哲而輔以大順，何向而不濟？」公從之。紹運穀車數千乘至，公用荀攸計，遣徐晃、史涣邀擊，大破之，盡燒其車。公與紹相拒連月，雖比戰斬將，然衆少糧盡，士卒疲乏，公謂運者曰：「却十五日爲汝破紹，不復勞汝矣。」冬十月，紹遣車運穀，使淳于瓊等五人將兵萬餘人送之，宿紹營北四十里。紹謀臣許攸貪財，紹不能足，來奔，因説公擊瓊等，左右疑之。荀攸、賈詡勸公，公乃留曹洪守，自將步騎五千人夜往。會明至，瓊望見公兵少，出陣門外，公急擊之，瓊退保營，遂攻之。紹遣騎救瓊，左右或言：「賊騎稍進，請分兵拒之。」公怒曰：「賊在背後乃白。」士卒皆殊死戰，大破瓊等，皆斬之。紹初聞公之擊瓊，謂長子譚曰：「就彼攻瓊等，吾攻拔其營，彼固無所歸矣。」乃使張郃、高覽攻曹洪。郃等聞瓊破，遂來降。紹衆大潰，紹及譚棄軍走，渡河。追之不及，盡收其輜重圖書珍寶，虜其衆。冀州諸郡多舉城邑降者。初，桓帝時有黄星見於楚宋之分，遼東殷馗善天文，言：「後五十歲當有真人起於梁沛之間，其鋒不可當。」至是凡五十年而公破紹，天下莫敵矣。

議曰：　昆陽、淝水之戰，皆以孤軍抗百萬之師，將士戮力，以乘天時，一舉而王業定。官渡之役，向使視衆寡爲强弱，料虚實爲勝負，謀士不盡其智，戰士不竭其力，臨敵却顧，務爲苟全，則指揮之間，成敗分矣。漢楚之勢，決於鴻溝，利害無以易此。荀彧一言，而魏武之功成，方之良、平，不爲過也。

黃震《古今紀要·後漢》 袁紹好交，據河北，勸何進召董卓，誅宦臣，卓議廢立，紹奔冀州，起兵勃海。討卓者以爲盟主，逐韓馥，自領冀州牧。引沮授爲別駕，擊破諸賊，授勸迎駕至鄴，挾天子以令諸侯，不從。曹操迎天子，都許下，詔責之，上書自陳。北平公孫瓚，定幽土。紹進軍攻許，言操罪狀，曹操敗之官渡，以憂死。子譚、尚，相攻，曹操取之。

陳子龍《陳忠裕公全集·安雅堂稿·袁紹》 本初資盟主之威，擁四州之衆，鷹揚朔土，虎視河南，迺以計失覲王，謀乖愎諫，自墜洪基，遂傾伯業。觀夫身没之後，譚、尚協策，尚能使漳水晏波，曹軍反旆，假令鬩沈無隙，鬩鬭不生，青、冀之雄，豈能遽克哉？北方未靖，荆吴方睦，天下事未可知也。成敗之機，決於牀笫，可不慎歟？景升提命二子，良於藥石，而乃貽厥未聞，長少無別，蕭牆之患，楚魏同符，何其善忖於他人，而昧機於内照也？

藝文

杜甫《杜詩詳注》卷一一《秋盡》 秋盡東行且未迴，茅齋寄在少城隈。籬邊老却陶潛菊，江上徒逢袁紹杯。雪嶺獨看西日落，劍門猶阻北人來。不辭萬里長爲客，懷抱何時好一開。

朱彝尊《曝書亭集》卷五《謁劉文成公祠》 草昧經綸日，英雄戰鬭年。真人淮泗起，王氣斗牛躔。命世生良弼，卑棲役大賢。一官齊簿尉，千里正戈鋋。記室依袁紹，飛書謝魯連。神鷹思飽掣，威鳳必高騫。漢祖除秦法，周王卜渭畋。廟堂才不易，束帛禮宜先。遂有君臣契，能令帷幄專。南征頻克敵，北伐旋摧堅。王會收三統，軍謀出萬全。河山分帶礪，冠蓋儼神仙。未辟留侯穀，長辭范蠡船。麒麟當日畫，竹帛後時編。一自丘陵改，重愁歲月遷。隆中猶故宅，鯀上少封田。

趙希璜《四百三十二峰草堂詩鈔》卷一五《銅雀臺》 金人十二銷咸陽，仙盤承露何邈茫。秦宮漢闕悵西顧，銅臺東揭漳流旁。董逃歌歇委鬼繼，官渡凱奏袁紹戕。兹臺猶紀建安歲，挾天子令諸侯王。七子詩歌似鵲起，五馬吞噬同槽傷。

張維屏《國朝詩人徵略二編》卷六四單子廉《讀史》 霸王氣蓋世，天下分土疆。區區一沛郡，亭長爲帝皇。袁紹擁四州，先主無片壤。間關入西蜀，鼎足峙四方。

劉表部

綜述

《後漢書》卷七四下《劉表傳》　劉表字景升，山陽高平人，魯恭王之後也。身長八尺餘，姿貌溫偉。與同郡張儉等俱被訕議，號爲「八顧」。詔書捕案黨人，表亡走得免。黨禁解，辟大將軍何進掾。

初平元年，長沙太守孫堅殺荆州刺史王叡，詔書以表爲荆州刺史。時江南宗賊大盛，又袁術阻兵屯魯陽，表不能得至，乃單馬入宜城，請南郡人蒯越、襄陽人蔡瑁與共謀畫。表謂越曰：「宗賊雖盛而衆不附，若袁術因之，禍必至矣。吾欲徵兵，恐不能集，其策焉出？」對曰：「理平者先仁義，理亂者先權謀。兵不在多，貴乎得人。袁術驕而無謀，宗賊率多貪暴。越有所素養者，使人示之以利，必持衆來。使君誅其無道，施其才用，威德既行，襁負而至矣。兵集衆附，南據江陵，北守襄陽，荆州八郡可傳檄而定。公路雖至，無能爲也。」表曰：「善。」乃使越遣人誘宗賊帥，至者十五人，皆斬之而襲取其衆。唯江夏賊張虎、陳坐擁兵據襄陽城，表使越與龐季往譬之，乃降。江南悉平。諸守令聞表威名，多解印綬去。表遂理兵襄陽，以觀時變。

袁術與其從兄紹有隙，而紹與表相結，故術共孫堅合從襲表。表敗，堅遂圍襄陽。會表將黄祖救至，堅爲流箭所中死，餘衆退走。及李傕等入長安，冬，表遣使奉貢。傕以表爲鎮南將軍、荆州牧，封成武侯，假節，以爲己援。

建安元年，驃騎將軍張濟自關中走南陽，因攻穰城，中飛矢而死。荆州官屬皆賀。表曰：「濟以窮來，主人無禮，至於交鋒，此非牧意，牧受弔不受賀也。」使人納其衆，衆聞之喜，遂皆服從。三年，長沙太守張羨率零陵、桂陽三郡畔表，表遣兵攻圍，破羨，平之。於是開土遂廣，南接五領，北據漢川，地方數千里，帶甲十餘萬。初，荆州人情好擾，加四方駭震，寇賊相扇，處處麋沸。表招誘有方，威懷兼洽，其姦猾宿賊更爲效用，萬里肅清，大小咸悦而服之。關西、兖、豫學士歸者蓋有千數，表安慰賑贍，皆得資全。遂起立學校，博求儒術，綦毋闓、宋忠等撰立《五經》章句，謂之後定。愛民養士，從容自保。

及曹操與袁紹相持於官度，紹遣人求助，表許之，不至，亦不援曹操，且欲觀天下之變。從事中郎南陽韓嵩、別駕劉先説表曰：「今豪桀並争，兩雄相持，天下之重在於將軍。若欲有爲，起乘其敝可也；如其不然，固將擇所宜從。豈可擁甲十萬，坐觀成敗，求援而不能助，見賢而不肯歸！此兩怨必集於將軍，恐不得中立矣。曹操善用兵，且賢俊多歸之，其埶必舉袁紹，然後移兵以向江漢，恐將軍不能禦也。今之勝計，莫若舉荆州以附曹操，操必重德將軍，長享福祚，垂之後嗣，此萬全之策也。」蒯越亦勸之。表狐疑不斷，乃遣嵩詣操，觀望虚實。謂嵩曰：「今天下未知所定，而曹操擁天子都許，君爲我觀其釁。」嵩對曰：「嵩觀曹公之明，必得志於天下。將軍若欲歸之，使嵩可也；如其猶豫，嵩至京師，天子假嵩一職，不獲辭命，則成天子之臣，將軍之故吏耳。在君爲君，不復爲將軍死也。惟加重思。」表以爲憚使，彊之。至許，果拜嵩侍中、零陵太守。及還，盛稱朝廷曹操之德，勸遣子入侍。表大怒，以爲懷貳，陳兵詬嵩，將斬之。嵩不爲動容，徐陳臨行之言。表妻蔡氏知嵩賢，諫止之。表猶怒，乃考殺從行者。知無它意，但囚嵩而已。

六年，劉備自袁紹奔荆州，表厚相待結而不能用也。十三年，曹操自將征表，未至。八月，表疽發背卒。在荆州幾二十年，家無餘積。

二子：琦，琮。表初以琦貌類於己，甚愛之，後爲琮娶其後妻蔡氏之姪，蔡氏遂愛琮而惡琦，毁譽之言日聞於表。表寵耽後妻，每信受焉。又妻弟蔡瑁及外甥張允並得幸於表，又睦於琮。而琦不自寧，嘗與琅邪人諸葛亮謀自安之術。亮初不對。後乃共升高樓，因令去梯，謂亮曰：「今日上不至天，下不至地，言出子口而入吾耳，可以言未？」亮曰：「君不見申生在内而危，重耳居外而安乎？」琦意感悟，陰規出計。會表將江夏太守黄祖爲孫權所殺，琦遂求代其任。

及表病甚，琦歸省疾，素慈孝，允等恐其見表而父子相感，更有託後之意，乃謂琦曰：「將軍命君撫臨江夏，其任至重。今釋衆擅來，必見譴怒。傷親之歡，重增其疾，非孝敬之道也。」遂遏于户外，使不得見。琦流涕而去，人衆聞而傷焉。遂以琮爲嗣。琮以侯印授琦。琦怒，投之地，將因奔喪作難。會曹操軍至新野，琦走江南。蒯越、韓嵩及東曹掾傅巽等説琮歸降。琮曰：「今與諸君據全楚之地，守先君之業，以觀天下，何爲不可？」巽曰：「逆順有大體，强弱有定埶。以人臣而拒人主，逆道也；以新造之楚而禦中國，必危也；以劉備而敵曹公，不

當也。三者皆短，欲以抗王師之鋒，必亡之道也。將軍自料何與劉備？」琮曰：「不若也。」巽曰：「誠以劉備不足禦曹公，則雖全楚不能以自存也。誠以劉備足禦曹公，則備不爲將軍下也。願將軍勿疑。」

乃操軍到襄陽，琮舉州請降，劉備奔夏口。操以琮爲青州刺史，封列侯。蒯越等侯者十五人。乃釋嵩之囚，以其名重，甚加禮待，使條品州人優劣，皆擢而用之。以嵩爲大鴻臚，以交友禮待之。蒯越光禄勳，劉(光)〔先〕尚書令。初，表之結袁紹也，侍中從事鄧義諫不聽。義以疾退，終表世不仕，操以爲侍中。其餘多至大官。

操後敗於赤壁，劉備表琦爲荆州刺史。明年卒。

《三國志》卷六《魏志·劉表傳》 劉表字景升，山陽高平人也。少知名，號八俊。長八尺餘，姿貌甚偉。以大將軍掾爲北軍中候。靈帝崩，代王叡爲荆州刺史。是時山東兵起，表亦合兵軍襄陽。袁術之在南陽也，與孫堅合從，欲襲奪表州，使堅攻表。堅爲流矢所中死，軍敗，術遂不能勝表。李傕、郭汜入長安，欲連表爲援，乃以表爲鎮南將軍、荆州牧，封成武侯，假節。天子都許，表雖遣使貢獻，然北與袁紹相結。治中鄧義諫表，表不聽，義辭疾而退，終表之世。張濟引兵入荆州界，攻穰城，爲流矢所中死。荆州官屬皆賀，表曰：「濟以窮來，主人無禮，至于交鋒，此非牧意，牧受弔，不受賀也。」使人納其衆；衆聞之喜，遂服從。長沙太守張羡叛表，表圍之連年不下。羡病死，長沙復立其子懌，表遂攻并懌，南收零、桂，北據漢川，地方數千里，帶甲十餘萬。

太祖與袁紹方相持于官渡，紹遣人求助，表許之而不至；亦不佐太祖，欲保江漢間，觀天下變。從事中郎韓嵩、别駕劉先説表曰：「豪傑並争，兩雄相持，天下之重，在於將軍。將軍若欲有爲，起乘其弊可也；若不然，固將擇所從。將軍擁十萬之衆，安坐而觀望。夫見賢而不能助，請和而不得，此兩怨必集於將軍，將軍不得中立矣。夫以曹公之明哲，天下賢俊皆歸之，其勢必舉袁紹，然後稱兵以向江漢，恐將軍不能禦也。故爲將軍計者，不若舉州以附曹公，曹公必重德將軍；長享福祚，垂之後嗣，此萬全之策也。」表大將蒯越亦勸表，表狐疑，乃遣嵩詣太祖以觀虚實。嵩還，深陳太祖威德，説表遣子入質。表疑嵩反爲太祖説，大怒，欲殺嵩，考殺隨嵩行者，知嵩無他意，乃止。表雖外貌儒雅，而心多疑忌，皆此類也。

劉備奔表，表厚待之，然不能用。建安十三年，太祖征表，未至，表病死。

初，表及妻愛少子琮，欲以爲後，而蔡瑁、張允爲之支黨，乃出長子琦爲江夏太守，衆遂奉琮爲嗣。琦與琮遂爲讎隙。越、嵩及東曹掾傅巽等説琮歸太祖，琮曰：「今與諸君據全楚之地，守先君之業，以觀天下，何爲不可乎？」巽對曰：「逆順有大體，彊弱有定勢。以人臣而拒人主，逆也；以新造之楚而禦國家，其勢弗當也；以劉備而敵曹公，又弗當也。三者皆短，欲以抗王兵之鋒，必亡之道也。將軍自料何與劉備？」琮曰：「吾不若也。」巽曰：「誠以劉備不足禦曹公乎，則雖保楚之地，不足以自存也；誠以劉備足禦曹公乎，則備不爲將軍下也。願將軍勿疑。」太祖軍到襄陽，琮舉州降。備走奔夏口。

太祖以琮爲青州刺史、封列侯。蒯越等侯者十五人。越爲光禄勳；嵩，大鴻臚；義，侍中；先，尚書令；其餘多至大官。

郝經《續後漢書》卷五《列傳二·宗室諸劉·劉表》 劉表字景升，山陽高平人，魯恭王餘之後也。身長八尺餘，姿貌温偉。年十七，受學於同郡王暢。暢爲南陽太守，過於儉嗇，表進諫曰：「奢不僭上，儉不逼下，蓋中庸之道，是故蘧伯玉恥獨爲君子。府君若不師孔聖之明訓，而慕夷、齊之末操，無乃皎然自遺於世！」暢答曰：「以約失之者鮮，且吾以矯世也。」由是知名。與同郡張隱、薛鬱、王訪、宣靖公褚恭、劉祇、田林爲友，俱被訕議，號爲八顧。又與汝南陳翔、范滂、魯國孔昱、勃海苑康、山陽檀敷、張儉、南陽岑晊爲八及。詔書捕案黨人，表亡走，得免。黨禁解，辟大將軍何進掾，爲北軍中候。

初平元年，長沙太守孫堅殺荆州刺史王叡，詔書以表爲荆州刺史。時江南宗賊太盛，又袁術屯魯陽，盡有南陽之衆；吳人蘇代領長沙太守，貝羽爲華容長，各阻兵爲亂。表乃單馬入宜城，請南郡名士蒯良、蒯越，襄陽蔡瑁與共謀畫。表謂越曰：「宗賊(雖)〔甚〕盛，而衆不附，若袁術因之，禍必至矣！吾欲徵兵，恐不能集，其策安出？」良曰：「衆不附者，仁不足也；附而不治者，義不足也。苟仁義之道行，百姓歸之如水之趣下，何患所至之不從而問兵與策乎？」顧問越，越曰：「治平者先仁義，治亂者先權謀。兵不在多，在得人也。袁術勇而無斷，蘇代、貝羽匹夫之勇，不足慮也。宗賊率多貪暴，爲下所患。越有所素養者，使示之以利，必持衆來。使君誅其無道，施其才用，威德既行，襁負而至矣。兵集衆附，南據江陵，北守襄陽，荆州八郡可傳檄而定，公路雖至，無能爲也。」表曰：「子矛之言，雍季之論也；異度之計，舅犯之謀也。」遂使越遣人誘宗賊帥至者十五人，皆斬之，而襲取其衆。惟江夏賊張虎、陳生擁兵據襄陽城，表使越與

龐季往譬之，乃降，江南悉平。諸守令聞表威名，多解印綬去。表遂理兵襄陽，以觀時變。袁術與其從兄紹有隙，而紹與表相結，故術與孫堅合從襲表，表敗，堅遂圍襄陽。會表將黄祖救至，堅爲流矢所中，死，餘衆退走。及李傕等入長安，表遣使奉貢。傕欲連表爲援，乃以表爲鎮南將軍、荆州牧，封成武侯，假節。

建安元年，天子將還雒陽，表遣兵助修宫室，軍資委輸，千里不絶。及遷都許，表遣使貢獻。復北結袁紹，治中鄧羲諫，表不聽，答羲曰：「内不失職貢，外不背盟主，天下之達義也，治中獨何怪乎？」羲乃辭疾而退，終表之世不仕。驃騎將軍張濟自關中走南陽，因攻穰城，中飛矢死。荆州官屬皆賀，表曰：「濟以窮來，主人無禮，至於交鋒，此非牧意。牧受弔不受賀也。」使人納其衆，衆聞之喜，遂皆服從。三年，長沙太守南陽張羨性屈彊，表不禮焉。郡人桓階説羨舉長沙、零陵、桂陽三郡叛表附曹操，表遣兵攻之，連年不下。羨病死長沙，復立其子懌。表攻破懌，盡平三郡。於是開土益廣，南接五嶺，北據漢川，地數千里，帶甲十餘萬。初，荆州人好亂，加四方駭震，寇賊相扇，處處麋沸。表招誘有方，威懷兼洽，其姦猾宿賊更爲效用，萬里肅清，咸悦而服之。關西、兖、豫學士歸者蓋千數，表安慰賑贍，皆得資全，遂起立學校，博求儒術。綦母闓、宋忠等撰立《五經章句》，謂之後定。愛民養士，從容自保。久之，見漢祚陵夷，遂不共職貢，郊祀天地，居處服用，僭擬乘輿焉。及曹操與袁紹相持於官渡，紹遣人求助，表許之，不至，亦不援曹操，且欲觀天下之變。從事中郎南陽韓嵩、别駕劉先説表曰：「今豪傑并争，兩雄相持，天下之重在於將軍。若欲有爲，起乘其敝可也；如其不然，固將擇所宜從，豈可擁甲十萬坐觀成敗？求援而不能助，見賢而不能歸，此兩怨必集於將軍，恐不得中立矣。曹操善用兵，且賢俊多歸之，其勢必舉袁紹，然後移兵以向江漢，恐將軍不能禦也。今之勝計莫若舉荆州以附曹操，操必重德將軍，長享福祚，垂之後嗣，此萬全之策也。」蒯越亦勸之，表狐疑不斷，乃遣嵩詣操觀望虚實，謂嵩曰：「今天下未知所定，而曹操擁天子都許昌，〔君〕爲我觀其釁。」嵩對曰：「聖達節，次守節，嵩守節者也。今策名委質，惟將軍所命，雖赴湯蹈火，死無辭也。以嵩觀之，曹公之明，必得志於天下。將軍若欲歸之，使嵩可也；如其猶豫，嵩至京師，天子假嵩一職，不獲辭命，則成天子之臣，將軍之故吏爾。在君爲君，不復爲將軍死也。惟加重思。」表以爲憚使，彊之。至許，果拜嵩侍中，零陵太守。及還，盛稱曹操威德，勸遣子入侍。表大怒，以爲懷貳，陳兵詬嵩，將斬之。嵩不爲動容，徐陳臨行之言。表妻蔡氏諫曰：「韓嵩，楚國之望也，且其言直，誅之無辭。」表猶怒，乃考殺從行者，知無他意，但囚嵩而已。表貌儒雅而中疑忌，皆此類也。

六年，昭烈去袁紹來荆州，表厚相待結，而不能用也。

十一年冬，曹操征烏桓，昭烈説表襲許，表不從。十三年，曹操自將征表，未至。八月，表疽發背，卒。

表在荆州幾二十年，家無餘積。二子琦、琮。表初以琦貌類己，甚愛之。後爲琮娶其後妻蔡氏之姪，蔡氏遂愛琮而惡琦，毁譽之言日聞於表。又妻弟蔡瑁及外甥張允並得幸於表而睦於琮。琦不自寧，嘗與琅邪諸葛亮謀自安之術。亮初不對，後將亮游觀後園飲宴，因共升高樓，令去梯，謂亮曰：「今日上不至天，下不至地，言出子口而入吾耳，可以言未？」亮曰：「君不見申生在内而危，重耳居外而安乎？」琦意感悟，陰規出計。會表將江夏太守黄祖爲孫權所殺，琦遂求代其任。及表病甚，琦歸省疾。琦素孝，允等恐其見表而父子相感，更有託後意，乃謂琦曰：「將軍命君撫臨江夏，其任甚重，今釋衆擅來，必見譴怒，傷親之歡，重增其疾，非孝敬之道也。」遂遏於户外，使不得見。琦流涕而去，衆聞而傷焉。遂以琮嗣。琮以侯印授琦，琦怒投之地，將因奔喪作難。會曹操軍至新野，琦走江南，蒯越及東曹掾傅巽等説琮迎操降，琮曰：「今與諸君據全楚之地，守先君之業以觀天下，何爲不可乎？」巽對曰：「逆順有大體，彊弱有定勢，以人臣而拒人主，逆也；以新造之楚而禦國家，其勢弗當也；以劉備而敵曹操，又弗當也。三者皆短，欲以抗王兵之鋒，必亡之道也。將軍自料何與劉備？」琮曰：「吾不若也。」巽曰：「誠以劉備不足禦曹操乎，則雖保楚地，不足以自存也；誠以劉備足以禦曹操乎，則備不爲將軍下也。願將軍勿疑。」操軍至襄陽，琮舉州降。昭烈走夏口。琮將王威説琮曰：「曹操既得將軍降，劉備已走，必懈弛無備，若給威兵數千徼之於險，出其不意，操可禽也。禽操則威震四海，坐而虎步，中夏雖廣，可傳檄而定，非徒收一勝之功保今日而已。此難遇之（幾）〔機〕，不可失也。」琮不聽。操以琮爲青州刺史，封列侯。操後敗於赤壁，昭烈表琦爲荆州刺史。明年，卒。建安初，荆州童謠曰：「八九年間始欲衰，至十三年無孑遺。」自中興以來，荆州獨全，及表爲牧，民又豐樂。至建安八年、九年，表妻死，諸將亦皆淪謝。十三年，表卒，因喪破滅，皆如其數。比表卒，華容有女子忽啼呼云：「荆州將有大喪。」言語過差，縣以爲妖言，繫獄月餘，忽於獄中哭曰：「劉荆州今日死。」華容去州數百里，即遣馬吏驗視，而表果死。縣乃出之。續又歌吟

曰：「不意李立爲貴人。」無幾，操平荆州，以涿郡李立爲荆州刺史。

雜録

備録

《三國志》卷六《魏志・劉表傳》裴松之引張璠《漢紀》 表與同郡人張隱、薛郁、王訪、宣靖、（公褚恭）〔公緒恭〕、劉祇、田林爲八交，或謂之八顧。

《三國志》卷六《魏志・劉表傳》裴松之引《漢末名士録》 表與汝南陳翔字仲麟、范滂字孟博、魯國孔昱字世元、勃海苑康字仲真、山陽檀敷字文友、張儉字元節、南陽岑晊字公孝爲八友。

《三國志》卷六《魏志・劉表傳》裴松之引謝承《後漢書》 表受學於同郡王暢。暢爲南陽太守，行過乎儉。表時年十七，進諫曰：「奢不僭上，儉不逼下，蓋中庸之道，是故蘧伯玉耻獨爲君子。府君若不師孔聖之明訓，而慕夷齊之末操，無乃皎然自遺於世！」暢答曰：「以約，失之者鮮矣。且以矯俗也。」

《三國志》卷六《魏志・劉表傳》裴松之引司馬彪《戰略》 劉表之初爲荆州也，江南宗賊盛，袁術屯魯陽，盡有南陽之衆。吴人蘇代領長沙太守，貝羽爲華容長，各阻兵作亂。表初到，單馬入宜城，而延中廬人蒯良、蒯越、襄陽人蔡瑁與謀。表曰：「宗賊甚盛，而衆不附，袁術因之，禍今至矣！吾欲徵兵，恐不集，其策安出？」良曰：「衆不附者，仁不足也；附而不治者，義不足也。苟仁義之道行，百姓歸之如水之趣下，何患所至之不從而問興兵與策乎？」表顧問越，越曰：「治平者先仁義，治亂者先權謀。兵不在多，在得人也。袁術勇而無斷，蘇代、貝羽皆武人，不足慮。宗賊帥多貪暴，爲下所患。越有所素養者，使示之以利，必以衆來。君誅其無道，撫而用之。一州之人，有樂存之心，聞君盛德，必襁負而至矣。兵集衆附，南據江陵，北守襄陽，荆州八郡可傳檄而定。術等雖至，無能爲也。」表曰：「子柔之言，雍季之論也。異度之計，臼犯之謀也。」遂使越遣人誘宗賊，至者五十五人，皆斬之。襲取其衆，或即授部曲。唯江夏賊張虎、陳生擁衆據襄陽，表乃使越與龐季單騎往説降之，江南遂悉平。

《三國志》卷六《魏志・劉表傳》裴松之引《英雄記》 張羨，南陽人。先作零陵、桂陽長，甚得江、湘間心，然性屈彊不順。表薄其爲人，不甚禮也。羨由是懷恨，遂叛表焉。

州界羣寇既盡，表乃開立學官，博求儒士，使綦母闓、宋忠等撰《五經章句》，謂之後定。

《三國志》卷六《魏志・劉表傳》裴松之引《傅子》 初表謂嵩曰：「今天下大亂，未知所定，曹公擁天子都許，君爲我觀其釁。」嵩對曰：「聖達節，次守節。嵩，守節者也。夫事君爲君，君臣名定，以死守之；今策名委質，唯將軍所命，雖赴湯蹈火，死無辭也。以嵩觀之，曹公至明，必濟天下。將軍能上順天子，下歸曹公，必享百世之利，楚國實受其祐，使嵩可也；設計未定，嵩使京師，天子假嵩一官，則天子之臣，而將軍之故吏耳。在君爲君，則嵩守天子之命，義不得復爲將軍死也。唯將軍重思，無負嵩。」表遂使之，果如所言，天子拜嵩侍中，遷零陵太守，還稱朝廷、曹公之德也。表以爲懷貳，大會寮屬數百人，陳兵見嵩，盛怒，持節將斬之，數曰：「韓嵩敢懷貳邪！」衆皆恐，欲令嵩謝。嵩不動，謂表曰：「將軍負嵩，嵩不負將軍！」具陳前言。表怒不已，其妻蔡氏諫之曰：「韓嵩，楚國之望也；且其言直，誅之無辭。」表乃弗誅而囚之。

異字公悌，瓌偉博達，有知人鑒。辟公府，拜尚書郎，後客荆州，以説劉琮之功，賜爵關内侯。文帝時爲侍中，太和中卒。異在荆州，目龐統爲半英雄，證裴潛終以清行顯。統遂附劉備，見待次于諸葛亮，潛位至尚書令，並有名德。及在魏朝，魏諷以才智聞，異謂之必反，卒如其言。

越，蒯通之後也，深中足智，魁傑有雄姿。大將軍何進聞其名，辟爲東曹掾。越勸進誅諸閹官，進猶豫不決。越知進必敗，求出爲汝陽令，佐劉表平定境内，表得以彊大。詔書拜章陵太守，封樊亭侯。荆州平，太祖與荀彧書曰：「不喜得荆州，喜得蒯異度耳。」建安十九年卒。

《三國志》卷六《魏志・劉表傳》裴松之引《漢晉春秋》 表答羲曰：「内不失貢職，外不背盟主，此天下之達義也。治中獨何怪乎？」

太祖之始征柳城，劉備説表使襲許，表不從。及太祖還，謂備曰：「不用君言，故失此大會也。」備曰：「今天下分裂，日尋干戈，事會之來，豈有終極乎？若能應之於後者，則此未足爲恨也。」

《三國志》卷六《魏志・劉表傳》裴松之引《典略》 表疾病，琦還省疾。琦性

慈孝，琩、允恐琦見表，父子相感，更有託後之意，謂曰：「將軍命君撫臨江夏，爲國東藩，其任至重；今釋衆而來，必見譴怒，傷親之歡心以增其疾，非孝敬也。」遂遏于户外，使不得見，琦流涕而去。

《三國志》卷六《魏志·劉表傳》裴松之引《零陵先賢傳》 先字始宗，博學彊記，尤好黄老言，明習漢家典故。爲劉表别駕，奉章詣許，見太祖。時賓客並會，太祖問先：「劉牧如何郊天也？」先對曰：「劉牧託漢室肺腑，處牧伯之位，而遭王道未平，羣兇塞路，抱玉帛而無所聘頫，修章表而不獲達御，是以郊天祀地，昭告赤誠。」太祖曰：「羣兇爲誰？」先曰：「舉目皆是。」太祖曰：「今孤有熊羆之士，步騎十萬，奉辭伐罪，誰敢不服？」先曰：「漢道陵遲，羣生憔悴，既無忠義之士，翼戴天子，綏寧海内，使萬邦歸德，而阻兵安忍，曰莫己若，即蚩尤、智伯復見于今也。」太祖嘿然。拜先武陵太守。荆州平，先始爲漢尚書，後爲魏國尚書令。

《三國志》卷二一《魏志·王粲傳》 年十七，司徒辟，詔除黄門侍郎。以西京擾亂，皆不就，乃之荊州依劉表。表以粲貌寢而體弱通悦，不甚重也。

《後漢書·天文志下》 建安十二年，十月辛卯，有星孛于鶉尾，荆州分也。時荆州牧劉表據荆州，(時)益州從事周羣以(爲)荆州牧將死而失土。明年秋，表卒，以小子琮自代。曹公將伐荆州，琮懼，舉軍詣公降。

《後漢書·五行志一》 建安初，荆州童謡曰：「八九年閒始欲衰，至十三年無孑遺。」言自中興以來，荆州無破亂，及劉表爲牧，(民)又豐樂，至此逮八九年。當始衰者，謂劉表妻當死，諸將並零落也。十三年無孑遺者，言十三年表又當死，民當移詣冀州也。

《後漢書》卷五六《王暢傳》 郡中豪族多以奢靡相尚，暢常布衣皮褥，車馬羸敗，以矯其敝。同郡劉表時年十七，從暢受學，進諫曰：「夫奢不僭上，儉不逼下，循道行禮，貴處可否之閒。蘧伯玉恥獨爲君子。府君不希孔聖之明訓，而慕夷齊之末操，無乃皎然自貴於世乎？」暢曰：「昔公儀休在魯，拔園葵，去織婦；孫叔敖相楚，其子被裘刈薪。夫以約失之鮮矣。聞伯夷之風者，貪夫廉，懦夫有立志。雖以不德，敢慕遺烈。」

《後漢書》卷六四《趙岐傳》 興平元年，詔書徵岐，會帝當還洛陽，先遣衛將軍董承修理宫室。岐謂承曰：「今海内分崩，唯有荆州境廣地勝，西通巴蜀，南當交阯，年穀獨登，兵人差全。岐雖迫大命，猶志報國家，欲自乘牛車，南説劉表，可使其身自將兵來衛朝廷，與將軍并心同力，共奬王室。此安上救人之策也。」承即表遣岐使荆州，督租糧。岐至，劉表即遣兵詣洛陽助修宫室，軍資委輸，前後不絶。時孫嵩亦寓於表，表不爲禮，岐乃稱嵩素行篤烈，因共上爲青州刺史。岐以老病，遂留荆州。

《後漢書》卷六六《王允傳》 趙戬字叔茂，長陵人，性質正多謀。初平中，爲尚書，典選舉。董卓數欲有所私授，戬輒堅拒不聽，言色强厲。卓怒，召將殺之，衆人悚慄，而戬辭貌自若。卓悔，謝釋之。長安之亂，客於荆州，劉表厚禮焉。及曹操平荆州，乃辟之，執戬手曰：「恨相見晚。」卒相國鍾繇長史。

《後漢書》卷八〇下《文苑列傳·禰衡》 劉表及荆州士大夫先服其才名，甚賓禮之，文章言議，非衡不定。表嘗與諸文人共草章奏，並極其才思。時衡出，還見之，開省未周，因毁以抵地。表憮然爲駭。衡乃從求筆札，須臾立成，辭義可觀。表大悦，益重之。

後復侮慢於表，表恥不能容，以江夏太守黄祖性急，故送衡與之，祖亦善待焉。衡爲作書記，輕重疎密，各得體宜。祖持其手曰：「處士，此正得祖意，如祖腹中之所欲言也。」

《後漢書》卷八三《逸民列傳·龐公》 龐公者，南郡襄陽人也。居峴山之南，未嘗入城府。夫妻相敬如賓。荆州刺史劉表數延請，不能屈，乃就候之。謂曰：「夫保全一身，孰若保全天下乎？」龐公笑曰：「鴻鵠巢於高林之上，暮而得所栖；黿鼉穴於深淵之下，夕而得所宿。夫趣舍行止，亦人之巢穴也。且各得其栖宿而已，天下非所保也。」因釋耕於壟上，而妻子耘於前。表指而問曰：「先生苦居畎畝而不肯官禄，後世何以遺子孫乎？」龐公曰：「世人皆遺之以危，今獨遺之以安，雖所遺不同，未爲無所遺也。」表歎息而去。後遂攜其妻子登鹿門山，因采藥不反。

劉義慶《世説新語》卷下《輕詆》 桓公入洛，過淮泗，踐北境，與諸僚屬登平乘樓，眺矚中原，慨然曰：「遂使神州陸沈，百年丘墟，王夷甫諸人不得不任其責！」袁虎率爾對曰：「運自有廢興，豈必諸人之過？」桓公懍然作色，顧謂四坐曰：「諸君頗聞劉景升不？有大牛重千斤，噉芻豆十倍於常牛，負重致遠，曾不若一羸牸。魏武入荆州，烹以饗士卒，于時莫不稱快。」意以況袁。四坐既駭，袁亦失色。

酈道元《水經注》卷二八《沔水》 城東門外兩百步劉表墓，太康中爲人所發見，表夫妻其屍儼然，顏色不異，猶如平生。墓中香氣遠聞三四里中，經月不歇。

今墳冢及祠堂猶高顯整頓。

水南有層臺，號曰景升臺，蓋劉表治襄陽之所築也。言表盛遊于此，常所止憩，表性好鷹，嘗登此臺，歌《野鷹來曲》，其聲韻似孟達《上堵吟》矣。

酈道元《水經注》卷三八《湘水》　湘水又北逕黄陵亭西，右合黄陵水口，其水上承大湖，湖水西流，逕二妃廟南，世謂之黄陵廟也。言大舜之陟方也，二妃從征，溺于湘江，神遊洞庭之淵，出入瀟湘之浦。瀟者，水清深也。《湘中記》曰：湘川清照五六丈，下見底石如摴蒱矢，五色鮮明，白沙如霜雪，赤崖若朝霞，是納瀟湘之名矣。故民爲立祠于水側焉，荆州牧劉表刊石立碑，樹之于廟，以旌不朽之傳矣。

樂史《太平寰宇記》卷三三《關西道九·原州·平高縣》　劉表墓。按《從征記》云：「劉表冢，在高平郡。表子琮，擣四方珍香數十石，著棺中。永嘉中，郡人衛熙發其墓，見表貌如生，香聞數十里，熙懼不敢犯。」

樂史《太平寰宇記》卷一四五《山南東道四·襄州·鄧城縣》　呼鷹臺，在縣東南一里。劉表所築，表往登之，鼓琴作樂，有野鷹來至，因名。

洪邁《容齋四筆》卷四《礜石之毒》　讀黄伯思《東觀餘論》，内評王大令書一節，曰：「《静息帖》云：『礜石深是可疑事，兄憙患散輒發癰。』散者，寒食散之類。散中蓋用礜石，是性極熱有毒，故云深可疑也。劉表在荆州，與王粲登障山，見一岡不生百草，粲曰：『此必古冢，其人在世服生礜石，熱蒸出外，故草木焦滅。』鑿看果墓，礜石滿塋。又今洛水冬月不冰，古人謂之温洛，下亦有礜石。今取此石置甕水中，水亦不冰。又鸛伏卵以助煖氣。其烈酷如此，固不宜餌服。子敬之語實然。」

顧炎武《日知録》卷二六《後漢書》　《劉表傳》：「與同郡張儉等俱被訕議，號爲八顧。」而《黨錮傳》表、儉二人列於八及。前後不同。

備論

《後漢書》卷六七《黨錮列傳》序　張儉、岑晊、劉表、陳翔、孔昱、苑康、檀（敷）〔敷〕、翟超爲「八及」。及者，言其能導人追宗者也。

《後漢書》卷七四下《劉表傳論》　劉表道不相越，而欲臥收天運，擬蹤三分，其猶木禺之於人也。

顔之推《顔氏家訓》卷一《教子》　人之愛子，罕亦能均；自古及今，此弊多矣。賢俊者自可賞愛，頑魯者亦當矜憐，有偏寵者，雖欲以厚之，更所以禍之。共叔之死，母實爲之。趙王之戮，父實使之。劉表之傾宗覆族，袁紹之地裂兵亡，可爲靈龜明鑒也。

洪邁《容齋續筆》卷八《孫權稱至尊》　甘寧欲圖荆州，曰：「劉表慮既不遠，兒子又劣，至尊當早規之。」

葉適《習學記言序目》卷二八《蜀志》　劉表當亂世，雍容文義，自保一方，比于袁、曹之殘民，不猶愈乎？劉璋雖暗懦，然國富民盛，守之以恩，無所得罪也，而縱横之士韓嵩、張松之徒，各思自逞，不以其上爲可安，必欲與之偕亡而後已。利口覆邦家，真可惡哉！（《劉璋》）

郝經《續後漢書》卷五《列傳二·宗室諸劉·劉表》議贊　議曰：表據荆楚，襟帶江、漢，瞰臨許、雒，向從昭烈之言，勤王蹙操，則漢未遽亡也。亦優游自喜，陰蓄異志，乃謂劉焉在蜀如子夏之在西河，曾不知己之題旌夏、奠玉斝，有甚於焉。其坐談西伯，亦猶隗囂之在隴也。昭烈託足無所，表幾不容；琮、琦之亂不取，哭墓而去；當陽長阪之急，棄妻子而不忍棄荆州之民。嗚呼，仁哉！

贊曰：焉利本顛，墮剥維城。璋尤庸闇，遷奪猶輕。驅除庸蜀，赫我王靈。懿哉幽州，乃心帝室。奔命奉章，隕身碎璧。氣躔箕尾，天津尚赤。繇亦宗英，材匪戡難。乃啓孫氏，三辰肇判。遂俾昭烈，卒莫完漢。表有全楚，坐收天命。事會弗衷，得死爲幸。

藝文

杜甫《杜詩詳注》卷五《奉送郭中丞兼太僕卿充隴右節度使三十韻》　圭竇三千士，雲梯七十城。恥非齊説客，祇似魯諸生。通籍微班忝，周行獨坐榮。隨肩趨漏刻，短髮寄簪纓。徑欲依劉表，還疑厭禰衡。漸衰那此别，忍淚獨含情。

【略】

杜甫《杜詩詳注》卷七《遺興五首》（其二）　昔者龐德公，未曾入州府。襄陽耆舊間，處士節獨苦。豈無濟時策，終竟畏羅罟。林茂鳥有歸，水深魚知聚。舉

家隱鹿門，劉表焉得取。

《全唐詩》卷三一七武元衡《塞外月夜寄荊南熊侍御》 南依劉表北劉琨，征戰年年簫鼓喧。雲雨一乖千萬里，長城秋月洞庭猿。

《全唐詩》卷六七二唐彥謙《湘妃廟》 劉表荒碑斷水濱，廟前幽草閉殘春。已將愁淚留斑竹，又感悲風入白蘋。八族未來誰北拱，四凶猶在莫南巡。九峯相似堪疑處，望見蒼梧不見人。

曾畹《曾庭聞詩》卷四《無錫唐采臣宅憶舊遊》 春申澗裏斜陽遠，泰伯祠前孤雁飛。江上昔依劉表去，海中空載趙岐歸。論交十載家難問，插樹諸陵願已違。想到津亭烽火暮，横塘高柳市人稀。

朱倫瀚《閑青堂詩集》卷一《客中書感》 作客常忘歲，驚心早入秋。久貧餘骯髒，多難識交游。未得依劉表，還將學馬周。西風忽又老，何日問歸舟。

徐世昌《晚晴簃詩匯》卷八八程大中《江陵》 高空漠漠轉晴沙，千里江陵落照斜。梁苑月明南去雁，渚宫秋冷暮歸鴉。詞人意氣輕劉表，野客風流老孟嘉。幾許關心成往事，旅亭惆悵對黄花。

公孫瓚部

綜述

《後漢書》卷七三《公孫瓚傳》　公孫瓚字伯珪，遼西令支人也。家世二千石。瓚以母賤，遂爲郡小吏。爲人美姿貌，大音聲，言事辯慧。太守奇其才，以女妻之。後從涿郡盧植學於緱氏山中，略見書傳。舉上計吏。太守劉君坐事檻車徵，官法不聽吏下親近，瓚乃改容服，詐稱侍卒，身執徒養，御車到洛陽。太守當徙日南，瓚具豚酒於北芒上，祭辭先人，酹觴祝曰：「昔爲人子，今爲人臣，當詣日南。日南多瘴氣，恐或不還，便當長辭墳塋。」慷慨悲泣，再拜而去，觀者莫不歎息。既行，於道得赦。

瓚還郡，舉孝廉，除遼東屬國長史。嘗從數十騎出行塞下，卒逢鮮卑數百騎。瓚乃退入空亭，約其從者曰：「今不奔之，則死盡矣。」乃自持兩刃矛，馳出衝賊，殺傷數十人，瓚左右亦亡其半，遂得免。

中平中，以瓚督烏桓突騎，車騎將軍張温討涼州賊。會烏桓反畔，與賊張純等攻擊薊中，瓚率所領追討純等有功，遷騎都尉。張純復與畔胡丘力居等寇漁陽、河閒、勃海，入平原，多所殺略。瓚追擊戰於屬國石門，虜遂大敗，棄妻子踰塞走，悉得其所略男女。瓚深入無繼，反爲丘力居等所圍於遼西管子城，二百餘日，糧盡食馬，馬盡煮弩楯，力戰不敵，乃與士卒辭訣，各分散還。時多雨雪，隊阬死者十五六，虜亦飢困，遠走柳城。詔拜瓚降虜校尉，封都亭侯，復兼領屬國長史。職統戎馬，連接邊寇。每聞有警，瓚輒厲色憤怒，如赴讎敵，望塵奔逐，或繼之以夜戰。虜識瓚聲，憚其勇，莫敢抗犯。

瓚常與善射之士數十人，皆乘白馬，以爲左右翼，自號「白馬義從」。烏桓更相告語，避白馬長史。乃畫作瓚形，馳騎射之，中者咸稱萬歲。虜自此之後，遂遠竄塞外。

瓚志埽滅烏桓，而劉虞欲以恩信招降，由是與虞相忤。初平二年，青、徐黃巾三十萬衆入勃海界，欲與黑山合。瓚率步騎二萬人，逆擊於東光南，大破之，斬首三萬餘級。賊弃其車重數萬兩，奔走度河。瓚因其半濟薄之，賊復大破，死者數萬，流血丹水，收得生口七萬餘人，車甲財物不可勝筭，威名大震。拜奮武將軍，封薊侯。

瓚既諫劉虞遣兵就袁術，而懼術知怨之，乃使從弟越將千餘騎詣術自結。術遣越隨其將孫堅，擊袁紹將周昕，越爲流矢所中死。瓚因此怒紹，遂出軍屯槃河，將以報紹。乃上疏曰：「臣聞皇羲已來，君臣道著，張禮以導人，設刑以禁暴。今車騎將軍袁紹，託承先軌，爵任崇厚，而性本淫亂，情行浮薄。昔爲司隸，值國多難，太后承攝，何氏輔朝。紹不能舉直措枉，而專爲邪媚，招來不軌，疑誤社稷，至令丁原焚燒孟津，董卓造爲亂始。紹罪一也。卓既無禮，帝主見質。紹不能開設權謀，以濟君父，而棄置節傳，迸竄逃亡。忝辱爵命，背違人主，紹罪二也。紹爲勃海，當攻董卓，而默選戎馬，不告父兄，至使太傅一門，纍然同斃。不仁不孝，紹罪三也。紹既興兵，涉歷二載，不恤國難，廣自封植。乃多引資糧，專爲不急，割刻無方，考責百姓，其爲痛怨，莫不咨嗟。紹罪四也。逼迫韓馥，竊奪其州，矯刻金玉，以爲印璽，每有所下，輒皁囊施檢，文稱詔書。昔亡新僭侈，漸以即真。觀紹所擬，將必階亂。紹罪五也。紹令星工伺望祥妖，賂遺財貨，與共飲食，剋會期日，攻鈔郡縣。此豈大臣所當施爲？紹罪六也。紹與故虎牙都尉劉勳，首共造兵，勳降服張楊，累有功効，而以小忿枉加酷害。信用讒慝，濟其無道，紹罪七也。故上谷太守高焉，故甘陵相姚貢，紹以貪惏，横責其錢，錢不備畢，二人并命。紹罪八也。《春秋》之義，子以母貴。紹母親爲傳婢，地實微賤，據職高重，享福豐隆。有苟進之志，無虛退之心。紹罪九也。又長沙太守孫堅，前領豫州刺史，遂能驅走董卓，埽除陵廟，忠勤王室，其功莫大。紹遣小將盜居其位，斷絶堅糧，不得深入，使董卓久不服誅。紹罪十也。昔姬周政弱，王道陵遲，天子遷徙，諸侯背畔，故齊桓立柯（會）〔亭〕之盟，晉文爲踐土之會，伐荆楚以致菁茅，誅曹、衛以章無禮。臣雖闒茸，名非先賢，蒙被朝恩，負荷重任，職在鈇鉞，奉辭伐罪，輒與諸將州郡共討紹等。若大事克捷，罪人斯得，庶續桓文忠誠之効。」遂舉兵攻紹，於是冀州諸城悉畔從瓚。

紹懼，乃以所佩勃海太守印綬授瓚從弟範，遣之郡，欲以相結。而範遂背紹，領勃海兵以助瓚。瓚乃自署其將帥爲青、冀、兗三州刺史，又悉置郡縣守令，與紹大戰於界橋。瓚軍敗還薊。紹遣將崔巨業將兵數萬攻圍故安不下，退軍南還。瓚將步騎三萬人追擊於巨馬水，大破其衆，死者七八千〔人〕。乘勝而南，攻

下郡縣，遂至平原，乃遣其青州刺史田揩據有齊地。紹復遣兵數萬與揩連戰二年，糧食並盡，士卒疲困，互掠百姓，野無青草。紹乃遣子譚爲青州刺史，揩與戰，敗退還。

是歲，瓚破禽劉虞，盡有幽州之地，猛志益盛。前此有童謠曰：「燕南垂，趙北際，中央不合大如礪，唯有此中可避世。」瓚自以爲易地當之，遂徙鎮焉。乃盛修營壘，樓觀數十，臨易河，通遼海。

劉虞從事漁陽鮮于輔等，合率州兵，欲共報瓚。輔以燕國閻柔素有恩信，推爲烏桓司馬。柔招誘胡漢數萬人，與瓚所置漁陽太守鄒丹戰于潞北，斬丹等四千餘級。烏桓峭王感虞恩德，率種人及鮮卑七千餘騎，共輔南迎虞子和，與袁紹將麴義合兵十萬，共攻瓚。興平二年，破瓚於鮑丘，斬首二萬餘級。瓚遂保易京，開置屯田，稍得自支。相持歲餘，麴義軍糧盡，士卒飢困，餘衆數千人退走。瓚徼破之，盡得其車重。

是時旱蝗穀貴，民相食。瓚恃其才力，不恤百姓，記過忘善，睚眦必報，州里善士名在其右者，必以法害之。常言「衣冠皆自以職分富貴，不謝人惠」。故所寵愛，類多商販庸兒。所在侵暴，百姓怨之。於是代郡、廣陽、上谷、右北平各殺瓚所置長吏，復與輔、和兵合。瓚慮有非常，乃居於高京，以鐵爲門。斥去左右，男人七歲以上不得入易門。專侍姬妾，其文簿書記皆汲而上之。令婦人習爲大言聲，使聞數百步，以傳宣教令。疎遠賓客，無所親信，故謀臣猛將，稍有乖散。自此之後，希復攻戰。或問其故。瓚曰：「我昔驅畔胡於塞表，埽黄巾於孟津，當此之時，謂天下指麾可定。至於今日，兵革方始，觀此非我所決，不如休兵力耕，以救凶年。兵法百樓不攻。今吾諸營樓樐千里，積穀三百萬斛，食此足以待天下之變。」

建安三年，袁紹復大攻瓚。瓚遣子續請救於黑山諸帥，而欲自將突騎直出，傍西山以斷紹後。長史關靖諫曰：「今將軍將士，莫不懷瓦解之心，所以猶能相守者，顧戀其老小，而恃將軍爲主故耳。堅守曠日，或可使紹自退。若舍之而出，後無鎮重，易京之危，可立待也。」瓚乃止。紹漸相攻逼，瓚衆日蹙，乃却，築三重營以自固。

四年春，黑山賊帥張燕與續率兵十萬，三道來救瓚。未及至，瓚乃密使行人齎書告續曰：「昔周末喪亂，僵屍蔽地，以意而推，猶爲否也。不圖今日親當其鋒。袁氏之攻，狀若鬼神，梯衝舞吾樓上，鼓角鳴於地中，日窮月急，不遑啓處。鳥戹歸人，滄水陵高，汝當碎首於張燕，馳騾以告急。父子天性，不言而動。且厲五千鐵騎於北隰之中，起火爲應，吾當自內出，奮揚威武，決命於斯。不然，吾亡之後，天下雖廣，不容汝足矣。」紹候得其書，如期舉火，瓚以爲救至，遂便出戰。紹設伏，瓚遂大敗，復還保中小城。自計必無全，乃悉縊其姊妹妻子，然後引火自焚。紹兵趣登臺斬之。

關靖見瓚敗，歎恨曰：「前若不止將軍自行，未必不濟。吾聞君子陷人於危，必同其難，豈可以獨生乎！」乃策馬赴紹軍而死。續爲屠各所殺。田揩與袁紹戰死。

鮮于輔將其衆歸曹操，操以輔爲度遼將軍，封都亭侯。閻柔將部曲從曹操擊烏桓，拜護烏桓校尉，封關内侯。

張燕既爲紹所敗，人衆稍散。曹操將定冀州，乃率衆詣鄴降，拜平北將軍，封安國亭侯。

《三國志》卷六《魏志・公孫瓚傳》 公孫瓚字伯珪，遼西令支人也。爲郡門下書佐。有姿儀，大音聲，侯太守器之，以女妻焉，遣詣涿郡盧植讀經。後復爲郡吏。劉太守坐事徵詣廷尉，瓚爲御車，身執徒養。及劉徙日南，瓚具米肉，於北芒上祭先人，舉觴祝曰：「昔爲人子，今爲人臣，當詣日南。日南瘴氣，或恐不還，與先人辭於此。」再拜慷慨而起，時見者莫不歔欷。劉道得赦還。瓚以孝廉爲郎，除遼東屬國長史。嘗從數十騎出行塞，見鮮卑數百騎，瓚乃退入空亭中，約其從騎曰：「今不衝之，則死盡矣。」瓚乃自持矛，兩頭施刃，馳出刺胡，殺傷數十人，亦亡其從騎半，遂得免。鮮卑懲艾，後不敢復入塞。遷爲涿令。光和中，涼州賊起，發幽州突騎三千人，假瓚都督行事傳，使將之。軍到薊中，漁陽張純誘遼西烏丸丘力居等叛，劫略薊中，自號將軍，略吏民攻右北平、遼西屬國諸城，所至殘破。瓚將所領，追討純等有功，遷騎都尉。屬國烏丸貪至王率種人詣瓚降。遷中郎將，封都亭侯，進屯屬國，與胡相攻擊五六年。丘力居等鈔略青、徐、幽、冀，四州被其害，瓚不能禦。

朝議以宗正東海劉伯安既有德義，昔爲幽州刺史，恩信流著，戎狄附之，若使鎮撫，可不勞衆而定，乃以劉虞爲幽州牧。虞到，遣使至胡中，告以利害，責使送純首。丘力居等聞虞至，喜，各遣譯自歸。瓚害虞有功，乃陰使人徼殺胡使。胡知其情，閒行詣虞。虞上罷諸屯兵，但留瓚將步騎萬人屯右北平。純乃棄妻子，逃入鮮卑，爲其客王政所殺，送首詣虞。封政爲列侯。虞以功即拜太尉，封襄賁侯。會董卓至洛陽，遷虞大司馬，瓚奮武將軍，封薊侯。

關東義兵起，卓遂劫帝西遷，徵虞爲太傅，道路隔塞，信命不得至。袁紹、韓馥議，以爲少帝制於姦臣，天下無所歸心。虞，宗室知名，民之望也，遂推虞爲帝。遣使詣虞，虞終不肯受。紹等復勸虞領尚書事，承制封拜，虞又不聽，然猶與紹等連和。虞子和爲侍中，在長安。天子思東歸，使和僞逃卓，潛出武關詣虞，令將兵來迎。和道經袁術，爲説天子意。術利虞爲援，留和不遣，許兵至俱西，令和爲書與虞。虞得和書，乃遣數千騎詣和。瓚知術有異志，不欲遣兵，止虞，虞不可。瓚懼術聞而怨之，亦遣其從弟越將千騎詣術以自結，而陰教術執和，奪其兵。由是虞、瓚益有隙。和逃術來北，復爲紹所留。

是時，術遣孫堅屯陽城拒卓，紹使周昂奪其處。術遣越與堅攻昂，不勝，越爲流矢所中死。瓚怒曰：「余弟死，禍起于紹。」遂出軍屯磐河，將以報紹。紹懼，以所佩勃海太守印綬授瓚從弟範，遣之郡，欲以結援。範遂以勃海兵助瓚，破青、徐黄巾，兵益盛，進軍界橋。以嚴綱爲冀州，田楷爲青州，單經爲兖州，置諸郡縣。紹軍廣川，令將麴義先登與瓚戰，生禽綱。瓚軍敗走勃海，與範俱還薊，於大城東南築小城，與虞相近，稍相恨望。

虞懼瓚爲變，遂舉兵襲瓚。虞爲瓚所敗，出奔居庸。瓚攻拔居庸，生獲虞，執虞還薊。會卓死，天子遣使者段訓增虞邑，督六州；瓚遷前將軍，封易侯。瓚誣虞欲稱尊號，脅訓斬虞。瓚上訓爲幽州刺史。瓚遂驕矜，記過忘善，多所賊害。虞從事漁陽鮮于輔、齊周、騎都尉鮮于銀等，率州兵欲報瓚，以燕國閻柔素有恩信，共推柔爲烏丸司馬。柔招誘烏丸、鮮卑，得胡、漢數萬人，與瓚所置漁陽太守鄒丹戰于潞北，大破之，斬丹。袁紹又遣麴義及虞子和，將兵與輔合擊瓚。瓚軍數敗，乃走還易京固守。爲圍塹十重，於塹裏築京，皆高五六丈，爲樓其上；中塹爲京，特高十丈，自居焉，積穀三百萬斛。瓚曰：「昔謂天下事可指麾而定，今日視之，非我所決，不如休兵，力田畜穀。兵法，百樓不攻。今吾樓櫓千重，食盡此穀，足知天下之事矣。」欲以此弊紹。紹遣將攻之，連年不能拔。建安四年，紹悉軍圍之。瓚遣子求救于黑山賊，復欲自將突騎直出，傍西南山，擁黑山之衆，陸梁冀州，横斷紹後。長史關靖説瓚曰：「今將軍將士，皆已土崩瓦解，其所以能相守持者，顧戀其居處老小，以將軍爲主耳。將軍堅守曠日，袁紹要當自退；自退之後，四方之衆必復可合也。若將軍今舍之而去，軍無鎮重，易京之危，可立待也。將軍失本，孤在草野，何所成邪！」瓚遂止不出。救至，欲内外擊紹。遣人與子書，刻期兵至，舉火爲應。紹候者得其書，如期舉火。瓚以爲救兵至，遂出欲戰。紹設伏擊，大破之，復還守。紹爲地道，突壞其樓，稍至中京。瓚自知必敗，盡殺其妻子，乃自殺。

鮮于輔將其衆奉王命。以輔爲建忠將軍，督幽州六郡。太祖與袁紹相拒於官渡，閻柔遣使詣太祖受事，遷護烏丸校尉。而輔身詣太祖，拜左度遼將軍，封亭侯，遣還鎮撫本州。太祖破南皮，柔將部曲及鮮卑獻名馬以奉軍，從征三郡烏丸，以功封關内侯。輔亦率其衆從。文帝踐阼，拜輔虎牙將軍，柔度遼將軍，皆進封縣侯，位特進。

雜録

備録

謝承《後漢書》卷四《公孫瓚傳》 公孫瓚爲郡主簿，太守遣徙日南，瓚舉觴北芒上，泣辭於母墓，曰：「昔爲人子，今爲人臣。太守遭事，遠送日南。〔日南多〕瘴氣，懼不得還。」太守會赦。

公孫瓚非紹，立劉伯安，斂其衆攻紹。

《三國志》卷八《魏志・公孫瓚傳》裴松之注引《漢晉春秋》 袁紹與瓚書曰：「孤與足下，既有前盟舊要，申之以討亂之誓，愛過夷、叔，分著丹青，謂爲旅力同軌，足踵齊、晉，故解印釋紱，以北帶南，分割膏腴，以奉執事，此非孤赤情之明驗邪？豈寤足下棄烈士之高義，尋禍亡之險蹤，輟而改慮，以好易怨，盗遺士馬，犯暴豫州。始聞甲卒在南，親臨戰陳，懼于飛矢迸流，狂刃横集，以重足下之禍，徒增孤(子)之咎釁也，故爲薦書懇惻，冀可改悔。而足下超然自逸，矜其威詐，謂天罔可吞，豪雄可滅，果令貴弟殞于鋒刃之端。斯言猶在於耳，而足下曾不尋討禍源，克心罪己，苟欲逞其無疆之怒，不顧逆順之津，匿怨害民，騁於余躬。遂躍馬控弦，處我疆土，毒徧生民，辜延白骨。孤辭不獲已，以登界橋之役。是時足下兵氣霆震，駿馬電發；僕師徒肇合，機械不嚴，彊弱殊科，衆寡異論，假天之助，小戰大克，遂陵躡奔背，因壘館穀，此非天威棐諶，福豐有禮之符表乎？足下志猶未厭，乃復糾合餘燼，率我蛑賊，以焚爇勃海。孤又不獲寧，用及龍河

之師。羸兵前誘，大軍未濟，而足下膽破衆散，不鼓而敗，兵衆擾亂，君臣並奔。此又足下之爲，非孤之咎也。自此以後，禍隙彌深，孤之師旅，不勝其忿，遂至積尸爲京，頭顱滿野，愍彼無辜，未嘗不慨然失涕也。後比得足下書，辭意婉約，有改往脩來之言。僕既欣於舊好克復，且愍兆民之不寧，每輒引師南駕，以順簡書。弗盈一時，而北邊羽檄之文，未嘗不至。孤是用痛心疾首，靡所錯情。夫處三軍之帥，當列將之任，宜令怒如嚴霜，喜如時雨，臧否好惡，坦然可觀。而足下二三其德，彊弱易謀，急則曲躬，緩則放逸，行無定端，言無質要，爲壯士者固若此乎！既乃殘殺老弱，幽土憤怨，衆叛親離，孑然無黨。又烏丸、濊貊，皆足下同州，僕與之殊俗，各奮迅激怒，争爲鋒鋭；又東西鮮卑，舉踵來附。此非孤德所能招，乃足下驅而致之也。夫當荒危之世，處干戈之險，内違同盟之誓，外失戎狄之心，兵興州壤，禍發蕭牆，將以定霸，不亦難乎！前以西山陸梁，出兵平討，會麴義餘殘，畏誅逃命，故遂住大軍，分兵撲蕩，此兵孤之前行，乃界橋搴旗拔壘，先登制敵者也。始聞足下鐫金紆紫，命以元帥，謂當因兹奮發，以報孟明之恥，是故戰夫引領，竦望旌旆，怪遂含光匿影，寂爾無聞，卒臻屠滅，相爲惜之。夫有平天下之怒，希長世之功，權御師徒，帶養戎馬，叛者無討，服者不收，威懷並喪，何以立名？今舊京克復，天罔云補，罪人斯亡，忠幹翼化，華夏儼然，望於穆之作，將戢干戈，放散牛馬，足下獨何守區區之土，保軍内之廣，甘惡名以速朽，亡令德之久長？壯而籌之，非良策也。宜釋憾除嫌，敦我舊好。若斯言之玷，皇天是聞。」瓚不答，而增脩戎備。謂關靖曰：「當今四方虎争，無有能坐吾城下相守經年者明矣。袁本初其若我何！」

《三國志》卷八《魏志・公孫瓚傳》裴松之注引《典略》 瓚性辯慧，每白事不肯稍入，常總説數曹事，無有忘誤，太守奇其才。

瓚曝虞于市而祝曰：「若應爲天子者，天常降雨救之。」時盛暑，竟日不雨，遂殺虞。

瓚遣行人文則齎書告子續曰：「袁氏之攻，似若神鬼，鼓角鳴于地中，梯衝舞吾樓上。日窮月蹴，無所聊賴。汝當碎首於張燕，速致輕騎，到者當起烽火於北，吾當從内出。不然，吾亡之後，天下雖廣，汝欲求安足之地，其可得乎！」

《三國志》卷八《魏志・公孫瓚傳》裴松之注引《魏氏春秋》 初，劉虞和輯戎狄，瓚以胡夷難禦，常因不賓而討之，今加財賞，必益輕漢，效一時之名，非久長深慮。故處所賞賜，瓚輒鈔奪。虞數請會，稱疾不往。至是戰敗，虞欲討之，告東曹掾右北平人魏攸。攸曰：「今天下引領，以公爲歸，謀臣爪牙，不可無也。瓚，文武才力足恃，雖有小惡，固宜容忍。」乃止。後一年，攸病死。虞又與官屬議，密令衆襲瓚。瓚部曲放散在外，自懼敗，掘東城門欲走。虞兵無部伍，不習戰，又愛民屋，敕令勿燒。故瓚得放火，因以精鋭衝突。虞衆大潰，奔居庸城。瓚攻及家屬以還，殺害州府，衣冠善士殆盡。

《三國志》卷八《魏志・公孫瓚傳》裴松之注引《英雄記》 虞之見殺，故常山相孫瑾、掾張逸、張瓚等忠義憤發，相與就虞，罵瓚極口，然後同死。

瓚統内外，衣冠子弟有材秀者，必抑使困在窮苦之地。或問其故，答曰：「今取衣冠家子弟及善士富貴之，皆自以爲職當得之，不謝人善也。」所寵遇驕恣者，類多庸兒，若故卜數師劉緯臺、販繒李移子、賈人樂何當等三人，與之定兄弟之誓，自號爲伯，謂三人者爲仲叔季，富皆巨億，或取其女以配己子，常稱古者曲周、灌嬰之屬以譬也。

先是有童謠曰：「燕南垂，趙北際，中央不合大如礪，惟有此中可避世。」瓚以易當之，乃築京固守。瓚别將有爲敵所圍，義不救也。其言曰：「救一人，使後將恃救不力戰；今不救此，後將當念在自勉。」是以袁紹始北擊之時，瓚南界上别營自度守則不能自固，又知必不見救，是以或自殺其將帥，或爲紹兵所破，遂令紹軍徑至其門。

瓚諸將家家各作高樓，樓以千計。瓚作鐵門，居樓上，屏去左右，婢妾侍側，汲上文書。

《後漢書》卷六四《趙岐傳》 是時袁紹、曹操與公孫瓚争冀州，紹及操聞岐至，皆自將兵數百里奉迎，岐深陳大子恩德，宜罷兵安人之道，又移書公孫瓚，爲言利害。紹等各引兵去，皆與岐期會洛陽，奉迎車駕。

《後漢書》卷七三《劉虞傳》 初，詔令公孫瓚討烏桓，受虞節度。瓚但務會徒衆以自强大，而縱任部曲，頗侵擾百姓，而虞爲政仁愛，念利民物，由是與瓚漸不相平。【略】

初，公孫瓚知術詐，固止虞遣兵，虞不從，瓚乃陰勸術執和，使奪其兵，自是與瓚仇怨益深。和尋得逃術還北，復爲袁紹所留。瓚既累爲紹所敗，而猶攻之不已，虞患其黷武，且慮得志不可復制，固不許行，而稍節其稟假。瓚怒，屢違節度，又復侵犯百姓。虞所賚賞典當胡夷，瓚數抄奪之。積不能禁，乃遣驛使奉章陳其暴掠之罪，瓚亦上虞稟糧不周，二奏交馳，互相非毁，朝廷依違而已。瓚乃

築京於薊城以備虞。虞數請瓚，輒稱病不應。虞乃密謀討之，以告東曹掾右北平魏攸。攸曰：「今天下引領，以公爲歸，謀臣爪牙，不可無也。瓚文武才力足恃，雖有小惡，固宜容忍。」虞乃止。

頃之攸卒，而積忿不已。四年冬，遂自率諸屯兵衆合十萬人以攻瓚。將行，從事代郡程緒免胄而前曰：「公孫瓚雖有過惡，而罪名未正。明公不先告曉使得改行，而兵起蕭牆，非國之利。加勝敗難保，不如駐兵，以武臨之，瓚必悔禍謝罪，所謂不戰而服人者也。」虞以緒臨事沮議，遂斬之以徇。戒軍士曰：「無傷餘人，殺一伯珪而已。」時州從事公孫紀者，瓚以同姓厚待遇之。紀知虞謀而夜告瓚。瓚時部曲放散在外，倉卒自懼不免，乃掘東城欲走。虞兵不習戰，又愛人廬舍，勑不聽焚燒，急攻圍不下。瓚乃簡募鋭士數百人，因風縱火，直衝突之。虞遂大敗，與官屬北奔居庸縣。瓚追攻之，三日城陷，遂執虞并妻子還薊，猶使領州文書。會天子遣使者段訓增虞封邑，督六州事；拜瓚前將軍，封易侯，假節督幽、并、(司)[青]、冀。瓚乃誣虞前與袁紹等欲稱尊號，脅訓斬虞於薊市。先坐而呪曰：「若虞應爲天子者，天當風雨以相救。」時旱埶炎盛，遂斬焉。傳首京師，故吏尾敦於路劫虞首歸葬之。瓚乃上訓爲幽州刺史。虞以恩厚得衆，懷被北州，百姓流舊，莫不痛惜焉。

初，虞以儉素爲操，冠敝不改，乃就補其穿。及遇害，瓚兵搜其內，而妻妾服羅紈，盛綺飾，時人以此疑之。和後從袁紹報瓚云。

《後漢書》卷七五《袁術傳》 術從兄紹因堅討卓未反，遠，遣其將會稽周昕奪堅豫州。術怒，擊昕走之。紹議欲立劉虞爲帝，術好放縱，憚立長君，託以公義不肯同，積此釁隙遂成。乃各外交黨援，以相圖謀，術結公孫瓚，而紹連劉表。豪桀多附於紹，術怒曰：「羣竪不吾從，而從吾家奴乎！」又與公孫瓚書，云紹非袁氏子，紹聞大怒。初平三年，術遣孫堅擊劉表於襄陽，堅戰死。公孫瓚使劉備與術合謀共逼紹，紹與曹操會擊，皆破之。

酈道元《水經注》卷九《淇水》 清河又東北逕界城亭東，水上有大梁，謂之界城橋。《英雄記》曰：公孫瓚擊青州黄巾賊，大破之，還屯廣宗。袁本初自往征瓚，合戰于界橋南二十里，紹將麴義破瓚于界城橋，斬瓚。冀州刺史嚴綱又破瓚殿兵于橋上，即此梁也。世謂之鬲城橋，蓋傳呼失實矣。

初平二年，黄巾三十萬人入渤海，公孫瓚破之于東光界，追奔是水，斬首三萬，流血丹水，即是水也。

備論

《三國志》卷六《魏志・公孫瓚傳》裴松之注 臣松之以爲童謡之言，無不皆驗；至如此記，似若無徵。謡言之作，蓋令瓚終始保易，無事遠略。而瓚因破黄巾之威，意志張遠，遂置三州刺史，圖滅袁氏，所以致敗也。

《後漢書》卷七三《公孫瓚傳論》 自帝室王公之胄，皆生長脂腴，不知稼穡，其能厲行飭身，卓然不羣者，或未聞焉。劉虞守道慕名，以忠厚自牧。美哉乎，季漢之名宗子也！若虞、瓚無閒，同情共力，糾人完聚，稸保燕、薊之饒，繕兵昭武，以臨羣雄之隙，舍諸天運，徵乎人文，則古之休烈，何遠之有！

郝經《續後漢書》卷一〇《列傳七・漢臣・公孫瓚》議贊 議曰：瓚始從臾義烈，亦燕趙之豪。及志盈意侈，賊殺州牧，大亂幽陵，一踣單斃，宜哉！方中原多故，而度屈彊海外，子孫得以跳踉翻覆，是以後亡也。

贊曰：恭祖有識，拒操推劉。爰引皇緒，紹開東周。瓚挾勁氣，輒害宗子。百樓雖多，云胡不死。度割遼海，奕世翻覆。抗魏挑吴，終于赤族。

藝文

王士禎《帶經堂集》卷五十六《蠶尾續詩》二《雄縣道中雪》 關河暝色冷征裘，往事公孫戰伐秋。趙北燕南盡煙水，茫茫風雪易京樓。

洪亮吉《更生齋集》詩卷一《萬里荷戈集・除夕巴里坤客帳祀先》 昔日公孫瓚，臨岐祀北邙。潸然感先德，忘却在殊鄉。燭借穹廬火，牲求牧澤羊。荒寒一甌雪，聊抵奠椒漿。

黄本騏《三十六灣草廬稿》卷九《出都至清河十四首》（其九） 北際南陲蹟未湮，蒸沙裹鐵屹重闉。風流苦死公孫瓚，軍令樓頭唱婦人。

姚燮《復莊詩問》卷一四《雄縣》 上谷雄開古易京，瓦橋關勢極峥嵘。蜚孤天塹窺遼險，巨馬河流入代平。遠日蘆溝明雁道，西風蓼淀亂梟聲。伯才誰是公孫瓚，弔古蒼涼賦北征。

引用書目

書名	作者	時代	版本
荀子			中華書局一九八八年王先謙集解本
大戴禮記			中華書局一九八三年王聘珍解詁本
新書	賈誼	漢	中華書局二〇〇〇年閻振益等校注本
漢禮器制度	叔孫通	漢	叢書集成新編孫星衍輯本
楚漢春秋	陸賈	漢	甘肅人民出版社一九九〇年張大可等校點本
韓詩外傳	韓嬰	漢	中華書局一九八〇年許維遹集釋本
淮南子	劉安	漢	中華書局一九八九年劉文典集解本
司馬相如集	司馬相如	漢	上海古籍出版社一九九三年金國永校注本
史記	司馬遷	漢	中華書局一九五九年標點本
説苑	劉向	漢	華東師大出版社一九八五年趙善詒疏證本
新序	劉向	漢	中華書局二〇〇九年石光瑛校釋本
法言	揚雄	漢	上海古籍出版社一九九三年張震澤校注本
鹽鐵論	桓寬	漢	中華書局一九九二年王利器校注本
論衡	王充	漢	中華書局一九九〇年黃暉校釋本
漢書	班固	漢	中華書局一九六二年標點本
東觀漢記	劉珍	漢	中州古籍出版社一九八七年吴樹平校注本
潛夫論	王符	漢	中華書局一九八五年汪繼培箋注本
蔡邕集	蔡邕	漢	河北教育出版社一九九九年鄧安生校注本
風俗通義	應劭	漢	中華書局一九八一年王利器校注本

淮南鴻烈敘目	高誘	漢	中華書局一九八九年劉文典集解本
孔叢子	孔鮒	漢	文淵閣四庫全書本
建安七子集	孔融等	三國	中華書局一九八九年俞紹初輯校本
諸葛亮集	諸葛亮	三國	中華書局二〇一二年段熙仲等編校本
魏文帝集	曹丕	三國	吉林出版集團有限責任公司二〇〇五年影印本
曹植集	曹植	三國	人民文學出版社一九九八年趙幼文校注本
八家注後漢書			上海古籍出版社一九八六年周天游輯注本
帝王世紀	皇甫謐	晉	齊魯書社二〇〇〇年陸吉點校本
傅子	傅玄	晉	天津古籍出版社二〇一〇年劉治立評注本
博物志	張華	晉	中華書局一九八〇年范寧校證本
三國志	陳壽	晉	中華書局一九八二年標點本
抱朴子外篇	葛洪	晉	中華書局一九九一年楊明照校箋本
西京雜記	葛洪	晉	中華書局一九八五年古小説叢刊本
搜神記	干寶	晉	中華書局一九七九年汪紹楹校注本
華陽國志	常璩	晉	四部叢刊初編本
拾遺記	王嘉	晉	中華書局一九八一年齊治平校注本
陶淵明集	陶淵明	晉	中華書局一九七九年逯欽立校注本
三國志注	裴松之	劉宋	中華書局一九八二年標點本
後漢書	范曄	劉宋	中華書局一九六五年標點本
世説新語	劉義慶	劉宋	中華書局一九八四年徐震堮校箋本
史記集解	裴駰	劉宋	中華書局一九五九年標點本
宋書	沈約	梁	中華書局一九七四年標點本
水經注	酈道元	北魏	中華書局二〇〇七年陳橋驛校證本

南齊書	蕭子顯	梁	中華書局一九七二年點校本
文選	蕭統	梁	上海古籍出版社一九八六年李培南等校點本
魏書	魏收	北齊	中華書局一九七四年點校本
張正見集	張正見	陳	文淵閣四庫全書本
玉臺新詠	徐陵(編)	陳	中華書局一九八五年穆克宏點校本
洛陽伽藍記	楊衒之	北魏	中華書局一九六三年周祖謨校釋本
齊民要術	賈思勰	北魏	農業出版社一九八二年繆啓愉校釋本
庾子山集	庾信	北周	中華書局一九八〇年許逸民校點本
顏氏家訓	顏之推	北齊	上海古籍出版社一九八〇年王利器集解本
劉子	劉晝	北齊	中華書局一九九八年傅亞傑校釋本
漢書注	顏師古	唐	中華書局一九六二年標點本
北齊書	李百藥	唐	中華書局一九七二年點校本
隋書	魏徵等	唐	中華書局一九七三年標點本
晉書	房玄齡	唐	中華書局一九七四年標點本
盧照鄰集	盧照鄰	唐	上海古籍出版社二〇一一年祝尚書箋注本
後漢書注	李賢	唐	中華書局一九六五年標點本
宋之問集	宋之問	唐	中華書局二〇〇一年陶敏等校注本
沈佺期集	沈佺期	唐	中華書局二〇〇一年陶敏等校注本
史通	劉知幾	唐	上海古籍出版社一九七八年王煦華校點清浦起龍《史通通釋》本
貞觀政要	吴競	唐	文淵閣四庫全書本
張九齡集	張九齡	唐	中華書局二〇〇八年熊飛校注本
孟浩然集	孟浩然	唐	上海古籍出版社二〇〇〇年佟培基箋注本
高適集	高適	唐	上海古籍出版社一九八四年孫欽善校註本

王維集	王維	唐	中華書局一九九七年陳鐵民校注本
李太白全集	李白	唐	中華書局一九七七年王琦注本
史記索隱	司馬貞	唐	中華書局一九五九年標點本
史記正義	張守節	唐	中華書局一九五九年標點本
顔魯公集	顔真卿	唐	四部備要本
杜詩詳注	杜甫	唐	中華書局一九九九年清仇兆鰲詳注本
岑嘉州詩	岑參	唐	中華書局二〇〇四年廖立箋注本
韋應物集	韋應物	唐	上海古籍出版社一九九八年陶敏等校注本
李元賓文集	李觀	唐	粤雅堂叢書本
韓昌黎詩系年	韓愈	唐	上海古籍出版社一九八六年馬其昶校注本
劉禹錫集	劉禹錫	唐	中華書局一九九〇年卞孝萱校訂本
白居易集	白居易	唐	中華書局一九七九年顧學頡點校本
柳宗元集	柳宗元	唐	中華書局一九七九年標點本
元和郡縣圖志	李吉甫	唐	中華書局一九八三年版
元稹集	元稹	唐	中華書局一九八二年冀勤點校本
李賀詩歌集注	李賀	唐	上海人民出版社一九七六年清王琦等注解本
李德裕文集	李德裕	唐	河北教育出版社二〇〇〇年傅璇琮校箋本
元和姓纂年成書	林寶	唐	中華書局一九九四年岑仲勉校記本
樊川文集	杜牧	唐	上海古籍出版社二〇〇九年陳允吉校點本
丁卯集	許渾	唐	江西人民出版社二〇一一年羅時進箋證本
李商隱詩集	李商隱	唐	中華書局一九八八年劉學鍇等集解本
羅隱集	羅隱	唐	中華書局一九八三年雍文華輯校本
皮子文藪	皮日休	唐	上海古籍出版社蕭滌非等一九八一年整理本

蘇武李陵執別詞		唐	台北文津出版社一九九四年《敦煌變文集新書》本
李陵變文		唐	台北文津出版社一九九四年《敦煌變文集新書》本
全唐文		唐	中華書局一九八三年影印清董誥編句讀本
舊唐書	劉昫	後晉	中華書局一九七五年標點本
太平寰宇記	樂史	宋	中華書局二〇〇七年王文楚點校本
宛陵先生集	梅堯臣	宋	清道光十年山右梁中孚刻本
新唐書	歐陽修等	宋	中華書局一九七五年標點本
歐陽修全集	歐陽修	宋	中華書局二〇〇一年李逸安點校本
嘉祐集	蘇洵	宋	上海古籍出版社一九九三年曾棗莊等箋注本
端明集	蔡襄	宋	文淵閣四庫全書本
南陽集	韓維	宋	文淵閣四庫全書本
曾鞏集	曾鞏	宋	中華書局一九八四年陳杏珍、晁繼周點校本
公是集	劉敞	宋	文淵閣四庫全書本
王文公文集	王安石	宋	上海人民出版社一九七四年唐武標校本
王荊文公詩	王安石	宋	上海古籍出版社二〇一〇年李壁箋註本
臨川先生文集	王安石	宋	四部叢刊初編本
二程集	程顥、程頤	宋	中華書局一九八一年王孝魚點校本
蘇軾文集	蘇軾	宋	中華書局一九八六年孔凡禮點校本
蘇軾詩集	蘇軾	宋	上海古籍出版社二〇〇一年黃任軻等點校本
東坡志林	蘇軾	宋	中華書局一九九七年王松林點校本
麈史	王得臣	宋	上海古籍出版社二〇一二年俞宗憲點校本
欒城集	蘇轍	宋	上海古籍出版社一九八七年曾棗莊等校點本
古史	蘇轍	宋	文淵閣四庫全書本
樂府詩集	郭茂倩(編)	宋	中華書局一九七九年喬象鍾校點本

淮海集	秦觀	宋	上海古籍出版社一九九四年徐培均箋注本
青箱雜記	吳處厚	宋	中華書局一九八五年李裕民點校本
後山詩注	陳師道（著）、任淵（注）	宋	中華書局一九九五年冒廣生等補箋本
張耒集	張耒	宋	中華書局一九九九年李逸安等點校本
何博士備論	何去非	宋	文淵閣四庫全書本
廉吏傳	費樞	宋	文淵閣四庫全書本
胡宏集	胡宏	宋	中華書局一九八七年吳仁華點校本
王十朋全集	王十朋	宋	上海古籍出版社一九九八年梅溪集重刊本
雲麓漫鈔	趙彥衛	宋	中華書局一九九六年傅根清點校本
容齋隨筆	洪邁	宋	上海古籍出版社一九七八年校點本
劍南詩稿	陸游	宋	上海古籍出版社二〇〇五年錢仲聯校注本
老學庵筆記	陸游	宋	中華書局一九七九年李劍雄等點校本
朱子語類	朱熹	宋	中華書局一九八八年王星賢點校本
陳亮集	陳亮	宋	中華書局一九七四年標點本
野客叢書	王楙	宋	上海古籍出版社一九九一年鄭明等校點本
能改齋漫録	吳曾	宋	上海古籍出版社一九七九年本
江湖長翁詩鈔	陳造	宋	文淵閣四庫全書本
攻瑰集鈔	樓鑰	宋	文淵閣四庫全書本
習學記言序目	葉適	宋	中華書局一九七七年整理標點本
涉史隨筆	葛洪	宋	同治退補齋本
兩漢筆記	錢時	宋	文淵閣四庫全書本
桯史	岳珂	宋	中華書局一九八一年吳企明點校本
鶴林玉露	羅大經	宋	中華書局一九八三王瑞來點校本

通鑑答問	王應麟	宋	文淵閣四庫全書本
困學紀聞	王應麟	宋	上海古籍出版社二〇〇六年欒保群等校點本
朱子語類	朱熹	宋	中華書局一九八八年王星賢點校本
古今紀要	黄震	宋	文淵閣四庫全書本
湖山類稿	汪元量	宋	文淵閣四庫全書本
心泉學詩稿	蒲壽宬	宋	文淵閣四庫全書本
文天祥全集	文天祥	宋	中國書店一九八五年影印世界書局本
水雲村稿	劉壎	宋	臺北商務印書館一九七三年本
全宋文		宋	上海辭書出版社、安徽教育出版社二〇〇六年曾棗莊、劉琳主編標點本
陵川集	郝經	元	吉林出版集團有限公司二〇〇五年標點本
續後漢書	郝經	元	齊魯書社二〇〇〇年劉曉東等點校本
元好問全集	元好問	元	山西人民出版社一九九〇年姚奠山主編本
艮齋詩集	侯克中	元	文淵閣四庫全書本
續古今考	方回	元	文淵閣四庫全書本
須溪集	劉辰翁	元	文淵閣四庫全書本
史纂通要	胡一桂	元	文淵閣四庫全書本
農書	王楨	元	農業出版社一九八一年王毓瑚校注本
歷代通略	陳櫟	元	文淵閣四庫全書本
歸田類稿	張養浩	元	文淵閣四庫全書本
道園遺稿	虞集	元	文淵閣四庫全書本
文獻集	黄溍	元	文淵閣四庫全書本
圭塘小稿	許有壬	元	文淵閣四庫全書本
淵穎集	吴萊	元	文淵閣四庫全書本

樵雲獨唱	葉顒	元	文淵閣四庫全書本
青村遺稿	金涓	元	文淵閣四庫全書本
宋史	脱脱	元	中華書局一九七七年上海師範大學古籍所點校本
伊濱集	王沂	元	文淵閣四庫全書本
草閣詩集	李昱	元	文淵閣四庫全書本
牧萊脞語	陳仁子	宋末元初	清初景元本
文安集	揭傒斯	元	文淵閣四庫全書本
霞外詩集	馬臻	元	文淵閣四庫全書本
待制集	柳貫	元	文淵閣四庫全書本
翠屏集	張以寧	明	成化刻本
元史	宋濂	明	中華書局一九八三年標點本
斗南老人集	胡奎	明	文淵閣四庫全書本
滎陽外史集	鄭真	明	文淵閣四庫全書本
高青丘集	高啟	明	上海古籍出版社一九八五年徐澄宇等校點本
唐詩品彙	高棅	明	萬曆刻本
遜志齋集	方孝孺	明	寧波出版社二〇〇〇年徐光大校點本
古穰集	李賢	明	文淵閣四庫全書本
水東日記	葉盛	明	中華書局一九八〇年魏中平點校本
襄毅文集	韓雍	明	文淵閣四庫全書本
李東陽集	李東陽	明	岳麓書社一九八三年周寅賓點校本
南園漫録	張志淳	明	文淵閣四庫全書本
熊峰集	石珤	明	文淵閣四庫全書本
王陽明全集	王守仁	明	上海古籍出版社一九九二年吴光等編校本

苑洛集	韓邦奇	明	文淵閣四庫全書本
南園漫録	張志淳	明	文淵閣四庫全書本
涇野子内篇	吕柟	明	中華書局一九九二年趙瑞民點校本
七修類稿	郎瑛	明	中華書局上海編輯所一九五九年排印本
升庵集	楊慎	明	文淵閣四庫全書本
吴廷翰集	吴廷翰	明	中華書局一九八四年容肇祖點校本
小山類稿	張岳	明	福建人民出版社二〇〇〇年林海權等點校本
四友齋叢説	何良俊	明	中華書局一九五九年標點本
兩漢解疑	唐順之	明	學海類編本
本語	高拱	明	中華書局一九九三年《高拱論著四種》流水點校本
滄溟先生集	李攀龍	明	上海古籍出版社一九九二年包敬第標校本
梁辰魚集	梁辰魚	明	上海古籍出版社二〇一〇年吴書蔭校註本
張太岳集	張居正	明	上海古籍出版社一九八四年影印萬曆刻本
讀書後	王世貞	明	文淵閣四庫全書本
藏書	李贄	明	續修四庫影印明萬曆二十七年焦竑刻本
焚書	李贄	明	社會科學文獻出版社二〇〇〇年標點本
少室山房集	胡應麟	明	文淵閣四庫全書本
雪濤閣集	江盈科	明	岳麓書社一九九七年黄仁生輯校本
揭蒿菴先生集	揭重熙	明	乾隆刻本
過宜言	華夏	明	清鈔本
農政全書	徐光啟	明	上海古籍出版社一九七九年石聲漢校注本
馬援論	鍾惺	明	文章辨體彙選，文淵閣四庫全書本
吴漢論	鍾惺	明	文淵閣四庫全書本

隱秀軒集	鍾惺	明	上海古籍出版社一九九二年李先耕等點校本
珂雪齋集	袁中道	明	萬曆四十六年刻本
水田居文集	賀貽孫	明	道光至同治間水田居全集本
石倉歷代詩選	曹學佺(編)	明	文淵閣四庫全書本
牧齋雜著	錢謙益	明	上海古籍出版社二〇〇七年錢仲聯標校本
牧齋有學集	錢謙益	明	上海古籍出版社一九九四年錢仲聯標校本
牧齋初學集	錢謙益	明	上海古籍出版社一九八五年錢仲聯標校本
談遷詩文集	談遷	明	遼寧教育出版社一九九八年羅宗輝校點本
峚陽草堂詩文集	鄭鄤	明	民國二十一年活字本
琅嬛文集	張岱	明	岳麓書社一九八五年雲告點校本
漢魏六朝百三家集	張溥(編)	明	文淵閣四庫全書本
歷代史論	張溥	明	四庫存目叢書影印明崇禎刻本
白耷山人詩文集	閻爾梅	明	康熙刻本
陳忠裕公全集	陳子龍	明	清嘉慶八年王昶簳山草堂刻本
吴梅村全集	吴偉業	明	上海古籍出版社一九九〇年李學穎集評標校本
石村詩文集	郭金臺	明	清康熙刻本
張蒼水集	張煌言	明	上海古籍出版社一九八五年標點本
曾庭聞詩	曾畹	清	康熙刻本
曾湖峰詩文集	曾湖峰	清	文津出版社一九九七年標點本
蓼齋集	李雯	清	順治十四年石維崑刻本
木厓集	潘江	清	康熙刻本
聖雨齋集	周拱辰	清	清初刻本
日知録	顧炎武	清	上海古籍出版社二〇〇六年欒保群等校點本

亭林詩集	顧炎武	清	中華書局一九五九年華忱之點校本
百名家詩選	魏憲(編)	清	康熙魏氏枕江堂刻本
田間文集	錢澄之	清	黄山書社二〇一一年褚偉奇點校本
居易堂集	徐枋	清	華東師範大學出版社二〇〇九年黄曙輝等點校本
魏叔子文集	魏禧	清	中華書局二〇〇三年胡守仁等校點本
學易庵詩集	趙賓	清	康熙二十四年劉楨等刻本
二曲集	李顒	清	中華書局一九九六年陳俊民點校本
吕晚村先生文集	吕留良	清	續修四庫影印雍正三年吕氏天蓋樓刻本
曝書亭集	朱彝尊	清	四部叢刊本
朱彝尊選集	朱彝尊	清	上海古籍出版社一九九一年葉元章等選注本
爲可堂初集	朱一是	清	順治十一年刻本
廣東新語	屈大均	清	中華書局一九八五年標點本
古歡堂集	田雯	清	文淵閣四庫全書本
池北偶談	王士禛	清	中華書局一九八二年靳斯仁點校本
榕村語録	李光地	清	中華書局一九九五年陳祖武點校本
思復堂文集	邵廷采	清	浙江古籍出版社一九八七年祝鴻傑校點本
居業堂文集	王源	清	道光十一年讀雪山房刻本
帶經堂集	王士禛	清	康熙五十年程哲七略書堂刻本
全唐詩	彭定求等(編)	清	中華書局一九六〇年版
查浦詩鈔	查嗣瑮	清	清刻本
御制文集	康熙帝	清	文淵閣四庫全書本
全金詩	郭元釪(編)	清	文淵閣四庫全書本
解春集文鈔	馮景	清	叢書集成初編本

查浦詩鈔	查嗣瑮	清	清刻本
戴名世集	戴名世	清	中華書局一九八六年王樹民編校本
義門讀書記	何焯	清	中華書局一九八七年崔高維點校本
此木軒雜著	焦袁熹	清	嘉慶九年刻本
史傳三編	朱軾	清	文淵閣四庫全書本
古雪山民詩後	吴銘道	清	乾隆刻本
方苞集	方苞	清	上海古籍出版社一九八三年劉季高校點本
定山堂詩集	龔鼎孳	清	康熙十五年吴興祚刻本
閒青堂詩集	朱倫瀚	清	乾隆刻本
訂訛類編·續編	杭世駿	清	中華書局一九九七年陳抗點校本
評鑒闡要	劉統勳	清	文淵閣四庫全書本
劉大櫆集	劉大櫆	清	上海古籍出版社一九九〇年吴孟復標點本
巢林筆談	龔煒	清	中華書局一九八一年錢炳寰整理本
全祖望集	全祖望	清	上海古籍出版社二〇〇〇年朱鑄禹匯校集注本
東潛文稿	趙一清	清	遼寧教育出版社一九九八年羅仲輝校點本
稽古齋全集	弘晝	清	乾隆十一年内府刻本
御制樂善堂全集	乾隆帝	清	乾隆二十三年刻本
景文堂詩集	戚學標	清	乾隆五十六年刻本
小倉山房文集	袁枚	清	江蘇古籍出版社一九九三年王志英校點本
四百三十二峰草堂詩鈔	趙希璜	清	乾隆五十八年安陽縣署刻增修本
緑筠書屋詩鈔	葉觀國	清	乾隆五十七年刻本
明善堂詩文集	弘曉	清	乾隆四十二年刻本
十七史商榷	王鳴盛	清	續修四庫影印乾隆五十二年洞涇草堂刻本

春融堂集	王昶	清	續修四庫影印嘉慶十二年塾南書舍刻本
潛研堂文集	錢大昕	清	江蘇古籍出版社一九九七年《嘉定錢大昕全集》本
廿二史劄記	趙翼	清	中華書局一九八四年王樹民校證本
存吾文稿	佘廷燦	清	續修四庫影印清咸豐五年雲香書屋刻本
笥河詩集	朱筠	清	嘉慶九年朱珪椒華吟舫刻本
知足齋集	朱珪	清	嘉慶刻增修本
惜抱軒全集	姚鼐	清	中國書店一九九一年本
人表考	梁玉繩	清	中華書局一九八二年《史記漢書諸表訂補十種》標點本
更生齋集	洪亮吉	清	光緒三年洪氏授經堂增修本
澹静齋文鈔	龔景瀚	清	續修四庫影印道光二十年恩錫堂刻本
簡松草堂詩文集	張雲璈	清	道光刻三景閣叢書本
簡莊文鈔	陳鱣	清	續修四庫影印光緒十四年羊複禮刻本
幼學堂詩文稿	沈欽韓	清	嘉慶十八年刻道光八年增修本
敏齋詩草	李苞	清	嘉慶二十二年刻本
校禮堂文集	凌廷堪	清	中華書局二〇〇六年王文錦點校本
大雲山房文稿	惲敬	清	四部叢刊本
易簡齋詩鈔	和瑛	清	道光刻本
江西詩徵	曾燠(編)	清	嘉慶九年刻本
煙霞萬古樓詩選	王曇	清	咸豐元年徐渭仁刻本
船山詩草	張問陶	清	嘉慶二十年刻道光二十九年增修本
絳跗草堂詩集	陳壽祺	清	清刻本
張岳崧詩文集	張岳崧	清	南海出版社一九九八年點校本
齊民四術	包世臣	清	中華書局二〇〇一年標點本

國朝詩人徵略二編	張維屏	清	道光二十二年刻本
三十六灣草廬稿	黄本騏	清	三長物齋叢書本
養素堂詩集	張澍	清	道光二十二年刻本
寸陰叢録	姚瑩	清	臺北新興書局一九七三年標點本
柏梘山房全集	梅曾亮	清	續修四庫影印咸豐六年楊以增楊紹穀等刻民國七年蔣國榜補修本
詁經精舍文續集	羅文俊	清	中國歷代書院志第十五册，江蘇教育出版社一九九五年影印本
知止齋詩集	翁心存	清	光緒三年常熟毛文彬刻本
龔自珍全集	龔自珍	清	上海人民出版社一九七五年王佩諍校本
䃺䜴亭集	祁寯藻	清	咸豐刻本
百柱堂全集	王柏心	清	光緒十九年刻本
思伯子堂詩集	張際亮	清	清刻本
樂志堂詩集	譚瑩	清	咸豐九年吏隱園刻本
冷廬雜識	陸以湉	清	中華書局一九九四年崔凡芝點校本
復莊詩問	姚燮	清	道光姚氏刻大梅山館集本
李介節先生全集	李天植	清	嘉慶十九年錢椒刻本
劉熙載文集	劉熙載	清	江蘇古籍出版社二〇〇一年薛正興點校本
玉鑒堂詩集	汪曰楨	清	民國吴興叢書本
味經山館文鈔	戴鈞衡	清	續修四庫影印清咸豐三年刻本
經德堂文集	龍啓瑞	清	續修四庫影印光緒四年龍繼棟京師刻本
集義軒詠史詩鈔	羅惇衍（編）	清	光緒元年刻本
通義堂文集	劉毓崧	清	求恕齋叢書本
柏堂集編	方宗誠	清	光緒六年《柏堂遺書》本
賭棋山莊集	謝章鋌	清	光緒刻本

茶香室叢鈔	俞樾	清	中華書局一九九五年標點本
春在堂隨筆	俞樾	清	江蘇古籍出版社二〇〇〇年標點本
心知堂詩稿	汪仲洋	清	道光七年刻本
越縵堂讀書記	李慈銘	清	上海書店出版社二〇〇〇年由雲龍輯本
敬孚類稿	蕭穆	清	黄山書社一九九二年項純文點校本
張之洞全集	張之洞	清	河北人民出版社一九九五年苑書義等標點本
偶齋詩草	寶廷	清	光緒二十一年方家澍刻本
晚晴簃詩匯	徐世昌(編)	清	民國退耕堂刻本
師伏堂駢文二種	皮錫瑞	清	光緒二十一年師伏堂刻本
師伏堂詩草	皮錫瑞	清	光緒三十年師伏堂刻本
兩漢三國學案	唐晏	清	中華書局一九八六年吴東民點校本
秦會要	孫楷	清	上海古籍出版社二〇〇四年楊善群校補本
寓蜀草	王培荀	清	道光二十七年刻本
讀史記十表	汪越	清	開明書店一九三六年《二十五史補編》標點本
萇楚齋隨筆	劉聲木	清	中華書局一九九八年劉篤齡點校本
東溟文集	姚瑩	清	續修四庫影印同治六年姚濬昌安縣署刻中複堂全集本
皇朝經世文統編	邵之棠(編)	清	臺灣文海出版社年影印光緒二十七年上海寶善齋石印本
新學僞經考	康有爲	清	續修四庫影印光緒十七年康氏萬木草堂刻本
青學齋集	汪之昌	清	中國書店出版社二〇〇九年本
訄書	章炳麟	清	上海古籍出版社二〇〇〇年徐復注本

魏晉南北朝總部

主　編：莊輝明
編纂人員：鄭　明　張　熊　羅　操

《魏晉南北朝總部》提要

本總部下設四十八部，包含上起三國時期的曹操、劉備、孫權，下迄南北朝的蕭繹、宇文邕等人物共四十八人，所涉時代爲三國、兩晉、南北朝。

鑒於三國、兩晉、南北朝基本上處於分裂割據狀態，多個政權同時并存，且競相標榜正統，故各部統一按所收人物生卒年先後排序，且均不以帝號爲名。

本總部各部下設綜述、雜録、藝文三緯目，其中雜録又包含備録、備論兩部分。本總部所選人物中，凡並見於南北朝諸史之紀、傳者，其綜述資料的選擇，以能夠相對完整反映所選人物生平事蹟與歷史地位爲標準。因年代相隔久遠，構成本總部所收人物之備録的資料，較少體例完備的單篇，大多只能依靠對其生平事蹟的傳聞輯録。有關史料來源，主要是魏晉南北朝以來學者的作品，同時也包括《三國志》裴注所引文獻，以及後世的史地文獻和學術筆記，原則上不收編年類文獻。

本總部所收人物大多在中國歷史上影響深遠，後世研究成果眾多，列爲本總部備論的史料標準，除堅守非編年類史書體裁這一底線外，主要側重四個方面：一爲與傳主同時、同代、鄰代人的評價評論，二爲傳頌後世的名篇名論，三爲唐、宋以降集部文獻中的專評專論，四爲紀事本末類文獻的編撰者對與傳主直接相關之事件的議論。一般不用《困學紀聞》《日知録》《十七史商榷》《廿二史考異》等考史類文獻中以文本分析爲主要内容的討論，不用編年類文獻中對事件原委的總結和王朝大勢的總論，如《資治通鑒》中的「臣光曰」。

與本總部所選人物相關的藝文，以六朝、唐宋以來的詩歌、祭文、序跋、弔唁文字爲主，這些資料原來集中收録於《文選》《全唐詩》《全唐文》《全宋文》《全元文》等選集和總集中，但版本差别很大，文字多有舛訛。爲減少歧義，選録於本總部藝文中的作品，盡量使用現代整理本。

目録

曹操部

綜述

《三國志》卷一《武帝紀》 太祖武皇帝，沛國譙人也，姓曹，諱操，字孟德，漢相國參之後。桓帝世，曹騰爲中常侍大長秋，封費亭侯。養子嵩嗣，官至太尉，莫能審其生出本末。嵩生太祖。

太祖少機警，有權數，而任俠放蕩，不治行業，故世人未之奇也；惟梁國橋玄、南陽何顒異焉。玄謂太祖曰：「天下將亂，非命世之才不能濟也，能安之者，其在君乎！」年二十，舉孝廉爲郎，除洛陽北部尉，遷頓丘令，徵拜議郎。光和末，黄巾起。拜騎都尉，討潁川賊。遷爲濟南相，國有十餘縣，長吏多阿附貴戚，贓污狼藉，於是奏免其八。禁斷淫祀，姦宄逃竄，郡界肅然。久之，徵還爲東郡太守；不就，稱疾歸鄉里。

頃之，冀州刺史王芬、南陽許攸、沛國周旌等連結豪傑，謀廢靈帝，立合肥侯，以告太祖，太祖拒之。芬等遂敗。

徵太祖爲典軍校尉。會靈帝崩，太子即位，太后臨朝。大將軍何進與袁紹謀誅宦官，太后不聽。進乃召董卓，欲以脅太后，卓未至而進見殺。卓到，廢帝爲弘農王，而立獻帝，京都大亂。卓表太祖爲驍騎校尉，欲與計事。太祖乃變易姓名，間行東歸。出關，過中牟，爲亭長所疑，執詣縣，邑中或竊識之，爲請得解。卓遂殺太后及弘農王。太祖至陳留，散家財，合義兵，將以誅卓。冬十二月，始起兵於己吾，是歲中平六年也。

初平元年春正月，後將軍袁術、冀州牧韓馥、豫州刺史孔伷、兗州刺史劉岱、河内太守王匡、勃海太守袁紹、陳留太守張邈、東郡太守橋瑁、山陽太守袁遺、濟北相鮑信同時俱起兵，衆各數萬，推紹爲盟主。太祖行奮武將軍。

二月，卓聞兵起，乃徙天子都長安。卓兵彊，紹等莫敢先進。太祖曰：「舉義兵以誅暴亂，大衆已合，諸君何疑？向使董卓聞山東兵起，倚王室之重，據二周之險，東向以臨天下；雖以無道行之，猶足爲患。今焚燒宫室，劫遷天子，海内震動，不知所歸，此天亡之時也。一戰而天下定矣，不可失也。」遂引兵西，將據成皋。邈遣將衛兹分兵隨太祖。到滎陽汴水，遇卓將徐榮，與戰不利，士卒死傷甚多。太祖爲流矢所中，所乘馬被創，從弟洪以馬與太祖，得夜遁去。榮見太祖所將兵少，力戰盡日，謂酸棗未易攻也，亦引兵還。

太祖到酸棗，諸軍兵十餘萬，日置酒高會，不圖進取。太祖責讓之，因爲謀曰：「諸君聽吾計，使勃海引河内之衆臨孟津，酸棗諸將守成皋，據敖倉，塞轘轅、太谷，全制其險；使袁將軍率南陽之軍軍丹、析，入武關，以震三輔：皆高壘深壁，勿與戰，益爲疑兵，示天下形勢，以順誅逆，可立定也。今兵以義動，持疑而不進，失天下之望，竊爲諸君恥之！」邈等不能用。

太祖兵少，乃與夏侯惇等詣揚州募兵，刺史陳温、丹楊太守周昕與兵四千餘人。還到龍亢，士卒多叛。至銍、建平，復收兵得千餘人，進屯河内。

袁紹與韓馥謀立幽州牧劉虞爲帝，太祖拒之。紹又嘗得一玉印，於太祖坐中舉向其肘，太祖由是笑而惡焉。

黑山賊于毒、白繞、眭固等十餘萬衆，略魏郡、東郡，王肱不能禦，太祖引兵入東郡，擊白繞于濮陽，破之。袁紹因表太祖爲東郡太守，治東武陽。

三年春，太祖軍頓丘，毒等攻東武陽。太祖乃引兵西入山，攻毒等本屯。毒聞之，棄武陽還。太祖要擊眭固，又擊匈奴於夫羅、於内黄，皆大破之。

青州黄巾衆百萬入兗州，殺任城相鄭遂，轉入東平。劉岱欲擊之，鮑信諫。岱不從，遂與戰，果爲所殺。信乃與州吏萬潛等至東郡，迎太祖領兗州牧。遂進兵擊黄巾于壽張東。信力戰鬭死，僅而破之。購求信喪不得，衆乃刻木如信形狀，祭而哭焉。追黄巾至濟北。乞降。冬，受降卒三十餘萬，男女百餘萬口，收其精鋭者，號爲青州兵。

袁術與紹有隙，術求援於公孫瓚，瓚使劉備屯高唐，單經屯平原，陶謙屯發干，以逼紹。太祖與紹會擊，皆破之。

四年春，軍鄄城。荆州牧劉表斷術糧道，術引軍入陳留，屯封丘，黑山餘賊及於夫羅等佐之。術使將劉詳屯匡亭。太祖擊詳，術救之，與戰，大破之。術退保封丘，遂圍之，未合，術走襄邑，追到太壽，決渠水灌城。走寧陵，又追之，走九江。夏，太祖還軍定陶。

徐州牧陶謙與共舉兵，取泰山華、費，略任城。秋，太祖征陶謙，下十餘城，謙守城不敢出。

興平元年春，太祖自徐州還。初，太祖父嵩，去官後還譙，董卓之亂，避難琅邪，爲陶謙所害，故太祖志在復讎東伐。夏，使荀彧、程昱守鄄城，復征陶謙，拔五城，遂略地至東海。還過郯，謙將曹豹與劉備屯郯東，要太祖。太祖擊破之，遂攻拔襄賁，所過多所殘戮。

會張邈與陳宫叛迎吕布，郡縣皆應。荀彧、程昱保鄄城，范、東阿二縣固守，太祖乃引軍還。布到，攻鄄城不能下，西屯濮陽。太祖曰：「布一旦得一州，不能據東平，斷亢父、泰山之道，乘險要我，而乃屯濮陽，吾知其無能爲也。」遂進軍攻之。布出兵戰，先以騎犯青州兵。青州兵奔，太祖陳亂，馳突火出，墜馬，燒左手掌。司馬樓異扶太祖上馬，遂引去。

未至營止，諸將未與太祖相見，皆怖。太祖乃自力勞軍，令軍中促爲攻具，進復攻之，與布相守百餘日。蝗蟲起，百姓大餓，布糧食亦盡，各引去。

秋九月，太祖還鄄城。布到乘氏，爲其縣人李進所破，東屯山陽。於是紹使人説太祖，欲連和。太祖新失兖州，軍食盡，將許之。程昱止太祖，太祖從之。冬十月，太祖至東阿。

是歲，穀一斛五十餘萬錢，人相食，乃罷吏兵新募者。

二年春，襲定陶。濟陰太守吴資保南城，未拔。會吕布至，又擊破之。夏，布將薛蘭、李封屯鉅野，太祖攻之，布救蘭，蘭敗，布走，遂斬蘭等。布復從東緡與陳宫將萬餘人來戰，時太祖兵少，設伏，縱奇兵擊，大破之。布夜走，太祖復攻，拔定陶，分兵平諸縣。布東奔劉備，張邈從布，使其弟超將家屬保雍丘。秋八月，圍雍丘。冬十月，天子拜太祖兖州牧。十二月，雍丘潰，超自殺，夷邈三族。邈詣袁術請救，爲其衆所殺。兖州平，遂東略陳地。

建安元年春正月，太祖軍臨武平，袁術所置陳相袁嗣降。

太祖將迎天子，諸將或疑，荀彧、程昱勸之，乃遣曹洪將兵西迎，衛將軍董承與袁術將萇奴拒險，洪不得進。

汝南、潁川黄巾何儀、劉辟、黄邵、何曼等，衆各數萬，初應袁術，又附孫堅。二月，太祖進軍討破之，斬辟、邵等，儀及其衆皆降。天子拜太祖建德將軍。夏六月，遷鎮東將軍，封費亭侯。秋七月，楊奉、韓暹以天子還洛陽，奉別屯梁。太祖遂至洛陽，衛京都，暹遁走。天子假太祖節鉞，録尚書事。洛陽殘破，董昭等勸太祖都許。九月，車駕出轘轅而東，以太祖爲大將軍，封武平侯。自天子西遷，朝廷日亂，至是宗廟社稷制度始立。

天子之東也，奉自梁欲要之，不及。冬十月，公征奉，奉南奔袁術，遂攻其梁屯，拔之。於是以袁紹爲太尉，紹恥班在公下，不肯受。公乃固辭，以大將軍讓紹。天子拜公司空，行車騎將軍。是歲，用棗祗、韓浩等議，始興屯田。

吕布襲劉備，取下邳，備來奔。程昱説公曰：「觀劉備有雄才而甚得衆心，終不爲人下，不如早圖之。」公曰：「方今收英雄時也，殺一人而失天下之心，不可。」張濟自關中走南陽，濟死，從子繡領其衆。

二年春正月，公到宛。張繡降，既而悔之，復反。公與戰，軍敗，爲流矢所中。長子昂、弟子安民遇害。公乃引兵還舞陰，繡將騎來鈔，公擊破之。繡奔穰，與劉表合。公謂諸將曰：「吾降張繡等，失不便取其質，以至于此，吾知所以敗。諸卿觀之，自今已後不復敗矣。」遂還許。

秋九月，術侵陳，公東征之。術聞公自來，棄軍走，留其將橋蕤、李豐、梁綱、樂就；公到，擊破蕤等，皆斬之。術走渡淮。公還許。

公之自舞陰還也，南陽章陵諸縣復叛爲繡，公遣曹洪擊之，不利，還屯葉，數爲繡、表所侵。冬十一月，公自南征，至宛。表將鄧濟據湖陽。攻拔之，生擒濟，湖陽降。攻舞陰，下之。

三年春正月，公還許，初置軍師祭酒。三月，公圍張繡於穰。夏五月，劉表遣兵救繡，以絶軍後。公將引還，繡兵來追，公軍不得進，連營稍前。公與荀彧書曰：「賊來追吾，雖日行數里，吾策之，到安衆，破繡必矣。」到安衆，繡與表兵合守險，公軍前後受敵。公乃夜鑿險爲地道，悉過輜重，設奇兵。會明，賊謂公爲遁也，悉軍來追。乃縱奇兵步騎夾攻，大破之。秋七月，公還許。荀彧問公：「前以策賊必破，何也？」公曰：「虜遏吾歸師，而與吾死地戰，吾是以知勝矣。」

吕布復爲袁術使高順攻劉備，公遣夏侯惇救之，不利。備爲順所敗。九月，公東征布。冬十月，屠彭城，獲其相侯諧。進至下邳，布自將騎逆擊。大破之，獲其驍將成廉。追至城下，布恐，欲降。陳宫等沮其計，求救于術，勸布出戰，戰又敗，乃還固守，攻之不下。時公連戰，士卒罷，欲還，用荀攸、郭嘉計，遂決泗、沂水以灌城。月餘，布將宋憲、魏續等執陳宫，舉城降，生禽布、宫，皆殺之。太山臧霸、孫觀、吴敦、尹禮、昌豨各聚衆。布之破劉備也，霸等悉從布。布敗，獲霸等，公厚納待，遂割青、徐二州附於海以委焉，分琅邪、東海、北海爲城陽、利城、昌慮郡。

初，公爲兖州，以東平畢諶爲别駕。張邈之叛也，邈劫諶母弟妻子；公謝遣之，曰：「卿老母在彼，可去。」諶頓首無二心，公嘉之，爲之流涕。既出，遂亡歸。及布破，諶生得，衆爲諶懼，公曰：「夫人孝於其親者，豈不亦忠於君乎？吾所求也。」以爲魯相。

四年春二月，公還至昌邑。張楊將楊醜殺楊，眭固又殺醜，以其衆屬袁紹，屯射犬。夏四月，進軍臨河，使史涣、曹仁渡河擊之。固使楊故長史薛洪、河内太守繆尚留守，自將兵北迎紹求救，與涣、仁相遇犬城。交戰，大破之，斬固。公遂濟河，圍射犬。洪、尚率衆降，封爲列侯，還軍敖倉。以魏种爲河内太守，屬以河北事。

初，公舉种孝廉。兖州叛，公曰：「唯魏种且不棄孤也。」及聞种走，公怒曰：「种不南走越、北走胡，不置汝也！」既下射犬，生禽种，公曰：「唯其才也！」釋其縛而用之。

是時袁紹既并公孫瓚，兼四州之地，衆十餘萬，將進軍攻許。諸將以爲不可敵，公曰：「吾知紹之爲人，志大而智小，色厲而膽薄，忌克而少威，兵多而分畫不明，將驕而政令不一，土地雖廣，糧食雖豐，適足以爲吾奉也。」秋八月，公進軍黎陽，使臧霸等入青州，破齊、北海、東安，留于禁屯河上。九月，公還許，分兵守官渡。冬十一月，張繡率衆降，封列侯。十二月，公軍官渡。

袁術自敗於陳，稍困，袁譚自青州遣迎之。術欲從下邳北過，公遣劉備、朱靈要之。會術病死。程昱、郭嘉聞公遣備，言於公曰：「劉備不可縱。」公悔，追之不及。

廬江太守劉勳率衆降，封爲列侯。

五年春正月，公將自東征備，諸將皆曰：「與公争天下者，袁紹也。今紹方來而棄之東，紹乘人後，若何？」公曰：「夫劉備，人傑也，今不擊，必爲後患。袁紹雖有大志，而見事遲，必不動也。」郭嘉亦勸公，遂東擊備，破之，生禽其將夏侯博。備走奔紹，獲其妻子。備將關羽屯下邳，復進攻之，羽降。昌豨叛爲備，又攻破之。公還官渡，紹卒不出。

二月，紹遣郭圖、淳于瓊、顔良攻東郡太守劉延于白馬，紹引兵至黎陽，將渡河。夏四月，公北救延。荀攸説公曰：「今兵少不敵，分其勢乃可。公到延津，若將渡兵向其後者，紹必西應之，然後輕兵襲白馬，掩其不備，顔良可禽也。」公從之。紹聞兵渡，即分兵西應之。公乃引軍兼行趣白馬，未至十餘里，良大驚，來逆戰。使張遼、關羽前登，擊破，斬良。遂解白馬圍，徙其民，循河而西。紹於是渡河追公軍，至延津南。公勒兵駐營南阪下，使登壘望之，曰：「可五六百騎。」有頃，復白：「騎稍多，步兵不可勝數。」公曰：「勿復白。」乃令騎解鞍放馬。是時，白馬輜重就道。諸將以爲敵騎多，不如還保營。荀攸曰：「此所以餌敵，如何去之？」紹騎將文醜與劉備將五六千騎前後至。諸將復白：「可上馬。」公曰：「未也。」有頃，騎至稍多，或分趣輜重。公曰：「可矣。」乃皆上馬。時騎不滿六百，遂縱兵擊，大破之，斬醜。良、醜皆紹名將也，再戰，悉禽，紹軍大震。公還軍官渡。紹進保陽武。關羽亡歸劉備。

八月，紹連營稍前，依沙塠爲屯，東西數十里。公亦分營與相當，合戰不利。時公兵不滿萬，傷者十二三。紹復進臨官渡，起土山地道。公亦於内作之，以相應。紹射營中，矢如雨下，行者皆蒙楯，衆大懼。時公糧少，與荀彧書，議欲還許。彧以爲：「紹悉衆聚官渡，欲與公決勝敗。公以至弱當至彊，若不能制，必爲所乘，是天下之大機也。且紹，布衣之雄耳，能聚人而不能用。夫以公之神武明哲而輔以大順，何向而不濟！」公從之。

汝南降賊劉辟等叛應紹，略許下。紹使劉備助辟，公使曹仁擊破之。備走，遂破辟屯。

袁紹運穀車數千乘至，公用荀攸計，遣徐晃、史涣邀擊，大破之，盡燒其車。公與紹相拒連月，雖比戰斬將，然衆少糧盡，士卒疲乏，公謂運者曰：「卻十五日爲汝破紹，不復勞汝矣。」冬十月，紹遣車運穀，使淳于瓊等五人將兵萬餘人送之，宿紹營北四十里。紹謀臣許攸貪財，紹不能足，來奔，因説公擊瓊等。左右疑之，荀攸、賈詡勸公。公乃留曹洪守，自將步騎五千人夜往，會明至。瓊等望見公兵少，出陳門外。公急擊之，瓊退保營，遂攻之。紹遣騎救瓊。左右或言「賊騎稍近，請分兵拒之」。公怒曰：「賊在背後，乃白！」士卒皆殊死戰，大破瓊等，皆斬之。紹初聞公之擊瓊，謂長子譚曰：「就彼攻瓊等，吾攻拔其營，彼固無所歸矣！」乃使張郃、高覽攻曹洪。郃等聞瓊破，遂來降。紹衆大潰，紹及譚棄軍走，渡河。追之不及，盡收其輜重、圖書、珍寶，虜其衆。公收紹書中，得許下及軍中人書，皆焚之。冀州諸郡多舉城邑降者。

六年夏四月，揚兵河上，擊紹倉亭軍，破之。紹歸，復收散卒，攻定諸叛郡縣。九月，公還許。紹之未破也，使劉備略汝南，汝南賊共都等應之。遣蔡揚擊都，不利，爲都所破。公南征備。備聞公自行，走奔劉表，都等皆散。

七年春正月，公軍譙，令曰：「吾起義兵，爲天下除暴亂。舊土人民，死喪略盡，國中終日行，不見所識，使吾悽愴傷懷。其舉義兵已來，將士絕無後者，求其親戚以後之，授土田，官給耕牛，置學師以教之。爲存者立廟，使祀其先人，魂而有靈，吾百年之後何恨哉！」遂至浚儀，治睢陽渠，遣使以太牢祀橋玄。進軍官渡。

紹自軍破後，發病歐血，夏五月死。小子尚代，譚自號車騎將軍，屯黎陽。秋九月，公征之，連戰。譚、尚數敗退，固守。

八年春三月，攻其郭，乃出戰擊，大破之，譚、尚夜遁。夏四月，進軍鄴。五月還許，留賈信屯黎陽。

八月，公征劉表，軍西平。公之去鄴而南也，譚、尚爭冀州，譚爲尚所敗，走保平原。尚攻之急，譚遣辛毗乞降請救。諸將皆疑，荀攸勸公許之，公乃引軍還。冬十月，到黎陽，爲子整與譚結婚。尚聞公北，乃釋平原還鄴。東平呂曠、呂翔叛尚，屯陽平，率其衆降，封爲列侯。

九年春正月，濟河，遏淇水，入白溝，以通糧道。二月，尚復攻譚，留蘇由、審配守鄴。公進軍到洹水，由降。既至，攻鄴，爲土山地道。武安長尹楷屯毛城，通上黨糧道。夏四月，留曹洪攻鄴，公自將擊楷，破之而還。尚將沮鵠守邯鄲，又擊拔之。易陽令韓範、涉長梁岐舉縣降，賜爵關内侯。五月，毁土山地道，作圍塹，決漳水灌城；城中餓死者過半。秋七月，尚還救鄴，諸將皆以爲「此歸師，人自爲戰，不如避之」。公曰：「尚從大道來，當避之；若循西山來者，此成禽耳。」尚果循西山來，臨滏水爲營。夜遣兵犯圍，公逆擊破之，遂圍其營。未合，尚懼，〔遣〕故豫州刺史陰夔及陳琳乞降，公不許，爲圍益急。尚夜遁，保祁山，追擊之。其將馬延、張顗等臨陳降，衆大潰，尚走中山。盡獲其輜重，得尚印綬節鉞，使尚降人示其家，城中崩沮。八月，審配兄子榮夜開所守城東門内兵。配逆戰，敗，生禽配，斬之，鄴定。公臨祀紹墓，哭之流涕；慰勞紹妻，還其家人寶物，賜雜繒絮，廩食之。

初，紹與公共起兵，紹問公曰：「若事不輯，則方面何所可據？」公曰：「足下意以爲何如？」紹曰：「吾南據河，北阻燕、代，兼戎狄之衆，南向以爭天下，庶可以濟乎？」公曰：「吾任天下之智力，以道御之，無所不可。」

九月，令曰：「河北罹袁氏之難，其令無出今年租賦！」重豪彊兼并之法，百姓喜悅。天子以公領冀州牧，公讓還兗州。

公之圍鄴也，譚略取甘陵、安平、勃海、河間。尚敗，還中山。譚攻之，尚奔故安，遂并其衆。公遺譚書，責以負約，與之絕婚，女還，然後進軍。譚懼，拔平原，走保南皮。十二月，公入平原，略定諸縣。

十年春正月，攻譚，破之，斬譚，誅其妻子，冀州平。下令曰：「其與袁氏同惡者，與之更始。」令民不得復私讎，禁厚葬，皆一之于法。是月，袁熙大將焦觸、張南等叛攻熙、尚，熙、尚奔三郡烏丸。觸等舉其縣降，封爲列侯。初討譚時，民亡椎冰，令不得降。頃之，亡民有詣門首者，公謂曰：「聽汝則違令，殺汝則誅首，歸深自藏，無爲吏所獲。」民垂泣而去；後竟捕得。

夏四月，黑山賊張燕率其衆十餘萬降，封爲列侯。故安趙犢、霍奴等殺幽州刺史、涿郡太守。三郡烏丸攻鮮于輔於獷平。秋八月，公征之，斬犢等，乃渡潞河救獷平，烏丸奔走出塞。

冬十月，公還鄴。

初，袁紹以甥高幹領并州牧，公之拔鄴，幹降，遂以爲刺史。幹聞公討烏丸，乃以州叛，執上黨太守，舉兵守壺關口。遣樂進、李典擊之，幹還守壺關城。

十一年春正月，公征幹。幹聞之，乃留其别將守城，走入匈奴，求救於單于，單于不受。公圍壺關三月，拔之。幹遂走荆州，上洛都尉王琰捕斬之。

秋八月，公東征海賊管承，至淳于，遣樂進、李典擊破之，承走入海島。割東海之襄賁、郯、戚以益瑯邪，省昌慮郡。

三郡烏丸承天下亂，破幽州，略有漢民合十餘萬户。袁紹皆立其酋豪爲單于，以家人子爲己女，妻焉。遼西單于蹋頓尤彊，爲紹所厚，故尚兄弟歸之，數入塞爲害。公將征之，鑿渠，自呼沲入泒水，名平虜渠；又從泃河口泃音句。鑿入潞河，名泉州渠，以通海。

十二年春二月，公自淳于還鄴。丁酉，大封功臣二十餘人，皆爲列侯，其餘各以次受封，及復死事之孤，輕重各有差。

將北征三郡烏丸，諸將皆曰：「袁尚，亡虜耳，夷狄貪而無親，豈能爲尚用？今深入征之，劉備必説劉表以襲許。萬一爲變，事不可悔。」惟郭嘉策表必不能任備，勸公行。夏五月，至無終。秋七月，大水，傍海道不通，田疇請爲鄉導，公從之。引軍出盧龍塞，塞外道絕不通，乃塹山堙谷五百餘里，經白檀，歷平岡，涉鮮卑庭，東指柳城。未至二百里，虜乃知之。尚、熙與蹋頓、遼西單于樓班、右北平單于能臣抵之等將數萬騎逆軍。八月，登白狼山，卒與虜遇，衆甚盛。公車重在後，被甲者少，左右皆懼。公登高，望虜陳不整，乃縱兵擊之，使張遼爲先鋒，

虜衆大崩，斬蹋頓及名王已下，胡、漢降者二十餘萬口。遼東單于速僕丸及遼西、北平諸豪，棄其種人，與尚、熙奔遼東，衆尚有數千騎。初，遼東太守公孫康恃遠不服。及公破烏丸，或説公遂征之，尚兄弟可禽也。公曰：「吾方使康斬送尚、熙首，不煩兵矣。」九月，公引兵自柳城還，康即斬尚、熙及速僕丸等，傳其首。諸將或問：「公還而康斬送尚、熙，何也？」公曰：「彼素畏尚等，吾急之則并力，緩之則自相圖，其勢然也。」十一月，至易水，代郡烏丸行單于普富盧、上郡烏丸行單于那樓將其名王來賀。

十三年春正月，公還鄴，作玄武池以肄舟師。夏六月，以公爲丞相。

秋七月，公南征劉表。九月，公到新野，琮遂降，備走夏口。公進軍江陵，下令荆州吏民，與之更始。乃論荆州服從之功，侯者十五人，以劉表大將文聘爲江夏太守，使統本兵，引用荆州名士韓嵩、鄧義等。十二月，孫權爲備攻合肥。公自江陵征備，至巴丘，遣張憙救合肥。權聞憙至，乃走。公至赤壁，與備戰，不利。於是大疫，吏士多死者，乃引軍還。備遂有荆州江南諸郡。

十四年春三月，軍至譙，作輕舟，治水軍。秋七月，自渦入淮，出肥水，軍合肥。置揚州郡縣長吏，開芍陂屯田。十二月，軍還譙。

十五年冬，作銅雀臺。

十六年春正月，天子命公世子丕爲五官中郎將，置官屬，爲丞相副。太原商曜等以大陵叛，遣夏侯淵、徐晃圍破之。張魯據漢中，三月，遣鍾繇討之。公使淵等出河東與繇會。

是時，關中諸將疑繇欲自襲，馬超遂與韓遂、楊秋、李堪、成宜等叛。遣曹仁討之。超等屯潼關，公敕諸將：「關西兵精悍，堅壁勿與戰。」秋七月，公西征，與超等夾關而軍。公急持之，而潛遣徐晃、朱靈等夜渡蒲阪津，據河西爲營。公自潼關北渡，未濟，超赴船急戰。校尉丁斐因放牛馬以餌賊，賊亂取牛馬，公乃得渡，循河爲甬道而南。賊退，拒渭口，公乃多設疑兵，潛以舟載兵入渭，爲浮橋，夜，分兵結營于渭南。賊夜攻營，伏兵擊破之。超等屯渭南，遣信求割河以西請和，公不許。九月，進軍渡渭。超等數挑戰，又不許；固請割地，求送任子，公用賈詡計，僞許之。韓遂請與公相見，公與遂父同歲孝廉，又與遂同時儕輩，於是交馬語移時，不及軍事，但説京都舊故，拊手歡笑。既罷，超等問遂：「公何言？」遂曰：「無所言也。」超等疑之。他日，公又與遂書，多所點竄，如遂改定者；超等愈疑遂。公乃與克日會戰，先以輕兵挑之，戰良久，乃縱虎騎夾擊，大破之，斬成宜、李堪等。遂、超等走涼州，楊秋奔安定，關中平。諸將或問公曰：「初，賊守潼關，渭北道缺，不從河東擊馮翊而反守潼關，引日而後北渡，何也？」公曰：「賊守潼關，若吾入河東，賊必引守諸津，則西河未可渡，吾故盛兵向潼關；賊悉衆南守，西河之備虚，故二將得擅取西河；然後引軍北渡，賊不能與吾争西河者，以有二將之軍也。連車樹柵，爲甬道而南，既爲不可勝，且以示弱。渡渭爲堅壘，虜至不出，所以驕之也；故賊不爲營壘而求割地。吾順言許之，所以從其意，使自安而不爲備，因畜士卒之力，一旦擊之，所謂疾雷不及掩耳。兵之變化，固非一道也。」始，賊每一部到，公輒有喜色。賊破之後，諸將問其故。公答曰：「關中長遠，若賊各依險阻，征之，不一二年不可定也。今皆來集，其衆雖多，莫相歸服，軍無適主，一舉可滅，爲功差易，吾是以喜。」

冬十月，軍自長安北征楊秋，圍安定。秋降，復其爵位，使留撫其民人。十二月，自安定還，留夏侯淵屯長安。

十七年春正月，公還鄴。天子命公贊拜不名，入朝不趨，劍履上殿，如蕭何故事。馬超餘衆梁興等屯藍田，使夏侯淵擊平之。

冬十月，公征孫權。

十八年春正月，進軍濡須口，攻破權江西營，獲權都督公孫陽，乃引軍還。夏四月，至鄴。

五月丙申，天子使御史大夫郗慮持節策命公爲魏公。

秋七月，始建魏社稷宗廟。天子聘公三女爲貴人，少者待年于國。

馬超在漢陽，復因羌胡爲害，氐王千萬叛應超，屯興國。使夏侯淵討之。

十九年春正月，始耕籍田。

安定太守毌丘興將之官，公戒之曰：「羌胡欲與中國通，自當遣人來，慎勿遣人往。善人難得，必將教羌胡妄有所請求，因欲以自利；不從便爲失異俗意，從之則無益事。」興至，遣校尉范陵至羌中，陵果教羌，使自請爲屬國都尉。公曰：「吾預知當爾，非聖也，但更事多耳。」

三月，天子使魏公位在諸侯王上，改授金璽、赤紱、遠遊冠。秋七月，公征孫權。

初，隴西宋建自稱河首平漢王，聚衆枹罕，改元，置百官，三十餘年。遣夏侯淵自興國討之。冬十月，屠枹罕，斬建，涼州平。

公自合肥還。

十一月，漢皇后伏氏坐昔與父故屯騎校尉完書，云帝以董承被誅，怨恨公，辭甚醜惡。發聞，后廢黜死，兄弟皆伏法。

十二月，公至孟津。天子命公置旄頭，宮殿設鍾虡。乙未，置理曹掾屬。

二十年春正月，天子立公中女爲皇后。

三月，公西征張魯，至陳倉，將自武都入氐；氐人塞道，先遣張郃、朱靈等攻破之。夏四月，公自陳倉以出散關，至河池。氐王竇茂衆萬餘人，恃險不服，五月，公攻屠之。西平、金城諸將麴演、蔣石等共斬送韓遂首。秋七月，公至陽平。張魯使弟衛與將楊昂等據陽平關，橫山築城十餘里，攻之不能拔，乃引軍還。賊見大軍退，其守備解散。公乃密遣解慓、高祚等乘險夜襲，大破之，斬其將楊任，進攻衛，衛等夜遁，魯潰奔巴中。公軍入南鄭，盡得魯府庫珍寶。

巴、漢皆降。

九月，巴七姓夷王朴胡、賨邑侯杜濩舉巴夷賨民來附，天子命公承制封拜諸侯守相。

冬十月，始置名號侯至五大夫，與舊列侯、關内侯凡六等，以賞軍功。

十一月，魯自巴中將其餘衆降。封魯及五子皆爲列侯。劉備襲劉璋，取益州，遂據巴中；遣張郃擊之。

十二月，公自南鄭還，留夏侯淵屯漢中。

二十一年春二月，公還鄴。三月壬寅，公親耕籍田。夏五月，天子進公爵爲魏王。代郡烏丸行單于普富盧與其侯王來朝。天子命王女爲公主，食湯沐邑。秋七月，匈奴南單于呼廚泉將其名王來朝，待以客禮，遂留魏，使右賢王去卑監其國。八月，以大理鍾繇爲相國。

冬十月，治兵，遂征孫權，十一月至譙。

二十二年春正月，王軍居巢。二月，進軍屯江西郝谿。權在濡須口築城拒守，遂逼攻之，權退走。三月，王引軍還，留夏侯惇、曹仁、張遼等屯居巢。

夏四月，天子命王設天子旌旗，出入稱警蹕。五月，作泮宮。六月，以軍師華歆爲御史大夫。冬十月，天子命王冕十有二旒，乘金根車，駕六馬，設五時副車，以五官中郎將丕爲魏太子。

劉備遣張飛、馬超、吳蘭等屯下辯。遣曹洪拒之。

二十三年春正月，漢太醫令吉本與少府耿紀、司直韋晃等反，攻許，燒丞相長史王必營，必與潁川典農中郎將嚴匡討斬之。

夏四月，代郡、上谷烏丸無臣氐等叛，遣鄢陵侯彰討破之。

秋七月，治兵，遂西征劉備。九月，至長安。

冬十月，宛守將侯音等反，執南陽太守，劫略吏民，保宛。初，曹仁討關羽，屯樊城，是月使仁圍宛。

二十四年春正月，仁屠宛，斬音。

三月，王自長安出斜谷，軍遮要以臨漢中，遂至陽平。備因險拒守。

夏五月，引軍還長安。

秋七月，以夫人卞氏爲王后。遣于禁助曹仁擊關羽。八月，漢水溢，灌禁軍，軍没，羽獲禁，遂圍仁。使徐晃救之。

冬十月，軍還洛陽。孫權遣使上書，以討關羽自效。王自洛陽南征羽，未至，晃攻羽，破之，羽走，仁圍解。王軍摩陂。

二十五年春正月，至洛陽。

庚子，王崩于洛陽，年六十六。遺令曰：「天下尚未安定，未得遵古也。葬畢，皆除服。其將兵屯戍者，皆不得離屯部。有司各率乃職。斂以時服，無藏金玉珍寶。」謚曰武王。二月丁卯，葬高陵。

雜録

備録

張華《博物志》卷五　魏武帝好養性法，亦解方藥，招引四方之術士，如左元放、華佗之徒，無不畢至。

《三國志》卷一《武帝紀》注引《魏書》　公後日復與遂等會語，諸將曰：「公與虜交語，不宜輕脱，可爲木行馬以爲防遏。」公然之。賊將見公，悉於馬上拜，秦、胡觀者，前後重沓，公笑謂賊曰：「爾欲觀曹公邪？亦猶人也，非有四目兩口，但多智耳！」胡前後大觀，又列鐵騎五千爲十重陣，精光曜日，賊益震懼。

《三國志》卷一《武帝紀》注引《山陽公載記》　公船艦爲備所燒，引軍從華容道步歸，遇泥濘，道不通，天又大風，悉使羸兵負草填之，騎乃得過。羸兵爲人馬

所蹈藉，陷泥中，死者甚衆。軍即得出，公大喜，諸將問之，公曰：「劉備，吾儔也。但得計少晚，向使早放火，吾徒無類矣。」備尋亦放火而無所及。

《三國志》卷一《武帝紀》注引《山陽公載記》　王聞王必死，盛怒，召漢百官詣鄴，令救火者左，不救火者右。衆人以爲救火者必無罪，皆附左；王以爲「不救火者非助亂，救火乃實賊也」，皆殺之。

《三國志》卷一《武帝紀》注引《曹瞞傳》　爲尚書右丞司馬建公所舉。及公爲王，召建公到鄴，與歡飲，謂建公曰：「孤今日可復作尉否？」建公曰：「昔舉大王時，適可作尉耳。」王大笑。

《三國志》卷一《武帝紀》注引《曹瞞傳》　太祖爲人佻，易無威重，好音樂，倡優在側，常以日達夕。被服輕綃，身自佩小鞶囊，以盛手巾細物。時或冠帢帽以見賓客。每與人談論，戲弄言誦，盡無所隱，及歡悦大笑，至以頭没杯案中，肴膳皆沾污巾幘，其輕易如此。然持法峻刻，諸將有計畫勝出己者，隨以法誅之，及故人舊怨，亦皆無餘。其所刑殺，輒對之垂涕嗟痛之，終無所活。初，袁忠爲沛相，嘗欲以法治太祖。沛國桓邵亦輕之，及在兗州，陳留邊讓言議頗侵太祖，太祖殺讓，族其家，忠、邵俱避難交州。太祖遣使就太守止燮盡族之。桓邵得出首，拜謝於庭中，太祖謂曰：「跪可解死邪？」遂殺之。嘗出軍，行經麥中，令士卒「無敗麥，犯者死。」騎士皆下馬，持麥以相付，於是太祖馬騰入麥中，敕主簿議罪。主簿對以《春秋》之義，「罰不加於尊」。太祖曰：「制法而自犯之，何以帥下？然孤爲軍帥，不可自殺，請自刑。」因援劍割髮以置地。又有幸姬常從晝寢，枕之卧，告之曰：「須臾覺我。」姬見太祖卧安，未即寤，及自覺，棒殺之。常討賊，廩谷不足，私謂主者曰：「如何？」主者曰：「可以小斛以足之。」太祖曰：「善。」後軍中言太祖欺衆，太祖謂主者曰：「特當藉君死以厭衆，不然事不解。」乃斬之，取首題徇曰：「行小斛，盜官谷，斬之軍門。」其酷虐變詐，皆此類也。

《三國志》卷一《武帝紀》注引《曹瞞傳》　公聞攸來，跣出迎之，撫掌笑曰：「子卿遠來，吾事濟矣！」既入坐，謂公曰：「袁氏軍盛，何以待之？今有幾糧乎？」公曰：「尚可支一歲。」攸曰：「無是，更言之！」又曰：「可支半歲。」攸曰：「足下不欲破袁氏邪？何言之不實也！」公曰：「向言戲之耳，其實可一月，爲之奈何？」攸曰：「公孤軍獨守，外無救援而糧穀已盡，此危急之日也。今袁氏輜重有萬餘乘，在故市、烏巢，屯軍無嚴備。今以輕兵襲之，不意而至，燔其積聚，不過三日，袁氏自敗也。」公大喜，乃選精鋭步騎，皆用袁軍旗幟，銜枚縛馬口，夜從間道出，人抱束薪，所歷道有問者，語之曰：「袁公恐曹操鈔略後軍，遣兵以益備。」聞者信以爲然，皆自若。既至，圍屯，大放火，營中驚亂。大破之，盡燔其糧穀寶貨，斬督將眭元進、騎督韓莒子、呂威璜、趙叡等首，割得將軍淳于仲簡鼻，未死，殺士卒千餘人皆取鼻，牛馬割唇舌，以示紹軍。將士皆怛懼，時有夜得仲簡，將以詣麾下，公謂曰：「何爲如是？」仲簡曰：「勝負自天，何用爲問乎！」公意欲不殺。許攸曰：「明旦鑒於鏡，此益不忘人。」乃殺之。

《三國志》卷一《武帝紀》注引袁暐《獻帝春秋》　太祖圍濮陽，濮陽大姓田氏爲反間，太祖得入城，燒其東門，示無反意。及戰，軍敗。布騎得太祖而不知是，問曰：「曹操何在？」太祖曰：「乘黄馬走者是也。」布騎乃釋太祖而追黄馬者。門火猶盛，太祖突火而也。

《衆家編年體晉史》輯習鑿齒《漢晉春秋》卷二　獻帝都許，守位而已。宿衛進侍，莫非曹失黨舊恩戚。議郎趙彦嘗爲帝陳言時策，曹操惡而殺之。其餘内外多見誅。操後以事入見殿中，帝不任其忿，因曰：「君能相輔則厚，不爾，幸垂恩相舍。」操失色，俯仰親愛出。舊儀，三公輔兵入廟，令虎賁執刃挾之。殘廢顧左右漢流洽背，自後不敢復朝請。

《世説新語・識鑒》注引孫盛《雜語》　太祖嘗問許子將：「我何如人？」固問，然後子將答曰：「治世之能臣，亂世之奸雄。」

《世説新語・忿狷》　魏武有一妓，聲最清高，而情性酷惡。欲殺則愛才，欲置則不堪。於是選百人一時俱教。少時，還有一人聲及之，便殺惡性者。

《世説新語・假譎》　魏武行役，失汲道，軍皆渴，乃令曰：「前有大梅林，饒子，甘酸，可以解渴。」士卒聞之，口皆出水，乘此得及前源。

《世説新語・假譎》　魏武常言：「人欲危己，己輒心動。」因語所親小人曰：「汝懷刃密來我側，我必説心動。執汝使行刑，汝但勿言其使，無他，當厚相報！」執者信焉，不以爲懼，遂斬之。此人至死不知也。左右以爲實，謀逆者挫氣矣。

《世説新語・假譎》注引《曹瞞傳》　操在軍，廩穀不足，私語主者曰：「何如？」主者云：「可以小斛足之。」操曰：「善。」後軍中言操欺衆，操題其主者，背以徇曰：「行小斛，盜軍穀。」遂斬之。仍云：「特當借汝死，以厭衆心。」

《世説新語・假譎》　魏武常云：「我眠中不可妄近，近便斫人，亦不自覺，左右宜深慎此！」後陽眠，所幸一人竊以被覆之，因便斫殺。自爾每眠，左右莫

敢近者。

《世説新語・假譎》 魏武少時，嘗與袁紹好爲遊俠，觀人新婚，因潛入主人園中，夜叫呼云：「有偷兒賊！」青廬中人皆出觀，魏武乃入，抽刃劫新婦與紹還出，失道，墜枳棘中，紹不能得動，復大叫云：「偷兒在此！」紹遑迫自擲出，遂以俱免。

《世説新語・假譎》注引孫盛《雜語》 武王少好俠，放蕩不修行業。嘗私入常侍張讓宅中，讓乃手戟於庭，踰垣而出，有絶人力，故莫之能害也。

《世説新語・容止》 魏武將見匈奴使，自以形陋，不足雄遠國，使崔季珪代，帝自捉刀立床頭。既畢，令間諜問曰：「魏王何如？」匈奴使答曰：「魏王雅望非常，然床頭捉刀人，此乃英雄也。」魏武聞之，追殺此使。

備論

《三國志》卷一《武帝紀》 漢末，天下大亂，雄豪並起，而袁紹虎眎四州，彊盛莫敵。太祖運籌演謀，鞭撻宇内，擥申、商之法術，該韓、白之奇策，官方授材，各因其器，矯情任算，不念舊惡，終能總御皇機，克成洪業者，惟其明略最優也。抑可謂非常之人，超世之傑矣。

《三國志》卷一《武帝紀》注引《魏書》 太祖自統御海内，芟夷羣醜，其行軍用師，大較依孫、吴之法，而因事設奇，譎敵制勝，變化如神。自作《兵書》十餘萬言，諸將征伐，皆以《新書》從事：臨事又手爲節度，從令者克捷，違教者負敗。與虜對陣，意思安閒，如不欲戰，然及至決機乘勝，氣勢盈溢。故每戰必克，軍無幸勝。知人善察，難眩以僞，拔于禁、樂進於行陣之間，取張遼、徐晃於亡虜之内，皆佐命立功，列爲名將。其餘拔出細微、登爲牧守者，不可勝數。是以創造大業，文武並施。御軍三十餘年，手不舍書，晝則講武策，夜則思經傳，登高必賦，及造新詩，被之管弦，皆成樂章。才力絶人，手射飛鳥，躬禽猛獸。常於南皮，一日射雉獲六十三頭。及造作宮室，繕治器械，無不爲之法則，皆盡其意。雅性節儉，不好華麗，後宮衣不錦綉，侍御履不二采，帷帳屏風，壞則補納，茵蓐取温，無有緣飾。攻城拔邑，得靡麗之物，則悉以賜有功。勛勞宜賞，不吝千金，無功望施，分豪不與。四方獻御，與羣下共之。常以送終之制，襲稱之數，繁而無益，俗又過之，故預自製終亡衣服四篋而已。

《衆家編年體晉史》輯習鑿齒《漢晉春秋》卷二 昔齊桓公一矜其功，而叛者九國；曹操暫自驕伐，而天下三分。皆勤之於數十年内，而棄之於俯仰之頃，豈不惜乎！是以君子勞謙日昃，慮以下人，功高而居之以讓，勢尊而守之以卑。情近於物，故雖貴而人不厭其重；德洽羣生，故業廣而天下愈欣其慶。夫然，故能有其富貴，保其功業，隆顯當時，傳福百世，何驕矜之有哉！君子是以知曹操之不能遂兼天下者也。【略】

魯欲稱王，而閻圃諫止之。今封圃爲列侯。夫賞罰者，所以懲惡勸善也，苟可以明軌訓，於物無遠近幽深矣。今閻圃諫魯勿王，而太祖追封之，將來之人，孰不思順？塞其本源而末流自止，其此之謂歟！若乃不明於此，而重焦爛之功，豐爵厚賞，止於死戰之士，則民利於有亂，俗競於殺伐，阻兵仗力，干戈不戢矣。太祖此封，可謂知賞罰之本，雖湯武居之無以加也。

《唐文拾遺》卷一三虞世南《論略》 虞南曰：「曹公兵機智算，殆難與敵，故能肇迹開基。居中作相，實有英雄之才矣。然譎詭不常，雄才多忌，至於殺伏后，鴆荀彧，誅孔融，戮崔琰，婁生弊於一言，桓邵勞於下拜。棄德任刑，其虐已甚。坐論西伯，實非其人。許劭所謂『治世之能臣，亂世之奸雄』，斯言爲當。」【略】

先生曰：「魏武，曹騰之孫，累葉榮顯，濯纓漢室，三十餘年。及董卓之亂，乃與山東俱起，誅滅元兇，曾非己力。」

《全唐文》卷一八二王勃《三國論》 魏武用兵，仿佛孫吴。臨敵制奇，鮮有喪敗，故能東擒狡布，北走强袁，破黄巾於壽張，斬眭固於射犬。援戈北指，蹋頓懸顱；擁旆南臨，劉琮束手。振威烈而清中夏，挾天子以令諸侯，信超然之雄杰矣。而弊於褊刻，失於猜詐。孔融、荀彧，終罹其災；孝先、季珪，卒不能免。愚知操之不懷柔巴蜀，砥定東南，必然之理也。

《全唐文》卷一七〇朱敬則《魏武帝論》 皇漢失圖，網漏讒慝；賊臣承間，摇蕩宸居。宗廟焚燒，天子播越。於是九州幅裂，四海横流，釋位勤王，天下雲集。初平元年，後將軍袁術、冀州牧韓馥、豫州刺史孔伷、兗州刺史劉岱、河内太守王匡、渤海太守袁紹、陳留太守張邈、東郡太守喬瑁、山陽太守袁遺、濟北相鮑信、長沙太守孫堅等同時俱起，以討董卓爲名。然包藏禍心，以暴易亂，竊命矯制，結黨樹朋，觀釁待時，莫敢先犯。唯魏太祖有汴水之戰，孫討虜有陽人之師

矣。觀曹公明鋭權略，神變不窮。兵折而意不衰，在危而聽不惑。臨事決機，舉無遺悔，近古以來未之有也。故梁國橋元、南陽何禺皆云：「天下將亂，非命世之才，不能濟也。能安之者，其在君乎！」雖復名微衆寡，地小力窮，官渡受圍，濮陽戰屈，然天下精明之士，拓落之材，趨若百川之崇鉅海，遊塵之集高嶽。故有荀彧、郭嘉、邢禺、程昱、賈詡、朱雲等，或歛風長感，或一見盡懷，然後覽英雄之心，騁熊羆之勇。挾天子以崇大順，扶幼主而顯至公，旌賁忠良，芟夷叛逆，神道輔德，百姓與能，武功赫然，霸業成矣。若乃獲魏种而有之，高祖之封雍齒也；降張繡而不怨，光武之全朱鮪也。感臧霸之言，以成其氣；重關羽之義，抑而不追，王霸之術也。然後法令嚴峻，賞罰必行，惟材是求，惟力是視。縱夷、齊滿路，顔、閔並居，未暇存也。救弊即可，仁則未知。且以術臨人，力無餘也；用智濟物，迹若容身。欲使蕩蕩元波，涯而不竭；飂飂薰風，周徧草木；元雲蔭而方雨，黄葉衰而木落，不可得也。荀文若首豫經綸，提挈草昧。清神昭乎物表，妙識出乎機先。造我魏邦，緊其是賴。一言不合，五毒將施，無詞寄文，空器見志，可不劇哉？加以孔文舉與道翱翔，盡忠漢室；崔季珪天骨高爽，志在扶傾。豈大盜之所安也？嗚乎！欲盜之子，見錦而不見人；弭謗之君，尤人而不尤已，豈知羣鷗不下，衆雀遥驚者乎？故陰謀未洩，天下已知；毒志潛行，忠良前懼。何夔所以帶藥，楊彪由是不出。雲長受恩而不謝，元德失箸而思奔。席上無懷疑之人，閫外少自信之士，良可恥也。固知曹公不能用天下之材，成天下之務也。昔周武之澤及昆蟲，不能感食薇之士；漢高之功濟草木，未能屈歌芝之賢。猶且遂其孤貞，容其怨讟，況功未半古，德異樂推。遭神器之流離，問寶鼎之輕重，欲使庶人不議，寧可得乎？翻乃疾走惡迹，掩耳畏聲。讐匹夫，念平素，殺桓邵，斃婁珪。道路以目，天下鉗口，豈不惜哉？楊德祖才雖清秀，志非遠圖，託事行誅，死非其罪。司馬懿雄材大度，勇而有謀，審其狼顧，知而不翦。若言天意也，則吾未知；若言人事也，其智安在？故知忌小怨而忘遠圖，料目前而忽身後，豈所謂旁求哲人、俾輔後嗣者哉？或問曰：「天厭漢德，海内分崩，三雄鼎立，俱受眷命。乃至控御豪傑，削平區宇，英圖遠算，何者爲先？」君子曰：「孫仲謀藉父兄之資，負江海之固，未敢争盟上國，競鹿中原，自守未餘，何足言也？蜀先主抱英濟之器，無角逐之材，遠竄荆蠻，畏曹公之神武；奄有庸蜀，乘劉璋之政衰。國小人夷，風頽俗陋，山川險澁，異崤函之奥區；江漢通流，殊河洛之朝市。豈得抗衡中夏，齊足當途乎？前賢易地之談，全是不關胷臆。且夫度德而處，量力而行。劉備豈薄先王之舊居，輕齊魯之故俗，若泰伯之適吴越，孔子之八九夷哉！蓋不得已也？是知才雄者地廣，國大者兵强，地既由才，才寧可易也？」

司馬光《稽古録》卷一三 漢室不綱，羣雄麋擾，乘輿播蕩，莫之收省，太祖獨奉迎而相之，披荆棘以立朝廷，則其名義固足以結民心矣；加之英威明略，過絶於人，驅策賢豪，糞除姦宄。於是張繡屈膝，吕布授首，公路野死，本初覆亡，劉琮獻地，韓、馬遁逃；中原肅清，戎狄請服。然則魏取天下於盜手，而非取之于漢室也。惜其狹中多詐，猜忌賢能，此海内所以不盡服也。

《蘇軾文集》卷三《魏武帝論》 魏武長於料事，而不長於料人。是故有所重發而喪其功，有所輕爲而至於敗。劉備有蓋世之才，而無應卒之機。方其新破劉璋，蜀人未附，一日而四五驚，斬之不能禁。釋此時不取，而其後遂至於不敢加兵者終其身。孫權勇而有謀，此不可以聲勢恐喝取也。魏武不用中原之長，而與之争於舟楫之間，一日一夜，行三百里以争利。犯此二敗，以攻孫權，是以喪師於赤壁，以成吴之强。且夫劉備可以急取，而不可以緩圖。方其危疑之間，卷甲而趨之，雖兵法之所忌，可以得志。孫權者，可以計取，而不可以勢破也，而欲以荆州新附之卒，乘勝而取之。彼非不知其難，特欲僥幸於權之不敢抗也。此用之於新造之蜀，乃可以逞。故夫魏武重發於劉備而喪其功，輕爲於孫權而至於敗。此不亦長於料事，而不長於料人之過歟？

《全宋文》卷四八三二史堯弼《曹公論》 兵家之最難者，莫難於堅者之必不可拔，而實者之必不可攻也。故善兵者，必有以利而通之，先攻其瑕而後堅者，無所不拔；先擊其虚而後實者，無所不破。夫惟天下之勢不能皆堅與實，而必有虚與瑕，此蓋兵家之所亟赴而所速乘之，而後能以得天下之利。今夫兩兵相加，强弱相敵，而未有所決，此其間必有虚而易動之處，而後成敗以分。故夫昔之欲求勝者，必先自反以求其有所易動之處，而重實之。設爲形格勢禁，使人無以乘吾，然後蕩然征伐四出，無所掣肘，而後可以得志。嗟夫！曹公之用兵，其智略縱横，變化百出，天下莫能敵者，而曾不能以及此哉！赤壁之師，雖其平生未有若此之敗，然不足以爲操之利害也。許之地，乃操之窟穴，其存亡成敗所寄者，而使人得以屢窺之，是以知操之危機莫大於此，而終不爲之備，亦足以見其智之有所不及於此矣。方其征張繡與征劉備及其官渡之役，田豐、許攸之徒，蓋三勸袁紹乘虚襲許矣，而紹皆不能用。及其北征，而劉備又以勸劉表，劉表又不

能用。天下之窺許亦屢矣。張繡之役，操聞田豐勸紹襲許，遂釋繡以自救，彼非不知也，而終不爲之計。夫與其奔走自爲之不暇，孰若使人有所不敢動，而後能以必勝彼？其意蓋謂紹與表之心不能出此，則亦已危矣。向使田豐、許攸、劉備之計得行，紹與表悉其鋭以擣許之虚，挾天子以制操之命，且分兵據其街路，操聞之必狼狽自救，東北諸寇利其有内亂而乘其歸，必引兵襲擊其後。操欲進則街路之兵遏其前，退則襲擊之兵躡其後，進退無據，其敗可立而待之。昔章邯盡鋭於河北，而高祖得以入秦；關羽起兵攻于禁，則荆州遂入於吕蒙之手。唐神策六軍悉戍河北，朱泚猝發，而京師遂陷。有所虚而使人得以乘之，未有不敗者也。今操有易動必危之勢如此，而天下終無有以投其隙，操亦可謂幸免矣。袁紹、劉表得天下之大機會，拱手而不能應，則亦土木偶人也哉！昔光武之興，其敵亦多矣。彼其見東北之不可不先事，而恐西南之寇之議其後也，是以先命岑、馮扞其衝，而光武始得專意東北而無憂，故天下卒以次平定。帝王之經略當世，其深計遠算，所爲必勝者，夫豈苟然哉？嗚呼！操以百戰百勝之威而終不能以一天下，此其料敵制勝爲有餘，而天下大慮有所不足故也。

胡寅《讀史管見》卷五 父仇不報，天理滅矣。操於陶謙不得不擊，然得殺其父者而甘心焉可也，徐土、睢陵、夏丘之人何罪焉，乃悉遭屠戮？且以一人之故，而坑數十萬口，雖足快孝思，而有乖仁術。以其所短，掩其所長，惜哉！【略】

其天資嗜殺，是以如此。雖得天下，不能數世，即爲他人所奪，蓋智術有餘，而德澤不厚，不能綿遠，其理然也。【略】

曹操雖尚詐不誠，然其才智則誠可以駕馭一時而成霸業也。烏桓之勝，操以爲僥幸，而厚賞諫者，且丐其來規，推此志也，兼有四海可也。【略】

曹操，五伯之罪人也。功非扶漢，志在篡君，直亂臣賊子之魁桀耳。雖僞定一時，而不克混一。甫及三世，曹芳、髦、璜已在人掌握，呼來斥去，僅同奴隸，或乃死於鋒刃。天之報施，疏而不失，然反道敗德之人，狃於姦宄，終不懲也。

胡寅《讀史管見》卷六 橋玄、何顒、許劭、鮑信皆言曹操命世之才，而孔明亦稱其智計絶人，善用兵。【略】孔明與之同時，必無虚語，但恐史官不能盡記其軍機之妙耳。姑據己事，獨論其用兵，殆亦韓信、李靖之流歟？

郝經《續後漢書》卷二五《曹操列傳》 堯舜以禪讓帝，湯武以征伐王，桓文以力而伯，羿、莽以盗而篡，此自昔有天下國家之大端也。桓、靈之季，天下已無漢矣。操之機神權略不世出，戡定禍亂，康濟斯民，慨然自爲，豈不足？王翼戴天子，加之以共，霸則有餘。南北征伐三十餘年，大小數百戰，功烈巍然。乃崎嶇詭譎，陰賊險狠，欺人孤兒寡婦，爲羿、莽篡盗計。厭然以西伯自處，使其子爲舜、禹之事，將誰欺哉？爲盗而惡盗之名，則又羿、莽之不若也。嗚呼！世衰道微，自晉而下十餘代，千有餘年，往往有湯武之仁義，桓文之功烈，而終用操竊國之術，自以爲得，而不知其非。悲夫！或者又謂操取天下于盗手，非取之于漢室。司馬光論操乃大盗，而謂人爲盗乎？劫遷天子，弑母后，殺貴人，酖皇子，誅大臣，戮名士，自加九錫，爲公爲王，非取之漢室而孰取之哉？諺曰：「巧詐不如拙。」誠有大功而以僞喪之者，操是也。操自謂智，予謂不智也。

贊曰：朱靈暟昧，竇祚傾側。九服氛蜚，八維祲塞。叨吻涎瀝，孽牙血礫。祇以樹兵，莫知振德。操出贅閹，龍斷瞰睨。詭人矜譎，蔑文逞智。假義勤王，圖篡挾帝。逆獍萬段，老狐百媚。日勝日負，日得日亡。不作齊桓，甘爲田常。賊款盗模，仍誤後王。毋謂弗知，代遠益彰。

于慎行《讀史漫録》卷五 曹操千古豪雄，智略蓋世，其當事機之際，能用羣策，如荀彧、荀攸、郭嘉、程昱輩，每得失存亡之機，以片言能救之，如石投水，故算無遺策，而功流當世。試舉數條。方操失兖州時，徬徨三縣，莫知所止，袁紹從河北招之，非程昱一言，則操入袁彀中矣。昱曰，「紹有并天下之心」，「將軍以龍虎之威，可爲之韓、彭邪！今兖州雖破，尚有三城，能戰之士，不下萬人，以將軍之神武，與昱等收而用之，伯王之業可成也」。操遂不入河北。及陶謙已死，操欲先取徐州，還乃定布，荀彧勸以先定兖州，曰，「昔高祖保關中，光武據河内，皆深根固本 以制天下」。「河、濟天下要地，今雖殘破，猶易以自保，是亦將軍之關中、河内也」。操遂分兵平布，據兖州爲根本。及車駕播越關河，未有寧所，袁紹擁兵百萬，不肯奉迎，荀彧乃説操曰，「文公納襄王而諸侯景從，高祖爲義帝縞素而天下歸心，誠因此時奉主上以從人望」，「四方雖有逆節，其何能爲」？操遂迎車駕，定都許昌。官渡之戰，操兵少糧盡，士卒疲乏，議欲還許以致紹師。彧又以爲楚漢在滎陽之間，莫肯先退，先退則勢屈力怠，至弱當至强，若不能勝，必爲所乘。操遂堅壁拒之，而袁氏瓦解。操之攻荆州，袁譚求救，操欲先平劉表，後取袁氏，于是荀攸曰，「袁氏據四州之地，帶甲數十萬」，「令二子和睦，以守其成，則天下之難未已，今兄弟構惡，勢不兩全」，「及其亂而圖之，則天下定矣」。操遂回兵北指，而冀州以平。此數事者，其得失成敗在呼吸之間，而諸子揣微見遠，中窾批郤，操又能虚心聽納，從諫如流，宜其克濟大業，芟略羣雄也。

曹公鄴中下令，自述生平志氣，皆非虚語。彼其舉孝廉爲典軍時，豈遂欲霸天下，及其勢已成，真有不能自已者。故曰：「欲孤委捐兵衆以還執事，實不可也。何者？誠恐己離兵爲人所禍，既爲子孫計，又己敗則國家傾危，是以不得慕虚名而處實禍也！」此皆其肝膈至語，吐露以示天下，無所掩飾，非大奸雄不能。【略】

曹操梟雄蓋世，駕御人英，有漢二祖之風，然其平日舉措，多不可曉。【略】甚哉操之黠而愚也。獻帝大權旁落，苟延殘喘，操以旦夕可取之物，汲汲圖之。其弑伏后也，至被髮徒跣，牽之而去。斯真犬彘之行，自形其醜者也。華歆鷹犬，何足論哉！

胡應麟《少室山房筆叢》卷一四《乙部·史書佔畢二》　魏武因弱爲强，不階尺土，幾一海寓，其人不足論，才足稱也。

王夫之《讀通鑑論》卷九　曹操父見殺而興兵報之，是也；阬殺男女數十萬人於泗水，偏屠城邑，則慘毒不仁，惡滔天矣。雖然，陶謙實有以致之也。謙別將掩襲曹嵩而殺之，謙可謝過曰不知，然使執殺嵩者婦之於操，使臠割而甘心焉，則操亦無名以逞。乃視嵩之死，若獵人之謝麏麃，分食其肉而不問所從來，亦何以已暴人之怒哉？

且操之擊謙也，以報私讐，而未嘗無可託之公義也。李傕、郭汜稱兵向闕，殺大臣，脅天子，人得而誅者也。謙首唱誅逆之謀，奉朱儁以伐逆而戴主，傕、汜以太僕餌儁，以牧餌謙，其力弱而畏我也可見矣。知其弱，懼其餌，儁雖志義不終，而謙自可奮興以致討，乃聽王朗之謀，邀寵於賊臣，而受州牧之命，則欲辭黨逆之誅而無所逭；操執此以告天下，而天下孰爲謙援者乎？蓋謙之爲謙也，貪利賴寵，規眉睫而迷禍福者也。然則曹嵩之輜重，謙固垂涎而假手於別將耳。吮鋒端之蜜，禍及生靈者數十萬人，貪人之毒，可畏也夫！

【略】范增之欲殺沛公，孫堅之欲殺董卓，爲曹操謀者之欲殺劉豫州，王衍之欲殺石勒，張九齡之欲殺安禄山，自事後而觀之，其言驗矣。乃更始殺伯升而國終亡，司馬氏殺牛金而家終易。故郭嘉之説曹操，勿徒受害賢之名，而曹操笑曰：「君得之矣。」有識者之言，非凡情可測也。

人之欲大有爲也，在己而已矣，未有幸天下之不肖，而己可攘賢而自大者也。苟可以大有爲，則雖有英雄，無能爲我難也；苟未可以有爲，則何知天之生豪傑者不再生也？待獺以敺魚，待鸇以敺雀，此封建之天下爲然爾。起於紛亂之世而欲成大業，非能屈天下之英雄，不足以建非常之業。忌英雄而殺之，偷勝天下之庸流，以爲之雄長，則氣先苶；而忽有間起之英豪，乘之於意外，則神沮志亂而無以自持。若此者，曹操之所不屑爲，而況明主之以道勝而容保無疆者乎？盡己而不憂天下之我勝，君子之道，而英雄由之；不能髣髴於君子之道而足爲英雄者，未之有也。

朱一是《爲可堂初集》卷六《曹操論》　漢室傾頽，羣雄割據，曹操削平天下，三分有二，是漢室重爲曹氏所延，厥功烈矣！乃論者不烈其功，務深其罪，以爲奸雄。之有尤痛心切齒。萬舌一辭，何哉？夫古今以來，篡國竊位者，多矣。或取他人手，不以還其主，而自有之；或欺侮孤寡，攘而奪之，其所爲類甚於操，而世之痛心切齒於篡竊者，反不如操之甚。使操及身更篡竊，其罪操又寧有加等哉！朱子曰：「操惟不篡，且竊其罪，乃甚於篡竊也。何則？操之見怒於人心者，非以偪天子耶？弑郗后、貴妃耶？操而篡且竊也，君且廢而代之，何有於偪？又何有於君之后，若妃耶？然自古無不亡之國，以强代弱，極其惡，操不過一司馬炎、劉裕輩已爾。其事直其心，顯天下萬世之公論。雖憤而不極，惟是操猶人臣也，人臣無將，將而必誅。況乃挾天子令以偪天子，敢於弑后妃而不顧。則事逆而志。潛盜之，殺人，天下恒有之事也。爲人奴而弑主，不恒有之事也。其服刑有加等，操蓋終其身，耻居篡竊之名，不知其所爲求，比于篡竊，抑不可得也。且人之度量相越，固甚遠矣。或德高仁聖，或才近英雄，庸人不能貌英雄，猶英雄不能貌仁聖也。余觀操之用兵出奇，亦漢季英雄者流歟！乃操自許，則曰：「吾其爲周文王矣！」夫文王，何可當也？文王陰行善者也，操陰行惡者也。爲善宜陰，爲惡宜陽，善陰則積厚，惡陽則罪輕。操欲修文王，服事之，文中心之陰賊，狠戾勃發，而不能制，卒自墮於大奸奇兇，并英雄之質失之矣！擬之愈高者，形之愈醜，比瑜、瑾於碔砆，方綺繡乎縞苧，適以招指摘，而露敗劣也。故孔明退比于管、樂，而望益隆；曹操進比於文王，而惡益著。人之材分審處，又烏可以不慎哉！自古奸惡爲婦人童子所共怒者，無過操、莽。自我論之，操之蒙惡聲，文王誤之也；莽之取大僇，周公誤之也。操自謂文王，其心愈險，罪乃甚于高澄、宇文泰；莽自爲周公，其毒愈張同以外戚盜國，不得爲隋楊堅，同得天下於孤兒寡婦之手，不得爲宋藝祖。或亡其身，或促其子孫，亦足爲。小人無忌憚之戒，而人品、心術，誠不可僞爲也已。

藝文

《曹植集》卷一《武帝誄》 於惟我王，承運之衰。神武震發，羣雄殲夷。拯民於下，登帝太微。德美旦奭，功越彭韋。九德光備，萬國作師。寢疾不興，聖體長違。華夏飮淚，黎庶含悲。神翳功顯，身沈名飛。敢揚聖德，表之素旗。乃作誄曰：

於穆我王，胄稷胤周。賢聖是紹，元懿允休。先侯佐漢，實惟平陽；功成績著，德昭二王。民以寧一，興詠有章。我王承統，天姿特生。年在志學，謀過老成。奮臂舊邦，翻身上京。袁與我王，交兵若神。張陳背誓，傲弟虐民，擁徒百萬，虎視朔濱。我王赫怒，戎車列陳，武卒虓闞，如雷如震。攙槍北掃，舉不浹辰，紹遂奔北，河朔是賓。振旅京師，帝嘉厥庸，乃位丞相，總攝三公。進受上爵，臨君魏邦。九錫昭備，大路火龍。玄鑑靈察，探幽洞微。下無僞情，姦不容非。敦儉尚古，不玩珠玉，以身先下，民以純樸。聖性嚴毅，平修清一。惟善是嘉，靡疏靡昵。怒過雷電，喜踰春日。萬國肅虔，望風震慄。既總庶政，兼覽儒林。躬著雅頌，被之瑟琴。茫茫四海，我王康之。微微漢嗣，我王匡之。羣傑扇動，我王服之。喁喁黎庶，我王育之。光有天下，萬國作君。虔奉本朝，德美周文。以寬克衆，每征必舉。四夷賓服，功夷聖武。翼帝王世，神武鷹揚，左鉞右旄，威淩伊呂。年踰耳順，體壯志肅，乾乾庶事，氣過方叔。宜並南嶽，君國無窮。如何不弔，禍鍾聖躬。棄離臣子，背世長終。兆民號咷，仰愬上穹。既以約終，令節不衰。既即梓宮，躬御綴衣。璽不存身，唯紼是荷。明器無飾，陶素是嘉。既次西陵，幽閨啓路。羣臣奉迎，我王安厝。窈窕玄宇，三光不晰。幽闥一扃，尊靈永蟄。聖上臨穴，哀號靡及。羣臣陪臨，佇立以泣。去此昭昭，於彼冥冥，永棄兆民，下君百靈。千代萬葉，曷時復形。人事既闋，聰鏡神理。

歐陽詢《藝文類聚》卷一三《帝王部三》引《魏文帝爲武帝策文》 痛神曜之幽潛，哀鼎俎之虛置。舒皇德而詠思，遂腷臆以莅事。矧乃小子，夙遭不造，煢煢在疚。嗚呼皇考，產我曷晚，棄我曷早。羣臣子輔，奪我哀原。猥抑奔墓，俯就權變。卜葬既從，大隧既通。漫漫長夜，窈窈玄宮。有晦無明，曷有所窮。鹵簿既整，三官駢羅。前驅建旗，方相執戈。棄此宮庭，陟彼山阿。

《三國志》卷一《武帝紀》注引王粲五言詩 從軍有苦樂，但問所從誰。所從神且武，安得久勞師？相公征關右，赫怒振天威，一舉滅獯虜，再舉服羌夷，西牧邊地賊，忽若俯拾遺。陳賞越山嶽，酒肉逾川坻。軍中多饒飫，人馬皆溢肥。徒行兼乘還，空出有餘資。拓土三千里，往反速如飛。歌舞入鄴城，所願獲無違。

《陸機集》卷九《弔魏武帝文並序》 元康八年，機始以臺郎出補著作，游乎秘閣，而見魏武帝遺令，愾然歎息傷懷者久之。客曰：「夫始終者萬物之大歸，死生者性命之區域，是以臨喪殯而後悲，睹陳根而絕哭。今乃傷心百年之際，興哀無情之地，意者無乃知哀之可有，而未識情之可無乎？」

機答之曰：「日蝕由乎交分，山崩起於朽壤，亦云數而已矣。然百姓怪焉者，豈不以資高明之質而不免卑濁之累，居常安之勢而終嬰傾離之患故乎？夫以迴天倒日之力而不能振形骸之內，濟世夷難之智而受困魏闕之下，已而格乎上下者藏於區區之木，光于四表者翳乎蕞爾之土。雄心摧於弱情，壯圖終於哀志。長筭屈於短日，遠跡頓於促路。嗚呼！豈特瞽史之異闕景，黔黎之怪頹岸乎？觀其所以顧命冢嗣，貽謀四子，經國之略既遠，隆家之訓亦弘。又云：『吾在軍中，持法是也，至於小忿怒、大過失，不當效也。』善乎達人之讜言矣。持姬女而指季豹，以示四子曰：『以累汝。』因泣下。傷哉！曩以天下自任，今以愛子託人，同乎盡者無餘，而得乎亡者無存。然而婉孌房闥之內，綢繆家人之務，則幾乎密與！又曰：『吾婕妤妓人，皆著銅雀臺。於臺堂上施八尺牀、繐帳，朝晡上脯糒之屬，月朝十五日，輒向帳作妓。汝等時時登銅雀臺，望吾西陵墓田。』又云：『餘香可分與諸夫人。諸舍中無所爲，學作履組賣也。吾歷官所得綬，皆著藏中。吾餘衣裘，可別爲一藏，不能者兄弟可共分之。』既而竟分焉。亡者可以勿求，存者可以勿違，求與違，不其兩傷乎？悲夫！愛有大而必失，惡有甚而必得，智慧不能去其惡，威力不能全其愛，故前識所不用心，而聖人罕言焉。若乃繫情累於外物，留曲念於閨房，亦賢俊之所宜廢乎！」於是遂憤懣而獻弔云爾。

接皇漢之末緒，值王塗之多違。佇重淵以育鱗，撫慶雲而遐飛。運神道以載德，乘靈風而扇威。摧羣雄而電擊，舉勍敵其如遺。指八極以遠略，必翦焉而後綏。釐三才之闕典，啓天地之禁闈。舉修網之絕紀，紐大音之解徽。掃雲物以貞觀，要萬塗而來歸。丕大德以宏覆，援日月而齊暉。濟元功於九有，固舉世之所推。

彼人事之大造，夫何往而不臻。將覆簣於浚谷，擠爲山乎九天。苟理窮而性盡，豈長算之所研？悟臨川之有悲，固梁木其必顛。當建安之三八，實大命之所艱。雖光昭於曩載，將稅駕於此年。惟降神之綿邈，眇千載而遠期。信斯武之未喪，膺靈符而在兹。雖龍飛於文昌，非王心之所怡。憤西夏以鞠旅，泝秦川而舉旗。踰鎬京而不豫，臨渭濱而有疑。冀翌日之云瘳，彌四旬而成災。詠歸塗以反旆，登崤澠而揭來。次洛汭而大漸，指六軍曰念哉！

伊君王之赫奕，實終古之所難。威先天而蓋世，力盪海而拔山。厄奚險而弗濟，敵何强而不殘。每因禍以提福，亦踐危而必安。迄在兹而蒙昧，慮噤閉而無端。委軀命以待難，痛没世而永言。撫四子以深念，循膚體而頹歎。迨營魄之未離，假餘息乎音翰。執姬女以嚬瘁，指季豹而灌焉。氣衝襟以嗚咽，涕垂睫而汎瀾。違率土以靖寐，戢彌天乎一棺。

咨宏度之峻邈，壯大業之允昌。思居終而恤始，命臨没而肇揚。援貞吝以惎悔，雖在我而不臧。惜内顧之纏綿，恨末命之微詳。紆廣念於履組，塵清慮於餘香。結遺情於婉孌，何命促而意長！陳法服於帷座，陪窈窕於玉房。宣備物於虚器，發哀音於舊倡。矯戚容以赴節，掩零淚而薦觴。物無微而不存，體無惠而不亡。庶聖靈之響像，想幽神之復光。苟形聲之翳没，雖音景其必藏。徽清絃而獨奏，進脯糒而誰嘗。悼繐帳之冥漠，怨西陵之芒芒。登雀臺而羣悲，眝美目其何望。既晞古以遺累，信簡禮而薄葬。彼裘紱於何有，貽塵謗於後王。嗟大戀之所存，故雖哲而不忘。覽遺籍以慷慨，獻兹文而悽傷。

李昉《太平御覽》卷九三《皇王部》引《唐太宗皇帝祭魏武帝文》 夫大德曰生，資二儀以成化；大寶曰位，應五運而遞昌。貴賤廢興，莫非天命。故龍顔日角，顯帝王之符；電影虹光，表乾坤之瑞。不可以智競，不可以力爭。昔漢室三分，羣雄並立。夫民離政亂，安之者哲人；德喪時危，定之者賢輔。伊尹之匡殷室，王道昏而復明；霍光之佐漢朝，皇綱否而還泰。立忠履節，爰在於斯。帝以雄武之姿，常艱難之運。棟梁之任，同乎曩時；匡正之功，異乎往代。觀沉溺而不拯，視顛覆而不持，乖狥國之情，有無君之迹。既而三分，肇慶黄星之應，久彰五十啓期，真人之運斯屬，其天意也，豈人事乎？

《全唐詩》卷六四七胡曾《官渡》 本初屈指定中華，官渡相持勒虎牙。若使許攸財用足，山河争得屬曹家。

陸龜蒙《甫里集》卷一二《鄴宫詞二首》 魏武平生不好香，楓膠蕙炷潔宫房。可知遺令非前事，却有餘薰在綉囊。

蘇頌《蘇魏公文集》卷七一《祭魏武帝文》 帝肇興王業，大庇生人。血食此邦，威靈如在。式臨春序，虔奉祀儀。冀錫繁禧，垂祐羣品。民所仰止，神其格思。

孫承恩《文簡集》卷四一《古像贊・魏太祖》 老瞞奸雄，才具明畧。威加海宇，力振山岳。魏業已固，漢鼎潛移。比迹文王，吾將誰欺？

劉備部

綜述

《三國志》卷三二《先主傳》 先主姓劉，諱備，字玄德，涿郡涿縣人，漢景帝子中山靖王勝之後也。勝子貞，元狩六年封涿縣陸城亭侯，坐酎金失侯，因家焉。先主祖雄，父弘，世仕州郡。雄舉孝廉，官至東郡范令。

先主少孤，與母販履織席爲業。舍東南角籬上有桑樹生，高五丈餘，遥望見童童如小車蓋，往來者皆怪此樹非凡，或謂當出貴人。先主少時，與宗中諸小兒於樹下戲，言：「吾必當乘此羽葆蓋車。」叔父子敬謂曰：「汝勿妄語，滅吾門也！」年十五，母使行學，與同宗劉德然、遼西公孫瓚俱事故九江太守同郡盧植。德然父元起常資給先主，與德然等。元起妻曰：「各自一家，何能常爾邪！」起曰：「吾宗中有此兒，非常人也。」而瓚深與先主相友。瓚年長，先主以兄事之。先主不甚樂讀書，喜狗馬、音樂、美衣服。身長七尺五寸，垂手下膝，顧自見其耳。少語言，善下人，喜怒不形於色。好交結豪俠，年少争附之。中山大商張世平、蘇雙等貲累千金，販馬周旋於涿郡，見而異之，乃多與之金財。先主由是得用合徒衆。

靈帝末，黄巾起，州郡各舉義兵，先主率其屬從校尉鄒靖討黄巾賊有功，除安喜尉。督郵以公事到縣，先主求謁，不通，直入縛督郵，杖二百，解綬繫其頸着馬枊，棄官亡命。頃之，大將軍何進遣都尉毌丘毅詣丹楊募兵，先主與俱行，至下邳遇賊，力戰有功，除爲下密丞。復去官。後爲高唐尉，遷爲令。爲賊所破，往奔中郎將公孫瓚，瓚表爲別部司馬，使與青州刺史田楷以拒冀州牧袁紹。數有戰功，試守平原令，後領平原相。郡民劉平素輕先主，恥爲之下，使客刺之。客不忍刺，語之而去。其得人心如此。

袁紹攻公孫瓚，先主與田楷東屯齊。曹公征徐州，徐州牧陶謙遣使告急於田楷，楷與先主俱救之。時先主自有兵千餘人，及幽州烏丸雜胡騎，又略得飢民數千人。既到，謙以丹楊兵四千益先主，先主遂去楷歸謙。謙表先主爲豫州刺史，屯小沛。謙病篤，謂別駕麋竺曰：「非劉備不能安此州也。」謙死，竺率州人迎先主，先主未敢當。下邳陳登謂先主曰：「今漢室陵遲，海内傾覆，立功立事，在於今日。彼州殷富，户口百萬，欲屈使君撫臨州事。」先主曰：「袁公路近在壽春，此君四世五公，海内所歸，君可以州與之。」登曰：「公路驕豪，非治亂之主。今欲爲使君合步騎十萬，上可以匡主濟民，成五霸之業；下可以割地守境，書功於竹帛。若使君不見聽許，登亦未敢聽使君也。」北海相孔融謂先主曰：「袁公路豈憂國忘家者邪？冢中枯骨，何足介意。今日之事，百姓與能，天與不取，悔不可追。」先主遂領徐州。袁術來攻先主，先主拒之於盱眙、淮陰。曹公表先主爲鎮東將軍，封宜城亭侯，是歲建安元年也。先主與術相持經月，呂布乘虚襲下邳。下邳守將曹豹反，閒迎布。布虜先主妻子，先主轉軍海西。楊奉、韓暹寇徐、揚閒，先主邀擊，盡斬之。先主求和於呂布，布還其妻子。先主遣關羽守下邳。

先主還小沛，復合兵得萬餘人。呂布惡之，自出兵攻先主，先主敗走，歸曹公。曹公厚遇之，以爲豫州牧。將至沛收散卒，給其軍糧，益與兵使東擊布。布遣高順攻之，曹公遣夏侯惇往，不能救，爲順所敗，復虜先主妻子送布。曹公自出東征，助先主圍布於下邳，生禽布。先主復得妻子，從曹公還許。表先主爲左將軍，禮之愈重，出則同輿，坐則同席。袁術欲經徐州北就袁紹，曹公遣先主督朱靈、路招要擊術。未至，術病死。

先主未出時，獻帝舅車騎將軍董承辭受帝衣帶中密詔，當誅曹公。先主未發。是時曹公從容謂先主曰：「今天下英雄，唯使君與操耳。本初之徒，不足數也。」先主方食，失匕箸。遂與承及長水校尉种輯、將軍吴子蘭、王子服等同謀。會見使，未發。事覺，承等皆伏誅。

先主據下邳。靈等還，先主乃殺徐州刺史車胄，留關羽守下邳，而身還小沛。東海昌霸反，郡縣多叛曹公爲先主，衆數萬人，遣孫乾與袁紹連和，曹公遣劉岱、王忠擊之，不克。五年，曹公東征先主，先主敗績。曹公盡收其衆，虜先主妻子，并禽關羽以歸。

先主走青州。青州刺史袁譚，先主故茂才也，將步騎迎先主。先主隨譚到平原，譚馳使白紹。紹遣將道路奉迎，身去鄴二百里，與先主相見。駐月餘日，所失亡士卒稍稍來集。曹公與袁紹相拒於官渡，汝南黄巾劉辟等叛曹公應紹。紹遣先主將兵與辟等略許下。關羽亡歸先主。曹公遣曹仁將兵擊先主，先主還紹軍，陰欲離紹，乃説紹南連荆州牧劉表。紹遣先主將本兵復至汝南，與賊龔都

等合，衆數千人。曹公遣蔡陽擊之，爲先主所殺。

曹公既破紹，自南擊先主。先主遣麋竺、孫乾與劉表相聞，表自郊迎，以上賓禮待之，益其兵，使屯新野。荆州豪傑歸先主者日益多，表疑其心，陰禦之。使拒夏侯惇、于禁等於博望。久之，先主設伏兵，一旦自燒屯僞遁，惇等追之，爲伏兵所破。

十二年，曹公北征烏丸，先主説表襲許，表不能用。曹公南征表，會表卒，子琮代立，遣使請降。先主屯樊，不知曹公卒至，至宛乃聞之，遂將其衆去。過襄陽，諸葛亮説先主攻琮，荆州可有。先主曰：「吾不忍也。」乃駐馬呼琮，琮懼不能起。琮左右及荆州人多歸先主。比到當陽，衆十餘萬，輜重數千兩，日行十餘里，别遣關羽乘船數百艘，使會江陵。或謂先主曰：「宜速行保江陵，今雖擁大衆，被甲者少，若曹公兵至，何以拒之？」先主曰：「夫濟大事必以人爲本，今人歸吾，吾何忍棄去！」

曹公以江陵有軍實，恐先主據之，乃釋輜重，輕軍到襄陽。聞先主已過，曹公將精騎五千急追之，一日一夜行三百餘里，及於當陽之長坂。先主棄妻子，與諸葛亮、張飛、趙雲等數十騎走，曹公大獲其人衆輜重。先主斜趨漢津，適與羽船會，得濟沔，遇表長子江夏太守琦衆萬餘人，與俱到夏口。先主遣諸葛亮自結於孫權，權遣周瑜、程普等水軍數萬，與先主并力，與曹公戰於赤壁，大破之，焚其舟船。先主與吴軍水陸並進，追到南郡，時又疾疫，北軍多死，曹公引歸。

先主表琦爲荆州刺史，又南征四郡。武陵太守金旋、長沙太守韓玄、桂陽太守趙範、零陵太守劉度皆降。廬江雷緒率部曲數萬口稽顙。琦病死，羣下推先主爲荆州牧，治公安。權稍畏之，進妹固好。先主至京見權，綢繆恩紀。權遣使云：欲共取蜀，或以爲宜報聽許，吴終不能越荆有蜀，蜀地可爲己有。荆州主簿殷觀進曰：「若爲吴先驅，進未能克蜀，退爲吴所乘，即事去矣。今但可然贊其伐蜀，而自説新據諸郡，未可興動，吴必不敢越我而獨取蜀。如此進退之計，可以收吴、蜀之利。」先主從之，權果輟計。遷觀爲别駕從事。

十六年，益州牧劉璋遥聞曹公將遣鍾繇等向漢中討張魯，内懷恐懼。别駕從事蜀郡張松説璋曰：「曹公兵彊，無敵於天下，若因張魯之資以取蜀土，誰能禦之者乎？」璋曰：「吾固憂之而未有計。」松曰：「劉豫州，使君之宗室而曹公之深讎也，善用兵，若使之討魯，魯必破。魯破，則益州彊，曹公雖來，無能爲也。」璋然之，遣法正將四千人迎先主，前後賂遺以巨億計。正因陳益州可取之策。先主留諸葛亮、關羽等據荆州，將步卒數萬人入益州。至涪，璋自出迎，相見甚歡。張松令法正白先主，及謀臣龐統進説，便可於會所襲璋。先主曰：「此大事也，不可倉卒。」璋推先主行大司馬，領司隸校尉；先主亦推璋行鎮西大將軍，領益州牧。璋增先主兵，使擊張魯，又令督白水軍。先主并軍三萬餘人，車甲器械資貨甚盛。是歲，璋還成都。先主北到葭萌，未即討魯，厚樹恩德，以收衆心。

明年，曹公征孫權，權呼先主自救。先主遣使告璋曰：「曹公征吴，吴憂危急。孫氏與孤本爲脣齒，又樂進在青泥與關羽相拒，今不往救羽，進必大克，轉侵州界，其憂有甚於魯。魯自守之賊，不足慮也。」乃從璋求萬兵及資(寶)〔實〕，欲以東行。璋但許兵四千，其餘皆給半。張松書與先主及法正曰：「今大事垂可立，如何釋此去乎？」松兄廣漢太守肅，懼禍逮己，白璋發其謀。於是璋收斬松，嫌隙始構矣。璋敕關戍諸將文書，勿復關通先主。先主大怒，召璋白水軍督楊懷，責以無禮，斬之。乃使黄忠、卓膺勒兵向璋。先主徑至關中，質諸將并士卒妻子，引兵與忠、膺等進到涪，據其城。璋遣劉璝、冷苞、張任、鄧賢等拒先主於涪，皆破敗，退保緜竹。璋復遣李嚴督緜竹諸軍，嚴率衆降先主。先主軍益强，分遣諸將平下屬縣，諸葛亮、張飛、趙雲等將兵泝流定白帝、江州、江陽，惟關羽留鎮荆州。先主進軍圍雒；時璋子循守城，被攻且一年。

十九年夏，雒城破，進圍成都數十日，璋出降。蜀中殷盛豐樂，先主置酒大饗士卒，取蜀城中金銀分賜將士，還其穀帛。先主復領益州牧，諸葛亮爲股肱，法正爲謀主，關羽、張飛、馬超爲爪牙，許靖、麋竺、簡雍爲賓友。及董和、黄權、李嚴等本璋之所授用也，吴壹、費觀等又璋之婚親也，彭羕又璋之所排擯也，劉巴者宿昔之所忌恨也，皆處之顯任，盡其器能。有志之士，無不競勸。

二十年，孫權以先主已得益州，使使報欲得荆州。先主言：「須得凉州，當以荆州相與。」權忿之，乃遣吕蒙襲奪長沙、零陵、桂陽三郡。先主引兵五萬下公安，令關羽入益陽。是歲，曹公定漢中，張魯遁走巴西。先主聞之，與權連和，分荆州江夏、長沙、桂陽東屬；南郡、零陵、武陵西屬，引軍還江州。遣黄權將兵迎張魯，張魯已降曹公。曹公使夏侯淵、張郃屯漢中，數數犯暴巴界。先主令張飛進兵宕渠，與郃等戰於瓦口，破郃等，郃收兵還南鄭。先主亦還成都。

二十三年，先主率諸將進兵漢中。分遣將軍吴蘭、雷銅等入武都，皆爲曹公軍所没。先主次于陽平關，與淵、郃等相拒。

二十四年春，自陽平南渡沔水，緣山稍前，於定軍興勢作營。淵將兵來争其地。先主命黄忠乘高鼓譟攻之，大破淵軍，斬淵及曹公所署益州刺史趙顒等。曹公自長安舉衆南征。先主遥策之曰：「曹公雖來，無能爲也，我必有漢川矣。」及曹公至，先主斂衆拒險，終不交鋒，積月不拔，亡者日多。夏，曹公果引軍還，先主遂有漢中。遣劉封、孟達、李平等攻申耽於上庸。

秋，羣下上先主爲漢中王，表於漢帝，封備漢中王，拜大司馬。遂於沔陽設壇場，陳兵列衆，羣臣陪位，讀奏訖，御王冠於先主。

先主上言漢帝，於是還治成都。拔魏延爲都督，鎮漢中。時關羽攻曹公將曹仁，禽于禁於樊。俄而孫權襲殺羽，取荆州。

二十五年，魏文帝稱尊號，改年曰黄初。或傳聞漢帝見害，先主乃發喪制服，追謚曰孝愍皇帝。

太傅許靖、安漢將軍麋竺、軍師將軍諸葛亮、太常賴恭、光禄勳黄柱、少府王謀等上言，宜即帝位，即皇帝位於成都武擔之南。

章武元年夏四月，大赦，改年。以諸葛亮爲丞相，許靖爲司徒。置百官，立宗廟，祫祭高皇帝以下。五月，立皇后吴氏，子禪爲皇太子。六月，以子永爲魯王，理爲梁王。車騎將軍張飛爲其左右所害。初，先主忿孫權之襲關羽，將東征，秋七月，遂帥諸軍伐吴。孫權遣書請和，先主盛怒不許，吴將陸議、李異、劉阿等屯巫、秭歸；將軍吴班、馮習自巫攻破異等，軍次秭歸，武陵五谿蠻夷遣使請兵。

二年春正月，先主軍還秭歸，將軍吴班、陳式水軍屯夷陵，夾江東西岸。二月，先主自秭歸率諸將進軍，緣山截嶺，於夷道猇亭駐營，自佷山通武陵，遣侍中馬良安慰五谿蠻夷，咸相率響應。鎮北將軍黄權督江北諸軍，與吴軍相拒於夷陵道。夏六月，黄氣見自秭歸十餘里中，廣數十丈。後十餘日，陸議大破先主軍於猇亭，將軍馮習、張南等皆没。先主自猇亭還秭歸，收合離散兵，遂棄船舫，由步道還魚復，改魚復縣曰永安。吴遣將軍李異、劉阿等踵躡先主軍，屯駐南山。秋八月，收兵還巫。冬十月，詔丞相亮營南北郊於成都。孫權聞先主住白帝，甚懼，遣使請和。先主許之，遣太中大夫宗瑋報命。冬十二月，漢嘉太守黄元聞先主疾不豫，舉兵拒守。

三年春二月，丞相亮自成都到永安。三月，黄元進兵攻臨邛縣。遣將軍陳曶討元，元軍敗，順流下江，爲其親兵所縛，生致成都，斬之。先主病篤，託孤於丞相亮，尚書令李嚴爲副。夏四月癸巳，先主殂于永安宫，時年六十三。

五月，梓宫自永安還成都，謚曰昭烈皇帝。秋，八月，葬惠陵。

常璩《華陽國志》卷六《劉先主志》 先主諱備，字玄德，涿郡涿縣人，漢景帝子中山靖王勝後也。勝子真，元狩六年封涿縣陸城亭侯，因家焉。祖父雄，察孝廉，爲東郡範令。父弘。先主幼孤，與母販履、織席自業。舍東南角籬上有桑樹生，高五丈餘，遥望童童如車蓋，人皆異之，或謂當出貴人。先主少時，與宗中諸兒戲於樹下，言：「吾必乘此羽葆蓋車。」叔父子敬謂曰：「汝勿妄言！滅吾門也。」年十五，母遣行學，與宗人劉德然、遼西公孫瓚俱事故九江太守同郡盧植子干。德然父元起常資給先主，與德然等。元起妻曰：「各自一家，何能常爾？」起曰：「宗中有此兒，非常人也。」而瓚深與先主善。瓚年長，先主兄事之。喜狗馬、音樂，美衣服。長七尺五寸，垂臂下膝，顧自見耳。能下人，喜怒不形於色。善交結，豪俠少年争附之。中山大商張世平、蘇雙等見而奇之，多與之金，先主由是得合徒衆。河東關羽雲長，同郡張飛益德，並以壯烈，爲御侮。先主與二子寢則同床，食則共器，恩若弟兄。然於稠人廣衆中，侍立終日。中平五年，從校尉鄒靖討黄巾賊，有功，除安喜尉。求謁督郵，不得，乃入縛執之，杖二百，以綬係督郵頭頸着馬，委官亡命。頃之，應大將軍何進募。有功，除下密丞。復爲高唐尉。遷爲令。瓚爲中郎將，表先主爲别部司馬。拒冀州牧袁紹，數有戰功，守平原令。進領平原相。郡民劉平耻爲之下，使客刺之。客服其德，告之而去。北海相魯國孔融，爲黄巾賊所圍，使太史慈求救於先主。先主曰：「孔文舉聞天下有劉備乎？」以兵救之。廣陵太守下邳陳登元龍，太尉球孫也，有隽才，輕天下士，謂功曹陳矯曰：「閨門雍穆，有德有行，吾敬陳元方父子；冰清玉潔，有德有言，吾敬華子魚；博聞强志，奇偉卓犖，吾敬孔文舉；雄姿杰出，有王霸之略，吾敬劉玄德。名器盡此。」徐州牧陶謙，表先主爲豫州刺史。徐州牧陶謙病篤，謂别駕東海麋竺曰：「非劉備不能安此州也。」謙卒，竺率州迎先主。先主未許。廣陵太守下邳陳登進曰：「今漢室陵遲，海内傾覆，立功立事，在於今日。鄙州殷富，户口百萬，欲屈使君，撫臨州事。」先主曰：「袁公路近在壽春。此君四世五公，海内所歸，可以州與之。」登曰：「公路驕豪，非治亂之主。今欲爲使君合步騎十萬，上可以匡濟生民，成五霸之業，下可以割地守境，書功於竹帛。若使君不見聽許，登亦未敢聽使君也。」北海相孔融謂先主曰：「袁術豈憂國忘家者耶！冢中枯骨，何足介意。今日之事，百姓與能。天與不取，悔不可追。」先主遂

領徐州牧。建安元年，曹公表爲鎮東將軍，封宜城亭侯。先主與袁術相拒，而下邳守將曹豹叛。爲吕布所敗，先主失妻子，轉軍海西。麋竺進妹爲夫人，及客奴二千，金銀寶貨資之。先主因而獲振。連和於布，布還其妻子。先主衆萬餘，移軍小沛。布惡之，自攻先主。先主歸曹公。公以爲豫州牧，益其軍，使伐布。失利。布將高順復虜先主妻子送布。公使夏侯惇助先主，不能克。三年，公自征布，生禽之。布曰：「使布爲明公將騎，天下不足定也。」公有疑色。先主曰：「公待布能如丁建陽、董太師乎？」公頷之。布目先主曰：「大耳兒最叵信者也。」遂殺布。先主還得妻子，衆公還許，爲左將軍。公禮之甚重，出則同輿，坐則同席。又拜關羽、張飛皆中郎將。公謀臣程昱、郭嘉勸公殺先主。公慮失英豪望，不許。袁術自淮南欲經徐州北就袁紹。公遣先主率軍要擊之。未至，術死。先主未出。時獻帝舅車騎將軍董承受帝衣帶中密詔，當殺公。承先與先主及長水校尉种輯、將軍吴子蘭、王子服等同謀。以將行，未發。公從容謂先主曰：「天下英雄，惟使君與操。本初之徒不足數也。」先主方食，失匕箸。會天震雷，先主曰：「聖人言，迅雷風烈必變，良有以也。一震之威，乃至於此也。」公亦悔失言。先主還沛解，公使覘之，見其方披，使斷人爲之，不端，正舉杖擊之。公曰：「大耳翁未之覺也。」其夜，先主急東行。昱、嘉復言之。公馳使追之，不及。先主遂殺徐州刺史車胄以叛。留關羽行下邳太守事，身還小沛。而承等謀泄受誅。先主衆數萬，遣從事北海孫干，自結於袁紹。公遣將軍劉岱、王忠擊之，不克。五年，公東征先主。先主敗績，妻子及關羽見獲。先主奔青州，刺史袁譚奉迎道路。馳以白父紹。紹身出鄴二百里，與先主相見。【略】

先主説紹南連荆州牧劉表。紹遣將其本兵至汝南。公使將蔡楊擊之。先主謂曰：「吾勢雖不便，汝等百萬來，未如吾何。曹孟德單車來，吾自去。」楊等必戰，爲先主所殺。公既破紹，自南征汝南。先主遣麋竺、孫干詣劉表。表郊迎先主，待以上賓，使屯新野。

潁川徐庶元直致琅琊諸葛亮曰：「孔明，卧龍也。將軍願見之乎？」先主曰：「君與俱來。」庶曰：「此人可就見，不可屈致也。」先主遂造亮。凡三往。因屏人曰：「漢室傾頽，奸臣竊命，主上蒙塵。孤不度德量力，欲信大義於天下。而智術淺短，遂用猖蹶。至於今日，志猶未已。君謂計將安出？」亮對曰：「自董卓以來，豪傑並起，跨州連郡者不可勝數。曹操比於袁紹，則名微而衆寡，然遂能克紹，以弱爲强，雖云天時，抑亦人謀也。今操已擁百萬之衆，挾天子而令諸侯，此誠不可與争鋒也。孫權據有江東，已歷三世，國險而民附，賢能爲之用，此可以爲援，而不可圖也。荆州，北據漢沔，利盡南海，東連吴會，西通巴蜀，此用武之國，而其主不能，殆天所以資將軍也。益州險塞沃野，天府之土，高祖因之以成帝業。劉璋暗弱，張魯在北，國富民殷而不知恤，賢能之士，思得明君。將軍既帝室之胄，信義着於四海，總攬英雄，思賢如渴；若跨有荆、益，保其險阻，西和諸戎，南撫夷越，結好孫權，内修政理；天下有變，命一上將，將荆州之軍以向宛洛，將軍身率益州之衆出於秦川，天下孰不簞食壺漿以迎將軍者乎？如此，則霸業可成，漢室可興矣。」先主曰：「善。」與亮情好日密，自以爲猶魚得水也。十三年，表卒，少子琮襲位。曹公南征，琮遣使請降。先主屯樊，不知。曹公卒至宛，先主乃知，遂將其衆去。比到當陽，衆十餘萬人，車數千兩，日行十餘里。別遣關羽乘船會江陵。或謂先主曰：「宜速行。雖擁大衆，被甲者少。曹公軍至，何以御之？」先主曰：「夫濟大事，以人爲本。今人歸吾，何忍棄之？」公以江陵有軍實，恐先主據之，乃釋輜重，以率輕騎五千追先主，一日一夜行三百里，及於當陽之長阪。先主棄妻子，與諸葛亮、張飛等數十騎走。公盡獲其民衆，急追先主。張飛據水斷橋，横馬按矛曰：「我張益德也。可來決死。」公徒乃止。先主斜趣漢津，適與羽船會。而趙雲身抱先主弱子後主，及擁先主甘夫人相及。濟江。亮曰：「事急矣！請奉命求救於孫將軍。」時權軍柴桑，既服先主大名，又悦亮奇雅，即遣周瑜、程普水軍三萬，助先主拒曹公，大破公軍於赤壁，焚其舫舟。公引軍北歸。先主以劉表長子江夏太守琦爲荆州刺史。先主南平四郡，武陵太守金旋、長沙太守韓玄、桂陽太守趙範、零陵太守劉度皆降。廬江雷緒率部曲數萬口稽顙。琦病死，先主領荆州牧，治公安。孫權進妹，恩好綢繆。以亮爲軍師中郎將，督南三郡事。以關羽爲蕩寇將軍，領襄陽太守，住江北。張飛爲征虜將軍、宜都太守。初，先主之敗東走也，徑往鄂，無土地。關羽責之曰：「早從獵中言，無今日。」先主曰：「安知此不爲福也。」及得荆州，復有人衆。孫權遣使求共伐蜀。又曰：雅願以隆，成爲一家。諸葛孔明母兄在吴，可令相並。主簿殷觀曰：「若爲吴先驅，大事去矣。今但可贊之，言新據諸郡，未可以動。彼必不越我而有蜀也。」先主乃報曰：「益州不明，得罪左右。庶幾將軍高義，上匡漢朝，下輔宗室。若必尋干戈，備將放發於山林；未敢聞命。」權果輟計。遷觀別駕。十六年，益州牧劉璋遣法正迎，遂西入益州。

建安十九年，先主克蜀。蜀中豐富盛樂，置酒大會，饗食三軍。取蜀城中民

金銀頒賜將士，還其谷帛。賜諸葛亮、法正、關羽、張飛金五百斤，銀千斤，錢五千萬，錦段萬匹。其餘各有差。以亮爲軍師將軍，署左將軍府事。正揚武將軍，蜀郡太守。關羽督荆州事。張飛爲巴西太守。馬超平西將軍。不用許靖。法正説曰：「有獲虛譽而無實者，靖也。然其浮名稱播海内，人將謂公輕士。」乃以爲長史。龐羲爲司馬。李嚴爲犍爲太守。費觀爲巴郡太守，征益州太守南郡董和爲掌軍中郎將，署大司馬府事，巴郡太守漢嘉王謀爲别駕。廣漢彭羕爲治中。辟零陵劉巴爲西曹掾，廣漢長黄權爲偏將軍。於是，亮爲股肱，正爲謀主，羽、飛、超爲爪牙，靖、羲及麋竺、簡雍、孫干，出陽伊籍爲賓友。和、嚴、權本劉璋所授用也；吳懿、費觀，璋之婚親也；彭羕，璋所排擯也；劉巴，已所宿恨也；皆處之顯位，盡其器能。有志之士，無不競勸。羣下勸先主納劉瑁妻。先主嫌其同族。法正曰：「論其親疏，何與晉文之於子圉乎？」從之。【略】孫夫人才捷剛猛，有諸兄風。侍婢百人皆仗劍侍立。先主每下車，心常凛凛。正勸先主還之。二十年，孫權使報先主，欲得荆州。先主報曰：「吾方圖凉州。凉州定，以荆州相與。」孫權怒，遣吕蒙襲奪長沙、零陵、桂陽三郡。先主下公安，令關羽向益陽。會曹公入漢中，張魯走巴西。黄權進曰：「若失漢中，則三巴不振，此割蜀人股臂也。」於是先主與吳連和，分荆州江夏、長沙、桂陽東屬，南郡、零陵、武陵西屬，引軍還江州。以權爲護軍，迎魯。魯已北降曹公。權破公所署三巴太守杜濩、朴胡、袁約等。曹公留征西將軍夏侯淵、益州刺史趙顒及張郃守漢中。公東還，郃數犯掠巴界。先主率張飛等進軍宕渠之蒙頭，拒郃。相持五十餘日。飛從他道邀郃，戰於陽石，遂大破郃軍。郃失馬，緣山，獨與麾下十餘人從間道還南鄭也。二十一年，先主還成都。

二十二年，蜀郡太守法正進曰：「曹操一舉降張魯，定漢中；不因此勢以圖巴蜀，而留淵、郃，身遽北還；非智不逮、力不足，將内有憂逼耳。今筭淵、郃才略不勝，吾將率舉衆往討，則必可擒。天以與我，時不可失也。」先主從之。以問儒林校尉巴西周羣。羣對曰：「當得其地。不得其民。若出偏軍，必不利。」先主遂行。【略】二十四年，先主定漢中，斬夏侯淵。張郃率吏民内徙。先主遣吳蘭、雷同入武都，皆没。乃舉羣茂才。時州後部司馬張裕，亦知古術，謂争漢中不利，坐漏言，言先主得蜀，寅卯之間當失。漢凶年在庚子。誅。曹公爲魏王，王西征，聞法正策，曰：「固知玄德不辨此。」又曰：「吾收奸雄略盡，獨不得正邪？」羣下上先主爲漢中王，大司馬。以許靖爲太傅，法正爲尚書令，零陵賴恭爲太常，南陽黄權爲光禄勛，王謀爲少府，武陵廖立爲侍中。關羽爲前將軍，張飛爲右將軍，馬超爲左將軍，皆假節鉞。又以黄忠爲後將軍，趙雲翊軍將軍。其餘各進官號。軍師諸葛亮曰：「黄忠名望，本非關、張、馬超之倫也。今張、馬在近，親見其功，猶可喻指。關遥聞之，恐必不悦。」先主曰：「吾自解之。」時關羽自江陵圍曹仁於樊城。遣前部司馬犍爲費詩拜假節。【略】魏王遣左將軍於禁督七軍三萬人救樊，漢水暴長，皆爲羽所獲。又殺魏將龐德，威震華夏。魏王議徙許都，以避其鋭。而孫權襲江陵，將軍傅士仁、南郡太守麋芳降吳。羽久不拔城，魏右將軍徐晃救樊。羽退還，遂爲孫權所殺。吳盡取荆州，以劉璋爲益州牧，住秭歸。是歲，尚書令法正卒，謚曰翼侯。以尚書劉巴爲尚書令。二十五年春正月，魏武王薨，嗣王丕即位，改元延康。蜀傳聞漢帝見害，先主乃發喪，制服，追謚曰「孝愍皇帝」。所在並言衆瑞。故議郎、陽泉亭侯劉豹，青衣侯向舉，偏將軍張裔、黄權，大司馬屬陰純，别駕趙莋，治中楊洪，從事祭酒何宗，議曹從事杜瓊，勸學從事張爽、尹默、周羣等上言【略】：「願速即洪業，以寧海内。」先主未許。冬，魏王丕即皇帝位，改元黄初。漢獻帝遜位，爲山陽公。

章武元年，魏黄初二年也。春，太傅許靖、安漢將軍麋竺、軍師將軍諸葛亮、太常賴恭、光禄勛黄權、少府王謀等，乃勸先主紹漢絶統，即帝號。先主不許。亮進曰：「昔吳漢、耿弇等勸世祖。世祖辭讓。耿純進曰：天下英雄喁喁，冀有所望。若不從議者，士大夫各歸其主，無從公也。世祖感之。今曹氏篡漢，天下無主，大王紹世而起，乃其宜也。士大夫隨大王久勤苦者，亦欲望尺寸之功，如純言耳。」先主乃從之。亮與博士許慈，議郎孟光建立禮儀，擇令辰，上尊號。費詩上疏曰：「殿下以曹操父子逼主篡位，故乃羈旅萬里，糾合士衆，將以討賊。今大敵未克而先自立，恐人疑惑。昔高祖與楚約，先破秦者王。及屠咸陽，獲子嬰，猶推讓。況今殿下未出門，便欲自立。愚臣誠不爲殿下取也。」朝廷左遷詩部永昌從事。夏四月丙午，先主即帝位，大赦，改元章武。以諸葛亮爲丞相，假節，録尚書事；許靖爲右司徒；張飛車騎將軍，領司隸校尉，進封西鄉侯；馬超驃騎將軍，領凉州刺史，封斄鄉侯，北督臨沮；偏將軍吳懿爲關中都督。進魏延鎮北將軍，李嚴輔漢將軍，襄陽馬良爲侍中，楊儀爲尚書，蜀郡何宗爲鴻臚。立宗廟，祫祭高皇帝、世祖光武皇帝。五月辛巳，立皇后吳氏，吳懿妹也。子禪爲皇太子。六月，立子永爲魯王，理爲梁王。先主將東征，以復關羽之耻。命張飛率巴西萬兵，將會江州。飛帳下將張達、范彊殺飛，持其首奔吳。初，飛勇冠三

軍，與關羽俱稱萬人敵。羽善待小人而驕士大夫，飛愛敬君子而不恤小人，是以皆敗。先主常戒之曰：「卿刑殺過差，鞭撻健兒，令在左右，此取禍之道。」飛不悟，故敗。先主聞飛營軍都督之有表也，曰：「噫！飛死矣。」命丞相亮領司隷校尉。秋七月，先主東伐，羣臣多諫，不納。廣漢秦宓上陳，天時必無其利。先主怒，縶之於理。孫權送書請和，先主不聽。吴將陸議、李異、劉阿等軍至秭歸。左、右領軍南郡馮習、陳留吴班自建平攻破異等，軍次秭歸。武陵五溪蠻夷遣使請兵。

二年春正月，先主軍秭歸。吴班、陳式等水軍屯夷陵，夾江東西岸。二月，將進。黄權諫曰：「吴人悍戰。而水軍順流，進易退難。臣請爲先驅以嘗寇。陛下宜爲後鎮。」先主不從，以權爲鎮北將軍，督江北軍。先主連營稍前，軍於夷道猇亭，遣侍中馬良經佷山，安慰五溪蠻夷。夏六月，黄氣見自秭歸十餘里中，廣十餘丈。後十數日，與吴人戰，先主敗績。馮習及將張南皆死。先主歎曰：「吾之敗，天也！」委舟舫，由步道還魚復。將軍義陽傅肜爲後殿。兵衆死盡，肜氣益烈。吴將喻令降。肜罵曰：「吴狗！何有漢將軍降者。」遂戰死。從事祭酒程畿獨泝江退。衆曰：「後追以至，宜解舫輕行。」畿曰：「吾在軍，未習爲敵之走，況從天子乎？」亦見殺。黄權偏軍孤絶，遂北降魏。李異、劉阿等踵躡先主，屯南山，至秋退巫。先主改魚復曰永安。丞相亮聞而歎曰：「法孝直若在，則能制主上，使不東行。既就復東行，必不顛危矣。」八月，司徒靖卒。是歲，驃騎將軍馬超亦卒，臨没上疏曰：「臣宗門二百餘口，爲孟德所誅略盡。唯從弟岱，當爲微宗血食之係。深托陛下。」岱官至平北將軍。拜肜子僉左中郎將。冬十月，詔丞相亮營南北郊於成都。

孫權聞先主在住白帝，甚懼，遣使請和。先主使太中大夫南陽宗瑋報命。十有一月，先主寢疾。十有二月，漢嘉太守黄元，素亮所不善，聞先主疾病，慮有後患，舉郡拒守。

三年春正月，召丞相亮於成都。詔亮省疾於永安。元燒臨邛城。治中從事楊洪啓太子，遣將軍陳曶、鄭綽由青衣水伐元，滅之。二月，亮至永安。先主謂曰：「君才十倍曹丕，必能安國，終定大事。若嗣子可輔，輔之；如其不才，君可自取。」亮涕泣對曰：「臣敢竭股肱之力，效忠貞之節，繼之以死。」先主又爲詔敕太子曰：「汝與丞相從事，事之如父。」亮與尚書令李嚴並受寄託。夏四月，先主殂於永安宮，時年六十三。【略】五月，梓宫至成都，謚曰昭烈皇帝。秋八月，葬惠陵。

雜録

備録

《三國志》卷三二《先主傳》注引《江表傳》 孫權遣魯肅吊劉表二子，並令與備相結。肅未至而曹公已濟漢津。肅故進前，與備相遇於當陽，因宣權旨，論天下事勢，致殷勤之意，且問備曰：「豫州今欲何至？」備曰：「與蒼梧太守吴臣有舊，欲往投之。」肅曰：「孫討虜聰明仁惠，敬賢禮士，江表英豪咸歸附之，已據有六郡，兵精糧多，足以立事。今爲君計，莫若遣腹心，使自結於東，崇連和之好，共濟世業。而云欲投吴臣，臣是凡人，偏在遠郡，行將爲人所並，豈足托乎！」備大喜，進住鄂縣，即遣諸葛亮隨肅詣孫權，結同盟誓。

《三國志》卷三二《先主傳》注引《江表傳》 備從魯肅，進住鄂縣之樊口。諸葛亮詣吴未還，備聞曹公軍下，恐懼，日遣邏吏於水次候望權軍。吏望見瑜船，馳往白備，備曰：「何以知之非青徐軍邪？」吏對曰：「以船知之。」備遣人慰勞之。瑜曰：「有軍任，不可得委署，倘能屈威，誠副其所望。」備謂關羽、張飛曰：「彼欲致我，我今自結托於東而不往，非同盟之意也。」乃乘單舸往見瑜，問曰：「今拒曹公，深爲得計，戰卒有幾？」瑜曰：「三萬人。」備曰：「恨少。」瑜曰：「此自足用，豫州但觀瑜破之。」備欲呼魯肅等共會語，瑜曰：「受命不得妄委署，若欲見子敬可别過之，又孔明已俱來，不過三兩日到也。」備雖深愧異瑜，而心未許之能必破北軍也。故差池在後，將二千人與羽、飛俱，未肯係瑜，蓋爲進退之計也。

《三國志》卷三二《先主傳》注引胡冲《吴歷》 曹公數遣親近密覘諸將，有賓客酒食者，輒因事害之。備時閉門，將人種蕪菁，曹公使人窺門。既去，備謂張飛、關羽曰：「吾豈種菜者乎？曹公必疑意，不可復留！」其夜開後栅，與飛等輕騎俱去，所得賜遺衣服，悉封留之，乃往小沛收合兵衆。

《三國志》卷三二《先主傳》注引《魏書》 表病篤，託國於備，顧謂曰：「我兒

不才，而諸將並零落。我死之後，卿便攝荆州。」備曰：「諸子自賢，君其憂病。」或勸備宜從表言，備曰：「此人待我厚，今從其言，人必以我爲薄，所不忍也。」

《三國志》卷三二《先主傳》注引《魏書》 劉平結客刺備，備不知，而待客甚厚，客以狀語之而去。是時人民饑饉，屯聚鈔暴。備外禦寇難，内豐財施，士之下者，必與同席而坐，同簋而食，無所簡擇。衆多歸焉。

《三國志》卷三二《先主傳》注引《典略》 平原劉子平知備有武勇，時張純反叛，青州被詔，遣從事將兵討純，過平原，子平薦備於從事，遂與相隨，遇賊於野，備中創陽死。賊去後，故人以車載之，得免。後以軍功，爲中山安喜尉。

《三國志》卷三二《先主傳》注引《典略》 其後州郡被詔書，其有軍功爲長吏者，當沙汰之，備疑在遣中。督郵至縣，當遣備，備素知之。聞督郵在傳舍，備欲求見督郵，督郵稱疾不肯見備。備恨之，因還治，將吏卒更詣傳舍，突入門，言「我被府君密教收督郵」。遂就床縛之，將出到界，自解其綬以係督郵頸，縛之著樹，鞭杖百餘下，欲殺之。督郵求哀，乃釋去之。

《三國志》卷三二《先主傳》注引葛洪《神仙傳》 仙人李意其，蜀人也。傳世見之，云是漢文帝時人。先主欲伐吳，遣人迎意其。意其到，先主禮敬之，問以吉凶。意其不答而求紙筆，畫作兵馬、器仗數十紙已，便一一以手裂壞之；又畫作一大人，掘地理之，便徑去。先主大不喜。而自出軍征吳，大敗還，忿耻發病死，衆人乃知其意。其畫作大人而埋之者，即是言先主死意。

《三國志》卷三二《先主傳》注引《獻帝春秋》 孫權欲與備共取蜀，遣使報備曰：「米賊張魯居王巴、漢，爲曹操耳目，規圖益州。劉璋不武，不能自守。若操得蜀，則荆州危矣。今欲先攻取璋，進討張魯，首尾相連，一統吳、楚。雖有十操，無所憂也。」備欲自圖蜀，拒答不聽，曰：「益州民富强，土地險阻，劉璋雖弱，足以自守。張魯虚僞，未必盡忠於操。今暴師於蜀漢，轉運於萬里，欲使戰剋攻取，舉不失利，此吳起不能定其規，孫武不能善其事也。曹操雖有無君之心，而有奉主之名。議者見操失利於赤壁，謂其力屈，無復遠志也。今操三分天下已有其二，將欲飲馬於滄海，觀兵於吳會，何肯守此坐須老乎？今同盟無故，自相攻伐，借樞於操，使敵承其隙，非長計也。」權不聽，遣孫瑜率水軍住夏。

《三國志》卷三二《先主傳》注引孔衍《漢魏春秋》 劉琮乞降，不敢告備。備亦不知，久之乃覺，遣所親問琮。琮令宋忠詣備宣旨。是時，曹公在宛，備乃大驚駭，謂忠曰：「卿諸人作事如此，不早相語，今禍至方告我，不亦太劇乎！」引刀向忠曰：「今斷卿頭，不足以解忿，亦耻大丈夫臨别復殺卿輩。」遣忠去。乃呼部曲議，或勸備劫將琮及荆州吏士，徑南到江陵。備答曰：「劉荆州臨亡，托我以孤遺，背信自濟，吾所不爲，死何面目以見劉荆州乎？」

《三國志》卷三二《先主傳》注引《九州春秋》 備住荆州數年，嘗於表坐起至廁，見髀裏肉生，慨然流涕。還坐，表怪問備，備曰：「吾常身不離鞍，髀肉皆消。今不復騎，髀裏肉生。日月若馳，老將至矣，而功業不建，是以悲耳。」

《三國志》卷三二《先主傳》注引《世語》 備屯樊城，劉表禮焉，憚其爲人，不甚信用。曾請備宴會，蒯越、蔡瑁欲因會取備。備覺之，僞如廁，潛遁出。所乘馬名的盧，騎的盧走，墮襄陽城西檀溪水中，溺不得出。備急曰：「的盧，今日厄矣，可努力！」的盧乃一踴三丈，遂得過。乘桴渡河，中流而追者至，以表意謝之，曰：「何去之速乎？」

《三國志》卷三二《先主傳》注引《英雄記》 備軍在廣陵，飢餓困踧，吏士大小自相啖食，窮餓侵逼，欲還小沛，遂使吏請降布。布令備還州，並勢擊術。具刺史車馬童僕，發遣備妻子部曲家屬於泗水上，祖道相樂。

《衆家編年體晉史》輯習鑿齒《漢晉春秋》卷二 太祖之始征柳城，劉備説表使襲許，表不從。及太祖還，表謂備曰：「不用君言，故爲失此大會也。」備曰：「今天下分裂，日尋干戈，事會之來，豈有終極乎？若能應之於後者，則此未足爲恨也。」

《衆家編年體晉史》輯習鑿齒《漢晉春秋》卷二 初，先主籬上有桑如蓋，涿人李定云：「此家必出貴人。」

備論

《三國志》卷三二《先主傳》 先主之弘毅寬厚，知人待士，蓋有高祖之風，英雄之器焉。及其舉國託孤於諸葛亮，而心神無貳，誠君臣之至公，古今之盛軌也。機權幹略，不逮魏武，是以基宇亦狹。然折而不撓，終不爲下者，抑揆彼之量必不容己，非唯競利，且以避害云爾。

《三國志》卷三二《先主傳》注引習鑿齒説 先主雖顛沛險難而信義愈明，勢偪事危而言不失道。追景升之顧，則情感三軍；戀赴義之士，則甘與同敗。觀

其所以結物情者，豈徒投醪撫寒、含蓼問疾而已哉！其終濟大業，不亦宜乎？

《世説新語・識鑒》 曹公問裴潛曰：「卿昔與劉備共在荆州，卿以備才如何？」潛曰：「使居中國，能亂人，不能爲治。若乘邊守險，足爲一方之主。」

歐陽詢《藝文類聚》卷二二張輔《名士優劣論》 世人見魏武皇帝處有中土，莫不謂勝劉玄德也，余以玄德爲勝。夫撥亂之主，先以能收相獲將爲本，一身善戰，不足恃也。世人以玄德爲呂布所襲，爲武帝所走，舉軍東下，而爲陸遜所覆，雖曰爲呂布所襲，未若武帝爲徐榮所敗，失馬被創之危也。玄德還據徐州，形勢未合。在荆州，景叔父子不能用其計，舉州降魏，手下步騎，不滿數千，爲武帝大衆所走，未若武帝爲呂布北騎所禽，突火之急也；爲陸遜所覆，未若武帝爲張繡所困，挺身逃遁，以喪二子也。然其忌克，安忍無親，董公仁賈文和，恒以佯愚自免，荀文若楊德祖之徒，多見賊害。行兵三十餘年，無不親征，功臣謀士，曾無列土之封，仁愛不加親戚，惠澤不流百姓，豈若玄德威而有恩，勇而有義，寬弘而大略乎？諸葛孔明，達治知變，殆王佐之才，玄德無强盛之勢，而令委質，張飛、關羽，皆人傑也，服而使之，夫明闇不相爲用，能否不相爲使，武帝雖處安强，不爲之用也，況在危急之間，勢弱之地乎，若令玄德據有中州，將與周室比隆，豈徒三傑而已哉！

常璩《華陽國志》卷六《劉先主志》 漢末大亂，雄桀並起。若董卓、呂布、二袁、韓、馬、張、楊、劉表之徒，兼州連郡，衆踰萬計，叱咤之間，皆自謂漢祖可踵，桓、文易邁；而魏武神武幹略，戡屠蕩盡。於時先主名微人鮮，而能龍興鳳舉，伯豫、君徐，假翼荆楚，翻飛梁益之地，克胤漢祚，而吴、魏與之鼎峙。非英才命世，孰克如之？然，必以曹氏替漢，宜扶信順以明至公。還乎名號，爲義士所非。及其寄死，托孤於諸葛亮而心神無貳。陳子以爲君臣之至公，古今之盛軌也。

《唐文拾遺》卷一三虞世南《論略》 劉公待劉璋以賓禮，委諸葛而不疑。人君之德，於斯爲美。彼孔明者，命世之奇才，伊、呂之儔匹。臣主同心，魚水爲譬。但以國小兵弱，斗絶一隅，支對二方，抗衡上國。若使與曹公易地而處，騁其長算，肆關、張之武，盡諸葛之文，則霸王之業成矣！

《全唐文》卷一八二王勃《三國論》 以先主之寬仁得衆，張飛、關羽萬人之敵，諸葛孔明管、樂之儔，左提右挈，以取天下，庶幾有濟矣。然而喪師失律，敗不旋踵。奔波謙、瓚之間，羈旅袁、曹之手，豈拙於用武，將遇非常敵乎？【略】然備數困敗而意不折，終能大啓西土者，其惟雅度最優乎？

《蘇轍集・欒城後集》卷九 事固有當作而不可作者，智者論其公私，權其輕重，而可否可決也。蜀先主之於關羽，名雖君臣，而義則父子也。先主入蜀，而羽攻曹仁於荆州。吴乘其敝，羽以敗死。先主欲爲羽報讎，義不可已也。然吴、蜀之於魏，國小而兵弱，本以季漢君臣之分，締交相親，與魏爲敵，則報讎之義，其公且重者在魏也。釋魏而事羽之怨，則爲失所先後矣。先主之在白帝也，吴之君臣懼而乞和，若以讎魏之重，俯而從之，義無不可也。先主念羽之厚，拒而不許，君臣之義則至矣。至於奮不慮害，兵敗而繼之以死，忘兩國之大計，而狥一夫之遺忿，則未爲得矣。諸葛孔明有言：「法孝直若在，必能止君此行，雖行亦必不至於敗。」然則孔明亦自以伐吴爲失計矣哉！

《全宋文》卷四五七三陳長方《劉玄德論》 匹夫自立於鄉黨之間，將以言行信於人，必慎其舉措，謹其脩爲，然後能有濟也。一有穿窬之嫌、竊鈇之謗，後雖輸肝膽、瀝肺腸以告於人，人且疑之，安能表表自見于世乎？譬諸吴縑東絹，方其潔素無染，則見者莫不愛玩；及其墜於泥塗，則雖湔滌以西江之水，人亦指之爲棄物矣。此天下必然之理也。又況舉大號，興義師，將合天下之力，誅天下之賊者，可不慎所注措哉！劉玄德自以中山靖王之孫而景帝之後也，故崎嶇于吴、魏之間，思欲資英雄，仗大義，舉兵東指而掃欃槍，誅檮杌，欲漢之宗廟復血食，漢之遺同復有歸，其志非不善也，其才非不足也。奈何首攻劉璋而取蜀之土地人民，興師聚衆而與曹氏程才較力，以争其後先，則其所以失天下仁人義士之心亦已多矣，宜其卒無所就，而成鼎峙之勢也。彼曹氏者所以大得罪於天下，正在反覆譎詐，移漢之神器而已；然其始也，猶以安漢爲名，掃平盜賊，尊獎王室，假仁義以行其姦，故能有濟。玄德未及出一師、下一令，以慰民心，副人望，而取劉璋之惡，先布於天下矣，舉兵之端反曹操之不如也。後雖仗義東出，彼仁人義士肯信其言以爲然乎？不過謂其欲增土地而已。惜哉！玄德以髀肉之復生，恐功名之不就，故倉卒爲此，不復長慮卻顧，得不太左計乎？既已爾矣，而利兵秣馬以治曹操之罪，是何異于五十步而笑百步。此僕所以發匹夫自立於鄉黨之説也。孟子之稱伯夷、伊尹，曰：「得百里之地而君之，皆能以朝諸侯，有天下。」又曰：「行一不義，殺一不辜，而得天下，不爲。」惟其行一不義、殺一不辜而得天下不爲，故能以百里之褊小，而至於朝諸侯、有天下也。聖人之所爲，其初雖若鈍而不利，然而有不爲也，爲必有濟。使玄德能知此，則安肯爲取劉璋之事乎？惜哉！

胡寅《讀史管見》卷五　玄德與關、張少相友善，恩若兄弟，而無慢易之失。侍立終日，不避艱險，而無睽疏之態。不惟見玄德行義之修，而羽、飛六於賢者能狎而敬之，畏而愛之，其與庸遠矣，宜乎卓然有立也歟？【略】

三國之主，玄德爲賢，【略】備有德義，蓋君子也，非漢德告終，則寶祚宜之備矣。備不獨中天下而立，經營於羣雄間，崎嶇艱阻，僅得鼎足。【略】

玄德終守信義，以待天命，則庶幾於文王矣。雖然，有湯、武反之之學，則達未達之間，此進德之難地也。【略】

先主語禪曰：「勿以惡小而爲之，勿以善小而不爲。惟賢惟德，可以服人。」旨哉此言，皆可師法。則知玄德天資既高，克己亦力，其從盧植、陳元方、鄭康成游，啓告詳至，弘益多矣。

《陳亮集》卷五《酌古論》　英雄之主所爲，置私忿而未嘗求復者，非以私忿之不當復，而義有大於私忿者也。當理而後進，審勢而後動，有所不爲，爲無不成，是以英雄之主常無敵於天下。

夫劉備之荊州，孫權假之也。權不假之，其曲在權；備不復之，其曲在備。備既得益州，權遣使請荊，備不以復，而天下皆不直備矣。權一舉而襲破三郡，再舉而遂梟關羽。何者？師直爲壯也。然備之於羽，義則君臣，恩猶父子。羽既就戮，備不勝忿，遂大舉以求復其讎。而不知魏者國家之深讎，非特一關羽之比；吳者一家之私忿，猶有唇齒之援也。此吾所謂義有大於私忿者，如斯而已矣。備既舉兵，權遣使求和而盛怒不許，是怒敵也。兵向西界，平地立營而無他奇變，是輕敵也。怒敵者危，輕敵者敗，備之喪師，有自來矣。

且吾又聞之，用兵之道，有攻法，有守法，此兵之常也；以攻爲守，以守爲攻，此兵之變也。攻專用攻法，守專用守法，其敗也固宜。然守專用攻法，攻專用守法，亦焉得而不敗哉！備之攻吳，可謂專用守法矣。備自秭歸列立數十屯，亘七百里，將以攻人而計出於此，雖曹丕之庸，猶得而笑之，而備不知避者，豈其果闇於用兵耶？備之意，欲示拙以誘吳師，待其貪利，一舉蕩之，而不知陸遜之持重，可以速壓，而不可以巧勝也。形之而彼不從，予之而彼不取，固將制奇合變，求爲不可敗而全軍以返；迺難於舉動，計不復生，此固遜之所輕爲也。夫善用兵者，常避敵之所輕，而出敵之所忌，是以進而不可禦。何者？敵氣沮而吾志得也。

且夷陵者，荊州之咽喉也。得夷陵，則荊州可有。使備能遣黃權率水軍以爲先驅，順流而下，掩其未備，而備率步兵分進，疾趨夷陵，扇動諸蠻，招誘大姓，按兵而不動，命水軍急攻之，臨機設變，奮力死鬬。彼方支吾未暇，而吾率步兵乘高而進，聲東而擊西，形此而出彼，乘卒初鋭而用之，彼亦疲於奔命矣。

如其能隨機拒守，則駐軍而相持，固壘而不懈，多張疑兵，斷絶險要，而實未嘗分。迺密遣一辯士間行至魏，以金幣結其貴倖，自謂有謀，求見魏主。魏主知，必召之。既入見，則泛論天下之事。語及吳、蜀，然後徐言曰：「臣嘗私賀陛下，竊笑陛下，已而又私喜陛下。」彼必問曰：「何以賀朕？」則對曰：「武皇帝所以不能吞併吳、蜀也，非力不足而智不逮，以吳有長江之阻，蜀有崇山之險，而又相爲唇齒之援也。今天相魏，兩雄相鬬，以資陛下進取之機，此臣所以賀陛下。」曰：「何以笑朕？」則曰：「臣聞敵人開闔，必亟入之。今陛下不亟圖進取，而猥信吳人之和。彼急則和，緩則去矣。投機之會，間不容髮。此臣所以笑陛下。」曰：「何以喜朕？」則曰：「陛下天姿神武，聖斷易回，苟見其利，罔有不從。此臣所以喜陛下。」

彼必曰：「計將安出？」則曰：「蜀地僻險，未易卒圖，不若遣夏侯尚、曹仁出信陵，賈逵、滿寵出東關，或出皖城，或出廣陵，東西彌亘，直造長江，因蜀之勢，大舉攻吳。吳亡則蜀失援，然後徐舉而圖蜀，天下可一也。議者必曰：『兩虎方鬬，當收卞莊子之功。』臣以爲莊子之術，可以刺野走之虎，若夫阻穴之虎，則當及其方鬬而急刺其一。待其鬬已，則斃者猶能阻穴，尚何收功之有哉！吳、蜀阻穴之虎也。臣恐既解之後，勝者張勢，敗者阻險，桀驁不遜，以拒陛下。陛下雖憤怒，無所逞其鋒矣。機不可失，願陛下熟慮之也。」

彼曹丕素貪功，而劉曄亦嘗言此。丕既得聞此計，必深以爲然而大舉攻吳。吳力不能兩拒，固將棄夷陵而與我和，以并力拒魏。是吾不戰而得夷陵也。夷陵得，則荊州可圖矣。不知出此，而怒敵取危，輕敵取敗，誰謂劉備爲識大計也？故夫以私忿興師，而又怒之又輕之者，可屢爲哉！

郝經《續後漢書》卷二《昭烈皇帝》　三王家天下，其子若孫與其族屬，傳繼紹復，則統紀在焉。不幸而草竊間貳，攘奪叨據，終非其有。故羿浞割夏則少康興，犬戎斃周則平王立。吳楚僭號，諸侯不王，孔子作《春秋》，加王于正，以大一統。歷五伯，迄顯赧，二周王室餘七邑。天下羣起而稱王稱帝，周之統自若也。漢得天統，莽篡而在光武；操竊而在昭烈，魏、吳雖僭，猶夫吳、楚也。昭烈天資仁厚，宇量宏毅，巋然一世之雄。以興復漢室爲己任，崎嶇百折，僨而益堅，顛沛

之際，信義逾明，故能終繫景命，信大義于天下。任賢使能，洒落誠盡，使諸葛亮以死自效，復見三代君臣，高光爲不亡矣。國賊未討，境土未復而僨軍崩殂。哀哉！

贊曰：於赫漢道，滅于閹醜。運踰百六，載罹陽九。裂土分曜，搴樞解紐。兇婪詐慝，攘據叨有。嚴翼昭烈，仁誠迪哲。宏我炎正，桓桓秉鉞。纂高系光，討賊立國。權競請盟，丕豈其敵。燕南三士，隆中一賢。左提右挈，百折彌堅。崦嵫返照，騰輝揭天。皇矣帝統，既絶復傳。

《吴廷翰集·甕記》卷上《劉玄德》 劉玄德之取劉璋，本屬非義。或謂非其本心。觀其報孫權之書，拒法正之請，亦非詐。但其時，荆州殘破，江東强盛，欲建功業，實無處所。既乃迫於龐統諸人之議，執守不堅，遂因仍而就之耳。以此求情，其呼以猾虜，譏其譎詐者，誠亦或過。若以聖人行一不義，而得天下不爲律之，則豈得復爲之辭乎？

玄德之有荆、益，孔明草廬一見之間，蓋已許之。其後荆州不守，劉琮降操，當時玄德、孔明俱在琮所，不知何以不乘此時而取，使操坐得？其故必以劉表遇之之厚，不忍相倍。然操既得琮，則荆州乃操而非表也，取於操而非取於琮也。孔明蓋見之於先，而反失之於後矣。未幾，荆州復爲孫權所有，玄德寄寓，功業無成，乃因張松之誘，狥法正之計，遂襲益州，不知當時信義何以行於劉琮而不行於劉璋？豈不以機會既不能乘之於荆州，而不可復失之於益州也？計功謀利之心始矣。故一聞法正之請，與初謀適同，且有龐統之贊決，故因而成之，蓋恐復有荆州之失也。然荆州失於不取，益州失於取。孔明何其未事而謀之明，當事而謀之誤也！論者稱其道似伊尹。夫尹之遇湯，三聘而起；孔明於玄德，道誠似矣。但尹稱一介不以與人，一介不以取諸人。益州之取與不義，豈直一介已乎！説湯放桀之道，當時決不如是。愚豈敢爲之諱焉。

于慎行《讀史漫録》卷五 曹操智略蓋世，目無羣雄，平生所忌，惟劉玄德耳。玄德非有過人之才，又非有强兵廣土，足與天下争衡，羈旅播越，以至白首，而操獨心忌之，英雄之智略，必有人所不能知者，惟英雄知之耳。其曰「天下英雄，惟使君與孤」，非虚語也。【略】

天下之事，有一舉不當，而流恨千古者，先主之伐吴是也。何也？當曹丕受禪之初，漢之宗室舊臣、豪杰義士，豈無不平之心，顧力不能耳。先主誠以其時卧薪縞素，紀年建安，東結孫權，西連戎羌，良將勁兵，北出漢中，鼓行而東，建瓴直下，關、洛之間，必有望風響附者。如此，則魏寇可平，而漢業可復矣，此天下大義也。曹丕之才，乃守成之器，以敵先主，未必能當，況益以孫權乎？則其主不敵矣。當丕篡盗之日，操之良將謀臣，大半物故，而吴、蜀將相，莫非天下名豪，即一孔明、陸遜，魏有當之者乎？是其下不敵矣。誠合從而支魏，魏之成敗，未可知也。此天下大機也。釋此不務，而以七十萬衆，頓之江湖之上，忘萬世之大仇；修匹夫之私怨，捐一統之人業。規方隅之小失，卒之身隕國虚，一敗涂地，此千古之恨也。

王夫之《讀通鑑論》卷九 董承受衣帶詔，與先主謀誅曹操，乘操屯官渡拒袁紹之日，先主起兵徐州，勢孤而連和於袁紹。勿論待人者不足以興，即令乘間而誅操，紹方進而奪漢之權，先主、董承其能制紹使無效操之尤而彌甚乎？不能也。然則此舉也，亦輕發而不思其反矣。董承者，與亂相終始，無定慮而好逞其意計者也。前之召操，與今之連紹，出一軌而不懲，弗責矣；先主亦慮不及此，而輕爲去就，何以爲英雄哉？

夫先主之於此，則固有其情矣。其初起也，因公孫瓚，因陶謙，雖爲州牧，而權藉已微，固不能與袁、曹之典兵於靈帝之世，與於誅賊之舉者齒；故旋起旋躓，而姑託於操。及其受左將軍之命，躬膺天子之寵任，而又承密詔以首事，先主於是乎始得乘權而正告天下以興師。曹操之必篡，心知之矣；袁紹之爲逆，亦心知之矣。脱於操之股掌，東臨徐、豫，孤倡義問，以鼓人心，乘機而興，不能更待，紹不可連而連之，姑使與操相持，已因得以收兵略地爲東向之舉，而有餘以制羣雄。先主之志，如此而已。初未嘗倚紹以破操，而幸紹之能戴漢以復興也。董承、种輯亦惡足以知其懷來哉？

故許先主以純臣，而先主不受也。其於獻帝，特不如光武之於更始，而豈信其可終輔之，以盪羣凶乎？故連和於紹而不終，未嘗恃紹也。操即滅，紹即勝，先主亦且出於事外而不屑爲紹用。先主之東，操心悔之而不懼，紹遥應之而不堅，亦已知之矣。他日稱尊於益州，此爲權輿；特其待操之篡而後自立焉，故不得罪於名教，而後世以正統加之，亦可勿媿焉。

【略】關羽，可用之材也，失其可用而卒至於敗亡，昭烈之驕之也，私之也，非將將之道也。故韓信之稱高帝曰：「陛下能將將。」能將將而取天下有餘矣。先主之入蜀也，率武侯、張、趙以行，而留羽守江陵，以羽之可信而有勇。夫與吴在離合之間，而恃篤信乎我以矜勇者，可使居二國之間乎？定孫、劉之交者，武侯

也，有事於曹，而不得復開釁於吳。爲先主計，莫如留武侯率雲與飛以守江陵，而北攻襄、鄧；取蜀之事，先主以自任有餘，而不必武侯也。然而終用羽者，以同起之恩私，矜其勇而見可任，而不知其忮吳、怒吳，激孫權之降操，而魯肅之計不伸也。

然則先主豈特不能將羽哉？且信武侯而終無能用也。疑武侯之交固於吳，而不足以快己之志也。故高帝自言能用子房者，以曹參之故舊百戰之功，而帷幄之籌，唯子房得與焉。不私其舊，不驕其勇，韓、彭且折，況參輩乎？先主之信武侯也，不如其信羽，明矣。諸葛子瑜奉使而不敢盡兄弟之私，臨崩而有「君自取之」之言，是有武侯而不能用，徒以信羽者驕羽，而遂絶問罪曹氏之津，失豈在羽哉？先主自貽之矣。

《夏完淳集》卷九《三國論》　漢昭烈羈旅河北，寄寓湘西。睿算屢乖，見猜吳、魏。掃驅國逆，房傑之倚尤深；解甲圍樊，黥、彭之戰爲劣。以御山東之勁旅，摧江左之雄師，喟然鼎足，方彼爲難。痛我百六之喪，息肩庸、益之郊。始不及乘袁、董之衰，終不得收南北之敝。所以有初甚難，而否終更亟也。然而仁聲洽日月之表，漢壽貫金石之誼。非猶二氏之總率亡命，叩榻者投分，倚裾者愛升矣。是故江陵奮翮，志馳吳會之西；斜谷東躙，威震河華之北。士元龍升，隆中鳳邁。孝直縱横，則成都面縛；泝江西上，則外水自潰。漢升領我裨佐，公琰處其中權。所以割據漢中，爭雄帝魏者也。迹其既敗，則姜、葛云亡，而劍閣靡衛；諸陸奄盡，而建業爲墟。一之曹、魏，莫不皎然。

趙翼《廿二史劄記》卷七《三國之主用人各不同》　至劉備，一起事即爲人心所嚮。少時結交豪傑，已多附之。中山大商張世平、蘇雙等，早資以財，爲糾合徒衆之用。領平原相，劉平遣刺客刺之，客反以情告。救陶謙，謙即表爲豫州刺史。謙病篤，命以徐州與備，備不敢當，陳登、孔融俱敦勸受之。後爲吕布所攻，投奔於操，操亦表爲左將軍，禮之甚重。嗣以徐州之敗奔袁譚，譚將步騎迎之。袁紹聞備至，出鄴二百里來迓。及紹敗，備奔劉表，表又郊迎，待以上賓之禮，荆州豪傑多歸之。曹兵來討，備奔江陵，荆州人士隨之者十餘萬。是時身無尺寸之柄，而所至使人顛倒如此。程昱謂備甚得人心，諸葛亮對孫權亦謂，劉豫州爲衆士所慕仰，若水之歸海，北當時實事也。乃其所以得人心之故，史策不見。第觀其三顧諸葛，咨以大計，獨有傅巖爰立之風。關、張、趙雲，自少結契，終身奉以周旋，即羈旅奔逃，寄人籬下，無寸土可以立業，而數人者，患難相隨，別無貳志。此固數人者之忠義，而備亦必有深結其隱微而不可解者矣。其征吳也，黄權請先以身嘗寇，備不許，使駐江北以防魏師。及猇亭敗退，道路隔絶，權無路可歸，乃降魏。有司請收權妻子，備曰：「我負權，權不負我也。」權在魏，或言蜀已收其孥，權亦不信。君臣之相與如此。至託孤於亮曰：「嗣子可輔，輔之；不可輔，則君自取之。」千載下，猶見其肝膈本懷，豈非真性情之流露，設使操得亮，肯如此委心相任乎，亮亦豈肯爲操用乎？惜是時人才已爲魏、吳二國收盡，故得人較少，然亮第一流人，二國俱不能得，備獨能得之，亦可見以誠待人之效矣。

趙一清《東潛文稿》卷下《蜀先主論》　立國以得人爲本。能使任股肱心膂之寄者，不獨其身，絲毫無負，即奕世而下猶同休戚，則必其平日先有忠愛、惻怛，誠意相孚，及乎臨事，斯慷慨激烈之士出焉。《易・大傳》曰：「上下交而其志同也。」吾觀劉先主，當崎嶇搶攘之際，與葛、關、張、趙諸輔佐，猜忌權詐之不設。用能終濟大業，鼎峙一方。其後嗣諸賢，又奮身衛社，以死報之，此三代以還之所希覯者也。綿竹之戰，諸葛瞻怒拒鄧艾，瑯琊王之邪説至埋人脚以戰，子尚及張苞、丁遵俱死。關平先没於臨沮，關興子彝又爲龐會所害，趙廣隨姜維沓中陣亡，而黄權之子崇亦同諸葛父子見殺。且能勸瞻速行，據險無令敵得入平，至於流涕，尤可稱也。彼魏氏功臣子孫，無一人殉難於曹宗顛覆之日，而賈充、陳泰、鍾會之徒，咸輸心司馬家兒，視其君刃出於背，而莫之或恤矣。吳之亡也，僅水軍督陸景不背本朝，無忝厥祖，其弟機、雲翩然入洛，果何心乎？則以當塗輕節義，而孫氏薄世臣故也。嗚呼！後之人主可勿念哉！

藝文

《三國志》卷三一《楊戲傳》録楊戲《季漢輔臣贊》　皇帝遺植，爰滋八方。別自中山，靈精是鐘。順期挺生，杰起龍驤。始於燕、代，伯豫君荆。吳、越憑賴，望風請盟。挾巴跨蜀，庸漢以並。乾坤復秩，宗祀惟寧。躡基履迹，播德芳聲。華夏思美，西伯其音。開慶來世，歷載攸興。贊昭烈皇帝

杜甫《杜工部集》卷一五《謁先主廟》　慘淡風云會，乘時各有人。力侔分社稷，志屈偃經綸。復漢留長策，中原仗老臣。雜耕心未已，歐血事酸辛。

霸氣西南歇，雄圖曆數屯。錦江元過楚，劍閣復通秦。舊俗存祠廟，空山立鬼神。虛檐交鳥道，枯木半龍鱗。竹送清溪月，苔移玉座春。閭閻兒女换，歌舞歲時新。絶域歸舟遠，荒城係馬頻。如何對摇落，况乃久風塵。孰與關張並，功臨耿鄧親。應天才不小，得士契無鄰。遲暮堪帷幄，飄零且釣緡。向來憂國淚，寂寞灑衣巾。

《全唐詩》卷七一〇徐夤《蜀》 雖倚關張敵萬夫，豈勝恩信作良圖。能均漢祚三分業，不負荆州六尺孤。緑水有魚賢已得，青桑如蓋瑞先符。君王幸是中山後，建國如何號蜀都。

《全唐詩》卷七二九周曇《三國門・蜀先主》 豫州軍敗信途窮，徐庶推能薦卧龍。不是卑詞三訪謁，誰令玄德主巴邛？

夏竦《文莊集》卷三一《奉和御制讀三國志詩》 家乘桑蓋瑞，國富卧龍才，漢水神暉徹，靈圖密命開。横天嘉氣應，繼日景雲來。儻乏英雄器，三分亦殆哉。

《王十朋全集・詩集》卷一〇《蜀先主》 曹公姦黠世無雙，昭烈雄才肯見容？誰把荆州資霸業，一朝雲雨起蛟龍。

《王十朋全集・詩集》卷二二《昭烈廟》 老臣苦欲争天下，嗣子何曾思蜀中。古屋數椽猶廟食，傷心地近永安宫。

《王十朋全集・文集》卷二四《謁昭烈廟文》 嗚呼！東都之季，盜竊神器。分鼎者三，帝乃劉氏。有高皇度，有光武氣。有王佐臣，無中原地。以區區蜀，抗大國二。天厭漢德，壯圖弗遂。功雖少貶，四海歸義。永安故宫，遺迹可記。君臣有廟，英雄墮泪。歲月浸遠，棟宇莫治。某來守是邦，過而興喟。一新廟貌，薄薦肴。傍觀八陣，細讀《三志》。我雖有酒，不祀曹魏。

陸遊《劍南詩稿》卷三《先主廟次唐貞元中張儼詩韻》 猾賊挾至尊，天命矜在己。豈知高帝業，煌煌漢中起。

《文徵明集・補輯》卷一三《先主聘孔明》 不重須知道不尊，武侯出處故逡巡。却憐玄德知君度，三顧隆中不厭頻。

孫承恩《文簡集》卷四一《漢昭烈帝》 賢矣昭烈，寬厚毅崎嶇立國，仗信履義，推誠任賢，肝膽孚契，顧命數詞可訓後世。

關羽部

綜述

《三國志》卷三六《關羽傳》 關羽字雲長，本字長生，河東解人也。亡命奔涿郡。先主於鄉里合徒衆，而羽與張飛爲之禦侮。先主爲平原相，以羽、飛爲別部司馬，分統部曲。先主與二人寢則同牀，恩若兄弟。而稠人廣坐，侍立終日，隨先主周旋，不避艱險。先主之襲殺徐州刺史車胄，使羽守下邳城，行太守事，而身還小沛。

建安五年，曹公東征，先主奔袁紹。曹公禽羽以歸，拜爲偏將軍，禮之甚厚。紹遣大將(軍)顔良攻東郡太守劉延於白馬，曹公使張遼及羽爲先鋒擊之。羽望見良麾蓋，策馬刺良於萬衆之中，斬其首還，紹諸將莫能當者，遂解白馬圍。曹公即表封羽爲漢壽亭侯。初，曹公壯羽爲人，而察其心神無久留之意，謂張遼曰：「卿試以情問之。」既而遼以問羽，羽歎曰：「吾極知曹公待我厚，然吾受劉將軍厚恩，誓以共死，不可背之。吾終不留，吾要當立效以報曹公乃去。」遼以羽言報曹公，曹公義之。及羽殺顔良，曹公知其必去，重加賞賜。羽盡封其所賜，拜書告辭，而奔先主於袁軍。左右欲追之，曹公曰：「彼各爲其主，勿追也。」

從先主就劉表。表卒，曹公定荆州，先主自樊將南渡江，別遣羽乘船數百艘會江陵。曹公追至當陽長阪，先主斜趣漢津，適與羽船相值，共至夏口。孫權遣兵佐先主拒曹公，曹公引軍退歸。先主收江南諸郡，乃封拜元勳，以羽爲襄陽太守、盪寇將軍，駐江北。先主西定益州，拜羽董督荆州事。羽聞馬超來降，舊非故人，羽書與諸葛亮，問超人才可誰比類。亮知羽護前，乃答之曰：「孟起兼資文武，雄烈過人，一世之傑，黥、彭之徒，當與益德並驅爭先，猶未及髯之絶倫逸羣也。」羽美鬚髯，故亮謂之髯。羽省書大悦，以示賓客。

羽嘗爲流矢所中，貫其左臂，後創雖愈，每至陰雨，骨常疼痛，醫曰：「矢鏃有毒，毒入于骨，當破臂作創，刮骨去毒，然後此患乃除耳。」羽便伸臂令醫劈之。時羽適請諸將飲食相對，臂血流離，盈於盤器，而羽割炙引酒，言笑自若。

二十四年，先主爲漢中王，拜羽爲前將軍，假節鉞。是歲，羽率衆攻曹仁於樊。曹公遣于禁助仁。秋，大霖雨，漢水汎溢，禁所督七軍皆没。禁降羽，羽又斬將軍龐悳。梁、郟、陸渾羣盜，或遥受羽印號，爲之支黨，羽威震華夏。曹公議徙許都以避其鋭，司馬宣王、蔣濟以爲關羽得志，孫權必不願也。可遣人勸權躡其後，許割江南以封權，則樊圍自解。曹公從之。先是，權遣使爲子索羽女，羽罵辱其使，不許婚，權大怒。又南郡太守麋芳在江陵，將軍(傅)士仁屯公安，素皆嫌羽輕己。自羽之出軍，芳、仁供給軍資，不悉相救。羽言「還當治之」，芳、仁咸懷懼不安。於是權陰誘芳、仁，芳、仁使人迎權。而曹公遣徐晃救曹仁，羽不能克，引軍退還。權已據江陵，盡虜羽士衆妻子，羽軍遂散。權遣將逆擊羽，斬羽及子平于臨沮。追謚羽曰壯繆侯。子興嗣。

雜録

備録

《三國志》卷三六《關羽傳》注引《蜀記》 初，劉備在許，與曹公共獵。獵中衆散，羽勸備殺公，備不從。及在夏口，飄摇江渚。羽怒曰：「往日獵中，若從羽言，可無今日之困。」備曰：「是時，亦爲國家惜之耳！若天道輔正，安知此不爲福邪？」

《三國志》卷三六《關羽傳》注引《蜀記》 羽與晃宿相愛。遥共語，但説平生，不及軍事。須臾，晃下馬宣令：「得關雲長頭，賞金千斤。」羽驚怖，爲晃曰：「大兄，是何言邪？」晃曰：「此國之事耳。」

《三國志》卷三六《關羽傳》注引《典略》 羽圍樊，權遣使求助之，敕使莫速進。又遣主簿，先致命於羽。羽忿其淹遲，又自已得于禁等。乃罵曰：「狢子敢爾！如使樊城拔，吾不能滅汝邪！」權聞之，知其輕己，僞手書以謝羽，許以自往。

備論

《三國志》卷三六《關張馬黄趙傳》 關羽、張飛皆稱萬人之敵，爲世虎臣。羽報效曹公，飛義釋嚴顔，並有國士之風。然羽剛而自矜，飛暴而無恩，以短取敗，理數之常也。

胡寅《讀史管見》卷五 雲長義勇雄概，萬人敵也，而短於謀。雖撫恤卒伍，得衆心矣，而不禮士大夫。委糜芳、傅士仁以心腹之地，寄莫重焉，乃已素所輕者，又聲言將治其罪。與吴爲掎角，以當曹操，宜通和好，申固情義，乃不許其昏，又罵辱其使，是自求敗也。

《陳亮集》卷一二《三國紀年·關羽》 余論次羽事，至于禁等七軍之没，未嘗不痛恨於吕蒙也。當是時，羽威震華夏，許下之民負檐而立。使羽捨樊襄陽，乘鋭兵徑進，雖以曹公之雄，豈能禁方張之勢哉！兵挫堅城之下，而徐晃得行其志矣。諸葛亮不可出蜀，龐統、法正之死，天真無意於漢哉！

《全宋文》卷四三四四張行成《關羽張飛論》 君子小人以相容，爲國也久矣。國不必皆君子，小人恃之以爲資；國不必皆小人，君子因之以爲用。勢使之然也。必欲君子矜其威以臨小人，小人怙其力以抗君子，勢不相容，必至於相敵。君子小人兩立爲敵，善覘國者有以知盛衰安危之所自也。蜀以三國鼎峙，立於一隅，先主、諸葛亮以爲之君相，關羽、張飛二人則其將也。地以少而爲險，兵以弱而爲强，城以脆而爲堅，以與吴、魏相長雄者，君子小人相容之，國勢使之然也。今曰關羽能於小人而不能於君子，張飛能於君子而不能於小人，二大將者卒以殺身。時先主、孔明尚無恙也，將可以能國乎？抑嘗論之，天下之全勢有不幸至於分裂，春秋吴、越、巴蜀以來，名爲三分之國者，誰爲此倡乎？以蜀爲漢，則先主以沛諸孫藉口，當繼漢統之正傳爲王，視魏、吴爲賊。舉天下之全勢，輔以諸葛亮、關羽、張飛，問罪二方，復高祖、光武舊物，誰曰不可？乃今與魏、吴各國其國，如運甓穴中，跼蹐不得伸縮，曾無并包之量，寬博之器，以受天下之歸。區區取蜀於劉璋之手，其視公孫述蛙鳴井底，尚何以異？於君子小人兩不相容，則蜀自蜀耳，吴自吴耳，魏自魏耳。以地則不大而小，以兵則不强而弱，以城則不堅而脆，果可恃乎哉？先儒以三國人物豪傑渾然磊落，不隘不陋，如諸葛亮、關羽、張飛，抑又三國人物豪傑之尤者，乃不能用蕞爾之蜀，以混一天下，例成三分據割之勢，何也？東漢末年，黨錮之禍，搢紳勝流募名以鶩死地不悔者，患在君子小人兩不相容，黑白太明，清濁太辨，以獨夫一時愛憎，貽後世兵連禍結之患。降爲三國，猶憜此俗，亦其薰染餘習久且未改，不謂關、張二人亦蹈此轍也。且蜀之君臣奮迹之初，豈特以蜀自固哉？既得一邑，又取一州，西師未平，又復南渡，恢拓奔走，自作弗靖，以困蜀民，且盡驅蜀民以耕蜀田，計口而食，日給一日。木牛流馬，蜀技止此，此豈糜芳、傅士仁之所能供億？羽乃倖倖以餉道不給銜之。徐晃爲魏軍，欲必殺羽，縛虎勢急，羽猶未悟，以兄呼之，内自弛備。竊計孔明以下，亦知羽之好勝傲倨，幾如驕士，而棄之於敵。此羽素失君子之心也。飛大將也，義當與士卒同甘苦，尚乃口腹自肥，一炊之不熟，一肉之不擇，至遷怒庖人，先主亦以鞭笞健兒爲戒。飛不爲悛止，終爲張達、范强等所梟。此飛素失小人之心也。且新造之蜀未定，二大將者特恃君臣素交，比肩接武，爾汝輩行，瞑目語難，論心杯酒。羽一荆襄守臣耳，飛一巴西守臣耳，誠能距險持重，以息吾民，以俟大舉，今乃貪得幸進，似未熟於兵家利害者。嘗行其故壘舊城，未嘗不爲之一哂。王孫滿、鄧曼，孺子婦人，春秋名爲知兵者，滿之言曰輕，曼之言曰易，二將者豈亦輕易之兵歟？不然，崎嶇用蜀，君臣不得一日之安，既已殺身，又失重地，一水下流，徒爲晉人佗日之資，何有於吴、魏哉！嗚呼！昔人論天下之勢者，東西爲從，南北爲横，由春秋戰國，天下無必合之勢，故以從横爲言也。兩漢季世，倡爲割據三分之國。曹操不能用其横，以成吴、蜀之從，吴、蜀又不能用其從者，何必二將之責？吴人聽魏人反間以棄蜀之從，蜀信關羽而失荆州，典午氏得以談笑移魏。

郝經《續後漢書》卷一六《關羽列傳》 羽、飛從昭烈喋血起義，夙定君臣之分。期復漢室，百折興王，闞如兩虎，嘯風從龍。夾之以飛，雄猛震一世，號稱萬人敵。羽報效于操，致書而去。飛瞋目横矛，而與操決。矯矯義烈，上通于天，漢于是乎不亡。及羽擒于禁，飛敗張郃。掎角荆梁，蟠亘萬里。示天下形勢，賊不足平也。羽威震許、雒，權操墮膽。梟潛鼠伏，陰謀掩襲。壯哉乎？爲漢家一死，無憾也！羽以死事昭烈，昭烈與飛以死報羽。君臣三人，始終不渝，共死一義，古所未有也。

于慎行《讀史漫録》卷五 壯繆之失荆州，有可疑焉。荆州本借之于吴，屢索不還，勢將用武，會曹操攻下漢中，先主懼失益州，始割長沙以東，與吴講和。

權不能一日忘荆州故地者，情也。吴都秣陵，荆州據上游以臨之，非吴之利，其日夜謀取之，亦勢也。善守者，備其所攻，吴之所必攻，即蜀之所必守。故當先主初入蜀，則武侯留守荆州，趙雲佐之，及先主下綿竹，武侯乃率趙雲、張飛將兵西行，鎮荆州者惟壯繆一人而已。是時，全蜀未定，不能不先其所急也。迨漢中既拔，先主稱尊，張、趙、馬、黄諸名將，皆環衛成都，按甲不動，曾無一人出屯南郡以西，爲壯繆之掎角者，而以麋芳守江陵，傅士仁守公安，要害之地，付于庸奴，壯繆揚威于襄、樊，麋、傅内潰于肘腋，詎不惜哉！方壯繆之斬龐德、虜于禁也，曹仁幾遁，操欲遷都避之，陸渾民孫狼等遥受印號，自許以南，望風景附，史稱其威震華夏，此破竹之勢，千載一時也。乃蜀之君臣，但喜其勝，不虞其敗。權以陸遜屯障口，吕蒙出奇兵，而蜀不防；操以徐晃爲將軍，將殷署等十二營之師，以救樊城，而蜀不聞遣一將、增一旅以援壯繆，致令徐晃掎之于前，吕、陸躡之于後，首尾狼狽，勢遂不支，豈非坐失事機也哉！

黄道周《廣名將傳》卷六　關羽純忠，一心漢主。雖被曹擒，斷然不與。斬將報恩，依然高舉。後攻樊城，七軍皆取。華夏震威，曹思徙許。懿請結權，爲羽後蠱。糜傅失供，正愁罪處。合謀迎權，江陵失土。戰退無歸，坑龍阱虎。受害一朝，垂名千古。

吴應箕《樓山堂集》卷五《關羽論》　關羽圍曹仁于樊，降于禁，斬龐德。當時，北邊大小憂懼。曹操身出南陽，有徙許渡河之計。會司馬懿、蔣濟諫之而止。二人之言曰：「關羽得志，孫權必不願也。可遣人勸權，躡其後，許割江南以封權，則樊圍自解。」操從之。而羽卒以權襲奪荆州，兵敗而死。向使二子之計不行，而操果遷都避鋭，則魏之天下未可知也。又令羽戰勝之際，權爲犄角而出，偏師以佐之。且是時，蜀已得漢中矣。益遣將助羽，而亮督軍從祁山北向。曹即智，能知所以應乎？惜乎懿、濟之策明于間吴，而蜀不能以其策固吴也。吴又不能以其策推驗，反襲羽，而爲魏用也。或曰：「吴不足道矣。蜀君臣之計豈出懿下，而千里孤軍，左右兩敵，又方交兵强魏，乃方略布置，不一指授，若羽未嘗有敵者，智者固如是乎？」夫事嘗敗于有所恃，而禍每生于所忽。羽以忽陸遜而被囊，蜀之君臣以恃羽，而羽敗。蓋觀備入蜀而羽獨留鎮。及馬超降，而亮所以美羽之書，可知也。然羽即能至，欲以一州之衆觀兵河雒。而曹强而扼其前，孫譎而伺其後，能坐算其必勝，而不一爲之所耶？吾意是時，蜀漢新下，其兵將或皆有所委署，而不能遣以輔羽歟？或者孔明以國内未固，不欲羽遽用兵。觀先主征漢中，而亮尚難之。以問楊洪，則攻樊之舉，非其所欲歟？抑制羽而不受歟？或麋芳、傅士仁之與羽相嫌，在羽領鎮之後。而國内未及知，抑不疑其遂叛而反圖歟？又或者以吴蜀方睦，且吴忌魏，而不忌蜀，而不慮其棄盟從魏歟？吴不棄盟，則羽即無功，猶不至失地而兵敗，非所逆睹歟！不然羽之矜勝護前，實有敗道，又孤軍無援，外有狡鄰，内多異志，數者俱岌岌焉。舉國坐觀而不爲之計，如是，而謂蜀之君臣明于置將，長于料敵，而不爲羽分過，豈其理則然哉？毋亦恃羽者太過，故至此也。夫以羽之威武，一不戒而使敵爲之間，以垂成之功墮於一旦。以劉先主之傑，諸葛孔明之智，徒過恃一人而舉，可以圖天下之機，輕而棄之。然則行師用兵之道，果不可以不計深而慮密也。

李光地《榕村語録》卷二二　蜀漢雖小，年數不多，卻有可觀。人物之盛亦不止一武侯，即如關侯對張遼言：「吾極知曹公待我厚，但吾受劉將軍厚恩，誓以共死，不可悖之，吾終不留。吾要當立效以報曹公。」乃去。何等磊落。

李繼聖《尋古齋詩文集文集》卷二《漢壽亭侯論》　世知關公習春秋，而不知公有所以不愧春秋大義之處，固不在於人口，膾炙諸美也諸美，凡忠正之士能爲之，公何獨名高宇宙，與我夫子并隆廟食哉？説者又謂許田欲殺操，爲公之大勇，然亦俠烈事耳。先主借荆州而不以爲借；孔明拒北和東，而必不可與，苟和不以爲借者，皆漢土也；不可與苟和者，皆漢賊也。賊矣而詭和之，和一賊，圖一賊，復假賊之勢，而合拒之。以暴易暴也，雖事出萬全，君子弗爲也。即春秋之大義所弗許也。此公所以獨足千古歟！世乃以爲公之傲，而惜其無成，亦坐井觀天矣。

藝文

《三國志》卷三一《楊戲傳》録《季漢輔臣贊》　關、張赳赳，出身匡世。扶翼携上，雄壯虎烈。藩屏左右，翻飛電發。濟於艱難，贊主洪業。侔迹韓、耿，齊聲雙德。交持無禮，並致姦慝。悼惟輕慮，隕身匡國。贊關雲長、張益德

《全唐詩》卷二四八郎士元《關羽祠送高員外還荆州》　將軍禀天姿，義勇冠今昔。走馬百戰場，一劍萬人敵。雖爲感恩者，竟是思歸客。流落荆巫間，裴回故鄉隔。

李覯《盱江集》卷三七《關徐》　雲長不絶舊君情，元直終隨老母行。立效報公何感慨，指心辭主更分明。三方本以兵攻戰，一士能爲國重輕。多謝曹劉存大度，任教忠孝得成名。

李流謙《澹齊集》卷八《關王祠》　諸葛、張、陳已上，將軍未數黥、韓。暝夜險途風雨，令人懸相辛酸。萬人杰，誰可敵，千載名，終不磨。此地晚鐘晨梵，生前鐵馬金戈。

胡寅《斐然集》卷一《題關雲長廟》　西方有幻師，以利行幻術。利他乃甘言，自利則其實。曾微証形象，顧喜論恍惚。可憐億兆人，明智百無一。泯然俱受紿，寧以鬼自怵。疑怖既迫心，祈禱便屈膝。千載浮屠氏，個個提一律。雲長忠烈士，蜀漢凛三杰。許身初擇義，遇主益秉節。一受先主知，不爲曹公屈。最後圍樊城，許南已無拂。智略孫吴儔，議徙股膽栗。惜哉片言戾，壯志遂紆鬱。至今想英風，使我竦毛骨。廟祀禮則宜，爲國有典秩。而彼天臺僧，相此山水窟。欲繕廬而處，假靈宣鬼物。章鄉城近止，將軍此焉没。斯人兼畏仰，吾計行可必。唱雲暴悍魂，岩壑擅營室。從吾愛净戒，父子歸命佛。初猶未赫烜，靈響沉寂謐。奈何無盡翁，作記極詞筆。一毛成萬鈞，財施日盈溢。精藍敞千柱，城旦洶溟渤。捐身養惰游，小智之所弗。而況正直神，肯徇智顓汨。永懷王迹熄，異説競蠭出。聖言甚微眇，學士迷祖述。佛徒竅其柄，高坐弄拳拂。翕張性命説，自謂了生滅。孤標類清遠，陰趣盡攘奪。凡民何足算，吾黨是可妒。終始莽如夢，變化暗若漆。矧希有漏因，便怛無常猝。推波而助瀾，司寇莫能詰。豈惟茲一廟，淫祀如發密。誰將驅緇褐，南畝畀巾幘。幽明無俶擾，典祀不相昵。坐令宇宙間，禮樂興炳蔚。

李廌《濟南集》卷一《關侯廟》　三方各虎踞，猛將皆成羣。屹然萬人敵，惟髯稱絶倫。仗節氣蓋世，横矟勇冠軍。艱難戎馬間，感慨竹帛勛。鳳闕控蠻楚，廟食漢江濆。神遊舊戰地，庭樹起黄雲。

《全宋文》卷三一三〇李端臨《關帝廟碑》　士固有徇生而譽滅一時，在義而名新千載者，豈不以其人之賢否哉！其賢謂誰？蜀前將軍關侯是已。侯事先主，起范陽，數有戰功，殁於建安二十四年丁未，迄今皇朝癸巳，以長曆甲子推，凡八百九十有六年。英聲□言，在人耳目，而不可泯没，信所謂死義而名新千載者。□至後世，議者妄引薛安都、歷□生、蕭摩訶輩，竊以爲侯比，豈其倫哉！按《蜀志》，中郎將公孫瓚嘗表先主□，青州刺史田楷拒袁紹於冀州，及遷平原相，以侯爲别部司馬。章邱視青惟槧隅，顧平原位西北，前後相距皆不贏二百里，亦侯平生捍災御患，威德動人處。於廟惟宜，於祭祀惟稱。政和二年春，邑人喜其歲大有年，無螟螣、饑饉、癘疫之憂，人物阜安，陰陽攸叙，寒暑雨暘，既順既時。男有蓋藏，女多紡績。咸欲報神之慶，新廟宇以奉之。於是想象威靈，萬口一詞。赴功之日，屬邑民大合會，轂擊車馳，轇轕鏗鍧，父詔子行，兄趨弟往，疲癃幼稚，旁午絡繹，雍雍熙熙，無有怠倦。凡土石榱棟、髹黍黝堊之須，邑民是餽是供，駁踏駿奔，惟恐後予。板築始基，鼛鼓弗勝，力役傭工，無靡僦直。梓人執斤，陶氏冶甓，雕鑿削憑，畢來薦能。衡縱廣袤，皆應繩式。越明年三月，朏殿成。挾廡正門，中峻旁翼，實實權權，龍翔虎距。盤穹霄而鎮地，維神亦休止，恍若降臨，犧牲碩腯，黍稷豐腆。進退佝僂，將命惟勤。卜筮滌濯，且吉且蠲，相與擊鼓吹竽以奉神。棲月戊午既生魄，道士李守□始刻石速文。再距再請，於是爲載其行事，併作迎神之章，俾世歌而祀之。至其功之赫然見於史牒者，此皆不復道也。其詞曰：

□屹屹兮巍巍，鳥之革兮翬之飛。上既安兮下固，侯庶幾兮來歸。侯來歸兮來下，雲駢度兮風爲之馬。飛廉兮不□霽，威聲兮雷公之□。朝暉暉兮勝陽，夕暝暝兮時□。自今以往兮歲其吉，康年有牲牷兮田多稻粱。□庖鱉兮膾鯉，保佑我民兮既多受祉。驅伯强兮氣無札瘥，拜侯嘉兮惟神之歌。歲春秋兮無懈其祀，用昭神德兮萬古不磨。

陳普《石堂先生遺集》卷二一《關羽》　巴山漢水本興劉，諸葛才華備鄴留。但得關髯師廣武，北州韓信在南州。寢席羹杯幾載同，不知玄德訪隆中。吕蒙陸遜誠姦賊，消爲孫登作婦翁。北人更欲生關羽，猶倚糜芳信士仁。曹操雄心懷白馬，董昭空自弄精神。羽血未乾蒙隕命，蒙妻正哭妾分香。天地有心誅漢賊，但遲數月取襄陽。

李俊民《莊靖集》卷六《關將軍廟》　鼎足相吞勢未分，誰能傾蓋得將軍。曹吴不是中原手，天下英雄有使君。

《全元文》卷一一四四李仝《關侯廟碑記》　固安附城之西南隅，舊有義勇武安王廟，創於金明昌間，歷歲滋久，棟宇損壞。邑人王君柔語從子秉忠曰：「茲廟不葺且仆。」時延祐三年十有二月也。明年春，即興工。衆以君與從子富而好義，翕然樂助，不日告成。越二年，予分教是州，王君過予，徵文爲識。予曰：惟王昔佐蜀昭烈，雄南北伐之威，誓將蹈曹仆孫，復振炎劉之祚，而天時人事之不

齊，用弗克究，故身雖没，而有不亡者存。其英風烈氣，罔間邇遐，赫赫顯應，福利民生如響，豈非得孟氏浩然之氣者，生爲名臣，殁爲明神者歟？至君王勳業姓氏，備載史傳者，予獨略焉，遂書其説而係之以辭。曰：

歌舞會兮鞉鼓淵淵，士女集兮車馬闐闐。殽馨香兮既豐腆，酒多旨兮如流泉。神之來兮捷影響，隨不見兮風泠然。横四海九州洋洋如在兮神之德。降福兮穰穰，輔正直兮安爾室。炎遠舉兮不可留，雲收雨止兮寂寂。返泰初兮逍遥，長與物兮無極。

楊爵《楊忠介集》卷二《關帝廟碑記》 大王生值衰漢，鼎祚將移，扶真抑僞，存夏誅夷，振威德於宇内，昭令聲于千古。本其所以至此者，一念忠義所致也。夫當危迫之際，秉燭達旦，顛沛之餘，知有不失是心也。與古聖哲致嚴幽隱之死，靡他，夫何異焉？是爲記。

孫承恩《文簡集》卷四一《古像贊・關壽亭侯羽》 勇若一國，敵號萬人。義氣忠肝，貫日淩雲。英威所加，華夏震仰。百世欽崇，神留天壤。

劉炳《劉彦昺集》卷六《關帝廟》 不憤炎靈國步迍，忠肝義膽整乾坤。紫髯猶帶風雲色，赤驥曾蒙戰伐塵。一劍三分存社稷，寸心萬死託君臣。氣淩華夏曹瞞走，遺廟空山薦楚蘋。

《李東陽集・詩前稿》卷一《擬古樂府・漢壽侯》 漢壽侯，義且武。冠三軍，振華夏。斬仇將，報知者。身不可留臣有主，老瞞不追猶有度。誰其仇者吴陸、吕，歲十二月侯出走，吴人縛侯生縛虎。生縛虎，死猶怒。髯如虬，眼如炬。吁嗟漢乎天不祚，有馬不踐中原土，侯身雖亡神萬古。

王世貞《弇州山人四部續稿》卷四 曹氏據七州，威力方蓋世。雲長鼓偏師，一戰挫其鋭。似憶白馬圍，欲徙銅駝避。國賊碧眼兒，竊敗乃公事。昭烈與孔明，玆時誠失計。三萬黄頭軍，順流下白帝。退可伐賊謀，進當厚師繼。即蹶興憤題，中原了無意。竟令涪江水，釀作永安淚。

李贄《焚書》卷六《觀鑄關聖提刀躍馬像》 英雄再出世，烈烈有暉光。火焰明初日，金精照十方。居然圍白馬，猶欲斬顔良。豈料人千載，又得見關王。

李贄《焚書》卷六《謁關聖祠》 交契得如君，香莕可斷雲。既歸第一義，寧復昔三分？金石有時敝，關張孰不聞！我心無所似，只是敬將軍。

周瑜部

綜述

《三國志》卷五四《周瑜傳》 周瑜字公瑾，廬江舒人也。從祖父景，景子忠，皆爲漢太尉。父異，洛陽令。

瑜長壯有姿貌。初，孫堅興義兵討董卓，徙家於舒。堅子策與瑜同年，獨相友善，瑜推道南大宅以舍策，升堂拜母，有無通共。瑜從父尚爲丹楊太守，瑜往省之。會策將東渡，到歷陽，馳書報瑜，瑜將兵迎策。策大喜曰：「吾得卿，諧也。」遂從攻橫江、當利，皆拔之。乃渡江擊秣陵，破笮融、薛禮，轉下湖孰、江乘，進入曲阿，劉繇奔走，而策之衆已數萬矣。因謂瑜曰：「吾以此衆取吴會、平山越已足。卿還鎮丹楊。」瑜還。頃之，袁術遣從弟胤代尚爲太守，而瑜與尚俱還壽春。術欲以瑜爲將，瑜觀術終無所成，故求爲居巢長，欲假塗東歸，術聽之。遂自居巢還吴。是歲，建安三年也。策親自迎瑜，授建威中郎將，即與兵二千人，騎五十匹。瑜時年二十四，吴中皆呼爲周郎。以瑜恩信著於廬江，出備牛渚，後領春穀長。頃之，策欲取荆州，以瑜爲中護軍，領江夏太守，從攻皖，拔之。時得橋公兩女，皆國色也。策自納大橋，瑜納小橋。復進尋陽，破劉勳，討江夏，還定豫章、廬陵，留鎮巴丘。

五年，策薨，權統事。瑜將兵赴喪，遂留吴，以中護軍，與長史張昭共掌衆事。十一年，督孫瑜等討麻、保二屯，梟其渠帥，囚俘萬餘口，還備宫亭。江夏太守黄祖遣將鄧龍將兵數千人入柴桑，瑜追討擊，生虜龍送吴。十三年春，權討江夏，瑜爲前部大督。

其年九月，曹公入荆州，劉琮舉衆降，曹公得其水軍船步兵數十萬，將士聞之皆恐。權延見羣下，問以計策。議者咸曰：「曹公豺虎也，然託名漢相，挾天子以征四方，動以朝廷爲辭，今日拒之，事更不順。且將軍大勢，可以拒操者，長江也。今操得荆州，奄有其地，劉表治水軍，蒙衝鬬艦，乃以千數，操悉浮以沿江，兼有步兵，水陸俱下，此爲長江之險，已與我共之矣。而勢力衆寡，又不可論。愚謂大計不如迎之。」瑜曰：「不然。操雖託名漢相，其實漢賊也。將軍以神武雄才，兼仗父兄之烈，割據江東，地方數千里，兵精足用，英雄樂業，尚當横行天下，爲漢家除殘去穢。況操自送死，而可迎之邪？請爲將軍籌之：今使北土已安，操無内憂，能曠日持久，來争疆場，又能與我校勝負於船楫閒乎？今北土既未平安，加馬超、韓遂尚在關西，爲操後患。且舍鞍馬，仗舟楫，與吴越争衡，本非中國所長。又今盛寒，馬無藁草，驅中國士衆，遠涉江湖之閒，不習水土，必生疾病。此數四者，用兵之患也，而操皆冒行之。將軍禽操，宜在今日。瑜請得精兵三萬人，進住夏口，保爲將軍破之。」權曰：「老賊欲廢漢自立久矣，徒忌二袁、吕布、劉表與孤耳。今數雄已滅，惟孤尚存，孤與老賊，勢不兩立。君言當擊，甚與孤合，此天以君授孤也。」

時劉備爲曹公所破，欲引南渡江，與魯肅遇於當陽，遂共圖計，因進住夏口，遣諸葛亮詣權。權遂遣瑜及程普等，與備并力逆曹公，遇於赤壁。時曹公軍衆已有疾病，初一交戰，公軍敗退，引次江北。瑜等在南岸。瑜部將黄蓋曰：「今寇衆我寡，難與持久。然觀操軍船艦首尾相接，可燒而走也。」乃取蒙衝鬬艦數十艘，實以薪草，膏油灌其中，裹以帷幕，上建牙旗，先書報曹公，欺以欲降。又豫備走舸，各繫大船後，因引次俱前。曹公軍吏士皆延頸觀望，指言蓋降。蓋放諸船，同時發火。時風盛猛，悉延燒岸上營落。頃之，煙炎張天，人馬燒溺死者甚衆，軍遂敗退，還保南郡。備與瑜等復共追。曹公留曹仁等守江陵城，徑自北歸。瑜與程普又進南郡，與仁相對，各隔大江。兵未交鋒，瑜即遣甘寧前據夷陵。仁分兵騎别攻圍寧，寧告急於瑜。瑜用吕蒙計，留淩統以守其後，身與蒙上救寧。寧圍既解，乃渡屯北岸，克期大戰。瑜親跨馬擽陳，會流矢中右脅，瘡甚，便還。後仁聞瑜卧未起，勒兵就陳。瑜乃自興，案行軍營，激揚吏士，仁由是遂退。

權拜瑜偏將軍，領南郡太守。以下雋、漢昌、劉陽、州陵爲奉邑，屯據江陵。劉備以左將軍領荆州牧，治公安。備詣京見權，瑜上疏曰：「劉備以梟雄之姿，而有關羽、張飛熊虎之將，必非久屈爲人用者。愚謂大計，宜徙備置吴，盛爲築宫室，多其美女玩好，以娱其耳目，分此二人，各置一方。使如瑜者得挾與攻戰，大事可定也。今猥割土地以資業之，聚此三人，俱在疆場，恐蛟龍得雲雨，終非池中物也。」權以曹公在北方，當廣擥英雄，又恐備難卒制，故不納。

是時劉璋爲益州牧，外有張魯寇侵，瑜乃詣京見權曰：「今曹操新折衄，方

憂在腹心，未能與將軍連兵相事也。乞與奮威俱進取蜀，得蜀而并張魯，因留奮威固守其地，好與馬超結援。瑜還與將軍據襄陽以蹴操，北方可圖也。」權許之。瑜還江陵，爲行裝，而道於巴丘病卒，時年三十六。權素服舉哀，感動左右。喪當還吳，又迎之蕪湖，衆事費度，一爲供給。後著令曰：「故將軍周瑜、程普，其有人客，皆不得問。」初瑜見友於策，太妃又使權以兄奉之。是時權位爲將軍，諸將賓客爲禮尚簡，而瑜獨先盡敬，便執臣節。性度恢廓，大率爲得人，惟與程普不睦。

瑜少精意於音樂，雖三爵之後，其有闕誤，瑜必知之，知之必顧，故時人謡曰：「曲有誤，周郎顧。」

瑜兩男一女。女配太子登。男循尚公主，拜騎都尉，有瑜風，早卒。循弟胤。

雜録

備録

《三國志》卷五四《周瑜傳》注引《江表傳》 普頗以年長，數陵侮瑜。瑜折節容下，終不與校。普後自敬服而親重之，乃告人曰：「與周公瑾交，若飲醇醪，不覺自醉。」時人以其謙讓服人如此。初曹公聞瑜年少有美才，謂可游説動也，乃密下揚州，遣九江蔣幹往見瑜。幹有儀容，以才辯見稱，獨步江、淮之間，莫與爲對。乃布衣葛巾，自託私行詣瑜。瑜出迎之，立謂幹曰：「子翼良苦，遠涉江湖爲曹氏作説客邪？」幹曰：「吾與足下州里，中間别隔，遥聞芳烈，故來敘闊，並觀雅規，而云説客，無乃逆詐乎？」瑜曰：「吾雖不及夔、曠，聞弦賞音，足知雅曲也。」因延幹入，爲設酒食。畢，遣之曰：「適吾有密事，且出就館，事了，别自相請。」後三日，瑜請幹與周觀營中，行視倉庫軍資器仗訖，還宴飲，示之侍者服飾珍玩之物，因謂幹曰：「丈夫處世，遇知己之主，外託君臣之義，内結骨肉之恩，言行計從，禍福共之，假使蘇、張更生，酈叟復出，猶撫其背而折其辭，豈足下幼生所能移乎？」幹但笑，終無所言。幹還，稱瑜雅量高致，非言辭所間。中州之士，亦以此多之。

《三國志》卷五四《周瑜傳》注引《江表傳》 曹公新破袁紹，兵威日盛。建安七年，下書責權質任子。權召羣臣會議，張昭、秦松等猶豫不能決。權意不欲遣質，乃獨將瑜詣母前定議，瑜曰：「昔楚國初封於荆山之側，不滿百里之地，繼嗣賢能，廣土開境，立基於郢。遂據荆、揚，至於南海。傳業延祚，九百餘年。今將軍承父兄餘資，六郡之衆，兵精糧多，將士用命，鑄山爲銅，煮海爲鹽，境内富饒，人不思亂。泛舟舉帆，朝發夕到，士風勁勇，所向無敵，有何逼迫，而欲送質？質一入，不得不與曹氏相首尾。與相首尾，則命召，不得不往，便見制於人也。極不過一侯印，僕從十餘人，車數乘，馬數匹，豈與南面稱孤同哉？不如勿遣，徐觀其變。若曹氏能率義以正天下，將軍事之未晚。若圖爲暴亂，兵猶火也，不戢將自焚。將軍韜勇抗威，以待天命，何送質之有！」權母曰：「公瑾議，是也。公瑾與伯符同年，小一月耳，我視之如子也，汝其兄事之。」遂不送質。

許嵩《建康實録》卷一 瑜字公瑾，廬江舒城人。少有姿貌，與孫策同年。策父堅初起義兵討董卓，徙家於舒。瑜見策善相友待，推道南大宅舍之策，升堂拜母，有無與同。及策領父衆將東渡，至歷陽，瑜從父尚爲丹楊太守，瑜往省之，策馳書報瑜，瑜將鄉里數人候策。策大喜，遂共定江東諸郡。累遷至江夏太守。從征剋皖城，因得橋公二女，皆國色，策納大者，瑜納小者。

及權統事，太夫人勅權以兄事瑜，拜中護軍。時權位在將軍，諸賓客爲禮尚簡，惟瑜獨盡敬而執臣節。性度恢廓，權甚委之。與張昭等共掌衆務，大小關之。

及鎮江陵，聞益州劉璋爲張魯侵寇，乃自詣京説權：「進取蜀，得蜀，使魯肅固守其地，北與馬超結援。瑜與將軍還據襄陽，以蹴曹操，北方可圖。」權許之。瑜歸江陵，治行道病，卒於巴丘，時年三十六。權素服舉哀，流涕而言曰：「公瑾有王佐之才，今忽短命，孤何賴焉！」及喪還，自至蕪湖迎之，喪事費度，一爲供給。著令曰：「故將軍周瑜賓客，皆不得問。」

備論

《三國志》卷五四《周瑜傳》 曹公乘漢相之資，挾天子而掃羣桀，新盪荆城，仗威東夏，于時議者莫不疑貳。周瑜、魯肅建獨斷之明，出衆人之表，實奇才也。

《衆家編年體晉史》輯習鑿齒《漢晉春秋》卷一　客問曰：「周瑜、魯肅何人也？」主人曰：「小人也。」客曰：「周瑜奇孫策於總角，定大計於一面，摧魏武百勝之鋒，開孫氏偏王之業，威震天下，名馳四海。魯肅一見孫權，建東帝之略。子謂之小人，何也？」主人曰：「此乃真所以爲小人也。夫君子之道，故將竭其忠直，佐扶帝室，尊崇寧時，遠主名教。若乃力不能合，事與志違，躬耕南畝，遁迹當年，何由盡臣禮於孫氏，於漢室未亡之日邪？」

胡寅《讀史管見》卷五　周公瑾材氣雖英特，而天韻不高，方諸荀文若，尚遠不及也。【略】夫有是君則有是臣，如瑜者，適足爲孫權之佐，保有江東可耳，非圖中原手也。

郝經《續後漢書》卷五五《周瑜列傳》　瑜、肅磊磊傑器，弱冠而有王霸之畧，鄧仲華之儔也。瑜謂操爲漢賊，肅乃方之項羽。是已有一劉玄德，漢室之胄，高光之流，託足無所。瑜必欲去之，肅假之荆州，而競奪之。有志於漢，欲爲桓文之事者，若是乎？首止之會踐土之朝，未之聞也。【略】周瑜、魯肅決策拒操，稱爲漢賊，其實割據江東，以爲吴也。【略】若彧、瑜諸子一時智計之士，語大義則未也。且赤壁之捷，操以全力奔北狼籍，乘勝長驅，則無所逃命。拓定中原，漢未必亡，乃遽足厭垂涎荆土，甘爲三分，天下可争而不争。荆州不可争，而遽争。有一天下之幾而不爲，惜哉！

贊曰：天傾柱折，斗牛搆屯。江海會同，再開乾坤。公瑾、子敬，定交軍門。情親義合，遂成君臣。烏林燒操，江壁生紅。取威定霸，千載藹功。奄有荆吴，遂帝江東。分漢敵魏，吴臣之宗。

《全元文》卷一五一三梁寅《史論》　孫策初起，周瑜輔之。分則君臣，情同兄弟。取江東之地，易於破竹。策之才略，固鮮其儔。瑜之參贊，功亦不少。其後赤壁之戰，大破曹操，尤可羡也。

鍾惺《史懷》卷一六《周瑜魯肅吕蒙傳》　曹公與袁紹拒官渡，孫策欲襲許，奉迎天子，如此是無曹也。玄德在吴，周瑜規取蜀，如此是無劉也。見英雄手眼快處，如弈家國手，其緊著自各看到，計定而策與瑜皆死。三分之形，天所定也。

程普以年長數陵侮瑜，瑜折節容下。雖大有作用，然真心爲國，亦不得不如此。普後自服曰：「與公瑾交，若飲醇醪，不覺大醉。」英雄不必言，想其人何等緼藉有趣。「醇醪」二語，亦自妙于形容，是公瑾知已。其立折蔣幹一段，醇醪風味，猶可想見。不獨氣能奪之，理能屈之，其情詞自出至誠。對縱横之士，須用此破之。

黄道周《廣名將傳》卷六　英雄才智奇特。曹下江南，兵威赫赫。衆議迎降，方可解厄。瑜曰不然，今猶漢國。曹雖漢相，實爲漢賊。將軍江東，三世恩澤。糧足兵精，雲集賓客。天下横行，亦無不得。曹今雖多，馬韓在北。送死而來，有何難克。權喜爲然，斫案定策。諸葛適來，遂同計畫。赤壁火攻，曹兵喪魄。再戰曹仁，傷猶起勒。慮備蛟龍，人難天測。憑弔江東，周郎出色。

王夫之《讀通鑑論》卷九　且以大計言之，周瑜、關羽競一時之利，或得或喪，而要適以益曹操之凶；魯、葛之謀，長慮遠顧，非瑜與羽徼利之淺圖所可測，久矣。兵之初起也，羣雄互角，而操挾天子四面應之而皆碎。此無異故，吕布倏彼倏此，而爲衆所同嫉，袁術則與袁紹離矣，袁紹則與公孫瓚競矣，袁譚、袁尚則兄弟相讎殺矣，韓遂則與馬超相疑矣。劉表雖通袁紹，視紹之敗而不恤矣，皆自相滅以授曹氏之滅之也。今所僅存者孫、劉，而又相尋於干戈，其不内潰以折入於曹操也不能。則魯、葛定交合力，以與操争存亡，一時之大計無有出於此者。晉文合宋、齊以敗楚，樂毅結趙、魏以破齊，漢高連韓、彭、英布而摧項。已事之師，二子者籌之熟而執之固。瑜與羽交起而亂之，不亦悲乎！

李光地《榕村語録》卷二二　江東人物惟周公瑾，次魯子敬，餘不足道也。

王鳴盛《十七史商榷》卷四二《瑜肅異而同》　英雄舉事，貴争先著。一落人後，便非俊物。袁紹欲迎獻帝不果，遂爲曹操所先。及與紹相拒官渡，劉表坐守荆州，不能出一步以襲許救袁。而孫策陰欲襲許迎帝，未發，爲人所殺。若其事成，操敗矣。非争先著者乎？周瑜方結劉拒曹，曹甫敗，旋欲制劉以取荆，而并圖蜀。著著争先，真俊物也。魯肅與孫權合榻對飲，爲畫大計，與瑜同耳。至破曹之後，仍勸權以荆州借劉，此則與瑜異者。然肅之計，爲孫不爲劉。權雖謂此計爲一短，但荆州新附，其勢吴難獨占。兩雄相争，徒爲敵利。然則肅計亦未爲短，故瑜病困薦肅自代，二人之計異而同者也。

藝文

《三國志》卷五四《周瑜傳》注引《江表傳》　策令曰：「周公瑾英俊異才，與孤有總角之好，骨肉之分。如前在丹楊，發衆及船糧以濟大事，論德酬功，此未

足以報者也。」

《三國志》卷五四《周瑜傳》 孫權與陸遜論周瑜、魯肅及蒙曰：「公瑾雄烈，膽略兼人。遂破孟德，開拓荊州，邈焉難繼，君今繼之。【略】周公不求備於一人，故孤忘其短，而貴其長，常以比方鄧禹也。又子明少時，孤謂不辭劇易，果敢有膽而已；及身長大，學問開益，籌略奇至，可以次於公瑾，但言議英發不及之耳。」

《三國志》卷五四《周瑜傳》注引《江表傳》 昭、肅等先出，權獨與備留語，因言次，歎瑜曰：「公瑾文武籌略，萬人之英，顧其器量廣大，恐不久爲人臣耳。」瑜之破魏軍也，曹公曰：「孤不羞走。」後書與權曰：「赤壁之役，值有疾病，孤燒自退，横使周瑜虚獲此名。」瑜威聲遠著，故曹公、劉備咸欲疑譖之。及卒，權流涕曰：「公瑾有王佐之資，今忽短命，孤何賴哉！」後權稱尊號，謂公卿曰：「孤非周公瑾，不帝矣。」

歐陽詢《藝文類聚》卷四五袁宏《三國名臣贊》 公瑾英達，朗心獨見。披草求君，定交一面。桓桓魏武，外託霸迹。志掩衛、霍，恃戰忘敵。卓卓若人，曜奇赤壁。三光參分，宇宙暫隔。

李白《李太白全集》卷八《赤壁歌送別》 二龍争戰決雌雄，赤壁樓船掃地空。烈火張天照雲海，周瑜於此破曹公。君去滄江望澄碧，鯨鯢唐突留餘迹。一一書來報故人，我欲因之壯心魄。

《全唐文》卷五一八梁肅《周公瑾墓下詩序》 予嘗覽前志，壯公瑾之業；歷於遺墟，想公瑾之神。息駕而弔，徘徊不能去。昔漢綱既解，當涂方熾，利兵南浮，江漢失險。公瑾嘗用寡制衆，挫强爲弱，燎火一舉，樓船灰飛。遂乃張吴之臂，壯界之趾。以魏祖之雄武，披攘躑躅，救死不暇。袁彦伯贊是功曰：「三光三分，宇宙暫隔。」

《杜牧集》卷四《赤壁》 折戟沈沙鐵未銷，自將磨洗認前朝。東風不與周郎便，銅雀春深鎖二喬。

《全唐詩》卷六四七胡曾《詠史詩·赤壁》 烈火西焚魏帝旗，周郎開國虎争時。交兵不假揮長劍，已挫英雄百萬師。

《全唐詩》卷六四七胡曾《題周瑜將軍廟》 共説生前國步難，山川龍戰血漫漫。交鋒魏帝旌旗退，委任君王社稷安。庭際雨餘春草長，廟前風起晚光殘。功勛碑碣今何在，不得當時一字看。

陸龜蒙《甫里集》卷九《算山》 水繞蒼山固護來，當時盤踞實雄才。周郎計策清宵定，曹氏樓船白晝灰。五十八年争虎視，三千餘騎騁龍媒。何如今日家天下，閶闔門臨萬國開。

《全唐詩》卷七六七孫元晏《吴·赤壁》 會獵書來舉國驚，只應周魯不教迎。曹公一戰奔波後，赤壁功傳萬古名。

牟巘《陵陽先生集》卷七《周公謹贊》 儒而俠，其非歟？廛而隱，其幾歟？違俗而謷牙，玩世而滑稽歟？吾亦不自知。或隱几著書，或狂歌醉墨，是殆見吾衡氣機也。將求之北山之北，忽在乎西湖之西。然已見囿於筆墨矣，儼幅巾而杖藜。

《景定建康志》卷三一馮去非《吴將軍南郡太守周公瑾讃》 天壤之間，何得生此瞞。横厭羣雄，狂挾至尊。謀者如雨，鬭者如雲。破荊州，下江陵，驕心盛氣，眇一世而莫之京。烈焰燒江，蛟鼉鯨驚。乃不得志而去，裂寓縣而三分。曾不識天之絶姦兇而扶命義，猶朵頤而迄自焚。於戲！易於漢鼎，難于赤壁。公瑾之勳，徒手而立人極，度秣陵一湖，孰湯湯斯流，千載芳躅。

韓元吉《南澗甲乙稿》卷六《讀周瑜傳》 年來三十過平頭，笑却周郎却自羞。但得小喬歌一曲，未須辛苦向荊州。

陳普《石堂先生遺集》卷二一《周瑜》 烏林僥倖數帆風，便傍吴船向蜀中。劉葛闗張無寸土，肯容公瑾擅江東。

《元詩選三集·庚集》潘純《題周公瑾墓》 伯符早世將軍死，鄴下君臣賀魏公。石馬荒凉眠道左，紫髯倉卒帝江東。二喬信是傾城色，甲第空規建業宫。百尺孤墳蓋春草，遠林寒食紙錢風。

孫承恩《文簡集》卷四一《古像贊·周公瑾瑜》 矯矯公瑾，實吴良臣。雄姿英發，籌策邁倫。老瞞長驅，志無江表。一戰蹙之，功莫與紹。

《鄭板橋全集·板橋集·板橋詩鈔》 周郎年少，正雄姿歷落，江東人杰。八十萬軍飛一炬，風卷灘前黄葉。樓櫓雲崩，旌旗電掃，熛射江流血。咸陽三月，火光無此横絶。想他豪竹哀絲，回頭顧曲，虎帳談兵歇。公瑾、伯符天挺秀，中道君臣惜別。吴、蜀交疏，炎劉鼎沸，老魅成姦黠。至今遺恨，秦淮夜夜幽咽。

法正部

綜述

《三國志》卷三七《法正傳》 法正字孝直，(右)扶風郿人也。祖父真，有清節高名。建安初，天下饑荒，正與同郡孟達俱入蜀依劉璋，久之爲新都令，後召署軍議校尉。既不任用，又爲其州邑俱僑客者所謗無行，志意不得。益州别駕張松與正相善，忖璋不足與有爲，常竊歎息。松於荆州見曹公還，勸璋絶曹公而自結先主。璋曰：「誰可使者？」松乃舉正，正辭讓，不得已而往。正既還，爲松稱説先主有雄略，密謀協規，願共戴奉，而未有緣。後因璋聞曹公欲遣將征張魯之有懼心也，松遂説璋宜迎先主，使之討魯，復令正銜命。正既宣旨，陰獻策於先主曰：「以明將軍之英才，乘劉牧之懦弱；張松，州之股肱，以響應於内；然後資益州之殷富，馮天府之險阻，以此成業，猶反掌也。」先主然之，泝江而西，與璋會涪。北至葭萌，南還取璋。

鄭度説璋曰：「左將軍縣軍襲我，兵不滿萬，士衆未附，野穀是資，軍無輜重。其計莫若盡驅巴西、梓潼民内涪水以西，其倉廩野穀，一皆燒除，高壘深溝，静以待之。彼至，請戰，勿許，久無所資，不過百日，必將自走。走而擊之，則必禽耳。」先主聞而惡之，以問正。正曰：「終不能用，無可憂也。」璋果如正言，謂其羣下曰：「吾聞拒敵以安民，未聞動民以避敵也。」於是黜度，不用其計。【略】

十九年，進圍成都，璋蜀郡太守許靖將踰城降，事覺，不果。璋以危亡在近，故不誅靖。璋既稽服，先主以此薄靖不用也。正説曰：「天下有獲虚譽而無其實者，許靖是也。然今主公始創大業，天下之人不可户説，靖之浮稱，播流四海，若其不禮，天下之人以是謂主公爲賤賢也。宜加敬重，以眩遠近，追昔燕王之待郭隗。」先主於是乃厚待靖。以正爲蜀郡太守、揚武將軍，外統都畿，内爲謀主。一飡之德，睚眦之怨，無不報復，擅殺毁傷己者數人。或謂諸葛亮曰：「法正於蜀郡太縱横，將軍宜啓主公，抑其威福。」亮答曰：「主公之在公安也，北畏曹公之彊，東憚孫權之逼，近則懼孫夫人生變於肘腋之下；當斯之時，進退狼跋，法孝直爲之輔翼，令翻然翺翔，不可復制，如何禁止法正，使不得行其意邪？」初，孫權以妹妻先主，妹才捷剛猛，有諸兄之風，侍婢百餘人，皆親執刀侍立，先主每入，衷心常凜凜；亮又知先主雅愛信正，故言如此。

二十二年，正説先主曰：「曹操一舉而降張魯，定漢中，不因此勢以圖巴、蜀，而留夏侯淵、張郃屯守，身遽北還，此非其智不逮而力不足也，必將内有憂偪故耳。今策淵、郃才略，不勝國之將帥，舉衆往討，則必可克。克之之日，廣農積穀，觀釁伺隙，上可以傾覆寇敵，尊獎王室；中可以蠶食雍、涼，廣拓境土；下可以固守要害，爲持久之計。此蓋天以與我，時不可失也。」先主善其策，乃率諸將進兵漢中，正亦從行。二十四年，先主自陽平南渡沔水，緣山稍前，於定軍興勢作營。淵將兵來争其地。正曰：「可擊矣。」先主命黄忠乘高鼓譟攻之，大破淵軍，淵等授首。曹公西征，聞正之策，曰：「吾故知玄德不辦有此，必爲人所教也。」

先主立爲漢中王，以正爲尚書令、護軍將軍。明年卒，時年四十五。先主爲之流涕者累日。謚曰翼侯。賜子邈爵關内侯，官至奉車都尉、漢陽太守。諸葛亮與正，雖好尚不同，以公義相取。亮每奇正智術。先主既即尊號，將東征孫權，以復關羽之恥，羣臣多諫，一不從。章武二年，大軍敗績，還住白帝。亮歎曰：「法孝直若在，則能制主上，令不東行；就復東行，必不傾危矣。」

雜録

備録

《三國志》卷三七《法正傳》注 先主與曹公争，勢有不便，宜退，而先主大怒不肯退，無敢諫者。矢下如雨，正乃往當先主前，先主云：「孝直避箭。」正曰：「明公親當矢石，況小人乎？」先主乃曰：「孝直，吾與汝俱去。」遂退。

備論

《三國志》卷三七《法正傳》　法正著見成敗，有奇畫策算，然不以德素稱也。儗之魏臣，統其荀彧之仲叔，正其程、郭之儔儷邪？

《三國志》卷三七《法正傳》注引孫盛説　夫禮賢崇德，爲邦之要道，封墓式閭，先王之令軌，故必以體行英邈，高義蓋世，然後可以延視四海，振服羣黎。苟非其人，道不虚行。靖處室則友於不穆，出身則受位非所，語信則夷險易心，論識則殆爲釁首，安在其可寵先而有以感致者乎？若乃浮虚是崇，偷薄斯榮，則秉直仗義之士，將何以禮之？正務眩惑之術，違貴尚之風，譬之郭隗，非其倫矣。

《三國志》卷三一《劉二牧傳》注引張璠説　張松、法正，雖君臣之義不正，然固以委名附質。進不顯陳事勢，若韓嵩、劉光之説劉表；退不告絶奔亡，不若陳平、韓信之去項羽。而兩端攜貳，爲謀不忠，罪之次也。

郝經《續後漢書》卷一七《法正》　初，孔明語昭烈以恢復大計。謂荆州用武之國，益州天府，若跨有荆、益，撫和戎越，結好孫權，則漢室可興。乃抱膝長吟之日，素定之論。討操復漢之規模也，統發其幾，而法正、張松成其謀爾。統勸昭烈襲取益州，于坐上劫執劉璋。昭烈以爲當與操如水火，而一之以誠厚矣哉。議者猶謂孔明用仁義詐力雜以取天下爲失。夫仁義則無詐力，詐力則無仁義，政猶水火之不相入，惡能雜之哉？焉表叨據荆、益，厭然忘漢，僭擬乘輿，則亦一操。璋琮奉操，則亦漢賊也，皆王法所必誅。孔明相昭烈討而有之，仁義之師也，豈詐力之有哉？又謂齊桓震矜于葵丘，叛者九國，曹公不禮張松，而天下三分。顧松豈以不禮爲嫌哉？知操必不可奉，帝王之真在昭烈，故舉州事之，見幾之士也。嗚呼！統、正雖道義不足，而智謀亞于亮。統卒于圍雒之際，正没于取漢中之明年。使二子不死，與亮左右，功烈豈止于是？天不祚漢。惜哉！贊曰：【略】法正、張松，獻籌效忠。延我帝統，二賢之功。

李祖陶《史論五種・讀三國志書後》卷一《蜀志・法正》　法正智畧絶人，取蜀、取漢中二策，皆自正發之。使獲永其年，必能爲諸葛公匡所不逮。而年踰四十遽卒，不惟不能制主上東行，并不能助丞相北伐矣。

藝文

《三國志》卷三一《楊戲傳》録《季漢輔臣贊》　翼侯良謀，料世興衰。委質於主，是訓是諮。暫思經算，睹事知機。贊法孝直

陳普《石堂先生遺集》卷二一《法正》　崎嶇放虎事方新，喜怒平生便見真。誰是孔明西道主，敢將東客罪西人。

司馬懿部

綜述

《晉書》卷一《宣帝紀》　宣皇帝諱懿，字仲達，河内温縣孝敬里人，姓司馬氏。其先出自帝高陽之子重黎，爲夏官祝融。歷唐、虞、夏、商，世序其職。及周，以夏官爲司馬。其後程伯休父，周宣王時，以世官克平徐方，錫以官族，因而爲氏。楚漢間，司馬卬爲趙將，與諸侯伐秦。秦亡，立爲殷王，都河内。漢以其地爲郡，子孫遂家焉。自卬八世，生征西將軍鈞，字叔平。鈞生豫章太守量，字公度。量生潁川太守儁，字元異。儁生京兆尹防，字建公。帝即防之第二子也。少有奇節，聰朗多大略，博學洽聞，伏膺儒教。漢末大亂，常慨然有憂天下心。南陽太守同郡楊俊名知人，見帝，未弱冠，以爲非常之器。尚書清河崔琰與帝兄朗善，亦謂朗曰：「君弟聰亮明允，剛斷英特，非子所及也。」

漢建安六年，郡舉上計掾。魏武帝爲司空，聞而辟之。帝知漢運方微，不欲屈節曹氏，辭以風痹，不能起居。魏武使人夜往密刺之，帝堅卧不動。及魏武爲丞相，又辟爲文學掾，敕行者曰：「若復盤桓，便收之。」帝懼而就職。於是使與太子游處，遷黄門侍郎，轉議郎、丞相東曹屬，尋轉主簿。

從討張魯，言於魏武曰：「劉備以詐力虜劉璋，蜀人未附而遠争江陵，此機不可失也。今若曜威漢中，益州震動，進兵臨之，勢必瓦解。因此之勢，易爲功力。聖人不能違時，亦不失時矣。」魏武曰：「人苦無足，既得隴右，復欲得蜀！」言竟不從。既而從討孫權，破之。軍還，權遣使乞降，上表稱臣，陳説天命。魏武帝曰：「此兒欲踞吾著爐炭上邪！」答曰：「漢運垂終，殿下十分天下而有其九，以服事之。權之稱臣，天人之意也。虞、夏、殷、周不以謙讓者，畏天知命也。」

魏國既建，遷太子中庶子。每與大謀，輒有奇策，爲太子所信重，與陳羣、吴質、朱鑠號曰四友。

遷爲軍司馬，言於魏武曰：「昔箕子陳謀，以食爲首。今天下不耕者蓋二十餘萬，非經國遠籌也。雖戎甲未卷，自宜且耕且守。」魏武納之，於是務農積穀，國用豐贍。帝又言荆州刺史胡脩粗暴，南鄉太守傅方驕奢，並不可居邊。魏武不之察。及蜀將關羽圍曹仁於樊，于禁等七軍皆没，脩、方果降羽，而仁圍甚急焉。

是時漢帝都許昌，魏武以爲近賊，欲徙河北。帝諫曰：「禁等爲水所没，非戰守之所失，於國家大計未有所損，而便遷都，既示敵以弱，又淮、沔之人大不安矣。孫權、劉備，外親内疏，羽之得意，權所不願也。可喻權所，令掎其後，則樊圍自解。」魏武從之。權果遣將吕蒙西襲公安，拔之，羽遂爲蒙所獲。

魏武以荆州遺黎及屯田在潁川者逼近南寇，皆欲徙之。帝曰：「荆楚輕脱，易動難安。關羽新破，諸爲惡者藏竄觀望。今徙其善者，既傷其意，將令去者不敢復還。」從之。其後諸亡者悉復業。

及魏武薨于洛陽，朝野危懼。帝綱紀喪事，内外肅然。乃奉梓宫還鄴。

魏文帝即位，封河津亭侯，轉丞相長史。會孫權帥兵西過，朝議以樊、襄陽無穀，不可以禦寇。時曹仁鎮襄陽，請召仁還宛。帝曰：「孫權新破關羽，此其欲自結之時也，必不敢爲患。襄陽水陸之衝，禦寇要害，不可棄也。」言竟不從。仁遂焚棄二城，權果不爲寇，魏文悔之。

及魏受漢禪，以帝爲尚書。頃之，轉督軍、御史中丞，封安國鄉侯。

黄初二年，督軍官罷，遷侍中、尚書右僕射。

五年，天子南巡，觀兵吴疆。帝留鎮許昌，改封向鄉侯，轉撫軍，假節，領兵五千，加給事中、録尚書事。帝固辭。天子曰：「吾於庶事，以夜繼晝，無須臾寧息。此非以爲榮，乃分憂耳。」

六年，天子復大興舟師征吴，復命帝居守，内鎮百姓，外供軍資。臨行，詔曰：「吾深以後事爲念，故以委卿。曹參雖有戰功，而蕭何爲重。使吾無西顧之憂，不亦可乎？」天子自廣陵還洛陽，詔帝曰：「吾東，撫軍當總西事；吾西，撫軍當總東事。」於是帝留鎮許昌。

及天子疾篤，帝與曹真、陳羣等見於崇華殿之南堂，並受顧命輔政。詔太子曰：「有間此三公者，慎勿疑之。」明帝即位，改封舞陽侯。

及孫權圍江夏，遣其將諸葛瑾、張霸並攻襄陽，帝督諸軍討權，走之。進擊，敗瑾斬霸，並首級千餘。遷驃騎將軍。

太和元年六月，天子詔帝屯于宛，加督荆、豫二州諸軍事。

初，蜀將孟達之降也，魏朝遇之甚厚。帝以達言行傾巧不可任，驟諫不見聽，乃以達領新城太守，封侯，假節。達於是連吳固蜀，潛圖中國。蜀相諸葛亮惡其反覆，又慮其爲患。達與魏興太守申儀有隙，亮欲促其事，乃遣郭模詐降，過儀，因漏泄其謀。達聞其謀漏泄，將舉兵。帝恐達速發，以書喻之曰：「將軍昔棄劉備，託身國家，國家委將軍以疆埸之任，任將軍以圖蜀之事，可謂心貫白日。蜀人愚智，莫不切齒於將軍。諸葛亮欲相破，惟苦無路耳。模之所言，非小事也，亮豈輕之而令宣露，此殆易知耳。」達得書大喜，猶與不決。帝乃潛軍進討。諸將言達與二賊交構，宜觀望而後動。帝曰：「達無信義，此其相疑之時也，當及其未定促決之。」乃倍道兼行，八日到其城下。吳、蜀各遣其將向西城安橋、木闌塞以救達，帝分諸將以距之。

初，達與亮書曰：「宛去洛八百里，去吾一千二百里，聞吾舉事，當表上天子，比相反覆，一月間也，則吾城已固，諸軍足辦。則吾所在深險，司馬公必不自來；諸將來，吾無患矣。」及兵到，達又告亮曰：「吾舉事八日，而兵至城下，何其神速也！」上庸城三面阻水，達於城外爲木柵以自固。帝渡水，破其柵，直造城下。八道攻之，旬有六日，達甥鄧賢、將李輔等開門出降。斬達，傳首京師。俘獲萬餘人，振旅還于宛。乃勸農桑，禁浮費，南土悅附焉。

初，申儀久在魏興，專威疆埸，輒承制刻印，多所假授。達既誅，有自疑心。時諸郡守以帝新克捷，奉禮求賀，皆聽之。帝使人諷儀，儀至，問承制狀，執之，歸于京師。又徙孟達餘衆七千餘家於幽州。

時邊郡新附，多無户名，魏朝欲加隱實。屬帝朝於京師，天子訪之於帝。帝對曰：「賊以密網束下，故下棄之。宜弘以大綱，則自然安樂。」又問：「二虜宜討，何者爲先？」對曰：「吳以中國不習水戰，故敢散居東關。凡攻敵，必扼其喉而搗其心。夏口、東關，賊之心喉。若爲陸軍以向皖城，引權東下，爲水戰軍向夏口，乘其虛而擊之，此神兵從天而墮，破之必矣。」天子並然之，復命帝屯於宛。

四年，遷大將軍，加大都督、假黃鉞，與曹真伐蜀。帝自西城斫山開道，水陸並進，泝沔而上，至於朐䏰，拔其新豐縣。軍次丹口，遇雨，班師。

明年，諸葛亮寇天水，圍將軍賈嗣、魏平於祁山。天子曰：「西方有事，非君莫可付者。」乃使帝西屯長安，都督雍、梁二州諸軍事，統車騎將軍張郃、後將軍費曜、征蜀護軍戴淩、雍州刺史郭淮等討亮。張郃勸帝分軍住雍、郿爲後鎮，帝曰：「料前軍獨能當之者，將軍言是也。若不能當，而分爲前後，此楚之三軍所以爲黥布禽也。」遂進軍隃麋。亮聞大軍且至，乃自帥衆將芟上邽之麥。諸將皆懼，帝曰：「亮慮多決少，必安營自固，然後芟麥，吾得二日兼行足矣。」於是卷甲晨夜赴之，亮望塵而遁。帝曰：「吾倍道疲勞，此曉兵者之所貪也。亮不敢據渭水，此易與耳。」進次漢陽，與亮相遇，帝列陣以待之。使將牛金輕騎餌之，兵才接而亮退，追至祁山。亮屯鹵城，據南北二山，斷水爲重圍。帝攻拔其圍，亮宵遁，追擊破之，俘斬萬計。天子使使者勞軍，增封邑。

時軍師杜襲、督軍薛悌皆言明年麥熟，亮必爲寇，隴右無穀，宜及冬豫運。帝曰：「亮再出祁山，一攻陳倉，挫衄而反。縱其後出，不復攻城，當求野戰，必在隴東，不在西也。亮每以糧少爲恨，歸必積穀，以吾料之，非三稔不能動矣。」於是表徙冀州農夫佃上邽，興京兆、天水、南安監冶。

〔青龍〕二年，亮又率衆十餘萬出斜谷，壘于郿之渭水南原。天子憂之，遣征蜀護軍秦朗督步騎二萬，受帝節度。諸將欲住渭北以待之，帝曰：「百姓積聚皆在渭南，此必争之地也。」遂引軍而濟，背水爲壘。因謂諸將曰：「亮若勇者，當出武功，依山而東。若西上五丈原，則諸軍無事矣。」亮果上原，將北渡渭，帝遣將軍周當屯陽遂以餌之。數日，亮不動。帝曰：「亮欲争原而不向陽遂，此意可知也。」遣將軍胡遵、雍州刺史郭淮共備陽遂，與亮會于積石。臨原而戰，亮不得進，還於五丈原。會有長星墜亮之壘，帝知其必敗，遣奇兵掎亮之後，斬五百餘級，獲生口千餘，降者六百餘人。

時朝廷以亮僑軍遠寇，利在急戰，每命帝持重，以候其變。亮數挑戰，帝不出，因遺帝巾幗婦人之飾。帝怒，表請決戰，天子不許，乃遣骨鯁臣衛尉辛毗杖節爲軍師以制之。後亮復來挑戰，帝將出兵以應之，毗杖節立軍門，帝乃止。初，蜀將姜維聞毗來，謂亮曰：「辛毗杖節而至，賊不復出矣。」亮曰：「彼本無戰心，所以固請者，以示武于其衆耳。將在軍，君命有所不受，苟能制吾，豈千里而請戰邪！」

帝弟孚書問軍事，帝復書曰：「亮志大而不見機，多謀而少決，好兵而無權，雖提卒十萬，已墮吾畫中，破之必矣。」與之對壘百餘日，會亮病卒，諸將燒營遁走，百姓奔告，帝出兵追之。亮長史楊儀反旗鳴鼓，若將距帝者。帝以窮寇不之逼，於是楊儀結陣而去。經日，乃行其營壘，觀其遺事，獲其圖書、糧穀甚衆。帝審其必死，曰：「天下奇才也。」辛毗以爲尚未可知。帝曰：「軍家所重，軍書密計、兵馬糧穀，今皆棄之，豈有人捐其五藏而可以生乎？宜急追之。」關中多疾

薊，帝使軍士二千人著軟材平底木屐前行，蒺藜悉著屐，然後馬步俱進。追到赤岸，乃知亮死審問。時百姓爲之諺曰：「死諸葛走生仲達。」帝聞而笑曰：「吾便料生，不便料死故也。」

先是，亮使至，帝問曰：「諸葛公起居何如，食可幾米？」對曰：「三四升。」次問政事，曰：「二十罰已上皆自省覽。」帝既而告人曰：「諸葛孔明其能久乎？」竟如其言。亮部將楊儀、魏延爭權，儀斬延，并其衆。帝欲乘隙而進，有詔不許。

三年，遷太尉，累增封邑。蜀將馬岱入寇，帝遣將軍牛金擊走之，斬千餘級。關東饑，帝運長安粟五百萬斛輸於京師。

四年，獲白鹿，獻之。天子曰：「昔周公旦輔成王，有素雉之貢。今君受陝西之任，有白鹿之獻，豈非忠誠協符，千載同契，俾乂邦家，以永厥休邪！」

及遼東太守公孫文懿反，徵帝詣京師。天子曰：「此不足以勞君，事欲必克，故以相煩耳。君度其作何計？」對曰：「棄城預走，上計也。據遼水以距大軍，次計也。坐守襄平，此成擒耳。」天子曰：「其計將安出？」對曰：「惟明者能深度彼己，豫有所棄，此非其所及也。今懸軍遠征，將謂不能持久，必先距遼水而後守，此中、下計也。」天子曰：「往還幾時？」對曰：「往百日，還百日，攻百日，以六十日爲休息，一年足矣。」

是時大修宮室，加之以軍旅，百姓饑弊。帝將即戎，乃諫曰：「昔周公營洛邑，蕭何造未央，今宮室未備，臣之責也。然自河以北，百姓困窮，外内有役，勢不並興，宜假絶内務，以救時急。」

景初二年，帥牛金、胡遵等步騎四萬，發自京都。車駕送出西明門，詔弟孚、子師送過溫，賜以穀帛牛酒，敕郡守、典農以下皆往會焉。見父老故舊，讌飲累日。帝歎息，悵然有感，爲歌曰：「天地開闢，日月重光。遭遇際會，畢力遐方。將掃羣穢，還過故鄉。肅清萬里，總齊八荒。告成歸老，待罪舞陽。」遂進師，經孤竹，越碣石，次于遼水。文懿果遣步騎數萬，阻遼隧，堅壁而守，南北六七十里，以距帝。帝盛兵多張旗幟出其南，賊盡鋭赴之。乃泛舟潛濟以出其北，與賊營相逼，沈舟焚梁，傍遼水作長圍，棄賊而向襄平。諸將言曰：「不攻賊而作圍，非所以示衆也。」帝曰：「賊堅營高壘，欲以老吾兵也。攻之，正入其計，此王邑所以恥過昆陽也。古人曰，敵雖高壘，不得不與我戰者，攻其所必救也。賊大衆在此，則巢窟虚矣。我直指襄平，則人懷内懼，懼而求戰，破之必矣。」遂整陣而過。賊見兵出其後，果邀之。帝謂諸將曰：「所以不攻其營，正欲致此，不可失也。」乃縱兵逆擊，大破之，三戰皆捷。賊保襄平，進軍圍之。

初，文懿聞魏師之出也，請救於孫權。權亦出兵遥爲之聲援，遺文懿書曰：「司馬公善用兵，變化若神，所向無前，深爲弟憂之。」

會霖潦，大水平地數尺，三軍恐，欲移營，帝令軍中敢有言徙者斬。都督令史張静犯令，斬之，軍中乃定。賊恃水，樵牧自若。諸將欲取之，皆不聽。司馬陳珪曰：「昔攻上庸，八部並進，晝夜不息，故能一旬之半，拔堅城，斬孟達。今者遠來而更安緩，愚竊惑焉。」帝曰：「孟達衆少而食支一年，吾將士四倍于達而糧不淹月，以一月圖一年，安可不速？以四擊一，正令半解，猶當爲之。是以不計死傷，與糧競也。今賊衆我寡，賊飢我飽，水雨乃爾，功力不設，雖當促之，亦何所爲？自發京師，不憂賊攻，但恐賊走。今賊糧垂盡，而圍落未合，掠其牛馬，抄其樵采，此故驅之走也。夫兵者詭道，善因事變。賊憑衆恃雨，故雖飢困，未肯束手，當示無能以安之。取小利以驚之，非計也。」朝廷聞師遇雨，咸請召還。天子曰：「司馬公臨危制變，計日擒之矣。」既而雨止，遂合圍。起土山地道，楯櫓鉤橦，發矢石雨下，晝夜攻之。

時有長星，色白，有芒鬣，自襄平城西南流于東北，墜於梁水，城中震慴。文懿大懼，乃使其所署相國王建、御史大夫柳甫乞降，請解圍面縛。不許，執建等，皆斬之。檄告文懿曰：「昔楚鄭列國，而鄭伯猶肉袒牽羊而迎之。孤爲王人，位則上公，而建等欲孤解圍退舍，豈楚鄭之謂邪！二人老耄，必傳言失旨，已相爲斬之。若意有未已，可更遣年少有明決者來。」文懿復遣侍中衛演乞剋日送任。帝謂演曰：「軍事大要有五，能戰當戰，不能戰當守，不能守當走，餘二事惟有降與死耳。汝不肯面縛，此爲決就死也，不須送任。」文懿攻南圍突出，帝縱兵擊敗之，斬于梁水之上星墜之所。既入城，立兩標以別新舊焉。男子年十五已上七千餘人皆殺之，以爲京觀。僞公卿已下皆伏誅，戮其將軍畢盛等二千餘人。收户四萬，口三十餘萬。

初，文懿篡其叔父恭位而囚之。及將反，將軍綸直、賈範等苦諫，文懿皆殺之。帝乃釋恭之囚，封直等之墓，顯其遺嗣。令曰：「古之伐國，誅其鯨鯢而已，諸爲文懿所詿誤者，皆原之。中國人欲還舊鄉，恣聽之。」

時有兵士寒凍，乞襦，帝弗之與。或曰：「幸多故襦，可以賜之。」帝曰：「襦者官物，人臣無私施也。」乃奏軍人年六十已上者罷遣千餘人，將吏從軍死亡者致喪還家。遂班師。天子遣使者勞軍于薊，增封食昆陽，并前二縣。

初，帝至襄平，夢天子枕其膝，曰：「視吾面。」俛視有異於常，心惡之。先是，詔帝便道鎮關中；及次白屋，有詔召帝，三日之間，詔書五至。手詔曰：「間側息望到，到便直排閤入，視吾面。」帝大遽，乃乘追鋒車晝夜兼行，自白屋四百餘里，一宿而至。引入嘉福殿臥內，升御牀。帝流涕問疾，天子執帝手，目齊王曰：「以後事相託。死乃復可忍，吾忍死待君，得相見，無所復恨矣。」與大將軍曹爽並受遺詔輔少主。

及齊王即帝位，遷侍中、持節、都督中外諸軍、録尚書事，與爽各統兵三千人，共執朝政，更直殿中，乘輿入殿。爽欲使尚書奏事先由己，乃言於天子，徙帝爲大司馬。朝議以爲前後大司馬累薨於位，乃以帝爲太傅，入殿不趨，贊拜不名，劍履上殿，如漢蕭何故事。嫁娶喪葬取給於官，以世子師爲散騎常侍，子弟三人爲列侯，四人爲騎都尉。帝固讓子弟官不受。

正始元年春正月，東倭重譯納貢，焉耆、危須諸國，弱水以南，鮮卑名王，皆遣使來獻。天子歸美宰輔，又增帝封邑。

初，魏明帝好修宫室，制度靡麗，百姓苦之。帝自遼東還，役者猶萬餘人，雕玩之物動以千計。至是皆奏罷之，節用務農，天下欣賴焉。

二年夏五月，吴將全琮寇芍陂，朱然、孫倫圍樊城，諸葛瑾、步騭掠柤中，帝請自討之。議者咸言，賊遠來圍樊，不可卒拔。挫於堅城之下，有自破之勢，宜長策以御之。帝曰：「邊城受敵而安坐廟堂，疆埸騷動，衆心疑惑，是社稷之大憂也。」

六月，乃督諸軍南征，車駕送出津陽門。帝以南方暑溼，不宜持久，使輕騎挑之，然不敢動。於是休戰士，簡精鋭，募先登，申號令，示必攻之勢。吴軍夜遁走，追至三州口，斬獲萬餘人，收其舟船軍資而還。天子遣侍中常侍勞軍于宛。

秋七月，增封食鄽、臨潁，并前四縣，邑萬户，子弟十一人皆爲列侯。帝勳德日盛，而謙恭愈甚。以太常常林鄉邑舊齒，見之每拜。恒戒子弟曰：「盛滿者道家之所忌，四時猶有推移，吾何德以堪之。損之又損之，庶可以免乎？」

三年春，天子追封謚皇考京兆尹爲舞陽成侯。

三月，奏穿廣漕渠，引河入汴，溉東南諸陂，始大佃於淮北。

先是，吴遣將諸葛恪屯皖，邊鄙苦之，帝欲自擊恪。議者多以賊據堅城，積穀，欲引致官兵。今懸軍遠攻，其救必至，進退不易，未見其便。帝曰：「賊之所長者水也，今攻其城，以觀其變。若用其所長，棄城奔走，此爲廟勝也。若敢固守，湖水冬淺，船不得行，勢必棄水相救，由其所短，亦吾利也。」

四年秋九月，帝督諸軍擊諸葛恪，車駕送出津陽門。軍次於舒，恪焚燒積聚，棄城而遁。

帝以滅賊之要，在於積穀，乃大興屯守，廣開淮陽、百尺二渠，又修諸陂於潁之南北，萬餘頃。自是淮北倉庾相望，壽陽至於京師，農官屯兵連屬焉。

五年春正月，帝至自淮南，天子使持節勞軍。

尚書鄧颺、李勝等欲令曹爽建立功名，勸使伐蜀。帝止之，不可，爽果無功而還。

六年秋八月，曹爽毁中壘中堅營，以兵屬其弟中領軍羲。帝以先帝舊制禁之，不可。

冬十二月，天子詔帝朝會乘輿升殿。

七年春正月，吴寇柤中，夷夏萬餘家，避寇北渡沔。帝以沔南近賊，若百姓奔還，必復致寇，宜權留之。曹爽曰：「今不能修守沔南而留百姓，非長策也。」帝曰：「不然。凡物致之安地則安，危地則危。故兵書曰『成敗，形也；安危，勢也』。形勢，御衆之要，不可以不審。設令賊以二萬人斷沔水，三萬人與沔南諸軍相持，萬人陸梁柤中，將何以救之？」爽不從，卒令還南。賊果襲破柤中，所失萬計。

八年夏四月，夫人張氏薨。

曹爽用何晏、鄧颺、丁謐之謀，遷太后於永寧宫，專擅朝政，兄弟并典禁兵，多樹親黨，屢改制度。帝不能禁，於是與爽有隙。

五月，帝稱疾不與政事。時人爲之謡曰：「何、鄧、丁，亂京城。」

九年春三月，爽、晏謂帝疾篤，遂有無君之心，與當密謀，圖危社稷，期有日矣。帝亦潛爲之備，爽之徒屬亦頗疑帝。會河南尹李勝將莅荆州，來候帝。帝詐疾篤，使兩婢侍，持衣衣落，指口言渴，婢進粥，帝不持杯飲，粥皆流出霑胸。勝曰：「衆情謂明公舊風發動，何意尊體乃爾！」帝使聲氣纔屬，説「年老枕疾，死在旦夕。君當屈并州，并州近胡，善爲之備。恐不復相見，以子師、昭兄弟爲託」。勝曰：「當還忝本州，非并州。」帝乃錯亂其辭曰：「君方到并州。」勝復曰：「當忝荆州。」帝曰：「年老意荒，不解君言。今還爲本州，盛德壯烈，好建功勳！」勝退告爽曰：「司馬公尸居餘氣，形神已離，不足慮矣。」他日，又言曰：「太傅不可復濟，令人愴然。」故爽等不復設備。

嘉平元年春正月甲午，天子謁高平陵，爽兄弟皆從。帝于是奏永寧太后廢爽兄弟。時景帝爲中護軍，將兵屯司馬門。帝列陣闕下，經爽門。爽帳下督嚴世上樓，引弩將射帝，孫謙止之曰：「事未可知。」三注三止，皆引其肘不得發。

大司農桓範出赴爽，蔣濟言於帝曰：「智囊往矣。」帝曰：「爽與範内疏而智不及，駑馬戀短豆，必不能用也。」於是假司徒高柔節，行大將軍事，領爽營，謂柔曰：「君爲周勃矣。」命太僕王觀行中領軍，攝羲營。帝親帥太尉蔣濟等，勒兵出迎天子，屯于洛水浮橋，上奏曰：「先帝詔陛下、秦王及臣升於御牀，握臣臂曰『深以後事爲念』。今大將軍爽背棄顧命，敗亂國典，内則僭擬，外專威權。羣官要職，皆置所親；宿衛舊人，並見斥黜。根據槃互，縱恣日甚。又以黄門張當爲都監，專共交關，伺候神器。天下洶洶，人懷危懼。陛下便爲寄坐，豈得久安？此非先帝詔陛下及臣升御牀之本意也。臣雖朽邁，敢忘前言。昔趙高極意，秦是以亡；吕、霍早斷，漢祚永延。此乃陛下之殷鑒，臣授命之秋也。公卿羣臣皆以爽有無君之心，兄弟不宜典兵宿衛，奏皇太后，皇太后敕如奏施行。臣輒敕主者及黄門令罷爽、羲、訓吏兵，各以本官侯就第。若稽留車駕，以軍法從事。臣輒力疾將兵詣洛水浮橋，伺察非常。」爽不通奏，留車駕宿伊水南，伐樹爲鹿角，發屯兵數千人以守。桓範果勸爽奉天子幸許昌，移檄徵天下兵。爽不能用，而夜遣侍中許允、尚書陳泰詣帝，觀望風旨。帝數其過失，事止免官。泰還以報爽，勸之通奏。帝又遣爽所信殿中校尉尹大目諭爽，指洛水爲誓，爽意信之。桓範等援引古今，諫説萬端。終不能從，乃曰：「司馬公正當欲奪吾權耳。吾得以侯還第，不失爲富家翁。」範拊膺曰：「坐卿，滅吾族矣！」遂通帝奏。既而有司劾黄門張當，并發爽與何晏等反事，乃收爽兄弟及其黨與何晏、丁謐、鄧颺、畢軌、李勝、桓範等誅之。蔣濟曰：「曹真之勳，不可以不祀。」帝不聽。

初，爽司馬魯芝、主簿楊綜斬關奔爽。及爽之將歸罪也，芝、綜泣諫曰：「公居伊周之任，挾天子，杖天威，孰敢不從？舍此而欲就東市，豈不痛哉！」有司奏收芝、綜科罪，帝赦之，曰：「以勸事君者。」

二月，天子以帝爲丞相，增封潁川之繁昌、鄢陵、新汲、父城，并前八縣，邑二萬户，奏事不名。固讓丞相。

冬十二月，加九錫之禮，朝會不拜。固讓九錫。

二年春正月，天子命帝立廟于洛陽，置左右長史，增掾屬、舍人滿十人，歲舉掾屬任御史、秀才各一人，增官騎百人，鼓吹十四人，封子肜平樂亭侯，倫安樂亭侯。帝以久疾不任朝請，每有大事，天子親幸第以諮訪焉。

三年春正月，王淩詐言吴人塞涂水，請發兵以討之。帝潛知其計，不聽。

夏四月，帝自帥中軍，汎舟沿流，九日而到甘城。淩計無所出，乃迎於武丘，面縛水次，曰：「淩若有罪，公當折簡召淩，何苦自來邪！」帝曰：「以君非折簡之客故耳。」即以淩歸於京師。道經賈逵廟，淩呼曰：「賈梁道！王淩是大魏之忠臣，惟爾有神知之。」至項，仰鴆而死。收其餘黨，皆夷三族，并殺彪。悉録魏諸王公置于鄴，命有司監察，不得交關。

天子遣侍中韋誕持節勞軍于五池。帝至自甘城，天子又使兼大鴻臚、太僕庾嶷持節，策命帝爲相國，封安平郡公，孫及兄子各一人爲列侯，前後食邑五萬户，侯者十九人。固讓相國、郡公不受。

六月，帝寢疾，夢賈逵、王淩爲祟，甚惡之。秋八月戊寅，崩於京師，時年七十三。天子素服臨弔，喪葬威儀依漢霍光故事，追贈相國、郡公。弟孚表陳先志，辭郡公及轀輬車。

九月庚申，葬于河陰，謚曰文，後改謚宣文。先是，預作終制，於首陽山爲土藏，不墳不樹；作《顧命》三篇，斂以時服，不設明器，後終者不得合葬，一如遺命。晉國初建，追尊曰宣王。武帝受禪，上尊號曰宣皇帝，陵曰高原，廟稱高祖。

帝内忌而外寬，猜忌多權變。魏武察帝有雄豪志，聞有狼顧相，欲驗之。乃召使前行，令反顧，面正向後而身不動。又嘗夢三馬同食一槽，甚惡焉。因謂太子丕曰：「司馬懿非人臣也，必預汝家事。」太子素與帝善，每相全佑，故免。帝於是勤於吏職，夜以忘寢，至於芻牧之間，悉皆臨履，由是魏武意遂安。及平公孫文懿，大行殺戮。誅曹爽之際，支黨皆夷及三族，男女無少長，姑姊妹女子之適人者皆殺之，既而竟遷魏鼎云。

雜録

備録

劉敬叔《異苑》卷六《王陵》 晉宣帝誅王陵，後寢疾。日見陵來逼。帝呼曰：「彦云緩我。」身上便有打處。賈逵亦爲祟。少日遂薨。初，陵既被執，過賈逵廟。呼曰：「賈梁道，王陵，魏之忠臣。唯爾有神知之。」故逵助焉。

李冗《獨異志》卷上 司馬懿拜司空，日夜有人扣門請見，自稱白虎使者，皆

衣白衣，懷中探一物，内懿手中。戒曰：「兩世慎勿開，墓中絶。」言訖不見。懿曰：「此或數也。」遂開視之，乃一金龍子，長三四寸，背上有銘云：「父子從我受重火。」至武帝受禪，世墓中絶，元帝渡江，都建鄴。

備論

《晉書》卷一《宣帝紀》 夫天地之大，黎元爲本；邦國之貴，元首爲先。治亂無常，興亡有運。是故五帝之上，居萬乘以爲憂；三王已來，處其憂而爲樂。競智力，争利害，大小相吞，强弱相襲。逮乎魏室，三方鼎峙，干戈不息，氛霧交飛。宣皇以天挺之姿，應期佐命，文以纘治，武以稜威。用人如在己，求賢若不及；情深阻而莫測，性寬綽而能容。和光同塵，與時舒卷。戢鱗潛翼，思屬風雲。飾忠于已詐之心，延安于將危之命。觀其雄略内斷，英猷外決，殄公孫於百日，擒孟達於盈旬，自以兵動若神，謀無再計矣。既而擁衆西舉，與諸葛相持。抑其甲兵，本無鬬志；遺其巾幗，方發憤心。杖節當門，雄圖頓屈，請戰千里，詐欲示威。且秦蜀之人，勇懦非敵；夷險之路，勞逸不同，以此争功，其利可見。而返閉軍固壘，莫敢争鋒。生怯實而未前，死疑虚而猶遁，良將之道，失在斯乎！文帝之世，輔翼權重，許昌同蕭何之委，崇華甚霍光之寄。當謂竭誠盡節，伊傅可齊。及明帝將終，棟梁是屬，受遺二主，佐命三朝。既承忍死之託，曾無殉生之報。天子在外，内起甲兵；陵土未乾，遽相誅戮，貞臣之體，寧若此乎！盡善之方，以斯爲惑。夫征討之策，豈東智而西愚？輔佐之心，何前忠而後亂？故晉明掩面，恥欺僞以成功；石勒肆言，笑姦回以定業。古人有云「積善三年，知之者少；爲惡一日，聞于天下」，可不謂然乎！雖自隱過當年，而終見嗤後代。亦猶竊鍾掩耳，以衆人爲不聞；鋭意盜金，謂市中爲莫覩。故知貪于近者則遺遠，溺于利者則傷名；若不損己以益人，則當禍人而福己。順理而舉易爲力，背時而動難爲功。況以未成之晉基，逼有餘之魏祚？雖復道格區宇，德被蒼生，而天未啓時，寶位猶阻，非可以智競，不可以力争，雖則慶流後昆，而身終於北面矣。

李昉《太平御覽》卷九五《皇王部》引虞預《晉書》 上雖服膺文藝，以儒素立德，而雅有雄霸之量。值魏氏短祚，内外多難，謀而鮮過，舉必獨克，知人拔善，

顯用仄陋。王基、鄧艾、周秦、賈越之徒，皆起自寒門，而著績于朝，經略之才，可謂遠矣。

《唐文拾遺》卷一三虞世南《論略》 公子曰：「諸葛亮冠代奇才，志圖中夏。非宣帝之雄謀妙算，其孰能當斯勁敵乎？」

先生曰：「宣帝起自書生，參贊帝業，濟時定難，剋清王道，文武之略，實有可稱。然多仗陰謀，不由仁義，猜忍詭狀，盈諸襟抱。至如示謬言于李勝，委鞠獄于何晏，愧心負理，豈君子之所爲！以此僞情，行之萬物，若使力均勢敵，俱會中原，以仲達之姦謀，當孔明之節制，恐非儔也。」【略】

晉宣歷任卿相，位極臺鼎，握天下之圜，居既安之勢，奉明詔而誅逆節，建瓴爲譬，未足喻也。

《全唐文》卷一七〇朱敬則《晉高祖論》 宣帝聰豪明允，博學洽聞，敏而好謀，寬而能斷。其未得志也，服勤王事，夙夜在公，知無不爲，芻牧必履，取信嚴主，所謂能臣也。及勛德日隆，雄材漸著，權略不世，合變如神。受命崇華，竭股肱於明帝；忍死嘉福，遂無君於冲人，所謂姦臣也。及内難既平，外寇斯殄，威力翕赫，指麾風飛，遂乃臨神器以徘徊，戮公族以顧望。雖大業初構，人望斯存，若格以名神，請罪不暇；歸諸天命，則前代有辭。美哉！未盡善也。且成湯之在夏世，行仁以動諸侯；文王之處殷朝，好讓以懷鄰國。高祖以害達容物，光武以長者得人，未有專仗陰謀，每行詭計，寄何晏以鞠獄，示李勝以謬言。請戰以見威，指水以表信。乞緒不與，懼有陳恒之譏；封墓釋囚，不嫌武王之事。愧情負理，掩耳避聲，狼顧以噬魏人，狐媚以取天下，亦前史所丑也。

司馬光《稽古録》卷一三 宣帝始以重望高才，策名魏室，西却諸葛，東舉公孫，若以忠順終之，足爲良臣矣；遭爽、晏忌疾，乘間而發，專制朝柄，誅鉏異己，平昔之美，埽地盡矣。

《蘇轍集·欒城後集》卷九《晉宣帝》 世之説者曰：司馬仲達之於魏，則曹孟德之於漢也。是不然，二人智勇權略則同，而所處則異。漢自董卓之後，内潰外畔，獻帝奔走困踣之不暇，帝王之勢盡矣，獨其名在耳。曹公假其名號，以服天下，擁而植之許昌，建都邑，征畔逆，皆曹公也。雖使終身奉獻帝，率天下而朝之，天下不歸漢而歸魏者，十室而九矣。曹公誠能安而俟之，使天命自至，雖文王三分天下有其二以事紂，何以加之！惜其爲義不終，使獻帝不安於上，義士憤怨於下，雖荀文若猶不得其死，此則曹公之過矣。如司馬仲達則不然。明帝之

末，曹氏之業固矣。雖明帝以淫虐失衆，曹爽以驕縱得罪，而顛覆之形未見，天下未畔魏也。仲達因其隙而乘之，拊其背而奪其成業，事與曹公異矣。

漢武帝之老也，託昭帝於霍光。昭帝尚幼，燕王、蓋主有篡取之心，上官桀、桑弘羊助之，此其禍急於曹爽。霍光内斃燕、蓋，外誅桀、羊，擁護昭帝。訖，無驕君之色。及昭帝早喪，國空無主，迎立昌邑。昌邑不令，又援立宣帝。柄在其手者屢矣，然退就臣位，不以自疑，中外悉其本心，亦無一人有異議者。以仲達擬光，孰爲得之邪？然光猶不足道。蜀先主將亡，召諸葛孔明而告之曰：「嗣子可輔，輔之；如其不才，君可自取。」復語後主：「汝與丞相從事，事之如父。」後主之暗弱，孔明之賢智，蜀人知之矣。使孔明有異志，一摇手而定矣。然外平徼外蠻夷，内廢李平、廖立，旁禦魏、吴，功成業定，又付之蔣琬、費禕，奉一昏主三十餘年，而無纖芥之隙。此又霍光之所不能望也。

故人患不誠。苟誠忠孝，舜之於父母，伊尹之於太甲，終無間然者。自仲達之後，人臣受六尺之寄，因而取之者多矣。皆以其地勢迫切，置而不取，則身必危，國必亂，至自比騎虎不可復下，此亦自欺而已哉！

何去非《何博士備論・司馬仲達論》 昔之君臣，相擇相遇天下擾攘之日，君未嘗不欲其臣之才，臣未嘗不欲其君之明。臣既才矣，而其君常至於甚忌；君既明矣，而其臣常至於甚憚者，何也？君非有惡於臣而忌之也，忌其權略之足以貳於我也；臣非有外於君而憚之也，憚其剛忍之足以不容於我也。此忌、憚之所由生也。雖然君固有所不忌，以其得無所當忌之臣；臣固有所不憚，以其得無所當憚之君。昔者蜀先主之與諸葛孔明，苻堅之與王猛是也。

至於曹公之與司馬仲達，則忌憚之情不得不生矣。非仲達不足以致曹公之忌，非曹公不足以致仲達憚。天下之士，不應曹公之命者多矣，而仲達一不起，已將收而治之矣。仲達之不起，固疑其不爲己容；曹公之欲治，固疑其不爲己用。此相期於其始者，固已不盡君臣之誠矣，則忌、憚何從而不生也？雖然仲達處之，卒至乎曹公無所甚忌，仲達無所甚憚者，此所以爲人豪以成乎取魏之資也。人之挾數任術若荀文若者幾希矣，蓋曹公之策士而倚之爲蓍龜者也。公之欲遷漢祚也，於其始萌諸心，而仲達啓之以中其欲；於其既形於迹，而文若沮之以悴其情。已而，文若出於直言，而不能救其誅；仲達卒爲之腹心，而遂去其憚。方曹公之鞭笞天下，求集大業也，將師四出，無一日而釋甲。而仲達獨以其身雍容治務而已，未嘗一求將其兵，雖公亦不以爲能而欲使之。迨公之亡，始制其兵，出奇應變，奄忽若神，無往不殄，雖曹公有所不逮焉。魏文固已無忌，仲達固已無憚，天下始甚畏之，猶公之不亡也。由是觀之，仲達之以術略自將其身者，可得而窺哉！奈何諸葛孔明欲以其至誠大義之懷，數出其兵求與之決於一戰，以定魏、蜀之存亡哉？

仲達、孔明皆所謂人傑者也。渭南之役，人皆惜亮之死，以爲不見夫二人者決勝負於此舉也。亮之僑軍，利在速戰；仲達持重不應，以老其師，而求乘其弊。亮以巾幗遺之，欲激其應。仲達表求決戰，魏君乃遣辛毗杖節制之。亮以仲達無意於戰，其請於君，徒示武於衆耳。嗟夫！謂仲達之請戰以示武於衆者，則或有之；謂其有所終畏，而無意於一決者，亦非也。雖然，使辛毗不至，則仲達固將不戰也。仲達之所求者，克敵而已。今以一辱，不待其可戰之機，乃悻然輕用其衆爲忿憤之師，安足爲仲達也？晉之朱伺號爲善戰，人或問之，伺曰：「人不能忍，而我能忍，是以勝之。」豈以仲達而無朱伺之量耶？察其所以誅曹爽者，足見其能忍而待也。故其策亮曰：「亮志大而不見機，多謀而少決，好兵而無權，雖提卒十萬，已墮吾畫中，破之必矣。」此仲達之志也。亮之始出也，仲達語諸將曰：「亮若勇者，當出武功，依山而東；若西上五丈原，則諸軍無事矣。」昔曹公攻鄴，袁尚以兵救之，諸將皆以歸師勿遏，當避之。公曰：「尚從大道來且避之，若循西山則成擒耳。」尚果循西山，一戰擒之。盧循反攻建鄴，宋武策之曰：「賊若新亭直上，且當避之；回泊蔡州，則成擒耳。」循果泊蔡州，一戰而走之。亮之趨原，與袁尚之循西山、盧循之泊蔡州等耳。蓋鋭氣已奪，固將畏而避人，不足爲人之所畏避。此三君者，所以易而吞之也。亮常歲之出，其兵不過數萬，不以敗還，輒以饑退。今千里負糧，餉師十萬，坐而求戰者，十旬矣。仲達提秦、雍之勁卒，以不應而老其師者，豈徒然哉！將求全於一勝也。然而，孔明既死，蜀師引還，而仲達不窮追之者，蓋不虞孔明之死，其士尚飽而軍未有變，蜀道阻而易伏，疑其僞退以誘我也。向使孔明之不死，而弊於相持，則仲達之志得矣。或者謂仲達之權詭，不足以當孔明之節制，此腐儒守經之談，不足爲曉機者道也。

徐積《節孝集》卷三一 權謂司馬仲達爲變化若神，則仲達可謂能兵矣！然與武侯相拒，閉軍固壘，而不敢動。武侯死，曰：「吾不料死。」及觀其營陣，歎曰：「天下奇材。」則仲達與武侯優劣可見矣。

郝經《續後漢書》卷七五上《司馬懿列傳》 司馬氏得政，而八達韡韡繼起，

盛於齊之諸田。魏方疏絕骨肉，日益孤危，不及劉氏之季。廢興之迹，著於是矣。初誅曹爽，孚以尚書令爲司空。及誅王淩，由司空爲太尉。既誅毌丘儉，廢齊王，立高貴鄉公，則以太尉爲太傅，居懿之位，終于魏世。坐視師昭之逆而不去，武帝篡代，以皇叔祖父封爲安平王。原情定罪，則懿之次也。其送齊王則悲不自勝，弑高貴則枕屍而哭，廢陳留則拜辭隕涕，亦猶莽之抱孺子而泣，操之將終，涕泣而分香析履。一不及禪代之事，以一把淚欺天下萬世也。臨終遺令曰：「有魏貞士。」自今視之，則魏之大姦也。又曰：「不伊不周，不夷不惠。」此正鄉原，賊德之甚者。中心蘊蓄，盡露此語矣。

黄道周《廣名將傳》卷六　魏人從討張魯，備爭江陵。請乘蜀土，言雖不從，大志已覘。關羽震樊，魏欲避許。懿請結孫，因而斬羽。孟達雖降，意猶首鼠。八日往擒，盡驚神武。諸葛出祁，以懿禦侮。利則忽趨，鈍則守伍。巾幗相加，亦不妄舉。食少事煩，早知其苦。五丈秋風，更悲無補。料死料生，功已足數。文懿反遼，視魚遊釜。計日攻虛，破之若取。後晉帝基，皆懿遺祜。

李光地《榕村語録》卷二二　魏之人物惟曹子建耳，仲達輩不足道也。【略】司馬懿有功于魏甚大，其耐得定處，便是他的作用，便是高手。

藝文

《曹植集》卷三《輔臣論》　魁傑雄特，秉心平直。威嚴足憚，風行草靡。在朝廷則匡贊時俗，百僚侍儀；一臨事則戎昭果毅，折衝厭難者，司馬驃騎也。

歐陽詢《藝文類聚》卷四五成公綏《魏相國舞陽宣文侯司馬公誄》　應期降命，篤生我公。九德聿脩，百行兼通。文皇踐位，龍飛天衢。協贊大命，啓迪靈符。光我聖主，齊德有虞。受茲介祉，封國建畿。入總納言，敷化衡機。出登上將，奮武明威。皇輿省方，作鎮于許。旌旗既反，撫戎荊楚。巴蜀作寇，侵我邊疆。乃眷西顧，董統雍涼。丹麾所指，莫之敢抗。仁濟宇内，威懾外荒。流惠陝西，齊美甘棠。加命九錫，尊位相國。比王齊魯，以崇厥德。

郭茂倩《樂府詩集》卷八《郊廟歌辭八・宣皇帝登歌》　於鑠皇祖，聖德欽明。勤施四方，夙夜敬止。載敷文教，載揚武烈。匡定社稷，龔行天罰。經始大業，造創帝基。畏天之命，於時保之。

郭茂倩《樂府詩集》卷八曹毗《歌高祖宣皇帝》　於赫高祖，德協靈符。應運撥亂，厘整天衢。勛格宇宙，化動八區。肅以典刑，陶以玄珠。神石吐瑞，靈芝自敷。肇基天命，道均唐虞。

《全唐文》卷一九唐睿宗《晉宣帝贊》　仲達猜忌，狼顧爲人。稱疾迷謬，形神不親。辛毗仗節，蜀將貽巾。委質北面，終爲魏臣。

《王十朋全集》卷一〇《晉宣帝》　四朝天子寄安危，寡婦孤兒豈忍欺。見説五湖扛鼎日，又勝三馬食槽時。

陳普《石堂先生遺集》卷二一《司馬宣王》　諸葛誕謀非是誕，令狐愚計未爲愚。豺狼頸項何甚拘，千載猶悲誤託孤。熊鶚寒巢不暫寧，百年盜賊不曹停。豺狼首領皆回傾，曾見青衣立漢庭。蔣琬費禕亦如虎，孫權天險據江湖。曹年石馬來何暮，也畏平沙八陣圖。倫殺淮南炎殺攸，天將造化馬爲牛。古來逆種并姦息，不問賢愚總是愁。家門營立事方新，已畜傾巢覆穴人。出爾到頭終反爾，寡孤何用必隨身。

張養浩《歸田類稿》卷二二《司馬懿》　魏移漢祚未須臾，三馬槽中已夢符。天道好還良可畏，不如爲善百無虞。

孫承恩《文簡集》卷四一《古像贊・司馬宣王懿》　仲達足智，用兵獨優。殄淵擒達，算無遺謀。仁勝不仁，遇亮則靡，巾幗之受，英雄之耻。

諸葛亮部

綜述

《三國志》卷三五《諸葛亮傳》　諸葛亮字孔明，琅邪陽都人也。漢司隸校尉諸葛豐後也。父珪，字君貢，漢末爲太山郡丞。亮早孤，從父玄爲袁術所署豫章太守，玄將亮及亮弟均之官。會漢朝更選朱皓代玄。玄素與荆州牧劉表有舊，往依之。玄卒，亮躬畊隴畝，好爲《梁父吟》。身長八尺，每自比於管仲、樂毅，時人莫之許也。惟博陵崔州平、潁川徐庶元直與亮友善，謂爲信然。

時先主屯新野。徐庶見先主，先主器之，謂先主曰：「諸葛孔明者，卧龍也，將軍豈願見之乎？」先主曰：「君與俱來。」庶曰：「此人可就見，不可屈致也。將軍宜枉駕顧之。」由是先主遂詣亮，凡三往，乃見。因屏人曰：「漢室傾頽，姦臣竊命，主上蒙塵。孤不度德量力，欲信大義於天下，而智術短淺，遂用猖(獗)〔蹶〕，至于今日。然志猶未已，君謂計將安出？」亮答曰：「自董卓已來，豪傑並起，跨州連郡者不可勝數。曹操比於袁紹，則名微而衆寡，然操遂能克紹，以弱爲强者，非惟天時，抑亦人謀也。今操已擁百萬之衆，挾天子而令諸侯，此誠不可與争鋒。孫權據有江東，已歷三世，國險而民附，賢能爲之用，此可以爲援而不可圖也。荆州北據漢、沔，利盡南海，東連吴會，西通巴、蜀，此用武之國，而其主不能守，此殆天所以資將軍，將軍豈有意乎？益州險塞，沃野千里，天府之土，高祖因之以成帝業。劉璋闇弱，張魯在北，民殷國富而不知存恤，智能之士思得明君。將軍既帝室之胄，信義著於四海，總攬英雄，思賢如渴，若跨有荆、益，保其巖阻，西和諸戎，南撫夷越，外結好孫權，内脩政理。天下有變，則命一上將將荆州之軍以向宛、洛，將軍身率益州之衆出於秦川，百姓孰敢不簞食壺漿以迎將軍者乎？誠如是，則霸業可成，漢室可興矣。」先主曰：「善！」於是與亮情好日密。關羽、張飛等不悦，先主解之曰：「孤之有孔明，猶魚之有水也。願諸君勿復言。」羽、飛乃止。

劉表長子琦，亦深器亮。表受後妻之言，愛少子琮，不悦於琦。琦每欲與亮謀自安之術，亮輒拒塞，未與處畫。琦乃將亮游觀後園，共上高樓，飲宴之間，令人去梯，因謂亮曰：「今日上不至天，下不至地，言出子口，入於吾耳，可以言未？」亮答曰：「君不見申生在内而危，重耳在外而安乎？」琦意感悟，陰規出計。會黄祖死，得出，遂爲江夏太守。俄而表卒，琮聞曹公來征，遣使請降。先主在樊聞之，率其衆南行，亮與徐庶並從。【略】

先主至於夏口，亮曰：「事急矣，請奉命求救於孫將軍。」時權擁軍在柴桑，觀望成敗。亮説權曰：「海内大亂，將軍起兵據有江東，劉豫州亦收衆漢南，與曹操並争天下。今操芟夷大難，略已平矣，遂破荆州，威震四海。英雄無所用武，故豫州遁逃至此。將軍量力而處之：若能以吴、越之衆與中國抗衡，不如早與之絶；若不能當，何不案兵束甲，北面而事之？今將軍外託服從之名，而内懷猶豫之計，事急而不斷，禍至無日矣！」權曰：「苟如君言，劉豫州何不遂事之乎？」亮曰：「田横，齊之壯士耳，猶守義不辱，況劉豫州王室之胄，英才蓋世，衆士慕仰，若水之歸海，若事之不濟，此乃天也，安能復爲之下乎？」權勃然曰：「吾不能舉全吴之地，十萬之衆，受制於人。吾計決矣！非劉豫州莫可以當曹操者，然豫州新敗之後，安能抗此難乎？」亮曰：「豫州軍雖敗於長阪，今戰士還者及關羽水軍精甲萬人，劉琦合江夏戰士亦不下萬人。曹操之衆，遠來疲弊，聞追豫州，輕騎一日一夜行三百餘里，此所謂『彊弩之末，勢不能穿魯縞』者也。故兵法忌之，曰『必蹶上將軍』。且北方之人，不習水戰；又荆州之民附操者，偪兵勢耳，非心服也。今將軍誠能命猛將統兵數萬，與豫州協規同力，破操軍必矣。操軍破，必北還，如此則荆、吴之勢彊，鼎足之形成矣。成敗之機，在於今日。」權大悦，即遣周瑜、程普、魯肅等水軍三萬，隨亮詣先主，并力拒曹公。曹公敗於赤壁，引軍歸鄴。先主遂收江南，以亮爲軍師中郎將，使督零陵、桂陽、長沙三郡，調其賦税，以充軍實。

建安十六年，益州牧劉璋遣法正迎先主，使擊張魯。亮與關羽鎮荆州。先主自葭萌還攻璋，亮與張飛、趙雲等率衆泝江，分定郡縣，與先主共圍成都。成都平，以亮爲軍師將軍，署左將軍府事。先主外出，亮常鎮守成都，足食足兵。二十六年，羣下勸先主稱尊號，先主未許，亮説曰：「昔吴漢、耿弇等初勸世祖即帝位，世祖辭讓，前後數四，耿純進言曰：『天下英雄喁喁，冀有所望。如不從議者，士大夫各歸求主，無爲從公也。』世祖感純言深至，遂然諸之。今曹氏篡漢，天下無主，大王劉氏苗族，紹世而起，今即帝位，乃其宜也。士大夫隨大王久勤

苦者，亦欲望尺寸之功如純言耳。」先主於是即帝位，策亮爲丞相，曰：「朕遭家不造，奉承大統，兢兢業業，不敢康寧，思靖百姓，懼未能綏。於戲！丞相亮其悉朕意，無怠輔朕之闕，助宣重光，以照明天下，君其勖哉！」亮以丞相録尚書事，假節。張飛卒後，領司隸校尉。

章武三年春，先主於永安病篤，召亮於成都，屬以後事，謂亮曰：「君才十倍曹丕，必能安國，終定大事。若嗣子可輔，輔之；如其不才，君可自取。」亮涕泣曰：「臣敢竭股肱之力，效忠貞之節，繼之以死！」先主又爲詔敕後主曰：「汝與丞相從事，事之如父。」建興元年，封亮武鄉侯，開府治事。頃之，又領益州牧。政事無巨細，咸決於亮。南中諸郡，並皆叛亂，亮以新遭大喪，故未便加兵，且遣使聘吴，因結和親，遂爲與國。

三年春，亮率衆南征，其秋悉平。軍資所出，國以富饒，乃治戎講武，以俟大舉。五年，率諸軍北駐漢中，【略】屯于沔陽。

六年春，揚聲由斜谷道取郿，使趙雲、鄧芝爲疑軍，據箕谷，魏大將軍曹真舉衆拒之。亮身率諸軍攻祁山，戎陳整齊，賞罰肅而號令明，南安、天水、安定三郡叛魏應亮，關中響震。魏明帝西鎮長安，命張郃拒亮，亮使馬謖督諸軍在前，與郃戰于街亭。謖違亮節度，舉動失宜，大爲郃所破。亮拔西縣千餘家，還于漢中，戮謖以謝衆。上疏【略】請自貶三等。於是以亮爲右將軍，行丞相事，所總統如前。

冬，亮復出散關，圍陳倉，曹真拒之，亮糧盡而還。魏將王雙率騎追亮，亮與戰，破之，斬雙。七年，亮遣陳式攻武都、陰平。魏雍州刺史郭淮率衆欲擊式，亮自出至建威，淮退還，遂平二郡。詔策亮【略】復丞相。

九年，亮復出祁山，以木牛運，糧盡退軍，與魏將張郃交戰，射殺郃。十二年春，亮悉大衆由斜谷出，以流馬運，據武功五丈原，與司馬宣王對於渭南。亮每患糧不繼，使己志不申，是以分兵屯田，爲久駐之基。耕者雜於渭濱居民之間，而百姓安堵，軍無私焉。相持百餘日。其年八月，亮疾病，卒于軍，時年五十四。及軍退，宣王案行其營壘處所，曰：「天下奇才也！」

亮遺命葬漢中定軍山，因山爲墳，冢足容棺，斂以時服，不須器物。【略】

初，亮自表後主曰：「成都有桑八百株，薄田十五頃，子弟衣食，自有餘饒。至於臣在外任，無別調度，隨身衣食，悉仰於官，不別治生，以長尺寸。若臣死之日，不使内有餘帛，外有贏財，以負陛下。」及卒，如其所言。

亮性長於巧思，損益連弩，木牛流馬，皆出其意；推演兵法，作八陳圖，咸得其要云。亮言教書奏多可觀，別爲一集。

景耀六年春，詔爲亮立廟於沔陽。秋，魏鎮西將軍鍾會征蜀，至漢川，祭亮之廟，令軍士不得於亮墓所左右芻牧樵採。【略】

亮少有逸羣之才，英霸之器，身長八尺，容貌甚偉，時人異焉。遭漢末擾亂，隨叔父玄避難荆州，躬耕于野，不求聞達。時左將軍劉備以亮有殊量，乃三顧亮於草廬之中，亮深謂備雄姿傑出，遂解帶寫誠，厚相結納。及魏武帝南征荆州，劉琮舉州委質，而備失勢衆寡，無立錐之地。亮時年二十七，乃建奇策，身使孫權，求援吴會。權既宿服仰備，又覩亮奇雅，甚敬重之，即遣兵三萬人以助備。備得用與武帝交戰，大破其軍，乘勝克捷，江南悉平。後備又西取益州。益州既定，以亮爲軍師將軍。備稱尊號，拜亮爲丞相，録尚書事。及備殂没，嗣子幼弱，事無巨細，亮皆專之。於是外連東吴，内平南越，立法施度，整理戎旅，工械技巧，物究其極，科教嚴明，賞罰必信，無惡不懲，無善不顯。至於吏不容奸，人懷自厲，道不拾遺，彊不侵弱，風化肅然也。

當此之時，亮之素志，進欲龍驤虎視，苞括四海；退欲跨陵邊疆，震蕩宇内。又自以爲無身之日，則未有能蹈涉中原、抗衡上國者，是以用兵不戢，屢耀其武。然亮才，於治戎爲長，奇謀爲短，理民之幹，優於將略。而所與對敵，或值人傑，加衆寡不侔，攻守異體，故雖連年動衆，未能有克。昔蕭何薦韓信，管仲舉王子城父，皆忖己之長，未能兼有故也。亮之器能政理，抑亦管、蕭之亞匹也，而時之名將無城父、韓信，故使功業陵遲，大義不及邪？蓋天命有歸，不可以智力争也。

青龍二年春，亮帥衆出武功，分兵屯田，爲久駐之基。其秋病卒，黎庶追思，以爲口實。至今梁、益之民，咨述亮者，言猶在耳，雖《甘棠》之詠召公，鄭人之歌子産，無以遠譬也。孟軻有云：「以逸道使民，雖勞不怨；以生道殺人，雖死不忿。」信矣！論者或怪亮文彩不豔，而過於丁寧周至。臣愚以爲咎繇大賢也，周公聖人也，考之《尚書》，咎繇之謨略而雅，周公之誥煩而悉。何則？咎繇與舜、禹共談，周公與羣下矢誓故也。亮所與言，盡衆人凡士，故其文指不得及遠也。然其聲教遺言，皆經事綜物，公誠之心，形于文墨，足以知其人之意理，而有補於當世。

雜録

備録

《三國志》卷三五《諸葛亮傳》注引《襄陽記》　黄承彦者，高爽開列，爲沔南名士，謂諸葛孔明曰：「聞君擇婦，身有醜女，黄頭黑色，而才堪相配。」孔明許，即載送之。時人以爲笑樂，鄉里爲之諺曰：「莫作孔明擇婦，正得阿承醜女。」

《三國志》卷三五《諸葛亮傳》注引《漢晉春秋》　亮自至，數挑戰。宣王亦表固請戰者，使衛尉辛毗持節以制之。姜維謂曰：「辛佐治仗節而到，賊不復出矣。」亮曰：「彼本無戰情，所以固請戰者，以示武於其衆耳。將在軍，君命有所不受，苟能制吾，豈千里而請戰邪？」

《三國志》卷三五《諸葛亮傳》注引《漢晉春秋》　楊儀等整軍而出，百姓奔告宣王，宣王追焉。姜維令儀反旗鳴鼓，若將向宣王者。宣王乃退，不敢逼。于是儀陣而去，入谷然後發喪。宣王之退也，百姓爲之諺曰：「死諸葛走生仲達。」或以告宣王，宣王曰：「於能料生，不便料死也。」

《三國志》卷三五《諸葛亮傳》注引《魏氏春秋》　亮使至，問其寢食及事之煩簡，不問戎事。使對曰：「諸葛公夙興夜寐，罰二十以上，皆親擥焉；所啖食不至數升。」宣王曰：「亮將死矣。」

《衆家編年體晉史》輯習鑿齒《漢晉春秋》卷二　亮在南中，所在戰捷。聞孟獲者，爲夷漢所服，募生致之。既得，使觀於營陣之間，問曰：「此軍何如？」獲對曰：「向者不知虛實，故敗。今蒙賜觀看營陣，若祇如此，即定易勝耳。」亮笑縱使更戰，七縱七擒，而亮猶遣獲。獲止不去，曰：「公天威也，南人不復反矣！」遂至滇池。南中平，皆即其渠率而用之。或以諫亮，亮曰：「若留外人，則當留兵，兵留則無所食，一不易也。加夷新傷破，父兄死喪，留外人而無兵者，必成禍患，二不易也。又吏累有廢殺之罪，自前年釁重，若留外人，終不相信，三不易也。今吾欲使不留兵、不元糧而綱紀粗定，夷、漢粗安，故耳。」

裴啓《裴子語林》　諸葛武侯與宣王在渭濱，將戰，宣王戎服莅事，使人觀武侯，乃乘素輿，著葛巾，持白羽扇，批麾三軍。衆軍皆隨其進止。宣王聞而歎曰：「可謂名士矣！」

張栻《漢丞相諸葛忠武侯傳》　諸葛亮字孔明，琅邪陽都人。蚤孤，從父玄依劉表。亮從玄來荆州，元死，遂家于南陽隆中。幼與潁川徐庶元直及石廣元、孟公威游學，三人務爲精熟，亮獨觀其大略。每晨夜從容抱膝長嘯，而謂三子曰：「卿等可至郡守、刺史也。」問其所志，但笑而不言。公威念鄉欲還，亮曰：「中國饒士大夫，遨遊何必故鄉耶？」消摇而耕隴畝，好爲《梁父吟》。時人莫測也，惟與庶及博陵崔州平友善，而重龐德公，每獨拜牀下，而德公亦稱之爲「卧龍」。沔南名士黄承彦謂亮：「聞君擇婦，身有醜女，才堪相配。」亮許，即載送之，時人爲之諺曰：「莫學孔明擇婦，正得阿承醜女。」建安十二年，左將軍豫州牧劉玄德來荆州，訪世事於襄陽司馬德操。德操曰：「腐儒俗士豈識時務？識時務者，在乎俊傑！此間自有伏龍、鳳鶵。」問爲誰，曰：「諸葛孔明、龐士元也。」徐庶見左將軍於新野，左將軍深器之，庶曰：「諸葛孔明者，卧龍也。將軍豈願見之乎？」左將軍曰：「君與俱來。」庶曰：「此人可就見，不可屈致也。將軍宜枉駕顧之。」左將軍遂詣亮，凡三往，乃見。因屏人曰：「漢室傾頽，姦臣竊命，主上蒙塵，孤不度德量，力欲信大義於天下，而智識淺短，遂用猖獗，至于今日，然志則不已也。君謂計將安出？」亮曰：「自董卓以來，豪傑並起，跨州連郡者，不可勝數。曹操比於袁紹，則名微而衆寡，然操遂能克紹，以弱爲强，非惟天時，抑亦人謀也。今操擁百萬之衆，挾天子而令諸侯，此誠不可與争鋒。孫權據有江東，已歷三世，國險民附，賢能爲之用，此可與爲援而不可圖也。荆州北據漢、沔，利盡南海，東連吳會，西通巴蜀，此用武之國，而其主不能守，此殆天所以資將軍，將軍豈有意乎？益州險塞，沃野千里，天府之土，高祖因之以成帝業。劉璋闇弱，張魯在北，民殷國富，而不知存卹。智能之士思得明君。將軍既帝室之胄，信義著於四海，揔覽英雄，思賢如渴。若跨有荆、益，保其巖阻，西和諸戎，南撫夷越，外結好孫權，内修政理，天下有變，則命一上將將荆州之軍以向宛、洛，將軍身率益州之衆，出於秦川，百姓孰不簞食壺漿以迎將軍者乎？誠如是則伯業可成，漢室可興矣！」左將軍曰：「善！」於是與亮情好日密，關羽、張飛等不悦。左將軍曰：「孤有孔明，猶魚之有水也。願諸君勿復言。」亮時年二十七。劉表愛少子琮，長子琦不自安，問亮以計，亮不對。它日，獨與升高樓，撤梯而後問之。亮曰：「君不見申生在内而危，重耳在外而安乎？」琦感悟，求出守江夏。

明年，表卒，琮立，會曹操南侵，琮遣使迎降而不以告。操兵至宛，左將軍始聞之，亮説左將軍曰：「攻琮，荆州可有也。」左將軍不忍，乃引去。荆人多歸之，衆至十餘萬。操引精騎急追，及於長坂。左將軍棄妻子，獨與亮等數十騎走，至夏口。亮曰：「事急矣！請奉命求救於孫將軍。」時權擁兵柴桑，觀望成敗。亮説權曰：「海内大亂，將軍起兵，據有江東。劉豫州亦收衆漢南，與曹操共爭天下。今操芟夷大難，略已平矣。遂破荆州，威震四海。英雄無所用武，故豫州遁逃至此。將軍量力而處之，若能以吴越之衆，與中國抗衡，不如早與之絶；若不能當，何不按兵束甲，北面而事之。今將軍外託服從之名，而内懷猶豫之計，事急而不斷，禍至無日矣！」權曰：「苟如君言，劉豫州何不遂事之乎？」亮曰：「田横，齊之壯士耳，猶守義不辱。況劉豫州王室之胄，英才蓋世，衆士慕仰，若水之歸海。事之不濟，此乃天也。安能復爲之下乎？」權勃然曰：「吾不能舉全吴之地，十萬之衆，受制於人。吾計決矣！非劉豫州，莫可以當曹操者。然豫州新敗之後，安能抗此難乎？」亮曰：「豫州軍雖敗於長坂，今戰士還者，及關羽水軍精甲萬人。劉琦合江夏戰士，亦不下萬人。曹操之衆，遠來疲弊，聞追豫州，一日一夜行三百餘里，此所謂『强弩之末，勢不能穿魯縞』也。故兵法忌之，曰『必蹶上將』。且北方之人，不習水戰，又荆州之民附操者，逼兵勢耳，非心服也。將軍誠能命猛將統兵數萬，與豫州協規，同力破操軍，必矣！操軍破，必北還。如此，則荆吴之勢彊，鼎足之形成。成敗之機，在於今日。」權大悦，即遣周瑜、程普、魯肅等水軍三萬，隨亮詣左將軍，并力拒操，遂破操於赤壁。左將軍南征，收江南，以亮爲軍師中郎將，使督零陵、桂陽、長沙三郡，調賦税以充軍實。羣下推左將軍爲荆州牧，治公安。孫權來請結好，左將軍欲往見之。亮以爲不可，左將軍固往，至則周瑜果請留之，權不從。左將軍既歸，歎曰：「天下智謀之士，所見略同如此。」十六年，益州牧劉璋遣法正迎左將軍。亮、關羽等留守荆。璋命左將軍擊張魯。十七年，返兵擊璋。十八年，圍雒。亮與張飛、趙雲等泝江定白帝、江州、江陽。十九年，與左將軍會圍成都。成都平，左將軍領益州牧，以亮爲軍師將軍，署左將軍府事。於是，並用羣才，凡劉璋所嘗授任及其婚姻與所排擯忌恨，悉別其器，能處以顯任。有志之士無不競勸。亮佐益州，政尚嚴。法正謂亮曰：「高祖入關，約法三章，秦民知德，宜緩刑弛禁，以慰新附。」亮曰：「秦政苛急，天下土崩，高祖因之，可以弘濟。劉璋闇弱，自焉以來，文法羈縻，互相承奉，德政不舉，威刑不肅。蜀土人士專權自恣，君臣之道，漸以陵替，寵之以位，位極則賤。順之以恩，恩竭則慢。所以致弊，實由於此，吾今威之以法，法行則知恩，限之以爵，爵加而知榮。榮恩並濟，上下有節，爲治之要，於斯著矣。」左將軍領兵向漢中，亮鎮守成都，足食足兵，左將軍嘗急調兵。亮以問蜀部從事楊洪，洪曰：「漢中，益之咽喉。今日之事，男子當戰，女子當運。調兵何疑？」亮乃有洪爲蜀郡太守，調度皆辦。亮用人惟其才能，不論資歷先後。洪初爲李平功曹，及平遷犍爲守，洪已爲蜀郡。洪門下書佐何祗有才智，舉郡吏。數年，拔守廣漢，時洪猶在蜀郡也。西土皆服。亮能盡時人器用類如此。二十一年，曹操爲魏王。二十二年，操建天子旌旗，出警入蹕。二十四年，左將軍敗操兵於漢中。亮帥羣下，上左將軍爲漢中王，表聞漢帝。時孫權稱藩於操，遂襲殺關羽，取荆州。二十五年，亮勸漢中王誅劉封。封本寇氏之子，王至荆州，以未有繼嗣，育而子之。後與孟達守上庸。關羽呼封、達，自助不肯往。後與達忿爭，達叛降魏，封破敗，還成都。亮以封凶猛，易世之後，終難制御。故勸王正其罪而誅之。是歲冬，曹丕篡立，改元黄初。明年，傳聞漢帝被弑，漢中王發喪制服，羣下請稱尊號，王未許。亮曰：「曹氏篡漢，天下無主。大王，劉氏苗裔，紹世而起，乃其宜也。」王從之。夏四月丙午，即皇帝位，改元章武，以亮爲丞相、録尚書事、假節。**【略】**是歲秋，帝忿關羽之敗，帥諸軍伐吴，以報怨。亮留守成都。明年春，亮聞帝兵敗，還永安，歎曰：「使法孝直在，必能諫上，不東行也。」帝不豫。三年春，召亮會永安。亮至永安，四月病篤，謂亮曰：「君才十倍曹丕，必能安國，終定大事。嗣子可輔，輔之；如其不才，君可自取。」亮涕泣曰：「臣敢不竭股肱之力，効忠貞之節，繼之以死。」帝又爲詔戒敕太子，且曰：「汝與丞相從事，事之如父。」帝崩，亮奉遺詔，太子即位于成都，改元建興，封武鄉侯，又領益州牧。事無巨細皆決於亮。**【略】**自昭烈駐永安，具人懼有後圖，復來請和。會昭烈崩，亮方慮恐權有異計。尚書鄧芝見亮曰：「主上幼弱新立，宜遣大使往申具好。」亮曰：「吾思之久矣。未得其人耳，今始得之。」芝問誰。亮曰：「即使君也。」白遣芝往，孫權悦，通好如初。亮引一時名士，如蔣琬、張裔等皆入丞相幕府，又妙簡舊德使佐益州。於是以秦宓爲別駕，王梁爲功曹，杜微爲主簿，譙周爲勸學從事，皆行義。素著，鄉里敬慕之。杜微者，節尤高，自先主定蜀，微常稱病聾，閉户不出，及亮辟置，轝而致之。既至，力求去，亮於座與書曰：「曹丕篡弑自立，是猶土龍、芻狗之有名也。欲與羣賢因其邪僞，以正道滅之。丕方大興勞役，以向吴、楚，今因丕多務，且閉境勸農育養民物，並治甲兵，以待其挫，然後伐之。

可使兵不戰，民不勞，而天下定也。君但當以德輔，時不責君軍事，何爲汲汲求去。」微乃留，亮更薦爲諫議大夫。先是，益州郡渠帥雍闓殺太守而附吴，吴以闓爲永昌太守。永昌功曹吕凱、府丞王伉率吏士閉境拒守，闓不能進，使郡人孟獲誘扇諸夷。牂牁太守朱褒、越巂夷王高定皆應闓。亮以新遭大喪，亦撫而未討，閉關息民，勸農殖穀。魏司徒華歆等抵亮，諷使稱藩，亮不報書，作《正議》以示人。【略】三年春，始率衆南征四郡，詔賜金鈇鉞一具、曲蓋一、前後羽葆、鼓吹各一部、虎賁六十人。亮至南，首表吕凱、王伉執忠守義，拜凱雲南太守、伉永昌太守，並封亭侯。進兵越巂，所在戰捷，遂斬雍闓、高定，惟孟獲收闓餘衆以拒。獲素爲夷漢所服，亮募生致之。既得，使觀營陣之間，問曰：「此軍何如？」獲曰：「向不知虚實，故敗。今直易勝耳。」亮笑而縱之，使更戰。七縱七禽，而亮猶遣獲，獲止不去，曰：「公天威也，南人不復反矣！」遂至滇池，四郡皆平，即其渠帥而用之。或以諫亮，亮曰：「若留外人，則當留兵，兵留則無所食，加夷新傷破，父兄死喪，留外人而無兵，必生患。綱紀粗定，夷漢粗安，不亦可乎？」迺悉收其豪傑孟獲等，以爲官屬。出其金銀、丹漆、耕牛、戰馬以給軍國之用。終亮世，夷不復反。十二月，亮還至成都，治戎講武，以俟大舉。方是時，田疇辟，倉廩實，法度修立，軍旅整理，工械、技巧，物究其極。吏不容姦，人懷自厲，强不侵弱，朝會不譁，道不拾遺，亦無醉人。其餘力所及，官府次舍、橋梁、道路無不繕理。五年三月，亮統諸軍將北駐漢中。【略】亮命張裔、參軍蔣琬統留府事，辟尹默、來敏爲軍祭酒，霍弋、姚伷等皆入幕府，並進文武之士。亮稱之曰：「忠益者，莫大於進人；進人者，各務其所尚。今姚椽並存剛柔，以廣文武之用，可謂博雅矣。願諸掾各希此事。」長水校尉廖立見亮舉師，對蔣琬等以爲不然，且誹謗先帝，疵毁衆臣，亮奏以爲亂政，廢爲庶民，徙汶山。亮以帝富於春秋，忠邪難辯，深惟根本，至計臨發上疏。【略】屯于沔陽。亮以轉漕回遠，使子喬親帥諸將子弟轉運於谷中。孟達既北赴魏，有李鴻者，降蜀爲亮言，叛人王冲見達，稱明公切齒於達，欲收其妻子者。達曰：「諸葛公見顧有本末，必不爾。」亮復以書遺達，令自拔，達欲舉新城郡歸蜀。亮至漢中，達每通其情。會魏司馬懿覺，引兵誅達。六年正月，亮在漢中，欲出兵攻魏，與羣下謀之。丞相司馬魏延曰：「魏夏侯楙，少主壻也，怯而無謀，願假延精兵五千，負糧五千，直從褒中出，循秦嶺而東，當子午而北，不過十日可至長安。比東方相合聚，尚二十許日，而公從斜谷來，亦足以達。如此，則一舉而咸陽以西可定也。」亮以爲不如從坦道平取爲正，不用延計。揚聲由斜谷取郿，使將軍趙雲爲疑兵，據箕谷。魏遣曹真都督關右，軍郿。亮身率大衆攻祁山，戎陣整齊，號令明肅。南安、天水、安定三郡應亮，魏朝恐懼，關中響震，羣臣莫知計所出。魏主叡如長安，命將軍張郃督馬步五萬拒亮。初，越巂太守馬謖才器過人，好論軍計，亮深加器異，及攻南方，謖爲亮言，攻心爲上，卒如其計。昭烈臨終謂亮曰：「馬謖言過其實，不可大用。」亮以爲不然，以謖爲參軍，每引見談論，自晝達夜。及出軍祁山，謖督諸軍在前，與張郃戰于街亭，違亮節度，舉措煩擾，舍水上山，不下據城。裨將王平連規諫，不用，遂大爲郃所敗。士卒離散，獨平將千人自持，收合諸營遺棄而還。亮屯去謖數里，係行引退，拔西縣千餘家歸漢中，收謖下獄，戮以謝衆，爲之流涕，自臨祭，待其遺孤若平生。蔣琬後詣漢中，問亮：「天下未定，戮智計之士，豈不惜乎？」亮流涕曰：「孫武所以能制勝於天下者，用法明也。四海分裂，兵交方始，若復廢法，何用討賊耶？」亮又誅將軍張休、李盛，奪將軍黄襲等兵。是時，趙雲等亦敗於箕谷，不至重傷。王平加拜參軍，統五部，進位討寇將軍，封亭侯。上疏。【略】請自貶三等，以督厥咎。詔以亮爲右將軍行丞相事，所總統如前。亮之出師，衆才五萬，或勸亮發兵者，亮曰：「大軍在祁山、箕谷皆多於賊而不能破賊。爲所破者，則此病不在兵少也，在一人耳。今欲減兵省將，明罰思過；校變通之道於將來，若不能然者，雖兵多何益？自今已後，諸有忠慮於國，但勤攻吾之闕，則事可定。賊可死功，可蹻足而待矣！」於是考微勞，甄壯烈，引咎責躬，布所失於天下。厲兵講武，以爲後圖。戎士簡練，民忘其敗矣。亮之出祁山，天水功曹姜維降亮，以其敏於軍事，心存漢室，辟爲倉掾，使典軍事。平三郡有功，封亭侯。是歲十一月，亮以孫權破曹休，魏兵東下。【略】遂出散關，急攻陳倉。魏遣曹真救陳倉，張郃繼之，會亮糧盡引去。魏將王雙率騎追亮，亮與戰，破之，斬雙。七年春，亮遣將軍陳戒攻武都、陰平二郡。魏雍州刺史郭淮引兵救之，亮次建威，淮退遁，遂拔二郡。蜀人皆以賀，亮亮愀然曰：「普天之下，莫非漢民。國家威力未舉，使百姓困於豺狼之吻，一夫有死，皆亮之罪。以此相賀，能無愧乎？」詔策復丞相。【略】夏，吴孫權僭稱尊號，其羣臣以並尊二帝來告。議者以爲交之無益，名體弗順，宜顯明正義，絶其盟好，亮獨曰：「權有僭逆之心，久矣。國家所以略其釁情者，求掎角之援也。今若加顯絶，讎我必深，便將移兵東戍，與之角力。須并其土，乃議中原。彼賢才尚多，將相輯睦，未可一朝定也。頓兵相持，坐而須老，使北賊得計，非筭之上者。孝文卑詞匈奴，先帝復與吴盟，皆應權通

變，弘思遠益，非匹夫之爲分者也。今議者咸以權利在鼎足，不能并力，且志望已滿，無上岸之情，推此皆似是而非也。何者？其勢不侔，故限江自保，權之不能越江，猶魏賊之不能渡漢，非力有餘，而利不取也。若大軍致討彼，高當分裂其土，以爲後規；下當略民廣境，示武於内，非端坐者也。若就其不動，而睦於我，我之北伐，無東顧之憂。河南之衆，不得盡西，此之爲利，亦已深矣。權僭之罪，未宜明也。」乃遣衛尉陳震往賀權，權約中分天下。冬，亮徙府營於南山下原山，築漢城於沔陽，築樂城於成固。八年夏，魏使大司馬曹真由斜谷率諸將數道並進，大將軍司馬懿泝漢水由西城，與真會。秋，亮次成固、赤坂以待之，召前將軍李平將兵二萬赴漢中，表平子豐爲江州都督，典平後事。會天大雨餘月，棧道斷絶，魏主叡令真等引師退，亮使司馬魏延西入羌中，大破魏將費瑶、郭淮于陽谿。是歲，亮遷蔣琬爲長史。亮數出外，琬在成都，常足食足兵，以相供給，亮每云：「公琰託志忠雅，將與吾共贊王業者。」九年二月，亮復出祁山，以運林牪流馬，及連弩，皆亮所制也。亮圍祁山，招鮮卑軻比能。比能至北地、石城，應亮。魏曹真有疾，魏主叡請司馬懿曰：「西方事重，非君莫可付者。」使西屯長安，督張郃、費曜、戴陵、郭淮等以禦之。三月，懿使曜、陵留精兵四千守上邽，餘衆悉出救祁山。亮分兵留攻，而自逆懿於上邽。淮、曜等徼亮，亮破之，因大芟其麥。與懿遇於上邽東，懿斂兵依險，兵不得交，亮引還。懿隨亮至鹵城，又登山掘營，不肯戰。其下謂懿曰：「公畏蜀如虎，柰天下笑何！」皆請戰，懿病之。五月，使部攻無當，監何平於南圍。自案中道向亮，時蜀兵更下者十二，魏軍始陣，番兵適交。參佐俱言，賊衆彊盛，宜權留更卒，張助聲勢。亮曰：「吾統武行師，大信爲本，得原失信古人，所惜更者束裝以待期，妻子鶴望而計日。雖臨征難，義不廢也。」督遣令行，於是去者願留一戰，止者憤踊思致死命。使魏延、高翔、吴班與懿戰，大破之，獲甲首三千級，懿走保營。六月，亮以糧盡退師。懿使張郃，襲攻至木門。亮與戰，又敗之，射殺郃。八月，廢中都護李平，徙梓潼郡。方亮在祁山，平掌運事，值天霖雨，糧運不繼。平遣參軍報亮未還，亮承以退。平聞軍退，乃更陽驚曰：「軍糧饒足，何以便歸？」又表帝，謂軍僞退，以誘賊。亮出其前後手筆，書疏本末，平頓首謝罪。於是亮表平罪惡，【略】遂廢徙焉。平子豐，時爲亮幕府參軍。【略】初平嘗與亮，勸受錫進爵。亮報之曰：「吾本東方下士，誤用於先帝，位極人臣，禄賜百億。討賊未效，知己未荅，而方寵齊晉，坐自貴大，豈其義乎？若滅魏斬叡，帝還故居，與諸子並升，可也。」亮自是歲冬，以連年出師，息民休士，益勸農講武，運米集斜谷邸門，三年而後用之。亮用兵出入如賓，踐敵境而芻蕘者不止。師止如山進，退如風。出征之日，天下震動，而人心不憂，雖數萬之衆，而所興造，若數十萬之功。所至營壘、井竈、圊溷、藩籬、障塞皆應繩墨，一月之行，去之如始。至發教軍事，文彩不豔，過於丁寧。而經事綜物，公誠之心，形於文墨，夙興夜寐。罰二十以上，皆親省覽。亮嘗自校簿書，主簿楊顒直入諫，以爲疲神碎務。亮謝之，及顒死，爲之泣涕三日。十二年二月，亮悉大衆十萬由斜谷出，始以流馬運遣，使約吴同時大舉。四月，至郿，軍于渭水之南，據武功五丈原。司馬懿渡渭，背水爲壘，以拒亮。亮每患糧運不繼，使己志不伸，乃分兵屯田，爲久駐之基。耕者雜於渭濱居民之間，而百姓按堵，軍無私焉。亮數挑戰，懿不敢出，亮遺巾幗，懿患之，上表請戰，魏主叡使辛毗杖節爲軍師以制之。亮謂其下曰：「彼本無戰情，所以固請戰者，示武於其衆耳。將在軍，君命有所不受，苟能制吾，豈千里而請戰耶？」相持百餘日，會秋，亮有疾日侵。密表帝曰：「臣若不幸，後事宜以付蔣琬。」時帝亦遣尚書僕射李福省侍，因諮以國家大計。別去數日，復還，亮曰：「知君還意，近言語雖彌，日有所不盡，更來求決耳。所問者，公琰其宜也。」福復請，亮曰：「文偉可以繼之。」又問其次，亮不荅。文偉即費禕也。初琬爲廣都長，昭烈嘗奄至廣都，琬衆事不治，且復沉醉，昭烈大怒，將加戮。亮曰：「琬，社稷之器，非百里才。其爲政以安民爲本，不事修飾，願加察。」乃解。禕爲黄門侍郎，亮南征還，羣僚迎謁於數十里外，年位多在禕右者。而亮特命禕同載，衆皆易觀。至是又並稱之。後相繼總政事，皆稱賢相云。八月，亮疾病，授長史楊儀、司馬費禕、護軍姜維等退師節度。有星墜于營中，亮薨，年五十四。長史楊儀等整軍而出。人往告懿，懿勒兵追之。姜維令儀反旆，鳴鼓若將北向者，懿復引退，不敢逼，儀得結陳去，入谷而後發哀。秦人爲之諺曰：「死諸葛走生仲達。」懿按行亮營壘，歎曰：「天下奇才也。」亮遺命葬漢中定軍山，因山爲墳，冢足容棺，斂以時服，不須器物。【略】贈丞相武鄉侯印綬，謚君忠武侯。初亮自表帝曰：「成都有桑八百株，薄田十五頃，子弟衣食，自有餘饒。至於臣在外任，别無調度，隨身衣食，悉仰於官，不别治生，以長尺寸。若臣死之日，不使内有餘帛，外有贏財，以負陛下。」訖如其言。亮爲相十四年，昭烈及後主即位才兩赦，或言大惜赦者。亮曰：「治世以大德，不以小惠。若劉景升、季玉父子，歲歲赦宥，何益於治？」亮所廢李平、常異得自補復，聞亮薨，策後人不能，發憤死。廖立亦垂涕，歎曰：「吾終爲左袵矣！」亮

既没，吏民歌思不忘，多請爲亮立廟。朝議以禮秩不聽，百姓因時節私祭之於道陌。上言事者，或以爲可聽立廟成都。後主不聽，步兵校尉習隆等表。【略】亮作《八務》、《七戒》、《六恐》、《五懼》，皆有條章，以訓厲臣子。晉著作佐郎陳壽定著亮文集，凡二十四篇。「開府」、作「牧」、「權制」、「計筭」、「南征」、「北出」、「綜覈」、「訓厲」、「貴和」、「傳運」、「軍令」、「法檢」、「兵要」等皆名篇之目。又作《八陣圖》，蓋黄帝、太公丘井法，人莫曉也。亮駕馭諸將，曲盡其情。昭烈嘗命黄忠爲後將軍，亮曰：「忠名望素非關、馬之倫，今遽令同列。馬超、張飛親見其功，尚可喻旨。羽遥聞之，將不悦。」昭烈不聽，頃之策羽爲前將軍，羽果大怒曰：「大丈夫終不與老兵同列。」費詩説之，始拜命。魏延、楊儀皆小人之難養者，且不相能。然延驍勇，善撫士，儀有幹用，亮使儀當勞劇，延冒險阻，皆受命捐軀，不敢辭難。及亮没，乃舉兵相圖以死。亮長史張裔嘗稱亮曰：「公賞不遺遠，罰不阿近，爵不可以無功取，刑不可以貴勢免，此賢愚所以僉忘其身也。」【略】袁暐稱之曰：「受六尺之孤，攝一國之政事。凡庸之君，專權而不失禮，行君事而國人不疑。」樊建稱之曰：「聞惡必改，而不矜過，賞罰之信，足感神明。」亮子瞻嗣爵。

備論

《三國志》卷三五《諸葛亮傳》　諸葛亮之爲相國也，撫百姓，示儀軌，約官職，從權制，開誠心，布公道。盡忠益時者雖讎必賞，犯法怠慢者雖親必罰，服罪輸情者雖重必釋，游辭巧飾者雖輕必戮。善無微而不賞，惡無纖而不貶。庶事精練，物理其本，循名責實，虚僞不齒。終於邦域之内，咸畏而愛之。刑政雖峻而無怨者，以其用心平而勸戒明也。可謂識治之良才，管、蕭之亞匹矣。然連年動衆，未能成功，蓋應變將略，非其所長歟！

《三國志》卷三五《諸葛亮傳》注引《袁子》　或問：諸葛亮何如人也？袁子曰：張飛、關羽與劉備俱起，爪牙腹心之臣，而武人也。晚得諸葛亮，因以爲佐相，而羣臣悦服，劉備足信、亮足重故也。及其受六尺之孤，攝一國之政，事凡庸之君，專權而不失禮，行君事而國人不疑。如此，即以爲君臣百姓之心欣戴之矣。行法嚴而國人悦服，用民盡其力而下不怨。及其兵出入如賓，行不寇，芻蕘者不獵，如在國中。其用兵也，止如山，進退如風；兵出之日，天下震動，而人心不憂。亮死至今數十年，國人歌思，如周人之思召公也。孔子曰「雍也，可使南面」，諸葛亮有焉。【略】曰：亮好治官府、次舍、橋梁、道路，此非急務，何也？袁子曰：小國賢才少，故欲其尊嚴也。亮之治蜀，田疇辟，倉廩實，器械利，蓄積饒，朝會不華，路無醉人。夫本立故末治，有餘力而後及小事，此所以勸其功也。曰：子之論諸葛亮，則有証也。以亮之才而少其功，何也？袁子曰：亮，持本者也，其於應變，則非所長也，故不敢用其短。曰：然則吾子美之，何也？袁子曰：此固賢者之遠矣，安可以務體責也？夫能知所短而不用，此賢者之大也；知所短則知所長矣。夫前識與言而不中，亮之所不用也，此吾之所謂可也。

《三國志》卷三五《諸葛亮傳》注引孫盛説　夫杖道扶義，體存信順，然後能匡主濟功，終定大業。《語》曰：弈者，舉棊不定，猶不勝其偶。況量君之才否而二三其節，可以摧服强鄰、囊括四海者乎？備之命亮，亂孰甚焉！世或有謂備欲以固委付之誠，且以一蜀人之志。君子曰，不然；苟所寄忠賢，則不須若斯之誨，如非其人，不宜啓篡逆之塗。是以古之顧命，必貽話言；詭僞之辭，非託孤之謂。幸值劉禪闇弱，無猜險之性，諸葛威略，足以檢衛異端，故使異同之心無由自起耳。不然，殆生疑隙不逞之釁。謂之爲權，不亦惑哉！

《三國志》卷四〇《李嚴傳》注引習鑿齒説　昔管仲奪伯氏駢邑三百，没齒而無怨言，聖人以爲難。諸葛之使廖立垂泣，李平致死，豈徒無怨言而已哉！夫水至平而邪者取法，鏡至明而丑者無怒，水鏡之所以能窮物而無怨者，以其無私也。水鏡無私，猶以免謗，況大人君子懷樂生之心，流矜恕之德，法行於不可不用，刑加乎自犯之罪，爵之而非私，誅之而不怒，天下有不服者乎？諸葛亮于是可謂能用刑矣，自秦、漢以來未之有也。

嚴可均《全晉文》卷四九引《意林》　諸葛亮誠一時之異人也。治國有分，御軍有法，積功興業，事得其機。入無餘力，出有餘糧，知蜀本弱而危，故持重以鎮之。姜維欲速立其功，勇而無決也。

歐陽詢《藝文類聚》卷二二張輔《名士優劣論》　夫孔明包文武之德，劉玄德以知人之明，屢造其廬，咨以濟世，奇策泉涌，智謀從横，遂東説孫權，北抗大魏，以乘勝之師，翼佐取蜀。及玄德臨終，禪其大位。在擾攘之際，立童蒙之主，設官分職，班叙衆才，文以寧内，武以折衝，然後布其恩澤於中國之民。其行軍也，路不拾遺，毫毛不犯，勳業垂濟而隕。觀其遺文，謀謨弘遠，雅規恢廓，已有功則讓於下，下有闕則躬自咎，見善則遷，納諫則改，故聲烈震於遐邇也。《孟子》

曰：「聞伯夷之風，貪夫廉。」余以爲覩孔明之忠，姦臣立節矣，殆將與伊吕争儔，豈徒樂毅爲伍哉！

《衆家編年體晉史》輯習鑿齒《漢晉春秋》卷二　諸葛亮之不能兼上國也，豈不宜哉！夫晉人規林父之後濟，故廢法而收功；楚成暗得臣之益己，故殺之以重敗。今蜀僻陋一方，才少上國，而殺其俊傑，退收駑下之用，明法勝才，不師三敗之道，將以成業，不亦難乎！且先主誡謖之才不可大用，豈不謂其非才也？亮受誡而不獲奉承，明謖之難廢也。爲天下宰匠，欲大收物之力，而不量才節任，隨器付業，知之太過，則違明主之誡，裁之失中，即殺有益之人，難乎其可與言智者也。

常璩《華陽國志》卷七《劉後主志》　諸葛亮雖資英霸之能，而主非中興之器，欲以區區之蜀，假已廢之命，北吞彊魏，抗衡上國，不亦難哉！似宋襄求霸者乎？然亮政修民理，威武外振。

李昉《太平御覽》卷六〇三引《後魏書》　毛修之位次崔浩之下。浩以其中國舊門，雖學不博洽，而猶涉獵書傳，每期重之。與論説，言次遂及陳壽《三國志》，有古良史之風，其所著述，文義典正，皆揚于王庭之言，微而顯，婉而成章，班史以來無及壽者。修之曰：「昔在蜀中聞長老言，壽曾爲諸葛門下書佐，得撻百下，故其論武侯曰『應變將略，非其所長』。」浩乃與論曰：「夫亮之相劉備，當九州鼎沸之會，英雄奮發之時，君臣相得，魚水爲喻，而不能與曹氏争天下，委棄荆州，退入巴蜀，誘奪劉璋，僞連孫氏，守窮崎嶇之地，僭號邊夷之間，此策之下者。可與趙它爲偶，而以爲管、蕭之亞匹，不亦過乎？」謂壽之貶亮，非爲失實。

梁元帝《金樓子》卷六　諸葛、司馬二相，誠一國之宗師，霸王之賢佐也。孔明起巴蜀之地，蹈一州之土，省任刑法，整齊軍伍，步卒數萬，長驅祁山，慨然有河洛飲馬之志。仲達據天下十倍之地，仗兼并之衆，據牢城，擁精鋭，無擒敵之意，若此人不死，則雍梁敗矣。方之司馬，理大優乎！

《全唐文》卷一〇唐太宗《諸葛亮高熲爲相公直論》　又漢魏以來，諸葛亮爲丞相，亦甚平直。亮嘗表廢廖立、李嚴於南中，立聞亮卒，泣曰：「吾其左衽矣！」嚴聞亮卒，發病而死。故陳壽稱亮之爲政，開誠心，布公道。盡忠益時者，雖讎必賞；犯法怠慢者，雖親必罰。

《全唐文》卷一八二王勃《三國論》　初備之南也，樊、鄧之士，其從如雲。比到當陽，衆十萬餘。操以五千之卒，及長坂縱兵大擊，廓然霧散，脱身奔走。方欲遠竄，用魯肅之謀，然投身夏口。於時諸葛適在軍中，向令帷幄有謀，軍容宿練，包左車之計，運田單之奇，操懸軍數千，夜行三百，輜重不相繼，聲援不相聞，可不一戰而擒也？坐以十萬之衆，而無一矢之備，何異驅犬羊之羣，餌豺虎之口？固知應變將略，非武侯所長，斯言近矣。

鄭獬《鄖溪集》卷一六　武侯曷爲不能兼天下？曰：遭時然也。夫時者，雖聖與賢不可以違也。聖與賢知時之不可違，則亦因之以制變，兹武侯之不能兼天下也。武侯之得先主最晚，於時魏已遷許，孫氏已得吴，天下之勢判矣。故其説先主曰：「今曹操擁百萬之衆，挾天子而令諸侯，此不可與争鋒。孫權據有江東，已歷三世，此可與爲援而不可圖也。若進取荆、益，内修政理，以俟天下之變，則霸業可成矣。」武侯之兆基發策，已不能兼有天下者明矣。然猶區區矯勵川蜀脆陋之民，屢窺秦川者，非不知魏與吴之勢猶前日也，以不忘先主之顧託，不計其死生險易，惟義之存，示不負漢於天下也。故又曰：「先帝三顧臣於草廬之中，由是感激。今奬率三軍，北定中原，此臣所以報先帝之職分也。」於是蜀之土地廣狹不如魏，民力衆寡不如魏，才傑之多不如魏，曹公雖死，其遺臣老將尚存也。武侯一出漢中，張郃拒之，而馬謖先敗；再出散關，曹真拒之，糧盡而還；又出斜谷，司馬宣王再拒之。武侯提孤兵以深入，宣王扼其喉而不戰，遺之巾幗。宣王之不戰，計得也。武侯之糧屈勢格，則將如之何？尚何責其將略非長歟？此終不能兼有天下者又已明矣。夫以蜀不能取魏，猶魏不能取蜀，勢然也。故雖聖與賢，不可以違者時也。

《蘇軾文集》卷四《諸葛亮論》　取之以仁義，守之以仁義者，周也；取之以詐力，守之以詐力者，秦也；以秦之所以取取之，以周之所以守守之者，漢也。仁義詐力雜用，以取天下者，此孔明之所以失也。

曹操因衰乘危，得逞其姦，孔明耻之，欲信大義於天下。當此時，曹公威震四海，東據許、兖，南牧荆、豫，孔明之恃以勝之者，獨以其區區之忠信，有以激天下之心耳。夫天下慷慨死義之士，固非心服曹氏也，特以威劫而强臣之，聞孔明之風，宜其千里之外有響應者。如此則雖無措足之地，而天下固爲之用矣。且夫殺一不辜而得天下，有所不爲，而後天下忠臣義士樂爲之死。劉表之喪，先主在荆州，孔明欲襲殺其孤，先主不忍也。其後劉璋以好逆之至蜀，不數月，扼其吭，拊其背，而奪之國，此其與曹操異者幾希矣。曹、劉之不敵，天下之所共知也。孔明遷劉璋，既已失天下義士之望，乃始治兵振旅，爲仁義之師，東向長驅，

而欲天下響應，蓋亦難矣。

曹操既死，子丕代立，當此之時，可以計破也。何者？操之臨終，召丕而屬之植，而丕與植終於相殘如此。此其父子兄弟且爲寇仇，而況能以得天下英雄之心哉！此有可間之勢，不過捐數十萬金，使其大臣骨肉内自相殘，然後舉兵而伐之，此高祖所以滅項籍也。既不能全其信義，以服天下之心，又不能奮其智謀，以絶曹氏之手足，宜其屢戰而屢却哉！

秦觀《淮海集》卷二一《諸葛亮論》 晁錯曰：「五帝神聖，其臣莫及；三王臣主俱賢；五霸不及其臣。」臣竊以爲不然。夫覆杯水於坳堂之上，置杯焉則膠；鵾鵬之翮拔，而傅鴟鳩則累矣。故有帝者之君，則有帝者之臣；有王者之君，則有王者之臣；有霸者之君，則有霸者之臣。諸葛亮雖天下之奇材，亦霸者之臣耳。

何則？亮帝王之輔，肯爲蜀先主而委耶？王通以爲「使亮而無死，禮樂其有興乎」，尤非也。臣以爲亮雖無死，曾不足取天下，況於興禮樂乎！何則？亮之所事者蜀先主，而所自比者，管仲、樂毅也。先主雖號人傑，然取天下則不及曹孟德，保一方則不如孫仲謀。其所以得蜀者，以劉璋之闇弱而已。先主雖存，司馬仲達、陸伯言諸公皆無恙，尚不足以取魏，而死其能取天下乎？管仲相齊，九合諸侯，一匡天下，然不能先自治而後治人，故孔子以爲小器。樂毅爲弱燕合五國之從，夷萬乘之齊，然曠日持久，不能下莒與即墨，至間者得行，捐燕之趙。管仲、樂毅雖得志於天下，尚不能興禮樂，亮而無死，其能興禮樂乎？

夫古之君子，進難而退易。伊尹耕於有莘之野也，則固已曰：「使是君爲堯舜之君，使是民爲堯舜之民。」蓋求之而不用其道，則彼有不出而已。孔子曰：「如有用我者，吾其爲東周乎？」蓋用之而不盡其藴，則彼有不留而已。是故有所不出，出則可以取天下；有所不留，留則可以興禮樂。方先主之顧亮於草廬之中，所言者取荆、益二州耳。至言天下有變，則一軍向宛、洛，一軍出秦川。所謂「俟河之清，人壽幾何」者邪？關羽之死，大舉伐吴，亮曾不能强諫。及兵敗，乃歎曰：「法孝直若在，能制主上，令不東；就復東行，必不危矣！」所謂「虎兕出於柙，龜玉毁於櫝中，是誰之過歟」？以此論之，亮不足以取天下而興禮樂，亦明矣！

然亮與先主，一言道合，遂能霸有荆、益，成鼎峙之勢。及受寄託孤，義盡於主，國無間言。身死之日，雖遷廢之人，爲之泣下，有致死者。雖古往社稷之臣，何以加諸？陳壽以爲管、蕭之亞匹，蓋近之矣。然壽以爲應變將略，非其所長，信乎此非也。亮之征孟獲，曰：「公，天威也，南人不復反矣。」其卒於渭上，司馬仲達按行其營壘處所，曰：「天下之奇材也！」所作《八陣圖》，後世言兵者必稽焉。則亮之應變將略，不言可知矣。嗚呼！豈壽果挾髡其父之故耶？抑其所自見如此也？

洪邁《容齋隨筆》卷八《諸葛公》 諸葛孔明千載人，其用兵行師，皆本於仁義節制，自三代以降，未之有也。蓋其操心制行，一出於誠。生於亂世，躬耕隴畝，使無徐庶之一言，玄德之三顧，則苟全性命，不求聞達必矣。其始見玄德，論曹操不可與争鋒，孫氏可與爲援而不可圖，唯荆、益可以取，言如蓍龜，終身不易。二十餘年之間，君信之，士大夫仰之，夷夏服之，敵人畏之。上有以取信於主，故玄德臨終，至云「嗣子不才，君可自取」；後主雖庸懦無立，亦舉國聽之而不疑。下有以見信於人，故廢廖立而立垂泣，廢李嚴而嚴致死。後主左右奸辟側佞，充塞於中，而無一人有心害疾者。魏盡據中州，乘操、丕積威之後，猛士如林，不敢西向發一矢以臨蜀，而公六出征之，使魏畏蜀如虎。司馬懿案行其營壘處所，歎爲天下奇才。鍾會伐蜀，使人至漢川祭其廟，禁軍士不得近墓樵採，是豈智力策慮所能致哉？魏延每隨公出，輒欲請兵萬人，與公異道會於潼關，公制而不許；又欲請兵五千，循秦嶺而東，直取長安，以爲一舉而咸陽以西可定。史臣謂公以爲危計不用，是不然。公真所謂義兵不用詐謀奇計，方以數十萬之衆，據正道而臨有罪，建旗鳴鼓，直指魏都，固將飛書告之，擇日合戰，豈復翳行竊步，事一旦之譎以規咸陽哉！司馬懿年長於公四歲，懿存而公死，纔五十四耳，天不祚漢，非人力也。「霸氣西南歇，雄圖歷數屯」，杜詩盡之矣。

胡寅《讀史管見》卷五 三國人才之盛，後世鮮及，然諸葛孔明則高邁獨出。眉山蘇子以爲：「巍然三代之佐，未易以世論。」斯言當矣。孔明可亞於伊、傅，而以管、樂自許，謙志也，才與仲父等，而德則過之。或曰：方諸子房何如？曰：是殆難以優劣論也。然志十尚友，願希孔明，而未必爲子房，非謂葛賢於張，亦非子房不逮孔明也，此可爲智者道耳。

胡寅《讀史管見》卷六 孔明身都將相，手握强兵，專制一隅，勢通四海，亦何所求而不得？縱不外取，全蜀之富，皆可以充牣其家。【略】逮其死也，内無餘帛，外無赢財，其靈台湛然，不累於物如此，賢哉遠矣，亦何愧於伊尹、周公耶！

黎靖德《朱子語類》卷一三六 諸葛孔明大綱資質好，但病於粗疏。孟子以

後人物，只有子房與孔明。子房之學出於黄老，孔明出於申韓。如授後主以《六韜》等書與用法嚴處可見。若以比王仲淹，則不似其細密。他却事事理會過來。當時若出來施設一番，亦須可觀。

張栻《漢丞相諸葛忠武侯傳》 三代衰，五伯起，而功利之説盈天下。謀國者不復知正義，明道之爲貴。三老董公獨得宏綱以告漢高帝，惜高帝猶未能盡其用也。武侯當漢祚之季，乃能執其機而用之，其言曰：「漢賊不兩立，臣鞠躬盡力，死而後已。至於成敗利鈍，非臣之明所能逆睹。」嗚呼！此夏少康四十年經營宗祀，而卒以配天之本心也。若侯者，可謂有正大之體矣！自幼讀書，獨觀大畧，晨夜從容，抱膝長嘯，其胷中所見，豈淺識所能窺哉？高卧隆中，不求聞達，蓋將終身焉。昭烈，漢室之胄也，而三顧之於草廬，名義既正，好賢之意又篤，安得不以身許之？昭烈與侯相周旋，一以道義而忘勢受遺之際，君臣肝膽相照，無纖芥形迹，何其盛也！侯恢復規摹，先務爲根本之計。方建興初，務農訓兵，内治國事，國事既定，北向致討，軍旅將發，拳拳之憂，實在後主，拜表納忠，反復曲折，專以宫中府中之事爲言。且陳親賢臣，遠小人之義，薦郭攸之等，使在左右。一篇之中，三四致意焉。而其終章尤爲切至，侯之慮抑深且遠矣！即侯行事而觀之，絶姑息之私意，本常理之大公。如明鏡，洞然四達，其聞過，惟恐不及見，善若出諸已。用人各盡其器，能至或有罪，雖入幕上賓如馬謖，流涕斬之，而弗釋也。故李平、廖立既被廢放，没齒懷德，蓋侯於斯世所欲不存焉。娶婦沔南，惟賢是取，人之訕笑，不復顧也。身都將相三十年間，家之所有，僅足子弟衣食之奉；及其既没，内無餘帛，外無贏財，視天下無一足以動乎？中者其正大之體，豈不具哉？侯之事後主，小心恭恪，一國之柄，舉出其手，而人不知其爲權。彼懷姦稔逆竊，竊窺人宗祀者，雨雪見晛而謂侯敵哉？侯之規摹，至使耕者雜於渭濵，而軍無私焉。輿圖之復，已恢恢然在目中矣！不幸薨謝，匪大數然歟？或謂侯勸昭烈取荆州爲不義，不知劉琮既已迎降於操，則荆州固魏之荆州矣。于以取之，豈不正乎？惜昭烈之失此機也。又或謂魏延之策，惜侯不用。不知夫天將昌漢，以侯之舉措，掃禽亂賊直餘事耳。行險僥倖，非侯志也。嗚呼！秦漢以來，士狃於戰國之餘習。張子房爲拔出者，而猶未免乎雜以伯術。若侯真豪傑之士，無文王猶興者耶？然使侯得游於洙泗之門，講學以終之則其所至，又非予所知也！予每恨陳壽私且陋。凡侯經略次第與夫燭微、消患、治國、用人馭軍、行師之要，悉闇而不章。幸雜見於他傳及裴松之所注，因裒而集之。不敢飾辭以忘其實。其妄載非實者，則删之，庶幾讀者可以得侯之心。近世鉅公作史書編年，乃以魏年號接漢獻之統，故其所書，名不正而言不順。予謂獻帝雖廢而昭烈以正義立於蜀，武侯輔之，漢統未墜地也。要盡後主末年，始係魏年號爲正始。侯在隆中，傳稱以管、樂自許。予謂侯蓋師慕王者之佐，其步趍則然，豈與管、樂同在功利之域者哉？意其傳者之誤，故不復云。

予既作侯傳，以示新安朱元晦。元晦以予不當不載以管、樂自許事。謂侯爲後主寫「申韓」、《管子》、《六韜》之書及勸昭烈取荆、益以成伯業。可見其所學未免乎駁雜，其説亦美矣！而予意有未盡者，侯之所不足者，學也。予固謂使侯得游於洙泗之門，講學以終之，則所至又非予所知。不無深意矣！然侯胷中所存，誠非三代以下人物可睥睨，豈管、樂之流哉？時有萬變，而事有大綱，大綱正，則其變可得而理。方曹氏簒竊之際，孰爲天下之大綱乎？其惟誅賊以復漢室而已。侯既以身從帝室之英胄，不顧强弱之勢，允執此綱，終始不渝，管、樂其能識之乎？使侯當齊桓之時，必能率天下明尊王之義，協相王室，期復西周，其肯務自富其國，而忘天下之大訓乎？使侯當燕昭之時，必能正名定國，撫其民人，爲天吏而討有罪，以一天下之心，其肯趍一時之近効，志在土地、珍寶，而自以爲功莫大乎？是其心度與侯絶相遼邈，故不欲書，以惑觀聽，拔本塞源之意也。予讀《出師表》，見侯所以告後主，一本於正，其所以望其君者，殊非刻核陰謀之説。故於手寫申、韓等書之事，亦疑之，疑則可闕也。侯在草廬，一見昭烈，遂定取荆、益之計，蓋侯之心，欲昭烈以興復漢室爲己任。以興復漢室爲己任，則天下諸侯内懷它圖者，吾固得以正名而討之矣！時昭烈未有駐足之地也。歷觀諸國，劉氏不能守荆、益，是誠天所資也。若昭烈以荆、益無志討賊，坐務自大，正其罪而伐之，則夫誰敢不服？然昭烈之爲人，徇於小不忍而妨大計。故劉琮降操，荆、益可取而不取，是侯之策，昭烈猶有未能盡從者也。及狼狽而遁，雖藉吴之力，敗操赤壁。然終迫於吴，乃始入蜀，以譎計取之。予知侯於此時，蓋亦有黽勉不得已焉者，非草廬所以告昭烈之本意也。嗟乎！五伯以來，功利之説盈天下，大義榛塞，幸而有若侯者，堅守其正，不以一時利鈍易不共戴天之心。庶其可以言王道者，故予推明其本心，證以平生大節而削史之説，有近於霸術者。區區妄意，扶正息邪，而不自知其過也。然侯之於學爲未足者，柰何知有未至也？知有未至，則心爲未盡，未能盡其心則於天下之事物，有所不能偏該，而以一貫之也。故昭烈譎取劉璋於行一不義，殺一不辜之道，終爲有媿。侯當此

時，處之亦有未盡焉。若夫開國建后大事也。而奉册所立者，乃亡國之宗婦，以日易月。

昭烈之喪，冢宰所贊者，乃固謬之其學之未至歟？然則當斷之曰若大而學未至者也，故備列於此以講焉。

《陳亮集》卷七《酌古論三》 英雄之士，能爲智者之所不能爲。則其未及爲者，蓋不可以常理論矣。騏驥之馬，足如奔風，升高不軒，履濕不濡，度山越塹，瞬息千里。而適值一馬，蓋亦能然，則雖有此駿，而不足以勝之也。於是駕以輕車，鳴以和鸞，步驟中度，緩急中節，鏘鏘乎道路之間，能行千里而能不行，雖無一時之駿，而久則有萬全之功。何者？吾乖其所能而出其所不能，可以扼其喉而奪之氣也。且譎詐無方，術略横出，智者之能也。去詭詐而示之以大義，置術略而臨之以正兵，此英雄之事，而智者之所不能爲矣。

故夫譎詐者，司馬仲達之所長也。使孔明而出於此，則是以智攻智，以勇擊勇，而勝負之數未可判。孰若以正而攻智，以義而擊勇？此孔明之志也，而何敢以求近效哉！故仲達以姦，孔明以忠；仲達以私，孔明以公；仲達以殘，孔明以仁；仲達以詐，孔明以信。兵未至而仲達之氣已沮矣。八陣列於前，四頭八尾，觸處爲首。進無速奔，退無遽走；突兵不能觸其膺，奇兵不能繚其背；伏兵不能衝其脇，追兵不能襲其後；諜間無所窺，詐謀無所用；當之則破，觸之則靡。鋒未交，而仲達之能已乖矣。

夫仲達出奇制勝，變化如神，天下莫不憚之。雖孫權亦以爲可憚，而仲達亦自負其能也。孔明以步卒十餘萬，西行千里，行行然求與之戰。而仲達以勁騎三十萬，僅能自守，來不敢敵，去不敢追。賈詡等常逼之戰矣，兵交即敗，不敢復出，姑以待弊爲名。而其爲計者，不過日夕望其死而無他術也。彼豈孔明敵哉！論者以孔明制戎爲長，奇謀爲短；雖知者亦止以爲知其短而不用。吾獨謂其能爲而能不爲，將以乖仲達之所能，而出其所不能也。故吾嘗論孔明而無死，則仲達敗，關中平，魏可舉，吳可并，禮樂可興。請遂言之。

夫仲達以所能要其君，壓其同列而誇其國人。今斂重兵而自守，姑曰「待其弊」。然孔明始試其兵，或以饑退，晚年雜耕渭濱，爲久駐之基，木牛流馬日運而至，則其弊不可待矣。遲之一二年，仲達將何辭哉！不戰則君疑之，同列議之，國人輕之，其身不安，其英氣無所騁，固不免於戰，戰則敗耳。敗則魏人破膽，郡縣響震。引兵略地，關中可有。分慰居民，彰明漢德。然後舉兵而臨關東，勢如破竹，所攻者下。關東平，則諭以信義，燕趙可指麾而定矣。至五六年而魏明即世，齊王踐位，上下相疑，蕭墻釁起，引兵合進，可以一舉而覆其巢穴，俘其君臣，分定州縣，安集流亡。魏既舉，則吳人膽破矣。況權之末年猜疑益甚，果於殺戮，雖陸遜不能自明。至十年而遜没，其後步騭、朱然、全琮之徒，復相繼云亡。權之勇決之氣亦已就衰，嫡庶分争，内不能制。於是使蜀漢之師順流而下，荆襄之師乘勢而進，一軍出夏口，一軍出皖城，一軍出廣陵，吳之羣臣無亮敵也。攻城略地，孰能禦之？盡一年之力，而吳可舉。江東既平，天下既一，偃武脩文，彰善癉惡，崇教化，移風俗。數年之間，天下略治。然後興典禮，脩正樂，斯民復見太平之盛矣。

且孔明之治蜀，王者之治也。治者，實也；禮樂者，文也。焉有爲其實而不能爲其文者乎？人能捐千金之璧而不能辭遜者，天下未之有，吾固知其必能興禮樂也。不幸而天不相蜀，孔明早喪，天下猶未能一，而況禮樂乎！使後世妄儒得各肆所見，以議孔明者天也，非人之所能爲也。

孔明，伊周之徒也。而論之者多異説，以其遭時之難，而處英雄之不幸也。夫衆人皆進，而我獨退，雍容草廬，三顧後起。挺身託孤，不放不攝，而人無間言。權偪人主而上不疑，勢傾羣臣而下不忌。厲精治蜀，風化肅然。「宥過無大，刑故無小」，帝者之政也。「以佚道使人，雖勞不怨，以生道殺人，雖死不怨殺者」，王者之事也。孔明皆優爲之，信其爲伊、周之徒也。而論者乃謂其自比管、樂，委身偏方，特霸者之臣爾。是何足與論孔子之仕魯與自比老彭哉！甚者至以爲非仲達敵，此無異於兒童之見也。彼豈非以仲達之言而信之耶？而不知其言皆譎也。仲達不能逞其譎於孔明，故常伺孔明之開闔，妄爲大言以譎其下。論者特未之察耳。

始孔明出祁山，仲達出兵拒之，聞孔明將芟上邽之麥，卷甲疾行，晨夜往赴。孔明糧乏已退，仲達譎言曰：「吾倍道疲勞，此曉兵者之所貪也。亮不敢據渭水，此易與耳。」夫軍無見糧而轉軍與戰，縱能勝之，後何以繼？此少辯事機者之所必不爲也。仲達心知其然，外爲大言以譎其下耳。已而孔明出斜谷，仲達又率兵拒之。知孔明兵未逼渭，引軍而濟，背水爲壘。孔明移軍且至，仲達譎言曰：「亮若勇者，當出武功依山而陣。若西上五丈原，諸軍無事矣。」夫敵人之兵已在死地，而率衆直進，來與之戰，此亦少辨事機者之所不爲也。仲達知其必不出此，姑誑爲此言，以妄表其怯，以示吾之能料，且以少安其三軍之心也。故孔

明持節制之師，不用權譎，不貪小利，彼則曰：「亮志大而不見機，多謀而少決，好兵而無權。」凡此者，皆伺孔明之開闔，妄爲大言以譎其下，此豈其真情也！

夫善觀人之真情者，不於敵存之時，而於敵亡之後。孔明之存也，仲達之言則然。及其歿也，仲達按行其營壘，斂衽而歎曰：「天下奇才也！」彼見其規矩法度，出於其所不能爲，怳然自失，不覺其言之發也。可以觀其真情矣。論者不此之信，而信其譎，豈非復爲仲達所譎哉！

唐李靖，談兵之雄者也。吾嘗讀其問對之書，見其述孔明兵制之妙，曲折備至；曾不一齒仲達。彼曉兵者，固有以窺之矣。書生之論，曷爲其不然也！孔明距今且千載矣，未有能諒其心者。吾憤孔明之不幸，故備論之，使世以成敗論人物者其少戒也。

《陳亮集》卷一二《三國紀年·諸葛亮》 昭烈在蜀，以國政歸丞相。其侍中、中書令、尚書令，有所謂僕射、黄門侍郎者，更爲輔導天子之官。諸葛亮以大公之道，一整綱紀，明白洞達，民用其情。方連歲出征，而平世之文未遑具舉。是以條章多闕，非獨注記之失也。論者稱其兵出之日，天下震動而人心不憂。死生成敗，要何足論！王者之不作，天猶以爲未疏哉！

韓元吉《南澗甲乙稿》卷一七《孔明論》 君子之事君也，必將告其君以所欲爲者，而濟其君之所未爲者。君以爲然耶，吾將起而就之；其不然耶，吾將引而去之。是故君不勞而臣不辱。伊尹之于湯也，將使爲王也；管仲之于齊也，將使爲霸也。其王與霸者，莫不一告其君而終身未嘗言也。其終身言者，附其王霸者也。其君也，亦不以其一告于我者，朝夕而問之也。其朝夕而問之者，亦附其一告者也。故上下寂然，安坐以待其成。嗚呼！今儒之言曰：「吾君未能用我也，吾將以其小者告之。小者而用也，吾將以其大者告之。」而君之待其臣，亦曰：「是人其可用耶？姑試其小者，而徐咨其大者。」旦是而夕非者有之矣，朝可而暮否者有之矣。是待凡君與凡臣之道也，望其成功者，則不然也。孔明之始告其君也，蓋將以興漢室而取荆、益也。興漢室者，所以正名于天下也；取荆、益者，所以爲興漢室之資也。善耕者必有其地，善賈者必有其財。無地與財，而言耕與賈者，是惰農與游手也。而天下非之曰：「曹操之得罪于天下者，以脅漢而取之也。方誅之而亦脅人以取之，則何以正名于天下哉！」嗚呼！帝王之興也，雖湯武不能無慚德。孔子與之者，以其救民之功，而贖其放弒之罪也。曹操脅漢而可以誅之者，漢非有桀、紂之惡也，弱而不振，散而不守爾。玄德之于荆、益，賓客也，非君臣也。雖然，景升之既死也，孔明欲襲其孤，可乎？此玄德之失而敗于吴者也。玄德之在新野也，景升蓋嘗疑之矣。魏兵一旦加之，其孤不愛其地而降焉，而其民惟玄德之歸也。今也令民之歸，廢其孤而用其地，則不失爲湯武也。非特不失爲湯武，而其豪傑之衆，猶可以効一戰。戰而勝耶，則荆州固吾有也；其不勝耶，借力于吴而勝之，則荆州亦固吾有也，尚何用假于人乎？惟其小不忍，而終無以寓其足也，于是從吴而假之。夫假之者，他人之物也。假人之車者，必畏其折；假人之馬者，必畏其跌。夫折與跌，非所畏也，畏其傷輪與足也。既假之，必歸之。傷且不敢，而況于不歸乎？不歸而猶怒人取之，是已負其曲，而他人擅其直也。猇亭之釁，于是啓矣。噫！荆州者争物也。而曲直不可以不先定，故孔明之計，吾未見其失也。

袁燮《絜齋集》卷七《諸葛孔明論》 君子胸中之規模，要不可狹也。有三代王佐之規模，斯有三代王佐之事業。甚哉！王佐之規模，非淺識所可窺也！彼道德之富，涵養之深，胸中所藏，莫知其際，豈可以一節稱，一行名哉？後世之士，不足以進于三代，我知之矣。自處爲甚卑，一節一行，足以自表，則其心足焉。宜其規模之狹，不足以望古人也。春秋以來，如鄭子産、晉叔向，皆賢卿大夫也，其規模已不足以望三代之士，又況秦漢而下乎？偉哉孔明！生于兩漢之後，而庶幾乎三代王佐之規模，此豈區區一節一行之士哉？高卧隆中，不求聞達，每抱膝從容長嘯。其所以自養者，孰得而測之？先主以帝室之胄，英才蓋世，枉駕草廬，三往而後見，非自尊也，其所抱負者大，用之不敢輕。使先主不能降屈以至于再三，吾有獨善其身而已矣。世方汲汲于功名，而孔明恬然若無意者，此其所存者何如，而規模豈易量哉？相先主治蜀，明賞罰，核名實，撫百姓，示儀範，此未足以見其規模也。蓋讀《出師》一表，而後知之。昔周家之制，中外一體，故王之左右，職衣服飲食者，皆屬之天官，惟其一體故也。自漢而下，無能識此意者。今孔明之言曰：「宫中府中，俱爲一體，陟罰臧否，不宜異同。」具言其臣良實忠純者，宫中之事，宜悉咨之，其深明夫一體之義乎？自古大臣出征于外，而國中晏然者，惟周公爲然。今孔明亦連歲出師，而未嘗以根本爲憂，非疎也，蓋有以處之也。郭攸之、費禕、董允之徒，朝夕翊贊于内，又有性行淑均如向寵者。又言：「侍中尚書、長史參軍，皆端良死節之臣，願親信之。」其國中多賢若是，而誰敢萌窺覬之心？王佐之經綸，豈意復見于此時乎？彼非仕而後學者，意其在畎畝中，龐德公、徐元直之流，相與講之者熟矣。王通氏言：「亮而無死，

禮樂其有興乎？即其經畫，而探其所存，誠有足以興禮樂者。」然吾有疑焉。劉璋本以好逆，而乃爲譎計以取其國。璋，問漢賊也，孔明爲漢除殘，雖誅之可也。然既與之合矣，而又襲之，得無虧于信乎？治蜀太嚴，纖惡不宥。法正規之而不能從，且筆申、韓、《管子》、《六韜》之書，以授後主，亦非三代王佐所以輔其君者。毋乃時不逮古，思其上者不可得，而姑爲其次者歟！然古人惟道之行，不可則止，未嘗少貶也。而孔明姑爲其次者，毋乃其學有所未至而然歟？雖然，王佐之不得見久矣，得見幾及焉者斯可矣。孔明之心，未嘗須臾忘漢，觀其大略，于王佐蓋幾焉。圖畫其國，決非兩漢人物所可及也。迹其將有事于北，而恐有乘其後者，遂五月渡瀘，深入不毛，既得孟獲，七縱七擒，以深折其心，然後孔明得安意北征而無所忌。蜀兵既寡，難以歲歲用，則使十二番休，故雖屢用之，而兵不罷。所爲八陣法，深得古意，用兵止如山，進退如風，所至營壘井竈，皆應繩墨，誠可謂善治軍者。行國君事而人不疑，李平、廖立沒齒懷德，當三國土地分裂之餘，乃有人物如孔明者，而又何議焉？曰：孔明，人傑也。君子要當以人傑待之，闊略優容，所以待常人，而施之賢者則否？摘其所未至，而以王佐繩之，所以愛孔明也。以孔明之規模，而充以古聖賢之學，將爲漢伊、周矣，惜乎其不全不盡也。開國立配，而所納乃劉焉之子婦；身爲宰相，而躬校簿書，孔明而有伊、周之學，豈其不全不盡若是歟？此吾所以重爲孔明惜也。

《葉適集·水心別集》卷八 君子欲有所立於天下，必使之無一不正而後從其君，皋、夔、稷、契之在堯、舜是也。其進退用舍，君臣相信，始終之際，使後世一一推考而可以無疑其間，故其功名特爲盛大，而天下終莫能及。雖然，此其時不可常得，而天下之事不能以盡正，故君子必有以就其義而執其名，不然，則不可徒立於天下。伊尹、太公輔諸侯而興，卒取其故所當得之天下而易置之，其事舛矣；而號爲以仁義救天下之危，乾坤之息者復運，人道之絶者復續，故二人者可以行之而無愧。

夫富貴利達，苟無以加吾之一毫，而貧賤憂患未嘗不正其志，此一以見其無待於外矣。然則事其可以徒立哉！後世之君臣，若管仲相齊侯，始不禁其身之不義者足以害霸，而獨操其權，然猶引區區尊周爲名，而用安夏攘夷爲義。故柯之盟不以劫倍，甯母之會不以奸終，然而功名之陋蓋自仲始。悲夫！始以大義不足之故，而借於外以成功，後世因謂其不足爲而盡去之，於此之時而欲用天下之士，烏得而用之哉？大義難就也，大名難執也，士之思欲有所立於世，欲乘其隙而取之，有終不可得者。范增請項梁復奉楚後，而張良乃爲韓王報仇。當漢氏敗滅之餘，其實已亡，而天下之士猶爭其名，故擁兵專地，内制割以自利者，皆挾漢爲重。而曹氏以得幼主之故，投會奮機，乃獨收卷天下之太半。然天下之心知操之將遂取之也，於是孫權以不敢忘漢自立於江東。而劉備，宗室之疏屬，未嘗有尺地一民之勢，亦欲信大義於天下，故孔明教之西取蜀，南取楚。其後獨以益州當天下十一之地，因曹氏禪代之時，乃紹漢爲帝，東向而爭，以恢復爲辭。

夫以孔明之智，非不知其不可也。且天下之心既已去漢，而安爲曹氏之臣矣？雖其子孫，安得而强之？而況於徒託其義以爲名者乎？雖然，孔明不得此，終不可立於天下矣。雖其閉關絶棧，苟以一州自王，非有先人世守之舊也。而今年出師，明年出師，驅其民於必死之地，以求不可必之功，此何爲者耶？雖以戰國之君臣處之，亦不過是。然知道者何樂於此！悲夫！孔明有三代君子之資，於其纖悉微密，能無所不用其義，不幸而不遭其時，使無興漢之名，且不得自見於世。由此論之，仁義者人之所自盡，功名者人之所難必，有其具而不及試，亦已衆矣，天下固未嘗無其人也。

今夫有昭然不可掩之名與義，非必借於外也。揭而用之以來天下之君子，雖皋、夔、稷、契可坐而得矣。而曰是不足用，一以苟簡卑近，相與竭天下之命，以自厚其身而已，則天下之君子固不得而用之，而獨遺恨於斯焉，悲夫！

羅大經《鶴林玉露》卷四 史言蜀諸賢凋喪，孔明身當軍國之務，罰二十以上皆親之，以勞瘁致斃。此真兒童之論也。夫孔明不死，則漢業可復，禮樂可興。孔明死，則爲五胡亂華，爲六朝幅裂，其所關係大矣。中營隕星之變，天意蓋可知矣，豈因罰二十以上皆親之而致斃乎？且孔明死時，年纔四十四，初非癃老不任勞苦之時。況以孔明之明達，豈不能量事之小大，身之勞逸，而顧弊精神於瑣瑣，以自殞其軀乎？此決無之理也。杜少陵知之，故曰：「伯仲之間見伊、呂，指麾若定失蕭、曹。福移漢祚難恢復，志決身殲軍務勞。」言孔明之死，乃漢福已移，漢祚已終，大數不可支持耳。志決身殲，豈因軍務之勞乎？蓋不然史臣之説也。

李季可《松窗百説》 因論諸葛孔明，或曰：「與張子房何如？」曰：「子房青雲之士，如言欲爲臣，盡臣道，則孔明也。」曰：「子房不盡臣道在甚處？」曰：「昔吳起與田文論功，曰：『主小國疑，大臣未附，百姓不親，當是之時，屬之子

乎？屬之我乎？』曰：『屬之子矣。』若以二人論之，恐屬之孔明矣。」曰：「伊、呂何如？」曰：「伊、呂，請書所載以爲訓也，非錯雜行事而言也。且又經聖人之手，不宜有議。」曰：「孔明之過失尚多，用兵不能奇，何也？」曰：「自堯舜皆有謬誤，若孔明之失，賢聖所有也。」兵法曰：「敵則能戰之，司馬仲達亦人傑也。以七八倍之衆，自守而不敢出，蜀軍於其胷懷間，安堵自若，而天下之勢已見矣。則魏延請兵之奇，不可必者，不足道也。及其卒，仲達按其營壘處所，曰：『天下奇才也。』彼其心降，固可知矣。」

《全宋文》卷六六七三朱黼《諸葛亮論》 孔明高卧南陽，自比管、樂，時人莫之許也。余竊論之。孔明，王者之佐，伊尹之儔也。管、樂之比，特主乎撥亂繼統之志，一時自寓之言耳。若陳壽者，奚足以知孔明哉？夫孔明之於伊尹，所遇雖異，處心則同。夫躬耕有莘而樂堯舜之道，躬耕南陽而吟《梁父》之詩，同一隱晦也。聘幣三往而後起，枉駕三顧而後從，同一出處也。一夫不被，則有納溝之耻；漢室未復，則爲一己之責，同一自任也。伊尹往來湯、桀之間，二國不以爲間；就桀而復伐之，天下不以爲叛；相太甲而復放之，復太甲而終相之，天下不以爲專。孔明兄弟分事三國，國人不以爲二；勸昭烈伐劉璋，而迄取之，後世不以爲貪；昭烈令輔後帝，曰「苟不可輔，公自取之」，孔明不以爲嫌；專國一十二年，後帝不以爲偪，果何修而得此哉？孟子曰：「伊尹耕于有莘之野，非其道也，非其義也。禄之以天下弗顧也，繫馬千駟弗視也。」豈非其素所不屑者足以取信於人哉！方孔明蕭然草廬之中，資衣食於耒耜之業，擁膝長嘯，不求聞達，顧豈有一毫富貴之念？迫之而起，要爲天下大義，撥亂繼統耳。其肯以天下動其心乎！其肯負其主以利其家乎！其肯爲不義以利其身乎！

郝經《續後漢書》卷一五《諸葛亮列傳》 舜五臣以還，暨商周之伊吕、周召，皆以道佐主而平天下。及齊管氏首霸術而周不復王。漢興，子房爲宗國擊秦夷項，信復仇之義。董公言仁義，請討賊，幾于湯武之際，乃皆假之不久而遽歸。一用陰謀譎計，雜而不純。漢四百餘年而有諸葛亮，有伊尹之志，吕望之略，周公之才，出處不苟，恢廓正大，篤于道義，慨然委質昭烈，興復漢室。及受遺託，益加之共，出師討賊，忠順勤勞，繼之以死，亦聖之任也。天假之年，糞除兇孽，祀漢配天，制禮作樂，黜二京之雜霸，純于王道，可與殷周比隆。勢已定勝，而奪去之遽，惜哉？陳壽謂亮之爲相國也，拊百姓，示儀軌，約官職，從權制，開誠心，布公道。盡忠益時者，雖仇必賞；犯法怠慢者，雖親必罰；服罪輸情者，雖重必釋；游辭巧飾者，雖輕必戮。善無微而不賞，惡無纖而不貶。庶事精練，物理其本，循名責實，虚僞不齒。終于邦域之内，咸畏而愛之，刑政雖峻，而無怨者，以其用心平而勸戒明也。壽見而知之，故得其實，其謂管、蕭之亞匹，應變將略，非其所長。孔明、伊吕之儔，而自比管、樂，謙抑之辭也。彼壽何人敢爲訾評若是哉？宋朱熹有言：亮才高而時不與，志大而資不足，功烈未就，而道德有餘，土地褊小，而規模宏遠。三代而下，孟軻以來，一人而已，可謂知亮矣。

贊曰：命世異人，架天高棟。龍盤初九，泰山不動。曾孫有道，日角英采。載瞻中林，幡然而改。握乾轉坤，興王開國。雷厲風蜚，謀仇討賊。法立民信，政嚴人愛。推誠示公，復見三代。出師靈關，雜耕渭濱。定勝罔敵，大義益信。隕星告終，天不祚漢。嗚呼奇才，千古興歎！

《全元文》卷一五一三梁寅《史論》 諸葛亮之在蜀，乃王佐之才，非他人可及也。【略】亮之輔昭烈，始由三顧，然後委身，君臣相得，譬之魚水。及其輔後主禪，則又竭其忠貞，節同古人。雖其連年伐魏，功未克就，是亦天也。

方孝孺《方正學集》卷三《宗忠簡公奏疏序》 諸葛孔明以王者之佐，驅全蜀之衆，欲取中原之尺寸，終其身而不能遂，非特天命也，人事之難易固不同也。率赤子以救父兄，疾呼而可集。説途之人使拯其鄰於難，雖善其辭令，有所不從。賢者能勉人以其所樂爲，不能强人以所難勉。單之用齊，人人皆有亡國喪家之憤，而自爲戰，故其成功也易。孔明之時，人知有曹氏，不知漢德久矣，孔明徒欲以忠義激之，安能必其從己乎？

《吴廷翰集·甕記》卷上《諸葛亮》 「孔明有王佐之心而道則未盡」，程子之言也，可以爲孔明之實録矣。蓋有天德，然後可以語王道。孔明於天德恐未盡，其於王道自是不純，益州之取是也。此處若純，便是聖人，便是有天德。孔明雖賢，猶未及此，不必擬之太高，曲爲之諱，而反失其實也。

益州之取，君子非之，後世以玄德、孔明之君臣，多爲之恕。夫聖人行一不義而得天下不爲，況人且委任而反襲取，延之入室而遂推刃乎！此舉實爲不義，而玄德、孔明之過一也。然取國大事，豈是草草，當時君臣之間，必自有説。龐統之議曰：「兼弱攻昧，逆取順守。」玄德聽之，而孔明不諫，蓋必主此説矣。使當時果能聲劉璋竊據之罪，憫蜀民暴虐之苦，宣威布德，奉辭而伐之於兼攻之義，豈不光明而俊偉哉！不能出此而倉卒起事，用智用術，以玄德、孔明之賢而有此，惜哉！

于慎行《讀史漫録》卷五　孔明自比管、樂，時人未許，而後人以伊、吕擬之，何也？論其功業，則不及管、樂，較其人品，則合于伊、吕，故《文中子》王通曰：「孔明不死，禮樂其有興也夫。」管子以負海之國，九合諸侯；樂毅以區區之燕，一日而下全齊，孔明安能及之？至其出處大節，忠誠心術，則伊、吕以後，不多見也。然亦其勢使然耳。誠令據齊、燕之勢，乘累勝之業，則伊、吕之功，亦可望矣，何但管、樂乎？三代以下，以伯略成王業者，唐太宗是也；以王佐成伯功者，孔明是也。假使孔明屈節袁、曹，據樞握要，以制四方，則繼漢而後，不鼎足矣。然而踟躕四顧，不求聞達，依羈旅之主，以成偏安之業，徒爲其名義也。此其人品心術，伯仲伊、吕，不亦宜乎？【略】

然事有不可解者。孔明即遇先主，魚水相得，當此大機大義，乃興亡得失所關，而無一言匡正，乃至先主既殂，良臣凋落，魏氏據有中原已歷三世，乃始以區區之蜀，争衡上國，不亦左乎？原孔明之志，非不欲結吴伐魏，然不能得之于先主，而徒以身當之。意者君臣之間言有所不能入邪？何以曰「孝直若在，必能制主上東行」？嗟夫！士之處功名之際亦難矣。【略】

孔明之品，王佐也，其事伯佐也。何也？爲相而自校簿書，統軍而親決罰鍰，此可施之一州耳。使孔明而相天下，可勝校且決乎？相天下而自校簿書、決贖鍰，豈不有所治辦？然所遺者多矣。有味乎楊顒之諫，垂涕而思之，有以也哉！

孔明不用魏延計，從褒中取長安，即吴王濞不用桓將軍策，從武關入咸陽也。關中卒聞亮出，人心皇皇，使延從褒中，以一旅走夏侯楙，如驅丸耳。不用何也？正使延不可仗者，諸將之中，更無可使者邪？坐失良圖，以正取勝，數出無功，繼之以死。陳壽之短其用兵，言不漫矣。

李贄《焚書》卷五　唐子西云：「人君不論撥亂守文，要以制略爲貴。《六韜》述兵權，多奇計；《管子》慎權衡，貴輕重；申、韓覈名實，攻事情。施之後主，正中其病。藥無高下，要在對病。萬全良藥，與病不對，亦何補哉？」又觀《古文苑》，載先主臨終勅後主之言曰：「申、韓之書，益人意智，可觀誦之！」《三國志》載孟孝裕問郤正太子，正以虔恭仁恕答。孝裕曰：「如君所道，皆家門所有耳。吾今所問，欲知其權略知調何如也。」

由此觀之，孔明之喜申、韓審矣。然謂其爲對病之藥，則未敢許。夫病可以用藥，則用藥以對病爲功，苟其用藥不得，則又何病之對也？劉禪之病，牙關緊閉，口噤不開，無所用藥者也，而問對病與否可歟？且申、韓何如人也？彼等原與儒家分而爲六。既分爲六，則各自成家；各自成家，則各各有一定之學術，各各有必至之事功。舉而措之，如印印泥，走作一點不得也。獨儒家者流，汎濫而靡所適從，則以所欲者衆耳。故汲長孺謂其「内多欲而外施仁義」，而論六家要指者，又以「博而寡要，勞而少功」八字蓋之，可謂至當不易之定論矣。孔明之語後主曰：「苟不伐賊，王業亦亡。與其坐而待亡，孰與伐之？」是孔明已知後主之必亡也，而又欲速戰以幸其不亡，何哉？豈謂病雖進不得藥，而藥終不可不進，以故猶欲僥倖於一逞乎？吾恐司馬懿、曹真諸人尚在，未可以僥倖也。六出祁山，連年動衆，驅無辜赤子轉鬭數千里之外，既欲愛民，又欲報主，自謂料敵之審，又不免幸勝之貪，卒之勝不可幸，而將星於此乎終隕矣。蓋唯其多欲，故欲兼施仁義；唯其博取，是以無功徒勞。此八字者，雖孔明大聖人不能免於此矣。

王夫之《讀通鑑論》卷九　諸葛公之始告先主也，曰：「天下有變，命一上將將荆州之軍以向宛、雒，將軍身率益州之衆出於秦川。」其後先主命關羽出襄、樊而自入蜀，先主没，公自出祁山以圖關中，其略定於此矣。是其所爲謀者，皆資形勢以爲制勝之略也。蜀漢之保有宗社者數十年在此，而卒不能與曹氏争中原者亦在此矣。

以形勢言，出宛、雒者正兵也，出秦川者奇兵也，欲昭烈自率大衆出秦川，而命將向宛、雒，失輕重矣。關羽之覆於吕蒙，固意外之變也；然使無吕蒙之中撓，羽即前而與操相當，羽其〔能〕制操之死命乎？以制曹仁而有餘，以敵操而固不足矣。宛、雒之師挫，則秦川之氣楞，而惡能應天下之變乎？

乃公之言此也，以宛、雒爲疑兵，使彼拒我於宛、雒，而乘間以取關中，此又用兵者偶然制勝之一策，聲東擊西，摇惑之以相牽制，乘倉猝相當之頃，一用之而得志耳。未可守此以爲長策，規之於數年之前，而恃以行之於數年之後者也。敵一測之而事敗矣。謀天下之大，而僅恃一奇以求必得，其容可哉？善取天下者，規模定乎大全，而奇正因乎時勢。故曹操曰：「任天下之智力，以道馭之，無所不可。」操之所以自許爲英雄，而公乃執一可以求必可，非操之敵矣。

且形勢者，不可恃者也。荆州之兵利於水，一踰楚塞出宛、雒，而氣餒於平陸；益州之兵利於山，一踰劍閣出秦川，而情摇於廣野。恃形勢，而形勢之外無恃焉，得則僅保其疆域，失則祇成乎坐困。以有恃而應無方，姜維之敗，所必然也。當先主飄零屢挫、託足無地之日，據益州以爲資，可也；從此而畫宛、雒、秦

川之兩策，不可也。陳壽曰：「將略非其所長。」豈盡誣乎？

彭紹升《二林居集》卷二《諸葛孔明論上》 予讀《蜀志》，竊歎孔明之用兵爲已亟也。夫孔明誠欲行王道，則當務安天下之民；欲安天下之民，則不可以兵力爭天下。孟子之言王道也，曰保民而已矣，不嗜殺人而已矣。夫誠以不嗜殺爲心，雖不得以而用兵，亦所以爲民也。必其君日陷溺其民，而其民日怨疾其君，然後徐起而乘之誅其君，而弔其民奚煩憂駕哉！以區區之蜀與强敵爲鄰，計唯先固其本。其本既固，因而招携懷遠，施恩德於天下。誠使魏惡已稔。彼其民視君如寇仇，而仰我如父母，則兵之所至，不血刃而天下定矣。不此之察，徒以王業不偏安，欲取決於一戰，終其身屢出而無功。姜維踵之，遂以亡國，此瀆兵之大戒也。然則復仇之義非與？曰：篡漢者，曹丕也。其民則何罪之有？吾之力不足以誅丕，而徒嗡兩國之民而斗之，彼勝而我負，是自賊其民也。我勝而彼負，是賊天下之民也。然則漢之仇未復，而已身爲民之仇，其不即亡者，幸也。烏呼！天猒漢德久矣，非誠能父母乎。斯民者其曷克祈天而求永命哉！

彭紹升《二林居集》卷二《諸葛孔明論下》 一王之胄，蹶而復振者有之矣，未有再覆而再興者也。不知天命而疆圖之，縱能然已燼之灰，岌岌乎不可以終日，亦終歸澌滅而已矣。漢家遺澤，一竭於哀、平，再竭於桓、靈。建安之祚，如贅疣，然苟有智者，決宜守介石之貞矣。孔明隆中之對，千古艷稱之，吾直以爲此梟雄割據之謀，非所以順天命而遵王路也。彼荆、益二州，既各有主矣，一則受之天子，一則傳之先人。身爲羈客，無端而生心，覬覦於其間，此何爲者也？求而不得必争，争而不已必殺，此又與於不仁之甚者也。衣以貪荆州之故，召禍於吴，雖幸有巴蜀，無以服天下之心，終敗於猇亭而莫振，唯信義之不立，故至此。古之人行一不義，殺一不辜，而得天下不爲也。亦獨何哉！吾以爲孔明誠王佐才，寧伏処草廬之中不出也。

藝文

《三國志》卷三一《楊戲傳》録《季漢輔臣贊》 忠武英高，獻策江濱。攀吴連蜀，權我世真。受遺阿衡，整武齊文。敷陳德教，理物移風。賢愚競心，僉忘其身。誕靜邦内，四裔以綏。屢臨敵庭，實耀其威。研精大國，恨於未夷。贊諸葛丞相。

嚴可均《全晉文》卷八六安慮《使蜀弔孔明》 適子之墓，冥漠無聲。廟堂猶在，松柏冬青。遐哉邈矣，長游幽冥。

《文選》卷四八袁宏《三國名臣序贊》 孔明盤桓，俟時而動。遐想管樂，遠明風流。治國以禮，民無怨聲。刑罰不濫，没有餘泣。雖古之遺愛，何以加茲。及其臨終顧託，受遺作相。劉后授之無疑心，武侯處之無懼色。繼體納之無貳情，百姓信之無異辭。君臣之際，良可詠矣。

堂堂孔明，基宇宏邈。器同生民，獨稟先覺。標牓風流，遠明管樂。初九龍盤，雅志彌確。百六道喪，干戈迭用。苟非命世，孰掃雰雺。宗子思寧，薄言解控。釋褐中林，鬱爲時棟。

《三國志》卷三五《諸葛亮傳》注引《蜀記》 天子命我，於沔之陽。聽鼓鞞而永思，庶先哲之遺光。登隆山以遠望，軾諸葛之故鄉。蓋神物應機，大器無方，通人靡滯，大德不常。故穀風發而騶虞嘯，雲雷升而潛鱗驤；摯解褐於三聘，尼得招而褰裳；管豹變於受命，貢感激以回莊；異徐生之摘寶，釋卧龍於深藏；偉劉氏之傾蓋，嘉吾子之周行。夫有知己之主，則有竭命之良；固所以三分我九鼎，跨帶我邊荒，抗衡我北面，馳騁我魏疆者也。英哉吾子，獨含天靈。豈神之祇，豈人之精？何思之深，何德之清！異世通夢，恨不同生。推子八陣，不在孫、吴；木牛之奇，則非般模；神弩之功，一何微妙！千井齊甃，又何秘要！昔在顛、夭，有名無迹，孰若吾儕，良籌妙畫？臧文既没，以言見稱，又未若子，言行并征。夷吾反坫，樂毅不終，奚比於爾，明哲守冲。臨終受寄，讓過許由，負扆莅事，民言不流。刑中於鄭，教美於魯，蜀民知耻，河、渭安堵？匪皋則伊，寧彼管、晏？豈徒聖宣，慷慨屢歎！昔爾之隱，卜惟此宅，仁智所處，能無規廓。日居月諸，時殞其夕，誰能不殁，貴有遺格。惟子之勛，移風來世，咏歌餘典，懦夫將厲。遐哉邈矣，厥規卓矣，凡若吾子，難可究已。疇昔之乖，萬里殊塗；今我來思，覿爾故墟。漢高歸魂於豐、沛，太公五世而反周，想罔兩以髣髴，冀影響之有餘。魂而有靈，豈其識諸！」

李白《李太白全集》卷九《讀諸葛武侯傳書懷贈長安崔少府叔封昆季》 漢道昔雲季，羣雄方戰爭。霸圖各未立，割據資豪英。赤符起頹運，卧龍得孔明。當其南陽時，隴畝躬自耕。

魚水三顧合，風雲四海生。武侯立岷蜀，壯志吞咸京。何人先見許，但有崔

州平。餘亦草間人，頗懷拯物情。晚途值子玉，華髮同衰榮。托意在經濟，結交爲弟兄。毋令管與鮑，千載獨知名。

杜甫《杜工部集》卷九《蜀相》 丞相祠堂何處尋，錦官城外柏森森。映階碧草自春色，隔葉黄鸝空好音。三顧頻煩天下計，兩朝開濟老臣心。出師未捷身先死，長使英雄泪滿襟。

杜甫《杜工部集》卷一五《八陣圖》 功蓋三分國，名高八陣圖。江流石不轉，遺恨失吞吳。

杜甫《杜工部集》卷一七《咏懷古迹五首之五》 諸葛大名垂宇宙，宗臣遺像肅清高。三分割據紆籌策，萬古雲霄一羽毛。伯仲之間見伊吕，指揮若定失蕭曹。福移漢祚難恢復，志決身殲軍務勞。

《全唐文》卷四三一李翰《三名臣論》 孔明收荆州散敗之餘，建策通吳，合從破魏，奉先主西入劍門，下車而三分天下。翊戴後嗣，纘修舊勛，刑政孚於偏方，咸德振於中夏，雖短祚中否，而王業殆成。【略】孔明從容，三顧後起。籌畫必當，締構必成，事屯而業亨，主暗而國治，兵弱而强鄰畏服，功大而本朝不疑，斯亦難矣。然窺其軍令，迹其用法，必俟中原克復，然後厚賞寬刑。元德常稱馬謖言過其實，不可大用，卒致喪敗。斯所謂濟於事而未全於道，得諸己而未審於人。

《全唐文》卷四四四沈迴《武侯廟碑銘并序》 銘於廟門曰：在昔君臣合德，興造功業，有若伊尹相湯，吕望興周，夷吾霸齊，樂毅昌燕。是數君子，皆風相感，垂裕來世。嘗以爲阿衡則尊立聖主，天下樂推；尚父則上雠獨夫，諸侯同舉；管氏籍强齊之力，以宗周無令王；樂生因建國之資，贊燕昭爲奥主。君臣同道，僅能成功。惟武侯遭時昏亂，羣雄競起，高光之澤已竭，桓、靈之虐在人，遇先主之短促，值曹魏之雄富。能以區區一州，介在山谷。驅羸卒，輔孱主；衡擊中原，拒强敵。論時則辛癸惡稔，語地則燕、齊勢勝。行夏殷者未可校功，霸桓、昭者不足侔力。向使天假之年，理兵渭呐，其將席卷西邑，底綏東周，祀漢配天，不失舊物矣。【略】

其銘曰：

桓靈濟虐，雲海横流。羣雄胃起，毒〻九州。天既厭漢，人思伐劉。沸渭交争，存亡之秋。其誰存之？時維牙侯。伊昔武德，蜿足南陽。退藏於密，在曜其光。有時有君，將排垢氛。魚脱溪泉，龍躍風 。先主纘緒，天下三分。馥馥德馨，悠悠清塵。前哲後賢，心迹暗淪。建兹新廟，式是梁岷。

《全唐文》卷五三八裴度《蜀丞相諸葛武侯祠堂碑銘》 度嘗讀舊史，詳求往哲，或秉事君之節，無開國之才；得立身之道，無治人之術。四者備矣，兼而行之，則蜀丞相諸葛公其人也。

公本係在簡策，大名蓋天地，不復以雲。當漢祚衰陵，人心競逐，取威定霸者，求賢如不及；藏器在身乾，擇主而後動。公是時也，躬耕南陽，自比管、樂，我未從虎，時稱卧龍。《詩》曰：「潛雖伏矣，亦孔之炤。」故州平心與元直神交，洎乎三顧而許以驅馳，一言而定其機勢。繇是翼扶劉氏，纘承舊服；結吳抗魏，擁蜀稱漢。刑政達於荒外，道化行乎域中。誰謂阻深？殷爲强國；誰謂遂脆？勵爲勁兵。則知地無常形，人無常性，自我而作，若金在熔。故九州之地，魏有其七，我無其一，由僻陋而啓雄圖，出封疆以延大敵。財用足而不曰浚我以生，干戈動而不曰殘人以逞。其底定南方也，不以力制，而取其心服；震叠諸夏也，不敢角其勝負，而止候其存亡。法加於人也，雖死徙而無怨；德及於人也，雖奕葉而見思。此所謂精義入神，自誠而明者矣。若其人存，其政舉，則四海可平，五服可傾。而陳壽之評，未極其能事；崔浩之説，又詰其成功。此皆以變詐之略，論節制之師，以進取之方，語化成之道，不其謬歟？夫委棄荆州，不能遂有三郡，此乃務增德以吞宇宙，不黷武以争尋常。及出斜谷，據武功，分兵屯田，爲久駐之計，與敵對壘，待可勝之期。雜乎居人，如適虚邑，彼則喪氣，我方養威。若天假之年，則繼大漢之祀，成先主之志，不難矣。且權傾一國，聲震八方，而上下無異詞，始終無愧色。苟非運膺五百，道冠生知，曷以臻於此乎？故元德知人之明者，倚杖曰「魚之有水」；仲達姦人之雄者，嗟稱曰「天下奇才。」

《岑參集》卷四《先主武侯廟》 先主與武侯，相逢雲雷際。感通君臣分，義激魚水契。遺廟空蕭然，英靈貫千歲。

《全唐詩》卷六四七胡曾《咏史詩・南陽》 世亂英雄百戰餘，孔明方此樂耕鋤。蜀王不自垂三顧，争得先生出舊廬？

《全唐詩》卷六四七胡曾《咏史詩・五丈原》 蜀相西驅十萬來，秋風原下久裴回。長星不爲英雄住，半夜流光落九垓。

《全唐詩》卷六四七胡曾《咏史詩・瀘水》 五月驅兵入不毛，月明瀘水瘴煙高。誓將雄略酬三顧，豈憚征蠻七縱勞。

《温庭筠全集》卷四《經丈五原》 鐵馬雲雕共絶塵，柳營高壓漢宮春。天清殺氣屯關右，夜半妖星照渭濱。下國卧龍空寤主，中原得鹿不由人。象床寶帳無言語，從此譙周是老臣。

王安石《臨川先生文集》卷四《諸葛武侯》 漢日落西南，中原一星黄。羣盜伺昏黑，聯翩各飛揚。武侯當此時，龍卧獨摧藏。掉頭梁甫吟，羞與衆争光。邂逅得所從，幅巾起南陽。崎嶇巴漢間，屢以弱攻强。暉暉若長庚，孤出照一方。勢欲起六龍，東迴出扶桑。惜哉淪中路，怨者爲悲傷。竪子祖餘策，獨能走强梁。

王安石《臨川先生文集》卷三三《諸葛武侯》 慟哭楊顒爲一言，餘風今日更誰傳。區區庸蜀支吴魏，不是虚心豈得賢。

《全宋文》卷一九九〇蘇軾《諸葛武侯畫像贊》 密如神鬼，疾若風雷。進不可當，退不可追。晝不可攻，夜不可襲。多不可敵，少不可欺。前後應會，左右指揮。移五行之性，變四時之令。人也？神也？仙也？吾不知之，真卧龍也。

《曾鞏集》卷六《孔明》 稱吴稱魏已紛紛，渭水西邊獨漢臣。平日將軍不三顧，尋常田里帶經人。

李覯《盱江集》卷三七《忠武侯》 齊霸燕强舊有基，當年管樂易爲奇。何如新野覊栖後，正值曹公挾帝時，指畫二州收漢燼，安排八陣與天期。才高命短雖無奈，猶勝隆中世不知。

李綱《梁谿集》卷一〇《讀諸葛武侯傳》 天下兵戈正雲沸，伏龍鳳雛那可致。掉頭自作梁甫吟，壠上躬耕方得意。將軍漢裔真英雄，惠然三顧草廬中。心期脗合論世故，如魚得水雲從龍。指麾顧眄定巴蜀，抗魏連吴分鼎足。受遺乃在永安宫，歎息君臣難繼躅。南征五月深渡瀘，上疏北伐遵遺謨。連年動衆擾關輔，數戰未必非良圖。大星夜墜驚營壘，壯志雄謀嗟已矣。至今魚腹淺河中，八陣依然照江水。

《王十朋全集·詩集》卷二三《夔路十賢》 卧龍起南陽，不爲鼎一足。托名蜀丞相，相漢非相蜀。

《王十朋全集·詩集》卷二三《題諸葛武侯祠》 八陣圖旁丞相祠，風雲慘淡會當時。功成豈止三分漢，才大非爲十倍丕。渭上忽傳司馬走，蜀中長起卧龍思。我來再拜瞻遺像，泪滿襟如老杜詩。

《王十朋全集·文集》卷二四《謁武侯廟文》 丞相忠武，蜀之伊、吕。高卧南陽，悲吟《梁甫》。草廬之中，三顧先主。將漢是興，非劉曷與。君臣魚水，蛟龍雲雨。才十曹丕，志小寰宇。假令無死，師一再舉。吴、魏可吞，禮樂可許。寧使英雄，墮泪今古。將略非長，庸史之語。某受命天子，來帥兹土。夢觀八陣，果至夔府。廟貌僅存，風流可睹。旁有關、張，一龍二虎。安得斯人，以消外侮？

《景定建康志》卷三二馮去非《漢丞相忠武侯諸葛孔明贊》 戴天履地，三綱五常。孰閼漢鼎，海内披猖。草廬定猷，天下大義。踞虎蟠龍，匪吴都是議。同力絶操，皦皦信誓。髦殲昭效，蜀不少延，而已無魏矣。蓋炎興、咸熙，曾不閲歲。大星可霣，漢賊迄不兩立。烈哉！武侯之志。

王令《廣陵集》卷一一《武侯》 三顧雖然志意深，出非由道此何心。平時胸腹能多少，且與羣兒梁父吟。

王遽《清江三孔集》卷九孫武仲《諸葛武侯》 天下軍書動，西南霸氣偏。太公謀國妙，伊尹佐時專。季漢基還立，强吴勢外連。兵從新節制，志復舊山川。霜肅關中晚，春浮渭上天。恩威人并附，將相器俱全。丑虜羞巾幗，遺音被管弦。妖星如不墮，功業管蕭前。

汪元量《增訂湖山類稿》卷四《蜀相廟》 我謁武侯祠，陰廊草凄凄。當時南陽結廬學龍卧，深山大澤無人知。胡爲蜀先主，三顧前致辭？欲煩恢復天下計，先主籌策天下奇。浩然出山來，凛凛虎豹姿。乘時既得人，上曰真吾師。已曉關與張，二子不復疑。孤有孔明在軍中，如龍有水相因依。曆數既有歸，破賊當自兹。可憐復漢社稷心未已，當時三峽圖壘空巍巍。先生有才過曹丕，中原恢復未可知。惜哉軍務勞，一心死無私。《出師》一表如皎日，千古萬古鴻名垂。

高啓《高青丘集》卷一七《孔明》 莫恨流星墮渭濱，出師未捷已沾巾。天應留取生司馬，歸作他年取魏人。

于謙《忠肅集》卷一一《過南陽挽孔明》 三面英雄正角持，孤臣生死係安危。

大星不向營前墜，混一寰區未可知。

《李東陽集·詩前稿》卷一《五丈原》 五丈原頭動地鼓，魏人畏蜀如畏虎。營門不開呼者怒，揮戈指天天宇漏，將星墮空化爲土。煉石心勞竟何補，侯歸上天多舊伍。羽爲前驅飛後拒。忠魂不逐降王車，長衛英孫朝烈祖。

孫承恩《文簡集》卷四一《古像贊》 文武長才，出處大義。俊偉光明，掀揭

天地。伊吕作配，管晏匪倫。三代之後，惟公一人。

張溥《漢魏六朝百三家集題辭注・諸葛丞相集》 諸葛梁父吟，古今諷誦，然遥望蕩陰，懷齊三士，此不過好勇輕死者流，何關管、樂神明？非吟不止。或曰，梁父，泰山小山也，人君有德則封東嶽；諸葛王佐才也，思封禪而不得見，躬耕隴畝，歌謡託志，田疆之倫，豈所慕哉！《出師》二表，遠匹《伊訓》；《正議》兩篇，亦《湯誓》、《大誥》之遺。餘則赫蹏數字，能使憾夫解仇，壯士刎頸。開誠布公，集思廣益，一生靖獻之本，施於僚佐，賢愚悉心，所自然耳。《戒子書》云：「静以成學，學以廣材，」周孔之教也。晉世有寫其詞偏勗諸子者，其理學始基乎！後主暗弱，黄皓陰狡，武侯復親督師旅，不居密勿，而君臣魚水，常如先帝時。東山、金滕，似反遜之，志則同也。郭塢星殞，魚復遺憾，國勢三分，臣心無二，討賊而死，始答顧命，豈自違隆中之言哉！陳壽立評，未極能事；崔浩致詰，無當論功，唐裴晉公蓋非之矣。

顧炎武《亭林詩集》卷一《諸葛丞相渡瀘》 火山横日幕，銅澗亘天徼。亂樹雲南國，交繩僰外橋。枕戈穿偪仄，帶甲上岧嶢。地汁生淫霧，流煙入斗杓。七擒依算略，一戰定蠻苗。信洽炎荒永，恩宣益部遥。深思危大業，隆眷切先朝。更有親賢表，宫廷告百僚。

《朱舜水集》卷一九《諸葛武侯像贊三首》 自古在昔，得出處之正者四人，專皆席珍以待聘，出爲帝王之師。然或貽鼎俎之譏，或罹幽辱之患。其身處畎畝之中，由是以樂堯舜之道，主亟感激，遂許馳驅，受任於危難之頃，而功成若左券者，振古以來，惟先生一人而已。宋儒眩於曲筆，謂先生近於儒者。夫澹泊明志，寧静致遠，非儒者而何？

先生以帝師之才而小用之，時也。志不與魏，意不在吳，則跨有荆、益而止耳。鞠躬盡瘁，成敗則聽之天；集思廣益，責難則求之友。中庸也，非神奇也。「伯仲之間見伊、吕，指麾若定失蕭、曹」，知言哉！

先生稟至誠之全資，立人臣之極則；而陳壽鯫儒小生，不能敷揚其致君定國、垂世立教之美，反旁搜他事以神其説。又恣意譏評，曰：「將略非其所長。」而後之淺昧不經者，蓋張大其神奇詭怪之術，而先生益晦矣。出處之正，闕於先生之行事，忠君憂國之誠，見於先生之二表與下教。即如李嚴、廖立，終身放廢而不怨，反致哀慟摧絶，非至公無私，而能至於此哉！

張伯行《正誼堂續集》卷三《諸葛武侯文集序》 自三代以下，聖學失傳，雖有奇傑之士，不過隨世以就功名，而於聖賢治心經世之道，概乎其未有聞也。諸葛武侯應先主之聘，出扶漢鼎，託孤寄命，討賊出師。雖功業未究，而舉動光明，大節偉然，三代以下，不多見也。武侯之學，其淵源所自不可考，然觀其言曰：「非澹泊無以明志，非寧静無以致遠。」此聖賢治心經世大本領，武侯蓋得之矣。故能不爲物欲所摇奪，而有以養其精明之識、剛大之氣，經綸事業，皆從此出。方其躬耕南陽，抱膝長嘯，優游草廬間，若將終身。一旦感三顧之遇，遂許馳驅，永安受遺，不負顧託，是莘野之阿衡也。平定蜀漢，經略中原，制陣行師，隨機應變，是鷹揚之尚父也。開誠布公，集思廣益，而鞠躬盡瘁，不計成敗利鈍，則周公虚懷下士之衷，而孔孟分别義利之大旨也。程子以爲武侯近王佐之才，又以爲有儒者氣象，豈不信哉？至其經事綜物，立法施度，史氏之所贊，與後世所震而稱之者，皆其設施運用之迹，而未睹其本領之所存也。吾以爲三代而下，若武侯者，其於聖賢治心經世之道，亦庶幾矣。世遠書亡，欲睹其全而不可得。陳壽《志》載其書目二十四，自《開府》、《作牧》以下，當是武侯經濟大略，今已無存；獨世所傳《心書》，以爲武侯作，而陳壽書目不載。然按五十章中，略於將兵，而詳於將將，本於自勉，而歸於和人。詞旨正大嚴密，軼孫武、司馬之上，謂非武侯所著不可。若其表、疏、書、教見於史策者，雖片言斷簡，而公誠之心，形於文墨。其陣法之變化占驗，制器之神工異巧，皆有實用，亦窮理格物者所當考。余故採而輯之，使學者讀其書，論其世，而景仰其人，不徒作三代以下人物也。

孫權部

綜述

《三國志》卷四七《吳主傳》 孫權字仲謀。兄策既定諸郡，時權年十五，以爲陽羨長。郡察孝廉，州舉茂才，行奉義校尉。漢以策遠脩職貢，遣使者劉琬加錫命。琬語人曰：「吾觀孫氏兄弟雖各才秀明達，然皆禄祚不終，惟中弟孝廉，形貌奇偉，骨體不恒，有大貴之表，年又最壽，爾試識之。」

建安四年，從策征廬江太守劉勳。勳破，進討黄祖於沙羨。

五年，策薨，以事授權，權哭未及息。策長史張昭謂權曰：「孝廉，此寧哭時邪？且周公立法而伯禽不師，非欲違父，時不得行也。況今姦宄競逐，豺狼滿道，乃欲哀親戚，顧禮制，是猶開門而揖盗，未可以爲仁也。」乃改易權服，扶令上馬，使出巡軍。是時惟有會稽、吳郡、丹楊、豫章、廬陵，然深險之地猶未盡從，而天下英豪布在州郡，賓旅寄寓之士以安危去就爲意，未有君臣之固。張昭、周瑜等謂權可與共成大業，故委心而服事焉。曹公表權爲討虜將軍，領會稽太守，屯吳，使丞之郡行文書事。待張昭以師傅之禮，而周瑜、程普、吕範等爲將率。招延俊秀，聘求名士，魯肅、諸葛瑾等始爲賓客。分部諸將，鎮撫山越，討不從命。

七年，權母吳氏薨。

八年，權西伐黄祖，破其舟軍，惟城未克，而山寇復動。還過豫章，使吕範平鄱陽，（會稽）程普討樂安，太史慈領海昏，韓當、周泰、吕蒙等爲劇縣令長。

九年，權弟丹楊太守翊爲左右所害，以從兄瑜代翊。

十年，權使賀齊討上饒，分爲建平縣。

十二年，西征黄祖，虜其人民而還。

十三年春，權復征黄祖，祖先遣舟兵拒軍，都尉吕蒙破其前鋒，而淩統、董襲等盡鋭攻之，遂屠其城。祖挺身亡走，騎士馮則追梟其首，虜其男女數萬口。是歲，使賀齊討黟、歙，分歙爲始新、新定、犂陽、休陽縣，以六縣爲新都郡。荆州牧劉表死，魯肅乞奉命弔表二子，且以觀變。肅未到，而曹公已臨其境，表子琮舉衆以降。劉備欲南濟江，肅與相見，因傳權旨，爲陳成敗。備進住夏口，使諸葛亮詣權，權遣周瑜、程普等行。是時曹公新得表衆，形勢甚盛，諸議者皆望風畏懼，多勸權迎之。惟瑜、肅執拒之議，意與權同。瑜、普爲左右督，各領萬人，與備俱進，遇於赤壁，大破曹公軍。公燒其餘船引退，士卒飢疫，死者大半。備、瑜等復追至南郡，曹公遂北還，留曹仁、徐晃於江陵，使樂進守襄陽。時甘寧在夷陵，爲仁黨所圍，用吕蒙計，留淩統以拒仁，以其半救寧，軍以勝反。權自率衆圍合肥，使張昭攻九江之當塗。昭兵不利，權攻城踰月，不能下。曹公自荆州還，遣張喜將騎赴合肥。未至，權退。

十四年，瑜、仁相守歲餘，所殺傷甚衆，仁委城走。權以瑜爲南郡太守。劉備表權行車騎將軍，領徐州牧。備領荆州牧，屯公安。

十五年，分豫章爲鄱陽郡；分長沙爲漢昌郡，以魯肅爲太守，屯陸口。

十六年，權徙治秣陵。明年，城石頭，改秣陵爲建業。聞曹公將來侵，作濡須塢。

十八年正月，曹公攻濡須，權與相拒月餘。曹公望權軍，歎其齊肅，乃退。初，曹公恐江濱郡縣爲權所略，徵令内移。民轉相驚，自廬江、九江、蘄春、廣陵户十餘萬皆東渡江，江西遂虚，合肥以南惟有皖城。

十九年五月，權征皖城。閏月，克之，獲廬江太守朱光及參軍董和，男女數萬口。是歲劉備定蜀。權以備已得益州，令諸葛瑾從求荆州諸郡。備不許，曰：「吾方圖涼州，涼州定，乃盡以荆州與吳耳。」權曰：「此假而不反，而欲以虚辭引歲。」遂置南三郡長吏，關羽盡逐之。權大怒，乃遣吕蒙督鮮于丹、徐忠、孫規等兵二萬，取長沙、零陵、桂陽三郡。使魯肅以萬人屯巴丘，以禦關羽。權住陸口，爲諸軍節度。蒙到，二郡皆服，惟零陵太守郝普未下。會備到公安，使關羽將三萬兵至益陽，權乃召蒙等使還助肅。蒙使人誘普，普降，盡得三郡將守，因引軍還，與孫皎、潘璋并魯肅兵並進，拒羽於益陽。未戰，會曹公入漢中，備懼失益州，使使求和。權令諸葛瑾報，更尋盟好，遂分荆州長沙、江夏、桂陽以東屬權，南郡、零陵、武陵以西屬備。備歸，而曹公已還。權反自陸口，遂征合肥。合肥未下，徹軍還。兵皆就路，權與淩統、甘寧等，在津北爲魏將張遼所襲，統等以死扞權，權乘駿馬越津橋得去。

二十一年冬，曹公次于居巢，遂攻濡須。

二十二年春，權令都尉徐詳詣曹公請降，公報使脩好，誓重結婚。

二十三年十月，權將如吳，親乘馬射虎於庱亭。馬爲虎所傷，權投以雙戟，虎卻廢，常從張世擊以戈，獲之。

二十四年，關羽圍曹仁於襄陽，曹公遣左將軍于禁救之。會漢水暴起，羽以舟兵盡虜禁等步騎三萬，送江陵，惟城未拔。權内憚羽，外欲以爲己功，牋與曹公，乞以討羽自效。曹公且欲使羽與權相持以鬬之，驛傳權書，使曹仁以弩射示羽，羽猶豫不能去。閏月，權征羽，先遣呂蒙襲公安，獲將軍士仁。蒙到南郡，南郡太守麋芳以城降。蒙據江陵，撫其老弱，釋于禁之囚。陸遜别取宜都，獲秭歸、枝江、夷道，還屯夷陵，守峽口以備蜀。關羽還當陽，西保麥城。權使誘之。羽僞降，立幡旗爲象人於城上，因遁走，兵皆解散，尚十餘騎。權先使朱然、潘璋斷其徑路。十二月，璋司馬馬忠獲羽及其子平、都督趙累等於章鄉，遂定荆州。是歲大疫，盡除荆州民租税。曹公表權爲驃騎將軍，假節領荆州牧，封南昌侯。權遣校尉梁寓奉貢于漢，及令王惇市馬，又遣朱光等歸。

冬，魏嗣王稱尊號，改元爲黄初。二年四月，權自公安都鄂，改名武昌，以武昌、下雉、尋陽、新、柴桑、沙羨六縣爲武昌郡。八月，城武昌，下令諸將曰：「夫存不忘亡，安必慮危，古之善教。昔雋不疑，漢之名臣，於安平之世而刀劍不離於身，蓋君子之於武備，不可以已。況今處身疆畔，豺狼交接，而可輕忽不思變難哉？頃聞諸將出入，各尚謙約，不從人兵，甚非備慮愛身之謂。夫保己遺名，以安君親，孰與危辱？宜深警戒，務崇其大，副孤意焉。」自魏文帝踐阼，權使命稱藩，及遣于禁等還。十一月，策命權爲吳王。是歲劉備帥軍來伐，至巫山、秭歸，使使誘導武陵蠻夷，假與印傳，許之封賞。於是諸縣及五谿民皆反爲蜀。權以陸遜爲督，督朱然、潘璋等以拒之。遣都尉趙咨使魏。魏帝問曰：「吳王何等主也？」咨對曰：「聰明仁智，雄略之主也。」帝問其狀，咨曰：「納魯肅於凡品，是其聰也；拔呂蒙於行陳，是其明也；獲于禁而不害，是其仁也；取荆州而兵不血刃，是其智也；據三州，虎視於天下，是其雄也；屈身於陛下，是其略也。」帝欲封權子登，權以登年幼，上書辭封，重遣西曹掾沈珩陳謝，并獻方物。立登爲王太子。

黄武元年春正月，陸遜部將軍宋謙等攻蜀五屯，皆破之，斬其將。三月，鄱陽言黄龍見。蜀軍分據險地，前後五十餘營，遜隨輕重以兵應拒，自正月至閏月，大破之，臨陳所斬及投兵降首數萬人。劉備奔走，僅以身免。

初，權外託事魏，而誠心不款。魏欲遣侍中辛毗、尚書桓階往與盟誓，并徵任子，權辭讓不受。秋九月，魏乃命曹休、張遼、臧霸出洞口，曹仁出濡須，曹真、夏侯尚、張郃、徐晃圍南郡。權遣呂範等督五軍，以舟軍拒休等，諸葛瑾、潘璋、楊粲救南郡，朱桓以濡須督拒仁。時揚、越蠻夷多未平集，内難未弭，故權卑辭上書，求自改厲，權遂改年，臨江拒守。冬十一月，大風，範等兵溺死者數千，餘軍還江南。曹休使臧霸以輕船五百、敢死萬人襲攻徐陵，燒攻城車，殺略數千人。將軍全琮、徐盛追斬魏將尹盧，殺獲數百。十二月，權使太中大夫鄭泉聘劉備于白帝，始復通也。然猶與魏文帝相往來，至後年乃絶。是歲改夷陵爲西陵。

二年春正月，曹真分軍據江陵中州。是月，城江夏山。改四分，用乾象曆。三月，曹遣將軍嚴常彫等，以兵五十，乘油船，晨渡濡須中州。仁子泰因引軍急攻朱桓，桓兵拒之，遣將軍嚴圭等擊破彫等。是月，魏軍皆退。夏四月，權羣臣勸即尊號，權不許。先是，戲口守將晋宗殺將王直，以衆叛如魏，魏以爲蘄春太守，數犯邊境。六月，權令將軍賀齊督糜芳、劉邵等襲蘄春，邵等生虜宗。冬十一月，蜀使中郎將鄧芝來聘。

三年夏，遣輔義中郎將張温聘于蜀。秋八月，赦死罪。九月，魏文帝出廣陵，望大江，曰「彼有人焉，未可圖也」，乃還。

四年六月，以太常顧雍爲丞相。

五年春，令曰：「軍興日久，民離農畔，父子夫婦，不聽相卹，孤甚愍之。今北虜縮竄，方外無事，其下州郡，有以寬息。」是時，陸遜以所在少穀，表令諸將增廣農畝。權報曰：「甚善。今孤父子親自受田，車中八牛以爲四耦，雖未及古人，亦欲與衆均等其勞也。」秋七月，權聞魏文帝崩，征江夏，圍石陽，不克而還。蒼梧言鳳皇見。分三郡惡地十縣置東安郡，以全琮爲太守，平討山越。冬十月，陸遜陳便宜，勸以施德緩刑，寬賦息調。又云：「忠讜之言，不能極陳，求容小臣，數以利聞。」於是令有司盡寫科條，使郎中褚逢齎以就遜及諸葛瑾，意所不安，令損益之。是歲，分交州置廣州，俄復舊。

七年春三月，封子慮爲建昌侯。罷東安郡。夏五月，鄱陽太守周魴僞叛，誘魏將曹休。秋八月，權至皖口，使將軍陸遜督諸將大破休於石亭。大司馬呂範卒。是歲，改合浦爲珠官郡。

黄龍元年春，公卿百司皆勸權正尊號。夏四月，夏口、武昌並言黄龍、鳳凰見。丙申，南郊即皇帝位，是日大赦，改年。追尊父破虜將軍堅爲武烈皇帝，母吳氏爲武烈皇后，兄討逆將軍策爲長沙桓王。吳王太子登爲皇太子。將吏皆進

爵加賞。初，興平中，吴中童謡曰：「黄金車，班蘭耳，闓昌門，出天子。」五月，使校尉張剛、管篤之遼東。六月，蜀遣衞尉陳震慶權踐位。權乃參分天下，豫、青、徐、幽屬吴，兖、冀、并、涼屬蜀。其司州之土，以函谷關爲界，造爲盟。秋九月，權遷都建業，因故府不改館。徵上大將軍陸遜輔太子登，掌武昌留事。

二年春正月，魏作合肥新城。詔立都講祭酒，以教學諸子。遣將軍衞温、諸葛直將甲士萬人，浮海求夷洲及亶洲。所在絶遠，卒不可得至，但得夷洲數千人還。

三年春二月，遣太常潘濬率衆五萬，討武陵蠻夷。衞温、諸葛直皆以違詔無功，下獄誅。夏，有野蠶成繭，大如卵。由拳野稻自生，改爲禾興縣。中郎將孫布詐降，以誘魏將王淩，淩以軍迎布。冬十月，權以大兵潛伏於阜陵俟之，淩覺而走。會稽南始平言嘉禾生。十二月丁卯，大赦，改明年元也。

嘉禾元年春三月，遣將軍周賀、校尉裴潛乘海之遼東。秋九月，魏將田豫要擊，斬賀于成山。冬十月，魏遼東太守公孫淵遣校尉宿舒、閬中令孫綜稱藩於權，并獻貂馬。權大悦，加淵爵位。

二年春三月，遣舒、綜還，使太常張彌、執金吾許晏、將軍賀達等將兵萬人，金寶珍貨，九錫備物，乘海授淵。舉朝大臣，自丞相雍已下皆諫，以爲淵未可信，而寵待太厚，但可遣吏兵數百護送舒、綜，權終不聽。淵果斬彌等，送其首于魏，没其兵資。權大怒，欲自征淵，尚書僕射薛綜等切諫乃止。是歲，權向合肥新城，遣將軍全琮征六安，皆不克還。

三年春正月，詔曰：「兵久不輟，民困於役，歲或不登。其寬諸逋，勿復督課。」夏五月，權遣陸遜、諸葛瑾等屯江夏、沔口，孫韶、張承等向廣陵、淮陽，權率大衆圍合肥新城。是時蜀相諸葛亮出武功，權謂魏明帝不能遠出，而帝遣兵助司馬宣王拒亮，自率水軍東征。未至壽春，權退還，孫韶亦罷。秋八月，以諸葛恪爲丹楊太守，討山越。九月朔，隕霜傷穀。冬十一月，太常潘濬平武陵蠻夷，事畢，還武昌。詔復曲阿爲雲陽，丹徒爲武進。廬陵賊李桓、羅厲等爲亂。

四年夏，遣吕岱討桓等。秋七月，有雹。魏使以馬求易珠璣、翡翠、瑇瑁，權曰：「此皆孤所不用，而可得馬，何苦而不聽其交易？」

五年春，鑄大錢，一當五百。詔使吏民輸銅，計銅畀直。設盜鑄之科。二月，武昌言甘露降於禮賓殿。輔吴將軍張昭卒。中郎將吾粲獲李桓，將軍唐咨獲羅厲等。自十月不雨，至於夏。冬十月，彗星見于東方。鄱陽賊彭旦等爲亂。

六年春正月，詔曰：「夫三年之喪，天下之達制，人情之極痛也；賢者割哀以從禮，不肖者勉而致之。世治道泰，上下無事，君子不奪人情，故三年不逮孝子之門。至於有事，則殺禮以從宜，要絰而處事。故聖人制法，有禮無時則不行。遭喪不奔非古也，蓋隨時之宜，以義斷恩也。前故設科，長吏在官，當須交代，而故犯之，雖隨糾坐，猶已廢曠。方事之殷，國家多難，凡在官司，宜各盡節，先公後私，而不恭承，甚非謂也。中外羣僚，其更平議，務令得中，詳爲節度。」顧譚議，以爲：「奔喪立科，輕則不足以禁孝子之情，重則本非應死之罪，雖嚴刑益設，違奪必少。若偶有犯者，加其刑則恩所不忍，有減則法廢不行。愚以爲長吏在遠，苟不告語，勢不得知。比選代之間，若有傳者，必加大辟，則長吏無廢職之負，孝子無犯重之刑。」將軍胡綜議，以爲：「喪紀之禮，雖有典制，苟無其時，所不得行。方今戎事軍國異容，而長吏遭喪，知有科禁，公敢干突，苟念聞憂不奔之耻，不計爲臣犯禁之罪，此由科防本輕所致。忠節在國，孝道立家，出身爲臣，焉得兼之？故爲忠臣不得爲孝子。宜定科文，示以大辟，若故違犯，有罪無赦。以殺止殺，行之一人，其後必絶。」丞相雍奏從大辟。其後吴令孟宗喪母奔赴，已而自拘於武昌以聽刑。陸遜陳其素行，因爲之請，權乃減宗一等，後不得以爲比，因此遂絶。二月，陸遜討彭旦等，其年，皆破之。冬十月，遣衞將軍全琮襲六安，不克。諸葛恪平山越事畢，北屯廬江。

赤烏元年春，鑄當千大錢。夏，吕岱討廬陵賊，畢，還陸口。秋八月，武昌言麒麟見。有司奏言麒麟者太平之應，宜改年號。詔以赤烏爲元。羣臣奏曰：「昔武王伐紂，有赤烏之祥，君臣觀之，遂有天下，聖人書策載述最詳者，以爲近事既嘉，親見又明也。」於是改年。步夫人卒，追贈皇后。初，權信任校事吕壹，壹性苛慘，用法深刻。太子登數諫，權不納，大臣由是莫敢言。後壹姦罪發露伏誅，權引咎責躬，乃使中書郎袁禮告謝諸大將，因問時事所當損益。禮還，復有詔責數諸葛瑾、步騭、朱然、吕岱等曰：「袁禮還，云與子瑜、子山、義封、定公相見，並以時事當有所先後，各自以不掌民事，不肯便有所陳，悉推之伯言、承明。伯言、承明見禮，泣涕懇惻，辭旨辛苦，至乃懷執危怖，有不自安之心。聞此悵然，深自刻怪。何者？夫惟聖人能無過行，明者能自見耳。人之舉措，何能悉中？獨當已有以傷拒衆意，忽不自覺，故諸君有嫌難耳；不爾，何緣乃至於此乎？自孤興軍五十年，所役賦凡百皆出於民。天下未定，孽類猶存，士民勤苦，誠所貫知。然勞百姓，事不得已耳。與諸君從事，自少至長，髮有二色，以謂表

裏足以明露，公私分計，足用相保。盡言直諫，所望諸君；拾遺補闕，孤亦望之。昔衞武公年過志壯，勤求輔弼，每獨歎責。且布衣韋帶，相與交結，分成好合，尚污垢不異。今日諸君與孤從事，雖君臣義存，猶謂骨肉不復是過。榮福喜戚，相與共之。忠不匿情，智無遺計，事統是非，諸君豈得從容而已哉！同船濟水，將誰與易？齊桓諸侯之霸者耳，有善管子未嘗不歎，有過未嘗不諫，諫而不得，終諫不止。今孤自省，無桓公之德，而諸君諫諍未出於口，仍執嫌難。以此言之，孤於齊桓良優，未知諸君於管子何如耳？久不相見，因事當笑。共定大業，整齊天下，當復有誰？凡百事要所當損益，樂聞異計，匡所不逮。」

二年春三月，遣使者羊衜、鄭胄、將軍孫怡之遼東，擊魏守將張持、高慮等，虜得男女。零陵言甘露降。夏五月，城沙羡。冬十月，將軍蔣秘南討夷賊。秘所領都督廖式殺臨賀太守嚴綱等，自稱平南將軍，與弟潛共攻零陵、桂陽，及搖動交州、蒼梧、鬱林諸郡，衆數萬人。遣將軍吕岱、唐咨討之，歲餘皆破。

三年春正月，詔曰：「蓋君非民不立，民非穀不生。頃者以來，民多征役，歲又水旱，年穀有損，而吏或不良，侵奪民時，以致饑困。自今以來，督軍郡守，其謹察非法，當農桑時，以役事擾民者，舉正以聞。」夏四月，大赦，詔諸郡縣治城郭，起譙樓，穿塹發渠，以備盜賊。冬十一月，民饑，詔開倉廩以賑貧窮。

四年春正月，大雪，平地深三尺，鳥獸死者大半。夏四月，遣衞將軍全琮略淮南，決芍陂，燒安城邸閣，收其人民。威北將軍諸葛恪攻六安。琮與魏將王淩戰于芍陂，中郎將秦晃等十餘人戰死。車騎將軍朱然圍樊，大將軍諸葛瑾取柤中。五月，太子登卒。是月，魏太傅司馬宣王救樊。六月，軍還。閏月，大將軍瑾卒。秋八月，陸遜城邾。

五年春正月，立子和爲太子，大赦，改禾興爲嘉興。百官奏立皇后及四王，詔曰：「今天下未定，民物勞瘁，且有功者或未録，饑寒者尚未恤。猥割土壤以豐子弟，崇爵位以寵妃妾，孤甚不取。其釋此議。」三月，海鹽縣言黄龍見。夏四月，禁進獻御，減太官膳。秋七月，遣將軍聶友、校尉陸凱，以兵三萬討珠崖、儋耳。是歲大疫，有司又奏立后及諸王。八月，立子霸爲魯王。

六年春正月，新都言白虎見。諸葛恪征六安，破魏將謝順營，收其民人。冬十一月，丞相顧雍卒。十二月，扶南王范旃遣使獻樂人及方物。是歲，司馬宣王率軍入舒，諸葛恪自皖遷于柴桑。

七年春正月，以上大將軍陸遜爲丞相。秋，宛陵言嘉禾生。是歲，步騭、朱然等各上疏云：「自蜀還者，咸言欲背盟與魏交通，多作舟船，繕治城郭。又蔣琬守漢中，聞司馬懿南向，不出兵乘虚以掎角之，反委漢中，還近成都。事已彰灼，無所復疑，宜爲之備。」權揆其不然，曰：「吾待蜀不薄，聘享盟誓，無所負之，何以致此？又司馬懿前來入舒，旬日便退；蜀在萬里，何知緩急而便出兵乎？昔魏欲入漢川，此閑始嚴，亦未舉動，會聞魏還而止，蜀寧可復以此有疑邪？又人家治國，舟船城郭，何得不護？今此間治軍，寧復欲以禦蜀邪？人言苦不可信，朕爲諸君破家保之。」蜀竟自無謀，如權所籌。

八年春二月，丞相陸遜卒。夏，雷霆犯宫門柱，又擊南津大橋楹。茶陵縣鴻水溢出，流漂居民二百餘家。秋七月，將軍馬茂等圖逆，夷三族。八月，大赦。遣校尉陳勳將屯田及作士三萬人，鑿句容中道，自小其至雲陽西城，通會市，作邸閣。

九年春二月，車騎將軍朱然征魏柤中，斬獲千餘。夏四月，武昌言甘露降。秋九月，以驃騎〔將軍〕步騭爲丞相，車騎〔將軍〕朱然爲左大司馬，衞將軍全琮爲右大司馬，鎮南〔將軍〕吕岱爲上大將軍，威北將軍諸葛恪爲大將軍。

十年春正月，右大司馬全琮卒。二月，權適南宫。三月，改作太初宫，諸將及州郡皆義作。夏五月，丞相步騭卒。冬十月，赦死罪。

十一年春正月，朱然城江陵。三月，宫成。夏四月，雨雹，雲陽言黄龍見。五月，鄱陽言白虎仁。詔曰：「古者聖王積行累善，脩身行道，以有天下，故符瑞應之，所以表德也。朕以不明，何以臻兹？《書》云『雖休勿休』，公卿百司，其勉脩所職，以匡不逮。」

十二年春三月，左大司馬朱然卒。四月，有兩烏銜鵲墮東館。丙寅，驃騎將軍朱據領丞相，燎鵲以祭。

十三年夏五月，日至，熒惑入南斗。秋七月，犯魁第二星而東。八月，丹楊、句容及故鄣、寧國諸山崩，鴻水溢。詔原逋責，給貸種食。廢太子和，處故鄣。魯王霸賜死。冬十月，魏將文欽僞叛以誘朱異，權遣吕據就異以迎欽。異等持重，欽不敢進。十一月，立子亮爲太子。遣軍十萬，作堂邑涂塘，以淹北道。十二月，魏大將軍王昶圍南郡，荆州刺史王基攻西陵，遣將軍戴烈、陸凱往拒之，皆引還。是歲，神人授書，告以改年、立后。

太元元年夏五月，立皇后潘氏，大赦，改年。初臨海羅陽縣有神，自稱王表。

周旋民間，語言飲食，與人無異，然不見其形。又有一婢，名紡績。是月，遣中書郎李崇齎輔國將軍羅陽王印綬迎表。表隨崇俱出，與崇及所在郡守令長談論，崇等無以易。所歷山川，輒遣婢與其神相聞。秋七月，崇與表至，權於蒼龍門外爲立第舍，數使近臣齎酒食往。表説水旱小事，往往有驗。秋八月朔，大風，江海涌溢，平地深八尺，吳高陵松柏斯拔，郡城南門飛落。冬十一月，大赦。權祭南郊還，寢疾。十二月，驛徵大將軍恪，拜爲太子太傅。詔省徭役，減征賦，除民所患苦。

二年春正月，立故太子和爲南陽王，居長沙；子奮爲齊王，居武昌；子休爲瑯邪王，居虎林。二月，大赦，改元爲神鳳。皇后潘氏薨。諸將吏數詣王表請福，表亡去。夏四月，權薨，時年七十一，謚曰大皇帝。秋七月，葬蔣陵。

雜録

備録

《三國志》卷四七《吳主傳》注引《吳歷》　曹公出濡須，作油船，夜渡洲上。權以水軍圍取，得三千餘人，其没溺者，亦數千人。權數挑戰，公堅守不出。權乃自來，乘輕船，從濡須口入公軍。諸將皆以爲是挑戰者，欲擊之。公曰：「此必孫權欲身見吾軍部伍也。」敕軍中皆精嚴，弓弩不得妄發。權行五六里，回還作鼓吹。公見舟船、器仗、軍伍整肅，喟然歎曰：「生子當如孫仲謀。劉景升兒子，若豚犬耳。」權爲箋與曹公説：「春水方生，公宜速去。」别紙言：「足下不死，孤不得安。」曹公語諸將曰：「孫權不欺孤。」乃撤軍還。

《三國志》卷四七《吳主傳》注引《江表傳》　堅爲下邳丞時，權生。方頤大口，目有精光。堅異之，以爲有貴象。及堅亡，策起事江東，權常隨從。性度弘朗，仁而多斷，好俠養士，始有知名，侔于父兄矣。每參同計謀，策甚奇之，自以爲不及也。每請會賓客，常顧權曰：「此諸君，汝之將也。」

《三國志》卷四七《吳主傳》注引《江表傳》　初，策表用李術爲廬江太守。策亡之後，不肯事權，而多納其亡叛。權移書求索，術報曰：「有德見歸，無德見叛，不應復還。」權大怒，乃以狀白曹公曰：「嚴刺史昔爲公所用，又是州舉將，而李術凶惡，輕犯漢制，殘害州司，肆其無道，宜速誅滅，以懲丑類。今欲討之，進爲國朝掃除鯨鯢，退爲舉將報塞怨仇。此天下達義，夙夜所甘心。術必懼誅，復詭説求救。明公所居，阿衡之任，海内所瞻，願敕執事，勿復聽受。」是歲，舉兵攻術於皖城。術閉門自守，求救於曹公。曹公不救。糧食乏盡，婦女或丸土而吞之，遂屠其城，梟術首，徙其部曲三萬余人。

王嘉《拾遺記》卷八　吳主趙夫人，丞相達之妹。善畫，巧妙無雙，能於指間以綵絲織雲霞龍蛇之錦，大則盈尺，小則方寸，宫中謂之「機絶」。孫權常歎魏、蜀未夷，軍旅之隙，思得善畫者使圖山川地勢軍陣之像。達乃進其妹。權使寫九州方嶽之勢。夫人曰：「丹青之色，甚易歇滅，不可久寶；妾能刺繡，作列國方帛之上，寫以五嶽河海、城邑行陣之形。」既成，乃進於吳主，時人謂之「針絶」。雖棘刺木猴，雲梯飛鳶，無過此麗也。權居昭陽宫，倦暑，乃褰紫綃之帷，夫人曰：「此不足貴也。」權使夫人指其意思焉。答曰：「妾欲窮慮盡思，能使下綃帷而清風自入，視外無有蔽礙，列侍者飄然自涼，若馭風而行也。」權稱善。夫人乃拆髮，以神膠續之。神膠出鬱夷國，接弓弩之斷弦，百斷百續也。乃織爲羅縠，累月而成，裁爲幔，内外視之，飄飄如烟氣輕動，而房内自涼。時權常在軍旅，每以此幔自隨，以爲征幙，舒之則廣縱一丈，卷之則可納於枕中，時人謂之「絲絶」。故吳有「三絶」，四海無儔其妙。後有貪寵求媚者，言夫人幻耀於人主，因而致退黜。雖見疑墜，猶存録其巧工。吳亡，不知所在。

吳主潘夫人，父坐法，夫人輸入織室，容態少儔，爲江東絶色。同幽者百餘人，謂夫人爲神女，敬而遠之。有司聞於吳主，使圖其容貌。夫人憂戚不食，減瘦改形。工人寫其真狀以進，吳主見而喜悦，以虎魄如意撫按即折，嗟曰：「此神女也，愁貌尚能惑人，況在歡樂！」乃命雕輪就織室，納於後宫，果以姿色見寵。每以夫人遊昭宣之臺，志意幸愜，既盡酣醉，唾於玉壺中，使侍婢瀉於臺下，得火齊指環，即掛石榴枝上，因其處起臺，名曰環榴臺。時有諫者云：「今吳、蜀爭雄，『還劉』之名，將爲妖矣！」權乃翻其名曰榴環臺。又與夫人遊釣臺，得大魚。王大喜，夫人曰：「昔聞泣魚，今乃爲喜，有喜必憂，以爲深戒！」至於末年，漸相譖毀，稍見離退。時人謂「夫人知幾其神」。吳主於是罷宴，夫人果見棄逐。釣臺基今尚存焉。

李昉《太平廣記》卷一六三《孫權》　湓口城，漢高祖六年灌嬰所築。建安

中，孫權經住此城，自標作井地，遂得故井。井中有銘石云：漢六年，潁陰侯開此井。卜云：三百年當塞，塞後不度百年，當爲應運者所開。權見銘欣悦，以爲己瑞。人咸異之。

備論

《三國志》卷四七《吴主傳》 孫權屈身忍辱，任才尚計，有句踐之奇，英人之傑矣。故能自擅江表，成鼎峙之業。然性多嫌忌，果於殺戮，暨臻末年，彌以滋甚。至于讒説殄行，胤嗣廢斃，豈所謂貽厥孫謀以燕翼子者哉？其後葉陵遲，遂致覆國，未必不由此也。

《三國志》卷四七《吴主傳》注引孫盛論 昔伯夷、叔齊不屈有周，魯仲連不爲秦民。夫以匹夫之志，猶義不辱，況列國之君，三分天下，而可二三其節，或臣或否乎？余觀吴、蜀，咸稱奉漢，至於漢代，莫能固秉臣節，君子是以知其不能克昌厥後，卒見吞於大國也。向使權從羣臣之議，終身稱漢將，豈不義悲六合，仁感百世哉！

盛聞國將興，聽於民；國將亡，聽於神。權年老志衰，讒臣在側，廢嫡立庶，以妾爲妻，可謂多涼德矣。而僞設符命，求福妖邪，將亡之兆，不亦顯乎！

《唐文拾遺》卷一三虞世南《論略》 孫主因厥兄之資，用前朝之佐，介以天險，僅得自存，比於二人，理弗能逮。

《全唐文》卷一八二王勃《三國論》 孫仲謀承父兄之餘事，委瑜肅之良圖，泣周泰之痍，請呂蒙之命，惜休穆之才不加其罪，賢子布之諫而造其門。用以有南開交趾，驅五嶺之卒；東界海隅，兼百越之衆。地方五千里，帶甲數十萬。若令登不早卒，休以永年，神器不移於暴酷，則鼓蠡衡陽，未可圖也。

司馬光《稽古録》卷一三 大帝承父兄之烈，師友忠賢，以成前志；赤壁之役，決策定慮，以摧大敵。非明而有勇，能如是乎？遂奄有荆，楊，傳於南海，傳祚累世，宜矣。

《蘇轍集·欒城後集》卷九《孫仲謀》 任人莫難於託國。漢武帝因文、景富庶之後，虐用其民，厚自奉養，征伐四夷，幾喪天下。逮其晚歲，託國於霍光。光知用兵之害，罷均輸榷酤，與民休息，而天下復安。凡武帝之所以得稱賢君者，惟用霍光故也。蜀先主知嗣子之暗弱，舉國而付之諸葛孔明。孔明又廢李嚴、楊儀，援蔣琬、費禕而授之。雖後主之不明，而守國三十餘年，君臣相安，蜀人免於塗炭之患，過於魏、吴遠甚。

吴大帝方其屬任賢將，抗衡中原，曹公憚之。及其老也，賢臣死亡略盡，喜諸葛恪之勁悍，越衆而付以後事。恪乘其用兵勞民之後，繼起大役，兵折於外，既歸，而不能自克，將復肆志於僚友。恪既以喪其軀，而孫氏因之三世絶統，吴越之民陷於炮烙之地，國隨以亡。彼以進取之資，用進取之臣，以徼一時之功可耳，至於託六尺之孤，寄千里之命，而亦屬之斯人，其勢必至是哉！

胡寅《讀史管見》卷六 吴主已老，方且廢嫡立庶，殺戮諫臣，非惟魏師亟來，斬將覆軍，而令吴之亡，實自此兆矣。【略】大帝嘗言：讀書大有所益。以廢立之事觀焉，雖曰讀書，吾必謂之未嘗讀也。

《陳亮集》卷五《酌古論·孫權》 天下之事，最爲難應者：百萬之衆卒然臨之，而羣情有不測之憂。坐觀其來而望風請命，則懼至於失吾之大計；起而欲拒之，則又懼力之不足而反爲大患。唯英雄之君爲能出身以當之，而其氣不懾。觀其勢，審其人，隨其事變而沛然應之，切中機會而未嘗有失。此固非僥倖於或成，而畏謹者之所能爲也。故吾欲拒之，則以至寡當至衆，而吾能保其必勝；而不拒之，則啗以甘言，濟以深謀，而彼必不敢動。二者之所爲不同，而均於有成效。

昔者漢高帝之據關，嘗欲納項籍矣。而孫權之據江東，則舉兵而拒曹公。事變不同，應之亦異。何以言之？項籍劫諸侯之兵，西向入秦，所當者破，勝氣百倍，此其勢固不可拒也。而籍之爲人，勇而無謀，氣雖行，然而有不忍之心，可下以言，則亦何必拒之哉！曹公并荆州之衆，東向俱下，而輕騎兼進，千里趍利，復與吴争長於舟楫之間，此其勢易拒也。而公之爲人，智而多詐，其言甘，其心忍，一罹其手，莫之能救。則雖欲不拒，不可得已。觀其勢，審其人，而後可以當大變也。當時之人，乃教高祖拒，而勸孫權降，可謂兩失機矣。【略】

若夫孫權，蓋亦不惑於流議矣。審操可拒，卒置衆説而斷用周瑜，使與劉備叶力，期必拒之，遂破孟德，開拓荆州。非惟免虎口，而且有大功。此其臨大變而不懾，豈幸也哉！權既不懾於孟德，而魏文繼立，始曲意事之。啗以甘言，效其珍物，有求則從，惟恐少拂其意，欲待其驕而乘其變，其謀深矣。不幸而司馬仲達在魏，而其謀卒不獲騁。此則遇時之不幸，而非權之罪也。

夫高帝之英雄，非權之所能髣髴；而帝之成實出於幸，權之不成實出於不幸。故夫天下之事，未可以成敗而定論也。

韓元吉《南澗甲乙稿》卷一七《吴論》 若夫孫權，有智謀而無遠略者也。雖其成敗不可以豫測，然不幸者備也，而可責者權也。備之不幸者，無先爲其資爾；權之可責者，蓋嘗以其世而論之也。毁齒而藝木于國，其實可跂而待也；黄耇而藝之，則享其實也，不能必矣。操與備，其年相若也，其死相先後也。權爲最少，居位爲最久，而其立國無可言，治國無可稱也。其君臣之日夜以爲計者，不過欲晝其長江而有之爾。且天下皆知魏之爲賊也，而已獨受其命。夫受其命則君也，名爲之臣而不實之，其可也。有事焉則戰，無事焉則聘，吾不知其立國之説也。外則變其臣以亂政，内則暱其子以亂分，吾不知其治國之説也。故終身言兵，而不能望中原以發一矢。其乘關羽敗曹休，皆市井之小數，而盜賊之淺謀也。淮南之近，曾不足以得之，而規規然遠求夷州、儋耳尺寸之地，且爲大言以三分天下，蓋亦可笑也已。

郝經《續後漢書》卷五〇《孫權列傳》 吴、楚國于荆、揚二州之域，連高夾深，以江山爲城隍，負固恃險，割于中夏，尚矣。《書》稱「苗民逆命」，《詩》載「奮伐荆楚」，皆夏殷盛王之時。至於周公之懲荆、舒，召公之平淮夷，亦成王、宣王太平中興之日。矧於王道衰，禮義廢，中國寖微之後乎？周室之東，吴、楚始皆僭王。薦食諸姬，啓土上國，與齊、晉更霸爭長。楚復并吴，至地方七千餘里，而天下莫彊。終春秋、戰國之世，横肆者五百餘年。漢興，項羽以江東兵殘滅諸侯，屠咸陽，鏖秦民，自稱西楚霸王，擅號令於天下五年，始自刃。孝景時吴、楚七國，復仰關而攻漢，幾危劉氏，世爲中國患者如此。剽輕好亂，殆天性然。東漢之衰，孫權乘父兄之烈，尊禮英賢，撫納豪右，誅黄祖，走曹操，襲關侯，遂奄有荆、揚。今年出濡須，明年戰合肥，嶷然勢常北嚮，而以守爲攻，稱臣于魏，結援于漢，始忍句踐之辱，終爲熊通之僭。保據江淮，奄征南海，卒與漢、魏鼎峙而立。先起而後亡，非惟智勇足抗衡，亦國勢便利然也。及晉混合，不一再傳，亟走江壖，而遺棄中國。宋、齊、梁、陳承之，後三百餘年而後亡。豈天之設險，終使限南北乎？

贊曰：慟哭統衆，收淚結綬。英威復振，雄業載構。討賊定霸，指江誓天。整領志烈，驅率時賢。割裂東南，包舉荆楚。走操卻丕，立國啓土。黄龍獻瑞，金陵始王。遂帝三州，終顯大象。

于慎行《讀史漫録》卷五 王伯厚謂孫權破關羽，而昭烈復漢之志不遂，權稱臣于操，英雄之氣安在？朱子曰：權亦漢賊也。按：孫權此舉，孫策必不肯爲；權不惟負漢，且辱其兄矣。

吴應箕《樓山堂集》卷六《孫權論》 孫權乘父兄之資，值紛爭之世，悉其江東之衆，宜可進而統一天下。乃其土地竟于一江，終其身，非北服魏，則西和蜀，不聞有飲馬河、雒，觀兵梁、益之志，則非智有不足，亦其勢有所不可。權可謂明而得所處者矣。蜀則猶吴耳，鼎足已成，曹之不能圖吴、蜀也，猶吴、蜀也，此當時之勢也。惜孫權知所以自處，而未知所以料人，卒其所以得處者，其自失也甚矣。何以言之？《語》曰：「圖王不成，其弊不失爲霸。」未聞君臣之間，而可隨勢輒變者也。權之始而拒曹也，謂曹託名漢相，實爲漢賊。其拒曹也，所以奉漢，然是時權已無漢矣。齊桓公以諸侯之師伐楚，責包茅不入。屈完曰：「君若以德綏諸侯，誰敢不服？君若以力，雖衆無所用之。」桓公與之盟，而天下于是服桓公之大，而完辭之正，亦無所屈。曹之挾天子而征伐也，既破荆州，移書責權，蓋自視桓文矣。向于此時，權亦以完辭還對，曹將如之何哉？乃張昭之欲迎者，畏于勢之不敵，而非必見于漢之不敢二也。瑜之拒之者，見江東之不可失，而非謂破曹遂足以定漢也。然猶曰：「非是，則鼎足之勢不成。」權方欲爲曹之爲，與之分爭天下，而何能服曹？是故曹終身不敢篡漢者，以吴、蜀綴之也。此戰之力也。然一權之身，始以新集之衆，連蜀破曹；既以已固之勢，又敗羽臣魏，此曷故哉？謂之奉漢，則拒奉辭之曹矣；謂之爭天下，則臣篡漢之丕矣。明大勢也，則始逆之而旋順之；執大義也，則方臣之而輒背之。夫權豈不知丕之不及父哉？而卑體稱藩，受其錫命，善料敵者如是乎？操之不遽篡漢者，以兩雄之未滅。而丕之卒受禪者，以蜀方自守，而吴且先服，已益無所忌，而有藉以爲名耳。其於權竟何益乎？古人有言曰：「抑君似鼠。」吾跡權之始末，亦爲近之。重于失江南，則拒曹。而敢于絶漢，非中心不畏曹也，抑重于失荆州，則攜蜀。而甘于臣魏，又非實中心戴魏也。是故權者，見小利者也，非惟爭天下之智不足，卒亦不知所以自處。後之君子，尚以固守臣節，没身奉漢號，而不敢帝制期之，不已過乎？權亦幸而生漢末造，承父兄之資，而遇起者曹、劉耳。倘天命聖賢，而時有高、光者出，則于公孫、隗囂之閒置一權者，吾不知果何如也。

《夏完淳集》卷九《三國論》 若夫大帝，奮破虜之餘業，籍江滸之舊服，外有

强敵，内患荆州。大耳投袷，頗非黄閣之賓；俊傑雄圖，何堪帷幄之佐！豈知苟、郭之勢，事等棄袁；文舉中立，然妨大計哉！既欲與之拒魏，復慮潛爲蜀寇，所以招延差不易耳。然而公瑾偏師，漢陰瓦解；陸口耀兵，西陵小挫。再撓髯羽之威，竟卻濡須之寇。至於鳳邸一開，則管籥鱗集；西曹再序，則枚叟翩翻。輝耀天坐，名聲光國。豈徒緗綈餘文，瞻眺芙蓉之地，睥睨西園之下哉！蓋其釋潘濬於囚虜之中，拔吕蒙於戎伍之列，固足以坐扇豪傑，而卒保山河之固也。

趙翼《廿二史劄記》卷七《三國之主用人各不同》 周瑜薦魯肅，權即用肅繼瑜。權怒甘寧粗暴，吕蒙謂鬬將難得，權即厚待寧。劉備之伐吴也，或謂諸葛瑾已遣人往蜀，權曰：「孤與子瑜有生死不易之操，子瑜之不負孤，猶孤之不負子瑜也。」吴、蜀通和，陸遜鎮西陵，權刻印置遜所，每與劉禪、諸葛亮書，常過示遜，有不安者，便令改定，以印封行之。委任如此，臣下有不感知遇而竭心力者乎？權又不自護其非，權欲遣張彌、許晏浮海至遼東封公孫淵，張昭力諫不聽，彌、晏果爲淵所殺。權慚謝昭，昭不起。權因出，過其門呼昭，昭猶辭疾。權燒其門以恐之，昭更閉户，權乃滅火，駐門良久，載昭還宫，深自刻責。倘如袁紹，不用沮授之言以至於敗，則恐爲所笑而殺之矣。權用吕壹，事敗，又引咎自責，使人告謝諸大將曰：「與諸君從事，自少至長，髮有二色，以謂表裏足以明露。盡言直諫，所望於諸君，諸君豈得從容而已哉。凡百事要，所當損益，幸匡所不逮。」陸遜晚年爲楊竺等所譖，憤鬱而死，權後見其子抗，泣曰：「吾前聽讒言，與汝父大義不篤，以此負汝。」以人主而自悔其過，開誠告語如此，其誰不感泣。使操當此，早挾一「寧我負人，無人負我」之見，而老羞成怒矣。此孫氏兄弟之用人，所謂以意氣相感也。

藝文

《陸機集》卷九《吴大帝誄》 我皇明明，固天實生。體和二合，以察三精。濯暉育慶，懷祥載榮。率性而和，因心則靈。厥靈伊何，克聖克仁。茂對四象，克配乾坤。齊明日月，考詳鬼神。誕自幼沖，叡哲宿照。甄化無形，探景絶曜。巍巍聖姿，文武既俊。有覺德徽，兆民欣順。將熙景命，經營九圍。登跡岱宗，班瑞舊圻。上玄匪惠，早零聖暉。神廬既考，史臣獻貞。龍輴啓殯，霄載紫庭。辰旒飛藻，凶旗舉銘。崇華熠爍，翠蓋繁纓。千乘結駟，萬騎重營。簫鼓振響，和鑾流聲。動軫閶闔，永背承明。顯步萬官，幽驅百靈。隨化太素，即宫杳冥。億兆同慕，泣血如零。

《全唐詩》卷一一八孫逖《長洲苑》 吴王初鼎峙，羽獵騁雄才。輦道閶門出，軍容茂苑來。山從列嶂轉，江自繞林回。劍騎緣汀入，旌門隔嶼開。合離紛若電，馳逐溢成雷。勝地虞人守，歸舟漢女陪。可憐夷漫處，猶在洞庭隈。山静吟猿父，城空應雉媒。戎行委喬木，馬迹盡黄埃。攬涕問遺老，繁華安在哉。

《全唐詩》卷一四九劉長卿《孫權故城下懷古，兼送友人歸建業》 雄圖争割據，神器終不守。上下武昌城，長江竟何有。古來壯臺榭，事往悲陵阜。寥落幾家人，猶依數株柳。威靈絶想像，蕪没空林藪。野徑春草中，郊扉夕陽後。逢君從此去，背楚方東走。煙際指金陵，潮時過湓口。行人已何在，臨水徒揮手。惆悵不能歸，孤帆没雲久。

《全唐詩》卷六四七胡曾《濡須橋》 徒向濡須欲受降，英雄才略獨無雙。天心不與金陵便，高步何由得渡江。

《全唐詩》卷七一〇徐夤《吴》 一主參差六十年，父兄猶慶授孫權。不迎曹操真長策，終謝張昭見碩賢。建業龍盤雖可貴，武昌魚味亦何偏。秦嬴謾作東游計，紫氣黄旗豈偶然。

厲鶚《宋詩紀事》卷一六袁陟《過金陵謁吴大帝廟》 人苦曹瞞虐，天悲駐禄終。山河分鼎峙，氣象發江東。一旦墟京洛，彌年豢幼冲。炎精竟灰燼，紫蓋出艨艟。長策資公瑾，雄才得吕蒙。招延師友義，繼述父兄忠。舊府峨雙闕，驚濤涌半空。風雲龍虎勢，日月帝王功。地力因時險，神謀與意通。屈伸思所濟，逆順審於衷。駿足嗤交貨，靈牙耀即戎。同盟界函谷，獨斷保蠶叢。定霸葵丘劣，推心建武同。長沙兆生讖，典午賴餘風。戰守遺踪在，登臨四望中。陵遷成萬古，世異想羣雄。歌舞居民祀，干戈逐虜功。征帆來浦外，久客愴途窮。精鋭銷孤劍，飄零若斷蓬。徘徊靈廡下，暮葉亂江楓。

賀鑄《慶湖遺老詩集》卷三《歷陽十咏之三濡須塢》 孫郎昔鷹揚，曹瞞方虎視。敢忘版築勤，遠推兵鋒鋭。俄聞青蓋謡，無復金陵氣。六代迭傾亡，長江亦平地。

《王十朋全集・詩集》卷一〇《吴大帝》 拔刀斫案氣如虹，獨倚周郎立雋功。一戰果摧曹孟德，不妨高枕霸江東。

《王十朋全集・詩集》卷一九《吴大帝廟》 樊山八字形長在，漢鼎三分國盡墟。安樂故宫猶廟食，遺民時薦武昌魚。

陳普《石堂先生遺集》卷二一《孫權》 不信張昭未是奇，賊來送死又何疑。一生謟事欺孤操，操死猶臣不十丕。

孫承恩《文簡集》卷四一《古像贊・吴大帝》 仲謀强明，委任才智。聽言能斷，業乃鼎峙。倍義負漢，屈身事曹。傳世四君，霸圖亦消。

陸遜部

綜述

《三國志》卷五八《陸遜傳》　陸遜字伯言，吴郡吴人也。本名議，世江東大族。遜少孤，隨從祖廬江太守康在官。袁術與康有隙，將攻康，康遣遜及親戚還吴。遜年長於康子績數歲，爲之綱紀門户。

孫權爲將軍，遜年二十一，始仕幕府，歷東西曹令史，出爲海昌屯田都尉，並領縣事。縣連年亢旱，遜開倉穀以振貧民，勸督農桑，百姓蒙賴。時吴、會稽、丹楊多有伏匿，遜陳便宜，乞與募焉。會稽山賊大帥潘臨，舊爲所在毒害，歷年不禽。遜以手下召兵，討治深險，所向皆服，部曲已有二千餘人。鄱陽賊帥尤突作亂，復往討之，拜定威校尉，軍屯利浦。

權以兄策女配遜，數訪世務，遜建議曰：「方今英雄棊跱，豺狼闚望，克敵寧亂，非衆不濟。而山寇舊惡，依阻深地。夫腹心未平，難以圖遠，可大部伍，取其精鋭。」權納其策，以爲帳下右部督。會丹楊賊帥費棧受曹公印綬，扇動山越，爲作内應，權遣遜討棧。棧支黨多而往兵少，遜乃益施牙幢，分布鼓角，夜潛山谷間，鼓譟而前，應時破散。遂部伍東三郡，彊者爲兵，羸者補户，得精卒數萬人，宿惡蕩除，所過肅清，還屯蕪湖。

會稽太守淳于式表遜枉取民人，愁擾所在。遜後詣都，言次，稱式佳吏，權曰：「式白君而君薦之，何也？」遜對曰：「式意欲養民，是以白遜。若遜復毁式以亂聖聽，不可長也。」權曰：「此誠長者之事，顧人不能爲耳。」

吕蒙稱疾詣建業，遜往見之，謂曰：「關羽接境，如何遠下，後不當可憂也？」蒙曰：「誠如來言，然我病篤。」遜曰：「羽矜其驍氣，陵轢於人。始有大功，意驕志逸，但務北進，未嫌於我，有相聞病，必益無備。今出其不意，自可禽制。下見至尊，宜好爲計。」蒙曰：「羽素勇猛，既難爲敵，且已據荆州，恩信大行，兼始有功，膽勢益盛，未易圖也。」蒙至都，權問：「誰可代卿者？」蒙對曰：「陸遜意思深長，才堪負重，觀其規慮，終可大任。而未有遠名，非羽所忌，無復是過。若用之，當令外自韜隱，内察形便，然後可克。」權乃召遜，拜偏將軍、右部督代蒙。

遜至陸口，書與羽曰：「前承觀釁而動，以律行師，小舉大克，一何巍巍！敵國敗績，利在同盟，聞慶拊節，想遂席卷，共獎王綱。近以不敏，受任來西，延慕光塵，思稟良規。」又曰：「于禁等見獲，遐邇欣歎，以爲將軍之勳，足以長世，雖昔晉文城濮之師，淮陰拔趙之略，蔑以尚兹。聞徐晃等少騎駐旌，闚望麾葆。操猾虜也，忿不思難，恐潛增衆，以逞其心。雖云師老，猶有驍悍。且戰捷之後，常苦輕敵，古人杖術，軍勝彌警，願將軍廣爲方計，以全獨克。僕書生疏遲，忝所不堪，喜鄰威德，樂自傾盡，雖未合策，猶可懷也。儻明注仰，有以察之。」羽覽遜書，有謙下自託之意，意大安，無復所嫌。遜具啓形狀，陳其可禽之要。權乃潛軍而上，使遜與吕蒙爲前部，至即克公安、南郡。遜徑進，領宜都太守，拜撫邊將軍，封華亭侯。備宜都太守樊友委郡走，諸城長吏及蠻夷君長皆降。遜請金銀銅印，以假授初附。是歲建安二十四年十一月也。

遜遣將軍李異、謝旌等將三千人，攻蜀將詹晏、陳鳳。異將水軍，旌將步兵，斷絶險要，即破晏等，生降得鳳。又攻房陵太守鄧輔、南鄉太守郭睦，大破之。秭歸大姓文布、鄧凱等合夷兵數千人，首尾西方。遜復部旌討破布、凱。布、凱脱走，蜀以爲將。遜令人誘之，布帥衆還降。前後斬獲招納，凡數萬計。權以遜爲右護軍、鎮西將軍，進封婁侯。

時荆州士人新還，仕進或未得所，遜上疏曰：「昔漢高受命，招延英異；光武中興，羣俊畢至。苟可以熙隆道教者，未必遠近。今荆州始定，人物未達，臣愚慺慺，乞普加覆載抽拔之恩，令並獲自進，然後四海延頸，思歸大化。」權敬納其言。

黄武元年，劉備率大衆來向西界，權命遜爲大都督，假節，督朱然、潘璋、宋謙、韓當、徐盛、鮮于丹、孫桓等五萬人拒之。備從巫峽、建平連圍至夷陵界，立數十屯，以金錦爵賞誘動諸夷，使將軍馮習爲大督，張南爲前部，輔匡、趙融、廖淳、傅肜等各爲別督，先遣吴班將數千人於平地立營，欲以挑戰。諸將皆欲擊之，遜曰：「此必有譎，且觀之。」備知其計不可，乃引伏兵八千，從谷中出。遜曰：「所以不聽諸君擊班者，揣之必有巧故也。」遜上疏曰：「夷陵要害，國之關限，雖爲易得，亦復易失。失之非徒損一郡之地，荆州可憂。今日争之，當令必諧。備干天常，不守窟穴，而敢自送。臣雖不材，憑奉威靈，以順討逆，破壞在

近。尋備前後行軍，多敗少成，推此論之，不足爲戚。臣初嫌之，水陸俱進，今反舍船就步，處處結營，察其布置，必無他變。伏願至尊高枕，不以爲念也。」諸將並曰：「攻備當在初，今乃令入五六百里，相銜持經七八月，其諸要害皆以固守，擊之必無利矣。」遜曰：「備是猾虜，更嘗事多，其軍始集，思慮精專，未可干也。今住已久，不得我便，兵疲意沮，計不復生，掎角此寇，正在今日。」乃先攻一營，不利。諸將皆曰：「空殺兵耳。」遜曰：「吾已曉破之之術。」乃敕各持一把茅，以火攻拔之。一爾勢成，通率諸軍同時俱攻，斬張南、馮習及胡王沙摩柯等首，破其四十餘營。備將杜路、劉寧等窮逼請降。備升馬鞍山，陳兵自繞。遜督促諸軍四面蹙之，土崩瓦解，死者萬數。備因夜遁，驛人自擔，燒鐃鎧斷後，僅得入白帝城。其舟船器械，水步軍資，一時略盡，尸骸漂流，塞江而下。備大慚恚，曰：「吾乃爲遜所折辱，豈非天邪！」

初，孫桓別討備前鋒於夷道，爲備所圍，求救於遜。遜曰：「未可。」諸將曰：「孫，安東公族，見圍已困，奈何不救？」遜曰：「安東得士衆心，城牢糧足，無可憂也。待吾計展，欲不救安東，安東自解。」及方略大施，備果奔潰。桓後見遜曰：「前實怨不見救，定至今日，乃知調度自有方耳。」

當禦備時，諸將軍或是孫策時舊將，或公室貴戚，各自矜恃，不相聽從。遜案劍曰：「劉備天下知名，曹操所憚，今在境界，此彊對也。諸君並荷國恩，當相輯睦，共翦此虜，上報所受，而不相順，非所謂也。僕雖書生，受命主上。國家所以屈諸君使相承望者，以僕有尺寸可稱，能忍辱負重故也。各在其事，豈復得辭！軍令有常，不可犯矣。」及至破備，計多出遜，諸將乃服。權聞之，曰：「君何以初不啓諸將違節度者邪？」遜對曰：「受恩深重，任過其才。又此諸將或任腹心，或堪爪牙，或是功臣，皆國家所當與共克定大事者。臣雖駑懦，竊慕相如、寇恂相下之義，以濟國事。」權大笑稱善，加拜遜輔國將軍，領荆州牧，即改封江陵侯。

又備既住白帝，徐盛、潘璋、宋謙等各競表言備必可禽，乞復攻之。權以問遜，遜與朱然、駱統以爲曹丕大合士衆，外託助國討備，內實有姦心，謹決計輒還。無幾，魏軍果出，三方受敵也。

備尋病亡，子禪襲位，諸葛亮秉政，與權連和。時事所宜，權輒令遜語亮，并刻權印，以置遜所。權每與禪、亮書，常過示遜，輕重可否，有所不安，便令改定，以印封行之。

七年，權使鄱陽太守周魴譎魏大司馬曹休，休果舉衆入皖，乃召遜假黃鉞，爲大都督，逆休。休既覺知，恥見欺誘，自恃兵馬精多，遂交戰。遜自爲中部，令朱桓、全琮爲左右翼，三道俱進，果衝休伏兵，因驅走之，追亡逐北，徑至夾石，斬獲萬餘，牛馬騾驢車乘萬兩，軍資器械略盡。休還，疽發背死。諸軍振旅過武昌，權令左右以御蓋覆遜，入出殿門，凡所賜遜，皆御物上珍，於時莫與爲比。遣還西陵。

黃龍元年，拜上大將軍、右都護。是歲，權東巡建業，留太子、皇子及尚書九官，徵遜輔太子，並掌荆州及豫章三郡事，董督軍國。時建昌侯慮於堂前作鬭鴨欄，頗施小巧，遜正色曰：「君侯宜勤覽經典，以自新益，用此何爲？」慮即時毀徹之。射聲校尉松於公子中最親，戲兵不整，遜對之，髡其職吏。南陽謝景善劉廙先刑後禮之論，遜呵景曰：「禮之長於刑久矣，廙以細辯而詭先聖之教，皆非也。君今侍東宮，宜遵仁義以彰德音，若彼之談，不須講也。」

遜雖身在外，乃心於國，上疏陳時事。【略】

權欲遣偏師取夷州及朱崖，皆以諮遜，遜上疏【略】以爲宜育養士民，寬其租賦，衆克在和，義以勸勇，則河渭可平，九有一統矣。權遂征夷州，得不補失。

及公孫淵背盟，權欲往征，遜上疏【略】乞息六師。權用納焉。

嘉禾五年，權北征，使遜與諸葛瑾攻襄陽。遜遣親人韓扁齎表奉報，還，遇敵於沔中，鈔邏得扁。瑾聞之甚懼，書與遜云：「大駕已旋，賊得韓扁，具知吾闊狹。且水乾，宜當急去。」遜未答，方催人種葑豆，與諸將弈棊射戲如常。瑾曰：「伯言多智略，其當有以。」自來見遜，遜曰：「賊知大駕以旋，無所復慼，得專力於吾。又已守要害之處，兵將意動，且當自定以安之，施設變術，然後出耳。今便示退，賊當謂吾怖，仍來相蹙，必敗之勢也。」乃密與瑾立計，令瑾督舟船，遜悉上兵馬，以向襄陽城。敵素憚遜，遽還赴城。瑾便引船出，遜徐整部伍，張拓聲勢，步趨船，敵不敢干。軍到白圍，託言住獵，潛遣將軍周峻、張梁等擊江夏新市、安陸、石陽，石陽市盛，峻等奄至，人皆捐物入城。城門噎不得關，敵乃自斫殺己民，然後得闔。斬首獲生，凡千餘人。其所生得，皆加營護，不令兵士干擾侵侮。將家屬來者，使就料視。若亡其妻子者，即給衣糧，厚加慰勞，發遣令還，或有感慕相攜而歸者。鄰境懷之，江夏功曹趙濯、弋陽備將裴生及夷王梅頤等，並帥支黨來附遜。遜傾財帛，周贍經恤。

又魏江夏太守逯式兼領兵馬，頗作邊害，而與北舊將文聘子休宿不協。遜聞其然，即假作答式書云：「得報懇惻，知與休久結嫌隙，勢不兩存，欲來歸附，

輒以密呈來書表聞，撰衆相迎。宜潛速嚴，更示定期。」以書置界上，式兵得書以見式，式惶懼，遂自送妻子還洛。由是吏士不復親附，遂以免罷。

六年，中郎將周隻乞於鄱陽召募，事下問遜。遜以爲此郡民易動難安，不可與召，恐致賊寇。而祇固陳取之，郡民吴遽等果作賊殺祇，攻没諸縣。豫章、廬陵宿惡民，並應遽爲寇。遜自聞，輒討即破，遽等相率降，遜料得精兵八千餘人，三郡平。

時中書典校吕壹，竊弄權柄，擅作威福，遜與太常潘濬同心憂之，言至流涕。後權誅壹，深以自責，語在《權傳》。

時謝淵、謝厷等各陳便宜，欲興利改作，以事下遜。【略】

赤烏七年，代顧雍爲丞相，詔【略】其州牧都護領武昌事如故。

先是，二宮並闕，中外職司，多遣子弟給侍。全琮報遜，遜以爲子弟苟有才，不憂不用，不宜私出以要榮利；若其不佳，終爲取禍。且聞二宮勢敵，必有彼此，此古人之厚忌也。琮子寄，果阿附魯王，輕爲交構。遜書與琮曰：「卿不師日磾，而宿留阿寄，終爲足下門户致禍矣。」琮既不納，更以致隙。及太子有不安之議，遜上疏陳：「太子正統，宜有盤石之固，魯王藩臣，當使寵秩有差，彼此得所，上下獲安。謹叩頭流血以聞。」書三四上，及求詣都，欲口論適庶之分，以匡得失。既不聽許，而遜外生顧譚、顧承、姚信，並以親附太子，枉見流徙。太子太傅吾粲坐數與遜交書，下獄死。權累遣中使責讓遜，遜憤恚致卒，時年六十三，家無餘財。

初，暨豔造營府之論，遜諫戒之，以爲必禍。又謂諸葛恪曰：「在我前者，吾必奉之同升；在我下者，則扶持之。今觀君氣陵其上，意蔑乎下，非安德之基也。」又廣陵楊竺少獲聲名，而遜謂之終敗，勸竺兄穆令與別族。其先覩如此。長子延早夭，次子抗襲爵。孫休時，追謚遜曰昭侯。

許嵩《建康實録》卷二　遜字伯言，吴人也。本名議，世爲江東大族，妻桓王女也。遜年二十，始仕幕府，歷東西曹令史，出爲海昌屯田尉，領縣事。海昌，今之鹽官也。時旱，遜開倉賑窮，百姓懷之。及帝統事，而遜策定山賊，帝用爲帳下都督。

時會稽太守淳于式表遜枉法，擾亂人民。遜入，乃薦式爲佳吏，帝曰：「式表卿，卿何稱善？」對曰：「式意欲養民，是以白臣，臣更毁之，是亂聖聽。」帝以爲長者。

後吕蒙卧疾，因上表，言遜意思深長，才堪負重，觀其規慮，終可大任，帝納之。累遷護軍、鎮西將軍，代吕蒙爲右部督。征關羽，尅公安，定南郡，封華亭侯，持節，揚州牧，多所辟舉。及帝定荆州，上表勸帝薦拔英異，以進南土人，深納其言。

黄武初，大破劉備於馬鞍山，尋敗曹休於夾石，休發背死。遜還軍，振旅凱歌入武昌，帝授遜輔國將軍、郢州牧，改封江陵侯。勅左右以御蓋覆之，出入殿門，凡所賜與，皆御物上珍，羣臣莫比。嘉禾中，都護諸軍，與諸葛瑾等征襄陽，定安陸、石陽。及爲丞相，詔領揚州牧，都督如故。

時帝寵魯王霸，欲廢太子和，遜上書諫曰：「太子正統，宜有磐石之固，以副至尊，不宜動摇，生惡人心。」表三四上，帝怒，以重臣未即加法，使人責之，遜不勝憤恚而薨。性忠梗，出言無私，立朝肅如也。帝嘗以諸子委遜教誨。故建昌侯慮曾於堂前作鬭鴨欄，遜見責之，即令毁除。學士南陽謝景與劉廙之談講以先刑後禮，遜引大義，訶之曰：「禮長於刑久矣！何以細辯而詭先聖之教，若此之論，不須講也！」左右失色。爲人素儉知足。時年六十三，死之日，家無餘財。

雜録

備録

《三國志》卷五八《陸遜傳》註引《吴書》　諸將并欲迎擊備，遜以爲不可。曰：「備舉軍東下，鋭氣始盛，且乘高守險，難可卒攻。攻之縱下，猶難盡克，若有不利，損我大勢，非小故也。今但且奬勵將士，廣施方略，以觀其變。若此間，是平原曠野，當恐有顛沛交馳之憂。今緣山行軍，勢不得展，自當罷於木石之間，徐制其弊耳。」諸將不解，以爲遜畏之，各懷憤恨。

備論

《三國志》卷五八《陸遜傳》　劉備天下稱雄，一世所憚；陸遜春秋方壯，威

名未著，摧而克之，罔不如志。予既奇遜之謀略，又歎權之識才，所以濟大事也。及遜忠誠懇至，憂國亡身，庶幾社稷之臣矣。

郝經《續後漢書》卷五六《陸遜列傳》 昭烈一世之雄，而陸遜摧破。漢之義師，不復東征，祇保梁、益。吳遂蹈跨荆、揚。操不可圖，丕乃禪代，曹氏遂有中國而天下三分，殆非人謀亦天意也。【略】遜一旦爲大帥，能昭果毅，使諸將聽服，獨當一面，遂成雋功。非有過人之材，能若是乎？至於忠誠懇，至憂國忘身，庶幾社稷之臣。遜死而冢嗣遂廢，貽禍於後。蒙責齎恨，不瞑九泉。權真負遜也哉！

贊曰：【略】伯言靜鷙，却敵安疆。虎臥國門，威深大江。

《全元文》卷一五一三梁寅《史論》 圖取關羽，則呂蒙獻其計，陸遜任其事，績亦偉矣。而昭烈之伐吳，又爲遜所折辱。遜之才，固有大過人者哉！

吳應箕《樓山堂集》卷六《陸遜論》 曹操創于赤壁之役，終身不敢圖吳。孫權以其跨有江南之衆，憑戰勝之威，假西蜀之强援，因北方之多故，可以長驅而争天下，而終于不能者，則急小利而忘大害；貪近功，而忽遠禍，其失策，未有如陸遜之甚者也。夫曹之所以卒難圖者，以關羽之覆没；蜀之所以終于不振者，以荆州之失勢；而吳之所以卒弱，而至于亡者，亦以遜之急于得荆州而襲殺羽故。蜀亡而吳亦隨之也，夫吳不忌蜀而忌魏，遜所知也。國賊是曹，而非劉，又遜所知也。初操之南下也，瑜不得備爲助，而曹未必遂敗走。魯肅之勸以郡資備者，豈土地不足惜，曹操之必争，而謂非備不足以當敵也。當羽圍樊之時，使遜誠以一旅之師助羽，則羽可以得志。不然，因魏之懼羽，而議徙也而已。更出師他道以擾之，則未必無功，又不然，懼羽勝魏，而必無利于吳也。亦如其子抗于羊祜時，推誠固好，則羽，所謂鯁亮有義節者，詐兵襲人及反戈背德之事，羽必不爲矣。觀羽之所以省遜書而心安者，可知也。是故，羽果足以亡魏，吳、蜀之天下，未可知也。已果助羽，以蹙魏，則開疆拓宇，何止分荆州之地而有之？釋此不圖，又棄盟，飾詐以襲羽而殺之。嗚呼！其亦失策之甚矣！襲羽而即可乘勢以圖蜀，襲之可也。可因以破魏，襲之可也。即可以固吾圉，而國勢因以日强，襲之可也。荆州自羽據之，則負其蜀漢之守，可以進而北向。自吳得之，則不足以遏魏，又當敵衝焉。卒晉之所以滅吳者，蓋繇此始也。故遜之襲羽，蜀不遂亡，而吳不益大，然實以掣蜀之勢，翦己之援，而爲曹魏驅除耳。且遜亦烏能襲羽乎哉？援操而後能襲羽，稱臣于魏，而後能拒蜀。是故劉曄曰：「小國相救，利也；今還相攻，天亡之也，欲因備怒，以還擊吳。」向使曄之計行，即吳已隨荆州而墟矣！故遜之計，是蹴吳之亡也。其功成者，倖也。呂蒙曰：「陸遜意思深長。」蓋長於襲羽，短于拒魏，而淺于謀國也。吾觀吳、蜀，皆有可以得天下之勢，一得荆州，一失荆州，而遂兩受其弊。彼遜者，豈真有發揮破敵之氣，不過因己之聲名。未立，遂因利乘便以爲功。背棄盟好，忘國大讐，而陷其主以臣人之恥，豈惟不智巧。襲人而奪之，抑亦不仁之甚者矣！世不察，而以遜爲能，吾故論之如此。

黄道周《廣名將傳》卷六 江東陸遜，雖一書生。兵機世務，種種分明。呂蒙圖蜀，恐羽備兵。詐稱病去，薦遜代行。知遜有智，喜遜無名。遜復謙退，羽果被乘。蜀帝西向，平地結營。屢屢挑戰，遜覩伏形。已而伏去，空喜空驚。相持既久，狡計不生。茅火一把，燒入帝城。此時此際，方服遜能。後拜丞相，文武兩成。

藝文

《陸雲集》卷五《吳故丞相陸公誄》 惟赤烏八年二月，粵乙卯，吳故使持節、郢州牧、左都護丞相、江陵郡侯陸公薨。嗚呼哀哉！皇朝迭紹，成命昊天。聖王作矣，世有哲臣。觀監在吳，乃降斯神。思皇我后，應運對揚。穎秀崇華，景逸扶桑。龍輝紫極，鳳鳴玉堂。舉旗清阻，奮鉞夷荒。悠結沉維，峻極公綱。將撫遠績，括地九圍。皇淳爽泰，昊旻疾威。生民如何？哲人其頹。登靈在天，遺音播徽。敢揚元勳，表之素旂。乃作誄曰：

濬哲我祖，時文畯德。玄粹納真，清休載式。本承慶輝，駿惠罔極。申錫多祜，本支千億。芳條遠蔭，靈根茂植。根條伊何？苗黄裔舜。長發有祥，貽我祚晉。神明之緒，實蕃瑰儁。和音嗣世，不替碩彦。明鑒在下，降命上玄。我公初載，天嘏之純。重光納照，旋璣授銓。仰儀喬嶽，俯濯洪川。清輝秀穎，雲翹映晨。肇彼岐嶷，允迪天真。先心則智，率意斯仁。秉夷清昧，體靈協神。神休載鑠，九德兼和。挹揮茂朴，豐淳鎮華。景峻淩高，玄源踴波。造辰竦隆，彌海廓遐。光備既淳，逸軌爰超。閎罔苞荒，景靈渥耀。山林嶽秀，天光乃照。窮化機神，探賾衆妙。駭塵氛埃，澄響清肖。恢淵博量，騰嶮峻邵。振綱宇表，登軌

絶蹈。

厥初藏器，栖蟠海嶽。披藻崑崙，濯秀暘谷。沉輝熙茂，清塵熠鑠。含章在淵，發揮龍躍。時復陽九，承乾之衰。有皇于井，玉軒徘徊。爰茲赫奕，需期雲飛。天步皇輿，載見太微。華堂誕基，委蛇自階。鼎輝既隮，嘉命乃集。和美未飪，宰物下邑。康年屢登，惠風時協。在斷無頗，于教斯輯。金虎覿精，戎車孔肆。神寶播越，天人釋位。有命在茲，帝思元帥。委弁總干，振翼虎噬。威靈既授，六軍有序。乃誓我衆，乃整我旅。神干山立，雄旗電舉。懸旌氾陽，即戎江滸。我后日敬，上帝臨予。靖端夙夜，匪寧匪處。

經始綿綿，滂沱惟海。乃干中軍，入作内輔。公侯陟降，在帝左右。闢羽滔天，作寵西土。帝曰將軍，整爾熊虎。赫赫明明，皇輿出祖。龍舟照淵，旟旐映野。鋪敦江濆，仍執醜虜。荆南既集，方嶮未夷。天子命我，撫之西垂。公侯戾止，威神緝熙。虔劉作虐，思輯子來。妖旌北靡，搴爾雄旗。獷狓羣蠻，祁祁遺黎。柔遠能和，薄言綏之。方隅肅清，烈文儁武。舍爵明堂，册勳天府。天子曰咨，我圖乃功，錫爾青土，建侯于東。開國名墟，光宅海邦。分圭作寶，軒輅以庸。既受帝祐，公用加大。駟鐵孔阜，元戎杳藹。淑旂飛藻，綏章承蓋。振我輝靈，四方于邁。

劉王負嶮，寇我西鄰。公侯赫怒，干戈啓陳。金鉞鏡日，雲旗絳天。淩岡襄嶽，沉維括淵。元王隕難，鯨鯢墜鱗。戎漢時殪，方域清塵。曹休東踰，我疆斯越。帝簡厥佐，將命其傑。乃俾我公，啓行讐伐。江漢之滸，恪恭授鉞。揖帝整旅，隱爾霆發。桓桓神誅，震驚魏方。我公矯矯，虎視元戎。截彼醜旅，效此武功。武功既彰，天威薄曜。靈武震華，邊垂清暴。振旅凱入，王假有廟。假廟伊何？本庸寵祚。土田陪敦，四牡載路。出餞于郊，此惟予顧。禮嘉嵩高，樂和湛露。改容肅至，傾蓋寵步。鞶帶翩紛，珍裘阿那。

區宇惟寧，繁遏帝祉。於穆疇咨，敷奏多士。將庸元輔，相惟天子。僉曰公侯，宜有爰止。黼裳縟藻，衮帶重紫。遂虚上司，命公登宰。帝曰丞相，朕嘉君德。以兹軒冕，往踐乃職。宣爾叡心，維黄協極。邦國若否，四方爾式。公拜稽首，欽翼明聖。乃御璣衡，仰徽七政。祇恪丕顯，無易惟命。巍巍天邑，惟清四門。公侯作弼，煥炳皇文。重輝熾景，協風煙熅。百神秩祀，兆獻思淳。克諧庶尹，遂成帝勳。時雍既濟，王途克廣。儀形我度，軌物垂象。後遐施歸，崇廕惠仰。茂德棲音，廣問沉響。

洪範遠迪，玄猷洞深。靈澤崇藪，天險垂陰。翰飛樂嶮，淵蟠泳沉。澤豐泉丘，潤博雲林。遭世大過，夷倫靡肅。亹亹公侯，思維雅俗。發憤戎衣，永言禮樂。被分敦化，荷戈思學。體仁長物，御禮熙國。叡鑒擢微，玄輝鏡璞。戒危膏粱，收俊白屋。五品時訓，民神攸鑠。

我有奐文，如曜如辰。何以崇之，匪闡伊人。我有烈武，如震如霆。何以將之？保大豐年。思弘景業，熙世登民。克壯碩老，秉鉞河津。祉祚勿引，早世幽神。仰慕遺輝，寤辟憂殷。嗚呼哀哉！永惟我公，克明德心。紛藹芳和，被之惠林。公侯没矣，孰嗣徽音？名存體逝，德茂形潛。民之秉思，好是嘔吟。嗚呼哀哉！惟帝念功，寵命光大。考謚典謨，崇榮協泰。安宫載考，我公于邁。輴軒啓塗，先驅鶩旆。哀風結輿，遺思馮蓋。舍此休明，即彼重藹。攀慕靡及，永戀光愛。嗚呼哀哉！

歐陽詢《藝文類聚》卷四五袁宏《三國名臣贊》 伯言謇謇，以道佐世。出能勤功，入亦獻替。謀翊社稷，解紛挫鋭。元歎穆遠，神和形撿。如彼白珪，質無塵點。清不增潔，濁不加染。

曹丕部

綜述

《三國志》卷二《文帝紀》　文皇帝諱丕，字子桓，武帝太子也。中平四年冬，生于譙。建安十六年，爲五官中郎將、副丞相。二十二年，立爲魏太子。太祖崩，嗣位爲丞相、魏王。尊王后曰王太后。改建安二十五年爲延康元年。

元年二月壬戌，以大中大夫賈詡爲太尉，御史大夫華歆爲相國，大理王朗爲御史大夫。置散騎常侍、侍郎各四人，其宦人爲官者不得過諸署令；爲金策，著令藏之石室。

己卯，以前將軍夏侯惇爲大將軍。濊貊、扶餘單于、焉耆、于闐王，皆各遣使奉獻。

五月戊寅，天子命王追尊皇祖太尉曰太王，夫人丁氏曰太王后，封王子叡爲武德侯。是月，馮翊山賊鄭甘、王照率衆降，皆封列侯。

六月辛亥，治兵于東郊，庚午，遂南征。

秋七月庚辰，令曰：「軒轅有明臺之議，放勛有衢室之問，皆所以廣詢於下也。百官有司，其務以職盡規諫，將率陳軍法，朝士明制度，牧守申政事，縉紳考六藝，吾將兼覽焉。」

孫權遣使奉獻。蜀將孟達率衆降。武都氐王楊僕率種人内附，居漢陽郡。

甲午，軍次於譙，大饗六軍及譙父老百姓於邑東。

冬十月癸卯，令曰：「諸將征伐，士卒死亡者或未收斂，吾甚哀之；其告郡國給槥櫝殯斂，送致其家，官爲設祭。」丙午，行至曲蠡。

漢帝以衆望在魏，乃召羣公卿士，告祠高廟。使兼御史大夫張音持節奉璽綬禪位，乃爲壇於繁陽。庚午，王升壇即阼，百官陪位。事訖，降壇，視燎成禮而反。改延康爲黄初，大赦。

黄初元年十一月癸酉，以河内之山陽邑萬户奉漢帝爲山陽公，行漢正朔，以天子之禮郊祭，上書不稱臣，京都有事于太廟，致胙；封公之四子爲列侯。追尊皇祖太王曰太皇帝，考武王曰武皇帝，尊王太后曰皇太后。賜男子爵人一級，爲父後及孝悌、力田人二級。以漢諸侯王爲崇德侯，列侯爲關中侯。以潁陰之繁陽亭爲繁昌縣。封爵增位各有差。改相國爲司徒，御史大夫爲司空，奉常爲太常，郎中令爲光禄勳，大理爲廷尉，大農爲大司農。郡國縣邑，多所改易。更授匈奴南單于呼廚泉魏璽綬，賜青蓋車、乘輿、寶劍、玉玦。十二月，初營洛陽宫，戊午幸洛陽。

是歲，長水校尉戴陵諫不宜數行弋獵，帝大怒；陵減死罪一等。

二年春正月，郊祀天地、明堂。甲戌，校獵至原陵，遣使者以太牢祠漢世祖。乙亥，朝日于東郊。初令郡國口滿十萬者，歲察孝廉一人；其有秀異，無拘户口。辛巳，分三公户邑，封子弟各一人爲列侯。壬午，復潁川郡一年田租。改許縣爲許昌縣。以魏郡東部爲陽平郡，西部爲廣平郡。

詔以議郎孔羨爲宗聖侯，邑百户，奉孔子祀。令魯郡脩起舊廟，置百户吏卒以守衛之，又於其外廣爲室屋，以居學者。

三月，加遼東太守公孫恭爲車騎將軍。初復五銖錢。夏四月，以車騎將軍曹仁爲大將軍。五月，鄭甘復叛，遣曹仁討斬之。六月庚子，初祀五嶽四瀆，咸秩羣祀。丁卯，夫人甄氏卒。戊辰晦，日有食之，有司奏免太尉，詔曰：「災異之作，以譴元首，而歸過股肱，豈禹、湯罪己之義乎？其令百官各虔厥職，後有天地之眚，勿復劾三公。」

秋八月，孫權遣使奉章，並遣于禁等還。丁巳，使太常邢貞持節拜權爲大將軍，封吳王，加九錫。冬十月，授楊彪光禄大夫。以穀貴，罷五銖錢。己卯，以大將軍曹仁爲大司馬。十二月，行東巡。是歲築陵雲臺。

三年春正月庚午，行幸許昌宫。詔曰：「今之計、孝，古之貢士也；十室之邑，必有忠信，若限年然後取士，是吕尚、周晉不顯於前世也。其令郡國所選，勿拘老幼；儒通經術，吏達文法，到皆試用。有司糾故不以實者。」

二月，鄯善、龜兹、于闐王各遣使奉獻，詔曰：「西戎即敘，氐、羌來王，《詩》、《書》美之。頃者西域外夷，並款塞内附，其遣使者撫勞之。」是後西域遂通，置戊己校尉。

三月乙丑，立齊公叡爲平原王，帝弟鄢陵公彰等十一人皆爲王。初制封王之庶子爲鄉公，嗣王之庶子爲亭侯，公之庶子爲亭伯。甲戌，立皇子霖爲河東王。甲午，行幸襄邑。夏四月戊申，立鄄城侯植爲鄄城王。癸亥，行還許昌宫。

五月，以荆、揚、江表八郡爲荆州，孫權領牧故也；荆州江北諸郡爲郢州。

閏月，孫權破劉備于夷陵。初，帝聞備兵東下，與權交戰，樹栅連營七百餘里，謂羣臣曰：「備不曉兵，豈有七百里營可以拒敵者乎！『苞原隰險阻而爲軍者爲敵所禽』，此兵忌也。孫權上事今至矣。」後七日，破備書到。

秋七月，冀州大蝗，民饑，使尚書杜畿持節開倉廩以振之。八月，蜀大將黄權率衆降。

九月甲午，詔曰：「夫婦人與政，亂之本也。自今以後，羣臣不得奏事太后，后族之家不得當輔政之任，又不得横受茅土之爵。以此詔傳後世，若有背違，天下共誅之。」庚子，立皇后郭氏。賜天下男子爵人二級；鰥寡篤癃及貧不能自存者賜穀。

冬十月甲子，表首陽山東爲壽陵，作終制。

是月，孫權復叛。復郢州爲荆州。帝自許昌南征，諸軍兵並進，權臨江拒守。十一月辛丑，行幸宛。是歲，穿靈芝池。

四年春正月，詔曰：「喪亂以來，兵革未戢，天下之人，互相殘殺。今海内初定，敢有私復讎者皆族之。」築南巡臺于宛。三月丙申，行自宛還洛陽宫。

夏五月，有鵜鶘鳥集靈芝池，詔曰：「此詩人所謂污澤也。《曹詩》：『刺恭公遠君子而近小人。』今豈有賢智之士處於下位乎？否則斯鳥何爲而至？其博舉天下儁德茂才、獨行君子，以答曹人之刺。」

秋八月丁卯，以廷尉鍾繇爲太尉。辛未，校獵于滎陽，遂東巡。論征孫權功，諸將已下進爵增户各有差。九月甲辰，行幸許昌宫。

五年春正月，初令謀反大逆乃得相告，其餘皆勿聽治；敢妄相告，以其罪罪之。三月，行自許昌還洛陽宫。夏四月，立太學，制五經課試之法，置《春秋穀梁》博士。五月，有司以公卿朝朔望日，因奏疑事，聽斷大政，論辨得失。秋七月，行東巡，幸許昌宫。八月，爲水軍，親御龍舟，循蔡、潁，浮淮，幸壽春。揚州界將吏士民，犯五歲刑已下，皆原除之。九月，遂至廣陵，赦青、徐二州，改易諸將守。冬十月乙卯，行還許昌宫。十一月庚寅，以冀州饑，遣使者開倉廩振之。

六年春二月，遣使者循行許昌以東盡沛郡，問民所疾苦，貧者振貸之。三月，行幸召陵，通討虜渠。乙巳，還許昌宫。并州刺史梁習討鮮卑軻比能，大破之。辛未，帝爲舟師東征。五月戊申，幸譙。

六月，利成郡兵蔡方等以郡反，殺太守徐質。遣屯騎校尉任福、步兵校尉段昭與青州刺史討平之；其見脅略及亡命者，皆赦其罪。

秋七月，立皇子鑒爲東武陽王。八月，帝遂以舟師自譙循渦入淮，從陸道幸徐。九月，築東巡臺。冬十月，行幸廣陵故城，臨江觀兵，戎卒十餘萬，旌旗數百里。是歲大寒，水道冰，舟不得入江，乃引還。十一月，東武陽王鑒薨。十二月，行自譙過梁，遣使以太牢祀故漢太尉橋玄。

七年春正月，將幸許昌，許昌城南門無故自崩，帝心惡之，遂不入。壬子，行還洛陽宫。三月，築九華臺。夏五月丙辰，帝疾篤，召中軍大將軍曹真、鎮軍大將軍陳羣、征東大將軍曹休、撫軍大將軍司馬宣王，並受遺詔輔嗣主。遣後宫淑媛、昭儀已下歸其家。丁巳，帝崩于嘉福殿，時年四十。六月戊寅，葬首陽陵。自殯及葬，皆以終制從事。

初，帝好文學，以著述爲務，自所勒成垂百篇。又使諸儒撰集經傳，隨類相從，凡千餘篇，號曰《皇覽》。

雜録

備録

《三國志》卷二《文帝紀》注引《魏書》 十一月，辛未，鎮西將軍曹真命衆將及州郡兵討破叛胡治元多、盧水封賞等，斬首五萬餘級，獲生口十萬，羊一百一十一萬口，牛八萬，河西遂平。帝初聞胡決水灌顯美，謂左右諸將曰：「昔隗囂灌略陽，而光武因其疲弊，進兵滅之。今胡決水灌顯美，其事正相似，破胡事今至不久。」旬日，破胡告檄到，上大笑曰：「吾策之於帷幕之内，諸將奮擊於萬里之外，其相應若合符契。前後戰克獲虜，未有如此也。」

《三國志》卷二《文帝紀》注引《魏書》 帝初在東宫，疫癘大起，時人凋傷，帝深感歎，與素所敬者大理王朗書曰：「生有七尺之形，死爲一棺之土，唯立德揚名，可以不朽，其次莫如著篇籍。疫癘數起，士人凋落，余獨何人，能全其壽？」故論撰所著《典論》、詩賦，蓋百余篇。集諸儒于肅城門内，講論大義，侃侃無倦。常嘉漢文帝之爲君寬仁玄默，務欲以德化民，有賢聖之風。時文學諸儒，或以爲

孝文雖賢，其於聰明，通達國體，不如賈誼。帝由是著《太宗論》【略】三年之中，以孫權不服，復班《太宗論》於天下，明示不願征伐也。他日又從容言曰：「顧我亦有所不取於漢文帝者三：殺薄昭，幸鄧通，慎夫人衣不曳地，集上書囊爲帳帷。」以爲漢文儉爲無法，舅後之家，但養育以恩，而不當假藉以權，既觸罪法，又不得不害矣。其欲秉持中道，以爲帝王儀表者如此。

《三國志》卷二《文帝紀》注引胡冲《吴歷》 帝以素書所著《典論》及詩賦餉孫權，又以紙寫一通與張昭。

《三國志》卷二《文帝紀》注引《魏略》 王將出征，度支中郎將新平霍性上疏諫曰：「臣聞文王與紂之事，是時天下括囊無咎，凡百君子，莫肯用訊。今大王體則乾坤，廣開四聰，使賢愚各建所規。伏惟先王功無與比，而今能言之類，不稱爲德。故聖人曰『得百姓之歡心』。兵書曰『戰，危事也』。是以六國力戰，强秦承弊，豳王不争，周道用興。愚謂大王且當委重本朝而守其雌，抗威虎卧，功業可成。而今創基，便復起兵，兵者凶器，必有凶擾，擾則思亂，亂出不意，臣謂此危，危於累卵。昔夏啓隱神三年，《易》有『不遠而復』，《論》有『不憚改』。誠愿大王揆古察今，深謀遠慮，與三事大夫算其長短。臣沐浴先王之遇，又初改政，復受重任，雖知言觸龍鱗，阿諛近福，竊感所誦，危而不持。」奏通，帝怒，遣刺姦就考竟，殺之，既然而悔之，追原不及。

《三國志》卷二《文帝紀》注引《魏書》 帝生時，有雲氣青色而圜如車蓋當其上終日。望氣者以爲至貴之証，非人臣之氣。年八歲，能屬文。有逸才，遂博貫古今經傳、諸子百家之書。善騎射，好擊劍。舉茂才，不行。

《三國志》卷二《文帝紀》注引《魏略》 太祖不時立太子，太子自疑。是時有高元吕者，善相人，乃呼問之，對曰：「其貴乃不可言。」問：「壽幾何？」元吕曰：「其壽，至四十當有小苦，過是無憂也。」後無幾而立爲皇太子，至年四十而薨。

《三國志》卷二《文帝紀》注引《魏書》 初，鄭甘、王照及盧水胡率其屬來降，王得降書以示朝曰：「前欲有令吾討鮮卑者，吾不從而降；又有欲使吾及今秋討盧水胡者，吾不聽，今又降。昔魏武侯一謀而當，有自得之色，見譏李悝。吾今説此，非自是也，徒以爲坐而降之，其功大於動兵革也。」

《世説新語·巧藝》 彈棋始自魏宫内，用妝奩戲。文帝於此戲特妙，用手巾角拂之，無不中。

《世説新語·賢媛》 魏武帝崩，文帝悉取武帝宫人自侍。及帝病困，卞后出看疾。太后入户，見直侍并是昔日所愛幸者。太后問：「何時來邪？」云：「正伏魄時過。」因不復前而歎曰：「狗鼠不食汝余，死故應爾！」至山陵，亦竟不臨。

《世説新語·尤悔》 魏文帝忌弟任城王驍壯。因在卞太后合共圍棋，并啖棗，文帝以毒置諸棗蒂中。自選可食者而進，王弗悟，遂雜進之。既中毒，太后索水救之。帝預敕左右毁瓶罐，太后徒跣趨井，無以汲。須臾，遂卒。復欲害東阿，太后曰：「汝已殺我任城，不得復殺我東阿。」

備論

《三國志》卷二《文帝紀》 文帝天資文藻，下筆成章，博聞彊識，才蓺兼該。若加之曠大之度，勵以公平之誠，邁志存道，克廣德心，則古之賢主，何遠之有哉！

《三國志》卷二《文帝紀》注引孫盛説 夫經國營治，必憑俊喆之輔；賢達令德，必居參亂之任。故雖周室之盛，有婦人與焉。然則坤道承天，南面罔二，三從之禮，謂之至順，至于號令自天子出，奏事專行，非古義也。昔在申、吕，實匡有周。苟以天下爲心，惟德是杖，則親疏之授，至公一也。何至後族而必斥遠之哉？二漢之季世，王道陵遲，故令外戚憑寵，職爲亂階。於此自時昏道喪，運祚將移，縱無王、吕之難，豈乏田、趙之禍乎？而後世觀其若此，深懷酸毒之戒也。至于魏文，遂發一概之詔，可謂有識之爽言，非帝者之宏議。

《全唐文》卷一八二王勃《三國論》 文帝富於春秋，光膺禪讓，臨朝恭儉，博覽墳籍，文質彬彬，庶幾君子者矣。不能恢崇萬代之業，利建七百之基。骨肉齊於匹夫，衡樞委乎他姓。遠求珠翠，廢禮諒闇之中；近抱辛毗，取笑婦人之口。

《全唐文》卷二二四張説《上東宫請講學啓》 魏文帝之在春宫也，好古無怠，博覽史籍，激揚令聞，取高前代，垂名不朽。

郝經《續後漢書》卷二六《曹丕列傳》 高帝除秦苛虐，蠲楚暴戾，恢張雄圖，鋪繹遠畧，創業垂統。文、景共儉，專務德化，愛養滋殖，與天下休息。孝武拓大國勢，孝宣綜核政理。世祖中興，勘定僞亂，賔延儒雅，崇尚經術，奬勵風節。孝

明、孝章增賁潤色，臨雍拜老，横經問道。濟濟洋洋，幾於三代，漢德於是極矣。然其亂，本亦始高帝，不學無術，用秦亂制，遂廢三代禮樂，雖規模濶大，而綱紀不正。帷薄之間，乃有人彘。母后外戚，幾危劉氏。孝武遊宴後庭，而宦人始與政，於是三蠹爲漢國疾。吕、霍上官終爲王氏，而恭、顯遂殺鴻儒大臣，重足一迹。至於東京，稱制者六后，擅國者五族。孫程、曹節、侯覽、張讓廢立太子，賊殺公卿，禁錮名士，皆三代所未有，而甚於亡秦。漢之亂亦極矣。德不復而亂日滋，至於屍。何進滅宦官，召董卓，潰疣斷命，而漢遂亡。獻帝以枯株餘燼，流漂而東爲操所，挾以爲盗資。芟夷殘滅二十餘年，轉而爲魏陰畀之丕，然而遺澤之所漸，漬寬政之所，覆冒仁心之所，維繫皇威之所。披偃株跋，連締未能卒斬。故傑將義士，猶欲復漢於既亡，雲從景附於遐孤、遺胄，是以大統復集於昭烈皇帝。丕特負驤胠篋之盗，操死而直取，自爲可也，乃從容禪讓。自以爲舜禹復出，其自欺也，甚矣！且輕薄佻靡，未除貴驕公子之習，不矜細行，隳敗禮律，踈薄骨肉，自戕本根，亂亡基兆已在於是。孔明謂爲土龍芻狗，宜哉！贊曰：臣篡君廢，父竊子奪。驕滛矜夸，熏姦賈惡。斐斐詇伎，沾沾淺識。露根無基，甫得已失。

于慎行《讀史漫録》卷六　魏文、晉武，非開創之才，乃守成之主也。文帝流連辭翰，武帝溺志聲色，不藉累世之基，乃不足當孫權、劉備，而欲混一區宇哉！其氣象規模，固難以比德于漢、唐矣！一再傳而不國也，固也。

藝文

《曹植集》卷二《文帝誄有序》　惟黄初七年五月七日，大行皇帝崩。嗚呼哀哉！於時天震地駭，崩山隕霜，陽精薄景，五緯錯行。百姓吁嗟，萬國悲悼。若喪考妣，恩過慕唐。擗踴郊野，仰想穹蒼。僉曰何爲？早世隕喪。嗚呼哀哉！悲夫大行，忽焉光滅。永棄萬民，雲往雨絶。承問恍惚，惛懵哽咽。袖鋒抽刃，欲自僵斃。追慕三良，甘心同穴，感彼南風，惟以鬱滯；終於偕没，指景自誓。考諸先紀，尋之哲言，生若浮寄，惟德可論。朝聞夕逝，孔志所存。皇雖殪没，天禄永延。何以述德？表之素旃；何以詠功？宣之管弦。乃作誄曰：

皓皓太素，兩儀始分。中和産物，肇有人倫。爰暨三皇，寔秉道真。降逮五帝，繼以懿純。三代製作，踵武立勳。季嗣不綱，網漏於秦。崩樂滅學，儒坑禮焚。二世而殲，漢氏乃因。弗求古訓，嬴政是遵。王綱帝典，闃爾無聞。末光幽昧，道究軍遷。乾坤回曆，簡聖授賢。乃眷大行，屬以黎元。龍飛啓祚，合契上玄。五行定紀，改號革年。明明赫赫，受命于天。仁風偃物，德以禮宣。祥惟聖質，岐嶷幼齡。研幾六典，學不過庭。潛心無妄，抗志清冥。才秀藻朗，如玉之瑩。聽察無嚮，瞻覩未形。其剛如金，其貞如瓊。如冰之潔，如砥之平。爵必無私，戮違無輕。心鏡萬機，攬照下情。思良股肱，嘉昔伊吕。搜揚側陋，舉湯代禹。拔才巖穴，取士蓬户。惟德是索，弗拘禰祖。宅土之表，率民以漸。道義是圖，弗營厥險。六合是虞，齊契共檢。導下以純，民由樸儉。恢拓規矩，克紹前人。科條品制，褒貶以因。乘殷之輅，行夏之辰。金根華屋，翠葆龍鱗。紼冕崇麗，衡紞惟新。尊肅禮容，矚之若神。方牧妙舉，欽於恤民。虎將荷節，鎮彼四鄰。朱旗所勦，九壤披震。疇克不若，孰敢不臣。縣旌海表，萬里無塵。虜備凶徹，鳥殪江岷；權若涸魚，乾若腑鱗。肅慎納貢，越裳效珍。條支絶域，獻欵内賓。德儕先王，功侔太古。上靈降瑞，黄初俶祜。河龍洛龜，淩波游下。平均應繩，神鸞翔舞。數莢階除，系風扇暑。皓獸素禽，飛走郊野。神鍾寶鼎，形自舊土。雲英甘露，瀸塗被宇。靈芝冒池，朱華蔭渚。回回凱風，祁祁甘雨。稼穡豐登，我稷我黍。家佩惠君，户蒙慈父。圖致太和，洽德全義。將登泰山，先皇作儷。鐫石紀勳，兼録衆瑞。方隆封禪，歸功天地。賓禮百靈，勳命視規。望祭四嶽，燎封奉柴。肅於南郊，宗祀上帝。三牲既供，夏禘秋嘗。元侯佐祭，獻璧奉璋。鸞輿幽藹，龍旂太常。爰迄太廟，鐘鼓鍠鍠。頌德詠功，八佾鏘鏘。皇祖既饗，烈考來享。神具醉止，降兹福祥。天地震蕩，大行康之。三辰暗昧，大行光之。皇紘惟絶，大行綱之。神器莫統，大行當之。禮樂廢弛，大行張之。仁義陸沈，大行揚之。潛龍隱鳳，大行翔之。疏狄遐康，大行匡之。在位七載，元功仍舉。將永太和，絶迹三五。宜作物師，長爲神主。壽終金石，等算東父。如何奄息，摧身后土。俾我煢煢，靡瞻靡顧。嗟嗟皇穹，胡寧忍務。嗚呼哀哉！明監吉凶，體達存亡；深垂典制，申之嗣王。聖上虔奉，是順是將。乃剙玄宇，基爲首陽。擬迹穀林，追堯慕唐。合山同陵，不樹不疆。塗車芻靈，珠玉靡藏。百神警侍，來賓幽堂。耕禽田獸，望魂之翔。於是俟大隧之致力兮，練元辰之淑禎。潛華體于梓宫兮，馮正殿以居靈。顧皇嗣之號咷兮，存臨者之悲聲。悼晏駕之既往兮，感容車之速征。浮飛魂於輕霄兮，就黄墟以滅形。背三光之昭晰兮，歸玄

宅之冥冥。嗟一往之不返兮，痛閟闥之長扃。咨遠臣之眇眇兮，感凶諱以怛驚。心孤絶而靡告兮，紛流涕而交頸。思恩榮以横奔兮，閡闕塞之嶢峥。顧衰絰以輕舉兮，念關防之我嬰。欲高飛而遥憩兮，憚天網之遠經。遥投骨於山足兮，報恩養於下庭。慨拊心而自悼兮，懼施重而命輕。嗟微軀之是效兮，甘九死而忘生。幾司命之役籍兮，先黄髮而隕零。天蓋高而察卑兮，冀神明於我聽。獨鬱伊而莫告兮，追顧景而憐形。奏斯文以寫思兮，結翰墨以敷誠。嗚呼哀哉！

鍾嶸《詩品·魏文帝詩》 其源出於李陵，頗有仲宣之體則。新歌百許篇，率皆鄙直如偶語。唯「西北有浮雲」十餘首，殊美贍可玩，始見其工矣。不然，何以銓衡羣彦，對揚厥弟者耶？

《全宋詩》卷四八九劉敞《魏文帝》 江水由來一帶横，魏文何事畏疑城。不應天意分南北，自是無人敢請纓。

陳普《石堂先生遺集》卷二一《曹丕》 吳質車中載甲兵，辛毗頸上一毛輕。孔明才略何堪筭，十倍曹丕是憲英。侏儒一節足亡身，衰絰三年笑殺人。不逐傀亭天子便，龍舟何用到江濵。鵠構觚稜偶以詩，雞栖庭樹已當時。公車坐使諸侯急，却是姦人纂奪資。春華建安曹子建，秋實西凉張釋之。父事邢顒奴七子，黄初便作萬年期。

鄧艾部

綜述

《三國志》卷二八《鄧艾傳》　鄧艾字士載，義陽棘陽人也。少孤，太祖破荆州，徙汝南，爲農民養犢。年十二，隨母至潁川，讀故太丘長陳寔碑文，言「文爲世範，行爲士則」，艾遂自名範，字士則。後宗族有與同者，故改焉。爲都尉學士，以口吃，不得作幹佐，爲稻田守叢草吏。同郡吏父憐其家貧，資給甚厚，艾初不稱謝。每見高山大澤，輒規度指畫軍營處所，時人多笑焉。後爲典農綱紀，上計吏，因使見太尉司馬宣王。宣王奇之，辟之爲掾，遷尚書郎。

時欲廣田畜穀，爲滅賊資，使艾行陳、項已東至壽春。艾以爲「田良水少，不足以盡地利，宜開河渠，可以引水澆溉，大積軍糧，又通運漕之道」，乃著《濟河論》以喻其指。又以爲：「昔破黄巾，因爲屯田，積穀于許都以制四方。今三隅已定，事在淮南，每大軍征舉，運兵過半，功費巨億，以爲大役。陳、蔡之間，土下田良，可省許昌左右諸稻田，并水東下。令淮北屯二萬人，淮南三萬人，十二分休，常有四萬人，且田且守。水豐常收三倍於西，計除衆費，歲完五百萬斛，以爲軍資。六七年間，可積三千萬斛於淮上，此則十萬之衆五年食也。以此乘吴，無往而不克矣。」宣王善之，事皆施行。正始二年，乃開廣漕渠，每東南有事，大軍興衆，汎舟而下，達于江、淮，資食有儲而無水害，艾所建也。

出參征西軍事，遷南安太守。嘉平元年，與征西將軍郭淮拒蜀偏將軍姜維。維退，淮因西擊羌。艾曰：「賊去未遠，或能復還，宜分諸軍以備不虞。」於是留艾屯白水北。三日，維遣廖化自白水南向艾結營。艾謂諸將曰：「維今卒還，吾軍人少，法當來渡而不作橋。此維使化持吾，令不得還。維必自東襲取洮城。」洮城在水北，去艾屯六十里。艾即夜潛軍徑到，維果來渡，而艾先至據城，得以不敗。賜爵關内侯，加討寇將軍，後遷城陽太守。

是時并州右賢王劉豹并爲一部，艾上言曰：「戎狄獸心，不以義親，彊則侵暴，弱則内附，故周宣有玁狁之寇，漢祖有平城之圍。每匈奴一盛，爲前代重患。自單于在外，莫能牽制長卑。誘而致之，使來入侍。由是羌夷失統，合散無主。以單于在内，萬里順軌。今單于之尊日疏，外土之威寖重，則胡虜不可不深備也。聞劉豹部有叛胡，可因叛割爲二國，以分其勢。去卑功顯前朝，而子不繼業，宜加其子顯號，使居鴈門。離國弱寇，追録舊勳，此御邊長計也。」又陳：「羌胡與民同處者，宜以漸出之，使居民表崇廉恥之教，塞姦宄之路。」大將軍司馬景王新輔政，多納用焉。遷汝南太守，至則尋求昔所厚己吏父，久已死，遣吏祭之，重遺其母，舉其子與計吏。艾所在，荒野開闢，軍民並豐。

諸葛恪圍合肥新城，不克，退歸。艾言景王曰：「孫權已没，大臣未附，吴名宗大族，皆有部曲，阻兵仗勢，足以建命。恪新秉國政，而内無其主，不念撫恤上下，以立根基。競於外事，虐用其民，悉國之衆，頓於堅城，死者萬數，載禍而歸，此恪獲罪之日也。昔子胥、吴起、商鞅、樂毅皆見任時君，主没而敗。況恪才非四賢，而不慮大患，其亡可待也。」恪歸，果見誅。遷兖州刺史，加振威將軍。上言曰：「國之所急，惟農與戰，國富則兵彊，兵彊則戰勝。然農者，勝之本也。孔子曰『足食足兵』，食在兵前也。上無設爵之勸，則下無財畜之功。今使考績之賞，在於積粟富民，則交游之路絶，浮華之原塞矣。」

高貴鄉公即尊位，進封方城亭侯。毌丘儉作亂，遣健步齎書，欲疑惑大衆，艾斬之，兼道進軍，先趣樂嘉城，作浮橋。司馬景王至，遂據之。文欽以後大軍破敗於城下，艾追之至丘頭，欽奔吴。吴大將軍孫峻等號十萬衆，將渡江，鎮東將軍諸葛誕遣艾據肥陽，艾以與賊勢相遠，非要害之地，輒移屯附亭，遣泰山太守諸葛緒等于黎漿拒戰，遂走之。其年徵拜長水校尉。以破欽等功，進封方城鄉侯，行安西將軍。解雍州刺史王經圍於狄道，姜維退駐鍾提，乃以艾爲安西將軍，假節，領護東羌校尉。議者多以爲維力已竭，未能更出。艾曰：「洮西之敗，非小失也；破軍殺將，倉廩空虚，百姓流離，幾於危亡。今以策言之，彼有乘勝之勢，我有虚弱之實，一也。彼上下相習，五兵犀利，我將易兵新，器杖未復，二也。彼以船行，吾以陸軍，勞逸不同，三也。狄道、隴西、南安、祁山，各當有守，彼專爲一，我分爲四，四也。從南安、隴西，因食羌穀，若趣祁山，熟麥千頃，爲之縣餌，五也。賊有黠數，其來必矣。」頃之，維果向祁山，聞艾已有備，乃回從董亭趣南安，艾據武城山以相持。維與艾爭險，不克。其夜，渡渭東行，緣山趣上邽，艾與戰於段谷，大破之。甘露元年詔曰：「逆賊姜維連年狡黠，民夷騷動，西土不寧。艾籌畫有方，忠勇奮發，斬將十數，馘首千計；國威震於巴、蜀，武聲揚於江、岷。今

以艾爲鎮西將軍、都督隴右諸軍事，進封鄧侯。分五百户封子忠爲亭侯。」二年，拒姜維于長城，維退還。遷征西將軍，前後增邑凡六千六百户。景元三年，又破維于侯和，維卻保沓中。四年秋，詔諸軍征蜀，大將軍司馬文王皆指授節度，使艾與維相綴連；雍州刺史諸葛緒要維，令不得歸。艾遣天水太守王頎等直攻維營，隴西太守牽弘等邀其前，金城太守楊欣等詣甘松。維聞鍾會諸軍已入漢中，引退還。欣等追躡於彊川口，大戰，維敗走。聞雍州已塞道屯橋頭，從孔函谷入北道，欲出雍州後。諸葛緒聞之，卻還三十里。維入北道三十餘里，聞緒軍卻，尋還，從橋頭過，緒趣截維，較一日不及。維遂東引，還守劍閣。鍾會攻維，未能克。艾上言：「今賊摧折，宜遂乘之，從陰平由邪徑經漢德陽亭趣涪，出劍閣西百里，去成都三百餘里，奇兵衝其腹心。劍閣之守必還赴涪，則會方軌而進；劍閣之軍不還，則應涪之兵寡矣。軍志有之曰：『攻其無備，出其不意。』今掩其空虛，破之必矣。」

冬十月，艾自陰平道，行無人之地七百餘里，鑿山通道，造作橋閣。山高谷深，至爲艱險，又糧運將匱，頻於危殆。艾以氈自裹，推轉而下。將士皆攀木緣崖，魚貫而進。先登至江由，蜀守將馬邈降。蜀衛將軍諸葛瞻自涪還緜竹，列陳待艾。艾遣子惠、唐亭侯忠等出其右，司馬師纂等出其左。忠、纂戰不利，並退還，曰：「賊未可擊。」艾怒曰：「存亡之分，在此一舉，何不可之有？」乃叱忠、纂等，將斬之。忠、纂馳還更戰，大破之，斬瞻及尚書張遵等首，進軍到雒。劉禪遣使奉皇帝璽綬，爲箋詣艾請降。

艾至成都，禪率太子諸王及羣臣六十餘人，面縛輿櫬詣軍門，艾執節解縛焚櫬，受而宥之。檢御將士，無所虜略，綏納降附，使復舊業，蜀人稱焉。輒依鄧禹故事，承制拜禪行驃騎將軍，太子奉車、諸王駙馬都尉。蜀羣司各隨高下拜爲王官，或領艾官屬。以師纂領益州刺史，隴西太守牽弘等領蜀中諸郡。使於緜竹築臺，以爲京觀，用彰戰功。士卒死事者，皆與蜀兵同共埋藏。艾深自矜伐，謂蜀士大夫曰：「諸君賴遭某，故得有今日耳。若遇吴漢之徒，已殄滅矣。」又曰：「姜維自一時雄兒也，與某相值，故窮耳。」有識者笑之。

十二月，詔曰：「艾曜威奮武，深入虜庭，斬將搴旗，梟其鯨鯢，使僭號之主，稽首係頸，歷世逋誅，一朝而平。兵不踰時，戰不終日，雲徹席卷，蕩定巴蜀。雖白起破彊楚，韓信克勁趙，吴漢禽子陽，亞夫滅七國，計功論美，不足比勳也。其以艾爲太尉，增邑二萬户，封子二人亭侯，各食邑千户。」艾言司馬文王曰：「兵有先聲而後實者，今因平蜀之勢以乘吴，吴人震恐，席卷之時也。然大舉之後，將士疲勞，不可便用，且徐緩之；留隴右兵二萬人，蜀後二萬人，煑鹽興冶，爲軍農要用，並作舟船，豫順流之事，然後發使告以利害，吴必歸化，可不征而定也。今宜厚劉禪以致孫休，安士民以來遠人，若便送禪於京都，吴以爲流徙，則於向化之心不勸。宜權停留，須來年秋冬，比爾吴亦足平。以爲可封禪爲扶風王，錫其資財，供其左右。郡有董卓塢，爲之宫舍。爵其子爲公侯，食郡内縣，以顯歸命之寵。開廣陵、城陽以待吴人，則畏威懷德，望風而從矣。」文王使監軍衛瓘喻艾：「事當須報，不宜輒行。」艾重言曰：「銜命征行，奉指授之策，元惡既服；至于承制拜假，以安初附，謂合權宜。今蜀舉衆歸命，地盡南海，東接吴會，宜早鎮定。若待國命，往復道途，延引日月。《春秋》之義，大夫出疆，有可以安社稷，利國家，專之可也。今吴未賓，勢與蜀連，不可拘常以失事機。兵法，進不求名，退不避罪，艾雖無古人之節，終不自嫌以損于國也。」鍾會、胡烈、師纂等皆白艾所作悖逆，變釁以結。詔書檻車徵艾。

艾父子既因，鍾會至成都，先送艾，然後作亂。會已死，艾本營將士追出艾檻車，迎還。瓘遣田續等討艾，遇於緜竹西，斬之。子忠與艾俱死，餘子在洛陽者悉誅，徙艾妻子及孫於西域。

初，艾當攻蜀，夢坐山上而有流水，以問殄虜護軍爰邵。邵曰：「按《易》卦，山上有水曰《蹇》。《蹇》繇曰：『《蹇》利西南，不利東北。』孔子曰：『《蹇》利西南，往有功也；不利東北，其道窮也。』往必克蜀，殆不還乎？」艾憮然不樂。

泰始元年，晉室踐阼，詔曰：「昔太尉王淩謀廢齊王，而王竟不足以守位。征西將軍鄧艾，矜功失節，實應大辟。然被書之日，罷遣人衆，束手受罪，比于求生遂爲惡者，誠復不同。今大赦得還，若無子孫者聽使立後，令祭祀不絶。」【略】

艾在西時，修治障塞，築起城塢。泰始中，羌虜大叛，頻殺刺史，涼州道斷。吏民安全者，皆保艾所築塢焉。

雜録

備録

《世説新語·言語》 鄧艾口吃，語稱艾艾。晉文王戲之曰：「卿云艾艾，定

是幾艾？」對曰：「鳳兮鳳兮，故是一鳳。」

備論

《三國志》卷二八《鄧艾傳》 鄧艾矯然强壯，立功立事，然暗於防患，咎敗旋至，豈遠知乎諸葛恪而不能近自見，此蓋古人所謂目論者也。

《三國志》卷二八《鄧艾傳》録段灼論鄧艾 艾心懷至忠而荷反逆之名，平定巴蜀而受夷滅之誅，臣竊悼之。惜哉，言艾之反也！艾性剛急，輕犯雅俗，不能協同朋類，故莫肯理之，臣敢言艾不反之狀。昔姜維有斷隴右之志，艾修治備守，積穀强兵。值歲凶旱，艾爲區種，身被烏衣，手執耒耜，以率將士。上下相感，莫不盡力。艾持節守邊，所統萬數，而不難僕虜之勞，士民之役，非執節忠勤，孰能若此？故落門、段谷之戰，以少擊多，摧破强賊。先帝知其可任，委艾廟勝，授以長策。艾受命忘身，束馬縣車，自投死地，勇氣陵雲，士衆乘勢，使劉禪君臣面縛，義手屈膝。艾功名以成，當書之竹帛，傳祚萬世。

《魏書》卷五〇《慕容白曜傳》 至如鄧艾懷忠，矯命寧國，赤心皎然，幽顯同見，而横受屠戮，良可悲哀。

《晉書》卷四二《唐彬傳》 鄧艾忌剋詭狹，矜能負才，順從者謂爲見事，直言者謂之觸迕。雖長史司馬，參佐牙門，答對失指，輒見駡辱。處身無禮，大失人心。又好施行事役，數勞衆力。隴右甚患苦之，喜聞其禍，不肯爲用。

何去非《何博士備論·鄧艾論》 事物之理，可以情通，而不可以迹係。通之以情，則有以適變，而應乎聖人所與之權；係之以迹，則無以制宜，而入乎聖人所疾之固。是以天下事功之成，常出於權；而其不濟，常主於固。夫以人爲是而求踐之，不知所以踐者，於今爲非；以人爲非而求矯之，不知所以矯者，於今爲是。是皆不求通之以今日之情，而係之以既往之迹，故其所以踐與矯者，適足以爲禍悔之資也。

昔衛青之擊匈奴，其裨將蘇建盡亡其軍，於令當斬。青以不敢專誅於外，因建送之。人皆多青之不擅權，得所以爲臣與帥之順道也。皇甫嵩討賊梁州，董卓副之，賊平，詔卓以兵屬嵩，卓不受詔，挾兵睥睨。人皆勸嵩誅之，嵩不欲其專誅於外也，而以狀聞。卓因遂其凶逆，卒以不制。夫嵩之舍卓者，非出於他也，蓋以衛青不戮蘇建，獲恭厚之譽，遂係迹而求踐之。不知所以舍卓者，於今爲縱寇也。鄧艾之伐蜀也，出於萬死不顧一生之計，乘危決命，卒俘劉禪，可謂功矣。然其心氣闊略，以爲閫外之任，當制威賞。乃大專拜假，至欲擅王劉禪，留西不遣，雖司馬文王以順諭之，猶不見聽。是以鍾會得入其間，以及於誅而不悟也。夫艾之專制者，非出於他也，蓋以皇甫嵩常要譽求全，而失於董卓，故蹈後悔，遂係迹而求矯之。不知所以矯嵩者，於今爲召禍也。是皆不求通之以今日之情，而專係乎既往之迹。此所以不自知夫禍悔之集也。

觀艾之爲將也，急於智名而鋭於勇功，喜激前利而忘顧後患者也。艾常以是勝敵矣，而卒結禍於其身者，亦以此也。始鍾會以十萬之勁而趨劍閣。姜維以摧折之師，憊於奔命，雖能拒扼，而終非堅敵也。艾爲主帥，不務以全策縻之，乃獨以其兵萬人，自陰平邪徑而趨江油，以襲劉禪。蓋出其不意，而行無人之境七百余里，鑿山險，治橋閣，巖谷峻絶，士皆攀緣崖木，投墮而下。又糧運不繼，而艾至于以氈自裹，轉運而下。嗚乎！可謂危矣。士皆殊死決戰，僅獲破諸葛瞻之師，而劉禪悸迫，即時束手。使禪獨忍數日之不降，以待援師之集，則艾爲以肉齒餓虎矣。艾一不濟，則鍾會十萬之師，可傳呼而潰矣。艾以其身爲僥幸之舉者，乃求生救則之計，非所謂取亂侮亡之師，而亦非大將自任之至數也。是役也，非艾無以取勝於速，而其勝也有出於幸。使其不幸而至于潰敗者，亦艾致也。夫奇道之兵，將以掩覆於其外，必有以應聽於其内，然後可與勝期而功會也。唐李之入蔡以取吴元濟也，以其有李祐之爲鄉道故也。使其無應聽之主，則亦何能乘危而僥幸也？西漢中興之名將，無若趙充國，史稱其沈勇有大略。觀其爲兵，期於克敵而已，每以全師保勝爲策，未嘗苟競於一戰。故其居軍無顯赫殲滅之效，卒至勝敵於股掌之上。安邊定寇，皆出其畫，而獨收其成勛，他將無與焉，幾於所謂無智名勇功之善者也。由是觀之，艾之所以不免者，亦其操術之致然也！

郝經《續後漢書》卷七六《鄧艾列傳》 鍾會徼異謀叛，鄧艾專擅致嫌，衛瓘詭計斃之，得國而終不振旅。荀卿曰：兼并易能也，堅凝之難哉！然而當會之搆艾，瓘能拒之，則艾不禽；艾不禽，則會不反，亂何自而生哉？【略】

贊曰：火德告終，岷峨失險。三臣同罪，功以過揜。

黄道周《廣名將傳》卷六 艾凡遇境，規度其宜。不知者笑，知者驚奇。魏蓄田穀，破吴用之。田無水利，將何以滋。艾請開導，妙論皆施。偕淮拒蜀，揣

度姜維。當渡不渡，襲洮無疑。急往先備，方不受欺。計蜀五利，料難直馳。陰平斜徑，腹心所依。拚死涉險，捨命乘危。裹氈死戰，方得濟師。奇功異績，成於一時。惜居不善，身首皆夷。筭人妙矣，苦不自知。

《全祖望集・鮚埼亭集外編》卷二八　鄧艾之將略雄矣，然其人則粗疏，以故爲鍾會所播弄而不自知。以此觀之，昔人謂江油之師可坐縛者，亦非過也。

劉聲木《萇楚齋五筆》卷九《論鄧艾黨奸伐惡》　新城王文簡公士禎《香祖筆記》云：「康熙丙子，余以祭告使秦蜀。過劍州之南門外，有小廟一區，方改作。問之，曰鄧艾廟也。余謂：『不祀姜伯約，反祀鄧艾，於義悖矣。』乃從來有司無昌言毀之者，何也？」欲賦詩正之，未果。後見唐人唐彥謙一詩云：『昭烈遺黎死尚羞，揮刀斫石恨譙周。如何千載留遺廟，血食巴山伴武侯？』已先我而言之矣。以此見三代之直不泯。」又《古夫于亭雜録》云：「四川劍州有小廟祀鄧艾，今欲告州守廢之而未果，追賦一詩云：『申屠曾毀曹瞞廟，常侍還焚董卓祠。劍閣至今思伯約，蜀巫翻賽棘陽兒。』後閱唐彥謙詩云：『昭烈遺黎死尚羞，揮刀斫石恨譙周。如何千載留遺廟，血食巴山伴武侯？』三代之直，古今人所見略同也。」又《分甘餘話》云：「蜀劍州西郭有小廟祀鄧艾，余賦絶句示州人云：『申屠曾毀曹瞞廟，常侍還焚董卓祠。劍閣至今思伯約，蜀巫翻賽棘陽兒。』明時有官陰平者，立一碑於道左，大書曰『鄧艾入蜀路』。見者笑之，碎其石。今之立廟，得無類是耶。」云云。聲木謹案：文簡所論甚卓，一見再見，具徵深惡痛絶，本好善惡惡之心，定千古之公是非。《左傳》云：「聰明正直之謂神。」鄧艾決非正人，焉有廟祀之禮。考鄧艾滅蜀爲蜀漢炎興元年，即曹魏景元四年。艾仕魏至安西將軍，目睹司馬師自爲大將軍，殺中書令李豐及太常夏侯元、光禄大夫張緝，並廢其主曹芳及皇后張氏，司馬昭自爲大將軍、録尚書事，及都督相國，封晉王，加九錫，奏事不名，假黄鉞，服衮冕赤舄，並弑其主曹髦，未聞出一言諫阻及起兵討賊，乃黨奸伐惡，爲虎作倀，甘心從逆，拜官曹魏，感恩晉室，爲之戮力効死。其心蹟事實，無一不類荀彧、荀攸諸人，雖未嘗無智略，實爲小人之尤，以才濟惡，罪不容誅者也。其入蜀滅漢，試問爲曹魏乎？爲司馬晉乎？此不待智者而後知之也。以艾之惡，未能聲罪加戮，明正典刑，實爲生於亂世，幸逃法網。後人以其父子無故爲衛瓘斬於綿竹之西，死不以罪，遂憐之。樊建本蜀漢故臣，於晉泰始九年，猶爲艾鳴冤於晉武帝，真人類中之毫無心肝者。

藝文

《全唐詩》卷六七二唐彥謙《鄧艾廟》　昭烈遺黎死尚羞，揮刀斫石恨譙周。如何千載留遺廟，血食巴山伴武侯。

李新《跨鼇集》卷八《賦鄧士載祠》　高鳥無餘弓自除，由來名盛不堪居。易揮道左降王縛，難弭朝端謗篋書。更欲平吳功未就，可憐出蜀智何疏。鳳臺山月知冤魄，夜夜停光照故墟。

陳普《石堂先生遺集》卷二一《鄧艾》　劉葛元非百世讎，緣崖攀木作猿猴。瞻崇艾會誰芳臭，死國沉身各一頭。滅吳不解誅辛敞，拜假何須便不咨。受任兩無曹與馬，檻車破了欲何之。

王士禎《古夫於亭雜録》卷二《鄧艾廟》　申屠曾毀曹瞞廟，常侍還焚董卓祠。劍閣至今思伯約，蜀巫翻賽棘陽兒。

姜維部

綜述

《三國志》卷四四《姜維傳》 姜維字伯約，天水冀人也。少孤，與母居。好鄭氏學。仕郡上計掾，州辟爲從事。以父冏昔爲郡功曹，值羌、戎叛亂，身衛郡將，没於戰場，賜維官中郎，參本郡軍事。建興六年，丞相諸葛亮軍向祁山，時天水太守適出案行，維及功曹梁緒、主簿尹賞、主記梁虔等從行。太守聞蜀軍垂至，而諸縣響應，疑維等皆有異心，於是夜亡保上邽。維等覺太守去，追遲，至城門，城門已閉，不納。維等相率還冀，冀亦不入維。維等乃俱詣諸葛亮。會馬謖敗於街亭，亮拔將西縣千餘家及維等還，故維遂與母相失。亮辟維爲倉曹掾，加奉義將軍，封當陽亭侯，時年二十七。亮與留府長史張裔、參軍蔣琬書曰：「姜伯約忠勤時事，思慮精密，考其所有，永南、季常諸人不如也。其人，涼州上士也。」又曰：「須先教中虎步兵五六千人。姜伯約甚敏於軍事，既有膽義，深解兵意。此人心存漢室，而才兼於人，畢教軍事，當遣詣宫，覲見主上。」後遷中監軍征西將軍。

十二年，亮卒，維還成都，爲右監軍、輔漢將軍，統諸軍，進封平襄侯。延熙元年，隨大將軍蔣琬住漢中。琬既遷大司馬，以維爲司馬，數率偏軍西入。六年，遷鎮西大將軍，領涼州刺史。十年，遷衛將軍，與大將軍費禕共録尚書事。是歲，汶山平康夷反，維率衆討定之。又出隴西、南安、金城界，與魏大將軍郭淮、夏侯霸等戰於洮西。胡王治無戴等舉部落降，維將還安處之。十二年，假維節，復出西平，不克而還。維自以練西方風俗，兼負其才武，欲誘諸羌胡以爲羽翼，謂自隴以西可斷而有也。每欲興軍大舉，費禕常裁制不從，與其兵不過萬人。

十六年春，禕卒。夏，維率數萬人出石營，經董亭，圍南安，魏雍州刺史陳泰解圍至洛門，維糧盡退還。明年，加督中外軍事。復出隴西，守狄道長李簡舉城降。進圍襄武，與魏將徐質交鋒，斬首破敵，魏軍敗退。維乘勝多所降下，拔河關、狄道、臨洮三縣民還。後十八年，復與車騎將軍夏侯霸等俱出狄道，大破魏雍州刺史王經於洮西，經衆死者數萬人。經退保狄道城，維圍之。魏征西將軍陳泰進兵解圍，維卻住鍾題。

十九年春，就遷維爲大將軍。更整勒戎馬，與鎮西大將軍胡濟期會上邽，濟失誓不至，故維爲魏大將鄧艾所破於段谷，星散流離，死者甚衆。衆庶由是怨讟，而隴已西亦騷動不寧，維謝過引負，求自貶削。爲後將軍，行大將軍事。

二十年，魏征東大將軍諸葛誕反於淮南，分關中兵東下。維欲乘虚向秦川，復率數萬人出駱谷，徑至沈嶺。時長城積穀甚多，而守兵乃少，聞維方到，衆皆惶懼。魏大將軍司馬望拒之，鄧艾亦自隴右，皆軍于長城。維前住芒水，皆倚山爲營。望、艾傍渭堅圍，維數下挑戰，望、艾不應。景耀元年，維聞誕破敗，乃還成都。復拜大將軍。

初，先主留魏延鎮漢中，皆實兵諸圍，以禦外敵，敵若來攻，使不得入。及興勢之役，王平捍拒曹爽，皆承此制。維建議，以爲錯守諸圍，雖合《周易》「重門」之義，然適可禦敵，不獲大利。不若使聞敵至，諸圍皆斂兵聚穀，退就漢、樂二城，使敵不得入平，且重關鎮守以捍之。有事之日，令游軍並進以伺其虚。敵攻關不克，野無散穀，千里縣糧，自然疲乏。引退之日，然後諸城並出，與游軍并力搏之，此殄敵之術也。於是令督漢中胡濟卻住漢壽，監軍王含守樂城，護軍蔣斌守漢城，又於西安、建威、武衛、石門、武城、建昌、臨遠皆立圍守。

五年，維率衆出漢侯和，爲鄧艾所破，還住沓中。維本羈旅託國，累年攻戰，功績不立，而宦官黄皓等弄權於内，右大將軍閻宇與皓協比，而皓陰欲廢維樹宇。維亦疑之，故自危懼，不復還成都。六年，維表後主：「聞鍾會治兵關中，欲規進取，宜並遣張翼、廖化督諸軍分護陽安關口、陰平橋頭，以防未然。」皓徵信鬼巫，謂敵終不自致，啓後主寢其事，而羣臣不知。及鍾會將向駱谷，鄧艾將入沓中，然後乃遣右車騎廖化詣沓中爲維援，左車騎張翼、輔國大將軍董厥等詣陽安關口，以爲諸圍外助。比至陰平，聞魏將諸葛緒向建威，故住待之。月餘，維爲鄧艾所摧，還住陰平。鍾會攻圍漢、樂二城，遣别將進攻關口，蔣舒開城出降，傅僉格鬭而死。會攻樂城，不能克，聞關口已下，長驅而前。翼、厥甫至漢壽，維、化亦舍陰平而退，適與翼、厥合，皆退保劍閣以拒會。會與維書曰：「公侯以文武之德，懷邁世之略，功濟巴、漢，聲暢華夏，遠近莫不歸名。每惟疇昔，嘗同大化，吴札、鄭僑，能喻斯好。」維不答書，列營守險。會不能克，糧運縣遠，將議還歸。

而鄧艾自陰平由景谷道傍入，遂破諸葛瞻於緜竹。後主請降於艾，艾前據成都。維等初聞瞻破，或聞後主欲固守成都，或聞欲東入吴，或聞欲南入建寧，於是引軍由廣漢、郪道以審虚實。尋被後主敕令，乃投戈放甲，詣會於涪軍前，將士咸怒，拔刀砍石。

會厚待維等，皆權還其印號節蓋。會與維出則同轝，坐則同席，謂長史杜預曰：「以伯約比中土名士，公休、太初不能勝也。」會既搆鄧艾，艾檻車徵，因將維等詣成都，自稱益州牧以叛。欲授維兵五萬人，使爲前驅。魏將士憤怒，殺會及維，維妻子皆伏誅。

雜録

備録

《三國志》卷四四《姜維傳》注引《漢晉春秋》　鍾會乃陰懷異圖，姜維見而知其心，謂可搆成擾亂，以圖克復也。乃詭説會曰：「聞君自淮南以來，筭無遺策，晉道克昌，皆君之力。今復所有蜀，威德振世，民高其功而主畏其謀，欲以此安歸乎？夫韓信不背漢於擾攘，以見疑於既平；大夫種不從范蠡於五湖，卒伏劍而妄死，彼豈暗主愚臣哉？利害使之然也。今君大功既立、大德已着，何不法陶朱泛州絶跡，全功保身，登峨嵋之嶺，而從赤松游乎！」會曰：「君言遠矣，我不能行，且爲今之道，或未盡於此也。」維曰：「其它則君智力之所能盡，無煩於老夫矣。」由是情好歡甚。

《三國志》卷四四《姜維傳》注引孫盛《雜記》　初，姜維詣亮，與母相失，復得母書，令求當歸。維曰：「良田百頃，不在一畝，但有遠志，不在當歸也。」

備論

《三國志》卷四四《姜維傳》　姜維粗有文武，志立功名，而翫衆黷旅，明斷不周，終致隕斃。《老子》有云：「治大國者猶烹小鮮。」況於區區蕞爾，而可屢擾乎哉？

《三國志》卷四四《姜維傳》注引郤正論　姜伯約據上將之重，處羣臣之右，宅舍弊薄，資財無餘，側室無妾媵之褻，後庭無聲樂之娱，衣服取供，輿馬取備，飲食節制，不奢不約，官給費用，隨手消盡。察其所以然者，非以激貪厲濁，抑情自割也，直謂如是爲足，不在多求。凡人之談，常譽成毀敗，扶高抑下，咸以姜維投厝無所，身死宗滅，以是貶削，不復料擿，異乎《春秋》褒貶之義矣。如姜維之樂學不倦，清素節約，自一時之儀表也。

《三國志》卷四四《姜維傳》注引干寶論　姜維爲蜀相，國亡主辱弗之死，而死於鍾會之亂。惜哉！非死之難，處死之難也。是以古之烈士，見危受命，投節如歸，非不愛死也。固知命之不長，而懼不得其所也。

《三國志》卷四四《姜維傳》注引孫盛論　異哉，郤氏之論也！夫士雖百行，操業萬殊，至于忠孝義節，百行之冠冕也。姜維策名魏室，而外奔蜀朝，違君徇利，不可謂忠；捐親苟免，不可謂孝；害加舊邦，不可謂義；敗不死難，不可謂節；且德政未敷而疲民以逞，居禦侮之任而致敵喪守，于夫智勇，莫可云也。凡斯六者，維無一焉。實有魏之逋臣，亡國之亂相，而云人之儀表，斯亦惑矣。縱維好書而微自藻潔，豈異夫盜者分財之義，而程、鄭降階之善也？

《三國志》卷四四《姜維傳》注引孫盛《晉陽秋》　盛以爲聲人云：非所困而困焉，名必辱；非所據而據焉，身必危。既辱且危，死其將至。其姜維之謂乎！鄧艾之入江由，士衆鮮少，維進不能奪節緜竹之下，退不能總帥五將，擁衛蜀主，思後圖之計，而乃反復于逆順之間，希違情于難冀之會，以衰弱之國而屢觀兵于三秦已滅之邦，冀理外之奇舉，不亦暗哉！

《三國志》卷四四《姜維傳》注　臣松之以爲，盛之譏維，又爲不當。于時鍾會大衆既造劍閣，維與諸將列營守險，會不得進，已議還計，全蜀之功，幾乎立矣。但鄧艾詭道傍入，出於其後，諸葛瞻既敗，成都自潰。維若回軍救内，則會乘其背。當時之勢，焉得兩濟？而責維不能奮節緜竹，擁衛蜀主，非其理也。會欲盡坑魏將以舉大事，授維重兵，使爲前驅。若令魏將皆死，兵事在維手，殺會復蜀，不爲難矣。夫功成理外，然後爲奇，不可以事有差牙，而抑謂不然。設使田單之計，邂逅不會，復可謂之愚闇哉！

常璩《華陽國志》卷七　鄧艾以疲兵二萬，溢出江油。姜維舉十萬之師，案

道南歸，艾爲成禽。禽艾已訖，復還拒會，則蜀之存亡，未可量也。乃回道之巴，遠至五城。使艾輕進，徑及成都，兵分家滅，已自招之。然以鍾會之知略，稱爲子房，姜維陷之，莫至克捷；籌策相應，優劣惜哉！

郝經《續後漢書》卷二三《漢臣姜維》 嗚呼！漢之將亡，釁勇啬禍者，魏延、姜維爲甚焉。亮終制延，而禕死無制維者。玩寇黷武，罷民以逞。自謂拓定中原如先丞相，則里惡之效顰也。漢之立國，保有梁、益，以爲關中、河内，依重險以自固。故昭烈實兵漢中諸圍，捍敵而不使之入。鴆毒烏喙，鯁不下咽，終不能潰人腹心。維乃易之，卻住漢樂，縱敵使入高光，昭烈不祀忽諸。悲夫！翼化譏維黷武必自焚，是已顯面大將。位與維埒，不能衛國。不死于君，終爲降虜。義不逮夫識矣。

贊曰：伯約悍擾，魚爛弗烹。天既廢商，而詎能興。

王鳴盛《十七史商榷》卷四一《姜維志在復蜀》 《姜維傳》末敍維爲魏將士所殺事。維本志在復蜀，不成被殺，其赤心則千載如生。陳壽蜀人而入晉，措詞之際，有難焉者。評中於其死事，反置不論，而但譏其玩衆黷旅，以致隕斃。壽豈不知不伐賊，王業亦亡，惟坐待亡，孰與伐之？特敵國之詞云爾。若以維之謀殺鍾會而復蜀爲非，則壽不肯爲此言，此其所以展轉詭説以避咎也。維之於蜀，猶張世傑、陸秀夫之於宋耳。注引孫盛云：盛以永和初，從安西將軍平蜀，見諸故老，及姜維既降之後，密與劉禪表疏，説欲僞服事鍾會，因殺之以復蜀土。會事不捷，遂至泯滅，蜀人於今傷之。其下文皆盛貶維之言。盛佞人子孫，言固難據。攷永和三年李勢破滅，是年丁未，去蜀亡景耀六年癸未，凡八十五年。

藝文

陳普《石堂先生遺集》卷二一《姜維》 國小民勞事已非，城狐不斷愈危機。却屯已可擒鍾會，鄧艾無翎獨解飛。無德那堪力不任，重關如掌寇戎深。幽明不係梟鍾會，猶有區區一片心。

諸葛恪部

綜述

《三國志》卷六四《諸葛恪傳》 諸葛恪字元遜，瑾長子也。少知名。弱冠拜騎都尉，與顧譚、張休等侍太子登，講論道藝，並爲賓友。從中庶子轉爲左輔都尉。

恪父瑾面長似驢，孫權大會羣臣，使人牽一驢入，長檢其面，題曰諸葛子瑜。恪跪曰：「乞請筆益兩字。」因聽與筆。恪續其下曰「之驢」。舉坐歡笑，乃以驢賜恪。他日復見，權問恪曰：「卿父與叔父孰賢？」對曰：「臣父爲優。」權問其故，對曰：「臣父知所事，叔父不知，以是爲優。」權又大噱。命恪行酒，至張昭前，昭先有酒色，不肯飲，曰：「此非養老之禮也。」權曰：「卿其能令張公辭屈，乃當飲之耳。」恪難昭曰：「昔師尚父九十，秉旄仗鉞，猶未告老也。今軍旅之事，將軍在後；酒食之事，將軍在先，何謂不養老也？」昭卒無辭，遂爲盡爵。後蜀使至，羣臣並會，權謂使曰：「此諸葛恪雅好騎乘，還告丞相，爲致好馬。」恪因下謝，權曰：「馬未至而謝，何也？」恪對曰：「夫蜀者陛下之外廐，今有恩詔，馬必至也，安敢不謝？」恪之才捷，皆此類也。權甚異之，欲試以事，令守節度。節度掌軍糧穀，文書繁猥，非其好也。

恪以丹楊山險，民多果勁，雖前發兵，徒得外縣平民而已，其餘深遠，莫能禽盡，屢自求乞爲官出之，三年可得甲士四萬。衆議咸以丹楊地勢險阻，與吳郡、會稽、新都、鄱陽四郡鄰接，周旋數千里，山谷萬重，其幽邃民人，未嘗入城邑，對長吏，皆仗兵野逸，白首於林莽。逋亡宿惡，咸共逃竄。山出銅鐵，自鑄甲兵。俗好武習戰，高尚氣力，其升山赴險，抵突叢棘，若魚之走淵，猨狖之騰木也。時觀間隙，出爲寇盜，每致兵征伐，尋其窟藏。其戰則蠭至，敗則鳥竄，自前世以來，不能羈也。皆以爲難。恪父瑾聞之，亦以事終不逮，歎曰：「恪不大興吾家，將大赤吾族也。」恪盛陳其必捷。權拜恪撫越將軍，領丹楊太守，授棨戟武騎三百。拜畢，命恪備威儀，作鼓吹，導引歸家，時年三十二。

恪到府，乃移書四郡屬城長吏，令各保其疆界，明立部伍，其從化平民，悉令屯居。乃分內諸將，羅兵幽阻，但繕藩籬，不與交鋒，候其穀稼將熟，輒縱兵芟刈，使無遺種。舊穀既盡，新田不收，平民屯居，略無所入，於是山民飢窮，漸出降首。恪乃復敕下曰：「山民去惡從化，皆當撫慰，徙出外縣，不得嫌疑，有所執拘。」臼陽長胡伉得降民周遺，遺舊惡民，困迫暫出，內圖叛逆，伉縛送(言)〔諸〕府。恪以伉違教，遂斬以徇，以狀表上。民聞伉坐執人被戮，知官惟欲出之而已，於是老幼相攜而出，歲期，人數皆如本規。恪自領萬人，餘分給諸將。

權嘉其功，遣尚書僕射薛綜勞軍。【略】拜恪威北將軍，封都鄉侯。恪乞率衆佃廬江、皖口，因輕兵襲舒，掩得其民而還。復遠遣斥候，觀相徑要，欲圖壽春，權以爲不可。

赤烏中，魏司馬宣王謀欲攻恪，權方發兵應之，望氣者以爲不利，於是徙恪屯於柴桑。與丞相陸遜書【略】恪知遜以此嫌己，故遂廣其理而贊其旨也。會遜卒，恪遷大將軍，假節，駐武昌，代遜領荊州事。

久之，權不豫，而太子少，乃徵恪以大將軍領太子太傅，中書令孫弘領少傅。權疾困，召恪、弘及太常滕胤、將軍呂據、侍中孫峻，屬以後事。

翌日，權薨。弘素與恪不平，懼爲恪所治，祕權死問，欲矯詔除恪。峻以告恪，恪請弘咨事，於坐中誅之，乃發喪制服。【略】恪更拜太傅。於是罷視聽，息校官，原逋責，除關税，事崇恩澤，衆莫不悦。恪每出入，百姓延頸，思見其狀。

初，權黄龍元年遷都建業，二年築東興隄遏湖水。後征淮南，敗以内船，由是廢不復脩。恪以建興元年十月，會衆於東興，更作大隄，左右結山，俠築兩城，各留千人，使全端、留略守之，引軍而還。魏以吳軍入其疆土，恥於受侮，命大將胡遵、諸葛誕等率衆七萬，欲攻圍兩塢，圖壞隄遏。恪興軍四萬，晨夜赴救。遵等敕其諸軍作浮橋度，陳於隄上，分兵攻兩城。城在高峻，不可卒拔。恪遣將軍留贊、呂據、唐咨、丁奉爲前部。時天寒雪，魏諸將會飲，見贊等兵少，而解置鎧甲，不持矛戟。但兜鍪刀楯，倮身緣遏，大笑之，不即嚴兵。兵得上，便鼓譟亂斫。魏軍驚擾散走，争渡浮橋，橋壞絶，自投於水，更相蹈藉。樂安太守桓嘉等同時並没，死者數萬。故叛將韓綜爲魏前軍督，亦斬之。獲車乘、牛馬、驢騾各數千，資器山積，振旅而歸。進封恪陽都侯，加荊揚州牧，督中外諸軍事，賜金一百斤，馬二百匹，繒布各萬匹。

恪遂有輕敵之心，以十二月戰克，明年春，復欲出軍。諸大臣以爲數出罷

勢，同辭諫恪，恪不聽。中散大夫蔣延或以固争，扶出。

恪乃著論諭衆意，【略】衆皆以恪此論欲必爲之辭，然莫敢復難。

丹楊太守聶友素與恪善，書諫恪曰：「大行皇帝本有遏東關之計，計未施行。今公輔贊大業，成先帝之志，寇遠自送，將士憑賴威德，出身用命，一旦有非常之功，豈非宗廟神靈社稷之福邪！宜且案兵養鋭，觀釁而動。今乘此勢，欲復大出，天時未可。而苟任盛意，私心以爲不安。」恪題論後，爲書答友曰：「足下雖有自然之理，然未見大數。熟省此論，可以開悟矣。」於是違衆出軍，大發州郡二十萬衆，百姓騷動，始失人心。

恪意欲曜威淮南，驅略民人，而諸將或難之曰：「今引軍深入，疆埸之民，必相率遠遁，恐兵勞而功少，不如止圍新城。新城困，救必至，至而圖之，乃可大獲。」恪從其計，迴軍還圍新城。攻守連月，城不拔。士卒疲勞，因暑飲水，泄下流腫，病者大半，死傷塗地。諸營吏日白病者多，恪以爲詐，欲斬之，自是莫敢言。恪内惟失計，而恥城不下，忿形於色。將軍朱異有所是非，恪怒，立奪其兵。都尉蔡林數陳軍計，恪不能用，策馬奔魏。魏知戰士罷病，乃進救兵。恪引軍而去。士卒傷病，流曳道路，或頓仆坑壑，或見略獲，存亡忿痛，大小呼嗟。而恪晏然自若，出住江渚一月，圖起田於潯陽，詔召相銜，徐乃旋師。由此衆庶失望，而怨黷興矣。

秋八月軍還，陳兵導從，歸入府館。即召中書令孫嘿，厲聲謂曰：「卿等何敢妄數作詔？」嘿惶懼辭出，因病還家。恪征行之後，曹所奏署令長職司，一罷更選，愈治威嚴，多所罪責，當進見者，無不竦息。又改易宿衛，用其親近，復敕兵嚴，欲向青、徐。

孫峻因民之多怨，衆之所嫌，搆恪欲爲變，與亮謀，置酒請恪。恪將見之夜，精爽擾動，通夕不寐。明將盥漱，聞水腥臭，侍者授衣，衣服亦臭。恪怪其故，易衣易水，其臭如初，意悁悵不悦。嚴畢趨出，犬銜引其衣，恪曰：「犬不欲我行乎？」還坐，頃刻乃復起，犬又銜其衣，恪令從者逐犬，遂升車。

初，恪將征淮南，有孝子著縗衣入其閤中，從者白之，令外詰問，孝子曰：「不自覺入。」時中外守備，亦悉不見，衆皆異之。出行之後，所坐廳事屋棟中折。自新城出住東興，有白虹見其船，還拜蔣陵，白虹復繞其車。

及將見，駐車宫門，峻已伏兵於帷中，恐恪不時入，事泄，自出見恪曰：「使君若尊體不安，自可須後，峻當具白主上。」欲以嘗知恪。恪答曰：「當自力入。」散騎常侍張約、朱恩等密書與恪曰：「今日張設非常，疑有他故。」恪省書而去。未出路門，逢太常滕胤，恪曰：「卒腹痛，不任入。」胤不知峻陰計，謂恪曰：「君自行旋未見，今上置酒請君，君已至門，宜當力進。」恪躊躇而還，劍履上殿，謝亮，還坐。設酒，恪疑未飲，峻因曰：「使君病未善平，當有常服藥酒，自可取之。」恪意乃安，别飲所賫酒。酒數行，亮還内。峻起如廁，解長衣，著短服，出曰：「有詔收諸葛恪！」恪驚起，拔劍未得，而峻刀交下。張約從旁斫峻，裁傷左手，峻應手斫約，斷右臂。武衛之士皆趨上殿，峻云：「所取者恪也，今已死。」悉令復刃，乃除地更飲。

先是，童謡曰：「諸葛恪，蘆葦單衣篾鉤落，於何相求成子閤。」成子閤者，反語石子岡也。建業南有長陵，名曰石子岡，葬者依焉。鉤落者，校飾革帶，世謂之鉤絡帶。恪果以葦席裹其身而篾束其腰，投之於此岡。

雜録

備録

《三國志》卷六四《諸葛恪傳》注引《吴書》 權寢疾，議所付託。時朝臣咸皆注意於恪，而孫峻表恪器任輔政，可付大事。權嫌恪剛佷自用。峻以當今朝臣皆莫及，遂固保之，乃征恪。後引恪等見卧内，受詔牀下。權詔曰：「吾疾困矣，恐不復相見，諸事一以相委。」恪歔欷流涕曰：「臣等皆受厚恩，當以死奉詔。願陛下安精神，損思慮，無以外事爲念。」權詔有司，諸事一統於恪，惟殺生大事然後以聞。爲治第館，設陪衛。羣官百司拜揖之儀，各有品叙。諸法令有不便者，條列以聞，權輒聽之。中外翕然，人懷歡欣。

《三國志》卷六四《諸葛恪傳》注引《江表傳》 曾有白頭鳥，集殿前。權曰：「此何鳥也？」恪曰：「白頭翁也。」張昭自以坐中最老，疑恪以鳥戲之。因曰：「恪欺陛下，未嘗聞鳥名白頭翁者。試使恪，復求白頭母。」恪曰：「鳥名鸚母，未必有對。試使輔吴，復求鸚父。」昭不能答，坐中皆歡笑。

《三國志》卷六四《諸葛恪傳》注引《江表傳》 恪，少有才名。發藻岐嶷，辯

論應機，莫與爲對。權見而奇之，謂瑾曰：「藍田生玉，真不虚也。」

《三國志》卷六四《諸葛恪傳》注引《江表傳》 權爲吴王，初置節度官，使典掌軍糧，非漢制也。初，用侍中偏將軍徐詳，詳死，將用恪。諸葛亮聞恪代詳，書與陸遜曰：「家兄年老，而恪性悚，今使典主糧穀；糧穀，軍之要最，僕雖在遠，竊用不安。足下特爲啓至尊轉之。」

《三國志》卷六四《諸葛恪傳》注引《恪别傳》 權嘗饗蜀使費禕，先逆敕羣臣：「使至，伏食勿起。」禕至，權爲輟食，而羣下不起。禕嘲之曰：「鳳凰來翔，騏驎吐哺。驢騾無知，伏食如故。」恪答曰：「爰植梧桐，以待鳳凰。有何燕雀，自稱來翔？何不彈射，使還故鄉！」禕停食餅，索筆作《麥賦》。恪亦請筆，作磨賦，咸稱善焉。權嘗問恪：「頃何以自娱，而更肥澤？」恪對曰：「臣聞富潤屋，德潤身。臣非敢自娱，修己而已。」又問：「卿何如滕胤？」恪答曰：「登階躡履，臣不如胤。回籌轉策，胤不如臣。」恪嘗獻權馬，先其耳。范慎時在坐，嘲恪曰：「馬雖六畜，禀氣于天。今殘其耳，豈不傷仁？」恪答曰：「母之于女，恩愛至矣。穿耳附珠，何傷于仁？」太子嘗嘲恪：「諸葛元遜，可食馬矢。」恪曰：「願太子食鷄卵。」權曰：「人令卿食馬矢，卿使人食鷄卵，何也？」恪曰：「所出同耳。」權大笑。

許嵩《建康實録》卷三 恪字元遜，瑾之長子。有才名，少鬚眉，折頞，大口高聲，發藻岐嶷，辯論機捷，應答無方，時人莫與爲對。太祖奇之，謂瑾曰：「藍田出玉，真不虚也。」自中庶子爲太子賓友、左輔都尉。嘗從太祖會羣臣歡甚，以恪父面長似驢，取驢署曰「諸葛瑾」，示恪。恪借太祖筆，書「之驢」二字，太祖大笑，以驢賜恪。他日又從容問曰：「卿父與叔父孰賢？」曰：「臣父爲優。」帝問何故，曰：「臣父知所事，叔父不知，是以爲優。」

初置節度典軍糧，特令恪代徐祥領之，尋爲撫越將軍、丹楊太守。父瑾聞之，以丹楊山險，民多果勁，蜂至鳥竄，難以羈統，恪陳必安之計。時年三十二，拜武騎，威儀鼓吹，道引到府。移書丹楊，吴郡、會稽、新都、壽陽等四郡屬城長吏，令各保疆，立部伍，其從化人，悉令屯居。而使諸將羅兵阻險，莫與交鋒，候禾稼熟，則縱兵芟刈，使無遺種。舊穀既盡，新田不收，在山之民，饑困自出者，輙不得執之，任其來往，慰撫之。山越大治，人皆安堵。累遷威北將軍，屯柴桑。

初，與陸遜不和，嘗善譽遜，遜薨，代爲大將軍、荆州牧、假節，鎮武昌。太元末，受顧命。帝即位，獨擅内外事，百官總己，以聽於恪。恪始爲政，罷視聽，息校官，原逋債，除關税，崇恩澤，遠近歡悦，每一出入，百姓延頸，思見其面。既而北伐，衆始人勞。侍中、武衛將軍孫峻等因人不堪，密與帝謀誅之。其夜恪精爽不安。及明，盥嗽聞水及衣裳血腥。將昇車，犬又頻頻引其衣，恪還坐曰：「犬不欲吾行乎？」少間又出，犬復銜衣牽之，恪乃逐犬登車。至宫門，散騎常侍張約、朱思等密書報恪，恪謂滕胤曰：「孫峻小子，何能爲也！」遂入坐定，酒數行，峻起如廁，解長衣持刀出，曰：「有詔收諸葛恪！」恪驚起，拔劍未出而峻刀交下。張約從旁斫峻，傷左手，峻應手斫，斷右臂。武衛皆拔刃欲上殿，峻告曰：「所殺唯恪一人，今已死。」悉令復刃，使收其家。家人不知，恪侍婢忽然於中堂脚自離地，頂上柱屋梁。

初，恪出征南時，有孝子杖縗經入閤中，侍者白恪，恪詰問之，孝子曰：「向不知所入。」中外守備，亦不見之。及出行後，廳棟中折，自新城往來，白虹見其船，又遶其車，果是遇害。

干寶《搜神記》卷九 吴諸葛恪征淮南，歸，將朝會之夜，精爽擾動，通夕不寐。嚴畢趨出，犬銜引其衣。恪曰：「犬不欲我行耶？」出，仍入坐，少頃，復起，犬又銜衣。恪令從者逐之。及入，果被殺。其妻在室，語使婢曰：「爾何故血臭？」婢曰：「不也。」有頃，愈劇。又問婢曰：「汝眼目瞻視，何以不常？」婢蹶然起躍，頭至于棟，攘臂切齒而言曰：「諸葛公乃爲孫峻所殺。」于是大小知恪死矣。而吏兵尋至。

干寶《搜神記》卷一二 吴諸葛恪爲丹陽太守，嘗出獵，兩山之間，有物如小兒，伸手欲引人。恪令伸之，乃引去故地。去故地，即死。既而參佐問其故，以爲神明。恪曰：「此事在《白澤圖》内，曰：『兩山之間，其精如小兒，見人，則伸手欲引人，名曰「傒囊」，引去故地，則死。』無謂神明而異之。諸君偶未見耳。」

《世説新語・排調》 諸葛瑾爲豫州，遣别駕到臺，瑾已見。語云：「小兒知談，卿可與語。」連往詣恪，恪不與相見。後于張輔吴坐中相遇，别駕唤恪：「咄咄郎君。」恪因嘲之曰：「豫州亂矣，何咄咄之有？」答曰：「君明臣賢，未聞其亂。」恪曰：「昔唐堯在上，四凶在下。」答曰：「非唯四凶，亦有丹朱。」于是一坐大笑。

《殷芸小説》卷六 諸葛恪對南陽韓文晃，誤呼其父字。晃曰：「向人子前呼其父字，爲是禮邪？」恪笑而答曰：「向天穿針，不見天怒者，非輕於天，意有所在耳。」

釋道世《法苑珠林》卷九四《酒肉篇》 吴幼帝即位，諸葛恪輔政，孫峻爲侍中、大將軍，恪强愎傲物，峻嶮側而好權。鳳皇三年，恪攻新城，無功而還。峻將

以幼帝響恪而殺之。其日，恪精神擾動，通夕不寐。張約、滕胤以峻謀告恪。恪曰：「竪子其何能爲。不過因酒食行酖毒耳」。將親信人以藥酒自隨，恪將入，畜犬追銜其衣裾，不得去者三。恪顧拊犬頭曰：「惜那無苦也」。既入，峻伏兵殺之。峻後病，夢爲恪所擊狂言常稱見恪，遂死。

備論

《三國志》卷六四《諸葛滕二孫濮陽傳》 諸葛恪，才氣幹略，邦人所稱。然驕且吝，周公無觀，况在于恪？矜己陵人，能無敗乎！若躬行所與陸遜及弟融之書，則悔吝不至，何尤禍之有哉？

郝經《續後漢書》卷六三《諸葛恪列傳》 權置丞相，雍容優禮，而不畀政柄，是以大綱不立，如東漢之世。臨終而遽託國於新進之恪，豈能厭國人之心哉？器非弘毅，驕吝專愎，矜己陵人，能無敗乎？亦屢出師，爲孔明之事，疲民以逞，僨軍殺身，復誰咎哉？大臣首亂，兇竪繼起，放弒誅殺，洫血江壖，鍾毒於皓，竟亡其國，皆恪啓之也。【略】

贊曰：吳楚剽悍，氓俗喜殺。元遜弗靖，能免衷甲？國賊嘻笑，亂臣手滑，揕刃擲首，更相傾軋。竟啓虐皓，酷罰淫刑，國亡毒流，六代血腥。

羊祜部

綜述

《晉書》卷三四《羊祜傳》　羊祜字叔子，泰山南城人也。世吏二千石，至祜九世，並以清德聞。祖續，仕漢南陽太守。父衜，上黨太守。祜，蔡邕外孫，景獻皇后同産弟。

祜年十二喪父，孝思過禮，事叔父耽甚謹。嘗遊汶水之濱，遇父老謂之曰：「孺子有好相，年未六十，必建大功於天下。」既而去，莫知所在。及長，博學能屬文，身長七尺三寸，美鬚眉，善談論。郡將夏侯威異之，以兄霸之子妻之。舉上計吏，州四辟從事、秀才，五府交命，皆不就。太原郭奕見之曰：「此今日之顔子也。」與王沈俱被曹爽辟。沈勸就徵，祜曰：「委質事人，復何容易。」及爽敗，沈以故吏免，因謂祜曰：「常識卿前語。」祜曰：「此非始慮所及。」其先識不伐如此。

夏侯霸之降蜀也，姻親多告絶，祜獨安其室，恩禮有加焉。尋遭母憂，長兄發又卒，毀慕寢頓十餘年，以道素自居，恂恂若儒者。

文帝爲大將軍，辟祜，未就，公車徵拜中書侍郎，俄遷給事中、黄門郎。時高貴鄉公好屬文，在位者多獻詩賦，汝南和逌以忤意見斥，祜在其間，不得而親疏，有識尚焉。陳留王立，賜爵關中侯，邑百户。以少帝不願爲侍臣，求出補吏，徙祕書監。及五等建，封鉅平子，邑六百户。鍾會有寵而忌，祜亦憚之。及會誅，拜相國從事中郎，與荀勖共掌機密。遷中領軍，悉統宿衛，入直殿中，執兵之要，事兼内外。

武帝受禪，以佐命之勳，進號中軍將軍，加散騎常侍，改封郡公，邑三千户。固讓封不受，乃進本爵爲侯，置郎中令，備九官之職，加夫人印綬。泰始初，詔【略】以祜爲尚書右僕射、衛將軍，給本營兵。時王佑、賈充、裴秀皆前朝名望，祜每讓，不處其右。

帝將有滅吳之志，以祜爲都督荆州諸軍事、假節，散騎常侍、衛將軍如故。

祜率營兵出鎮南夏，開設庠序，綏懷遠近，甚得江漢之心。與吳人開布大信，降者欲去，皆聽之。時長吏喪官，後人惡之，多毀壞舊府，祜以死生有命，非由居室，書下征鎮，普加禁斷。吳石城守去襄陽七百餘里，每爲邊害，祜患之，竟以詭計令吳罷守。於是戍邏減半，分以墾田八百餘頃，大獲其利。祜之始至也，軍無百日之糧，及至季年，有十年之積。詔罷江北都督，置南中郎將，以所統諸軍在漢東、江夏者皆以益祜。在軍常輕裘緩帶，身不被甲，鈴閤之下，侍衛者不過十數人，而頗以畋漁廢政。嘗欲夜出，軍司徐胤執棨當營門曰：「將軍都督萬里，安可輕脱？將軍之安危，亦國家之安危也。胤今日若死，此門乃開耳。」祜改容謝之，此後稀出矣。

後加車騎將軍，開府如三司之儀。祜上表固讓。【略】

及還鎮，吳西陵督步闡舉城來降。吳將陸抗攻之甚急，詔祜迎闡。祜率兵五萬出江陵，遣荆州刺史楊肇攻抗，不克，闡竟爲抗所擒。有司奏：「祜所統八萬餘人，賊衆不過三萬。祜頓兵江陵，使賊備得設。乃遣楊肇偏軍入險，兵少糧懸，軍人挫衄。背違詔命，無大臣節。可免官，以侯就第。」竟坐貶爲平南將軍，而免楊肇爲庶人。

祜以孟獻營武牢而鄭人懼，晏弱城東陽而萊子服，乃進據險要，開建五城，收膏腴之地，奪吳人之資。石城以西，盡爲晉有。自是前後降者不絶，乃增修德信，以懷柔初附，慨然有吞并之心。每與吳人交兵，剋日方戰，不爲掩襲之計。將帥有欲進譎詐之策者，輒飲以醇酒，使不得言。人有略吳二兒爲俘者，祜遣送還其家。後吳將夏詳、邵顗等來降，二兒之父亦率其屬與俱。吳將陳尚、潘景來寇，祜追斬之，美其死節而厚加殯斂。景、尚子弟迎喪，祜以禮遣還。吳將鄧香掠夏口，祜募生縛香，既至，宥之。香感其恩甚，率部曲而降。祜出軍行吳境，刈穀爲糧，皆計所侵，送絹償之。每會衆江沔遊獵，常止晉地。若禽獸先爲吳人所傷而爲晉兵所得者，皆封還之。於是吳人翕然悦服，稱爲羊公，不之名也。

祜與陸抗相對，使命交通，抗稱祜之德量，雖樂毅、諸葛孔明不能過也。抗嘗病，祜饋之藥，抗服之無疑心。人多諫抗，抗曰：「羊祜豈酖人者！」時談以爲華元、子反復見於今日。抗每告其戍曰：「彼專爲德，我專爲暴，是不戰而自服也。各保分界而已，無求細利。」孫皓聞二境交和，以詰抗。抗曰：「一邑一鄉，不可以無信義，況大國乎？臣不如此，正是彰其德，於祜無傷也。」

祜貞慤無私，疾惡邪佞，荀勖、馮紞之徒甚忌之。從甥王衍嘗詣祜陳事，辭

甚俊辯。祜不然之，衍拂衣而起。祜顧謂賓客曰：「王夷甫方以盛名處大位，然敗俗傷化，必此人也。」步闡之役，祜以軍法將斬王戎，故戎、衍並憾之，每言論多毁祜。時人爲之語曰：「二王當國，羊公無德。」

咸寧初，除征南大將軍，開府儀同三司，得專辟召。初，祜以伐吴必藉上流之勢。又時吴有童謡曰：「阿童復阿童，銜刀浮渡江。不畏岸上獸，但畏水中龍。」祜聞之曰：「此必水軍有功，但當思應其名者耳。」會益州刺史王濬徵爲大司農，祜知其可任，濬又小字阿童，因表留濬監益州諸軍事，加龍驤將軍，密令修舟檝，爲順流之計。

祜繕甲訓卒，廣爲戎備。至是上疏，【略】「孫晧之暴，侈於劉禪；吴人之困，甚於巴蜀。而大晉兵衆，多於前世；資儲器械，盛於往時。今不於此平吴，而更阻兵相守，征夫苦役，日尋干戈，經歷盛衰，不可長久，宜當時定，以一四海。」帝深納之。

會秦涼屢敗，祜復表曰：「吴平則胡自定，但當速濟大功耳。」而議者多不同，祜歎曰：「天下不如意，恒十居七八，故有當斷不斷，天與不取，豈非更事者恨於後時哉！」

其後，詔以泰山之南武、陽牟、南城、梁父、平陽五縣爲南城郡，封祜爲南城侯，置相，與郡公同。祜讓曰：「昔張良請受留萬户，漢祖不奪其志。臣受鉅平於先帝，敢辱重爵，以速官謗！」固執不拜，帝許之。祜每被登進，常守沖退，至心素著，故特見申於分列之外。是以名德遠播，朝野具瞻，搢紳僉議，當居台輔。帝方有兼并之志，仗祜以東南之任，故寢之。祜歷職二朝，任典樞要，政事損益，皆諮訪焉，勢利之求，無所關與。其嘉謀讜議，皆焚其草，故世莫聞。凡所進達，人皆不知所由。或謂祜慎密太過者，祜曰：「是何言歟？夫入則造膝，出則詭辭，君臣不密之誡，吾惟懼其不及。不能舉賢取異，豈得不愧知人之難哉！且拜爵公朝，謝恩私門，吾所不取。」

祜女夫嘗勸祜「有所營置，令有歸戴者，可不美乎」？祜默然不應，退告諸子曰：「此可謂知其一不知其二。人臣樹私則背公，是大惑也。汝宜識吾此意。」嘗與從弟琇書曰：「既定邊事，當角巾東路，歸故里，爲容棺之墟。以白士而居重位，何能不以盛滿受責乎！疎廣是吾師也。」

祜樂山水，每風景，必造峴山，置酒言詠，終日不倦。嘗慨然歎息，顧謂從事中郎鄒湛等曰：「自有宇宙，便有此山。由來賢達勝士，登此遠望，如我與卿者多矣！皆湮滅無聞，使人悲傷。如百歲後有知，魂魄猶應登此也。」湛曰：「公德冠四海，道嗣前哲，令聞令望，必與此山俱傳。至若湛輩，乃當如公言耳。」

祜當討吴賊有功，將進爵土，乞以賜舅子蔡襲。詔封襲關内侯，邑三百户。

會吴人寇弋陽、江夏，略户口，詔遣侍臣移書詰祜不追討之意，并欲移州復舊之宜。祜曰：「江夏去襄陽八百里，比知賊問，賊去亦已經日矣。步軍方往，安能救之哉！勞師以免責，恐非事宜也。昔魏武帝置都督，類皆與州相近，以兵勢好合惡離。疆埸之間，一彼一此，慎守而已，古之善教也。若輒徙州，賊出無常，亦未知州之所宜據也。」使者不能詰。

祜寢疾，求入朝。既至洛陽，會景獻宫車在殯，哀慟至篤。中詔申諭，扶疾引見，命乘輦入殿，無下拜，甚見優禮。及侍坐，面陳伐吴之計。帝以其病，不宜常入，遣中書令張華問其籌策。祜曰：「今主上有禪代之美，而功德未著。吴人虐政已甚，可不戰而克。混一六合，以興文教，則主齊堯舜，臣同稷契，爲百代之盛軌。如舍之，若孫晧不幸而没，吴人更立令主，雖百萬之衆，長江未可而越也，將爲後患乎？」華深贊成其計。祜謂華曰：「成吾志者，子也。」帝欲使祜卧護諸將，祜曰：「取吴不必須臣自行，但既平之後，當勞聖慮耳。功名之際，臣所不敢居。若事了，當有所付授，願審擇其人。」

疾漸篤，乃舉杜預自代。尋卒，時年五十八。帝素服哭之，甚哀。是日大寒，帝涕淚霑鬚鬢，皆爲冰焉。南州人征市日聞祜喪，莫不號慟罷市，巷哭者聲相接。吴守邊將士亦爲之泣。其仁德所感如此。賜以東園祕器，朝服一襲，錢三十萬，布百匹。詔【略】贈侍中、太傅，持節如故。

祜立身清儉，被服率素，禄俸所資，皆以贍給九族，賞賜軍士，家無餘財。遺令不得以南城侯印入柩。從弟琇等述祜素志，求葬於先人墓次。帝不許，賜去城十里外近陵葬地一頃，謚曰成。祜喪既引，帝於大司馬門南臨送。祜甥齊王攸表祜妻不以侯斂之意，帝乃詔曰：「祜固讓歷年，志不可奪。身没讓存，遺操曾厲，此夷叔所以稱賢，季子所以全節也。今聽復本封，以彰高美。」

初，文帝崩，祜謂傅玄曰：「三年之喪，雖貴遂服，自天子達；而漢文除之，毁禮傷義，常以歎息。今主上天縱至孝，有曾、閔之性，雖奪其服，實行喪禮。喪禮實行，除服何爲邪！若因此革漢魏之薄，而興先王之法，以敦風俗，垂美百代，不亦善乎！」玄曰：「漢文以末世淺薄，不能行國君之喪，故因而除之。除之數百年，一旦復古，難行也。」祜曰：「不能使天下如禮，且使主上遂服，不猶善乎？」玄曰：「主

上不除而天下除，此爲但有父子，無復君臣，三綱之道虧矣。」祜乃止。

祜所著文章及爲《老子傳》並行於世。襄陽百姓於峴山祜平生游憩之所，建碑立廟，歲時饗祭焉。望其碑者莫不流涕，杜預因名爲《墮淚碑》。荆州人爲祜諱名，屋室皆以門爲稱，改户曹爲辭曹焉。

祜開府累年，謙讓不辟士，始有所命，會卒，不得除署。【略】

祜卒二歲而吴平，羣臣上壽，帝執爵流涕曰：「此羊太傅之功也。」因以克定之功，策告祜廟，仍依蕭何故事，封其夫人。【略】

祜年五歲，時令乳母取所弄金環。乳母曰：「汝先無此物。」祜即詣鄰人李氏東垣桑樹中探得之。主人驚曰：「此吾亡兒所失物也，云何持去！」乳母具言之，李氏悲惋。時人異之，謂李氏子則祜之前身也。又有善相墓者，言祜祖墓所有帝王氣，若鑿之則無後，祜遂鑿之。相者見曰「猶出折臂三公」，而祜竟墮馬折臂，位至公而無子。

嚴可均《全晉文》卷七〇《晉故使持節侍中太傅鉅平成侯羊公碑》 公諱祜，字叔子，泰山南城人也。其先晉羊舌大夫之胄，當漢中興，始自南陽家于岱野，纓冕相繼，九世于兹矣。顯祖南陽太守，考上黨太守，咸有能名。公承俊烈之高風，應明哲之盛代，德擅規模，仁成兹惠。其器量宏深，容度廣大，浩浩乎固不可測已。其志節言行，卓爾不羣，游神玄默，散志青雲，弘之以道籍，博之以藝文。于是仁聲遠耀，芳風遐流。年十有七，上計吏察孝廉，州辟不肯就，羣公休之，四府并命，盤桓累載，及公車徵，拜中書侍郎、秘書監。於時當晉之盛，明揚英俊，乃引公爲相國從事中郎，遷中領軍。遇革命之期，任受禪之會，秉文經武，以集大晉之祚。皇採增輝，帝威遠邁，偉絶代之風，弘唐虞之緒。帝嘉厥庸，疇以大國。公乃逡巡固讓，裁居小邦。天子俞咨，仍復公中軍將軍、散騎常侍，内匪王度，外綏區域，嚴恭寅畏，帝命允飭。運國威于句陳，握皇樞于紫極，于時之盛，未有上公者也。拜衛將軍、尚書僕射，以揆天極，崇成大業。帝道緝熙，泰階永肅。以江寇未夷，乃命公都督荆州諸軍、侍中、車騎將軍，開府辟命，乃養民募財，開斥國界，創築五城，以防寇衛境。然後闡敷皇風，懷遠以德，知大同之業，思王化之則；齊其士人，均其利澤，軍無虞警，民不疲勞，農功盈疇，百姓布野，羣黎被德，殊俗望風，吴人感服。襁負而至者，四萬餘口。進位征南大將軍。公雖享有茅土，歷登臺階，吐飧下士，貳于姬公，方將殪彼戎吴，經國吊民，然後偃甲戢兵，辭功退身，以優游乎初好，此公之素志也。會遘篤疾，春秋五十有八，咸寧四年十有一月庚寅，薨于京邑。天子痛悼，遣使持節追贈侍中、太傅、南城侯印綬，賻吊加于常也。及其葬，上親臨過車騎，謚曰成侯，天子以公德高勳大，而屢辭封爵，故復建南城之國，特以封公。公哲讓終始，上未之許。及其薨也，夫人夏侯氏追公克讓之志，遂不以斂。公自出身以至于終，忠言不輟于口，嘉謀不廢于心。成其業不處其功，勤其勛不榮其禄。儀型言行，動爲世範。暨六年春平吴，策詔曰：「故太傅、鉅平侯羊祜，造建平吴之規，潛謀遠略，與從殊慮，勛業不遂。然蕩滅之計，悉如祜策，固能夷曠世之寇，拯黎民之患，勛烈宏著，而寵不逮身，其遺使以克定之功，策告祜廟。昔漢氏封蕭何夫人爲侯，以崇顯元功，亦古之令典，封祜夫人爲萬歲鄉君，食邑五千户，賜絹萬疋。」于是故吏高文、奚廉等，僉以公德高而志卑，位優而行恭，徽猷被于江漢，懿德及于羣生。涉其風者，貪夫廉，懦夫立，雖夷惠之操，奮乎百世，曷以尚之？奇謀潛略，清功遺緒，靡所寘心，乃共揭石，刊勒盛軌，永表風烈焉，其辭曰：

天臨有晉，乃降皇輔。猗歟惟公，應期協矩。聰哲神睿，乃文乃武。曰唐曰虞，淵淵其度。翼翼其明，孝思以形。乃耀高風，辭爵讓榮。爲而不有，志淩太清。如何不吊。中年殞□□□□□□□□□□末□□□刊□□□，是表是旌。

毛遠明《漢魏六朝碑刻校注·羊祜墓誌》 晉故使持節、都督荆州諸軍事、南將軍、軍司、鉅平侯羊府君之墓。君諱祜，字叔子。太康元年，歲在庚子，二月八日薨亐洛之西北也。夫人吴國劉氏。

雜録

備録

《世説新語·言語》注引《晉諸公贊》 羊祜字叔子，太山平陽人也。世長吏二千石，至祜九世，以清德稱。爲兒時，游汶濱，有行父止而觀焉，歎息曰：「處士大好相，善爲之，未六十，當有重功于天下。即富貴，無相忘。」遂去，莫知所在。累遷都督荆州諸軍事。自在南夏，吴人説服，稱曰羊公，莫敢名者。南州人聞公喪，號哭罷市。

《世説新語・言語》　王子敬語王孝伯曰：「羊叔子自復佳耳，然亦何與人事？故不如銅雀臺上妓。」

《世説新語・識鑒》注引《漢晋春秋》　初，羊祜以軍法欲斬王戎，夷甫又忿祜言其必敗，不相貴重。天下爲之語曰：「二王當朝，世人莫敢稱羊公之有德。」

《世説新語・術解》注引《幽明録》　羊祜工騎乘。有一兒五六歲，端明可喜。掘墓之後，兒即亡。羊時爲襄陽都督，因盤馬落地，遂折臂。于時士林咸歎其忠誠。

《三十國春秋輯本》輯蕭方《三十國春秋》　五年二月，以羊祜都督荆州，鎮襄陽。時祜有平吴之志，方樹基址，擢王濬爲巴郡太守，將委以巴峽之任。祜兄子暨謂祜曰：「觀濬爲人，志大者侈，不可專任。」祜曰：「有大才，必可用也。」識者曰：「祜可謂能舉善矣，知人則哲，叔子之謂乎？」

《三十國春秋輯本》輯蕭方《三十國春秋》　羊祜年十五而孤，事伯母蔡氏以孝聞。蔡氏每歎曰：「羊叔子可謂能養，今顔叔子也。其諸葛孔明之亞乎？」

釋道世《法苑珠林》卷二六《宿命篇》　晋羊太傅祜。字叔子。泰山人也。西晋名臣，聲冠區夏。年五歲時，嘗令乳母取先所弄指環。乳母曰：「汝本無此，於何取耶？」祜曰：「昔於東垣邊弄之落桑樹中。」乳母曰：「汝可自覓。」祜曰：「此非先宅，兒不知處。」後因出門游望遥而東行，乳母隨之，至李氏家，乃入至東垣樹中探得小環。李家驚異曰：「吾子昔有此環，常愛弄之，七歲暴亡，亡後不知環處，此亡兒之物也，云何持去？」祜持環走，李氏逐問之，乳母既説祜言。李氏悲喜，遂欲求祜還爲其兒，里中解喻然後得止。祜年長，常患頭風，醫欲攻治。祜曰：「吾生三日，時頭首北户，覺風吹頂，意甚患之，但不能語耳。病源既久，不可治也。」祜後爲荆州都督，鎮襄陽。經給武當寺殊餘精舍，或問其故，祜默然。後因懺悔敘説因果，乃曰：「前身承有諸罪，賴造此寺，故獲申濟，所以使供養之情偏殷勤重也。」

備論

《晋書》卷三四《羊祜傳》　泰始之際，人只呈貺，羊公起平吴之策，其見天地之心焉。昔齊有黔夫，燕人祭北門之鬼；趙有李牧，秦王罷東并之勢。桑枝不競，瓜潤空慚。垂大信于南服，傾吴人于漢渚，江衢如砥，襁袂同歸。而在乎成功弗居，幅巾窮巷，落落焉其有風飈者也。

贊曰：漢池西險，吴江左回。羊公恩信，百萬歸來。

《三國志》卷五八《陸遜傳》注引習鑿齒説　夫理勝者，天下之所保；信順者，萬人之所宗。雖大肆猷既喪，義聲久渝，狙詐馳于當途，權略周乎急務，負力縱横之人，臧獲牧豎之智，未有不憑此以創功，舍兹而獨立者也。是故晋文退舍，而原城請命；穆子圍鼓，訓之以力；夜夫獻策，而費人斯歸；樂毅緩攻，而風烈長流。觀其所以服物制勝者，豈徒爲例相詐而已哉！自今三家鼎足四十有余年矣，吴人不能越淮、沔而進取中國，中國不能陵長江以争利者，力均而智侔，道不足以相傾也。夫殘彼而利我，未若利我而無殘；振武以懼物，未若德廣而民懷。匹夫猶不可以力服，而況一國乎；力服猶不如以德來，而況不制乎？是以羊祜恢大同之略，思五兵之則，齊其民人，均其施澤，振義綱以羅强吴，明兼愛以革暴俗。易生民之視聽，馳不戰乎江表，故能德音悦暢而襁負云集。殊鄰異域，義讓交弘，自吴之遇敵，未有若此者也。

《李德裕文集・外集》卷一《羊祜留賈充論》　任愷、庾尹以賈充邪僻，欲其疏遠，勸晋武令西鎮長安，惟羊祜密表留之。祜豈悦賈充者哉？良以愛君體國，發於至誠耳。晋氏傾奪魏國，初有天下，其將相大臣，非魏之舊臣，即其子孫，所寄心腹，惟賈充而已。充亦非忠於君者，自以成濟之事，與晋室當同休戚，此羊祜所以願留也。昔漢高不去吕后，亦近於此。漢高嬖戚姬，愛如意，思其久安之計，至於悲歌不樂，豈不知除去吕后，必無後禍？況吕后年長有過，稀復進見，漢高棄之，如去塵垢。實以惠帝暗弱，必不能自攬權綱，其將相皆平生故人，俱起豐、沛，非吕后剛强，不能臨制，所以存之，爲社稷也。後世翼戴其君者，得不念於此哉？

《蘇轍集・欒城後集》卷九《羊祜》　善爲國者，必度其君可與共患難、可與同安樂，而後有爲，故功成而無後憂。

晋厲公與楚共王争鄭，晋人知楚有可乘之隙，欒武子爲政，欲出兵擊之，曰：「不可以當吾世而失諸侯。」范文子不欲，請釋楚以爲外懼。武子不能用。夫文子非苟自安者也。厲公侈而多嬖寵，諸大夫富而淩上，國有大功，則君臣不相安，亂之所自生也。既謀之不從，出而遇楚，猶欲避楚而歸，既勝反國，曰：「亂將作矣，吾不可以佚。」使其祝宗祈死。逾年而厲公殺三郤，立胥童。欒書殺

胥童，弑厲公。文子雖死而免於大難，子孫與晉國相終始。

范蠡事越王勾踐，反自會稽，撫人民，厲甲兵，七年而殺吳王夫差。歸未及國，知越王之難與同安樂也，扁舟去之，卒免文種之戮。若二子者，可謂有先見之明矣。范文子至於自殺，范蠡至於逃亡而不顧，何則？所全者大也。

晉武帝既受魏禪，中原富强，羣臣用命。吳孫皓以淫虐失衆，有亡國之釁。晉人習於長江之險，以爲未可取也。羊祜爲襄陽守，知其不能久，陳可取之計，武帝納之。祜又進王濬、杜預，以成滅吳之功，後世皆稱其賢。吾嘗論祜巧於策吳，而拙於謀晉。何以言之？武帝之爲人，好善而不擇人，苟安而無遠慮，雖賢人滿朝，而賈充、荀勗之流以爲腹心，使吳尚在，相持而不敢肆，雖爲賢君可也。吳亡之後，荒於女色，蔽於庸子，疏賢臣，近小人，去武備，崇藩國，所以兆亡國之禍者，不可勝數，此則滅吳之所從致也。孟子曰：「入則無法家拂士，出則無敵國外患者，國常亡。故人常生於憂患，而死於安樂。」祜不慮此，而鋭於滅吳，其不若范文子遠矣。或曰：「吳滅而晉亂，此天命，非人事也，而羊祜何罪焉？」吾應之曰：爲國當論人事，使祜不爲滅吳之計，孫皓窮凶而死，吳更立君，則長江未可越也。吳既不亡，則晉之君臣，厲精不懈。是吳不滅，而晉不亂也。不猶愈於吳滅而晉亂乎？祜之將死也，武帝欲使卧護諸將，祜曰：「滅吳不須臣自行，但吳平之後，當勞聖慮耳。」推祜此言，蓋亦憂在平吳矣。憂在平吳而勇於滅吳，其不若范文子遠矣！

曹彦約《昌谷集》卷二一《評羊祜杜預》 祜之聞命，非他人之所與知也。是以據險要而建五城，帝不以爲專【略】。吳兒而還其家，帝不以爲異。步闡之敗，止于左官而已；寇略户口，止于詔誥而已。猶之可也。身爲晉將，出軍行邊，何至擅過吳境，刈穀爲糧已，乃計其所值償之以帛。思有以結吳人之心，而直爲是，不可及之事。祜號「當世顔子」，人固賢矣。于其中而加詳焉，不可謂非計也。人徒見杜預代祜，不二歲，而包舉江表。攷預行事，亦非大謬于義。使祜以此得之，亦何不可。孫皓有亡國之徵，豈應遲久意者。祜在襄陽，猶有緩而不切之歎。不知武帝有志之初，南土士女猶未有簞食壺漿之意，國力尚强，羣賢猶在。祜以仁厚勝之，猶足以感其善意。勉用陸抗，德齊地醜；其後情欲不忍，真心發露，營繕遷徙，自困其力。陸抗、華覈之徒，相繼隕令；韋昭、車浚，以無罪見殺。孫皓雖帝其國，已虚矣。預乃反祜計而用之，吳人不悟，表還張政之俘，非昔者饋藥之意矣；僞入孫歆之帳，非昔者降鄧香之意矣。祜之朝夕思慮，豈一日而忘吳？罷吳人之戍，減警邏之卒，墾田至八百餘頃，積糧至十餘年之備。雖有荀勗、馮紞之辯，口不足以屈其辭；王衍、王戎之宿憾，不足以害其德。天下之謀人，未有善于祜者也。

郝經《續後漢書》卷七七《羊祜列傳》 然語平吳之功，武帝歸之羊太傅，是已濬等特輸力而終之爾，始用濬則祜也，著恩信則祜也，力請大舉以乘孫皓祜也，卒之杜預。使濬不受節度，以成破竹之勢，而徑造建業。濬乃自以爲功，而忘羊、杜。

高啓《高青丘集・鳧藻集》卷四《評史・羊祜》 羊祜之守襄陽，獨能以德熏其鄰。每用兵，刻日方戰，不爲掩襲之計；諸將有欲進譎計者，則飲以醇酒，不使得言。軍行吳境，刈穀爲糧，皆計所侵送絹償之；每遊獵，常止晉地，所得禽獸，或先爲吳人所傷者，皆送還之。於是輕裘緩帶，雍容鈴閤，而信義之風藹然被於江漢之間，余固嘗善之，謂其非以功利相侵奪者比也。及觀祜入朝，力陳伐吳之計，且謂張華曰：「成吾志者子也。」祜之志果爲救民乎？抑爲滅吳乎？亦滅吳而已耳。蓋祜之言曰：「孫皓暴虐已甚，於今可不戰而克。若皓殁，更立令主，則雖有百萬之衆，長江未可窺也。」夫皓可伐也，祜直陳其惡，勸武帝以援江左之民於燔溺，豈不偉然哉！迺汲汲以皓殁爲憂，則是幸其虐以爲己利。且夫幸人之虐以爲己利，則豈仁者之心哉！仁者一視而同仁，彼之民猶我之民也；其君虐之邪，我則往救之；其君安之邪，我亦可已矣！又何必俘其君，籍其民，然後爲得哉！祜之志未免於此，則其去以功利相侵奪者何遠焉！

或曰：「如子之言，則是吳終不可滅，而晉終不能一天下也，其可乎？」余曰：王者在德厚薄，不在地之大小也。晉雖兼南北以有之，不旋踵而内禍四出，果何在於一不一乎？隋文帝嘗將伐陳，命大作戰船，人請密之，帝曰：「吾將顯行天誅，何密之有？」使投其柹於江，曰：「彼若懼而能改，吾復何求？」夫隋文帝雖未足爲賢主，然此一言，亦可以王矣。祜之致其君，固不能及湯，又不能如隋文乎？雖然，祜嘗與陸抗對壘，能使抗飲其藥而不疑，則祜亦賢矣！余之言蓋所以責賢者，乃《春秋》之意也。

黄道周《廣名將傳》卷六 荆州欲吳歸晉，知殺不親。故布大信，識得在人，因撫遠近。初至無糧，既而開墾。緩帶輕裘，如不臨陣。若獻詐謀，醉以佳醖。降者欲歸，聽歸不問。偶刈吳糧，絹償不吝。饋藥敵嘗，敵知非鴆。若此行仁，敵焉能順。急争上流，密薦王濬。破吳之謀，既詳且盡。事不如心，八九悶悶。

一旦身殂，峴山遺恨。後帝追功，涕流如噴。策告九原，忠方無慍。

藝文

《全唐詩》卷六四七胡曾《咏史詩・峴山》　曉日登臨感晉臣，古碑零落峴山春。松間殘露頻頻滴，酷似當時墮泪人。

《全唐詩》卷八三九任翻《經墮泪碑》　羊公傳化地，千古事空存。碑已無文字，人猶敬子孫。峴山長閉恨，漢水自流恩。數處烟嵐色，分明是淚痕。

範仲淹《範文正集》卷二《寄題峴山羊公祠堂》　休哉羊叔子，輔晉功勛大。化行江漢間，恩被疆場外。中國倚而安，治爲天下最。開府多英僚，置酒每高會。徘徊臨峴首，興言何慷慨。此山自古有，游者千萬輩。堙滅皆無聞，空悲歲月邁。公乎仁澤深，風采獨不昧。於今墮泪碑，觀之益欽戴。卓有王源步，文學偉當代。藉麾來襄陽，高懷極恬退。山姿列雲端，江響拂天籟。

厲鶚《宋詩紀事》卷一六李康伯《襄州太守王候復峴山羊公祠》　賢哉西晉鉅平侯，刻碑立祠在荆州。州民萬家見之者，揜面丸瀾雙淚下。逮今綿歷歲百祀，峴首巍然臨漢水。碑銚祠廢榛莽中，蕭蕭只有悲風起。內閣深沈侍從臣，赤帷皂蓋來行春。殷勤拂碑復祠貌，一朝舊迹重如新。山光蔥蒨水清冽，天長地久無時別。古人今人空茫茫，惟是功名不能滅。

《全宋詩》卷一二〇一李廌《羊叔子廟》　緬懷吴晉氏，天壤非異宇。賢哉羊頭鎮，一用惠慈撫。高懷寄山水，余事整軍旅。當年峴首歎，奄冉隔今古。遺民俎豆之，廟貌壓江滸。誰令望碑人，墮泪苦兒女。

陳普《石堂先生遺集》卷二一《羊祜》　羣心争欲剸公閭，愁殺淩雲醉老奴。緩帶輕裘信瀟灑，曾知晉事已如吳。尺鯉何曾到賈充，太阿曾擬血王戎。淚痕不到沉碑上，似爲苞苴走路中。吕蒙江上櫓猶羞，曹操徐州血尚留。千古渭濵并峴首，淚痕不逐轂陵收。

李贄《焚書》卷六《讀羊叔子勸伐吴表》　三馬同槽買鄴都，轉身賣與小羌胡。山濤不是私憂者，羊祜寧知非算無。天塹長江權入晉，地分左衽終輸吳。當時王謝成何事，只好清談對酒壚。

邊連寶《邊隨園集》卷四一《峴山行・羊叔子》　羊叔子，將之儒。用兵不解用詭道，惟解雅歌而投壺。羊叔子，不鴆人，乃至不忍鴆其敵，敵人信之如親感，豈有鴆人羊叔子，此語令人淚沾臆。淚沾臆，不可揮，何必親見《峴山碑》。

杜預部

綜述

《晉書》卷三四《杜預傳》 杜預字元凱，京兆杜陵人也。祖畿，魏尚書僕射。父恕，幽州刺史。預博學多通，明於興廢之道，常言：「德不可以企及，立功立言可庶幾也。」初，其父與宣帝不相能，遂以幽死，故預久不得調。

文帝嗣立，預尚帝妹高陸公主，起家拜尚書郎，襲祖爵豐樂亭侯。在職四年，轉參相府軍事。鍾會伐蜀，以預爲鎮西長史。及會反，僚佐並遇害，唯預以智獲免，增邑千一百五十户。

與車騎將軍賈充等定律令，既成，預爲之注解，【略】詔班于天下。

泰始中，守河南尹。預以京師王化之始，自近及遠，凡所施論，務崇大體。受詔爲黜陟之課。【略】

司隸校尉石鑒以宿憾奏預，免職。時虜寇隴右，以預爲安西軍司，給兵三百人，騎百匹。到長安，更除秦州刺史，領東羌校尉、輕車將軍、假節。屬虜兵强盛，石鑒時爲安西將軍，使預出兵擊之。預以虜乘勝馬肥，而官軍懸乏，宜并力大運，須春進討，陳五不可、四不須。鑒大怒，復奏預擅飾城門官舍，稽乏軍興，遣御史檻車徵詣廷尉。以預尚主，在八議，以侯贖論。其後隴右之事卒如預策。

是時，朝廷皆以預明於籌略。會匈奴帥劉猛舉兵反，自并州西及河東、平陽，詔預以散侯定計省闥，俄拜度支尚書。預乃奏立藉田，建安邊，論處軍國之要。又作人排新器，興常平倉，定穀價，較鹽運，制課調，内以利國，外以救邊者五十餘條，皆納焉。石鑒自軍還，論功不實，爲預所糾，遂相讎恨，言論諠譁，並坐免官，以侯兼本職。數年，復拜度支尚書。

元皇后梓宫將遷於峻陽陵。舊制，既葬，帝及羣臣即吉。尚書奏，皇太子亦宜釋服。預議「皇太子宜復古典，以諒闇終制」，從之。

預以時曆差舛，不應晷度，奏上《二元乾度曆》，行於世。預又以孟津渡險，有覆没之患，請建河橋于富平津。議者以爲殷周所都，歷聖賢而不作者，必不可立故也。預曰：「『造舟爲梁』，則河橋之謂也。」及橋成，帝從百僚臨會，舉觴屬預曰：「非君，此橋不立也。」對曰：「非陛下之明，臣亦不得施其微巧。」周廟欹器，至漢東京猶在御坐。漢末喪亂，不復存，形制遂絶。預創意造成，奏上之，帝甚嘉歎焉。咸寧四年秋，大霖雨，蝗蟲起。預上疏多陳農要，事在《食貨志》。預在内七年，損益萬機，不可勝數，朝野稱美，號曰「杜武庫」，言其無所不有也。

時帝密有滅吴之計，而朝議多違，唯預、羊祜、張華與帝意合。祜病，舉預自代，因以本官假節，行平東將軍，領征南軍司。及祜卒，拜鎮南大將軍、都督荆州諸軍事，給追鋒車、第二駙馬。預既至鎮，繕甲兵，耀威武，乃簡精鋭，襲吴西陵督張政，大破之，以功增封三百六十五户。政，吴之名將也，據要害之地，恥以無備取敗，不以所喪之實告于孫晧。預欲間吴邊將，乃表還其所獲之衆於晧。晧果召政，遣武昌監劉憲代之。故大軍臨至，使其將帥移易，以成頃蕩之勢。

預處分既定，乃啓請伐吴之期。帝報待明年方欲大舉，預表陳至計【略】旬月之中，又上表，【略】時帝與中書令張華圍棊，而預表適至。華推枰斂手曰：「陛下聖明神武，朝野清晏，國富兵强，號令如一。吴主荒淫驕虐，誅殺賢能，當今討之，可不勞而定。」帝乃許之。

預以太康元年正月，陳兵于江陵，遣參軍樊顯、尹林、鄧圭、襄陽太守周奇等率衆循江西上，授以節度，旬日之間，累克城邑，皆如預策焉。又遣牙門管定、周旨、伍巢等率奇兵八百，泛舟夜渡，以襲樂鄉，多張旗幟，起火巴山，出於要害之地，以奪賊心。吴都督孫歆震恐，與伍延書曰：「北來諸軍，乃飛渡江也。」吴之男女降者萬餘口，旨、巢等伏兵樂鄉城外。歆遣軍出距王濬，大敗而還。旨等發伏兵，隨歆軍而入，歆不覺，直至帳下，虜歆而還。故軍中爲之謡曰：「以計代戰一當萬。」於是進逼江陵。吴督將伍延僞請降而列兵登陴，預攻克之。既平上流，於是沅、湘以南，至于交、廣，吴之州郡皆望風歸命，奉送印綬，預仗節稱詔而綏撫之。凡所斬及生獲吴都督、監軍十四，牙門、郡守百二十餘人。又因兵威，徙將士屯戍之家以實江北，南郡故地各樹之長吏，荆土肅然，吴人赴者如歸矣。

王濬先列上得孫歆頭，預後生送歆，洛中以爲大笑。時衆軍會議，或曰：

「百年之寇，未可盡克。今向暑，水潦方降，疾疫將起，宜俟來冬，更爲大舉。」預曰：「昔樂毅藉濟西一戰以并强齊。今兵威已振，譬如破竹，數節之後，皆迎刃而解，無復著手處也。」遂指授羣帥，徑造秣陵。所過城邑，莫不束手。議者乃以書謝之。

孫晧既平，振旅凱入，以功進爵當陽縣侯，增邑并前九千六百户，封子耽爲亭侯，千户，賜絹八千匹。

初，攻江陵，吴人知預病癭，憚其智計，以瓠繫狗頸示之。每大樹似癭，輒斫使白，題曰「杜預頸」。及城平，盡捕殺之。

預既還鎮，累陳家世吏職，武非其功，請退。不許。

預以天下雖安，忘戰必危，勤於講武，修立泮宫，江漢懷德，化被萬里。攻破山夷，錯置屯營，分據要害之地，以固維持之勢。又修邵信臣遺跡，激用滍、淯諸水，以浸原田萬餘頃，分疆刊石，使有定分，公私同利。衆庶賴之，號曰「杜父」。舊水道唯沔、漢達江陵千數百里，北無通路。又巴丘湖，沅、湘之會，表裏山川，實爲險固，荆蠻之所恃也。預乃開楊口，起夏水，達巴陵千餘里，内瀉長江之險，外通零桂之漕。南土歌之曰：「後世無叛由杜翁，孰識智名與勇功。」

預公家之事，知無不爲。凡所興造，必考度始終，鮮有敗事。或譏其意碎者，預曰：「禹稷之功，期於濟世，所庶幾也。」

預好爲後世名，常言「高岸爲谷，深谷爲陵」，刻石爲二碑，紀其勳績，一沈萬山之下，一立峴山之上，曰：「焉知此後不爲陵谷乎！」

預身不跨馬，射不穿札，而每任大事，輒居將率之列。結交接物，恭而有禮，問無所隱，誨人不倦，敏於事而慎於言。既立功之後，從容無事，乃耽思經籍，爲《春秋左氏經傳集解》。又參攷衆家譜第，謂之《釋例》。又作《盟會圖》、《春秋長曆》，備成一家之學，比老乃成。又撰《女記讚》。當時論者謂預文義質直，世人未之重，唯祕書監摯虞賞之，曰：「左丘明本爲《春秋》作傳，而《左傳》遂自孤行。《釋例》本爲《傳》設，而所發明何但《左傳》，故亦孤行。」時王濟解相馬，又甚愛之，而和嶠頗聚斂，預常稱「濟有馬癖，嶠有錢癖」。武帝聞之，謂預曰：「卿有何癖？」對曰：「臣有《左傳》癖。」

預在鎮，數餉遺洛中貴要。或問其故，預曰：「吾但恐爲害，不求益也。」

預初在荆州，因宴集，醉卧齋中。外人聞嘔吐聲，竊窺於户，止見一大蛇垂頭而吐。聞者異之。其後徵爲司隸校尉，加位特進，行次鄧縣而卒，時年六十三。帝甚嗟悼，追贈征南大將軍、開府儀同三司，謚曰成。預先爲遺令，【略】子孫一以遵之。子錫嗣。

雜録

備録

《世説新語・方正》 杜預之荆州，頓七里橋，朝士悉祖。預少賤，好豪俠，不爲物所許。楊濟既名氏雄俊，不堪，不坐而去。須臾，和長輿來，問：「楊右衛何在？」客曰：「向來不坐而去。」長輿曰：「必大夏門下盤馬。」往大夏門，果大閲騎，長輿抱内車，共載歸，坐如初。

杜預拜鎮南將軍，朝士悉至，皆在連榻坐，時亦有裴叔則。羊穉舒後至，曰：「杜元凱乃復連榻坐客？」不坐便去。杜請裴追之，羊去數里住馬，既而俱還杜許。

《世説新語・方正》注引王隱《晉書》 預字元凱，京兆杜陵人，漢御史大夫延年十一世孫。祖畿，魏太保。父恕，幽州、荆州刺史。預智謀淵博，明于治亂，常稱「立德者非所企及，立功、立言所庶幾也。」累遷河南尹，爲鎮南將軍，都督荆州諸軍事，鎮襄陽。以平吴勛封當陽侯。預無伎藝之能，身不跨馬，射不穿札，而每有大事，輒在將帥之限。贈征南將軍，儀同三司。

《世説新語・術解》注引《語林》 武子性愛馬，亦甚别之。故杜預道「王武子有馬癖，和長輿有錢癖。」武帝問杜預：「卿有何癖？」對曰：「臣有《左傳》癖。」

《殷芸小説》卷六 杜預書告兒：古諺：「有書藉人爲可嗤，藉書送還亦可嗤。」

李昉《太平廣記》卷四五六《杜預》 杜預爲荆州刺史，鎮襄陽時，有讌集，大醉，閉齋獨眠，不聽人前。後嘗醉，外聞齋中嘔吐，其聲甚苦，莫不悚慄。有一小吏，私開户看之，正見牀上一大蛇，垂頭牀邊吐，都不見人，出密道如此。

備論

《晉書》卷三四《杜預傳》 泰始之際，人祇呈貺，羊公起平吴之策，其見天地之心焉。昔齊有黔夫，燕人祭北門之鬼；趙有李牧，秦王罷東并之勢。桑枝不競，瓜潤空慚。垂大信於南服，傾吴人於漢渚。江衢如砥，襁袂同歸。而在乎成功弗居，幅巾窮巷，落落焉其有風飇者也。杜預不有生知，用之則習，振長策而攻取，兼儒風而轉戰。孔門稱四，則仰止其三；《春秋》有五，而獨擅其一，不其優歟？夫三年之喪，云無貴賤。輕纖奪於在位，可以興嗟；既葬釋於儲君，何其斯酷。徇以苟合，不求其正，以當代之元良，爲諸侯之庶子，檀弓習於變禮者也，杜預其有焉。

漢池西險，吴江左迴。羊公恩信，百萬歸來。昔之誓旅，懷經罕素。元凱文場，稱爲武庫。

胡寅《讀史管見》卷七 預在襄陽，數行餉遺，或問其故，曰：「吾不求益，但恐作害耳。」嗚呼！預熟於《左氏傳》，善用兵矣。【略】徒取孟獻子「謀不免」之一言，而忽叔孫豹衛社稷之正道。昔人稱元凱《傳》癖，夫學《春秋》而不知義利之分，其癖深矣？

曹彦約《昌谷集》卷二一《評羊祜杜預》 預定律令，則取其直評，考課則取其簡。爲度支尚書，立籍田，復常平，較鹽運制課調，安邊重穀，處軍國之要。内以利國，外以勝敵。其人品，不碌碌自是。平吴之手，晉無羊祜，預爲獨步矣。祜病而能舉之，武帝信而能用之。預受命而卒能之，終始十餘年。立大功業，不必出于其手。在此一舉，關係甚大，非削平禍亂之常規也。按三國鼎峙，而晉受魏禪，未幾而平蜀，又未幾而平吴。其平蜀也，有後悔；其取吴也，有遠圖識事量力。知武帝非常主矣。惜其見于外，而不覩其内；用祜于外，而不暇乎其内也。

郝經《續後漢書》卷七七《杜預》 魏晉以來，專尚詐力，以相傾軋。羊祜獨務德信，開示公道，不爲掩襲，使吴人心服，一舉而奄有江淮，混一區夏。孔明之後，一人而已。至於謂王衍，必敗俗傷化。告武帝以既平之後，當勞聖慮，卒皆如其言。晉氏之聖臣也。杜預學識遠到，志力剛明，有古儒將之風，而德度弗逮祜也。

黄道周《廣名將傳》卷七 杜預立言，號稱武庫。代督荆州，西陵先據。政諱喪師，表還逐去。既克西陵，殺機已露。陳兵江陵，自不復顧。暗遣奇兵，泛舟夜渡。旗幟多張，賊心驚懼。孫歆計窮，遣軍出拒。敗不隄防，遭擒于誤。伍延僞降，預攻如故。既平上流，餘俱風怖。破竹功成，千秋羨慕。

趙一清《東潛文稿》卷下《杜預論》 昔人以有藥一丸，救君救父設難，衆議紛紜。曹子桓諮于邴根矩，邴勃然曰：「父也！豈不以有父子然後有君臣。輕重之權衡，人倫之極則，不可得而踰也。」吾于魏晉之際，觀夫處其親之變者，有三人焉，曰王褒，曰嵇紹，曰杜預。褒父儀以東關之敗，責在元帥，遂逢子上之怒見法市曹。偉元執節終身，坐不西向，手不捉筆，眷戀墳壠絶婚。朝士至今誦所忌就戮馬市。紹乃出應山公啓。事卒，死蕩陰。君子以爲延祖雖缺于孝，而實盛于忠。斯二子者，世之人習睹熟聞，或出或處優劣判然。若夫杜預，勛名顯于晉室，傳注傳于後代。曾莫有起而議之者，而不知其父恕之以非理終也。《魏書・恕傳》云：少無名譽，在朝不結交援專心向公。又云：倜儻任意，思不防患，不得當世之和。後與程喜嫌隙，深文劾奏。以父畿勤事水死，免爲庶人。究不審所坐何罪，得禍若是之深也。及讀《晉書》預本傳云：父恕，與宣帝不相能，遂以幽死。然後知務伯之冤由於司馬，而陳承祚爲之諱爾。蓋務伯不忍見舜禹爲壇再禪之儀，山陽故事，班寵有加之典，見惡權臣，貞慈亮節比諸陳元伯傳蘭石之徒，有不可同年而語者。乃元凱忽而父之仇，徇婦家之黨，爲之効命疆場，削平吴會。迨至喋血江陵，沈碑峴首，不念《蓼莪》之詩，并乏侍中之血，有道之士，純乎天德，而不馳騖功名，其必有以自處矣。或云：諸葛靚事類王褒，一時頓有兩完人云。

藝文

歐陽詢《藝文類聚》卷五〇引王隱《晉書》 杜預爲鎮南大將軍，都督荆州諸軍事，南土美而謡之曰：「後世無叛有杜翁，孰識智名與勇功。」

李廌《濟南集》卷二《杜元凱廟》 書生昧籌算，罕立横草功。征南日耽經，帷幄明指踪。胸中有武庫，矧與豎儒同。賢哉秉節度，不制蜀阿童。沈碑雖好名，要是真英雄。寥寥萬山路，爽氣摇松風。

陳普《石堂先生遺集》卷二一《杜預》 晉武良心獨未亡，娼家瀆禮自多妨。洛中冠蓋無多日，元凱春秋亦短長。旄頭兩度茀鈎陳，黄色頻年鬬孟春。長曆春秋兩高閣，東南填淤正肥民。

張溥《漢魏六朝百三家集題辭注・杜征南集》 《左傳》之有杜元凱，六經之孔孟也。當時論者猶以質直見輕，豈真貴古而賤今乎？子雲《太玄》，不遇桓譚，幾覆醬瓿。元凱釋《左》，非摯虞，亦莫知其孤行天地也。杜集絶無詩賦，意者其雕蟲邪？彼雖彌綸經傳，自託獲麟，下者則薄之，誠不欲以此有名也。元凱常言三不朽，庶幾立功、立言，其事皆踐。漢興，佐命如鄭侯刀筆，高密書生，不免望塵而拜。章奏爾雅，悉西京風制，經術既深，凡文皆餘耳。不期工而工，此學者糞本之説也。武庫平吳，功堪廟食，釋《左》一書，復懸日月之間，爲世傳習，其於聖經，爲先後疏附也。誠勞過揚玄矣。儲君降服，議禮興譏，是將通世變以就古人。檀弓變禮，不辭作俑，未可與素冠之詩同相笑也。

張華部

綜述

《晉書》卷三六《張華傳》 張華字茂先，范陽方城人也。父平，魏漁陽郡守。華少孤貧，自牧羊，同郡盧欽見而器之。鄉人劉放亦奇其才，以女妻焉。華學業優博，辭藻温麗，朗贍多通，圖緯、方伎之書莫不詳覽。少自修謹，造次必以禮度。勇於赴義，篤於周急。器識弘曠，時人罕能測之。

初未知名，著《鷦鷯賦》以自寄。【略】陳留阮籍見之，歎曰：「王佐之才也！」由是聲名始著。

郡守鮮于嗣薦華爲太常博士。盧欽言之於文帝，轉河南尹丞，未拜，除佐著作郎。頃之，遷長史，兼中書郎。朝議表奏，多見施用，遂即真。晉受禪，拜黄門侍郎，封關内侯。

華强記默識，四海之内，若指諸掌。武帝嘗問漢宫室制度及建章千門萬户，華應對如流，聽者忘倦，畫地成圖，左右屬目。帝甚異之，時人比之子産。數歲，拜中書令，後加散騎常侍。遭母憂，哀毁過禮，中詔勉勵，逼令攝事。

初，帝潛與羊祜謀伐吴，而羣臣多以爲不可，唯華贊成其計。其後，祜疾篤，帝遣華詣祜，問以伐吴之計，語在《祜傳》。及將大舉，以華爲度支尚書，乃量計運漕，决定廟算。衆軍既進，而未有克獲，賈充等奏誅華以謝天下。帝曰：「此是吾意，華但與吾同耳。」時大臣皆以爲未可輕進，華獨堅執，以爲必克。及吴滅。【略】進封爲廣武縣侯，增邑萬户，封子一人爲亭侯，千五百户，賜絹萬匹。

華名重一世，衆所推服，晉史及儀禮憲章並屬於華，多所損益，當時詔誥皆所草定，聲譽益盛，有台輔之望焉。而荀勖自以大族，恃帝恩深，憎疾之，每伺間隙，欲出華外鎮。會帝問華：「誰可託寄後事者？」對曰：「明德至親，莫如齊王攸。」既非上意所在，微爲忤旨，間言遂行。乃出華爲持節、都督幽州諸軍事、領護烏桓校尉、安北將軍。撫納新舊，戎夏懷之。東夷馬韓、新彌諸國，依山帶海，去州四千餘里，歷世未附者二十餘國，並遣使朝獻。於是遠夷賓服，四境無虞，頻歲豐稔，士馬强盛。

朝議欲徵華入相，又欲進號儀同。初，華毁徵士馮恢於帝，紞即恢之弟也，深有寵於帝。紞嘗侍帝，從容論魏晉事，因曰：「臣竊謂鍾會之釁，頗由太祖。」帝變色曰：「卿何言邪！」紞免冠謝曰：「臣愚冗瞽言，罪應萬死。然臣微意，猶有可申。」帝曰：「何以言之？」紞曰：「臣以爲善御者必識六轡盈縮之勢，善政者必審官方控帶之宜，故仲由以兼人被抑，冉求以退弱被進，漢高八王以寵過夷滅，光武諸將由抑損克終。非上有仁暴之殊，下有愚智之異，蓋抑揚與奪使之然耳。鍾會才見有限，而太祖誇獎太過，嘉其謀猷，盛其名器，居以重勢，委以大兵，故使會自謂算無遺策，功在不賞，輈張跋扈，遂搆凶逆耳。向令太祖録其小能，節以大禮，抑之以權勢，納之以軌則，則亂心無由而生，亂事無由而成矣。」帝曰：「然。」紞稽首曰：「陛下既已然微臣之言，宜思堅冰之漸，無使如會之徒復致覆喪。」帝曰：「當今豈有如會者乎？」紞曰：「東方朔有言『談何容易』，《易》曰『臣不密則失身』。」帝乃屏左右曰：「卿極言之。」紞曰：「陛下謀謨之臣，著大功於天下，海内莫不聞知，據方鎮總戎馬之任者，皆在陛下聖慮矣。」帝默然。頃之，徵華爲太常。以太廟屋棟折，免官。遂終帝之世，以列侯朝見。

惠帝即位，以華爲太子少傅，與王戎、裴楷、和嶠俱以德望爲楊駿所忌，皆不與朝政。及駿誅後，將廢皇太后，會羣臣於朝堂，議者皆承望風旨，以爲「《春秋》絶文姜，今太后自絶於宗廟，亦宜廢黜」。惟華議以爲「夫婦之道，父不能得之於子，子不能得之於父，皇太后非得罪於先帝者也。今黨其所親，爲不母於聖世，宜依漢廢趙太后爲孝成后故事，貶太后之號，還稱武皇后，居異宫，以全貴終之恩」。不從，遂廢太后爲庶人。

楚王瑋受密詔殺太宰汝南王亮、太保衛瓘等，内外兵擾，朝廷大恐，計無所出。華白帝以「瑋矯詔擅害二公，將士倉卒，謂是國家意，故從之耳。今可遣騶虞幡使外軍解嚴，理必風靡」。上從之，瑋兵果敗。及瑋誅，華以首謀有功，拜右光禄大夫、開府儀同三司、侍中、中書監，金章紫綬。固辭開府。

賈謐與后共謀，以華庶族，儒雅有籌略，進無逼上之嫌，退爲衆望所依，欲倚以朝綱，訪以政事。疑而未决，以問裴頠，頠素重華，深贊其事。華遂盡忠匡輔，彌縫補闕，雖當闇主虐后之朝，而海内晏然，華之功也。華懼后族之盛，作《女史箴》以爲諷。賈后雖凶妒，而知敬重華。久之，論前後忠勳，進封壯武郡公。華十餘讓，中詔敦譬，乃受。數年，代下邳王晃爲司空，領著作。

及賈后謀廢太子，左衛率劉卞甚爲太子所信遇，每會宴，卞必預焉。屢見賈謐驕傲，太子恨之，形于言色，謐亦不能平。卞以賈后謀問華，華曰：「不聞。」卞曰：「卞以寒悴，自須昌小吏受公成拔，以至今日。士感知己，是以盡言，而公更有疑於卞邪！」華曰：「假令有此，君欲如何？」卞曰：「東宫俊乂如林，四率精兵萬人。公居阿衡之任，若得公命，皇太子因朝入録尚書事，廢賈后於金墉城，兩黄門力耳。」華曰：「今天子當陽，太子，人子也，吾又不受阿衡之命，忽相與行此，是無其君父，而以不孝示天下也。雖能有成，猶不免罪，况權戚滿朝，威柄不一，而可以安乎？」及帝會羣臣於式乾殿，出太子手書，徧示羣臣，莫敢有言者。惟華諫曰：「此國之大禍。自漢武以來，每廢黜正嫡，恒至喪亂。且國家有天下日淺，願陛下詳之。」尚書左僕射裴頠以爲宜先檢校傳書者，又請比校太子手書，不然，恐有詐妄。賈后乃内出太子素啓事十餘紙，衆人比視，亦無敢言非者。議至日西不決，后知華等意堅，因表乞免爲庶人，帝乃可其奏。

初，趙王倫爲鎮西將軍，撓亂關中，氐羌反叛，乃以梁王彤代之。或説華曰：「趙王貪昧，信用孫秀，所在爲亂，而秀變詐，姦人之雄。今可遣梁王斬秀，刈趙之半，以謝關右，不亦可乎？」華從之，彤許諾。秀友人辛冉從西來，言於彤曰：「氐羌自反，非秀之爲。」故得免死。倫既還，諂事賈后，因求録尚書事，後又求尚書令。華與裴頠皆固執不可，由是致怨，倫、秀疾華如讎。武庫火，華懼因此變作，列兵固守，然後救之，故累代之寶及漢高斬蛇劍、王莽頭、孔子屐等盡焚焉。時華見劍穿屋而飛，莫知所向。

初，華所封壯武郡有桑化爲柏，識者以爲不祥。又華第舍及監省數有妖怪。少子韙以中台星坼，勸華遜位。華不從，曰：「天道玄遠，惟修德以應之耳。不如静以待之，以俟天命。」及倫、秀將廢賈后，秀使司馬雅夜告華曰：「今社稷將危，趙王欲與公共匡朝廷，爲霸者之事。」華知秀等必成篡奪，乃距之。雅怒曰：「刃將加頸，而吐言如此！」不顧而出。華方晝卧，忽夢見屋壞，覺而惡之。是夜難作，詐稱詔召華，遂與裴頠俱被收。華將死，謂張林曰：「卿欲害忠臣耶？」林稱詔詰之曰：「卿爲宰相，任天下事，太子之廢，不能死節，何也？」華曰：「式乾之議，臣諫事具存，非不諫也。」林曰：「諫若不從，何不去位？」華不能答。須臾，使者至曰：「詔斬公。」華曰：「臣先帝老臣，中心如丹。臣不愛死，懼王室之難，禍不可測也。」遂害之於前殿馬道南，夷三族，朝野莫不悲痛之。時年六十九。

華性好人物，誘進不倦，至于窮賤候門之士有一介之善者，便咨嗟稱詠，爲之延譽。雅愛書籍，身死之日，家無餘財，惟有文史溢于機篋。嘗徙居，載書三十乘。祕書監摯虞撰定官書，皆資華之本以取正焉。天下奇祕，世所希有者，悉在華所。由是博物洽聞，世無與比。

惠帝中，人有得鳥毛長三丈，以示華。華見，慘然曰：「此謂海鳧毛也，出則天下亂矣。」陸機嘗餉華鮓，于時賓客滿座，華發器，便曰：「此龍肉也。」衆未之信，華曰：「試以苦酒濯之，必有異。」既而五色光起。機還問鮓主，果云：「園中茅積下得一白魚，質狀殊常，以作鮓，過美，故以相獻。」武庫封閉甚密，其中忽有雉雊。華曰：「此必蛇化爲雉也。」開視，雉側果有蛇蜕焉。吴郡臨平岸崩，出一石鼓，槌之無聲。帝以問華，華曰：「可取蜀中桐材，刻爲魚形，扣之則鳴矣。」於是如其言，果聲聞數里。

初，吴之未滅也，斗、牛之間常有紫氣，道術者皆以吴方强盛，未可圖也，惟華以爲不然。及吴平之後，紫氣愈明。華聞豫章人雷焕妙達緯象，乃要焕宿，屏人曰：「可共尋天文，知將來吉凶。」因登樓仰觀。焕曰：「僕察之久矣，惟斗、牛之間頗有異氣。」華曰：「是何祥也？」焕曰：「寶劍之精，上徹於天耳。」華曰：「君言得之。吾少時有相者言，吾年出六十，位登三事，當得寶劍佩之。斯言豈效與？」因問曰：「在何郡？」焕曰：「在豫章豐城。」華曰：「欲屈君爲宰，密共尋之，可乎？」焕許之。華大喜，即補焕爲豐城令。焕到縣，掘獄屋基，入地四丈餘，得一石函，光氣非常，中有雙劍，並刻題，一曰龍泉，一曰太阿。其夕，斗、牛間氣不復見焉。焕以南昌西山北巖下土以拭劍，光芒艷發。大盆盛水，置劍其上，視之者精芒炫目。遣使送一劍并土與華，留一自佩。或謂焕曰：「得兩送一，張公豈可欺乎？」焕曰：「本朝將亂，張公當受其禍。此劍當繫徐君墓樹耳。靈異之物，終當化去，不永爲人服也。」華得劍，寶愛之，常置坐側。華以南昌土不如華陰赤土，報焕書曰：「詳觀劍文，乃干將也，莫邪何復不至？雖然，天生神物，終當合耳。」因以華陰土一斤致焕。焕更以拭劍，倍益精明。華誅，失劍所在。焕卒，子華爲州從事，持劍行經延平津，劍忽於腰間躍出墮水。使人没水取之，不見劍，但見兩龍各長數丈，蟠縈有文章，没者懼而反。須臾光彩照水，波浪驚沸，於是失劍。華歎曰：「先君化去之言，張公終合之論，此其驗乎！」華之《博物》多此類，不可詳載焉。

後倫、秀伏誅，齊王冏輔政，摯虞致箋於冏曰：「間於張華没後入中書省，得

華先帝時答詔本草。先帝問華可以輔政持重付以後事者，華答：『明德至親，莫如先王，宜留以爲社稷之鎮。』其忠良之謀，款誠之言，信於幽冥，没而後彰，與苟且隨時者不可同世而論也。議者有責華以愍懷太子之事，不抗節廷争。當此之時，諫者必得違命之死。先聖之教，死而無益者，不以責人。故晏嬰，齊之正卿，不死崔杼之難；季札，吳之宗臣，不争逆順之理。理盡而無所施者，固聖教之所不責也。」冏於是奏曰：「臣聞興微繼絶，聖王之高政；貶惡嘉善，《春秋》之美義。是以武王封比干之墓，表商容之閭，誠幽明之故有以相通也。孫秀逆亂，滅佐命之國，誅骨鯁之臣，以斲喪王室；肆其虐戾，功臣之後，多見泯滅。張華、裴頠各以見憚，取誅於時；解系、解結同以羔羊並被其害，歐陽建等無罪而死，百姓憐之。今陛下更日月之光，布維新之命，然此等諸族未蒙恩理。昔欒郤降在皁隸，而《春秋》傳其違；幽王絶功臣之後，棄賢者子孫，而詩人以爲刺。臣備忝在職，思納愚誠。若合聖意，可令羣官通議。」議者各有所執，而多稱其冤。壯武國臣竺道又詣長沙王，求復華爵位，依違者久之。

太安二年，詔曰：「夫愛惡相攻，佞邪醜正，自古而有。故司空、壯武公華竭其忠貞，思翼朝政，謀謨之勳，每事賴之。前以華弼濟之功，宜同封建，而華固讓至于八九，深陳大制不可得爾，終有顛敗危辱之慮，辭義懇誠，足勸遠近。華之至心，誓於神明。華以伐吳之勳，受爵於先帝。後封既非國體，又不宜以小功踰前大賞。華之見害，俱以姦逆圖亂，濫被枉賊。其復華侍中、中書監，司空、公、廣武侯及所没財物與印綬符策，遣使弔祭之。」

初，陸機兄弟志氣高爽，自以吳之名家，初入洛，不推中國人士，見華一面如舊，欽華德範，如師資之禮焉。華誅後，作誄，又爲《詠德賦》以悼之。

華著《博物志》十篇，及文章並行于世。二子：禕、韙。

雜録

備録

干寶《搜神記》卷一八　張華，字茂先，晉惠帝時爲司空，于時燕昭王墓前，有一斑狐，積年，能爲變幻，乃變作一書生，欲詣張公。過問墓前華表曰：「以我才貌，可得見張司空否？」華表曰：「子之妙解，無爲不可。但張公智度，恐難籠絡。出必遇辱，殆不得返。非但喪子千歲之質，亦當深誤老表。」狐不從，乃持刺謁華。華見其總角風流，潔白如玉，舉動容止，顧盼生姿，雅重之。于是論及文章，辨校聲實，華未嘗聞。比復商略三史，探賾百家，談老、莊之奥區，披風、雅之絶旨，包十聖，貫三才，箴八儒，擿五禮，華無不應聲屈滯。乃歎曰：「天下豈有此少年！若非鬼魅，則是狐狸。」乃掃榻延留，留人防護。此生乃曰：「明公當尊賢容衆，嘉善而矜不能，奈何憎人學問？墨子兼愛，其若是耶？」言卒，便求退。華已使人防門，不得出。既而又謂華曰：「公門置甲兵欄騎，當是致疑于僕也。將恐天下之人卷舌而不言，智謀之士望門而不進。深爲明公惜之。」華不應，而使人防禦甚嚴。時豐城令雷煥，字孔章，博物士也，來訪華；華以書生白之。孔章曰：「若疑之，何不呼獵犬試之？」乃命犬以試，竟無憚色。狐曰：「我天生才智，反以爲妖，以犬試我，遮莫千試萬慮，其能爲患乎？」華聞，益怒曰：「此必真妖也。聞魑魅忌狗，所别者數百年物耳，千年老精，不能復别；惟得千年枯木照之，則形立見。」孔章曰：「千年神木，何由可得？」華曰：「世傳燕昭王墓前華表木已經千年。」乃遣人伐華表，使人欲至木所，忽空中有一青衣小兒來，問使曰：「君何來也？」使曰：「張司空有一少年來謁，多才巧辭，疑是妖魅，使我取華表照之。」青衣曰：「老狐不智，不聽我言，今日禍已及我，其可逃乎？」乃發聲而泣，倏然不見。使乃伐其木，血深；便將木歸，燃之以照書生，乃一斑狐。華曰：「此二物不值我，千年不可復得。」乃烹之。

王嘉《拾遺記》卷九　張華字茂先，挺生聰慧之德，好觀秘異圖緯之部，捃採天下遺逸，自書契之始，考驗神怪，及世間閭里所説，造《博物志》四百卷，奏於武帝。帝詔詰問：「卿才綜萬代，博識無倫，遠冠羲皇，近次夫子。然記事採言，亦多浮妄，宜更删翦，無以冗長成文。昔仲尼删《詩》、《書》，不及鬼神幽昧之事，以言怪力亂神。今卿《博物志》，驚所未聞，異所未見，將恐惑亂於後生，繁蕪於耳目，可更芟截浮疑，分爲十卷。」即於御前賜青鐵硯，此鐵是于闐國所出，獻而鑄爲硯也。賜麟角筆，以麟角爲筆管，此遼西國所獻。側理紙萬番，此南越所獻。後人言「陟里」，與「側理」相亂，南人以海苔爲紙，其理縱横邪側，因以爲名。帝常以《博物志》十卷置於函中，暇日覽焉。

《世説新語・言語》注引《晉陽秋》　華博覽洽聞，無不貫綜。世祖嘗問漢事

及建章千門萬户。華畫地成圖，應對如流，張安世不能過也。

李昉《太平御覽》卷六八〇引摯虞《決疑録要注》 世祖武皇帝因會問侍臣，曰：「旄頭之義何謂耶？」侍中彭權對曰：「《秦記》云，國有奇怪，觸山截水，無不崩潰，惟畏旄頭。故使虎士服之，衛至尊也。」中書令張華曰：「有是言而事不經。臣以爲壯士之怒，髮踴衝冠，義取于此也。」

劉敬叔《異苑》卷二《洛鐘鳴》 魏時，殿前大鐘無故大鳴。人皆異之，以問張華。華曰：「此蜀郡銅山崩，故鐘鳴應之耳。」尋蜀郡上其事，果如華言。

劉敬叔《異苑》卷二《吴郡石鼓》 晉武帝時，吴郡臨平岸崩，出一石鼓，打之無聲，以問張華。華云：「可取蜀中桐材，刻作魚形，打之則鳴矣。」于是如方，音聞數十里。

劉敬叔《異苑》卷二《銅澡盤》 晉中朝有人畜銅澡盤，晨夕恒鳴，如人扣。乃問張華，華曰：「此盤與洛鐘宫商相應，宫中朝暮撞鐘，故聲相應耳。可錯令輕則韻乖，鳴自止也。」如其言，後不復鳴。

劉敬叔《異苑》卷二《燃石》 豫章有石，黄白色而理疏，以水灌之便熱，加鼎于上，炊足以熟，冷則灌之。雷焕以問張華，華曰：「此燃石也。」

劉敬叔《異苑》卷三《鸜鵒説夢》 張華有白鸜鵒。華每出行還，輒説僮僕善惡。後寂無言。華問其故，答曰：「見藏瓮中，何由得知？」公後在外，令唤鸜鵒。鸜鵒曰：「昨夜夢惡，不宜出户。」公猶强之，至庭，爲鸇所搏；教其啄鸇脚，僅而獲免。

《殷芸小説》卷六 洛下有洞穴，深不可測。一婦人欲殺其夫，推墮穴中，此人顛倒良久方蘇。旁得一穴，行百餘里，覺所踐如塵，聞粳米香，啖之芬美。復遇如泥者，味似向塵。入一都郭，雖無日月，明逾三光，人皆披羽衣，奏奇樂。凡過此九處。有長人指柏下一羊，令跪捋羊須，得二珠，長人取之，後一珠，令啖之，甚得療飢。請問九處，答曰：「問張華可知。」其人隨穴得出，詣華問之，云：「如塵者，黄河下龍涎，泥是崑崙山下泥。九處地，仙名九館。羊爲痴龍。初一珠，食之，壽等天地；次者延年；後一丸，充飢而已。」

《殷芸小説》卷七 張華既貴，有少時知識來候之。華與共飲九醞酒，頗爲酣暢。其夜醉眠。華常飲此酒，醉眠後，輒敕左右轉側至覺，則必安泰。是夕，忘敕之。左右依常時爲張公轉側，其友人無人爲之。至明，友人猶不起，華咄云：「此必死矣。」使視之，酒果穿腸流，牀下滂沱。

蕭繹《金樓子》卷六 昔洛下有洞穴，其深不測，有一婦人欲殺其夫，謂夫未嘗見此穴，夫自送觀此穴，婦遂推夫下穴，經多時至底，婦于後擲飯物，如欲祭之。此人良久乃蘇，得飯食，徊徨覓路，仍得一穴，便匍匐從，就覺所踐如塵，而聞粳米香，啖之芬美。又賫以去，食所賫將盡，便入都，郛郭修整，宫觀壯麗，臺榭房宇，悉以金銀爲飾，雖無日月，明逾三光。人皆長三丈，被羽衣，奏歌樂。長人語令前去，凡過如此者九。有人云：「君命不得停，還問張華當悉。」此人便隨穴而行，出交州。後歸洛，問張華，示之二物，華云：「如塵者是黄河下龍涎泥，是崑山泥也。」因訴華云：「爲妻所苦。」華乃取其妻而煮之。

備論

《晉書》卷三六《張華傳》 夫忠爲令德，學乃國華，譬衆星之有禮義，人倫之有冠冕也。衛瓘撫武帝之牀，張華距趙倫之命。進諫則伯玉居多，臨危則茂先爲美。遵乎險轍，理有可言。昏亂方凝，則事暌其趣；松筠無改，則死勝於生，固以赴蹈爲期，而不辭乎傾覆者也。

賢人委質，道映陵寒。尸禄觀敗，吾生未安。衛以賈滅，張由趙殘。忠於亂世，自古爲難。

《唐文拾遺》卷一三虞世南《論略》 公子曰：「晉惠之時，張華、裴頠盡忠王室，扶顛救危，猶足南面，何以坐視其弊危而不救焉？」

先生曰：「晉自太康之末，風教淩遲，俗澆薄爲日久矣。況惠帝稟質下愚，賈后天性凶狡。以凶狡之性，役下愚之質，猶縱烈火而燎于原野。自楊駿滅後，誅戮相繼，八王力争，戎狄窺覦，頹綱漏網，一時崩潰，非命代英雄不能正也。張、裴儒雅，安足用之？」

《張耒集》卷四一《張華論》 裴頠勸張華以黜賈后，而華不可，其言曰：「聊以優游卒歲。」當時華有天下之望，姦臣、孽后切齒于華久矣，雖不舉大事，可得優游卒歲歟？華之智寧不知此？而爲是言，何也？夫華爲之亦死，不爲亦死，僥幸苟免自安之言耳。方是時，華之計無可爲者矣。與外臣爲仇，則賈后得藉口以誅之；與孽后爲怨，則强王將以仗正而行其意。起貧賤，取富貴，既無棄屣之高，又名重累身，衆所不置，已有遁尾之厲。嗟乎！華于是時，蓋知不免矣。自

古爲是言者，不以賢不肖，皆知不免者也。董卓築郿塢曰：「事成，雄據天下；不成，守此塢。」夫事不成而塢可得而守歟？卓雖愚亦知之矣。曹爽不能用桓範之計，而曰「不失爲富家翁」，其措意亦如此。華之優游，卓之守塢，爽之富翁，皆知不免，而僥幸苟且之言耳，不足論也。士之謀身至此，亦可悲也夫！

胡寅《讀史管見》卷七 張華爲國大臣，大臣定國大事，大事莫大于太子之廢立矣。【略】乃拘于小義，以失大幾。本華之心，倚后自固，而不知理所不可，勢安足憑？卒之屈于張林之言，無以自解，其有以取之哉？

【略】華以博物名，【略】然上則不識天象，下則不悟人理，何用博物爲哉？以愚觀之，華蓋姦人爾。以文學才謂，早得時名，及致位公臺，耽于榮貴，密結賈后以固爵禄，微諫廢儲以竊公譽，意欲優游卒歲，而不知禍之至此也。臨死之言，自謂忠如丹，而史亦稱其盡忠帝室，世之相蒙，可勝道耶？是故君子務知其遠者、大者，苟博物如張茂先，至神如何平叔，終無救于殺身之禍也。

鄭玉《師山集》卷二《張華論》 嗚呼！聖人既爲經以定天下之常，復爲權以盡天下之變。於是經、權相濟，若體用然，而天下事無不可爲者矣。人君者，天下之義主也。義之所在，天下共爲之主矣。苟義去之，匹夫而已，豈得爲天下之主乎？人臣之事其君，幸而遭遇明哲，固當盡職奉公，竭忠事上，守其常分，毋或淩犯。不幸遭遇昏愚，縱情暴虐，肆行禍亂，毒害生靈，傾危宗社，爲之大臣者，則權之以義，而有伊、霍之事焉。人主尚爾，況母后乎？若曰君臣上下，素有定分，階級等威，不可踰越，拘俗儒之常談，守匹夫之小節，坐視禍亂，至於危亡而莫之救，則將焉用彼相矣！吾讀《晉書》，於賈后之禍不能不深罪於張華焉。夫華者，晉室之大臣，天下之元老。在武帝時，即以文學才識名重一時，議者謂宜爲三公。蓋朝廷取以爲法，宗社恃以爲安，四海之所屬望，萬民之所歸心。況惠帝戇騃，國家大計獨寄之大臣者乎？賈后專政，淫亂暴虐，誣元舅以謀反而殺之，廢太后爲庶人而幽之。此大逆無道，人神之所共怒，王法之所必誅。苟不能討，禍亂必矣。況賈后爲妃之時，戟擲孕妾，武帝嘗欲廢之，具有詔旨。張華苟能倡明大義，廢黜賈后，正名定分，以安反側，則太后可復，儲貳不致於動搖。國本既安，天下自定，此撥亂反正之道也。顧此不爲，而乃議曰：「太后黨於所親，爲不母於聖世，宜依漢廢趙太后故事，稱武皇后，居異宮。」此何言哉？善乎董養之言曰：「公卿處議至此，天人之理既滅，大亂將作矣！」及其弑太后而覆殯之，賈模、裴頠謀欲廢后，華尚欲使模、頠調停勸戒，謂不致大悖，則天下未亂而已，得以優游卒歲。不知何者謂大悖，何時爲大亂乎？及其謀廢太子，劉卞請因太子入朝，廢賈后於金鄘城。華猶曰：「天子當陽。太子，人子也。相與行此，是無君父，而以不孝示天下也。」卒使太子幽廢以死。國本一摇，天下遂亂。孫秀之姦謀以起，趙王倫之簒逆以成。馴致骨肉相殘，五胡乘間，宗社播遷，中原不復。是果誰之罪哉？華之族滅身亡，有不足惜者矣！嗚呼！華也，昔者力贊平吳之策，何其勇也；今者力沮廢后之謀，何其怯也。蓋華本庸人，專於《詩》、《書》名物之間，制度文爲之末，才不足以制變，學不足以適道，豈知天下之大義，聖人之大用哉！若華者，所謂具臣而已矣！孔子曰：「可與立，未可與權。」華且未知所謂立，安知所謂權哉！

藝文

鍾嶸《詩品・晉司空張華詩》 其源出於王粲。其體華豔，興託不奇。巧用文字，務爲妍冶。雖名高曩代，而疏亮之士，猶恨其兒女情多，風雲氣少。謝康樂云：「張公雖復千篇，猶一體耳。」今置之甲科疑弱，抑之中品恨少，在季、孟之間矣。

陳普《石堂先生遺集》卷二一《張華》 孫皓泥頭入洛陽，後庭奪目萬紅粧。銅駞北去還西徙，不怨荀馮怨杜張。應是諸公愛阮咸。所天亦把付清談。張林若責金墉后，當日張華死更甘。孟觀孫秀尚同寅，足了優游卒歲身。牛斗豫章才尺五，中台何事不關人。滿耳羊車若不知，聾人何怪履危機。中台星拆渾閑事，哭殺旄頭彗紫微。

司馬炎部

綜述

《晉書》卷三《武帝紀》　武皇帝諱炎，字安世，文帝長子也。寬惠仁厚，沈深有度量。魏嘉平中，封北平亭侯，歷給事中、奉車都尉、中壘將軍，加散騎常侍，累遷中護軍、假節。迎常道鄉公於東武陽，遷中撫軍，進封新昌鄉侯。及晉國建，立爲世子，拜撫軍大將軍，開府、副貳相國。

初，文帝以景帝既宣帝之嫡，早世無後，以帝弟攸爲嗣，特加愛異，自謂攝居相位，百年之後，大業宜歸攸。每曰：「此景王之天下也，吾何與焉。」將議立世子，屬意於攸。何曾等固争曰：「中撫軍聰明神武，有超世之才。髮委地，手過膝，此非人臣之相也。」由是遂定。咸熙二年五月，立爲晉王太子。

八月辛卯，文帝崩，太子嗣相國、晉王位。下令寬刑宥罪，撫衆息役，國内行服三日。

九月戊午，以魏司徒何曾爲丞相，鎮南將軍王沈爲御史大夫，中護軍賈充爲衛將軍，議郎裴秀爲尚書令、光禄大夫，皆開府。

十一月，初置四護軍，以統城外諸軍。乙未，令諸郡中正以六條舉淹滯：一曰忠恪匪躬，二曰孝敬盡禮，三曰友于兄弟，四曰潔身勞謙，五曰信義可復，六曰學以爲己。

是時晉德既洽，四海宅心。於是天子知曆數有在，乃使太保鄭沖奉策曰：「咨爾晉王：我皇祖有虞氏誕膺靈運，受終于陶唐，亦以命于有夏。惟三后陟配于天，而咸用光敷聖德。自兹厥後，天又輯大命于漢。火德既衰，乃眷命我高祖。方軌虞夏四代之明顯，我不敢知。惟王乃祖乃父，服膺明哲，輔亮我皇家，勳德光于四海。格爾上下神祇，罔不克順，地平天成，萬邦以乂。應受上帝之命，協皇極之中。肆予一人，祗承天序，以敬授爾位，曆數實在爾躬。允執其中，天禄永終。於戲！王其欽順天命。率循訓典，底綏四國，用保天休，無替我二皇之弘烈。」帝初以禮讓，魏朝公卿何曾、王沈等固請，乃從之。

泰始元年冬十二月丙寅，設壇于南郊，百僚在位，及匈奴南單于四夷會者數萬人，柴燎告類于上帝。禮畢，即洛陽宫，幸太極前殿，大赦，改元。賜天下爵，人五級；鰥寡孤獨不能自存者穀，人五斛。復天下租賦及關市之税一年，逋債宿負皆勿收。除舊嫌，解禁錮，亡官失爵者悉復之。

丁卯，遣太僕劉原告于太廟。封魏帝爲陳留王，邑萬户，居於鄴宫；魏氏諸王皆爲縣侯。追尊宣王爲宣皇帝，景王爲景皇帝，文王爲文皇帝，宣王妃張氏爲宣穆皇后。尊太妃王氏曰皇太后，宫曰崇化。封皇叔祖父孚爲安平王，皇叔父幹爲平原王，亮爲扶風王，伷爲東莞王，駿爲汝陰王，肜爲梁王，倫爲琅邪王，皇弟攸爲齊王，鑒爲樂安王，機爲燕王，皇從伯父望爲義陽王，皇從叔父輔爲渤海王，晃爲下邳王，瓌爲太原王，珪爲高陽王，衡爲常山王，子文爲沛王，泰爲隴西王，權爲彭城王，綏爲范陽王，遂爲濟南王，遜爲譙王，睦爲中山王，陵爲北海王，斌爲陳王，皇從父兄洪爲河間王，皇從父弟楙爲東平王。以驃騎將軍石苞爲大司馬，封樂陵公。車騎將軍陳騫爲高平公。衛將軍賈充爲車騎將軍、魯公。尚書令裴秀爲鉅鹿公，侍中荀勖爲濟北公。太保鄭沖爲太傅、壽光公。太尉王祥爲太保、睢陵公。丞相何曾爲太尉、朗陵公。御史大夫王沈爲驃騎將軍、博陵公。司空荀顗爲臨淮公，鎮北大將軍衛瓘爲菑陽公。其餘增封進爵各有差，文武普增位二等。改《景初曆》爲《泰始曆》，臘以酉，社以丑。

戊辰，下詔大弘儉約，出御府珠玉玩好之物，頒賜王公以下各有差。置中軍將軍，以統宿衛七軍。

己巳，詔陳留王載天子旌旗，備五時副車，行魏正朔，郊祀天地，禮樂制度皆如魏舊，上書不稱臣。賜山陽公劉康、安樂公劉禪子弟一人爲駙馬都尉。乙亥，以安平王孚爲太宰、假黄鉞、大都督中外諸軍事。

二年春正月丙戌，遣兼侍中侯史光等持節四方，循省風俗，除禳祝之不在祀典者。丁亥，有司請建七廟，帝重其役，不許。庚寅，罷《雞鳴》歌。辛丑，尊景皇帝夫人羊氏曰景皇后，宫曰弘訓。丙午，立皇后楊氏。

二月，除漢宗室禁錮。丁丑，郊祀宣皇帝以配天，宗祀文皇帝於明堂以配上帝。

三月戊戌，吴人來弔祭，有司奏爲答詔。帝曰：「昔漢文、光武懷撫尉他、公孫述，皆未正君臣之儀，所以羈縻未賓也。皓遣使之始，未知國慶，但以書答之。」

夏五月壬子，驃騎將軍博陵公王沈卒。

秋七月辛巳，營太廟，致荆山之木，采華山之石，鑄銅柱十二，塗以黃金，鏤以百物，綴以明珠。

八月丙辰，省右將軍官。

初，帝雖從漢魏之制，既葬除服，而深衣素冠，降席撤膳，哀敬如喪者。戊辰，有司奏改服進膳，不許，遂禮終而後復吉。及太后之喪，亦如之。九月乙未，散騎常侍皇甫陶、傅玄領諫官，上書諫諍，有司奏請寢之。

戊戌，有司奏：「大晉繼三皇之蹤，蹈舜禹之跡，應天順時，受禪有魏，宜一用前代正朔服色，皆如虞遵唐故事。」奏可。

十一月己卯，倭人來獻方物。并圜丘、方丘於南、北郊，二至之祀合於二郊。罷山陽公國督軍，除其禁制。己丑，追尊景帝夫人夏侯氏爲景懷皇后。辛卯，遷祖禰神主于太廟。

十二月，罷農官爲郡縣。

三年春正月丁卯，立皇子衷爲皇太子。

三月戊寅，初令二千石得終三年喪。丁未，罷武衛將軍官。以李熹爲太子太傅。

夏四月戊午，張掖太守焦勝上言，氐池縣大柳谷口有玄石一所，白畫成文，實大晉之休祥，圖之以獻。詔以制幣告于太廟，藏之天府。

秋八月，罷都護將軍，以其五署還光禄勳。

九月甲申，賜王公以下帛各有差。以太尉何曾爲太保，義陽王望爲太尉，司空荀顗爲司徒。

冬十月，聽士卒遭父母喪者，非在疆埸，皆得奔赴。

十二月，徙宗聖侯孔震爲奉聖亭侯。山陽公劉康來朝。禁星氣讖緯之學。

四年春正月辛未，以尚書令裴秀爲司空。

丙戌，律令成，封爵賜帛各有差。丁亥，帝耕於藉田。

二月庚子，增置山陽公國相、郎中令、陵令、雜工宰人、鼓吹車馬各有差。罷中軍將軍，置北軍中候官。甲寅，以東海劉儉有至行，拜爲郎。以中軍將軍羊祜爲尚書左僕射，東莞王伷爲尚書右僕射。

夏四月己亥，祔葬文明皇后王氏於崇陽陵。罷振威、揚威護軍官，置左右積弩將軍。

秋七月戊午，遣使者侯史光循行天下。己卯，謁崇陽陵。

九月，青、徐、兖、豫四州大水，伊、洛溢，合於河，開倉以振之。

冬十月，吳將施績入江夏，萬郁寇襄陽。遣太尉義陽王望屯龍陂。荆州刺史胡烈擊敗郁。吳將顧容寇鬱林，太守毛炅大破之，斬其交州刺史劉俊、將軍修則。

十一月，己未，詔王公卿尹及郡國守相，舉賢良方正直言之士。

十二月，班五條詔書於郡國：一曰正身，二曰勤百姓，三曰撫孤寡，四曰敦本息末，五曰去人事。庚寅，帝臨聽訟觀，録廷尉洛陽獄囚，親平決焉。扶南、林邑各遣使來獻。

五年春正月癸巳，申戒郡國計吏守相令長，務盡地利，禁游食商販。丙申，帝臨聽訟觀録囚徒，多所原遣。

二月，以雍州隴右五郡及涼州之金城、梁州之陰平置秦州。青、徐、兖三州水，遣使振恤之。壬寅，以尚書左僕射羊祜都督荆州諸軍事，征東大將軍衛瓘都督青州諸軍事，東莞王伷鎮東大將軍、都督徐州諸軍事。

己未，詔蜀相諸葛亮孫京隨才署吏。

五月辛卯朔，曲赦交趾、九真、日南五歲刑。

六月，鄴奚官督郭廙上疏陳五事以諫，言甚切直，擢爲屯留令。西平人麴路伐登聞鼓，言多祆謗，有司奏棄市。帝曰：「朕之過也。」捨而不問。罷鎮軍將軍，復置左右將軍官。

秋七月，延羣公，詢讜言。

冬十月丙子，以汲郡太守王宏有政績，賜穀千斛。

十一月，追封謚皇弟兆爲城陽哀王，以皇子景度嗣。

十二月，詔州郡舉勇猛秀異之才。

六年春正月丁亥朔，帝臨軒，不設樂。

三月，赦五歲刑已下。

五月，立壽安亭侯承爲南宫王。

六月戊午，詔遣尚書石鑒行安西將軍、都督秦州諸軍事，與奮威護軍田章討之。

秋七月丁酉，復隴右五郡遇寇害者租賦，不能自存者廩貸之。丁未，以汝陰王駿爲鎮西大將軍、都督雍、涼二州諸軍事。

九月，大宛獻汗血馬，焉耆來貢方物。

冬十一月，幸辟雍，行鄉飲酒之禮，賜太常博士、學生帛、牛、酒各有差。立皇子柬爲汝南王。

十二月，吴夏口督、前將軍孫秀帥衆來奔，拜驃騎將軍、開府儀同三司，封會稽公。戊辰，復置鎮軍官。

七年春正月丙午，皇太子冠，賜王公以下帛各有差。匈奴帥劉猛叛出塞。

三月，孫晧帥衆趨壽陽，遣大司馬望屯淮北以距之。癸巳，以中護軍王業爲尚書左僕射，高陽王珪爲尚書右僕射。

五月，立皇子憲爲城陽王。孫秀部將何崇帥衆五千人來降。

閏月，大雩，太官減膳。詔交趾三郡、南中諸郡，無出今年户調。

六月，詔公卿以下舉將帥各一人。大雨霖，伊、洛、河溢，流居人四千餘家，殺三百餘人，有詔振貸給棺。

秋七月癸酉，以車騎將軍賈充爲都督秦、涼二州諸軍事。

八月丙戌，以征東大將軍衛瓘爲征北大將軍、都督幽州諸軍事。分益州之南中四郡置寧州，曲赦四郡殊死已下。

十二月，罷中領軍，并北軍中候。以光禄大夫鄭袤爲司空。

八年春正月，癸亥，帝耕于藉田。

二月乙亥，禁彫文綺組非法之物。詔内外羣官舉任邊郡者各三人。帝與右將軍皇甫陶論事，陶與帝争言，散騎常侍鄭徽表請罪之。帝曰：「讜言謇諤，所望於左右也。人主常以阿媚爲患，豈以争臣爲損哉！徽越職妄奏，豈朕之意。」遂免徽官。

夏四月，置後將軍，以備四軍。壬辰，大赦。丙申，詔復隴右四郡遇寇害者田租。

秋七月，以車騎將軍賈充爲司空。

九月，吴西陵督步闡來降，拜衛將軍、開府儀同三司，封宜都公。吴將陸抗攻闡，遣車騎將軍羊祜帥衆出江陵，荆州刺史楊肇迎闡於西陵，巴東監軍徐胤擊建平以救闡。

十二月，肇攻抗，不克而還。闡城陷，爲抗所禽。

九年二月癸巳，立安平亭侯隆爲安平王。

三月，立皇子祗爲東海王。

五月，以太保何曾領司徒。

秋七月丁酉朔，罷五官左右中郎將弘訓太僕、衛尉、大長秋等官。詔聘公卿以下子女以備六宫，采擇未畢，權禁斷婚姻。

冬十月辛巳，制女年十七父母不嫁者，使長吏配之。

十一月丁酉，臨宣武觀大閲諸軍，甲辰乃罷。

十年春正月辛亥，帝耕于藉田。

二月，分幽州五郡置平州。

六月癸巳，臨聽訟觀録囚徒，多所原遣。

秋七月丙寅，皇后楊氏崩。

八月戊申，葬元皇后于峻陽陵。

九月癸亥，以大將軍陳騫爲太尉。

冬十一月庚午，帝臨宣武觀，大閲諸軍。

十二月置藉田令。立太原王子緝爲高陽王。

咸寧元年春正月戊午朔，大赦，改元。

二月，以將士應已娶者多，家有五女者給復。辛酉，以故鄴令夏謖有清稱，賜穀百斛。以奉禄薄，賜公卿以下帛有差。

六月戊申，置太子詹事官。

八月壬寅，以故太傅鄭沖、太尉荀顗、司徒石苞、司空裴秀、驃騎將軍王沈、安平獻王孚等，及太保何曾，司空賈充、太尉陳騫、中書監荀勖、平南將軍羊祜、齊王攸等皆列於銘饗。

十一月癸亥，大閲於宣武觀，至于己巳。

十二月丁亥，追尊宣帝廟曰高祖，景帝曰世宗，文帝曰太祖。封裴頠爲鉅鹿公。

二年春正月，以疾疫廢朝。賜諸散吏至于士卒絲各有差。

二月甲午，赦五歲刑以下。并州虜犯塞，監并州諸軍事胡奮擊破之。

先是，帝不豫，及瘳，羣臣上壽。

夏五月，鎮西大將軍、汝陰王駿討北胡，斬其渠帥吐敦。立國子學。庚午，大雩。

六月癸丑，薦荔支于太廟。甲戌，吴京下督孫楷帥衆來降，以爲車騎將軍，封丹楊侯。

八月己亥，以太保何曾爲太傅，太尉陳騫爲大司馬，司空賈充爲太尉，鎮軍大將軍齊王攸爲司空。丁未，起太倉於城東，常平倉於東西市。

冬十月，以汝陰王駿爲征西大將軍，平南將軍羊祜爲征南大將軍。丁卯，立皇后楊氏，大赦，賜王公以下及于鰥寡各有差。

十二月，徵處士安定皇甫謐爲太子中庶子，封后父鎮軍將軍楊駿爲臨晉侯。是月，以平州刺史傅詢、前廣平太守孟桓清白有聞，詢賜帛二百匹，桓百匹。

三年春正月丙子朔，立皇子裕爲始平王，安平穆王隆弟敦爲安平王。詔以衛將軍、扶風王亮爲宗師，使征北大將軍衛瓘討鮮卑力微。

三月，平虜護軍文淑討叛虜樹機能等，並破之。乙未，帝將射雉，慮損麥苗而止。

夏五月戊子，吴將邵凱、夏祥帥衆七千餘人來降。

秋七月，以都督豫州諸軍事王渾爲都督揚州諸軍事。中山王睦以罪廢爲丹水侯。

八月癸亥，徙扶風王亮爲汝南王，東莞王伷爲琅邪王，汝陰王駿爲扶風王，琅邪王倫爲趙王，渤海王輔爲太原王，太原王顒爲河間王，北海王陵爲任城王，陳王斌爲西河王，汝南王柬爲南陽王，濟南王耽爲中山王，河間王威爲章武王。立皇子瑋爲始平王，允爲濮陽王，該爲新都王，遐爲清河王，鉅平侯羊祜爲南城侯。以汝南王亮爲鎮南大將軍。

九月戊子，以左將軍胡奮爲都督江北諸軍事。兖、豫、徐、青、荆、益、梁七州大水，傷秋稼，詔振給之。立齊王子蕤爲遼東王，贊爲廣漢王。

冬十一月丙戌，帝臨宣武觀大閲，至于壬辰。

四年三月辛酉，以尚書右僕射山濤爲尚書左僕射。東夷六國來獻。

秋七月己丑，祔葬景獻皇后羊氏于峻平陵。

九月，以太傅何曾爲太宰。辛巳，以尚書令李胤爲司徒。

冬十月，以征北大將軍衛瓘爲尚書令。

十一月辛巳，太醫司馬程據獻雉頭裘，帝以奇技異服典禮所禁，焚之於殿前。甲申，敕内外敢有犯者罪之。辛卯，以尚書杜預都督荆州諸軍事。

五年春正月，虜帥樹機能攻陷凉州。乙丑，使討虜護軍武威太守馬隆擊之。

三月，匈奴都督拔弈虚帥部落歸化。乙亥，以百姓饑饉，減御膳之半。

夏四月，大赦，降除部曲督以下質任。

冬十月戊寅，匈奴餘渠都督獨雍等帥部落歸化。汲郡人不準掘魏襄王冢，得竹簡小篆古書十餘萬言，藏于祕府。

十一月，大舉伐吴，遣鎮軍將軍、琅邪王伷出涂中，安東將軍王渾出江西，建威將軍王戎出武昌，平南將軍胡奮出夏口，鎮南大將軍杜預出江陵，龍驤將軍王濬、廣武將軍唐彬率巴蜀之卒浮江而下，東西凡二十餘萬。以太尉賈充爲大都督，行冠軍將軍楊濟爲副，總統衆軍。

十二月，馬隆擊叛虜樹機能，大破，斬之，凉州平。肅慎來獻楛矢石砮。

太康元年二月乙亥，以濬爲都督益、梁二州諸軍事。

三月壬寅，王濬以舟師至于建鄴之石頭，孫晧大懼，面縛輿櫬，降于軍門。濬杖節解縛焚櫬，送于京都。乙酉，大赦，改元，大酺五日，恤孤老困窮。

夏四月，遣兼侍中張側、黄門侍郎朱震分使揚越，慰其初附。

五月辛亥，封孫晧爲歸命侯，拜其太子爲中郎，諸子爲郎中。吴之舊望，隨才擢敍。孫氏大將戰亡之家徙於壽陽，將吏渡江復十年，百姓及百工復二十年。丙寅，帝臨軒大會，引晧升殿，羣臣咸稱萬歲。丁卯，薦酃淥酒于太廟。庚午，詔諸士卒年六十以上罷歸于家。庚辰，以王濬爲輔國大將軍、襄陽侯，杜預當陽侯，王戎安豐侯，唐彬上庸侯，賈充、琅邪王伷以下增封。於是論功行封，賜公卿以下帛各有差。

六月丁丑，初置翊軍校尉官。封丹水侯睦爲高陽王。甲申，東夷十國歸化。

秋七月，庚寅，以尚書魏舒爲尚書右僕射。

八月，車師前部遣子入侍。己未，封皇弟延祚爲樂平王。

九月，羣臣以天下一統，屢請封禪，帝謙讓弗許。

冬十月丁巳，除五女復。

二年三月丙申，賜王公以下吴生口各有差。詔選孫晧妓妾五千人入宫。東夷五國朝獻。

夏六月，東夷五國内附。

三年春正月丁丑，罷秦州，并雍州。甲午，以尚書張華都督幽州諸軍事。

三月，安北將軍嚴詢敗鮮卑慕容廆於昌黎，殺傷數萬人。

秋七月，罷平州、寧州刺史三年一入奏事。

冬十二月甲申，以司空齊王攸爲大司馬、督青州諸軍事，鎮東大將軍、琅邪王伷爲撫軍大將軍，汝南王亮爲太尉，光禄大夫山濤爲司徒，尚書令衛瓘爲司

空。丙申，詔四方水旱甚者無出田租。

四年春正月甲申，以尚書右僕射魏舒爲尚書左僕射，下邳王晃爲尚書右僕射。

二月己丑，立長樂亭侯寔爲北海王。

五月己亥，徙遼東王蕤爲東萊王。

六月，增九卿禮秩。牂柯獠二千餘落内屬。

秋七月壬子，以尚書右僕射、下邳王晃爲都督青州諸軍事。丙寅，兖州大水，復其田租。

八月，鄯善國遣子入侍，假其歸義侯。以隴西王泰爲尚書右僕射。

冬十一月戊午，以尚書左僕射魏舒爲司徒。

十二月庚午，大閲于宣武觀。

五年春二月丙寅，立南宫王子玷爲長樂王。

六月，初置黄沙獄。

秋七月戊申，減天下户課三分之一。

十二月庚午，大赦。林邑、大秦國各遣使來獻。

六年春正月甲申朔，以比歲不登，免租貸宿負。戊辰，以征南大將軍王渾爲尚書左僕射，尚書褚䂮都督揚州諸軍事，楊濟都督荆州諸軍事。

夏四月，扶南等十國來獻，參離四千餘落内附。

八月丙戌朔，減百姓緜絹三分之一。以鎮軍大將軍王濬爲撫軍大將軍。

冬十月，龜兹、焉耆國遣子入侍。

十二月甲申，大閲于宣武觀，旬日而罷。

七年春正月甲寅朔，日有蝕之。乙卯，詔曰：「比年災異屢發，日蝕三朝，地震山崩。邦之不臧，實在朕躬。公卿大臣各上封事，極言其故，勿有所諱。」

八月，東夷十一國内附。

冬十一月壬子，以隴西王泰都督關中諸軍事。

十二月，遣侍御史巡遭水諸郡。出後宫才人、妓女以下二百七十人歸于家。始制大臣聽終喪三年。

是歲，扶南等二十一國、馬韓等十一國遣使來獻。

八年九月，改營太廟。

九年春正月壬申朔，日有蝕之。詔令内外羣官舉清能，拔寒素。

二月，以尚書朱整爲尚書右僕射。

三月丁丑，皇后親桑于西郊，賜帛各有差。壬辰，初并二社爲一。

五月，義陽王奇有罪，黜爲三縱亭侯。詔内外羣官舉守令之才。

六月庚子朔，徙章武王威爲義陽王。

冬十二月癸卯，立河間平王洪子英爲章武王。

十年夏四月，以京兆太守劉霄、陽平太守梁柳有政績，各賜穀千斛。郡國八隕霜。太廟成。乙巳，遷神主于新廟，帝迎于道左，遂祫祭。大赦，文武增位一等，作廟者二等。

五月，鮮卑慕容廆來降，東夷十一國内附。

六月庚子，復置二社。

冬十月壬子，徙南宫王承爲武邑王。

十一月丙辰，帝疾瘳，賜王公以下帛有差。

甲申，以汝南王亮爲大司馬、大都督、假黄鉞。改封南陽王柬爲秦王，始平王瑋爲楚王，濮陽王允爲淮南王，並假節之國，各統方州軍事。立皇子乂爲長沙王，穎爲成都王，晏爲吳王，熾爲豫章王，演爲代王，皇孫遹爲廣陵王。立濮陽王子迪爲漢王，始平王子儀爲毗陵王，汝南王次子羕爲西陽公。徙扶風王暢爲順陽王，暢弟歆爲新野公，琅邪王覲弟澹爲東武公，繇爲東安公，漼爲廣陵公，卷爲東莞公。改諸王國相爲内史。

太熙元年春正月辛酉朔，改元。己巳，以尚書左僕射王渾爲司徒，司空衛瓘爲太保。

二月辛丑，東夷七國朝貢。

三月甲子，以右光禄大夫石鑒爲司空。

夏四月辛丑，以侍中、車騎將軍楊駿爲太尉，都督中外諸軍、録尚書事。己酉，帝崩于含章殿，時年五十五，葬峻陽陵，廟號世祖。

帝宇量弘厚，造次必於仁恕；容納讜正，未嘗失色於人。明達善謀，能斷大事，故得撫寧萬國，綏静四方。承魏氏奢侈刻弊之後，百姓思古之遺風，乃厲以恭儉，敦以寡慾。有司嘗奏御牛青絲紖斷，詔以青麻代之。臨朝寬裕，法度有恒。高陽許允既爲文帝所殺，允子奇爲太常丞。帝將有事於太廟，朝議以奇受害之門，不欲接近左右，請出爲長史。帝乃追述允夙望，稱奇之才，擢爲祠部郎，時論稱其夷曠。平吳之後，天下乂安，遂怠於政術，耽於遊宴，寵愛后黨，親貴當

權，舊臣不得專任，彝章紊廢，請謁行矣。爰至末年，知惠帝弗克負荷，然恃皇孫聰睿，故無廢立之心。復慮非賈后所生，終致危敗，遂與腹心共圖後事。說者紛然，久而不定，竟用王佑之謀，遣太子母弟秦王柬都督關中，楚王瑋、淮南王允並鎮守要害，以强帝室。又恐楊氏之偪，復以佑爲北軍中候，以典禁兵。既而寢疾彌留，至於大漸，佐命元勳，皆已先没，羣臣惶惑，計無所從。會帝小差，有詔以汝南王亮輔政，又欲令朝士之有名望年少者數人佐之，楊駿祕而不宣。帝復尋至迷亂，楊后輒爲詔以駿輔政，促亮進發。帝尋小間，問汝南王來未，意欲見之，有所付託。左右答言未至，帝遂困篤。中朝之亂，實始於斯矣。

雜録

備録

《世說新語·言語》 晉武帝始登阼，探策得一。王者世數，繫此多少。帝既不說，羣臣失色，莫能有言者。侍中裴楷進曰：「臣聞天得一以清，地得一以寧，侯王得一以爲天下貞。」帝說，羣臣歎服。

滿奮畏風，在晉武帝坐，北窗作琉璃屏，實密似疏，奮有難色。帝笑之，奮答曰：「臣猶吳牛，見月而喘。」

《世說新語·方正》 武帝語和嶠曰：「我欲先痛罵王武子，然後爵之。」嶠曰：「武子俊爽，恐不可屈。」帝遂召武子，苦責之，因曰：「知愧不？」武子曰：「『尺布斗粟』之謡，常爲陛下恥之！它人能令疏親，臣不能使親疏，以此愧陛下。」

《世說新語·排調》 晉武帝問孫皓：「聞南人好作爾汝歌，頗能爲不？」皓正飲酒，因舉觴勸帝而言曰：「昔與汝爲鄰，今與汝爲臣。上汝一杯酒，令汝壽萬春。」帝悔之。

《世說新語·惑溺》 孫秀降晉，晉武帝厚存寵之，妻以姨妹蒯氏，室家甚篤。妻嘗妒，乃罵秀爲「貉子」。秀大不平，遂不復入。蒯氏大自悔責，請救于帝。時大赦，羣臣咸見。既出，帝獨留秀，從容謂曰：「天下曠蕩，蒯夫人可得從其例不？」秀免冠而謝，遂爲夫婦如初。

李昉《太平廣記》卷一三五《晉武帝》 晉武帝爲撫軍時，府内後堂，忽生草三株。莖黄葉緑，若總金抽翠，花條冉弱似金莖。有羌人姚覆，字世芬，在廄中養馬，解陰陽之術。云：此草應金德之瑞。帝以草賜張華。華作《金莖賦》云：翫九莖於漢庭，美三珠於兹館。貴表祥乎金德，比名類而相亂。

備論

《晉書》卷三《武帝紀》 武皇承基，誕膺天命，握圖御宇，敷化導民，以佚代勞，以治易亂。絶綈綸之貢，去雕琢之飾，制奢俗以變儉約，止澆風而反淳朴。雅好直言，留心采擢，劉毅、裴楷以質直見容，嵇紹、許奇雖仇讐不棄。仁以御物，寬而得衆，宏略大度，有帝王之量焉。於時民和俗静，家給人足，聿修武用，思啓封疆。決神算於深衷，斷雄圖於議表。馬隆西伐，王濬南征，師不延時，獯虜削迹，兵無血刃，揚越爲墟。通上代之不通，服前王之未服。禎祥顯應，風教肅清，天人之功成矣，霸王之業大矣。雖登封之禮，讓而不爲，驕泰之心，因斯以起。見土地之廣，謂萬葉而無虞；覩天下之安，謂千年而永治。不知處廣以思狹，則廣可長廣；居治而忘危，則治無常治。加之建立非所，委寄失才，志欲就於升平，行先迎於禍亂。是猶將適越者指沙漠以遵途，欲登山者涉舟航而覓路，所趣逾遠，所尚轉難，南北倍殊，高下相反，求其至也，不亦難乎！況以新集易動之基，而無久安難拔之慮。故賈充凶豎，懷姦志以擁權；楊駿豺狼，苞禍心以專輔。及乎宫車晚出，諒闇未周，藩翰變親以成疎，連兵競滅其本；棟梁回忠而起僞，擁衆各舉其威。曾未數年，綱紀大亂，海内版蕩，宗廟播遷。帝道王猷，反居文身之俗；神州赤縣，翻成被髪之鄉。棄所大以資人，掩其小而自託，爲天下笑，其故何哉？良由失慎於前，所以貽患於後。且知子者賢父，知臣者明君；子不肖則家亡，臣不忠則國亂；國亂不可以安也，家亡不可以全也。是以君子防其始，聖人閑其端。而世祖惑荀勖之姦謀，迷王渾之僞策，心屢移於衆口，事不定於己圖。元海當除而不除，卒令擾亂區夏；惠帝可廢而不廢，終使傾覆洪基。夫全一人者德之輕，拯天下者功之重；棄一子者忍之小，安社稷者孝之大。況乎資三世而成業，延二孽以喪之，所謂取輕德而捨重功，畏小忍而忘大孝。聖賢

之道，豈若斯乎！雖則善始於初，而乖令終於末，所以殷勤史策，不能無慊慨焉。

李昉《太平御覽》卷九六《皇王部》引謝靈運論　世祖受命，禎祥屢臻，苛慝不作，萬國欣戴。遠至邇安，德足以彰，天啓其運，民樂其功矣。反古之道，當以美事爲先。今五等罔刑，井田王制，凡諸禮律，未能定正，而采擇嬪媛，不拘華門者。昔武王伐紂，歸傾宫之女，不以助紂爲虐。而世祖平皓，納吴妓五千，是同皓之弊。婦人之封，六國亂政。如追贈外曾祖母，違古之道。凡此非事，并見前書，誠有點于徽猷，史氏所不敢蔽也。

《唐文拾遺》卷一三虞世南《論略》　公子曰：「武帝剋平江表，混一宇内，可謂晉之明主乎？」

先生曰：「武帝平一天下，誰曰不然。至于創業垂統，其道則闕矣。夫帝王者，必立德立功，可大可久。經之以仁義，緯之以文武，深根固蔕，貽厥子孫。一言一行，以爲軌範，垂之萬代，爲不可易。武帝平吴之後，怠于政事，蔽惑邪佞，留心内寵。用馮紞之讒言，拒和嶠之正諫。智士永歎，有識寒心。以此國風，傳之庸子，遂使墳土未乾，四海鼎沸，衣冠殄滅，縣宇星分。何曾之言，于是信矣。其去明主，不亦遠乎？」

司馬光《稽古録》卷一三　武帝席卷全吴，纘禹舊服，恃其治安，荒於酒色。以開基之始，不爲遠圖，崇尚浮華，敗棄禮法。

《資治通鑑》卷七九　三年之喪，自天子達于庶人，此先王禮經，百世不易者也。漢文師心不學，變古壞禮，絶父子之恩，虧君臣之義。後世帝王不能篤於哀戚之情，而羣臣諂諛，莫肯釐正。至於晉武獨以天性矯而行之，可謂不世之賢君；而裴、傅之徒，固陋庸臣，習常玩故，而不能將順其美，惜哉！

《資治通鑑》卷七九　政之大本，在於刑賞，刑賞不明，政何以成？晉武帝赦山濤而褒李憙，其於刑賞兩失之。使憙所言爲是，則濤不可赦；所言爲非，則憙不足褒。褒之使言，言而不用，怨結於下，威玩於上，將安用之？且四臣同罪，劉友伏誅而濤等不問，避貴施賤，可謂政乎？創業之初而政本不立，將以垂統後世，不亦難乎？

《蘇轍集・欒城後集》卷九《晉武帝》　立嫡以長，不以賢；立子以貴，不以長，古今之正義也。然堯廢丹朱用舜，而天下安；帝乙廢微子立紂，而商以亡。古之人蓋有不得已而行之者矣。得已而不已，不得已而已之，二者皆亂也。子非朱、紂，而廢天下之正義，君子不忍也；子如朱、紂，而守天下之正義，君子不爲也。

漢高帝始謂惠帝仁弱，欲廢之而立如意，既而知人心之在太子也，則寢廢立之議而用平、勃。平、勃皆賢而權任均，故惠帝雖没，産、禄雖横，而援立文帝，漢室不病也。武帝既老，知燕王旦、廣陵王胥之不可用也，廢之而立少子，任霍光、金日磾、上官桀、桑弘羊以後事。當是時，昭帝之賢否未可知，而四人枉直相半也。幸而昭帝明哲，霍光忠良，桀、羊雖欲爲亂而不遂。其後復廢昌邑，立宣帝，而朝廷晏然無事。蓋人君不幸而立幼主，當如二帝屬任賢臣，乃免於亂，此必然之勢也。魏明帝疾篤而無子，棄遠宗子而立齊王，始欲輔以曹宇、曹肇，而倖臣劉放、孫資、不便宇、肇之正勸帝易以司馬仲達、曹爽。齊王既非天下之望，而爽又以庸才，與仲達奸雄爲對，數年之間，遂成篡弑之禍。

晉武帝親見此敗矣。惠帝之不肖，羣臣舉知之，而牽制不忍，忌齊王攸之賢，而恃愍懷之小惠，以爲可以消未然之憂。獨有一汝南王亮，而不早用，舉社稷之重而付之楊駿，至於一敗塗地，無足怪也。帝之出齊王也，王渾言於帝曰：「攸之於晉，有姬、旦之親，若預聞朝政，則腹心不貳之臣也。國家之事，若用后妃外親，則有吕氏、王氏之虞，付之同姓至親，又有吴、楚七國之慮。事任輕重所在，未有不爲害者也。惟當任正道，求忠良，不可事事曲設疑防，慮方來之患也。若以智猜物，雖親見疑，至於疏遠，亦安能自保乎？人懷危懼，非爲安之理。此最國家之深患也。」渾之言，天下之至言也。帝不能用，而用王佑之計，使太子母弟秦王柬都督關中，楚王瑋、淮南王允並鎮守要害，以强帝室。然晉室之亂，實成於八王。吾嘗籌之，如攸之親賢，奪嫡之禍，非其志也。不幸至此，天下所宗。宗社之計，猶有賴也。如佑之計，使子弟據兵以捍外患，如梁孝王之禦吴、楚尚可，若變從中起，而使人人握兵以救内難，此與何進、袁紹召丁原、董卓以除宦官何異？古人有言，擇福莫若重，擇禍莫若輕。如武帝之擇禍福，可謂不審矣。

胡寅《讀史管見》卷七　武帝暗而不明，自初信愛賈充、荀勖之徒，而意忌其弟，故背文明之託，不以爲難方友於之義，不以爲歉。而三讒所譖，如水入水也。

《全宋文》卷二一九一孔仲武《書晉武帝紀後》　有天下之美德者，能服天下之心，晉武帝是也。夫人主不患無高天下之勢，惟有而不恃之以爲貴；不患無懾天下之威，惟斂而不騁之以爲貴。此二者，皆人主之所甚難，誠能期月於其間，固已善矣。而守之終身，又天下之至難也已。自漢以來，欲治之主，起於中國者相望，而其能操天下之至難者，何其少也！漢之孝文，唐之太宗，皆有道之

君，曠世而後，一遇之者也。然馮唐論事訐切，而孝文怒入禁中；張蘊古罪不至誅，而太宗置之大辟。然則操天下之至難，而不奪於喜怒愛憎者，果誰歟？以余考之，晉武帝之德，可謂過人遠矣。史稱帝宇量宏厚，造次必於仁恕，容納讜正，未嘗失色於人。質其行事，則史之所論皆實録，非虚言也。故納劉毅之戇諫，獎皇甫陶之争言，用仇讎之子而不疑，釋妖謗之人而不問。其仁恕寬大之意，發於宴語，形於詔書。聞其風者，百世之下，猶爲之竦動，况在其朝廷者乎？故由相國升帝位，而天下不驚；舉偏師平東南，而吳人不怨。及其後世，天下已亂，國勢已分，而宗廟血食猶百餘年而後已。豈非積德之餘慶，有以致之哉！蓋有猜忌諫臣者，如隋煬帝是也。彼其初，皆自謂天下莫我若也，而詿誤國家，至於不可振起。由此較之，則武帝之德，豈不盛哉！惜其溺情宴安，親用后黨，而晉之衰，亦自此始。然其所守，可以爲後來取法者，不可以無述也。故著論云。

陳普《石堂先生遺集》卷二二　晉武帝，賢主也，溺於竹林之風，以酒色亡其國；齊王攸，賢嗣也，不幸而夭以成賈、郭諸王之禍。淮南王允諸軍畏服，討逆倫垂克矣，邂逅而爲伏胤所殺。長沙王乂恭順有禮，力戰以卻河間、成都之兵。東海王越乃無故而害之。使齊、淮南、長沙三王不死，晉未必有永嘉之禍，然司馬懿父子之毒不可幸而免也。渡江國爲牛而七廟猶爲馬，祖逖虎視河南，外足以平河朔，内足以禁王敦，天一朝而殞之。元帝死於王敦，至明帝而敦自斃。敦斃而明帝之英足爲宗廟主矣。天與之二三十年，宗社安矣，柰何明帝甫平王敦，不二年而不享國？成帝幼冲嗣位，亦賢主也，始能親政而殂，此晉之所以不競也。

于慎行《讀史漫録》卷六　齊王攸乃武帝母弟，出後景王，少有令譽，文王欲立爲嗣，山濤、何曾等進諫，乃立武帝。文王臨終，泣執攸手以授帝，太后亦諄諄屬托，惟恐帝不能容。迨帝末年疾甚，中外咸屬意于攸，荀勖、馮紞謂將不利太子，帝乃遣令就國。夫以惠帝之闇，齊王之賢，朝野傾心，勢必生變，武帝排衆議而出之，亦有所不得已也。既不能爲宋宣之舍子立弟，則宜善爲處置，以安其心，猜忌敦迫，遽致暴亡，負父母彌留惓惓之托，直寡恩哉！

朱一是《爲可堂初集》卷七《晉武帝論》　周公治魯，魯之子孫以弱；太公治齊，齊之子孫以彊；彊與弱沿流數十世之後，而即于二公之治國知之。故凡國祚之或長或短，未有不自創業之主開之者也。創業之主，以其精神定其規模，因以效其福澤。譬諸樹藝，植根之深者，其幹翛然，其葉森然，其華燁然，歷百千年芳榮不衰；苟其根撥，凋折必速，此自然之勢也。唐虞以前勿論已。三代之盛，禹、湯、文武、忠敬、質文相嬗而成，治歷世皆久遠，而周之傳世三十，歷年八百，即卜于有天下之始，故其後雖淩夷衰微，僅亦守府，而改玉、改步則未也。後世統天下而一之，能久長者，有三：漢、唐、宋是已；統天下而一之，再世亡者，亦有三：秦、晉、隋是已。夫漢之高、光，唐之太宗，宋之太祖，英偉仁義之君也。秦之始皇、晉之武帝，隋之文帝，剛暴昏闇之主也。讀史者，何必更論其後，曰治亂子孫之賢不肖，即就此六七開創者並列而衡之，其氣量之廣狹，計慮之遠近，種德之厚薄，釐然不同，若庭之與徑。興亡之必至，亦何疑哉！然秦始、隋文雖貽謀不臧，而及身之氣諂，猶足以讋攝一世。而最下者莫晉武，泰始之初，猶矯飾恭儉。平吳以後，怠于政事，耽樂遊宴，務極奢侈，后宮殆將萬人。此外無一足稱矣！何曾有云：「每侍帝語不論經國遠圖，惟説平生常事。」繇此觀之，帝誠季世之庸流也。而以此爲開創。如人之年少，而齒落髮華，即乘之以衰慵之暮氣，不祥莫大焉！斯人也，吾知其不永。故當時有識者憂之，羊祜曰：「平吳以後當勞聖慮。」山濤曰：「外寧必有内憂，當釋吳以爲外懼。」衛瓘撫牀曰：「此座可惜！」豈非見微知著，而忠智之臣不能爲之救歟！所以然者，自古創業，必有積累之功德，而晉獨有積累之篡弑，懿及師、昭濟奸繼惡，亘古無匹。剝喪已久，至炎四傳，奸惡之餘氣，彊弩之末鋭也。統一三十餘年時，無英雄倖得焉爾！帝之不易太子也，義之正也。周幽王舍宜臼，立伯服，失義之正而取亡；帝乙舍微子立紂，得義之正而亦亡。天欲速亡人，國必假手于内難，隨其得失，皆足以基禍而成亂。故秦始、隋文之殺太子，晉武之不易太子，其法皆不能久長，豈獨其子之罪歟？三君固有自致之矣。

藝文

歐陽詢《藝文類聚》卷一三《帝王部》引潘岳《世祖武皇帝誄》　粤若稽古帝皇，誕受休命，作我晉室。赫赫文皇，配天並日。大行龍飛，創制改物。沉恩汪濊，流澤洋溢。上齊七政，下綏萬邦。四門穆穆，五典克從。惟清緝熙，於變時雍。愛盡事親，教加百姓。于喪過哀，在祭餘敬。后蠶冕服，躬籍粢盛。六代畢奏，九功咸詠。行敦醇樸，思貫玄妙。莅政端位，臨朝光曜。胄子入學，辟雍宗

禮。國老恂恂，貴遊濟濟。莫孝匪子，莫悌匪弟。化自外明，訓法以禮。獱彼吳楚，稱亂三代。世歷五僞，年幾百載。邊垂虔劉，王化阻閡。羽檄星馳，鉦鼓日戒。帝御羣師，奉辭奮旅。腹心庭争，爪牙疑沮。天監獨照，聖策乃舉。朝服濟江，止戈曜武。野無交兵，役不淹月。僭號歸命，稽顙晉闕。邪界蠻流，傍納百越。表閭旌善，德音爰發。虞人獻箴，周書垂誥。酒懼其彝，獸戒其冒。于我大行，縱心所好。動不踰矩，性與道奥。厭厭酣飲，樂不辨顔。桓桓振旅，田無遊盤。我德如風，民應如蘭。靡不夙夜，無敢宴安。務農望歲，時或不稔。小心翼翼，恤民以甚。御坐不怡，撤膳振廩。西流垂精，南金仰施。詠言孝思，天經地義。問誰贊事，英彦髦士。問誰翼侍，博物君子。潛明神鑒，從衆屈己。道濟羣生，爲而不恃。先天弗違，後天降時。萬物熙熙，懷而慕思。顒顒搢紳，不謀同辭。巖巖岱宗，想望翠旗。恭惟大行，功成不居。議寢封禪，心栖冲虚。策告不足，太平有餘。七十二君，方之蔑如。思樂天德，等壽嵩華。如何寢疾，背世登遐。遷幸梓宫，孤我邦家。龜筮既襲，吉日惟良。永指太極，寧神峻陽。羣后擗踴，長訣轀輬。聖靈斯顧，豈伊不傷。家無遠邇，邦靡小大。四海供職，同軌畢會。茫茫原野，亭亭素蓋。縞輅解駕，白虎弭旆。龍輴即定，玄闥載扃。如天斯崩，如地斯傾。哀哀庶寮，煢煢自愍。彼蒼者天，胡寧斯忍。聖君不返，我獨旋軫。

歐陽詢《藝文類聚》卷一三《帝王部》引張華《武帝哀策文》 感大饗之無虧，哀鐏俎之虚設。叩龍輴以長叫，痛靈暉之潛逝。其辭、曰：欽惟皇考，體道之真。德侔乾坤，齊曜三辰。應期登禪，協于天人。上虔郊祀，下惠兆民。憲章唐虞，允得其津。搜揚仄陋，故老是賓。百揆時序，盛業日新。恩從雲翔，威猶霆震。江海静波，岷岳無塵。四夷率服，莫不來臣。肅慎奉貢，越裳効珍。化此弊俗，歸之至淳。昔在上聖，咸享百年。哀哀皇考，用不是臻。遘厲彌侵，景命殞顛。舍此昭晰，即彼幽玄。仰瞻靡怙，廓若無天。終制尚儉，率由典度。華幕弗陳，器必陶素。不封不樹，所在惟固。貽法來世，是則是慕。大隧既啓，吉日將征。鍾鼓雷震，白虎抗旌。龍螭驤首，良駟悲鳴。倡者振鐸，挽夫齊聲。背此崇殿，將適下庭。玄宫窈窕，修夜冥冥。光燈永戢，幽闥長扃。仰訴皇穹，零淚屏營。云誰能忍，寄之我情。結心墳隴，永憑聖靈。

郭茂倩《樂府詩集》卷八《郊廟歌辭八・歌世祖武皇帝》 于穆武皇，允襲欽明。應期登禪，龍飛紫庭。百揆時序，聽斷以情。殊域既賓，僞吳亦平。晨流甘露，宵映朗星。野有擊壤，路垂頌聲。

《全唐詩》卷七二九周曇《晉門・晉武帝》 漢貪金帛鬻公卿，財贍羸軍冀國寧。晉武鬻官私室富，是知猶不及桓靈。

陳普《石堂先生遺集》卷二一《晉武帝》 杳杳羊車轉掖庭，夕陽亭上北風腥。紛紛羔羯趨河洛，爲見深宫竹葉青。斥出維垣令太師，盡留羣小鳳凰池。争知暗裏牽裾子，元是屠家揣肉兒。宫中擲戟又飛刀，謝玖兢兢命若毛。豈是君王輕社稷，天教熾業謝芳髦。

孫承恩《文簡集》卷四一《古像讚・晉武帝》 帝資弘裕明，達好謀纂。述先志，混一九州。禮優三恪，忠厚之道。貽謀弗臧，識者所少。

劉淵部

綜述

《魏書》卷九五《匈奴劉聰傳》 父淵，形容偉壯，膂力過人。晉初爲任子，在洛陽。豹卒，淵代之。後改帥爲都尉，以淵爲北部都尉。楊駿輔政，以淵爲建威將軍、五部大都督，封漢光鄉侯。後坐部民叛出塞，免官。永寧初，成都王穎表淵行寧朔將軍，監五部軍事。及齊王冏、長少王刈與穎等自相誅滅，北部都督劉宣等竊議反叛，謀推淵爲大單于。時淵在鄴，乃使呼延攸以此謀告之。淵請歸會葬，穎不許。穎爲皇太弟，以淵爲太弟屯騎校尉。晉惠帝之伐穎也，以淵爲輔國將軍、都督北城守事。及惠帝敗，以淵爲冠軍將軍，封盧奴伯。既而并州刺史司馬騰、幽州刺史王浚起兵伐穎，穎師戰敗。淵謂穎曰：「今二鎮跋扈，衆逾十萬，恐非宿衛及近郡士民所能御之。淵當爲殿下還説五部，鳩合義衆，以赴國難。」穎悦，拜淵爲北單于，參丞相軍事。淵至左國城，劉宣等上大單于之號，二旬之間，衆便五萬，都於離石。淵謂宣等曰：「帝王豈有常哉！當上爲漢高，下爲魏武。然晉人未必同我，漢有天下世長，恩德結於民心，吾又漢氏之甥，約爲兄弟，兄亡弟紹，不亦可乎？今且可稱漢，追尊後主，以懷民望。」乃遷於左國城，自稱漢王，置百官，年號元熙。追尊劉禪爲孝懷皇帝。攻擊郡縣。桓帝十一年，晉并州刺史。晉光熙元年，淵進據河東，剋平陽、蒲坂，遂都平陽。晉永嘉二年，淵稱帝，年號永鳳。後汾水中得玉璽，文曰「有新保之」，蓋王莽之璽也。得者因增「淵海光」三字而獻之，淵以爲己瑞，號年爲河瑞。以聰爲大司馬、大單于、録尚書事，置單于臺於平陽西。淵死，子和僭立。

《晉書》卷一〇一《劉元海載記》 劉元海，新興匈奴人，冒頓之後也。名犯高祖廟諱，故稱其字焉。

初，漢高祖以宗女爲公主，以妻冒頓，約爲兄弟，故其子孫遂冒姓劉氏。建武初，烏珠留若鞮單于子右奧鞬日逐王比自立爲南單于，入居西河美稷，今離石左國城即單于所徙庭也。中平中，單于羌渠使子於扶羅將兵助漢，討平黄巾。

會羌渠爲國人所殺，於扶羅以其衆留漢，自立爲單于。屬董卓之亂，寇掠太原、河東，屯於河内。於扶羅死，弟呼廚泉立，以於扶羅子豹爲左賢王，即元海之父也。魏武分其衆爲五部，以豹爲左部帥，其餘部帥皆以劉氏爲之。太康中，改置都尉，左部居太原兹氏，右部居祁，南部居蒲子，北部居新興，中部居大陵。劉氏雖分居五部，然皆居于晉陽汾澗之濱。

豹妻呼延氏，魏嘉平中祈子於龍門，俄而有一大魚，頂有二角，軒鬐躍鱗而至祭所，久之乃去。巫覡皆異之，曰：「此嘉祥也。」其夜夢旦所見魚變爲人，左手把一物，大如半雞子，光景非常，授呼延氏，曰：「此是日精，服之生貴子。」寤而告豹，豹曰：「吉徵也。吾昔從邯鄲張冏母司徒氏相，云吾當有貴子孫，三世必大昌，仿像相符矣。」自是十三月而生元海，左手文有其名，遂以名焉。齠齔英慧，七歲遭母憂，擗踴號叫，哀感旁鄰，宗族部落咸共歎賞。時司空太原王昶等聞而嘉之，並遣弔賻。幼好學，師事上黨崔游，習《毛詩》、《京氏易》、《馬氏尚書》，尤好《春秋左氏傳》、孫吴《兵法》，略皆誦之，《史》、《漢》、諸子，無不綜覽。嘗謂同門生朱紀、范隆曰：「吾每觀書傳，常鄙隨陸無武，絳灌無文。道由人弘，一物之不知者，固君子之所恥也。二生遇高皇而不能建封侯之業，兩公屬太宗而不能開庠序之美，惜哉！」於是遂學武事，妙絶於衆，猿臂善射，膂力過人。姿儀魁偉，身長八尺四寸，鬚長三尺餘，當心有赤毫毛三根，長三尺六寸。有屯留崔懿之、襄陵公師彧等，皆善相人，及見元海，驚而相謂曰：「此人形貌非常，吾所未見也。」於是深相崇敬，推分結恩。太原王渾虚襟友之，命子濟拜焉。

咸熙中，爲任子在洛陽，文帝深待之。泰始之後，渾又屢言之於武帝。帝召與語，大悦之，謂王濟曰：「劉元海容儀機鑒，雖由余、日磾無以加也。」濟對曰：「元海儀容機鑒，實如聖旨，然其文武才幹賢於二子遠矣。陛下若任之以東南之事，吳會不足平也。」帝稱善。孔恂、楊珧進曰：「臣觀元海之才，當今懼無其比，陛下若輕其衆，不足以成事；若假之威權，平吳之後，恐其不復北渡也。非我族類，其心必異。任之以本部，臣竊爲陛下寒心。若舉天阻之固以資之，無乃不可乎！」帝默然。

後秦涼覆没，帝疇咨將帥，上黨李憙曰：「陛下誠能發匈奴五部之衆，假元海一將軍之號，鼓行而西，可指期而定。」孔恂曰：「李公之言，未盡殄患之理也。」憙勃然曰：「以匈奴之勁悍，元海之曉兵，奉宣聖威，何不盡之有？」恂曰：「元海若能平涼州，斬樹機能，恐涼州方有難耳。蛟龍得雲雨，非復池中物也。」

帝乃止。後王彌從洛陽東歸，元海餞彌於九曲之濱，泣謂彌曰：「王渾、李憙以鄉曲見知，每相稱達，讒間因之而進，深非吾願，適足爲害。吾本無宦情，惟足下明之。恐死洛陽，永與子別。」因慷慨歔欷，縱酒長嘯，聲調亮然，坐者爲之流涕。齊王攸時在九曲，比聞而馳遣視之，見元海在焉，言於帝曰：「陛下不除劉元海，臣恐并州不得久寧。」王渾進曰：「元海長者，渾爲君王保明之。且大晉方表信殊俗，懷遠以德，如之何以無萌之疑，殺人侍子，以示晉德不弘。」帝曰：「渾言是也。」

會豹卒，以元海代爲左部帥。太康末，拜北部都尉。明刑法，禁姦邪，輕財好施，推誠接物，五部俊傑無不至者。幽、冀名儒，後門秀士，不遠千里，亦皆遊焉。楊駿輔政，以元海爲建威將軍、五部大都督，封漢光鄉侯。元康末，坐部人叛出塞，免官。成都王穎鎮鄴，表元海行寧朔將軍、監五部軍事。

惠帝失馭，寇盜蜂起，元海從祖故北部都尉、左賢王劉宣等竊議曰：「昔我先人與漢約爲兄弟，憂泰同之。自漢亡以來，魏晉代興，我單于雖有虛號，無復尺土之業，自諸王侯，降同編户。今司馬氏骨肉相殘，四海鼎沸，興邦復業，此其時矣。左賢王元海姿器絶人，榦宇超世，天若不恢崇單于，終不虛生此人也。」於是密共推元海爲大單于。乃使其黨呼延攸詣鄴，以謀告之。元海請歸會葬，穎弗許。乃令攸先歸，告宣等招集五部，引會宜陽諸胡，聲言應穎，實背之也。

穎爲皇太弟，以元海爲太弟、屯騎校尉。惠帝伐穎，次于蕩陰，穎假元海輔國將軍、督北城守事。及六軍敗績，穎以元海爲冠軍將軍，封盧奴伯。并州刺史東嬴公騰、安北將軍王浚，起兵伐穎，元海説穎曰：「今二鎮跋扈，衆餘十萬，恐非宿衛及近都士庶所能禦之，請爲殿下還説五部，以赴國難。」穎曰：「五部之衆可保發已不？縱能發之，鮮卑、烏丸勁速如風雲，何易可當邪？吾欲奉乘輿還洛陽，避其鋒鋭，徐傳檄天下，以逆順制之。君意何如？」元海曰：「殿下武皇帝之子，有殊勳於王室，威恩光洽，四海欽風，孰不思爲殿下没命投軀者哉？何難發之有乎？王浚豎子，東嬴疏屬，豈能與殿下争衡邪？殿下一發鄴宫，示弱於人，洛陽可復至乎？縱達洛陽，威權不復在殿下也。紙檄尺書，誰爲人奉之？且東胡之悍不踰五部，願殿下勉撫士衆，靖以鎮之，當爲殿下以二部摧東嬴，三部梟王浚，二豎之首可指日而懸矣。」穎悦，拜元海爲北單于、參丞相軍事。

元海至左國城，劉宣等上大單于之號，二旬之間，衆已五萬，都于離石。

王浚使將軍祁弘率鮮卑攻鄴，穎敗，挾天子南奔洛陽。元海曰：「穎不用吾言，逆自奔潰，真奴才也。然吾與其有言矣，不可不救。」於是命右於陸王劉景、左獨鹿王劉延年等率步騎二萬，將討鮮卑。劉宣等固諫曰：「晉爲無道，奴隸御我，是以右賢王猛不勝其忿。屬晉綱未弛，大事不遂，右賢塗地，單于之恥也。今司馬氏父子兄弟自相魚肉，此天厭晉德，授之於我。單于積德在躬，爲晉人所服，方當興我邦族，復呼韓邪之業，鮮卑、烏丸可以爲援，奈何距之而拯仇敵？今天假手於我，不可違也。違天不祥，逆衆不濟；天與不取，反受其咎。願單于勿疑。」元海曰：「善。當爲崇岡峻阜，何能爲培塿乎？夫帝王豈有常哉！大禹出於西戎，文王生於東夷，顧惟德所授耳。今見衆十餘萬，皆一當晉十，鼓行而摧亂晉，猶拉枯耳。上可成漢高之業，下不失爲魏氏。雖然，晉人未必同我。漢有天下世長，恩德結於人心，是以昭烈崎嶇於一州之地，而能抗衡於天下。吾又漢氏之甥，約爲兄弟，兄亡弟紹，不亦可乎？且可稱漢，追尊後主，以懷人望。」乃遷于左國城，遠人歸附者數萬。

永興元年，元海乃爲壇于南郊，僭即漢王位，【略】乃赦其境内，年號元熙，追尊劉禪爲孝懷皇帝，立漢高祖以下三祖五宗神主而祭之。立其妻呼延氏爲王后。置百官，以劉宣爲丞相，崔游爲御史大夫，劉宏爲太尉，其餘拜授各有差。

東嬴公騰使將軍聶玄討之，戰于大陵，玄師敗績，騰懼，率并州二萬餘户下山東，遂所在爲寇。元海遣其建武將軍劉曜寇太原、泫氏、屯留、長子、中都，皆陷之。二年，騰又遣司馬瑜、周良、石鮮等討之，次于離石、汾城。元海遣其武牙將軍劉欽等六軍距瑜等，四戰，瑜皆敗，欽振旅而歸。是歲，離石大饑，遷于黎亭，以就邸閣穀，留其太尉劉宏、護軍馬景守離石，使大司農卜豫運糧以給之。以其前將軍劉景爲使持節、征討大都督、大將軍，要擊并州刺史劉琨于版橋，爲琨所敗，琨遂據晉陽。其侍中劉殷、王育進諫元海曰：「殿下自起兵以來，漸已一周，而顓守偏方，王威未震。誠能命將四出，決機一擲，梟劉琨，定河東，建帝號，鼓行而南，克長安而都之，以關中之衆席卷洛陽，如指掌耳。此高皇帝之所以創啓鴻基，克殄强楚者也。」元海悦曰：「此孤心也。」遂進據河東，攻寇蒲坂、平陽，皆陷之。元海遂入都蒲子，河東、平陽屬縣壘壁盡降。時汲桑起兵趙魏，上郡四部鮮卑陸逐延、氐酋大單于徵、東萊王彌及石勒等並相次降之，元海悉署其官爵。

永嘉二年，元海僭即皇帝位，大赦境内，改元永鳳。以其大將軍劉和爲大司馬，封梁王；尚書令劉歡樂爲大司徒，封陳留王；御史大夫呼延翼爲大司空，封

雁門郡公。宗室以親疏爲等，悉封郡縣王，異姓以勳謀爲差，皆封郡縣公侯。太史令宣于脩之言於元海曰：「陛下雖龍興鳳翔，奄受大命，然遺晉未殄，皇居仄陋，紫宫之變，猶鍾晉氏，不出三年，必克洛陽。蒲子崎嶇，非可久安。平陽勢有紫氣，兼陶唐舊都，願陛下上迎乾象，下協坤祥。」於是遷都平陽。汾水中得玉璽，文曰「有新保之」，蓋王莽時璽也。得者因增「泉海光」三字，元海以爲己瑞，大赦境内，改年河瑞。封子裕爲齊王，隆爲魯王。

於是命其子聰與王彌進寇洛陽，劉曜與趙固等爲之後繼。東海王越遣平北將軍曹武、將軍宋抽、彭默等距之，王師敗績。聰等長驅至宜陽，平昌公模遣將軍淳于定、吕毅等自長安討之，戰于宜陽，定等敗績。聰恃連勝，不設備，弘農太守垣延詐降，夜襲，聰軍大敗而還，元海素服迎師。

是冬，復大發卒，遣聰、彌與劉曜、劉景等率精騎五萬寇洛陽，使呼延翼率步卒繼之，敗王師于河南。聰進屯于西明門，護軍賈胤夜薄之，戰于大夏門，斬聰將呼延顥，其衆遂潰。聰迴軍而南，壁於洛水，尋進屯宣陽門，曜屯上東門，彌屯廣陽門，景攻大夏門，聰親祈嵩嶽，令其將劉厲、呼延朗等督留軍。東海王越命參軍孫詢、將軍丘光、樓裒等率帳下勁卒三千，自宣陽門擊朗，斬之。聰聞而馳還。厲懼聰之罪己也，赴水而死。王彌謂聰曰：「今既失利，洛陽猶固，殿下不如還師，徐爲後舉。下官當於兖、豫之間收兵積穀，伏聽嚴期。」宣于脩之又言於元海曰：「歲在辛未，當得洛陽。今晉氣猶盛，大軍不歸，必敗。」元海馳遣黄門郎傅詢召聰等還師。王彌出自轘轅，越遣薄盛等追擊彌，戰于新汲，彌師敗績。於是攝蒲阪之戍，還於平陽。

以劉歡樂爲太傅，劉聰爲大司徒，劉延年爲大司空，劉洋爲大司馬，赦其境内。立其妻單氏爲皇后，子和爲皇太子，封子乂爲北海王。

元海寢疾，將爲顧託之計，以歡樂爲太宰，洋爲太傅，延年爲太保，聰爲大司馬、大單于，並録尚書事，置單于臺于平陽西，以其子裕爲大司徒。元海疾篤，召歡樂及洋等入禁中，受遺詔輔政。以永嘉四年死，在位六年，僞謚光文皇帝，廟號高祖，墓號永光陵。子和立。

李昉《太平御覽》卷一一九引崔鴻《十六國春秋・前趙録》　劉淵，字元海，新興匈奴人。先夏后氏之苗裔曰淳維，世居北狄，千有余歲，至冒頓，襲破東胡，西走月氏，北服丁零，内侵燕、岱，控弦四十萬。漢祖患之，使劉敬奉公主以妻之，約爲兄弟，故子孫遂冒姓劉氏。建武初，入居西河美稷。後漢中平，單于羌渠使子于扶羅將兵助漢，討平黄巾。會羌渠爲國人所殺，扶羅以其衆留漢，立爲單于。屬董卓之亂，寇掠太原、河東，屯于河内。扶羅死，弟呼厨泉立，以于羅子豹爲左賢王，即元海之父也。入朝，魏武因留之，爲分其衆爲五部，以左賢王豹爲左部帥，其餘帥皆以劉氏爲之。太康中改置都尉，雖分屬五部，皆家于晉陽汾、澗之賓。豹妻呼延氏，魏嘉平中祈子于龍門，有一大白魚，頂有二角，軒鬐躍鱗而至祭所，久之乃去。巫覡皆異之，曰：「此嘉祉。」其夜，夢所見魚變爲人，左手把一物，大如鷄子，光景非常，授呼延曰：「此是日精，服之生貴子。」寤以告豹，豹曰：「吉征也。」自是十二月而生淵。淵生，左手有文曰淵海，遂以名焉。幼而好學，不舍晝夜，常謂同門生朱紀、范隆等曰：「吾每觀書傳，常鄙隨、陸無武，絳、灌無文。一物之不知，固君子耻之也。二生遇高皇不能建封侯之業，兩公屬太宗不能開庠序之美，惜哉！」於是學武事，并皆工絶，猿臂善射，膂力過人。身長八尺四寸，須長三尺餘，當心有赤毫毛三根，長三尺六寸。太原王渾虚衿友之，命子濟拜焉。咸熙中，爲任子在洛陽，晉文王深待之，時東萊王彌等皆憑結渾，言之于晉武帝。帝召見，與言，大悦之。後謂王濟曰：「劉元海容貌風儀，機談鑒智，雖由余、日磾無以加也。」會父豹卒，帝以淵代爲左部帥，轉寧朔將軍，監五部軍事。大安中，惠帝失政，諸王迭相殘廢，州郡姦豪，所在蜂起。從祖北部都尉、右賢宣等議曰：「右左賢淵姿器絶人，干宇超世，天下恢崇單于，終不虚生此人也。」于是共推淵爲大單于。淵曰：「當爲崇岡峻阜，何能爲培塿乎？夫帝王豈有常哉！大禹生於西戎，文王生於東夷，顧惟德所授耳。今見衆十餘萬，皆一當晉十，鼓行摧亂晉，猶拉枯耳。上可成漢高之業，下不失爲魏氏，何呼韓耶足道哉！」宣等稱善。元熙元年，遷于左國城，晉人東附者數萬。宣等上尊號，淵曰：「今晉氏猶在，四方未定，可仰遵高皇初法，且稱漢王，權停皇帝之號，聽宇宙混一當更議之。」十月，爲壇南郊，僭漢王位，改晉永興元年爲元熙元年，大赦天下，追尊劉禪爲孝懷皇帝，立三宗五祖之神主而祭之。置百官，以劉宣爲丞相，拜授各有差。四部之東萊王彌起兵青、徐，遣使來降，拜鎮東大將軍、青州刺史、東萊郡公。四月，汲桑叛，自稱趙王，選置州郡。十一月，石勒及胡部等帥衆來降。永鳳元年秋七月，鳳凰集於蒲子，丞相劉宣等六十四人上尊號。十月，僭即皇帝位於南郊，大赦，改元。以衛將軍和爲大將軍，撫軍劉聰爲車騎大將軍，建武曜爲龍驤大將軍。河瑞元年，遷都平陽，汾水中得玉璽，大赦，改元。二年，以大司馬、梁王和爲皇太子。八月，淵寢疾，以劉洋爲太傅，延年爲太宰，司

徒聰爲大司馬、大單于，并録尚書，置單于臺平陽西。淵薨於光極殿，太子和即位。聰自西明門攻，斬和於西室。九月，葬淵永陵，謚曰光文皇帝，廟號高祖。

雜録

備論

《晉書》卷一〇三《劉曜載記》 彼戎狄者，人面獸心，見利則棄君親，臨財則忘仁義者也。投之遐遠，猶懼外侵，而處以封畿，窺我中釁。昔者幽后不綱，胡塵暗於戲水；襄王失御，戎馬生于關洛。至于篡强弱，妙兵權，體興衰，知利害，於我中華未可量也。況元海人傑，必致青雲之上；許以殊才，不居庸劣之下。是以策馬鴻騫，乘機豹變，五部高嘯，一旦推雄，皇枝相害，未有與之争衡者矣。伊秩啓興王之略，骨都論克定之秋，單于無北顧之懷，獫狁有南郊之祭，大哉天地，兹爲不仁矣！若乃習以華風，温乎雅度；兼其舊俗，則罕規模。雖復石勒稱藩，王彌效款，終爲夷狄之邦，未辯君臣之位。至於不遠儒風，虚襟正直，則昔賢所謂并仁義而盜之者焉。

曹彦約《昌谷集》卷二一《評劉元海石勒苻堅》 劉淵之起離石也，好學承師，覽史、漢、諸子，議論宏遠，恥一物不知。其後復呼韓舊業，假炎劉墜緒，役鮮卑、烏丸如使僕奴，取蒲坂、平陽如拉朽株。不幸而死，其子聰、粲，不足有爲于天下。【略】淵始事成都王潁，既而背之，假以單于之名，猶未足以厭服其心，乃速建大號于天下，特戎略之傑者耳。彼皆生長晉世，習熟于名公賢士之論，知天下可以力取，而不可以力服。惴惴然，欲以信義之名結天下，實非所好。

張大齡《晉五胡指掌》卷上 自古夷狄爲中國患者有矣，未聞入而帝中國也者，有之，自劉淵始。當晉全盛時，淵以壯年游京師，與諸名士遨遊成均，持論上下，固彬彬雋爽才也，不過謂由余、金日磾之儔耳。焉知竊伏輦轂，睥睨宫闕，私心曰：「此可取而代乎？」世儒睹郭欽、江統之説不行，深爲司馬氏惜，不知此曹漸染華夏之風者，百來年，其文雅博洽既與中國士大夫埒，而驍悍魁桀，拔山貫鐵之勇，非華人可得而仿佛也。即使驅之去而未必即去，既去而未必不來。我知其害，必不止侵鎬方，犯涇陽，圍白登，入甘泉，如周漢之事而遂已也。況中國先亂，而彼有所以乘其隙哉！然淵每聞諸將屠殺之慘，則深戒諭之，用賢納諫，恭儉勤勞，卓有中國君人之度。

王夫之《讀通鑑論》卷一二 劉淵雖挾桀敖不逞之材，然其始志亦豈遽爾哉？觀其譏隨、陸之無武，絳、灌之無文，則亦自期於隨、陸、絳、灌之中而已矣。其既歸五部，聞司馬穎之敗，尚欲爲之擊鮮卑、烏桓，則猶未必遽背晉而思滅之也。司馬穎延而挑之，劉宣等推而嗾之，始以流毒天下，而覆晉室。乃匈奴自款塞以來，蕃育於西河有年矣，淵匪茹而逞，不再世，而子孫宗族及其種類駢死於靳準，無孑遺焉。則淵毒天下，還以自毒，淵亦何利有穎之挑、宣之嗾，以糜爛冒頓以來數十傳之苗裔部落於崇朝也？司馬穎一潰其防，而河決魚爛，滅其宗而赤淵之族，亦憯矣哉！

而推禍原所啓，則王浚之結務勿塵先之也。司馬氏自訌於室，固未嘗假外援而召之亂也。浚狡有餘而力不足，乃始結鮮卑而開千餘年之釁；穎懼鮮卑，乃晉淵以敵之；交相用夷，穎不救死，而浚伏其誅。流毒天下者，殃必及身。及身者，殃之券也；禍延百世者，殃之餘也。石敬瑭之妻子殲於契丹而無遺種，豈或爽哉！故王浚者，千古凶人之魁也，而效之者何相踵以自滅也！

周濟《晉略》卷下《劉淵、劉聰》 淵、聰文武才略冠絶當時。然淵愛重民命，視聰酷暴爲不侔矣。且以帝王之尊，四海之富，萬幾之暇，一二女子承顔順旨，作其歡欣，宜若無惡於天下。然而從欲必導奢，習奢必厚斂。外必樹寵威，内必任奄竪。異燄同焌，殊條共幹，覆轍萬方，未有由兹而不敗者也。三代哲王，宣力熙載，積功累仁，如此其厚，妹喜、妲己、褒姒一舉覆之，脆若刈菅。又況淵、聰之弱植乎？

鄭賢《古今人物論》卷一九《漢劉淵總論》 夷狄稱帝，非古也，稱之自劉淵始。夷狄有天下，非古也，有之亦自劉淵始。考之春秋，吳、越、徐、趙，皆中國侯也。聖人特以其不循分守，僭號稱王，一切以夷狄待之。其見於經，不稱王而稱子，不稱國而稱州。蓋春秋謹嚴之旨，類如此矣。淵本匈奴，一旦入我中國，僭我大號，前此未有也，故曰夷狄稱帝自淵始。周幽王時，犬戎常入周矣。然而旋入亦旋遁也，君雖弑而天下不能有也。安有據中國之地，臣中國之人，僭中國之號，而相延數十年者哉！故曰夷狄有天下亦自淵始。雖然，此非淵之罪，而司馬氏之罪也。按，淵故左賢王豹子也。自漢以公子妻冒頓，而其子姓亦遂爲劉。

魏興，遷其部落，散入中國，中國方養之如驕兒。而彼見以爲御之如奴隸，曷常一日忘中國哉！蓋至於晉，而劉氏始駸駸盛矣。蓋至於淵，而劉氏始勃勃起矣。淵常恥隨陸無武，絳灌無文，其忘已可概見。晉不能覽敦欽之疏，遣之出塞，已最失策。而李熹、王渾之徒，方且交譽其才，而欲畀之重任。噫！淵果梟樹幾能。則涼州之患方深耳。當時孔珣有諫，楊珧有諫，齊王攸有諫。逆窺淵志，若燭照數計而龜卜者。其如晉武之不聽何！履霜堅冰之漸，由來者久。故綱目於此，爲左部帥則書，爲匈奴北部都尉則書，爲匈奴五部大都督則書。所以見有國家者，資寇兵，借盜糧。噬臍之悔，其無及耳。且以謀如宣，勇如聰，捷如攸。兩賢王左提右挈，而二三黨與，又相與設謀効力於其間。一旦將兵在鄴，爲穎監軍。請歸會葬，不許。還師五部，則許。二豎之首，未必指日而懸。而虎兒出柙，甚於二豎者多矣，尚安得而制之哉！嗚呼！天苟不欲興匈奴，必不虛生此人。而況司馬氏骨肉相殘，此亦兩虎交鬬，自效於卞莊者也。復呼韓邪之業，在此時矣。淵又以呼韓邪不足效，而慨然有漢高、魏武之思，於是自稱漢王，以續安樂公禪之後，而一遷左國，再遷蒲子，再遷平陽。叱咤指揮，靡不如意。而五年之内，一寇太原、西河，再寇洛陽，三寇魏汲、頓邱，四寇黎陽，五寇鉅鹿、常山，六寇壺關，七寇徐、豫、兖、冀諸州，八寇東平、瑯琊，九寇河内中原之地。遂爲戎馬蹂踐之場，而銅駝幾在荆棘中矣。向非苟道將出討，北宫純入衛，則帝之行酒翟庭，豈至劉聰而後見哉！五胡之亂，淵爲作俑。元海之頭，無地可梟。吾每讀史至此，未嘗不歎息痛恨於晉人也。

藝文

顧宗泰《月滿樓詩文集·晉十六國詠史詩·漢趙劉淵》 左國城邊肇漢都，控絃十萬大單于。手文現海驚殊表，毋夢徵魚震異符。五部魏分戎是首，八王晉患釁堪圖。此人天豈虛生者，虎豹從教踏紫衢。九天飛鳳集層臺，雄瞰西河竊據來。徐豫冀燕規大略，陸隨絳灌擅兼才。初教洛士朋游合，終遣匈奴帝號開。安樂追尊劉氏祖，詎從頓冐朔根荄。

張軌部

綜述

《晉書》卷八六《張軌傳》　張軌字士彦，安定烏氏人，漢常山景王耳十七代孫也。家世孝廉，以儒學顯。父温，爲太官令。軌少明敏好學，有器望，姿儀典則，與同郡皇甫謐善，隱于宜陽女几山。泰始初，受叔父錫官五品。中書監張華與軌論經義及政事損益，甚器之，謂安定中正爲蔽善抑才，乃美爲之談，以爲二品之精。衛將軍楊珧辟爲掾，除太子舍人，累遷散騎常侍、征西軍司。

軌以時方多難，陰圖據河西，筮之，遇《泰》之《觀》，乃投策喜曰：「霸者兆也。」於是求爲涼州。公卿亦舉軌才堪御遠。永寧初，出爲護羌校尉、涼州刺史。于時鮮卑反叛，寇盜從横，軌到官，即討破之，斬首萬餘級，遂威著西州，化行河右。以宋配、陰充、氾瑗、陰澹爲股肱謀主，徵九郡胄子五百人，立學校，始置崇文祭酒，位視别駕，春秋行鄉射之禮。祕書監繆世徵、少府摯虞夜觀星象，相與言曰：「天下方亂，避難之國唯涼土耳。張涼州德量不恒，殆其人乎？」及河間、成都二王之難，遣兵三千，東赴京師。初，漢末金城人陽成遠殺太守以叛，郡人馮忠赴尸號哭，嘔血而死。張掖人吴詠爲護羌校尉馬賢所辟，後爲太尉龐參掾，參、賢相誣，罪應死，各引詠爲證，詠計理無兩直，遂自刎而死。參、賢慚悔，自相和釋。軌皆祭其墓而旌其子孫。永興中，鮮卑若羅拔能皆爲寇，軌遣司馬宋配擊之，斬拔能，俘十餘萬口，威名大震。惠帝遣加安西將軍，封安樂鄉侯，邑千户。於是大城姑臧。其城本匈奴所築也，南北七里，東西三里，地有龍形，故名卧龍城。【略】至是，張氏遂霸河西。

永嘉初，會東羌校尉韓稚殺秦州刺史張輔，軌少府司馬楊胤言於軌曰：「今稚逆命，擅殺張輔，明公杖鉞一方，宜懲不恪。此亦《春秋》之義，諸侯相滅亡，桓公不能救，則桓公恥之。」軌從焉，遣中督護氾瑗率衆二萬討之，先遣稚書曰：「今王綱紛撓，牧守宜勠力勤王。適得雍州檄，云卿稱兵内侮。吾董任一方，義在伐叛，武旅三萬，駱驛繼發，伐木之感，心豈可言！古之行師，全國爲上，卿若單馬軍門者，當與卿共平世難也。」稚得書而降。遣主簿令狐亞聘南陽王模，模甚悦，遺軌以帝所賜劍，謂軌曰：「自隴以西，征伐斷割，悉以相委，如此劍矣。」俄而王彌寇洛陽，軌遣北宮純、張纂、馬魴、陰濬等率州軍擊破之，又敗劉聰于河東，京師歌之曰：「涼州大馬，横行天下。涼州鴟苕，寇賊消；鴟苕翩翩，怖殺人。」帝嘉其忠，進封西平郡公，不受。張掖臨松山石有「金馬」字，磨滅粗可識，而「張」字分明，又有文曰：「初祚大下，西方安萬年。」姑臧又有玄石，白點成二十八宿。于時天下既亂，所在使命莫有至者，軌遣使貢獻，歲時不替。朝廷嘉之，屢降璽書慰勞。

軌後患風，口不能言，使子茂攝州事。酒泉太守張鎮潛引秦州刺史賈龕以代軌，密使詣京師，請尚書侍郎曹祛爲西平太守，圖爲輔車之勢。軌别駕麴晁欲專威福，又遣使詣長安，告南陽王模，稱軌廢疾，以請賈龕，而龕將受之。其兄讓龕曰：「張涼州一時名士，威著西州，汝何德以代之！」龕乃止。更以侍中爰瑜爲涼州刺史。治中楊澹馳詣長安，割耳盤上，訴軌之被誣，模乃表停之。

晉昌張越，涼州大族，讖言張氏霸涼，自以才力應之。從隴西内史遷梁州刺史。越志在涼州，遂託病歸河西，陰圖代軌，乃遣兄鎮及曹祛、麴佩移檄廢軌，以軍司杜耽攝州事，使耽表越爲刺史。軌令曰：「吾在州八年，不能綏靖區域，又值中州兵亂，秦隴倒懸，加以寢患委篤，實思斂迹避賢。但負荷任重，未便輒遂。不圖諸人横興此變，是不明吾心也。吾視去貴州如脱屣耳！」欲遣主簿尉髦奉表詣闕，便速脂轄，將歸老宜陽。長史王融、參軍孟暢蹹折鎮檄，排閤入諫曰：「晉室多故，人神塗炭，實賴明公撫寧西夏。張鎮兄弟敢肆凶逆，宜聲其罪而戮之，不可成其志也。」軌嘿然。融等出而戒嚴。武威太守張琠遣子坦馳詣京，表曰：「魏尚安邊而獲戾，充國盡忠而被譴，皆前史之所譏，今日之明鑒也。順陽之思劉陶，守闕者千人。刺史之莅臣州，若慈母之於赤子，百姓之愛臣軌，若旱苗之得膏雨。伏聞信惑流言，當有遷代，民情嗷嗷，如失父母。今戎夷猾夏，不宜搔動一方。」尋以子寔爲中督護，率兵討鎮。遣鎮外甥太府主簿令狐亞前喻鎮，【略】鎮流涕曰：「人誤我也！」乃委罪功曹魯連而斬之，詣寔歸罪。南討曹祛，走之。張坦至自京師，帝優詔勞軌，依模所表，命誅曹祛。軌大悦，赦州内殊死已下。命寔率尹員、宋配步騎三萬討祛，别遣從事田迴、王豐率騎八百自姑臧

西南出石驢，據長寧。祛遣麴晁距戰于黄阪。寔詭道出浩亹，戰于破羌。軌斬祛及牙門田嚚。

遣治中張閬送義兵五千及郡國秀孝、貢計、器甲、方物歸于京師。令有司可推詳立州已來清貞德素，嘉遁遺榮；高才碩學，著述經史；臨危殉義，殺身爲君；忠諫而嬰禍，專對而釋患；權智雄勇，爲時除難；諂佞誤主，傷陷忠賢；具狀以聞。州中父老莫不相慶。光禄傅祗、太常摯虞遺軌書，告京師飢匱，軌即遣參軍杜勳獻馬五百匹、毾布三萬匹。帝遣使者進拜鎮西將軍、都督隴右諸軍事，封霸城侯，進車騎將軍、開府辟召、儀同三司。策未至，而王彌遂逼洛陽，軌遣將軍張斐、北宫純、郭敷等率精騎五千來衛京都。及京都陷，斐等皆没於賊。中州避難來者日月相繼，分武威置武興郡以居之。太府主簿馬魴言於軌曰：「四海傾覆，乘輿未反，明公以全州之力徑造平陽，必當萬里風披，有征無戰。未審何憚不爲此舉？」軌曰：「是孤心也。」又聞秦王入關，乃馳檄關中曰：「主上遘危，遷幸非所，普天分崩，率土喪氣。秦王天挺聖德，神武應期。世祖之孫，王今爲長。凡我晋人，食土之類，龜筮克從，幽明同款。宜簡令辰，奉登皇位。今遣前鋒督護宋配步騎二萬，徑至長安，翼衛乘輿，折衝左右。西中郎寔中軍三萬，武威太守張琠胡騎二萬，駱驛繼發，仲秋中旬會于臨晋。」

俄而秦王爲皇太子，遣使拜軌爲驃騎大將軍、儀同三司，固辭。秦州刺史裴苞、東羌校尉貫與據險斷使，命宋配討之。西平王叔與曹祛餘黨麴儒等，劫前福禄令麴恪爲主，執太守趙彝，東應裴苞。寔迴師討之，斬儒等。左督護陰預與苞戰狹西，大敗之，苞奔桑凶塢。【略】皇太子遣使重申前授，固辭。左司馬竇濤言於軌曰：「曲阜周旦弗辭，營丘齊望承命，所以明國憲，厲殊勳。天下崩亂，皇輿遷幸，州雖僻遠，不忘匡衛，故朝廷傾懷，嘉命屢集。宜從朝旨，以副羣心。」軌不從。

初，寔平麴儒，徙元惡六百餘家。治中令狐瀏曰：「夫除惡人，猶農夫之去草，令絶其本，勿使能滋。今宜悉徙，以絶後患。」寔不納。儒黨果叛，寔進平之。

愍帝即位，進位司空，固讓。太府參軍索輔言於軌曰：「古以金貝皮幣爲貨，息穀帛量度之秏。二漢制五銖錢，通易不滯。泰始中，河西荒廢，遂不用錢，裂匹以爲段數。縑布既壞，市易又難，徒壞女工，不任衣用，弊之甚也。今中州雖亂，此方安全，宜復五銖，以濟通變之會。」軌納之，立制準布用錢，錢遂大行，人賴其利。是時劉曜寇北地，軌又遣參軍麴陶領三千人衛長安。帝遣大鴻臚辛攀拜軌侍中、太尉、涼州牧、西平公，軌又固辭。

在州十三年，寢疾，遺令曰：「吾無德於人，今疾病彌留，殆將命也。文武將佐咸當弘盡忠規，務安百姓，上思報國，下以寧家。素棺薄葬，無藏金玉。善相安遜，以聽朝旨。」表立子寔爲世子。卒年六十。謚曰武公。

雜録

備録

李昉《太平御覽》卷一二四引崔鴻《十六國春秋・前凉録》 張軌，字士彦，安定烏氏人，漢常山王耳十七世孫。祖烈，魏外黄令。父温，太官令。母隴西辛氏。軌少好學明經，與同郡皇甫士安友善，拜宫守舍人。京兆杜預以所注《易》遺之。太康中，爲尚書郎、太子洗馬、中庶子，遷散騎常侍、征西軍司馬。

軌以晋室多難，陰圖據河西，追竇融故事，筮之，遇《泰》之《觀》，軌喜曰：「霸者之兆。」乃求爲涼州，公卿亦舉軌，拜涼州刺史。課農桑，拔賢才，置崇文祭酒，征九郡胄子五百人，立學校以教之。永興二年，拜西安將軍，封安樂鄉侯。惠帝崩，遣長史北宫純、司馬纂，别駕陰監奉表京師。是歲，大城姑臧。姑臧城，匈奴所築也，南北七里，東西三里，地有龍形，故名卧龍城。永嘉四年十一月，黄龍出于臨羌河，發水升天，身長十余丈。五年，帝遣使拜車騎大將軍、開府儀同三司。策命未至，而劉曜攻陷長安，遷晋帝於平陽。建興元年，晋愍帝即位於長安，遣使者拜軌鎮西大將軍、開府儀同三司，加侍中，封西平郡公，固讓不受。二年，進拜太尉、涼州牧，以軌年老多疾，拜子寔行撫軍，副涼州刺史。五月，軌寢疾，立子寔爲世子。己丑，薨于正寢，年六十。葬建陵，册贈侍中、太尉，謚武穆公。張祚僭號，追尊武王，廟號太宗。

備論

《晉書》卷八六《張軌傳》 長河外區，流沙作紀。玉關懸險，金城負固。有苗攸竄，帝舜投而不羈；渠搜是居，大禹即而方敍。世逢多難，嬰五郡以誰何；時遇兵凶，阻三邊而高視。雖非久安之地，足爲苟全之所乎？周公保之而立功，士彦擁之而延世。摰虞觀象，記洪災之不流；侯瑾覘泉，知霸者之斯在。匪唯地勢，抑亦有天道歟？

【略】三象構氛，九土瓜分。鼎遷江介，地絶河濆。歸誠晉室，美矣張君。内撫遺黎，外攘逋寇。世既緜遠，國亦完富。杖順爲基，蓋天所祐。

藝文

《全唐詩》卷七二九周曇《六朝門・前凉張軌》 官從主簿至專征，誰遣凉王破趙名。益信用賢由拔擢，穰苴不是將家生。

顧宗泰《月滿樓詩文集・晉十六國詠史詩・前凉張軌》 筮易初占霸者風，河西保據領西戎。常山家世追張耳，邊衛聲名埒竇融。紅水塞開河勢遠，姑臧城築地形雄。晉方多難堅臣節，十二年中自守忠。

王衍部

綜述

《晉書》卷四三《王衍傳》 衍字夷甫，神情明秀，風姿詳雅。總角嘗造山濤，濤嗟歎良久，既去，目而送之曰：「何物老嫗，生寧馨兒！然誤天下蒼生者，未必非此人也。」父乂，爲平北將軍，常有公事，使行人列上，不時報。衍年十四，時在京師，造僕射羊祜，申陳事狀，辭甚清辯。祜名德貴重，而衍幼年無屈下之色，衆咸異之。楊駿欲以女妻焉，衍恥之，遂陽狂自免。武帝聞其名，問戎曰：「夷甫當世誰比？」戎曰：「未見其比，當從古人中求之。」

泰始八年，詔舉奇才可以安邊者，衍初好論從横之術，故尚書盧欽舉爲遼東太守。不就，於是口不論世事，唯雅詠玄虚而已。嘗因宴集，爲族人所怒，舉樏擲其面。衍初無言，引王導共載而去。然心不能平，在車中攬鏡自照，謂導曰：「爾看吾目光乃在牛背上矣。」父卒於北平，送故甚厚，爲親識之所借貸，因以捨之。數年之間，家資罄盡，出就洛城西田園而居焉。後爲太子舍人，還尚書郎。出補元城令，終日清談，而縣務亦理。入爲中庶子、黄門侍郎。

魏正始中，何晏、王弼等祖述《老》《莊》，立論以爲：「天地萬物皆以無爲本。無也者，開物成務，無往不存者也。陰陽恃以化生，萬物恃以成形，賢者恃以成德，不肖恃以免身。故無之爲用，無爵而貴矣。」衍甚重之。惟裴頠以爲非，著論以譏之，而衍處之自若。衍既有盛才美貌，明悟若神，常自比子貢。兼聲名藉甚，傾動當世。妙善玄言，唯談《老》《莊》爲事。每捉玉柄麈尾，與手同色。義理有所不安，隨即改更，世號「口中雌黄」。朝野翕然，謂之「一世龍門」矣。累居顯職，後進之士，莫不景慕放效。選舉登朝，皆以爲稱首。矜高浮誕，遂成風俗焉。衍嘗喪幼子，山簡弔之。衍悲不自勝，簡曰：「孩抱中物，何至於此！」衍曰：「聖人忘情，最下不及於情。然則情之所鍾，正在我輩。」簡服其言，更爲之慟。

衍妻郭氏，賈后之親，藉中宫之勢，剛愎貪戾，聚斂無厭，好干預人事，衍患之而不能禁。時有鄉人幽州刺史李陽，京師大俠也，郭氏素憚之。衍謂郭曰：「非但我言卿不可，李陽亦謂不可。」郭氏爲之小損。衍疾郭之貪鄙，故口未嘗言錢。郭欲試之，令婢以錢繞牀，使不得行。衍晨起見錢，謂婢曰：「舉阿堵物却！」其措意如此。

後歷北軍中候、中領軍、尚書令。女爲愍懷太子妃，太子爲賈后所誣，衍懼禍，自表離婚。賈后既廢，有司奏衍曰：「衍與司徒梁王肜書，寫呈皇太子手與妃及衍書，陳見誣之狀。肜等伏讀，辭旨懇惻。衍備位大臣，應以義責也。太子被誣得罪，衍不能守死善道，即求離婚。得太子手書，隱蔽不出。志在苟免，無忠蹇之操。宜加顯責，以厲臣節。可禁錮終身。」從之。

衍素輕趙王倫之爲人。及倫篡位，衍陽狂斫婢以自免。及倫誅，拜河南尹，轉尚書，又爲中書令。時齊王冏有匡復之功，而專權自恣，公卿皆爲之拜，衍獨長揖焉。以病去官。成都王穎以衍爲中軍師，累遷尚書僕射，領吏部，後拜尚書令、司空、司徒。衍雖居宰輔之重，不以經國爲念，而思自全之計。説東海王越曰：「中國已亂，當賴方伯，宜得文武兼資以任之。」乃以弟澄爲荆州，族弟敦爲青州。因謂澄、敦曰：「荆州有江漢之固，青州有負海之險，卿二人在外，而吾留此，足以爲三窟矣。」識者鄙之。

及石勒、王彌寇京師，以衍都督征討諸軍事、持節、假黄鉞以距之。衍使前將軍曹武、左衛將軍王景等擊賊，退之，獲其輜重。遷太尉、尚書令如故。封武陵侯，辭封不受。時洛陽危逼，多欲遷都以避其難，而衍獨賣車牛以安衆心。越之討苟晞也，衍以太尉爲太傅軍司。及越薨，衆共推衍爲元帥。衍以賊寇鋒起，懼不敢當。辭曰：「吾少無宦情，隨牒推移，遂至于此。今日之事，安可以非才處之？」俄而舉軍爲石勒所破，勒呼王公，與之相見，問衍以晉故。衍爲陳禍敗之由，云計不在己。勒甚悦之，與語移日。衍自説少不豫事，欲求自免，因勸勒稱尊號。勒怒曰：「君名蓋四海，身居重任，少壯登朝，至于白首，何得言不豫世事邪！破壞天下，正是君罪。」使左右扶出。謂其黨孔萇曰：「吾行天下多矣，未嘗見如此人，當可活不？」萇曰：「彼晉之三公，必不爲我盡力，又何足貴乎？」勒曰：「要不可加以鋒刃也。」使人夜排墻填殺之。衍將死，顧而言曰：「嗚呼！吾曹雖不如古人，向若不祖尚浮虚，戮力以匡天下，猶可不至今日。」時年五十六。衍俊秀有令望，希心玄遠，未嘗語利。王敦過江，常稱之曰：「夷甫處衆中，如珠玉在瓦石間。」顧愷之作畫贊，亦稱衍巖巖清峙，壁立千仞。其爲人所尚如此。

雜録

備録

《世説新語・言語》注引虞預《晉書》　王衍字夷甫，琅邪臨沂人，司徒戎從弟，父乂，平北將軍。夷甫蚤知名，以清虚通理稱，仕至太尉，爲石勒所害。

《世説新語・言語》注引《晉諸公贊》　夷甫好尚談稱，爲時人物所宗。

《世説新語・文學》　裴成公作崇有論，時人攻難之，莫能折。唯王夷甫來，如小屈。時人即以王理難裴，理還復申。

《世説新語・文學》　中朝時，有懷道之流，有詣王夷甫咨疑者。值王昨已語多，小極，不復相酬答，乃謂客曰：「身今少惡，裴逸民亦近在此，君可往問。」

《世説新語・規箴》注引《晉陽秋》　夷甫善施捨，父時有假貸者，皆與焚券，未嘗謀貨利之事。

《世説新語・賞譽》注引《八王故事》　石勒見夷甫，謂長史孔萇曰：「吾行天下多矣！未嘗見如此人，當可活不？」萇曰：「彼晉三公，不爲我用。」勒曰：「雖然，要不可加以鋒刃也。」夜使推墻殺之。

《世説新語・賞譽》注引顧愷之《夷甫畫贊》　夷甫天形瑰特，識者以爲巖巖秀峙，壁立千仞。

《世説新語・賞譽》　王平子目太尉：「阿兄形似道，而神鋒太俊。」太尉答曰：「誠不如卿落落穆穆。」

《世説新語・識鑒》　王夷甫父乂爲平北將軍，有公事，使行人論不得。時夷甫在京師，命駕見僕射羊祜、尚書山濤。夷甫時總角，姿才秀異，叙致既快，事加有理，濤甚奇之。既退，看之不輟，乃歎曰：「生兒不當如王夷甫邪？」羊祜曰：「亂天下者，必此子也！」

《世説新語・雅量》　王夷甫嘗屬族人事，經時未行，遇於一處飲燕，因語之曰：「近屬尊事，那得不行？」族人大怒，便舉樏擲其面。夷甫都無言，盥洗畢，牽王丞相臂，與共載去。在車中照鏡語丞相曰：「汝看我眼光，迺出牛背上。」

《世説新語・雅量》　王夷甫與裴景聲志好不同。景聲惡欲取之，卒不能回。乃故詣王，肆言極罵，要王答己，欲以分謗。王不爲動色，徐曰：「白眼兒遂作。」

《世説新語・容止》　王夷甫容貌整麗，妙於談玄，恒捉白玉柄麈尾，與手都無分別。

《世説新語・輕詆》　桓公入洛，過淮、泗，踐北境，與諸僚屬登平乘樓，眺矚中原，慨然曰：「遂使神州陸沈，百年丘墟，王夷甫諸人，不得不任其責！」

備論

《晉書》卷四三《王衍傳》　漢相清静，見機於曠務；周史清虚，不嫌於尸禄。豈台揆之任，有異於常班者歟！濬沖善發談端，夷甫仰希方外，登槐庭之顯列，顧漆園而高視。彼既憑虚，朝章已亂。戎則取容於世，旁委貨財；衍則自保其身，寧論宗稷？及三方搆亂，六戎藉手，犬羊之侶，鋒鏑如雲。夷甫區區焉，佞彼兇渠，以求容貸，積墻之隕，猶有禮也。【略】

夷甫兩顧，退求三穴。神亂當年，忠乖曩列。平子陵侮，多於用拙。樂令披雲，高天澄澈。

《蘇轍集・欒城後集》卷九《王衍》　聖人之所以御物者三，道一也，禮二也，刑三也。《易》曰：「形而上者謂之道，形而下者謂之器。」禮與刑，皆器也。孔子生於周末，内與門弟子言，外與諸侯大夫言，言及於道者蓋寡也。非不能言，謂道之不可以輕授人也。蓋嘗言之矣，曰：「參乎！吾道一以貫之。」夫道以無爲體，而入於羣有，在仁而非仁，在義而非義，在禮而非禮，在智而非智。惟其非形器也，故目不可以視而見，耳不可以聽而知。惟君子得之於心，以之御物，應變無方，而不失其正，則所謂時中也。小人不知，而竊其名，與物相遇，輒捐理而狥欲，則所謂無忌憚也。故孔子不以道語人，其所以語人者必以禮。禮者，器也。而孔子必以教人，非吝之也。蓋曰：「君子上達，小人下達。」君子由禮以達其道，而小人由禮以達其器。由禮以達道，則自得而不眩；由禮以達器，則有守而不狂。此孔子之所以寡言道而言禮也。若其下者視之，以禮而不格，然後待之

以刑辟。三者具，而聖人之所以御物者盡矣。三代已遠，漢之儒者，雖不聞道，而猶能守禮，故在朝廷則危言，在鄉黨則危行，皆不失其正。

至魏武始好法術，而天下貴刑名；魏文始慕通達，而天下賤守節。相乘不已，而虛無放蕩之論盈於朝野。何晏、鄧颺導其源，阮籍父子漲其流，而王衍兄弟卒以亂天下。要其終皆以濟邪佞，成淫欲，惡禮法之繩其姦也。故蔑棄禮法，而以道自命。天下小人便之，君臣奢縱於上，男女淫泆於下，風俗大壞，至於中原爲墟而不悟。王導、謝安，江東之賢臣也。王導無禮於成帝而不知懼，謝安作樂於期喪而不受教，則廢禮慕道之俗然矣。

東晉以來，天下學者，分而爲南北。南方簡約，得其精華；北方深蕪，窮其枝葉。至唐始以義疏通南北之異，雖未聞聖人之大道，而形器之説備矣。上自郊廟朝廷之儀，下至冠婚喪祭之法，何所不取於此？然以其不言道也，故學者小之，於是捨之而求道，冥冥而不可得也，則至於禮樂度數之間，字書形聲之際，無不指以爲道之極。然反而察其所以施於世者，内則諂諛以求進，外則聚斂以求售，廢端良，聚苟合，杜忠言之門，闢邪説之路，而皆以詩書文飾其爲，要之與王衍無異。嗚呼！世無孔、孟，使楊、墨塞路而莫之闢，吾則罪人爾矣！

胡寅《讀史管見》卷七 衍果忠於國者，當東牀幽廢之時，伸明大義，以救止之，而噤無一辭。及爲三公，所歷變亂亦多矣，又不聞匡正之策，方且陰營三窟，規脱禍敗，既不得免，尚且高情，爲遠論，欲欺石勒，爲勒直言所折，遂無以對，死於排墻之下，當知墻爲實而窟之爲虛也，豈不深垂後世之戒哉？

于慎行《讀史漫録》卷六 王衍三窟之計，本馮驩之策也。夷甫宅心清曠，高視物表，而所謀如此，乃知清談之流，未嘗外世，徒與世浮沉，以偷旦夕耳，然亦愚矣！身爲三公，不能匡時戴主，而以二州之勢爲己私窟，此海大魚之説也。魚不得水，兔安得窟？及爲石勒所得，乃曰：「少無宦情，不豫世事」，觀其厚顏，可爲冷齒。

趙秉文《閑閑老人滏水文集》卷一四《魏晉正名論》 王衍當國，不營世務，職爲亂階，當附于《姦臣傳》。

藝文

《世説新語・賞譽》 王戎云：「太尉神姿高徹，如瑤林瓊樹，自然是風塵外物。」

《世説新語・賞譽》注引《名士傳》 夷甫天形奇特，明秀若神。

《世説新語・品藻》 王丞相云：「頃下論以我比安期、千里。亦推此二人。唯共推太尉，此君特秀。」

《世説新語・容止》 王大將軍稱太尉：「處衆人中，似珠玉在瓦石間。」

《元稹集》卷四《楚歌十首》 宜僚南市住，未省食人恩。臨難忽相感，解紛寧用言。何如晉夷甫，坐占紫微垣？看著五胡亂，清談空自專。

《全唐詩》卷六四七胡曾《咏史詩・洛陽》 石勒童年有戰機，洛陽長嘯倚門時。晉朝不是王夷甫，大智何由得預知。

《蘇軾詩集》卷四八《讀〈王衍傳〉》 文非經國武非英，終日虛談取盛名。至竟開門延羯寇，始知清論誤蒼生。

《全宋詩》卷一三六七葛勝仲《讀史二首》 祖尚浮虛事漆園，生平圜府不曾言。神峯峻若瑶林茂，手色全如玉柄温。翊輔但求三兔窟，風流空擅一龍門。季年喪國排墻禍，綺靡諛言可得存。

《李東陽集・詩前稿》卷一《東門嘯》 上東門東羯雛嘯，寧馨王郎識奇兆。單車快馬追不還，寧知夜死排墻間。當時預恐亂天下，天下蒼生竟誰誤？一家三窟本身圖，青州非羯還非胡，何須更歎東門雛。

陶侃部

綜述

《晉書》卷六六《陶侃傳》 陶侃字士行，本鄱陽人也。吴平，徙家廬江之尋陽。父丹，吴揚武將軍。侃早孤貧，爲縣吏。鄱陽孝廉范逵嘗過侃，時倉卒無以待賓，其母乃截髮得雙髲，以易酒肴，樂飲極歡，雖僕從亦過所望。及逵去，侃追送百餘里。逵曰：「卿欲仕郡乎？」侃曰：「欲之，困於無津耳！」逵過廬江太守張夔，稱美之。夔召爲督郵，領樅陽令。有能名，遷主簿。會州部從事之郡，欲有所按，侃閉門部勒諸吏，謂從事曰：「若鄙郡有違，自當明憲直繩，不宜相逼。若不以禮，吾能禦之。」從事即退。夔妻有疾，將迎醫於數百里。時正寒雪，諸綱紀皆難之，侃獨曰：「資於事父以事君。小君，猶母也，安有父母之疾而不盡心乎？」乃請行。衆咸服其義。長沙太守萬嗣過廬江，見侃，虚心敬悦，曰：「君終當有大名。」命其子與之結友而去。

夔察侃爲孝廉，至洛陽，數詣張華。華初以遠人，不甚接遇。侃每往，神無忤色。華後與語，異之。除郎中。伏波將軍孫秀以亡國支庶，府望不顯，中華人士恥爲掾屬，以侃寒宦，召爲舍人。時豫章國郎中令楊晫，侃州里也，爲鄉論所歸。侃詣之，晫曰：「《易》稱『貞固足以幹事』，陶士行是也。」與同乘見中書郎顧榮，榮甚奇之。吏部郎温雅謂晫曰：「奈何與小人共載？」晫曰：「此人非凡器也。」尚書樂廣欲會荊揚士人，武庫令黄慶進侃於廣。人或非之，慶曰：「此子終當遠到，復何疑也？」慶後爲吏部令史，舉侃補武岡令。與太守吕岳有嫌，棄官歸，爲郡小中正。

會劉弘爲荊州刺史，將之官，辟侃爲南蠻長史，遣先向襄陽討賊張昌，破之。弘既至，謂侃曰：「吾昔爲羊公參軍，謂吾其後當居身處。今相觀察，必繼老夫矣。」後以軍功封東鄉侯，邑千户。

陳敏之亂，弘以侃爲江夏太守，加鷹揚將軍。侃備威儀，迎母官舍，鄉里榮之。敏遣其弟恢來寇武昌，侃出兵禦之。隨郡内史扈瓌間侃於弘曰：「侃與敏有鄉里之舊，居大郡，統强兵，脱有異志，則荊州無東門矣。」弘曰：「侃之忠能，吾得之已久，豈有是乎？」侃潛聞之，遽遣子洪及兄子臻詣弘以自固。弘引爲參軍，資而遣之。又加侃爲督護，使與諸軍并力距恢。侃乃以運船爲戰艦，或言不可，侃曰：「用官物討官賊，但須列上有本末耳。」於是擊恢，所向必破。侃戎政齊肅，凡有虜獲，皆分士卒，身無私焉。後以母憂去職。嘗有二客來弔，不哭而退，化爲雙鶴，沖天而去，時人異之。

服闋，參東海王越軍事。江州刺史華軼表侃爲揚武將軍，使屯夏口，又以臻爲參軍。軼與元帝素不平，臻懼難作，託疾而歸，白侃曰：「華彦夏有憂天下之志，而才不足，且與琅邪不平，難將作矣。」侃怒，遣臻還軼。臻遂東歸於帝。帝見之，大悦，命臻爲參軍，加侃奮威將軍，假赤幢、曲蓋、軺車、鼓吹。侃乃與華軼告絶。

頃之，遷龍驤將軍、武昌太守。時天下饑荒，山夷多斷江劫掠。侃令諸將詐作商船以誘之。劫果至，生獲數人，是西陽王羕之左右。侃即遣兵逼羕，令出向賊，侃整陣於釣臺爲後繼。羕縛送帳下二十人，侃斬之。自是水陸肅清，流亡者歸之盈路，侃竭資振給焉。又立夷市於郡東，大收其利。而帝使侃擊杜弢，令振威將軍周訪、廣武將軍趙誘受侃節度。侃令二將爲前鋒，兄子輿爲左甄，擊賊，破之。時周顗爲荊州刺史，先鎮潯水城，賊掠其良口。侃使部將朱伺救之，賊退保泠口。侃謂諸將曰：「此賊必更步向武昌，吾宜還城，晝夜三日行可至。卿等誰能忍饑鬭邪？」部將吴寄曰：「要欲十日忍饑，晝當擊賊，夜分捕魚，足以相濟。」侃曰：「卿健將也。」賊果增兵來攻，侃使朱伺等逆擊，大破之，獲其輜重，殺傷甚衆。遣參軍王貢告捷于王敦，敦曰：「若無陶侯，便失荊州矣。伯仁方入境，便爲賊所破，不知那得刺史？」貢對曰：「鄙州方有事難，非陶龍驤莫可。」敦然之，即表拜侃爲使持節、寧遠將軍、南蠻校尉、荊州刺史，領西陽、江夏、武昌，鎮于沌口，又移入沔江。遣朱伺等討江夏賊，殺之。賊王沖自稱荊州刺史，據江陵。王貢還，至竟陵，矯侃命，以杜曾爲前鋒大督護，進軍斬沖，悉降其衆。侃召曾不到，貢又恐矯命獲罪，遂與曾舉兵反，擊侃督護鄭攀於沌陽，破之，又敗朱伺於沔口。侃欲退入涢中，部將張奕將貳於侃，詭説曰：「賊至而動，衆必不可。」侃惑之而不進。無何，賊至，果爲所敗。賊鉤侃所乘艦，侃窘急，走入小船。朱伺力戰，僅而獲免。張奕竟奔于賊。侃坐免官。王敦表以侃白衣領職。

侃復率周訪等進軍入湘，使都尉楊舉爲先驅，擊杜弢，大破之，屯兵于城西。

侃之佐史辭詣王敦曰：「州將陶使君孤根特立，從微至著，忠允之功，所在有效。出佐南夏，輔翼劉征南，前遇張昌，後屬陳敏，侃以偏旅，獨當大寇，無征不克，羣醜破滅。近者王如亂北，杜弢跨南，二征奔走，一州星馳，其餘郡縣，所在土崩。侃招攜以禮，懷遠以德，子來之衆，前後累至。奉承指授，獨守危阨，人往不動，人離不散。往年董督，徑造湘城，志陵雲霄，神機獨斷。徒以軍少糧懸，不果獻捷。然杜弢慴懼，來還夏口，未經信宿，建平流人迎賊俱叛。侃即迴軍遡流，芟夷醜類，至使西門不鍵，華圻無虞者，侃之功也。明將軍愍此荆楚，救命塗炭，使侃統領窮殘之餘，寒者衣之，饑者食之，比屋相慶，有若挾纊。江濱孤危，地非重險，非可單軍獨能保固，故移就高莋，以避其衝。賊輕易先至，大衆在後，侃距戰經日，殺其名帥。賊尋犬羊相結，并力來攻，侃以忠臣之節，義無退顧，被堅執鋭，身當戎行，將士奮擊，莫不用命。當時死者不可勝數。賊衆參伍，更息更戰。侃以孤軍一隊，力不獨禦，量宜取全，以俟後舉。而主者責侃，重加黜削。侃性謙沖，功成身退，今奉還所受，唯恐稽遲。然某等區區，實恐理失於內，事敗於外，豪釐之差，將致千里，使荆蠻乖離，西嵎不守，脣亡齒寒，侵逼無限也。」敦於是奏復侃官。

弢將王貢精卒三千，出武陵江，誘五谿夷，以舟師斷官運，徑向武昌。侃使鄭攀及伏波將軍陶延夜趣巴陵，潛師掩其不備，大破之，斬千餘級，降萬餘口。貢遁還湘城。賊中離阻，杜弢遂疑張奕而殺之，衆情益懼，降者滋多。王貢復挑戰，侃遥謂之曰：「杜弢爲益州吏，盜用庫錢，父死不奔喪。卿本佳人，何爲隨之也？天下寧有白頭賊乎？」貢初橫腳馬上，侃言訖，貢斂容下腳，辭色甚順。侃知其可動，復令諭之，截髮爲信，貢遂來降。而弢敗走，進克長沙，獲其將毛寶、高寶、梁堪而還。

王敦深忌侃功。將還江陵，欲詣敦別，皇甫方回及朱伺等諫，以爲不可。侃不從。敦果留侃不遣，左轉廣州刺史、平越中郎將，以王廙爲荆州。侃之佐吏將士詣敦請留侃。敦怒，不許。侃將鄭攀、蘇温、馬儁等不欲南行，遂西迎杜曾以距廙。敦意攀承侃風旨，被甲持矛，將殺侃，出而復迴者數四。侃正色曰：「使君之雄斷，當裁天下，何此不決乎？」因起如厠。諮議參軍梅陶、長史陳頒言於敦曰：「周訪與侃親姻，如左右手，安有斷人左手，而右手不應者乎？」敦意遂解，於是設盛饌以餞之，侃便夜發。敦引其子瞻爲參軍。侃既達豫章，見周訪，流涕曰：「非卿外援，我殆不免！」侃因進至始興。

先是，廣州人背刺史郭訥，迎長沙人王機爲刺史。機復遣使詣王敦，乞爲交州。敦從之，而機未發。會杜弘據臨賀，因機乞降，勸弘取廣州，弘遂與温邵及交州秀才劉沈俱謀反。或勸侃且住始興，觀察形勢。侃不聽，直至廣州。弘遣使僞降。侃知其詐，先於封口起發石車。俄而弘率輕兵而至，知侃有備，乃退。侃追擊破之，執劉沈於小桂。又遣部將許高討機，斬之，傳首京都。諸將皆請乘勝擊温邵，侃笑曰：「吾威名已著，何事遣兵，但一函紙自足耳。」於是下書諭之。邵懼而走，追獲於始興。以功封柴桑侯，食邑四千户。

侃在州無事，輒朝運百甓於齋外，暮運於齋内。人問其故，答曰：「吾方致力中原，過爾優逸，恐不堪事。」其勵志勤力，皆此類也。

太興初，進號平南將軍，尋加都督交州軍事。及王敦舉兵反，詔侃以本官領江州刺史，尋轉都督、湘州刺史。敦得志，上侃復本職，加散騎常侍。時交州刺史王諒爲賊梁碩所陷，侃遣將高寶進擊平之。以侃領交州刺史。録前後功，封次子夏爲都亭侯，進號征南大將軍、開府儀同三司。及王敦平，遷都督荆、雍、益、梁州諸軍事，領護南蠻校尉、征西大將軍、荆州刺史，餘如故。楚郢士女莫不相慶。

侃性聰敏，勤於吏職，恭而近禮，愛好人倫。終日斂膝危坐，閫外多事，千緒萬端，罔有遺漏。遠近書疏，莫不手答，筆翰如流，未嘗壅滯。引接疏遠，門無停客。常語人曰：「大禹聖者，乃惜寸陰，至於衆人，當惜分陰，豈可逸遊荒醉，生無益於時，死無聞於後，是自棄也。」諸參佐或以談戲廢事者，乃命取其酒器、蒱博之具，悉投之于江，吏將則加鞭扑，曰：「樗蒱者，牧豬奴戲耳！老莊浮華，非先王之法言，不可行也。君子當正其衣冠，攝其威儀，何有亂頭養望，自謂宏達耶？」有奉饋者，皆問其所由。若力作所致，雖微必喜，慰賜參倍；若非理得之，則切厲訶辱，還其所饋。嘗出遊，見人持一把未熟稻，侃問：「用此何爲？」人云：「行道所見，聊取之耳。」侃大怒曰：「汝既不田，而戲賊人稻！」執而鞭之。是以百姓勤於農殖，家給人足。時造船，木屑及竹頭悉令舉掌之，咸不解所以。後正會，積雪始晴，聽事前餘雪猶溼，於是以屑布地。及桓温伐蜀，又以侃所貯竹頭作丁裝船。其綜理微密，皆此類也。

暨蘇峻作逆，京都不守，侃子瞻爲賊所害，平南將軍温嶠要侃同赴朝廷。初，明帝崩，侃不在顧命之列，深以爲恨，答嶠曰：「吾疆埸外將，不敢越局。」嶠固請之，因推爲盟主。侃乃遣督護龔登率衆赴嶠，而又追迴。嶠以峻殺其子，重

遣書以激怒之。侃妻龔氏亦固勸自行。於是便戎服登舟，星言兼邁，瞻喪至，不臨。五月，與温嶠、庾亮等俱會石頭。諸軍即欲决戰，侃以賊盛，不可争鋒，當以歲月智計擒之。累戰無功，諸將請於查浦築壘。監軍部將李根建議，請立白石壘。侃不從，曰：「若壘不成，卿當坐之。」根曰：「查浦地下，又在水南，唯白石峻極險固，可容數千人，賊來攻不便，滅賊之術也。」侃笑曰：「卿良將也。」乃從根謀，夜修曉訖。賊見壘大驚。賊攻大業壘，侃將救之，長史殷羨曰：「若遣救大業，步戰不如峻，則大事去矣。但當急攻石頭，峻必救之，而大業自解。」侃又從羨言。峻果棄大業而救石頭。諸軍與峻戰陳陵東，侃督護，竟陵太守李陽部將彭世斬峻於陣，賊衆大潰。峻弟逸復聚衆，侃與諸軍斬逸於石頭。

初，庾亮少有高名，以明穆皇后之兄受顧命之重，蘇峻之禍，職亮是由。及石頭平，懼侃致討，亮用温嶠謀，詣侃拜謝。侃遽止之，曰：「庾元規乃拜陶士行邪？」王導入石頭城，令取故節，侃笑曰：「蘇武節似不如是！」導有慚色，使人屏之。

侃旋江陵，尋以爲侍中、太尉，加羽葆、鼓吹，改封長沙郡公，邑三千户，賜絹八千匹，加都督交、廣、寧七州軍事。以江陵偏遠，移鎮巴陵。遣諮議參軍張誕討五谿夷，降之。

屬後將軍郭默矯詔襲殺平南將軍劉胤，輒領江州。侃聞之曰：「此必詐也。」遣將軍宋夏、陳脩率兵據湓口，侃以大軍繼進。默遣使送妓婢、絹百匹，寫中詔呈侃。參佐多諫曰：「默不被詔，豈敢爲此事？若進軍，宜待詔報。」侃厲色曰：「國家年小，不出胸懷。且劉胤爲朝廷所禮，雖方任非才，何緣猥加極刑！郭默虓勇，所在暴掠，以大難新除，威網寬簡，欲因隙會騁其從横耳。」發使上表討默。與王導書曰：「郭默殺方州，即用爲方州；害宰相，便爲宰相乎？」導答曰：「默居上流之勢，加有船艦成資，故苞含隱忍，使其有地。一月潛嚴，足下軍到，是以得風發相赴，豈非遵養時晦，以定大事者邪？」侃省書笑曰：「是乃遵養時賊也。」侃既至，默將宗侯縛默父子五人及默將張丑詣侃降，侃斬默等。默在中原，數與石勒等戰，賊畏其勇，聞侃討之，兵不血刃而擒也，益畏侃。蘇峻將馮鐵殺侃子奔于石勒，勒以爲戍將。侃告勒以故，勒召而殺之。詔侃都督江州，領刺史，增置左右長史、司馬，從事中郎四人，掾屬十二人。侃旋于巴陵，因移鎮武昌。

侃命張夔子隱爲參軍，范逵子珧爲湘東太守，辟劉弘曾孫安爲掾屬，表論梅陶，凡微時所荷，一餐咸報。

遣子斌與南中郎將桓宣西伐樊城，走石勒將郭敬。使兄子臻、竟陵太守李陽等共破新野，遂平襄陽。拜大將軍，劍履上殿，入朝不趨，讃拜不名。上表固讓。【略】

咸和七年六月疾篤，又上表遜位。【略】以後事付右司馬王愆期，加督護，統領文武。

侃輿車出臨津就船，明日，薨于樊谿，時年七十六。成帝下詔。【略】追贈大司馬，又策謚曰桓，祠以太牢。侃遺令葬國南二十里，故吏刊石立碑畫像於武昌西。

侃在軍四十一載，雄毅有權，明悟善决斷。自南陵迄于白帝，數千里中，路不拾遺。蘇峻之役，庾亮輕進失利。亮司馬殷融詣侃謝曰：「將軍爲此，非融等所裁。」將軍王章至，曰：「章自爲之，將軍不知也。」侃曰：「昔殷融爲君子，王章爲小人；今王章爲君子，殷融爲小人。」侃性纖密好問，頗類趙廣漢。嘗課諸營種柳，都尉夏施盜官柳植之於己門。侃後見，駐車問曰：「此是武昌西門前柳，何因盜來此種？」施惶怖謝罪。時武昌號爲多士，殷浩、庾翼等皆爲佐吏。侃每飲酒有定限，常歡有餘而限已竭，浩等勸更少進，侃悽懷良久曰：「年少曾有酒失，亡親見約，故不敢踰。」議者以武昌北岸有邾城，宜分兵鎮之。侃每不答，而言者不已，侃迺渡水獵，引將佐語之曰：「我所以設險而禦寇，正以長江耳。邾城隔在江北，内無所倚，外接羣夷。夷中利深，晉人貪利，夷不堪命，必引寇虜，迺致禍之由，非禦寇也。且吴時此城乃三萬兵守，今縱有兵守之，亦無益於江南。若羯虜有可乘之會，此又非所資也。」後庾亮戍之，果大敗。季年懷止足之分，不與朝權。未亡一年，欲遜位歸國，佐吏等苦留之。及疾篤，將歸長沙，軍資器仗，牛馬舟船皆有定簿，封印倉庫，自加管鑰，以付王愆期，然後登舟，朝野以爲美談。將出府門，顧謂愆期曰：「老子婆娑，正坐諸君輩。」尚書梅陶與親人曹識書曰：「陶公機神明鑒似魏武，忠順勤勞似孔明，陸抗諸人不能及也。」謝安每言：「陶公雖用法，而恒得法外意。」其爲世所重如此。然媵妾數十，家僮千餘，珍奇寶貨富於天府。或云「侃少時漁於雷澤，網得一織梭，以挂于壁。有頃雷雨，自化爲龍而去」。又夢生八翼，飛而上天，見天門九重，已登其八，唯一門不得入。閽者以杖擊之，因墜地，折其左翼。及寤，左腋猶痛。又嘗如厠，見一人朱衣介幘，斂板曰：「以君長者，故來相報。君後當爲公，位至八州都督。」有善

相者師圭謂侃曰：「君左手中指有豎理，當爲公。若徹於上，貴不可言。」侃以針決之見血，灑壁而爲「公」字，以紙裛手，「公」字愈明。及都督八州，據上流，握强兵，潛有窺窬之志，每思折翼之祥，自抑而止。

侃有子十七人，唯洪、瞻、夏、琦、旗、斌、稱、範、岱見舊史，餘者並不顯。

許嵩《建康實録》卷七　侃字士衡，本鄱陽人。吳平，徙家廬江之尋陽。少孤貧，爲縣吏。鄱陽孝廉范逵嘗過侃，時倉卒無以待賓，其母乃截髮易酒，撤薦飯馬，逵重之，言於廬江太守張夔。夔召爲督郵，遷主簿，復察孝廉，至洛陽，除郎中。

後會荆州刺史劉弘之官，辟侃，信用，累至江夏太守。時陳敏據揚州，令弟恢率軍西上，侃拒之，以運船爲戰艦，或言不可，侃曰：「用官物討官賊，何爲不可？」遂破恢等，後以母憂去職。嘗有二客來弔，不哭而退，化爲雙鶴，沖天而去。

及中宗即位江左，加龍驤將軍、武昌太守。時益州刺史杜弢舉兵反，破荆州，刺史周顗失據，侃率衆救之，謂諸將曰：「此賊必更步向武昌，吾宜還城，卿等誰能忍饑鬭邪？」部將吴寄曰：「要欲十日忍饑，晝當擊賊，夜分捕魚，可足以相濟。」侃曰：「卿健將也。」賊果來攻，侃擊破之。遣參軍王貢告捷于王敦，敦以荆州多難，用王貢説，表侃爲荆州刺史，鎮沔江。尋爲杜曾所破，坐免，以白衣領職，佐史争上疏理之，復官。率周訪等進討杜曾。

初，王貢以矯命恐獲罪，遂投杜曾。至是，賊衆離阻，貢將出挑戰，侃遥謂曰：「杜弢爲益州吏，盗用庫錢，父死不奔喪。卿本佳人，何爲隨之？天下寧有白頭賊乎？」貢初横脚馬上，聞侃言，改容下脚，辭色甚順。侃截髮爲信，貢遂來降，弢、曾等大敗。王敦忌侃功，左轉爲廣州刺史。時温邵作梗，嶺外諸將請討之，侃笑曰：「吾威名已著，何事遣兵，但一函紙自足耳。」于是下書諭之，邵懼而走，追獲于始興，以功封柴桑侯。

侃在州無事，輒朝運百甓于齋外，暮運入于齋内，人或問之，答曰：「吾方致力中原，過爾優逸，恐不堪事。」及王敦反，詔侃領江州刺史。敦平，進都督荆、梁、雍、益州諸軍事、荆州刺史，荆、郢士女，莫不相慶。

侃性聰敏，勤于吏職，終日危坐，事有萬端，曾不遺漏。遠近書疏，皆手自答，筆翰如流，未嘗壅滯。引接疎遠，門無停賓。嘗語人曰：「大禹聖者，乃惜寸陰，至于衆人，當惜分陰，豈可游逸，生無益于時，死無聞於後，是自棄也。」諸參佐或以談戲廢事者，乃命取其酒器及蒱博之具，悉投之於江中，曰：「樗蒱者，牧猪奴戲耳！《老》、《莊》浮華，非先王之法言，不可行也。君子當正其衣冠，攝其威儀，何有亂頭蓬首，自謂宏達？」有奉饋者，皆問其所由。若力作所致，雖微必嘉，慰賜三倍；若非禮者，則切厲還饋辱之。嘗出行，見人持一把未熟稻，侃問：「用此何爲？」人云：「道傍所見，聊取之耳。」侃怒曰：「汝既不佃，而戲賊人稻！」執而鞭之。百姓於是勤農，家給人足。

暨蘇峻作逆，京都不守，平南將軍温嶠要侃同赴朝廷。侃恨肅宗崩，不在顧命之列，言形於色，謂嶠曰：「吾疆埸外將，不敢越局。」嶠固請之，推爲盟主。侃便戎服，既平峻於石頭，庾亮用温嶠謀，詣侃拜謝。侃遽止之，曰：「庾元規乃拜陶士衡耶？」王導入石頭城，令取故節，侃笑曰：「蘇武節似不如是！」導有慚色。以平峻功，進侍中、太尉，改封長沙郡公，加都督交、廣、寧七州軍事，移鎮巴陵。後平襄陽，拜大將軍，劍履上殿，入朝不趨，讚拜不名，上表固讓。薨，時年七十六，贈大司馬。

侃在軍四十一年，雄毅明斷，自南陵至於白帝數千里，道不拾遺。侃性纖密，頗類趙廣漢。在武昌時課諸營種柳，都尉夏施盗植於己門。侃行駐車問曰：「此武昌官柳，何因在此？」施惶怖謝罪。時殷浩、庾翼等皆爲佐吏，武昌號爲多士。侃飲酒每有定限，嘗會歡有餘而限已竭，浩等勸更少進，終不許。時梅陶與親人曹識書曰：「陶公機神明鑒似魏武，忠慎勤勞似孔明，陸抗諸人不能及。」謝安石每云：「陶公用法，恒得法外意。」侃少時漁於雷澤，得一織梭，以挂于壁。有頃雷雨，自化爲龍而去。又嘗夢身生八翼，飛而上天，見天門九重，已入其八，唯一門不開，閽者以杖擊之，折其左翼。及寤，左腋猶痛。又如厠，見一人朱衣介幘，斂板曰：「以君長者，故相報，君後當爲公，位至八州都督。」及統八州，握强兵，據上流，潛有窺窬之志，每思折翼之祥，自抑而止。

《永樂大典》卷六七〇一録明《江州志》　晉陶侃，字士行，其先自鄱徙丹陽。父丹，仕吴爲揚武將軍，以功封柴桑侯，食采地家焉。生侃，早孤貧，爲縣吏，范逵薦之，郡守張夔署樅陽令，語在侃母傳。遷郡主簿，會州從事到郡，欲有所案，侃閉門部勒諸吏，謂從事曰：「若鄙郡有違，自當明憲直繩，不宜相逼。若不以禮，吾能禦之。」從事即退。夔妻疾，迎醫遠方。時大雪，諸紀綱皆難之，侃曰：「小君，猶母也。」請行，衆服其議。舉孝廉，至洛見張華，與語異之。除郎中。楊晫見侃曰：「《易》稱『貞固足以幹事』，陶士行是也。」與共載見顧榮，榮大奇之。

補武岡令，以嫌棄官歸，爲郡小中正。荊州刺史劉弘之官，辟南蠻長史，遣先向襄陽討賊張昌，破之。弘至謂曰：「子後必繼老夫。」以功對東鄉侯。陳敏之亂，弘板侃江夏太守，敏弟恢來寇，侃禦之。以運船爲戰艦，或言不可，侃曰：「用官物討官賊，但須列上有本末耳。」遂破恢。母憂去職，服除，參東海王越軍事。江州刺史華軼表侃揚武將軍，屯夏口。軼不奉元帝命，乃與軼絶，進龍驤將軍、武昌太守。時山夷劫擾江中，侃遣將詐作商船誘之。劫果至，先獲數人，則西陽王羕之左右也。即遣兵逼羕，令出賊，親陣釣臺爲後繼，羕縛送帳下二十人，侃斬之。自是水陸蕭清，流亡皆復，侃竭資振給。立夷市於郡東，大收其利。詔討杜弢，與周訪併力破之。時周凱刺荊州，留鎮尋水城，賊掠其良口。侃遣朱伺救之，賊遽退保泠口。侃謂諸將曰：「賊必步向武昌，吾宜晝夜還城，三日可至，誰能忍饑鬭邪？」吴寄言：「能忍十日饑，晝擊賊，夜捕魚以濟」。侃曰：「健將也。」賊果來攻，侃命伺逆擊，大破之。遣參軍王貢告捷於王敦，敦曰：「若無陶侯，便失荊州。伯仁入境，便爲賊破，不知那得刺史？」貢對曰：「鄙州方有事難，非陶龍驤不可。」敦即表侃持節、寧遠將軍、荊州刺史，領西陽、江夏、武昌，鎮沌口，又移入沔江，討定江夏諸賊。王冲據江陵，王貢還，至竟陵道，矯侃命，以杜曾爲前鋒大都督，斬冲。侃召曾不到，貢恐矯命獲罪，遂同曾反，破侃督護鄭攀於沌陽、朱伺於沔口。侃欲退入溳中，部將張奕貳於侃，詭説曰：「賊至而動衆不可。」侃惑之。無何，賊至，爲所敗。朱伺力戰僅免，奕竟奔賊，侃坐免官，以白衣領職。尋率周訪等進軍入湘，大破杜弢。侃之佐史列其功於敦，乃奏復侃官。王貢誘五溪夷向武昌，侃使鄭攀、陶延夜趣巴陵掩擊，多所斬獲。貢遁還湘城，弢遂疑張奕而殺之。弢衆多降，貢復挑戰，侃遥謂曰：「杜弢爲益州吏，盗用庫錢，卿本佳人，何爲隨之？天下寧有白頭賊乎？」貢辭色稍順。侃知其可動，與截髮爲信，貢遂降。而弢敗走，進克長沙。王敦忌侃功，侃還江陵詣敦别，將吏諫止，不聽。果見留，左轉廣州刺史，以荊州授王廙，諸將鄭攀等不樂南，西迎杜曾以拒廙。敦意侃使之，被甲持矛將殺侃，屢出復回。侃正色曰：「使君雄斷，當裁天下，何此不決？」因起如厠。得敦參軍梅陶等説解，語在《周訪傳》。侃得脱，便夜發，進至始興。先是，廣州人背刺史郭訥，而迎長沙人王機，未發，會杜弘據臨賀，機降之，教弘同温邵、劉沉謀取廣州。或勸侃駐始興，以觀形勢。侃不聽，直入廣州。弘遣使僞降，侃知之，先於封口發石車，弘果率輕兵至，知侃有備而退，侃追擊破之，執沉斬機，諸請乘勝擊邵，侃笑曰：「吾威名已著，何事遣兵，但一角紙足矣。」下書白邵，邵果走，追獲之。以功封柴桑侯，食邑四千户。事平，朝運百甓於齋外，暮運齋内，人問其故，答曰：「吾方致力中原，不可過自優逸。」大興初，進號平南將軍，加都督交州。王敦反，授江州刺史，尋轉都督、湘州刺史。敦得志，表侃仍舊職，加散騎常侍。時賊梁碩陷交州，侃遣將討平，進兼交州刺史，加征南大將軍、開府。敦平，遷都督荊、雍、益、梁州諸軍事、征西大將軍、荊州刺史。楚郢士女相慶。侃性聰敏而恭勤，終日危坐，閫外事殷，萬不漏一，常曰：「大禹聖者，尚惜寸陰，衆人當惜分陰，豈可生無益於時，死無聞於世耶？」參佐有以談戲廢事者，命投其酒器、蒲博之具於江，將吏則加鞭撲，曰：「樗蒲，牧猪奴戲爾。老莊非先王法言，不可道。君子當正衣冠，攝威儀，安有亂頭養望，自謂宏達耶？」飲有定限，常歡有餘而限已竭，或勸少進，則愴然曰：「少有酒失，亡親見約，不敢踰。」有饋必問所由出，若出力作，雖微必喜，慰賜加倍；得於非理，則訶責還之。是以百姓力穡，家給人足。造船木屑、竹頭悉令收掌，莫知其意，後正會，值雪，庭中濕，取木屑布地。竹頭至桓温造艦，皆取爲丁。嘗課諸營種柳，有盗官柳直己門者，侃駐車問曰：「此武昌西門柳，因何在此？」其密察如此。蘇峻之亂，温嶠推爲盟主，至石城，賊尚盛，侃曰：「不可争鋒，當以計禽之。」時議築查浦壘，部將李根請立壘白石。侃曰：「若壘不成，卿當坐之。」根曰：「查浦地下，又在水南，惟白石峻而固，可容數千人，賊攻不便拔，攄賊之術也。」侃從之，夜修曉訖，賊見壘大驚。賊攻大業壘，侃欲救之，殷羨曰：「若步戰不如峻，則大事去矣。但當急攻石頭，峻必救之，而大業自解。」侃又從之，遂斬峻。初峻之禍，成於庾亮。峻平，亮懼侃致討，詣侃謝，侃止之曰：「庾元規乃拜陶士行邪？」庾亮輕進失利，其司馬殷融詣侃謝曰：「將軍爲此，非融等所裁。」將王章至曰：「章自爲之，將軍不知也。」侃曰：「昔殷融爲君子，王章爲小人；今王章爲君子，殷融爲小人。」侃旋江陵，拜侍中、太尉，封長沙郡公，加督交、廣、寧凡七州，徙鎮巴陵，討降五溪蠻。聞郭默襲殺刺史劉胤，輒領江州，遣宋夏往據盆口，而以大軍繼進，默送妓婢絹百匹，寫中詔呈侃。參佐多贊曰：「默若無詔，豈敢爲此？」侃歷色曰：「國家年小，不出胸懷。雖劉胤非才，朝廷所在，何得加刑？蓋以大難新除，威綱寬簡，欲因隙騁姦爾。」表請討之，且遣王導書曰：「默殺方州，則用爲方州；若殺宰相，便爲宰相乎？」導答以「遵養時晦」爲辭，侃笑曰：「此遵養時賊爾。」侃至，默將宗侯縛默父子降，悉斬之。默在中原，石勒嘗畏其勇，聞默擒，益畏侃。兼督江州，領刺史，移鎮武昌。又分遣桓宣等伐樊

城，破新野，遂平襄陽。拜大將軍，劍履上殿，入朝不趨，贊拜不名。上表固讓曰：「若臣仗國威靈，梟雄斬勒，則又何以加！」蓋侃志在恢復也。咸和七年，疾篤，表乞遜位，歸長沙，上節麾、幢蓋、印傳、貂蟬、棨戟等。軍資器仗、牛馬舟船，皆録簿封印倉庫，以管鑰付王愆期訖，就輿登舟。明日薨，年七十六。成帝下詔哀慟，策謚曰桓。侃在軍四十一載，雄毅明斷，數千里不拾遺。武昌北岸有邾城，或勸分兵鎮之。侃不答，而言者不已。侃乃渡獵，引將佐語之曰：「我所設險，正在長江。邾城隔在江北，内無所倚，外接羣夷。夷中利深，晉人貪利，夷不堪命，必引虜寇，乃致寇之由，非禦寇也。吳時守此用兵三萬，今縱有兵守之，無益江南。若虜有可乘，又非所資也。」後庾亮戍之，果敗。梅陶嘗曰：「陶公機神明鑒似魏武，忠順勤勞似孔明，陸抗諸人不及也。」謝安每言：「陶公用法，得法外意。」少漁彭澤，嘗網得一梭，掛壁，有頃雷雨，化龍而去。夢生八翼飛天，見天門九重，已登其八，閽者以杖擊之，墜地，折左翼。及寤，左腋猶痛。季年懷止足之分，欲遜位歸國，佐史等苦留之，及病篤，出府門顧愆期曰：「老子婆娑，正坐君輩。」時以爲美談。侃十七子，見史者：洪、瞻、夏、琦、旗、斌、稱、範、岱。

雜録

備録

《世説新語・言語》 陶公疾篤，都無獻替之言，朝士以爲恨。仁祖聞之，曰：「時無豎刁，故不貽陶公話言。」時賢以爲德音。

《世説新語・言語》注引《陶氏叙》 侃字士衡，其先鄱陽人，後徙尋陽。侃少有遠概綱維宇宙之志。察孝廉入洛，司空張華見而謂曰：「後來匡主寧民，君其人也。」劉弘鎮沔南，取爲長史，謂侃曰：「昔吾爲羊太傅參佐，見語云：『君後當居身處。』今相觀，亦復然矣。」累遷湘、廣、荆三州刺史，加羽葆鼓吹，封長沙郡公、大將軍。贊拜不名，劍履上殿。進太尉，贈大司馬，謚桓公。

《世説新語・政事》 陶公性檢厲，勤於事。作荆州時，敕船官悉録鋸木屑，不限多少，咸不解此意。後正會，值積雪始晴，聽事前除雪後猶濕，于是悉用木屑覆之，都無所妨。官用竹皆令録厚頭，積之如山。後桓宣武伐蜀，裝船，悉以作釘。又云：嘗發所在竹篙，有一官長連根取之，仍當足，乃超兩階用之。

《世説新語・政事》注引《晉陽秋》 侃練核庶事，勤務稼穡，雖戎陳武士，皆勸厲之。有奉饋者，皆問其所由。若力役所致，歡喜慰賜；若他所得，則呵辱還之。是以軍民勤於農稼，家給人足。性纖密好問，頗類趙廣漢。嘗課營種柳，都尉夏施盜拔武昌郡西門所種。侃後自出，駐車施門，問：「此是武昌西門柳，何以盜之？」施惶怖首伏，三軍稱其明察。侃勤而整，自强不息。又好督勸於人，常云：「民生在勤，大禹聖人，猶惜寸陰，至于凡俗，當惜分陰。豈可游逸，生無益於時，死無聞於後，是自棄也。又老莊浮華，非先王之法言而不敢行。君子當正其衣冠，攝以威儀，何有亂頭養望，自謂宏達邪？」

《世説新語・政事》注引《中興書》 侃嘗檢校佐吏，若得樗蒲、博弈之具，投之曰：「樗蒲，老子入胡所作，外國戲耳。圍棋，堯、舜以教愚子。博弈，紂所造。諸君國器，何以爲此？若王事之暇，患邑邑者，文士何不讀書？武士何不射弓？」談者無以易也。

《世説新語・方正》 梅頤嘗有惠於陶公，後爲豫章太守，有事，王丞相遣收之。侃曰：「天子富於春秋，萬機自諸侯出，王公既得録，陶公何爲不可放！」乃遣人於江口奪之。頤見陶公拜，陶公止之。頤曰：「梅仲真膝，明日豈可復屈邪！」

《世説新語・假譎》 陶公自上流來，赴蘇峻之難，令誅庾公。謂必戮庾，可以謝峻。庾欲奔竄，則不可；欲會，恐見執，進退無計。温公勸庾詣陶，曰：「卿但遥拜，必無它。我爲卿保之。」庾從温言詣陶。至，便拜。陶自起止之，曰：「庾元規何緣拜陶士行？」畢，又降就下坐。陶又自要起同坐。坐定，庾乃引咎責躬，深相遜謝。陶不覺釋然。

裴啓《裴子語林》 陶太尉既作廣州，優遊無事。常朝自運甓於齋外，暮運於齋内。人問之，陶曰：「吾方致力中原，恐爲爾優遊，不復堪事。」

劉敬叔《異苑》卷四《血迹公字》 陶侃左手有文，直達中指上横節便止。有相者師圭謂侃曰：「君左手中指有豎理，若徹於上，位在無極。」侃以針挑令徹，血流彈壁，乃作「公」字。又取紙裹，「公」迹愈明。

劉敬叔《異苑》卷七《夢生八翼》 陶侃夢生八翼，飛翔衝天。見天門九重，已入其八，惟一門不得進，以翼搏天。閽者以杖擊之，因墮地，折其左翼。驚悟，

左腋猶痛。其後都督八州，威果振主。潛有窺擬之志，每憶折翼之祥，抑心而止。

備論

《晉書》卷六六《陶侃傳》 古者明王之建國也，下料疆宇，列爲九州，輔相玄功，咨于四岳。所以仰希齊政，俯寄宣風。備連率之儀，威騰閫外；總頒條之務，禮縟區中。委稱其才，《甘棠》以之流詠；據非其德，餼餉以是興嗟。中朝叔世，要荒多阻，分符建節，並紊天綱。和季以同里之情，申盧綰之契，居方牧之地，振吴起之風。自幽徂荆，亟斂豺狼之迹；舉賢登善，窮掇孔翠之毛。由是吏民畢力，華夷順命，一州清晏，恬波於沸海之中；百城安堵，静祲於稽天之際。猶獨稱善政，何其寡歟？《易》云，「貞固足以幹事」，於征南見之矣。士行望非世族，俗異諸華，拔萃陬落之間，比肩髦儁之列，超居外相，宏總上流。布澤懷邊，則嚴城静柝；釋位匡主，則淪鼎再寧。元規以戚里之崇，挹其膺而下拜；茂弘以保衡之貴，服其言而動色。望隆分陝，理則宜然。至於時屬雲屯，富逾天府，潛有包藏之志，顧思折翼之祥，悖矣！夫子曰「人無求備」，斯言之信，於是有徵。

和季承恩，建旟南服。威静荆塞，化揚江澳。戮力天朝，匪忘忠肅。長沙勤王，擁旆戎場。任隆三事，功宣一匡。緊賴之重，匪伊舟航。

胡寅《讀史管見》卷七 智者因事以就功，大抵如士行所爲也。若尚法之世，未論其破賊之功，先治其以運船爲戰艦之罪矣。當時已有謂其不可者，齷齪之士，拘攣之見，何世無之？故謝太傅稱「陶公用法，得法外意」，此類是也。

黄道周《廣名將傳》卷七 侃忠能著之久矣。命之禦賊，肯庇鄉里。信任擊之，所向披靡。天下饑荒，劫賊羣起，詐作商船，誘擒究擬。究係將兵，追斬方已。王貢從弢，被擊遁徙。侃遥謂之，君本佳子。順弢匪人，吾爲君恥。貢感來降，弢因敗死。既遷廣州，徑行不止。曾機皆誅，下温一紙。在廣恐安，運甓以砥。木屑竹頭，皆所綜理。石頭可攻，白石可倚。名將妙言，從而且喜。郭默既誅，餘奸自餒。不守郗城，大有深指。方識陶公，過人遠爾。

鄭賢《古今人物論》卷六《陶侃論》 坡公謂《晉史》所傳陶侃折翼之夢，以爲出於庾氏誣謗之口。庾陶多嫌隙，誣謗諒有之。然遂以爲忠誠足貫神明，則吾未敢以爲然也。當時忠誠，孰有出於温忠武之上者？卞、郗二公，亦其流亞，而才不足以匹之。陶侃因不預顧命，胸中怏怏。勤王之師，累欲返鎮。向非忠武，誰挽其駕。其可謂之純臣乎？陶侃而謂之純臣，則郭汾陽之累黜累起，毫無容心，不足貴也。司徒導之入石頭也，侃笑以爲非蘇武之節。然向非忠武，侃亦無乃爲甘卓之流乎？曾憶明季卧子先生嘗有此論，今忘之矣。作《陶侃論》。

鄭賢《古今人物論》卷一八《陶侃》 具幹事之才者，不擇事而效；懷剖物之智者，不擇物而施。故善觀人者，恒即小而知其大，覩忽而料其成也。陶侃都督荆襄，當其造船也，竹頭木屑，皆令籍而掌之。夫竹頭木屑，小物也。此非人之所甚急者，彼皆籍之，而竟不積於無用，是謂綜理之微密，而顧慮之周悉。胸中智巧，槩可見矣。苟小者之不能任，烏足以成天下之大事。忽略微務，又胡能免於其大，而不淪於迂疎者哉！此其坐鎮八州，功安典午。識者謂其賢於清譚廢事之王、謝，非虚語矣。孫叔敖決期思之水，而灌雩婁之野，莊子知其可以爲令尹。子發繫劇而勞佚齊，楚國知其可以爲兵主。此皆形於小微，而通於大理也。然則人之才猷知略，一行一事，一話一言，槩有可鏡見者，奚必臨事而後知也哉！

《全祖望集·埼亭集外編》卷三七《陶侃論》 坡公謂《晉史》所傳陶侃折翼之夢，以爲出於庾氏誣謗之口。庾、陶多嫌隙，誣謗諒有之，然遂以爲忠誠足貫神明，則吾未敢以爲然也。當時忠誠孰有出温忠武之上者？卞、郗二公，亦其流亞，而才不足以匹之。陶侃因不預顧命，胸中怏怏，勤王之師，累欲返鎮，向非忠武，誰挽其駕，其可謂之純臣乎？

陶侃而謂之純臣，則郭汾陽之累黜累起，毫無容心，不足貴也。司徒導之入石頭也，侃笑以爲非蘇武之節，然向非忠武，侃亦無乃爲甘、卓之流乎？曾憶明季卧子先生嘗有此論，今忘之矣。作《陶侃論》。

趙翼《廿二史劄記》卷七《王導陶侃二傳褒貶失當》 至陶侃生平，惟蘇峻、祖約之反，侃以不與顧命，不肯勤王，經温嶠等再三邀説，始率兵東下，此是其見小不達大義之處。其他則盡心於國，老而彌篤。朝廷加以殊禮，侃固辭，又因病上表去位，曰「臣少長孤寒，始願有限」云云。未没前一年，已遜位歸國，佐吏苦留之，不果。及疾篤將歸，以後事付右司馬王愆期。出府門就船，顧謂愆期曰：

「老子婆娑，正坐諸君輩。」《侃傳》是亦可見其超然於權勢矣。本傳亦云：侃季年常懷止足之分，不與朝權。而傳末乃云，侃嘗夢生八翼，上天門，至第九重，折翼而墜。後督八州，據上流，握强兵，有覬覦之志，每思折翼之祥，自抑而止。傳論亦謂其「潛有包藏之志，顧思折翼之祥，悖矣。」是直謂其素有不臣之心，因一夢而不敢也。於導則略其疵累而比之管、葛，於侃則因其一夢而懸坐以無將之罪，豈非褒貶失當乎？

方濬頤《二知軒文存》卷二《陶侃温嶠論》 有有功於王室而臣節未盡者，亦有盡瘁於國家而内行未完者。陶士行可以爲勳臣，不可以爲忠臣。【略】梅尚書謂陶公：「機神明鑒似魏武，忠順勤勞似孔明。」【略】士行有賢母，封鮓遺書，戒其勿取官物。而又截髮留賓，剉薦飼馬，致范逵有非此母不生此子之歎。實由母教，得以功名顯。而飲酒必有定限，佐吏勸更少進，因悽然言：「年少曾有酒失，亡親見約，故不能踰。」母憂去職，遂來鶴弔，時人異之。【略】以孝論，温不如陶也。【略】則以忠論，陶不如温也。夫觀人必於其大而善，善則從其長。士行以孤貧起家，官不過督郵、主簿，而萬嗣許其終當有令名。張夔察爲孝廉，楊晫勉以貞固幹事，而決其非凡器。黄慶謂此子必當遠到。果以軍功封侯，典郡備鷹揚之選，錫龍驤之名。破賊泠口，力保荆州，會王貢矯命，張奕詭説爲賊所敗，因之免官，白衣領職。佐史詣王敦，善爲説辭，奏復侃官。有長沙之捷。敦忌其功，留而不遣，左轉廣州。左手之斷，亦危甚矣！幸周訪援之，得免於難。破杜宏，執劉沈，走温邵，晉封柴桑，進號征南。運甓惜陰，聰敏勤職，投牧豬之戲。五谿之夷，討杜默之畔。凡故人子皆授以官，微時所荷一餐，咸有以報。安石言陶公：「雖用法，而恒得法外意。」其爲世所重如此。【略】而實則太真之忠，不唯高於士行，抑且百倍於茂宏也。惜乎！牛渚然犀惡夢示警，年甫四十有二，遽爾崩折，未竟其用。轉不及士行之以老壽告終於樊谿，嗚呼！天道尚可知乎？迄今合兩傳，讀之，輒縷述其功烈，行誼，以諗來者，俾知忠孝之不能兼全，而非故爲苛論也。

藝文

《景定建康志》卷三一《晉太尉大司馬長沙桓公陶士行讚》 堂堂陶公，一代重臣。作鎮於遠，赫赫厥聲。咸和階厲，宸居震驚。蠲氛盪兇，四海一人。孰急而求，盟哉太真。義戈所指，磔梟尸鯨。凡此戎公，於躬取必。孰揮匪麈，而百斯甓。孰愒匪時，而分斯惜。迥乎清高，國爾何益。凡百君子，惟忠惟寔。

夏竦《文莊集》卷三一《奉和御制讀晉書》 士行勤武力，機鑒信良哉。國賴桓文業，人推葛陸才。殊祥雙鶴至，吉夢八門開。終始全高節，誠因左翼推。

陳普《石堂先生遺集》卷二一《陶侃》 蘇峻鯨奔正可憂，翻令王室備荆州。五陵松栢無遺種，謾爲桓温拾竹頭。

錢子正《三華集》卷八《雷澤》 昨夜神梭已化龍，風雷繞澤水淙淙。八州都督功成速，不到天門第九重。

羅倫《一峯集》卷五《陶桓公祠記》 大尉陶公諱侃，字士行，鄱陽人，徙潯陽。父丹，吴揚武將軍，母新淦湛氏。公少孤貧，從察辟仕至太尉，爵長沙郡公，卒年七十六。葬國南二十里，策謚曰桓公。有大功於晉，謙勤忠恪，雄毅明敏，在軍四十一年。戎政齊肅，昭徠以禮，懷遠以德，屢當大寇，所向克捷，羣醜破滅。自南陵至白帝數千里，道不拾遺。蘇峻之役，温嶠推爲盟主，子喪不臨，竟趨石頭，斬峻兄弟，王室載寧。峻將馮鐵殺公子瞻，奔於石勒，以爲戍將。公使告勒，勒召而殺之。勒高自標致，比肩二劉，撩懿輩不顧也，乃畏公如此。魏晉之際，浮虚成俗，公深疾之，常語人曰：「太禹聖者，乃惜寸陰，至於衆人，當惜分陰。豈可逸遊荒醉，生無益於世，死無聞於後。老莊浮華，非先王之法，言不可行也。」故其所立，耿耿一節，始終不渝。朝夕運甓，竹頭木屑，悉入掌舉。束緼莖柳，不忘劬勞。卓樹殊勳，弘濟斯世，功成身退，屢欲遜位。卧疾登舟，去方鎮若脱屣，非明智卓行，能與於斯乎？梅陶稱之曰「機神明鑒似魏武，忠順勤勞似孔明。」魏武用智傾漢，夫豈公之比哉？公之忠誠，凛秋霜而貫白日。然觀《晉史》庾亮之傳、應詹之書，則疑其有跋扈之心。温嶠之舉、毛寶之諫，則見其有顧望之跡。登天折翼，彈血成文，動可疑恠，此中知所不屑，而謂公有是事乎？蓋行高致毁。蘇峻之誅，庾氏愧憾，世執朝權，秉史筆者從而誣成之耳。東坡蘇公、布衣吴澥，咸辯其非，紫陽朱子表而出之。然後公之大節俟後世而不惑也。使公志行於永嘉，則二帝必不至於北狩，中原必不至於板蕩。行於咸和，則北可梟石勒，西可平李雄，不偏安於江表矣！奈何惠、懷庸繆之主，成帝削弱之資，不足輔以爲也。公曾孫潛方劉裕篡勢已成，自以晉世宰輔之後，恥屈身異代。《述酒》、《荆軻》等作，殆欲爲漢相孔明之事，而無其資於戲，分莫大於君臣，行莫大

於忠孝。公之祖孫無愧焉。曾謂魏晉以降有斯人哉！塗邑東有公讀書臺。或少依外氏於此耳。公母墓，則好事者爲之也。公父母葬潯陽，在東昌者，意爲近之。今憲使陳公文曜修臺創屋，提學憲副夏公正夫名曰「惜陰書院」。憲副洪公萬善設祠，像公於中，以公曾孫靖節先生配焉。將使後之人進而仕，退而處景行先哲咸庶乎？斯道也，其裨世教大矣！令尹葛君先後承襄，是亦非俗吏所能。予故樂道之也。葛君名貞，字某云。

祖逖部

綜述

《晉書》卷六二《祖逖傳》 祖逖字士稚，范陽遒人也。世吏二千石，爲北州舊姓。父武，晉王掾、上谷太守。逖少孤，兄弟六人。兄該、納等，並開爽有才幹。逖性豁蕩，不修儀檢，年十四五猶未知書，諸兄每憂之。然輕財好俠，慷慨有節尚，每至田舍，輒稱兄意，散穀帛以賙貧乏，鄉黨宗族以是重之。後乃博覽書記，該涉古今，往來京師，見者謂逖有贊世才具。僑居陽平。年二十四，陽平辟察孝廉，司隸再辟舉秀才，皆不行。與司空劉琨俱爲司州主簿，情好綢繆，共被同寢。中夜聞荒雞鳴，蹴琨覺曰：「此非惡聲也。」因起舞。逖、琨並有英氣，每語世事，或中宵起坐，相謂曰：「若四海鼎沸，豪傑並起，吾與足下當相避于中原耳。」

辟齊王冏大司馬掾、長沙王乂驃騎祭酒，轉主簿，累遷太子中舍人、豫章王從事中郎。從惠帝北伐，王師敗績於蕩陰，遂退還洛。大駕西幸長安，關東諸侯范陽王虓、高密王略、平昌公模等競召之，皆不就。東海王越以逖爲典兵參軍、濟陰太守，母喪不之官。

及京師大亂，逖率親黨數百家避地淮泗，以所乘車馬載同行老疾，躬自徒步，藥物、衣糧與衆共之，又多權略，是以少長咸宗之，推逖爲行主。達泗口，元帝逆用爲徐州刺史，尋徵軍諮祭酒，居丹徒之京口。

逖以社稷傾覆，常懷振復之志。賓客義徒皆暴桀勇士，逖遇之如子弟。時揚土大饑，此輩多爲盜竊，攻剽富室，逖撫慰問之曰：「比復南塘一出不？」或爲吏所繩，逖輒擁護救解之。談者以此少逖，然自若也。時帝方拓定江南，未遑北伐，逖進說曰：「晉室之亂，非上無道而下怨叛也。由藩王爭權，自相誅滅，遂使戎狄乘隙，毒流中原。今遺黎既被殘酷，人有奮擊之志。大王誠能發威命將，使若逖等爲之統主，則郡國豪傑必因風向赴，沈溺之士欣於來蘇，庶幾國耻可雪，願大王圖之。」帝乃以逖爲奮威將軍、豫州刺史，給千人廩，布三千匹，不給鎧仗，使自招募。仍將本流徙部曲百餘家渡江，中流擊楫而誓曰：「祖逖不能清中原而復濟者，有如大江！」辭色壯烈，衆皆慨歎。屯于江陰，起冶鑄兵器，得二千餘人而後進。

初，北中郎將劉演距于石勒也，流人塢主張平、樊雅等在譙，演署平爲豫州刺史，雅爲譙郡太守。又有董瞻、于武、謝浮等十餘部，衆各數百，皆統屬平。逖誘浮使取平，浮譎平與會，遂斬以獻逖。帝嘉逖勳，使運糧給之，而道遠不至，軍中大饑，進據太丘。樊雅遣衆夜襲逖，遂入壘，拔戟大呼，直趣逖幕，軍士大亂。逖命左右距之，督護董昭與賊戰，走之。逖率衆追討，而張平餘衆助雅攻逖。蓬陂塢主陳川，自號寧朔將軍、陳留太守。逖遣使求救於川，川遣將李頭率衆援之，逖遂克譙城。

初，樊雅之據譙也，逖以力弱，求助於南中郎將王含，含遣桓宣領兵助逖。逖既克譙，宣等乃去。石季龍聞而引衆圍譙，含又遣宣救逖，季龍聞宣至而退。宣遂留，助逖討諸屯塢未附者。

李頭之討樊雅也，力戰有勳。逖時獲雅駿馬，頭甚欲之而不敢言，逖知其意，遂與之。頭感逖恩遇，每歎曰：「若得此人爲主，吾死無恨。」川聞而怒，遂殺頭。頭親黨馮寵率其屬四百人歸于逖，川益怒，遣將魏碩掠豫州諸郡，大獲子女車馬。逖遣將軍衞策邀擊於谷水，盡獲所掠者，皆令歸本，軍無私焉。川大懼，遂以衆附石勒。逖率衆伐川，石季龍領兵五萬救川，逖設奇以擊之，季龍大敗，收兵掠豫州，徙陳川還襄國，留桃豹等守川故城，住西臺。逖遣將韓潛等鎮東臺。同一大城，賊從南門出入放牧，逖軍開東門，相守四旬。逖以布囊盛土如米狀，使千餘人運上臺，又令數人擔米，僞爲疲極而息于道，賊果逐之，皆棄擔而走。賊既獲米，謂逖士衆豐飽，而胡戍饑久，益懼，無復膽氣。石勒將劉夜堂以驢千頭運糧，以饋桃豹，逖遣韓潛、馮鐵等追擊於汴水，盡獲之。豹宵遁，退據東燕城，逖使潛進屯封丘以逼之。馮鐵據二臺，逖鎮雍丘，數遣軍要截石勒，勒屯戍漸蹙。候騎常獲濮陽人，逖厚待遣歸，咸感逖恩德，率鄉里五百家降逖。勒又遣精騎萬人距逖，復爲逖所破，勒鎮戍歸附者甚多。時趙固、上官巳、李矩、郭默等各以詐力相攻擊，逖遣使和解之，示以禍福，遂受逖節度。逖愛人下士，雖疏交賤隸，皆恩禮遇之，由是黄河以南，盡爲晉土。河上堡固先有任子在胡者，皆聽兩屬，時遣游軍僞抄之，明其未附。諸塢主感戴，胡中有異謀，輒密以聞。前後克獲，亦由此也。其有微功，賞不踰日。躬自儉約，勸督農桑，克己務施，不畜

資産，子弟耕耘，負擔樵薪，又收葬枯骨，爲之祭醊，百姓感悦。嘗置酒大會，耆老中坐流涕曰：「吾等老矣！更得父母，死將何恨！」乃歌曰：「幸哉遺黎免俘虜，三辰既朗遇慈父。玄酒忘勞甘瓠脯，何以詠恩歌且舞。」其得人心如此。故劉琨與親故書，盛贊逖威德。詔進逖爲鎮西將軍。

石勒不敢窺兵河南，使成皋縣修逖母墓，因與逖書，求通使交市。逖不報書，而聽互市，收利十倍，於是公私豐贍，士馬日滋。方當推鋒越河，掃清冀、朔，會朝廷將遣戴若思爲都督，逖以若思是吴人，雖有才望，無弘致遠識，且已翦荆棘，收河南地，而若思雍容，一旦來統之，意甚怏怏。且聞王敦與劉隗等構隙，慮有内難，大功不遂。感激發病，乃致妻孥汝南大木山下。時中原士庶咸謂逖當進據武牢，而反置家險阨，或諫之，不納。逖雖内懷憂憤，而圖進取不輟，營繕武牢城，城北臨黄河，西接成皋，四望甚遠。逖恐南無堅壘，必爲賊所襲，乃使從子汝南太守濟率汝陽太守張敞、新蔡内史周閎率衆築壘。未成，而逖病甚。先是，華譚、庾闡問術人戴洋，洋曰：「祖豫州九月當死。」初有妖星見於豫州之分，歷陽陳訓又謂人曰：「今年西北大將當死。」逖亦見星，曰：「爲我矣！方平河北，而天欲殺我，此乃不祐國也。」俄卒於雍丘，時年五十六。豫州士女若喪考妣，譙梁百姓爲之立祠。册贈車騎將軍。

許嵩《建康實録》卷五　逖字士稚，范陽遒人。世吏二千石，爲北州舊姓。逖少孤，兄弟六人。性最豁蕩，不修儀檢，年十五六，猶未知書，兄該、納等憂之。然輕財好俠，慷慨有節操，每至田舍，輒稱兄意，散穀帛以賙貧乏，鄉族重之。後乃專學，博涉書記。年二十四，舉秀才，不行。與劉琨俱爲司州主簿，情好綢繆，共被同寢。中夜聞雞鳴，蹴琨覺曰：「此非惡聲也。」因起舞。二人並有英氣，每語世事，或中宵起坐，相謂曰：「若四海鼎沸，豪傑並起，吾與足下當相避於中原。」累遷太子舍人。

洛京喪亂，遂避地淮、泗。元帝鎮江左，徵爲軍諮祭酒，將家居丹徒之京口。西朝傾覆，帝懷振復之志，賓客從者，皆傑勇之士。元帝方拓定江南，未遑北伐，逖進説帝北收遺黎，雪國大恥，帝許之。以逖爲豫州刺史，不給鎧杖，令自招募。仍將本從部曲百餘家渡江，中流擊檝而誓曰：「祖逖不清中原而復濟者，有如大江！」辭色壯烈，衆皆慨歎。因進屯淮陰，鑄兵器，練士卒，轉鬭而前。大破石季龍，蓬陂塢主陳川。川還襄國，季龍使川將桃豹守川故城，住西臺，逖遣將軍韓潛等進鎮東臺，與賊同一大城，相守四旬。以布囊盛土，使千餘人運上臺，如米以示賊，賊飢久，益懼。石勒遣將劉夜堂以驢千頭運糧，以饋桃豹，逖使擊破之，獲夜堂，豹宵遁走。因進鎮雍丘，略定河外，巡撫征戍。時趙固、上官巳、李矩、郭默等皆受逖節度，於是黄河已南，盡爲晉土。其河上先有堡固及任子在胡者，皆聽兩屬，如有微功，賞不踰日。躬自勸督農桑，尅己施下，收葬枯骨，爲之祭醊，百姓感悦。嘗置酒大會，耆老中坐流涕曰：「吾等老矣！更得父母，死將何恨！」乃歌舞詠恩，其得人心如此。詔進逖鎮西將軍。

石勒不敢窺兵河南，使成皋縣修逖母墓，因與逖書，求通使交市，收利十倍，公私豐贍，士馬日彊。方欲推鋒越河，掃清冀、朔，會朝廷遣戴若思爲都督，逖不平。且已翦荆棘，收河南地，而若思雍容，一旦來統之，意甚怏怏。又聞王敦與劉隗等構隙，慮有内難，大功不遂。感激發病，乃置妻子於汝南大木山下。進繕虎牢，使從子汝南太守濟率汝陽太守張敞、新蔡内史周閎築壘，未成，而逖病甚。時有妖星見於豫州之分，歷陽陳訓謂人曰：「今年西北大將軍當死。」逖亦見星，曰：「此爲我矣！方平河北，而天欲殺我，此乃不祐國也。」年五十六，卒於雍丘。百姓如喪考妣，皆爲之立祠。

雜録

《世説新語・豪爽》　王大將軍始欲下都處分樹置，先遣參軍告朝廷，諷旨時賢。祖車騎尚未鎮壽春，瞋目厲聲語使人曰：「卿語阿黑，何敢不遜！催攝面去，須臾不爾，我將三千兵，槊脚令上！」王聞之而止。

備録

《世説新語・賞譽》注引虞預《晉書》　逖字士稚，范陽遒人。豁蕩不修儀檢，輕財好施。」《晉陽秋》曰：「逖與司空劉琨俱以雄豪着名。年二十四，與琨同辟司州主簿，情好綢繆，共被而寢。中夜聞鷄鳴，俱起曰：『此非惡聲也。』每語世事，則中宵起坐，相謂曰：『若四海鼎沸，豪杰共起，吾與足下相避中原耳！』爲汝南太守，值京師傾覆，率流民數百家南度，行達泗口，安東板爲徐州刺史。逖既有豪才，常慷慨以中原爲己任，乃説中宗雪復神州之計，拜爲豫州刺史，使

自招募。逖遂率部曲百餘家，北度江，誓曰：『祖逖若不清中原而復濟此者，有如大江！』攻城略地，招懷義士，屢摧石虎，虎不敢復窺河南。石勒爲逖母墓置守吏。劉琨與親舊書曰：『吾枕戈待旦，志梟逆虜，常恐祖生先吾箸鞭耳！』會其病卒。先有妖星見豫州分，逖曰：『此必爲我也！天未欲滅寇故耳！』贈車騎將軍。

《世説新語·任誕》 祖車騎過江時，公私儉薄，無好服玩。王、庾諸公共就祖，忽見裘袍重疊，珍飾盈列，諸公怪問之。祖曰：「昨夜復南塘一出。」祖於時恒自使健兒鼓行劫鈔，在事之人，亦容而不問。

《太平御覽》卷六六引《十六國春秋》 後趙石勒將石季龍，太掠陳、蔡間而去，留將桃豹守譙城，住西臺。東晉將祖逖遣將韓潛等鎮東臺。同一大城，賊從南門出入放牧，逖軍開東門，相守四旬。逖以布囊盛土如米狀，使千餘人運上臺，又令數人擔米，僞爲疲極而息於道。賊果逐之，皆棄擔而走。賊既獲米，謂逖士衆豐飽，而胡戎饑久，益懼，無復膽氣。

《太平御覽》卷二五八引《祖逖別傳》 逖爲豫州刺史，克己矜施，不畜資産。其有骨肉恩薄不收斂者，皆加貶責，由是百姓感化，復睹太平。置酒大會，坐中耆老相與流涕而歎曰：「吾等投老，更得父母，死將何恨？」又童謠曰：「幸哉遺民免豺虎，三辰既朗遇慈父。玄酒清醪甘瓠脯，亦何報恩歌且舞。」

備論

《晉書》卷六二《祖逖傳》 劉琨弱齡，本無異操，飛纓賈謐之館，借箸馬倫之幕，當于是日，實佻巧之徒歟！祖逖散穀周貧，聞雞暗舞，思中原之燎火，幸天步之多艱，原其素懷，抑爲貪亂者矣。及金行中毁，乾維失統。三后流亡，遞縈居彘之禍；六戎横噬，交肆長蛇之毒。於是素絲改色，跅弛易情，各運奇才，並騰英氣。遇時屯而感激，因世亂以驅馳。陳力危邦，犯疾風而表勁；勵其貞操，契寒松而立節，咸能自致三鉉，成名一時。古人有言曰：「世亂識忠良。」蓋斯之謂矣。天不祚晉，方啓戎心。越石區區，獨禦鯨猊之鋭，推心異類，竟終幽圄，痛哉！士稚叶迹中興，克復九州之半，則災星告釁，笠轂徒招，惜矣！

越石才雄，臨危效忠。枕戈長息，投袂徼功。踦嶇汾晉，契闊獯戎。見欺段氏，于嗟道窮！祖生烈烈，夙懷奇節。扣楫中流，誓清凶孽。鄰醜景附，遺萌載悦。天妖是徵，國恥奚雪！

《蘇轍集·欒城後集》卷一〇《祖逖》 敵國相圖，必審于彼己。將强敵弱，則利於進取；將弱敵强，則利於自守。違此二者，而求成功，難矣！東晉渡江，以江淮爲境，中原雖屢有變，而南兵不出，出亦無功，皆夷狄自相屠滅而已。石勒之死也，庾亮爲北伐之計；石虎之老也，庾翼爲徙鎮之役，皆無成而死。及苻堅之敗，謝安父子乘戰勝之威，有席捲之意，終以兵將奔潰，無尺寸之得。其後宋文自謂富强，以兵挑元魏，梁武志于并吞，失信于高氏，陳宣乘高氏之衰，攘取淮南，皆繼之以敗亡，何者？東南地薄兵脆，將非命世之雄，其勢固如此也。

方石虎之斃，中原大亂，晉人皆謂北方不足復平，而蔡謨獨以爲憂，或問其故，謨曰：「夫能順天奉時，濟六合於草昧，若非上哲，必由英豪。度今諸人，皆不辦此。必將經營分表，疲人以逞。才不副意，徒使財殫力竭，終將何所至哉！吾見韓盧、東郭，俱斃而已矣。」至哉！此言實當時好事者之病也。自江南建國，惟桓温東討慕容，西征苻健，兵鋒所及，敵人震動。及宋武破廣固，陷長安，所至蕩定，有弔伐之風。此二人者，誠非常將也。然桓温終以敗衂，不能成大功；宋武志在禪代，未能定秦，狼狽而返，而況其下者乎？

惟晉元帝初定江南，未遑北伐，祖逖言于帝曰：「晉室之亂，非上無道，而下怨叛也。由藩王争權，自相誅滅，遂使戎狄乘釁，毒流中原耳。今遺黎既被殘酷，人有奮擊之志，誠能奮威命將，使若逖等爲之統主，郡國豪傑，必有應者，沉溺之士，喜於來蘇，庶幾國耻可雪也。」帝以逖爲豫州刺史，使進屯淮陰。逖兵力甚弱，乃鑄造兵器，招合離散，稍誅鋤叛涣，復進據譙，然未嘗爲深入計也。石勒遣兵攻逖。逖輒就破其衆，每於兵間，勤身節用，禮下賢俊，懷撫初附，專以恩信接人，不尚詐力，故人争爲之用，自黄河以南，盡爲晉土。雖石勒之强，不敢以兵窺其境。逖母葬成皋，勒使人修其墓，復遣使通好，且求互市。逖不答其使，而許其市，通南北之貨，多獲其利。方將經略河北，而帝使戴若思擁節直據其上，逖怏怏不得志死。蓋敵强將弱，能知自守之爲利者，唯逖一人。夫惟知自守之爲進取，而後可以言進取也哉！

胡寅《讀史管見》卷七　劉越石、祖士稚平素交朋，意氣不羣，齊名當代，然琨非逖比也。【略】逖與將士同甘苦，克己務施。【略】結下有恩，來附者日多，【略】盡有河南之地，【略】恩信覃於河北，威聲懾於後趙，琨不及逖遠已甚矣。

祖士稚慷慨忠義，有智略以行之，豈惟晉臣，自古難得之才也，惜其未聞道也。【略】又況王敦之所以隱忍未叛，徒以豫州爲虞，士稚知内難將作，尤當訓明軍旅，張皇義聲，使姦人懾息而不敢動，如其妄舉，不忘投驅，豈不善哉？道二而已。儻以全身爲賢，則由前所陳；儻以許國爲重，則由後所論。於義皆得。若夫功之成否，則天也，又何必怏怏，發病而喪其軀哉？謂之不聞大道，不亦宜乎？

李燾《六朝通鑑博議》卷三　祖逖與晉披荊棘，冒風露，尺攘寸取，以復河南故土。而王導以戴淵一旦雍容，直據其上而節制之。是艱難之際，而逖盡其力；而平定之後，則淵居其利。故逖以感憤，而其功不終。噫！以逖之氣節，豈肯低首撫衿，碌碌從戴淵後者？

惜夫祖逖之知守而不知變。當河南之初復，國弱兵少，敵勢方强，此可以坐而役敵；當河南之已安，兵强士附，河北之人回首望救，此可以出而攻敵。而逖專守一道，不能乘機自用其强，遷延不進，身死無功，石勒遂爲脱網之寇，可不惜夫！

鄭賢《古今人物論》卷一八《祖逖》　馬隆之討河西也，晉武從勇士之請。選武庫之器，給三年之食，然後遣之。卒之叛虜授首，凉州蕩平。今中原淪陷，非河西一隅之比；聰曜躑躅，非橱機能之儔。而王彌、石勒輩，又充斥天下。逖之北伐瑯琊，乃不出一車一旅，不給鎧仗，纔與之千人廩。嗚呼！將使祖生徒手以搏賊乎？吾推元之心，以爲吾今駐蹕江左，雖則東南半壁天下，然亦儼然黄屋左縣矣。而一旦懷、愍從北轅而還，踐天子之位，將置我於何地，而吾亦何以有辭於天下？而一時士雅之言，不啻如水投石，而摧抑之至此耳。其鬱鬱以死宜也。大抵晉元之事，與宋高略相當。金人之害，於五胡尤烈。而武穆之功，可以唾手燕、雲。較之士雅，殆相百焉。而十二金牌之召，獲罪猶甚。蓋武穆之於高宗，猶士雅之於晉元。徒足以開芒刺之心，而懷、愍、徽、欽之有二臣，又不幸中之大不幸，適所以滋其忌而迷其死，故士雅、武穆，可爲萬世人臣懷忠者勸。而晉元、宋高，可爲萬世人君不孝者戒。

藝文

李白《李太白全集》卷二四《南奔書懷》　遥夜何漫漫，空歌白石爛。甯戚未匡齊，陳平終佐漢。欃槍掃河洛，直割鴻溝半。歷數方未遷，雲雷屢多難。天人秉旄鉞，虎竹光藩翰。侍筆黄金台，傳觴青玉案。不因秋風起，自有思歸歎。主將動讒疑，王師忽離叛。自來白沙上，鼓噪丹陽岸。賓禦如浮雲，從風各消散。舟中指可掬，城上骸争爨。草草出近關，行行昧前算。南奔劇星火，北寇無涯畔。顧乏七寶鞭，留連道傍玩。太白夜食昴，長虹日中貫。秦趙興天兵，茫茫九州亂。感遇明主恩，頗高祖逖言。過江誓流水，志在清中原。拔劍擊前柱，悲歌難重論。

李白《李太白全集》卷二四《避地司空原言懷》　南風昔不競，豪聖思經綸。劉琨與祖逖，起舞鷄鳴晨。雖有匡濟心，終爲樂禍人。我則異於是，潛光皖水濱。卜築司空原，北將天柱鄰。雪霽萬里月，雲開九江春。俟乎泰階平，然後托微身。傾家事金鼎，年貌可長新。所願得此道，終然保清真。弄景奔日馭，攀星戲河津。一隨王喬去，長年玉天賓。

《全唐詩》卷六四七胡曾《咏史詩·豫州》　策馬行行到豫州，祖生寂寞水空流。當時更有三年壽，石勒尋爲關下囚。

陳普《石堂先生遺集》卷二一《祖逖》　馬牛風自不相謀，異體安知蝮螫頭。北伐不令持寸挾，楫聲空震大江流。

《李東陽集·詩前稿》卷一《聞鷄行》　城頭鷄鳴聲不惡，祖生夜舞司州幕。南來擊楫向中流，殺氣横秋盡幽朔。手提一劍馴兩龍，黄河以南無戰鋒。十州父老皆部曲，誰遣吳兒作都督。中原未清壯士死，遺恨吳江半江水。

顧炎武《亭林詩集》卷一《祖豫州聞鷄》　萬國秋聲静，三河夜色寒。星臨沙樹白，月下戍樓殘。擊柝行初轉，提戈夢未安。沉幾通物表，高響入雲端。豈足占時運，要須振羽翰。風塵懷撫劍，天地一征鞍。失旦何年補，先鳴意獨難。函關猶未出，千里路漫漫。

慕容廆部

綜述

《魏書》卷九五《慕容廆傳》 徒何慕容廆，字弈洛瓌，其本出於昌黎。曾祖莫護跋，魏初率諸部落入居遼西，從司馬宣王討平公孫淵，拜率義王，始建國於棘城之北。祖木延，從毌丘儉征高麗有功，加號左賢王。父涉歸，以勳進拜鮮卑單于，遷邑遼東。涉歸死，廆代領部落。以遼東僻遠，徙於徒何之青山。穆帝之世，頗爲東部之患，左賢王普根擊走之，乃修和親。晉愍帝拜廆鎮軍將軍，昌黎、遼東二國公。平文之末，廆復侵東部，擊破之。王浚稱制，以廆爲散騎常侍、冠軍將軍、前鋒大都督、大單于。廆以非王命所授，拒之。廆死，子元真代立。

《晉書》卷一〇八《慕容廆載記》 慕容廆字弈洛瓌，昌黎棘城鮮卑人也。其先有熊氏之苗裔，世居北夷，邑于紫蒙之野，號曰東胡。其後與匈奴並盛，控弦之士二十餘萬，風俗，官號與匈奴略同。秦漢之際，爲匈奴所敗，分保鮮卑山，因以爲號。曾祖莫護跋，魏初率其諸部入居遼西，從宣帝伐公孫氏有功，拜率義王，始建國於棘城之北。時燕代多冠步摇冠，莫護跋見而好之，乃斂髮襲冠，諸部因呼之爲步摇，其後音訛，遂爲慕容焉。或云慕二儀之德，繼三光之容，遂以「慕容」爲氏。祖木延，左賢王。父涉歸，以全柳城之功，進拜鮮卑單于，遷邑於遼東北，於是漸慕諸夏之風矣。

廆幼而魁岸，美姿貌，身長八尺，雄傑有大度。安北將軍張華雅有知人之鑒，廆童冠時往謁之，華甚歎異，謂曰：「君至長，必爲命世之器，匡難濟時者也。」因以所服簪幘遺廆，結殷勤而別。

涉歸死，其弟耐篡位，將謀殺廆，廆亡潛以避禍。後國人殺耐，迎廆立之。

初，涉歸有憾於宇文鮮卑，廆將修先君之怨，表請討之。武帝弗許。廆怒，入寇遼西，殺略甚衆。帝遣幽州諸軍討廆，戰于肥如，廆衆大敗。自後復掠昌黎，每歲不絶。又率衆東伐扶餘，扶餘王依慮自殺，廆夷其國城，驅萬餘人而歸。東夷校尉何龕遣督護賈沈將迎立依慮之子爲王，廆遣其將孫丁率騎邀之。沈力戰斬丁，遂復扶餘之國。

廆謀於其衆曰：「吾先公以來世奉中國，且華裔理殊，强弱固别，豈能與晉競乎？何爲不和以害吾百姓邪！」乃遣使來降。帝嘉之，拜爲鮮卑都督。廆致敬於東夷府，巾衣詣門，抗士大夫之禮。何龕嚴兵引見，廆乃改服戎衣而入。人問其故，廆曰：「主人不以禮，賓復何爲哉？」龕聞而慚之，彌加敬憚。時東胡宇文鮮卑段部以廆威德日廣，懼有吞并之計，因爲寇掠，往來不絶。廆卑辭厚幣以撫之。

太康十年，廆又遷于徒河之青山。廆以大棘城即帝顓頊之墟也，元康四年乃移居之。教以農桑，法制同于上國。永寧中，燕垂大水，廆開倉振給，幽方獲濟。天子聞而嘉之，褒賜命服。

太安初，宇文莫圭遣弟屈雲寇邊城，雲别帥大素延攻掠諸部，廆親擊敗之。素延怒，率衆十萬圍棘城，衆咸懼，人無距志。廆曰：「素延雖犬羊蟻聚，然軍無法制，已在吾計中矣。諸君但爲力戰，無所憂也。」乃躬貫甲冑，馳出擊之，素延大敗，追奔百里，俘斬萬餘人。

永嘉初，廆自稱鮮卑大單于。【略】太守袁謙頻戰失利，校尉封釋懼而請和。連歲寇掠，百姓失業，流亡歸附者日月相繼。廆子翰言於廆曰：「求諸侯莫如勤王，自古有爲之君，靡不杖此以成事業者也。今連、津跋扈，王師覆敗，蒼生屠膾，豈甚此乎！豎子外以龐本爲名，內實幸而爲寇。封使君以誅本請和，而毒害滋深。遼東傾没，垂已二周，中原兵亂，州師屢敗，勤王杖義，今其時也。單于宜明九伐之威，救倒懸之命，數連、津之罪，合義兵以誅之。上則興復遼邦，下則并吞二部，忠義彰於本朝，私利歸于我國，此則吾鴻漸之始也，終可以得志於諸侯。」廆從之。是日，率騎討連、津，大敗斬之，二部悉降，徙之棘城，立遼東郡而歸。

懷帝蒙塵于平陽，王浚承制以廆爲散騎常侍、冠軍將軍、前鋒大都督、大單于，廆不受。建興中，愍帝遣使拜廆鎮軍將軍，昌黎、遼東二國公。建武初，元帝承制拜廆假節、散騎常侍、都督遼左雜夷流人諸軍事、龍驤將軍、大單于、昌黎公，廆讓而不受。征虜將軍魯昌説廆曰：「今兩京傾没，天子蒙塵，琅邪承制江東，實人命所係。明公雄據海朔，跨總一方，而諸部猶怙衆稱兵，未遵道化者，蓋以官非王命，又自以爲强。今宜通使琅邪，勸承大統，然後敷宣帝命，以伐有罪，誰敢不從！」廆善之，乃遣其長史王濟浮海勸進。及帝即尊位，遣謁者陶遼重申

前命，授廆將軍、單于，廆固辭公封。

時二京傾覆，幽、冀淪陷，廆刑政修明，虛懷引納，流亡士庶多襁負歸之。廆乃立郡以統流人，冀州人爲冀陽郡，豫州人爲成周郡，青州人爲營丘郡，并州人爲唐國郡。於是推舉賢才，委以庶政，以河東裴嶷、代郡魯昌、北平陽耽爲謀主，北海逢羡、廣平游邃、北平西方虔、渤海封抽、西河宋奭、河東裴開爲股肱，渤海封弈、平原宋該、安定皇甫岌、蘭陵繆愷以文章才儁任居樞要，會稽朱左車、太山胡毋翼、魯國孔纂以舊德清重引爲賓友，平原劉讚儒學該通，引爲東庠祭酒，其世子皝率國胄束脩受業焉。廆覽政之暇，親臨聽之，於是路有頌聲，禮讓興矣。

時平州刺史、東夷校尉崔毖自以爲南州士望，意存懷集，而流亡者莫有赴之。毖意廆拘留，乃陰結高句麗及宇文、段國等，謀滅廆以分其地。太興初，三國伐廆，廆曰：「彼信崔毖虛説，邀一時之利，烏合而來耳。既無統一，莫相歸伏，吾今破之必矣。然彼軍初合，其鋒甚鋭，幸我速戰。若逆擊之，落其計矣。靖以待之，必懷疑貳，迭相猜防。一則疑吾與毖譎而覆之，二則自疑三國之中與吾有韓、魏之謀者，待其人情沮惑，然後取之必矣。」於是三國攻棘城，廆閉門不戰，遣使送牛酒以犒宇文，大言於衆曰：「崔毖昨有使至。」於是二國果疑宇文同於廆也，引兵而歸。宇文悉獨官曰：「二國雖歸，吾當獨兼其國，何用人爲？」盡衆逼城，連營三十里。廆簡鋭士配皝，推鋒於前；翰領精騎爲奇兵，從旁出，直衝其營；廆方陣而進。悉獨官自恃其衆，不設備，見廆軍之至，方率兵距之。前鋒始交，翰已入其營，縱火焚之，其衆皆震擾，不知所爲，遂大敗，悉獨官僅以身免，盡俘其衆。於其營候獲皇帝玉璽三紐，遣長史裴嶷送于建鄴。崔毖懼廆之仇己也，使兄子燾僞賀廆。會三國使亦至請和，曰：「非我本意也，崔平州教我耳。」廆將燾示以攻圍之處，臨之以兵，曰：「汝叔父教三國滅我，何以詐來賀我乎？」燾懼，首服。廆乃遣燾歸説毖曰：「降者上策，走者下策也。」以兵隨之。毖與數十騎棄家室奔于高句麗，廆悉降其衆，徙燾及高瞻等于棘城，待以賓禮。明年，高句麗寇遼東，廆遣衆擊敗之。

裴嶷至自建鄴，帝遣使者拜廆監平州諸軍事、安北將軍、平州刺史，增邑二千户。尋加使持節、都督幽州東夷諸軍事、車騎將軍、平州牧，進封遼東郡公，邑一萬户，常侍、單于並如故。丹書鐵券，承制海東，命備官司，置平州守宰。

段末波初統其國，而不修備，廆遣皝襲之，入令支，收其名馬寶物而還。

石勒遣使通和，廆距之，送其使於建鄴。勒怒，遣宇文乞得龜擊廆，廆遣皝距之。以裴嶷爲右部都督，率索頭爲右翼，命其少子仁自平郭趣柏林爲左翼，攻乞得龜，克之，悉虜其衆。乘勝拔其國城，收其資用億計，徙其人數萬户以歸。

成帝即位，加廆侍中，位特進。咸和五年，又加開府儀同三司，固辭不受。

廆嘗從容言曰：「獄者，人命之所懸也，不可以不慎。賢人君子，國家之基也，不可以不敬。稼穡者，國之本也，不可以不急。酒色便佞，亂德之甚也，不可以不戒。」乃著《家令》數千言，以申其旨。

遣使與太尉陶侃箋。【略】

廆使者遭風没海。其後廆更寫前箋，并齎其東夷校尉封抽、行遼東相韓矯等三十餘人疏上侃府。【略】

侃報抽等書，【略】欲進車騎爲燕王。朝議未定。八年，廆卒，乃止。時年六十五，在位四十九年。帝遣使者策贈大將軍、開府儀同三司，謚曰襄。及儁僭號，僞謚武宣皇帝。

李昉《太平御覽》卷一二一引崔鴻《十六國春秋・前燕録》 慕容廆，字奕洛環，昌黎棘城人。昔高辛氏游于海濱，留少子厭次以君北夷，世居遼左，號曰東胡。秦漢之際，爲匈奴所敗，分保鮮卑山，因復以爲號。曾祖莫護跋，於魏初率其諸部入居遼西，從司馬宣王討公孫淵，拜率義王，始建國大棘城之北。見燕代少年多冠步摇冠，意甚好之，遂斂髮襲冠，諸部因呼之步摇，其後音訛，遂爲慕容焉。祖木延，從毌丘儉征高麗有功，加號大都督。父涉歸，以全柳城勛，進拜單于，遷邑遼東，于是漸變胡風。自雲慕二儀之德，繼三光之容，遂以慕容爲姓。廆身長八尺，有大度。晉安北將軍張華一見奇之，謂曰：「君後必爲命世之器，匡難濟時者也。」涉卒，弟耐立，將謀殺廆，廆亡潛於遼東徐鬱家。太康元年，國人殺耐，迎廆立之。太康十年，又還於徒河之青山。元康四年，定都大棘城，所謂紫蒙之邑也。永嘉六年，王沉承制以廆爲散騎常侍、冠軍將軍、前鋒大都督、大單于，皆讓不受。擢舉賢才，官方授任。魯國孔纂，宿德清望，請爲賓友；平原劉贊，儒學洽通，爲東庠祭酒；世子率國胄受業焉。太興四年，晉遣謁者拜廆使持節、督幽、平東夷諸軍事、車騎將軍、平州牧，封遼東郡公，丹書鐵券，承制海東。咸和元年，加侍中，位特進。八年夏五月，薨於文德殿，年六十五，葬於青山。晉遣使者贈車騎大將軍、開府儀同三司，謚襄公。皝爲燕王，追謚武宣王。儁稱尊，追尊曰武宣帝。廟號高祖。

雜録

備録

《三十國春秋輯本》輯范亨《燕書》　高祖慕容廆，少有大度，雄略杰出。晉安北將軍張華雅有人鑒，鎮薊，總御諸部。高祖弱冠往見，華其異之，謂高祖曰：「君必爲命世之器，匡時濟難者也。」脱所著幘簪以遺高祖，結殷勤而別。【略】

太康四年，慕容涉歸卒，弟刪纂立。刪謀殺廆，廆亡。國人殺刪，迎廆，立之。高祖廆，年十五，出避難，追者急，走避民家，入其屋，以席自障。追者入屋發視，無所見，遂免。

李昉《太平廣記》卷第四三五《慕容廆》　慕容廆初有赭白馬，常自乘之。既爲石虎所圍，力弱。分將危陷，棄衆將逃，以此馬奔而鞴之。馬見鞍，輒蹄齧不得近，乃止。俄而鄰使至，石虎國有難，虎旋歸。至是時，馬年四十九歲矣。

備論

《晉書》卷一一一《慕容暐載記》　觀夫北陰衍氣，丑虜匪生，隔閡諸華，聲教莫之漸；雄據殊壤，貪悍成其俗。先叛後服，蓋常性也。自當涂紊紀，典午握符。推亡之功，掩岷吳而可録；御遠之策，懷戎狄而猶漏。慕容廆英姿偉量，是曰邊豪；釁迹姦圖，實惟亂首。何者？無名而舉，表深譏於魯冊；象龔致罰，昭大訓於姚典。況乎放命延禍，距戰發其狼心；剽邑屠城，略地騁其螫賊。既而二帝遘平陽之酷，按兵窺運；五鐸啓金陵之祚，率禮稱藩。勤王之誠，當君危而未立；匡主之節，俟國泰而將徇。適所謂相時而動，豈素蓄之款哉！然其制敵多權，臨下以惠，勸農桑，敦地利，任賢士，該時杰，故能恢一方之業，創累葉之基焉。

司馬光《稽古録》卷一四　慕容氏世爲君長，保有海隅。及廆始大，屬晉室板蕩，諸夏之民，皆襁負歸之。廆拊循勞來，收其髦俊，以贊國政。遠奉王命，以示大順。務農積穀，秣馬厲兵，以窺鄰國之釁，故能斬將刈旗，大啓土宇。

鍾惺《史懷》卷二〇《慕容廆》　晉之羣胡，皆以寇虐中原，犯順僭號，互相倡和。惟慕容廆以王室爲名，不失外臣之職與名。始于其子幹「勤王」一語，或于魯昌説之勸進，敷宣帝命，以伐有罪。忠勇恭讓，内治其國，而外能阸石勒，破宇文悉獨官，以助顯朝廷之威。法令文章，雍容可觀。寓書陶侃，以「遠臣荒服」，責中朝文武，以復讐雪恥之義，生氣勃勃，始終得爲晉完人，此何遜于張軌？史宜表出之，入晉臣輔中，爲忠順者之勸，不宜槩入「載記」也。

藝文

顧宗泰《月滿樓詩文集·晉十六國詠史詩·前燕慕容廆》　高辛遺裔紫蒙居，濟難匡時建節初。叚氏尚功無遠略，慕容修德有嘉譽。龍驤江表勤王室，烏合遼東討賊渠。翼戴不衰誰竭應，青山終古貫丹書。

石勒部

綜述

《魏書》卷九五《石勒傳》 羯胡石勒，字世龍，小字匐勒。其先匈奴別部，分散居於上黨、武鄉羯室，因號羯胡。祖邪弈于，父周曷朱，一字乞翼加，並爲部落小帥。周曷朱性凶粗，不爲羣胡所附。勒壯健，有膽略，好騎射，周曷朱每使代己督攝部胡，部胡愛信之。

并州刺史司馬騰執諸胡，於山東賣充軍實，兩胡一枷，勒亦在中。至平原，賣與師氏爲奴。師家鄰於馬牧，勒與牧帥汲桑往來相託，遂招集王陽、夔安、支雄、冀保、吳豫、劉膺、桃豹、逯明、郭敖、劉徵、劉寶、張曀僕、呼延莫、郭黑略、張越、孔豚、趙鹿、支屈六等，東如赤龍、騄驥諸苑，乘苑馬還掠繒寶，以賂汲桑。【略】公師藩等自稱將軍，起兵趙魏，衆至數萬，勒與汲桑率牧人，乘苑馬數百騎以赴之。於是桑始命勒以石爲姓，以勒爲名。藩拜爲前隊督。藩戰敗身死，勒與汲桑亡潛苑中。穎之將如河北也，汲桑以勒爲伏夜牙門，率牧人劫掠郡縣繫囚，合軍以應之，屯于平石。桑自號大將軍，進軍攻鄴，以勒爲前鋒都尉。攻鄴，克之。尋爲晉將苟晞所敗。

勒往從劉淵，拜爲輔漢將軍、平晉王。劉聰立，以勒爲征東大將軍、并州刺史、汲郡公。劉粲攻洛陽，勒留長史刁膺統步卒九萬，徙輜重于重門，率輕騎二萬會粲於太陽，大敗晉監軍裴邈于澠池，遂至洛川。勒出成皋，圍晉陳留太守王讚於倉垣，爲讚所敗。屯文石津，將北攻晉幽州刺史王浚。會浚將王甲始率遼西鮮卑萬餘騎，敗劉聰安北大將軍趙固于津北，勒乃燒船棄營，引軍向柏門，迎重門輜重，合于石門而濟。南攻晉豫州刺史馮嵩于陳郡，不克，進攻襄城太守崔廣於繁昌，斬之。

先是，雍州流民王如、侯脱、嚴嶷等，起兵江淮間，受劉淵官位。聞勒之來也，懼，遣衆一萬拒於襄城，勒擊敗之，盡俘其衆。勒至南陽，屯于宛之北山。王如遣使通好。勒進攻宛，克之，斬侯脱，降嚴嶷，盡并其衆。南至襄陽，攻克江西三十餘壘，有據江漢之志。勒右長史張賓以爲不可，引軍而北。

晉太傅、東海王越率洛陽之衆二十餘萬討勒。越薨於軍，軍人推太尉王衍爲主，率衆而東。勒追擊，破之於苦縣。勒分騎圍而射之，相登如山，殺王衍及晉襄陽王範等十餘萬人。越世子毗聞越薨，出自洛陽，從者傾城。勒逆毗於洧倉，破之，執毗及晉宗室二十六王并諸卿士，皆殺之。與王彌、劉曜攻陷洛陽，歸功彌曜。遂出轘轅，執晉大將軍苟晞於蒙城，以爲左司馬。劉聰授勒鎮軍大將軍、幽州牧，領并州刺史。用張賓之計，自汝南葛陂北都襄國。襲幽州，擒王浚，殺之。劉聰加勒陝東伯，得專征伐，封拜刺史、將軍、守宰、列侯，歲盡集上。

及劉粲爲靳準所殺，勒率衆赴平陽。曜稱尊號，授勒大司馬、大將軍，加九錫，增封十郡，并前十三郡，進爲趙公。勒至平陽，靳明出與勒戰，勒大破之，遣兼左長史王脩、主簿劉茂獻捷於曜。明率平陽之衆奔曜，曜西如粟邑。勒焚平陽宮室，置戍而歸，徙渾儀樂器於襄國。曜遣使授勒太宰，領大將軍，進爵趙王，增封七郡，并前二十郡；出入警蹕，冕十有二旒，乘金根車，駕六馬，如魏武輔漢故事。王脩舍人曹平樂留仕曜朝，言於曜曰：「大司馬遣脩等來，外表至虔，內覘强弱。」曜實殘弊，懼脩宣之，大怒，追還策命而斬王脩。劉茂逃歸，言脩死狀。勒大怒，誅曹平樂父兄，夷其三族。又知追停太宰、趙王之授，怒曰：「帝王之起，復何常也？趙王、趙帝，孤自取之，名號大小，豈爾所節乎？」勒乃自稱大都督、大將軍、大單于、趙王，以二十四郡爲趙國，號爲趙王元年，平文三年也。

勒遣使求和，請爲兄弟，斬其使以絶之。自是朝會，常僭天子禮樂，以饗羣臣。烈帝元年，勒又遣使求和，帝許之。

二年，勒僭稱皇帝，置百官，年號建平。雖都襄國，又營鄴宫，作者數十萬人，兼以晝夜。五年，勒死，子大雅僭立。

《晉書》卷一〇四《石勒載記上》 石勒字世龍，初名匐，上黨武鄉羯人也。其先匈奴別部羌渠之胄。祖耶奕于，父周曷朱，一名乞翼加，並爲部落小率。勒生時赤光滿室，白氣自天屬于中庭，見者咸異之。年十四，隨邑人行販洛陽，倚嘯上東門，王衍見而異之，顧謂左右曰：「向者胡雛，吾觀其聲視有奇志，恐將爲天下之患。」馳遣收之，會勒已去。長而壯健有膽力，雄武好騎射。曷朱性凶粗，不爲羣胡所附，每使勒代己督攝，部胡愛信之。所居武鄉北原山下，草木皆有鐵騎之象，家園中生人參，花葉甚茂，悉成人狀。父老及相者皆曰：「此胡狀貌奇異，志度非常，其終不可量也。」勸邑人厚遇之。時多嗤笑，唯鄔人郭敬、陽曲甯

驅以爲信然，並加資贍。勒亦感其恩，爲之力耕。每聞鞞鐸之音，歸以告其母，母曰：「作勞耳鳴，非不祥也。」

太安中，并州飢亂，勒與諸小胡亡散，乃自雁門還依甯驅。北澤都尉劉監欲縛賣之，驅匿之，獲免。勒於是潛詣納降都尉李川，路逢郭敬，泣拜言飢寒。敬對之流涕，以帶貨鬻食之，并給以衣服。勒謂敬曰：「今者大餓，不可守窮。諸胡飢甚，宜誘將冀州就穀，因執賣之，可以兩濟。」敬深然之。會建威將軍閻粹説并州刺史、東嬴公騰執諸胡於山東賣充軍實，騰使將軍郭陽、張隆虜羣胡，將詣冀州，兩胡一枷。勒時年二十餘，亦在其中，數爲隆所敺辱。敬先以勒屬郭陽及兄子時，陽，敬族兄也，是以陽、時每爲解請，道路飢病，賴陽、時而濟。既而賣與茌平人師懽爲奴。有一老父謂勒曰：「君魚龍髮際上四道已成，當貴爲人主。甲戌之歲，王彭祖可圖。」勒曰：「若如公言，弗敢忘德。」忽然不見。每耕作於野，常聞鼓角之聲。勒以告諸奴，諸奴亦聞之，因曰：「吾幼來在家，恒聞如是。」諸奴歸以告懽，懽亦奇其狀貌而免之。

懽家鄰於馬牧，與牧率魏郡汲桑往來，勒以能相馬，自託於桑。嘗傭於武安臨水，爲遊軍所囚。會有羣鹿旁過，軍人競逐之，勒乃獲免。俄而又見一父老，謂勒曰：「向羣鹿者我也，君應爲中州主，故相救爾。」勒拜而受命。遂招集王陽、夔安、支雄、冀保、吴豫、劉膺、桃豹、逯明等八騎爲羣盜。後郭敖、劉徵、劉寶、張曀僕、呼延莫、郭黑略、張越、孔豚、趙鹿、支屈六等又赴之，號爲十八騎。復東如赤龍、騄驥諸苑中，乘苑馬遠掠繒寶，以賂汲桑。

是歲，劉元海稱漢王于黎亭，穎故將陽平人公師藩等自稱將軍，起兵趙魏，衆至數萬。勒與汲桑帥牧人，乘苑馬數百騎以赴之。桑始命勒以石爲姓，勒爲名焉。藩拜勒爲前隊督，從攻平昌公模於鄴。模使將軍馮嵩逆戰，敗之。藩濟自白馬而南，濮陽太守苟晞討藩斬之。勒與桑亡潛苑中，桑以勒爲伏夜牙門，帥牧人劫掠郡縣繫囚，又招山澤亡命，多附勒，勒率以應之。桑乃自號大將軍，稱爲成都王穎誅東海王越、東嬴公騰爲名。桑以勒爲前驅，屢有戰功，署爲掃虜將軍、忠明亭侯。桑進軍攻鄴，以勒爲前鋒都督，大敗騰將馮嵩，因長驅入鄴，遂害騰，殺萬餘人，掠婦女、珍寶而去。濟自延津，南擊兖州，越大懼，使苟晞、王讚等討之。

桑、勒攻幽州刺史石尟於樂陵，尟死之。乞活田禋帥衆五萬救尟，勒逆戰，敗禋，與晞等相持于平原、陽平間數月，大小三十餘戰，互有勝負。越懼，次於官渡，爲晞聲援。桑、勒爲晞所敗，死者萬餘人，乃收餘衆，將奔劉元海。冀州刺史丁紹要之于赤橋，又大敗之。桑奔馬牧，勒奔樂平。王師斬桑于平原。

時胡部大張㔨督、馮莫突等擁衆數千，壁于上黨，勒往從之，深爲所昵，因説㔨督曰：「劉單于舉兵誅晉，部大距而不從，豈能獨立乎？」曰：「不能。」勒曰：「如其不能者，兵馬當有所屬。今部落皆已被單于賞募，往往聚議欲叛部大而歸單于矣，宜早爲之計。」㔨督等素無智略，懼部衆之貳己也，乃潛隨勒單騎歸元海。元海署㔨督爲親漢王，莫突爲都督部大，以勒爲輔漢將軍、平晉王以統之。勒於是命㔨督爲兄，賜姓石氏，名之曰會，言其遇己也。

烏丸張伏利度亦有衆二千，壁于樂平，元海屢招而不能致。勒僞獲罪于元海，因奔伏利度。伏利度大悦，結爲兄弟，使勒率諸胡寇掠，所向無前，諸胡畏服。勒知衆心之附己也，乃因會執伏利度，告諸胡曰：「今起大事，我與伏利度孰堪爲主？」諸胡咸以推勒。勒於是釋伏利度，率其部衆歸元海。元海加勒督山東征討諸軍事，以伏利度衆配之。

元海使劉聰攻壺關，命勒率所統七千爲前鋒都督。劉琨遣護軍黄秀等救壺關，勒敗秀於白田，秀死之，勒遂陷壺關。元海命勒與劉零、閻羆等七將，率衆三萬寇魏郡、頓丘諸壘壁，多陷之，假壘主將軍、都尉，簡强壯五萬爲軍士，老弱安堵如故，軍無私掠，百姓懷之。

及元海僭號，遣使授勒持節、平東大將軍，校尉、都督、王如故。勒并軍寇鄴，鄴潰，和郁奔于衞國。執魏郡太守王粹于三臺。進攻趙郡，害冀州西部都尉馮沖。攻乞活赦亭、田禋于中丘，皆殺之。元海授勒安東大將軍、開府，置左右長史、司馬、從事中郎。進軍攻鉅鹿、常山，害二郡守將。陷冀州郡縣堡壁百餘，衆至十餘萬，其衣冠人物集爲君子營。乃引張賓爲謀主，始署軍功曹，以刁膺、張敬爲股肱，夔安、孔萇爲爪牙，支雄、呼延莫、王陽、桃豹、逯明、吴豫等爲將率。使其將張斯率騎詣并州山北諸郡縣，説諸胡羯，曉以安危。諸胡懼勒威名，多有附者。進軍常山，分遣諸將攻中山、博陵、高陽諸縣，降之者數萬人。

王浚使其將祁弘帥鮮卑段務塵等十餘萬騎討勒，大敗勒于飛龍山，死者萬餘。勒退屯黎陽，分命諸將攻諸未下及叛者，降三十餘壁，置守宰以撫之。進寇信都，害冀州刺史王斌。於是車騎將軍王堪、北中郎將裴憲自洛陽率衆討勒，勒燒營并糧，迴軍距之，次于黄牛壘。魏郡太守劉矩以郡附于勒，勒使矩統其壘衆爲中軍左翼。勒至黎陽，裴憲棄其軍奔于淮南，王堪退堡倉垣。元海授勒鎮東

大將軍，封汲郡公，持節、都督、王如故。勒固讓公不受。與閻羆攻賭圈、苑市二壘，陷之，羆中流矢死，勒并統其衆。潛自石橋濟河，攻陷白馬，坑男女三千餘口。東襲鄄城，害兗州刺史袁孚。因攻倉垣，陷之，遂害堪。渡河攻廣宗、清河、平原、陽平諸縣，降勒者九萬餘口。復南濟河，滎陽太守裴純奔于建業。

時劉聰攻河內，勒率騎會之，攻冠軍將軍梁巨于武德，懷帝遣兵救之。勒留諸將守武德，與王桑逆巨於長陵。巨請降，勒弗許，巨踰城而遁，軍人執之。勒馳如武德，坑降卒萬餘，數梁巨罪而害之。王師退還，河北諸堡壁大震，皆請降，送任于勒。

及元海死，劉聰授勒征東大將軍、并州刺史、汲郡公，持節、開府、都督、校尉、王如故。勒固辭將軍，乃止。

劉粲率衆四萬寇洛陽，勒留輜重于重門，率騎二萬會粲於大陽，大敗王師於澠池，遂至洛川。粲出轘轅，勒出成皋關，圍陳留太守王讚於倉垣，爲讚所敗，退屯文石津。將北攻王浚，會浚將王甲始率遼西鮮卑萬餘騎，敗趙固于津北，勒乃燒船棄營，引軍向柏門，迎重門輜重，至于石門，濟河，攻襄城太守崔曠於繁昌，害之。

先是，雍州流人王如、侯脱、嚴嶷等起兵江淮間，聞勒之來也，懼，遣衆一萬屯襄城以距，勒擊敗之，盡俘其衆。勒至南陽，屯于宛北山。如懼勒之攻襄也，使送珍寶車馬犒師，結爲兄弟，勒納之。如與侯脱不平，説勒攻脱。勒夜令三軍雞鳴而駕，晨壓宛門，攻之，旬有二日而克。嚴嶷率衆救脱，至則無及，遂降于勒。勒斬脱，囚嶷送于平陽，盡并其衆，軍勢彌盛。

勒南寇襄陽，攻陷江西壘壁三十餘所，留刁膺守襄陽，躬帥精騎三萬還攻王如。憚如之盛，遂趣襄城。如知之，遣弟璃率騎二萬五千，詐言犒軍，實欲襲勒。勒逆擊，滅之，復屯江西，蓋欲有雄據江漢之志也。張賓以爲不可，勸勒北還，弗從，以賓爲參軍都尉，領記室，位次司馬，專居中總事。

元帝慮勒南寇，使王導率衆討勒。勒軍糧不接，死疫太半，納張賓之策，乃焚輜重，裹糧卷甲，渡沔，寇江夏，太守楊岠棄郡而走。北寇新蔡，害新蔡王確于南頓，朗陵公何襲、廣陵公陳眕、上黨太守羊綜、廣平太守邵肇等率衆降于勒。勒進陷許昌，害平東將軍王康。

先是，東海王越率洛陽之衆二十餘萬討勒，越薨于軍，衆推太尉王衍爲主，率衆東下，勒輕騎追及之。衍遣將軍錢端與勒戰，爲勒所敗，端死之，衍軍大潰，勒分騎圍而射之，相登如山，無一免者。於是執衍及襄陽王範、任城王濟、西河王喜、梁王禧、齊王超、吏部尚書劉望、豫州刺史劉喬、太傅長史庾敳等，坐之于幕下，問以晉故。衍、濟等懼死，多自陳説，惟範神色儼然，意氣自若，顧呵之曰：「今日之事，何復紛紜！」勒甚奇之。勒於是引諸王公卿士於外害之，死者甚衆。勒重衍清辨，奇範神氣，不能加之兵刃，夜使人排墻填殺之。左衛何倫、右衛李惲聞越薨，奉越妃裴氏及越世子毗出自洛陽。勒逆毗於洧倉，軍復大潰，執毗及諸王公卿士，皆害之，死者甚衆。因率精騎三萬，入自成皋關。會劉曜、王彌寇洛陽，洛陽既陷，勒歸功彌、曜，遂出轘轅，屯于許昌。劉聰署勒征東大將軍，勒固辭不受。

先是，平陽人李洪有衆數千，壘于舞陽，苟晞假洪雍州刺史。勒進寇穀陽，害冠軍將軍王茲。破王讚于陽夏，獲讚，以爲從事中郎。襲破大將軍苟晞于蒙城，執晞，署爲左司馬。劉聰授勒征東大將軍、幽州牧，固辭將軍不受。

先是，王彌納劉暾之説，將先誅勒，東王青州，使暾徵其將曹嶷於齊。勒遊騎獲暾，得彌所與嶷書，勒殺之，密有圖彌之計矣。會彌將徐邈輒引部兵去彌，彌漸削弱。及勒之獲苟晞也，彌惡之，僞卑辭使謂勒曰：「公獲苟晞而赦之，何其神也？使晞爲公左，彌爲公右，大下不足定。」勒謂張賓曰：「王彌位重言卑，恐其遂成前狗意也。」賓曰：「觀王公有青州之心，桑梓本邦，固人情之所樂，明公獨無并州之思乎？王公遲迴未發者，懼明公踵其後，已有規明公之志，但未獲便爾。今不圖之，恐曹嶷復至，共爲羽翼，後雖欲悔，何所及邪！徐邈既去，軍勢稍弱，觀其控御之懷猶盛，可誘而滅之。」勒以爲然。勒時與陳午相攻于蓬關，王彌亦與劉瑞相持，甚急。彌請救于勒，勒未之許。張賓進曰：「明公常恐不得王公之便，今天以其便授我矣。陳午小豎，何能爲寇？王彌人傑，將爲我害。」勒因迴軍擊瑞，斬之。彌大悦，謂勒深心推奉，無復疑也。勒引師攻陳午于肥澤，午司馬上黨李頭説勒曰：「公天生神武，當平定四海，四海士庶皆仰屬明公，望濟于塗炭。有與公争天下者，公不早圖之，而返攻我曹流人。我曹鄉黨，終當奉戴，何遽見逼乎？」勒心然之，詰朝引退。詭請王彌讌于已吾，彌長史張嵩諫彌勿就，恐有專諸、孫峻之禍，彌不從。既入，酒酣，勒手斬彌而并其衆，啓聰，稱彌叛逆之狀。聰署勒鎮東大將軍、督并、幽二州諸軍事、領并州刺史，持節、征討都督、校尉、開府、幽州牧、公如故。

苟晞、王讚謀叛勒，勒害之。以將軍左伏肅爲前鋒都尉，攻掠豫州諸郡，臨

江而還，屯于葛陂，降諸夷楚，署將軍二千石以下，稅其義穀，以供軍士。

初，勒被鬻平原，與母王相失。至是，劉琨遣張儒送王于勒，遺勒書，【略】勒報琨曰：「事功殊途，非腐儒所聞。君當逞節本朝，吾自夷，難爲效。」遺琨名馬珍寶，厚賓其使，謝歸以絶之。

勒於葛陂繕室宇，課農造舟，將寇建鄴。會霖雨歷三月不止，元帝使諸將率江南之衆，大集壽春，勒軍中飢疫死者太半。檄書朝夕繼至，勒會諸將計之。右長史刁膺諫勒先送款於帝，求掃平河朔，待軍退之後徐更計之。勒愀然長嘯。中堅夔安勸勒就高避水，勒曰：「將軍何其怯乎？」孔萇、支雄等三十餘將進曰：「及吳軍未集，萇等請各將三百步卒，乘船三十餘道，夜登其城，斬吳將頭，得其城，食其倉米。今年要當破丹楊，定江南，盡生縛取司馬家兒輩。」勒笑曰：「是勇將之計也。」各賜鎧馬一匹。顧問張賓曰：「於君計何如？」賓曰：「將軍攻陷帝都，囚執天子，殺害王侯，妻略妃主，擢將軍之髮，不足以數將軍之罪，奈何復還相臣奉乎？去年誅王彌之後，不宜於此營建。天降霖雨方數百里中，示將軍不應留也。鄴有三臺之固，西接平陽，四塞山河，有喉衿之勢，宜北徙據之。伐叛懷服，河朔既定，莫有處將軍之右者。晉之保壽春，懼將軍之往擊爾，今卒聞迴軍，必欣於敵去，未遑奇兵掎擊也。輜重逕從北道，大軍向壽春，輜重既過，大軍徐迴，何懼進退無地乎？」勒攘袂鼓髯曰：「賓之計是也。」責刁膺曰：「君共相輔佐，當規成功業，如何便相勸降？此計應斬。然相明性怯，所以宥君。」於是退膺爲將軍，擢賓爲右長史，加中壘將軍，號曰「右侯」。

發自葛陂，遣石季龍率騎二千距壽春。會江南運船至，獲米布數十艘，將士爭之，不設備。晉伏兵大發，敗季龍于巨靈口，赴水死者五百餘人，奔退百里，及于勒軍。軍中震擾，謂王師大至，勒陣以待之。晉懼有伏兵，退還壽春。勒所過路次，皆堅壁清野，採掠無所獲，軍中大飢，士衆相食。行達東燕，聞汲郡向冰有衆數千，壁于枋頭，勒將於棘津北渡，懼冰邀之，會諸將問計。張賓進曰：「如聞冰船盡在瀆中，未上枋內，可簡壯勇者千人，詭道潛渡，襲取其船，以濟大軍。大軍既濟，冰必可擒也。」勒從之，使支雄、孔萇等從文石津縛筏潛渡，勒引其衆自酸棗向棘津。冰聞勒軍至，始欲內其船。會雄等已渡，屯其壘門，下船三十餘艘以濟其軍，令主簿鮮于豐挑戰，設三伏以待之。冰怒，乃出軍，將戰，而三伏齊發，夾擊攻之，又因其資，軍遂豐振。長驅寇鄴，攻北中郎將劉演于三臺。演部將臨深、牟穆等率衆數萬降于勒。

時諸將佐議欲攻取三臺以據之，張賓進曰：「劉演衆猶數千，三臺險固，攻守未可卒下，舍之則能自潰。王彭祖、劉越石大敵也，宜及其未有備，密規進據罕城，廣運糧儲，西稟平陽，掃定并、薊，桓文之業，可以濟也。且今天下鼎沸，戰爭方始，遊行羈旅，人無定志，難以保萬全、制天下也。夫得地者昌，失地者亡。邯鄲、襄國，趙之舊都，依山憑險，形勝之國，可擇此二邑而都之，然後命將四出，授以奇略，推亡固存，兼弱攻昧，則羣凶可除，王業可圖矣。」勒曰：「右侯之計是也。」於是進據襄國。賓又言於勒曰：「今我都此，越石、彭祖深所忌也，恐及吾城池未固，資儲未廣，送死於我。聞廣平諸縣秋稼大成，可分遣諸將收掠野穀。遣使平陽，陳宜鎮此之意。」勒又然之。於是上表於劉聰，分命諸將攻冀州郡縣壘壁，率多降附，運糧以輸勒。劉聰署勒使持節、散騎常侍、都督冀、幽、并、營四州雜夷、征討諸軍事、冀州牧，進封本國上黨郡公，邑五萬户，開府、幽州牧、東夷校尉如故。

廣平游綸、張豺擁衆數萬，受王浚假署，保據苑鄉。勒使夔安、支雄等七將攻之，破其外壘。浚遣督護王昌及鮮卑段就六眷、末柸、匹磾等部衆五萬餘以討勒。時城隍未修，乃於襄國築隔城重柵，設鄣以待之。就六眷屯于渚陽，勒分遣諸將連出挑戰，頻爲就六眷所敗，又聞其大造攻具，勒顧謂其將佐曰：「今寇來轉逼，彼衆我寡，恐攻圍不解，外救不至，内糧罄絶，縱孫吳重生，亦不能固也。吾將簡練將士，大陣於野以決之，何如？」諸將皆曰：「宜固守以疲寇，彼師老自退，追而擊之，蔑不克矣。」勒顧謂張賓、孔萇曰：「君以爲何如？」賓、萇俱曰：「聞就六眷尅來月上旬送死北城，其大衆遠來，戰守連日，以我軍勢寡弱，謂不敢出戰，意必懈怠。今段氏種衆之悍，末柸尤最，其卒之精勇，悉在末柸所，可勿復出戰，示之以弱。速鑿北壘爲突門二十餘道，候賊列守未定，出其不意，直衝末柸帳，敵必震惶，計不及設，所謂迅雷不及掩耳。末柸之衆既奔，餘自摧散。擒末柸之後，彭祖可指辰而定。」勒笑而納之，即以萇爲攻戰都督，造突門于北城。鮮卑入屯北壘，勒候其陣未定，躬率將士鼓譟于城上。會孔萇督諸突門伏兵俱出擊之，生擒末柸，就六眷等衆遂奔散。萇乘勝追擊，枕尸三十餘里，獲鎧馬五千匹。就六眷收其遺衆，屯于渚陽，遣使求和，送鎧馬、金銀，并以末柸三弟爲質而請末柸。諸將并勸勒殺末柸以挫之，勒曰：「遼西鮮卑，健國也，與我素無怨讐，爲王浚所使耳。今殺一人，結怨一國，非計也。放之必悦，不復爲王浚用矣。」於是納其質，遣石季龍盟就六眷于渚陽，結爲兄弟，就六眷等引還。使參軍

閻綜獻捷於劉聰。於是游綸、張豺請降稱藩，勒將襲幽州，務養將士，權宜許之，皆就署將軍。於是遣衆寇信都，害冀州刺史王象。王浚復以邵舉行冀州刺史，保于信都。

建興元年，石季龍攻鄴三臺，鄴潰，劉演奔于廩丘，將軍謝胥、田青、郎牧等率三臺流人降于勒，勒以桃豹爲魏郡太守以撫之。命段末柸爲子，署爲使持節、安北將軍、北平公，遣還遼西。末柸感勒厚恩，在途日南面而拜者三，段氏遂專心歸附，自是王浚威勢漸衰。

勒襲苑鄉，執游綸以爲主簿。攻乞活李惲于上白，斬之，將坑其降卒，見郭敬而識之，曰：「汝郭季子乎？」敬叩頭曰：「是也。」勒下馬執其手，泣曰：「今日相遇，豈非天邪？」賜衣服、車馬，署敬上將軍，悉免降者以配之。其將孔萇寇定陵，害兗州刺史田徽。烏丸薄盛執渤海太守劉既，率户五千降于勒。劉聰授勒侍中、征東大將軍，餘如故，拜其母王氏爲上黨國太夫人，妻劉氏上黨國夫人，章綬、首飾一同王妃。

段末柸任弟亡歸遼西，勒大怒，所經令尉皆殺之。

烏丸審廣、漸裳、郝襲背王浚，密遣使降于勒，勒厚加撫納。司冀漸寧，人始租賦。立太學，簡明經善書吏署爲文學掾，選將佐子弟三百人教之。勒母王氏死，潛窆山谷，莫詳其所。既而備九命之禮，虚葬于襄國城南。

勒謂張賓曰：「鄴，魏之舊都，吾將營建。既風俗殷雜，須賢望以綏之，誰可任也？」賓曰：「晉故東萊太守南陽趙彭忠亮篤敏，有佐時良榦，將軍若任之，必能允副神規。」勒於是徵彭，署爲魏郡太守。彭至，入泣而辭曰：「臣往策名晉室，食其禄矣。犬馬戀主，切不敢忘。誠知晉之宗廟鞠爲茂草，亦猶洪川東逝，往而不還。明公應符受命，可謂攀龍之會。但受人之榮，復事二姓，臣志所不爲，恐亦明公之所不許。若賜臣餘年、全臣一介之願者，明公大造之惠也。」勒默然。張賓進曰：「自將軍神旗所經，衣冠之士靡不變節，未有能以大義進退者。至如此賢，以將軍爲高祖，自擬爲四公，所謂君臣相知，此亦足成將軍不世之高，何必吏之。」勒大悦，曰：「右侯之言得孤心矣。」於是賜安車駟馬，養以卿禄，辟其子明爲參軍。勒以石季龍爲魏郡太守，鎮鄴三臺，季龍簒奪之萌兆于此矣。

時王浚署置百官，奢縱淫虐，勒有吞并之意，欲先遣使以觀察之。議者僉曰：「宜如羊祜與陸抗書相聞。」時張賓有疾，勒就而謀之。賓曰：「王浚假三部之力，稱制南面，雖曰晉藩，實懷僭逆之志，必思協英雄，圖濟事業。將軍威聲震于海内，去就爲存亡，所在爲輕重，浚之欲將軍，猶楚之招韓信也。今權譎遣使，無誠款之形，脱生猜疑，圖之兆露，後雖奇略，無所設也。夫立大事者必先爲之卑，當稱藩推奉，尚恐未信，羊、陸之事，臣未見其可。」勒曰：「右侯之計是也。」乃遣其舍人王子春、董肇等多齎珍寶，奉表推崇浚爲天子，【略】浚大悦，封子春等爲列侯，遣使報勒，答以方物。浚司馬游統時鎮范陽，陰叛浚，馳使降于勒。勒斬其使，送于浚，以表誠實。浚雖不罪統，彌信勒之忠誠，無復疑矣。

子春等與王浚使至，勒命匿勁卒精甲，虚府羸師以示之，北面拜使而受浚書。浚遺勒麈尾，勒僞不敢執，懸之于壁，朝夕拜之，云：「我不得見王公，見王公所賜，如見公也。」復遣董肇奉表于浚，期親詣幽州，奉上尊號，亦修牋于棗嵩，乞并州牧、廣平公，以見必信之誠也。

勒將圖浚，引子春問之。子春曰：「幽州自去歲大水，人不粒食，浚積粟百萬，不能贍恤，刑政苛酷，賦役殷煩，賊害賢良，誅斥諫士，下不堪命，流叛略盡。鮮卑、烏丸離貳于外，棗嵩、田矯貪暴于内。人情沮擾，甲士羸弊。而浚猶置立臺閣，布列百官，自言漢高、魏武不足並也。又幽州謡怪特甚，聞者莫不爲之寒心，浚意氣自若，曾無懼容，此亡期之至也。」勒撫几笑曰：「王彭祖真可擒也。」浚使達幽州，具陳勒形勢寡弱，款誠無二。浚大悦，以勒爲信然。

勒纂兵戒期，將襲浚，而懼劉琨及鮮卑、烏丸爲其後患，沈吟未發。張賓進曰：「夫襲敵國，當出其不意。軍嚴經日不行，豈顧有三方之慮乎？」勒曰：「然，爲之奈何？」賓曰：「彭祖之據幽州，唯仗三部，今皆離叛，還爲寇讐，此則外無聲援以抗我也。幽州飢儉，人皆蔬食，衆叛親離，甲旅寡弱，此則内無强兵以禦我也。若大軍在郊，必土崩瓦解。今三方未靖，將軍便能懸軍千里，以征幽州也。輕軍往返，不出二旬。就使三方有動，勢足旋趾。宜應機電發，勿後時也。且劉琨、王浚雖同名晉藩，其實仇敵。若修牋于琨，送質請和，琨必欣于得我，喜于浚滅，終不救浚而襲我也。」勒曰：「吾所不了，右侯已了，復何疑哉！」

於是輕騎襲幽州，以火宵行。至柏人，殺主簿游綸，以其兄統在范陽，懼聲軍計故也。遣張慮奉牋于劉琨，陳己過深重，求討浚以自效。琨既素疾浚，乃檄諸州郡，説勒知命思愆，收累年之咎，求拔幽都，效善將來，今聽所請，受任通和。軍達易水，浚督護孫緯馳遣白浚，將引軍距勒，游統禁之。勒晨至薊，叱門者開門。疑有伏兵，先驅牛羊數千頭，聲言上禮，實欲填諸街巷，使兵不得發。浚乃懼，或坐或起。勒升其廳事，命甲士執浚，立之于前，使徐光讓浚曰：「君位冠元

台，爵列上公，據幽都驍悍之國，跨全燕突騎之鄉，手握强兵，坐觀京師傾覆，不救天子，而欲自尊。又專任姦暴，殺害忠良，肆情恣欲，毒徧燕壤。自貽于此，非爲天也。」使其將王洛生驛送浚襄國市斬之。於是分遣流人各還桑梓，擢荀綽、裴憲，資給車服。數朱碩、棗嵩、田矯等以賄亂政，責游統以不忠于浚，皆斬之。遷烏丸審廣、漸裳、郝襲、靳市等于襄國。焚燒浚宮殿。以晉尚書劉翰爲寧朔將軍、行幽州刺史，戍薊，置守宰而還。遣其東曹掾傅遘兼左長史，封王浚首，獻捷于劉聰。勒既還襄國，劉翰叛勒，奔段匹磾。襄國大飢，穀二升直銀一斤，肉一斤直銀一兩。劉聰以平幽州之勳，乃遣其使人柳純持節，署勒大都督、陝東諸軍事、驃騎大將軍、東單于，侍中、使持節、開府、校尉、二州牧、公如故，加金鉦黄鉞，前後鼓吹二部，增封十二郡。勒固辭，受二郡而已。勒封左長史張敬等十一人爲伯、子、侯，文武進位有差。

勒以幽、冀漸平，始下州郡閲實人户，户貲二匹，租二斛。

勒將陳午以浚儀叛于勒。逯明攻甯黑于茌平，降之，因破東燕酸棗而還，徙降人二萬餘户于襄國。勒使其將葛薄寇濮陽，陷之，害太守韓弘。

劉聰遣其使人范龕持節策命勒，賜以弓矢，加崇爲陝東伯，得專征伐，拜封刺史、將軍、守宰、列侯，歲盡集上。署其長子興爲上黨國世子，加翼軍將軍，爲驃騎副貳。

劉琨遣王旦攻中山，逐勒所署太守秦固。勒將劉勔距旦，敗之，執旦于望都關。勒襲邵續于樂陵。續盡衆逆戰，大敗而還。

章武人王昚起兵于科斗壘，擾亂勒河間、渤海諸郡。勒以揚武張夷爲河間太守，參軍臨深爲渤海太守，各率步騎三千以鎮静之，使長樂太守程遐屯于昌亭爲之聲勢。

徙平原烏丸展廣、劉哆等部落三萬餘户于襄國。

使石季龍襲乞活王平于梁城，敗績而歸。又攻劉演于廩丘。支雄、逯明擊甯黑于東武陽，陷之，黑赴河而死，徙其衆萬餘于襄國。【略】獲演弟啓，送于襄國。演即劉琨之兄子也。勒以琨撫存其母，德之，賜啓田宅，令儒官授其經。

時大蝗，中山、常山尤甚。中山丁零翟鼠叛勒，攻中山、常山，勒率騎討之，獲其母妻而還。鼠保于胥關，遂奔代郡。

勒攻樂平太守韓據于坫城，劉琨遣將軍姬澹率衆十餘萬討勒，琨次廣牧，爲澹聲援。勒將距之，或諫之曰：「澹兵馬精盛，其鋒不可當，宜深溝高壘，以挫其銳，攻守勢異，必獲萬全。」勒曰：「澹大衆遠來，體疲力竭，犬羊烏合，號令不齊，可一戰而擒之，何强之有？寇已垂至，胡可捨去，大軍一動，豈易中還？若澹乘我之退，顧乃無暇，焉得深溝高壘乎？此爲不戰而自滅亡之道。」立斬諫者。以孔萇爲前鋒都督，令三軍後出者斬。設疑兵于山上，分爲二伏。勒輕騎與澹戰，僞收衆而北。澹縱兵追之，勒前後伏發，夾擊，澹軍大敗，獲鎧馬萬匹，澹奔代郡，據奔劉琨。琨長史李弘以并州降于勒，琨遂奔于段匹磾。勒遷陽曲、樂平户于襄國，置守宰而退。勒遣兼左長史張敷獻捷于劉聰。

勒巡下冀州諸縣，以右司馬程遐爲寧朔將軍、監冀州七郡諸軍事。

勒姊夫廣威張越與諸將蒱博，勒親臨觀之。越戲言忤勒，勒大怒，叱力士折其脛而殺之。

孔萇等攻馬嚴、馮睹，久而不克。勒問計於張賓，賓對曰：「馮睹等本非明公之深仇，遼西流人悉有戀本之思。今宜班師息甲，差選良守，任之以龔遂之事，不拘常制，奉宣仁澤，奮揚威武，幽、冀之寇可翹足而静，遼西流人可指時而至。」勒曰：「右侯之計是也。」召萇等歸，署武遂令李回爲易北都護、振武將軍、高陽太守。馬嚴士衆多李潛軍人，回先爲潛府長史，素服回威德，多叛嚴歸之。嚴以部衆離貳，懼，奔于幽州，溺水而死。馮睹率衆降于勒。回移居易京，流人降者歲常數千，勒甚嘉之，封回弋陽子，邑三百户。加賓封一千户，進賓位前將軍，固辭不受。

劉琨與段匹磾、涉復辰、疾六眷、段末杯等會于固安，將謀討勒，勒使參軍王續齎金寶遺末杯以間之。末杯既思有以報勒恩，又忻於厚賂，乃説辰眷等引還，琨、匹磾亦退如薊城。

劉聰將趙固以洛陽歸順，恐勒襲之，遣參軍高少奉書推崇勒，請師討聰。勒以大義讓之，固深恨恚，與郭默攻掠河内、汲郡。

末杯遣弟騎督擊匹磾于幽州，匹磾率其部衆數千，將奔邵續，勒將石越要之于鹽山，大敗之，匹磾退保幽州。越中流矢死，勒爲之屏樂三月，贈平南將軍。

曹嶷據有青州，勒授嶷東州大將軍、青州牧，封琅邪公。

劉聰疾甚，驛召勒爲大將軍、録尚書事，受遺詔輔政，勒固辭乃止。聰又遣其使人持節署勒大將軍、持節鉞，都督、侍中、校尉、二州牧、公如故，增封十郡，勒不受。聰死，其子粲襲僞位，其大將軍靳準殺粲于平陽，勒命張敬率騎五千爲前鋒以討準，勒統精鋭五萬繼之，據襄陵北原，羌、羯降者四萬餘落。準數挑戰，

勒堅壁以挫之。劉曜自長安屯于蒲阪，曜復僭號，署勒大司馬、大將軍，加九錫，增封十郡，并前十二郡，進爵趙公。勒攻準于平陽小城，平陽大尹周置等率雜户六千降于勒。巴帥及諸羌、羯降者十餘萬落，徙之司州諸縣。準使卜泰送乘輿服御請和，勒與劉曜競有招懷之計，乃送泰于曜，使知城内無歸曜之意，以挫其軍勢。曜潛與泰結盟，使還平陽，宣慰諸屠各。勒疑泰與曜有謀，欲斬泰以速降之，諸將皆曰：「今斬卜泰，準必不復降，就令泰宣漢要盟于城中，使相率誅斬準，準必懼而速降矣。」勒久乃從諸將議遣之。泰入平陽，與準將喬泰、馬忠等起兵攻準，殺之，推斬明爲盟主，遣泰及卜玄奉傳國六璽送于劉曜。勒大怒，遣令史羊升使平陽，責明殺準之狀。明怒，斬升。勒怒甚，進軍攻明，明出戰，勒擊敗之，枕尸二里。明築城門堅守，不復出戰。勒遣其左長史王脩獻捷于劉曜。晉彭城内史周堅害沛内史周默，以彭沛降于勒。石季龍率幽、冀州兵會勒攻平陽。劉曜遣征東劉暢救明。勒命舍師于蒲上。斬明率平陽之衆奔于劉曜，曜西奔粟邑。勒焚平陽宫室，使裴憲、石會修復元海、聰二墓，收劉粲已下百餘尸葬之，徙渾儀、樂器于襄國。

劉曜又遣其使人郭汜等持節署勒太宰，領大將軍，進爵趙王，增封七郡，并前二十郡，出入警蹕，冕十有二旒，乘金根車，駕六馬，如曹公輔漢故事，夫人爲王后，世子爲王太子。勒舍人曹平樂因使留仕於曜，言於曜曰：「大司馬遣王脩等來，外表至虔，内覘大駕强弱，謀待脩之返，將輕襲乘輿。」時曜勢實殘弊，懼脩宣之。曜大怒，追汜等還，斬脩于粟邑，停太宰之授。劉茂逃歸，言王脩死故，勒大怒，誅平樂三族，贈脩太常。又知停殊禮之授，怒甚，下令曰：「孤兄弟之奉劉家，人臣之道過矣，若微孤兄弟，豈能南面稱朕哉！根基既立，便欲相圖。天不助惡，使假手斬準。孤惟事君之體，當資舜求瞽瞍之義，故復推崇令主，齊好如初，何圖長惡不悛，殺奉誠之使。帝王之起，復何常邪？趙王、趙帝，孤自取之，名號大小，豈其所節邪？」於是置太醫、尚方、御府諸令，命參軍鼂讚成正陽門。俄而門崩，勒大怒，斬讚。既怒刑倉卒，尋亦悔之，賜以棺服，贈大鴻臚。

勒增置宣文、宣教、崇儒、崇訓十餘小學于襄國四門，簡將佐豪右子弟百餘人以教之，且備擊柝之衞。置挈壺署，鑄豐貨錢。

石季龍與張敬、張賓及諸將佐百餘人勸勒稱尊號，勒下書曰：「孤猥以寡德，忝荷崇寵，夙夜戰惶，如臨深薄，豈可假尊竊號，取譏四方？昔周文以三分之重，猶服事殷朝；小白居一匡之盛，而尊崇周室。況國家道隆殷周，孤德卑二伯哉！其亟止斯議，勿復紛紜。自今敢言，刑茲無赦！」乃止。

勒又命法曹令史貫志造《辛亥制度》五千文，施行十餘歲，乃用律令。

石季龍及張敬、張賓、左右司馬張屈六、程遐文武等一百二十九人上疏【略】以二十四郡、户二十九萬爲趙國。勒西面而讓者五，南面而讓者四，百僚皆叩頭固請，勒乃許之。

《晉書》卷一〇五《石勒載記下》 太興二年，勒僞稱趙王，赦殊死已下，均百姓田租之半，賜孝悌、力田、死義之孤帛各有差，孤老鰥寡穀人三石，大酺七日。依春秋列國、漢初侯王每世稱元，改稱趙王元年。始建社稷，立宗廟，營東西宫。署從事中郎裴憲、參軍傅暢、杜嘏並領經學祭酒，參軍續咸、庾景爲律學祭酒，任播、崔濬爲史學祭酒。中壘支雄、遊擊王陽並領門臣祭酒，專明胡人辭訟，以張離、張良、劉羣、劉謨等爲門生主書，司典胡人出内，重其禁法，不得侮易衣冠華族。號胡爲國人。遣使循行州郡，勸課農桑。加張賓大執法，專總朝政，位冠僚首。署石季龍爲單于元輔、都督禁衞諸軍事，署前將軍李寒領司兵勳，教國子擊刺戰射之法。命記室佐明楷、程機撰《上黨國記》，中大夫傅彪、賈蒲、江軌撰《大將軍起居注》，參軍石泰、石同、石謙、孔隆撰《大單于志》。自是朝會常以天子禮樂饗其羣下，威儀冠冕從容可觀矣。羣臣議請論功，勒曰：「自孤起軍，十六年于茲矣。文武將士從孤征伐者，莫不蒙犯矢石，備嘗艱阻，其在葛陂之役，厥功尤著，宜爲賞之先也。若身見存，爵封輕重隨功位爲差，死事之孤，賞加一等，庶足以慰答存亡，申孤之心也。」又下書禁國人不聽報嫂及在喪婚娶，其燒葬令如本俗。

孔萇攻邵續別營十一，皆下之。續尋爲石季龍所獲，送于襄國。劉曜將尹安、宋始據洛陽，降于勒。

晉徐州刺史蔡豹敗徐龕于檀丘，龕遣使詣勒，陳討豹之計。勒遣將王步都爲龕前鋒，使張敬率騎繼之。敬達東平，龕疑敬之襲己也，斬步都等三百餘人，復降于晉。勒大怒，命張敬據其襟要以守之。

勒始制軒懸之樂，八佾之舞，爲金根大輅，黄屋左纛，天子車旗，禮樂備矣。

使石季龍率步騎四萬討徐龕，龕遣長史劉霄詣勒乞降，送妻子爲質，納之。

徙朝臣掾屬已上士族者三百户于襄國崇仁里，置公族大夫以領之。勒宫殿及諸門始就，制法令甚嚴，諱胡尤峻。有醉胡乘馬突入止車門，勒大怒，謂宫門小執法馮翥曰：「夫人君爲令，尚望威行天下，況宫闕之間乎？向馳馬入門爲是

何人,而不彈白邪？」翥惶懼忘諱,對曰:「向有醉胡乘馬馳入,甚呵禦之,而不可與語。」勒笑曰:「胡人正自難與言。」恕而不罪。

使石季龍擊託候部掘咄哪於岍北,大破之,俘獲牛馬二十餘萬。

勒清定五品,以張賓領選。復續定九品。署張班爲左執法郎,孟卓爲右執法郎,典定士族,副選舉之任。令羣僚及州郡歲各舉秀才、至孝、廉清、賢良、直言、武勇之士各一人。置署都部從事各一部一州,秩二千石,職準丞相司直。

勒下令曰:「去年水出巨材,所在山積,將皇天欲孤繕修宮宇也。其擬洛陽之太極起建德殿。」遣從事中郎任汪帥使工匠五千採木以供之。黎陽人陳武妻一產三男一女,武攜其妻子詣襄國上書自陳。勒下書以爲二儀諧暢,和氣所致,賜其乳婢一口,穀一百石,雜綵四十匹。

匹磾勢窮,乃率其臣下輿櫬出降。季龍送之襄國,勒署匹磾爲冠軍將軍,以其弟文鴦、亞將衛麟爲左右中郎將,皆金章紫綬。散諸流人三萬餘户,復其本業,置守宰以撫之,於是冀、并、幽州、遼西、巴西諸屯結皆陷於勒。

時晉征北將軍祖逖據譙,將平中原。逖善於撫納,自河以南多背勒歸順。勒憚之,不敢爲寇,乃下書曰:「祖逖屢爲邊患。逖,北州士望也,儻有首丘之思。其下幽州,修祖氏墳墓,爲置守冢二家。冀逖如趙他感恩,輟其寇暴。」逖聞之甚悦,遣參軍王愉使於勒,贈以方物,修結和好。勒厚賓其使,遣左常侍董樹報聘,以馬百匹、金五十斤答之。自是兗、豫乂安,人得休息矣。

從事中郎劉奧坐營建德殿井木斜縮,斬于殿中。勒悔之,贈太常。

勒徙洛陽銅馬、翁仲二于襄國,列之永豐門。

祖逖牙門童建害新蔡内史周密,遣使降于勒。勒斬之,送首于祖逖,曰:「天下之惡一也。叛臣逃吏,吾之深仇,將軍之惡,猶吾惡也。」逖遣使報謝。自是兗、豫間壘壁叛者,逖皆不納,二州之人率多兩屬矣。

勒令武鄉耆舊赴襄國。既至,勒親與鄉老齒坐歡飲,語及平生。初,勒與李陽鄰居,歲常争麻池,迭相毆擊。至是,謂父老曰:「李陽,壯士也,何以不來？漚麻是布衣之恨,孤方崇信于天下,寧讎匹夫乎？」乃使召陽。既至,勒與酣謔,引陽臂笑曰:「孤往日厭卿老拳,卿亦飽孤毒手。」因賜甲第一區,拜參軍都尉。令曰:「武鄉,吾之豐、沛,萬歲之後,魂靈當歸之,其復之三世。」勒以百姓始復業,資儲未豐,於是重制禁釀,郊祀宗廟皆以醴酒,行之數年,無復釀者。

先是,勒世子興死,至是,立子弘爲世子,領中領軍。

遣季龍統中外精卒四萬討徐龕,龕堅守不戰,於是築室返耕,列長圍以守之。晉鎮北將軍劉隗降于勒,拜鎮南將軍,封列侯。石季龍攻陷徐龕,送之襄國,勒囊盛於百尺樓,自上撲殺之,令步都等妻子刳而食之,坑龕降卒三千。

清河張披爲程遐長史,遐甚委昵之,張賓舉爲別駕,引參政事。遐疾披去己,又惡賓之權盛。勒世子弘,即遐之甥也,自以有援,欲收威重於朝,乃使弘之母譖之曰:「張披與張賓爲游俠,門客日百餘乘,物望皆歸之,非社稷之利也,宜除披以便國家。」勒然之。至是,披取急召不時至,因此遂殺之。賓知遐之間己,遂弗敢請。無幾,以遐爲右長史,總執朝政,自是朝臣莫不震懼,赴于程氏矣。

勒境内大疫,死者十二三,乃罷徽文殿作。遣其將王陽屯于豫州,有闚闒之志,於是兵難日尋,梁鄭之間騷然矣。

又遣季龍統中外步騎四萬討曹嶷。曹嶷降,送于襄國。勒害之,坑其衆三萬。

勒以參軍樊坦清貧,擢授章武内史。既而入辭,勒見坦衣冠弊壞,大驚曰:「樊參軍何貧之甚也？」坦性誠朴,率然而對曰:「頃遭羯賊無道,資財蕩盡。」勒笑曰:「羯賊乃爾暴掠邪？今當相償耳。」坦大懼,叩頭泣謝。勒曰:「孤律自防俗士,不關卿輩老書生也。」賜車馬衣服裝錢三百萬,以勵貪俗。

勒親臨大小學,考諸學生經義,尤高者賞帛有差。勒雅好文學,雖在軍旅,常令儒生讀史書而聽之,每以其意論古帝王善惡,朝賢儒士聽者莫不歸美焉。嘗使人讀《漢書》,聞酈食其勸立六國後,大驚曰:「此法當失,何得遂成天下？」至留侯諫,乃曰:「賴有此耳。」其天資英達如此。

以右常侍霍皓爲勸課大夫,與典農使者朱表、典勸都尉陸充等循行州郡,核定户籍,勸課農桑。農桑最修者賜爵五大夫。

勒將狩於近郊,主簿程琅諫曰:「劉、馬刺客,離布如林,變起倉卒,帝王亦一夫之敵耳。孫策之禍,可不慮乎？且枯木朽株盡能爲害,馳騁之弊,今古戒之。」勒勃然曰:「吾幹力自可,足能裁量。但知卿文書事,不須白此輩也。」是日逐獸,馬觸木而死,勒亦幾殆,乃曰:「不用忠臣言,吾之過也。」乃賜琅朝服錦絹,爵關内侯。於是朝臣謁見,忠言競進矣。

勒命徙洛陽晷影于襄國,列之單于庭。銘佐命功臣三十九人于石函,置于建德前殿。立桑梓苑于襄國。

勒嘗夜微行,檢察營衛,齎繒帛金銀,以賂門者求出。永昌門門候王假欲收捕之,從者至,乃止。旦,召假以爲振忠都尉,爵關内侯。勒如苑鄉,召記室參軍

徐光，光醉不至。以光物情所湊，常不平之，因此發怒，退爲牙門。勒自苑鄉如鄴，徐光侍直，愠然攘袂振紛，仰視不顧。勒因而惡之，讓光曰：「何負卿而敢怏怏邪？」於是幽光并其妻子于獄。

勒既將營鄴宫，又欲以其世子弘爲鎮，密與程遐謀之。石季龍自以勳效之重，仗鄴爲基，雅無去意。及修構三臺，遷其家室，季龍深恨遐，遣左右數十人夜入遐宅，姦其妻女，掠衣物而去。勒以弘鎮鄴，配禁兵萬人，車騎所統五十四營悉配之，以驍騎領門臣祭酒王陽專統六夷以輔之。

勒令州郡，有墳發掘不掩覆者推劾之，骸骨暴露者縣爲備棺衾之具。以牙門將王波爲記室參軍，典定九流，始立秀、孝、試經之制。

茌平令師懽獲黑兔，獻之於勒，程遐等以爲勒「龍飛革命之祥，於晉以水承金，兔陰精之獸，玄爲水色，此示殿下宜速副天人之望也」。於是大赦，以咸和三年改年曰太和。

劉曜敗季龍于高候，遂圍洛陽。勒滎陽太守尹矩、野王太守張進等皆降之，襄國大震。勒將親救洛陽，左右長史、司馬郭敖、程遐等固諫曰：「劉曜乘勝雄盛，難與爭鋒，金墉糧豐，攻之未可卒拔。曜懸軍千里，勢不支久。不可親動，動無萬全，大業去矣。」勒大怒，按劍叱遐等出。於是赦徐光，召而謂之曰：「劉曜乘高候之勢，圍守洛陽，庸人之情，皆謂其鋒不可當也。然曜帶甲十萬，攻一城而百日不克，師老卒殆，以我初鋭擊之，可一戰而擒。若洛陽不守，曜必送死冀州，自河已北，席卷南向，吾事去矣。程遐等不欲吾親行，卿以爲何如？」光對曰：「劉曜乘高候之勢而不能進臨襄國，更守金墉，此其無能爲也。懸軍三時，亡攻戰之利，若鸞旗親駕，必望旌奔敗。定天下之計，在今一舉。今此機會，所謂天授，授而弗應，禍之攸集。」勒笑曰：「光之言是也。」佛圖澄亦謂勒曰：「大軍若出，必擒劉曜。」勒尤悦，使内外戒嚴，有諫者斬。命石堪、石聰及豫州刺史桃豹等各統見衆會滎陽，使石季龍進據石門，以左衛石邃都督中軍事，勒統步騎四萬赴金墉，濟自大堨。先是，流澌風猛，軍至，冰泮清和，濟畢，流澌大至，勒以爲神靈之助也，命曰靈昌津。勒顧謂徐光曰：「曜盛兵成皋關，上計也；阻洛水，其次也；坐守洛陽者成擒也。」諸軍集于成皋，步卒六萬，騎二萬七千。勒見曜無守軍，大悦，舉手指天，又自指額曰：「天也！」乃卷甲銜枚而詭道兼路，出于鞏、訾之間。知曜陳其軍十餘萬于城西，彌悦，謂左右曰：「可以賀我矣！」勒統步騎四萬入自宣陽門，升故太極前殿。季龍步卒三萬，自城北而西，攻其中軍，石堪、石聰等各以精騎八千，城西而北，擊其前鋒，大戰于西陽門。勒躬貫甲冑，出自閶闔，夾擊之。曜軍大潰，石堪執曜，送之以徇于軍，斬首五萬餘級，枕尸于金谷。勒下令曰：「所欲擒者一人耳，今已獲之，其敕將士抑鋒止鋭，縱其歸命之路。」乃旋師。使征東石邃等帥騎衛曜而北。

及是，祖約舉兵敗，降于勒，勒使王波讓之曰：「卿逆極勢窮，方來歸命，吾朝豈逋逃之藪邪？而卿敢有靦面目也。」示之以前後檄書，乃赦之。

勒巡行冀州諸郡，引見高年、孝悌、力田、文學之士，班賜穀帛有差。令遠近牧守宣告屬城，諸所欲言，靡有隱諱，使知區區之朝虚渴讜言也。

勒羣臣議以勒功業既隆，祥符並萃，宜時革徽號，以答乾坤之望，於是石季龍等奉皇帝璽綬，上尊號于勒，勒弗許。羣臣固請，勒乃以咸和五年僭號趙天王，行皇帝事。尊其祖邪曰宣王，父周曰元王。立其妻劉氏爲王后，世子弘爲太子。署其子宏爲持節、散騎常侍、都督中外諸軍事、驃騎大將軍、大單于，封秦王；左衛將軍斌太原王；小子恢爲輔國將軍、南陽王；中山公季龍爲太尉、守尚書令、中山王；石生河東王；石堪彭城王；以季龍子邃爲冀州刺史，封齊王，加散騎常侍、武衛將軍；宣左將軍；挺侍中、梁王。署左長史郭敖爲尚書左僕射，右長史程遐爲右僕射、領吏部尚書，左司馬夔安、右司馬郭殷、從事中郎李鳳、前郎中令裴憲爲尚書，署參軍事徐光爲中書令、領祕書監。論功封爵，開國郡公，文武二十一人，侯二十四人，縣公二十六人，侯二十二人，其餘文武各有差。侍中任播等參議，以趙承金爲水德，旗幟尚玄，牲牡尚白，子社丑臘，勒從之。勒下書曰：「自今有疑難大事，八坐及委丞郎齎詣東堂，詮詳平決。其有軍國要務須啓，有令、僕、尚書隨局入陳，勿避寒暑昏夜也。」

勒以祖約不忠於本朝，誅之，及其諸子姪親屬百餘人。

羣臣固請勒宜即尊號，勒乃僭即皇帝位，大赦境内，改元曰建平，自襄國都臨漳。追尊其高祖曰順皇，曾祖曰威皇，祖曰宣皇，父曰世宗元皇帝，妣曰元昭皇太后，文武封進各有差。立其妻劉氏爲皇后，又定昭儀、夫人位視上公，貴嬪、貴人視列侯，員各一人；三英、九華視伯，淑媛、淑儀視子，容華、美人視男，務簡賢淑，不限員數。

秦州休屠王羌叛于勒，刺史臨深遣司馬管光帥州軍討之，爲羌所敗，隴右大擾，氐羌悉叛。勒遣石生進據隴城。羌敗，奔涼州。徙秦州夷豪五千餘户于雍州。

勒下書曰：「自今諸有處法，悉依科令。吾所忿戮，怒發中旨者，若德位已

高，不宜訓罰，或服勤死事之孤，邂逅罹譴，門下皆各列奏之，吾當思擇而行也。」堂陽人陳豬妻一産三男，賜其衣帛、廩食，乳婢一口，復三歲勿事。濟陰木連理，甘露降苑鄉。勒以休瑞並臻，遐方慕義，赦三歲刑已下，均百姓去年逋調；特赦涼州殊死，涼州計吏皆拜郎中，賜絹十匹，綿十斤。勒南郊，有白氣自壇屬天，勒大悦，還宫，赦四歲刑。遣使封張駿武威郡公，食涼州諸郡。勒親耕藉田，還宫，赦五歲刑，賜其公卿已下金帛有差。勒以日蝕，避正殿三日，令羣公卿士各上封事。禁州郡諸祠堂非正典者皆除之，其能興雲致雨，有益於百姓者，郡縣更爲立祠堂，殖嘉樹，準嶽瀆已下爲差等。

勒將營鄴宫，廷尉續咸上書切諫。勒大怒，曰：「不斬此老臣，朕宫不得成也！」敕御史收之。中書令徐光進曰：「陛下天資聰睿，超邁唐虞，而更不欲聞忠臣之言，豈夏癸、商辛之君邪？其言可用用之，不可用故當容之，奈何一旦以直言而斬列卿乎？」勒歎曰：「爲人君不得自專如是！豈不識此言之忠乎？向戲之爾。人家有百匹資，尚欲市别宅，況有天下之富，萬乘之尊乎？終當繕之耳。且敕停作，成吾直臣之氣也。」因賜咸絹百匹，稻百斛。又下書令公卿百僚歲薦賢良、方正、直言、秀異、至孝、廉清各一人，答策上第者拜議郎，中第中郎，下第郎中。其舉人得遞相薦引，廣招賢之路。起明堂、辟雍、靈臺于襄國城西。時大雨霖，中山西北暴水，流漂巨木百餘萬根，集于堂陽。勒大悦，謂公卿曰：「諸卿知不？此非爲災也，天意欲吾營鄴都耳。」於是令少府任汪、都水使者張漸等監營鄴宫，勒親授規模。

勒以成周土中，漢晉舊京，復欲有移都之意，乃命洛陽爲南都，置行臺治書侍御史于洛陽。

勒因饗高句麗、宇文屋孤使，酒酣，謂徐光曰：「朕方自古開基何等主也？」對曰：「陛下神武籌略邁于高皇，雄藝卓犖超絶魏祖，自三王已來，無可比也，其軒轅之亞乎？」勒笑曰：「人豈不自知，卿言亦以太過。朕若逢高皇，當北面而事之，與韓彭競鞭而争先耳。脱遇光武，當並驅于中原，未知鹿死誰手。大丈夫行事當礌礌落落，如日月皎然，終不能如曹孟德、司馬仲達父子，欺他孤兒寡婦，狐媚以取天下也。朕當在二劉之間耳，軒轅豈所擬乎？」其羣臣皆頓首稱萬歲。

暴風大雨，震電建德殿端門、襄國市西門，殺五人。雹起西河介山，大如雞子，平地三尺，洿下丈餘，行人禽獸死者萬數，勒正服于東堂，以問徐光曰：「歷代已來有斯災幾也？」光對介山左右，晉文之所封也，宜任百姓奉之。」勒下書曰：「寒食既并州之舊風，朕生其俗，不能異也。前者外議以子推諸侯之臣，王者不應爲忌，故從其議，儻或由之而致斯災乎？子推雖朕鄉之神，非法食者亦不得亂也，尚書其促檢舊典定議以聞。」於是遷冰室於重陰凝寒之所，并州復寒食如初。

勒令其太子省可尚書奏事，使中常侍嚴震參綜可否，征伐刑斷大事乃呈之。

勒如鄴，臨石季龍第，謂之曰：「功力不可並興，待宫殿成後，當爲王起第，勿以卑小悒悒也。」季龍免冠拜謝，勒曰：「與王共有天下，何所謝也！」朝其羣臣于鄴。

命郡國立學官，每郡置博士祭酒二人，弟子百五十人，三考修成，顯升台府。於是擢拜太學生五人爲佐著作郎，録述時事。時大旱，勒親臨廷尉録囚徒，五歲刑已下，皆輕決遣之，重者賜酒食，聽沐浴，一須秋論。還未及宫，澍雨大降。

勒如其灃水宫，因疾甚而還。召石季龍與其太子弘、中常侍嚴震等侍疾禁中。季龍矯命絶弘、震及内外羣臣親戚，勒疾之，增損莫有知者。詐召石宏、石堪還襄國。勒疾小瘳，見宏，驚曰：「秦王何故來邪？使王藩鎮，正備今日。有呼者邪？自來也？有呼者誅之！」季龍大懼曰：「秦王思慕暫還耳，今謹遣之。」數日復問之，季龍曰：「奉詔即遣，今已半路矣。」更諭宏在外，遂不遣之。

勒疾甚，遺令：「三日而葬，内外百僚既葬除服，無禁婚娶、祭祀、飲酒、食肉，征鎮牧守不得輒離所司以奔喪，斂以時服，載以常車，無藏金寶，無内器玩。大雅沖幼，恐非能構荷朕志。中山已下，其各司所典，無違朕命。大雅與斌宜善相維持，司馬氏汝等之殷鑒，其務於敦穆也。中山王深可三思周、霍，勿爲將來口實。」以咸和七年死，時年六十，在位十五年。夜瘞山谷，莫知其所，備文物虛葬，號高平陵。僞謚明皇帝，廟號高祖。

李昉《太平御覽》卷一二〇引崔鴻《十六國春秋・後趙録》 石勒，字世龍，上黨武鄉羯人。父周曷朱。勒生時赤光滿室，白氣自天屬于庭中。長而壯健有膽力，雄武好騎射。幼而力耕，每聞鞞鐸之聲，或在前後，歸以告父母，曰：「作勞耳鳴，無不祥也。」會并州史司馬騰執諸胡山東賣充軍實，將詣冀州，兩胡一枷。勒亦在中。東至平原，賣茌平人師懽爲奴。每夜于野，嘗聞鼓角之聲，諸奴亦聞，歸以白懽，懽奇而免之。鄰于馬牧率汲桑往來，勒以能馬自托于桑。而傭武安臨水，爲遊軍所囚。會有羣鹿旁過，軍人競逐之，勒乃獲免。俄而見一老父，謂勒曰：「羣鹿者，我也。君應爲中州主，故相救耳。」勒拜而受命。遂招集王陽、夔安等十八騎，復東如赤龍騎諸苑中，乘苑馬遠掠繒寶，以賂汲桑。永興

元年，關東所在兵起。二年，陽平人公師蕃等自稱將軍，起兵趙、魏，衆至數萬。勒與桑率牧人乘苑馬數百騎以赴之。桑始命勒以石爲姓，以勒爲名。永嘉元年，勒歸劉淵，淵拜爲輔漢將軍、平晉王。淵薨，聰襲位。劉曜、王彌圍洛陽，勒帥精騎二萬會之。王彌既平洛陽，將先誅勒。勒請彌宴于己營，手斬彌，并其衆。將軍郭默獲沙門天竺浮圖澄，以其有道術，進之于勒。試澄有效，甚尊重之。前趙嘉平二年，張賓説勒曰：「邯鄲、襄國，趙之舊都，依山憑險，形勢之國。可擇此二邑而都之。然後命將四出，授以奇略，王業可圖。」勒于是進據襄國。聰授勒都督幽、冀、并、營四州諸軍事、冀州牧，進封本國上黨公，邑萬户。三年，以征虜將軍爲魏郡太守鎮業三臺，基謀之崩，兆於此矣。前趙麟嘉元年，劉琨遣姬澹帥衆來討。勒與戰，澹軍大敗。琨長史李弘以并州來降。七月，劉聰疾甚，以勒爲大將軍、録尚書事，受遺輔政，勒固辭，乃止。劉曜稱尊號，將授勒太宰、大將軍，加九錫，增封十郡，并前二十郡，出入警蹕，如曹公輔故事。曜聞曹平樂之言，停太宰之授。勒大怒曰：「趙王、趙帝，孤自取之，名號大小，豈爾所呼耶？」征虜虎與左右長史張敬、張賓等上疏曰：「大司馬雖位冠九臺，非霸者之號，請改稱大將軍、大單于、領冀州牧、趙王，依魏王在鄴故事，以二十四郡、户十九萬爲趙國。」十一月，勒即位，改光初二年爲趙王元年。建社稷、宗廟。主書司典胡人出内，重其禁法，不得侮易衣冠華族。號胡爲國人。二年，令曰：「國人不得報嫂，在喪婚聚，至于燒葬，令如本俗。」八月，繕軒懸，舞八佾，作金銀大輅、黄屋左纛，天子禮樂于斯備矣。三年，黎陽民陳武妻産三男一女，上書自陳。令曰：「昔周之興也，四乳八子。今武妻乳四子，可謂慶過姬祥，美加曩日。其賜乳婢一人，穀百石、雜繒四十匹，庶以肅迎嘉祥。」冬十月，勒與鄉親齒坐，語及平生。勒曰：「李陽，壯士也。孤方任之。何以不來？父老歸語令速來，漚麻麻之忿，是布衣之恨，孤方崇信于天下，寧仇匹夫乎？」令曰：「武鄉，吾之豐、沛也。其復之三世。」十一月，李陽至，引入歡酣，宣陽臂笑視之，曰：「卿雖老，臂中猶有力，頗復與人斗不？孤往曰厭卿老拳，卿亦飽孤毒手。」賜甲第一，拜爲都尉。陽與勒鄰居，歲常争漚麻池，迭相毆擊。四年二月，拜子弘爲世子。勒雅好文學，雖在軍旅之中，常令儒生讀《春秋》、《史》、《漢》諸傳而聽之，聞酈食其勸立六國後，大驚曰：「此法當失，何以得成天下？」至留侯諫，乃曰：「賴有此侯耳。」其天資英達如此。八年八月，修三臺。十月，以世子衛將軍弘鎮鄴。太和十年，劉曜圍洛陽，襄國大震。勒統步騎四萬赴金墉，濟河，先是流澌風猛，軍至冰泮清和，濟畢流澌大至。以爲神靈之助，命曰靈昌津。戰于西陽門，曜軍大潰，石堪執曜送之。二年，曜子熙等去長安，奔于上邽。車騎虎克上邽，遣主簿趙封奉傳國玉璽送之。秦、隴悉平。

建元元年二月，車騎虎等上尊號，勒不許。固請，勒以趙天王行皇帝事，大赦。八月，羣臣又固請，以名位不正，宜即尊號。九月，僭即皇帝位，大赦，改年。正月，勒南郊，有白氣自壇屬天，勒大悦。四月，如鄴，議營新宫，廷尉續咸諫曰：「臣聞唐虞之治，采椽茅茨，土階三尺，美彰於《詩》、《書》。漢文惜百金，不營露臺，稱之於千古。迨夏商之瓊臺瑶室，楚秦章華阿房，資財内竭，華夷外叛。」詔曰：「且敕停作，申吾直臣之氣。」九月，以太尉、中山王虎爲大司馬，程遐開府儀同。是月，大雨霖，中山西北暴水，流巨木萬餘根，集於堂陽。勒大悦，謂公卿曰：「此非爲災，天意欲吾營鄴都耳。」于是營之。勒以成周、漢晉舊京，欲有移都之意，乃命洛陽爲南都，置行臺治書侍御史于洛陽。

三年正月，大饗于建德殿，酒酣，勒謂徐光曰：「朕方自古開基何等主也？」光對曰：「陛下神武籌略邁于高皇，雄藝卓犖超絶魏祖，自三王已來無可比也，其軒轅之亞乎？」勒笑曰：「人豈不自知，卿言亦已太過。朕若逢高皇，當北面而事之，然猶與韓、彭競鞭而争先耳。朕遇光武者，當并驅于中原，未知鹿死誰手。丈夫行事當礌礌落落，如日月皎然，終不能如曹孟德、司馬仲達父子，欺他孤兒寡婦，狐媚以取天下。朕當在二劉之間，軒轅豈所擬乎？」羣臣皆稱萬歲。四年，雍州刺史石生上言：「西鄉竹死。蛇鼠斗于安定府門，二日，蛇死。臨涇馬生角。長安城中鷄鳴，音皆曰甚兹。安定廳事前夜聞誦書聲，求之不得，七日乃止。隕石于肥鄉。」六月，勒寢闕，召中山王虎、太子弘、侍中嚴震等侍疾禁中。七月，薨于西閣，僞謚明皇帝，廟號高祖。

雜録

備録

《世説新語・識鑒》 石勒不知書，使人讀《漢書》。聞酈食其勸立六國後，

刻印將授之，大驚曰：「此法當失，云何得遂有天下？」至留侯諫，乃曰：「賴有此耳！」

《世説新語・識鑒》注引《石勒傳》　勒字世龍，上黨武鄉人，匈奴之苗裔也。雄勇好騎射。晉元康中，流宕山東，與平原茌平人師歡家庸，耳恒聞鼓角鞞鐸之音，勒私異之。初，勒鄉里原上地中生石，日長，類鐵騎之象。國中生人參，葩葉甚盛。於時父老相者皆云：「此胡體貌奇異，有不可知。」勸邑人厚遇之，人多哂而不信。永嘉初，豪傑并起，與胡王陽等十八騎詣汲桑，爲左前督。桑敗，共推勒爲主。攻下州縣，都于襄國。後僭正號，死，謚明皇帝。

劉義慶《幽明録》　石勒問佛圖澄：「劉曜可擒，兆可見不？」澄令童子齋七日，取麻油掌中研之，燎旃檀而咒。有頃，舉手向童子，掌内晃然有異。澄問：「有所見不？」曰：「唯見一軍人，長大白皙，有異望，以朱縛其肘。」澄曰：「此即曜也。」其年，果生擒曜。

《三十國春秋輯本》輯田融《趙書》　前石數出遊獵，每亟馳騁，主簿程琅諫，前石馳逐自若。草間有瓦木，馳馬觸之，馬即死，前石亦危殆，體小不穩，還宮歎曰：「程琅，忠臣也，不用其言，吾之不善，追之何及！」

《三十國春秋輯本》輯王度《二石傳》　石勒，字世龍，上黨武鄉人，匈奴之苗裔也，雄勇好騎射。晉永康中，流宕山東，寄旅平原茌平界，與平原茌平人師歡家庸耕。耳恒聞鼓角鞞鐸之音，勒私異之。初，勒鄉里原上地中生石，曰長，類鐵騎之象。園中生人參，葩葉甚盛。於時父老相者皆云：「此胡體貌奇異，有大志量，其終不可知。」勸邑人厚遇之，人多哂而不信。永嘉初，豪傑並起，與胡王陽等十八騎詣汲桑，爲左前督。桑敗，共推勒爲主。攻下州縣，都于襄國，勒稱趙王。令武鄉耆舊赴襄國，拜李陽參軍都尉。勒微時，居與邑人李陽相近，陽性剛愎，每輕勒，與争漚麻池，共相打撲，互有勝負。

《三十國春秋輯本》輯田融《趙書》　石勒屯葛陂，值天雨不息，勒長史刁應勸勒降晉，勒愀然而嘯，張賓勸勒還北，勒欣然攘臂曰：「賓計是也，應宜斬，明其性怯，可退爲將軍。」

李昉《太平御覽》卷七三〇引崔鴻《十六國春秋・後趙録》　石勒東至平原，賣與茌平人師歡爲奴。有一老父謂勒曰：「君龍角髮際上四道已成，當貴爲人主。甲戌之歲，王彭祖可圖。」勒曰：「若如公言，不敢忘德。」忽然不見。

備論

《晉書》卷一〇七《石季龍載記》　夫極溺救焚，帝王之師也。窮凶騁暴，戎狄之舉也。蠢兹雜種，自古爲虞，限以塞垣，猶懼侵軼。況乃入居中壤，窺我王政，乘弛紊之機，覩危亡之隙，而莫不嘯羣鳴鏑，汨亂天常者乎？石勒出自羌渠，見奇醜類，聞鞞上黨。季子鑒其非凡，倚嘯洛城。夷甫識其爲亂，及惠皇失統，寓内崩離，遂乃招聚蝗徒，乘間煽禍，虔劉我都邑，翦害我黎元。朝市淪胥，若沈航於鯨浪；王公顛仆，譬遊魂於龍漠。豈天厭晉德而假兹妖孽者歟？覩其對敵臨危，運籌賈勇，奇謨間發，猛氣横飛遠嗤。魏武則風情慷慨，近答劉琨，則音詞倜儻，焚元超於苦縣，陳其亂政之僭，戮彭祖於襄國，數以無君之罪。於是跨躡燕、趙，并吞韓、魏。杖奇材而竊徽號，擁舊都而抗王室。褫氈裘，襲冠帶，釋介胄，開庠序。鄰敵懼威而獻款，絶域承風而納貢，則古之爲國，曷以加諸？雖曰凶殘，亦一時傑也，而託授非所，貽厥無謀，身隕。嗣滅，業歸。攜養，乃斯知人之闇焉。【略】

贊曰：中朝不競，蠻狄争衡。塵飛五嶽，霧晻三精。狡焉石氏，怙亂窮兵，流災肆慝，剽邑屠城。始自羣盜，終假鴻名。勿謂凶醜，亦曰時英。

司馬光《稽古録》卷一三　石勒以胡羯餓隸，崛起皂櫪之間，連百萬之衆，横行天下。蹔喪晉室，東禽苟晞，北取王浚，西逐劉琨，南舉兗豫，皆如俯拾地芥。劉曜席戰勝之威，長驅伊、洛，有并吞山東之志。勒舉鞭一麾，曜惛然就縛，遂兼其國。奄有中區，羌、氐咸服其才。不有過人者，能如是乎？

胡寅《讀史管見》卷七　勒可謂夷狄不義之人哉！人以母歸之，豈不猶天與其母？不得見而復見，其恩當與母等，拜琨可也，臣琨可也，土地玉帛人民，惟琨所欲而予之可也，雖舉國以聽琨之所爲可也。【略】勒乃受母而絶琨，不以歸母爲恩，勒豈禽獸耶？禽獸知母而不知父，夷狄者，禽獸之與鄰，勒不以劉琨歸母爲恩，是禽獸之不若也。

【略】季龍在軍殘忍，其罪多矣，勒若有道將之見，按法行辟，非爲虐也。乃使長惡不悛，至今石氏無遺種，謀及婦人，宜其然矣。

【略】勒雖羯奴，亦一時雄桀也。【略】勒用兵所向無敵，何憚于浚，而爲折節

卑辭之事以驕之。【略】雖浚驕暴，即墮計中，然行事磊磊落落如日月者，又安在乎？

胡寅《讀史管見》卷八　勒于晉有華夷之辯，而攻陷京師，囚執天子，于漢有君臣之分，而破滅其國，禽殺其君，雖非操、懿欺孤以取，然專尚兵力，不知假仁而行。至于柄統國勢，又失强弱輕重之馭。天理報施，弗戢自焚，得死於床第，免罹殺禍，已爲幸矣。

【略】石勒謂人豈不自知，信矣，而未知知人之不易也。【略】石勒肉未及冷，妻子已不自保，徐光乃謂「神武謀略，過於漢高」，主有侈心，臣進諛説，其不能長世也宜哉！

曹彦約《昌谷集》卷二一《評劉元海石勒苻堅》　石勒擒王浚，走劉琨；南據洛陽，北據襄國；遂降曹嶷，取劉曜。其商榷是非，足以照酈生、子房得失；其雌黄人物，足以定高、光上下。不特雅好文學，考諸生經義而已。僅免其身，子弘弗克負荷，屠其家于季龍之手。【略】勒事伏利度則執利度，誅王彌則斬王彌，帝王浚，而實襲王浚，其詭詐蹤跡，亦不可縷數。用陳遐則取其誣譖，任季龍則縱其殘虐，方之于堅，雖粗有磊磊落落之意。而其長策不立，欲虚文不實，以欺天下，大率相似。

于慎行《讀史漫録》卷六　《語》曰：「良農能稼，不必能穡」。石勒以一羯奴，舉天下之半，代趙前趙。而王，固一世之雄也。養虎遺患，一傳而滅，何其拙哉！勒平生舉動磊落，視孟德、仲達，何啻薰蕕！乃其規畫經略，不能再世，即欲比德高、光，亦太遠矣。然勒之養虎，即虎之養閔，天道循環，又何速也！

虎之暴虐，徐光、程遐屢言宜防制之，勒不聽，臨終，以周、霍望虎，斯亦愚矣。虎既殺光、遐，勒之妻、子亦屠封靡遺。史稱勒雖凶殘，亦一時之杰，托孤非所，身殞嗣滅，業歸攜養，斯乃知人之闇焉！

張大齡《晉五胡指掌》卷上　石世龍貧賤羯胡，辱在厮養，當其殍丐負販，羈旅京邑，顧瞻宫厥，凄然長嘯，儻亦有劉、項縱觀祖龍之志乎？何王夷甫駭耳而怵心也？九州之地，幾有其八，豈曰偶然。顧其人恢廓倜儻，外屈身於祖生，內降心於右侯，而至於責王衍，數王浚，其言侃侃有烈丈夫之風，五胡中俱無此規模矣。

鄭賢《古今人物論》卷一九《後趙石勒總論》　晉氏失馭，虜寇滔天。自匈奴三劉而後，未有如胡將軍勒者。勒以羯奴之種，徙上黨。方其倚門長嘯時，其志固已遠矣。初從汲桑，既歸劉淵，寇鉅鹿、常山，而集衣冠人物爲君子。爲是時，張賓爲謀主，而自比子房，此所謂虎而翼者也。襄王之役，晉室王公，俱就禽虜。王夷甫少壯登朝，名蓋四海者，方且頫者乞憐，求爲一生而不可得。未幾，劉聰入寇，二帝蒙塵，勒固有以成之哉！已而外執苟晞，內誅王彌，王彭祖可擒則計擒之，疾陸眷可歸則遣歸之，可謂用兵如神。然所以周流天下，而無容足之地者，非惡帝王不爲，夫亦臣事匈奴，而未有以圖之也。勒未嘗絶於曜，而曜自絶之。趙王、趙帝，勒豈不能自爲之耶？始而劉氏搆隙，既而劉曜成擒。噫！大丈夫行事，磊磊落落。正如日月皎然，豈效曹孟德、司馬仲達，狐媚以取天下耶？勒雖目不知書，而時以其意論古今得失，可謂聰明之主。祖約率衆來奔，而仗劍誅之，有高祖斬丁公之風，可謂神武之主矣。即位之初，起明堂，起靈臺、辟雍，舉賢良方正，彬彬禮讓。故綱目於此夷而進於中國，則中國之。雖然，中國方晏安江沱，而至使武鄉羯夷得以竊中國之文物。夷狄固可進也，其如左衽何哉！遣使求和，詔焚其幣，江東此舉，差强人意。而卒不聞有枕戈待旦、澄清北方者。晉之奄奄不振，良可悼夫。然以大雅愔愔，殊不似將家子。石虎身當矢石二十餘年，而大單于之號，不以授之虎，而授之黄吻婢兒。世龍晏駕，不足復留種矣。蓋至于宏見殺，中山王不用受禪。噫！奈何把臂受託，而反奪之耶？夫以劉元海之英武，而不能使其子之不見弑於聰。以石世龍之英雄，而不能使其子之不見弑於虎。狺狺相争，吾復何尤？所可恨者，虎之窮凶極惡，尤甚於聰。而長、淮以北，生民日爲之塗炭也。

藝文

《全唐詩》卷三七一呂温《題石勒城二首》　長驅到處積人頭，大旆連營壓上游。建業烏栖何足問，慨然歸去土中州。天生傑異固難馴，應變摧枯若有神。夷甫自能疑倚嘯，忍將虚誕誤時人。

曹勛《松隱集》卷三三《跋趙千里畫石勒長跪圖》　石勒微時，王夷甫便識此人異相，急逐欲殺之。得右侯，遂帝全趙。亦其英畧絶人，信任賢俊之效。兹見佛圖澄推誠接物，有足多者。千里乃肯寫其梗槩云。

元好問《遺山集》卷一四《石勒問道圖》　輕比韓彭作李陽，高僧久已笑君狂。中原果有劉文叔，肯説鈴聲替戾岡。

叶顒《樵雲獨唱》卷四《題石勒參佛圖澄手卷六首》 石勒亡宗怨季龍，虎於冉閔恨何窮。佛圖果有仙人見，盍把深機悟二公。劉曜成擒一語中，漚麻老禿亦英雄。可憐只辦平常事，忘却中原逐鹿功。何須傾意扣圖澄，眼見狂劉一鼓擒。絶勝漚麻池水上，老拳毒手日相尋。推恩忘怨漚麻池，便是劉郎就縛時。成敗當年人盡識，未應惟有一僧知。擒劉奇策筭無遺，石氏存亡必已知。三十六孫同日死，佛圖何不預言之。東門倚嘯聲音遠，西域參陪禮義專。折節李陽吾未論，並驅光武孰先鞭。

顧宗泰《月滿樓詩文集・晉十六國詠史詩・後趙石勒》 鼓角聲中拜鹿年，盜才乘運獨争先。三臺早據軍方振，十郡何封帝自專。冰泮靈昌逾洛水，枚銜鞏訾破秦川。騎兵四萬稱雄夕，白氣郊南竟燭天。霸圖自古重軍謀，君子營前倚右侯。威望劉琨奔失據，風流王衍執包羞。新崇黄屋聲名啓，高讌靈臺俊彦收。不記漚麻池畔忿，老拳久釋布衣讐。自詡英雄磊落胷，酒酣饗士較前蹤。龍興孰競高光烈，狐媚偏嗤曹馬凶。羌落風聲方遠略，蕭墻心腹奈憂悰。西鄉蛇鼠肥鄉石，變應中山兆鞠訩。

李雄部

綜述

《晉書》卷一二一《李雄載記》　李雄字仲儁，特第三子也。母羅氏，夢雙虹自門升天，一虹中斷，既而生蕩。後羅氏因汲水，忽然如寐，又夢大蛇繞其身，遂有孕，十四月而生雄。常言「吾二子若有先亡，在者必大貴」。蕩竟前死。雄身長八尺三寸，美容貌。少以烈氣聞，每周旋鄉里，識達之士皆器重之。有劉化者，道術士也，每謂人曰：「關隴之士皆當南移，李氏子中，惟仲儁有奇表，終爲人主。」

特起兵於蜀，承制，以雄爲前將軍。流死，雄自稱大都督、大將軍、益州牧，都於郫城。羅尚遣將攻雄，雄擊走之。李驤攻犍爲，斷尚運道，尚軍大餒，攻之又急，遂留牙門羅特固守，尚委城夜遁。特開門内雄，遂克成都。于時雄軍飢甚，乃率衆就穀於郪，掘野芋而食之。蜀人流散，東下江陽，南入七郡。雄以西山范長生巖居穴處，求道養志，欲迎立爲君而臣之。長生固辭。雄乃深自挹損，不敢稱制，事無巨細，皆決於李國、李離兄弟。國等事雄彌謹。

諸將固請雄即尊位，以永興元年僭稱成都王，赦其境内，建元爲建興，除晉法，約法七章。以其叔父驤爲太傅，兄始爲太保，折衝李離爲太尉，建威李雲爲司徒，翊軍李璜爲司空，材官李國爲太宰，其餘拜授各有差。追尊其曾祖武曰巴郡桓公，祖慕隴西襄王，父特成都景王，母羅氏曰王太后。范長生自西山乘素輿詣成都，雄迎之於門，執版延坐，拜丞相，尊曰范賢。長生勸雄稱尊號，雄於是僭即帝位，赦其境内，改年曰太武。追尊父特曰景帝，廟號始祖，母羅氏爲太后。加范長生爲天地太師，封西山侯，復其部曲不豫軍征，租税一入其家。雄時建國草創，素無法式，諸將恃恩，各争班位。【略】

遣李國、李雲等率衆二萬寇漢中，梁州刺史張殷奔于長安。國等陷南鄭，盡徙漢中人于蜀。

先是，南土頻歲饑疫，死者十萬計。南夷校尉李毅固守不降，雄誘建寧夷使討之。毅病卒，城陷，殺壯士三千餘人，送婦女千口於成都。

時李離據梓潼，其部將羅羕、張金苟等殺離及閻式，以梓潼歸于羅尚。尚遣其將向奮屯安漢之宜福以逼雄，雄率衆攻奮，不克。時李國鎮巴西，其帳下文碩又殺國，以巴西降尚。雄乃引還，遣其將張寶襲梓潼，陷之。會羅尚卒，巴郡亂，李驤攻涪，又陷之，執梓潼太守譙登，遂乘勝進軍討文碩，害之。雄大悦，赦其境内，改元曰玉衡。

雄母羅氏死，雄信巫覡者之言，多有忌諱，至欲不葬。其司空趙肅諫，雄乃從之。雄欲申三年之禮，羣臣固諫，雄弗許。李驤謂司空上官惇曰：「今方難未弭，吾欲固諫，不聽主上終諒闇，君以爲何如？」惇曰：「三年之喪，自天子達於庶人，故孔子曰：『何必高宗，古之人皆然。』但漢魏以來，天下多難，宗廟至重，不可久曠，故釋縗絰，至哀而已。」驤曰：「任回方至，此人決於行事，且上常難違其言，待其至，當與俱請。」及回至，驤與回俱見雄。驤免冠流涕，固請公除。雄號泣不許。回跪而進曰：「今王業初建，凡百草創，一日無主，天下惶惶。昔武王素甲觀兵，晉襄墨絰從戎，豈所願哉？爲天下屈己故也。願陛下割情從權，永隆天保。」遂强扶雄起，釋服親政。

是時南得漢嘉、涪陵，遠人繼至，雄於是下寬大之令，降附者皆假復除。虚己愛人，授用皆得其才，益州遂定。僞立其妻任氏爲皇后。氐王楊難敵兄弟爲劉曜所破，奔葭萌，遣子入質。隴西賊帥陳安又附之。

遣李驤征越巂，太守李釗降。驤進軍，由小會攻寧州刺史王遜，遜使其將姚岳悉衆距戰。驤軍不利，又遇霖雨，驤引軍還，争濟瀘水，士衆多死。釗到成都，雄待遇甚厚，朝廷儀式，喪紀之禮，皆決於釗。

楊難敵之奔葭萌也，雄安北李稚厚撫之，縱其兄弟還武都，難敵遂恃險，多爲不法，稚請討之。雄遣中領軍琀及將軍樂次、費佗、李乾等由白水橋攻下辯，征東李壽督琀弟玝攻陰平。難敵遣軍距之，壽不得進，而琀、稚長驅至武街。難敵遣兵斷其歸道，四面攻之，獲琀、稚，死者數千人。琀、稚，雄兄蕩之子也。雄深悼之，不食者數日，言則流涕，深自咎責焉。

其後將立蕩子班爲太子。雄有子十餘人，羣臣咸欲立雄所生。雄曰：「起兵之初，舉手扞頭，本不希帝王之業也。值天下喪亂，晉氏播蕩，羣情義舉，志濟塗炭，而諸君遂見推逼，處王公之上。本之基業，功由先帝。吾兄適統，丕祚所歸，恢懿明叡，殆天所命，大事垂克，薨于戎戰。班姿性仁孝，好學夙成，必爲名

器。」李驤與司徒王達諫曰：「先王樹冢適者，所以防篡奪之萌，不可不慎。吳子捨其子而立其弟，所以有專諸之禍；宋宣不立與夷，而立穆公，卒有宋督之變。猶子之言，豈若子也？深願陛下思之。」雄不從，竟立班。驤退而流涕曰：「亂自此始矣！」

張駿遣使遺雄書，勸去尊號，稱藩于晉。雄復書曰：「吾過爲士大夫所推，然本無心於帝王也，進思爲晉室元功之臣，退思共爲守藩之將，掃除氛埃，以康帝宇。而晉室陵遲，德聲不振，引領東望，有年月矣。會獲來貺，情在闇室，有何已已。知欲遠遵楚漢，尊崇義帝，《春秋》之義，於斯莫大。」駿重其言，使聘相繼。巴郡嘗告急，云有東軍。雄曰：「吾嘗慮石勒跋扈，侵逼琅邪，以爲耿耿。不圖乃能舉兵，使人欣然。」雄之雅譚，多如此類。

雄以中原喪亂，乃頻遣使朝貢，與晉穆帝分天下。張駿領秦、梁，先是，遣傅穎假道于蜀，通表京師，雄弗許。駿又遣治中從事張淳稱藩于蜀，託以假道。雄大悅，謂淳曰：「貴主英名蓋世，土險兵强，何不自稱帝一方？」淳曰：「寡君以乃祖世濟忠良，未能雪天下之恥，解衆人之倒懸，日昃忘食，枕戈待旦。以琅邪中興江東，故萬里翼戴，將成桓、文之事，何言自取邪？」雄有慚色，曰：「我乃祖、乃父亦是晉臣，往與六郡避難此地，爲同盟所推，遂有今日。琅邪若能中興大晉於中夏，亦當率衆輔之。」淳還，通表京師，天子嘉之。

時李驤死，以其子壽爲大將軍、西夷校尉，督征南費黑、征東任矺攻陷巴東，太守楊謙退保建平。壽別遣費黑寇建平，晉巴東監軍毌丘奧退保宜都。雄遣李壽攻朱提，以費黑、卬攀爲前鋒，又遣鎮南任回征木落，分寧州之援。寧州刺史尹奉降，遂有南中之地。雄於是赦其境内，使班討平寧州夷，以班爲撫軍。

咸和八年，雄生瘍於頭，六日死，時年六十一，在位三十年。僞謚武帝，廟曰太宗，墓號安都陵。

常璩《華陽國志》卷九《李特雄期壽勢志》　特長子蕩，字仲平，好學，有容觀。少子雄，字仲雋。初，特妻羅氏夢雙虹自門升天，一虹中斷。羅曰：「吾二兒，若有先亡，在者必大貴。」雄少時，辛冉相當貴。有劉化者，道術士也，言：「關隴民皆當南移。李氏子中惟仲雋天姿奇異，終爲人主。」與叔父庠并以烈氣聞，鄉里人多善之。庠死，人多歸之。既克成都，衆皆飢餓，驤乃將民入郪王城食穀、芋。雄遣信奉迎范賢，欲推戴之。賢不許，更勸雄自立。

永興元年，冬十月，楊褒、楊珪共勸雄稱王。雄遂稱成都王。追尊曾祖虎曰巴郡公，祖父慕隴西王。追謚父特景王，母曰太后。追謚世父輔齊烈王，仲父庠梁武王，仲父流秦文王，兄蕩廣漢壯文公。以叔父驤爲太傅，庶兄始爲太保，外兄李國爲太宰，國弟離爲太尉，從弟雲爲司徒，璜爲司空，閻式爲尚書令，褒爲僕射，發爲侍中，珪爲尚書，洪溥爲益州刺史，徐輿鎮南，王達軍師，并將軍。具置百官。下赦，建元建興。迎范賢爲丞相。從弟置，流子也，以不陪列，誅之。賢既至，尊爲四時八節天地太師，封西山侯，復其部曲，軍征不預，租税皆入賢家。賢名長生，一名延久，又名九重。一曰支，字元。涪陵丹興人也。

光熙元年，雄稱皇帝，改元晏平，國號大成，追尊父特曰景帝，廟號始祖。母羅爲皇太后。

永嘉三年，羅羕、訇琦等殺李離于梓潼。時閻式去雄依離，并見殺。驤攻不克，時李雲、李璜皆戰死。

明年，文碩殺李國，以巴西、梓潼爲晉。平寇將軍李鳳在晉壽。梁州先以爲雄所破，不守。而譙登在涪，平西參軍向奮屯漢〔安〕之宜福，張羅屯平無逼雄。雄將張寶，弟全在訇琦中。雄遣寶反爲姦，許以代離。寶素凶勇，先殺人，而後奔梓潼，密結心腹。會羅尚遣使慰勞琦。琦等出送其使，寶從後閉城門。琦等奔巴西。雄得梓潼，拜寶爲太尉。雄自攻奮。奮走。遣驤攻登。登初將驤子壽，欲以誘驤；被攻急，救援不至，還驤壽。

五年春，驤獲登。遣李始督李鳳攻巴西，殺文碩。是歲，雄姨弟任小受張羅募，手刃雄頭，雄幾死。改元玉衡。是後，扶風鄧〔定〕、楊虎等各率流民前後數千家入蜀。以鳳爲征北、梁州，任回鎮南、南夷、寧州，李恭征東、南蠻、荆州，皆大將軍、校尉、刺史。雄、驤勤恤百姓于内，鳳、回、恭招流民於外，稱有功。氐苻成、隗文既降復叛，手傷雄母；及其來也，咸釋其罪，厚加待納，皆以爲將。天水陳安舉隴右來降。武都氐王楊茂搜奉貢稱臣。杜弢自湘州使使求援。晉涼州刺史張駿遣信交好。漢嘉夷王冲遣子入質。頃之，朱提雷照率民歸降，建寧爨量蒙險委誠。其餘附者日月而至，雄乃虚己受人，寬和政役。遠至邇安。年豐穀登，乃興文教，立學官。其賦，男丁一歲穀三斛，女丁一斛五，疾病半之。户調絹不過數丈，綿不過數兩。事少役稀，民多富實。至乃閭門不閉，路無拾遺，獄無滯囚，刑不濫及。但爲國威儀無則，官無秩禄，職署委積，班序無别，君子小人，服章不殊，貨賄公行，懲勸不明。行軍無號令，用兵無部伍。其戰，勝不相讓，敗不相救；攻城破邑，動以虜獲爲先。故綱紀莫稱。李鳳在此，數有戰降之

功。時蕩子稚屯晉壽，害其功。

大興元年，鳳以巴西叛。驤討之，久駐梓潼不敢進。雄自至涪，驤遂斬鳳。以壽代鳳以知州、徵事。

二年，驤伐越嶲。又分伐朱提。

三年，獲太守西夷校尉李釗。夏，進伐寧州，大敗于螳螂，還。初，氐王楊茂搜子難敵、堅頭爲劉曜所破，奔晉壽。晉壽守將李稚，蕩第二子也，受其賂遺，不送成都。曜既引還，稚遣難敵兄弟還武都。遂即叛稚。稚悔失計，連白雄求伐氐。雄許之。羣臣多諫，雄不從。遣稚兄琀以侍中、中領軍統稚攻難敵，由白水道；遣壽與稚弟玝由陰平入，二道討氐。難敵等先拒壽、玝。玝、壽不進。而琀、稚徑至下辨；以深入無繼，大爲氐所破，稚、琀皆死；死者千餘人。雄深自咎責，以謝百姓。琀，蕩之元子，有名望志尚，雄欲傳以後嗣，甚痛惜之。雄妻任無子，養琀弟班爲子。雄自有庶子十五人。羣臣上立嗣。雄曰：「孫仲謀割有江東，伯符兆基，子止侯爵，《國志》耻之。宋宣公舍子立弟，君子以爲知人。吾將彌縫《國志》之耻，以繼宣公之美。」驤與司徒王達諫，以爲不可，雄不從。

永昌元年，冬，立班爲太子。驤泣曰：「亂始於是矣。」

泰寧元年，越嶲斯叟反，攻圍任回及太守李謙。遣征南費黑救之。

咸和元年夏，斯叟破。

二年，謙移郡民于蜀。

三年冬，驤死，追贈相國，謚曰漢獻王。壽以喪還。拜玝征北、梁州，代壽。以班行撫軍將軍，修晉壽軍屯。

五年，拜壽都督中外諸軍大將軍、中護軍、西夷校尉，録尚書，總統如驤。冬，壽率征南費黑、征東任邵伐巴東，至建平。晉監軍丘奧退保宜都。

六年春，壽還，遣任邵屯巴。雄以子越爲車騎將軍，住廣漢。秋，壽伐陰平。冬，城涪縣。

七年秋，壽南征寧州，以費黑爲司馬，與邵攀等爲前軍，由南廣入。又別遣任回子調由越嶲入。冬十月，壽、黑至朱提。朱提太守董炳固城。寧州刺史尹奉遣建寧太守霍彪、大姓爨深等助炳。時壽已圍城，欲逆拒之。黑曰：「料城中食少。霍彪等雖至，賫糧不多。宜令人入城，共消其穀。猶嫌其少，何緣拒之？」彪等皆入城。城久不下，壽欲急攻之。黑諫曰：「南中道險，俗好反亂，宜必待其詐勇已困。但當日月制之，全軍取勝，以求有餘。溷牢之物，何足汲汲也？」壽必欲戰，果不利。乃悉以軍事任黑。

八年，春正月，炳、彪等出降。威震十三郡。三月，刺史尹奉舉州委質。遷奉于蜀。壽領寧州。南夷初平，威禁甚肅。後轉淩掠民。秋，建寧民毛衍、羅屯等反，殺太守邵攀。牂柯太守謝恕舉郡爲晉。壽破之。

九年春，分寧州置交州。以霍彪爲寧州，建寧爨深爲交州刺史。封壽建寧王。張駿使參軍傅穎，治中張淳遺雄書，勸去尊號，稱藩于晉。雄引見，謂曰：「吾過爲士大夫所推，然本無心于帝王也。貴州將令行河、沙，常所希冀。進思共爲晉室元功之臣，退思共爲守藩之將，掃除氛埃，以康帝宇。而晉室淩遲，德聲不振。引領東望有年月矣。會獲來貺，情鈞闇至，有何已已。」穎、淳以爲然。使聘相繼。巴郡告急，雲有東軍。雄曰：「吾常慮石勒跋扈，侵逼琅琊，以爲耿耿。不圖乃能舉軍。使人欣然。」雄之雅談，多如此類。三月，壽還。夏六月癸亥，雄疾病卒，時年六十一。僞謚曰武帝，廟稱太宗。凡自立三十年。冬十二月丙寅，葬成都，墓號安都陵也。

雜録

備録

《三十國春秋輯本》輯常璩《蜀李書》 武皇帝，諱雄，字仲儁，始祖第三子。身長八尺三寸，美容貌，相工相之曰：「此君將貴。其相有四：目如重雲，鼻如龜龍，口如方器，耳如相望。法爲貴人，位必過三公，不疑也。」帝每周旋鄉里，有識者皆器量之。有劉化者，道術士也。太康中，每語鄉里曰：「李仲儁有大貴之表，終爲人主也。」

《三十國春秋輯本》輯常璩《蜀李書》 武帝諸將進金銀，或以得官者，楊裒諫曰：「陛下爲天下主，何得以官賣金耶？」帝謝之。

李昉《太平御覽》卷一二三引崔鴻《十六國春秋·蜀録》 李雄，字仲俊，特第三子。母羅氏，夢雙虹自門升天，一虹中斷，既而生蕩。後羅氏汲水，忽然而

寐，夢大虹繞其身，遂有孕，十四月而生雄。常言「二子若有先亡，在者必大貴」。蕩以李流世卒。雄身長八尺三寸，美容貌。相工相之曰：「此君將貴，其相有四：目如重雲，鼻如龜龍，口方如器，耳如相望。法爲貴人，位過三公不疑。」雄少以烈氣聞，識者皆器重之。特稱益州牧，以雄鎮梓潼，又拜前將軍。

流薨，雄稱大將軍、益州牧，治郫城。以西山范長生巖居穴處，求道養之志，雄欲迎爲君。長生固辭曰：「推步太元，五行大會甲子，祚鍾于李，非吾節也。」建興元年十月，雄即成都王位于南郊，大赦，改元。約法七章。以叔父驤爲太傅，兄虎威爲太保。晏平元年三月，范長生乘素輿詣城，雄迎于大門，執版延坐，長生請雄對坐，即拜丞相，尊曰范賢。長生勸雄稱尊號。夏六月，僭即帝位，大赦，改年，國號大成。追尊父特爲景帝，母羅氏爲太皇后。十月，加丞相范長生爲天地太師之號，封西山侯。玉衡五年正月，立妻任氏爲皇后。八年四月，范長生卒，以其子侍中賁爲丞相。長生善天文，有術數，民奉之如神。十四年，立兄子班爲太子。二十四年五月，雄寢疾。六月丁卯，薨，年六十一。謚武皇帝，廟號太宗。十月，葬安都陵。

李昉《太平廣記》卷一三五《蜀李雄》 蜀長老言，宕渠故賨國，今有賨城、盧城。秦始皇時，有人長二十五丈，見宕渠。秦史胡毋敬曰：「是後五百年外，必有異人爲大人者。」及李雄之王，其祖出自宕渠，有識者皆以爲應焉。

備論

常璩《華陽國志》卷六《李特雄期壽勢志》 特流乘釁險害。雄能推亡固存。遭皇極不建，遇其時與。期倡爲禍階，而壽、勢終之。《詩》所謂「亂離瘼矣，爰其適歸」者也。

《魏書》卷九六《李雄等傳》 司馬叡之竄江表，竊魁帥之名，無君長之實，跼天蹐地，畏首畏尾，對之李雄，各一方小盜，其孫皓之不若矣。

雄性寬厚，簡刑約法，甚有名稱。氐苻成、隗文既降復叛，手傷雄母，及其來也，咸釋其罪，厚加待納。由是夷夏安之，威震西土。時海內大亂，而蜀獨無事，故歸之者相尋。雄乃興學校，置史官，聽覽之暇，手不釋卷。其賦，男丁歲穀三斛，女丁半之；户調絹不過數丈，緜數兩。事少役稀，百姓富實，閭門不閉，無相侵盜。然雄意在招致遠方，國用不足，故諸將每進金銀珍寶，多有以得官者。丞相楊褒諫曰：「陛下爲天下主，當網羅四海，何有以官買金邪？」雄遜辭謝之。後雄嘗酒醉而推中書令，杖太官令，褒進曰：「天子穆穆，諸侯皇皇，安有天子而爲酗也？」雄即捨之。雄無事小出，褒於後持矛馳馬過雄。雄怪問之，對曰：「夫統天下之重，如臣乘惡馬而持矛也，急之則慮自傷，緩之則懼其失，是以馬馳而不制也。」雄寤，即還。雄爲國無威儀，官無禄秩，班序不別，君子小人服章不殊；行軍無號令，用兵無部隊，戰勝不相讓，敗不相救，攻城破邑動以虜獲爲先。此其所以失也。

《晉書》卷一二一《李雄載記》 仲儁天挺英姿，見稱奇偉，推鋒累載，克隆霸業。蹈玄德之前基，掩子陽之故地。薄賦而綏弊俗，約法而悦新邦。擬於其倫，實孫權之亞也。若夫立子以嫡，往哲通訓，繼體承基，前修茂範。而雄闇經國之遠圖，蹈匹夫之小節，傳大統於猶子，託强兵於厥胤。遺骸莫斂，尋戈之釁已深；星紀未周，傾巢之釁便及。雖云天道，抑亦人謀。

藝文

顧宗泰《月滿樓詩文集·晉十六國詠史詩·成漢李雄》 口方如器目如雲，貴過三公迥不羣。帝號自尊爰僭位，官聯初定欲酬勳。范賢黄閣延居士，班孝青宮作嗣君。太息江陽謀亂速，刃推諸子痛糾紛。

司馬睿部

綜述

《魏書》卷九六《僭晉司馬睿傳》　僭晉司馬叡，字景文，晉將牛金子也。初晉宣帝生大將軍、琅邪武王伷，伷生冘從僕射、琅邪恭王覲。覲妃譙國夏侯氏，字銅環，與金姦通，遂生叡，因冒姓司馬，仍爲覲子。由是自言河内温人。初爲王世子，又襲爵，拜散騎常侍，頻遷射聲、越騎校尉，左、右軍將軍。從晉惠帝幸臨漳，其叔繇爲成都王穎所殺，叡懼禍，遂走至洛，迎其母俱歸陳國。

東海王越收兵下邳，假叡輔國將軍。越謀迎惠帝於長安，復假叡平東將軍、監徐州諸軍事，使鎮下邳。尋加安東將軍、都督揚州諸軍事、假節，當鎮壽陽，且留下邳。及越西迎惠帝，留叡鎮後，平東府事。當遷鎮江東，屬陳敏作亂，叡以兵少，因留下邳。永嘉元年春，敏死。秋，叡始到建業。五年，進鎮東將軍、開府儀同三司，又以會稽户二萬增封，加督揚、江、湘、交、廣五州諸軍事。六月，王彌、劉曜寇洛陽，懷帝幸平陽，晉司空荀藩、司隸校尉荀組推叡爲盟主。於是輒改易郡縣，假置名號。江州刺史華軼、北中郎將裴憲並不從之。憲自稱鎮東將軍、都督江北五郡軍事，與軼連和。叡遣左將軍王敦、將軍甘卓、周訪等擊軼，斬之。憲奔于石勒。六年，叡檄四方，稱與穆帝俱討劉淵，大會平陽。

建興元年，晉愍帝以叡爲侍中、左丞相、大都督、陝東諸軍事，持節、王如故。叡改建業爲建康。七月，叡以晉室將滅，潛有他志，乃自大赦，爲大都督、都督中外諸軍事，又爲丞相。叡號令不行，政刑淫虐，殺督運令史淳于伯，行刑者以刀拭柱，血流上柱二丈三尺，徑頭流下四尺五寸，其直如弦。時人怨之。

平文帝初，叡自稱晉王，改元建武，立宗廟、社稷，置百官，立子紹爲太子。叡以晉王而禮南郊。其年，叡僭即大位，改爲大興元年。其朝廷之儀，都邑之制，皆準模王者，擬議中國。遂都於丹陽，因孫權之舊所，即《禹貢》揚州之地，去洛二千七百里。【略】叡因擾亂，跨而有之。中原冠帶呼江東之人，皆爲貉子，若狐貉類云。巴、蜀、蠻、獠、谿、俚、楚、越，鳥聲禽呼，言語不同，猴蛇魚鼈，嗜慾皆異。江山遼闊將數千里，叡羈縻而已，未能制服其民。有水田，少陸種，以罟網爲業。機巧趨利，恩義寡薄。家無藏蓄，常守飢寒。地既暑濕，多有腫泄之病，障氣毒霧，射工、沙蝨、蛇虺之害，無所不有。叡割有揚、荆、梁三州之土，因其故地，分置十數州及諸郡縣，郡縣户口至有不滿百者。

遣使韓暢浮海來請通和。平文皇帝以其僭立江表，拒不納之。

是時，叡大將軍王敦宗族擅勢，權重於叡，迭爲上下，了無君臣之分。叡侍中劉隗言於叡曰：「王氏强大，宜漸抑損。」敦聞而惡之。惠帝時，叡改年曰永昌。王敦先鎮武昌，乃表於叡曰：「劉隗前在門下，遂秉權寵。今趣進軍，指討姦孽，宜速斬隗首，以謝遠近。朝梟隗首，諸軍夕退。昔太甲不能遵明湯典，顛覆厥度，幸納伊尹之訓，殷道復昌，賢智故有先失後得者矣。」敦又移告州郡，以沈充爲大都督，護東吴諸軍。叡乃下書曰：「王敦恃寵，敢肆狂逆，方朕於太甲，欲見囚于桐宫。是可忍也，孰不可忍也！今當親帥六軍，以誅大逆。」叡光禄勳王含率其子瑜以輕舟棄叡，歸于武昌。叡以其司空王導爲前鋒大都督，尚書陸曄爲軍司；以廣州刺史陶侃爲江州，梁州刺史甘卓爲荆州，使其率衆掎躡敦後；以太子右率周莚率中軍三千人討沈充。敦至洌州，表尚書令刁協黨附，宜加誅戮。叡遣右將軍周札戍于石頭，札潛與敦書，許軍至爲應。敦使司馬楊朗等入于石頭。札□見敦。朗等既據石頭，叡征西將軍戴淵、鎮北將軍劉隗率衆攻之，戴淵親率士，鼓衆陵城。俄而鼓止息，朗等乘之，叡軍敗績。隗、協入見叡，叡遣其避禍，二人泣而出。隗還淮陰，後奔石勒。協奔江乘，爲敦追兵所害。叡師敗。

敦自爲丞相，武昌郡公，邑萬户，朝事大小皆關諮之。敦收戴淵及叡尚書左僕射周顗，並斬于石頭，皆叡朝之望也。於是改易百官及諸州鎮，其餘轉徙黜免者過百數，或朝行暮改，或百日半年。敦所寵沈充、錢鳳等所言必用，所譖必死。敦將還武昌，其長史謝鯤曰：「公不朝，懼天下私議。」敦曰：「君能保無變乎？」對曰：「鯤近入覲，主上側席待公，遲得相見，宫省穆然，必無不虞之慮。公若入朝，鯤請侍從。」敦曰：「正復殺君等數百，何損朝廷？」遂不朝而去。敦召安南將軍甘卓，轉譙王承爲軍司，並不從。敦遣從母弟、南蠻校尉魏乂率江夏太守李恒攻承於臨湘，旬日城陷，執承送于武昌。敦從弟王廙使賊迎之，害于車中。先是，王敦表疏，言旨不遜，叡以示承曰：「敦言如此，豈有厭哉？」對曰：「陛下不早裁之，難將作矣。」敦惡之。襄陽太守周慮襲殺

甘卓。

叡畏迫於敦，居常憂戚，發病而死。

《晉書》卷六《元帝紀》 元皇帝諱睿，字景文，宣帝曾孫，琅邪恭王覲之子也。咸寧二年生於洛陽，有神光之異，一室盡明，所藉藁如始刈。及長，白豪生於日角之左，隆準龍顏，目有精曜，顧眄煒如也。年十五，嗣位琅邪王。幼有令問。及惠皇之際，王室多故，帝每恭儉退讓，以免於禍。沈敏有度量，不顯灼然之迹，故時人未之識焉。惟侍中嵇紹異之，謂人曰：「琅邪王毛骨非常，殆非人臣之相也。」

元康二年，拜員外散騎常侍。累遷左將軍，從討成都王穎。蕩陰之敗也，叔父東安王繇爲穎所害。帝懼禍及，將出奔。其夜月正明，而禁衛嚴警，帝無由得去，甚窘迫。有頃，雲霧晦冥，雷雨暴至，徼者皆弛，因得潛出。穎先令諸關無得出貴人，帝既至河陽，爲津吏所止。從者宋典後來，以策鞭帝馬而笑曰：「舍長！官禁貴人，汝亦被拘邪？」吏乃聽過。至洛陽，迎太妃俱歸國。

東海王越之收兵下邳也，假帝輔國將軍。尋加平東將軍、監徐州諸軍事，鎮下邳。俄遷安東將軍、都督揚州諸軍事。越西迎大駕，留帝居守。永嘉初，用王導計，始鎮建鄴，以顧榮爲軍司馬，賀循爲參佐，王敦、王導、周顗、刁協並爲腹心股肱，賓禮名賢，存問風俗，江東歸心焉。屬太妃薨于國，自表奔喪，葬畢，還鎮，增封宣城郡二萬户，加鎮東大將軍、開府儀同三司。受越命，討征東將軍周馥，走之。及懷帝蒙塵于平陽，司空荀藩等移檄天下，推帝爲盟主。江州刺史華軼不從，使豫章内史周廣、前江州刺史衛展討禽之。愍帝即位，加左丞相。歲餘，進位丞相、大都督中外諸軍事。遣諸將分定江東，斬叛者孫弼于宣城，平杜弢于湘州，承制赦荆揚。及西都不守，帝出師露次，躬擐甲冑，移檄四方，徵天下之兵，剋日進討。于時有玉册見於臨安，白玉麒麟神璽出於江寧，其文曰「長壽萬年」，日有重暈，皆以爲中興之象焉。

建武元年春二月辛巳，平東將軍宋哲至，宣愍帝詔。

三月，帝素服出次，舉哀三日。西陽王羕及羣僚參佐、州征牧守等上尊號，帝不許。羕等以死固請，至於再三。帝慨然流涕曰：「孤，罪人也，惟有蹈節死義，以雪天下之恥，庶贖鈇鉞之誅。吾本琅邪王，諸賢見逼不已！」乃呼私奴命駕，將反國。羣臣乃不敢逼，請依魏晉故事爲晉王，許之。辛卯，即王位，大赦，改元。其殺祖父母、父母，及劉聰、石勒，不從此令。諸參軍拜奉車都尉，掾屬駙馬都尉。辟掾屬百餘人，時人謂之「百六掾」。乃備百官，立宗廟社稷於建康。時四方競上符瑞，帝曰：「孤負四海之責，未能思愆，何徵祥之有？」

丙辰，立世子紹爲晉王太子。以撫軍大將軍、西陽王羕爲太保，征南大將軍、漢安侯王敦爲大將軍，右將軍王導都督中外諸軍事、驃騎將軍，左長史刁協爲尚書左僕射。封王子、宣城公裒爲琅邪王。

六月丙寅，司空、并州刺史、廣武侯劉琨，幽州刺史、左賢王、渤海公段匹磾，領護烏丸校尉、鎮北將軍劉翰，單于、廣甯公段辰，遼西公段眷，冀州刺史、祝阿子邵續，青州刺史、廣饒侯曹嶷，兗州刺史、定襄侯劉演，東夷校尉崔毖，鮮卑大都督慕容廆等一百八十人上書勸進，帝優令答之。

己巳，帝傳檄天下。

七月，散騎侍郎朱嵩、尚書郎顧球卒，帝痛之，將爲舉哀。有司奏，舊尚書郎不在舉哀之例。帝曰：「衰亂之弊，特相痛悼。」於是遂舉哀，哭之甚慟。以太尉荀組爲司徒。弛山澤之禁。

八月甲午，封梁王世子翹爲梁王。

十一月甲子，封汝南王子弼爲新蔡王。丁卯，以司空劉琨爲太尉。置史官，立太學。

太興元年春正月戊申朔，臨朝，懸而不樂。

三月癸丑，愍帝崩問至，帝斬縗居廬。丙辰，百僚上尊號。於是大赦，改元，文武增位二等。庚午，立王太子紹爲皇太子。

夏四月丁丑朔，加大將軍王敦江州牧，進驃騎將軍王導開府儀同三司。戊寅，初禁招魂葬。

六月，旱，帝親雩。改丹楊内史爲丹楊尹。甲申，以尚書左僕射刁協爲尚書令，平南將軍、曲陵公荀崧爲尚書左僕射。庚寅，以滎陽太守李矩爲都督司州諸軍事、司州刺史。戊戌，封皇子晞爲武陵王。初置諫鼓謗木。

冬十月癸未，加廣州刺史陶侃平南將軍。

十一月乙卯，加大將軍王敦荆州牧。新作聽訟觀。故歸命侯孫皓子璠謀反，伏誅。

十二月，丁丑，封顯義亭侯焕爲琅邪王。江東三郡饑，遣使振給之。彭城内史周撫殺沛國内史周默以反。

二年春正月丁卯，崇陽陵毁，帝素服哭三日；使冠軍將軍梁堪、守太常馬龜

等修復山陵。迎梓宮于平陽，不克而還。

五月癸丑，太陽陵毁，帝素服哭三日。

六月丙子，加周訪安南將軍。罷御府及諸郡丞，置博士員五人。己亥，加太常賀循開府儀同三司。

八月，肅慎獻楛矢石砮。徐龕寇東莞，遣太子左衛率羊鑒行征虜將軍，統徐州刺史蔡豹討之。

十二月乙亥，大赦，詔百官各上封事，并省衆役。

三年三月，慕容廆奉送玉璽三紐。

閏月，以尚書周顗爲尚書僕射。

五月丙寅，孝懷帝太子詮遇害于平陽，帝三日哭。

秋七月丁亥，詔琅邪國人在此者近有千户，今立爲懷德，優復之科，一依漢氏故事。祖逖部將衛策大破石勒别軍於汴水。加逖爲鎮西將軍。

八月戊午，尊敬王后虞氏爲敬皇后。辛酉，遷神主于太廟。皇太子釋奠於太學。以湘州刺史甘卓爲安南將軍、梁州刺史。

冬十月丙辰，徐州刺史蔡豹以畏懦伏誅。

四年春二月，徐龕又帥衆來降。鮮卑末波奉送皇帝信璽。庚戌，告於太廟，乃受之。癸亥，日鬭。

三月，置《周易》、《儀禮》、《公羊》博士。癸酉，以平東將軍曹嶷爲安東將軍。

夏四月辛亥，帝親覽庶獄。

五月庚申，詔免中州良人遭難爲揚州諸郡僮客者，以備征役。

秋七月甲戌，以尚書戴若思爲征西將軍，都督司、兗、豫、并、冀、雍六州諸軍事，司州刺史，鎮合肥；丹楊尹劉隗爲鎮北將軍，都督青、徐、幽、平四州諸軍事，青州刺史，鎮淮陰。壬午，以驃騎將軍王導爲司空。

冬十月壬午，以逖弟侍中約爲平西將軍、豫州刺史。

十二月，以慕容廆爲持節，都督幽，平二州東夷諸軍事，平州牧，封遼東郡公。

永昌元年春正月乙卯，大赦，改元。

三月，徵征西將軍戴若思、鎮北將軍劉隗還衛京都。以司空王導爲前鋒大都督，以戴若思爲驃騎將軍，丹楊諸郡皆加軍號。加僕射周顗尚書左僕射，領軍王邃尚書右僕射。以太子右衛率周莚行冠軍將軍，統兵三千討沈充。甲午，封皇子昱爲琅邪王。劉隗軍於金城，右將軍周札守石頭，帝親被甲徇六師於郊外。遣平南將軍陶侃領江州，安南將軍甘卓領荆州，各帥所統以躡敦後。

四月，敦前鋒攻石頭，周札開城門應之，奮威將軍侯禮死之。敦據石頭，戴若思、劉隗帥衆攻之，王導、周顗、郭逸、虞潭等三道出戰，六軍敗績。尚書令刁協奔於江乘，爲賊所害。鎮北將軍劉隗奔于石勒。帝遣使謂敦曰：「公若不忘本朝，于此息兵，則天下尚可共安也。如其不然，朕當歸于琅邪，以避賢路。」辛未，大赦。敦乃自爲丞相、都督中外諸軍、録尚書事，封武昌郡公，邑萬户。

冬十月己丑，都督荆、梁二州諸軍事、平南將軍、荆州刺史、武陵侯王廙卒。辛卯，以下邳内史王邃爲征北將軍、都督青、徐、幽、平四州諸軍事，鎮淮陰。

十一月，以司徒荀組爲太尉。罷司徒，并丞相。

閏月己丑，帝崩于内殿，時年四十七，葬建平陵，廟號中宗。帝性簡儉沖素，容納直言，虚己待物。初鎮江東，頗以酒廢事，王導深以爲言，帝命酌，引觴覆之，於此遂絶。有司嘗奏太極殿廣室施絳帳，帝曰：「漢文集上書皁囊爲帷。」遂令冬施青布，夏施青練帷帳。將拜貴人，有司請市雀釵，帝以煩費不許。所幸鄭夫人衣無文綵。從母弟王廙爲母立屋過制，流涕止之。然晉室遘紛，皇輿播越，天命未改，人謀叶贊。元戎屢動，不出江畿，經略區區，僅全吴楚。終于下陵上辱，憂憤告謝。恭儉之德雖充，雄武之量不足。

始秦時望氣者云「五百年後金陵有天子氣」，故始皇東遊以厭之，改其地曰秣稜，塹北山以絶其勢。及孫權之稱號，自謂當之。孫盛以爲始皇逮于孫氏四百三十七載，考其曆數，猶爲未及；元帝之渡江也，乃五百二十六年，真人之應在于此矣。咸寧初，風吹太社樹折，社中有青氣，占者以爲東莞有帝者之祥。由是徙封東莞王於琅邪，即武王也。及吴之亡，王濬實先至建鄴，而皓之降款，遠歸璽於琅邪。天意人事，又符中興之兆。太安之際，童謡云：「五馬浮渡江，一馬化爲龍。」及永嘉中，歲、鎮、熒惑、太白聚斗、牛之間，識者以爲吴越之地當興王者。是歲，王室淪覆，帝與西陽、汝南、南頓、彭城五王獲濟，而帝竟登大位焉。

初，《玄石圖》有「牛繼馬後」，故宣帝深忌牛氏，遂爲二榼，共一口，以貯酒焉，帝先飲佳者，而以毒酒鴆其將牛金。而恭王妃夏侯氏竟通小吏牛氏，而生元帝，亦有符云。

雜録

備録

《世説新語·規箴》 元帝過江，猶好酒，王茂弘與帝有舊，常流涕諫。帝許之，命酌酒，一酣，從是遂斷。

《世説新語·紕漏》 元皇初見賀司空，言及吳時事，問：「孫皓燒鋸截一賀頭，是誰？」司空未得言，元皇自憶曰：「是賀劭。」司空流涕曰：「臣父遭遇無道，創巨痛深，無以仰答明詔。」元皇愧慚，三日不出。

《世説新語·排調》 元帝皇子生，普賜羣臣。殷洪喬謝曰：「皇子誕育，普天同慶。臣無勛焉，而猥頒厚賚。」中宗笑曰：「此事豈可使卿有勛邪？」

備論

《魏書》卷九六《司馬叡等傳》 司馬叡之竄江表，竊魁帥之名，無君長之實，跼天蹐地，畏首畏尾，對之李雄，各一方小盜，其孫皓之不若矣。

《晉書》卷六《元帝紀》 晉氏不虞，自中流外，五胡扛鼎，七廟隳尊，滔天方駕，則民懷其舊德者矣。昔光武以數郡加名，元皇以一州臨極，豈武、宣餘化猶暢于琅邪，文、景垂仁傳芳于南頓，所謂後乎天時，先諸人事者也。馳章獻號，高蓋成陰，星斗呈祥，金陵表慶。陶士行擁三州之旅，郢外以安；王茂弘爲分陝之計，江東可立。或高旌未拂，而遐心斯偃，迴首朝陽，仰希乾棟，帝猶六讓不居，七辭而不免也。布帳練帷，詳刑簡化，抑揚前軌，光啓中興。古者私家不蓄甲兵，大臣不爲威福，王之常制，以訓股肱。中宗失馭强臣，自亡齊斧，兩京胡羯，風埃相望。雖復《六月》之駕無聞，而《鴻雁》之歌方遠，享國無幾，哀哉！

《唐文拾遺》卷一三虞世南《論略》 公子曰：「中宗值天下崩離，創立江左，俱爲中興之主，比於前代，功德云何？」

先生曰：「元帝自居藩邸，少有令聞。及建策南渡，興亡繼絶，委任宏茂，撫綏新舊，故能嗣晉配天，良有以也。然仁恕爲懷，剛毅情少，是以王敦縱暴，幾危社稷。蹙國舒禍，其周平之匹乎？」

胡寅《讀史管見》卷七 晉元名論不高，人心未附，始初建國，事以酒廢，聞王導一言，銘心自克，其終濟大業，百有餘年，不亦宜乎？

【略】睿得鎮建康，出東海之意，而馥得罪於東海，故睿亦怒之。此可謂報德以私，興師不義者矣。身爲盟主，規創大業，而舉動如此，惜哉！

【略】懷帝失邦，睿未受命，分符守士，義當存君。**【略】**益修政刑，俟天命有歸；申以文告，序成而猶不至，舉兵未晚也。遽爾匆匆專事威力，曾未期月，喪三良臣，琅琊之量不宏，而其失於是爲多矣。

王夫之《讀通鑑論》卷一三 愍帝之立，賈疋等扳之以立，而遂自立，則琅邪之在江東，南陽之在秦、隴，雖不與争，而坐視其亡而不救。匪直二王也，劉琨、慕容廆之在北，張寔之在西，陶侃之在南，皆坐視其亡而不恤。長安破，愍帝俘，司馬子孫幾於盡矣。琅邪擁衆而居江左，削平内寇，安靖東土，未有舍琅邪而可别爲君者。然而聞長安之變，官屬上尊號而不許，固請而不從，流涕而權即晉王之位。已而劉琨屢表陳痛哭之辭，慕容廆、段匹磾且合辭以勸進，豫州荀組、冀州邵續、青州曹嶷、寧州王遜，合南北以協請，江東人望紀瞻之流，皆敦迫焉，然後踐阼而改元，於是而元帝之位定矣。無求於天下，而天下求之，則人不容有異志而允安。東晉之基，成乎一年之需待，此人情天理之極致。其讓也，即國之所以立也。**【略】**

元帝之立也，王氏逼王室而與亢尊，非但王敦之凶悍也，王導之志亦僭矣。帝乃樹刁協、劉隗於左右，以分其權而自固。然而卒以取禍者，非帝之不宜樹人以自輔，隗、協之不宜離黨以翼主也。其所以尊主而抑强宗者，非其道也。

藝文

歐陽詢《藝文類聚》卷一三《帝王部三·晉元帝》引郭璞《元皇帝哀策文》

永惟殿宇之廓寂，悲彝萛之莫歆。感鸞輅之晏駕，哀袞裘之委衿。痛聖躬之遐

往，長淪景於太陰。乃作策曰：王之不極，百六作艱。鴞集瓊林，鯨躍神淵。懷愍失據，海覆岳巔。蠢蠢六合，罔不倒懸。靈慶有底，見龍在田。誰其極哉，我后先天。大人承運，重明繼作。撫征淮海，駿命再廓。仁風旁靡，神化潛鑠。處沖思挹，居簡行約。聖敬日邁，玄心逾漠。用物與能，總攬羣略。林無滯才，山無遺錯。恩靡不懷，化靡不被。茫茫海域，款塞慕義。萬里同塵，罔匪王隸。熙熙遺黎，莫知其寄。括終宇宙，混同天地。曰功永年，曰德慶隆。奈何氛厲，奄集聖躬。大業未恢，皇齡未中。天僭其景，崑頹其崇。煢煢小子，藐藐孤冲。靡天何戴，靡地何憑。恍惚極慕，若存若終。蔑焉無聞，廓焉長寂。聆音靡晞，瞻顏失覿。窮號曷訴，叩心誰告。何悲之哀，何痛之酷。嗚呼我皇，逢天之戚。嗚呼哀哉，眇然升遐。即安玄室，煌煌火龍，赫赫朱韠，終焉永潛。曷其有出，明訓長絕。小子何述，望阜增欷。臨崩慟慄，哀兼陟方。痛過遏密，靈爽安之。反真復質，永合元漠，終始得一。

郭茂倩《樂府詩集》卷八《郊廟歌辭八》　運屯百六，天羅解貫。元皇勃興，網籠江漢。仰齊七政，俯平禍亂。化若風行，澤猶雨散。淪光更耀，金輝復煥。德冠千載，蔚有余粲。

《全唐詩》卷七二九周曇《六朝門·元帝》　木柵江城困魏軍，王裒橫議遏謀臣。賓降未免俱爲戮，一死安能謝益仁。

《葉適集·水心別集》卷八《晉元帝廟記》　城隍，晉元帝舊祠，孤寄寒寠，牲瘦酒薄，祝史桀慢，執吏惰弛，不記其王此士也。嘉定五年，江淮制置使黄公作新廟於石頭。初，卞壺侑食，嵇紹配焉。公謂：「壺名輩後紹，當以序列，且均晉臣也」，因徙置廟東房。又謂：「晉傳四姓，當爲中原共主，更七八巨寇不害其立，非用材致然耶？」故設繪事兩廡，起周顗迄謝玄二十人表異之。又謂：「王導、謝安，獨晉所恃以存也。」故特像於廟西房。

客或顧而嘻曰：「深乎是役也！商、周之相，孚終迓衡，是以銘常勒鼎，烝從祫侑，示其不忘。漢、唐陋矣，其殊勳盛烈，亦紀官爵，圖形貌，有麒麟、雲臺、淩煙之目，夸其得意。及後子孫忽於念功，棄不省録，運去物改，臣主同盡，名跡俱泯，一抔之土，不暇爲謀；徒使文士弄筆於墜編遺簡之餘，騷客費吟於殘煙衰草之外，其亦有足哀也。建康雖晉都邑，千載既遠，遷革尤多。尋冶城，問新亭，豈復異時髣髴哉！今不惜數畝之宫，聚其賢勞，裸饋以倫，山川具存，楹桷可想。行者翼然如瞻太極之題，止者洸然如聞廣室之論。然則公之好古，非若魯殿、秦碑，愛其刓缺摧落而已，苟有益於世教，以今準昔，猶一日也。」

方王敦簒勢已成，舉朝不悟，尚安恬自若，惟帝視爲腹心之疾，決意討除，憂辱逮身，忠義激發，至子卒殄滅之。不然，晉亡久矣。蓋過於明斷而無不足也。自正始以風流相命，賞好成俗，士雖坐談空解，不畏臨戎。及氣倍勇積，則袴襦子弟能破百萬兵矣，蓋清言致效而非喪邦也。二事終始大節，疑史妄評，故略著云。

孫承恩《文簡集》卷四一《古像讚·晉元帝》　晉失中土，元起江東。皇天眷德，羣賢效忠。沖虛性成，恭德純至。雄武未優，中興猶愧。

王導部

綜述

《晉書》卷六五《王導傳》 王導字茂弘，光禄大夫覽之孫也。父裁，鎮軍司馬。導少有風鑒，識量清遠。年十四，陳留高士張公見而奇之，謂其從兄敦曰：「此兒容貌志氣，將相之器也。」初襲祖爵即丘子。司空劉寔尋引爲東閤祭酒，遷祕書郎、太子舍人、尚書郎，並不行。後參東海王越軍事。

時元帝爲琅邪王，與導素相親善。導知天下已亂，遂傾心推奉，潛有興復之志。帝亦雅相器重，契同友執。帝之在洛陽也，導每勸令之國。會帝出鎮下邳，請導爲安東司馬，軍謀密策，知無不爲。及徙鎮建康，吳人不附，居月餘，士庶莫有至者，導患之。會敦來朝，導謂之曰：「琅邪王仁德雖厚，而名論猶輕。兄威風已振，宜有以匡濟者。」會三月上巳，帝親觀禊，乘肩轝，具威儀，敦、導及諸名勝皆騎從。吳人紀瞻、顧榮皆江南之望，竊覘之，見其如此，咸驚懼，乃相率拜於道左。導因進計曰：「古之王者，莫不賓禮故老，存問風俗，虚己傾心，以招俊乂。況天下喪亂，九州分裂，大業草創，急於得人者乎？顧榮、賀循，此土之望，未若引之以結人心。二子既至，則無不來矣。」帝乃使導躬造循、榮，二人皆應命而至，由是吳會風靡，百姓歸心焉。自此之後，漸相崇奉，君臣之禮始定。

俄而洛京傾覆，中州士女避亂江左者十六七，導勸帝收其賢人君子，與之圖事。時荆、揚晏安，户口殷實，導爲政務在清静，每勸帝克己勵節，匡主寧邦。於是尤見委杖，情好日隆，朝野傾心，號爲「仲父」。帝嘗從容謂導曰：「卿，吾之蕭何也。」對曰：「昔秦爲無道，百姓厭亂，巨猾陵暴，人懷漢德，革命反正，易以爲功。自魏氏以來，迄于太康之際，公卿世族，豪侈相高，政教陵遲，不遵法度，羣公卿士，皆厭於安息，遂使姦人乘釁，有虧至道。然否終斯泰，天道之常。大王方立命世之勳，一匡九合，管仲、樂毅，於是乎在，豈區區國臣所可擬議？願深弘神慮，廣擇良能。顧榮、賀循、紀瞻、周玘，皆南土之秀，願盡優禮，則天下安矣。」帝納焉。

永嘉末，遷丹楊太守，加輔國將軍。導上牋曰：「昔魏武，達政之主也；荀文若，功臣之最也，封不過亭侯。倉舒，愛子之寵，贈不過别部司馬。以此格萬物，得不局跡乎？今者臨郡，不問賢愚豪賤，皆加重號，輒有鼓蓋，動見相準。時有不得者，或爲恥辱。天官混雜，朝望頽毁。導忝荷重任，不能崇浚山海，而開導亂源，饕竊名位，取紊彝典，謹送鼓蓋加崇之物，請從導始。庶令雅俗區别，羣望無惑。」帝下令曰：「導德重勳高，孤所深倚，誠宜表彰殊禮。而更約己冲心，進思盡誠，以身率衆，宜順其雅志，式允開塞之機。」拜寧遠將軍，尋加振威將軍。愍帝即位，徵吏部郎，不拜。

晉國既建，以導爲丞相軍諮祭酒。桓彝初過江，見朝廷微弱，謂周顗曰：「我以中州多故，來此欲求全活，而寡弱如此，將何以濟？」憂懼不樂。往見導，極談世事，還，謂顗曰：「向見管夷吾，無復憂矣。」過江人士，每至暇日，相要出新亭飲宴。周顗中坐而歎曰：「風景不殊，舉目有江河之異。」皆相視流涕。惟導愀然變色曰：「當共勠力王室，克復神州，何至作楚囚相對泣邪？」衆收淚而謝之。俄拜右將軍、揚州刺史、監江南諸軍事，遷驃騎將軍，加散騎常侍、都督中外諸軍、領中書監、録尚書事、假節，刺史如故。導以敦統六州，固辭中外都督。後坐事除節。

于時軍旅不息，學校未修，導上書，【略】帝甚納之。

及帝登尊號，百官陪列，命導升御牀共坐。導固辭，至于三四，曰：「若太陽下同萬物，蒼生何由仰照？」帝乃止。進驃騎大將軍、儀同三司。以討華軼功，封武岡侯。進位侍中、司空、假節、録尚書，領中書監。會太山太守徐龕反，帝訪可以鎮撫河南者，導舉太子左衛率羊鑒。既而鑒敗，抵罪。導上疏【略】乞自貶黜。詔不許。尋代賀循領太子太傅。時中興草創，未置史官，導始啓立，於是典籍頗具。時孝懷太子爲胡所害，始奉諱，有司奏天子三朝舉哀，羣臣一哭而已。導以爲皇太子副貳宸極，普天有情，宜同三朝之哀。從之。及劉隗用事，導漸見疏遠，任真推分，澹如也。有識咸稱導善處興廢焉。

王敦之反也，劉隗勸帝悉誅王氏，論者爲之危心。導率羣從昆弟子姪二十餘人，每旦詣臺待罪。帝以導忠節有素，特還朝服，召見之。導稽首謝曰：「逆臣賊子，何世無之，豈意今者近出臣族！」帝跣而執之曰：「茂弘，方託百里之命於卿，是何言邪？」乃詔曰：「導以大義滅親，可以吾爲安東時節假之。」及敦得

志，加導守尚書令。初，西都覆没，海内思主，羣臣及四方並勸進於帝。時王氏强盛，有專天下之心，敦憚帝賢明，欲更議所立，導固争乃止。及此役也，敦謂導曰：「不從吾言，幾致覆族。」導猶執正議，敦無以能奪。

自漢魏已來，賜謚多由封爵，雖位通德重，先無爵者，例不加謚。導乃上疏，稱：「武官有爵必謚，卿校常伯無爵不謚，甚失制度之本意也。」從之。自後公卿無爵而謚，導所議也。

初，帝愛琅邪王裒，將有奪嫡之議，以問導。導曰：「夫立子以長，且紹又賢，不宜改革。」帝猶疑之。導日夕陳諫，故太子卒定。

及明帝即位，導受遺詔輔政，解揚州，遷司徒，一依陳羣輔魏故事。王敦又舉兵内向。時敦始寢疾，導便率子弟發哀，衆聞，謂敦死，咸有奮志。及帝伐敦，假導節，都督諸軍，領揚州刺史。敦平，進封始興郡公，邑三千户，賜絹九千匹，進位太保，司徒如故，劍履上殿，入朝不趨，讚拜不名。固讓。帝崩，導復與庾亮等同受遺詔，共輔幼主，是爲成帝。加羽葆鼓吹，班劍二十人。及石勒侵阜陵，詔加導大司馬、假黄鉞，出討之。軍次江寧，帝親餞于郊。俄而賊退，解大司馬。

庾亮將徵蘇峻，訪之於導。導曰：「峻猜險，必不奉詔。且山藪藏疾，宜包容之。」固争不從。亮遂召峻。既而難作，六軍敗績，導入宫侍帝。峻以導德望，不敢加害，猶以本官居己之右。峻又逼乘輿幸石頭，導争之不得。峻日來帝前肆醜言，導深懼有不測之禍。時路永、匡術、賈寧並説峻，令殺導，盡誅大臣，更樹腹心。峻敬導，不納，故永等貳於峻。導使參軍袁耽潛諷誘永等，謀奉帝出奔義軍。而峻衞御甚嚴，事遂不果。導乃攜二子隨永奔于白石。

及賊平，宗廟宫室並爲灰燼，温嶠議遷都豫章，三吴之豪請都會稽，二論紛紜，未有所適。導曰：「建康，古之金陵，舊爲帝里，又孫仲謀、劉玄德俱言王者之宅。古之帝王不必以豐儉移都，苟弘衞文大帛之冠，則無往不可。若不績其麻，則樂土爲虚矣。且北寇游魂，伺我之隙，一旦示弱，竄於蠻越，求之望實，懼非良計。今特宜鎮之以静，羣情自安。」由是嶠等謀並不行。

導善於因事，雖無日用之益，而歲計有餘。時帑藏空竭，庫中惟有練數千端，鬻之不售，而國用不給。導患之，乃與朝賢俱制練布單衣，於是士人翕然競服之，練遂踊貴。乃令主者出賣，端至一金。其爲時所慕如此。

六年冬，蒸，詔歸胙於導，曰：「無下拜。」導辭疾不敢當。初，帝幼沖，見導，每拜。又嘗與導書手詔，則云「惶恐言」，中書作詔，則曰「敬問」，於是以爲定制。自後元正，導入，帝猶爲之興焉。

時大旱，導上疏遜位。【略】詔累逼之，然後視事。

導簡素寡欲，倉無儲穀，衣不重帛。帝知之，給布萬匹，以供私費。導有羸疾，不堪朝會，帝幸其府，縱酒作樂，後令輿車入殿，其見敬如此。

石季龍掠騎至歷陽，導請出討之。加大司馬、假黄鉞、中外諸軍事，置左右長史、司馬，給布萬匹。俄而賊退，解大司馬，復轉中外大都督，進位太傅，又拜丞相，依漢制罷司徒官以并之。【略】

是歲，妻曹氏卒，贈金章紫綬。初，曹氏性妒，導甚憚之，乃密營别館，以處衆妾。曹氏知，將往焉。導恐妾被辱，遽令命駕，猶恐遲之，以所執麈尾柄驅牛而進。司徒蔡謨聞之，戲導曰：「朝廷欲加公九錫。」導弗之覺，但謙退而已。謨曰：「不聞餘物，惟有短轅犢車，長柄麈尾。」導大怒，謂人曰：「吾往與羣賢共游洛中，何曾聞有蔡克兒也。」

于時庾亮以望重地逼，出鎮於外。南蠻校尉陶稱間説亮當舉兵内向，或勸導密爲之防。導曰：「吾與元規休慼是同，悠悠之談，宜絶智者之口。則如君言，元規若來，吾便角巾還第，復何懼哉！」又與稱書，以爲庾公，帝之元舅，宜善事之。於是讒間遂息。時亮雖居外鎮，而執朝廷之權，既據上流，擁强兵，趣向者多歸之。導内不能平，常遇西風塵起，舉扇自蔽，徐曰：「元規塵污人。」

自漢魏以來，羣臣不拜山陵。導以元帝睠同布衣，匪惟君臣而已，每一崇進，皆就拜，不勝哀戚。由是詔百官拜陵，自導始也。

咸康五年薨，時年六十四。帝舉哀於朝堂三日，遣大鴻臚持節監護喪事，賵襚之禮，一依漢博陸侯及安平獻王故事。及葬，給九游轀輬車、黄屋左纛、前後羽葆鼓吹、武賁班劍百人，中興名臣莫與爲比。册曰：「【略】今遣使持節、謁者僕射任瞻錫謚曰文獻，祠以太牢。魂而有靈，嘉兹榮寵！」

許嵩《建康實録》卷七　導字茂弘，琅邪臨沂人。祖覽，父裁。導少有風鑒，識量清遠。陳留高士張公見而奇之，謂其從兄敦曰：「此兒容貌志氣，將相才也。」幼與元帝尤善，在洛陽常勸帝歸藩，見天下將亂，遂推心奉戴，有興復之志。及徙鎮建業，吴人不附，居月餘，士庶莫有至者，導患之。會敦來朝，導謂敦曰：「瑯琊王仁德雖厚，而名論猶輕。兄威風已振，宜有以匡濟者。」會三月上巳，帝親觀禊，乘肩轝，具威儀，敦、導及諸名賢皆騎從之。吴人紀瞻、顧榮、

賀循，皆江南之望，竊覘之，見其如此，咸驚懼，乃相率拜於道左。導因進計，帝乃使導躬造循、榮等，由是吴會風靡，百姓歸心。自此之後，漸相崇奉，君臣之禮始定。

導爲政務在清浄，匡主寧邦，尤見委託，情好日隆，朝野傾心，號爲「仲父」。帝嘗從容謂導曰：「卿，吾之蕭何也。」初，桓彝過江，見朝廷微弱，謂周顗曰：「我以中州多故，來此欲求全活，而衰弱如此，將何以濟？」憂懼不樂。往見導，極談世事，退謂顗曰：「向見管夷吾，無復憂矣！」時渡江人士，每至暇日，相要出新亭歡宴。周顗中坐而歎江山之異，相對而泣。導愀然變色曰：「當共戮力王室，尅復神州，何至作楚囚而相對泣耶？」衆收淚謝之。

及中宗即晉王位，累遷都督中外諸軍事、領中書監、録尚書事。帝登尊位，進侍中、司空，尋代賀循，領太子太傅。時中興草創，未置史官，因祖約舉王隱，導始啓立典籍，頗具時議。欲立石闕于宫門，未定，後導隨駕出宣陽門，乃遥指牛頭峯爲天闕，中宗從之。及劉隗用事，道漸見疎遠。

肅宗即位，平王敦後，進封始興郡公，位太保，司徒如故，劍履上殿，入朝不趨，贊拜不名，受顧託之重。帝即位，給班劍、鼓吹、羽葆蓋。及石勒侵阜陵，又石季龍掠騎至歷陽，俱加大司馬、假黄鉞，出討之。賊退，解大司馬，轉中外大都督，位太傅，又拜丞相，依漢制罷司徒官，以并之。

導善于因事，雖無日用之益，而歲計有餘。時帑藏空竭，庫中惟有練數千匹，賣之不售，而國用不足。導患之，與朝賢俱制練布單衣，于是士庶翕然競服之，練遂踴貴，端至一金。

帝既幼冲，見導，每拜。又嘗與導書手詔，則云「惶恐言」，中書作詔，則曰「敬問」。

導妻曹氏，性妬，導令别修館以安衆妾，曹氏知，將往焉。導恐妾被辱，遽令命駕，猶恐遲之，以所執麈尾柄驅牛而進。司徒蔡謨聞之，戲導曰：「朝廷欲加公九錫。」導不之覺，但謙退而已。謨曰：「不聞餘物，惟有短轅犢車，長柄麈尾。」導大怒。

及庾亮出鎮於外，以帝舅故執朝權，而趨向者多歸之。導不能平，嘗遇西風塵起，輒舉扇自蔽，徐曰：「元規塵污人。」

自漢魏已來，羣臣不出拜山陵。導以元帝睠同布衣，每一崇進，皆就拜，不勝悲涕。由是詔百官拜陵，自導始也。薨，時年六十四。

雜録

備録

裴啓《裴子語林》 明帝函封與庾公信，誤致與王公。王公開詔，末云：「勿使治城公知。」導既視表，答曰：「伏讀明詔，似不在臣；臣開臣閉，無有見者。」明帝甚愧，數月不能出見王公。

《世説新語・言語》 過江諸人，每至美日，輒相邀新亭，藉卉飲宴。中坐而歎曰：「風景不殊，正自有山河之異！」皆相視流泪。唯王丞相導也。愀然變色曰：「當共戮力王室，克復神州，何至作楚囚相對？」

《世説新語・言語》 宣武移鎮南州，制街衢平直。人謂王東亭曰：「丞相初營建康，無所因承，而制置紆曲，方此爲劣。」東亭曰：「此丞相乃所以爲巧。江左地促，不如中國；若使阡陌條暢，則一覽而盡。故紆余委曲，若不可測。」

《世説新語・言語》注引鄧粲《晉紀》 導與元帝有布衣之好，知中國將亂，勸帝渡江，求爲安東司馬，政皆決之，號仲父。晉中興之功，導實居其首。

《世説新語・政事》 王丞相拜揚州，賓客數百人并加沾接，人人有説色。唯有臨海一客姓任語林曰：「任名顒，時官在都，預王公坐。」及數胡人爲未洽，公因便還到過任邊云：「君出，臨海便無復人。」任大喜説。因過胡人前彈指云：「蘭闍，蘭闍。」羣胡同笑，四坐并歡。

《世説新語・政事》 丞相嘗夏月至石頭看庾公。庾公正料事，丞相云：「暑可小簡之。」庾公曰：「公之遺事，天下亦未以爲允。」

《世説新語・政事》 丞相末年，略不復省事，正封籙諾之。自歎曰：「人言我憒憒，後人當思此憒憒。」

《世説新語・政事》注引《晉陽秋》 王導接誘應會，少有悟者。雖疏交常賓，一見多輸寫款誠，自謂爲導所遇，同之舊昵。

《世説新語・文學》 舊云：王丞相過江左，止道聲無哀樂、養生、言盡意，三理而已。然宛轉關生，無所不入。

《世説新語・方正》 元皇帝既登阼，以鄭后之寵，欲舍明帝而立簡文。時議者咸謂：「舍長立少，既于理非倫，且明帝以聰亮英斷，益宜爲儲副。」周、王諸公，并苦争懇切。唯刁玄亮獨欲奉少主，以阿帝旨。元帝便欲施行，慮諸公不奉詔。于是先唤周侯、丞相入，然後欲出詔付刁。周、王既入，始至階頭，帝逆遣傳詔，遏使就東厢。周侯未悟，即却略下階。丞相披撥傳詔，逕至御床前曰：「不審陛下何以見臣。」帝默然無言，乃探懷中黄紙詔裂擲之。由此皇儲始定。周侯方慨然愧歎曰：「我常自言勝茂弘，今始知不如也！」

《世説新語・方正》 王丞相初在江左，欲結援吴人，請婚陸太尉。對曰：「培塿無松柏，薰蕕不同器。玩雖不才，義不爲亂倫之始。」

《世説新語・方正》 江僕射年少，王丞相呼與共棋。王手嘗不如兩道許，而欲敵道戲，試以觀之。江不即下。王曰：「君何以不行？」江曰：「恐不得爾。」傍有客曰：「此年少戲迺不惡。」王徐舉首曰：「此年少非唯圍棋見勝。」

《世説新語・雅量》 有往來者云：庾公有東下意。或謂王公：「可潛稍嚴，以備不虞。」王公曰：「我與元規雖俱王臣，本懷布衣之好。若其欲來，吾角巾徑還烏衣，何所稍嚴。」

《世説新語・雅量》 王丞相主簿欲檢校帳下。公語主簿：「欲與主簿周旋，無爲知人幾案閑事。」

《世説新語・賞譽》 王丞相招祖約夜語，至曉不眠。明旦有客，公頭鬢未理，亦小倦。客曰：「公昨如是，似失眠。」公曰：「昨與士少語，遂使人忘疲。」

《世説新語・規箴》 王丞相爲揚州，遣八部從事之職。顧和時爲下傳述，同時俱見。諸從事各奏二千石官長得失，至和獨無言。王問顧曰：「卿何所聞？」答曰：「明公作輔，寧使網漏吞舟，何緣采聽風聞，以爲察察之政？」

《世説新語・捷悟》 王敦引軍垂至大桁，明帝自出中堂。温嶠爲丹陽尹，帝令斷大桁，故未斷，帝大怒，瞠目，左右莫不悚懼。召諸公來。嶠至不謝，但求酒炙。王導須臾至，徒跣下地，謝曰：「天威在顔，遂使温嶠不容得謝。」嶠于是下謝，帝乃釋然。諸公共歎王機悟名言。

《世説新語・企羡》 王丞相拜司空，桓廷尉作兩髻、葛帬策杖，路邊窺之，歎曰：「人言阿龍超，阿龍故自超。」不覺至臺門。

《世説新語・企羡》 王丞相過江，自説昔在洛水邊，數與裴成公、阮千里諸賢共談道。羊曼曰：「人久以此許卿，何須復爾？」王曰：「亦不言我須此，但欲爾時不可得耳！」

《世説新語・尤悔》 王大將軍起事，丞相兄弟詣闕謝。周侯深憂諸王，始入，甚有憂色。丞相呼周侯曰：「百口委卿！」周直過不應。既入，苦相存救。既釋，周大説，飲酒。及出，諸王故在門。周曰：「今年殺諸賊奴，當取金印如斗大係肘後。」大將軍至石頭，問丞相曰：「周侯可爲三公不？」丞相不答。又問：「可爲尚書令不？」又不應。因云：「如此，唯當殺之耳！」復默然。逮周侯被害，丞相後知周侯救己，歎曰：「我不殺周侯，周侯由我而死。幽冥中負此人！」

《世説新語・儉嗇》 王丞相儉節，帳下甘果，盈溢不散。涉春爛敗，都督白之，公令舍去。曰：「慎不可令大郎知。」

《世説新語・輕詆》注引《妒記》 承相曹夫人性甚忌，禁制丞相，不得有侍御。乃至左右小人，亦被檢簡，時有妍妙，皆加誚責。王公不能久堪，乃密營别館，衆妾羅列，兒女成行。後元會日，夫人于青疏臺中，望見兩三兒騎羊，皆端正可念。夫人遥見，甚憐愛之。語婢：「汝出問，是誰家兒？」給使不達旨，乃答云：「是第四、五等諸郎。」曹氏聞，驚愕大恚。命車駕，將黄門及婢二十人，人持食刀，自出尋討。王公亦遽命駕，飛轡出門，猶患牛遲。乃以左手攀車蘭，右手捉麈尾，以柄助御者打牛，狼狽奔馳，劣得先至。蔡司徒聞而笑之，乃故詣王公，謂曰：「朝廷欲加公九錫，公知不？」王謂信然，自叙謙志。蔡曰：「不聞餘物，唯聞有短轅犢車，長柄麈尾。」王大愧。

《世説新語・排調》 劉真長始見王丞相，時盛暑之月，丞相以腹熨彈棋局，曰：「何乃淘？」劉既出，人問：「見王公云何？」劉曰：「未見他異，唯聞作吴語耳！」

李昉《太平廣記》卷一四一《王導》 晉丞相王導夢人欲以百萬錢買長豫，導甚惡之，潛爲祈禱者備矣。後作屋，忽掘得一窖錢，料之百億，大不歡，一皆藏閉。俄而長豫亡。長豫名悦，導之次子也。

備論

《晉書》卷六五《王導傳》 飛龍御天，故資雲雨之勢；帝王興運，必俟股肱之力。軒轅，聖人也，杖師臣而授圖；商湯，哲后也，託負鼎而成業。自斯已降，

罔不由之。原夫典午發蹤，本于陵寡，金行無運，無德在時。九土未宅其心，四夷已承其弊。既而中原蕩覆，江左嗣興，兆著玄石之圖，乖少康之祀夏。時無思晉之士，異文叔之興劉，輔佐中宗，艱哉甚矣！茂弘策名枝屏，叶情交好，負其才智，恃彼江湖，思建克復之功，用成翌宣之道。於是王敦内侮，憑天邑而狼顧；蘇峻連兵，指宸居而隼擊。實賴元宰，固懷匪石之心；潛運忠謨，竟翦吞沙之寇。乃誠貫日，主垂餌以終全；貞志陵霜，國綴旒而不滅。觀其開設學校，存乎沸鼎之中，爰立章程，在乎櫛風之際；雖則世道多故，而規模弘遠矣。比夫蕭、曹弼漢，六合爲家；奭望匡周，萬方同軌，功未半古，不足爲儔。至若夷吾體仁，能相小國；孔明踐義，善翊新邦，撫事論情，抑斯之類也。提挈三世，終始一心，稱爲「仲父」，蓋其宜矣。恬珣踵德，副呂虔之贈刀；謐乃隤聲，慚劉毅之徵璽。語曰：「深山大澤，有龍有蛇。」實斯之謂也。

贙嘯猋馳，龍升雲映。武岡矯矯，匡時緝政。懿績克宣，忠規靡競。契叶三主，榮逾九命。貽刀表祥，筮水流慶。赫矣門族，重光斯盛。

《世説新語・政事》注引徐廣《曆紀》 導阿衡三世，經綸夷險，政務寬恕，事從簡易，故垂遺愛之譽也。

《蘇轍集・欒城後集》卷一〇《王導》 西晉之士，藉通達以濟淫欲，風俗既敗，夷狄乘之，遂喪中國。相隨渡江，而此風不改，賢者知厭之矣，而不勝其衆，俗亂於下，政弊於上，而莫能正也。東晉之不競，由此故耳。是時王導爲相，達於爲國之體，性本寬厚容衆，衆人安之。然生於衍、澄之間，不能免習俗之累，喜通而疾介，能彌縫一時之闕，而無百年長久之計也。更二大變，幾至亡國。元帝之世，王敦擁兵上流，有無君之心。劉隗、刁協剛介狷淺，見信於帝，專以法繩公卿，而深疾王氏恣横。敦遂起兵，以誅君側爲詞，兵再犯闕，幸而敦死。元、明既没，成帝幼弱，庾亮輔政，任法以裁物，復失人心。蘇峻擅兵歷陽，多納亡命，專用威刑。亮知峻必爲亂，以大司農召之，衆人皆知不可，而亮不聽，遂與祖約連兵内向，塗炭京邑。此二釁者，皆導之所不欲，而隗、亮不忍以速其變。以隗、亮爲是耶？敦、峻之禍發不旋踵；以導爲是耶？使人主終身含垢，何以爲國？魯自宣公，政在季氏，更三世至昭公，不能忍，將攻之，子家羈曰：「捨民數世，求以克事，不可必也。」公不從而出。隗、亮之敗，則昭公之舉也。

齊景公以貪暴失民，田氏以寬惠得衆。公問於晏嬰，求所以救之。嬰曰：「惟禮可以已之。在禮，家施不及國，民不遷，農不移，工賈不變，士不濫，官不滔，大夫不收公利。」公歎曰：「善哉！吾今而後，知禮之可以爲國。」嬰曰：「禮之可以爲國也久矣，與天地並。」晏子知之，而景公不能用，田氏遂代呂氏。蓋大家世族爲患於其國，當若心腹之疾，必與人命相持爲一，攻之以毒藥，劫之以針石，病若不去，命輒隨盡，非良醫賢臣，未易處也。

子産爲鄭，國小而偪，族大多寵。子産患之，有事伯石，賂以其邑。子太叔曰：「國皆其國也，何獨賂焉？」子産曰：「無欲實難，皆得其欲，以從其事，而要其成，非我有成，其在人乎！邑將焉往！」子太叔曰：「若四國何？」子産曰：「非相違也，而相從也，四國何尤？《鄭書》有之曰：『安定國家，必大焉先。』姑先安大，以待所歸。」既伯石懼而歸邑，卒以予之，又使爲卿，以次已位，鄭乃少安。及其久而政成，大夫之忠儉者，從而予之，泰侈者因而斃之。逐豐卷，戮子皙，鄭乃大治。如導所爲，知賂伯石以全其始矣，未知予忠儉，斃泰侈，以成其終也。以爲賢於隗、亮則可，以論晏子、子産則遠也。

秦觀《淮海集》卷二一《王導論》 臣聞《春秋》書趙盾之罪，而三《傳》皆以爲實其族穿，非盾也。盾爲正卿，亡不越境，反不討賊，故被大惡之名。臣始疑之，及讀《晉史》，見王導、周顗之事，然後知三《傳》之説爲不誣矣。何則？經誅其志，《傳》述其事也。王敦之舉兵也，劉隗勸帝盡誅王導之族，導嘗求救於顗，顗申救甚切，而不與之言。導心銜之，及敦得志，問顗於導，不答，顗遂見誅。後見其表，始流涕曰：「吾雖不殺伯仁，伯仁由我而死。」然則顗之死，雖假手於敦，實導意也。若使後世良史書曰：「王導殺周顗。」不亦宜乎？以此觀之，則趙盾之事，從可知矣。夫盾以驟諫不入，靈公使鉏麑賊之，麑不忍殺。又伏甲而攻之，僅以身免。故其族穿攻靈公於桃園。然則靈公之死，雖假手於穿，實盾志也。不然則其返也，曷爲其不討穿乎？《傳》以爲「志同則書重」，信不誣矣。豈非經誅其志，而傳述其事耶？然則穿首惡也，盾疑似者也，舍首惡而誅疑似者，何也？蓋名實俱善者，天下不疑爲君子；心迹俱惡者，天下不疑爲小人。有善之名，無善之實；有惡之心，無惡之迹，是爲姦人。姦人者，嘗託身於疑似之間，天下莫得而誅之，此《春秋》所以誅之也。太史公以《春秋》别嫌疑，明是非，定猶豫，蓋以此矣。漢淮南厲王母坐趙氏死，厲王以爲辟陽侯力能釋之而不争，輒椎殺之。唐高宗欲立武后，畏大臣異議，李勣曰：「此陛下家事，無須問外人。」帝意遂定。唐人以爲立武后者，勣也。由此觀之，誅志不誅事，非特《春秋》，古今人情之所同然也。《春秋》能發之耳。然則王導之罪與趙盾同乎？曰：非也。導

實江左之名臣，東晉之興，導力爲多，特其殺周顗之事，有似於盾而已。

《張耒集》卷四一《王導論》 予觀王導之爲晉，有以也哉。自古開國建邦，尚功利，修戰伐，其俗好武喜功，其國家法度修立，若是者必速强而無内亂。然當其亡也，必爲大敵取之。何則？法制素立，人畏而不敢犯，故無内亂。夫國小勢單而有所恃，必敢冐，其人才可用，則不能下人。夫小國敢冐而不下人，大國之取也，吴、蜀是已。諸葛亮治蜀，法制謹密，兵武修立，糧儲豐而器械精，故以區區之蜀而魏人不敢侮。亮既死，姜維恃其餘力，黷武好戰，而魏取之。孫權之爲吴也，江東才武之士悉用而無遺，其將帥多可用之才。權既死，而規略風聲不改其舊，孫皓不肯俯仰畏縮爲自守之計，時用其武，而晉取之。故曰：「小國敢冐而不下人，大國之所取也。」

夫政和俗弱，畏患自守者多内侮。其弊也，内之强有力者取之，然不待其力盡勢窮則不亡。何則？内有强力之臣而無所忌，則必起，然國人未去，則去之也難，非極弊不可復振之際，則不可得，東晉是也。導相元帝于江東，所以立國者，不過賓延賢士，招禮名勝，設學校，謹選舉，力爲柔仁和厚之政而已。夫當西晉之末，夷狄並起，天下大亂，非有商君、管仲之節制，刻深以圖功利，起怠惰，收蓄天下才勇之士，不畏勞苦往反，與之深入力争，未有能立者也。而導顧爲此，豈其才不足與？或者曰：「導之意，以爲限長江而與關、洛交兵，相元帝而與劉曜、石勒争雄，駕御賀循、紀瞻之徒而與夷狄馳，逐此百舉而百敗，曾不如勿爲之愈也。是以置江北之紛紛，而爲保國之計，苟爲後世不遽亡之策而可矣。」夫王敦、蘇峻之内侮，桓温、桓玄之倔强，大則君廢大臣誅，小則控制上流而朝廷奔命，宜若朝夕而亡矣。卒之劉裕取之于陵夷甚弊之後，此固導之深圖也。齊之政强，魯之政弱，魯朝齊而齊先亡，乃自古然矣。

胡寅《讀史管見》卷七 茂弘建立江左百年之業，功無與讓。其可恨者，創立之初，宜革前弊，而不能用陳頵之言，及他日熊遠之三諫，此爲大失，是後亦無復爲頵，遠核實剴切之言者矣。導固江左人物之傑，推其源流，殆亦自清談中拔迹，雖不習老莊，亦不深非也。

【略】王室危迫，不聞王導有所建明，至使帝憂慮征营，自謀安計。《春秋》之義，責備賢者，導無所逃其罪矣。

胡寅《讀史管見》卷八 其真誠無僞，異乎不得志於闤閣，因以市清行於士大夫，而顯壽之徒，恣行淫佚，反不敢誰何者，此茂弘所以爲賢也。

【略】導雖三朝元老，佐命功臣，然事幼少之君，君臣之分，尤不可不謹，所以師表百羣，嚴朝廷，辨上下，定民志也。

于慎行《讀史漫録》卷六 王敦之反，王導啓之也。中宗由王導推翊，遂據江左，後見王氏太盛，懼其上逼，以刁協、劉隗間之，導稍見疏忌。刁、劉欲矯時弊，每崇上抑下，排沮豪强，以是爲王氏所疾，遂成王敦之亂，故曰導啓之也。江左名賢，與王氏同起者，正自不少。如庾亮、周顗之流，其地望名聲，皆與王氏相等，誠欲兼用，諸賢之中，其誰不可，奈何取一刁、劉？此中宗之失也。【略】

王導，非純臣也。王含以敦之命，稱兵向闕，導予書止之，曰：「兄之此舉，謂可得如大將軍昔年之事乎？昔者佞臣亂朝，人懷不寧，如導之徒，心思外濟，今則不然。」及後周札故吏，爲札訟冤，尚書卞壼議「札守石頭，開門延寇，不當贈謚」，導以爲往年之事，敦凶逆未彰，自臣有識以上，皆所未悟，與札無異，是何言也？敦親帥師徒，長戈指闕，而謂其凶逆未彰，欲作何惡，乃名爲逆。敦之反也，導自謂「亂臣賊子，何代無之，不意近出臣族」。帝亦以大義滅親褒之，豈當此之時，尚不知其姦逆，而心思外濟邪？所以然者，以導佐命大臣，宗族貴盛，而爲刁、劉所間，漸見疏薄，其家庭之間，必有不平之志，敦以誅刁、劉爲名，固導所欲聞，其肯止之？不然，何敦之初舉，導不以止含者止之邪？當含之再舉也，敦病且死矣，導見其無成，乃敢訟言折之。安有爲臣養姦容惡，心思外濟，而可以稱忠者？江左夷吾，其稱愧矣。

茂宏遺王含書，瑕隙可摘，文定譏之是也。然茂宏究非助逆者。初，敦憚元帝賢明，更議所立，茂宏固争，乃止。及敦入石頭，茂宏猶執正議，敦不能奪。史稱其提挈三世，始終一心，卓然中興之良佐也。

【略】將相之才，正復不同，自非通人，罕能兼濟。王丞相中興良佐，比迹伊、吕，然每遇安危大節，輒狼跋鹿駭，束手無策。其時温嶠、陶侃，貫甲勤王，翦夷强寇，其視丞相直偶人耳。及太真見宫闕煨燼，便欲遷都豫章，議論紛紜，相持不決。導乃以片言折之，謂「古之帝王，不以豐儉移都，苟務本節用，何憂彫敝？若農事不修，則樂土爲墟矣。惟宜制之以静，則羣情自安」。于是衆論遂定，不復言徙。詳此數語，真宰相之言，太真諸人，所不能道。以是知經國之才，自與建功者不同，易而用之，鮮不敗矣。然導之行事，有甚失大體者，如卞敦不赴國難，陶侃請下吏治之，導以喪亂之後，宜加寬宥，乃以敦爲廣州刺史。又江州刺史劉胤爲其下郭默所殺，導以默驍勇難制，即以爲刺史代胤，反梟胤首以媚之。

此二事者，大亂之本也，而導親爲之，豈事勢有不得不然者邪？陶侃予導書，曰：「默殺方州，即用爲方州；若殺宰相，便爲宰相乎？」導無以答，自托于遵養時晦。侃笑曰：「是乃遵養時賊也。」即此觀之，其不服人心可知矣。江左中興，固導之功，而紀綱不振，國勢日蹙，亦導之才有所限矣！

晉成帝幼沖踐祚，王導以先朝師傅，受遺輔政。帝尊禮之，每見必拜。有司議元會日，帝應敬導否？或以爲當拜，或以爲否？侍中荀欒，以爲王朝宜明君臣之禮，若他日小會，自可盡禮。朝廷從之。愚謂此議亦非也。禮有不臣者二：當其爲師，則弗臣也；當其爲尸，則弗臣也，但言不臣而已。又禮，師雖召于天子無北面，但言不北面而已，未有以萬乘之尊，拜其大臣，而後謂之盡禮者，此豈特下堂而見哉！且大臣之體，與布衣不同，伊川以布衣爲帝師，不得不倨，文彥博以三朝老臣事幼主，不得不恭。此不獨爲禮也，上而國勢之重輕，下而身家之安危，皆係于此，奈何以三朝元臣受少主之拜？險哉，其爲國與身謀也！李愬平蔡，猶櫜鞬迎度，以尊朝廷，非謬爲虛禮，乃利害所關耳，況宰相之于人主乎？

王夫之《讀通鑑論》卷一二　琅琊王免於劉、石之禍，而延祀於建康，非幸也。當穎、顒、騰、越交訌之日，引身而去，歸國以圖存，卓矣哉！王之歸，王導勸之也。導之察幾也審，王之從諫也決，王與導之相得自此始，要其所以能然者有本矣。八王爭之日，晉室紛紜轇轕，人困於其中，而無術以自免。乃王未歸國之先，一若無所短長浮沈於去就者；導以望族薄仕東海，而邪正順逆之交，一無所表見。嗚呼！斯所以不可及也。

老子曰：「静爲躁君。」非至論也。乃所謂静者，於天下妄動之日，端凝以觀物變，潛與經綸，而屬意於可發之幾，彼躁動者，固不知我静中之動，而我自悠然有餘地矣。天地亦廣矣，物變有所始，必有所終矣。事之可爲者，無有禁我以弗爲；所難者，身處於葛藟卼臲之中，而酒食相縻，赤紱相繫，於是而戈矛相尋不覺矣。静者日悠然天宇之內，用吾才成吾事者無涯焉，安能役役與人爭瀠洄於漩澓之中乎？澄神定志於須臾，而幾自審，言之有當者，從之自決矣。此王與導之得意忘言而莫逆於心者也。是術也，老、莊以之處亂世而思濟者也。得則馳騁天下之至剛；不得，抑可以緣督而不近於刑。琅邪之全宗社於江東，而導昌其家世，宜矣。

雖然，此以處爭亂雲擾之日而姑試可也；既安既定而猶用之，則不足以有爲而成德業。王與導終始以之，斯又晉之所以絶望於中原也。孔子思小子之簡，而必有以裁之，非精研乎動静之幾、與時偕行者，不足以與於斯。【略】

王導秉江東之政，陳頵勸其改西晉之制，明賞信罰，綜名責實，以舉大義，論者韙之，而惜導之不從。然使導亟從頵言，大反前軌，任名法以懲創久弛之人心，江東之存亡未可知也。語曰：「琴瑟之不調，必改而更張之。」非知治之言也。絃之不調，因其故而爲節其緩急耳，非責之絃而亟易其故也。不調之絃，失之緩矣，病其緩而急張之，大絃急，小絃絶，而況可調乎？

晉代吏民之相尚以虛浮，而樂於弛也久矣，一旦操之已蹙，下將何以堪之？且當其時，所可資以共理者，周顗、庾亮、顧榮、賀循之流，皆維中舊用之士，習於通脱玄虛之風，未嘗慣習羈絡者；驟使奔走於章程，不能祗承，而固皆引去。於是虔矯束溼之人，拔自寒流以各逞其競躁，吏不習，民不安，士心瓦解，亂生於內而不可遏矣。卞壼、陶侃，固端嚴劼毖之士也，導固引壼於朝端，任侃於方岳矣，潛移默化，豈在一旦一夕哉！【略】鍛鐵者，急於反則折。褊人憾前圖之不令，矯枉而又之於枉，不可以治無事之天下，而況國步方蹙、人心未固之時乎？

《全祖望集·鮚埼亭集外編》卷三七《司馬孚王導論》　王敦擅命，司徒導以婉順處其間，時主不之疑也。然使姑孰之疾有瘳，典午之命終墜，則所謂大義滅親者，又居然司馬家兒矣，何如王彬之正氣凜凜也？

雖然，原夫孚與導之心，始蓋畏禍，其後則猶思掩惡，至如宋齊邱之徒，恥禪代之議爲人所先，而反覆操異議以梗之，進退失據，反以遭其君之譴，則又降而愈下也矣。

趙翼《廿二史劄記》卷七《王導陶侃二傳褒貶失當》　《晉書》惟王導、陶侃二傳，褒貶頗爲失中。導爲元帝佐命功臣，歷事三朝，以宏厚鎮物，固稱賢相。當元帝初政時，其從弟敦，憚帝賢明，欲更議所立，導固爭乃止。其後敦以討刁協、劉隗、戴若思爲名，稱兵向闕，導率羣從待罪闕下，帝亦諒導之心，曰：「導大義滅親，可以吾安東時節假之。」《導傳》。是其心固信於君也。孔愉在帝前，極言導忠賢，有佐命之勳。《愉傳》。周顗亦極言導忠誠，申救甚力。《顗傳》。是其心又信於友也。然當敦入石頭，王師戰敗，敦問導曰：「周顗、戴若思當登三司也。」導不答。又曰：「若不三司，使應令僕耶？」導亦不答。敦曰：「若不爾，正應誅耳！」導亦無言。敦遂誅周、戴。《顗傳》。王彬數敦曰：「兄抗旌犯順，將禍及門户。」敦大怒，欲殺之。導在坐，勸彬謝，彬竟不拜。是導之與敦，情好甚密，既不阻其稱兵，反欲藉敦以誅除異己。蓋渡江之初，王氏兄弟布列中外，其勢甚大，

當時有「王與馬，共天下」之謡。帝心忌之，特用劉隗、刁協、戴若思等爲腹心，排抑豪强，疏忌王氏。刁、劉等勸帝出親信以鎮方隅，乃用譙王丞爲湘州，隗及若思爲都督，隗、協並請盡誅王氏。《隗等傳》是以不惟敦惡之，即導亦惡之。而是時敦亦未敢遽有篡奪之舉，觀其申雪導枉一疏，全以刁、劉等爲詞。甘卓自襄陽將襲敦，敦聞之曰：「甘侯慮吾危朝廷耶，吾但除姦凶耳。」《卓傳》此敦初次起兵，專欲除刁、劉、戴數人，正與導意相合。其後敦再起兵時，病已危篤，與兄含偕行。導與含書曰：「兄此舉謂可如往年大將軍乎？往年姦人亂朝，人懷不寧，如導之徒，心思外濟。」《敦傳》。此直自吐衷懷，謂敦之誅刁、劉，與己意同也。又敦初次起兵時，兵至石頭，周札守石頭，即開門納之，以是敦兵勢盛，而王師敗。敦後又忌札宗强而殺之。敦死後，札家請雪，卞壼等以札開門延賊，不宜雪，導獨曰：「札在石頭，知隗、協亂政，信敦匡救，開門延之，正以忠於社稷。」《札傳》。是更以敦之稱兵爲匡救朝廷之失。可見是時導雖不欲敦移國祚，而欲敦誅刁、劉等，則其肝膈本懷。夫帝即偏信刁、劉，疏外王氏，豈遂可肆其威脅乎？顗之論曰：「人主非堯舜，豈能無失，人臣遂可舉兵正其失耶。」此論最爲嚴正。則導之幸敦舉兵，以除異己，安得尚稱純臣也。且導之可議者，更不止於此。導輔政，委任羣小趙胤、賈寧等，陶侃嘗欲起兵廢之，庾亮亦欲舉兵黜之。《亮傳》。桓景諂導，導昵之，陶回謂景非正人，不宜親狎。《回傳》。成帝每幸導第，猶拜導妻曹氏，孔坦甚非之。《坦傳》。蘇峻賊黨匡術嘗欲殺孔羣，或救之得免。後術既降，與羣同在導坐，導令術勸羣酒，以釋前憾。羣答曰：「羣非孔子，厄同匡人，雖陽和布氣，鷹化爲鳩，而識者猶憎其目。」導有愧色。《羣傳》。此亦皆導之弛縱處。而《晉書・導傳論》，至比之管仲、孔明，謂：「管仲能相小國，孔明善撫新邦，撫事論情，抑斯之類也。提挈三世，始終一心。稱爲仲父，蓋其宜矣。」又於劉隗、刁協《傳論》，謂其專行刻薄，「使賢宰見疏，以致物情解體」。是轉以激變之罪坐劉、刁，而導無譏焉，殊未爲平允也。

王鳴盛《十七史商榷》卷五〇《王導傳多溢美》 《王導傳》一篇凡六千餘字，殊多溢美。要之看似煌煌一代名臣，其實乃並無一事，徒有門閥顯榮，子孫官秩而已。所謂翼戴中興、稱江左夷吾者，吾不知其何在也。以懼婦爲蔡謨所嘲，乃斥之云。吾少游洛中，何知有蔡克兒。導之所以驕人者，不過以門閥耳。

蘇峻之亂，庾亮所召，非導之由。然導身爲大臣，當任其危，而本傳始言入宫衛帝。衛帝者，欲避賊鋒也。終言賊入，導懼禍，攜二子出奔白石，則不衛帝矣。白石壘乃陶侃所築險固處，故奔此以圖免也。賊平後，乃入石頭城，令取故節。陶侃笑曰：蘇武節似不如是。導有慙色。郭默反，導言遵養時晦。侃曰：是乃遵養時賊也。皆見《侃傳》。導之庸鄙無恥甚矣！

末一段纔説導不忌庾亮，忽又説導深惡庾亮。東起西倒，毫無定見。《晉書》之專務多載，而不加裁翦，每如此。

導兄敦反，雖非導謀，然敦欲殺温嶠，私與導書言之。見《嶠傳》。欲殺周顗，亦商之於導，而導遂成之。見《顗傳》。導固通敦矣。導孫珣則又桓温黨也。孰謂王氏爲忠於晉哉？明帝崩，成帝即位。羣臣進璽，導以疾不至。卞壼正色曰：「王公豈社稷之臣邪？大行在殯，嗣皇未立，寧人臣辭疾時。」後導又稱疾不朝，而私送車騎將軍郗鑒。壼奏導虧法從私，無大臣節，請免官。並見《壼傳》。導爲正直所羞如此。

方濬頤《二知軒文存》卷二《王導謝安論》 典午中興相業，共推王、謝。人謂茂宏優於安石，吾則謂安石勝於茂宏也。夫茂宏當播遷之後，輔相四世；安石當粗安之時，歷仕三朝。一則以清静爲務，而上佐中興，朝野有仲父之號；一則以和靖鎮俗，而與同憂樂，東山繫蒼生之思。彼放情邱壑，高卧不出，較之推奉琅邪，契如友執者，其出處已自判然已。「王與馬，共天下」，民謡吁可畏也。處仲初與茂宏同心翼戴，厥後以有功驕恣。元帝乃引劉隗、刁協等以爲腹心，損抑王氏。而茂宏但知任真推分，自保其身，彬能勃然數兄，茂宏則未聞有一言以匡正之。故處仲之叛，議者謂茂宏不能無辠。至儗之趙盾、郭解，豈苛論歟？伯仁力救茂宏，始而直入不顧，繼而呼之，又不與言，且顧左右曰：「殺諸賊奴，取金印繫肘。」蓋機事不得不密也。何茂宏見不及此，而乃甚恨之，不答處仲之問，伯仁由此而死。茂宏不惟負友，抑亦負君矣！厥後雖明目張膽，爲六軍之首，而大義滅親，孰愈於先事，折其亂萌也耶？桓征西請安石爲司馬，待之不以常客禮。新亭之役，大陳兵偉，將移晉室，欲於坐害安石及王坦之。坦之流汗沾衣，倒持手板；而安石則神色不變，從容就席，笑語移日。温之氣沮，竟不敢逞。其德度才器足以擾龍馴虎，夫豈簡素寡欲者所能相抗哉？蘇峻之亂，茂宏教侍中褚翜抱帝御正殿，已自登御牀偉帝，峻兵不敢上。阿之者，止翜耳。峻以茂宏有德望，猶使以本官居己之右。迨温嶠、陶侃勤王師至，元凶授首，茂宏入石頭，令取故節。陶侃笑曰：「蘇武節似不如是。」茂宏有慙色。向使嶠、侃不來，不幾爲長樂老乎？苻秦之寇，都下震恐。而安石乃圍棋賭墅，口不言兵，桓沖遣師入

援，則固卻之，曰：「朝廷處分已定。」致沖譏其有廟堂之量，不嫻將略。豈知淝水之捷，安石早操勝算於胸中，所以處置優遊，靜而不擾，屐齒之折，誠出於自然也。史稱其矯情鎮物，誤矣！以視王司徒攜子狂奔白石，優乎？劣乎？蓋安石濟變之才，知人之識，實在茂宏上。而史則曰：「文雅過之。」登台輔者，甯第以碎金爲重耶？獨是朞功，不廢絲竹，肴饌，屢費百金衣冠，從而傚尤，實爲太傅盛德之累。則又不若殿廷之側，清風拂人也。

藝文

歐陽詢《藝文類聚》卷四五《職官部一・丞相》引孫綽《丞相王導碑》 公胄興姬文，氏由王喬。玄聖陶化以啓源，靈仙延祉以分流。賢俊相承，世冠海岱。二儀交泰，妙氣發暉。醇曜所鍾，公寔應之。玄性合平，道旨沖一。體之自然，柔暢協乎春風，温而侔於冬日。信人倫之水鏡，道德之標準也。惠懷之際，運在大過。皇德不建，神轡再絶。玁狁孔熾，凶類猋起。公見機而作，超然玄悟，遂扶翼蕃王，室協東岳。弘大順以一羣后之望，仗王道以應天人之會。于時乾維肇振，創制理物。中宗拱己，雅仗賢相。尚父之任，具瞻在公。存烹鮮之義，殉易簡之政。大略宏規，卓然可述。公雅好談詠，恂然善誘。雖管綜時務，一日萬機。夷心以延白屋之士，虚己以招巖穴之俊。逍遥放意，不峻儀軌。公執國之鈞，三十餘載，時難世故，備經之矣。夷險理亂，常保元吉。匪躬而身全，遺功而動舉。非夫領鑒玄達，百鍊不渝，孰能莫忤於世，而動與理會者哉。

《全唐詩》卷七二九周曇《晉門・王茂弘》 韓魏荆揚日豈堪，胡風看欲過江南。中原一片生靈血，誰秉王綱色不慚。

《全唐詩》卷七二九周曇《六朝門・王茂弘》 太武南征似卷蓬，徐陽兖蔡殺皆空。從來吊伐寧如此，千里無煙血草紅。

《景定建康志》卷三一馮去非《晉太傅丞相始興文獻公王茂弘讚》 江左權興，始興經營。無晉而有晉，挈三世於嗣興。百爾倥偬，鎮以一靜。雖日不暇給，而汔可庶定。人亦有言，今之夷吾。九合一匡，能志北方之圖。力足以爲，器足以施。豈不翌宣，艱哉惟時。委一世而清談，嗚呼悕矣！

陳普《石堂先生遺集》卷二一《王導》 不聽君王到壽春，肯容麴允起咸秦。茂弘周顗渾無晉，何但琅琊不是親。醉中送首悲劉胤，食裏迷唇弔馬流。江左當年何所時，鄴中白鴈合封侯。漠漠胡塵撲面飛，對人舉扇障元規。九京羞見青衣常，猶及劉翔未到時。

《李東陽集・詩前稿》卷一《伯仁怨》 呼伯仁，百口累卿卿不聞。伯仁出，醉叱羣奴殺諸賊。卿負我，我負公，軍中應對聲如鐘。三言不答二賢死，義未滅親先殺士。君不見王彬哭友不拜兄，幽冥未必無知己。

孫承恩《文簡集》卷四一《古像讚・王司徒導》 江左夷吾，忠實體國。雲雷方屯，急賢輔翼。建學明教，宏議遠識。約已夷淡，人服清德。

庾亮部

綜述

《晉書》卷七三《庾亮傳》　庾亮字元規，明穆皇后之兄也。父琛，在《外戚傳》。亮美姿容，善談論，性好《莊》、《老》，風格峻整，動由禮節，閨門之内不肅而成，時人或以爲夏侯太初、陳長文之倫也。年十六，東海王越辟爲掾，不就，隨父在會稽，嶷然自守。時人皆憚其方儼，莫敢造之。

元帝爲鎮東時，聞其名，辟西曹掾。及引見，風情都雅，過於所望，甚器重之。由是聘亮妹爲皇太子妃，亮固讓，不許。轉丞相參軍。預討華軼功，封都亭侯，轉參丞相軍事，掌書記。中興初，拜中書郎，領著作，侍講東宫。其所論釋，多見稱述。與温嶠俱爲太子布衣之好。時帝方任刑法，以《韓子》賜皇太子，亮諫以「申、韓刻薄傷化，不足留聖心」，太子甚納焉。累遷給事中、黄門侍郎、散騎常侍。時王敦在蕪湖，帝使亮詣敦籌事。敦與亮談論，不覺改席而前，退而歎曰：「庾元規賢於裴頠遠矣！」因表爲中領軍。

明帝即位，以爲中書監，亮上書讓。【略】疏奏，帝納其言而止。

王敦既有異志，内深忌亮，而外崇重之。亮憂懼，以疾去官。復代王導爲中書監。及敦舉兵，加亮左衛將軍，與諸將距錢鳳。及沈充之走吴興也，又假亮節、都督東征諸軍事，追充。事平，以功封永昌縣開國公，賜絹五千四百匹，固讓不受。轉護軍將軍。

及帝疾篤，不欲見人，羣臣無得進者。撫軍將軍、南頓王宗，右衛將軍虞胤等，素被親愛，與西陽王羕將有異謀。亮直入臥内見帝，流涕不自勝。既而正色陳羕與宗等謀廢大臣，規共輔政，社稷安否，將在今日，辭旨切至。帝深感悟，引亮升御座，遂與司徒王導受遺詔輔幼主。加亮給事中，徙中書令。太后臨朝，政事一決於亮。

先是，王導輔政，以寬和得衆，亮任法裁物，頗以此失人心。又先帝遺詔褒進大臣，而陶侃、祖約不在其例，侃、約疑亮刪除遺詔，並流怨言。亮懼亂，於是出温嶠爲江州，以廣聲援，修石頭以備之。會南頓王宗復謀廢執政，亮殺宗而廢宗兄羕。宗，帝室近屬，羕，國族元老，又先帝保傅，天下咸以亮翦削宗室。

琅邪人卞咸，宗之黨也，與宗俱誅。咸兄闡亡奔蘇峻，亮符峻送闡，而峻保匿之。峻又多納亡命，專用威刑，亮知峻必爲禍亂，徵爲大司農。舉朝謂之不可，平南將軍温嶠亦累書止之，皆不納。峻遂與祖約俱舉兵反。温嶠聞峻不受詔，便欲下衛京都，三吴又欲起義兵，亮並不聽，而報嶠書曰：「吾憂西陲過於歷陽，足下無過雷池一步也。」既而峻將韓晃寇宣城，亮遣距之，不能制，峻乘勝至于京都。詔假亮節、都督征討諸軍事，戰于建陽門外。軍未及陣，士衆棄甲而走。亮乘小船西奔，亂兵相剥掠，亮左右射賊，誤中柂工，應弦而倒，船上咸失色欲散。亮不動容，徐曰：「此手何可使著賊！」衆心乃安。

亮攜其三弟懌、條、翼南奔温嶠，嶠素欽重亮，雖在奔敗，猶欲推爲都統。亮固辭，乃與嶠推陶侃爲盟主。侃至尋陽，既有憾於亮，議者咸謂侃欲誅執政，以謝天下。亮甚懼，及見侃，引咎自責，風止可觀。侃不覺釋然，乃謂亮曰：「君侯修石頭以擬老子，今日反見求耶？」便談宴終日。亮噉薤，因留白。侃問曰：「安用此爲？」亮云：「故可以種。」侃於是尤相稱歎云：「非惟風流，兼有爲政之實。」

既至石頭，亮遣督護王彰討峻黨張曜，反爲所敗。亮送節傳以謝侃，侃答曰：「古人三敗，君侯始二。當今事急，不宜數耳。」又曰：「朝政多門，用生國禍。喪亂之來，豈獨由峻也！」亮時以二千人守白石壘，峻步兵萬餘，四面來攻，衆皆震懼。亮激厲將士，並殊死戰，峻軍乃退，追斬數百級。

峻平，帝幸温嶠舟，亮得進見，稽顙鯁噎，詔羣臣與亮俱升御坐。亮明日又泥首謝罪，乞骸骨，欲闔門投竄山海。帝遣尚書、侍中手詔慰喻：「此社稷之難，非舅之責也。」【略】

亮欲遁逃山海，自暨陽東出。詔有司録奪舟船。亮乃求外鎮自效，出爲持節、都督豫州、揚州之江西、宣城諸軍事、平西將軍、假節、豫州刺史，領宣城内史。亮遂受命，鎮蕪湖。

頃之，後將軍郭默據湓口以叛，亮表求親征，於是以本官加征討都督，率將軍路永、毛寶、趙胤、匡術、劉仕等步騎二萬，會太尉陶侃俱討破之。亮還蕪湖，不受爵賞。侃移書曰：「夫賞罰黜陟，國之大信，竊怪矯然獨爲君子。」亮曰：「元帥指撝，武臣效命，亮何功之有？」遂苦辭不受。進號鎮西將軍，又固讓。

初，以誅王敦功，封永昌縣公。亮比陳讓，疏數十上，至是許之。陶侃薨，遷亮都督江、荆、豫、益、梁、雍六州諸軍事，領江、荆、豫三州刺史，進號征西將軍、開府儀同三司、假節。亮固讓開府，乃遷鎮武昌。

時王導輔政，主幼時艱，務存大綱，不拘細目，委任趙胤、賈寧等諸將，並不奉法，大臣患之。陶侃嘗欲起兵廢導，而郗鑒不從，乃止。至是，亮又欲率衆黜導，又以諮鑒，而鑒又不許。【略】故其事得息。

時石勒新死，亮有開復中原之謀，乃解豫州授輔國將軍毛寶，使與西陽太守樊峻精兵一萬，俱戍邾城。又以陶稱爲南中郎將、江夏相，率部曲五千人入沔中。亮弟翼爲南蠻校尉、南郡太守，鎮江陵。以武昌太守陳囂爲輔國將軍、梁州刺史，趣子午。又遣偏軍伐蜀，至江陽，執僞荆州刺史李閎、巴郡太守黄植，送于京都。亮當率大衆十萬，據石城，爲諸軍聲援，乃上疏曰：「蜀胡二寇，凶虐滋甚，内相誅鋤，衆叛親離。蜀甚弱而胡尚强，並佃並守，修進取之備。襄陽北接宛、許，南阻漢水，其險足固，其土足食。臣宜移鎮襄陽之石城下，并遣諸軍羅布江沔。比及數年，戎士習練，乘釁齊進，以臨河洛。大勢一舉，衆知存亡，開反善之路，宥逼脅之罪，因天時，順人情，誅逋逆，雪大恥，實聖朝之所先務也。願陛下許其所陳，濟其此舉。淮泗、壽陽所宜進據，臣輒簡練部分。乞槐棘參議，以定經略。」帝下其議。時王導與亮意同，郗鑒議以資用未備，不可大舉。亮又上疏，便欲遷鎮。會寇陷邾城，毛寶赴水而死。亮陳謝，自貶三等，行安西將軍。有詔復位。尋拜司空，餘官如故，固讓不拜。

亮自邾城陷没，憂慨發疾。會王導薨，徵亮爲司徒、揚州刺史、録尚書事，又固辭，帝許之。咸康六年薨，時年五十二。追贈太尉，謚曰文康。喪至，車駕親臨。及葬，又贈永昌公印綬。【略】帝從之。亮將葬，何充會之，歎曰：「埋玉樹於土中，使人情何能已。」

初，亮所乘馬有的顱，殷浩以爲不利於主，勸亮賣之。亮曰：「曷有己之不安，而移之於人？」浩慚而退。亮在武昌，諸佐吏殷浩之徒，乘秋夜往共登南樓，俄而不覺亮至，諸人將起避之。亮徐曰：「諸君少住，老子於此處興復不淺。」便據胡牀與浩等談詠竟坐。其坦率行己，多此類也。三子：彬、羲、龢。

許嵩《建康實録》卷七 亮字元規，明穆皇后兄。父琛字子美，以建威將軍過江，爲會稽太守，卒于丞相軍諮祭酒。亮美姿容，善談論，性好《莊》、《老》，風格峻整，動由禮節，閨門之内，不肅而成，時人或以爲夏侯太初、陳長文之倫也。年十六，東海王越辟爲掾，不就，隨父在會稽，嶷然自守。時人皆憚其方嚴，莫敢造之。元帝鎮江左，聞其名，辟爲西曹掾。及引見，風情都雅，過於所望，甚器重之，由是聘其妹爲皇太子妃。中興初，拜中書郎，領著作，侍講東宫。累遷給事中、黄門侍郎、散騎常侍。時王敦在蕪湖，帝使亮詣敦籌事。敦與亮談論，不覺改席而前，退而歎曰：「庾元規賢於裴頠遠矣！」

肅宗即位，進中書監，亮上疏讓，【略】帝納其言而止。

時王敦有異心，亮憂懼，以疾去官。尋代王導爲中書監。敦平後，與王導受遺詔輔幼主，後進中書令。太后臨朝，政事一決於亮。時陶侃、祖約以不在先帝遺詔内，疑亮删除，並有怨言。亮懼亂，出温嶠爲江州刺史，仍修石頭以備之。會南頓王宗謀廢執政，亮殺宗而廢宗兄羕。宗，帝室近屬，羕，國族元老，又先帝保傅，天下咸以亮剪削宗室。

瑯琊人卞咸，宗之黨也，與宗俱誅。咸兄闡亡奔蘇峻，亮符峻送闡，而峻保匿之。峻多納亡命，專用威刑，亮知峻必亂，徵爲大司農。舉朝謂之不可，亮不從。及峻舉兵反至于京都，亮攜其三弟懌、條、翼等南奔温嶠，與嶠共推陶侃爲盟主。侃素有憾於亮下，至尋陽，議者咸謂侃欲誅執政，以謝天下。亮甚懼，及見侃引咎自責，風止可觀。侃不覺釋然，乃謂亮曰：「君侯修石頭以擬老子，今日反見求耶？」便談宴終日，亮噉薤，因留白。侃問曰：「安用此爲？」亮云：「故可以種。」侃尤相稱歎曰：「非惟風流，兼有爲政之實。」及至石頭，又爲峻將張曜所敗。亮送節傳以謝侃，侃答曰：「古人三敗，君侯始二。當今事急，不宜數爾。」

峻平後，亮進見帝，泥首謝罪，乞骸骨，逃竄山海。帝勞之曰：「此社稷之難，非舅之責也。」亮乃求出外鎮自効，假節、豫州刺史，領宣城内史，鎮蕪湖。陶侃薨，後拜都督江、荆、豫、益、梁、雍六州諸軍事，領江、荆、豫三州刺史，遷鎮武昌。

時王導輔政，會石勒新死，亮有開復中原之謀，乃以毛寶爲豫州刺史，與西陽太守樊峻俱戍邾城。又使陶稱爲南中郎將，入沔中，弟翼爲南蠻校尉，鎮江陵，以陳囂爲輔國將軍，趣子午。亮率大衆自進石城，爲諸軍聲援。乃上疏，朝廷議之。會寇陷邾城，毛寶等赴水死。亮以處置失度，陳謝自貶，詔不許。進拜司空，固讓不拜。及導薨，徵爲司徒。薨，時年五十二。將葬，何充會之，歎曰：「埋玉樹於土中，使人情何能已。」三子：彬、羲、龢。

雜録

備録

干寶《搜神記》卷九　庾亮，字文康，鄢陵人，鎮荆州。登厠，忽見厠中一物，如「方相」，兩眼盡赤，身有光耀，漸漸從土中出。乃攘臂，以拳擊之。應手有聲，縮入地。因而寢疾。術士戴洋曰：「昔蘇峻事公，于白石祠中祈福，許賽其牛。從來未解。故爲此鬼所考，不可救也。」明年，亮果亡。

《世説新語·德行》注引《晉陽秋》　庾亮字元規，潁川鄢陵人，明穆皇后長兄也。淵雅有德量，時人方之夏侯太初、陳長文之倫。侍從父琛，避地會稽，端拱巖然，郡人嚴憚之。覲接之者，數人而已。累遷征西大將軍、荆州刺史。

《世説新語·德行》　庾公乘馬有的盧，或語令賣去，庾云：「賣之必有買者，即復害其主，寧可不安己而移於他人哉？昔孫叔敖殺兩頭蛇，以爲後人，古之美談。效之，不亦達乎？」

《世説新語·言語》　孫盛爲庾公記室參軍，從獵，將其二兒俱行，庾公不知，忽於獵場見齊莊，時年七八歲，庾謂曰：「君亦復來邪？」應聲答曰：「所謂『無小無大，從公於邁』。」

孫齊由、齊莊二人，小時詣庾公。公問齊由何字，答曰：「字齊由。」公曰：「欲何齊邪？」曰：「齊許由。齊莊何字？」答曰：「字齊莊。」公曰：「欲何齊？」曰：「齊莊周。」公曰：「何不慕仲尼而慕莊周？」對曰：「聖人生知，故難企慕。」庾公大喜小兒對。

《世説新語·雅量》　庾太尉風儀偉長，不輕舉止，時人皆以爲假。亮有大兒數歲，雅重之質，便自如此，人知是天性。温太真嘗隱幔怛之，此兒神色恬然，乃徐跪曰：「君侯何以爲此？」論者謂不減亮。蘇峻時遇害。或云：「見阿恭，知元規非假。」

《世説新語·容止》　石頭事故，朝廷傾覆。温忠武與庾文康投陶公求救，陶公云：「肅祖顧命不見及，且蘇峻作亂，釁由諸庾，誅其兄弟，不足以謝天下。」于是庾在温船後聞之，憂怖無計。別日，温勸庾見陶，庾猶豫未能往，温曰：「溪狗我所悉，卿但見之，必無憂也！」庾風姿神貌，陶一見便改觀。談宴竟日，愛重頓至。

《世説新語·容止》　庾太尉在武昌，秋夜氣佳景清，使吏殷浩、王胡之之徒登南樓理詠。音調始遒，聞函道中有屐聲甚厲，定是庾公。俄而率左右十許人步來，諸賢欲起避之。公徐云：「諸君少住，老子于此處興復不淺！」因便據胡床，與諸人咏謔，竟坐甚得任樂。后王逸少下，與丞相言及此事。丞相曰：「元規爾時風範，不得不小頽。」右軍答曰：「唯丘壑獨存。」

《世説新語·傷逝》　庾亮兒遭蘇峻難遇害。諸葛道明女爲庾兒婦，既寡，將改適，與亮書及之。亮答曰：「賢女尚少，故其宜也。感念亡兒，若在初没。」

《世説新語·儉嗇》　蘇峻之亂，庾太尉南奔見陶公。陶公雅相賞重。陶性儉吝，及食，啖薤，庾因留白。陶問：「用此何爲？」庾云：「故可種。」于是大歎庾非唯風流，兼有治實。

《世説新語·尤悔》　庾公欲起周子南，子南執辭愈固。庾每詣周，庾從南門入，周從後門出。庾嘗一往奄至，周不及去，相對終日。庾從周索食，周出蔬食，庾亦彊飯，極歡；并語世故，約相推引，同佐世之任。既仕，至將軍二千石，而不稱意。中宵慨然曰：「大丈夫乃爲庾元規所賣！」一歎，遂發背而卒。

《世説新語·輕詆》　深公云：「人謂庾元規名士，胸中柴棘三斗許。」

《世説新語·輕詆》　庾公權重，足傾王公。庾在石頭，王在冶城坐。大風揚塵，王以扇拂塵曰：「元規塵污人！」

釋道世《法苑珠林》卷九一《賞罰篇》　晉時庾亮誅陶後稱，咸康五年冬節會，文武數十人忽然悉起，向階拜揖。庾驚問故，並云「陶公來」。陶公是稱父侃也。庾亦起迎陶公扶，兩人悉是舊怨，傳詔左右數十人皆操伏戈。陶公謂庾曰：「老僕舉君自代，不圖此恩，反戮其孤，故來相問。陶稱何罪，身已得訟於帝矣。」庾不得一言，遂寢疾，入年一日死。

李昉《太平廣記》卷一四一《庾亮》　晉庾亮初鎮武昌，出石頭，百姓看者，於岸上歌曰：「庾公上武昌，翩翩如飛鳥；庾公還揚州，白馬牽流旐。」又曰：「庾公初上時，翩翩如飛鴉；庾公還揚州，白馬牽旐車。」後連征不入，尋薨，還都葬之。

李昉《太平廣記》卷二三五《王敦》　庾亮見王敦問曰：「聞君有四友，何者爲是？」答曰：「君家中郎，我家太尉、阿平，胡毋彦國。我平故當最劣。」庾曰：

「似未劣。」又問：「何者居其右？」王曰：「自有人。」庾曰：「何者是？」王曰：「噫，左右躡庾公知足。」乃止。

李昉《太平御覽》卷一七六引《九江録》 庾亮在武昌，諸佐吏殷浩等，乘秋夜佳景共登南樓，俄而，不覺亮至，衆將避之，公曰：「老子于此興復不淺。」便坐談咏。至今名庾公樓。

李昉《太平御覽》卷七五四引《世説》 温嶠位未高時，屢與揚州淮中賈客樗蒱，每輒不競。嘗一過大輸，物盡戲屈，無因得反。與太尉庾亮友善，嶠于舫中大喚：「庾亮卿可贖我！」庾即送值，然後得還。

備論

《晉書》卷七三《庾亮傳》 外戚之家，連輝椒掖，舅氏之族，同氣蘭閨。靡不憑藉寵私，階緣險謁。門藏金穴，地使其驕；馬控龍媒，勢成其逼。古者右賢左戚，用杜溺私之路；愛而知惡，深慎滿覆之災，是以厚贈瓊瑰，罕升津要。塗山在夏，靡與禼稷同驅；姒氏居周，不預燕齊等列。聖人慮遠，殊有旨哉！晉昵元規，參聞顧命。然其筆敷華藻，吻縱濤波，方駕搢紳，足爲翹楚。而智小謀大，昧經邦之遠圖；才高識寡，闕安國之長算。璿萼見誅，物議稱其拔本；牙尺垂訓，帝念深於負芒。是使蘇祖尋戈，宗祧殆覆。已而猜嫌上宰，謀黜負圖。向使郗鑒協從，必且戎車犯順，則與夫台、產、安、桀，亦何以異哉！幸漏吞舟，免淪昭憲，是庾宗之大福，非晉政之不綱明矣。懌恣凶懷，鴆加連率，再世之後，三陽僅存，餘殃所及，蓋其宜也。

元規矯迹，寵階椒掖。識闇釐道，亂由乘隙。下拜長沙，有慚忠益。季堅清貞，毓德馳名。處泰逾約，居權戒盈。稚恭慷慨，亦擅雄聲。

胡寅《讀史管見》卷八 庾亮則爲風流之冠冕矣。使亮識慮深遠，當以後族自謙，不預朝政，推陶士行、温太真、郗道徽、卞望之與王茂弘共輔幼主，其功孰大焉？既未更事任，又遽秉大權，不與衆賢參懷，憑勢臆決，幾覆宗社，其罪與王敦、蘇峻亦何較焉？

【略】其見帝之初，稽顙哽咽，明日再見，泥首謝罪，且欲闔門投竄山海，又將逃循，從暨阿出，終乃求鎮，得領宣城，情態如此，是孔子所謂無耻者矣。使亮尚友東漢名節之教，必不至是。

【略】使元規在朝，能引士人，談經勸學，殆亦虛名無實之徒，又何益於上德？詳庾亮行事，一無可稱，徒以風流相推，得美名耳，論篤君子，所不與也。

【略】元規初以小智謀大而召亂矣，曾不是懲，欲蓋前失，故爲北伐之舉，是又以少力而任重也。若非朝議不可，敗江東喪敗未可知矣。

【略】蘇峻之亂，亮幾無所容，見士行而拜，竟藉其力，削平禍難，亦可以得師矣。以士行智力，而不肯戍邾，而亮乃戍之，覆五將軍，陷一名將，徒以剛愎自用而致也。

李燾《六朝通鑑博議》卷三 蘇峻之亂，庾亮有以召之。晉之宗社若綴旒，然成帝情鍾渭陽，遂免悮國之戮。復使握兵上流，居方面之任，不惟因失政刑，亮亦無恥甚矣。爲亮之計，既不能杜門省愆，則必以功補過。所謂功者，非激切生事，以僥倖其萬一者也。苟能綏靖邊陲而固吾圉，則亦可謂功矣。亮又不然，遽欲移鎮石城，妄意興復，貪毫髮之利，生戎狄之心，孰謂亮而有謀乎？石城之不可徙者，非謂兵之不可復出，夷狄之罪不可復討也。蓋其移鎮之際，當石虎方强之時，以亮而當虎，如以肉而投豺狼也。況石城小戍，無益於虎存亡耶？使亮有報國之志，欲立功以刷前憤，則必按甲休士，蓄財務農，待其糧食既豐，士卒之氣既盈，而虎有可乘之勢，一舉而滅之，不在遷鎮也。昔漢高祖定天下，使韓信平齊、平燕、平趙。光武中興，使耿弇平關中，吳漢平蜀。四方之地，度其可取則移兵取之，不聞諸將有徙鎮之事，如亮之兒戲也。幸而有蔡謨之議，其事遂止，亮不自悛，未幾，而爲邾城之役，終不免於敗。雖然，亮用於朝廷，則致藩鎮之兵；用於邊境，則啓夷狄之亂。《易》曰：「小人勿用，必亂邦也。」亮之謂矣。

王夫之《讀通鑑論》卷一三 庾亮徵蘇峻而激之反，天下怨之，固不能辭其咎矣。雖然，其志有可原者也。亮受輔政之命而不自擅也，尊王導於己上，而引郗鑒、卞壼、温嶠，以共濟艱難，竇武之所不逮，非直異於梁冀、楊駿已也。晉之東遷，王氏執國而敦倡爲逆，執兵柄者，皆有侵上之志而不可信。陶侃登天之夢，天下疑焉。祖約之悖，蘇峻之姦，尤其不可揖盜以入室者也。以是爲侃所怨，以激約、峻之速逆。特其識量不充，未足以乘高墉而解羣悖耳。如必委曲，以延不軌之姦宄於沖人之側，則禍遲而大。亮免於激成之責，而孔光延王莽、褚淵推道成之罪，其可逃乎？

亮以衛國無術而任罪，司馬温公乃欲明正典刑，以窮其罪，則何以處夫延王

敦殺周、戴，以偪天子之王導乎？温嶠，人傑也，亮敗竄，而嶠敬之不衰，必有以矣。峻雖反，主雖危，而終平大難者，郗鑒、温嶠也；以死殉國者，卞壼也，皆亮所引與同衛社稷者也。抑權臣，扶幼主，亮與諸君子有同心，特謀大而智小，志正而術疏耳。原其情，酌其罰，何遽以典刑加之？温公曰：「晉室無政，任是責者，非王導乎？」導豈能劾功罪，以伸求全之法者？卞敦觀望逆黨，擁兵不赴，導且不能加誅，有諸己，不能非諸人，況庾亮哉！

王鳴盛《十七史商榷》卷五〇《庾亮傳得失參半》 庾亮之庸鄙惡劣，貪忮猜忍，誠無寸善可取，而罪不勝誅矣。傳文依阿平敍，不明斥其非，殊欠直筆。又亮最忌陶侃，篇中略見而未暢，反多敍欲廢王導事。導本不足惜，況亮忌侃甚於導乎？惟論中指摘其啓蘇、祖之亂，是爲實録。此傳得失參半，外戚傳總敍歷論外戚之誤國，因及西晉爲賈氏所敗，而繼之云，爰及江左，未改覆車。庾亮世族羽儀，王恭高門領袖。既而職兼出納，任切股肱，孝伯竟以亡身，元規幾於覆國，豈不哀哉！此段斥亮之罪爲得之。

藝文

《世説新語·方正》注引綽集載誄文 咨予與公，風流同歸。擬量託情，視公猶師。君子之交，相與無私。虚中納是，吐誠悔非。雖實不敏，敬佩弦韋。永戢話言，口誦心悲。

《世説新語·品藻》 明帝問謝鯤：「君自謂何如庾亮？」答曰：「端委廟堂，使百僚準則，臣不如亮。一丘一壑，自謂過之。」

《世説新語·容止》注引孫綽《庾亮碑》 公雅好所託，常在塵垢之外。雖柔心應世，蠖屈其迹，而方寸湛然，固以玄對山水。

歐陽詢《藝文類聚》卷四六《職官部二·太尉》引孫綽《太尉庾亮碑》 咨黄中以啓曹，鍾遐武於軒轅。爰及晉代，世號多士。公吸峻極之秀氣，誕命世之深量。微言散於秋毫，玄風暢乎德音。闚門者貴其凝峙，入室者議其通玄。摽形者得之廊廟，悟旨者期諸濠川。提挈南翔，息肩靈越。會大君有命，納妃德門。自求多福，辭不獲已。鳳羽籠于華樊，麟趾縶于椒房。王敦阻兵翫權，志闚神器，乃轉公左衛將軍，要雄戟以扶華轂，勒武旅以翼豹尾。死難之心，義形于色，親受中詔，奔告方伯。於是羣后契盟，同稟高謀，巖栖懷德，以嚮赴義。拯神器於獸吻，扶帝座於已傾。王室之不壞，翳伯舅是賴。公以爲戰伐之謀，仁所恥聞。況立德弘道，年幾不惑。闔門沈舟，將遠迹山海。詔累遣侍中黄門，逼以嚴制，知不獲免，乃固求外任。江外無烽燧之警，宇内歸穆然之美。銘曰：金德時昏，乾綱絶紀。素靈南映，中宗蔚起。誰其贊之，數鍾伊公。達人忘懷，形隨運通。再潛再躍，婉若游龍。

《全唐詩》卷七六七孫元晏《晉·庾樓》 江州樓上月明中，從事同登眺遠空。玉樹忽薶千載後，有誰重此繼清風？

石虎部

綜述

《魏書》卷九五《石虎傳》　虎字季龍，勒之從子也。祖曰匐邪，父曰寇覓。寇覓有七子，虎第四。勒父幼而子之，故或謂之爲勒弟也。晉永興中，與勒相失。永嘉五年，劉琨送勒母王氏及虎於葛陂，時年十七矣。性殘忍，遊獵無度，能左右射，好以彈彈人，軍中甚患之。勒白母曰：「此兒凶暴無賴，使軍人殺之，聲名可惜，宜自除也。」王曰：「快牛爲犢子時，多能破車。爲復小忍，勿却之。」至年十八，身長七尺五寸，弓馬迅捷，勇冠當時。將佐親戚，莫不敬憚，勒深嘉之。而酷害過差，軍中有壯健與己齊者，因獵戲謔，輒殺之。至於降城陷壘，不復斷別善惡，坑斬士女，尠有遺類。御衆嚴整，莫敢犯者，指授攻討，所向無前。故勒寵信彌隆，仗以專征之任。

劉聰以虎爲魏郡太守，鎮鄴三臺；又封繁陽侯，食邑三千户。勒爲趙王，以虎爲車騎將軍，加侍中、開府，進封中山公。勒稱尊號，爲太尉、守尚書令，封中山王，食邑萬户。

勒死，虎擅誅右光禄大夫程遐、中書令徐光，遣子邃率兵入大雅宫，直衛文武皆奔散。大雅大懼，自陳弱劣，讓位于虎。虎曰：「若其不堪，天下自當有大義，何足豫論？」遂逼立之。虎自爲丞相、魏王。虎以勒文武舊臣，皆補丞相閑任，其府僚舊昵，悉居臺省禁要。改勒太子宫曰崇訓宫，徙勒妻劉氏已下居之，簡其美淑及車馬服御，皆歸虎第。劉氏謂其彭城王石堪曰：「丞相便相淩蹈，恐國祚之滅不復久矣，真可謂養虎自殘者也。王將何以圖之？」堪曰：「先帝舊臣，皆以斥外，衆旅不復由人，宫殿之中，亡所厝計。臣請出奔兖州，據廩丘，扶南陽王恢爲盟主，宣太后詔於諸牧守、征鎮，令各率義兵，同討惡逆，蔑不濟也。」劉氏然之。既而，堪計不果，虎炙而殺之，又殺劉氏。石生先鎮長安，石朗鎮洛陽，並起兵討虎，爲虎所滅。

虎遂自立爲大趙王，號年建武，自襄國徙居於鄴。乃殺大雅及其母程氏，并大雅諸弟。初，虎衣袞冕，將祀南郊，照鏡無首，大恐怖，不敢稱皇帝，乃自貶爲王。使其太子邃省可尚書奏事，唯選牧守、祀郊廟、征伐、刑斷，乃親覽之。虎又改稱大趙天王。邃以事呈之，恚曰：「此小事，何足呈也？」時有所問，復怒曰：「何以不呈？」誚責杖捶，月至再三。邃甚愠恨，私謂中庶子李顔等曰：「官家難稱，吾欲行冒頓之事，卿從我乎？」顔等伏不敢對。虎聞而大怒，殺邃及其男女二十六人，一棺埋之，誅其宫臣、支黨二百餘人。立次子宣爲太子。

虎於鄴起臺觀四十餘所，營長安、洛陽二宫，作者四十餘萬人。又欲自鄴起閣道，至于襄國。敕河南四州具南師之備，并、朔、秦、雍嚴西討之資，青、冀、幽州三五發卒。諸州造甲者五十萬人。擾役黎元，民庶失業，得農桑者十室而三。船夫十七萬人，爲水所没，爲虎所害，三分而一。課責征士，五人車一乘，牛二頭，米各十五斛，絹十匹。諸役調有不辦者，皆以斬論。窮民率多鬻子以充軍制，而猶不足者，乃自經于道路。死者相望，猶求發無已。太武殿成，圖畫忠臣、孝子、烈士、貞女，皆變爲胡狀，頭縮入肩。虎大惡之。

遣司虞中郎將賈霸率工匠四千，於東平岡山造獵車千乘，轅長三丈，高一丈八尺，置高一丈七尺；格虎車四十乘，立行樓二層於其上。南至滎陽，東極陽都，使御史監司。其中禽獸，民有犯者罪至大辟。御史因之，擅作威福，民有美女、好牛馬，求之不得，便誣以犯獸論，民死者相繼，海岱、河濟之間，民無寧志矣。又發民牛二萬餘頭，配朔州牧官。增内官二十四等，東宫十二等，諸公侯七十餘國，皆爲置女官九等。先是，大發民女二十已下、十三已上三萬餘人，爲三等之第，以分配之。郡縣有希旨，務於美淑，奪人婦者九千餘人。民妻有美色，豪勢因而脅之，率多自殺。【略】

建國九年，虎遣使朝貢。

虎使其太子宣及宣弟秦公韜遞日省可尚書奏事。宣惡韜侔己，謂嬖人楊柯、牟成等曰：「汝等殺韜，吾入西宫，當以韜之國邑分封汝等。韜既死，上必親臨，因行大事，亡不濟矣。」柯等許諾，乃夜入韜第而殺之。虎將出臨韜喪，其司空李農諫，乃止。翌日，有人告之，虎大怒，以鐵鐶穿宣頷而鎖之，作數斗木槽，和以羹飯，以猪狗法食之。取害韜刀仗，舐其上血，號叫之聲，震動宫殿。積柴城北，樹標其上，標末置鹿盧，穿之以繩。送宣於標所，使韜所親宦者郝雅、劉靈拔其髪，抽其舌，以繩貫其頷，鹿盧絞上之。劉霸斷其手足，斫眼潰腹，如韜之傷。四面縱火，煙焰際天，虎從昭儀已下數千人，登中臺以觀之。火滅，取灰分

置諸門交道中。殺其妻子二十九人，誅其四率已下三百人，宦者五十人，皆車裂、節解，棄之漳水。洿其東宮，以養猪牛。

十二年，虎自稱皇帝，號年太寧。

虎死，少子世僭立。

《晉書》卷一〇六《石季龍載記上》 石季龍，勒之從子也，名犯太祖廟諱，故稱字焉。祖曰㔨邪，父曰寇覓。勒父朱幼而子季龍，故或稱勒弟焉。年六七歲，有善相者曰：「此兒貌奇有壯骨，貴不可言。」永興中，與勒相失。後劉琨送勒母王及季龍于葛陂，時年十七矣。性殘忍，好馳獵，游蕩無度，尤善彈，數彈人，軍中以爲毒患。勒白王將殺之，王曰：「快牛爲犢子時，多能破車，汝當小忍之。」年十八，稍折節。身長七尺五寸，趫捷便弓馬，勇冠當時，將佐親戚，莫不敬憚。勒深嘉之，拜征虜將軍。爲娉將軍郭榮妹爲妻。季龍寵惑優僮鄭櫻桃，而殺郭氏，更納清河崔氏女，櫻桃又譖而殺之。所爲酷虐。軍中有勇幹策略與己侔者，輒方便害之，前後所殺甚衆。至於降城陷壘，不復斷別善惡，坑斬士女，鮮有遺類。勒雖屢加責誘，而行意自若。然御衆嚴而不煩，莫敢犯者，指授攻討，所向無前，故勒寵之，信任彌隆，仗以專征之任。

勒之居襄國，署爲魏郡太守，鎮鄴三臺，後封繁陽侯。勒即大單于、趙王位，署爲單于元輔、都督禁衛諸軍事，遷侍中、開府，進封中山公。及勒僭號，授太尉，守尚書令，進封爲王，邑萬户。季龍自以勳高一時，謂勒即位之後，大單于必在己，而更以授其子弘。季龍深恨之，私謂其子邃曰：「主上自都襄國以來，端拱指授，而以吾躬當矢石二十餘年，南擒劉岳，北走索頭，東平齊魯，西定秦雍，剋殄十有三州。成大趙之業者，我也。大單于之望，實在于我，而授黄吻婢兒，每一憶此，令人不復能寢食。待主上晏駕之後，不足復留種也。」

咸康元年，季龍廢勒子弘，羣臣已下勸其稱尊號。季龍下書曰：「王室多難，海陽自棄，四海業重，故俛從推逼。朕聞道合乾坤者稱皇，德協人神者稱帝，皇帝之號非所敢聞，且可稱居攝趙天王，以副天人之望。」於是赦其境内，改年曰建武。以夔安爲侍中、太尉，守尚書令，郭殷爲司空，韓晞爲尚書左僕射，魏槩、馮莫、張崇、曹顯爲尚書，申鍾爲侍中，郎闓爲光禄大夫，王波爲中書令，文武封拜各有差。立其子邃爲太子。季龍以讖文天子當從東北來，於是備法駕行自信都而還以應之。分廮陶之柳鄉立停駕縣。

季龍徐州從事朱縱殺刺史郭祥，以彭城歸順。季龍遣將王朗擊之，縱奔淮南。

季龍荒游廢政，多所營繕，使邃省可尚書奏事，選牧守，祀郊廟；惟征伐刑斷乃親覽之。觀雀臺崩，殺典匠少府任汪。復使修之，倍於常度。

季龍自率衆南寇歷陽，臨江而旋，京師大震。遣其征虜石遇寇中廬，遂圍平北將軍桓宣于襄陽。輔國將軍毛寶、南中郎將王國、征西司馬王愆期等率荆州之衆救之，屯于章山。遇攻守二旬，軍中飢疫而還。

季龍以租入殷廣，轉輸勞煩，令中倉歲入百萬斛，餘皆儲之水次。

晉將軍淳于安攻其琅邪費縣，俘獲而歸。

石邃保母劉芝初以巫術進，既養邃，遂有深寵，通賄賂，豫言論，權傾朝廷，親貴多出其門，遂封芝爲宜城君。

季龍下書，令刑贖之家得以錢代財帛，無錢聽以穀麥，皆隨時價，輸水次倉。冀州八郡雨雹，大傷秋稼，下書深自咎責。遣御史所在發水次倉麥，以給秋種，尤甚之處差復一年。

季龍將遷于鄴，尚書請太常告廟，季龍曰：「古者將有大事，必告宗廟，而不列社稷。尚書可詳議以聞。」公卿乃請使太尉告社稷，從之。及入鄴宫，澍雨周洽，季龍大悦，赦殊死已下。尚方令解飛作司南車成，季龍以其構思精微，賜爵關内侯，賞賜甚厚。始制散騎常侍已上得乘軺軒，王公郊祀乘副車，駕四馬，龍旂八旒，朔望朝會即乘軺軒。

時羌薄句大猶保險未賓，遣其子章武王斌帥精騎二萬，并秦、雍二州兵以討之。

季龍如長樂、衛國，有田疇不闢、桑業不修者，貶其守宰而還。

咸康二年，使牙門將張彌徙洛陽鍾虡、九龍、翁仲、銅駝、飛廉于鄴。鍾一没于河，募浮没三百人入河，繫以竹絙，牛百頭，鹿櫨引之乃出。造萬斛舟以渡之，以四輪纏輞車，轍廣四尺，深二尺，運至鄴。季龍大悦，赦二歲刑，賚百官穀帛，百姓爵一級。

下書曰：「三載考績，黜陟幽明，斯則先王之令典，政道之通塞。魏始建九品之制，三年一清定之，雖未盡弘美，亦縉紳之清律，人倫之明鏡。從爾以來，遵用無改。先帝創臨天下，黄紙再定。至於選舉，銓爲首格。自不清定，三載于兹。主者其更銓論，務揚清激濁，使九流咸允也。吏部選舉，可依晉氏九班選制，永爲揆法。選畢，經中書、門下宣示三省，然後行之。其著此詔書于令。銓

衡不奉行者，御史彈坐以聞。」

索頭郁鞠率衆三萬降于季龍，署鞠等一十三人親通趙王，皆封列侯，散其部衆于冀、青等六州。

時衆役煩興，軍旅不息，加以久旱穀貴，金一斤直米二斗，百姓嗷然，無生賴矣。又納解飛之説，於鄴正南投石于河，以起飛橋，功費數千億萬，橋竟不成，役夫饑甚，乃止。使令長率丁壯隨山澤采橡，捕魚，以濟老弱，而復爲權豪所奪，人無所得焉。又料殷富之家，配饑人以食之，公卿已下出穀以助振給，姦吏因之侵割無已，雖有貸贍之名而無其實。

改直盪爲龍騰，冠以絳幘。

於襄國起太武殿，於鄴造東西宫，至是皆就。太武殿基高二丈八尺，以文石綷之，下穿伏室，置衛士五百人於其中。東西七十五步，南北六十五步。皆漆瓦、金鐺、銀楹、金柱、珠簾、玉壁，窮極伎巧。又起靈風臺九殿于顯陽殿後，選士庶之女以充之。後庭服綺縠、玩珍奇者萬餘人，内置女官十有八等，教宫人星占及馬步射。置女太史于靈臺，仰觀災祥，以考外太史之虚實。又置女鼓吹羽儀，雜伎工巧，皆與外侔。禁郡國不得私學星讖，敢有犯者誅。

左校令成公段造庭燎于崇杠之末，高十餘丈，上盤置燎，下盤置人，緪繳上下。季龍試而悦之。其太保夔安等文武五百九人勸季龍稱尊號，安等方入而庭燎油灌下盤，死者七人。季龍惡之，大怒，斬成公段于閶闔門。

於是依殷周之制，以咸康三年僭稱大趙天王，即位于南郊，大赦殊死已下。追尊祖𠣸邪爲武皇帝，父寇覓爲太宗孝皇帝。立其鄭氏爲天王皇后，以子邃爲天王皇太子。親王皆貶封郡公，藩王爲縣侯，百官封署各有差。

武鄉長城徙人韓彊獲玄玉璽，方四寸七分，龜紐金文，詣鄴獻之。拜彊騎都尉，復其一門。夔安等又勸進，【略】季龍下書曰：「過相褒美，猥見推逼，覽增恧然，非所望也，其亟止茲議。今東作告始，自非京城内外，皆不得表慶。」中書令王波上《玄璽頌》以美之。季龍以石弘時造此璽，彊遇而獻之。

邃自總百揆之後，荒酒淫色，驕恣無道，【略】河間公宣、樂安公韜有寵於季龍，邃疾之如仇。季龍荒耽内游，威刑失度，邃以事爲可呈呈之，季龍恚曰：「此小事，何足呈也。」時有所不聞，復怒曰：「何以不呈？」誚責杖捶，月至再三。邃甚恨，私謂常從無窮、長生、中庶子李顔等曰：「官家難稱，吾欲行冒頓之事，卿從我乎？」顔等伏不敢對。邃稱疾不省事，率宫臣文武五百餘騎宴于李顔别舍，謂顔等曰：「我欲至冀州殺石宣，有不從者斬！」行數里，騎皆逃散，李顔叩頭固諫，邃亦昏醉而歸。邃母鄭氏聞之，私遣中人責邃。邃怒，殺其使。季龍聞邃有疾，遣所親任女尚書察之。邃呼前與語，抽劍擊之。季龍大怒，收李顔等詰問，顔具言始末，誅顔等三十餘人。幽邃于東宫，既而赦之，引見太武東堂。邃朝而不謝，俄而便出。季龍遣使謂邃曰：「太子應入朝中宫，何以便去？」邃逕出不顧。季龍大怒，廢邃爲庶人。其夜，殺邃及妻張氏并男女二十六人，同埋於一棺之中。誅其宫臣、支黨二百餘人。廢鄭氏爲東海太妃。立其子宣爲天王皇太子，宣母杜昭儀爲天王皇后。

季龍將伐遼西鮮卑段遼，募有勇力者三萬人，皆拜龍騰中郎。遼遣從弟屈雲襲幽州，刺史李孟退奔易京。季龍以桃豹爲横海將軍，王華爲渡遼將軍，統舟師十萬出漂渝津，支雄爲龍驤大將軍，姚弋仲爲冠軍將軍，統步騎十萬爲前鋒，以伐段遼。季龍衆次金臺，支雄長驅入薊，遼漁陽太守馬鮑、代相張牧、北平相陽裕、上谷相侯龕等四十餘城並率衆降于季龍。季龍遣將軍郭太、麻秋等輕騎二萬追遼，及之，戰于密雲，獲其母妻，斬級三千。遼單馬竄險，遣子乞特真送表及名馬，季龍納之。乃遷其户二萬餘于雍、司、兖、豫四州之地，諸有才行者皆擢敍之。先是，北單于乙回爲鮮卑敦那所逐，既平遼西，遣其將李穆擊那破之，復立乙回而還。季龍入遼宫，論功封賞各有差。

初，慕容皝與段遼有隙，遣使稱藩于季龍，陳遼宜伐，請盡衆來會。及軍至令支，皝師不出，季龍將伐之。天竺佛圖澄進曰：「燕福德之國，未可加兵。」季龍作色曰：「以此攻城，何城不克？以此衆戰，誰能禦之？區區小豎，何所逃也！」太史令趙攬固諫曰：「燕地歲星所守，行師無功，必受其禍。」季龍怒，鞭之，黜爲肥如長。進師攻棘城，旬餘不克。皝遣子恪帥胡騎二千，晨出挑戰，諸門皆若有師出者，四面如雲，季龍大驚，棄甲而遁。於是召趙攬復爲太史令。季龍旋自令支，過易京，惡其固而毁之。還謁石勒墓，朝其羣臣於襄國建德前殿，復從徵文武有差。至鄴，設飲至之禮，賜俘偏於丞郎。

季龍謀伐昌黎，遣渡遼曹伏將青州之衆渡海，戍蹋頓城，無水而還，因戍于海島，運穀三百萬斛以給之。又以船三百艘運穀三十萬斛詣高句麗，使典農中郎將王典率衆萬餘屯田于海濱。又令青州造船千艘。使石宣率步騎二萬擊朔方鮮卑斛摩頭破之，斬首四萬餘級。

冀州八郡大蝗，司隷請坐守宰，季龍曰：「此政之失和，朕之不德，而欲委咎

守宰，豈禹、湯罪己之義邪？司隸不進讜言，佐朕不逮，而歸咎無辜，所以重吾之責，可白衣領司隸。」

加其子司徒韜金鉦黃鉞，鑾輅九旒。

先是，使襄城公涉歸、上庸公日歸率衆戍長安，二歸告鎮西石廣私樹恩澤，潛謀不軌。季龍大怒，追廣至鄴，殺之。

段遼於密雲山遣使詐降，季龍信之，使征東麻秋百里郊迎，敕秋曰：「受降如待敵，將軍慎之。」遼又遣使降于慕容皝曰：「胡貪而無謀，吾今請降求迎，彼終不疑也。若伏重軍以要之，可以得志。」皝遣子恪伏兵於密雲。麻秋統衆三萬迎遼，爲恪所襲，死者十六七，秋步遁而歸。季龍聞之驚怒，方食吐餔，乃削秋官爵。

下書令諸郡國立《五經》博士。初，勒置大小學博士，至是復置國子博士、助教。季龍以吏部選舉斥外耆德，而勢門童幼多爲美官，免郎中魏奐爲庶人。以其太子宣爲大單于，建天子旌旗。

以夔安爲征討大都督，統五將步騎七萬，寇荆、揚北鄙。

時豪戚侵恣，賄託公行，季龍患之，擢殿中御史李矩爲御史中丞，特親任之。自此百僚震懾，州郡肅然。季龍曰：「朕聞良臣如猛獸高步通衢，而豺狼避路，信矣哉！」

鎮遠王擢表雍、秦二州望族，自東徙已來，遂在戍役之例，既衣冠華胄，宜蒙優免，從之。

以其撫軍李農爲使持節、監遼西、北平諸軍事、征東將軍、營州牧，鎮令支。

季龍將討慕容皝，令司、冀、青、徐、幽、并、雍兼復之家五丁取三，四丁取二，合鄴城舊軍滿五十萬，具船萬艘，自河通海，運穀豆千一百萬斛于安樂城，以備征軍之調。徙遼西、北平、漁陽萬户于兖、豫、雍、洛四州之地。

季龍僭位之後，有所調用，皆選司擬官，經令僕而後奏行。不得其人，案以爲令僕之負，尚書及郎不坐。至是，吏部尚書劉真以爲失銓考之體而言之，季龍責怒主者，加真光禄大夫，金章紫綬。

季龍如宛陽，大閱於曜武場。

賜徵士辛謐几杖、衣服，穀五百斛，敕平原爲起甲第。

先是，李壽將李宏自晉奔于季龍，壽致書請之，題曰趙王石君。季龍不悅，付外議之，多有異同。於是遣宏，備物以酬之。

以石韜爲太尉，與太子宣迭日省可尚書奏事。自幽州東至白狼，大興屯田。

張駿憚季龍之盛，遣其別駕馬詵朝之。季龍初大悅，及覽其表，辭頗蹇傲，季龍大怒，將斬詵。侍中石璞進曰：「爲陛下之患者，丹楊也。區區河右，焉能爲有無？今斬馬詵，必征張駿，則南討之師勢分爲二，建鄴君臣延其數年之命矣。勝之不爲武，弗克爲四夷所笑，不如因而厚之。彼若改圖謝罪，率其臣職者，則我又何求！迷而不悟，討之未後也。」季龍乃止。

李宏既至蜀漢，李壽欲誇其境内，下令云：「羯使來庭，獻其楛矢。」季龍聞之怒甚，黜王波以白衣守中書監。

季龍志在窮兵，以其國内少馬，乃禁畜私馬，匿者腰斬，收百姓馬四萬餘匹以入于公。兼盛興宫室於鄴，起臺觀四十餘所，營長安、洛陽二宫，作者四十餘萬人。又敕河南四州具南師之備，并、朔、秦、雍嚴西討之資，青、冀、幽州三五發卒，諸州造甲者五十萬人。兼公侯牧宰競興私利，百姓失業，十室而七。船夫十七萬人爲水所没、猛獸所害，三分而一。貝丘人李弘因衆心之怨，自言姓名應讖，遂連結姦黨，署置百僚。事發，誅之，連坐者數千家。

季龍畋獵無度，晨出夜歸，又多微行，躬察作役之所。侍中韋謏諫，季龍省而善之，賜以穀帛，而興繕滋繁，游察自若。

遣征北張舉自雁門討索頭郁鞠，克之。

將以圖江表。於是百姓窮窘，鬻子以充軍制，猶不能赴，自經于道路，死者相望，而求發無已。會青州言濟南平陵城北石獸，一夜中忽移在城東南善石溝，上有狼狐千餘迹隨之，迹皆成路。季龍大悅曰：「獸者，朕也。自平陵城北而東南者，天意將使朕平蕩江南之徵也」。天命不可違，其敕諸州兵明年悉集。朕當親董六軍，以副成路之祥。」羣臣皆賀，上《皇德頌》者一百七人。

使石宣討鮮卑斛穀提，大破之，斬首三萬級。

中謁者令申扁有寵於季龍，而宣亦昵之。扁聰辯明斷，專綜機密之任。季龍既不省奏案，宣荒酒内游，石韜沈湎好獵，生殺除拜皆扁所決。

季龍又取州郡吏馬一萬四千餘匹，以配曜武關將，馬主皆復一年。

鎮北宇文歸執送段遼之子蘭降于季龍，獻駿馬萬匹。

季龍以平西張伏都爲使持節、都督征討諸軍事，帥步騎三萬擊涼州。既濟河，與張駿將謝艾大戰于河西，伏都敗績。

季龍雖昏虐無道，而頗慕經學，遣國子博士詣洛陽寫石經，校中經于祕書。

國子祭酒聶熊注《穀梁春秋》，列于學官。

燕公石斌淫酒荒獵，常懸管而入。征北張賀度以邊防宜警，每裁諫之。斌怒，辱賀度。季龍聞之大怒，杖斌一百，遣主書禮儀持節監之。斌行意自若，儀持法呵禁，斌怒殺之。欲殺賀度，賀度嚴衛馳白之，季龍遣尚書張離持節帥騎追斌，鞭之三百，免官歸第，誅其親任十餘人。

以燕公斌爲使持節、侍中、大司馬、録尚書事。

建元初，季龍饗羣臣于太武前殿，有白雁百餘集于馬道南。季龍命射之，無所獲。既將討三方，諸州兵至者百餘萬。太史令趙攬私於季龍曰：「白雁集殿庭，宮室將空，不宜行也。」季龍納之，臨宣武觀大閱而解嚴。

領軍王朗言之於季龍曰：「今隆冬雪寒，而皇太子使人斫伐宮材，引於漳水，功役數萬，士衆吁嗟。陛下宜因游觀而罷之也。」季龍如其言。既而宣知朗所爲，怒欲殺之而無因。會熒惑守房，趙攬承宣旨言於季龍曰：「昴者，趙之分也，熒惑所在，其主惡之。房爲天子，此殃不小。宜貴臣姓王者當之。」季龍曰：「誰可當者？」攬久而對曰：「無復貴於王領軍也。」季龍既惜朗，且猜之，曰：「更言其次。」攬曰：「其次唯中書監王波耳。」季龍乃下書追波前議，遣李宏及答楛矢之愆，腰斬之，及其四子投于漳水，以厭熒惑之變。尋愍波之無罪，追贈司空，封其孫爲侯。

平北尹農攻慕容皝凡城，不克而還。黜農爲庶人。

時白虹出自太社，經鳳陽門，東南連天，十餘刻乃滅。季龍下書，羣公卿士各上封事，極言無隱。於是閉鳳陽門，唯元日乃開。立二畤于靈昌津，祠天及五郊。

李壽以建寧、上庸、漢固、巴徼、梓潼五郡降于季龍。

先是，季龍起河橋於靈昌津，采石爲中濟，石無大小，下輒隨流，用功五百餘萬而不成。季龍遣使致祭，沈璧于河。俄而所沈璧流于渚上，地震，水波騰上，津所殿觀莫不傾壞，壓死者百餘人。季龍恚甚，斬工匠而止作焉。

命石宣、石韜，生殺拜除皆迭日省決，不復啓也。司徒申鍾諫，季龍不從。

季龍子義陽公鑒友李松勸鑒，文武有長髮者，拔爲冠纓，餘以給宮人。長史取髮白之，季龍大怒，以其右僕射張離爲征西左長史、龍驤將軍、雍州刺史以察之，信然，徵鑒還鄴，收松下廷尉，以石苞代鎮長安。發雍、洛、秦、并州十六萬人城長安未央宮。

季龍性既好獵，其後體重，不能跨鞍，乃造獵車千乘，轅長三丈，高一丈八尺，置高一丈七尺，格獸車四十乘，立三級行樓二層于其上，剋期將校獵。自靈昌津南至滎陽，東極陽都，使御史監察，其中禽獸有犯者罪至大辟。

又發諸州二十六萬人修洛陽宮。發百姓牛二萬餘頭配朔州牧官。

增置女官二十四等，東宮十有二等。諸公侯七十餘國，皆爲置女官九等。先是，大發百姓女二十已下、十三已上三萬餘人，爲三等之第以分配之。總會鄴宮。季龍臨軒簡第諸女，大悦，封使者十二人皆爲列侯。金紫光禄大夫逯明因侍切諫，季龍大怒，遣龍騰拉而殺之。自是朝臣杜口，相招爲禄仕而已。季龍常以女騎一千爲鹵簿，皆著紫綸巾、熟錦袴、金銀鏤帶、五文織成鞾，游于戲馬觀。

遣涼州刺史麻秋等伐張重華。

尚書朱軌與中黄門嚴生不協，會大雨霖，道路陷滯不通，生因而譖軌不修道，又訕謗朝政，季龍遂殺之。於是立私論之條，偶語之律，聽吏告其君，奴告其主，威刑日濫，公卿已下，朝會以目，吉凶之間，自此而絶。軌之囚也，冠軍苻洪諫，季龍省之不悦，憚其强，但寢而不納，弗之罪也。乃停二京作役焉。

《晉書》卷一〇七《石季龍載記下》 永和三年，季龍親耕藉田于其桑梓苑，其妻杜氏祠先蠶于近郊，遂如襄國謁勒墓。

以中書監石寧爲征西將軍，率并、司州兵二萬餘人爲麻秋等後繼。張重華將宋、秦等率户二萬來降。季龍又以孫伏都爲征西將軍，與麻秋率步騎三萬長驅濟河，且城長最。

勒及季龍並貪而無禮，既王有十州之地，金帛珠玉及外國珍奇異貨，不可勝紀，而猶以爲不足，曩代帝王及先賢陵墓靡不發掘，而取其寶貨焉。邯鄲城西石子堈上有趙簡子墓，至是季龍令發之，不可發而止。又使掘秦始皇冢，取銅柱鑄以爲器。

時沙門吴進言于季龍曰：「胡運將衰，晉當復興。宜苦役晉人，以厭其氣。」季龍于是使尚書張羣發近郡男女十六萬，車十萬乘，運土築華林苑及長墻于鄴北，廣長數十里。趙攬、申鍾、石璞等上疏陳天文錯亂，蒼生凋弊，及因引見，又面諫，辭旨甚切。季龍大怒曰：「墻朝成夕没，吾無恨矣。」乃促張羣以燭夜作。起三觀、四門，三門通漳水，皆爲鐵扉。暴風大雨，死者數萬人。揚州送黄鵠雛五，頸長一丈，聲聞十餘里，泛之于玄武池。郡國前後送蒼麟十六，白鹿七，季龍命司虞張曷柱調之，以駕芝蓋，列于充庭之乘。鑿北城，引水于華林園。城崩，

壓死者百餘人。

命石宣祈于山川，出自金明門。季龍從其後宫升陵霄觀望之，笑曰：「我家父子如是，自非天崩地陷，當復何愁，但抱子弄孫日爲樂耳！」

季龍復命石韜亦如之，出自并州，游于秦晉。宣素惡韜寵，是行也，嫉之彌甚。

枹罕護軍李逵率衆七千降于季龍。自河已南，氐、羌皆降。

宣使楊柸、牟皮、牟成、趙生等緣獮猴梯而入，殺韜，置其刀箭而去。旦，宣奏之。季龍哀驚氣絶，久之方蘇。將出臨之，其司空李農諫曰：「害秦公者，恐在蕭墻之内，慮生非常，不可以出。」季龍乃止。嚴兵發哀于太武殿。宣乘素車，從千人，臨韜喪，不哭，直言呵呵，使舉衾看尸，大笑而去。收大將軍記室參軍鄭靖、尹武等，將委之以罪。

季龍疑宣之害韜也，謀召之，懼其不入，乃僞言其母哀過危惙。宣不虞已之見疑也，入朝中宫，因而止之。建興人史科告稱：「韜死夜，宿東宫長上楊柸家，柸夜與五人從外來，相與語曰：『大事已定，但願大家老壽，吾等何患不富貴。』」【略】季龍馳使收之，獲楊柸、牟皮、趙生等。柸、皮尋皆亡去，執趙生而詰之，生具首服。季龍悲怒彌甚，幽宣於席庫，以鐵環穿其頷而鎖之，作數斗木槽，和羹飯，以猪狗法食之。取害韜刀箭舐其血，哀號震動宫殿。

郝稚以繩貫其頷，鹿盧絞上，劉霸斷其手足，斫眼潰腹，如韜之傷。四面縱火，煙炎際天。季龍從昭儀已下數千，登中臺以觀之。火滅，取灰分置諸門交道中。殺其妻子九人。宣小子年數歲，季龍甚愛之，抱之而泣。兒曰：「非兒罪。」季龍欲赦之，其大臣不聽，遂於抱中取而戮之，兒猶挽季龍衣而大叫，時人莫不爲之流涕，季龍因此發病。又誅其四率已下三百人，宦者五十人，皆車裂節解，棄之漳水。洿其東宫，養豬牛。東宫衛士十餘萬人皆謫戍涼州。先是，散騎常侍趙攬言於季龍曰：「中宫將有變，宜防之。」及宣之殺韜也，季龍疑其知而不告，亦誅之。廢宣母杜氏爲庶人。貴嬪柳氏，尚書耆之女也，以才色特幸，坐其二兄有寵于宣，亦殺之。季龍追其姿色，復納耆少女于華林園。

季龍議立太子，其太尉張舉進曰：「燕公斌、彭城公遵並有武藝文德，陛下神齒已衰，四海未一，請擇二公而樹之。」初，戎昭張豺之破上邽也，獲劉曜幼女，年十二，有殊色，季龍得而嬖之，生子世，封齊公。至是，豺以季龍年長多疾，規立世爲嗣，劉當爲太后，己得輔政，説季龍曰：「陛下再立儲宫，皆出自倡賤，是以禍亂相尋。今宜擇母貴子孝者立之。」季龍曰：「卿且勿言，吾知太子處矣。」又議于東堂，季龍曰：「吾欲以純灰三斛洗吾腹，腹穢惡，故生凶子，兒年二十餘便欲殺公。今世方十歲，比其二十，吾已老矣。」於是與張舉、李農定議，敕公卿上書請立世。大司農曹莫不署名，季龍使張豺問其故。莫頓首曰：「天下業重，不宜立少，是以不敢署也。」季龍曰：「莫，忠臣也，然未達朕意。張舉、李農知吾心矣，其令諭之。」遂立世爲皇太子，劉氏爲皇后。季龍召太常條攸、光禄勳杜嘏謂之曰：「煩卿傅太子，實希改轍，吾之相託，卿宜明之。」署攸太傅，嘏爲少傅。

季龍時疾瘳，以永和五年僭即皇帝位于南郊，大赦境内，建元曰太寧。百官增位一等，諸子進爵郡王。以尚書張良爲右僕射。

未幾，季龍疾甚，以石遵爲大將軍，鎮關右，石斌爲丞相，録尚書事，張豺爲鎮衛大將軍、領軍將軍、吏部尚書，並受遺輔政。【略】石遵自幽州至鄴，敕朝堂受拜，配禁兵三萬遣之，遵慟泣而去。是日，季龍疾小瘳，問曰：「遵至未？」左右答言久已去矣。季龍曰：「恨不見之。」季龍臨於西閤，龍騰將軍、中郎二百餘人列拜于前。季龍曰：「何所求也？」皆言聖躬不和，宜令燕王入宿衛，典兵馬，或言乞爲皇太子。季龍不知斌之廢也，責曰：「燕王不在内邪？呼來！」左右言王酒病，不能入。季龍曰：「促持輦迎之，當付其璽綬。」亦竟無行者。尋惛眩而入。【略】俄而季龍亦死。季龍始以咸康元年僭立，至此太和六年，凡在位十五歲。墓爲顯原陵，僞謚武皇帝，廟號太祖。

李昉《太平御覽》卷一二〇引崔鴻《十六國春秋·後趙録》 石虎，字季龍，勒之從子。勒父朱幼而子之，故或謂之爲勒弟。晉永興中，與勒相失。嘉平元年，劉琨送勒母王及虎于葛陂，時年十七。殘忍，好馳獵，喧游無紀度，尤善彈人，軍中每患之。勒白王曰：「此兒凶暴，無使軍人煞之，聲名可惜，宜自除也。」王曰：「快牛犢子，小時多能破車，爲復小忍，勿怯之。」至十八，檢攝恭謹，嚴重愛士，弓馬迅健，勇冠當時。勒深嘉焉，拜征虜將軍。性酷虐無道，軍中勇干策略與已侔者，輒因事害之。至于降城陷壘，坑斬士女，鮮有遺類。勒屢加責誨，而行意自若。然御衆嚴而不煩，莫敢犯者，指授攻討，所向無前，故勒寵信彌隆，杖以專征之任。

既廢殺弘，稱居攝趙大王。建武元年正月，大赦，改年。虎志荒内游。外耽營繕，使太子邃省可尚書奏事，選守牧，祀郊廟；征伐刑斷乃親覽之。三月，南游，臨江而還，江東地震。是日，鶴省臺成，賜匠有差。九月，遷都鄴宮。二年，

徙洛陽鍾虡、九龍等於鄴。是歲，大武殿、東西宮皆就。大武殿基高二丈八尺，穿爲伏室，置衛士五百人于其中。東西七十五步，南北六十五步，皆漆瓦、金鐺、銀楹、金柱、珠簾、玉璧，窮極伎巧。起靈臺之殿于顯陽後，採召百官、州郡民女以充之。后庭服綺縠珍奇者萬餘人，内置宫女十八等，教宫人星占及馬步射。置女太史靈臺，仰觀災祥，以考外太史虛實。禁郡國，不得私知學星讖。左校令成公段造庭燎于崇杠之末，高十餘丈，上置燎，下盤置人，絙繳上下。虎試而悅之。

三年，太保安夔等文武五百九十人上皇帝尊號勸進，方入，而庭燎油灌下盤，死者七人。虎大怒，腰斬成公段于閶闔門。即天王位，南郊，大赦。親王貶爲郡公，藩王爲縣侯。太子邃總百揆，其后荒酒淫色，驕恣無道，或盤游于畋，懸管而入，或夜百騎宿于宫臣家，淫其妻妾。裝飾宫人美淑者，斬首洗血置盤上，傳首視之。又納諸比丘尼有姿色者，與其交褻後煞之，合牛羊肉煮而食，亦賜左右，所以識其味也。虎荒耽内游，威怒違度，邃以事可呈之，怒曰：「此小事，何足呈也。」時有所不聞，復怒曰：「何以不呈？」誚責杖捶，月至再三。邃甚愠，私謂中庶子李顔等曰：「官家難稱，吾欲行冒頓之事，卿從我乎？」顔等伏不敢對。事發，幽邃于東宫。殺之，及妃張氏男女二十六人盡賜死，合一棺埋之。誅其宫臣、友黨二百餘人。立河間公宣爲太子。建武六年，追尊號，考樂平孝公爲太宗孝皇帝。八年六月，上黨孟門上有神人之像，坐于山上，三日而去。虎遣使以太牢祀之。【略】十年，虎起河橋于靈昌津，采石爲中濟，石無大小輒隨流，用功五百餘萬，不成。虎如靈昌津，沉璧告誠，璧浮于渚上，水波騰上，津所殿觀莫不傾壞，死者百餘人。虎恚甚，斬工匠而還。十一年，發雍、梁十六萬人成長安未央宫，又發司、豫、荆、兖二十六萬人成洛陽宫。十三年正月，虎親耕籍田于桑梓苑。十四年三月，虎夢龍飛西南，自天落地。旦而問澄公，公曰：「禍將至矣，陛下宜父慈子和，深以慎之。」四月，秦公韜起宣光殿于太尉府，梁長九丈。太子宣視而惡之，斬匠截梁而去。韜怒，增之十丈。宣聞之，恚甚，謂楊柸、牟成等曰：「韜凶豎悖逆，敢違我如是！汝等能殺之者，吾入宫，盡以韜之國邑分封汝等。韜既死，主上必親臨喪，因行大事，無不濟矣。」柸等許諾。八月，煞韜，宣奏之，虎哀絶，久之乃蘇。召太子宣鎖係于鄴北，火焚殺之。議立太子于東堂，虎曰：「吾欲以純灰三斗洗吾腹，腹穢惡，故生凶子，兒年二十，便欲煞父。今世方十歲，比其二十，吾已老矣。」齊公世爲皇世子，立昭儀劉氏爲皇后。十一月，饗羣臣于大武殿前，佛圖澄殿上褰衣而行吟曰：「棘子成林，將壞人衣。」虎發石而視之，有棘子生焉。冉閔小字棘奴也。十二月，辛巳，雷，大雨霖。虎問佛圖澄，澄曰：「其爲我乎？」至戊子而澄卒。大寧元年正月，虎僭即皇帝位于南郊，大赦，改年。二月，有沙門從雍州來，稱見佛圖澄西入關。虎掘之，無尸，惟有一石。虎惡之，曰：「石者，朕也。葬我而去，吾將死矣。」因而寢疾。四月，薨于金華殿。【略】六月，葬虎顯原陵，僞謚武皇帝，廟號太祖。

雜録

備録

王嘉《拾遺記》卷九《晉時事》 石虎於太極殿前起樓，高四十丈，結珠爲簾，垂五色玉珮，風至鏗鏘，和鳴清雅。盛夏之時，登高樓以望四極，奏金石絲竹之樂，以日繼夜。於樓下開馬埒射場，周廻四百步，皆文石丹沙及彩畫於埒旁。聚金玉錢貝之寶，以賞百戲之人。四廂置錦幔，屋柱皆隱起爲龍鳳百獸之形，雕斲衆寶，以飾楹柱，夜往往有光明。集諸羌互於樓上。時亢旱，春雜寶異香爲屑，使數百人於樓上吹散之，名曰「芳塵」。臺上有銅龍，腹容數百斛酒，使胡人於樓上嗽酒，風至望之如露，名曰「粘雨臺」，用以灑塵。樓上戲笑之聲，音震空中。又爲四時浴室，用鍮石珷玞爲堤岸，或以琥珀爲瓶杓。夏則引渠水以爲池，池中皆以紗縠爲囊，盛百雜香，漬於水中。嚴冰之時，和銅屈龍數千枚，各重數十斤，燒如火色，投於水中，則池水恒温，名曰「燋龍温池」。引鳳文錦步障縈蔽浴所，共宫人寵嬖者解媟服宴戲，彌於日夜，名曰「清嬉浴室」。浴罷，洩水於宫外。水流之所，名「温香渠」。渠外之人，争來汲取，得升合以歸，其家人莫不怡悦。至石氏破滅，燋龍猶在鄴城，池今夷塞矣。

《三十國春秋輯本》輯王度《二石傳》 石虎，字季龍，勒從弟。年十七八，身長七尺五寸，好弓馬射獵，迅健有勇力，同時等類，多畏憚之。

十三年（永和三年），春二月，虎率三公九卿躬耕藉田，后率三夫人、命婦祠先蠶于近郊。

《三十國春秋輯本》輯《二石僞事》 郭權降石虎，虎問權曰：「卿若得吾者，

當殺否？」權曰：「若當時得至尊，必殺不疑也。」虎曰：「卿健將也。」因與共言事。

石虎攻中山，得鄭略之妹爲妻，至相敬待。下闕無兒，鄭復生男，崔求養，鄭不許，一月卒病死。鄭譏崔「謂妾多養胡子」，虎時踞胡床於庭中，大怒，索弓箭，崔聞欲殺之，徒跣至虎前曰：「公勿枉殺妾，乞聽妾言。」虎不聽，但言「促還坐，無預卿。」崔便去來，未至，虎于後射之，中腰而覆。

《三十國春秋輯本》輯田融《趙書》 石虎聘崔氏爲夫人，無寵，所愛鄭夫人有百曰女，病，謂崔誤與藥以告，後石虎作威，問之，崔言外舍見小子以少唾其容作祟，非藥也。後石怒之，一箭通中而死。

備論

《晉書》卷一〇七《石季龍載記下》 季龍心昧德義，幼而輕險，假豹姿於羊質，騁梟心於狼性。始懷怨懟，終行篡奪。於是窮驕極侈，勞役繁興，畚鍤相尋，干戈不息，刑政嚴酷，動見誅夷，惵惵遺黎，求哀無地。戎狄殘獷，斯爲甚乎？既而父子猜嫌，兄弟讎隙，自相屠膾，取笑天下。墳土未燥，禍亂薦臻，釁起於張豺，族傾於冉閔，積惡致滅，有天道哉！夫從逆則凶，事符影響，爲咎必應，理若循環。世龍之殪晉人，既窮其酷；永曾之誅羯士，亦殲其類。無德不報，斯之謂乎？

中朝不競，蠻狄爭衡。塵飛五嶽，霧晻三精。狡焉石氏，怙亂窮兵。流災肆慝，剽邑屠城。始自羣盜，終假鴻名。勿謂凶醜，亦曰時英。季龍篡奪，淫虐播聲。身喪國泯，其由禍盈。

司馬光《稽古録》卷一四 虎以悍戾之資，濟貪狡之志，賊虐其孤而剽奪其位，恃其詐力以陵人暴物，窮奢極欲，不可盈饜。自以爲非天崩地陷，則抱子弄孫，無復後憂。及夫父子相殘，兄弟相攻，尸浮漳濱，家無噍類，積惡不已，舍滅亡，何適哉？

鄭賢《古今人物論》卷一九《後趙石虎總論》 自石勒舉事，虎常爲爪牙。百戰百勝，遂定中原。勒死之後，虎挾嗣君，誅將相。於是肆志滿意，驕盈殘忍，百姓嗷然。喪其樂生之心，作庭燎，作東西宮，作大武殿，作長安、洛陽宮。丁夫死於外，老羸死於內。讀史至此，未有不欲食其肉，寢處其皮者也。幸而始攻段遼，燕人敗之。既迎段遼，燕又敗之。繼而大閱宛陽，燕又襲之。其氣少衰，其惡少沮。不然，吾未知生民葅醢，更復何極也哉！元規表請伐趙，計欲開復中原，春秋大復讎之意。故綱目子之。不知當是時，言兵不若虎之强，言地不若虎之廣，言險阻不若虎之要，石生不能敵其半，而元規乃欲當其倍。一不勝也。大江不能禦蘇峻，而沔水乃欲禦石虎。二不勝也。祖士雅不能捍其一，而元規乃欲禦其四。三不勝也。是以朝議竟格不行。而他日桓宣伐趙，終致敗績。四海板蕩，奄踰三紀。天不厭亂，晉人亦且奈之何。是時，二政分權，宣、韜迭省。而除拜生殺，皆決於申扁。是殺一遼而復得一遼也。殺諫官，禁私論，而公卿以下，朝覲以目，是鳥驚魚散之勢也。三敗於慕容，而見辱於李壽，是敵國外患，羣起而交攻之也。至於狼狐成徑，白雁集庭，國家將亡，必有妖孽，尚不知悟而爲之移二城，攻涼州，爲南服、西討、東征之計，是以一敗於重華，再敗於重華。而麻秋、王權之徒，曾不足以當書生之謝艾。噫！虎以偏師定九州，而令以九州之力，反困於枹罕，天耶，人耶？晉尚有人，安可圖耶？華林之戰，苦役晉人。太子之出，戎卒數萬。石家父子如是。自非天崩地陷，尚復何愁。蓋方以抱子弄孫爲樂，而不知韜殺以後，縱火焚宣矣。取灰分置交道，而愛孫亦且不免矣。始殺邃，繼殺宣，司馬氏父子相殘，虎所嗤矣，而竟使後人復笑後人矣。東宮讁戍，積怨成亂。攻拔下辨，長驅而來。向非氏、羌破賊，安得保首領於牖下哉？太子世立，遵殺之；遵立，鑒又殺之；鑒立，閔又殺之。而一十八孫，無復遺育。嗚呼！虎賊欲平蕩江南，登臺耀武，何其雄也。不一傳而血月狼藉，不二傳而宗祀殄滅。喪亡之禍，嘻何慘也。天清地甯，未嘗崩陷。羯奴父子，而令安在哉！噫！欲以强暴自固者，足以觀矣。

藝文

顧宗泰《月滿樓詩文集・晉十六國詠史詩・後趙石虎》 廿載曾親矢石勞，破車犢子逞雄豪。生靈百萬供營繕，堅甲東南事驛騷。洛水銅駝秋月遠，鄴宮玉璧夜星高。天崩地陷愁何用，芝蓋華林逐獸翱。武鄉雄虎變爲雌，棘子成林歎已遲。姚弋仲存空有骨，佛圖澄死已無尸。挽衣孫子臺前僇，持斧軍徒闕外馳。司馬笑人偏速禍，阻兵安忍及身悲。

桓温部

綜述

《晉書》卷九八《桓温傳》　桓温字元子，宣城太守彝之子也。生未朞而太原温嶠見之，曰：「此兒有奇骨，可試使啼。」及聞其聲，曰：「真英物也！」彝以嶠所賞，故遂名之曰温。嶠笑曰：「果爾，後將易吾姓也。」彝爲韓晃所害，涇令江播豫焉。温時年十五，枕戈泣血，志在復讎。至年十八，會播已終，子彪兄弟三人居喪，置刃杖中，以爲温備。温詭稱弔賓，得進，刃彪於廬中，并追二弟殺之，時人稱焉。

温豪爽有風概，姿貌甚偉，面有七星。少與沛國劉惔善，惔嘗稱之曰：「温眼如紫石棱，鬚作蝟毛磔，孫仲謀、晉宣王之流亞也。」選尚南康長公主，拜駙馬都尉，襲爵萬寧男，除琅邪太守，累遷徐州刺史。

温與庾翼友善，恒相期以寧濟之事。翼嘗薦温於明帝曰：「桓温少有雄略，願陛下勿以常人遇之，常壻畜之，宜委以方召之任，託其弘濟艱難之勳。」翼卒，以温爲都督荆、梁四州諸軍事、安西將軍、荆州刺史、領護南蠻校尉、假節。

時李勢微弱，温志在立勳于蜀，永和二年，率衆西伐。時康獻太后臨朝，温將發，上疏而行。朝廷以蜀險遠，而温兵寡少，深入敵場，甚以爲憂。初，諸葛亮造八陣圖於魚復平沙之上，壘石爲八行，行相去二丈。温見之，謂「此常山蛇勢也」，文武皆莫能識之。及軍次彭模，乃命參軍周楚、孫盛守輜重，自將步卒直指成都。勢使其叔父福及從兄權等攻彭模，楚等禦之，福退走。温又擊權等，三戰三捷，賊衆散，自間道歸成都。勢於是悉衆與温戰于笮橋，參軍龔護戰没，衆懼欲退，而鼓吏誤鳴進鼓，於是攻之，勢衆大潰。温乘勝直進，焚其小城，勢遂夜遁九十里，至晉壽葭萌城，其將鄧嵩、昝堅勸勢降，乃面縛輿櫬請命。温解縛焚櫬，送于京師。温停蜀三旬，舉賢旌善，僞尚書僕射王誓、中書監王瑜、鎮東將軍鄧定、散騎常侍常璩等，皆蜀之良也，並以爲參軍，百姓咸悦。軍未旋而王誓、鄧定、隗文等反，温復討平之。振旅還江陵，進位征西大將軍、開府，封臨賀郡公。

及石季龍死，温欲率衆北征，先上疏求朝廷議水陸之宜，久不報。時知朝廷杖殷浩等以抗己，温甚忿之，然素知浩，弗之憚也。以國無他釁，遂得相持彌年，雖有君臣之跡，亦相羈縻而已，八州士衆資調，殆不爲國家用。聲言北伐，拜表便行，順流而下，行達武昌，衆四五萬。殷浩慮爲温所廢，將謀避之，又欲以騶虞幡住温軍，内外噂喈，人情震駭。簡文帝時爲撫軍，與温書明社稷大計，疑惑所由。温即迴軍還鎮，【略】進位太尉，固讓不拜。

時殷浩至洛陽，修復園陵，經涉數年，屢戰屢敗，器械都盡。温復進督司州，因朝野之怨，乃奏廢浩，自此内外大權一歸温矣。温遂統步騎四萬發江陵，水軍自襄陽入均口，至南鄉，步自淅川以征關中，命梁州刺史司馬勳出子午道。别軍攻上洛，獲苻健荆州刺史郭敬，進擊青泥，破之。健又遣子生、弟雄衆數萬屯嶢柳、愁思堆以距温，遂大戰，生親自陷陣，殺温將應誕、劉泓，死傷千數。温軍力戰，生衆乃散。【略】温進至霸上，健以五千人深溝自固，居人皆安堵復業，持牛酒迎温於路者十八九，耆老感泣曰：「不圖今日復見官軍！」初，温恃麥熟，取以爲軍資，而健芟苗清野，軍糧不屬，收三千餘口而還。帝使侍中黄門勞温于襄陽。

初，温自以雄姿風氣是宣帝、劉琨之儔，有以其比王敦者，意甚不平。及是征還，於北方得一巧作老婢，訪之，乃琨伎女也，一見温，便潸然而泣。温問其故，答曰：「公甚似劉司空。」温大悦，出外整理衣冠，又呼婢問。婢云：「面甚似，恨薄；眼甚似，恨小；鬚甚似，恨赤；形甚似，恨短；聲甚似，恨雌。」温於是褫冠解帶，昏然而睡，不怡者數日。

母孔氏卒，上疏解職，欲送葬宛陵，詔不許。贈臨賀太夫人印綬，謚曰敬，遣侍中弔祭，謁者監護喪事，旬月之中，使者八至，軺軒相望於道。温葬畢視事，欲修復園陵，移都洛陽，表疏十餘上，不許。進温征討大都督，督司、冀二州諸軍事，委以專征之任。

温遣督護高武據魯陽，輔國將軍戴施屯河上，勒舟師以逼許、洛，以譙梁水道既通，請徐、豫兵乘淮泗入河。温自江陵北伐，行經金城，見少爲琅邪時所種柳皆已十圍，慨然曰：「木猶如此，人何以堪！」攀枝執條，泫然流涕。於是過淮、泗，踐北境，與諸僚屬登平乘樓，眺矚中原，慨然曰：「遂使神州陸沈，百年丘墟，王夷甫諸人不得不任其責！」袁宏曰：「運有興廢，豈必諸人之過！」温作色謂四座曰：「頗聞劉景升有千斤大牛，噉芻豆十倍於常牛，負重致遠，曾不若一

羸牸，魏武入荆州，以享軍士。」意以況宏，坐中皆失色。師次伊水，姚襄屯水北，距水而戰。温結陣而前，親被甲督弟沖及諸將奮擊，襄大敗，自相殺死者數千人，越北芒而西走，追之不及，遂奔平陽。温屯故太極殿前，徙入金墉城，謁先帝諸陵，陵被侵毀者皆繕復之，兼置陵令。遂旋軍，執降賊周成以歸，遷降人三千餘家於江漢之間。遣西陽太守滕畯出黄城，討蠻賊文盧等，又遣江夏相劉岵、義陽太守胡驥討妖賊李弘，皆破之，傳首京都。温還軍之後，司、豫、青、兖復陷于賊。升平中，改封南郡公，降臨賀爲縣公，以封其次子濟。

隆和初，寇逼河南，太守戴施出奔，冠軍將軍陳祐告急，温使竟陵太守鄧遐率三千人助祐，并欲還都洛陽。【略】

於是改授并、司、冀三州，以交、廣遼遠，罷都督，温表辭不受。又加侍中、大司馬、都督中外諸軍事，假黄鉞。

温以既總督内外，不宜在遠，又上疏陳便宜七事：其一，朋黨雷同，私議沸騰，宜抑杜浮競，莫使能植。其二，户口凋寡，不當漢之一郡，宜并官省職，令久於其事。其三，機務不可停廢，常行文案宜爲限日。其四，宜明長幼之禮，奬忠公之吏。其五，褒貶賞罰，宜允其實。其六，宜述遵前典，敦明學業。其七，宜選建史官，以成晉書。有司皆奏行之。尋加羽葆鼓吹，置左右長史、司馬、從事中郎四人。受鼓吹，餘皆辭。復率舟軍進合肥。加揚州牧、録尚書事，使侍中顔旄宣旨，召温入參朝政。【略】詔不許，復徵温。温至赭圻，詔又使尚書車灌止之，温遂城赭圻，固讓内録，遥領揚州牧。屬鮮卑攻洛陽，陳祐出奔，簡文帝時輔政，會温於洌洲，議征討事，温移鎮姑孰。會哀帝崩，事遂寢。

温性儉，每讌惟下七奠柈茶果而已。然以雄武專朝，窺覦非望，或卧對親僚曰：「爲爾寂寂，將爲文景所笑。」衆莫敢對。既而撫枕起曰：「既不能流芳後世，不足復遺臭萬載邪？」嘗行經王敦墓，望之曰：「可人，可人！」其心迹若是。時有遠方比丘尼名有道術，於别室浴，温竊窺之。尼倮身，先以刀自破腹，次斷兩足。浴竟出，温問吉凶，尼云：「公若作天子，亦當如是。」

太和四年，又上疏悉衆北伐。平北將軍郗愔以疾解職，又以温領平北將軍、徐、兖二州刺史，率弟南中郎沖、西中郎袁真步騎五萬北伐。百官皆於南州祖道，都邑盡傾。軍次湖陸，攻慕容暐將慕容忠，獲之，進次金鄉。時亢旱，水道不通，乃鑿鉅野三百餘里以通舟運，自清水入河。暐將慕容垂、傅末波等率從八萬距温，戰于林渚。温擊破之，遂至枋頭。先使袁真伐譙梁，開石門以通運。真討譙梁皆平之，而不能開石門，軍糧竭盡。温焚舟步退，自東燕出倉垣，經陳留，鑿井而飲，行七百餘里。垂以八千騎追之，戰于襄邑，温軍敗績，死者三萬人。温甚恥之，歸罪於真，表廢爲庶人。真怨温誣己，據壽陽以自固，潛通苻堅、慕容暐。

帝遣侍中羅含以牛酒犒温於山陽，使會稽王昱會温于涂中，詔以温世子給事熙爲征虜將軍、豫州刺史、假節。及南康公主薨，詔賻布千匹，錢百萬，温辭不受。又陳息熙三年之孤，且年少，未宜使居偏任，詔不許。發州人築廣陵城，移鎮之。時温行役既久，又兼疾癘，死者十四五，百姓嗟怨。

袁真病死，其將朱輔立其子瑾以嗣事。慕容暐、苻堅並遣軍援瑾，温使督護竺瑶、矯陽之等與水軍擊之。時暐軍已至，瑶等與戰於武丘，破之。温率二萬人自廣陵又至，瑾嬰城固守，温築長圍守之。苻堅乃使其將王鑒、張蚝等率兵以救瑾，屯洛澗，先遣精騎五千次於肥水北。温遣桓伊及弟子石虔等逆擊，大破之，瑾衆遂潰，生擒之，并其宗族數十人，及朱輔送於京都而斬之，瑾所侍養乞活數百人悉坑之，以妻子爲賞。温以功，詔加班劍十人，犒軍於路次，文武論功賞賜各有差。

温既負其才力，久懷異志，欲先立功河朔，還受九錫。既逢覆敗，名實頓減，於是參軍郗超進廢立之計，温乃廢帝而立簡文帝。詔温依諸葛亮故事，甲仗百人入殿，賜錢五千萬，絹二萬匹，布十萬匹。温多所廢徙，誅庾倩、殷涓、曹秀等。是時，温威勢翕赫，侍中謝安見而遥拜，温驚曰：「安石，卿何事乃爾？」安曰：「未有君拜於前，臣揖於後。」時温有脚疾，詔乘輿入朝，既見，欲陳廢立本意，帝便泣下數十行，温兢懼不得一言而出。

初，元明世，郭璞爲讖曰：「君非無嗣，兄弟代禪。」謂成帝有子，而以國祚傳弟。又曰：「有人姓李，兒專征戰。譬如車軸，脱在一面。」兒者，子也；李去子木存，車去軸爲亘，合成「桓」字也。又曰：「爾來，爾來，河内大縣。」爾來謂自爾已來爲元始，温字元子也；故河内大縣，温也。成康既崩，桓氏始大，故連言之。又曰：「賴子之薨，延我國祚。痛子之隕，皇運其暮。」二子者，元子、道子也。温志在篡奪，事未成而死，幸之也。會稽王道子雖首亂晉國，而其死亦晉衰之由也，故云痛也。

温復還白石，上疏求歸姑孰。詔【略】進丞相，其大司馬本官皆如故，留公京都，以鎮社稷。温固辭，仍請還鎮。遣侍中王坦之徵温入相，增邑爲萬户，又辭。

詔以西府經袁真事故，軍用不足，給世子熙布三萬匹，米六萬斛，又以熙弟濟爲給事中。

及帝不豫，詔溫曰：「吾遂委篤，足下便入，冀得相見。便來，便來！」於是一日一夜頻有四詔。溫上疏，【略】疏未及奏而帝崩，遺詔家國事一稟之於公，如諸葛武侯、王丞相故事。溫初望簡文臨終禪位於己，不爾便爲周公居攝。事既不副所望，故甚憤怨，與弟沖書曰：「遺詔使吾依武侯、王公故事耳。」王、謝處大事之際，日憤憤少懷。」

及孝武即位，詔曰：「先帝遺敕云：『事大司馬如事吾。』令答表便可盡敬。」又詔：「大司馬社稷所寄，先帝託以家國，內外衆事便就關公施行。」復遣謝安徵溫入輔，加前部羽葆鼓吹，武賁六十人，溫讓不受。及溫入朝，赴山陵，詔曰：「公勳德尊重，師保朕躬，兼有風患，其無敬。」又敕尚書安等於新亭奉迎，百僚皆拜于道側。當時豫有位望者咸戰慴失色，或云因此殺王、謝，內外懷懼。溫既至，以盧悚入宮，乃收尚書陸始付廷尉，責替慢罪也。於是拜高平陵，左右覺其有異，既登車，謂從者曰：「先帝向遂靈見。」既不述帝所言，故衆莫之知，但見將拜時頻言「臣不敢」而已。又問左右殷涓形狀，答者言肥短，溫云：「向亦見在帝側。」初，殷浩既爲溫所廢死，涓頗有氣尚，遂不詣溫，而與武陵王晞游，故溫疑而害之，竟不識也。及是，亦見涓爲祟，因而遇疾。凡停京師十有四日，歸於姑孰，遂寢疾不起。諷朝廷加己九錫，累相催促。謝安、王坦之聞其病篤，密緩其事。錫文未及成而薨，時年六十二。皇太后與帝臨於朝堂三日，詔賜九命衮冕之服，又朝服一具，衣一襲，東園祕器，錢二百萬，布二千匹，臘五百斤，以供喪事。及葬，一依太宰安平獻王、漢大將軍霍光故事，賜九旒鸞輅，黃屋左纛，轀輬車，挽歌二部，羽葆鼓吹，武賁班劍百人，優冊即前南郡公增七千五百戶，進地方三百里，賜錢五千萬，絹二萬匹，布十萬匹，追贈丞相。

初，沖問溫以謝安、王坦之所任，溫曰：「伊等不爲汝所處分。」溫知己存彼不敢異，害之無益於沖，更失時望，所以息謀。

溫六子：熙、濟、歆、禕、偉、玄。

許嵩《建康實録》卷九　溫字元子，譙人，漢五更榮之後。父彝，宣城太守。溫生未周，而溫太真見之，曰：「此兒有奇骨，可使試啼。」及聞其聲，曰：「真英物也。」彝見嶠所歎賞，故遂以溫爲名。嶠聞之笑曰：「後將易吾姓也。」

及長，豪爽有風槩，姿貌充偉，面有七星文，眼如紫石稜，鬚作蝟毛磔。而尚明帝南康長公主，拜駙馬都尉。庾翼薦於肅宗曰：「桓溫有雄略，願陛下不以常婿畜之。」帝遇焉，累遷至瑯琊內史。咸康七年，出鎮江乘之金城。案，《圖經》：金城，吳築，在今縣城東北五十里，中宗初，于此立瑯琊郡也。建元元年，出都督青、徐諸軍事，尋轉安西將軍、荆州刺史。永和二年，西伐巴蜀，行見諸葛亮八陣圖，指謂左右曰：「此常山蛇勢也。」既定蜀，還江陵，進位征西大將軍、開府。

聞朝廷以殷浩爲揚州刺史，仗其北征，甚不平，遂總大將軍順流至武昌。浩懼爲逼，奏請騶虞幡住溫軍。時簡文作相，爲書與溫言社稷計。溫還軍，拜表陳時利禍福，進位太尉，固讓不受。及浩北伐，敗于洛陽，遂奏廢浩，自此內外權歸于溫。遂統步騎四萬發江陵，水軍自襄陽入均口，至南鄉，步自淅川以征關中，大破僞秦，進軍灞上。百姓皆持牛酒迎溫于路，耆老咸相泣曰：「不圖今日復見官軍！」

初，溫恃麥熟取以爲軍資，及入關，而苻健盡芟麥苗，野無可收，軍糧不繼而還。進位大都督，委任專征。尋又北伐，經金城，見少爲瑯琊時所種柳皆已十圍，慨然歎曰：「樹猶如此，人何以堪！」因攀枝涕泣。遂渡淮、泗，長驅大破姚襄于伊水，引軍入洛，脩謁先帝諸陵，置令檢校。乃旋軍，上表請還都。詔改授并、司、冀三州刺史，溫辭不受，又加侍中、大司馬、都督中外諸軍事、假黃鉞，尋加羽葆鼓吹，置左右長史、司馬、從事中郎四人。受鼓吹，餘皆辭。復率舟軍次合淝。加揚州牧、録尚書事。使侍中顔旄宣旨，詔入參朝政，溫固辭內録，遂成赭圻居之。及鮮卑攻陷洛陽，時簡文爲相，出會溫于洌州，議征討，溫因移鎮姑孰。

自以雄武專朝，窺窬非望，或卧對親僚曰：「爲爾寂寂，將爲文、景所笑。」既而撫枕起曰：「既不能流芳後代，不足復遺臭萬載邪？」時遠方一比丘尼有道術，至姑孰求浴，溫竊視之。尼倮身先以刀破腹，次斷兩足，溫見惡之。浴竟，問尼，尼曰：「君若作天子，亦當如是。」曾經行王敦墓，望曰：「可人，可人！」其心跡若是。

太和四年又北伐，爲燕將慕容垂追敗，死者過半，甚恥之，引歸，表罪袁真。真怒，以壽春叛。明年，平壽春，愠形于色。參軍郗超謀勸廢立，以益雄威。溫從其計，乃詣闕誣廢海西公而立太宗。多行殺戮，威勢翕赫。侍中謝安見而遥拜，溫驚曰：「安石何事乃爾？」安曰：「未有君拜于前，臣揖于後。」既還姑孰，帝使侍中王坦之數徵爲相，辭不受。尋而太宗崩，遺詔以溫輔少主，同諸葛亮、

王導故事。温志在簒奪，望簡文臨終禪位于己，不爾便爲周公居攝。事既不允所望，憤怨與弟沖書曰：「遺詔使吾依武侯、王公故事爾。」及帝即位，使謝安徵之入朝，赴山陵。既至新亭，盛氣召侍臣，將移晉鼎，不果，因拜陵感疾。歸姑孰，病甚，諷朝廷加己九錫。謝安等知病篤，密緩其事。錫文未成而薨，時年六十二。

雜録

備録

裴啓《裴子語林》　桓宣武外甥，恒在坐鼓琵琶。宣武醉後，指琵琶曰：「名士固亦操斯器。」

桓宣武性儉，著故褌，上馬不調，褌敗，五形遂露。

桓温自以雄姿風氣，是司馬宣王、劉越石一輩器。有以比王大將軍者，意大不平。征苻健還，於北方得一巧作老婢，乃是劉越石妓女。一見温入，潸然而泣。温問其故，答曰：「官家甚似劉司空。」温大悦，即出外修整衣冠，又入，呼問：「我何處似司空？」婢答曰：「眼甚似，恨小；面甚似，恨薄；須甚似，恨赤；形甚似，恨短；聲甚似，恨雌。」宣武于是弛冠解帶，不覺昏然而睡，不怡者數日。

陶潛《搜神後記》卷二　晉大司馬桓温，字元子。末年，忽有一比丘尼，失其名，來自遠方，投温爲檀越。尼才行不恒，愠其敬待，居之門内。尼每浴，必至移時。温疑而窺之。見尼裸身揮刀，破腹出藏，斷截身首，支分臠切。温怪駭而還。及至尼出浴室，身形如常。温以實問，尼答曰：「若遂淩君上，形當如之。」時温方謀問鼎，聞之悵然。故以戒懼，終守臣節。尼後辭去，不知所在。

陶潛《搜神後記》卷五　桓大司馬從南州還，拜簡文皇帝陵，左右覺其有異説。登車，謂從者曰：「先帝向遂靈見。」既不述帝所言，故衆莫之知。但見將拜時，頻言「臣不敢」而已。又問左右殷涓形貌。有人答：「涓爲人肥短，黑色甚醜。」桓云：「向亦見在帝側，形亦如此。」意惡之，遂遇疾，未幾而薨。

李昉《太平御覽》卷四九八引《續晉陽秋》　襄陽羅友，家貧嗜酒，伺人祠祀，往乞餘食。在桓温府屢以貧乞禄，温以其誕肆，許而不用。同府人有得郡者，温爲坐別，友亦被命，至尤晚。温問之，答曰：「友飲道嗜味，昨奉貰，乃守旦。出門于中路遇一鬼，大見耶揄，曰：『見汝所在人作郡，不見人送汝作郡。』民始怖終慚，不覺淹緩。」温笑用之爲郡也。

《世説新語·言語》注引《桓温别傳》　温字元子，譙國龍亢人，漢五更桓榮後也。父彝，有識鑒。温少有豪邁風氣，爲温嶠所知，累遷琅邪内史，進征西大將軍，鎮西夏。時逆胡未誅，余燼假息，温親勒郡卒，建旗致討，清蕩伊、洛，展敬園陵。薨，謚宣武侯。

《世説新語·言語》　桓征西治江陵城甚麗，會賓僚出江津望之，云：「若能目此城者有賞。」顧長康時爲客，在坐，目曰：「遥望層城，丹樓如霞。」桓即賞以二婢。

《世説新語·言語》　劉尹與桓宣武共聽講《禮記》。桓云：「時有入心處，便覺咫尺玄門。」劉曰：「此未關至極，自是金華殿之語。」

《世説新語·方正》　桓公問桓子野：「謝安石料萬石必敗，何以不諫？」子野答曰：「故當出於難犯耳！」桓作色曰：「萬石撓弱凡才，有何嚴顔難犯？」

《世説新語·方正》　王文度爲桓公長史時，桓爲兒求王女，王許咨藍田。既還，藍田愛念文度，雖長大猶抱著膝上。文度因言桓求己女婚。藍田大怒，排文度下膝曰：「惡見，文度已復痴，畏桓温面？兵，那可嫁女與之！」文度還報云：「下官家中先得婚處。」桓公曰：「吾知矣，此尊府君不肯耳。」後桓女遂嫁文度兒。

《世説新語·識鑒》　桓公將伐蜀，在事諸賢咸以李勢在蜀既久，承藉累葉，且形據上流，三峽未易可克。唯劉尹云：「伊必能克蜀。觀其蒲博，不必得，則不爲。」

《世説新語·豪爽》　桓宣武平蜀，集參僚置酒于李勢殿，巴蜀縉紳，莫不來萃。桓既素有雄情爽氣，加爾日音調英發，叙古今成敗由人，存亡係才。其狀磊落，一坐歎賞。

《世説新語·豪爽》　桓公讀《高士傳》，至于陵仲子，便擲去曰：「誰能作此

溪刻自處！」

《世説新語·品藻》　桓公少與殷侯齊名，常有競心。桓問殷：「卿何如我？」殷云：「我與我周旋久，寧作我。」

《世説新語·品藻》　殷侯既廢，桓公語諸人曰：「少時與淵源共騎竹馬，我棄去，己輒取之，故當出我下。」

《世説新語·品藻》　未廢海西公時，王元琳問桓元子：「箕子、比干，迹異心同，不審明公孰是孰非？」

《世説新語·品藻》　有人問謝安石、王坦之優劣于桓公。桓公停欲言，中悔曰：「卿喜傳人語，不能復語卿。」

《世説新語·容止》　劉尹道桓公：鬢如反猬皮，眉如紫石稜，自是孫仲謀、司馬宣王一流人。

《世説新語·排調》　桓大司馬乘雪欲獵，無過王、劉諸人許。真長見其裝束單急，問：「老賊欲持此何作？」桓曰：「我若不爲此，卿輩亦那得坐談？」

《世説新語·黜免》　桓公入蜀，至三峽中，部伍中有得猿子者。其母緣岸哀號，行百餘里不去，遂跳上船，至便即絶。破視其腹中，腸皆寸寸斷。公聞之，怒，命黜其人。

《世説新語·黜免》　桓公坐有參軍椅烝薤不時解，共食者又不助，而椅終不放，舉坐皆笑。桓公曰：「同盤尚不相助，況復危難乎？」敕令免官。

《世説新語·黜免》　桓宣武既廢太宰父子，仍上表曰：「應割近情，以存遠計。若除太宰父子，可無後憂。」簡文手答表曰：「所不忍言，況過于言？」宣武又重表，辭轉苦切。簡文更答曰：「若晉室靈長，明公便宜奉行此詔。如大運去矣，請避賢路！」桓公讀詔，手戰流汗，于此乃止。太宰父子，遠徙新安。

《世説新語·尤悔》　桓宣武對簡文帝，不甚得語。廢海西後，宜自申叙，乃豫撰數百語，陳廢立之意。既見簡文，簡文便泣下數十行。宣武矜愧，不得一言。

《世説新語·尤悔》　桓公卧語曰：「作此寂寂，將爲文、景所笑！」既而屈起坐曰：「既不能流芳後世，亦不足復遺臭萬載邪？」

《殷芸小説》卷一　桓宣武征蜀，猶見諸葛亮時小吏，年百餘歲。桓問：「諸葛丞相今誰與比？」意頗欲自矜。答曰：「葛公在時，亦不覺異，自葛公殁後，正不見其比。」

備論

《晉書》卷九八《桓温傳》　桓温挺雄豪之逸氣，韞文武之奇才，見賞通人，夙標令譽。時既豺狼孔熾，疆埸多虞，受寄扞城，用恢威略，乃踰越險阻，戡定岷、峨，獨克之功，有可稱矣。及觀兵洛、汭，修復五陵，引旆秦郊，威懷三輔，雖未能梟除凶逆，亦足以宣暢王靈。既而總戎馬之權，居形勝之地，自謂英猷不世，勳績冠時。挾震主之威，蓄無君之志，企景文而慨息，想處仲而思齊，睥睨漢廷，窺覦周鼎。復欲立奇功於趙、魏，允歸望於天人；然後步驟前王，憲章虞夏。逮乎石門路阻，襄邑兵摧。懟謀略之乖違，恥師徒之撓敗。遷怒於朝廷，委罪於偏裨。廢主以立威，殺人以逞欲，曾弗知寶命不可以求得，神器不可以力征。豈不悖哉！豈不悖哉！斯實斧鉞之所宜加，人神之所同棄。然猶存極光寵，没享哀榮，是知朝政之無章，主威之不立也。

播越江濆，政弱權分。元子恃力，處仲矜勳。迹既陵上，志亦無君。罪浮浞殪，心窺舜禹。樹威外略，稱兵内侮。惟身與嗣，竟罹齊斧。

胡寅《讀史管見》卷八　桓温，愚人也，以一身欲禁四海九州千萬人之口，而懾其心，此桀、紂、幽、厲，行剖心斫脛之政所不能禁，而温顧行之。

【略】以景略與元子平生績用觀之，元子非景略之儔也。**【略】**温上不能致猛，下不能容珍，宜功名之不遂也。

李燾《六朝通鑑博議》卷四　如温之智，如温之善用兵，使其姦詐之謀化爲忠義，必安國家，必定社稷，則再造晉室，其功可與周之方虎等矣，惜夫先一己之私計，後天下之大義，失此之勢，勝秦遂爲不討之賊，可不悲乎？

【略】桓温，晉之名將也。平蜀，平洛陽，威震關中，智可謂有餘矣；而枋頭一敗，何足爲温之辱？温若能引咎責躬，秣馬厲兵，以爲後圖，則今日之敗，未必不爲後日之勝。何必深諱其過，移罪它人，以至顛沛？豈非智有餘，而道不足歟？

于慎行《讀史漫録》卷六　江左名流，如殷浩、褚裒、二痍諸王，才情、器識，秀出人羣，規畫事宜，亦多中窾，而不能建中興之業，以奬帝室，何也？神識有餘，而樸誠不足也。辟如貴家養狸，五色珍奇，價至數金，而不能捕鼠，時或趫

悖，乃破器傷鷄雛耳。惟桓温大將軍，才略差勝，兩入中原，修復陵寢，令終其緒業，高比桓、文，下同韓信、彭越，而臣節不純，爲世大戮，才之難成，亦可恨也。

王夫之《讀通鑑論》卷一三 晉之失久矣！殷浩廢，桓温受征討之命，敗苻萇於藍田；進軍灞上，敗姚襄於伊水，收復雒陽，亦壯矣哉！當是時，石、冉初亡，苻、姚乍興，健雖鷙而立國未固，襄甫颺去，乍集平曠之壤，勢益飄摇，故挫之也易。善攻者攻其瑕，乘瑕以收功，而積衰之氣以振，温可謂知所攻矣。其入關也，糧匱而還；其復雒也，置戍而返。説者曰：温有逆心，舍外而圖内。此以劉裕例之，而逆其詐也。温之歸鎮，未嘗内偪朝廷，如裕之爲也。浩既廢，會稽才弱而不足相難，王、謝得政新而望淺，非温内顧之憂也。温何汲汲焉？乃其所以不能進圖全功，而亟撤以還者，孤軍乘鋭氣，快於一擊，而無以繼其後也。

晉偏安於江左，而又分焉，建業擁天子以爲尊而力弱，荆、襄挾重兵以爲强而權輕，且相離以相猜，而分爲二。温以荆、襄之全力爲孤注，其進其退，一委之温，而朝廷置之若忘，温即有忠誠，亦莫能自遂，而況乎其懷二心哉？臣與主相離也，相與將相離也，東與西相離也，以此而欲縣軍深入，争勝於蠭起之寇，萬不可得之數矣。

尤可嗟異者，温方有事於關、雒，而荀羨東出山茌以伐燕，欲與温競功，而忘其力之不逮。且燕非苻、姚新造之比也，慕容儁三世雄桀，而植根深固，攖勢重難摇之虜，以自取敗衄，曾不知以一旅翼温，乘勝以復故都，豈不傎乎？秦寇平，燕之氣奪；兩都復，晉之勢成；合天下之力以嚮燕，則燕不能孤立以相抗；協於温以成將就之功，則温之心折而不足以騁。乃彼方西嚮，我且東指，徒爲立異而生其欺怨，謝萬之愚，荀羨之妄，會稽之闇，懷忮以居中，欲温之成功於外，其可得乎？謀國若此，不亡爲幸耳。其不亡也，猶温兩捷之威有以起茸茶之氣，讋凶狡之心也。

王夫之《讀通鑑論》卷一四 桓温請遷都雒陽，誠收復之大計也。然温豈果有遷都之情哉？慕容恪方遣吕護攻雒，温所遣援者，舟師三千人而止。温果有經略中原之志，固當自帥大師以鎮雒，然後請遷未晚。惴惴然自保荆、楚，而欲天子渡江以進圖天下，夫誰信之？爲此言也，特以試朝廷所以答之者。而舉國驚憂，孫綽陳百姓震駭之説，貽温以笑。温固曰：「吾一言而人皆震恐，吾何求而不得哉！」王述曰：「但從之，自無所至。」温説折矣。而周章議論之情形，已早入温之目中。其云「致意興公，何不尋遂初賦，而知人家國事」，非憚綽也，笑晉人之不足與人家國也。

夫温以虚聲動朝廷，朝廷亦豈可以虚聲應之？王述之議，亦虚聲也。使果能率三吴、兩淮之衆渡江而嚮壽、譙，詔温移屯於雒，繕城郭、修塢戍，爲戰守計，而車駕以次遷焉，温且不能中止；外可以捍燕、秦，而内亦可以折温之逆志，乘其機，而用吾制勝之策，誠百年一日之會，而晉不能也。燕、秦測之，温諒之，晉不亡者幸耳！

内寧而外可無憂，一道也；外無憂而内可寧，一道也；處紛亂之日以强幹弱枝之道也。處治安之世以建威銷萌之道也。夫桓温者，何足慮哉？慕容恪之沈鷙，苻堅之恢豁，東西交逼以相吞，而唯與温相禁制於虚聲，曾不念强夷之心馳於江介也，是足悲也！晉不成乎其爲君臣，而温亦不固爲操、懿者也。

鄭賢《古今人物論》卷一九《桓温》 按，《春秋》書翬帥師會伐鄭，左氏謂宋公乞師，公弗許，羽父固請而行，故《春秋》削去公子以示貶。又書翬帥師會陳、宋，先儒謂羽父先期而往，不待君命，故《春秋》不氏以貶之。此聖人所以垂訓於經，所以彰後也，制治未亂，辨之於早也。今桓温舉兵伐蜀，拜表輒行，不待朝命之及，已非征伐自天子出之意。其與翬之固請，不待君命，殆又甚之。況其一舉成功，則專兵跋扈，蓋自此始。何待他時擁兵制朝，廢立不臣而後見耶？

藝文

歐陽詢《藝文類聚》卷四五引袁宏《丞相桓温碑銘》 文武開業，尚父定王佐之契；宗周不競，桓公弘九伐之勳。脱履於必濟之功，忘懷於屈伸之會。高氏出乎生民，公亮坦於萬物。遂復改謀迴慮，策馬武關。總轡丹折之塗，揚鞭終南之嶺。兵交則戰無全敵，勸義則襁負雲集。徒以懸軍輕進，因蓄靡儲。而犲狼懼殪，保固窟穴。乃方軌迴轅，反帥凱入。雖奇功大勳，未捷於一朝，而宏謨神略，義高於天下。公惟秀傑英特，奇姿表於弱冠；俊神朗鑒，明統備於成德。巾褐衡門，風流推其高致；忘己應務，天下謝其勳業。輔相兩儀，而通運之功必周；虚中容長，而方圓之才咸得。道濟而不有，處泰而逾約。可謂固天特縱，生民之傑者也。

銘曰：美盡黃裳，道暢伊呂。哲人應運，命世作輔。卓卓英風，略略宏宇。亮心高列，俊神間舉。忘己濟物，撫化翼世。河洛澄流，華梁卷翳。俾我仁公，弘道作鏡。如何不弔，雲巒落映。

歐陽詢《藝文類聚》卷五〇引《桓宣城碑》　君器量高濬，神氣披朗。商略雅俗，隱括真僞。擢奇取異，不軌常流。固以準的當時，擬議郭、許矣。處身立朝，不峻功名。俯仰顯默之際，優游可否之間，迹埤而道不污，身屈而志不屑矣。《銘》曰：於穆我後，稟茲純爽。虛豁高暢，蕭條邁上。風任外舒，卓鑒內朗。神栖沖慎，形同俯仰。將登槐棘，宏振綱網。令儀早徂，德音永響。

《張耒集》卷三《桓溫》　北征談笑縛姚公，静掃諸陵見洛、嵩。不用登高笑夷甫，正緣此輩使君雄。

謝安部

綜述

《晉書》卷七九《謝安傳》 謝安字安石，尚從弟也。父裒，太常卿。安年四歲時，譙郡桓彝見而歎曰：「此兒風神秀徹，後當不減王東海。」及總角，神識沈敏，風宇條暢，善行書。弱冠詣王濛，清言良久，既去，濛子脩曰：「向客何如大人？」濛曰：「此客亹亹，爲來逼人。」王導亦深器之。由是少有重名。

初辟司徒府，除佐著作郎，並以疾辭。寓居會稽，與王羲之及高陽許詢、桑門支遁遊處，出則漁弋山水，入則言詠屬文，無處世意。揚州刺史庾冰以安有重名，必欲致之，累下郡縣敦逼，不得已赴召，月餘告歸。復除尚書郎、琅邪王友，並不起。吏部尚書范汪舉安爲吏部郎，安以書距絶之。有司奏安被召，歷年不至，禁錮終身，遂棲遲東土。嘗往臨安山中，坐石室，臨濬谷，悠然歎曰：「此去伯夷何遠！」嘗與孫綽等汎海，風起浪湧，諸人並懼，安吟嘯自若。舟人以安爲悦，猶去不止。風轉急，安徐曰：「如此將何歸邪？」舟人承言即迴。衆咸服其雅量。安雖放情丘壑，然每游賞，必以妓女從。既累辟不就，簡文帝時爲相，曰：「安石既與人同樂，必不得不與人同憂，召之必至。」時安弟萬爲西中郎將，總藩任之重。安雖處衡門，其名猶出萬之右，自然有公輔之望，處家常以儀範訓子弟。安妻，劉惔妹也，既見家門富貴，而安獨静退，乃謂曰：「丈夫不如此也？」安掩鼻曰：「恐不免耳。」及萬黜廢，安始有仕進志，時年已四十餘矣。

征西大將軍桓温請爲司馬，將發新亭，朝士咸送，中丞高崧戲之曰：「卿累違朝旨，高臥東山，諸人每相與言，安石不肯出，將如蒼生何？蒼生今亦將如卿何？」安甚有愧色。既到，温甚喜，言生平，歡笑竟日。既出，温問左右：「頗嘗見我有如此客不？」温後詣安，值其理髮。安性遲緩，久而方罷，使取幘。温見，留之曰：「令司馬著帽進。」其見重如此。

温當北征，會萬病卒，安投牋求歸。尋除吴興太守。在官無當時譽，去後爲人所思。頃之，徵拜侍中，遷吏部尚書、中護軍。

簡文帝疾篤，温上疏，薦安宜受顧命。及帝崩，温入赴山陵，止新亭，大陳兵衛，將移晉室，呼安及王坦之，欲於坐害之。坦之甚懼，問計於安。安神色不變，曰：「晉祚存亡，在此一行。」既見温，坦之流汗沾衣，倒執手版。安從容就席，坐定，謂温曰：「安聞諸侯有道，守在四鄰，明公何須壁後置人邪？」温笑曰：「正自不能不爾耳。」遂笑語移日。坦之與安初齊名，至是方知坦之之劣。温嘗以安所作簡文帝謚議以示坐賓，曰：「此謝安石碎金也。」

時孝武帝富於春秋，政不自己，温威振内外，人情噂喈，互生同異。安與坦之盡忠匡翼，終能輯穆。及温病篤，諷朝廷加九錫，使袁宏具草。安見，輒改之，由是歷旬不就。會温薨，錫命遂寢。

尋爲尚書僕射，領吏部，加後將軍。及中書令王坦之出爲徐州刺史，詔安總關中書事。安義存輔導，雖會稽王道子亦賴弼諧之益。時强敵寇境，邊書續至，梁、益不守，樊、鄧陷没，安每鎮以和靖，御以長算。德政既行，文武用命，不存小察，弘以大綱，威懷外著，人皆比之王導，謂文雅過之。嘗與王羲之登冶城，悠然遐想，有高世之志。羲之謂曰：「夏禹勤王，手足胼胝；文王旰食，日不暇給。今四郊多壘，宜思自效，而虚談廢務，浮文妨要，恐非當今所宜。」安曰：「秦任商鞅，二世而亡，豈清言致患邪？」

是時宫室毁壞，安欲繕之。尚書令王彪之等以外寇爲諫，安不從，竟獨決之。宫室用成，皆仰模玄象，合體辰極，而役無劳怨。又領揚州刺史，詔以甲仗百人入殿。時帝始親萬機，進安中書監、驃騎將軍、録尚書事，固讓軍號。于時懸象失度，亢旱彌年，安奏興滅繼絶，求晉初佐命功臣後而封之。頃之，加司徒，後軍文武盡配大府，又讓不拜。復加侍中、都督揚、豫、徐、兖、青五州、幽州之燕國諸軍事，假節。

時苻堅强盛，疆埸多虞，諸將敗退相繼。安遣弟石及兄子玄等應機征討，所在克捷。拜衛將軍、開府儀同三司，封建昌縣公。堅後率衆，號百萬，次于淮、肥，京師震恐。加安征討大都督。玄入問計，安夷然無懼色，答曰：「已别有旨。」既而寂然。玄不敢復言，乃令張玄重請。安遂命駕出山墅，親朋畢集，方與玄圍棊賭别墅。安常棊劣於玄，是日玄懼，便爲敵手而又不勝。安顧謂其甥羊曇曰：「以墅乞汝。」安遂游涉，至夜乃還，指授將帥，各當其任。玄等既破堅，有驛書至，安方對客圍棊，看書既竟，便攝放牀上，了無喜色，棊如故。客問之，徐答云：「小兒輩遂已破賊。」既罷還内，過户限，心喜甚，不覺屐齒之折，其矯情鎮

物如此。以總統功，進拜太保。

安方欲混一文軌，上疏求自北征，乃進都督揚、江、荆、司、豫、徐、兗、青、冀、幽、并、寧、益、雍、梁十五州軍事，加黄鉞，其本官悉如故，置從事中郎二人。安上疏讓太保及爵，不許。是時桓沖既卒，荆、江二州並缺，物論以玄勳望，宜以授之。安以父子皆著大勳，恐爲朝廷所疑，又懼桓氏失職，桓石虔復有沔陽之功，慮其驍猛，在形勝之地，終或難制，乃以桓石民爲荆州，改桓伊於中流，石虔爲豫州。既以三桓據三州，彼此無怨，各得所任。其經遠無競，類皆如此。

性好音樂，自弟萬喪，十年不聽音樂。及登台輔，朞喪不廢樂。王坦之書喻之，不從，衣冠效之，遂以成俗。又於土山營墅，樓館林竹甚盛，每攜中外子姪往來游集，肴饌亦屢費百金，世頗以此譏焉，而安殊不以屑意。常疑劉牢之既不可獨任，又知王味之不宜專城。牢之既以亂終，而味之亦以貪敗，由是識者服其知人。

時會稽王道子專權，而姦諂頗相扇構，安出鎮廣陵之步丘，築壘曰新城，以避之。帝出祖於西池，獻觴賦詩焉。安雖受朝寄，然東山之志始末不渝，每形於言色。及鎮新城，盡室而行，造汎海之裝，欲須經略粗定，自江道還東。雅志未就，遂遇疾篤。上疏請量宜旋旆，并召子征虜將軍琰解甲息徒，命龍驤將軍朱序進據洛陽，前鋒都督玄抗威彭、沛，委以董督。若二賊假延，來年水生，東西齊舉。詔遣侍中慰勞，遂還都。聞當輿入西州門，自以本志不遂，深自慨失，因悵然謂所親曰：「昔桓温在時，吾常懼不全。忽夢乘温輿行十六里，見一白雞而止。乘温輿者，代其位也。十六里，止今十六年矣。白雞主酉，今太歲在酉，吾病殆不起乎？」乃上疏遜位，詔遣侍中、尚書喻旨。先是，安發石頭，金鼓忽破，又語未嘗謬，而忽一誤，衆亦怪異之。尋薨，時年六十六。帝三日臨于朝堂，賜東園祕器、朝服一具，衣一襲，錢百萬，布千匹，蠟五百斤，贈太傅，謚曰文靖。以無下舍，詔府中備凶儀。及葬，加殊禮，依大司馬桓温故事。又以平苻堅勳，更封廬陵郡公。

安少有盛名，時多愛慕。鄉人有罷中宿縣者，還詣安。安問其歸資，答曰：「有蒲葵扇五萬。」安乃取其中者捉之，京師士庶競市，價增數倍。安本能爲洛下書生詠，有鼻疾，故其音濁，名流愛其詠而弗能及，或手掩鼻以斅之。及至新城，築埭於城北，後人追思之，名爲召伯埭。

許嵩《建康實録》卷九 安字安石，鎮西將軍尚從弟，父裒，太常卿。安年四歲時，桓彝見而歎曰：「此兒風神秀徹，不減王東海。」及揔角，神識沉敏，風韻調暢。善行書。弱冠，詣王濛清言良久。安既去，濛子脩曰：「向客如何？」濛曰：「此客亹亹，爲來逼人。」王導亦深器之，由是少有重名。

初辟司徒府，除佐著作郎，並以疾辭。寓居會稽，與王羲之、許玄度、支遁等游處，出則漁弋山水，入則言詠屬文。揚州刺史庾冰以安有重名，必欲致之，累徵爲尚書郎，不起。後吏部尚書范汪舉安爲吏部尚書，以書距絶之。有司奏安被召，累年不至，禁錮終身，遂棲遲東土。每往臨安山中，坐石室，臨濬谷，悠然歎曰：「此亦伯夷何遠！」嘗與孫綽等泛海，風起浪踴，諸人並懼，安吟嘯自若。舟人以安爲悦，猶去不止。安徐曰：「如此將何歸耶？」舟人承言即回。衆咸服其雅量。安雖放情丘壑，然每遊賞，必以妓女從。時安弟萬爲西中郎將，總藩任之重。安雖處衡門，其名猶出萬之右，自然有公輔之望。其妻劉惔妹也，既見家門富貴，而安獨静退，乃謂安曰：「丈夫不如此？」安掩鼻曰：「恐不免耳。」及萬黜廢，安始有仕進之心，時年已四十餘矣。

征西大將軍桓温請爲司馬，將發新亭，朝士咸祖送，中丞高崧戲之曰：「卿屢違詔旨，高卧東山，諸人每相與言，安石不肯出，將如蒼生何？今蒼生亦將如安石何？」安有愧色。既到，温甚喜，言生平，歡笑竟日。安出，温問左右：「頗嘗見我有如此客否？」温後詣安，值其理髮。安性遲緩，久而方罷，使取幘。温見，留之曰：「令司馬著帽。」其見重如此。

尋爲吴興太守，在官無當時譽，去後爲人所思。頃之，徵拜侍中，遷吏部尚書、中護軍，受簡文顧命。時桓温望簡文禪己，及此，疑安與王坦之等改遺詔，甚怒，入赴山陵，止新亭，大陳兵衛，將移晉室，使召公卿伏勇士於坐，將害執政。王坦之甚懼，安神色自若，言笑折之，謀竟不行。初，坦之與安齊名，至是方知優劣。温嘗以安所作簡文謚議以示坐客，曰：「此安石碎金也。」

及帝富於春秋，政不自己，温威振内外，物情噂喈，互有異同，唯安與王坦之盡忠匡翼。及温病篤，諷朝廷加九錫，使袁宏具草。安欲緩其事，見輒改之，由是歷旬不就。會温薨，錫命遂寢。

安太元初，進位尚書僕射，代王坦之總關中事。安義存輔導，雖會稽王道子亦賴弼諧之益。時彊寇敵境，邊書續至，安鎮以和静，御以長算。德政既行，文武用命，不存小察，弘以大理，人皆比之王導，而文雅過之。每與王羲之登治城，悠然遐想，有高世之志。羲之曰：「夏禹勤王，手足胼胝；文王旰食，日不暇給。今四郊多壘，宜思自効，而虚談廢務，浮文妨要，恐非當今所宜。」安曰：「秦任商鞅，二世而亡，豈清言致患耶？」又領揚州刺史。及帝親庶政，遷中書監、驃騎將

軍、録尚書事，固讓軍號。頃之，加司徒，後軍文武盡配大府，又讓不拜。復加侍中、都督揚、豫、徐、兗、青五州、幽州之燕國諸軍事。

太元八年，秦苻堅率衆，號百萬，次于淮淝，京師震恐。加安征討大都督。玄入問計，安夷然無懼色，答曰：「已別有旨。」既而寂然。玄不敢復言，乃令張玄重請。安乃命駕出土山墅，宴親朋畢集，方留玄圍碁賭別墅。安常碁劣于玄，玄是日有懼心，便不勝。安顧外生羊曇曰：「以墅乞汝。」安遊陟至夜，方還府內，逮明指授將帥，各當其任。玄等既破秦軍，有驛書至，時安方對客圍碁，看書既竟，便攝放牀上，了無喜色，碁如故。客問之，徐答曰：「小兒輩已破賊。」既罷，還內，過戶限，心喜甚，不覺屐齒之折。以總統功，進拜太保。既破苻堅，方欲混一文軌，上疏求自北征，乃進都督荆、揚等十五州諸軍事，加黄鉞，其本官悉如故。

性好音樂，自弟萬喪，遂十年不聽。及登臺輔，期功不廢樂。衣冠效之，乃以成俗。又於土山營墅，樓館植林竹甚盛，每攜中外子姪往來遊集。餚饌日費百金，世頗以此譏之，安殊不屑意。常疑劉牢之既不可獨任，又知王味之不宜專城。牢之既以亂終，而味之亦以貪敗，由是識者服其知人。

後會稽王道子專權，而姦諂頗相扇構，安遂出鎮廣陵之步丘，築壘曰新城，而避之。安雖受朝寄，然東山之志始末不渝，欲須經略海內，而歸老東山。未就本志，遂遇疾篤。上疏請量宜旋旆，并召子琰解甲息徒。詔遣侍中慰勞，遂還都。聞當輿入西州門，自以本志不遂，因悵然謂所親曰：「昔桓温在時，吾常懼不全。忽夢乘温輿行十六里，見一白雞而止。乘温輿者，代其位也。十六里者，止今十六年矣。白雞主酉，今太歲在酉，吾病殆不起乎？」乃上疏遜位，詔遣侍中、尚書諭旨。先是，安發石頭，金鼓忽破，又語未嘗謬，而忽一誤，衆怪異之。尋薨，時年六十六。詔贈太傅，謚曰文靖。

雜録

備録

《世説新語・德行》 謝奕作剡令，有一老翁犯法，謝以醇酒罰之，乃至過醉，而猶未已。太傅時年七、八歲，著青布絝，在兄膝邊坐，諫曰：「阿兄！老翁可念，何可作此？」奕于是改容曰：「阿奴欲放去邪？」遂遣之。

《世説新語・德行》注引《文字志》 謝安字安石，奕弟也。世有學行，安弘粹通遠，温雅融暢。桓彝見其四歲時，稱之曰：「此兒風神秀徹，當繼踪王東海。」善行書。累遷太保、録尚書事。贈太傅。

《世説新語・雅量》 謝太傅盤桓東山時，與孫興公諸人泛海戲。風起浪涌，孫、王諸人色并遽，便唱使還。太傅神情方王，吟嘯不言。舟人以公貌閑意説，猶去不止。既風轉急，浪猛，諸人皆喧動不坐。公徐云：「如此，將無歸！」衆人即承響而回。于是審其量，足以鎮安朝野。

《世説新語・雅量》注引宋明帝《文章志》 安能作洛下書生咏，而少有鼻疾，語音濁。後名流多斅其咏，弗能及，手掩鼻而吟焉。桓温止新亭，大陳兵衛，呼安及坦之，欲于坐害之。王入失措，倒執手版，汗流沾衣。安神姿舉動，不異于常。舉目偏歷温左右衛士，謂温曰：「安聞諸侯有道，安在四鄰。明公何有壁間着阿堵輩？」温笑曰：「正自不能不爾。」于是矜莊之心頓盡。命部左右，促燕行觴，笑語移日。

《世説新語・雅量》 謝太傅與王文度共詣郗超，日旰未得前，王便欲去。謝曰：「不能爲性命忍俄頃？」

《世説新語・雅量》注引《續晉陽秋》 初，苻堅南寇，京師大震。謝安無懼色，方命駕出墅，與兄子玄圍棋。夜還乃處分，少日皆辦。破賊又無喜容。其高量如此。

《世説新語・識鑒》 謝公在東山畜妓，簡文曰：「安石必出。既與人同樂，亦不得不與人同憂。」

《世説新語・賞譽》 謝太傅未冠，始出西，詣王長史，清言良久。去後，苟子問曰：「向客何如尊？」長史曰：「向客亹亹，爲來逼人。」

《世説新語・賞譽》注引《續晉陽秋》 初，安家于會稽上虞縣，優游山林，六七年間，徵召不至，雖彈奏相屬，繼以禁錮，而晏然不屑也。

《世説新語・賞譽》 謝太傅爲桓公司馬，桓詣謝，值謝梳頭，遽取衣幘，桓公云：「何煩此。」因下共語至暝。既去，謂左右曰：「頗曾見如此人不？」

《世説新語・賞譽》 謝公作宣武司馬，屬門生數十人于田曹中郎趙悦子。伏滔大司馬寮屬名曰：「悦字悦子，下邳人。歷大司馬參軍、左衛將軍。」悦子以

告宣武，宣武云：「且爲用半。」趙俄而悉用之，曰：「昔安石在東山，縉紳敦逼，恐不豫人事；況今自鄉選，反違之邪？」

《世説新語・賞譽》 桓大司馬病。謝公往省病，從東門入。桓公遥望，歎曰：「吾門中久不見如此人！」

《世説新語・賞譽》注引《續晉陽秋》 謝安初携幼釋同好，養志海濱，襟情超暢，尤好聲律。然抑之以禮，在哀能至，弟萬之喪，不聽絲竹者將十年。及輔政，而修室第園館，麗車服，雖期功之慘，不廢妓樂。王坦之因苦諫焉。

《世説新語・簡傲》 謝萬北征，常以嘯咏自高，未嘗撫慰衆士。謝公甚器愛萬，而審其必敗，乃俱行。從容謂萬曰：「汝爲元帥，宜數唤諸將宴會，以説衆心。」萬從之。因召集諸將，都無所説，直以如意指四坐云：「諸君皆是勁卒。」諸將甚忿恨之。謝公欲深箸恩信，自隊主將帥以下，無不身造，厚相遜謝。及萬事敗，軍中因欲除之。復云：「當爲隱士。」故幸而得免。

《世説新語・排調》 謝公在東山，朝命屢降而不動。後出爲桓宣武司馬，將發新亭，朝士咸出瞻送。高靈時爲中丞，亦往相祖。先時，多少飲酒，因倚如醉，戲曰：「卿屢違朝旨，高卧東山，諸人每相與言：『安石不肯出，將如蒼生何？』今亦蒼生將如卿何？」謝笑而不答。

《世説新語・排調》 初，謝安在東山居，布衣，時兄弟已有富貴者，翕集家門，傾動人物。劉夫人戲謂安曰：「大丈夫不當如此乎？」謝乃捉鼻曰：「但恐不免耳！」

《世説新語・輕詆》注引《續晉陽秋》 晉隆和中，河東裴啓撰漢、魏以來迄于今時，言語應對之可稱者，謂之《語林》。時人多好其事，文遂流行。後説太傅事不實，而有人于謝坐叙其黄公酒壚，司徒王珣爲之賦，謝公加以與王不平，乃云：「君遂復作裴郎學。」自是衆咸鄙其事矣。安鄉人有罷中宿縣詣安者，安問其歸資。答曰：「嶺南凋弊，唯有五萬蒲葵扇，又以非時爲滯貨。」安乃取其中者捉之，于是京師士庶競慕而服焉。價增數倍，旬月無賣。

《世説新語・尤悔》 謝太傅于東船行，小人引船，或遲或速，或停或待，又放船從横，撞人觸岸。公初不呵譴。人謂公常無嗔喜。曾送兄征西葬還，征西，謝奕。日莫雨駛，小人皆醉，不可處分。公乃于車中，手取車柱撞馭人，聲色甚厲。夫以水性沈柔，入隘奔激。方之人情，固知迫隘之地，無得保其夷粹。

劉義慶《幽明録》 謝安石當桓温之世，恒懼不全。夜忽夢乘桓輿，行十六里，見一白鷄而止，不得復前，莫有解此夢者。温死後，果代居宰相，歷十六年，而得疾。安方悟云：「乘桓輿者，代居其位也；十六里者，得十六年也；見白鷄住者，今太歲在酉，吾病殆將不起乎？」少日而卒。

李昉《太平廣記》卷一四一《謝安》 東晉謝安於後府接賓。婦劉氏，見狗銜安頭來，久之，乃失所在。是月安薨。

李昉《太平廣記》卷二〇七《謝安》 謝安字安石，學正於右軍。右軍云：「卿是解書者，然知解書爲難。」安石尤善行書，亦猶衛洗馬。風流名士，海内所瞻。王僧虔云：「謝安入能書品録也。」安石隸、行、草并入妙。兄尚字仁祖，萬石，並工書。

備論

《晉書》卷七九《謝安傳》 建元之後，時政多虞，巨猾陸梁，權臣横恣。其有兼將相於中外，係存亡於社稷，負扆資之以端拱，鑿井賴之以晏安者，其惟謝氏乎？簡侯任總中臺，效彰分閫；正議云唱，喪禮墮而復弘；遺音既補，雅樂缺而還備。君子哉，斯人也！文靖始居塵外，高謝人間，嘯詠山林，浮泛江海，當此之時，蕭然有陵霞之致。暨于褫薜蘿而襲朱組，去衡泌而踐丹墀，庶績於是用康，彝倫以之載穆。苻堅百萬之衆，已瞰吴江；桓温九五之心，將移晉鼎，衣冠易慮，遠邇崩心。從容而杜姦謀，宴衎而清羣寇，宸居獲太山之固，惟揚去累卵之危，斯爲盛矣。然激繁會於朞服之辰，敦一歡於百金之費，廢禮於媮薄之俗，崇侈於耕戰之秋，雖欲混哀樂而同歸，齊奢儉於一致，而不知積風已扇，雅道日淪，國之儀刑，豈期若是！

安西英爽，才兼辯博。宣力方鎮，流聲臺閣。太保沈浮，曠若虚舟。任高百辟，情惟一丘。琰邈忠壯，奕萬虚放。爲龍爲光，或卿或將。偉哉獻武，功宣授斧。克翦凶渠，幾清中寓。

《唐文拾遺》卷一三虞世南《論略》 公子曰：「謝安爲相，可與何人爲比？」先生曰：「昔顧雍封侯之日，而家人不知，故前代稱其賢也。夫以東晉衰微，江左凋敝，戎狄交侵，疆埸日駭。況永固英主，親率百萬，苻融名將，執鋭前驅，厲竇衡之嘴距，騁張蚝之鋒鍔，先築賓館，以待晉居。强弱而論，雖鴻毛太

山，不足爲喻。文静深拒桓沖之援，不喜謝元之書。則勝敗之數，故已在于胸中矣。斯人也，豈以區區萬户之封，動其方寸哉？若論其度量，近古以來，未見其匹。昔哉！不與八元、三傑齊衡接軫，驟首太階，贊升平之業矣。」

胡宿《文恭集》卷一〇《湖州乞爲太傅謝安置守冢禁樵採表》 《春秋》之記：太上立德，其次立功，謂之不朽。聖人之制：能禦大災，能捍大患，則必見祭。至于封表閭墓，禁止樵採，尋所來而蹇繁，蓋難得而疏舉。雖聖賢相去，事業有間，迹其大指，所以褒德旌功而已。竊見晉太傅謚「文靖公」謝安，挺生江表，忠存王室，甫從衡門，未解韋帶。已積台弼之器，便繫蒼黔之心。及起東山，相簡文帝，摧桓温九五之逼，破苻堅百萬之衆，名蓋當世，功濟諸華，號文武之偉人，爲風流之稱首。

胡寅《讀史管見》卷八 或消安石爲郗超屈者，安石非圖富貴、持禄求榮也，正惟心在王室故爾。王允之屈意于董卓，温嶠之屈意于王敦，謝安之屈意于桓温，皆不爲私，是以君子與之，與其心也。孟子曰：「有安社稷臣者，以安社稷也悦也。」安石有焉。

胡寅《讀史管見》卷九 魏晉以來，以智詐威力取天下，無教養太子之法，若聽其自然，無不賢達者。安石雖一代偉人，於此道亦未免乎滅裂而鹵莽也，故雖建功靖難，而主德下衰，國勢日削，此後覺有志之士所宜知也。

《陳亮集》卷九《謝安比王導》 善觀大臣者，常觀諸其國，而不觀諸其身。晉有天下不二世，而爲江東，德之在人者尚淺也，而更成百年之業。有王導焉立之於其先，有謝安焉扶之於其後，端静寬簡，均能爲一國之輕重有無者。故當時有謝安比王導之論。請因史臣所載而申之。

劉石交亂中原，晉之藩鎮相繼覆没，人心雖未忘晉，非有英豪絶世之才，不能駐足於北方也。勢之所在，豈人力之所能强哉！故王導輔元帝，立基建業，以遥爲北方應援。當是時，元帝名論尤輕，導能重之；諸名將未附，導能致之。法令寬簡，庶事草創。宫室不脩，軍國之儀不備，示若不安於此者。以揚州爲京畿，穀帛所資皆出焉；以荆州爲重鎮，甲兵所聚盡在焉，故江左之勢遂强。舉大綱於其上，而二千石守長往往得以自行其意；將帥之有功者，人才之不羈者，族望之盛者，民之豪强者，與夫户口之能自隱匿者，又皆得以自舒於其下。不窮姦以爲明，不苛法以爲嚴。中更敦、峻之變，及若將相異同疑間之論，導俛仰廢興存亡之間，因事就功，而江東卒賴以定，巍然社稷之臣也。獨祖逖經營河南，有功緒矣，導蓋若任其自存自没者。豈以江左甫定，未遑遠略乎？君父之痛，不可以一朝安也。是以周訪、陶侃有志而不遂，庾亮、庾翼、褚裒大舉而自沮。造端於其初者，無以開其後也。

其後桓温藉平蜀之勢，威震一時，挈兵入關，三輔震動。當是時，南師不出蓋四十餘年矣。有如徑詣長安，則豪傑響應，西北郡縣誰非效功之人？雖有智者，不能爲苻健苻雄計矣。温一心以爲有鴻鵠將至，故氣不足以決之，而進退失據。此固王猛之所不屑就也，晉於是無中州之望矣，而温方專制朝廷，幾於改物。謝安高卧東山，負蒼生之望。晚始從温辟，卒與王坦之、彪之周全上下，扶持王室，使逆謀遂緩，而温自斃。及安輔政，晉之變故數矣。如人之一身元氣未實，而奇疾繼作，此固非永年之道也。乘其小定而求快焉，則遂亡矣。故安一切以大體彌縫之，號令無所變更，而任用不分彼此。后戚入則輔政，出則方伯，晉之制也。王藴固辭，則以義强令之，使上下無不滿之心，而他時無任用過正之禍。桓氏位列内外，一朝失職，政之蠹也。以石民、石虔爲荆江，使其無窺窬之心，而異時無意外生憂之慮。苻堅之舉，可以無晉矣，而泰然如平時。淮淝之功壯矣，而微賞之不受。君臣之恩意已不可保，顧方經略中原，惟恐不及。晉之爲晉，蓋可知矣。有以壯其勢，則來者尚有所憑藉，而一身之不暇恤也。及桓氏竟以失職成禍，而劉裕卒藉手以起，竟能爲晉一平河、洛，司馬氏既亡而復存者猶二十餘載。微安之壯其勢，宜不及此。

導與安相望於數十年間，其端静寬簡，彌縫輔贊，如出一人，江左百年之業實賴焉。其亦庶幾於古之所謂大臣歟？置其立國之功，而取其立身之一節以較之，非所以論大臣也。故吾極論江左之興亡，而二人之相配較然矣。

黎靖德《朱子語類》卷一三六 「謝安之待桓温，本無策。温之來，廢了一君。幸而要討九錫，要理資序，未至太甚，猶是半和秀才。若它便做個二十分賊，如朱全忠之類，更進一步，安亦無如之何。王儉平日自比謝安。王儉是已敗闕底謝安，謝安特幸未疏脱底王儉耳。安比王儉只是有些英氣。苻堅之來，亦無措置。前輩云，非晉人之善，乃苻堅之不善耳。然堅只不合擁衆來，謝安必有以料之。兼秦人國内自亂，晉亦必知之，故安得以鎮静待之。堅之來，在安亦只得發兵去迎敵當來。苻堅若不以大衆來，只以輕兵時擾晉邊，便坐見狼狽。」因問正淳曰：「桓温移晉祚時，安能死節否？」曰：「必不能，却須逃去。」曰：「逃將安往？若非死節，即北面事賊耳。到這里是築底處，中間更無空地。」

《全祖望集·鮚埼亭集外編》卷三七《謝安論》 王、謝齊名，其人亦相似。王敦之難，導不能抗也，而能巧自異於敦，然不過待敦之死而已。使敦不死，遂成其篡，導將如之何？桓温之難，安不能抗也，而能婉自異於温，然不過待温之死而已。使温不死，遂成其篡，安將如之何？

敦與導爲兄弟，導之心或别有不可知者，安則非其比也，特其才不足以討亂，節不足以拒逆，於是累改九錫之文，以冀事緩而變生，其亦憧矣。向令安才足以討亂，節足以拒逆，則温以九錫之文至，從而聲其罪，加以六師可矣，豈不毅然大丈夫所爲耶？

淝水之捷，千古以爲安之才。吾以爲是役也，苻堅失律，使安得以成其名，蓋亦幸而勝耳。安之拒桓沖勤王之師，蓋其矯情鎮物之能事，非果有成算也。安能令玄成淝水之捷，何以不能令玄乘勝直取秦之國乎？厥後進師黎陽，不能復京洛，并可以知玄之才矣。

王夫之《讀通鑑論》卷一四 桓沖死，謝安分荆、豫、江三州以授諸桓，桓玄之禍始於此矣。安之慮桓氏已熟矣，折桓沖而令其無功媿死，其勢可以盡削桓氏之權，以奬晉室；然而爲此者，自以父子名位太重，貽桓氏以口實，不得已而平其怨忌也。夫桓氏亦豈以私怨怨安而危安者乎？憂不在桓氏，而在司馬道子、王國寶也。二姦伏於蕭墻，蠱孝武以忌安，而不足以相勝，則必假手桓氏以啓釁。主昏相妒，以周公之聖，且不能塞不利孺子之口，而况安乎？故以知安之於此，有大不獲已者在也。所任者，石虔也、石民也、伊也，以爲差愈於玄而可免於亂；然而終不能免，則安窮矣。

雖然，安豈遂無道處此以保身而靖國乎？安秉國政於此十年矣，太后歸政而已録尚書八年矣。夫豈晉廷之士舉無可大受之人材，使及早而造就之，以儲爲國之柱石者？沖死之後，内不私之於子弟，外不復假於諸桓，君無可疑，相無可謗，而桓氏亦無所倚以争權。安之識早弗及此也，則臨事周章，亦其必然之勢矣。量不弘而慮不周，有靖國之忠，而惘於大臣之道，安不能免於責矣。

《鴟鴞》之詩曰：「既取我子，勿毁我室。」周公長育人才之心，至於疑謗居東而哀鳴益切。人才者，大臣之以固國之根本者也，時未有賢，則教育之不夙也。不此之務，惴惴然求以弭謗，而貽國家之患，可深惜也夫！

鄭賢《古今人物論》卷六《謝安論》 古之有爲於天下者，必有以脱除天下之習，而立乎其外。蓋爲物所移者，雖足以自見於天下，而恐其立久而不勝也。夫君子之所恃以勝天下者，在乎器識德量之間，而不在乎幹局之用。君子雖不恃以爲長，而不可以之自廢。苟遺棄其鄙近，而將寄託於所溺，豈獨權寵利欲之足以纍人哉！吾以爲謝安之清言，亦其累也。安之未仕也，知鎮西之必敗，而委曲厚結其士卒，脱弟萬於難。其既相也，當桓温而不懾，禦苻堅而不懼，是其識量，豈猶夫尋常之可測哉！顧可以見天下之幾微者，識也。而天下之大，有非明智之所能盡，則識於是乎窮。可以鎮天下之危疑者，量也。而建功立業之人，又有時乎出於達生脱世之表，則量亦僅得其一端。嗚呼！蓋未有力不足以舉天下之煩，氣不足以鍊天下之苦，性情不足以扶持天下之一偏，而可以大有爲者也。善夫！王羲之謂安曰：「夏禹胼胝，文王旰食，虚談廢務，浮文妨要，非當也所宜。」而桓沖亦云：「安石有廟堂之望，不閑大略，安皆不之用也。」夫安豈不知四郊多壘，所當布置而經營，日不暇已者也？顧其數十年以來，熟見夫江東之門第聲名，以文雅爲高，以風流爲美。既不能矯克其一時之夙習，而又以清言濟之。方且塵視乎軒冕，敝屣乎功名，以矜其邁往不屑之韻。幸而遇變如温與堅者，而皆有以鎮静而安全焉，以爲是已足以自見也。説者以二患既平之後，安即間於國寶之讒，不久而卒，故其建樹止於此。而不知其不然。蓋安之爲人，清沖有餘而樸練不足，無以争天下之先而經天下之遠。吾以其夙習决之矣。夫所貴乎矯而克之者，非以爲勝於天下也，乃以自勝也。不爲浮譽所惑，則所以養其力者厚；不與流俗相競，則所以制其氣者重。厚且重，則其性情無累，故其見之於天下者，煩簡適宜，而苦樂一致。若安者，可謂簡易而和樂矣。設一旦困之以煩，嘗之以苦，吾恐其廢然而返於莊生、老子之林矣，又安能深沈確實，開擴淬厲，而以天下爲己任乎？晉氏之既東也，其相臣前有王導，後有謝安。導有大有爲之識，而無大有爲之才。安有大有爲之量，而無大有爲之幹。過去則時勢去矣，其偏安也宜哉！然則必如何而可？曰：如陶侃、祖逖者，而更假之以導與安之識量，庶乎其可也。

《侯方域集》卷七《謝安論》 古之有爲於天下者，必有以脱除天下之習而立乎？其外蓋爲物所移者，雖足以自見於天下，而恐其歷久而不勝也。夫君子之所恃以勝天下者，在乎器識、德量之間，而不在乎幹局。然而幹局之用，君子雖不恃以爲長，而不可以之自廢。苟遺棄其鄙近，而將寄託於所溺，豈獨權寵利欲之，足以纍人哉！吾以爲謝安之清言，亦其累也。安之未仕也，知鎮西之必敗，而委曲厚結其士卒，脱弟萬於難；其既相也，當桓温而不禦，苻堅而不懼，是其

識量。豈猶夫尋常之可測哉？顧可以見天下之幾微者，識也。而天下之大，有非明智之所能盡，則識於是乎窮。可以鎮天下之危疑者，量也。而建功立業之，人又有時乎？出於達生脱死之表，則量亦僅得其一端。嗚呼！蓋未有力不足，以舉天下之煩；氣不足，以鍊天下之苦；性情不足，以扶持天下之一偏，而可以大有爲者也。善乎！王羲之謂安曰：「夏禹胼胝，文王旰食，虚談廢務，浮文妨要，非當世所宜。」而桓沖亦云：「安石有廟堂之望，不閒大畧。」安皆不之用也。夫安豈不知四郊多壘，所當布置而經營，日不暇給也哉！顧其數十年以來，熟見夫江東之門地，聲名，以文雅爲高，以風流爲美，既不能矯克其一時之夙習，而又以清言濟之。方且塵視乎？軒冕弊屣乎？功名以矜其邁，往不屑之韻，幸而遇變如温與堅者，而皆有以鎮静而安全焉，以爲是已足以自見也。説者以二患既平之後，安即間於國寶之讒不久而卒。故其建豎止於此，而不知其不然。蓋安之爲人，清冲有餘，而樸練不足，無以争天下之先，而經天下之遠，吾以其夙習決之矣。夫所貴乎矯而克之者，非以爲勝於天下也。乃以自勝也，不爲浮譽所惑，則所以養其力者，厚不與流俗相競，則所以制其氣者重厚。且重則其性情無累，故其見之於天下者，煩簡適宜，而苦樂一致。若安者，可謂簡易而和樂矣！設一旦困之以煩，嘗之以苦，吾恐其廢然而於莊生、老子之林也。又安能深沉確，實開擴淬厲，而以天下爲己任乎？晉氏之既東也，其相臣，前有王導，後有謝安。導有大有爲之識，而無大有爲之才。安有大有爲之量，而無大有爲之幹。過此則時勢去矣。其偏安也，宜哉！然則必何如而可？曰：「如陶侃、祖逖者，而更假之以導與安之識量，庶乎其可已。

李繼聖《尋古齋詩文集》卷二《謝安石論》 謝太保安，晉室第一流也。請后臨朝，以嫂並叔而卒。不欲任桓沖，況鹿鹿諸君，獷獷餘子乎？且當燕亡，垂困秦疲，猛死不竭。謀鼓氣徑復中原，而玄且饋粟救鄴，解很鬪於苻丕。其逖美於郭汾陽、岳忠武遠矣。安嘗登冶城，悠然遐想，羲之短之。蓋晉人清談習氣，漸染賢豪，其忠勇皆爲所破。或謂安矯情鎮物，似慕容恪，是固不然。安當彊敵震衆，自有成筭。恪當主少國疑，自有大度也。安惟此差强人意。

王源《居業堂文集》卷一一《謝安論》 或曰：「淝水之役，晉有可勝之理乎？」曰：「然。」曰：「謝安圍棋賭墅，知晉必勝，秦必敗，故鎮静若此乎？」曰：「否。」秦伐晉，非出萬全，故晉可勝。而晉之所以勝秦者，倖也，非廟算之勝也。攻者利於速，守者利於久。攻者速，則敵不及爲備，而破竹之勢可乘；守者久，則敵師老力屈，吾得以觀其變而乘其隙。【略】夫秦以百萬之衆，行行然乘其初至之鋭，求逞於晉。而晉舉什不當一之衆攖其鋒，而欲以力勝之，已蹈劉岱必敗之轍，而反以之勝，豈非倖乎？日夫敵無强弱，唯在所以應之。誠應之不失道，敵雖衆而能謀，吾亦可以自保。若其無謀，主客異勢，勝在我矣。秦之强，雖十倍於晉，然不知據上流攻之，出奇誤之，而傾國以出淮南，無能爲矣。安若命諸將守要害，清野嚴備禦以待。至則馮城不與戰，而親帥水軍沿江上下，備其分兵襲建康，别命桓沖將輕兵擾其餉道。彼深入吾地，攻城不拔，無所掠，出奇不能，情見勢屈，必將有變。然後運奇奮擊，此則應敵致勝之策。而安未聞出諸此也。或曰：「朱序、慕容垂從中潰之，安與二人已有成謀，不爲倖勝。」是則事後成敗之論，臆度之詞。大序之通晉，在壽春兵已將交，非預定之略。垂若通晉，何以史無明文，如序可考？且法謂：「無恃其不來，恃吾有以待之；無恃其不攻，恃吾有所不可攻。」即果與二人有成謀，而徒恃之爲致勝之策，亦不得爲非倖，又況其不然也。嘗考苻堅下詔伐晉，曰：「其以司馬昌明爲尚書左僕射，射安爲吏部尚書。」噫！安之命駕出遊，而云别有旨者，我知之矣。

藝文

《全唐文》卷三一七李華《先賢贊六首》 在昔苻秦，將霸晉邦。百萬雷行，飲馬竭江。江淮岌業，力屈則降。謝公從容，子弟董師。以少擊多，一鼓殲夷。

《全唐詩》卷一一一王丘《咏史》 高潔非養正，盛名亦險艱。偉哉謝安石，携妓入東山。雲岩響金奏，空水灔朱顔。蘭露滋香澤，松風鳴珮環。歌聲入空盡，舞影到池閑。杳眇同天上，繁華非代間。卷舒混名迹，縱誕無憂患。何必蘇門子，冥然閉清關。

《全唐詩》卷六四七胡曾《咏史詩·東山》 五馬南浮一化龍，謝安入相此山空。不知携妓重來日，幾樹鶯啼谷口風。

《全唐詩》卷七六七孫元晏《晉·蒲葵扇》 抛舍東山歲月遥，幾施經略挫雄豪。若非名德喧寰宇，争得蒲葵價數高。

《全唐詩》卷七六七孫元晏《晉·謝公賭墅》 發遣將軍欲去時，略無情撓只貪棋。自從乞與羊曇後，賭墅功成更有誰。

《全唐詩》卷七六七孫元晏《晉・苻堅投箠》 投箠填江語未終，謝安乘此立殊功。三臺星爛乾坤在，且與張華死不同。

夏竦《文莊集》卷三一《奉和御制讀晉書》 安石陵霞致，清言振玉音。鴻勛濟世久，厚德感人深。朱組雖然襲，虚舟豈易沉。東山高志在，瀟灑謝塵襟。

王安石《臨川先生文集》卷二八《謝安墩二首》 我名公字偶相同，我屋公墩在眼中。公去我來墩屬我，不應墩姓尚隨公。

謝公陳迹自難追，山月淮雲祇往時。一去可憐終不返，暮年垂淚對桓伊。

王安石《臨川先生文集》卷三二《謝安》 謝公才業自超群，誤長清談助世紛。秦晉區區等亡國，可能王衍勝商君。

《景定建康志》卷三一馮去非《晉太傅廬陵文靖公謝安石讚》 建元而後，事異救謐。海内之望，孰先安石。繫望所在，舉國倚之。其處也不翅伯夷，其出也人以茂弘比之。是以從容宴衎，悉就條理。内杜窺窬之奸，外挫吞噬之志。雖晉室而既卑矣，抑亦差彊人意。雅道崇崇，清言娓娓。其人甚遠，其室則邇。

《全宋文》卷三六三一宋徽宗《太傅謝安石贊》 德被當時，名垂後世。會稽之陽，東山之地。養高自樂，哲人之計。宣和二年伏臘月。

《全宋文》卷四五五一宋高宗《晉太傅謝安像贊》 儀貌雍雍，才華犖犖。度量宏寬，識見超卓。繫晉鼎之安危，憩東山之林壑。嗚呼，實成周之召公，而有商之傅説也耶！皇宋紹興十四年九月十二日之章。

陳普《石堂先生遺集》卷二一《謝安》 地陷天傾不廢碁，謝安阮籍好同時。江東殘局危亡勢，似太元初尚可爲。軍中如意揮諸將，依約東山嘯詠兒。不遣君王湛酒色，市朝猶足肆王甥。苻氏無良安自尊，鮮卑羌竪正鯨吞。到頭碁酒消磨晉，莫道桓沖果失言。

高啓《高青丘集》卷一七《謝安》 談笑新亭鼎不移，坐籌强虜在枰碁。平生事業從容得，莫道無心屐折遲。

孫承恩《文簡集》卷四一《古像贊・謝文靖公安》 謝子賢輔，沉敏有文。和靖御物，從容解紛。逸志高情，日短途促。召埭悲思，西州慟哭。

朱國禎《涌幢小品》卷二二 方秋崖有晉謝太傅贊云：「絲竹雲林，妓女冥壑，此亦一安石。鬼蜮老姦，風鶴勁敵，此亦一安石。」蓋太虚之雲無心，而空谷之響無跡。要未易窺敵手之碁，而訾折齒之屐也。此贊得實得韻，乃安石千古知己。

邊連寶《邊隨園集》卷四一《別墅棋・晉太傅謝公》 破秦軍，于淝水。兒子輩，乃辨此。且圍棋，烏足喜。過户限，屐折齒。龕暴亂，資神理。吾聞諸，公孫子。

王猛部

綜述

《晉書》卷一一四《苻堅載記下附王猛》　王猛字景略，北海劇人也，家於魏郡。少貧賤，以鬻畚爲業。嘗貨畚於洛陽，乃有一人貴買其畚，而云無直，自言家去此無遠，可隨我取直。猛利其貴而從之，行不覺遠，忽至深山，見一父老，鬚髮皓然，踞胡牀而坐，左右十許人，有一人引猛進拜之。父老曰：「王公何緣拜也！」乃十倍償畚直，遣人送之。猛既出，顧視，乃嵩高山也。

猛瓌姿儁偉，博學好兵書，謹重嚴毅，氣度雄遠，細事不干其慮，自不參其神契，略不與交通，是以浮華之士咸輕而笑之。猛悠然自得，不以屑懷。少游於鄴都，時人罕能識也。惟徐統見而奇之，召爲功曹。遁而不應，遂隱於華陰山。懷佐世之志，希龍顔之主，斂翼待時，候風雲而後動。桓温入關，猛被褐而詣之，一面談當世之事，捫蝨而言，旁若無人。温察而異之，問曰：「吾奉天子之命，率鋭師十萬，杖義討逆，爲百姓除殘賊，而三秦豪傑未有至者，何也？」猛曰：「公不遠數千里，深入寇境，長安咫尺而不渡灞水，百姓未見公心故也，所以不至。」温默然無以酬之。温之將還，賜猛車馬，拜高官督護，請與俱南。猛還山諮師，師曰：「卿與桓温，豈並世哉！在此自可富貴，何爲遠乎？」猛乃止。

苻堅將有大志，聞猛名，遣吕婆樓招之，一見便若平生，語及廢興大事，異符同契，若玄德之遇孔明也。及堅僭位，以猛爲中書侍郎。時始平多枋頭西歸之人，豪右縱横，劫盜充斥，乃轉猛爲始平令。猛下車，明法峻刑，澄察善惡，禁勒强豪。鞭殺一吏，百姓上書訟之，有司劾奏，檻車徵下廷尉詔獄。堅親問之，曰：「爲政之體，德化爲先，莅任未幾而殺戮無數，何其酷也！」猛曰：「臣聞宰寧國以禮，治亂邦以法。陛下不以臣不才，任臣以劇邑，謹爲明君翦除凶猾。始殺一姦，餘尚萬數，若以臣不能窮殘盡暴、肅清軌法者，敢不甘心鼎鑊，以謝孤負？酷政之刑，臣實未敢受之。」堅謂羣臣曰：「王景略固是夷吾、子産之儔也。」於是赦之。

遷尚書左丞、咸陽内史、京兆尹。未幾，除吏部尚書、太子詹事，又遷尚書左僕射、輔國將軍、司隸校尉，加騎都尉，居中宿衛。時猛年三十六，歲中五遷，權傾内外，宗戚舊臣皆害其寵。尚書仇騰、丞相長史席寶數譖毁之，堅大怒，黜騰爲甘松護軍，寶白衣領長史。爾後上下咸服，莫有敢言。頃之，遷尚書令、太子太傅，加散騎常侍。猛頻表累讓，堅竟不許。又轉司徒、録尚書事，餘如故。猛辭以無功，不拜。

後率諸軍討慕容暐，軍禁嚴明，師無私犯。猛之未至鄴也，劫盜公行，及猛之至，遠近帖然，燕人安之。軍還，以功進封清河郡侯，賜以美妾五人，上女妓十二人，中妓三十八人，馬百匹，車十乘。猛上疏固辭不受。

時既留鎮冀州，堅遣猛於六州之内，聽以便宜從事，簡召英儁，以補關東守宰，授訖，言臺除正。居數月，上疏曰：「臣前所以朝聞夕拜、不顧艱虞者，正以方難未夷，軍機權速，庶竭命戎行，甘驅馳之役，敷宣皇威，展筋骨之效，故僶俛從事，叨據負乘，可謂恭命於濟時，俟太平於今日。今聖德格于皇天，威靈被于八表，弘化已熙，六合清泰，竊敢披貢丹誠，請避賢路。設官分職，各有司存，豈應孤任愚臣，以速傾敗！東夏之事，非臣區區所能康理，願徙授親賢，濟臣顛墜。若以臣有鷹犬微勤、未忍捐棄者，乞待罪一州，效盡力命。徐方始賓，淮汝防重，六州處分，府選便宜，輒以悉停。督任弗可虚曠，深願時降神規。」堅不許，遣其侍中梁讜詣鄴喻旨，猛乃視事如前。

俄入爲丞相、中書監、尚書令、太子太傅、司隸校尉，持節、常侍、將軍、侯如故。稍加都督中外諸軍事。猛表讓久之。堅曰：「卿昔螭蟠布衣，朕龍潛弱冠，屬世事紛紜，厲士之際，顛覆厥德。朕奇卿於暫見，擬卿爲臥龍，卿亦異朕於一言，迴《考槃》之雅志，豈不精契神交，千載之會！雖傅巖入夢，姜公悟兆，今古一時，亦不殊也。自卿輔政，幾將二紀，内釐百揆，外蕩羣凶，天下向定，彝倫始敍。朕且欲從容於上，望卿勞心於下，弘濟之務，非卿而誰？」遂不許。其後數年，復授司徒。猛復上疏曰：「臣聞乾象盈虚，惟后則之；位稱以才，官非則曠。鄭武翼周，仍世載詠；王叔昧寵，政替身亡。斯則成敗之殷監，爲臣之炯戒。竊惟鼎宰崇重，參路太階，宜妙盡時賢，對揚休命。魏祖以文和爲公，貽笑孫后；千秋一言致相，匈奴吲之。臣何庸狷，而應斯舉！不但取嗤鄰遠，實令爲虜輕秦。昔東野窮馭，顔子知其將弊。陛下不復料度臣之才力，私懼敗亡是及。且上虧憲典，臣何顔處之！雖陛下私臣，其如天下何！願迴日月之鑒，矜臣後悔，使上無

過授之謗，臣蒙覆燾之恩。」堅竟不從。猛乃受命。軍國内外萬機之務，事無巨細，莫不歸之。

猛宰政公平，流放尸素，拔幽滯，顯賢才，外修兵革，内崇儒學，勸課農桑，教以廉恥，無罪而不刑，無才而不任，庶績咸熙，百揆時敘。於是兵强國富，垂及升平，猛之力也。堅嘗從容謂猛曰：「卿夙夜匪懈，憂勤萬機，若文王得太公，吾將優游以卒歲。」猛曰：「不圖陛下知臣之過，臣何足以擬古人！」堅曰：「以吾觀之，太公豈能過也？」常敕其太子宏、長樂公丕等曰：「汝事王公，如事我也。」其見重如此。

廣平麻思流寄關右，因母亡歸葬，請還冀州。猛謂思曰：「便可速裝，是暮已符卿發遣。」及始出關，郡縣已被符管攝。其令行禁整，事無留滯，皆此類也。性剛明清肅，於善惡尤分。微時一餐之惠，睚眦之忿，靡不報焉，時論頗以此少之。

其年寢疾，堅親祈南北郊、宗廟、社稷，分遣侍臣禱河嶽諸祀，靡不周備。猛疾未瘳，乃大赦其境内殊死已下。猛疾甚，因上疏謝恩，并言時政，多所弘益。堅覽之流涕，悲慟左右。及疾篤，堅親臨省病，問以後事。猛曰：「晉雖僻陋吴越，乃正朔相承。親仁善鄰，國之寶也。臣没之後，願不以晉爲圖。鮮卑、羌虜，我之仇也，終爲人患，宜漸除之，以便社稷。」言終而死，時年五十一。堅哭之慟。比斂，三臨，謂太子宏曰：「天不欲使吾平一六合邪？何奪吾景略之速也！」贈侍中，丞相餘如故。給東園温明祕器，帛三千匹，穀萬石。謁者、僕射監護喪事，葬禮一依漢大將軍霍光故事。謚曰武侯。朝野巷哭三日。

雜録

備録

李昉《太平御覽》卷三〇七引《載記》　王猛與慕容評戰，陳于渭原，而誓衆曰：「王景略受國厚恩，任兼内外，今與諸軍深入賊地，宜各勉進，不可退也。願戮力行間以報恩，顧受爵明君之朝，慶觴父母之室，不亦美乎？」衆皆勇奮，破釜棄糧，大呼競進。

李昉《太平御覽》卷三一二引崔鴻《十六國春秋》　前秦苻堅將王猛討前燕慕容暐，暐遣將慕容評屯於潞川以拒之。猛與評相持，遣裨將郭慶以鋭卒五千，夜從間道出評營後，傍山起火，燒其輜重。暐懼，遣使讓評，催之遣戰。猛知評賣水鬻薪，不撫將士，有可乘之會。評又求戰，乃陳於潞原，而誓衆曰：「今與諸君深入賊地，宜各勉進，不可退也。願戮力行間以報恩，願受爵明君之朝，慶觴父母之室，不亦美乎？」

衆皆勇奮，破釜棄糧，大呼競進。猛睹評師之衆也，惡之。謂鄧羌曰：「今日之事，非將軍莫可以捷，將軍其勉之。」羌曰：「若以司隸見與者，公無以爲憂。」猛曰：「此非吾之所及，必以本郡太守萬户侯相處。」羌不悦而退。俄而，兵交，猛召之，羌寢而弗應，猛馳就許之。羌于是大飲帳中，與張蚝、徐成等跨馬運矛，馳入評軍。出入數四，傍若無人，搴旗斬將，殺傷甚衆。戰及日中，評衆大敗，俘斬五萬。

李昉《太平御覽》卷四六五引崔鴻《前秦録》　王猛化洽六州，人移風變，百姓歌之曰：「長安大街，夾樹楊槐。下走朱輪，上有鸞栖。英彦雲集，誨我人黎。」

備論

王通《中説》卷二　王猛有君子之德三焉：其事上也密，其接下也温，其臨事也斷。

王通《中説》卷四　齊桓尊王室而諸侯服，惟管仲知之；符秦舉大號而中原静，惟王猛知之。或曰符秦逆。子曰：晉制命者之罪也，符秦何逆？昔周制至公之命，故齊桓、管仲不得而背也；晉制至私之命，故符秦、王猛不得而事也。其應天順命、安國濟民乎？是以武王不敢逆天命、背人而事紂，齊桓不敢逆天命、背人而黜周。故曰：晉之罪也，符秦何逆？三十余年，中國士民，東西南北，自遠而至，猛之力也。

《資治通鑑》卷一〇二　鄧羌請郡將以撓法，狥私也。勒兵欲攻王猛，無上也；臨戰豫求司隸，邀君也；有此三者，罪孰大焉！猛能容其所短，收其所長，

若馴猛虎，馭悍焉，以成大功。《詩》曰：「采葑采菲，無以下體。」猛之謂矣。

《資治通鑑》卷一〇二 昔周得微子而革商命，秦得由余而霸西戎，吳得伍員而克强楚，漢得陳平而誅項籍，魏得許攸而破袁紹：彼敵國之材臣，來爲己用，進取之良資也。王猛知慕容垂之心久而難信，獨不念燕尚未滅，垂以材高功盛，無罪見疑，窮困歸秦，未有異心，遽以猜忌殺之，是助燕爲無道而塞來者之門也，如何其可哉！故秦王堅禮之以收燕望，親之以盡燕情，寵之以傾燕衆，信之以結燕心，未爲過矣。猛何汲汲於殺垂，乃爲市井鬻賣之行，有如嫉其寵而讒之者，豈雅德君子所宜爲哉！

徐積《節孝集》卷三一 王猛、王朴，真一時之奇才。然猛不知以義自處，而屢受困辱。

胡寅《讀史管見》卷八 苻堅、王猛君臣之契，亦可謂美矣。然婆樓薦猛，本爲圖生也，堅招猛問以時事而大悦，即是猛爲堅畫弑君之策矣。【略】景略進不以正矣，如正邦何？

胡寅《讀史管見》卷九 王景略雖善治國，殆亦法制嚴、刑名著，非有仁義禮樂以固結人心者。未已猛死，其政遂頹。

方孝孺《遜志齋集》卷二二《梅長者祠堂碑》 王猛之於符氏，曾未旋踵而大亂作，豈其才智之不足歟？長厚之道微，而人不懷其德也。故天下可以無才能之人，不可以無長者。

胡居仁《胡敬齋集》卷二《王猛》 秦苻堅得王猛，自以爲若玄德之遇孔明。後世俗儒，亦以王猛比孔明，皆非也。苻堅乃五胡之雄，弑君弑兄，王法所不容者，安可比玄德！玄德乃帝室之冑，志在匡復，承桓帝密詔討賊，即名義俱正。孔明之在南陽，人龍高卧。當時曹操、孫權，皆漢賊不可仕，玄德三顧方起，則三代以下，得出處之正，莫如孔明。當玄德喪敗之餘，孔明佐玄德以立國。玄德既没，孔明以偏蜀之師，聲魏之罪，伐取中原，司馬懿不敢敵戰，則孔明之才非猛比。猛之西燕，主暗國危，東晉强臣跋扈，故能輔堅，呑噬中國。使在三國之時，必仕操而爲司馬懿之徒矣，如孔明之青天白日，光明正大，可同日而語哉？

張大齡《晉五胡指掌》卷上 天啓龍驤，九州之地，遂有其八。海嶠獻琛，越裳重譯，黎庶樂業，髦俊登庸，禮備樂和，辟雍弘化，開辟以來，胡運之盛，未有若斯者也。是何成功之速哉？有王景略爲之輔耳。景略之才，不下管、葛，而堅舉國聽之，間者必死，雖名君臣，實肝膽肺腑，故景略得以盡其材，而堅亦勤政愛民，仁恕恭儉。景略死而堅漸驕，伐晉之舉，急於混一，説者咸謂鮮卑西羌未之早除。不知景略若在，萇等幾上之肉，何能爲哉！故景略之存亡則苻氏之興衰也。

傅占衡《湘帆堂集》卷九《王猛論》 王猛之伐燕也，恐慕容垂父子爲國深累，詭走其子。故師若破竹，垂不敢動，何者？令既去，秦翅孤負曲，雖有慕容翰歸燕之志，計無所出也。夫翰當濱死托身，段氏尚恐覆國，阻段蘭長驅之兵。況垂近則有令，遠則有麟，間道相約豈能入鄴，無遺顧哉？又有宗親在秦，人有遠志，滅燕之後，垂受恩益渥，卒颺而去。論者以垂恨猛，計因以自危，此猶見七國削地起釁，而信吳王之不反，追晁錯之失策也。夫由余、伍員、陳平、許攸、垂之在秦，非其比也。其後冲爲西燕，兵逼長安地。堅以錦袍遺之，冀感舊寵，爲冲所笑。若微子，商之賢親，然非垂之倫也。周建宗親，布滿海宇，區區孤宋，能何爲哉？堅不度才而慕大，以燕諸王悉補邊罷，周道之密，寧若此耶？若以垂當秦兵大敗，猶不殺堅，及苻丕開隙，而兵名愈直，其議亦非？是堅敗於疎暗，滅於好名。雖不伐晉，禍必及矣。

王夫之《讀通鑑論》卷一四 王猛請慕容垂之佩刀，紿其子使叛逃，期以殺垂，司馬温公譏其非雅德君子所爲，何望猛之厚而責之薄也！猛者，亂人之雄者耳，惡知德哉！

猛以桓温爲不足有爲而不歸晉，將謂苻堅之可與定天下乎？乃堅亡而晉固存，果孰短而孰長邪？使猛隨温而東也，歸晉也，非歸温也。猛而果有定天下之略，則因温以歸晉，而因可用晉以制温。然則其不隨温而東，乃智量出乎温之下，而欲擇易與者，以獲富貴耳。慕容垂奔秦，慕容評以鬻薪賣水之猥賤而握重兵，猛滅之，非智勇之絶人，摧枯折朽之易也。苻堅之不欲殺垂，猛豈能間之？而徒爲撓亂，忌其寵而已矣。其誓三軍曰：「王景略受國厚恩，任兼内外，受爵明君之廷，稱觴父母之室，不亦美乎？」猛之涯量盡於此矣。紿無知之稚子而陷其死，商鞅、張儀之術也。朱子曰：「三秦豪傑之士，非猛而誰？」伏戈矛於談笑，激叛亂以殺人，妾婦耳，奚豪傑之云！

陳孝威《壺山集》卷三《王猛論》 英雄舉事意，恒寄於不可知事，每存於不可見。若使可知可見而索之，爲術固已淺矣。北海王猛，其才可冠江東諸人，以不事中國而事夷狄，君子傷之。然猛雖不事於晉，未嘗非晉之忠臣也。晉自元帝以來，祚已衰微，能守建業之鐘簴，亦已足矣。天苟不欲復晉之中原，雖使十

王猛事之，亦復何益？猛寔見江東諸□侈尚清譚，好崇佛老，其害甚於夷狄。夫夷狄固不當事，至中□更甚於夷狄，獨可事耶？且符堅一見王猛，歡如故舊，及後委任倍篤，久而不衰。堅之待猛可謂至矣！至猛於華夷之分，順逆之理，寔未能去。諸懷不觀臨没之言乎？猛寢疾，堅訪以後事，猛曰：「晉雖僻處江南，然正朔未絶，上下安和，臣没之後，願勿以晉爲圖。」嗚呼！此豈忠在於秦哉？抑忠於晉而已。説者謂猛既有心晉室，何以恒温伐燕，猛説堅救之？是不然，使燕舉于温，則北伐之勛偉矣。負北伐之勳，必將成篡主之志。猛於被褐未見時，已審識此矣。則其説秦救燕者，亦所以忠於晉也。差夫與其事晉，而坐觀盜晉之天下，何如不事晉，而使晉陰守其江東？此猛之隱志也。《綱目》之事夷者，皆書「死」。此獨書官、書爵、書卒者。何以猛爲有心於晉，不得已而失身于夷也歟？

朱一是《爲可堂初集》卷七《王猛論》 兵法云：仁、智、信、勇、嚴，缺一不可。夫仁、智、信、勇，而必終之以嚴，故法令重焉。古之善用兵者，推孫武、穰苴。吴王闔閭謂孫武曰：「兵法可教婦人乎？」曰：「可。」于是出宫女三千，孫子分爲二隊，寵姬二人爲隊長。鼓之，使左，使右，婦人大笑。孫子斬二隊長，吴王救之，不可。用其次爲隊長，于是前後左右皆中規矩。穰苴爲齊王將兵，請貴臣莊賈監軍。與賈日午爲期，賈恃貴日暮方來，苴問法于軍正。軍正曰：「後期當斬。」遂斬賈。二人之嚴如是，而後世有事于攻戰，大約祖是法，以取勝，否則無紀而必潰。惟秦之王猛獨不然。猛伐燕，遣將軍徐成探燕軍，失期。猛怒將斬成，鄧羌請宥之，猛曰：「若不斬成，軍法不立。」羌又請，曰：「願與成效戰以贖罪。」猛又不許，羌怒，還營，勵鼓勒兵將攻猛。猛謂羌義而有勇使，語之曰：「將軍止，吾今赦之矣。」是事也，揆于兵法有三失焉。後期不斬，一失也；狥情而宥，二失也；兵刼主將，三失也。鄧羌、徐成卒能用命，伐燕而成猛之功名。是猛之用兵舉孫武、穰苴相傳以來之兵法，蕩然而一變。豈斬愛姬、貴臣固是，而赦徐成亦未爲非歟？君子觀于此，而深歎王猛之奇。然亦唯猛而能奇也。夫猛固以重法治國，管仲、子産之流也。史稱其爲相，流放尸素，無罪不刑，其生平學術，蓋無不出于嚴。即其伐燕，能令近遠帖然，軍無私犯，燕民各安其業，斯號令之精明，固不待斬徐成而始信之矣。猛之爲猛，馭將之量，寬然有餘，于諸將，故可以殺成，亦可以赦成；可以拒羌之請，亦可以從羌之刼。羌與成皆在猛之掌握。遊戲于兵法之外，而終不越兵法之範圍。人知猛用兵與古人之相悖也，豈知猛學古人之深，且久而神明變化以出之哉！夫習兵，猶習禮也。平日正衣冠，尊瞻眎，三揖百拜，進退折旋，偹乎節文之美。或有時興會所適，脱畧豪宕，雖箕踞，科頭，不杖，不屨，人亦不以爲慢。如但執其箕踞、科頭、不杖、不屨，以爲禮而行之，其不流爲狂悖，而見侮也。幾希矣！豈惟馭將，爲將亦然。李廣稱飛將軍，無部五行，陣不擊刀斗自衛，士卒樂其簡易，當其畫地爲軍陣，射闊狹以飲，素習于士卒，固有法也。岳飛好野戰，而不習古陣圖，然撼山易撼岳家軍難。則所以訓練而節制者，亦已嚴矣。嗚呼！世之人不能爲殺愛姬、貴臣之孫武、穰苴，而即欲爲赦徐成之王猛，亦大惑，矣哉！

《侯方域集》卷七《王猛論》 唐荆川曰：王猛者，符堅之謀臣也。此可謂得猛之著者矣。猛處天下分崩之旹，其志未嘗不在中原，及其不得已而見用於異國，猶惓惓不能忘，猛蓋識大義者也。嗚呼！三代而下，亂世之臣識大義者，諸葛亮、王猛而已。亮始終心乎漢者也，猛始終心乎晉者也。然亮仕於漢，而爲漢人之所知也；猛仕於秦，而爲晉人之所不知也。吾故舍亮而論猛，當猛之隱於華陰也。姚氏、石氏多雄畧之主，豈不能出而佐之？以爲是氐、羌僭竊者，而非其志也。志不肯輕，出而又無以自達於晉，故寧隱焉。逮夫桓温入關，而後喜可知矣。被褐而謁，捫虱而談，詎偶然哉？温見之，而與論三秦之豪傑，既而曰：「江東無君比也。」蓋温且心折於猛矣！乃温還，而猛不從，何歟？嗚乎！猛英雄也，温亦英雄也。天下英雄之與英雄，可一望而知，猛從温，則温必大用猛，然而温欲篡晉，其從之則荀彧、郭嘉之下□也。不從，温又必殺猛。天下英雄之相愛，而相用也，出於誠。然而英雄之殺英雄，與其見殺於英雄者，則必皆出於萬不得已。苟有可以擇之，而可以全之，斷不相强也。故此時猛不難於舍温，温亦不難於舍猛。温欲篡晉，猛之所知也，猛必不從；温篡晉，亦温之所知也。然猛自是始無望於晉也矣。晉偏安江左，僅有一桓温足以有爲，而又不可以從，大軍一還。彼崤澠、函谷之間，豈復尚有奉正朔、襲冠帶之日哉？其出而相符堅者，猛之不得已也。一出，而强兵富國，擴疆啓宇，勳績爛然。説者以爲符堅之管仲，是固猛之生平所裕如者也，不足異也。垂没而告符堅曰：「晉正統相承，上下輯睦，非所可圖。臣死之後，願無以晉爲念。」而後其本懷見矣。故吾以爲猛者，非僅僅功名之人也。然則猛盍并不仕秦，曰猛之才高於諸葛亮，而澹泊寧静不及；即其治秦也，亦以英氣爲之，而多不可耐。使亮不遇先主，則必不仕吴、魏者，亮之所能也；猛不遇晉，則并不仕秦者，非猛之所能然。而當猛之時，可以爲晉難者，莫秦若也。猛存，則以秦存晉；猛亡，猶欲以秦存晉，是則吾之

所爲識大義者也。

顧景星《白茅堂集》卷二九《王猛論》 王猛，人言霸王之佐也。惜其志小，而急富貴，借晉而佐秦。雖然，猛之志豈如是哉？始猛隱華山，桓温伐秦入關，猛被褐謁，勸急渡灞水，其意欲用晉也。既知與温不兩立，乃佐堅，猛之心，苦矣。及其死也，曰：「晉雖僻陋，正朔相承，臣没後，願勿圖晉。鮮卑我之仇，終爲人患，宜除之。」蓋始終未忘晉也。豈獨是，又嘗知慕容垂必圖晉，欲因垂子，令以厺垂，堅不能從。其後垂果勸伐晉，若此者，不可謂無意也。猛知鄧羌不忘部將而用之，豈不嘉垂不忘故國，而顧欲去之耶？猛之心，誠苦矣！善乎？李德裕之論陳平也，曰：陳平不偝魏無知，故卒誅諸吕，不偝漢。猛不偝晉矣！嗟乎，此所以爲王猛也歟！

吴世杰《甓湖草堂集文集》卷三《王猛論》 下人者，能用人勝於人者，用於人，人情勝，則必喜。爲人勝，則必怒。喜則無求不可，怒則動相齟齬，而常欲僨其事。故善用人者，往往使人勝已而退，然自處於其下，故能得豪傑之歡心，驅一世之知勇而收其用。昔苻堅得王猛，以爲諸葛亮。即位，遂加之諸舊臣之上。諸舊臣皆不悦，樊世謂猛曰：「吾耕之，君食之耶！」猛曰：「豈徒使君耕之，更欲使君炊之。」遂言於堅，而斬樊世。吾觀昭烈與孔明情好日密，關、張不悦，昭烈解之，乃止。夫關、張爲昭烈親臣，既不悦於心，其遇孔明必有侮慢不恭，不可忍之氣。使非孔明和以接之，謙以禮之，畧無幾；微較量，彼必不能因昭烈一言，遽心平氣折，而樂爲之用。是孔明唯能下關、張，故能用關、張，唯能用關、張，故能與之共定三分，而成昭烈之業。古大臣不難屈已以收人才，濟國家之用。類如此，世乃蒲洪老將無異於昭烈之關、張，使猛苟能稍屈以下之，未必不可得其用。乃遽盛氣以折之，又言於其君而殺之，是少年淺狹，小丈夫之所爲，豈帝師、王佐知深勇沉能、籠絡英雄而收其用者哉？在《易》泰之九二曰：「包荒用馮，河不遐遺，故能上應，六五而成，裁成輔相之功。」猛之治秦，内修政事，外兼强敵，雖孔明何以遠過？乃孔明能用關、張，而猛不能用樊世。其度量相去亦何遠耶？程普數以年長侮周瑜，瑜折節下之，終不與較。後普自敬服，而親重之，告人曰：「與公瑾交，如飲醇醪，不覺自醉。」嗚呼！此可謂得包荒之義者矣！

李繼聖《尋古齋詩文集》卷二《慕容恪王猛論》 魏晉以來，至於隋，燕慕容恪、秦王猛稱賢焉。二子不亡，所爲必更有可觀。其亡之也，天也。燕之人曰：「不圖復見太原。」王猛則曰：「玄恭，古之遺愛。」兩賢相戹，亦相孚矣！然恪寬大之政，之學不如猛。而猛公平之量，之心不如恪。恪屢薦垂，故服垂。猛屢圖垂，故激垂也。夫保人家國，莫善於推賢讓能。莫不善於誅降戮順，逆詐億疑而先鋤之。武周之智，豈不能預燭武庚哉？嗚呼！此燕之所以終興於垂，百破猶有人復補。而秦之所以即絶於登一敗，遂無人復支也。非天也。

方濬頤《二知軒文存》卷二《王猛論》 貨畚兒有何異人處，而見賞於嵩山父老。意其瓌姿儁偉，骨相固自不凡。此老殆亦圯上黄石之流，預決景略當富貴，因延之入山，度必有所授。如黄石之與子房素書者，乃史第言十倍償畚直，遣人送之。見桓温後，則曰：「還山諮師，師曰：『卿與桓温，豈並世哉？』教之留此，勿南。」所云「師者」，其殆嵩山父老耶？景略即是三秦豪傑，覩其捫蝨而談，旁若無人，桓温竟不能識此。温之所以爲温也。而吕婆樓識之，李威又識之，苻文玉一見，即自謂如劉元德之遇諸葛孔明。後又謂猛曰：「李公知君，猶鮑叔牙之知管仲也。」景略之才，雖不及武侯，而與夷吾，則堪匹伍。文玉之待景略，又豈在先主、齊桓下耶？初以中書侍郎轉爲始平令，鞭殺一吏，百姓訟之，下獄。詰問：「何酷？」以窮殘禁暴對，竟赦之。大用，一歲五遷，權傾内外。有譖毁者，輒罷黜，勿貸，洵可謂知人善任哉？以討慕容暐功，晉爵郡侯，固辭不受。留鎮冀州，聽於六州之内便宜從事。簡召英儁以補關東守。宰居數月，又上疏乞待辠一州，堅不許。俄入爲丞相兼五官，表讓久之，不許。厥後復授司徒，再上疏辭，不從。凡軍國内外，萬幾之務，事無巨細，莫不歸之。於是兵彊國富，垂及昇平，更有若文王得太公之譽。敕其太子宏、長樂公丕等曰：「汝事王公，如事我也。」君臣一德，若此之隆，三代以下，豈易覯耶？惟勸除慕容垂父子。議者以爲如范增之勸項籍殺季，同一忌心夫？景略既忠於秦，不得不爾，此固人臣之分也。特行賂以離間之，至爲市井之行，是景略一生短處，不能曲爲之諱也。若以愆期將斬徐成，激怒鄧羌，勒兵相向，乃佯言曰：「吾試將軍耳。」論者謂能容短收長，此亦景略之過。用詐、用譎，武鄉侯斷不屑爲也。至於陽平公擅起學舍，爲有司所糾。而高泰責以大義，景略引爲己過，斯得大臣之體矣！臨終盡言，願勿圖晉。蓋景略初志，原欲輔晉，以成一統之業。無如桓温不足與謀，重以其師戒之勿出。遂甘爲苻郎奔走耳。吾烏得不爲貨畚兒惜之。

藝文

《元文類》卷八楊奐《讀汝南遺事二首》 六朝江水故依然，隔斷中原又百年。長笑桓温無遠略，竟留王猛佐苻堅。

郭鈺《静思集》卷五《王猛咏》 五馬渡江老臣泣，垂死丹心在王室。當年非不思南來，王謝豈能生羽翼。魏相張儀尚爲秦，聊借羌苻展才力。江南雖僻不可圖，青史千年誰獨識。

高啓《高青丘集》卷一七《王猛》 軍門被褐異隆中，抱策歸秦竟事戎。猶喜遺言真有識，不教飲馬向江東。

邊連寶《邊隨園集》卷四一《無卿比·王景略》 王景略，真豪英，大江以東更無卿。被褐捫蝨聊爾爾，爾何爲者桓老兵。王敦是爾可心人，從爾孰與從苻秦？從苻秦，聊小試。奉正朔，義不昧。苻堅若肯聽遺言，何怕風聲與鶴唳。

苻堅部

綜述

《魏書》卷九五《苻堅傳》　堅字永固，一字文玉，雄第二子也。既殺苻生，以位讓其兄清河王法，法固以推堅。於是去皇帝之號，僭稱天王，號年永興。以法爲丞相、東海公，尋以疑忌殺之。改年爲甘露，時建國二十二年也。堅從弟晉公柳反於蒲坂，魏公庾反於陝，燕公武反於安定，堅弟趙公雙反於上邽，皆討平之。慕容垂奔於堅，王猛勸堅殺之，堅不從。

三十八年，改爲建元。堅遣使牛恬朝貢。使尚書令王猛伐鄴，堅親率大衆以繼之。克鄴，擒慕容暐。堅使其右將軍楊安攻克漢中，仍平蜀；又遣其武衞將軍苟萇西伐涼州，降張天錫；遣其子長樂公丕攻克襄陽。堅觀其史書，見母苟氏通李威之事，慚怒，乃焚其書。

堅南伐司馬昌明，戎卒六十萬，騎二十七萬，前後千里，旗鼓相望。堅至項城，涼州兵始達咸陽。蜀漢之軍，順流而下，幽、冀之衆，至于彭城。東西萬里，水陸齊進，運漕萬艘，自河入石門，達于汝潁。堅弟陽平公融攻壽春，克之。融馳使白堅曰：「賊少易俘，但懼越逸，宜速進軍。」堅大悦，捨大軍于項城，輕騎八千，兼道赴之。堅與融登城，望昌明將謝石軍，又望八公山上草木皆類人形，顧謂融曰：「此亦勁敵也，何謂少乎！」憮然有懼色。謝石欲戰，苻融陳逼肥水，石遣使謂融曰：「君若小退師，令將士周旋，僕與君公緩轡而觀之，不亦美也？」融於是麾軍却陳，欲因其濟，覆而取之。軍遂奔退，制之不可止。融馬倒見殺，軍遂大敗。謝石乘勝追擊，至于青岡，死者相枕。堅單騎遁還淮北。初，謡言曰：「堅不出項。」羣臣勸堅停項，爲六軍聲鎮，堅不從。諸軍悉潰，唯其冠軍慕容垂一軍獨全，堅以千餘騎赴之。收集離散，比至洛陽，衆十餘萬。

慕容泓、沖起兵華澤，堅遣子叡、暐前後擊泓，爲泓所敗。長安鬼夜哭三旬。沖又擊殺堅將姜宇於灞上，遂屯阿房，進逼長安。時登城觀之，歎曰：「此虜何從而出？其强若斯！」大言責沖曰：「爾輩羣奴，正可牧牛羊，何爲送死！」沖曰：「奴則奴矣，既厭奴苦，取爾見代。」堅遣使送錦袍一領遺沖，使者稱有詔：「古人兵交，使在其間。卿遠來草創，得無勞乎？今送一袍，以明本懷。朕於卿恩分如何，而於一朝忽爲此變？」沖命詹事答之，亦稱皇太弟有令：「孤今心在天下，豈顧一袍小惠？苟能知命，便可君臣束手，早送皇帝。自當寬貸苻氏，以酬曩好，終不使既往之事，獨美於前。」堅大怒曰：「朕不用王景略、陽平公之言，使白虜敢至於此！」

長安大飢，人民相食。姚萇叛於北地，與沖連和，合攻長安。有羣烏數萬，鳴於長安城上，其聲甚悲，占者以爲不終年，有甲兵入城之象。每夜有人周城大呼曰：「楊定健兒應屬我，宫殿臺觀應坐我，父子同出不共汝。」旦遣尋求，不見人跡。先是，又謡曰：「堅入五將山長得。」堅大信之，告其太子永道曰：「天或導予，脱如謡言。留汝兼總戎政，勿與賊争利。吾當出隴收兵，運糧以給汝。天其或者正訓予也。」遣其衞將軍楊定擊沖於城西，爲沖所擒。堅彌懼，付永道以後事，率騎婁百出如五將，宣告州郡，期救長安。堅至五將山，姚萇遣其將吴忠圍之。堅衆奔散，獨左右十數人，神色自若，坐而待之，召宰人進食。俄而兵至，執堅及其夫人張氏與少女寶錦，送詣姚萇。萇因之，將害焉。堅自以平生遇萇厚，忿之，厲聲大駡，謂張氏曰：「豈令羌奴辱吾兒！」於是殺寶錦。姚萇乃縊堅於新平佛寺。

《晉書》卷一一三《苻堅載記上》　苻堅字永固，一名文玉，雄之子也。祖洪，從石季龍徙鄴，家於永貴里。其母苟氏嘗游漳水，祈子於西門豹祠，其夜夢與神交，因而有孕，十二月而生堅焉。有神光自天燭其庭。背有赤文，隱起成字，曰「草付臣又土王咸陽」。臂垂過膝，目有紫光。洪奇而愛之，名曰堅頭。

年七歲，聰敏好施，舉止不踰規矩。每侍洪側，輒量洪舉措，取與不失機候。洪每曰：「此兒姿貌瓌偉，質性過人，非常相也。」高平徐統有知人之鑒，遇堅於路，異之，執其手曰：「苻郎，此官之御街，小兒敢戲於此，不畏司隸縛邪？」堅曰：「司隸縛罪人，不縛小兒戲也。」統謂左右曰：「此兒有霸王之相。」左右怪之，統曰：「非爾所及也。」後又遇之，統下車屏人，密謂之曰：「苻郎骨相不恒，後當大貴，但僕不見，如何！」堅曰：「誠如公言，不敢忘德。」八歲，請師就家學。洪曰：「汝戎狄異類，世知飲酒，今乃求學邪？」欣而許之。健之入關也，夢天神遣使者朱衣赤冠，命拜堅爲龍驤將軍，健翌日爲壇於曲沃以授之。健泣謂堅曰：「汝祖昔受此號，今汝復爲神明所命，可不勉之！」堅揮劍捶馬，志氣感厲，

士卒莫不憚服焉。性至孝，博學多才藝，有經濟大志，要結英豪，以圖緯世之宜。王猛、吕婆樓、强汪、梁平老等，並有王佐之才，爲其羽翼。太原薛讚，略陽權翼見而驚曰：「非常人也！」

及苻生嗣僞位，讚、翼説堅曰：「今主上昏虐，天下離心。有德者昌，無德受殃，天之道也。神器業重，不可令他人取之，願君王行湯武之事，以順天人之心。」堅深然之，納爲謀主。生既殘虐無度，梁平老等亟以爲言，堅遂弑生，以僞位讓其兄法。法自以庶孽，不敢當。堅及母苟氏並慮衆心未服，難居大位，羣僚固請，乃從之。以升平元年僭稱大秦天王，誅生佞倖臣董龍、趙韶等二十餘人，赦其境内，改元曰永興。追謚父雄爲文桓皇帝，尊母苟氏爲皇太后，妻苟氏爲皇后，子宏爲皇太子。兄法爲使持節、侍中、都督中外諸軍事、丞相、録尚書，從祖侯爲太尉，從兄柳爲車騎大將軍、尚書令。封弟融爲陽平公，雙河南公，子丕長樂公，暉平原公，熙廣平公，叡鉅鹿公。李威爲衛將軍、尚書左僕射，梁平老爲右僕射，强汪爲領軍將軍，仇騰爲尚書，領選，席寶爲丞相長史、行太子詹事，吕婆樓爲司隸校尉，王猛、薛讚爲中書侍郎，權翼爲給事黄門侍郎，與猛、讚並掌機密。追復魚遵、雷弱兒、毛貴、王墮、梁楞、梁安、段純、辛牢等本官，以禮改葬之，其子孫皆隨才擢授。初，堅母以法長而賢，又得衆心，懼終爲變，至此，遣殺之。堅性仁友，與法訣于東堂，慟哭嘔血，贈以本官，謚曰哀，封其子陽爲東海公，敷爲清河公。於是修廢職，繼絶世，禮神祇，課農桑，立學校，鰥寡孤獨高年不自存者，賜穀帛有差。其殊才異行、孝友忠義、德業可稱者，令在所以聞。

其將張平以并州叛，堅率衆討之，以其建節將軍鄧羌爲前鋒，率騎五千據汾上。堅至銅壁，平盡衆拒戰，爲羌所敗，獲其養子蚝，送之，平懼，乃降于堅。堅赦其罪，署爲右將軍，蚝武賁中郎將，加廣武將軍，徙其所部三千餘户于長安。

堅自臨晉登龍門，顧謂其羣臣曰：「美哉山河之固！婁敬有言，『關中四塞之國』，真不虚也。」權翼、薛讚對曰：「臣聞夏殷之都非不險也，周秦之衆非不多也，終於身竄南巢，首懸白旗，軀殘於犬戎，國分於項籍者，何也？德之不修故耳。吴起有言：『在德不在險。』深願陛下追蹤唐虞，懷遠以德，山河之固不足恃也。」堅大悦，乃還長安。賜爲父後者爵一級，鰥寡高年穀帛有差，丐所過田租之半。是秋，大旱，堅減膳徹懸，金玉綺繡皆散之戎士，後宫悉去羅紈，衣不曳地。開山澤之利，公私共之，偃甲息兵，與境内休息。

王猛親寵愈密，朝政莫不由之。特進樊世，氐豪也，有大勳於苻氏，負氣倨傲，衆辱猛，猛言之於堅，堅怒曰：「必須殺此老氐，然後百僚可整。」俄而世入言事，堅謂猛曰：「吾欲以楊壁尚主，壁何如人也？」世勃然曰：「楊壁，臣之壻也，婚已久定，陛下安得令之尚主乎！」猛讓世曰：「陛下帝有海内，而君敢競婚，是爲二天子，安有上下？」世怒起，將擊猛，左右止之。世遂醜言大駡，堅由此發怒，命斬之于西廄。諸氐紛紜，競陳猛短，堅恚甚慢駡，或有鞭撻於殿庭者。權翼進曰：「陛下宏達大度，善馭英豪，神武卓犖，録功捨過，有漢祖之風。然慢易之言，所宜除之。」堅笑曰：「朕之過也。」

堅起明堂，繕南北郊，郊祀其祖洪以配天，宗祀其伯健于明堂，以配上帝。親耕藉田，其妻苟氏親蠶於近郊。

堅南游霸陵，顧謂羣臣曰：「漢祖起自布衣，廓平四海，佐命功臣孰爲首乎？」權翼進曰：「《漢書》以蕭、曹爲功臣之冠。」堅曰：「漢祖與項羽爭天下，困於京索之間，身被七十餘創，通中六七，父母妻子爲楚所囚。平城之下，七日不火食，賴陳平之謀，太上、妻子克全，免匈奴之禍。二相何得獨高也！雖有人狗之喻，豈黄中之言乎！」于是酣飲極歡，命羣臣賦詩。大赦，復改元曰甘露。以王猛爲侍中、中書令、京兆尹。

其特進强德，健妻之弟也，昏酒豪横，爲百姓之患。猛捕而殺之，陳尸於市。其中丞鄧羌，性鯁直不撓，與猛協規齊志，數旬之間，貴戚强豪誅死者二十有餘人。於是百僚震肅，豪右屏氣，路不拾遺，風化大行。堅歎曰：「吾今始知天下之有法也，天子之爲尊也！」於是遣使巡察四方及戎夷種落。州郡有高年孤寡，不能自存，長吏刑罰失中、爲百姓所苦，清修疾惡，勸課農桑，有便於俗，篤學至孝，義烈力田者，皆令具條以聞。

時匈奴左賢王衛辰遣使降于堅，遂請田内地，堅許之。雲中護軍賈雍遣其司馬徐斌率騎襲之，因縱兵掠奪。堅怒曰：「朕方修魏絳和戎之術，不可以小利忘大信。昔荆、吴之戰，事興蠶婦；澆瓜之惠，梁、宋息兵。夫怨不在大，事不在小，擾邊動衆，非國之利也。所獲資産，其悉以歸之。」免雍官，以白衣領護軍，遣使修和，示之信義。辰於是入居塞内，貢獻相尋。烏丸獨孤、鮮卑没奕于率衆數萬又降於堅。堅初欲處之塞内，苻融以「匈奴爲患，其興自古。比虜馬不敢南首者，畏威故也。今處之于内地，見其弱矣，方當闚兵郡縣，爲北邊之害。不如徙之塞外，以存荒服之義」。堅從之。

堅僭位五年，鳳皇集於東闕，大赦其境内，百僚進位一級。初，堅之將爲赦也，與王猛、苻融密議於露堂，悉屏左右。堅親爲赦文，猛、融供進紙墨。有一大蒼蠅入自牖間，鳴聲甚大，集於筆端，驅而復來。俄而長安街巷市里人相告曰：「官今大赦。」有司以聞。堅驚謂融、猛曰：「禁中無耳屬之理，事何從泄也？」於是敕外窮推之，咸言有一小人衣黑衣，大呼於市曰：「官今大赦。」須臾不見。堅歎曰：「其向蒼蠅乎？聲狀非常，吾固惡之。諺曰：『欲人勿知，莫若勿爲。』聲無細而弗聞，事未形而必彰者，其此之謂也。」堅廣修學官，召郡國學生通一經以上充之，公卿已下子孫並遣受業。其有學爲通儒、才堪幹事、清修廉直、孝悌力田者，皆旌表之。于是人思勸勵，號稱多士，盜賊止息，請託路絶，田疇修闢，帑藏充盈，典章法物，靡不悉備。堅親臨太學，考學生經義優劣，品而第之。問難五經，博士多不能對。堅謂博士王寔曰：「朕一月三臨太學，黜陟幽明，躬親奬勵，罔敢倦違，庶幾周孔微言不由朕而墜，漢之二武其可追乎？」寔對曰：「自劉石擾覆華畿，二都鞠爲茂草，儒生罕有或存，墳籍滅而莫紀，經淪學廢，奄若秦皇。陛下神武撥亂，道隆虞夏，開庠序之美，弘儒教之風，化盛隆周，垂馨千祀，漢之二武焉足論哉！」堅自是每月一臨太學，諸生競勸焉。

屠各張罔聚衆數千，自稱大單于，寇掠郡縣。堅以其尚書鄧羌爲建節將軍，率衆七千討平之。

時商人趙掇、丁妃、鄒瓫等皆家累千金，車服之盛，擬則王侯，堅之諸公競引之爲國二卿。黄門侍郎程憲言於堅曰：「趙掇等皆商販醜豎，市郭小人，車馬衣服僭同王者，官齊君子，爲藩國列卿，傷風敗俗，有塵聖化，宜肅明典法，使清濁顯分。」堅於是推檢引掇等爲國卿者，降其爵。乃下制：「非命士已上，不得乘車馬於都城百里之内。金銀錦繡，工商、皁隸、婦女不得服之，犯者棄市。」

興寧三年，堅又改元爲建元。慕容暐遣其太宰慕容恪攻拔洛陽，略地至於崤、澠。堅懼其入關，親屯陜城以備之。

匈奴右賢王曹轂、左賢王衛辰舉兵叛，率衆二萬，攻其杏城已南郡縣，屯於馬蘭山。索虜烏延等亦叛堅而通于辰、轂。堅率中外精鋭以討之，以其前將軍楊安、鎮軍毛盛等爲前鋒都督。轂遣弟活距戰于同官川，安大敗之，斬活并四千餘級，轂懼而降。堅徙其酋豪六千餘户於長安。進擊烏延，斬之。鄧羌討衛辰，擒之於木根山。堅自驄馬城如朔方，巡撫夷狄，以衛辰爲夏陽公，以統其衆。轂尋死，分其部落，貳城已西二萬餘落封其長子璽爲駱川侯，貳城已東二萬餘落封其小子寅爲力川侯，故號東、西曹。

秦、雍二州地震裂，水泉湧出，金象生毛，長安大風震電，壞屋殺人，堅懼而愈修德政焉。

使王猛、楊安等率衆二萬寇荆州北鄙諸郡，掠漢陽萬餘户而還。羌斂岐叛堅，自稱益州刺史，率部落四千餘家西依張天錫叛將李儼。堅遣王猛與隴西太守姜衡、南安太守邵羌討斂岐於略陽。張天錫率步騎三萬擊李嚴，攻其大夏、武始二郡，克之。天錫將掌據又敗儼諸軍於葵谷，儼懼，遣兄子純謝罪於堅，仍請救。尋而猛攻破略陽，斂岐奔白馬。堅遣楊安與建威王撫率衆會猛以救儼。猛遣邵羌追斂岐，使王撫守侯和，姜衡守白石。猛與楊安救枹罕，及天錫將楊遹戰于枹罕東，猛不利。邵羌擒斂岐於白馬，送之長安。天錫遂引師而歸。儼猶憑城未出，猛乃服白乘輿，從數十人，請與相見。儼開門延之，未及設備，而將士續入，遂虜儼而還。堅以其將軍彭越爲平西將軍、涼州刺史，鎮枹罕。以儼爲光禄勳，歸安侯。

是歲，苻雙據上邽，苻柳據蒲坂叛於堅，苻庾據陜城，苻武據安定並應之，將共伐長安。堅遣使諭之，各齧梨以爲信，皆不受堅命，阻兵自守。堅遣後禁將軍楊成世、左將軍毛嵩等討雙、武，王猛、鄧羌攻蒲坂，楊安、張蚝攻陜城。成世、毛嵩爲雙、武所敗，堅又遣其武衛王鑒、寧朔吕光等率中外精鋭以討之，左衛苻雅、左禁竇衝率羽林騎七千繼發。

太和四年，晉大司馬桓温伐慕容暐，次於枋頭。暐衆屢敗，遣使乞師於堅，請割武牢以西之地。堅亦欲與暐連横，乃遣其將苟池等率步騎二萬救暐。

是時慕容垂避害奔於堅，王猛言於堅曰：「慕容垂，燕之戚屬，世雄東夏，寬仁惠下，恩結士庶，燕趙之間，咸有奉戴之意。觀其才略，權智無方，兼其諸子明毅有幹藝，人之傑也。蛟龍猛獸，非可馴之物，不如除之。」堅曰：「吾方以義致英豪，建不世之功。且其初至，吾告之至誠，今而害之，人將謂我何？」

王師既旋，慕容暐悔割武牢之地，遣使謂堅曰：「頃者割地，行人失辭。有國有家，分災救患，理之常也。」堅大怒，遣王猛與建威梁成、鄧羌率步騎三萬，署慕容垂爲冠軍將軍，以爲鄉導，攻暐洛州刺史慕容築於洛陽。暐遣其將慕容臧率精卒十萬，將解築圍。猛使梁成等以精鋭萬人卷甲赴之，大破臧於滎陽。築懼而請降，猛陳師以受之，留鄧羌鎮金墉，猛振旅而歸。

太和五年，又遣猛率楊安、張蚝、鄧羌等十將率步騎六萬伐暐。堅親送猛於

霸東，謂曰：「今授卿精兵，委以重任，便可從壺關、上黨出潞川，此捷濟之機，所謂捷雷不及掩耳。吾當躬自率衆以繼卿後，於鄴相見。已敕運漕相繼，但憂賊不煩後慮也。」猛曰：「臣庸劣孤生，操無豪介，蒙陛下恩榮，內侍帷幄，出總戎旅，藉宗廟之靈，稟陛下神算，殘胡不足平也。願不煩鑾軫，冒犯霜露。臣雖不武，望克不淹時。但願速敕有司，部置鮮卑之所。」堅大悅。於是進師。楊安攻晉陽。猛攻壺關，執暐上黨太守慕容越，所經郡縣皆降於猛，進師圍鄴。堅聞之，留李威輔其太子宏守長安，以苻融鎮洛陽，躬率精鋭十萬向鄴。七日而至於安陽，過舊閭，引諸耆老語及祖父之事，泫然流涕，乃停信宿。猛潛至安陽迎堅，堅謂之曰：「昔亞夫不出軍迎漢文，將軍何以臨敵而棄衆也？」猛曰：「臣每覽亞夫之事，嘗謂前却人主，以此而爲名將，竊未多之。臣奉陛下神算，擊垂亡之虜，若摧枯拉朽，何足慮也？監國沖幼，鑾駕遠臨，脱有不虞，其如宗廟何？」堅遂攻鄴，陷之。慕容暐出奔高陽，堅將郭慶執而送之。諸州郡牧守及六夷渠帥盡降於堅。堅散暐宫人珍寶以賜將士，論功封賞各有差。以王猛爲使持節、都督關東六州諸軍事、車騎大將軍、開府儀同三司、冀州牧，鎮鄴，以郭慶爲持節、都督幽州諸軍事、揚武將軍、幽州刺史，鎮薊。

堅自鄴如枋頭，讌諸父老，改枋頭爲永昌縣，復之終世。堅至自永昌，行飲至之禮，歌勞止之詩，以饗其羣臣。赦慕容暐及其王公已下，皆徙於長安，封授有差。堅於是行禮於辟雍，祀先師孔子，其太子及公侯、卿大夫、士之元子，皆束脩釋奠焉。徙關東豪傑及諸雜夷十萬户於關中，處烏丸雜類於馮翊、北地，丁零翟斌于新安，徙陳留、東阿萬户以實青州。諸因亂流移，避仇遠徙，欲還舊業者，悉聽之。

晉叛臣袁瑾固守壽春，爲大司馬桓温所圍，遣使請救於堅。堅遣王鑒、張蚝率步騎二萬救之。

初，仇池氏楊世以地降於堅，堅署爲平南將軍、秦州刺史、仇池公。既而歸順於晉。世死，子纂代立，遂受天子爵命而絶於堅。世弟統驍武得衆，起兵武都，與纂分争。堅遣其將苻雅、楊安與益州刺史王統率步騎七萬，先取仇池，進圖寧益。

先是，王猛獲張天錫將敦煌陰據及甲士五千，堅既東平六州，西擒楊纂，欲以德懷遠，且跨威河右，至是悉送所獲還涼州。天錫懼而遣使謝罪稱藩，堅大悦，即署天錫爲使持節、散騎常侍、都督河右諸軍事、驃騎大將軍、開府儀同三司、涼州刺史、西域都護、西平公。

吐谷渾碎奚以楊纂既降，懼而遣使送馬五千匹、金銀五百斤。堅拜奚安遠將軍、漒川侯。

堅嘗如鄴，狩于西山，旬餘，樂而忘返。伶人王洛叩馬諫曰：「臣聞千金之子坐不垂堂，萬乘之主行不履危。故文帝馳車，袁公止轡；孝武好田，相如獻規。陛下爲百姓父母，蒼生年繫，何可盤于游田，以玷聖德？若禍起須臾，變在不測者，其如宗廟何！其如太后何！」堅曰：「善。昔文公悟愆於虞人，朕聞罪於王洛，吾過也。」自是遂不復獵。

堅聞桓温廢海西公也，謂羣臣曰：「温前敗灞上，後敗枋頭，十五年間，再傾國師。六十歲公舉動如此，不能思愆免退，以謝百姓，方廢君以自悦，將如四海何？諺云『怒其室而作色於父』者，其桓温之謂乎？」

堅以境内旱，課百姓區種。懼歲不登，省節穀帛之費，太官、後宫減常度二等，百僚之秩以次降之。復魏晉士籍，使役有常聞，諸非正道，典學一皆禁之。堅臨太學，考學生經義，上第擢敘者八十三人。自永嘉之亂，庠序無聞，及堅之僭，頗留心儒學，王猛整齊風俗，政理稱舉，學校漸興。

是歲，有大風從西南來，俄而晦冥，恒星皆見，又有赤星見於西南。太史令魏延言於堅曰：「於占西南國亡，明年必當平蜀漢。」堅大悦，命秦梁密嚴戎備。乃以王猛爲丞相，以苻融爲鎮東大將軍，代猛爲冀州牧。融將發，堅祖於霸東，奏樂賦詩。堅母苟氏以融少子，甚愛之，比發，三至灞上，其夕又竊如融所，内外莫知。是夜，堅寢於前殿，魏延上言：「天市南門屏内后妃星失明，左右閽寺不見，后妃移動之象。」堅推問知之，驚曰：「天道與人何其不遠！」遂重星官。王猛至長安，加都督中外諸軍事，猛辭讓再三，堅不許。

其後天鼓鳴，有彗星出於尾箕，長十餘丈，名蚩尤旗，經太微，掃東井，自夏及秋冬不滅。太史令張孟言於堅曰：「彗起尾箕，而掃東井，此燕滅秦之象。」因勸堅誅慕容暐及其子弟。堅不納，更以暐爲尚書，垂爲京兆尹，沖爲平陽太守。苻融聞之，上疏於堅曰：「臣聞東胡在燕，曆數彌久，逮于石亂，遂據華夏，跨有六州，南面稱帝。陛下爰命六師，大舉征討，勞卒頻年，勤而後獲，本非慕義懷德歸化。而今父子兄弟列官滿朝，執權履職，勢傾勞舊，陛下親而幸之。臣愚以爲猛獸不可養，狼子野心。往年星異，災起於燕，願少留意，以思天戒。臣據可言之地，不容默已。《詩》曰：『兄弟急難』，『朋友好合』。昔劉向以肺腑之親，尚能

極言，況於臣乎？」堅報之曰：「汝爲德未充而懷是非，立善未稱而名過其實。《詩》云：『德輶如毛，人鮮克舉。』君子處高，戒懼傾敗，可不務乎？今四海事曠，兆庶未寧，黎元應撫，夷狄應和，方將混六合以一家，同有形於赤子，汝其息之，勿懷耿介。夫天道助順，修德則禳災。苟求諸己，何懼外患焉。」

堅遣王統、朱彤率卒二萬爲前鋒寇蜀，前禁將軍毛當、鷹揚將軍徐成率步騎三萬入自劍閣。遂陷益州。於是西南夷邛、莋、夜郎等皆歸之。堅以安爲右大將軍、益州牧，鎮成都；毛當爲鎮西將軍、梁州刺史，鎮漢中；姚萇爲寧州刺史、領西蠻校尉；王統爲南秦州刺史，鎮仇池。

時有人於堅明光殿大呼謂堅曰：「甲申乙酉，魚羊食人，悲哉無復遺。」堅命執之，俄而不見。祕書監朱彤等因請誅鮮卑，堅不從。遣使巡行四方，觀風俗，問政道，明黜陟，恤孤獨不能自存者。以安車蒲輪徵隱士樂陵王歡爲國子祭酒。及王猛卒，堅置聽訟觀於未央之南。禁老莊、圖讖之學。中外四禁、二衛、四軍長上將士，皆令修學。課後宮，置典學，立内司，以授于掖庭，選閹人及女隸有聰識者，署博士以授經。

遣其武衛苟萇、左將軍毛盛、中書令梁熙、步兵校尉姚萇等率騎十三萬伐張天錫於姑臧。遣尚書郎閻負、梁殊銜命軍前，下書徵天錫。堅嚴飾鹵簿，親餞萇等於城西，賞行將各有差。又遣其秦州刺史苟池、河州刺史李辯、涼州刺史王統，率三州之衆以繼之。諸郡縣悉降。堅以梁熙爲持節、西中郎將、涼州刺史，領護西羌校尉，鎮姑臧。徙豪右七千餘户於關中，五品税百姓金銀一萬三千斤，以賞軍士，餘皆安堵如故。堅封天錫重光縣之東寧鄉二百户，號歸義侯。初，萇等將征天錫，堅爲其立第於長安，至是而居之。

堅既平涼州，又遣其安北將軍、幽州刺史苻洛爲北討大都督，率幽州兵十萬討代王什翼犍。又遣後將軍俱難與鄧羌等，率步騎二十萬東出和龍，西出上郡，與洛會於涉翼犍庭。翼圭縛父請降，洛等振旅而還，封賞有差。堅以翼犍荒俗，未參仁義，令入太學習禮。以翼圭執父不孝，遷之於蜀。散其部落於漢鄣邊故地，立尉、監行事，官僚領押，課之治業營生，三五取丁，優復三年無税租。其渠帥歲終令朝獻，出入行來爲之制限。堅嘗之太學，召涉翼犍問曰：「中國以學養性，而人壽考；漠北噉牛羊而人不壽，何也？」翼犍不能答。又問：「卿種人有堪將者，可召爲國家用。」對曰：「漠北人能捕六畜，善馳走，逐水草而已，何堪爲將？」又問：「好學否？」對曰：「若不好學，陛下用教臣何爲？」堅善其答。

堅以關中水旱不時，議依鄭白故事，發其王侯已下及豪望富室僮隸三萬人，開涇水上源，鑿山起堤，通渠引瀆，以溉岡鹵之田。及春而成，百姓賴其利。以涼州新附，復租賦一年。爲父後者賜爵一級，孝悌、力田爵二級，孤寡高年穀帛有差，女子百户牛酒，大酺三日。

遣其尚書令苻丕率司馬慕容暐、苟萇等步騎七萬寇襄陽。萬攻之，願更遣重將討淮南諸城。堅於是又遣其後將軍俱難率右將軍毛當、後禁毛盛、陵江邵保等步騎七萬寇淮陰、盱眙。揚武彭超寇彭城。梁州刺史韋鍾寇魏興，攻太守吉挹於西城。

先是，梁熙遣使西域，稱揚堅之威德，并以繒綵賜諸國王，於是朝獻者十有餘國。大宛獻天馬千里駒，皆汗血、朱鬣、五色、鳳膺、麟身，及諸珍異五百餘種。堅曰：「吾思漢文之返千里馬，咨嗟美詠。今所獻馬，其悉返之，庶克念前王，髣髴古人矣。」乃命羣臣作《止馬詩》而遣之，示無欲也。

是時苻丕久圍襄陽，御史中丞李柔劾丕以師勞？無功，請徵下廷尉。堅曰：「丕等費廣無成，實宜貶戮。但師已淹時，不可虛然中返，其特原之，令以功成贖罪。」因遣其黄門郎韋華持節切讓丕等，仍賜以劍，曰：「來春不捷者，汝可自裁，不足復持面見吾也。」堅將親率衆助丕等，使苻融將關東甲卒會于壽春，梁熙統河西之衆以繼中軍。融、熙並上言，以爲未可興師，乃止。

堅以毛當爲平南將軍、徐州刺史，鎮彭城；毛盛爲平東將軍、兗州刺史，鎮胡陸；王顯爲平吳校尉，揚州刺史，戍下邳：賞堂邑之功也。又以苻洛爲散騎常侍、持節、都督益寧西南夷諸軍事、征南大將軍、益州牧，領護西夷校尉，鎮成都，命從伊闕自襄陽溯漢而上。洛從之，乃率衆七萬發和龍，將圖長安。於是關中騷動，盜賊並起。堅遣使數之曰：「天下未一家，兄弟匪他，何爲而反？可還和龍，當以幽州永爲世封。」洛謂使者曰：「汝還白東海王，幽州褊阨，不足容萬乘，須還王咸陽，以承高祖之業。若能候駕潼關者，位爲上公，爵歸本國。」堅大怒，遣其左將軍竇衝及呂光率步騎四萬討之，右將軍都貴馳傳詣鄴，率冀州兵三萬爲前鋒，以苻融爲大都督，授之節度。使石越率騎一萬，自東萊出石徑，襲和龍，海行四百餘里。衝等與洛戰於中山，大敗之，執洛及其將蘭殊，送於長安。堅赦蘭殊，署爲將軍，徙洛於涼州，徵苻融爲車騎大將軍、領宗正、録尚書事。

洛既平，堅以關東地廣人殷，思所以鎮靜之，引其羣臣於東堂議曰：「凡我族類，支胤彌繁，今欲分三原、九嵕、武都、汧、雍十五萬户於諸方要鎮，不忘舊

德，爲磐石之宗，於諸君之意如何？」皆曰：「此有周所以祚隆八百，社稷之利也。」於是分四帥子弟三千户，以配苻丕鎮鄴，如世封諸侯，爲新券主。堅送丕於灞上，流涕而別。諸戎子弟離其父兄者，皆悲號哀慟，酸感行人，識者以爲喪亂流離之象。於是分幽州置平州，以石越爲平州刺史，領護鮮卑中郎將，鎮龍城；大鴻臚韓胤領護赤沙中郎將，移烏丸府于代郡之平城；中書令梁讜爲安遠將軍、幽州刺史，鎮薊城；毛興爲鎮西將軍、河州刺史，鎮枹罕；王騰爲鷹揚將軍、并州刺史，領護匈奴中郎將，鎮晉陽；二州各配支户三千；苻暉爲鎮東大將軍、豫州牧，鎮洛陽；苻叡爲安東將軍、雍州刺史，鎮蒲坂。

堅自平諸國之後，國内殷實，遂示人以侈，懸珠簾於正殿，以朝羣臣，宫宇車乘，器物服御，悉以珠璣、琅玕、奇寶、珍怪飾之。尚書郎裴元略諫，堅大悦，命去珠簾，以元略爲諫議大夫。

初，堅母少寡，將軍李威有辟陽之寵，史官載之。至是，堅收起居注及著作所録而觀之，見其事，慚怒，乃焚其書而大檢史官，將加其罪。著作郎趙泉、車敬等已死，乃止。

《晉書》卷一一四《苻堅載記下》 太元七年，堅饗羣臣於前殿，樂奏賦詩。秦州別駕天水姜平子詩有「丁」字，直而不曲。堅問其故，平子曰：「臣丁至剛，不可以屈，且曲下者不正之物，未足獻也。」堅笑曰：「名不虚行。」因擢爲上第。

堅兄法子東海公陽與王猛子散騎侍郎皮謀反，事洩，堅問反狀，陽曰：「《禮》云：父母之仇，不同天地。臣父哀公，死不以罪，齊襄復九世之仇，而況臣也？」皮曰：「臣父丞相有佐命之勳，而臣不免貧餧，所以圖富也。」堅流涕謂陽曰：「哀公之薨，事不在朕，卿寧不知之？」讓皮曰：「丞相臨終，託卿以十具牛爲田，不聞爲卿求位。知子莫若父，何斯言之徵也！」皆赦不誅，徙陽於高昌，皮於朔方之北。苻融以位忝宗正，不能肅遏姦萌，上疏請待罪私藩。堅不許。將以融爲司徒，融固辭。堅鋭意荆、揚，將謀入寇，乃改授融征南大將軍、開府儀同三司。

幽州蝗，廣袤千里，堅遣其散騎常侍劉蘭持節爲使者，發青、冀、幽、并百姓討之。

以苻朗爲使持節、都督青、徐、兖三州諸軍事、鎮東將軍、青州刺史，以諫議大夫裴元略爲陵江將軍、西夷校尉、巴西、梓潼二郡太守，密授規模，令與王撫備舟師於蜀，將以入寇。

車師前部王彌寘、鄯善王休密馱朝於堅，堅賜以朝服，引見西堂。寘等觀其宫宇壯麗，儀衛嚴肅，甚懼，因請年年貢獻。堅以西域路遥，不許，令三年一貢，九年一朝，以爲永制。堅於是以驍騎吕光爲持節、都督西討諸軍事，與陵江將軍姜飛、輕騎將軍彭晃等配兵七萬，以討定西域。苻融以虚秏中國，投兵萬里之外，得其人不可役，得其地不可耕，固諫以爲不可。堅曰：「二漢力不能制匈奴，猶出師西域。今匈奴既平，易若摧朽，雖勞師遠役，可傳檄而定，化被昆山，垂芳千載，不亦美哉！」朝臣又屢諫，皆不納。

堅引羣臣會議，曰：「吾統承大業垂二十載，芟夷逋穢，四方略定，惟東南一隅，未賓王化。吾每思天下不一，未嘗不臨食輟餔，今欲起天下兵以討之。略計兵杖精卒，可有九十七萬，吾將躬先啓行，薄伐南裔，於諸卿意何如？」祕書監朱彤曰：「陛下應天順時，恭行天罰，嘯咤則五嶽摧覆，呼吸則江海絶流，若一舉百萬，必有征無戰。晉主自當銜璧輿櫬，啓顙軍門；若迷而弗悟，必逃死江海，猛將追之，即可賜命南巢。中州之人，還之桑梓。然後迴駕岱宗，告成封禪，起白雲於中壇，受萬歲於中嶽，爾則終古一時，書契未有。」堅大悦曰：「吾之志也。」左僕射權翼進曰：「臣以爲晉未可伐。夫以紂之無道，天下離心，八百諸侯不謀而至，武王猶曰彼有人焉，迴師止旆。三仁誅放，然後奮戈牧野。今晉道雖微，未聞喪德，君臣和睦，上下同心。謝安、桓沖，江表偉才，可謂晉有人焉。臣聞師克在和，今晉和矣，未可圖也。」堅默然久之，曰：「諸君各言其志。」太子左衛率石越對曰：「吳人恃險偏隅，不賓王命，陛下親御六師，問罪衡越，誠合人神四海之望。但今歲鎮星守斗、牛，福德在吳。懸象無差，弗可犯也。且晉中宗，藩王耳，夷夏之情，咸共推之，遺愛猶在於人。昌明，其孫也，國有長江之險，朝無昏貳之釁。臣愚以爲利用修德，未宜動師。孔子曰：『遠人不服，修文德以來之。』願保境養兵，伺其虚隙。」堅曰：「吾聞武王伐紂，逆歲犯星。天道幽遠，未可知也。昔夫差威陵上國，而爲句踐所滅。仲謀澤洽全吳，孫皓因三代之業，龍驤一呼，君臣面縛，雖有長江，其能固乎？以吾之衆旅，投鞭於江，足斷其流。」越曰：「臣聞紂爲無道，天下患之。夫差淫虐，孫皓昏暴，衆叛親離，所以敗也。今晉雖無德，未有斯罪，深願厲兵積粟以待天時。」羣臣各有異同，庭議者久之。堅曰：「所謂築室于道，沮計萬端，吾當内斷於心矣。」羣臣出後，獨留苻融議之。堅曰：「自古大事，定策者一兩人而已，羣議紛紜，徒亂人意，吾當與汝決之。」融曰：「歲鎮在斗、牛，吳越之福，不可以伐一也。晉主休明，朝臣用命，不可以伐

二也。我數戰，兵疲將倦，有憚敵之意，不可以伐三也。諸言不可者，策之上也，願陛下納之。」堅作色曰：「汝復如此，天下之事，吾當誰與言之？今有衆百萬，資仗如山，吾雖未稱令主，亦不爲闇劣。以累捷之威，擊垂亡之寇，何不克之有乎？吾終不以賊遺子孫，爲宗廟社稷之憂也。」融泣曰：「吴之不可伐昭然，虚勞大舉，必無功而反。臣之所憂，非此而已。陛下寵育鮮卑、羌、羯，布諸畿甸，舊人族類，斥徙遐方。今傾國而去，如有風塵之變者，其如宗廟何？監國以弱卒數萬，留守京師，鮮卑、羌、羯攢聚如林，此皆國之賊也，我之仇也。臣恐非但徒返而已，亦未必萬全。臣智識愚淺，誠不足採；王景略一時奇士，陛下每擬之孔明，其臨終之言不可忘也。」堅不納。游於東苑，命沙門道安同輦。權翼諫曰：「臣聞天子法駕，侍中陪乘，清道而行，進止有度。三代末主，或虧大倫，適一時之情，書惡來世。故班姬辭輦，垂美無窮。道安毁形賤士，不宜參穢神輿。」堅作色曰：「安公道冥至境，德爲時尊，朕舉天下之重，未足以易之。非公與輦之榮，此乃朕之顯也。」命翼扶安升輦，顧謂安曰：「朕將與公南游吴越，整六師而巡狩，謁虞陵於疑嶺，瞻禹穴於會稽，泛長江，臨滄海，不亦樂乎！」安曰：「陛下應天御世，居中土而制四維，逍遥順時，以適聖躬，動則鳴鑾清道，止則神栖無爲，端拱而化，與堯舜比隆，何爲勞身於馳騎，口倦於經略，櫛風沐雨，蒙塵野次乎？且東南區區，地下氣癘，虞舜游而不返，大禹適而弗歸，何足以上勞神駕，下困蒼生？《詩》云：『惠此中國，以綏四方。』苟文德足以懷遠，可不煩寸兵而坐賓百越。」堅曰：「非爲地不廣、人不足也，但思混一六合，以濟蒼生。天生蒸庶，樹之君者，所以除煩去亂，安得憚勞！朕既大運所鍾，將簡天心，以行天罰。高辛有熊泉之役，唐堯有丹水之師，此皆著之前典，昭之後王。誠如公言，帝王無省方之文乎？且朕此行也，以義舉耳，使流度衣冠之胄，還其墟墳，復其桑梓，止爲濟難銓才，不欲窮兵極武。」安曰：「若鑾駕必欲親動，猶不願遠涉江淮，可暫幸洛陽，明授勝略，馳紙檄於丹楊，開其改迷之路。如其不庭，伐之可也。」堅不納。先是，羣臣以堅信重道安，謂安曰：「主上欲有事於東南，公何不爲蒼生致一言也？」故安因此而諫。苻融及尚書原紹、石越等上書面諫，前後數十，堅終不從。堅少子中山公詵有寵於堅，又諫曰：「臣聞季梁在隨，楚人憚之；宫奇在虞，晉不闚兵。國有人焉故也。及謀之不用，而亡不淹歲。前車之覆軌，後車之明鑒。陽平公，國之謀主，而陛下違之；晉有謝安、桓沖，而陛下伐之。是行也，臣竊惑焉。」堅曰：「國有元龜，可以決大謀；朝有公卿，可以定進否。孺子言焉，將爲戮也。」

所司奏劉蘭討蝗幽州，經秋冬不滅，請徵下廷尉詔獄。堅曰：「災降自天，殆非人力所能除也。此自朕之政違所致，蘭何罪焉！」

明年，吕光發長安，堅送於建章宫，謂光曰：「西戎荒俗，非禮義之邦。羈縻之道，服而赦之，示以中國之威，導以王化之法，勿極武窮兵，過深殘掠。」加鄯善王休密馱使持節、散騎常侍、都督西域諸軍事、寧西將軍，車師前部王彌寘使持節、平西將軍、西域都護，率其國兵爲光鄉導。

堅南游灞上，從容謂羣臣曰：「軒轅，大聖也，其仁若天，其智若神，猶隨不順者從而征之，居無常所，以兵爲衛，故能日月所照，風雨所至，莫不率從。今天下垂平，惟東南未殄。朕忝荷大業，巨責攸歸，豈敢優游卒歲，不建大同之業！每思桓温之寇也，江東不可不滅。今有勁卒百萬，文武如林，鼓行而摧遺晉，若商風之隕秋籜。朝廷内外，皆言不可，吾實未解所由。晉武若信朝士之言而不征吴者，天下何由一軌？吾計決矣，不復與諸卿議也。」太子宏進曰：「吴今得歲，不可伐也。且晉主無罪，人爲之用；謝安、桓沖兄弟，皆一方之儁才，君臣勠力，阻險長江，未可圖也。但可厲兵積粟，以待暴主，一舉而滅之。今若動而無功，則威名損於外，資財竭於内。是故聖王之行師也，内斷必誠，然後用之。彼若憑長江以固守，徙江北百姓於江南，增城清野，杜門不戰，我已疲矣。彼未引弓，土下氣癘，不可久留，陛下將若之何？」堅曰：「往年車騎滅燕，亦犯歲而捷之。天道幽遠，非汝所知也。昔始皇之滅六國，其王豈皆暴乎？且吾内斷於心久矣，舉必克之，何爲無功！吾方命蠻夷以攻其内，精甲勁兵以攻其外，内外如此，安有不克！」道安曰：「太子之言是也，願陛下納之。」堅弗從。冠軍慕容垂言於堅曰：「陛下德侔軒唐，功高湯武，威澤被於八表，遠夷重譯而歸。司馬昌明因餘燼之資，敢距王命，是而不誅，法將安措！孫氏跨僭江東，終併於晉，其勢然也。臣聞小不敵大，弱不御强，況大秦之應符，陛下之聖武，强兵百萬，韓白盈朝，而令其偷魂假號，以賊虜遺子孫哉！《詩》云：『築室于道謀，是用不潰于成。』陛下内斷神謀足矣，不煩廣訪朝臣，以亂聖慮。昔晉武之平吴也，言可者張、杜數賢而已，若採羣臣之言，豈能建不世之功！諺云：憑天俟時，時已至矣。其可已乎？」堅大悦，曰：「與吾定天下者，其惟卿耳。」賜帛五百匹。

晉車騎將軍桓沖率衆十萬伐堅，遂攻襄陽。堅大怒，遣其子征南叡及冠軍慕容垂、左衛毛當率步騎五萬救襄陽，揚武張崇救武當，後將軍張蚝、步兵校尉

姚萇救涪城。

堅下書悉發諸州公私馬，人十丁遣一兵。門在灼然者，爲崇文義從。良家子年二十已下，武藝驍勇，富室材雄者，皆拜羽林郎。下書期克捷之日，以帝爲尚書左僕射，謝安爲吏部尚書，桓沖爲侍中，並立第以待之。良家子至者三萬餘騎。其秦州主簿金城趙盛之爲建威將軍、少年都統。遣征南苻融、驃騎張蚝、撫軍苻方、衛軍梁成、平南慕容暐、冠軍慕容垂率步騎二十五萬爲前鋒。堅發長安，戎卒六十餘萬，騎二十七萬，前後千里，旗鼓相望。堅至項城，涼州之兵始達咸陽，蜀漢之軍順流而下，幽冀之衆至於彭城，東西萬里，水陸齊進。運漕萬艘，自河入石門，達於汝潁。

融等攻陷壽春，執晉平虜將軍徐元喜、安豐太守王先。垂攻陷鄖城，害晉將軍王太丘。梁成與其揚州刺史王顯、弋陽太守王詠等率衆五萬，屯於洛澗，柵淮以遏東軍。成頻敗王師。晉遣都督謝石、徐州刺史謝玄、豫州刺史桓伊、輔國謝琰等水陸七萬，相繼距融，去洛澗二十五里，憚成不進。堅大悦，恐石等遁也，捨大軍於項城，以輕騎八千兼道赴之，令軍人曰：「敢言吾至壽春者拔舌。」故石等弗知。謝石等以既敗梁成，水陸繼進。堅與苻融登城而望王師，見部陣齊整，將士精鋭，又北望八公山上草木，皆類人形，顧謂融曰：「此亦勍敵也，何謂少乎？」憮然有懼色。

堅遣其尚書朱序説石等以衆盛，欲脅而降之。序詭謂石曰：「若秦百萬之衆皆至，則莫可敵也。及其衆軍未集，宜在速戰。若挫其前鋒，可以得志。」石聞堅在壽春也，懼，謀不戰以疲之。謝琰勸從序言，遣使請戰，許之。時張蚝敗謝石於肥南，謝玄、謝琰勒卒數萬，陣以待之。蚝乃退，列陣逼肥水。王師不得渡，遣使謂融曰：「君懸軍深入，置陣逼水，此持久之計，豈欲戰者乎？若小退師，令將士周旋，僕與君公緩轡而觀之，不亦美乎？」融於是麾軍卻陣，欲因其濟水，覆而取之。軍遂奔退，制之不可止。融馳騎略陣，馬倒被殺，軍遂大敗。王師乘勝追擊，至於青岡，死者相枕。堅爲流矢所中，單騎遁還於淮北，飢甚，人有進壺飧豚髀者，堅食之，大悦，曰：「昔公孫豆粥何以加也！」命賜帛十匹，緜十斤。辭曰：「陛下，臣之父母也，安有子養而求報哉！」弗顧而退。堅大慚，顧謂其夫人張氏曰：「朕若用朝臣之言，豈見今日之事邪！當何面目復臨天下乎？」潸然流涕而去。聞風聲鶴唳，皆謂晉師之至。

諸軍悉潰，惟慕容垂一軍獨全，堅以千餘騎赴之。垂子寶勸垂殺堅，垂不從，乃以兵屬堅。初，慕容暐屯鄖城，姜成等守漳口，晉隨郡太守夏侯澄攻姜成，斬之，暐棄其衆奔還。堅收離集散，比至洛陽，衆十餘萬，百官威儀軍容粗備。未及關而垂有貳志，説堅請巡撫燕岱，并求拜墓，堅許之。權翼固諫以爲不可，堅不從。尋懼垂爲變，悔之，遣驍騎石越率卒三千戍鄴，驃騎張蚝率羽林五千戍并州，留兵四千配鎮軍毛當戍洛陽。堅至自淮南，次於長安東之行宫，哭苻融而後入，告罪於其太廟，赦殊死已下，文武增位一級，厲兵課農，存卹孤老，諸士卒不返者皆復其家終世。贈融大司馬，謚曰哀公。

慕容暐乃潛使諸弟及宗人起兵於外。堅遣將軍强永率騎擊之，爲泓所敗，泓衆遂盛。

堅謂權翼曰：「吾不從卿言，鮮卑至是。關東之地，吾不復與之争，將若泓何？」翼曰：「寇不可長。慕容垂正可據山東爲亂，不暇近逼。今暐及宗族種類盡在京師，鮮卑之衆布於畿甸，實社稷之元憂，宜遣重將討之。」堅乃以廣平公苻熙爲使持節、都督雍州雜戎諸軍事、鎮東大將軍、雍州刺史，鎮蒲坂。徵苻叡爲都督中外諸軍事、衛大將軍、司隸校尉、録尚書事，配兵五萬，以左將軍竇衝爲長史，龍驤姚萇爲司馬，討泓於華澤。率騎八千奔於泓軍。泓衆至十餘萬，遣使謂堅曰：「秦爲無道，滅我社稷。今天誘其衷，使秦師傾敗，將欲興復大燕。吴王已定關東，可速資備大駕，奉送家兄皇帝并宗室功臣之家。泓當率關中燕人，翼衛皇帝，還返鄴都，與秦以武牢爲界，分王天下，永爲鄰好，不復爲秦之患也。鉅鹿公輕戇鋭進，爲亂兵所害，非泓之意。」堅大怒，召慕容暐責之曰：「卿父子干紀僭亂，乖逆人神，朕應天行罰，盡兵勢而得卿。卿非改迷歸善，而合宗蒙宥，兄弟布列上將、納言，雖曰破滅，其實若歸。奈何因王師小敗，便猖悖若此？垂爲長蛇於關東，泓、沖稱兵内侮。泓書如此，卿欲去者，朕當相資。卿之宗族，可謂人面獸心，殆不可以國士期也。」暐叩頭流血，泣涕陳謝。堅久之曰：「《書》云：父子兄弟，無相及也。卿之忠誠，實簡朕心，此自三豎之罪，非卿之過。」復其位而待之如初。命暐以書招喻垂及泓、沖，使息兵還長安，恕其反叛之咎。

堅率步騎二萬討姚萇於北地，次於趙氏塢，使護軍楊璧游騎三千，斷其奔路，右軍徐成、左軍竇衝、鎮軍毛盛等屢戰敗之，仍斷其運水之路。萇軍渴甚，遣其弟鎮北尹買率勁卒二萬決堰。竇衝率衆敗其軍於鸛雀渠，斬尹買及首級萬三千。萇衆危懼，人有渴死者。俄而降雨於萇營，營中水三尺，周營百步之外，寸餘而已，於是萇軍大振。堅方食，去案怒曰：「天其無心，何故降澤賊營！」

姚萇留其弟征虜緒守楊渠川大營，率衆七萬來攻堅。堅遣楊璧等擊之，爲萇所敗。

初，堅之滅燕，沖姊爲清河公主，年十四，有殊色，堅納之，寵冠後庭。沖年十二，亦有龍陽之姿，堅又幸之。姊弟專寵，宫人莫進。長安歌之曰：「一雌復一雄，雙飛入紫宫。」咸懼爲亂。王猛切諫，堅乃出沖。長安又謡曰：「鳳皇鳳皇止阿房。」堅以鳳皇非梧桐不栖，非竹實不食，乃植桐竹數十萬株於阿房城以待之。沖小字鳳皇，至是，終爲堅賊，入止阿房城焉。

時吕光討平西域三十六國，所獲珍寶以萬萬計。堅下書以光爲使持節、散騎常侍、都督玉門以西諸軍事、安西將軍、西域校尉，進封順鄉侯，增邑一千户。

慕容沖進逼長安，堅登城觀之，歎曰：「此虜何從出也？其强若斯！」大言責沖曰：「爾輩羣奴正可牧牛羊，何爲送死！」沖曰：「奴則奴矣，既厭奴苦，復欲取爾見代。」堅遣使送錦袍一領遺沖，稱詔曰：「古人兵交，使在其間。卿遠來草創，得無勞乎？今送一袍，以明本懷。朕於卿恩分如何，而於一朝忽爲此變！」沖命詹事答之，亦稱「皇太弟有令：孤今心在天下，豈顧一袍小惠？苟能知命，便可君臣束手，早送皇帝，自當寬貸苻氏，以酬曩好，終不使既往之施獨美於前」。堅大怒曰：「吾不用王景略、陽平公之言，使白虜敢至於此。」

堅遣鴻臚郝稚徵處士王嘉於到獸山。既至，堅每日召嘉與道安於外殿，動静諮問之。慕容暐入見東堂，稽首謝曰：「弟沖不識義方，孤背國恩，臣罪應萬死。陛下垂天地之容，臣蒙更生之惠。臣二子昨婚，明當三日，愚欲暫屈鑾駕，幸臣私第。」堅許之。暐出，嘉曰：「椎蘆作蘧篨，不成文章，會天大雨，不得殺羊。」堅與羣臣莫之能解。是夜大雨，晨不果出。初，暐之遣諸弟起兵於外也，堅防守甚嚴，謀應之而無因。時鮮卑在城者猶有千餘人，暐乃密結鮮卑之衆，謀伏兵請堅，因而殺之。令其豪帥悉羅騰、屈突鐵侯等潛告之曰：「官今使侯外鎮，聽舊人悉隨，可於某日會集某處。」鮮卑信之。北部人突賢與其妹别，妹爲左將軍竇衝小妻，聞以告衝，請留其兄。衝馳入白堅，堅大驚，召騰問之，騰具首服。堅乃誅暐父子及其宗族，城内鮮卑無少長及婦女皆殺之。

堅與沖戰，各有勝負。嘗爲沖軍所圍，殿中上將軍鄧邁、左中郎將鄧綏、尚書郎鄧瓊與毛長樂等蒙獸皮，奮矛而擊沖軍。沖軍潰，堅獲免，嘉其忠勇，並拜五校，加三品將軍，賜爵關内侯。堅尋敗沖於城西，追奔至於阿城。諸將請乘勝入城，堅懼爲沖所獲，乃擊金以止軍。

苻暉屢爲沖所敗，堅讓之曰：「汝，吾之子也，擁大衆，屢爲白虜小兒所摧，何用生爲！」暉憤恚自殺。左將軍苟池、右將軍俱石子率騎五千，與沖争麥，戰於驪山，爲沖所敗，池死之，石子奔鄴。堅大怒，復遣領軍楊定率左右精騎二千五百擊沖，大敗之，俘掠鮮卑萬餘而還。堅怒，悉坑之。定果勇善戰，沖深憚之，遂穿馬埳以自固。

時有羣烏數萬，翔鳴於長安城上，其聲甚悲，占者以爲鬬羽不終年，有甲兵入城之象。沖率衆登城，堅身貫甲胄，督戰距之，飛矢滿身，血流被體。時雖兵寇危逼，馮翊諸堡壁猶有負糧冒難而至者，多爲賊所殺。堅謂之曰：「聞來者率不善達，誠是忠臣赴難之義。當今寇難殷繁，非一人之力所能濟也。庶明靈有照，禍極災返，善保誠順，爲國自愛，蓄糧厲甲，端聽師期，不可徒喪無成，相隨獸口。」三輔人爲沖所略者，咸遣使告堅，請放火以爲内應。堅曰：「哀諸卿忠誠之意也，何復已已。但時運圮喪，恐無益於國，空使諸卿坐自夷滅，吾所不忍也。且吾精兵若獸，利器如霜，而衄於烏合疲鈍之賊，豈非天也！宜善思之。」衆固請曰：「臣等不愛性命，投身爲國，若上天有靈，單誠或冀一濟，没無遺恨矣。」堅遣騎七百應之。而沖營放火者爲風焰所燒，其能免者十有一二。堅深痛之，身爲設祭而招之曰：「有忠有靈，來就此庭。歸汝先父，勿爲妖形。」歔欷流涕，悲不自勝。衆咸相謂曰：「至尊慈恩如此，吾等有死無移。」堅以甘松護軍仇騰爲馮翊太守，加輔國將軍，與破虜將軍蜀人蘭櫝慰勉馮翊諸縣之衆。衆咸曰：「與陛下同死共生，誓無有貳。」

城中有書曰《古苻傳賈録》，載「帝出五將久長得」。先是，又謡曰：「堅入五將山長得。」堅大信之，告其太子宏曰：「脱如此言，天或導予。今留汝兼總戎政，勿與賊争利，朕當出隴收兵運糧以給汝。天其或者正訓予也。」於是遣衛將軍楊定擊沖於城西，爲沖所擒。堅彌懼，付宏以後事，將中山公詵、張夫人率騎數百出如五將，宣告州郡，期以孟冬救長安。

初，秦之未亂也，關中土然，無火而煙氣大起，方數十里中，月餘不滅。堅每臨聽訟觀，令百姓有怨者舉煙於城北，觀而録之。長安爲之語曰：「欲得必存當舉煙。」又爲謡曰：「長鞘馬鞭擊左股，太歲南行當復虜。」秦人呼鮮卑爲白虜。慕容垂之起於關東，歲在癸未。堅之分氐户於諸鎮也，趙整因侍，援琴而歌曰：「阿得脂，阿得脂，博勞舊父是仇綏，尾長翼短不能飛，遠徙種人留鮮卑，一旦緩急語阿誰！」堅笑而不納。至是，整言驗矣。

堅至五將山，姚萇遣將軍吳忠圍之。堅衆奔散，獨侍御十數人而已。神色自若，坐而待之，召宰人進食。俄而忠至，執堅以歸新平，幽之於別室。萇求傳國璽於堅曰：「萇次膺符曆，可以爲惠。」堅瞋目叱之曰：「小羌乃敢干逼天子，豈以傳國璽授汝羌也？圖緯符命，何所依據？五胡次序，無汝羌名。違天不祥，其能久乎？璽已送晉，不可得也。」萇又遣尹緯説堅，求爲堯舜禪代之事。堅責緯曰：「禪代者，聖賢之事。姚萇叛賊，奈何擬之古人？」堅既不許萇以禪代，罵而求死，萇乃縊堅於新平佛寺中，時年四十八。中山公詵及張夫人並自殺。是歲，太元十年也。

初，堅强盛之時，國有童謡云：「河水清復清，苻詔死新城。」堅聞而惡之，每征伐，戒軍候云：「地有名新者避之。」時又童謡云：「阿堅連牽三十年，若後欲敗當在江淮間。」堅在位二十七年，因壽春之敗，其國大亂，後二年，竟死於新平佛寺，咸應謡言矣。丕僭號，僞追謚堅曰世祖宣昭皇帝。

李昉《太平御覽》卷一二二引崔鴻《十六國春秋・前秦録》 苻堅，字永固，健弟雄之子。趙建武中，母苟氏祈西門豹祠，歸而夜夢與神交，遂孕，十二月而生。有神光之異，自天屬庭，背有赤文，隱起成字，曰：「草付臣又土王咸陽。」秘而莫之傳也。姿貌魁傑，臂垂過膝，目有紫光。祖洪奇而愛之，名「堅頭」，因而謂健曰：「此兒頭大鎮重，身長任大，足短安下，非常相。」趙右光禄大夫、司隸校尉高平徐統有知人之鑒，遇堅於路，異之，執其手曰：「符郎，此官之御街，小兒敢戲！」統顧左右曰：「此兒有霸王之相。」後復遇之，統下車謂曰：「符郎當大貴，但僕不及見，如何？」堅曰：「若如公言，不敢忘德。」八歲，請就師學。洪曰：「尚小未可，吾年十三，方欲求師，時人猶以爲速成。」健之入關，次于曲沃，夢天神遣使，朱衣赤冠，命拜堅爲龍驤將軍。旦而爲壇于曲沃，拜堅，泣謂曰：「先王昔始受此號，汝父次爲之，今若復爲神明所授，可不勉之！」性至孝，有器度，博學多才藝，年十一，便有經略大志。堅既殺符生，永興元年六月去皇帝之號，僭稱大秦天王，即位太極殿，誅董龍等二十余人，改壽光三年爲永興元年。追尊父爲文桓皇帝，世子宏爲皇太子。兄清河王法爲丞相、東海公，永安公符侯爲太尉，諸王皆貶爵爲公。符柳爲尚書令，封弟融爲陽平公，雙河南公，子丕爲長樂公，暉爲平原公，熙爲廣平公。李威爲左僕射，梁平老爲右僕射，席寶爲丞相長史，王猛爲中書令侍郎，權翼爲黄門郎。諸公卿爲生所誅者，悉復本官。十月，丞相東海公法以疑忌賜死，苟太后之意也。堅性友愛，與法訣于東堂，慟哭嘔血。二年四月，堅如雍，祀五疇。六月，如河東，祀后土。八月，自臨晉登龍門，顧謂羣臣曰：「美哉！山河之固。」權翼對曰：「吳起有言：『在德不在險。』願陛下追踪唐虞，懷遠以德；山河之固，不足恃也！」堅大悦。至韓原，觀晉魏顆鬼結草抗秦軍之處，賦詩而歸。

甘露元年正月，起明堂，禪南北郊。六月，甘露降，乃大赦，改年。八月，堅下書曰：「咸陽内史猛聲彰出納，所在著績，有卧龍之才，宜入贊百揆，絲綸王言，可征拜侍中、中書令、領京兆尹。」中丞鄧羌性鯁直，與猛協規齊志，于是百僚肅整，豪右屏氣，風化大行。堅歎曰：「吾今始知天下之有法也！」以猛爲吏部尚書，遷太子詹事。十一月，以猛爲司隸、侍中，領選如故，猛上疏曰：「伏見陽平公融明德懿親，光禄西河任羣，忠禎淑慎，處士朱彤博識聰辯，并宜左右彌綸，暉贊九棘。愚臣庸鄙，請避賢路。」堅曰：「機務俟才，允屬明哲，朝野所望，豈容致辭？所舉融等，尋別銓授。」于是以融爲侍中、中書監、右僕射，任羣爲光禄大夫、領太子家令，朱彤爲中書侍郎、領太子庶子。

三年九月，鳳皇集于東閣，大赦天下。初，將爲赦，與左僕射猛、右僕射融議于露堂，悉屏左右。堅自爲文，猛、融進紙筆。有一大蒼蠅入自牖間，鳴聲甚大，集于筆端，而復來，堅惡之，久而乃去。俄而長安街巷市里民相告曰：「官今大赦。」有司以聞。堅驚謂融曰：「事何從而泄？」敕外窮推，咸言有一小人衣黑衣，呼于市曰：「官今大赦。」須臾不見。堅歎曰：「其向蒼蠅乎？聲狀非常，吾固惡之。」【略】六年，遣鴻臚拜張天錫爲大將軍、涼州牧、西平公。建元元年正月，雍州秀才段鏗對策上第，拜吏部郎中。孝廉通經者十餘人皆拜令長。

五年六月，晉大司馬桓温伐燕，次于枋頭。燕師屢敗，遣散騎侍郎樂嵩來乞師，請賂秦以虎牢以西之地。八月，遣將軍苟也、洛州刺史邵羌帥步騎二萬救燕。温敗歸。是月，京兆民王攸上書獻十略，【略】堅納之，以攸爲諫議大夫。十一月，燕車騎吳王垂來奔。桓温既走，慕容暐悔割河洛之地以賂秦，乃曰：「行人失辭。分災救患，理之常也。」堅大怒。六年，令輔國王猛帥鎮南楊安、虎牙將軍張蚝、建節鄧羌等步騎六萬討平燕冀。八月，猛攻克壺關。【略】十一月，堅自帥精鋭十萬攻鄴，七日而至于安陽故宅，引諸耆老語及祖父舊事，泫然流涕。猛潛如安陽迎堅，堅謂曰：「昔亞夫不出軍迎漢文，將軍何以臨敵背衆乎？」猛曰：「臣每覽亞夫之事，常謂前却人主，以此而爲名將，竊未多之。臣奉陛下神算，擊垂亡之虜，若摧枯拉朽，何足憂也！」戊寅，克鄴。慕容暐出奔，將軍郭慶

執暐於高陽，送之。辛巳，堅入鄴宮，大赦。閲其圖籍，郡百五十七，縣一千五百七十九，户二百四十五萬八千九百六十九。以王猛爲都督諸軍事、車騎大將軍、開府儀同、冀州牧，鎮鄴，封清河郡侯，以僞太宰恪、太傅評之第盡賜之，加美妾五人、上女妓十人、中女妓三十八人。猛辭，堅曰：「昔魏絳和戎，猶有金石絲竹之賞；山甫翼周，實受四牡之錫。卿功超二子，任過管、葛，安得辭也？其敬受之，無逆朕命。」以鄧羌爲散騎常侍、安定太守、真定郡侯，邑三千户，賞潞川之功。七年七月日，堅如洛陽，下書曰：「士死知己，猶來格模，故喬公一言，魏祖追慟。趙司隸高平徐統往在鄴都，識朕于童稚，每思其殷勤之言，弗敢忘也。可召其子孫詣行所。」八年五月，以高平徐攀爲琅琊太守。攀，統之少子，以舊恩拔之也。六月，冀州牧猛入爲丞相、中書監、司隸校尉，猛固辭丞相，改授司徒，又固辭，不拜，乃停司徒之授。四月，天鼓鳴，彗出于尾箕，長十餘丈，或名蚩尤旗。太史令張猛言于堅曰：「尾，燕之分野；而掃東井，東井，秦之分，災深禍大。十年之後，燕滅秦之象。二十年之後，燕當爲岱所滅。慕容暐父子兄弟，亡虜也，而布列朝廷，貴盛不二，宜除渠帥，以寧皇秦。若旦誅鮮卑，不夕滅客彗者，臣請就妖言之戮。」堅不納，更以暐爲尚書，垂爲京兆尹，沖爲平陽太守。十年三月，侍中太尉李威卒。威字伯龍，漢陽人，苟太后姑子。少與苻雄刎頸之交，苻生屢欲誅堅，賴威以免。堅深德之，事威如父。誅苻生及法，皆威與太后潛決大謀，遂有辟陽之寵。雅重王猛，勸堅以國事任之。堅常謂猛曰：「李公知卿，猶鮑叔之于夷吾，罕虎之于子產。」猛兄事之。夏四月，堅下書曰：「巴夷嶮逆，寇亂益州，招引吳軍爲脣齒之勢，特進鎮軍將軍、護羌校尉鄧羌可帥甲士五萬，星夜赴討。」五月，蜀人張育、楊光等起兵二萬以應。巴獠晉威遠將軍桓石帥衆三萬，入據墊江。張育自號蜀王，稱藩于晉。八月，鄧羌敗晉師于涪，西擊張育、楊光于綿竹，皆斬之。益州平，羌勒銘于岷山而還。十二月，羌至自成都，堅引見東堂，謂之曰：「將軍之先仲華遇漢世祖於前，將軍復逢朕於後，何鄧氏之多幸！」羌曰：「臣常謂光武之遇仲華，非獨仲華之遭光武！」堅笑：「將軍蓋以自貺，非直將軍之幸，亦朕之遇賢。」十一年正月，以徵士樂陵王忻爲國子祭酒，堅雅好文學，英儒畢集，純博之精，莫如忻也，終于太子少傅。五月，猛寢疾，堅親祈南北郊、宗廟、社稷，分遣使臣禱河岳諸神，無不周備。以猛少瘳，赦殊死。七月，堅臨省疾，問以後事，猛曰：「晉僻陋吳越，乃正朔相承。臣没之後，願不以晉爲圖。鮮卑、羌虜，我之仇讎，終爲大患，宜漸除之，以便社稷。」言終而卒，年五十一。堅哭之慟，謂太子宏曰：「天不欲使吾平一六合，何奪吾景略之速也！」贈侍中、丞相，余如故，謚武侯。朝野巷哭三日。十二年正月，高陵民穿井得黿，大三尺六寸，背有八卦文。命太卜池養之，食之以粟。四月，堅下書曰：「涼州刺史張天錫雖稱藩受位，而臣道未純，可遣步兵校尉姚萇等自石城津伐。」天錫率勁勇五萬來拒。戰于赤岸，涼師大潰。天錫率騎數千奔還姑臧，箋降于萇。甲午，大軍至姑臧，天錫素車白馬，面縛舁櫬，降於軍門。萇釋縛焚櫬，送之長安。諸郡悉降，涼州平。九月，以梁熙爲西中郎將、涼州刺史，鎮姑臧。徙豪右七千户于關中。封天錫重光縣之東寧鄉二百户，號歸義侯，拜比部尚書，遷右僕射。萇之征也，堅爲天錫立第，既至如歸。十三年正月，太史奏：「有星見於外國之分，當有聖人之輔中國，得之者昌。」堅聞西域有鳩摩羅什，襄陽有釋道安，并遣求之。十七年正月，不雨。至于六月，徹樂減膳，出宫女以迎和氣。八月，堅收起居注及著作所録而觀之，見苟太后、李威之事，慚怒，乃焚其書。著作郎董朏雖更書時事，然十不留一。十八年三月，徙鄴銅駝、銅馬、飛廉、翁仲于長安。十月，堅引羣臣於太極殿議曰：「東南一隅，未賓王化，今欲起天下兵討之。計其兵仗精卒九十七萬，吾將先啓行，薄伐南裔。此行也，朕與陽平公之任，非諸將之事。」左右僕射權翼、沙門道安、陽平公融、尚書石越等上書面諫，前後數十，堅終不納。十九年，晉車騎桓沖率衆十萬攻襄陽，遣其前將軍劉波攻沔北。堅大怒，遣其子征南鉅鹿公睿、冠軍慕容垂，佐衛毛當等，將步卒五萬救襄陽。堅下書曰：「吳人敢恃江山，屢寇王境，宜時進討，以清宇内。便可戒嚴，速修戎備，發州民則十丁遣一，兵若門在灼然者爲崇文義從。朕將登會稽，復禹績，伐國存君，義同三王。其以司馬昌明爲左僕射，謝安爲吏部尚書，桓沖爲侍中，勢還不遠，可并爲起第。」八月戊午，遣征南大將軍陽平公融、騎從張蚝、撫軍大將軍高陽公苻方，衛軍梁成、平南慕容暐、冠軍慕容垂步騎二十五萬爲前鋒。甲子，堅發長安戎卒六十餘萬、騎二十七萬，前後千里。九月，堅至項城，涼州之兵始達咸陽，蜀漢之軍順流而下，幽冀之衆至于彭城，東西萬里，水陸齊進。融等攻壽春。晉遣都督謝石、徐州刺史謝玄、豫州刺史桓伊水陸七萬，敗堅于淝水。堅爲流矢所中，單騎遁還于淮北，顧謂夫人張氏曰：「朕用朝臣之言，豈見今日之事耶？何面目復臨天下？」泫然流涕。堅諸軍悉潰，及慕容垂一軍獨全。比至洛陽，百官威儀，軍容粗備。未及關而垂有貳志，説堅請巡撫燕、代，并求拜墓，堅許之。權翼固諫，以爲不可，堅不從。堅至自淮南，次於長安東之行宫，入

告罪於太廟。【略】堅謂權翼曰：「將若泓何？」翼曰：「慕容垂正可據山東爲亂，不暇近逼。今暐宗族盡在京師，鮮卑之衆布在畿甸，實社稷之憂，宜遣重將討之。」堅乃以廣平公苻熙鎮蒲坂；苻叡爲都督，配兵五萬，姚萇爲司馬，討泓於華陽。平原太守慕容沖起兵河東，有衆二萬，進攻蒲阪，堅命竇沖討之。苻叡勇果輕敵，戰於華陰，叡敗績被殺。堅大怒，萇懼誅，遂叛。竇沖大破慕容沖於河東，沖奔於泓。泓衆至十萬餘，遣使謂堅曰：「秦師傾敗，將欲興復大燕。吴王以定關東，可速資備大駕，奉送家兄皇帝返鄴都，與秦以虎牢爲界，分王天下。」堅大怒，召暐責之。暐叩頭流血陳謝。堅曰：「此自三豎之罪，非卿之過。」復其位，待之如初。命暐以書招諭垂及泓、沖，使息兵。暐密遣使謂之曰：「今秦數已終，當不能久。吾籠中之人，必無還理，勉建大業，以興復爲務。」泓于是進向長安。

堅率步騎二萬討姚萇於北地。萇率衆七萬來攻，堅爲萇所敗。聞慕容沖去長安二百餘里，退師而歸，使苻方戍驪山，苻暉都督中外諸軍事，配兵五萬拒沖。暉師敗績。堅又以尚書姜宇與苻琳率衆三萬，擊沖于霸上，爲沖所敗，宇死之，琳中流矢，沖遂據阿房城，進逼長安。堅登城觀之，歎曰：「此虜從何出也？吾不用王景略、陽平公之言，使白虜敢以至于此。」長樂公苻丕在鄴，糧竭，馬又無草，削松木而食之。會丁零叛慕容垂，引師去鄴，始具西問，知長安危逼，遣從弟求救于謝玄。二十一年，慕容沖僭稱尊號於阿房，改年更始。沖率衆登城，堅身貫甲冑，督戰拒之，飛矢滿身，血流被體。時雖兵寇危逼，馮翊諸堡猶有負糧冒難而至者，多爲賊所殺。先是，謡言「堅入五將久長得」。堅乃留太子宏守長安，謂之曰：「天或導餘，留汝兼總戎政，勿與争利，吾當出隴收兵運糧以給汝。」自將張夫人及中山公詵率騎數百出奔，如五將山。六月，太子宏將母、妻、數千騎出奔。沖入據長安。堅至五將山，姚萇遣將軍吴忠圍之。堅衆奔散，獨侍御數十人而已，神色自若，召宰人進食。俄而忠至，執堅以歸新平縣，幽之别室。萇求傳國璽於堅曰：「萇次應符歷，可以爲惠。」堅叱之曰：「小羌乃敢干逼天子，豈以傳國璽授汝羌乎！五胡次序，無汝羌名。違天不祥，其能久乎！璽已送晉，不可得也。」萇遣右僕射尹偉説堅，求爲堯舜禪代之事。堅曰：「姚萇叛賊，奈何擬之古人！」因問偉曰：「卿於朕朝作何官？」對曰：「尚書令史。」堅歎曰：「卿宰相才也，王景略之流，而朕不知卿。亡也，不亦宜乎？」

八月，縊堅於新平佛寺中，時年四十八。張夫人、中山公等皆自殺。三軍莫不哀慟。萇欲匿煞殺堅之名，乃謚爲莊烈天王。長樂公稱尊號，僞謚堅爲世祖宣昭皇帝。

雜録

備録

《三十國春秋輯本》輯車頻《秦書》 苻堅，字永固，武都氏人也。本姓蒲，祖父洪詐稱讖文，改曰苻，言己當王，應符命也。苻堅母苟氏浴漳水，經西門豹祠，歸，夜夢若有龍蛇感已，遂懷孕，而生堅。

堅初生，有赤光流其室，及誕，肩背有赤色隱起，狀若篆文，曰：「草付之祥。」因爲苻氏。

幼有美度。石虎司隸徐統名知人，堅六歲時，嘗戲於路，統見而異焉，問曰：「苻郎，此官街，小兒行戲，不畏縛邪？」堅曰：「吏縛有罪，不縛小兒。」統謂左右曰：「此兒有王霸相。」左右曰：「此兒狀貌甚丑，而君以爲相貴異，何也？」統曰：「非爾等所及知也。」

石氏亂，伯父健及父雄西入關，堅時年十二，未有軍號。健夢有天神遣使者，朱衣武冠，拜肩頭爲龍驤將軍。肩頭，堅小字也，健即拜爲龍驤將軍，以應神命。

《三十國春秋輯本》輯蕭方《三十國春秋》 秦王苻堅懸珠簾于正殿，以朝羣臣，宫宇、服御物，極珍飾之奇。尚書金部郎裴元略諫曰：「願陛下遵採椽之不斫，鄙瓊室而不居。」堅笑曰：「非卿之忠，朕何由聞過乎？」

《三十國春秋輯本》輯蕭方《三十國春秋》 太元八年，秦大舉入寇，秦王堅下書曰：「吴人敢恃江山，僭稱大號，輕率犬羊，屢窺王境，朕將巡狩省方，登會稽而朝諸侯，復禹績而定九州，今王師所擬，必有征無戰，伐國存君，義同一體。」

釋道世《法苑珠林》卷七九《受報篇》 秦姚萇字景茂，赤亭羌也。父弋仲事石勒。石氏既滅，萇隨其兄衰與苻永固戰於三原，軍敗衰死，萇乃降永固。即受禄位，累加爵邑，及轉龍驤將軍督梁益州諸軍事。永固謂之曰：「朕昔以龍驤建

業，此號未曾假人，今持山南委卿，故特以相授。」其蒙寵任優隆如此。後隨永固子叡討慕容泓，爲泓所敗，叡獨死之。萇遣長史詣永固謝罪。永固怒既甚，即戮其使益萇恐懼，遂奔西州，邀聚士卒而自樹置。永固頻爲慕容沖所敗，沖轉侵逼，永固又見妖怪屢起，遂走五將山。萇即遣驍騎將軍吳中圍永固，中執永固以送，萇即日囚之，以求傳國璽及令禪讓，永固不從。數以叛逆之罪。萇遂殺之。遂稱帝。後又掘永固屍。鞭撻無數。裸剥衣裳。薦之以棘，掘坎埋之。及萇遇疾，即夢永固將天官使者及鬼兵數百突入營中。萇甚怵愕走入後帳。宫人逆來刺鬼，誤中萇陰。鬼即相謂曰：「正著死所。」拔去矛刃，出血石餘。忽然驚寤，即患陰腫，令醫刺之，流血如夢。又狂言曰：「殺陛下者臣兄襄耳，非臣萇罪，願不賜枉。」後三日萇死。

《太平廣記》卷二七六《苻堅》　苻堅將欲南伐，夢滿城出菜，又地東南傾。其占曰：「菜多。難爲醬也。東南傾。江左不得平也。」

劉敬叔《異苑》卷三《馬度苻堅》　苻堅爲慕容沖所襲，堅馳騧馬，墮而落澗。追兵幾及，計無由出。馬即踟躕臨澗，垂鞍與堅。堅不能及，馬又跪而受焉。堅援之得登岸，而走廬江。

劉敬叔《異苑》卷七《苻堅凶夢》　苻堅將欲南師也，夢葵生城内。明以問婦，婦曰：「若征軍遠行，難爲將也。」堅又夢地東南傾，復以問。云：「江左不可平也。君無南行！必敗之象也。」堅不從。卒以敗。

備論

《晉書》卷一一五《苻丕苻登載記》　永固雅量環姿，變夷從夏。葉魚龍之謡咏，挺草付之休征。克翦奸回，纂承僞歷。遵明王之德教，闡先聖之儒風，撫育黎元，憂勤庶政。王猛以宏材緯軍國，苻融以懿戚贊經綸，權薛以諒直進規謨，鄧張以忠勇恢威略。俊賢效足，杞梓呈才，文武兼施，德刑具舉。乃平燕定蜀，擒代吞涼，跨三分之二，居九州之七，遐荒慕義，幽險宅心。因止馬而獻歌，托栖鸞以成頌，因以功侔曩烈，豈直化洽當年！雖五胡之盛，莫之比也。既而足以夸世，愎諫違謀，輕敵怒鄰，窮兵黷武。懟三正之未葉，耻五運之猶乖，傾率土之師，起滔天之寇，負其犬羊之力，肆其吞噬之能。自謂戰必勝，攻必取，便欲鳴鸞禹穴，駐蹕疑山。疏爵以侯楚材，築館以須歸命。曾弗知人道助順，神理害盈，雖矜涿野之强，終致昆陽之敗。遂使凶渠候隙，狡寇伺間，步摇啓其禍先，燒當乘其亂極，宗社遷於他族，身首罄于賊臣。貽戒將來，取笑天下，豈不哀哉！豈不謬哉！

贊曰：【略】永固禎祥，肇自龍驤。垂旒負扆，竊帝圖王。患生縱敵，能起矜强。

《資治通鑑》卷一〇六　論者皆以爲秦王堅之亡，由不殺慕容垂、姚萇故也。臣獨以爲不然。許劭謂魏武帝治世之能臣，亂世之姦雄。使堅治國無失其道，則垂、萇皆秦之能臣也，烏能爲亂哉！堅之所以亡，由驟勝而驕故也。魏文侯問李克，吳之所以亡，對曰：「數戰數勝。」文侯曰：「數戰數勝，國之福也，何故亡？」對曰：「數戰民疲，數勝則主驕，以驕主御疲民，未有不亡者也。」秦王堅似之矣。

司馬光《稽古録》卷一四　堅以雄才英略，加之慈惠忠信。舉王猛於布衣，任之以政，勳舊不能離，親戚不敢妬。非至明，能如是乎？故能吞强燕，舉河西，兼巴蜀，包漢沔，浮索頭，屠龜兹，奄有天下十分之九。五胡之盛，未有如堅者也。觀其舉百萬之衆以攻晉，先爲之除宫築第，以待其君臣，意以爲羅中之禽，往無不獲也。及一戰而敗，遂顛沛不振。昔之浮囚、降虜皆起而爲敵。數月之間，寇讎徧於四方，戎馬塞於郊甸，以至身死人手，子孫殄滅。何哉？論者咎堅寵信羌與鮮卑而伐晉。彼皆睹其迹而言之，未達其本也。要之，堅恃其强大，易而無備，此其所以敗亡也夫。

何去非《何博士備論・苻堅論》　兵以義舉，而以智克；戰以順合，而以奇勝。堅之爲是役也，質於義順則犯，考於奇智則詘。悖於其所興者三，玩於其所用者二，此其所以敗亡而不救也。所謂悖於其所興者三者：不懲魏人再舉之退敗，而求濟其欲於天命未改之晉，一也；逞其桀驁之雄心，求襲正統而干授天命，二也；溺於鮮卑，中我以禍，而忘其爲社稷之仇，三也。三者悖矣，而又玩於所以用者二焉：勢重不分而趨一道，首尾相失，無他奇變，一也；驕其盛强，足以必勝，棄其大軍，易敵輕進，二也。此兵家之深忌也。吳王劫七國百萬之師而西，不用田禄伯之言，乃專力于梁，以至于敗者，惡其權之分也。禄山舉范陽數十萬之衆而南，不用何千牛之畫，乃并兵徐行，卒以不濟者，惜其勢之分也。雖假息反虜，敗亡隨之，亦昧於兵之至數也。趙括之論兵工矣，雖其父奢無以難

之，然獨憂其當敗趙軍者，以其言於易也。王邑耻不生縛其敵，而徒過昆陽，卒以大敗者，以其用於易也。惡其權之分，則不以其兵屬人；無屬人以兵，是自疑之也。惜其勢之分，則不以其兵假人；無假人以兵，是自孤之也。以易言之者，有所不將，而將必敗也；以易用之者，有所不戰，而戰必潰也。蓋衆而惡分，則與寡同；强而易敵，則與弱同。出於衆强之名，而居寡弱之實者，其將皆可覆而取也。

夫東南之所恃以爲固而抗衡中原者，以其有長、淮大江千里之險也。然而吴亡於前而陳滅於後者，彼之動者義與順，所出者智與奇也。晉之取吴也，二十萬耳，而所出之道六；隋之取陳也，五十萬耳，而所出之道八。惟其所出之道多，則彼之所受敵者衆，是其千里之江淮，固與我共之矣。今堅之所率者百萬之强，而前後千里，其爲前鋒者惟二十五萬，而專向壽春。堅嘗自恃其衆之盛，謂投鞭於江，足斷其流，乃自向項城，棄其大軍而以輕騎八千赴之。是以晉人乘其未集而急擊之。及其既敗，而後至之兵皆死於躪踐，惡在其爲百萬之卒也。使堅之師離爲十道，偕發并至，分壓其境，輕騎游卒營其要害，將自爲敵，士自爲戰，雖主客之勢殊，攻守之形異，晉誠善距而却我之二三，則吾所用以取勝者蓋亦六七。雖未足以亡晉，而亦以勝還也。嗟夫！堅之於諸國也，固所謂鐵中之錚錚者矣，然至此而大悖者，益信乎兵多之難辦也。蓋兵有衆寡，勢有分合。以寡而遇衆，其勢宜合；以衆而遇衆，其勢宜分。黥布反攻楚，楚爲三軍以御之，而又自戰於其地，布大破其一軍，而二軍潰散。吴漢之討公孫述，以兵二萬，自將而逼成都；授其裨將劉尚萬人，使別停。禄山舉范陽數十萬之衆而南，不用何千牛之畫，乃并兵徐行，卒以不濟者，惜其勢之分也。雖假息反虜，敗亡隨之，亦昧於兵之至數也。趙括之論兵工矣，雖其父奢無以難之，然獨憂其當敗趙軍者，以其言於易也。王邑耻不生縛其敵，而徒過昆陽，卒以大敗者，以其用於易也。惡其權之分，則不以其兵屬人；無屬人以兵，是自疑之也。惜其勢之分，則不以其兵假人；無假人以兵，是自孤之也。以易言之者，有所不將，而將必敗也；以易用之者，有所不戰，而戰必潰也。蓋衆而惡分，則與寡同；强而易敵，則與弱同。出於衆强之名，而居寡弱之實者，其將皆可覆而取也。

法曰：「故善用兵者，譬如率然。率然者，常山之蛇也。擊其首則尾至，擊其尾則首至，擊其中身則首尾俱至。」此言其陣之分也。以陣而必分，則凡兵之大勢者可知也。蓋兵大勢重，分之則所趨者廣，足以出奇而人自爲戰。不分則所應者獨，難以合變而身萃其敵。將以其身萃敵，而士不自爲戰，求其無敗，不可得也。嗟呼！人常樂乎大衆之率，苟唯不知其所用而用之，雖至死而不悟者，豈特爲苻堅也哉？

荆、陽雖居天下之一隅，而有長、淮大江之阻，其俗輕易勁悍，喜事爭亂。自周之微，爲吴、越、楚之僭强，常以其兵服役天下。然其爲形勢，非圖天下者之所先事而必爭。故後世豪傑，多乘中州之擾，趨而據之。自其爲孫氏之吴，已而爲晉、宋、齊、梁、陳之代興，雖不能遍撫二州之境，然皆以帝號自娱，抗衡北方而不爲下。自非中州大定，而其國失政，雖以重師臨之，鮮有得志。故魏武乘舉荆之勢，以數十萬之衆困於烏林。魏文繼之大舉，獨臨江歎息而返。苻堅以秦雍百萬之强而臨淮淝，一戰而潰。唯其後世孱昏驕虐，上下携叛，而中州之主爲伐罪吊民之師，則雖江淮之阻，亦無足以憑負矣。然而陳叔寶猶謂周師之衆，嘗退敗於五至，而不以爲虞。是以晉武之俘孫皓，隋文之俘叔寶，皆易於拾遺也。而苻堅不懲魏人之不濟，乃欲申其威於天命未改之晉，此其所以敗也。雖然，自古邊徼之强，未有遂能并集天下之一統者，此姚弋仲所以重訓其子孫，使必無忘於歸晉，而苻融倦倦致戒於堅者。凡以此也，而堅昧於自度，常以正朔不被四海爲愧，而鋭於東南之并。違忠智之言，收奸幸之計，一舉而大喪其師，寇仇因之，遂亡其國。不惟失天之所相，亦其自取之速也。

始堅以豪壯之資，奮於儔伍，獲王猛之材，以輔成其志業。遂能自三秦之强，平殄燕、代，吞滅梁、蜀九州之壤而制其七，可謂盛矣。然而東晉雖微，衆材任事，主無失德。而堅乃咈衆圖之，其廷臣戚屬相與力爭，而不得也。獨慕容垂以失國之仇，欲以其禍中之，求乘其弊而復燕祀，乃力贊其起。堅甚悦而不疑，以爲獨與己合。遂空國大舉，而僨於一戰；返未及境，而鮮卑、叛羌共起而乘之，身爲俘虜，遂亡其國。嗚呼！可不謂其非昏悖歟？夫昔之智者，多能中人以禍，使之悦赴而不以爲疑；而昧者，常安投其禍，雖死而不悟。漢世祖方安集河北，更始之將謝躬，以兵數萬來屯於鄴。光武忌之，乃好謂之曰：「吾行擊青犢必破，而尤來在山陽者，勢當潰走。若以君之威力擊之，則成擒耳。」躬善其言，遂以其兵去鄴而趨尤來。世祖即命吴漢襲奪其城，躬敗還鄴，而漢殺之。孫策之渡江也，廬江太守劉勛新得袁術之衆而貳於策，策深惡之。時預章、上繚宗民萬家保於江東，策語勛曰：「上繚，吾之疾也，然欲取之而路非便，以公之威臨之，無不克也。」勛信之而行。策遂以其輕鋭襲拔廬江，而盡降劉勛之衆。政慕

容垂所以用之弊秦，而復燕祀於既亡也。夫與人爲敵，乃受其甘言而從其所役，未有不墮其畫中者也。法曰：「智者之慮，必雜於利害。」傳曰：「成敗之機，在於善察人之言。」堅於垂之言也，慮其所以爲利，而不慮其所以爲害。一失其機於無以察人之言，而遂至于喪敗。人之於慮察也，可得而忽哉？嗟夫！以堅之晚而昏悖自用，雖景略尚在，固將不用其言，而亦無以救秦之亡矣。

《蘇轍集·欒城後集》卷一〇《苻堅》 苻堅、王猛，君臣相得，以成伯功。雖齊桓、管仲，不能過也。猛之將死也，堅問以後事。猛曰：「晉雖僻處吴越，然正朔相承，親仁善鄰，國之寶也。臣没之後，願勿以晉爲圖。鮮卑、羌虜，我之仇讎，終爲人患，宜漸除之，以寧社稷。」言終而死。堅不能用，卒大舉伐晉，敗於淝上，歸未及國，而慕容垂叛之，既反國而姚萇叛之，地分身死，終斃於二人之手。故後世皆多猛之賢，而咎堅之不明。

吾嘗論之，堅雖有伯者之略，而懷無厭之心，以天下不一爲深耻，雖滅燕定蜀，并秦、涼，下西域，而其貪未已，兵革歲克，而不知懼也。晉雖微弱，謝安、桓冲爲之將相，君臣相安，民未患晉，而欲以力取之，稽之天道，論之人情，雖内無垂、萇之釁，而堅之敗，必不免矣。然堅以夷狄之餘，而有帝王之度，其滅慕容、姚萇也，收二姓之子弟，録其才能而官使之，布滿中外，凡其舊臣無不疑者。若以世俗言之，則以漸除之，如猛之計得矣；若以帝王之事言之，則堅之意，未必過也。

《大雅》之稱文王曰：「殷之子孫，其麗不億。上帝既命，侯于周服。侯服于周，天命靡常。殷士膚敏，祼將于京。厥作祼將，常服黼冔。」文王用人，其廣如此，而堅何尤焉！德雖不若文王，而竊慕焉，顧其所以處之何如耳。文、武既没，周公、成王之際，殷之遺孽，猶與管、蔡間周之隙，曰：「予復反鄙我周邦。」故周公既克殷，改封微子于宋，而遷其頑民于洛邑，保釐東郊，作《多士》而撫寧之，所以慮其變者至矣。至君陳畢公，皆迭居成周，而董帥之，故康王之命畢公曰：「周公毖殷頑民，遷于洛邑，密邇王室，式化厥訓。既歷三紀，世變風移，四方無虞，予一人以寧。」然猶曰：「邦之安危，惟兹殷士。」由此觀之，文王之用殷人，豈苟然而已哉！今堅畜養豺虎于其腹心，而貪功務勝，不顧其後，宜其斃於垂、萇也哉！使堅信猛之策，南結鄰好，戢兵保境，與民休息，雖有垂、萇百人，安能動之！文王雖未可覬，然亦非王猛之所及矣。

胡寅《讀史管見》卷八 古人稱從善如轉圜者，苻堅有之矣。趙整諫飲酒，王洛諫田獵，皆爲之禁止終其身，宜其并據天下十之七八也。使其聽王猛，臨終之言，從苻融再三之懇，不輕忽鮮卑而貪取江南，如聽整、洛之心，其大業豈易傾乎！【略】苻堅初得國，首以猜忌而殺其兄，雖曰母意，然生殺號令自己而出者也。【略】從非義之令，于是乎不心。殺無罪之兄，于是乎不弟。濫刑先施於同氣，于是乎不君。欲以長世，難矣。

胡寅《讀史管見》卷九 堅又不知務農固本，保養百姓，而意廣心逸，專事并吞，覘其安危之刑，正猶鄭之小駟，張脉僨興，外强中干者，是安能及身後之計？而其得國則以篡弑取之，罪積於己，而德不及民。故君子評之曰：「苻堅一敗而不能復振者，無本故也。」

《陳亮集》卷六《酌古論·苻堅》 智者之所以保其國者無他，善量彼己之勢而已矣。彼有釁，吾亦有釁，智者不舉也；吾無釁，彼亦無釁，智者不伐也。至於彼無釁而吾有釁，則兢兢自全，猶懼其不保，而何敢議人乎？苻堅者，好大而自忘其醜，貪功而不顧其後者也。以有釁攻無釁，雖婦人孺子，未工賤隸，皆知其不可；而堅決爲之，則安得而不亡哉！

始堅以黠虜之雄，舉三國如拉朽，自以爲無敵於天下，侈心一動，遽欲移師而吞晉。晉雖弱，中國也；秦雖强，夷狄也。自古夷狄之人，豈有能盡吞中國者哉！率百萬之師，東向而俱下，謂可以傳呼而定矣；謝玄以數萬應之。百萬，至衆也；數萬，至寡也。以至寡當至衆，堅輕之不以屑意，將横截於岸而盡勦之。而晉之數萬，自知非敵，士致其謀，人奮其勇，一以當百，百以當萬。堅雖有百萬之師，焉得而不敗！故嘗謂謝玄提孤軍以當秦，蓋亦識用兵之法也。

然師次淝水，勝負未判，玄使人請堅麾兵少退，以決一戰。堅命麾退，自相蹂踐，晉人乘之，因以大敗。世遂以爲秦自敗而晉偶勝，非玄之善，堅之不善也。使其不退，則勝負未可知也；使其分爲十道，偕發並至，則可以勝歸也。吾嘗籌之，此二説者，常見其敗，未見其勝。夫堅之事，勝亦亡，敗亦亡，蓋不足論。而世猶惜其可以勝而不知用之，則吾不可以無論也。故爲之説曰：許退者，晉之不幸也；不分者，又晉之大不幸也。

夫夾水而陣，一衆一寡，寡者未敢前，衆者不肯還。晉苟退軍三十里，示堅以怯，堅必輕之，卷甲疾行，趁兵急渡，食不暇飽，糧不及齎。而吾先以兩道伏兵張左右翼，乘其未陣，整兵向之：麾其東，鼓其西；正兵當其前，伏兵衝其腹，奇兵躡其後。三面夾擊，奮力鏖戰，此陷虎法也。虎之見人，常欲吞之。而人先設陷穽，然後脱身反走，虎必來奔，趨於陷穽，執戈臨之，殺之必矣。使堅而不退，

則晉之計將出於此，而百萬之師一敗塗地，天下之人將以爲謀略不世出矣。不幸而不然，則人遂以晉爲偶勝。故曰：許退者，晉之不幸也。

大率百萬之衆分爲十道，求以攻人，必其兵皆精鋭，將皆智勇，君明臣忠，內外無釁，始可以勝。今堅發諸州公私馬，十丁一兵，其精鋭何在？諸將雖衆，人自爲志，可倚信者，惟一苻融，其智勇何有？君肆其驕，臣獻其諛。弱卒數萬留守關中，而根本空虛；鮮卑、羌、羯攢聚如林，而蕭墻釁起。晉苟待其既分，詔諸道堅壁清野，至勿與戰。命桓沖、謝玄等提精兵數萬抵襄陽，設奇逆擊，破其一軍；而自均至金，入武關，趍長安，倍道兼行，出其不意，擣其空虛，慰撫居民，秋毫不犯。耆老感思晉德，得見官軍，欣然相告，簞食來迎，不出旬月，關中舉定。則秦之諸道之兵，强者不顧而自立，弱者不戰而自懼，而蜀必孤。使關中之兵衝其膺，荆楚之兵擣其脇，而蜀定矣。此斷蛇法也。蛇出其穴，横身於路，求以噬人。吾從其中而斷之，徑塞其穴，使之首尾不相救，欲進不能，欲退不可，雖有餘毒，將自斃矣。使堅而分爲十道，則晉之計又將出於此，而坐關東瞰以制天下。百里之內，牛酒日至，大享士卒，傳檄河洛，則中原之地可復，百年之讎可雪矣。不幸而不然，則玄雖乘勝直抵黎陽，而不得關中，守之不固，所取之地卒没於賊。故曰：不分者，又晉之大不幸也。

此二策者，天下之勝策也。顧玄雖未足以盡知之，而堅決無勝理也。世言王猛之將終也，叮嚀告戒，謂晉不可伐。彼亦知勢之不可，雖制奇合變，而亦無所用歟！

黎靖德《朱子語類》卷一三六　問：「苻堅立國之勢亦堅牢，治平許多年，百姓愛戴。何故一敗涂地，更不可救？」曰：「他是掃土而來，所以一敗更救不得。」又問：「他若欲滅晉，遣一良將提數萬之兵以臨之，有何不可？何必掃境而來？」曰：「他是急要做正統，恐後世以其非正統，故急欲亡晉。此人性也急躁，初令王猛滅燕，猛曰：『既委臣，陛下不必親臨。』及猛入燕，忽然堅至，蓋其心又恐猛之功大，故親來分其功也。便是他器量小，所以後來如此。」

曹彦約《昌谷集》卷二一《評劉元海石勒苻堅》　苻堅最晚出，懇懇勤勤，尤在劉、石之上。廢職之可修，修之；絶世之可繼，繼之。農桑于是乎課，學校于是乎立。其用王景畧也，似智；其不族鮮卑也，似仁。若其取衛辰，降慕容暐，逐楊氏而制仇池，擄張天錫而守姑臧，奄長安而君之。有中國文物之盛，擁百萬之衆卒，土潰而瓦解。【略】堅有兄法，不得志于其母，久矣。堅之弑君，本意自立，乃欲詐遜其兄以服衆。法雖不許，猶不足以免其死。此其事親從兄之初，固已不勝其僞。在位二十七年，安于忍而阻其兵，既襲有羣雄，殘民于鋒鏑之下，乃欲免其渠魁，以示姑息好名之證，厥有端緒。至于伐晉一事，尤更昭著其語道安也，則曰：「天生烝庶而立之君。所以除煩去亂也。」其語太子也，則曰：「始皇之滅六國，其王豈必皆暴也。」以區區新造之秦而有百萬不息之師，內有好大喜功之心，而外盜淵騫、夷齊之行。鮮卑怨仇布滿畿甸，舊人族類斥遠遐方。心迹之相違，處分之乖謬，轉戰萬里而徼幸于一勝。則堅之敗也，理也，非暫也。

鍾惺《史懷》卷二〇《苻堅》　苻堅之敗，不專在伐晉而在卵翼慕容垂，使得長其羽毛，剸刃堅之腹中而不知，卒之乘瑕蹈釁。亡秦者在慕容而不在晉，蓋亦有天道焉。王猛死，謂堅曰：「臣没之後，願不以晉爲圖。鮮卑、羌虜，臣之仇也，終爲人患，宜漸除之。」堅之謀伐晉也，言不便者十九。平陽公融曰：「陛下寵育鮮卑，布諸畿甸，舊人族類，斥徙遐方，今傾國而去，如有風塵之變，如宗廟何？監國以弱卒數萬留守京師，鮮卑、羌、羯，皆國之賊也。臣恐非但徒返而已。」由此觀之，伐晉雖不敗，鮮卑居中，必有意外舉動，特不如是之易且速耳！而慕容垂獨勸堅伐晉，可見伐晉者鮮卑之利，報仇克復之一大機。而垂之所瞑目屈指，翹首企足，惟恐其行之不決者也。猛與融之所深憂，正在于此。以猛、融之言合之，垂言利害相形，何其明白？而堅卒不信，衰至便驕，禍來神昧，蓋亦有天道焉。六軍俱没，垂一軍獨全，召責以坐視不援之罪，出其不意而斬之。事固未晚，雍容猶豫，縱之歸巢，反戈而攻鄴城矣。慕容暐弟泓亡命奔關東，收合徒衆，與之同仇。暐潛使諸弟及宗族起兵于外，堅猶在醉夢之中。至面責暐，受其涕泣陳謝，而不能殺。暐已密遣使者告泓曰：「今秦數已終，必不能久立。吾既籠中之人，必無還理。吾罪人也，不足復顧，勉建大業，以興復爲務。聽吾死問，汝便即尊位。」其于春秋復仇，及社稷爲重、君爲輕之義，何其了然也。堅爲慕容沖所逼，暐入見東堂陳謝如故，一亡國之王，弄雄主于掌股之上，如傀儡然。及謀伏兵誅堅，事敗身死，克復舊物，暐陰有力焉。死而不愧，當與死社稷者同論，過劉禪、孫皓、懷愍、徽、欽輩遠矣。噫！孰謂籠縶中乃有一飛沖天、一鳴驚人如此者！然使堅雖敗于晉，而內無鮮卑之患，則亦與魏武赤壁之敗等耳。何遂至不振以至于亡哉！

鄭賢《古今人物論》卷一九《苻堅》　苻氏之强也，氐、羌之屬，無不内徙而爲臣。一朝失馭，而角立爲患，理固然也。苻洪徘徊枋頭，有虎踞中原之志。以健

爲不肖，然猶西取關中，并姚襄，却桓温，遂爲强國。堅以雄才英略，加之慈惠忠信，舉王猛於布衣，任之以政。勳舊不能離，親戚不敢妬，非至明能如是乎？故能吞强燕，舉西河，兼巴蜀，包漢沔，浮索頭，屠龜兹，奄有天下十分之九。五胡之盛，未有如堅者也。觀其舉百萬之衆以攻晉，先爲之除宫築第，以待其君臣，意以爲羅中之禽，往無不獲也。及一戰而敗，遂顛沛不振。昔之浮囚降虜，皆起而爲敵。數月之間，寇讐徧於四方，戎馬塞於郊甸，以至身死人手，子孫殄滅，何哉？論者皆以秦王堅之亡，由不殺慕容垂、姚萇。臣獨以爲不然。使堅治國無失其道，則垂、萇皆堅之能臣也，烏能爲亂哉！李克有言：數戰則民疲，數勝則主驕，以驕主御疲民，未有不亡者也。秦王堅似之矣。

藝文

《全唐詩》卷六四七胡曾《咏史詩・東晉》 石頭城下浪崔嵬，風起聲疑出地雷。何事苻堅太相小，欲投鞭策過江來。

《全唐詩》卷七二九周曇《六朝門・苻堅》 百萬南征幾馬歸，叛亡如猬亦何悲。賓擒敵國諸戎主，更遣權兵過在誰。

陳普《石堂先生遺集》卷二一《苻堅》 甲申乙酉是明朝，趣死驕氐氣欲飄。一寸菰蒲長一丈，無人知是宋人苗。

《李東陽集・詩前稿》卷一《擬古樂府・氐帚箭》 秦鞭斷江江逆流，八公草木皆爲仇。山頭鶴唳争回首，城南老氐帚箭走。雄兵百萬如倒山，三十年來一翻手。君不見捫虱翁，遺言莫遣西師東。發人孺子徒爲忠，燕山饑鷹思弄風，歸來但哭陽平公。

顧宗泰《月滿樓詩文集・晉十六國詠史詩・前秦苻堅》 將軍神授履郊臺，即位旋看紫鳳來。塞上鄧羌駈鹿手，師中王猛卧龍才。鄴宫奏績燕人殄，岷嶺銘功蜀道開。果是苻郎成霸略，知人司隸早驚推。雖尤垂儆掃星旗，不聽忠言遂不支。淝水敗因圖晉室，長安失爲寵鮮卑。五將走死前勞隳，三監乘危後悔遲。景略若存難救禍，半由人事半天時。

劉裕部

綜述

《宋書》卷一《武帝紀上》 高祖武皇帝諱裕，字德輿，小名寄奴，彭城縣綏輿里人，漢高帝弟楚元王交之後也。交生紅懿侯富，富生宗正辟彊，辟彊生陽城繆侯德，德生陽城節侯安民，安民生陽城釐侯慶忌，慶忌生陽城肅侯岑，岑生宗正平，平生東武城令某，某生東萊太守景，景生明經洽，洽生博士弘，弘生瑯邪都尉悝，悝生魏定襄太守某，某生邪城令亮，亮生晉北平太守膺，膺生相國掾熙，熙生開封令旭孫。旭孫生混，始過江，居晉陵郡丹徒縣之京口里，官至武原令。混生東安太守靖，靖生郡功曹翹，是爲皇考。高祖以晉哀帝興寧元年歲次癸亥三月壬寅夜生。及長，身長七尺六寸，風骨奇特。家貧，有大志，不治廉隅。事繼母以孝謹稱。

初爲冠軍孫無終司馬。安帝隆安三年十一月，妖賊孫恩作亂於會稽，晉朝衛將軍謝琰、前將軍劉牢之東討。牢之請高祖參府軍事。十二月，牢之至吳，而賊緣道屯結，牢之命高祖與數十人覘賊遠近。會遇賊至，衆數千人，高祖便進與戰。所將人多死，而戰意方厲，手奮長刀，所殺傷甚衆。牢之子敬宣疑高祖淹久，恐爲賊所困，乃輕騎尋之。既而衆騎並至，賊乃奔退，斬獲千餘人，推鋒而進，平山陰，恩遁還入海。

四年五月，恩復入會稽，殺衛將軍謝琰。十一月，劉牢之復率衆東征，恩退走。牢之屯上虞，使高祖戍句章城。句章城既卑小，戰士不盈數百人，高祖常被堅執鋭，爲士卒先，每戰輒摧鋒陷陣，賊乃退還浹口。于時東伐諸師，御軍無律，士卒暴掠，甚爲百姓所苦。唯高祖法令明整，所至莫不親賴焉。

五年春，孫恩頻攻句章，高祖屢摧破之，恩復走入海。三月，恩北出海鹽，高祖追而翼之，築城于海鹽故治。賊日來攻城，城内兵力甚弱，高祖乃選敢死之士數百人，咸脱甲冑，執短兵，並鼓噪而出，賊震懼奪氣，因其懼而奔之，並棄甲散走，斬其大帥姚盛。雖連戰剋勝，然衆寡不敵，高祖獨深慮之。一夜，偃旗匿衆，若已遁者。明晨開門，使羸疾數人登城。賊遥問劉裕所在。曰：「夜已走矣。」賊信之，乃率衆大上。高祖乘其懈怠，奮擊，大破之。恩知城不可下，乃進向滬瀆。高祖復棄城追之。海鹽令鮑陋遣子嗣之以吳兵一千，請爲前驅。高祖曰：「賊兵甚精，吳人不習戰，若前驅失利，必敗我軍。可在後爲聲援。」不從。是夜，高祖多設伏兵，兼置旗鼓，然一處不過數人。明日，賊率衆萬餘迎戰。前驅既交，諸伏皆出，舉旗鳴鼓。賊謂四面有軍，乃退。嗣之追奔，爲賊所没。高祖且戰且退，賊盛，所領死傷且盡。高祖慮不免，至向伏兵處，乃止，令左右脱取死人衣。賊謂當走反停，疑猶有伏。高祖因呼更戰，氣色甚猛，賊衆以爲然，乃引軍去。高祖徐歸，然後散兵稍集。五月，孫恩破滬瀆，殺吳國内史袁山松，死者四千人。是月，高祖復破賊於婁縣。

六月，恩乘勝浮海，奄至丹徒，戰士十餘萬。劉牢之猶屯山陰，京邑震動。高祖倍道兼行，與賊俱至。于時衆力既寡，加以步遠疲勞，而丹徒守軍莫有鬭志。恩率衆數萬，鼓噪登蒜山，居民皆荷擔而立。高祖率所領奔擊，大破之，投巘赴水死者甚衆。恩以彭排音敗。自載，僅得還船。雖被摧破，猶恃其衆力，徑向京師。樓船高大，值風不得進，旬日乃至白石。尋知劉牢之已還，朝廷有備，遂走向鬱洲。八月，以高祖爲建武將軍、下邳太守，領水軍追討至鬱洲，復大破恩。恩南走。十一月，高祖追恩於滬瀆，及海鹽，又破之。三戰並大獲，俘馘以萬數。恩自是饑饉疾疫，死者太半，自浹口奔臨海。

元興元年正月，驃騎將軍司馬元顯西伐荆州刺史桓玄，玄亦率荆楚大衆，下討元顯。元顯遣鎮北將軍劉牢之拒之，高祖參其軍事。次溧洲。玄至，高祖請擊之，不許，將遣子敬宣詣玄請和。高祖與牢之甥東海何無忌並固諫，不從。遂遣敬宣詣玄。玄剋京邑，殺元顯，以牢之爲會稽内史。懼而告高祖曰：「便奪我兵，禍其至矣。今當北就高雅於廣陵舉事，卿能從我去乎？」答曰：「將軍以勁卒數萬，望風降服。彼新得志，威震天下。三軍人情，都已去矣，廣陵豈可得至邪？裕當反服還京口耳。」牢之叛走，自縊死。何無忌謂高祖曰：「我將何之？」高祖曰：「鎮北去必不免，卿可隨我還京口。桓玄必能守節北面，我當與卿事之；不然，與卿圖之。今方是玄矯情任算之日，必將用我輩也。」桓玄從兄脩以撫軍鎮丹徒，以高祖爲中兵參軍，軍、郡如故。

五月，玄復遣高祖東征。時循自臨海入東陽。二年正月，玄復遣高祖破循於東陽。循奔永嘉，復追破之，斬其大帥張士道，追討至于晉安，循浮海南走。

六月，加高祖彭城内史。

桓玄爲楚王，將謀篡盜。玄從兄衛將軍謙屏人問高祖曰：「楚王勳德隆重，四海歸懷。朝廷之情，咸謂宜有揖讓，卿意以爲何如？」高祖既志欲圖玄，乃遜辭答曰：「楚王，宣武之子，勳德蓋世。晉室微弱，民望久移，乘運禪代，有何不可。」謙喜曰：「卿謂可爾，便當是真可爾。」十二月，桓玄篡帝位，遷天子於尋陽。桓脩入朝，高祖從至京邑。玄見高祖，謂司徒王謐曰：「昨見劉裕，風骨不恒，蓋人傑也。」每遊集，輒引接慇懃，贈賜甚厚。高祖愈惡之。或説玄曰：「劉裕龍行虎步，視瞻不凡，恐不爲人下，宜蚤爲其所。」玄曰：「我方欲平蕩中原，非劉裕莫可付以大事。關、隴平定，然後當別議之耳。」玄乃下詔曰：「劉裕以寡制衆，屢摧妖鋒。汎海窮追，十殄其八。諸將力戰，多被重創。自元帥以下，至于將士，並宜論賞，以敍勳烈。」

先是高祖東征盧循，何無忌隨至山陰，勸於會稽舉義。高祖以爲玄未據極位，且會稽遥遠，事濟爲難，俟其篡逆事著，徐於京口圖之，不憂不剋。至是，桓脩還京，高祖託以金創疾動，不堪步從，乃與無忌同船共還，建興復之計。於是與弟道規，沛郡劉毅，平昌孟昶，任城魏詠之，高平檀憑之，琅邪諸葛長民，太原王元德，隴西辛扈興，東莞童厚之，並同義謀。時桓脩弟弘爲征虜將軍、青州刺史，鎮廣陵。道規爲弘中兵參軍，昶爲州主簿。乃令毅潛往就昶，聚徒於江北，謀起兵殺弘。長民爲豫州刺史刁逵左軍府參軍，謀據歷陽相應。元德、厚之謀於京邑聚衆攻玄，並剋期齊發。

三年二月己丑朔，乙卯，高祖託以遊獵，與無忌等收集義徒，凡同謀何無忌、魏詠之，詠之弟欣之、順之，檀憑之，憑之從子韶，韶弟祇、隆、道濟，道濟從兄範之，高祖弟道憐，劉毅，毅從弟藩，孟昶，昶族弟懷玉，河内向彌，管義之，陳留周安穆，臨淮劉蔚，從弟珪之，東莞臧熹，從弟寶符，從子穆生，童茂宗，陳郡周道民，漁陽田演，譙國范清等二十七人；願從者百餘人。丙辰，詰旦，城開，無忌服傳詔服，稱詔居前。義衆馳入，齊聲大呼，吏士驚散，莫敢動，即斬脩以徇。高祖哭甚慟，厚加殯斂。孟昶勸弘其日出獵。未明開門，出獵人，昶、道規、毅等率壯士五六十人因開門直入。弘方噉粥，即斬之，因收衆濟江。

義軍初剋京城，脩司馬刁弘率文武佐吏來赴。高祖登城謂之曰：「郭江州已奉乘輿反正於尋陽，我等並被密詔，誅除逆黨，同會今日。賊玄之首，已當梟於大航矣。諸君非大晉之臣乎，今來欲何爲？」弘等信之，收衆而退。毅既至，高祖命誅弘。

毅兄邁先在京師，事未發數日，高祖遣同謀周安穆報之，使爲内應。邁外雖酬許，内甚震懼。安穆見其惶駭，慮事必泄，乃馳歸。時玄以邁爲竟陵太守，邁不知所爲，便下船欲之郡。是夜，玄與邁書曰：「北府人情云何？卿近見劉裕何所道？」邁謂玄已知其謀，晨起白之。玄驚懼，封邁爲重安侯；既而嫌邁不執安穆，使得逃去，乃殺之。誅元德、扈興、厚之等。召桓謙、卞範之等謀拒高祖。謙等曰：「亟遣兵擊之。」玄曰：「不然。彼兵速鋭，計出萬死。若行遣水軍，不足相抗，如有蹉跌，則彼氣成而吾事敗矣。不如屯大衆於覆舟山以待之。彼空行二百里，無所措手，鋭氣已挫，既至，忽見大軍，必驚懼駭愕。我案兵堅陣，勿與交鋒，彼求戰不得，自然散走。此計之上也。」謙等固請，乃遣頓丘太守吳甫之、右衛將軍皇甫敷北拒義軍。

玄自聞軍起，憂懼無復爲計。或曰：「劉裕等衆力甚弱，豈辦之有成，陛下何慮之甚。」玄曰：「劉裕足爲一世之雄；劉毅家無擔石之儲，摴蒲一擲百萬；何無忌，劉牢之甥，酷似其舅。共舉大事，何謂無成。」

衆推高祖爲盟主，移檄京邑，以孟昶爲長史，總攝後事；檀憑之爲司馬。百姓願從者千餘人。

三月戊午朔，遇吳甫之於江乘。甫之，玄驍將也，其兵甚鋭。高祖躬執長刀，大呼以衝之，衆皆披靡，即斬甫之。進至羅落橋，皇甫敷率數千人逆戰。寧遠將軍檀憑之與高祖各御一隊，憑之戰敗見殺，其衆退散。高祖進戰彌厲，前後奮擊，應時摧破，即斬敷首。初高祖與何無忌等共建大謀，有善相者相高祖及無忌等並當大貴，其應甚近，惟云憑之無相。高祖與無忌密相謂曰：「吾等既爲同舟，理無偏異。吾徒咸皆富貴，則檀不應獨殊。」深不解相者之言。至是而憑之戰死，高祖知其事必捷。

玄聞敷等並没，愈懼。使桓謙屯東陵口，卞範之屯覆舟山西，衆合二萬。己未旦，義軍食畢，棄其餘糧，進至覆舟山東，使丐士張旗幟於山上，以爲疑兵。玄又遣武騎將軍庾禕之，配以精卒利器，助謙等。高祖躬先士卒以奔之，將士皆殊死戰，無不一當百，呼聲動天地。時東北風急，因命縱火，煙燄張天，鼓譟之音震京邑。謙等諸軍，一時土崩。玄始雖遣軍置陣，而走意已決，別使領軍將軍殷仲文具舟於石頭，仍將子姪浮江南走。

庚申，高祖鎮石頭城，立留臺官，焚桓温神主於宣陽門外，造晉新主，立于太

廟。遣諸將帥追玄，尚書王嘏率百官奉迎乘輿。司徒王謐與衆議推高祖領揚州，固辭。乃以謐爲録尚書事，領揚州刺史。於是推高祖爲使持節、都督揚、徐、兗、豫、青、冀、幽、并八州諸軍事，領軍將軍，徐州刺史。

先是朝廷承晉氏亂政，百司縱弛，桓玄雖欲釐整，而衆莫從之。高祖以身範物，先以威禁内外，百官皆肅然奉職，二三日間，風俗頓改。高祖位微於朝，衆無一旅，奮臂草萊之中，倡大義以復皇祚。由是王謐等諸人時失民望，莫不愧而憚焉。

尚書左僕射王愉、愉子荆州刺史綏等，江左冠族。綏少有重名，以高祖起自布衣，甚相凌忽。綏，桓氏甥，亦有自疑之志。高祖悉誅之。

四月，奉武陵王遵爲大將軍，承制。大赦天下，唯桓玄一祖後不在赦例。

初高祖家貧，嘗負刁逵社錢三萬，經時無以還。逵執録甚嚴，王謐造逵見之，密以錢代還，由是得釋。高祖名微位薄，盛流皆不與相知，唯謐交焉。桓玄將篡，謐手解安帝璽紱，爲玄佐命功臣。及義旗建，衆並謂謐宜誅，唯高祖保持之。劉毅嘗因朝會，問謐璽紱所在，謐益懼。及王愉父子誅，謐從弟諶謂謐曰：「王駒無罪，而義旗誅之，此是剪除勝己，以絶民望。兄既桓氏黨附，名位如此，欲求免得乎？」駒，愉小字也。謐懼，奔于曲阿。高祖牋白大將軍，深相保謐，迎還復位。光禄勳卞承之、左衞將軍褚粲、游擊將軍司馬秀役使官人，爲御史中丞王禎之所糾察，謝牋言辭怨憤。承之造司宜藏。高祖與大將軍牋，白「粲等備位大臣，所懷必盡。執憲不允，自應據理陳訴，而横興怨忿，歸咎有司。宜加裁當，以清風軌」。並免官。

桓玄兄子歆，聚衆向歷陽，高祖命輔國將軍諸葛長民擊走之。無忌、道規破玄大將郭銓等于桑落洲，衆軍進據尋陽。加高祖都督江州諸軍事。

十月，高祖領青州刺史。甲仗百人入殿。

劉毅諸軍復進至夏口。毅攻魯城，道規攻偃月壘，皆拔之。十二月，諸軍進平巴陵。

義熙元年正月，毅等至江津，破桓謙、桓振，江陵平，天子反正。

高祖固讓。加録尚書事，又不受，屢請歸藩。天子不許，遣百僚敦勸，又親幸公第。高祖惶懼，詣闕陳請，天子不能奪。是月，旋鎮丹徒。天子重遣大使敦勸，又不受。乃改授都督荆、司、梁、益、寧、雍、涼七州，并前十六州諸軍事，本官如故。於是受命解青州，加領兗州刺史。

二年三月，督交、廣二州。十月，尚書奏封唱義謀主、鎮軍將軍裕豫章郡公，食邑萬户，賜絹三萬匹。其餘封賞各有差。鎮軍府佐吏，降故太傅謝安府一等。

十一月，天子重申前令，加高祖侍中，進號車騎將軍，開府儀同三司。固讓。詔遣百僚敦勸。

三年二月，高祖還京師，將詣廷尉，天子先詔獄官不得受，詣闕陳讓，乃見聽。旋于丹徒。

閏月，府將駱冰謀作亂，將被執，單騎走，追斬之。誅冰父永嘉太守球。至是冰謀以胤爲主，與東陽太守殷仲文潛相連結。乃誅仲文及仲文二弟。凡桓玄餘黨，至是皆誅夷。

四年正月，徵公入輔，授侍中、車騎將軍、開府儀同三司、揚州刺史、録尚書，徐、兗二州刺史如故。表解兗州。先是遣冠軍劉敬宣伐蜀賊譙縱，無功而返。九月，以敬宣挫退，遜位，不許。乃降爲中軍將軍，開府如故。

初僞燕王鮮卑慕容德僭號於青州，德死，兄子超襲位，前後屢爲邊患。五年二月，大掠淮北，執陽平太守劉千載、濟南太守趙元，驅略千餘家。三月，公抗表北討，以丹陽尹孟昶監中軍留府事。四月，舟師發京都，泝淮入泗。五月，至下邳，留船艦輜重，步軍進琅邪。所過皆築城留守。

慕容超聞王師將至，其大將公孫五樓説超：「宜斷據大峴，刈除粟苗，堅壁清野以待之。彼僑軍無資，求戰不得，旬月之間，折棰以笞之耳。」超不從，曰：「彼遠來疲勞，勢不能久，但當引令過峴，我以鐵騎踐之，不憂不破也。豈有預芟苗稼，先自蹙弱邪？」初公將行，議者以爲賊聞大軍遠出，必不敢戰，若不斷大峴，當堅守廣固，刈粟清野，以絶三軍之資，非唯難以有功，將不能自反。公曰：「我揣之熟矣。鮮卑貪，不及遠計，進利剋獲，退惜粟苗。謂我孤軍遠入，不能持久，不過進據臨朐，退守廣固。我一得入峴，則人無退心，驅必死之衆，向懷貳之虜，何憂不剋？彼不能清野固守，爲諸君保之。」公既入峴，舉手指天曰：「吾事濟矣！」

衆軍步進，有車四千兩，分車爲兩翼，方軌徐行，車悉張幔，御者執矟。又以輕騎爲遊軍。軍令嚴肅，行伍齊整。未及臨朐數里，賊鐵騎萬餘，前後交至。公命兗州刺史劉藩、弟并州刺史道憐、諮議參軍劉敬宣、陶延壽、參軍劉懷玉、愼仲道、索邈等，齊力擊之。日向昃，公遣諮議參軍檀韶直趨臨朐。韶率建威將軍向彌、參軍胡藩馳往，即日陷城，斬其牙旗，悉虜超輜重。超聞臨朐已拔，引衆走，

公親鼓之，賊乃大奔。超遁還廣固。獲超馬、僞輦、玉璽、豹尾等，送于京師。斬其大將段暉等十餘人，其餘斬獲千計。

明日，大軍進廣固，即屠大城，超退保小城。於是設長圍守之，圍高三丈，外穿三重塹。停江、淮轉輸，館穀於齊土。撫納降附，華戎歡悦，援才授爵，因而任之。七月，詔加公北青、冀二州刺史。超大將垣遵、遵弟苗並率衆歸順。公方治攻具，城上人曰：「汝不得張綱，何能爲也。」綱者，超僞尚書郎，其人有巧思。會超遣綱稱藩於姚興，乞師請救。興僞許之，而實憚公，不敢遣。綱從長安還，泰山太守申宣執送之。乃升綱於樓車，以示城内，城内莫不失色。於是使綱大治攻具。超求救不獲，綱反見虜，轉憂懼。乃請稱藩，求割大峴爲界，獻馬千疋。不聽，圍之轉急。河北居民荷戈負糧至者，日以千數。

録事參軍劉穆之，有經略才具，公以爲謀主，動止必諮焉。時姚興遣使告公云：「慕容見與隣好，又以窮告急，今當遣鐵騎十萬，逕據洛陽。晉軍若不退者，便當遣鐵騎長驅而進。」公呼興使答曰：「語汝姚興，我定燕之後，息甲三年，當平關、洛。今能自送，便可速來。」穆之聞有羌使，馳入，而公發遣已去。以興所言并答，具語穆之。穆之尤公曰：「常日事無大小，必賜與謀之。此宜善詳之，云何卒爾便答。公所答興言，未能威敵，正足怒彼耳。若燕未可拔，羌救奄至，不審何以待之？」公笑曰：「此是兵機，非卿所解，故不語耳。大兵貴神速，彼若審能遣救，必畏我知，寧容先遣信命。此是其見我伐燕，内已懷懼，自張之辭耳。」

九月，進公太尉、中書監，固讓。

僞徐州刺史段宏先奔索虜，十月，自河北歸順。

張綱治攻具成，設諸奇巧，飛樓木幔之屬，莫不畢備。城上火石弓矢，無所用之。六年二月丁亥，屠廣固。超踰城走，征虜賊曹喬胥獲之，殺其王公以下，納口萬餘，馬二千疋，送超京師，斬于建康市。

公之北伐也，徐道覆仍有闚閫之志，勸盧循乘虚而出，循不從。道覆乃至番禺説循曰：「本住嶺外，豈以理極於此，正以劉公難與爲敵故也。今方頓兵堅城之下，未有旋日。以此思歸死士，掩襲何、劉之徒，如反掌耳。不乘此機而保一日之安，若平齊之後，小息甲養衆，不過一二年間，必璽書徵君。若劉公自率衆至豫章，遣鋭師過嶺，雖復將軍神武，恐必不能當也。今日之機，萬不可失。既剋都邑，傾其根本，劉公雖還，無能爲也。」循從之，乃率衆過嶺。是月，寇南康、廬陵、豫章，諸郡守皆委任奔走。于時平齊問未至，即馳使徵公。公之初剋齊也，欲停鎮下邳，清盪河、洛，既而被徵使至，即日班師。

鎮南將軍何無忌與徐道覆戰于豫章，敗績，無忌被害。内外震駭。朝廷欲奉乘輿北走就公，尋知賊定未至，人情小安。公至下邳，以船運輜重，自率精鋭步歸。至山陽，聞無忌被害，則慮京邑失守，乃卷甲兼行，與數十人至淮上，問行旅以朝廷消息。人曰：「賊尚未至，劉公若還，便無所憂也。」公大喜，單船過江，逕至京口，衆乃大安。四月癸未，公至京師，解嚴息甲。

撫軍將軍劉毅抗表南征，公與毅書曰：「吾往習擊妖賊，曉其變態，新獲姦利，其鋒不可輕。宜須裝嚴畢，與弟同舉。」又遣毅從弟藩往止之。毅不從，舟師二萬，發自姑孰。循之初下也，使道覆向尋陽，自寇湘中諸郡。荆州刺史道規遣軍至長沙，爲循所敗。逕至巴陵，將向江陵。公以南藩覆没，表送章綬，詔不聽。五月，劉毅敗績于桑落洲，棄船步走，餘衆不得去者，皆爲賊所擒。

初循至尋陽，聞公已還，不信也。既破毅，乃審凱入之問，並相視失色。循欲退還尋陽，進平江陵，據二州以抗朝廷。道覆謂宜乘勝徑進，固争之。疑議多日，乃見從。

毅敗問至，内外洶擾。于時北師始還，多創痍疾病。京師戰士，不盈數千。賊既破江、豫二鎮，戰士十餘萬，舟車百里不絶。奔敗還者，並聲其雄盛。孟昶、諸葛長民懼寇漸逼，欲擁天子過江，公不聽，昶固請不止。公曰：「今重鎮外傾，强寇内逼，人情危駭，莫有固志。若一旦遷動，便自瓦解土崩，江北亦豈可得至！設令得至，不過延日月耳。今兵士雖少，自足以一戰。若其克濟，則臣主同休；苟厄運必至，我當以死衛社稷，横尸廟門，遂其由來以身許國之志，不能遠竄於草間求活也。我計決矣，卿勿復言！」昶恐其不濟，乃爲表曰：「臣裕北討，衆並不同，唯臣贊裕行計，致使强賊乘間，社稷危逼，臣之罪也。今謹引分以謝天下。」封表畢，乃仰藥而死。

於是大開賞募，投身赴義者，一同登京城之科。發居民治石頭城，建牙戒嚴。時議者謂宜分兵守諸津要。公以爲：「賊衆我寡，若分兵屯，則人測虚實。且一處失利，則沮三軍之心。今聚衆石頭，隨宜應赴，既令賊無以測多少，又於衆力不分。若徒旅轉集，徐更論之耳。」移屯石頭，乃柵淮斷查浦。既而羣賊大至，公策之曰：「賊若於新亭直進，其鋒不可當，宜且回避，勝負之事，未可量也。若回泊西岸，此成擒耳。」

公于時登石頭城以望循軍，初見引向新亭，公顧左右失色。既而回泊蔡洲。道覆猶欲上，循禁之。自是衆軍轉集，修治越城，築查浦、藥園、廷尉三壘，皆守以實衆。冠軍將軍劉敬宣屯北郊，輔國將軍孟懷玉屯丹陽郡西，建武將軍王仲德屯越城，廣武將軍劉懷默屯建陽門外。使寧朔將軍索邈領鮮卑具裝虎班突騎千餘匹，皆被練五色，自淮北至于新亭。賊並聚觀，咸畏憚之；然猶冀京邑及三吳有應之者。遣十餘艦來拔石頭栅，公命神弩射之，發輒摧陷，循乃止，不復攻栅。設伏兵於南岸，使羸老悉乘舟艦向白石。公憂其從白石步上，乃率劉毅、諸葛長民北出拒之，留參軍徐赤特戍南岸，命堅守勿動。公既去，賊焚查浦步上，赤特軍戰敗，死没有百餘人。赤特棄餘衆，單舸濟淮。賊遂率數萬屯丹陽郡。公率諸軍馳歸。衆憂賊過，咸謂公當徑還拒戰。公先分軍還石頭，衆莫之曉。解甲息士，洗浴飲食之，乃出列陳於南塘。以赤特違處分，斬之。命參軍褚叔度、朱齡石率勁勇千餘人過淮。羣賊數千，皆長刀矛鋋，精甲曜日，奮躍争進。齡石所領多鮮卑，善步矟，並結陳以待之。賊短兵弗能抗，死傷者數百人，乃退走。會日莫，衆亦歸。

劉毅之敗，豫州主簿袁興國反叛，據歷陽以應賊。琅邪内史魏順之遣將謝寶討斬之。興國司馬襲寶，順之不救而退，公怒斬之。順之，詠之之弟也。於是功臣震懾，莫敢不用命。

六月，更授公太尉、中書監，加黄鉞。受黄鉞，餘固辭。以司馬庚悦爲建威將軍、江州刺史，自東陽出豫章。

七月庚申，羣賊自蔡洲南走，還屯尋陽。遣輔國將軍王仲德、廣川太守劉鍾、河間太守蒯恩追之。公還東府，大治水軍，皆大艦重樓，高者十餘丈。

初循之走也，公知其必寇江陵，登遣淮陵内史索邈領馬軍步道援荆州。又遣建威將軍孫季高率衆三千，自海道襲番禺。江州刺史庚悦至五畝嶠，賊遣千餘人據斷嶠道，悦前驅鄱陽太守虞丘進攻，破之。公治兵大辦。十月，率兗州刺史劉藩、寧朔將軍檀韶等舟師南伐。以後將軍劉毅監太尉留守府，後事皆委焉。

是月，徐道覆率衆三萬寇江陵。荆州刺史道規又大破之，斬首萬餘級，道覆走還盆口。初公之遣索邈也，邈在道爲賊所斷，道覆敗後方達。自循東下，江陵斷絶京邑之問，傳者皆云已没。及邈至，方知循走。

循廣州守兵，不以海道爲防。是月，建威將軍孫季高乘海奄至，而城池峻整，兵猶數千。季高焚賊舟艦，悉力而上，四面攻之，即日屠其城。循父以輕舟奔始興。季高撫其舊民，戮其親黨，勒兵謹守。初公之遣季高也，衆咸以海道艱遠，必至爲難；且分撤見力，二三非要。公不從。敕季高曰：「大軍十二月之交，必破妖虜。卿今時當至廣州，傾其巢窟，令賊奔走之日，無所歸投。」季高受命而行，如期剋捷。

循方治兵旅舟艦，設諸攻備。公欲御以長算，乃屯軍雷池。賊揚聲不攻雷池，當乘流逕下。公知其欲戰，且慮賊戰敗，或於京江入海，遣王仲德以水艦二百於吉陽下斷之。十二月，循、道覆率衆數萬，方艦而下，前後相抗，莫見舳艫之際。公悉出輕利鬬艦，躬提幡鼓，命衆軍齊力擊之。又上步騎於西岸。右軍參軍庚樂生乘艦不進，斬而徇之，於是衆軍並踊騰争先。軍中多萬鈞神弩，所至莫不摧陷。公中流蹙之，因風水之勢，賊艦悉泊西岸。岸上軍先備火具，乃投火焚之，煙燄張天，賊衆大敗，追奔至夜乃歸。循等還尋陽。初分遣步軍，莫不疑怪，及燒賊艦，衆乃悦服。召王仲德，請還爲前驅。留輔國將軍孟懷玉守雷池。循聞大軍上，欲走向豫章，乃悉力栅斷左里。大軍至左里，將戰，公所執麾竿折，折幡沈水，衆並怪懼。公歡笑曰：「往年覆舟之戰，幡竿亦折，今者復然，賊必破矣。」即攻栅而進。循兵雖殊死戰，弗能禁。諸軍乘勝奔之，循單舸走。所殺及投水死，凡萬餘人。納其降附，宥其逼略。遣劉藩、孟懷玉輕軍追之。循收散卒，尚有數千人，逕還廣州。道覆還保始興，公旋自左里。天子遣侍中、黄門勞師于行所。

《宋書》卷二《武帝紀中》　七年正月己未，振旅于京師。改授大將軍、揚州牧，給班劍二十人，本官悉如故，固辭。凡南北征伐戰亡者，並列上賻贈。尸喪未反，遣主帥迎接，致還本土。

二月，盧循至番禺，爲孫季高所破，收餘衆南走。劉藩、孟懷玉斬徐道覆于始興。

晉自中興以來，治綱大弛，權門并兼，强弱相淩，百姓流離，不得保其産業。桓玄頗欲釐改，竟不能行。公既作輔，大示軌則，豪强肅然，遠近知禁。至是會稽、餘姚虞亮復藏匿亡命千餘人。公誅亮，免會稽内史司馬休之。

天子又申前命，公固辭。於是改授太尉、中書監，乃受命。奉送黄鉞，解冀州。

先是諸州郡所遣秀才、孝廉，多非其人，公表天子，申明舊制，依舊策試。征西將軍、荆州刺史道規疾患求歸。八年四月，改授豫州刺史，以後將軍、

豫州刺史劉毅代之。毅與公俱舉大義，興復晉室，自謂京城、廣陵，功業足以相抗。雖權事推公，而心不服也。毅既有雄才大志，厚自矜許，朝士素望者多歸之。與尚書僕射謝混、丹陽尹郗僧施並深相結。及西鎮江陵，豫州舊府，多割以自隨，請僧施爲南蠻校尉。既知毅不能居下，終爲異端，密圖之。毅至西，稱疾篤，表求從弟兖州刺史藩以爲副貳，僞許焉。九月，藩入朝，公命收藩及謝混，並於獄賜死。自表討毅。又假黄鉞，率諸軍西征。以前鎮軍將軍司馬休之爲平西將軍、荆州刺史，兖州刺史道憐鎮丹徒，豫州刺史諸葛長民監太尉留府事，加太尉司馬、丹陽尹劉穆之建威將軍，配以實力。壬午，發自京師。遣參軍王鎮惡、龍驤將軍蒯恩前襲江陵。十月，鎮惡剋江陵，毅及黨與皆伏誅。

十一月己卯，公至江陵。

以荆州十郡爲湘州，公乃進督。以西陽太守朱齡石爲益州刺史，率衆伐蜀。進公太傅、揚州牧，加羽葆鼓吹，班劍二十人。

九年二月乙丑，公至自江陵。初諸葛長民貪淫驕横，爲士民所患苦，公以其同大義，優容之。劉毅既誅，長民謂所親曰：「昔年醢彭越，今年誅韓信，禍其至矣。」將謀作亂。公克期至京邑，而每淹留不進。公卿以下頻日奉候於新亭，長民亦驟出。既而公輕舟密至，已還東府矣。長民到門，引前，卻人閑語，凡平生於長民所不盡者，皆與及之。長民甚説。已密命左右壯士丁旿等自幔後出，於坐拉焉。長民墜牀，又於地毆之，死於牀側。輿尸付廷尉，并誅其弟黎民。

先是山湖川澤，皆爲豪强所專，小民薪採漁釣，皆責税直，至是禁斷之。時民居未一，於是依界土斷，唯徐、兖、青三州居晉陵者，不在斷例。諸流寓郡縣，多被併省。

以公領鎮西將軍、豫州刺史。公固讓太傅、州牧及班劍，奉還黄鉞。

九月，封公次子義真爲桂陽縣公，以賞平齊及定盧循也。天子重申前命，授公太傅、揚州牧，加羽葆、鼓吹，班劍二十人。將吏百餘敦勸，乃受羽葆、鼓吹、班劍，餘固辭。

十年，息民簡役。築東府，起府舍。

平西將軍、荆州刺史司馬休之，宗室之重，又得江漢人心，公疑其有異志，而休之兄子譙王文思在京師，招集輕俠，公執文思送還休之，令自爲其所。休之表廢文思，并與公書陳謝。十一年正月，公收休之子文寶、兄子文祖，並於獄賜死，率衆軍西討。復加黄鉞，領荆州刺史。辛巳，發京師，以中軍將軍道憐監留府事。

休之府録事參軍韓延之，故吏也，有幹用才能。公未至江陵，密使與之書曰：「文思事源，遠近所知，去秋遣康之送還司馬君者，推至公之極也。而了不遜愧，又無表疏。文思經正不反，此是天地之不容。吾受命西討，止其父子而已。彼土僑舊，爲所驅逼，一無所問。往年郗僧施、謝邵、任集之等，交構積歲，專爲劉毅謀主，所以至此。卿等諸人，一時逼迫，本無纖釁。吾處懷期物，自有由來。今在近路，正是諸人歸身之日。若大軍登道，交鋒接刃，蘭艾吾誠不分。故具示意，并示同懷諸人。」延之報曰：

承親率戎馬，遠履西畿，闔境士庶，莫不恇駭。何者？莫知師出之名故也。今辱來疏，始知以譙王前事，良增歎息。司馬平西體國忠貞，款愛待物，當於古人中求耳。以君公有匡復之勳，家國蒙賴，推德委誠，每事詢仰。譙王往以微事見劾，猶自表遜位，況以大過而當默然邪？但康之前言有所不盡，故重使胡道諮白所懷。道未及反，已奏表廢之，所不盡者命耳。推寄相與之懷，正當如此？有何不可，便興兵戈。自義旗秉權以來，四方方伯，誰敢不先相諮疇，而逕表天子邪？譙王爲宰相所責，又表廢之，經正何歸，表使何因，可謂「欲加之罪，其無辭乎」！

劉裕足下，海内之人，誰不見足下此心，而復欲欺誑國士？天地所不容，在彼不在此矣。來示言「處懷期物，自有由來」。今伐人之君，啗人以利，真可謂「處懷期物，自有由來」者矣。劉藩死於閶闔之内，諸葛斃於左右之手，甘言詫方伯，襲之以輕兵，遂使席上靡款懷之士，閫外無自信諸侯，以是爲得算，良可恥也。貴府將佐及朝廷賢德，寄性命以過日，心企太平久矣。吾誠鄙劣，嘗聞道於君子。以平西之至德，寧可無授命之臣乎？未能自投虎口，比迹郗、任之徒明矣。假令天長喪亂，九流渾濁，當與臧洪遊於地下，不復多言。

公視書歎息，以示諸佐曰：「事人當如此。」

三月，軍次江陵。初雍州刺史魯宗之常慮不爲公所容，與休之相結，至是率其子竟陵太守軌會于江陵。江夏太守劉虔之邀之，軍敗見殺。公命彭城内史徐逵之、參軍王允之出江夏口，復爲軌所敗，並没。時公軍泊馬頭，即日率衆軍濟江，躬督諸將登岸，莫不奮踊争先。休之衆潰，與軌等奔襄陽，江陵平。加領南蠻校尉。

將拜，值四廢日，佐史鄭鮮之、褚叔度、王弘、傅亮白遷日，不許。

四月，公復率衆進討，至襄陽，休之奔羌。天子復重申前命，授太傅、揚州牧，劍履上殿，入朝不趨，贊拜不名，加前部羽葆、鼓吹，置左右長史、司馬、從事中郎四人。封公第三子義隆爲北彭城縣公。以中軍將軍道憐爲荆州刺史。

八月甲子，公至自江陵，奉還黄鉞，固辭太傅、州牧，前部羽葆、鼓吹，其餘受命。朝議以公道尊勳重，不宜復施敬護軍，既加殊禮，奏事不復稱名。以世子爲兗州刺史。

十二年正月，詔公依舊辟士。加領平北將軍、兗州刺史。增都督南秦，凡二十二州。公以平北文武寡少，不宜別置。於是罷平北府，以併大府。以世子爲豫州刺史。三月，加公中外大都督。

初公平齊，仍有定關、洛之意，值盧循侵逼，故其事不諧。荆、雍既平，方謀外略。會羌主姚興死，子泓立，兄弟相殺，關中擾亂，公乃戒嚴北討。加領征西將軍，司、豫二州刺史。以世子爲徐、兗二州刺史。

公受中外都督及司州，並辭大司馬琅邪王禮敬，朝議從之。公欲以義聲懷遠，奉琅邪王北伐。五月，又加公北雍州刺史，前部羽葆、鼓吹，增班劍爲四十人。解中書監。八月丁巳，率大衆發京師。以世子爲中軍將軍，監太尉留府事。尚書右僕射劉穆之爲左僕射，領監軍、中軍二府軍司，入居東府，總攝内外。九月，公次于彭城，加領徐州刺史。

先是遣冠軍將軍檀道濟、龍驤將軍王鎮惡步向許、洛，羌緣道屯守，皆望風降服。僞兗州刺史韋華先據倉垣，亦率衆歸順。公又遣北兗州刺史王仲德先以水軍入河。仲德破索虜於東郡涼城，進平滑臺。十月，衆軍至洛陽，圍金墉。泓弟僞平南將軍洸請降，送于京師。修復晋五陵，置守衛。置宋國侍中、黄門侍郎，尚書左丞、郎，隨大使奉迎。

枹罕虜乞佛熾槃遣使詣公，求効力討羌，拜平西將軍、河南公。

十三年正月，公以舟師進討，留彭城公義隆鎮彭城。天子追贈公祖爲太常，父爲左光禄大夫，讓不受。

二月，冠軍將軍檀道濟等次潼關。三月庚辰，大軍入河。索虜步騎十萬，營據河津。公命諸軍濟河擊破之。公至洛陽。七月，至陝城。龍驤將軍王鎮惡伐木爲舟，自河浮渭。八月，扶風太守沈田子大破姚泓於藍田。王鎮惡剋長安，生擒泓。九月，公至長安。長安豐全，帑藏盈積。公先收其彝器、渾儀、土圭之屬，獻于京師；其餘珍寶珠玉，以班賜將帥。執送姚泓，斬于建康市。謁漢高帝陵，大會文武於未央殿。

十一月，前將軍劉穆之卒，以左司馬徐羨之代掌留任。大事昔所決於穆之者，皆悉以諮。公欲息駕長安，經略趙、魏，會穆之卒，乃歸。十二月庚子，發自長安，以桂陽公義真爲安西將軍、雍州刺史，留腹心將佐以輔之。閏月，公自洛入河，開汴渠以歸。

十四年正月壬戌，公至彭城，解嚴息甲。以輔國將軍劉遵考爲并州刺史，領河東太守，鎮蒲坂。公解司州，領徐、冀二州刺史，固讓進爵。

六月，受相國宋公九錫之命。詔崇豫章公太夫人爲宋公太妃，世子中軍將軍，副貳相國府。以太尉軍諮祭酒孔季恭爲宋國尚書令，青州刺史檀祗爲領軍將軍，相國左長史王弘爲尚書僕射。其餘百官悉依天朝之制。又詔宋國所封十郡之外，悉得除用。

先是，安西中兵參軍沈田子殺安西司馬王鎮惡，諸將軍復殺安西長史王脩。關中亂。十月，公遣右將軍朱齡石代安西將軍桂陽公義真爲雍州刺史。義真既還，爲佛佛虜所追，大敗，僅以身免。諸將帥及齡石並没。領軍檀祗卒，以中軍司馬檀道濟爲中領軍。

元熙元年正月，詔遣大使徵公入輔。又申前命，進公爵爲王。以徐州之海陵、北、東海、北譙、北梁、豫州之新蔡、兗州之北陳留、司州之陳郡、汝南、潁川、滎陽十郡，增宋國。七月，乃受郡，赦國内五歲刑以下。遷都壽陽。以尚書劉懷慎爲北徐州刺史，鎮彭城。九月，解揚州。

十二月，天子命王冕十有二旒，建天子旌旗，出警入蹕，乘金根車，駕六馬，備五時副車，置旄頭雲罕，樂舞八佾，設鍾虡宫縣。進王太妃爲太后，王妃爲王后，世子爲太子，王子、王孫爵命之號，一如舊儀。

二年四月，徵王入輔。六月，至京師。

詔草既成，送呈天子使書之，天子即便操筆，謂左右曰：「桓玄之時，天命已改，重爲劉公所延，將二十載。今日之事，本所甘心。」

王奉表陳讓，晋帝已遜琅邪王第，表不獲通。於是陳留王虔嗣等二百七十人，及宋臺羣臣，並上表勸進。上猶不許。太史令駱達陳天文符瑞數十條，羣臣又固請，王乃從之。

《宋書》卷三《武帝紀下》 永初元年夏六月丁卯，設壇於南郊，即皇帝位，柴燎告天。

禮畢，備法駕幸建康宫，臨太極前殿。

封晉帝爲零陵王，全食一郡。載天子旍旗，乘五時副車，行晉正朔，郊祀天地禮樂制度，皆用晉典。上書不爲表，答表勿稱詔。追尊皇考爲孝穆皇帝，皇妣爲穆皇后，尊王太后爲皇太后。

封晉臨川王司馬寶爲西豐縣侯，食邑千户。

庚午，以司空道憐爲太尉，封長沙王。追封司徒道規爲臨川王。尚書僕射徐羨之加鎮軍將軍，右衛將軍謝晦爲中領軍，宋國領軍檀道濟爲護軍將軍，中領軍劉義欣爲青州刺史。立南郡公義慶爲臨川王。乙亥，立桂陽公義真爲廬陵王，彭城公義隆爲宜都王，第四皇子義康爲彭城王。

己卯，改晉《泰始曆》爲《永初曆》。

秋七月丁亥，原放劫賊餘口没在臺府者，諸流徙家並聽還本土。又運舟材及運船，不復下諸郡輸出，悉委都水别量。臺府所須，皆别遣主帥與民和市，即時裨直，不復責租民求辦。又停廢虜車牛，不得以官威假借。又以市税繁苦，優量減降。從征關、洛，殞身戰場，幽没不反者，贍賜其家。己丑，陳留王曹虔嗣薨。

辛卯，復置五校三將官，增殿中將軍員二十人，餘在員外。戊戌，後將軍、雍州刺史趙倫之進號安北將軍，征虜將軍、北徐州刺史劉懷慎進號平北將軍，征西大將軍、開府儀同三司楊盛進號車騎大將軍。甲辰，鎮西將軍李歆進號征西將軍，平西將軍乞佛熾盤進號安西大將軍，征東將軍、高句驪王高璉進號征東大將軍，鎮東將軍、百濟王扶餘映進號鎮東大將軍。置東宫冗從僕射、旅賁中郎將官。

戊申，遷神主於太廟，車駕親奉。

八月戊午，西中郎將、荆州刺史宜都王義隆進號鎮西將軍。

辛酉，開亡叛赦，限内首出，蠲租布二年。先有資狀、黄籍猶存者，聽復本注。諸舊郡縣以北爲名者，悉除；寓立於南者，聽以南爲號。又制有無故自殘傷者補冶士，實由政刑煩苛，民不堪命，可除此條。

罷青州併兗州。

辛未，追謚妃臧氏爲敬皇后。癸酉，立王太子爲皇太子。

九月壬子朔，置東宫殿中將軍十人，員外二十人。壬申，置都官尚書。

冬十月辛卯，改晉所用王肅祥禫二十六月儀，依鄭玄二十七月而後除。

十二月辛巳朔，車駕臨延賢堂聽訟。

二年春正月辛酉，車駕祠南郊，大赦天下。丙寅，斷金銀塗。以揚州刺史、廬陵王義真爲司徒，以尚書僕射、鎮軍將軍徐羨之爲尚書令、揚州刺史。丙子，南康揭陽蠻反，郡縣討破之。己卯，禁喪事用銅釘。罷會稽郡府。

二月己丑，車駕幸延賢堂，策試諸州郡秀才、孝廉。揚州秀才顧練、豫州秀才殷朗所對稱旨，並以爲著作佐郎。戊申，制中二千石加公田一頃。

三月乙丑，初限荆州府置將不得過二千人，吏不得過一萬人；州置將不得過五百人，吏不得過五千人。兵士不在此限。

夏四月戊申，車駕於華林園聽訟。己亥，以左衛將軍王仲德爲冀州刺史。

五月己酉，置東宫屯騎、步兵、翊軍三校尉官。甲戌，車駕又幸華林園聽訟。

六月壬寅，車駕又於華林園聽訟。甲辰，制諸署敕吏四品以下，又府署所得輒罰者，聽統府寺行四十杖。

八月壬辰，車駕又於華林園聽訟。

九月己丑，零陵王薨。車駕三朝率百僚舉哀于朝堂，一依魏明帝服山陽公故事。太尉持節監護，葬以晉禮。

冬十月己亥，以涼州胡帥大沮渠蒙遜爲鎮軍大將軍、開府儀同三司、涼州刺史。

癸卯，車駕於延賢堂聽訟，以員外散騎常侍應襲爲寧州刺史。

三年春正月甲辰朔，詔刑罰無輕重，悉皆原降。壬子，以前冀州刺史王仲德爲徐州刺史。癸丑，以尚書令、揚州刺史徐羨之爲司空、録尚書事，刺史如故。撫軍將軍、江州刺史王弘進號衛將軍、開府儀同三司，太子詹事傅亮爲尚書僕射，中領軍謝晦爲領軍將軍。乙卯，以輔國將軍毛德祖爲司州刺史。

二月丁丑，以豫州刺史、彭城王義康爲南豫州刺史，征虜將軍劉粹爲豫州刺史。又分荆州十郡還立湘州，左衛將軍張邵爲湘州刺史。戊寅，以徐州之梁，還屬豫州。

三月，上不豫。太尉長沙王道憐、司空徐羨之、尚書僕射傅亮、領軍將軍謝晦、護軍將軍檀道濟並入侍醫藥。羣臣請祈禱神祇，上不許，唯使侍中謝方明以疾告廟而已。丁未，以司徒、廬陵王義真爲車騎將軍、開府儀同三司、南豫州刺史。上疾瘳。己未，大赦天下。時秦雍流户悉南入梁州。庚申，送紵絹萬匹，荆、雍州運米，委州刺史隨宜賦給。辛酉，亡命刁彌攻京城，得入，太尉留府司馬陸仲元討斬之。

夏四月乙亥，封仇池公楊盛爲武都王，平南將軍楊撫進號安南將軍。丁亥，以車騎司馬徐琰爲兗州刺史。庚寅，左光禄大夫、開府儀同三司孔季恭薨。

五月，上疾甚，召太子誡之曰：「檀道濟雖有幹略，而無遠志，非如兄韶有難御之氣也。徐羨之、傅亮當無異圖。謝晦數從征伐，頗識機變，若有同異，必此人也。小卻，可以會稽、江州處之。」又爲手詔曰：「朝廷不須復有別府，宰相帶揚州，可置甲士千人。若大臣中任要，宜有爪牙以備不祥人者，可以臺見隊給之。有征討，悉配以臺見軍隊，行還復舊。後世若有幼主，朝事一委宰相，母后不煩臨朝。仗既不許入臺殿門，要重人可詳給班劍。」癸亥，上崩于西殿，時年六十。秋七月己酉，葬丹陽建康縣蔣山初寧陵。

上清簡寡欲，嚴整有法度，未嘗視珠玉輿馬之飾，後庭無紈綺絲竹之音。寧州嘗獻虎魄枕，光色甚麗。時將北征，以虎魄治金創，上大悦，命擣碎分付諸將。平關中，得姚興從女，有盛寵，以之廢事。謝晦諫，即時遣出。財帛皆在外府，内無私藏。宋臺既建，有司奏東西堂施局脚牀、銀塗釘，上不許；使用直脚牀，釘用鐵。諸主出適，遣送不過二十萬，無錦繡金玉。内外奉禁，莫不節儉。性尤簡易，常著連齒木屐，好出神虎門逍遥，左右從者不過十餘人。時徐羨之住西州，嘗幸羨之，便步出西掖門，羽儀絡驛追隨，已出西明門矣。諸子旦問起居，入閤脱公服，止著裙帽，如家人之禮。孝武大明中，壞上所居陰室，於其處起玉燭殿，與羣臣觀之。牀頭有土鄣，壁上挂葛燈籠、麻繩拂。侍中袁顗盛稱上儉素之德。孝武不答，獨曰：「田舍公得此，以爲過矣。」故能光有天下，克成大業者焉。

李昉《太平御覽》卷一二八《偏霸部》引徐爰《宋書》 高祖武皇帝姓劉氏，諱裕，彭城綏輿里人。夜生，有神光之異。是夕，甘露降於墓樹。嘗游下邳，遇一沙門於逆旅，沙門言及中原事故，因云：「江表尋當喪亂。」高祖曰：「便遂至亂亡，當有拯之者不？」沙門曰：「此瘡難治，先有良藥，當以相與。」因取懷中黄散裹留之。沙門既去，高祖追而望之，倏忽不見。以黄散治瘡，一傅而愈。余散寶録之，被金瘡輒用，有驗。晉陵人韋叟，少以占相爲事，其言多驗，嘗相高祖，曰：「君當立，主方伯。」久之，又曰：「君相輒進，貴不可言，惟願富貴無相忘。」晉末妖賊孫恩作亂，前將軍劉牢之東討。牢之請高祖參軍事。牢之命高祖覘賊遠近。將勇士數十人，會遇賊至，仍迎擊之。賊衆數千，高祖所將人多死，而戰意方酣，奮長刀，所殺傷甚衆。牢之子敬宣疑高祖淹久，恐爲賊所殺，乃輕騎赴之。既而衆騎并至，賊遂大崩。高祖爲流矢所傷，通中信宿而愈。自後屢被重傷，皆弗以爲患。軍中益加敬憚。

恩北走海鹽，高祖追而翼之，築城於海鹽故治，恩知城弗可下，乃進向滬，高祖復棄城追之。恩乘風浮海，奄至丹徒，師衆數萬，鼓噪登干蒜山，居民皆荷擔而走。高祖率所領奔擊，大敗之，投巘赴水死者甚衆。恩顛沛，僅得還船。雖被摧破，猶恃衆力，遂徑向京師。朝廷震懼，以高祖爲建武將軍、下邳太守，帥舟師討恩於郁州，復大破之。桓玄從兄循以撫軍將軍鎮丹徒，以高祖爲中軍參軍。玄篡帝位，循入朝玄，高祖從至京師。玄既宿憚高祖威名，又悦高祖之風儀姿貌，語司徒王謐曰：「昨見劉裕，卿不得獨擅其清。」或説玄曰：「劉裕龍行虎步，瞻視不凡，恐必不爲人下，宜早爲其所。」玄曰：「我方欲平蕩中原，使裕以萬人爲前驅，關隴不足定也。事定之後，當更議之耳。」高祖乃與弟道規、沛郡劉毅、東海何無忌潛謀匡復。桓循弟弘以征虜將軍領廣陵，以道規爲中兵參軍。劉毅先亦爲弘吏佐，遭母憂還京口，是至往江北，與道規共集義徒。高祖托游獵，會無忌及任城魏咏之、高平檀憑之及從弟蕃等同謀二十七人，并願從者百餘人。是時，大風暴起。丙辰，詰朝，城門開，義衆馳入，稱有詔，齊聲大呼，吏士驚散，即獲桓循，斬而徇之。與桓弘主簿平昌、孟昶等帥將士六十人，斬弘於廣陵城，因收衆濟江。玄遣頓丘太守吳甫之、右衛將軍皇甫敷北拒義軍。咸曰：「裕等衆力甚弱，豈有辦成，陛下何慮之甚？」玄曰：「劉裕足爲一世之雄；劉毅家無擔石之儲，摴蒱一擲百萬；何無忌，劉牢之甥，酷似其舅。共舉大事，何謂無成？」

衆推高祖爲盟主，移檄京邑。遇吳甫之於江乘。甫之，玄驍將也，其兵甚鋭。高祖躬執長刀，徑入其陣，衆皆披靡，即斬甫之。進至羅落橋，高祖望賊旗鼓暫，衆馳進。挺劍指麾，光耀如電，將士皆莫敢仰視，但憑神武，爭爲先登，殊死而戰，無不一當百，呼聲動天地。風火并起，鉦鼓之音震駭京邑。桓謙等諸軍，一時土崩。高祖鎮石頭，留臺百官羣寮宿衛各率其職。于是推高祖爲使持節、都督揚、徐、兗、豫、青、冀、幽、并八州諸軍事，鎮軍將軍，徐州刺史。

桓玄經潯陽，江州刺史郭昶之備乘輿、法服以資之。收略二千餘人，挾天子奔於江陵。冠軍將軍劉毅、輔國將軍何無忌帥諸軍南討，破玄大將軍郭銓等於桑落洲。玄棄衆，復挾天子西走。初，益州刺史毛璩遣弟子修之誘玄以入蜀。至于枚回州，益州都護馮遷斬玄，首傳於京師。天子反正，詔進位侍中、都督中外諸軍事。高祖固讓。加録尚書，封豫章公，邑萬户，絹三萬匹。鮮卑慕容德僭

號於青州。德死，從子超襲僞位，公抗表北討。屠廣固，超逾城走，獲之。戮其王公以下，納口萬餘，馬二千匹，夷其城隍。獻超於京師，斬於建康市。盧循寇南康、廬陵、豫章，諸郡守皆委任奔走。馳使征公。公至下邳，留船運輜重，自帥精騎步歸。孟昶、諸葛長民懼寇之深也，欲擁天子過江，公弗聽。昶窮窘無餘圖，飲藥而卒。羣賊大至，公悉出輕利，帝躬提幡鼓，命軍衆齊力擊之，賊衆大敗。追奔，逮夜乃收兵而歸。循等還潯陽。公更簡練三軍，將進攻討。循聞大軍至，欲遁還豫章，乃悉力柵斷左里。丙申，大軍至左里。將戰，公麾以進兵，幡竿折，遂沉於水。衆皆失色，公自忻笑曰：「往年覆舟之戰，亦幡竿折，今復然，賊必破矣。」衆乃大悦，即攻柵并進。循兵雖死戰，猶弗能禁。諸軍乘勝擊之，循單舸走。劉蕃、孟懷玉斬徐道覆於始興，傳首京師。交州刺史杜慧度斬盧循父子，函七首送都。劉毅爲荆州刺史，矜功驕縱，公表請討之。毅單騎出，自隘道側。分遣諸軍伐蜀，以朱齡石爲益州刺史，公授以謀略，遂平成都，斬僞蜀王譙縱。荆州刺史司馬休之僭結雍州刺史魯宗之，宗之得書響應。公帥衆軍西討。休之不敢戰，乃棄城奔走僞羌。僞主姚興死，子泓新立，人情騷擾。公乃抗表北伐。諸軍入關，及姚泓戰，大破之，泓肉袒稽首。公至長安。長安豐稔，帑藏盈積，後宫數千人。公先收彝器、渾儀、土圭之屬，獻於京師；其餘珍寶珠玉，悉以班諸將士。執姚泓歸之，有司斬於建康市。公至洛陽，常有紫雲見於軍上，晉帝乃命有司禪位於王。改元熙二年爲永初元年。三年正月，崩於西陵，年六十。

雜録

備録

李昉《太平御覽》卷一二八引《述異記》 宋高祖微時常游會下，過孔静宅，正晝卧，有神人衣服非常，謂之曰：「起，天子在門。」既而失之。靖遽出，適與帝遇。延入，結交贈遺。臨別，執帝手曰：「卿後必當大貴，願以身嗣爲托。」帝許之。及京邑定，静自山陰令擢爲會稽内史。

李昉《太平御覽》卷八七二引《晉陽秋》 劉裕平慕容超，將鎮下邳，聞盧循反，何無忌敗，乃還次山陽，造揚了江。問行人曰：「朝廷如何？」對曰：「劉公尚未至，劉公若還，無所憂也。」裕將濟而風急，衆咸難之。裕曰：「吾有天命，風當自息，如天不助，覆溺何足可怯。」即令登舟。舟移而風止。

劉敬叔《異苑》卷四《劉季奴》 宋武帝裕，字德輿，小字寄奴。微時，伐荻新洲，見大蛇長數丈，射之，傷。明日復至洲里，聞有杵臼聲。往視之，見童子數人，皆青衣擣藥。問其故，答曰：「我王爲劉寄奴所射，合散傅之。」帝曰：「王神何不殺之？」答曰：「劉寄奴王者，不死不可殺。」帝叱之，皆散，仍收藥而返。

《殷芸小説》卷一 宋國初建，參軍高纂啓云：「欲量作東西堂床六尺五寸，并用銀度釘，未敢輒專。」宋武手答云：「床不須局脚，直脚自足；釘不須銀度，鐵釘而已。」

鄭鮮之、王弘、傅亮啓宋武云：「伏承明旦朝見南蠻，明是四廢日，來月朝好，不審可從羣情遷來月否？」宋武手答云：「勞第足下勤至，吾初不擇日。」帝親爲答，尚在其家。

《三十國春秋輯本》輯蕭方《三十國春秋》 義熙六年，丁亥，中軍劉裕悉衆攻燕，衆咸諫曰：「今往亡日，兵家所忌。」裕曰：「我往彼亡，吉孰大焉。」乃命悉登，遂克之。燕王慕容超走，追獲焉。

備論

《宋書》卷三《武帝紀下》 漢氏載祀四百，比祚隆周，雖復四海横潰，而民繫劉氏，惵惵黔首，未有遷奉之心。魏武直以兵威服衆，故能坐移天曆，鼎運雖改，而民未忘漢。及魏室衰孤，怨非結下。晉藉宰輔之柄，因皇族之微，世擅重權，用基王業。至於宋祖受命，義越前模。晉自社廟南遷，禄去王室，朝權國命，遞歸台輔。君道雖存，主威久謝。桓温雄才蓋世，勳高一時，移鼎之業已成，天人之望將改。自斯以後，晉道彌昏，道子開其禍端，元顯成其末釁，桓玄藉運乘時，加以先父之業，因基革命，人無異心。高祖地非桓、文，衆無一旅，曾不浹旬，夷凶翦暴，祀晉配天，不失舊物，誅内清外，功格區宇。至於鍾石變聲，柴天改物，民已去晉，異於延康之初，功實静亂，又殊咸熙之末。所以恭皇高遜，殆均釋負。若夫樂推所歸，謳歌所集，魏、晉采其名，高祖收其實矣。盛哉！

《唐文拾遺》卷一三虞世南《論略》　公子曰：「宋高祖誅滅桓元，再興晉室，方於前代，孰可比倫？」先生曰：「梁代裴子野，時以爲有良史之才，比高祖於魏武、晉宣。觀彼二君，恐非其類。」【略】宋祖以匹夫挺劍，首創大業，旬月之間，重安晉鼎。居半州之地，驅一郡之卒，斬譙縱於庸蜀，擒姚泓於崤函，克慕容超於青州，梟盧循於嶺外。戎旗所指，無往不捷。觀其豁達宏遠，則漢高之風；制勝胸襟，則光武之匹。惜其祚短，志未可量也。」

《全唐文》卷一七〇朱敬則《宋武帝論》　蓋聖人不能爲時，亦不能失時。歷觀帝王之祚，未有不因人墜塗炭而得志，或天下嗷嗷，新主之資也。是知秦有閻、趙之隙，漢罹莽、卓之災，晉由曹氏之專，宋實桓元之篡，始得奮其智力，救此倒懸。陳浞羿之辜，問滔天之罪。況劉裕天錫神勇，雄略命世，不待借思漢之謳，未暇假從周之會。同盟二十七，願從一百人。雷動朱方，風發竹里。龍驤虎步，獨決神襟。長劒一呼，義聲四合。蕩亡楚已成之業，復遺晉久絶之基。祀夏配天，不失舊物，雖古人用兵，不足加也。至乃網羅俊異，待物知人，動必應時，役無再舉。西盡庸蜀，北劃大河。自漢末三分，東晉拓境，未能至也。或問：「前史云：『克敵得雋，奇迹多於魏武。』此確論乎？」君子曰：「得雋雖多，前非大敵。若乃黄帝斬蚩尤，高祖制項籍，光武抗尋邑，曹公挫本初，此是奇迹也。至若慕容超政不在躬，奴僕下品。姚泓宗枝猜貳，借手於人。盧循禊寇之餘，譙縱新造之國，因釁取亂，何足可稱？至乃潛算樽俎之間，明見千里之外，揣機料日，不爽錙銖，亦古之志士，何以加焉？但禮樂文明，日不暇給。垂風邁德，盛所未能。人望不逮於建安，天命乃光於魏武。」又問曰：「棄德非道，捨舊無親。有宋功臣，多不及嗣，豈理須然乎？請聞其要。」君子曰：「且夫奸雄者非淳德之稱，謀勇者乃果決之辭。故昔之同盟，擬覆前敵，故無材不露，無心不披。譬若同舟遇風，寧有隱哉？及高鳥盡，狡兔死，其材能我之儔也。我非積行累能，彼之知也。思己之所行，恐彼之己叛，是以雄猜内發，釁兆易萌。韓、彭以之葅醢，劉、葛由之覆亡。然則高談堯舜之道，不忍論桀紂之行。思燕齊之血食，見漢宋之不仁。故尉繚畏秦王之屈節，范蠡識勾踐之忍人。綺季不出於商山，嫌漢王之侮慢。嚴光潛形於草澤，知劉秀之未宏。有旨哉！」又問曰：「宋祖入關，老相駕馬，赫連畏逼。姚氏淫昏，中原士庶，恥爲臣妾。王師衆整，頗有禮焉。所以扣馬攀車，請住關右。宫室陵寢，是大漢之遺蹤；關山重復，乃有周之長世。人與不取，違衆獨歸。昔項籍見哂於韓生，宋高又失於父老，其旨可得聞乎？」

君子曰：「論項即非，在劉爲是。以項王之材，天下可以力制，人心可以勢奪。因宫室之嚴，守山河之固，此九州之上腴，何彭城之足算？劉裕家本江南，全軍遠克，未能制命夏、魏，施號秦、涼。雖曰關中，實是邊地【略】王賈德曰：『貪歸受禪，所留不過愛子，待歸一舉而可取。卒如其策，智士哉。』」

《全唐文》卷三七五張謂《宋武受命壇記》　元興之際，義熙之間，晉主中庸，幸無桀紂之罪；劉公大略，遂有伊周之勛。當其驅駕英雄，芟夷僭僞，南摧勁楚，北破强燕，電掃秦雍，風清巴蜀，三方爲我有，四海爲己任，誠能秉汾陽之志，息漢陰之機。牽率何、劉，同爲翊戴；撝徐、傅，共致雍熙。則元皇建業之都，至今享殷周之祚；劉後豫章之地，至今爲齊魯之國。而近希曹、馬，遠棄桓、文，禍徒及於兩朝，福未盈於三載。八葉傳共世嗣，六君不以壽彈簧。漢氏寬仁，允緒成大族；劉公殘暴，子孫無遺種。天之報施，其明徵乎？

許嵩《建康實録》卷一一　刁逵，玄之爪牙，王謐，楚之上相，論逆則王重，定罪則逵輕。稚遠以舊德録萬機，長民以宿憾夷七族，以爲晉政偏頗甚矣！且神龍伏於罟網，漁者安知其靈化；霸王匿于人庶，庸夫何以悟其英雄！苟在不悟則驕之者，衆可勝怨乎？是知宋高祖之非弘、亮也，同盟多貳宜乎哉！

許嵩《建康實録》卷一一　善乎！宋高之能法也。不先峥嶸，遽議靈溪之罰，使擾攘之時，無苟免之志。恩不及私黨，法不屈勳臣，使知攸憲示之以整，不亦可乎！故能使功著而費不煩，威申而將不拔，終静四方，用此道也。

司馬光《資治通鑑》卷一一三　蕭方等曰：「夫蛟龍潛伏，魚蝦褻之，是以漢高赦雍齒，魏武免梁鵠。安可以布衣之嫌，而成萬乘之隙哉！今王謐爲公，刁逵亡族，酬恩報怨，何其狹哉！」

司馬光《資治通鑑》卷一一五　晉自濟江以來，威靈不競，戎狄横騖，虎噬中原。劉裕始以王師翦平東夏，不於此際旌禮賢俊，慰撫疲民，宣愷悌之風，滌殘穢之政，使羣士向風，遺黎企踵，而更恣行屠戮，以快忿心；迹其施設，曾苻、姚之不如，宜其不能蕩壹四海，成美大之業，豈非雖有智勇而無仁義使之然哉！

司馬光《稽古録》卷一四　晉室渡江以來，君弱臣强，禍亂相繼。至於元興，而桓氏篡位。高祖首唱大義，糾合同志，起於草萊之間。奮臂一呼，凶黨瓦解，遂梟靈寶之首，奉迎乘輿，再造晉室，厥功已不細矣！既而治兵，誓衆經營。四方揚旗東征，廣固横潰；卷甲南趨，盧循殄滅；偏師西上，譙縱授首；鋭卒北驅，姚泓面縛。遂汎掃伊洛，脩奉園陵。震驚衺之心，發舒華夏之氣，南國之盛，

未有過於斯時者也。然區宇未一，蹂於天位，委棄秦雍，以資寇敵，使大功不成。惜哉！

何去非《何博士備論·宋武帝論》 天下之事，日至而無窮。而吾有以應之，莫不中理者，在乎善用其機。況乎争天下之利，處兩軍之交，不得其機以決之，則事亦隨去矣。蓋機之爲物，不可以期待，不能以巧致者也。卒然而會，迅忽眇微；及其去之，疾不容瞬。先機而起，於機爲妄赴；後機而發，於機爲失應。是以御天下之事於一己而權不移，制天下之變於無窮而智不詘。夫機有待之百年而不至者，有居之一日而數至者。待之百年而無可乘之機，則吾未嘗遲之而求於先發；居之一日而機數至，則吾未嘗厭之而怠於必應。嗚呼！人能知此，然後可與濟天下之大業矣。

昔者越王勾踐辱於會稽之栖，迨其返國，苦身焦思，拊循其民，求有以報於吴也。蓋七年而民求奮於吴，其臣逢同、大夫種、范蠡之徒止之，以爲未睹其可乘之機以發之也。于是乎斂形匿迹，以伺其隙者，凡十八年。一旦吴王空國，北從黄池之會，遂一舉而敗吴，再舉而亡之。西晉自永嘉之亂，羣雄四起而分中原。元帝竄身南渡，收區區之江左，以續宗祀。而羣雄自相搏噬，驟興聚滅，百年之久。至于苻堅，并兼略盡，乃空國大舉而圖江南，遂及淝水百萬之敗。反未及國，而慕容亡燕之裔并起而乘之，垂收陝東而冲亂關右。苻丕坐困鄴城，求我糧援。既而垂以幽、冀之民鏖死殆盡，其黨潰叛，退保中山。堅、冲相持，其勢俱憊。於斯時也，可謂千載一至之機也。晉人有能乘燕、秦相弊之餘，因淝水克敵之勢，選師擇將而命二軍：一軍北收鄴城以舉燕代，一軍西趨咸陽而定關隴。據舊都之固，復七廟之墜，鎮撫士民，以殄餘黨，則武帝之業一朝可復，而大耻刷矣。晉人撫機而不知發，乃方出遇漕粟以慰其既來，而尺土不獲，而師以喪敗。此謝安以氣怯而失機也。

宋武帝以英特之姿，攘袂而起，平靈寶於舊楚，定劉毅於荆豫，滅南燕於二齊，克譙縱於庸蜀，殄盧循於交廣，西執姚泓而滅後秦，蓋舉無遺策而天下憚服矣。北方之寇，獨關東之拓跋，隴北之赫連耳。方其入關，魏人雖强，不敢南指西顧以議其後。而秦民大悦，以謂百年憤辱去於一朝，相與涕泣而留之，以其爲漢室之裔，乃以長安十陵、咸陽宫室以動其情。使武帝因三秦悦附之民，治兵搜騎而留拊之。通江淮之漕，下巴蜀之粟，舉荆豫之師，發青齊之甲，以拔趙魏，從事於中原，則天下之勢，不勞而遂一矣。然其席不暇暖，舉千里之秦，屬之乳褓之兒，引兵遽還，無復顧慮，大違秦民之望。蓋一舉足而赫連躡踵以收關中，如探物於懷間，此宋武以志卑而失機也。察夫宋武之心，非以秦雍爲當捐，而趙魏爲足憚也。然其亟去而不顧者，蓋以其艱難百戰，凡所以造宋之基業者，皆在乎江左故也。往日南燕之役，盧循乘虚而下，幾失建業。今之速返者，畏人之議其後而爲盧循之舉也，此所以輕捐關中而不顧也。又其起於漁樵匹夫之微，崎嶇轉戰以經略江左者，凡三十年。今之西師者，徒欲成敗晉之資，而其志慮之所在，亦曰代晉而已，未暇爲王業萬世慮也。使司馬氏卒不復見中州之定，而羣敵遂爲不討之仇者，由再失天下之大機也。嗟夫！集大事者，惡夫志卑而失機，宋武兼之矣。

《蘇轍集·欒城後集》卷一〇《歷代論四·宋武帝》 東漢之衰，曹公始踐五伯之迹，挾天子以令諸侯，其志本欲盡掃羣雄，而後取漢耳。既滅二袁、吕布、劉表，欲遂取江東而不克，既破馬超、韓遂，欲并舉巴蜀而不果，再屈於吴、蜀，而公亦老矣。於是董昭進九錫之議，幡然聽之，而桓、文之業，至此盡矣。然方是時，公在河朔，而漢都許昌，雖使主盟諸夏，而不廢舊君，上可以爲周文王，下亦不失爲桓、文，公不能忍，而甘心王莽九錫之事，此荀文若之所以爲恨也。至司馬仲達父子，其勢蓋與公異矣。擁兵天子之側，固已不順；既殺王淩，害諸葛誕，非人臣矣。又降劉禪，服曹氏之所不能服，非貪其土地，而利其民人也，志亦在九錫耳。雖欲復爲桓、文，尚可得乎？

宋武既誅桓氏，收遺晉而封植之。又克譙縱，執慕容超，逐盧循，擒姚泓，立四大功，天下莫能抗。然其志不在桓、文，而在九錫，亦已卑矣。方帝之克長安也，中原震恐，元魏雖姚氏之昏姻，而不敢救；羌氏雖關中之唇齒，而不敢争。此其智力有餘，足以有爲之時也。若能因其兵勢，據秦隴之形勝，引吴越之饒富，以經略中夏，成曹公河朔之勢，則王伯之功可冀，顧所以用之何如耳。然其兵未入秦，而使傅亮南走建業，發九錫之議。劉穆之死，南方無復可託，雖已入秦，而無留秦之意，舉千里之地，付一孺子而去。赫連勃勃乘之，兵將死者過半，狼狽而反，僅乃得脱。以帝之明，非不知諸將之不足以保秦，而志有所在，不暇他慮矣。

悲夫！以目前之利，而棄百世之功，有曹公削平之業，而俯從司馬父子攘竊之陋，此君子之所追恨也。孔子曰：「知及之，仁不能守之，雖得之，必失之。知及之，仁能守之，不莊以涖之，則民不敬。知及之，仁能守之，莊以涖之，動之不

以禮，未善也。」古之爲國，必具此四者，而後能成大功，如武帝之用兵，無敵於天下，可以言智矣。至其棄秦而歸，以求九錫之淫名，尚可以爲仁乎？惟其仁智不具，故其功業止於是也。

胡寅《讀史管見》卷九　裕以辛勤得之，而以猜忌失之，蓋其心不在於有秦，特欲立功於外，以脅服於内，遂其篡立之計耳。仁義不施，誠心不著，專以權譎武力行之，操心如此，而欲建久長之基，不亦遠哉？前史以輕狡無行目裕，蓋盡之矣。

胡寅《讀史管見》卷一〇　宋高祖不學，其臣亦然，其子孫亦然，立功立事，直用才氣智術，而權高勢强爲勝，不復以義理處人處己也，是則庸愚凶暴，相爲羣衆，推一雄長耳。

胡寅《讀史管見》卷一〇　爲人君止於仁，高祖之不仁，于是爲甚矣！已殺晉二帝在三年之間，人殺己二子在三年之後，所以一忘，防後患者，其術不亦疏乎？既已殺之，而又臨之，及其葬也，又瞻送之，爲是紛紛，不特以人皆庸愚可欺，亦謂天茫然而無鑒耳。子孫之禍，不可勝任，不亦宜哉？

王應麟《困學紀聞》卷一三　魏之篡漢，晉之篡魏，山陽、陳留猶獲考終，亂賊之心猶未肆也。宋之篡晉，逾年而弑零陵，不知天道報施，還自及也。齊、梁以後，皆襲其迹，自劉裕始。

于慎行《讀史漫録》卷六　自古用兵，皆以建瓴取勝，未有處卑濕之地，仰面而攻者。惟劉裕伐秦，以水軍入河，泝流而上，經魏之境，直抵關門，王鎮惡等遂帥舟師，由河入渭，以取長安。可見兵家勝負，惟在强燕，國運興亡，自有氣數，地之險夷，勢之高下，皆未足以論也。越王勾踐，闕溝商、魯之間，以通中國，蓋裕之所本也。

王夫之《讀通鑑論》卷一四　蕭道成、蕭衍、楊堅、朱温、石敬瑭、郭威之篡也，皆石勒所謂狐媚以取天下者也，劉裕其愈矣。裕之爲功於天下也不一，而自力戰以討孫恩始，破之於海澨，破之於丹徒，破之於郁洲，蹙之窮而赴海以死。當其時，桓玄操逆志於上流，道子、元顯亂國政於中朝，王凝之、謝琰以庸劣當巨寇，若鴻毛之試於烈燄。微劉裕，晉不亡於桓玄而亡於妖寇；即不亡，而三吴全盛之勢，士民所集，死亡且無遺也。裕全力以破賊，而不恤其他，可不謂大功乎？

天子者，天所命也，非一有功而可祇承者也。雖然，人相沈溺而無與爲功，則天地生物之心，亦困於氣數而不遂，則立大功於天下者，爲天之所不棄，必矣。故道成、衍、堅、温、敬瑭、威皆不永其世，而劉宋之祚長，至於今，彭城之族尤盛。若夫謝安卻苻堅而懷滄海之心，郭子儀平安、史而終汾陽之節，豈可概望之斯人乎？裕，不學者也；裕之時，僭竊相乘之時也；裕之所事者，無信之劉牢之，事裕者，懷逆徼功之劉穆之、傅亮、謝晦也；是以終於篡而幾與道成等伍。當其奮不顧身以與逆賊争生死之日，豈嘗早畜覬覦之情，謂晉祚之終歸己哉？於争亂之世而有取焉，舍裕其誰也？

【略】劉裕初自廣固歸，盧循直逼建康，勢甚危，而裕方要太尉黄鉞之命；朱齡石方伐蜀，破賊與否未可知，而裕方要太傅揚州牧之命；督諸軍始發建康以伐秦，滅秦與否未可知也，而裕方要相國宋公九錫之命；則胡不待盧循已誅、譙縱已斬、姚泓已俘之日，始挾大功以逼主而服人乎？此裕之狡於持天下之權，而用人之死力也。

夫能用人者，太上以德，其次以信，又其次則惟其權耳。人好逸而不憚勞，人好生而不畏死，自非有道之世，民視其君如父母，則權之所歸，冀依附之以取利名而已。裕若揭其懷來以告衆曰：吾且爲天子矣，可以榮人富人，而操其生死者也。於是北歸之疲卒、西征之孤軍，皆倚之以効尺寸，而分利禄。如其不然，則勞爲誰勞，死爲誰死，則嚴刑以驅之而不奮。裕有以揣人心而固持之，劉穆之雖狡，且不測其機，而欲待之凱還之日，其媿懼而死者，智不逮也。

因是而知晉之必亡也久矣。謝太傅薨，司馬道子父子昏愚以播惡，而繼以飢飽不知之安帝，雖積功累仁之天下，人且去之。況晉以不道而得之，延及百年而亡已晚乎！晉亡決於孝武之末年，人方周爰四顧而思爰止之屋，裕乘其間以收人望，人胥冀其爲天子而爲之効死，其篡也，時且利其篡焉。所惡於裕者，弑也，篡猶非其大惡也。

劉裕滅姚秦，欲留長安經略西北，不果而歸，而中原遂終於淪没。史稱將佐思歸，裕之飾説也。王、沈、毛、傅之獨留，豈繄不有思歸之念乎？西征之士，一歲而已，非久役也。新破人國，子女玉帛足繫其心，梟雄者豈必故土之安乎？固知欲留經略者，裕之初志，而造次東歸者，裕之轉念也。夫裕欲歸而急於篡，固其情已。然使裕據關中，撫雒陽，捍拓拔嗣而營河北，拒屈丐而固秦雍，平沮渠蒙遜而收隴右，勳愈大，威愈張，晉之天下其將安往？曹丕在鄴，而漢獻遥奉以璽綬，奚必反建康以面受之於晉廷乎？蓋裕之北伐，非徒示威以逼主攘奪，而無

志於中原者，青泥既敗，長安失守，登高北望，慨然流涕，志欲再舉，止之者謝晦、鄭鮮之也。蓋當日之貪佐命以弋利禄者，既無遠志，抑無定情，裕欲孤行其志而不得，則急遽以行篡弒，裕之初心亦絀矣。

裕之爲功於天下，烈於曹操，而其植人才以贊成其大計，不如操遠矣。操方舉事據兗州，他務未遑，而亟於用人；逮其後，而丕與叡猶多得剛直明敏之才，以匡其闕失。裕起自寒微，以敢戰立功名，而雄俠自喜，與士大夫之臭味不親，故胡藩言：一談一詠，搢紳之士輻湊歸之，不如劉毅。當時在廷之士，無有爲裕心腹者，孤恃一機巧汰縱之劉穆之，而又死矣；傅亮、徐羨之、謝晦，皆輕躁而無定情者也。孤危遠處於外，求以制朝廷而遥授以天下也，既不可得，且有反面相距之憂，此裕所以汔濟濡尾，而僅以偏安草竊終也。當代無才，而裕又無馭才之道也。身殂而弑奪興，況望其能相佐以成底定之功哉？曹操之所以得志於天下，而待其子始篡者，得人故也。豈徒姦雄爲然乎？聖人以仁義取天下，亦視其人而已矣。

方苞《方苞集》卷三《宋武帝論》 裕之鋭於取秦而拙於禦夏也，世多議之，而獨未察其隱情也。以王鎮惡之才，兼秦人之思猛，使重其權，一以關中委之，必能拒夏。裕之智非不及此也，而計不出此者，蓋自漢、魏之衰，乘危竊國者皆强臣，非鄰敵也。王敦、桓温以後，方鎮稱兵者接踵，故計以秦資鎮惡，不若棄之於夏爲安耳。裕之將終，幸檀道濟無遠志，非若兄韶難御，而慮謝晦之有異同，況鎮惡哉！故並留諸將，使互相牽制，謂能同心以禦敵，而使義真安受之，固所願也；即自相翦除，如鄧艾、鍾會之已事，亦吾利也。

嗚呼！裕之志憯矣！曹氏、司馬氏之篡也，無敢加刃於故君者，而裕忍爲萬世之首惡。原其心亦謂丕、炎之篡也，其基厚，年盛强，民無異望；己則起匹夫，垂暮而得之，故不能無後嗣之憂耳。然裕之子孫，轉而相屠，過於讐敵，齊氏乘之，無少長殲焉。自古亡國之子孫，未有如裕之無遺類者也。夫夏、殷之亡也，失其位，喪其軀者，不過末孫之桀、紂而已，其位上公，修禮樂而承世祀者，如故也。至於周，則降爲小侯，而封延於魏、晉。嗚呼！人心之陷溺久矣。三王奉天之道，有天下而不與者，雖語之而不能信也；即欲爲子孫計，智詐漸毒，亦豈可以意逞哉！

王鳴盛《十七史商榷》卷五四《宋武帝勝魏晉》 《南史》宋武帝論曰：「夷凶翦暴，誅内清外。功格上下，樂推所歸。」謳歌所集，校之魏晉，可謂收其實矣。愚謂宋武帝功業，謂其遠過司馬懿，則誠然矣。若云曹操亦不如，恐未爲平允。司馬温公經進《稽古録》第十四卷論云：「晉室渡江以來，禍亂相繼。至於元興，桓氏篡位。宋高祖首唱大義，奮臂一呼，凶黨瓦解。遂梟靈寶之首，奉迎乘輿，再造晉室。厥功已不細矣。既而治兵誓衆，經營四方。揚旗東征，廣固横潰。卷甲南趨，盧循殄滅。偏師西上，譙縱授首。鋭卒北驅，姚泓面縛。遂汛掃伊洛，修奉園陵。南國之盛，未有過於斯時者也。然區宇未一，蹂於天位。委棄秦、雍，以資寇敵。使大功不成，惜哉！」此論殊得其實。

關中之失，以王鎮惡、沈田子、王脩三人相繼而死也。而罪首則在田子以私怨，無端妄殺有大功之鎮惡，因而脩殺田子，義真殺脩，使業敗已成。沈約欲曲護其先人之短，豈能掩哉！

裕所最忌者劉毅，故滅之。最倚任爲心腹者惟劉穆之，故北伐使穆之居東府統事。關中甫定，穆之遽卒。根本空虚，有内顧憂，故委之而去。張氏溥《評通鑑紀事本末》第一百四卷云：裕既滅秦，設留長安。經略西北，功成一統。晉之版圖，其將焉往。然裕之自知深矣。夏或可兼，魏難猝滅。與其不得晉也，寧失關中。是以急行而不顧也，關中必危。義真將死，裕豈不念之？然孺子可亡，天位不可失。明知之而明棄之。其後義真逃歸，亦義真之幸。裕固無暇爲之計萬全也。裕初入長安，議遷都洛陽，王仲德止之。終於偏安江左。勃勃得長安，羣下請都之，不從。既而勃勃殂，子昌立，魏取統萬。赫連氏竟奔亡，建國之地，所係存亡廢興者大矣。張氏此論亦佳。

藝文

歐陽詢《藝文類聚》卷一三《帝王部三》引謝靈運《武帝誄》 九有同悲，四海等哀。矧伊下臣，思戀徘徊。敢遵前典，式述聖徽，乃作誄曰：舜潛歷巖，高晦泗渚。龍德而隱，風積乃舉。皇之遁世，屯難方阻。眷此區寰，閔爾淪胥。太元之季，權戚攜薄。隆安之初，主相蒙弱。嶽牧糾虔，朝庭紛錯。妖横乘隟，蛟噴鯨躍。既擾奥區，遂斥帝廛。亂離斯瘼，不後不先。寔賴明哲，授手康旃。紀度迴薄，餘分成閏。舊晉中微，僞楚籍釁。躡彼潛機，整此英陣。推亡必朽，固存斯振。盧循負險，肆慝遐嶺。殄我江豫，迫我臺省。民既摇蕩，國將遷鼎。乘騶

歸轅，式固皇境，弘危濟險，弭難釋殆。虎騎騖隰，舟師漲海。傾穴尋窠，窮幽測昧。昔去洛汭，息肩江沚。世更十君，年踰百祀。國絶興復，家成桑梓。荒默莫恤，頹國誰恥。夏典載禹，九道是行。商誥述湯，兼攻是并。勤彼周流，協此經營。杖鉞伐鼓，赫赫明明。乃勑衆師，竟執戎昭。誨以三略，惠以六弢。雲撤周京，席卷秦郊。復禮前塋，雪愧舊朝。既清西關，將旋東道。中憩徐豫，兼應燕趙。業盛曩代，惠侔大造。澤及四海，功格八表。悠悠聲教，綿綿川陸。北獻氈裘，南貢金竹。髽首冠弁，穿匈斂服。寒穴欣日，巢栖玩屋。匪惟遐譚，靈物偕就。孰是人事，自天所祐。甘露芝草，祥雲瑞宿。嘉禾連木，素鳥皓獸。昔之所感，謳頌同音。今之所應，幽顯一心。宋充虞德，晉猶唐欽。曰總八紘，于兹三齡。四維開張，九流昭明。敦儉務素，欽賢愛萌。制規作訓，闡校修經。禮樂已甄，雲雨未弘。將陟井陘，薄掃白登。北朔渴望，飛旌衡蝴。東岱靈遲，玉牒金縢。天地不仁，蒼生寡福。已荷一遇，棄我何速。梁顛太頽，甘殞以贖。同軌畢至，率土咸哀，殊方均服，欒欒素縗。灑淚成雨，響叫如雷。史臣考卜，高山開基。貞龜無遠，遷靈有期。嗣皇擗摽，羣后崩悲。孰云不戚，痛百在兹。惟祖之夕，流火始變。秋月未永，飛漏急箭。鳴簫哀嗷，金觴虛奠。列駕長隧，發輂華殿。華殿既謝，長隧是幸。雙蓋躊躕，六閑引領。攀援容貌，眷戀俄頃。哀哀百僚，長辭含鯁。奉教百朝，執鞭王始。從履五牧，年歷十祀。天光下濟，謬蒙眷齒。愧微刀筆，頗預遊止。垂幕侍講，接筵飡理。倏曙朗夕，登臺泛沼。匪月匪日，無晏無早。如何一旦，緬邈穹昊。徽容未遠，聖靈超然。收淚即路，含戚何言。風霜蕭瑟，山海蒼茫。地苦情矜，節速心傷。孰是幽哀，實戀我皇。情思如環，萱蘇豈忘。

歐陽詢《藝文類聚》卷一三《帝王部三》引顔延之《武帝謚議》 以爲聖哲同風，功美殊稱。蓋出乎道者無方，故刑于物者不一。伏惟道塞人神，信通期運。愛敬所稟，因心則遠。英粹之照，正性自天。體苞潛躍，慮周卷舒。龍德在陰，雖艱貞而不悶；因時而惕，故有來其必亨。在晉之季，皇塗薦阻。攙搶干紀，璇璣失馭。天鑒靈武，民屬聖明。不假十室之資，不籍百乘之賦。首義馳風，一鼓静亂。滌除太階，消殄薄蝕。斯亮登庸之基，經綸之始者也。内難雖弭，外圖未輯。河華海岱，負固相望。荆濮燕亳，侯服交侵。眷言帝畿，思康王路。戎不再駕，遺珉即序。斥候之所末羈，亭徼之所不譯。莫不飾誠請罪，款塞來賓。故能洒掃中嶽，致廟九山。神道會昌，寶命既集。損之而益，後身愈先。既而儀形帝載，揖讓天曆。改玉乎文祖，班瑞于神宗。貫革寢機，文武搢笏。故辰居兩楹，坐一八表。國訓成均之學，家沾撫辜之仁。大美配天，必終之以儉德。道固萬葉，猶申之以話言。允所謂教思無窮，樹之長世。取高上代，顧邈前王矣。

郭茂倩《樂府詩集》卷八《郊廟歌辭八·高祖武皇帝歌》 惟天有命，眷求上哲。赫矣聖武，撫運桓撥。功并敷土，道均汝墳。止戈曰武，經緯稱文。鳥龍失紀，雲火代名。受終改物，作我宋京。至道惟王，大業有劭。降德兆民，升歌清廟。

《全唐詩》卷七二九周曇《六朝門·宋武帝》 栖栖老楚未遭時，債主憑陵似迫危。人傑既爲王謚識，刁逵誅斬獨何悲。

夏竦《文莊集》卷三一《奉和御制讀宋書》 漢宗開聖緒，得歲與周同。金石終移律，山河始誓功。飛名傳秘記，嘉識起游童。能使奸豪讋，誠爲一世雄。

《王十朋全集》卷一〇《宋武帝》 宋武英雄世莫加，長驅千里定中華。乘機不據金湯險，自剖乾坤作兩家。

王十朋《王十朋全集》卷一九《宋武帝廟》 規模仍舊宋乾坤，遺恨於今失所真。廟食鐵山精爽在，鑄兵思欲定中原。

陳普《石堂先生遺集》卷二一《劉裕》 雲雨蛟龍無世無，睡中往往失明珠。比干七寢天何惜，不付曹瞞與寄奴。何事佛貍能度淮，中原千尺髑髏臺。無巢燕子寧依祠，不入烏衣巷裏來。長安何但遺黎舞，翁仲銅駝亦笑開。他日佛貍南下路，青泥千尺髑髏臺。殺人廣固哭如雷，肯任長安住不回。想是齊秦人共語，不知胡羯自南來。

孫承恩《文簡集》卷四一《古像贊·宋武帝》 徒步仗劍，蕩殘除凶。沉毅才略，一時之雄。震主功高，終膺寶歷。清儉嚴正，可謂君德。

姚興部

綜述

《魏書》卷九五《羌姚萇列傳》　興字子略，萇長子也。既滅苻登，乃發喪行服，僭稱皇帝於槐里，號年皇初。天興元年，興去皇帝之號，降稱天王，號年洪始。興克洛陽，以其弟東平公紹鎮之。三年，興遣使朝貢，太祖遣謁者僕射張濟使於興。興又大破乞伏乾歸，遂入枹罕，獲鎧馬六萬匹，乾歸降於興。

太祖遣軍襲興高平公没弈于，于棄部衆，率數千騎與赫連屈孑奔於秦州。追至於瓦亭，長安震懼。興大議爲寇，其臣咸以爲不可，興不從。天興五年夏，興遣其弟義陽公平率衆四萬侵平陽，攻乾壁六十餘日，壁中衆少失井，乃陷之。六月，太祖將討平，遣毗陵王順等三軍六萬騎爲先鋒。七月，車駕親征；八月，次於永安。平募遣勇將，率精騎二百窺軍，爲太祖前鋒將長孫肥所擒，匹馬不返。平遂退走，太祖急追，及於柴壁。平因守固，太祖圍之，興乃悉舉其衆救平。

太祖聞興將至，增築重圍，内以防平之出，外以距興之入。又截汾曲爲南北浮橋，乘西岸築圍。太祖以步騎三萬餘人，渡蒙坑南四十里，逆擊興。興晨行北引，未及安營，太祖軍卒至，興衆怖擾。太祖詔毗陵王順以精騎衝擊，獲興甲騎數百，斬首千餘級。興退，南走四十餘里，太祖引還。平竟不敢出，但使人燒圍數百步而已。太祖知興氣挫，乃南絶蒙坑之口，東杜新坂之隘，守天渡，屯賈山，令平水陸路絶，將坐甲而擒之。太祖又緣汾帶岡樹柵數十里，以衛芻牧者。九月，興從汾西北下，憑壑爲壘以自固。興又將數千騎，乘西岸窺視太祖營，束栢材從汾上流下之，欲以毁橋，官軍鈎取以爲薪蒸。興還壘。太祖度其必攻西圍，乃命修塹，增廣之。至夜，興果來攻，梯短不及，棄之塹中而還。又分其衆，臨汾爲壘，叩逼水門，與平相望。太祖因截水中，興内外隔絶，士衆喪氣。於是平糧盡窘急，夜悉衆將突西南而出。興列兵汾西，舉烽鼓譟，爲平接援。太祖簡諸軍精鋭，屯汾西，固守南橋，絶塞水口。興夜聞聲，望平力戰突免，平聞外鼓，望興攻圍引接。故但叫呼，虚相應和，莫敢逼圍。平引不得出，窮迫，乃將二妾赴水而死。興安遠將軍不蒙世、揚武將軍雷重等將士四千餘人，隨平投水。太祖令泅水鈎捕，無得免者。平衆三萬餘人，皆斂手受執，擒興尚書右僕射狄伯支，越騎校尉唐小方，積弩將軍姚梁國，建忠將軍雷星，康官，北中郎將康猥，興從子伯禽已下、四品將軍已上四十餘人。興遠來赴救，自觀其窮，力不能免，舉軍悲號，震動山谷，數日不止。頻遣使請和，太祖不許，乃班師。

興還長安。有雀數萬頭，鬭於興廟，毛羽折落，多有死者，月餘乃止。識者曰：「今雀鬭廟上，子孫當有争亂者乎？」又興殿有聲如牛吼。有二狐入長安，一登興殿屋，走入宫，一入于市，求之不得。

先是，譙縱略有益寧之地，僭稱尊號，遣使稱蕃於興，興以縱爲蜀王，加九錫。永興三年，興遣周寶朝貢。五年，興遣使朝貢，并請進女，太宗許之。

興中子廣平公弼有寵，委之朝政。興疾篤，長子泓侍疾於中，弼集黨數千人，候興死，欲殺泓自立。興諸子姪外鎮者，聞之，皆起兵討弼。興疾瘳，不忍誅弼，免官而已。神瑞元年，興遣兼散騎常侍、尚書吏部郎嚴康朝貢。二年，興遣散騎常侍東武侯姚敞、尚書姚泰奉其西平公主於太宗，帝以后禮納之。興復以弼爲中軍大將軍，配兵三萬，屯於渭北。興又疾甚，弼遣其黨姚武伯等率衆攻端門。泓時侍疾，遣兵拒之，興力疾臨前殿，殺弼，弼黨乃散。泰常元年，興死，泓僭立。

《晉書》卷一一七《姚興載記上》　姚興字子略，萇之長子也。苻堅時爲太子舍人。萇之在馬牧，興自長安冒難奔萇，萇立爲皇太子。萇出征討，常留統後事。及鎮長安，甚有威惠。與其中舍人梁喜、洗馬范勖等講論經籍，不以兵難廢業，時人咸化之。

萇死，興祕不發喪，以其叔父緒鎮安定，碩德鎮陰密，弟崇守長安。碩德將佐言於碩德曰：「公威名宿重，部曲最强，今喪代之際，朝廷必相猜忌，非永安之道也。宜奔秦州，觀望事勢。」碩德曰：「太子志度寬明，必無疑阻。今苻登未滅而自尋干戈，所謂追二袁之蹤，授首與人。吾死而已，終不若斯。」及至，興優禮而遣之。

興自稱大將軍，以尹緯爲長史，狄伯支爲司馬，率衆伐苻登。咸陽太守劉忌奴據避世堡以叛，興襲忌奴，擒之。苻登自六陌向廢橋，始平太守姚詳據馬嵬堡以距登。登衆甚盛，興慮詳不能遏，乃自將精騎以迫登，遣尹緯領步卒赴詳。緯

用詳計，據廢橋以抗登。登因急攻緯，緯將出戰，興馳遣狄伯支謂緯曰：「兵法不戰而制人者，蓋爲此也。苻登窮寇，宜持重，不可輕戰。」緯曰：「先帝登遐，人情擾懼，今不因思奮之力，梟殄逆竪，大事去矣。緯敢以死争。」遂與登戰，大破之，登衆渴死者十二三，其夜大潰，登奔雍。興乃發喪行服。太元十九年，僭即帝位于槐里，大赦境内，改元曰皇初，遂如安定。

先是，苻登使弟廣守雍，子崇屯胡空堡，聞登敗，各棄守走。登無所投據，遂奔平涼，率其餘衆入馬毛山。興自安定如涇陽，與登戰于山南，斬登。散其部衆，歸復農業。徙陰密三萬户于長安，分大營户爲四，置四軍以領之。

安南强熙、鎮遠楊多叛，推竇衝爲盟主，所在擾亂。興率諸將討之，軍次武功，多兄子良國殺多而降。衝弟彰武與衝離貳，衝奔强熙。熙聞興將至，率户二千奔秦州。竇衝走汧川，汧川氐仇高執送之。衝從弟統率其衆降于興。

封征虜緒爲晉王，征西碩德爲隴西王，征南靖等及功臣尹緯、齊難、楊佛嵩等並爲公侯，其餘封爵各有差。

鮮卑薛勃於貳城爲魏軍所伐，遣使請救，使姚崇赴救。魏師既還，薛勃復叛，崇伐而執之，大收其士馬而還。

興追尊其庶母孫氏爲皇太后，配饗太廟。

楊盛保仇池，遣使請命，拜使持節、鎮南將軍、仇池公。鮮卑越質詰歸率户二萬叛乞伏乾歸，降于興，興處之于成紀，拜使持節、鎮西將軍、平襄公。

姚碩德討平涼胡金豹于洛城，克之。初，上邽姜乳據本縣以叛，自稱秦州刺史。碩德進討之，乳率衆降。以碩德爲秦州牧，領護東羌校尉，鎮上邽。徵乳爲尚書。强熙及略陽豪族權干城率衆三萬圍上邽，碩德擊破之。熙南奔仇池，遂假道歸晉。碩德西討干城，干城降。

興令郡國各歲貢清行孝廉一人。

慕容永既爲慕容垂所滅，河東太守柳恭等各阻兵自守，興遣姚緒討之。恭等依河距守，緒不得濟。鎮東薛彊先據楊氏壁，引緒從龍門濟河，遂入蒲坂。恭勢屈，請降。徙新平、安定新户六千于蒲坂。

興母虵氏死，興哀毁過禮，不親庶政。羣臣議請依漢魏故事，既葬即吉。興尚書郎李嵩上疏曰：「三王異制，五帝殊禮。孝治天下，先王之高事也，宜遵聖性，以光道訓。既葬之後，應素服臨朝，率先天下，仁孝之舉也。」尹緯駁曰：「帝王喪制，漢魏爲準。嵩矯常越禮，愆于軌度，請付有司，以專擅論。既葬即吉，乞依前議。」興曰：「嵩忠臣孝子，有何咎乎？尹僕射棄先王之典，而欲遵漢魏之權制，豈所望於朝賢哉！其一依嵩議。」

鮮卑薛勃叛奔嶺北，上郡、貳川雜胡皆應之，遂圍安遠將軍姚詳於金城。遣姚崇、尹緯討之。勃自三交趣金城，崇列營掎之，而租運不繼，三軍大飢。【略】興率步騎二萬親討之，勃懼，棄其衆，奔于高平公没奕于，于執而送之。

泫氏男姚買得欲因興葬母虵氏殺興，會有告之者，興未之信，遣李嵩詐往。買得具以告嵩，嵩還，以聞，興乃賜買得死，誅其黨與。

興下書，禁百姓造錦繡及淫祀。

興率衆寇湖城，晉弘農太守陶仲山、華山太守董邁皆降於興。遂如陝城，進寇上洛，陷之。【略】

興下書，令士卒戰亡者守宰所在埋藏之，求其近親爲之立後。

武都氐屠飛、啖鐵等殺隴東太守姚迴，略三千餘家，據方山以叛。興遣姚紹等討之，斬飛、鐵。遣狄伯支迎流人曹會、牛壽萬餘户于漢中。

興留心政事，苞容廣納，一言之善，咸見禮異。京兆杜瑾、馮翊吉默、始平周寶等上陳時事，皆擢處美官。天水姜龕、東平淳于岐、馮翊郭高等皆耆儒碩德，經明行修，各門徒數百，教授長安，諸生自遠而至者萬數千人。興每於聽政之暇，引龕等于東堂，講論道藝，錯綜名理。涼州胡辯，苻堅之末，東徙洛陽，講授弟子千有餘人，關中後進多赴之請業。興敕關尉曰：「諸生諮訪道藝，修己厲身，往來出入，勿拘常限。」於是學者咸勸，儒風盛焉。給事黄門侍郎古成詵、中書侍郎王尚、尚書郎馬岱等，以文章雅正，參管機密。詵風韻秀舉，確然不羣，每以天下是非爲己任。時京兆韋高慕阮籍之爲人，居母喪，彈琴飲酒。詵聞而泣曰：「吾當私刃斬之，以崇風教。」遂持劍求高。高懼，逃匿，終身不敢見詵。

興遣將鎮東楊佛嵩攻陷洛陽。

班命郡國，百姓因荒自賣爲奴婢者，悉免爲良人。興以日月薄蝕，災眚屢見，降號稱王，下書令羣公卿士將牧守宰各降一等。於是其太尉趙公旻等五十三人上疏諫，【略】興曰：「殷湯、夏禹德冠百王，然猶順守謙沖，未居崇極，況朕寡昧，安可以處之哉！」乃遣旻告于社稷宗廟，大赦，改元弘始。賜孤獨鰥寡粟帛有差，年七十已上加衣杖。【略】

興下書聽祖父母昆弟得相容隱。姚緒、姚碩德以興降號，固讓王爵，興

弗許。

京兆韋華、譙郡夏侯軌、始平龐眺等率襄陽流人一萬叛晉，奔于興。興引見東堂，謂華曰：「晉自南遷，承平已久，今政化風俗何如？」華曰：「晉主雖有南面之尊，無總御之實。宰輔執政，政出多門，權去公家，遂成習俗。刑網峻急，風俗奢宕。自桓温、謝安已後，未見寬猛之中。」興大悦，拜華中書令。

興如河東。時姚緒鎮河東，興待以家人之禮。下書封其先朝舊臣姚驢硿、趙惡地、王平、馬萬載、黄世等子爲五等子男。命百僚舉殊才異行之士，刑政有不便於時者，皆除之。兵部郎金城邊熙上陳軍令煩苛，宜遵簡約。興覽而善之，乃依孫吴誓衆之法，以損益之。興立律學于長安，召郡縣散吏以授之。其通明者還之郡縣，論決刑獄。若州郡縣所不能決者，讞之廷尉。興常臨諮議堂聽斷疑獄，于時號無冤滯。

姚緒、姚碩德固讓王爵，許之。緒、碩德威權日盛，興恐姦佞小人沮惑之，乃簡清正君子爲之輔佐。

興以司隸校尉郭撫、扶風太守强超、長安令魚佩、槐里令彭明、倉部郎王年等清勤貞白，下書褒美，增撫邑一百户，賜超爵關内侯，佩等進位一級。

使碩德率隴右諸軍伐乞伏乾歸，興潛軍赴之，乾歸敗走，降其部衆三萬六千，收鎧馬六萬匹。軍無私掠，百姓懷之。興進如枹罕，班賜王公以下，偏於卒伍。

乞伏乾歸以窮蹙來降，拜鎮遠將軍、河州刺史、歸義侯，復以其部衆配之。

興下書，將帥遭大喪，非在疆埸嶮要之所，皆聽奔赴，及朞，乃從王役。臨戎遭喪，聽假百日。若身爲邊將，家有大變，交代未至，敢輒去者，以擅去官罪罪之。遣晉將軍劉嵩等二百三十七人歸于建鄴。

魏人襲没奕于，于棄其部衆，率數千騎與赫連勃勃奔于秦州。魏軍進次瓦亭，長安大震，諸城閉門固守。魏平陽太守貳塵入侵河東。興於是練兵講武，大閲于城西，幹勇壯異者召入殿中，引見羣臣于東堂，大議伐魏。羣臣咸諫以爲不可，興不從。司隸姚顯進曰：「陛下天下之鎮，不宜親行，可使諸將分討，授以廟勝之策。」興曰：「王者正以廓土靖亂爲務，吾焉得而辭之！」

興立其子泓爲皇太子，大赦境内，賜男子爲父後者爵一級。

遣姚平、狄伯支等率步騎四萬伐魏，姚碩德、姚穆率步騎六萬伐呂隆。平等軍次河東，興遣其光遠党娥、立節雷星、建忠王多等率杏城及嶺北突騎，自和寧赴援，越騎校尉唐小方、積弩姚良國率關中勁卒爲平後繼，姚緒統河東見兵爲前軍節度，姚紹率洛東之兵，姚詳率朔方見騎，並集平望，以會于興。使没奕于權鎮上邽，中軍、廣陵公歛權鎮洛陽，姚顯及尚書令姚晃輔其太子泓，入直西宫。

興率戎卒四萬七千，自長安赴姚平。平攻魏乾城，陷之，遂據柴壁。魏軍大至，攻平，截汾水以守之。興至蒲坂，憚而不進。

姚平糧竭矢盡，將麾下三十騎赴汾水而死，狄伯支等十將四萬餘人，皆爲魏所擒。興下書，軍士戰没者，皆厚加褒贈。魏軍乘勝進攻蒲坂，姚緒固守不戰，魏乃引還。

興徙河西豪右萬餘户于長安。

晉輔國將軍袁虔之、寧朔將軍劉壽、冠軍將軍高長慶、龍驤將軍郭恭等貳于桓玄，懼而奔興。興臨東堂引見，謂虔之等曰：「桓玄雖名晉臣，其實晉賊，其才度定何如父也？能辦成大事以不？」虔之曰：「玄藉世資，雄據荆楚，屬晉朝失政，遂偷竊宰衡。安忍無親，多忌好殺，位不才授，爵以愛加，無公平之度，不如其父遠矣。今既握朝權，必行篡奪，既非命世之才，正可爲他人驅除耳。此天以機便授之陛下，願速加經略，廓清吳楚。」興大悦，以虔之爲大司農，餘皆有拜授。虔之固讓，請疆埸自效，改授假節、寧南將軍、廣州刺史。

興立其昭儀張氏爲皇后，封子懿、弼、洸、宣、諶、愔、璞、質、逵、裕、國兒皆爲公。遣其兼大鴻臚梁斐，以新平張構爲副，拜秃髮傉檀車騎將軍、廣武公，沮渠蒙遜鎮西將軍、沙州刺史、西海侯，李玄盛安西將軍、高昌侯。

興遣鎮遠趙曜率衆二萬西屯金城，建節王松忿率騎助呂隆等守姑臧。松忿至魏安，爲傉檀弟文真所圍，衆潰，執松忿，送于傉檀。傉檀大怒，送松忿還長安，歸罪文真，深自陳謝。

興下書，録馬嵬戰時將吏，盡擢敍之，其堡户給復二十年。興性儉約，車馬無金玉之飾，自下化之，莫不敦尚清素。然好游田，頗損農要。京兆杜挺以僕射齊難無匡輔之益，著《豐草詩》以箴之，馮翊相雲作《德獵賦》以諷焉。興皆覽而善之，賜以金帛，然終弗能改。

晉順陽太守彭泉以郡降興，興遣楊佛嵩率騎五千，與其荆州刺史趙曜迎之，遂寇陷南鄉，擒建威將軍劉嵩，略地至于梁國而歸。又遣其兼散騎常侍席確詣涼州，徵呂隆弟超入侍，隆遣之。呂隆懼秃髮傉檀之逼，表請内徙。興遣齊難及鎮西姚詰、鎮遠乞伏乾歸、鎮遠趙曜等步騎四萬，迎隆于河西。難至姑臧，以其

司馬王尚行涼州刺史，配兵三千鎮姑臧，以將軍閻松爲倉松太守，郭將爲番禾太守，分戍二城，徙隆及其宗室僚屬于長安。沮渠蒙遜遣弟如子貢其方物。王尚綏撫遺黎，導以信義，百姓懷其惠化，翕然歸之。北部鮮卑並遣使貢款。

桓玄遣使來聘，請辛恭靖、何澹之。興留恭靖而遣澹之，謂曰：「桓玄不推計曆運，將圖篡逆，天未忘晉，必將有義舉，以吾觀之，終當傾覆。卿今馳往，必逢其敗，相見之期，遲不云遠。」初，恭靖至長安，引見興而不拜，興曰：「朕將任卿以東南之事。」靖曰：「我寧爲國家鬼，不爲羌賊臣。」興怒，幽之別室。至是，恭靖亦踰墻遁歸。

興遣其將姚碩德、姚斂成、姚壽都等率衆三萬，伐楊盛于仇池。

晉汝南太守趙策委守奔于興。

興如逍遥園，引諸沙門于澄玄堂，聽鳩摩羅什演説佛經。羅什通辯夏言，尋覽舊經，多有乖謬，不與胡本相應。興與羅什及沙門僧略、僧遷、道樹、僧叡、道坦、僧肇、曇順等八百餘人，更出大品，羅什持胡本，興執舊經，以相考校，其新文異舊者皆會於理義。續出諸經并諸論三百餘卷。今之新經皆羅什所譯。興既託意於佛道，以卿已下莫不欽附，沙門自遠而至者五千餘人。起浮圖於永貴里，立波若臺于中宫，沙門坐禪者恒有千數。州郡化之，事佛者十室而九矣。

使姚碩德及冠軍徐洛生等伐仇池，又遣建武趙琨自宕昌而進，遣其將斂俱寇漢中。

時劉裕誅桓玄，迎復安帝，玄衞將軍、新安王桓謙，臨原王桓怡，雍州刺史桓蔚，左衞將軍桓謐，中書令桓胤，將軍何澹之等奔于興。劉裕遣大參軍衡凱之詣姚顯，請通和，顯遣吉默報之，自是聘使不絶。晉求南鄉諸郡，興許之。羣臣咸諫以爲不可，興曰：「天下之善一也，劉裕拔萃起微，匡輔晉室，吾何惜數郡而不成其美乎？」遂割南鄉、順陽、新野、舞陰等十二郡歸於晉。

姚碩德等頻敗楊盛，盛懼，請降，遣子難當及僚佐子弟數十人爲質，碩德等引還。署盛爲使持節、散騎常侍、都督益寧州諸軍事、征南大將軍、開府、益州牧、武都侯。斂俱陷城固，徙漢中流人郭陶等三千餘家於關中。

興班告境内及在朝文武，立名不得犯叔父緒及碩德之名，以彰殊禮。興謙恭孝友，每見緒及碩德，如家人之禮，整服傾悚，言則稱字，車馬服玩，必先二叔，然後服其次者，朝廷大政，必諮之而後行。

太史令郭黁言於興曰：「戊、亥之歲，當有孤寇起於西北，宜慎其鋒。起兵如流沙，死者如亂麻，戎馬悠悠會隴頭，鮮卑、烏丸居不安，國朝疲於奔命矣。」時所在有泉水涌出，傳云飲則愈病，後多無驗。屢有妖人自稱神女，戮之乃止。

興大閲，自杜郵至於羊牧。興以姚碩德來朝，大赦其境内。及碩德歸於秦州，興送之，及雍乃還。

禿髮傉檀獻興馬三千匹，羊三萬頭。興以爲忠於己，乃署傉檀爲涼州刺史，徵涼州刺史王尚還長安。涼州人申屠英等二百餘人，遣主簿胡威詣興，請留尚，興弗許。引威見之，【略】興乃遣西平人車普馳止王尚，又遣使喻傉檀。會傉檀已至姑臧，普以狀先告之。傉檀懼，脅遣王尚，遂入姑臧。

尚既至長安，坐匿吕氏宫人，擅殺逃人薄禾等，禁止南臺。涼州別駕宗敞、治中張穆、主簿邊憲、胡威等上疏理尚，【略】興覽之大悦，謂其黄門侍郎姚文祖曰：「卿知宗敞乎？」文祖曰：「與臣州里，西方之英儁。」興曰：「有表理王尚，文義甚佳，當王尚研思耳。」文祖曰：「尚在南臺，禁止不與賓客交通，敞寓於楊桓，非尚明矣。」興曰：「若爾，桓爲措思乎？」文祖曰：「西方評敞甚重，優於楊桓。敞昔與吕超周旋，陛下試可問之。」興因謂超曰：「宗敞文才何如？可是誰輩？」超曰：「敞在西土，時論甚美，方敞魏之陳、徐，晉之潘、陸。」即以表示超曰：「涼州小地，寧有此才乎？」超曰：「臣以敞餘文比之，未足稱多。琳琅出于崑嶺，明珠生於海濱，若必以地求人，則文命大夏之棄夫，姬昌東夷之擯士。但當問其文彩何如，不可以區宇格物。」興悦，赦尚之罪，以爲尚書。

《晉書》卷一一八《姚興載記下》 晉義熙二年，【略】興以太子泓録尚書事。先是，魏主拓跋珪送馬千匹，求婚于興，興許之。以魏別立后，遂絶婚，故有柴壁之戰。至是，復與魏通和，魏放狄伯支、姚伯禽、唐小方、姚良國、康宦還長安，皆復其爵位。

蜀譙縱遣使稱藩，請桓謙，欲令順流東伐劉裕。興以問謙，謙請行，遂許之。

使中軍姚弼、後軍斂成，鎮遠乞伏乾歸等率步騎三萬伐傉檀，左僕射齊難等率騎二萬討勃勃。吏部尚書尹昭諫曰：「傉檀恃遠，輕敢違逆，宜詔蒙遜及李玄盛，使自相攻擊。待其斃也，然後取之，此卞莊之舉也。」興不從。勃勃退保河曲。弼濟自金城，弼部將姜紀言於弼曰：「今王師聲討勃勃，傉檀猶豫，未爲嚴防，請給輕騎五千，掩其城門，則山澤之人皆爲吾有，孤城獨立，坐可克也。」弼不從，進拔昌松，長驅至姑臧。傉檀嬰城固守，出其兵擊弼，弼敗，退據西苑。興又

遣衛大將軍姚顯率騎二萬，爲諸軍節度。至高平，聞弼敗績，兼道赴之，撫慰河外，率衆而還。傉檀遣使人徐宿詣興謝罪。

齊難爲勃勃所擒。興遣平北姚沖、征虜狄伯支、輔國斂曼嵬、鎮東楊佛嵩率騎四萬討勃勃。沖次于嶺北，欲回師襲長安，伯支不從，乃止，懼其謀泄，遂鴆殺伯支。

時王師伐譙縱，大敗之，縱遣使乞師于興。興遣平西姚賞、南梁州刺史王敏率衆二萬救之，王師引還。縱遣使拜師，仍貢其方物。興遣其兼司徒韋華持節策拜縱爲大都督、相國、蜀王，加九錫，備物典策一如魏晉故事，承制封拜悉如王者之儀。

興自平涼如朝那，聞沖謀逆，以其弟中最少，雄武絶人，猶欲隱忍容之。斂成泣謂興曰：「沖凶險不仁，每侍左右，臣常寢不安席，願早爲之所。」興曰：「沖何能爲也！但輕害名將，吾欲明其罪於四海。」乃下書賜沖死，葬以庶人之禮。

晉河間王子國璠、章武王子叔道來奔，興謂之曰：「劉裕匡復晉室，卿等何故來也？」國璠等曰：「裕與不逞之徒削弱王室，宗門能自修立者莫不害之。是避之來，實非誠款，所以避死耳。」興嘉之，以國璠爲建義將軍、揚州刺史，叔道爲平南將軍、兗州刺史，賜以甲第。

興如貳城，將討赫連勃勃，遣安遠姚詳及斂曼嵬、鎮軍彭白狼分督租運。諸軍未集而勃勃騎大至，興欲留步軍，輕如嵬營。衆咸惶懼，羣臣固以爲不可，興弗納。尚書郎韋宗希旨勸興行，蘭臺侍御史姜楞越次而進曰：「韋宗傾險不忠，沮敗國計，宜先腰斬，以謝天下。脱車駕動軫，六軍駭懼，人無守志，取危之道也。宜遣單使以徵詳等。」興默然。右僕射韋華等諫曰：「若車騎輕動，必不戰自潰，嵬營亦未必可至，惟陛下圖之。」興乃遣左將軍姚文宗率禁兵距戰，中壘齊莫統氐兵以繼之。文宗與莫皆勇果兼人，以死力戰，勃勃乃退。留禁兵五千配姚詳守貳城，興還長安。

譙縱遣其侍中譙良、太常楊軌朝於興，請大舉以寇江東。遣其荆州刺史桓謙、梁州刺史譙道福率衆二萬東寇江陵。興乃遣前將軍苟林率騎會之。

興以國用不足，增關津之税，鹽竹山木，皆有賦焉。羣臣咸諫，以爲天殖品物，以養羣生，王者子育萬邦，不宜節約以奪其利。興曰：「能踰關梁通利於山水者，皆豪富之家。吾損有餘以裨不足，有何不可！」乃遂行之。

興從朝門游於文武苑，及昏而還，將自平朔門入。前驅既至，城門校尉王滿聰被甲持杖，閉門距之，曰：「今已昏闇，姦良不辨，有死而已，門不可開。」興乃迴從朝門而入。旦而召滿聰，進位二等。

赫連勃勃遣其將胡金纂將萬餘騎攻平涼。興如貳城，因救平涼，纂衆大潰，生擒纂。勃勃遣兄子提攻陷定陽，執北中郎將姚廣都。興將曹熾、曹雲、王肆佛等，各將數千户避勃勃内徙，興處佛于湟山澤，熾、雲於陳倉。勃勃寇隴右，攻白崖堡，破之，遂趣清水。略陽太守姚壽都委守奔秦州，勃勃又收其衆而歸。興自安定追之，至壽渠川，不及而還。

初，天水人姜紀，吕氏之叛臣，阿諂姦詐，好間人之親戚。興子弼有寵於興，紀遂傾心附之。弼時爲雍州刺史，鎮安定，與密謀還朝，令傾心事常山公顯，樹黨左右。至是，興以弼爲尚書令、侍中、大將軍。既居將相，虚襟引納，收結朝士，勢傾東宫，遂有奪嫡之謀矣。

興以勃勃、乾歸作亂西北，傉檀、蒙遜擅兵河右，疇咨將帥之臣，欲鎮撫二方。隴東太守郭播言於興曰：「嶺北二州鎮，户皆數萬，若得文武之才以綏撫之，足以靖塞姦略。」興曰：「吾每思得廉頗、李牧鎮撫四方，使便宜行事。然任非其人，恒致負敗。卿試舉之。」播曰：「清潔善撫邊，則平陸子王元始；雄武多奇略，則建威王焕；賞罰必行，臨敵不顧，則奮武彭蚝。」興曰：「蚝令行禁止則有之，非綏邊之才也。始、焕年少，吾未知其爲人。」播曰：「廣平公弼才兼文武，宜鎮督一方，願陛下遠鑒前車，近悟後轍。」興不從，以其太常索稜爲太尉，領隴西内史，綏誘乾歸。政績既美，乾歸感而歸之。太史令任猗言於興曰：「白氣出於北方，東西竟天五百里，當有破軍流血。」乞伏乾歸遣使送所掠守宰，謝罪請降。興以勃勃之難，權宜許之，假乾歸及其子熾磐官爵。

潁川太守姚平都自許昌來朝，言於興曰：「劉裕敢懷姦計，屯聚芍陂，有擾邊之志，宜遣燒之，以散其衆謀。」興曰：「裕之輕弱，安敢闚吾疆場！苟有姦心，其在子孫乎？」召其尚書楊佛嵩謂之曰：「吳兒不自知，乃有非分之意。待至孟冬，當遣卿率精騎三萬焚其積聚。」嵩曰：「陛下若任臣以此役者，當從肥口濟淮，直趣壽春，舉大衆以屯城，縱輕騎以掠野，使淮南蕭條，兵粟俱了，足令吳兒俯仰回惶，神爽飛越。」興大悦。

時西胡梁國兒於平涼作壽冢，每將妻妾入冢飲讌，酒酣，升靈牀而歌。時人

或讖之，國兒不以爲意。前後征伐，屢有大功，興以爲鎮北將軍，封平輿男，年八十餘乃死。

時客星入東井，所在地震，前後一百五十六。興公卿抗表請罪，興曰：「災譴之來，咎在元首；近代或歸罪三公，甚無謂也。公等其悉冠履復位。」

仇池公楊盛叛，侵擾祁山。遣建威趙琨率騎五千爲前鋒，立節楊伯壽統步卒繼之，前將軍姚恢、左將軍姚文宗入自鷲陜，鎮西、秦州刺史姚嵩入羊頭陜，右衛胡翼度從陰密出自汧城，討盛。興將輕騎五千，自雍赴之，與諸將軍會于隴口。天水太守王松忩言于嵩曰：「先皇神略無方，威武冠世，冠軍徐洛生猛毅兼人，佐命英輔，再入仇池，無功而還。非楊盛智勇能全，直是地勢然也。今以趙琨之衆，使君之威，準之先朝，實未見成功。使君具悉形便，何不表聞？」嵩不從。盛率衆與琨相持，伯壽畏懦弗進，琨衆寡不敵，爲盛所敗，興斬伯壽而還。嵩乃具陳松忩之言，興善之。

乾歸爲其下人所殺，子熾磐新立，羣下咸勸興取之。興曰：「乾歸先已返善，吾方當懷撫，因喪伐之，非朕本志也。」

以楊佛嵩都督嶺北討虜諸軍事、安遠將軍、雍州刺史，率嶺北見兵以討赫連勃勃。嵩發數日，興謂羣臣曰：「佛嵩驍勇果鋭，每臨敵對寇，不可制抑，吾常節之，配兵不過五千。今衆旅既多，遇賊必敗。今去已遠，追之無及，吾深憂之。」其下咸以爲不然。佛嵩果爲勃勃所執，絶亢而死。

興立昭儀齊氏爲皇后。又下書以其故丞相姚緒、太宰姚碩德、太傅姚旻、大司馬姚崇、司徒尹緯等二十四人配饗於萇廟。興以大臣屢喪，令所司更詳臨赴之制。所司白興，依故事東堂發哀。興不從，每大臣死，皆親臨之。

姚文宗有寵於姚泓，姚弼深疾之，誣文宗有怨言，以侍御史廉桃生爲證。興怒，賜文宗死。是後羣臣累足，莫敢言弼之短。

興遣姚紹與姚弼率禁衞諸軍鎮撫嶺北。遼東侯彌姐亭地率其部人南居陰密，劫掠百姓。弼收亭地送之，殺其衆七百餘人，徙二千餘户于鄭城。

右僕射梁喜、侍中任謙、京兆尹尹昭承間言於興曰：「父子之際，人罕得而言。然君臣亦猶父子，臣等理不容默。並后匹嫡，未始不傾國亂家。廣平公弼姦凶無狀，潛有陵奪之志，陛下寵之不道，假其威權，傾險無賴之徒，莫不鱗湊其側。市巷諷議，皆言陛下欲有廢立之志。誠如此者，臣等有死而已，不敢奉詔。」興曰：「安有此乎？」昭等曰：「若無廢立之事，陛下愛弼，適所以禍之，願去其左右，減其威權。非但弼有太山之安，宗廟社稷亦有磐石之固矣。」興默然。

興寢疾，妖賊李弘反于貳原，貳原氏仇常起兵應弘。興輿疾討之，斬常，執弘而還，徙常部人五百餘户于許昌。

興疾篤，其太子泓屯兵于東華門，侍疾於諮議堂。姚弼潛謀爲亂，招集數千人，被甲伏于其第。

興疾瘳，朝其羣臣，征虜劉羌泣謂興曰：「陛下寢疾數旬，奈何忽有斯事？」興曰：「朕過庭無訓，使諸子不穆，愧于四海。卿等各陳所懷，以安社稷。」尹昭曰：「廣平公弼恃寵不虔，阻兵懷貳，自宜置之刑書，以明典憲。陛下若含忍未便加法者，且可削奪威權，使散居藩國，以紓闚闟之禍，全天性之恩。」興謂梁喜曰：「卿以爲何如？」喜曰：「臣之愚見，如昭所陳。」興以弼才兼文武，未忍致法，免其尚書令，以將軍、公就第。懿等聞興疾瘳，各罷兵還鎮。懿、恢及弟諶等皆抗表罪弼，請致之刑法，興弗許。

時魏遣使聘于興，且請婚。會平陽太守姚成都來朝，興謂之曰：「卿久處東藩，與魏鄰接，應悉彼事形。今來求婚，吾已許之，終能分災共患，遠相接援以不？」成都曰：「魏自柴壁克捷已來，戎甲未曾損失，士馬桓桓，師旅充盛。今修和親，兼婚姻之好，豈但分災共患而已，實亦永安之福也。」興大悦，遣其吏部郎嚴康報聘，并致方物。

時姚懿、姚洸、姚宣、姚諶來朝，使姚裕言於興曰：「懿等今悉在外，欲有所陳。」興曰：「汝等正欲道弼事耳，吾已知之。」裕曰：「弼苟有可論，陛下所宜垂聽。若懿等言違大義，便當肆之刑辟，奈何距之？」於是引見諮議堂。宣流涕曰：「先帝以大聖起基，陛下以神武定業，方隆七百之祚，爲萬世之美，安可使弼謀傾社稷？宜委之有司，肅明刑憲。臣等敢以死請。」興曰：「吾自處之，非汝等所憂。」先是，大司農竇温、司徒左長史王弼皆有密表，勸興廢立。興雖不從，亦不以爲責。撫軍東曹屬姜虬上疏曰：「廣平公弼懷姦積年，謀禍有歲，傾諂羣竪爲之畫足，釁成逆著，取嗤戎裔。文王之化，刑于寡妻；聖朝之亂，起自愛子。今雖欲含忍其瑕，掩蔽其罪，而逆黨猶繁，扇惑不已，弼之亂心其可革耶？宜斥散凶徒，以絶禍始。」興以虬表示梁喜曰：「天下之人莫不以吾兒爲口實，將何以處之？」喜曰：「信如虬言，陛下宜早裁決。」興默然。

太子詹事王周亦虛襟引士，樹黨東宮。弼惡之，每規陷害周。周抗志確然，不爲之屈。興嘉其守正，以周爲中書監。

興如三原，顧謂羣臣曰：「古人有言，關東出相，關西出將，三秦饒儁異，汝潁多奇士。吾應天明命，跨據中原，自流沙已東，淮、漢已北，未嘗不傾己招求，冀匡不逮。然明不照下，弗感懸魚。至於智效一官，行著一善，吾歷級而進之，不使有後門之歎。卿等宜明揚仄陋，助吾舉之。」梁喜對曰：「奉旨求賢，弗曾休倦，未見儒亮大才王佐之器，可謂世之乏賢。」興曰：「自古霸王之起也，莫不將則韓、吳，相兼蕭、鄧，終不採將於往賢，求相於後哲。卿自識拔不明，求之不至，奈何厚誣四海乎？」羣臣咸悦。

晉荊州刺史司馬休之據江陵，雍州刺史魯宗之據襄陽，與劉裕相攻，遣使求援。興遣姚成王、司馬國璠率騎八千赴之。

弼恨姚宣之毀己，遂譖宣於興。會宣司馬權丕至長安，興責丕以無匡輔之益，將戮之。丕性傾巧，因誣宣罪狀。興大怒，遂收宣于杏城，下獄，而使弼將三萬人鎮秦州。尹昭言於興曰：「廣平公與皇太子不平，握强兵於外，陛下一旦不諱，恐社稷必危。小不忍以致大亂者，陛下之謂也。」興弗納。赫連勃勃攻杏城，興又遣弼救之，至冠泉而杏城陷。興如北地，弼次於三樹，遣弼及斂曼嵬向新平，興還長安。

姚成王至于南陽，司馬休之等爲劉裕所敗，引歸。休之、宗之等遂與譙王文思，新蔡王道賜，寧朔將軍、梁州刺史馬敬，輔國將軍、竟陵太守魯軌，寧朔將軍、南陽太守魯範奔于興。

休之等至長安，興謂之曰：「劉裕崇奉晉帝，豈便有闕乎？」休之曰：「臣前下都，琅邪王德文泣謂臣曰：『劉裕供御主上，克薄奇深。』以事勢推之，社稷之憂，方未可測。」興將以休之爲荊州刺史，任以東南之事。休之固辭，請與魯宗之等擾動襄陽、淮、漢。乃以休之爲鎮南將軍、揚州刺史，宗之等並有拜授。休之將行，侍御史唐盛言於興曰：「符命所記，司馬氏應復河洛。休之既得濯鱗南翔，恐非復池中之物，可以崇禮，不宜放之。」興曰：「司馬氏脱如所記，留之適足爲患。」遂遣之。

揚武、安鄉侯康宦驅略白鹿原氐胡數百家奔上洛，太守宋林距之。商洛人黄金等起義兵以掎宦，宦乃率衆歸罪。興赦之，復其爵位。

時白虹貫日，有術人言於興曰：「將有不祥之事，終當自消。」時興藥動，姚弼稱疾不朝，集兵於第。興聞之怒甚，收其黨殿中侍御史唐盛、孫玄等殺之。泓言於興曰：「臣誠不肖，不能訓諧於弟，致弼構造是非，仰慚天日。陛下若以臣爲社稷之憂，除臣而國寧，亦家之福也。若垂天性之恩，不忍加臣刑戮者，乞聽臣守藩。」興慘然改容，召姚讚、梁喜、尹昭、斂曼嵬於諮議堂，密謀收弼。時姚紹屯兵雍城，馳遣告之，數日不決。弼黨兇懼。興慮其爲變，乃收弼，囚之中曹，窮責黨與，將殺之。泓流涕固請之，乃止。興謂梁喜曰：「泓天心平和，性少猜忌，必能容養羣賢，保全吾子。」於是皆赦弼黨。

靈臺令張泉又言於興曰：「熒惑入東井，旬紀而返，未餘月，復來守心。王者惡之，宜修仁虛己，以答天譴。」興納之。

正旦，興朝羣臣于太極前殿，沙門賀僧慟泣不能自勝，衆咸怪焉。賀僧者，莫知其所從來也，言事皆有效驗，興甚神禮之，常與隱士數人預於讌會。

興如華陰，以泓監國，入居西宮。因疾篤，還長安。泓欲出迎，其宮臣曰：「今主上疾篤，姦臣在側，廣平公每希覬非常，變故難測。今殿下若出，進則不得見主上，退則有弼等之禍，安所歸乎？自宜深抑情禮，以寧宗社。」泓從之，乃拜迎於黄龍門樽下。弼黨見興升輿，咸懷危懼。尹沖等先謀欲因泓出迎害之，尚書姚沙彌曰：「若太子有備，不來迎侍，當奉乘輿，直趣公第。宿衛者聞上在此，自當來奔，誰與太子守乎？吾等以廣平公之故，陷身逆節。今以乘輿南幸，自當是杖義之理，匪但救廣平之禍，足可以申雪前愆。」沖等不從，欲隨興入殿中作亂，復未知興之存亡，疑而不發。興命泓録尚書事，使姚紹、胡翼度典兵禁中，防制內外，遣斂曼嵬收弼第中甲杖，內之武庫。

興疾轉篤，興妹僞南安長公主問疾，不應。興少子耕兒出告其兄愔曰：「上已崩矣，宜速決計。」於是愔與其屬率甲士攻端門，殿中上將軍斂曼嵬勒兵距戰，右衛胡翼度率禁兵閉四門。憚等遣壯士登門，緣屋而入，及于馬道。泓時侍疾於諮議堂，遣斂曼嵬率殿中兵登武庫距戰，太子右衛率姚和都率東宮兵入屯馬道南。愔等既不得進，遂燒端門。興力疾臨前殿，賜弼死。禁兵見興，喜躍，貫甲赴賊，賊衆駭擾。和都勒東宮兵自後擊之，愔等奔潰，逃于驪山，愔黨吕隆奔雍，尹沖等奔于京師。興引紹及讚、梁喜、尹昭、斂曼嵬入內寢，受遺輔政。義熙十二年，興死，時年五十一，在位二十二年。僞謚文桓皇帝，廟號高祖，墓曰偶陵。

李昉《太平御覽》卷一二三引崔鴻《十六國春秋・後秦録》　姚興，字子略，

萇之太子。萇薨，秘不發喪。皇初元年，乃發喪行服。即天子位於槐里，大赦，改元。七月，如涇陽，與符登戰，斬登。徙陰密三萬户於長安。二年，以叔父緒爲晉王，征西將軍碩德爲隴西王，弟崇爲齊公，顯爲常山公。三年，以緒爲并、冀二州牧，鎮蒲坂。四年二月，遣齊公崇伐洛陽。弘始元年九月，大赦，改元。冬十月，克洛陽，以東平公紹爲都督山東諸軍事、豫州牧，鎮洛陽。四年五月，遣大將軍隴西王碩德率步騎六萬伐吕隆於涼州。先是，吐蕃傉檀據西平，沮渠蒙遜據張掖，李暠據敦煌，各制方域，共相侵伐。碩德從金城濟河，直趣廣武，徑蒼松，至隆城下。隆遣弟輔國超、龍驤邈等率衆拒碩德。碩德大破之，生擒邈。傉檀、蒙遜、李暠等各修表奉獻。九月，隆奉表請降。興答報嘉美，以隆爲鎮西將軍、涼州刺史、建康公。十一月，鳩摩羅什至長安。七年正月，興如逍遥園，引諸沙門聽什説佛經。九年，以太子泓録尚書事。慕容超遣使稱蕃。十年，與魏通和，貢馬千匹。十一年，蜀譙縱遣使稱藩。十六年五月，興疾於内寢，太子泓以兵屯東華門，侍疾於諮議堂。尚書令、廣平公弼潛謀爲亂，招集數千人，持兵於第。興疾損，升前殿，百官咸會，征虜劉羌泣曰：「陛下寢疾數旬，奈何忽有斯事？」興曰：「朕過庭無訓，諸子交惡，含耻胡顔，愧於四海。」興以弼文武兼才，未忍致法，免其尚書令，以公就第。十七年十二月，興疾重，廣平公弼告病不朝，集兵於第，興怒，乃收弼囚之。十二月，興疾甚，遣收廣平公弼第甲仗，還武庫。于是弼黨率甲仗攻端門，興力疾臨前殿，賜弼死。丁未，薨於前殿，年五十三。謚文桓皇帝，廟號高祖，墓曰偶陵。

雜録

備録

李昉《太平御覽》卷一八二引《後秦録》 姚興從朝門游於文武苑，及昏而還，將自平朔門入，前驅既至城門，校尉王滿聰被甲持杖，閉門拒之。乃回從朝門而入。旦而召聰，謂之曰：「卿社稷之臣也，朕有喜焉。」于是進位二等。

李昉《太平御覽》卷六一三引崔鴻《十六國春秋・後秦録》 涼州胡辯者，河西大儒也。前秦建元末，東徙洛陽，隨講受弟子千有餘人，關中後進多赴之。姚興敕關尉曰：「諸生諮訪道義，修己厲身，往來出入，勿拘常限。」于是學者咸勸，儒業盛矣。

李昉《太平御覽》卷八三一引《秦録》 姚興性好游田，頗損農要。京兆杜延以左僕射齊難無匡輔之益，著《豐草詩》以箴之，難具以聞。馮翊相靈作《德獵賦》以風焉。興皆覽而善之，賜以金帛。然終不能改也。

備論

《晉書》卷一一九《姚泓載記》 子略克摧勍敵，荷成先構，虚襟訪道，側席求賢。敦友悌以睦其親，明賞罰以臨其下。英髦盡節，爪牙畢命。取汾、絳，陷許、洛，款僭燕而藩僞蜀，夷隴右而静河西，俗阜年豐，遠安邇輯，雖楚莊、秦穆何以加焉！既而逞志矜功，弗虞後患。委涼都於禿髮，授朔方於赫連。專己生災，邊城繼陷，距諫招禍，蕭墻屢發，戰無寧歲，人有危心。豈宜騁彼雄圖，被深恩於介士；翻崇詭説，加殊禮於桑門！當有爲之時，肆無爲之業，麗衣腴食，殆將萬數，析實談空，靡然成俗。夫以漢朝殷廣，猶鄙鴻都之費；況乎僞境日侵，寧堪永貴之役！儲用殫竭，山林有税，政荒威挫。職是之由，坐致淪胥，非天喪也。

司馬光《稽古録》卷一四 興承父之志，奄有關中。涼、夏諸豪，靡不率服。然處攻戰之世，不能收羅英俊，以治國訓兵，而專率臣民譯經拜佛。及泓繼世，骨肉内離，寇敵外侵，遂亡。其族雖泓器業之不肖，亦興貽謀之未遠也。

胡寅《讀史管見》卷九 姚興可謂賢矣。使休之等叛晉而來，執而送之可也，戮諸境上可也。今以不容於劉裕之故，則事異而情殊矣，故予之兵，授之任，無收納叛亡之嫌，而有護持晉宗之美。又能不信讖緯，猜忌來者，大度廓然，非夷狄所能爲也。

【略】姚興，羌戎也，而所見明卓，改行八事，以弭災變，而遠近肅然，何以中國而不如羌戎乎？子欲居九夷，蓋有以也。

鍾惺《史懷》卷二〇《姚興》 西胡梁國兒于平涼作壽冢，每將妻妾入冢讌

飲，酒酣升靈牀而歌。人或譏之，國兒不以爲意。唐司空表聖亦作壽冢，引賓客讌嘯其中，人稱其達生。誰知已被此老羌占一先著矣。

楊佛嵩討赫連勃勃，嵩發數日，興謂羣臣曰：「佛嵩驊勇果鋭，每臨敵對寇，不可制抑。吾嘗節之，配兵不過五千。今衆旅既多，遇賊必敗。」其下咸不以爲然，佛嵩果爲勃勃所執，絶亢而死。由此觀之，爲將者用衆之難，難于用寡百倍。吾嘗謂王翦請師六十萬伐楚，乃老將自賣弄本領，當以此反證之。彼專恃衆以求勝，廣召募，盛徵調者，失之愈遠矣。

藝文

顧宗泰《月滿樓詩文集·晉十六國詠史詩·後秦姚興》 敗蹙苻家盡喪師，笑他浪説折鞭笞。城攻東洛軍聲振，地略西凉貢表馳。議孝李嵩崇美治，啓謀碩德洽恩施。獨嫌羅什翻經盛，梵夾流傳異教滋。

桓玄部

綜述

《魏書》卷九七《島夷桓玄列傳》 島夷桓玄，字敬道，本譙國龍亢楚也。僭晉大司馬温之子，温愛之，臨終命以爲後。年七歲，襲封南郡公。登國五年，爲司馬昌明太子洗馬。玄志氣不倫，欲以雄豪自許。朝議以温有陵虐之迹，故抑玄兄弟，出爲義興太守，不得志。少時去職。

皇始初，司馬德宗立，其會稽王道子擅權，信任尚書僕射王國寶，爲時所疾。玄説荆州刺史殷仲堪，令推德宗兖州刺史王恭爲盟主，以討國寶，仲堪從之。會恭使亦上，相逢於中路，約同大舉，並抗表起兵。尋平王國寶等。天興初，德宗以玄爲使持節、督交、廣二州諸軍事、建威將軍、平越中郎將、廣州刺史。

後王恭復與德宗豫州刺史庾楷共起兵，以討其江州刺史王愉、司馬尚之兄弟。玄及龍驤將軍揚佺期、荆州刺史殷仲堪等率軍應恭。玄等造於石頭。於時德宗征虜將軍司馬元顯一軍仍守石頭，列舟艦斷淮口。道子出軍，將屯中堂，忽有馬驚，軍中擾亂，人馬赴江者甚衆，良久乃定。玄等不知建業危弱，且王恭尋敗，玄甚惶懼，乃回軍于蔡洲。王恭司馬劉牢之率北府軍來次新亭。於是德宗以桓脩爲荆州，仲堪爲廣州，玄爲江州，佺期爲雍州，刺史郗恢爲尚書。仲堪回師南旋，乃使人徇于玄等軍曰：「若不各散歸，大軍至江陵，當悉戮餘口。」仲堪偏將劉系先領兵二千隸于佺期，輒率衆而歸，玄等大懼，乃狼狽而走。庾楷亦棄衆奔于南軍。玄並趣輕舟追仲堪，至尋陽，而推玄爲盟主，鎮於夏口。德宗加玄都督荆州四郡，以玄兄西昌公偉爲輔國將軍、南蠻校尉。寵玄兄弟，欲以侵削荆、雍。

先是荆州大水，仲堪倉廩空竭，玄乘其虛而伐之，先遣軍襲巴陵。梁州刺史郭銓當之鎮，路逢玄，玄遣銓爲前驅。玄發夏口，與仲堪書云：「今當入沔，討除佺期，頓兵江口。若相與無貳，可殺楊廣，若其不爾，便當率軍入江。」別與桓偉書，令剋期爲内應，偉惶遽，以書示仲堪，仲堪慰喻遣歸，夜乃執之。仲堪遣龍驤將軍殷邁、振威將軍劉山民等統衆七千至西江口。玄聞邁至，復與其黨苻永道領帳下擊之，邁等敗走。玄頓巴陵，收其兵而館其穀，復破楊廣於夏口。仲堪既失巴陵之積，又諸將皆敗，江陵駭震，城内大飢，皆以胡麻爲廩。初，仲堪之得玄書也，急召佺期，佺期曰：「江陵無食，何以待敵？可來見就，共守襄陽。」仲堪猶以全軍，無緣棄城迸走，甚憂佺期弗來，乃紿之曰：「比來收集，已有儲矣，可有數萬人百日糧。」佺期信之，乃率步騎八千，既至，仲堪惟以飯餉其軍。佺期大怒曰：「今茲敗矣！」不過見仲堪，使人於艦上横射玄，玄軍亦射之，佺期乃退。玄乃渡軍於馬頭，命其諸軍進，破殺仲堪，殺楊廣、佺期、殷道護及仲堪參軍羅企生等。

德宗以玄爲持節，都督荆、司、雍、秦、梁、益、寧、江八州及揚、豫、并八郡諸軍事，後將軍，荆、江二州刺史。玄大論功賞，以長史卞範之領南郡相，委以心膂之任。乃斷上流，禁商旅。德宗下書曰：「竪子桓玄，故大司馬不腆之息，少懷狡惡，長而不悛，遂與王恭協同姦謀，阻兵内侮，三方雲集，志在問鼎，窺擬神器。賴祖宗威靈，宰傅神略，忠義奮發，罪人斯殞。玄等猖狂失圖，回舟鳥逝。便宜乘會，殲除姦源，于時同異之論，用惑廟策，遂使王憲廢撓，寵授非所。猶冀玄當洗濯胸腑，小懲大誡，而狼心弗革，悖慢愈甚，割據江、湘，擅威荆、郢，矯命稱制，與奪在手。又對侍中王謐放肆醜言，欲縱凶毒，陵陷上京。無君之心，形於音翰；不臣之迹，日月彌著。是可忍也，孰不可懷！宜明九伐，以寧西夏。尚書令、後將軍元顯可爲征討大都督、督十八州諸軍事、驃騎大將軍、儀同三司。」以劉牢之爲前鋒，行征西將軍，權領江州；命司馬尚之入沔水。

玄聞元顯處分，甚駭懼，欲保江陵。長史卞範之説玄東下，玄甚狐疑，範之苦勸，玄乃留桓偉守江陵，率軍東下。至夏口，乃建牙傳檄。【略】

玄亦失荆楚人情，而師出不順，其兵雖强，慮弗爲用，恒有回師之計。既過尋陽，不見東軍，玄意乃定。於是遂鼓行而進，徑至姑孰，又克歷陽。劉牢之遣子敬宣詣玄請降，玄大喜，與敬宣置酒宴集。玄至新亭，元顯棄船，退入國子堂，列陳宣陽門前。元顯欲挾德宗出戰，而軍中相驚，言玄已及南桁，乃回軍赴宫。既至中堂，一時崩散。元顯奔東府，惟張法順一騎隨之。玄乃爲侍中、都督中外諸軍、丞相、録尚書事、揚州牧、領徐州刺史，持節、荆江二州、公如故；假黄鉞、羽葆、鼓吹、班劍二十人；置左右長史，從事中郎四人；甲仗二百人入殿。於是收道子付廷尉，免爲庶人，徙于安城郡；殺元顯并其子，及豫州刺史司馬尚之、

吏部郎袁遵、張法順等。又滅庾楷於豫章。徙尚之弟丹楊尹恢之、輔國將軍允之及國寶、王緒諸子于交、廣州。以劉牢之爲會稽内史，將欲解其兵也。初，敬宣既降，隨入東府，至是求歸。玄冀牢之受命，乃遣之。敬宣既至，牢之知將不免，欲襲玄，衆皆離散，乃於班瀆北走，縊於新洲。傳首建鄴。敬宣奔於江北。

玄白德宗，大赦，改年爲大亨。玄讓丞相，荆、江、徐三州及録尚書事。乃改授太尉、都督中外、揚州牧、領平西將軍、豫州刺史；録綟綬，加兗冕之服，劍履之禮，入朝不趨，讚拜不名，增班劍六十人，甲仗二百人入殿。玄乃鎮姑孰。既而大築府第，田遊無度，政令屢改，驕侈肆欲，朋黨翕習，沮亂内外。朝政皆諮焉，小事則決於左僕射桓謙及丹陽尹卞範之。玄大賦三吳富室，以賑飢民，猶不能濟也。東郡既由兵掠，因以飢饉，死者甚衆。三吳户口減半，會稽則十三四，臨海、永嘉死散殆盡。諸舊富室皆衣羅縠，佩金玉，相守閉門而死。

玄自封豫章郡公，食安成七千五百户；後封桂陽郡公，邑二千五百户；本封南郡如故。既而鴆殺道子。玄削奪德宗供奉之具，務盡約陋，殆至飢寒。雖殺逆未至，君臣之體盡矣。進位大將軍，加前後部羽葆鼓吹，奏事不名。又表請自率諸軍，命諸蕃方兵掃平關洛，德宗不許之。玄本無資力，但好爲大言，既不辦行，乃云奉詔故止。玄既無他處分，先作征行服玩，并制裝書畫之具。或諫曰：「今日之行，必有征無戰，輜重自足相運，不煩復有製造。」玄曰：「書畫服玩，宜恒在左右，且兵凶戰危，脱有意外，當使輕而易運。」衆咸笑之。

玄所親仗，惟桓偉而已，先欲徵還，以自副貳。偉既死，玄甚恇懼。初，玄常以其父王業垂成，以己弱年，不昌前構，常懷恨憤。及昌明死，便有四方之計，既克建業，無復居下之心。及偉死，慮一己單危，益欲速成大業。卞範之之徒，既慮事變，且幸其利，咸共催促，於是殷仲文等並已撰集策命矣。德宗加玄相國，總百揆，封南郡、南平、宜都、天門、零陵、桂陽、營陽、衡陽、義陽、建平十郡爲楚王，備九錫之禮，揚州牧、領平西將軍、豫州刺史如故。遣司徒王謐授相國印綬，光禄大夫武陵王司馬遵授楚王璽策。德宗先遣百僚固請，又云當親幸敦喻。十二月，德宗禪位於玄，大赦所部，稱永始元年。初欲改年爲建始，左丞王納之曰：「建始者，晉趙王倫之號也。」於是易爲永始，復同王莽始貴之年。

玄入建鄴宫，逆風迅激，旍旗、服章、儀飾一皆傾偃。是月酷寒，此日尤甚。多行苛政而時施小惠。迎温神主進于太廟。玄遊行無度，至此不出。殿上施金額流蘇絳帳，頗類輴車，王莽仙蓋。太廟、郊齋皆二日而已。又其廟祭不及於祖，以玄、曾祖已上名位不顯，故不列序。且以王莽立九廟，見譏前史，遂以一廟矯之。又毁僭晉小廟，以崇臺榭。其庶母蒸嘗，未有定所。慢祖忘親，時人知其不永。是月，玄出遊水南，飄風飛其儀蓋。又欲造大輦，使容三十人坐，以二百人輿之。玄驕逸荒縱，不恤時事，奏案停積，了不省覽；或親細事，手注直官，自用令史，制度亂出，主司奉答不暇。晨夜遊獵，文武困乏。直侍之官，皆繫馬省中；休下之吏，留供土木之役。朝士勞瘁，百姓力盡，民之思亂，十室而八。

德宗彭城内史劉裕因是斬徐州刺史桓脩於京口，與沛國劉毅、東海何無忌收衆濟江。玄加桓謙征討都督，台侍官皆入止省中。玄移還上宫，百僚步從。赦揚、豫、徐、兗、青、冀六州。遣頓丘太守吳甫之、右衛將軍皇甫敷北拒劉裕於江乘。裕斬甫之，進至羅落橋，又梟敷首。玄外粗猛，内恇怯，及聞二將已没，志慮荒窘，計無所出，日與巫術道士爲厭勝之法。乃謂衆曰：「朕其敗乎？」黄門郎曹靖對曰：「神怒民怨，臣實憂懼。」玄曰：「民怨可然，神何爲怒？」對曰：「移晉宗廟，飄泊無所；大楚之祭，不及於祖。此其所以怒也。」玄曰：「卿何不諫？」對曰：「輦上諸君子皆以爲堯舜之世，臣何敢諫？」玄使桓謙、何澹之屯于東掖門，卞範之屯覆舟山西，衆合二萬。又遣武衛庾賾之配以精卒利器，援助謙等。謙等大敗，玄聲云赴戰，將子姪出南掖門，西至石頭。先使殷仲文具船於津，遂相與南走。經日不得食，左右進以粗粥，咽不能下。玄子昇五六歲，抱玄胸而撫之，玄悲不自勝。玄挾德宗發尋陽，至江陵，西中郎將桓石康納之。張幔屋，止城南，署置百官，以卞範之爲尚書僕射，殷仲文爲徐州，其餘各顯用。玄謂諸侍臣曰：「卿等並升清塗，翼從朕躬，都下竊位者方應謝罪軍門，其見卿等入石頭，無異雲霄中人也。」玄以奔敗之後，懼法令不肅，遂輕怒妄殺，逾甚暴虐。殷仲文諫之，玄大怒曰：「漢高、魏武幾遇敗，但諸將失利耳。以天文惡，故還都舊楚，而羣小愚惑，妄生是非，方當糾之以猛，未宜施之以恩也。」荆、江郡守，以玄播越，咸遣使通表，有匪寧之辭，玄悉不受，乃更令所在表賀遷都。玄在道，自作《起居注》，敍其拒劉裕事，自謂算略無失，諸將違節度，以至於敗。不暇謀議軍事，惟誦述寫傳之。

劉裕遣其冠軍將軍劉毅發建鄴，追之。玄軍屢敗。玄常裝輕舸於舫側，故其兵人莫有鬬志。玄乃棄衆而走，餘軍以次崩散，遂與德宗還江陵。初，玄留德宗妻子巴陵，殷仲文與玄同舟，乃説玄求别舫收集散軍，遂以德宗妻歸于建鄴。

玄入江陵城，南平太守馮該勸玄更戰。玄欲出漢中，投梁州刺史桓希，夜中處分將發，城内已亂，禁令不行，將親近腹心百許人出城北。至城門，左右即於闇中斫玄面，前後相殺，交横盈路。玄僅得至船。德宗入南郡府。玄既下船，猶欲走漢中。玄屯騎校尉毛脩之誘以入蜀，遂與石康等泝江而上。達枚回洲，爲益州參軍費恬等迎射之，箭如雨下。玄中流矢，子昇輒拔之。益州督護馮遷抽刃而登玄艦，玄曰：「是何人也，敢殺天子！」遷曰：「我自欲殺天子之賊耳。」遂斬玄首并石康等，斬昇于江陵市，傳送玄首，梟于朱雀門。

《晉書》卷九九《桓玄傳》 桓玄字敬道，一名靈寶，大司馬温之孽子也。其母馬氏嘗與同輩夜坐，於月下見流星墜銅盆水中，忽如二寸火珠，冏然明净，競以瓢接取，馬氏得而吞之，若有感，遂有娠。及生玄，有光照室，占者奇之，故小名靈寶。妳媪每抱詣温，輒易人而後至，云其重兼常兒，温甚愛異之。臨終，命以爲嗣，襲爵南郡公。

年七歲，温服終，府州文武辭其叔父沖，沖撫玄頭曰：「此汝家之故吏也。」玄因涕淚覆面，衆並異之。及長，形貌瓌奇，風神疏朗，博綜藝術，善屬文。常負其才地，以雄豪自處，衆咸憚之，朝廷亦疑而未用。年二十三，始拜太子洗馬，時議謂温有不臣之跡，故折玄兄弟而爲素官。

太元末，出補義興太守，鬱鬱不得志。嘗登高望震澤，歎曰：「父爲九州伯，兒爲五湖長！」棄官歸國。自以元勳之門而負謗於世，乃上疏，疏寢不報。

玄在荆楚積年，優游無事，荆州刺史殷仲堪甚敬憚之。及中書令王國寶用事，謀削弱方鎮，内外騷動，知王恭有憂國之言，玄潛有意於功業，乃説仲堪曰：「國寶與君，諸人素已爲對，唯患相弊之不速耳。今既執權要，與王緒相爲表裏，其所迴易，罔不如志。孝伯居元舅之地，正情爲朝野所重，必未便動之，唯當以君爲事首。君爲先帝所拔，超居方任，人情未以爲允，咸謂君雖有思致，非方伯人。若發詔徵君爲中書令，用殷顗爲荆州，君何以處之？」仲堪曰：「憂之久矣，君謂計將安出？」玄曰：「國寶姦兇，天下所知，孝伯疾惡之情每至而當，今日之會，以理推之，必當過人。君若密遣一人，信説王恭，宜興晉陽之師，以内匡朝廷，己當悉荆楚之衆，順流而下，推王爲盟主，僕等亦皆投袂，當此無不響應。此事既行，桓文之舉也。」仲堪持疑未決。俄而王恭信至，招仲堪及玄匡正朝廷。國寶既死，於是兵罷。玄乃求爲廣州，會稽王道子亦憚之，不欲使在荆楚，故順其意。

隆安初，詔以玄督交、廣二州，建威將軍，平越中郎將，廣州刺史，假節，玄受命不行。其年，王恭又與庾楷起兵討江州刺史王愉及譙王尚之兄弟。玄、仲堪謂恭事必克捷，一時響應。仲堪給玄五千人，與楊佺期俱爲前鋒。軍至湓口，王愉奔於臨川，玄遣偏將軍追獲之。玄、佺期至石頭，仲堪至蕪湖。恭將劉牢之背恭歸順。恭既死，庾楷戰敗，奔於玄軍。既而詔以玄爲江州，仲堪等皆被换易，乃各迴舟西還，屯於尋陽，共相結約，推玄爲盟主。玄始得志，乃連名上疏申理王恭，求誅尚之、牢之等。朝廷深憚之，乃免桓脩，復仲堪以相和解。

初，玄在荆州豪縱，士庶憚之，甚於州牧。仲堪親黨勸殺之，仲堪不聽。及還尋陽，資其聲地，故推爲盟主，玄逾自矜重。佺期爲人驕悍，常自謂承藉華胄，江表莫比，而玄每以寒士裁之，佺期甚憾，即欲於壇所襲玄。仲堪惡佺期兄弟虓勇，恐克玄之後，復爲己害，苦禁之。於是各奉詔還鎮。玄亦知佺期有異謀，潛有吞并之計，於是屯於夏口。

隆安中，詔加玄都督荆州四郡，以兄偉爲輔國將軍、南蠻校尉。仲堪慮玄跋扈，遂與佺期結婚爲援。初，玄既與仲堪、佺期有隙，恒慮掩襲，求廣其所統。朝廷亦欲成其釁隙，故分佺期所督四郡與玄，佺期甚忿懼。會姚興侵洛陽，佺期乃建牙，聲云援洛，密欲與仲堪共襲玄。仲堪雖外結佺期而疑其心，距而不許，猶慮弗能禁，復遣從弟遹屯於北境，以遏佺期。佺期既不能獨舉，且不測仲堪本意，遂息甲。南蠻校尉楊廣，佺期之兄也，欲距桓偉，仲堪不聽，乃出廣爲宜都、建平二郡太守，加征虜將軍。佺期弟孜敬先爲江夏相，玄以兵襲而召之。既至，以爲諮議參軍。玄於是興軍西征，亦聲云救洛，與仲堪書，説佺期受國恩而棄山陵，宜共罪之。今親率戎旅，逕造金墉，使仲堪收楊廣，如其不爾，無以相信。仲堪本計欲兩全之，既得玄書，知不能禁，乃曰：「君自沔而行，不得一人入江也。」玄乃止。

後荆州大水，仲堪振恤飢者，倉廪空竭。玄乘其虚而伐之，先遣軍襲巴陵。梁州刺史郭銓當之所鎮，路經夏口，玄聲云朝廷遣銓爲己前鋒，乃授以江夏之衆，使督諸軍並進，密報兄偉，令爲内應。偉遑遽不知所爲，乃自齎疏示仲堪。仲堪執偉爲質，令與玄書，辭甚苦至。玄曰：「仲堪爲人，不能專決，常懷成敗之計，爲兒子作慮，我兄必無憂矣。」

玄既至巴陵，仲堪遣衆距之，爲玄所敗。玄進至楊口，又敗仲堪弟子道護，乘勝至零口，去江陵二十里，仲堪遣軍數道距之。佺期自襄陽來赴，與兄廣共擊

玄，玄懼其鋭，乃退軍馬頭。佺期等方復追玄苦戰，佺期敗，走還襄陽，仲堪出奔酇城，玄遣將軍馮該躡佺期，獲之。廣爲人所縛，送玄，並殺之。仲堪聞佺期死，乃將數百人奔姚興，至冠軍城，爲該所得，玄令害之。

於是遂平荆、雍，乃表求領江、荆二州。詔以玄都督荆、司、雍、秦、梁、益、寧七州、後將軍、荆州刺史、假節。以桓脩爲江州刺史。玄上疏固争江州，於是進督八州及楊、豫八郡，復領江州刺史。玄又輒以偉爲冠軍將軍、雍州刺史。時寇賊未平，朝廷難違其意，許之。玄於是樹用腹心，兵馬日盛，屢上疏求討孫恩，詔輒不許。其後恩逼京都，玄建牙聚衆，外託勤王，實欲觀釁而進，復上疏請討之。會恩已走，玄又奉詔解嚴。以偉爲江州，鎮夏口；司馬刁暢爲輔國將軍、督八郡，鎮襄陽；遣桓振、皇甫敷、馮該等戍湓口。移沮漳蠻二千户於江南，立武寧郡；更招集流人，立綏安郡。又置諸郡丞。詔徵廣州刺史刁逵、豫章太守郭昶之，玄皆留不遣。自謂三分有二，知勢運所歸，屢上禎祥，以爲己瑞。

初，庾楷既奔於玄，玄之求討孫恩也，以爲右將軍。玄既解嚴，楷亦去職。楷以玄方與朝廷構怨，恐事不克，禍及於己，乃密結於後將軍元顯，許爲内應。元興初，元顯稱詔伐玄，玄從兄石生時爲太傅長史，密書報玄。玄本謂揚土饑饉，孫恩未滅，必未遑討己，可得蓄力養衆，觀釁而動。既聞元顯將伐之，甚懼，欲保江陵。長史卞範之説玄曰：「公英略威名振於天下，元顯口尚乳臭，劉牢之大失物情，若兵臨近畿，示以威賞，則土崩之勢可翹足而待，何有延敵入境，自取蹙弱者乎？」玄大悦，乃留其兄偉守江陵，抗表率衆，下至尋陽，移檄京邑，罪狀元顯。檄至，元顯大懼，下船而不克發。玄既失人情，而興師犯順，慮衆不爲用，恒有迴旆之計。既過尋陽，不見王師，意甚悦，其將吏亦振。庾楷謀泄，收縶之。至姑孰，使其將馮該、苻宏、皇甫敷、索元等先攻譙王尚之，尚之敗。劉牢之遣子敬宣詣玄降。

玄至新亭，元顯自潰。玄入京師，矯詔曰：「義旗雲集，罪在元顯。太傅已别有教，其解嚴息甲，以副義心。」又矯詔加己總百揆，侍中、都督中外諸軍事、丞相、録尚書事、揚州牧，領徐州刺史，又加假黄鉞，羽葆鼓吹，班劍二十人，置左右長史、司馬、從事中郎四人，甲仗二百人上殿。玄表列太傅道子及元顯之惡，徙道子於安成郡，害元顯於市。於是玄入居太傅府，害太傅中郎毛泰、泰弟游擊將軍邃、太傅參軍荀遜、前豫州刺史庾楷父子、吏部郎袁遵、譙王尚之等，流尚之弟丹楊尹恢之、廣晉伯允之、驃騎長史王誕、太傅主簿毛遁等於交、廣諸郡，尋追害恢之、允之於道。以兄偉爲安西將軍、荆州刺史，領南蠻校尉，從兄謙爲左僕射、加中軍將軍、領選，脩爲右將軍、徐、兖二州刺史，石生爲前將軍、江州刺史，長史卞範之爲建武將軍、丹楊尹，王謐爲中書令、領軍將軍。大赦，改元爲大亨。玄讓丞相，自署太尉、領平西將軍、豫州刺史。又加袞冕之服，緑綟綬，增班劍爲六十人，劍履上殿，入朝不趨，讃奏不名。

玄將出居姑孰，訪之於衆，王謐對曰：「《公羊》有言，周公何以不之魯？欲天下一乎周也。願静根本，以公旦爲心。」玄善其對而不能從。遂大築城府，臺館山池，莫不壯麗，乃出鎮焉。既至姑孰，固辭録尚書事，詔許之，而大政皆諮焉，小事則決於桓謙、卞範之。

自禍難屢構，干戈不戢，百姓厭之，思歸一統。及玄初至也，黜凡佞，擢儁賢，君子之道粗備，京師欣然。後乃陵侮朝廷，幽擯宰輔，豪奢縱欲，衆務繁興，於是朝野失望，人不安業。時會稽饑荒，玄令賑貸之。百姓散在江湖採梠，内史王愉悉召之還。請米，米既不多，吏不時給，頓仆道路死者十八九焉。玄又害吴興太守高素、輔國將軍竺謙之、謙之從兄高平相朗之、輔國將軍劉襲、襲弟彭城内史季武、冠軍將軍孫無終等，皆牢之之黨、北府舊將也。襲兄冀州刺史軌及寧朔將軍高雅之、牢之子敬宣並奔慕容德。玄諷朝廷以己平元顯功，封豫章公，食安成郡地方二百二十五里，邑七千五百户；平仲堪、佺期功，封桂陽郡公，地方七十五里，邑二千五百户；本封南郡如故。玄以豫章改封息昇，桂陽郡公賜兄子濬，降爲西道縣公。又發詔爲桓温諱，有姓名同者一皆改之，贈其母馬氏豫章公太夫人。

元興二年，玄詐表請平姚興，又諷朝廷作詔，不許。玄本無資力，而好爲大言，既不克行，乃云奉詔故止。初欲飾装，無他處分，先使作輕舸，載服玩及書畫等物。或諫之，玄曰：「書畫服玩既宜恒在左右，且兵凶戰危，脱有不意，當使輕而易運。」衆咸笑之。

是歲，玄兄偉卒，贈開府、驃騎將軍，以桓脩代之。從事中郎曹靖之説玄以桓脩兄弟職居内外，恐權傾天下，玄納之，乃以南郡相桓石康爲西中郎將、荆州刺史。偉服始以公除，玄便作樂。初奏，玄撫節慟哭，既而收淚盡歡。玄所親仗唯偉，偉既死，玄乃孤危。而不臣之迹已著，自知怨滿天下，欲速定簒逆，殷仲文、卞範之等又共催促之，於是先改授羣司，解琅邪王司徒，遷太宰，加殊禮，以桓謙爲侍中、衞將軍、開府、録尚書事，王謐散騎常侍、中書監，領司徒，桓胤中書

令，加桓脩散騎常侍、撫軍大將軍。置學官，教授二品子弟數百人。又矯詔加其相國，總百揆，封南郡、南平、宜都、天門、零陵、營陽、桂陽、衡陽、義陽、建平十郡，爲楚王，揚州牧，領平西將軍、豫州刺史如故，加九錫備物。楚國置丞相已下，一遵舊典。又諷天子御前殿而策授焉。玄屢僞讓，詔遣百僚敦勸，又云：「當親降鑾輿乃受命。」矯詔贈父温爲楚王，南康公主爲楚王后。以平西長史劉瑾爲尚書，刁逵爲中領軍，王嘏爲太常，殷叔文爲左衛，皇甫敷爲右衛，凡衆官合六十餘人，爲楚官屬。玄解平西、豫州，以平西文武配相國府。【略】

玄僞上表求歸藩，又自作詔留之，遣使宣旨，玄又上表固請，又諷天子作手詔固留焉。玄好逞僞辭，塵穢簡牘，皆此類也。謂代謝之際宜有禎祥，乃密令所在上臨平湖開除清朗，使衆官集賀。矯詔曰：「靈瑞之事，非所敢聞也，斯誠相國至德，故事爲之應。太平之化，於是乎始，六合同悦，情何可言！」又詐云江州甘露降王成基家竹上。玄以歷代咸有肥遯之士，而己世獨無，乃徵皇甫謐六世孫希之爲著作，并給其資用，皆令讓而不受，號曰高士，時人名爲「充隱」。議復肉刑，斷錢貨，迴復改異，造革紛紜，志無一定，條制森然，動害政理。性貪鄙，好奇異，尤愛寶物，珠玉不離於手。人士有法書好畫及佳園宅者，悉欲歸己，猶難逼奪之，皆蒱博而取。遣臣佐四出，掘果移竹，不遠數千里，百姓佳果美竹無復遺餘。信悦諂譽，逆忤讜言，或奪其所憎與其所愛。

十一月，玄矯制加其冕十有二旒，建天子旌旗，出警入蹕，乘金根車，駕六馬，備五時副車，置旄頭雲罕，樂儛八佾，設鍾虡宮縣，妃爲王后，世子爲太子，其女及孫爵命之號，皆如舊制。玄乃多斥朝臣爲太宰僚佐，又矯詔使王謐兼太保，領司徒，奉皇帝璽禪位於己。又諷帝以禪位告廟，出居永安宮，移晉神主於琅邪廟。

初，玄恐帝不肯爲手詔，又慮璽不可得，逼臨川王寶請帝自爲手詔，因奪取璽。比臨軒，璽已久出，玄甚喜。百官到姑孰勸玄僭僞位，玄僞讓，朝臣固請，玄乃於城南七里立郊，登壇篡位，以玄牡告天，百僚陪列，而儀注不備，忘稱萬歲，又不易帝諱。榜爲文告天皇后帝云：「晉帝欽若景運，敬順明命，以命于玄。夫天工人代，帝王所以興，匪君莫治，惟德司其元，故承天理物，必由一統。並聖不可以二君，非賢不可以無主，故世換五帝，鼎遷三代。爰暨漢魏，咸歸勳烈。晉自中葉，仍世多故，海西之亂，皇祚殆移。九代廓寧之功，升明黜陟之勳，微禹之德，左衽將及。太元之末，君子道消，積釁基亂。鍾於隆安，禍延士庶，理絶人倫。玄雖身在草澤，見棄時班，義情理感，胡能無慨！投袂克清之勞，阿衡撥亂之績，皆仰憑先德遺愛之利，玄何功焉！屬當理運之會，猥集樂推之數，以寡昧之身，踵下武之重，膺革泰之始，託王公之上，誠仰藉洪基，德漸有由。夕惕祗懷，罔知攸厝。君位不可以久虚，人神不可以乏饗，是用敢不奉以欽恭大禮，敬簡良辰，升壇受禪，告類上帝，以永綏衆望，式孚萬邦，惟明靈是饗。」乃下書曰：「夫三才相資，天人所以成功；理由一統，貞夫所以司契。帝王之興，其源深矣。自三五已降，世代參差，雖所由或殊，其歸一也。朕皇考宣武王聖德高邈，誕啓洪基，景命攸歸，理貫自昔。中間屯險，弗克負荷，仰瞻宏業，殆若綴旒。藉否終之運，遇時來之會，用獲除姦救溺，拯拔人倫。晉氏以多難薦臻，曆數唯既，典章唐虞之準，述遵漢魏之則，用集天禄於朕躬。惟德不敏，辭不獲命，稽若令典，遂升壇燎于南郊，受終于文祖。思覃斯慶，願與億兆聿茲更始。」於是大赦，改元永始，賜天下爵二級，孝悌力田人三級，鰥寡孤獨不能自存者穀人五斛。其賞賜之制，徒設空文，無其實也。初出僞詔，改年爲建始，右丞王悠之曰：「建始，趙王倫僞號也。」又改爲永始，復是王莽始執權之歲，其兆號不祥、冥符僭逆如此。又下書曰：「夫三恪作賓，有自來矣。爰暨漢魏，咸建疆宇。晉氏欽若曆數，禪位于朕躬，宜則是古訓，授茲茅土。以南康之平固縣奉晉帝爲平固王，車旗正朔，一如舊典。」遷帝居尋陽，即陳留王處鄴宫故事。降永安皇后爲零陵君，琅邪王爲石陽縣公，武陵王遵爲彭澤縣侯。追尊其父温宣武皇帝，廟稱太廟，南康公主爲宣皇后。封子昇爲豫章郡王，叔父雲孫、放之爲寧都縣王，豁孫稚玉爲臨沅縣王，豁次子石康爲右將軍、武陵郡王，祕子蔚爲醴陵縣王，贈沖太傅、宣城郡王，加殊禮。依晉安平王故事，以孫胤襲爵，爲吏部尚書，沖次子謙爲揚州刺史、新安郡王，謙弟脩爲撫軍大將軍、安成郡王，兄歆臨賀縣王，禕富陽縣王，贈偉侍中、大將軍、義興郡王，以子濬襲爵，爲輔國將軍，濬弟邈西昌縣王。封王謐爲武昌公，班劍二十人，卞範之爲臨汝公，殷仲文爲東興公，馮該爲魚復侯。又降始安郡公爲縣公，長沙爲臨湘縣公，廬陵爲巴丘縣公，各千户。其康樂、武昌、南昌、望蔡、建興、永脩、觀陽皆降封百户，公侯之號如故。又普進諸征、鎮軍號各有差。以相國左長史王綏爲中書令。崇桓謙母庾氏爲宣城太妃，加殊禮，給以輦乘。號温墓曰永崇陵，置守衛四十人。

玄入建康宫，逆風迅激，旍旗儀飾皆傾偃。及小會于西堂，設妓樂，殿上施

絳綾帳，縷黃金爲顏，四角作金龍，頭銜五色羽葆旒蘇，羣臣竊相謂曰：「此頗似轜車，亦王莽仙蓋之流也。龍角，所謂亢龍有悔者也。」又造金根車，駕六馬。是月，玄臨聽訟，觀閱囚徒，罪無輕重，多被原放。有干輿乞者，時或卹之。其好行小惠如此。自以水德，壬辰，臘于祖。改尚書都官郎爲賊曹，又增置五校、三將及强弩、積射武衛官。元興三年，玄之永始二年也，尚書答「春蒐」字誤爲「春菟」，凡所關署皆被降黜。玄大綱不理，而糾擿纖微，皆此類也。以其妻劉氏爲皇后，將修殿宇，乃移入東宮。又開東掖、平昌、廣莫及宮殿諸門，皆爲三道。更造大輦，容三十人坐，以二百人舁之。性好畋遊，以體大不堪乘馬，又作徘徊輿，施轉關，令迴動無滯。既不追尊祖、曾，疑其禮儀，問於羣臣。散騎常侍徐廣據晉典宜追立七廟，又敬其父則子悅，位彌高者情理得申，道愈廣者納敬必普也。玄曰：「《禮》云三昭、三穆，與太祖爲七，然則太祖必居廟之主也，昭穆皆自下之稱，則非逆數可知也。禮，太祖東向，左昭右穆。如晉室之廟，則宣帝在昭穆之列，不得在太祖之位。昭穆既錯，太祖無寄，失之遠矣。」玄、曾祖以上名位不顯，故不欲序列，且以王莽九廟見譏於前史，遂以一廟矯之，郊廟齋二日而已。祕書監卞承之曰：「祭不及祖，知楚德之不長也。」又毀晉小廟，以廣臺榭。其庶母蒸嘗，靡有定所，忌日見賓客遊宴，唯至亡時一哭而已。朞服之內，不廢音樂。玄出遊水門，飄風飛其儀蓋。夜，濤水入石頭，大桁流壞，殺人甚多。大風吹朱雀門樓，上層墜地。

玄自篡盜之後，驕奢荒侈，遊獵無度，以夜繼晝。兄偉葬日，旦哭晚遊，或一日之中屢出馳騁。性又急暴，呼召嚴速，直官咸繫馬省前，禁內讙雜，無復朝廷之體。於是百姓疲苦，朝野勞瘁，怨怒思亂者十室八九焉。於是劉裕、劉毅、何無忌等共謀興復。裕等斬桓脩於京口，斬桓弘於廣陵，河內太守辛扈興、弘農太守王元德、振威將軍童厚之、竟陵太守劉邁謀爲內應。至期，裕遣周安穆報之，而邁惶遽，遂以告玄。玄震駭，即殺扈興等，安穆馳去得免。封邁重安侯，一宿又殺之。

裕率義軍至竹里，玄移還上宮，百僚步從，召侍官皆入止省中。赦揚、豫、徐、兗、青、冀六州，加桓謙征討都督、假節，以殷仲文代桓脩，遣頓丘太守吳甫之、右衛將軍皇甫敷北距義軍。裕等於江乘與戰，臨陣斬甫之，進至羅落橋，與敷戰，復梟其首。玄聞之大懼，乃召諸道術人推算數爲厭勝之法，乃問衆曰：「朕其敗乎？」曹靖之對曰：「神怒人怨，臣實懼焉。」玄曰：「人或可怨，神何爲怒？」對曰：「移晉宗廟，飄泊失所，大楚之祭，不及於祖，此其所以怒也。」玄曰：「卿何不諫？」對曰：「輦上諸君子皆以爲堯舜之世，臣何敢言？」玄愈忿懼，使桓謙、何澹之屯東陵，卞範之屯覆舟山西，衆合二萬，以距義軍。裕至蔣山，使羸弱貫油帔登山，分張旗幟，數道並前。玄偵候還云：「裕軍四塞，不知多少。」玄益憂惶，遣武衛將軍庾頤之配以精卒，副援諸軍。於時東北風急，義軍放火，煙塵張天，鼓譟之音震駭京邑。劉裕執鉞麾而進，謙等諸軍一時奔潰。玄率親信數千人聲言赴戰，遂將其子昇、兄子濬出南掖門，西至石頭，使殷仲文具船，相與南奔。

初，玄在姑孰，將相星屢有變，篡位之夕，月及太白，又入羽林，玄甚惡之。及敗走，腹心勸其戰，玄不暇答，直以策指天。而經日不得食，左右進以粗飯，咽不能下。昇時年數歲，抱玄胸而撫之，玄悲不自勝。

劉裕以武陵王遵攝萬機，立行臺，總百官。遣劉毅、劉道規躡玄，誅玄諸兄子及石康兄權、振兄洪等。

玄至尋陽，江州刺史郭昶之給其器用兵力。殷仲文自後至，望見玄舟，旌旗輿服備帝者之儀，歎息曰：「敗中復振，故可也。」玄於是逼乘輿西上。桓歆聚黨向歷陽，宣城內史諸葛長民擊破之。玄於道作起居注，敍其距義軍之事，自謂經略指授，算無遺策，諸將違節度，以致虧喪，非戰之罪。於是不遑與羣下謀議，唯耽思誦述，宣示遠近。玄至江陵，石康納之，張幔屋於城南，署置百官，以卞範之爲尚書僕射，其餘職多用輕資。於是大修舟師，曾未三旬，衆且二萬，樓船器械甚盛。謂其羣黨曰：「卿等並清塗翼從朕躬，都下竊位者方應謝罪軍門，其覲卿等入石頭，無異雲霄中人也。」

玄以奔敗之後，懼法令不肅，遂輕怒妄殺，人多離怨。殷仲文諫曰：「陛下少播英譽，遠近所服，遂掃平荆、雍，一匡京室，聲被八荒矣。既據有極位，而遇此圮運，非爲威不足也。百姓喁喁，想望皇澤，宜弘仁風，以收物情。」玄怒曰：「漢高、魏武幾遇敗，但諸將失利耳！以天文惡，故還都舊楚，而羣小愚惑，妄生是非，方當糾之以猛，未宜施之以恩也。」玄左右稱玄爲「桓詔」，桓胤諫曰：「詔者，施於辭令，不以爲稱謂也。漢魏之主皆無此言，唯聞北虜以苻堅爲『苻詔』耳。願陛下稽古帝則，令萬世可法。」玄曰：「此事已行，今宣敕罷之，更爲不祥。必其宜革，可待事平也。」荆州郡守以玄播越，或遣使通表，有匪寧之辭，玄悉不受，仍乃更令所在表賀遷都。

玄遣遊擊將軍何澹之、武衛將軍庾稚祖、江夏太守桓道恭就郭銓，以數千人守湓口。又遣輔國將軍桓振往義陽聚衆，至弋陽，爲龍驤將軍胡譁所破，振單騎走還。何無忌、劉道規等破郭銓、何澹之、郭昶之於桑落洲，進師尋陽。玄率舟艦二百發江陵，使苻宏、羊僧壽爲前鋒。以鄱陽太守徐放爲散騎常侍，欲遣説解義軍，謂放曰：「諸人不識天命，致此妄作，遂懼禍屯結，不能自反。卿三州所信，可明示朕心，若退軍散甲，當與之更始，各授位任，令不失分。江水在此，朕不食言。」放對曰：「劉裕爲唱端之主，劉毅兄爲陛下所誅，並不可説也。輒當申聖旨於何無忌。」玄曰：「卿使若有功，當以吳興相敍。」放遂受使，入無忌軍。

魏詠之破桓歆於歷陽，諸葛長民又敗歆於芍陂，歆單馬渡淮。毅率道規及下邳太守孟懷玉與玄戰於峥嶸洲。於時義軍數千，玄兵甚盛，而玄懼有敗衄，常漾輕舸於舫側，故其衆莫有鬬心。義軍乘風縱火，盡鋭争先，玄衆大潰，燒輜重夜遁，郭銓歸降。玄故將劉統、馮稚等聚黨四百人，襲破尋陽城，毅遣建威將軍劉懷肅討平之。玄留永安皇后及皇后於巴陵。殷仲文時在玄艦，求出别船收集散軍，因叛玄，奉二后奔於夏口。玄入江陵城，馮該勸使更下戰，玄不從，欲出漢川，投梁州刺史桓希，而人情乖阻，制令不行。玄乘馬出城，至門，左右於闇中斫之，不中，前後相殺交横，玄僅得至船。於是荆州别駕王康産奉帝入南郡府舍，太守王騰之率文武營衛。

時益州刺史毛璩使其從孫祐之、參軍費恬送弟璠喪葬江陵，有衆二百，璩弟子脩之爲玄屯騎校尉，誘玄以入蜀，玄從之。達枚回洲，恬與祐之迎擊玄，矢下如雨。玄嬖人丁仙期、萬蓋等以身蔽玄，並中數十箭而死。玄被箭，其子昇輒拔去之。益州督護馮遷抽刀而前，玄拔頭上玉導與之，仍曰：「是何人邪？敢殺天子！」遷曰：「欲殺天子之賊耳。」遂斬之，時年三十六。又斬石康及濬等五級，庾頤之戰死。昇云：「我是豫章王，諸君勿見殺。」送至江陵市斬之。

初，玄在宫中，恒覺不安，若爲鬼神所擾，語其所親云：「恐己當死，故與時競。」元興中，衡陽有雌雞化爲雄，八十日而冠萎。及玄建國於楚，衡陽屬焉，自篡盜至敗，時凡八旬矣。其時有童謡云：「長干巷，巷長干。今年殺郎君，後年斬諸桓。」其凶兆符會如此。郎君，謂元顯也。

是月，王騰之奉帝入居太府。桓謙亦聚衆沮中，爲玄舉哀，立喪庭，僞謚爲武悼皇帝。毅等傳送玄首，梟於大桁，百姓觀者莫不欣幸。

雜録

備録

《世説新語·德行》注引《桓玄别傳》 玄字敬道，譙國龍亢人，大司馬温少子也。幼童中，温甚愛之。臨終命以爲嗣。年七歲，襲封南郡公，拜太子洗馬、義興太守。不得志，少時去職，歸其國。與荆州刺史殷仲堪素舊，情好甚隆。

《世説新語·德行》 桓南郡玄也。既破殷荆州，收殷將佐十許人，咨議羅企生亦在焉。桓素待企生厚，將有所戮，先遣人語云：「若謝我，當釋罪。」企生答曰：「爲殷荆州吏，今荆州奔亡，存亡未判，我何顔謝桓公？」既出市，桓又遣人問欲何言？答曰：「昔晉文王殺嵇康，而嵇紹爲晉忠臣。從公乞一弟以養老母。」桓亦如言宥之。桓先曾以一羔裘與企生母胡，胡時在豫章，企生問至，即日焚裘。

《世説新語·言語》 桓玄義興還後，見司馬太傅，太傅已醉，坐上多客，問人云：「桓温來欲作賊，如何？」桓玄伏不得起。謝景重時爲長史，舉板答曰：「故宣武公黜昏闇，登聖明，功超伊、霍。紛紜之議，裁之聖鑒。」太傅曰：「我知！我知！」即舉酒云：「桓義興，勸卿酒。」桓出謝過。

《世説新語·文學》 桓玄嘗登江陵城南樓云：「我今欲爲王孝伯作誄。」因吟嘯良久，隨而下筆。一坐之閑，誄以之成。

《世説新語·文學》 桓玄初并西夏，領荆、江二州，二府一國。于時始雪，五處俱賀，五版并入。玄在聽事上，版至即答。版後皆粲然成章，不相揉雜。

《世説新語·品藻》 桓玄爲太傅，大會，朝臣畢集。坐裁竟，問王楨之曰：「我何如卿第七叔？」王氏譜曰：「楨之字公干，琅邪人，徽之子。歷侍中、大司馬長史。」第七叔，獻之也。于時賓客爲之咽氣。王徐徐答曰：「亡叔是一時之標，公是千載之英。」

《世説新語·規箴》 桓玄欲以謝太傅宅爲營，謝混曰：「召伯之仁，猶惠及甘棠；文靖之德，更不保五畝之宅。」玄慚而止。

《世説新語·規箴》 桓南郡好獵，每田狩，車騎甚盛。五六十里中，旌旗蔽隰。騁良馬，馳擊若飛，雙甄所指，不避陵壑。或行陳不整，□兔騰逸，參佐無不被係束。桓道恭，玄之族也，時爲賊曹參軍，頗敢直言。常自帶絳綿繩箸腰中，玄問「此何爲？」答曰：「公獵，好縛人士，會當被縛，手不能堪芒也。」玄自此小差。

《世説新語·夙惠》 桓宣武薨，桓南郡年五歲，服始除，桓車騎與送故文武别，因指與南郡：「此皆汝家故吏佐。」玄應聲慟哭，酸感傍人。車騎每自目己坐曰：「靈寶成人，當以此坐還之。」鞠愛過于所生。

《世説新語·豪爽》 桓玄西下，入石頭。外白：「司馬梁王奔叛。」玄時事形已濟，在平乘上笳鼓并作，直高咏云：「簫管有遺音，梁王安在哉？」

《世説新語·傷逝》 桓玄當篡位，語卞鞠云：「卞範已見。昔羊子道恒禁吾此意。今腹心喪羊孚，爪牙失索元，而怱怱作此詆突，詎允天心？」

《世説新語·任誕》 桓南郡被召作太子洗馬，船泊荻渚。王大服散後已小醉，往看桓。桓爲設酒，不能冷飲，頻語左右：「令温酒來！」桓乃流涕嗚咽，王便欲去。桓以手巾掩泪，因謂王曰：「犯我家諱，何預卿事？」王歎曰：「靈寶故自達。」

《世説新語·任誕》注引《玄别傳》 玄初拜太子洗馬，時朝廷以温有不臣之迹，故抑玄爲素官。

《世説新語·任誕》注引《晉安帝紀》 玄哀樂過人，每歡戚之發，未嘗不至嗚咽。

《世説新語·任誕》注引《異苑》 玄生而有光照室，善占者云：「此兒生有奇耀，宜目爲天人。」宣武嫌其三文，復言爲「神靈寶」，猶復用三。既難重前，却減「神」一字，名曰「靈寶」。

《世説新語·忿狷》 桓南郡小兒時，與諸從兄弟各養鵝共斗。南郡鵝每不如，甚以爲忿。迺夜往鵝欄閑，取諸兄弟鵝悉殺之。既曉，家人咸以驚駭，云是變怪，以白車騎。車騎曰：「無所致怪，當是南郡戲耳！」問，果如之。

裴啓《裴子語林》 桓玄不立忌日，止立忌時。每至日，弦歌不廢。

桓玄字信迺，沛國龍亢人也。晉時爲部公，與荆州刺史殷仲堪語次，二人遂相爲嘲。玄曰：「火燎平原無遺燎。」堪曰：「投魚深泉放飛鳥。」次復危言，玄曰：「矛頭淅米劍頭炊，百歲老翁攀枯枝。」堪曰：「井上轆轤卧小兒。」晉末安帝時人。

許嵩《建康實録》卷一〇 玄字敬道，一名靈寶，温之孽子也。其母馬氏，嘗與同輩夜坐，月下流星墜銅盆水中，如二寸火珠，冏然明净，競以瓢接取，馬氏得而吞之，遂有娠，生玄。及産，夜光照室，占者奇之，故小名靈寶。嬭媪每抱詣温，輒易人而後至，云其重兼常兒，温甚愛異之。臨終，年尚幼，弟沖命以爲嗣，襲爵，封南郡公。

及長，形貌瓌奇，風神疎朗，博綜文武，常負其才地，以雄豪自處，衆憚之。年二十三，始拜太守，鬱鬱不得志。嘗登高望震澤歎曰：「父爲九州伯，兒爲五湖長！」遂棄官歸國。時議謂温有不臣之迹，故折玄兄弟而爲素官。玄自以元勳之門，而負謗於世，乃上疏自理，寢不報。在荆楚積年，優游無事。及王國寶用權，内外騷動，玄因説荆州殷仲堪舉兵，與王恭同匡朝政。朝廷乃殺國寶以謝，乃罷兵。時會稽王道子秉政，以玄爲廣州刺史。

隆安初，王恭又起兵討江州刺史王愉，仲堪給玄兵五千人，以應恭。尋詔玄爲江州刺史，玄始得志，襲破江陵，殺仲堪於冠軍城。遂收羅荆、雍，廣樹腹心，兵馬日盛。屢上疏求討孫恩，朝廷知其志，乃内外爲備。玄遂舉兵下破王師，頻矯詔自改進爵位，殺害朝權，而擁強兵出鎮姑孰。

本無資力，好爲大言，乃詐表請平姚興，又諷朝廷作詔，不許，衆竊笑之。謀欲篡奪，以爲代謝之際，宜有符瑞，遂僞云江州甘露降王成基家竹上。又以歷代咸有肥遁之士，而己世獨無，乃徵皇甫謐六世孫希之爲著作郎，而密令讓不受，號曰高士，時人名爲「充隱」。議復肉刑，斷錢貨，迴復改易，造革紛紜。性貪鄙，好奇異，珠玉不離於手。人士有法書好畫及佳園宅者，悉欲歸己，猶難逼奪之，皆蒱博而取。遣臣佐四出，掘果移竹，不遠數千里。十一月，玄矯制使王謐兼太保，領司徒奉皇帝璽禪位於己。恐帝不肯爲手詔，又慮璽不可得，逼臨川王寶請帝自爲手詔，因奪取璽。比臨軒，璽已久出，玄甚喜。及篡位，初出僞詔，改年爲建始，右丞王悠之曰：「趙王倫僞號也。」又改爲永始，復是王莽始執權之歲，其兆號不祥如此。僞永始二年，以其妻劉氏爲皇后。

玄性好畋遊，以體大不堪乘馬，又作徘徊輿，施轉關，令迴動無滯。出遊水門，飄風飛其儀蓋。玄自篡奪之後，驕奢荒淫，遊獵無度。又性急暴，呼召嚴速，直官咸繫馬省前，禁内讙雜，無復朝廷之體。百姓疲苦，朝野怨怒。於是劉裕、劉毅、何無忌等共謀興復。及皇甫敷敗没，玄大懼，乃召諸道術人推算數爲厭勝之法。使桓謙、何澹之屯東陵，卞範之屯覆舟山西，謙等軍敗，玄率親信數千人

聲言赴戰，遂將其子昇、兄子濬出南掖門，西至石頭，具船南奔。

初，玄在姑孰，將相星屢變；篡位之夕，月及太白，入羽林，玄惡之。及敗走，腹心勸其戰，玄不暇答，直以策指天。經日不得食，左右進麄飯，咽不能下。昇年數歲，抱玄胸而撫之，玄悲不自勝。至尋陽，江州刺史郭昶之給其乘輿器用兵力。殷仲文自後至，望見玄備帝者之儀，歎息曰：「敬道敗中復振，故可也。」玄挾帝西上，至江陵，更署置百官。以奔敗之後，嚴肅法命。劉裕使劉道規、何無忌等追玄，破郭昶之於桑落洲。尋令鄱陽太守徐放下説解義軍，放對曰：「劉裕爲唱義主，劉毅兄爲陛下所誅，並不可説也。」玄率舟艦將出，而劉毅與道規等破之，玄衆大潰，僅得走追船。

時益州刺史毛璩弟子脩之，爲玄屯騎校尉，誘玄入蜀，玄從之。至枚回，璩參軍費恬與毛祐之等迎擊之，矢若雨，有箭，子昇輒拔去之。馮遷抽刀而前，玄曰：「何人敢殺天子？」遷曰：「欲殺天子之賊爾。」遂斬之，時年三十六。

劉義慶《幽明録》 陳郡袁真在豫州，送妓女阿薛、阿郭、阿馬三人與桓宣武。至經時，三人共出庭前觀望，見一流星，直墮盆水中。薛、郭二人更以瓢取，皆不得；阿馬最後取星，正入瓢中。使飲之，即覺有妊，遂生桓玄。

李昉《太平廣記》卷二二八《桓玄》 殷仲堪與桓玄共藏鈎，一朋百籌，桓朋欲不勝，唯餘虎探在。顧愷之爲殷仲堪參軍，屬病疾在廨。桓遣信，請顧起病，令射取虎探。即來，坐定，語顧云：「君可取鈎。」顧答云：「賞百匹布。」顧即取得鈎，桓朋遂勝。

李昉《太平廣記》卷三六八《桓玄》 東晉桓玄時，朱雀門下。忽有兩小兒，通身如墨，相和作《芒籠歌》。路邊小兒從而和之數十人。歌云：「芒籠茵，繩縛腹。車無軸，倚孤木。」聲甚哀楚，聽者忘歸。日既夕，二小兒還入建康縣，至閣下，遂成一雙漆鼓槌。鼓吏列云：槌積久。比桓失之而復得，不意作人也。明年春而桓玄敗。言車無軸，倚孤木，「桓」字也。荆州送玄首，用敗籠茵包裹之，又以芒繩束縛其尸，沈諸江中，悉如童謡所言爾。

備論

《晉書》卷九九《桓玄傳》 桓玄纂凶，父之餘基。挾姦回之本性，含怒於失職；苞藏其家心，抗表以稱冤。登高以發憤，觀釁而動，窺圖非望。始則假寵於仲堪，俄而戮殷以逞欲，遂得據全楚之地。驅勁勇之兵，因晉政之陵遲；乘會稽之酗醟，縱其狙詐之計，扇其陵暴之心，敢率犬羊，稱兵內侮。天長喪亂，凶力實繁，踰年之間，奄傾晉祚。自謂法堯禪舜，改物君臨，鼎業方隆，卜年惟永。俄而義旗電發，忠勇雷奔，半辰而都邑廓清，踰月而凶渠即戮，更延墜曆，復振頹綱。是知神器不可以闇干，天禄不可以妄處者也。夫帝王者，功高宇內，道濟含靈，龍宫鳳曆表其祥，彤雲玄石呈其瑞，然後光臨大寶，克享鴻名，允徯后之心，副樂推之望。若桓玄之幺麽，豈足數哉！適所以干紀亂常，傾宗絶嗣，肇金行之禍難，成宋氏之驅除者乎！

靈寶隱賊，世載凶德。信順未孚，姦回是則。肆逆遷鼎，憑威縱慝。違天虐人，覆宗殄國。

《晉書》卷一一七《姚興載記上》 興臨東堂引見，謂虔之等曰：「桓玄雖名晉臣，其實晉賊，其才度定何如父也？能辦成大事以不？」虔之曰：「玄藉世資，雄據荆楚，屬晉朝失政，遂偷竊宰衡。安忍無親，多忌好殺，位不才授，爵以愛加，無公平之度，不如其父遠矣。今既握朝權，必行篡奪，既非命世之才，正可爲他人驅除耳。」

《唐文拾遺》卷一三虞世南《論略》 公子曰：「桓元聰明有夙智，奇才遠略，亦一代之異人。而遂致滅亡，運祚不終，何也？」

先生曰：「夫人君之量，必器度宏遠。虚己應物，覆載同於天地，信誓合於寒暄，然後萬姓樂推而不厭也。彼桓元者，蓋有浮狡之小智，而無含宏之大德。值晉室衰亂，威不迫下，故能肆其爪牙，一時篡奪，安國治人，無聞焉耳。以僥幸之才，逢神武之運，至于夷滅，固其亦也。」

胡寅《讀史管見》卷九 靈寶貪慾無厭，見人法書、名畫、田宅之美者，必以蒲博盡取之乃已，尤好寶玩，珠玉不去手，其情致污下已甚，而欲建非常之事。且白刃在前，抽冠導以與之，謂人所好與己同，謂玉之貴甚於死，其冥頑不靈，一至于是，其初亦豈有異於人哉？

【略】桓玄能遠繩祖武，近憲叔父，乘上流資力，入清朝廷，除其奸蠹而建其俊傑，削其苛政而布其惠澤，以匡合扶持之功，成孝子賢孫之美，使區區晉室，亂而復治，傾而復支，孟德、仲達之事褊矣。釋此不圖，而意在篡奪，略法王莽，又不及焉。

王夫之《讀通鑑論》卷一四 成敗之數，亦曉然易見矣，而苟非間世之英傑，

無能見者，氣燄之相取相軋，有以蕩人之心神，使之回惑也。天下不可易者，理也；因乎時而爲一動一靜之勢者，幾也。桓玄豎子而干天步，討之必克，理無可疑矣。然君非君，相非相，則理抑不能爲之伸；以力相敵，而力尤不可恃；惡容不察其幾哉？

玄犯歷陽，司馬休之走矣，尚之潰矣，玄所畏者，劉牢之擁北府之兵爾。牢之固曰：「吾取玄如反手。」牢之即有不軌之心，何必不誅玄而挾功以軋元顯，忽懷異志以附玄。甚矣！牢之之詐而愚也。唯劉裕見之也審，故與何無忌、劉敬宣極諫牢之，以決於討玄。斯時也，剛決而無容待也，幾也。玄已入建業，總百揆，督中外，布置腹心於荆、江、徐、兗、丹陽以爲鞏固，而玄抑矯飾以改道子昏亂之政，人情冀得少安。【略】

夫幾亦易審矣，事後而反觀之，粲然無可疑者。而迂疏之士，執一理以忘衆理，則失之；狂狡之徒，見其幾而别挾一機，則尤失之；無他，氣燄之相取相軋，信亂而不信有已亂之幾也。裕告無忌曰：「玄若守臣節，則與卿事之。」非僞説也，亂有可已之幾，不可逆也。又曰：「不然，當與卿圖之。」則玄已在裕目中矣。所謂間世之英傑能見幾者，如此而已矣，豈有不可測之神智乎？

【略】夫玄據上流，餒三吳以弱朝廷，自以爲得計矣，又惡知已既竊晉而有之，則三吳者又已他日之根本也。使玄能撫之以乘京口之後，何至一敗而無餘哉？故殃人者，未有不自殃者也。

藝文

厲鶚《宋詩紀事》卷六七　晉至昌明祚已終，讖文猶有兩昏童。桓玄偷得宮中璽，郤屬新河伐荻翁。

拓跋珪部

綜述

《魏書》卷二《太祖紀》　太祖道武皇帝，諱珪，昭成皇帝之嫡孫，獻明皇帝之子也。母曰獻明賀皇后。初因遷徙，遊于雲澤，既而寢息，夢日出室內，寤而見光自牖屬天，欻然有感。以建國三十四年七月七日，生太祖於參合陂北，其夜復有光明。昭成大悦，羣臣稱慶，大赦，告於祖宗。保者以帝體重倍於常兒，竊獨奇怪。明年有榆生於埋胞之坎，後遂成林。弱而能言，目有光曜，廣顙大耳，衆咸異之。年六歲，昭成崩。苻堅遣將内侮，將遷帝於長安，既而獲免。堅軍既還，國衆離散。堅使劉庫仁、劉衛辰分攝國事。南部大人長孫嵩及元他等，盡將故民南依庫仁，帝於是轉幸獨孤部。

元年，葬昭成皇帝於金陵，營梓宮，木柹盡生成林。帝雖沖幼，而嶷然不羣。庫仁常謂其子曰：「帝有高天下之志，興復洪業，光揚祖宗者，必此主也。」

九年，庫仁子顯殺眷而代之，乃將謀逆。商人王霸知之，履帝足於衆中，帝乃馳還。是時故大人梁蓋盆子六眷，爲顯謀主，盡知其計，密使部人穆崇馳告。帝乃陰結舊臣長孫犍、元他等。秋八月，乃幸賀蘭部。其日，顯果使人求帝，不及。是歲，鮮卑乞伏國仁私署大單于。苻堅爲姚萇所殺，子丕僭立。

登國元年春正月戊申，帝即代王位，郊天，建元，大會於牛川。復以長孫嵩爲南部大人，以叔孫普洛爲北部大人，班爵叙勳各有差。二月，幸定襄之盛樂。息衆課農。三月，劉顯自善無南走馬邑，其族奴真率所部來降。

夏四月，改稱魏王。五月，車駕東幸陵石。護佛侯部帥侯辰、乙弗部帥代題叛走。諸將追之，帝曰：「侯辰等世修職役，雖有小愆，宜且忍之。當今草創，人情未一，愚近者固應趑趄，不足追也。」

秋七月己酉，車駕還盛樂。代題復以部落來降，旬有數日，亡奔劉顯。帝使其孫倍斤代領部落。是月，劉顯弟肺泥率騎掠奴真部落，既而率以來降。初，帝叔父窟咄爲苻堅徙于長安，因隨慕容永，永以爲新興太守。八月，劉顯遣弟亢泥迎窟咄，以兵隨之，來逼南境。於是諸部騷動，人心顧望。帝左右于桓等，與諸部人謀爲逆以應之。事泄，誅造謀者五人，餘悉不問。帝慮内難，乃北踰陰山，幸賀蘭部，阻山爲固。遣行人安同、長孫賀使于慕容垂以徵師，垂遣使朝貢，并令其子賀驎帥步騎以隨同等。

冬十月，賀驎軍未至而寇已前逼，於是北部大人叔孫普洛等十三人及諸烏丸亡奔衛辰。帝自弩山遷幸牛川，屯于延水南，出代谷，會賀驎於高柳，大破窟咄。窟咄奔衛辰，衛辰殺之，帝悉收其衆。十二月，慕容垂遣使朝貢，奉帝西單于印綬，封上谷王。帝不納。

二年春正月，班賜功臣長孫嵩等七十三人各有差。二月，帝幸寧川。

夏五月，遣行人安同徵兵於慕容垂，垂使子賀驎率衆來會。六月，帝親征劉顯於馬邑南，追至彌澤，大破之，顯南奔慕容永，盡收其部落。

秋八月，帝至自伐顯。

冬十月癸卯，幸濡源，遣外朝大人王建使於慕容垂。十一月，遂幸赤城。十有二月，巡松漠，還幸牛川。

三年春二月，帝東巡。

夏四月，幸東赤城。五月癸亥，北征庫莫奚。六月，大破之，獲其四部雜畜十餘萬，渡弱落水。班賞將士各有差。

秋七月庚申，庫莫部帥鳩集遺散，夜犯行宫。縱騎撲討，盡殺之。其月，帝還赤城。八月，使九原公元儀使於慕容垂。

冬十月，慕容垂遣使朝貢。十有二月辛卯，車駕西征，至女水，討解如部，大破之，獲男女雜畜十數萬。

四年春正月甲寅，襲高車諸部落，大破之。二月癸巳，至女水，討叱突隣部，大破之。戊戌，賀染干兄弟率諸部來救，與大軍相遇，逆擊走之。

夏四月，行還赤城。五月，陳留公元虔使於慕容垂。

冬十月，垂遣使朝貢。

五年春三月甲申，帝西征，次鹿渾海，襲高車袁紇部，大破之，虜獲生口、馬牛羊二十餘萬。慕容垂遣子賀驎率衆來會。

夏四月丙寅，行幸意辛山，與賀驎討賀蘭、紇突隣、紇奚諸部落，大破之。六月，還幸牛川。衛辰遣子直力鞮寇賀蘭部，圍之。賀訥等請降，告困。秋七月丙子，帝引兵救之，至羊山，直力鞮退走。

八月，還幸牛川。遣秦王觚使於慕容垂。九月壬申，討叱奴部於囊曲河，大破之。

冬十月，遷雲中，討高車豆陳部於狼山，破之。十有一月，紇奚部大人庫寒舉部內屬。十有二月，紇突隣大人屈地鞬舉部內屬。帝還次白漠。

六年春二月，幸紐垤川。三月，遣九原公元儀、陳留公元虔等西討黜弗部，大破之。

夏四月，祠天。六月，慕容賀驎破賀訥於赤城。帝引兵救之，驎退走。

秋七月壬申，講武於牛川，行還紐垤川。慕容垂止元觚而求名馬，帝絕之。乃遣使於慕容永，永使其大鴻臚慕容鈞奉表勸進尊號。其月，衛辰遣子直力鞮出棝楊塞，侵及黑城。九月，帝襲五原，屠之。收其積穀，還紐垤川。於棝楊塞北，樹碑記功。

冬十月戊戌，北征蠕蠕，追之，及於大磧南牀山下，大破之，班賜從臣各有差。其東西二部主匹候跋及縕紇提，斬別帥屋擊于。

十有一月戊辰，還幸紐垤川。戊寅，衛辰遣子直力鞮寇南部。己卯，車駕出討。壬午，大破直力鞮軍於鐵歧山南，獲其器械輜重，牛羊二十餘萬。戊子，自五原金津南渡河。辛卯，次其所居悅跋城，衛辰父子奔遁。壬辰，詔諸將追之，擒直力鞮。十有二月，獲衛辰尸，斬以徇，遂滅之。衛辰少子屈丐，亡奔薛干部。車駕次于鹽池。自河已南，諸部悉平。簿其珍寶畜產，名馬三十餘萬匹，牛羊四百餘萬頭。班賜大臣各有差。收衛辰子弟宗黨無少長五千餘人，盡殺之。山胡酋大幡頹、業易于等率三千餘家降附，出居于馬邑。

是歲，起河南宮。

七年春正月，幸木根山，遂次黑鹽池。饗宴羣臣，覲諸國貢使。北之美水。三月甲子，宴羣臣於水濱，還幸河南宮。西部泣黎大人茂鮮叛走，遣南部大人長孫嵩追討，大破之。

夏五月，班賜諸官馬牛羊各有差。

秋八月，行幸漠南，仍築巡臺。

冬十有二月，慕容永遣使朝貢。

八年春正月，帝南巡。二月，幸羖羊原，赴白樓。三月，車駕西征侯呂隣部。

夏四月，至苦水，大破之。五月，還幸白樓。慕容垂討慕容永於長子。六月，車駕北巡。永來告急，遣陳留公元虔、將軍庾岳率騎五萬東度河救之。破類拔部帥劉曜等，徙其部落。元虔等因屯秀容，慕容垂遂圍長子。

秋七月，車駕臨幸新壇。庚寅，宴羣臣，仍講武。先是，衛辰子屈丐奔薛干部，徵之不送。八月，帝南征薛干部帥太悉佛於三城，會其先出擊曹覆，帝乘虛屠其城，獲太悉佛子珍寶，徙其民而還。太悉佛聞之，來赴不及，遂奔姚興。九月，還幸河南宮。

九年春三月，帝北巡。使東平公元儀屯田於河北五原，至於棝楊塞外。

夏五月，田於河東。

秋七月，還幸河南宮。

十年春正月，太悉佛自長安還嶺北，上郡以西皆應之。

夏五月，幸鹽池。六月，還幸河南宮。

秋七月，慕容垂遣其子寶來寇五原，造舟收穀。帝遣右司馬許謙徵兵於姚興。東平公元儀徙據朔方。八月，帝親治兵於河南。九月，進師，臨河築臺告津，連旌沿河東西千里有餘。是時，陳留公元虔五萬騎在東，以絕其左，元儀五萬騎在河北，以承其後，略陽公元遵七萬騎塞其中山之路。

冬十月辛未，寶燒船夜遁。十一月己卯，帝進軍濟河。乙酉夕，至參合陂。丙戌，大破之。生擒其陳留王紹、魯陽王倭奴、桂林王道成、濟陰公尹國、北地王世子鍾葵、安定王世子羊兒以下文武將吏數千人，器甲輜重，軍資雜財十餘萬計。於俘虜之中，擢其才識者賈彝、賈閏、晁崇等與參謀議，憲章故實。班賞大臣將校各有差。十有二月，還幸雲中之盛樂。

皇始元年春正月，大蒐于定襄之虎山，因東幸善無北陂。三月，慕容垂來寇桑乾川。陳留公元虔先鎮平城，時徵兵未集，虔率麾下邀擊，失利死之。垂遂至平城西北，踰山結營，聞帝將至，乃築城自守。疾甚，遂遁走，死於上谷。子寶匿喪而還，至中山乃僭立。

夏六月癸酉，遣將軍王建等三軍討寶廣寧太守劉亢泥，斬之，徙其部落。寶上谷太守慕容普隣，捐郡奔走。

秋七月，右司馬許謙上書勸進尊號，帝始建天子旌旗，出入警蹕，於是改元。八月庚寅，治兵于東郊。己亥，大舉討慕容寶，帝親勒六軍四十餘萬，南出馬邑，踰于句注，旌旗駱驛二千餘里，鼓行而前，民屋皆震。別詔將軍封真等三軍，從東道出襲幽州，圍薊。九月戊午，次陽曲，乘西山，臨觀晉陽，命諸將引騎圍脅，已而罷還。寶并州牧遼西王農大懼，將妻子棄城夜出，東遁，并州平。初建臺

省，置百官，封拜公侯、將軍、刺史、太守，尚書郎已下悉用文人。帝初拓中原，留心慰納，諸士大夫詣軍門者，無少長，皆引入賜見，存問周悉，人得自盡，苟有微能，咸蒙叙用。己未，詔輔國將軍奚牧略地晉川，獲慕容寶、丹陽王買得等於平陶城。

冬十月乙酉，車駕出井陘，使冠軍將軍王建、左軍將軍李栗五萬騎先驅啓行。十有一月庚子朔，帝至真定。自常山以東，守宰或捐城奔竄，或稽顙軍門，唯中山、鄴、信都三城不下。別詔征東大將軍、東平公儀五萬騎南攻鄴，冠軍將軍王建、左軍將軍李栗等攻信都，軍之所行，不得傷民桑棗。戊午，進軍中山；己未，引騎圍之。帝謂諸將曰：「朕量寶不能出戰，必當憑城自守，偷延日月，急攻則傷士，久守則費糧，不如先平鄴、信都，然後還取中山，於計爲便。若移軍遠去，寶必散衆求食民間，如此，則人心離阻，攻之易克。」諸將稱善。丁卯，車駕幸魯口城。

二年春正月己亥朔，大饗羣臣於魯口。慕容寶遣其左衛將軍慕容騰寇博陵，殺中山太守及高陽諸縣令長，抄掠租運。是時信都未下，庚申，乃進軍。壬戌，引騎圍之。其夜，寶冀州刺史宜都王慕容鳳踰城奔走，歸于中山。癸亥，寶輔國將軍張驤、護軍將軍徐超率將吏已下舉城降。寶聞帝幸信都，乃趣博陵之深澤，屯呼沱水，遣弟賀麟寇楊城，殺常山守兵三百餘人。寶悉出珍寶及宫人招募郡縣，羣盜無賴者多應之。

二月己巳，帝進幸楊城。丁丑，軍于鉅鹿之栢肆塢，臨呼沱水。其夜，寶悉衆犯營，燎及行宫，兵人駭散。帝驚起，不及衣冠，跣出擊鼓。俄而左右及中軍將士，稍稍來集。帝設奇陳，列烽營外，縱騎衝之，寶衆大敗，斬首萬餘級，擒其將軍高長等四千餘人。戊寅，寶走中山，獲其器仗輜重數十萬計。寶尚書閔亮、祕書監崔逞、太常孫沂、殿中侍御史孟輔等並降。降者相屬，賜拜職爵各有差。平原徐超聚衆反於畔城，詔將軍奚辱捕斬之。并州守將封真率其種族與徒何爲逆，將攻刺史元延，延討平之。

是時，栢肆之役，遠近流言，賀蘭部帥附力眷、紇突隣部帥匿物尼、紇奚部帥叱奴根聚黨反於陰館，南安公元順率軍討之，不克，死者數千。詔安遠將軍庾岳總萬騎，還討叱奴根等，滅之。

三月己酉，車駕次于盧奴。寶遣使求和，請送元觚，割常山以西奉國，乞守中山以東，帝許之。已而寶背約。辛亥，車駕次中山，命諸將圍之。是夜，寶弟賀麟將妻子出走西山。寶見賀麟走，恐先據和龍，壬子夜，遂將其妻子及兄弟宗族數千騎北遁。寶將李沈、王次多、張超、賈歸等來降。遣將軍長孫肥追之，至范陽，不及而還。

夏四月，帝以軍糧未繼，乃詔征東大將軍、東平公元儀罷鄴圍，徙屯鉅鹿，積租楊城。普隣出步卒六千餘人，伺間犯諸屯兵，詔將軍長孫肥等輕騎挑之，帝以虎隊五千横截其後，斬首五千，生虜七百人，宥而遣之。

夏五月庚子，大賞功臣。帝以中山城内爲普隣所脅，而大軍迫之，欲降無路，乃密招喻之。甲辰，曜兵揚威以示城内，命諸軍罷圍南徙以待其變。甲寅，以東平公元儀爲驃騎大將軍、都督中外諸軍事、兖、豫、雍、荆、徐、揚六州牧、左丞相，封衛王。襄城公元題，進封爲王。

秋七月，帝還幸魯口，遣將軍長孫肥一千騎襲中山，入其郛而還。

八月丙寅朔，帝自魯口進軍常山之九門。時大疫，人馬牛多死。帝問疫於諸將，對曰：「在者纔十四五。」是時中山猶拒守，而饑疫並臻，羣下咸思還北。帝知其意，因謂之曰：「斯固天命，將若之何！四海之人，皆可與爲國，在吾所以撫之耳，何恤乎無民！」羣臣乃不敢復言。遣撫軍大將軍、略陽公元遵襲中山，芟其禾菜，入郛而還。

九月，賀麟飢窮，率三萬餘人出寇新市。甲子晦，帝進軍討之，太史令晁崇奏曰：「不吉。」帝曰：「其義云何？」對曰：「昔紂以甲子亡，兵家忌之。」帝曰：「紂以甲子亡，周武不以甲子勝乎？」崇無以對。

冬十月丙寅，帝進軍新市，賀麟退阻泒水，依漸洳澤以自固。甲戌，帝臨其營，戰於義臺塢，大破之，斬首九千餘級。甲申，其所署以卿、尚書、將吏、士卒降者二萬餘人。其將張驤、李沈、慕容文等先來降，尋皆亡還，是日復獲之，皆赦而不問。獲其所傳皇帝璽綬、圖書、府庫、珍寶，簿列數萬。班賜功臣及將士各有差。中山平。丁亥，遣三萬騎赴衛王儀，將以攻鄴。

天興元年春正月，慕容德走保滑臺，儀克鄴，收其倉庫。詔賞將士各有差。儀追德至於河，不及而還。庚子，車駕自中山行幸常山之真定，次趙郡之高邑，遂幸于鄴。民有老不能自存者，詔郡縣賑恤之。帝至鄴，巡登臺榭，遍覽宫城，將有定都之意。乃置行臺，以龍驤將軍日南公和跋爲尚書，與左丞賈彝率郎吏及兵五千人鎮鄴。車駕自鄴還中山，所過存問百姓。詔大軍所經州郡，復貲租一年，除山東民租賦之半。車駕將北還，發卒萬人治直道，自望都鐵關鑿恒嶺至

代五百餘里。帝慮還後山東有變，乃置行臺於中山，詔左丞相、守尚書令、衛王儀鎮中山，撫軍大將軍、略陽公元遵鎮勃海之合口。右軍將軍尹國先督租于冀州，聞帝將還，謀反，欲襲信都，安南將軍長孫嵩執送，斬之。辛酉，車駕發自中山，至于望都堯山。徙山東六州民吏及徒何、高麗雜夷三十六萬，百工伎巧十萬餘口，以充京師。車駕次于恒山之陽。博陵、勃海、章武羣盜並起，略陽公元遵等討平之。廣川太守賀盧殺冀州刺史王輔，驅勒守兵，抄掠陽平、頓丘諸郡，遂南渡河，奔慕容德。

二月，車駕自中山幸繁時宮，更選屯衛。詔給內徙新民耕牛，計口受田。

三月，離石胡帥呼延鐵、西河胡帥張崇等聚黨數千人叛，詔安遠將軍庾岳討平之。漁陽羣盜庫傉官韜聚衆反，詔中堅將軍伊謂討之。徵左丞相、衛王儀還京師，詔略陽公遵代鎮中山。

夏四月壬戌，進遵封常山王，南安公元順進封毗陵王，征虜將軍、歷陽公穆崇爲太尉，安南將軍、鉅鹿公長孫嵩爲司徒。帝祠天於西郊，麾幟有加焉。廣平太守、遼西公元意烈謀反，於郡賜死，原其妻子。鄜城屠各董羌、杏城盧水郝奴、河東蜀薛榆、氐帥苻興，各率其種內附。

六月丙子，詔有司議定國號。羣臣曰：「昔周秦以前，世居所生之土，有國有家，及王天下，即承爲號。自漢以來，罷侯置守，時無世繼，其應運而起者，皆不由尺土之資。今國家萬世相承，啓基雲代。臣等以爲若取長遠，應以代爲號。」詔曰：「昔朕遠祖，總御幽都，控制遐國，雖踐王位，未定九州。逮于朕躬，處百代之季，天下分裂，諸華乏主。民俗雖殊，撫之在德，故躬率六軍，掃平中土，凶逆蕩除，遐邇率服。宜仍先號，以爲魏焉。布告天下，咸知朕意。」

秋七月，遷都平城，始營宮室，建宗廟，立社稷。漁陽烏丸庫傉官韜復聚黨爲寇。詔冠軍將軍王建討平之。

八月，詔有司正封畿，制郊甸，端徑術，標道里，平五權，較五量，定五度。遣使循行郡國，舉奏守宰不法者，親覽察黜陟之。

九月，烏丸張驤子超，收合亡命，聚黨三千餘家，據勃海之南皮，自號征東大將軍、烏丸王，抄掠諸郡。詔將軍庾岳討之。

冬十月，起天文殿。

十有一月辛亥，詔尚書吏部郎中鄧淵典官制，立爵品，定律呂，協音樂；儀曹郎中董謐撰郊廟、社稷、朝覲、饗宴之儀；三公郎中王德定律令，申科禁；太史令晁崇造渾儀，考天象；吏部尚書崔玄伯總而裁之。

十有二月己丑，帝臨天文殿，太尉、司徒進璽綬，百官咸稱萬歲。大赦，改年。追尊成帝已下及后號謚。樂用《皇始》之舞。詔百司議定行次，尚書崔玄伯等奏從土德，服色尚黃，數用五，未祖辰臘，犧牲用白，五郊立氣，宣贊時令，敬授民時，行夏之正。徙六州二十二郡守宰、豪傑、吏民二千家于代都。

二年春正月甲子，初祠上帝于南郊，以始祖神元皇帝配，降壇視燎，成禮而反。乙丑，曲赦京師。始制三駕之法。庚午，車駕北巡，分命諸將大襲高車，大將軍、常山王遵等三軍從東道出長川，鎮北將軍、高涼王樂真等七軍從西道出牛川，車駕親勒六軍從中道自駮髯水西北。

二月丁亥朔，諸軍同會，破高車雜種三十餘部，獲七萬餘口，馬三十餘萬匹，牛羊百四十餘萬。驃騎大將軍、衛王儀督三萬騎別從西北絕漠千餘里，破其遺迸七部，獲二萬餘口，馬五萬餘匹，牛羊二十餘萬頭，高車二十餘萬乘，并服玩諸物。還次牛川及薄山，並刻石記功，班賜從臣各有差。庚戌，征虜將軍庾岳破張超於勃海。超走平原，爲其黨所殺。以所獲高車衆起鹿苑，南因臺陰，北距長城，東包白登，屬之西山，廣輪數十里，鑿渠引武川水注之苑中，疏爲三溝，分流宮城內外。又穿鴻雁池。

三月己未，車駕至自北伐。甲子，初令《五經》羣書各置博士，增國子太學生員三千人。是月，氐人李辯叛慕容德，求援於鄴行臺尚書和跋，跋輕騎往應之，克滑臺，收德宮人府藏；又破德桂林王鎮及郎吏將士千餘人。丙子，遣建義將軍庾真、越騎校尉奚斤討庫狄部帥葉亦干、宥連部帥竇羽泥於太渾川，破之，庫狄勳支子沓亦干率其部落內附。真等進破侯莫陳部，獲馬牛羊十餘萬頭，追殄遺迸，入大峨谷。中山太守仇儒亡匿趙郡，推羣盜趙准爲主，號使持節、征西大將軍，冀、青二州牧，鉅鹿公，仇儒爲准長史，聚黨扇惑。詔中領軍長孫肥討平之。

秋七月，起天華殿。辛酉，大閱于鹿苑，饗賜各有差。陳郡、河南流民萬餘口內徙，遣使者存勞之。姚興遣衆圍洛陽，司馬德宗將辛恭靖請救。八月，遣太尉穆崇率騎六千往赴之。增啓京師十二門。作西武庫。除州郡民租賦之半。辛亥，詔禮官備撰衆儀，著于新令。慕容盛遼西太守李朗，舉郡內屬。西河胡帥護諸于、丁零帥翟同、蜀帥韓礱，並相率內附。

冬十月，太廟成，遷神元、平文、昭成、獻明皇帝神主于太廟。十有二月甲

午，慕容盛征虜將軍、燕郡太守高湖，率户三千内屬。辛亥，詔材官將軍和突討盧溥。天華殿成。

三年春正月戊午，和突破盧溥於遼西，生獲溥及其子煥，傳送京師，轘之。癸亥，有事於北郊。分命諸官循行州郡，觀民風俗，察舉不法。賜羣臣布帛各有差。二月丁亥，詔有司祀日于東郊。始耕籍田。三月戊午，立皇后慕容氏。是月，穿城南渠通於城内，作東西魚池。

夏四月，姚興遣使朝貢。五月戊辰，詔謁者僕射張濟使於姚興。己巳，車駕東巡，遂幸涿鹿，遣使者以太牢祠帝堯、帝舜廟。西幸馬邑，觀㶟源。

秋七月壬子，車駕還宫。起中天殿及雲母堂、金華室。

十有一月，高車别帥敕力犍，率九百餘落内屬。

十有二月，時太史屢奏天文錯亂，帝親覽經占，多云改王易政，故數革官號，一欲防塞凶狡，二欲消災應變。已而慮羣下疑惑，心謗腹非。丙申，復詔鑒殷周之失，革秦漢之弊。

四年春正月，高車别帥率其部三千餘落内附。二月丁亥，命樂師入學習舞，釋菜于先聖、先師。丁酉，分命使者循行州郡，聽察辭訟，糾劾不法。三月，帝親漁，薦于寢廟。

夏四月辛卯，罷鄴行臺。詔有司明揚隱逸。五月，起紫極殿、玄武樓、涼風觀、石池、鹿苑臺。

秋七月，詔鎮遠將軍、兖州刺史長孫肥步騎二萬南徇許昌、彭城。詔賜天下鎮戍將士布帛各有差。

冬十二月辛亥，詔征西大將軍、常山王遵等率衆五萬，討破多蘭部帥木易于。材官將軍和突率騎六千，襲黜弗、素古延等諸部。集博士儒生，比衆經文字，義類相從，凡四萬餘字，號曰《衆文經》。

五年春正月丁丑，慕容熙遣將寇遼西，虎威將軍宿沓干等拒戰不利，棄令支而還。帝聞姚興將寇邊，庚寅，大簡輿徒，詔并州諸軍積穀于平陽之乾壁。戊子，材官將軍和突破黜弗、素古延等諸部，獲馬三千餘匹，牛羊七萬餘頭。辛卯，蠕蠕社崙遣騎救素古延等，和突逆擊破之于山南河曲，獲鎧馬二千餘匹。班師。賞賜將士各有差。

二月癸丑，征西大將軍、常山王遵等至安定之高平，木易于率數千騎與衛辰、屈丐棄國遁走，追至隴西瓦亭，不及而還。獲其輜重庫藏，馬四萬餘匹，駱駝、氂牛三千餘頭，牛、羊九萬餘口。班賜將士各有差。徙其民於京師。

五月，姚興遣其弟安北將軍、義陽公平率衆四萬來侵，平陽乾壁爲平所陷。六月，治兵于東郊，部分衆軍，詔鎮西大將軍毗陵王順、長孫肥等三將六萬騎爲前鋒。

秋七月戊辰朔，車駕西討。八月乙巳，至於柴壁，平固守，進軍圍之，姚興悉舉其衆來救。甲子，帝渡蒙坑，逆擊興軍，大破之。

冬十月，平赴水而死，俘其餘衆三萬餘人。獲興征虜將軍、尚書右僕射狄伯支，越騎校尉唐小方，積弩將軍姚梁國，建忠將軍雷星、康官，北中郎將康猥，平從弟伯禽已下、四品將軍已上四十餘人。獲先亡臣王次多、靳勲，並斬以徇。興頻使請和，帝不許。羣臣勸進平蒲坂，帝慮蠕蠕爲難，戊申，班師。十有一月，車駕次晉陽。徵相州刺史庾岳爲司空。遣左將軍莫題討上黨羣盜秦頗、丁零翟都於壺關。丁丑，上黨太守捕頗，斬之，都走林慮。十有二月辛亥，至自西征。蠕蠕社崙犯塞，詔常山王遵追之，不及而還。越勤莫弗率其部萬餘家内屬，居五原之北。

六年夏五月，大簡輿徒，將略江淮，平荆揚之亂。

秋七月，鎮西大將軍、司隸校尉、毗陵王順有罪，以王還第。戊子，車駕北巡，築離宫于犲山，縱士校獵，東北踰罽嶺，出參合、代谷。九月，行幸南平城，規度㶟南，面夏屋山，背黄瓜堆，將建新邑。辛未，車駕還宫。

冬十月，起西昭陽殿。乙卯，立皇子嗣爲齊王，加車騎大將軍，位相國；紹爲清河王，加征南大將軍；熙爲陽平王；曜爲河南王。封故秦愍王子夔爲豫章王，陳留王子右將軍悦爲朱提王。丁巳，詔將軍伊謂率騎二萬北襲高車。司馬德宗遣使朝貢。十有一月庚午，伊謂大破高車。

天賜元年春正月，遣離石護軍劉託率騎三千襲蒲子。三月丙寅，擒姚興寧北將軍、泰平太守衡譚，獲三千餘口。初限縣户不滿百罷之。

夏四月，詔尚書郎中公孫表使於江南，以觀桓玄之釁也。值玄敗而還。蠕蠕社崙從弟悦伐大那等，謀殺社崙而立大那。發覺，來奔。五月，置山東諸冶，發州郡徒謫造兵甲。

秋九月，帝臨昭陽殿，分置衆職，引朝臣文武，親自簡擇，量能叙用；制爵四等，曰王、公、侯、子，除伯、男之號；追録舊臣，加以封爵，各有差。

冬十月辛巳，大赦，改元。築西宫。十有一月，上幸西宫，大選朝臣，令各辨

宗黨，保舉才行，諸部子孫失業賜爵者二千餘人。十有二月戊辰，車駕幸犲山宮。

二年春二月癸亥，車駕還宮。

夏四月，車駕有事于西郊，車旗盡黑。

三年春正月甲申，車駕北巡，幸犲山宮。校獵，至屋孤山。二月乙亥，幸代園山，建五石亭。三月庚子，車駕還宮。

夏四月庚申，復幸犲山宮。遂登定襄角史山，又幸馬城。甲午，車駕還宮。是月，蠕蠕寇邊，夜召兵，將旦，賊走，乃罷。六月，發八部五百里內男丁築灅南宮，門闕高十餘丈，引溝穿池，廣苑囿；規立外城，方二十里，分置市里，經塗洞達。三十日罷。

八月甲辰，行幸犲山宮，遂至青牛山。丙辰，西登武要北原，觀九十九泉，造石亭，遂之石漠。九月甲戌朔，幸漠南鹽池。壬午，至漠中，觀天鹽池；度漠，北之吐鹽池。癸巳，南還長川。丙申，臨觀長陂。

冬十月庚申，車駕還宮。

四年春二月，封皇子脩爲河間王，處文爲長樂王，連爲廣平王，黎爲京兆王。夏五月，北巡。自參合陂東過蟠羊山，大雨，暴水流輜重數百乘，殺百餘人。遂東北踰石漠，至長川，幸濡源。常山王遵有罪，賜死。

秋七月，車駕自濡源西幸參合陂。築北宮垣，三旬而罷，乃還宮。八月，幸犲山宮。是月，誅司空庾岳。

冬十有一月，車駕還宮。

五年春正月，行幸犲山宮，遂如參合陂，觀漁於延水，至寧川。三月，姚興遣使朝貢。

六年夏，帝不豫。初，帝服寒食散，自太醫令陰羌死後，藥數動發，至此逾甚。而災變屢見，憂懣不安，或數日不食，或不寢達旦。歸咎羣下，喜怒乖常，謂百僚左右人不可信，慮如天文之占，或有肘腋之虞。追思既往成敗得失，終日竟夜獨語不止，若旁有鬼物對揚者。朝臣至前，追其舊惡皆見殺害，其餘或以顏色變動，或以喘息不調，或以行步乖節，或以言辭失措，帝皆以爲懷惡在心，變見於外，乃手自毆擊，死者皆陳天安殿前。於是朝野人情各懷危懼，有司懈怠，莫相督攝，百工偷劫，盜賊公行，巷里之間人爲希少。帝亦聞之，曰：「朕縱之使然，待過災年，當更清治之爾。」

秋七月，慕容支屬百餘家，謀欲外奔，發覺，伏誅，死者三百餘人。八月，衞王儀謀叛，賜死。

冬十月戊辰，帝崩於天安殿，時年三十九。永興二年九月甲寅，上謚宣武皇帝，葬於盛樂金陵，廟號太祖。泰常五年，改謚曰道武。

雜録

備論

《魏書》卷二《太祖紀》　晉氏崩離，戎羯乘釁，僭僞紛糾，犲狼競馳。太祖顯晦安危之中，屈伸潛躍之際，驅率遺黎，奮其靈武，克剪方難，遂啓中原，朝拱人神，顯登皇極。雖冠履不暇，栖遑外土，而制作經謨，咸存長世。所謂大人利見，百姓與能，抑不世之神武也。而屯厄有期，禍生非慮，將人事不足，豈天實爲之。嗚呼！

《唐文拾遺》卷一三虞世南《論略》　公子曰：「魏之道武，始立大號，觀其器用，足爲一時之傑乎？」

先生曰：「道武經略之志，將立霸階，而才不逮也。末年沈痼，加以猜虐，不能任下。禍及方悟，不亦晚乎？」

公子曰：「魏之太祖、太武，孰與爲輩？」

先生曰：「太祖、太武俱有異人之姿，故能辟土擒敵，窺覦江外。然善戰好殺，暴桀雄武，禀崆峒之氣焉。至于安忍誅殘，石季龍之儔也。」

胡寅《讀史管見》卷一〇　魏自拓跋珪以來，國勢日隆，至燾而益大，然好大喜功，并吞不已，用刑寡恕，殺人已多，威武遠揚，而死於閹寺之手。然則向者之兵鋒戰氣，適足自伐而已，可不戒哉？

張大齡《晉五胡指掌》卷下　太祖珪竄伏流離，瀕死不死，是天之所興也者。殄滅大燕，盡有中原，規模措置，何遜於兩漢哉！

藝文

《王十朋全集》卷一〇《魏道武》 火舉南征破弱燕，拓開中土奠山川。功成若更能修德，自可延年度厄車。

夏竦《文莊集》卷三一《奉和御制讀後魏書》 偉哉登國世，靈武定戎兵。拓土能圖大，求才實勵精。公侯新爵重，臺省舊風情。自匪謨長世，鴻圖豈易成。

崔浩部

綜述

《魏書》卷三五《崔浩傳》　崔浩，字伯淵，清河人也，白馬公玄伯之長子。少好文學，博覽經史，玄象陰陽，百家之言，無不關綜，研精義理，時人莫及。弱冠爲直郎。天興中，給事祕書，轉著作郎。太祖以其工書，常置左右。太祖季年，威嚴頗峻，宫省左右多以微過得罪，莫不逃隱，避目下之變，浩獨恭勤不怠，或終日不歸。太祖知之，輒命賜以御粥。其砥直任時，不爲窮通改節，皆此類也。

太宗初，拜博士祭酒，賜爵武城子，常授太宗經書。每至郊祠，父子並乘軒軺，時人榮之。太宗好陰陽術數，聞浩説《易》及《洪範》五行，善之，因命浩筮吉凶，參觀天文，考定疑惑。浩綜覈天人之際，舉其綱紀，諸所處決，多有應驗，恒與軍國大謀，甚爲寵密。是時，有兔在後宫，驗問門官，無從得入。太宗怪之，命浩推其咎徵。浩以爲當有隣國貢嬪嬙者，善應也。明年，姚興果獻女。

神瑞二年，秋穀不登，太史令王亮、蘇垣因華陰公主等言讖書國家當治鄴，應大樂五十年，勸太宗遷都。浩與特進周澹言於太宗曰：「今國家遷都於鄴，可救今年之飢，非長久之策也。東州之人，常謂國家居廣漠之地，民畜無算，號稱牛毛之衆。今留守舊都，分家南徙，恐不滿諸州之地。參居郡縣，處榛林之間，不便水土，疾疫死傷，情見事露，則百姓意沮。四方聞之，有輕侮之意，屈丐、蠕蠕必提挈而來，雲中、平城則有危殆之慮，阻隔恒代千里之險，雖欲救援，赴之甚難，如此則聲實俱損矣。今居北方，假令山東有變，輕騎南出，燿威桑梓之中，誰知多少？百姓見之，望塵震服。此是國家威制諸夏之長策也。至春草生，乳酪將出，兼有菜果，足接來和，若得中熟，事則濟矣。」太宗深然之，曰：「唯此二人，與朕意同。」復使中貴人問浩、澹曰：「今既糊口無以至來秋，來秋或復不熟，將如之何？」浩等對曰：「可簡窮下之户，諸州就穀，若來秋無年，願更圖也，但不可遷都。」太宗從之，於是分民詣山東三州食，出倉穀以稟之。來年遂大熟。賜浩、澹妾各一人，御衣一襲，絹五十匹，綿五十斤。

初，姚興死之前歲也，太史奏：熒惑在匏瓜星中，一夜忽然亡失，不知所在。或謂下入危亡之國，將爲童謡妖言，而後行其災禍。太宗聞之，大驚，乃召諸碩儒十數人，令與史官求其所詣。浩對曰：「案《春秋左氏傳》説神降于莘，其至之日，各以其物祭也。請以日辰推之，庚午之夕，辛未之朝，天有陰雲，熒惑之亡，當在此二日之内。庚之與未，皆主於秦，辛爲西夷。今姚興據咸陽，是熒惑入秦矣。」諸人皆作色曰：「天上失星，人安能知其所詣，而妄説無徵之言。」浩笑而不應。【略】明年，姚興死，二子交兵，三年國滅。於是諸人皆服曰：「非所及也。」

泰常元年，司馬德宗將劉裕伐姚泓，舟師自淮泗入清，欲泝河西上，假道於國。詔羣臣議之。外朝公卿咸曰：「函谷關號曰天險。一人荷戈，萬夫不得進。裕舟船步兵，何能西入？脱我乘其後，還路甚難。若北上河岸，其行爲易。揚言伐姚，意或難測。假其水道，寇不可縱，宜先發軍，斷河上流，勿令西過。」又議之内朝，咸同外計。太宗將從之。浩曰：「此非上策。司馬休之之徒擾其荆州，劉裕切齒來久。今興死子劣，乘其危亡而伐之，臣觀其意，必欲入關。勁躁之人，不顧後患。今若塞其西路，裕必上岸北侵，如此則姚無事而我受敵。今蠕蠕内寇，民食又乏，不可發軍。發軍赴南則北寇進擊，若其救北則東州復危。未若假之水道，縱裕西入，然後興兵塞其東歸之路，所謂卞莊刺虎，兩得之勢也。使裕勝也，必德我假道之惠；令姚氏勝也，亦不失救隣之名。縱使裕得關中，縣遠難守，彼不能守，終爲我物。今不勞兵馬，坐觀成敗，鬬兩虎而收長久之利，上策也。夫爲國之計，擇利而爲之，豈顧婚姻，酬一女子之惠哉？假令國家棄恒山以南，裕必不能發吴越之兵，與官軍争守河北也，居然可知。」議者猶曰：「裕西入函谷，則進退路窮，腹背受敵；北上岸，則姚軍必不出關助我。揚聲西行，意在北進，其勢然也。」太宗遂從羣議，遣長孫嵩發兵拒之，戰於畔城，爲裕將朱超石所敗，師人多傷。太宗聞之，恨不用浩計。

二年，司馬德宗齊郡太守王懿來降，上書陳計，稱劉裕在洛，勸國家以軍絶其後路，則裕軍可不戰而克。書奏，太宗善之。會浩在前進講書傳，太宗問浩曰：「劉裕西伐，前軍已至潼關。其事如何？以卿觀之，事得濟不？」浩對曰：「昔姚興好養虚名，而無實用。子泓又病，衆叛親離。裕乘其危，兵精將勇，以臣觀之，克之必矣。」太宗曰：「劉裕武能何如慕容垂？」浩曰：「裕勝。」太宗曰：「試言其狀。」浩曰：「慕容垂乘父祖世君之資，生便尊貴，同類歸之，若夜蛾之赴火，少加倚仗，便足立功。劉裕挺出寒微，不階尺土之資，不因一卒之用，奮臂大

呼而夷滅桓玄，北擒慕容超，南摧盧循等，僭晉陵遲，遂執國命。裕若平姚而還，必篡其主，其勢然也。秦地戎夷混并，虎狼之國，裕亦不能守之。風俗不同，人情難變，欲行荆揚之化於三秦之地，譬無翼而欲飛，無足而欲走，不可得也。若留衆守之，必資於寇。孔子曰：善人爲邦百年，可以勝殘去殺。今以秦之難制，一二年間，豈裕所能哉？且可治戎束甲，息民備境，以待其歸，秦地亦當終爲國有，可坐而守也。」太宗曰：「裕已入關，不能進退，我遣精騎南襲彭城、壽春，裕亦何能自立？」浩曰：「今西北二寇未殄，陛下不可親御六師。兵衆雖盛，而將無韓、白。長孫嵩有治國之用，無進取之能，非劉裕敵也。臣謂待之不晚。」太宗笑曰：「卿量之已審矣。」浩曰：「臣嘗私論近世人物，不敢不上聞。若王猛之治國，苻堅之管仲也；慕容玄恭之輔少主，慕容暐之霍光也；劉裕之平逆亂，司馬德宗之曹操也。」太宗曰：「卿謂先帝如何？」浩曰：「小人管窺懸象，何能見玄穹之廣大。雖然，太祖用漠北醇樸之人，南入中地，變風易俗，化洽四海，自與羲農齊列，臣豈能仰名。」太宗曰：「屈丐何如？」浩曰：「屈丐家國夷滅，一身孤寄，爲姚氏封殖。不思樹黨强隣，報讎雪耻，乃結忿於蠕蠕，背德於姚興，撅竪小人，無大經略，正可殘暴，終爲人所滅耳。」太宗大悦，語至中夜，賜浩御縹醪酒十觚，水精戎鹽一兩。曰：「朕味卿言，若此鹽酒，故與卿同其旨也。」

三年，彗星出天津，入太微，經北斗，絡紫微，犯天棓，八十餘日，至漢而滅。太宗復召諸儒術士問之曰：「今天下未一，四方岳峙，災咎之應，將在何國？朕甚畏之，盡情以言，勿有所隱。」咸共推浩令對。浩曰：「古人有言，夫災異之生，由人而起。人無釁焉，妖不自作。故人失於下，則變見於上，天事恒象，百代不易。《漢書》載王莽篡位之前，彗星出入，正與今同。國家主尊臣卑，上下有序，民無異望。唯僭晉卑削，主弱臣强，累世陵遲，故桓玄逼奪，劉裕秉權。彗孛者，惡氣之所生，是爲僭晉將滅，劉裕篡之之應也。」諸人莫能易浩言，太宗深然之。五年，裕果廢其主司馬德文而自立。南鎮上裕，改元赦書。時太宗幸東南潟滷池射鳥，聞之，驛召浩，謂之曰：「往年卿言彗星之占驗矣，朕於今日始信天道。」

初，浩父疾篤，浩乃剪爪截髮，夜在庭中仰禱斗極，爲父請命，求以身代，叩頭流血，歲餘不息，家人罕有知者。及父終，居喪盡禮，時人稱之。襲爵白馬公。朝廷禮儀、優文策詔、軍國書記，盡關於浩。浩能爲雜説，不長屬文，而留心於制度、科律及經術之言。作家祭法，次序五宗，蒸嘗之禮，豐儉之節，義理可觀。性不好老、莊之書，每讀不過數十行，輒棄之，曰：「此矯誣之説，不近人情，必非老子所作。老聃習禮，仲尼所師，豈設敗法文書，以亂先王之教？韋生所謂家人筐篋中物，不可揚於王庭也。」

太宗恒有微疾，怪異屢見，乃使中貴人密問於浩曰：「《春秋》：星孛北斗，七國之君皆將有咎。今兹日蝕於胃昴，盡光趙代之分野，朕疾彌年，療治無損，恐一旦奄忽，諸子並少，將如之何？其爲我設圖後之計。」浩曰：「陛下春秋富盛，聖業方融，德以除災，幸就平愈。且天道懸遠，或消或應。昔宋景見災修德，熒惑退舍。願陛下遣諸憂虞，恬神保和，納御嘉福，無以闇昧之説，致損聖思。必不得已，請陳瞽言。自聖化龍興，不崇儲貳，是以永興之始，社稷幾危。今宜早建東宫，選公卿忠賢陛下素所委仗者使爲師傅，左右信臣簡在聖心者以充賓友，入總萬機，出統戎政，監國撫軍，六柄在手。若此，則陛下可以優遊無爲，頤神養壽，進御醫藥。萬歲之後，國有成主，民有所歸，則姦宄息望，旁無覬覦。此乃萬世之令典，塞禍之大備也。今長皇子燾，年漸一周，明叡温和，衆情所繫，時登儲副，則天下幸甚。立子以長，禮之大經。若須並待成人而擇，倒錯天倫，則生履霜堅冰之禍。自古以來，載籍所記，興衰存亡，尠不由此。」太宗納之。於是使浩奉策告宗廟，命世祖爲國副主，居正殿臨朝。司徒長孫嵩、山陽公奚斤、北新公安同爲左輔，坐東廂西面；浩與太尉穆觀、散騎常侍丘堆爲右弼，坐西廂東面。百僚總己以聽焉。太宗避居西宫，時隱而窺之，聽其決斷，大悦，謂左右侍臣曰：「長孫嵩宿德舊臣，歷事四世，功存社稷；奚斤辯捷智謀，名聞遐邇；安同曉解俗情，明練於事；穆觀達於政要，識吾旨趣；崔浩博聞强識，精於天人之會；丘堆雖無大用，然在公專謹。以此六人輔相，吾與汝曹遊行四境，伐叛柔服，可得志於天下矣。」羣臣時奏所疑，太宗曰：「此非我所知，當決之汝曹國主也。」

會聞劉裕死，太宗欲取洛陽、虎牢、滑臺。浩曰：「陛下不以劉裕歘起，納其使貢，裕亦敬事陛下。不幸今死，乘喪伐之，雖得之不令。《春秋》：晉士丐帥師侵齊，聞齊侯卒，乃還。君子大其不伐喪，以爲恩足以感孝子，義足以動諸侯。今國家亦未能一舉而定江南，宜遣人弔祭，存其孤弱，恤其凶災，布義風於天下，令德之事也。若此，則化被荆揚，南金象齒羽毛之珍，可不求而自至。裕新死，黨與未離，兵臨其境，必相率拒戰，功不可必，不如緩之，待其惡稔。如其强臣爭權，變難必起，然後命將揚威，可不勞士卒，而收淮北之地。」太宗鋭意南伐，詰浩曰：「劉裕因姚興死而滅其國，裕死我伐之，何爲不可？」浩固執曰：「興死，二

子交争，裕乃伐之。」太宗大怒，不從浩言，遂遣奚斤南伐。議於監國之前曰：「先攻城也？先略地也？」斤曰：「請先攻城。」浩曰：「南人長於守城，苻氏攻襄陽，經年不拔。今以大國之力攻其小城，若不時克，挫損軍勢，敵得徐嚴而來。我怠彼鋭，危道也。不如分軍略地，至淮爲限，列置守宰，收斂租穀。滑臺、虎牢反在軍北，絶望南救，必沿河東走。若或不然，即是囿中之物。」公孫表請先圖其城。斤等濟河，先攻滑臺，經時不拔，表請濟師。太宗怒，乃親南巡。拜浩相州刺史，加左光禄大夫，隨軍爲謀主。

及車駕之還也，浩從太宗幸西河、太原。登憩高陵之上，下臨河流，傍覽川域，慨然有感，遂與同僚論五等郡縣之是非，考秦始皇、漢武帝之違失。好古識治，時伏其言。天師寇謙之每與浩言，聞其論古治亂之迹，常自夜達旦，竦意斂容，無有懈倦。既而歎美之曰：「斯言也惠，皆可底行，亦當今之皐繇也。但世人貴遠賤近，不能深察之耳。」因謂浩曰：「吾行道隱居，不營世務，忽受神中之訣，當兼修儒教，輔助泰平真君，繼千載之絶統。而學不稽古，臨事闇昧。卿爲吾撰列王者治典，并論其大要。」浩乃著書二十餘篇，上推太初，下盡秦漢變弊之迹，大旨先以復五等爲本。

世祖即位，左右忌浩正直，共排毁之。世祖雖知其能，不免羣議，故出浩，以公歸第。及有疑議，召而問焉。浩纖妍潔白，如美婦人。而性敏達，長於謀計。常自比張良，謂己稽古過之。既得歸第，因欲修服食養性之術，而寇謙之有《神中録圖新經》，浩因師之。

始光中，進爵東郡公，拜太常卿。時議討赫連昌，羣臣皆以爲難，唯浩曰：「往年以來，熒惑再守羽林，皆成鈎己，其占秦亡。又今年五星併出東方，利以西伐。天應人和，時會並集，不可失也。」世祖乃使奚斤等擊蒲坂，而親率輕騎襲其都城，大獲而還。及世祖復討昌，次其城下，收衆僞退。昌鼓譟而前，舒陣爲兩翼。會有風雨從東南來，揚沙昏冥。宦者趙倪進曰：「今風雨從賊後來，我向彼背，天不助人。又將士飢渴，願陛下攝騎避之，更待後日。」浩叱之曰：「是何言歟！千里制勝，一日之中，豈得變易？賊前行不止，後已離絶，宜分軍隱出，奄擊不意。風道在人，豈有常也！」世祖曰「善」。分騎奮擊，昌軍大潰。【略】

神䴥二年，詔集諸文人撰録國書，浩及弟覽、高讜、鄧穎、晁繼、范亨、黄輔等共參著作，敍成《國書》三十卷。

是年，議擊蠕蠕，朝臣内外盡不欲行，保太后固止世祖，世祖皆不聽，唯浩讚成策略。尚書令劉潔、左僕射安原等，乃使黄門侍郎仇齊推赫連昌太史張淵、徐辯説世祖曰：「今年己巳，三陰之歲，歲星襲月，太白在西方，不可舉兵。北伐必敗，雖克，不利於上。」又羣臣共贊和淵等云：淵少時嘗諫苻堅不可南征，堅不從而敗。今天時人事都不和協，何可舉動！世祖意不決，乃召浩令與淵等辯之。

浩難淵曰：「陽者，德也；陰者，刑也。故日蝕修德，月蝕修刑。夫王者之用刑，大則陳諸原野，小則肆之市朝。戰伐者，用刑之大者也。以此言之，三陰用兵，蓋得其類，修刑之義也。歲星襲月，年飢民流，應在他國，遠期十二年。太白行倉龍宿，於天文爲東，不妨北伐。淵等俗生，志意淺近，牽於小數，不達大體，難與遠圖。臣觀天文，比年以來，月行奄昴，至今猶然。其占：『三年，天子大破旄頭之國。』蠕蠕、高車，旄頭之衆也。夫聖明御時，能行非常之事。古人語曰：『非常之原，黎民懼焉，及其成功，天下晏然。』願陛下勿疑也。」淵等慚而言曰：「蠕蠕，荒外無用之物，得其地不可耕而食，得其民不可臣而使，輕疾無常，難得而制，有何汲汲而苦勞士馬也？」浩曰：「淵言天時，是其所職；若論形勢，非彼所知。斯乃漢世舊説常談，施之於今，不合事宜也。何以言之？夫蠕蠕者，舊是國家北邊叛隸，今誅其元惡，收其善民，令復舊役，非無用也。漠北高涼，不生蚊蚋，水草美善，夏則北遷。田牧其地，非不可耕而食也。蠕蠕子弟來降，貴者尚公主，賤者將軍、大夫，居滿朝列，又高車號爲名騎，非不可臣而畜也。夫以南人追之，則患其輕疾，於國兵則不然。何者？彼能遠走，我亦能遠逐，與之進退，非難制也。且蠕蠕往數入國，民吏震驚。今夏不乘虚掩進，破滅其國，至秋復來，不得安卧。自太宗之世，迄於今日，無歲不驚，豈不汲汲乎哉！世人皆謂淵、辯通解數術，明決成敗。臣請試之，問其西國未滅之前有何亡徵。知而不言，是其不忠；若實不知，是其無術。」時赫連昌在座，淵等自以無先言，慚赧而不能對。世祖大悦，謂公卿曰：「吾意決矣。亡國之師，不可與謀，信矣哉！」而保太后猶難之，復令羣臣於保太后前評議。世祖謂浩曰：「此等意猶不伏，卿善曉之令悟。」

既罷朝，或有尤浩者曰：「今吴賊南寇而舍之北伐。行師千里，其誰不知。若蠕蠕遠遁，前無所獲，後有南賊之患，危之道也。」浩曰：「不然。今年不摧蠕蠕，則無以禦南賊。自國家并西國以來，南人恐懼，揚聲動衆，以衛淮北。彼北我南，彼勞我息，其勢然矣。比破蠕蠕，往還之間，故不見其至也。何以言之？劉裕得關中，留其愛子，精兵數萬，良將勁卒，猶不能固守，舉軍盡没。號哭之

聲，至今未已。如何正當國家休明之世，士馬强盛之時，而欲以駒犢齒虎口也？設令國家與之河南，彼必不能守之。自量不能守，是以必不來。若或有衆，備邊之軍耳。夫見瓶水之凍，知天下之寒；嘗肉一臠，識鑊中之味。物有其類，可推而得也。且蠕蠕恃其絶遠，謂國家力不能至，自寬來久，故夏則散衆放畜，秋肥乃聚，背寒向温，南來寇抄。今出其慮表，攻其不備。大軍卒至，必驚駭星分，望塵奔走。牡馬護羣，牝馬戀駒，驅馳難制，不得水草，未過數日則聚而困敝，可一舉而滅。暫勞永逸，長久之利，時不可失也。唯患上無此意，今聖慮已決，發曠世之謀，如何止之？陋矣哉，公卿也！」諸軍遂行。天師謂浩曰：「是行也，如之何，果可克乎？」浩對曰：「天時形勢，必克無疑。但恐諸將瑣瑣，前後顧慮，不能乘勝深入，使不全舉耳。」

及軍入其境，蠕蠕先不設備，民畜布野，驚怖四奔，莫相收攝。於是分軍搜討，東西五千里，南北三千里，凡所俘虜及獲畜産車廬，彌漫山澤，蓋數百萬。高車殺蠕蠕種類，歸降者三十餘萬落，虜遂散亂矣。世祖沿弱水西行，至涿邪山，諸大將果疑深入有伏兵，勸世祖停止不追。天師以浩曩日之言，固勸世祖窮討，不聽。後有降人，言蠕蠕大檀先被疾，不知所爲，乃焚燒穹廬，科車自載，將數百人入山南走。民畜窘聚，方六十里中，無人領統。相去百八十里，追軍不至，乃徐徐西遁，唯此得免。後聞涼州賈胡言，若復前行二日，則盡滅之矣。世祖深恨之。大軍既還，南賊竟不能動，如浩所量。

浩明識天文，好觀星變。常置金銀銅鋌於酢器中，令青，夜有所見即以鋌畫紙作字，以記其異。世祖每幸浩第，多問以異事。或倉卒不及束帶，奉進蔬食，不暇精美。世祖爲舉匕箸，或立嘗而旋，其見寵愛如此。於是引浩出入臥内，加侍中、特進、撫軍大將軍、左光禄大夫，賞謀謨之功。世祖從容謂浩曰：「卿才智淵博，事朕祖考，忠著三世，朕故延卿自近。其思盡規諫，匡予弼予，勿有隱懷。朕雖當時遷怒，若或不用，久久可不深思卿言也。」因令歌工歷頌羣臣，事在《長孫道生傳》。又召新降高車渠帥數百人，賜酒食於前。世祖指浩以示之，曰：「汝曹視此人，尩纖懦弱，手不能彎弓持矛，其胸中所懷，乃踰於甲兵。朕始時雖有征討之意，而慮不自決，前後克捷，皆此人導吾，令至此也。」乃敕諸尚書曰：「凡軍國大計，卿等所不能決，皆先諮浩，然後施行。」

俄而南藩諸將表劉義隆大嚴，欲犯河南。請兵三萬，先其未發逆擊之，因誅河北流民在界上者，絶其鄉導，足以挫其鋭氣，使不敢深入。詔公卿議之，咸言宜許。浩曰：「此不可從也。往年國家大破蠕蠕，馬力有餘，南賊震懼，常恐輕兵奄至，臥不安席，故先聲動衆，以備不虞，非敢先發。又南土下濕，夏月蒸暑，水潦方多，草木深邃，疾疫必起，非行師之時。且彼先嚴有備，必堅城固守。屯軍攻之，則糧食不給；分兵肆討，則無以應敵，未見其利。就使能來，待其勞倦，秋涼馬肥，因敵取食，徐往擊之，萬全之計，勝必可克。在朝羣臣及西北守將，從陛下征討，西滅赫連，北破蠕蠕，多獲美女珍寶，馬畜成羣。南鎮諸將聞而生羡，亦欲南抄，以取資財。是以披毛求瑕，妄張賊勢，冀得肆心。既不獲聽，故數稱賊動，以恐朝廷。背公存私，爲國生事，非忠臣也。」世祖從浩議。南鎮諸將復表賊至，而自陳兵少，簡幽州以南戍兵佐守，就漳水造船，嚴以爲備。公卿議者僉然，欲遣騎五千，并假署司馬楚之、魯軌、韓延之等，令誘引邊民。浩曰：「非上策也。彼聞幽州已南精兵悉發，大造舟船，輕騎在後，欲存立司馬，誅除劉族，必舉國駭擾，懼於滅亡，當悉發精鋭，來備北境。後審知官軍有聲無實，恃其先聚，必喜而前行，徑來至河，肆其侵暴，則我守將無以禦之。若彼有見機之人，善設權譎，乘間深入，虞我國虚，生變不難，非制敵之良計。今公卿欲以威力攘賊，乃所以招令速至也。夫張虚聲而召實害，此之謂矣。不可不思，後悔無及。我使在彼，期四月前還。可待使至，審而後發，猶未晚也。且楚之之徒，是彼所忌，將奪其國，彼安得端坐視之？故楚之往則彼來，止則彼息，其勢然也。且楚之等瑣才，能招合輕薄無賴，而不能成就大功。爲國生事，使兵連禍結，必此之羣矣。臣嘗聞魯軌説姚興求入荆州，至則散敗，乃不免蠻賊掠賣爲奴，使禍及姚泓，已然之效。」浩復陳天時不利於彼，曰：「今兹害氣在揚州，不宜先舉兵，一也；午歲自刑，先發者傷，二也；日蝕滅光，晝昏星見，飛鳥墮落，宿值斗牛，憂在危亡，三也；熒惑伏匿於翼軫，戒亂及喪，四也；太白未出，進兵者敗，五也。夫興國之君，先修人事，次盡地利，後觀天時，故萬舉而萬全，國安而身盛。今義隆新國，是人事未周也；災變屢見，是天時不協也；舟行水涸，是地利不盡也。三事無一成，自守猶或不安，何得先發而攻人哉？彼必聽我虚聲而嚴，我亦承彼嚴而動，兩推其咎，皆自以爲應敵。兵法當分災迎受害氣，未可舉動也。」

世祖不能違衆，乃從公卿議。浩復固争，不從。遂遣陽平王杜超鎮鄴，琅邪王司馬楚之等屯潁川。於是賊來遂疾，到彦之自清水入河，泝流西行，分兵列守南岸，西至潼關。

世祖聞赫連定與劉義隆懸分河北，乃治兵，欲先討赫連。羣臣曰：「義隆猶

在河中，舍之西行，前寇未可必克，而義隆乘虛，則失東州矣。」世祖疑焉，問計於浩。浩曰：「義隆與赫連定同惡相招，連結馮跋，牽引蠕蠕，規肆逆心，虛相唱和。義隆望定進，定待義隆前，皆莫敢先入。以臣觀之，有似連雞，不得俱飛，無能爲害也。臣始謂義隆軍來當屯住河中，兩道北上，東道向冀州，西道衝鄴。如此，則陛下當自致討，不得徐行。今則不然，東西列兵，徑二千里，一處不過數千，形分勢弱。以此觀之，儜兒情見，止望固河自守，免死爲幸，無北渡意也。赫連定殘根易摧，擬之必仆。克定之後，東出潼關，席卷而前，則威震南極，江淮以北無立草矣。聖策獨發，非愚近所及，願陛下西行勿疑。」平涼既平，其日宴會，世祖執浩手以示蒙遜使曰：「所云崔公，此是也。才略之美，當今無比。朕行止必問，成敗決焉，若合符契，初無失矣。」後冠軍將軍安頡軍還，獻南俘，因說南賊之言云，義隆敕其諸將，若北國兵動，先其未至，徑前入河；若其不動，住彭城勿進。如浩所量。世祖謂公卿曰：「卿輩前謂我用浩計爲謬，驚怖固諫。常勝之家，始皆自謂踰人遠矣，至於歸終，乃不能及。」遷浩司徒。

時方士祁纖奏立四王，以日東西南北爲名，欲以致禎吉，除災異。詔浩與學士議之。浩對曰：「先王建國以作蕃屏，不應假名以爲其福。夫日月運轉，周歷四方，京都所居，在於其內，四王之稱，實奄邦畿，名之則逆，不可承用。」先是，纖奏改代爲萬年，浩曰：「昔太祖道武皇帝，應天受命，開拓洪業，諸所制置，無不循古。以始封代土，後稱爲魏，故代、魏兼用，猶彼殷商。國家積德，著在圖史，當享萬億，不待假名，以爲益也。纖之所聞，皆非正義。」世祖從之。

是時，河西王沮渠牧犍，內有貳意，世祖將討焉，先問於浩。浩對曰：「牧犍惡心已露，不可不誅。官軍往年北伐，雖不克獲，實無所損。于時行者內外軍馬三十萬匹，計在道死傷不滿八千，歲常羸死，恒不減萬，乃不少於此。而遠方承虛，便謂大損，不能復振。今出其不意，不圖大軍卒至，必驚駭騷擾，不知所出，擒之必矣。且牧犍劣弱，諸弟驕恣，爭權從橫，民心離解。加比年以來，天災地變，都在秦、涼，成滅之國也。」世祖曰：「善，吾意亦以爲然。」命公卿議之。弘農王奚斤等三十餘人皆曰：「牧犍西垂下國，雖心不純臣，然繼父職貢，朝廷接以蕃禮。又王姬釐降，罪未甚彰，謂宜羈縻而已。今士馬勞止，宜可小息。又其地鹵斥，略無水草，大軍既到，不得久停。彼聞軍來，必完聚城守，攻則難拔，野無所掠。」於是尚書古弼、李順之徒皆曰：「自溫圉河以西，至於姑臧城南，天梯山上冬有積雪，深一丈餘，至春夏消液，下流成川，引以溉灌。彼聞軍至，決此渠口，水不通流，則致渴乏。去城百里之內，赤地無草，又不任久停軍馬。斤等議是也。」世祖乃命浩以其前言與斤共相難抑。諸人不復餘言，唯曰「彼無水草」。浩曰：「《漢書・地理志》稱：『涼州之畜，爲天下饒。』若無水草，何以畜牧？又漢人爲居，終不於無水草之地築城郭、立郡縣也。又雪之消液，纔不斂塵，何得通渠引漕，溉灌數百萬頃乎？此言大詆誣於人矣。」李順等復曰：「耳聞不如目見，吾曹目見，何可共辨？」浩曰：「汝曹受人金錢，欲爲之辭，謂我目不見便可欺也？」世祖隱聽，聞之乃出，親見斤等，辭旨嚴厲，形於神色。羣臣乃不敢復言，唯唯而已。於是遂討涼州而平之。多饒水草，如浩所言。

乃詔浩【略】綜理史務，述成此書，務從實録。」浩於是監祕書事，以中書侍郎高允、散騎侍郎張偉參著作，續成前紀。至於損益褒貶，折中潤色，浩所總焉。

及恭宗始總百揆，浩復與宜都王穆壽輔政事。時又將討蠕蠕，劉潔復致異議。世祖逾欲討之，乃召問浩。浩對曰：「往擊蠕蠕，師不多日，潔等各欲回還。後獲其生口，云軍還之時，去賊三十里。是潔等之計過矣。夫北土多積雪，至冬時常避寒南徙。若因其時，潛軍而出，必與之遇，則可擒獲。」世祖以爲然。乃分軍爲四道，詔諸將俱會鹿渾海。期日有定，而潔恨計不用，沮誤諸將，無功而還。

【略】

世祖西巡，詔浩與尚書、順陽公蘭延都督行臺中外諸軍事。世祖至東雍，親臨汾曲，觀叛賊薛永宗壘，進軍圍之。永宗出兵欲戰，世祖問浩曰：「今日可擊不？」浩曰：「永宗未知陛下自來，人心安閒，北風迅疾，宜急擊之，須臾必碎。若待明日，恐其見官軍盛大，必夜遁走。」世祖從之。永宗潰滅。車駕濟河，前驅告賊在渭北。世祖至洛水橋，賊已夜遁。詔問浩曰：「蓋吳在長安北九十里，渭北地空，穀草不備。欲渡渭南西行，何如？」浩對曰：「蓋吳營去此六十里，賊魁所在。擊蛇之法，當須破頭，頭破則尾豈能復動？宜乘勢先擊吳。今軍往，一日便到。平吳之後，回向長安，亦一日而至。一日之內，未便損傷。愚謂宜從北道。若從南道，則蓋吳徐入北山，卒未可平。」世祖不從，乃渡渭南。吳聞世祖至，盡散入北山，果如浩言，軍無所克，世祖悔之。後以浩輔東宮之勤，賜繒絮布帛各千段。

著作令史太原閔湛、趙郡郄標素諂事浩，乃請立石銘，刊載《國書》，并勒所注《五經》。浩贊成之。恭宗善焉，遂營於天郊東三里，方百三十步，用功三百萬乃訖。

世祖蒐于河西，詔浩詣行在所議軍事。浩表曰：「昔漢武帝患匈奴强盛，故開涼州五郡，通西域，勸農積穀，爲滅賊之資。東西迭擊。故漢未疲，而匈奴已弊，後遂入朝。昔平涼州，臣愚以爲北賊未平，征役不息，可不徙其民，案前世故事，計之長者。若遷民人，則土地空虚，雖有鎮戍，適可禦邊而已，至於大舉，軍資必乏。陛下以此事闊遠，竟不施用。如臣愚意，猶如前議，募徙豪强大家，充實涼土，軍舉之日，東西齊勢，此計之得者。」

浩又上《五寅元曆》，表曰：「太宗即位元年，敕臣解《急就章》、《孝經》、《論語》、《詩》、《尚書》、《春秋》、《禮記》、《周易》，三年成訖。復詔臣學天文、星曆、《易》式、九宫，無不盡看。至今三十九年，晝夜無廢。臣稟性弱劣，力不及健婦人，更無餘能，是以專心思書，忘寢與食，至乃夢共鬼争義。遂得周公、孔子之要術，始知古人有虚有實，妄語者多，真正者少。自秦始皇燒書之後，經典絶滅。漢高祖以來，世人妄造曆術者有十餘家，皆不得天道之正，大誤四千，小誤甚多，不可言盡。臣愍其如此。今遭陛下太平之世，除僞從真，宜改誤曆，以從天道。是以臣前奏造曆，今始成訖。謹以奏呈。唯恩省察，以臣曆術宣示中書博士，然後施用。非但時人，天地鬼神知臣得正，可以益國家萬世之名，過於三皇、五帝矣。」【略】

真君十一年六月誅浩，清河崔氏無遠近，范陽盧氏、太原郭氏、河東柳氏，皆浩之姻親，盡夷其族。初，郄標等立石銘刊《國記》，浩盡述國事，備而不典。而石銘顯在衢路，往來行者咸以爲言，事遂聞發。有司按驗浩，取祕書郎吏及長曆生數百人意狀。浩伏受賕，其祕書郎吏已下盡死。

浩始弱冠，太原郭逸以女妻之。浩晚成，不曜華采，故時人未知。逸妻王氏，劉義隆鎮北將軍王仲德姊也，每奇浩才能，自以爲得壻。俄而女亡，王深以傷恨，復以少女繼婚。逸及親屬以爲不可，王固執與之，逸不能違，遂重結好。浩非毁佛法，而妻郭氏敬好釋典，時時讀誦。浩怒，取而焚之，捐灰於厠中。及浩幽執，置之檻内，送於城南，使衛士數十人溲其上，呼聲嗷嗷，聞于行路。自宰司之被戮辱，未有如浩者，世皆以爲報應之驗也。初浩構害李順，基萌已成，夜夢秉火爇順寢室，火作而順死，浩與室家羣立而觀之。俄而順弟息號哭而出，曰：「此輩，吾賊也！」以戈擊之，悉投於河。寤而惡之，以告館客馮景仁。景仁曰：「此真不善也，非復虚事。夫以火爇人，暴之極也。階亂兆禍，復己招也。《商書》曰：『惡之易也，如火之燎於原，不可向邇，其猶可撲滅乎？』且兆始惡者有終殃，積不善者無餘慶。厲階成矣，公其圖之。」浩曰：「吾方思之。」而不能悛，至是而族。浩既工書，人多託寫《急就章》。從少至老，初不憚勞，所書蓋以百數，必稱「馮代强」，以示不敢犯國，其謹也如此。浩書體勢及其先人，而妙巧不如也。世寶其迹，多裁割綴連，以爲模楷。

浩母盧氏，諶孫也。浩著《食經敘》曰：「余自少及長，耳目聞見，諸母諸姑所修婦功，無不藴習酒食。朝夕養舅姑，四時祭祀，雖有功力，不任僮使，常手自親焉。昔遭喪亂，飢饉仍臻，饘蔬餬口，不能具其物用，十餘年間不復備設。先妣慮久廢忘，後生無知見，而少不習業書，乃占授爲九篇，文辭約舉，婉而成章，聰辯强記，皆此類也。親没之後，值國龍興之會，平暴除亂，拓定四方。余備位台鉉，與參大謀，賞獲豐厚，牛羊蓋澤，貲累巨萬。衣則重錦，食則粱肉。遠惟平生，思季路負米之時，不可復得，故序遺文，垂示來世。」

始浩與冀州刺史頤、滎陽太守模等年皆相次，浩爲長，次模，次頤。三人别祖，而模、頤爲親。浩恃其家世魏晉公卿，常侮模、頤。模謂人曰：「桃簡正可欺我，何合輕我家周兒也。」浩小名桃簡，頤小名周兒。世祖頗聞之，故誅浩時，二家獲免。浩既不信佛、道，模深所歸向，每雖糞土之中，禮拜形像。浩大笑之，云：「持此頭顱不浄處，跪是胡神也。」

雜録

備録

唐臨《冥報記》卷下《後魏崔浩》 後魏司徒崔浩，博學有才略，事太武，言行計從，國人以爲模楷。浩師事道士寇謙之，左不信佛，謂虚誕爲百姓所費。見其妻讀經，奪而投於井中。從太武至長安，入寺，見有弓矢刀盾。帝怒，誅寺僧。浩因進説，盡煞沙門，焚經像，勑留臺下四方，依長安行事。寇謙之與浩争，不聽煞，浩不從，謙之謂浩曰：「卿從今受戮，滅門户矣。」後四年，浩果無罪而族誅。將刑，載於露車，官使十人，在車上更尿其口。行數里，不堪困苦，號叫求哀，竟備五刑。自古戮辱，未之前有。帝亦枉誅太子，又尋爲閹人宗愛所煞。時人以

爲毁佛法之報驗。

李昉《太平御覽》卷五〇四 眭夸一名昶，趙郡高邑人。年三十遭父喪，鬚髮致白。每悲哭，聞者爲之流涕。高尚不仕，寄情丘壑。少與崔浩爲莫逆之交，及浩爲司徒，奏征夸爲其中郎，辭疾不起。州郡逼遣，不得已。及入都與浩相見，經留數日，惟飲酒叙平生，不及世利。浩每欲論屈之，竟不能發言，其見敬憚如此。浩後遂投詔書於夸懷，夸曰：「桃簡，卿已爲司徒，何足以此勞國士也。」桃簡，浩小名。浩慮夸即還，時乘一騾，更無兼騎。浩乃以夸騾内之厩中，冀相維縶。夸遂託鄉人輸租者，謬爲御車，乃得出關。浩知而歎曰：「眭夸獨行之士，本不應以小職辱之，又使其人杖策復路，吾當何辭以謝也？」及浩誅後，夸爲之素服，受鄉人弔唁，乃歎曰：「崔公既死，誰能更容眭夸？」年七十五卒。

備論

《魏書》卷三五《崔浩傳》 崔浩才藝通博，究覽天人，政事籌策，時莫之二，此其所以自比於子房也。屬太宗爲政之秋，值世祖經營之日，言聽計從，寧廓區夏。遇既隆也，勤亦茂哉。謀雖蓋世，威未震主，末途邂逅，遂不自全。豈烏盡弓藏，民惡其上？將器盈必概，陰害貽禍？何斯人而遭斯酷，悲夫！

秦觀《淮海集》卷二一《崔浩論》 臣聞有有道之士，有有才之士。至明而持之以晦，至智而守之以愚，與物並遊而不離其域者，有道之士也；以明濟明，以智資智，穎然獨出，不肯與衆爲耦者，有才之士也。夫有道之與有才，相去遠矣，不可不知也。

史稱，崔浩自比張良，謂稽古過之。以臣觀之，浩曾不及荀、賈，何敢望子房乎？夫子房之於漢，荀攸、賈詡之於魏，浩之於元魏，運籌制勝，算無遺策，實各一時之謀臣也。高祖以子房與韓信、蕭何爲三人傑，用之以取天下。韓信王楚數十城，蕭何封侯第一，而子房獨願封留而已。及太子監關中兵，乃行少傅事，晏然處於叔孫通之下，了無矜伐不平之意。故司馬遷以爲無智名，無勇功，可謂有道之士也。荀、賈雖不足以與於此，然攸謀謨帷幄，時人子弟莫知其言；詡亦闔門自守，退無交私，皆以令終：故陳壽以爲良、平之亞。雖有才之士，亦頗聞君子之道者也。浩則不然。其設心措意，惟恐功之不著，名之不顯而已。李順之死，浩既有力，而奏《五寅元曆》，章尤夸誕，妄詆古人，所撰《國記》，至鑱石道傍，以彰直筆。明哲之所爲固如此乎？正孟子所謂小有才，未聞君子之大道，適足以殺其身而已，盆成括之流也。以此論之，浩曾不及荀、賈明矣，何敢望子房乎？

【略】浩精於術數之學，其言熒惑之入秦、彗星之滅晉，與夫兔出後宫、姚興獻女之事尤異。及黜莊、老，乃以爲矯誣之言。則其術蓋出於陰陽而已。此其所以不同也。

然高帝用子房之謀，棄咸陽，還定三秦，滅項羽於垓下。太武用浩，亦取赫連昌，破蠕蠕，平沮渠牧犍於涼州。惠帝得不廢者，子房之本謀。而太武爲國副主，亦自浩發之。其迹蓋相似也。嗚呼！豈欲爲子房，而不知所以爲子房者歟？

李石《方舟集》卷九《崔浩高允論》 君子之於天下事也，欲求其通，故學欲其博。事通而學博，則必揜衆取名，名之所歸，責之所生，一身有所未安，況欲以此謀天下之事乎？所謂通者，於文武則曰兼資，於儒、墨則曰並用，於三才則曰無不知，於六藝則曰無不習。求欲揜衆人而直出其表者，好名之累也。殊不知昔之君子有其善而不居，故能兼衆人之善；棄其智而弗用，故能合衆人之智。其於名也，退然不敢專美。卒之天下以名歸之，方且泛然受，悠然辭，若有不得已居此名者，斯其所以安其身。推其身之餘以及天下事，則亦綽綽無難矣。崔浩、高允二臣者，魏之起燕、代而伯中國，二臣力居多。事通而學博，猶一體之人也。崔浩不免殺身，高允獨能自全者，史氏於浩傳不甚著其事，於《高允傳》明浩之所以死者加詳。愚請合而論之。談兵則有敗衄之禍，爲史則有漏洩之禍，占天則有窺測之禍。有一於是，足以殺身，況欲合三者以争名？於三事也欲其無不通，於三者之學也欲其無不博，而欲以是幸免於亂世之禍乎？浩固自取，允亦有幸免者。魏起燕、代，用兵中國，浩爲謀主，帷幄坐勝，所至策勳，而允亦參樂平王軍以西破楊難當，此其知兵相似也。浩以三公領國史，允奉詔分掌其事，浩雖專其職而允用力居多，此其述史相似也。浩初以占天精於風角，用以策敵，而允以律曆爲淺事以難浩説，此其占天相似也。夫合三説以相似，然浩竟以此殺身而允獨幸免，以令名始終者，有由矣。且二人以儒知兵，浩之事魏三君，課功居多。允視浩爲晚進，適時少事，得以雍容俎豆，不由汗馬取名。如占天、星曆、災異、五行，二人之學非獨相似，人謂允過於浩也。浩爲三公，允甫以著作起家，

同領國史，所志太祖以下三朝多出允筆，浩主其要而已，竟以此受禍，允獨恃景穆茈護不死者，人固有幸不幸哉！大抵以多事爲通，以多學爲博，浩則抗之以滿。又爲郄標之徒所誤，如刻國史於石，以彰直筆，如以五星聚東井不欲東伐，又援漢元年十月之占以自亂，與允反覆辯論。允則雖明災異之學，不肯對人言之，又知浩之必不免，預形於言，此其獨保令名、壽考以終者，得非以其廉於取名者歟？浩生平自比子房，君臣相諛，以爲近似，使其果有明哲保身之慮，則有封留之足，從赤松子隱去，否則勇退急流，不以名掩衆，其庶幾乎。嗚呼！士大夫之心術，平昔處學問、居富貴者，了了於性理，不可不自厚也。浩不信佛，不談老莊，未礙也。其妻佞佛，浩取其書裂投溷中。夫佛書者，華言而梵學，與中國書同文之一，豈糞腐之可污乎？又以殘酷殺李順一事，其報應亦昭昭矣。允心術所感，誠有異於浩者。幼嘗爲浮屠，爲塞上公詩，有齊得喪、忘物我，浩然世外之意，其行諸州，獄務矜恤，多所貸縱，以廉平稱。又挺身以明罪多於浩，帝怒，反免所坐僮吏數十百家五族之誅，此何止千人之活而已乎？因觀史氏所載崔浩、高允同罪異罰，故合二人論之，以爲君子掩衆取名之戒。

胡寅《讀史管見》卷一〇 浩刻石書史，立之衢路，暴著國實，不少隱避，其事上如此，則必取人之能規諫於我，而惡其諛説者，此乃情性之類也。彼閔湛、郄標，佞諂人也，浩寵信而不悟，而以直自任，昧於爲尊者諱之禮，是好惡不以類，其不仁久矣。卿大夫不仁，不保宗廟，浩其能免乎？

《陳亮集》卷八《酌古論四・崔浩》 夫崔浩之佐魏，料敵制勝，變化無窮。此其智之不可敵，雖子房無以遠過也。而其料柔然，尤爲奇中。方太武將議出征，衆皆難之。浩肆辯詰之，力遂其行，且告人曰：「必克。但恐諸將瑣瑣，前後顧慮，致不能盡舉耳。」已而果然。使浩臨機料之，可也。而能先事料之者，此果何術哉？

吾嘗論之，古之善料敵者，必曰：「攻其所不戒，擊其所不備。」柔然去魏數千里，恃其絶遠，守備必懈。吾卒然以兵臨之，所謂迅雷不及掩耳，震電不及瞑目，彼將望風失措矣。此浩所以決知其克也。然夷狄之人，貪而無親，輕而不整，勝不相遜，敗不相救，一夫先奔，萬夫争潰，此其習俗然也。魏師乘勝而進，勢如風雨，所至奔敗，鳥竄獸伏，各逃其死。柔然計窮氣沮，數日之間，衆未及聚，謀未及生，徬徨四顧，而莫知所以爲禦。使連兵急進，以勢迫之，此雖犯天下之至危，而可以得志。然是舉也，唯明者爲能必之，唯斷者爲能行之。不明則利害顯然而不見，不斷則可否猶豫而不決。夫投機之會，間不容髮，有是二者，而何能投機哉！太武之用兵，動顧萬全。而其將若長孫翰、劉潔、古弼之徒，雖不爲無謀，而皆不能用權以求勝。故機會在前，而或失之者有矣，此浩之所爲深憂也。是以先事料之，言如有形。庶臨機之際，或因吾言而能有所決，則舉一國猶擣虚耳，其功可勝道哉！太武卒失其機，使貽後悔。彼非不知勢之可進，而自顧進軍數千里，窮其巢穴，人或死戰，或因險以要我，或設伏以待我，其害殆未可以一二計，不若全軍而止，他非所憂。此則太武與諸將之意也。而不知事固有隨機立權者，烏可以瑣瑣顧慮哉！故夫浩之所料，雖曰奇中，要之皆出於人情，而太武失之耳。

晁補之《雞肋集》卷三五 浩自恕以比良，而不歉其所不足，尚以謂己稽古過之，豈不悮哉？嗟乎！使浩得漢高祖而事之，不足當陳平。

黎靖德《朱子語類》卷一三五 又問崔浩如何？曰：「也是箇博洽底人。他雖自比子房，然却學得子房，獃了子房之辟穀，姑以免禍耳！他却真箇要做。」

葉廷珪《海録碎事》卷一二「没公廉」 高允謂崔浩：私慾没其公廉，愛憎蔽其直理。

方孝孺《遜志齋集》卷五《崔浩》 子路問成人，孔子答以臧武仲、公綽、卞莊子三人者之所長，而必謂文之禮樂，而後可其意。猶若不足於此者，殆誦而思之。以爲何成人之難如此耶？既而得其説，然後知聖人之言，窮萬世而不可加損也。徒智而不能無欲，則將舞其智以爲姦；徒勇而不能無欲，則將恃其勇以爲亂。無欲而不能燭之以智，行之以勇，則將局爲狷固，陷於愚僻，而終不能有成。兼斯三者，而又有禮以節之，樂以和之，庶乎合於君子之道矣！不然，三者特一行耳。操一行者，天下豈少哉？秦漢以下，諸葛孔明視成人爲近之，張子房備是三者，而禮樂不足謀海内之事。無遺策，可謂智矣。而未能不離乎？詭棄三萬户而不受，辭權利而不居，可謂無欲矣！而未能不近乎？矯報讐秦、項之間，不遺知力，可謂有勇矣！而未能皆合乎？義然比之當世之士，則無過子房者矣，固一世之傑也。若聖賢之大成，則豈如斯而止哉？拓拔氏之崔浩，嘗自謂其纔可擬子房，而稽古過之。浩信多智矣！不肯屈爲之臣，及遇高祖則曰：「沛公殆天授。」遂從而輔之，不去，子房非苟云爾也。君子莫先乎擇主，有濟世之術，而不知擇可輔之主，則爲棄其術；遇可輔之主，而無濟世之術，則爲速其禍。高祖寬厚長者，子房知能用吾術，可以有功；能不受其位，可以免禍也。故天下既

定，則欲引而去之，使君臣之間坦然無疑。昔之料敵制變、出人意表者，今皆斂戢韜秘，不使毫髮發見於外。説客、謀士之態，一旦化爲醇儒、静士，而人不之覺。高祖雖欲疑之，豈可得哉？此子房之智也。浩之主，氐、羌之雄，猜暴之人耳。而浩之術又皆出乎推步、占驗、譎怪恍惚之説，參之以揣摩、縱横之辨，智術蓋於其國權勢，行乎羣臣之上，使人主忌其智，同列畏其威，固有致禍之道矣！況重之以專，挾之以私，觸其所甚諱者，暴之於外，而身不知退，卒取族滅，豈足異也哉？子房既智而守之以無欲，故全；浩以智濟其欲，則歸於不智而已。人之有智，猶地之有水，然用之，順其道，物資之以生，地利資之以成。苟無以制之，則浪溢泛濫，適足以爲地之害。君子之爲學，必也本乎？仁繇乎？義立乎？其大者而用其智，智發乎仁義，天下之大智也。不仁而欲用其智，幾何不爲崔浩哉。

于慎行《讀史漫録》卷六　崔浩之死，宜也。夫史者所以記人主之善惡，以爲萬世勸戒，是非襃貶，其誰敢私？然天下之事，有體有情，彼匹夫從萬世之後，襃刺前主，以列國之臣，臧否他主，于體甚物，于情未難也。至于載筆記言，在主左右，以體言之，則史臣也，以情言之，則君父。第當據事直書，以俟後哲之評，避人焚草，以掩君父之過；豈有刊之于石，列之于市，使行道之人，忿恚不平者？浩之死，宜也。古之爲良臣者，至周公而止；古之爲信史者，至《春秋》而極。周公爲王請命，藏其書于金縢，孔子因魯史舊文，爲其君諱，世不以爲諛也。奈何賣直揚惡，以博殺身之禍，死不足以成仁，亡不足以市義，君子奚取焉？高允對太子曰：崔浩孤負至恩，以私慾没其潔廉，愛憎蔽其公直，此浩之責也。至于書朝廷起居，言國家得失，此爲史正體，未爲多違，允之見亦狹矣。夫臣之事君，猶子之事父。人子爲其父母，雖韋布之微，行業無取，猶爲之志傳，以永其名。豈有播其君父之惡，以示天下而以爲直筆，是攘羊爲董孤也。曰：如此則善惡之迹，將何所寄？而襃貶之義，將何所取乎？曰：吾非以爲不當直書也，但宜藏之石室，以垂後世，不當播之通衢耳。司馬氏世典太史，其爲《史記》，猶藏之名山，數世乃出，浩不聞邪？

立石銘，刊《國記》，本閔湛、郄標之謀。湛、標素巧佞，浩納其邪説，而宗族立赤。生平自比子房，又與天師游，獨不聞辟穀之事邪！

焦竑《焦氏筆乘》卷二《崔浩受禍自有故》　魏太武殺崔浩云：浩刊所撰國史於石，立於郊壇東方，所書魏先世事皆詳，實北人忿恚，相與譖浩，暴揚國惡。魏主大怒，遂族誅浩。夫浩脩國史，直筆乃其職耳！惟是刊石衢路，若爲可罪，然何至赤其族哉！及閲《宋書·柳元景傳》云：柳光世爲索虜折衝將軍、河北太守。其姊夫僞司徒崔浩，虜之相也。虜主拓跋燾，南寇汝潁，浩密有異圖。光世要河北義士爲浩應，浩謀泄被誅。河北大姓，坐連謀夷滅者甚衆。然後知浩受禍之酷，自有其故，特因史事發耳！

黄道周《廣名將傳》卷八　崔浩學士，爲魏主謀。劉裕假道，請假以舟。衆議逆戰，戰敗悔羞。劉裕新喪，欲伐復仇。浩請略地，衆欲城求。經時不拔，忌浩譖勾。赫連可伐，衆轉夷猶。力請掩擊，功力坐收。蠕蠕之舉，盡獻上猷。惟浩占象，大破旄頭。帝從往伐，所獲山邱。鎮兵怯守，防兵欲周。浩曰防急，招寇爲憂。大小百計，皆浩運籌。如言而用，用無不酬。奈何讒譖，不得自由。及其死也，方悔方愁。

王夫之《讀通鑑論》卷一四　崔浩智以亡身。其智也，適以亡其身；適以亡其身，則不智莫大焉。【略】

浩之見知於拓拔嗣也，以《洪範》，以天文。其《洪範》非《洪範》也，非以相協厥居者也；其天文非天文也，非以敬授民時者也。及其後與寇謙之比，崇淫祀以徼福於妖妄而已矣。故浩之時，非開治之時也，而浩不知；吉凶者，民之聰明所察，民之明威所利用者也，而浩不知；嗣非高帝，己非子房，自以其占星媚鬼之小慧，逢迎僞主，因而予智焉，此所謂驅之阱而莫避也，不智孰甚焉？

無是非之心非人也，非人則禽也，禽非不能與於象數、鬼神之靈也。鵲知戊己太歲，而不知風撼其巢；燕知太歲，而不知火焚其室。風火之撼且焚者，天也；戊己太歲，象數之測也。蜮能射，而制於鵝；梟能呪，而食於其子；鵝以氣制蜮，子以報食梟，天也，妖而射，淫而呪，鬼神之妄也。舍其是非而從其禍福，舍其禍福之理，而從其禍福之機，禽也，非人矣。浩之不别於人禽久矣，無足道者。爲君子者，捐河、雒之精義，而曲測其象數；忘孝敬之合漠，而比昵於鬼神；天在人中而不能察，於知人而自知，其能賢於浩者幾何也？此邵康節、劉文成之所以可惜也。

王夫之《讀通鑑論》卷一五　於崔浩以史被殺，而重有感焉。浩以不周身之智，爲索虜用，乃欲伸直筆於狼子野心之廷，以速其死，其愚固矣。然浩死而後世之史益葳，則浩存直筆於天壤，亦未可没也。直道之行於斯民者，五帝、三王之法也，聖人之教也，禮樂刑政之興廢，荒隅盜賊之緣起，皆於史乎徵之，即有不

典，而固可徵也。若浩者，仕於魏而爲魏史，然能存拓拔氏之所由來，詳著其不可爲君師之實，與其乘間以入中國之禍始，俾後之王者鑒而知懼，以制之於早，後世之士民知媿而不屑戴之爲君，則浩之爲功於人極者亦偉矣。浩雖殺，魏收繼之，李延壽繼之，撰述雖蕆，而詰汾、力微之蕆迹猶有傳者，皆浩之追敍僅存者也。

朱一是《爲可堂初集》卷七《崔浩論》　古之爲史，惟取直筆。而孔子作《春秋》，則未嘗無諱也。所見三世所聞，四世所傳聞，五世遠者，以義諱，近者以智畏，有周身之防而不違。明哲之戒，使孔子執筆齊廷，身見崔杼之弒君，必有微辭，正其罪而避其禍。豈如齊太史之以直受誅乎？司馬遷作史于腐刑之後，畏刑尤甚，但云藏之名山，傳之其人，似未欲令當世見也。班固以私改國史，詔收京兆獄，賴弟超上書獲免。蔡邕漢史未續，先爲王允所誅。陳壽雖蜀人，蜀亡，乃成《三國志》。姚思廉，陳人，陳亡，乃作《陳書》。故後之作史者，皆處後代追論勝國，始得直行其意而無忌。然去世未遠，而祖宗姻戚，猶必狥私。魏收《魏史》已不免「穢史」之譏，後猶棄骨焉。嗚呼！崔浩獨何人哉？德不及孔子，才不及司馬遷、班固諸人，身在魏朝，即撰《魏史》，暴揚國惡，列石通衢，使往來之人皆以爲恨。全失《春秋》之旨，有過齊太史之訐求，其免于誅族，豈可得乎？浩嘗自比子房矣。迹其料事決敵，百不失一，雖子房曷過？然子房用才，不欲盡其才；用智，不欲盡其智。滅秦誅楚，功成之後，即托病引退，以全其末路。而浩不然也，建功三朝，掃除二寇，言聽計行，功名亦已蓋世，更欲大整流品，明辨姓族，犯舉國之忌，薦引五州之士，起家郡守。與太子晃爭勝神麚。真君間，浩年已老，汲汲唯恐不及。蓋即無撰史之事，識者早知其不免矣。或者謂浩説帝盡誅天下沙門，毀諸經像，死時備極僇辱，殆佛法冥道之報。夫君子讀聖賢之書，除沙門豈盡非哉？浩獨行之，已甚耳！且釋、道皆異學，浩之奉道，極其崇；去釋，極其慘，以道而攻釋，是猶操曲尺而繩水之直，畜偷兒而禁人之竊，何其僻而惑也！子房不欲從赤松子遊乎？習辟穀、輕身，惟自保其性命，以明無事于人間。而浩則侈張其事，勸作静輪宫，必令極高，不聞雞犬，欲以上接天神，功費萬計，經年不成，是子房之學道求無事，浩之學道求多事。學道無事以全身，學道多事以殺身。此又學子房之誤，非子房不可學，而所以學之者非也。

劉義隆部

綜述

《宋書》卷五《文帝紀》　太祖文皇帝諱義隆，小字車兒，武帝第三子也。晉安帝義熙三年，生於京口。盧循之難，上年四歲，高祖使諮議參軍劉粹輔上鎮京城。十一年，封彭城縣公。高祖伐羌至彭城，將進路，板上行冠軍將軍留守。晉朝加授使持節、監徐、兗、青、冀四州諸軍事、徐州刺史，將軍如故。關中平定，高祖還彭城，又授監司州豫州之淮西、兗州之陳留諸軍事、前將軍、司州刺史，持節如故，將鎮洛陽。仍改授都督荆、益、寧、雍、梁、秦六州，豫州之河南、廣平，揚州之義成、松滋四郡諸軍事，西中郎將，荆州刺史，持節如故。永初元年，封宜都王，食邑三千户。進督北秦，并前七州。進號鎮西將軍，給鼓吹一部。又進督湘州。是歲入朝。時年十四。長七尺五寸，博涉經史，善隸書。

景平二年七月中，少帝廢。百官備法駕奉迎，入奉皇統。行臺至江陵，進璽紱。侍中臣琇，散騎常侍臣嶷之，中書監、尚書令、護軍將軍、建城縣公臣亮，左衛將軍臣景仁，給事中、游擊將軍、龍鄉縣侯臣隆，越騎校尉、都亭侯臣綱，給事黄門侍郎臣孔璩之，散騎侍郎臣劉思考，員外散騎侍郎臣潘盛，中書侍郎臣何尚之，羽林監、封陽縣開國侯臣蕭思話，長兼尚書左丞、德陽縣侯臣孫康，吏部郎中、騎都尉臣張茂度，儀曹郎中臣徐長琳，倉部郎中臣庾俊之，都官郎中臣袁洵等上表曰：「臣聞否泰相革，數窮則變，天道所以不謟，卜世所以靈長。乃者運距陵夷，王室艱晦，九服之命，靡所適歸，高祖之業，將墜于地。賴基厚德深，人神同獎，社稷以寧，有生獲乂。伏惟陛下君德自然，聖明在御，孝悌著於家邦，風猷宣於蕃牧。是以徵祥雜沓，符瑞燿煇。宗廟神靈，乃眷西顧；萬邦黎獻，望景託生。臣等忝荷朝列，豫充將命，復集休明之運，再覩太平之業。行臺至止，瞻望城闕，不勝喜説鳧藻之情，謹詣門拜表以聞。」上答曰：「皇運艱弊，數鍾屯夷，仰惟崇基，感尋國故，永慕厥躬，悲慨交集。賴七百祚永，股肱忠賢，故能休否以泰，天人式序。猥以不德，謬降大命，顧己兢悸，何以克堪。輒當暫歸朝庭，展哀陵寢，并與賢彥申寫所懷。望體其心，勿爲辭費。」府州佐史並稱臣，請題牓諸門，一依宫省，上不許。甲戌，發江陵。八月丙申，車駕至京城。丁酉，謁初寧陵，還於中堂即皇帝位。

元嘉元年秋八月丁酉，大赦天下，改景平二年爲元嘉元年。文武賜位二等，逋租宿債勿復收。庚子，以行撫軍將軍、荆州刺史謝晦爲撫軍將軍、荆州刺史。癸卯，司空、録尚書事、揚州刺史徐羨之進位司徒，衛將軍、江州刺史王弘進位司空，中書監、護軍將軍傅亮加左光禄大夫、開府儀同三司，撫軍將軍、荆州刺史謝晦進號衛將軍，鎮北將軍、南兗州刺史檀道濟進號征北將軍。甲辰，追尊所生胡婕妤爲皇太后，謚曰章后。衛將軍、南徐州刺史、彭城王義康進號驃騎將軍，冠軍將軍、南豫州刺史義恭進號撫軍將軍，封江夏王。立第六皇弟義宣爲竟陵王，第七皇弟義季爲衡陽王。戊申，以豫州刺史劉粹爲雍州刺史，驍騎將軍管義之爲豫州刺史，南蠻校尉到彦之爲中領軍。己酉，減荆、湘二州今年税布之半。

九月丙子，立妃袁氏爲皇后。

二年春正月丙寅，司徒徐羨之、尚書令傅亮奉表歸政，上始親覽。辛未，車駕祠南郊，大赦天下。

三月乙丑，左將軍、徐州刺史王仲德進號安北將軍。

秋八月甲申，以關中流民出漢川，置京兆、扶風、馮翊等郡。乙酉，驃騎將軍、南徐州刺史、彭城王義康爲開府儀同三司，新除司空王弘爲車騎大將軍、開府儀同三司，以右軍長史江恒爲廣州刺史。

冬十一月癸酉，以前將軍楊玄爲征西將軍、北秦州刺史。

三年春正月丙寅，司徒、録尚書事、揚州刺史徐羨之，尚書令、護軍將軍、左光禄大夫傅亮，有罪伏誅。遣中領軍到彦之，征北將軍檀道濟討荆州刺史謝晦，上親率六師西征。大赦天下。丁卯，以車騎大將軍、江州刺史王弘爲司徒、録尚書事，揚州刺史，驃騎將軍、南徐州刺史、彭城王義康改爲荆州刺史，撫軍將軍、南豫州刺史、江夏王義恭改爲南徐州刺史。己巳，以前護軍將軍趙倫之爲鎮軍將軍。

閏月丙戌，皇子劭生。

二月乙卯，繫囚見徒，一皆原赦。戊午，以金紫光禄大夫王敬弘爲尚書左僕射，豫章太守鄭鮮之爲尚書右僕射。建安太守潘盛有罪伏誅。庚申，特進范泰

加光禄大夫。是日，車駕發京師。戊辰，到彦之、檀道濟大破謝晦於隱磯。丙子，車駕自蕪湖反旆。己卯，擒晦於延頭，送京師伏誅。

三月辛巳，車駕還宫。

夏五月乙未，以征北將軍、南兗州刺史檀道濟爲征南大將軍、江州刺史，中領軍到彦之爲南豫州刺史。戊戌，以後將軍、長沙王義欣爲南兗州刺史。乙巳，驃騎大將軍、涼州牧大沮渠蒙遜改爲車騎大將軍。丙午，車駕臨延賢堂聽訟。

六月己未，以鎮軍將軍趙倫之爲左光禄大夫、領軍將軍。丙寅，車駕又於延賢堂聽訟。丙子，又聽訟。以右衛王華爲中護軍。

冬十一月戊寅，以梁、南秦二州刺史吉翰爲益州刺史，驃騎參軍劉道産爲梁、南秦二州刺史。己亥，以南蠻校尉劉遵考爲雍州刺史。

十二月癸丑，以中書侍郎蕭思話爲青州刺史。壬戌，前吴郡太守徐佩之謀反，及黨與皆伏誅。

四年春正月乙亥朔，曲赦都邑百里内。辛巳，車駕親祠南郊。

二月乙卯，行幸丹徒，謁京陵。

三月丁亥，車駕還宫。戊子，尚書右僕射鄭鮮之卒。壬寅，禁斷夏至日五絲命縷之屬，富陽令諸葛闡之之議也。

夏四月庚戌，以廷尉王徽之爲交州刺史。

五月壬午，中護軍王華卒。京師疾疫，甲午，遣使存問，給醫藥；死者若無家屬，賜以棺器。

六月庚申，以金紫光禄大夫殷穆爲護軍將軍。

五年春正月甲申，車駕臨玄武館閲武。戊子，京邑大火，遣使巡慰賑賜。

夏四月己亥，以南蠻校尉蕭摹之爲湘州刺史。戊午，以始興太守徐豁爲廣州刺史。

五月己卯，以湘州刺史張邵爲雍州刺史。

六月庚戌，司徒王弘降爲衛將軍、開府儀同三司。京邑大水，乙卯，遣使檢行賑贍。以江夏内史程道惠爲廣州刺史。

冬十月甲辰，車駕於延賢堂聽訟。

閏月癸未，以右軍司馬劉德武爲豫州刺史。辛卯，安陸公相周籍之爲寧州刺史。

是歲，天竺國遣使獻方物。

六年春正月辛丑，車駕親祠南郊。癸丑，以驃騎將軍、荆州刺史、彭城王義康爲司徒、録尚書事，領平北將軍、南徐州刺史。

三月丁巳，立皇子劭爲皇太子。戊午，大赦天下，賜文武位一等。辛酉，以左衛將軍殷景仁爲中領軍。

夏四月癸亥，以尚書左僕射王敬弘爲尚書令，丹陽尹、臨川王義慶爲尚書左僕射，吏部尚書江夷爲尚書右僕射。

五月癸巳，以新除尚書令王敬弘爲特進、左光禄大夫。甲午，以撫軍司馬劉道濟爲益州刺史。乙卯，於雍州置馮翊郡。

七月己酉，以尚書左丞孔默之爲廣州刺史。是月，百濟王遣使獻方物。

九月戊午，於秦州置隴西、宋康二郡。

冬十月壬申，中領軍殷景仁丁艱去職。

十二月丁亥，河南國、河西王遣使獻方物。

七年春正月癸巳，以吐谷渾慕容璝爲征西將軍、沙州刺史。是月，倭國王遣使獻方物。

三月戊子，遣右將軍到彦之北伐，水軍入河。甲午，以前征虜司馬尹沖爲司州刺史。甲寅，以前中領軍殷景仁爲領軍將軍。

夏四月癸未，訶羅單國遣使獻方物。

六月己卯，以冠軍將軍氐楊難當爲秦州刺史。

秋七月丙申，以平北諮議參軍甄法護爲梁、南秦二州刺史。甲寅，林邑國、訶羅陁國、師子國遣使獻方物。

冬十月甲寅，罷南豫州并豫州。以左將軍、竟陵王義宣爲徐州刺史。戊午，立錢署，鑄四銖錢。戊寅，金墉城爲索虜所陷。

十一月癸未，虎牢城復爲索虜所陷。壬辰，遣征南大將軍檀道濟北討，右將軍到彦之自滑臺奔退。

十二月辛酉，以南兗州刺史、長沙王義欣爲豫州刺史，司徒司馬吉翰爲司州刺史。兗州刺史竺靈秀有罪伏誅。

八年春正月庚寅，於交州復立珠崖郡。癸巳，以左軍將軍申宣爲兗州刺史。丁酉，征南大將軍檀道濟破索虜於東平壽張。

二月乙卯，以平北司馬韋朗爲青州刺史。戊午，以尚書右僕射江夷爲湘州

刺史。辛酉，滑臺爲索虜所陷。癸酉，征南大將軍檀道濟引軍還。丁丑，青州刺史蕭思話棄城走。以太子右衛率劉遵考爲南兗州刺史。

三月甲申，車駕於延賢堂聽訟。

夏四月甲寅，以衡陽王師阮萬齡爲湘州刺史。乙卯，以後軍參軍徐遵之爲兗州刺史。

六月乙丑，大赦天下。己卯，割江南及揚州晉陵郡屬南徐州，江北屬兗州。以徐州刺史、竟陵王義宣爲南兗州刺史，司徒司馬吉翰爲徐州刺史。

閏月乙巳，遣侍御史省獄訟，申調役。丙午，以左軍諮議參軍劉道産爲雍州刺史。

秋八月甲辰，臨川王義慶解尚書僕射。丁未，割豫州秦郡屬南兗州。

冬十二月，罷湘州還并荆州。

九年春三月庚戌，衛將軍王弘進位太保，加中書監。丁巳，征南大將軍、江州刺史檀道濟進位司空。

夏四月乙亥，以護軍將軍殷穆爲特進、右光禄大夫，建昌縣公到彦之爲護軍將軍。

六月甲戌，以左軍諮議參軍申宣爲青州刺史。分青州置冀州。戊寅，司徒、南徐州刺史、彭城王義康改領揚州刺史。己卯，以司徒參軍崔諲爲冀州刺史。壬午，以吐谷渾慕容延爲平東將軍，吐谷渾拾虔爲平北將軍，吐谷渾耀伐爲鎮軍將軍。置積射、强弩將軍官。乙未，以征西將軍、沙州刺史吐谷渾慕容璝爲征西大將軍、西秦、河二州刺史、隴西王。北秦州刺史氐楊難當加號征西將軍。壬寅，以撫軍將軍、荆州刺史、江夏王義恭爲征北將軍、開府儀同三司、南兗州刺史，前將軍、臨川王義慶爲平西將軍、荆州刺史，南兗州刺史、竟陵王義宣爲中書監、中軍將軍，征虜將軍、衡陽王義季爲南徐州刺史。

秋七月戊辰，以尚書王仲德爲鎮北將軍、徐州刺史。庚午，以領軍將軍殷景仁爲尚書僕射，太子詹事劉湛爲領軍將軍。壬申，河南國、河西王遣使獻方物。

冬十一月壬子，以少府甄法崇爲益州刺史。癸丑，於廣州立宋康郡。

十二月甲戌，以右軍參軍李秀之爲交州刺史。庚寅，立第五皇子紹爲廬陵王，江夏王義恭子朗爲南豐縣王。

十年春正月甲寅，竟陵王義宣改封南譙王。鎮北將軍、徐州刺史王仲德加領兗州刺史，淮南太守段宏爲青州刺史。己未，大赦天下。孤老、六疾不能自存者，人賜穀五斛。後將軍、豫州刺史、長沙王義欣進號鎮軍將軍。

夏四月戊戌，青州刺史段宏加冀州刺史。封陽縣侯蕭思話爲梁、南秦二州刺史。

五月，林邑王遣使獻方物。

六月乙亥，以前青州刺史韋朗爲廣州刺史。闍婆州訶羅單國遣使獻方物。

秋七月戊戌，曲赦益、梁、秦三州。於益州立宋寧、宋興二郡。

八月丁丑，於青州立太原郡。

十一年二月癸酉，以交阯太守李耽之爲交州刺史。

五月丁卯，曲赦梁、南秦二州劍閣北。戊寅，以大沮渠茂虔爲征西大將軍、涼州刺史。

六月丁未，省魏郡。

是歲，林邑國、扶南國、訶羅單國遣使獻方物。

十二年春正月辛酉，大赦天下。辛未，車駕親祠南郊。癸酉，封黄龍國主馮弘爲燕王。

夏四月乙酉，尚書僕射殷景仁加中護軍。

六月，丹陽、淮南、吳興、義興大水，京邑乘船。己酉，以徐、豫、南兗三州，會稽、宣城二郡米數百萬斛，賜五郡遭水民。是月，斷酒。師子國遣使獻方物。

秋七月辛酉，闍婆娑達國、扶南國並遣使獻方物。

八月壬申，於益州立南晉壽、南新巴、北巴西三郡。乙亥，原遭水郡諸逋負。

冬十一月，以右軍行參軍苟道覆爲交州刺史。

十三年春正月癸丑，上有疾，不朝會。

三月己未，司空、江州刺史檀道濟有罪伏誅。庚申，大赦天下。以中軍將軍、南譙王義宣爲鎮南將軍、江州刺史。

夏五月戊辰，鎮北將軍、徐、兗二州刺史王仲德進號鎮北大將軍。庚辰，以征北司馬王方俳爲兗州刺史。

六月，高麗國、武都王遣使獻方物。

秋七月己未，零陵王太妃薨。追崇爲晉皇后，葬以晉禮。

八月庚寅，尚書僕射、中護軍殷景仁改爲護軍將軍。

九月癸丑，立第二皇子濬爲始興王，第三皇子駿爲武陵王。

十四年春正月辛卯，車駕親祠南郊，大赦天下。文武賜位一等，孤老、六疾

不能自存者，人賜穀五斛。

二月壬子，以步兵校尉劉真道爲梁、南秦二州刺史。

夏四月丁未，以輔國將軍周籍之爲益州刺史。

秋八月戊午，以尚書全部郎中徐森之爲交州刺史。

冬十二月辛酉，停賀雪。河南國、河西王、訶羅單國並遣使獻方物。

十五年春二月丁未，以平東將軍吐谷渾慕容延爲鎮西將軍、秦、河二州刺史。

夏四月甲辰，燕王弘遣使獻方物。立皇太子妃殷氏，賜王公以下各有差。己巳，以倭國王珍爲安東將軍。

五月己丑，特進、右光禄大夫殷穆卒。辛卯，鎮北大將軍、徐州刺史王仲德卒。壬辰，以右衛將軍劉遵考爲徐、兗二州刺史。

秋七月甲戌，以陳、南頓二郡太守徐循爲寧州刺史。

八月辛丑，以左衛將軍趙伯符爲徐、兗二州刺史。甲寅，以始興内史陸徽爲廣州刺史。丁巳，以兗州刺史王方俳爲青、冀二州刺史。

是歲，武都王、河南國、高麗國、倭國、扶南國、林邑國並遣使獻方物。

十六年春正月戊寅，車駕於北郊閲武。庚寅，司徒、録尚書事、揚州刺史、彭城王義康進位大將軍，領司徒，餘如故。征北將軍、開府儀同三司、南兗州刺史、江夏王義恭進位司空，刺史如故。特進、左光禄大夫王敬弘開府儀同三司。癸巳，復分荆州置湘州。

二月己亥，以南徐州刺史、衡陽王義季爲安西將軍、荆州刺史。丁未，以始興王濬爲湘州刺史。癸亥，割梁州之巴西、梓潼、南宕、渠南、漢中、南秦州之南安、懷寧，凡六郡，屬益州。分長沙江夏郡立巴陵郡，屬湘州。

夏四月丁巳，以鎮南將軍、江州刺史、南譙王義宣爲征北將軍、南徐州刺史。平西將軍、臨川王義慶爲衛將軍、江州刺史。

六月己酉，隴西吐谷渾慕容延改封河南王。癸丑，以吐谷渾拾寅爲平西將軍，吐谷渾繁暱爲撫軍將軍。

秋八月庚子，立第四皇子鑠爲南平王。

閏月乙未，鎮軍將軍、豫州刺史長沙王義欣薨。戊戌，復分豫州之淮南爲南豫州。癸卯，以左衛將軍劉遵考爲豫州刺史。戊申，以湘州刺史、始興王濬爲南豫州刺史，武陵王駿爲湘州刺史。

冬十二月乙亥，皇太子冠，大赦天下。

是歲，武都王、河南王、林邑國、高麗國並遣使獻方物。

十七年秋七月壬寅，以征虜諮議參軍杜驥爲青州刺史。壬子，皇后袁氏崩。

八月，徐、兗、青、冀四州大水，己未，遣使檢行賑卹。

九月壬子，葬元皇后於長寧陵。

冬十月戊午，前丹陽尹劉湛有罪，及同黨伏誅。大赦天下，文武賜爵一級。以大將軍、領司徒、録尚書、揚州刺史、彭城王義康爲江州刺史，大將軍如故。以司空、南兗州刺史、江夏王義恭爲司徒、録尚書事。戊寅，衛將軍、臨川王義慶以本號爲南兗州刺史。尚書僕射、護軍將軍殷景仁爲揚州刺史，僕射如故。

十一月丙戌，以尚書劉義融爲領軍將軍，祕書監徐湛之爲中護軍。癸丑，尚書僕射、揚州刺史殷景仁卒。

十二月癸亥，以光禄大夫王球爲尚書僕射。戊辰，以南豫州刺史、始興王濬爲揚州刺史，湘州刺史、武陵王駿爲南豫州刺史，南平王鑠爲湘州刺史。

是歲，武都王、河南王、百濟國遣使獻方物。

十八年春二月乙卯，以豫章太守庾登之爲江州刺史。

夏五月壬午，衛將軍、南兗州刺史、臨川王義慶，征北將軍、南徐州刺史、南譙王義，宣並開府儀同三司。癸巳，於交州置宋熙郡。

六月戊辰，遣使巡行賑贍。

秋七月戊戌，以徐、兗二州刺史趙伯符爲領軍將軍。

冬十月辛亥，以巴東、建平二郡太守臧質爲徐、兗二州刺史。乙卯，省南徐州之南燕、濮陽、南廣平郡。

十一月己亥，以丹陽尹孟顗爲尚書僕射。

氐楊難當又寇漢川。十二月癸亥，遣龍驤將軍裴方明與梁、秦二州刺史劉真道討之。是月，晉寧太守爨松子反叛，寧州刺史徐循討平之。

是歲，肅特國、高麗國、蘇靡黎國、林邑國並遣使獻方物。

十九年夏四月甲戌，以久疾愈，始奉礿祠，大赦天下。

五月庚寅，梁、秦二州刺史劉真道、龍驤將軍裴方明破氐楊難當，仇池平。

閏月，京邑雨水；丁巳，遣使巡行賑卹。

六月壬午，以大沮渠無諱爲征西大將軍、涼州刺史。

秋七月，以梁、秦二州刺史劉真道爲雍州刺史，龍驤將軍裴方明爲梁、南秦二州刺史。

冬十月甲申，芮芮國遣使獻方物。己亥，以晉寧太守周萬歲爲寧州刺史。

十二月丙申，魯郡上民孔景等五户居近孔子墓側，蠲其課役，供給洒掃，并種松栢六百株。

是歲，婆皇國遣使獻方物。

二十年春正月，於臺城東西開萬春、千秋二門。

二月甲戌，江州刺史庾登之爲中護軍。庚申，以廬陵王紹爲江州刺史。仇池爲索虜所没。甲申，車駕於白下閲武。

三月辛亥，安西將軍、荆州刺史、衡陽王義季進號征西大將軍。以巴西、梓潼二郡太守申坦爲梁、南秦二州刺史。

夏四月甲午，立第六皇子誕爲廣陵王。

秋七月癸丑，以楊文德爲征西將軍、北秦州刺史，封武都王。辛酉，以南蠻校尉蕭思話爲雍州刺史。甲子，前雍州刺史劉真道，梁、南秦二州刺史裴方明有罪，下獄死。

八月癸未，以廷尉陶愍祖爲廣州刺史。

冬十二月庚午，以始興内史檀和之爲交州刺史。

是歲，河西國、高麗國、百濟國、倭國並遣使獻方物。

是歲，諸州郡水旱傷稼，民大饑。遣使開倉賑卹，給賜糧種。

二十一年春正月己亥，南徐、南豫州、揚州之浙江西，並禁酒。大赦天下。諸逋債在十九年以前，一切原除。去歲失收者，疇量申減。尤弊之處，遣使就郡縣隨宜賑卹。凡欲附農，而種糧匱乏者，並加給貸。營千畝諸統司役人，賜布各有差。辛酉，以太子詹事劉義宗爲南兖州刺史。

二月庚午，以領軍將軍趙伯符爲豫州刺史。己丑，司徒、録尚書事、江夏王義恭進位太尉，領司徒。庚寅，以右衛將軍沈演之爲中領軍。辛卯，立第七皇子宏爲建平王。甲午，以廣陵王誕爲南兖州刺史。

五月壬戌，以尚書何尚之爲中護軍，諮議參軍劉道錫爲廣州刺史。

秋七月丁酉，揚州刺史、始興王濬加中軍將軍，南豫州刺史、武陵王駿加撫軍將軍。

八月戊辰，征西大將軍、荆州刺史、衡陽王義季爲征北大將軍、開府儀同三司、南兖州刺史，征北將軍、南徐州刺史、南譙王義宣爲車騎將軍、荆州刺史。南兖州刺史、廣陵王誕爲南徐州刺史。

九月甲辰，以大沮渠安周爲征西將軍、涼州刺史，封河西王。

冬十月己卯，以左軍將軍徐瓊爲兖州刺史，大將軍參軍申恬爲冀州刺史。

二十二年春正月辛卯朔，改用御史中丞何承天《元嘉新曆》。壬辰，撫軍將軍、南豫州刺史、武陵王駿改爲雍州刺史，湘州刺史、南平王鑠爲南豫州刺史。

二月辛巳，以侍中王僧朗爲湘州刺史。甲戌，立第八皇子褘爲東海王，第九皇子昶爲義陽王。

夏六月辛亥，以南豫州刺史、南平王鑠爲豫州刺史。

秋七月己未，以尚書僕射孟顗爲尚書左僕射，中護軍何尚之爲尚書右僕射。雍州刺史、武陵王駿討緣沔蠻，移一萬四千餘口於京師。乙酉，征北大將軍、南兖州刺史、衡陽王義季改爲徐州刺史。

九月己未，開酒禁。

冬十月，起湖熟廢田千頃。

十二月乙未，太子詹事范曄謀反，及黨與皆伏誅。丁酉，免大將軍、彭城王義康爲庶人。庚戌，以前豫州刺史趙伯符爲護軍將軍。

二十三年春正月丁巳，以長沙内史陸徽爲益州刺史。庚申，尚書左僕射孟顗去職。遷漢川流民於沔次。

二月癸卯，以左衛將軍劉義賓爲南兖州刺史。

夏四月丁未，大赦天下。

秋七月辛未，以散騎常侍杜坦爲青州刺史。

九月己卯，車駕幸國子學，策試諸生，答問凡五十九人。

冬十月戊子，詔曰：「庠序興立累載，胄子肄業有成。近親策試，覩濟濟之美，緬想洙、泗，永懷在昔。諸生答問，多可採覽。教授之官，並宜沾賚。」賜帛各有差。

十二月丁酉，以龍驤司馬蕭景憲爲交州刺史。

是歲，大有年。築北堤，立玄武湖，築景陽山於華林園。

二十四年春正月甲戌，大赦天下，文武賜位一等。繫囚降宥，諸逋負寬減各有差。孤老、六疾不能自存，人賜穀五斛。蠲建康、秣陵二縣今年田租之半。

三月壬申，護軍將軍趙伯符遷職。

夏五月甲戌，青州刺史杜坦加冀州刺史。

六月，京邑疫癘。丙戌，使郡縣及營署部司，普加履行，給以醫藥。是月，以貨貴，制大錢一當兩。

秋七月乙卯，以林邑所獲金銀寶物，班賚各有差。

八月癸卯，以南兗州刺史劉義賓爲徐州刺史。

九月己未，以中領軍沈演之爲領軍將軍。辛未，以太子詹事徐湛之爲南兗州刺史。

冬十月壬午，豫章胡誕世反，殺太守桓隆之，前交州刺史檀和之南還至豫章，因討平之。壬辰，以建平王宏爲中護軍。

十一月甲寅，立第十皇子渾爲汝陰王。

二十五年閏月己酉，大蒐于宣武場。

三月庚辰，車駕校獵。

夏四月乙巳，新作閶闔、廣莫二門，改先廣莫門曰承明，開陽曰津陽。乙卯，以撫軍將軍、雍州刺史、武陵王駿爲安北將軍、徐州刺史。癸亥，以右衛將軍蕭思話爲雍州刺史。

五月己卯，罷大錢當兩。

六月庚申，安北將軍、徐州刺史、武陵王駿加兗州刺史。丙寅，車騎將軍、荆州刺史、南譙王義宣進位司空。

八月己酉，以撫軍參軍劉秀之爲梁、南秦二州刺史。甲子，立第十一皇子彧爲淮陽王。

九月辛未，以尚書右僕射何尚之爲尚書左僕射，領軍將軍沈演之遷職，吴興太守劉遵考爲領軍將軍。

二十六年春正月辛巳，車駕親祠南郊。

二月己亥，車駕陸道幸丹徒，謁京陵。

五月，車駕水路發丹徒，壬午，至京師。丙戌，婆皇國，壬辰，婆達國，並遣使獻方物。

秋七月辛未，以江州刺史、廬陵王紹爲南徐州刺史，廣陵王誕爲雍州刺史。

八月己酉，以中護軍、建平王宏爲江州刺史。癸丑，以南豐王朗爲湘州刺史。

冬十月，廣陵王誕改封隨郡王。甲辰，以中軍將軍、揚州刺史、始興王濬爲征北將軍、開府儀同三司、南徐、兗二州刺史。南徐州刺史、廬陵王紹爲揚州刺史。

二十七年春正月辛未，制交、寧二州假板郡縣，俸禄聽依臺除。辛卯，百濟國遣使獻方物。

二月辛丑，右將軍、豫州刺史、南平王鑠進號平西將軍。辛亥，索虜寇汝南諸郡，陳南頓二郡太守鄭琨、汝陽潁川二郡太守郭道隱委守走。索虜攻懸瓠城，行汝南郡事陳憲拒之。以軍興減百官俸三分之一。

三月乙丑，淮南太守諸葛闡求減俸禄同内百官，於是州及郡縣丞尉並悉同減。戊寅，罷國子學。乙酉，以新除吏部尚書蕭思話爲護軍將軍。

夏四月壬子，安北將軍、徐、兗二州刺史、武陵王駿降號鎮軍將軍。

六月丁酉，侍中蕭斌爲青、冀二州刺史。

秋七月庚午，遣寧朔將軍王玄謨北伐。太尉、江夏王義恭出次彭城，總統諸軍。乙亥，索虜碻磝戍委城走。

冬閏月癸亥，玄謨攻滑臺，不克，爲虜所敗，退還碻磝。辛未，雍州刺史隨王誕遣軍攻弘農城，克之。丙戌，又克關城。

十一月戊子，索虜陷鄒山，魯、陽平二郡太守崔邪利没。甲午，隨王誕所遣軍又攻陝城，克之。癸卯，左軍將軍劉康祖於壽陽尉武戍與虜戰敗見殺。丁未，大赦天下。

十二月戊午，内外纂嚴。乙丑，冗從僕射胡崇之、太子積弩將軍臧澄之、建威將軍毛熙祚於盱眙與虜戰敗，並見殺。庚午，虜僞主率大衆至瓜步。壬午，内外戒嚴。

二十八年春正月丙戌朔，以寇逼不朝會。丁亥，索虜自瓜步退走。丁酉，攻圍盱眙城。是月，寧朔將軍王玄謨自碻磝退還歷下。

二月丙辰，索虜自盱眙奔走。甲戌，太尉、領司徒、江夏王義恭降爲驃騎將軍、開府儀同三司。辛巳，鎮軍將軍、徐、兗二州刺史、武陵王駿降號北中郎將。壬午，車駕幸瓜步，是日解嚴。

三月乙酉，車駕還宫。壬辰，征北將軍、始興王濬解南兗州。庚子，以輔國將軍臧質爲雍州刺史。戊申，徐州刺史、武陵王駿爲南兗州刺史。甲寅，護軍將軍蕭思話爲撫軍將軍、徐、兗二州刺史。

夏四月癸酉，婆達國遣使獻方物。索虜僞寧南將軍魯爽、中書郎魯秀歸順。戊寅，以爽爲司州刺史。

五月丁巳，婆皇國，戊戌，河南王，並遣使獻方物。己巳，驃騎將軍、江夏王義恭領南兖州刺史。戊申，以尚書左僕射何尚之爲尚書令，太子詹事徐湛之爲尚書僕射、護軍將軍。壬子，以後將軍、隨王誕爲安南將軍、廣州刺史。

六月壬戌，以北中郎將、武陵王駿爲江州刺史，以振武將軍、秦郡太守劉興祖爲青、冀二州刺史。

秋七月甲辰，安東將軍、倭王倭濟進號安東大將軍。

八月癸亥，梁鄒平，斬司馬順則。

冬十月癸亥，高麗國遣使獻方物。

十一月壬寅，曲赦二兖、徐、豫、青、冀六州。是冬，徙彭城流民於瓜步，淮西流民於姑孰，合萬許家。

二十九年二月戊午，立第十二皇子休仁爲建安王。

夏四月戊午，訶羅單國遣使獻方物。以驃騎參軍張永爲冀州刺史。

五月甲午，罷湘州并荆州。以始興、臨賀、始安三郡屬廣州。

六月己酉，遣部司巡行，賜樵米，給船。撫軍將軍蕭思話率衆北伐。以征北從事中郎劉瑀爲益州刺史。

秋七月壬辰，汝陰王渾改封武昌王，淮陽王彧改封湘東王。丁酉，省大司農、太子僕、延尉監官。

九月丁亥，以平西將軍吐谷渾拾寅爲安西將軍、秦、河二州刺史。己丑，撫軍將軍、徐、兖二州刺史蕭思話加冀州刺史，兖州如故。

冬十月癸亥，司州刺史魯爽攻虎牢不拔，退還。

十二月辛未，以驃騎將軍、南兖州刺史、江夏王義恭爲大將軍、南徐州刺史，録尚書事如故。

三十年春正月戊寅，以司空、荆州刺史、南譙王義宣爲司徒，中軍將軍、揚州刺史。以南兖州并南徐州。庚辰，以領軍將軍劉遵考爲平西將軍、豫州刺史。壬午，以征北將軍、南徐州刺史、始興王濬爲衞將軍、荆州刺史。戊子，江州刺史、武陵王駿統衆軍伐西陽蠻。癸巳，以豫州刺史、南平王鑠爲撫軍將軍、領軍將軍。

青、徐州饑，二月壬子，遣運部賑卹。

甲子，上崩于含章殿。時年四十七。謚曰景皇帝，廟曰中宗。三月癸巳，葬長寧陵。世祖踐阼，追改謚及廟號。

雜録

備録

李昉《太平廣記》卷九一《永那跋摩》 永那跋摩者，西域僧也。宋元嘉中，東游渡江，居於金陵祇園寺。宋文帝常謂之曰：「弟子恒願持齋，不殺生命，以身徇物，不獲其志。法師不遠萬里，來化此國，將何以教之？」對曰：「道在心，不在事；法由己，非由人。且帝王與凡庶，所修亦有殊矣，若凡庶者，身賤名微，德不及遠，其教不出於門庭，其言不行於僕妾。若不苦身刻己，行善持誡，將何以用其心哉？帝王以四海爲家，萬民爲子，出一嘉言，則士庶咸悦；布一善政，則人神以和。刑清則不夭其命，役簡則無勞其力。然後辨鐘律，正時令。鐘律辨則風雨調，號令時則寒暑節。如此則持齋亦已大矣，不殺亦已衆矣。安在乎缺一時之膳，全一禽之命，然後乃爲弘濟也？」文帝撫几嗟歎，稱善者良久，乃曰：「俗人迷於遠理，沙門滯於近教。迷遠理者謂爲虚説，滯近教者拘戀章句。如法師者，真所謂開悟明達，可以言天人之際矣。」

李昉《太平廣記》卷二二八《羊玄保》 宋文帝善奕棋，常與太平羊玄保棋。玄保戲賭得宣城太守，當敕除以爲虚受。

備論

《宋書》卷五《文帝紀》 太祖幼年特秀，顧無保傅之嚴，而天授和敏之姿，自禀君人之德。及正位南面，歷年長久，綱維備舉，條禁明密，罰有恒科，爵無濫品。故能内清外晏，四海謐如也。昔漢氏東京常稱建武、永平故事，自兹厥後，亦每以元嘉爲言，斯固盛矣。授將遣帥，乖分閫之命；才謝光武，而遥制兵略。至於攻日戰時，莫不仰聽成旨。雖覆師喪旅，將非韓、白，而延寇慼境，抑此之由。及至言漏衾衽，難結商豎，雖禍生非慮，蓋亦有以而然也。嗚呼哀哉！

許嵩《建康實録》卷一二　彼人臣者，禄及其親，榮庇其後，身以之泰，道以之行。是故君親臨之，有恩有敬，綢繆繾綣，義莫重焉。敬之欲其尊，愛之欲其報，忠諫之道，自此而興。名實既頽，君臣交喪，猜離懸隔，非近股肱。上則疾務已好，文過而倨隔；下則階梯緬邈，懷憤懣而莫通。憤懣在心，辭多偏矯，矜倨在己，易以誅殘。故逆彼驪龍，自貽虀粉，雖趣膚寸，動及雷霆。若扶令育者，無位於國，挺然萬里，犓明主所甚諱，是欲行義，古之遺直者歟？比夫全軀懷禄之人，有殊間矣。以太祖之含弘，尚掩耳於彭城之戮，自斯已後，誰易由言？有宋累葉，罕聞諒直，豈骨鯁之氣，乃愧前古，抑王之刑政使之然乎？張約隕於權臣，扶育斃於哲后，宋之鼎鑊，吁可畏哉！

許嵩《建康實録》卷一二　善乎太祖之訓也！是謂宜其爲君。夫爲君侈興於有餘，儉生於不足。物之數也，欲其隱約，莫若窮賤；縱其驕蹇，莫若尊榮。自河徂亳，殷宗所以克隆；治陶播稼，岐周所以聿興。習其險艱，利以任使，達其情僞，易以躬臨。是以居世之懿德，字民之要道，不可忽焉。太祖若能率此訓也，俾之難其志操，卑其禮秩，教民成德立功，然後授以政事，則無怠無荒，可播之於九服矣。初，高祖思固本枝，崇樹强幹；後世遵守，迭據方岳。及乎太祖之初，昇明之季，絶恩於衾衽者數十人。國之存亡，既不是繫，早肆民上，非善誨也。

《唐文拾遺》卷一三虞世南《論略》　公子曰：「宋文，寛明之君，享國長久，弑逆之禍，爲何所由？善而無報，豈非命也？」

先生曰：「夫立人之道，曰仁曰義。仁有愛育之功，義有斷割之用。寛猛相濟，然後爲善。文帝沉吟於廢立之際，淪溺於嬖寵之間，當斷不斷，自貽其禍。孽由自作，豈命也哉！」

司馬光《稽古録》卷一四　文帝勤於爲治，予惠庶民，足爲承平之良主。而不量其力，横挑强胡，使師徒殲於河南，戎馬飲於江津。及其末路，狐疑不決，卒成子禍。豈非文有餘，而武不足邪？

《蘇轍集·欒城後集》卷一〇《歷代論四·宋文帝》　宋武帝之亡也，託國於徐羨之、傅亮、謝晦。少帝失德，三人議將廢之，而其弟義真，亦以輕動不任社稷，乃先廢義真，而後廢帝，兄弟皆不得其死，乃迎立文帝。文帝既立，三人疑懼，羨之、亮内秉朝政，晦出據上流，爲自安之計，自謂廢狂亂以安社稷，不以賊遺君父，無負於國矣。然文帝藩國舊人王華、孔寧子、王曇首，皆陵上好進之人也，惡羨之、亮據其逕路，每以弑逆之禍激怒文帝。帝遂決意誅之。三人既死，君臣自謂不世之功也。是時寧子已死，華與曇首皆受不次封賞。文帝在位三十年，其治江左稱首。然元嘉三年，始誅三人，是歲皇子劭生。劭既壯而爲商臣之亂，華寧之子孫無聞於世，而曇首之子僧綽，以才能任事，亦并死於劭。

於乎！天之報人不遠如此。不然，晉惠公、宋文帝禍發若合符契，何哉？謝晦將之荆州，自疑不免，以問蔡廓。廓曰：「卿受先帝顧命，任以社稷，廢昏立明，義無不可，但殺人二昆，而以北面，挾震主之威，據上流之重，以古推今，自免爲難耳。」善夫！蔡廓之言，不學《春秋》而意與之合。太史公有言：爲國者不可以不知《春秋》。前有讒而不見，後有賊而不知。守經事而不知其宜，遭變事而不知其權。爲人君父而不通《春秋》之義者，必蒙首惡之名；爲人臣子而不通《春秋》之義者，必陷篡弑之誅。其意皆以善爲之，而不知其義，是以被之空言，而不敢辭。宋之君臣，誠略通《春秋》，則文帝必無惠公之禍，徐、傅、謝三人必不受里克之誅。悲夫！

胡寅《讀史管見》卷一〇　宋文美質温厚，愛養斯民，然純恃智力，糾持大業，不知經訓，昧於父子君臣之道，禍發蕭墻，取笑於載。由是觀之，人君以務學爲急，不知《春秋》之義，必蒙首惡之名，可不信哉？

【略】魏燾之殂，文帝宜申飭使臣，賵死吊生，則義氣遐暢，仁心遠治，乃中國之道也。曾不是圖，惟攻伐是務，則其心放甚矣，能無合殿之禍哉？古之爲國家者，經一事即增一智，文帝以中覆失地喪師，不少改悔，豈無奪其鑒乎，何迷謬之不反也？

【略】文帝將略非長，又用昔人所短，犯兵家之戒，則雖幸中，亦不可冀矣。

【略】文帝於高祖所聞見之世，非祖之所逮聞者，已羞睹乃翁耕具，有類膏粱之家痴兒呆子，何也？夫諱賤貧則逸欲易動，懷安宴則慮患不深，文帝雖身致太平，而卒蹈大難，其兆於拊御床而耻耒耜之日矣。

楊萬里《誠齋集》卷一一二　文帝即位之初，以傅亮、謝晦廢其兄營陽王而殺之。殺之而立文帝，至文帝立，而問營陽所死之狀。當此之時，厚兄弟而薄天下，何其盛也。至於義康，初任之以國柄，卒置之於死地。至使義季亦托酒以死，又可哀也。大抵情之矯者，必復愛之過者，必仄兄弟之親，厚之以恩，可也。厚之以權，不可也。文帝以權而厚義康，厚之者，殺之也。文帝之矯於此復矣。

楊萬里《誠齋集》卷一一三　文帝，南朝之賢主也。在已無失德，在民無虐

政。元嘉之政比隆文景，然殺無辜、害忠良之罪，猶足以招魏主嫚書之辱。使其在己有失德，在民有虐政，則魏主之書辭，其止於此乎？此可爲文帝賀，亦可爲文帝惜，有天下者可不悲哉！

沈樞《通鑑總類》卷一《宋文帝元嘉風俗爲江左之美》 帝性仁厚恭儉，勤於爲政，守法而不峻，容物而不弛。百官皆久於其職，守宰以六期爲斷，吏不苟免，民有所係，三十年間，四境之内，晏安無事。户口蕃息，出租供徭，止於歲賦。晨出暮歸，自事而已。閭閻之内，講誦相聞。士敦操尚，鄉恥輕薄。江左風俗，於斯爲美。後之言政治者，皆稱元嘉焉。

黄震《黄氏日鈔》卷四八 宋武之征伐，宋文之政治，視六朝皆優焉。然急於奪晉，長安既得而復失。檀道濟功大見戮，而用王元謨，元嘉之治衰矣！私心之爲害若是，惜夫。

王應麟《困學紀聞》卷一三 徐羨之、傅亮、謝晦之死，猶晉之里克、衛之寗喜也，文帝不失爲叔孫昭子。

王夫之《讀通鑑論》卷一五 文帝初立，百務未舉，首復廬陵王之封爵，迎其柩還建康，引見傅亮，號泣哀慟，問少帝、廬陵薨廢本末，悲哭嗚咽，亮、晦、羨之自危之心惴惴矣。自危甚，則將相比以謀全，而蠆毒再興，固非其所憚爲者。文帝之處此，將無慮之疏而發之躁乎？而非然也。明明在上者，天理也；赫赫在下者，人心也。無幸災徼利之心，而自行其性之哀戚，視三凶如犬豕，而孰恤其恩怨之私哉？故天下無不可伸者，義也，義以正名，而志卒以行。彼三凶者，方將挾迎立之恩以制帝，帝舍其私恩，伸其公怨，奪三凶之所恃，而消沮以退。是以擒羨之、亮如搏雞豚；謝晦雖居上流擁徒衆，一旦瓦解，自伏其辜。名其爲賊，以行天討，凡民有心，無復爲之效死者，黨孤而自潰矣。於帝得乘權止亂之道焉，不貪大位，不恤私恩，不憚凶威，以伸其哀憤，則一夫可雄入於九軍，況業已爲神人之主而何所懼哉？惟能居重者之謂權，委而下移，則權墜而衡昂矣，故程子曰：「漢以下無知權者。」

文帝親臨延賢堂聽訟，非君天下之道也，然於其時則宜也。自晉以來，民之不治也久矣，君非幼沖則昏闇耳，國事一委之宰輔者幾百年。乃其秉政之大臣，圖篡逆者，既以餌天下爲心，而成乎縱弛；賢如王導、郗鑒、何充、謝安，亦唯内戢强臣，外禦狄患，暇則從容談説，自託風流；而貪鄙如司馬道子，又弗論也。及晉之亡，而法紀隳，風俗壞，於斯極矣。宋武以武功獵大位，豪邁而不悉治理，固未遑念及於親民也。劉穆之、傅亮區區機變之小人，視斯民之治亂漠然不與相關，有司之貪濁瞀亂者，不知其若何也。文帝承其敝而欲理已亂之絲，則更不得高拱穆清以養尊貴。而況羨之、亮、晦殺君立君，威震朝野，民且不知有天子。苟不躬親延訪，則虚縣於上，廢置惟人，亦惡足以制權姦、保大位乎？故急於親臨，以示臣民之有主，抑求己自强之道也。以是知文帝之志略已深，而正逆臣之誅，成元嘉之治，皆由此昉焉。

雖然，以是爲君人之道則已末矣。國之大政，數端而已；銓選也，賦役也，刑獄也，乃其緒之委也，則不勝其冗，擇得其人而飭之以法，士不廢，民不困，而權亦不移。若必屈天子之尊，撤瑱纊以下問錐刀子女之淫慝，與民競智而撓之者益工，與庶官争權而竊之者益密，明敏之過，終之以惛，求以起百年之頹靡，致旦暮之澄清，不亦難乎？帝之遣使行郡縣訪求民隱，詔郡縣各言利病，斯可謂得治理矣。親臨聽訟，暫爾權宜，非可法者也。王敬弘曰：「臣得訊牘，讀之正自不解。」其辭傲矣，而猶不失相臣之體。相臣執體要，佐天子以用人修法而天下寧，況天子乎？

赫連勃勃權謀勇力皆萬人敵也，立國於險要之地，大修城池，宜足鞏固以居而末如之何，乃至其子而遂亡。故夷狄惡其起而若未足憂也，不患其盛而若不可拔也。赫連氏亡而五胡雜糅之中原，皆爲拓拔氏所有，並劉、石、慕容、苻、姚、乞伏、赫連、沮渠、馮、高、吕、段、禿髮之宇而合於一，固將挾全力以爲南國憂，然而無足憂也。夷裔之未入中國，則憂其相併而合；既入中國，則患其雜宂而不適所治，不患其合一極盛而以相壓也。故宋武之時難矣：奮勇以滅慕容超，而姚興又競；全力以滅姚泓，而赫連、拓拔又乘間以争；欲再舉以争關中，而鄭鮮之曰：「江南士庶引領以望返旆。」蓋二夷既滅，人心乍弛，不能再振矣。拓拔氏血戰以克統萬，窮兵以破蠕蠕，精甲鋭師半消折於二虜，是亦勃勃死而昌無能爲之勢也。宋能乘之，此其時矣；坐困江東，憚其威而不進，進而不敢與之敵，蓋失此一時，而六代之偷安不足以興。文帝非英武之君，到彦之之流不足以有爲，惜哉！

元嘉之北伐也，文帝誅權姦，修内治，息民六年而用之，不可謂無其具；拓跋氏伐赫連伐蠕蠕，擊高車，兵疲於西北，備弛於東南，不可謂無其時。然而得地不守，瓦解蝟縮，兵殲甲棄，並淮右之地而失之，何也？將非其人也。到彦之、蕭思話大潰於青、徐，邵弘淵、李顯忠大潰於符離，一也，皆將非其人，以卒與敵

者也。文帝、孝宗皆圖治之英君，大有爲於天下者，其命將也，非信左右佞幸之推引，如燕之任騎劫、趙之任趙葱也；所任之將，亦當時人望所歸，小試有效，非若曹之任公孫强、蜀漢之任陳祇也；意者當代有將才而莫之能用邪？然自是以後，未見有人焉，愈於彦之、思話而當時不用者，將天之吝於生材乎？非也。天生之，人主必有以鼓舞而培養之，當世之士，以人主之意指爲趨，而文帝、孝宗之所信任推崇、以風示天下者，皆拘葸巽謹之人，謂可信以無疑，而不知其適以召敗也。道不足以消逆叛之萌，智不足以馭梟雄之士，於是乎摧抑英尤而登進柔輭；則天下相戒以果敢機謀，而生人之氣爲之坐痿；故舉世無可用之才，以保國而不足，況欲與猾虜争生死於中原乎？

夫江東之不振也久矣。謝玄監軍事，始收驍健以鼓勵之，於是北府之兵破苻堅而威震淮北；宋武平廣固、收雒陽、入長安，而姚興、拓拔嗣不能與之敵，皆恃此也。已而宋武老矣，北府之兵，老者退，少者未能興也。宋武顧諸子無駕御之才，而慮其逼上，故鬭王鎮惡、沈田子諸人於關中，使自相殘劉而不問。文帝入立，懲營陽之禍，急誅權謀之士，區區一檀道濟而劍已擬其項領。上之意指如彼，下之禍福如此，王曇首諸人雍容談笑以俟天下之澄清，雖有瑰瑋之才，不折節以趨荏苒者，幾何也？乃於其中擇一二錚錚者使與猾虜競，拓拔燾固曰：「龜鼈小豎，夫何能爲？」其墮彼目中久矣。孝宗之任邵、李以抗女直，亦猶是也。岳誅韓廢，天下戒心於有爲，風靡而弗能再振矣。身無英武之姿，外有方張之寇，奬柔順以挫英奇，雖抱有爲之志，四顧無可用之人，前以取敗而不自知，及其敗也，抑歸咎於天方長亂，而虜勢之不可攖也，愈以衰矣！【略】

營陽弑，廬陵死，而文帝之心戚矣。環任諸弟以方州，而託國政於彭城，非但以爲不拔之基也；顧瞻兄弟，不忍爲權臣所屠割，相奬以共理，冀以服天下而保本支；衰世之君，能爾者鮮矣。不然，營陽廢而已興，豈不早憂姦人之援立以加我者而峻防之乎？然則彭城之伏罪以廢棄，彭城之不仁也，於帝何尤焉！

義康之入辭也，唯對之號泣而無一語，義康而有人之心也，其何以自容也！義康奉顧命之詔，劉湛即昌言幼主之不可御天下。義康而無篡奪之心乎？即不能執湛以歸司寇，自可面折而斥絶之；方且愛湛彌篤，而不自斂約，義康之心，路人知之矣。或曰：「義康非固有其意，而湛以傾險導之，義康固可原也。」親則兄弟，尊則君臣，此立身何等事，而可謝咎於人之誘之也哉！扶令育諫文帝以保全義康則可矣，欲使召還而授以政，是亦一劉湛也，其見殺亦自取之也。

王鳴盛《十七史商榷》卷五四《宋文帝君臣》 宋文帝一朝，君臣之間，不可解者甚多。徐羨之、傅亮、謝晦等廢昏立明，忠也。然少帝已幽於吴，文帝已入，可無後慮。即有慮，應讓文帝自爲之，乃必弑少帝何意？且并殺無過之廬陵王義真，又何意？其所以爲文帝地者周矣，帝不以其立己爲德而誅討之，正也。外有强敵，而殺檀道濟，又何意？帝之爲少帝、義真報讎，似能友愛矣。彭城王義康已流之廣州，仍不免賜死，又何意？此皆不可解者。江左之政，元嘉爲美，不能保全謝靈運、范蔚宗，惜哉！

藝文

《李東陽集·詩前稿》卷一《擬古樂府·燕巢林》 胡馬來，飲淮浦。春燕歸，巢江樹。石頭城，立不住。狼居胥，在何處？耕問奴，織問婢，誰遣書生論兵事？萬里長城元自棄，生不逢，檀道濟。

孫承恩《文簡集》卷四一《古像贊·宋文帝》 恭儉德純，元嘉政美。守法不苛，容物無弛。内清外宴，文教亦舉。謀泄房帷，禍成商豎。

拓跋燾部

綜述

《魏書》卷四上《世祖紀上》 世祖太武皇帝，諱燾，太宗明元皇帝之長子也，母曰杜貴嬪。天賜五年，生於東宮，體貌瓌異，太祖奇而悦之，曰：「成吾業者，必此子也。」泰常七年四月，封泰平王，五月，爲監國。太宗有疾，命帝總攝百揆，聰明大度，意豁如也。八年十一月壬申，即皇帝位，大赦天下。十有二月，追尊皇妣爲密皇后，進司徒長孫嵩爵爲北平王，司空奚斤爲宜城王，藍田公長孫翰爲平陽王，其餘普增爵位各有差。於是除禁錮，釋嫌怨，開倉庫，賑窮乏，河南流民相率内屬者甚衆。

始光年元夏四月甲辰，東巡，幸大寧。

秋七月，車駕還宮。八月，蠕蠕率六萬騎入雲中，殺掠吏民，攻陷盛樂宮。赭陽子尉普文率輕騎討之，虜乃退走。詔平陽王長孫翰等擊蠕蠕别帥，破之，殺數千人，獲馬萬餘匹。九月，大簡輿徒，治兵於東郊，部分諸軍五萬騎，將北討。

冬十有二月，遣平陽王長孫翰等討蠕蠕。車駕次祚山，蠕蠕北遁，諸軍追之，大獲而還。

二年春正月己卯，車駕至自北伐，以其雜畜班賜將士各有差。三月丙辰，尊保母竇氏曰保太后。丁巳，以北平王長孫嵩爲太尉，平陽王長孫翰爲司徒，宜城王奚斤爲司空。庚申，營故東宮爲萬壽宮，起永安、安樂二殿，臨望觀、九華堂。初造新字千餘。

夏四月，詔龍驤將軍步堆、謁者僕射胡覲使於劉義隆。五月，詔天下十家發大牛一頭，運粟塞上。

秋九月，永安、安樂二殿成，丁卯，大饗以落之。

冬十月，治兵於西郊。癸卯，車駕北伐，平陽王長孫翰等絶漠追之，蠕蠕北走。

三年春正月壬申，車駕至自北伐。班軍實以賜將士，行、留各有差。二月，起太學於城東，祀孔子，以顔淵配。

六月，幸雲中舊宮，謁陵廟；西至五原，田於陰山；東至和兜山。

秋七月，築馬射臺于長川，帝親登臺觀走馬；王公諸國君長馳射，中者賜金錦繒絮各有差。八月，車駕還宮。劉義隆遣使朝貢。帝以屈丐既死，諸子相攻，九月，遣司空奚斤率義兵將軍封禮、雍州刺史延普襲蒲坂，宋兵將軍周幾率洛州刺史于栗磾襲陝城。

冬十月丁巳，車駕西伐，幸雲中，臨君子津。會天暴寒，數日冰結。十有一月戊寅，帝率輕騎二萬襲赫連昌。壬午，至其城下，徙萬餘家而還。至祚山，班所虜獲以賜將士各有差。

四年春正月乙酉，車駕至自西伐，賜留臺文武生口、繒帛、馬牛各有差。從人在道多死，其能到都者纔十六七。己亥，行幸幽州。赫連昌遣其弟平原公定率衆二萬向長安。帝聞之，乃遣就陰山伐木，大造攻具。二月，車駕還宮。三月丙子，遣高凉王禮鎮長安。詔執金吾桓貸造橋於君子津。

夏四月丁未，詔員外散騎常侍步堆、謁者僕射胡覲等使於劉義隆。是月，治兵講武，分諸軍，司徒長孫翰、廷尉長孫道生、宗正娥清三萬騎爲前驅，常山王素、太僕丘堆、將軍元太毗步兵三萬爲後繼，南陽王伏真、執金吾桓貸、將軍姚黄眉步兵三萬部攻城器械，將軍賀多羅精騎三千爲前候。五月，車駕西討赫連昌。辛巳，濟君子津。帝次拔隣山，築城，舍輜重，以輕騎三萬先行。戊戌，至于黑水，帝親祈天、告祖宗之靈而誓衆焉。六月甲辰，昌引衆出城，大破之。乙巳，車駕入城，虜昌羣弟及其諸母、姊妹、妻妾、宮人萬數，府庫珍寶、車旗、器物不可勝計，擒昌尚書王買、薛超等及司馬德宗將毛脩之、秦雍人士數千人，獲馬三十餘萬匹，牛羊數千萬。以昌宮人及生口、金銀、珍玩、布帛班賚將士各有差。辛酉，班師，留常山王素、執金吾桓貸鎮統萬。

秋七月己卯，築壇於祚嶺，戲馬馳射，賜射中者金錦繒絮各有差。八月壬子，車駕至自西伐，飲至策勳，告於宗廟，班軍實以賜留臺百僚，各有差。

冬十有一月，以氐王楊玄爲都督荆、梁、益、寧四州諸軍事、假征南大將軍、梁州刺史、南秦王。十有二月，行幸中山，守宰貪汚免者十數人。癸卯，車駕還宮。復所過田租之半。

神䴥元年春正月，以天下守令多行非法，精選忠良悉代之。二月，改元。赫連昌退屯平凉。司空奚斤進軍安定，將軍丘堆爲昌所敗，監軍侍御史安頡出戰，

擒昌。昌餘衆立昌弟定爲王，走還平涼。三月癸酉，詔侍中古弼迎赫連昌。辛巳，弼等以昌至于京師。司空奚斤追定於平涼馬髦嶺，爲定所擒。丘堆先守輜重在安定，聞斤敗，棄甲東走蒲坂。帝聞大怒，詔安頡斬堆。

夏四月，赫連定遣使朝貢，帝詔諭之。壬子，西巡。戊午，田于河西。大赦天下。六月丁酉，并州胡酋卜田謀反伏誅，餘衆不安。詔淮南公王倍斤鎮慮虒，撫慰之。甲寅，行幸長川。

秋七月，車駕還宫。八月，東幸廣寧，臨觀温泉。以太牢祭黄帝、堯、舜廟。九月，車駕還宫。

冬十月甲辰，北巡。壬子，田于牛川。是月，車駕還宫。定州丁零鮮于臺陽、翟喬等二千餘家叛入西山，劫掠郡縣，州軍討之，失利。詔鎮南將軍、壽光侯叔孫建擊之。十有一月，行幸河西，大校獵。十有二月甲申，車駕還宫。

是歲，皇子晃生。

二年春正月，赫連定弟酒泉公儁自平涼來奔。丁零鮮于臺陽等歸罪，詔赦之。

夏四月，治兵于南郊。庚寅，車駕北伐，以太尉、北平王長孫嵩，衛尉、廣陵公樓伏連留守京師，從東道與長孫翰等期會於賊庭。五月丁未，次于沙漠，舍輜重，輕騎兼馬，至栗水，蠕蠕震怖，焚燒廬舍，絶跡西走。

秋七月，車駕東轅。至黑山，校數軍實，班賜王公將士各有差。八月，帝以東部高車屯已尼陂，詔左僕射安原率騎萬餘討之。

冬十月，振旅凱旋于京師，告於宗廟。列置新民於漠南，東至濡源，西暨五原、陰山，竟三千里。詔司徒、平陽王長孫翰、尚書令劉絜、左僕射安原、侍中古弼鎮撫之。十有一月，西巡狩，田于河西，至祚山而還。

三年春正月庚子，車駕還宫。壬寅，大赦天下。癸卯，行幸廣寧，臨温泉，作《温泉之歌》。二月戊辰，車駕還宫。三月壬寅，進會稽公赫連昌爲秦王。帝聞劉義隆將寇邊，乃詔冀、定、相三州造船三千艘，簡幽州以南戍兵集于河上以備之。

夏四月甲子，行幸雲中。敕勒萬餘落叛走。詔尚書封鐵追討滅之。六月，詔平南大將軍、假丹陽王太毗屯于河上，以司馬楚之爲安南大將軍、琅邪王，屯潁川。

秋七月庚子，詔大鴻臚卿杜超假節、都督冀、定、相三州諸軍事、行征南大將軍、太宰，進爵爲王，鎮鄴，爲諸軍節度。八月，劉義隆將到彦之自清水入河，泝流西行。帝以河南兵少，詔攝四鎮。乃治兵，將西討。甲戌，行幸南宫，獵于南山。戊寅，詔征西大將軍長孫道生屯于河上。九月癸卯，立密皇太后廟于鄴。甲辰，行幸統萬，遂征平涼。

十有一月乙酉，車駕至平涼。先是，赫連定將數萬人東禦於鄜城，留其弟上谷公社于、廣陽公度洛孤城守。帝至平涼，登北原，使赫連昌招諭之，社于不降。詔安西將軍古弼等擊安定，攻平涼。定聞之，棄鄜城，入于安定，自率步騎三萬從鶉觚原將救平涼，與弼相遇，弼擊之，殺數千人，乃還走。詔諸軍四面圍之。

丁酉，定乏水，引衆下原，詔武衛將軍丘眷擊之，定衆大潰，死者萬餘人。己亥，帝幸安定，獲乞伏熾磐質子及定車旗，簿其生口、財畜，班賜將士各有差。庚子，帝自安定還臨平涼，遂掘塹圍守之。行幸紐城，安慰初附，赦秦、雍之民，賜復七年。

十有二月丁卯，定弟社于、度洛孤面縛出降，平涼平，收其珍寶。定長安、臨晉、武功守將皆奔走，關中平。壬申，車駕東還，留巴東公延普等鎮安定。

四年春正月壬午，車駕次于木根山，大饗羣臣，賜布帛各有差。二月癸酉，車駕還宫，飲至策勳，告於宗廟，賜留臺百官各有差，戰士賜復十年。丁丑，行幸南宫。定州民飢，詔啓倉以賑之。

夏五月庚寅，行幸雲中。閏月乙未，蠕蠕國遣使朝獻。詔散騎侍郎周紹使于劉義隆。

秋七月己酉，行幸河西，起承華宫。八月己丑，以慕璝爲大將軍、西秦王。九月癸丑，車駕還宫。庚申，加太尉長孫嵩柱國大將軍，特進、左光禄大夫崔浩爲司徒，征西大將軍長孫道生爲司空。癸亥，詔兼太常李順持節拜河西王沮渠蒙遜爲假節、加侍中、都督涼州及西域羌戎諸軍事、行征西大將軍、太傅、涼州牧、涼王。

壬申，徵玄等及州郡所遣，至者數百人，皆差次敍用。

冬十月戊寅，詔司徒崔浩改定律令。行幸漠南。十一月丙辰，北部敕勒莫弗庫若于，率其部數萬騎，驅鹿數百萬，詣行在所，帝因而大狩以賜從者，勒石漠南，以記功德。十二月丁丑，車駕還宫。

延和元年春正月丙午，尊保太后爲皇太后，立皇后赫連氏，立皇子晃爲皇太子，謁于太廟，大赦，改年。

二月丙子，行幸南宫。三月丁未，追贈夫人賀氏爲皇后。

夏五月，大簡輿徒于南郊，將討馮文通。劉義隆遣使朝貢。六月庚寅，車駕伐和龍。詔尚書左僕射安原等屯于漠南，以備蠕蠕。辛卯，兼散騎常侍鄧穎使於劉義隆。

秋七月己未，車駕至濡水。庚申，遣安東將軍、宜城公奚斤發幽州民及密雲丁零萬餘人，運攻具，出南道，俱會和龍。帝至遼西，文通遣其侍御史崔聘奉獻牛酒。己巳，車駕至和龍，臨其城。文通石城太守李崇、建德太守王融十餘郡來降，發其民三萬人穿圍塹以守之。是月，築東宫。八月，文通尚書高紹率萬餘家保羌胡固。己卯，車駕討紹，辛巳，斬之。詔平東將軍賀多羅攻文通帶方太守慕容玄於猴固，撫軍大將軍、永昌王健攻建德，驃騎大將軍、樂平王丕攻冀陽，皆拔之，虜獲生口，班賜將士各有差。九月乙卯，車駕西還。徙營丘、成周、遼東、樂浪、帶方、玄菟六郡民三萬家于幽州，開倉以賑之。

冬十月癸酉，車駕至濡水。十有一月乙巳，車駕至自伐和龍。十有二月己丑，先是，辟召賢良，而州郡多逼遣之。詔諸召人皆當以禮申諭，任其進退。

二年春正月丙寅，以樂安王範爲假節、加侍中、都督秦、雍、涇、梁、益五州諸軍事、衛大將軍、儀同三司，鎮長安。二月庚午，詔兼鴻臚卿李繼，持節假馮崇車騎大將軍、遼西王，承制聽置尚書已下；賜崇功臣爵秩各有差。征西將軍金崖與安定鎮將延普及涇州刺史狄子玉争權構隙，舉兵攻普，不克，退保胡空谷，驅掠平民，據險自固。詔散騎常侍、平西將軍、安定鎮將陸俟討獲之。壬午，行幸河西。詔兼散騎常侍宋宣使於劉義隆。三月壬子，車駕還宫。

夏五月己亥，行幸山北。六月，遣撫軍大將軍、永昌王健，尚書左僕射安原督諸軍討和龍。將軍樓勃別將五千騎圍凡城，文通守將封羽以城降，收其民三千餘家。辛巳，詔樂安王範發秦、雍兵一萬人，築小城於長安城內。

秋八月，遼西王馮崇上表，求説降其父，帝不聽。九月戊午，詔兼大鴻臚卿崔賾持節，拜征虜將軍楊難當爲征南大將軍、儀同三司，封南秦王。

十有一月甲寅，車駕自山北還宫。十有二月己巳，大赦天下。辛未，幸陰山之北。詔兼散騎常侍盧玄使於劉義隆。

是歲，沮渠蒙遜死，以其子牧犍爲車騎將軍，改封河西王。

三年春正月乙未，車駕次于女水，大饗羣臣，班賜各有差。戊戌，馮文通遣其給事黄門侍郎伊臣乞和，帝不許。二月戊寅，詔富者租賦如常，中者復二年，下窮者復三年。刺史守宰當務盡平當，不得阿容，以罔政治。辛卯，車駕還宫。

三月甲寅，行幸河西。閏月己卯，車駕還宫。彭城公元粟進爵爲王。辛巳，馮文通遣尚書高顒上表稱蕃，詔徵其侍子。

夏四月乙未，詔征西大將軍、常山王素討當川。丁未，行幸河西。壬戌，獲當川，斬之于長安以徇。六月甲辰，車駕還宫。

秋七月辛巳，東宫成，備置屯衛，三分西宫之一。壬午，行幸美稷，遂至隰城。命諸軍討山胡白龍于西河。

冬十月甲午，破白龍餘黨于五原。詔山胡爲白龍所逼及歸降者，聽爲平民。諸與白龍同惡，斬數千人，虜其妻子，班賜將士各有差。十有一月，車駕還宫。十有二月甲辰，行幸雲中。

太延元年春正月壬午，降死刑已下各一等。癸未，出太祖、太宗宫人，令得嫁。甲申，大赦，改年。二月庚子，蠕蠕、焉耆、車師諸國各遣使朝獻。詔長安及平涼民徙在京師，其孤老不能自存者，聽還鄉里。丁未，車駕還宫。

夏五月庚申，進宜都公穆壽爲宜都王，汝陰公長孫道生爲上黨王，宜城公奚斤爲恒農王，廣陵公樓伏連爲廣陵王，本官各如故。遣使者二十輩使西域。甲戌，行幸雲中。

六月甲午，詔令天下大酺五日，禮報百神，守宰祭界内名山大川。戊申，詔驃騎大將軍、樂平王丕等五將率騎四萬東伐文通。

秋七月，田於棝楊。八月丙戌，遂幸河西。九月甲戌，車駕還宫。

冬十月甲辰，行幸定州，次于新城宫。十有一月乙丑，行幸冀州。己巳，校獵于廣川。丙子，行幸鄴，祀密太后廟。諸所過，對問高年，褒禮賢俊。

十有二月癸卯，遣使者以太牢祀北岳。

二年春正月甲寅，車駕還宫。二月戊子，馮文通遣使朝貢，求送侍子，帝不許。壬辰，遣使者十餘輩詣高麗、東夷諸國，詔諭之。

五月乙卯，馮文通奔高麗。戊午，詔散騎常侍封撥使高麗，徵送文通。丁卯，行幸河西。

赫連定之西也，楊難當竊據上邽。秋七月庚戌，詔驃騎大將軍、樂平王丕等督河西、高平諸軍討之。詔散騎侍郎、廣平子游雅等使於劉義隆。八月丁亥，遣使六輩使西域。帝校獵于河西。詔廣平公張黎發定州七郡一萬二千人，通莎泉道。甲辰，高車國遣使朝獻。九月，高麗不送文通，遣使奉表，稱當與文通俱奉

王化。帝以高麗違詔，議將擊之，納樂平王丕計而止。

冬十有一月己酉，行幸棝楊，驅野馬於雲中，置野馬苑。閏月壬子，車駕還宮。乙丑，潁川王提改封武昌王。

三年春二月乙卯，行幸幽州，存恤孤老，問民疾苦；還幸上谷，遂至代。所過復田租之半。三月丁丑，以南平王渾爲鎮東大將軍、儀同三司，鎮和龍。己卯，輿駕還宮。

夏五月己丑，詔令天下吏民，得舉告守令不如法者。丙申，行幸雲中。

秋七月戊子，使撫軍大將軍、永昌王健，司空、上黨王長孫道生，討山胡白龍餘黨於西河，滅之。八月甲辰，行幸河西。九月甲申，車駕還宮。丁酉，遣使者拜西秦王慕璝弟慕利延爲鎮西大將軍、儀同三司，改封西平王。

冬十月癸卯，行幸雲中。十有一月壬申，車駕還宮。

四年春三月癸未，罷沙門年五十已下。

夏五月戊寅，大赦天下。丙申，行幸五原。

秋七月壬午，車駕北伐。

冬十月乙丑，大饗六軍。十二月丁巳，車駕至自北伐。上洛巴泉蕇等相率内附。詔兼散騎常侍高雅使劉義隆。

五年春正月庚寅，行幸定州。三月丁卯，詔衛大將軍、樂安王範遣雍州刺史葛那取上洛，劉義隆上洛太守鐔長生棄郡走。辛未，車駕還宮。庚寅，以故南秦王世子楊保宗爲征南大將軍、秦州牧、武都王，鎮上邽。

五月丁丑，治兵於西郊。六月甲辰，車駕西討沮渠牧健。

秋七月己巳，車駕至上郡屬國城，大饗羣臣，講武馬射。壬午，留輜重，分部諸軍：撫軍大將軍、永昌王健，尚書令、鉅鹿公劉絜督諸軍，與常山王素二道並進，爲前鋒；驃騎大將軍、樂平王丕，太宰、陽平王杜超，督平涼、鄜城諸軍，爲後繼。八月丙申，車駕至姑臧，牧犍兄子祖踰城來降，乃分軍圍之。九月丙戌，牧健兄子萬年率麾下來降。是日，牧犍與左右文武五千人面縛軍門，帝解其縛，待以藩臣之禮。收其城内户口二十餘萬，倉庫珍寶不可稱計。進張掖公禿髮保周爵爲王，與龍驤將軍穆羆、安遠將軍源賀分略諸郡，雜人降者亦數十萬。牧犍弟張掖太守宜得，燒倉庫，西奔酒泉；樂都太守安周南奔吐谷渾。遣鎮南將軍奚眷討張掖，遂至酒泉，牧犍弟酒泉太守無諱及宜得復奔晉昌。使弋陽公元潔守酒泉。鎮北將軍封沓討樂都，掠數千家而還。班賜將士各有差。

冬十月辛酉，車駕東還，徙涼州民三萬餘家于京師。留驃騎大將軍、樂平王丕，征西將軍賀多羅鎮涼州。癸亥，遣張掖王禿髮保周諭諸部鮮卑，保周因率諸部叛於張掖。十有二月壬午，車駕至自西伐，飲至策勳，告於宗廟。

《魏書》卷四下《世祖紀下》　太平真君元年春正月辛亥，分遣侍臣巡行州郡，觀察風俗，問民疾苦。二月己巳，詔假通直常侍邢穎使於劉義隆。發長安五千人浚昆明池。

夏四月庚辰，無諱寇張掖，禿髮保周屯于删丹。丙戌，詔撫軍大將軍、永昌王健等督諸軍討保周。五月辛卯，行幸北部。丙辰，車駕還宮。六月丁丑，皇孫濬生，大赦，改年。

秋七月，行幸陰山。九月壬寅，車駕還宮。

冬十有一月丁亥，行幸山北。十二月，車駕還宮。

是歲，州鎮十五民飢，開倉賑恤。以河南王曜子羯兒爲河間王，後改封略陽王。

二年春正月癸卯，拜沮渠無諱爲征西大將軍、涼州牧、酒泉王。甲辰，行幸温泉。二月壬戌，車駕還宮。三月辛卯，葬惠太后於崞山。庚戌，新興王俊、略陽王羯兒有罪，並黜爲公。辛亥，封蠕蠕郁久閭乞列歸爲朔方王，沮渠萬年爲張掖王。

夏四月庚辰，詔鎮南將軍、南陽公奚眷征酒泉。五月辛卯，行幸山北。

秋八月辛亥，詔散騎侍郎張偉等使劉義隆。行幸河西。

冬十有一月庚子，鎮南將軍奚眷平酒泉，獲沮渠天周、臧嗟、屈德，男女四千口。十有二月甲戌，車駕還宮。

三年春正月甲申，帝至道壇，親受符籙，備法駕，旗幟盡青。

五月，行幸陰山之北。六月丙戌，難當朝於行宮。先是，起殿於陰山之北，殿始成而難當至，因名曰廣德焉。

秋七月丙寅，詔安西將軍、建興公古弼督隴右諸軍及殿中虎賁，與武都王楊保宗等從祁山南入，征西將軍、淮陽公皮豹子與琅邪王司馬楚之等督關中諸軍從散關西入，俱會仇池；鬱林公司馬文思爲征南大將軍，進爵譙王，督洛、豫諸軍事南趣襄陽；征南將軍、東安公刁雍東趣廣陵，邀方明歸路。

冬十月己卯，封皇子伏羅爲晉王，翰爲秦王，譚爲燕王，建爲楚王，余爲吳

王。十有二月丁酉，車駕還宮。李寶遣使朝貢，以寶爲鎮西大將軍、開府儀同三司、沙州牧，封敦煌公。

四年春正月庚午，行幸中山。二月丙子，車駕至于恒山之陽，詔有司刊石勒銘。三月庚申，車駕還宮。

夏四月丁酉，大赦天下。己亥，行幸陰山。六月庚寅，詔牧守之徒，各厲精爲治，勸課農桑，不聽妄有徵發。癸巳，大閱于西郊。

秋九月辛丑，行幸漠南。甲辰，捨輜重，以輕騎襲蠕蠕，分軍爲四道。

冬十一月，將軍皮豹子等追破劉義隆將於濁水。甲子，車駕至於朔方。十二月辛卯，車駕至自北伐。

五年春正月戊申，詔王公已下至於庶人，有私養沙門、師巫及金銀工巧之人在其家者，皆遣詣官曹，不得容匿。庚戌，詔王公已下，至於卿士，其子息皆詣太學。其百工伎巧、騶卒子息，當習其父兄所業，不聽私立學校。

二月辛未，中山王辰等八將，以北伐後期，斬于都南。庚辰，行幸盧闕。三月戊戌，大會于那南池。遣使者四輩使西域。甲辰，車駕還宮。癸丑，詔征西大將軍、司空、上黨王長孫道生鎮統萬。

五月丁酉，行幸陰山之北。西平王吐谷渾慕利延殺其兄子緯代。是月，緯代弟叱力延等來奔，乞師。以叱力延爲歸義王。

秋七月癸卯，東雍州刺史沮渠秉謀叛伏誅。八月乙丑，田于河西。壬午，詔員外散騎常侍高濟使於劉義隆。九月，帝自河西至馬邑，觀于崞川。己亥，車駕還宮。丁未，行幸漠南。

十二月丙戌，車駕還宮。

六年春正月辛亥，車駕行幸定州，引見長老，存問之。詔兼員外散騎常侍宋愔使劉義隆。二月，遂西幸上黨，觀連理樹於泫氏。西至吐京，討徙叛胡，出配郡縣。三月庚申，車駕還宮。詔諸有疑獄皆付中書，以經義量決。

夏四月庚戌，詔秦州刺史、天水公封敕文擊慕利延兄子什歸於枹罕，散騎常侍、成周公萬度歸乘傳發涼州以西兵襲鄯善。六月壬辰，車駕北巡。

秋八月壬辰，度歸以輕騎至鄯善，執其王真達以詣京師，帝大悦，厚待之。車駕幸陰山之北，次于廣德宮。詔發天下兵，三分取一，各當戒嚴，以須後命。徙諸種雜人五千餘家於北邊。令民北徙畜牧至廣漠，以餌蠕蠕。

九月，盧水胡蓋吳聚衆反於杏城。冬十月戊子，長安鎮副將元紇率衆討之，爲吳所殺。吳黨遂盛，民皆渡渭奔南山。於是詔發高平敕勒騎赴長安，詔將軍叔孫拔乘傳領攝并、秦、雍兵屯渭北。

十有一月，高涼王那振旅還京師。己未，遣那及殿中尚書、安定公韓茂率騎屯相州之陽平郡，發冀州民造浮橋於碻磝津。

河東蜀薛永宗聚黨盜官馬數千匹，驅三千餘人入汾曲，西通蓋吳，受其位號。秦州刺史、金城公周鹿觀率衆討之，不克而還。庚午，詔殿中尚書、扶風公元處真，尚書、平陽公慕容嵩二萬騎討薛永宗；詔殿中尚書乙拔率五將三萬騎討蓋吳，西平公寇提三將一萬騎討吳黨白廣平。

辛未，車駕還宮。選六州兵勇猛者二萬人，使永昌王仁、高涼王那分領，爲二道，各一萬騎，南略淮泗以北，徙青徐之民以實河北。癸未，車駕西巡。

七年春正月戊辰，車駕次東雍州。庚午，圍薛永宗營壘。永宗出戰，大敗，六軍乘之，永宗衆潰。永宗男女無少長赴汾水死。辛未，車駕南幸汾陰。庚辰，帝臨戲水。蓋吳退走北地。二月丙戌，幸長安，存問父老。丁亥，幸昆明池。丙申，幸盩厔，誅叛民耿青、孫温二壘與蓋吳通謀者。軍次陳倉，誅散關氐害守將者。還幸雍城，田於岐山之陽。北道諸軍乙拔等大破蓋吳於杏城，吳棄馬遁走。

三月，詔諸州坑沙門，毀諸佛像。徙長安城工巧二千家於京師。車駕旋軫，幸洛水，分軍誅李閏叛羌。

夏四月甲申，車駕至自長安。

五月癸亥，蓋吳復聚杏城，自號秦地王，假署山民，衆旅復振。於是遣永昌王仁、高涼王那督北道諸軍同討之。六月甲申，發定、冀、相三州兵二萬人，屯長安南山諸谷，以防越逸。丙戌，發司、幽、定、冀四州十萬人築畿上塞圍，起上谷，西至于河，廣袤皆千里。

秋八月，復略陽公羯兒王爵。

八年春正月，吐京胡阻險爲盜。詔征東將軍、武昌王提，征南將軍、淮南王他討之，不下。二月癸未，行幸中山，頒賜從官文武各有差。

夏五月，車駕還宮。六月，西征諸將扶風公元處真等八將坐盜没軍資，所在虜掠，贓各千萬計，並斬之。

九年春正月，氐楊文德受義隆官號，守葭蘆城，招誘武都、陰平五部氐民。詔仇池鎮將皮豹子討之，文德棄城南走，擒其妻子僚屬。二月癸卯，行幸定州。

山東民飢，啓倉賑之。罷塞圍作。遂西幸上黨，誅潞叛民二千餘家，徙西河離石民五千餘家于京師。詔於壺關東北大王山累石爲三封，又斬其北鳳皇山南足以斷之。三月，車駕還宮。

夏五月甲戌，以交趾公韓拔爲假節、征西將軍、領護西戎校尉、鄯善王，鎮鄯善，賦役其民，比之郡縣。六月辛酉，行幸廣德宮。丁卯，悅般國遣使求與王師俱討蠕蠕，帝許之。

秋八月，詔中外諸軍戒嚴。九月乙酉，治兵于西郊。丙戌，上幸陰山。

冬十月癸卯，以婚姻奢靡，喪葬過度，詔有司更爲科限。癸亥，大赦天下。十有二月，詔成周公萬度歸自焉耆西討龜茲。

十年春正月戊辰朔，帝在漠南，大饗百僚，班賜有差。甲戌，北伐。三月，遂蒐于河西。庚寅，車駕還宮。

夏五月庚寅，行幸陰山。

九月，閱武碻上，遂北伐。

冬十月庚子，皇太子及羣官奉迎於行宮。壬午，大饗，班賜所獲及布帛各有差。十有二月戊申，車駕至自北伐。己酉，以平昌公元託真爲中山王。

十一年春正月乙酉，行幸洛陽，所過郡國，皆親對高年，存恤孤寡。以高涼王那爲儀同三司。二月甲午，大蒐於梁川。是月，大治宮室，皇太子居于北宮。車駕遂征懸瓠，益遣使者安慰境外之民，其不服者誅之。

夏四月癸卯，輿駕還宮，賜從者及留臺郎吏已上生口各有差。六月己亥，誅司徒崔浩。辛丑，北巡陰山。

秋七月，義隆遣其輔國將軍蕭斌之率衆六萬寇濟州，刺史王買得棄州走，斌之遂入城，仍使寧朔將軍王玄謨西攻滑臺。詔枋頭鎮將、平南將軍、南康公杜道儁助守兖州。八月癸亥，田於河西。癸未，治兵於西郊。九月辛卯，輿駕南伐。庚子，曲赦定、冀、相三州死罪已下。發州郡兵五萬分給諸軍。

冬十月癸亥，車駕止枋頭。詔殿中尚書長孫真率騎五千自石濟渡，備玄謨遁走。乙丑，車駕濟河，玄謨大懼，棄軍而走，衆各潰散，追躡斬首萬餘級，器械山積。帝遂至東平。蕭斌之棄濟州，退保歷城。乃命諸將分道並進：使征西大將軍、永昌王仁自洛陽出壽春，尚書長孫真趨馬頭，楚王建趨鍾離，高涼王那自青州趨下邳。車駕自中道，十有一月辛卯，至于鄒山，劉義隆魯郡太守崔邪利率屬城降。使使者以太牢祀孔子。壬子，次于彭城，遂趨盱眙。十有二月丁卯，車駕至淮。詔刈萑葦，汎筏數萬而濟。癸未，車駕臨江，起行宮於瓜步山。甲申，義隆使獻百牢，貢其方物，又請進女於皇孫，以求和好。帝以師婚非禮，許和而不許婚，使散騎侍郎夏侯野報之。詔皇孫爲書，致馬通問焉。

正平元年春正月丙戌朔，大會羣臣於江上，班賞各有差，文武受爵者二百餘人。丁亥，輿駕北旋。二月戊寅，車駕濟河。癸未，次于魯口。皇太子朝於行宮。三月己亥，車駕至自南伐，飲至策勳，告於宗廟。以降民五萬餘家分置近畿。賜留臺文武所獲軍資生口各有差。

夏五月壬寅，大赦。六月壬戌，改年。車師國王遣子入侍。詔太子少傅游雅、中書侍郎胡方回等改定律制。略陽王羯兒，儀同三司、高涼王那有罪賜死。

秋七月丁亥，行幸陰山。省諸曹吏員三分之一。九月癸巳，車駕還宮。

冬十月庚申，行幸陰山。劉義隆遣使朝貢。詔殿中將軍郎法祐使於義隆。十有二月丁丑，車駕還宮。封皇孫濬爲高陽王。尋以皇孫世嫡，不宜在藩，乃止。封秦王翰爲東平王，燕王譚爲臨淮王，楚王建爲廣陽王，吳王余爲南安王。

二年春二月甲寅，帝崩於永安宮，時年四十五。三月辛卯，上尊謚曰太武皇帝，葬於雲中金陵，廟號世祖。

帝生不逮密太后，及有所識，言則悲慟，哀感傍人，太宗聞而嘉歎。暨太宗不豫，衣不釋帶。性清儉率素，服御飲膳，取給而已，不好珍麗，食不二味。所幸昭儀、貴人，衣無兼綵。羣臣白帝更峻京邑城隍，以從《周易》設險之義，又陳蕭何壯麗之説。帝曰：「古人有言，在德不在險。屈丐蒸土築城，而朕滅之，豈在城也？今天下未平，方須民力，土功之事，朕所未爲，蕭何之對，非雅言也。」每以財者軍國之本，無所輕費，至賞賜，皆是死事勳績之家，親戚愛寵未曾横有所及。臨敵常與士卒同在矢石之間，左右死傷者相繼，而帝神色自若，是以人思効命，所向無前。命將出師，指授節度，從命者無不制勝，違爽者率多敗失。性又知人，拔士於卒伍之中，惟其才效所長，不論本末。兼甚嚴斷，明於刑賞。功者賞不遺賤，罪者刑不避親，雖寵愛之，終不虧法。常曰：「法者，朕與天下共之，何敢輕也？」故大臣犯法，無所寬假。雅長聽察，瞬息之間，下人無以措其姦隱。然果於誅戮，後多悔之。司徒崔浩既死之後，帝北伐，時宣城公李孝伯疾篤，傳者以爲卒也。帝聞而悼之，謂左右曰：「李宣城可惜。」又曰：「朕向失言。崔司徒可惜，李宣城可哀。」褒貶雅意，皆此類也。

雜録

備論

《魏書》卷四下《世祖紀下》　世祖聰明雄斷，威靈傑立。藉二世之資，奮征伐之氣，遂戎軒四出，周旋險夷。掃統萬，平秦隴，翦遼海，盪河源，南夷荷擔，北蠕削跡，廓定四表，混一戎華，其爲功也大矣。遂使有魏之業，光邁百王，豈非神叡經綸，事當命世。至於初則東儲不終，末乃釁成所忽。固本貽防，殆弗思乎？恭宗明德令聞，夙世殂夭，其戾園之悼歟？

王夫之《讀通鑑論》卷一五　拓拔燾惜財而不輕費，親戚貴寵未嘗横有所及，其賞賜勳績死事之臣，則無所吝，用財之道，盡於此矣。有天下而患貧，豈惟其不當患也，抑豈有貧之可患乎？天之時、地之澤、人之力，以給天下之用者，自沛然而有餘。乃患貧而愈窘於用，則崔浩之言審矣。國之貧，皆貧國之臣使之然也。貧國之臣有二：一則導君以侈者，其姦易知也；一則誘君於吝者，其姦難測也。誘君以吝者，使其君以貧告臣民，而使爲我吝，君一惑之，則日發不足之歎，言之熟而遂生於心，必不以帑藏之實使其臣知之。君匿於上，姦人乃匿於下，交相匿而上不敵下之姦，浸淫日月，出入委沓，且使其君並不知有餘不足之實。猝有大兵大役，饋餉賞賜之急需，皆見爲不足而吝於出納，而國事不可言矣。

凡爲此者，皆君之親戚貴寵，而君以爲真愛我者也。經用吝而其賞賜不吝，匪直賞賜耳，上下相匿，而大臣不能問，羣臣不敢問，姦人且暗竊之以去，而上下皆罔所聞知。延及於子孫，則上無所匿於下，而專聽姦人之匿以罔上，固必曰吾國貧也。大兵大役之猝至，非吝於用，以釀潰亂，則横取之百姓而民怨不恤，曰吾實貧而不能不取之民也。則不徒親戚貴寵之竊以厚藏者不可問，其所未竊者，湮沈填塞於古屋積土之中，至於國亡以資亂民之掠奪，新主之富有，而初不自知。嗚呼！財一濫施於權貴，而事廢於國，民怨於下，兵潰於境，國卒以亡，皆導吝之説爲之，亦孰知導吝之情，爲竊國之秘術哉？庸主惑之，察主尤惑之，喪亡相踵而不悟，悲夫！

【略】吏民得告守令，拓拔氏之制也。拓拔燾自謂恤弱民而懲貪虐，以伸其氣，自以爲快，而無知者亦將快之，要爲夷狄駤戾之情，横行不顧，以亂綱紀、壞人心，柰之何世主不擇而效之也！以事言之，能於天子之闕、大吏之廷，告守令者，必非愚懦可侮、被守令之荼毒而無告者也。奉公有式，守憲有常，守令猶以苛斂殘虐枉抑之而無所忌，此其人見守令而惴慄弗敢逆者，而能叩天子之闕、登大吏之廷以告守令乎？此詔行，而姦猾脅守令以横行，守令且莫敢誰何，鄉閭比族之弱民登其刀俎者，敢有或爲喘息者哉？若夫貪墨之守令，免此亦易爾，寬假姦頑而與相比，則愚懦者之肉恣食之而固無憂也，其害於拓拔氏之世已著見矣。而君子所甚惡者尤不在此。逆大倫、裂大分也，獎澆薄而導悖亂也，賤天之所貴，夷堂廉而天子且不安其位也，此則君子之所甚惡也。

夫人君誠患守令之殘民與？則亦思其殘民也何所自，而吾欲止其惡也，何以大正而小不能違？夫流品不清，而紈袴、胥史、駔儈得以邀墨綬；銓選不審，而輦金、懷綺、姻亞、請謁得以獵大邑；秉憲不廉，而糾參會察施於如水之心，薦剡吹噓集於同昏之黨，皆教貪獎酷之所自也。原其所本，則女謁興，宦寺張，戚畹專，佞幸進，源濁於上，流汚於下，其來久矣。腥聞熏天，始從而怒之，假手於告訐之民以懲之，必民之是假也，亦惡用天子與大臣哉？夷狄不能禁其部曲，漸以流毒於郡邑，無已而此法行焉。堂堂代天而理民者，明大倫、持大法，以激濁揚清，而弗傷其忠厚和平之氣者，焉用此爲？

弘歷《樂善堂全集》卷四《北魏世祖拓跋燾論》　北魏自拓跋珪以來，國富兵强，政和民安。逮及世祖，藉二世之資，奮英雄之志，南侵北討，東征西伐，使魏國地廣兵强者，大抵皆其功也。雖好尚異端，壇受符籙，是其所失，然能聽高允之言，又從而美之，尊祀孔子，祭以太牢。令公卿子弟入學，徵世胄遺逸，亦駸駸乎令主矣。獨功業不終，卒有宗愛之禍，蓋亦平日任術好殺所致。如悉誅境内沙門，不太苛乎？伐宋之後，河南赤土無遺，歸燕巢於林木，不已酷乎？吁，天道好還，可不戒哉！

藝文

夏竦《文莊集》卷三一《奉和御制讀後魏書》　真君昭密命，紀號表興隆。瑞著洪河外，文成翠石中。帝名傳祖禰，曆數感王公。三五方興運，明符事亦同。

蕭道成部

綜述

《南齊書》卷一《高帝紀上》　太祖高皇帝諱道成，字紹伯，姓蕭氏，小諱鬭將，漢相國蕭何二十四世孫也。

太祖以元嘉四年丁卯歲生。姿表英異，龍顙鍾聲，鱗文遍體。儒士雷次宗立學於鷄籠山，太祖年十三，受業，治《禮》及《左氏春秋》。十七年，宋大將軍、彭城王義康被黜，鎮豫章，皇考領兵防守，太祖舍業南行。十九年，竟陵蠻動，文帝遣太祖領偏軍討沔北蠻。二十一年，伐索虜，至丘檻山，竝破走。二十三年，雍州刺史蕭思話鎮襄陽，啓太祖自隨，戍沔北，討樊、鄧諸山蠻，破其聚落。初爲左軍中兵參軍。二十七年，索虜圍汝南戍主陳憲，臺遣寧朔將軍臧質、安蠻司馬劉康祖救之，文帝使太祖宣旨，授節度。聞虜主拓跋燾向彭城，質等回軍救援，至盱眙，太祖與質別軍主胡宗之等五軍，步騎數千人前驅，燾已潛過淮，卒相遇於莞山下，合戰敗績，緣淮奔退，宗之等皆陷没。太祖還就質固守，爲虜所攻圍，甚危急，事寧，還京師。二十九年，領偏軍征仇池。梁州西界舊有武興戍，晉隆安中没，屬氐；武興西北有蘭臯戍，去仇池二百里。太祖擊二壘，皆破之。遂從谷口入關，未至長安八十里，梁州刺史劉秀之遣司馬注助太祖攻談堤城，拔之，虜僞河間公奔走。虜救兵至，太祖軍力疲少，又聞文帝崩，乃燒城還南鄭。襲爵晉興縣五等男。孝建初，除江夏王大司馬參軍，隨府轉太宰，遷員外郎、直閤中書舍人，西陽王撫軍參軍、建康令。新安王子鸞有盛寵，簡選僚佐，爲北中郎中兵參軍。陳太后憂，起爲武烈將軍，復爲建康令，中兵如故。景和世，除後軍將軍。值明帝立，爲右軍將軍。

時四方反叛，會稽太守、尋陽王子房及東諸郡皆起兵，明帝加太祖輔國將軍，率衆東討。至晉陵，與賊前鋒將程捍、孫曇瓘等戰，一日破賊十二壘。分軍定諸縣，晉陵太守袁摽棄城走，東境諸城相繼奔散。

徐州刺史薛安都反彭城，從子索兒寇淮陰，山陽太守程天祚舉城叛，徐州刺史申令孫又降，徵太祖討之。時太祖平東賊還，又將南討，出次新亭，前軍已發，而索兒自睢陵渡淮，馬步萬餘人，擊殺臺軍主孫耿，縱兵逼前軍張永營，告急。明帝聞賊渡，遽追太祖往救之，屯破釜。索兒向鍾離，永遣寧朔將軍王寬據盱眙，遏其歸路。索兒擊破臺軍主高道慶，走之於石鼈，將西歸。王寬與軍主任農夫先據白鵠澗，張永遣太祖馳督寬，索兒東要擊太祖，使不得前。太祖鼓行結陣，直入寬壘，索兒望見不敢發。經數日，索兒引軍頓石梁，太祖追之至葛冢，候騎還云賊至，太祖乃頓軍引管，分兩馬軍夾營外以待之。俄頃，賊馬步奄至，又推火車數道攻戰。相持移日，乃出輕兵攻賊西，使馬軍合擊其後，賊衆大敗，追奔獲其器仗。進屯石梁澗北。索兒夜遣千人來斫營，營中驚，太祖臥不起，宣令左右案部不得動，須臾賊散。太祖議欲於石梁西南高地築壘，通南道，斷賊走路，索兒果來爭之，太祖率軍擊破之，賊馬自相踐藉死。索兒走向鍾離，太祖追至黯黮而還。除驍騎將軍，封西陽縣侯，邑六百户。

遷巴陵王衞軍司馬，隨鎮會稽。江州刺史、晉安王子勛遣臨川内史張淹，自鄱陽嶠道入三吳，臺軍主沈思仁與僞龍驤將軍任皇、鎮西參軍劉越緒各據險相守。明帝遣太祖領三千人討之。時朝廷器甲皆充南討，太祖軍容寡闕，乃編椶皮爲馬具裝，析竹爲寄生，夜舉火進軍，賊望見恐懼，未戰而走。還除桂陽王征北司馬、南東海太守，行南徐州事。

初，明帝遣張永、沈攸之以衆喻降薛安都，謂太祖曰：「吾今因此北討，卿意以爲何如？」太祖對曰：「安都才識不足，狡猾有餘。若長轡緩御，則必遣子入朝；今以兵逼之，彼將懼而爲計，恐非國之利也。」帝曰：「衆軍猛鋭，何往不剋。卿每杖策，幸勿多言。」安都見兵至，果引索虜，永等敗於彭城。淮南孤弱，以太祖爲假冠軍將軍、持節、都督北討前鋒諸軍事，鎮淮陰。

泰始三年，沈攸之、吳喜北敗於睢口，諸城戍大小悉奔歸，虜遂進至淮北，圍角城，戍主賈法度力弱不敵。諸將勸太祖渡岸救之，太祖不許，遣軍主高道慶將數百張弩浮艦淮中，遥射城外虜，弩一發數百箭俱去，虜騎相引避之，乃命進戰，城圍即解。遷督南兖、徐二州諸軍事、南兖州刺史，持節、假冠軍、督北討如故。五年，進督兖、青、冀三州。六年，除黄門侍郎，領越騎校尉，不拜。復授冠軍將軍，留本任。

明帝常嫌太祖非人臣相，而民間流言，云「蕭道成當爲天子」，明帝愈以爲疑，遣冠軍將軍吳喜以三千人北使，令喜留軍破釜，自持銀壺酒封賜太祖。太祖

戎衣出門迎，即酌飲之。喜還，帝意乃悦。七年，徵還京師，部下勸勿就徵，太祖曰：「諸卿闇於見事。主上自誅諸弟，爲太子稚弱，作萬歲後計，何關佗族？惟應速發，事緩必見疑。今骨肉相害，自非靈長之運，禍難將興，方與卿等勠力耳。」拜散騎常侍、太子左衛率。時世祖以功當別封贛縣，太祖以一門二封，固辭不受，詔許之。加邑二百户。

明帝崩，遺詔爲右衛將軍，領衛尉，加兵五百人。與尚書令袁粲、護軍褚淵、領軍劉勔共掌機事。又別領東北選事。尋解衛尉，加侍中，領石頭戍軍事。

明帝誅戮蕃戚，江州刺史、桂陽王休範以人凡獲全。及蒼梧王立，更有窺窬之望，密與左右閣人於後堂習馳馬，招聚亡命。元徽二年五月，舉兵於尋陽，收略官民，數日便辦，衆二萬人，騎五百匹。發盆口，悉乘商旅船舫。大雷戍主杜道欣、鵲頭戍主劉僧期告變，朝廷惶駭。太祖與護軍褚淵、征北張永、領軍劉勔、僕射劉秉、游擊將軍戴明寶、驍騎將軍阮佃夫、右軍將軍王道隆、中書舍人孫千齡、員外郎楊運長集中書省計議，莫有言者。太祖曰：「昔上流謀逆，皆因淹緩，至於覆敗。休範必遠懲前失，輕兵急下，乘我無備。今應變之術，不宜念遠，若偏師失律，則大沮衆心。宜頓新亭、白下，堅守宫掖、東府、石頭以待。賊千里孤軍，後無委積，求戰不得，自然瓦解。我請頓新亭以當其鋒；征北可以見甲守白下；中堂舊是置兵地，領軍宜屯宣陽門，爲諸軍節度；諸貴安坐殿中，右軍諸人不須競出，我自前驅，破賊必矣。」因索筆下議，竝注同。中書舍人孫千齡與休範有密契，獨曰：「宜依舊遣軍據梁山、魯顯間，右衛若不出白下，則應進頓南州。」太祖正色曰：「賊今已近，梁山豈可得至。新亭既是兵衝，所以欲死報國耳。常日乃可屈曲相從，今不得也。」座起，太祖顧謂劉勔曰：「領軍已同鄙議，不可改易。」乃單車白服出新亭。加太祖使持節、都督征討諸軍、平南將軍，加鼓吹一部。

治新亭城壘未畢，賊前軍已至，太祖方解衣高臥，以安衆心。乃索白虎幡，登西垣，使寧朔將軍高道慶、羽林監陳顯達、員外郎王敬則浮舸與賊水戰，自新林至赤岸，大破之，燒其船艦，死傷甚衆。賊步上新林，太祖馳使報劉勔，急開大小桁，撥淮中船舫，悉渡北岸。

休範乘肩輿率衆至壘南，上遣寧朔將軍黄回、馬軍主周盤龍將步騎出壘對陣。休範分兵攻壘東，短兵接戰，自巳至午，衆皆失色。太祖曰：「賊雖多而亂，尋破也。」楊運長領三齊射手七百人，引彊命中，故賊不得逼城。未時，張敬兒斬休範首。太祖遣隊主陳靈寶送首還臺，靈寶路中遇賊軍，埋首道側。臺軍不見休範首，愈疑懼。賊衆亦不知休範已死，別率杜黑蠡急攻壘東，司空主簿蕭惠朗數百人突入東門，叫噪至堂下，城上守門兵披退。太祖挺身上馬，率數百人出戰，賊皆推楯而前，相去數丈，分兵横射，太祖引滿將發，左右將戴仲緒舉楯扞之，箭應手飲羽，傷百餘人，賊死戰不能當，乃却。衆軍復得保城，與黑蠡拒戰，自晡達明旦，矢石不息。其夜大雨，鼓叫不復相聞，將士積日不得寢食，軍中馬夜驚，城内亂走，太祖秉燭正坐，厲聲呵止之，如此者數四。

賊帥丁文豪設伏，破臺軍於皁莢橋，直至朱雀桁，劉勔欲開桁，王道隆不從，勔及道隆竝戰没。初，勔高尚其意，託造園宅，名爲「東山」，頗忽世務。太祖謂之曰：「將軍以顧命之重，任兼内外，主上春秋未幾，諸王竝幼沖，上流聲議，遐邇所聞，此是將軍艱難之日，而將軍深尚從容，廢省羽翼，一朝事至，雖悔何追？」勔竟不納。

賊進至杜姥宅，車騎典籤茅恬開東府納賊，冠軍將軍沈懷明於石頭奔散，張永潰於白下，宫内傳新亭亦陷，太后執蒼梧王手泣曰：「天下敗矣！」太祖遣軍主陳顯達、任農夫、張敬兒、周盤龍等，從石頭濟淮，閒道從承明門入衛宫闕。

休範既死，典籤許公與詐稱休範在新亭，士庶惶惑，詣壘投名者千數，太祖隨得輒燒之，乃列兵登城北，謂曰：「劉休範父子先昨皆已即戮，屍在南岡下，身是蕭平南，諸君善見觀！君等名皆已焚除，勿有懼也。」臺分遣衆軍擊杜姥宅、宣陽門諸賊，皆破平之。太祖振旋凱入，百姓緣道聚觀，曰：「全國家者此公也。」

太祖與袁粲、褚淵、劉秉引咎解職，不許。遷散騎常侍、中領軍、都督南兖、徐、兖、青、冀五州軍事、鎮軍將軍、南兖州刺史，持節如故。進爵爲公，增邑二千户。太祖欲分其功，請益粲等户，更日入直決事，號爲「四貴」。秦時有太后、穰侯、涇陽、高陵君，稱爲「四貴」，至是乃復有焉。四年，加太祖尚書左僕射，本官如故。

休範平後，蒼梧王漸行凶暴，南徐州刺史、建平王景素少有令譽，朝野歸心。景素亦潛爲自全之計，布款誠於太祖，太祖拒而不納。七月，羽林監袁祇奔景素，便舉兵，太祖出屯玄武湖，遣衆軍北討，事平乃還。

太祖威名既重，蒼梧王深相猜忌，幾加大禍。陳太妃罵之曰：「蕭道成有功於國，今若害之，後誰復爲汝著力者？」乃止。

太祖密謀廢立。五年七月戊子，帝微行出北湖，常單馬先走，羽儀禁衛隨後

追之，於堤塘相蹈藉，左右張互兒馬墜湖，帝怒，取馬置光明亭前，自馳騎刺殺之，因共屠割，與左右作羌胡伎爲樂。又於蠻岡賭跳。際夕，乃還仁壽殿東阿氈屋中寢。語左右楊玉夫：「伺織女度，報我。」時殺害無常，人懷危懼。玉夫與其黨陳奉伯等二十五人同謀，於氈屋中取千牛刀殺蒼梧王，稱敕，使廂下奏伎，因將首出與王敬則，敬則送太祖。太祖夜從承明門乘常所騎赤馬入，殿内驚怖，既知蒼梧王死，咸稱萬歲。及太祖踐阼，號此馬爲「龍驤將軍」，世謂爲「龍驤赤」。

明日，太祖戎服出殿庭槐樹下，召四貴集議。太祖謂劉秉曰：「丹陽國家重戚，今日之事，屬有所歸。」秉讓不當。太祖次讓袁粲，粲又不受。太祖乃下議，備法駕詣東城，迎立順帝。於是長刀遮粲、秉等，各失色而去。甲午，太祖移鎮東府，與袁粲、褚淵、劉秉各甲仗五十人入殿。丙申，進位侍中、司空、録尚書事、驃騎大將軍，持節、都督、刺史如故，封竟陵郡公，邑五千户，給油幢絡車，班劒三十人。太祖固辭上台，即驃騎大將軍、開府儀同三司。庚戌，進督南徐州刺史。封楊玉夫等二十五人爵邑各有差。十月戊辰，又進督豫、司二州。

初，荆州刺史沈攸之與太祖於景和世同直殿省，申以歡好，以長女義興公主妻攸之第三子元和。攸之爲郢州，值明帝晚運，陰有異圖。自郢州遷爲荆州，聚斂兵力，將吏逃亡，輒討質隣伍。養馬至二千餘匹，皆分賦戍邏將士，使耕田而食，廪財悉充倉儲。荆州作部歲送數千人仗，攸之割留，簿上供討四山蠻。裝治戰艦數百千艘，沈之靈溪裏，錢帛器械巨積，朝廷畏之。高道慶家在華容，假還過江陵，道慶素便馬，攸之與宴飲，於聽事前合馬槊，道慶槊中破攸之馬鞍，攸之怒，索刃槊，道慶馳馬而出。還都，説攸之反狀，請三千人襲之，朝議慮其事難濟，太祖又保持不許。太祖既廢立，遣攸之子司徒左長史元琰賫蒼梧王諸虐害器物示之，攸之未得即起兵，乃上表稱慶，并與太祖書推功。

攸之有素書十數行，常韜在裲襠角，云是明帝與己約誓。十二月，遂舉兵。乙卯，太祖入居朝堂，命諸將西討，平西將軍黄回爲都督前驅。

司徒袁粲、尚書令劉秉見太祖威權稍盛，慮不自安，與蕴及黄回等相結舉事，殿内宿衛主帥，無不協同。攸之反問初至，太祖往石頭與粲謀議，粲稱疾不相見。剋壬申夜起兵據石頭，劉秉恇怯，晡時，從丹陽郡載婦女入石頭，朝廷不知也。其夜，丹陽丞王遜告變，秉從弟領軍韞及直閤將軍卜伯興等嚴兵爲内應。太祖命王敬則於宫内誅之。遣諸將攻石頭，王蕴將數百精手帶甲赴粲，城門已閉，官軍又至，乃散。衆軍攻石頭，斬粲，劉秉走雒檐湖，蕴逃鬪場，並禽斬之。粲典簽莫嗣祖知粲謀，太祖召問嗣祖：「袁謀反，何不啓聞？」嗣祖曰：「事主義無二心，雖死不敢泄也。」蕴嬖人張承伯藏匿蕴，太祖竝赦而用之。黄回頓新亭，聞石頭鼓噪，率兵來赴之，朱雀航有戍軍，受節度，不聽夜過，會石頭已平，因稱救援。太祖知而不言，撫之愈厚，遣回西上，流涕告别。

太祖屯閲武堂，馳結軍旅。閏月辛丑，詔假黄鉞，率大衆出屯新亭中興堂，治嚴築壘。

二年正月，沈攸之攻郢城不剋，衆潰，自經死，傳首京邑。丙子，太祖旋鎮東府。二月癸未，進太祖太尉，增封三千户，都督南徐、南兗、徐、兗、青、冀、司、豫、荆、雍、湘、郢、梁、益、廣、越十六州諸軍事。太祖解驃騎，辭都督，不許，乃表送黄鉞。三月己酉，增班劒爲四十人，甲仗百人入殿。丙子，加羽葆鼓吹，餘竝如故。

辛卯，太祖誅鎮北將軍黄回。

大明、泰始以來，相承奢侈，百姓成俗。太祖輔政，罷御府，省二尚方諸飾玩。至是，又上表禁民間華僞雜物：不得以金銀爲箔，馬乘具不得金銀度，不得織成繡裙，道路不得著錦履，不得用紅色爲幡蓋衣服，不得翦綵帛爲雜花，不得以綾作雜服飾，不得作鹿行錦及局脚檉柏床、牙箱籠雜物、綵帛作屏鄣、錦緣薦席，不得私作器仗，不得以七寶飾樂器，又諸雜漆物不得以金銀爲花獸，不得輒鑄金銅爲像。皆須墨敕，凡十七條。其中宫及諸王服用，雖依舊例，亦請詳衷。

九月丙午，進位假黄鉞、都督中外諸軍事、太傅、領揚州牧，劒履上殿，入朝不趨，贊拜不名。置左右長史、司馬、從事中郎、掾、屬各四人，使持節、太尉、驃騎大將軍、録尚書、南徐州刺史如故。固辭，詔遣敦勸，乃受黄鉞，辭殊禮。甲寅，給三望車。

三年正月乙巳，太祖表蠲百姓逋負。丙辰，加前部羽葆鼓吹。丁巳，命太傅府依舊辟召。丁卯，給太祖甲仗五百人，出入殿省。甲午，重申前命，劒履上殿，入朝不趨，贊拜不名。三月甲辰，詔進位相國，總百揆，封十郡爲齊公，備九錫之禮，加璽紱遠遊冠，位在諸侯王上，加相國緑綟綬，其驃騎大將軍、揚州牧、南徐州刺史如故。太祖三讓，公卿敦勸固請，乃受。

丁巳，下令赦國内殊死以下，今月十五日昧爽以前，一皆原赦，鰥寡孤獨不能自存者，賜穀五斛，府州所領，亦同蕩然。

宋帝詔齊公十郡之外，隨宜除用。以齊國初建，給錢五百萬，布五千匹，絹

五千匹。四月癸酉，詔進齊公爵爲王，以豫州之南梁、陳郡、潁川、陳留，南兖州之盱眙、山陽、秦郡、廣陵、海陵、南沛十郡增封。使持節、司空、衛將軍褚淵奉策授璽紱，金虎符第一至第五左，竹使符第一至第十左，錫兹玄土，苴白茅，改立王社，相國、揚州牧、驃騎大將軍、南徐州刺史如故。丙戌，命齊王冕十有二旒，建天子旌旗，出警入蹕，乘金根車，駕六馬，備五時副車，置旄頭雲罕，樂儛八佾，設鍾虡宫縣。王世子爲太子，王女、王孫爵命一如舊儀。

辛卯，宋帝禪位，是日宋帝遜于東邸，備羽儀，乘畫輪車，出東掖門，問今日何不奏鼓吹，左右莫有答者。

太祖三辭，宋帝王公以下固請。兼太史令、將作匠陳文建奏符命，二朝百辟又固請。尚書右僕射王儉奏：「被宋詔遜位。臣等參議，宜剋日輿駕受禪，撰立儀注。」太祖乃許焉。

《南齊書》卷二《高帝紀下》　建元元年夏四月甲午，上即皇帝位於南郊，設壇柴燎告天。

以司空褚淵爲司徒，吴郡太守柳世隆爲南豫州刺史。以齊國左衛將軍陳顯達爲中護軍，中領軍王敬則爲南兖州刺史，左衛將軍李安民爲中領軍。戊戌，以荆州刺史嶷爲尚書令、驃騎大將軍、開府儀同三司、揚州刺史，冠軍將軍映爲荆州刺史，西中郎將晃爲南徐州刺史，冠軍將軍垣崇祖爲豫州刺史，驃騎司馬崔文仲爲徐州刺史。

斷四方上慶禮。庚子，詔「宋帝后蕃王諸陵，宜有守衛」。有司奏帝陵各置長一人，兵有差，王陵五人，妃嬪三人。

五月丙午，進河南王吐谷渾拾寅號驃騎大將軍。壬子，詔封佐命文武功臣新除司徒褚淵等三十一人，進爵、增户各有差。乙卯，河南王吐谷渾拾寅奉表貢獻。丙辰，詔遣大使分行四方，遣兼散騎常侍十二人巡行。以交寧道遠，不遣使。己未，汝陰王薨，追謚爲宋順帝，終禮依魏元、晉恭帝故事。辛酉，陰安公劉燮等伏誅。追封謚上兄道度爲衡陽元王，道生爲始安貞王。丙寅，追尊皇考曰宣皇帝，皇妣爲孝皇后，妃爲昭皇后。

六月辛未，詔：「相國、驃騎、中軍三府職，可依資勞度二官，若職限已盈，所餘可賜滿」。壬申，以游擊將軍周山圖爲兖州刺史。乙亥，詔曰：「宋末頻年戎寇，兼災疾凋損，或枯骸不收，毁櫬莫掩，宜速宣下埋藏營卹。若標題猶存，姓字可識，可即運載，致還本鄉。」有司奏遣外監典事四人，周行離門外三十五里爲限。其餘班下州郡。無棺器標題者，屬所以臺錢供市。庚辰，七廟主備法駕即于太廟。詔：「諸將及客，戮力艱難，盡勤直衛，其從還宫者，普賜位一階。」辛巳，罷荆州刺史。甲申，立皇太子賾。斷諸州郡禮慶。見刑入重者，降一等，并申前赦恩百日。立皇子嶷爲豫章王，映爲臨川王，晃爲長沙王，曅爲武陵王，暠爲安成王，鏘爲鄱陽王，鑠爲桂陽土，鑑爲廣陵王，皇孫長懋爲南郡王。乙酉，葬宋順帝于遂寧陵。

秋七月丁未，詔曰：「交阯比景，獨隔書朔，斯乃前運方季，負海不朝，因迷遂往，歸款莫由。曲赦交州部内李叔獻一人即撫南土，文武詳才選用。并遣大使宣揚朝恩。」以試守武平太守、行交州府事李叔獻爲交州刺史。丙辰，以虜僞茄蘆鎮主、陰平公楊廣香爲沙州刺史。丁巳，詔：「南蘭陵桑梓本鄉，長蠲租布；武進王業所基，復十年。」

九月辛丑，詔：「二吴、義興三郡遭水，減今年田租。」乙巳，以新除尚書令、驃騎將軍、豫章王嶷爲荆、湘二州刺史，平西將軍、臨川王映爲揚州刺史。丙午，司空褚淵領尚書令。戊申，車駕幸宣武堂宴會，詔諸王公以下賦詩。

冬十月丙子，立彭城劉胤爲汝陰王，奉宋帝後。己卯，車駕殷祠太廟。辛巳，詔曰：「汝陰太妃王氏薨，追贈爲宋恭皇后。」

十一月庚子，以太子左衛率蕭景先爲司州刺史。辛亥，立皇太子妃裴氏。甲申，封功臣驃騎長史江謐等十人爵户各有差。

二年春正月戊戌朔，大赦天下。以司空、尚書令褚淵爲司徒，中軍將軍張敬兒爲車騎將軍，中領軍李安民爲領軍將軍，中護軍陳顯達爲護軍將軍。辛丑，車駕親祠南郊。癸卯，詔索虜寇淮、泗，遣衆軍北伐，内外纂嚴。

二月丁卯，虜寇壽陽，豫州刺史垣崇祖破走之。置巴州。壬申，以三巴校尉明慧昭爲巴州刺史。戊子，以寧蠻校尉蕭赤斧爲雍州刺史，南蠻長史崔惠景爲梁、南秦二州刺史。辛卯，詔西境獻捷，解嚴。癸巳，遣大使巡慰淮、肥、徐、豫邊民尤貧遘難者，刺史二千石量加賑卹。甲午，詔：「江西北民避難流徙者，制遣還本，蠲今年租税。單貧及孤老不能自存者，即聽番籍，郡縣押領。」

三月丁酉，以侍中、西昌侯鸞爲郢州刺史。戊戌，以護軍將軍陳顯達爲南兖州刺史，吴郡太守張岱爲中護軍。己亥，車駕幸樂遊苑宴會，王公以下賦詩。辛丑，以征虜將軍崔祖思爲青、冀二州刺史。

夏四月丙寅，進高麗王、樂浪公高璉號驃騎大將軍。

五月，立六門都墻。

六月癸未，詔：「昔歲水旱，曲赦丹陽、二吴、義興四郡遭水尤劇之縣，元年以前，三調未充，虚列已畢，官長局吏應共償備外，詳所除宥。」

秋七月甲寅，以輔國將軍盧紹之爲青、冀二州刺史。

閏月辛巳，遣領軍將軍李安民行淮、泗。庚寅，索虜攻朐山，青、冀二州刺史盧紹之等破走之。

冬十一月戊子，以氐楊後起爲秦州刺史。

十二月戊戌，以司空褚淵爲司徒。乙巳，車駕幸中堂聽訟。壬子，以驃騎大將軍、豫章王嶷爲司空、揚州刺史，前將軍、臨川王映爲荆州刺史。

三年春正月壬戌朔，詔王公卿士薦讜言。丙子，以平北將軍陳顯達爲益州刺史，貞陽公柳世隆爲南兖州刺史，皇子鋒爲江夏王。領軍將軍李安民等破虜於淮陽。

夏四月，以寧朔將軍沈景德爲廣州刺史。

六月壬子，大赦。逋租宿債，除減有差。

秋七月，以冠軍將軍垣榮祖爲徐州刺史。

冬十月戊子，以河南王世子吐谷渾度易侯爲西秦、河二州刺史、河南王。

四年春正月壬戌，詔曰：「夫膠庠之典，彝倫攸先，所以招振才端，啓發性緒，弘字黎氓，納之軌義，是故五禮之迹可傳，六樂之容不泯。朕自膺曆受圖，志闡經訓，且有司羣僚，奏議咸集。蓋以戎車時警，文教未宣，思樂泮宫，永言多慨。今關燧無虞，時和歲稔，遠邇同風，華夷慕義。便可式遵前准，脩建敩學，精選儒官，廣延國胄。」以江州刺史王延之爲右光禄大夫。癸亥，詔建元以來戰亡，賞蠲租布二十年，雜役十年。以後將軍、長沙王晃爲護軍將軍，中軍將軍、南郡王長懋爲南徐州刺史，冠軍將軍、安成王暠爲江州刺史。

二月乙未，以冠軍將軍桓康爲青、冀二州刺史。上不豫，庚戌，詔原京師囚繫有差，元年以前逋責皆原除。

三月庚申，召司徒褚淵、左僕射王儉詔曰：「吾本布衣素族，念不到此，因藉時來，遂隆大業。風道沾被，升平可期。遘疾彌留，至于大漸。公等奉太子如事吾，柔遠能邇，緝和内外，當令太子敦穆親戚，委任賢才，崇尚節儉，弘宣簡惠，則天下之理盡矣。死生有命，夫復何言！」壬戌，上崩于臨光殿，年五十六。

四月庚寅，上謚曰太祖高皇帝。奉梓宫於東府前渚升龍舟。丙午，窆武進泰安陵。

上少沈深有大量，寬嚴清儉，喜怒無色。博涉經史，善屬文，工草、隸書，弈棊第二品。雖經綸夷險，不廢素業。從諫察謀，以威重得衆。即位後，身不御精細之物，敕中書舍人桓景真曰：「主衣中似有玉介導，此制始自大明末，後泰始尤增其麗。留此置主衣，政是興長疾源，可即時打碎。凡復有可異物，皆宜隨例也。」後宫器物、欄檻以銅爲飾者，皆改用鐵，内殿施黄紗帳，宫人著紫皮履，華蓋除金花爪，用鐵廻釘。每曰：「使我治天下十年，當使黄金與土同價。」欲以身率天下，移變風俗。

上姓名、骨體及期運、曆數，竝遠應圖讖數十百條，歷代所未有，臣下撰録，上抑而不宣，盛矣。

雜録

備録

李昉《太平御覽》卷九一六引《宋書》 齊高帝鎮淮陰，爲宋明帝所疑，被徵爲黄門郎，深懷憂慮。見平澤有羣鶴，仍命筆咏之曰：「八風舞遥翮，九野弄清音。一摧雲間志，爲君苑中禽。」

李昉《太平廣記》卷二〇七《王僧虔》 齊高帝嘗與王僧虔賭書畢，帝曰：「誰爲第一？」僧虔對曰：「臣書人臣中第一，陛下書帝中第一。」帝笑曰：「卿可謂善自謀矣。」

備論

《南齊書》卷二《高帝紀下》 孫卿有言：「聖人之有天下，受之也，非取之也。」漢高神武駿聖，觀秦氏東遊，蓋是雅多大言，非始自知天命；光武聞少公之論讖，亦特一時之笑語；魏武初起義兵，所期「征西」之墓；晋宣不内迫曹爽，豈

有定霸浮橋；宋氏屈起匹夫，兵由義立：咸皆一世推雄，卒開鼎祚。宋氏正位八君，卜年五紀，四絶長嫡，三稱中興，内難邊虞，兵革世動。太祖基命之初，武功潛用，泰始開運，大拯時艱，龍德在田，見猜雲雨之迹。及蒼梧暴虐，釁結朝野，百姓懍懍，命懸朝夕。權道既行，兼濟天下。元功振主，利器難以假人；羣才勠力，實懷尺寸之望。豈其天厭水行，固已人希木德。歸功與能，事極乎此。雖至公於四海，而運實時來，無心於黄屋，而道隨物變。應而不爲，此皇齊所以集大命也。

贊曰：於皇太祖，有命自天。同度宇宙，合量山淵。宋德不紹，神器虚傳。寧亂以武，黜暴資賢。庸發西疆，功興北翰。偏師獨克，孤旅霆斷。援旆東夏，職司静亂。指斧徐方，時惟伐叛。抗威京輦，坐清江漢。文藝在躬，芳塵淵塞。用下以才，鎮民以德。端己雄晬，君臨尊默。苞括四海，大造家國。

《唐文拾遺》卷一三虞世南《論略》 齊高，創業之主，知稼穡之艱難，且立身儉素，深知道理。踐位以來，務存簡約。

許嵩《建康實録》卷一五《太祖高皇帝》 齊高帝基命之初，武功潛用，泰始開運，大拯時艱。及蒼梧暴虐，釁結朝野，而百姓懍懍，命懸朝夕。權道既行，兼濟天下。元功振主，利器難以假人；羣方戮力，實懷尺寸之望。豈惟天厭水行，固已人希木德，歸功與能，事極乎此。武帝雲雷伊始，功參佐命，雖爲繼體，事實艱難。御衰垂旒，深存政典，文武受任，不革舊章，明罰厚恩，皆由己出。外表無塵，内朝多豫，機事平理，職貢有常，府藏内充，鮮人勞役。宫室苑囿，未足以傷財，安樂延年，衆庶所同，幸亦有齊之良主也。

司馬光《稽古録》卷一四 高帝以功名之盛，不容於昏暴之朝，逆取而順守之。亦一時之良主也。

胡寅《讀史管見》卷一一 道成之爲是紛紛者，欲取國而不知所以取也。要之，道成不得在奸雄之列，特宋末諸人無出其右者，故僞定一時耳。【略】乃狃習弊風，規爲禪讓，復立順帝，以召兵端，豈非才氣狹促，規摹不宏，無經濟大略而然歟？

李燾《六朝通鑑博議》卷八 高祖以豪傑之資，擁江淮之阻，君臣固守，而拒北人。當開國之始，命良將守壽春，因時制變，堰水灌敵，齊無亡矢遺鏃之費，而北人之兵破敗困折，不敢復進。當此之時，上下一心，有意乎固守，以待天命矣。既而無故交兵，遂妄開邊隙，是猶有攻敵之志也。以創業之君，不爲一定之計，以遺子孫，宜乎後世之不振。

藝文

江淹《江文通集》卷一〇《齊太祖高皇帝誄》 日月鬱華，風雲黯色。傷動紫微，悲帀璇極。嗚呼哀哉！粤夏四月辛卯，將遷座於泰安陵。龍鑾既整，羽衛以陳。深酸舊物，掩咽故臣。嗣皇帝永訣丹掖，叫然青墀。攀神光之一絶，動遠邇之何期？弓劍有慕，纂德寫辭。

僉曰：若稽古聖，璿圖靈鏡。樞星發祥，電光啓命。誕惟弱齡，惠志聰情。如金如璧，爰秀爰英。於鑠冠歲，騰華流藝。允文允武，克明克睿。聿尚登學，嚴道尊師。宣散五禮，優游六詩。上炫舊滯，旁鏡前疑。才罄豔采，筆盡麗辭。在友斯悌，於親伊孝。險泰共色，夷阻一貌。遊情思矩，縱心蹈教。鄉術式慕，州閭是効。業優登仕，先哲攸懋。矧乃寥廓，淵規邃構。官府天地，舟輿宇宙。龍静鳳戢，斂奇掩秀。

昔在帝劉，王室放命。校焉僞誕，晦朔陵正。鋒車北軼，爟火南盛。太祖時乘，爰兹發迹。塞井滅動，夷竈龕敵。賞鏤王圖，功蕤帝册。乃厲中葉，天未斂難。兵百袁曹，禍十楚漢。吴地前崩，越壤首亂。街號燿盛，火列金斷。聚甲如陵，獻俘爲觀。北楚倔强，曾未屈膝。雲屯被野，魚麗亘日。廟勇既消，國圖方匿。神册天開，雄畧世出。兕劍鱗沈，醜戈羽逸。隻騎不返，踦輪無匹。厥庸戾止，雜珮委他。榮鬱閶闔，寵重山河。皇彝有文，朝采方蔼。頻煩金紐，左右緹蓋。毗戎肅禁，參輦侍旆。譬馥區中，道薆氓外。河濟國險，淮泗邦塵。要藩重設，匪賢則親。亦既推轂，擁土庇民。聲稜絶俗，威瞻殊隣。

宋主陵遐，紫殿遏密。話言之詔，貽在英粹。寅亮大寶，敷綸妙秘。世識機鑒，物宗淵懿。無覓匪練，靡奥不洎。三階既馴，五精惟至。彭蠡九江，地盡襟製。亦有劉範，衣纓是絶。躍馬山岫，泛舟河澨。縞鏑星流，紅旗電結。鴆翼競扇，豺牙争礪。禍纏紫禁，兵交丹衛。瑶祀若旍，金扆如綴。朝野傾儀，咸歸上德。實賴至公，瀉家提國。懷險實泰，襄危必克。機筵朝旦，功定曛黑。妙物更配，具章重則。深居撝外，遥棲綿默。

高秩方臻，元禮有序。王曰念哉！煇寵是與。職褒宫閣，任卷文武。飾華

麗貂，榮金疊組。宏猷溢俗，曾芬冠古。憬彼朱方，亦惟宗秩。陰圖食昴，潛謀貫日。征輪未誓，偏旗銜律。原燎既寂，世囂伊謐。爰崇爰貴，以望以實。雁縣告静，象郡無虞。杳鬱遠域，清麗瓊都。國填氓負，朝委事虛。實翳哲相，嶽曜神居。功美既損，道富去益。再紐契訓，重匡禹迹。方同范張，濯纓汾射。散簪山郊，解珮松石。頳霞拂朝，蒼煙懵夕。韻屬玄經，恩流金液。

靈厭霸德，少帝告釁。滅慈滅養，抵仁抵信。枉獄炎鑪，滛刑霜刃。封忠翦義，樊稚劉槻。惵惵萬氓，曰怨曰震。妖蜺將崩，災裂昊蒼。況乃鼎國，資滌資匡。臨朝闡命，遏昏立綱。事綿毗漢，義締翼商。既綏地職，亦懋天工。權輿典緯，俾作司空。黼黻琱戈，祐宇升庸。徒賜先衮，爰永渥沖。實曰驃騎，卷迹辭功。寰宇睦政，畿甸綸風。

沈氏滔天，勃逆舊楚。氣蹂黄池，志轢柏舉。裂禮紊度，毀經棄序。黑騎黟山，朱旗赭渚。短兵相接，長鎩爲羣。顥如海岸，矗似蒸雲。合乃霧激，離則霰分。荆國既軼，郢縣方焚。袁劉二戾，猋翕煒發。聯謀制外，儲兵襲内。釁激瓊殿，勢崩金闕。志乘玄璽，圖矯秘鉞。鴻妖逝星，高祲棄月。惟時諸侯，上脱下競。圖服淆蕩，實綴仁聖。煇燿國靈，導揚主命。曾規近晰，深謨遠鏡。左輪朱赭，表裏斯定。七德飾歌，九功綷誠。

乃陟上鉉，寵文方輝。誕錫有秩，綵吹旌旗。贊政瑶光，翊教太微。實曰太傅，爰登相國。緝氓以禮，綜祇以德。景福咸湊，芳猷允塞。羽泳式造，紘縣是則。金湯無險，軌書攸同。迴迴寵跡，窈窈睿功。寶珪黛壤，俾王於東。絢册是敷，懋物既崇。設業設簴，丹懸碧鏞。於穆顯相，黎元時邕。冰州炎徼，來獻其琛。雁海龍關，亦柔好音。梁黿棧鼉，越險浮深。遠戎皆覲，上靈必臨。山吐石青，野降蜜露。瑞芝麗草，珍柯爛樹。人崩俗締，玄緯幽數。睠此妙德，跂我王度。

箎滯炎旻，既變至公。萎蕤嫣華，太祖受終。大宋有順，高撝萬邦。容豫慶雲，遊衍南風。正服寶位，圓光玉繩。御繡懷古，負黼夙興。丘礙必静，淵漪咸澄。勛扆有作，黔牖其義。矜卑廣慈，合賤兼愛。綴機剟賊，輕章削罰。跡去繁奓，情歸素一。軒靡龍刻，楹無丹密。越賤申椒，楚輟靈橘。陵寢起邑，池藻誰縣？遥館罕御，離房空薦。惇教路宫，淹神正殿。斟酌信義，左右律禮。瑩彼皇維，燁兹國體。胄業既樹，璧流方啓。漢求金岫，吳寶銅塹。寧若睿德，讓駟却劍。實才爲貴，唯功是念。火職咸允，雲官亦熙。既臯乃益，匪稷伊夔。無觖巡風，寧誒辨詩。玉燭調文，玄英最節。乘山呈瑞，航海歸闕。不曠景册，靡空歲月。受緯機衡，兼甄書史。孫韓各辯，莊墨異理。昭政往藹，洗鑠前軌。逍遥星斗，徙倚涼雲。春飈方舞，秋鴻初分。式謡式詠，載績載文。

邈哉我后，淪泳賢聖！罄品作號，盡物歸政。蒼黎汰歡，玄靈刷慶。永戩嘉祉，方寅景命。締詳有文，颷沛將掩。理昧人詖，道懸世險。夐略遺圖，忌華徇儉。文闈陳几，翌明告漸。蜺鷸闘食，日月朏精。矧在乘輿，宇拆宙傾。祲纏鸞掖，悲赴紫扃。去璇臺之照，襲珠殯之冥。嗚呼哀哉！

帷宫低景，輦路巘光。惻柏門之黯黯，泣松帳之茫茫。上宫擗而詔御咽，羣后慕而侍衛傷。攢靈既儼，遠日以筮。鬱邑既奠，龍斝已撤。素月夜横，翠煙曉結。摐虛金而下欷，吟空簫而增絶。嗚呼哀哉！

復林油雲，重山減日。御房清凄，神路冥謐。昭徒肅轟，幽祇竦畢。攀光灑動，臨泉澍泗。璪座長嚴，雕宫永閟。寂帳寂兮寂已遠，夜釭夜兮夜何邃？嗚呼哀哉！

於是颯天駕而從綺輿，蹝神行而撫文輦。傍建春而南蹕，徑宣陽而東践。尚蓝菖而未散，乍眇默而不轉。睇千乘之共啜，盼萬騎之相泫。嗟魏后之戀譙，惻漢主之懷沛。辭金陵之葩義，降雲陽之杳藹。風奇響而駐軒，煙異色而低旆。怨街邑之綵驂，弔原野之縞蓋。挽夫愴而征馬凝，痛縈盈其如帶。嗚呼哀哉！

歐陽詢《藝文類聚》卷一四《帝王部四・齊高帝》引王儉《高帝哀策文》

降階執禮，泣血纏心。感客臺之罷御，哀恭館之不臨。仰神儀而邈絶，視區物而悽陰。俾兹良史，敬修舊則。敢圖鴻規，式揚至德。其辭曰：靈源遥衷，肇惟商丘。聖功寧夏，賢識歸周。我皇踵武，超冠前猷。英風允迪，德音孔修。月准敷仁，日精表孝。則地均和，體天合照。外弘三至，内隆七教。水祚將傾，乹維晦象。韋弁長襲，鼓磬屬響。聲化已淪，政刑遂往。國圖靡緝，民規載爽。康世以德，撥亂資武。威以雷霆，潤以風雨。六術允昭，四義克舉。自東徂北，遐方即序。功被河濟，化隆江漢。帝薹仰式，王維佇幹。改步藩屏，來登翼贊。綢繆總章，因循陽館。昔在保衡，君違斯正。爰兹博陸，亦鑒靈命。放昏以忠，登明資敬。義焕金石，功昭舞詠。蠢爾荆漢，悖亂人經。謀連樞禁，兵接神坰。禦姧以德，禦宄以刑。獻捷宗寢，飲至王庭。政教雲行，徽猷天造。山鑑紫琁，苑茂朱草。玉檢騰暉，金繩薦寶。天鏡既穆，地維既肅。遐邇一體，表裏禔福。乃眷斯

民，昧旦杼軸。興文偃武，纘禹舊服。所尚惟簡，所保惟賢。居尊彌約，無善不延。膠庠載緝，風軌克宣。上洞清儀，下達玄泉。聽覽閑日，應物餘景。怡慮以文，棲心以静。鴻章晨暎，徽言夕永。迹庇區服，情深箕潁。萬寓飡和，百神受職。粱甫欣儀，云亭望式。輔德伊何，奄捐民極。嵩岳長傾，宸暉斯昃。機照惟寂，達鑒靡傷。慎終敬始，知微知章。立言垂範，玉潤金相。瞻仰遺式，哀結流霜。旋玉軑之曒鏡，動雲旗之逶迤。振哀笳於八極，響清蹕於咸池。顧㢠掖而稍遠，視機衡而長離。風遲遲而懷暮，日惛惛其若垂。感衣冠於喬岳，追弓劍之在斯。悼丁年之薄祐，訴窮心於兩儀。

《王十朋全集》卷一〇《齊太祖》 天厭金刀水德終，一時人望屬蕭公。能論魏武周文事，獨有區區謝侍中。

蕭衍部

綜述

《梁書》卷一《武帝紀上》　高祖武皇帝諱衍，字叔達，小字練兒，南蘭陵中都里人，漢相國何之後也。何生酇定侯延，延生侍中彪，彪生公府掾章，章生皓，皓生仰，仰生太子太傅望之，望之生光禄大夫育，育生御史中丞紹，紹生光禄勳閎，閎生濟陰太守闡，闡生吳郡太守冰，冰生中山相苞，苞生博士周，周生蛇丘長矯，矯生州從事逵，逵生孝廉休，休生廣陵郡丞豹，豹生太中大夫裔，裔生淮陰令整，整生濟陰太守鎋，鎋生州治中副子，副子生南臺治書道賜。道賜生皇考諱順之，齊高帝族弟也。參預佐命，封臨湘縣侯。歷官侍中，衛尉，太子詹事，領軍將軍，丹陽尹，贈鎮北將軍。

高祖以宋孝武大明八年甲辰歲，生于秣陵縣同夏里三橋宅。生而有奇異，兩胯駢骨，頂上隆起，有文在右手曰「武」。帝及長，博學多通，好籌略，有文武才幹，時流名輩咸推許焉。所居室常若雲氣，人或過者，體輒肅然。

起家巴陵王南中郎法曹行參軍，遷衛將軍王儉東閤祭酒。儉一見深相器異，謂廬江何憲曰：「此蕭郎三十内當作侍中，出此則貴不可言。」竟陵王子良開西邸，招文學，高祖與沈約、謝朓、王融、蕭琛、范雲、任昉、陸倕等並遊焉，號曰八友。融俊爽，識鑒過人，尤敬異高祖。每謂所親曰：「宰制天下，必在此人。」累遷隨王鎮西諮議參軍，尋以皇考艱去職。隆昌初，明帝輔政，起高祖爲寧朔將軍，鎮壽春。服闋，除太子庶子，給事黄門侍郎，入直殿省。預蕭諶等定策勳，封建陽縣男，邑三百户。

建武二年，魏遣將劉昶、王肅帥衆寇司州，以高祖爲冠軍將軍、軍主，隸江州刺史王廣爲援。距義陽百餘里，衆以魏軍盛，趑趄莫敢前。高祖請爲先啓，廣即分麾下精兵配高祖。爾夜便進，去魏軍數里，逕上賢首山。魏軍不測多少，未敢逼。黎明，城内見援至，因出軍攻魏栅，高祖帥所領自外進戰。魏軍表裏受敵，乃棄重圍退走。軍罷，以高祖爲右軍晉安王司馬、淮陵太守。還爲太子中庶子，領羽林監。頃之，出鎮石頭。

四年，魏帝自率大衆寇雍州，明帝令高祖赴援。十月，至襄陽，詔又遣左民尚書崔慧景總督諸軍，高祖及雍州刺史曹虎等並受節度。明年三月，慧景與高祖進行鄧城，魏主帥十萬餘騎奄至。慧景失色，欲引退，高祖固止之，不從，乃狼狽自拔。魏騎乘之，於是大敗。高祖獨帥衆距戰，殺數十百人，魏騎稍却，因得結陣斷後，至夕得下船。慧景軍死傷略盡，惟高祖全師而歸。俄以高祖行雍州府事。

七月，仍授持節、都督雍、梁、南秦、北秦四州、郢州之竟陵、司州之隨郡諸軍事，輔國將軍、雍州刺史。其月，明帝崩，東昏即位，揚州刺史、始安王遥光、尚書令徐孝嗣、尚書右僕射江祏、右將軍蕭坦之、侍中江祀、衛尉劉暄更直内省，分日帖敕。高祖聞之，謂從舅張弘策曰：「政出多門，亂其階矣。《詩》云：『一國三公，吾誰適從？』況今有六，而可得乎？嫌隙若成，方相誅滅，當今避禍，惟有此地。勤行仁義，可坐作西伯。但諸弟在都，恐罹世患，須與益州圖之耳。」

時高祖長兄懿罷益州還，仍行郢州事，乃使弘策詣郢，陳計於懿曰：「昔晉惠庸主，諸王争權，遂内難九興，外寇三作。今六貴争權，人握王憲，制主畫敕，各欲專威，睚眦成憾，理相屠滅。且嗣主在東宮本無令譽，媟近左右，蜂目忍人，一總萬機，恣其所欲，豈肯虚坐主諾，委政朝臣。積相嫌貳，必大誅戮。始安欲爲趙倫，形迹已見，蹇人上天，信無此理。且性甚猜狹，徒取亂機。所可當軸，惟有江、劉而已。祏怯而無斷，暄弱而不才，折鼎覆餗，翹足可待。蕭坦之胸懷猜忌，動言相傷；徐孝嗣才非柱石，聽人穿鼻。若隙開釁起，必中外土崩。今得守外藩，幸圖身計，智者見機，不俟終日。及今猜防未生，宜召諸弟以時聚集。後相防疑，拔足無路。郢州控帶荆、湘，西注漢、沔；雍州士馬，呼吸數萬，虎眎其間，以觀天下。世治則竭誠本朝，時亂則爲國剪暴，可得與時進退，此蓋萬全之策。如不早圖，悔無及也。」懿聞之變色，心弗之許。弘策還，高祖乃啓迎弟偉及憺，是歲至襄陽。於是潛造器械，多伐竹木，沉於檀溪，密爲舟裝之備。時所住齋常有五色回轉，狀若蟠龍，其上紫氣騰起，形如繖蓋，望者莫不異焉。

永元二年冬，懿被害信至，高祖密召長史王茂、中兵吕僧珍、別駕柳慶遠、功曹史吉士瞻等謀之。既定，以十一月乙巳，召僚佐集於廳事，謂曰：「昔武王會孟津，皆曰『紂可伐』。今昏主惡稔，窮虐極暴，誅戮朝賢，罕有遺育，生民塗炭，天命殛之。卿等同心疾惡，共興義舉，公侯將相，良在茲日，各盡勳効，我不食

言。」是日建牙。於是收集得甲士萬餘人，馬千餘匹，船三千艘，出檀溪竹木裝艦。

先是，東昏以劉山陽爲巴西太守，配精兵三千，使過荆州就行事蕭穎胄以襲襄陽。高祖知其謀，乃遣參軍王天虎、龐慶國詣江陵，遍與州府書。及山陽西上，高祖謂諸將曰：「荆州本畏襄陽人，加脣亡齒寒，自有傷弦之急，寧不闇同邪？我若總荆、雍之兵，掃定東夏，韓、白重出，不能爲計。況以無算之昏主，役御刀應敕之徒哉？我能使山陽至荆，便即授首，諸君試觀何如。」及山陽至巴陵，高祖復令天虎齎書與穎胄兄弟。去後，高祖謂張弘策曰：「夫用兵之道，攻心爲上，攻城次之，心戰爲上，兵戰次之，今日是也。近遣天虎往州府，人皆有書。今段乘驛甚急，止有兩封與行事兄弟，云『天虎口具』；及問天虎而口無所説，行事不得相聞，不容妄有所道。天虎是行事心膂，彼聞必謂行事與天虎共隱其事，則人人生疑。山陽惑於衆口，判相嫌貳，則行事進退，無以自明，必漏吾謀內。是馳兩空函定一州矣。」山陽至江安，聞之，果疑不上。穎胄大懼，乃斬天虎，送首山陽。山陽信之，將數十人馳入，穎胄伏甲斬之，送首高祖。仍以南康王尊號之議來告，且曰：「時月未利，當須來年二月；遽便進兵，恐非廟算。」高祖答曰：「今坐甲十萬，糧用自竭，況所藉義心，一時驍鋭，事事相接，猶恐疑怠；若頓兵十旬，必生悔吝。童兒立異，便大事不成。今太白出西方，仗義而動，天時人謀，有何不利？處分已定，安可中息？昔武王伐紂，行逆太歲，復須待年月乎？」竟陵太守曹景宗遣杜思沖勸高祖迎南康王都襄陽，待正尊號，然後進軍，高祖不從。王茂又私於張弘策曰：「我奉事節下，義無進退；然今者以南康置人手中，彼便挾天子以令諸侯，而節下前去爲人所使，此豈歲寒之計？」弘策言之，高祖曰：「若使前途大事不捷，故自蘭艾同焚；若功業克建，威讋四海，號令天下，誰敢不從！豈是碌碌受人處分？待至石城，當面曉王茂、曹景宗也。」於沔南立新野郡，以集新附。

三年二月，南康王爲相國，以高祖爲征東將軍，給鼓吹一部。戊申，高祖發襄陽。留弟偉守襄陽城，總州府事，弟憺守壘城，府司馬莊丘黑守樊城，功曹史吉士詢兼長史，白馬戍主黃嗣祖兼司馬，鄀令杜永兼別駕，小府録事郭儼知轉漕。移檄京邑。

高祖至竟陵，命長史王茂與太守曹景宗爲前軍，中兵參軍張法安守竟陵城。茂等至漢口，輕兵濟江，逼郢城。其刺史張沖置陣據石橋浦，義師與戰不利，軍主朱僧起死之。諸將議欲併軍圍郢，分兵以襲西陽、武昌。高祖曰：「漢口不闊一里，箭道交至，房僧寄以重兵固守，爲郢城人掎角。若悉衆前進，賊必絶我軍後，一朝爲阻，則悔無所及。今欲遣王、曹諸軍濟江，與荆州軍相會，以逼賊壘。吾自後圍魯山，以通沔、漢。鄖城、竟陵間粟，方舟而下；江陵、湘中之兵，連旗繼至。糧食既足，士衆稍多，圍守兩城，不攻自拔，天下之事，臥取之耳。」諸將皆曰「善」。乃命王茂、曹景宗帥衆濟岸，進頓九里。其日，張沖出軍迎戰，茂等邀擊，大破之，皆棄甲奔走。荆州遣冠軍將軍鄧元起、軍主王世興、田安等數千人，會大軍於夏首。高祖築漢口城，以守魯山，命水軍主張惠紹、朱思遠等遊遏江中，絶郢、魯二城信使。

三月，乃命元起進據南堂西陼，田安之頓城北，王世興頓曲水故城。

乙巳，南康王即帝位於江陵，改永元三年爲中興元年，遥廢東昏爲涪陵王。以高祖爲尚書左僕射，加征東大將軍、都督征討諸軍事，假黃鉞。是日，元嗣軍主沈難當率輕舸數千，亂流來戰，張惠紹等擊破，盡擒之。

四月，高祖出沔，命王茂、蕭穎達等進軍逼郢城。元嗣戰頗疲，因不敢出。諸將欲攻之，高祖不許。

六月，西臺遣衛尉席闡文勞軍，齎蕭穎胄等議，謂高祖曰：「今頓兵兩岸，不併軍圍郢，定西陽、武昌，取江州，此機已失；莫若請救於魏，與北連和，猶爲上策。」高祖謂闡文曰：「漢口路通荆、雍，控引秦、梁，糧運資儲，聽此氣息，所以兵壓漢口，連絡數州。今若併軍圍城，又分兵前進，魯山必阻沔路，所謂搤喉。若糧運不通，自然離散，何謂持久？鄧元起近欲以三千兵往定尋陽，彼若歡然悟機，一酈生亦足；脱距王師，故非三千能下。進退無據，未見其可。西陽、武昌，取便得耳，得便應鎮守。守兩城不減萬人，糧儲稱是，卒無所出。脱賊軍有上者，萬人攻一城，兩城勢不得相救。若我分軍應援，則首尾俱弱；如其不遣，孤城必陷。一城既没，諸城相次土崩，天下大事於是去矣。若郢州既拔，席卷沿流，西陽、武昌，自然風靡，何遽分兵散衆，自貽其憂！且丈夫舉動，言静天步；況擁數州之兵，以誅羣豎，懸河注火，奚有不滅？豈容北面請救，以自示弱！彼未必能信，徒貽我醜聲。此之下計，何謂上策？卿爲我白鎮軍：前途攻取，但以見付，事在目中，無患不捷，恃鎮軍靖鎮之耳。」

吳子陽等進軍武口，高祖乃命軍主梁天惠、蔡道祐據漁湖城，唐脩期、劉道曼屯白陽壘，夾兩岸而待之。七月，高祖命王茂帥軍主曹仲宗、康絢、武會超等

潛師襲加湖，將逼子陽。水涸不通艦，其夜暴長，衆軍乘流齊進，鼓噪攻之，賊俄而大潰，子陽等竄走，衆盡溺于江。王茂虜其餘而旋。於是郢、魯二城相視奪氣。

先是，東昏遣冠軍將軍陳伯之鎮江州，爲子陽等聲援。高祖乃謂諸將曰：「夫征討未必須實力，所聽威聲耳。今加湖之敗，誰不弭服？陳虎牙即伯之子，狼狽奔歸，彼間人情，理當忷懼，我謂九江傳檄可定也。」因命搜所獲俘囚，得伯之幢主蘇隆之，厚加賞賜，使致命焉。魯山城主孫樂祖、郢城主程茂、薛元嗣相繼請降。初，郢城之閉，將佐文武男女口十餘萬人，疾疫流腫死者十七八，及城開，高祖並加隱卹，其死者命給棺槥。

先是，汝南人胡文超起義於灄陽，求討義陽、安陸等郡以自効，高祖又遣軍主唐脩期攻隨郡，並剋之。司州刺史王僧景遣子貞孫入質。司部悉平。

陳伯之遣蘇隆之反命，求未便進軍。高祖曰：「伯之此言，意懷首鼠，及其猶豫，急往逼之，計無所出，勢不得暴。」乃命鄧元起率衆，即日沿流。八月，高祖登舟，命諸將以次進路，留上庸太守韋叡守郢城，行州事。鄧元起將至尋陽，陳伯之猶猜懼，乃收兵退保湖口，留其子虎牙守盆城。及高祖至，乃束甲請罪。九月，天子詔高祖平定東夏，並以便宜從事。是月，留少府、長史鄭紹叔守江州城。前軍次蕪湖，南豫州刺史申冑棄姑孰走。至是，時大軍進據之，仍遣曹景宗、蕭穎達領馬步進頓江寧。東昏遣征虜將軍李居士率步軍迎戰，景宗擊走之。於是王茂、鄧元起、呂僧珍進據赤鼻邏，曹景宗、陳伯之爲遊兵。是日，新亭城主江道林率兵出戰，衆軍擒之於陣。大軍次新林，命王茂進據越城，曹景宗據皂莢橋，鄧元起據道士墩，陳伯之據籬門。道林餘衆退屯航南，義軍迫之，因復散走，退保朱爵，憑淮以自固。

十月，東昏又遣征虜將軍王珍國率軍主胡虎牙等，列陣於航南大路，悉配精手利器，尚十餘萬人。閹人王佷子持白虎幡督率諸軍，又開航背水，以絶歸路。王茂、曹景宗等掎角奔之，將士皆殊死戰，無不一當百，鼓噪震天地。珍國之衆，一時土崩，投淮死者，積尸與航等，後至者乘之以濟，於是朱爵諸軍望之皆潰。義軍追至宣陽門，李居士以新亭壘、徐元瑜以東府城降，石頭、白下諸軍並宵潰。壬午，高祖鎮石頭，命衆軍圍六門，東昏悉焚燒門內，驅逼營署、官府並入城，有衆二十萬。青州刺史桓和紿東昏出戰，因以其衆來降。高祖命諸軍築長圍。

初，義師之逼，東昏遣軍主左僧慶鎮京口，常僧景鎮廣陵，李叔獻屯瓜步，及申冑自姑孰奔歸，又使屯破墩以爲東北聲援。至是，高祖遣使曉喻，並率衆降。乃遣弟輔國將軍秀鎮京口，輔國將軍恢屯破墩，從弟寧朔將軍景鎮廣陵。

十二月丙寅旦，兼衛尉張稷、北徐州刺史王珍國斬東昏，送首義師。高祖命呂僧珍勒兵封府庫及圖籍，收嬖妾潘妃及凶黨王咺之以下四十一人屬吏，誅之。宣德皇后令廢涪陵王爲東昏侯，依漢海昏侯故事。授高祖中書監、都督揚、南徐二州諸軍事、大司馬、録尚書、驃騎大將軍、揚州刺史，封建安郡公，食邑萬户，給班劍四十人，黄鉞、侍中、征討諸軍事並如故；依晉武陵王遵承制故事。

己卯，高祖入屯閲武堂。下令大赦天下；唯王咺之等四十一人不在赦例。又令凡昏制、謬賦、淫刑、濫役，悉皆除蕩。其主守散失，諸所損耗，精立科條，咸從原例。

又下令，以義師臨陣致命及疾病死亡者，並加葬斂，收恤遺孤。又令曰：「朱爵之捷，逆徒送死者，特許家人殯葬；若無親屬，或有貧苦，二縣長尉即爲埋掩。建康城內，不達天命，自取淪滅，亦同此科。」

二年正月，追贈高祖祖散騎常侍左光禄大夫，考侍中丞相。

戊戌，宣德皇后臨朝，入居內殿。拜帝大司馬，解承制，百僚致敬如前。詔進高祖都督中外諸軍事，劍履上殿，入朝不趨，贊拜不名。加前後部羽葆鼓吹。置左右長史、司馬、從事中郎、掾、屬各四人，並依舊辟士，餘並如故。詔以相國總百揆，去録尚書之號，上所假節、侍中貂蟬、中書監印、中外都督大司馬印綬，建安公印策，驃騎大將軍如故。又加公九錫。高祖固辭。府僚勸進公不許。

二月辛酉，府僚重請，於是始受相國梁公之命。

是日，焚東昏淫奢異服六十二種於都街。詔追贈梁公故夫人爲梁妃。

乙丑，南兖州隊主陳文興於桓城內鑿井，得玉鏤騏驎、金鏤玉璧、水精環各二枚。又建康令羊瞻解稱鳳皇見縣之桐下里。宣德皇后稱美符瑞，歸于相國府。

丙寅，詔：「梁國初建，宜須綜理，可依舊選諸要職，悉依天朝之制。」高祖上表詔依高祖表施行。

丙戌，詔進梁公爵爲王。以豫州之南譙、廬江，江州之尋陽，郢州之武昌、西陽，南徐州之南琅邪、南東海、晉陵，揚州之臨海、永嘉十郡，益梁國，並前爲二十郡。其相國，揚州牧，驃騎大將軍如故。

公固辭。有詔斷表。相國左長史王瑩等率百僚敦請。

癸巳，受梁王之命。令國内殊死以下，今月十五日昧爽以前，一皆原赦。

丙午，命王冕十有二旒，建天子旌旗，出警入蹕，乘金根車，駕六馬，備五時副車，置旄頭雲罕，樂舞八佾，設鍾虡宫縣。王妃、王子、王女爵命之號，一依舊儀。

丙辰，齊帝禪位于梁王。

四月壬戌，璽書遣使持節、兼太保、侍中、中書監、兼尚書令、汝南縣開國侯亮，兼太尉、散騎常侍、中書令、新吴縣開國侯志，奉皇帝璽紱。受終之禮，一依唐虞故事。

高祖抗表陳讓，表不獲通。於是，齊百官、豫章王元琳等八百一十九人，及梁臺侍中臣雲等一百一十七人，並上表勸進，高祖謙讓不受。是日，太史令蔣道秀陳天文符讖六十四條，事並明著；羣臣重表固請，乃從之。

《梁書》卷二《武帝紀中》 天監元年夏四月丙寅，高祖即皇帝位於南郊。設壇柴燎，告類于天

禮畢，備法駕即建康宫，臨太極前殿。詔改齊中興二年爲天監元年。

封齊帝爲巴陵王，全食一郡。載天子旌旗，乘五時副車，行齊正朔。郊祀天地，禮樂制度，皆用齊典。齊宣德皇后爲齊文帝妃，齊后王氏爲巴陵王妃。

詔齊世王侯封爵，悉皆降省。其有効著艱難者，別有後命。惟宋汝陰王不在除例。

追尊皇考爲文皇帝，廟曰太祖；皇妣爲獻皇后。追謚妃郗氏爲德皇后。追封兄太傅懿爲長沙郡王，謚曰宣武；齊後軍諮議敷爲永陽郡王，謚曰昭；弟齊太常暢爲衡陽郡王，謚曰宣；齊給事黄門侍郎融爲桂陽郡王，謚曰簡。

是日，詔封文武功臣新除車騎將軍夏侯詳等十五人爲公侯，食邑各有差。以弟中護軍宏爲揚州刺史，封爲臨川郡王；南徐州刺史秀安成郡王；雍州刺史偉建安郡王；左衛將軍恢鄱陽郡王；荆州刺史憺始興郡王。

丁卯，加領軍將軍王茂鎮軍將軍。以中書監王亮爲尚書令，中軍將軍、相國左長史王瑩爲中書監、撫軍將軍，吏部尚書沈約爲尚書僕射，長兼侍中范雲爲散騎常侍、吏部尚書。

戊辰，車騎將軍、高句驪王高雲進號車騎大將軍。鎮東大將軍、百濟王餘大進號征東大將軍。安西將軍、宕昌王梁彌頜進號鎮西將軍。鎮東大將軍、倭王武進號征東大將軍。鎮西將軍、河南王吐谷渾休留代進號征西將軍。巴陵王薨于姑孰，追謚爲齊和帝，終禮一依故事。

己巳，以光禄大夫張瓌爲右光禄大夫。庚午，鎮南將軍、江州刺史陳伯之進號征南將軍。

辛未，以中領軍蔡道恭爲司州刺史。以新除謝沐縣公蕭寶義爲巴陵王，以奉齊祀。復南蘭陵武進縣，依前代之科。徵謝朏爲左光禄大夫、開府儀同三司，何胤爲右光禄大夫。改南東海爲蘭陵郡。土斷南徐州諸僑郡縣。

甲戌，詔斷遠近上慶禮。

閏月丁酉，以行宕昌王梁彌邕爲安西將軍、河、涼二州刺史，正封宕昌王。

壬寅，以車騎將軍夏侯詳爲右光禄大夫。

詔曰端右可以風聞奏事，依元熙舊制。

五月戊子，江州刺史陳伯之舉兵反，以領軍將軍王茂爲征南將軍、江州刺史，率衆討之。

六月庚戌，以行北秦州刺史楊紹先爲北秦州刺史、武都王。

八月戊戌，置建康三官。乙巳，平北將軍、西涼州刺史象舒彭進號安西將軍，封鄧至王。丁未，詔中書監王瑩等八人參定律令。是月，詔尚書曹郎依昔奏事。林邑、干陁利國各遣使獻方物。

冬十一月己未，立小廟。甲子，立皇子統爲皇太子。

十二月丙申，以國子祭酒張稷爲護軍將軍。辛亥，護軍將軍張稷免。

二年春正月乙卯，以尚書僕射沈約爲尚書左僕射；吏部尚書范雲爲尚書右僕射；前將軍、鄱陽王恢爲南徐州刺史；尚書令王亮爲左光禄大夫；右衛將軍柳慶遠爲中領軍。丙辰，尚書令、新除左光禄大夫王亮免。

夏四月癸卯，尚書删定郎蔡法度上《梁律》二十卷、《令》三十卷、《科》四十卷。

五月壬申，斷諸郡縣獻奉二宫。惟諸州及會稽，職惟嶽牧，許薦任土，若非地産，亦不得貢。

六月丁亥，詔以東陽、信安、豐安三縣水潦，漂損居民資業，遣使周履，量蠲課調。是夏多癘疫。以新除左光禄大夫謝朏爲司徒、尚書令。甲午，以中書監王瑩爲尚書右僕射。

秋七月，扶南、龜兹、中天竺國各遣使獻方物。

三年春正月戊申，後將軍、揚州刺史、臨川王宏進號中軍將軍。癸丑，以尚書右僕射王瑩爲尚書左僕射，太子詹事柳惔爲尚書右僕射，前尚書左僕射沈約爲鎮軍將軍。

五月丁巳，以扶南國王憍陳如闍耶跋摩爲安南將軍。

六月癸未，大赦天下。

秋七月丁未，以光祿大夫夏侯詳爲車騎將軍、湘州刺史，湘州刺史楊公則爲中護軍。甲子，立皇子綜爲豫章郡王。

八月，魏陷司州，詔以南義陽置司州。

九月壬子，以河南王世子伏連籌爲鎮西將軍、西秦、河二州刺史、河南王。北天竺國遣使獻方物。

四年春正月癸卯朔，詔令九流常選，年未三十，不通一經，不得解褐。置五經博士各一人。以鎮北將軍、雍州刺史、建安王偉爲南徐州刺史，南徐州刺史、鄱陽王恢爲郢州刺史，中領軍柳慶遠爲雍州刺史。丙午，省《鳳皇銜書伎》。辛亥，輿駕親祠南郊，赦天下。

二月壬午，遣衛尉卿楊公則率宿衛兵塞洛口。壬辰，交州刺史李凱據州反，長史李畟討平之。曲赦交州。戊戌，以前郢州刺史曹景宗爲中護軍。是月，立建興苑於秣陵建興里。

夏四月丁巳，以行宕昌王梁彌博爲安西將軍、河、涼二州刺史、宕昌王。

六月庚戌，立孔子廟。壬戌，歲星晝見。

冬十月丙午，北伐，以中軍將軍、揚州刺史、臨川王宏都督北討諸軍事，尚書右僕射柳惔爲副。是歲，以興師費用，王公以下各上國租及田穀，以助軍資。

十一月辛未，以都官尚書張稷爲領軍將軍。

五年春正月乙亥，以前司徒謝朏爲中書監、司徒、衛將軍，鎮軍將軍沈約爲右光祿大夫，豫章王綜爲南徐州刺史。丁丑，以尚書左僕射王瑩爲護軍將軍，僕射如故。甲申，立皇子綱爲晉安郡王。

二月庚戌，以太常張充爲吏部尚書。

三月癸未，輔國將軍劉思效破魏青州刺史元繫於膠水。丁亥，陳伯之自壽陽率衆歸降。

夏四月甲寅，詔遣法官近侍，遞録囚徒。

八月辛酉，作太子宫。

冬十一月乙丑，以師出淹時，大赦天下。魏寇鍾離，遣右衛將軍曹景宗率衆赴援。

六年夏四月壬辰，置左右驍騎、左右游擊將軍官。癸巳，曹景宗、韋叡等破魏軍於邵陽洲，斬獲萬計。癸卯，以右衛將軍曹景宗爲領軍將軍、徐州刺史。己酉，以江州刺史王茂爲尚書右僕射，中書令安成王秀爲平南將軍、江州刺史。分湘、廣二州置衡州。丁巳，以中軍將軍、揚州刺史、臨川王宏爲驃騎將軍、開府儀同三司，撫軍將軍、建安王偉爲揚州刺史，右光祿大夫沈約爲尚書左僕射，尚書左僕射王瑩爲中軍將軍。

五月己未，以新除左驍騎將軍、長沙王深業爲中護軍。癸亥，以侍中袁昂爲吏部尚書。己巳，置中衛、中權將軍，改驍騎爲雲騎，游擊爲游騎。辛未，右將軍、揚州刺史、建安王偉進號中權將軍。

六月庚戌，以車騎將軍、湘州刺史夏侯詳爲右光祿大夫，新除金紫光祿大夫柳惔爲安南將軍、湘州刺史。

秋七月丙寅，分廣州置桂州。丁亥，以新除尚書右僕射王茂爲中衛將軍。

八月戊子，赦天下。

九月，乙亥，改閱武堂爲德陽堂，聽訟堂爲儀賢堂。丙戌，以左衛將軍呂僧珍爲平北將軍、南兗州刺史，豫章内史蕭昌爲廣州刺史。

冬十月壬寅，以五兵尚書徐勉爲吏部尚書。

閏月乙丑，以驃騎將軍、開府儀同三司、臨川王宏爲司徒、行太子太傅，尚書左僕射沈約爲尚書令、行太子少傅，吏部尚書袁昂爲右僕射。戊寅，平西將軍、荆州刺史、始興王憺進號安西將軍。甲申，以右光祿大夫夏侯詳爲尚書左僕射。

十二月乙丑，魏淮陽鎮都軍主常邕和以城内屬。分豫州置霍州。

七年春正月乙酉朔，中衛將軍、領太子詹事王茂進號車騎將軍。戊戌，作神龍、仁虎闕於端門、大司馬門外。壬子，以領軍將軍曹景宗爲中衛將軍，衛尉蕭景兼領軍將軍。

二月乙卯，新作國門于越城南。乙丑，增置鎮衛將軍以下各有差。庚午，詔於州郡縣置州望、郡宗、鄉豪各一人，專掌搜薦。乙亥，以車騎大將軍、高麗王高雲爲撫東大將軍、開府儀同三司，平北將軍、南兗州刺史呂僧珍爲領軍將軍。丙子，以中護軍、長沙王深業爲南兗州刺史，兼領軍將軍蕭景爲雍州刺史，雍州刺史柳慶遠爲護軍將軍。

夏四月乙卯，皇太子納妃，赦大辟以下，頒賜朝臣及近侍各有差。

五月己亥，詔復置宗正、太僕、大匠、鴻臚，又增太府、太舟，仍先爲十二卿。癸卯，以平南將軍、江州刺史、安成王秀爲平西將軍、荆州刺史，安西將軍、荆州刺史、始興王憺爲護軍將軍，中衛將軍曹景宗爲安南將軍、江州刺史。

六月辛酉，復建、修二陵周回五里内居民，改陵監爲令。

八月丁巳，赦大辟以下未結正者。甲戌，平西將軍、荆州刺史、安成王秀進號安西將軍，雲麾將軍、郢州刺史、鄱陽王恢進號平西將軍。

九月壬辰，置童子奉車郎。癸巳，立皇子績爲南康郡王。

冬十月丙寅，以吴興太守張稷爲尚書左僕射。丙子，魏陽關主許敬珍以城内附。詔大舉北伐。以護軍將軍、始興王憺爲平北將軍，率衆入清；車騎將軍王茂率衆向宿預。丁丑，魏懸瓠鎮軍主白皁生、豫州刺史胡遜以城内屬，以皁生爲鎮北將軍、司州刺史，遜爲平北將軍、豫州刺史。

八年春正月辛巳，輿駕親祠南郊，赦天下，内外文武各賜勞一年。

夏四月，以北巴西郡置南梁州。戊申，以護軍將軍、始興王憺爲中衛將軍，司徒、行太子太傅、臨川王宏爲司空、揚州刺史，車騎將軍、領太子詹事王茂即本號開府儀同三司。丁卯，魏楚王城主李國興以城内附。丙子，以中軍將軍、丹陽尹王瑩爲右光禄大夫。

冬十月乙巳，以中軍將軍、始興王憺爲鎮北將軍、南兗州刺史，南兗州刺史、長沙王深業爲護軍將軍。

九年春正月乙亥，以尚書令、行太子少傅沈約爲左光禄大夫，行少傅如故，右光禄大夫王瑩爲尚書令，行中撫將軍、建安王偉領護軍將軍，鎮北將軍、南兗州刺史、始興王憺爲鎮西將軍、益州刺史，太常卿王亮爲中書監。丙子，以輕車將軍、晉安王綱爲南兗州刺史。庚寅，新作緣淮塘，北岸起石頭迄東冶，南岸起後渚籬門迄三橋。

三月己丑，車駕幸國子學，親臨講肆，賜國子祭酒以下帛各有差。乙未，詔皇太子及王侯之子，年在從師者，可令入學。于闐國遣使獻方物。

夏四月丁巳，革選尚書五都令史用寒流。

六月癸酉，以中撫將軍、領護軍、建安王偉爲鎮南將軍、江州刺史。

閏月己丑，宣城盜轉寇吴興縣，太守蔡撙討平之。

冬十二月癸未，輿駕幸國子學，策試胄子，賜訓授之司各有差。

十年春正月辛丑，輿駕親祠南郊，大赦天下，居局治事賜勞二年。癸卯，以尚書左僕射張稷爲安北將軍、青、冀二州刺史，郢州刺史、鄱陽王恢爲護軍將軍。甲辰，以南徐州刺史、豫章王綜爲郢州刺史，輕車將軍、南康王績爲南徐州刺史。以左民尚書王暕爲吏部尚書。辛酉，輿駕親祠明堂。

三月辛丑，盜殺東莞、琅邪二郡太守鄧晰，以朐山引魏軍，遣振遠將軍馬仙琕討之。

夏五月癸酉，安豐縣獲一角玄龜。己卯，以國子祭酒張充爲尚書左僕射，太子詹事柳慶遠爲領軍將軍。

是歲，初作宮城門三重樓及開二道。

十一年春正月壬辰，詔自今逋讁之家及罪應質作，若年有老小，可停將送。加左光禄大夫、行太子少傅沈約特進。鎮南將軍、江州刺史、建安王偉儀同三司。司空、揚州刺史、臨川王宏進位爲太尉。驃騎將軍王茂爲司空。尚書令、雲麾將軍王瑩進號安左將軍。安北將軍、青、冀二州刺史張稷進號鎮北將軍。

三月丁巳，曲赦揚、徐二州。築西静壇於鍾山。庚申，高麗國遣使獻方物。

六月辛巳，以司空王茂領中權將軍。

冬十一月乙未，以吴郡太守袁昂兼尚書右僕射。己酉，降太尉、揚州刺史臨川王宏爲驃騎將軍、開府同三司之儀。

十二月己未，以安西將軍、荆州刺史、安成王秀爲中衛將軍，護軍將軍、鄱陽王恢爲平西將軍、荆州刺史。

十二年春正月辛卯，輿駕親祠南郊，赦大辟以下。

二月辛酉，以兼尚書右僕射袁昂爲尚書右僕射。辛巳，新作太極殿，改爲十三間。

三月癸卯，以湘州刺史王珍國爲護軍將軍。

六月癸巳，新作太廟，增基九尺。庚子，太極殿成。

秋九月戊午，以鎮南將軍、開府儀同三司、江州刺史、建安王偉爲撫軍將軍，儀同如故；驃騎將軍、開府同三司之儀、揚州刺史、臨川王宏爲司空；領中權將軍王茂爲驃騎將軍、開府同三司之儀、江州刺史。

十三年春正月壬戌，以丹陽尹、晉安王綱爲荆州刺史。癸亥，以平西將軍、荆州刺史、鄱陽王恢爲鎮西將軍、益州刺史。丙寅，以翊右將軍、安成王秀爲安西將軍、郢州刺史。

二月丁亥，輿駕親耕籍田，赦天下，孝悌力田賜爵一級。

三月辛亥，以新除中撫將軍、開府儀同三司、建安王偉爲左光禄大夫。

夏四月辛卯，林邑國遣使獻方物。壬辰，以郢州刺史、豫章王綜爲安右將軍。

五月辛亥，以通直散騎常侍韋叡爲中護軍。

六月己亥，以南兗州刺史蕭景爲領軍將軍，領軍將軍柳慶遠爲安北將軍、雍州刺史。

秋七月乙亥，立皇子綸爲邵陵郡王，繹爲湘東郡王，紀爲武陵郡王。

是歲作浮山堰。

十四年春正月乙巳朔，皇太子冠，赦天下，賜爲父後者爵一級，王公以下班賚各有差，停遠近上慶禮。丙午，安左將軍、尚書令王瑩進號中權將軍。以鎮西將軍始興王憺爲中撫將軍。辛亥，輿駕親祠南郊。

二月。辛丑，以中護軍韋叡爲平北將軍、雍州刺史，新除中撫將軍、始興王憺爲荆州刺史。

五月丁巳，以荆州刺史、晉安王綱爲江州刺史。

九月癸亥，以長沙王深業爲護軍將軍。

十五年春正月己巳，詔關市之賦，或優減舊格。

夏四月丁未，以安右將軍、豫章王綜兼護軍。高麗國遣使獻方物。

五月癸未，以司空、揚州刺史、臨川王宏爲中書監，驃騎大將軍、刺史如故。

六月丙申，改作小廟畢。庚子，以尚書令王瑩爲左光禄大夫、開府儀同三司，尚書右僕射袁昂爲尚書左僕射，吏部尚書王暕爲尚書右僕射。

九月壬辰，赦天下。

冬十月戊午，以丹陽尹、長沙王深業爲湘州刺史。

十一月丁卯，以兼護軍、豫章王綜爲安前將軍。交州刺史李畟斬交州反者阮宗孝，傳首京師。曲赦交州。壬午，以雍州刺史韋叡爲護軍將軍。

十六年春正月辛未，輿駕親祠南郊。

二月甲寅，以安前將軍、豫章王綜爲南徐州刺史。

夏四月甲子，初去宗廟牲。

六月戊申，以廬陵王續爲江州刺史。

七月丁丑，以郢州刺史、安成王秀爲鎮北將軍、雍州刺史。

八月辛丑，扶南、婆利國各遣使獻方物。

冬十月，去宗廟薦脩，始用蔬果。

十七年春二月甲辰，大赦天下。乙卯，以領石頭戍事、南康王績爲南兗州刺史。

三月丙申，改封建安王偉爲南平王。

夏五月戊寅，驃騎大將軍、揚州刺史、臨川王宏免。己卯，干陁利國遣使獻方物。以領軍將軍蕭景爲安右將軍，監揚州。辛巳，以臨川王宏爲中軍將軍、中書監。

六月乙酉，以益州刺史、鄱陽王恢爲領軍將軍。中軍將軍、中書監、臨川王宏以本號行司徒。癸卯，以國子祭酒蔡撙爲吏部尚書。

秋八月壬寅，詔以兵騶奴婢，男年登六十，女年登五十，免爲平民。

冬十月乙亥，以中軍將軍、行司徒、臨川王宏爲中書監、司徒。

十一月辛亥，以南平王偉爲左光禄大夫、開府儀同三司。

十八年春正月甲申，以領軍將軍、鄱陽王恢爲征西將軍、開府儀同三司、荆州刺史，荆州刺史、始興王憺爲中撫將軍、開府儀同三司、領軍。以尚書左僕射袁昂爲尚書令，尚書右僕射王暕爲尚書左僕射，太子詹事徐勉爲尚書右僕射。辛卯，輿駕親祠南郊，孝悌力田賜爵一級。

四月丁巳，大赦天下。

《梁書》卷三《武帝紀下》 普通元年春正月乙亥朔，改元，大赦天下，賜文武勞位，孝悌、力田爵一級，尤貧之家，勿收常調，鰥寡孤獨，並加贍卹。丙子，日有蝕之。己卯，以司徒、臨川王宏爲太尉、揚州刺史，安右將軍、監揚州蕭景爲安西將軍、郢州刺史。尚書左僕射王暕以母憂去職，金紫光禄大夫王份爲尚書左僕射。

二月癸丑，以高麗王世子安爲寧東將軍、高麗王。

六月丁未，以護軍將軍韋叡爲車騎將軍。

秋七月辛卯，以信威將軍、邵陵王綸爲江州刺史。

冬十月辛亥，以宣惠將軍、長沙王深業爲護軍將軍。辛酉，以丹陽尹、晉安王綱爲平西將軍、益州刺史。

二年春正月甲戌，以南徐州刺史、豫章王綜爲鎮右將軍。新除益州刺史、晉安王綱改爲徐州刺史。辛巳，輿駕親祠南郊。戊子，大赦天下。

二月辛丑，輿駕親祠明堂。

夏四月乙卯，改作南北郊。

六月丁卯，信威將軍、義州刺史文僧明以州叛入于魏。

秋七月丁酉，假大匠卿裴邃節，督衆軍北討。

冬十一月，百濟、新羅國各遣使獻方物。

十二月戊辰，以鎮東大將軍、百濟王餘隆爲寧東大將軍。

三年春正月庚子，以尚書令袁昂爲中書監，吴郡太守王暕爲尚書左僕射，尚書左僕射王份爲右光禄大夫。己未，以宣毅將軍、廬陵王續爲雍州刺史。

夏四月丁卯，汝陰王劉端薨。

五月癸巳，赦天下，並班下四方，民所疾苦，咸即以聞，公卿百僚各上封事，連率郡國舉賢良、方正、直言之士。

秋八月辛酉，作二郊及籍田並畢，班賜工匠各有差。甲子，婆利、白題國各遣使獻方物。

冬十月丙子，加中書監袁昂中衛將軍。

十一月甲午，撫軍將軍、開府儀同三司、領軍將軍、始興王憺薨。辛丑，以太子詹事蕭淵藻爲領軍將軍。

四年春正月辛卯，輿駕親祠南郊，大赦天下，應諸窮疾，咸加賑卹，並班下四方，時理獄訟。丙午，輿駕親祠明堂。

二月乙亥，躬耕籍田。

三月壬寅，以鎮右將軍、豫章王綜爲平北將軍、南兗州刺史。

六月乙丑，分益州置信州，分交州置愛州，分廣州置成州、南定州、合州、建州，分霍州置義州。

冬十月庚午，以中書監、中衛將軍袁昂爲尚書令，即本號開府儀同三司。

十二月戊午，始鑄鐵錢。

五年春正月，以左光禄大夫、開府儀同三司、南平王偉爲鎮衛大將軍，改領右光禄大夫，儀同三司如故。征西將軍、開府儀同三司、荆州刺史、鄱陽王恢進號驃騎大將軍。太府卿夏侯亶爲中護軍。右光禄大夫王份爲左光禄大夫，加特進。辛卯，平北將軍、南兗州刺史、豫章王綜進號鎮北將軍。平西將軍、雍州刺史、晉安王綱進號安北將軍。

三月甲戌，分揚州、江州置東揚州。夏四月乙未，以雲麾將軍、南康王績爲江州刺史。

六月戊子，以會稽太守、武陵王紀爲東揚州刺史。庚子，以員外散騎常侍元樹爲平北將軍、北青、兗二州刺史，率衆北伐。

秋七月辛未，賜北討義客位一階。

八月庚寅，徐州刺史成景雋克魏童城。

九月戊申，又剋睢陵城。戊午，北兗州刺史趙景悦圍荆山。壬戌，宣毅將軍裴邃襲壽陽，入羅城，弗剋。

冬十月戊寅，裴邃、元樹攻魏建陵城，破之。辛巳，又破曲木。掃虜將軍彭寶孫剋琅邪。甲申，又剋檀丘城。辛卯，裴邃破狄城。丙申，又剋甓城，遂進屯黎漿。壬寅，魏東海太守韋敬欣以司吾城降。定遠將軍闕二字。太守曹世宗破魏曲陽城。甲辰，又剋秦墟。魏郿、潘溪守悉皆棄城走。

十一月丙辰，彭寶孫剋東莞城。壬戌，裴邃攻壽陽之安城，剋之。丙寅，魏馬頭、安城並來降。

十二月戊寅，魏荆山城降。乙巳，武勇將軍李國興攻平靜關，剋之。辛丑，信威長史楊法乾攻武陽關；壬寅，攻峴關：並剋之。

六年春正月丙午，安北將軍、晉安王綱遣長史柳津破魏南鄉郡，司馬董當門破魏晉城。庚戌，又破馬圈、彫陽二城。辛亥，輿駕親祠南郊，大赦天下。庚申，魏鎮東將軍、徐州刺史元法僧以彭城内附。己巳，雍州前軍剋魏新蔡郡。癸酉，剋魏鄭城。甲戌，以魏鎮東將軍、徐州刺史元法僧爲司空。

二月庚辰，南徐州刺史廬陵王續還朝，稟承戎略。乙未，趙景悦下魏龍亢城。

三月丙午，賜新附民長復除，應諸罪失一無所問。己酉，行幸白下城，履行六軍頓所。乙丑，鎮北將軍、南兗州刺史、豫章王綜權頓彭城，總督衆軍，並攝徐州府事。己巳，以魏假平東將軍元景隆爲衡州刺史，魏征虜將軍元景仲爲廣州刺史。

夏五月己酉，築宿預堰，又修曹公堰於濟陰。壬子，遣中護軍夏侯亶督壽陽諸軍事，北伐。

秋七月壬戌，大赦天下。

八月丙子，以散騎常侍曹仲宗兼領軍。

十二月戊子，邵陵王綸有罪，免官，削爵土。

七年春正月辛丑朔，赦殊死以下。丁卯，滑國遣使獻方物。

二月甲戌，北伐衆軍解嚴。河南王遣使獻方物。

夏四月乙酉，南州津改置校尉，增加俸秩。詔在位羣臣，各舉所知，凡是清吏，咸使薦聞，州年舉二人，大郡一人。

秋九月己酉，驃騎大將軍、開府儀同三司、荆州刺史、鄱陽王恢薨。

冬十月辛未，以丹陽尹湘東王繹爲荆州刺史。

十一月庚辰，大赦天下。辛巳，夏侯亶、胡龍牙、元樹、曹世宗等衆軍剋壽陽城。丁亥，放魏揚州刺史李憲還北。以壽陽置豫州，合肥改爲南豫州。以中護軍夏侯亶爲豫、南豫二州刺史。平西將軍、郢州刺史元樹進號安西將軍。魏新野太守以郡降。

大通元年春正月乙丑，以尚書左僕射徐勉爲尚書僕射、中衞將軍。是月，司州刺史夏侯夔進軍三關，所至皆剋。

三月辛未，輿駕幸同泰寺捨身。甲戌，還宫，赦天下，改元。以左衞將軍蕭淵藻爲中護軍。

夏五月丙寅，成景儁剋魏臨潼、竹邑。

冬十月庚戌，魏東豫州刺史元慶和以渦陽内屬。甲寅，曲赦東豫州。

十一月丁卯，以中護軍蕭淵藻爲北討都督、征北大將軍，鎮渦陽。戊辰，加尚書令、中衞將軍、開府儀同三司袁昂中書監。以渦陽置西徐州。

二年春正月庚申，司空元法僧以本官領中軍將軍。中書監、尚書令、中衞將軍、開府儀同三司袁昂進號中撫大將軍。衞尉卿蕭昂爲中領軍。乙酉，芮芮國遣使獻方物。

二月是月，築寒山堰。

三月壬戌，以江州刺史、南康王績爲安右將軍。

夏四月辛丑，魏郢州刺史元願達以義陽内附，置北司州。時魏大亂，其北海王元顥、臨淮王元彧、汝南王元悦並來奔；其北青州刺史元世儁、南荆州刺史李志亦以地降。

六月丁亥，魏臨淮王元彧求還本國，許之。

冬十月丁亥，以魏北海王元顥爲魏主，遣東宫直閤將軍陳慶之衞送還北。魏豫州刺史鄧獻以地内屬。

中大通元年正月辛酉，輿駕親祠南郊，大赦天下，孝悌、力田賜爵一級。甲子，魏汝南王元悦求還本國，許之。辛巳，輿駕親祠明堂。

二月甲申，以丹陽尹武陵王紀爲江州刺史。

三月丙辰，以河南王阿羅真爲寧西將軍、西秦、河、沙三州刺史。庚辰，以中護軍蕭淵藻爲中權將軍。

夏四月癸未，以安右將軍、南康王績爲護軍將軍。癸巳，陳慶之攻魏梁城，拔之；進屠考城，擒魏濟陰王元暉業。

五月戊辰，剋大梁。癸酉，剋虎牢城。魏主元子攸棄洛陽，走河北。乙亥，元顥入洛陽。

六月壬午，大赦天下。辛亥，魏淮陰太守晉鴻以湖陽城内屬。

秋九月辛巳，以安北將軍羊侃爲青、冀二州刺史。癸巳，輿駕幸同泰寺，設四部無遮大會，因捨身，公卿以下，以錢一億萬奉贖。

冬十月己酉，輿駕還宫，大赦，改元。

十一月丙戌，加中撫大將軍、開府儀同三司袁昂中書監。加鎮衞大將軍、開府儀同三司、南平王偉太子少傅。加金紫光禄大夫蕭琛、陸杲並特進。司空、中軍將軍元法僧進號車騎將軍。中權將軍蕭淵藻爲中護軍將軍。中領軍蕭昂爲領軍將軍。戊子，魏巴州刺史嚴始欣以城降。

十二月丁巳，盤盤國遣使獻方物。

二年春正月戊寅，以雍州刺史、晉安王綱爲驃騎大將軍、揚州刺史，南徐州刺史、廬陵王續爲平北將軍、雍州刺史。

夏四月壬申，以河南王佛輔爲寧西將軍、西秦、河二州刺史。

六月丁巳，遣魏太保、汝南王元悦還北爲魏主。庚申，以魏尚書左僕射范遵爲安北將軍、司州牧，隨元悦北討。林邑國遣使獻方物。壬申，扶南國遣使獻方物。

秋八月庚戌，輿駕幸德陽堂，設絲竹會，祖送魏主元悦。山賊聚結，寇會稽郡所部縣。

九月壬午，假超武將軍湛海珍節以討之。

三年春正月辛巳，輿駕親祠南郊，大赦天下，孝悌、力田賜爵一級。丙申，以魏尚書僕射鄭先護爲征北大將軍。

二月辛丑，輿駕親祠明堂。乙丑，以廣州刺史元景隆爲安右將軍。

六月丁未，以前太子詹事蕭淵猷爲中護軍。尚書僕射徐勉加特進、右光禄

大夫。丹丹國遣使獻方物。癸丑，立昭明太子、南徐州刺史、華容公歡爲豫章郡王，枝江公譽爲河東郡王，曲阿公詧爲岳陽郡王。

秋七月乙亥，立晉安王綱爲皇太子。大赦天下，賜爲父後者及出處忠孝文武清勤，並賜爵一級。乙酉，以侍中、五兵尚書謝舉爲吏部尚書。庚寅，詔宗戚有服屬者，並可賜沐食鄉亭侯，壬辰，以吏部尚書何敬容爲尚書右僕射。

九月庚午，以太子詹事蕭淵藻爲征北將軍、南兗州刺史。戊寅，狼牙脩國奉表獻方物。

冬十月己酉，行幸同泰寺，高祖升法座，爲四部衆説《大般若涅盤經》義，迄于乙卯。前樂山縣侯蕭正則有罪流徙，至是招誘亡命，欲寇廣州，在所討平之。

十一月乙未，行幸同泰寺，高祖升法座，爲四部衆説《摩訶般若波羅蜜經》義，訖于十二月辛丑。

四年春正月丙寅朔，以鎮衛大將軍、開府儀同三司、南平王偉進位大司馬，司空元法僧進位太尉，尚書令、中權大將軍、開府儀同三司袁昂進位司空。立臨川靖惠王宏子正德爲臨賀郡王。戊辰，以丹陽尹、邵陵王綸爲揚州刺史。太子右衛率薛法護爲平北將軍，司州牧，衛送元悦入洛。庚午，立嫡皇孫大器爲宣城郡王。癸未，魏南兗州刺史劉世明以城降，改魏南兗州爲譙州，以世明爲刺史。

二月壬寅，新除太尉元法僧還北，爲東魏主。以安右將軍元景隆爲征北將軍、徐州刺史，雲麾將軍羊侃爲安北將軍、兗州刺史，散騎常侍元樹爲鎮北將軍。庚戌，新除揚州刺史、邵陵王綸有罪，免爲庶人。壬子，以江州刺史、武陵王紀爲揚州刺史，領軍將軍蕭昂爲江州刺史。

三月庚午，侍中、領國子博士蕭子顯上表置制旨《孝經》助教一人，生十人，專通高祖所釋《孝經義》。

夏四月壬申，盤盤國遣使獻方物。

九月乙巳，以太子詹事、南平王世子恪爲領軍將軍，平北將軍、雍州刺史、廬陵王續爲安北將軍，西中郎將、荆州刺史、湘東王繹爲平西將軍，司空袁昂領尚書令。

十一月己酉，高麗國遣使獻方物。

十二月庚辰，以太尉元法僧爲驃騎大將軍、開府同三司之儀、郢州刺史。

五年春正月辛卯，輿駕親祠南郊，大赦天下，孝悌、力田賜爵一級。先是一日丙夜，南郊令解滌之等到郊所履行，忽聞空中有異香三隨風至，及將行事，奏樂迎神畢，有神光滿壇上，朱紫黄白雜色，食頃方滅。兼太宰、武陵王紀等以聞。辛亥，輿駕親祠明堂。癸丑，以宣城王大器爲中軍將軍。河南國遣使獻方物。

二月癸未，行幸同泰寺，設四部大會，高祖升法座，發《金字摩訶波若經題》，訖于己丑。

夏四月癸酉，以御史中丞臧盾兼領軍。

六月己卯，魏建義城主蘭寶殺魏東徐州刺史，以下邳城降。

秋七月辛卯，改下邳爲武州。

八月庚申，以前徐州刺史元景隆爲安右將軍。甲子，波斯國遣使獻方物。

九月己亥，以輕車將軍、臨賀王正德爲中護軍。甲寅，以尚書令、司空袁昂爲特進、左光禄大夫，司空如故。

冬十月庚申，以尚書右僕射何敬容爲尚書左僕射，吏部尚書謝舉爲尚書右僕射，侍中、國子祭酒蕭子顯爲吏部尚書。

六年春二月癸亥，輿駕親耕籍田，大赦天下，孝悌、力田賜爵一級。

三月己亥，以行河南王可沓振爲西秦、河二州刺史、河南王。甲辰，百濟國遣使獻方物。

秋七月甲辰，林邑國遣使獻方物。

八月己未，以南梁州刺史、武興王楊紹先爲秦、南秦二州刺史。

冬十月丁卯，以信武將軍元慶和爲鎮北將軍，率衆北伐。

大同元年春正月戊申朔，改元，大赦天下。

二月辛巳，輿駕親祠明堂。丁亥，輿駕躬耕籍田。辛丑，高麗國、丹丹國各遣使獻方物。

三月辛未，滑國王安樂薩丹王遣使獻方物。

夏四月甲辰，以魏鎮東將軍劉濟爲徐州刺史。壬戌，以安北將軍廬陵王續爲安南將軍、江州刺史。

冬十月辛卯，以前南兗州刺史蕭淵藻爲護軍將軍。

十一月丁未，中衛將軍、特進、右光禄大夫徐勉卒。壬戌，北梁州刺史蘭欽攻漢中，剋之，魏梁州刺史元羅降。癸亥，賜梁州歸附者復除有差。甲子，雄勇將軍、北益州刺史、陰平王楊法深進號平北將軍。

十二月乙酉，以魏北徐州刺史羊徽逸爲平北將軍。戊戌，以平西將軍、秦、南秦二州刺史、武興王楊紹先進號車騎將軍，平北將軍、北益州刺史、陰平王楊

法深進號驃騎將軍。辛丑，平西將軍、荆州刺史、湘東王繹進號安西將軍。

二年春正月甲辰，以兼領軍臧盾爲中領軍。

二月乙亥，輿駕躬耕籍田。

夏四月乙未，以驃騎大將軍、開府同三司之儀元法僧爲太尉，領軍師將軍。

先是，尚書右丞江子四上封事，極言政治得失。五月乙巳，以魏前梁州刺史元羅爲征北大將軍、青、冀二州刺史。

冬十月乙亥，詔大舉北伐。

十一月己亥，詔北伐衆班師。

十二月壬申，魏請通和，詔許之。丁酉，以吴興太守、駙馬都尉、利亭侯張纘爲吏部尚書。

三年春正月辛丑，輿駕親祠南郊，大赦天下；孝悌、力田賜爵一級。是夜，朱雀門災。壬寅，天無雲，雨灰，黄色。癸卯，以中書令、邵陵王綸爲江州刺史。

二月丁亥，輿駕親耕籍田。己丑，以尚書左僕射何敬容爲中權將軍，護軍將軍蕭淵藻爲安右將軍、尚書左僕射。以尚書右僕射謝舉爲右光禄大夫。庚寅，以安南將軍、廬陵王續爲中衛將軍、護軍將軍。

三月戊戌，立昭明太子子詧爲武昌郡王，譽爲義陽郡王。

夏四月丁卯，以南琅邪、彭城二郡太守、河東王譽爲南徐州刺史。

五月丙申，以前揚州刺史、武陵王紀復爲揚州刺史。

秋七月癸卯，魏遣使來聘。

八月辛卯，輿駕幸阿育王寺，赦天下。

閏月甲子，安西將軍、荆州刺史、湘東王繹進號鎮西將軍，揚州刺史、武陵王紀爲安西將軍、益州刺史。

四年春正月庚辰，以中軍將軍、宣城王大器爲中軍大將軍、揚州刺史。

二月己亥，輿駕親耕籍田。

三月戊寅，河南國遣使獻方物。癸未，芮芮國遣使獻方物。

五月甲戌，魏遣使來聘。

秋七月己未，以南琅邪、彭城二郡太守、岳陽王詧爲東揚州刺史。癸亥，詔以東冶徒李胤之降如來真形舍利，大赦天下。

八月甲辰，詔：「南兗、北徐、西徐、東徐、青、冀、南北青、武、仁、潼、睢等十二州，既經饑饉，曲赦逋租宿責，勿收今年三調。」

冬十二月丁亥，兼國子助教皇侃表上所撰《禮記義疏》五十卷。

五年春正月乙卯，以護軍將軍、廬陵王續爲驃騎將軍、開府儀同三司，安右將軍、尚書左僕射蕭淵藻爲中衛將軍、開府儀同三司。中權將軍、丹陽尹何敬容以本號爲尚書令，吏部尚書張纘爲尚書僕射，都官尚書劉孺爲吏部尚書。丁巳，御史中丞、參禮儀事賀琛奏：「今南北二郊及籍田往還，並宜御輦，不復乘輅。二郊請用素輦，籍田往還乘常輦，皆以侍中陪乘，停大將軍及太僕。」詔付尚書博議施行。改素輦名大同輦。昭祀宗廟乘玉輦。辛未，輿駕親祠南郊，詔孝悌、力田及州閭鄉黨稱爲善人者，各賜爵一級，並勒屬所以時騰上。

秋七月己卯，以驃騎將軍、開府儀同三司、廬陵王續爲荆州刺史，湘東王繹爲護軍將軍、安右將軍。

九月庚申，以都官尚書到溉爲吏部尚書。

冬十一月乙亥，魏遣使來聘。

十二月癸未，以吴郡太守謝舉爲中書監，新除中書令、鄱陽王範爲中領軍。

六年春正月庚戌朔，曲赦司、豫、徐、兗四州。

二月己亥，輿駕親耕籍田。丙午，以江州刺史、邵陵王綸爲平西將軍、郢州刺史，雲麾將軍、豫章王歡爲江州刺史。秦郡獻白鹿一。

五月戊寅，以前青、冀二州刺史元羅爲右光禄大夫。己卯，河南王遣使獻馬及方物。

六月丁未，平陽縣獻白鹿一。

秋七月丁亥，魏遣使來聘。

八月戊午，赦天下。盤盤國遣使獻方物。

九月，移安州置定遠郡，受北徐州都督，定遠郡改屬安州。始平太守崔碩表獻嘉禾一莖十二穗。

冬十一月己卯，曲赦京邑。

十二月壬子，以護軍將軍、湘東王繹爲鎮南將軍、江州刺史。置桂州於湘州始安郡，受湘州督；省南桂林等二十四郡，悉改屬桂州。

七年春正月辛巳，輿駕親祠南郊，赦天下，其有流移及失桑梓者，各還田宅，蠲課五年。辛丑，輿駕親祠明堂。

二月乙巳，以行宕昌王梁彌泰爲平西將軍、河、涼二州刺史、宕昌王。辛亥，輿駕躬耕籍田。丁巳，以中領軍、鄱陽王範爲鎮北將軍、雍州刺史。

夏四月戊申，魏遣使來聘。

五月癸巳，以侍中南康王會理兼領軍。

冬十月丙午，以侍中劉孺爲吏部尚書。

十一月丙子，詔停在所役使女丁。己丑，以金紫光禄大夫臧盾爲領軍將軍。

十二月壬寅，魏遣使來聘。丙辰，於宫城西立士林館，延集學者。

是歲，交州土民李賁攻刺史蕭諮，諮輸賂，得還越州。

八年春正月，安成郡民劉敬躬挾左道以反，内史蕭説委郡東奔，敬躬據郡，進攻廬陵，取豫章，妖黨遂至數萬，前逼新淦、柴桑。

二月戊戌，江州刺史、湘東王繹遣中兵曹子郢討之。

三月戊辰，大破之，擒敬躬送京師，斬于建康市。是月，於江州新蔡、高塘立頌平屯，墾作蠻田。遣越州刺史陳侯、羅州刺史寧巨、安州刺史李智、愛州刺史阮漢，同征李賁於交州。

九年二月甲戌，使江州民三十家出奴婢一户，配送司州。

三月，以太子詹事謝舉爲尚書僕射。

夏四月，林邑王破德州，攻李賁，賁將范脩又破林邑王於九德，林邑王敗走。

冬十一月辛丑，安西將軍、益州刺史、武陵王紀進號征西將軍、開府儀同三司。

十二月壬戌，領軍將軍臧盾卒，以輕車將軍河東王譽爲領軍將軍。

十年春正月，李賁於交阯竊位號，署置百官。

三月甲午，輿駕幸蘭陵，謁建陵。辛丑，至脩陵。

壬寅，因作《還舊鄉》詩。

癸卯，詔園陵職司，恭事勤勞，並錫位一階，并加沾賚。丁未，仁威將軍、南徐州刺史、臨川王正義進號安東將軍。己酉，幸京口城北固樓，改名北顧。庚戌，幸回賓亭，宴帝鄉故老及所經近縣奉迎候者少長數千人，各賚錢二千。

夏四月乙卯，輿駕至自蘭陵。詔鰥寡孤獨尤貧者贍䘏各有差。

五月丁酉，尚書令何敬容免。

十一年春夏四月，魏遣使來聘。

中大同元年春正月癸丑，交州刺史楊瞟剋交趾嘉寧城，李賁竄入屈獠洞，交州平。

三月乙巳，大赦天下：凡主守割盜、放散官物，及以軍糧器甲，凡是赦所不原者，起十一年正月以前，皆悉從恩，十一年正月已後，悉原加責。其或爲事逃叛流移，因饑以後亡鄉失土，可聽復業，蠲課五年，停其徭役。其被拘之身，各還本郡，舊業若在，皆悉還之。庚戌，法駕出同泰寺大會，停寺省，講《金字三彗經》。

夏四月丙戌，於同泰寺解講，設法會。大赦，改元。孝悌、力田爲父後者賜爵一級，賚宿衛文武各有差。

秋七月辛酉，以武昌王警爲東揚州刺史。

八月丁丑，以安東將軍、南徐州刺史、臨川王正義即本號東揚州刺史，丹陽尹、邵陵王綸爲鎮東將軍、南徐州刺史。甲午，渴槃陁國遣使獻方物。

冬十月乙亥，以前東揚州刺史、岳陽王詧爲雍州刺史。

太清元年正月壬寅，以鎮南將軍、江州刺史、湘東王繹爲鎮西將軍、荆州刺史。辛酉，輿駕親祠南郊，甲子，輿駕親祠明堂。

二月庚辰，魏司徒侯景求以豫、廣、潁、洛、陽、西揚、東荆、北荆、襄、東豫、南兖、西兖、齊等十三州内屬。壬午，以景爲大將軍，封河南王，大行臺，制承如鄧禹故事。丁亥，輿駕躬耕籍田。

三月庚子，高祖幸同泰寺，設無遮大會，捨身，公卿等以錢一億萬奉贖。甲辰，遣司州刺史羊鴉仁、兖州刺史桓和、仁州刺史湛海珍等應接北豫州。

夏四月丁亥，輿駕還宫，大赦天下，改元，孝悌、力田爲父後者賜爵一級，在朝羣臣宿衛文武並加頒賚。

五月丁酉，輿駕幸德陽堂，宴羣臣，設絲竹樂。

六月戊辰，以前雍州刺史、鄱陽王範爲征北將軍，總督漢北征討諸軍事。

秋七月庚申，羊鴉仁入懸瓠城。

八月乙丑，王師北伐，以南豫州刺史蕭淵明爲大都督。戊子，以大將軍侯景録行臺尚書事。

九月癸卯，王遊苑成。庚戌，輿駕幸苑。

冬十一月，魏遣大將軍慕容紹宗等至寒山。丙午，大戰，淵明敗績，及北兖州刺史胡貴孫等並陷魏。紹宗進圍潼州。

十二月戊辰，遣太子舍人元貞還北爲魏主。辛巳，以前征北將軍、鄱陽王範爲安北將軍、南豫州刺史。

二年春正月戊戌，詔在位各舉所知。己亥，魏陷渦陽。辛丑，以尚書僕射謝

舉爲尚書令，守吏部尚書王克爲尚書僕射。甲辰，豫州刺史羊鴉仁、殷州刺史羊思達，並棄城走，魏進據之。乙卯，以大將軍侯景爲南豫州牧，安北將軍、南豫州刺史、鄱陽王範爲合州刺史。

三月甲辰，撫東將軍高麗王高延卒，以其息爲寧東將軍、高麗王、樂浪公。己未，以鎮東將軍、南徐州刺史、邵陵王綸爲平南將軍、湘州刺史，同三司之儀，中衛將軍、開府儀同三司蕭淵藻爲征東將軍、南徐州刺史。是日，屈獠洞斬李賁，傳首京師。

夏四月丙子，詔在朝及州郡各舉清人任治民者，皆以禮送京師。戊寅，以護軍將軍、河東王譽爲湘州刺史。

五月辛丑，以新除中書令、邵陵王綸爲安前將軍、開府儀同三司，前湘州刺史張纘爲領軍將軍。辛亥，曲赦交、愛、德三州。

秋八月乙未，以右衛將軍朱異爲中領軍。戊戌，侯景舉兵反，擅攻馬頭、木柵、荆山等戍。甲辰，以安前將軍、開府儀同三司、邵陵王綸都督衆軍討景。曲赦南豫州。

九月丙寅，加左光禄大夫元羅鎮右將軍。

冬十月，侯景襲譙州，執刺史蕭泰。丁未，景進攻歷陽，太守莊鐵降之。戊申，以新除光禄大夫、臨賀王正德爲平北將軍，都督京師諸軍，屯丹陽郡。己酉，景自横江濟于采石。辛亥，景師至京，臨賀王正德率衆附賊。

十一月辛酉，賊攻陷東府城，害南浦侯蕭推、中軍司馬楊暾。庚辰，邵陵王綸帥武州刺史蕭弄璋、前譙州刺史趙伯超等入援京師，頓鍾山愛敬寺。乙酉，綸進軍湖頭，與賊戰，敗績。丙戌，安北將軍、鄱陽王範遣世子嗣、雄信將軍裴之高等帥衆入援，次于張公洲。

十二月戊申，尚書令謝舉卒。丙辰，司州刺史柳仲禮、前衡州刺史韋粲、高州刺史李遷仕、前司州刺史羊鴉仁等並帥軍入援，推仲禮爲大都督。

三年春正月丁巳朔，柳仲禮帥衆分據南岸。是日，賊濟軍於青塘，襲破韋粲營，粲拒戰死。庚申，邵陵王綸、東揚州刺史、臨成公大連等帥兵集南岸。丙寅，以司農卿傅岐爲中領軍。戊辰，高州刺史李遷仕、天門太守樊文皎進軍青溪東，爲賊所破，文皎死之。

二月丁未，南兖州刺史、南康王會理、前青、冀二州刺史、湘潭侯蕭退帥江州之衆，頓于蘭亭苑。庚戌，安北將軍、合州刺史、鄱陽王範以本號開府儀同三司。

三月戊午，前司州刺史羊鴉仁等進軍東府北，與賊戰，大敗。己未，皇太子妃王氏薨。丁卯，賊攻陷宫城，縱兵大掠。己巳，賊矯詔遣石城公大款解外援軍。庚午，侯景自爲都督中外諸軍事、大丞相、録尚書。辛未，援軍合退散。壬午，新除中領軍傅岐卒。

夏四月己酉，高祖以所求不供，憂憤寢疾。是月，青、冀二州刺史明少遐、東徐州刺史湛海珍、北青州刺史王奉伯各舉州附于魏。

五月丙辰，高祖崩于净居殿，時年八十六。辛巳，遷大行皇帝梓宫于太極前殿。

冬十一月，追尊爲武皇帝，廟曰高祖。乙卯，葬于脩陵。

高祖生知淳孝。年六歲，獻皇太后崩，水漿不入口三日，哭泣哀苦，有過成人，内外親黨，咸加敬異。及丁文皇帝憂，時爲齊隨王諮議，隨府在荆鎮，髣髴奉聞，便投劾星馳，不復寢食，倍道就路，憤風驚浪，不暫停止。高祖形容本壯，及還至京都，銷毁骨立，親表士友，不復識焉。望宅奉諱，氣絶久之，每哭輒歐血數升。服内不復嘗米，惟資大麥，日止二溢。拜掃山陵，涕淚所灑，松草變色。及居帝位，即於鍾山造大愛敬寺，青溪邊造智度寺，又於臺内立至敬等殿。又立七廟堂，月中再過，設净饌。每至展拜，恒涕泗滂沲，哀動左右。加以文思欽明，能事畢究，少而篤學，洞達儒玄。雖萬機多務，猶卷不輟手，燃燭側光，常至戊夜。造《制旨孝經義》、《周易講疏》及六十四卦、二《繫》、《文言》、《序卦》等義，《樂社義》、《毛詩答問》、《春秋答問》、《尚書大義》、《中庸講疏》、《孔子正言》、《老子講疏》，凡二百餘卷，並正先儒之迷，開古聖之旨。王侯朝臣皆奉表質疑，高祖皆爲解釋。脩飾國學，增廣生員，立五館，置《五經》博士。天監初，則何佟之、賀瑒、嚴植之、明山賓等覆述制旨，並撰吉、凶、軍、賓、嘉五禮，凡一千餘卷，高祖稱制斷疑。於是穆穆恂恂，家知禮節。大同中，於臺西立士林館，領軍朱異、太府卿賀琛、舍人孔子袪等遞相講述。皇太子、宣城王亦於東宫宣猷堂及揚州廨開講，於是四方郡國，趨學向風，雲集於京師矣。兼篤信正法，尤長釋典，製《涅盤》、《大品》、《净名》、《三慧》諸經義記，復數百卷。聽覽餘閑，即於重雲殿及同泰寺講説，名僧碩學、四部聽衆，常萬餘人。又造《通史》，躬製贊序，凡六百卷。天情睿敏，下筆成章，千賦百詩，直疏便就，皆文質彬彬，超邁今古。詔銘贊誄，箴頌牋奏，爰初在田，洎登寶曆，凡諸文集，又百二十卷。六藝備閑，棊登逸品，陰陽緯候，卜筮占決，並悉稱善。又撰《金策》三十卷。草隸尺牘，騎射弓馬，莫不奇

妙。勤於政務，孜孜無怠。每至冬月，四更竟，即敕把燭看事，執筆觸寒，手爲皴裂。糾姦擿伏，洞盡物情，常哀矜涕泣，然後可奏。日止一食，膳無鮮腴，惟豆羹糲食而已。庶事繁擁，日儻移中，便嗽口以過。身衣布衣，木緜皁帳，一冠三載，一被二年。常克儉於身，凡皆此類。五十外，便斷房室。後宮職司貴妃以下，六宮禕褕三翟之外，皆衣不曳地，傍無錦綺。不飲酒，不聽音聲，非宗廟祭祀、大會饗宴及諸法事，未嘗作樂。性方正，雖居小殿暗室，恒理衣冠，小坐押褸，盛夏暑月，未嘗褰袒。不正容止，不與人相見，雖覿内豎小臣，亦如遇大賓也。歷觀古昔帝王人君，恭儉莊敬，藝能博學，罕或有焉。

雜録

備録

顔之推《顔氏家訓》卷二《風操》　江左朝臣，子孫初釋服，朝見二宫，皆當泣涕；二宫爲之改容。頗有膚色充澤，無哀感者，梁武薄其爲人，多被抑退。裴政出服，問訊武帝，貶瘦枯槁，涕泗滂沱，武帝目送之曰：「裴之禮不死也。」

唐臨《冥報記》卷上　梁武帝微時，識一寒士，及即位，遊於苑中，見此寒士牽舟。帝問之，尚貧賤如故，勑曰：「明日可上謁，吾當與汝縣令。」此人奉勑而往，會故不得見。頻往，遇有事，終不得通，自怪之，以問沙門寶志。志方爲大衆講經，聽者數千人，寒士不得進。寶志謂衆人曰：「有人欲來見問，請開道内之。」衆人乃爲開。此人進未至，寶志迎謂曰：「君爲不得縣令來問耶？終不得矣，但受虚恩耳。過去帝爲齋主，君書其疏，許施錢五百，而竟不與，是故今日但蒙許官，終不得也。」此人聞之絶去，帝亦更不求之。

備論

《梁書》卷三《武帝紀下》　齊季告終，君臨昏虐，天棄神怒，衆叛親離。高祖英武睿哲，義起樊、鄧，仗旗建號，濡足救焚。總蒼兕之師，翼龍豹之陣，雲驤雷駭，翦暴夷凶，萬邦樂推，三靈改卜。於是御鳳曆，握龍圖，闢四門，弘招賢之路，納十亂引諒直之規。興文學，脩郊祀，治五禮，定六律，四聰既達，萬機斯理，治定功成，遠安邇肅。加以天祥地瑞，無絶歲時。征賦所及之鄉，文軌傍通之地，南超萬里，西拓五千。其中瓌財重寶，千夫百族，莫不充牣王府，蹶角闕庭。三四十年，斯爲盛矣。自魏、晉以降，未或有焉。及乎耄年，委事羣幸。然朱異之徒，作威作福，挾朋樹黨，政以賄成，服冕乘軒，由其掌握，是以朝經混亂，賞罰無章。「小人道長」，抑此之謂也。賈誼有云：「可爲慟哭者矣。」遂使滔天羯寇，承間掩襲，鷲羽流王屋，金契辱乘輿，塗炭黎元，黍離宫室。嗚呼！天道何其酷焉。雖曆數斯窮，蓋亦人事然也。

《唐文拾遺》卷一三虞世南《論略》　公子曰：「梁武帝夷凶翦暴，克成帝業，南面君臨，五十餘載，蓋有文、武之道焉。至于留心釋典，桑門比行，以萬乘之君，爲匹夫之善，薰蕕不驗，危亡已及。」

《全唐文》卷一七一朱敬則《梁武帝論》　梁高祖聰明文思，寬厚通博，生而神異，動多奇怪，此天表也。永元之初，羣賢受命，竭懷輔正，盡力康衢，細隙未開，纖塵不動，而雄圖英算，孤識獨見。審長河之將決，知崑山之必焚。理欲先天，未遑後舉，叫嘯龍虎，合集風雲。馳兩函以取荆州，連五都以震都邑。長流遠邁，獨決方寸。霜風飛掃，雲雨霑沐。白旄一麾，頑童授首。乃弔寃魂而謝牛酒，昭筐篚而軾善人。師不疲勞，人無怨讟。謳歌是逼，獄訟攸歸。代易德成，眷命斯在。然躬覽載籍，備睹興亡。留心求瘼，勵精納善。雖化未大道，時亦小康也。若尋其德音，討其風俗，尚根淺易拔，源涸難流，禍亂相仍，蓋其宜矣。且兵號義旗，戰稱伐罪，勝非己利，功豈私成？湯有慚德，去道近也；武無媿容，其私厚也。昔魏太祖兵鋒無敵，神機獨行。大戰五十六，九州静七八。百姓與能，天下慕德，猶且翼戴弱主，尊奬漢室。降及宋高，翦平僞孽，安復王家。義聲薄天，高誠動日。然更懸兵四嶽，決勝五湖。北静燕塵，西清秦霧。宏勳不讓，盛德見推。備物滿庭，猶存非望。故晉帝今日之事，本所甘心。義士猶或非之，通人尚爲薄德。況梁取天下，又甚於斯。南康主盟，實稱齊帝。奉之以成大順，承之而動義兵。國步既寧，家怨又雪。君稱主祭，臣復何猜？借人之名而不復命者也。尋其錫文，考其謙讓，事同對面，理非飾詞。寧知悠悠江山，相去千里，矯情僞迹，頓至於斯。示人此心，豈躬行事？欲令節義行於比屋，其可得乎？夫君

人者，日月齊其明，陰陽質其信，江海同其量，天地偕其容。未有飾智驚愚，銜材惑衆。較武力於羊侃，示腰腹於賀琛。商略儒宗，取異於章句；變置官品，無求於典實。每事皆欲先人，所唱復須稱贊。父作子注，君制臣歌，受佞無厭，進諂不倦。浮華道長，輕薄路開。以天譴爲嘉祥，用妖怪爲休祉。聚斂俱極，賞罰無章。有識爲之寒心，羣僚曾不先覺。若言位是神物，何須下殿走乎？若言負重顧休，何勞受贖歸乎？若言息人是務，何須納叛臣乎？若言吞伐有時，何須中許和乎？利器不藏，奸夫得志。然則侯景之兵我人也，仗我器也，驅我人、揭我器而取雋者，豈異術哉？由上人之失教也。君父幽辱，宗廟傾危，帝子王孫，跨州連郡，未有晉鄭齊心，牟虛合契；五侯九伯，列海分山。罕聞申包胥之頓哭秦庭，茅夷鴻之幣謁吳國。户口徒衆，不覩死戰之人；寵遇雖多，寧有報恩之士。江淮無波瀾之阻，城闕絶藩籬之固。長州杜若，一旦凋零；稽山竹箭，忽然摧折，可不甚歟？或問曰：「梁主不以黄屋爲尊，紫宸爲貴，離欲絶愛，遣色歸空。有湯武之憂勞，若堯舜之臞臘。享國五十，若登春臺。忽爲羇旅叛臣，嗚吠逋醜，長戟指闕，强弩臨城。兵折意窮，忿毒而没。善不可恃，岐路何歸？」君子曰：「梁主之美，誠如子言，神無與善，未敢聞命，何者？武帝暮年，荒誕實甚。殫守縣之力，不充自縱之資；盡丁口之租，纔足緇衣之費。昔夏桀以九州之富，秦皇以六合之尊，造瓊室而天下土崩，作阿房而寰中瓦解，況地比一郡，國乃三分；外有征戍之勤，内有雕靡之弊，加以金刹寶柱，焕爛雲霞。至於銀榜珠簾，的皪星月，神怒人怨，禍積患生。過往必來，何足疑也！且夫惡於齊而保於我，何補也？得一夫而亡一國，非智也。昔趙納馮亭，有長平之禍；梁受侯景，成永福之災。金甌忽傷，悔之何及？

《李德裕文集·外集》卷四《梁武論》　世人疑梁武建佛刹三百餘所，而國破家亡，其禍甚酷，以爲釋氏之力，不能拯其顛危。余以爲不然也。釋氏有六波羅密，檀波密羅是其一也。又曰：「難舍能舍，大者頭目肢體，其次國城妻子，此所謂難舍也。」餘嘗深求此理，本不戒其不貪，能自微不有其實，必不操人所寶，與老氏之無欲知足，司城之不貪爲寶，其義一也。庸夫謂之作福，斯爲妄矣。而梁武所建佛刹，未嘗自損一毫，或出自有司，或厚斂氓俗。竭經國之費，破生人之産。勞役不止，杼柚其空，閏位偏方，不堪其弊，以此徼福，不其悖哉！此梁武所以不免也。

《資治通鑑》卷一五九　梁高祖之不終也，宜哉！夫人君聽納之失，在於叢脞；人臣獻替之病，在於煩碎。是以明主守要道以御萬機之本，忠臣陳大體以格君心之非，故身不勞而收功遠，言至約而爲益大也。觀夫賀琛之諫，未至于切直，而高祖已赫然震怒，護其所短，矜其所長。詰貪暴之主名，問勞費之條目，困以難對之狀，責以必窮之辭。自以蔬食之儉爲盛德，日昃之勤爲至治。君道已備，無復可加，羣臣箴規，舉不足聽。如此，則自餘切直之言過於琛者，誰敢進哉！由是奸佞居前而不見，大謀顛錯而不知，名辱身危，覆邦絶祀，爲千古所閔笑，豈不哀哉！

司馬光《稽古録》卷一四　武帝當齊之季，任居方面，危不自安，乘時奮起，以除昏主，而成大業。及享國日久，普通、大通之際，遭魏氏衰微，王公、牧守繈屬而歸之。戎車北征，至於洛汭。觀其勤身約已，好尚文雅，拊循士大夫，亦可謂恭儉寬惠之君矣。然以萬乘之主，爲桑門之行，屈身傾國，以奉浮屠。恩勝於威，紀綱不立。信佞臣之謀，貪河南之地。棄與國寵叛人，遂使臺城覆没，老而餒死。江淮以南，鞠爲荆棘，其知未足稱也。夫德澤不能及，而享其大利，聖人禍之。譬如悦盜財之賊，而延之入室，財不可得，而喪其所有，必矣。

《蘇轍集·欒城後集》卷一〇《歷代論四·梁武帝》　《易》曰：「形而上者謂之道，形而下者謂之器。」自五帝三王以形器治天下，導之以禮樂，齊之以政刑，道行於其間，而民莫知也。文、武之後，雖召公、畢公之賢，君子不以爲知道者。至春秋之際，管仲、晏子、子産、叔向之徒，以仁義忠信成功於天下，然其於道則已遠矣。

孔子出於周末，收文、武之遺，而得堯、舜之極，其稱曰：「君子上達，小人下達。」嘗自謂我下學而上達者。於其門人，惟顔子、曾子，庶幾以道許之。一時賢者，若老子之明道，其所以尊之者至矣。史稱孔子既見老子，退謂弟子曰：「鳥，吾知其能飛；魚，吾知其能游；獸，吾知其能走。走者可以爲罔，游者可以爲綸，飛者可以爲矰。至於龍，吾不能知其乘雲氣而上天。吾今日見老子，其猶龍邪？」老子體道而不嬰於物，孔子至以龍比之，然卒不與共斯世也。捨禮樂政刑而欲行道於世，孔子固知其難哉！

東漢以來，佛法始入中國，其道與老子相出入，皆《易》所謂形而上者，而漢世士大夫不能明也。魏、晉以後，略知之矣。好之篤者，則欲施之於世，疾之深者，則欲絶之於世，二者皆非也。老、佛之道，與吾道同，而欲絶之，老、佛之教，與吾教異，而欲行之，皆失之矣。秦姚興區區一隅，招延緇素，譯經談妙，至者

凡數千人，而姚氏之亡，曾不旋踵。梁武繼之，江南佛事，前世所未嘗見，至捨身爲奴隸，郊廟之祭，不薦毛血，父子皆陷於侯景，而國隨以亡。議者觀秦、梁之敗，則以佛法爲不足賴矣。後魏太武深信崔浩。浩不信佛法，勸帝斥去僧徒，毁經壞寺，既滅佛法，而浩亦以非罪赤族。唐武宗欲求長生，狥道士之私，夷佛滅僧，不期年而以弒崩。議者觀魏、唐之禍，則以佛法爲不可悟矣。二者皆見其一偏耳，老、佛之道，非一人之私説也，自有天地而有是道矣。

古之君子，以之治氣養心，其高不可嬰，其潔不可溷，天地神人，皆將望而敬之。聖人之所以不疾而速，不行而至者，一用此道也。《老子》曰：「天得一以清，地得一以寧，神得一以靈，谷得一以盈，萬物得一以生，侯王得一以爲天下貞。天無以清，將恐裂；地無以寧，將恐發；神無以靈，將恐歇；谷無以盈，將恐竭；萬物無以生，將恐絶；侯王無以貴高，將恐蹷。」道之於物，無所不在，而尚可非乎？雖然，蔑君臣，廢父子，而以行道於世，其弊必有不可勝言者。誠以形器治天下，導之以禮樂，齊之以政刑，道行於其間，而民不知，萬物並育而不相害，道並行而不相悖，泯然不見其際而天下化，不亦周、孔之遺意也哉！

李燾《六朝通鑑博議》卷八　梁武以英傑之資，與臨川親兄弟間，平居相處，固知其不爲才，而況當開國之始，興問罪之師，此敵人所以伺護以爲進退，四方之所觀望以爲去就，其舉也不可謂之輕。武帝不以屬之韋、裴龍虎之將，而付之頑嚚不友之弟，使百萬之師，一朝烏散；若敵人乘之，則社稷存亡，或未可議。嗚呼！棄民則不仁，資敵則不智，知其不可而爲之則爲狂，君子是以知梁之不永，蓋武帝之智荒矣。

于慎行《讀史漫録》卷六　梁武革命，乃詔子恪、子範等諭之，曰：江左以來，代謝之際，必相屠滅，感傷和氣，所以國祚不長。于是子範兄弟，并以才能知名，歷官清顯。梁武享國五十祀，江左歷朝，未有其比，而子孫蕃盛，至隋唐之際，尤多顯者。天道惡殺，鬼神佑善，其報之不爽如此！不然，以梁武之功名，豈遠出宋齊之上，而實享太平之福，至于五六十年，上同漢武，下比唐玄，非其仁心所格，何以臻此？世之爲暴者，可以鑒矣！

史稱，蕭氏有功在民，以寖微而亡，故餘祉及其後裔，自瑀逮遘，凡八葉宰相，名德相望，與唐盛衰，世家之盛，古未有也。所謂有陰德者，必有陽報，有隱行者，必有昭名，麒麟鳳凰，子孫盛昌，豈虚也哉！

【略】梁武帝一塔之費，動以巨億，而宗廟會同，不殺牲牢，且曰，「吾自非公宴，不食國家之食」，「乃至宫人，亦不食國家之食。凡所營造，不關材官」，「皆資顧借，以成其事」。竟不知武帝所私食者何國之食，所顧借者何國之民？身爲天下國家之主，而云不食國家，此辭之不可通者，袛見其愚且蔽也。

侯景既破臺城，入見武帝于太極東堂。武帝神色不變，問曰：「卿在軍中日久，得無爲勞？」景不敢仰視，汗流被面，退謂其下曰：「吾常跨馬對陣，矢刃交下，而意氣安緩，了無怖心，今見蕭公，使人自慴，豈非天威難犯！吾不可以再見之。」以景之驍雄暴伉，勢若無前，武帝當存亡死生之際，猶能折其雄心，使之惶怖，帝王器度，必有非常人所及者矣。

王夫之《讀通鑑論》卷一七　沈約非齊之大臣，梁武辟之，始與國政，惡固輕於賈充、謝晦矣。然和帝方嗣位於上流，梁武猶有所疑，而約遽勸之以速奪其位；梁武欲置和帝於南海，而約勸梁以決於弒；蓋帝猶有憚於大逆之情，而約決任天下之惡以成之，是有人心所必憤者也。若張稷者，自以己私與王珍國推刃其君，固梁武之所幸，而實非爲梁武而弒，若趙穿之於趙盾，賈充之於司馬昭也。故此二逆者，梁武深惡之，而果其所宜惡者也。

雖然，梁武抑豈能伸罪以致討於約與稷哉？徒惡之而已。惡之深，因以自惡也；於惡之深，知其自惡也。置稷於青、冀，而弗任約以秉均，抑安能違其不可盡泯之秉彝乎？不殺稷而稷失志以死於叛民，不殺約而約喪魄以死於斷舌之夢。帝語及稷而怒形於色，約死而加以惡謚。推斯情也，帝之自疚自赧於獨知之隱，雖履天子之貴，若無尺地可以自容也可知矣。然而終不能殺稷與約者，則以視楊廣、朱温爲差矣，已有慝而不能伸討於人矣。已有慝而殺助逆之人，然後人理永絶於心。均之爲惡，而未可以一概論，察其心斯得之矣。

【略】武帝之始，崇學校，定雅樂，斥封禪，修五禮，六經之教，蔚然興焉，雖疵而未醇，華而未實，固東漢以下未有之盛也。天監十六年，乃罷宗廟牲牢，薦以疏果，沈溺於浮屠氏之教，以迄於亡而不悟。蓋其時帝已將老矣，疇昔之所希冀而圖謀者，皆已遂矣，更無餘願，而但思以自處。帝固起自儒生，與聞名義，非曹孟德、司馬仲達之以雄豪自命者也；尤非劉裕、蕭道成之發跡兵間，茫然於名教者也。既嘗求之於聖人之教，而思有以異於彼。乃聖人之教，非不奬人以悔過自新之路；而於亂臣賊子，則雖有豐功偉績，終不能蓋其大惡，登進於君子之

途。帝於是徬徨疚媿，知古今無可自容之餘地，而心滋戚矣。浮屠氏以空爲道者也，有心亡罪滅之説焉，有事事無礙之教焉。五無間者，其所謂大惡也，而或歸諸宿業之相報，或許其懺悔之皆除，但與皈依，則覆載不容之大逆，一念而隨皆消隕。帝於是欣然而得其願，曰：唯浮屠之許我以善，而我可善於其中也，斷内而已，絶肉而已，捐金粟以營塔廟而已。夫我皆優爲之，越三界，出九地，翛然於善惡之外，弑君簒國，漚起幻滅，而何傷哉？則終身沈迷而不反，夫誰使之反邪？不然，佞佛者皆愚惑失志之人，而帝固非其倫也。

嗚呼！浮屠之亂天下而徧四海垂千年，趨之如狂者，唯其納天下之垢汙而速予之以聖也。苟非然疚於屋漏者，誰能受君子之典型，而不舍以就彼哉？淫坊酒肆，佛皆在焉，惡已貫盈，一念消之而無餘媿，儒之駁者，竊附之以奔走天下，曰無善無惡良知也。善惡本皆無，而耽酒漁色，罔利逐名者，皆逍遥淌瀁，自命爲聖人之徒，亦此物此志焉耳。

【略】神智乘血氣以盛衰，則自少而壯，自壯而老，凡三變而易其恒。貞於性者正，裕於學者正，則藏之密，植之固，而血氣自盛，智不爲蕩；血氣自衰，智不爲耗；衛武公之所以爲睿聖也。

梁武帝之初，可謂智矣。裴叔業要之北奔，則知羣小之害不及遠；蕭穎胄欲請救於魏，則知示弱戎狄之非策；蕭淵藻誣鄧元起之反，則料其爲誣；敕曹景宗下韋叡，則知師和必克。任將有功，圖功有成，雖非宋武之習兵而制勝，而其籌得喪也，堅定而無回惑，於事幾亦孔晰矣。至其受侯景之降，居之内地，蕭介危言而不聽，未幾，聽高澄之紿，許以執景，傅岐苦諫而不從；旋以景爲腹心，旋以景爲寇讎，旋推誠而信非所信，旋背約而徒啓其疑，茫乎如舟行霧中而不知所屆，截然與昔之審勢度情者，明暗沓不相及；蓋帝於時年已八十有五矣，血氣衰而智亦爲之槁也。

智者，非血氣之有形者也，年愈邁，閲歷愈深，情之順逆，勢之安危，尤輕車熟路之易爲馳也，而帝奚以然也？其智資於巧以乘時變，而非德之慧，易爲涸也。且其中歲以後，薰染於浮屠之習，蕩其思慮。夫浮屠既已違於事理矣，而浮慧之流，溢爲機變，無執也，可無恒也；無礙也，可無不爲也；恍惚而變遷，以浪擲其宗社人民而無所顧恤，斯豈徒朱異、謝舉之熒之哉？抑非老至耄及之神智衰損之爲也，神不宅形，而熟慮卻顧之心思，蕩散而不爲内主矣。夫君子立本於仁義，而充之以學，年雖邁，死則死矣，智豈與之俱亡哉？

王士禎《古夫於亭雜録》卷二　葉氏亟稱梁武帝：「情念在民，精擇守宰，拔舉人才，不隔前後，博雅通經，精義不窮。所謂游畋、聲色、玩好致敗之具，色色無之。不特江左所無，秦、漢以來語賢君者，皆未易及。」此論亦自有見。

錢大昕《潛研堂文集》卷二《梁武帝論》　治國之道如養生，然養生者不能保身之無病，而務求醫以藥之；治國者不能必政之無失，而務納諫以救之。是故血氣之强壯非不可恃也，而諱疾而不慎者，身雖强必夭；人民之富庶非不可恃也，而拒諫而自矜者，國雖安必亡。

昔梁武帝以雄才手定大業，在位四十餘年，修禮正樂，祥瑞畢臻，迹其生平，無大失德，而終於國破身亡，爲天下僇。史臣以爲耄年委事權倖之故。夫權倖之臣，必乘人主之昏怠淫侈，始得售其姦。武帝博通經史，洞盡物情，不可云昏；三更理事，日昃就食，至於百司，莫不奏事，不可云怠；布衣皁帳，食無鮮腴，五十外便斷房室，不可云淫與侈。且其時所稱權倖者，不過朱異耳。以言乎倖，既非閎籍之倫；以言乎權，亦非梁竇之亞。侯景之納降，出自帝意，而異特贊成之，故帝終不以是咎異。謂一異足以亡梁，非篤論也。

然則梁何以遽亡？曰：梁之亡，亡於拒諫而自滿也。方創業之始，沈、范、周、徐，大都非骨鯁之彦，護前之失，休文已早識之。及臨御日久，舊臣彫落，以爲天下皆莫己若也，而惡人之讜言；讜言不至於前，則所用者皆容悦諂諛之徒，無有爲梁任事者，而梁之亡形成矣。觀於賀琛之諫，非甚激切，而武帝口授主書，誚讓幾二千言，曰「貪殘」，曰「姦猾」，則詰其主名；曰「深刻」，曰「煩費」，則窮其條目，必使之謝過，不敢復有指斥而後已。烏呼！武帝豈誠以長吏爲無一貪殘，百司爲無一深刻，朝廷無一妨民費財之事也哉！不過塗飾一時耳目，以箝諫者之口，謂可欺天下後世爾。且其言曰：「我自除公宴，不食國家之食，多歷年稔，乃至宫人亦不食國家之食。」夫天下之財止有此數，正賦之外，别有私蓄，要皆國家之物。帝與宫人非能辟穀，豈有不食國家之食之理？以是推之，多見其僞而已矣。夫琛所陳四事者，雖中當時之弊，猶不至於亡也，病在自以爲是而惡人之言。言事於人主之前，人情之至難也。引而進之猶懼其弗言，責而怒之，誰復爲言者！以四海之大，百司之衆，無一人能爲朝廷直言而國不亡者，未之有也。何也？正人者，朝廷之元氣也，無直言則正人之氣不伸，而夸毘體柔之徒進而用事，虚美熏心，實禍閉塞，識者知有土崩之漸，而宴然猶以爲金甌無缺也。當此之時，雖無侯景，亦不免於禍。何也？元氣衰則百病皆得而殺之，不必癰疽

之能殺其身也。雖然，以武帝之聰明才略，豈不知爲其身與其國計？特以自信太過，視諫諍之言皆浮而不切於務，徒足以損己之名，故拒之甚力也。庸詎知禍之一至於斯哉！是故有天下而能保之者，必自納諫始。

趙翼《廿二史劄記》卷三《梁武存齊室子孫》 宋之於晉，齊之於宋，每當革易，輒取前代子孫盡殄之。梁武父順之在齊時，以縊殺魚復侯子響事，爲孝武所惡，不得志而死。故梁武贊齊明帝除孝武子孫，以復私讎，然亦本明帝意，非梁武能主之也。後其兄懿又爲明帝子東昏侯所殺，故革易時，亦盡誅明帝子以復之，所謂自雪門恥也。至於齊高子孫猶有存者，則皆保全而録用之。如蕭子恪仕至吳郡太守，子範秘書監，子顯侍中、吏部尚書，子雲國子祭酒，子暉中騎長史。梁武嘗謂子恪等曰：「我初平建康，人皆勸我云，時代革易，宜有處分，我依此而行，有何不可。正以江左以來，代謝必行誅戮，有傷和氣，所以運祚不長。昔曹志是魏武帝孫陳思王之子，事晉武帝，能爲忠臣。此即卿事例，卿等無復自外之意，日久當知我心耳。」姚察論曰：魏、晉革易，皆抑前代宗支，以絶民望，然劉曄、曹志猶顯於新朝。及宋遂令司馬氏爲廢姓，齊之代宋，戚屬皆殲，其祚不長，抑亦由此。梁受命而子恪兄弟及羣從並隨才受任，通貴滿朝，君子以是知高祖之量度越前代矣。

藝文

歐陽詢《藝文類聚》卷一四《帝王部四·梁武帝》引梁元帝《高祖武皇帝謚議》 臣聞翼善傳聖曰堯，仁聖盛明曰舜，受禪成功曰禹，除虐去殘曰湯。謚者行之跡，號者功之表。雖賤不誄貴，卑不誄尊，而彰乎名者，盛德之嘉號也。被於物者，治定之實録也。斯所以聲明焕乎鍾石，昭晰備於絃管者焉。伏惟天縱欽明，惟睿作聖。功超三五，聲踰七十。仰之彌高，就之彌遠。載潛載躍，乃武乃文。先是木運告終，羣后改屬。乹維岡構，地紐如崩。祧祀阽危，公卿旰食。九牧有淪胥之悲，八表興横流之歎。乃凝威黑水，表瑞丹陵。雲合景從，表裏禔福。受終文祖，允恭克讓。知黔首不可以無歸，蒼生不可以無主。降汾陽之遠志，不得已而臨之。於是類帝禋宗，革命創制。禘郊式展，殷薦斯潔。臨兹大寶，化與和氣俱宣；扇此王風，政與秋霜並肅。言懸日月，功格區宇。不以紫宸爲貴，不以黄屋爲尊。政謐刑措，民殷國阜。虹旌式卷，堡燧載清。胥象相因，環梏無曠。天衢亭泰，王道升平。南海候風，東溟奉贄。膏露凝枝，慶雲觸石。山開蒼璧，地出玄珪。驃騎把鉞，則休屠款塞。太尉抗旌，則名王蹙角；聲教所漸，浹靈虵之都。威令所行，通燭龍之外；開庠建序，布濩於成均。正俗移風，氛氳於司樂；虚納十亂，引諒直之規；廣闢四門，弘招賢之德。青衿知擊壤之性，黄髮恣鼓腹之歡。加以鑽味微言，研精至道。文終所牧之典，史倚所讀之書。無輟萬機，日且千遍。馳郁郁之聲，表乹乹之德。允所謂皇哉君哉，日用而不知者矣。方旦告成岱嶽，鏤升中之玉簡；昭事梁甫，祕社首之金繩。而文王明夷，事弇往册。黄帝橋山，痛深前典。萬有淪傷，三辰掩曜。人祇軫慕，山海含悲。慟切陟方，哀深遏密。煩冤荼毒，貫切心髓。風樹不静，陟岵何期。思所以欽若九功，仰稽七德。

《全唐文》卷一九唐睿宗《梁武帝贊》 緬惟梁武，九五居尊。何爲自屈，沈冥釋門。災興佛寺，兵纏帝闕。竟罹凶逼，天道寧論。

《全唐詩》卷七二九周曇《六朝門·梁武帝》 梁武年高厭六龍，繁華聲色盡歸空。不求賢德追堯舜，翻作憂囚一病翁。

孫武仲《清江三孔集》卷九《讀梁武帝紀二首》 破除綱紀事虚空，可恨蕭家一老翁。魚爛土崩俱自取，不須侯景到江東。

楊萬里《誠齋集》卷二三《讀梁武帝事》 眼見臺城作劫灰，一聲荷荷可憐哉。梵王豈是無甘露，不爲君王致蜜來。

《王十朋全集》卷一〇《咏史詩·梁武帝》 不法先王治用儒，舍身傾國事浮屠。堪嗟餓病臺城日，曾得空王救死無？

《李東陽集·詩前稿》卷一《吳老公》 吳老公，薄心腸。夕河南，旦貞陽。詐書實報恩作殃，一身非魏還非梁。彼窮歸義棄不祥，公心不薄爾可忘。梁家養客如養狼，狼入彼室壞彼堂。當時許媾惟朱張，溧陽公主誰家郎，樂游絲竹令人傷。

孫承恩《文簡集》卷四一《古像贊》 著述浩穰，齊魯宿儒。性行簡儉，山澤之臞。梵典徒勤，帝紀不立。反噬彎弧，皇圖遂訖。

張溥《漢魏六朝百三家集題辭注·梁武帝集》 梁武帝净業賦序，即曹孟德之述志令也。孟德奸雄善文，自許西伯；梁帝亦謬比湯武，大言不怍。夫長沙酷害，樊鄧興兵，勢成騎虎，延頸爲難。獨無道既誅，鼎新有主，忽焉狐盜，覆齊

宗祀。猶總師稱朕，妄擬南巢白旗，則石勒胡人，且笑曹馬矣。帝負龍虎之相，兼文武之才，史贊其恭儉莊敬，藝能博學，人君罕有。惜羯寇滔天，臺城煨燼，制旨二百餘卷，五禮一千餘卷，《通史》六百卷，後世無繇誦讀。今得其詔令書敕諸篇，置帝王集中，則魏晉風烈，間有存者。雕蟲小技，壯夫不爲。尚幸見之朝廷，未容以河中之水，東飛伯勞數詩，定帝高下也。捨道歸佛，躬爲教宗，顧白衣所急，首唱斷肉耳！據帝自序，絶魚肉，斷房室，欲天下知其不貪，其責賀散騎又云，腰瘦二尺，救物故也。神器至重，逆取順守，僅欲以黄羸菜味，自救不臣，爲計短矣。至今愚夫愚婦身盜賊而口素食，即云消孽滅過，率祖帝術也。

元宏部

綜述

《魏書》卷七上《高祖紀上》 高祖孝文皇帝，諱宏，顯祖獻文皇帝之長子，母曰李夫人。皇興元年八月戊申，生於平城紫宫，神光照於室内，天地氛氲，和氣充塞。帝生而潔白，有異姿，襁褓岐嶷，長而淵裕仁孝，綽然有君人之表。顯祖尤愛異之。三年夏六月辛未，立爲皇太子。

五年秋八月丙午，即皇帝位於太華前殿，大赦，改元延興元年。丁未，劉彧遣使朝貢。九月壬戌，詔在位及民庶直言極諫。有利民益治，損政傷化，悉心以聞。壬午，青州高陽民封辯自號齊王，聚黨千餘人，州軍討滅之。高麗民奴久等相率來降，各賜田宅。

冬十月丁亥，沃野、統萬二鎮敕勒叛。詔太尉、隴西王源賀追擊，至枹罕，滅之，斬首三萬餘級，徙其遺迸於冀、定、相三州爲營户。庚寅，以征東大將軍、南安王楨爲假節、都督涼州及西戎諸軍事、領護西域校尉、儀同三司，鎮涼州。朔方民曹平原招集不逞，破石樓堡，殺軍將。劉彧將垣崇祖率衆二萬自郁洲寇東兖州，屯于南城固。十有一月，刺史于洛侯討破之，崇祖還郁洲。妖賊司馬小君聚衆反於平陵，齊州刺史、武昌王平原討擒之。十有二月乙酉，以駙馬都尉穆亮爲趙郡王。壬辰，詔訪舜後，獲東萊郡民媯苟之，復其家畢世，以彰盛德之不朽。復前濮陽王孔雀本封。辛丑，趙郡王穆亮徙封長樂王。

二年春正月乙卯，統萬鎮胡民相率北叛。詔寧南將軍、交阯公韓拔等追滅之。大陽蠻酋桓誕率户内屬，拜征南將軍，封襄陽王。曲赦京師及河西，南至秦涇，西至枹罕，北至涼州諸鎮。詔假員外散騎常侍邢祐使於劉彧。二月乙巳，蠕蠕犯塞。太上皇帝次於北郊，詔諸將討之。虜遁走。其别帥阿大干率千餘落來降。東部敕勒叛奔蠕蠕，太上皇帝追之，至石磧，不及而還。壬子，高麗國遣使朝貢。三月，太上皇帝至自北討。戊辰，以散騎常侍、駙馬都尉萬安國爲大司馬、大將軍，封安城王。庚午，車駕耕於藉田。石城郡獲曹平原，送京師，斬之。連川敕勒謀叛，徙配青、徐、齊、兖四州爲營户。

夏四月庚子，詔工商雜伎，盡聽赴農。諸州郡課民益種菜果。辛亥，劉彧遣使朝貢。癸酉，詔沙門不得去寺浮遊民間，行者仰以公文。五月丁巳，詔軍警給璽印、傳符，次給馬印。六月，安州民遇水雹，丐租賑恤。丙申，詔曰：「頃者州郡選貢，多不以實，碩人所以窮處幽仄，鄙夫所以超分妄進，豈所謂旌賢樹德者也？今年貢舉，尤爲猥濫。自今所遣，皆門盡州郡之高，才極鄉閭之選。」閏月壬子，蠕蠕寇敦煌，鎮將尉多侯擊走之。又寇晉昌，守將薛奴擊走之。戊午，行幸陰山。

秋七月，光州民孫晏等聚黨千餘人叛，通劉昱，刺史叔孫璝討平之。辛丑，高麗國遣使朝貢。壬寅，詔州郡縣各遣二人才堪專對者，赴九月講武，當親問風俗。八月丙辰，百濟國遣使奉表請師伐高麗。辛酉，地豆于、庫莫奚國遣使朝貢，昌亭國遣使獻蜀馬。河西費也頭反，薄骨律鎮將擊走之。九月辛巳，車駕還宫。戊申，統萬鎮將、河間王閭虎皮坐貪殘賜死。己酉，詔以州鎮十一水，丐民田租，開倉賑恤。又詔流迸之民，皆令還本，違者配徙邊鎮。

冬十月，蠕蠕犯塞，及於五原。十有一月，太上皇帝親討之，將度漠襲擊。蠕蠕聞軍至，大懼，北走數千里。以窮寇遠遁，不可追，乃止。丁亥，封皇叔略爲廣川王。壬辰，分遣使者巡省風俗，問民疾苦。帝每月一朝崇光宫。

十有二月庚戌，詔以代郡事同豐沛，代民先配邊戍者皆免之。

三年春正月庚辰，詔員外散騎常侍崔演使於劉昱。丁亥，改崇光宫爲寧光宫。戊戌，太上皇帝還至雲中。是月，相州執送妖人榮永安於京師，斬之。詔赦其支黨。二月戊申，高麗、契丹國並遣使朝貢。癸丑，詔牧守令長，勤率百姓，無令失時。同部之内，貧富相通。家有兼牛，通借無者，若不從詔，一門之内終身不仕。守宰不督察，免所居官。戊午，太上皇帝至自北討，飲至策勳，告於宗廟。死王事者復其家。詔畿内民從役死事者，郡縣爲迎喪，給以葬費。甲戌，詔縣令能静一縣劫盜者，兼治二縣，即食其禄；能静二縣者，兼治三縣，三年遷爲郡守。二千石能静二郡，上至三郡，亦如之，三年遷爲刺史。三月壬午，詔諸倉囷穀麥充積者，出賜貧民。

夏四月戊申，詔假司空、上黨王長孫觀等討吐谷渾拾寅。壬子，契丹國遣使朝貢。詔以孔子二十八世孫魯郡孔乘爲崇聖大夫，給十户以供灑掃。

秋七月，詔河南六州之民，户收絹一匹，綿一斤，租三十石。乙亥，行幸陰

山。劉昱遣將寇緣淮諸鎮，徐州刺史、淮陽公尉元擊走之。八月己酉，高麗、庫莫奚國並遣使朝獻。庚申，帝從太上皇帝幸河西。拾寅謝罪請降，許之。九月辛巳，車駕並還宮。乙亥，劉昱遣使朝貢。己亥，詔曰：「自今京師及天下之囚，罪未分判，在獄致死無近親者，公給衣衾棺櫝葬埋之，不得曝露。」辛丑，詔遣使者十人循行州郡，檢括户口。其有仍隱不出者，州、郡、縣、户主並論如律。庫莫奚國遣使朝獻。

冬十月，太上皇帝親將南討。詔州郡之民，十丁取一以充行，户收租五十石，以備軍糧。悉萬斤國遣使朝獻。武都王反，攻仇池。詔長孫觀仍回師討之。十有一月戊寅，詔以河南七州牧守多不奉法，致新邦之民莫能上達，遣使者觀風察獄，黜陟幽明。其有鰥寡孤獨貧不自存者，復其雜徭，年八十已上，一子不從役；力田孝悌，才器有益於時，信義著於鄉閭者，具以名聞。癸巳，太上皇帝南巡，至於懷州。所過問民疾苦，賜高年、孝悌力田布帛。十有二月庚戌，詔關外苑囿聽民樵採。壬子，蠕蠕犯邊，柔玄鎮二部敕勒叛應之。癸丑，沙門慧隱謀反，伏誅。

是歲，州鎮十一水旱，丐民田租，開倉賑恤。吐谷渾部内羌民鍾豈渴干等二千三百户内附。

四年春正月丁丑，侍中、太尉、隴西王源賀以病辭位。辛巳，粟特國遣使朝獻。二月甲辰，太上皇帝至自南巡。辛亥，吐谷渾拾寅遣子費斗斤入侍，并獻方物。辛未，禁斷寒食。三月丁亥，詔員外散騎常侍許赤虎使於劉昱。高麗、吐谷渾、曹利諸國各遣使朝貢。

夏五月甲戌，蠕蠕國遣使朝貢。

秋七月庚午，高麗國遣使朝獻。己卯，曲赦仇池。癸巳，蠕蠕寇敦煌，鎮將尉多侯大破之。八月庚子，吐谷渾國遣使朝獻。戊申，大閱於北郊。九月，以劉昱内相攻戰，詔將軍元蘭等五將三萬騎及假東陽王丕爲後繼，伐蜀漢。丙子，契丹、庫莫奚、地豆于諸國各遣使朝獻。

冬十月庚子，劉昱遣使朝貢。十有一月，分遣侍臣循河南七州，觀察風俗，撫慰初附。戊寅，吐谷渾國遣使朝獻。是歲，州鎮十三大飢，丐民田租，開倉賑之。十有二月，詔西征吐谷渾兵在句律城初叛軍者斬，次分配柔玄、武川二鎮。斬者千餘人。

五年春二月庚子，高麗國遣使朝獻。癸丑，詔定考課，明黜陟。閏月戊午，吐谷渾國遣使朝獻。

夏四月丁丑，龜茲國遣使朝獻。癸未，詔天下賦調，縣專督集，牧守對檢送京師，違者免所居官。詔禁畜鷹鷂，開相告之制。五月丁酉，契丹、庫莫奚國各遣使獻名馬。丙午，詔員外散騎常侍許赤虎使於劉昱。丁未，幸武州山。辛酉，幸車輪山。六月庚午，禁殺牛馬。壬申，曲赦京師死罪，遣備蠕蠕。

秋八月丁卯，高麗、吐谷渾、地豆于諸國遣使朝獻。九月癸卯，洛州人賈伯奴、豫州人田智度聚黨千餘人，伯奴稱恒農王，智度稱上洛王，夜攻洛州。州郡擊之，斬伯奴於緱氏，執智度送京師。

冬十月，蠕蠕國遣使朝獻。十有二月丙寅，建昌王長樂改封安樂王。己丑，城陽王長壽薨。庚寅，劉昱遣使朝貢。

承明元年春二月，蠕蠕、高麗、庫莫奚、波斯諸國並遣使朝貢。是月，司空、東郡王陸定國坐事，免官爵爲兵。

夏五月，冀州武邑民宋伏龍聚衆，自稱南平王，郡縣捕斬之。蠕蠕國遣使朝貢。六月甲子，詔中外戒嚴，分京師見兵爲三等，第一軍出，遣第一兵，二等兵亦如之。壬申，大赦，改年。大司馬、大將軍、安城王萬安國坐矯詔殺神部長奚買奴於苑中，賜死。戊寅，征西大將軍、安樂王長樂爲太尉；尚書左僕射、南平公目辰爲司徒，進封宜都王；南部尚書李訢爲司空。尊皇太后爲太皇太后，臨朝稱制。

秋七月甲辰，追尊皇妣李貴人爲思皇后。以汝陰王天賜爲征西大將軍、儀同三司。高麗、庫莫奚國並遣使朝貢。濮陽王孔雀有罪賜死。八月壬午，蠕蠕國遣使朝貢。甲申，以長安二蠶多死，丐民歲賦之半。九月丁亥，曲赦京師。高麗、庫莫奚、契丹諸國並遣使朝獻。癸丑，宕昌、悉萬斤國並遣使朝貢。

冬十月丁巳，起七寶永安行殿。乙丑，進征西大將軍、假東陽王元丕爵爲正王。辛未，輿駕幸建明佛寺，大宥罪人。濟南公羅拔進爵爲王。十有一月，蠕蠕國遣使朝貢。戊子，以太尉、安樂王長樂爲定州刺史，京兆王子推爲青州刺史，司空李訢爲徐州刺史，並開府儀同三司。

太和元年春正月乙酉朔，詔改今號爲太和元年。起太和、安昌二殿。己酉，秦州略陽民王元壽聚衆五千餘家，自號爲衝天王。雲中飢，開倉賑恤。二月丙寅，漢川民泉會、譚酉等相率内屬，處之并州。辛未，秦、益二州刺史、武都公尉洛侯討破元壽，獲其妻子，送京師。癸未，高麗、契丹、庫莫奚國各遣使朝獻。三

月庚子，徵征西大將軍、雍州刺史、東陽王丕爲司徒。庫莫奚、契丹國各遣使朝獻。

夏四月丙寅，蠕蠕國遣使朝貢。丁卯，幸白登山。壬申，幸崞山。詔復前東郡王陸定國官爵。五月乙酉，車駕祈雨於武州山，俄而澍雨大洽。蠕蠕國遣使朝貢。

秋七月壬辰，侍中、開府儀同三司、青州刺史、京兆王子推薨。庚子，定三等死刑。己酉，太和、安昌二殿成。起朱明、思賢門。八月壬子，大赦天下。戊寅，劉準遣使朝貢。九月癸未，蠕蠕國遣使朝貢。乙酉，詔羣臣定律令於太華殿。辛卯，高麗國遣使朝貢。庚子，起永樂遊觀殿於北苑，穿神淵池。車多羅、西天竺、舍衛、疊伏羅諸國各遣使朝貢。

冬十月癸酉，宴京邑耆老年七十已上於太華殿，賜以衣服。是月，庫莫奚、契丹國各遣使朝獻。又詔七十已上一子不從役。龜茲國遣使朝獻。丙子，誅徐州刺史李訢。庫莫奚、契丹國各遣使朝貢。十有一月癸未，詔征西將軍、廣川公皮歡喜，鎮西將軍梁醜奴，平西將軍楊靈珍等率衆四萬討楊鼠。乙酉，吐谷渾國遣使朝獻。丁亥，懷州民伊祁苟初自稱堯後應王，聚衆於重山。洛州刺史馮熙討滅之。閏月，歡喜等軍到建安，楊鼠棄城南走。癸亥，粟提婆國遣使朝獻。庚子，詔員外散騎常侍李長仁使於劉準。十有二月壬寅，歡喜攻陷葭蘆，斬文度，傳首京師。甲辰，員闊、吐谷渾國並遣使朝貢。丁未，詔以州郡八水旱蝗，民飢，開倉賑恤。以安定王休爲儀同三司。

二年春正月丁巳，封昌黎王馮熙第二子始興爲北平王。戊午，吐谷渾遣使朝獻。二月丁亥，行幸代之湯泉。所過問民疾苦，以宫人賜貧民無妻者。戊戌，蠕蠕國遣使朝獻。癸卯，車駕還宮。三月丙子，以河南公梁彌機爲宕昌王。

夏四月甲申，幸崞山。丁亥，還宮。己丑，劉準遣使朝貢。京師旱。甲辰，祈天災於北苑，親自禮焉。減膳，避正殿。丙午，澍雨大洽。曲赦京師。六月己丑，幸鹿野苑。

秋七月戊辰，龜茲國遣使獻名駝七十頭。劉準遣將寇仇池，陰平太守楊廣香擊走之。八月，分遣使者考察守宰，問民疾苦。丙戌，詔罷諸州禽獸之貢。丁亥，勿吉國遣使朝獻。九月丙辰，曲赦京師。龜茲國遣使獻大馬、名駝、珍寶甚衆。

冬十月壬辰，詔員外散騎常侍鄭羲使於劉準。十有二月癸巳，誅南郡王李惠。

是歲，州鎮二十餘水旱，民飢，開倉賑恤。

三年春正月癸丑，坤德六合殿成。庚申，詔罷行察官。二月辛巳，帝、太皇太后幸代郡温泉，問民疾苦，鰥貧者以宫女妻之。己亥，還宫。壬寅，乾象六合殿成。三月甲辰，曲赦京師。戊午，吐谷渾、高麗國各遣使朝獻。

夏四月壬申，劉準遣使朝獻。辛卯，蠕蠕國遣使朝獻。丙申，幸崞山。己亥，還宫。庚子，淮陽公尉元進爵爲王。吐谷渾國遣使獻氂牛五十頭。雍州刺史、宜都王目辰有罪，賜死。五月丁巳，帝祈雨於北苑，閉陽門，是日澍雨大洽。辛酉，詔曰：「昔四代養老，問道乞言。朕雖沖昧，每尚其美。今賜國老各衣一襲，綿五斤，絹布各五匹。」六月辛未，以雍州民飢，開倉賑恤。起文石室、靈泉殿於方山。

秋七月壬寅，詔宫人年老及疾病者，免之。八月壬申，詔羣臣直言盡規，靡有所隱。乙亥，幸方山，起思遠佛寺。丁丑，還宫。九月壬子，以侍中、司徒、東陽王丕爲太尉；侍中、尚書右僕射、趙郡公陳建爲司徒，進爵魏郡王；侍中、尚書、河南公苟頹爲司空，進爵河東王；侍中、尚書、太原公王叡進爵中山王；侍中、尚書、隴東公張祐進爵新平王。己未，定州刺史、安樂王長樂有罪，徵詣京師，賜死。高麗、吐谷渾、地豆于、契丹、庫莫奚、龜茲諸國各遣使朝獻。

冬十月己巳朔，大赦天下。十有一月癸卯，賜京師貧窮、高年、疾患不能自存者衣服布帛各有差。癸丑，進假梁郡公元嘉爵爲假王，督二將出淮陰；隴西公元琛三將出廣陵；河東公薛虎子三將出壽春。蠕蠕率騎十餘萬南寇，至塞而還。十有二月，粟特、州逸、河龔、疊伏羅、員闊、悉萬斤諸國各遣使朝貢。

四年春正月癸卯，乾象六合殿成。洮陽羌叛，枹罕鎮將討平之。隴西公元琛等攻克蕭道成馬頭戍。雍州氐齊男王反，殺美陽令，州郡捕斬之。丁巳，罷畜鷹鷂之所，以其地爲報德佛寺。戊午，襄城王韓頹有罪，削爵徙邊。蕭道成徐州刺史崔文仲寇淮北，陷茬眉戍。二月，遣尚書游明根率騎一千南討。三月丙午，詔車騎大將軍馮熙督衆迎還假梁郡王嘉等諸軍。乙卯，蠕蠕國遣使朝貢。

四月己卯，幸廷尉、籍坊二獄，引見諸囚。詔隨輕重決遣，以赴耕耘之業。辛巳，幸白登山。甲申，賜天下貧人一户之内無雜財穀帛者廪一年。五月丙申朔，幸火山。壬寅，還宫。六月丁卯，以澍雨大洽，曲赦京師。以紬綾絹布百萬匹及南伐所俘賜王公已下。

秋七月辛亥，行幸火山。壬子，改作東明觀。詔會京師耆老，賜錦綵、衣服、几杖、稻米、蜜、麵，復家人不徭役。悉萬斤國遣使朝貢。閏月丁亥，幸虎圈，親録囚徒，輕者皆免之。壬辰，頓丘王李鍾葵有罪賜死。蕭道成角城戍主請舉城内屬。八月丁酉，詔徐州刺史、假梁郡王嘉赴接之。又遣平南將軍郎大檀三將出朐城，將軍白吐頭二將出海西，將軍元泰二將出連口，將軍封四三將出角城，鎮南將軍賀羅出下蔡。甲辰，幸方山。戊申，幸武州山石窟寺。庚戌，還宫。乙卯，詔諸州置冰室。蕭道成梁州刺史崔慧景遣長史裴叔保率衆寇武興，關城氐帥楊鼠擊破之，叔保還南鄭。九月，蕭道成汝南太守常元真、龍驤將軍胡青苟率户内屬。乙亥，思義殿成。壬午，東明觀成。戊子，詔假梁郡王嘉破蕭道成將盧紹之、玄元度於朐山，其下蔡戍主棄城遁走。

冬十月丁未，詔昌黎王馮熙爲西道都督，與征南將軍桓誕出義陽；鎮南將軍賀羅，自下蔡東出鍾離。蘭陵民桓富殺其縣令，與昌慮桓和北連太山羣盜張和顔等，聚黨保五固，推司馬朗之爲主。詔淮陽王尉元等討之。

是歲，詔以州鎮十八水旱，民飢，開倉賑恤。

五年春正月己卯，車駕南巡。丁亥，至中山。親見高年，問民疾苦。二月辛卯朔，大赦天下。賜孝悌力田、孤貧不能自存者穀帛有差；免宫人年老者還其所親。丁酉，車駕幸信都，存問如中山。癸卯，還中山。己酉，講武于唐水之陽。庚戌，車駕還都。沙門法秀謀反，伏誅。南征諸將擊破蕭道成游擊將軍桓康於淮陽。道成豫州刺史垣崇祖寇下蔡，昌黎王馮熙擊破之。假梁郡王嘉大破道成將，俘獲三萬餘口，送京師。三月辛酉朔，車駕幸肆州。癸亥，講武于雲水之陽。所經，考察守宰，加以黜陟。己巳，車駕還宫。

夏四月己亥，行幸方山。建永固石室於山上，立碑於石室之庭，又銘太皇太后終制于金册，又起鑒玄殿。壬子，以南俘萬餘口班賜羣臣。五月壬戌，鄧至國遣使朝貢。庚午，青州主簿崔次恩聚衆謀叛，州軍擊之，次恩走郁洲。六月戊午，封皇叔簡爲齊郡王，猛爲安豐王。

秋七月甲子，蕭道成遣使朝貢。辛酉，蠕蠕别帥他稽率衆内附。甲戌，班乞養雜户及户籍之制五條。九月庚子，閲武於南郊，大饗羣臣。蕭道成使車僧朗以班在劉準使殷靈誕之後，辭不就席。劉準降人解奉君，刃僧朗於會中，詔誅奉君等。乙亥，封昌黎王馮熙世子誕爲南平王。兗州斬司馬朗之，傳首京師。

冬十月癸卯，蠕蠕國遣使朝貢。十有二月癸巳，詔以州鎮十二民飢，開倉賑恤。

六年春正月甲戌，大赦天下。二月癸巳，白蘭王吐谷渾翼世以誣罔伏誅。乙未，詔曰戊申，地豆于國遣使朝貢。癸丑，賜王公已下清勤著稱者穀帛有差。三月庚辰，行幸虎圈，辛巳，幸武州山石窟寺，賜貧老者衣服。壬午，幸方山。

夏四月甲辰，賜畿内鰥寡孤獨不能自存者粟帛有差。六月，蠕蠕國遣使朝貢。

秋七月，發州郡五萬人治靈丘道。八月癸未朔，分遣大使，巡行天下遭水之處，丐民租賦，貧儉不自存者，賜以粟帛。庚子，罷山澤之禁。九月辛酉，以氐楊後起爲武都王。

冬十有一月乙卯，吐谷渾國遣使朝貢。

七年春正月丁卯，詔青、齊、光、東徐四州之民，户運倉粟二十石，送瑕丘、琅邪，復租算一年。三月甲戌，以冀、定二州民飢，詔郡縣爲粥於路以食之，又弛關津之禁，任其去來。

夏四月庚子，幸崞山，賜所過鰥寡不能自存者衣服粟帛。壬寅，車駕還宫。閏月癸丑，皇子生，大赦天下。五月戊寅朔，幸武州山石窟佛寺。六月，定州上言，爲粥給飢人，所活九十四萬七千餘口。

秋七月丁丑，帝、太皇太后幸神淵池。甲申，幸方山。詔假員外散騎常侍李彪、員外郎蘭英使於蕭賾。濟南王羅拔改封趙郡王。九月冀州上言，爲粥給飢民，所活七十五萬一千七百餘口。

冬十月戊午，皇信堂成。十有一月辛丑，蕭賾遣使朝貢。十有二月庚午，開林慮山禁，與民共之。詔以州鎮十三民飢，開倉賑恤。

八年春正月，詔隴西公元琛、尚書陸叡爲東西二道大使，褒善罰惡。二月，蠕蠕國遣使朝獻。

夏四月甲寅，幸方山。戊午，車駕還宫。庚申，行幸旋鴻池，遂幸崞山。丁卯，還宫。五月己卯，詔賑賜河南七州戍兵。甲申，詔員外散騎常侍李彪、員外郎蘭英使於蕭賾。

秋七月乙未，行幸方山石窟寺。

八月甲辰，詔班制俸禄，改更刑書。寬猛未允，人或異議，今制百辟卿士，工商吏民，各上便宜。勿有所隱，九月甲午，蕭賾遣使朝貢。戊戌，詔曰：「俸制已立，宜時班行，其以十月爲首，每季一請。」於是内外百官，受禄有差。

冬十月，高麗國遣使朝貢。蕭賾雙城戍主王繼宗內屬。十有一月乙未，詔員外散騎常侍李彪、員外郎蘭英使於蕭賾。十有二月，詔以州鎮十五水旱，民飢，遣使者循行，問所疾苦，開倉賑恤。

九年春正月癸未，大饗羣臣于太華殿，班賜《皇誥》。二月己亥，制皇子封王者、皇孫及曾孫紹封者、皇女封者歲禄各有差。以廣陽王建第二子嘉紹建後，爲廣陽王。乙巳，詔百司卿士及工商吏民，其各上書極諫，靡有所隱。三月丙申，宕昌國遣使朝貢。封皇弟禧爲咸陽王，幹爲河南王，羽爲廣陵王，雍爲潁川王，勰爲始平王，詳爲北海王。

夏四月癸丑，幸方山。甲寅，還宫。五月，高麗國及蕭賾並遣使朝貢。六月辛亥，幸方山，遂幸靈泉池。丁巳，還宫。

秋七月丙寅朔，新作諸門。癸未，遣使拜宕昌王梁彌機兄子彌承爲其國王。戊子，幸魚池，登青原岡。甲午，還宫。

八月己亥，行幸彌澤。甲寅，登牛頭山。甲子，還宫。

冬十月丁未，詔使者，循行州郡，與牧守均給天下之田，還受以生死爲斷，勸課農桑，興富民之本。戊申，高麗、吐谷渾國並遣使朝貢。詔員外散騎常侍李彪、尚書郎公孫阿六頭使蕭賾。十有二月乙卯，侍中、淮南王他爲司徒。蠕蠕犯塞，詔任城王澄率衆討之。

是年，京師及州鎮十三水旱傷稼。宕昌、高麗、吐谷渾等國並遣使朝貢。

《魏書》卷七下《高祖紀下》 十年春正月癸亥朔，帝始服袞冕，朝饗萬國。壬午，蠕蠕犯塞。二月甲戌，初立黨、里、隣三長，定民户籍。三月丙申，蠕蠕國遣使朝貢。庚申，蕭賾遣使朝貢。

夏四月辛酉朔，始制五等公服。甲子，帝初以法服御輦，祀於西郊。癸酉，幸靈泉池。戊寅，車駕還宫。是月，高麗、吐谷渾國並遣使朝貢。六月辛酉，幸方山。己卯，名皇子曰恂，大赦天下。

秋七月戊戌，幸方山。八月乙亥，給尚書五等品爵已上朱衣、玉珮、大小組綬。九月辛卯，詔起明堂、辟雍。

冬十月癸酉，有司議依故事，配始祖於南郊。十有一月，議定州郡縣官依户給俸。十有二月壬申，蠕蠕犯塞。癸未，勿吉國遣使朝貢。乙酉，詔以汝南、潁川大飢，丐民田租，開倉賑恤。

十有一年春正月丁亥朔，詔定樂章，非雅者除之。二月甲子，詔以肆州之雁門及代郡民飢，開倉賑恤。

夏四月己未，吐谷渾國遣使朝貢。五月壬辰，幸靈泉池，遂幸方山。甲午，車駕還宫。詔復七廟子孫及外戚緦服已上，賦役無所與。詔南部尚書公孫文慶、上谷張伏千率衆南討舞陰。高麗、吐谷渾國遣使朝貢。六月辛巳，秦州民飢，開倉賑恤。

八月壬申，蠕蠕犯塞，遣平原王陸叡討之。庚辰，大議北伐，進策者百有餘人。辛巳，罷山北苑，以其地賜貧民。悉萬斤國遣使朝獻。

冬十月辛未，詔罷起部無益之作，出宫人不執機杼者。十有一月丁未，詔罷尚方錦繡綾羅之工，四民欲造，任之無禁。其御府衣服、金銀、珠玉、綾羅、錦繡，太官雜器，太僕乘具，內庫弓矢，出其太半，班賚百官及京師士庶，下至工商皁隸，逮於六鎮戍士，各有差。戊申，詔自今月至來年孟夏，不聽拷問罪人。十有二月，詔祕書丞李彪、著作郎崔光改析國記，依紀傳之體。

是歲大飢，詔所在開倉賑恤。

十有二年春正月辛巳朔，初建五牛旌旗。二月壬戌，高麗國遣使朝貢。三月丁亥，宕昌國遣使朝獻。中散梁衆保等謀反，伏誅。

夏四月，高麗、吐谷渾國並遣使朝貢。蕭賾將陳顯達等寇邊。甲寅，詔豫州刺史元斤率衆禦之。甲子，大赦天下。乙丑，幸靈泉池；丁卯，遂幸方山。己巳，還宫。陳顯達攻陷醴陽，左僕射、長樂王穆亮率騎一萬討之。五月丁酉，詔六鎮、雲中、河西及關內六郡，各修水田，通渠溉灌。壬寅，增置彝器於太廟。六月甲寅，宕昌國遣使朝貢。

秋七月己丑，幸靈泉池，遂幸方山。己亥，還宫。八月甲子，勿吉國貢楛矢、石砮。九月，吐谷渾、宕昌國遣使朝貢。丁酉，起宣文堂、經武殿。吐谷渾、宕昌、武興諸國各遣使朝貢。閏月甲子，帝觀築圓丘於南郊。乙丑，高麗國遣使朝貢。辛未，幸靈泉池。癸酉，還宫。

十有一月，詔以二雍、豫三州民飢，開倉賑恤。梁州刺史、臨淮王提坐貪縱，徙配北鎮。十有二月，蠕蠕伊吾戍主高羔子率衆三千以城內附。以侍中、安豐王猛爲開府儀同三司。

十有三年春正月辛亥，車駕有事於圓丘。於是初備大駕。乙丑，兗州民王伯恭聚衆勞山，自稱齊王。東萊鎮將孔伯孫討斬之。戊辰，蕭賾遣衆寇邊，淮陽太守王僧儁擊走之。二月壬午，高麗國遣使朝獻。庚子，引羣臣訪政道得失損

益之宜。三月甲子，吐谷渾國遣使朝獻。夏州刺史、章武王彬以貪賕削封。

夏四月丁丑，丁亥，幸靈泉池，遂幸方山。己丑，還宮。吐谷渾國遣使朝貢。州鎮十五大飢，詔所在開倉賑恤。五月庚戌，車駕有事於方澤。六月，汝陰王天賜、南安王楨並坐贓賄，免爲庶人。高麗國遣使朝貢。

秋七月甲辰，陰平國遣使朝貢。丙寅，幸靈泉池，與羣臣御龍舟，賦詩而罷。立孔子廟於京師。八月乙亥，詔兼員外散騎常侍邢產、兼員外散騎侍郎侯靈紹使於蕭賾。戊子，詔諸州鎮有水田之處，各通溉灌，遣匠者所在指授。中尺國遣使朝貢。九月丁未，吐谷渾、武興、宕昌諸國各遣使朝獻。出宮人以賜北鎮人貧鰥無妻者。

冬十月甲申，高麗國遣使朝貢。十有二月甲午，蕭賾遣使朝貢。己亥，以尚書令尉元爲司徒，左僕射穆亮爲司空。

十有四年春正月乙丑，行幸方山。二月辛未，行幸靈泉池。壬申，還宮。戊寅，初詔定起居注制。己卯，詔遣侍臣循行州郡，問民疾苦。三月壬申，吐谷渾、宕昌、武興、陰平諸國並遣使朝貢。

夏四月，地豆于頻犯塞，甲戌，征西大將軍、陽平王頤擊走之。甲午，詔兼員外散騎常侍邢產、兼員外散騎侍郎蘇季連使於蕭賾。五月己酉，庫莫奚犯塞，安州都將樓龍兒擊走之。沙門司馬惠御自言聖王，謀破平原郡。擒獲伏誅。

秋七月甲辰，詔罷都牧雜制。丙午，行幸方山；丙辰，遂幸靈泉池。高麗國遣使朝貢。八月丙寅朔，車駕還宮。辛卯，宕昌國遣使朝貢。詔議國之行次。九月壬戌，高麗國遣使朝貢。詔聽蕃鎮曾經內侍者，前後奔赴。

冬十月癸酉，葬文明太皇太后於永固陵。甲戌，車駕謁永固陵。羣臣固請公除，帝不許。己卯，車駕謁永固陵。庚辰，帝居廬，引見羣僚於太和殿，太尉、東陽王丕等據權制固請，帝引古禮往復，羣臣乃止。京兆王太興有罪，免官削爵。

甲申，車駕謁永固陵。十有一月丁巳，蕭賾遣使朝貢。

十有二月壬午，詔依準丘井之式，遣使與州郡宣行條制，隱口漏丁，即聽附實。若朋附豪勢，陵抑孤弱，罪有常刑。

十五年春正月丁卯，帝始聽政於皇信東室。初分置左右史官。吐谷渾國遣使朝貢。二月乙亥，枹罕鎮將長孫百年請討吐谷渾所置洮陽、泥和二戍，許之。己丑，蕭賾遣使朝貢。三月甲辰，車駕謁永固陵。己酉，悉萬斤等五國遣使朝貢。

夏四月癸亥，帝始進蔬食。乙丑，謁永固陵。自正月不雨，至于癸酉。有司奏祈百神，詔曰：「昔成湯遇旱，齊景逢災，並不由祈山川而致雨，皆至誠發中，澍潤千里。萬方有罪，在予一人。今普天喪恃，幽顯同哀，神若有靈，猶應未忍安饗，何宜四氣未周，便欲祀事。唯當考躬責己，以待天譴。」甲戌，詔員外散騎常侍李彪、尚書郎公孫阿六頭使於蕭賾。己卯，經始明堂，改營太廟。五月己亥，議改律令，於東明觀折疑獄。乙卯，百年攻洮陽、泥和二戍，克之，俘獲三千餘人，詔悉免歸。高麗國遣使朝獻。丙辰，詔造五輅。六月丁未，濟陰王鬱以貪殘賜死。

秋七月乙丑，謁永固陵，規建壽陵。戊寅，吐谷渾國遣使朝貢。己卯，詔議祖宗，以道武爲太祖。乙酉，車駕巡省京邑，聽訟而還。八月壬辰，議養老，又議肆類上帝、禋于六宗之禮，帝親臨決。詔郡國有時物可以薦宗廟者，貢之。戊戌，移道壇於桑乾之陰，改曰崇虛寺。己亥，詔諸州舉秀才，先盡才學。乙巳，親定禘祫之禮。丁巳，議律令事，仍省雜祀。九月辛巳，蕭賾遣使朝貢。壬午，吐谷渾、高麗、宕昌、鄧至諸國並遣使朝獻。

冬十月庚寅，車駕謁永固陵。是月，明堂、太廟成。十有一月丁卯，遷七廟神主於新廟。乙亥，大定官品。戊寅，考諸牧守。詔假通直散騎常侍李彪、假散騎侍郎蔣少遊使蕭賾。丙戌，初罷小歲賀。丁亥，詔二千石考在上上者，假四品將軍，賜乘黃馬一匹；上中者，五品將軍；上下者，賜衣一襲。十有二月壬辰，遷社於內城之西。癸巳，頒賜刺史已下衣冠。以安定王休爲太傅，齊郡王簡爲太保。帝爲高麗王璉舉哀於城東行宮。己酉，車駕迎春於東郊。辛亥，詔簡選樂官。

十有六年春正月戊午朔，饗羣臣於太華殿。帝始爲王公興，懸而不樂。己未，宗祀顯祖獻文皇帝於明堂，以配上帝。遂升靈臺，以觀雲物；降居青陽左個，布政事。每朔，依以爲常。辛酉，始以太祖配南郊。壬戌，詔定行次，以水承金。甲子，詔罷祖裸。乙丑，制諸遠屬非太祖子孫及異姓爲王，皆降爲公，公爲侯，侯爲伯，子、男仍舊，皆除將軍之號。戊辰，帝臨思義殿，策問秀、孝。丙子，始以孟月祭廟。二月戊子，帝移御永樂宮。庚寅，壞太華殿，經始太極。辛卯，罷寒食饗。壬辰，幸北部曹，歷觀諸省，巡省京邑，聽理冤訟。甲午，初朝日于東郊，遂以爲常。丁酉，詔祀唐堯於平陽，虞舜於廣寧，夏禹於安邑，周文於洛陽。

丁未，改謚宣尼曰文聖尼父，告謚孔廟。三月丁卯，巡省京邑。癸酉，省西郊郊天雜事。乙亥，車駕初迎氣南郊，自此爲常。辛巳，以高麗王璉孫雲爲其國王。蕭賾遣使朝貢。是月，高麗、鄧至國並遣使朝貢。

四月丁亥朔，班新律令，大赦天下。癸巳，契齧國遣使朝貢。甲寅，幸皇宗學，親問博士經義。五月癸未，詔羣臣於皇信堂更定律條，流徒限制，帝親臨決之。六月己丑，高麗國遣使朝貢。

秋七月庚申，吐谷渾世子賀虜頭來朝。壬戌，詔自今選舉，每以季月，本曹與吏部銓簡。甲戌，詔兼員外散騎常侍宋弁、兼員外散騎侍郎房亮使於蕭賾。八月庚寅，車駕初夕月於西郊，遂以爲常。辛卯，高麗國遣使朝貢。乙未，詔陽平王頤、左僕射陸叡督十二將七萬騎北討蠕蠕。丙午，宕昌王梁彌承來朝。司徒尉元以老遜位。己酉，以尉元爲三老，游明根爲五更。又養國老、庶老。將行大射之禮，雨，不克成。

九月甲寅朔，大序昭穆於明堂，祀文明太皇太后於玄室。辛未，帝以文明太皇太后再周忌日，哭於陵左，絶膳二日，哭不輟聲。辛巳，武興王楊集始來朝。

冬十月乙酉，鄧至國遣使朝獻。己亥，以太傅、安定王休爲大司馬，特進馮誕爲司徒。甲辰，詔以功臣配饗太廟。丙午，高麗國遣使朝獻。庚戌，太極殿成，大饗羣臣。十有一月乙卯，依古六寢，權制三室，以安昌殿爲内寢，皇信堂爲中寢，四下疑爲外寢。十有二月，賜京邑老人鳩杖。是月，蕭賾遣使朝貢。

十有七年春正月壬子朔，帝饗百僚於太極殿。乙丑，詔曰：「夫駿奔入覲，臣下之常式；錫馬賜車，君人之恒惠。今諸邊君蕃胤，皆虔集象魏，趨鏘紫庭。貢饗既畢，言旋無遠。各可依秩賜車旗衣馬，務令優厚。其武興、宕昌，各賜錦繒纊一千；吐谷渾世子八百；鄧至世子，雖因緣至都，亦宜賚及，可賜三百。命數之差，皆依別牒。」詔兼員外散騎侍郎劉承叔使於蕭賾。乙亥，勿吉國遣使朝獻。丙子，以吐谷渾伏連籌爲其國王。庚辰，蠲大司馬、安定王休，太保、齊郡王簡朔望之朝。二月乙酉，詔賜議律令之官各有差。己丑，車駕始籍田於都南。三月戊辰，改作後宮，帝幸永興園，徙御宣文堂。吐谷渾國遣使朝獻。

夏四月戊戌，立皇后馮氏。是月，蕭賾征虜將軍、直閤將軍、蠻酋田益宗率部落四千餘户内屬。五月乙卯，宕昌、陰平、契丹、庫莫奚諸國並遣使朝獻。壬戌，宴四廟子孫於宣文堂，帝親與之齒，行家人之禮。甲子，帝臨朝堂，引見公卿已下，決疑政，録囚徒。丁丑，以旱撤膳。襄陽蠻酋雷婆思等率一千三百餘户内徙，居於太和川。六月丙戌，帝將南伐，詔造河橋。己丑，詔免徐、南豫、陜、岐、東徐、洛、豫七州軍糧。丁未，講武。立皇子恂爲皇太子。戊申，高麗國遣使朝獻。

秋七月癸丑，以皇太子立，詔賜民爲人後者爵一級，爲公士；曾爲吏屬者爵二級，爲上造；鰥寡孤獨不能自存者，人粟五斛。戊午，中外戒嚴。八月丙戌，車駕類於上帝，遂臨尉元喪。丁亥，帝辭永固陵。己丑，車駕發京師，南伐，步騎百餘萬。太尉丕奏請以宮人從，詔曰：「臨戎不語内事，宜停來請。」壬寅，車駕至肆州，民年七十已上，賜爵一級。路見眇跛者，停駕親問，賜衣食終身。戊申，幸并州。親見高年，問所疾苦。九月壬子，詔兼員外散騎常侍高聰、兼員外散騎侍郎賈禎使於蕭昭業。丁巳，詔以車駕所經，傷民秋稼者，畝給穀五斛。戊辰，濟河。詔洛、懷、并、肆所過四州之民：百年以上假縣令，九十以上賜爵三級，八十以上賜爵二級，七十以上賜爵一級；鰥寡孤獨不能自存者，粟人五斛，帛二匹；孝悌廉義、文武應求者，皆以名聞。又詔廝養之户不得與士民婚；有文武之才、積勞應進者同庶族例，聽之。庚午，幸洛陽，周巡故宮基趾。帝顧謂侍臣曰：「晉德不修，早傾宗祀，荒毀至此，用傷朕懷。」遂詠《黍離》之詩，爲之流涕。壬申，觀洛橋，幸太學，觀《石經》。乙亥，鄧至王像舒彭遣子舊詣闕朝貢，并奉表，求以位授舊，詔許之。丙子，詔六軍發軫。丁丑，戎服執鞭，御馬而出，羣臣稽顙於馬前，請停南伐，帝乃止。仍定遷都之計。

冬十月戊寅朔，幸金墉城。詔徵司空穆亮與尚書李沖、將作大匠董爵經始洛京。己卯，幸河南城。乙酉，幸豫州。癸巳，次於石濟。乙未，解嚴，設壇於滑臺城東，告行廟以遷都之意。大赦天下。起滑臺宮。又詔京師及諸州從戎者賜爵一級，應募者加二級，主將加三級。癸卯，幸鄴城。乙巳，詔安定王休率從官迎家於代京，車駕送於漳水上。初，帝之南伐也，起宮殿於鄴西；十有一月癸亥，宮成，徙御焉。十有二月戊寅，巡省六軍。庚寅，陰平國遣使朝貢。乙未，詔隱恤軍士，死亡疾病務令優給。

十有八年春正月丁未朔，朝羣臣於鄴宮澄鸞殿。丁巳，高麗國遣使朝獻。癸亥，車駕南巡。詔相、兖、豫三州：百年以上假縣令，九十以上賜爵二級，七十以上賜爵一級；孤老鰥寡不能自存者，賜粟五石，帛二匹；孝悌廉義、文武應求者，皆以名聞。戊辰，經殷比干之墓，祭以太牢。乙亥，幸洛陽西宮。二月乙丑，行幸河陰，規建方澤之所。丙申，河南王幹徙封趙郡，潁川王雍徙封高陽。壬

寅，車駕北巡。癸卯，濟河。蕭昭業遣使朝貢。甲辰，詔天下，喻以遷都之意。閏月癸亥，次句注陘南，皇太子朝于蒲池。壬申，至平城宮。癸酉，臨朝堂，部分遷留。甲戌，謁永固陵。三月庚辰，罷西郊祭天。壬辰，帝臨太極殿，諭在代羣臣以遷移之略。

夏五月乙亥，詔罷五月五日、七月七日饗。六月己巳，詔兼員外散騎常侍盧昶、兼員外散騎侍郎王清石使於蕭昭業。

秋七月乙亥，以宋王劉昶爲大將軍。壬午，侍中、大司馬、安定王休薨。辛卯，高麗國遣使朝貢。壬辰，車駕北巡。戊戌，謁金陵。辛丑，幸朔州。八月癸卯，皇太子朝於行宮。甲辰，行幸陰山，觀雲川。丁未，幸閱武臺，臨觀講武。癸丑，幸懷朔鎮。己未，幸武川鎮。辛酉，幸撫冥鎮。甲子，幸柔玄鎮。乙丑，南還。所過皆親見高年，問民疾苦，貧窘孤老賜以粟帛。丙寅，詔六鎮及禦夷城人，年八十以上而無子孫兄弟，終身給其廪粟；七十以上家貧者，各賜粟十斛。又詔諸北城人，年滿七十以上及廢疾之徒，校其元犯，以準新律，事當從坐者，聽一身還鄉，又令一子扶養，終命之後，乃遣歸邊；自餘之處，如此之犯，年八十以上，皆聽還。戊辰，車駕次旋鴻池。庚午，謁永固陵。辛未，還平城宮。九月壬午，帝臨朝堂，親加黜陟。壬辰，陰平王楊炅來朝。

冬十月甲辰，以太尉、東陽王丕爲太傅。戊申，親告太廟，奉遷神主。辛亥，車駕發平城宮。壬戌，次於中山之唐湖。乙丑，分遣侍臣巡問民所疾苦。己巳，幸信都。十有一月辛未朔，詔冀、定二州民：百年以上假以縣令，九十以上賜爵三級，八十以上賜爵二級，七十以上賜爵一級；鰥寡孤獨不能自存者，賜以穀帛；孝義廉貞、文武應求者，具以名聞。丁丑，車駕幸鄴。甲申，經比干之墓，傷其忠而獲戾，親爲弔文，樹碑而刊之。己丑，車駕至洛陽。蕭鸞雍州刺史曹虎據襄陽請降。十有二月辛丑朔，遣行征南將軍薛真度督四將出襄陽，大將軍劉昶出義陽，徐州刺史元衍出鍾離，平南將軍劉藻出南鄭。壬寅，革衣服之制。癸卯，詔中外戒嚴。戊申，優復代遷之户租賦三歲。己酉，詔王、公、侯、伯、子、男開國食邑者：王食半，公三分食一，侯伯四分食一，子男五分食一。辛亥，車駕南伐。丁卯，詔郢、豫二州之民：百齡以上假縣令，九十以上賜爵三級，八十以上賜爵二級，七十以上賜爵一級；孤寡鰥老不能自存者，賜以穀帛；緣路之民復田租一歲；孝悌廉義、文武應求，具以名聞。戊辰，車駕至懸瓠。己巳，詔壽陽、鍾離、馬頭之師所獲男女之口，皆放還南。

十有九年春正月辛未朔，朝饗羣臣於懸瓠。癸酉，詔禁淮北之民不得侵掠，犯者以大辟論。甲戌，檄喻蕭鸞。丙子，鸞龍陽縣開國侯王朗自渦陽來降。壬午，講武於汝水之西，大賚六軍。丙申，平南將軍王肅頻破蕭鸞將，擒其寧州刺史董巒。己亥，車駕濟淮。二月甲辰，幸八公山。路中雨甚，詔去蓋；見軍士病者，親隱恤之。戊申，車駕巡淮而東，民皆安堵，租運屬路。壬子，高麗國遣使朝獻。丙辰，車駕至鍾離。戊午，軍士擒蕭鸞三千卒，帝曰：「在君爲君，其民何罪？」於是免歸。辛酉，車駕發鍾離，將臨江水。壬戌，乃詔班師。丁卯，遣使臨江數蕭鸞殺主自立之罪惡。三月戊寅，幸邵陽。乙未，幸下邳。鄧至國遣使朝貢。

夏四月庚子，車駕幸彭城。辛丑，帝爲太師馮熙舉哀於行在所。丁未，曲赦徐、豫二州，其運漕之士，復租賦三年。辛亥，詔賜百歲以上假縣令，九十以上賜爵三級，八十以上賜爵二級，七十以上賜爵一級；孤寡老疾不能自存者，賜以穀帛；德著丘園者，具以名聞；蕭鸞民降者，給復十五年。癸丑，幸小沛，遣使以太牢祭漢高祖廟。己未，行幸瑕丘，遣使以太牢祠岱岳。詔宿衛武官增位一級。庚申，行幸魯城，親祠孔子廟。辛酉，詔拜孔氏四人、顔氏二人爲官。詔兖州刺史舉部内士人才堪軍國及守宰治行，具以名聞。又詔賜兖州民爵及粟帛如徐州。又詔選諸孔宗子一人，封崇聖侯，邑一百户，以奉孔子之祀。又詔兖州爲孔子起園栢，修飾墳壠，更建碑銘，褒揚聖德。戊辰，行幸碻磝。太和廟成。五月己巳，城陽王鸞赭陽失利，降爲定襄縣王。庚午，遷文成皇后馮氏神主于太和廟。甲戌，行幸滑臺。丙子，次于石濟。庚辰，皇太子朝於平桃城。高麗、吐谷渾國並遣使朝貢。癸未，車駕至自南伐，告于太廟。甲申，減閑官禄以裨軍國之用。乙酉，行飲至之禮，班賜有差。甲午，皇太子冠於廟。六月己亥，詔不得以北俗之語言於朝廷，若有違者，免所居官。辛丑，詔復軍士從駕渡淮者租賦三年。癸卯，詔皇太子赴平城宮。壬子，詔濟州、東郡、滎陽及河南諸縣車駕所經者，百年以上賜假縣令，九十以上賜爵三級，八十以上賜爵二級，七十以上賜爵一級；孤老鰥寡不能自存，賜以穀帛；孝悌廉義、文武應求者，具以名聞。癸丑，詔求天下遺書，祕閣所無、有裨益時用者加以優賞。乙卯，曲赦梁州，復民田租三歲。丙辰，詔遷洛之民，死葬河南，不得還北。於是代人南遷者，悉爲河南洛陽人。戊午，詔改長尺大斗，依《周禮》制度，班之天下。

八月甲辰，幸西宫，路見壞冢露棺，駐輦殯之。乙巳，詔選天下武勇之士十

五萬人爲羽林、虎賁，以充宿衛。丁巳，詔諸從兵、從征被傷者皆聽還本。金墉宮成。甲子，引羣臣歷宴殿堂。九月庚午，六宮及文武盡遷洛陽。丙戌，行幸鄴。壬辰，遣黄門郎以太牢祭比干之墓。乙未，車駕還宮。

冬十月甲辰，曲赦相州。民百年以上假郡守，九十以上假縣令，八十以上賜爵三級，七十以上賜爵二級；孤老癃疾不能自存者，賜以穀帛。丙辰，車駕至自鄴。辛酉，詔州郡諸有士庶經行修敏、文思遒逸，才長吏治、堪幹政事者，以時發遣。壬戌，詔諸州牧精品屬官，考其得失，爲三等之科以聞，將親覽而升降焉。詔徐、兖、光、南青、荆、洛六州纂嚴戎備，應須赴集。十有一月，行幸委粟山。議定圓丘。甲申，有事於圓丘。丙戌，大赦天下。十有二月乙未朔，引見羣臣於光極堂，宣示品令，爲大選之始。辛酉，驃騎大將軍、司州牧、咸陽王禧爲長兼太尉，前南安王楨復本封，以特進、廣陵王羽爲征東大將軍、開府儀同三司、青州刺史。甲子，引見羣臣於光極堂，班賜冠服。

二十年春正月丁卯，詔改姓爲元氏。壬辰，改封始平王勰爲彭城王，以定襄縣王鸞復封城陽王。二月辛丑，帝幸華林，聽訟於都亭。壬寅，詔自非金革，聽終三年喪。丙午，詔畿内七十以上暮春赴京師，將行養老之禮。庚戌，幸華林，聽訟於都亭。丁丑，詔諸州中正各舉其鄉之民望，年五十以上、守素衡門者，授以令長。

夏四月甲辰，廣州刺史薛法護南叛。五月丙戌，初營方澤於河陰。遣使者以太牢祭漢光武及明、章三帝陵。又詔漢、魏、晉諸帝陵，各禁方百步不得樵蘇踐蹋。丁亥，車駕有事於方澤。

七月，廢皇后馮氏。戊寅，帝以久旱，咸秩羣神；自癸未不食至于乙酉，是夜澍雨大洽。

八月壬辰朔，幸華林園，親録囚徒，咸降本罪二等決遣之。戊戌，車駕幸嵩高。甲寅，還宮。丁巳，南安王楨薨。幸華林園聽訟。九月戊辰，車駕閲武於小平津。癸酉，還宮。丁亥，將通洛水入穀，帝親臨觀。

冬十月戊戌，以代遷之士皆爲羽林、虎賁；司州之民，十二夫調一吏，爲四年更卒，歲開番假，以供公私力役。己酉，曲赦京師。十有一月乙酉，復封前汝陰王天賜孫景和爲汝陰王，前京兆王太興爲西河王。閏月丙辰，右將軍元隆大破汾州叛胡。十有二月甲子，以西北州郡旱儉，遣侍臣循察，開倉賑恤。乙丑，開鹽池之禁，與民共之。丙寅，廢皇太子恂爲庶人；丁卯，告太廟。戊辰，置常平倉。恒州刺史穆泰等在州謀反，遣行吏部尚書任城王澄案治之。樂陵王思譽坐知泰陰謀不告，削爵爲庶人。

二十有一年春正月丙申，立皇子恪爲皇太子，賜天下爲父後者爵一級。己亥，遣兼侍中張彝、崔光，兼散騎常侍劉藻，巡方省察，問民疾苦，黜陟守宰，宣揚風化。乙巳，車駕北巡。二月壬戌，次於太原。親見高年，問所不便。乙丑，詔并州士人年六十已上，假以郡守。先是，定州民王金鈎訛言惑衆，自稱應王。丙寅，州郡捕斬之。癸酉，車駕至平城。甲戌，謁永固陵。癸未，行幸雲中。三月庚寅，車駕至自雲中。辛卯，謁金陵。乙未，車駕南巡。己酉，次離石。叛胡歸罪，宥之。甲寅，詔汾州民百年以上假縣令，九十以上賜爵三級，八十以上賜爵二級，七十以上賜爵一級。丙辰，車駕次平陽，遣使者以太牢祭唐堯。

夏四月庚申，幸龍門，遣使者以太牢祭夏禹。癸亥，行幸蒲坂，遣使者以太牢祭虞舜。戊辰，詔修堯、舜、夏禹廟。辛未，行幸長安。壬申，武興王楊集始來朝。乙亥，親見高年，問所疾苦。内子，遣侍臣分省縣邑，賑賜穀帛。戊寅，幸未央殿、阿房宫，遂幸昆明池。癸未，大將軍、宋王劉昶薨。丙戌，遣使者以太牢祀漢帝諸陵。五月丁亥朔，衞大國遣使朝貢。己丑，車駕東旋，汎渭入河。庚寅，詔雍州士人百年以上假華郡太守，九十以上假荒郡，八十以上假華縣令，七十以上假荒縣；庶老以年各減一等，七十以上賜爵三級；其營船之夫，賜爵一級；孤寡鰥貧、窮痾廢疾，各賜帛二匹，穀五斛；其孝友德義、文學才幹，悉仰貢舉。壬辰，遣使者以太牢祭周文王於豐，祭武王於鎬。癸卯，遣使祭華嶽。六月庚申，車駕至自長安。壬戌，詔冀、定、瀛、相、濟五州發卒二十萬，將以南討。癸亥，司空穆亮遜位。丁卯，部分六師，以定行留。

秋七月甲午，立昭儀馮氏爲皇后。戊辰，以前司空穆亮爲征北大將軍、開府儀同三司、冀州刺史。甲寅，帝親爲羣臣講喪服於清徽堂。八月丙辰，詔中外戒嚴。壬戌，立皇子愉爲京兆王，懌爲清河王，懷爲廣平王。壬申，行幸河南城。甲戌，講武於華林園。庚辰，車駕南討。九月丁酉，詔河南尹李崇討梁州叛羌，受征西源懷節度。辛丑，帝留諸將攻赭陽，引師而南。癸卯，至宛城，夜襲其郛，克之。丁未，車駕發南陽，留太尉咸陽王禧、前將軍元英攻之。己酉，車駕至新野。

冬十月丁巳，四面進攻，不克，詔左右軍築長圍以守之。乙亥，追廢貞皇后林氏爲庶人。十有一月甲午，蕭鸞前軍將軍韓秀方、弋陽太守王副之、後軍將軍

趙祖悦等十五將來降。丁酉，大破賊軍於沔北，獲其將軍王伏保等。於是民皆復業，九十以上假以郡守，六十五以上假以縣令。新野民張睹栅萬餘家，拒守不下。十有二月庚申，破之，俘斬萬餘。丁卯，詔流徙之囚，皆勿決遣，有登城之際，令其先鋒自效。庚午，車駕臨沔，遂巡沔東還。戊寅，車駕還新野。己卯，親行營壘，隱恤六軍。蕭鸞將王曇紛等萬餘人寇南青州黄郭戍，戍主崔僧淵擊破之，悉虜其衆。以齊郡王子琛紹河間王若後。高昌國遣使朝貢。

二十有二年春正月癸未朔，朝饗羣臣於新野行宫。丁亥，拔新野，獲蕭鸞輔國將軍、新野太守劉忌，斬之於宛。戊子，鸞湖陽戍主蔡道福棄城遁走。辛卯，鸞赭陽戍主成公期、軍主胡松棄城遁走。壬辰，鸞輔國將軍、舞陰戍主黄瑶起及直閤將軍、臺軍主鮑舉，南鄉太守席謙相尋遁走，瑶起、鮑舉爲軍人所獲送。庚戌，行幸南陽。二月乙卯，進攻宛北城。甲子，拔之，鸞冠軍將軍、南陽太守房伯玉面縛出降。庚午，車駕幸新野。辛未，詔以穰民首歸大順，終始若一者，給復三十年，標其所居曰「歸義鄉」；次降者給復十五年。三月壬午朔，大破鸞平北將軍崔惠景、黄門郎蕭衍軍於鄧城，斬獲首虜二萬有餘。庚寅，行幸樊城，觀兵襄沔，耀武而還。曲赦二荆、魯陽郡。鎮南將軍王肅攻鸞義陽。鸞遣將裴叔業寇渦陽。乙未，詔將軍鄭思明、嚴虚敬、宇文福等三軍繼援。辛丑，行幸湖陽。乙未，次比陽。戊申，詔荆州諸郡之民，初降次附，復同穰縣。辛亥，行幸懸瓠。

夏四月甲寅，從征武直之官進位三階，文官二級，外官一階。庚午，發州郡兵二十萬人，限八月中旬集懸瓠。五月丙午，詔在征身喪者，四品已下及卑兼之職，給帛有差。六月庚申，詔諸王將士戰没皆加優贈。

八月辛亥，皇太子自京師來朝。壬子，蕭寶卷奉朝請鄧學擁其齊興郡内屬。敕勒樹者相率反叛。詔平北將軍、江陽王繼都督北討諸軍事以討之。壬午，高麗國遣使朝獻。九月己亥，帝以蕭鸞死，禮不伐喪，乃詔反旆。庚子，仍將北伐叛虜。丙午，車駕發懸瓠。

冬十月己酉朔，曲赦二豫殊死已下，復民田租一歲。十有一月辛巳，幸鄴。十有二月甲寅，以江陽王繼定敕勒，乃詔班師。

二十有三年春正月戊寅朔，朝羣臣，以帝疾瘳上壽，大饗於澄鸞殿。壬午，幸西門豹祠，遂歷漳水而還。蕭寶卷遣太尉陳顯達寇荆州。癸未，詔前將軍元英討之。乙酉，車駕發鄴，戊戌，至自鄴。庚子，告於廟社。癸卯，行飲至策勳之禮。甲辰，大赦天下。二月辛亥，以長兼太尉、咸陽王禧爲正太尉。癸亥，以中軍大將軍、彭城王勰爲司徒，復樂陵王思譽本封。癸酉，顯達攻陷馬圈戍。三月庚辰，車駕南伐。癸未，次梁城。甲申，以順陽被圍危急，詔振武將軍慕容平城率騎五千赴之。丙戌，帝不豫，司徒、彭城王勰侍疾禁中，且攝百揆。丁酉，車駕至馬圈。詔鎮南大將軍、廣陽王嘉斷均口，邀顯達歸路。戊戌，頻戰破之，其夜，顯達及崔惠景、曹虎等宵遁。己亥，收其戎資億計，班賜六軍。諸將追奔及於漢水，斬獲及赴水而死者十八九，斬寶卷左軍將軍張千達等。賊將蔡道福、成公期率數萬人棄順陽遁走。

庚子，帝疾甚，車駕北次穀塘原。甲辰，詔賜皇后馮氏死。詔司徒勰徵太子於魯陽踐阼。詔以侍中、護軍將軍、北海王詳爲司空公，鎮南將軍王肅爲尚書令，鎮南大將軍、廣陽王嘉爲尚書左僕射，尚書宋弁爲吏部尚書，與侍中、太尉公禧，尚書右僕射、任城王澄等六人輔政。顧命宰輔曰：「粤爾太尉、司空、尚書令、左右僕射、吏部尚書，惟我太祖丕丕之業，與四象齊茂，累聖重明，屬鴻曆於寡昧。兢兢業業，思纂乃聖之遺蹤。遷都嵩極，定鼎河瀍，庶南蕩甌吳，復禮萬國，以仰光七廟，俯濟蒼生。困窮早滅，不永乃志。公卿其善毗繼子，隆我魏室，不亦善歟？可不勉之！」夏四月丙午朔，帝崩于穀塘原之行宫，時年三十三。祕諱，至魯陽發哀，還京師。上謚曰孝文皇帝，廟曰高祖。五月丙申，葬長陵。

雜録

備論

《魏書》卷七下《高祖紀下》 有魏始基代朔，廓平南夏，闢壤經世，咸以威武爲業，文教之事，所未遑也。高祖幼承洪緒，早著叡聖之風。時以文明攝事，優游恭己，玄覽獨得，著自不言，神契所標，固以符於冥化。及躬總大政，一日萬機，十許年間，曾不暇給，殊途同歸，百慮一致，至夫生民所難行，人倫之高迹，雖尊居黄屋，盡蹈之矣。若乃欽明稽古，協御天人，帝王制作，朝野軌度，斟酌用捨，焕乎其有文章，海内生民咸受耳目之賜。加以雄才大略，愛奇好士，視下如傷，役己利物，亦無得而稱之。其經緯天地，豈虚謚也。

帝幼有至性，年四歲，顯祖曾患癰，帝親自吮膿。五歲受禪，悲泣不能自勝。顯祖問帝，帝曰：「代親之感，内切於心。」顯祖甚歎異之。文明太后以帝聰聖，後或不利於馮氏，將謀廢帝。乃於寒月，單衣閉室，絶食三朝，召咸陽王禧，將立之，元丕、穆泰、李沖固諫，乃止。帝初不有憾，唯深德丕等。撫念諸弟，始終曾無纖介，惇睦九族，禮敬俱深。雖於大臣持法不縱，然性寬慈，每垂矜捨。進食者曾以熱羹傷帝手，又曾於食中得蟲穢之物，並笑而恕之。宦者先有譖帝於太后，太后大怒，杖帝數十，帝默然而受，不自申明。太后崩後，亦不以介意。

聽覽政事，莫不從善如流。哀矜百姓，恒思所以濟益。天地、五郊、宗廟二分之禮，常必躬親，不以寒暑爲倦。尚書奏案，多自尋省。百官大小，無不留心，務於周洽。每言：凡爲人君，患於不均，不能推誠御物，苟能均誠，胡越之人亦可親如兄弟。常從容謂史官曰：「直書時事，無諱國惡。人君威福自己，史復不書，將何所懼。」南北征巡，有司奏請治道，帝曰：「粗修橋梁，通輿馬便止，不須去草剗令平也。」凡所修造，不得已而爲之，不爲不急之事損民力也。巡幸淮南，如在内地，軍事須伐民樹者，必留絹以酬其直，民稻粟無所傷踐。諸有禁忌禳厭之方非典籍所載者，一皆除罷。

雅好讀書，手不釋卷。《五經》之義，覽之便講，學不師受，探其精奥。史傳百家，無不該涉。善談莊、老，尤精釋義。才藻富贍，好爲文章，詩賦銘頌，任興而作。有大文筆，馬上口授，及其成也，不改一字。自太和十年已後詔册，皆帝之文也。自餘文章，百有餘篇。愛奇好士，情如飢渴。待納朝賢，隨才輕重，常寄以布素之意。悠然玄邁，不以世務嬰心。又少而善射，有膂力。年十餘歲，能以指彈碎羊髆骨。及射禽獸，莫不隨所志斃之。至年十五，便不復殺生，射獵之事悉止。性儉素，常服澣濯之衣，鞍勒鐵木而已。帝之雅志，皆此類也。

王通《中説》卷四　元魏之有主，其孝文之所爲乎？中國之道不墜，孝文之力也。

《唐文拾遺》卷一三虞世南《論略》　公子曰：「魏之孝文，可方何主？」先生曰：「夫非常之人，固有非常之功。若彼孝文，非常之人也。」

公子曰：「何謂非常之人？」

先生曰：「後魏代居朔野，聲教之所不及。且其習夫土俗，遵彼要荒。孝文卓爾不羣，遷都瀍、澗，解辮髮而襲冕旒，祛氈裘而被龍衮，衣冠號令，華夏同風。自非命代之才，豈能至此？比夫武靈胡服，不亦優乎？然經國之道有餘，防閑之禮不足。臣主俱失，斯風遂遠。若其威儀技藝，魯莊公之匹也。虧損盛德，吁可惜哉！」

胡寅《讀史管見》卷一一　魏孝文帝亦可謂英明慈愛之主矣，太子有過，以公義廢之，是也。既而悔過，爲左右所蔽，卒以讒死，其事迄不得白，不亦悲乎？【略】是役也，獨信李彪一言，未嘗考核其虚實，而遽東之，良由孝文已有嫌惡之心，不開恫悔之路，故讒間得入，而冤結無告也。孝文於愛而知其惡，則得之矣，憎而知其善，不亦闕乎？

胡寅《讀史管見》卷一二　馮后之麗於罪也，其失由孝文也。后者，文明太后家女也，文明太后殺顯祖，孝文之仇也。既不當納，幸而以病出還私家，且爲尼矣，不勝私情，又召入拜昭儀，用其言廢正后而立之。是孝文爲子之道，爲夫之義，好色之心，聽言之明，於焉皆失，豈不爲盛德之累哉？

方孝孺《遜志齋集》卷五《魏孝文》　昔者舜命皋陶曰：「明於五刑，以弼五教。」周人亦曰：「伯夷降典，折民於刑。」豈非禮者，刑之本；而刑者，禮之寓乎？故禮之與刑異，用而同歸出乎？禮則入乎？刑法之所不能加者，禮之所取也。《春秋》，聖人用刑之書也，而一本乎禮，酌乎禮之中參乎？其事之輕重，斷以聖人書法之繁簡，則春秋之旨可識，而天下難處之變可處矣！文姜，桓公之夫人，而與弒其夫，其罪爲重，故於其去魯也，削其姓氏曰夫人。孫於齊哀姜，閔公之母，而與聞乎？故其罪爲輕，故於其去也，不削其姓氏，而曰夫人。姜氏孫於邾，然其事雖殊，而子無讐，母之義則等也。是以，於其葬也，皆謹書之，而無貶辭焉。其稱孫於前，以正天下之大義；書葬於後，所以全母子之至情。皆本乎綱常，揆乎人心，合乎伯夷之典、皋陶之刑而無悖者也。元魏馮太后酖其子獻文帝弘，而獻文之子孝文帝宏爲馮氏行期年之喪，動循禮制，君子取焉。先儒有爲異説者，以爲非所當服。其説謂孝文於馮太后有不共戴天之讐，烏得而爲之服？吾意不然，天下固無無父之國，而豈有無母之人哉？獻文於孝文則父也，於太后則子也。母雖不慈，子不可以不盡子道。使太后有殺子之心，而不果殺。爲其子者，尚不宜以欲殺已故，而弗爲服。況孝文乃其孫，而可以父故，而讐祖母乎？知其親，而不能推其所當尊，禽獸異類之道也。因吾之親，以推吾親之所親；因吾之尊，以推吾親之所尊，此聖賢之教。所以異於禽獸異類，而爲萬世通行之典也。母殺其子，而孫得讐，是知有父，而不知父之有親也，豈人情與天理

乎？假而不幸，遇若文姜之母，預殺吾父，爲子者欲讐之，則子之弑母與婦之殺夫，其罪固無以異。弑母而復讐，欲爲孝而益重其不孝，猶且不可。故聖人於文姜之卒，書葬，以明母子之恩。況馮太后直哀姜比耳。母生之身，而母殺之死者，且不敢怨，而孫乃欲追讐其祖母，而絶不服喪，果何義者乎？論者徒知父之讐不共戴天，而不推孝子之於親，縱受其虐，不敢疾怨，固非常人之比。苟惟伸子之情，而不明父之於母，猶吾之於父。是惟知有父，而以祖爲路人。商鞅、韓非之法，猶不至此，顧欲妄援《春秋》以斷之，春秋之義，曾若是戾乎？故馮太后之殺子，固獲罪於《春秋》，而非子孫之所得讐也。孝文之盡心乎？喪禮其於禮也，合矣；其於人子之情，厚矣！孔子曰：「人之過也，各於其黨。觀過，斯知仁矣！」聖人於人之過求人之仁；而論者乃於人之美而求其過，其亦異乎？聖人之教，而甚於責人也哉！或曰：「子無讐母之義，固然矣。唐之武后，論者惜五王不告於廟，而誅之何也？」曰：「馮太后之惡，惟在乎殺子，故孫不得而讐之。武氏滅唐之宗廟、社稷，殲唐之子孫，易唐之國號，是唐之篡賊也。子雖不忍讐之，唐之祖宗其舍之乎？五王爲唐討賊，中宗勿與知焉，其可也，是亦春秋之意也。」故春秋之法，罪輕而不悖乎？禮者，不以公義廢私恩。惡大而爲天下所不容者，不以私恩廢公義。能權事物之輕重，然後可以用《春秋》。不然，其不受誅於《春秋》者，鮮矣。

于慎行《讀史漫録》卷六　北魏之治，至孝文而盛，其國勢，至孝文而衰。何也？孝文乘累世之業，當隆平之期，庀政修刑，制禮考憲，聲明文物，煥若可觀。仁厚似漢文，而修之以儒術；好古似漢明，而加之以英武，蓋不止用夏變夷，且有志三代之盛者矣！豈非後世令主哉？然以其國勢揆之，則有不相宜者。何也？中國之于夷狄，長技不同，情勢亦異。夷之所以能勝中國者，徒以其質樸、武健，不好文飾而已。若使解其弓劍，而習爲禮文，則三尺之童可以犄角。故趙武靈王欲取胡地，舉國胡服，以有代中山之土。今也舉椎結之民，而易以冠帶，使其精神氣志日趨于華靡，而流于宴安，與有國之初，大不相侔矣。且拓跋由漠北南遷，建國舊土，居天下精兵處，故能北扢柔、燕，西平涼、夏，東掠燕、遼，南向而制江左。孝文惡其陋也，舉國而遷之洛陽，失地利矣！夫以胡虜百年之運，聲教未洽，而欲宅中圖大，比迹成周，不亦遠乎？故曰魏之國勢，至是而衰也。

魏孝文之孝，古帝王不能加也，然而太過。何也？馮后以才數臨朝，總攬大柄，宣淫敗紀，穢德彰聞。孝文不能禁也，又從而將順之。太后臨王叡之第，帝則從往；視王叡之疾，帝則從往。豈以叡爲大臣，當以禮御之邪？乃不察其由進乎？且馮后忌其英明，欲殺之者數矣，其不爲廬陵者一間耳！夫孝未有過者，親失行而不正，此所謂過也。正之奈何？曰：諭太后以道，裁左右以法，而爲之内外之防，可矣。

【略】北魏孝文，太平令主，本非戡亂之才，乃不自度量，有志混一，至再舉六師，遠臨江徼，而不能有尺寸之地。蓋雖外慕雄圖，中情怯耳。何也？孝文既以蕭鸞篡弑，遠興問罪之師，則宜鳴鼓聲罪，播告萬方，名其爲賊，敵乃可服。而過爲禮讓，文告不修。至于兵臨壽陽，齊使問故，乃曰：「固當有故！卿欲我斥言之乎？欲我含垢依違？」齊使曰：「未承來命，無所含垢。」乃始以廢立之事詰之。齊使辯言支拒，孝文語塞，世豈有理直辭窮若此者邪！詳其風旨，直似儒生作文字語罵賊，賊初不辱，而氣已索矣。使劉淵、石勒處此，當有一番精神，令人快意也。且其兵已臨江，以馮誕之喪，反而哭之，遂不能前行一步，是何氣魄？又其初出壽陽，則頓兵鍾離，再出襄陽，則頓兵懸瓠。以萬乘之師，伐人于數千里之外，進不能直擣都邑，搖其根本；旁不能連據大鎮，制其險夷，而老師費日，徘徊孤城，曠歲彌時，不克而返，于用兵之道遠矣。

王夫之《讀通鑑論》卷一六　拓拔宏之僞也，儒者之恥也。夫宏之僞，欺人而遂以自欺久矣。欲遷雒陽，而以伐齊爲辭，當時亦孰不知其僞者，特未形之言，勿敢與争而已。出其府藏金帛衣器以賜羣臣，下逮於民，行無故之賞，以餌民而要譽，得之者固不以爲德也，皆欺人而適以自欺也，猶未極形其僞也。至於天不雨而三日不食，將誰欺，欺天乎？人未有三日而可不食者，況其在豢養之子乎？高處深宫，其食也，孰知之？其不食也，孰信之？大官不進，品物不具，宦官宫妾之側孰禁之？果不食也歟哉！而告人曰：「不食數日，猶無所感。」將誰欺，欺天乎？

宏之習於僞也如此，固將曰：聖王之所以聖，吾知之矣，五帝可六，三王可四也。自馮后死，宏始親政，以後五年之間，作明堂，正祀典，定祧廟，祀圜丘，迎春東郊，定次五德，朝日養老，修舜、禹、周、孔之祀，耕藉田，行三載考績之典，禁胡服胡語，親祠闕里，求遺書，立國子大學四門小學，定族姓，宴國老庶老，聽羣臣終三年之喪，小儒争豔稱之以爲榮。凡此者，典謨之所不道，孔、孟之所不言，立學終喪之外，皆漢儒依託附會、逐末舍本、雜讖緯巫覡之言，塗飾耳目，是爲拓拔宏所行之王道而已。尉元爲三老，游明根爲五更，豈不辱名教而羞當世之士

哉？故曰儒者之恥也。

德立而後道隨之，道立而後政隨之。誠者德之本，欺者誠之反也。漢儒附經典以刻畫爲文章，皆不誠之政也。而曰帝之所以帝，王之所以王，在是而已。乃畢行之以欺天下後世者唯宏爾。後之論者猶豔稱之，以爲斯道之榮，若漢、唐、宋之賢主俱所無逮者。不恤一日之勞，不吝金錢之費，而已爲後世所欣慕，則儒者將以其道博寵光而侈門庭乎？故曰儒者之恥也。

雖然，抑豈足爲君子儒之恥哉？君子儒之以道佐人主也，本之以德，立之以誠，視宏之所爲，沐猴之冠、優俳之戲而已矣。備紀宏之僞政於史策，所以示無本而效漢儒附託之文具，則亦索虜欺人之術也，可以鑒矣。

申涵煜《通鑑評語》卷三《魏孝文帝》 孝文喪禮，復古純孝，實由天性。廷臣謂欲自賢於萬代，似沽名者。然夫帝嘗見忌於馮后矣，絶食受杖，毫無憾意，豈盡矯強？且受禪時，五歲即知啼泣，又誰教之？不謂之純孝不可也。

趙翼《廿二史劄記》卷一四《魏孝文遷洛》 蓋帝優於文學，惡本俗之陋，欲以華風變之，故不憚爲此舉也。然國勢之衰，實始於此。一傳而宣武，再傳而孝明，而鼎祚移矣。蓋徒欲興文治以比於古帝王，不知武事已漸弛也。

趙翼《廿二史劄記》卷一四《魏孝文帝文學》 惟魏孝文帝，生本北俗，五歲即登帝位，此豈有師儒之訓，執經請業，如經生家所爲？乃其聰睿夙成，有不可以常理論者。史稱其雅好讀書，手不釋卷，五經之義，覽之便講，史傳百家，無不該涉。善談莊、老，尤精釋義，才藻富贍，好爲文章詩賦銘頌，任興而作。有大文筆，馬上口授，及其成也，不改一字。自太和十年以後詔册，皆帝文也，餘文章尚百餘篇。史論亦謂帝欽明稽古，焕乎其有文章，謚之以經天緯地，信不虚也。【略】可見帝深於文學，才藻天成，有不能自諱者，雖亦才人習氣，然聰睿固不可及已。其急於遷洛，欲變國俗，而習華風，蓋發於性靈而不自止也。

蔣超伯《通齋文集》卷二《魏孝文帝論》 魏自太武以來，平赫連、并沮渠，南向而争天下，富且庶矣，教則未也。孝文御極，彬彬製作，均田以勸讓，班禄以勸廉，聽終喪以勸孝，闢四門以勸學。服袞冕之服，罷綾錦之工，定禮樂之儀，隆更老之養。革踏壇遶天之俗，崇舜禹姬孔之祀，度因革損益之宜，杜驕奢淫佚之失，光明孝友，可謂賢矣。於斯時也，耆德則高允、尉元；懿親則彭城、安定；良吏則崔挺、李崇、高祐；諍臣則薛聰、李彪；文學則劉方、王肅；訏謨則高閭、韓麒麟、顯宗；將帥則拓跋英、傅永。孝文隨才授任，悉收其效，故能北摧羣狄，南懾蕭鸞，光宅中區，比隆漢也，規模宏備，豈不懿哉！然而殁未卅載，朝政日乖，盜賊蜂屯，疆圉瓦解，破六韓拔陵者，沃野一鎮民耳。攘臂大呼，反者回應，何歟？豈詒謀之未盡善歟？急於徙都而疏於防患，門户之見未除而北邊之備闕如也。有國家者，一舉一動，可不慎哉！

陳孝威《壹山集》卷三《北魏孝文帝論》 東晉安帝時，魏王珪自將伐燕，克中山，遂稱皇帝，改元天興。命朝野束髮加帽，將襲中國衣冠。晉自穆帝罷遣生徒，不祀孔廟。珪則置五經博士，增國學生三千人，則學不在中國，而在夷狄矣！魏改官制，倣上古以爲紀名，不用漢魏之舊。至魏主燾克滑臺，舉涼州也，并國自大，詔盡誅天下沙門，毁佛書、佛像，深得人君大體。顯祖勤於爲治，意行寬恕，而罷房門之誅。天性殊厚，彼其中不乏賢君，又多賢輔。傳至孝文，天資温敏，禁高服、胡語，立國子、太學、四門、小學，購求遺書，除適亡緣坐法。至祭比干之墓，封孔子之後，又先代所未及者。嗟夫！拓跋氏有君如此，真亶袞中君表矣！夫夷狄之於中國，猶君子之于小人。如是而止，蓋小人能改行易節，何不可進於君子；夷狄能移風易俗，何不可進於中國。今以南北之君，而立君子小人之名，吾不恠小人之後，已非小人，竊恐君子之初，寔非君子耳！嘗考劉宋、蕭齊，其君本無令德，居天位若傳舍。而元魏祖孫父子相繼閲我四姓，而曆過百年，其優劣何如乎？聞之夷狄爲天之驕子，則中國爲順子。可知今父有順子，一敗而鬻其田宅；驕子反克守基業，游與順子乎？與驕子乎？且吾創始之祖，或三四歲而殂子孫，亦無遐享彼。孝文在位二十三載，享國脩短，又何其異也！夫夷夏之防，春秋謹之。孝文雖賢，何必悉稱其美。然吾之賢魏孝文爲君者，正以愧宋、齊、梁之不賢於爲君也。善在夷狄，責在中國，有以也夫。

龔煒《巢林筆談》卷一《魏孝文聖仁》 予讀《南》、《北史》，竊歎聖仁如魏孝文，一人可千百其君矣，使之統一宇内，文、武、成、康之盛可幾也。乃臨江數罪，不長驅直入，奄有中原者，時無碩輔以輔之耳；抑天不厭禍，雖有聖主，故抑之使不得志耶？

藝文

《魏書》卷二一《獻文六王列傳下》 謹案謚法，協時肇享曰「孝」，五宗安之

曰「孝」，道德博聞曰「文」，經緯天地曰「文」。仰惟大行皇帝，義實該之，宜上尊號爲孝文皇帝，廟曰高祖，陵曰長陵。

夏竦《文莊集》卷三一《奉和御制讀後魏書》 高祖寬仁主，哀矜信省餘。嚴刑幾盡措，黎庶獲安居。舊法躬刊定，繁文再劃除。既平財謁路，清白勵簪裾。

孫承恩《文簡集》卷四一《古像贊・魏高祖》 睿性夙成，君德純備。外揚武功，内飭文治。禮樂脩舉，民物阜豐。蔚然可觀，太平之風。

高歡部

綜述

《北史》卷六《齊本紀上》 齊高祖神武皇帝姓高氏，諱歡，字賀六渾，勃海蓨人也。六世祖隱，晉玄菟太守。隱生慶，慶生泰，泰生湖，三世仕慕容氏。及慕容寶敗，國亂，湖率衆歸魏，爲右將軍。湖生四子。第三子謐，仕魏，位至侍御史，坐法，徙居懷朔鎮。謐生皇考樹生，性通率，不事家業，住居白道南，數有赤光紫氣之異，隣人以爲怪，勸徙居以避之。皇考曰：「安知非吉？」居之自若。

及神武生而皇妣韓氏殂，養於同産姊壻、鎮獄隊尉景家。神武既累世北邊，故習其俗，遂同鮮卑。長而深沈有大度，輕財重士，爲豪俠所宗。目有精光，長頭高權，齒白如玉，少有人傑表。家貧，及娉武明皇后，始有馬，得給鎮爲隊主。鎮將遼西段長常奇神武貌，謂曰：「君有康濟才，終不徒然。」便以子孫爲託。及貴，追贈長司空，擢其子寧而用之。

神武自隊主轉爲函使。嘗乘驛過建興，雲霧晝晦，雷聲隨之，半日乃絶，若有神應者。每行道路，往來無風塵之色。又嘗夢履衆星而行，覺而内喜。爲函使六年，每至洛陽，給令史麻祥使。祥嘗以肉啗神武，神武性不立食，坐而進之，祥以爲慢己，笞神武四十。

及自洛陽還，傾産以結客。親故怪問之，答曰：「吾至洛陽，宿衛羽林相率焚領軍張彝宅，朝廷懼其亂而不問，爲政若此，事可知也。財物豈可常守邪？」自是乃有澄清天下之志。與懷朔省事雲中司馬子如及秀容人劉貴、中山人賈顯智爲奔走之友，懷朔户曹史孫騰、外兵史侯景亦相友結。劉貴嘗得一白鷹，與神武及尉景、蔡儁、子如、賈顯智等獵於沃野，見一赤兔，每搏輒逸，遂至迴澤。澤中有茅屋，將奔入，有狗自屋中出噬之，鷹兔俱死。神武怒，以鳴鏑射之，狗斃。屋中乃有二人出，持神武襟甚急。其母兩目盲，曳杖，呵其二子，曰：「何故觸大家！」出甕中酒，亨羊以待客。因自言善暗相，徧捫諸人，言皆貴，而指麾俱由神武。又曰：「子如歷位顯，智不善終。」飲竟，出行數里，還更訪之，則本無人居，乃向非人也。由是諸人益加敬異。

孝昌元年，柔玄鎮人杜洛周反於上谷，神武乃與同志從之。醜其行事，私與尉景、段榮、蔡儁圖之，不果而逃，爲其騎所追。文襄及魏永熙后皆幼，武明后於牛上抱負之。文襄屢落牛，神武彎弓將射之以決去，后呼榮求救，賴榮透下取之以免。遂奔葛榮，又亡歸尒朱榮於秀容。

先是劉貴事榮，盛言神武美，至是始得見。以憔悴故，未之奇也。貴乃爲神武更衣，復求見焉。因隨榮之廄，廄有惡馬，榮命剪之，神武乃不加羈絆而剪，竟不蹄齧。已而起曰：「御惡人亦如此馬矣。」榮遂坐神武於牀下，屏左右而訪時事。神武曰：「聞公有馬十二谷，色别爲羣，將此竟何用也？」榮曰：「但言爾意。」神武曰：「方今天子愚弱，太后淫亂，孽寵擅命，朝政不行。以明公雄武，乘時奮發，討鄭儼、徐紇而清帝側，霸業可舉鞭而成。此賀六渾之意也。」榮大悦，語自日中至夜半乃出。自是每參軍謀。

後從榮徙據并州，抵揚州邑人龐蒼鷹，止團焦中。每從外歸，主人遥聞行響動地。蒼鷹母數見團焦上赤氣赫然屬天。又蒼鷹嘗夜欲入，有青衣人拔刀叱曰：「何故觸王？」言訖不見。始以爲異，密覘之，唯見赤蛇蟠牀上，乃益驚異，因殺牛分肉，厚以相奉。蒼鷹母求以神武爲義子。及得志，以其宅爲第，號爲南宅。

既而榮以神武爲親信都督。于時魏明帝銜鄭儼、徐紇，逼靈太后，未敢制，私使榮舉兵内向。榮以神武爲前鋒。至上黨，明帝又私詔停之。及帝暴崩，榮遂入洛。因將篡位，神武諫恐不聽，請鑄像卜之，鑄不成，乃止。孝莊帝立，以定策勳，封銅鞮伯。及尒朱榮擊葛榮，令神武喻下賊别稱王者七人。後與行臺于暉破羊侃于太山。尋與元天穆破邢杲于濟南。累遷第三鎮人酋長。

嘗在榮帳内，榮嘗問左右曰：「一日無我，誰可主軍？」皆稱尒朱兆。榮曰：「此正可統三千騎以還。堪代我主衆者，唯賀六渾耳。」因誡兆曰：「爾非其匹，終當爲其穿鼻。」乃以神武爲晉州刺史。於是大聚斂，因劉貴貨榮下要人，盡得其意。時州庫角無故自鳴，神武異之，無幾而孝莊誅榮。

及尒朱兆自晉陽將舉兵赴洛，召神武，神武使長史孫騰辭以絳蜀、汾胡欲反，不可委去，兆恨焉。騰復命，神武曰：「兆舉兵犯上，此大賊也，吾不能久事之。」自是始有圖兆計。及兆入洛，執莊帝以北，神武聞之大驚，又使孫騰僞賀兆，因密覘孝莊所在，將劫以舉義，不果。乃以書喻之，言不宜執天子，以受惡名

於海内。兆不納，殺帝而與尒朱世隆等立長廣王曄，改元建明，封神武爲平陽郡公。

及費也頭紇豆陵步藩入秀容，逼晉陽，兆徵神武。神武將往，賀拔焉過兒請緩行以弊之。神武乃往往逗留，辭以河無橋，不得渡。步藩軍盛，兆敗走。步藩既敗兆等，以兵勢日盛，兆又請救於神武。神武内圖兆，復慮步藩後之難除，乃與兆悉力破之，藩死。兆深德神武，誓爲兄弟。

葛榮衆流入并、肆者二十餘萬，爲契胡陵暴，皆不聊生，大小二十六反，誅夷者半，猶草竊不止。兆患之，問計於神武。神武曰：「六鎮反殘，不可盡殺，宜選王素腹心者，私使統焉。若有犯者，罪其帥，則所罪者寡。」兆曰：「善！誰可行也？」賀拔允時在坐，請神武。神武拳毆之，折其一齒，曰：「生平天柱時，奴輩伏處分如鷹犬，今日天下安置在王，而阿鞠泥敢誣下罔上，請殺之。」兆以神武爲誠，遂以委焉。神武以兆醉，恐醒後或致疑貳，遂出，宣言「受委統州鎮兵，可集汾東受令」。乃建牙陽曲川，陳部分。有款軍門者，絳巾袍，自稱梗楊驛子，願厠左右。訪之，則以力聞，嘗於并州市搤殺人者，乃署爲親信。兵士素惡兆而樂神武，於是莫不皆至。

居無何，又使劉貴請兆，以并、肆頻歲霜旱，降户掘黄鼠而食之，皆面無穀色，徒汚人國土。請令就食山東，待温飽而處分之。兆從其議。其長史慕容紹宗諫曰：「不可，今四方擾擾，人懷異望，況高公雄略，又握大兵，將不可爲。」兆曰：「香火重誓，何所慮邪？」紹宗曰：「親兄弟尚難信，何論香火？」時兆左右已受神武金，因譖紹宗與神武舊隙，兆乃禁紹宗而催神武發。

神武乃自晉陽出滏口。路逢尒朱榮妻鄉郡長公主自洛陽來，馬三百匹，盡奪易之。兆聞，乃釋紹宗而問焉。紹宗曰：「猶掌握中物也。」於是自追神武，至襄垣。會漳水暴長，橋壞，神武隔水拜曰：「所以借公主馬，非有他故，備山東盜耳。王受公主言，自來賜追，今渡河而死，不辭，此衆便叛。」兆自陳無此意，因輕馬渡，與神武坐幕下，陳謝，遂授刀引頭，使神武斫己。神武大哭，曰：「自天柱薨背，賀六渾更何所仰！願大家千萬歲，以申力用。今旁人構間至此，大家何忍復出此言？」兆投刀於地，遂刑白馬而盟，誓爲兄弟，留宿夜飲。尉景伏壯士欲執兆，神武齧臂止之，曰：「今殺之，其黨必奔歸聚結。兵飢馬瘦，不可相支。若英雄崛起，則爲害滋甚。不如且置之。兆雖勁捷，而兇狡無謀，不足圖也。」旦日，兆歸營，又召神武，神武將上馬詣之，孫騰牽衣乃止。兆隔水肆罵，馳還晉陽。兆心腹念賢領降户家累别爲營，神武僞與之善，觀其佩刀，因取之以殺其從者，盡散。於是士衆咸悦，倍願附從。

是行，舍大王山，六旬而進。將出滏口，倍加約束，纖毫之物，不聽侵犯。將過麥地，神武輒步牽馬。遠近聞之，皆稱高儀同將兵整肅，益歸心焉。遂前行屯鄴北，求糧於相州刺史劉誕，誕不供。有軍營租米，神武自取之。

魏普泰元年二月，神武軍次信都，高乾、封隆之開門以待，遂據冀州。是月，尒朱度律廢元曄而立節閔帝，欲羈縻神武。三月，乃白節閔帝，封神武爲勃海王，徵使入覲。神武辭。四月癸巳，又加授東道大行臺、第一鎮人酋長。龐蒼鷹自太原來奔，神武以爲行臺郎，尋以爲安州刺史。

神武自向山東，養士繕甲，禁兵侵掠，百姓歸心。乃詐爲書，言尒朱兆將以六鎮人配契胡爲部曲，衆皆愁。又爲并州符，徵兵討步落稽。發萬人將遣之，孫騰、尉景僞請留五日，如此者再。神武親送之郊，雪涕執别。人號慟，哭聲動地。神武乃喻之，曰：「與爾俱失鄉客，義同一家，不意在上乃爾徵召！直向西已當死，後軍期又當死，配國人又當死，奈何？」衆曰：「唯有反耳！」神武曰：「反是急計，須推一人爲主。」衆願奉神武。神武曰：「爾鄉里難制，不見葛榮乎？雖百萬衆，無刑法，終自灰滅。今以吾爲主，當與前異，不得欺漢兒，不得犯軍令，生死任吾則可；不爾，不能爲取笑天下。」衆皆頓顙，死生唯命。神武曰若不得已。明日，椎牛饗士，喻以討尒朱兆之意。封隆之進曰：「千載一時，普天幸甚。」神武曰：「討賊，大順也；拯時，大業。吾雖不武，以死繼之，何敢讓焉。」

六月庚子，建義於信都，尚未顯背尒朱氏。及李元忠與高乾平殷州，斬尒朱羽生首來謁，神武撫膺曰：「今日反決矣！」乃以元忠爲殷州刺史。是時，兵威既振，乃抗表罪狀尒朱氏。世隆等祕表不通。

孫騰以爲朝廷隔絶，不權立天子，則衆望無所係。十月壬寅，奉章武王融子勃海太守朗爲皇帝，年號中興，是爲廢帝。時度律、仲遠軍次陽平，尒朱兆會之。神武用竇泰策，縱反間，度律、仲遠不戰而還，神武乃敗兆於廣阿。十一月，攻鄴，相州刺史劉誕嬰城固守。神武起土山，爲地道，往往建大柱，一時焚之，城陷入地。麻祥時爲湯陰令，神武呼之曰麻都，祥慚而逃。

永熙元年正月壬午，拔鄴城，據之。廢帝進神武大丞相、柱國大將軍、太師。是時，青州建義大都督崔靈珍、大都督耿翔皆遣使歸附，行汾州事劉貴棄城來降。

閏三月，尒朱天光自長安，兆自并州，度律自洛陽，仲遠自東郡，同會鄴，衆號二十萬，挾洹水而軍。節閔以長孫承業爲大行臺，總督焉。神武令封隆之守鄴，自出頓紫陌。時馬不滿二千，步兵不至三萬，衆寡不敵。乃於韓陵爲圓陣，連牛驢以塞歸道。於是將士皆爲死志，四面赴擊之。尒朱兆責神武以背己。神武曰：「本勠力者，共輔王室，今帝何在？」兆曰：「永安枉害天柱，我報讎耳。」神武曰：「我昔日親聞天柱計，汝在户前立，豈得言不反邪？且以君殺臣，何報之有？今日義絶矣。」乃合戰，大敗之。尒朱兆對慕容紹宗叩心曰：「不用公言，以至於此。」將輕走，紹宗反旗鳴角，收聚散卒，成軍容而西上。高季式以七騎追奔，度野馬崗，與兆遇。高昂望之不見，哭曰：「喪吾弟矣！」夜久，季式還，血滿袖。斛斯椿倍道先據河橋。

四月，斛斯椿執天光、度律以送洛陽。長孫承業遣都督賈顯智、張歡入洛陽，執世隆、彦伯斬之。兆奔并州。仲遠奔梁，遂死焉。時凶蠹既除，朝廷慶悦。

既而神武至洛陽，廢節閔及中興主，而立孝武。孝武既即位，授神武大丞相、天柱大將軍、太師，世襲定州刺史，增封并前十五萬户。神武辭天柱，減户五萬。壬辰，還鄴，魏帝餞於乾脯山，執手而別。

七月壬寅，神武帥師北伐尒朱兆。封隆之言，侍中斛斯椿、賀拔勝、賈顯智等往事尒朱，普皆反噬，今在京師寵任，必構禍隙。神武深以爲然。乃歸天光、度律於京師，斬之。遂自滏口入。尒朱兆大掠晉陽，北保秀容，并州平。神武以晉陽四塞，乃建大丞相府而定居焉。

尒朱兆既至秀容，分兵守險，出入寇抄。神武揚聲討之，師出止者數四，兆意怠。神武揣其歲首當宴會，遣竇泰以精騎馳之，一日一夜行三百里，神武以大軍繼之。

二年正月，竇泰奄至尒朱兆庭。軍人因宴休惰，忽見泰軍，驚走，追破之於赤洪嶺。兆自縊，神武親臨，厚葬之。慕容紹宗以尒朱榮妻子及餘衆自保烏突城，降，神武以義故待之甚厚。

神武之入洛也，尒朱仲遠部下都督橋寧、張子期自滑臺歸命，神武以其助亂，且數反覆，皆斬之。斛斯椿由是内不自安，乃與南陽王寶炬及武衛將軍元毗、魏光、王思政構神武於魏帝。舍人元士弼又奏神武受敕大不敬，故魏帝心貳於賀拔岳。

時司空高乾密啓神武，言魏帝之貳。神武封呈，魏帝殺之。又遣東徐州刺史潘紹業密敕長樂太守龐蒼鷹，令殺其弟昂。昂先聞其兄死，以矟刺柱，伏壯士執紹業於路，得敕書於袍領，遂來奔。神武抱其首哭曰：「天子枉害司空。」遽使以白武幡勞其家屬。時乾次弟慎在光州，爲政嚴猛，又縱部下取納，魏帝使代之。慎聞難，將奔梁，其屬曰：「公家勳重，必不兄弟相及。」乃弊衣推鹿車歸勃海，逢使者，亦來奔。於是魏帝與神武隙矣。

阿至羅虜正光以前常稱藩，自魏朝多事，皆叛。神武遣使招納，便附款。先是，詔以寇賊平，罷行臺，至是以殊俗歸降，復授神武大行臺，隨機處分。神武賚其粟帛，議者以爲徒費無益，神武不從，撫慰如初。其酋帥吐陳等感恩，皆從指麾，救曹泥，取万俟受洛干，大收其用。河西費也頭虜紇豆陵伊利居苦池河，恃險擁衆，神武遣長史侯景屢招不從。

天平元年正月壬辰，神武西伐費也頭虜紇豆陵伊利於河西，滅之，遷其部落於河東。

魏帝既有異圖，時侍中封隆之與孫騰私言，隆之喪妻，魏帝欲妻以從妹。騰亦未之信，心害隆之，泄其言於斛斯椿，椿以白魏帝。又孫騰帶仗入省，擅殺御史，並亡來奔。稱魏帝撾舍人梁續於前，光禄少卿元子幹攘臂擊之，謂騰曰：「語爾高王，元家兒拳正如此。」領軍婁昭辭疾歸晉陽。魏帝於是以斛斯椿兼領軍，分置督將及河南、關西諸刺史。華山王鷙在徐州，神武使邸珍奪其管籥。建州刺史韓賢、濟州刺史蔡儁皆神武同義，魏帝忌之，故省建州以去賢，使御史中尉綦儁察儁罪，以開府賈顯智爲濟州，儁拒之。

魏帝逾怒，五月，下詔，云將征句吳，發河南諸州兵，增宿衛，守河橋。六月丁巳，密詔神武曰：「宇文黑獺自平破秦、隴，多求非分，脱有變非常，事資經略。但表啓未全背戾，進討事涉怱怱。遂召羣臣，議其可否。僉言假稱南伐，内外戒嚴，一則防黑獺不虞，二則可威吳楚。」時魏帝將伐神武，神武部署將帥，慮疑，故有此詔。神武乃表，魏帝知覺其變，乃出神武表，命羣官議之，欲止神武諸軍。

神武乃集在并僚佐，令其博議。還以表聞，仍以信誓自明忠款。

辛未，帝復録在京文武議意，以答神武。

初，神武自京師將北，以爲洛陽久經喪亂，王氣衰盡，雖有山河之固，土地褊狹，不如鄴，請遷都。魏帝曰：「高祖定鼎河洛，爲永永之基，經營制度，至世宗乃畢。王既功在社稷，宜遵太和舊事。」神武奉詔。至是，復謀焉。遣兵千騎鎮建興，益河東及濟州兵，於白溝虜船，不聽向洛，諸州和糴粟，運入鄴城。

魏帝時以任祥爲兼尚書左僕射，加開府。祥棄官走至河北，據郡待神武。魏帝乃勑文武官，北來者任去留。下詔罪狀神武，爲北伐經營。神武亦勒馬宣告曰：「孤遇尒朱擅權，舉大義於四海，奉戴主上，義貫幽明。横爲斛斯椿讒構，以誠節爲逆首。昔趙鞅興晉陽之甲，誅君側惡人。今者南邁，誅椿而已。」以高昂爲前鋒，曰：「若用司空言，豈有今日之舉！」司馬子如答神武曰：「本欲立小者，正爲此耳。」

神武使竇泰與左箱大都督莫多婁貸文逆顯智，韓賢逆暹。元壽軍降泰。貸文與顯智遇於長壽津，顯智陰約降，引軍退。軍司元玄覺之，馳還請益師。魏帝遣大都督侯幾紹赴之，戰於滑臺東，顯智以軍降，紹死之。

七月，魏帝躬率大衆屯河橋。神武至河北十餘里，再遣口申誠款，魏帝不報。神武乃引軍度河。

己酉，神武入洛，停於永寧寺。八月甲寅，召集百官謂曰：「爲臣奉主，匡救危亂。若處不諫争，出不陪隨，緩則耽寵争榮，急便竄失，臣節安在！」遂收開府儀同三司叱列延慶、兼尚書左僕射辛雄、兼吏部尚書崔孝芬、都官尚書劉廞、兼度支尚書楊機、散騎常侍元士弼，並殺之，誅其貳也。士弼籍没家口。

神武以萬機不可曠廢，乃與百僚議，以清河王亶爲大司馬，居尚書下舍而承制決事焉。王稱警蹕，神武醜之。神武尋至弘農，遂西剋潼關，執毛洪賓；進軍長城，龍門都督薛崇禮降。神武退舍河東，命行臺尚書長史薛瑜守潼關；大都督厙狄温守封陵；於蒲津西岸築城守華州，以薛紹宗爲刺史；高昂行豫州事。神武自發晉陽至此，凡四十啓，魏帝皆不答。

九月庚寅，神武還至洛陽，乃遣僧道榮奉表關中，又不答。乃集百僚沙門耆老，議所推立。以爲自孝昌衰亂，國統中絶，神主靡依，昭穆失序，永安以孝文爲伯考，永熙遷孝明於夾室，業喪祚短，職此之由。遂議立清河王世子善見。議定，白清河王。王曰：「天子無父，苟使兒立，不惜餘生。」乃立之，是爲孝静帝。魏於是始分爲二。

神武以孝武既西，恐逼崤陝，洛陽復在河外，接近梁境，如向晉陽，形勢不能相接，依議遷鄴。護軍祖瑩贊焉。詔下三日，車駕便發，户四十萬，狼狽就道。神武留洛陽部分，事畢還晉陽。自是軍國政務，皆歸相府。

二年正月，西魏渭州刺史可朱渾道元擁衆内屬，神武迎納之。壬戌，神武襲擊劉蠡升，大破之。己巳，魏帝褒詔，以神武爲相國，假黄鉞，劍履上殿，入朝不趨，神武固辭。

三月，神武欲以女妻蠡升太子，候其不設備，辛酉，潛師襲之。其北部王斬蠡升首以送，其衆復立其子南海王。神武進擊之，又獲南海王，及其弟西海王、北海王、皇后、公卿已下四百餘人，胡、魏五萬户。壬申，神武朝于鄴。

四月，神武請給遷人廪各有差。

九月甲寅，神武以州、郡、縣官多乖法，請出使問人疾苦。

三年正月甲子，神武帥厙狄干等萬騎襲西魏夏州。身不火食，四日而至，縛矟爲梯，夜入其城，擒其刺史費也頭斛拔俄彌突，因而用之。留都督張瓊以鎮守，遷其部落五千户以歸。西魏靈州刺史曹泥與其壻涼州刺史劉豐遣使請内屬。周文圍泥，水灌其城，不没者四尺。神武命阿至羅發騎三萬，徑度靈州，繞出西軍後，獲馬五十匹，西師乃退。神武率騎迎泥、豐生，拔其遺户五千以歸，復泥官爵。魏帝詔加神武九錫，固讓乃止。

二月，神武令阿至羅逼西魏秦州刺史、建忠王万俟普撥，神武以衆應之。六月甲午，普撥與其子太宰受洛干、豳州刺史叱干寶樂、右衞將軍破六韓常及督將三百餘人，擁部來降。

八月丁亥，神武請均斗尺，班於天下。

九月辛亥，汾州胡王迢觸、曹貳龍聚衆反，署立百官，年號平都，神武討平之。

十二月丁丑，神武自晉陽西討，遣兼僕射行臺、汝陽王暹、司徒高昂等趣上洛，大都督竇泰入自潼關。

四年正月癸丑，竇泰軍敗自殺。神武軍次蒲津，以冰薄不得赴救，乃班師。

二月乙酉，神武以并、肆、汾、建、晉、東雍、南汾、秦、陝九州霜旱，人飢流散，請所在開倉振給。

六月壬申，神武如天池，獲瑞石，隱起成文曰「六王三川」。

十月壬辰，神武西討，自蒲津濟，衆二十萬。周文軍於沙苑。神武以地阨少却，西人鼓噪而進。軍大亂，棄器甲十有八萬，神武跨橐駝，候船以歸。

元象元年三月辛酉，神武固請解丞相，魏帝許之。

四月庚寅，神武朝于鄴。壬辰，還晉陽，請開酒禁，并振恤宿衞武官。

七月壬午，行臺侯景、司徒高昂圍西魏將獨孤信於金墉，西魏帝及周文並來赴救。大都督厙狄干帥諸將前驅，神武總衆繼進。

八月辛卯，戰於河陰，大破西魏軍，俘獲數萬。西師之敗，獨孤信先入關，周文留其都督長孫子彦守金墉，遂燒營以遁。神武遣兵追奔至崤，不及而還。初，神武知西師來侵，自晉陽率衆馳赴，至孟津，未濟，而軍有勝負。既而神武渡河，子彦亦棄城走。神武遂毁金墉而還。

十一月庚午，神武朝於京師。十二月壬辰，還晉陽。

興和元年七月丁丑，魏帝進神武爲相國，録尚書事，固讓乃止。

十一月乙丑，神武以新宫成，朝於鄴。魏帝與神武讌射，神武降階下稱賀。又辭勃海王及都督中外諸軍事，詔不許。十二月戊戌，神武還晉陽。

二年十二月，阿至羅別部遣使請降，神武帥衆迎之，出武州塞，不見，大獵而還。

三年五月，神武巡北境，使使與蠕蠕通和。

四年五月辛巳，神武朝于鄴。請令百官，每月面敷政事；明揚仄陋，納諫屏邪，親理獄訟，褒黜勤怠；牧守有愆，節級相坐；椒掖之内，進御以序；後園鷹犬，悉皆棄之。六月甲辰，神武還晉陽。

九月，神武西征，十月己亥，圍西魏儀同三司王思政於玉壁城，欲以致敵，西師不敢出。

十一月癸未，神武以大雪，士卒多死，乃班師。

武定元年二月壬申，北豫州刺史高慎據武牢西叛。三月壬辰，周文率衆援高慎，圍河橋南城。戊申，神武大敗之於芒山，禽西魏督將以下四百餘人，俘斬六萬計。是時，軍士有盗殺驢者，軍令應死，神武弗殺，將至并州決之。明日，復戰，奔西軍，告神武所在，西師盡鋭來攻。衆潰，神武失馬，赫連陽順下馬，以授神武，與蒼頭馮文洛扶上，俱走。從者步騎六七人。追騎至，親信都督尉興慶曰：「王去矣，興慶腰邊百箭，足殺百人。」神武勉之曰：「事濟，以爾爲懷州；若死，則用爾子。」興慶曰：「兒小，願用兄。」許之。興慶鬭，矢盡而死。西魏太師賀拔勝以十三騎逐神武，河州刺史劉洪徽射中其二。勝稍將中神武，段孝先橫射勝馬殪，遂免。豫、洛二州平，神武使劉豐追奔徇地，至恒農而還。

七月，神武貽周文書，責以殺孝武之罪。

八月辛未，魏帝詔神武爲相國、録尚書事、大行臺，餘如故，固辭乃止。是月，神武命於肆州北山築城，西自爲陵戍，東至土隥，四十日罷。

十二月己卯，神武朝於京師，庚辰，還晉陽。

二年三月癸巳，神武巡行冀、定二州，因朝京師。以冬春亢旱，請蠲縣責，振窮乏，宥死罪以下。又請授老人板職各有差。四月丙辰，神武還晉陽。

十一月，神武討山胡，破平之，俘獲一萬餘户，分配諸州。

三年正月甲午，開府儀同三司尒朱文暢、開府司馬任胄、都督鄭仲禮、中府主簿李世林、前開府參軍房子遠等謀賊神武，因十五日夜打簇，懷刃而入。其黨薛季孝以告，並伏誅。丁未，神武請於并州置晉陽宫，以處配口。

三月乙未，神武朝鄴。丙午，還晉陽。

十月丁卯，神武上言，幽、安、定三州北接奚、蠕蠕，請於險要修立城戍以防之。躬自臨履，莫不嚴固。乙未，神武請釋芒山俘桎梏，配以人間寡婦。

四年八月癸巳，神武將西伐，自鄴會兵於晉陽。殿中將軍曹魏祖曰：「不可，今八月西方王，以死氣逆生氣，爲客不利，主人則可。兵果行，傷大將。」神武不從。

九月，神武圍玉壁以挑西師，不敢應。西魏晉州刺史韋孝寬守玉壁。城中出鐵面，神武使元盜射之，每中其目。用李業興孤虚術，萃其北，北，天險也。乃起土山，鑿十道，又於東面鑿二十一道，以攻之。城中無水，汲於汾，神武使移汾，一夜而畢。孝寬奪據土山。頓軍五旬，城不拔，死者七萬人，聚爲一冢。有星墜於神武營，衆驢並鳴，士皆讋懼。神武有疾。

十一月庚子，輿疾班師。庚戌，遣太原公洋鎮鄴。辛亥，徵世子澄至晉陽。有惡鳥集於亭樹，世子使斛律光射殺之。己卯，神武以無功，表解都督中外諸軍事，魏帝優詔許焉。是時，西魏言神武中弩，神武聞之，乃勉坐見諸貴。使斛律金敕勒歌，神武自和之，哀感流涕。

侯景素輕世子，嘗謂司馬子如曰：「王在，吾不敢有異；王無，吾不能與鮮卑小兒共事。」子如掩其口。至是，世子爲神武書，召景。景先與神武約，得書，書背微點，乃來；書至，無點，景不至。又聞神武疾，遂擁兵自固。神武謂世子曰：「我雖疾，爾面更有餘憂色，何也？」世子未對。又問曰：「豈非憂侯景叛邪？」曰：「然。」神武曰：「景專制河南十四年矣，常有飛揚跋扈志，顧我能養，豈爲汝駕御也？今四方未定，勿遽發哀。厙狄干鮮卑老公，斛律金敕勒老公，並性遒直，終不負汝。可朱渾道元、劉豐生遠來投我，必無異心。賀拔焉過兒樸實無罪過，潘相樂本作道人，心和厚，汝兄弟當得其力。韓軌少戇，宜寬借之。彭相樂心腹難得，宜防護之。少堪敵侯景者，唯有慕容紹宗，我故不貴之，留以與

汝，宜深加殊禮，委以經略。」

五年正月朔，日蝕。神武曰：「日蝕其爲我邪？死亦何恨。」丙午，陳啓於魏帝。是日，崩於晉陽，時年五十二。祕不發喪。六月壬午，魏帝於東堂舉哀三日，制緦衰，詔凶禮依漢大將軍霍光、東平王蒼故事，贈假黄鉞、使持節、相國、都督中外諸軍事、齊王璽紱，轀輬車、黄屋左纛，前後羽葆鼓吹、輕車介士，兼備九錫殊禮，謚獻武王。八月甲申，葬於鄴西北漳水之西，魏帝臨送於紫陌。天保初，追崇爲獻武帝，廟號太祖，陵曰義平。天統元年，改謚神武皇帝，廟號高祖。

神武性深密高岸，終日儼然，人不能測，機權之際，變化若神。至於軍國大略，獨運懷抱，文武將吏，罕有預之。經馭軍衆，法令嚴肅，臨敵制勝，策出無方。聽斷昭察，不可欺犯。知人好士，全護勳舊。性周給，每有文教，常殷勤款悉，指事論心，不尚綺靡。擢人授任，在於得才，苟其所堪，乃至拔於厮養，有虚聲無實者，稀見任用。諸將出討，奉行方略，罔不克捷，違失指畫，多致奔亡。雅尚儉素，刀劍鞍勒無金玉之飾。少能劇飲，自當大任，不過三爵。居家如官。仁恕愛士。始范陽盧景裕以明經稱，魯郡韓毅以工書顯，咸以謀逆見禽，並蒙恩置之第館，教授諸子。其文武之士，盡節所事見執獲而不罪者甚多，故遐邇歸心，皆思効力。至南和梁國，北懷蠕蠕，吐谷渾、阿至羅咸所招納，獲其力用，規略遠矣。

雜録

備論

《北史》卷六《齊本紀上》 昔魏氏失馭，中原蕩析，齊神武爰從晉部，大號冀方。屢戰而翦凶徒，一麾以清京洛，尊主匡國，功濟天下。既而魏武帝規避權逼，歷數既盡，適所以速關河之分焉。

《唐文拾遺》卷一三虞世南《論略》 公子曰：「高祖之神武才略云何？」先生曰：「神武潛謀於永安之際，致捷於韓陵之間。衝天之勢，固足偉矣。至於垂翅玉壁，税駕晉陽，雄圖不展，智勇俱困。然進爲徇魏之臣，退作肇齊之主，奇才大節，亦有可稱焉。」

《全唐文》卷一七〇朱敬則《北齊高祖論》 昔張讓段珪，濁亂天下。漢召董卓，將顯其誅。竟有小平之奔，曹氏因之，乃創霸業。鄭儼徐紇，點辱皇猷。魏收爾朱榮，欲洗濯宫掖，遂至河陰之禍。齊人藉此，用承明命。故曰亂者理之源，機者命之兆，不可失也。神武崖岸高竦，器宇深沈。望之儼然，風塵自遠；聽之適厲，雷霆或聞。至乃足踐列星，聲振原地。赤色映團焦之外，青立旅宿之門。漢高由之自負，徒屬以之增畏，此所謂歷數在躬，推之不可去也。於時魏德已衰，羣胡得志。孝莊殞於虜手，節閔繫於凶徒。義士痛心，壯夫瀝血。結黨求同盟之會，仗劒想勤王之師者，往往而聚焉。所以因天下之心，覽英雄之議，以普泰元年六月，建旗於信都，以討爾朱兆爲名，當時趙魏之豪，有高虔邕、高敖曹，封隆之、李元誠、盧文偉、崔祖螭等盡其死力；蓋代之傑，有尉景、段榮、彭樂、竇泰匹、婁昭、薛孤延等共其奔走。然後數亂常之罪，顯安忍之辜。發義帝之喪，三軍縞素；承傕汜之逼，萬里同心。莫不精勇感人神，雄略出天地。檄詞未草，聲已馳於賊庭；王誅欲加，命乃懸於鬼籙。但犬羊四合，觜距千羣；大戰韓陵，然始得志。既而龍驤虎步，高下在心。開幕府以臨外藩，分腹心而統京邑。雖生我者父母，立我者高王，既懷震逼之威，易爲芒刺之説。周鄭交惡，衍殖構氛。趙鞅畏讒，遂起晉陽之甲；襄王失據，乃有居氾之悲。雖表數相仍，公怒未息，紫宸不可久曠，丹穴難以更熏，遂應飛來之謡，乃議遷都之便。關西河北，翦爲寇讎。天平永熙，便成敵國。於是疆埸大駭，鉦鼓相聞。邙山之師，杖馬捶而自免；沙苑之役，跨驢騃以遁歸。勝負相參，波瀾不定，豐功厚利，各有可觀者焉。昔魏祖西征，中道不豫；晉景南伐，迴兵乃殂。此並業未半而意窮，功垂成而景促。是以留連末命，委曲臨終，不可盡也。尋高祖其辭魏帝之表，可謂其言也哀。顧太子之言，可謂其事也盡。方諸前代，各一時也。若乃推誠與人，懷舊不捨，擇子如之蝨，看尉景之肱，喻高昂於肝膽，委侯景於半體，此明達也。牽馬麥田，不飲社酒，此嚴斷也。放李穆之歸，使其富貴；感虎兕之對，以勸事君，此宏量也。故能廢立雖多，不失臣節；兵鋒屢折，人望猶存。即與夫孌賈充忌荀彧，不同時也。

司馬光《稽古録》卷一四 神武以高世之略，平爾朱之亂。功大勢盛，爲魏武所疑。雖有逐君之慝，而能惓惓盡恭，以事静帝，没身不怠，此其可稱者也。

胡寅《讀史管見》卷一三 高歡圖霸，功不足以贖過，其所以有後者，知改過也。凡握兵强臣，威勢已就，苟有過舉，往往遂非拒諫，莫肯回心而鄉道也。且

孝武西奔，非歡逐之，而歡自以爲丑，降心刻意，事静帝甚恭，君臣相安，十有餘年，宇文泰慚德多矣。

胡應麟《少室山房集》卷九七《論高歡》 君臣之義，自曹氏攘敚朝綱，辱戮主后，踵接以師、昭、劉裕諸人，滅絶淩夷于天地之内久矣。當其時，君其上者，徒竊空名，寄頓廊廟，社屋祚夷，非酖則縊。迺强臣、悍帥劒履入朝，睥睨其君，殆如無物。五朝因襲，謂爲當然。而孰意元魏之衰，尒朱之亂，又有北齊之高歡氏也。歡始出秀容麾下，滅兆殪隆，位大丞相。其舉兵晉陽，致孝武出奔，律以人臣之誼，罪亡所逃，苐自榮、穆殞身。人戒前轍，歡執言討賊，有社稷功。而魏主偏聽回邪，致生携貳，則播遷之罪，固難盡蔽于歡也。至嗣君繼立，大創前懲，引分輸誠，靡所不極。噫！典午以還，冠裳倒置，君之生殺，懸命一人，首領獲全，已爲至幸。而歡也，曲拳擎跽，恭順自將，敬事至尊，終身毋越。即道非粹白不謂難乎？夫歡在當時，割據中原，兵精士衆，垂旒而王，孰能禦者？彼草昧之雄，富彊是急，區區名義，不啻贅疣，寧假是以塗民耳目哉！大都激發真心，冀追曩失。較諸六代諸臣，遂非文過。隸視其君，而卒弑之，非徒倍蓰而什百也。夫前歡而司馬以迄爾朱，後歡而宇文以逮普六，其位皆歡之位，而其勢皆歡之勢也。有能爲歡之爲者，誰乎？而世以晉陽之甲蔽罪于歡，必夷諸司馬、宇文而後已。吾恐自新之路絶，而人無爲善之望。司馬、宇文輩且相率揶揄于地下矣。

袁枚《小倉山房文集》卷二一《高歡宇文泰論》 取天下者，馬上也；治天下者，非馬上也。開國者必使其治天下之心，勝其取天下之心，而後可以固本而垂基。予觀高歡、宇文泰之廢興，而愈信古人之不我欺也。

歡與泰出處相若，才相若，勝敗相若，鄴下、關中之形勢亦相若。乃歡死，齊無一令主，而齊卒滅于周者，何哉？蓋歡知所以取，不知所以治；泰知所以取，兼知所以治故也。夫取天下者，武也；治天下者，文也。取天下者，將也；治天下者，儒也。歡有十庫狄干不能抵一蘇綽。泰得劉璠，比之陸機，擬人其倫；歡得陳元康，稱爲孔子，令人嘔噦。歡父子奪妃，啓文宣、武成之亂；泰明經講學，啓武帝之好儒。夫當兩雄相角時，譬如艾旃爲防，其旁伺以千鈞之弩，稍有間，則破且入之矣。以父子兄弟淫虐之朝，而當數世重道崇儒之主，其能無敗乎？

雖然，泰非知道者也。泰親酖其君，較歡尤逆。其所行均田、府兵、大誥、學校，亦不過附會古方于萬一而已。然爲田于大旱之時，畢竟有桔槔一日之功者，其苗後枯。若鹵莽而種之，則亦鹵莽而報之，理固然矣。

或謂高洋虐過梟狼，殊難化誨。然其爲世子時，見射堋畫人形，責高隆之曰：「堋土習射，作獸形可也。何爲終日射人？」是其初心未嘗不愛人也。使歡善教之，因其不忍之心而推廣之，安知非令主也？縱之不教，而瞿瞿然以侯景爲憂，不以家法爲念，可謂不知本矣。隋文帝亦曰：「常恨高歡不能教其兒子。」當時早有此論。

蔣超伯《通齋文集》卷二《高歡宇文泰優劣論》 歡、泰皆魏奸也。其盜國同，其攘而授之子也亦同，而心術少異。歡語鮮卑曰：「漢民是汝奴，夫爲汝耕，婦爲汝織，汝無輕之。」其語華人曰：「鮮卑乃汝客，得汝粟帛，爲汝擊賊，爲何爲疾之？」嗚呼！由此言觀之，則民生其時之不幸，可想見也。又歡語杜弼曰：「諸勛人身犯鋒鏑，白死一生，雖或貪鄙，所取者大。我若不相假借將歸，黑獺士奔蕭衍矣。」嗚呼！由此言觀之，則民生其時之不幸，更可想也。華戎之分不明，是謂苟且，貪暴之風不革，是謂颭息。苟且、颭息，豈政體耶？泰則不然與。度支尚書蘇綽制六條詔書，其五曰恤獄訟，其六曰均賦役。泰之心猶知有民，歡之心唯知有兵。知有兵而不知有民，其斃必至，兵民皆敝，歡、泰優劣，蓋於此而定之。

藝文

《全唐詩》卷六四七胡曾《咏史詩・沙苑》 馮翊南邊宿霧開，行人一步一裴回。誰知此地凋殘柳，盡是高歡敗後栽。

《王十朋全集》卷一〇《咏史詩・北齊神武》 浮圖入海天亡魏，鸜鵒興謡運啓齊。鄴下兵興黄螘死，營中星隕衆驢嘶。

陳普《石堂先生遺集》卷二一《高歡》 叚韶谷剎千金鑄，彭樂丁公七寶裝。虎子得來成底事，何如抱櫝卧雲岡。

《李東陽集・詩前稿》卷一《擬古樂府・鮮卑兒》 鮮卑胡，漢兒是汝奴。夫爲汝耕，婦爲汝織，纑使汝温飽，相歌呼，胡爲虐彼無寧居？漢士著，鮮卑汝客作。一匹絹，一斛粟，爲汝擊賊使汝樂，胡爲鬬彼同剽掠？高丞相，三軍主。能胡言，能漢語，胡爲爪牙漢肝腑，奸雄桀驁不足數，猶能虎視中原土。君不見鮮

卑小兒難共事，河南行臺征不至。

顧宗泰《月滿樓詩文集·北齊詠史詩》 渤海乘時蓋世雄，早從憔悴策殊功。笑談剪馬奇謀入，痛哭收刀詭誓空。如此狂愚穿鼻後，不難屈僵舉鞭中。一朝陽曲崇牙建，玉帳威收六鎮同。

天柱明光殿上摧，壺關屯甲羽書催。箏邊載酒申慷慨，帳外貽裘釋忌猜。殷薊卻聯脣齒計，乾昂況盡弟兄才。信都享士椎牛夜，部曲齊心刺史臺。

廣阿聲勢震陽平，雲卷旌旗入鄴城。丞相自爲開霸府，大君又立擁神京。合圍鋭用三千馬，夾水橫摧廿萬兵。千古韓陵一片石，子昇拓筆勒勳名。

遠近軍形嗅地諳，將軍飛振洛陽驂。黑氈舊制人蒙七，黄閤新勞主易三。高踞河魁淩華北，倏移熒惑八杓南。可憐簞食稠桑走，發啓空煩四十函。

潼關追騎返長安，東魏遷都再卜年。孤注紫宫承父制，竊娭黄鉞朝權。濟河早拔金墉地，困雪猶圍玉璧天。想見闈中書事者，宵宵機密草蠻箋。

夜渡蒲津逼四郊，佽飛猛氣戰空交。大呼莫破王羆冢，盛鬪誰傾黑獺巢。縱幸印山逃利槊，已嗟渭曲絶征鞘。請師借一猶侯景，忍覩旌功遍柳條。

部署公家鎮晉陽，星樞有子領巖廊。窟營預築三城密，壟斷先收四貴狂。門外刀環威望立，宫中心腹要機藏。詔官曾改停年格，任選私才宴羽觴。

大畧雄邊賀六渾，爾朱滅後奮煙塵。數千颻起同袍卒，七萬雲埋一冢人。語作鮮卑歡合帳，歌成敕勒泣沾巾。鼓山山下空秋草，猶問魚燈漳水濱。

陳霸先部

綜述

《陳書》卷一《高祖紀上》　高祖武皇帝諱霸先，字興國，小字法生，吳興長城下若里人，漢太丘長陳寔之後也。世居潁川。寔玄孫準，晉太尉。準生匡，匡生達，永嘉南遷，爲丞相掾，歷太子洗馬，出爲長城令，悦其山水，遂家焉。嘗謂所親曰：「此地山川秀麗，當有王者興，二百年後，我子孫必鍾斯運。」達生康，復爲丞相掾，咸和中土斷，故爲長城人。康生盱眙太守英，英生尚書郎公弼，公弼生步兵校尉鼎，鼎生散騎侍郎高，高生懷安令詠，詠生安成太守猛，猛生太常卿道巨，道巨生皇考文讚。

高祖以梁天監二年癸未歲生。少俶儻有大志，不治生産。既長，讀兵書，多武藝，明達果斷，爲當時所推服。身長七尺五寸，日角龍顔，垂手過膝。嘗遊義興，館於許氏，夜夢天開數丈，有四人朱衣捧日而至，令高祖開口納焉，及覺，腹中猶熱，高祖心獨負之。

大同初，新喻侯蕭暎爲吳興太守，甚重高祖，嘗目高祖謂僚佐曰：「此人方將遠大。」及暎爲廣州刺史，高祖爲中直兵參軍，隨府之鎮。暎令高祖招集士馬，衆至千人，仍命高祖監宋隆郡。所部安化二縣元不賓，高祖討平之。尋監西江督護、高要郡守。先是，武林侯蕭諮爲交州刺史，以裒刻失衆心，士人李賁連結數州豪傑同時反，臺遣高州刺史孫冏、新州刺史盧子雄將兵擊之，冏等不時進，皆於廣州伏誅。子雄、弟子略與冏子姪及其主帥杜天合、杜僧明共舉兵，執南江督護沈顗，進寇廣州，晝夜苦攻，州中震恐。高祖率精兵三千，卷甲兼行以救之，頻戰屢捷，天合中流矢死，賊衆大潰，僧明遂降。梁武帝深歎異焉，授直閤將軍，封新安子，邑三百户，仍遣畫工圖高祖容貌而觀之。

其年冬，蕭暎卒。明年，高祖送喪還都，至大庾嶺，會有詔高祖爲交州司馬，領武平太守，與刺史楊瞟南討。高祖益招勇敢，器械精利。瞟喜曰：「能剋賊者，必陳司武也。」委以經略。高祖與衆軍發自番禺。是時蕭勃爲定州刺史，於西江相會，勃知軍士憚遠役，陰購誘之，因詭説瞟。瞟集諸將問計，高祖對曰：「交阯叛换，罪由宗室，遂使僭亂數州，彌歷年稔。定州復欲昧利目前，不顧大計。節下奉辭伐罪，故當生死以之，豈可畏憚宗室，輕於國憲？今若奪人沮衆，何必交州討賊，問罪之師，即回有所指矣。」於是勒兵鼓行而進。十一年六月，軍至交州，賁衆數萬於蘇歷江口立城栅，以拒官軍。瞟推高祖爲前鋒，所向摧陷，賁走典徹湖，於屈獠界立砦，大造船艦，充塞湖中，衆軍憚之，頓湖口不敢進。高祖謂諸將曰：「我師已老，將士疲勞，歷歲相持，恐非良計。且孤軍無援，入人心腹，若一戰不捷，豈望生全。今藉其屢奔，人情未固，夷獠烏合，易爲摧殄，正當共出百死，決力取之，無故停留，時事去矣。」諸將皆默然，莫有應者。是夜江水暴起七丈，注湖中，奔流迅激。高祖勒所部兵，乘流先進，衆軍鼓譟俱前，賊衆大潰，賁竄入屈獠洞中，屈獠斬賁，傳首京師。是歲太清元年也。

賁兄天寶遁入九真，與劫帥李紹隆收餘兵二萬，殺德州刺史陳文戒，進圍愛州，高祖仍率衆討平之。除振遠將軍、西江督護、高要太守、督七郡諸軍事。

二年冬，侯景寇京師，高祖將率兵赴援，廣州刺史元景仲陰有異志，將圖高祖。高祖知其計，與成州刺史王懷明、行臺選郎殷外臣等密議戒嚴。三年七月，集義兵於南海，馳檄以討景仲。景仲窮蹙，縊于閤下，高祖迎蕭勃鎮廣州。是時，臨賀内史歐陽頠監衡州，蘭裕、蘭京禮扇誘始興等十郡，共舉兵攻頠，頠請援於勃。勃令高祖率衆救之，悉擒裕等，仍監始興郡。

十一月，高祖遣杜僧明、胡穎將二千人頓于嶺上，并厚結始興豪傑，同謀義舉，侯安都、張偲等率千餘人來附。蕭勃聞之，遣鍾休悦説高祖曰：「侯景驍雄，天下無敵，前者援軍十萬，士馬精彊，然而莫敢當鋒，遂令羯賊得志。君以區區之衆，將何所之？如聞嶺北王侯又皆鼎沸，河東、桂陽相次屠戮，邵陵、開建親尋干戈，李遷仕託身當陽，便奪馬仗，以君疎外，詎可暗投？未若且住始興，遥張聲勢，保此太山，自求多福。」高祖泣謂休悦曰：「僕本庸虚，蒙國成造。往聞侯景渡江，即欲赴援，遭値元、蘭，梗我中道。今京都覆没，主上蒙塵，君辱臣死，誰敢愛命！君侯體則皇枝，任重方岳，不能摧鋒萬里，雪此寃痛，見遣一軍，猶賢乎已，乃降後旨，使人慨然。僕行計決矣，憑爲披述。」乃遣使間道往江陵，稟承軍期節度。時蔡路養起兵據南康，勃遣腹心譚世遠爲曲江令，與路養相結，同遏義軍。大寶元年正月，高祖發自始興，次大庾嶺。路養出軍頓南野，依山水立四城，以拒高祖。高祖與戰，大破之，路養脱身竄走，高祖進頓南康。湘東王承制

授高祖員外散騎常侍、持節、明威將軍、交州刺史，改封南野縣伯。

六月，高祖脩崎頭古城，徙居焉。高州刺史李遷仕據大皐，遣主帥杜平虜率千人入灨石、魚梁，高祖命周文育將兵擊走之，遷仕奔寧都。承制授高祖通直散騎常侍、使持節、信威將軍、豫州刺史，領豫章內史，改封長城縣侯。尋授散騎常侍、使持節、都督六郡諸軍事、軍師將軍、南江州刺史，餘如故。時寧都人劉藹等資遷仕舟艦兵仗，將襲南康，高祖遣杜僧明等率二萬人據白口，築城以禦之，遷仕亦立城以相對。二年三月，僧明等攻拔其城，生擒遷仕送南康，高祖斬之。承制命高祖進兵定江州，仍授江州刺史，餘如故。

六月，高祖發自南康。是時承制遣征東將軍王僧辯督衆軍討侯景。八月，僧辯軍次湓城，高祖率杜僧明等衆軍及南川豪帥合三萬人將會焉。時西軍乏食，高祖先貯軍糧五十萬石，至是分三十萬以資之。仍頓巴丘。會侯景廢簡文帝，立豫章嗣王棟，高祖遣兼長史沈衮奉表于江陵勸進。十一月，承制授高祖使持節、都督會稽、東陽、新安、臨海、永嘉五郡諸軍事、平東將軍、東揚州刺史，領會稽太守、豫章內史，餘竝如故。三年正月，高祖率甲士三萬人、彊弩五千張、舟艦二千乘，發自豫章。二月，次桑落洲，遣中記室參軍江元禮以事表江陵，承制加高祖鼓吹一部。是時，僧辯已發湓城，會高祖于白茅灣，乃登岸結壇，刑牲盟約。進軍次蕪湖，侯景城主張黑棄城走。三月，高祖與諸軍進剋姑熟，仍次蔡洲。侯景登石頭城觀望形勢，意甚不悅，謂左右曰：「此軍上有紫氣，不易可當。」乃以舣艕貯石沈塞淮口，緣淮作城，自石頭迄青溪十餘里中，樓雉相接。諸將未有所決，僧辯遣杜崱問計於高祖，高祖曰：「前柳仲禮數十萬兵隔水而坐，韋粲之在青溪，竟不渡岸，賊乃登高望之，表裏俱盡，肆其凶虐，覆我王師。今圍石頭，須渡北岸。諸將若不能當鋒，請先往立柵。」高祖即於石頭城西橫隴築柵，衆軍次連八城，直出東北。賊恐西州路斷，亦於東北果林作五城，以遏大路。景率衆萬餘人、鐵騎八百餘匹，結陣而進。高祖曰：「軍志有之，善用兵者，如常山之蛇，首尾相應。今我師既衆，賊徒甚寡，應分賊兵勢，以弱制彊，何故聚其鋒銳，令必死於我？」乃命諸將分處置兵。賊直衝王僧志，僧志小縮，高祖遣徐度領弩手二千橫截其後，賊乃却。高祖與王琳、杜龕等以鐵騎悉力乘之，賊退據其柵。景儀同盧輝略開石頭北門來降。盪主戴冕、曹宣等攻拔果林一城，衆軍又剋其四城。賊復還，殊死戰，又盡奪所得城柵。高祖大怒，親率攻之，士卒騰柵而入，賊復散走。景與百餘騎棄矟執刀，左右衝陣，陣不動，景衆大潰，逐北至西明門。景至闕下，不敢入臺，遣腹心取其二子而遁。高祖率衆出廣陵應接，會景將郭元建奔齊，高祖納其部曲三千人而還。僧辯啓高祖鎮京口。

五月，齊遣辛術圍嚴超達於秦郡，高祖命徐度領兵，助其固守。齊衆七萬，填壍，起土山，穿地道，攻之甚急。高祖乃自率萬人解其圍，縱兵四面擊齊軍，弓弩亂發，齊平秦王中流矢死，斬首數百級，齊人收兵而退。高祖振旅南歸，遣記室參軍劉本仁獻捷于江陵。

七月，廣陵僑民朱盛、張象潛結兵，襲齊刺史溫仲邕，遣使來告，高祖率衆濟江以應之。會齊人來聘，求割廣陵之地，王僧辯許焉，仍報高祖，高祖於是引軍還南徐州，江北人隨軍而南者萬餘口。承制授高祖使持節、散騎常侍、都督南徐州諸軍事、征北大將軍、開府儀同三司、南徐州刺史，餘竝如故。及王僧辯率衆征陸納於湘州，承制命高祖代鎮揚州。十一月，湘東王即位于江陵，改大寶三年爲承聖元年。湘州平，高祖旋鎮京口。三年三月，進高祖位司空，餘如故。

十一月，西魏攻陷江陵，高祖與王僧辯等進啓江州，請晉安王以太宰承制，又遣長史謝哲奉牋勸進。十二月，晉安王至自尋陽，入居朝堂，給高祖班劍二十人。四年五月，齊送貞陽侯深明還主社稷，王僧辯納之，即位，改元曰天成，以晉安王爲皇太子。初，齊之請納貞陽也，高祖以爲不可，遣使詣僧辯苦争之，往返數四，僧辯竟不從。高祖居常憤歎，密謂所親曰：「武皇雖磐石之宗，遠布四海，至於剋雪讎恥，寧濟艱難，唯孝元而已，功業茂盛，前代未聞。我與王公俱受重寄，語未絶音，聲猶在耳，豈期一旦，便有異圖？嗣主高祖之孫，元皇之子，海内屬目，天下宅心，竟有何辜，坐致廢黜，遠求夷狄，假立非次，觀其此情，亦可知矣。」乃密具袍數千領，及錦綵金銀，以爲賞賜之具。九月壬寅，高祖召徐度、侯安都、周文育等謀之，仍部列將士，分賞金帛，水陸俱進。是夜發南徐州討王僧辯。甲辰，高祖步軍至石頭前，遣勇士自城北踰入。時僧辯方視事，外白有兵。俄而兵自内出，僧辯遽走，與其第三子頠相遇，俱出閤，左右尚數十人，苦戰。高祖大兵尋至，僧辯衆寡不敵，走登城南門樓，高祖因風縱火，僧辯窮迫，乃就擒。是夜縊僧辯及頠。景午，貞陽侯遜位，百僚奉晉安王上表勸進。十月己酉，晉安王即位，改承聖四年爲紹泰元年。壬子，詔授高祖侍中、大都督中外諸軍事、車騎將軍、揚、南徐二州刺史，持節、司空、班劍、鼓吹竝如故。仍詔高祖甲仗百人，出入殿省。

震州刺史杜龕據吴興，與義興太守韋載同舉兵反。高祖命周文育率衆攻載

于義興，龕遣其從弟北叟將兵拒戰，北叟敗歸義興。辛未，高祖表自東討，留高州刺史侯安都、石州刺史杜稜宿衛臺省。甲戌，軍至義興。景子，拔其水栅。丁丑，載及北叟來降，高祖撫而釋之。以嗣徽寇逼，卷甲還都，命周文育進討杜龕。十一月己卯，齊遣兵五千濟渡據姑孰。高祖命合州刺史徐度於冶城寺立栅，南抵淮渚。齊又遣安州刺史翟子崇、楚州刺史劉仕榮、淮州刺史柳達摩領兵萬人，於胡墅渡米粟三萬石馬千匹，入于石頭。癸未，高祖遣侯安都領水軍夜襲胡墅，燒齊船千餘艘，周鐵武率舟師斷齊運輸，擒其北徐州刺史張領州，獲運舫米數千石。仍遣韋載於大航築城，使杜稜據守。齊人又於倉門水南立二栅，以拒官軍。甲辰，嗣徽等攻冶城栅，高祖領鐵騎精甲，出自西明門襲擊之，賊衆大潰。十二月癸丑，高祖遣侯安都領舟師，襲嗣徽家口于秦州，俘獲數百人。官軍連艦塞淮口，斷賊水路。景辰，高祖盡命衆軍分部甲卒，對冶城立航渡兵，攻其水南二栅。柳達摩等渡淮置陣，高祖督兵疾戰，縱火燒栅，煙塵漲天，賊潰，争舟相排擠，溺死者以千數。時百姓夾淮觀戰，呼聲震天地。軍士乘勝，無不一當百，盡收其船艦，賊軍懾氣。是日，嗣徽、約等領齊兵水步萬餘人，還據石頭，高祖遣兵往江寧，據要險以斷賊路。賊水步不敢進，頓江寧浦口，高祖遣侯安都領水軍襲破之，嗣徽等乘單舸脱走，盡收其軍資器械。己未，官軍四面攻城，自辰訖酉，得其東北小城，及夜兵不解。庚申，達摩遣使侯子欽、劉仕榮等詣高祖請和，高祖許之，乃於城門外刑牲盟約，其將士部曲一無所問，恣其南北。辛酉，高祖出石頭南門，陳兵數萬，送齊人歸北者。

壬戌，江寧令陳嗣、黄門侍郎曹朗據姑孰反，高祖命侯安都、徐度等討平之，斬首數千級，聚爲京觀。石頭、採石、南州悉平，收獲馬仗、船米不可勝計。

是月杜龕以城降。二年正月癸未，誅杜龕于吴興，龕從弟北叟、司馬沈孝敦竝賜死。

二月庚申，高祖遣侯安都、周鐵武率舸艦備江州，仍頓梁山起栅。甲子，敕司空有軍旅之事，可騎馬出入城内。戊辰，前寧遠石城公外兵參軍王位於石頭沙際獲玉璽四紐，高祖表以送臺。

三月戊戌，齊遣水軍儀同蕭軌、厙狄伏連、堯難宗、東方老、侍中裴英起、東廣州刺史獨孤辟惡、洛州刺史李希光，并任約、徐嗣徽等，率衆十萬出栅口，向梁山，帳内盪主黄叢逆擊，敗之，燒其前軍船艦，齊頓軍保蕪湖。高祖遣定州刺史沈泰、吴郡太守裴忌就侯安都，共據梁山以禦之。

自去冬至是，甘露頻降于鍾山、梅崗、南澗及京口、江寧縣境，或至三數升，大如弈棊子，高祖表以獻臺。

四月丁巳，高祖詣梁山軍巡撫。五月甲申，齊兵發自蕪湖，景申，至秣陵故治。高祖遣周文育屯方山，徐度頓馬牧，杜稜頓大航南。己亥，高祖率宗室王侯及朝臣將帥，於大司馬門外白獸闕下刑牲告天，以齊人背約，發言慷慨，涕泗交流，同盟皆莫能仰視，士卒觀者益奮。辛丑，齊軍於秣陵故縣跨淮立橋栅，引渡兵馬。其夜至方山。侯安都、周文育、徐度等各引還京師。癸卯，齊兵自方山進及兒塘，游騎至臺。周文育、侯安都頓白土崗，旗鼓相望，都邑震駭。高祖潛撤精卒三千配沈泰，渡江襲齊行臺趙彦深於瓜步，獲舟艦百餘艘，陳粟萬斛。爾日天子總羽林禁兵，頓于長樂寺。六月甲辰，齊兵潛至鍾山龍尾。丁未，進至莫府山。高祖遣錢明領水軍出江乘，要擊齊人糧運，盡獲其船米，齊軍於是大餒，殺馬驢而食之。庚戌，齊軍踰鍾山，高祖衆軍分頓樂遊苑東及覆舟山北，斷其衝要。壬子，齊軍至玄武湖西北莫府山南，將據北郊壇。衆軍自覆舟東移，頓郊壇北，與齊人相對。其夜大雨震電，暴風拔木，平地水丈餘，齊軍晝夜坐立泥中，懸鬲以爨，而臺中及潮溝北水退路燥，官軍每得番易。甲寅，少霽，高祖命衆軍秣馬蓐食，遲明攻之。乙卯旦，自率帳内麾下出莫府山南，吴明徹、沈泰等衆軍首尾齊舉，縱兵大戰，侯安都自白下引兵横出其後，齊師大潰，斬獲數千人，相蹂藉而死者不可勝計，生執徐嗣徽及其弟嗣宗，斬之以徇。追奔至于臨沂。其江乘、攝山、鍾山等諸軍相次克捷，虜蕭軌、東方老、王敬寶、李希光、裴英起等將帥凡四十六人。丁巳，衆軍出南州，燒賊舟艦。己未，斬劉歸義、徐嗣彦、傅野猪於建康市。是日解嚴。庚申，高祖表解南徐州以授侯安都。

七月景子，詔授高祖中書監、司徒、揚州刺史，進爵爲公，增邑并前五千户，侍中、使持節、都督中外諸軍事、將軍、尚書令、班劍、鼓吹、甲仗竝如故，并給油幢皁輪車。是月，侯瑱以江州入附。遣侯安都鎮上流，定南中諸郡。

八月癸卯，太府卿何敳、新州刺史華志各上玉璽一，高祖表以送臺，詔歸之高祖。是日，詔高祖食安吉、武康二縣，合五千户。九月壬寅，改年曰太平元年。進高祖位丞相、録尚書事、鎮衞大將軍，改刺史爲牧，進封義興郡公，侍中、司徒、都督、班劍、鼓吹、甲仗、皁輪車竝如故。庚申，詔追贈高祖考侍中、光禄大夫，加金章紫綬，封義興郡公，謚曰恭。十月甲戌，敕丞相：自今入問訊，可施别榻以近扆坐。二年正月壬寅，天子朝萬國於太極東堂，加高祖班劍十人，并前三十

人，餘如故。丁未，詔贈高祖兄道談散騎常侍、使持節、平北將軍、南兖州刺史、長城縣公，謚曰昭烈；弟休先侍中、使持節、驃騎將軍、南徐州刺史、武康縣侯，謚曰忠壯，食邑各二千户。甲寅，遣兼侍中謁者僕射陸繕策拜長城縣夫人章氏爲義興國夫人。丁卯，詔贈高祖祖侍中、太常卿，謚曰孝。追封高祖祖母許氏吴郡嘉興縣君，謚曰敬；妣張氏義興國太夫人，謚曰宣。

二月庚午，蕭勃舉兵，自廣州渡嶺，頓南康，遣其將歐陽頠、傅泰及其子孜爲前軍，至于豫章，分屯要險，南江州刺史余孝頃起兵應勃，高祖命周文育、侯安都率衆討平之。

八月甲午，進高祖位太傅，加黄鉞，劒履上殿，入朝不趨，贊拜不名，并給羽葆鼓吹一部，其侍中、都督、録尚書、鎮衛大將軍、揚州牧、義興郡公，班劒、甲仗、油幢皁輪車竝如故。景申，加高祖前後部羽葆鼓吹。

是時，湘州刺史王琳擁兵不應命，高祖遣周文育、侯安都率衆討之。

九月辛丑，詔進公位相國，總百揆，封十郡爲陳公，備九錫之禮，加璽紱、遠遊冠、緑綟綬，位在諸侯王上，其鎮衛大將軍、揚州牧如故。

十月戊辰，進高祖爵爲王，以揚州之會稽、臨海、永嘉、建安，南徐州之晉陵、信義，江州之尋陽、豫章、安成、廬陵并前爲二十郡，益封陳國。其相國、揚州牧、鎮衛大將軍竝如故。又命陳王冕十有二旒，建天子旌旗，出警入蹕，乘金根車，駕六馬，備五時副車，置旄頭雲罕，樂舞八佾，設鍾簴宮縣。王妃、王子、王女爵命之號，陳臺百官，一依舊典。

辛未，梁帝禪位于陳，遜于別宮。高祖謙讓再三，羣臣固請，乃許。

《陳書》卷二《高祖紀下》　永定元年冬十月乙亥，高祖即皇帝位于南郊，柴燎告天禮畢，輿駕還宫，臨太極前殿。詔以江陰郡奉梁主爲江陰王，又詔梁皇太后爲江陰國太妃，皇后爲江陰國妃。又詔百司依位攝職。

景子，輿駕幸鍾山祠蔣帝廟。戊寅，輿駕幸華林園，親覽詞訟，臨赦囚徒。己卯，分遣大使宣勞四方。

庚辰，詔出佛牙於杜姥宅，集四部設無遮大會，高祖親出闕前禮拜。

辛巳，追尊皇考曰景皇帝，廟號太祖；皇妣董太夫人曰安皇后。追謚前夫人錢氏號爲昭皇后，世子克爲孝懷太子。立夫人章氏爲皇后。癸未，尊景帝陵曰瑞陵，昭皇后陵曰嘉陵，依梁初園陵故事。立删定郎，治定律令。戊子，遷景皇帝神主祔于太廟。辛卯，以中權將軍、開府儀同三司、丹陽尹王沖爲左光禄大夫。癸巳，追贈皇兄梁故散騎常侍、平北將軍、兖州刺史、長城縣公道譚驃騎大將軍、太尉，封始興郡王；弟梁故侍中、驃騎將軍、南徐州刺史、武康縣侯休先車騎大將軍、司徒，封南康郡王。

十一月己亥，甘露降于鍾山松林，彌滿巖谷。庚子，開善寺沙門採之以獻，勑頒賜羣臣。景辰，以鎮西將軍、南豫州刺史徐度爲鎮右將軍、領軍將軍。

二年春正月乙未，車騎將軍、開府儀同三司侯瑱進位司空，中權將軍、開府儀同三司、新除左光禄大夫王沖爲太子少傅。左衛將軍徐世譜爲護軍將軍，南兖州刺史吴明徹進號安南將軍，衡州刺史歐陽頠進號鎮南將軍。辛丑，輿駕親祠南郊。乙巳，輿駕親祠北郊。竝膏腴，堪墾植。戊午，輿駕親祠明堂。

二月壬申，南豫州刺史沈泰奔于齊。辛卯，詔車騎將軍、司空侯瑱總督水步衆軍，以遏齊寇。

三月乙卯，高祖幸後堂聽訟，還於橋上觀山水，賦詩示羣臣。

夏四月甲子，輿駕親祠太廟。乙丑，江陰王薨，詔遣太宰弔祭，司空監護喪事，凶禮所須，隨由備辦。以梁武林侯蕭諮息季卿嗣爲江陰王。景寅，輿駕幸石頭，餞司空侯瑱。辛酉，輿駕幸大莊嚴寺捨身。壬戌，羣臣表請還宫。

六月己巳，詔司空侯瑱、領軍將軍徐度率舟師爲前軍，以討王琳。

秋七月戊戌，輿駕幸石頭，親送瑱等。甲辰，遣吏部尚書謝哲諭王琳。初，侯景之平也，火焚太極殿，承聖中議欲營之，獨闕一柱，至是有樟木大十八圍，長四丈五尺，流泊陶家後渚，監軍鄒子度以聞。詔中書令沈衆兼起部尚書，少府卿蔡儔兼將作大匠，起太極殿。

八月景寅，以廣梁郡爲陳留郡。辛未，詔臨川王蒨西討，以舟師五萬發自京師，輿駕幸冶城寺親送焉。前開府儀同三司、南豫州刺史周文育，前鎮北將軍、南徐州刺史、新除開府儀同三司侯安都等於王琳所逃歸，自劾廷尉，即日引見，竝宥之。戊寅，詔復文育等本官。壬午，追封皇子立爲豫章王，謚曰獻；權爲長沙王，謚曰思；長女爲永世公主，謚曰懿。謝哲反命，王琳請還鎮湘川，詔追衆軍緩其伐。癸未，西討衆軍至自大雷。丁亥，以信威將軍、江州刺史周迪爲開府儀同三司，進號平南將軍。改南徐州所領南蘭陵郡復爲東海郡。

冬十月庚午，遣鎮南將軍、開府儀同三司周文育都督衆軍出豫章，討余孝勱。乙亥，輿駕幸莊嚴寺，發《金光明經》題。丁酉，以仁威將軍、高州刺史黄法氍爲開府儀同三司，進號鎮南將軍。甲寅，太極殿成，匠各給復。

十二月庚申，侍中、安東將軍、臨川王蒨率百僚朝前殿，拜上牛酒。甲子，輿駕幸大莊嚴寺，設無㝵大會，捨乘輿法物。羣臣備法駕奉迎，即日輿駕還宫。景寅，高祖於太極殿東堂宴羣臣，設金石之樂，以路寢告成也。壬申，割吳郡鹽官、海鹽、前京三縣置海寧郡，屬揚州。以安成所部廣興六洞置安樂郡。景戌，以寧遠將軍、北江州刺史熊曇朗爲開府儀同三司，進號平西將軍。丁亥，詔曰：「梁時舊仕，亂離播越，始還朝廷，多未銓序。又起兵已來，軍勳甚衆。選曹即條文武簿及節將應九流者，量其所擬。」於是隨材擢用者五十餘人。

三年春正月丁酉，以鎮南將軍、廣州刺史歐陽頠即本號開府儀同三司。辛丑，詔曰：「南康、始興王諸妹，已有封爵，依禮止是藩主。此二王者，有殊恒情，宜隆禮數。諸主儀秩及尚主，可竝同皇女。」戊申，詔臨川王蒨省揚、徐二州辭訟。

二月辛酉，以平西將軍、桂州刺史淳于量爲開府儀同三司，進號鎮西大將軍。壬午，司空侯瑱督衆軍自江入合州，焚齊舟艦。

三月景申，侯瑱至自合肥，衆軍獻捷。

夏閏四月甲午，詔依前代置西省學士，兼以伎術者預焉。丁酉，遣鎮北將軍徐度率衆城南皖口。是時久不雨，景午，輿駕幸鍾山祠蔣帝廟，是日降雨，迄于月晦。

五月景辰朔有司奏：「舊儀，御前殿，服朱紗袍、通天冠。」詔曰：「此乃前代承用，意有未同。合朔仰助太陽，宜備衮冕之服。自今已去，永可爲准。」景寅，扶南國遣使獻方物。乙酉，北江州刺史熊曇朗殺都督周文育于軍，舉兵反。

六月戊子，儀同侯安都敗衆愛等於左里，獲琳從弟襲、主帥羊暕等三十餘人，衆愛遁走，庚寅，廬山民斬之，傳首京師。甲午，衆師凱歸。徵臨川王蒨往皖口置城柵，以錢道戢守焉。丁酉，高祖不豫，遣兼太宰、尚書左僕射王通以疾告太廟，兼太宰、中書令謝哲告大社、南北郊。辛丑，高祖疾小瘳。故司空周文育之柩至自建昌。壬寅，高祖素服哭于東堂，哀甚。癸卯，高祖臨訊獄省訟。是夜，熒惑在天尊。高祖疾又甚。景午，崩于璿璣殿，時年五十七。遺詔追臨川王蒨入纂。甲寅，大行皇帝遷殯于太極殿西階。

秋八月甲午，羣臣上謚曰武皇帝，廟號高祖。景申，葬萬安陵。

高祖智以綏物，武以寧亂，英謀獨運，人皆莫及，故能征伐四克，静難夷凶。至升大麓之日，居阿衡之任，恒崇寛政，愛育爲本。有須發調軍儲，皆出於事不可息。加以儉素自率，常膳不過數品，私饗曲宴，皆瓦器蚌盤，肴核庶羞，裁令充足而已，不爲虚費。初平侯景，及立紹泰，子女玉帛，皆班將士。其充閨房者，衣不重綵，飾無金翠，哥鍾女樂，不列於前。及乎踐祚，彌厲恭儉。故隆功茂德，光有天下焉。

雜録

備録

釋道世《法苑珠林》卷九一《賞罰篇》 陳武帝陳霸先既害梁大司馬王僧辯，次討諸將。義興太守韋載，黄門郎放第四子也，爲王公固守。陳主頻遣攻圍不克，後重征之，誘説載曰：「王公親黨皆已殄滅，此一孤城，何所希冀？過爾相抵耶？若能見降，不失富貴。」載答曰：「士感知己，本爲王公。所以抗禦大軍，致成讎敵。今亦承明公盡定江左，窮城自守，必無生路。但鋒刃屢交，殺傷過甚。軍人忿怒，恐不見全。老母在堂，彌懼禍及。所以苟延日月，未能束手耳。必有誓約，不敢久勞神武。」陳主乃遣刑白馬爲誓。載遂開門。陳主亦示寛信。還楊都後，陳主即位，遣載從征。以小遲晚，因宿憾斬之。尋於大殿看事，便見載來，驚起入内。移坐光嚴殿，載又逐入。顧訪左右，皆無所見，因此得病死。

備論

《陳書》卷二《高祖紀》 高祖英略大度，應變無方，蓋漢高、魏武之亞矣。及西都盪覆，誠貫天人。王僧辯闕伊尹之才，空結桐宫之憤，貞陽假秦兵之送，不思穆嬴之泣。高祖乃蹈玄機而撫末運，乘勢隙而拯横流，王迹所基，始自於此，何至戡黎升陑之捷而已焉。故於慎徽時序之世，變聲改物之辰，兆庶歸以謳謌，炎靈去如釋負，方之前代，何其美乎！

《唐文拾遺》卷一三虞世南《論略》 公子曰：「陳高祖起自草萊，興創帝業，

近代以來，可方何主？」

先生曰：「武帝以奇才遠略，懷匡復之志，龍躍海内，豹變嶺表。埽重氛於絳闕，復帝坐於紫微。西抗周師，北夷齊寇。宏謨長算，動無遺策，蓋開業之令主，撥亂之雄才。比宋祖則不及，方齊高則優矣。」

《全唐文》卷一七一朱敬則《陳武帝論》 孔子曰：「夏道不亡，商德不作。商道不亡，周德不作。」梁自侯景入寇，蕭詧外奔，西鄰責言，南風不競。篡殺三帝，覆没兩都，可謂亡矣。但人痛既深，天道亦悔，是以大命集於有陳也。武帝身長七尺，垂手過膝，蓋姚襄、劉備之儔也。惟寬以容物，明以知人，曠蕩不羈，雄勇蓋世，聲振嶺表，功濟日南。屬王室不綱，大難未已，江湖羣盜，日尋戈戎，是以投袂而呼，夕不待旦。以梁大寶三年二月，會王僧辨於白茅灣。齊小白之合諸侯，以謀王室；臧子源之要天地，惟討賊臣。故戮力盡心，有死無二。義聲一發，其從如雲；端居不言，神光滿室。建牙將指，飛龍在天其所志也。叛而伐之，伏而舍之，伐叛刑也，柔伏德也。德刑既舉，人知其心，旦爲仇讎，暮爲賓友。文公指白水，蕭王推赤心，不足加也。若乃侯瑱賊將也。降無季布之疑，安都敗帥也。歸受孟明之任，重孝穆之義，待之如賓，釋歐陽之囚，惟賢是用。故得羣材畢用，衆勇合威。盪徧地之横流，廓溥天之巨祿；臠侯景於竹町，執王偉於草間。爰其息歸，瞻烏遂止。仍以新不間舊，疏不間親，高讓近臣，方求别統。昔魏推袁紹，漢謝項王，道貴能伸，理不嫌屈。及江陵不守，喪君有君，疆埸無虞，羣臣輯睦。足以攄三疃之遺憤，歇萬國之夙悲。既上宰變圖，假立非次，晉出子圉，秦納貞陽。陵谷遷移，對之長歎。君臣易位，但覺悲哉！況乃居氾不歸，焉用方伯；在鄭未納，誰曰勤王。於是潛謀腹心，陰召武旅，囚杜陵於别室，告文帝於臨時。舟乘旦潮，旗寢夜月。埽重氛於絳闕，反宸極於紫微。役不浹辰，區宇大定。加以北挫蕭軌，西拒王琳，聖德日新，元勳漸茂。然後繼宋、齊之丕業，承舜禹之大名，昇壇而告上元，分珪以揖羣后。大哉美哉，人無間焉！但雲雷尚屯，邊塵未弭。翌日告漸，綴衣在庭。楚之王孫，歎布衣之未返；燕之太子，踐機橋而不歸。悲夫！

司馬光《稽古録》卷一四 武帝與王僧辯同事梁室，誅夷侯景。乘時伺間，以詐力取國。然率羸弊之衆，當强齊乘勝之勢，卒成大功，奄有江南，斯亦難矣。

胡寅《讀史管見》卷一四 陳高祖之勇略才智，江左一時無與角者，故能奮由遠宦，以取大位。雖享國日淺，迹其過舉，蓋亦甚少，所可恨者，無宰相也。【略】豈世衰道微，無名世之士可爲時用耶？抑高祖不知古今，不能求而致之也？

【略】霸先興邦，固非愚主，而尚爲是，竊度梁室行之既久，其威儀物採，有司未嘗廢，故霸先舉之，其明年又幸寺舍身，蓋可證矣。自東晉而後，佛法盛行，非惟人主多惑其説，亦莫不尊而信之。【略】同乎流俗，合乎污世，能自拔者，豈非豪傑之士哉？

王夫之《讀通鑑論》卷一八 若夫陳氏之篡梁，功劣於曹、劉，而抑有功焉。天下之亂已極，可攘而攘之，亦無固獲之心，如是，則不足以頡頏於劉宋，而優於趙宋，有討平侯景之義；愈於曹、馬者，無素蓄之姦；賢於梁武者，無犯順之兵也。是故其爲君也雖微，而其罪亦輕矣。卻淵明而復辟於敬帝，非果念武帝之子孫而固立之，然當其時，江左之不能自立甚矣。蕭詧稱藩於宇文，以殺叔父而保一隅，以號爲君；淵明稱藩於高氏，以蔑君之遺孫，而擁虚號以爲君；皆非君也，宇文、高氏守藩之臣也。使淵明得立，則舉江東以屬服於高洋，尤慘也。陳高非忠於蕭氏，而保中國之遺民，延數十年以待隋之一統，則功亦偉矣哉！

夫陳高始起嶺表之日，逮乎入討侯景之初，固知其未有妄干天位之志也。蕭氏子孫自相戕賊，天下莫適爲主，而後思攘之，其罪既輕，雖無赫赫之功，而功亦不可泯，視隋之居中狐媚，以奪宇文氏者遠矣。

趙翼《廿二史劄記》卷一二《陳武帝多用敵將》 陳武帝起自寒微，數年有天下，其將帥自侯安都、黄法𣰋、胡穎、徐度、杜稜、吴明徹諸人外，其餘功臣，皆出於仇敵中者。杜僧明、周文育則起兵圍廣州，爲帝所擒者也；歐陽頠亦事蕭勃，爲周文育擒送於帝者也；侯瑱、周鐵虎、程靈洗則王僧辯故將也；魯悉達、孫瑒、周炅、樊毅、樊猛，則王琳故將也。或臨陣擒獲，或力屈來降，帝皆釋而用之，委以心膂，卒得其力，以成偏安之業。其度量恢廓，知人善任，固自有過人者。如侯瑱據豫章，自以本事僧辯，不肯入朝，及部衆叛散，或勸其投北齊，瑱以帝有大量，必能容人，乃詣闕歸罪。魯悉達據晉熙，王琳授以鎮北將軍，帝亦授以征西將軍，悉達兩受之而皆不就，帝使沈泰潛師襲之亦不克，後爲北齊師所破，乃來歸。武帝謂曰：「來何遲也？」對曰：「陛下授臣以官，恩至厚矣，使沈泰來襲，威亦深矣，臣所以自歸者，以陛下豁達大度，同符漢祖故也。」帝曰：「卿言得之矣。」可見帝之度量，當時早有以見信於人，故能驅策羣雄，藉以集事。魏鄭公

史論謂帝：「志度宏遠，懷抱豁如。或取士於仇讎，或擢才於亡命，掩其受金之過，宥其吠堯之罪，委以心腹爪牙，咸得其死力，方諸鼎峙之雄，足以無慚權、備矣。」然則雖偏安江左，固亦有帝王之量哉！

藝文

歐陽詢《藝文類聚》卷一四引沈炯《武帝哀策文》 望三靈而摽目，踏九地而崩心，哭仍幾之將撤，慟祖邑之虛尌，黃屋禋而白日掩，紫極沴而浮雲陰，其辭曰：悠悠媯水，鬱鬱姚墟。惟帝之係，在唐作虞。正卿之後，握此靈符。雕雲布族，祥星結樞。負兹天鏡，來拾遺珠。爰初發迹，斬蛇鞠旅。大定番禺，載戡海渚。承釁而運，席捲中流。王室如毀，乃合諸侯。負鈇誓衆，釋位同謀。俱登涿鹿，實斷蚩尤。道濟一匡，功歸四履。爰總百官，訓于天子。儻來有運，事非獲已。翠龜負字，赤雀銜書。謳歌適夏，禮樂遷虞。負扆正位，升壇受圖。二儀協序，五緯同符。門歌麟趾，室詠騶虞。奉常定日，太卜蠲時。升中備物，方告雍熙。天甘玉露，地秀金芝。休禎未答，靈貺徒欺。吏求穆卜，詔絕良醫。羲驪失御，天街褫蹕。夏采升榮，宮車晏出。洞闈移凶，充庭罷吉。閟窅窅之窮燈，去昭昭之遊日，歸大暮之不暘，降幽宮而長畢。巫咸筮吉，容成戒期。文衛如在，侍葆鐸相悲。去畢陌而東顧，望橋山而路遲。臣攀龍而尚在，魂過沛而何之。低昂之靈纛，奉寂寂之空帷。銅爵没於脩松，平陵隱於深栢。節蕢鼓之哀音，燎爟火於通夕。薤露落而暮田寒，玄霜凝而壟草白。銘功德於旗常，被徽音於鍾石。迴天儀於清廟，祔祖考而來格。播茂實與英聲，鬱氛氳於宗祏。

《王十朋全集》卷一〇《咏史詩・陳武帝》 一旦權臣外召君，已知天帝欲興陳。江淮若道無神物，誰報齊兵至壽春。

孫承恩《文簡集》卷四一《古像贊・陳武帝》 英資傑氣，勝筭雄圖。蕩除凶殘，如拉朽枯。政從寬仁，志尚節儉。功名之盛，江左之冠。

宇文泰部

綜述

《周書》卷一《文帝紀上》 太祖文皇帝姓宇文氏，諱泰，字黑獺，代武川人也。其先出自炎帝神農氏，爲黄帝所滅，子孫遯居朔野。有葛烏菟者，雄武多算略，鮮卑慕之，奉以爲主，遂總十二部落，世爲大人。其後曰普回，因狩得玉璽三紐，有文曰皇帝璽，普回心異之，以爲天授。其俗謂天曰宇，謂君曰文，因號宇文國，并以爲氏焉。

普回子莫那，自陰山南徙，始居遼西，是曰獻侯，爲魏舅生之國。九世至侯豆歸，爲慕容晃所滅。其子陵仕燕，拜駙馬都尉，封玄菟公。魏道武將攻中山，陵從慕容寶禦之。寶敗，陵率甲騎五百歸魏，拜都牧主，賜爵安定侯。天興初，徙豪傑於代都，陵隨例遷武川焉。陵生系，系生韜，並以武略稱。韜生肱。

肱任俠有氣幹。正光末，沃野鎮人破六汗拔陵作亂，遠近多應之。其僞署王衛可孤徒黨最盛，肱乃糾合鄉里斬可孤，其衆乃散。後避地中山，遂陷於鮮于修禮。修禮令肱還統其部衆。後爲定州軍所破，歿於陣。武成初，追尊曰德皇帝。

太祖，德皇帝之少子也。母曰王氏，孕五月，夜夢抱子昇天，纔不至而止。寤而告德皇帝，德皇帝喜曰：「雖不至天，貴亦極矣。」生而有黑氣如蓋，下覆其身。及長，身長八尺，方顙廣額，美鬚髯，髮長委地，垂手過膝，背有黑子，宛轉若龍盤之形，面有紫光，人望而敬畏之。少有大度，不事家人生業，輕財好施，以交結賢士大夫。

少隨德皇帝在鮮于修禮軍。及葛榮殺修禮，太祖時年十八，榮遂任以將帥。太祖知其無成，與諸兄謀欲逃避，計未行，會爾朱榮擒葛榮，定河北，太祖隨例遷晉陽。榮以太祖兄弟雄傑，懼或異己，遂託以他罪，誅太祖第三兄洛生，復欲害太祖。太祖自理家寃，辭旨慷慨，榮感而免之，益加敬待。

孝昌二年，燕州亂，太祖始以統軍從榮征之。先是，北海王顥奔梁，梁人立爲魏主，令率兵入洛。魏孝莊帝出居河内以避之。榮遣賀拔岳討顥，仍迎孝莊帝。太祖與岳有舊，乃以別將從岳。及孝莊帝反正，以功封寧都子，邑三百户，遷鎮遠將軍、步兵校尉。

万俟醜奴作亂關右，孝莊帝遣爾朱天光及岳等討之，太祖遂從岳入關，先鋒破僞行臺尉遲菩薩等。及平醜奴，定隴右，太祖功居多，遷征西將軍、金紫光禄大夫，增邑三百户，加直閤將軍，行原州事。時關隴寇亂，百姓凋殘，太祖撫以恩信，民皆悦服。咸喜曰：「早值宇文使君，吾等豈從逆亂？」太祖嘗從數騎於野，忽聞簫鼓之音，以問從人，皆云莫之聞也。

普泰二年，爾朱天光東拒齊神武，留弟顯壽鎮長安。秦州刺史侯莫陳悦爲天光所召，將軍衆東下。岳知天光必敗，欲留悦共圖顯壽，而計無所出。太祖謂岳曰：「今天光尚邇，悦未有二心，若以此事告之，恐其驚懼。然悦雖爲主將，不能制物，若先説其衆，必人有留心。進失爾朱之期，退恐人情變動，乘此説悦，事無不遂。」岳大喜，即令太祖入悦軍説之，悦遂不行。乃相率襲長安，令太祖輕騎爲前鋒。太祖策顯壽怯懦，聞諸軍將至，必當東走，恐其遠遁，乃倍道兼行。顯壽果已東走，追至華山，擒之。

太昌元年，岳爲關西大行臺，以太祖爲左丞，領岳府司馬，加散騎常侍。事無巨細，皆委決焉。

齊神武既破爾朱，遂專朝政。太祖請往觀之，既至并州，齊神武問岳軍事，太祖口對雄辯，齊神武以爲非常人，欲留之。太祖詭陳忠款，乃得反命，遂星言就道。齊神武果遣追之，至關，不及。太祖還謂岳曰：「高歡非人臣也。逆謀所以未發者，憚公兄弟耳。然凡欲立大功，匡社稷，未有不因地勢，總英雄，而能克成者也。侯莫陳悦本實庸材，遭逢際會，遂叨任委，既無憂國之心，亦不爲高歡所忌。但爲之備，圖之不難。今費也頭控弦之騎不下一萬，夏州刺史斛拔彌俄突勝兵之士三千餘人，及靈州刺史曹泥，並恃其僻遠，常懷異望。河西流民紇豆陵伊利等，户口富實，未奉朝風。今若移軍近隴，扼其要害，示之以威，服之以德，即可收其士馬，以實吾軍。西輯氐、羌，北撫沙塞，還軍長安，匡輔魏室，此桓文舉也。」岳大悦，復遣太祖詣闕請事，密陳其狀。魏帝深納之，加太祖武衛將軍，還令報岳。

岳遂引軍西次平涼，謀於其衆曰：「夏州鄰接寇賊，須加綏撫，安得良刺史以鎮之？」衆皆曰：「宇文左丞即其人也。」岳曰：「左丞吾之左右手也，如何可

廢。」沈吟累日，乃從衆議。於是表太祖爲使持節、武衞將軍、夏州刺史。太祖至州，伊利望風款附，而曹泥猶通使於齊神武。

魏永熙三年春正月，岳欲討曹泥，遣都督趙貴至夏州與太祖計事。太祖曰：「曹泥孤城阻遠，未足爲憂。侯莫陳悦怙衆密邇，貪而無信，必將爲患，願早圖之。」岳不聽，遂與悦俱討泥。二月，至於河曲，岳果爲悦所害。其士衆散還平涼，唯大都督趙貴率部曲收岳屍還營。於是三軍未有所屬，諸將以都督寇洛年最長，相與推洛以總兵事。洛素無雄略，威令不行，乃謂諸將曰：「洛智能本闕，不宜統御，近者迫於羣議，推相攝領，今請避位，更擇賢材。」於是趙貴言於衆曰：「元帥忠公盡節，暴於朝野，勳業未就，奄罹凶酷。豈唯國喪良宰，固亦衆無所依。必欲糾合同盟，復讐雪恥，須擇賢者，總統諸軍。舉非其人，則大事難集，雖欲立忠建義，其可得乎？竊觀宇文夏州，英姿不世，雄謨冠時，遠邇歸心，士卒用命。加以法令齊肅，賞罰嚴明，真足恃也。今若告喪，必來赴難，因而奉之，則大事集矣。」諸將皆稱善。乃命赫連達馳至夏州，告太祖曰：「侯莫陳悦不顧盟誓，棄恩背德，賊害忠良，羣情憤惋，控告無所。公昔居管轄，恩信著聞，今無小無大，咸願推奉。衆之思公，引日成歲，願勿稽留，以慰衆望也。」太祖將赴之，夏州吏民咸泣請曰：「聞悦今在水洛，去平涼不遠。若已有賀拔公之衆，則圖之實難。願且停留，以觀其變。」太祖曰：「悦既害元帥，自應乘勢直據平涼，而反趑趄，屯兵水洛，吾知其無能爲也。且難得易失者時也，不俟終日者幾也，今不早赴，將恐衆心自離。」都督彌姐元進規欲應悦，密圖太祖。事發，斬之。

太祖乃率帳下輕騎，馳赴平涼。時齊神武遣長史侯景招引岳衆，太祖至安定，遇之，謂景曰：「賀拔公雖死，宇文泰尚存，卿何爲也？」景失色，對曰：「我猶箭耳，隨人所射，安能自裁。」景於此即還。太祖至平涼，哭岳甚慟。將士且悲且喜曰：「宇文公至，無所憂矣。」

於時，魏孝武帝將圖齊神武，聞岳被害，遣武衞將軍元毗宣旨慰勞，追岳軍還洛陽。毗到平涼，會諸將已推太祖。侯莫陳悦亦被勅追還，悦既附齊神武，不肯應召。太祖謂諸將曰：「侯莫陳悦枉害忠良，復不應詔命，此國之大賊，豈可容之？」乃命諸軍戒嚴，將以討悦。

及元毗還，太祖表於魏帝曰：「臣前以故關西大都督臣岳，竭誠奉國，橫罹非命，三軍喪氣，朝野痛惜。都督寇洛等，銜冤茹戚，志雪讐恥。以臣昔同幕府，苦賜要結。臣便以今月十四日，輕來赴軍，當發之時，已有別表，既爲衆情所逼，權掌兵事。詔召岳軍入京，此乃爲國良策。但高歡之衆，已至河東，侯莫陳悦猶在水洛。況此軍士多是關西之人，皆戀鄉邑，不願東下。今逼以上命，悉令赴闕，悦躡其後，歡邀其前，首尾受敵，其勢危矣。臣殞身王事，誠所甘心，恐敗國殄人，所損更大。乞少停緩，更思後圖，徐事誘導，漸就東引。」太祖志在討悦，而未測朝旨，且兵衆未集，假此爲詞。因與元毗及諸將刑牲盟誓，同獎王室。

初，賀拔岳營於河曲，有軍吏獨行，忽見一老翁，鬚眉皓素，謂之曰：「賀拔岳雖復據有此衆，然終無所成。當有一宇文家從東北來，後必大盛。」言訖不見。此吏恒與所親言之，至是方驗。

魏帝詔太祖曰：「賀拔岳既殞，士衆未有所歸，卿可爲大都督，即相統領。知欲漸就東下，良不可言。今亦徵侯莫陳悦士馬入京。若其不來，朕當親自致罰。宜體此意，不過淹留。」太祖又表曰：「侯莫陳悦違天逆理，酷害良臣，自以專戮罪重，不恭詔命，阻兵水洛，彊梁秦隴。臣以大宥既班，忍抑私憾，頻問悦及都督可朱渾元等歸闕早晚，而悦並維縶使人，不聽反報。觀其指趣，勢必異圖。臣正爲此，未敢自拔。兼順衆情，乞少停緩。」

悦既懼太祖謀己，詐爲詔書與秦州刺史万俟普撥，令與悦爲黨援。普撥疑之，封詔以呈太祖。太祖表之曰：「臣自奉詔總平涼之師，責重憂深，不遑啓處。訓兵秣馬，唯思竭力。前以人戀本土，侯莫陳悦窺窬進退，量度且宜住此。今若召悦授以內官，臣列旆東轅，匪朝伊夕。朝廷若以悦堪爲邊扞，乞處以瓜、涼一藩。不然，則終致猜虞，於事無益。」

初，原州刺史史歸爲岳所親任，河曲之變，反爲悦守。悦遣其黨王伯和、成次安將兵二千人助歸鎮原州。太祖遣都督侯莫陳崇率輕騎一千襲歸，擒之，并獲次安、伯和等，送於平涼。太祖表崇行原州事。万俟普撥又遣其將叱干保洛領二千騎來從軍。

三月，太祖進軍至原州。衆軍悉集，諭以討悦之意，士卒莫不懷憤。

夏四月，引兵上隴，留兄子導爲都督，鎮原州。太祖軍令嚴肅，秋毫無犯，百姓大悦。識者知其有成。軍出木峽關，大雨雪，平地二尺。太祖知悦怯而多猜，乃倍道兼行，出其不意。悦果疑其左右有異志者，左右亦不安，衆遂離貳。聞大軍且至，退保略陽，留一萬餘人據守水洛。太祖至水洛，命圍之，城降。太祖即率輕騎數百趣略陽，以臨悦軍。悦大懼，乃召其部將議之。皆曰此鋒不可當，勸悦退保上邽以避之。時南秦州刺史李弼亦在悦軍，乃間道遣使，請爲內應。其

夜，悦出軍，軍中自驚潰，將卒或相率來降。太祖縱兵奮擊，大破之。虜獲萬餘人，馬八千疋。悦與其子弟及麾下數十騎遁走。太祖曰：「悦本與曹泥應接，不過走向靈州。」乃令原州都督導邀其前，都督賀拔穎等追其後。導至牽屯山追及悦，斬之。太祖入上邽，收悦府庫，財物山積，皆以賞士卒，毫釐無所取。左右竊一銀鏤甕以歸，太祖知而罪之，即剖賜將士，衆大悦。

時涼州刺史李叔仁爲其民所執，舉州騷擾。宕昌羌梁仚定引吐谷渾寇金城。渭州及南秦州氐、羌連結，所在蜂起。南岐至于瓜、鄯，跨州據郡者，不可勝數。太祖乃令李弼鎮原州，夏州刺史拔也惡蚝鎮南秦州，渭州刺史可朱渾元還鎮渭州，衛將軍趙貴行秦州事。徵豳、涇、東秦、岐四州粟以給軍。

齊神武聞秦隴克捷，乃遣使於太祖，甘言厚禮，深相倚結。太祖拒而不納。時齊神武已有異志，故魏帝深仗太祖。乃徵二千騎鎮東雍州，助爲聲援，仍令太祖稍引軍而東。太祖乃遣大都督梁禦率步騎五千鎮河、渭合口，爲圖河東之計。太祖之討悦也，悦遣使請援於齊神武，神武使其都督韓軌將兵一萬據蒲坂，而雍州刺史賈顯送船與軌，請軌兵入關。太祖因梁禦之東，乃逼召顯赴軍。禦遂入雍州。

魏帝遣著作郎姚幼瑜持節勞軍，進太祖侍中、驃騎大將軍、開府儀同三司、關西大都督、略陽縣公，承制封拜，使持節如故。於是以寇洛爲涇州刺史，李弼爲秦州刺史，前略陽郡守張獻爲南岐州刺史。盧待伯拒代，遣輕騎襲擒之，待伯自殺。

時魏帝方圖齊神武，又遣徵兵。太祖乃令前秦州刺史駱超爲大都督，率輕騎一千赴洛。進授太祖兼尚書僕射、關西大行臺，餘官封如故。

太祖謂諸將曰：「高歡雖智不足而詐有餘，今聲言欲西，其意在入洛。吾欲令寇洛率馬步萬餘，自涇州東引；王羆率甲士一萬，先據華州。歡若西來，王羆足得抗拒；如其入洛，寇洛即襲汾晉。吾便速駕，直赴京邑。使其進有內顧之憂，退有被躡之勢。一舉大定，此爲上策。」衆咸稱善。

秋七月，太祖帥衆發自高平，前軍至於弘農。而齊神武稍逼京邑，魏帝親總六軍，屯於河橋，令左衛元斌之、領軍斛斯椿鎮武牢，遣使告太祖。太祖謂左右曰：「高歡數日行八九百里，曉兵者所忌，正須乘便擊之。而主上以萬乘之重，不能決戰，方緣津據守。且長河萬里，扞禦爲難，若一處得度，大事去矣。」即以大都督趙貴爲別道行臺，自蒲坂濟，趣并州。遣大都督李賢將精騎一千赴洛陽。會斌之與斛斯椿爭權不協，斌之遂棄椿還，紿帝云：「高歡兵至。」

七月丁未，帝遂從洛陽率輕騎入關，太祖備儀衛奉迎，謁見東陽驛。太祖免冠泣涕謝曰：「臣不能式遏寇虐，遂使乘輿遷幸。請拘司敗，以正刑書。」帝曰：「公之忠節，曝於朝野。朕以不聽，負乘致寇。今日相見，深用厚顏。責在朕躬，無勞謝也。」乃奉帝都長安。披草萊，立朝廷，軍國之政，咸取太祖決焉。仍加授大將軍、雍州刺史，兼尚書令，進封略陽郡公，別置二尚書，隨機處分，解尚書僕射，餘如故。太祖固讓，詔敦諭，乃受。初，魏帝在洛陽，許以馮翊長公主配太祖，未及結納，而帝西遷。至是，詔太祖尚之，拜駙馬都尉。

八月，齊神武襲陷潼關，侵華陰。太祖率諸軍屯霸上以待之。齊神武留其將薛瑾守關而退。太祖乃進軍討瑾，虜其卒七千，還長安，進位丞相。

十一月，遣儀同李虎與李弼、趙貴等討曹泥於靈州，虎引河灌之。明年，泥降，遷其豪帥于咸陽。

閏十二月，魏孝武帝崩。太祖與羣公定策，尊立魏南陽王寶炬爲嗣，是爲文皇帝。

《周書》卷二《文帝紀下》 魏大統元年春正月己酉，進太祖督中外諸軍事、録尚書事、大行臺，改封安定郡王。太祖固讓王及録尚書事，魏帝許之，乃改封安定郡公。東魏遣其將司馬子如寇潼關，太祖軍霸上，子如乃回軍自蒲津寇華州，刺史王羆擊走之。

三月，太祖以戎役屢興，民吏勞弊，乃命所司斟酌今古，參考變通，可以益國利民、便時適治者，爲二十四條新制，奏魏帝行之。

二年春三月，東魏襲陷夏州，留其將張瓊、許和守之。

夏五月，秦州刺史、建中王万俟普撥率所部叛入東魏。太祖勒輕騎追之，至河北千餘里，不及而還。

三年春正月，東魏寇龍門，屯軍蒲坂，造三道浮橋度河。又遣其將竇泰趣潼關，高敖曹圍洛州。太祖出軍廣陽，召諸將曰：「賊今掎吾三面，又造橋於河，示欲必渡，是欲綴吾軍，使竇泰得西入耳。久與相持，其計得行，非良策也。且歡起兵以來，泰每爲先驅，其下多鋭卒，屢勝而驕。今出其不意，襲之必克。克泰則歡不戰而自走矣。」諸將咸曰：「賊在近，捨而遠襲，事若蹉跌，悔無及也。」太祖曰：「歡前再襲潼關，吾軍不過霸上。今者大來，兵未出郊。賊顧謂吾但自守耳，無遠鬭意。又狃於得志，有輕我之心。乘此擊之，何往不克。賊雖造橋，不

能徑渡。此五日中，吾取竇泰必矣。公等勿疑。」庚戌，太祖率騎六千還長安，聲言欲保隴右。辛亥，謁帝而潛出軍。癸丑旦，至小關。竇泰卒聞軍至，惶懼，依山爲陣，未及成列，太祖縱兵擊破之，盡俘其衆萬餘人。斬泰，傳首長安。高敖曹適陷洛州，執刺史泉企，聞泰之殁，焚輜重棄城走。齊神武亦撤橋而退。企子元禮尋復洛州，斬東魏刺史杜密。太祖還軍長安。

六月，遣儀同于謹取楊氏壁。太祖請罷行臺，帝復申前命，太祖受録尚書事，餘固讓，乃止。

秋七月，徵兵會咸陽。

八月丁丑，太祖率李弼、獨孤信、梁禦、趙貴、于謹、若干惠、怡峯、劉亮、王悳、侯莫陳崇、李遠、達奚武等十二將東伐。至潼關，太祖乃誓於師曰：「與爾有衆，奉天威，誅暴亂。惟爾士，整爾甲兵，戒爾戎事，無貪財以輕敵，無暴民以作威。用命則有賞，不用命則有戮。爾衆士其勉之。」遣于謹居軍前，狥地至槃豆。東魏將高叔禮守柵不下，謹急攻之，乃降。獲其戍卒一千，送叔禮於長安。戊子，至弘農。東魏將高干、陝州刺史李徽伯拒守。於時連雨，太祖乃命諸軍冒雨攻之。庚寅，城潰，斬徽伯，虜其戰士八千。高干走度河，令賀拔勝追擒之，並送長安。於是宜陽、邵郡皆來歸附。先是河南豪傑多聚兵應東魏，至是各率所部來降。

齊神武懼，率衆十萬出壺口，趨蒲坂，將自后土濟。又遣其將高敖曹以三萬人出河南。是歲，關中饑。太祖既平弘農，因館穀五十餘日。時戰士不滿萬人，聞齊神武將度，乃引軍入關。齊神武遂度河，逼華州。刺史王羆嚴守。知不可攻，乃涉洛，軍於許原西。太祖據渭南，徵諸州兵皆未會。乃召諸將謂之曰：「高歡越山度河，遠來至此，天亡之時也。吾欲擊之，何如？」諸將咸以衆寡不敵，請待歡更西，以觀其勢。太祖曰：「歡若得至咸陽，人情轉騷擾。今及其新至，便可擊之。」即造浮橋於渭，令軍人賫三日糧，輕騎度渭，輜重自渭南夾渭而西。

冬十月壬辰，至沙苑，距齊神武軍六十餘里。齊神武聞太祖至，引軍來會。癸巳旦，候騎告齊神武軍且至。太祖召諸將謀之。李弼曰：「彼衆我寡，不可平地置陣。此東十里有渭曲，可先據以待之。」遂進軍至渭曲，背水東西爲陣。李弼爲右拒，趙貴爲左拒。命將士皆偃戈於葭蘆中，聞鼓聲而起。申時，齊神武至，望太祖軍少，競馳而進，不爲行列，總萃於左軍。兵將交，太祖鳴鼓，士皆奮起。于謹等六軍與之合戰，李弼等率鐵騎橫擊之，絶其軍爲二隊，大破之，斬六千餘級，臨陣降者二萬餘人。齊神武夜遁，追至河上，復大克獲。前後虜其卒七萬。留其甲士二萬，餘悉縱歸。收其輜重兵甲，獻俘長安。還軍渭南，於是所徵諸州兵始至。乃於戰所，准當時兵士，人種樹一株，以旌武功。進太祖柱國大將軍，增邑并前五千户。李弼等十二將亦進爵增邑。并其下將士，賞各有差。

遣左僕射、馮翊王元季海爲行臺，與開府獨孤信率步騎二萬向洛陽；洛州刺史李顯趨荆州；賀拔勝、李弼渡河圍蒲坂。牙門將高子信開門納勝軍，東魏將薛崇禮棄城走，勝等追獲之。太祖進軍蒲坂，略定汾、絳。於是許和殺張瓊以夏州降。初，太祖自弘農入關後，東魏將高敖曹圍弘農，聞其軍敗，退守洛陽。獨孤信至新安，敖曹復走度河，信遂入洛陽。東魏潁川長史賀若統與密縣人張儉執刺史田迅舉城降。滎陽鄭榮業、鄭偉等攻梁州，擒其刺史鹿永吉；清河人崔彦穆、檀琛攻滎陽，擒其郡守蘇定：皆來附。自梁、陳已西，將吏降者相屬。

於是東魏將堯雄、趙育、是云寶出潁川，欲復降地。太祖遣儀同宇文貴、梁遷等逆擊，大破之。趙育來降。東魏復遣將任祥率河南兵與雄合，儀同怡峯與貴、遷等復擊破之。又遣都督韋孝寬取豫州。是云寶殺其東揚州刺史那椿，以州來附。

四年春三月，太祖率諸將入朝。禮畢，還華州。

七月，東魏遣其將侯景、厙狄干、高敖曹、韓軌、可朱渾元、莫多婁貸文等圍獨孤信於洛陽，齊神武繼其後。先是，魏帝將幸洛陽拜園陵，會信被圍，詔太祖率軍救信，魏帝亦東。

八月庚寅，太祖至穀城，莫多婁貸文、可朱渾元來逆，臨陣斬貸文，元單騎遁免，悉虜其衆送弘農。遂進軍瀍東。是夕，魏帝幸太祖營，於是景等夜解圍去。及旦，太祖率輕騎追之，至於河上。景等北據河橋，南屬邙山爲陣，與諸軍合戰。太祖馬中流矢，驚逸，遂失所之，因此軍中擾亂。都督李穆下馬授太祖，軍以復振。於是大捷，斬高敖曹及其儀同李猛、西兗州刺史宋顯等，虜其甲士一萬五千，赴河死者以萬數。

是日，置陣既大，首尾懸遠，從旦至未，戰數十合，氛霧四塞，莫能相知。獨孤信、李遠居右，趙貴、怡峯居左，戰並不利，又未知魏帝及太祖所在，皆棄其卒先歸。開府李虎、念賢等爲後軍，遇信等退，即與俱還。由是乃班師，洛陽亦失

守。大軍至弘農，守將皆已棄城西走。所虜降卒在弘農者，因相與閉門拒守。進攻拔之，誅其魁首數百人。

大軍之東伐也，關中留守兵少，而前後所虜東魏士卒，皆散在民間，乃謀爲亂。及李虎等至長安，計無所出，乃與公卿輔魏太子出次渭北。關中大震恐，百姓相剽劫。於是沙苑所俘軍人趙青雀、雍州民于伏德等遂反。青雀據長安子城，伏德保咸陽，與太守慕容思慶各收降卒，以拒還師。長安大城民皆相率拒青雀，每日接戰。魏帝留止閿鄉，遣太祖討之。長安父老見太祖至，悲且喜曰：「不意今日復得見公！」士女咸相賀。華州刺史導率軍襲咸陽，斬思慶，擒伏德，南度渭與太祖會攻青雀，破之。太傅梁景睿先以疾留長安，遂與青雀通謀，至是亦伏誅。關中於是乃定。魏帝還長安，太祖復屯華州。

五年冬，大閱於華陰。

六年春，東魏將侯景出三鵶，將侵荆州，太祖遣開府李弼、獨孤信各率騎五千出武關，景乃退還。

夏，茹茹度河至夏州，太祖召諸軍屯沙苑以備之。

七年春三月，稽胡帥、夏州刺史劉平伏據上郡叛，遣開府于謹討平之。

冬十一月，太祖奏行十二條制，恐百官不勉於職事，又下令申明之。

八年夏四月，大會諸軍於馬牧。

冬十月，齊神武侵汾、絳，圍玉壁。太祖出軍蒲坂，將擊之。軍至皂莢，齊神武退。太祖度汾追之，遂遁去。

十二月，魏帝狩於華陰，大饗將士。太祖率諸將朝於行在所。

九年春，東魏北豫州刺史高仲密舉州來附，太祖帥師迎之，令開府李遠爲前軍。至洛陽，遣開府于謹攻栢谷塢，拔之。

三月，齊神武至河北。太祖還軍瀍上以引之。齊神武果度河，據邙山爲陣，不進者數日。太祖留輜重於瀍曲，士皆銜枚，夜登邙山。未明，擊之，齊神武單騎爲賀拔勝所逐，僅而獲免。太祖率右軍若干惠等大破齊神武軍，悉虜其步卒。趙貴等五將軍居左，戰不利。齊神武軍復合，太祖又不利，夜乃引還。既入關，屯渭上。齊神武進至陜，開府達奚武等率軍禦之，乃退。太祖以邙山之戰，諸將失律，上表請自貶。魏帝報曰：「公膺期作宰，義高匡合，仗鉞專征，舉無遺算。朕所以垂拱九載，實資元輔之力，俾九服寧謐，誠賴翊贊之功。今大寇未殄，而以諸將失律，便欲自貶，深虧體國之誠。宜抑此謙光，恤予一人。」於是廣募關隴豪右，以增軍旅。

冬十月，大閱於櫟陽，還屯華州。

十年夏五月，太祖入朝。

秋七月，魏帝以太祖前後所上二十四條及十二條新制，方爲中興永式，乃命尚書蘇綽更損益之，總爲五卷，班於天下。於是搜簡賢才，以爲牧守、令長，皆依新制而遣焉。數年之間，百姓便之。

冬十月，大閱於白水。

十一年冬十月，大閱於白水，遂西狩岐陽。

十二年春，涼州刺史宇文仲和據州反。瓜州民張保害刺史成慶，以州應仲和。太祖遣開府獨孤信討之。東魏遣其將侯景侵襄州，太祖遣開府若干惠率輕騎擊之。至穰，景遁去。

夏五月，獨孤信平涼州，擒仲和，遷其民六千餘家於長安。瓜州都督令狐延起義誅張保，瓜州平。

七月，太祖大會諸軍於咸陽。

九月，齊神武圍玉壁，大都督韋孝寬力戰拒守，齊神武攻圍六旬不能下，其士卒死者什二三。會齊神武有疾，燒營而退。

十三年春正月，茹茹寇高平，至于方城。是月，齊神武薨。其子澄嗣，是爲文襄帝。與其河南大行臺侯景有隙，景不自安，遣使請舉河南六州來附。齊文襄遣其將韓軌、厙狄干等圍景於潁川。

三月，太祖遣開府李弼率軍援之，軌等遁去。景請留收輯河南，遂徙鎮豫州。於是遣開府王思政據潁川，弼引軍還。

秋七月，侯景密圖附梁。太祖知其謀，悉追還前後所配景將士。景懼，遂叛。

冬，太祖奉魏帝西狩於岐陽。

十四年春，魏帝詔封太祖長子毓爲寧都郡公，食邑三千户。初，太祖以平元顥、納孝莊帝之功，封寧都縣子，至是改縣爲郡，而以封毓，用彰勤王之始也。

夏五月，進授太祖太師。太祖奉魏太子巡撫西境，自新平出安定，登隴，刻石紀事。下安陽，至原州，歷北長城，大狩。將東趣五原，至蒲川，聞魏帝不豫，遂還。既至，帝疾已愈，於是還華州。

是歲，東魏遣其將高岳、慕容紹宗、劉豐生等，率衆十餘萬圍王思政於潁川。

十五年春，太祖遣大將軍趙貴帥軍至穰，兼督東南諸州兵，以援思政。高岳起堰，引洧水以灌城，自潁川以北皆爲陂澤，救兵不得至。

夏六月，潁川陷。初，侯景自豫州附梁，後遂度江，圍建業。梁司州刺史柳仲禮以本朝有難，帥兵援之。梁竟陵郡守孫暠舉郡來附，太祖使大都督符貴往鎮之。及景克建業，仲禮還司州，率衆來寇，暠以郡叛。太祖大怒。

冬十一月，遣開府楊忠率兵與行臺僕射長孫儉討之，攻克隨郡。忠進圍仲禮長史馬岫於安陸。

十六年春正月，柳仲禮率衆來援安陸，楊忠逆擊於漴頭，大破之，擒仲禮，悉虜其衆。馬岫以城降。

三月，魏帝封太祖第二子震爲武邑公，邑二千户。先是，梁雍州刺史、岳陽王詧與其叔父荆州刺史、湘東王繹不睦，乃稱藩來附，遣其世子嶚爲質。及楊忠擒仲禮，繹懼，復遣其子方平來朝。

秋七月，太祖率諸軍東伐，拜章武公導爲大將軍，總督留守諸軍事，屯涇北以鎮關中。

九月丁巳，軍出長安。時連雨，自秋及冬，諸軍馬驢多死。遂於弘農北造橋濟河，自蒲坂還。於是河南自洛陽，河北自平陽以東，遂入於齊矣。

十七年春三月，魏文帝崩，皇太子嗣位，太祖以冢宰總百揆。梁邵陵王蕭綸侵安陸，大將軍楊忠討擒之。

冬十月，太祖遣大將軍王雄出子午，伐上津、魏興；大將軍達奚武出散關，伐南鄭。

魏廢帝元年春，王雄平上津、魏興，以其地置東梁州。

夏四月，達奚武圍南鄭，月餘，梁州刺史、宜豐侯蕭循以州降。武執循還長安。

秋八月，東梁州民叛，率衆圍州城，太祖復遣王雄討之。

二年春，魏帝詔太祖去丞相大行臺，爲都督中外諸軍事。

二月，東梁州平，遷其豪帥於雍州。

三月，太祖遣大將軍、魏安公尉遲迥率衆伐梁武陵王蕭紀於蜀。

夏四月，太祖勒鋭騎三萬西踰隴，度金城河，至姑臧。吐谷渾震懼，遣使獻其方物。

五月，蕭紀潼州刺史楊乾運以州降，引迥軍向成都。

秋七月，太祖自姑臧至於長安。

八月，克成都，劍南平。

冬十一月，尚書元烈謀作亂，事發，伏誅。

三年春正月，始作九命之典，以敘内外官爵。以第一品爲九命，第九品爲一命。改流外品爲九秩，亦以九爲上。又改置州郡及縣：凡改州四十六，置州一，改郡一百六，改縣二百三十。

自元烈誅，魏帝有怨言。魏淮安王育、廣平王贊等垂泣諫之，帝不聽。於是太祖與公卿定議廢帝，尊立齊王廓，是爲恭帝。

魏恭帝元年夏四月，帝大饗羣臣。魏史柳虯執簡書於朝曰：「廢帝，文皇帝之嗣子。年七歲，文皇帝託於安定公曰：『是子才，由于公；不才，亦由于公，宜勉之。』公既受兹重寄，居元輔之任，又納女爲皇后，遂不能訓誨有成，致令廢黜，負文皇帝付屬之意，此咎非安定公而誰？」太祖乃令太常盧辯作誥諭公卿曰：「嗚呼！我羣后暨衆士，維文皇帝以襁褓之嗣託於予，訓之誨之，庶厥有成。而予罔能革變厥心，庸暨乎廢，墜我文皇帝之志。嗚呼！兹咎予其焉避。予實知之，矧爾衆人之心哉！惟予之顔，豈惟今厚，將恐來世以予爲口實。」乙亥，詔封太祖子邕爲輔城公，憲爲安城公，邑各二千户。

茹茹乙旃達官寇廣武。五月，遣柱國趙貴追擊之，斬首數千級，收其輜重而還。

秋七月，太祖西狩至於原州。

梁元帝遣使請據舊圖以定疆界，又連結於齊，言辭悖慢。太祖曰：「古人有言『天之所棄，誰能興之』，其蕭繹之謂乎？」

冬十月壬戌，遣柱國于謹、中山公護、大將軍楊忠、韋孝寬等步騎五萬討之。

十一月癸未，師濟於漢。中山公護與楊忠率鋭騎先屯其城下，據江津以備其逸。丙申，謹至江陵，列營圍守。辛亥，進攻城，其日克之。擒梁元帝，殺之，并虜其百官及士民以歸。没爲奴婢者十餘萬，其免者二百餘家。立蕭詧爲梁主，居江陵，爲魏附庸。梁將王僧辯、陳霸先於丹陽立梁元帝第九子方智爲主。

魏氏之初，統國三十六，大姓九十九，後多絶滅。至是，以諸將功高者爲三十六國後，次功者爲九十九姓後，所統軍人，亦改從其姓。

二年，梁廣州刺史王琳寇邊。冬十一月，遣大將軍豆盧寧帥師討之。

三年春正月丁丑，初行《周禮》，建六官。以太祖爲太師、大冢宰，柱國李弼爲太傅、大司徒，趙貴爲太保、太宗伯，獨孤信爲大司馬，于謹爲大司寇，侯莫陳崇爲大司空。初，太祖以漢魏官繁，思革前弊。大統中，乃命蘇綽、盧辯依周制改創其事，尋亦置六卿官，然爲撰次未成，衆務猶歸臺閣。至是始畢，乃命行之。

夏四月，太祖北巡狩。

秋七月，度北河。王琳遣使來附，以琳爲大將軍、長沙郡公。魏帝封太祖子直爲秦郡公，招爲正平公，邑各一千户。

九月，太祖有疾，還至雲陽，命中山公護受遺輔嗣子。

冬十月乙亥，崩於雲陽宫，還長安發喪，時年五十二。甲申，葬於成陵，謚曰文公。孝閔帝受禪，追尊爲文王，廟曰太祖。武成元年，追尊爲文皇帝。

太祖知人善任使，從諫如流，崇尚儒術，明達政事，恩信被物，能駕馭英豪，一見之者，咸思用命。沙苑所獲囚俘，釋而用之，河橋之役，率以擊戰，皆得其死力。諸將出征，授以方略，無不制勝。性好朴素，不尚虚飾，恒以反風俗，復古始爲心。

《巴蜀佛教碑文集成》録强獨樂《北周文王碑》　夫功烈當時而顯揚千載者，非竹帛無以褒其訓，非金石無以銘其德。是以漢頌李氏於蔭岑，前魏書鄧於綿竹，姬姜受齊魯之封，晉宋垂拱而取天位者，皆猶立身有涵天之功，平暴理亂，存濟蒼生故耳。

而我文王處身成長，值國艱難。恒朔風起，連及魯越。鮮於、葛榮各擁十州之衆，飛魂齊晉。爾時王身，文武英逸，策量山海，坐算知天，謀無不決。平杜、葛二軍積年之寇，掃蕩齊晉草化之民。京洛清晏，關東帖然，安置宰守，人民復業。唯有丑奴、莫折，屯聚蟻衆，擾亂三秦。賀拔與王俱時受命，龔行天罰，各領虎將百千，剛猛争先，擒醜奴於涇州長坑之原，戮莫折餘燼在大秦之域。河涼息寧，關隴倏同。平涇定秦，王有陣敵之功，重勛難彰，除原州刺史。在任清儉，與民水菜不交，合絶私覿，皎然冰鏡。恩同子産，後比周、邵，令名照著，遠近欽穆。尋轉爲夏州刺史。爾時，賀拔僕射爲關西行臺，侯莫陳爲隴右行臺。各領所部，擬伐凶逆。時有靈州刺史曹泥，圮黄河之難，不祇國命。而賀拔僕射心欲討惡，志公無二；而侯莫陳陰生妒嫉，密懷徒害。王時在西夏，聞僕射薨于原州，即領所部，星赴平凉。爾時，大軍見府公薨背，人懷異望。王自至涇，誓約六軍，泣而言曰：「昔洪演納肝，苞胥哭秦，解陽執楚，至死不二；紀信代君焚燒其身，伍員報父兄之仇。孫武令而言之：『一人欲死，百人不當；萬人欲死，横行天下。』遂能滅强楚於孃城之側，破越車會稽之野。況我等諸軍，將同韓、白，衆如虎狼。今不爲君雪耻，豈可立身於地上乎？」因即將士同心，揚威西討，時不逾朔，蕩除凶虐。斬侯莫陳元惡黨類，虜掠衆軍，悉恕不咎。遂統攝百萬，志平國難。

至永熙年中，高賊猖狂，弄威并、相。主上嫌恨，遂遷京師，内外百官，歸還雍都。知王神機獨決，視徹九霄，員武遅文，鎮越社稷。所領將帥者，皆進有曹劌之機，退懷孫臏之策，指日光回，吹流山壑。其士卒也，手把長戈，雄毅跳山，蹴石成風，吸岳崩思。故武帝拜爲都督中外諸軍事、大丞相。威振八極，六合來賓。北有茹茹，傾國歸降；南伐梁國，君刑民遷，交廣請命；西定宕昌、鄧至，吐谷渾稱蕃，貢獻相尋。禮及中原，君臣和穆，父義、母慈、兄友、弟恭，子孝。盜賊大慝，奸詐不行。故能除攙槍於九霄，掃塵遐於六莫，囹圄無何枉之囚，幽澗無屈滯之士。令行俗美，遵同慈父。昊天不吊，春秋五十，薨於長安。百姓號慕，如遭先妣之喪。

國王大臣咸推世子代其父位。心在哀迷，未治軍府。天鑒積善，必加餘慶；善惡報應，唯在上靈。是以湯王自燒，甘澤降注；宋景思殃，熒或一宿爲之三徙。天道無親，唯德是予。元象垂曜，萬國必仰。魏王知天命去已，祚歸於周。周畏天之命，即依恭受。而天王既臨萬國，尋思漢祖，乃尊謚太上皇魏文，謚父爲武帝。昔我周之紹隆，武王滅紂，謚先文王。今既天歸周，恒應襲其故，遂依尊號文王，斑告天下。

樂等與大都督夫蒙儁帥都督楊哲、都督吕璨、都督治石岡縣傅元緒、都督治陽安縣史于德、武康郡丞劉延、治懷遠縣劉開、都督王祥、都督馮延、都督鄭業等，出自布素，蒙王采拔，解褐入朝，位登三司。恢身殞命，無以上報，雖肝腸糜爛，無過時之哀。竊唯上古，非臣子不樹碑銘，非其神而祭之者諂。樂等今從柱國大將軍、大都督甘州諸軍事、化政郡開國公宇文貴，邊戍岷蜀，因防武康，不勝悲切。故於□東之嶺，顯益之岡，天落石榜，爲王敬造佛二尊寶堂，藥王在其左，普賢在其方，文殊師利俠侍。兩箱飛天化生，在上馳翔；師子咤呰，在下侏張。百神莊嚴，内外黄黄。鑒察愚真，濟其道場。前立靈碑，文字書揚。龜龍交槃，岩巍昂藏。刊石隱文，萬代彌常。贊其功勛，永序延康。

赫赫文王，才高少昌。掃除四凶，建節秦陽。總甲百萬，其鋒難當。儀同督

將，智齊三剛。文學儒士，態殊陳張。平殄燕趙，進師金方。克捷三秦，懸袿邊疆。羣奸斂平，衆逆消亡。南定庸蜀，西及胡羌；北降茹茹，東南夷梁。六合清晏，濟濟康康。百官釐務，佩玉鏘鏘；各治其職，撫導勝常。百民率舞，男女顯章；六畜滿原，粟帛盈倉。漢稱文景，周咏成康。論比德績，上及三皇。抑强綏貴，采擢賢良。覆載之下，贊言明王。故頌其德，刊文碑傍。

雜録

備録

釋道世《法苑珠林》卷七八《十惡篇》 周文帝宇文泰，初爲魏丞相，值梁朝喪亂，梁孝元帝爲湘東王，時在荆州，時遣使通和，禮好甚至，與泰斷金，立盟結爲兄弟。後平侯景，孝元即位，泰猶人臣。不加崇敬，頗行倭侮。又求索無厭，或不愜意，遂遣兵襲江陵，俘虜朝士至于民庶百四十萬口，而害孝元焉。又魏文帝先納茹茹主郁久閭阿那瓌女爲后，和親殊篤。害梁主之明年，瓌爲齊國所敗破國，率餘衆數千奔魏。而突厥舊與茹茹怨讎，即遣餉泰馬三千匹，求誅瓌等，泰遂許諾，伏突厥兵與瓌謳會，醉便縛之。即日滅郁久閭一姓五百餘人，流血至踝，茹茹臨死，多或仰天而訴。明年冬，泰獵於隴右得病，見孝元及瓌爲祟，泰發怒肆罵，命索酒與之，兩月日死。

李昉《太平御覽》卷三六〇引《三國典略》 周太祖宇文泰之母曰王氏，初孕五月，夜夢抱子升天，才不至而止。寤以告德皇帝，皇帝喜曰：「雖不至天，貴亦極矣。」

李昉《太平廣記》卷一三五《後周太祖》 後周太祖時，有李順興者，世傳漢築長安城之日，已爲北面軍王，或隱或見，愚聖莫測。魏自永熙之後，權雄分據。齊神武興軍數十萬，次沙苑，太祖地狹兵少，懼不當敵，計盡力窮。須臾興來，太祖請其策謀，更無餘語，直云：「黃狗逐黑狗，急走出筋斗。一過出筋斗，黃狗夾尾走。」語訖便去。于時東軍旗幟服色尚黃，西兵用黑，太祖悟其言，遂力戰，大破神武於沙苑。

備論

《周書》卷二《文帝紀》 水曆將終，羣凶放命，或威權震主，或釁逆滔天。咸謂大寶可以力征，神物可以求得，莫不闚鬧九鼎，睥睨兩宮，而誅夷繼及，亡不旋踵。是知巨君篡盜，終成建武之資；仲穎凶殘，實啓當塗之業。天命有底，庸可滔乎？

太祖田無一成，衆無一旅，驅馳戎馬之際，躡足行伍之間。屬與能之時，應啓聖之運，鳩集義勇，糺合同盟，一舉而殄仇讐，再駕而匡帝室。於是內詢帷幄，外仗材雄。推至誠以待人，弘大順以訓物。高氏籍甲兵之衆，恃戎馬之彊，屢入近畿，志圖吞噬。及英謀電發，神旆風馳，弘農建城濮之勳，沙苑有昆陽之捷。取威定霸，以弱爲彊。紹元宗之衰緒，創隆周之景命。南清江漢，西舉巴蜀，北控沙漠，東據伊瀍。乃擯落魏晉，憲章古昔，修六官之廢典，成一代之鴻規。德刑並用，勳賢兼敍，遠安邇悦，俗阜民和。億兆之望有歸，揖讓之期允集。功業若此，人臣以終。盛矣哉！非夫雄略冠時，英姿不世，天與神授，緯武經文者，孰能與於此乎？昔者，漢獻蒙塵，曹公成夾輔之業；晉安播蕩，宋武建匡合之勳。校德論功，綽有餘裕。

至於渚宮制勝，闔城孥戮；茹茹歸命，盡種誅夷，雖事出於權道，而用乖於德教。周祚之不永，或此之由乎？

《唐文拾遺》卷一三虞世南《論略》 先生曰：「若語其封疆，料其士卒，則周强而齊弱，非徒雁行而已。文帝潛師致果，以少擊衆，雖周瑜之破孟德、謝元之摧永固，無以加也。不然，何以能授自行卒間而霸大業？奇謀長算，固有以爲。但顧命猶子，自相吞噬，知人之哲，於斯謬矣。」

李昉《文苑英華》卷七五一盧思道《後周興亡論》 周太祖文皇帝，幼而機警，智數過人，屬魏末多故，召募關隴，值二將相屠，三軍未一，見推爲主，遂握兵符。俄而魏武西巡，奉迎車駕，挾天子以會諸侯，萬世所以一時也。撫養荒餘，鳩聚兵甲。同心之旅，不滿萬人。齊神武以大兵數十萬，將清灞滻，雷動雲移，萃於渭曲。太祖以數千弊卒，振旅而還，遂基王業。竇泰以勁兵深入，一戰喪元。高敖曹以鋭氣先登，臨陣授首。兵革歲動，敗鮮勝多。高氏雖怙其衆力，莫

敢先至。邙山之舉，我師敗績。收合亡散，退守有餘。及蕭氏將亡，邊服震擾，荆郢內附，庸蜀來王，器械完整，貨財充實，帶甲百萬，驍將如林，晏駕之辰，國與齊人相埒矣。

王安石《臨川先生文集》卷四二《進鄴侯遺事劄子》　竊以宇文黑獺之中材，遇傾側窮困之時，而輔之以區區之蘇綽。然其爲法，尚有可取。

司馬光《稽古録》卷一四　文帝以關中之衆，東迎孝武。收疲敗之兵，撫貧困之民；任賢使能，列官布職明部分，務農桑以輔魏室。雖以高氏之强，不能陵也。其所爲典法，施於後世，可不謂賢乎？

胡寅《讀史管見》卷一四　泰援立人主，身都將相，爲日久矣，而元烈謀除之，必其行事有不服人心者。【略】烈雖謀泄而死，泰不知自反，行有不得者，而又上及其君，于是迎駕勒王之績，不足以勝廢君殺主之罪，曾高歡之不如也。而乃羞比桓、文，人之能自治者鮮矣。

王應麟《困學紀聞》卷一三　宇文泰弑君之罪，甚於高歡之逐君，乃以周公自擬，亦一莽也。

袁枚《小倉山房文集》卷二一《高歡宇文泰論》　取天下者，馬上也；治天下者，非馬上也。開國者必使其治天下之心，勝其取天下之心，而後可以固本而垂基。予觀高歡、宇文泰之廢興，而愈信古人之不我欺也。

歡與泰出處相若，才相若，勝敗相若，鄴下、關中之形勢亦相若。乃歡死，齊無一令主，而齊卒滅于周者，何哉？蓋歡知所以取，不知所以治；泰知所以取，兼知所以治故也。夫取天下者，武也；治天下者，文也。取天下者，將也；治天下者，儒也。歡有十厙狄干不能抵一蘇綽。泰得劉璠，比之陸機，擬人其倫；歡得陳元康，稱爲孔子，令人嘔噦。歡父子奪妃，啓文宣、武成之亂；泰明經講學，啓武帝之好儒。夫當兩雄相角時，譬如艾旃爲防，其旁伺以千鈞之弩，稍有間，則破且入之矣。以父子兄弟淫虐之朝，而當數世重道崇儒之主，其能無敗乎？

雖然，泰非知道者也。泰親酖其君，較歡尤逆。其所行均田、府兵、大誥、學校，亦不過附會古方于萬一而已。然爲田于大旱之時，畢竟有桔槔一日之功者，其苗後枯。若鹵莽而種之，則亦鹵莽而報之，理固然矣。

謝啓昆《西魏書》卷一三《宇文泰列傳三下》　泰以微賤起關中，攘逐羣凶，匡復魏室，功豈不大哉！然天子守府而已，政權悉自己出，卒成篡弑之謀者，泰爲之也。泰母王氏孕五月，夢抱子升天，纔不至而止。及生，有黑氣如蓋覆其地，其生固異矣。觀其施措開造，卓然有度越百世之規，然則值水德之衰，而崛生聰明英武之人於其時者，豈非天所啓與？

蔣超伯《通齋文集》卷二《高歡宇文泰優劣論》　歡、泰皆魏奸也。其盜國同，其攘而授之子也亦同，而心術少異。【略】泰則不然與。度支尚書蘇綽制六條詔書，其五曰恤獄訟，其六曰均賦役。泰之心猶知有民，歡之心唯知有兵。知有兵而不知有民，其斃必至，兵民皆敝。歡、泰優劣蓋于此而定之。

藝文

《王十朋全集》卷一〇《周文帝》　佐檄東征賀六渾，親迎天子入長安。剩栽沙苑千株柳，長使齊軍破膽寒。

蕭繹部

綜述

《梁書》卷五《梁元帝本紀》 世祖孝元皇帝諱繹，字世誠，小字七符，高祖第七子也。天監七年八月丁巳生。十三年，封湘東郡王，邑二千户。初爲寧遠將軍、會稽太守，入爲侍中、宣威將軍、丹陽尹。普通七年，出爲使持節、都督荆、湘、郢、益、寧、南梁六州諸軍事、西中郎將、荆州刺史。中大通四年，進號平西將軍。大同元年，進號安西將軍。三年，進號鎮西將軍。五年，入爲安右將軍、護軍將軍，領石頭戍軍事。六年，出爲使持節、都督江州諸軍事、鎮南將軍、江州刺史。太清元年，徙爲使持節、都督荆、雍、湘、司、郢、寧、梁、南、北秦九州諸軍事、鎮西將軍、荆州刺史。三年三月，侯景寇没京師。四月，太子舍人蕭韶至江陵宣密詔，以世祖爲侍中、假黄鉞、大都督中外諸軍事、司徒承制，餘如故。是月，世祖徵兵於湘州，湘州刺史、河東王譽拒不遣。六月丙午，遣世子方等帥衆討譽，戰所敗死。七月，又遣鎮兵將軍鮑泉代討譽。九月乙卯，雍州刺史、岳陽王詧舉兵反，來寇江陵，世祖嬰城拒守。乙丑，詧將杜崱與其兄弟及楊混各率其衆來降。丙寅，詧遁走。鮑泉攻湘州不克，又遣左衛將軍王僧辯代將。

大寶元年，世祖猶稱太清四年。正月辛亥朔，左衛將軍王僧辯獲橘三十子共蔕，以獻。

二月甲戌，衡陽内史周弘直表言鳳皇見郡界。

夏五月辛未，王僧辯克湘州，斬河東王譽，湘州平。

九月辛酉，以前郢州刺史、南平王恪爲中衛將軍、尚書令、開府儀同三司，中撫軍將軍、世子方諸爲郢州刺史，左衛將軍王僧辯爲領軍將軍。改封大款爲臨川郡王，大成爲桂陽郡王，大封爲汝南郡王。是月，任約進寇西陽、武昌，遣左衛將軍徐文盛、右衛將軍陰子春、太子右衛率蕭慧正、巂州刺史席文獻等下武昌拒約。以中衛將軍、尚書令、開府儀同三司、南平王恪爲荆州刺史，鎮武陵。

十一月甲子，南平王恪，侍中、臨川王大款，桂陽王大成，散騎常侍、江安侯圓正，侍中左衛將軍張綰，司徒左長史曇等府州國一千人奉牋進位相國，總百揆。

十二月壬辰，以定州刺史蕭勃爲鎮南將軍、廣州刺史。遣護軍將軍尹悦、巴州刺史王珣、定州刺史杜幼安帥衆下武昌，助徐文盛。

大寶二年，世祖猶稱太清五年。二月己亥，魏遣使來聘。

三月，侯景悉兵西上，會任約軍。

四月丙午，景遣其將宋子仙、任約襲郢州，執刺史蕭方諸。戊申，徐文盛、陰子春等奔歸，王珣、尹悦、杜幼安並降賊。庚戌，領軍將軍王僧辯帥衆屯巴陵。甲子，景進寇巴陵。

五月癸未，世祖遣游擊將軍胡僧祐、信州刺史陸法和帥衆下援巴陵。任約敗，景遂遁走。以王僧辯爲征東將軍、開府儀同三司、尚書令，胡僧祐爲領軍將軍，陸法和爲護軍將軍。仍令僧辯率衆軍追景，所至皆捷。

八月甲辰，僧辯下次溢城。辛亥，以鎮南將軍、湘州刺史蕭方矩爲中衛將軍。司空、征南將軍、南平王恪進號征南大將軍，湘州刺史，餘如故。

九月己亥，以征東將軍、開府儀同三司、尚書令王僧辯爲江州刺史，餘如故。盤盤國獻馴象。

冬十月，司空、南平王恪率宗室五十餘人，領軍將軍胡僧祐率羣僚二百餘人，江州别駕張佚率吏民三百餘人，並奉牋勸進。世祖固讓。

十一月乙亥，賊司空、東南道大行臺劉神茂率儀同劉歸義、留異赴義，奉表請降。

大寶三年，世祖猶稱太清六年。正月甲戌，以智武將軍、南平内史王褒爲吏部尚書。

二月，王僧辯衆軍發自尋陽。

三月，王僧辯等平侯景，傳其首於江陵。戊子，以賊平告明堂、太社。辛卯，宣猛將軍朱買臣密害豫章嗣王棟，及其二弟橋、樛，世祖志也。

四月乙巳，世祖遣兼司空蕭泰、祠部尚書樂子雲拜謁塋陵，脩復社廟。是月，以東陽太守張彪爲安東將軍。

五月庚午，司空、南平王恪及宗室王侯、大都督王僧辯等，復拜表上尊號，世祖猶固讓不受。庚辰，以征南將軍、湘州刺史、司空、南平嗣王恪爲鎮東將軍、揚州刺史，餘如故。甲申，以尚書令、征東將軍、開府儀同三司、江州刺史王僧辯爲司徒、鎮衛將軍。乙酉，斬賊左僕射王偉、尚書呂季略、少卿周石珍、舍

人嚴亶於江陵市。是月，魏遣太師潘樂、辛術等寇秦郡，王僧辯遣杜崱帥衆拒之。以陳霸先爲征北大將軍、開府儀同三司、南徐州刺史。是月，魏遣使賀平侯景。

八月，蕭紀率巴蜀大衆，連舟東下，遣護軍陸法和屯巴峽以拒之。

冬十月乙未，前梁州刺史蕭循自魏至于江陵，以循爲平北將軍、開府儀同三司。戊申，執湘州刺史王琳於殿內，琳副將殷晏下獄死。辛酉，以子方略爲湘州刺史。庚戌，琳長史陸納及其將潘烏累等舉兵反，襲陷湘州。是月，四方征鎮王公卿士復勸世祖即尊號，猶謙讓未許。表三上，乃從之。

承聖元年冬十一月丙子，世祖即皇帝位於江陵。是日世祖不升正殿，公卿陪列而已。丁丑，以平北將軍、開府儀同三司蕭循爲驃騎將軍、湘州刺史，餘如故。己卯，立王太子方矩爲皇太子，改名元良。立皇子方智爲晉安郡王，方略爲始安郡王。追尊所生妣阮脩容爲文宣太后。

十二月壬子，陸納分兵襲巴陵，湘州刺史蕭循擊破之。是月，營州刺史李洪雅自零陵率衆出空靈灘，將下討納，納遣將吳藏等襲破洪雅，洪雅退守空靈城。

二年春正月乙丑，詔王僧辯率衆軍士討陸納。戊寅，以吏部尚書王褒爲尚書右僕射，劉瑴爲吏部尚書。

三月辛未，李洪雅以空靈城降賊，賊執之而歸。初，丁道貴走零陵，投洪雅，洪雅使收餘衆，與之俱降。洪雅既降賊，賊乃害道貴。丙子，賊將吳藏等帥兵據車輪。

夏四月丙申，僧辯軍次車輪。

五月甲子，衆軍攻賊，大破之。乙丑，僧辯軍至長沙。己丑，蕭紀軍至西陵。

六月乙卯，湘州平。

秋七月辛未，巴人苻昇、徐子初斬賊城主公孫晃，舉城來降。紀衆大潰，遇兵死。乙未，王僧辯班師江陵，詔諸軍各還所鎮。

九月庚午，司徒王僧辯旋鎮。丙子，以護軍將軍陸法和爲郢州刺史。乙酉，以晉安王方智爲江州刺史。

冬十一月辛酉，僧辯次于姑孰，即留鎮焉。遣豫州刺史侯瑱據東關壘，徵吳興太守裴之橫帥衆繼之。戊戌，以尚書右僕射王褒爲尚書左僕射，湘東太守張綰爲尚書右僕射。

十二月，宿預土民東方光據城歸化，魏江西州郡皆起兵應之。

三年春正月甲午，加南豫州刺史侯瑱征北將軍、開府儀同三司。陳霸先帥衆攻廣陵城。秦州刺史嚴超達自秦郡圍涇州，侯瑱、張彪出石梁，爲其聲援。辛丑，陳霸先遣晉陵太守杜僧明率衆助東方光。

三月甲辰，以司徒王僧辯爲太尉、車騎大將軍。丁未，魏遣將王球率衆七百攻宿預，杜僧明逆擊，大破之。戊申，以護軍將軍、郢州刺史陸法和爲司徒。

夏四月癸酉，以征北大將軍、開府儀同三司陳霸先爲司空。

秋七月甲辰，以都官尚書宗懍爲吏部尚書。

九月辛卯，世祖於龍光殿述《老子》義，尚書左僕射王褒爲執經。乙巳，魏遣其柱國萬紐于謹率大衆來寇。

冬十月丙寅，魏軍至于襄陽，蕭詧率衆會之。丁卯，停講，內外戒嚴，輿駕出行都柵。丙子，徵王僧辯等軍。

十一月，以領軍胡僧祐都督城東、城北諸軍事，右僕射張綰爲副；左僕射王褒都督城西、城南諸軍事，直殿省元景亮爲副。王公卿士各有守備。丙戌，世祖遍行都柵，皇太子巡行城樓，使居民助運水石，諸要害所，並增兵備。丁亥，魏軍至柵下。丙申，徵廣州刺史王琳入援。丁酉，大風，城內火。以胡僧祐爲開府儀同三司，巂州刺史裴畿爲領軍將軍。庚子，信州刺史徐世譜、晉安王司馬任約軍次馬頭岸。戊申，胡僧祐、朱買臣等率兵出戰，買臣敗績。己酉，降左僕射王褒爲護軍將軍。辛亥，魏軍大攻，世祖出枇杷門，親臨陣督戰。胡僧祐中流矢薨。六軍敗績。反者斬西門關，以納魏師，城陷于西魏。世祖見執，如蕭詧營，又遷還城內。

十二月丙辰，徐世譜、任約退戍巴陵。辛未，西魏害世祖，遂崩焉，時年四十七。太子元良、始安王方略皆見害。乃選百姓男女數萬口，分爲奴婢，驅入長安；小弱者皆殺之。明年四月，追尊爲孝元皇帝，廟曰世祖。

世祖聰悟俊朗，天才英發。年五歲，高祖問：「汝讀何書？」對曰：「能誦《曲禮》。」高祖曰：「汝試言之。」即誦上篇，左右莫不驚歎。初生患眼，高祖自下意治之，遂盲一目，彌加愍愛。既長好學，博總羣書，下筆成章，出言爲論，才辯敏速，冠絕一時。高祖嘗問曰：「孫策昔在江東，于時年幾？」答曰：「十七。」高祖曰：「正是汝年。」賀革爲府諮議，敕革講三禮。世祖性不好聲色，頗有高名，與裴子野、劉顯、蕭子雲、張纘及當時才秀爲布衣之交，著述辭章，多行於世。在尋陽，夢人曰：「天下將亂，王必維之。」又背生黑子，巫媼見曰：「此大貴兆，當

不可言。」初，賀革西上，意甚不悦，過別御史中丞江革，以情告之。革曰：「吾嘗夢主上遍見諸子，至湘東王，手脱帽授之。此人後必當璧，卿其行乎？」革從之。及太清之難，乃能克復，故遐邇樂推，遂膺寶命矣。所著《孝德傳》三十卷，《忠臣傳》三十卷，《丹陽尹傳》十卷。《注漢書》一百一十五卷，《周易講疏》十卷，《内典博要》一百卷，《連山》三十卷，《洞林》三卷，《玉韜》十卷，《補闕子》十卷，《老子講疏》四卷，《全德志》、《懷舊志》、《荆南志》、《江州記》、《貢職圖》、《古今同姓名録》一卷，《筮經》十二卷，《式贊》三卷，文集五十卷。

雜録

備録

顔之推《顔氏家訓》卷二《風操》　梁孝元年少之時，每八月六日載誕之辰，常設齋講；自阮修容薨殁之後，此事亦絶。

顔之推《顔氏家訓》卷三《勉學》　元帝在江、荆間，復所愛習，召置學生，親爲教授，廢寢忘食，以夜繼朝，至乃倦劇愁憤，輒以講自釋。吾時頗預末筵，親承音旨，性既頑魯，亦所不好云。

梁元帝嘗爲吾説：「昔在會稽，年始十二，便已好學。時又患疥，手不得拳，膝不得屈。閑齋張葛幃避蠅獨坐，銀甌貯山陰甜酒，時復進之，以自寛痛。率意自讀史書，一日二十卷，既未師受，或不識一字，或不解一語，要自重之，不知厭倦。」

顔之推《顔氏家訓》卷七《音辭》　梁世有一侯，嘗對元帝飲謔，自陳「痴鈍」，乃成「颸段」，元帝答之云：「颸異凉風，段非干木。」謂「郢州」爲「永州」，元帝啓報簡文，簡文云：「庚辰吳入，遂成司隸。」如此之類，舉口皆然。元帝手教諸子侍讀，以此爲誡。

唐臨《冥報記》卷下《梁元帝》　梁元帝年六歲，見母粧匣中有大珠，取一珠口含，遂誤吞之。其母亡珠，意左右盗，詰問莫服，乃灰生魚目以詛之。明日，帝大便，珠隨便而出。帝一目遂眇。

備論

《梁書》卷五《梁元帝本紀》　梁季之禍，巨寇憑壘，世祖時位長連率，有全楚之資，應身率羣后，枕戈先路。虚張外援，事異勤王，在於行師，曾非百舍。後方殲夷大憝，用寧宗社，握圖南面，光啓中興，亦世祖雄才英略，紹兹寶運者也。而稟性猜忌，不隔疏近，御下無術，履冰弗懼，故鳳闕伺晨之功，火無内照之美。以世祖之神睿特達，留情政道，不怵邪説，徙蹕金陵，左隣强寇，將何以作。是以天未悔禍，蕩覆斯生，悲夫！

《唐文拾遺》一三虞世南《論略》　公子曰：「梁元帝聰明才學，剋平禍亂，而乃不終帝祚，卒致傾覆，何也？」

先生曰：「元帝聰明技藝，才兼文武。仗順伐逆，克殄家冤，成功遂事，有足稱者。值國難之後，傷夷未復，信强寇之甘言，襲偏心於懷楚；藩屏宗枝，自爲仇敵，孤遠懸僻，莫與同憂。身亡祚滅，生人涂炭，舉鄢、郢而棄之，良可惜也。」

司馬光《稽古録》卷一四　元帝於兄弟之中，殘忍尤甚。是以雖翦兇渠，而克復故業。旋踵之間，身爲俘馘，豈特人心之不與哉？亦天地之所誅也。

胡寅《讀史管見》卷一四　使蕭繹服膺恕之一言，亦必保其社稷，又何以十四萬卷爲？讀書至是，誠不若無書之愈也。嗚呼！均是食也，有以安身永年者，有以生疾墜命者，夫豈食之罪哉？

【略】蕭繹曾何足雲，然方在漂摇隉杌中，不思保國之計，而講《老子》。近有簡文，不知鑒也，其亦愚蔽之極矣。

【略】已所失道，處非其據。屈心俊傑，合謀圖事，興復之日，猶未可冀，乃推心世仇，與同患難，欲以長守，古無有也。

【略】圖利而忘義，未有能自反者也。湘東責魏助侄伐叔，是矣。已於武帝則子也，於簡文則弟也，於國則臣也，父被圍餓死而不救，兄制於賊手而不救，宗廟社稷日就滅亡而不救，則詧何有於叔哉？夫惟無瑕可以戮人，所惡於下者，無以事上也，則理順而人服矣。蕭繹身負大罪，人得而誅之，而魏師不能聲罪致討，亦可惜哉！

李燾《六朝通鑑博議》卷八　元帝以藩王將兵，討平侯景，功足尚矣；然自

元帝叔姪自相魚肉，不旋旆建康，而止都江陵，卒爲外寇所乘終禍。嗚呼！如武帝之賢而尚不克於此，則元帝又何責哉！

于慎行《讀史漫録》卷六 魏兵入江陵，梁元帝入東閣竹殿，焚古今圖書十四萬卷，又以寶劍斫柱令斷，歎曰：「文武之道，今夜盡矣！」嗟夫！以圖史爲文，劍戟爲武，所謂識其小者也。志量如此，安得不亡？或謂湘東何意焚書，曰：「讀書萬卷，猶有今日，故焚之！」其不達君人之道如此！使與魏氏父子，横槊江上，不及遠矣。

藝文

《全唐詩》卷八李煜《題金樓子後》 牙籤萬軸里紅絹，王粲書同付火燒。不於祖龍留面目，遺篇那得到今朝。

宇文邕部

綜述

《周書》卷五《武帝紀上》　高祖武皇帝諱邕，字禰羅突，太祖第四子也。母曰叱奴太后。大統九年，生於同州，有神光照室。幼而孝敬，聰敏有器質。太祖異之，曰：「成吾志者，必此兒也。」年十二，封輔城郡公。孝閔帝踐阼，拜大將軍，出鎮同州。世宗即位，遷柱國，授蒲州諸軍事、蒲州刺史。武成元年，入爲大司空、治御正，進封魯國公，領宗師。甚爲世宗所親愛，朝廷大事，多共參議。性沉深有遠識，非因顧問，終不輒言。世宗每歎曰：「夫人不言，言必有中。」

武成二年夏四月，世宗崩，遺詔傳帝位於高祖。高祖固讓，百官勸進，乃從之。壬寅，即皇帝位，大赦天下。冬十二月，改作露門、應門。

保定元年春正月戊申，詔曰：「寒暑亟周，奄及徂歲，改元命始，國之典章。朕祇承寶圖，宜遵故實。可改武成三年爲保定元年。嘉號既新，惠澤宜布，文武百官，各增四級。」以大冢宰、晉國公護爲都督中外諸軍事，令五府總於天官。庚戌，祠圓丘。壬子，祠方丘。甲寅，祠感，生帝於南郊。乙卯，祠太社。辛酉，突厥遣使獻其方物。戊辰，詔曰：「履端開物，實資元后；代終成務，諒惟宰棟。故周文公以上聖之智，翼彼姬周，爰作六典，用光七百。自茲厥後，代失其緒，俾巍巍之化，歷千祀而莫傳；郁郁之風，終百王而永墜。我太祖文皇帝稟純和之氣，挺天縱之英，德配乾元，功侔造化，故能捨末世之弊風，蹈隆周之叡典，誕述百官，厥用允集。所謂乾坤改而重構，豈帝王洪範而已哉！朕入嗣大寶，思揚休烈。今可班斯禮於太祖廟庭。」己巳，祠太廟，班太祖所述六官焉。癸酉，吐谷渾、高昌並遣使獻方物。甲戌，詔先經兵戎官年六十已上，及民七十已上，節級板授官。乙亥，親耕籍田。丙子，大射於正武殿，賜百官各有差。

二月己卯，遣大使巡察天下。於洮陽置洮州。甲午，朝日於東郊。乙未，突厥、宕昌並遣使獻方物。丙午，省鼙輦，去百戲。

三月丙寅，改八丁兵爲十二丁兵，率歲一月役。

夏四月庚寅，以少傅、吴公尉遲綱爲大司空。丁酉，白蘭遣使獻犀甲、鐵鎧。

五月丙午，封孝閔皇帝子康爲紀國公，皇子贇爲魯國公。晉公護獲玉斗以獻。戊辰，突厥、龜兹並遣使獻方物。

六月乙酉，遣治御正殷不害等使於陳。

秋七月戊申，詔曰：「亢旱歷時，嘉苗殄悴。豈獄犴失理，刑罰乖衷歟？其所在見囚：死以下，一歲刑以上，各降本罪一等；百鞭以下，悉原免之。」更鑄錢，文曰「布泉」，以一當五，與五銖並行。己酉，追封皇伯父顥爲邵國公，以晉公子江陵公會爲後；次伯父連爲杞國公，以章武孝公子永昌公亮爲後；第三伯父洛生爲莒國公，以晉公子崇業公至爲後；又追封武邑公震爲宋國公，以世宗子實爲後：並襲封。

九月甲辰，南寧州遣使獻滇馬及蜀鎧。

冬十月甲戌，日有蝕之。

十一月乙巳，以大將軍、衞國公直爲雍州牧。陳遣使來聘。進封柱國、廣武公竇熾爲鄧國公。丁巳，狩於岐陽。是月，齊孝昭帝薨，弟長廣王湛代立，是爲武成帝。

十二月壬午，至自岐陽。

是歲，追封皇族祖仲爲虞國公。

二年春正月壬寅，初於蒲州開河渠，同州開龍首渠，以廣灌溉。丁未，以陳主弟項爲柱國，送還江南。

閏月己丑，詔柱國以下，帥都督以上，母妻授太夫人、夫人、郡君、縣君各有差。癸巳，太白入昴。己亥，柱國、大司馬、涼國公賀蘭祥薨。洛州民周共妖言惑衆，假署將相，事發伏誅。

二月壬寅，熒惑犯太微上相。癸丑，以久不雨，降宥罪人，京城三十里内禁酒。梁主蕭詧薨。以大將軍、蔡國公廣爲秦州總管。

夏四月甲辰，禁屠宰，旱故也。丁巳，南陽獻三足烏。湖州上言見二白鹿從三角獸而行。己未，於伏流城置和州。癸亥，詔曰：「比以寇難猶梗，九州未一，文武之官立功效者，雖錫以茅土，而未給租賦。諸柱國等勳德隆重，宜有優崇，各准別制，邑户聽寄食他縣。」

五月庚午，以山南衆瑞並集，大赦天下，百官及軍人，普汎二級。南陽宛縣三足烏所集，免今年役及租賦之半。壬辰，以柱國、隨國公楊忠爲大司空，吴國

公尉遲綱爲陝州總管。

六月己亥，以柱國、蜀國公尉遲迥爲大司馬，邵國公會爲蒲州總管。分山南荆州、安州、襄州、江陵爲四州總管。

秋七月己巳，封開府賀拔緯爲霍國公。乙亥，太白犯輿鬼。

九月戊辰朔，日有蝕之。陳遣使來聘。

冬十月戊戌，詔曰：「樹之元首，君臨海内，本乎宣明教化，亭毒黔黎；豈唯尊貴其身，侈富其位。是以唐堯疏葛之衣，麤糲之食，尚臨汾陽而永歎，登姑射而興想。況無聖人之德而嗜慾過之，何以克厭衆心，處于尊位，朕甚恧焉。今巨寇未平，軍戎費廣，百姓空虚，與誰爲足？凡是供朕衣服飲食，四時所須，爰及宫内調度，朕今手自減削。縱不得頓行古人之道，豈曰全無庶幾？凡爾百司，安得不思省約，勗朕不逮者哉！」辛亥，帝御大武殿大射，公卿列將皆會。戊午，講武於少陵原。分南寧州置恭州。

十一月丁卯，以大將軍、衛國公直，大將軍、趙國公招，並爲柱國。又以招爲益州總管。

十二月，益州獻赤烏。

三年春正月辛未，改光遷國爲遷州。乙酉，太保、梁國公侯莫陳崇賜死。壬辰，於乞銀城置銀州。

二月庚子，初頒新律。辛丑，詔魏大統九年以前，都督以上身亡而子孫未齒敘者，節級授官。渭州獻三足烏。

三月乙丑朔，丙子，宕昌遣使獻生猛獸二，詔放之南山。乙酉，益州獻三足烏。

夏四月乙未，以柱國、鄭國公達奚武爲太保，大將軍韓果爲柱國。己亥，帝御正武殿録囚徒。癸卯，大雩。戊午，幸太學，以太傅、燕國公于謹爲三老而問道焉。初禁天下報讎，犯者以殺人論。壬戌，詔百官及民庶上封事，極言得失。

五月甲子朔，避正寢不受朝，旱故也。甲戌，雨。

秋七月戊辰，行幸原州。庚午，陳遣使來聘。丁丑，幸津門，問百年，賜以錢帛，又賜高年板職各有差，降死罪一等。

八月丁未，改作露寢。

九月甲子，自原州登隴山。丙戌，幸同州。戊子，詔柱國楊忠率騎一萬與突厥伐齊。己丑，蒲州獻嘉禾，異畝同穎。初令世襲州郡縣者改爲五等爵，州封伯，郡封子，縣封男。

冬十月乙巳，以開府、杞國公亮爲梁州總管。庚戌，陳遣使來聘。

十有二月辛卯，至自同州。遣太保、鄭國公達奚武率騎三萬出平陽，以應楊忠。

四年春正月庚申，楊忠破齊長城，至晉陽而還。

三月庚辰，初令百官執笏。

夏四月癸卯，以柱國、鄧公竇熾爲大宗伯。

五月壬戌，封世宗長子賢爲畢國公。丁卯，突厥遣使獻方物。癸酉，以大將軍、安武公李穆爲柱國。丁亥，改禮部爲司宗，大司禮爲禮部，大司樂爲樂部。

六月庚寅，改御伯爲納言。

秋七月戊午，粟特遣使獻方物。戊寅，焉耆遣使獻名馬。

八月丁亥朔，詔柱國楊忠率師與突厥東伐，至北河而還。戊子，以柱國、齊公憲爲雍州牧，許國公宇文貴爲大司徒。

九月丁巳，以柱國、衛國公直爲大司空，封開府李昞爲唐國公，若干鳳爲徐國公。陳遣使來聘。是月，以皇世母閻氏自齊至，大赦天下。

閏月己亥，以大將軍韋孝寬、大將軍長孫儉並爲柱國。

冬十月癸亥，以大將軍陸通、大將軍宇文盛、蔡國公廣並爲柱國。甲子，詔大將軍、大冢宰、晉國公護率軍伐齊，帝於太廟庭授以斧鉞。於是護總大軍出潼關，大將軍權景宣率山南諸軍出豫州，少師楊摽出軹關。丁卯，幸沙苑勞師。癸酉，還宫。

十一月甲午，柱國、蜀國公尉遲迥率師圍洛陽，柱國、齊國公憲營於邙山，晉公護次於陝州。

十二月，權景宣攻齊豫州，刺史王士良以州降。壬戌，齊師渡河，晨至洛陽，諸軍驚散。尉遲迥率麾下數十騎扞敵，得却，至夜引還。柱國、庸國公王雄力戰，死之。遂班師。楊摽於軹關戰没。權景宣亦棄豫州而還。

五年春正月甲申朔，廢朝，以庸國公王雄死王事故也。庚子，令荆州、安州、江陵等總管並隸襄州總管府，以柱國、大司空、衛國公直爲襄州總管。乙巳，吐谷渾遣使獻方物。以庸國公王雄世子開府謙爲柱國。

二月辛酉，詔陳國公純、柱國許國公宇文貴、神武公竇毅、南安公楊薦等，如突厥逆女。丙寅，以柱國安武公李穆爲大司空，綏德公陸通爲大司寇。壬申，行

幸岐州。

三月戊子，柱國、楚國公豆盧寧薨。

夏四月，齊武成禪位於其太子緯，自稱太上皇帝。

五月丙戌，以皇放父興爲大將軍，襲虞國公封。己亥，詔左右武伯各置中大夫一人。

六月辛未，詔曰：「江陵人年六十五以上爲官奴婢者，已令放免。其公私奴婢有年至七十以外者，所在官司，宜贖爲庶人。」

秋七月庚寅，行幸秦州。降死罪以下。辛丑，遣大使巡察天下。

八月丙子，至自秦州。

九月乙巳，益州獻三足烏。

冬十月辛亥，改函谷關城爲通洛防。

十一月庚辰，岐州上言一角獸見。甲午，吐谷渾遣使獻方物。丁未，陳遣使來聘。

天和元年春正月辛巳，露寢成，幸之。令羣臣賦古詩，京邑耆老並預會焉，頒賜各有差。癸未，大赦改元，百官普加四級。己亥，親耕籍田。丁未，於宕昌置宕州。以柱國、昌寧公長孫儉爲陝州總管。遣小載師杜杲使於陳。

二月戊申，以開府、中山公訓爲蒲州總管。戊辰，詔三公已下各舉所知。

三月丙午，祠南郊。

夏四月己酉，益州獻三足烏。

五月庚辰，帝御正武殿，集羣臣親講《禮記》。吐谷渾龍涸王莫昌率户内附，以其地爲扶州。

六月丙午，以大將軍、枹罕公辛威爲柱國。

秋七月戊寅，築武功、郿、斜谷、武都、留谷、津坑諸城，以置軍人。

九月乙亥，信州蠻冉令賢、向五子王反，詔開府陸騰討平之。

冬十月甲子，初造《山雲儛》，以備六代之樂。

十一月丙戌，行幸武功等新城。十二月庚申，還宫。

二年春正月己亥，親耕籍田。

三月癸酉，改武遊園爲道會苑。丁亥，初立郊丘壇壝制度。

夏四月乙巳，省東南諸州：以潁州、歸州、湞州、均州入唐州，油州入純州，鴻州入淮州，洞州入湖州，睢州入襄州，憲州入昌州。以大將軍、陳國公純爲柱國。

五月壬申，突厥、吐谷渾、安息並遣使獻方物。丁丑，進封柱國、安武公李穆爲申國公。

六月辛亥，尊所生叱奴氏爲皇太后。甲子，月入畢。

閏月庚午，地震。戊寅，陳湘州刺史華晈率衆來附，遣襄州總管、衛國公直率柱國、綏德公陸通、大將軍田弘、權景宣、元定等，將兵援之，因而南伐。壬辰，以大將軍、譙國公儉爲柱國。

秋七月甲辰，立露門學，置生七十二人。壬子，以太傅、燕國公于謹爲雍州牧。

九月，衛國公直等與陳將淳于量、吴明徹戰於沌口，王師失利。元定以步騎數千先度，遂没江南。

十一月癸丑，太保、許國公宇文貴薨。

三年春正月辛丑，祠南郊。

二月丁卯，幸武功。丁亥，還宫。

三月癸卯，皇后阿史那氏至自突厥。甲辰，大赦天下，亡官失爵，並聽復舊。丁未，大會百寮及四方賓客於路寢，賜衣馬錢帛各有差。甲寅，以柱國、陳國公純爲秦州總管，蔡國公廣爲陝州總管。戊午，太傅、柱國、燕國公于謹薨。

夏四月辛巳，以太保、鄭國公達奚武爲太傅，大司馬、蜀國公尉遲迥爲太保，柱國、齊國公憲爲大司馬。

五月庚戌，祠太廟。庚申，行幸醴泉宫。

秋七月壬寅，柱國、隨國公楊忠薨。戊午，至自醴泉宫。

八月乙丑，韓國公元羅薨。齊請和親，遣使來聘，詔軍司馬陸逞、兵部尹公正報聘焉。癸酉，帝御大德殿，集百僚及沙門、道士等親講《禮記》。

冬十月癸亥，祠太廟。丁亥，上親率六軍講武於城南，京邑觀者，輿馬彌漫數十里，諸蕃使咸在焉。

十一月甲辰，行幸岐陽。壬子，遣開府崔彦穆、小賓部元暉使於齊。

十二月丁丑，至自岐陽。

四年春正月辛卯朔，廢朝，以齊武成薨故也。遣司會、河陽公李綸等會葬於齊，仍弔賻焉。

二月癸亥，以柱國、昌寧公長孫儉爲夏州總管。戊辰，帝御大德殿，集百僚、

道士、沙門等討論釋老義。

夏四月己巳，齊遣使來聘。

五月己丑，帝制《象經》成，集百僚講説。封魏廣平公子元謙爲韓國公，以紹魏後。庚戌，行幸醴泉宮。丁巳，柱國、吴國公尉遲綱薨。

六月，築原州及涇州東城。

秋七月辛亥，至自醴泉宮。丁巳，突厥遣使獻馬。

九月辛卯，遣柱國、齊國公憲率衆於宜陽築崇德等城。

冬十一月辛亥，柱國、昌寧公長孫儉薨。

十二月壬午，罷隴州。

五年春二月己巳，邵惠公顥孫胄自齊來歸。改邵國公會爲譚國公，封胄爲邵國公。

三月辛卯，進封柱國韋孝寬爲鄖國公。甲辰，初令宿衛官住關外者，將家累入京，不樂進，解宿衛。

夏四月甲寅，以柱國宇文盛爲大宗伯。行幸醴泉宮。省帥都督官。丙寅，遣大使巡天下。以陳國公純爲陝州總管。

六月壬辰，封開府梁睿爲蔣國公。庚子，降宥罪人，並免逋租懸調等，以皇女生故也。

七月，鹽州獻白兔。乙卯，至自醴泉宮。辛巳，以柱國、譙國公儉爲益州總管。

冬十月丁酉，太傅、鄭國公達奚武薨。

十一月乙丑，追封章武孝公導爲豳國公，以蔡國併於豳。丁卯，柱國、豳國公廣薨。

十二月癸巳，大將軍鄭恪率師平越巂，置西寧州。

是冬，齊將斛律明月寇邊，於汾北築城，自華谷至於龍門。

六年春正月己酉朔，廢朝，以露門未成故也。詔柱國、齊國公憲率師禦斛律明月。丁卯，以大將軍、張掖公王傑，譚國公會，鴈門公田弘，魏國公李暉等，並爲柱國。

三月己酉，齊國公憲自龍門度河，斛律明月退保華谷，憲攻拔其新築五城。

夏四月辛卯，信州蠻渠冉祖喜、冉龍驤舉兵反，遣大將軍趙誾率師討平之。甲午，以柱國、燕國公于寔爲涼州總管，大將軍、杞國公亮爲秦州總管。庚子，以大將軍、滎陽公司馬消難爲柱國。陳國公純、鴈門公田弘率師取齊宜陽等九城。以大將軍、武安公侯莫陳瓊，太安公閻慶，神武公竇毅，南陽公叱羅協，平高公侯伏侯龍恩，並爲柱國。封開府斛斯徵爲岐國公，右宮伯長孫覽爲薛國公。

五月癸卯，遣納言鄭詡使於陳。丙寅，以大將軍、唐國公李昞，中山公訓，杞國公亮，上庸公陸騰，安義公宇文丘，北平公寇紹，許國公宇文善，犍爲公高琳，鄭國公達奚震，隴東公楊纂，常山公于翼，並爲柱國。

六月乙未，以大將軍、太原公王康爲柱國。是月，齊將段孝先攻陷汾州。

秋七月乙丑，以大將軍、越國公盛爲柱國。

九月癸酉，省掖庭四夷樂、後宮羅綺工人五百餘人。

冬十月乙未，遣右武伯谷會琨、御正蔡斌使於齊。壬寅，上親率六軍講武於城南。

十一月壬子，以大將軍、梁國公侯莫陳芮，大將軍李意，並爲柱國。丙辰，齊遣使來聘。丁巳，行幸散關。十二月己丑，還宮。

建德元年春正月戊午，帝幸玄都觀，親御法座講説，公卿道俗論難，事畢還宮。降死罪及流罪一等，其五歲刑已下，並宥之。

二月癸酉，遣大將軍、昌城公深使於突厥，司宗李際、小賓部賀遂禮使於齊。

三月癸卯朔，齊遣使來聘。丙辰，誅大冢宰、晉國公護，護子柱國、譚國公會，會弟大將軍、莒國公至，崇業公静，並柱國侯伏侯龍恩，龍恩弟大將軍萬壽，大將軍劉勇等。大赦，改元。罷中外府。癸亥，以太傅、蜀國公尉遲迥爲太師，柱國、鄧國公竇熾爲太傅，大司空、申國公李穆爲太保，齊國公憲爲大冢宰，衛國公直爲大司徒，趙國公招爲大司空，柱國、枹罕公辛威爲大司寇，綏德公陸通爲大司馬。

夏四月甲戌，以代國公達、滕國公逌並爲柱國。詔荆州、安州、江陵等總管停隸襄州。己卯，以柱國、張掖公王傑爲涇州總管，魏國公李暉爲梁州總管。詔公卿以下各舉所知。遣工部代公達、小禮部辛彦之使於齊。丙戌，詔百官軍民上封事，極言得失。丁亥，詔斷四方非常貢獻。庚寅，追尊略陽公爲孝閔皇帝。癸巳，立魯國公贇爲皇太子。大赦天下，百官各加封級。

五月，封衛國公直長子賓爲莒國公，紹莒莊公洛生後。壬戌，帝以大旱，集百官於庭，詔之曰：「盛農之節，亢陽不雨，氣序愆度，蓋不徒然。豈朕德薄，刑賞乖中歟？將公卿大臣或非其人歟？宜盡直言，無得有隱。」公卿各引咎自責。

其夜澍雨。

六月庚子，改置宿衞官員。

秋七月辛丑，陳遣使來聘。

九月庚子朔，庚申，扶風掘地得玉盃以獻。

冬十月庚午，詔江陵所獲俘虜充官口者，悉免爲民。辛未，遣小匠師楊勰、齊馭、唐則使於陳。

十一月丙午，上親率六軍講武城南。庚戌，行幸羌橋，集京城以東諸軍都督以上，頒賜有差。乙卯，還宫。壬戌，以大司空、趙國公招爲大司馬。

十二月壬申，行幸斜谷，集京城以西諸軍都督已上，頒賜有差。丙戌，還宫。己丑，帝御正武殿，親録囚徒，至夜而罷。庚寅，幸道會苑，以上善殿壯麗，遂焚之。

二年春正月辛丑，祠南郊。乙巳，以柱國、鴈門公田弘爲大司空，大將軍、徐國公若干鳳爲柱國。庚戌，復置帥都督官。乙卯，祠太廟。

閏月己巳，陳遣使來聘。

二月甲寅，詔皇太子贇撫巡西土。壬戌，遣司會侯莫陳凱、太子宫尹鄭譯使於齊。省雍州内八郡，併入京兆、馮翊、扶風、咸陽等郡。

三月己卯，皇太子於岐州獲二白鹿以獻。詔答曰：「在德不在瑞。」癸巳，省六府諸司中大夫以下官，府置四司，以下大夫爲之官長，上士貳之。

夏四月己亥，祠太廟。丙辰，增改東宫官員。

五月丁丑，以柱國、周昌公侯莫陳瓊爲大宗伯，滎陽公司馬消難爲大司寇，上庸公陸騰爲大司空。

六月庚子，省六府員外諸官，皆爲丞。壬子，皇孫衍生，文武官普加一階。大選諸軍將帥。丙辰，帝御露寢，集諸軍將，勗以戎事。庚申，詔諸軍旌旗皆畫以猛獸、鷙鳥之象。

秋七月己巳，祠太廟。自春末不雨，至於是月。壬申，集百寮於大德殿，帝責躬罪己，問以治政得失。戊子，雨。

八月丙午，改三夫人爲三妃。

九月乙丑，陳遣使來聘。戊寅，以柱國、鄭國公達奚震爲金州總管。詔曰：「政在節財，禮唯寧儉。而頃者婚嫁競爲奢靡，牢羞之費，罄竭資財，甚乖典訓之理。有司宜加宣勒，使咸遵禮制。」壬午，納皇太子妃楊氏。

冬十月癸卯，齊遣使來聘。甲辰，六代樂成，帝御崇信殿，集百官以觀之。

十一月辛巳，帝親率六軍講武於城東。癸未，集諸軍都督以上五十人於道會苑大射，帝親臨射宫，大備軍容。

十二月癸巳，集羣臣及沙門、道士等，帝升高座，辨釋三教先後，以儒教爲先，道教爲次，佛教爲後。以大將軍、樂川公赫連達爲柱國。戊午，聽訟於正武殿，自旦及夜，繼之以燭。

三年春正月壬戌，朝羣臣於露門。册柱國、齊國公憲、衞國公直、趙國公招、譙國公儉、陳國公純、越國公盛、代國公達、滕國公逌，並進爵爲王。己巳，祠太廟。庚午，突厥遣使獻馬。癸酉，詔：「自今已後，男年十五，女年十三已上，爰及鰥寡，所在軍民，以時嫁娶，務從節儉，勿爲財幣稽留。」乙亥，親耕籍田。丙子，初服短衣，享二十四軍督將以下，試以軍旅之法，縱酒盡歡。詔以往歲年穀不登，民多乏絶，令公私道俗，凡有貯積粟麥者，皆准口聽留，以外盡糶。

二月丁酉，紀國公康、畢國公賢、酆國公貞、宋國公實、漢國公贊、秦國公贄、曹國公允，並進爵爲王。丙午，令六府各舉賢良清正之人。癸丑，柱國、許國公宇文善有罪免。乙卯，行幸雲陽宫。

三月辛酉，至自雲陽宫。癸酉，皇太后叱奴氏崩。帝居倚廬，朝夕共一溢米。羣臣表請，累旬乃止。詔皇太子贇總釐庶政。

夏四月乙卯，齊遣使弔贈會葬。

五月庚申，葬文宣皇后於永固陵，帝袒跣至陵所。辛酉，詔曰：「齊斬之情，經籍彝訓，近代沿革，遂亡斯禮。伏奉遺令，既葬便除，攀慕几筵，情實未忍。三年之喪，達於天子，古今無易之道，王者之所常行。但時有未諧，不得全制。軍國務重，庶自聽朝。縗麻之節，苫廬之禮，率遵前典，以申罔極。百寮以下，宜依遺令。」公卿上表，固請俯就權制，過葬即吉。帝不許，引古禮答之，羣臣乃止。於是遂申三年之制，五服之内，亦令依禮。初置太子諫議員四人，文學十人；皇弟、皇子友員各二人，學士六人。丁卯，荆州獻白烏。戊辰，詔故晉國公護及諸子，並追復先封，改葬加謚。丙子，初斷佛、道二教，經像悉毁，罷沙門、道士，並令還民。並禁諸淫祀，禮典所不載者，盡除之。

六月丁未，集諸軍將，教以戰陣之法。壬子，更鑄五行大布錢，以一當十，與布泉錢並行。

秋七月庚申，行幸雲陽宫。乙酉，衞王直在京師舉兵反，欲突入肅章門。司

武尉遲運等拒守。直敗，率百餘騎遁走。戊子，至自雲陽宮。

八月辛卯，擒直於荆州，免爲庶人。乙未，詔自建德元年八月以前犯罪，未被推糾，於後事發失官爵者，並聽復舊。丙申，行幸雲陽宮。

九月庚申，幸同州。戊辰，以柱國、大宗伯、周昌公侯莫陳瓊爲秦州總管。

冬十月丙申，御正楊尚希、禮部盧愷使於陳。戊戌，雍州獻蒼烏。庚子，詔蒲州民遭饑乏絶者，令向郿城以西，及荆州管内就食。甲寅，行幸蒲州。乙卯，曲赦蒲州見囚大辟以下。丙辰，行幸同州。始州民王鞅擁衆反，大將軍鄭恪討平之。

十一月戊午，以柱國、大司空、上庸公陸騰爲涇州總管。于闐遣使獻名馬。己巳，大閱於城東。甲戌，至自同州。

十二月戊子，大會衛官及軍人以上，賜錢帛各有差。辛卯，月掩太白。詔荆、襄、安、延、夏五州總管内，有能率其從軍者，授官各有差。其貧下户，給復三年。丙申，改諸軍軍士並爲侍官。丁酉，利州上言騶虞見。癸卯，集諸軍講武於臨臯澤。

《周書》卷六《武帝紀下》 建德四年春正月戊辰，以柱國、枹罕公辛威爲寧州總管，太原公王康爲襄州總管。初置營軍器監。癸酉，行幸同州。

二月丙戌朔，日有蝕之。辛卯，改置宿衛官員。己酉，柱國、廣德公李意有罪免。

三月丙辰，遣小司寇、淮南公元偉，納言伊婁謙使於齊。郡縣各省主簿一人。丙寅，至自同州。甲戌，以柱國、趙王招爲雍州牧。

夏四月甲午，柱國、燕國公于寔有罪免。丁酉，初令上書者並爲表，於皇太子以下稱啓。

六月，詔東南道四總管内，自去年以來新附之户，給復三年。

秋七月丙辰，行幸雲陽宮。己未，禁五行大布錢不得出入關，布泉錢聽入而不聽出。丁卯，至自雲陽宮。甲戌，陳遣使來聘。

丙子，召大將軍以上於大德殿，帝曰：「太祖神武膺運，創造王基，兵威所臨，有征無戰。唯彼僞齊，猶懷跋扈。雖復戎車屢駕，而大勳未集。朕以寡昧，纂承鴻緒，往以政出權宰，無所措懷。自親覽萬機，便圖東討。惡衣菲食，繕甲治兵，數年已來，戰備稍足。而僞主昏虐，恣行無道，伐暴除亂，斯實其時。今欲數道出兵，水陸兼進，北拒太行之路，東扼黎陽之險。若攻拔河陰，兖、豫則馳檄可定。然後養鋭享士，以待其至。但得一戰，則破之必矣。王公以爲何如？」羣臣咸稱善。以柱國、陳王純爲前一軍總管，滎陽公司馬消難爲前二軍總管，鄭國公達奚震爲前三軍總管，越王盛爲後一軍總管，周昌公侯莫陳瓊爲後二軍總管，趙王招爲後三軍總管，齊王憲率衆二萬趣黎陽，隨國公楊堅、廣寧侯薛迥舟師三萬自渭入河，柱國、梁國公侯莫陳芮率衆一萬守太行道，申國公李穆帥衆三萬守河陽道，常山公于翼帥衆二萬出陳、汝。壬午，上親率六軍，衆六萬，直指河陰。

八月癸卯，入于齊境。禁伐樹踐苗稼，犯者以軍法從事。丁未，上親率諸軍攻河陰大城，拔之。進攻子城，未克。上有疾。

九月辛酉夜，班師，水軍焚舟而退。齊王憲及于翼、李穆等所在克捷，降拔三十餘城，皆棄而不守。唯以王藥城要害，令儀同三司韓正守之。正尋以城降齊。戊寅，至自東伐。己卯，以華州刺史、畢王賢爲荆州總管。

冬十月戊子，初置上柱國、上大將軍官，改開府儀同三司爲開府儀同大將軍，儀同三司爲儀同大將軍，又置上開府、上儀同官。甲午，行幸同州。

閏月，齊將尉相貴寇大寧，延州總管王慶擊走之。以柱國、齊王憲、蜀國公尉遲迥爲上柱國，柱國、代王達爲益州總管，大司寇、滎陽公司馬消難爲梁州總管。詔諸畿郡各舉賢良。

十一月己亥，改置司内官員。

十二月庚午，至自同州。丙子，陳遣使來聘。

是歲，岐、寧二州民饑，開倉賑給。

五年春正月癸未，行幸同州。辛卯，行幸河東涑川，集關中、河東諸軍校獵。甲午，還同州。廢布泉錢。戊申，初令鑄錢者絞，其從者遠配爲民。

二月辛酉，遣皇太子贇巡撫西土，仍討吐谷渾，戎事節度，並宜隨機專決。

三月庚子，月犯東井第一星。壬寅，至自同州。文宣皇后服再期，戊申，祥。

夏四月乙卯，行幸同州。開府、清河公宇文神舉攻拔齊陸渾等五城。

五月壬辰，至自同州。

六月辛亥，祠太廟。丙辰，利州總管、紀王康有罪，賜死。丁巳，行幸雲陽宮。

八月戊申，皇太子伐吐谷渾，至伏俟城而還。乙卯，至自雲陽宮。乙丑，陳遣使來聘。

九月丁丑，大醮於正武殿，以祈東伐。

冬十月，帝謂羣臣曰：「朕去歲屬有疹疾，遂不得剋平逋寇。前入賊境，備見敵情，觀彼行師，殆同兒戲。又聞其朝政昏亂，政由羣小，百姓嗷然，朝不謀夕。天與不取，恐貽後悔。若復同往年，出軍河外，直爲撫背，未扼其喉。然晉州本高歡所起之地，鎮攝要重，今往攻之，彼必來援，吾嚴軍以待，擊之必克。然後乘破竹之勢，鼓行而東，足以窮其窟穴，混同文軌。」諸將多不願行。帝曰：「幾者事之微，不可失矣。若有沮吾軍者，朕當以軍法裁之。」

己酉，帝總戎東伐。以越王盛爲右一軍總管，杞國公亮爲右二軍總管，隨國公楊堅爲右三軍總管，譙王儉爲左一軍總管，大將軍竇恭爲左二軍總管，廣化公丘崇爲左三軍總管，齊王憲、陳王純爲前軍。庚戌，熒惑犯太微上將。戊午，歲星犯太陵。癸亥，帝至晉州，遣齊王憲率精騎二萬守雀鼠谷，陳王純步騎二萬守千里徑，鄭國公達奚震步騎一萬守統軍川，大將軍韓明步騎五千守齊子嶺，烏氏公尹昇步騎五千守鼓鍾鎮，涼城公辛韶步騎五千守蒲津關，柱國、趙王招步騎一萬自華谷攻齊汾州諸城，柱國宇文盛步騎一萬守汾水關。遣內史王誼監六軍，攻晉州城。帝屯於汾曲。齊王憲攻洪洞、永安二城，並拔之。帝每日自汾曲赴城下，親督戰，城中惶窘。庚午，齊行臺左丞侯子欽出降。壬申，齊晉州刺史崔景嵩守城北面，夜密遣使送款，上開府王軌率衆應之。未明，登城鼓噪，齊衆潰，遂克晉州，擒其城主特進、開府、海昌王尉相貴，俘甲士八千人，送關中。甲戌，以上開府梁士彥爲晉州刺史，加授大將軍，留精兵一萬以鎮之。又遣諸軍徇齊諸城鎮，並相次降款。

十一月己卯，齊主自并州率衆來援。帝以其兵新集，且避之，乃詔諸軍班師，遣齊王憲爲後拒。是日，齊主至晉州，憲不與戰，引軍度汾。齊主遂圍晉州，晝夜攻之。齊王憲屯諸軍於涑水，爲晉州聲援。癸巳，至自東伐。獻俘於太廟。丙申，放齊諸城鎮降人還。丁酉，帝發京師。壬寅，度河，與諸軍合。

十二月戊申，次於晉州。初，齊攻晉州，恐王師卒至，於城南穿塹，自喬山屬於汾水。庚戌，帝帥諸軍八萬人，置陣東西二十餘里。帝乘常御馬，從數人巡陣處分，所至輒呼主帥姓名以慰勉之。將士感見知之恩，各思自厲。將戰，有司請換馬。帝曰：「朕獨乘良馬何所之？」齊主亦於塹北列陣。申後，齊人填塹南引。帝大喜，勒諸軍擊之，齊人便退。齊主與其麾下數十騎走還并州。齊衆大潰，軍資甲仗，數百里間，委棄山積。

辛亥，帝幸晉州，仍率諸軍追齊主。諸將固請還師，帝曰：「縱敵患生。卿等若疑，朕將獨往。」諸將不敢言。甲寅，齊主遣其丞相高阿那肱守高壁。帝麾軍直進，那肱望風退散。丙辰，師次介休，齊將韓建業舉城降，以爲上柱國，封郇國公。丁巳，大軍次并州，齊主留其從兄安德王延宗守并州，自將輕騎走鄴。自是齊之將帥，降者相繼。封其特進、開府賀拔伏恩爲郜國公，其餘官爵各有差。

己未，軍次并州。庚申，延宗擁兵四萬出城抗拒，帝率諸軍合戰，齊人退，帝乘勝逐北，率千餘騎入東門，詔諸軍繞城置陣。至夜，延宗率其衆排陣而前，城中軍卻，人相蹂踐，大爲延宗所敗，死傷略盡。齊人欲閉門，以閫下積尸，扉不得闔。帝從數騎，崎嶇危險，僅得出門。至明，率諸軍更戰，大破之，擒延宗，并州平。

丙寅，出齊宮中金銀寶器、珠翠麗服及宮女二千人，班賜將士。以柱國、趙王招、陳王純、越王盛、杞國公亮、梁國公侯莫陳芮、庸國公王謙、北平公寇紹、鄭國公達奚震，並爲上柱國。封齊王憲子安城郡公質爲河間王，大將軍、廣化公丘崇爲潞國公，神水公姬願爲原國公，廣業公尉遲運爲盧國公。諸有功者，封授各有差。癸酉，帝率六軍趣鄴。以上柱國、陳王純爲并州總管。

六年春正月壬辰，帝至鄴。齊主先於城外掘塹豎柵。癸巳，帝率諸軍圍之，齊人拒守，諸軍奮擊，大破之，遂平鄴。齊主先送其母并妻子於青州，及城陷，乃率數十騎走青州。遣大將軍尉遲勤率二千騎追之。是戰也，於陣獲其齊昌王莫多婁敬顯。帝責之曰：「汝有死罪者三：前從并走鄴，攜妾棄母，是不孝；外爲僞主戮力，內實通啓於朕，是不忠；送款之後，猶持兩端，是不信。如此用懷，不死何待。」遂斬之。是日，西方有聲如雷者一。

甲午，帝入鄴城。詔去年大赦班宣未及之處，皆從赦例。封齊開府、洛州刺史獨孤永業爲應國公。丙申，以上柱國、越王盛爲相州總管。己亥，詔曰：「自晉州大陣至于平鄴，身殞戰場者，其子即授父本官。」尉遲勤擒齊主及其太子恒於青州。

二月丙午，論定諸軍功勳，置酒於齊太極殿，會軍士以上，班賜有差。丁未，齊主至，帝降自阼階，以賓主之禮相見。高湝在冀州擁兵未下，遣上柱國、齊王憲與柱國、隨公楊堅率軍討平之。齊諸行臺州鎮悉降，關東平。合州五十五，郡一百六十二，縣三百八十五，户三百三十萬二千五百二十八，口二千萬六千八百

八十六。乃於河陽、幽、青、南兗、豫、徐、北朔、定並置總管府，相、并二總管各置宫及六府官。

乙卯，帝自鄴還京。丙辰，以柱國、隨公楊堅爲定州總管。

三月壬午，詔山東諸州，各舉明經幹治者二人。若奇才異術，卓爾不羣者，弗拘多少。

夏四月乙巳，至自東伐。列齊主於前，其王公等並從，車輿旗幟及器物以次陳於其後。大駕布六軍，備凱樂，獻俘於太廟。京邑觀者皆稱萬歲。戊申，封齊主爲温國公。庚戌，大會羣臣及諸蕃客於露寢。乙卯，廢蒲、陜、涇、寧四州總管。己巳，祠太廟。

五月丁丑，以柱國、譙王儉爲大冢宰。庚辰，以上柱國、杞國公亮爲大司徒，鄭國公達奚震爲大宗伯，梁國公侯莫陳芮爲大司馬，柱國、應國公獨孤永業爲大司寇，鄖國公韋孝寬爲大司空。辛巳，大醮於正武殿，以報功也。己丑，祠方丘。庚子，陳遣使來聘。

六月丁未，至自雲陽宫。辛亥，御正武殿録囚徒。癸亥，於河州鷄鳴防置旭州，甘松防置芳州，廣川防置弘州。甲子，帝東巡。

秋七月己卯，封齊王憲第四子廣都公負爲莒國公，紹莒莊公洛生後。癸未，應州獻芝草。丙戌，行幸洛州。己丑，詔山東諸州舉有才者，上縣六人，中縣五人，下縣四人，赴行在所，共論治政得失。戊戌，以上柱國、庸公王謙爲益州總管。

八月壬寅，議定權衡度量，頒於天下。其不依新式者，悉追停。甲子，鄭州獻九尾狐，皮肉銷盡，骨體猶具。帝曰：「瑞應之來，必昭有德。若使五品時敍，四海和平，家識孝慈，人知禮讓，乃能致此。今無其時，恐非實録。」乃命焚之。

九月壬申，以柱國、鄧國公竇熾、申國公李穆並爲上柱國。戊寅，初令民庶已上，唯聽衣綢、綿綢、絲布、圓綾、紗、絹、綃、葛、布等九種，餘悉停斷。朝祭之服，不拘此例。甲申，絳州獻白雀。壬辰，詔東土諸州儒生，明一經已上，並舉送，州郡以禮發遣。癸卯，封上大將軍、上黄公王軌爲郯國公。吐谷渾遣使獻方物。

冬十月戊申，行幸鄴宫，戊午，改葬德皇帝於冀州。帝服緦，哭於太極殿，百官素服哭。是月，誅温國公高緯。

十一月庚午，百濟遣使獻方物。壬申，封皇子充爲道王，兑爲蔡王。癸酉，陳將吴明徹侵吕梁，徐州總管梁士彦出軍與戰，不利，退守徐州。遣上大將軍、郯國公王軌率師討之。是月，稽胡反，遣齊王憲率軍討平之。

詔自永熙三年七月已來，去年十月已前，東土之民，被抄略在化内爲奴婢者；及平江陵之後，良人没爲奴婢者：並宜放免。所在附籍，一同民伍。若舊主人猶須共居，聽留爲部曲及客女。

初行《刑書要制》。持杖羣彊盗一匹以上，不持杖羣彊盗五匹以上，監臨主掌自盗二十匹以上，小盗及詐僞請官物三十匹以上，正長隱五户及十丁以上、隱地三頃以上者，至死。《刑書》所不載者，自依律科。

十二月戊午，吐谷渾遣使獻方物。己未，東壽陽土人反，率衆五千襲并州城，刺史東平公宇文神舉破平之。庚申，行幸并州宫。移并州軍人四萬户於關中。丙寅，以柱國、滕王逌爲河陽總管。丁卯，以柱國、隨國公楊堅爲南兗州總管，上柱國、申國公李穆爲并州總管。戊辰，廢并州宫及六府。是月，北營州刺史高寶寧據州反。

宣政元年春正月癸酉，吐谷渾僞趙王他婁屯來降。壬午，行幸鄴宫。分相州廣平郡置洺州，清河郡置貝州，黎陽郡置黎州，汲郡置衛州；分定州常山郡置恒州；分并州上黨郡置潞州。辛卯，行幸懷州。癸巳，幸洛州。詔於懷州置宫。

二月丁巳，帝至自東巡。乙丑，以上柱國、越王盛爲大冢宰，陳王純爲雍州牧。

三月戊辰，於蒲州置宫。廢同州及長春二宫。壬申，突厥遣使獻方物。甲戌，初服常冠。以皁紗爲之，加簪而不施纓導，其制若今之折角巾也。上大將軍、郯國公王軌破陳師於吕梁，擒其將吴明徹等，俘斬三萬餘人。壬辰，改元。

夏四月壬子，初令遭父母喪者，聽終制。庚申，突厥入寇幽州，殺掠吏民。議將討之。

五月己丑，帝總戎北伐。遣柱國原公姬願、東平公宇文神舉等率軍，五道俱入。發關中公私驢馬，悉從軍。癸巳，帝不豫，止于雲陽宫。丙申，詔停諸軍事。

六月丁酉，帝疾甚，還京。其夜，崩於乘輿。時年三十六。謚曰武皇帝，廟稱高祖。己未，葬於孝陵。

帝沉毅有智謀。初以晉公護專權，常自晦迹，人莫測其深淺。及誅護之後，始親萬機。克己勵精，聽覽不怠。用法嚴整，多所罪殺。號令懇惻，唯屬意於

政。羣下畏服，莫不肅然。性既明察，少於恩惠。凡布懷立行，皆欲踰越古人。身衣布袍，寢布被，無金寶之飾，諸宮殿華綺者，皆撤毀之，改爲土階數尺，不施櫨栱。其雕文刻鏤，錦繡纂組，一皆禁斷。後宮嬪御，不過十餘人。勞謙接下，自彊不息。以海内未康，鋭情教習。至於校兵閲武，步行山谷，履涉勤苦，皆人所不堪。平齊之役，見軍士有跣行者，帝親脱靴以賜之。每宴會將士，必自執杯勸酒，或手付賜物。至於征伐之處，躬在行陣。性又果決，能斷大事。故能得士卒死力，以弱制强。破齊之後，遂欲窮兵極武，平突厥，定江南，一二年間，必使天下一統，此其志也。

雜録

備録

唐臨《冥報記》卷下《周武帝》　周武帝好食雞卵，一食數枚。有監膳儀同名拔虎，常進御食，有寵。隋文帝即位，猶監膳進食。開皇中暴死，而心尚暖，家人不忍殯之。三日乃蘇，能語，先云：「舉我見王，爲周武帝傳語。」既而請見，文帝引問，言曰：「始忽見人喚，隨至一處，有大地穴，所行之道，徑入穴中。纔到穴口，遥見西方有百餘騎來，儀衛如王者，俄至穴口，乃周武帝也。儀同拜，帝曰：「王喚汝證我事了，汝身無所罪。」言訖，即入穴中。使者亦引儀同入，便見宫門，引入庭，見武帝共一人同坐，而有加敬之容。使者令儀同拜王，王問：「汝爲帝作食，前後進白團幾枚？」儀同不識「白團」，顧左右，左右教曰：「名雞卵爲『白團』也。」儀同即答，帝食白團，實不記數。王謂帝曰：「此人不記，當須出之。」帝慘然不悦而起。忽見庭前有一鐵牀，並獄卒數十人，皆牛頭人身，帝已卧牀上，獄卒用鐵梁押之。帝兩脅剖裂，裂處雞子全出，俄與牀齊，可十餘斛，乃命數之訖，牀及獄卒忽皆不見，帝又已在王坐。王謂儀同還去，有人引出，至穴口中，又見武帝出來，語儀同云：「爲聞大隋天子，昔曾與我共事，倉庫玉帛，亦我儲之。我今身爲白帝，爲滅佛法，極受大苦，可爲吾作功德也。」於是，文帝勑天下人出一錢，爲追福焉。

備論

《周書》卷六《武帝紀下》　自東西否隔，二國争彊，戎馬生郊，干戈日用，兵連禍結，力敵勢均，疆埸之事，一彼一此。高祖纘業，未親萬機，慮遠謀深，以蒙養正。及英威電發，朝政惟新，内難既除，外略方始。乃苦心焦思，克己勵精，勞役爲士卒之先，居處同匹夫之儉。脩富民之政，務彊兵之術，乘讐人之有釁，順大道而推亡。五年之間，大勳斯集。攄祖宗之宿憤，拯東夏之阽危，盛矣哉！其有成功者也。若使翌日之瘳無爽，經營之志獲申。黷武窮兵，雖見譏於良史；雄圖遠略，足方駕於前王者歟。

《唐文拾遺》卷一三虞世南《論略》　公子曰：「夫以周武之雄才武藝，身先士卒，若天假之年，盡其兵算，必能平一宇内，爲一代之明主乎？」

先生曰：「周武驍勇果毅，有出人之才略。觀其卑躬勵士，法令嚴明，雖勾踐、穰苴，亦無以過也。但攻取之規，有稱於海内；而仁惠之德，無聞於天下。此猛將之奇才，非人君之度量。

《資治通鑑》卷一七三　周高祖可謂善處勝矣！他人勝則益奢，高祖勝而愈儉。

司馬光《稽古録》卷一四　武帝以英傑之資，受制强臣，恭默端拱十有餘年。須其罪盈惡熟，爲衆所棄，一旦除之，若撥麷振槁，可謂知剛知柔、智勇兼備者矣。然後親統六師，以征東夏，齊之險阻不守，士卒不戰，數月之間，縛其君臣，致於鼓下。使有周之境東漸于海，南傅于江，雖魏室全盛之時，不能及也。

胡寅《讀史管見》卷一四　周高祖聲言其罪，執而戮於齊境，則齊人悦服矣。既不能然，又寵秩之，且以官爵誘降齊之臣子，是好堅不堅，惡惡不著，急於近利而昧於遠圖，行之齊非所以伐罪弔民，施於國非所以教忠明義，不學之過也。

【略】周武帝無所偏好，老、佛并罷，何爲亦不能絶而又復也？【略】欲辟異端者，必隆儒術，求賢人，明仁義，興教化，而後人心正，邪説息矣。周武於此闕如也，重以嗣子狂昏，不遵先志，使美行善政，既行而沮。

【略】周高祖衰麻苫塊，卒三年之制，最爲賢行，然推明通喪，止於五服之内，

不及羣臣，非所以教天下著於君臣之義也。而又在喪頻出游幸，無門廷之寇，興師伐鄰，此皆禮所不得爲者，由高祖不學，左右無稽古之臣以輔成之也。使高祖至心如魏、晉之君，而講禮如孝文之詳，訓臣下以方喪三年，不出游幸，不動兵革，以終禮制，雖三代何以加諸？

《全元文》卷一五一三梁寅《史論》 二氏之子孫，惟周武帝稱賢主，然後周三祚亦促者，何也？由武帝之享年不永，而後嗣之非賢也。

藝文

孫承恩《文簡集》卷四一《古像贊·周高祖》 率履勤儉，操執紀綱。雄圖遠畧，匹休前王。鞭笞四夷，混一區宇。有志未酬，英雄已矣。

引用書目

書名	作者	時代	版本	備注
曹植集	曹植	魏	人民文學出版社一九九八年點校本	趙幼文校注
博物志	張華	晉	上海古籍出版社一九九〇年點校本	
三國志	陳壽	晉	中華書局一九五九年點校本	
陸機集	陸機	晉	中華書局一九八二年點校本	
陸雲集	陸雲	晉	中華書局一九八八年點校本	
搜神記	干寶	晉	上海古籍出版社一九九八年點校本	
裴子語林	裴啓	晉	上海古籍出版社二〇一二年點校本	
華陽國志	常璩	晉	上海古籍出版社一九八七年點校本	任乃强校注
世説新語	劉義慶	南朝宋	中華書局一九八四年點校本	徐震堮校箋
江文通集	江淹	南朝齊	中華書局一九八四年點校本	胡之驥注，李長路、趙威點校
宋書	沈約	南朝梁	中華書局一九七四年點校本	
詩品	鍾嶸	南朝梁	上海古籍出版社二〇一一年點校本	曹旭集注
殷芸小説	殷芸	南朝梁	上海古籍出版社一九八四年點校本	周楞伽輯注
南齊書	蕭子顯	南朝梁	中華書局一九七二年點校本	
文選	蕭統	南朝梁	中華書局影印本一九七七年點校本	李善注
金樓子	蕭繹	南朝梁	中華書局二〇一一年點校本	許逸民校箋
魏書	魏收	北朝齊	中華書局一九七四年點校本	
顔氏家訓	顔之推	北朝齊	中華書局一九九三年點校本	王利器集解
中説	王通	隋	中華書局二〇一三年點校本	張沛校注

藝文類聚　歐陽詢　唐　上海古籍出版社一九六五年影印本　汪紹楹校
梁書　姚思廉　唐　中華書局一九七三年點校本
陳書　姚思廉　唐　中華書局一九七二年點校本
晉書　房玄齡　唐　中華書局一九七四年點校本
周書　令狐德棻　唐　中華書局一九七一年點校本
北史　李延壽　唐　中華書局一九八三年點校本
冥報記　唐臨　唐　中華書局一九九二年點校本　方詩銘點校
法苑珠林　釋道世　唐　中華書局二〇〇三年點校本　周叔迦、蘇晉仁校注
李太白全集　李白　唐　中華書局一九七七年點校本
杜工部集　杜甫　唐　中華書局一九七九年點校本　仇兆鰲注
岑參集　岑參　唐　上海古籍出版社一九八一年點校本　陳鐵民、侯忠義校注
李德裕文集　李德裕　唐　河北教育出版社二〇〇〇年點校本　傅璇琮、周建國校箋
杜牧集　杜牧　唐　中華書局二〇〇八年校注本　吴在慶校注
温庭筠全集　温庭筠　唐　中華書局二〇〇七年校注本　劉學鍇校注
甫里集　陸龜蒙　唐　四庫全書本
建康實録　許嵩　唐　中華書局一九八六年點校本　張忱石點校
太平御覽　李昉　宋　中華書局一九六〇年影印本
太平廣記　李昉　宋　中華書局一九六一年整理本
文苑英華　李昉　宋　中華書局一九六六年影印本
文莊集　夏竦　宋　四庫全書本
文恭集　胡宿　宋　四庫全書本
盱江集　李覯　宋　四庫全書本
稽古録　司馬光　宋　中國友誼出版公司一九八七年點校本　王亦令點校
資治通鑑　司馬光　宋　中華書局一九五六年點校本

臨川先生文集	王安石	宋	中華書局一九五九年點校本	
曾鞏集	曾鞏	宋	中華書局一九八四年點校本	陳杏珍、晁繼周點校
節孝集	徐積	宋	四庫全書本	
蘇魏公文集	蘇頌	宋	四庫全書本	
鄖溪集	鄭獬	宋	四庫全書本	
廣陵集	王令	宋	上海古籍出版社一九八〇年點校本	沈文倬點校
蘇軾文集	蘇軾	宋	中華書局一九八六年點校本	孔凡禮點校
蘇轍集	蘇轍	宋	中華書局一九九〇年點校本	陳宏天、高秀芳校點
何博士備論	何去非	宋	四庫全書本	
樂府詩集	郭茂倩	宋	中華書局一九七九年點校本	
淮海集	秦觀	宋	上海古籍出版社一九九四年點校本	徐培均箋註
雞肋集	晁補之	宋	四庫全書本	
張耒集	張耒	宋	中華書局一九九〇年點校本	李逸安等點校
濟南集	李廌	宋	四庫全書本	
梁谿集	李綱	宋	四庫全書本	
鶴林玉露	羅大經	宋	中華書局一九八三年點校本	王瑞來點校
松隱集	曹勳	宋	四庫全書本	
讀史管見	胡寅	宋	嶽麓書社二〇一一年點校本	劉依平點校
斐然集	胡寅	宋	四庫全書本	
王十朋全集	王十朋	宋	上海古籍出版社一九九八年點校本	梅溪集重刊委員會編
六朝通鑒博議	李燾	宋	南京出版社二〇〇七年點校本	胡阿祥點校
南澗甲乙稿	韓元吉	宋	四庫全書本	
容齋隨筆	洪邁	宋	上海古籍出版社一九九六年點校本	
劍南詩稿	陸遊	宋	上海古籍出版社一九八五年點校本	錢仲聯校注

誠齋集	楊萬里	宋	四庫全書本	
漢丞相諸葛忠武侯傳	張栻	宋	續古逸叢書本	
陳亮集	陳亮	宋	中華書局一九七四年點校本	
澹齋集	李流謙	宋	四庫全書本	
絜齋集	袁燮	宋	四庫全書本	
葉適集	葉適	宋	中華書局一九六一年點校本	劉公純等點校
昌穀集	曹彦約	宋	四庫全書本	
黄氏日鈔	黄震	宋	四庫全書本	
困學紀聞	王應麟	宋	上海古籍出版社二〇〇八年點校本	欒保群等點校
陵陽先生集	牟巘	宋	民國吳興叢書本	
增訂湖山類稿	汪元量	宋	中華書局一九八四年點校本	孔凡禮輯校
石堂先生遺集	陳普	宋	明萬曆三年薛孔洵刻本	
朱子語類	黎靖德	宋	中華書局一九八六年點校本	
莊靖集	李俊民	金	四庫全書本	
續後漢書	郝經	元	四庫全書本	
歸田類稿	張養浩	元	四庫全書本	
師山集	鄭玉	元	四庫全書本	
静思集	郭鈺	元	四庫全書本	
劉彦昺集	劉炳	明	四庫全書本	
高青丘集	高啓	明	上海古籍出版社一九八六年點校本	徐澄宇、沈北宗點校
三華集	錢子正	明	四庫全書本	
方正學集	方孝孺	明	四庫全書本	
永樂大典	解縉等	明	中華書局一九八六年影印本	
忠肅集	于謙	明	四庫全書本	

一峯文集	羅倫	明	四庫全書本	
胡文敬集	胡居仁	明	四庫全書本	
晉五胡指掌	張大齡	明	書目文獻出版社影印本	二十四史訂補本
李東陽集	李東陽	明	嶽麓書社一九八四點校本	周寅賓、錢振民點校
文徵明集	文徵明	明	上海古籍出版社一九八七年點校本	周道振輯校
文簡集	孫承恩	明	四庫全書本	
吴廷翰集	吴廷翰	明	中華書局一九八四年點校本	容肇祖點校
楊忠介集	楊爵	明	四庫全書本	
弇州山人四部續稿	王世貞	明	四庫全書本	
焚書	李贄	明	中華書局一九六一年點校本	
讀史漫録	于慎行	明	齊魯書社一九九六點校本	李孔念等點校
少室山房筆叢	胡應麟	明	上海書店出版社二〇〇一年點校本	
史懷	鍾惺	明	叢書集成本	
廣名將傳	黄道周	明	海山仙館叢書本	
樓山堂集	吴應箕	明	粤雅堂叢書本	
朱舜水集	朱舜水	明	中華書局一九八一年點校本	朱謙之整理
漢魏六朝百三家集題辭注	張溥	明	中華書局二〇〇七年點校本	殷孟倫注
湘帆堂集	傅占衡	明	清康熙六十一年活字本	
壺山集	陳孝威	明	清順治年間刻本	
顧亭林詩文集	顧炎武	明	中華書局一九五九年點校本	華忱之點校
讀通鑑論	王夫之	明	中華書局一九七四年點校本	舒士彦點校
白茅堂集	顧景星	明	清康熙刻本	
夏完淳集	夏完淳	明	上海古籍出版社一九五九年點校本	白堅箋校
古今人物論	鄭賢	明	四庫全書存目叢書本	

爲可堂初集	朱一是	清	清順治十一年刻本	
侯方域集	侯方域	清	清順治刻增修本	
尋古齋詩文集	李繼聖	清	清乾隆刻本	
古夫於亭雜録	王士禛	清	中華書局一九八八年點校本	趙伯陶點校
榕村語録	李光地	清	中華書局一九九五年點校本	陳祖武點校
全唐詩	彭定求等	清	中華書局一九六〇年點校本	
正誼堂續集	張伯行	清	清乾隆刻本	
方苞集	方苞	清	上海古籍出版社一九八三年點校本	劉季高點校
宋詩紀事	厲鶚	清	上海古籍出版社一九八四年排印本	
鄭板橋全集	鄭燮	清	北京出版社二〇〇三年點校本	傅陛雲點校
全祖望集	全祖望	清	上海古籍出版社二〇〇〇年點校本	朱鑄禹滙校
樂善堂全集	清高宗	清	清乾隆二年刻本	
十七史商榷	王鳴盛	清	上海書店出版社二〇〇五年點校本	黄曙輝點校
廿二史劄記	趙翼	清	中華書局一九八四年點校本	王樹民校證
潛研堂文集	錢大昕	清	上海古籍出版社一九八九年點校本	吕友仁點校
西魏書	謝啓昆	清	叢書集成本	
二林居集	彭紹升	清	清嘉慶味初堂刻本	
全唐文	董誥等	清	中華書局一九八三年影印本	
東潛文稿	趙一清	清	遼寧教育出版社一九九八年點校本	罗仲輝點校
月滿樓詩文集	顧宗泰	清	清嘉慶八年刻本	
全上古三代秦漢三國六朝文	嚴可均	清	中華書局一九五八年影印本	
通齋文集	蔣伯超	清	清同治三年刻本	
三十國春秋輯本	湯球	清	天津古籍出版社二〇〇九年點校本	吳振清校注
衆家編年體晉史	湯球等	清	天津古籍出版社一九八九年點校本	喬治忠校注

二知軒文存　方浚頤　清　清光緒四年刻本
邊隨園集　邊連寶　清　中華書局二〇〇七年點校本　劉崇德主編
萇楚齋隨筆續筆三筆四筆五筆　劉聲木　清　中華書局一九九八年點校本　劉篤齡點校
巢林筆談　龔煒　清　中華書局一九八一年點校本　錢炳寰點校
宋元方志叢刊　中華書局一九九〇年影印本
全元文　李修生（主編）　鳳凰出版社一九九九年點校本
巴蜀佛教碑文集成　龍顯昭　巴蜀書社二〇〇四年點校本
全宋文　曾棗莊等（主編）　上海辭書出版社、安徽教育出版社二〇〇六年點校本
漢魏六朝碑刻校注　毛遠明　線裝書局二〇〇八年點校本